季羡林文集

季羡林谈人生

季羡林 著
蔡德贵 编

長春出版社
国家一级出版社
全国百佳图书出版单位

图书在版编目(CIP)数据

季羡林谈人生 / 季羡林著；蔡德贵编. —长春：长春出版社，2018.1
（季羡林文集）
ISBN 978-7-5445-5072-7

Ⅰ.①季… Ⅱ.①季…②蔡… Ⅲ.①人生哲学—通俗读物 Ⅳ.①B821-49

中国版本图书馆CIP数据核字（2017）第291643号

季羡林谈人生(季羡林文集)

著　　者：季羡林
编　　者：蔡德贵
责任编辑：张中良　李春龙
封面设计：北京·春天书装

出版发行：长春出版社
总编室电话：0431-88563443
发行部电话：0431-88561180
地　　址：吉林省长春市建设街1377号
邮　　编：130061
网　　址：www.cccbs.net
制　　版：禹图工作室
印　　刷：长春方圆印业有限公司
经　　销：新华书店

开　　本：787毫米×1092毫米 1/16
总 字 数：1881千字
总 印 张：108
本册字数：218千字
本册印张：12.5
版　　次：2018年1月第1版
印　　次：2018年1月第1次印刷
定　　价：(全八册)298.00元

季羡林（1911—2009），中国著名的语言学家、东方学家、教育家、翻译家、佛学家和散文家，在中外文化交流、佛学、语言学、糖史等诸多领域做出了突出的贡献

1930 年，毕业于山东济南高级中学

1934 年 5 月，大学毕业前与同学合影

1934 年，毕业于清华大学

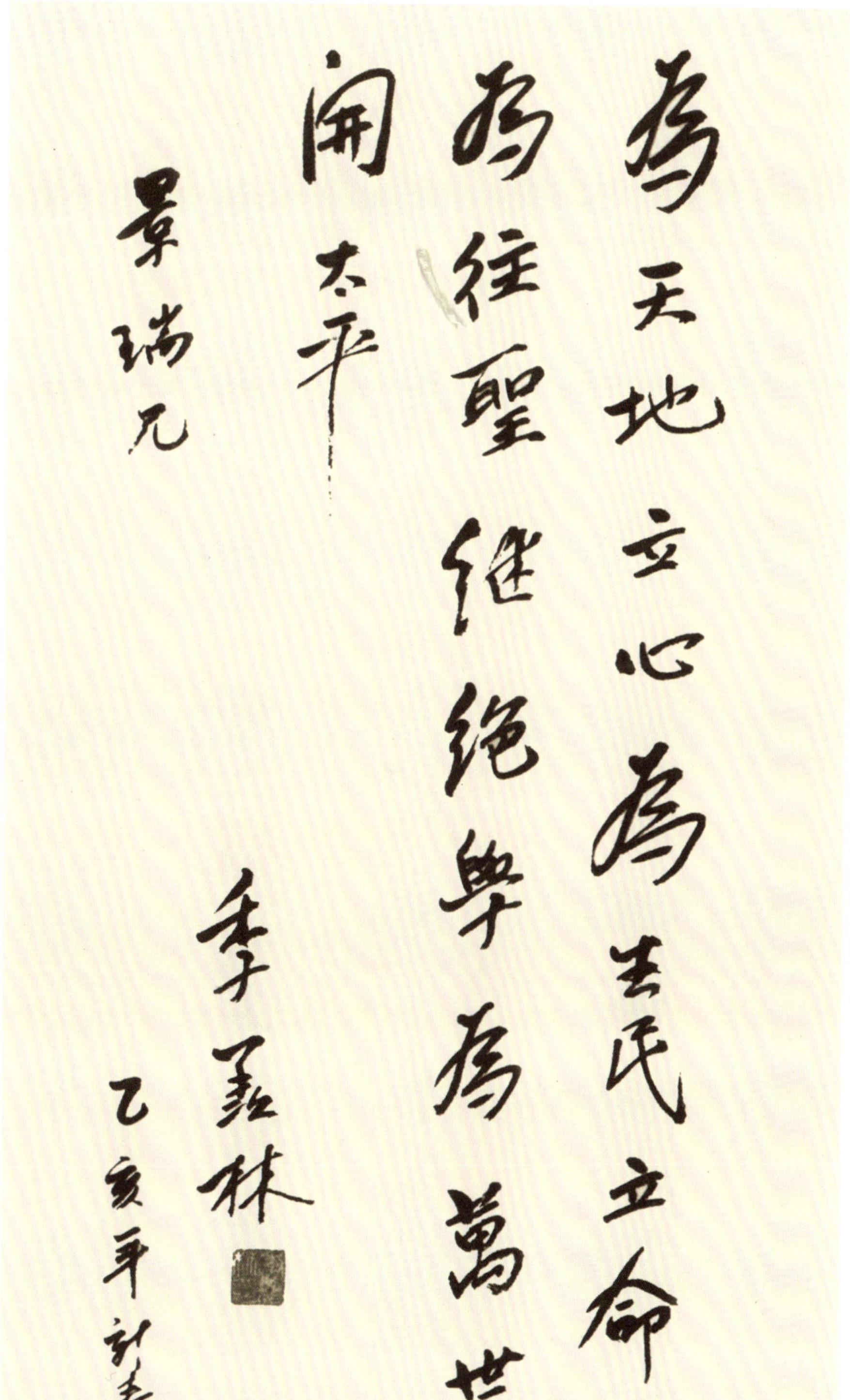

季羡林先生手迹

季羡林先生手迹

出版说明

季羡林（1911—2009），是中国著名的语言学家、东方学家、教育家、翻译家、佛学家和散文家。曾历任中国科学院哲学社会科学学部委员、北京大学副校长、中国社科院南亚研究所所长等。他学富五车，涉及的领域包括语言学、文学、历史学、宗教学、民族学、翻译学、哲学、教育学等多方面，所通语言近十种，其中梵文、巴利文、吐火罗文几乎是绝学，其学术著作在中外文化交流、佛学、语言学、糖史等方面均成一家之言，所出版的散文则平实质朴，充满了真情实感，拥有众多读者，一版再版。他是我国学贯中西、享誉海内外的学界泰斗。

季先生一生笔耕不辍，著作颇丰，多达千万余字，主要著作有：《因梦集》《天竺心影》《留德十年》《牛棚杂忆》《原始佛教的语言问题》《西域佛教史》《糖史》等，译著有：《五卷书》《罗摩衍那》等。他的一生论著译著已汇编成三十卷的《季羡林全集》。

季羡林先生去逝后的第二年即2010年年初，为了纪念季羡林先生，我社推出了由蔡德贵先生编的《季羡林书系》四册，包括《季羡林讲演录》《季羡林书信集》《季羡林年谱长编》《季羡林的一生》。蔡德贵先生，是山东大学教授、博士生导师，季羡林研究所副所长，曾任《文史哲》主编、季羡林生前助手。图书出版后，受到广大读者好评。2011年1月又推出《季羡林谈人生》。

即将出版的《季羡林文集》是在原来的基础上，进行了市场调查，征求了一些专家和读者的意见，内容上有所修订，去掉了《季羡林年谱长编》，增加4册新书。文集包括《季羡林谈人生》《季羡林谈文化》《季羡林谈文学》《季羡林散文集》《季羡林讲演集》《季羡林书信集》《季羡林哲言录》《季羡林的一生》，共八册。其中，需要说明的是，之所以把蔡德贵先生著的《季羡林的一生》放进文集中，是因为在市场上众多的季羡林的传记中，这一本是写得较好的，更重要的，它是唯一得到季羡林先生认可的传记，同时也是广大读者所喜爱的。所以我们将它作为“附录”收到了文集中。它对于了解季羡林的生平事迹、著作情况、学术思想、生活情趣等都有极大的益处。

在文集编辑过程中，我们努力保持季羡林先生作品最初发表时或修正定稿时的原貌，例如对“建国”“解放前”“解放后”等词不做改动，又注意根据现行语言文字规范要求改正少许文字与标点，例如对明显的错别字和标点符号直接改正等。尽管我们做了种种努力，但由于学养有限，其中差错和不足之处在所难免，欢迎广大读者批评指正！

在编辑文集的过程中，我们参考了外语教学与研究出版社的《季羡林全集》（30卷），江西教育出版社的《季羡林文集》（24卷），季承先生著、新星出版社出版的《我和父亲季羡林》及其他一些出版社的有关图书，在此谨表衷心的感谢。

长春出版社

2017年10月

前　言

被誉为“兼容百家、学贯中外”的学界泰斗季羡林先生享年98岁，是一位高寿的学者，正所谓走过的桥比很多人走过的路还多，在中外学术界并不多见。他总结自己一生的经验之谈，授权我在2003年编辑了《季羡林谈人生》一书，一时间洛阳纸贵，到合同终结之时，印刷达20多次，这在季羡林先生的著作出版史上是不多见的。可见季老的人生思想有很大的影响力。

季羡林先生谈人生，形成了一套思想体系，包括：善待人生、珍惜时间、慎守善德、读书有用、珍爱自然、家国和兴、颐养天年、长寿秘诀。在本书中尽量反映这些思想。

季羡林自觉自己的性与人殊，越是年纪大，脑筋好像越好用，于是笔耕也就越勤。他喜欢引宋代大儒朱子的诗：“少年易老学难成，一寸光阴不可轻。未觉池塘春草梦，阶前梧叶已秋声。”他认为这首诗的关键有二：一是要学习，二是要惜光阴。到晚年，季羡林成了陶渊明的志同道合者。

他对老年，甚至对人生的态度是道家的。唐代大诗人白居易的一首自警诗，他很欣赏：“蚕老茧成不庇身，蜂饥蜜熟属他人。须知年老忧家者，恐似二虫虚苦辛。”对待名利，季羡林也是采取道家的态度，是超脱的，他是陶渊明的信徒，陶渊明的四句诗：

纵浪大化中，不喜亦不惧。
应尽便须尽，无复独多虑。

成了他的座右铭，（《养生无术是有术》，《我的心是一面镜子》，延边大学出版社1996年版，第310页）名缰利锁，对他毫无诱惑力。而对待工作和事业，则采取儒家的态度，是进取的。生怕浪费一分钟，把所有的时间都利用起来，这也可以算是儒道互补吧！

季羡林深知干知识分子这个行当是并不轻松的。在漫长的人生征途上，他尝够了酸甜苦辣，经历够了喜怒哀乐，走过了阳关大道，也走过了独木小桥。有时候光风霁月，有时候阴霾蔽天；有时候峰回路转，有时候柳暗花明。金榜上也曾题过名，春风也曾得过意。也有四处碰壁五内如焚之时。古人说“人生识字忧患始”，这实在是见道之言。一戴上“知识分子”这顶帽子，“忧患”就开始奔来。有诗说“儒冠多误身”，一戴上儒冠就倒霉，“诗必穷而后工”，连作诗都必须先“穷”，“穷”主要是指倒霉，不是指没有钱。以中国知识分子为例，这是一个很奇怪的群体，是造化小儿加心加意创造出来的一种“稀有动物”，但中国知识分子又最关心时事，最关心政治，最爱国。“天下兴亡，匹夫有责”，痛快淋漓地表达了知识分子的心声。然而知识分子的感情又特别细腻、锐敏、脆弱、隐晦，学富五车，胸罗万象，有时自高自大，有时又自卑自弃。（《一个老知识分子的心声》，《收获》1995年第5期）总之知识分子的优点和弱点都是非常明显的。

季羡林既然深知知识分子的弱点，就时时严格要求自己，克服自己的弱点。他很重视修身养性，认为对个人来讲，格致、诚正、修齐、治平是联系在一起的，从一个人的修养到平天下，是儒家学说终极关怀的一部分。小时候，季羡林上过“修身”课，现在没有这门课，他感到非常可惜。最近几年，北京大学学生自发组织起来，搞了修身运动，季羡林非常高兴。为什么要修身呢？季羡林认为，因为人和动物的区别是动物只有本能，它不能够控制自己的欲望，而人是有理智的，比如吃东西，如果另外一个人比你更需要这份食物，那么在人性的支配下，人会把东西让给更需要的人吃。（《在儒家文化与现代企业管理研讨会上的发言》，《人生絮语》，浙江人民出版社1996版，年第167页）而人之理智也需要靠修身养性来加以培养。

季羡林的忍让、宽厚是学术界熟知的，真正具有一种大家的风范。他的忍让和宽厚没有艰苦的修身养性是绝对做不到的。

可以毫不夸张地说，季羡林生活中最大的情趣，一是看书，二是看书，三还是看书。季羡林坦诚地说，古今中外都有一些爱书如命的人，他愿意加入这一行列。在他看来，书能给人以智慧，给人以知识，给人以快乐，给人以希望。当然，书也能给人带来麻烦，带来灾难。远的有秦始皇焚书坑儒，近的有文化大革命破旧立新。在“文革”中季羡林以收藏封资修大洋古书籍的罪名挨过批斗，但他“死不改悔”，仍然藏书爱书如故，几间大房子都已填满了书。（《我和书》，《赋得永久的悔》，人民日报出版社1995年版，第262页）

季羡林进入老年以后，常常怀念旧人，记忆的丝缕经常挂到一些已经逝世的师友身上，感触极多，由此经常想到《昭明文选》潘安仁《怀旧赋》中的文句：

宵辗转而不寐，骤长叹以达晨；
独郁结其谁语，聊缀思于斯文。

但怀旧是一种什么样的情绪或感情或心理状态呢？季羡林觉得还没有见过古今中外任何学人给它下的定义，他自己想，古往今来，天底下的万事万物，包括人和动植物，总在不断地变化着，总在前进着。而既然有变化发展，走在前边的或人生的一个阶段，就会变成旧的。怀念这样的人和物，或人生的一个阶段，就是怀旧。人往往有一个弱点，觉得过去的好，旧的好，古代好；觉得过去的时代天比现在要明朗，太阳比现在要光辉，花草树木比现在要翠绿，一切比现在都要好，于是就怀，就会“发思古之幽情”，这就是怀旧了。但并不是一切旧人、旧物都值得怀，有的旧人、旧事，就不值得怀，有的一想到还令人作呕，弃之尚且不暇，哪里还值得去怀呢？季羡林的怀旧情感是很浓烈的，他认为，怀旧就是一种有“人味”的表现，怀旧可以获得很高的报酬：净化人的灵魂。

亲故老友逝去了，或者离开自己远了。但是，他们身上那一些优良的品质，离开自己越远，时间越久，越能闪出异样的光芒。它仿佛成为一面镜子，在照亮着自己，在砥砺着自己。怀这样的旧人，在惆怅中感到幸福，在苦涩中感到甜美。这不是很高的报酬吗？对逝去者的怀念，更能激发我们“后死者”的责任感。先死者固然能让我们哀伤，后死者更值得同情，他们身上的心灵上的担子更沉重。死者已矣，他们不知不觉了。后死者却还活着，他们能知能觉。先死者的遗志要我们去实现，他们没有完成的工作要我们去做。即使有时候难免有点想懈怠一下，休息一下，但一想到先人的声音笑貌，立即会振奋起来。这样的怀旧，报酬难道还不够吗？（《怀旧集·自序》，北京大学出版社1996年版，第2页）

在季羡林看来，怀旧比古希腊哲人所说的悲剧更能净化人的灵魂，它比悲剧的净化形式，更为深刻，更为深入灵魂。因此，他对亲人，对朋友，怀有真挚的感情。这种感情看似平常，但实际上却非常不寻常。既然是个人，就应当有“人味”。但他生平遇到一些人，对人毫无感情，没有“人味”，积几十余年之经验，深知一个人有“人味”也并不容易。因此，季羡林庆幸自己能怀旧，庆幸“人味”支持自己怀旧。（《怀旧集·自序》，北京大学出版社1996年版，第2—3页）正是将记忆的丝缕挂到师友和旧物身上，他从中获得了力量，净化了灵魂，产生了巨大的鞭策自己的力量，成为他“老骥伏枥”的动力之一。

手头虽然有钱，但季羡林在生活上却向来没有太高的追求。对吃，一如既往，从来没有什么过高要求，早晨仍然是烤馒头片或面包，一杯清茶，一碟炒花生米。他从来不让家人或保姆陪他凌晨四点起床，为他做早饭，所以早餐是几十年的“一贯制”，从来不变化。午晚两餐，素菜为多，很少吃肉。饮食如此简单，他全家的伙食费不过五百元多一点。

至于穿，季羡林简直是个清教徒。他的衣服多是穿过十年八年或者更长时间的，有一件风衣，是他在1946年从德国回到上海时买的，至今仍在穿。有一天，他穿着这件风衣，有一位专家说：你的这件风衣，款式真时髦！他听后大惑不解。专家一解释，他才知道：原来几十年前流行的款式，经过了漫长的沧桑岁月，在不知经过多少变化之后，在螺旋式上升的规律指导下，现在又回到了几十年前的款式。他听后，大为兴奋。没想到自己守株待兔，终于守到了。他也没有想到，人类在衣着方面的一点小聪明，原来竟如此脆弱！

他的老主意是：以不变应万变。他想，一个人穿衣服，是给别人看的。如果一个人穿上十分豪华的衣服，打扮得珠光宝气，天天照镜子自我欣赏，那他（她）不是疯子，便是傻子。穿衣服给别人看，观看者的审美能力和审美标准，千差万别，那么你满足了这帮人，必然开罪于另一帮人，反正不能让人人都高兴，皆大欢喜是不可能的。所以，季羡林的穿衣哲学是我行我素，我就是这一身打扮，你爱看不看，反正我不能让你指挥我。在穿衣方面，他是个完全自由自主的人。有了这样一种穿衣哲学，我们也就看到他的一身蓝色卡其布中山装，春、夏、秋、冬，永不变化。他的用品，也是如此。只要能用，他决不丢弃，敝帚自珍是他的用物哲学。我们看到他用的一只手提包，是一种最简单的敞口式的，十几年一点变化没有。而他的穿戴和用品，也真因为观看者的审美能力和审美标准不同，有了两种针锋相对的评论：赶潮流者说他是老古董、老保守、老顽固，而学者层却认为他是一个典型的儒者。儒雅的风度，从其学识和人品中来，而不是从其衣着中来。

季羡林消费哲学的核心是：如果一个人成天想吃想喝，仿佛人生的意义与价值就在于吃喝二字，他觉得无聊，“斯下矣”。他的潜意识永远是：食足以果腹，不就够了吗？衣足以蔽体而已，何必追求豪华。

季羡林绝非“大款”，但他在自己的消费哲学指导下，素衣淡食，生活简单，却把大把大把的钱送给身边急需的人，或者捐给家乡的学校。现在工资高了，捐赠也多了。这样的消费哲学，但愿能有更多的人会理解。绫罗绸缎、皮尔·卡丹，自会有人穿；燕窝鱼翅、生猛海鲜，自会有人吃。他们不必一箪食一瓢饮。但他们如果能在食前方丈、一掷千金时，想想季老先生，也为别人多想一想，也为教育想一想。那么，教育的现状绝对不会如此，教育经费绝对不会如此紧张，希望小学、希望中学就会多起来，教育就有希望了。

生活有规律是季羡林先生长寿的奥秘，季老平时的生活也极有规律。每日三四点钟即起床，进行学术研究或写作，几千字的文章可以一挥而就。7点多钟早饭结束后，就开始了一天的工作与生活。午饭后，他都要在书房的旧藤椅上小憩片刻。而这时，老人钟爱的小猫咪便会跳上他的膝盖，这老“小”同眠的情景，颇为老人繁忙的生活增添了几分童趣。工作累了的时候，季老会提起水壶为窗台上的花草浇浇水、松松土，在满目青翠之中寻觅一份心灵的宁静和一种生命的活力。这短暂的活动与休息，对季老无疑是颇有裨益的。晚饭之后的时光，老人则要看看电视新闻、报刊和刚收到的新书与邮件，以了解新的信息和收获新的知识。晚上10点钟准时就寝。除极特殊的情况外，这样的作息规律是从不改变的。这位从不刻意追求养生之术的老者，却在数十年繁忙劳碌的工作中，形成了一套很有个人特点的养生之法。斯人已去，然而这套以季老朴素的人格特征和一切为了工作的人生追求为基点的养生之法，对于我们而言却有着很多的启迪。愿季老在天堂里安宁幸福！

编　者

目　录

人　生

在一个“人生漫谈”的专栏中，首先谈一谈人生，似乎是理所当然的，未可厚非的。

而且我认为，对于我来说，这个题目也并不难写。我已经到了望九之年，在人生中已经滚了八十多个春秋了。一天天面对人生，时时刻刻面对人生，让我这样一个世故老人来谈人生，还有什么困难呢？岂不是易如反掌吗？

但是，稍微进一步一琢磨，立即出了疑问：什么叫人生呢？我并不清楚。

不但我不清楚，我看芸芸众生中也没有哪一个人真清楚的。古今中外的哲学家谈人生者众矣。什么人生意义，又是什么人生的价值，花样繁多，扑朔迷离，令人眼花缭乱；然而他们说了些什么呢？恐怕连他们自己也是越谈越糊涂。以己之昏昏，焉能使人昭昭！

哲学家的哲学，至矣高矣。但是，恕我大不敬，他们的哲学同吾辈凡人不搭界，让这些哲学，连同它们的“家”，坐在神圣的殿堂里去独现辉煌吧！像我这样一个凡人，吃饱了饭没事儿的时候，有时也会想到人生问题。我觉得，我们“人”的“生”，都绝对是被动的。没有哪一个人能先制定一个诞生计划，然后再下生，一步步让计划实现。只有一个人是例外，他就是佛祖释迦牟尼。他住在天上，忽然想降生人寰，超度众生。先考虑要降生的国家，再考虑要降生的父母。考虑周详之后，才从容下降。但他是佛祖，不是吾辈凡人。

吾辈凡人的诞生，无一例外，都是被动的，一点主动也没有。我们糊里糊涂地降生，糊里糊涂地成长，有时也会糊里糊涂地夭折，当然也会糊里糊涂地寿登耄耋，像我这样。

生的对立面是死。对于死，我们也基本上是被动的。我们只有那么一点主动权，那就是自杀。但是，这点主动权却是不能随便使用的。除非万不得已，是决不能使用的。

我在上面讲了那么些被动，那么些糊里糊涂，是不是我个人真正欣赏这一套，赞扬这一套呢？否，否，我决不欣赏和赞扬。我只是说了一点实话而已。

正相反，我倒是觉得，我们在被动中，在糊里糊涂中，还是能够有所作为的。我劝人们不妨在吃饱了燕窝鱼翅之后，或者在吃糠咽菜之后，或者在卡拉OK、高尔夫之后，问一问自己：你为什么活着？活着难道就是为了恣睢的享受吗？难道就是为了忍饥受寒吗？问了这些简单的问题之后，会使你头脑清醒一点，会减少一些糊涂。谓予不信，请尝试之。

1996年11月9日

再谈人生

人生这样一个变化莫测的万花筒，用千把字来谈，是谈不清楚的。所以来一个“再谈”。

这一回我想集中谈一下人性的问题。

大家知道，中国哲学史上，有一个不大不小的争论问题：人是性善，还是性恶？这两个提法都源于儒家。孟子主性善，而荀子主性恶。争论了几千年，也没有争论出一个名堂来。

记得鲁迅先生说过：“人的本性是，一要生存，二要温饱，三要发展。”（记错了，由我负责）这同中国古代一句有名的话，精神完全是一致的：“食色，性也。”食是为了解决生存和温饱的问题，色是为了解决发展问题，也就是所谓传宗接代。

我看，这不仅仅是人的本性，而且是一切动植物的本性。试放眼观看大千世界，林林总总，哪一个动植物不具备上述三个本能？动物姑且不谈，只拿距离人类更远的植物来说，“桃李无言”，它们不但不能行动，连发声也发不出来。然而，它们求生存和发展的欲望，却表现得淋漓尽致。桃李等结甜果子的植物，为什么结甜果子呢？无非是想让人和其他能行动的动物吃了甜果子把核带到远的或近的其他地方，落在地上，生入土中，能发芽、开花、结果，达到发展，即传宗接代的目的。

你再观察，一棵小草或其他植物，生在石头缝中，或者甚至压在石头块下，缺水少光，但是它们却以令人震惊得目瞪口呆的毅力，冲破了身上的重压，弯弯曲曲地、忍辱负重地长了出来，由细弱变为强硬，由一根细苗甚至变成一棵大树，再作为一个独立体，继续顽强地实现那三种本性。“下自成蹊”，就是“无言”的结果吧。

你还可以观察，世界上任何动植物，如果放纵地任其发挥自己的本性，则在不太长的时间内，哪一种动植物也能长满塞满我们生存的这一个小小的星球地球。那些已绝种或现在濒临绝种的动植物，属于另一个范畴，另有其原因，我以后还会谈到。

那么，为什么到现在还没有哪一种动植物——包括万物之灵的人类在内——能塞满了地球呢？

在这里，我要引老子的话："天地不仁，以万物为刍狗。"是造化小儿——谁也不知道，他究竟有没有？他究竟是什么样子？我不信什么上帝，什么天老爷，什么大梵天，宇宙间没有他们存在的地方。

但是，冥冥中似乎应该有这一类的东西，是他或它巧妙计算，不让动植物的本性光合得逞。

1996年11月12日

三论人生

上一篇《再论》戛然而止，显然没有能把话说完，所以再来一篇《三论》。

造化小儿对禽兽和人类似乎有点区别对待的意思。它给你生存的本能，同时又遏制这种本能，方法或者手法颇多。制造一个对立面似乎就是手法之一，比如制造了老鼠，又制造它的天敌猫。

对于人类，它似乎有点优待。它先赋予人类思想（动物有没有思想和言语是一个有争论的问题），又赋予人类良知良能。关于人类本性，我在上面已经谈到。我不大相信什么良知，什么“恻隐之心，人皆有之”；但是我又无从反驳。古人说：“人之所以异于禽兽者几希。”“几希”者，极少极少之谓也。即使是极少极少，总还是有的。我个人胡思乱想，我觉得，在对待生物的生存、温饱、发展的本能的态度上，就存在着一点点“几希”。

我们观察，老虎、狮子等猛兽，饿了就要吃别的动物，包括人在内。它们决没有什么恻隐之心，决没有什么良知。吃的时候，它们也决不会像人吃人的时候那样，有时还会捏造一些我必须吃你的道理，做好“思想工作”。它们只是吃开了，吃饱为止。人类则有所不同。人与人当然也不会完全一样。有的人确实能够遏制自己的求生本能，表现出一定的良知和一定的恻隐之心。古往今来的许多仁人志士，都是这方面的好榜样。他们为什么能为国捐躯？为什么能为了救别人而牺牲自己的性命？鲁迅先生所说的“中国的脊梁”，就是这样的人。孟子所谓的“浩然之气”，只有这样的人能有。禽兽中是决不会有什么“脊梁”，有什么“浩然之气”的，这就叫做“几希”。

但是人也不能一概而论，有的人能够做到，有的人就做不到。像曹操说：“宁教我负天下人，休教天下人负我！”他怎能做到这一步呢？

说到这里，就涉及伦理道德问题。我没有研究过伦理学，不知道怎样给道德下定义。我认为，能为国家，为人民，为他人着想而遏制自己的本性的，就是有道德的人。能够百分之六十为他人着想，百分之四十为自己着想，他就是一个及格的好人。为他人着想的百分比越高越好，道德水平越高。百分之百，所谓“毫不利己，专门利人”的人是绝无仅有。反之，为自己着想而不为他人着想的百分比，越高越坏。到了曹操那样，就算是坏到了顶。毫不利人，专门利己的人，普天之下倒是不老少的。说这话，有点泄气。无奈这是事实，我有什么办法?

1996年11月13日

禅趣人生

浙江人民出版社的杨女士给我来信，说要编辑一套“禅趣人生”丛书，“内容可包括佛禅与人生的方方面面”。“我们希望通过当代学者对于人生的一种哲学思考，给读者特别是青年读者一些中国传统文化的熏陶，给被大众文化淹溺着的当今读书界、文化界留一小块净土，也为今天人文精神的重建尽一份努力”。无疑，这些都是极其美妙的想法，有意义，有价值，我毫无保留地赞成和拥护。

但是，我却没有立即回信。原因绝不是我倨傲不恭，妄自尊大，而是因为我感到这任务过分重大，我惶恐觳觫，不敢贸然应命。其中还掺杂着一点自知之明和偏见。我生无慧根，对于哲学和义理之类的东西，不感兴趣。特别是禅学，我更感到头痛。少一半是因为我看不懂。我总觉得这一套东西恍兮惚兮，杳冥无迹。禅学家常用“羚羊挂角，无迹可寻”来作比喻，比喻是生动恰当的。然而困难也即在其中。既然无迹可寻，我们还寻什么呢？庄子所说得鱼忘筌，得意忘言。我在这里实在是不知道何所得，又何所忘，古今中外，关于禅学的论著可谓多矣。我也确实读了不少。但是，说一句老实话，我还没有看到任何书、任何人能把“禅”说清楚的。

也许妙就妙在说不清楚。一说清楚，即落言筌。一落言筌，则情趣尽失。这种审美境界和思想境界，西方人是无法理解的。他们对任何东西都要求分析、分析、再分析。而据我个人的看法，分析只是人的思维方式之一，此外还有综合的思维方式，这是我们东方人所特有，至少是所擅长的。我现在正在读苗东升和刘华杰的《混沌学纵横谈》。“混沌学”是一个新兴的但有无限前途的学科。我曾多次劝人们，特别是年轻人，注意“模糊学”和“混沌学”，现在有了这样一本书，我说话也有了根据，而且理直气壮了。我先从这本书里引一段话："以精确的观察、实验和逻辑论证为基本方法的传统科学研究，在进入人的感觉远远无法达到的现象领域之后，遇到了前所未有的困难。因为在这些现象领域中，仅仅靠实验、抽象、逻辑推理来探索自然奥秘的做法行不通了，需要将理性与直觉结合起来。对于认识尺度过小或过大的对象，直觉的顿悟、整体的把握十分重要。"这些想法，我曾有过。我看了这一本书以后，实如空谷足音。对于中国的"禅"，是否也可以从这里"切入"（我也学着使用一个新名词），去理解，去掌握？目前我还说不清楚。

话扯得远了，我还是"书归正传"吧！我在上面基本上谈的是"自知之明"。现在再来谈一谈"偏见"。我的"偏见"主要是针对哲学的，针对"义理"的。我上面已经说过，我对此不感兴趣。我的脑袋呆板，我喜欢摸得着看得见的东西，也就是实实在在的东西。哲学这东西太玄乎，太圆融无碍，宛如天马行空。而且公说公有理，婆说婆有理。今天这样说，有理；明天那样说，又有理。有的哲学家观察宇宙、人生和社会，时有非常深刻、机敏的意见，令我叹服。但是，据说真正的大哲学家必须自成体系。体系不成，必须追求。一旦体系形成，则既不圆融，也不无碍，而是捉襟见肘，削足适履。这一套东西我玩不了。因此，在旧时代三大学科体系：义理、辞章、考据中，我偏爱后二者，而不敢碰前者。这全是天分所限，并不是对义理有什么微词。

以上就是我的基本心理状态。

现在杨女士却对我垂青，要我作"哲学思考"，侈谈"禅趣"，我焉得不诚惶诚恐呢？这就是我把来信搁置不答的真正原因。我的如意算盘是，我稍搁置，杨女士担当编辑重任，时间一久，就会把此事忘掉，我就可以逍遥自在了。

然而事实却大出我意料，她不但没有忘掉，而且打来长途电话，直捣黄龙，令我无所逃于天地之间。我有点惭愧，又有点惶恐。但是，心里想的却是：按既定方针办。我连忙解释，说我写惯了考据文章。关于"禅"，我只写过一篇东西，而且是被赶上了架才写的，当然属于"野狐"一类。我对她说了许多话，实际上却是"居心不良"，想推掉了事，还我一个逍遥自在身。

可是我万万没有想到，正当我颇为得意的时候，杨女士的长途电话又来了，而且还是两次。昔者刘先主三顾茅庐，躬请卧龙先生出山，共图霸业。藐予小子，焉敢望卧龙先生项背！三请而仍拒，岂不是太不识相了吗？我痛自谴责，要下决心认真对待此事了。我拟了一个初步选目。过后自己一看，觉得好笑，选的仍然多是考据的东西。我大概已经病入膏肓，脑袋瓜变成了花岗岩，已经快到不可救药的程度了。于是决心改弦更张，又得我多年的助手李铮先生之助，终于选成了现在这个样子。这里面不能说没有涉及禅趣，也不能说没有涉及人生。但是，把这些文章综合起来看，我自己的印象是一碗京海杂烩。可这种东西为什么竟然敢拿出来给人看呢？自己“藏拙”不是更好吗？我的回答是：我在任何文章中讲的都是真话，我不讲半句谎话。而且我已经到了耄耋之年，一生并不是老走阳关大道，独木小桥我也走过不少。因此，酸、甜、苦、辣，悲、欢、离、合，我都尝了个够。发为文章，也许对读者，特别是青年读者，不无帮助。这就是我斗胆拿出来的原因。倘若读者——不管是老中青年——真正能从我在长达八十多年对生活的感悟中学到一点有益的东西，那我就十分满意了。至于杨女士来信中提到的那一些想法或者要求，我能否满足或者满足到什么程度，那就只好请杨女士自己来下判断了。是为序。

1995年8月15日于北大燕园

（此文为《人生絮语》一书序言）

一个老知识分子的心声

按我出生的环境，我本应该终生成为一个贫农。但是造化小儿却偏偏要播弄我，把我播弄成了一个知识分子。从小知识分子把我播弄成一个中年知识分子；又从中年知识分子把我播弄成一个老知识分子。现在我已经到了望九之年，耳虽不太聪，目虽不太明，但毕竟还是“难得糊涂”，仍然能写能读，焚膏继晷，兀兀穷年，仿佛有什么力量在背后鞭策着自己，欲罢不能。眼前有时闪出一个长队的影子，是北大教授按年龄顺序排成了的。我还没有站在最前面，前面还有将近二十来个人。这个长队缓慢地向前迈进，目的地是八宝山。时不时地有人“捷足先登”，登的不是泰山，而就是这八宝山。我暗暗下定决心：决不抢先加塞，我要鱼贯而进。什么时候鱼贯到我面前，我就要含笑挥手，向人间说一声“拜拜”了。

干知识分子这个行当是并不轻松的，在过去七八十年中，我尝够酸甜苦辣，经历够了喜怒哀乐。走过了阳关大道，也走过了独木小桥。有时候，光风霁月，有时候，阴霾蔽天。有时候，峰回路转，有时候，柳暗花明。金榜上也曾题过名，春风也曾得过意，说不高兴是假话。但是，一转瞬间，就交了华盖运，四处碰壁，五内如焚。原因何在呢？古人说：“人生识字忧患始。”这实在是见道之言。“识字”，当然就是知识分子了。一戴上这顶帽子，“忧患”就开始向你奔来。是不是杜甫的诗“儒冠多误身”？“儒”，当然就是知识分子了，一戴上儒冠就倒霉。我只举这两个小例子，就可以知道，中国古代的知识分子们早就对自己这一行腻味了。“诗必穷而后工”，连作诗都必须先“穷”。“穷”并不是一定指的是没有钱，主要指的也是倒霉。不倒霉就作不出好诗，没有切身经历和宏观观察，能说得出这样的话吗？司马迁《太史公自序》说：“昔西伯拘羑里，演《周易》；孔子厄陈蔡，作《春秋》；屈原放逐，著《离骚》；左丘失明，厥有《国语》；孙子膑脚，而论兵法；不韦迁蜀，世传《吕览》；韩非囚秦，《说难》《孤愤》；《诗》三百篇，大抵圣贤发愤之所为作也。”司马迁算了一笔清楚的账。

世界各国应该都有知识分子。但是，根据我七八十年的观察与思考，我觉得，既然同为知识分子，必有其共同之处，有知识，承担延续各自国家的文化的重任，至少这两点必然是共同的。但是不同之处却是多而突出。别的国家先不谈，我先谈一谈中国历代的知识分子，中国有五六千年或者更长的文化史，也就有五六千年的知识分子。我的总印象是：中国知识分子是一种很奇怪的群体，是造化小儿加心加意创造出来的一种“稀有动物”。虽然“十年浩劫”中，他们被批为“一心只读圣贤书”的“修正主义”分子。这实际上是冤枉的。这样的人不能说没有，但是，主流却正相反。几千年的历史可以证明，中国知识分子最关心时事，最关心政治，最爱国。这最后一点，是由中国历史环境所造成的。在中国历史上，没有哪一天没有虎视眈眈伺机入侵的外敌。历史上许多赫然有名的皇帝，都曾受到外敌的欺侮。老百姓更不必说了。存在决定意识，反映到知识分子头脑中，就形成了根深蒂固的爱国心。“天下兴亡，匹夫有责”，不管这句话的原形是什么样子，反正它痛快淋漓地表达了中国知识分子的心声。在别的国家是没有这种情况的。

然而，中国知识分子也是极难对付的家伙。他们的感情特别细腻、锐敏、脆弱、隐晦。他们学富五车，胸罗万象。有的或有时自高自大，自以为“老子天下第一”；有的或有时却又患了弗洛伊德讲的那一种“自卑情结”(inferiority complex)。他们一方面吹嘘想“究天人之际，通古今之变”，气魄贯长虹，浩气盈宇宙。有时却又为芝麻绿豆大的一点小事而长吁短叹，甚至轻生，“自绝于人民”。关键问题，依我看，就是中国特有的“国粹”——面子问题。“面子”这个词儿，外国文没法翻译，可见是中国独有的。俗话里许多话都与此有关，比如“丢脸”“真不要脸”“赏脸”，如此等等。“脸”者，面子也。中国知识分子是中国国粹“面子”的主要卫道士。

尽管极难对付，然而中国历代统治者哪一个也不得不来对付。古代一个皇帝说：“马上得天下，不能马上治之！”真是一针见血。创业的皇帝决不会是知识分子，只有像刘邦、朱元璋等这样一字不识的，不顾身家性命，“厚”而且“黑”的，胆子最大的地痞流氓才能成为开国的“英主”。否则，都是磕头的把兄弟，为什么单单推他当头儿？可是，一旦创业成功，坐上金銮宝殿，这时候就用得着知识分子来帮他们治理国家。不用说国家大事，连定朝仪这样的小事，刘邦还不得不求助于知识分子叔孙通。朝仪一定，朝廷井然有序，共同起义的那一群铁哥儿们，个个服服帖帖，跪拜如仪，让刘邦“龙心大悦”，真正尝到了当皇帝的滋味。

同面子表面上无关实则有关的另一个问题，是中国知识分子的处世问题，也就是隐居或出仕的问题。中国知识分子很多都标榜自己无意为官，而实则正相反。一个最有典型意义又众所周知的例子就是“大名垂宇宙”的诸葛亮。他高卧隆中，看来是在隐居，实则他最关心天下大事，他的“信息源”看来是非常多的。否则，在当时既无电话、电报，甚至连写信都十分困难的情况下，他怎么能对天下大势了如指掌，因而写出了有名的《隆中对》呢?他经世之心昭然在人耳目，然而却偏偏让刘先主三顾茅庐然后才出山“鞠躬尽瘁”。这不是面子又是什么呢?

我还想进一步谈一谈中国知识分子的一个非常古怪、很难以理解又似乎很容易理解的特点。中国古代知识分子贫穷落魄的多。有诗为证：“文章憎命达。”文章写得好，命运就不亨通；命运亨通的人，文章就写不好。那些靠文章中状元、当宰相的人，毕竟是极少数。而且中国文学史上根本就没有哪一个伟大文学家中过状元。《儒林外史》是专写知识分子的小说。吴敬梓真把穷苦潦倒的知识分子写活了。没有中举前的周进和范进等的形象，真是入木三分，至今还栩栩如生。中国历史上一批穷困的知识分子，贫无立锥之地，决不会有面团团的富家翁相。中国诗文和老百姓嘴中有很多形容贫而瘦的穷人的话，什么“瘦骨嶙峋”，什么“骨瘦如柴”，又是什么“瘦得皮包骨头”，等等，都与骨头有关。这一批人一无所有，最值钱的仅存的“财产”就是他们这一身瘦骨头。这是他们人生中最后的一点“赌注”，轻易不能押上的，押上一输，他们也就“涅槃”了。然而他们却偏偏喜欢拼命，喜欢拼这一身瘦老骨头。他们称这个为“骨气”。同“面子”一样，“骨气”这个词儿也是无法译成外文的，是中国的国粹。要举实际例子的话，那就可以举出很多来。《三国演义》中的祢衡，就是这样一个人，结果被曹操假手黄祖给砍掉了脑袋瓜。近代有一个章太炎，胸佩大勋章，赤足站在新华门外大骂袁世凯，袁世凯不敢动他一根毫毛，只好钦赠美名“章疯子”，聊以挽回自己的一点面子。

中国这些知识分子，脾气往往极大。他们又仗着“骨气”这个法宝，敢于直言不讳。一见不顺眼的事，就发为文章，呼天叫地，痛哭流涕，大呼什么“人心不古，世道日非”，又是什么“黄钟毁弃，瓦釜雷鸣”。这种例子，俯拾即是。他们根本不给当政的最高统治者留一点面子，有时候甚至让他们下不了台。须知面子是古代最高统治者皇帝们的命根子，是他们的统治和尊严的最高保障。因此，我就产生了一个大胆的“理论”：一部中国古代政治史至少其中一部分就是最高统治者皇帝和大小知识分子互相利用又互相斗争，互相对付和应付，又有大棒，又有胡萝卜，间或甚至有剥皮凌迟的历史。

在外国知识分子中，只有印度的同中国的有可比性。印度共有四大种姓，为首的是婆罗门。在印度古代，文化知识就掌握在他们手里，这个最高种姓实际上也是他们自封的。他们是地地道道的知识分子，在社会上受到普遍的尊敬。然而却有一件天大的怪事，实在出人意料。在社会上，特别是在印度古典戏剧中，少数婆罗门却受到极端的嘲弄和污蔑，被安排成剧中的丑角。在印度古典剧中，语言是有阶级性的。梵文只允许国王、帝师(当然都是婆罗门)和其他高级男士们说，妇女等低级人物只能说俗语。可是，每个剧中都必不可缺少的丑角也竟是婆罗门，他们插科打诨，出尽洋相，他们只准说俗语，不许说梵文。在其他方面也有很多嘲笑婆罗门的地方。这有点像中国古代嘲笑“腐儒”的做法。《儒林外史》中就不缺少嘲笑“腐儒”——也就是落魄的知识分子——的地方。鲁迅笔下的孔乙己也是这种人物。为什么中印同出现这个现象呢？这实在是一个有趣的研究课题。

我在上面写了我对中国历史上知识分子的看法。本文的主要目的就是写历史，连鉴往知今一类的想法我都没有。倘若有人要问：“现在怎样呢？”因为现在还没有变成历史，不在我写作范围之内，所以我不答复，如果有人愿意去推论，那是他们的事，与我无干。

最后我还想再郑重强调一下：中国知识分子有源远流长的爱国主义传统，是世界上哪一个国家也不能望其项背的。尽管眼下似乎有一点背离这个传统的倾向，例证就是苦心孤诣、千方百计地想出国，有的甚至归化为“老外”，永留不归。我自己对这个问题的看法是：这只能是暂时的现象，久则必变。就连留在外国的人，甚至归化了的人，他们依然是“身在曹营心在汉”，依然要寻根，依然爱自己的祖国。何况出去又回来的人渐渐多了起来呢？我们对这种人千万不要“另眼相看”，当然也大可不必“刮目相看”。只要我们国家的事情办好了，情况会大大地改变的。至于没有出国也不想出国的知识分子占绝对的多数。如果说他们对眼前的一切都很满意，那不是真话。但是爱国主义在他们心灵深处已经生了根，什么力量也拔不掉的。甚至泰山崩于前，迅雷震于顶，他们会依然热爱我们这伟大的祖国。这一点我完全可以保证。只举一个众所周知的例子，就足够了。如果不爱自己的祖国，巴老为什么以老迈龙钟之身，呕心沥血来写《随想录》呢？对广大的中国老、中、青知识分子来说，我想借用一句曾一度流行的，我似非懂又似懂得的话：爱国没商量。

我生平优点不多，但自谓爱国不敢后人，即使把我烧成了灰，每一粒灰也还是爱国的。可是我对于当知识分子这个行当却真有点谈虎色变。我从来不相信什么轮回转生。现在，如果让我信一回的话，我就恭肃虔诚祷祝造化小儿，下一辈子无论如何也别再播弄我，千万别再把我弄成知识分子。

1995年7月18日

人生的意义与价值

当我还是一个青年大学生的时候，报刊上曾刮起一阵讨论人生的意义与价值的微风，文章写了一些，议论也发表了一通。我看过一些文章，但自己并没有参加进去。原因是，有的文章不知所云，我看不懂。更重要的是，我认为这种讨论本身就无意义，无价值，不如实实在在地干几件事好。

时光流逝，一转眼，自己已经到了望九之年，活得远远超过了我的预算。有人认为长寿是福，我看也不尽然。人活得太久了，对人生的种种相，众生的种种相，看得透透彻彻，反而鼓舞时少，叹息时多。远不如早一点离开人世这个是非之地，落一个耳根清净。

那么，长寿就一点好处都没有吗？也不是的。这对了解人生的意义与价值，会有一些好处的。

根据我个人的观察，对世界上绝大多数人来说，人生一无意义，二无价值。他们也从来不考虑这样的哲学问题。走运时，手里攥满了钞票，白天两顿美食城，晚上一趟卡拉OK，玩一点小权术，耍一点小聪明，甚至恣睢骄横，飞扬跋扈，昏昏沉沉，浑浑噩噩，等到钻入了骨灰盒，也不明白自己为什么活过一生。

其中不走运的则穷困潦倒，终日为衣食奔波，愁眉苦脸，长吁短叹。即使日子还能过得去的，不愁衣食，能够温饱，然而也终日忙忙碌碌，被困于名缰，被缚于利锁。同样是昏昏沉沉，浑浑噩噩，不知道为什么活过一生。

对这样的芸芸众生，人生的意义与价值从何处谈起呢？

我自己也属于芸芸众生之列，也难免浑浑噩噩，并不比任何人高一丝一毫。如果想勉强找一点区别的话，那也是有的：我，当然还有一些别的人，对人生有一些想法，动过一点脑筋，而且自认这些想法是有点道理的。

我有些什么想法呢？话要说得远一点。当今世界上战火纷飞，人欲横流，“黄钟毁弃，瓦釜雷鸣”，是一个十分不安定的时代。但是，对于人类的前途，我始终是一个乐观主义者。我相信，不管还要经过多少艰难曲折，不管还要经历多少时间，人类总会越变越好的，人类大同之域决不会仅仅是一个空洞的理想。但是，想要达到这个目的，必须经过无数代人的共同努力。有如接力赛，每一代人都有自己的一段路程要跑。又如一条链子，是由许多环组成的，每一环从本身来看，只不过是微不足道的一点东西；但是没有这一点东西，链子就组不成。在人类社会发展的长河中，我们每一代人都有自己的任务，而且是绝非可有可无的。如果说人生有意义与价值的话，其意义与价值就在这里。

但是，这个道理在人类社会中只有少数有识之士才能理解。鲁迅先生所称之“中国的脊梁”，指的就是这种人。对于那些肚子里吃满了肯德基、麦当劳、比萨饼，到头来终不过是浑浑噩噩的人来说，有如夏虫不足以与语冰，这些道理是没法谈的。他们无法理解自己对人类发展所应当承担的责任。

话说到这里，我想把上面说的意思简短扼要地归纳一下：如果人生真有意义与价值的话，其意义与价值就在于对人类发展的承上启下、承前启后的责任感。

1995年

不完满才是人生

每个人都争取一个完满的人生。然而，自古及今，海内海外，一个百分之百完满的人生是没有的。所以我说，不完满才是人生。

关于这一点，古今的民间谚语，文人诗句，说到的很多很多。最常见的比如苏东坡的词："人有悲欢离合，月有阴晴圆缺，此事古难全。"南宋方岳（根据吴小如先生考证）诗句："不如意事常八九，可与人言无二三。"这都是我们时常引用的，脍炙人口的。类似的例子还能够举出成百上千来。

这种说法适用于一切人，旧社会的皇帝老爷子也包括在里面。他们君临天下，"率土之滨，莫非王土"，可以为所欲为，杀人灭族，小事一端，按理说，他们不应该有什么不如意的事。然而，实际上，王位继承，宫廷斗争，比民间残酷万倍。他们威仪俨然地坐在宝座上，如坐针毡。虽然捏造了"龙御上宾"这种神话，他们自己也并不相信。他们想方设法以求得长生不老，他们最怕"一旦魂断，宫车晚出"。连英主如汉武帝、唐太宗之辈也不能"免俗"。汉武帝造承露金盘，妄想饮仙露以长生；唐太宗服印度婆罗门的灵药，期望借此以不死。结果，事与愿违，仍然是"龙御上宾"呜呼哀哉了。

在这些皇帝手下的大臣们，"一人之下，万人之上"，权力极大，骄纵恣肆，贪赃枉法，无所不至。在这一类人中，好东西大概极少，否则包公和海瑞等决不会流芳千古，久垂宇宙了。可这些人到了皇帝跟前，只是一个奴才，常言道：伴君如伴虎，可见他们的日子并不好过。据说明朝的大臣上朝时在笏板上夹带一点鹤顶红，一旦皇恩浩荡，钦赐极刑，连忙用舌尖舔一点鹤顶红，立即涅槃，落得一个全尸。可见这一批人的日子也并不好过，谈不到什么完满的人生。

至于我辈平头老百姓，日子就更难过了。新中国成立前后，不能说没有区别，可是一直到今天仍然是“不如意事常八九”。早晨在早市上被小贩“宰”了一刀；在公共汽车上被扒手割了包，踩了人一下，或者被人踩了一下，根本不会说“对不起”了，代之以对骂，或者甚至演出全武行；到了商店，难免买到假冒伪劣的商品，又得生一肚子气……谁能说，我们的人生多是完满的呢？

再说到我们这一批手无缚鸡之力的知识分子，在历史上一生中就难得过上几天好日子。只一个“考”字，就能让你谈“考”色变。“考”者，考试也。在旧社会科举时代，“千军万马独木桥”，要上进，只有科举一途，你只需读一读吴敬梓的《儒林外史》，就能淋漓尽致地了解到科举的情况。以周进和范进为代表的那一批举人进士，其窘态难道还不能让你胆战心惊，啼笑皆非吗？

现在我们运气好，得生于新社会中。然而那一个“考”字，宛如如来佛的手掌，你别想逃脱得了。幼儿园升小学，考；小学升初中，考；初中升高中，考；高中升大学，考；大学毕业想当硕士，考；硕士想当博士，考。考，考，考，变成烤，烤，烤；一直到知命之年，厄运仍然难免，现代知识分子落到这一张密而不漏的天网中，无所逃于天地之间，我们的人生还谈什么完满呢？

灾难并不限于知识分子：“人人有一本难念的经。”所以我说“不完满才是人生”。这是一个“平凡的真理”；但是真能了解其中的意义，对己对人都有好处。对己，可以不烦不躁；对人，可以互相谅解。这会大大地有利于整个社会的安定团结。

1998年8月20日

当时只道是寻常

这是一句非常明白易懂的话，却道出了几乎人人都有的感觉。所谓“当时”者，指人生过去的某一个阶段。处在这个阶段中时，觉得过日子也不过如此，是很寻常的。过了十几二十年或者更长的时间，回头一看，当时实在有不寻常者在。因此有人，特别是老年人，喜欢在回忆中生活。

在中国，这种情况更比较突出，魏晋时代的人喜欢做羲皇上人。这是一种什么心理呢？“鸡犬之声相闻，而老死不相往来”，真就那么好吗？人类最初不会种地，只是采集植物，猎获动物，以此为生。生活是十分艰苦的。这样的生活有什么可向往的呢！

然而，根据我个人的经验，发思古之幽情，几乎是每个人都有的。到了今天，沧海桑田，世界有多少次巨大的变化。人们思古的情绪却依然没变。我举一个具体的例子。十几年前，我重访了我曾待过十年的德国哥廷根。我的老师瓦尔德施密特教授夫妇都还健在。但已今非昔比，房子捐给梵学研究所，汽车也已卖掉。他们只有一个独生子，二战中阵亡。此时老夫妇二人孤零零地住在一座十分豪华的养老院里。院里设备十分齐全，游泳池、网球场等等一应俱全。但是，这些设备对七八十岁、八九十岁的老人有什么用处呢？让老人们触目惊心的是，每隔一段时间就有某一个房号空了出来，主人见上帝去了。这对老人们的刺激之大是不言而喻的。我的来临大出教授的意料，他简直有点喜不自胜的意味。夫人摆出了当年我在哥廷根时常吃的点心。教授仿佛返老还童，回到了当年去了。他笑着说：“让我们好好地过一过当年过的日子，说一说当年常说的话！”我含着眼泪离开了教授夫妇，嘴里说着连自己都不相信的话：“过几年，我还会来看你们的。”

我的德国老师不会懂“当时只道是寻常”的隐含的意蕴，但是古今中外人士所共有的这种怀旧追忆的情绪却是有的。这种情绪通过我上面描述的情况完全流露出来了。

仔细分析起来，“当时”是很不相同的。国王有国王的“当时”，有钱人有有钱人的“当时”，平头老百姓有平头老百姓的“当时”。在李煜眼中，“当时”是车如流水马如龙，花月正春风游上林苑的“当时”。对此，他没有别的办法，只有哀叹“天上人间”了。

我不想对这个概念再进行过多的分析。本来是明明白白的一点真理，过多的分析反而会使它迷离模糊起来。我现在想对自己提出一个怪问题：你对我们的现在，也就是眼前这个现在，感觉到是寻常呢还是不寻常？这个“现在”，若干年后也会成为“当时”的。到了那时候，我们会不会说“当时只道是寻常”呢？现在无法预言。现在我住在医院中，享受极高的待遇。应该说，没有什么不满足的地方。但是，倘若扪心自问：“你认为是寻常呢，还是不寻常？”我真有点说不出，也许只有到了若干年后，我才能说：“当时只道是寻常。”

2003年6月20日

人生之美

本书（指《人生箴言》。——编者注）的作者池田大作名誉会长，译者卞立强教授，以及本书一开头就提到的常书鸿先生，都是我的朋友。我同他们的友谊，有的已经超过了40年，至少也有十几二十年了，都可以算是老朋友了。我尊敬他们，我钦佩他们，我喜爱他们，常以此为乐。

池田大作名誉会长的著作，只要有汉文译本（这些译本往往就出自卞立强教授之手），我几乎都读过。现在又读了他的《人生箴言》。可以说是在旧的了解的基础上，又增添了新的了解。在旧的钦佩的基础上，又增添了新的钦佩，我更以此为乐。

评断一本书的好与坏有什么标准呢？这可能因人而异。但是，我个人认为，客观的能为一般人都接受的标准还是有的。归纳起来，约略有以下几项：一本书能鼓励人前进呢，抑或拉人倒退？一本书能给人以乐观精神呢，抑或使人悲观？一本书能增加人的智慧呢，抑或增强人的愚蠢？一本书能提高人的精神境界呢，抑或降低？一本书能增强人的伦理道德水平呢，抑或压低？一本书能给人以力量呢，抑或使人软弱？一本书能激励人向困难作斗争呢，抑或让人向困难低头？一本书能给人以高尚的美感享受呢，抑或给人以低级下流的愉快？类似的标准还能举出一些来，但是，我觉得，上面这一些也就够了。统而言之，能达到问题的前一半的，就是好书。若只能与后一半相合，这就是坏书。

拿上面这些标准来衡量池田大作先生的《人生箴言》，读了这一本书，谁都会承认，它能鼓励人前进；它能给人以乐观精神；它能增加人的智慧；它能提高人的精神境界；它能增强人的伦理道德水平；它能给人以力量；它能鼓励人向困难作斗争；它能给人以高尚的美感享受。总之，在人生的道路上，它能帮助人明辨善与恶，明辨是与非；它能帮助人找到正确的道路，而不致迷失方向。

因此，我的结论只能是：这是一本好书。

如果有人认为我在上面讲得太空洞，不够具体，我不妨说得具体一点，并且从书中举出几个例子来。书中许多精辟的话，洋溢着作者的睿智和机敏。作者是日本蜚声国际的社会活动家、思想家、宗教活动家。在他那波澜壮阔的一生中，通过自己的眼睛和心灵，观察人生，体验人生，终于参透了人生，达到了圆融无碍的境界。书中的话就是从他深邃的心灵中撒出来的珠玉，句句闪耀着光芒。读这样的书，真好像是走入七宝楼台，发现到处是奇珍异宝，拣不胜拣。又好像是行在山阴道上，令人应接不暇。本书“一、人生”中的第一段话，就值得我们细细地玩味：“我认为人生中不能没有爽朗的笑声。”第二段话：“我希望能在真正的自我中，始终保持不断创造新事物的创造性和为人们为社会作出贡献的社会性。”这是多么积极的人生态度，真可以振聋发聩！我自己已经到了耄耋之年，我特别欣赏这一段话：“‘老’的美，老而美——这恐怕是比人生的任何时期的美都要尊贵的美。老年或晚年，是人生的秋天。要说它的美，我觉得那是一种霜叶的美。”我读了以后，陡然觉得自己真“美”起来了，心里又溢满了青春的活力。这样精彩的话，书中到处都是，我不再做文抄公了。读者自己去寻找吧。

现在正是秋天。红于二月花的霜叶就在我的窗外。案头上正摆着这一部书的译稿。我这个霜叶般的老年人，举头看红叶，低头读华章，心旷神怡，衰颓的暮气一扫而光，提笔写了这一篇短序，真不知老之已至矣。

《人生箴言》序

1994年11月8日

温馨的回忆

一想到清华图书馆，一股温馨的暖流便立即油然涌上心头。

在清华园念过书的人，谁也不会忘记两馆：一个是体育馆，一个就是图书馆。

专就图书馆而论，在当时一直到今天，它在中国大学中绝对是一流的。光是那一座楼房建筑，就能令人神往。淡红色的墙上，高大的玻璃窗上，爬满了绿叶葳蕤的爬山虎。解放后，曾加以扩建，建筑面积增加了很多；但是整个建筑的庄重典雅的色调，一点也没有遭到破坏。与前面的雄伟的古希腊建筑风格的大礼堂，形成了双峰并峙的局面，一点也不显得有任何逊色。

至于馆内藏书之多，插架之丰富，更是闻名遐迩。不但能为本校师生服务，而且还能为外校，甚至外国的学者提供稀有的资料。根据我的回忆，馆员人数并不多，但是效率极高，而且极有礼貌，有问必答，借书也非常方便。当时清华学生宿舍是相当宽敞的，一间屋住两人，每人一张书桌，在屋里读书也是很惬意的。但是，我们还是愿意到图书馆去，那里更安静，而且参考书极为齐全。书香飘满了整个阅览大厅，每个人说话走路都是静悄悄的。人一走进去，立即为书香所迷，进入角色。

我在校时，有一位馆员毕树棠老先生，胸罗万卷，对馆内藏书极为熟悉，听他娓娓道来，如数家珍。学生们乐意同他谈天，看样子他也乐意同青年们侃大山，是一个极受尊敬和欢迎的人。1946年，我出国十多年以后，又回到北京，是在北京大学工作。我打听清华的人，据说毕老先生还健在，我十分兴奋，几次想到清华园去会一会老友；但都因事未果，后来听说他已故去，痛失同这位鲁殿灵光见面的机会，抱恨终天了。

书籍是人类文化和智慧的最重要的载体。世界各国、各地，只要有文字有书籍的地方，书籍就必然承担起这个十分重要的责任。没有书籍，人类文化的发展，人类社会的进步，就会受到极大的影响，遇到极大的障碍，延缓前进的步伐。而图书馆就是储存这些重要载体的地方。在人类历史上，世界上各个国家，中国的各个朝代，几乎都有类似今天图书馆的设备。这是人类文化之所以能够代代传承下来的重要原因，我们对图书馆必须给予最高的赞扬。

清华大学，包括留美预备学堂和国学研究院在内，建校八十来年以来，颇出了一些卓有建树、蜚声士林的学者和作家。其中原因很多，但是校歌中说的“西山苍苍，东海茫茫；吾校庄严，巍然中央”，这是形象的说法，说得很玄远，其意不过是说清华园有灵气。园中的水木清华、荷塘月色等等，都是灵气之所钟。在这样有灵气的地方，又有全国一流的学生，有一些全国一流的教授，再加上有这样一个图书馆，焉得不培养出一些优秀人才呢！

我一想到清华图书馆，就有一种温馨的回忆，我永远不会忘记清华图书馆。

1999年6月15日于香山饭店

我最喜爱的书

我在下面介绍的只限于中国文学作品。外国文学作品不在其中。我的专业书籍也不包括在里面，因为太冷僻。

一、司马迁《史记》

《史记》这一部书，很多人都认为它既是一部伟大的史籍，又是一部伟大的文学作品。我个人同意这个看法。平常所称的《二十四史》中，尽管水平参差不齐，但是哪一部也不能望《史记》之项背。

《史记》之所以能达到这个水平，司马迁的天才当然是重要原因；但是他的遭遇起的作用似乎更大。他无端受了宫刑，以致郁闷激愤之情溢满胸中，发而为文，句句皆带悲愤。他在《报任少卿书》中已有充分的表露。

二、《世说新语》

这不是一部史书，也不是某一个文学家和诗人的总集，而只是一部由许多颇短的小故事编纂而成的奇书。有些篇只有短短几句话，连小故事也算不上。每一篇几乎都有几句或一句隽语，表面简单淳朴，内容却深奥异常，令人回味无穷。六朝和稍前的一个时期内，社会动乱，出了许多看来脾气相当古怪的人物，外似放诞，内实怀忧。他们的举动与常人不同。此书记录了他们的言行，短短几句话，而栩栩如生，令人难忘。

三、陶渊明的诗

有人称陶渊明为“田园诗人”。笼统言之，这个称号是恰当的。他的诗确实与田园有关。“采菊东篱下，悠然见南山”，这样的名句几乎是家喻户晓的。从思想内容上来看，陶渊明颇近道家，中心是纯任自然。从文体上来看，他的诗简易淳朴，毫无雕饰，与当时流行的镂金错彩的骈文，迥异其趣。因此，在当时以及以后的一段时间内，对他的诗的评价并不高，在《诗品》中，仅列为中品。但是，时间越后，评价越高，最终成为中国伟大诗人之一。

四、李白的诗

李白是中国文学史上最伟大的天才之一，这一点是谁都承认的。杜甫对他的诗给予了最高的评价：“白也诗无敌，飘然思不群。清新庾开府，俊逸鲍参军。”李白的诗风飘逸豪放。根据我个人的感受，读他的诗，只要一开始，你就很难停住，必须读下去。原因我认为是，李白的诗一气流转，这一股“气”不可抗御，让你非把诗读完不行。这在别的诗人作品中，是很难遇到的现象。在唐代，以及以后的一千多年中，对李白的诗几乎有赞誉，而无批评。

五、杜甫的诗

杜甫也是一个伟大的诗人，千余年来，李杜并称。但是二人的创作风格却迥乎不同：李是飘逸豪放，而杜则是沉郁顿挫。从使用的格律上，也可以看出二人的不同。七律在李白集中比较少见，而在杜集中则颇多。摆脱七律的束缚，李白是没有枷锁跳舞，杜甫善于使用七律，则是带着枷锁跳舞，二人的舞都达到了极高的水平。在文学批评史上，杜甫颇受到一些人的指摘，而对李白则是绝无仅有。

六、南唐后主李煜的词

后主词传留下来的仅有三十多首，可分为前后两期：前期仍在江南当小皇帝，后期则已降宋。后期词不多，但是篇篇都是杰作，纯用白描，不作雕饰，一个典故也不用，话几乎都是平常的白话，老妪能解；然而意境却哀婉凄凉，千百年来打动了千百万人的心。在词史上巍然成一大家，受到了文艺批评家的赞赏。但是，对王国维在《人间词话》中赞美后主有佛祖的胸怀，我却至今尚不能解。

七、苏轼的诗文词

中国古代赞誉文人有三绝之说。三绝者，诗、书、画三个方面皆能达到极高水平之谓也。苏轼至少可以说已达到了五绝；诗、书、画、文、词。因此，我们可以说，苏轼是中国文学史和艺术史上的最全面的伟大天才。论诗，他为宋代一人家。论文，他是唐宋八大家之一。笔墨凝重，大气磅礴。论书，他是宋代苏、黄、宋、蔡四大家之首。论词，他摆脱了婉约派的传统，创豪放派，与辛弃疾并称。

八、纳兰性德的词

宋代以后，中国词的创作到了清代又掀起了一个新的高潮。名家辈出，风格不同，又都能各极其妙，实属难能可贵。在这群灿若明星的词家中，我独独喜爱纳兰性德。他是大学士明珠的儿子，生长于荣华富贵中，然而却胸怀愁思，流溢于楮墨之间。这一点我至今还难以得到满意的解释。从艺术性方面来看，他的词可以说是已经达到了完美的境界。

九、吴敬梓的《儒林外史》

胡适之先生给了《儒林外史》极高的评价。诗人冯至也酷爱此书。我自己也是极为喜爱《儒林外史》的。

此书的思想内容是反科举制度，昭然可见，用不着细说。它的特点在艺术性上。吴敬梓惜墨如金，从不作冗长的描述。书中人物众多，各有特性，作者只讲一个小故事，或用短短几句话，活脱脱一个人就仿佛站在我们眼前，栩栩如生。这种特技极为罕见。

十、曹雪芹的《红楼梦》

在古今中外众多的长篇小说中《红楼梦》是一颗璀璨的明珠，是状元。中国其他长篇小说都没能成为“学”，而“红学”则是显学。内容描述的是一个大家族的衰微的过程。本书特异之处也在它的艺术性上。书中人物众多，男女老幼、主子奴才、五行八作，应有尽有。作者有时只用寥寥数语而人物就活灵活现，让读者永远难忘。读这样一部书，主要是欣赏它的高超的艺术手法。那些把它政治化的无稽之谈，都是不可取的。

2001年3月21日

藏书与读书

有一个平凡的真理，直到耄耋之年，我才顿悟：中国是世界上最喜藏书和读书的国家。

什么叫书？我没有能力，也不愿意去下定义。我们姑且从孔老夫子谈起吧。他老人家读《易》，至于韦编三绝，可见用力之勤。当时还没有纸，文章是用漆写在竹简上面的，竹简用皮条拴起来，就成了书。翻起来很不方便，读起来也有困难。我国古时有一句话，叫作“学富五车”，说一个人肚子里有五车书，可见学问之大。这指的是用纸做成的书，如果是竹简，则五车也装不了多少部书。

后来发明了纸。这一来写书方便多了；但是还没有发明印刷术，藏书和读书都要用手抄，这当然也不容易。如果一个人抄的话，一辈子也抄不了多少书。可是这丝毫也阻挡不住藏书和读书者的热情。我们古籍中不知有多少藏书和读书的故事，也可以叫作佳话。我们浩如烟海的古籍，以及古籍中所寄托的文化之所以能够流传下来，历千年而不衰，我们不能不感谢这些爱藏书和读书的先民。

后来我们又发明了印刷术。有了纸，又能印刷，书籍流传方便多了。从这时起，古籍中关于藏书和读书的佳话，更多了起来。宋版、元版、明版的书籍被视为珍品。历代都有一些藏书家，什么绛云楼、天一阁、铁琴铜剑楼、海源阁等等，说也说不完。有的已经消失，有的至今仍在，为我们新社会的建设服务。我们不能不感激这些藏书的祖先。

至于专门读书的人，历代记载更多。也还有一些关于读书的佳话，什么囊萤映雪之类。有人做过试验，无论萤和雪都不能亮到让人能读书的程度，然而在这一则佳话中所蕴含的鼓励人们读书的热情则是大家都能感觉到的。还有一些鼓励人读书的话和描绘读书乐趣的诗句。“书中自有颜如玉”之类的话，是大家都熟悉的，说这种话的人的“活思想”是非常不高明的，不会得到大多数人的赞赏。至于“四时读书乐”一类的诗，也是大家所熟悉的。可惜我童而习之，至今老朽昏聩，只记住了一句“绿满窗前草不除”，这样的读书情趣也是颇能令人向往的。此外如“红袖添香夜读书”之类的读书情趣，代表另一种趣味。据鲁迅先生说，连大学问家刘半农也向往，可见确有动人之处了。“雪夜闭门读禁书”代表的情趣又自不同，又是“雪夜”，又是“闭门”，又是“禁书”，不是也颇有人向往吗?

这样藏书和读书的风气，其他国家不能说一点没有；但是据浅见所及，实在是远远不能同我国相比。因此我才悟出了“中国是世界上最爱藏书和读书的国家”这一条简明而意义深远的真理。中国古代光辉灿烂的文化有极大一部分是通过书籍传流下来的。到了今天，我们全体炎黄子孙如何对待这个问题，实际上是每个人都回避不掉的。我们必须认真继承这个在世界上比较突出的优秀传统，要读书，读好书。只有这样，我们才能上无愧于先民，下造福于子孙万代。

1991年7月5日

谈书斋

最近身体不太好。内外夹攻，头绪纷繁，我这已届耄耋之年的神经有点吃不消了。于是下定决心，暂且封笔。乔福山同志打来电话，约我写点什么，我遵照自己的决心，婉转拒绝。但一听说题目是《我的书斋》，于我心有戚戚焉，立即精神振奋，暂停决心，拿起笔来。

我确实有个书斋，我十分喜爱我的书斋。这个书斋是相当大的，大小房间，加上过厅、厨房，还有封了顶的阳台，大大小小，共有八个单元。册数从来没有统计过，总有几万册吧。在北大教授中，“藏书状元”我恐怕是当之无愧的。而且在梵文和西文书籍中，有一些堪称海内孤本。我从来不以藏书家自命，然而坐拥如此大的书城，心里能不沾沾自喜吗？

我的藏书都像是我的朋友，而且是密友。我虽然对它们并不是每一本都认识，它们中的每一本却都认识我。我每一走进我的书斋，书籍们立即活跃起来，我仿佛能听到它们向我问好的声音，我仿佛能看到它们向我招手的情景。倘若有人问我，书籍的嘴在什么地方？而手又在什么地方呢？我只能说：“你的根器太浅，努力修持吧。有朝一日，你会明白的。”

我兀坐在书城中，忘记了尘世的一切不愉快的事情，怡然自得。以世界之广，宇宙之大，此时却仿佛只有我和我的书友存在。窗外粼粼碧水，丝丝垂柳，阳光照在玉兰花的肥大的绿叶子上，这都是我平常最喜爱的东西，现在也都视而不见了。连平常我喜欢听的鸟鸣声“光棍儿好过”，也听而不闻了。

我的书友每一本都蕴涵着无量的智慧。我只读过其中的一小部分，这智慧我是能深深体会到的。没有读过的那一些，好像也不甘落后，它们不知道是施展一种什么神秘的力量，把自己的智慧放了出来，像波浪似涌向我来。可惜我还没有修炼到能有“天眼通”和“天耳通”的水平，我还无法接受这些智慧之流。如果能接受的话，我将成为世界上古往今来最聪明的人。我自己也去努力修持吧。

我的书友有时候也让我窘态毕露。我并不是一个不爱清洁和秩序的人；但是，因为事情头绪太多，脑袋里考虑的学术问题和写作问题也不少，而且每天都收到大量的寄来的书籍和报刊杂志以及信件，转瞬之间就摞成一摞。在这样的情况下，如果我需要一本书，往往是遍寻不得，“只在此屋中，书深不知处”，急得满头大汗，也是枉然。只好到图书馆去借。等我把文章写好，把书送还图书馆后，无意之间，在一摞书中，竟找到了我原来要找的书，“得来全不费工夫”。然而晚了，工夫早已费过了。我啼笑皆非，无可奈何，等到用另外一本书时，再重演一次这出喜剧。我知道，我要寻找的书友，看到我急得那般模样，会大声给我打招呼的；但是喊破了嗓子，也无济于事，我还没有修持到能听懂书的语言的水平。我还要加倍努力去修持。我有信心，将来一定能获得真正的“天眼通”和“天耳通”。只要我想要哪一本书，那一本书就会自己报出所在之处，我一伸手，便可拿到，如探囊取物。这样一来，文思就会像泉水般地喷涌，我的笔变成了生花妙笔，写出来的文章会成为天下之至文。到了那时，我的书斋里会充满了没有声音的声音，布满了没有形象的形象。我同我的书友们能够自由地互通思想，交流感情。我的书斋会成为宇宙间第一神奇的书斋，岂不猗欤休哉！

我盼望有这样一个书斋。

1993年6月22日

开卷有益

这是一句老生常谈。如果要追溯起源的话，那就要追到一位皇帝身上。宋王辟之《渑水燕谈录》卷六：

> （宋）太宗日阅《（太平）御览》三卷，因事有缺，暇日追补之。尝曰："开卷有益，朕不以为劳也。"

这一段话说不定也是"颂圣"之辞，不尽可信。然而我宁愿信其有，因为它真说到点子上。

鲁迅先生有时候说："随便翻翻。"我看意思也一样。他之所以能博闻强记，博古通今，与"随便翻翻"是有密切联系的。

"卷"指的是书，"随便翻翻"也指的是书。书为什么能有这样大的威力呢？自从人类创造了语言，发明了文字，抄成或印成了书，书就成了传承文化的重要载体。人类要生存下去，文化就必须传承下去，因而书也就必须读下去。特别是在当今信息爆炸的时代中，我们必须及时得到信息。只有这样，人才能潇洒地生活下去，否则将适得其反。信息怎样得到呢？看能得到信息，听也能得到信息，而读书仍然是重要的信息源，所以非读书不可。

什么人需要读书呢？在将来人类共同进入大同之域时，人人都一定要而且肯读书的，以此为乐，而不以此为苦。在眼前，我们还做不到这一步。"四人帮"说：读书越多越反动。此"四人帮"之所以为"四人帮"也。我们可以置之不理。如今有个别的"大款"，也同刘邦和项羽一样，是不读书的。不读书照样能够发大财。然而，我认为，这只是暂时的现象，相信不久就会改变。传承文化不能寄希望于这些人身上，而只能寄托在已毕业或尚未毕业的大学生身上。他们是我们的希望，他们代表着我们的未来。大学生们肩上的担子重啊！他们是任重而道远。为了人类的继续生存，为了前对得起祖先，后对得起子孙，大学生们（当然还有其他一些人）必须读书。这已是天经地义，无须争辩。

根据我同北京大学学生的接触和我对他们的观察，绝大多数的学生还是肯读书的。他们有的说，自己感到迷惘，不知所从。他们成立了一些社团，共同探讨问题，研究人生，对人生的意义与价值感到兴趣。他们甚至想探究宇宙的奥秘。他们是肯思索的一代人，是可以信赖的极为可爱的一代年轻人。同他们在一起，我这个望九之年的老人也仿佛返老还童，心里溢满了青春活力。说这些青年不肯读书，是不符合实际情况的。

读什么样的书呢？自己专业的书当然要读，这不在话下。自己专业以外的书也应该“随便翻翻”，知识面越广越好，得到的信息越多越好，否则很容易变成鼠目寸光的人。鼠目寸光不但不利于自己专业的探讨，也不利于生存竞争，不利于自己的发展，最终为大时代所抛弃。

因此，我奉献给今天的大学生们一句话：开卷有益。

1994年4月5日

世态炎凉

世态炎凉，古今所共有，中外所同然，是最稀松平常的事，用不着多伤脑筋。元曲《冻苏秦》中说：“也素把世态炎凉心中暗忖。”《隋唐演义》中说：“世态炎凉，古今如此。”不管是“暗忖”，还是明忖，反正你得承认这个“古今如此”的事实。

但是，对世态炎凉的感受或认识的程度，却是随年龄的大小和处境的不同而很不相同的，绝非大家都一模一样。我在这里发现了一条定理：年龄大小与处境坎坷同对世态炎凉的感受成正比。年龄越大，处境越坎坷，则对世态炎凉感受越深刻。反之，年龄越小，处境越顺利，则感受越肤浅。这是一条放诸四海而皆准的定理。

我已到望九之年，在八十多年的生命历程中，一波三折，好运与多舛相结合，坦途与坎坷相混杂，几度倒下，又几度爬起来，爬到今天这个地步，我可是真正参透了世态炎凉的玄机，尝够了世态炎凉的滋味。特别是“十年浩劫”中，我因为胆大包天，自己跳出来反对“北大”那一位炙手可热的“老佛爷”，被戴上了种种莫须有的帽子，被“打”成了反革命，遭受了极其残酷的至今回想起来还毛骨悚然的折磨。从牛棚里放出来以后，有长达几年的一段时间，我成了燕园中一个“不可接触者”。走在路上，我当年辉煌时对我低头弯腰毕恭毕敬的人，那时却视若路人，没有哪一个敢或肯跟我说一句话的。我也不习惯于抬头看人，同人说话。我这个人已经异化为“非人”。一天，我的孙子发烧到四十度，老祖和我用破自行车推着到校医院去急诊。一个女同事竟吃了老虎心豹子胆似的，帮我这个已经步履蹒跚的花甲老人推了推车。我当时感动得热泪盈眶，如吸甘露，如饮醍醐。这件事、这个人我毕生难忘。

雨过天晴，云开雾散，我不但“官”复原职，而且还加官晋爵，又开始了一段辉煌。原来是门可罗雀，现在又是宾客盈门。你若问我有什么想法没有，想法当然是有的，一个忽而上天堂，忽而下地狱，又忽而重上天堂的人，哪能没有想法呢？我想的是：世态炎凉，古今如此。任何一个人，包括我自己在内，以及任何一个生物，从本能上来看，总是趋吉避凶的。因此，我没怪罪任何人，包括打过我的人。我没有对任何人打击报复。并不是由于我度量特别大，能容天下难容之事，而是由于我洞明世事，又反求诸躬。假如我处在别人的地位上，我的行动不见得会比别人好。

1997年

谈趋炎附势

写了《世态炎凉》，必须写《趋炎附势》。前者可以原谅，后者必须切责。

什么叫“炎”？什么叫“势”？用不着咬文嚼字，指的不过是有权有势之人。什么叫“趋”？什么叫“附”？也用不着咬文嚼字，指的不过是巴结、投靠、依附。这样干的人，古人称之为“小人”。

趋附有术，其术多端，而归纳之，则不出三途：吹牛、拍马、做走狗。借用太史公的三个字而赋予以新义；曰牛、马、走。

现在先不谈第一和第三，只谈中间的拍马。拍马亦有术，其术亦多端。就其大者或最普通者而论之，不外察言观色，胁肩谄笑，攻其弱点，投其所好。但是这样做，并不容易，这里需要聪明，需要机警，运用之妙，存乎一心。这是一门大学问。

记得在某一部笔记上读到过一个故事。某书生在阳间善于拍马。死后见到阎王爷，他知道阴间同阳间不同，阎王爷威严猛烈，动不动就让死鬼上刀山，入油锅。他连忙跪在阎王爷座前，坦白承认自己在阳间的所作所为，说到动情处，声泪俱下。他恭颂阎王爷执法严明，不给人拍马的机会。这时阎王爷忽然放了一个响屁。他跪行向前，高声论道：“伏惟大王洪宣宝屁，声若洪钟，气比兰麝。”于是阎王爷“龙”颜大悦，既不罚他上刀山，也没罚他入油锅，生前的罪孽，一笔勾销，让他转生去也。

笑话归笑话，事实还是事实，人世间这种情况还少吗？古今皆然，中外同归。中国古典小说中，有很多很多的靠拍马屁趋炎附势的艺术形象。《今古奇观》里面有，《红楼梦》里面有，《儒林外史》里面有，最集中的是《官场现形记》和《二十年目睹之怪现状》。

在尘世间，一个人的荣华富贵，有的甚至如昙花一现。一旦失意，则如树倒猢狲散，那些得意时对你趋附的人，很多会远远离开你，这也罢了。个别人会“反戈一击”，想置你于死地，对新得意的人趋炎附势。这种人当然是极少极少的，然而他们是人类社会的蛀虫，我们必须高度警惕。

我国的传统美德，对这类蛀虫，是深恶痛绝的。孟子说：“胁肩谄笑，病于夏畦。”我在上面列举的小说中，之所以写这类蛀虫，绝不是提倡鼓励，而是加以鞭笞，给我们竖立一面反面教员的镜子。我们都知道，反面教员有时候是能起作用的，有了反面，才能更好地、更鲜明地凸出正面。这大大有利于发扬我国优秀的道德传统。

1997年3月27日

谈撒谎

一

世界上所有的堂堂正正的宗教，以及古往今来的贤人哲士，无不教导人们：要说实话，不要撒谎。笼统来说，这是无可非议的。

最近读日本稻盛和夫、梅原猛著，卞立强译的《回归哲学》第四章，梅原和稻盛两人关于不撒谎的议论。梅原说："不撒谎是最起码的道德。自己说过的事要实行，如果错了就说错了——我希望现在的领导人能做到这样最普通的事。苏格拉底可以说是最早的哲学家，在苏格拉底之前有些人自称是诡辩家、智者。所谓诡辩家，就是能把白的说成黑的，站在A方或反A方同样都可以辩论。这样的诡辩家教授辩论术，曾经博得人们欢迎。原因是政治需要颠倒黑白的辩论术。"

在这里，我想先对梅原的话加上一点注解。他所说的"现在的领导人"，指的是像日本这样国家的政客。他所说的"政治需要颠倒黑白的辩论术"，指的是古代希腊的政治。

梅原在下面又说："苏格拉底通过对话揭露了掌握这种辩论术的诡辩家的无智。因而他宣称自己不是诡辩家，不是智者，而是'爱智者'。这是最初的哲学。我认为哲学家应当回归其原点，恢复语言的权威。也就是说，道德的原点是'不撒谎'。……不撒谎是道德的基本和核心。"

梅原把"不撒谎"提高到"道德原点"的高度，可见他对这个问题是多么重视。我们且看一看他的对话者稻盛是怎样对待这个问题的。稻盛首先表示同意梅原的意见。可是，随后他就撒谎问题作了一些具体的分析。他讲到自己的经历，他说，有一个他敬仰的颇有点浪漫气息的人对他说：“稻盛，不能说假话，但也不必说真话。”他听了这话，简直高兴得要跳起来。接着他就写了下面一段话：“我从小父母也是严格教导我不准撒谎。我当上了经营的负责人之后，心里还是这么想：说谎可不行啊！可是，在经营上有关企业的机密和人事等问题，有时会出现很难说真话的情况。我想我大概是为这些难题苦恼时而跟他商量的。他的这种回答在最低限度上贯彻了‘不撒谎’的态度，但又不把真实情况和盘托出，这样就可以求得局面的打开。”

上面我引用了两位日本朋友的话，一位是著名的文学家，一位是著名的企业家。他们俩都在各自的行当内经过了多年的考验与磨炼，都富于人生经验。他们的话对我们会有启发的。我个人觉得，稻盛引用的他那位朋友的话：“不能说假话，但也不必说真话！”最值得我们深思。我的意思就是，对撒谎这类的社会现象，我们要进行细致的分析。

二

我们中国的父母，同日本稻盛的父母一样，也总是教导子女：不要撒谎。可怜天下父母心，总希望自己的子女能作一个堂堂正正的人，一个诚实可靠的人。如果子女撒谎成性，就觉得自己脸面无光。

不但父母这样教导，我们从小受教育也接受这种要诚实、不撒谎的教育。我记得小学教科书上讲了一个故事，内容是：一个牧童在村外牧羊，有一天忽然想出了一个坏点子，大声狂呼：“狼来了！”村里的人听到呼声，都争先恐后地拿上棍棒，带上斧刀，跑往村外，到了牧童所在的地方，那牧童却哈哈大笑，看到别人慌里慌张，觉得很开心，又很得意。谁料过了不久，果真有狼来了，牧童再狂呼时，村里的人却毫无动静，他们上当受骗一次，不想再重蹈覆辙。牧童的结果怎样，就用不着再说了。

所有这一些教导都是好的，但是也有一个共同的缺点，就是缺乏分析。

上面我说到，稻盛对撒谎问题是进行过一些分析的。同样，几百年前的法国大散文家蒙田(1533—1592)，对撒谎问题也是作过分析的。在《蒙田随笔》上卷第九章《论撒谎者》，蒙田写道：“有人说，感到自己记性不好的人，休想成为撒谎者，这样说不无道理。我知道，语法学家对说假话和撒谎是作区别的。他们说，说假话是指说不真实的，但却信以为真的事，而撒谎一词源于拉丁语(我们的法语就源于拉丁语)。这个词的定义包含违背良知的意思，因此只涉及那些言与心违的人。”

大家一琢磨就能够发现，同样是分析，但日本朋友和蒙田的着眼点和出发点，都是不同的。其间区别是相当明显的，用不着再来啰唆。

记得鲁迅先生有一篇文章，讲的是一个阔人生子庆祝，宾客盈门，竞相献媚。有人说：此子将来必大富大贵。主人喜上眉梢。又有人说，此子将来必长命百岁。主人乐在心头。忽然有一个人说：此子将来必死。主人怒不可遏。但是，究竟谁说的是实话呢？

写到这里，我自己想对撒谎问题来进行点分析。我觉得，德国人很聪明，他们有一个词儿notluege，意思是“出于礼貌而不得不撒的谎”。一般说来，不撒谎应该算是一种美德，我们应该提倡。但是不能顽固不化。假如你被敌人抓了去，完全说实话是不道德的，而撒谎则是道德的。打仗也一样。我们古人说“兵不厌诈”，你能说这是不道德吗？我想，举了这两个小例子，大家就可以举一反三了。

1996年12月7日

走运与倒霉

走运与倒霉，表面上看起来，似乎是绝对对立的两个概念。世人无不想走运，而决不想倒霉。

其实，这两件事是有密切联系的，互相依存的，互为因果的。说极端了，简直是一而二二而一者也。这并不是我的发明创造。两千多年前的老子已经发现了，他说："祸兮福之所倚，福兮祸之所伏，孰知其极？其无正。"老子的"福"就是走运，他的"祸"就是倒霉。

走运有大小之别，倒霉也有大小之别，而二者往往是相通的。走的运越大，则倒的霉也越惨，二者之间成正比。中国有一句俗话说："爬得越高，跌得越重。"形象生动地说明了这种关系。

吾辈小民，过着平平常常的日子，天天忙着吃、喝、拉、撒、睡；操持着柴、米、油、盐、酱、醋、茶。有时候难免走点小运，有的是主动争取来的，有的是时来运转，好运从天上掉下来的。高兴之余，不过喝上二两二锅头，飘飘然一阵了事。但有时又难免倒点小霉，"闭门家中坐，祸从天上来"，没有人去争取倒霉的。倒霉以后，也不过心里郁闷几天，对老婆孩子发点小脾气，转瞬就过去了。

但是，历史上和眼前的那些大人物和大款们，他们一身系天下安危，或者系一个地区、一个行当的安危。他们得意时，比如打了一个大胜仗，或者倒卖房地产、炒股票，发了一笔大财，意气风发，踌躇满志，自以为天上天下，唯我独尊。"固一世之雄也"，怎二两二锅头了得！然而一旦失败，不是自刎乌江，就是从摩天高楼跳下，"而今安在哉！"

从历史上到现在，中国知识分子有一个"特色"，这在西方国家是找不到的。中国历代的诗人、文学家，不倒霉则走不了运。司马迁在《太史公自序》

中说："昔西伯拘羑里，演《周易》；孔子厄陈蔡，作《春秋》；屈原放逐，著《离骚》；左丘失明，厥有《国语》；孙子膑脚，而论兵法；不韦迁蜀，世传《吕览》；韩非囚秦，《说难》《孤愤》；《诗》三百篇，大抵贤圣发愤之所为作也。"司马迁算的这个总账，后来并没有改变。汉以后所有的文学大家，都是在倒霉之后，才写出了震古烁今的杰作。像韩愈、苏轼、李清照、李后主等等一批人，莫不皆然。从来没有过状元宰相成为大文学家的。

了解了这一番道理之后，有什么意义呢？我认为，意义是重大的。它能够让我们头脑清醒，理解祸福的辩证关系；走运时，要想到倒霉，不要得意过了头；倒霉时，要想到走运，不必垂头丧气。心态始终保持平衡，情绪始终保持稳定，此亦长寿之道也。

1998年11月2日

缘分与命运

缘分与命运本来是两个词儿，都是我们口中常说，文中常写的。但是，仔细琢磨起来，这两个词儿涵义极为接近，有时达到了难解难分的程度。

缘分和命运可信不可信呢？

我认为，不能全信，又不可不信。

我绝不是为算卦相面的“张铁嘴”“王半仙”之流的骗子来张目。算八字算命那一套骗人的鬼话，只要一个异常简单的事实就能揭穿。试问普天之下——番邦暂且不算，因为老外那里没有这套玩意儿——同年、同月、同日、同时生的孩子有几万，几十万，他们一生的经历难道都能够绝对一样吗？绝对地不一样，倒近于事实。

可你为什么又说，缘分和命运不可不信呢？

我也举一个异常简单的事实。只要你把你最亲密的人，你的老伴——或者“小伴”，这是我创造的一个名词儿，年轻的夫妻之谓也——同你自己相遇，一直到“有情人终成了眷属”的经过回想一下，便立即会同意我的意见。你们可能是一个生在天南，一个生在海北，中间经过了不知道多少偶然的机遇，有的机遇简直是间不容发，稍纵即逝，可终究没有错过，你们到底走到一起来了。即使是青梅竹马的关系，也同样有个“机遇”问题。这种“机遇”是报纸上的词儿，哲学上的术语是“偶然性”，老百姓嘴里就叫做“缘分”或“命运”。这种情况，谁能否认，又谁能解释呢？没有办法，只好称之为缘分或命运。

北京西山深处有一座辽代古庙名叫“大觉寺”。此地有崇山峻岭，茂林流泉，有三百年的玉兰树，二百年的藤萝花，是一个绝妙的地方。将近二十年前，我骑自行车去过一次。当时古寺虽已破败，但仍给我留下了深刻的印象，至今忆念难忘。去年春末，北大中文系的毕业生欧阳旭邀我们到大觉寺去剪彩，原来他下海成了颇有基础的企业家。他毕竟是书生出身，念念不忘为文化做贡献。他在大觉寺里创办了一个明慧茶院，以弘扬中国的茶文化。我大喜过望，准时到了大觉寺。此时的大觉寺已完全焕然一新，雕梁画栋，金碧辉煌，玉兰已开过而紫藤尚开，品茗观茶道表演，心旷神怡，浑然欲忘我矣。

将近一年以来，我脑海中始终有一个疑团：这个英年岐嶷的小伙子怎么会到深山里来搞这么一个茶院呢？前几天，欧阳旭又邀我们到大觉寺去吃饭。坐在汽车上，我不禁向他提出了我的问题。他莞尔一笑，轻声说："缘分！"原来在这之前他携伙伴郊游，黄昏迷路，撞到大觉寺里来。爱此地之清幽，便租了下来，加以装修，创办了明慧茶院。

此事虽小，可以见大。信缘分与不信缘分，对人的心情影响是不一样的。信者胜可以做到不骄，败可以做到不馁，决不至胜则忘乎所以，败则怨天尤人。中国古话说："尽人事而听天命。"首先必须"尽人事"，否则馅儿饼决不会自己从天上落到你嘴里来。但又必须"听天命"。人世间，波谲云诡，因果错综。只有能做到"尽人事而听天命"，一个人才能永远保持心情的平衡。

1998年1月16日

做人与处世

一个人活在世界上，必须处理好三个关系：第一，人与大自然的关系；第二，人与人的关系，包括家庭关系在内；第三，个人心中思想与感情矛盾与平衡的关系。这三个关系，如果能处理得好，生活就能愉快；否则，生活就有苦恼。

人本来也是属于大自然范畴的。但是，人自从变成了“万物之灵”以后，就同大自然闹起独立来，有时竟成了大自然的对立面。人类的衣食住行所有的资料都取自大自然，我们向大自然索取是不可避免的。关键是怎样去索取？索取手段不出两途：一用和平手段，一用强制手段。我个人认为，东西文化之分野，就在这里。西方对待大自然的基本态度或指导思想是“征服自然”，用一句现成的套话来说，就是用处理敌我矛盾的方法来处理人与大自然的关系。结果呢，从表面上看上去，西方人是胜利了，大自然真的被他们征服了。自从西方产业革命以后，西方人屡创奇迹。楼上楼下，电灯电话。大至宇宙飞船，小至原子，无一不出自西方“征服者”之手。

然而，大自然的容忍是有限度的，它是能报复的，它是能惩罚的。报复或惩罚的结果，人皆见之，比如环境污染，生态失衡，臭氧层出洞，物种灭绝，人口爆炸，淡水资源匮乏，新疾病产生，如此等等，不一而足。这些弊端中哪一项不解决都能影响人类生存的前途。我并非危言耸听，现在全世界人民和政府都高呼环保，并采取措施。古人说：“失之东隅，收之桑榆。”犹未为晚。

中国或者东方对待大自然的态度或哲学基础是“天人合一”。宋人张载说得最简明扼要：“民吾同胞，物吾与也。”“与”的意思是伙伴。我们把大自然看作伙伴。可惜我们的行为没能跟上。在某种程度上，也采取了“征服自然”的办法，结果也受到了大自然的报复，前不久南北的大洪水不是很能发人深省吗？

至于人与人的关系，我的想法是：对待一切善良的人，不管是家属，还是朋友，都应该有一个两字箴言：一曰真，二曰忍。真者，以真情实意相待，不允许弄虚作假。对待坏人，则另当别论。忍者，相互容忍也。日子久了，难免有点磕磕碰碰。在这时候，头脑清醒的一方应该能够容忍。如果双方都不冷静，必致因小失大，后果不堪设想。唐朝张公艺的“百忍”是历史上有名的例子。

至于个人心中思想感情的矛盾，则多半起于私心杂念。解之之方，唯有消灭私心，学习诸葛亮的“淡泊以明志，宁静以致远”，庶几近之。

1998年11月17日

牵就与适应

牵就（也作“迁就”）和“适应”，是我们说话和行文时常用的两个词儿，含义颇有些类似之处；但是，一仔细琢磨，二者间实有差别，而且是原则性的差别。

根据词典的解释，《现代汉语词典》注“牵就”为“迁就”和“牵强附会”。注“迁就”为“将就别人”，举的例是：“坚持原则，不能迁就。”注“将就”为“勉强适应不很满意的事物或环境”。举的例是“衣服稍微小一点，你将就着穿吧!”注“适应”为“适合（客观条件或需要）”。举的例子是“适应环境”。“迁就”这个词儿，古书上也有，《辞源》注为“舍此取彼，委曲求合”。

我说，二者含义有类似之处，《现代汉语词典》注“将就”一词时就使用了“适应”一词。

词典的解释，虽然头绪颇有点乱，但是，归纳起来，“牵就（迁就）”和“适应”这两个词儿的含义还是清楚的。“牵就”的宾语往往是不很令人愉快、令人满意的事情。在平常的情况下，这种事情本来是不能或者不想去做的。极而言之，有些事情甚至是违反原则的，违反做人的道德的，当然完全是不能去做的。但是，迫于自己无法掌握的形势，或者出于利己的私心，或者由于其他的什么原因，非做不行，有时候甚至昧着自己的良心，自己也会感到痛苦的。

根据我个人的语感，我觉得，“牵就”的根本含义就是这样，词典上并没有说清楚。

但是，又是根据我个人的语感，我觉得，“适应”同“牵就”是不相同的。我们每一个人都会经常使用“适应”这个词儿的。不过在大多数的情况下，我们都是习而不察。我手边有一本沈从文先生的《花花朵朵　坛坛罐罐》，汪曾祺先生的《代序：沈从文转业之谜》中有一段话说："一切终得变，沈先生是竭力想适应这种'变'的。"这种"变"，指的是解放。沈先生写信给人说："对于过去种种，得决心放弃，从新起始来学习。这个新的起始，并不一定即能配合当前需要，惟必能把握住一个进步原则来肯定，来完成，来促进。"沈从文先生这个"适应"，是以"进步原则"来适应新社会的。这个"适应"是困难的，但是正确的。我们很多人在解放初期都有类似的经验。

再拿来同"牵就"一比较，两个词儿的不同之处立即可见。"适应"的宾语，同"牵就"不一样，它是好的事物，进步的事物；即使开始时有点困难，也必能心悦诚服地予以克服。在我们的一生中，我们会经常不断地遇到必须"适应"的事物，"适应"成功，我们就有了"进步"。

简截说：我们须"适应"，但不能"牵就"。

谦虚与虚伪

在伦理道德的范畴中，谦虚一向被认为是美德，应该扬；而虚伪则一向被认为是恶习，应该抑。

然而，究其实际，二者间有时并非泾渭分明，其区别间不容发。谦虚稍一过头，就会成为虚伪。我想，每个人都会有这种体会的。

在世界文明古国中，中国是提倡谦虚最早的国家。在中国最古的经典之一的《尚书·大禹谟》中就已经有了“满招损，谦受益，时（是）乃天道”这样的教导，把自满与谦虚提高到“天道”的水平，可谓高矣。从那以后，历代的圣贤无不张皇谦虚，贬抑自满。一直到今天，我们常用的词汇中仍然有一大批与“谦”字有联系的词儿，比如“谦卑”“谦恭”“谦和”“谦谦君子”“谦让”“谦顺”“谦虚”“谦逊”等等，可见“谦”字之深入人心，久而愈彰。

我认为，我们应当提倡真诚的谦虚，而避免虚伪的谦虚，后者与虚伪间不容发矣。

可是在这里我们就遇到了一个拦路虎：什么叫“真诚的谦虚”？什么又叫“虚伪的谦虚”？两者之间并非泾渭分明，简直可以说是因人而异，因地而异，因时而异，掌握一个正确的分寸难于上青天。

最突出的是因地而异，“地”指的首先是东方和西方。在东方，比如说中国和日本，提到自己的文章或著作，必须说是“拙作”或“拙文”。在西方各国语言中是找不到相当的词儿的。尤有甚者，甚至可能产生误会。中国人请客，发请柬必须说“洁治菲酌”，不了解东方习惯的西方人就会满腹疑团：为什么单单用“不丰盛的宴席”来请客呢？日本人送人礼品，往往写上“粗品”二字，西方人又会问：为什么不用“精品”来送人呢？在西方，对老师，对朋友，必须说真话，会多少，就说多少。如果你说，这个只会一点点儿，那个只会一星星儿，他们就会信以为真，在东方则不会。这有时会很危险的。至于吹牛之流，则为东西方同样所不齿，不在话下。

可是怎样掌握这个分寸呢？我认为，在这里，真诚是第一标准。虚怀若谷，如果是真诚的话，它会促你永远学习，永远进步。有的人永远“自我感觉良好”，这种人往往不能进步。康有为是一个著名的例子。他自称：年届而立，天下学问无不掌握。结果说康有为是一个革新家则可，说他是一个学问家则不可。较之乾嘉诸大师，甚至清末民初诸大师，包括他的弟子梁启超在内，他在学术上是没有建树的。

总之，谦虚是美德，但必须掌握分寸，注意东西。在东方谦虚涵盖的范围广，不能施之于西方，此不可不注意者。然而，不管东方或西方，必须出之以真诚。有意的过分的谦虚就等于虚伪。

1998年10月3日

容　忍

人处在家庭和社会中，有时候恐怕需要讲点容忍的。

唐朝有一个姓张的大官，家庭和睦，美名远扬，一直传到了皇帝的耳中。皇帝赞美他治家有道，问他道在何处，他一气写了一百个“忍”字。这说得非常清楚：家庭中要互相容忍，才能和睦。这个故事非常有名。在旧社会，新年贴春联，只要门楣上写着“百忍家声”就知道这一家一定姓张。中国姓张的全以祖先的容忍为荣了。

但是容忍也并不容易。1935年，我乘西伯利亚铁路的车经苏联赴德国，车过中苏边界上的满洲里，停车四小时，由苏联海关检查行李。这是无可厚非的，入国必须检查，这是世界公例。但是，当时的苏联大概认为，我们这一帮人，从一个资本主义国家到另一个资本主义国家，恐怕没有好人，必须严查，以防万一。检查其他行李，我决无意见。但是，在哈尔滨买的一把最粗糙的铁皮壶，却成了被检查的首要对象。这里敲敲，那里敲敲，薄薄的一层铁皮决藏不下一颗炸弹的，然而他却敲打不止。我真有点无法容忍，想要发火。我身旁有一位年老的老外，是与我们同车的，看到我的神态，在我耳旁悄悄地说了句：Patience is the great virtue（容忍是很大的美德）。我对他微笑，表示致谢。我立即心平气和，天下太平。

看来容忍确是一件好事，甚至是一种美德。但是，我认为，也必须有一个界限。我们到了德国以后，就碰到这个问题。旧时欧洲流行决斗之风，谁污辱了谁，特别是谁的女情人，被污辱者一定要提出决斗，或用手枪，或用剑。普希金就是在决斗中被枪打死的。我们到了的时候，此风已息，但仍发生。我们几个中国留学生相约：如果外国人污辱了我们自身，我们要揣度形势，主要要容忍，以东方的恕道克制自己。但是，如果他们污辱我们的国家，则无论如何也要同他们玩儿命，决不容忍。这就是我们容忍的界限。幸亏这样的事情没有发生，否则我就活不到今天在这里舞笔弄墨了。

现在我们中国人的容忍水平，看了真让人气短。在公共汽车上，挤挤碰碰是常见的现象。如果碰了或者踩了别人，连忙说一声：“对不起！”就能够化干戈为玉帛，然而有不少人连“对不起”都不会说了。于是就相吵相骂，甚至于扭打，甚至打得头破血流。我们这个伟大的民族怎么竟变成了这个样子！我在自己心中暗暗祝愿：容忍兮，归来！

1996年12月17日

成　功

什么叫成功？顺手拿来一本《现代汉语词典》，上面写道："成功：获得预期的结果"，言简意赅，明白之至。

但是，谈到"预期"，则错综复杂，纷纭混乱。人人每时每刻每日每月都有大小不同的预期，有的成功，有的失败，总之是无法界定，也无法分类，我们不去谈它。

我在这里只谈成功，特别是成功之道。这又是一个极大的题目，我却只是小做。积七八十年之经验，我得到了下面这个公式：

天资＋勤奋＋机遇＝成功

"天资"，我本来想用"天才"；但天才是个稀见现象，其中不少是"偏才"，所以我弃而不用，改用"天资"，大家一看就明白。这个公式实在是过分简单化了，但其中的含义是清楚的。搞得太烦琐，反而不容易说清楚。

谈到天资，首先必须承认，人与人之间天资是不相同的，这是一个事实，谁也否定不掉。"十年浩劫"中，自命天才的人居然号召大批天才，葫芦里卖的是什么药，至今不解。到了今天，学术界和文艺界自命天才的人颇不稀见，我除了羡慕这些人"自我感觉过分良好"外，不敢赞一词。对于自己的天资，我看，还是客观一点好，实事求是一点好。

至于勤奋，一向为古人所赞扬。囊萤、映雪、悬梁、刺股等故事流传了千百年，家喻户晓。韩文公的"焚膏油以继晷，恒兀兀以穷年"，更为读书人所向往。如果不勤奋，则天资再高也毫无用处。事理至明，无待饶舌。

谈到机遇，往往为人所忽视。它其实是存在的，而且有时候影响极大。就以我自己为例，如果清华不派我到德国去留学，则我的一生完全不会像现在这个样子。

把成功的三个条件拿来分析一下，天资是由“天”来决定的，我们无能为力。机遇是不期而来的，我们也无能为力。只有勤奋一项完全是我们自己决定的，我们必须在这一项上狠下功夫。在这里，古人的教导也多得很。还是先举韩文公。他说：“业精于勤荒于嬉，行成于思毁于随。”这两句话是大家都熟悉的。

王静安在《人间词话》中说：“古今之成大事业大学问者必经过三种之境界：‘昨夜西风凋碧树。独上高楼，望尽天涯路’，此第一境也；‘衣带渐宽终不悔，为伊消得人憔悴’，此第二境也；‘众里寻他千百度，回头蓦见，那人正在，灯火阑珊处’，此第三境也。”静安先生第一境写的是预期。第二境写的是勤奋。第三境写的是成功。其中没有写天资和机遇。我不敢说，这是他的疏漏，因为写的角度不同。但是，我认为，补上天资与机遇，似更为全面。我希望，大家都能拿出“衣带渐宽终不悔”的精神来从事做学问或干事业，这是成功的必由之路。

2000年1月7日

谈礼貌

眼下，即使不是百分之百的人，也是绝大多数的人，都抱怨现在社会上不讲礼貌。这是完全有事实作根据的。前许多年，当时我腿脚尚称灵便，出门乘公共汽车的时候多，几乎每一次我都看到在车上吵架的人，甚至动武的人。起因都是微不足道的：你碰了我一下，我踩了你的脚，如此等等。试想，在拥拥挤挤的公共汽车上，谁能不碰谁呢？这样的事情也值得大动干戈吗？

曾经有一段时间，有关的机关号召大家学习几句话："谢谢！""对不起！"等等。就是针对上述的情况而发的。其用心良苦，然而我心里却觉得不是滋味。一个有五千年文明的堂堂大国竟要学习幼儿园孩子们学说的话，岂不大可哀哉！

有人把不讲礼貌的行为归咎于新人类或新新人类。我并无资格成为新人类的同党，我已经是属于博物馆的人物了。但是，我却要为他们打抱不平。在他们诞生以前，有人早着了先鞭。不过，话又要说了回来。新人类或新新人类确实在不讲礼貌方面有所创造，有所前进，他们发扬光大了这种并不美妙的传统，他们（往往是一双男女）在光天化日之下，车水马龙之中，拥抱接吻，旁若无人，洋洋自得，连在这方面比较不拘细节的老外看了都目瞪口呆，惊诧不已。古人说："闺房之内，有甚于画眉者。"这是两口子的私事，谁也管不着。但这是在闺房之内的事，现在竟几乎要搬到大街上来，虽然还没有到"甚于画眉"的水平，可是已经很可观了。新人类还要新到什么程度呢？

如果一个人孤身住在深山老林中，你愿意怎样都行。可我们是处在社会中，这就要讲究点人际关系。人必自爱而后人爱之。没有礼貌是目中无人的一种表现，是自私自利的一种表现，如果这样的人多了，必然产生与社会不协调的后果。千万不要认为这是个人小事而掉以轻心。

现在国际交往日益频繁，不讲礼貌的恶习所产生的恶劣影响已经不局限于国内，而是会流布全世界。前几年，我看到过一个什么电视片，是由一个意大利著名摄影家拍摄的，主题是介绍北京情况的。北京的名胜古迹当然都包罗无遗，但是，我的眼前忽然一亮：一个光着膀子的胖大汉子骑自行车双手撒把做打太极拳状，飞驰在天安门前宽广的大马路上。给人的形象是野蛮无礼。这样的形象并不多见。然而却没有逃过一个老外的眼光。我相信，这个电视片是会在全世界都放映的。它在外国人心目中会产生什么影响，不是一清二楚了吗？

最后，我想当一个文抄公，抄一段香港《公正报》上的话：

富者有礼高质，贫者有礼免辱，父子有礼慈孝，兄弟有礼和睦，夫妻有礼情长，朋友有礼义笃，社会有礼祥和。

2001年1月29日

知足知不足

曾见冰心老人为别人题座右铭："知足知不足，有为有不为。"言简意赅，寻味无穷。特写短文两篇，稍加诠释。先讲知足知不足。

中国有一句老话："知足常乐。"为大家所遵奉。什么叫"知足"呢？还是先查一下字典吧。《现代汉语词典》说："知足满足于已经得到的（指生活、愿望等）。"如果每个人都能满足于已经得到的东西，则社会必能安定，天下必能太平，这个道理是显而易见的。可是社会上总会有一些人不安分守己，癞蛤蟆想吃天鹅肉。这样的人往往要栽大跟头的。对他们来说，"知足常乐"这句话就成了灵丹妙药。

但是，知足或者不知足也要分场合的。在旧社会，穷人吃草根树皮，阔人吃燕窝鱼翅。在这样的场合下，你劝穷人知足，能劝得动吗？正相反，应当鼓励他们不能知足，要起来斗争。这样的不知足是正当的，是有重大意义的，它能伸张社会正义，能推动人类社会前进。

除了场合以外，知足还有一个分（fèn）的问题。什么叫分？笼统言之，就是适当的限度。人们常说的"安分""非分"等等，指的就是限度。这个限度也是极难掌握的，是因人而异、因地而异的。勉强找一个标准的话，那就是"约定俗成"。我想，冰心老人之所以写这一句话，其意不过是劝人少存非分之想而已。

至于知不足，在汉文中虽然字面上相同，其涵义则有差别。这里所谓"不足"，指的是"不足之处"，"不够完美的地方"。这句话同"自知之明"有联系。

自古以来，中国就有一句老话："人贵有自知之明。"这一句话暗示给我们，有自知之明并不容易，否则这一句话就用不着说了。事实上也确实如此。

就拿现在来说，我所见到的人，大都自我感觉良好。专以学界而论，有的人并没有读几本书，却不知天高地厚，以天才自居，靠自己一点小聪明——这能算得上聪明吗？——狂傲恣睢，骂尽天下一切文人，大有用一管毛锥横扫六合之概，令明眼人感到既可笑，又可怜。这种人往往没有什么出息。因为，又有一句中国老话：“学如逆水行舟，不进则退。”还有一句中国老话：“学海无涯。”说的都是真理。但在这些人眼中，他们已经穷了学海之源，往前再没有路了，进步是没有必要的。他们除了自我欣赏之外，还能有什么出息呢？

古代希腊人也认为自知之明是可贵的，所以语重心长地说出了：“要了解你自己！”中国同希腊相距万里，可竟说了几乎是一模一样的话，可见这些话是普遍的真理。中外几千年的思想史和科学史，也都证明了一个事实：只有知不足的人才能为人类文化作出贡献。

2001年2月21日

有为有不为

“为”，就是“做”。应该做的事，必须去做，这就是“有为”。不应该做的事必不能做，这就是“有不为”。

在这里，关键是“应该”二字。什么叫“应该”呢？这有点像仁义的“义”字。韩愈给“义”字下的定义是“行而宜之之谓义”。“义”就是“宜”，而“宜”就是“合适”，也就是“应该”，但问题仍然没有解决。要想从哲学上，从伦理学上，说清楚这个问题，恐怕要写上一篇长篇论文，甚至一部大书。我没有这个能力，也认为根本无此必要。我觉得，只要诉诸一般人都能够有的良知良能，就能分辨清是非善恶了，就能知道什么事应该做，什么事不应该做了。

中国古人说：“勿以善小而不为，勿以恶小而为之。”可见善恶是有大小之别的，应该不应该也是有大小之别的，并不是都在一个水平上。什么叫大，什么叫小呢？这里也用不着烦琐的论证，只须动一动脑筋，睁开眼睛看一看社会，也就够了。

小恶、小善，在日常生活中随时可见，比如，在公共汽车上给老人和病人让座，能让，算是小善；不能让，也只能算是小恶，够不上大逆不道。然而，从那些一看到有老人或病人上车就立即装出闭目养神的样子的人身上，不也能由小见大看出了社会道德的水平吗？

至于大善大恶，目前社会中也可以看到，但在历史上却看得更清楚。比如宋代的文天祥。他为元军所虏。如果他想活下去,屈膝投敌就行了，不但能活，而且还能有大官做，最多是在身后被列入“贰臣传”，“身后是非谁管得”，管那么多干吗呀。然而他却高赋《正气歌》，从容就义，留下英名万古传，至今还在激励着我们全国人民的爱国热情。

通过上面举的一个小恶的例子和一个大善的例子，我们大概对大小善和大小恶能够得到一个笼统的概念了。凡是对国家有利，对人民有利，对人类发展前途有利的事情就是大善，反之就是大恶。凡是对处理人际关系有利，对保持社会安定团结有利的事情可以称之为小善，反之就是小恶。大小之间有时难以区别，这只不过是一个大体的轮廓而已。

大小善和大小恶有时候是有联系的。俗话说："千里之堤，溃于蚁穴。"拿眼前常常提到的贪污行为而论，往往是先贪污少量的财物，心里还有点打鼓。但是，一旦得逞，尝到甜头，又没被人发现，于是胆子越来越大，贪污的数量也越来越多，终至于一发而不可收拾，最后受到法律的制裁，悔之晚矣。也有个别的识时务者，迷途知返，就是所谓浪子回头者，然而难矣哉！

我的希望很简单，我希望每个人都能有为有不为。一旦"为"错了，就毅然回头。

2001年2月23日

隔膜

鲁迅先生曾写过关于“隔膜”的文章，有些人是熟悉的。鲁迅的“隔膜”，同我们平常使用的这个词儿的含义不完全一样。我们平常所谓“隔膜”是指“情意不相通，彼此不了解”。鲁迅的“隔膜”是单方面的以主观愿望或猜度去了解对方，去要求对方。这样做，鲜有不碰钉子者。这样的例子，在中国历史上并不稀见。即使有人想“颂圣”，如果隔膜，也难免撞在龙犄角上，一命呜呼。

最近读到韩昇先生的文章《隋文帝抗击突厥的内政因素》(《欧亚学刊》第二期)，其中有几句话：

> 对此，从种族性格上斥责突厥“反复无常”，其出发点是中国理想主义感情性的“义”观念。国内伦理观念与国际社会现实的矛盾冲突，在中国对外交往中反复出现，深值反思。这实在是见道之言，值得我们深思。我认为，这也是一种“隔膜”。

记得当年在大学读书时，适值“九一八”事件发生，日军入寇东北。当中国军队实行不抵抗主义，南京政府同时又派大员赴日内瓦国联（相当于今天的联合国）控诉，要求国联伸张正义。当时我还属于隔膜党，义愤填膺，等待着国际伸出正义之手。结果当然是落了空。我颇恨恨不已了一阵子。

在这里，关键是什么叫“义”？什么叫“正义”？韩文公说：“行而宜之之谓义。”可是“宜之”的标准是因个人而异的，因民族而异的，因国家而异的，因立场不同而异的。不懂这个道理，就是“隔膜”。

懂这个道理，也并不容易。我在德国住了十年，没有看到有人在大街上吵架，也很少看到小孩子打架。有一天，我看到就在我窗外马路对面的人行道上，两个男孩在打架，一个大的约十三四岁，一个小的只有约七八岁，个子相差一截，力量悬殊明显。不知为什么，两个人竟干起架来。不到一个回合，小的被打倒在地，哭了几声，立即又爬起来继续交手，当然又被打倒在地。如此被打倒了几次，小孩边哭边打，并不服输，日耳曼民族的特性昭然可见。此时周围已经聚拢了一些围观者。我总期望，有一个人会像在中国一样，主持正义，说一句："你这么大了，怎么能欺负小的呢！"但是没有。最后还是对门住的一位老太太从窗子里对准两个小孩泼出了一盆冷水，两个小孩各自哈哈大笑，战斗才告结束。

这件小事给了我一个重要的教训：在西方国家眼中，谁的拳头大，正义就在谁手里，我从此脱离了隔膜党。

今天，我们的国家和人民都变得更加聪明了，与隔膜的距离越来越远了。我们努力建设我们的国家，使人民的生活水平越来越提高。对外我们决不侵略别的国家，但也决不允许别的国家侵略我们。我们也讲主持正义，但是，这个正义与隔膜是不搭界的。

2001年2月27日

论恐惧

法国大散文家和思想家蒙田写过一篇散文《论恐惧》。他一开始就说：

我并不像有人认为的那样是研究人类本性的学者，对于人为什么恐惧所知甚微。

我当然更不是一个研究人类本性的学者，虽然在高中时候读过心理学这样一门课，但其中是否讲到过恐惧，早已忘到爪哇国去了。

可我为什么现在又写《论恐惧》这样一篇文章呢？

理由并不太多，也谈不上堂皇。只不过是因为我常常思考这个问题，而今又受到了蒙田的启发而已。好像是蒙田给我出了这样一个题目。

根据我读书思考的结果，也根据我自己的经验，恐惧这一种心理活动和行动是异常复杂的，绝不是三言两语所能说得清楚的。人们可以从很多角度来探讨恐惧问题，我现在谈一下我自己从一个特定角度上来研究恐惧现象的想法，当然也只能极其概括，极其笼统地谈。

我认为，应当恐惧而恐惧者是正常的。应当恐惧而不恐惧者是英雄。我们平常所说的从容镇定，处变不惊，就是指的这个。不应当恐惧而恐惧者是孱头。不应当恐惧而不恐惧者也是正常的。

两个正常的现象用不着讲，我现在专讲三两个不正常的现象。要举事例，那就不胜枚举。我索性专门从《晋书》里面举出两个事例，两个都与苻坚有关。《谢安传》中有一段话：

玄等既破坚，有驿书至，安方对客围棋，看书既，竟便摄放床上，了无喜色，棋如故。客问之，徐答曰：“小儿辈遂已破贼。”

苻坚大兵压境，作为大臣的谢安理当恐惧不安，然而他竟这样从容镇定，至今传颂不已。所以我称之为英雄。

《晋书·苻坚传》有下面这几段话：

谢石等以既败梁成，水陆继进。坚与苻融登城而望王师，见部阵齐整，将士精锐，又北望山上草木皆类人形，顾谓融曰：“此亦劲敌也，何谓少乎！”怃然有惧色。

下面又说：

坚大惭，顾谓其夫人张氏曰：“朕若用朝臣之言，岂见今日之事耶！当何面目复临天下乎！”潸然流涕而去，闻风声鹤唳，皆谓晋师之至。

这活生生地画出了一个孱头。敌兵压境，应当振作起来，鼓励士兵，同仇敌忾，可是苻坚自己却先泄了气。这样的人不称为孱头，又称之为什么呢？结果留下了两句著名的话：“风声鹤唳，草木皆兵。”至今还流传在人民的口中，也可以说是流什么千古了。

如果想从《论恐惧》这一篇短文里吸取什么教训的话，那就是明明白白地摆在眼前的。我们都要锻炼自己，对什么事情都不要惊慌失措，而要处变不惊。

2001年3月13日

坏　人

积将近九十年的经验，我深知世界上确实是有坏人的。乍看上去，这个看法的智商只能达到小学一年级的水平。这就等于说“每个人都必须吃饭”那样既真实又平庸。

可是事实上我顿悟到这个真理，是经过了长时间的观察与思考的。

我从来就不是性善说的信徒，毋宁说我是倾向性恶说的。古书上说“天命之谓性”，“性”就是我们现在常说的“本能”，而一切生物的本能是力求生存和发展，这难免引起生物之间的矛盾，性善又何从谈起呢？

那么，什么又叫做“坏人”呢？记得鲁迅曾说过，干损人利己的事还可以理解，损人又不利己的事千万干不得。我现在利用鲁迅的话来给坏人作一个界定：干损人利己的事是坏人，而干损人又不利己的事，则是坏人之尤者。

空口无凭，不妨略举两例。一个人搬到新房子里，照例大事装修，而装修的方式又极野蛮，结果把水管凿破，水往外流。住在楼下的人当然首蒙其害，水滴不止，连半壁墙都浸透了。然而此人却不闻不问，本单位派人来修，又拒绝入门。倘若墙壁倒塌，楼下的人当然会受害，他自己焉能安全！这是典型的损人又不利己的例子。又有一位“学者”，对某一种语言连字母都不认识，却偏冒充专家，不但在国内蒙混过关，在国外也招摇撞骗。有识之士皆嗤之以鼻。这又是一个典型的损人而不利己的例子。

根据我的观察，坏人，同一切有毒的动植物一样，是并不知道自己是坏人的，是毒物的。鲁迅翻译的《小约翰》里讲到一个有毒的蘑菇听人说它有毒，它说：这是人话。毒蘑菇和一切苍蝇、蚊子、臭虫等等，都不认为自己有毒。说它们有毒，它们大概也会认为：这是人话。可是被群众公推为坏人的人，他们难道能说：说他们是坏人的都是人话吗？如果这是“人话”的话，那么他们自己又是什么呢？

根据我的观察，我还发现，坏人是不会改好的。这有点像形而上学了。但是，我却没有办法。天下哪里会有不变的事物呢？哪里会有不变的人呢？我观察的几个“坏人”偏偏不变。几十年前是这样，今天还是这样。我想给他们辩护都找不出词儿来。有时候，我简直怀疑，天地间是否有一种叫作“坏人基因”的东西？可惜没有一个生物学家或生理学家提出过这种理论。我自己既非生物学家，又非生理学家，只能凭空臆断。我但愿有一个坏人改变一下，改恶从善，堵住了我的嘴。

1999年7月24日

论朋友

人类是社会动物。一个人在社会中不可能没有朋友。任何人的一生都是一场搏斗。在这一场搏斗中，如果没有朋友，则形单影只，鲜有不失败者。如果有了朋友，则众志成城，鲜有不胜利者。

因此，在人类几千年的历史上，任何国家，任何社会，没有不重视交友之道的，而中国尤甚。在宗法伦理色彩极强的中国社会中，朋友被尊为五伦之一，曰“朋友有信”。我又记得什么书中说：“朋友，以义合者也。”“信”“义”涵义大概有相通之处。后世多以“义”字来要求朋友关系，比如《三国演义》“桃园三结义”之类就是。

《说文》对“朋”字的解释是：“凤飞，群鸟从以万数，故以为朋党字”。“凤”和“朋”大概只有轻唇音重唇音之别。对“友”的解释是“同志为友”。意思非常清楚。中国古代，肯定也有“朋友”二字连用的，比如《孟子》。《论语》：“有朋自远方来，不亦说乎！”却只用一个“朋”字。不知从什么时候起，“朋友”才经常连用起来。

在中国几千年的历史上，重视友谊的故事不可胜数。最著名的是管鲍之交，钟子期和伯牙的故事，等等。刘、关、张三结义更是有口皆碑。一直到今天，我们还讲究“哥儿们义气”，发展到最高程度，就是“为朋友两肋插刀”。只要不是结党营私，我们是非常重视交朋友的。我们认为，中国古代把朋友归入五伦是有道理的。

我们现在看一看欧洲人对友谊的看法。欧洲典籍数量虽然远远比不上中国，但是，称之为汗牛充栋也是当之无愧的。我没有能力来旁征博引，只能根据我比较熟悉的一部书来引证一些材料，这就是法国著名的《蒙田随笔》。

《蒙田随笔》上卷，第28章，是一篇叫做《论友谊》的随笔。其中有几句话：

> 我们喜欢交友胜过其他一切，这可能是我们本性所使然。亚里士多德说，好的立法者对友谊比对公正更关心。

寥寥几句，充分说明西方对友谊之重视。蒙田接着说：

> 自古就有四种友谊：血缘的、社交的、待客的和男女情爱的。

这使我立即想到，中西对友谊涵义的理解是不相同的。根据中国的标准，“血缘的”不属于友谊，而属于亲情。“男女情爱的”也不属于友谊，而属于爱情。对此，蒙田有长篇累牍的解释，我无法一一征引。我只举他对爱情的几句话：

> 爱情一旦进入友谊阶段，也就是说，进入意愿相投的阶段，它就会衰落和消逝。爱情是以身体的快感为目的，一旦享有了，就不复存在。相反，友谊越被人向往，就越被人享有，友谊只是在获得以后才会升华、增长和发展，因为它是精神上的，心灵会随之净化。

这一段话，很值得我们仔细推敲、品味。

1999年10月26日

三思而行

“三思而行”，是我们现在常说的一句话，是劝人做事不要鲁莽，要仔细考虑，然后行动，则成功的可能性会大一些，碰壁的可能性会小一些。

要数典而不忘祖，也并不难。这个典故就出在《论语·公冶长第五》：“季文子三思而后行。子闻之曰：‘再，斯可矣。’”这说明，孔老夫子是持反对意见的。吾家老祖宗文子（季孙行父）的三思而后行的举动，二千六七百年以来，历代都得到了几乎全天下人的赞扬，包括许多大学者在内。查一查《十三经注疏》，就能一目了然。《论语正义》说：“三思者，言思之多，能审慎也。”许多书上还表扬了季文子，说他是“忠而有贤行者”。甚至有人认为三思还不够。《三国志·吴书·诸葛恪传注》中说：有人劝恪“每事必十思”。可是我们的孔圣人却冒天下之大不韪，批评了季文子三思过多，只思二次（再）就够了。

这怎么解释呢？究竟谁是谁非呢？

我们必须先弄明白，什么叫“三思”。总起来说，对此有两个解释。一个是“言思之多”，这在上面已经引过。一个是“君子之谋也，始衷（中）终皆举之而后人焉”。这话虽为文子自己所说，然而孔子以及上万上亿的众人却不这样理解。他们理解，一直到今天，仍然是“多思”。

多思有什么坏处呢？又有什么好处呢？根据我个人几十年来的体会，除了下围棋、象棋等等以外，多思有时候能使人昏昏，容易误事。平常骂人说是“不孝子孙”，意思是与先人的行动不一样的人。我是季文子的最“孝”子孙。我平常做事不但三思，而且超过三思，是否达到了人们要求诸葛恪做的“十思”，没做统计，不敢乱说。反正是思过来，思过去，越思越糊涂，终而至于头昏昏然，而仍不见行动，不敢行动。我这样一个过于细心的人，有时会误大事的。我觉得，碰到一件事，决不能不思而行，鲁莽行动。记得当年在德国时，法西斯统治正如火如荼。一些盲目崇拜希特勒的人，常常使用一个词儿Darauf-galngertum，意思是“说干就干，不必思考”。这是法西斯的做法，我们必须坚决扬弃。遇事必须深思熟虑。先考虑可行性，考虑的方面越广越好。然后再考虑不可行性，也是考虑的方面越广越好。正反两面仔细考虑完以后，就必须加以比较，作出决定，立即行动。如果你考虑正面，又考虑反面之后，再回头来考虑正面，又再考虑反面，那么，如此循环往复，终无宁日，最终成为考虑的巨人，行动的侏儒。

所以，我赞成孔子的“再，斯可矣”。

傻 瓜

天下有没有傻瓜？有的，但却不是被别人称做“傻瓜”的人，而是认为别人是傻瓜的人，这样的人自己才是天下最大的傻瓜。

我先把我的结论提到前面明确地摆出来，然后再条分缕析地加以论证。这有点违反胡适之先生的“科学方法”。他认为，这样做是西方古希腊亚里士多德首倡的演绎法，是不科学的。科学的做法是他和他老师杜威的归纳法，先不立公理或者结论，而是根据事实，用“小心的求证”的办法，去搜求证据，然后才提出结论。

我在这里实际上并没有违反“归纳法”。我是经过了几十年的观察与体会，阅尽了芸芸众生的种种相，去粗取精，去伪存真以后，才提出了这样的结论的。为了凸现它的重要性，所以提到前面来说。

闲言少叙。书归正传。有一些人往往以为自己最聪明。他们争名于朝，争利于世，锱铢必较，斤两必争。如果用正面手段，表面上的手段达不到目的的话，则也会用些负面的手段，暗藏的手段，来蒙骗别人，以达到损人利己的目的。结果怎样呢？结果是：有的人真能暂时得逞，“春风得意马蹄疾，一日看尽长安花”。大大地辉煌了一阵，然后被人识破，由座上客一变而为阶下囚。有的人当时就能丢人现眼。《红楼梦》中有两句话说：“机关算尽太聪明，反误了卿卿性命。”这话真说得又生动，又真实。我绝不是说，世界上人人都是这样子，但是，从中国到外国，从古代到现代，这样的例子还算少吗？

原因何在？原因就在于：这些人都把别人当成了傻瓜。

我们中国有几句尽人皆知的俗话：“善有善报，恶有恶报；不是不报，时候未到；时候一到，一切皆报。”这真是见道之言。把别人当傻瓜的人，归根结底，会自食其果。古代的统治者对这个道理似懂非懂。他们高叫：“民可使由之，不可使知之。”是想把老百姓当傻瓜，但又很不放心，于是派人到民间去采风，采来了不少政治讽刺歌谣。杨震是聪明人，对向他行贿者讲出了“四知”。他知道得很清楚：除了天知、地知、你知、我知之外，不久就会有一个第五知：人知。他是不把别人当作傻瓜的。还是老百姓最聪明。他们中的聪明人说：“若要人不知，除非己莫为。”他们不把别人当傻瓜。

可惜把别人当傻瓜的现象，自古亦然，于今尤烈。救之之道只有一条：不自作聪明，不把别人当傻瓜，从而自己也就不是傻瓜。哪一个时代，哪一个社会，只要能做到这一步，全社会就都是聪明人，没有傻瓜，全社会也就会安定团结。

毁　誉

好誉而恶毁，人之常情，无可非议。

古代豁达之人倡导把毁誉置之度外。我则另持异说，我主张把毁誉置之度内。置之度外，可能表示一个人心胸开阔，但是，我有点担心，这有可能表示一个人的糊涂或颟顸。

我主张对毁誉要加以细致的分析。首先要分清：谁毁你？谁誉你？在什么时候？在什么地方？由于什么原因？这些情况弄不清楚，只谈毁誉，至少是有点模糊。

我记得在什么笔记上读到过一个故事。一个人最心爱的人，只有一只眼。于是他就觉得天下人（一只眼者除外）都多长了一只眼。这样的毁誉能靠得住吗？

还有我们常常讲什么“党同伐异”，又讲什么“臭味相投”，等等。这样的毁誉能相信吗？

孔门贤人子路“闻过则喜”，古今传为美谈。我根本做不到，而且也不想做到，因为我要分析：是谁说的？在什么时候，在什么地点，因为什么而说的？分析完了以后，再定“则喜”，或是“则怒”。喜，我不会过头。怒，我也不会火冒十丈，怒发冲冠。孔子说：“野哉，由也！”大概子路是一个粗线条的人物，心里没有像我上面说的那些弯弯绕。

我自己有一个颇为不寻常的经验。我根本不知道世界上有某一位学者，过去对于他的存在，我一点都不知道，然而，他却同我结了怨。因为，我现在所占有的位置，他认为本来是应该属于他的，是我这个“鸠”把他这个“鹊”的“巢”给占据了。因此，勃然对我心怀不满。我被蒙在鼓里，很久很久，最后才有人透了点风给我。我不知道，天下竟有这种事，只能一笑置之。不这样又能怎样呢？我想向他道歉，挖空心思，也找不出丝毫理由。

大千世界，芸芸众生，由于各人禀赋不同，遗传基因不同，生活环境不同，所以各人的人生观、世界观、价值观、好恶观等等，都不会一样，都会有点差别。比如吃饭，有人爱吃辣，有人爱吃咸，有人爱吃酸，如此等等。又比如穿衣，有人爱红，有人爱绿，有人爱黑，如此等等。在这种情况下，最好是各人自是其是，而不必非人之非。俗语说："各人自扫门前雪，莫管他人瓦上霜。"这话本来有点贬义，我们可以正用。每个人都会有友，也会有"非友"，我不用"敌"这个词儿，避免误会。友，难免有誉；非友，难免有毁。碰到这种情况，最好抱上面所说的分析的态度，切不要笼而统之，一锅糊涂粥。

好多年来，我曾有过一个"良好"的愿望：我对每个人都好，也希望每个人对我都好。只望有誉，不能有毁。最近我恍然大悟，那是根本不可能的。如果真有一个人，人人都说他好，这个人很可能是一个极端圆滑的人，圆滑到琉璃球又能长只脚的程度。

1997年6月23日

论压力

《参考消息》今年7月3日以半版的篇幅介绍了外国学者关于压力的说法。我也正考虑这个问题，因缘和合，不免唠叨上几句。

什么叫“压力”？上述文章中说：“压力是精神与身体对内在与外在事件的生理与心理反应。”下面还列了几种特性，今略。我一向认为，定义这玩意儿，除在自然科学上可能确切外，在人文社会科学上则是办不到的。上述定义我看也就行了。

是不是每一个人都有压力呢？我认为，是的。我们常说，人生就是一场拼搏，没有压力，哪来的拼搏？佛家说，生、老、病、死、苦，苦也就是压力。过去的国王、皇帝，近代外国的独裁者，无法无天，为所欲为，看上去似乎一点压力都没有。然而他们却战战兢兢，时时如临大敌，担心边患，担心宫廷政变，担心被毒害被刺杀。他们是世界上最孤独的人，压力比任何人都大。大资本家钱太多了，担心股市升降，房地产价波动，等等。至于吾辈平民老百姓，“家家有一本难念的经”，这些都是压力，谁能躲得开呢？

压力是好事还是坏事？我认为是好事。从大处来看，现在全球环境污染，生态平衡破坏，臭氧层出洞，人口爆炸，新疾病丛生等等，人们感觉到了，这当然就是压力，然而压出来却是增强忧患意识，增强防范措施，这难道不是天大的好事吗？对一般人来说，法律和其他一切合理的规章制度，都是压力。然而这些压力何等好啊！没有它，社会将会陷入混乱，人类将无法生存。这个道理极其简单明了，一说就懂。我举自己作一个例子。我不是一个没有名利思想的人——我怀疑真有这种人，过去由于一些我曾经说过的原因，表面上看起来，我似乎是淡泊名利，其实那多半是假象。但是，到了今天，我已至望九之年，名利对我已经没有什么用，用不着再争名于朝，争利于市，这方面的压力没有了。但是却来了另一方面的压力，主要来自电台采访和报刊以及友人约写文章。这对我形成颇大的压力。以写文章而论，有的我实在不愿意写，可是碍于面子，不得不应。应就是压力。于是“拨冗”苦思，往往能写出有点新意的文章。对我来说，这就是压力的好处。

压力如何排除呢？粗略来分类，压力来源可能有两类：一被动，一主动。天灾人祸，意外事件，属于被动，这种压力，无法预测，只有泰然处之，切不可杞人忧天。主动的来源于自身，自己能有所作为。我的“三不主义”的第三条是“不嘀咕”，我认为，能做到遇事不嘀咕，就能排除自己造成的压力。

1998年7月8日

爱 情

一

人们常说，爱情是文艺创作的永恒主题。不同意这个意见的人，恐怕是不多的。爱情同时也是人生不可缺少的东西。即使后来出家当了和尚，与爱情完全“拜拜”，在这之前也曾趟过爱河，受过爱情的洗礼，有名的例子不必向古代去搜求，近代的苏曼殊和弘一法师就摆在眼前。

可是为什么我写《人生漫谈》已经写了三十多篇还没有碰爱情这个题目呢？难道爱情在人生中不重要吗？非也。只因它太重要，太普遍，但却又太神秘，太玄乎，我因而不敢去碰它。

中国俗话说：“丑媳妇迟早要见公婆的。”我迟早也必须写关于爱情的漫谈的。现在，适逢有一个机会：我正读法国大散文家蒙田的随笔《论友谊》这一篇，里面谈到了爱情。我干脆抄上几段，加以引申发挥，借他人的杯，装自己的酒，以了此一段公案。以后倘有更高更深刻的领悟，还会再写的。

蒙田说：我们不可能将爱情放在友谊的位置上。“我承认，爱情之火更活跃，更激烈，更灼热……但爱情是一种朝三暮四、变化无常的感情，它狂热冲动，时高时低，忽冷忽热，把我们系于一发之上。而友谊是一种普遍和通用的热情……再者，爱情不过是一种疯狂的欲望，越是躲避的东西越要追求……爱情一旦进入友谊阶段，也就是说，进入意愿相投的阶段，它就会衰弱和消逝。爱情是以身体的快感为目的，一旦享有了，就不复存在。”

总之，在蒙田眼中，爱情比不上友谊，不是什么好东西。我个人觉得，蒙田的话虽然说得太激烈，太偏颇，太极端，然而我们却不能不承认，它有合理的实事求是的一方面。

根据我个人的观察与思考，我觉得，世人对爱情的态度可以笼统分为两大流派：一派是现实主义，一派是理想主义。蒙田显然属于现实主义，他没有把爱情神秘化、理想化。如果他是一个诗人的话，他也决不会像一大群理想主义的诗人那样，写出些卿卿我我，鸳鸯蝴蝶，有时候甚至拿肉麻当有趣的诗篇，令普天下的才子佳人们击节赞赏。他干净利落地直言不讳，把爱情说成是“朝三暮四，变化无常的感情”。对某一些高人雅士来说，这实在有点大煞风景，仿佛在佛头上着粪一样。

我不才，窃自附于现实主义一派。我与蒙田也有不同之处：我认为，在爱情的某一个阶段上，可能有纯真之处，否则就无法解释日本青年恋人在相爱达到最高潮时有的就双双跳入火山口中，让他们的爱情永垂不朽。

二

像这样的情况，在日本恐怕也是极少极少的，在别的国家，则未闻之也。

当然，在别的国家也并不缺少歌颂纯真爱情的诗篇、戏剧、小说，以及民间传说。莎士比亚的《罗密欧与朱丽叶》，中国的梁山伯与祝英台是世所周知的。谁能怀疑这种爱情的纯真呢？专就中国来说，民间类似梁祝爱情的传说，还能够举出不少来。至于“誓死不嫁”和“誓死不娶”的真实的故事，则所在多有。这样一来，爱情似乎真同蒙田的说法完全相违，纯真圣洁得不得了啦。

我在这里想分析一个有名的爱情的案例。这就是杨贵妃和唐玄宗的爱情故事，这是一个古今艳称的故事。唐代大诗人白居易的《长恨歌》歌颂的就是这一件事。你看，唐玄宗失掉了杨贵妃以后，他是多么想念，多么情深：“夕殿萤飞思悄然，孤灯挑尽未成眠。”这一首歌最后两句诗是：“天长地久有时尽，此恨绵绵无绝期。”写得多么动人心魄，多么令人同情，好像他们两人之间的爱情真正纯真到了无以复加的程度。但是，常识告诉我们，爱情是有排他性的，真正的爱情不容有一个第三者。可是唐玄宗怎样呢？“后宫佳丽三千人”，小老婆真够多的。即使是“三千宠爱在一身”，这“在一身”能可靠吗？白居易以唐代臣子，竟敢乱谈天子宫闱中事，这在明清是绝对办不到的。这先不去说它，白居易真正头脑简单到相信这爱情是纯真的才加以歌颂吗？抑或另有别的原因？

这些封建的爱情“俱往矣”。今天我们怎样对待爱情呢？我明人不说暗话，我是颇有点同意蒙田的意见的。中国古人说：“食、色，性也。”爱情，特别是结婚，总是同“色”相联系的。家喻户晓的《西厢记》歌颂张生和莺莺的爱情，高潮竟是一幕“酬简”，也就是“以身相许”。个中消息，很值得我们参悟。

我们今天的青年怎样对待爱情呢？这我有点不大清楚，也没有什么青年人来同我这望九之年的老古董谈这类事情。据我所见所闻，那一套封建的东西早为今天的青年所扬弃。如果真有人想向我这爱情的盲人问道的话，我也可以把我的看法告诉他们的。如果一个人不想终生独身的话，他必须谈恋爱以至结婚。这是“人间正道”。但是千万别浪费过多的时间，终日卿卿我我，闹得神魂颠倒，处心积虑，不时闹点小别扭，学习不好，工作难成，最终还可能是“竹篮子打水一场空”。这真是何苦来！我并不提倡二人“一见倾心”，立即办理结婚手续。我觉得，两个人必须有一个互相了解的过程。这过程不必过长，短则半年，多则一年。余出来的时间应当用到刀刃上，搞点事业，为了个人，为了家庭，为了国家，为了世界。

三

已经写了两篇关于爱情的短文，但觉得仍然是言犹未尽，现在再补写一篇。像爱情这样平凡而又神秘的东西，这样一种社会现象或心理活动，即使再将篇幅扩大十倍，二十倍，一百倍，也是写不完的。补写此篇，不过聊补前两篇的一点疏漏而已。

在旧社会实行“父母之命，媒妁之言”的办法，男女青年不必伤任何脑筋，就入了洞房。我们可以说，结婚是爱情的开始。但是，不要忘记，也有“绿叶成荫子满枝”而终于不知爱情为何物的例子，而且数目还不算太少。到了现代，实行自由恋爱了，有的时候竟成了结婚是爱情的结束。西方和当前的中国，离婚率颇为可观，就是一个具体的例证。据说，有的天主教国家教会禁止离婚。但是，不离婚并不等于爱情能继续，只不过是外表上合而不离，实际上则各寻所欢而已。

爱情既然这样神秘，相爱和结婚的机遇——用一个哲学的术语就是偶然性——又极其奇怪，极其突然，决非我们个人所能掌握的。在困惑之余，东西方的哲人俊士束手无策，还是老百姓有办法，他们乞灵于神话。

一讲到神话，据我个人的思考，就有中外之分。西方人创造了一个爱神，叫做Jupiter或Cupid，是一个手持弓箭的童子。他的箭射中了谁，谁就坠入爱河，印度古代文化毕竟与欧洲古希腊、罗马有缘。他们也创造了一个叫作Kāmaolliva的爱神，也是手持弓箭，被射中者立即相爱，决不敢有违。这个神话当然是同一来源，此不见论。

在中国，我们没有“爱神”的信仰，我们另有办法。我们创造了一个月老，他手中拿着一条红线，谁被红线拴住，不管是相距多么远，天涯海角，恍若比邻，二人必然走到一起，相爱结婚。从前西湖有一座月老祠，有一副对联是天下闻名的：“愿天下有情人都成了眷属，是前生注定事莫错过姻缘。”多么质朴，多么有人情味！只有对某些人来说，“前生”和“姻缘”显得有点渺茫和神秘。可是，如果每一对夫妇都回想一下你们当初相爱和结婚的过程的话，你能否定月老祠的这一副对联吗？

我自己对这副对联是无法否认的，但又找不到“科学根据”。我倒是想忠告今天的年轻人，不妨相信一下。我对现在西方和中国青年人的相爱和结婚的方式，无权说三道四，只是觉得不大能接受。我自知年已望九，早已属于博物馆中的人物，我力避发九斤老太之牢骚，但有时又如骨鲠在喉不得不一吐为快耳。

1997年11月22日

我的美人观

说清楚一点，就是：我怎样看待美人。

纵观动物世界，我们会发现，在雌雄之间，往往是雄的漂亮、高雅，动人心魄，惹人瞩目。拿狮子来说，雄狮多么威武雄壮，英气磅礴。如果张口一吼，则震天动地，无怪有人称之为兽中之王。再拿孔雀来看，雄的倘一开屏，则遍体金碧耀目，非言语所能形容。仪态万方，令人久久不能忘怀。

但是，一讲到人美，情况竟完全颠倒过来。我们不知道，造物主囊中卖的是什么药。她（他，它）先创造人中雌（女人）。此时她大概心情清爽，兴致昂扬，精雕细琢，刮垢磨光。结果是创造出来的女子美妙、漂亮、悦目、闪光。她看到了自己的作品，左看右看，十分满意，不禁笑上脸庞。

但是，她立刻就想到，只造女人是不行的。这样怎么能传宗接代呢？必须再创造人中雌的对应物人中雄。这样创造活动才算完成。

这样想过，她立即着手创造人中雄。此时，她的心情比较粗疏，因此手法难以细腻。结果是，造出来的人中雄，一反禽兽的标格，显得有点粗陋。连她自己都并不怎样满意。但是，既然造出来了，就只能听之任之，不必再返工了。

到了此时，造物主老年忽发少年狂，决心在本来已经很秀丽、美妙、赏心悦目的人中雌中再创造几个出类拔萃、傲视群雌的超级美人。于是人类中就出现了西施、明妃、赵飞燕、貂蝉、二乔、杨贵妃、柳如是、董小宛、陈圆圆等等出类拔萃的超级美人。这样一来，在中国老百姓的中国史观中，就凭空增添了几分靓丽，几分滋润，几分光彩，几分清芬。

打油一首：

中华自古重美人，西施貂蝉论纷纭。

美人只今仍然在，各为神州添馨淳。

但是，我还是有问题的。世界文明古国，特别是亚洲文明古国，不止中国一个。为什么只有中国传留下来这么多超级美人，而别的国家则毫无所闻呢？我个人认为，这决不是一个无足轻重的问题。如果研究比较文化史，这个问题绝对躲不过去的。目前，我对于这个问题考虑得还不够深透。我只能说，中国老百姓的中国史观，是丰富多彩的，有滋有味的，不是一堆干巴巴的相斫书。

我现在越来越不安分了，越来胆子越大了。我想在太岁头上动一下土，探讨一下“美人”这个美字的含义。我没有研究过美学，只记得在很多年以前，中国美学论坛上忽然爆发了一场论战。我以一个外行人的身份，从窗外向论坛上瞥了一眼，只见专家们意气风发，舌剑唇枪争得极为激烈。有的学者主张，美是主观的。有的学者主张美是客观的。有的学者主张，美是主客观相结合的。像美这样扑朔迷离、玄之又玄的现象或者问题，一向难以得到大家一致同意的结论或者解释的。专家们讨论完了，一哄而散，问题仍然摆在那里，原封未动。

我想从一个我认为是新的观点中解决问题。我认为，美人之所以被称为美人，必然有其异于非美人者。但是，她们也只具有五官四肢，造物主并没有给她们多添上一官一肢，也没有挪动官肢的位置，只在原有的排列上卖弄了一点手法，使这个排列显得更匀称，更和谐，更能赏心悦目。

美人身上有多处美的亮点，我现在不可能一一研究。我只选其中一个最引人注意的来谈一谈，这就是细腰的问题。这是一个极老的问题；但是，无论多么古老，也古老不到蒙昧的远古。那时候，人类首要的问题是采集野果，填饱肚子。男女都整天奔波，男女的腰都是粗而又粗的。哪里有什么余裕来要妇女细腰呢？大概到了先秦时期，情况有了改变。《诗经》第一篇中的“苗条（窈窕）淑女，君子好逑”，苗条二字，无论怎样解释也离不开妇女的腰肢。先秦典籍中还有“楚王好细腰，宫中多饿死”的记载。可见此风在高贵不劳动的妇女中已经形成。流风所及，延续未断，可以说到今天也并没有停住。

中国古典诗词中，颇有一些描绘美人的文章。其中讲到美人的各个方面，细腰当然不会遗漏。我现在从宋词中选取几个例子，以见一斑。

1. 柳永《乐章集·木兰花》

酥娘一搦腰肢袅，回雪萦尘皆尽妙。几多狎客看无厌，一辈舞童功不到。星眸顾拍精神峭，罗袖迎风身段小。而今长大懒婆娑，只要千金酬一笑。

2. 柳永《乐章集·浪淘沙令》

有个人人，飞燕精神，急锵环佩上华茵。促拍尽随红袖举，风柳腰身。

3. 柳永《乐章集·合欢带》

身材儿、早是妖娆，算风措、实难描。一个肌肤浑似玉，更都来、占了千娇。妍歌艳舞，莺惭巧舌，柳妒纤腰。自相逢，便觉韩娥价减，飞燕声消。

4. 柳永《乐章集·少年游》

世间尤物意中人，轻细好腰身。

5. 秦观《淮海集·虞美人影》

妒云恨雨腰肢袅，眉黛不堪重扫。薄幸不来春老，羞带宜男草。

6. 秦观《淮海集·昭君怨》

隔叶乳鸦声软。啼断日斜阴转。杨柳小腰肢，画楼西。

7. 贺方回《万年欢》

吴都佳丽苗而秀，燕样腰身，按舞华茵。

8. 秦观《淮海集·满江红))

越艳风流，占天上、人间第一。须信道，绝尘标致，倾城颜色。翠绾垂螺双髻小。柳柔花媚娇无力。笑从来，到处只闻名，今相识。

9. 辛弃疾《临江仙))

小靥人怜都恶瘦，曲眉天与长颦。沉思欢事惜腰身。枕添离别泪，粉落却深匀。

宋词里面讲到细腰的地方，大体就是这样。遗漏几个地方，无关大局，不影响我的推论。

中国其他古典诗词中，也有关于细腰的叙述。因为同我要谈的主要问题无关，我就不谈了。

我现在的首要任务是解释一下，为什么细腰这个现象会同美联系起来。简捷了当地说一句话，我是想使用德国心理学家Lipps的“感情移入”的学说来解决这个问题。比如说，你看一个细腰的美女走在你的眼前，步调轻盈，柔软，好像是曹子建眼中的洛神。你一时失神，产生了感情移入的效应，仿佛与细腰女郎化为一体，得大喜悦，飘飘欲仙了。真诚的喜悦，同美感是互相沟通的。

谈　孝

孝，这个概念和行为，在世界上许多国家中都是有的，而在中国独为突出。中国社会，几千年以来就是一个宗法伦理色彩非常浓的社会，为世界上任何国家所不及。

中国人民一向视孝为最高美德。嘴里常说的，书上常讲的三纲五常，又是什么三纲六纪，哪里也不缺少父子这一纲。具体地应该说“父慈子孝”是一个对等的关系。后来不知道是怎么一来，只强调“子孝”，而淡化了“父慈”，甚至变成了“天下无不是的父母”。古书上说：“身体发肤，受之父母”，一个人的身体是父母给的，父母如果愿意收回去，也是可以允许的了。

历代有不少皇帝昭告人民：“以孝治天下”，自己还装模作样，尽量露出一副孝子的形象。尽管中国历史上也并不缺少为了争夺王位导致儿子弑父的记载。野史中这类记载就更多。但那是天子的事，老百姓则是绝对不能允许的。如果发生儿女杀父母的事，皇帝必赫然震怒，处儿女以极刑中的极刑：万剐凌迟。在中国流传时间极长而又极广的所谓“教孝”中，就有一些提倡愚孝的故事，比如王祥卧冰、割股疗疾等等都是迷信色彩极浓的故事，产生了不良的影响。

但是中华民族毕竟是一个极富于理性的民族。就在已经被视为经典的《孝经·谏诤章》中，我们可以读到下列的话：

> 昔者天子有诤臣七人，虽无道，不失其天下；诸侯有诤臣五人，虽无道，不失其国；大夫有诤臣三人，虽无道，不失其家；士有诤友，则身不离于令名；父有诤子，则身不陷于不义。故当不义，则子不可以不诤于父，臣不可以不诤于君；故当不义，则诤之，从父之令，又焉得为孝乎？

这话说得多么好呀，多么合情合理呀！这与“天下无不是的父母”这一句话形成了鲜明的对立。后者只能归入愚孝一类，是不足取的。

到了今天，我们应该怎样对待孝呢？我们还要不要提倡孝道呢？据我个人的观察，在时代变革的大潮中，孝的概念确实已经淡化了。不赡养老父老母，甚至虐待他们的事情，时有所闻。我认为，这是不应该的，是影响社会安定团结的消极因素。我们当然不能再提倡愚孝；但是，小时候父母抚养子女，没有这种抚养，儿女是活不下来的。父母年老了，子女来赡养，就不说是报恩吧，也是合乎人情的。如果多数子女不这样做，我们的国家和社会能负担起这个任务来吗？这对我们迫切要求的安定团结是极为不利的。这一点简单的道理，希望当今为子女者三思。

1999年5月14日

老　年

人确实是极为奇怪的动物，往往到了老年，还不承认自己老。我也并非例外。过了还历之年，有人喊自己“季老”，还觉得很刺耳，很不舒服。只是在到了耄耋之年，对这个称呼，才品出来了一点滋味，觉得有点舒服。我在任何方面都是后知后觉。天性如此，无可奈何。

我觉得，在人类前进的极长的历史过程中，每一代人都只是一条链子上的一个环。拿接力赛来作比，每一代人都是从前一代手中接过接力棒，跑完了一棒，再把棒递给后一代人。这就是人生。人生的意义与价值就在于认真负责地完成自己这一棒的任务。做到这一步，就可以心安理得了。古代印度人有人生四阶段的说法，是颇有见地的。

这个道理其实是极为明白易懂的，但是却极少解人。古代有一些人，主要是皇帝老子，梦想长生不老，结果当然是竹篮子打水，一场空。古代和近代，甚至当代，有一些人，到了老年愁这愁那；一方面为子孙积财，甚至不择手段；一方面又为自己的身后着想，修造坟场，筹建祠堂。这是有钱人的事。没有钱的老年人心事更多，想为子孙积攒钱财，又力不从心，捉襟见肘。财积不成，又良心难安。等到大限来到之时，还是两手空空，抱着无限负疚的心情，去见阎罗大王。大概在望乡台上，还是老泪纵横哩。

最近翻看明人笔记，在一本名叫《霏雪录》的书里谈到了一段话，是抄的唐代大诗人白居易的一首自警诗，原诗是：

蚕老茧成不庇身，蜂饥蜜熟属他人。
须知年老忧家者，恐似二虫虚苦辛。

诗句明白易懂，道理浅显清楚。在中国历代著名的文人中，白居易活的年龄算是相当老的。他到了老年，有了这样的想法，通脱耐人寻味。这恐怕同他晚年的信仰有关。他信仰佛教，大概又受到了中国传统道教的影响。这一首诗可以帮助我们思考一些问题。

谈老年（一）

我已经到了望九之年，无论怎样说都只能说是老了。但是，除了眼有点不明，耳有点不聪，走路有点晃悠之外，没有什么老相。每天至少还能工作七八个小时。我没有什么老的感觉，有时候还会有点沾沾自喜。

可是我原来并不是这个样子的。

我生来就是一个性格内向、胆小怕事的人。我之所以成为现在这样一个人，完全是环境逼迫出来的。我向无大志。小学毕业后，我连报考赫赫有名的济南省立第一中学的勇气都没有，只报了一个“破正谊”。那种“大丈夫当如是也”的豪言壮语，我认为，只有英雄才能有，与我是不沾边的。

在寿命上，我也是如此。我的第一本账是最多能活到50岁，因为我的父母都只活到四十几岁，我绝不会超过父母的。然而，不知道怎么一来，五十之年在我身边倏尔而过，没有留下任何痕迹，我也根本没有想到过。接着是中国老百姓最忌讳的两个年龄：73岁，孔子之寿；84岁，孟子之寿。这两个年龄也像白驹过隙一般在我身旁飞过，也没有留下任何痕迹，我也根本没有想到过，到了现在，我就要庆祝米寿了。

早在50年代，我才40多岁，不知为什么忽发奇想，想到自己是否能活到21世纪。我生于1911年。必须能活到89岁才能见到21世纪，而89这个数字对于我这个素无大志的人来说，简直就是个天文数字。我阅读中外学术史和文学史，有一个别人未必有的习惯，就是注意传主的生年卒月，我吃惊地发现，古今中外的大学者和大文学家活到90岁的简直如凤毛麟角。中国宋代的陆游活到85岁，可能就是中国诗人之冠了。胆怯如我者，遥望21世纪，遥望89这个数字，有如遥望海上三山，山在虚无缥缈间，可望而不可即了。

陈岱孙先生长我11岁，是世纪的同龄人。当年在清华时，我是外语系的学生，他是经济系主任兼法学院院长，我们可以说是有师生关系。解放后，很长一段时间，我们俩同在全国政协，而且同在社会科学组，我们可以说又成了朋友，成了忘年交。陈先生待人和蔼，处世谨慎，从不说过分过激的话；但是，对我说话，却是相当随便的。他90岁的那一年，我还不到80岁。有一天，他对我说："我并没有感到自己老了。"我当时颇有点吃惊：难道90岁还不能算是老吗？可是，人生真如电光石火，时间真是转瞬即逝，曾几何时，我自己也快到90岁了。不可能的事情成为可能了；不可信的事情成为可信了。"此中有真意，欲辩已无言"。奈之何哉！

1999年7月19日

谈老年（二）

即使自己没有老的感觉，但是老毕竟是一个事实。于是我也就常常考虑老的问题，注意古今中外诗人、学者涉及老的篇章。在这方面，篇章异常多，内容异常复杂。约略言之，可能有以下几种情况：最普遍最常见的是叹老嗟贫。这种态度充斥于文人的文章中和老百姓的俗话中。老与贫皆非人之所愿，然而谁也回天无力，在万般无奈的情况下，只能叹而且嗟，聊以抒发郁闷而已，其次是故作豪言壮语，表面强硬，内实虚弱。最有名的最为人所称誉的曹操的名作：

老骥伏枥，志在千里。烈士暮年，壮心不已。

初看起来气粗如牛；仔细品味，实极空洞。这有点像在深夜里一个人独行深山野林中故意高声唱歌那样，流露出来的正是内心的胆怯。

对老年这种现象进行平心静气的肌擘理分的文章，在中国好像并不多。最近偶尔翻看杂书，读到了两本书，其中有两篇关于老年的文章，合乎我提到的这个标准，不妨介绍一下。

先介绍古罗马西塞罗（公元前106—前43年）的《论老年》。他是有名的政治家、演说家和散文家。《论老年》是他的《三论》之一。西塞罗先介绍了一位活到107岁的老人的话："我并没有觉得老年有什么不好。"这就为本文定了调子。接着他说：

老年之所以被认为不幸福有四个理由：第一是，它使我们不能从事积极的工作；第二是，它使身体衰弱；第三是，它几乎剥夺了我们所有感官上的快乐；第四是，它的下一步就是死。

他接着分析了这些说法有无道理。他逐项进行了细致的分析，并得出了有积极意义的答复。我在这里只想对第四项作一点补充。老年的下一步就是死，这毫无问题。然而中国俗话说："黄泉路上无老少。"任何年龄的人都可能死的，也可以说，任何人的下一步都是死。

最后，西塞罗讲到他自己老年的情况。他编纂《史源》第七卷，搜集资料，撰写论文。他接着说：

> 此外，我还在努力学习希腊文；并且，为了不让自己的记忆力衰退，我仿效毕达哥拉斯派学者的方法，每天晚上把我一天所说的话、所听到或所做的事情再复述一遍……我很少感到自己丧失体力……我做这些事情靠的是脑力，而不是体力。即使我身体很弱，不能做这些事情，我也能坐在沙发上享受想象之乐……因为一个总是在这些学习和工作中讨生活的人，是不会察觉自己老之将至的。

这些话说得多么具体而真实呀。我自己的做法同西塞罗差不多。我总不让自己的脑筋闲着，我总在思考着什么，上自宇宙，下至苍蝇，我无所不想。思考锻炼看似是精神的，其实也是物质的。我之所以不感到老之已至，与此有紧密关联。

1999年7月20日

谈老年（三）

我现在介绍一下法国散文大家蒙田关于老年的看法，蒙田大名鼎鼎，昭如日月。但是，我对他的散文随笔却有与众不同的看法。他的随笔极多，他愿意怎样写，就怎样写；愿停就停，愿起就起。颇符合中国一些评论家的意见。我则认为，文章必须惨淡经营，这样松松散散，是没有艺术性的表现。尽管蒙田的思想十分深刻，入木三分，但是这是哲学家的事。文学家可以有这种本领，但文学家最关键的本领是艺术性。

在《蒙田随笔》中有一篇论西塞罗的文章，意思好像是只说他爱好虚荣，对他的文章则只字未提。《蒙田随笔》三卷集最后一篇随笔是《论年龄》，其中涉及老年。在这篇随笔中，同其他随笔一样，文笔转弯抹角，并不豁亮，有古典，也有“今典”，颇难搞清他的思路。蒙田先讲，人类受大自然的摆布，常遭不测，不容易活到预期的寿命。他说：“老死是罕见的、特殊的、非一般的。”这话不易理解。下面他又说道，人的活力20岁时已经充分显露出来。他还说，人的全部丰功伟业，不管何种何类，不管古今，都是30岁以前而非以后创立的。这意见，我认为也值得商榷。最后，蒙田谈到老年，“有时是身躯首先衰老；有时也会是心灵。”这是符合实际情况的。

蒙田就介绍到这里。

我在上面说到，古今中外谈老年的诗文极多极多，不可能，也不必一一介绍。在这里，我想，有的读者可能要问：“你虽然不感老之已至，但是你对老年的态度怎样呢？”

这问题问得好，是地方，也是时候，我不妨回答一下。我是曾经死过一次的人。读者诸君，千万不要害怕，我不是死鬼显灵，而是活生生的人。所谓“死过一次”，只要读过我的《牛棚杂忆》就能明白，不必再细说。总之，从

1967年12月以后，我多活一天，就等于多赚了一天，算到现在，我已经多活了，也就是多赚了三十多年了，已经超过了我满意的程度。死亡什么时候来临，对我来说都是无所谓的，我随时准备着开路，而且无悔无恨。我并不像一些魏晋名士那样，表面上放浪形骸，不怕死亡，其实他们的狂诞正是怕死的表现。如果真正认为死亡是微不足道的事，何必费那么大劲装疯卖傻呢?

根据我上面说的那个理由，我自己的确认为死亡是微不足道、极其自然的事。连地球，甚至宇宙有朝一日也会灭亡。戋戋者人类何足挂齿！我是陶渊明的信徒，是听其自然的，“应尽便须尽，何必独多虑!”但是，我还想说明，活下去，我是高兴的。不过，有一个条件，我并不是为活着而活着。我常说，吃饭为了活着，但活着并不是为了吃饭。我对老年的态度约略如此，我并不希望每个人都跟我抱同样的态度。

1999年7月21日

老年四“得”

著名的历史学家周一良教授，在他去世前的一段时间内，在一些公开场合，讲了他的或者他听到的老年健身法门。每一次讲，他都是眉开眼笑、眉飞色舞，十分投入。他讲了四句话：吃得进，拉得出，睡得着，想得开。这话我曾听过几次。我在心里第一个反应是：这有什么好讲的呢？不就是这样子吗？

一良先生不幸逝世以后，迫使我时常想到一些与他有关的事情，以上四句话，四个“得”，当然也在其中。我越想越觉得，这四句话确实很平凡；但是，人世间真正的真理不都是平凡的吗？真理蕴藏于平凡中，世事就是如此。

前三句话，就是我们所说的吃喝拉撒睡那一套，是每一个人每天都必须处理的，简直没有什么还值得考虑和研究的价值，但这是年青人和某一些中年人的看法。当年我在清华大学读书的时候，从来没想到这四个“得”的问题，因为它们不成问题。当时听说一个个子高大的同学患失眠症，我大惊失色。我睡觉总是睡不够的，一个人怎么会能失眠呢？失眠对我来说简直像是一个神话。至于吃和拉，更是不在话下。每一顿饭，如果少吃了一点，则不久就感到饿意。二战期间我在德国时，饿得连地球都想吞下去（借用俄国文豪果戈里《巡按使》中的话）。有一次下乡帮助农民摘苹果，得到四五斤土豆，我回家后一顿吃光，幸而没有撑死。怎么能够吃不下呢？直到八十岁，拉对我也从来没有成为问题。

可是，“如今一切都改变”。前三个“得”，对我都成问题了。三天两头，总要便秘一次。吃了三黄片或果导，则立即变为腹泻。弄得我束手无策，不知所措。至于吃，我可以说，现在想吃什么就有什么。然而有时却什么也不想吃。偶尔有点饿意，便大喜若狂，昭告身边的朋友们：“我害饿了！”睡眠则多年来靠舒乐安定过日子。不值一提了。

我认为，周一良先生的四“得”的要害是第四个，也就是“想得开”。人，虽自称为“万物之灵”，对于其他生物可以任意杀害，也并不总是高兴的。常言道："不如意事常八九，可与言人无二三"，这两句话对谁都适合。连叱咤风云的君王和大独裁者，以及手持原子弹吓唬别的民族的新法西斯头子，也不会例外。对待这种情况，万应神药只有一味，就是"想得开"。可惜绝大多数人做不到。尤其是我提到的三种人。他们想不开，也根本不想想得开。最后只能成为不齿于人类的狗屎堆。

想不开的事情很多，但统而言之不出名利二字，所谓"名缰利锁"者便是。世界上能有几人真正逃得出这个缰和这条锁？对于我们知识分子，名缰尤其难逃。逃不出的前车之鉴比比皆是。周一良先生的第四"得"，我们实在应深思。它不但适用于老年人，对中青年人也同样适用。

2002年6月16日

老年十忌

我已经在本栏写过谈老年的文章，意犹未尽，再写“十忌”。

忌，就是禁忌，指不应该做的事情。人的一生，都有一些不应该做的事情，这是共性。老年是人生的一个阶段，有一些独特的不应该做的事情，这是特性，老年禁忌不一定有十个。我因受传统的“十全大补”“某某十景”之类的“十”字迷的影响，姑先定为十个。将来或多或少，现在还说不准。骑驴看唱本，走着瞧吧。

一忌：说话太多

说话，除了哑巴以外，是每人每天必有的行动。有的人喜欢说话，有的人不喜欢，这决定于一个人的秉性，不能强求一律。我在这里讲忌说话太多，并没有“祸从口出”或“金人三缄其口”的涵义。说话惹祸，不在话多话少，有时候，一句话就能惹大祸。口舌惹祸，也不限于老年人，中年和青年都可能由此致祸。

我先举几个例子。

某大学有一位老教授，道德文章，有口皆碑。虽年逾耄耋，而思维敏锐，说话极有条理。不足之处是：一旦开口，就如悬河泄水，滔滔不绝；又如开了闸，再也关不住，水不断涌出。在那个大学里流传着一个传说：在学校召开的会上，某老一开口发言，有的人就退席回家吃饭，饭后再回到会场，某老谈兴正浓。据说有一次博士生答辩会，规定开会时间为两个半小时，某老参加，一口气讲了两个小时，这个会会是什么结果，答辩委员会的主席会有什么想法和措施，他会怎样抓耳挠腮，坐立不安，概可想见了。

另一个例子是一位著名的敦煌画家。他年轻的时候，头脑清楚，并不喜欢说话。一进入老境，脾气大变，也许还有点老年痴呆症的原因，说话既多又不清楚。有一年，在北京国家图书馆新建的大礼堂中召开中国敦煌吐鲁番学会的年会，开幕式必须请此老讲话。我们都知道他有这个毛病，预先请他夫人准备了一个发言稿，简捷而扼要，塞入他的外衣口袋里，再三叮嘱他，念完就退席。然而，他一登上主席台就把此事忘得一干二净，摆开架子，开口讲话，听口气是想从开天辟地讲起，如果讲到那一天的会议，中间至少有三千年的距离，主席有点沉不住气了。我们连忙采取紧急措施，把他夫人请上台，从他口袋里掏出发言稿，让他照念，然后下台如仪，会议才得以顺利进行。

类似的例子还可以举出一些来，我不再举了。根据我个人的观察，不是每一个老人都有这个小毛病，有的人就没有。我说它是“小毛病”，其实并不小。试问，我上面举出的开会的例子，难道那还不会制造极为尴尬的局面吗？当然，话又说了回来，爱说长话的人并不限于老年，中青年都有，不过以老年为多而已。因此，我编了四句话，奉献给老人：年老之人，血气已衰；刹车失灵，戒之在说。

二忌：倚老卖老

五十年代和六十年代前期，中国政治生活还比较（我只说是“比较”）正常的时候，周恩来招待外宾后，有时候会把参加招待的中国同志在外宾走后留下来，谈一谈招待中有什么问题或纰漏，有点总结经验的意味。这时候刚才外宾在时严肃的场面一变而为轻松活泼，大家都争着发言，谈笑风生，有时候一直谈到深夜。

有一次，总理发言时使用了中国常见的“倚老卖老”这个词儿。翻译一时有点迟疑，不知道怎样恰如其分地译成英文。总理注意到了，于是在客人走后就留下中国同志，议论如何翻译好这个词儿。大家七嘴八舌，最终也没能得出满意的结论。我现在查了两部《汉英词典》，都把这个词儿译为：To take advantage of one’s seniority or old age. 意思是利用自己的年老，得到某一些好处，比如脱落形迹之类。我认为基本能令人满意的；但是“达到脱落形迹的目的”，似乎还太狭隘了一点，应该是“达到对自己有利的目的”。

人世间确实不乏“倚老卖老”的人，学者队伍中更为常见。眼前请大家自己去找。我讲点过去的事情，故事就出在清吴敬梓的《儒林外史》中。吴敬梓有刻画人物的天才，着墨不多，而能活灵活现。第十八回，他写了两个时文家。胡三公子请客：

> 四位走进书房，见上面席间先坐着两个人，方巾白须，大模大样，见四位进来，慢慢立起身。严贡生认得，便上前道："卫先生、随先生都在这里，我们公揖。"当下作过了揖，请诸位坐。那卫先生、随先生也不谦让，仍旧上席坐了。

倚老卖老，架子可谓十足。然而本领却并不怎么样，他们的诗，"且夫""尝谓"都写在内，其余也就是文章批语上采下来的几个字眼。一直到今天，倚老卖老，摆老架子的人大都如此。

平心而论，人老了，不能说是什么好事，老态龙钟，惹人厌恶；但也不能说是什么坏事。人一老，经验丰富，识多见广。他们的经验，有时会对个人甚至对国家是有些用处的。但是，这种用处是必须经过事实证明的，自己一厢情愿地认为有用处，是不会取信于人的。另外，根据我个人的体验与观察，一个人，老年人当然也包括在里面，最不喜欢别人瞧不起他。一感觉到自己受了怠慢，心里便不是滋味，甚至怒从心头起，拂袖而去。有时闹得双方都不愉快，甚至结下怨仇。这是完全要不得的。一个人受不受人尊敬，完全决定了你有没有值得别人尊敬的地方。在这里，摆架子，倚老卖老，都是枉然的。

三忌：思想僵化

人一老，在生理上必然会老化；在心理上或思想上，就会僵化。此事理之所必然，不足为怪。要举典型，有鲁迅的九斤老太在。

从生理上来看，人的躯体是由血、肉、骨等物质的东西构成的，是物质的东西就必然要变化、老化，以至消逝。生理的变化和老化必然影响心理或思想，这是无法抗御的。但是，变化、老化或僵化却因人而异，并不能一视同仁。有的人早，有的人晚；有的人快，有的人慢。所谓老年痴呆症，只是老化的一个表现形式。

空谈无补于事，试举一标本，加以剖析。远在天边，近在眼前，标本就是我自己。

我已届九旬高龄，古今中外的文人能活到这个年龄者只占极少数。我不相信这是由于什么天老爷、上帝或佛祖的庇佑，而是享了新社会的福。现在，我目虽不太明，但尚能见物；耳虽不太聪，但尚能闻声。看来距老年痴呆和八宝山还有一段距离，我也还没有这样的计划。

但是，思想僵化的迹象我也是有的。我的僵化同别人或许有点不同：它一半自然，一半人为；前者与他人共之，后者则为我所独有。

我不是九斤老太一党，我不但不认为“一代不如一代”，而且确信“雏凤清于老凤声”。可是最近几年来，一批“新人类”或“新新人类”脱颖而出，他们好像是一批外星人，他们的思想和举止令我迷惑不解，惶恐不安。这算不算是自然的思想僵化呢？

至于人为的思想僵化，则多一半是一种逆反心理在作祟。就拿穿中山装来作例子，我留德十年，当然是穿西装的。解放以后，我仍然有时改着西装。可是改革开放以来，不知从哪吹来了一股风，一夜之间，西装遍神州大地矣。我并不反对穿西装；但我不承认西装就是现代化的标志，而且打着领带锄地，我也觉得滑稽可笑。于是我自己就“僵化”起来，从此再不着西装，国内国外，大小典礼，我一律蓝色卡其布中山装一袭，以不变应万变矣。

还有一个“化”，我不知道怎样称呼它。世界科技进步，一日千里，没有科技，国难以兴，事理至明，无待赘言。科技给人类带来的幸福，也是有目共睹的。但是，它带来了危害，也无法掩饰。世界各国现在都惊呼环保，环境污染难道不是科技发展带来的吗？犹有进者。我突然感觉到，科技好像是龙虎山张天师镇妖瓶中放出来的妖魔，一旦放出来，你就无法控制。只就克隆技术一端言之，将来能克隆人，指日可待。一旦实现，则人类社会迄今行之有效的法律准则和伦理规范，必遭破坏。将来的人类社会变成什么样的社会呢？我有点不寒而栗。这似乎不尽属于“僵化”范畴，但又似乎与之接近。

四忌：不服老

服老，《现代汉语词典》的解释：“承认年老”，可谓简明扼要。人上了年纪，是一个客观事实，服老就是承认它，这是唯物主义的态度。反之，不承认，也就是不服老倒几近唯心了。

中国古代的历史记载和古典小说中，不服老的例子不可胜数，尽人皆知，无须列举。但是，有一点我必须在这里指出来：古今论者大都为不服老唱赞歌，这有点失于偏颇，绝对地无条件地赞美不服老，有害无益。

空谈无补，举几个实例，包括我自己。

1949年春夏之交，解放军进城还不太久，忘记了是出于什么原因，毛泽东的老师徐特立约我在他下榻的翠明庄见面。我准时赶到，徐老当时年已过八旬，从楼上走下，卫兵想去扶他，他却不停地用胳膊肘捣卫兵的双手，一股不服老的劲头至今给我留下了难忘的印象。

再一个例子是北大20年代的教授陈翰笙先生。陈先生生于1896年，跨越了三个世纪，至今仍然健在。他晚年病目失明，但这丝毫也没有影响了他的活动，有会必到。有人去拜访他，他必把客人送到电梯门口。有时还会对客人伸一伸胳膊，踢一踢腿，表示自己有的是劲。前几年，每天还安排时间教青年英文，分文不取。这样的不服老我是钦佩的。

也有人过于服老。年不到五十，就不敢吃蛋黄和动物内脏，怕胆固醇增高。这样的超前服老，我是不敢钦佩的。

至于我自己，我先讲一段经历。是在1995年，当时我已经达到了84岁高龄。然而我却丝毫没有感觉到，不知老之已至，正处在平生写作的第二个高峰中。每天跑一趟大图书馆，几达两年之久，风雪无阻。我已经有点忘乎所以了。一天早晨，我照例四点半起床，到东边那一单元书房中去写作。一转瞬间，肚子里向我发出信号：该填一填它了。一看表，已经六点多了。于是我放下笔，准备回西房吃早点。可是不知是谁把门从外面锁上了，里面开不开。我大为吃惊，回头看到封了顶的阳台上有一扇玻璃窗可以打开。我于是不假思索，立即开窗跳出，从窗口到地面约有一米八高。我一堕地就跌了一个大马趴，脚后跟有点痛。旁边就是洋灰台阶的角，如果脑袋碰上，后果真不堪设想，我后怕起来了。我当天上下午都开了会，第二天又长驱数百里到天津南开大学去作报告。脚已经肿了起来。第三天，到校医院去检查，左脚跟有点破裂。

我这样的不服老，是昏聩糊涂的不服老，是绝对要不得的。

我在上面讲了不服老的可怕，也讲到了超前服老的可笑。然则何去何从呢？我认为，在战略上要不服老，在战术上要服老，二者结合，庶几近之。

五忌：无所事事

这是一个比较复杂的问题，必须细致地加以分析，区别对待，不能一概而论。

达官显宦，在退出政治舞台之后，幽居府邸，“庭院深深深几许”，我辈槛外人无法窥知，他们是无所事事呢，还是有所事事，无从谈起，姑存而不论。

富商大贾，一旦钱赚够了，年纪老了，把事业交给儿子、女儿或女婿，他们是怎样度过晚年的，我们也不得而知，我们能知道的只是钞票不能拿来炒着吃。这也姑且存而不论。

说来说去，我所能够知道的只是工、农和知识分子这些平头老百姓。中国古人说：“一事不知，儒者之耻。”今天，我这个“儒者”却无论如何也没有胆量说这样的大话。我只能安分守己，夹起尾巴来做人，老老实实地只谈论老百姓的无所事事。

我曾到过承德，就住在避暑山庄对面的一个旅馆里。每天清晨出门散步，总会看到一群老人，手提鸟笼，把笼子挂在树枝上，自己则分坐在山庄门前的石头上，“闲坐说玄宗”。一打听，才知道他们多是旗人，先人是守卫山庄的八旗兵，而今老了，无所事事，只有提鸟笼子。试思：他们除了提鸟笼子外还能干什么呢？他们这种无所事事，不必探究。

北大也有一批退休的老工人，每日以提鸟笼为业。过去他们常聚集在我住房附近的一座石桥上，鸟笼也是挂在树枝上，笼内鸟儿放声高歌，清脆嘹亮。我走过时，也禁不住驻足谛听，闻而乐之。这一群工人也可以说是无所事事，然而他们又怎样能有所事事呢？

现在我只能谈我自己也是其中一分子，因而我最了解情况的知识分子。国家给年老的知识分子规定了退休年龄，这是合情合理的，应该感激的。但是，知识分子行当不同，身体条件也不相同。是否能做到老有所为，完全取决于自己，不取决于政府。自然科学和技术，我不懂，不敢瞎说。至于人文社会科学，则我是颇为熟悉的。一般说来，社会科学的研究不靠天才火花一时的迸发，而靠长期积累。一个人到了六十多岁退休的关头，往往正是知识积累和资料积累达到炉火纯青的时候。一旦退下，对国家和个人都是一个损失。有进取心有干劲者，可能还会继续干下去的。可是大多数人则无所事事。我在南北几个大学中都听到了有关“散步教授”的说法，就是一个退休教授天天在校园里溜达，成了全校著名的人物。我没同“散步教授”谈过话，不知道他们是怎样想的。估计他们也不会很舒服。锻炼身体，未可厚非。但是，整天这样“锻炼”，不也太乏味太单调了吗？学海无涯，何妨再跳进去游泳一番，再扎上两个猛子，不也会身心两健吗？蒙田说得好：“如果大脑有事可做，有所制约，它就会在想象的旷野里驰骋，有时就会迷失方向。”

六忌：提当年勇

我做了一个梦。

我驾着祥云或别的什么云，飞上了天宫，在凌霄宝殿多功能厅里，参加了一个务虚会。第一个发言的是项羽。他历数早年指挥雄师数十万，横行天下，各路诸侯皆俯首称臣，他是诸侯盟主，颐指气使，没有敢违抗者。鸿门设宴，吓得刘邦像一只小耗子一般。说到尽兴处，手舞足蹈，唾沫星子乱溅。这时忽然站起来了一位天神，问项羽：四面楚歌，乌江自刎是怎么一回事呀？项羽立即垂下了脑袋，仿佛是一个泄了气的皮球。

第二个发言的是吕布，他手握方天画戟，英气逼人。他放言高论，大肆吹嘘自己怎样戏貂婵，杀董卓，为天下人民除害；虎牢关力敌关、张、刘三将，天下无敌。正吹得眉飞色舞，一名神仙忽然高声打断了他的发言："白门楼上向曹操下跪，恳求饶命，大耳贼刘备一句话就断送了你的性命，是怎么一回事呢？"吕布面色立变，流满了汗，立即下台，像一只斗败了的公鸡。

第三个发言的是关羽。他久处天宫，大地上到处都有关帝庙，房子多得住不过来。他威仪俨然，放不下神架子。但发言时，一谈到过五关斩六将，用青龙偃月刀挑起曹操捧上的战袍时，便不禁圆睁丹凤眼，猛抖卧蚕眉，兴致淋漓，令人肃然。但是又忽然站起了一位天官，问道："夜走麦城是怎么一回事呢？"关公立即放下神架子，神色仓皇，脸上是否发红，不得而知，因为他的脸本来就是红的。他跳下讲台，在天宫里演了一出夜走麦城。

我听来听去，实在厌了，便连忙驾祥云回到大地上，正巧落在绍兴，又正巧阿Q被小D抓住辫子往墙上猛撞，阿Q大呼："我从前比你阔得多了！"可是小D并不买账。

谁一看都能知道，我的梦是假的。但是，在芸芸众生中，特别是在老年中，确有一些人靠自夸当年勇来过日子。我认为，这也算是一种自然现象。争胜好强也许是人类的一种本能。但一旦年老，争胜有心，好强无力，便难免产生一种自卑情结。可又不甘心自卑，于是只有自夸当年勇一途，可以聊以自慰。对于这种情况，别人是爱莫能助的。"解铃还须系铃人"，只有自己随时警惕。

现在有一些得了世界冠军的运动员有一句口头禅：从零开始。意思是，不管冠军或金牌多么灿烂辉煌，一旦到手，即成过去，从现在起又要从零开始了。

我觉得，从零开始是惟一正确的想法。

七忌：自我封闭

这里专讲知识分子，别的界我不清楚。但是，行文时也难免涉及社会其他阶层。

中国古人说："人生识字忧患始"。其实不识字也有忧患。道家说，万物方生方死。人从生下的一刹那开始，死亡的历程也就开始了。这个历程可长可短，长可能到100年或者更长，短则几个小时，几天，少年夭折者有之，英年早逝者有之，中年弃世者有之，好不容易，跌跌撞撞，坎坎坷坷，熬到了老年，早已心力交瘁了。

能活到老年，是一种幸福，但也是一种灾难。并不是每一个人都能活到老年，所以说是幸福；但是老年又有老年的难处，所以说是灾难。

老年人最常见的现象或者灾难是自我封闭。封闭，有行动上的封闭，有思想感情上的封闭，形式和程度又因人而异。老年人有事理广达者，有事理欠通达者。前者比较能认清宇宙万物以及人类社会发展的规律，了解到事物的改变是绝对的，不变是相对的，千万不要要求事物永恒不变。后者则相反，他们要求事物永恒不变；即使变，也是越变越坏，上面讲到的九斤老太就属于此类人。这一类人，即使仍然活跃在人群中，但在思想感情方面，他们却把自己严密地封闭起来了。这是最常见的一种自我封闭的形式。

空言无益，试举几个例子。

我在高中读书时，有一位教经学的老师，是前清的秀才或举人。《五经》和《四书》背得滚瓜烂熟，据说还能倒背如流。他教我们《书经》和《诗经》，从来不带课本，业务是非常熟练的。

可学生并不喜欢他。因为他张口闭口："我们大清国怎样怎样。"学生就给他起了一个诨名"大清国"，他真实的姓名反隐而不彰了。我们认为他是老顽固，他认为我们是新叛逆。我们中间不是代沟，而是万丈深渊，是他把自己完全封闭起来了。

再举一个例子。我有一位老友，写过新诗，填过旧词，毕生研究中国文学史，都达到了相当高的水平。他为人随和，性格开朗，并没有什么乖僻之处。可是，到了最近几年，突然产生了自我封闭的现象，不参加外面的会，不大愿意见人，自己一个人在家里高声唱歌。我曾几次以老友的身份，劝他出来活动活动，他都婉言拒绝。他心里是怎样想的，至今对我还是一个谜。

我认为，老年人不管有什么形式的自我封闭现象，都是对个人健康不利的。我奉劝普天下老年人力矫此弊。同青年人在一起，即使是“新新人类”吧，他们身上的活力总会感染老年人的。

八忌：叹老嗟贫

叹老嗟贫，在中国的读书人中，是常见的现象，特别是所谓怀才不遇的人们中，更是特别突出。我们读古代诗文，这样的内容随时可见。在现代的知识分子中，这种现象比较少见了，难道这也是中国知识分子进化或进步的一种表现吗？

我认为，这是一个十分值得研究的课题。它是中国知识分子学和中西知识分子比较学的重要内容。

我为什么又拉扯上了西方知识分子呢？因为他们与中国的不同，是现成的参照系。

西方的社会伦理道德标准同中国不同，实用主义色彩极浓。一个人对社会有能力做贡献，社会就尊重你。一旦人老珠黄，对社会没有用了，社会就丢弃你，包括自己的子孙也照样丢弃了你，社会舆论不以为忤。当年我在德国哥廷根时，章士钊的夫人也同儿子住在那里，租了一家德国人的三楼居住。我去看望章伯母时，走过二楼，经常看到一间小屋关着门，门外地上摆着一碗饭，一丝热气也没有。我最初认为是喂猫或喂狗用的。后来一打听，才知道是给小屋内卧病不起的母亲准备的饭菜。同时，房东还养了一条大狼狗，一天要吃一斤牛肉。这种天上人间的情况无人非议，连躺在小屋内病床上的老太太大概也会认为所有这一切都是顺理成章的吧。

在这种狭隘的实用主义大潮中，西方的诗人和学者极少极少写叹老嗟贫的诗文。同中国比起来，简直不成比例。

在中国，情况则大大地不同。中国知识分子一向有“学而优则仕”的传统。过去一千多年以来，仕的途径只有一条，就是科举。“千军万马过独木桥”，所有的读书人都拥挤在这一条路上，从秀才——举人向上爬，爬到进士参加殿试，僧多粥少，极少数极幸运者可以爬完全程，“仕宦而至将相，富贵而归故乡”，达到这个目的万中难得一人。大家只要读一读《儒林外史》，便一目了然。在这样的情况下，倘若科举不利，老而又贫，除了叹老嗟贫以外，实在无路可走了。古人说："诗必穷而后工"，其中"穷"字也有科举不利这个涵义。古代大官很少有好诗文传世，其原因实在耐人寻味。

今天，时代变了。但是"学而优则仕"的幽灵未泯，学士、硕士、博士、院士代替了秀才、举人、进士、状元。骨子里并没有大变。在当今知识分子中，一旦有了点成就，便立即披上一顶乌纱帽，这现象难道还少见吗？

今天的中国社会已能跟上世界潮流，但是，封建思想的残余还不容忽视。我们都要加以警惕。

九忌：老想到死

好生恶死，为所有生物之本能。我们只能加以尊重，不能妄加评论。

作为万物之灵的人，更是不能例外。俗话说："黄泉路上无老少。"可是人一到了老年，特别是耄耋之年，离那个长满了野百合花的地方越来越近了，此时常想到死，更是非常自然的。

今人如此，古人何独不然！中国古代的文学家、思想家、骚人、墨客大都关心生死问题。根据我个人的思考，各个时代是颇不相同的。两晋南北朝时期似乎更为关注。粗略地划分一下，可以分为三派。第一派对死十分恐惧，而且十分坦荡地说了出来。这一派可以江淹为代表。他的《恨赋》一开头就说："试望平原，蔓草萦骨，拱木敛魂。人生到此，天道宁论。"最后几句话是："自古皆有死。莫不饮恨而吞声！"话说得再清楚不过了。

第二派可以"竹林七贤"为代表。《世说新语·任诞第二十三》第一条就讲到阮籍、嵇康、山涛、刘伶、阮咸、向秀和王戎"常集于竹林之中，肆意酣畅"。这是一群酒徒。其中最著名的刘伶命人荷锹跟着他，说："死便埋我！"对死看得十分豁达。实际上，情况正相反，他们怕死怕得发抖，聊作姿态以自欺欺人耳。其中当然还有逃避残酷的政治迫害的用意。

第三派可以陶渊明为代表。他的意见俱见他的诗《神释》中。诗中有这样的话："老少同一死，贤愚无复数。日醉或能忘，将非促龄具！立善常所欣，谁当为此举？甚念伤吾生，正宜委运去。纵浪大化中，不喜亦不惧。应尽便须尽，无复独多虑。"他反对酣酒麻醉自己，也反对常想到死。我认为，这是最正确的态度。最后四句诗成了我的座右铭。

我在上面已经说到，老年人想到死，是非常自然的。关键是：想到以后，自己抱什么态度。惶惶不可终日，甚至饮恨吞声，最要不得，这样必将成陶渊明所说的“促龄具”。最正确的态度是顺其自然，泰然处之。

鲁迅不到50岁，就写了有关死的文章。王国维则说：“五十之年，只欠一死。”结果投了昆明湖。我之所以能泰然处之，有我的特殊原因。“十年浩劫”中，我已走到过死亡的边缘上，一个千钧一发的偶然性救了我。从那以后，多活一天，我都认为是多赚的。因此就比较能对死从容对待了。

我在这里诚挚奉劝普天之下的年老又通达事情的人，偶尔想一下死，是可以的，但不必老想。我希望大家都像我一样，以陶渊明《神释》诗最后四句为座右铭。

十忌：愤世嫉俗

愤世嫉俗这个现象，没有时代的限制，也没有年龄的限制。古今皆有，老少具备，但以年纪大的人为多。它对人的心理和生理都会有很大的危害，也不利于社会的安定团结。

世事发生必有其因。愤世嫉俗的产生也自有其原因。归纳起来，约有以下诸端：

首先，自古以来，任何时代，任何朝代，能完全满足人民大众的愿望者，绝对没有。不管汉代的文景之治怎样美妙，唐代的贞观之治和开元之治怎样理想，宫廷都难免腐败，官吏都难免贪污，百姓就因而难免不满，其尤甚者就是愤世嫉俗。

其次，“学而优则仕”达不到目的，特别是科举时代名落孙山者，人不在少数，必然愤世嫉俗。这在中国古代小说中可以找出不少的典型。

再次，古今中外都不缺少自命天才的人。有的真有点天才或者才干，有的则只是个人妄想，但是别人偏不买账，于是就愤世嫉俗。其尤甚者，如西方的尼采要“重新估定一切价值”，又如中国的徐文长。结果无法满足，只好自己发了疯。

最后，也是最常见的，对社会变化的迅猛跟不上，对新生事物看不顺眼，是九斤老太一党；九斤老太不识字，只会说：“一代不如一代”，识字的知识分子，特别是老年人，便表现为愤世嫉俗，牢骚满腹。

以上只是一个大体的轮廓，不足为据。

在中国文学史上，愤世嫉俗的传统，由来已久。《楚辞》的“黄钟毁弃，瓦釜雷鸣”等语就是最早的证据之一。以后历代的文人多有愤世嫉俗之作，形成了知识分子性格上的一大特点。

我也算是一个知识分子，姑以我自己为麻雀，加以剖析。愤世嫉俗的情绪和言论，我也是有的。但是，我又有我自己的表现方式。我往往不是看到社会上的一些不正常现象而牢骚满腹，怪话连篇，而是迷惑不解，惶恐不安。我曾写文章赞美过代沟，说代沟是人类进步的象征。这是我真实的想法。可是到了目前，我自己也傻了眼，横亘在我眼前的像我这样老一代人和一些“新人类”“新新人类”之间的代沟，突然显得其阔无限，其深无底，简直无法逾越了，仿佛把人类历史断成了两截。我感到恐慌，我不知道这样发展下去将伊于胡底。我个人认为，这也是愤世嫉俗的一种表现形式，是要不得的；可我一时又改变不过来，为之奈何！

我不知道，与我想法相同或者相似的有没有人在，有的话，究竟有多少人。我想来想去，觉得还是毛泽东的两句诗好：“牢骚太盛防肠断，风物常宜放眼量。”

2000年2月22日

忘

记得曾在什么地方听过一个笑话：一个人善忘。一天，他到野外去出恭。任务完成后，却找不到自己的腰带了。出了一身汗，好歹找到了，大喜过望，说道："今天运气真不错，平白无故地捡了一条腰带！"一转身，不小心，脚踩到了自己刚才拉出来的屎堆上，于是勃然大怒："这是哪一条混账狗在这里拉了一泡屎?"

这本来是一个笑话，在我们现实生活中，未必会有的。但是，人一老，就容易忘事糊涂，却是经常见到的事。

我认识一位著名的画家，本来是并不糊涂的。但是，年过八旬以后，却慢慢地忘事糊涂起来。我们将近半个世纪以前就认识了，颇能谈得来，而且平常也还是有些接触的。然而，最近几年来，每次见面，他把我的尊姓大名完全忘了。从眼镜后面流出来的淳朴宽厚的目光，落到我的脸上，其中饱含着疑惑的神气。我连忙说："我是季羡林，是北京大学的。"他点头称是。但是，过了没有五分钟，他又问我："你是谁呀！"我敬谨回答如上。在每一次会面中，尽管时间不长，这样尴尬的局面总会出现几次。我心里想：老友确是老了！

有一年，我们邂逅在香港。一位有名的企业家设盛筵，宴嘉宾。香港著名的人物参加者为数颇多，比如饶宗颐、邵逸夫、杨振宁等先生都在其中。宽敞典雅、雍容华贵的宴会厅里，一时珠光宝气，璀璨生辉，可谓极一时之盛。至于菜肴之精美，服务之周到，自然更不在话下了。我同这一位画家老友都是主宾，被安排在主人座旁。但是正当觥筹交错，逸兴遄飞之际，他忽然站了起来，转身要走，他大概认为宴会已经结束，到了拜拜的时候了。众人愕然，他夫人深知内情，赶快起身，把他拦住，又拉回到座位上，避免了一场尴尬的局面。

前几年，中国敦煌吐鲁番学会在富丽堂皇的北京图书馆的大报告厅里举行年会。我这位画家老友是敦煌学界的元老之一，获得了普遍的尊敬。按照中国现行的礼节，必须请他上主席台并且讲话。但是，这却带来了困难。像许多老年人一样，他脑袋里刹车的部件似乎老化失灵。一说话，往往像开汽车一样，刹不住车，说个不停，没完没了。会议是有时间限制的，听众的忍耐也决非无限。在这危难之际，我同他的夫人商议，由她写一个简短的发言稿，往他口袋里一塞，叮嘱他念完就算完事，不悖行礼如仪的常规。然而他一开口讲话，稿子之事早已忘入九霄云外。看样子是打算从盘古开天辟地讲。照这样下去，讲上几千年，也讲不到今天的会。到了听众都变成了化石的时候，他也许才讲到春秋战国！我心里急如热锅上的蚂蚁，忽然想到：按既定方针办。我请他的夫人上台，从他的口袋掏出了讲稿，耳语了几句。他恍然大悟，点头称是，把讲稿念完，回到原来的座位。于是一场惊险才化险为夷，皆大欢喜。

我比这位老友小六七岁。有人赞我耳聪目明，实际上是耳欠聪，目欠明。如人饮水，冷暖自知，其中滋味，实不足为外人道也。但是，我脑袋里的刹车部件，虽然老化，尚可使用。再加上我有点自知之明，我的新座右铭是：老年之人，刹车失灵，戒之在说。一向奉行不违，还没有碰到下不了台的窘境。在潜意识中颇有点沾沾自喜了。

然而我的记忆机构也逐渐出现了问题。虽然还没有达到画家老友那样“神品”的水平，也已颇有可观。在这方面，我是独辟蹊径，创立了有季羡林特色的“忘”的学派。

我一向对自己的记忆力，特别是形象的记忆，是颇有一点自信的。四五十年前，甚至六七十年前的一个眼神，一个手势，至今记忆犹新，招之即来，显现在眼前、耳旁，如见其形，如闻其声，移到纸上，即成文章。可是，最近几年以来，古旧的记忆尚能保存。对眼前非常熟的人，见面时往往忘记了他的姓名。在第一瞥中，他的名字似乎就在嘴边，舌上。然而一转瞬间，不到十分之一秒，这个呼之欲出的姓名，就蓦地隐藏了起来，再也说不出了。说不出，也就算了，这无关宇宙大事，国家大事，甚至个人大事，完全可以置之不理的。而且脑袋里断了的保险丝，还会接上的。些许小事，何必介意？然而不行，它成了我的一块心病。我像着了魔似的，走路，看书，吃饭，睡觉，只要思路一转，立即想起此事。好像是，如果想不出来，自己就无法活下去，地球就停止了转动。我从字形上追忆，没有结果；我从发音上追忆，结果杳然。最怕半夜里醒来，本来睡得香香甜甜，如果没有干扰，保证一夜幸福。然而，像电光石火一闪，名字问题又浮现出来。古人常说的平旦之气，是非常美妙的，然而此时却美妙不起来了。我辗转反侧，瞪着眼一直瞪到天亮。其苦味实不足为外人道也。但是，不知道是哪一位神灵保佑，脑袋又像电光石火似的忽然一闪，他的姓名一下子出现了。古人形容快乐常说，“洞房花烛夜，金榜题名时”，差可同我此时的心情相比。

这样小小的悲喜剧，一出刚完，又会来第二出，有时候对于同一个人的姓名，竟会上演两出这样的戏。而且出现的频率还是越来越多。自己不得不承认，自己确实是老了。郑板桥说：“难得糊涂。”对我来说，并不难得，我于无意中得之，岂不快哉！

然而忘事糊涂就一点好处都没有吗？

我认为，有的，而且很大。自己年纪越来越老，对于忘的评价却越来越高，高到了宗教信仰和哲学思辨的水平。苏东坡的词说：“人有悲欢离合，月有阴晴圆缺，此事古难全。”他是把悲和欢、离和合并提。然而古人说：不如意事常八九。这是深有体会之言。悲总是多于欢，离总是多于合，几乎每个人都是这样。如果造物主——如果真有的话——不赋予人类以“忘”的本领——我宁愿称之为本能——那么，我们人类在这么多的悲和离的重压下，能够活下去吗？我常常暗自胡思乱想：造物主这玩意儿（用《水浒》的词儿，应该说是“这话儿”）真是非常有意思。他（她？它？）既严肃，又油滑；既慈悲，又残忍。老子说：“天地不仁，以万物为刍狗。”这话真说到了点子上。人生下来，既能得到一点乐趣，又必须忍受大量的痛苦，后者所占的比重要多得多。如果不能“忘”，或者没有“忘”这个本能，那么痛苦就会时时刻刻都新鲜生动，时时刻刻像初产生时那样剧烈残酷地折磨着你。这是任何人都无法忍受下去的。然而，人能“忘”，渐渐地从剧烈到淡漠，再淡漠，再淡漠，终于只剩下一点残痕；有人，特别是诗人，甚至爱抚这一点残痕，写出了动人心魄的诗篇，这样的例子，文学史上还少吗？

因此，我必须给赋予我们人类“忘”的本能的造化小儿大唱赞歌。试问，世界上哪一个圣人、贤人、哲人、诗人、阔人、猛人，这人，那人，能有这样的本领呢？

我还必须给“忘”大唱赞歌。试问：如果人人一点都不忘，我们的世界会成什么样子呢？

遗憾的是，我现在尽管在“忘”的方面已经建立了有季羡林特色的学派，可是自谓在这方面仍是钝根。真要想达到我那位画家朋友的水平，仍须努力。

如果想达到我在上面说的那个笑话中人的境界，仍是可望而不可即。但是，我并不气馁，我并没有失掉信心，有朝一日，我总会达到的。勉之哉！勉之哉！

1993年7月6日

老马识途

无论是在文章中，还是在口头上，“老马识途”是常常使用的一个典故。由于使用的频率颇高，因此而变成了一句俗语。

这个典故的出处是《韩非子·说林上》，与管仲和齐桓公有关。有一次齐桓公伐孤竹，“春往冬反，迷惑失道。管仲曰：‘老马之智可用也。’乃放老马而随之，遂得道。”不管历史事实怎样，老马的故事是绝对可信的，不但马能识途，连驴、骡、猫、狗等等动物都有识途的本领或者本能。

但是，切不可迷信。

在古代，老马等之所以能够识途，因为它们老走同一条道路，而古代道路的变化很少，道路两旁的建筑物变化也不会大。久而久之，这些牲畜们就记住了。只要把缰绳放开，让它们自由行动，它们必然能找到回家的道路。也许这些牲畜们还有什么“特异功能”，我没有研究过，暂且不说。

但是，人类社会前进的速度越来越快，道路和建筑物的变化也越来越大。到了今天，简直一日数变。住在大城市里的人，三天不出门，再一出门，就有可能认不清街道。原来是一片空地，现在却像幻术一样，突然矗立在你的眼前的是一座摩天高楼。原来是一条羊肠小道，现在却突然变成了一条柏油马路。会晕头转向，这不必说了。即使老马一流的动物真有“特异功能”，也将无所用其技了。

我就有一个亲身的经验。有一天我走出北大南门到黄庄邮局去。我在海淀已经住了将近半个世纪，是这里的一匹地地道道的老马。我也颇有自信：即使把我的眼蒙住，我也能够找回家来。然而，这一回我却出了丑，现了眼。我走了一条新路，一走出去，是一条大马路，车如流水马如龙。我一时傻了眼：这是什么地方呀？我的黄庄在哪里呀！我一时目眩口呆，只觉得天昏地转，大有白天“鬼挡墙”之感。我好不容易定了定神，猛抬头看到马路上驶过去的332路公共汽车，我才如梦方醒，终于安全地走回到了学校。

像我这样一匹老马，脑筋是“难得糊涂”的，眼耳都还能准确地使用，然而在距北大咫尺之地竟然栽了这样一个跟头。这个跟头在我心中摔出了一个“顿悟”。我悟到，千万不要再迷信老马识途，千万不要在任何方面，包括研究学问方面以老马自居。到了现在，我觉得倒是“小马识途”。因为年轻人无所蔽，无所惧，常常出门，什么摩天大楼，什么柏油马路，在他们眼中都很平常。

我们这些老马千万要向小马学习。

长生不老

长生不老，过去中国历史上，颇有一些人追求这个境界。那些炼丹服食的老道们不就是想“丹成入九天”吗？结果却是“服食求神仙，多为药所误”，最终还是翘了辫子。

最积极的应该数那些皇帝老爷子。他们骑在人民头上，作威作福，后宫里还有佳丽三千，他们能舍得离开这个世界吗？于是千方百计，寻求长生不老之术。最著名的有秦皇、汉武、唐宗、宋祖——这后一位情况不明，为了凑韵，把他拉上了——最后都还是宫车晚出，龙驭上宾了。

我常想，现代人大概不会再相信长生不老了。然而，前几天阅报说，有的科学家正在致力于长生不老的研究。我心中立刻一闪念：假如我晚生80年，现在年龄9岁，说不定还能赶上科学家们研究成功，我能分享一份。但我立刻又一闪念，觉得自己十分可笑。自己不是标榜豁达吗？“应尽便须尽，无复独多虑”。原来那是自欺欺人。老百姓说：“好死不如赖活着”，我自己也属于“赖”字派。

我有时候认为，造化小儿创造出人类来，实在是多此一举。如果没有人类，世界要比现在安静祥和得多了。可造化小儿也立了一功：他不让人长生不老。否则，如果人人都长生不老，我们今天会同孔老夫子坐在一条板凳上，在长安大戏院里欣赏全本的《四郎探母》，那是多么可笑而不可思议的情景啊！我继而又一想，如果五千年来人人都不死，小小的地球上早就承担不了了。所以我们又应该感谢造化小儿。

在对待生命问题上，中国人与印度人迥乎不同。中国人希望转生，连唐明皇和杨贵妃不也是希望“生生世世为夫妻”吗？印度人则在笃信轮回转生之余，努力寻求跳出轮回的办法。以佛教而论，小乘终身苦修，目的是想达到涅槃。大乘顿悟成佛，目的也无非是想达到涅槃。涅槃者，圆融清静之谓，这个词的原意就是“终止”，终止者，跳出轮回不再转生也。中印两国人民的心态，在对待生死大事方面，是完全不同的。

据我个人的看法，人一死就是涅槃，不用你苦苦去追求。那种追求是“可怜无补费工夫”。在亿万年地球存在的期间，一个人只能有一次生命。这一次生命是万分难得的。我们每一个人都必须认识到这一点，切不可掉以轻心。尽管人的寿夭不同，这是人们自己无能为力的。不管寿长寿短，都要尽力实现这仅有的一次生命的价值。多体会“民胞物与”的意义，使人类和动植物都能在仅有的一生中过得愉快，过得幸福，过得美满，过得祥和。

2000年10月7日

长寿之道

我已经到了望九之年，可谓长寿矣。因此经常有人向我询问长寿之道，养生之术。

我敬谨答曰："养生无术是有术。"

这话看似深奥，其实极为简单明了。我有两个朋友，十分重视养生之道。每天锻炼身体，至少要练上两个钟头。曹操诗曰："对酒当歌，人生几何？"人生不过百年，每天费上两个钟头，统计起来，要有多少钟头啊！利用这些钟头，能做多少事情呀！如果真有用，也还罢了。他们二人，一个先我而走，一个卧病在家，不能出门。

因此，我首创了三"不"主义：不锻炼，不挑食，不嘀咕，名闻全国。

我这个三不主义，容易招误会，我现在利用这个机会解释一下。我并不绝对反对适当的体育锻炼。但不要过头。一个人如果天天望长寿如大旱之望云霓，而又绝对相信体育锻炼，则此人心态恐怕有点失常，反不如顺其自然为佳。

至于不挑食，其心态与上面相似。常见有人年才逾不惑，就开始挑食，蛋黄不吃，动物内脏不吃，每到吃饭，战战兢兢，如履薄冰，窘态可掬，看了令人失笑。以这种心态而欲求长寿，岂非南辕而北辙！

我个人认为，第三点最为重要。对什么事情都不嘀嘀咕咕，心胸开朗，乐观愉快，吃也吃得下，睡也睡得着，有问题则设法解决之，有困难则努力克服之，决不视芝麻绿豆大的窘境如苏迷庐山般大，也决不毫无原则随遇而安，决不玩世不恭。"应尽便须尽，无复独多虑"，有这样的心境，焉能不健康长寿？

我现在还想补充一点，很重要的一点。根据我个人七八十年的经验，一个人决不能让自己的脑筋投闲置散，要经常让脑筋活动着。根据外国一些科学家实验结果，“用脑伤神”的旧说法已经不能成立，应改为“用脑长寿”。人的衰老主要是脑细胞的死亡。中老年人的脑细胞虽然天天死亡，但人一生中所启用的脑细胞只占细胞总量的四分之一，而且在活动的情况下，每天还有新的脑细胞产生。只要脑筋的活动不停止，新生细胞比死亡细胞数目还要多。勤于动脑筋，则能经常保持脑中血液的流通状态，而且能通过脑筋协调控制全身的功能。

我过去经常说：“不要让脑筋闲着。”我就是这样做的。结果是有人说我“身轻如燕，健步如飞”。这话有点过了头，反正我比同年龄人要好些，这却是真的。原来我并没有什么科学根据，只能算是一种朴素的直觉。现在读报纸，得到了上面认识。在沾沾自喜之余，谨作补充如上。

这就是我的“长寿之道”。

1997年10月29日

谈时间

一抬头，就看到书桌上座钟的秒针在一跳一跳地向前走动。它那里一跳，我的心就一跳。孔子说："逝者如斯夫，不舍昼夜!"这里指的是水。水永远不停地流逝，让孔夫子吃惊兴叹。我的心跳，跳的是时间。水是能看得见，摸得着的。时间却看不见，摸不着的，它的流逝你感觉不到，然而确实是在流逝。现在我眼前摆上了座钟，它的秒针一跳一跳，让我再清楚不过地看到了时间的流逝，焉能不心跳？焉能不兴叹呢？

远古的人大概是很幸福的。他们日出而作，日入而息，根据太阳的出没来规定自己的活动。即使能感到时间的流逝，也只在依稀隐约之间。后来，他们聪明了，根据太阳光和阴影的推移，把时间称做光阴。再后来，人们的聪明才智更提高了，用铜壶滴漏的办法来显示和测定时间的推移，这是用人工来抓住看不见摸不着的时间的尝试。到了近几百年，人类发明了钟表，把时间的存在与流逝清清楚楚地摆在每一个人的面前。这是人类文明进步的表现。但是，正如人们常说的那样，"有一利必有一弊"，人类成了时间的奴隶，成了手表的奴隶。现在各种各样的会极多，开会必须规定时间，几点几分，不能任意伸缩。如果参加重要的会而路上偏偏赶上堵车，任你怎样焦急，怎样频频看手表，都是白搭。这不是典型的时间的奴隶又是什么呢？然而，话又说了回来，在今天头绪纷纭杂乱有章的社会里，开会不定时间，还像古人那样"日出而作，日入而息"，悠哉游哉，顺帝之则，今天的社会还能运转吗？不管你愿意不愿意，成为时间的奴隶就正是文明的表现。

不管你意识到还是没有意识到，大自然还是把虚无缥缈的时间用具体的东西暗示给了人们。比如用日出日落标志出一天，用月亮的圆缺标志出一月，用四季(在印度是六季或者两季)标志出一年。农民最关心这些问题，一年二十四个节气对他们种庄稼有重要意义。在自然科学家和哲学家眼中，时间具有另外的意义。他们说，大千世界，人类万物，都生长在时间和空间内，而时间是无头无尾的，空间是无边无际的。我既不是自然科学家，也不是哲学家，对无头无尾和无边无际实在难以理解。可是不这样又能怎样呢？如果时间有了头尾，头以前尾以后又是什么呢？因此，难以理解也只得理解，此外更没有其他途径。

生与死也属于时间范畴。一般人总是把生与死绝对对立起来。但是，中国古代的道家却主张“万物方生方死”，把生与死辩证地联系在一起，而且准确无误地道出了生即是死的关系。随着座钟秒针的一跳，我自己就长了无法用言语表达出来的那么一点点儿。同时也就是向着死亡走近了那么一点点儿。不但我是这样，现在正是初夏，窗外的玉兰花、垂柳和深埋在清塘里的荷花，也都长了那么一点点儿。不久前还是冰封的湖水，现在是“风乍起，吹皱一池夏水”，波光潋滟，水色接天。岸上的垂杨，从光秃秃的枝条上逐渐长出了小叶片，一转瞬间，出现了一片鹅黄；再一转瞬，就是一片嫩绿，现在则是接近浓绿了。小山上原来是一片枯草，“一夜东风送春暖，满山开遍二月兰”。今年是二月兰的大年，山上地下，只要有空隙，二月兰必然出现在那里，座钟的秒针再跳上多少万次，二月兰即将枯萎，也就是走向暂时的死亡了。所有这些东西，都是方生方死。这是自然的规律，不可逆转的。

印度人是聪明的，他们把时间和死亡视为一物。梵文hāla，既是“时间”，又是“死亡或死神”。《罗摩衍那》的主人公罗摩，在活了极长的时间以后，hāla走上门来，这表示他就要死亡了。罗摩泰然处之，既不“饮恨”，也不“吞声”。他知道这是自然规律，人类是无能为力的。我们今天知道，不但人类是这样，世界上万事万物都有始有终，无一例外。“顺其自然”是最好的办法。我在这里顺便说一下。在梵文里，动词“死”的字根是mn；但是此字不用manati来表示现在时，而是用被动式mniyati(ti)，这表示，印度人认为“死”是被动的，主动自杀者究属少数。

同印度人比较起来，中国人大概希望争取长生。越是有钱有势的人越希望活下去，在旧社会里生活在水深火热中的小百姓，决不会愿意长远活下去的。而富有天下的天子则热切希望长生。中国历史上几位有名的英主，莫不如此。秦始皇和汉武帝都寻求不死之药或者仙丹什么的。连唐太宗都是服用了印度婆罗门的“仙药”而中毒身亡的。老百姓书呆子中也有寻求肉身升天的，而且连鸡犬都带了上去。我这个木头脑袋瓜真想也想不通。如果真有那么一个“天”

的话，人数也不会太多。升到那里去干些什么呢？那里不会有官僚衙门，想走后门靠贿赂来谋求升官，没有这个可能。那里也不会有什么市场，什么WTO，想发财也英雄无用武之地。想打麻将，唱卡拉OK，唱几天，打几天，还是会有兴趣的，但让你一月月一年年永远打下去，你受得了吗？养鸡喂狗，永远喂下去，你也受不了。“不为无益之事，何以遣有涯之生！”无益之事天上没有。在天上待长了，你一定会自杀的。苏东坡说：“起舞弄清影，何似在人间！”是有见地之言。我们还是老老实实待在人间吧。

要待在人间，就必须受时间的制约。在时间面前人人平等，如果想不通我在上面说的那一些并不深奥的道理，时间就变成了枷锁，让你处处感到不舒服。但是，如果真想通了，则戴着枷锁跳舞反而更能增加一些意想不到的兴趣。我自认是想通了。现在照样一抬头就看到书桌上座钟的秒针一跳一跳地向前走动，但是我的心却不跳了。我觉得这是时间给我提醒儿，让我知道时间的价值。“一寸光阴不可轻”，朱子这一句诗对我这个年过九十的老头儿也是适用的。

2002年3月31日

一寸光阴不可轻

中华乃文章大国，北大为人文渊薮，二者实有密不可分的联系，倘机缘巧遇，则北大必能成为产生文学家的摇篮。五四运动时期是一个具体的例证，最近几十年来又是一个鲜明的例证。在这两个时期的中国文坛上，北大人灿若列星。这一个事实我想人们都会承认的。

最近若干年来，我实在忙得厉害，像五十年代那样在教书和搞行政工作之余还能有余裕的时间读点当时的文学作品的“黄金时代”一去不复返了。不过，幸而我还不能算是一个懒汉，在“内忧”“外患”的罅隙里，我总要挤出点时间来，读一点北大青年学生的作品。《校刊》上发表的文学作品，我几乎都看。前不久我读到《北大往事》，这是北大七十、八十、九十三个年代的青年回忆和写北大的文章。其中有些篇思想新鲜活泼，文笔清新俊逸，真使我耳目为之一新。中国古人说：“雏凤清于老凤声”。我——如果大家允许我也在其中滥竽一席的话——和我们这些“老凤”，真不能不向你们这一批“雏凤”投过去羡慕和敬佩的眼光了。

但是，中国古人又说：“满招损，谦受益。”我希望你们能够认真体会这两句话的涵义。“倚老卖老”，固不足取，“倚少卖少”也同样是值得青年人警惕的。天下万事万物，发展永无穷期。人外有人，天外有天，“老子天下第一”的想法是绝对错误的。你们对我们老祖宗遗留下来的浩如烟海的文学作品必须有深刻的了解。最好能背诵几百首旧诗词和几十篇古文，让它们随时涵蕴于你们心中，低吟于你们口头。这对于你们的文学创作和人文素质的提高，都会有极大的好处。不管你们现在或将来是教书、研究、经商、从政，或者是专业作家，都是如此，概莫能外。对外国的优秀文学作品，也必实下一番功夫，简练揣摩。这对你们的文学修养是决不可少的。如果能做到这一步，则你们必然能融会中西，贯通古今，创造出更新更美的作品。

宋代大儒朱子有一首诗，我觉得很有针对性，很有意义，我现在抄给大家：

少年易老学难成，一寸光阴不可轻。
未觉池塘春草梦，阶前梧叶已秋声。

这一首诗，不但对青年有教育意义，对我们老年人也同样有教育意义。文字明白如画，用不着过多的解释。光阴，对青年和老年，都是转瞬即逝，必须爱惜。“一寸光阴一寸金，寸金难买寸光阴”，这是我们古人留给我们的两句意义深刻的话。

你们现在是处在“燕园幽梦”中，你们面前是一条阳关大道，是一条铺满了鲜花的阳关大道。你们要在这条大道上走上六十年，七十，八十，或者更多的年，为人民，为人类作出出类拔萃的贡献。但愿你们永不忘记这一场燕园梦，永远记住自己是一个北大人，一个值得骄傲的北大人，这个名称会带给你们美丽的回忆，带给你们无量的勇气，带给你们奇妙的智慧，带给你们悠远的憧憬。有了这些东西，你们就会自强不息，无往不利，不会虚度此生。这是我的希望，也是我的信念。

1998年5月3日

（本文是为《燕园幽梦》写的序）

我们面对的现实

我们面对的现实，多种多样，很难一一列举。现在我只谈两个：第一，生活的现实；第二，学术研究的现实。

生活的现实

生活，人人都有生活，它几乎是一个广阔无垠的概念。在家中，天天开门七件事：柴、米、油、盐、酱、醋、茶，人人都必须有的。这且不表。要处理好家庭成员的关系，不在话下。在社会上，就有了很大的区别。当官的，要为人民服务，当然也盼指日高升。大款们另有一番风光，炒股票、玩期货，一夜之间成了暴发户，腰缠十万贯，“春风得意马蹄疾，一日看尽长安花”。当然，一旦破了产，跳楼自杀，有时也在所难免。我辈书生，青灯黄卷，兀兀穷年，有时还得爬点格子，以济工资之穷。至于引车卖浆者流，只有拼命干活，才得糊口。

这都是我们必须面对的生活。我们必须黾勉从事，过好这个日子（生活），自不待言。

但是，如果我们把眼光放远一点，把思虑再深化一点，想一想全人类的生活，你感觉到危险性了没有？也许有人感到，我们这个小小寰球并不安全。有时会有地震，有时会有天灾，刀兵水火，疾病灾殃，说不定什么时候就会驾临你的头上，躲不胜躲，防不胜防。对策只有一个：顺其自然，尽上人事。

如果再把眼光放得更远，让思虑钻得更深，则眼前到处是看不见的陷阱。我自己也曾幼稚过一阵。我读东坡《（前）赤壁赋》：“惟江上之清风，与山间之明月，耳得之而为声，目遇之而成色。取之无禁，用之不竭。是造物者之无尽藏也，而我与子之所共适。”我深信苏子讲的句句是真理。然而，到了今天，江上之风还清吗？山间之月还明吗？谁都知道，由于大气的污染，风早已不清，月早已不明了。与此有联系的还有生态平衡的破坏，动植物品种的灭绝，新疾病的不断出现，人口的爆炸，臭氧层出了洞，自然资源——其中包括水——的枯竭，如此等等，不一而足。我们人类实际上已经到了“盲人骑瞎马，夜半临深池”的地步。令人吃惊的是，虽然有人已经注意到了这个现象，但并没有提高到与人类生存前途挂钩的水平，仍然只是头痛治头，脚痛治脚。还有人幻想用西方的“科学”来解救这一场危机。我认为，这是不太可能的。这一场灾难主要就是西方“征服自然”的“科学”造成的，西方科学优秀之处，必须继承；但是必须从根本上、从思想上解决问题，以东方的“民胞物与”的“天人合一”的思想济西方“科学”之穷。人类前途，庶几有望。

学术研究的现实

对我辈知识分子来说，除了生活的现实之外，还有一个学术研究的现实。我在这里重点讲人文社会科学，因为我自己是搞这一行的。

文史之学，中国和欧洲都已有很长的历史。因两处具体历史情况不同，所以发展过程不尽相同。但是总的研究对象和研究方法多有相通之处，对象大都是古典文献。就中国而论，由于字体屡变，先秦典籍的传抄工作，不能不受到影响。但是，读书必先识字，此《说文解字》之所以必作也。新材料的出现，多属偶然。地下材料，最初是“地不爱宝”，它自己把材料贡献出来的，有目的有意识的发掘工作是后来兴起的。盗墓者当然是例外。至于社会调查，古代不能说没有。采风就是调查形式之一。有计划有组织有目的的社会调查工作，也是晚起的，恐怕还是多少受了点西方的影响。

古代文史工作者用力最勤的是记诵之学。在科举时代，一个举子必须能背《四书》《五经》，这是起码的条件。否则连秀才也当不上，遑论进士！扩而大之，要背诵《十三经》，有时还要连上注疏。至于传说有人能倒背《十三经》，对于我至今还是个谜，一本书能倒背吗？背了有什么用处呢？

社会不断前进，先出了一些类似后来索引的东西，系统的科学的索引，出现最晚，恐怕也是受西方的影响，有人称之为“引得”（index），显然是舶来品。

但是，不管有没有索引，索引详细不详细，我们研究一个题目，总要先积累资料。而积累资料，靠记诵也好，靠索引也好，都是十分麻烦、十分困难的。有时候穷年累月，滴水穿石，才能勉强凑足够写一篇论文的资料，有一些资料可能还是可遇而不可求的。写文章之难真是难于上青天。

然而，石破天惊，电脑出现了，许多古代典籍逐渐输入电脑了，不用一举手一投足之劳，只需发一命令，则所需的资料立即呈现在你的眼前，一无遗漏。岂不痛快也哉!

这就是眼前我们面对的学术现实。最重要最困难的搜集资料工作解决了，岂不是人人皆可以为大学者了吗？难道我们还不能把枕头垫得高高地“高枕无忧”了吗？

我说：“且慢！且慢！我们的任务还并不轻松！”我们面临这一场大的转折，先要调整心态。对电脑赐给我们的资料，要加倍细致地予以分析使用。还有没有输入电脑的书，仍然需要我们去翻检。

用历史的眼光看待一切问题

最近几年，杨武能同志专门从事中德文化关系的研究，卓有成绩。现在又写成了一部《歌德与中国》，真可以说是更上一层楼了。

我个人觉得，这样一本书，无论是对中国读者，还是对德国读者，都是非常有意义的，它都能起到发聋振聩的作用，一个民族、一个人也一样，了解自己是非常不容易的。中国这样一个伟大的民族也不例外。在鸦片战争以前，我们根本不了解自己，也不了解世界大势，昏昏然，懵懵然，盲目狂妄自大，以王朝大国自居，夜郎之君、井底之蛙，不过如此。现在读一读当时中国皇帝写给欧洲一些国家的君主的所谓诏书，那种口吻，那种气派，真令人啼笑皆非又不禁脸上发烧，心里发抖。

鸦片战争以后，中国的统治者，在殖民主义者面前，节节败退，碰得头破血流，中国人最重视的所谓“面子”，丢得一干二净。他们于是来了一个一百八十度的大转变，一变而向“洋鬼子”低首下心，奴颜婢膝，甚至摇尾乞怜。上行下效，老百姓也受了影响，流风所及，至今尚余音袅袅，不绝如缕。鲁迅先生发出了“中国人失掉自信力了吗”的慨叹，良有以也。

怎样来改变这种情况呢？端在启蒙。应该让中国人民从上到下都能真正了解自己，了解历史，了解世界大势，真正了解我们民族的过去和现在，看待一切问题，都要有历史眼光。中国人民在世界人民心目中的地位，并不总是像解放前一百来年那个样子的。我个人认为，鸦片战争是一个转折点，在这之前，西方人看待中国同那以后是根本不同的。在那以前，西方人认为中国是智慧之国，文化之邦，中国的一切都是美好的，令人神往的。从十七、十八世纪欧洲一些伟大的哲人的著作中，可以清清楚楚地看到这一点。从德国伟大的诗人歌德的著作中，也可以清清楚楚地看到这一点。杨武能同志在本书中详尽地介绍了这种情况。

这充分告诉我们，特别是今天的年轻人，看待自己要有全面观点、历史观点、辩证观点。盲目自大，为我们所不取。盲目地妄自菲薄，也绝不是正当的。我们今天讲开放，是完全正确的，但是，我们对西方的东西应该有鉴别的能力，应该能够分清玉石与土块、鲜花与莠草，不能一时冲动，大喊什么“全盘西化”，认为西方什么东西都是好的。西方有好东西，我们必须学习。但是，一切闪光的东西不都是金子。难道西方所有的东西，包括可口可乐、牛仔裤之类，都是好得不能再好、不可须臾离开的东西吗？过去流行一时的喇叭裤现在到哪里去了呢？我们今天的所思、所感、所作、所为应该能经得起历史的考验。千万不要重蹈覆辙，在若干年以后，回头再看今天觉得滑稽可笑。我在这里大胆地说出一个预言：到了2050年我国达到小康水平时，回顾今天，一定会觉得今天有一些措施不够慎重，是在一时冲动之下采取的。我自己当然活不到2050年，但愿我的预言不会实现。

这一本书对德国以及西方其他国家的读者怎样呢？我认为也同样能起发聋振聩的作用。有一些德国人——不是全体——看待旧中国，难免有意无意地戴上殖民主义的眼镜。总觉得中国落后，这也不行，那也不好，好像是中国一向如此，而且将来也永远如此。现在看一看他们最伟大的诗人是怎样对待中国的，怎样对待中国文化和文学艺术的，会促使他们反思，从而学会用历史眼光看待中国，看待一切。这样就能大大地增强中德的互相了解和友谊。这一点是可以断言的。

基于上面的看法，我说，杨武能同志这一本书是非常有意义的。难道不是这样吗？是为序。

1987年11月30日

（本文是为《歌德与中国》写的序言）

真理愈辨愈明吗？

学者们常说："真理愈辨愈明。"我也曾长期虔诚地相信这一句话。

但是，最近我忽然大彻大悟，觉得事情正好相反，真理是愈辨愈糊涂。

我在大学时曾专修过一门课"西洋哲学史"。后来又读过几本《中国哲学史》和《印度哲学史》。我逐渐发现，世界上没有哪两个或多个哲学家的学说完全是一模一样的。有如大自然中的树叶，没有哪几个是绝对一样的。有多少树叶就有多少样子。在人世间，有多少哲学就有多少学说。每个哲学家都认为自己掌握了真理。有多少哲学家就有多少真理。

专以中国哲学而论，几千年来，哲学家们不知创造了多少理论和术语。表面上看起来，所用的中国字都是一样的；然而哲学家们赋予这些字的涵义却不相同。比如韩愈的《原道》是脍炙人口、家喻户晓的。文章开头就说："博爱之谓仁，行而宜之之谓义，由是而之焉之谓道，足乎己无待于外之谓德。"韩愈大概认为，仁、义、道、德就代表了中国的"道"。他的解释简单明了，一看就懂。然而，倘一翻《中国哲学史》，则必能发现，诸家对这四个字的解释多如牛毛，各自自是而非他。

哲学家们辨（分辨）过没有呢？他们辩（辩论）过没有呢？他们既"辨"又"辩"。可是结果怎样呢？结果是让读者如堕入五里雾中，眼花缭乱，无所适从。我顺手举两个中国过去辨和辩的例子。一个是《庄子·秋水》："庄子与惠子游于濠梁之上。庄子曰：'儵鱼出游从容，是鱼乐也。'惠子曰：'子非鱼，安知鱼之乐？'庄子曰："子非我，安知我不知鱼之乐？"我觉得，惠施还可以答复："子非我，安知我不知子不知鱼之乐？"这样辩论下去，一万年也得不到结果。

还有一个辩论的例子是取自《儒林外史》："丈人说：'你赊了猪头肉的钱

不还，也来问我要，终日吵闹这事，哪里来的晦气！’陈相甫的儿子道：‘老爹，假如这猪头肉是你老人家自己吃了，你也要还钱？’丈人道：‘胡说！我若吃了，我自然还。这都是你吃的！’陈和甫儿子道：‘设或我这钱已经还过老爹，老爹用了，而今也要还人？’丈人道：‘放屁！你是该人的钱，怎是我用的钱，怎是我用你的？’陈和甫儿子道：‘万一猪不生这个头，难道他也来问我要钱？’”

以上两个辩论的例子，恐怕大家都是知道的。庄子和惠施都是诡辩家。《儒林外史》是讽刺小说。要说这两个对哲学辩论有普遍的代表性，那是言过其实。但是，倘若你细读中外哲学家“辨”和“辩”的文章，其背后确实潜藏着与上面两个例子类似的东西。这样的“辨”和“辩”能使真理愈辨愈明吗？戛戛乎难矣哉！

哲学家同诗人一样，都是在作诗。作不作由他们，信不信由你们。这就是我的结论。

1997年10月2日

我害怕“天才”

人类的智商是不平衡的，这种认识已经属于常识的范畴，无人会否认的。不但人类如此，连动物也不例外。我在乡下观察过猪，我原以为这蠢然一物，智商都一样，无所谓高低的。然而事实上猪们的智商颇有悬殊。我喜欢养猫，经我多年的观察，猫们的智商也不平衡，而且连脾气都不一样，颇使我感到新奇。

猪们和猫们有没有天才，我说不出。专就人类而论，什么叫做“天才”呢？我曾在一本书里或一篇文章里读到过一个故事。某某数学家，在玄秘深奥的数字和数学符号的大海里游泳，如鱼得水，圆融无碍。别人看不到的问题，他能看到；别人解答不了的方程式之类的东西，他能解答。于是众人称之为“天才”。但是，一遇到现实生活中的问题，他的智商还比不了一个小学生。比如猪肉三角三分一斤，五斤猪肉共值多少钱呢？他瞠目结舌，无言以对。

因此，我得出一个结论：“天才”即偏才。

在中国文学史或艺术史上，常常有几“绝”的说法。最多的是“三绝”，指的是诗、书、画三绝。所谓“绝”，就是超越常人，用一个现成的词儿，就是“天才”。可是，如果仔细分析起来，这个人在几绝中只有一项，或者是两项是真正的“绝”，为常人所不能及，其他几绝都是为了凑数凑上去的。因此，所谓“三绝”或几绝的“天才”，其实也是偏才。

可惜古今中外参透这一点的人极少极少，更多的是自命“天才”的人。这样的人老中青都有。他们仿佛是从菩提树下金刚台上走下来的如来佛，开口便昭告天下：“天上天下，唯我独尊。”这种人最多是在某一方面稍有成就，便自命不凡起来，看不起所有的人，一副“天才气”，催人欲呕。这种人在任何团体中都不能团结同仁，有的竟成为害群之马。从前在某个大学中有一位年轻的历史教授，自命“天才”，瞧不起别人，说这个人是“狗蛋”，那个人是“狗蛋”。结果是投桃报李，群众联合起来，把“狗蛋”的尊号恭呈给这个人，他自己成了“狗蛋”。

这样的人在当今社会上并不少见，他们成为社会上不安定的因素。

蒙田在一篇名叫《论自命不凡》的随笔中写道：

> 对荣誉的另一种追求，是我们对自己的长处评价过高。这是我们对自己怀有的本能的爱，这种爱使我们把自己看得和我们的实际情况完全不同。

我决不反对一个人对自己本能的爱。应该把这种爱引向正确的方向。如果把它引向自命不凡，引向自命“天才”，引向傲慢，则会损己而不利人。

我害怕的就是这样的“天才”。

1999年7月25日

谈中国精神

郑州社科联的青年学者窦志力同志，冒着北国的寒风，不远千里，从郑州来到北京，把自己的新著《中国精神》这一部长达四十万言的新著送到我手中，并且让我写一篇序。说句老实话，我现在以望九之年被文债压得喘不过气来，原打算立即婉言谢绝的。但是，一想到这个书名：中国精神，我立刻想到中国诗圣杜甫的四句诗："好雨知时节，当春乃发生。随风潜入夜，润物细无声。"正当我们全国人民群策群力，意气风发，锐意弘扬和创造我们的精神文明时，这一部书难道不是一场"当春乃发生"的"及时雨"吗？

再说句老实话，我现在实在挤不出时间细读这样一部巨著。我只能大体翻看一下，看看全书的目录和结构，找出我自己认为必读的几个章节，细读了一番，其余的只能望一望它而已，我决不冒充我曾读过全书。

就我翻阅所及，我觉得这是一部好书。有资料，有分析，有见解，有论断，而且有一些见解很精辟，发前人之所未发。虽然我不敢说，对他的意见我全部同意；但是我却不能不佩服这位青年学者思想之敏锐，对中国精神分析之细致。有的话切中时弊，发人深省。这些都是作者近几年来奋发努力、锲而不舍的结果，我应该向他祝贺。

我对中国精神，或者笼统说东方文化，没有多么深的研究。由于自己好胡思乱想，所以也悟出了一些道理，不敢敝帚自珍，曾写过一些文章，得到的反响总起来说是积极的。但自知是"野狐谈禅"，并不敢沾沾自喜。

我同作者的意见有的是一致的，有的是近似的。比如，他从五个方面来概括中华民族的基本精神：爱国爱民的献身精神，勤劳智巧的创业精神，忠诚无畏的勇敢精神，仁爱孝敬的重德精神，追求光明进步的革命精神。对他这样的概括，我是同意的。

鲁迅先生的《且介亭杂文》中有一篇文章叫《中国人失掉自信力了吗?》。他在文章中写道:“我们从古以来,就有埋头苦干的人,有拼命硬干的人,有为民请命的人,有舍身求法的人……虽是等于为帝王将相作家谱的所谓‘正史’,也往往掩不住他们的光耀,这就是中国的脊梁。”鲁迅先生这一段话,同窦志力同志在上面列举的五条对比一下,可以发现许多共同的东西。

多少年以来,总有一个问题萦回在我的心中:什么是中华民族最优秀的传统?几经思考的结果,我认为是爱国主义。我们是唯物主义者,不能说,中国人天生就是爱国的。存在决定意识,必须有一个促成爱国主义的环境,我们才能有根深蒂固的爱国主义。只要看一看我们几千年的历史,这样的环境立即呈现在我们眼前。在几千年的历史中,我们始终没有断过敌人,东西南北,四面都有。虽然有的当年的敌人今天可能已融入中华民族之中;但是在当年,他们只能算是敌人。我们决不能把古代史现代化,否则我们的苏武、岳飞、文天祥等等一大批著名的爱国者,就都被剥去了爱国的光环,成为内战的牺牲者。

但是,爱国主义并不一定都是好东西。我认为,我们必须严格区分正义的爱国主义和邪恶的爱国主义。在过去的历史上我们中国基本上一直是受侵略、受压迫、受杀害的,因此我们的爱国主义是正义的。而像日本军国主义者和德国法西斯,手上涂满了别国人民的鲜血,而口中却狂呼爱国,这样的爱国主义难道还不是最邪恶的吗?这样的爱国主义连他们本国的人民也是应该挺身而出痛加挞伐的。今天,我们虽然已经翻了身,享受了独立自由的生活;但是心怀叵测的一些列强仍在觊觎敌视。因此,我们仍然要努力发扬正义的爱国主义精神,这是我们神圣的职责。

现在我们已经改革开放,正处在市场经济的大潮中,正处在一个重要的转型期中,我们仍然要弘扬中国文化中国精神的精髓,这一点我在上面已经谈过了。但是我们的中国精神和以中国文化为核心的东方文化,其作用就仅仅限于中国和东方吗?否,否,绝不是的。自工业革命以后,几百年来,西方列强挟其分析的思维模式,征服自然,为人类创造了空前辉煌的文化,世界各国人民皆蒙其利。然而到了今天,众多弊端都显露了出来,举其荦荦大者就是环境污染、生态平衡破坏、新疾病产生、臭氧层出洞,等等。如果其中一项我们无法遏止,人类前途就处在危险之中。有没有拯救的办法呢?有的。“三十年河东,三十年河西”,西方不亮东方亮,唯一的一条拯救之路就是以东方综合思维模式来济西方之穷,在过去已有的基础上改弦更张,人类庶几有被拯救的可能,这就是我的结论。

给别人的书写序而侈谈自己的主张，似乎不妥。但我并不认为是这样的。我这样写不过表示我们“心有灵犀一点通”而已。

1996年12月10日

（本文是为《中国精神》写的序）

谈消费

蒙组稿者垂青，要我来谈一谈个人消费。这实在不是最佳选择。因为我的个人消费决无任何典型意义。如果每个人都像我这样，商店几乎都要关门大吉。商店越是高级，我越敬而远之。店里那一大堆五光十色、争奇斗艳的商品，有的人见了简直会垂涎三尺，我却是看到就头痛，而且窃作腹诽：在这些无限华丽的包装内包的究竟是什么货色，只有天晓得，我觉得人们似乎越来越蠢，我们所能享受的东西，不过只占广告费和包装费的一丁点儿，我们是让广告和包装牵着鼻子走的，愧为"万物之灵"。

谈到消费，必须先谈收入。组稿者让我讲个人的情况，而且越具体越好。我就先讲我个人的具体收入情况。我在50年代被评为一级教授，到现在已经四十多年了，尚留在世间者已为数不多，可以被视为珍稀动物，通称为"老一级"。

在北京工资区——大概是六区——每月345元。再加上中国科学院哲学社会科学部委员，每月津贴一百元。这个数目今天看起来实为微不足道。然而在当时却是一个颇大的数目，十分"不菲"。我举两个具体的例子：吃一次"老莫"(莫斯科餐厅)，大约一元五到两元，汤菜俱全，外加黄油面包，还有啤酒一杯。如果吃烤鸭，不过六七块钱一只。其余依次类推。只需同现在的价格一比，其悬殊立即可见。从工资收入方面来看，这是我一生最辉煌的时期之一。这是以后才知道的，"当时只道是寻常"。到了今天，"老一级"的光荣桂冠仍然戴在头上，沉甸甸的，又轻飘飘的，心里说不出是什么滋味。实际情况却是"昔人已乘黄鹤去，此地空余老桂冠"。我很感谢，不知道是哪一位朋友发明了"工薪阶层"这一个词儿。这真不愧是天才的发明。幸乎？不幸乎？我也归入了这一个"工薪阶层"的行列。听有人说，在某一个城市的某大公司里设有

“工薪阶层”专柜，专门对付我们这一号人的。如果真正有的话，这也不愧是一个天才的发明，俗话说：“识时务者为俊杰。”他们都是不折不扣的“俊杰”。

我这个“老一级”每月究竟能拿多少钱呢？要了解这一点，必须先讲一讲今天的分配制度。现在的分配制度，同50年代相比，有了极大的不同，当年在大学里工作的人主要靠工资生活，不懂什么“第二职业”，也不允许有“第二职业”。谁要这样想，这样做，那就是典型的资产阶级思想，是同无产阶级思想对着干的，是最犯忌讳的。今天却大改其道。学校里颇有一些人有种种形式的“第二职业”，甚至“第三职业”。原因十分简单：如果只靠自己的工资，那就生活不下去。以我这个“老一级”为例，账面上的工资我是北大教员中最高的。我每月领到的工资，七扣八扣，拿到手的平均约七百至八百。保姆占掉一半，天然气费、电话费等等，约占掉剩下的四分之一。我实际留在手的只有三百元左右，我要用这些钱来付全体在我家吃饭的四个人的饭钱，这些钱连供一个人吃饭都有点捉襟见肘，何况四个人！“老莫”、烤鸭之类，当然可望而不可即。

可是我的生活水平，如果不是提高的话，也决没有降低。难道我点金有术吗？非也。我也有第X职业，这就是爬格子。格子我已经爬了六十多年，渐渐地爬出一些名堂来。时不时地就收到稿费，很多时候，我并不知道是哪一篇文章换来的。外文楼收发室的张师傅说：“季羡林有三多，报刊杂志多，有十几种，都是赠送的；来信多，每天总有五六封，来信者男女老幼都有，大都是不认识的人；汇单多。”我决非守财奴，但是一见汇款单，则心花怒放。爬格子的劲头更加昂扬起来。我没有作过统计，不知道每月究竟能收到多少钱。反正，对每月手中仅留三百元钱的我来说，从来没有感到拮据，反而能大把大把地送给别人或者家乡的学校。我个人的生活水平，确有提高。我对吃，从来没有什么要求。早晨一般是面包或者干馒头，一杯清茶，一碟炒花生米，从来不让人陪我凌晨4点起床，给我做早饭。午晚两餐，素菜为多。我对肉类没有好感。这并不是出于什么宗教信仰，我不是佛教徒，其他教徒也不是。我并不宣扬素食主义。我的舌头也没有生什么病，好吃的东西我是能品尝的。不过我认为，如果一个人成天想吃想喝，仿佛人生的意义与价值就在于吃喝二字。我真觉得无聊，“斯下矣”，食足以果腹，不就够了吗？因此，据小保姆告诉，我们平均四个人的伙食费不过五百多元而已。

至于衣着，更不在我考虑之列。在这方面，我是一个“利己主义者”。衣足以蔽体而已，何必追求豪华。一个人穿衣服，是给别人看的。如果一个人穿上十分豪华的衣服，打扮得珠光宝气，天天坐在穿衣镜前，自我欣赏，他(她)不是一个疯子，就是一个傻子。如果只是给别人去看，则观看者的审美能力和审美标准，千差万别，你满足了这一帮人，必然开罪于另一帮人，决不能使人人都高兴，皆大欢喜。反不如我行我素，我就是这一身打扮，你爱看不看，反正我不能让你指挥我，我是个完全自由自主的人。

因此，我的衣服，多半是穿过十年八年或者更长时间的，多半属于博物馆中的货色。俗话说："人靠衣裳马靠鞍。"以衣取人，自古已然，于今犹然。我到大店里去买东西，难免遭受花枝招展的年轻女售货员的白眼。如果有保卫干部在场，他恐怕会对我多加小心，我会成为他的重点监视对象。好在我基本上不进豪华大商店，这种尴尬局面无从感受。

讲到穿衣服，听说要"赶潮"，就是要赶上时代潮流，每季每年都有流行型式或款式，我对这些都是完全的外行。我有我的老主意：以不变应万变。一身蓝色的卡其布中山装，春、夏、秋、冬，永不变化。所以我的开支项下，根本没有衣服这一项。你别说，我们那一套"三十年河东，三十年河西"的"哲学"，有时对衣着型式也起作用。我曾在解放前的1946年在上海买过一件雨衣，至今仍然穿。有的专家说："你这件雨衣的款式真时髦!"我听了以后，大惑不解。经专家指点，原来五十多年流行的款式经过了漫长的沧桑岁月，经过了不知道多少变化，现在又在螺旋式上升的规律的指导下，回到了五十年前款式。我恭听之余，大为兴奋。我守株待兔，终于守到了。人类在衣着方面的一点小聪明，原来竟如此脆弱!

我在本文一开头就说，在消费方面我决不是一个典型的代表。看了我自己的叙述，一定会同意我这个说法的。但是，人类社会极其复杂，芸芸众生，有一箪食一瓢饮者；也有食前方丈，一掷千金者。绫罗绸缎、皮尔·卡丹，燕窝鱼翅、生猛海鲜，这样的人当然也会有的。如果全社会都是我这一号的人，则所有的大百货公司都会关张的，那岂不太可怕了吗？所以，我并不提倡大家以我为师，我不敢这样狂妄。不过，话又说了回来，我仍然认为：吃饭穿衣是为了活着，但是活着决不是为了吃饭穿衣。

原载《东方经济》1997年第4期

论包装

我先提一个问题：人类是变得越来越精呢？还是越来越蠢？

答案好像是明摆着的：越来越精。

在几千年有文化的历史上，人类对宇宙，对人世，对生命，对社会，总之对人世间所有的一切，越来越了解得透彻、细致，如犀烛隐，无所不明。例子伸手可得。当年中国人对月亮觉得可爱而又神秘，于是就说有一个美女嫦娥奔入月宫。连苏东坡这个宋朝伟大的诗人，也不禁要问出："明月几时有？把酒问青天。不知天上宫阙，今夕是何年？"可是到了今天，人类已经登上了月球，连月球上的土块也被带到了地球上来。哪里有什么嫦娥？有什么广寒宫？

人类倘不越变越精，能做到这一步吗？

可是我又提出了问题，说明适得其反。例子也是伸手即得，我先举一个包装。

人类在社会上活动，有时候是需要包装的。特别是女士们，在家中穿得朴朴素素；但是一出门，特别是参加什么"派对"(party，借用香港话)，则必须打扮得珠光宝气、花枝招展，浑身洒上法国香水，走在大街上，高跟鞋跟敲地作金石声，香气直射十步之外，路人为之"侧目"。这就是包装，而这种包装，我认为是必要的。

可是还有另外一种包装，就是商品的包装。这种包装有时也是必要的，不能一概而论。我从前到香港，买国产的商品，比内地要便宜得多。一问才知道，原因是中国商品有的质量并不次于洋货，只是由于包装不讲究，因而价钱卖不上去。我当时就满怀疑惑，究竟是使用商品呢？还是使用包装？

我因而想到一件事，我们楼上一位老太太到菜市场上去买鸡，说是一定要黄毛的。卖鸡的小贩问老太太："你是吃鸡？还是吃鸡毛？"

到了今天，有一些商品的包装更达到了匪夷所思的地步。外面盒子，或木，或纸，或金属，往往极大。装扮得五彩缤纷，璀璨耀目。摆在货架上时，是庞然大物；提在手中或放在车中，更是运转不灵，左提，右提；横摆，竖摆，都煞费周折。及至拿到或运到家中，打开时也是煞费周折。在庞然大物中，左找，右找，找不到商品究在何处。很希望发现一张纸条上面写着：此处距商品尚有十公里！庶不致使我失去寻找的信心。据我粗略的统计，有的商品在大包装中仅占空间十分之一、二十分之一，甚至五十分之一。我想到那个鸡和鸡毛的故事，我不禁要问：我们使用的是商品，还是包装？而负担那些庞大的包装费用的，羊毛出在羊身上，还是我们这些顾客，而华美绝伦的包装，商品取出后，不过是一堆垃圾。

如果我回答我在开头时提出的问题：人类越变越蠢。你怎样反驳？

1997年8月18日

衣着的款式

在衣着方面，我是著名的顽固保守派。我有几套——套数不详——深蓝色卡其布的中山装。虽然衣龄长短不一，但是最年轻的也有十年以上的历史了。虽然同为深蓝，但其间毕竟还有细微差别。可是年深日久，又经过多次洗濯，其差别越来越难辨析。我顺手抓来，穿在身上，明眼人一看，就能看出是张冠李戴，我则老眼昏花，不辨雌雄，怡然自得。

对此我有自己的哲学基础：吃饭是为了自己，而穿衣则是为了别人。道理自明，不用辩证。哪有一个人穿着华丽，珠光宝气，天天坐在菱花镜前，顾影自怜？如果真正有的话，他或她距入疯人院的日期也不会远了。

谈到衣着的款式，我有一个非常具体的经验。五十多年前，回国初到上海，买了一件风雨衣，至今虽然袖子已经磨破，我仍然照穿不误。不意内行人忽然对我说：这正是当今最流行的款式！乍听之下，大吃一惊。继而思之，极有道理。要举例子，就在手边。若干年前曾一度流行穿喇叭裤，一夜之间，仿佛有神力催动，满街盈巷，人山人海中无不喇叭矣。然而“蟪蛄不知春秋”，又在一夜之间，又仿佛有神风劲吹，喇叭一下子都销声匿迹了。我现在敢于预言：有朝一日，说不定在哪一天，喇叭又会君临大地。

我觉得，人类很注意衣着款式，这无关天下安危，可以不必去管。但是，人类在这一方面所表现出来的智慧却低得令我吃惊。什么皮尔·卡丹，什么这国巧匠，什么那国大师，挖空心思，花样翻新，翻来翻去，差别甚微。又来了我那句老话：三十年河东，三十年河西。你等着瞧吧。到了三十年，肯定翻了回来。如果真有一个造物的智者，他会从宇宙黑洞里什么地方，笑看我们这个小球上的自以为极其聪明的芸芸众生，就像我们看猴山的群猴。

这种极低的智慧还表现在另一个方面。同样一件衣服，从小商店里买，比从燕莎、蓝岛等商城里买，价钱会相差十倍二十倍，然而非工薪阶层的大款们却一定会弃小就大。衣服上又很难大书燕莎、蓝岛等字样，这会有碍美观。前几年有人戴舶来品的眼镜，会把原来的商标保留在镜片上，宁愿目光被挡，也在所不惜。这同某一些农民身着西装，打好领带，到田中去干活，同样让人感到不那么舒服。我真想成为一名服装设计师，把燕莎、蓝岛一类的字眼蕴藏在衣服的某一部分内，隐而不发，彰而不露。我一定能取得专利，成为大师。可惜我是志大才疏。像我这样的人，只配穿蓝卡其布的中山装。

温馨，家庭不可或缺的气氛

大千世界，芸芸众生，除了看破红尘出家当和尚的以外，每一个人都会有一个家。一提到家，人们会不由自主地漾起一点温暖之意、一丝幸福之感。

不这样也是不可能的。不管是单职工还是双职工，白天在政府机构、学校、公司、工厂、商店等等五花八门的场所工作劳动。不管是脑力劳动，还是体力劳动，都会付出巨大的力量，应付错综复杂的局面，会见性格各异的人物，有时会弄得筋疲力尽。有道是："不如意事常八九"。哪里事事都会让你称心如意呢？到了下班以后，有如倦鸟还巢一般，带着一身疲惫，满怀喜悦，回到自己家里。这是一个真正的安身立命之处。在这里人们主要祈求的就是温馨。有父母的，向老人问寒问暖，老少都感到温馨；有子女的，同孩子谈上几句，亲子都感到温馨；夫妻说上几句悄悄话，男女都感到温馨。当是时也，白天一天操劳，身心两方面的倦意，间或有心中的愤懑、工作中或竞争中偶尔的挫折、在处理事务中或人际关系中碰的一点小钉子等等，都会烟消云散，代之而兴的是融融的愉悦。总之，感到的是不能用任何语言表达的温馨。

你还可以便装野服，落拓形迹。白天在外面有时不得不戴着的假面具，完全可以甩掉。有时不得不装腔作势，以求得能适应应对进退的所谓礼貌，也统统可以丢开，还你一个本来面目，圆通无碍，纯然真我。天下之乐，宁有过于此者乎？所有这一切都来自家庭中真正的温馨。

但是，是不是每一个家庭都是温馨天成、唾手可得呢？不，不，绝不是的。家庭中虽有夫妻关系、亲子关系、血缘关系，但是，所有这一些关系，都不能保证温馨气氛必然出现。俗话说：锅碗瓢盆都会相撞。每个人的脾气不一样，爱好不一样，习惯不一样，信念不一样，而且人是活人，喜怒哀乐，时有突变的情况，情绪也有不稳定的时候，特别是在自己的亲人面前，更容易表露出来。有时候为一点芝麻绿豆大的小事，也会意见相左，处理不得法，也能产生龃龉。天天耳鬓厮磨，谁也不敢保证这种情况不会发生。

那么，我们应当怎么办呢？就我个人来看，处理这样清官难断的家务事，说难极难，说不难也颇易。只要能做到“真”“忍”二字，虽不中，不远矣。“真”者，真情也。“忍”者，容忍也。我归纳成了几句顺口溜：相互恩爱，相互诚恳，相互理解，相互容忍，出以真情，不杂私心，家庭和睦，其乐无垠。

有人可能不理解，我为什么把容忍强调到这样的高度。要知道，容忍是中华美德之一。我们的往圣先贤，大都教导我们要容忍。民间谚语中，也有不少容忍的内容，教人忍让。有的说法，看似消极，实有积极意义，比如“忍辱负重”，韩信就是一个有名的例子。《唐书》记载，张公艺九世同居，唐高宗问他睦族之道。公艺提笔写了一百多个“忍”字递给皇帝。从那以后，姓张的多自命为“百忍家声”。佛家也十分强调忍辱之要义，经中有很多忍辱仙人的故事。常言道：“小不忍则乱大谋”。在家庭中则是“小不忍则乱家庭”。夫妻、父母、子女之间，有时难免有不同的意见，如果一方发点小脾气，你让他（她）一下，风暴便可平息。等到他（她）心态平衡以后，自己会认错的。此时，如果你也不冷静，火冒三丈，轻则动嘴，重则动手，最终可能告到法庭，宣判离婚，岂不大可哀哉！父母兄弟姊妹之间，也有同样的情况。结果，一个好端端的家庭，会弄得分崩离析。这轻则会影响你暂时的情绪，重则影响你的生命前途。难道我这是危言耸听吗？

总之，温馨是家庭不可或缺的气氛，而温馨则是需要培养的。培养之道，不出两端，一真一忍而已。

1998年10月23日

关于人的素质的几点思考

一、我们当前所面临的形势

谈问题必须从实际出发，这几乎成了一个常识。谈人的素质又何能例外?

在这方面，我们，包括大陆和台湾，甚至全世界，我们所面临的形势怎样呢？我觉得，法鼓人文社会学院的“通告”中说得简洁而又中肯：

> 识者每以今日的社会潜伏下列诸问题为忧：即功利气息弥漫，只知夺取而缺乏奉献和服务的精神；大家对社会关怀不够，环境日益恶化；一般人虽受相当教育，但缺乏判断是非善恶的能力；科技教育与人文教育未能整合，阻碍教育整体发展，亦且影响学生健全人格的养成。

这些话都切中时弊。

在这里，我想补充上几句。

我们眼前正处在二十世纪的世纪末和千纪末中。“世纪”和“千纪”都是人为地创造出来的；但是，一旦创造出来，它似乎就对人类活动产生了影响。十九世纪的世纪末可以为鉴，当前的这一个世纪末，也不例外。在政治、经济等方面所发生的巨大变化，有目共睹。我特别想指出环境保护等方面的令人触目惊心的情况。这些都与西方科学技术的发展密切相联。

西方自产业革命以后，科技飞速发展。生产力解放之后，远迈前古。结果给全体人类带来了极大的意想不到的福利。这一点是无论如何也否认不掉的。但是同时也带来了同样是想不到的弊端或者危害，比如空气污染、海河污染、生态平衡破坏、一些动植物灭种、环境污染、臭氧层出洞、人口爆炸、淡水资源匮乏、新疾病产生，如此等等，不一而足。这些灾害中任何一项如果避免不了，祛除不掉，则人类生存前途就会受到威胁。所以，现在全世界有识之士以及一些政府，都大声疾呼，注意环保工作。这实在值得我们钦佩。

英国浪漫主义诗人雪莱（Shelley）以诗人的惊人的敏感，在十九世纪初叶，正当西方工业发展如火如荼地上升的时候，在他所著的于1821年出版的《诗辨》中，就预见到它能产生的恶果，他不幸而言中，他还为这种恶果开出了解救的药方：诗与想象力，再加上一个爱。这也实在值得我们佩服。

眼前的这一个世纪末，实在是人类历史上一个空前的大动荡大转轨的时代。在这样的时机中，我们平常所说的“代沟”空前地既深且广。老少两代人之间的隔阂十分严峻。有人把现在年轻的一代人称为“新人类”，据说日本也有这个词儿，这个词儿意味深长。

二、人的天性或本能

我们就处在这样的环境条件下来探讨人的天性的一些想法。

两千多年以来，中国哲学史上始终有一个争论不休的问题：性善与性恶。孟子主性善，荀子主性恶，这是众所周知的事实。两说各有拥护者和反对者，中立派就主张性无善无恶说。我个人的看法接近此说，但又不完全相同。如果让我摆脱骑墙派的立场，说出真心话的话，我赞成性恶说，然则根据何在呢？

由于行当不对头——我重点摘的是古代佛教历史、中亚古代语文、佛教史、中印和中外文化交流史等……我对生理学和心理学所知甚微。根据我多年的观察与思考，我觉得，造物主或天或大自然，一方面赋予人和一切生物（动植物都在内）以极强烈的生存欲，另一方面又赋予它们极强烈的发展扩张欲。一棵小草能在砖石重压之下，以惊人的毅力，钻出头来，真令我惊叹不置。一尾鱼能产上百上千的卵，如果每一个卵都能长成鱼，则湖海有朝一日会被鱼填满。植物无灵，但有能，它想尽办法，让自己的种子传播出去。类似的例子，举不胜举。但是，与此同时，造物主又制造某些动植物的天敌，大鱼吃小鱼，小鱼吃虾米，猫吃老鼠，等等，等等，总之是，一方面让你生存发展，一方面又遏止你生存发展，以此来保持物种平衡，人和动植物的平衡。这是造物主给生物开玩笑。老子说：“天地不仁，以万物为刍狗。”意思与此差为相近。如此说来，荀子的性恶说能说没有根据吗？荀子说：“人之性恶，其善者伪也。”

“伪”字在这里有“人为”的意思，不全是“假”。总之，这说法比孟子性善说更能说得过去。

三、道德问题

写到这里，我认为可以谈道德问题了。道德讲善恶，讲好坏，讲是非，等等。那么，什么是善，是好，是是呢？根据我上面的说法，我们可以说：自己生存，也让别的人或动植物生存，这就是善。只考虑自己生存不考虑别人生存，这就是恶。《三国演义》中说曹操有言：“只教我负天下人，不教天下人负我。”这是典型的恶。要一个人不为自己的生存考虑，是不可能的，是违反人性的。只要能做到既考虑自己也考虑别人，这一个人就算及格了，考虑别人的百分比愈高，则这个人的道德水平也就愈高。百分之百考虑别人，所谓“毫不利己，专门利人”，是做不到的，那极少数为国家、为别人牺牲自己性命的，用一个哲学家的现成的话来说是出于“正义行动”。

只有人类这个“万物之灵”才能做到既为自己考虑，也能考虑到别人的利益。一切动植物是绝对做不到的，它们根本没有思维能力。它们没有自律，只有他律，而这他律就来自大自然或者造物主。人类能够自律，但也必须辅之以他律。康德所谓“消极义务”，多来自他律。他讲的“积极义务”，则多来自自律。他律的内容很多，比如社会舆论、道德教条等等都是。而最明显的则是公安局、检察机构、法院。

写到这里，我想把话题扯远一点，才能把我想说的问题说明白。

人生于世，必须处理好三个关系：（一）人与大自然的关系，那也称之为“天人关系”；（二）人与人的关系，也就是社会关系；（三）人与自己的关系，也就是个人思想感情矛盾与平衡的问题。这三个关系处理好，人就幸福愉快；否则就痛苦。在处理第一个关系时，也就是天人关系时，东西方，至少在指导思想方向上截然不同。西方主“征服自然”（to conquer the nature），《天演论》的“物竞天择，适者生存”，即由此而出。但是天或大自然是能够报复的，能够惩罚的。你“征服”得过了头，它就报复。比如砍伐森林，砍光了森林，气候就受影响，洪水就泛滥。世界各地都有例可证。今年大陆的水灾，根本原因也在这里。这只是一个小例子，其余可依此类推。学术大师钱穆先生一生最后一篇文章《中国文化对人类未来可有的贡献》，讲的就是“天人合一”的问题，我冒昧地在钱老文章的基础上写了两篇补充的文章，我复印了几份，呈献给大家，以求得教正。“天人合一”是中国哲学史上一个重要命题，解释纷纭，莫衷一是。钱老说：“我曾说‘天人合一’论，是中国文化对人类最大的贡献。”我的补充明确地说，“天人合一”就是人与大自然要合一，要和平共处，不要讲征服与被征服。西方近二百年以来，对大自然征服不已，西方人以“天之骄子”自居，骄横不可一世，结果就产生了我在上文第一章里补充的那一些弊端或灾害。钱宾四先生文章中讲的“天”似乎重点是“天命”，我的“新解”，“天”是指的大自然。这种人与大自然要和谐相处的思想，不仅仅是中国思想的特征，也是东方各国思想的特征。这是东西文化思想分道扬镳的地方。在中国，表现这种思想最明确的无过于宋代大儒张载，他在《西铭》中说：“民，吾同胞；物，吾与也。”“物”指的是天地万物。佛教思想中也有“天人合一”的因素，韩国吴亨根教授曾明确地指出这一点来。佛教基本教规之一的“五戒”中就有戒杀生一条，同中国“物与”思想一脉相通。

四、修养与实践问题

我体会，圣严法师之所以不惜人力和物力召开这样一个规模宏大的会议，大陆暨香港地区，以及台湾的许多著名的学者专家之所以不远千里来此集会，决不会是让我们坐而论道的。道不能不论，不论则意见不一致，指导不明确，因此不论是不行的。但是,如果只限于论，则空谈无补于实际，没有多大意义。况且，圣严法师为法鼓人文社会学院明定宗旨是“提升人品质，建设人间净土”。这次会议的宗旨恐怕也是如此。所以，我们在议论之际，也必须想出一些具体的办法。这样会议才能算是成功的。

我在本文第一章中已经讲到过，我们中国和全世界所面临的形势是十分严峻的。钱穆先生也说：“近百年来，世界人类文化所宗，可说全在欧洲。最近五十年，欧洲文化近于衰落，此下不能再为世界人类文化向往之宗主。所以可说，最近乃人类文化之衰落期。此下世界文化又将何所向往？这是今天我们人类最值得重视的现实问题。”可谓慨乎言之矣。

我就在面临这样严峻的情况下提出了修养和实践问题的，也可以称之为思想与行动的关系，二者并不完全一样。

所谓修养，主要是指思想问题、认识问题、自律问题，他律有时候也是难以避免的。在大陆上，帮助别人认识问题，叫做“做思想工作”。一个人遇到疑难，主要靠自己来解决，首先在思想上解决了，然后才能见诸行动，别人的点醒有时候也起作用。佛教禅宗主张“顿悟”。觉悟当然主要靠自己，但是别人的帮助有时也起作用。禅师的一声断喝，一记猛掌，一句狗屎橛，也能起振聋发聩的作用。宋代理学家有一个克制私欲的办法。清尹铭绶《学见举隅》中引朱子的话说：

> 前辈有俗澄治思虑者，于坐处置两器，每起一善念，则投白豆一粒于器中；每起一恶念，则投黑豆一粒于器中，初时黑豆多，白豆少，后来遂不复有黑豆，最后则验白豆亦无之矣。然此只是个死法，若更加以读书穷理的工夫，那去那般不正作当底思虑，何难之有？

这个方法实际上是受了佛经的影响。《贤愚经》卷十三，（六七）优波提品第六十讲到一个“系念”的办法：

> 以白黑石子，用当等于筹算。善念下白，恶念下黑。优波提奉受其教，善恶之念，辄投石子。初黑偶多，白者甚少。渐渐修习，白黑正等。系念不止。更无黑石，纯有白者。善念已盛，逮得初果。（《大正新修大藏经》，第四卷，页四四二下）

这与朱子说法几乎完全一样，区别只在豆与石耳。

这个做法究竟有多大用处？我们且不去谈。两个地方都讲善念、恶念。什么叫善？什么叫恶？中印两国的理解恐怕很不一样。中国的宋儒不外孔孟那些教导，印度则是佛教教义。我自己对善恶的看法，上面已经谈过。要系念，我认为，不外是放纵本性与遏制本性的斗争而已。为什么要遏制本性？目的是既让自己活，也让别人活。因为如果不这样做的话，则社会必然乱了套，就像现代大城市里必然有红绿灯一样，车往马来，必然要有法律和伦理教条。宇宙间，任何东西，包括人与动植物，都不允许有“绝对自由”。为了宇宙正常运转，为了人类社会正常活动，不得不尔也。对动植物来讲，它们不会思考，不能自律，只能他律。人为万物之灵，是能思考、能明辨是非的动物，能自律，但也必济之以他律。朱子说，这个系念的办法是个“死法”，光靠它是不行的，还必须读书穷理，才能去掉那些不正当的思虑。读书当然是有益的，但却不能只限于孔孟之书；穷理也是好的，但标准不能只限于孔孟之道。特别是在今天，在一个新世纪即将来临之际，眼光更要放远。

眼光怎样放远呢？首先要看到当前西方科技所造成的弊端，人类生存前途已处在危机中。世人昏昏，我必昭昭。我们必须力矫西方“征服自然”之弊，大力宣扬东方“天人合一”的思想，年轻人更应如此。

以上主要讲的是修养。光修养还是很不够的，还必须实践，也就是行动，最好能有一个信仰，宗教也好，什么主义也好；但必须虔诚、真挚。这里存不得半点虚假成分。我们不妨先从康德的“消极义务”做起：不污染环境、不污染空气、不污染河湖、不胡乱杀生、不破坏生态平衡、不砍伐森林，还有很多“不”。这些“消极义务”能产生积极影响。这样一来，个人的修养与实践、他人的教导与劝说，再加上公、检、法的制约，本文第一章所讲的那一些弊害庶几可以避免或减少，圣严法师所提出的希望庶几能够实现，我们同处于“人间净土”中。“挽狂澜于既倒”，事在人为。

漫谈伦理道德

现在，以德治国的口号已经响彻祖国大地。大家都认为，这个口号提得正确，提得及时，提得响亮，提得明白。但是，什么叫“德”呢？根据我的观察，笼统言之，大家都理解得差不多。如果仔细一追究，则恐怕是言人人殊了。

我不揣谫陋，想对“德”字进一新解。

但是，我既不是伦理学家，对哲学家们那些冗见别扭的分析阐释又不感兴趣，我只能用自己惯常用的野狐参禅的方法来谈这个问题。既称野狐，必有其不足之处；但同时也必有其优越之处，他没有教条，不见框框，宛如天马行空，驰骋自如，兴之所至，灵气自生，谈言微中，搔着痒处，恐亦难免。坊间伦理学书籍为数必多，我一不购买，二不借阅，唯恐读了以后“污染”了自己观点。

近若干年以来，我一直在考虑一个问题。人生一世，必须处理好三个关系：第一，人与大自然的关系，也就是天人关系；第二，人与人的关系，也就是社会关系；第三，个人身、口、意中正确与错误的关系，也就是修身问题。这三个关系紧密联系，互为因果，缺一不可。这些说法也许有人认为太空洞，太玄妙。我看有必要分别加以具体的说明。

首先谈人与大自然的关系。在人类成为人类之前，他们是大自然的一个不可或缺的组成部分。等到成为人类之后，就同自然闹起独立性来，把自己放在自然的对立面上。尤有甚者，特别是在西方，自从产业革命以后，通过所谓发明创造，从大自然中得到了一些甜头，于是遂诛求无餍，最终提出了“征服自然”的口号。他们忘记了一个基本事实，人类的衣、食、住、行的所有资料都必须取自大自然。大自然不会说话，“天何言哉！”但是却能报复。恩格斯说过：

> 我们不能过分陶醉于我们对自然界的胜利，对于每一次这样的胜利，自然界都报复了我们。

在一百多年以前，大自然的报复还不十分明显，恩格斯竟能说出这样准确无误又含义深远的话，真不愧是马克思主义伟大的奠基人之一！到了今天，大自然的报复已经十分明显，十分怵目惊心，举凡臭氧出洞，温室效应，全球变暖，淡水短缺，生态失衡，物种灭绝，人口爆炸，资源匮乏，新疾病产生，环境污染，如此等等，不胜枚举。其中哪一项如果得不到控制，都能影响人类的生存前途。到了这种危机关头，世界上一些有识之士才幡然醒悟，开了一些会，采取了一些措施。世界上一些国家的领导人也知道要注意环保问题了，这都是好事。但是，根据我个人的看法，还都是不够的。我们必须努力发出狮子吼，对全世界发聋振聩。

其次，我想谈一谈人与人的关系。自从人成为人以后，就逐渐形成了一些群体，也就是我们现在称之为社会的组织。这些群体形形色色，组织形式不同，组织原则也不同，但其为群体则一也。人与人之间，有时候利益一致，有时候也难免产生矛盾。举一个极其简单的例子，比如讲民主，讲自由，都不能说是坏东西，但又都必须加以限制。就拿大城市交通来说吧，绝对的自由是行不通的，必须有红绿灯，这就是限制。如果没有这个限制，大城市一天也存在不下去。这里撞车，那里撞人，弄得人人自危，不敢出门，社会活动会完全停止，这还能算是一个社会吗？这只是一个小例子，类似的大小例子还能举出一大堆来。因此，我们必须强调要处理好社会关系。

最后，我要谈一谈个人修身问题。一个人，对大自然来讲，是它的对立面；对社会来讲，是它的最基本的组成部分，是它的细胞。因此，在宇宙间，在社会上，一个人所处的地位是十分关键的。一个人的思想、语言和行动方向的正确或错误是有重要意义的。一个人进行修身的重要性也就昭然可见了。

写到这里，也许有人要问：你不是谈伦理道德问题吗，怎么跑野马跑到正确处理三个关系上去了？我敬谨答曰：我谈正确处理三个关系，正是谈伦理道德问题。因为，三个关系处理得好，人类才能顺利发展，社会才能阔步前进，个人生活才能快乐幸福。这是最高的道德，其余那些无数的烦琐的道德教条都是从属于这个最高道德标准的。这个道理，即使是粗粗一想，也是不难明白的。如果这三个关系处理不好，就要根据“不好”的程度而定为道德上有缺乏、不道德或“缺德”，严重的“不好”，就是犯罪。这个道理也是容易理解的。

全世界都承认，中国是伦理道德的理论和实践最发达的国家。中国伦理道德的基础是先秦时期的儒家打下的，在其后发展的过程中，又掺杂进来了一些道家思想和佛家思想，终于形成了现在这样一个伦理体系，仍在支配着我们的社会行动。这个体系貌似清楚，实则是一个颇为模糊的体系。三教信条你中有我，我中有你，绝不是泾渭分明的，但仍以儒家为主，则是可以肯定的。

儒家的伦理体系在先秦初打基础时可以孔子和孟子为代表。孔子的学说的中心，也可以说是伦理思想的中心，是一个“仁”字。这个说法已为学术界比较普遍地接受。孟子学说的中心，也可以说伦理思想的中心，是“仁”“义”二字。对此，学术界没有异词。先秦其他儒家的学说，我们不一一论列了。至于先秦以后几千年儒家学者伦理道德的思想，我在这里也不一一论列了。一言以蔽之，他们基本上沿用孔孟的学说，间或有所增益或有新的解释，这是事物发展的必然规律，不足为怪。不这样，反而会是不可思议的。

多少年来，我个人就有个想法。我觉得，儒家伦理道德学说的重点不在理论而在实践。先秦儒家已经安排好了的：格物、致知、诚意、正心、修身、齐家、治国、平天下，是大家所熟悉的。这样的安排极有层次，煞费苦心，然而一点理论的色彩都没有。也许有人会说，人家在这里本来就不想讲理论而只想讲实践的。我们即使承认这一句话是对的，但是，什么是“仁”，什么是“义”？这在理论上总应该有点交代吧，然而，提到“仁”“义”的地方虽多，也只能说是模糊语言，读者或听者并不能得到一点清晰的概念。

秦代以后，到了唐代，以儒家道统传承人自命的大儒韩愈，对伦理道德的理论问题也并没有说清楚。他那一篇著名的文章《原道》一开头就说：

> 博爱之谓仁，行而宜之之谓义，由是而之焉之谓道，足乎己勿待于外之谓德。

句子读起来铿锵有力，然而他想什么呢？他只有对“仁”字下了一个“博爱”的定义？而这个定义也是极不深刻的。此外几乎全是空话。“行而宜之”的“宜”意思是“适宜”，什么是“适宜”呢？这等于没有说。“由是而之焉”的“之”字，意思是“走”。“道”是人走的道路，这又等于白说。至于“德”

字，解释又是根据汉儒那一套“德者得也”，说了仍然是让人莫名其妙。至于其他朝代的其他儒家学者，对仁义道德的解释更是五花八门，莫衷一是。我不是伦理学者，现在也不是在写中国伦理学史，恕我不再一一列举了。

我在上面极其概括地讲了从先秦一直到韩愈儒家关于仁义道德的看法。现在，我忽然想到，我必须做一点必要的补充。我既然认为，处理好天人关系在道德范畴内居首要地位，就必须探讨一下，中国古代对于这个问题是怎样看的。换句话说，我必须探讨一下先秦时代一些有代表性的哲学家对天、地、自然等概念是怎样界定的。

首先谈“天”，一些中国哲学史家认为，在春秋末期哲学家们争论的主要问题之一是，“天”是否是有人格有意志的神？这些哲学家大体上可以分为两个阵营：一个阵营主张不是，他们认为天是物质性的东西，就是我们头顶的天。这可以老子为代表。汉代《说文解字》的“天，颠也，至高无上”，可以归入此类。一个阵营的主张是，他们认为天就是上帝，能决定人类的命运，决定个人的命运。这可以孔子为代表。有一些中国哲学史袭用从前苏联贩卖过来的办法，先给每一个哲学家贴上一张标签，不是唯心主义，就是唯物主义，把极端复杂的思想问题简单化了。这种做法为我所不取。

老子《道德经》中在几个地方都提到天、地、自然等等。他说：

> 人法地，地法天，天法道，道法自然。（二十五章）

在这一段话里老子哲学的几个重要概念都出现了。他首先提出“道”这个概念，在他以后的中国哲学史上起着重要的作用。这里的“天”显然不是有意志的上帝，而是与“地”相对的物质性的东西。这里的“自然”是最高原则。老子主张“无为”，“自然”不就是“无为”吗？他又说：

> 天地不仁，以万物为刍狗。（五章）

明确说天地是没有意志的。他又说：

> 道之尊，德之贵，夫莫之命而常自然。（五十一章）

道德不发号施令，而是让万物自由自在地成长。总而言之，老子认为天不是神，而是物质的东西。

几乎可以说是，与老子形成对立面的是孔子。在《论语》中有许多讲到“天”的地方。孔子虽然说“子不语怪力乱神”，但是，在他的心目中是有神的，只不过是“敬鬼神而远之”而已。“天”在孔子看来也是有人格有意志的神。孔子关于“天”的话我引几条：

天何言哉！四时行焉，百物生焉，天何言哉！

天之将丧斯文也，后死者不得与干斯文也；天之未丧斯文也，匡人其如予何！

天生德于予，桓魋其如予何！

等等。孔子还提倡“天命”，也就是天的意志，天的命令。自命为孔子继承人的孟子，对“天”的看法同孔子差不多。他有一段常被征引的话：

天将降大任于是人也，必先苦其心志，劳其筋骨，饿其体肤，空乏其身，行拂乱其所为，所以动心忍性，曾（增）益其所不能。

在这里，“天”也是一个有意志的主宰者。

也被认为是儒家的荀子，对“天”的看法却与老子接近，而与孔孟迥异其趣。他不承认天是有人格有意志的最高主宰者。有的哲学史家说，荀子直接把“天”解释为自然界。我个人认为，这是非常重要也非常正确的解释。荀子主要是在《天论》中对“天”作了许多唯物的解释，我不去抄录。我想特别提出“天养”说：“财非其类以养其类，夫是之谓天养。”意思是说人类利用大自然养活自己。这也是很重要的思想。多少年前我曾写过一篇论文《天人合一新解》，我当时没有注意到荀子对“天”的解释，所以自命为“新解”，其实并不新了。荀子已先我二千多年言之矣。我的贡献在于结合当前世界的情况，把“天人合一”归入道德最高标准而已。这一点我在上面讲天人关系一节中已经讲到，请读者参阅。

我在上面只讲了老子、孔子、孟子和荀子。其他诸子对“天”的看法也是五花八门的。因为同我要谈的问题无关，我不一一论列。我只讲一下墨子，他认为“天”是有意志的，这同儒家的孔孟差不多。

我的补充解释就到此为止。

尽管荀子对“天”的认识已经达到了很高的水平，但是支配中国思想界的儒家仍然是保守的。我想再回头分析一下上面已经提到过的格、致等八个层次。前五项都与修身有关，后三项则讲的是社会关系，没有一项是天人关系的。这是什么原因呢？根据我个人肤浅的看法，先秦儒家，大概同一般老百姓一样，觉得天离开人们远，也有点恍兮惚兮，不容易捉摸，而人际关系则是摆在眼前的，时时处处都会碰上，不注意解决是不行的。我们汉族是一个偏重实际的民族，所以就把注意力大部分用在解决社会关系和个人修身上面了。

几千年来，在中国的封建社会中，有很多形成系列的道德教条，什么仁、义、礼、智、信，什么孝、悌、忠、信、廉、耻，如此等等，不一而足。每一个人在社会中的地位也排列得井井有条，比如五伦之类。亲属间的称呼也有条不紊，什么姑夫、舅父、表姑、表舅等等，世界上哪一种语言也翻译不出来，甚至在当前的中国，除了年纪大的一些人以外。年轻人自己也说不明白了。《白虎通》的三纲、六纪，陈寅恪先生认为是中国文化的精义之所寄，可见中国这一些处理社会关系的准则在他心目中的重要地位了。

上面讲的是社会关系和个人修身问题。至于天人关系，除了先秦诸子所讲的以外，中国历代还有一种说法，就是所谓“天子”，说皇帝是上天的儿子。这种说法对皇帝和臣民都有好处。皇帝以此来吓唬老百姓，巩固自己的地位。臣下也可以适当地利用它来给皇帝一点制约，比如利用日蚀、月蚀、彗星出现等等“天变”来向皇帝进谏，要他注意修德，要他注意自己的行动，这对人民多少有点好处。

把以上所讲的归纳起来看，本文中所讲的三个关系，第二个关系社会关系和第三个个人修身问题，人们早已注意到了，而且一贯加以重视了。至于天人关系，虽也已注意到，但只是片面讲，其间的关系则多所忽略，特别是对大自然能够报复则认识比较晚，这情况中西皆然。只是到了西方产业革命以后，西方科技发展迅猛，人们忘乎所以，过分相信“人定胜天”的力量，以致受到了自然的报复，才出现了恩格斯所说的那种情况。到了今天，世界上一些有识之士，其中包括一些国家领导人，如梦初醒，惊呼“环保”不止。然而，从世界范围来看，并不是每个人都清醒够了，污染大气，破坏生态平衡的举动仍然到处可见，我个人的看法是不容乐观。因此我才把处理好天人关系提高到伦理道德的高标准来加以评断。

从一部人类发展前进的历史来看，三个关系的各自的对立面并不是固定不变的，而是变动不居的，因此制约这些关系的伦理道德教条也不可能一成不变。各个时代，各个民族，各个国家，情况不一，要求不一，道德标准也不可能统一。因此，我们必须提出，对过去的道德标准一定要批判继承。过去适用的，今天未必适用；今天适用的，将来未必适用。在道德教条中有的寿命长，有的寿命短。有的可能适用于全人类，有的只能适用于某一些地区。适用于一切时代，一切地区，万古长青的道德教条恐怕是绝无仅有的。

文章已经写得很长，必须结束了。我再着重说明一下，我不是伦理学家，没有研究过伦理学史。我只是习惯于胡思乱想。我常感觉到，中国以及世界上道德教条多如牛毛，如粒粒珍珠，熠熠闪光。可是都有点各自为政，不相贯联。我现在不揣冒昧提出了一条贯串众珠的线，把这些珠子穿了起来。是否恰当？自己不敢说。请方家不吝教正。

2001年5月25日

谈公德

一

什么叫“公德”？查一查字典，解释是“公共道德”。这等于没有解释。继而一想，也只能这样。字典毕竟不是哲学教科书，也不是法律大全。要求它做详尽的解释，是不切实际的。

先谈事实。

我住在燕园最北部，北墙外，只隔一条马路，就是圆明园。门前有清塘一片，面积仅次于未名湖。时值初夏，湖水潋滟，波平如镜。周围垂杨环绕。柳色已由鹅黄转为嫩绿，衬上后面杨树的浓绿，浓淡分明，景色十分宜人。北大人口中称之为后湖。因为僻远，学生来者不多，所以平时显得十分清净。为了有利于居住者纳凉，学校特安上了木制长椅十几个，环湖半周。现在每天清晨和黄昏，椅子上总是坐满了人。据知情人的情报，坐者多非北大人，多来自附近的学校，甚至是外地来的游人。

这样一个人间仙境，能吸引外边的人来，我们这里的居民，谁也不会反对，有时还会窃喜。我们家住垂杨深处，却如入芝兰之室，久而不闻其香。有外来人来共同分享，焉得而不知喜呢？

然而且慢。这里不都是芝兰，还有鲍鱼。每天十点，玉洁到椅前地上，铺满了瓜子皮、烟头，还有不同颜色的垃圾。有时候竟有饭盒的残骸，里面吐满了鸡骨头和鱼刺。还有各种的水果皮，狼藉满地，看了令人头痛生厌，屁股再也坐不下去。有一次我竟看到，附近外国专家招待所的一对外国夫妇，手持塑料袋和竹夹，在椅子前面，弯腰曲背，捡地上的垃圾。我们的脸腾地一下子红了起来。看了这种情况，一个稍有公德心的中国人，谁还能无动于衷呢？我于是同玉洁约好：明天我们也带塑料袋和竹夹子来捡垃圾，企图给中国人挽回一点面子。捡这些垃圾并不容易。大件的好办，连小件的烟头也并不困难。最难捡的是瓜子皮，体积小而薄，数量多而广。吐在地上，脚一踩，就与泥土合二而一，一个个地从泥土中抠出来，真是煞费苦心。捡不多久，就腰酸腿痛，气喘吁吁了。本来是想出来纳凉的，却带一身臭汗回家。但我们心里却是高兴的，我们为我们国家做了一件小到不能再小的事情。此外，我们也有"同志"。一位邻居是新华社退休老干部。他同我们一样，对这种现象看不下去。有一次，我们看到他赤手空拳、搜捡垃圾。吾道不孤，我们更高兴了。

中华民族是伟大的民族，这一点，全世界谁也不敢否认。可是，到了今天，由于种种原因，一部分人竟然沦落到不知什么是公德，实在是给我们脸上抹黑。现在许多有识之士高呼提高人民素质，其中当然也包括道德素质。这实在是当务之急。

2002年5月28日

二

标题似乎应作"风化"，但是，因为第一，它与《公德（一）》所谈到的湖边木椅有关；第二，在这里，"有伤风化"与"有损公德"实在难解难分，因此仍作《公德》，加上一个（二）字。

话题当然要从木椅谈起。木椅既是制造垃圾的场所，又是谈情说爱的胜地。是否是同一批人同时并举，没有证明，不敢乱说。

在光天化日之下，大庭广众之中，亲人们，特别是夫妇们由于某种原因接一个吻，在任何文明国家中都允许的，不以为怪的。在中国古代，是不行的，这大概属于"非礼"的范围。

可是，到了今天，中国"现代化"了。洋玩意儿不停地涌入，上述情况也流行起来。这我并不反对。不过，我们中国有一部分人，特别是青年人，一学习外国，就不但是"弟子不必不如师"，而且有出蓝之誉。要证明嘛，远在天边，近在眼前，就在燕园后湖边木椅子上。

经常能够看到，在大白天，一对或多对青年男女，坐在椅子上。最初还能规规矩矩，不久就动手动脚，互抱接吻，不是一个，而是一串。然后，一个人躺在另外一个的怀里，仍然是照吻不已。最后则干脆一个人压在另一个的身上。此时，路人侧目，行者咋舌，而当事人则天上天下，唯我独尊，岿然不动，旁若无人。招待所里住的外国专家们大概也会从窗后外窥，自愧不如。

汉代张敞对宣帝说："闺房之内，夫妇之私，有过于画眉者。"但那是夫妇之间暗室里的事情。现在移于光天化日之下，岂能不令人吃惊！我不是说，在白天椅子上竟做起了闺房之内的事情来。但我们在捡垃圾时确实捡到过避孕套。那可能是夜间留下的，我现在不去考证了。

燕园后湖这一片地方，比较僻静。有小山蜿蜒数百米，前傍湖水，有茂林修竹，绿草如茵。有些地方，罕见人迹。真正是幽会的好地方。傍晚时见对对男女青年，携手搂腰，迤逦走过，倩影最终消失在绿树丛中。至于以后干些什么，那只能意会，而不必言传了。

一天晚上，一位原图书馆学系退休的老教授来看我，他住在西校门外。如果从我家走回家，应该出门向右转，走过我上面讲的那一条倚山傍湖的小径。但他却向左转，要经过未名湖，走出西门，这要多走好多路。我怪而问之。他说，之所以不走那一条小路，怕惊动了对对的野鸳鸯。对对者，不止一对也，我听了恍然大悟，立即想起了我们捡垃圾时捡到的避孕套。

故事讲完了，读者诸君以为这是"有伤风化"呢？还是"有损公德"？恐怕是二者都有吧。

2002年5月29日

三

已经写了两篇《公德》，但言犹未尽，再添上一篇。

改革开放以来，我国经济发展了，人民生活水平提高了，钱包鼓起来了。于是就要花钱。花钱花样繁多，旅游即其中之一。于是空前未有的旅游热兴起来了。国内的泰山、长城、黄山、张家界、九寨沟、桂林等逛厌了，于是出国，先是新、马、泰，后又扩大到欧美。大队人马出国旅游，浩浩荡荡，猗欤休哉！

我是赞成出国旅游的。这可以开阔人们的眼界，增长人们的见识，有百利而无一弊。而且，我多年来就有一个想法：西方人对中国很不了解。他们不懂"士别三日，当刮目相看"的道理，至今仍顽固抱住"欧洲中心主义"不放。

这大大地不利于国际的相互了解，不利于人民之间友谊的增长。所以我就张皇“送去主义”，你不来拿，我就送去。然而送去也并不容易。现在中国人出国旅游，不正是送去的好机会吗？

然而，一部分中国游客送出去的不是中国文化，不是精华，而是糟粕。例子繁多，不胜枚举。我干脆做一次文抄公，从《参考消息》上转载的香港《亚洲周刊》上摘抄一点，以概其余。首先我必须声明一下，我不同意该刊“七宗罪”的提法。这只是不顾国格，不讲公德，还不能上纲到“罪”。这七宗是：

第一宗：脏。不讲公德，乱扔垃圾。拙文《公德（一）》讲的就是这个问题。

第二宗：吵。在飞机上，在火车上，在餐厅中，在饭店里，大声喧哗。

第三宗：抢。不守规则，不讲秩序，干什么都要抢先。

第四宗：粗。不懂起码的礼貌，不会说：“谢谢！”“对不起。”

第五宗：俗。在大饭店吃饭时，把鞋脱掉，赤脚坐在椅子上，或盘腿而坐。

第六宗：窘。穿戴不齐，令人尴尬。穿着睡衣，在大饭店里东奔西逛。

第七宗：泼。遇到不顺心的事，不但动口骂人，而且动手打人。

以上七宗，都是极其概括的。因为，细说要占极多的篇幅。不过，我仍然要突出一“宗”，这就是随地吐痰，我戏称之为“国吐”，与“国骂”成双成对。这是中国相当大一部分人的痼疾，屡罚不改。现在也被输出国外，为中国人脸上抹黑。

处在这种情况下，我们应该怎么办呢？想改变以上几种弊端，是长期的工作，国内尚且如此，何况国外。我们决不能因噎废食，停止出国旅游。出国旅游还是要继续的。能否采取一个应急的办法：在出国前，由旅游局或旅行社组织一次短期学习，把外国习惯讲清，把应注意的事项讲清。或许能起点作用。

2002年5月30日

四

已经写了三篇《公德》，但仍然觉得不够。现在再写上一篇，专门谈“国吐”。

随地吐痰这个痼疾，过去已经有很多人注意到了。记得鲁迅在一篇杂文中，谈到旧时代中国照相，常常是一对老年夫妇，分坐茶几左右，几前置一痰桶，说明这一对夫妇胸腔里痰多。据说，美国前总统访华时，特别买了一个痰桶，带回了美国。

中国官方也不是没有注意到这个现象。很多年以前，北京市公布了一项罚款的规定：凡在大街上随地吐痰者，处以五毛钱的罚款。有一次，一个人在大街上吐痰，被检查人员发现，立刻走过来，向吐痰人索要罚款。那个人处变不惊，立刻又吐一口痰在地上，嘴里说："五毛钱找钱麻烦，我索性再吐上一口，凑足一元钱，公私两利。"这个故事真实性如何，我不是亲身经历，不敢确说，但是流传得纷纷扬扬，我宁信其有，而不信其无。

也是在很多年以前，北大动员群众，反击随地吐痰的恶习。没有听说有什么罚款。仅在学校内几条大马路上，派人检查吐痰的痕迹，查出来后，用红粉笔圈一个圆圈，以痰迹为中心。这种检查简直易如反掌，隔不远，就能画一个大红圈。结果是满地斑斓，像是一幅未来派的图画。

结果怎样呢？在北京大街上照样能够看到和听到，左右不远，有人吭、咔一声，一团浓痰飞落在人行道上，熟练得有如大匠运斤成风，北大校园内也仍然是痰迹斑驳陆离。

我们中华民族是伟大的民族，是英勇善战的民族，我们能够以弱胜强，战胜了武装到牙齿的外敌和国内反动派，对像"国吐"这样的还达不到癣疥之疾的弊端竟至于束手无策吗？

更为严重的是，最近几年来，国际旅游之风兴。"国吐"也随之传入国外。据说，我们近邻的一个国家，为外国游人制定了注意事项，都用英文写成，独有一条是用汉文："请勿随地吐痰！"针对性极其鲜明。但却决非诬蔑。我们这一张脸往哪里摆呀！

治这样的顽症有办法没有呢？我认为，有的。新加坡的办法就值得我们参考。他们用的是严惩重罚。你要是敢在大街上吐一口痰，甚至只是丢一点垃圾，罚款之重让你多年难忘。如果在北京有人在大街上吐痰，不是罚五毛，而是罚五百元，他就决不敢再吐第二口了。但这要有两个先决条件：一是耐心的教育，不厌其烦地说明利害，苦口婆心。二是要有国家机关、法院和公安局等的有力支持，决不允许任何人耍赖。实行这个办法，必须持之以恒，而且推向全国。用不了几年的时间，"国吐"这种恶习就可以根除。这是我的希望，也是我的信念。

2002年6月4日

慈善是道德的积累

我是搞语言的，要我来讲道德，讲慈善，实在是有些惶恐。

什么是道德？这是一个大问题，可以写一本书。简单说来，道德是一种社会意识，是一种不依靠外力的特殊的行为规范。道德以善与恶、美与丑、真与伪等概念调整人与人、人与社会之间的关系。我国正处在一个大发展、大变革时期，稳定是第一位的，一定要处理好人与人、人与社会之间的关系。除了法律、行政手段的进一步强化和完善以外，道德是社会稳定发展必不可少的行为规范和调节手段。

在中国的传统道德中，伦理道德有很重要的位置，伦理就是解决人与人之间关系的，儒家讲的三纲六纪就是规定了君臣父子夫妇兄弟朋友之间关系的准则。这里有糟粕的地方，因为人与人之间应该是平等的，不应该谁是谁的纲。儒家强调要处理好人的各方面社会关系，还有许多值得批判吸收的东西。比方对父母的关系，中国人讲孝，这个孝字在英文没有这样一个词，要用两个词才能表述这个意思。所以西方的老人晚年是十分凄凉的。中西的道德是有区别的。我举个例子，我在欧洲住的年头不少，我看小孩子打架，一个十六七岁，一个七八岁，结果小的被打倒了，哭一阵爬起来再打。要在中国就会有人讲了，大的怎么欺侮小的呢。他们那儿没人管，他们认为力量、拳头是第一位的，不管你大小，只要把别人打倒就是正当的。西方道德中也有对我们有用的。我国传统的伦理道德应批判继承，精华留下，糟粕去掉。对外国好的，也可以学习，不要排斥。

慈善是良好道德的发扬，又是道德积累的开端。孟子说："恻隐之心，仁之端也。"一个社会的良好的道德风尚，一个人良好的道德修养，不是从天上掉下来的，要宣传教育，要舆论引导，更要实践、参与。慈善是具有广泛群众性的道德实践。慈善可以是很高的层次，无私奉献，也可以有利己的目的，比如图个好名声，或者避税，或者领导号召不得不响应；为慈善付出的可以很大也可以很少，可以是金钱也可以是时间、精神，层次很多，幅度很大，不管在什么条件下，出于什么动机，只要他参与了，他就开始了他的道德积累。所以我主张慈善不要问动机。毛泽东同志讲动机与效果的辩证统一，我的理解，效果是决定因素。“四人帮”有个特点，就是抓活思想，抓活思想就是追究动机。过去有句古话，有心为善虽善不赏，无心为恶，虽恶不罚，这是典型的动机唯心主义。

思想家与哲学家

我又有了一个怪论，我想把思想家与哲学家区分开来。

一般人大概都认为，我以前也曾朦朦胧胧地认为，所有的哲学家都是思想家。哪里能有没有思想的哲学家呢?

但是，最近一个时期以来，我的想法有了改变。

古今中外的哲学史告诉我们，哲学家们大抵同史学家差不多，想“究天人之际，通古今之变”，方式稍有不同，哲学家们探讨的是宇宙的根源，人生的真谛，精神与物质的关系，存在和意识的关系，等等。在这些问题上，他们时有精辟之论，颇能令人心折。但是，一旦他们想把自己的理论捏成一个完整的体系的时候——一般哲学家都是有这种野心的——便显露出捉襟见肘、削足适履的窘态。

我心目中的思想家，却不是这个样子。他们对我在上面谈到的那些问题也可能会有自己的看法。但是，他们决不硬搞什么体系，决不搞那一套烦琐的分析。记得有一副旧对联：“世事洞明皆学问，人情练达即文章。”我觉得，思想家就是洞明世事、练达人情的人。他们不发玄妙莫测的议论，不写恍兮惚兮的文章，更不幻想捏成什么哲学体系。他们说的话都是中正平和的，人人能懂的。可是让人看了以后，眼睛立即明亮，心头涣然冰释，觉得确实是那么一回事。

空口无凭，试举例以明之。我想举出两个人：一个是已故的陈寅恪先生，一个是健在的王元化先生，都是中国学术界知名的人物。

寅恪先生是史学大师，考据学巨匠。但是，他的考据是与乾嘉诸大师不同的，后者是为考据而考据，而他的考据则是含有义理的。他从来不以哲学家自居。然而他对许多本来应属于哲学范畴的问题的看法却确有独到之处，比如，对“中国文化”，他写道：

> 吾中国文化之定义，具于《白虎通》三纲六纪之说，其意义为抽象理想最高之境，犹希腊柏拉图所谓Idea者。

言简意赅，让人看了就懂，非一般专门从事于分析概念的哲学家所能企及。此外，寅恪先生对中国历史研究还有许多人所共知的见解。总之，我认为，寅恪先生不是哲学家，而是思想家。

王元化先生是并世罕见的通儒，他真可以说是学贯中西，古今兼通。他的文章我不敢说是全部都读过，但是读得确实不少。首先让我心悦诚服的是他对五四运动的新看法。五四运动是中国近代史上的一件大事，对它有种种不同的议论和看法，至今仍纷争不休。我自己于无意中也形成了一种看法。但是，读了元化先生论“五四”的文章，我觉得他的看法确实鞭辟入里，高人一筹。他对当前的许多问题都有自己独特的看法，我从中都能得到启发。总之，我认为，元化先生不是哲学家，而是思想家。

我崇拜思想家，对哲学家则不敢赞一词。

2001年10月7日

我的怀旧观

《怀旧集》这个书名我曾经想用过，这就是现在已经出版了的《万泉集》。因为集中的文章怀念旧人者颇多。我记忆的丝缕又挂到了一些已经逝世的师友身上，感触极多。我因此想到了《昭明文选》中潘安仁的《怀旧赋》中的文句："霄辗转而不寐，骤长叹以达晨；独郁结其谁语，聊缀思于斯文。"我把那一个集子定名为《怀旧集》。但是，原来应允出版的出版社提出了异议："怀旧"这个词儿太沉闷，太不响亮，会影响书的销路，劝我改一改。我那时候出书还不能像现在这样到处开绿灯。我出书心切，连忙巴结出版社，立即遵命改名，由《怀旧》改为《万泉》。然而出版社并不赏脸，最终还是把稿子退回，一甩了之。

这一段公案应该说是并不怎样愉快。好在我的《万泉集》换了一个出版社出版了，社会反应还并不坏。我慢慢地就把这一件事忘记了。

最近，出我意料之外，北大出版社的老友张文定先生一天忽然对我说："你最近写的几篇悼念或者怀念旧人的文章，情真意切，很能感动人，能否收集在一起，专门出一个集子？"他随便举了一个例子，就是悼念胡乔木同志的文章。他这个建议过去我没有敢想过，然而实获我心。我首先表示同意，立即又想到：《怀旧集》这个名字可以复活了，岂不大可喜哉！

怀旧是一种什么情绪，或感情，或心理状态呢？我还没有读到过古今中外任何学人给它下的定义。恐怕这个定义是非常难下的。根据我个人的想法，古往今来，天底下的万事万物，包括人和动植物，总在不停地变化着，总在前进着。既然前进，留在后面的人或物，或人生的一个阶段，就会变成旧的，怀念这样的人或物，或人生的一个阶段，就是怀旧。人类有一个缺点或优点，常常觉得过去的好，旧的好，古代好，觉得当时天比现在要明朗，太阳比现在要光辉，花草树木比现在要翠绿，总之，一切比现在都要好，于是就怀，就"发思古之幽情”，这就是怀旧。

但是，根据常识，也并不是一切旧人、旧物都值得怀。有的旧人，有的旧事，就并不值得去怀。有时一想到，简直就令人作呕，弃之之不暇，哪里还能怀呢？也并不是每一次怀人或者怀事都能写成文章。感情过分地激动，过分悲哀，一想到，心里就会流血，到了此时，文章无论如何是写不出来的。这个道理并不难懂，每个人一想就会明白的。

同绝大多数的人一样，我是一个非常平常的人。人的七情六欲，我一应俱全。尽管我有不少的缺点，也做过一些错事；但是，我从来没有故意伤害别人；如有必要，我还伸出将伯之手。因此，不管我打算多么谦虚，我仍然把自己归入好人一类，我是一个“性情中人”。我对亲人，对朋友，怀有真挚的感情。这种感情看似平常，但实际上却非常不平常。我生平颇遇到一些人，对人毫无感情。我有时候难免有一些腹诽，我甚至想用一个听起来非常刺耳的词儿来形容这种人：没有“人味”。按说，既然是个人，就应当有“人味”。然而，我积八十年之经验，深知情况并非如此。“人味”，岂易言哉！岂易言哉！

怀旧就是有“人味”的一种表现，而有“人味”是有很高的报酬的：怀旧能净化人的灵魂。亲故老友逝去了，或者离开自己远了。但是，他们身上那一些优良的品质，离开自己越远，时间越久，越能闪出异样的光芒。它仿佛成为一面镜子，在照亮着自己，在砥砺着自己。怀这样的旧人，在惆怅中感到幸福，在苦涩中感到甜美。这不是很高的报酬吗？对逝去者的怀念，更能激发起我们“后死者”的责任感。先死者固然能让我们哀伤，后死者更值得同情，他们身上的心灵上的担子更沉重。死者已矣，他们不知不觉了。后死者却还活着，他们能知能觉。先死者的遗志要我们去实现，他们没有完成的工作要我们去做。即使有时候难免有点想懈怠一下，休息一下。但一想到先人的声音笑貌，立即会振奋起来。这样的怀旧，报酬难道还不够高吗？

古代希腊哲人说，悲剧能净化（katharsis）人们的灵魂。我看，怀旧也同样能净化人们的灵魂。这一种净化的形式，比悲剧更深刻，更深入灵魂。

这就是我的怀旧观。

我庆幸我能怀旧，我庆幸我的“人味”支持我怀旧，我庆幸我的《怀旧集》这个书名在含冤蒙尘十几年以后又得以重见天日，我乐而为之序。

1994年10月22日

（原文为《怀旧集》自序）

我写我

我写我，真是一个绝妙的题目；但是，我的文章却不一定妙，甚至很不妙。

每一个人都有一个“我”，二者亲密无间，因为实际上是一个东西。按理说，人对自己的“我”应该是十分了解的；然而，事实上却不尽然。依我看，大部分人是不了解自己的，都是自视过高的。这在人类历史上竟成了一个哲学上的大问题。否则古希腊哲人发出狮子吼：“要认识你自己！”岂不成了一句空话吗？

我认为，我是认识自己的，换句话说，是有点自知之明的。我经常像鲁迅先生说的那样剖析自己。然而结果并不美妙，我剖析得有点过了头，我的自知之明过了头，有时候真感到自己一无是处。

这表现在什么地方呢？

拿写文章做一个例子。专就学术文章而言，我并不认为“文章是自己的好”。我真正满意的学术论文并不多。反而别人的学术文章，包括一些青年后辈的文章在内，我觉得是好的。为什么会出现这种心情呢？我还没得到答案。

再谈文学作品。在中学时候，虽然小伙伴们曾赠我一个“诗人”的绰号，实际上我没有认真写过诗。至于散文，则是写的，而且已经写了六十多年。加起来也有七八十万字了。然而自己真正满意的也屈指可数。在另一方面，别人的散文就真正觉得好的也十分有限。这又是什么原因呢？我也还没得到答案。

在品行的好坏方面，我有自己的看法。什么叫好？什么又叫坏？我不通伦理学，没有深邃的理论，我只能讲几句大白话。我认为，只替自己着想，只考虑个人利益，就是坏。反之能替别人着想，考虑别人的利益，就是好。为自己着想和为别人着想，后者能超过一半，他就是好人。低于一半，则是不好的人；低得过多，则是坏人。

拿这个尺度来衡量一下自己，我只能承认自己是一个好人。我尽管有不少的私心杂念，但是总起来看，我考虑别人的利益还是多于一半的。至于说真话与说谎，这当然也是衡量品行的一个标准。我说过不少谎话，因为非此则不能生存。但是我还是敢于讲真话的。我的真话总是大大地超过谎话。因此我是一个好人。

我这样一个自命为好人的人，生活情趣怎样呢？我是一个感情充沛的人，也是兴趣不老少的人。然而事实上生活了八十年以后，到头来自己都感到自己枯燥乏味，干干巴巴，好像是一棵枯树，只有树干和树枝，而没有一朵鲜花，一片绿叶。自己搞的所谓学问，别人称之为“天书”。自己写的一些专门的学术著作，别人视之为神秘。年届耄耋，过去也曾有过一些幻想，想在生活方面改弦更张，减少一点枯燥，增添一点滋润，在枯枝粗干上开出一点鲜花，长上一点绿叶；然而直到今天，仍然是忙忙碌碌，有时候整天连轴转，“为他人做嫁衣裳”，而且退休无日，路穷有期，可叹亦复可笑！

我这一生，同别人差不多，阳关大道，独木小桥，都走过跨过。坎坎坷坷，弯弯曲曲，一路走了过来。我不能不承认，我运气不错，所得到的成功，所获得的虚名，都有点名不副实。在另一方面，我的倒霉也有非常人所可得者。在那骇人听闻的所谓什么“大革命”中，因为敢于仗义执言，几乎把老命赔上。皮肉之苦也是永世难忘的。

现在，我的人生之旅快到终点了。我常常回忆80年来的历程，感慨万端。我曾问过自己一个问题：如果真有那么一个造物主，要加恩于我，让我下一辈子还转生为人，我是不是还走今生走的这一条路？经过了一些思虑，我的回答是：还要走这一条路。但是有一个附带条件：让我的脸皮厚一些，让我的心黑一点，让我考虑自己的利益多一点，让我自知之明少一点。

1992年11月16日

谈目中无人

中国的成语“目中无人”是一个贬义词，意思是狂妄自大，把谁都不放在眼中，天上天下，唯我独尊。这是心理上的“目中无人”，是一种要不得的恶习。我现在居然也变成了“目中无人”了；但是，我是由于生理上的原因，患了眼疾，看人看不清楚。这同心理上的毛病有天渊之别。

大约在十年前，由于年龄的原因，我的老年性白内障逐渐发作，右眼动了手术。手术是非常成功的。但是随着年龄的增长，我已年届九旬，右眼又突然出了毛病，失去视力，到了伸手难见五指的程度，仅靠没有动过手术的左眼不到0.1的视力，勉强摸索着活动。形同半个盲人。古人有诗句：“老年花似雾中看”，当年认为这是别人的事，现在却到自己眼前来了。窗前我自己种的那一棵玉兰花，今年是大年，总共开了二百多朵花，那情景应该说是光辉灿烂的，可惜我已无法享受，只看到了白白的几朵花的影子，其余都是模糊一团了。“春风杨柳万千条”，现在正是嫩柳鹅黄的时节；可是我也只能看到风中摇摆着一些零乱的黑丝条而已。即使池塘中的季荷露出了尖尖角的时候，我大概也只能影影绰绰地看到几点绿点罢了。

这痛苦不痛苦呢？谁也会想到，这决不是愉快的，我本是一个性急固执有棱有角的人，但是将近九十年的坎坷岁月，把我的性子已经磨慢，棱角已经磨得圆了许多；虽还不能就说是一个琉璃球，然而相距已不太远矣。现在，在眼睛出了毛病的情况下，说内心完全平静，那不是真话。但是，只要心里一想急，我就祭起了我的法宝，法宝共有两件：一是儒家的“既来之，则安之”，一是道家的顺其自然。你别说，这法宝还真灵。只要把它一祭起，心中立即微波不兴，我对一切困难都处之泰然了。

同时，我还会想到就摆在眼前的几个老师的例子。陈寅恪先生五十来岁就双目失明，到了广州以后，靠惊人的毅力和记忆力，在黄萱女士的帮助下，写成了一部长达七八十万字的(《柳如是别传》，震动了学坛。冯友兰先生耄耋之年失明，也靠惊人的毅力，口述写成了《中国哲学史新编》，摆脱了桎梏，解放了思想，信笔写来，达到了空前的大自在的水平，受到了学术界的瞩目。另一位先生是陈翰笙教授，他身经三个世纪，今年已经是一百零五岁，成为稀有的名副其实的人瑞。他双目失明已近二十年；但从未停止工作，在家里免费教授英文，学者像到医院诊病一样，依次排队听课。前几年，在庆祝他百岁华诞的时候，请他讲话，他讲的第一句话却是："我要求工作！"在场的人无不为之动容。我想，以上三个例子就足以说明，一个人，即使是双目失明了，是仍然能够做出极有意义的事情。

再说到我自己，从身体状态来看，从心理状态来瞧，即使眼前眼睛有了点毛病，但同失明是决不会搭界的。一个九旬老人，身体上有点毛病，纯属正常；不这样，反而会成为怪事。因此，我只有听之，任之，安之，决不怨天尤人。古书上说：否极泰来。我深信，泰来之日终会来临。到了那时，我既不在心理上"目中无人"，也不在生理上"目中无人"，岂不猗欤休哉！

我现在在这里潜心默祷，愿天下善男、信女、仁人、志士无论是在生理上还是在心理上都不"目中无人"，大千世界，礼仪昌明，天下太平，共同努力，把这个小小的地球村整治成地上乐园。

2000年4月8日

八十述怀

我从来没有想到，我能活到八十岁；如今竟然活到了八十岁，然而又一点也没有八十岁的感觉。岂非咄咄怪事！

我向无大志，包括自己活的年龄在内。我的父母都没有能活过五十，因此，我自己的原定计划是活到五十。这样已经超过了父母，很不错了。不知怎么一来，宛如一场春梦，我活到了五十岁。那时正值所谓三年自然灾害。我流年不利，颇挨了一阵子饿。但是，我是“曾经沧海难为水”，在第二次世界大战时，我正在德国，我经受了而今难以想象的饥饿的考验，以致失去了饱的感觉。我们那一点灾害，同德国比起来，真如小巫见大巫；我从而顺利地度过了那一场灾难，而且我当时的精神面貌是我一生最好的时期，一点苦也没有感觉到，于不知不觉中冲破了我原定的年龄计划，渡过了五十岁大关。

五十一过，又仿佛一场春梦似的，一下子就到了古稀之年，不容我反思，不容我踟蹰。其间跨越了一个“十年浩劫”。我当然是在劫难逃，被送进牛棚。我现在不知道应当感谢哪一路神灵：佛祖、上帝、安拉；由于一个万分偶然的机缘，我没有走上绝路，活下来了。活下来了，我不但没有感到特别高兴，反而时有悔愧之感在咬我的心。活下来了，也许还是有点好处的。我一生写作翻译的高潮，恰恰出现在这个期间。原因并不神秘：我获得了余裕和时间。在浩劫期间，我被打得一佛出世，二佛升天。后来不打不骂了，我却变成了“不可接触者”。在很长时间内，我被分配掏大粪，看门房，守电话，发信件。没有以前的会议，没有以前的发言。没有人敢来找我，很少人有勇气同我谈上几句话。一两年内，没收到一封信。我服从任何人的调遣与指挥。只敢规规矩矩，不敢乱说乱动。然而我的脑筋还在，我的思想还在，我的感情还在，我的理智还在。我不甘心成为行尸走肉，我必须干点事情。二百多万字的印度大史诗《罗摩衍那》，就是在这时候译完的。“雪夜闭门写禁文”，自谓此乐不减羲皇上人。

又仿佛是一场缥缈的春梦，一下子就活到了今天，行年八十矣，是古人称之为耄耋之年了。倒退二三十年，我这个在寿命上胸无大志的人，偶尔也想到耄耋之年的情况：手拄拐杖，白须飘胸，步履维艰，老态龙钟。自谓这种事情与自己无关，所以想得不深也不多。哪里知道，自己今天就到了这个年龄了。今天是新年元旦。从夜里零时起，自己已是不折不扣的八十老翁了。然而这老景却真如古人诗中所说的“青霭人看无”，我看不到什么老景。看一看自己的身体，平平常常，同过去一样。看一看周围的环境，平平常常，同过去一样。金色的朝阳从窗子里流了进来，平平常常，同过去一样。楼前的白杨，确实粗了一点，但看上去也是平平常常，同过去一样。时令正是冬天，叶子落尽了；但是我相信，它们正蜷缩在土里，做着春天的梦。水塘里的荷花只剩下残叶，“留得残荷听雨声”，现在雨没有了，上面只有白皑皑的残雪。我相信，荷花们也蜷缩在淤泥中，做着春天的梦。总之，我还是我，依然故我；周围的一切也依然是过去的一切……

我是不是也在做着春天的梦呢？我想，是的。我现在也处在严寒中，我也梦着春天的到来。我相信英国诗人雪莱的两句话：“既然冬天已经到了，春天还会远吗？”我梦着楼前的白杨重新长出了浓密的绿叶；我梦着池塘里的荷花重新冒出了淡绿的大叶子；我梦着春天又回到了大地上。

可是我万万没想到，“80”这个数目字竟有这样大的威力，一种神秘的威力。“自己已经八十岁了！”我吃惊地暗自思忖。它逼迫着我向前看一看，又回头看一看。向前看，灰蒙蒙一团，路不清楚，但也不是很长。确实没有什么好看的地方。不看也罢。

而回头看呢，则在灰蒙蒙的一团中，清晰地看到了一条路，路极长，是我一步一步地走过来的，这条路的顶端是在清平县的官庄。我看到了一片灰黄的土房，中间闪着苇塘里的水光，还有我大奶奶和母亲的面影。这条路延伸出去，我看到了泉城的大明湖。这条路又延伸出去，我看到了水木清华，接着又看到德国小城哥廷根斑斓的秋色，上面飘动着我那母亲似的女房东和祖父似的老教授的面影。路陡然又从万里之外折回到神州大地，我看到了红楼，看到了燕园的湖光塔影。令人泄气而且大煞风景的是，我竟又看到了牛棚的牢头禁子那一副牛头马面似的狞恶的面孔。再看下去，路就缩住了，一直缩到我的脚下。

在这一条十分漫长的路上，我走过阳关大道，也走过独木小桥。路旁有深山大泽，也有平坡宜人；有杏花春雨，也有塞北秋风；有山重水复，也有柳暗花明；有迷途知返，也有绝处逢生。路太长了，时间太长了，影子太多了，回忆太重了。我真正感觉到，我负担不了，也忍受不了，我想摆脱掉这一切，还我一个自由自在身。

回头看既然这样沉重，能不能向前看呢？我上面已经说到，向前看，路不是很长，没有什么好看的地方。我现在正像鲁迅的散文诗《过客》中的那一个过客。他不知道是从什么地方走来的，终于走到了老翁和小女孩的土屋前面，讨了点水喝。老翁看他已经疲惫不堪，劝他休息一下。他说："从我还能记得的时候起，我就在这么走，要走到一个地方去，这地方就在面前。我单记得走了许多路，现在来到这里了。我接着就要走向那边去……况且还有声音在前面催促我，叫唤我，使我息不下。"那边，西边是什么地方呢？老人说："前面，是坟。"小女孩说："不，不，不的。那里有许多野百合，野蔷薇，我常常去玩，去看他们的。"

我理解这个过客的心情，我自己也是一个过客。但是却从来没有什么声音催着我走，而是同世界上任何人一样，我是非走不行的，不用催促，也是非走不行的。走到什么地方去呢？走到西边的坟那里，这是一切人的归宿。我记得屠格涅夫的一首散文诗里，也讲了这个意思。我并不怕坟，只是在走了这么长的路以后，我真想停下来休息片刻。然而我不能，不管你愿意不愿意，反正是非走不行。聊以自慰的是，我同那个老翁还不一样，有的地方颇像那个小女孩，我既看到了坟，也看到野百合和野蔷薇。

我面前还有多少路呢？我说不出，也没有仔细想过。冯友兰先生说："何止于米？相期以茶。""米"是八十八岁，"茶"是一百零八岁。我没有这样的雄心壮志，我是"相期以米"。这算不算是立大志呢？我是没有大志的人，我觉得这已经算是大志了。

我从前对穷通寿夭也是颇有一些想法的。"十年浩劫"以后，我成了陶渊明的志同道合者。他的一首诗，我很欣赏：

纵浪大化中，不喜亦不惧。
应尽便须尽，无复独多虑。

我现在就是抱着这种精神，昂然走上前去。只要有可能，我一定做一些对别人有益的事，决不想成为行尸走肉。我知道，未来的路也不会比过去的更笔直，更平坦，但是我并不恐惧。我眼前还闪动着野百合和野蔷薇的影子。

1991年1月1日

九十述怀

杜甫诗："人生七十古来稀。"对旧社会来说，这是完全正确的，因为它符合实际情况。但是，到了今天，老百姓却创造了三句顺口溜："七十小弟弟，八十多来兮，九十不稀奇。"这也是完全正确的，因为它符合实际情况。

但是，对我来说，却另有一番纠葛。我行年九十矣，是不是感到不稀奇呢？答案是：不是，又是。不是者，我没有感到不稀奇，而是感到稀奇，非常的稀奇。我曾在很多地方都说过，我在任何方面都是一个没有雄心壮志的人，我不会说大话，不敢说大话，在年龄方面也一样。我的第一本账只计划活四十岁到五十岁。因为我的父母都只活了四十多岁，遵照遗传的规律，遵照传统伦理道德，我不能也不应活得超过了父母。我又哪里知道，仿佛一转瞬间，我竟活过了从心所欲不逾矩之年，又进入了耄耋的境界，要向期颐进军了。这样一来，我能不感到稀奇吗？

但是，为什么又感到不稀奇呢？从目前的身体情况来看，除了眼睛和耳朵有点不算太大的问题和腿脚不太灵便外，自我感觉还是良好的，写一篇一两千字的文章，倚椅可待。待人接物，应对进退，还是"难得糊涂"的。这一切都同十年前，或者更长的时间以前，没有什么两样。李太白诗："高堂明镜悲白发。"我不但发已全白（有人告诉我，又有黑发长出），而且秃了顶。这一切也都是事实，可惜我不是电影明星，一年照不了两次镜子，那一切我都不视不见。在潜意识中，自己还以为是"朝如青丝"哩。对我这样无知无识、麻木不仁的人，连上帝也没有办法。在这样的情况下，我怎么能会不感到不稀奇呢？

但是，我自己又觉得，我这种精神状态之所以能够产生，不是没有根据的。我国现行的退休制度，教授年龄是六十岁到七十岁。可是，就我个人而论，在学术研究上，我的冲刺起点是在八十岁以后。开了几十年的会，经过了不知道多少次政治运动，做过不知道多少次自我检查，也不知道多少次对别人进行批判，最后又经历了十年浩劫，“对酒当歌，人生几何?”我自己的一生就是这样白白地消磨过去了。如果不是造化小儿对我垂青，制止了我实行自己年龄计划的话，在我八十岁以前（这也算是高寿了）就“遽归道山”，我留给子孙后代的东西恐怕是不会多的。不多也不一定就是坏事。留下一些不痛不痒、灾祸梨枣的所谓著述，对任何人都没有好处。但是，对我自己来说，恐怕就要“另案处理”了。

在从八十岁到九十岁这个十年内，在我冲刺开始以后，颇有一些值得纪念的甜蜜的回忆。在撰写我一生最长的一部长达八十万字的著作《糖史》的过程中，颇有一些情节值得回忆，值得玩味。在长达两年的时间内，我每天跑一趟大图书馆，风雨无阻，寒暑无碍。燕园风光旖旎，四时景物不同。春天姹紫嫣红，夏天荷香盈塘，秋天红染霜叶，冬天六出蔽空。称之为人间仙境，也不为过。然而，在这两年中，我几乎天天都在这样瑰丽的风光中行走。可是我都视而不见，甚至不视不见。未名湖的涟漪，博雅塔的倒影，被外人视为奇观的胜景，也未能逃过我的漠然，懵然，无动于衷。我心中想到的只是大图书馆中的盈室满架的图书，鼻子里闻到的只有那里的书香。

《糖史》的写作完成以后，我又把阵地从大图书馆移到家中来。运筹于斗室之中，决战于几张桌子之上。我研究的对象变成了吐火罗文A方言的《弥勒会见记剧本》。这也不是一颗容易咬的核桃，非用上全力不行。最大的困难在于缺乏资料，而且多是国外的资料。没有办法，只有时不时地向海外求援。现在虽然号称为信息时代，可是我要的信息多是刁钻古怪的东西，一时难以搜寻，我只有耐着性子恭候。舞笔弄墨的朋友，大概都能体会到，当一篇文章正在进行写作时，忽然断了电，你心中真如火烧油浇，然而却毫无办法，只盼喜从天降了，只能听天由命了。此时燕园旖旎的风光，对于我似有似无，心里想到的，切盼的只有海外的来信。如此又熬了一年多，《弥勒会见记剧本》英译本终于在德国出版了。

两部著作完了以后，我平生大愿算是告一段落。痛定思痛，蓦地想到了，自己已是望九之年了。这样的岁数，古今中外的读书人能达到的只有极少数。我自己竟能置身其中，岂不大可喜哉!

我想停下来休息片刻，以利再战。这时就想到，我还有一个家。在一般人心目中，家是停泊休息的最好的港湾。我的家怎样呢?直白地说，我的家就我一个孤家寡人，我就是家，我一个人吃饱了，全家不饿。这样一来，我应该感觉很孤独了吧。然而并不。我的家庭“成员”实际上并不止我一个“人”。我还有四只极为活泼可爱的，一转眼就偷吃东西的，从我家乡山东临清带来的白色波斯猫，眼睛一黄一蓝。它们一点礼节都没有，一点规矩都不懂，时不时地爬上我的脖子，为所欲为，大胆放肆。有一只还专在我的裤腿上撒尿。这一切我不但不介意，而且顾而乐之。让猫们的自由主义恶性发展。

我的家庭“成员”还不止这样多，我还养了两只山大小校友张衡送给我的乌龟。乌龟这玩意儿，现在名声不算太好，但在古代却是长寿的象征。有些人的名字中也使用“龟”字，唐代就有李龟年、陆龟蒙，等等。龟们的智商大概低于猫们，它们决不会从水中爬出来爬上我的肩头。但是，龟们也自有龟之乐，当我向它喂食时，它们伸出了脖子，一口吞下一粒，它们显然是愉快的。可惜我遇不到惠施，他决不会同我争辩，我何以知道龟之乐。

我的家庭“成员”还没有到此为止，我还饲养了五只大甲鱼。甲鱼，在一般老百姓嘴里叫“王八”，是一个十分不光彩的名称，人们讳言之。然而我却堂而皇之地养在大瓷缸内，一视同仁，毫无歧视之心。是不是我神经出了毛病？用不着请医生去检查，我神经十分正常。我认为，甲鱼同其他动物一样有生存的权利。称之为王八，是人类对它的诬蔑，是向它头上泼脏水。可惜甲鱼无知，不会到世界最高法庭上去状告人类，还要要求赔偿名誉费若干美元，而且要登报声明。我个人觉得，人类在新世纪，新千年中最重要的任务是处理好与大自然的关系。恩格斯已经警告过我们，不要过分陶醉于我们对自然界的胜利。对每一次这样的胜利，自然界都报复了我们。一百多年来的历史事实，日益证明了恩格斯警告之正确与准确。在新世纪中，人类首先必须改恶向善，改掉乱吃其他动物的恶习。人类必须遵守宋代大儒张载的话：“民吾同胞，物吾与也”，把甲鱼也看成是自己的伙伴，把大自然看成是自己的朋友，而不是征服的对象。这样一来，人类庶几能有美妙光辉的前途。至于对我自己，也许有人认为我是《世说新语》中的人物，放诞不经。如果真正有的话，那就，那就——由它去吧。

再继续谈我的家和我自己。

我在“十年浩劫”中，自己跳出来反对那位倒行逆施的“老佛爷”，被打倒在地，被戴上了无数顶莫须有的帽子，天天被打，被骂。最初也只觉得滑稽可笑。但“谎言说上一千遍，就变成了真理”，最后连我自己都怀疑起来了：“此身合是坏人未？泪眼迷离问苍天。”其实我并没有那么坏，但在许多人眼中，我已经成了一个“不可接触者”。

然而，世事多变，人间正道。不知道是怎么一来，我竟转身一变成了一个“极可接触者”。我常以知了自比。知了的幼虫最初藏在地下，黄昏时爬上树干，天一明就脱掉了旧壳，长出了翅膀，长鸣高枝，成了极富诗意的虫类，引得诗人“倚杖柴门外，临风听暮蝉”了。我现在就是一只长鸣高枝的蝉，名声四被，头上的桂冠比“文革”中头上戴的高帽子还要高出很多，有时候我自己都觉得脸红。其实我自己深知，我并没有那么好。然而，我这样发自肺腑的话，别人是不会相信的。这样一来，我虽孤家寡人，其实家里每天都是热闹非凡。有一位多年的老同事，天天到我家里来“打工”，处理我的杂务，照顾我的生活，最重要的事情是给我读报，读信，因为我眼睛不好。还有，就是同不断打电话来或者亲自登门来的自称是我的“崇拜者”的人们打交道。学校领导因为觉得我年纪已大，不能再招待那么多的来访者，在我门上贴出了通告，想制约一下来访者的袭来，但用处不大，许多客人都视而不见，照样敲门不误。有少数人竟在门外荷塘边上等上几个钟头。除了来访者打电话者外，还有扛着沉重的录像机而来的电视台的导演和记者，以及每天都收到的数量颇大的信件和刊物。有一些年轻的大中学生，把我看成了有求必应的土地爷，或者能预言先知的季铁嘴，向我请求这请求那，向我倾诉对自己父母都不肯透露的心中的苦闷。这些都要我那位“打工”的老同事来处理，我那位打工者此时就成了拦驾大使。想尽花样，费尽唇舌，说服那些想来采访，想来拍电视的好心和热心又诚心的朋友们，请他们稍安勿躁。这是极为繁重而困难的工作，我能深切体会。其忙碌困难的情况，我是能理解的。

最让我高兴的是，我结交了不少新朋友。他们都是著名的书法家、画家、诗人、作家、教授。我们彼此之间，除了真挚的感情和友谊之外，决无所求于对方。我是相信缘分的，“有缘千里来相会，无缘对面不相识”，缘分是说不明道不白的东西，但又确实存在。我相信，我同朋友之间就是有缘分的。我们一见如故，无话不谈。没见面时，总惦记着见面的时间；既见面则如鱼得水，心旷神怡；分手后又是朝思暮想，忆念难忘。对我来说，他们不是亲属，胜似亲属。有人说：“人生得一知己足矣。”我得到的却不只是一个知己，而是一群知己。有人说我活得非常滋润。此情此景，岂是“滋润”二字可以了得！

我是一个呆板保守的人，秉性固执。几十年养成的习惯，我决不改变。一身卡其布的中山装，国内外不变，季节变化不变，别人认为是老顽固，我则自称是“博物馆的人物”，以示“抵抗”，后发制人。生活习惯也决不改变。四五十年来养成了早起的习惯，每天早晨四点半起床，前后差不了五分钟。古人说

“黎明即起”，对我来说，这话夏天是适合的；冬天则是在黎明之前几个小时，我就起来了。我五点吃早点，可以说是先天下之早点而早点。吃完立即工作。我的工作主要是爬格子。几十年来，我已经爬出了上千万的字。这些东西都值得爬吗？我认为是值得的。我爬出的东西不见得都是精金粹玉，都是甘露醍醐，吃了能让人升天成仙，但是其中绝没有毒药，绝没有假冒伪劣，读了以后至少能让人获得点享受，能让人爱国，爱乡，爱人类，爱自然，爱儿童，爱一切美好的东西。总之一句话，能让人在精神境界中有所收益。我常常自己警告说：人吃饭是为了活着，但活着绝不是为了吃饭。人的一生是短暂的，决不能白白把生命浪费掉。如果我有一天工作没有什么收获，晚上躺在床上就疚愧难安，认为是慢性自杀。爬格子有没有名利思想呢？坦白地说，过去是有的。可是到了今天名利对我都没有什么用处了，我之所以仍然爬，是出于惯性，其他冠冕堂皇的话，我说不出。“爬格不知老已至，名利于我如浮云”，或可能道出我现在的心情。

你想到过死没有呢？我仿佛听到有人在问。好，这话正问到节骨眼上。是的，我想到过死，过去也曾想到死，现在想得更多而已。在“十年浩劫”中，在1967年，一个千钧一发般的小插曲使我避免了走上“自绝于人民的”道路。从那以后，我认为，我已经死过一次，多活一天，都是赚的，到现在已经三十多年了，我真赚了个满堂满贯，真成为一个特殊的大富翁了。但人总是要死的，在这方面，谁也没有特权，没有豁免权。虽然常言道：“黄泉路上无老少”；但是老年人毕竟有优先权。燕园是一个出老寿星的宝地。我虽年届九旬，但按照年龄顺序排队，我仍落在十几名之后。我曾私自发下宏愿大誓：在向八宝山的攀登中，我一定按照年龄顺序鱼贯而登，决不抢班夺权，硬去加塞。至于事实究竟如何，那就请听下回分解了。

既然已经死过一次，多少年来，我总以为自己已经参悟了人生。我常拿陶渊明的四句诗当作座右铭：“纵浪大化中，不喜亦不惧，应尽便须尽，无复独多虑”。现在才逐渐发现，我自己并没能完全做到。常常想到死，就是一个证明，我有时幻想，自己为什么不能像朋友送给我摆在桌上的奇石那样，自己没有生命，但也决不会有死呢？我有时候也幻想：能不能让造物主勒住时间前进的步伐，让太阳和月亮永远明亮，地球上一切生物都停住不动，不老呢？哪怕是停上十年八年呢？大家千万不要误会，认为我怕死怕得要命。绝不是那样。我早就认识到，永远变动，永不停息，是宇宙的根本规律，要求不变是荒唐的。万物方生方死，是至理名言。江文通《恨赋》中说：“自古皆有死，莫不饮恨而吞声。”那是没有见地的庸人之举，我虽庸陋，水平还不会那样低。即使我做不到热烈欢迎大限之来临，我也决不会饮恨吞声。

但是，人类是心中充满了矛盾的动物，其他动物没有思想，也就不会有这样多的矛盾。我忝列人类的一分子，心里面的矛盾总是免不了的。我现在是一方面眷恋人生，一方面却又觉得，自己活得实在太辛苦了，我想休息一下了。我向往庄子的话：“大块载我以形，劳我以生。”大家千万不要误会，以为我就要自杀。自杀那玩意儿我决不会再干了。在别人眼中，我现在活得真是非常非常惬意了。不虞之誉，纷至沓来；求全之毁，几乎绝迹。我所到之处，见到的只有笑脸，感到的只有温暖。时时如坐春风，处处如沐春雨，人生至此，实在是真应该满足了。然而，实际情况却并不完全这样惬意。古人说：“不如意事常八九。”这话对我现在来说也是适用的。我时不时地总会碰到一些令人不愉快的事情，让自己的心情半天难以平静。即使在春风得意中，我也有自己的苦恼。我明明是一头瘦骨嶙峋的老牛，却有时被认成是日产鲜奶千磅的硕大的肥牛。已经挤出了奶水五百磅，还求索不止，认为我打了埋伏。其中情味，实难向外人道也。这逼得我不能不想到休息。

我现在不时想到，自己活得太长了，快到一个世纪了。90年前，山东临清县一个既穷又小的官庄出生了一个野小子，竟走出了官庄，走出了临清，走到了济南，走到了北京，走到了德国；后来又走遍了几个大洲，几十个国家。如果把我的足迹画成一条长线的话，这条长线能绕地球几周。我看过埃及的金字塔，看过两河流域的古文化遗址，看过印度的泰姬陵，看过非洲的撒哈拉大沙漠，以及国内外的许多名山大川。我曾住过总统府之类的豪华宾馆，会见过许多总统、总理一级的人物，在流俗人的眼中，真可谓极风光之能事了。然而，我走过的漫长的道路并不总是铺着玫瑰花的，有时也荆棘丛生。我经过山重水复，也经过柳暗花明；走过阳关大道，也走过独木小桥。我曾到阎王爷那里去报到，没有被接纳。终于曲曲折折，颠颠簸簸，坎坎坷坷，磕磕碰碰，走到了今天。现在就坐在燕园朗润园中一个玻璃窗下，写着《九十述怀》。窗外已是寒冬。荷塘里在夏天接天映日的荷花，只剩下干枯的残叶在寒风中摇曳。玉兰花也只留下光秃秃的枝干在那里苦撑。但是，我知道，我仿佛看到荷花蜷曲在冰下淤泥里做着春天的梦；玉兰花则在枝头梦着“春意闹”。它们都在活着，只是暂时地休息，养精蓄锐，好在明年新世纪、新千年中开出更多更艳丽的花朵。

我自己当然也在活着。可是我活得太久了，活得太累了。歌德暮年在一首著名的小诗中想到休息。我也真想休息一下了。但是，这是绝对不可能的。我就像鲁迅笔下的那一位“过客”那样，我的任务就是向前走，向前走。前方是什么地方呢？老翁看到的是坟墓，小女孩看到的是野百合花。我写《八十述怀》时，看到的是野百合花多于坟墓，今天则倒了一个个儿，坟墓多而野百合花少了。不管怎样，反正我是非走上前去不行的，不管是坟墓，还是野百合花，都不能阻挡我的步伐。冯友兰先生的“何止于米”，我已经越过了“米”的阶段。下一步就是“相期以茶”了。我觉得，我目前的选择只有眼前这一条路，这一条路并不遥远。等到我十年后再写《百岁述怀》的时候，那就离“茶”不远了。

2000年12月20日

希望在你们身上

人类社会的进步，有如运动场上的接力赛。老年人跑第一棒，中年人跑第二棒，青年人跑第三棒。各有各的长度，各有各的任务，互相协调，共同努力，以期获得最后胜利。这里面并没有高低之分，而只有前后之别。老年人不必“倚老卖老”，青年人也不必“倚少卖少”。老年人当然先走，青年人也会变老。如此循环往复，流转不息。这是宇宙和人世间的永恒规律，谁也改变不了一丝一毫。所谓社会的进步，就寓于其中。

中国古话说：“长江后浪推前浪，世上新人换旧人。”像我这样年届耄耋的老朽，当然已是“旧人”。我们可以说是已经交了棒，看你们年轻人奋勇向前了。但是我们虽无棒在手，也决不会停下不走，“坐以待毙”；我们仍然要焚膏继晷，献上自己的余力，跟中青年人同心协力，把我们国家的事情办好。

我说的这一番道理，迹近老生常谈，然而却是真理。人世间的真理都是明白易懂的。可是，芸芸众生，花花世界，浑浑噩噩者居多，而明明白白者实少。你们青年人感觉锐敏，英气蓬勃，首先应该认识这个真理。要想树立正确的人生观和价值观，也必须从这里开始。换句话说就是，要认清自己在人类社会进化的漫漫的长河中的地位。人类的前途要由你们来决定，祖国的前途要由你们来创造。这就是你们青年人的责任。千万不要把人生观和价值观当做一个哲学命题来讨论，徒托空谈，无补实际。一切人生观和价值观，离开了这个责任感，都是空谈。

那么，我作为一个老人，要对你们说些什么座右铭呢？你们想要从我这里学些什么经验呢？我没有多少哲理，我也讨厌说些空话、废话、假话、大话。我一无灵丹妙药，二无锦囊妙计。我只有一点明白易懂简单朴素、迹近老生常谈、又确实是真理的道理。我引一首宋代大儒朱子的诗：

少年易老学难成，一寸光阴不可轻。
未觉池塘春草梦，阶前梧叶已秋声。

明白易懂，用不着解释。这首诗的关键有二：一是要学习，二是要惜寸阴。朱子心目中的“学”，同我们的当然不会完全一样。这个道理也用不着多加解释，只要心里明白就行。至于爱惜光阴，更是易懂。然而真正能实行者，却不多见。这就是一个耄耋老人对你们的肺腑之谈。青年们，好自为之。世界是你们的。

1994年12月4日

后　记

十几年前，季老授权让我编辑《季羡林谈人生》一书，交给一家出版社出版，现在原书的出版合同已经终结，但是长春出版社觉得该书还有出版的价值，还有很多读者需要，因此愿意出版该书。但是原书的内容和篇幅都不是很全面，这次出版增加了一些新的文章，纠正了一些印刷上的错误。长春出版社的张中良先生为此书的出版付出了巨大的劳动，在此表示感谢。

蔡德贵

季羡林文集

季羡林谈文化

季羡林 / 著
蔡德贵 / 编

長春出版社
国家一级出版社
全国百佳图书出版单位

图书在版编目(CIP)数据

季羡林谈文化 / 季羡林著；蔡德贵编. —长春：长春出版社，2018.1
（季羡林文集）
ISBN 978-7-5445-5072-7

Ⅰ. ①季… Ⅱ. ①季… ②蔡… Ⅲ. ①文化 - 文集 Ⅳ. ①G-53

中国版本图书馆CIP数据核字（2017）第291640号

季羡林谈文化(季羡林文集)

著　　者：季羡林
编　　者：蔡德贵
责任编辑：张中良　李春龙
封面设计：北京·春天书装

出版发行：長春出版社　　总编室电话：0431-88563443
地　　址：吉林省长春市建设街1377号　　发行部电话：0431-88561180
邮　　编：130061
网　　址：www.cccbs.net
制　　版：禹图工作室
印　　刷：长春方圆印业有限公司
经　　销：新华书店

开　　本：787毫米×1092毫米 1/16
总 字 数：1881千字　　本册字数：183千字
总 印 张：108　　本册印张：10.5
版　　次：2018年1月第1版
印　　次：2018年1月第1次印刷
定　　价：(全八册)298.00元

1934 年夏，季羡林先生与高中同学徐家存合影

1935 年，赴德国留学

季羡林先生留学期间，叔父、婶母、妹妹、妻子及子女合影

季羡林先生在哥廷根大学的老师西克教授

季羡林先生在哥廷根大学的老师瓦尔德施米特教授

1941 年，获哥廷根大学哲学博士学位

编辑缘起

季老认为文化是一个民族的灵魂，中国现在提倡国学，但是这个国学绝不是狭义的国学，仅指孔子或者儒学、道家，甚至不光是儒释道，而是中国56个民族共同创造的文化，每个民族在国学中都占有一份，所以所谓国学应该是“大国学”。

56个民族创造的文化通过互相交流，形成整体的中国传统文化。国内的文化需要交流，国际之间的文化也需要交流。一个文化，不管在某一时期内发展得多么辉煌灿烂，如果故步自封，抱残守缺，又没有外来的新成分注入，结果必然会销声匿迹，成为夏天夜空中的流星。20世纪80年代，中国比较文学研究出现了乱比、瞎比的混乱歪风，表面上兴旺发达，实际上在一片繁荣的掩盖下，文章空泛肤浅、夸夸其谈、言不及意。

季老认为，中国文化的核心是天人合一，来自综合思维方式。西方文化的核心是对自然界穷追猛打，来自分析的思维方式。未来的文化必须是东西方文化互补，以西方分析的思维方式补充中国综合的思维方式之不足，创造出一种崭新的文化。

对于中国文化而言，季老认同其师陈寅恪的观点：“吾中国文化之定义，具于《白虎通》三纲六纪之说，其意义为抽象理想最高之境，犹希腊柏拉图所谓idea者。”他觉得，这是非常精辟的见解。因为解决了三纲六纪，也就解决了人生和社会的各种复杂关系，社会自然就和谐了。

编　者

目　　录

国学漫谈

《国学，在燕园又悄然兴起》[①]一文，在国内外一部分人中引起了轰动。据我个人看到的国内一些报纸和香港的报纸，据我收到的一些读者来信看，读者们是热诚赞成文章的精神的。

想要具体的例证，那可以说是俯拾即是。前不久，我曾就东方文化和国学作过一次报告。一位青年同志写了一篇“侧记”，叙述这一次报告的情况（王之昉《高屋建瓴　启迪后人》，《人民日报》1993年12月1日第三版）。读者如有兴趣，可以参阅。我因为是当事人，有独特的感触，所以不避啰嗦之嫌，在这里对那天的情况再讲上几句。

那是一个阴雨连绵的晚间，天气已颇有寒意。报告定在晚上7时。我毫无自信，事先劝同学们找一个不太大的教室，能容下100人就行了。我是有私心的，害怕人少，讲者孑然坐在讲台上，面子不好看。然而他们坚持找电教大楼的报告大厅，能容下400人。完全出我意料，不但座无虚席，而且还有不少人站在那里，或坐在台阶上，都在静静地谛听，整个大厅里鸦雀无声。我这个年届耄耋的世故老人，内心里十分激动，眼泪在眼睛里打转。据说，有人5点半就去占了座位。面对这样一群英姿勃发的青年，我心里一阵阵热浪翻滚，笔墨语言都是形容不出来的。

海外不是有一些人纷纷扬扬，说北大学生不念书，很难对付吗？上面这现象又怎样解释呢？

人世间有果必有因。上面说的这种情况也必有其原因。我经过思考，想用两句话来回答：顺乎人心，应乎潮流。

---

①作者为毕全忠，载于《人民日报》1993年8月16日第三版。

我们中华民族拥有五千年的光辉灿烂的文化，对人类作出了卓越的贡献。很难想象，世界上如果缺少了中华文化会是一个什么样子。前几年，弘扬中华优秀文化的号召一经提出，立即受到了国内外炎黄子孙的热烈拥护。原因何在呢？这个号召说到了人们的心坎上。弘扬什么呢？怎样来弘扬呢？这就需要认真地研究。我们的文化五色杂陈，头绪万端。我们要像韩愈说的那样："沉浸酡郁，含英咀华"，经过这样细细品味、认真分析的工作，把其中的精华寻找出来，然后结合具体情况，从而发扬光大之，期有利于中国人民和世界人民的前进与发展。"国学"就是专门做这件工作的一门学问。旧版《辞源》上说：国学，一国所固有之学术也。话虽简短朴实，然而却说到了点子上。七八十年以来，这个名词已为大家所接受。除了"脑袋里有一只鸟"的人（借用德国现成的话），大概不会再就这个名词吹毛求疵。如果有人有兴趣有工夫去探讨这个词儿的来源，那是他自己的事，我无权反对。

国学决不是"发思古之幽情"。表面上它是研究过去的文化的，因此过去有一些学者使用"国故"这样一个词儿。但是，实际上，它既与过去有密切联系，又与现在甚至将来有密切联系。现在我们不是都谈建设有中国特色的社会主义吗？什么叫"特色"？特色表现在什么地方？我曾反复思考过这个问题。我觉得，科技对我们国家建设来说，对发展生产力来说，是非常重要的，万万不能缺少的。但是，科技却很难表现出什么特色。你就是在原子能、电脑、宇宙飞船等等尖端科技方面，有突出的成就，超过了世界先进国家，同其他国家比较起来，也只能是程度的差别，是水平的差别，谈不到什么特色。我姑且称这些东西为"硬件"。硬件的本质都是一样的，没有什么特色可言。

特色最容易表现在精神文化方面，我姑且称之为"软件"，哲学、宗教、文学、艺术、伦理、道德、经营、管理等等都属于这个范畴。这些东西也是能够交流的，所谓"固有"并不排除交流，这个道理属于常识范围。以上这些学问基本上都保留在我们所说的"国学"中。其中有不少的东西可以说是中华文化、中华智慧的结晶，直至今日，不但对中国人发挥影响，它的光辉也照到了国外去。最近听一位国家教委的领导说，他在新德里时亲耳听到印度总统引用中国《管子》关于"十年树木，百年树人"的话。在巴基斯坦，他也听到巴基斯坦总理引用中国古书中的话。足证中华智慧已深入世界人民之心。这是我们中国人应该感到骄傲的。所有这些中国智慧都明白无误地表露了中国的特色。它产生于中国的过去，却影响了中国和世界的今天，连将来也会受到影响。事实已经证明，连外国人都会承认这一点的。

国学的作用还不就到此为止，它还能激发我们整个中华民族的爱国热情。“爱国主义”是一个好词儿，没有听到有人反对过。但是，我总觉得，爱国主义有真伪之分。在历史上，被压迫被侵略的民族，为了自己的生存与尊严，不惜洒热血、抛头颅，奋抗顽敌，伸张正义。这是真爱国主义。反之，压迫别人侵略别人的民族，有时候也高呼爱国主义，然而却不惜灭绝别的民族。这样的“爱国主义”是欺骗自己人民的口号，是蒙蔽别国人民的幌子。它实际上是极端民族沙文主义的遮羞布。例子不用举太远的，近代的德、意、日法西斯主义就是这一类货色。这是伪爱国主义。

中国的爱国主义怎样呢？它在主体上是属于真爱国主义范畴的。有历史为证，不管我们在漫长的封建时期内，“天朝大国”的口号喊得多么响，事实上我国始终有外来的侵略者，主要来自北方，先后有匈奴、突厥、辽、金、蒙、满等等。今天，这些民族基本上都成了中华民族的组成部分；但在当时只能说是敌对者，我们不能否定历史的本来面目。在历史上，连一些雄才大略的开国君主也难以逃避耻辱。刘邦曾被困于平城，李渊曾称臣于突厥，这是最明显的例子。我们也不能说，中国过去没有主动地侵略别人过，这情况也是有过的，但不是主流，主流是中国始终受到外来的威胁。正是由于这个原因，我们中国人民敬仰、歌颂许多爱国者，岳飞、文天祥、史可法等等都是。一直到今天，爱国主义，真正的爱国主义，始终左右我们民族的心灵。我常说，北京大学的优良传统之一，就是爱国主义，我这说法得到了许多人的赞同。探讨和分析中国爱国主义的来龙去脉，弘扬爱国主义思想，激发爱国主义热情，是我们今天“国学”的重要任务，国学的任务可能还可以举出一些来，以上三大项，我认为，已充分说明其重要性了。我上面说到“顺乎人心，应乎潮流”。我现在所谈的就是“人心”，就是“潮流”。我没有可能对所有的人都调查一番。我所说的“人心”，可能有点局限。但是，一滴水中可以见宇宙，从燕园来推测全国，不见得没有基础。我最近颇接触了一些青年学生。我发现，他们是很肯动脑筋的一代新人。有几个人告诉我，他们感到迷惘。这并不是坏事，这说明他们正在那里寻觅祛除迷惘的东西，正在那里动脑筋。他们成立了许多社团，有的名称极怪，什么“吠陀”，什么禅学，这一类名词都用上了。也许正在燕园悄然兴起的“国学”，正投了他们之所好，顺了他们的心。否则怎样来解释我在本文开头时说的那种情况呢？中国古话说“得道多助，失道寡助”，顺应人心和潮流的就是“道”。

但是，正如对人世间的万事万物一样，对国学也有不同的看法。提倡国学要有点勇气，这话是我说出来的。在我心中主要指的是以“十年浩劫”为代表的那一股极“左”思潮。我可万万没有想到，今天半路上竟杀出来了一个程咬金，在小报上写文章嘲讽国学研究，大扣帽子。不知国学究竟于他何害，我百思不得其解。无独有偶，北师大古籍研究所编纂《全元文》，按说这工作有百利而无一弊，然而竟也有人想全面否定。我觉得，有这些不同意见也无妨。国学，弘扬中华优秀文化，既然是顺乎人心、应乎潮流的事业，必然会发展下去的。

1993年12月24日

《国学研究》第二期祝词

祝贺《国学研究》第二期出版。

想谈几点意见：第一，前不久接到吴江同志的信，附有他在上海《文汇报》上发表的关于国学问题的文章。接着我就接到了上海《文汇报》直接给我的信，要求我参加国学问题的讨论。我都还没有答复。如果答复的话，我就会说，我不参加讨论，也不赞成讨论。像国学这样的题目，难以讨论。想给国学下个定义，永远也不会有结果，永远也不会有大家都同意的定义。社会科学同自然科学不一样，定义很难下。与其在下定义上下功夫，莫如切切实实地读一些书，切切实实地思考一些问题。根据自己的认识去钻研，去探讨，有了心得，就成文成书。这比争定义，说空话要好得多。

第二，学术与政治的关系问题。这是一个老掉牙的问题。我们过去讨论了几十年，有人也吃过苦头，现在不必谈了。但是，最近几年来，我逐渐觉悟到，二者之间实有密切的联系。我举一个具体的例子。对于王梵志的诗，中外敦煌学研究者颇不乏人。个别的中国学者研究成果发表后，外国一个国家的学者很不满意，准备组织班子，汇集文章，大张旗鼓地加以批评或者批判。后来项楚先生的《王梵志诗校注》及时出版了。那个国家的学者一经读到，大为叹服，于是宣布解散班子，停止批判。如果项书不出，批判的结果一发表，不怀好意者就会立即同中华人民共和国挂上钩。这样一来，一个学术问题立即变成政治问题。因此，在今天世界上，学术实在脱不开政治。我们时刻想到这一点，会促使我们更加努力，更加小心翼翼。不管我们研究的是国学的哪一个部门，我们都必须认识到学术与爱国主义的关系，决不能掉以轻心。

第三，关于21世纪将是东方文化占统治地位的世纪。国外也有一些有识之士有这样的主张。我在最近几年来写过长长短短的几篇文章，宣扬这种看法。

特别是东方文化中“天人合一”的思想，我认为是中国对人类杰出的贡献。在香山饭店的一次国际学术研讨会上，我做过一个很短的发言，题目就是：《只有东方文化能拯救人类》[①]。我对此点深信不疑。但是，这是一个极大的题目，而且涉及未来的21世纪。原来我也同别人争辩过。现在我的做法变了。我想到中国过去有一个近视眼猜匾上的字的笑话。一个近视眼说，匾上是什么什么字。但是此时匾还没挂出来。21世纪就是一个还没有挂出来的匾，匾上的字是什么，谁也说不准。如果有人愿意猜，那是可以的，每个人都有这个权利。但是不必争辩，争辩是徒劳的。我们最好学一学京剧《三岔口》，每个人要自己的枪刀，但谁也碰不着谁。

1994年8月23日

①1993年5月24日作者在“香山东方伦理道德与青年教育国际研讨会”上的发言。因内容与其他文章重复，《季羡林全集》未收。

高举文化旗帜　统一中国

现在情况已经越来越清楚，结束当前大陆和台湾的这种人为地造成的分裂局面，海峡两岸重新统一，是两岸十几亿人民的共同愿望。我个人认为，大陆提出来的“一国两制”的办法，是走向统一的一条阳关大道。可惜台湾当局对此反应不是积极的，而且仍然制造一些人为的障碍，这不利于统一。谈到海峡两岸的经济与学术的交流，这本来也是合乎天理顺乎人心的措施。台湾当局不敢正面否定，却搞一些烦琐的规定，唯恐这种交流能顺利进行。比如中共党员不许进入台湾；如想进入，必须声明脱党。这有什么意义呢？在这方面，大陆当局态度是积极的，度量是大的，不但台湾一般的国民党员能进入大陆，连“中央委员”一级的人物，我们都不拒绝。这个对比太鲜明了，不知台湾当局有何感想？

台湾方面有识之士提出了文化统一中国的问题。我觉得这是一个好的想法。文化是什么？一方面，这是一个十分复杂的问题。如果两方的一方要吹毛求疵，左右挑剔，那就百无一成。另一方面，这似乎又是一个很简单的问题。从最大的宏观方面来看，谁不了解文化的含义呢？中国几千年的文化积累中，确有一些精华。科技的发明举世皆知，用不着我再来细谈。即在精神文明中，我们也有一些值得弘扬的东西，比如说，爱国主义是中国人民的优秀传统，一提到爱国，哪一个人不赞成呢？如果有人说，从前的爱国爱的是奴隶制度或封建制度的国，这样的爱国主义不能提倡。我觉得，这形同诡辩，是形而上学，不能为我们所接受。人类社会总在不停地变化发展，爱的国家性质不能全同，但爱国精神则一也。今天在大陆上，同国际主义相结合的爱国主义，仍然是大家所赞同的。

如果这样来了解文化，包括传统文化在内，用文化统一中国，不失为一个达到完全统一的一个比较好的办法。

我想，我们还可以把文化的范围再扩大一点，由中国文化扩大到东方文化。我个人认为，从人类全部历史上来看，人类共创造了四个影响广、历史悠久的大文化体系：

一、中国文化体系；

二、印度文化体系；

三、自古代犹太一直到后来的伊斯兰教的闪族文化体系；

四、自古代希腊罗马一直到今天欧美的文化体系。

这四个大文化体系又可以分为东西两大体系，其前三者为东方文化，第四个为西方文化。二者的思维基础、思想方式是不相同的：东方文化思维基础是综合，而西方的则是分析。从表面上看去，目前西方文化占上风。但是，从历史上来看，二者的关系是“三十年河东，三十年河西”。现在西方文化已经逐渐呈现出自己的弱点。它并非像一些人想象或者希望的那样是通向真理的唯一的一条道路。一方面，它能引起战争。两次世界大战，都是首先在西方文化圈内爆发的；另一方面，许多自然界现象，比如说，赤足踏上烧红了的炭火而不受烧伤，伸手到滚开的油锅里去取东西而不被炸烂，如此等等，不一而足，且不说气功出现的一些特异现象，所有这一切都非近代西方的自然科学所能解释。所谓“科学主义”，是行不通的。西方文化技穷力尽，济之之法只有东方文化。看来在未来的一段相当长的时期内，东方文化将取代西方文化。所谓“取代”并不是完全排斥，而是继承西方文化的精华，以综合思维为基础，加以发扬光大，使人类文化的发展走到另一个更高的水平。

我个人认为，21世纪可能就是“河东”“河西”的一个转折点。

从人类文化发展来看，在历史上，每一种文化都有一个诞生、成长、繁荣、衰退、消失的过程，哪一个文化也不能万岁千秋。在历史上，东方文化曾繁荣过，后来由于种种原因，逐渐失去活力，为西方文化所取代。这是一个正常的现象。现在西方文化，无论是从政治经济方面来看，还是从自然科学的发展来看，已经逐渐失去活力，穷则变，现在到了变的时候了。

我在上面说到两种思维基础：一个是“综合”，一个是“分析”。看来东方的“综合”能照顾到全面，能照顾到联系，既见树木，又见森林。而“分析”，则只见树木，不见森林；只见局部，不见全体。比如西医治病是，头痛医头，脚痛医脚；而中医则是头痛在脚上扎针。这种办法更合乎辩证法。

现在西方有识之士也已感觉到这一点，比如新兴的“混沌学”就属于这一类。

在东方文化体系中，中国文化是最重要的组成部分。我们现在谈以文化统一中国，我们的眼光应该再放远一点，从全世界未来的文化发展着眼，从整个的东方文化着眼，海峡两岸的学者共同以统一为目标，研究中国文化，也研究东方文化。将来必能一举两得，既进行了文化探讨，又达到了统一的目的，还能为全人类做出贡献。这是我的想法，也是我的希望。至于一小撮台独分子，他们逆历史潮流而动，不顺人心，不应天命。我们海峡两岸的学者决不能让他们得逞。

1991年5月12日

论书院

中国是世界上著名的文明古国。在全世界所有的国家中，中国是唯一的有长达几千年的延续不断的教育传统的国家。这个传统当然随着历史的发展而演变，到了19世纪末年，终于来了一个大转变：西方的资本主义教育制度传了进来，到现在也已有将近一百年的历史了。这个新教育制度，在中华人民共和国建立以后，虽经改造，基本上被保留下来。它起了很大的作用，但不能说完美无缺。为了适应社会主义建设的需要，重新对中国古今教育制度做一个全面的、实事求是的检查，显然是非常必要的。这个检查目前还只能非常简略。

一、中国历史上的教育制度[①]

中国几千年的教育制度，从组织结构上来看，大体上可以分为两类：一官，一私。远古时期，渺茫难窥，这里不谈。公元前三千纪末到二千纪中，夏代已有“庠”“序”“校”三种学校。到了公元前二千纪中叶至末叶的商代，又增加了“学”和“瞽宗”。“学”有大小之分。除了训练学生祭祀和打仗之外，还进行读、写、算的教学。西周集前代之大成，初步具有了学制系统。学制系统分国学与乡学两类。国学是中央官学，乡学是地方官学。国学分大学与小学两级。大学中有天子设立的五学和诸侯设立的泮宫。乡学中有塾、庠、序、校之分。这样一套制度对其后的中国教育有深远的影响。我国古代一直沿用此制，稍加变化，改换一些名称。西周国学的教育内容包括四个方面：三德、六行、六艺、六仪，其中六艺是最基本的。所谓六艺指：礼、乐、射、御、书、

① 这几节的论述主要根据毛礼锐主编的《中国教育史简编》，教育科学出版社，1984年版。

数。从字面上也可以看出来，这里面文武兼备，知识与技能并举。这种教育制是密切为当时的政治服务的。乡学以社会教化为务，内容有六艺、七教、八政以及乡三物等。总之，西周的教育已由殷商的宗教武士教育，转变为文武兼备的教育。

秦代实施以吏为师、以法为教的文教政策，是学校教育的一个倒退。

到了西汉，汉武帝正式制定了博士弟子员制度，兴办了太学。这在教育史上是一件大事。汉代官学分中央官学与地方官学两类，这里明显地受了西周的影响。

魏晋南北朝时期，封建官学时兴时废。

到了唐代，在初唐的一百多年内，生产发展，经济繁荣，成为世界上一个，也许是第一个强大的帝国。统治者对教育特别重视，官学达到了相当完善的地步，为以后的官学制度奠定了基础。这时的官学仍然分为两级：中央官学和地方官学。与前代不同之处在于组织更细致了，内容更丰富了。中央官学中的国子学、太学、四门学、广文馆都专修儒经。这可以说是唐代教育的主干。此外还有专修律学、算学、书学的学校，医学校，卜筮学校，天文、历算、漏刻学校，兽医学校，校书学校等等。另外还有一些特殊学校。所有这些学校目的都是为当时的政治经济服务的。在教学行政方面，唐承隋制，设立国子监，管理六学，以祭酒为教育最高长官。国子监的职能一直保留到清代学部成立。不过明清两代，国子监常与国学、太学混称。

宋代的官学对学生入学资格逐渐放宽，教育对象不断扩大，学校类型增加了，教学内容扩大了，增设了武学和画学。

元代对我国古代地方官学有特殊贡献，创设了诸路阴阳学，发展了天文、历算等科技教育。又创设了社学，以满足农业的需要。此外还创设蒙古国子学与回回国子学。

明承元制，仍设社学，但以教化为主。国子学以学习儒家经典为主。地方官学，除治经外，礼、乐、射、御、书、数还设科分教。

清代教育制度多承前代旧制。国子监生的对象范围比以前更宽。地方官学比较普遍。教学内容仍以儒家经典为主。另设觉罗学、旗学、土苗学等等。雍正、乾隆还设有俄罗斯学馆（堂），教汉满子弟习俄文。

我在上面简略地讲了我国古代的官学制，现在再讲一讲私学制。

古代私学包括家传与师授两种，起源极早。但是作为一种教育制度，则兴起于春秋战国之际。生产发展给私学奠定了经济基础。又由于复杂的政治斗争，需要兴私学，养士人。此外，文化下移也推动了私学的发展。在这样的情况下，私学在全国各地兴起，到了孔、墨两大显学崛起，私学发展如日中天。由此而形成的儒、墨两大学派互相攻伐，支配中国思想界达数百年之久。战国中期，百家争鸣，诸子私学蜂起。成为中国历史上最有活力的时代之一，影响深远。

到了汉代，经师讲学之风特盛。东汉私学学生人数超过太学。汉代官学和私学各有偏重，官学以今文经为主，而私学则以古文经为主，东汉末出现了综合今古的趋势，郑玄为代表。

在魏晋南北朝时期，私学稍衰，但仍盛于官学。

隋唐之际，官学繁荣，私学也极发达。隋王通私人讲学，唐代开国名臣中有一些人就出王通之门。唐代有的学者身在官学，却又私人授徒。

宋代私人讲学极为发达。南宋书院大兴。书院原为私学性质。但是，元明清书院渐有官学性质。到了后来，有的遭禁毁，有的沦为科举预备场所。

二、书院的滥觞与发展

书院是中国封建社会的一种教育组织形式，但并非中国所专有。我认为，古代希腊苏格拉底、柏拉图、亚里士多德等师徒授受的所在地叫akademe，也是一种类似中国古代书院的组织，只是后来没有像中国这样发达而已。书院以私人创办为主，有时也有官方创办的。其特点是，在个别著名学者领导下，积聚大量图书，聚众授徒，教学与科研相结合。从唐五代末到清末有一千年的历史，对我国封建社会的教育，产生过重大的影响。要读中国教育史，要研究现在的教育制度，应着重研究书院制度。从这个研究中，我们可以学习到很多有用的东西。

书院这个名称，始见于唐代。当时就有私人与官方两类。在最初，书院还仅仅是官方藏书、校书的地方；有的只是私人读书治学的地方，还不是真正的教育机构，清代诗人袁子才在《随园随笔》中写道："书院之名起唐玄宗时，丽正书院、集贤书院皆建于朝省，为修书之地，非士子肄业之所也。"但是，唐代已有不少私人创建的书院，《全唐传》中提到的有11所。这些也只是私人读书的地方。

真正具有聚徒讲学性质的书院，起源于庐山国学，又称白鹿国庠，地址在江西庐山，为著名的白鹿洞书院的前身。陆游的《南唐书》中有关于庐山国学的记载。总起来看，聚众讲学的书院形成于五代末期。有人主张，中国的书院源于东汉的“精舍”或者“精庐”，实则二者并不完全相同。

北宋初年，国家统一，但还没有充足的力量来兴办学校，于是私人书院应运而起。庐山国学或白鹿国庠，发展为白鹿洞书院。接着有很多书院相继创建，有四大书院或六大书院之称。除白鹿洞书院外，还有岳麓书院、应天府书院、嵩阳书院、石鼓书院和茅山书院。

到了南宋，书院更为发达。其数量之多，规模之大，组织之严密，制度之完善，都是空前的，几乎取代了官学，成为主要教育机构。南宋书院发达，始于朱熹修复白鹿洞书院。后来朱熹又修复和扩建了湖南岳麓书院。书院之所以发达，原因不外是理学发展而书院教学内容多为理学；官学衰落，科举腐败；许多著名学者由官学转向私人书院；印刷术的发展提供了出书快而多的条件，而书院又以藏书丰富为特点。有此数端，书院就大大地发展起来了。

元代也相当重视文化教育事业，奖励学校和书院的建设。不但文化兴盛的江南普遍创建或复兴了书院，连北方各地也相继设立了书院。但书院管理和讲学水平都很低。

到了明初，情况又有了改变：政府重点是办理官学，提倡科举，不重视书院，自洪武至成化一百多年的情况就是这样。成化（1465—1487）以后，书院才又得复兴。至嘉靖年间（1522—1566）达到极盛。明代书院由衰到兴，王守仁、湛若水等理学大师起了重要的作用。为了宣扬他们的理学，他们所到之处，创建书院。明代末年影响最大的是东林书院。在这个书院里，师生除教学活动外，还积极参与当时的政治活动。这当然受到统治者的迫害，天启五年（1625），太监魏忠贤下令拆毁天下书院，首及东林，兴起了中国历史上有名的迫害东林党人的大案。

到了清初，统治者采取了对书院抑制的政策。一直到雍正十一年（1733）才令各省会设书院，属官办性质。以后发展到了两千余所，数量大大超过前代；但多数由官方操纵，完全没有独立自主的权力，因而也就没有活力。也有少数带有私人性质的书院，晚清许多著名的学者在其中讲学。

统观中国一千多年的书院制，可以看到，书院始终是封建教育的一个重要组成部分，与统治者既有调和，又有斗争。书院这种形式还影响了日本、朝鲜和东南亚一些国家。

这样的书院制有些什么特点呢？毛礼锐主编的《中国教育史简编》对中国书院的特点做了很好的归纳。我现在简要地叙述一下。他认为特点共有五个：

1. 教学与科研相结合

书院最初只是学术研究机关，后来逐渐成为教学机构。教学内容多与每一个时代的学术发展密切联系。比如南宋理学流行，书院就多讲授理学。明代王守仁等讲一种新的理学“心学”，于是书院也讲心学。到了清代，汉学与宋学对立，书院就重经学，讲考证。

2. 盛行“讲会”制度，提倡百家争鸣

在南宋，朱熹和陆九渊代表两个不同的学派。淳熙二年（1175），两派在鹅湖寺进行公开辩论。淳熙八年（1181），朱熹邀请陆九渊到自己主持的白鹿洞书院去讲学，成为千古佳话。明代“讲会”之风更盛。王守仁和湛若水也代表两大学派，互相争辩。这种提倡自由争辩的讲会制度，一直延续到清代。

3. 在教学上实行门户开放

一个书院著名学者讲学，其他书院的师生均可自由来听，不受地域限制和其他任何限制。宋、明、清三代都是如此。

4. 学习以个人钻研为主

书院十分注重培养学生的自学能力，非常重视对学生的读书指导。宋、元、明、清一些大师提出了不少的读书原则。有的编制读书分年日程。有的把书院的课程分门别类，把每天的课程分成若干节。他们都注意学生的全面发展。导师决不提倡学生死记硬背，而是强调学生读书要善于提出疑难，鼓励学生争辩，教学采用问难论辩式。朱熹特别强调：“读书须有疑”，“疑者足以研其微”，“疑渐渐解，以致融会贯通，都无所疑，方始是学”。吕祖谦更提出求学贵创造，要自己独立钻研，各辟门径，不能落古人窠臼。总的精神是要学生不断有发明创造。

5. 师生关系融洽

中国教育素以尊师爱生为优良传统。这种精神在私人教学中表现得尤为突出。书院属于私人教学的范畴，所以尊师爱生的传统容易得到体现，在官办学校中则十分困难。朱熹曾批评太学师生关系：“师生相见，漠然如行路之人。”他指出，其原因在于学校变成了“声利之场”，教学缺乏“德行道艺之实”。他自己身体力行，循循善诱，对学生有深厚感情。但是，他对学生要求极严，却不采取压制的办法。他说：“尝谓学校之政，不患法制之不立，而患理义之不足以悦其心。夫理义不足以悦其心，而区区于法制之末以防之，其犹决湍水注之千仞之壑，而徐翳萧苇以捍其冲流也，亦必不胜矣。”（见《晦庵文集》，卷七十四）这些话到了今天还很值得我们玩味。明代王守仁也注意培养师生感情。明末的东林书院，师生感情更是特别深厚。

上面我撮要叙述毛礼锐等的对书院特点的五点总结。在组织管理方面，书院也有特点，如管理机关比较精干，经费一般能独立自主等等。

三、新教育制度的兴起

随着西方殖民主义者侵略的加强，随着清代封建统治的日益腐朽，自19世纪中叶起，中国有识之士就痛切感到，中国的政治经济等非改革不行，教育当然也在改革之列。魏源认为，理学“上不足致国用，外不足靖疆国，下不足苏民困”，简直是一点用处都没有。他主张向西方学习，改造中国的传统教育。魏源以后直至19世纪末叶，有不少人说八股文无用，主张翻译外国书籍，引进外国制度。洋务运动兴起以后，新教育也随之而兴，创建新型学校，设立同文馆，学习外国语文，开展工业技术教育，创办船政学堂、机器学堂、水师学堂、武备学堂、水陆师学堂，派遣留学生，等等。1898年百日维新以后，设立京师大学堂，为现在北京大学的前身。又逐渐废科举，废八股文。经过了许多波折，以西方资本主义教育为模式的中国新教育制度基本上建立起来，在中国教育史上开辟了新的一章。

四、书院在今天的意义

我在上面非常简略地叙述了中国几千年教育发展的历史，从奴隶社会，经过封建社会，一直讲到近代受西方资本主义教育影响的新教育制度。我着重讲了书院制度。到了今天，我们已经进入了社会主义初级阶段。我们的教育已经超越了封建教育和资本主义教育。中国历史上的书院在今天还有意义吗？为什么最近几年来又出现了书院这个名称和组织呢？这是一种倒退呢，还是一种进步？这一些都是我们非思考不行的问题。

为了说明问题，我先举一个眼前的例子。1984年，北京大学哲学系中国哲学史教研室一些教师创办了中国文化书院。没有接受政府一文资助，在不长的时期内就做出了巨大的成绩，取得了惊人的发展。书院团结了一些大学和社会科学院以及其他机构已退休或尚未退休的教授和研究员；同台湾学者加强了联系；同海外华裔和非华裔学者建立了经常的巩固的关系；开办了一系列的讲座；出版了一批学术著作；建立了口述历史和为老学者录音录像的机构，等等。建立一个藏书丰富的专业图书馆的工作也正在进行。全院的同仁们正在斗志昂扬地从事书院的建设和开拓。这样的成绩当然引起了社会上的注意。在不太长的时期内，以书院命名的机构接踵兴起，形成了一股“书院热”。这些书院的兴起是否就是受了中国文化书院的影响，我不敢说，它们的详细情况，我也不清楚。我只想指出，有这样多的书院已经建立起来，这个现象值得我们思考而已。

为了回答我在上面提出的有关书院的问题，我现在想结合古代中国书院的那些特点和当前中国文化书院的经验，谈一谈书院在今天的意义。我想从六个方面来谈：

1. 书院可以成为当前教育制度的补充

我国今天的教育制度，从内容上来看，应该说是社会主义的。但是从组织上来看，基本上是西方那一套。我们同资本主义国家一样，需要大批的建设人才。封建主义那种小批量培养人才的方式，远远不能满足要求。我们只能采用西方资本主义国家的大批量的生产方式，这种方式须要有严格的教学计划、课程设置、学分计算、教学组织，一切都要标准化、计量化。资本主义国家大学里计算学分的办法，一方面能比较精确地确定学生的学习量，满了一定的学习量才能毕业；另一方面也用来确定教师的教学量，以便取得报酬。这一切都是资本主义的核心精神金钱问题所决定的。我们之所以采用这种制度，当然不是为金钱问题所左右，而是为了适应大批量培养人才的需要。

仅仅采用这样的制度够不够呢？我认为是不够的。在中国几千年的历史上，办教育一向是官、私两条路，这也可以说是一种两条腿走路吧，两者互相补充，历史证明是行之有效的。可是现在我们只剩下一条腿，只剩下官方一途，私人教育基本上不存在了。我个人认为，这无疑是一个损失。在过去执行这个政策，道理还能讲得通。今天在大家觉悟普遍提高的基础上，国家又正在进行改革，在教育方面是否也可改革一下呢？如果可以的话，提倡创办书院，鼓励私人办学，继承我国的优秀传统，实在是可以试一下的。

书院这种形式能适应今天的情况吗？我不妨先举一个例子。清华大学在建成大学以前是留美预备学校。到了20年代初，又创办了一个研究国学的机构，聘请王国维、梁启超、陈寅恪、赵元任为导师。这也是一种双轨制：一条轨道是西方式的新制度，有严格的教学计划，开设课程，计算学分，规定毕业年限，决定招生办法，都按计划进行。另一条轨道是什么计划也没有，招生和毕业都比较灵活。在一所学校内实行两套办法。如果想做比较研究，这实在是最好的样板。比较的结果怎样呢？正规制大学大批量地培养了国家建设所需要的干部，也出了一些著名的学者、教授。那个不怎么正规的国学研究部门，培养出来的人数要少得多，但几乎个个都成了教授，还不是一般的教授。这个结果实在值得我们深思。

清华的国学研究部门无书院之名，而有书院之实。它不能算是私人创办的，其精神却与古代书院一脉相通。另外一个例子是章太炎在苏州创办的国学研究所，也培养了一些人才。我在这里举的例子都属于国学范畴，其他学科我认为也是可以尝试的。这说明，私人办的书院在今天仍有其意义。古代书院那一些优良传统，比如说讲会制度，提倡自由争辩，门户开放，注意培养学生独立钻研的能力，师生关系融洽，等等，我们在书院中都应该继承和发扬。只希望我们教育当局找出一种承认书院学生资格的办法，不用费很大的力量，培养人才的数量就可以增加，质量也可以提高。何乐而不为呢？

2. 书院可以协助解决老年教育问题

据说现在世界上有一个新名词，叫做“终生教育”。中国的成人教育有一部分同它类似，但似乎不包括老年教育，所以二者不完全相同。外国许多老人，在退休之后，到大学里报名入学，读硕士或博士学位。中国还没听说有这种情况。但是，今天中国人的平均寿命已经大大地提高，老人将会越来越多。有朝一日，老人教育也会成为问题的。我认为，书院可以帮助解决这个问题。

3. 书院可以发挥老专家的作用

中国人平均寿命越来越高，老教授、老专家退休后活的时间也会越来越长。这是件好事，但也带来了新问题。这些老教授、老专家退休后作用如何发挥呢？方法当然有多种多样，有的可以继续著书立说，有的可以当顾问，有的可以联合起来，搞一些社会福利事业。但是，没有适当的机构加以组织，他们的作用发挥有时会碰到困难，交流信息也会受到障碍。在今天社会上想单枪匹马搞出点名堂，几乎是不可能的。

我在这里想特别提一下博士生导师的问题。这些导师绝大部分都是有真才实学的，而且是经过了一定的选举和审批手续，才获得博士导师的资格的。他们到了年龄退休以后，有的为本校或本研究院返聘，继续指导博士生。但是也有一些，由于种种原因，拒绝返聘，不接受指导博士生的任务。现在全国博士生导师为数不多。老的退休了，新的上不来。许多大学都面临着这种青黄不接的局面。中年博士生导师，有的也有相当高的水平；可是在某一些方面，一时还难以达到老专家的水平。在这样的情况下，如果再让一些有能力的老教授老专家投闲置散，对国家是一个损失。这样下去，对我国博士生的培养工作是非常不利的。倘若有一些书院一类的机构，退休老教授乐意在里面工作，乐意指导研究生，岂非两全其美？中国文化书院就有这样的导师，可惜格于现行的制度，他们无法指导博士研究生。如果有关当局本着改革的精神，授权给某一些有条件教育的书院，让已经取得带博士生资格的老教授老专家在这里指导博士生，对我们国家的教育事业不是一个大贡献吗？我个人认为，将来培养博士或博士后的任务可以分一点给书院。国务院学位委员会和国家教委应该承认这样培养出来的博士的资格，并且一视同仁地发给证书。这样一来，国家出不了多少钱，既调动了退休老教授老专家的积极性，又培养了高级人才，促进了学术的发展，岂非一举数得吗？

4. 书院可以团结海内外的学者

中国文化书院聘请了一些学有专长的导师，已经退休的和尚未退休的都有；海内外的学者都有，不限于华裔。同时也不时邀请海外学者来院做学术报告或参加座谈会。特别值得一提的是，这样的学者中也有台湾学者。这在当前是非常有意义的工作，不言而喻。这样的工作由政府机构出面来做，不如由民间机构。原因是，这样可以绕开台湾当局制造的一些困难。海峡两岸的学者都有一个共同的愿望：祖国统一。不管通过什么途径来大陆的台湾学者，同大陆的同行们，共同在学术上切磋琢磨，互相启发，不谈政治问题，而心心相印。

5. 书院可以宣扬中国文化于海外

中国有极其悠久、极其优秀的文化传统，对全世界文化的发展起过重大的作用。近代以来，我们开始向西方学习，这是完全必要的。到了今天，我们强调开放，其中包含着向外国学习，这也是完全必要的。但是，既然讲文化交流，就应该在“交”字上做文章。这并不等于要等价交换，出和入哪一方面多了一点或少了一点，这无关重要。但是，如果入超或出超严重，就值得考虑。以我的看法，现在我们是入超严重，出几乎等于没有。难道我们都要变成民族虚无主义者吗？现在世界上许多文化先进国家对我国的文化，特别是近现代的文化了解得非常少，有时候简直等于零。这不利于国际大团结，也不利于我们向外国学习。可惜这种情况还没有引起应有的重视。中国文化书院任务之一，就是向外国介绍中国文化，它已经做了大量的工作，今后还将坚持不懈地继续做下去。我们决不搞那一套什么都是世界第一，那是自欺欺人之谈。但也决不容许中外不管什么人士完全抹煞中国文化的精华。那也不是实事求是的态度。

6. 书院可以保存历史资料

从中国文化书院的经验来看，书院可以在保存历史资料方面做不少的工作。中国文化书院目前正在进行的有关这方面的工作有两项：一是记录口述历史；一是为老学者老专家录音录像。这都是有意义的工作，还带有点抢救的性质。这里的工作对象当然不是什么国家显要人物。但是难道只有国家显要才有被录音录像的资格吗？为这些人进行这样的工作，很有意义，我完全拥护。为并非显要而在某一方面有点贡献的人，进行这样的工作，也自有其意义，这也是了解我们民族的历史所不可缺少的。

我在上面从六个方面谈了书院在今天的意义。当然不会限于这几个方面，我不过目前只想到这些而已。归纳起来，我们这样说，在中国流行了1000年的书院这种古老形式，在今天还有其意义。我们完全可以取其精华，去其糟粕，利用这个形式，加入新的内容，使它为我们的社会主义建设服务。

1988年6月24日写完

研究学问的三个境界

王国维在他著的《人间词话》里说了一段话：

> 古今之成大事业、大学问者，必经过三种之境界："昨夜西风凋碧树。独上高楼，望尽天涯路"，此第一境也；"衣带渐宽终不悔，为伊消得人憔悴"，此第二境也；"众里寻他千百度，回头蓦见，那人正在，灯火阑珊处"，此第三境也。

尽管王国维同我们在思想上有天渊之别，他之所谓"大学问""大事业"，也跟我们了解的不完全一样。但是这一段话的基本精神，我们是可以同意的。

现在我就根据自己一些经验和体会来解释一下王国维的这一段话。

"昨夜西风凋碧树，独上高楼，望尽天涯路"。意思是：在秋天里，夜里吹起了西风，碧绿的树木都凋谢了。树叶子一落，一切都显得特别空阔。一个人登上高楼，看到一条漫长的路，一直引到天边，不知道究竟有多么长。王国维引用这几句词，形象地说明了一个人立志做一件事情时的情景。志虽然已经立定，但是前路漫漫，还看不到什么具体的东西。

说明第二个境界的那几句词引自欧阳修的《蝶恋花》[①]。王国维只是借用那两句话来说明：在工作进行中，一定要努力奋斗，刻苦钻研，日夜不停，坚持不懈，以致身体瘦削，连衣裳的带子都显得松了。但是，他（她）并不后悔，仍然是勇往直前，不顾自己的憔悴。

在三个境界中，这可以说是关键。根据我自己的体会，立志做一件事情以

---

① "衣带渐宽终不悔，为伊消得人憔悴"出自柳永《蝶恋花》。

后，必须有这样的精神，才能成功。无论是在对自然的斗争中，还是在阶级斗争中，要想找出规律，来进一步推动工作，都是十分艰巨的事情。就拿我们从事教育和科学研究工作的人来说吧，搞自然科学的，既要进行细致深入的实验，又要积累资料。搞社会科学的，必须积累极其丰富的资料，并加以细致的分析和研究。在工作中，会遇到层出不穷的意想不到的困难，我们一定要坚忍不拔，百折不回，决不容许有任何侥幸求成的想法，也不容许徘徊犹豫。只有这样，才能得到最后的成功。

工作是艰苦的，工作的动力是什么呢？对王国维来说，工作的动力也许只是个人的名山事业。但是，对我们来说，动力应该是建设社会主义社会和共产主义社会。所以，我们今天的工作动力同王国维时代比起来，真有天渊之别了。

所谓不顾身体的瘦削，只是形象的说法，我们决不能照办。在王国维时代，这样说是可以的。但是到了今天，我们既要刻苦钻研，同时又要锻炼身体。一马万马的关系必须正确处理。

此外，我们既要自己钻研，同时也要兢兢业业地向老师学习。打一个不太确切的比喻，老师和学生一教一学，就好像是接力赛跑，一棒传一棒，跑下去，最后达到目的地。我们之所以要尊师，就是因为老师在一定意义上是跑前一棒的人。一方面，我们要从他手里接棒；另一方面，我们一定会比他跑得远，这就是所谓“青出于蓝，而胜于蓝”。

说明第三个境界的词引自辛弃疾的《青玉案》(元夕)。意思是：到处找他(她)，也不知道找了几百遍几千遍，只是找不到。猛一回头，那人原来就在灯火不太亮的地方。中国旧小说常见的“踏破铁鞋无觅处，得来全不费工夫”，表达的也是这个意思。王国维引用这几句词，来说明获得成功的情形。一个人既然立下大志做一件事情，于是就苦干、实干、巧干。但是什么时候才能成功呢？对于这个问题大可以不必过分考虑。只要努力干下去，而方法又对头，干得火候够了，成功自然就会到你身边来。

这三个境界，一般地说起来，是与实际情况相符的。就王国维所处的时代来说，他在科学研究方面所获得的成绩是极其辉煌的。他这一番话，完全出自亲自的体会和经验，因此才这样具体而生动。

到了今天，社会大大地进步了，我们的学习条件大大地改善了，我们的学习动力也完全不一样了；我们都应该立下雄心大志，一定要艰苦奋斗，攀登科学的高峰。

1959年7月

哲学的用处

我曾在很多文章中说到过自己的一个偏见：我最害怕哲学和哲学家，有一千个哲学家，就有一千种哲学，有的哲学家竟沦为修辞学家。我怀疑，这样的哲学究竟有什么用处。

高明的人士教导说：哲学的用处大着哩，上可以阐释宇宙，下能够指导人生；自然科学的研究成果靠哲学来总结，世界人民前进的道路靠哲学来指明；人文素质用哲学来提高，个人修养用哲学来加深，如此等等，不一而足。这些话都说得很高，也可能很正确。但是，我总觉得有些地方对不上号。我也曾读过西洋哲学史，看过一些中国哲学史。无奈自己禀性庸劣，缺少慧根，读起来总感到有点格格不入。这就好像夏虫不足与语冰，河鳅不足与语海，天资所限，实在是无可奈何。

今天看《参考消息》，读了一篇《英国大学生缘何喜爱古典哲学》，喜其文简意深，不妨抄上几段，公诸同好。文章说："尽管现代哲学有着迷人的外表，但是那些深一步研究它的人却往往感到失望。"现在英国大学生报名学习古典哲学的人远远超过现代哲学，原因就在这里。文章接着说："古代哲学远比现代哲学更符合多数人对哲学的概念。古代哲学家很单纯地认为，哲学就应当在某种方式上帮助人们生活得更好——这个美丽的理想在现代哲学中几乎根本找不到。"作者引用了公元前341年出生的伊壁鸠鲁的话说："如果不关怀人类的痛苦，无论哪一位哲学家的论点都毫无价值。因为，就像医学不能祛除身体的疾病就没有益处一样，哲学不祛除精神上的痛苦也毫无益处。"在这里，文章的作者指出，这些话恰好反映出准备在大学里学习哲学的学生们的愿望。但可惜的是，多数授课者却没有这种愿望。

文章作者指出的这种现象，是非常有意义的，是非常具有启发性的。我不知道，这种现象在英国，在其他欧美国家，涵盖面有多大。我也不知道，在中国是否也有同样的现象。这里表现出来的新老哲学家或哲学爱好者对哲学本身要求的矛盾，是颇为值得研究的。我个人的想法是，伊壁鸠鲁属于西方哲学发展的早期，哲学家都比较淳朴，讲出来的道理也比较明白易懂。随着时间的推移，世界变化越来越复杂，人们，特别是哲学家们的分析概念的能力也越来越细致，分析越来越艰深，玄之又玄，众妙无门，最后达到了让平常人望而却步的程度。但因此也就越来越脱离平常人的要求，哲学家们躲入象牙塔中，孤芳自赏。但是物极必反，世界通例。英国年轻学子对哲学的要求，正反映了这个规律。

我自己对哲学的要求或者期望，有点像英国的大学生。但我决不敢高攀。我的哲学水平大概只有小学水平，因此才对最早期的西方哲学感兴趣。然而，我并不愧疚，我还是要求哲学要有用处。

1998年12月23日

精华与糟粕

最近几十年来，中国文史界有一个口头语，叫做“批判继承”。说详细一点，就是对中国古代文化要“一分为二”，分清精华与糟粕，继承前者而批判后者。口号一出，天下翕然从之，几乎是每人必讲，每会必讲，无有表异议者，仿佛它是先验的，用不着证明。但是，究竟什么叫做“精华”，什么又叫做“糟粕”呢，两者关系又是怎样呢？我——我看别人也一样——从来没有去认真思考过，好像两者泾渭分明，一看就能识别，只要文中一写，会上一说，它就成了六字真言，威力自在。

最近我那胡思乱想的毛病又发作起来，狂悖起来，我又仔细思考了这个问题，苦思之余，豁然开朗，原来这两个表面上看上去像是对立面的东西，不但不是泾渭分明，而是界限不清；尤有甚者，在一定的条件下，双方可以相互向对立面转化。

空口无凭，我举几个例子。孔子和儒学，在九十年前的五四运动时期，肯定被认为是糟粕，不然的话，何能喊出了“打倒孔家店”的口号？然而，时移世迁，到了今天，中国正在努力建设社会主义初级阶段的社会，还有什么人能说孔子和儒学中没有精华呢？这是由糟粕向精华转化的例子。另外一个例子是在改革开放以前思想大混乱的时期中，斗，斗，斗的哲学被认为是天经地义，当然是精华无疑了。然而到了今天怎样了呢？谁敢说它不是糟粕？这是一个从精华转化成糟粕的例子。我认为，这两个例子都是有说服力的，类似的例子还有很多，我不一一列举了。

但是，上面的例子还是过于简单化了一些，古往今来，实际的情况要复杂得多，精华与糟粕互相转化，循环往复，变化多端，想读者定能举一隅而以三隅反的。

这种情况的根源何在呢，我个人的看法是：时代随时在前进，社会随时在变化。每一个时代和每一个社会都有自己的特殊要求，在政治方面，在经济方面，在巩固统治方面，在保持安定团结方面，在发展文化教育方面，在提高人民的文化道德水平方面，等等，都有自己的特殊要求。能满足这个要求的前代或当代的理论、学说或者行动，就是精华，否则就是糟粕。但时代和社会是永不停息地变动着的，一变动就会提出新的要求。以不变应万变的理论、学说或者行动是不能想象的。

我的用意只不过是提醒人们：在讲出这近乎套话的“批判继承”和“要分清精华与糟粕”的时候，要稍稍动一点脑筋，不要让套话变成废话，如此而已。

1999年1月12日

语言与文字

人之所以异于禽兽者，其道多端。人类先有了语言，后又有了文字，而禽兽则没有，这是重要区别之一。现在国外有个别的语言学家在研究禽兽的语言，响应者不多。这个问题我在这里先不讨论。

我们每个人，除了哑巴以外，总要经常说话。认字的人还要经常使用文字，这和阳光和空气一样，和吃饭与睡觉一样，是离不开的。

但是，有一个现象却往往为非语言学家所忽略，这就是：语言和文字，只要还活着，也就是说还被人使用，就存在不停的变化。中国文字从甲骨文到钟鼎文，到大篆，到小篆，到隶书，到楷书、行书、草书，就是最有力的证明。语言亦然，不必细说。为了更轻易地提高人民的文化水平，促进经济的发展，在某一个时期内，由官方采用行政命令的办法，使文字统一和规范化，这是无可非议的，合情合理的。中外历史上都不乏先例，秦始皇的“书同文”是一个最有名的例子。我们今天汉字规范化，是经过完备的法律程序通过的，我们全国人民责无旁贷，遵守是我们的义务，是奉公守法的表现。

但是，从长期来看，比如说二三百年，或者更长的时间，语言和文字都必须变化，这是完全可以肯定的。变是绝对的，不变是相对的，除非你把语言和文字都搞成化石。

世界上最关心自己语言“纯洁化”的是法国。几百年来，法兰西学院不断地作出努力，保持法语的“纯洁”，然而法语，同其他语言一样，不断受到“污染”，变得不“纯洁”起来。这件事是不以人的主观愿望为转移的。

最近我收到一位X（我不知道他是老中青，姑以X代之）学者的来信。他是个有心人，一个有志之士，想努力保持汉语的规范化，是一位值得尊敬的人。

但是，他有点“食今不化”，不了解语言和文字都不会停滞不变的道理，想使我们今天的规范化字永垂不朽，变成化石。比如在今天的汉语词典上，“矇眬”和“朦胧”确实分列为两个词儿，前者的解释是“快要睡着或刚醒时，两眼半开半闭，看东西模糊的样子”。对后者的解释是“月光不明，不清楚，模糊”。其实基本的含义就是“模糊”。如果说“矇眬”与眼有关，而“朦胧”与月色有关，那么，对一个瞎子来说，他既无“矇眬”，又无“朦胧”。如果他写文章（当然是用盲文），他应该用哪一个词儿呢？鲁迅先生的《三闲集》中有一篇文章《醉眼中的朦胧》，这确与眼睛有关，然而他却写作“朦胧”，而非“矇眬”。根据我的印象，“矇眬”这两个字，现在很少有人用，它几乎成为汉语词汇中的盲肠。这位学者硬要勉强区分，“可怜无补费精神”。

这位学者还举出了一些别的例子，限于篇幅，我就不举了。他为了勘误，“写了几百封信，连作者面也不得到（羡林按：此句措词有问题，也应该“勘一勘”的）……而大量的书一印再印，几万几十万甚至几百万册，流向社会传之后代，真是贻害无穷，简直是践踏我们五千年的璀璨文化，使大家都当上不孝之（羡林按：应作子）孙败类。这大概不是各位弄学问的大家所心甘情愿的吧?!”这真是石破天惊之论，令我浑身震撼。然而“五千年”中，我们的语言文字变了多少次了？我们全体汉族人民，加上我们的老祖宗，岂不都成了不肖子孙败类了吗？

1996年12月15日

宗　教

我首先要声明，我不是任何宗教的信徒，可是我对世界上所有的正大光明的宗教都十分尊重。原因并不复杂，除了奥姆真理教、太阳神殿教等一批邪教外，各大宗教都劝人做好事，不干坏事，这不正是我们正直的人类所需要的吗？不管他们的教义如何，所崇拜的神灵如何，除了间或被别有用心的人或组织利用外，这些宗教是无可指责的。如果不同宗教的信徒们能互相尊重，互不相妨，则中国社会必能安定团结，世界人民也必能安定团结。

任何一个宗教的教义和教规，对本教的信徒来说都是持之有故、言之成理的，都是天经地义，信徒们信从，是他们的权利和义务。但是对其他宗教的信徒来说，则另是一码事。对于这样的分歧，最好不要辩论，也不必争论，这样做，只能伤和气，也无济于事。最好能够认为，自己的教义只是相对真理，绝对真理只有他们崇拜的最高神灵才能掌握。能做到这一步，就能够你好、我好、大家都好了。大家以各自喜爱的方式来满足宗教的需要，岂不猗欤休哉！

说到“宗教需要”，恩格斯使用过这个词儿。世界上确实有有宗教需要的人；另一方面，世界上也确实有没有宗教需要的人，敲锣吹号，各有一套。最好是各不相犯，自从所好。人类最重要的是求生存，生存得越美满越好。自己生存，也让别人生存，这是最上策。有宗教需要的和没有宗教需要的人；在有宗教需要的人中，信这种教和信那种教的人，可以不谈宗教问题，而共同携手，齐心协力，为了改善人类生存的条件而努力奋斗，这是人生第一义。一定要强迫别人信教，或一定要强迫别人不信教，都只能制造矛盾，两败俱伤。

世界上有规定国教的国家，也有不规定国教的国家。有民族与宗教完全一致的国家，也有民族与宗教不一致的国家。有必须有宗教信仰的国家，也有不规定人民宗教信仰的国家。我到德国时，登记表上有“宗教信仰”一栏，我没有法子填写，那位德国办事员就说：“不填这一栏可不行！给你填上佛教吧！”我笑而从之，反正我知道我不是佛教徒，这只不过是官样文章而已。在有国教的国家中，无神论也是有的。他们脑袋里没有上帝，可是星期天也进礼拜堂，说是到那里去听听庄严肃穆的音乐，使自己的心神安静一下。宗教之为用大矣哉!

总之，我认为，信不信宗教完全是个人的事，别人不必过多地去干预，只要他遵守法纪，就是一个好公民。想人为地消灭宗教，也是办不到的。

1997年4月25日

中国古史应当重写

去年夏天，我应人民日报社和日本朝日新闻社的邀请，到长江豪华游轮峨嵋号上去参加一个有关21世纪文化的国际研讨会。我们途经武汉和荆州，然后在宜昌上船，开始学术讨论。

在武汉，我们参观了黄鹤楼和博物馆。在博物馆里，我看到了许多出土的文物，其中有许多青铜器和名震世界的编钟。我大为惊诧，简直是闻所未闻，见所未见，心中兴奋，非言语所能表达。

我们从武汉到了荆州。在那里又参观博物馆，看到了更多的更精美绝伦的从古墓里出土的青铜器，我的惊诧又上了一个台阶。在这里又看到了编钟，并且听了演奏。这一套编钟计65件，分层悬挂着。这套编钟是目前世界上已知最早的、音域最宽的、具有12个半音音阶的特大定调乐器。美国音乐家麦克·克来恩教授说“曾侯乙编钟是我们精神世界的圣山”，并誉之为“世界第八奇迹”。著名小提琴家梅纽因也说：“希腊的乐器是全世界都承认的，可是希腊的乐器是竹木的，到现在不能保存下来，只有中国的乐器还能够使我们听到两千年前的声音。”可见世界上音乐大家对编钟评价之高。能产生“世界上第八奇迹”和其他许许多多精美铜器的地方，一定会有异常雄厚的文化基础和经济基础，这是不辩自明的。古代的楚国是文化辉煌之邦，这已经是十分明显的了。

我在参观时一个强烈的想法就是：中国古代历史必须重写。

楚国，也可以泛泛地说中国的南方，在中国过去的历史著作中占的地位怎样呢？有目共睹，它没有占到应有的地位。在所有的中国通史著作中，比如郭沫若的、范文澜的、吕振羽的、翦伯赞的、尚钺的，以及比这些书更早一点的夏曾佑的《中国古代史》，统统都是文化北方中心论。黄河流域确实是中华文化发源地，但是最晚到了周代，楚文化或南方文化已经勃然兴起。再重弹北方中心论的老调，已经不行了，已经不符合实际情况了。

从别的方面着眼，也可以证明这一点。我在这里只举一个例子，这就是《楚辞》。像屈原这样伟大的诗人，如果没有丰厚的、肥沃的，而且又是历史悠久的文化土壤，是决难以出现的。屈原的著作幻想瑰丽，描绘奇诡，同代表北方文化的《诗经》，文风迥乎不同。勉强打一个比方，北方接近现实主义，而《楚辞》则多浪漫主义色彩。这一点恐怕是许多人能接受的。

屈原的作品中，无论是在词句方面，还是在内容方面，都有一些北方作品中不见的东西。比如《天问》中的许多神话，根据中外一些学者的研究，同外国的颇多相似之处，其中很可能有相互影响的关系。又如《离骚》一开头就有“摄提贞于孟陬兮”这样的句子。“摄提”一词，确有点怪。是否与天竺天文有关？学者们有这个说法，还有待于进一步的探讨。

类似的例子还可以举出一些来，我不再一一列举了。我的意思只是想说明，至晚到了周代，楚文化或南方文化已经达到了相当高的水平，同域外的文化交流也已经有了一些。在这些方面，至少可以同北方文化并驾齐驱。然而在学者们的历史著作中，从而在一般人的心目中，南方仍然是蛮荒之地，在文化上上不得台盘。这是非常不公平的，也是不符合实情的。这样写出来的中国古代史是不完全的。所以我就主张：中国古史应当重写。

1993年4月8日

建议重写中国通史

中国是文化古国和大国，又是历史大国。我们的历史在教育全国人民，特别是青少年方面，起着重要的作用。

几十年以前，中国的史学大师郭沫若、范文澜、翦伯赞等等，都编撰过中国通史。尽管名称不同，其为中国通史则一也。这些大师以马克思主义为指导，详尽地搜集资料、学风谨严、立论有据。他们对中国通史的研究成绩，远迈前古。在中国和世界，都获得了同声的赞扬，起过很大的影响。这一点，我们后人决不会忘记的。

但是，沧海桑田，时移世迁，到了今天，这些著作，都在某一些方面，显得过时了，不能适应今天的情况了。

首先是考古发掘工作日新月异。几乎每一个重大的考古发现，都能改变我们对中国古代史的认识。过去我们常说“五千年中华文明”，现在看来，不行了。有人说六千年，甚至说七千年。总之，中国历史的时间上限没法封顶了。在地域方面，也有同样的情况。过去，大家几乎都认为，中华文化源于北方的黄河流域。但是，最近若干年以来的考古发掘工作却证明了，南方的吴、越、楚等地，甚至僻远如云南，也都有高度发达的文明。这样一来，中华文化发展一元观难以自圆其说，而必须承认中华文化发展的多元观。

其次，我最近忽然有了一个顿悟：中华传统优秀文化内容之一是爱国主义传统。说中国人天生就爱国，这是唯心主义。存在决定意识，中国人的爱国主义是“存在”，也就是历史环境所决定的。我认为，爱国主义有两种：被侵略、被压迫者的爱国主义是正义的爱国主义，是真正的爱国主义。侵略者、压迫者的爱国主义是邪恶的爱国主义，是假冒伪劣的爱国主义。二者泾渭分明，切不可混淆。中国的爱国主义基本上属于前者。汉代的苏武，宋代的岳飞、文天祥、陆游，明代的史可法等等，都可以这样解释。对于清代的林则徐、邓世昌等等，更应当这样来看待了。

西方国家不能说没有爱国主义，不能说没有真正的爱国主义，像法国的短篇小说《最后一课》，就是爱国主义的杰作。但是，西方国家立国的时间短，找不出像中国的岳飞、文天祥等这样闪闪发光的爱国者，这是历史所决定的，无法改变。到了后来，法西斯的爱国主义是假冒伪劣之尤者，只能令人耻笑了。

总之，我认为，爱国主义应当成为中国通史主要内容之一。

此外，上述诸大师的中国通史不能不打上时代的烙印，换句话说，也就是“以论带史”的印记。不管这个烙印多么轻微，恐怕总会是有一点的。

根据上面我说的理由——其他理由还可以举出一些来，没有必要再举了——我建议，有关单位，比如说中国社会科学院历史所，或《历史研究》编辑部，出面组织力量，重新撰写一部能适应今天情况的中国通史。

1994年10月23日

21世纪国学研究瞻望

根据词典的解释：国学者，一国固有之学问也。每一个国家都有自己固有的学问；但不一定都用“国学”二字。中国用此二字约始于本世纪之初。

全体中华民族都同意，要弘扬我们民族的优秀文化，目的绝不是自吹自擂，而是为了全世界文化的发展和全世界人民的利益。

弘扬文化必须研究国学，这本是天经地义的事情，不意竟有无知妄人说什么：研究国学是为了反对马克思主义。这真是石破天惊，匪夷所思。

到了21世纪，我希望，而且也相信，我们的国学研究将会取得更辉煌的成就，将会有助于建设有中国特色的社会主义社会。方法必须谨严创新，态度必须实事求是。我更特别希望，再不会有那样的妄人出现。

1999年10月20日

为考证辩诬

考证，也叫做考据。在清代，义理、词章、考据被认为是三个独立又互相联系的学科。有的学者专门从事一门学科的研究，有的学者也能从事两门学科的探讨，或者三门学科都兼容并包。据我所知道的，当时好像没有什么人对这种三分法说三道四，或者对其中一门加以挑剔。大家好像都认为，事情本来就是这个样子。

到了本世纪20年代，情况却有了变化。胡适大力提倡考据工作，引起了纷纷的议论与责难。一直到解放后，每次对胡适进行所谓批判，都有人主张，胡适之所以提倡考据是为了引导青年钻入故纸堆中，脱离当前的斗争，从而防止共产主义在中国的传播与发展。天下翕然从之，从来没有什么人提出异议。我对于这种说法一直持怀疑态度。胡适不赞成共产主义，这是事实，是谁也否认不掉的。但是，为了反对共产主义，就提倡考据，天下能有这种笨伯吗？有什么理由说，搞考据的人就一定反对共产主义呢？有什么理由说，搞考据的人就一定没有时间和兴致来从事共产主义的宣传呢？事实也并不是这样。有一些老革命家曾长年从事考据工作。可见考据工作与共产主义并不是水火不相容的。还有一个与此类似的说法，我也深为怀疑。有不少人说，清代乾嘉时代考据之风大盛，与清代统治者大力倡导有关。而从事考据工作的学者们，也想通过这种工作来避免文字狱之类的灾难。我个人觉得，这种逻辑非常滑稽。如果统治者真想搞文字狱，欲加之罪，何患无辞？难道考据就能成为躲开文字狱的避风港吗？

然而，以上两种说法却流行开来，而且占了垄断的地位，于是沸沸扬扬，波及全国，揭批判之大旗，震挞伐之天声，考据工作好像真成了革命之大敌。一些革命者，为了显示自己的革命性，一有机会，总要刺上几枪。一直到今天，流风未息，大有谈考据而色变之慨了。

我个人觉得，对考据工作既用不着大捧特捧，也用不着大张挞伐。这种工作实际上是非常平常而又非做不可的。稍微搞点科学研究工作的人，特别是搞与古代典籍有关的研究工作的，都有一种经验：首先要积累资料，这种积累是"韩信将兵，多多益善"。马克思主义告诉我们的也不外是这一层意思。但是，资料光多还不行，它还必须正确可靠，而不正确不可靠的资料却比比皆是。如果对资料不加鉴别，一视同仁，则从不正确不可靠的资料中得出来的结论绝对不会正确可靠，这一点连小孩子都会知道的。检验资料可靠不可靠的手段颇多，其中最重要的就是考证。因此，考据工作不是可有可无，而是非有不可。在提倡假、大、空的时代中是用不着考据的。反正是"以论带史"，或者"以论代史"。"论"已经有了，只需寻求证据加以肯定，加以阐释，工作就算是完成了。至于资料可不可靠，那是无关重要的，最重要的是"论"。如果发现资料与"论"不相符合，那就丢车保帅，把资料丢弃，或者加以歪曲，只要帅能保得住，就猗欤盛哉，天下太平了。我从来不反对论，论是非常必要的；但这种论必须真正反映客观规律，而这种真正反映客观规律的论只能从正确可靠的资料中才能抽绎出来，考据工作正是保证资料的正确与可靠所不能缺少的。

现在还有一种反对所谓烦琐考证的论调。我并不赞成搞烦琐考据。但是，我必须指出一点来：搞不搞烦琐考证，要视需要而定，不能笼统地加以否定，更不能不分青红皂白而口诛笔伐。搞过考据工作的恐怕都有一种经验：考据往往难免烦琐，大而化之搞考据，是决不会搞出什么名堂来的。只要烦琐没有超过需要的范围，我看是应该允许的。

总之，我只是想说：对于考据工作和所谓烦琐考证，要平心静气地进行分析，既不必大声疾呼加以提倡，也不必义形于色横加指责。那种过分夸大考据工作作用的论调，如"发现一个字的古音，等于发现一个行星"等等，也为我所不取。

1987年11月18日

再谈考证

不久以前，我在本刊[①]上发表了一篇短文：《为考证辩诬》，目的是想为清代考证之学说几句话，顺便发泄一点对当前理论界的不满。在文中我讲到，我不同意多少年来流行的说法，说清代考证之学之兴与清代统治者大兴文字之狱有关。我个人认为，这种说法有点教条主义的味道，是一种形而上学，与我们几十年来在理论方面的教条主义有关。

这引起了王武子先生不同的意见。他的文章已经发表在本刊1988年第8期上。王先生的文章对我有启发。但是他把考证之学与文字狱联系在一起的传统的说法，并不全面，不准确，仍然不足以服我。因此我再申论一下。

我在上一篇文章里已经谈过，如果清代的文人学士只是想逃避文字之狱的话，他们不一定专门从事考证之学，其他离文字较远的学科都可以搞，甚至任何学科都不搞也可以。欲加之罪，何患无辞，古有明训。考证之学决不能成为他们的避风港。有一点，我在那篇短文里没有点明：清代考证之学之兴是由中国学术历史的发展规律促成的，是由内因决定的，而不是文字狱等外因。

想证明这一点，用不着旁征博引，只需根据梁启超的《清代学术概论》一书，稍加申述，就完全够了。我不敢说，梁的论点是百分之百地准确、完善；但是持之有故，言之成理的。他首先讲到时代思潮，他说："其在我国自秦以后，确能成为时代的思潮者，则汉之经学，隋唐之佛学，宋及明之理学，清之考证学，四者而已。"他的意思是说，考证之学是中国几千年的学术史上时代思潮之一。如果承认这个观点，则应该从宏观方面看待这个问题，不能囿于有清一代的文字狱等。

---

①指《群言》杂志。

梁启超对于这个问题又进一步进行了论证。他认为，在中国学术史上，“学派上之‘主智’与‘主意’、‘唯物’与‘唯心’、‘实验’与‘冥证’，每迭为循环。大抵甲派至全盛时必有流弊，有流弊斯有反动，而乙派与之代兴。乙派之由盛而弊，而反动亦然。……唐代佛学极昌之后，宋儒采之，以建设一种‘儒表佛里’的新哲学，至明而全盛”。全盛之后，流弊斯出。梁启超把这种流弊归结为两点：一曰遏抑创造，二曰奖励虚伪。清学起而矫之。他说：“清学之出发点，在对于宋、明理学一大反动。”极简略地说，梁启超就是这样解释清学之兴的，而清学的代表就是考证之学。我觉得，这样从学术发展规律上来说明清代考证产生的原因，理由是充足的，是能够说服人的。

梁启超又把每一个思潮之流划分为四个时期：一、启蒙期；二、全盛期；三、蜕分期；四、衰落期。把这四个时期的分法应用到清代思潮上，他认为启蒙期的代表人物是顾炎武、胡渭、阎若璩；全盛期的代表人物是惠栋、戴震、段玉裁、王念孙、王引之。至于蜕分期与衰落期与我现在要谈的问题无关，这里不谈了。在第一、二两期中，梁启超又把全盛期的代表人物名之为正统派。他说：“正统派则为考证而考证，为经学而治经学。”“其治学之根本方法，在‘实事求是’，‘无征不信’。其研究范围，以经学为中心，而衍及小学、音韵、史学、天算、水地、典章制度、金石、校勘、辑逸，等等。而引论取材，多极于两汉，故亦有‘汉学’之目。”梁启超在这里讲的就是清代考据学的基本方法和基本内容。

我在上面只是非常简略地介绍了一下梁启超对于清代考证的论述。读者倘有兴趣，可以自己去读他的原著，我不再介绍了。总之，我认为，梁启超的看法是可信的。因此，清代考证之学的兴起是中国学术发展的内因所决定，与文字狱之类的外因无关。这就是我的看法。

1988年6月9日

敦煌学①

东方文化，范围至广。我们今天研究东方文化，不可能面面俱到，处处深入，而必须抓住重点。同时，我还考虑到，阐释东方文化与弘扬中华文化，实是相辅相成，互为表里，二者不可缺一。根据这些考虑，我们研究东方文化，在全面照顾的情况下，必须有所偏重，必须有重点，而重点应当放在国家与国家、民族与民族之间的文化交流上，似乎是顺理成章之事。敦煌吐鲁番学实应为这样的文化交流的重点。无论是从历史上来考虑，还是从地理上来考虑，这似乎更是顺理成章之事了。必能为海内外方家学者所赞同。

谈到敦煌学，我不禁想到先师陈寅恪先生的一段话：

> 或曰，敦煌者，吾国学术之伤心史也。其发见之佳品，不流入于异国，即秘藏于私家。兹国有之八千余轴，概当时唾弃之剩余，精华已去，糟粕空存，则此残篇故纸，未必实有系于学术之轻重者在。

寅恪先生不同意这个看法。他列举了很多例子来说明中国收藏的敦煌卷子的重要性。他最后的结论是：

> 但此仅就寅恪所曾读者而言，其为数尚不及全部写本百分之一，而世所未见之奇书佚籍已若是之众，倘综合并世所存敦煌写本，取质量二者相与互较，而平均通计之，则吾国有之八千余轴，比于异国及私家之所藏，又何多让焉。（《金明馆丛稿二编》236—237页）

①原标题是《〈归义军史研究〉序》。

寅恪先生的话是非常有道理的。

但是，若从另一个角度来看，敦煌学又确曾是我国学术之伤心史。在同一篇文章中，寅恪先生再三强调学术预流问题，他说：

> 敦煌学者，今日世界学术之新潮流也。自发见以来，二十余年间，东起日本，西迄法英，诸国学人，各就其治学范围，先后咸有所贡献。吾国学者，其撰述得列于世界敦煌学著作之林者，仅三数人而已。

在寅恪先生写此文以后的几十年中，这种情况基本未变。难道这还不算是“伤心史”吗？日本、西欧于此道确有成绩，我们决不否认。我们自己则由于种种原因，望尘莫及，致遭国外同行的白眼，这也是咎由自取，怪不得别人。

最近十几年以来，特别是在中国敦煌吐鲁番学会成立以来，由于领导的重视和全国同行们的努力，情况逐渐有了改变。老一代的学者壮心不已，成绩斐然。中年学者，不甘落后，各就自己的研究领域，刻苦钻研，锲而不舍，开后学之先路，作中流之砥柱；俯不怍于后，仰不愧于前。如郭在贻、姜伯勤、项楚、李正宇、陈国灿、张广达等等教授，皆是也。项楚先生最近出版的《敦煌变文选注》，得到了老一代学者吕叔湘等先生的高度赞扬，说“校释精详”，“是继蒋礼鸿先生《敦煌变文字义通释》之后，又一部研究变文语言文字的重要著作”，“称得上是一部不可多得的很有建树的好书”。学术前辈的欣喜之情，跃然纸上。

青年学者脱颖而出，急起直追。他们对学术表现出非凡的热情，开电灯以继晷，恒兀兀以穷年，名篇佳作，层出不穷，神州腾誉，海外名播，真如长江后浪推前浪，敦煌之学，顿呈百花斗艳之势。这样的青年学者，颇可以举出一些来，如荣新江、卢向前、张涌泉、黄征、王素、赵和平、邓文宽、郝春文等等皆是也。

荣新江，最近若干年来，专根据敦煌写卷以及其他史料，治西北民族关系史和归义军史，已在国内外著名杂志上发表了一系列的论文，多有创见；英年如此，前途正未可限量。我对他所研究的范围，无多通解，不敢赞一辞。我只知道，他用力极勤，搜罗资料，巨细不遗，想在他手下漏网，难如登天。他取得这样的成绩，决非偶然。

我年届耄耋，成了一个“世故老人”。我国现代学术之兴衰、荣辱，皆所亲历。有时感到，一腔热血，报国无门。现在看到这一批英姿勃发的中青年敦煌学者，雪学术之国耻，著预流之先鞭，衷心喜慰，不可言传。前见古人，后见来者；以吾老朽，尚何所求？是为序。

1990年7月27日

吐鲁番学①

将近十年前，中国敦煌吐鲁番学会成立的时候，对“吐鲁番学”这个词儿，是有过一点争议的。大多数人同意，用比较有典型意义的吐鲁番来代表整个新疆，甚至新疆以外的中亚的一部分。但有少数人提出，应该添上库车，又有人提出添上于阗等等，这仍然不能百分之百地代表新疆，而且啰里啰嗦，不像一个学科的名称。最后大家基本上都同意了上面那个解释。于是“吐鲁番学”这个词儿就流行起来了，一直用到现在。

陈寅恪先生曾婉转地指出，敦煌学是中国的一部伤心史。他说：“吾国学者，其撰述得列于世界敦煌学著作之林者，仅三数人而已。”（见《金明馆丛稿》二编，《陈垣〈敦煌劫余录〉序》）敦煌学如此，吐鲁番学何独不然？较之前者，后者实有过之，而无不及。在斯学建立以来的90年中，至少有七八十年，我们是处在“伤心时代”。我在这里着重指的是古代语言文字方面。在历史文献使用和考古发掘等方面，我们的老专家决不比外人差。可是一讲到古代语言文字，我们就有点不行。我们从地里面挖掘出来的古代文字残卷，我们自己读不了，还要乞灵于外国学者，伤心惨目有过于此者乎？

但是，最近十几年以来，情况有了相当大的变化。年老的考古工作者精神焕发，不甘伏枥，虽处暮年，而壮心不已。中年学者则更有新的进步，其中一些人努力学习古代西域文字。更令人兴奋的是，一些年轻人，在国内，或者在国外，负笈千里万里，逐渐从师学习掌握了西域古代最重要的文字。过去中亚和新疆考古发掘出来的古代文字残篇，我们对之茫然无所措手足，有若天书一般。今天我们已经完全能读、能译了。当然，我们仍然需要国际协作，这对一

①原标题是《〈吐鲁番学研究专辑〉序》。

切学科皆然，协作是很平常的事，无须大惊小怪。但是，那种离开外国学者就寸步难行的狼狈局面，已成历史陈迹了。谁能说这不是巨大的变化呢?

专就新疆一地而论，一批朝气蓬勃的中青年学者脱颖而出，维吾尔、汉两族都有。在考古工作方面，穆舜英、王炳华等等同志近年来的成绩，彰彰在人耳目。在古代语言文字的探讨方面，拿回鹘文一种为例，伊斯拉菲尔·玉素甫，多鲁坤·阚白尔，阿不都克由木·霍加，李经纬等同志研究回鹘文《弥勒会见记》，已经取得了令人瞩目的成绩。新疆现在又成立了吐鲁番学会，得到了领导同志，比如买买提明同志等等的大力支持。吐鲁番学的研究，在新疆和在全国一样，正如旭日东升，方兴未艾，前途光芒万丈。

现在出刊的这一册《吐鲁番学研究专辑》，可以说是研究成果的第一次显示，是非常有意义的一次显示。里面的作者不限于新疆地区，也不限于中青年。这是汉、维吾尔两族老、中、青三结合的一次盛举。我作为吐鲁番学的一个老啦啦队员，真有点兴高采烈，几乎想手之舞之足之蹈之了。是为序。

1990年8月27日

在“枯草热”的攻击下，奋力写成

藏 学①

藏学研究中心的成立有巨大的政治意义，也有巨大的学术意义。

谈到政治意义，国外颇有一些人对藏族的解放和藏、汉两族的团结心怀不满，总希望历史车轮向后倒退。但这只能是空想。中心的成立，标志着我们党和国家对藏族传统文化的重视，也标志着藏、汉两族学者的团结。这一件事实就可以昭告天下：我们重视藏学，重视西藏民族文化的普及与提高，这有助于纠正世界舆论界的一些与事实不符的言论。

谈到学术意义，无论是从藏学本身来看，还是从西藏保存下来的贝叶梵经来看，都有极其重大的意义。藏族文化典籍之丰富，在我们国内，除了汉族以外，恐怕是首屈一指的。其数量之大也是十分惊人的。但是过去我们对这方面研究还很不够，反而西欧一些国家和日本做的工作比我们要多得多。现在从全世界范围来看，藏学的研究日益受到重视。专门从事藏学研究的学者人数一天比一天多，研究成果一天比一天丰富。反观我们自己，实在有点惭愧。藏学研究不清楚，今后再写什么中国文学史、中国哲学史、中国宗教史、中国思想史恐怕就很难下笔。中国不仅仅有一个汉族，各少数民族的文化遗产，其中当然也包括藏族的文化遗产，必须予以充分的重视。

藏文典籍之外，还有大量的贝叶梵经，这是我们的国宝，全世界今天只有西藏还有这种经典。世界上不知道有多少学者向往这些东西，我们必须十分慎重地保存这些宝贝，研究这些宝贝，过若干年以后，我们的研究成果逐渐问世的时候，必将引起世界上许多国家的震动。我们目前的力量还不够。我们一定要努力培养藏族、汉族以及其他少数民族的学者。

①原标题是《祝贺藏学研究中心成立》。

我常常想，在广义的汉学范围内，20世纪敦煌学算是显学，吐鲁番学算是显学，到了21世纪，一门新的显学将要引起轰动，这就是藏学和贝叶梵经学。

我预祝中心的工作顺利开展，取得丰硕的成果。

1986年5月15日

朝鲜学[①]

对于朝鲜学，我是一个门外汉。但是为什么杨通方教授等一向我提出写序的要求，我立即满口答应了呢？

我先讲一件事情。

今年6月，应南朝鲜社会科学院理事长金俊烨博士的邀请，我同李滔和杨通方两位教授赴汉城作学术访问。南朝鲜社会科学院举行了一次座谈会，有十几位著名的大学校长和教授参加。我作一个报告，讲的是我最近几年来常讲的一个题目：《东方文化和西方文化》。二者是有区别的，区别的基础在于思维方式，东方的思维方式是综合，而西方的则是分析。从人类思维方式的发展来看，人类也仅仅有这两种思维方式，非此即彼。东西方的文化就是在这种思维方式的基础上形成的。两种文化的关系是，“三十年河东，三十年河西”。眼前是西方文化主宰着世界，但这种西方资产阶级的文化，不管眼前多么煊赫，多么不可一世，也决不能“万岁”。西方文化现在已经呈现出强弩之末之势，可能下一个世纪就是河西让位于河东的转折点，是以综合思维方式为基础的东方文化逐渐取代以分析思维方式为基础的西方文化的转折点。我所谓的“取代”，不是消灭，而是批判、继承、改造、转化，把西方文化的精华部分接受下来，把人类文化的发展推向一个更高的层次。

简而言之，我发言的内容就是这样。我的话音刚落，一位南朝鲜教授立刻简捷了当地说：“我们韩国没有东方文化！”说老实话，我实在是大吃一惊。然而我保持住冷静：自己的发言大概还不够清楚，也许这位学者所理解的文化就

①原标题是《〈朝鲜学论文集〉序》。文中出现的“南朝鲜”即今“大韩民国”。季羡林先生写此文时中韩还没有建交。为保留历史原貌，故“南朝鲜”“汉城”等词不予改动。——编者注

是物质方面的东西：飞机、火车、电灯、电话，如此等等。

我沉住气，作了进一步的解释。我说："韩国有东方文化，而且是具体生动的东方文化。"我举出了一个小例子。头一天我参观高丽大学的时候，这所大学的前校长金俊烨博士亲自陪着我们。他离任已久，并不当权，然而我们在校园里、大楼中遇到的男女青年学生，一看到金先生，都退避两旁，敬谨鞠躬。我当时实在是非常受感动。这一方面表示了学生们对金先生的恭敬；但是，另一方面，这种毫无功利目的尊师重道的精神，不是东方文化的表现又是什么呢？当然，东方文化决不限于这一点，它只是东方文化在伦理道德方面的一点流露。然而这一点流露难道不值得我们大大地重视吗？

我解释完了以后，那一位教授没有再提出不同的意见，他也许是同意我的看法了。

这一件小事情的经过就是这样。

这确实是一件小事情。然而它却引起了我的沉思。我一方面把它同东方文化联系起来，另一方面又同朝鲜学联系起来。我们为什么研究朝鲜学呢？我的答复很简单：朝鲜学是东方文化研究的一个重要组成部分。东方文化是东方各国，不管是国大国小，共同创造的。中国、印度、日本等国都有一份，朝鲜当然更不例外。对于东方文化，朝鲜人民在历史上做出了许多贡献，在文学、艺术、科技等方面，都有令人难忘的业绩。就拿佛教文化来说吧。佛教从印度传来中国，又经过朝鲜传入日本。后来也有直接从中国传过去的。佛教对这三个国家所起的作用，有目共睹，用不着再做什么论证。然而在中国的《高僧传》中，西行到印度去求法的高僧中，颇有一些朝鲜古代的僧人，《往五天竺国传》的作者慧超，就是其中最著名的一个。这部书已经译成了英德等外国文字，研究印度佛教史、中亚史、中印文化交流史等的学者，都视此书如瑰宝。此外，还有一些万里投荒的朝鲜古代僧人，把中印文化带回中国，带回他们的祖国，当然也把中国等国的文化带出国外。朝鲜人民在历史上对人类文化做出的贡献，当然决不限于佛教，我举佛教，不过只是一个例子而已。

现在南朝鲜的朋友们颇为强调，南朝鲜的经济腾飞有赖于中国的儒学。事实上，他们尊孔、崇儒，恐怕要远远超过我们。可惜我于此道了解甚少，不敢赞一辞。我只是从整个东方文化关系来谈中朝文化关系的。我在上面提出的意见也许能得到南朝鲜同行们的同意吧。

但是，问题还不仅仅止于此点。人类总是要进步的，社会总是要前进的。将来我们中国人同外国朋友合作的机会是很多很多的，我们要共同探讨的问题不可胜数。不仅在经济方面是如此，在其他方面，特别是文化，也是如此。在外国朋友中，我们首先想到的无疑会是同我们有密切的文化关系的朝鲜人民。在这方面，我们中朝两国的人民恐怕会是“心同此理”吧。

我就是在这样的考虑下，才敢于以一个朝鲜学门外汉的身份给研究朝鲜学的专著写一篇序。我大言不惭，放言高论，我不但不感到这是越俎代庖，而且感到这是我应尽的责任。不知中朝双方的专家学者以为何如?

1991年12月3日

佛 学[1]

我研究佛教是从语言开始的。义理非我所长。我本着藏拙的精神，很少谈这方面的问题。我在《季羡林学术论著自选集·自序》中写过一段话：

> 选完了以后，再加以仔细思考，却发现了一些自己从没有意识到的现象。我挑选的时候，丝毫也没有先入之见，一定要选哪一类的文章。我只是根据自己的喜爱近乎本能地挑选自己比较满意的文章，就说是“精华”吧。但是，挑选的结果，入选的全是属于考证一类的文章。这明确无误地告诉我，自己的兴趣或者自己的能力究竟在什么地方。

这就是我对自己的评估。我认为，这是颇有自知之明的意见。

同这现象有密切联系的是我研究佛教时所表现出来的特点：我把语言研究与对佛教史实的探索紧密地结合了起来。我探讨古代佛教语言，并不严格地限于语言的形态变化。我努力探究的是隐蔽在形态变化后面的东西。古代佛教语言或方言的形态变化往往能透露出来这种语言或方言产生和流行的年代（时间）和地域（空间）。这能对研究佛教部派的分布地区和产生时间提供重要的依据。大乘佛教的兴起是佛教史上一个重大变革。古今中外从事研究这个问题的学者众矣。然而没有哪一个学者从语言特点入手探讨，有之自季羡林始。窃以为分析语言特点是探究大乘起源问题必由之路。大乘兴起和发展的每一个阶段，都表现在语言特点上。我在这方面做过一些工作，今后还将继续做下去。把语言特点与义理发展结合起来，加以综合、分析，必能使这一项研究工作大

①原标题为《〈季羡林佛教学术论文集〉自序》。

大地向前迈进一步。对于我的做法，海外学者有赞成者，也有反对者，也有先反对后赞成（或者正倒转过来，我还没有弄清楚）。对于外国学者这些意见，我充分重视，既不简单盲从，也不单纯否定，而是从各方面加以推敲，然后做出结论。可惜直至今日，在反对我的学者中我还没能发现哪怕有一点根据的论证。因此，这些充满了矛盾的反对意见，更增加了我坚持己见的信心和勇气。

纵观全世界佛教研究的形势，我深深地感觉到，不管是印度佛教史，还是中国佛教史，尽管研究者的人数相当可观，出版的专著和论文的数量也能给人以深刻的印象；然而夷考其实，则仍然不会让人感到乐观。有大量的问题研究尚有待于深入；有一些重要的问题还根本没有人涉及。专拿印度佛教史这一个门类来看，尽管许多国家都出版了这方面的书，有一些还是长达百余万言的皇皇巨著；然而拆穿开来，必能发现，所论类多肤浅，极不全面，极不深入。我个人认为，真正的佛教史根本还没有出现，还是一个desidemtum。我并不痴心妄想，要求一本十全十美的印度佛教史。这样的佛教史永远不会出现。做学问，同追求真理一样，只能得到相对的真理，绝对的、终极的真理是无法得到的。

如果我的这些意见是正确的话，那么，我们中国从事佛教学术研究的学者就有了不容推卸的责任。佛教源于尼泊尔和印度，而大盛于中国。现在的佛教《大藏经》，最完整的只存在于中国。汉译《大藏经》和藏译《大藏经》，是研究佛教的瑰宝，这是人所共知的事实。“近水楼台先得月”，我们的客观条件是十分优越的，是任何别的国家所没有的。然而，唯其如此，我们肩上的担子也就更重，外国学者期望于我们的也就更多。这一点应当是我们的共识。

现在我国大陆和台湾都已培养出来了一批卓有成就的佛教学者。在过去很长的一段时间内，由于我们在这方面一无人才，二无成就，曾经被异邦学者所鄙视。现在情况完全改变了，我们的日子好过多了。我们既有一些老专家，又有人数众多的中青年学者。我们佛教学坛上可以说是长幼有序，左右逢源。我们现在能够充分利用得天独厚的优越条件，我们能够承担起放在我们肩上的重担了。

在过去，由于众所周知的原因，台湾同行们的研究情况，除了在报章杂志上偶一得知以外，对实际情况，我们所知不多。最近几年来，情况有了很大的改变。我们能够读到台湾同行们的著作了。台湾同行们来大陆访问的也越来越多了，由闭目塞听而豁然开朗，我们愉快、兴奋，获得了很多新的知识。我们早就听说，以圣严法师为祭酒的佛学研究所，人才济济，硕果累累，在国际上广有影响。我们也分得了一份愉快和骄傲。

去岁，圣严法师率团访问大陆，我得以识荆，实为大幸。圣严法师不仅是高僧，而且是学者。听鹂盛宴，万寿夜谭，至今历历如在目前，忆念犹新。现在又蒙老友冉云华教授推毂，圣严法师垂青，邀我自选一部《佛教学术论文集》；我在感谢之余，敬谨应命，选出拙著佛教学术论文14篇，送来台湾出版。在所选论文中有3篇有英译文，对不懂汉文的国外学者会有用处的，因此就分别附在原文后面。以文会友，古人所倡。窃师其意，期望得到台湾同行们的諟正。

我个人日益感觉到，我国的佛学研究正处在向纵深发展的阶段。只要我们海峡两岸的佛学研究者能够同声相应，同气相求，共同推进我们的研究工作，则我们“近水楼台先得月”的优越条件必能日益显示其威力，我们必能对于世界佛学研究工作做出我们应有的贡献。岂不猗欤盛哉！是为序。

1991年12月27日于北京大学

诗作与参禅

诗与禅，或者作诗与参禅的关系，是我国文学史、美学史、艺术史、思想史等等中的一个重要问题。在一些与中国文化有关的国家，比如韩国和日本等等中，这也是一个重要的问题。我们甚至可以说，在东方文化中，这个问题也有重要的意义。因此，自来论之者众矣。

我于此道决非内行里手，只是喜欢涉猎一下而已。而且我的涉猎面虽广，却是浅尝辄止，一点也不够深入。仅就我涉猎所及，我发现，谈这个问题的典籍，一千多年以来，多得不得了。一直到今天，此风未息。论文专著，层出不穷。内容丰富，词彩动人，读起来令我如入山阴道上，目不暇接。但是，一旦掩卷沉思，则又似乎没有在脑海里留下多少东西，杂乱而浑沌，一点也不明朗。有的人钻研得很深；但是，人们如果想理出一点头绪，则又似乎抓不住一条纲，依然是杂乱而浑沌。这问题真有点像镜花水月，可望而不可即。我怅然懵然。记得西方某一位名人说过，读别人的书，就好像是让别人在自己脑袋里跑马。我让人在自己脑袋里跑马，次数之多，无法统计了。结果并没能跑出一个所以然来。我在怅然懵然之余，窃不自量力，索性让我自己在脑袋里跑一趟马，也许能跑出一点名堂来。既然不是内行里手，跑马难免跑出了圈子，跑入非想非非想中。好在精通此道的真正内行专家到处都有。我相信，他们会把我的马缰绳牢牢抓住的。

我想谈以下几个问题。

一、中国古籍中对诗禅关系的看法

作诗，这几乎是世界上所有的国家所共有的活动，而参禅则似乎只限于中国和同中国有文化渊源关系的少数几个国家。中国的禅宗，虽然名义上来自印度，实则完全是中国的产物。印度高僧菩提达磨被尊为东土初祖。据说当年灵山会上，如来拈花，迦叶微笑，师徒会心，灵犀一点。这种心法由迦叶传了下来，不知几年几代，传给了达磨。这故事本身就接近神话，印度和中国和尚编的那一套衣钵传承的几祖几祖，又是没法证实的。达磨带到中国来的“法”，当然也就虚无缥缈。反正中国后来的禅宗，同后汉安世高等带进来的禅学，根本不是一码事。总之，禅宗是在中国兴盛起来的。严格地说，禅宗是在五祖弘忍以后才畅行，而大盛于六祖慧能（638—713年）。为什么单单在中国这块土地上，单单在中国的文化环境中，禅学才能兴旺发展？这个问题比较复杂，我在这里先存而不论。这篇论文写完时，读者也许能从字里行间得到答案。

在禅宗思想在中国兴起以前，中国的诗歌已经有了很长的历史。足证作诗与参禅没有必要的联系。但自禅宗思想流行以后，很多人都把作诗与参禅紧密地联系起来。这样的例子真正是举不胜举。我在下面只举出几个来，以便作三隅之反。

禅宗大盛于唐。初、中唐时期，许多大诗人受到禅宗的影响，在创作实践方面，援禅入诗，写了一些禅味极浓的诗。到了晚唐，在理论方面，有人又把诗与禅紧密联系起来。最著名的代表是司空图。他那许多著名的提法，什么“韵外之致”“味外之旨”“辨于味而后可以言诗”等等，是大家都熟悉的。司空图明确地认识到诗禅的一致。他这种以禅说诗的理论，对后世中国文艺理论的发展，有极大的影响。

到了宋朝，禅宗高度发展，广泛流行。士大夫谈禅成风。他们把诗与禅更加紧密地结合了起来。我举几个例子：

韩驹《陵阳先生诗》卷一《赠赵伯鱼》：

学诗当如初学禅，未悟且遍参诸方。
一朝悟罢正法眼，信手拈出皆成章。

吴可《学诗》诗，《诗人玉屑》卷一：

学诗浑似学参禅，竹榻蒲团不计年。
直待自家都了得，等闲拈出便超然。

龚相《学诗》诗，《诗人玉屑》卷一：

学诗浑如学参禅，悟了方知岁是年。
点铁成金犹是妄，高山流水自依然。

戴复古《论诗十绝》，《石屏诗》卷七：

欲参诗律似参禅，妙趣不由文字传。
个里稍关心有悟，发为言句自超然。①

这样的例子还很多，不再抄列。这里讲的大半是，参禅学诗都要下功夫，“功到自然成”，一朝悟透，诗句便能超然。至于禅的内容，基本上没有涉及。

钱钟书《谈艺录》②中，也引了许多关于诗禅关系的例子，并发表了很精辟很深刻的意见。请读者自行参阅，不再抄录。

唐宋时代开始的有关诗与禅的意见一直对后代文艺理论的发展以及诗歌的创作，起着广泛而深入的影响。我们甚至可以说，在中国文艺理论史上，如果没有援禅入诗的活动，中国诗歌的创作和理论，将会是另一种样子，其重要性可想而知。

二、诗与禅的不同之处

上面引证的唐宋诸家学说，都把诗与禅相提并论。其中必有道理，这是完全可以肯定的。诗与禅必有共同之处，这也是完全可以肯定的。在对共同之处作细致的分析之前，我认为有必要先对二者不同之处稍加阐述，这能够加深对共同之处的理解。

从表面上来看，诗与禅的不同之处，是非常明显的。禅宗最初是主张“不立文字”的。这其实是继承了佛家的传统。从历史上来看，释迦牟尼时代，文字还不流行。印度古代，包括婆罗门教在内，师徒都是口口相传。最初既无抄

①例子都取自敏泽《中国美学思想史》第二卷，齐鲁书社1989年版，第290—291页。下面还有很多例子，读者可自行参阅。

②《谈艺录（补订本）》，中华书局1986年版，第八四节。

本，当然更谈不到印本。到了很晚的时候，印度教徒还不允许把他们的圣经宝典《吠陀》排印出版。佛教《大藏经》里面，有几部讲佛祖生平的经，讲到他年幼时学习了多少多少“书”（文字）。这些经都是晚出的，不代表释迦牟尼时代的真实情况。佛陀不重文字，经中屡有记载，如《大方广宝箧经》卷上云：“不著文字，不执文字”，等等[1]。所以我说，禅宗“不立文字”，是继承了印度佛教传统。后来禅宗却从“不立文字”发展成为“不离文字”。这又是为什么呢？这是一个颇为微妙的问题。下面我还会谈到。

禅是这样，诗则不同。钱钟书说：“了悟以后，禅可不著言说，诗必托诸文字。”[2]

这就是诗与禅的不同之处。

三、诗与禅的共同之处

这是本篇论文讨论的重点。

作诗与参禅本来是两种迥乎不同的活动。我在上面已经说到，在禅宗兴起以前，中国诗歌已有极长的历史。在欧美国家，没有什么禅宗，也都有杰出的诗歌创作。可见诗与禅并没有必然的联系。但是在中国，在禅宗兴起和流行以后，在某些诗人身上，诗和禅竟变得密不可分。原因何在呢？这是一个非常有趣但又并不很容易回答的问题。我先笼统说上几句。禅宗的理论和实践进入中国诗，是同佛教思想进入中国哲学，几乎是同步的。二者都是滥觞于两晋南北朝，初盛于唐代，大盛于宋代。原因是明显的。佛教入华以后，给中国人提供了一个观察宇宙和人生的新角度，使人耳目为之一新。立即接受下来了。这种解释迹近常识，似乎可以不说；但是不说又似乎不行。不说则很多现象无法讲清楚，诗与禅就属于这一类。说完了这个笼统的解释，还有很多细致深入的解释要去做。可是这决不能毕其功于一役。在下面的论证中，很多地方都会碰到这种解释，要请读者自己去心领神会了。

对于诗与禅的共同之处，过去的中国诗人和学者和今天的中国诗人和学者，都发表了许多精辟的见解。一言以蔽之，他们发现，诗与禅的共同之点就在“悟”或“妙语”上。我举两个当代的造诣精深的学者的意见，以概其余。第一个是钱钟书。他在《谈艺录》二八《妙悟与参禅》这一节中说：

---

①钱钟书《谈艺录》，第310页。

②钱钟书《谈艺录》，第101页。

夫“悟”而曰“妙”，未必一蹴即至也；乃博采而有所通，力索而有所入也。学道学诗，非悟不进。或者不好渔洋诗，遂并悟而非之，真因噎废食矣。高忠宪《困学记》云：“平日鄙学者张皇说悟，此时只看作平常，自知从此方好下功夫耳。”陆桴亭《思辨录辑要》卷三云：“凡体验有得处，皆是悟。只是古人不唤作悟，唤作物格知至。古人把此个境界看作平常。”按刘壎《隐居通议》卷一论悟二可参阅。又云：“人性中皆有悟，必功夫不断，悟头始出。如石中皆有火，必敲击不已，火光始现。然得火不难，得火之后，须承之以艾，继之以油，然后火可不灭。故悟亦必继之以躬行力学。”

下面还有非常精彩的意见，文长不具引。请读者自行参阅。钟书君的意见是切中肯綮的。我觉得陆桴亭认为“人性中皆有悟”，就有禅宗色彩。

第二位学者是敏泽。他在《中国美学思想史》中写道：

“禅”与“悟”，宋代禅宗广泛流行，士大夫知识分子谈禅成风，以禅喻诗成为风靡一时的风尚。其结果是将参禅与诗学在一种心理状态上联系了起来。参禅须悟禅境，学诗需悟诗境，正是在“悟”这一点上，时人在禅与诗之间找到它们的共同之点。[1]

敏泽的意见也是切中肯綮的。钟书君与敏泽异曲同工，一脉相承，都说到了点子上。我自无异议。

但是，我总还感到有点不满足。他们讲“悟”或“妙悟”，只讲了这一种思维活动，好像是一个没有宾语的不及物动词。这似乎有点空，需要补充一下，才能显得完整而切实。我觉得，至少有两个问题需要我们回答：

第一，什么叫“悟”？

第二，“悟”到了什么东西？

这都是相当重要的问题。据我涉猎所及，好像还没有哪个学者明确而完整地提出这样的问题，回答也就更谈不到。我现在不自量力，试着来回答一下这两个问题。

---

①《中国美学思想史》第二卷，齐鲁书社，1989年版，第290页。

先谈第一个问题。《说文》：“悟，觉也。从心，吾声。”这说明，这个字是中国早就有的。可是自从佛教传入以后，在汉译佛经中，“悟”就变成了一个佛教术语，被赋予了以前不可能有的含义。从根本上来解决问题，我们先看一看，在梵文和巴利文中与汉文“悟”字相当的是些什么字。归纳起来，梵文和巴利文约略有三个动词与“悟”字相当：

第一个是√budh，前面可以加上词头pra等等，意思是“醒”、“觉”、“悟”；

第二个是√vid，前面可以加上词头sam等等，意思是“知道”；

第三个是√jñā，前面可以加上词头ā等等，意思是“知道”。

其中以第一个√budh为最重要。汉译“佛陀”，在梵文和巴利文中是buddha，是√budh的过去分词，意思是“已经觉悟了的人”，“觉者”，“悟者”。佛祖就是一个“觉者”“悟者”。可见这个“悟”字的重要意义。我的第一个问题：什么叫“悟”？答案：这就叫“悟”。

第二个问题：“悟”到了什么东西？必须同上面说的这些东西联系起来，才能给予准确的答案。光是“悟”，决不能成佛，必定是“悟”到了什么重要的真理，才能成佛作祖。这是一个至关重要的关键。回答要分成两个层次：一个是小乘层次，算是低层；一个是大乘层次，是高层。释迦牟尼坐在菩提树下金刚座上，大彻大悟，成了佛。他悟到的当然还是小乘的真理。内容是什么？虽然他没有明说，其实还是颇为清楚的。他成佛后在鹿野苑首转法轮，讲的应该就是他不久前悟到的真理。关于首转法轮，各种语言的佛经上有大量的记载，说法虽不尽相同，内容基本上是一致的，其可靠性毋庸过分怀疑。为了把初转法轮的内容比较详尽地介绍出来，我从唐天竺三藏地婆诃罗译的《方广大庄严经》卷十一《转法轮品》中把如来说法的内容抄在下面：

> 如来于初夜时，默然而过。于中夜分，安慰大众，令生欢喜。至后夜已，唤五跋陀罗而告之言：汝等应知，出家之人有二种障。何等为二？一者心着欲境而不能离。是下劣人无识凡愚，非圣所行，不应道理，非解脱因，非离欲因，非神通因，非成佛因，非涅槃因。二者不正思惟，自苦其身而求出离。过现未来皆受苦报。比丘！汝等当舍如是两边。我今为汝说于中道。汝应谛听，常勤修习。何为中道？正见、正思惟、正语、正业、正命、正精进、正念、正定。如是八法名为中道。
>
> 佛告诸比丘：有四圣谛。何等为四？所谓苦谛、苦集谛、苦灭

谛、证苦灭道谛。比丘！何等名为苦圣谛？所谓生苦、老苦、病苦、死苦、爱别离苦、怨憎会苦、求不得苦、五盛蕴苦。如是名为苦圣谛。何等名为苦集圣谛？所谓爱取有，喜与贪俱，悕求胜乐。如是名为苦集圣谛。何等名为苦灭圣谛？所谓爱取有，喜与贪俱，悕求胜乐，尽此一切。如是名为苦灭谛。何等名为证苦灭圣道谛？即八圣道，所谓正见，乃至正定。此即名为证苦灭圣道谛。①

初转法轮的内容，大体上就是这个样子。后来初期佛教教义被归纳成三句话，称之为“三相”或者“三法印”：诸行无常，诸法无我，一切皆苦。释迦牟尼首转法轮，这三个法印几乎都包括在里面了。其中的“诸法无我”，是佛教重要教义，是佛教与婆罗门教斗争的重要武器。“无我”，梵文叫anātman，意思是所谓“我”（ātman）是并不存在的，它是由初转法轮中讲到的五盛蕴（色、受、想、行、识）组成的，是因缘和合的产物，没有实体。这是释迦牟尼在菩提树下悟到的真理。佛教僧侣以及居士，如果想悟到什么东西，他们首先必须悟到“无我”。事实上中国人确已悟到“无我”了，比如徐增《唐诗解读》卷五说：“行到水穷处，去不得处，我亦便止，倘有云起，我便坐而看云起，坐久当还，偶值林叟，便与谈论山间水边之事。相与留连，则不能以定还期矣。于佛法看来，总是无我，行无所事。行到是大死，坐起是得活，偶然是任运，此真好道人行履，谓之好道不虚也。”②这是徐增对王维《终南别业》那一首著名的诗的解释。我认为是抓住要领的。

总之，我认为，要讲“悟”到什么，首先要悟到“无我”③。

但是，仅仅悟到这个程度，还是很不够的。佛教从小乘开始，随着社会的前进，逐渐向大乘过渡。大乘最根本的教条，从信仰上来说，是菩萨思想，要广度众生，比起声闻乘来，要广大得多了。在教义方面，这表现在最早出现的《般若经》中。《般若经》的主要思想是，法无自性，即所谓法空的思想。“空”，梵文原文是śūnya，意思是“空虚”。许多大乘的重要经典，如《法华》

---

①《大正新修大藏经》3，607b-c。

②转引自赖永海《佛道诗禅》，中国青年出版社，1990年版，第156页。

③《方广大庄严经》在讲完初转法轮以后，紧接着就讲到十二因缘。这也是原始佛教最重要的教义之一。在初转法轮时，释迦牟尼还不可能把自己的思想这样系统化。初转法轮在佛典中大量出现，请参阅德国梵文学者Hermann Oldenberg的名著*Buddha: sein Leben, seine Lehre, seine Gemeinde*, Stuttgart und Berlin，1923. PP. 142—149.

《华严》等等，其主要思想都是建立在般若基础上的。所谓“般若性空”者即是。我在这里没有可能详细介绍大乘中观派、瑜伽行派的共同点和不同之点。不管是所谓“空宗”，还是所谓“有宗”，其根本教义都是讲空。中观派讲空讲得过了头，连“佛性”、“真如”等等都想空掉。这动摇了大乘的信仰基础，因此有宗就出来加以纠正或者补充。他们之间没有根本矛盾。

什么叫“空”呢？《中论》第二十四品说：“众因缘生法，我说即是空。亦为是假名，亦是中道义。”“法”，指的是事物。一切事物都是因缘生成，本身是不存在的，所以称之为空。佛家这一套烦琐哲学，同我现在要讨论的东西，没有多么重要的关系，姑且置而不论。

总之，要讲悟，悟到了“无我”，还不够，必须再提高一步，要悟到“空”。

我在上面回答了我提出来的两个问题：什么叫“悟”？“悟”到了什么东西？“悟”，同释迦牟尼在菩提树下悟得真理，是一脉相承的。悟得的东西低层次的是“无我”，高层次的是“空”。禅宗的思想基础是大乘空宗。因此悟空对中国禅僧和禅学诗人，是至关重要的。

中国禅宗的几个祖师爷所悟得的，也就是这个空。我从五祖弘忍和六祖慧能谈起。我现在根据《坛经》把他们两人一段公案简略地介绍一下。上座神秀题偈：

身是菩提树，心如明镜台，
时时勤拂拭，莫使有尘埃。

五祖念了偈以后，对神秀说：“汝作此偈，见即未到，只到门前，尚未得入。”对他是不够满意的。惠能是不识字的，也作了一偈，请一解书人题在壁上：

菩提本无树，明镜亦非台，
佛性常清净[1]，何处有尘埃？

---

①许多本子作“本来无一物”，请参阅郭朋《坛经校释》，中华书局，1983年版，第17页，注八。

又偈曰：

心是菩提树，身为明镜台，
明镜本清净，何处染尘埃？

五祖认为慧能悟道，便把衣钵传给了他，并且说："法以心传心，当令自悟。"神秀和慧能的两偈，其区别一看便知：神秀悟空悟得不够。

"无我"的思想，"空"的思想，一旦渗入中国的诗歌创作，便产生了禅与诗密不可分的关系。禅与诗的关系是相互影响的，相互起作用的。正如元好问在《赠嵩山隽侍者学诗》中所说的："诗为禅客添花锦，禅是诗家切玉刀。"[1]

四、禅与中国山水诗

禅与诗的密切联系首先或者主要表现在山水诗上。

为什么会产生山水诗呢？（我觉得，山水画的出现也与此有关。）

悟"无我"或者悟"空"，最好要有两个条件：一个是主观条件，指的是心灵中的悟解；一个是客观条件，指的是适当的自然环境，以远离尘嚣的山林为最理想。身处闹市也不是不可以静悟。陶渊明的诗："结庐在人境，而无车马喧。问君何能尔？心远地自偏。"陶渊明是受道家思想影响的人。他也许有自己的一套修养方法，这里暂且不谈。佛家的禅僧或者接受参禅思想的诗人，据我的观察，有一套不同的办法。他们往往遁入深山野林最寂静、不受尘世干扰的地方去静悟。中国古诗说"天下名山僧占多"，正表示了这种情况。但是，佛教初入中国的时候，并不是这个样子。传说是中国最早的佛寺白马寺，建筑在洛阳城外，并不在山中[2]。后来仍然有这城市中建庙的习惯，《洛阳伽蓝记》中记述的寺院，几乎都在城内。一直到了唐代，长安城中的寺院还是很不少的。此风流传，至清不衰。可见佛寺并非一定要建在山上。但这只是事情的一个方面。可能从晋代起，山林中建庙的风气就开始了。从此就开始了名山与名刹互相辉映的局面。中国的禅宗初祖达磨于梁武帝时期（6世纪前半）来华以后，在洛阳他不住在白马寺，而住在嵩山中的少林寺，可以透露个中消息。

①转引自赖永海，上引书，第159页。

②《清凉山志》载，东汉永平年间，印度和尚摄摩腾和竺法兰来华，在五台山上建造寺院。这完全是神话传说，一点历史根据都没有。

既然讲到达磨，我索性把达磨的禅法以及大小乘禅法的区别也简略地介绍一下，以利于对中国禅宗的了解。禅，在印度有其根源，梵文是dhyāna，巴利文是jhāna，音译为“禅”，原意是“冥想”，英文叫meditation。我在上面已经说过，传到中国来以后，汉末安世高的禅法属于小乘，与属于大乘的禅宗的禅法完全不同。小乘禅法有所谓色界四禅和无色界八定之说。“四禅”指的是静坐冥想时精神统一的四个阶段，梵文称之为dhyāna-catuṣṭaya。为了把这一点说明白，我举一个具体的例子。释迦牟尼在临涅槃前，坐双树间进入禅定。《长阿含经·游行经》中说：

> 是故比丘！无为放逸。我以不放逸故自致正觉。无量众善，亦由不放逸得。一切万物无常存者，此是如来末后所说。于是世尊即入初禅定，从初禅起入第二禅，从第二禅起入第三禅，从第三禅起入第四禅，从四禅起入空处定，从空处定起入识处定，从识处定起入不用定，从不用定起入有想无想定，从有想无想定入灭想定。

然后又倒转回来，从灭想定转到第一禅，又从第一禅依次回到第四禅，“从第四禅起，佛般涅槃”[①]。小乘禅定大体上就是这个样子。

综观释迦牟尼的一生，他并没有号召和尚普遍坐禅。有人说：

“佛教在印度流传的时期，便提倡居山林坐禅。”[②]这是一种误解。灵鹫峰同佛祖有点关系，它只是王舍城附近的一座山峰。释迦牟尼对它并无偏爱。所谓灵山，到了大乘时期才屡见于佛典。常说的“灵山会上，如来拈花，迦叶微笑”，这是大乘捏造的。可能与大乘起源有关。这是一个很有趣的问题，这里暂且不谈。事实是，释迦牟尼成佛以后，到处奔波游行，弘宣大法。讲的不外是四圣谛、八正道、十二因缘等等。禅法还根本没有。在印度，开凿石窟，雕塑佛像，是晚起的事情。一直到后来，也并不提倡在山林中修建寺庙。“天下名山僧占多”的现象，在印度是没有的。玄奘游学的那烂陀寺，有悠久的历史，有崇高的地位。也是建筑在大平原上的。

我现在再回头来谈小乘禅与大乘禅的问题。根据汤用彤的意见，汉晋流行之禅法，大别有四：一曰念安般；二曰不净观；三曰念佛；四曰首楞严三

---

①《大正新修大藏经》1.26b。这个故事屡见于佛经，梵文和巴利文经中也有。

②蒋述卓《佛经传译与中古文学思潮》，《东方文化丛书》，江西人民出版社，1990年版，第66页。

味[1]。其中一二属于小乘禅，三属于净土教，四是大乘禅。达磨的禅法属于大乘。达磨主顿悟，而在中国首倡顿悟者为竺道生，他们之间有一脉相承的关系，这是很自然的。达磨所修大乘禅法，名曰壁观。《灯录》引《别记》云：达磨教禅宗二祖说："外息诸缘，内心无惴。心如墙壁，可以入道。"[2]达磨大概认为，修这样的禅，最好远离尘世，因而不住在洛阳城内，而遁隐嵩山少林寺。达磨之后，二祖慧可、三祖僧璨、四祖道信、五祖弘忍、六祖惠能，连神秀在内，都提倡独宿孤峰，端居树下。三祖僧璨"隐思空山，萧然静坐"。四祖道信唯山林是托。五祖弘忍提倡"栖神山谷，远避嚣尘"，等等[3]，由此可见，坐禅与山林的关系是多么密切。

我现在举一个具体的例子，来说明大乘顿悟与山林以及与山林有密切联系的山水诗的关系。这个例子就是谢灵运。

我们决不能说，谢灵运属于禅宗，因为禅宗初祖达磨在梁武帝时期（6世纪前半）来华活动，而谢灵运则是生活在385年至433年，比正式禅宗的建立要早很多年。但是禅宗思想决非一夜之间就从地里钻出来的，而是有一个长久的潜伏期。因此，如果说谢灵运的思想和行动有与后来的禅宗相通之处，那是符合实际情况的。

古今文艺理论家和文学史家都认为，晋宋之际在中国文学发展史上出现了一个很大的变化，这就是两晋的"玄言诗"为"山水诗"所取代。这并不是说，"玄言诗"一下子就消失了。那是不可能的。这是一个渐变的过程。无论如何，这个变化是极为显著的。刘勰在《文心雕龙·明诗》中说："宋初文咏，体有因革，庄、老告退，而山水方滋。"山水诗的开创者又是集大成者就是晋宋之际的谢灵运。

为什么独独一个虔信大乘空宗顿悟说，曾协助僧人们翻译整理《大般涅槃经》，显然学习过梵文，对梵文《悉昙章》有精深研究的谢灵运会成为山水诗的开路人呢？再从后来的，至少是唐代和宋代的许多山水诗人都与禅宗有密切联系这一点来看，佛教的顿悟与山水诗之间有一脉相通之处，就很显然了。

山水诗的形成，其原因决不止一端。对于这个问题，蒋述卓发表了一些很

---

①见《汉魏两晋南北朝佛教史》，商务印书馆1938年版，第767—769页。关于小乘禅，参阅赖永海，上引书，第35—37页。

②汤用彤，上引书，第784页。

③赖永海，上引书，第141—142页。达磨禅有所谓"理入"与"行入"的说法，我不细谈，请参阅赖书，第141页；汤书，第785页。

好的意见。归纳起来，约有以下几点；第一，山水在此时已作为人类独立的审美对象而进入文学艺术领域；第二，玄学与佛学思辨性的理论及其方法给山水诗的产生提供了深厚的理论基础；第三，佛教在印度流传时期，便提倡居山林坐禅。这一点与实际情况不符，我在上面已经谈到了；第四，由对本体的探究与追求，也引发出了玄佛二家对自然山水理想寄托的契合，等等[①]。因为这在中国文学史上是一个比较重要的问题，所以论之者极众，学说五花八门，我在这里不一一列举了。

下面专谈谢灵运。

谢灵运是中国文学史上一个相当重要的诗人。他信佛[②]，写过一些关于佛教的文章，诗文中有佛教思想，更是非常明显的。他有时候把儒家经典同佛典相比，认为“必求性灵真奥，岂得不以佛典为指南耶”[③]？沈约《宋书》为灵运立传（《列传》第二十七)。《传》中讲了一些他信仰佛教的情况，也讲到他对山林的爱好。“遂移籍会稽，修营别业，傍山带江，尽幽居之美。”这一点同唐代虔诚奉佛的王维完全一样，很值得注意。沈约把谢灵运的《山居赋》完整地收入《传》中。《赋》中讲到佛，讲到山水，讲到招提（佛寺)。谢灵运用了很多佛经典故，并自己注出出处。他“钦鹿野之华苑，羡灵鹫之名山”。注：“鹿野，说四真谛处。灵鹫山，说《般若》、《法华》处。”这说明，谢灵运精通佛典，相信的是大乘空宗的《般若》和《法华》。我在上面提到灵鹫山与大乘的关系。这里又提供了一个证明。《赋》中还说：“安居二时，冬夏三月。远僧有来，近众无缺。法鼓朗响，颂偈清发。”可见山中迎远僧，邀近众，击法鼓，做佛事之热闹情况。总之，《山居赋》充分体现了谢灵运信佛教，爱山水的心情。

谢灵运同佛教的关系还不止这一些。

谢灵运对梵语有研究。他对悉昙藏，对梵汉音训都有深湛的研究，对梵文字母的数目，更有自己独到的见解。日本僧人安然撰《悉昙藏》，引用了很多谢灵运的话。我从第一卷中引一条：

> 谢灵运云：诸经胡字，前后讲说，莫能是正。历代所滞，永不可

---

①上引书，58—71页。

②钱钟书《管锥编》四，一六八，第1291页，指出，谢灵运“从佛而未弃道”。处于大变革时期的诗人等，思想和信仰不可能十分纯粹，这是正常现象，丝毫无可怪之处。

③《法苑珠林》55，《大正新修大藏经》53，701a。

解。今知胡语而不知此间语，既不能解。故于胡语中虽知义，不知此间语亦不能解。若知二国语，又知二国语中之义，然后可得翻译此义，以通经典。故睿法师昔于研采经义，又至南天竺国，经历年岁，颇了胡语。今就睿公是正二国音义，解释中胡字晓然。庶夫学者可无疑滞，粗为标列在后，差可推寻云尔也。[①]

此事又见于《佛祖统纪》二六《僧睿传》[②]，参看《高僧传》七《慧睿传》。可见谢灵运对佛经梵语确是下过一番功夫。对十四音，谢灵运也有自己的看法[③]。

谢灵运还自己在山中修建佛寺。《佛祖统纪》五三说："谢灵运于石壁山建招提寺。"[④]谢灵运可以说是集佛典顿悟、作山水诗、于山中建寺这三件有联系的事情于一身。

因此，在他的山水诗中大量地反映出他那佛教思想，特别是般若空观的思想。关于这个问题，过去很多学者做过很精彩的分析，比如说，赖永海的《佛道诗禅》143—145页、蒋述卓的《佛经传译与中古文学思潮》76—77页。我在这里不一一具引。此外还有很多书谈到这个问题，都请读者自己去翻阅吧。我只想指出几个例子。在《佛影铭序》中，谢灵运说："我无自我，实承其义。尔无自尔，必祛其伪。"我在前面讲要"悟"什么东西的时候，曾说，首先要悟"无我"，这是佛教最根本的教义之一，后来的"空"可以说是它的发展。在这里，谢灵运说到"我无自我"，正是禅宗初步的"悟"。当然其他所有的僧人，都必须相信"无我"。不过从谢灵运笔下看到"无我"，觉得决非偶然而已。过去讨论谢诗与顿悟之间的关系的学者，曾举出了许多谢诗的名句。我个人觉得，谢灵运脍炙人口的名句"明月照积雪"，写的是白茫茫一片空濛的景象，也可以归入反映他般若性空思想的诗句之中。甚至他那名闻千古的"池塘生春草"，倘若从佛教顿悟的观点上来加以解释，不也可以发前人未发之覆吗？

对于谢灵运的诗，要谈的还很多。限于篇幅，我就不再细谈了。总之，谢灵运是在禅宗建立和流行以前把大乘般若性空思想与山水诗结合起来的集大成者，对以后中国文学的发展有深入持久的影响。

到了唐代，禅宗已经建立起来，并且广泛地流行开来。 山水诗的创作达

① 《大正新修大藏经》84，371c。

② 《大正新修大藏经》49，266c。

③ 《大正新修大藏经》84，377b—c。

④ 《大正新修大藏经》49，344a。又见同书463c。

到了空前的——也许是绝后的吧——水平。此时大家辈出。王、孟、韦、柳的山水诗彪炳千古。其中的魁首当然是王维。他酷爱山水，虔信佛教。他的辋川别墅同谢灵运的别业，几乎完全是一模一样。这反映了他们之间的共同信仰与共同爱好，王维诗中所悟到的“无我”和“空”，较谢灵运诗中悟到的更鲜明，更深刻，更普遍。原因很简单：谢灵运时代禅宗还没有创立，而到了王维时代，则禅宗已大行于天下。对于王维的山水诗，古今学人论之者众矣。尽管意见不完全相同；但是都把王维的山水诗同禅悟联系起来。这些意见我不再重复。我只推荐几本我手头有的书，这些书都是最近若干年出版的。这些书是：林庚《唐诗综论》，1987年，人民文学出版社[①]；陈贻焮《论诗杂著》，1989年，北京大学出版社；陈允吉《唐音佛教辨思录》，1988年，上海古籍出版社；陈铁民《王维新论》，1990年，北京师范学院出版社。以上诸书可供对此问题有兴趣者参考。

在唐代著名的山水诗人中，除了王维外，比较信仰佛教的还有柳宗元。在他的诗中也表现了同样的悟空的情趣。至于王维的好友孟浩然，他虽然不明显地皈依佛教，诗中情趣颇有与王维相似之处。韦应物也可以做如是观。

到了宋代和宋代以后，山水诗仍然存在，山水诗与佛教禅悟的关系也依然存在。我在这里不详细谈了。我只想补充几句关于中国山水画的看法。我觉得，中国山水画的产生与发展，与中国山水诗的发展，基本上表现出同一规律。王维“诗中有画，画中有诗”，是一个再好不过的例子。

五、言意之辨

我在上面讲了四个问题，重点是诗与禅的不同之处和共同之处。我大胆地提出了“什么叫‘悟’”和“‘悟’到了什么东西”这样的问题，并给予了解答。我用自己的看法解释了诗与禅的关系，特别是禅与中国山水诗的关系，自认还能自圆其说。但是诗与禅的根本问题依然存在，还没有得到解决。进一步加以探讨，是不可避免的。我并非此道专家，但是对此道的文献却确实阅读了不少。可惜的是，就我浅见所及，没有发现哪一个是搔着痒处的。我不揣谫陋，自己再大胆一下，提出一个看法，以求教于方家。

简而言之，我的看法是，要从言意之辨谈起。

---

①书中第64—79页，《山水诗是怎样产生的》，在这里林庚提出了自己的看法，与我的看法完全不同。

（一）言意之辨

言和意的关系，是几千年来困惑着中外许多大哲学家、大文学家，还有其他许多什么家的一个哲学、文学、心理学等等方面的重要问题，一直到今天也还没有得到真正的解决。所谓“言”，指的是人类的语言文字；所谓“意”，内涵颇为复杂。举凡人类的内心活动，感觉和知觉，思维和想象，情绪和情感，等等，都属于“意”的范畴。人们内心的审美经验，也属于这一类。这一些内心的活动，想要表达出来，手段可以有很多，音乐、舞蹈、绘画、雕塑等等都是，但是最普通最重要的则是语言文字。所有这一些手段，特别是语言文字，都不能完整地把“意”表达出来，总有不少的距离，于是来了矛盾，来了困惑，产生了“言意之辨”的难题。

中国古代老子和庄子已经发现了这个问题。老子说：“道，可道，非常道；名，可名，非常名。”不是说道不总是可道的吗？庄子说：“筌者所以在鱼，得鱼而忘筌。言者所以在意，得意而忘言。”这话说得非常清楚了。哲学家的话比较朴实。到了文学家、文艺理论家笔下，问题依然，说法却有了变化；说理的成分少了，描绘的成分增加了。中国古代文论中很有影响的“意境，或“境界”和形象的问题，也与此有关。把意境形象化，就产生矛盾。唐皎然的《诗式》讨论了这个问题。他所说的“采奇于象外”，“文外之旨”等等，可见一斑。司空图的《诗品》中碰到了同样的问题。他所说的“超以象外，得其环中”，含义相同。人们常争论的“形似”与“神似”的问题，归根结蒂，也产生于把人们心中的“意”如何外化，如何形象化的问题。王渔洋最欣赏的“不着一字，尽得风流”八字，说明他倾向神似，反对形似。也说明，他认为字的作用是极其有限的。宋代严羽的《沧浪诗话》，是以援禅入诗著名的。他大概在作诗与参禅中也遇到了言不尽意的麻烦。他不用或者没有能力用说理的或者叙述的方式来表达，而是采用了一些形象化的，美妙无比的比喻来表示，比如，他认为诗的妙处在于“不可凑泊，如空中之音，象中之色，水中之月，镜中之像”，在于无迹可求，在于言有尽而意无穷。唐人戴叔伦也发表了类似的看法：“诗家之景，如蓝田日暖，良玉生烟，可望而不可置于目睫之间。”禅家所说的“羚羊挂角，无迹可求”也是这个意思。他们还说什么“言语道断”“不立文字”等等，含义也一样。

类似的例子还可以举出很多很多来，看来用不着再一一列举诗人与禅客悟到了一些东西；但是，正如俗话所说的，好像是在茶壶里煮饺子，肚子里有，只是说不出来。原因究竟何在呢？

诗人与禅客，或者作诗与参禅，从表面上来看，是两种性质不同的活动。但是，既然共同点在一个“悟”字上，则所悟到的东西必有共同之处。作诗的“悟”，有技巧方面的问题；但是，更重要的是，与参禅一样，悟到的是“无我”，是“空”，是内容方面的东西。这些东西都是虚无缥缈的，抓不住看不到的。过去中外都有人企图加以解释，都有点似是而非。我现在想尝试着从言意的关系上来解决这个问题。最近由于一个偶然的机会，陶东风同志把他所著的《中国古代心理美学六论》[1]送给了我，读了其中的一论：《言意论》，觉得茅塞顿开。他结合中国的传统理论，利用了西方当前的一些理论流派的说法，对言意关系这个古老的问题，作出了崭新的解释，持之有故，言之成理，读之耳目为之一新。我现在就基本上根据陶东风的叙述，加上我自己的一些想法，来阐释一下作诗与参禅的问题。

所谓“意”，我在上面已经稍有解释，其内容并不像一般人想象得那样简单。人类意识经验是有不同的层次的。弗洛伊德把它分为意识、前意识、无意识三个层次。人类经验中那些处于明确、简单的意识层次上的经验，与语言的关系比较紧密，较易传达，因而少有“言不尽意”的现象。但是那些飘忽不定、朦胧模糊、来去无踪的下意识、无意识的经验，则难以用言语来表达。有一种“非语言的思维之流”，这也是事实，无法否认。人们常说的“形象思维”，也表示类似的东西。理性的科学思维离不开语言，而一些转瞬即逝的印象，一股潜意识流程，则可以超语言而存在。

陶东风还引用了拉康的理论。拉康认为语言结构和人的意识结构、人格结构之间有一种对应，图示如下：

$$\frac{\text{能指（S）}}{\text{所指（S）}}=\frac{\text{表层}}{\text{深层}}=\frac{\text{显梦}}{\text{隐梦}}=\frac{\text{意识}}{\text{无意识}}=\frac{\text{超我}}{\text{本我}}$$

语言的操作相当于梦的操作。语言的表层即能指的字面意义，仅是人的心理活动的表层，深层的所指则隐藏不见。在表示的符号（能指）和被表示的意义（所指）之间，其关系仅仅是一种暗示，甚至毫无关系。被表示的东西总是作为“言外之意”而不能直接把握[2]。审美经验非常接近无意识、隐梦、深层经验。“言不尽意”的产生根源，即在于此。

---

①《心理美学丛书》之一，百花文艺出版社，1990年版。

②《中国古代心理美学六论》，百花文艺出版社，1990年版，第75—76页。

陶东风引用的理论，粗略地说，就是这样。我认为，这样的理论是能够解决言意关系所产生的矛盾问题的。陶东风说："普通的感官知觉是人类认知活动中的知觉，它满足于认识事物的不变的共同的特征，与此相对应的普通语言也就有了意义的相对稳定性、单一性和清晰性；而审美的知觉经验则是无限复杂和丰富的，语言无论如何是无法穷尽它的。这一方面导致文学家为此而创造另一种情感语言或叫文学语言，另一方面导致文学语言中有'言不尽意'和'言外之意'的现象。"①再结合我在本文中讨论的作诗与参禅中所碰到的"言不尽意"的现象来看一看，作诗的审美经验十分复杂，有时候并不处在意识的层次上，而参禅则多半是在深层活动，近乎下意识或潜意识的活动。只能用陶东风引用的新的学说，才能得到比较满意的解释，事情不是已经很清楚了吗？

（二）一个印度理论

写到这里，我想顺便介绍一个印度理论，以资对比。

印度古代有丰富的文艺理论宝库。公元9世纪至10世纪是发展的全盛时期，也可以说是一个新纪元，一个转折点。9世纪出了一位欢增（Ānandhvardhana），名著叫《韵光》（Dhvanyāloka）。10世纪出了一位新护（Abhinavagupta），名著叫《韵光注》和《舞论注》。他继承和发展了欢增的理论。这个理论的轮廓大体如下。词汇有三重功能，能表达三重意义：

一、表示功能表示义（字面义，本义）
二、指示功能指示义（引申义，转义）
三、暗示功能暗示义（领会义）

这三个系列又可以分为两大类：说出来的，包括一和二；没有说出来的，包括三。在一和二也就是表示功能和指示功能耗尽了表达能力之后，暗示功能就发挥作用，这种暗示就是他们所谓的"韵"。这种暗示功能有赖于读者的理解力和想象力。读者的主观能动性在这里可以得到充分的发挥。印度理论家喜欢举的例子是"恒河上茅屋"。其表示义是"恒河上"，指示义或引申义是"恒河岸上"，暗示义是"凉爽""圣洁"。他们把诗分为三个层次：第一，真诗，以没有说出来的东西也就是暗示的东西为主；第二，价值次一等的诗，没有说出来的只占次要的地位；第三，没有价值的诗，把一切重点都放在华丽的语言

①《中国古代心理美学六论》，百花文艺出版社，1990年版，第77页。

上，放在雕琢堆砌上[1]。

我觉得，印度古代文艺理论家的这种理论，同我在本文中所讨论的言意关系问题，有相同或者相似之处。中国文艺理论家说，言不尽意；而印度理论家则更进一步说，只有无言，才能尽意。这是二者不同之处。值得注意的是，我在上面引用拉康的理论时说到，能指与所指的关系是暗示。在这里，印度理论家所强调的正是这个暗示。

（三）中国语言文字的作用

最后，我认为必须谈一谈中国汉语言文字在作诗和参禅中所起的作用。我也想由此来解释，为什么禅宗独独在中国产生而又得到了比较充分的发展，为什么独独在中国作诗与参禅产生了这样密切的关系。

我想从模糊语言学谈起。

模糊学是在本世纪60年代兴起的一门新科学，是一门新的边缘科学，是从数学、哲学、逻辑学、语言学等诞生出来的。“模糊语言的概念是模糊集合理论中最重要的进展之一”[2]。详细情况我无法在这里介绍，请参阅伍铁平上引文以及其他论文。

稍一仔细思考，就会发现，人类语言中确有很多模糊的地方，词汇、语法等等，莫不皆然。“模糊”一词决没有任何贬义。再引扎德的说法：模糊类是指“其界限不是泾渭分明地确定好了的类别”，或者换个说法，“模糊类是指该类中的成员向非成员的过渡（transition）是逐渐的，而非一刀切的”[3]。语言中的现象正是这个样子。

模糊性是世界上所有的语言所共有的。但是诸语言之间，其模糊程度又是各不相同的。据我个人的看法，没有形态变化的汉语是世界上模糊性最强的语言。想要举例子，那真是俯拾即是。我先举一个简单的例子。温庭筠的两句诗：“鸡声茅店月，人迹板桥霜”是脍炙人口的。其中既无人称，也没有时态，连个动词都没有，只是平铺直叙地列上了六种东西，其间的关系也是相当模糊的。但是，无论谁读了，都会受到感染。人们可以根据各自不同的人生经

①季羡林《佛教与中印文化交流》，江西人民出版社1990年版，第215—226页《关于神韵》。

②美国学者扎德（Lofti Zadeh）的话，转引自伍铁平《模糊语言学和术语学》，《贵阳师专学报》〈社会科学版〉1991年第二期，第1页。

③美国学者扎德（Lofti Zadeh）的话，转引自伍铁平《模糊语言学和术语学》，《贵阳师专学报》〈社会科学版〉1991年第二期第1页。

验，把这六种东西加以排列组合，总起来给人一种深秋旅人早晨登程的荒寒寂寞的感觉，具有极浓的艺术感染力。主人是谁呢？根本没有说出，然而又呼之欲出。如果用印欧语系的富于形态变化的语言来重新加以改写，六种东西的相互关系以及它们与“主人”的关系，会清楚很多很多，然而其艺术感染力不也相对地会减少很多很多吗？原因我认为就是，这种明确了的关系会大大地限制了读者的想象力的发挥，这对于审美活动是不利的[①]。

陶东风在上引书中为了说明中国古代文学语言之不可穷尽性和朦胧性，举出了两首短诗，连同它们的英译文。一首是唐卢纶的《塞下曲》（“月黑雁飞高”），一首是唐李白《静夜思》（“床前明月光”）。汉文原文时态不确定，人称不确定等等。一旦译成英文，这些东西都不可避免地要一一补齐，否则就不成其为文章。然而，这样一补，原文的不确定性和朦胧性也就丧失净尽，审美经验也就受到了影响。同样一首诗，两种语言产生了两种效果。其对比是再明显不过的了[②]。

陶东风没有从模糊语言这个角度来理解这个问题。把模糊理论引入，是我的做法。最近九年以来，我经常讲到一个问题：西方文化的思维模式是分析的，而东方（中国）文化的基本思维模式则是综合的。所谓“综合”，主要是要强调“普遍联系”和“整体概念”。从这两种不同的思维模式中产生出来的文明或者文化，是有所不同的。表现在语言方面，汉语和印欧语系的语言是最典型的代表。一些语言学家在这方面作过一些探索。比如申小龙就有非常精辟的见解。在他所著的《中国句型文化》[③]中，他提出了焦点视与散点视的观点。他说：“在某种意义上说，西方语言的句子是一种焦点视语言……一般来说，西方语言句子的谓语必然是由限定动词来充当的。这个限定动词又在人称和数上与主语保持一致关系。句子中如果出现其他动词，那一定采用非限定形式以示它与谓语动词的区别。因此，抓住句中的限定动词，就是抓住句子的骨干。整个句子格局也就纲举目张。西方句子的这种样态，就像西方的油画一样，采用的是严格的几何形的焦点透视法。”在另一方面，“汉语句子的认知心理不是‘焦点’视，而是‘散点’视”。“汉语句子的思维不是采用焦点透视的方法，而是采用散点透视的方法，形成了独特的流水句的格局。这很像中国画

①叶维廉《寻求跨中西文化的共同文学规律》，北京大学出版社1986年版，第63页，也分析了这一首诗，可参阅。

②陶东风《中国古代心理美学六论》，百花文艺出版社，1990年版，第82—84页。

③东北师范大学出版社，1991年第二次印刷，第445—452页。

的透视”。这观察是非常细致而准确的。这个中国汉语的特点还表现在其他方面，它是从中国的思维模式产生出来的。我在上面已经说到，世界上所有的语言都有程度不同的模糊性，而汉语则是模糊中之特别模糊者。

我再重复一遍：“模糊”一词决没有任何贬义。我们毋宁说，这种模糊性更能反映语言的客观情况。

汉语这种模糊性和作诗与参禅有什么联系呢？

我先谈作诗。诗人心中有了“情”，有了“意”，需要表达。但是古往今来的任何国家的任何诗人，不管多么伟大，也决不可能言以尽意，总会碰到言不尽意的矛盾。他们只能把最精彩的东西保留在自己心中，成为千古重复了无数次的悲剧。谁也改变不了，而且永久也不会改变。这是说的作者。从读者方面来说，审美经验也是极难确定的，换句话说就是相当模糊的。根据接受理论，其关系是作者→作品→读者；然后是读者→作品→作者，是一个倒转过来的读者与作者相互猜谜的活动。刘勰在《文心雕龙》中有几句非常精彩的分析：“夫缀文者情动而辞发，观文者披文以入情，沿波讨源，虽出必显。”这种猜谜活动，确实是异常模糊的。中国古人说：“诗无达诂。”可谓慨乎言之矣。

这样一来，模糊朦胧的语言，也许比明确清晰的语言，更具有魅力，更具有暗示的能力，更适宜于作诗，更能让作者和读者发挥自己的创造力。作为诗的语言，汉语在世界众语言中的地位，是无与伦比的。中国作诗，讲究“炼”字。在中国文学史上这样的例子多得很，什么“红杏枝头春意闹”，什么“春风又绿江南岸”，什么“云破月来花弄影”，什么“僧敲月下门”，等等，简直俯拾即是，为世界文学史中所仅见。这种情况是由汉语的特点所决定的，而汉语的特点又是与它的不分词类、没有时态等等语法特点分不开的，换句话说，就是与它的模糊性分不开。

现在再谈参禅。当年灵山会上，如来拈花，迦叶微笑。师徒二人葫芦里卖的什么药，我辈凡人，实在弄不清楚。禅宗在中国兴起以后，最初是不立文字；到了后来，发展成不离文字。个中消息，是颇值得参一参的。流传于许多《传灯录》中的所谓机锋，绝大部分是语言。从《祖堂集》到《五灯会元》，莫不皆然。这些机锋都是非常难以理解的。张中行先生怀着极大的勇气，居然把这些天书般的机锋整理成了十一类。我真是非常佩服。我现在借花献佛，从中抄出几个来，给读者一点感性的认识：

云门海晏禅师——僧问：“如何是衲下衣事？”师曰：“如咬硬石

头。”（《五灯会元》卷三）

幽溪和尚——问：“如何是祖师禅？”师曰：“泥牛步步出人前。”（同上书，卷五）

抚州覆船和尚——僧问：“如来是佛？”师曰：“不识。”问：“如何是祖师西来意？”师曰：“莫谤祖师好！”（同上书，卷十）

庞蕴居士——后参马祖（道一），问曰：“不与万法为侣者是什么人？”祖曰：“待汝一口吸尽西江水，即向汝道。”（同上书，卷三）

延寿慧轮禅师——僧问：“宝剑未出匣时如何？”师曰：“不在外。”曰：“出匣后如何？”师曰：“不在内。”（同书，卷八）

石头希迁禅师——僧问：“如何是解脱？”师曰：“谁缚汝？”问：“如何是净土？”师曰：“谁垢汝？”问：“如何是涅槃？”师曰：“谁将生死与汝？”（同上书，卷五）

清平令遵禅师——问：“如何是有漏？”师曰：“笊篱。”曰：“如何是无漏？”师曰：“木勺。”（同上书，卷五）

三平义忠禅师——讲僧问：“三乘十二分教，某甲不疑。如何是祖师西来意？”师曰：“龟毛拂子，兔角拄杖，大德藏向什么处？”（同上书，卷五），

金轮可观禅师——问：“从上宗乘如何为人？”师曰：“我今日未吃茶。”（同上书：卷七）

国清院奉禅师——问：“十二分教是止啼之义，离却止啼，请师一句。”师曰：“孤峰顶上双角女。”问：“如何是佛法大意？”师曰：“释迦是牛头狱卒，祖师是马面阿旁。”问：“如何是西来意？”师曰：“东壁打西壁。”（同上书，卷四）

保福可俦禅师——僧问：“如何是和尚家风？”师曰：“云有青天水在瓶。”（同上书，卷八）

兴教惟一禅师——问：“如何是道？”师曰：“刺头入荒草。”曰：“如何是道中人？”师曰：“乾屎橛。”（同上书，卷十）①

中国禅宗机锋的例子，多得不得了。举出上面这一些来，可见一斑了。这里也有一个接受过程。说话者→说出来的话→听者。然后听者→说话者

①《禅外说禅》，黑龙江人民出版社，1991年版，第246—253页。

的话→说话者，倒转过来，以意逆志。听者猜到的谜，与说话者要说出来的谜，其间距离究竟有多大，那只有天晓得了。这同如来拈花，迦叶微笑一样，是永远摸不到底的。但是，只要说者认可，别人也就不必越俎代庖了。这些机锋语言，看来五花八门；但是，据我看，纲只有一条，这就是中国汉语的模糊性。参禅斗机锋，本来就是迷离模糊的。再使用中国朦胧模糊的语言，可谓相得益彰了。在这里，我必须补充几句。对斗禅机来说，汉语的模糊性同作诗不完全一样。它不表现在语法形态上，而表现在内容含义上。然而其为模糊则一也。

写到这里，我可以回答我在上面提出来的两个问题了：为什么禅宗独独在中国产生而又得到了比较充分的发展？为什么独独在中国作诗与参禅才产生了这样密切的关系？我们回答是，其中原因之一就是汉字的模糊性。

表现在禅机方面的，除了语言之外，还有动作，比如当头棒喝，拈杖竖拂，直到画圆相，做女人拜，等等，等等。因与语言无关，我就不谈了。

文章就算写完了。义理非吾所好，亦非吾所长，只是阴差阳错，成了一只被赶上了架子的鸭子，实非所愿，欲罢不能，不得已而为之。我在文章开始时说到，与其让别人在自己脑袋里跑马，不如自己来跑上一趟。现在终于跑完了。张中行先生自谦是“禅外谈禅”。我毫不自谦是“野狐谈禅”。“野狐”是否能看到真正内行人所看不到的东西呢？这就要请方家指正了。

1992年2月1日写完

《敦煌吐鲁番学论集》序

中国敦煌吐鲁番学会裒集近年来写成的论文41篇，编成此集。命我作序，喜而应之。

只要看一看论文目录，立刻就能看出，这部论集是通力协作大联合的结果。首先是国际上敦煌吐鲁番学学者的大联合，中国、日本、俄罗斯等国学者们的论文，集中都有。其次是中国国内大陆和港台学者的大联合，集中选有这三个地区的学者的论文。最后是老中青三代学者的大联合，老至耄耋，青至而立，各个年岁层次的学者都有。即以执行编委而论，大陆和台湾都有人参加。谓之大联合，不亦可乎！

我个人曾在一些会议上和文章中提出了一个论点：敦煌吐鲁番在中国，敦煌吐鲁番学在世界，颇得到国内外同行学人的首肯。这一次论文的裒集能够充分体现这种精神。窃以为为人类造福唯真理是务的学术本不应有什么国界。从年龄上来讲，也不应有什么“代沟”。国籍方面的大联合，年龄方面的大联合，是科学研究的最佳形式。这种形式最能推动学术探讨的前进，特别是在当今的世界新形势下，这是唯一合理的形式。那种划地为界，故步自封，秘藏资料，垄断成果的工作方式，早已落在了时代的后面，今后再也不应该出现了。

敦煌吐鲁番学的滥觞，至今已将百年。经全世界许多国家有关学者们的努力钻研，成绩斐然，彰彰在人耳目。然而统观研究成果，已经解决的问题和尚未解决的问题之间的比例，尚不能尽如人意。在数量上后者所占比例远远超过前者。因此，全世界的同行们万不能高枕无忧，稍存懈怠之心。胡适之先生有两句诗：“既成过河卒子，只能勇往直前。”我们敦煌吐鲁番学界的同仁们，不管国籍如何，不管长幼如何，我们都已成了“过河卒子”，义无反顾，只有勇往直前一条路了。

我相信，从事于敦煌吐鲁番学研究工作的朋友们，都会同意我的看法的。事实已经证明了这一点。近年来，国内外的老中青的同行学者们，都在自己研究的领域内，意气风发，奋力向前。许多国家和地区都成立了有关的学会，研究队伍日益扩大，论文数量日益增多，一派朝气蓬勃的气象，真令人欢欣鼓舞。即老朽如我者，亦颇有“老骥伏枥”之感，其他概可想见了。

国际合作，也大有起色。中英合作，中俄合作，出版敦煌卷子，已成事实。出版的书籍，无论从内容方面来看，还是从装帧方面来看，都可以说是达到了国际先进水平，几乎是无懈可击，无可挑剔的。同其他国家的协作，也正在酝酿中。甚至出版吐鲁番（也就是新疆地区）的出土文献全集的巨大工程，也正在考虑中。从上面举出的这些简单的事例中，可以看出，我们中国的敦煌吐鲁番学界，全世界的敦煌吐鲁番学界，都是春色满园，前途发展，正未可限量。

我还想进一步发挥一下。敦煌吐鲁番学是科学研究中的一门学科。但是，它的意义却决不仅仅限于学术领域。我上面说到的三个大联合，能促进国内外的友谊与了解，能促进大陆与港台间的友谊与了解，能促进老中青三代学人的友谊与了解。而友谊与了解正是我们目前所最迫切需要的。当今之世，我们这个小小寰球并不安定，并不清静。在政治和经济方面，依然是你争我夺，尔虞我诈，战火在世界上许多地区蔓延，当地人民处于水深火热之中。但是，幸而我们的敦煌吐鲁番学界却是安定团结的，三个方面的大联合正在日益加强，仿佛在动荡的世界中形成了一片清净的乐土。这是十分令人欣慰的。

我就是怀着这样欣慰的心情，写了这一篇短序。

1994年4月14日

列子与佛典

——对于《列子》成书时代和著者的一个推测

《列子》是一部伪书，自来学者少有异议。自唐柳宗元，宋高似孙、黄震、朱熹、叶大庆，明宋濂，清姚际恒、钱大昕、钮树玉、姚鼐、何治运、俞正燮、吴德旋、汪继培，下至章炳麟、陈三立、梁启超、顾实、马叙伦、陈文波、冯友兰、王德箴[①]，有的认为《列子》本有其书，只是经过了后人的增窜；有的认为全书都是伪造的。怀疑的程度虽然不同，但大家都认为《列子》是一部伪书。只有很少数的人读到《列子》而没有怀疑，像梁刘勰、宋洪迈、

①柳宗元，见《柳河东集》卷四，《辩列子》。高似孙，见《子略》，顾颉刚校，第58页。黄震，见《慈谿黄氏日抄》卷五十五，《读诸子》:《列子》。朱熹，见《朱子全书》卷五十八。叶大庆，见《考古质疑》卷三（见《海山仙馆丛书》）。宋濂，见《诸子辨》，顾颉刚标点，第三版，第15—16页。姚际恒，见《古今伪书考》，顾颉刚校点，第54—56页。钱大昕，见《十驾斋养新录》卷十八，《释氏轮回之说》。钮树玉，见《匪石先生文集》卷下，《列子跋》。姚鼐，见《惜抱轩文后集》卷二，《跋列子》（见《四部备要》）。何治运，见《何氏学》卷四，《书列子后》。俞正燮，见《癸巳存稿》卷十，《火浣布说》。吴德旋，见《初月楼文续钞》，《辨列子》。汪继培，见《列子张注》八卷，附《释文》二卷，汪继培序（见《湖海楼丛书》）。章炳麟，见《蓟汉昌言》卷四。陈三立，见《东方杂志》第14卷第九号，《读列子》。梁启超、顾实，见霍世休《唐代传奇文与印度故事》，《文学》“中国文学研究专号”第1053页注[8]。马叙伦，见《国故》第1—3期，《列子伪书考》（又见《天马山房丛书》）。陈文波，见《清华学报》第一卷第一期，《伪造列子者之一证》（又见《古史辨》第四册）。冯友兰，见《中国哲学史》下册，第619页。王德箴，见《先秦学术思想史》第51页。

元刘埙、明王世贞、清褚人获[①]等。另外还有两家，虽然也承认《列子》不是出于列御寇之手，但大体上却是替《列子》辩护的：一是《四库全书总目提要》二十八子部道家类；一是日本学者武内义雄[②]。可惜这些替《列子》辩护的学者们的意见都太空虚，不能让人心服。

替《列子》辩护既然难成立，我们回头再看怀疑《列子》的学者的意见。统观这些学者，我觉得他们每个人都举出了很坚实可靠的证据，但他们却只证明了一点，就是：《列子》是一部伪书。至于这部书究竟伪到什么程度，换句话说，就是：这部书究竟是在哪一年著成的？著者究竟是谁？虽然他们有的也多少说到过，但我总觉得理由都太空洞，或者只是想象之辞。钱大昕说："恐即晋人依托。"[③]姚鼐以为《列子》里面有汉魏以后人的附益，也许张湛就有所矫入。何治运举出了许多证据，说《列子》出于《尔雅》《易纬》，在佛法入中国和两汉"圣学昌明"之后，没有确定说什么时候[④]。俞正燮说：

> 《列子》晋人王浮葛洪以后书也，以《仲尼篇》言圣者，《汤问篇》言火浣布知之。

这理由似乎不大充足。《仲尼篇》言圣者，最多只能证明《列子》出于佛法入中国之后；《汤问篇》言火浣布也只能证明《列子》出于火浣布输入以后，都不能证明《列子》是王浮、葛洪以后的书。大概王浮、葛洪都是制造伪书的专家，所以俞正燮就想到他们身上去了。章炳麟先说《列子》作于佛法初兴之世，后来又说：

> 《列子》书汉人无引者。王何嵇阮下及乐广，清谈玄义，散在篇籍，亦无有引《列子》者。观张湛序，殆其所自造。湛谓与佛经相参，实则有取于佛经尔。

---

①刘勰，见《文心雕龙》卷四，《诸子》。洪迈，见《容斋续笔》卷十二，《列子书事》。刘埙，见《隐居通议》卷十九，《列子精语》。王世贞，见《读列子》。褚人获，见《坚瓠续集》卷四。

②江侠庵编译《先秦经籍考》中，《列子冤词》。

③钱大昕《十驾斋养新录》说，释氏轮回之说出于《列子》，非常可笑。

④马叙伦《列子伪书考》说："何治运以为出郭璞后人所为。"不知何据。

他说《列子》可能是张湛伪造的，实在是一个大胆的假设，发前人所未发；但可惜并没能举出具体的证据，只是一个揣测而已[①]。陈三立以为季汉魏晋之士，看了佛典以后，就杨朱之徒所依托的，增窜而成《列子》。马叙伦举了二十个事例证明《列子》是伪书，连刘向的《叙录》也是伪造的。他的结论是：

> 魏晋以来，好事之徒，聚敛《管子》《晏子》《论语》《山海经》《墨子》《庄子》《尸佼》《韩非》《吕氏春秋》《韩诗外传》《淮南》《说苑》《新序》《新论》之言，附益晚说，成此八篇，假为向叙以见重。

他最后说：

> 夫辅嗣为《易》注多取诸老庄，而此书亦出王氏，岂弼之徒所为与？

陈文波在他的论文《伪造列子者之一证》里举出了几个前人没有注意到的证据，他先说《列子》“颇似魏晋时之出产品”，又说“晋人或有见于《庄子》之寓言，于是杂凑群书，以成《列子》”。以上这些说法都太笼统。

我们上面谈到，学者们对于《列子》成书年代的意见既然都未免有点空泛，那么我们是不是还有办法把这部书著成的年代更精密地确定一下呢？我觉得我们还有办法，而且办法也许还不止一个。我现在只根据中译的佛典来试一试。

张湛在《列子序》里说：

> 然其所明，往往与佛经相参。

章炳麟已经怀疑到，并不是《列子》与佛经相参，而是《列子》抄佛经。我也有同样的感觉，我觉得张湛在这序里不打自招地说出了《列子》一部分取材的来源。关于《列子》与佛典的关系，以前有许多学者谈到过。高似孙说：

> 至于“西方之人，有圣者焉，不言而自信，不化而自行”。此固

①梁任公、顾实、霍世休也有同样的揣测。见霍世休《唐代传奇文与印度故事》二。霍氏说，他曾著《〈列子·汤问篇〉质疑》一文，不知写成了没有。

（故）有及于佛，而世犹疑之。[1]

朱熹说：

又观其言“精神入其门，骨骸反其根，我尚何存”者，即佛书四大各离，今者妄身尚在何处之所由出也。他若此类甚众，聊记其一二于此，可见剽掠之端云。

叶石林说：

《列子》，《天瑞》《黄帝》两篇皆其至理之极尽言之而不隐，故与佛书直相表里。[2]

王应麟说：

《列子》言西方之圣人，西极之化人，佛已闻于中国矣。[3]

明宋濂举出许多《列子》与佛典相合的例子。清何治运以为《周穆王篇》的西极化人和《仲尼篇》的西方圣人就是指的佛。龚自珍[4]和杨文会[5]也有同样的意见。章炳麟和陈三立都指出《列子》与佛典的关系。马叙伦说的尤其详尽。他先指出西方之人就是佛，最后又说：

又如《天瑞篇》言天地空中之一细物，有中之最巨者。《周穆王篇》言西极之国，有化入来，入水火，贯金石，反山川，移城邑，乘虚不坠，触实不硋，千变万化，不可穷极，既已变物之形，又且易人

---

①黄震、沈濂（《怀小编》卷三，“西方之人”）、王世贞、顾颉刚都怀疑“西方之人”不是指的佛。

②马端临《文献通考》卷二百十一，《经籍考》三十八，子，道家引叶氏语。

③《困学纪闻》卷十。

④《定庵文集补编》卷二，最录《列子》。

⑤《冲虚经发隐》。

之虑。《汤问篇》言其山高下周旋三万里，其顶平处九千里，山之中间相去七万里，以为邻居焉。其上台观皆金玉，其上禽兽皆纯缟，珠玕之树皆丛生，华实皆有滋味，食之皆不老不死，所居之人皆仙圣之种。一日之夕，飞相往来者不可数焉。此并取资于浮屠之书，尤其较著者也。

这些意见有的都很中肯；但类似上面举出的这些记载散见佛典，我们虽然可以说，《列子》剽掠了佛典，我们却不能确切地指出剽掠的究竟是哪一部，因而也就不能根据上面这些证据推测出《列子》成书的年代。反过来说，倘若我们能够在《列子》里找出与佛典相当的一段，而且能够指出抄袭的来源，我们也就能够推测《列子》成书的时代。这种例子，在《列子》里并不是没有，下面我就举出一个来。

《列子·汤问篇》五有这样一段：

周穆王西巡狩。越昆仑，不至弇山，反还。未及中国，道有献工人名偃师，穆王荐之，问曰："若有何能？"偃师曰："臣唯命所试。然臣已有所造，愿王先观之！"穆王曰："日以俱来，吾与若俱观之！"翌日，偃师谒见王。王荐之曰："若与俱来者何人邪？"对曰："臣之所造能倡者。"穆王惊视之，趋步俯仰，信人也，巧夫！领其颐，则歌合律；捧其手，则舞应节；千变万化，惟意所适。王以为实人也，与盛姬内御并观之。技将终，倡者瞬其目而招王之左右侍妾。王大怒，立欲诛偃师。偃师大慑，立剖散倡者以示王：皆傅会革木胶漆白黑丹青之所为。王谛料之：内则肝胆心肺脾肾肠胃，外则筋骨支节皮毛齿发，皆假物也，而无不毕具者，合会复如初见。王试废其心，则口不能言；废其肝，则目不能视；废其肾，则足不能步。穆王始悦而叹曰："人之巧乃可与造化者同功乎？"诏贰车载之以归。夫班输之云梯，墨翟之飞鸢，自谓能之极也。弟子东门贾禽滑厘闻偃师之巧，以告二子。二子终身不敢语艺，而时执规矩。

在西晋竺法护译的《生经》（Jātaka-nidāna）卷三《佛说国王五人经》二十四里有一个相同的故事：

时第二工巧者转行至他国。应时国王喜诸技术。即以材木作机关木人，形貌端正，生人无异，衣服颜色，黠慧无比，能工歌舞，举动如人。辞言："我子生若干年，国中恭敬，多所馈遗。"国王闻之，命使作技。王及夫人，升阁而观。作伎歌舞，若干方便。跪拜进止，胜于生人。王及夫人，欢喜无量。便角瞻（宋元明本作眨）眼，色视夫人。王遥见之，心怀忿怒。促敕侍者，斩其头来："何以瞻眼，视吾夫人？"谓有恶意，色视不疑。其父啼泣，泪出五（宋元明本作数）行。长跪请命："吾有一子，甚重爱之。坐起进退，以解忧思。愚意不及，有是失耳。假使杀者，我共当死。唯以加哀，原其罪釁。"时王恚甚，不肯听之。复白王言："若不活者，愿自手杀，勿使余人。"王便可之，则拔一肩楔，机关解落，碎散在地。王乃惊愕："吾身云何嗔于材木？此人工巧，天下无双，作此机关，三百六十节，胜于生人。"即以赏赐亿万两金。即持金出，与诸兄弟，令饮食之，以偈颂曰：

观此工巧者　多所而成就
机关为木人　过逾于生者
歌舞现伎乐　令尊者欢喜
得赏若干宝　谁为最第一①

我们比较这两个故事，内容几乎完全相同，甚至在极细微的地方都可以看出两者间密切的关系，譬如《列子》里说："倡者瞬其目而招王之左右侍妾"，《生经》里就说："便角瞻眼，色视夫人。"但这两个故事间的关系究竟应该怎样去解释呢？看了这两个故事这样相似，我想无论谁也不会相信这两个故事是各不相谋的独立产生的，一定是其中的一个抄袭的另外一个。现在我们就看，究竟哪一个是抄袭者。

首先我们要追究，这个故事的老家究竟是在什么地方，是印度呢？还是中国？在中文译本里，整个故事叫做《佛说国王五人经》，这个机关木人的故事只是其中一部分。《佛说国王五人经》讲的是五个王子的故事：第一个智慧（Prajñātvanta），第二个工巧（Śilpavanta），第三个端正（Rūipavanta），第四个精进（Vīryavanta），第五个福德（Puṇyavanta）。每个王子各有所长，正如他的

① 《大正新修大藏经》，3，88a。E. Chavannes法译文见Cinq Cents Conteset Apologues，Tomem. PP. 166—175. 季羡林德译文见Zeitschrift der Deutschen Morgenländischen Gesellschaft H. 2，1943.

名字所表示的。每个王子都找到机会显他的本领，结果还是福德王子占了第一。这五个王子显本领就用五个故事来叙述，我们上面抄的机关木人的故事是属于第二个工巧王子的。这五个小故事合起来成了一个大故事，就是《佛说国王五人经》。这个大故事在印度很流行。除了《佛说国王五人经》以外，保存在中文《大藏经》里的还有《佛说福力太子因缘经》（Buddhabhāṣitapuṇyaba-lāvadāna，《大正新修大藏经》第173号，南条文雄《目录》第953号）。在用混合方言写成的Mahāvastu里也有这个故事（ed. Senart第三本第33—41页）。不但在印度，在中亚也可以找到这故事，譬如在吐火罗文A方言（焉耆文）的残卷里就可以找到（Sieg und Siegling，Tocharische Sprachres. te，I. Band，Berlin und Leipzig 1921，pp. 1—14）。有一点我在这里先要声明：整个大故事的内容和结构虽然差不多都一样，但每个王子的故事有时候却多少有点差别。属于第二个工巧王子的机关木人的故事，我一直到现在除了在《生经·佛说国王五人经》里找到以外，在别的地方还没有发现类似的故事。但这个小故事既然嵌在那个大故事里面，所以我相信，它的老家也一定就是印度①。

我们上面已经说到，《列子》与《生经》里机关木人的故事绝不会是各不相谋的独立产生的，一定是其中的一个抄袭的另外一个。现在我们既然确定了印度是这个故事的老家，那么，《列子》抄袭佛典恐怕也就没有什么疑问了。

我们现在再看，在中文《大藏经》里除了竺法护的译文以外，是不是还可以找到别的与《生经》机关木人的故事相类的故事。倘若有的话，《列子》也许并不是抄袭竺法护。但据我浅见所及，在竺法护以前并没有任何相同或相似的译文。所以我们现在还可以再进一步说，《列子》里这个故事不但是从佛典里抄来的，而且来源就正是竺法护译的《生经》。

这一点弄清楚，我们再来看竺法护的译本。在所有古代的经录里面，竺法护译的《生经》都有著录。

梁僧佑《出三藏记集》卷二：

> 《生经》五卷或四卷②

---

①关于机关木人的传说请参阅C. H. Tawney和N. M. Penzer，The Ocean of Story Vol. Ⅲ，P.56. ff..

②《大正新修大藏经》55，7b。

隋法经《众经目录》卷三：

《生经》五卷[①]

隋彦悰《众经目录》卷一：

《生经》五卷或四卷[②]

唐静泰《众经目录》卷一：

《生经》五卷或四卷一百七纸[③]

唐道宣《大唐内典录》卷二：

《生经》五卷太康六年正月十九日译，或四卷见《聂道真录》[④]

从上面的著录来看，译者毫无问题。至于译出的时间据道宣《大唐内典录》是太康六年，相当公元285年。我们也没有理由怀疑这个记载。

写到这里，我觉得我们对《列子》成书的时代可以作一个比较确切的推测了：《列子》既然抄袭了太康六年译出的《生经》，这部书的纂成一定不会早于太康六年（285年）。陈文波曾指出《列子》抄《灵枢经》。《灵枢经》据说是抄自皇甫谧所集的《内经·仓公篇》。陈文波就认为《灵枢经》之出世当在皇甫谧时。据《晋书》五十一《皇甫谧传》，皇甫谧死在太康三年（282年）。所以，就我们现在所发现的材料来说，《列子》抄的最晚的一部书就是《生经》。

关于《列子》注者张湛的身世，我们知道的极少。唐殷敬顺《列子释文》也只说：

张湛，字处度，东晋光禄勋，注此《真经》。

---

①《大正新修大藏经》55，128a。

②《大正新修大藏经》55，154a。

③《大正新修大藏经》55，186c。

④《大正新修大藏经》55，233a。

《晋书》又没有传，生卒年月不详。我们唯一可根据的就是他的《列子序》。我现在抄一段：

湛闻之先父曰：吾先君与刘正舆、傅颖根皆王氏之甥也。并少游外家。舅始周，始周从兄正宗辅嗣皆好集文籍。先并得仲宣家书，几将万卷。傅氏亦世为学门。三君总角，竞录奇书。及长，遭永嘉之乱，与颖根同避难南行。车重各称力，并有所载。而寇虏弥盛，前途尚远。张谓傅曰："今将不能尽全所载，且共料简世所希有者，各各保录，令无遗弃。"颖根于是唯赍其祖玄父咸子集。先君所录书中有《列子》八篇。及至江南，仅有存者，《列子》唯余《杨朱》《说符》目录三卷。比乱正舆为扬州刺史，先来过江。复在其家得四卷。寻从辅嗣女婿赵季子家得六卷，参校有无，始得全备。

这序里面提到的人名，在正史里面大半都可以找得到。傅颖根就是傅敷，《晋书》卷四十七《傅玄传》附有他的传，说他：

永嘉之乱，避地会稽。

与张湛序相合。又据《三国志·魏志》卷二十一《王粲传》：

献帝西迁，粲徙长安。左中郎将蔡邕见而奇之。时邕才学显著，贵重朝廷，车骑填巷，宾客盈坐，闻粲在门，倒屣迎之。粲至，年既幼弱，容状短小，一坐尽惊。邕曰："此王公孙也。有异才，吾不如也。吾家书籍文章，尽当与之。"

《三国志·魏志》卷二十八《钟会传》附《王弼传》裴注：

《博物记》曰：初王粲与族兄凯俱避地荆州。刘表欲以女妻粲，而嫌其形陋而用率。以凯有风貌，乃以妻凯。凯生业，业即刘表外孙也。蔡邕有书近万卷，末年载数车与粲。粲亡后，相国掾魏讽谋反，粲子与焉。既被诛，邕所与书悉入业。业字长绪，位至谒者仆射。子宏，宏字正宗，司隶校尉；宏，弼之兄也。

《魏氏春秋》曰：文帝既诛粲二子，以业嗣粲。

也与张湛序相合。以上两件事都证明他的序与史实相符。但我们却不能因为他说到的几件事都可靠，就认为序里所有的话全可信。关于抄录《列子》一段，我觉得就绝不可信。张湛的序要我们相信，《列子》这部书是他祖父在永嘉之乱逃难时抄录下来的，原本当然更早。永嘉之乱大概是指的永嘉五年（311年）晋怀帝的被虏。我们上面已经说到，《列子》的成书不会早于太康六年（285年）。永嘉五年上距太康六年只有二十六年。我们绝对不能相信，在《生经》译出后短短二十几年内，在当时书籍传播困难的情况下，竟然有人从里面抄出了一段凑成一部《列子》。而且据张湛的暗示，这书在王家不知已经藏了多少年，这更是绝不可能的。我以为，这都是张湛在捣鬼。但他为什么这样做呢？最合理的推测就是，《列子》本文完全是张湛伪造的。为了灭迹起见，他写了这篇序，以史实为根据，加入一段童话般的故事，目的在惑乱读者。

归纳起上面所说的来看，我们可以立一个假设：《列子》这部书是彻头彻尾一部伪书[①]，刘向的《叙录》[②]、《列子》本文、《列子序》和《列子》注都出于张湛一人之手，都是他一个人包办的。我希望将来能够找到更多的材料证成这一个假设[③]。

1948年12月4日初稿

1949年2月5日改作毕

附记：

此文初稿曾送汤用彤先生审阅，汤先生供给了我很多宝贵的意见，同时又因为发现了点新材料，所以就从头改作了一遍。在搜寻参考书方面，有几个地方极得王利器先生之助，谨记于此，以志心感。

2月5日羡林记于北京大学图书馆

---

① 这并不是一个新意见，参阅本书第78页注①。但真正找到确凿的证据恐怕还是第一次。

② 僧徒也有伪造刘向文的，参阅俞正燮《癸巳类稿》，《僧徒伪造刘向文考》。

③《民彝》杂志一卷三期有一篇文章《读〈列子·汤问篇〉》，我还没能看到。

佛教对于宋代理学影响之一例

这确是一个“大题”，但我却只能“小做”。佛教对宋代理学有很大的影响，这几乎已经成了一个公认的事实，现在没有哪一个哲学史家会再否认了。但一般人注意到的差不多全是思想方面的影响，冯芝生（友兰）先生在他的《中国哲学史》下册第十二章（页八〇〇）里讨论韩愈和李翱的思想，结论说：

> 由上所言，则宋明道学之基础及轮廓在唐代已由韩愈、李翱确定矣；而李之所贡献尤较韩为大，其学说所受佛学之影响尤为显然。

谢无量《中国哲学史》第三编上页一也说：

> 宋之大儒，多与禅门往还，其讨论性命之说，故宜有相契发者；唯于人事伦理，所持各异耳。

都说的是宋代理学在思想方面受了佛学的影响。蒋维乔、杨大膺《中国哲学史纲要》卷下页四说：

> 自来学者都说宋明理学和佛学的深切关系在乎根本思想，我们则认为只在乎方法。由方法的相同，所以外表上彼此有些类似；其实两家的思想虽有一二相通的地方，而根本上，一是世间法，一是出世间法，实在是水火不相容的。

我不明白，他所谓“方法”究竟是指的什么。此外中外学者讨论佛教和理学的关系的还非常多，几乎都是从大处着眼，研究两家思想方面的关系。我在这里不能一一列举了。

在这篇小文里，我不能，而且也不敢，讨论思想方面的大问题。我只想指出一件过去似乎还没有人注意到过的小事情，让大家注意。中国理学家除了讨论哲学问题以外，多半还都用一番实践的功夫，克治私欲就是这实践的功夫之一。清尹铭绶《学规举隅》卷上入德之方在叫做“克治”的一段里引朱子的话说：

> 朱子曰：前辈有欲澄治思虑者，于坐处置两器。每起一善念，则投白豆一粒于器中；每起一恶念，则投黑豆一粒于器中。初时黑豆多，白豆少，后来遂不复有黑豆，最后则虽白豆亦无之矣。然此只是个死法，若更加以读书穷理底工夫，则去那般不正当底思虑，何难之有？

我不知道这方法究竟有多少人实行，只记得在别的书里也看到过实行这方法的理学家，可见实行这方法的人不在少数。我们初看这方法，恐怕没有人会想到这不是“国货”，我最初也以为，只有中国，而且只有中国的理学家，才能发明这一个滑稽而笨拙的“死法”。但我后来竟然在中译《大藏经》里找到它的来源。《贤愚经》卷第十三，（六七）优波毱提品第六十讲到一个故事，说阿难的弟子耶贳羁，奉持佛法。他听说某一个居士生了一个孩子，于是他就去向居士索要，“欲使为道”。居士不肯。后来他又生了一个孩子，仍然不肯让他当和尚。

> 此耶贳羁是阿罗汉，三明具足，能知人根。观此二儿，与道无缘，亦自息意，不殷勤求。时彼居士复更生男，颜貌端妙，形相殊特。时耶贳羁复往从索。其父报曰：“儿今犹小，未能奉事，又复家贫，无以饷送。且欲停之，须大当与。”年渐长大，才器益盛。父付财物，居肆贩卖。时耶贳羁往到其边，而为说法。教使系念。以白黑石子，用当筹算。善念下白，恶念下黑。优波毱提奉受其教，善恶之念，辄投石子。初黑偏多，白者甚少。渐渐修习。白黑正等。系念不止，更无黑石，纯有白者。善念已盛，逮得初果。（《大正新修大藏经》，4.442b）

这个“系念”的方法，同宋代理学家所用的那个方法，除了黑白豆子和黑白石子一点区别外，完全一样。倘若宋代理学家根本没同佛经接触过的话，我们或者还能说，这是偶合；但事实上他们却同佛经的关系非常深切，所以我们只能说，这是有意的假借。这个貌似地道中国货的方法原来也是跟佛教从印度传过来的。从这个小例子，我们可以看出来，宋代理学不但在大的思想方面受了佛教的影响，连许多人们平常不注意的末节也居然受到佛教的影响了。

1948年5月11日于北京大学

21世纪：东方文化的时代

人类创造的文明或文化从世界范围来说可分为东方文化和西方文化两大体系，每一个文明或文化都有一个诞生、成长、发展、衰落、消逝的过程，不可能是一成不变的。从人类的全部历史来看，我认为，东方文化和西方文化的关系是：三十年河东，三十年河西。目前流行全世界的西方文化并非历来如此，也绝不可能永远如此，到了21世纪，三十年河西的西方文化将逐步让位于三十年河东的东方文化，人类文化的发展将进入一个新的时期。

为什么我认为到了21世纪西方文化将让位于东方文化呢？我是从东西方文化的基础的最根本的差别在于思维方式不同这一点来考虑的。东方的思维方式、东方文化的特点是综合；西方的思维方式、西方文化的特点是分析。举个最简单的例子，从我们坐的凳子来说，看看太和殿皇帝的宝座，四方光板，左不能靠，右不能靠，后又不能靠，坐久了会很不舒服。再看看西方人做的凳子，中间一道略为隆起，两边稍凹，这样坐着会很舒服，但要换个姿势就会硌得难受。而我们太和殿的宝座，光板一块，虽然坐久了不舒服，但是用什么姿势坐都可以。从这件小事，可说明东方人的思维和西方人不一样。在西方，从伽利略以来的四百年中，西方的自然科学走的是一条分析的道路，越分越细，现在已经分到层子（夸克），而且有人认为分析还没有到底，还能往下分。东方人则是综合的思维方式；用哲学家的语言说即是西方是一分为二，东方是合二为一。

在这方面，自然科学界和哲学界是有争论的。物质是无限可分的吗？有不少人相信庄子的话："一尺之棰，日取其半，万世不竭。"果真如此，则西方的分析方法、西方的思维方式、西方的文化就能永远存在下去，越分越琐细以至无穷，西方文化的光芒也就越辉煌。"三十年河东，三十年河西"这一条人类历史发展启示的规律就要被扬弃。但是庄子所说的是一个数学概念，我所说的分析是物理概念，二者不可混同。

国际上对物质是否无限可分也有两派之争。反对物质无限性观点的代表、大科学家海森堡（Heisenberg）认为物质不是永远可分的，最后有个界限，这个界限是夸克，称之为夸克封闭。其理由是夸克虽能被电子对撞机击碎，但击碎后仍是夸克，并未产生出新的物质。国内金吾伦同志著有《物质可分性新论》，也主张夸克封闭。我是同意这种看法的，因为对物质永远可分的这个观点现在无法证实。我认为夸克现在不能封闭，但将来总有一天要封闭的。我们的一切文明、一切文化现象甚至科技不同于西方。即使是数学，看起来应该是东西方没有差别，一加三等于四，而且还有公式，但是前两年我在《自然辩证法通讯》中，看到中科院数学所吴文俊教授对《九章》一书所写的序言里讲到东方和西方解决数学问题的方法不一样。对数学这个自然科学的基础尚且不一样，何况其他科学?

多年前，我就讲过21世纪是东方的世纪。西方在资本主义发展到帝国主义阶段，自认为是天之骄子，第一次世界大战从1914年打到1918年，基本上是欧洲人打欧洲人，战后20年代初期，欧洲思想界出现了反思的热潮，他们思考的是为何自认为文化至高无上的欧洲都要自相残杀？看来西方不行了，要看东方。有本风行一时的书叫《欧洲的沦亡》，说欧洲要垮台、要灭亡，仰望东方。当时中国的《老子》《庄子》非常流行，《老子》德文译本有五六十种。有一位我认识的牙医，既非汉学家，又非文学家，却凭着一本字典、一股傻劲硬是把《老子》翻译了一遍。这说明当时不论是否搞哲学都向东方看齐。第二次世界大战打了六年，死的人比一战还要多。战后，欧洲再次出现一股眼望东方的反思热潮。当时除《老子》《庄子》外，又增加了禅宗、中医、《易经》，还有印度大乘佛教。一位英国的史学家汤因比在他所著的《历史研究》中，把各国民族的历史作了个总结，他认为人类共同创造了23个或26个文明，每个文明或文化都有其诞生、生长、繁荣、衰微、消逝的过程，没有任何一种文明或文化可以贯穿千秋。从他的哲学基础出发得出的结论是西方的文化将来要消灭。至今欧美思想界仍感觉他的反思比较深沉。

我们还可以从20世纪后半期西方兴起的几种新的科学模糊学、混沌学中进一步的说明。模糊学是从模糊数学开始的，以后又有模糊逻辑、模糊语言……就说模糊语言，我们天天开口讲话，从未怀疑过自己的语言是模糊的，但是说天气好，怎么叫好？天气暖，怎么叫暖？长得高，怎么叫高？这件事情好，怎么叫好？都是模糊的。我们可以对这些问题仔细分析、追根到底，但是要讲清楚却很难。混沌学被誉为继爱因斯坦的相对论和普朗克的量子力学之后20世纪科学的第三个伟大的发现。关于混沌学，美国学者格莱克写过一本书《混沌：开创新科学》，此书有汉译本，我国周文斌先生在1990年11月8日《光明日报》写有书评，文中有一段话说："混沌学是关于系统的整体性质的科学，它扭转科学中简化论的倾向，即只从系统的组成零件夸克、染色体或神经元来作分析的倾向，而努力寻求整体，寻求复杂系统的普遍行为。它把相距甚远的方面的科学家带到了一起，使以往的那种分工过细的研究方法发生了戏剧性的倒转，亦使整个数理科学开始改变自己的航向。它揭示了有序与无序的统一，确定性与随机性的统一，是过程的科学而不是状态的科学，是演化学而不是存在的科学。它覆盖面之广，几乎涉及自然科学与社会科学的各个领域。"为什么在20世纪后半期，西方有识之士开创了与西方文化整个背道而驰的模糊学、混沌学呢？这说明他们已经痛感西方分析的思维方式不行了。世上万事万物没有绝对的、百分之百的正确，金无足赤，人无完人，绝对的好、绝对的美是不存在的，一切都是相对的。分析的方法有限度，要把一切都弄得清清楚楚是办不到的。必须改弦更张、另求出路，这样人类文化才能继续向前发展。

我说三十年河东，三十年河西，许多事情就是这样。从整个世纪来看中国文化在世界上占领导地位，这是东方，三十年河东。到明朝末年、西方文化自天主教传入起，至今几百年了，西方资本主义的物质文明给人类带来很大的福利，但另一方面也带来灾难，癌症、艾滋病、淡水资源短缺、环境污染、生态平衡的破坏等等。这些灾难中任何一个解决不了，人类就难以继续生存。怎么办？人类到了今天，三十年河西要过，我们就像接力赛一样，在西方文化的基础上，接过这一棒，用东方文化的综合思维方式解决这些问题，去除掉这些弊端。所谓综合，就是"整体观念、普遍联系"这八个字。西方的哲学思维是只见树木不见森林，只从个别细节上穷极分析，而对这些细节之间的联系则缺乏宏观的概括，认为一切事物都是一清如水，而实际情况并非如此。我认为中国的东方的思维方式从整体着眼，从事物之间的联系着眼更合乎辩证法的精神。就像中医治病是全面考虑、多方照顾，一服中药，药分君臣，症治关键，医头痛从脚上下手，较西医的头痛治头、脚痛治脚更合乎辩证法。

总之，我认为，西方形而上学的分析已快走到尽头，而东方的寻求整体的综合必将取而代之。以分析为基础的西方文化也将随之衰微，代之而起的必然是以综合为基础的东方文化。"取代"不是"消灭"，而是在过去几百年来西方文化所达到的水平的基础上，用东方的整体着眼和普遍联系的综合思维方式，以东方文化为主导，吸收西方文化中的精华，把人类文化的发展推向一个更高的阶段。这种取代，在21世纪中就可见分晓。21世纪，东方文化的时代，这是不以人们的主观愿望为转移的客观规律。

1992年3月10日

东方文化与东方文学

最近几年来，我经常考虑东方文化的问题。虽然我并不是什么文化学家，自己不擅长义理，对义理兴趣也不大，我是敬鬼神而远之；但是，由于自己是一个天生的“杂家”，翻看不少的有关文化的书籍，使我不得不考虑东方文化的问题；细说起来，我考虑的有东方文化的特点、东方文化与西方文化的关系，等等。我的初步认识已经写成了几篇论文，在一些国内和国际学术会议上也讲过。出我意料的是，国内外反应相当强烈，而且几乎都是同意我的看法的。这更增强了我的自信心，决心继续探讨下去。

详细阐述，此非其地。我只能极其简略地讲上几点。归纳起来，我的想法大体上是，在人类五六千年的文化史上，人类创造的文明或文化的数目相当多。根据我的看法，人类总共创造了四个文化体系，这四个文化体系又可以分为两大文化体系：一个是东方文化，一个是西方文化。两者的根本区别在于思维模式的不同，而思维模式又是一切文明或文化的基础。简而言之，我认为，东方的思维模式是综合的，它照顾了事物的整体，有整体概念，讲普遍联系，接近唯物辩证法。用一句通俗的话来说就是，既见树木，又见森林，而不是只注意个别枝节。中国天人合一的思想，印度的梵我一体的思想，是典型的东方思想。而西方的思维模式则是分析的。它抓住一个东西，特别是物质的东西，分析下去，分析下去，分析到极其细微的程度。可是往往忽视了整体联系，这在医学上表现得最为清楚。西医是头痛治头，脚痛治脚，完全把人体分割开来。用一句现成的话来说就是，只见树木，不见森林。而中医则往往是头痛治脚，脚痛治头，把人体当做一个整体来看待。两者的对立，十分明确。

我的另一个想法是，文明或文化不是一成不变的，都有一个诞生、成长、兴盛、衰微、消逝的过程。历史上，哪一个文明或文化都不能万岁。

我还有一个想法是，从人类全部历史上来看，东西两大体系之外，没有第三个大体系，而东西两大体系的关系是，“三十年河东，三十年河西”。东方文化或文明到了衰微和消逝的阶段，接之而起的必是西方文化或文明。等到西方文化或文明濒临衰微和消逝的阶段时，接之而起的必是东方文化或文明。

我最后的一个想法是，到了今日，世界面临着另一个世纪末，20世纪的世纪末。西方文化或文明已经繁荣昌盛了几百年了，到了今天，在很多方面已经呈现出强弩之末之势，看来是面临衰微了。代之而起的必然只能是东方文化或文明。我之所谓“代”，并不是完全地取代，更不是把西方文化消灭。那是不可能的，也是完全没有必要的。我的意思是，在西方文化已经取得的成就的基础上，矫正其弊病，继承它的一切有用的东西。用综合思维逐渐代替分析思维，向宇宙间一切事物进行更深入的探讨，把人类文化提高到一个崭新的阶段，从相对真理向绝对真理再靠近一步。这一个转折点我认为就将从21世纪开始。

极其简略地说，我的想法就是如此。

同时，我还发现，西方一些有识之士也认识到自己的文化的偏颇之处。他们之中有的人提倡模糊学，有的人提倡浑沌学。内容我无法在这里详细阐述。他们的想法不可能同我的完全一样；但是其间相似之处则是可以肯定的。这些新兴的西方边缘科学，强调普遍联系，强调整体概念，与东方的综合的思维模式是非常接近的。为什么习惯于分析思维方法的西方有识之士会忽然转变看法呢？我的解释是，存在决定意识。到了21世纪来临之际，到了20世纪的世纪末，按照辩证唯物主义规律发展的事物，其发展规律更接近事物的真相。这种规律反映到西方有识之士的心中，就产生了这样一些新兴学科。

上面讲的是东方文化，现在谈东方文学。

文学本来属于文化范畴，东方文学当然属于东方文化的范畴。为了突出文学，所以分开来谈。

我想先举几个具体的例子。

温庭筠的名句：

鸡声茅店月，人迹板桥霜。

描绘深秋旅人早起登程的寂寞荒寒之感，到了今天，已经有一千多年了，然而并没有失去其感人之处。这两句诗十个字列举了六件东西，全是名词，没有一个动词。用西方的语法来衡量，连个句子都成不了。这六件各不相干的东西平铺直叙地排列在那里。它们之间的关系一点也不清楚，换句话说就是模模糊糊。然而妙就妙在模糊，美就美在模糊。诗人并没有把这六件东西排好位置，他把安排位置的自由交给了读者。每一个读者都可以根据自己的经验或自己的理解，去任意安排位置。每个人的经验不同，所安排的位置也决不会相同。读者有绝对的完全的自由来放开自己的幻想，美就在其中矣。反之，如果一定把六件东西的位置安排得死死的，这会限制读者的自由，美感享受从而为之减少。我认为，这就是东方综合的思维方式或者模糊的思维方式在文学创作中的表现。其优越性是显而易见的。

这样的例子在中国文学作品中可以说是俯拾即是。元代马致远的那一首著名的曲是大家都熟悉的：

> 枯藤老树昏鸦，小桥流水人家，古道西风瘦马，夕阳西下，断肠人在天涯。

曲中列举了很多东西，其位置都是模糊的。勉强搜求，只有“下”和“在”二字可以算是动词。这一首曲对读者审美活动所起的作用，同上举温庭筠的诗完全一样，用不着再详细阐述。

中国诗歌中其他例子不再举了。

我想举一首中国诗，同它的英译文对比，从中窥探出中西语言之不同对文学创作的影响，以及中国文学语言的不可穷尽性和朦胧性（借用陶东风同志的用语）。陶东风同志有一部非常精彩的书：《中国古代心理美学六论》（百花文艺出版社，1990年版）。里面就有现成的例子。我且做一个文抄公，从中抄一个例子，这个例子是李白的那一首非常著名的诗《静夜思》：

> 床前明月光，疑是地上霜。
> 举头望明月，低头思故乡。

陶东风的解释是：

> 这是一首意境深幽的好诗，诗中的人称和时态都不加限定，思念的主体被隐去，可以是诗人，可以是别的他，也可以是你自己；动词

> “举头”“望”“低头”“思”等词都没有时态的限制，它的时间性是灵活的，读者可以自己去想，去补充，如果你把诗的主人公理解为诗人，那么，时间当在过去；而如果你设想自己正置身于诗的境界，是你自己在“望”在“思”，那么，时间也可以是当下。但此诗的英译却把这不确定不落实的一切都确定了，落实了：
>
> So bright a gleam on the foot of my bed——
> Could there have been a frost already.
> Lifting myself to look, I found that it was moonlight.
> Sinking back again, I thought suddenly of home.
>
> 译诗加上“I”（我），使原诗不确定的人物关系变得确定，即只能理解为李白自己；“found”和“thought”是否译得准确且不去管他，单是把不确定的时态限定为过去时，就使诗的意境大为逊色；“望”本可以是一个连续的动作，而用“found”（发现）就使之变成一个终止于过去的动作；“思”也是如此。一个连续性的思念变成了“突然想到”（thought suddenly of），不能不使人感到沮丧。

陶东风的解释，基本上符合我的想法。他未必知道我那一套关于东西方文化的看法，他也没有提到综合思维模式和西方思维模式的问题，但是对于中国诗歌的看法却是如此地接近，难道这就是所谓殊途同归，英雄所见略同吗？我在本文开头讲到，思维模式是一切文明或文化的基础。东方综合的思维模式，当然就是东方文明或文化的基础，表现在诗歌创作上，就是不确定性和朦胧性。西方文学使用的西方语言是分析思维模式的产物，它同东方文学，比如说中国文学所使用的汉语是完全不同的。两者比较起来，正如我在上面分析的那样，中国的汉语有明显的优越之处。

我在这里还要添上几句。现在西方新兴的模糊学、浑沌学等等，其思想基础不像是西方的分析思维模式，而接近东方的综合思维模式。何以产生这个现象，我在上面已略加解释，这里不再谈了。

我在上面曾提到我的一个想法：东方文化将逐渐取代西方文化而兴。属于东方文化范畴的东方文学怎样呢？过去我对于这个问题没有考虑过。现在的考虑也不成熟。无论如何，东方语言，比如说汉语，是无法被西方所接受的。从几千年的文化交流史上来看，物质文明容易输出，也容易被接受，中国的几大发明可以为证。而精神文明则较为困难。在精神文明的接受中，因事物之异而异。比如绘画、音乐、建筑风格等等容易被接受。而文学，特别是文学语言，则十分困难。美国近代诗人Ezra Pound曾模仿过中国诗歌的创作方法，主要就是我在上面讲到的温庭筠的诗和马致远的曲。但是影响也不十分显著。用分析性的语言模仿综合性语言的诗歌，恐怕是有不可逾越的鸿沟吧。至于将来的发展如何，那是以后的事，我不是算命先生，就此打住吧。

1992年4月24日写完

略说中国传统文化及其特点

说在中国传统文化的宝库中，中国传统道德是最重要的一部分内容，这话完全正确。因为从世界各国来看，像中国这样几千年如一日重视伦理道德的还没有第二个国家。什么叫中国传统道德？或者说中国传统道德有哪些内容呢？这个问题很复杂，每个人的回答都可能不一样。我讲讲自己的看法，我想这里面起码应包括这么几部分内容。

第一，正如我的老师——清华大学陈寅恪教授曾经说过的，《白虎通》当中的“三纲六纪”是中国文化的精华。什么叫“三纲”呢？就是君臣、父子、夫妇。他讲的当然是君为臣纲，父为子纲，夫为妻纲。这里边有糟粕，如夫妻应该是平等的，怎么男人成了女人的纲了呢？这个我们先不讲它。“六纪”，一是诸父，就是父亲的兄弟姊妹；二是兄弟；三是族人；四是诸舅，就是母亲家的人；五是师长；六是朋友。他说，这“三纲六纪”是中国文化的中心，我看他的话很有道理。因为人类自有社会以来，必然要有一种规则来维系，不然的话社会就会乱七八糟。现在马路上为什么要有交通警？为什么要有红绿灯？这就是一种规则，一种规章制度，要求大家都来遵守，这样社会生活才能进行。要是没有这些规则，社会生活就不能进行。《白虎通》的“三纲六纪”，把当时社会所有的人际关系都规定了。

第二，我们的文化还有一个提法，是我们的特点，就是“格、致、正、诚、修、齐、治、平”。意思就是格物、致知、正心、诚意、修身、齐家、治国、平天下八个步骤。先从自己开始格物，就是了解事物，了解以后致知，把规律找出来，正心、诚意就不用讲了，修身就是修自己，然后齐家，把家治好，然后再治国，治国以后是平天下，就是从个人内心一直到天下。那么，什么叫国，什么叫天下呢？在周代来讲，像齐国、燕国、郑国等国是国，天下则指整个周代的中国。现在像中国、日本叫国，天下就是世界。个人要从内心出发，正心、诚意，一直推到治国、平天下。这套系统的步骤，属于伦理道德范畴，也属于政治范畴，是其他任何国家所没有的。

第三，“礼义廉耻，国之四维”。就是说，礼义廉耻是国家的四个支柱。除了这个提法外，古人还提出了“孝悌忠信，礼义廉耻”等说法，意思都差不多。

上述三个方面是古代伦理道德最先最主要的内容。懂得了这三个方面的内容，大体就了解了中国伦理道德最基本的内容。我们的道德伦理又全面又有体系，其他的内容当然就多了，需要写一部中国伦理学史来阐述。

中国传统道德是中国传统文化当中最精华的内容，它在世界人类文明遗产中的特殊性非常之明显。为什么这么说呢？因为世界上任何国家，从古希腊一直到古印度，尽管每个国家都有自己的道德规范，每个民族都有自己的道德规范，可是内容这么全面、年代这么久远、涉及面这么广泛的道德规范，在全世界来看，中国是唯一的。现在中国周围这些国家，像日本、韩国、越南等，有一个名词叫汉文化圈，属于汉文化圈的国家基本上都受我国的影响。

我们一向讲中国是四大文明古国之一。现在我们的考古发现越多，就越证明我们的历史长久。随着考古学的不断进步，我估计将来考古发现不但有夏、有禹，一定还会有更古的尧、舜，还要往上发展。总而言之，我的看法是考古发现越多，我们的历史越长。这是从形成的历史时间看。

那么从具体内容上看，我们民族的特点就更明显了。

比如“孝”这个概念，“三纲五常”里面都有。除了中国以外，全世界各国都没有这么具体。何以证之呢？可以看一看欧洲现在社会的情况跟我们作比较。当然现在青年人也不像以前那样愚忠愚孝，“割肉疗母”我们也不提倡，可是就拿眼前来讲，我们中国的青年人还比世界各国的要孝得多，虽然程度不如以前了。我是研究语言的，有件事很有意思：把“孝”这个词翻译为英语，用一个词翻译不出来，得用两个词。什么原因呢？因为虽然不能说外国没有孝，但是孝并非作为一个很重要的概念，所以译过去就得用两个词。英文里面两个什么词呢？就是儿女的“虔诚”与“尊敬”，而在中文中光一个“孝”就够了。这就说明“孝”这个词有中国的特点。

我认为中国伦理道德中有两点值得提倡，第一点是讲气节、骨气。一个人要有骨头。我们现在不是还讲解放军硬骨头六连吗？文章也讲风骨。骨头本来是讲一种生理的东西，用到人身上，就是指人要讲气节。孟子就讲“富贵不能淫，贫贱不能移，威武不能屈，此之谓大丈夫”。富贵我们也不怕，贫贱我们也不怕，威武我们也不怕，这在别的国家是没有的。就是说作为一个人，我有我的人格，顶天立地，不管你多大的官，多么有钱，你做得不对我照样不买你的账。例子很多。《三国演义》里有个祢衡敢骂曹操，不怕他能杀人。近代的章太炎，他就敢在袁世凯住进中南海称帝时，到中南海新华门前骂袁称帝。这种骨气别的国家也不提倡。“骨气”这个词也不好译，翻成英文也得用两个词：道德的“反抗的力量”或者“不屈不挠的力量”，我们用一个“气节”“骨气”，多么简洁明了。我们中国的小说中，随便看看，都有像祢衡这样的人。我们为什么崇拜包公？就是因为他威武不能屈。皇帝掌握生杀大权，但皇帝做错了包公照样不买账；达官显贵虽然有钱有势，包公也照样不买账。这种品行外国是不提倡的。

我常对年轻人讲，不仅在国内要有人格，不能一见钱就什么都不讲了，出国也要有国格，不能忘记自己是中国人，不能忘记国格。

第二点是爱国主义。世界上真正提倡爱国主义的是中国。比如苏武北海牧羊而气节不改的故事，连小孩都知道。写《满江红》的抗金英雄岳飞，他的爱国精神更是历代传诵，后人在杭州西湖边专给他盖了一座庙。又如文天祥，谁都知道他的名言“人生自古谁无死，留取丹心照汗青”，全国都有他的祠堂。近代、现代的爱国英雄也多得很，如抗日战争中的张自忠、佟麟阁，等等。

当然，我们讲爱国主义要分场合，例如抗日战争里，我们中国喊爱国主义是好词，因为我们是正义的，是被侵略、被压迫的。压迫别人、侵略别人、屠杀别人的“爱国主义”是假的，是军国主义、法西斯。所以我们讲爱国主义要讲两点：一是我们决不侵略别人，二是我们决不让别人侵略。这样爱国主义就与国际主义、与气节联系上了。

关于中国传统道德在世界文明史中的地位问题，我想最好先举例来说明。大家都知道《歌德谈话录》这本书，在1827年1月30日歌德与艾克曼的谈话录中，歌德说，我今天看了一本中国的书：《好逑传》。中国人了不起，在中国人眼中，人跟宇宙合二为一（这是我这几年宣传的人与大自然和谐），男女谈情说爱，相互彬彬有礼，那么和谐、和睦，这个境界我们西方没有。可以说，《好逑传》在中国文学史上最多与《今古奇观》处在一个水平上，甚至中国文学史也不会写它。可是传到欧洲，当时欧洲文化的第一代表人歌德却大加赞美。但他是有根据的。虽然我国这类才子佳人题材的小说有些理想化，像《西厢记》。但是在当时的西方文化泰斗看来，起码中国作者心中的境界是很高的。歌德指出的这一点不是很值得我们回味吗?

我认为，从世界文化的发展趋向看，中国文化包括中国道德的精华，在21世纪的将来，会在人类精神文明的发展中，发挥更重要的作用。这是我所期望的。

1990年

“天人合一”新解

“天人合一”是中国哲学史上的一个非常重要的命题。中外治中国哲学史的学者，哪一个也回避不开。但是，对这个命题的理解、解释和阐述，却相当分歧。学者间理解的深度和广度、理解的角度，也不尽相同。这是很自然的，几乎没有哪一个哲学史上的命题的解释是完全一致的。

我在下面先简略地谈一谈这个命题的来源，然后介绍一下几个有影响的学者对这个命题的解释，最后提出我自己的看法，也可以说是“新解”吧。对于哲学，其中也包括中国哲学，我即使不是一个完全的门外汉，最多也只能说是一个站在哲学门外向里面望了几眼的好奇者。但是，天底下的事情往往有非常奇怪的，真正的内行“司空见惯浑无事”，对一些最常谈的问题习以为常，熟视无睹，而外行人则怀着一种难免幼稚但却淳朴无所蔽的新鲜的感觉，看出一些门道来。这个现象在心理学上很容易解释，在人类生活和科学研究中，并不稀见。我希望，我就是这样的外行人。

我先介绍一下这个命题的来源和含义。

什么叫“天人合一”呢？“人”，容易解释，就是我们这一些芸芸众生的凡人。“天”，却有点困难，因为“天”字本身含义就有点模糊。在中国古代哲学家笔下，天有时候似乎指的是一个有意志的上帝。这一点非常稀见。有时候似乎指的是物质的天，与地相对。有时候似乎指的是有智力有意志的自然。我没有哲学家精细的头脑，我把“天”简化为大家都能理解的大自然。我相信这八九不离十，离开真理不会有十万八千里。这对说明问题也比较方便。中国古代的许多大哲学家，使用“天”这个字，自己往往也有矛盾，甚至前后抵触。这一点学哲学史的人恐怕都是知道的，用不着细说。

谈到“天人合一”这个命题的来源，大多数学者一般的解释都是说源于儒家的思孟学派。我觉得这是一个相当狭隘的理解。《中华思想大辞典》说："主张'天人合一'，强调天与人的和谐一致是中国古代哲学的主要基调。"这是很有见地的话，这是比较广义的理解，是符合实际情况的。我现在就根据这个理解来谈一谈这个命题的来源，意思就是，不限于思孟，也不限于儒家。我先补充上一句：这个代表中国古代哲学主要基调的思想，是一个非常伟大的、含义异常深远的思想。

为了方便起见，我还是先从儒家思想介绍起。《周易·乾卦·文言》说："'大人'者与天地合其德，与日月合其明，与四时合其序，与鬼神合其吉凶，先天而天弗违，后天而奉天时。"这里讲的就是"天人合一"的思想，这是人生的最高的理想境界。

孔子对天的看法有点矛盾。他时而认为天是自然的，天不言而四时行，而万物生。他时而又认为，人之生死富贵皆决定于天。他不把天视作有意志的人格神。

子思对于天人的看法，可以《中庸》为代表。《中庸》说："能尽人之性，则能尽物之性；能尽物之性，则可以赞天地之化育，则可以与天地参矣。"

孟子对天人的看法基本上继承了子思的衣钵。《孟子·万章上》说："莫之为而为者，天也；莫之致而致者，命也。"天命是人力做不到达不到而最后又能使其成功的力量，是人力之外的决定的力量。孟子并不认为天是神；人们只要能尽心养性，就能够认识天。《孟子·尽心上》说："尽其心者，知其性也；知其性则知天矣。"

到了汉代，汉武帝独尊儒术。董仲舒是当时儒家的代表。是他认真明确地提出了"天人之际，合而为一"的思想。《春秋繁露·人副天数》中说："人有三百六十节，偶天之数也；形体骨肉，偶地之厚也；上有耳目聪明，日月之象也；体有空窍理脉，川谷之象也。"《阴阳义》中说："天亦有喜怒之气，哀乐之心，与人相副，以类合之，天人一也。"董仲舒的天人合一思想，是非常明显的。他的天人感应说，有时候似乎有迷信色彩，我们不能不加以注意。

到了宋代，是中国所谓"理学"产生的时代。此时出了不少大儒。尽管学说在某一些方面也有所不同。但在"天人合一"方面，几乎都是相同的。张载明确地提出了"天人合一"的命题。程颐说："天、地、人，只一道也。"

宋以后儒家关于这一方面的言论，我不再介绍了。我在上面已经说过，这个思想不限于儒家。如果我们从更宏观的角度来看这个问题，把"天人合一"理解为人与大自然的关系，那么在儒家之外，其他道家、墨家和杂家等等也都有类似的思想。我在此稍加介绍。

老子说："人法地，地法天，天法道，道法自然。"王弼注说：与自然无所违。《庄子·齐物论》说："天地与我并生，而万物与我为一。"看起来道家在主张天人合一方面，比儒家还要明确得多。墨子对天命鬼神的看法有矛盾。他一方面强调"非命""尚力"，人之富贵贫贱荣辱在力不在命。但是在另一方面，他又推崇"天志""明鬼"。他的"天"好像是一个有意志行赏罚的人格神。天志的内容是兼相爱。他的政治思想，比如兼爱、非攻、尚贤、尚同，也有同样的标记。至于吕不韦，在《吕氏春秋·应同》中说："成齐类同皆有合，故尧为善而众善至，桀为非而众非来。《高箴》云：'天降灾布祥，并有其职。'"这里又说："山云草莽，水云鱼鳞，旱云烟火，雨云水波，无不皆类其所生以示人。"从这里可以看出，吕氏是主张自然（天）是与人相应的。

中国古代"天人合一"的思想，就介绍这样多。我不是写中国哲学史，不过聊举数例说明这种思想在中国古代十分普遍而已。

不但中国思想如此，而且古代东方思想也大多类此。我只举印度一个例子。印度古代思想派系繁多。但是其中影响比较大根柢比较雄厚的是人与自然合一的思想。印度使用的名词当然不会同中国一样。中国管大自然或者宇宙叫作"天"，而印度则称之为"梵"（brahman）。中国的"人"，印度称之为"我"（Ātman，阿特曼）。总起来看，中国讲"天人"，印度讲"梵我"，意思基本上是一样的。印度古代哲学家有时候用tat（等于英文的that）这个字来表示"梵"。梵文tatkartṛ。表面上看是"那个的创造者"，意思是"宇宙的创造者"。印度古代很有名的一句话tat tvam asi，表面上的意思是"你就是那个"，真正的含义是"你就是宇宙"（你与宇宙合一）。宇宙，梵是大我；阿特曼，我是小我。奥义书中论述梵我关系常使用一个词儿Brahmātmaikyam，意思是"梵我一如"。吠檀多派大师商羯罗（Śaṅkara，约公元788—820年），张扬不二一元论（Advaita）。大体的意思是，有的奥义书把"梵"区分为二：有形的梵和无形的梵。有形的梵指的是现象界或者众多的我（小我）；无形的梵指的是宇宙本体最高的我（大我）。有形的梵是不真实的，而无形的梵才是真实的。所谓"不二一元论"就是说：真正实在的唯有最高本体梵，而作为现象界的我（小我）在本质上就是梵，二者本来是同一个东西。我们拨开这些哲学迷雾看一看本来面目。这一套理论无非是说梵我合人，也就是天人合一，中印两国的思想基本上是一致的（请参阅姚卫群《吠檀多派哲学的梵我关系理论》，《南亚研究》1992年第三期，页37—44）。

从上面的对中国古代思想和印度古代思想的介绍中，我们可以看到，尽管使用的名词不同，而内容则是相同的。换句话说，“天人合一”的思想是东方思想的普遍而又基本的表露。我个人认为，这种思想是有别于西方分析的思维模式的东方综合的思维模式的具体表现。这个思想非常值得注意，非常值得研究，而且还非常值得发扬光大，它关系到人类发展的前途。

专就中国哲学史而论，我在本文一开头就说到：哪一个研究中国哲学史的学者也回避不开“天人合一”这个思想。要想对这些学者们的看法一一详加介绍，那是很难以做到的，也是没有必要的。我在下面先介绍几个我认为有代表性的哲学史家的看法，然后用比较长一点的篇幅来介绍中国现当代国学大师钱宾四（穆）先生的意见，他的意见给了我极大的启发。

首先介绍中国著名的哲学史家冯芝生（友兰）先生的意见。芝生先生毕生研究中国哲学史，著作等身，屡易其稿，前后意见也不可避免地不能完全一致。他的《中国哲学史》是一部皇皇巨著，在半个多世纪的写作过程中，随着时代潮流的变换，屡屡改变观点，直到逝世前不久才算是定稿。我不想在这里详细讨论那许多版本的异同。我只选出一种比较流行的也就是比较有影响的版本，加以征引，略作介绍，使读者看到冯先生对这个“天人合一”思想的评论意见。我选的是1984年中华书局版的《中国哲学史》。他在上册页164谈到孟子时说：“‘万物皆备于我’；‘上下与天地同流’等语，颇有神秘主义之倾向。其本意如何，孟子所言简略，不能详也。”由此可见，冯先生对孟子“天人合一”的思想没有认真重视，认为“有神秘主义倾向”。看来他并不以为这种思想有什么了不起。他的其他意见不再具引。

. 第二个我想介绍的是中国著名的思想史家侯外庐先生。他在《中国思想通史》（1957年，人民出版社）第一卷，页380，谈到《中庸》的“天人合一”的思想。他引用了《中庸》的几段话，其中包括我在上面引的那一段。在页381侯先生写道：“这一‘天人合一’的思想，已在西周的宗教神上面加上了一层‘修道之谓教’。”看来这一位中国思想史专家，对“天人合一”思想的理解与欣赏水平，并没能超过冯友兰先生。

我想，我必须引征一些杨荣国先生的意见，他代表了一个特定时代的御用哲学家的意见。他是“十年浩劫”中几乎仅有的一个受青睐的中国哲学史家。他的《简明中国哲学史》（1973年，人民出版社）可以代表他的观点。在这一部书中，杨荣国教授对与“天人合一”思想有关的古代哲学家一竿子批到底。他认为孔子“要挽救奴隶制的危亡，妄图阻止人民的反抗”（页25）。孔子的

"政治立场的保守，决定他有落后、反动的一面"（同上）。对子思和孟子则说，"力图挽救种族统治、把孔子天命思想进一步主观观念化的唯心主义哲学"（页29）。"孟子鼓吹超阶级的性善论"（页34）。"由于孟子是站在反动的奴隶主立场，是反对社会向前发展的，所以他的历史观必然走上唯心主义的历史宿命论"（页35）。"由是孔孟之道更加成为奴役劳动人民的精神枷锁。要彻底砸烂这些精神枷锁，必须批判孔孟哲学，并肃清其流毒和影响"（页37）。下面对董仲舒（页74—84），对周敦颐（页165—169），对程颐（页171—177），对朱熹（页191—198）等等，所使用的词句都差不多，我不一一具引了。这同平常我们所赞同的批判继承的做法，不大调和。但是它确实代表了一个特定时期的思潮，读者不可不知，所以我引征如上。

最后，我想着重介绍当代国学大师钱穆（宾四）先生对"天人合一"思想的看法。

钱宾四先生活到将近百岁才去世。他一生勤勤恳恳，笔耕不辍，他真正不折不扣地做到了"著作等身"，对国学研究做出了极其重要的贡献。他涉猎方面极广，但以中国古代思想史为轴心。因此，在他漫长的一生中，在他那些大大小小长长短短的著述中，很多地方都谈到了"天人合一"。我不可能一一列举。我想选他的一种早期的著作，稍加申述；然后再选他逝世前不久写成的他最后一篇文章。两个地方都讲到"天人合一"；但是他对这个命题的评价却迥乎不同。我认为，这一件事情有极其重要的含义。一个像钱宾四先生这样的国学大师，在漫长的生命中，对这个命题最后达到的认识，实在是值得我们非常重视的。

我先介绍他早期的认识。

宾四先生著的《中国思想史》（《现代国民基本知识丛书》第一辑）中说：

> 中国思想，有与西方态度极相异处，乃在其不主向外觅理，而认真理即内在于人生界之本身，仅指其在人生界中之普遍者共同者而言，此可谓之内向觅理。

书中又说：

> 中国思想，则认为天地中有万物，万物中有人类，人类中有我。由我而言，我不啻为人类中心，人类不啻为天地万物之中心，而我又

为其中心之中心。而我之与人群与物与天，寻本而言，则浑然一体，既非相对，亦非绝对。

在这里，宾四先生对“天人合一”的思想没有加任何评价。大概他还没有感觉到这个思想有什么了不起之处。

但是，过了几十年以后，宾四先生在他一生最后的一篇文章《中国文化对人类未来可有的贡献》（载刘梦溪主编的《中国文化》，1991年8月第四期，页93—96）中，对“天人合一”这个命题有了全新的认识。文章不长，《中国文化》系专门学术刊物又不大容易见到，我索性把全文抄在下面：

[前言]中国文化中，“天人合一”观，虽是我早年已屡次讲到，惟到最近始澈悟此一观念实是整个中国传统文化思想之归宿处。去年九月，我赴港参加新亚书院创校四十周年庆典，因行动不便，在港数日，常留旅社中，因有所感而思及此。数日中，专一玩味此一观念，而有澈悟，心中快慰，难以言述。我深信中国文化对世界人类未来求生存之贡献，主要亦即在此。惜余已年老体衰，思维迟钝，无力对此大体悟再作阐发，惟待后来者之继起努力。今适中华书局建立八十周年庆，索稿于余，姑将此感写出，以为祝贺。

中国文化过去最伟大的贡献，在于对“天”“人”关系的研究。中国人喜欢把“天”与“人”配合着讲。我曾说“天人合一”论，是中国文化对人类最大的贡献。

从来世界人类最初碰到的困难问题，便是有关天的问题。我曾读过几本西方欧洲古人所讲有关“天”的学术性的书，真不知从何讲起。西方人喜欢把“天”与“人”离开分别来讲。换句话说，他们是离开了人来讲天。这一观念的发展，在今天，科学愈发达，愈易显出它对人类生存的不良影响。

中国人是把“天”与“人”和合起来看。中国人认为“天命”就表露在“人生”上。离开“人生”，也就无从来讲“天命”。离开“天命”，也就无从来讲“人生”。所以中国古人认为“人生”与“天命”最高贵最伟大处，便在能把他们两者和合为一。离开了人，又从何处来证明有天。所以中国古人，认为一切人文演进都顺从天道来。违背了天命，即无人文可言。“天命”“人生”和合为一，这一观念，中国古人早有认识。我以为“天人合一”观，是中国古代文化最古老最有贡献的一种主张。

西方人常把“天命”与“人生”划分为二，他们认为人生之外别有天命，显然是把“天命”与“人生”分作两个层次，两个场面来讲。如此乃是天命，如此乃是人生。“天命”与“人生”分别各有所归。此一观念影响所及，则天命不知其所命，人生亦不知其所生，两截分开，便各失却其本义。决不如古代中国人之“天人合一”论，能得宇宙人生会通合一之真相。

所以西方文化显然需要另有天命的宗教信仰，来作他们讨论人生的前提。而中国文化，既认为“天命”与“人生”同归一贯，并不再有分别，所以中国古代文化起源，亦不再需有像西方古代人的宗教信仰。在中国思想中，“天”“人”两者间，并无“隐”“现”分别。除却“人生”，你又何处来讲“天命”。这种观念，除中国古人外，亦为全世界其他人类所少有。

我常想，现代人如果要想写一部讨论中国古代文化思想的书，莫如先写一本中国古代人的天文观，或写一部中国古代人的天文学，或人生学。总之，中国古代人，可称为抱有一种“天即是人，人即是天，一切人生尽是天命的天人合一观”。这一观念，亦可说即是古代中国人生的一种宗教信仰，这同时也即是古代中国人主要的人生观，亦即是其天文观。如果我们今天亦要效法西方人，强要把“天文”与“人生”分别来看，那就无从去了解中国古代人的思想了。

即如孔子的.一生，便全由天命，细读《论语》便知。子曰：“五十而知天命”，“天生德于予”。又曰：“知我者，其天乎！”“获罪于天，无所祷也。”倘孔子一生全可由孔子自己一人作主宰，不关天命，则孔子的天命和他的人生便分为二。离开天命，专论孔子个人的私生活，则孔子一生的意义与价值就减少了。就此而言，孔子的人生即是天命，天命也即是人生，双方意义价值无穷。换言之，亦可说，人生离去了天命，便全无意义价值可言。但孔子的私生活可以这样讲，别人不能。这一观念，在中国乃由孔子以后战国时代的诸子百家所阐扬。

读《庄子·齐物论》，便知天之所生谓之物。人生亦为万物之一。人生之所以异于万物者，即在其能独近于天命，能与天命最相合一，所以说“天人合一”。此义宏深，又岂是人生于天命相离远者所能知。果使人生离于天命远，则人生亦同于万物与万物无大相异，亦无足贵矣。故就人生论之，人生最大目标、最高宗旨，即在能发明天命。孔子为儒家所奉称最知天命者，其他自颜渊以下，其人品德性之高下，即各以其离于天命远近为分别。这是中国古代论人生之最高宗旨，后代人亦与此不远。这可以说是我中华民族论学分别之大体所在。

近百年来，世界人类文化所宗，可说全在欧洲。最近五十年，欧洲文化近于衰落，此下不能再为世界人类文化向往之宗主。所以可说，最近乃是人类文化之衰落期。此下世界文化又将何所向往？这是今天我们人类最值得重视的现实问题。

以过去世界文化之兴衰大略言之，西方文化一衰则不易再兴，而中国文化则屡仆屡起，故能绵延数千年不断。这可说，因于中国传统文化精神，自古以来即能注意到不违背天，不违背自然，且又能与天命自然融合一体。我以为此下世界文化之归结，恐必将以中国传统文化为宗主。此事涵义广大，非本篇短文所能及，暂不深论。

今仅举“天下”二字来说，中国人最喜言“天下”。“天下”二字，包容广大，其涵义即有，使全世界人类文化融合为一，各民族和平并存，人文自然相互调适之义。其他亦可据此推想。

我抄了宾四先生的全文。此文写于1990年5月。全抄的日的无非是想让读者得窥全豹。我不敢擅自加以删节，恐失真相。

我们把宾四先生早期和晚期的两篇著作一对比便发现，他晚年的这一篇著作，对“天人合一”的认识大大地改变了。他自己使用“澈悟”这个词，有点像佛教的“顿悟”。他自己称此为“大体悟”，说这“是中国文化对人类最大的贡献”，又说“此事涵义广大”，看样子他认为这是一件了不起的事。我们当然都非常希望知道，这“澈悟”的内容究竟是什么。可惜他写此文以后不久就谢世，这将成为一个永恒的谜。宾四先生毕生用力探索中国文化之精髓。积80年之经验，对此问题必有精辟的见解，可惜我们永远也不会知道了。

他在此文中一再讲“人类生存”。他讲得比较明确：“天”就是“天命”；“人”就是“人生”。这同我对“天”“人”的理解不大一样。但是，他又讲到

“不违背天，不违背自然”，把“天”与“自然”等同，又似乎同我的理解差不多。他讲到中国文化与西方文化，认为“欧洲文化近于衰落”，将来世界文化“必将以中国传统文化为宗主”。这一点也同我的想法差不多。

宾四先生往矣。我不揣谫陋，谈一谈我自己对“天人合一”的看法，希望对读者有那么一点用处，并就正于有道。我完全同意宾四先生对这个命题的评价：涵义深远，意义重大。我在这里只想先提出一点来：正如我在上面谈到的，我不把“天”理解为“天命”，也不把“人”理解为“人生”；我认为“天”就是大自然，“人”就是我们人类。天人关系是人与自然的关系。看来在这一点上我同宾四先生意见是不一样的。

我怎样来解释“天人合一”呢？

话要说得远一点，否则不易说清楚。

最近四五年以来，我以一个哲学门外汉的身份，有点不务正业，经常思考一些东西方文化关系问题，思考与宾四先生提出的“此下世界文化又将何所向往”。相似的问题。我先在此声明一句：我并不是受到宾四先生的启发才思考的，因为我开始思考远在他的文章写成以前、只能说是“不谋而合”吧。我曾在许多文章中表达了我的想法，在许多国际学术研讨会上，我也发表了一些讲话。由最初比较模糊，比较简单，比较凌乱，比较浅薄，进而逐渐深化，逐渐系统，颇得到国内外一些真正的行家的赞许。我甚至收到了从西班牙属的一个岛上寄来的表示同意的信。

那么，我是如何思考的呢？

详细的介绍，此非其地。我只能十分简略地介绍一下。我从人类文化产生多元论出发，我认为，世界上每一个民族，不管大小，都或多或少地对人类文化做出了贡献。自从人类有历史以来，共形成了四个文化体系：

一、中国文化

二、印度文化

三、从古代希伯来起经过古代埃及、巴比伦以至伊斯兰阿拉伯文化的闪族文化

四、肇端于古代希腊、罗马的西方文化

这四个文化体系又可以划分为两大文化体系：东方文化和西方文化。前三者属于东方文化，第四个属于西方文化。两大文化体系的关系是：三十年河西，三十年河东。

东西两大文化体系的区别，随处可见。它既表现在物质文化上，也表现在

精神文化上。具体的例子不胜枚举。但是，我个人认为，两大文化体系的根本区别来源于思维模式之不同。这一点我在上面已经提到过：东方的思维模式是综合的，西方的思维模式是分析的。勉强打一个比方，我们可以说：西方是“一分为二”，而东方则是“合二而一”。再用一个更通俗的说法来表达一下：西方是“头痛医头，脚痛医脚”，“只见树木，不见森林”，而东方则是“头痛医脚，脚痛医头”，“既见树木，又见森林”。说得再抽象一点：东方综合思维模式的特点是，整体概念，普遍联系；而西方分析思维模式则正相反。

现在我回到本题。“天人合一”这个命题正是东方综合思维模式的最高最完整的体现。

我在上面已经说到，我理解的“天人合一”是讲人与大自然合一。我现在就根据这个理解对人与自然的关系进行一些分析。人，同其他动物一样，本来也是包括在大自然之内的。但是，自从人变成了“万物之灵”以后，顿觉自己的身价高了起来，要闹一点“独立性”，想同自然对立，要平起平坐了。这样才产生出来了人与自然的关系。

人类在成为“万物之灵”之前或之后，一切生活必需品都必须取给于大自然，衣、食、住、行，莫不皆然。人离开了自然提供的这些东西，一刻也活不下去。由此可见人与自然关系之密切、之重要。怎样来处理好人与自然的关系，就是至关重要的了。

据我个人的观察与思考，在处理人与自然的关系方面，东方文化与西方文化是迥乎不同的，夸大一点简直可以说是根本对立的。西方的指导思想是征服自然；东方的主导思想，由于其基础是综合的模式，主张与自然万物浑然一体。西方向大自然穷追猛打，暴烈索取。在一段时间以内，看来似乎是成功的：大自然被迫勉强满足了他们的生活的物质需求，他们的日子越过越红火。他们有点忘乎所以，飘飘然昏昏然自命为“天之骄子”，“地球的主宰”了。东方人对大自然的态度是同自然交朋友，了解自然，认识自然；在这个基础上再向自然有所索取。“天人合一”这个命题，就是这种态度在哲学上的凝炼的表述。东方文化曾在人类历史上占过上风，起过导向作用，这就是我所说的“三十年河东”。后来由于种种原因，时移势迁，沧海桑田，西方文化取而代之。钱宾四先生所说的：“近百年来，世界人类文化所宗，可说全在欧洲。”这就是我所说的“三十年河西”。世界形势的发展就是如此，不承认是不行的。

东方文化基础的综合的思维模式，承认整体概念和普遍联系，表现在人与自然的关系上就是人与自然为一整体，人与其他动物都包括在这个整体之中。

人不能把其他动物都视为敌人，要征服它们。人吃一些动物的肉，实在是不得已而为之。从古至今，东方的一些宗教，比如佛教，就反对杀牲，反对肉食。中国固有的思想中，对鸟兽表示同情的表现，在在皆有。最著名的两句诗："劝君莫打三春鸟，子在巢中待母归。"是众所周知的。这种对鸟兽表示出来的怜悯与同情，十分感人。西方诗中是难以找到的。孟子的话"恻隐之心人皆有之"，也表现了同一种感情。

东西方的区别就是如此突出。在西方文化风靡世界的几百年中，在尖刻的分析思维模式指导下，西方人贯彻了征服自然的方针。结果怎样呢？有目共睹，后果严重。对人类的得寸进尺永不餍足的需求，大自然的忍耐程度并非无限，而是有限度的。在限度以内，它能够满足人类的某一些索取。过了这个限度，则会对人类加以惩罚，有时候是残酷的惩罚。即使是中国，在我们冲昏了头脑的时候，大量毁林造田，产生的后果，人所共知：长江变成了黄河，洪水猖獗肆虐。

从全世界范围来看，在西方文化主宰下，生态平衡遭到破坏，酸雨到处横行，淡水资源匮乏，大气受到污染，臭氧层遭到破坏，海、洋、湖、河、江遭到污染，一些生物灭种，新的疾病冒出等等，威胁着人类的未来发展，甚至人类的生存。这些灾害如果不能克制，则用不到一百年，人类势将无法生存下去。这些弊害目前已经清清楚楚地摆在我们眼前，哪一个人敢说这是危言耸听呢？

现在全世界的明智之士都已痛感问题之严重。但是却不一定有很多人把这些弊害同西方文化挂上钩。然而，照我的看法，这些东西非同西方文化挂上钩不行。西方的有识之士，从本世纪20年代起直到最近，已经感到西方文化行将衰落。钱宾四先生说："最近五十年，欧洲文化近于衰落。"他的忧虑同西方眼光远大的人如出一辙。这些意见同我想的几乎完全一样，我当然是同意的，虽然衰落的原因我同宾四先生以及西方人士的看法可能完全不相同的。

有没有挽救的办法呢？当然有的。依我看，办法就是以东方文化的综合思维模式济西方的分析思维模式之穷。人们首先要按照中国人、东方人的哲学思维，其中最主要的就是"天人合一"的思想，同大自然交朋友，彻底改恶向善，彻底改弦更张。只有这样，人类才能继续幸福地生存下去。我的意思并不是要铲除或消灭西方文化。不是的，完全不是的。那样做，是绝对愚蠢的，完全做不到的。西方文化迄今所获得的光辉成就，决不能抹煞。我的意思是，在西方文化已经达到的基础上，更上一层楼，把人类文化提高到一个前所未有的高度。“三十年河西，三十年河东”这个人类社会进化的规律能达到的目标，就是这样。

有一位语言学家讽刺我要“东化”。他似乎认为这是非圣无法大逆不道之举。愧我愚陋，我完全不理解：既然能搞“西化”，为什么就不能搞“东化”呢？

“风物长宜放眼量。”我们决不应妄自尊大。但是我们也不应妄自菲薄。我们不应当囿于积习，鼠目寸光，认为西方一切都好，我们自己一切都不行。这我期期以为不可。

多少年来，人们沸沸扬扬，义形于色，讨论为什么中国自然科学不行，大家七嘴八舌，争论不休，都认为这是一件事实，不用再加以证明。然而事情真是这样吗？我自己对自然科学所知不多，不敢妄加雌黄。我现在吁请大家读一读中国当代数学大家吴文俊先生的一篇文章：《关于研究数学在中国的历史与现状》（见《自然辩证法通讯》1990年第四期）。大家从中一定可以学习很多东西。

总之，我认为，中国文化和东方文化中有不少好东西，等待我们去研究，去探讨，去发扬光大。“天人合一”就属于这个范畴。我对“天人合一”，这个重要的命题的“新解”，就是如此。

1992年11月22日写毕

关于“天人合一”思想的再思考

今年春天，我在新创刊的《传统文化与现代化》杂志上发表了一篇论文《“天人合一”新解》（以下简称《新解》），阐述了我最近对东西文化关系的一些新的想法，大概仍然属于野狐谈禅之类。不意竟引起了很大反响（柴剑虹、向云驹等先生相告）。同时，我自己也进一步读了一些书。我并无意专门搜集这一方面的资料，资料好像是自己跃入我的眼中。一经看到，眼明心亮。我自己也有点吃惊：资料原来这样多呀！这些资料逼迫我进一步考虑这个问题。

我想到，东西文化关系的问题，是当前国内热门话题之一，国外也有类似倾向。最近一两年内，我曾多次参加国内和国际研究东西文化关系的学术研讨会。同声相求，同气相应，颇有一些意见相同者，窃以为慰。但是，兹事体大，决非一两个人，在一两年内，就能获得比较满意的解决的。因此，把我进一步考虑的结果以及新看到的一切资料，搜集起来，对《新解》加以补充，会是有益的。

这就是这篇论文产生的根源。

我的做法是，先补充一些资料，然后再分别介绍李慎之先生一篇文章和郑敏先生一篇文章。最后讲一点纳西族的哲学思想。

补　充

我在《新解》中引用了不少中国资料；但是对一个非常重要的人物，宋代的张载，却只提了一句，这无疑是一个很大的缺憾。张载是宣扬天人合一思想的最深刻最鲜明的代表，是万万遗漏不得的。我现在来弥补一下。

张载是宋代的理学大家之一。在遵照唯物主义和唯心主义斗争的条条框框写成的中国哲学史中，他一向被认为是唯物主义者。我对这种愣贴标签的、把哲学现象过分简单化的做法是不敢苟同的。这且不去说它。我现在引他一些话，补《新解》之不足。

天人合一思想在张载的著作中，到处都有表现。比如在《正蒙》中他说："爱必兼爱。"他又说："物无孤立之理"，意思就是，事事物物都互相联系。这同我多次提到的东方文化的特点：整体概念、普遍联系，是一个意思。表现天人合一思想最鲜明、最深刻的例子，是张载著名的《西铭》（后收入《正蒙》中）。《西铭》极短，我不妨全文抄出：

> 乾称父，坤称母；予兹藐焉，乃混然中处。故天地之塞，吾其体；天地之帅，吾其性。民吾同胞，物吾与也。大君者，吾父母宗子；其大臣，宗子之家相也。尊高年，所以长其长；慈孤弱，所以幼其（吾）幼。圣其合德，贤其秀也。凡天下疲癃残疾、惸独鳏寡，皆吾兄弟之颠连而无告者也。于时保之，子之翼也；乐且不忧，纯乎孝者也。

张载就补充这样多。在当时，张载同程朱一派的理学家意见是不同的，甚至是矛盾的。但是对张载这种鲜明的天人合一的思想，程朱也是赞赏的。可见这种思想，在中国哲学史上，是深入人心的。

现在我想补充一点关于日本的资料。日本深受中国宋明理学的影响，对于天人合一的思想并不陌生。这一点在讲日本思想史的书中，在许多中国学家的著作中，很容易可以找到，无需我再加以详细论列。前不久，我接到日本神户大学教授、哲学和日本学专家仓泽行洋博士的新著《东洋と西洋》，其中有的地方讲到天人合一：第一章，"世界観の東西"，"13. 衆生本来佛"；"14. 万物我と一体"。我请人①把14译为汉文，附在这里，以供参考：

> 14. 万物与我一体
>
> 这样，在佛教中认为人与万物并无差别，同为佛，实质上同为一物。当然，我们即使不以佛作为依据，在其他许多地方也同样可以发现人与万物本质上完全相同。

①北京大学东方学系于荣胜同志，谨向他表示谢意。

譬如，在印度有一种古老的哲学，叫“奥义书”。这种哲学出现在佛教尚未形成之时。奥义书哲学的根本理念、根本思想就是ātman与brahman同一。ātman就是自我的本质、我的实体。brahman就是宇宙的原理，译为“梵”。这里就是讲我与梵，自我的本体与宇宙的原理是相同之物。日本明治时代的某位学者把它称为“梵我一如”。奥义书思想之本就在于“梵我一如”。这是一个十分出色的表现。“梵我一如”也是我、人与人以外的万物完全相同的另一种讲法。

另外，还有一种十分简洁、十分明确的说法，这就是“天地与我同根，万物与我一体”。这句话出自中国的一本古书《碧岩录》。此句的意义，我想是不说自明的。

与此十分相似的还有《庄子》中的一句话：“天地与我并生，而万物与我为一。”

《庄子》中还有这样一句话：“万物皆一，万物一齐。”此处的万物中包含着人类。包括人类在内的万物从本质上看都是相同的。“万物一齐”的“一齐”就是相同、相等之意，所以就等于说万物毫无例外都是平等的。

此类例子不胜枚举。①

现在补充一点关于朝鲜的资料。

朝鲜有比较悠长的哲学发展的历史，一方面有自己本土的哲学思想，另一方面又受到了邻国中国哲学思想的影响。中国儒家思想在三国时期已传入朝鲜，儒家的天命观影响了朝鲜思想。到了高丽末李朝初期，宋代程朱之学传入。作为宋代理学基础的“天人合一”思想，也在朝鲜占了上风。在这时期出现了一批程朱理学的代表人物，比如李穑（1328—1396年）、郑梦周（1337—1392年）、郑道传（1337—1398年）等等，在他们的学说中，都有一些关于天地万物之理的论述；但是，明确提出“天人合一”思想的是权近（1352—1409年）。他用图表来解释哲学思想，其中最重要的是“天人心性合一之图”，他把这张图摆在所有图的最前面，以表示其重要性。他反对天人相胜论。他说：

就人心性上，以明理气善恶之殊，以示学者……人兽草木千形万状，各正性命者，皆自一太极中流出。故万物各具一理，万理同出一

①仓泽行洋《东洋と西洋》，日本大阪东方出版社，1992年版，第52—54页。

源，一草一木各一太极，而天下无性外之物，故中庸言，能尽其性，则能尽人之性，能尽物之性，而可以赞天地之化育，呜呼，至哉。

权近又提出了天人相类相通的学说，他说：

盖天地万物，本同一体，故人之心正，则天地之心亦正；人之气顺，则天地之气亦顺。是天地之有灾祥，良由人事之有得失也。人事得，则灾祥顺其常；人事失，则灾祥反其正。

他还说：

人众胜天，天定亦能胜人。天人之际，虽交相为胜，然人之胜天，可暂而不可常；天之胜人，愈久而愈定也。故淫者必不能保其终，而善者必有庆于后矣。

李朝前半期的哲学思想，以及那以后的哲学思想，仍然或多或少地呈现出“天人合一”的色彩[①]。因此我们可以说，这种东方特有的“天人合一”的思想，在朝鲜哲学史上也是比较明确的。

补充就这样多。

在《“天人合一”新解》里，我论述了中国和印度的天人合一的思想。现在，我又补充了日本和朝鲜（韩国）的天人合一的思想。东方几个有代表性的国家，我都谈到了。因此，我说，天人合一的思想，是东方文明的主导思想，应该说是有坚实可靠的根据的。

我在下面介绍两篇文章，第一篇是李慎之教授的《中国哲学的精神》[②]。

在进入正文之前，我想先讲一点琐事，也可以算是“花絮”吧。

我最初并不认识李慎之先生。只在中国国际交流协会的理事会上见过几次面。我认为他不过是一个外交官，一个从事国际活动的专家，给我没有留下多么深刻的印象。前几年，台湾的星云大师率领庞大的僧尼代表团，来大陆访问。赵朴老在人民大会堂设素斋招待。排座位，我适与他邻座。既然邻座，必

①以上的叙述根据朱红星、李洪淳、朱七星《朝鲜哲学思想史》，延边人民出版社1989年版。

②《传统文化与现代化》，1993年第2期，第3—11页。

然要交谈。谈了没有几个回合，我心里就大吃一惊，我惊其博学，惊其多识，我暗自思忖："这个人看来必须另眼相看了。"

《吴宓与陈寅恪》一书出版，在懂行者的人们中，颇引起一点轰动。报刊杂志上刊出了几篇文章，从不同的角度上对陈吴二师的思想学术和交谊，做了一些探讨，极有见地，相当深刻，发潜德之幽光，使二师的真相逐渐大白于天下，我心中窃以为慰。

有一天，见到李先生。他告诉我，他看到我为那一本书题的封面，我在书名之外写上了"弟子季羡林敬署"。这本是一件微末不足道的小事，他却大为感慨。我小时候练习过毛笔字，后来长期在国外，毛笔不沾手者十有余年。我自知之明颇有一点，自知书法庸陋，从不敢以书法家自命。不意近若干年以来，竟屡屡有人找我写这写那。初颇惶恐觳觫，竭力抗拒。人称谦虚，我实愧恧。于是横下了一条心："你不嫌丑，我就不脸红！"从而来者不拒，大写起来。但是，《吴宓与陈寅恪》却不属于这个范畴。为两位恩师的书题写书名，是极大的光荣。题上"弟子"字样，稍寓结草衔环之意。这一切都是在有意与无意之间进行的。然而慎之却于其中体会出深文奥义，感叹当今世态浇漓，师道不尊，"十年浩劫"期间，学生以打老师为光荣，而今竟有我这样的傻子、呆子，花岗岩的老脑袋瓜，仍遵古道，自署"弟子"。他在慨叹之余，提笔写了一篇关于《吴宓与陈寅恪》一书的文章，寄了给我。不知何故，没能收到。他又把文章复制了一份，重新付邮，并附短札一通。文章的名字叫《守死善道　强哉矫》，副标题是"读《吴宓与陈寅恪》"。信与文章都是一流的。我现在先把信抄在下面：

季先生：

抽文于六月底草成后即寄上请正。既然没有收到，就再次挂号寄上。

上次信中，还写了一些对陈吴两先（生）表示钦仰的话，并且希望两先生的老节能为中国知识分子之操守立一标准。这次就都不说了。只是仍然深感自己才力薄弱，不足以发两先生的潜德幽光，滋有愧耳。

专此即颂

秋安

李慎之　1992年中秋夜

看了这封信，我相信，读者会认为我抄它是应该的。至于那一篇文章，我力劝他发表，现已在《瞭望》1992年第42期上刊出。我劝对陈吴两师有意研究了解者务必一读。我认为这是一篇难得的好文章，有见解，有气势，有感情，有认识；对两先生毕生忠于自己的信念，不侮食自矜，不曲学阿世，给予了最高的评价；对两先生生死全交终生不渝的友谊给予了最高的赞美。文章说："陈先生的悲剧并不在他的守旧而正在于他的超前，这就是所谓'先觉有常刑'。"真可以掷地作金石声!

这就是我认识李慎之的经过，这就是我认识的李慎之。

这"花絮"实在有点太长了。但是，我相信，读者读了以后，或许还有人认为，它还应该再长一点。

现在来介绍《中国哲学的精神》。

按照平常的做法，我应当先对本文加以概述，然后选取某些点加以详细评论，或赞同，或否定，或誉，或毁，个人的看法当然也要提到，于是一篇文章便大功告成。我现在不想这样办。我觉得，这样办虽符合新八股的规律，然而却是"可怜无补费精神"。大家不是常说"求同存异"吗？我想反其道而行之，来一个"求异存同"，并非想标新立异，实不得不尔耳。

说到"求异存同"，我又不得不罗嗦几句。李慎之先生在《守死善道　强哉矫》那一篇文章里引用了古人的话："朋友，以义合者也。"我认为，这是涵义深刻的一句话。但是，什么叫"义"呢？韩文公说："行而宜之之谓义。"这仍然是"妻者，齐也"同音相训的老套。我个人觉得，"义"起码包含着肝胆相照这样一层意思，就是说，朋友之间不说假话，要讲真实的话。慎之做到了这一点，我现在努力步其后尘。

在这个思想的指导下，我介绍《中国哲学的精神》一文，不谈本文，只谈《后记》。慎之说："我过去看到季先生一些短篇论东西文化的文章，总以为他的思想与我大相径庭。这次看到他的长篇论述，才发觉我们的看法原来高度一致。"（原文页10，第二栏）这对我无疑是一个极大的鼓舞，给了我极大的安慰。关于"高度一致"的地方，我就不再谈了。我现在专谈"高度不一致"的地方。

这样的地方我归纳为以下三点，分别谈谈我的意见。

一、西方科学技术的副作用问题

李慎之先生说："季先生似乎对西方科学技术的副作用看得多了一点。"可我自己觉得，我看得不是太多，而是太少。关于这个问题，我并不是先知先觉。西方有识之士早已看到了，而且提出了警告。不但今天是这样，而且在一百多年以前已经有人提出来了。下面介绍郑敏教授的文章时，我还将谈论这个问题。这里就暂且不谈了。

前几天，我在香山召开的"东方伦理道德与青少年教育国际研讨会"上听到一位女士说，她最近读了一本外国某专家的书，书中列举了大量类似我在《新解》中所指出的西方科技产生出来的弊害，有说明，有理论，他最后的结论是：到了21世纪末，人类就到了"末日"，实在让人惊心动魄。我还没有像他那样悲观，原因大概就是因为我并非科技专家，也非社会学家。我所能看到的并且列举出来的弊害，并不全面。虽然我在列举弊害时，往往在最后加上"等等"，甚至两个"等等"这样的字样，看来是胸有成竹，种种弊害罗列心头，唾手可得。实际上是英雄欺人，是我要的一种手法。我限于能力，再也列举不出更多更具体更有力的证据了。

但是，就拿我所能列举出来的弊害来看，这些都是确确实实存在着的，而且还日益发展蔓延。这决不是我个人的幻想，而是有目共睹的。可怜当今世界上那些有权势的能在这方面有所作为的大人物，对这些问题视而不见，懵懵懂懂，如在梦中，仍然在争名于朝、争利于市，自我感觉极端良好哩。

慎之在《后记》中又提到："去年六月讨论环境问题的全球首脑会议前夕，有一批当今世界上在各种学科居于领导地位的科学家特地写信给首脑会议发出呼吁，认为只有发展科学，发展技术，发展经济，才有可能最后解决环境问题。决不能为保护环境而抑制发展，否则将两俱无成。我是赞成他们的意见的。"①直白地说，我是不赞成他们的意见的，我期期以为不可。为了保护环境决不能抑制科学的发展、技术的发展和经济的发展，这个大前提绝对是正确的。不这样做是笨伯，是傻瓜。但是，处理这个问题，脑筋里必须先有一根弦，先有一个必不可缺的指导思想，而这个指导思想只能是东方的"天人合一"的思想。否则就会像是被剪掉了触角的蚂蚁，不知道往哪里走。从发展的最初一刻起（from the very beginning），就应当在这种思想的指引下，念念不忘过去的惨痛教训，想方设法，挖空心思，尽上最大的努力，对弊害加以抑

① 《传统文化与现代化》，1993年第二期，第10—11页。

制，决不允许空喊："发展！发展！发展！"高枕无忧，掉以轻心，梦想有朝一日科学会自己找出办法，挫败弊害。常言道："道高一尺，魔高一丈。"到了那时，魔已经无法控制，而人类前途危矣。中国旧小说中常讲到龙虎山张天师打开魔罐，放出群魔，到了后来，群魔乱舞，张天师也束手无策了。最聪明最有远见的办法是向观音菩萨学习，放手让本领通天的孙悟空去帮助唐僧取经。但同时又把一个箍套在猴子头上，把紧箍咒教给唐僧。这样可以两全其美。真无愧是大慈大悲的观世音。西方科学家们决不能望其项背。他们那一套"科学主义"是绝对靠不住的。事实早已证明了：科学决非万能。

二、东西方文化融合的问题

李慎之先生说："事实上，人类已经到了全球化的时代，各种文化的融和已经开始了。"[①]

笼统地说，我是同意这个看法的。因为，文化一经产生并且发展到了一定的程度，就会融合；而只有不同的文化的融合才能产生更高一层的文化。历史事实就是如此。

在这里，关键问题是"怎样融合"？也就是慎之所说的"如何"（how）的问题。这也就是我同他分歧之所在。他的论点看样子是东西文化对等地融合，不分高下，不分主次，像是酒同水融合一样，你中有我，我中有你，平起平坐，不分彼此。这当然是很理想的，很美妙的。

但是，我却认为，这样的融合是不能解决问题的，倒不是因为我们要争一口气。融合必须是不对等的，必须以东方文化为主。

这不是有点太霸道了，太不讲理了吗？为了说明这个问题，话必须扯得远一点。

英国历史学家汤因比（Toynbee）在他的巨著《历史研究》（*Historical Studies*）中，把人类在几千年的历史上所创造的文明归纳为23种或26种。意思就是说，任何文明都不能万岁千秋，永存不朽。这个观点是符合人类历史发展情况的。我归纳了一下，认为人类的文明或者文化大体上有五个阶段：诞生，成长，繁荣，衰竭，消逝。这种消逝不是毫不留踪迹地消失了，而是留有踪迹的，踪迹就存在于接它的班的文化中。这其实也是一种文化融合；但却不是对

①见《辨同异　合东西》。

等的，而是有主有从的。

我们现在所说西方文化，是指汇合了古代希腊文化和希伯来文化而发展下来的欧美文化。其思想基础是分析的思维模式。其繁荣期是在工业革命以后，与资本主义的诞生有密切联系。这个文化把人类文化的发展推向一个空前的高度，创造的物质财富使全人类皆蒙其利，无远弗届。这一点无论如何也要强调的。但是，中外少数有识之士，已经感到，到了今天，这个文化已呈强弩之末之势。它那分析的特点碰到了困难，一些西方的物理学家提出了“夸克封闭”的理论。我于此是一个完全的外行，不敢赞一辞。即使是还能分析下去，也决不能说永远能分析下去。那种“万世不竭”的想法，恐怕只是一种空想。反正一向自认为已经抓到了真理，无所不适、无所不能的自然科学家并不能解决或者解释自然界和人类躯体上的一切问题，这已经是有目共睹的了。

西方文化衰竭了以后怎样呢？我的看法是：自有东方文化在。

可是，李慎之先生在这里又提出了问题。他在《辨同异 合东西》这一篇发言里说：“首先是，所谓东方与西方文化究竟何所指，就很难弄清楚。”这话自有其道理。一直到今天，主张东西文化有别的人还没有哪一个能够条分缕析地，详实而又确凿地，令人完全信服地说出个道理来。这有待于我们进一步地思考与研究。但是决不能因噎废食，就说东西文化分不清楚了。世界上万事万物，没有哪一个是绝对地纯的。连“真空”也不是百分之百地“真”。自其大者而言之，东西文化确有差别，而且差别极为明显，这一点无法否认。人类创造的文化很多，但是从总体上来看，可以分为东西两大文化体系。人类的思维模式，尽管名目繁多；但是从总体上来看也只能分为两大体系：综合的思维模式与分析的思维模式。这与东西两大文化体系适相对应。我在上面已经谈到，西方文化决不能万岁千秋，西方的科学技术也决非万能。自然界和人体内许多现象，西方科技无法解释。比如人体特异功能、中国的气功，还有中国傩文化中的一些现象，按照西方自然科学的规律是无法说得通的。把这些东西过分夸大，说得神乎其神，我并不相信；但是这种现象确实存在，又无法否认。

怎样来解释这些现象呢？西方的科学技术已经无能为力，也就是说，西方以分析思维模式为主导的探讨问题的方式已经无能为力了。换一个方式试试看怎样呢？在这里，alternative只有东方文化，只有以综合思维模式为主导的东方探讨问题的方式。实迫处此，不得不尔。一个人的个人爱好在这里是无能为力的。

东西方文化的差别表现在众多的地方。原来我以为只有在社会科学和人文科学方面是这样的。后来我读了一些书和文章，才知道区别并不限于上述两种科学，连自然科学也不例外。给我启发最大的两篇文章，一篇是吴文俊教授的《关于研究数学在中国的历史与现状》，副标题是“东方数学典籍《九章算术》及其刘徽注研究序言”，发表在《自然辩证法通讯》，第十二卷，总68期，1990年第四期，页37—39上。第二篇是关士续先生的《科学历史的辩证法与辩证唯物主义的历史观》，副标题是“由吴文俊教授一篇序言引起的思考和讨论”，发表在《自然辩证法研究》，1991年第五期，页27—31上。两位作者都根本不是讨论东西方文化的问题；然而对探讨这两种文化之差别是有非常深刻的启发意义。我郑重推荐给对这个问题有兴趣的同行们读一读。

话扯得有点太远了，是收回来的时候了。话虽然多，但我深信并不是废话。看了这些话以后，读者自然就能明白，我理解的东西文化融合与慎之理解的大相径庭。我理解的不是对等的融合，而是两个文化发展阶段前后衔接的融合，而是必以一方为主的融合，就是“东风压倒西风”吧。试问一个以综合思维为基础的文化怎样能同一个以分析思维为基础的文化对等地融合呢？那样产生出来的究竟会是一种什么样的文化呢？

这里有一个十分关键的问题，必须加以解决，否则的话，我上面的那一些论证都成了肥皂泡，一吹就破。这就是：中国文化，或者泛而言之的东方文化，也已有了若干千年的历史，难道这个文化就不受我在上面提出来的文化发展的五个阶段的制约吗？难道在这里必须给东方文化以“特权”吗？否，否，东方文化也必须受那五个阶段的制约。在规律面前，方方平等。我拿中国文化作一个例子来解释一下这个问题。汤因比在他的书中曾把中国文化分为几个文明。其说能否成立，姑置不论。但是中国文化作为一个整体，在几千年的发展过程中，有过几次“输液”或者甚至“换血”的过程。印度佛教思想传人中国，是第一次“输液”。明清之际西方思想传入，是第二次“输液”。五四运动也可以算是第三次“输液”。有这样几次“输液”的过程，中国文化才得以葆其青春。这样的“输液”，西方文化是不明显的。工业革命以后的繁荣阶段，更是根本没有。这是东西方文化最显著的区别之一。

基于上述理由，我不能同意慎之的意见。

三、“三十年河东，三十年河西”的问题

这个问题在上面二里实际上已经解决了。但是，慎之在《后记》里十分强

调说："季先生所提出的'三十年河东、三十年河西'论，是我最不能同意的。"因此，我觉得还有必要，再唠叨上几句。

这个问题，与其说是一个理论（慎之的"论"），毋宁说它是一个历史事实。既然在人类历史上有过许多文化或者文明，生生灭灭，变动不已，从广义上来看，这就是"三十年河东，三十年河西"。把范围缩小一点，缩为东西两大文化体系，情况稍有不同。在这里，历史上曾有过"三十年河东"，现在正是"三十年河西"，是否能再一个"三十年河东"，这就有点理论味道了，因为历史还没有证明其"是"与"否"。我认为是"是"，理由上面二里已经陈述过了。至于究竟如何，那就有待于历史的证明。黑格尔用正—反—合这个公式说明事物发展规律。我觉得，在东西文化的关系上应该是正—反—正。但是我对于理论不是内行，提出来求教于通人。

写到这里，我想起了一个古老的笑话，是关于两个近视眼看匾的，内容大家都知道的。我同慎之以及其他先生讨论的问题，等于还没拿出来的那一块匾。这样的问题只有历史的发展能最终解决，理论不管多么完美，多么奇妙，在没有被事实证明以前，都只能说是空想。因此，我对这个问题的考虑就到此为止，今后不想再写21世纪"畅想曲"了。这个问题留给文学家，留给诗人去处理吧。

下面介绍第二篇文章：郑敏教授的《诗歌与科学：世纪末重读雪莱〈诗辨〉的震动与困惑》①。雪莱（1792—1822年）这一篇文章是一篇极为重要的文章，真正闪耀着"天才的火花"。西人有言："诗人是预言家"，这话极有见地。诗人大概比我在上面提到的看（猜）匾的近视眼要高明得多多了。郑敏先生又以自己诗人的敏感写出了重读这篇文章的震动与困惑，极具有启发性。这与我在《新解》中提出的看法几乎完全符合。我不禁有点沾沾自喜了。

我在下面就郑敏教授的文章谈几点意见。

一、雪莱预言工业发展的恶果

英国浪漫主义诗人雪莱以惊人的诗人的敏感，在西方工业发展正如火如荼地上升的时候，预先看到了它能产生的恶果。因为我自己没有读《诗辨》，我只能依靠郑敏先生的介绍，我还是抄一点她的文章吧：

---

①《外国文学评论》，1993年第一期，第45—51页。

在他的感受里19世纪上半期的英国文化和人民的心态可谓病入膏肓。人们醉心于利用新兴的科学占领财富，一味放纵钻营的才能，而忽视心灵的培养。人们以机械的生产压制真正的创造性，而只有创造性才是真正的知识的源。在《诗辨》中雪莱指控工业革命将人们引上贪财、自私、愚昧的道路。[①]

郑敏先生接下去在下面又写道：

从17世纪到19世纪，西方文明在强大富裕的路上疾驰，价值观念经受强大的冲击，科技的惊人成就使得人文科学黯然失色。为积累财富所需的知识和理性活动成为文教界所重视的，而诗和想象力由于其无助于直接换取市场上的优势而受到忽视，前者雪莱称之为钻营的本领，诗人意识到物质的丰富并不必然促成文明自低向高发展。[②]

这些话对我们今天的中国也还有其借鉴的意义。我并不主张一切的财富积累都必须反对。那是某些宗教教派的信条，为我所不取。但在积累财富的同时不应该进行点精神文明方面的教育吗？

接下去，郑敏教授根据雪莱的预言列举了一些随着高科技在20世纪的发展而产生出来的“罪恶”：原子弹、艾滋病、民族仇恨的战火、森林的被破坏、海洋受污染、动物种类不断减少、臭氧层遭破坏、吸毒的蔓延、国际贩毒活动猖狂、黑手党的暴力活动、灭绝种族的纳粹大屠杀、恐怖的夜间失踪、精神病院的黑暗等等。这同我在一些文章中列举的“弊端”，大同而小异。真是触目惊心，令人不寒而栗。

二、雪莱开出的药方

上面列举的那一些现象，不管称之为什么，反正都是确确实实存在的，必须有解救的办法，必须有治这些病的药方。

根据郑先生的介绍，雪莱开出来的药方是诗与想象力，再加上一个爱。

①《外国文学评论》，1993年第一期，第45b页。

②《外国文学评论》，1993年第一期，第46a页。

根据郑先生的解释，“诗”，在很多情况下指的是诗的功能。雪莱认为，诗是神圣的，它具有一种道德的威力，它能克服邪恶。“想象力”，雪莱在《诗辨》中提出了它作为对物质崇拜和金钱专政相对抗的解毒剂。这种想象力的成分有柏拉图的理念、康德的先验主义，以及大量带有非理性（不是反理性）色彩的人文主义。在《诗辨》看来，那在富与高尚之间遗失的环节，就是想象力和诗。

雪莱医治人类创伤的另一剂良药就是“爱”。在《解放了的普罗米修斯》中，地下凶神德漠高更说爱这双有医疗功能的翅膀拥抱满目疮痍的世界。

总之，雪莱的浪漫主义想以爱来医治人的创伤，以想象力来开拓人的崇高，以诗来滋润久旱的土地。他的这一些想法，我们不见得都能接受。但是，这对我们会有很大的启发性，则是必须肯定的。

三、人与大自然的关系

一讲到爱，就会同人与大自然的关系挂上了钩。在这个问题上，郑敏教授有非常中肯的论述。我在下面抄一段她的话：

> 譬如当一部分人为了发财而疯狂地破坏自然时，诗心使得一些人抗议滥杀野生动物，破坏原始森林，破坏臭氧层。愈来愈多的入走出以“人”为中心的狭隘、愚昧的宇宙观，认识到自然并不是为人而存在的，反之，人若要存在下去，要了解自然、保护自然。盲目破坏自然环境，最终是要受到自然的惩罚。在工业的初期，人类兴奋于一些科技的发明而以为人类万能，自我膨胀……使人类在愚蠢的谋财过程大量伤害了自然，今天我们已看到人和自然间的文本的关系，人的存在因自然受伤也面临危机。[1]

这些意见同我在《新解》和其他文章中的意见完全一致。我们必须承认这些意见的正确。中国和东方一些国家自古以来的“天人合一”的思想，表达的正是这种思想和感情。拯救全人类灭亡的金丹灵药，雪莱提出来的是想象力、诗和爱，我们东方人提出来的是“天人合一”的思想，殊途同归，不必硬加轩轾。

① 《外国文学评论》，1993年第一期，47b—48a页。

四、西方向东方学习

写到这里，已经接近西方必须向东方学习的问题了。

关于这个问题，郑敏先生介绍了一些情况。她说，随着西方社会走向后工业化时代，西方思潮中发展了一股向东方文化寻找清热解毒的良药的潜流。她举出了一些例子，比如本世纪初的费诺罗萨（Fenollosa）和庞德（Ezra Pound）对中国文字和古典文学的兴趣。“这一支向东方文明寻找生机的学派虽然在20世纪以前已经开始，但在19世纪与20世纪发展成西方文化中一支颇有影响的亚文化。从道家、儒家、印度佛教近年在西方文化中的影响来讲，就可以看出西方思想家是如何希望将东方文化作为一种良药来疏浚西方文化血管中物质沉淀的阻塞。”在这里，郑敏教授举出了F. 卡普拉（Fritjof Capra）和海德格尔，还有日本学者Tezuka（手冢），以及德里达关于语言的讨论。

总之，西方向东方学习古已有之，于今为烈。我个人认为这是不可避免的，而且是一件大好的事情。特别值得思考的是这样一个事实：西方在第一次世界大战和第二次世界大战以后，都曾掀起了向东方学习的高潮。其中原因实在值得我们认真去思考。

五、两种思维方式

最后我想着重谈一谈东西两种思维方式或模式的问题。

几年以前，我提出了世界上两大思维模式的想法，东方的综合的思维模式和西方的分析的思维模式。我在本文中，在上面，也谈到了这个想法。我有点自知之明，自己决不是什么哲学家，至多不过胡思乱想而已。可是对这种胡思乱想偏偏又有点沾沾自喜。这或许是人类的弱点之一吧，我也未能免俗。虽然对读者同意的反应和不同意的反应我并不怎样介意，但看到赞成的意见，心里总是有点舒服。这或许是人类的另一个弱点吧。

在郑敏教授的这一篇文章里，我无意中找到了同我的看法几乎完全相同的论述，窃以为慰。我先把有关的地方抄在下面：

> 20世纪后半期，西方结构主义与解构思维都以语言为突破口，对人类文化的各方面进行阐释，最后落实到两类思维模式，结构主义带

着浓厚的崇尚科学的客观性的倾向，企图将文字、语言及文化的各个方面纳入脱离人性及主观想象力的活动而独立存在的结构符号系统的世界。解构思维则对这种崇尚逻辑分析并以此为中心的智性活动的垄断进行反抗。①

再往下，郑敏先生又从人类智能的倾向方面把智能分为两大类：

分析的、重实的和综合的重穿透和超越的。雪莱认为科技属于前者，而诗的想象为后者。②

这同上面讲到的人类的两种思维模式完全相当。根据郑先生的论述，这两种模式表现在很多方面，我先归纳一下，列出一个简明扼要的表，然后再逐项稍加解释：

分析知性（理性）	分析力	结构主义
综合悟性	想象力	解构思维

为了真实和准确起见，我在解释时少用自己的话，而多用郑文原文。

先谈分析和综合。“从18世纪以来，由于科技的突飞猛进，人们更重视分析的逻辑思维，而忽视想象力的海阔天空的创造性。”（郑文，页48b）“但现在这类分析活动，正试用压倒创造发明的功能（指想象力——作者注）的直接表述。”（页49b）“综合”，上面引文中已有，不再重复。

谈知性和悟性。“忘记了想象力、悟性是保护人类崇高精神和创造能力的一种天性。”（页49a）“但他坚信这一切必须置于诗的功能和想象力的悟性（非狭隘的理性）之下”。页48b有“智性活动”这个词儿。“理性的运用强调分析、知性和实证，而忽略悟性，虽然悟性是凌驾于事实之上的一种超越的穿透性。”（页48b）

谈分析力和想象力。上面的引文已经涉及这方面了。现在再引上几句话。“想象力的集中表现为诗和哲学，分析力的集中表现为科技（与科学理论有别）；想象力的发展走向是超越物质世界，走向无拘束、无边无限的精神世

①《外国文学评论》，1993年第一期，48b页。

②《外国文学评论》，1993年第一期，49a页。

界，而分析活动的发展产生了人对征服自然的强烈欲望。”（见49a—b）我在别的地方讲过，“征服自然，是西方文化有别于东方文化的重要特点。郑文还提到，雪莱的《诗辨》主张以诗的功能和想象力来与分析性的功利主义和实用主义抗衡（页49a）。

结构主义和解构思维，上面已引过。我现在再补充上一条：“解构思维反对定型的僵化的系统和抽象，因此吸收了东方哲学的‘道’‘无常道’‘无名天地始’‘常无观其妙’（羡林按：原文如此）‘玄者无形’等强调‘无’的思维。”（页48b）这样解构思维就同东方文化挂上了钩。

郑敏教授的论文就介绍到这里。

雪莱的《诗辨》和郑先生的文章，都是好文章。但是，是否我就完全同意不敢赞一辞了呢？也不是的。我现在就根据自己的理解做一点补充，并且谈一谈自己的看法。

雪莱所谓的“诗”，不可能指世界上所有的诗。在过去的几千年中，各国人民创造了不少的种类繁多、内容和形式各异的诗，诗的功能也各种各样，有的诗显然并不具备雪莱所说的那一种“诗的功能”。我猜想，雪莱心目中的诗就是“浪漫主义”的诗。

其次，郑文中谈到了综合思维和分析思维，但是没有指出，这二者是否在地球上有所区别。我在上面已经指出，世界上没有绝对纯的东西，东西方都是既有综合思维，也有分析思维。但是，从宏观上来看，从总体上来看，这两种思维模式还是有地域区别的：东方以综合思维模式为主导，西方则是分析思维模式。这个区别表现在各个方面。东方哲学思想的特点的“天人合一”思想，就是以综合思维为基础的。

最后，我还想对诗人诅咒金钱谈上几句话。我觉得，金钱本身是没有什么善与恶的。善与恶决定于：金钱是怎样获得的？金钱又是怎样使用的？来的道路光明正大，使用的方式又合情合理，能造福人类，这就是善。否则就是恶。这个常识，很多人都会有的。

在结束本文之前，我再补充一点关于中国少数民族纳西族的类似汉族“天人合一”思想的哲学思想。

我在《新解》中和本文里讲的人与大自然合一的思想，都讲的是汉族的。对于少数民族的哲学思想，我很少涉猎，不敢妄说。不久以前我收到云南朋友们赠送的《东巴文化与纳西哲学》[1]，赠送者就是本书的作者李国文先生。读后眼界大开。书中使我最感兴趣的是“三　古老的宇宙观”。在这一章里，作者叙述了“动物崇拜型的世界血肉整体联系说”。这里讲了三种动物：虎、牛、青蛙。对于这三种动物与世界血肉整体联系，本书有很简明扼要的叙述，读者请参阅原书，我不再引证。为了给读者以具体的印象，我引用东巴经《虎的来历》中的一段话：

> ……大地上很好的老虎，虎头是天给的。虎皮是大地给的。虎骨是石头给的。虎肉是土给的。虎眼是星宿给的。虎肚是月亮给的。虎肺是太阳给的。虎心是铁给的。虎血是水给的。虎气是风给的。虎的声音是青龙给的。虎爪是大雕给的。虎胆是胜利神和白牦牛给的。虎耳是豺狗给的。[2]

不用加任何解释，天地万物为一体的精神，跃然纸上。

这种“天人合一”的精神，其他少数民族中一定还有。我现在暂且不去探索了。

我这一篇长达一万五千字的拙文到此为止。它看似凌乱，实则有一条主轴思想贯串其中。明眼人自能看出，我就不再罗嗦了。

1993年6月6日写完

一点补充：

今夏，韩国东国大学校佛教大学院院长吴亨根教授率佛教代表团访华。到北大以后，我应吴教授之邀，给全体团员（僧、尼均有）做了一个简短的报告，内容就是：天人合一思想是东方思想的特点和精华，只有东方的天人合一的思想才能够拯救人类。讲的时间只有40分钟，讲话和翻译各占一半，我不能

---

①云南人民出版社，1991年版，著者李国文。

②李国文：《东巴文化与纳西哲学》，云南人民出版社，1991年版，第115—116页。

够充分发挥，是可以想见的。不意竟受到韩国朋友的热烈赞扬。最近接到吴亨根教授8月20日来函，对我的想法做了重要的补充。现在我把信的一部分抄在下面，完全抄原信，没有更改一个字：

季羡林先生您好。

最近好吗？上次您为我们学校的学生演讲，真的非常谢谢。对学生，当然包括我在研究东洋思想上帮助是很大的。先生您发表的论文“天人合一”，我已经读过了。我个人想：“天人合一”的思想是否和大乘起信论中的“色心一如”思想是否相通呢？中国僧肇大师说：“天地与我同根，万物与我一体”，此思想全是东洋思想的最极至。彼此好的因在一起就有果，相扶相助。华严思想中的法界缘起可以说是东洋思想的最好代表。我想此种思想，要是能有所觉悟，则人类相互之间才能互相爱护，同体大悲思想才能出现。

原信就抄到这里。

1993年9月19日

中国文化发展战略问题

同志们！今天讲的题目是《中国文化发展战略问题》。同志们回想一下，我们在解放前讨论文化，讨论文化交流，讨论中西文化的差别，有过几次高潮。我的印象最清楚的一次是20年代。当时有人提出全盘西化，有不少人反对，曾讨论过一次“中西文化及其差别”。现在有一位老先生还在世，就是梁漱溟先生，93岁高龄了。他写了一本书，叫做《中西文化及其哲学》，好多同志都知道。可是解放后这情况有了很大变化，年轻同志恐怕很难回想了，年纪大点的同志可以回想起来。我们解放后的文化讨论，据我回忆基本上没有过。这是什么原因呢？据我自己看法，就是我们受了一个大国的影响。“十月革命一声炮响，给我们送来了马克思主义。”这是不成问题的，我们应该感谢。但是同时也带来了一些教条。同志们知道社会学这个学科非常有用，比方人口问题就属于社会学的范围；劳动问题、劳动就业问题等等，好多问题也都在社会学范围以内。可是一解放，我们社会学这门科学本身好像就反动了，非常滑稽。所以后来大学的社会学系也没了，关了。在同样的情况下，文化讨论也成了一个禁地。现在我们知道苏联是不大讨论这个问题的。所以一直到了十一届三中全会以后，我们中央的政策改变了。大家都感觉到，我自己也认为，十一届三中全会以后我们中央的政策是非常正确的，受到大家拥护。所以过去不敢谈的问题，今天也敢谈了，大家思想真正是解放了。大家现在讲话确实是畅所欲言，这个情况过去从没有过，同志们可以回想。因此今天我们也来谈文化发展的战略问题。

我们目前的情况同志们知道，经济改革已经取得了显著的成绩，这一点国内外没有人不承认的，因为这是事实。我们人民的生活水平有了很大的提高。现在政治改革也已经提到议事日程上来了。下一步，就是要进行精神文明的建设，中共中央已经发了个决议。所以现在全国对文化问题兴趣都很高，有几个城市开过比较大规模的讨论会，比方上海就讨论文化发展。文章发得很多，学会也成立不少。小规模的讨论文化问题的也很多，这种情况确确实实是空前的、非常令人欢欣鼓舞的。我们相信在这种情况下，我们大家来研究这文化发展战略问题是非常重要的。它将来会对我们的社会主义建设起很重大的作用。至于我自己，我不是一个专家，我对文化问题连半路出家都够不上，只在最近看了一些文章，也没看全。在看文章的基础上，有的同志让我谈过几次文化问题，所以现在我俨然成了一个文化专家了，实际不是这么回事，我不是这一行的专家。我不是故意在这儿客气，我是讲实话。现在我把我自己看文章的结果，考虑过的问题，给同志们汇报一下。我不说是请同志们批评，为什么原因呢？因为请同志们批评就证明你自己认为错了。我并不认为我自己错，我要是认为错的话，就不应该给大家讲，给大家讲就是愚弄大家。我认为我是对的，可是它不一定对。我说是让咱们大家来讨论。

现在我想讲三个问题。原来我写的提纲已经过时了。写提纲时中央的决议还没发表，那时看的文章还不太多。写好了以后，我又用了些功，看了些文章，所以那个提纲基本上不大能用了。今天我讲的跟那个提纲恐怕有很大差别。前一部分差不多，后一部分的差别就很大，先跟同志们讲一讲。今天准备讲的三个问题是：第一，文化和文明究竟是相同在什么地方，不同在什么地方。第二，当前中国社会情况。第三，怎么样开展文化交流，加强精神文明建设，理顺各方面的矛盾关系，促进生产力的发展。

为什么讲这个文明与文化的区别呢？因为我们现在，在我们日常生活里边，在我们报纸上，经常把文化说成文明。那么究竟什么叫文化，什么叫文明呢？同志们查字典也可以查出来，什么汉语字典都可以查。我现在把我的一些想法简单给同志们讲一讲。文化与文明的关系，我在提纲里画了一个图：有两个圆圈；中间是交叉的；一个圆圈是文明，一个圆圈是文化，意思就是文明与文化有一部分是相同的，有一部分是不同的。结果在打印时，两个圆圈都没了，光剩下“文明”“文化”四个字摆在那个地方。同志们会觉得很奇怪：这是什么意思呢？意思就是上面讲的。同志们考虑一下，这两个词大概都是我们中国固有的。我们古代有“文明”，古代也有“文化”。同志们，你们要查一查《辞源》，旧的《辞源》，不是新的，它里面有解释，什么叫文明，什么叫文化。可是那个“文明”“文化”，跟我们今天的“文明”“文化”不完全一样。我问了一下搞日本问题的同志。我说“文明”和“文化”是不是从日本传来的？很多中国古代的词，日本借过去了，到了20世纪初年，我们又从日本借了回来，有好多这种词。我们讲“伦理学”等等，这“伦理”本来是中国的吧，可是这个词是从日本借回来的。我问他们“文明”和“文化”是不是也是这个情况呢？那几个搞日本问题的同志说“很可能”。中国固有的“文明”和“文化”，意思不一样。日本借了过去，我们又借了回来。这两个词翻的是外文，大家知道是英文，一个是“civilization”，一般翻为“文明”；一个是“culture”，一般翻为“文化”。我说“一般”，可是同志们你们要是细心的话，你查一查英文词典，英文词典是这样注的：“civilization”“文明”“文化”，“culture”也是“文明”“文化”。说明它们有共同的地方，有时很难分别。比方我们现在写一本书，叫《古代文明史》，大家觉得可以，是不是？古代文明嘛！我们换一个词《古代文化史》，行不行？照样行吧！那究竟是怎么回事呢？“文明”和“文化”涵义有一部分是相同的。不同的地方，这“文明”是指什么呢？提纲里讲了，它指的是从一个野蛮状态，随着社会的进步往前发展，人类的智慧增加了，这叫 “文明”。那“文化”呢？就是人类力量的往前进一步发展，人类社会中的艺术、科学等的智力发展。我想是不是可以这样讲；文明是对野蛮而言，因为原来我们人类在原始时期是比较野蛮的，然后就文明了，文明对野蛮。那么文化对愚昧，就是最初他糊涂，他愚蠢，然后他聪明了，这叫做文化。是不是可以这么讲，文明对野蛮，文化对愚昧。现在我们平常讲话，说开车要“文明礼貌”，不能说“文化礼貌”，是不是？商店里“文明服务”，不能说“文化服务”。比方这个人，原来知识少，要学文化，不能说“学文明”。说这个人有文化，说“这个人有文明”，不行的。现在我们有文化部，同志问了，你文化部管什么东西呢？比方出版、图书馆，原来电影也管，现在电影分出来了，还有作家协会等组织，凡是文学艺术创作，这都叫文化。联合国有一个组织，叫教科文组织，是指科学、教育、文化。科学、教育、文化既然三个并列，那么文化就不包括科学、教育，如果包括就不能并列。最近我们中央决议里面，也讲到科学、教育、文化，也是这么提的。这种对文化的了解，我给它起个名，叫狭义的文化。狭义就是文学艺术叫文化。可是我们一般写文章，一般讲话讲的“文化”，那范围比这广得多。同志们，你们随便拿一本什么《中外文化交流史》，比方中国同日本、中国同印度、中国同美国、中国同德国、同英国文化交流，那里边什么东西都有。那就是广义的文化。关于文化的定义，我在一篇文章里看到，全世界给文化下定义，据说有200多个。我们在这儿不搞烦琐哲学，有些定义怎么说也不能恰如其分，它跟自然科学定义不一样。我讲的文化，还有好多同志写文章讲的文化，是广义的文化。广义的文化是什么呢？就是包括人类通过自己的劳动，这劳动包括脑力劳动和体力劳动所创造的一切精神的和物质的有积极意义的东西，这就叫做文化。当然还有别的同志，比如说庞朴同志，他最近在《中国社会科学》上写了一篇文章，叫《文化结构与近代中国》。他这样讲，他说文化“可以包括人的一切生活方式和为满足这些方式所创造的事事物物，以及基于这些方式所形成的心理和行为。它包含着物的部分，心、物结合的部分和心的部分”。庞朴同志的定义也是跟我的了解差不多，是广义的。就是人创造的，不管精神的、物质的，只要对我们人有好处的，我们就叫它文化。比如刚才我们讲的文化史，文化史绝对不是光讲文学艺术。我在这儿讲的文化战略发展问题的文化也是广义的，包括很多东西，与科学、教育、文化，那种狭义的文化，范围大小不一样。我想，文化与文明的区别，没什么重要，但讲讲有好处，因为你讲文化发展战略，你的文化是什么文化？如果狭义的话，我只能讲文学艺术，别的不能讲。我讲的是广义的，不是我们文化部那个范围的。这第一个问题是不是就讲这么多，因为这不是一个重要问题。

第二个问题讲当前的中国社会情况，因为我们谈文化发展战略，谈任何别的问题，出发点必须是我们眼前的中国社会。我们社会究竟是什么样子呢？我谈谈自己的看法。人类的整个历史，我看就是生产力发展的历史，最主要的就是生产力发展。同志们知道，在“四人帮”横行的时候，有一个名词，叫“唯生产力论”。还有什么智育挂帅，业务第一。老的同志知道，我在教育界工作了四十多年，大概好像我就是唯生产力论的典型，所以每次有什么运动，我要检查很容易，先检查智育第一，业务至上，唯生产力论。不然就叫做修正主义。同志们知道，我们中国共产党的“八大”，“八大”精神是对的，1956年“八大”，就讲我们先进的社会制度，跟后进的生产力不相适应。同志们知道那个后果，唯生产力论被批得一塌糊涂。但是今天我们还得讲发展生产力，没有生产力就没有历史，没有生产力的发展，人类过上好日子是不可能的。过去有个误解，建设社会主义、建设共产主义就要吃苦头。在建设过程中间，吃点苦头是难免的，也可能有牺牲，这也是难免的。可是我们建设社会主义，建设共产主义，最终目的是让人类过上好的日子。怎么叫按需分配呢？这个需啊，精神的，物质的，你要什么有什么，这怎么是吃苦呢？原来谁也不敢讲共产主义是让人过好日子的。要讲这句话，恐怕也得给你扣上一顶帽子，叫做修正主义，那不是很滑稽嘛！同志们回想一下，1883年马克思逝世时，恩格斯在他墓前讲话，讲到：人们首先必须吃喝住穿。一个人呐，一个吃，一个喝，一个住，一个穿，必须有这些东西。当然恩格斯重点讲的主要是马克思发现了经济基础和上层建筑的关系。他开头就说人们必须吃喝住穿。共产主义不是说让人饿着肚子，喝大锅清水汤啊，那不叫共产主义。我觉得这个事情与我强调的生产力的发展有关系。中共中央这个决议，同志们正在学习，这决议里有一句话，归根结底是要促进社会生产力的发展。我认为这个决议是非常英明的。我们精神文明建设，目的也是为了促进社会生产力的发展。没有社会生产力的发展，也就没有共产主义，也就没有社会主义。现在我们中国的情况和国外的情况是个什么样子呢？我在一篇文章里看到这样一种说法，忘记哪一篇了，说今天的3年等于20世纪初叶的30年，等于石器时代的3000年。什么意思呢？就是今天从全世界范围看，科学技术日新月异，你稍一不注意，立刻有新的东西出现了。所以我们应该有一种紧迫感，因为这个跟我以后讲的有联系，我在这里先提一提。今天如果我们3年慢慢腾腾地不动，就等于石器时代的3000年没有动，等于20世纪初的30年没有动，那一定要落后。我们眼前的社会是怎么样呢？我们眼前的社会也是在那儿急剧变动，同志们都感觉到了，我们现在也是变动得很厉害。我看到徐惟诚同志在《北京日报》上写了一篇文章，他讲我们现在是有四个变化，是劳动方式在那儿变化，分配方式在那儿变化，交往方式在那儿变化，生活方式在那儿变化，就是说我们这个社会也是不停地在那儿变化，在这四个方面都在那儿变化。除了这个之外，我们眼前的社会是什么情况，下边是我自己的想法，不一定正确。就是我们这个社会，封建思想还有影响。大家都承认，封建思想的包袱我们还有。我记得有一次跟一个外国作家闲谈，谈到说“资本主义复辟”，她讲了一句话：“你们没有发达的资本主义，复什么辟呀?”她的话恐怕有一点道理。但是不全面。资产阶级的影响还是不能低估的。另外好多国家的资产阶级在几百年的发展中间，创造了一些好的经验。比方商品经济，讲究效益，讲究效率，讲究管理，这个我们也缺少。换句话说，在某些方面，我们还要对资本主义加以研究，得学它这些东西。现在大家对我这种说法，不会有什么反对的。如果倒退20年，我要讲这么一句话，恐怕起码得批我两个礼拜。说资本主义还要学习呀？你这不是明目张胆地鼓吹资本主义复辟吗？我们有些东西还是要学习，只要是好的。我们现在这个社会矛盾很多，我们一个领导同志讲了一句话，这原来恐怕是老百姓讲的吧！说“端起碗来吃肉，放下筷子骂娘”。“端起碗来吃肉”，就说明我们生活好了，有肉可吃嘛！这个事情谁也不能否认。我们现在城、乡各个方面生活确实有改善，这个不能否认，都有肉吃了，这个没问题。那下一句话可真怪了，为什么“放下筷子骂娘”呢？这就很难说了，你吃了肉应该感觉很舒服嘛，肚子有油了应该很舒服嘛，为什么还要骂娘呢？在座的同志我不知道，是不是我们有时也有些牢骚，说些怪话呢？我有时也说些怪话。看了不正之风，有一些方面情况不那么令人满意，也讲些怪话；我倒没骂娘，没那么严重。这就说明现在这个社会有矛盾。有矛盾气就不顺，气不顺他才骂娘哩！气顺的话骂什么娘呢？应该理顺一下，让它顺当。“理顺”这个词过去不大多见，我觉得这个词非常好。就说我们现在不顺，才需要来理顺，理顺了，就用不着再理了。根据我自己的解释，之所以“放下筷子骂娘”，就是上面我讲的新矛盾的反映。怎么讲呢？比方现在大家讨论很多的，大家最不满意的是“不正之风”，要举例子多极了，说是什么“服务态度不好”“高干子弟怎么怎么样了”“一个人说了算怎么样了”，又是民主不怎么样了，法制不怎么样了，那意见多极了。还有人说我们不尊重人才，不尊重知识，不讲效率，不重视时间，这种弊病多极了。我觉得，有的意见说过了头，不符合实际情况。其中有的也是正确的。从前我在一本书上看到，西方的人讲过这么一句话，这句话可以供我们参考。他们讲什么呢？他们讲：“世界上所有的人都害怕时间，时间唯独害怕东方人。”东方人包括中国、印度、阿拉伯、伊朗这些人。我觉得这句话里边有一部分真理，“时间”这个概念，咱们到今天恐怕还不是那么很重视。我们现在知道，时间就是生命，效率就是金钱。我们也讲，可实际上呢？我们做的时候还是不行。现在我们这个社会上，包括不管在哪个单位，好多做法都是浪费时间。我还看了一篇文章，里面说一个人一生平均大概有60万个小时。那么你要浪费一个小时就浪费60万分之一。时间对人来讲不是无穷无尽的。你不珍惜时间，什么事情也做不了。可是我们现在对于时间，普遍的现象不那么重视。总而言之，我的意思只是想说，我们现在这个社会好的方面我们不能否认，十一届三中全会以后，我们国家的政治形势，人民的情绪那是向上的，这个你无论如何否认不掉。生活有提高，当然也不能说我们十亿五千万人口生活都提高了，也不能那么说，还有极少数有困难的，我们讲实话。可绝大部分都提高了。我们今天社会有好的方面，这不成问题。可我们今天社会，还有很多不好的方面，我们决议上怎么讲的呢？就是《中共中央关于社会主义精神文明建设指导方针的决议》上是这么讲的：党内和社会上一些严重的消极现象还有待于我们用很大的努力去消除。“严重的消极现象”，我体会刚才讲的都包括在这里边，是不是？党中央的决议并不是说我们现在的社会已经完美无缺，十全十美，好得不得了啦，不是这个意思，消极现象有而且还是严重的，不是一般的，就是说我们得承认这一点。不承认这一点的话，我们往前进就很困难。我现在讲的东西，跟我们要讲的文化发展战略有关系，你要摸不清我们现在所处的社会究竟是什么情况，优点在什么地方，缺点在什么地方，你如果不讲的话，你谈文化发展战略就没有根据。你知道你为什么发展吗？向哪个方向发展吗？为什么发展吗？我们先要把我们整个的情况，一个世界情况，一个中国社会情况摸清楚，然后才能谈到这个文化发展的战略问题，要不然没法谈，谈的话也是空的。所以现在我就简单地把前边两个问题讲一讲，一个就是文明和文化的同和异在什么地方，第二个就是中国当前的情况，里边包括世界的情况。

今天主要讲的是第三个问题，第三个问题正是我那个提纲里边基本上没有的问题。第三个问题就是怎样开展文化交流，加强精神文明建设，理顺各方面的矛盾关系，促进生产力的发展。前边那三个是为后边这一个服务的，目的是为了促进生产力的发展。我为什么专讲文化交流呢？文化发展的战略问题难道就是一个文化交流吗？当然不是。现在文章多极了，我自己认为，在我们中国的今天，要讲文化发展战略，其中一个很重要的内容，一个非常重要的内容就是文化交流，这是我的想法，因此我着重讲这个内容，我并不是说，除了文化交流之外，文化发展战略就没了，不是这个意思。今天我们中央的政策，我们中央的领导人屡次讲“对外开放，对内搞活”。我刚才说了，这个政策非常正确。专从文化方面来讲，我那个提纲上有，我提出了三句话：“开放开放再开放，拿来拿来再拿来，交流交流再交流。”这里边没什么深奥的意思，只是想强调，我们要开放，要拿来，要交流。就是强调这几点。讲到文化和交流，恐怕我们要回顾一下历史。我自己的看法，世界上任何民族，不管是大民族，不管是小民族，从它有历史那一天开始，就是文化交流的历史。同志们可以设想，原始时代那些小的部落，也要交流。比方这个部落里边发现了一个什么东西能够吃，什么草能够吃，就传到另外一个部落。比方这个部落里拿块石头可以做工具，那么可能就传到另外一个部落。总之这种事情，从人类历史一开始，就是文化交流。就说我们现在吧，在座的同志，从头顶到脚下，你们检查检查，哪一件不是文化交流的东西？头发是这样吧，前清时不是梳辫子吗？现在我们头发怎么变成这个样子了？你穿的衣服不是长袍马褂。长袍马褂也不是黄帝老子传下来的东西。你手里拿的钢笔是中国的吗？你穿的裤子是牛仔裤、喇叭裤，下边是皮鞋、尼龙袜，戴的是眼镜。在座的同志你们自己考虑考虑，从头到下你们离不开文化交流，离了文化交流你现在的生活寸步难行。你出去骑自行车，这不是交流来的？坐汽车，不是交流来的？我眼前摆的这些玩艺，什么扩音器之类，不都是交流来的吗？我说文化交流从人类一开始就有，而且是离不开。现在好多东西，我们不考虑则已，一考虑就这样子，从头顶到脚底都是交流来的。比方我们现在吃面包，喝啤酒，大家知道啤酒这个字不是中国字，我们抽纸烟，烟也不是中国固有的；喝咖啡，坐沙发，喝可可，这不都是交流的？哪个是我们的？有些东西同志们不知道它，比方胡萝卜，大家一听“胡萝卜”，这个“胡”字就说明这不是中国的。拉胡琴，“胡”是外国的，吃洋葱，吃西红柿，洋柿子，这大家都知道。同志门吃的菠菜，天天吃，你知道这菠菜是哪国来的？这菠菜“菠”的本身就是音译，不是意译。它叫菠薐，菠薐菜，是印度、尼泊尔那一带产生的。你只要追究起来，我们的生活离不开交流。那我们的想法是不是也有交流来的呢？咱们以后再谈这个问题。我刚才讲了我们拿来了外国的物质的东西，当然也不是说，我们都学外国，我们中国什么东西都没有了，哪是那么回事呢？大家知道中国的四大发明，这个纸是中国先发明的，当然后来人家改进了，是不是？火药，是不是？罗盘，是不是？那多了。另外我们的丝，我们的茶叶，我们的印刷术，那多极了。所以说中国是很伟大的民族，我们对世界文化，对世界文明，做了很大的贡献，这个什么时候你也不能忘掉，外国人也不能不承认。可另外一方面，我们也接受别的国家的，所以这才是“交流”，如果光抄别人的，那不叫交流，如果光给别人，也不叫“交流”。所以现在哪个民族也不能讲，这个文化是我们这一个民族创造的。哪个民族也不能这么讲。如果这么讲的话，只有法西斯，德国法西斯，希特勒，他们讲。他们是什么Nordic人种，那种人是世界文化的创造者，我们这种人是文化的破坏者。法西斯是骗子，是疯子。脑筋正常的人是不会那么讲的。世界民族，不论大小，都对人类共同文化做出了贡献，当然贡献不完全一样。我刚才讲了，中华民族是一个很伟大的民族，我们有很伟大的贡献，这个你不能否认。那最初呢，文化交流大概由于交通工具和地理知识限制，有限度，过去石器时代，你出去走路能走多远呢？可是随着历史的前进，交通工具一天比一天好，是不是？我曾经开玩笑，我说唐僧取经，从中国到印度，走了3年，现在5个小时到印度，唐僧当时他能相信吗？没人相信。地理知识一天一天扩大，因此交流也就一天比一天频繁，越来越频繁，所以现在我们这个交流快得不得了。平常我对这个事情不大注意，前几年我看见的是喇叭裤，下边一大块；现在我一看没了，又瘦又尖，成了牛仔裤了。这怎么来的呢？喇叭裤不是中国的发明创造，牛仔裤也不是中国的发明创造，都是外国来的，而且变得很快。穿衣服恐怕变得最快，特别在我们这些青年同志身上最快，我们这些老头子看不出来了，反正几十年一贯制。我的意思就是说，历史越往前进，交流越频繁，交流内容越深刻、越多。那么我们现在看看，古代的我想不讲它了，就是从鸦片战争以后，从1840年以后，我们中国近代史开始，我们这个国家同外国的来往，究竟是个什么情况呢？因为这个跟我们以后讲的有关系。所以必须说一说。我们现在讲中国近代史，有一本书，一个洋人写的，叫《剑桥中国晚清史》，他讲了一句：中国近代史，就是从鸦片战争以后，“从根本上说，是一场最广义的文化冲突”。文化冲突，中国文化和西洋文化的冲突。这是讲历史的内容。当然他这个意见，不是他一个人讲的，说这话的很多。就说我们近代史，不管是政治方面、经济方面，都体现了东西两种文化的冲突。陈独秀他也讲过：“欧洲输入之文化与吾华固有之文化，其根本性质极端相反。数百年来，吾国扰扰不安之象，其由此两种文化相接触相冲突者，盖十之八九。”陈独秀最初是写文言文的。他的意思就是说中国文化跟西方文化不一样，很不一样。他这个“数百年来”，就不限于鸦片战争以后了，甚至可能包括明朝末年，什么利玛窦、南怀仁那一批人到中国来，结果弄得我们国家扰扰不安，老出事，是不是啊？出事原因，他就说是两种文化相接触、相冲突，结果产生了这么一种后果，社会搞得不安，看来他的这种意见恐怕还是对的。我们研究中国近代史，过去我们总是以阶级斗争为纲，阶级斗争也是存在的，不能否认，是不是？可是你以文化冲突做一条线，也未始不可。用这一条线来研究中国近代史，也有道理。不论经济、政治，是不是？用我们的近代史，从1840年鸦片战争开始，后来太平天国，后来什么甲午战争，什么各种各样的动荡，这是从政治上来讲，都是两种文化冲突的结果。从经济上来讲，我们旧的那种自给自足的农村自然经济被欧洲的商品经济给破坏了。我这个年龄的人，年轻时候还感到了它的破坏。原来我们在家乡吃白面都是自己用磨来推的，弄一头牛、一头驴来推磨；穿衣服是自己织的布。后来我们叫“洋面”，现在叫面粉，就不是中国面，而是机器大生产的结果，这种洋面慢慢地、慢慢地就把农村那个面压倒了。农村的织布机现在根本就没了，早就没了，在我小的时候，10岁的时候还有。所以说中国经济，农村那种自然经济被欧洲的资本主义的经济破坏了，对农民的生活产生了很大的影响，这个也是东西方两种文化冲突的结果。思想上也可以看出来，有两种文化的冲突。我们讲中国近代史，实际上还可以再远一点，从明末讲起，像陈独秀讲的这个“数百年来”，就是东西方两种文化冲突造成了、构成了我们中国的近代以前一直到近代的历史。就是这么个情况。那么我们讲近代史也可以是讲近代史里边的东西方文化又冲突又汇合的一种表现——文化交流。文化交流在这里边是一种什么情况呢？从1840年到现在146年，就算150年吧，是一个什么情况呢？实际上讲到五四运动就可以了，因为五四运动以后是另外一码事了。也可以说是从1840年到1919年，这样的话就是80年。80年从文化交流的情况来看，有这样几个问题。你讲文化交流，交流的内容是什么东西呢？我看了一些材料，三分法占主导地位，一直到今天仍然如此。有一个人，是19世纪下半叶的，叫曾康，他写了一本书，叫《翼教丛编》。他是拥护孔教的，翼教，教也者，指孔老夫子之教也。他当时是比较右的，比较落后的这么一个人。他是从什么地方讲的呢？“变夷之议，始于言技。继之以言政，益之以言教，而君臣父子夫妇之纲，荡然尽矣。”“变夷”，就拿中国来把外国人改变。他分三个层次，一个是“技巧”，技工的“技”，这是第一个层次；第二个层次是政，政治的“政”，他指的是政治制度，跟技巧不一样了，第三个是教，不是教育，而是教化，是上层建筑的东西。分三个层次“技、政、教”，从物质的一直到精神的，中间经过政治制度。到了1916年，陈独秀写了一篇文章，叫《吾人最后之觉悟》。1916年，那时候还没有五四运动，五四运动是1919年。他这里边也分了三个层次，第一个叫“学术”，学术指的是这些东西：西教、西器、火器、历法、制械、练兵。历法是从前的皇历，现在咱们的月份牌。这第一个层次，叫学术，学术意思就包括这些东西。第二个层次叫“政治”，指的是政府的制度。第三个层次叫“伦理”，就是自由、平等、独立，也是属于精神方面的东西，他这三个层次跟曾康基本一样，从物质最后到精神，都是这个样子。到了1922年，梁启超写了一篇文章，叫《五十年中国进化概论》，他怎么讲的呢？他说近五十年来中国人渐渐知道自己的不足。他的意思就是说，五十年以前，从1922年算起，五十年以前，中国人对自己的不足不知道，大概从1870年算起吧，渐渐知道自己的不足。他感觉到中国跟西方交流分三个时期，也是三个层次。第一个叫器物，磁器的“器”，物质的“物”，就是物质的东西。第二个叫制度，意思一样。第三个叫文化根本。你看梁启超也是分三个层次，而且内容跟曾康、陈独秀一样。他们三个人都是从物质到精神。这说明什么呢？就说明我们在鸦片战争以后，同西方来往，同西方进行文化交流，大概就是这么三个层次。从物质到精神，从低级到高级。这个意见看起来是能够成立的。为什么原因呢？因为我们现在看一看，中国同别的国家文化交流的历史多极了。中国同印度、朝鲜、越南交流；同日本、美国、英国、德国也都交流。大概一般讲起来，开始总是从物质开始，而不是精神的。物质，比方说吃的东西、喝的东西、穿的东西，这个很具体。拿来以后就能吃，能用。我现在还想给同志们讲一个我自己正在搞的课题。我们现在吃糖，白糖、红糖，这糖不知同志们考虑过没有，每个人天天吃，可是糖的背后有人类一部很复杂的文化交流的历史。咱们中国过去不吃白糖，甘蔗有，没有白糖。最初我们叫糖的东西，在汉朝是关东糖，麦芽做的。糖是物质的东西，这物质的东西一旦产生、一旦制造出来，它就流遍全世界，因为每个人吃糖都很满意，很甜、很舒服，很容易学，也用不着思想斗争。我的意思就是说，文化交流开始的时候一般说总是从物质开始的。因此这个三分法是有道理的，为什么三个人都一样，是不是抄袭？不知道，也许是独立思考，达到的结论都一样。这三个人一点没区别，就说明这个东西是接近真理的。到了现在，我们这儿还有研究这个问题的。我刚才说的庞朴同志，上面我谈到他在《中国社会科学》上写了一篇文章，叫《文化结构与近代中国》。庞朴同志分析这个问题，也是分了三个层次。他叫什么呢？他第一个叫物的部分，事物的“物”。物的部分指的什么东西呢？他讲物的部分就是指的马克思称之为“第二自然”的。这是第二自然，不是第一自然，就是对象化的劳动，就是用劳动制造什么东西。对象化的劳动，指物的部分。这是第一。第二个层次是心物结合的部分。心和物结合。这里边指的什么东西呢？指的就是自然和社会的理论，社会组织制度等等。第三个层次呢？是心的部分。物、心物、心，这么三个层次。心的部分，叫核心层，指核心，最中间的，这里指的什么东西呢？这里指的价值观念、思维方式、审美趣味、道德情操、宗教情绪、民族性格等等，这是心的部分。他这三个层次跟上边讲的也一样，从物到心，中间有一个过渡，过渡就是制度，上边几个人都讲的是制度。这是文化交流的内容方面，有这么三个层次。大概第一个层次最容易交流，这是没问题的。同时这三个层次还代表三个时期，就是从1840年到1919年，这80年中间，这三个层次代表了三个时期。这物的部分呢？就是自鸦片战争到洋务运动，到甲午战争。在这个阶段上，中国人就说“师夷之长技”。师，以他为老师，学习夷人。夷，外国人。学习外国人擅长的技术，船坚炮利，造大炮，造战船。第二个层次是第二个时期，就是甲午战争、戊戌变法、辛亥革命。戊戌变法，要改变这个制度，要搞君主立宪，这是制度嘛！辛亥革命大家也知道，它也有它追求的政治上的理想，就是废除君主制度。这是第二个层次。第三个层次呢？心的部分，就是我刚才说的价值观念、思维方式等等等等，这是从辛亥革命到1919年五四运动。五四运动是在文化深层进行反思，现在不是有一个名词，一个常用词吗？叫做反思，自己来思考。五四运动是最清楚的了，当时讲的五四运动要两种东西，一种德先生——德谟克拉西——民主。一种赛先生——赛因斯——科学。要民主，要科学。反思，怎么反思呢？就是我们过去没有民主，反思的结果要这个东西。所以我看这个说法是有道理的。文化交流的三个层次，三个层次代表三个阶段，就说明我们清朝末年的中国人一直到民国以后的中国人，都在那儿考虑这个问题，向外国人学习什么东西，考虑结果就这么三个阶段。一个阶段比一个阶段提高，发展是非常自然的。

刚才我介绍了几个文化交流内容的三分法，还有另外一些三分法，如周一良同志在《光明日报》1986年6月24日“史学”上写过一篇文章，叫《我对中外文化交流史的几点看法》。他也是三分法，不过他这个三分法跟前面说的几个不一样。他分三个层次，第一个叫狭义的文化，狭义的文化指的哲学、文学、美术、音乐以至宗教等，主要是与精神文明有关的东西，这叫狭义的文化。第二个叫广义的文化，指政治、经济。政治指典章制度，经济指生产交换，以及衣食住行，婚丧嫁娶、风俗。里边包括生产工具、服饰、房屋、饮食、车船等生活用具，这叫广义的文化。第三个叫深义的文化。狭、广、深，三个层次。深义的文化是在狭义、广义互不相干的领域中进一步综合、概括、集中、提炼、抽象、升华，得出一种共同的东西，一个民族文化中最为本质、最有特征的东西。他举了个例子，拿日本来讲，说日本喜欢苦涩、闲寂、简单、质朴、纤细、含蓄、古雅、引而不发、不事雕饰。周一良同志发表在《光明日报》上的文章讲的也是三分法。除了这些之外，也有四分法，台湾有一个学者叫余英时，他把文化交流分为四个层次，第一个层次是物质，这跟三分法一样；第二个是制度，也跟三分法一样；第三个层次是风俗习惯；第四个层次思想与价值。好像是第一等于三分法第一，第二等于三分法第二，第三、第四等于三分法第三，好像是这么一种情况。

现在跟同志们谈几个问题，就是在19世纪后半叶到20世纪初叶，跟文化交流有关系的有三个问题。当时人们感觉到不向外国学习不行了。他们虽有这个感觉，但总是认为，向外国学习，只能学习物质的东西。精神的东西还是中国的好。他们是想向外国学习，但总还放不下架子，总还想“精神胜利”。因此就产生了三个问题。第一个叫本末问题。中国四书中的《大学》有这么几句话：物有本末，事有终始，知所先后，则近道矣。总的意思就是说：物有本，有末。本是根本，末是末梢。这个问题什么意思呢？“德者本也，财者末也。”伦理道德是本；财，物质的东西是末。他们这个意思无非是说，西洋的东西是末。当时最羡慕的是船坚炮利，为什么船坚炮利呢？因为跟洋鬼子打仗打不过他们老吃亏，后来就感觉到，说他那个船比我们厉害，他那个炮比我们厉害，我们首先学这些东西，非学不行，因为咱们那个大刀片打不过洋枪洋炮。可是他们认为这是末。本是道德。我们中华帝国虽然末不如你，可是道德比你高，实际上反映的是“精神胜利”。他们这一个本末，中国为本，西方为末。后来郭嵩焘，同志们知道他是晚清时候一个比较著名的外交家，他有他的看法，他说：西洋立国，有本有末。他说西洋人家本国也有本有末。什么叫本呢？什么叫末呢？其本，在朝廷政教，政治教化；其末，在商贾做生意、造船、制器，这是他们的末。郭嵩焘的看法比一般好像要高了一层。一般认为，西方没有本，只有末，他们不知道别的，只知道船坚炮利，能造得好船，铸得好炮。郭嵩焘呢？他说人家也有本有末。这个问题就是我刚才说的，它反映了什么呢？就反映了当时清朝有那么一批官僚，他们感觉到非向西方学习不行，可是心又不甘，不甘心，所以只好说：我是本，你是末。鲁迅讲的阿Q精神就是这类的东西。

第二个体用问题，一个体，一个用，跟上边那个差不多。体是主体，这个很清楚，中学为体，西学为用。说我们中国的文化、教育、学术，这是体，这是基本的。说你们那套东西不是体，而是用，是为我所用的。这个体用问题大概同志们知道，在19世纪鸦片战争以后，在清朝一些官僚中间，有过长期的争论。长期争论的结果大体上还是中学为体，西学为用。它反映的情况跟第一个差不多，不得不学，可又不甘心学，不敢于承认自己不行，结果我是为体，你是为用。严复，同志们知道严又陵，翻译《天演论》的，他对这个有点意见，他讽刺了。他怎么讲呢？他说：“有牛之体，则有负重之用。”说有牛这个体，用来负重，可以驮重东西。“有马之体，然后有致远之用。”就是说可以骑着马到很远的地方去。这是它的用，这个不成问题。他说“未闻以牛为体以马为用者也”。他这个话讲得很俏皮，他是反对那个想法的。他说你以中国为体，以西方为用。你以牛为体，以马为用，是不可能的。马有马的用，马有马的体；牛有牛的用，牛也有牛的体。总而言之，这个问题也体现了当时官僚们的思想活动。现在这个问题还在那儿提，我听说李泽厚同志就讲，以西学为体，以中学为用，发表在《群言》上。是不是在《群言》上发表过？（好像发表过）我没看过他的文章。他讲西学为体，中学为用，有些人起来纷纷反对。这是与文化交流有关的第二个问题，叫体用问题。

第三个问题夷夏问题。夷是洋人，夏天的“夏”是中华民族，外国人和中华民族的关系问题。这个也很简单，怎么叫夷夏问题呢？魏源是当时一个思想很解放的，也可以说是先进人物吧，他有一部书叫《海国图志》，是在鸦片战争前后写出来的，很大一本。同志们有兴趣翻翻这部书，非常有意思。当时19世纪中叶距今一百四五十年前，他介绍了外国的好多东西，有些方面，我想我们今天还未达到这个水平。他介绍了好多书，好多情况，说美国跟中国通商，美国一年赚多少钱，输出多少东西，输入多少东西，都写得清清楚楚。现在如你要想了解这些情况，可能还有困难。我们与美国经济关系那么密切，可是有些数字，我是不知道的，也许搞经济的同志知道。当时19世纪中叶，那时候一些先进人物写了好多书介绍外国，都是非常详细的，包括地理、经济等各个方面。他们把英国的船只，包括多少战舰，都写得详详细细。魏源这本《海国图志》非常有趣，他这个人应该说是一个很开明、很先进的人物，可是他主张什么呢？他主张我们跟外国文化交流“以夷治夷”。同志们知道这个词。鲁迅写文章有时也讲到“以夷治夷”，用外国人治外国人，打外国人的牌。这夷夏问题就是这么个问题，究竟是夷——外国人改变中国呢？还是中国人改变外国，以夏变夷，用中国来改变外国？他们主张什么呢？他们主张说：我们学习外国的东西，可以学习，而且非学习不行，船坚炮利；可是我们不能让它把我们化过去，说伦常名教，中国的伦常名教是不能变的。

以上这些问题都是很复杂的问题，什么本末问题呀，体用问题呀，夷夏问题呀，因为时间关系，我只能给同志们在这里简单讲讲内容。虽然这三个问题名字听起来不一样，实际上表现的心情则是一致的，就是要学习，而又不甘心。我们天朝大国，我们有我们的好东西，就是学你们，你们也没有什么了不起。

当年有一个英国女王，不是伊丽莎白二世，而是伊丽莎白一世，她在位时正是明朝末年。当时伊丽莎白一世写了一封信给中国明朝的皇帝万岁，目的是要求通商。英国是殖民主义国家，它要通商。这位英国女王说是没得到答复，当然没得到答复了。当时那个皇帝，他是天朝大国，中华帝国，地球的中心，一点也瞧不起英国。从前流传着很多笑话。外国人来要求通商，我们天朝大国皇帝不懂，大臣也不懂，一定说人家来进贡。到了北京的话，一定要洋人三跪九叩。那洋人是不磕头的，可是到了北京，不三跪九叩就不行，闹了很多笑话，多极了。这就说明鸦片战争以后，实际上我们力量已经不行了，可是天朝大国的架子放不下来，而且很愚昧，世界什么情况都根本不懂，一点不懂，出了很多笑话。实际上本末问题、体用问题、夷夏问题，都跟这个类似。当时有一些人是出过国的，如郭嵩焘，他就出过国，他不是土包子。可是到了外国看一看，看的也不是根本。不过当时还有一部分人，脑筋比较清楚。怎么叫脑子比较清楚呢？他们认为西洋除了船坚炮利之外，还有一些东西值得我们学习，所以西洋不光有物质的东西，不光是第一个层次。这在当时就不得了了。如康有为就讲过，他说欧洲对人民实行仁政。我们今天看，当然也不会真正是仁政，康有为看的也不对了。他又说："法律明备。"意思是说欧洲法律很明确，很完备。"政治修饬"，政治很好。"彬彬斋斋，光明妙严工艺之精美，政律之修明，此新世之文明乎！诚我国所未逮殆矣。"意思就是说，在欧洲政治、法律、社会风气都很好，我们中国赶不上的。他甚至这样讲，我们应该"折节而师之矣"。我们应该把人家当老师。所以说康有为这个人毕竟还是有脑筋的。当然除他之外，也有别人，刚才讲的郭嵩焘，还有薛福成等人。郭嵩焘这个人有他不清楚的一面，糊涂的一面，也有他清楚的一面。薛福成在他的日记《出使英、法、意、比四国日记》里面，光绪十六年三月十三日，他写道：郭筠仙侍郎，就是郭嵩焘，他回来当侍郎啦，是副部长，"每叹羡西洋国政、民风之美"。在外国当了几年公使，回国以后老讲，西洋的国政、民风非常美。"至为清议之士所觝排。"他这么讲话，当时好多人骂他。用"四人帮"的名词，就是里通外国、崇洋媚外。大概郭嵩焘也被扣上了这么些个帽子。另外还有个李圭，他在《环游地球新录》这一本书中说到机器造纸。他讲造纸本来是中国发明的，可是机器造纸是西方搞的，所以造的纸非常好。另外他还讲那些人都非常之敏捷、爽快、通达，不执滞。常看他们做事，头绪纷繁，问题很多，可是一转瞬间，就把一切问题都弄好了。可见李圭对欧美人也是赞美的。不多举例子了。这些例子说明什么呢？就说明19世纪后半叶，就在那三个层次中三个问题：本末问题、夷夏问题、体用问题闹得乌烟瘴气的时候，当时还有不少人脑筋是比较清楚的。他们说洋人好的地方，不仅是船坚炮利，人家的风俗习惯、办事的效率、法律也比我们强，不是都糊涂的。

现在，我想既然讲到这地方，我想是不是讲一讲东西方文化究竟有什么差别。这个问题也是一个大问题，光讲这个问题，恐怕半天也讲不完。东西方文化，大家都感到有差别。为什么讲这个问题呢？要不讲这个问题的话，我们下边讲我们拿来，究竟拿什么东西呢？拿来，拿好的啦，是不是？我们好的东西要发扬，我们不足的地方要改正，要拿外国的好东西来。当然要分清楚东西方优点何在，差别何在。关于这问题文章多得不得了。有一些我就不讲了，我只举一个例子，就是李大钊同志。李大钊讲过东西方的差别，严复也讲过差别。

同志们要看的话，可以看民盟中央出的一个刊物叫《群言》。《群言》就是大家来说话，是1986年第5期，上面我写了一篇短的文章，叫《交光互影的中外文化交流》，我在那里引了严复他对中国跟西方究竟有什么差别，在这里我就不讲了，可以看一看那篇文章。现在我讲一讲李大钊同志。他讲东西文明有根本不同之点，首先是根本不同，东洋文明主静，西洋文明主动，一个动，一个静，这是一点。东方是为自然的，西方是人为的；东方是安息的，西方是战争的；东方是消极的，西方是积极的；东方是依赖的，西方是独立的；东方是苟安的，西方是突进的；东方是因袭的，西方是创造的；东方是保守的，西方是进步的；东方是直觉的，西方是理智的；东方是空想的，西方是体验的；东方是艺术的，西方是科学的；东方是精神的，西方是物质的；东方是灵的，西方是肉的；东方是向天的，西方是立地的；东方是自然支配人间的，西方是人间征服自然的。李大钊同志举了这么多差别，严复也讲了很多。总之是东西方文明不一样。这些意见是不是都是正确呢？也不一定。刚才一开始我讲20年代讲到东西方文化及其哲学，梁漱溟老先生他有他的看法，甚至印度泰戈尔，那个大诗人，也有他的看法，我说不一定都正确。可是大体上，第一个我们得承认东西方有差别，第二个人家的好处我们要学习，我们的好处要发扬。李大钊同志的文章叫做《东西文明之根本异点》，就是根本不同的地方，同志们可以参考一下。他讲了很多，刚才念了一下。所以我想我们把东西文化中间的不同，把它搞清楚，对我们将来讲“拿来”有好处，要不然你不知道拿什么东西。

现在我就来讲我们的主题“拿来”，就是鲁迅的“拿来主义”。就是把外国的好东西“拿来”。究竟拿什么东西呢？我做了一点研究，我的意思就是这三个方面，这三个层次都要拿来。我现在就拿庞朴同志的三分法来看一看。庞朴同志讲的“物”的部分，这个当然我们要拿。刚才我们说的这咖啡、这沙发、这啤酒、这牛仔裤和喇叭裤，这一系列的东西，只要好的，我们都拿。这是第一部分，在物的部分里边，只要好的，我们都拿，而且这个比较容易。有个很奇怪的现象，一个什么现象呢？最近才想到，就拿啤酒来讲，听说几年来，北京啤酒老是供应不上。别的地方也有这个问题。我就很奇怪，我小的时候，没人喝啤酒，我小的时候连西红柿都没有，现在这么流行。可前几年，听到好多人讲，啤酒的味道跟马尿一样。你说啤酒是怎么好，也不敢说，反正我喝啤酒时间也不少了，我一直到今天也不敢欣赏这啤酒，我也喝。特别是可口可乐，我更不知道优点何在。喝我也可以喝，反正不是毒药，我都敢喝。可是为什么前几年说是啤酒是马尿，现在竟然供不应求，买不上呢？为什么原因呢？同志们可以研究研究，非常有趣。一般讲起来，人的口味不大容易改变，四川同志你不让他吃辣，恐怕很难；山西同志不让吃酸，也很难。可为什么啤酒就能征服我们，从马尿到供不应求，这究竟是什么心理，值得研究。我在日本也有个观察。同志们知道日本过去吃大米，那现在呢？你到日本看得很清楚，老头还是喜欢吃大米，年轻人吃面包，什么“热狗”啊，他们都吃。咱们现在中国也有“热狗”了。日本“热狗”和面包多极了，都吃这个。有人还有理论，有什么理论呢？他说吃米的人长得个矮，吃面的长得大，个子高。而且还讲，从历史上来看，都是吃面的征服吃米的。各种“学说”都有。现在日本年轻人确实长得个子高。不过我们现在年轻人个子也高，现在中国人年轻人长高，也并不是什么遗传。同志们你想一想，我们社会上有好多父亲母亲不高，儿子女儿高得不得了。这个原因对我们来讲很简单，就是今天我们这个社会，确实对青年发育有好处，他思想负担没有了，父母打人的比较少了，物质条件好了，他的个子怎么不长呢？当然长了。在日本有人讲，他因为是吃面吃的，个子高了，他父亲祖父是吃米吃的，个子很矮。原因究竟何在？反正我觉得值得研究。口味问题非常有趣，特别是啤酒、可口可乐，我不理解。我也喝。你说让我赞美它，我也不赞美；我也不说它是马尿，也没那么严重。这都是闲话，总而言之，第一部分，物的部分，好的我们拿。第二部分心物结合的，比方说制度，制度我们也可以学习。比方我们现在的全国人民代表大会、全国人民政治协商会议，这当然我们不是抄哪一国的，可是也不完全是中国的，我们发展了。现在我们公司里也有自己的管理制度；我们明确提出，我们的管理制度有的不好，我们要学习外国的。一般讲起来，最困难的是心的部分，精神的，这个最困难。在这一部分里我们拿什么来呢？比方说是价值观念，这个恐怕很难拿，思维方式，这个也很难拿。审美趣味，我看倒是不难拿的。刚才讲的，喇叭裤一来，全都是喇叭裤了；刷地一下子一变，又都是牛仔裤了。这不是审美趣味吗？有人告诉我今年流行的型式是金字塔式，是这样一个型式，颜色是黄的，我没到大街上去观察。据说审美观念每年每年都不一样。而且这审美观念好像在全世界有一个指挥棒，现在的指挥棒好像是法国。原来中国的指挥棒是上海。鲁迅讲这个讲得很有意思，他说，妇女的穿着、衣服，其指挥棒是在旧社会的妓女手中，只要她们一穿，别人都来学习了。我觉得审美趣味拿来并不难，一下子就改变了。道德情操，这就困难了；宗教情绪、民族性格、价值观念，我看改变这些，也很困难，下面还讲这个问题。我们今天讲文化交流，讲文化发展的战略，不仅物的方面要拿，那不成问题，最重要的还是要拿第三个方面的价值观念、民族性格。在这些方面，我看得要改一改，不改的话，我们的社会主义建设、生产力发展就会很难，非常难。这里边就牵扯到鲁迅，同志们都知道，毛泽东同志给他非常高的评价，今年不是他逝世50周年吗？1936年去世的。这个人确实是了不起的人物，在中国历史上站得住的，革命家、思想家、文学家。可是有一个问题。一个什么问题呢？大家知道，在鲁迅的杂文中，在他的小说中，对我们中国的民族性，有很多的剖析、批判。比如《阿Q正传》，你说阿Q这个人物代表什么？代表“精神胜利”，他很愚昧。怎么叫“精神胜利”呢？鲁迅也有个解释，他说清朝时候，来了一个洋人，要见外交部长，当时不叫外交部，叫总理各国事务衙门。进来以后，拍桌子瞪眼，拿着文明杖，要打人，结果我们跟他签了条约，出卖了国家利益，我们吃了苦头了。怎么办呢？你打仗打不过他，清朝的皇帝，慈禧、光绪，完全一批废物。怎么办呢？有办法。他走的时候不开正门，总理事务衙门不是有正门吗？只开旁门让他走。洋人反正是条约签了，经济利益拿到手了，走大门也行，走旁门也行，都不在乎。可是我们中国官僚们认为“胜利”了，你看我给他面子不好看，他失了面子，我得了面子。结果我们丢的土地，我们丢的金钱，哪个都不在话下。当然鲁迅攻击我们的民族性不只这一点，还有好多，比方说糊里糊涂、马马虎虎、办事不讲效率，有的人是伪君子等等。同志们，你们看他的小说对伪君子、道学家，批判得多么深刻。《肥皂》多么深刻呀！《肥皂》，同志们知道那篇小说，是不是？它对我们的假道学攻击得很厉害。大家有时候开玩笑，说鲁迅如果活到“文化大革命”，起码是个反动学术权威，他也得关牛棚，就因为他对中国有那么些意见和批评。他可能也被认为是崇洋媚外，因为他说洋鬼子有的地方比我们强。鲁迅讲我们吃东西，肉煮得太烂；吃牛肉还是应该刀子一下去，里边还有红的。这不是崇洋媚外吗？当然是大家开玩笑！鲁迅要是活到“文化大革命”，也没有多大岁数，1881年诞生的嘛。可是今天我们怎么来看鲁迅这些意见呢？他提的我们民族性的缺点，今天怎么看呢？我自己看法，我觉得鲁迅是对的，没有错。我们在社会上看到好多现象，就是党中央《决议》里边讲的严重的消极的东西，这跟鲁迅指出来的，并没有不同的地方。过去有一段时间讨论鲁迅的杂文，现在不是又提倡写杂文了吗？可是有一段时间，这个杂文不敢写。同志们想一想，当时有一阵子漫画很多，后来就批判了画漫画的，当时画漫画的同志都有这个经验，华君武同志等等。画漫画当然是指出的缺点多，这个都不行。鲁迅的杂文呢？反正现在过时了，已经过了五六十年了，算了，他在历史上有那么些功绩，他的杂文今天就没意义了，失掉意义了。我自己的看法是这样：鲁迅杂文从大的方面来讲，攻击两部分，一部分是攻击国民党反动派，那很多了，这个你可以说是过时了，因为国民党反动派跑了嘛。可他讲我们社会上一些消极现象，我们民族性格里边的一些消极的东西，一直到今天还有意义。我们现在好多不正之风，是不是跟这个有关系？我想讲点与这个有关的现象。同志们，你们打开《参考消息》，外国人、华裔，基本上都反映我们服务态度不好。你们也不满意吧！特别是外地来的。我听说我们这次听课同志有49%是外地来的。同志们，你们到北京来，是不是在服务态度方面也碰过钉子？我想恐怕是要碰的，要不碰的话是不大符合规律的。你买东西，你问他，他不理你，你再问他，呲儿你。像民航，刚出了一个广州市委书记的事件。昨天我看《人民日报》又登了类似的东西。服务态度不好，究竟是什么原因？过去对服务态度我也不满意，现在我不大敢买东西，买东西多少得挨点呲儿，算了，我叫别人去买。后来我就分析，我说服务态度不好，是不是资本主义的东西呢？同志们大概你们都同意我的意见，绝对不是资本主义的东西，资本主义国家服务好得很。你到日本去看一看就知道了。他不敢不好，不好的话立刻就丢掉饭碗，他们服务态度非常好。那是不是封建主义的东西呢？坏的东西一个资本主义，一个封建主义。封建主义的东西也不是。我小的时候应该说是半殖民地半封建社会吧，那时候服务态度还是好的，包括在饭馆子里边，都很好。那么我们现在这股邪气从哪儿来的呢？一不是资本主义，二不是封建主义。这股邪气，就是我们在建设社会主义社会的过程中，我们认为平均主义、大锅饭，就是社会主义，这就是根源。没有平均主义，没有大锅饭，服务态度就好得很，这是一个根源。还有一个根源，就是我们生产力不发展，好多现象，好多社会上的不正之风，都与生产力不发展有关系。我听说老百姓有个顺口溜，说有四种人你得巴结他，叫什么呢？叫“听诊器、方向盘、劳资干部、售货员”。听诊器是医生，医生你得巴结他，为什么呢？你泡蘑菇的话，弄个假条，他给你写；来了好药，他给你开，得巴结他。方向盘，是指司机，司机你惹不起，得巴结他。劳资干部，掌管人事，得巴结他。售货员，是商店里卖东西的，特别是卖日用品的，比方说豆腐，现在北京豆腐好买了，原来豆腐是很不好买的东西啊，你认识售货员的话，就买得着。现在又要分大白菜了，你要认识售货员，全是一级的，你要不认识的话，或者关系不好的话，他给你从中捣点鬼。所以我们好多社会不正之风，比方走后门，大家都讨厌走后门。买车票问题，你们现在要回去，恐怕就碰到买车票的问题了，要走后门，不走的话你就十分困难。这些都是生产力不发展的结果。国外就没有这种情况。你到日本去，别的国家我不清楚，我到日本、西德去的次数比较多一点，哪有买车票排队的？滑稽了。你打个电话票就给你送来了，他巴不得你坐车。你到商店买东西，售货员你巴结他？是他巴结你，给你鞠大躬，他希望你再来。饭馆子哪里用排队呀！我们这儿饭馆子现在我不知道，以前你要吃顿饭费劲儿极了，站在后边，看人家吃完，然后自己找一个座位，盘子、碗服务员也不拿，得你自己去拿。所以我们社会上好多不正之风，跟生产力不发展有直接联系。鲁迅攻击的我们民族的某些缺点也与此有关。我看鲁迅是满怀对中国民族的热爱，来提中国民族的弱点的，他不是幸灾乐祸。最近我们讲巴金，我看巴金这个同志也了不起，他那个《随想录》我没看全，看了一点，那真是大实话。话是非常难听，可是现在大家认为，巴金这个人就是讲实话。有人说巴金代表了中国散文的第二个高潮。第一高潮是鲁迅，第二高潮是巴金。我觉得是完全对的。他们不是假洋鬼子，说我比你高一等，你怎么怎么不行，多少多少毛病，不是。他是把自己摆到一个中国人民一份子的位置上，恨铁不成钢。我觉得鲁迅的杂文，除了攻击国民党反动派那一部分外，因为国民党反动派已经完了，其余的我看都有用。今天社会上好多消极的东西，还有。而且我讲一句很不好听的话，有的还有发展，在“文化大革命”中发展了，比鲁迅那时候还严重。这个你不正视行吗？不正视，我们这个社会主义，有中国特色的社会主义怎么建设呢？生产力怎么发展呢？大家放下筷子骂娘，怎么能发展生产力呢？关于鲁迅，有人好像有这个意思，说鲁迅只看到中国民族的弱点，而中国民族的优点则没看到，这不是事实。鲁迅文章本身就讲过。鲁迅有一篇文章叫《中国人失掉自信力了吗?》，他在文章里讲的东西大概同志们都熟悉的。他这里边就讲到中国民族的优点。这是在《鲁迅全集》第六卷《且介亭杂文》里边的。他说：“我们从古以来，就有埋头苦干的人，有拼命硬干的人，有为民请命的人，有舍命求法的人……虽然是等于为帝王将相作家谱的所谓‘正史’，也往往掩不住他们的光耀，这就是中国的脊梁。”有这么一些人。这些人一直到今天，还是了不起的。我们历史上不是没有。所以中国人的优点，鲁迅并没有没看着，说鲁迅光看到中国人民的弱点，没看到中国人民的优点，这不是事实。最近我看了些文章，其中有几个谈到中国国民性的一些问题。比方说有一篇文章是隋启仁同志写的。他说要改变封建主义的“门第观念”“等级观念”“资历观念”“身份观念”、人身依附的关系、人治、封闭性、保守性、求稳不变。我们恐怕得承认有这个情况。同这些情况相对的资产阶级的观念，是平等观念、独立人格、法治、开放、冒险、标新立异等。他们要求改革嘛！我们是封闭、保守、求稳不变，这样怎么能改革呢？因此我们现在讲文化发展战略问题，讲文化交流，讲向外国学习，我们一方面应看到我们中国的好的方面，就是鲁迅讲的中国的脊梁，这个我们不能丢，无论如何也不能丢，要大胆发扬。另外一方面，要看到我们的弱点，在心理素质、价值观念方面，我们有弱点，刚才我举了好多例子。我再举一个例子。当年“九一八”，老的同志知道，“九一八”日本侵略中国，国民党反动派蒋介石不抵抗，他打日本打不了，他也不敢打。为什么呢？他认为日本的危害还不如江西苏区，他要先消灭红军，于是就对敌屈服。怎么办呢？日本进来了，一下子占了我们这么一大片土地。当时国民党的想法，就是依靠国联。国联就等于今天的联合国。依靠的逻辑是什么逻辑呢，说是我们中国是弱国，你强国侵侮弱国，不合我们中国的伦理道德，你这国联得主持正义啊。蒋介石他这么讲，根子里边是想先消灭红军，向日本人投降，可嘴里却是这么讲的。可当时中国老百姓接受这个东西。我们的伦理概念跟西方不一样，西方是优胜劣败，竞争，弱肉强食，谁软弱谁倒霉，该打倒。人家的伦理是这么个伦理。可是我们当时，蒋介石心里有鬼，我们老百姓的思想有那么个包袱，按中国的伦理纲常，大的欺侮小的，是不对的。鲁迅讲这叫隔膜，隔膜就是我们不懂国联，国联都是外国人、欧洲人，我们不懂他们的想法。结果有什么用呀，日本不是把东三省占了吗？还有一个事情，这是我自己亲眼见到的。我在德国住了多年，小孩子打架很少见。有一次就在我窗子下面两个小孩子打架了，一个高的十五六岁，一个小的七八岁。我当时脑筋里立刻就想：你怎么大的欺负小的呢？这是我的伦理概念，不行啊！大的欺负小的不对呀！可是两个小孩子打了起来，周围围了一群大人在那儿观战，没有一个出来主持正义的。结果小的不行，差远了，一下子被打倒了，躺在地上挨了几巴掌，打得挺厉害。可是他站了起来，哈哈大笑。这日耳曼民族，有他们的狂气。他还接着跟这个大孩子干，大概被打倒了好几次，最后我对门住的一个老太太，拿了一盆水，往人堆里一泼，大人小孩每人弄了一身水，散开了，走了。后来我一想这不对，人家在德国，不论谁跟谁打仗，反正谁胳膊粗，谁有劲，谁就是胜利者，这就是人家的道德观念，我们认为大的不能欺负小的，这是我们的道德观念。因此我们今天的伦理道德、价值观念，其中有一些是要改变一下的。不变不行。跟洋人打交道，你就得讲竞争。在国内我们也得讲竞争，是不是？哪个工厂不行，就破产，现在《破产法》不是要通过吗？我是赞成这个的。你不行就让别人，这个道理很容易理解。总而言之，我们现在这个伦理道德、心理素质、价值观念，对于一些事物的判断，不改不行。特别时间观念、效率观念，非讲不行。刚才我讲过，世界上的人都怕时间，而时间却怕东方人。咱们平常浪费了多少时间呀？是不是？这样行吗？一个人一辈子60万个小时，而且现在是三年等于石器时代的三千年的时代，这么一个世界情况，如果我们还是慢慢腾腾，还是老的东西，那不行的，我们生产力发展不了。总而言之，我的意思就是要讲文化交流，要讲文化发展战略，我们就要向别的国家好的地方学习，最容易学的我们都学了，啤酒也喝了，沙发也坐了，可是我们得学最难的，就是我们的价值观念、思想方式，不能马马虎虎，得把弱点克服，要不克服的话，我们的生产力就发展不了。生产力发展不了的话，社会主义建起来就困难了。那么有的同志可能要问了：啤酒很容易拿来，不用劝我们也喝了。有些东西，我们认为是我们的缺点，认为是别的民族的一些优点，这个怎么拿来呢？这个问题非常不容易解决。我引两个人的话，一个人是梁启超，他这样讲："要拿旧心理运用新制度，决计不可能。"他讲的是心理，用旧心理运用新制度，办不到的。要运用新制度，得把旧心理改成新心理。鲁迅有一句话："人不能自成为新人，文艺不能自成为新文艺。"总而言之一句话，我们要拿比较难拿的。怎么去拿呢？这个问题恐怕不是一年两年，十年八年能够改变的。中共中央的决议里边，建设精神文明里边恐怕也有这层意思，恐怕要用很长的时间。首先我们得承认我们有这个缺点，首先我们得承认要建设社会主义，首先就要发展生产力，这些东西不去掉，生产力发展不了。我们得承认，不承认的话，认为我们这些东西都好得很，那怎么能变呢？那还是"用夏变夷"，用我们这套国粹来改变人家，那不行的。第一个要承认，第二个要反思，反复思考，自己思考，思考怎么办，是不是？比方思想改造，现在这个词大家不大用了，不过我自己认为，思想还是要改造的，每个人都要改造。现在世界上日新月异，我们思想如果停留不变，将来一定是要落伍的。特别是我们老年人，现在我跟年轻同志谈话，就发现年轻人有股锐气，看问题敏锐，保守东西少。比方拿文艺界来讲，新名词很多，有一些人就反对，说怎么现在写文艺批评全是新名词。我是不是赞成说是新名词都好呢？也不是的。无论如何，我们要承认，年轻人容易接受新事物，老年人就不大容易接受。要反思的话，老年人恐怕更要反思，我也在内，我并不例外，我并不比别人高明。只有这样，然后才能通过实践，我们的想法才能慢慢改变。比方说当厂长的，优胜劣败嘛！厂长，谁要能把厂办好，经济效益高，团结同志好，他就当厂长，不然的话就下台。这不是实践吗？我们是唯物主义者，先有存在然后才有意识。将来类似这样的实践情况还会多得很。我想只有这样，持之以恒，坚持不懈，我们能够改变我们过去一些消极的东西，同时发扬我们积极的东西。我再着重说一句：我们要拿来的是第三个层次里的东西，属于心的东西。我们要改变我们的一些心理素质、价值观念、思想方法等等，但这决不是什么“全盘西化”。这只是以我为主，把对我们有用的东西“拿来”，无用的糟粕坚决拒绝。“全盘西化”，理论上讲不通，事实上办不到。

同志们，我讲的话是一家言，放言高论，跟同志们不讲假话，可能有不正确的地方，我自己当然认为正确，请同志们讨论，谢谢大家。

1987年3月7日

传统文化与现代化

先声明一句：对于“文化”的含义的理解五花八门。我在这里所说的“文化”是广义的文化，包括人类创造的物质和精神两个方面的一切优秀的东西。

传统文化代表文化的民族性，现代化代表文化的时代性。二者都是客观存在，是否定不掉的。二者之间的关系是矛盾统一，既相反，又相承。历史上所谓现代化，是指当时的“现代”，也可以叫做时代化。

所谓现代化或者时代化，必须有一个标准，这就是当时世界上在文化发展方面已经达到的最高水平。既然讲到世界水平，那就不再是一个国家或一个民族的事情。因此，不管哪一个时代、哪一个国家的现代化，总是同文化交流分不开的。文化交流是人类历史上以及现在人类最重要的活动之一。现代化或者时代化一个最重要的内容就是进行文化交流，大力吸收外来的文化，加以批判接受。对于传统文化，也要批判继承，二者都不能原封不动。原封不动就失去生命活力，人类和任何动物植物失去了生命活力，就不能继续生存。

在历史上任何时代，任何正常发展的国家都努力去解决传统文化与现代化的矛盾。这一个矛盾解决好了，达到暂时的统一，文化就能得到进一步的发展，国家的社会生产力也会得到进一步的发展，经济就能繁荣。解决不好，则两败俱伤。只顾前者则流于僵化保守；只顾后者则将成为邯郸学步，旧的忘了，新的不会。

中国历史上的事实可以充分证明上述的看法。试以汉代为例。汉武帝在位期间是汉代国力达到顶峰的时代，在政治方面和经济方面都有辉煌的成就。在文化思想方面，董仲舒的“罢黜百家，独尊儒术”，可以说是保存传统文化的一种办法。但是当时的人们并没有仅仅对儒家思想抱残守缺，死死抱住不放，而是放眼世界，大量吸收外来的东西。从那时候起，许多外国的动物、植物、矿物，以及其他产品从西域源源传入中华，比如葡萄、胡瓜、胡豆、胡麻、胡桃、胡葱、胡蒜、石榴、胡椒、苜蓿、骆驼、汗血马、璧流离等等都是当时传入的。西域文化，比如音乐、雕刻等也陆续传入。稍晚一点，佛教也传了进来。另一方面，中国的丝和丝织品也沿着丝绸之路传到了中亚和欧洲。总之，汉武帝及其以后的长时间中，一方面发扬传统文化，一方面大搞“时代化”。尽管当时不会有什么时代化或现代化之类的概念，人们也许根本没有意识到他们是在进行这样伟大的事业；但是他们确实这样做了，而且取得了辉煌的成果。历史的辩证法就是如此。文化交流大大地促进了汉代文化的发展，也促进了国际上文化的发展。汉武帝前后的时代遂成为中国历史上最光辉灿烂的时代之一。

我再举唐代作一个例子。李唐的家世虽然可能与少数民族有某一些联系，但是几个著名的皇帝，特别是唐太宗，对保护中华民族、主要是汉族的传统文化做了大量的工作。文学、艺术、书法、绘画、哲学、宗教等文化的各个方面都得到了可喜的发展。中华文化还大量向外国输出，日本是一个显著的例子。唐太宗本人，武功显赫，文治辉煌。他是政治家、军事家，又是书法家和诗人。贞观时代，留居长安的外国人数量极大。他们带来了各自国家的物质和精神文化，又带回中国文化。盛唐时期遂成为中国历史上最兴盛的时期之一，长安成为当时世界上第一大都会，唐王朝成为经济最发达、力量最雄厚的国家。

例子还可以举出一些来；但是这两个已经够了。这一些例子透露了一条规律：在中国历史上，凡是国力强盛时，对外文化交流，也可以叫做时代化，就进行得频繁而有生气。这反过来又促进了本国社会生产力的发展，使国力更加强盛。凡是国力衰竭时，就闭关自守，不敢进行文化交流。这反过来更促成了国力的萎缩。打一个也许不太确切的比方。健康的人，只要有营养，什么东西都敢吃。结果他变得更加健康。患了胃病或者自以为有病的人，终日愁眉苦脸，哼哼唧唧，嘀嘀咕咕，这也不敢吃，那也不敢动。结果无病生病，有病加病，陷入困境，不能自拔。

清朝末年，被外国殖民主义者撞开了大门，有识之士意识到，不开放，不交流，则国家必无前途；保守者则大惊失色，决定死抱住国粹不放，决不允许时代化。当时许多有名的争论，什么夷夏之辨，什么体用之争，又是什么本末之分，都与此有关。这是一个国家似醒非醒时的一种反映，其中也包含着传统文化与现代化的斗争。以后经历了民国、军阀混战、国民党统治等混乱的时期，终于迎来了解放。

在解放初期，我们的国家是健康的。对于传统文化不一概抹煞，对于外来文化也并不完全拒绝。对于保护传统文化曾有过一点极左的干扰，影响不是很大。到了“四人帮”肆虐时期，情况完全变了。“四人帮”一伙既完全不懂传统文化，又患了严重的胃病，坚决拒绝一切外来的好东西。谁要是想学习外国的一点好东西，“崇洋媚外”“洋奴哲学”等等莫须有的帽子就满天飞舞，弄得人人谈“洋”色变。如果“四人帮”不垮台，胃病势将变成胃癌，我们国家的前途就岌岌可危了。十一届三中全会以后，我们国家又恢复了健康。我们既提倡保护传统文化，加以分析，批判继承，又提倡对外开放，大搞现代化。纵观几千年的中国历史，人们不能不承认，这是盛世之一，是最高的盛世，是正确处理传统文化与现代化这一对矛盾的典范。从这正确的处理中，我们可以看出，所谓“全盘西化”是理论上讲不通、事实上办不到的。世界上还没有哪一个西方以外的国家全盘西化过。

1987年6月6日

季羡林文集

季羡林谈文学

季羡林／著
蔡德贵／编

長春出版社
国家一级出版社
全国百佳图书出版单位

图书在版编目(CIP)数据

季羡林谈文学 / 季羡林著 ; 蔡德贵编. —长春 : 长春出版社, 2018.1
(季羡林文集)
ISBN 978-7-5445-5072-7

Ⅰ. ①季… Ⅱ. ①季… ②蔡… Ⅲ. ①文学研究-文集 Ⅳ. ①I0-53

中国版本图书馆 CIP 数据核字(2017)第291641号

季羡林谈文学(季羡林文集)

著　　者:季羡林
编　　者:蔡德贵
责任编辑:张中良　李春龙
封面设计:北京·春天书装

出版发行:長春出版社　　总编室电话:0431-88563443
地　　址:吉林省长春市建设街 1377 号　　发行部电话:0431-88561180
邮　　编:130061
网　　址:www.cccbs.net
制　　版:荣辉图文
印　　刷:长春方圆印业有限公司
经　　销:新华书店

开　　本:787 毫米×1092 毫米　1/16
总 字 数:1881 千字　　本册字数:183 千字
总 印 张:108　　本册印张:10.5
版　　次:2018 年 1 月第 1 版
印　　次:2018 年 1 月第 1 次印刷
定　　价:(全八册)298.00 元

1946 年，季羡林先生任北京大学教授

1952 年，季羡林先生留影

20 世纪 50 年代中期，与亲友在济南趵突泉公园合影

1958 年，参加北大校内劳动

1958 年，参加塔什干亚非作家会议

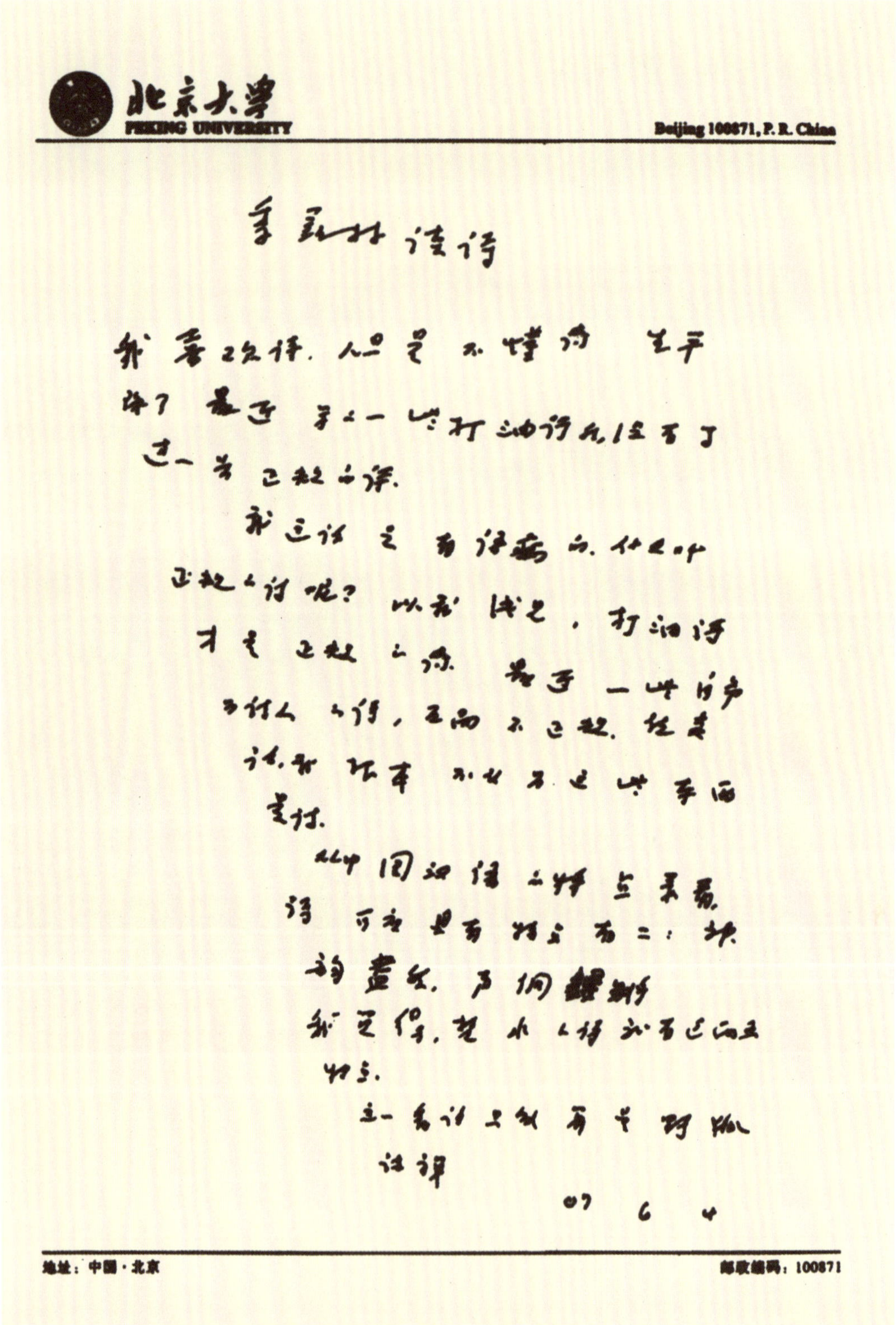
北京大學
PEKING UNIVERSITY
Beijing 100871, P. R. China
季羡林谈诗
07 6 4
地址：中国·北京
邮政编码：100871

季羡林先生手迹

编辑缘起

季羡林是闻名中外的文学大家，其贡献是多方面的。季老经常谈王国维所提倡的“境界”，他特别关注文学作品的“神韵”。

季老欣赏“不著一字，尽得风流”八个字，神韵的最佳表现是“羚羊挂角，无迹可求，故其妙处透彻玲珑，不可凑泊，如空中之音，相中之色，水中之月，镜中之象，言有尽而意无穷”。(《沧浪诗话·诗辨》)翁方纲主张：“神韵无所不该……有于实际见神韵者，亦有于虚处见神韵者，有于高古浑朴见神韵者，亦有于情致见神韵者。”(《神韵论》)季老表示认同。《史记》的雄浑，六朝的浓艳，陶渊明、王维的朴素，徐、庾的华丽，杜甫的沉郁顿挫，李白的流畅灵动，《红楼梦》的细腻，《儒林外史》的简明，无不各擅胜场。针对比较文学这种难以深入的局面，季羡林提出了“广通声气，博采众长”的救治方针。季老对现代诗评价不高，认为出色的现代诗仅有戴望舒的《雨巷》。只有《雨巷》符合他的审美标准。对其他现代诗作，他不敢赞一字。

季老仙逝8年了，而这些论述在今天仍然言犹在耳，让我们时时回忆起这些论述。

编　者

目　录

印度文学在中国[①]

中国同印度这两个伟大的国家，国境毗连；我们做了几千年的好邻居、好朋友。在这漫长的时间内，我们几乎在文化的各个领域内都进行了交流的工作。文学也是其中的一部分。

文学这一部分，正像其他的部分一样，交流的头绪是非常复杂的，问题是很多的。我在这里只想谈一下印度文学在中国所起的一些影响。

要想追本溯源，印度文学传入中国应该追到远古的时代去。那时候的所谓文学只是口头文学，还没有写成书籍。内容主要是寓言和神话。印度寓言和神话传入中国的痕迹在中国古代大诗人屈原的著作里可以找到。《天问》里说：

厥利惟何，而顾菟在腹？

---

① 季羡林按：这是二十多年前写的一篇文章。记得是讲课时发给同学作参考用的。观点当然是当时的观点，材料也是当时的材料。现在重读一遍，觉得尽管已经过了那样长的时间，但是里面的材料还是很有用的。而且在这方面还没有见什么人作更进一步的研究。这样一来，我保留这一篇东西就不仅仅是敝帚自珍了。最近几年来，印度朋友对中印文化关系的研究表现出令人欢欣鼓舞的热情。他们翻译了不少的中国文学作品，现代的有，古典的也有，比如曹植的《洛神赋》之类。但是关于文学方面的系统的著作却还没有见到。因此，我就把这篇文章拣了出来，加上了一点新材料，只在个别地方作了一点很小的修改，整个的框架以及观点都保留原样，发表出来，供中外志同道合的学人参考。同时还希望，能有更多的人在这方面做更多的工作。这方面的材料很多，倘加以搜集、整理与研究，会对增强中印两国人民的友谊，促进两国人民的互相了解起很大的作用。我检查自己的旧笔记，发现我搜集的材料还有不少。我从前曾写过一些这类的文章。现在在这方面的兴趣更是浓烈未衰。倘有适当的机会，当再整理发表。

虽然在最近几十年内有的学者把“顾菟”解释成“蟾蜍”①，但是从汉代以来，传统的说法总是把“顾菟”说成是兔子，月亮里面有一只兔子的说法在中国可以说是由来久矣了。

但是这种说法并不是国产，它是来自印度。从公元前一千多年的《梨俱吠陀》起，印度人就相信，月亮里面有兔子。梵文的词汇就可以透露其中的消息。许多意思是月亮的梵文字都有śaśa（兔子）这个字作为组成部分，譬如śaśadhara和śaśabhrt，意思是“带着兔子的”；śaśalakṣaṇa，sasalak ṣmaṇa和śaś-alak ṣman，意思都是“有兔子的影像的”。

此外，印度神话寓言里面还有许多把兔子同月亮联系起来的故事，譬如巴利文《佛本生经》第316个故事。在中译《佛经》里面，也有不少这样的故事，譬如吴康僧会译《六度集经》二一，《兔王本生》；吴支谦译《菩萨本缘经》六，《兔品》；竺法护译《生经》三一，《兔王经》；宋绍德、慧询等译《菩萨本生鬘论》六，《兔王舍身供养梵志缘起》，等等。唐朝的和尚玄奘还在印度婆罗痆斯国（今贝拿勒斯）看到一个三兽窣堵波，是纪念兔王焚身供养天帝释的。

除了这一个月兔故事以外，在先秦的书籍里还可以找到其他的一些可能是从印度传来的寓言和神话，《战国策·楚策》里记载的一个狐假虎威的故事就是其中的一个例子。

到了三国时代，中印交通的道路开辟了，来往频繁了，同时佛教已经传入中国，这些都给印度人民创造的一些美丽动人又富有教育意义的故事传入中国提供了有利的条件。于是印度各种类型的故事就大量传入中国。

我只举一个例子。《三国志·魏书》卷二十《邓哀王冲传》：

> 邓哀王冲，字仓舒，少聪察歧嶷，生五六岁，智意所及，有若成人之智。时孙权曾致巨象，太祖欲知其斤重，访之群下，咸莫能出其理。冲曰：“置象大船之上，而刻其水痕所至，称物以载之，则校可知矣。”太祖大悦，即施行焉。

我们在小学教科书念到的曹冲称象的故事，来源就在这里。虽然这个故事已经写入正史，而且同一个具体的人联系起来；但是它仍然不是国货，它的故乡是

① 见闻一多《天问释天》，《清华学报》第9卷，1936年1月第4期。

印度。元魏吉迦夜共昙曜译《杂宝藏经》卷一，《弃老国缘》里面就有这样一个称象的故事。它也许在后汉时代就已经从口头上流传到中国来了。我现在把《杂宝藏经》原文抄在下面，以资比较：

天神又复问言："此大白象，有几斤两?"群臣共议，无能知者。亦募国内，复不能知。大臣问父。父言："置象船上，著大池中，画水齐船，深浅几许。即以此船，量石著中，水没齐画，则知斤两。"即以此智以答。

（见《大正大藏经》卷四，449b）

到了六朝时代，印度神话和寓言对中国文学影响的程度更加深了，范围更加广了。在这时候，中国文学史上出现了一类新的东西，这就是鬼神志怪的书籍。只要对印度文学稍稍涉猎过的人都能够看出来，在这些鬼神志怪的书籍里面，除了自秦汉以来中国固有的神仙之说以外，还有不少的印度成分。这情况，中国伟大文学家鲁迅在他的《中国小说史略》里早就指出过。

从内容方面来看，这些鬼神志怪的故事里面有一些对中国来说是陌生的东西，最突出的是阴司地狱和因果报应。我们当然不能说，在佛教输入以前，中国就没有阴间的概念。但是这些概念是比较渺茫模糊的、支离破碎的。把阴间想象得那样具体，那样生动，那样组织严密，是印度人的创造。连中国的阎王爷都是印度来的"舶来品"。

六朝时代有许多小说，全部书都谈的是鬼神的事情，譬如《荀氏灵鬼志》《祖台之志怪》《神怪录》《刘之遴神录》《幽明录》《谢氏鬼神列传》《殖氏志怪记》《曹毗志怪》《祥异记》《宣验记》《冥祥记》，等等。这些书，只要一看书名字，就可以知道内容。其中的《宣验记》和《冥祥记》主要是谈因果报应。里面宣传信佛得善报，不信得恶报。有一些故事已经中国化了，有的正在化的过程中，有的才开始，印度气息还十分浓厚。谁也不会相信，它们与印度无关。

我在这里举一个例子，说明印度故事中国化的过程。《宣验记》里记载了一个故事：

有鹦鹉飞集他山。山中禽兽，辄相爱重。鹦鹉自念："虽乐，不可久也。"便去。后数月，山中大火，鹦鹉遥见，便入水沾羽，飞而洒之。天神曰："汝虽有志意，何足云也！"对曰："虽知不能救，然尝侨居是山，禽兽行善，皆为兄弟，不忍见耳。"天神嘉感，即为灭火。①

从这个故事本身我们看不出它是什么来源。说它完全是一个中国故事，也未始不可。但是元魏吉迦夜共昙曜译《杂宝藏经》十三，《佛以智水灭三火缘》和吴康僧会译《旧杂譬喻经》二三，都有这样一个故事。为了比较起见，我把《旧杂譬喻经》的那一个故事也抄在下面：

昔有鹦鹉，飞集他山中。山中百鸟畜兽，转相重爱，不相残害。鹦鹉自念："虽乐，不可久也，当归耳。"便去。却后数月，大山失火，四面皆然。鹦鹉遥见，便入水，以翅取水，飞上空中。以毛衣润入洒之，欲灭大火。如是往来往来。天神曰："咄！鹦鹉！汝何以痴！千里之火，宁为汝两翅水灭乎？"鹦鹉曰："我由知而不灭也。我曾客是山中，山中百鸟畜兽，皆仁善，悉为兄弟，我不忍见之耳。"天神感其至意，则雨灭火也。

把两个故事拿来一比较，我们立刻就会发现，《宣验记》其实是抄袭了《旧杂譬喻经》，只是把一些字句润饰得更加简练而已。印度故事中国化可能有很多方式；但是大体上说起来，不外两大类：一是口头流传；一是文字抄袭。前者可以拿月兔故事做一个例子，而后者的代表就是这一个鹦鹉灭火的故事。

这个故事还有一个变体，也见于《宣验记》：

野火焚山。林中有一雉，入水渍羽，飞故灭火。往来疲乏，不以为苦。

只是把鹦鹉换成了野鸡。这个以野鸡为主的故事，也来自印度。《大智度论》卷十六就有这个故事。唐玄奘《大唐西域记》卷六，拘尸那揭罗国说："精舍侧不远，有窣堵波，是如来修菩萨行时，为群雉王救火之处。"这里讲的也是雉王，而非鹦鹉。

---

① 鲁迅《古小说钩沉》，《宣验记》。

我觉得这情况可以代表印度故事转化为中国故事的过程。这个过程大概是这样子的：印度人民首先创造，然后宗教家，其中包括佛教和尚，就来借用，借到佛经里面去，随着佛经的传入而传入中国，中国的文人学士感到有趣，就来加以剽窃，写到自己的书中，有的也用来宣扬佛教的因果报应，劝人信佛；个别的故事甚至流行于中国民间。

鹦鹉灭火的故事就是按照这个过程传入中国的。我在这里顺便说一下，它的传播过程还不就到《宣验记》为止。清周亮工《栎园书影》第二卷中又出现了这个故事：

> 昔有鹦鹉飞集陀山。乃山中大火，鹦鹉遥见，入水濡羽，飞而洒之。天神言："尔虽有志意，何足云也？"对曰："尝侨居是山，不忍见耳！"天神嘉感，即为灭火。

《鲁迅全集》五《伪自由书》《王道诗话》（实为瞿秋白所作）也引用了这个故事。

印度文学对中国文学的深而广的影响，六朝以后仍然继续发展下去。到了唐代，可以说是又达到一个新的阶段。唐代文学产生了两种崭新的东西：一是传奇；二是变文。而这两种东西都是与印度影响分不开的。

我们先从文体上来看一下这个影响。六朝那些鬼神志怪的故事，一般说都是很短的，每篇只谈一个故事，从头到尾，平铺直叙。但是到了唐初，却出现了像王度的《古镜记》这样的小说。里面有一个主要的故事作为骨干，上面穿插了许多小的故事。这种体裁对中国可以说是陌生的，而在印度则是司空见惯的事。印度古代著名的史诗《摩诃婆罗多》的结构就属于这个类型。作为骨干的主要故事是难敌王（Duryodhana）和坚阵王（Yuddhisthira）的斗争，里面穿插了很多的独立的小的故事。巴利文《佛本生经》是以佛的前生为骨架，把几百个流行民间的故事汇集起来，成了这一部大书。流行遍全世界的《五卷书》也是以一个老师教皇太子的故事为骨干，每一卷又以一个故事为骨干，叠床架屋，把许多民间故事搜集在一起，凑成了一部书。中译佛典里的吴康僧会译《六度集经》、吴支谦译《菩萨本缘经》、西晋竺法护译《生经》、宋绍德、慧询译《菩萨本生鬘论》、元魏慧觉等译《贤愚经》等等都同巴利文的《佛本生经》是一个类型。这种例子在印度文学里是不胜枚举的。我们很难说，唐代传奇文的这种新的结构不是受了印度的影响。

体裁方面另一个特点突出地表现在所谓变文上。变文的结构多半是韵文和散文间错成文。有的地方叙事用散文，说话用韵文；有的地方悲叹用韵文；有的地方描写用韵文；有的地方韵文复述散文的内容。总而言之，就是韵文和散文互相间错。这种体裁也不是中国固有的，而是来自印度。

古代印度的许多著作都是用这种体裁写成的。譬如用混合梵文写成的《大事》（Māhavastu）和《方广大庄严经》（Lalitavistara）都是这样。在这些佛典里面，韵文与散文的关系大别之可以分为两个类型：一是韵文与散文相续成文；二是韵文的内容再用散文重复一遍。上面提到的《五卷书》也是用散文和韵文相间写成的。

中国接受这一种新的体裁，除了通过佛典翻译这一条路以外，可能还通过另一条路，这就是中央亚细亚的古代语言。我现在举一个例子来说明这个情况。《木师与画师的故事》在中译大藏经里有好几个异本：比丘道略集《杂譬喻经》八；《经律异相》第四十四卷；义净译《根本说一切有部毗奈耶药事》卷十六等等。这些异本都是用散文写成的，里面没有韵文。吐火罗文里面也有这样一个故事，却是散文和韵文交错。在中印文化的交流中，吐火罗文是桥梁之一。在这种体裁输入中国方面，吐火罗文也可能起了媒介作用。

上面谈的是文体方面的一些影响。在内容方面，影响还更要复杂，更要普遍，更要深刻。虽然唐代的传奇文从主要方面来说继承的和发扬的仍然是六朝以来的中国固有的传统，但是印度的影响却到处可见。上面谈到的阴司地狱和因果报应仍然继续存在。此外还添了许多新的从印度来的东西，其中最突出的也许就是龙王和龙女的故事。

龙这个东西，中国古代也有的。有名的典故“叶公好龙”可以为证。但是龙究竟是一个什么东西呢？谁也没有看到过，谁也说不清。据闻一多的意见，龙只是一种存在于图腾中而不存在于生物界中的神秘虚构的生物，它似乎是蛇，又似乎不是。但是自从佛教传入以后，中译《佛经》里面的“龙”字实际上是梵文 Nāga 的翻译。Nāga 的意思是“蛇”。因此，我们也就可以说，佛教传入以后，“龙”的涵义变了。佛经里，以及唐代传奇文里的“龙王”就是梵文 Nāgarāja，Nāgarāj 或 Nāgarājan 的翻译。这东西不是本国产的，而是由印度输入的。

龙王和龙女的故事在唐代颇为流行，譬如柳宗元的《谪龙说》、沈亚之的《湘中怨》，以及《震泽龙女传》等等都是。其中最著名的最为人所称道的是李朝威的《柳毅传》。不管这些故事多么像是中国的故事，多么充满了中国的人情味，从这种故事的本质来说，它们总还是印度货色。

谈到变文，印度影响就表现得更明显。里面当然也有不少的是讲中国的故事，譬如《伍子胥变文》《孟姜女变文》《捉季布变文》《李陵变文》《王昭君变文》《董永变文》等等都是。但是更多的却讲的是印度佛教故事，譬如《太子成道经》《太子成道变文》《八相变文》《破魔变文》《降魔变文》等等都是。此外还有许多讲经文，例如《金刚般若波罗蜜经讲经文》《妙法莲华经讲经文》等等，也属于这一类。在变文里面，有一些对以后文学和民间传说产生了很大的影响，譬如《大目乾连冥间救母变文》。在极长的时间内，目连救母的故事流行于中国民间，目连甚至有了中国名字，小说戏剧也取材于这个故事，可见其影响之大了。

印度文学影响唐代文学的内容当然还不限于上面说到的这一些，其他类型的故事也受到了印度的影响。属于梦幻的故事的李公佐的《南柯太守传》和沈既济的《枕中记》，属于离魂一类的陈玄佑的《离魂记》、张荐的《灵怪录》和李亢的《独异志》，属于幽婚一类的戴君孚的《广异记》里的许多故事，里面都或多或少能够找到一些印度色彩。

是不是有整个的故事从印度搬过来的呢？有的，而且数目还不算很少。例子前人已经举出来过，我在这里再举一个新的例子。《太平广记》二八七，引《潇湘记》襄阳老叟，内容大概是这样的：一个人从一个老头那里得了一把神斧，“造飞物即飞，造行物即行”。后来给一个富人造一独柱亭，晚上爬墙去勾引富人的女儿。富人发觉了，要打发他走。他用神斧造了一双木鹤，同富人的女儿乘上，飞走。一个内容很相类的故事见于《五卷书》第一卷第八个故事。我看，这就是中国故事的来源。

就连柳宗元那一篇著名的文章《黔之驴》，我看，恐怕也与印度文学有一些瓜葛。我先把《黔之驴》抄在下面：

> 黔无驴。有好事者，船载以入。至则无可用，放之山下。虎见之，庞然大物也，以为神，蔽林间窥之。稍出近之，慭慭然莫相知。他日，驴一鸣，虎大骇，远遁。以为且噬己也，甚恐。然往来视之，觉无异能者。益习其声，又近出前后，终不敢搏。稍近益狎，荡倚冲冒。驴不胜怒，蹄之。虎因喜，计之曰：“技止此耳。”因跳踉大㘎，断其喉，尽其肉，乃去。

据我的看法，这个故事与流行世界的驴蒙虎皮或狮皮的那一个类型的故事是有联系的，而这一个类型的故事来源就是印度。我现在把《五卷书》第四卷第七个故事译抄在下面：

在某一座城市里，有一个洗衣匠，名字叫做叔陀钵吒。他有一条驴，因为缺少食物，瘦弱得不成样子。当洗衣匠在树林子里游荡的时候，他看到了一只死老虎。他想到："哎呀！这太好了！我要把老虎皮蒙在驴身上，夜里的时候，把它放到大麦田里去。看地的人会把它当做一只老虎，而不敢把它赶走。"他这样做了，驴就尽兴地吃起大麦来。到了早晨，洗衣匠再把它牵到家里去。就这样，随了时间的前进，它也就胖起来了，费很大的劲，才能把它牵到圈里去。

有一天，驴听到远处母驴的叫声。一听这声音，它自己就叫起来了。那一些看地的人才知道，它原来是一条伪装起来的驴；就用棍子、石头、弓箭，把它打死了。

这两个故事非常相似。第一，里面的主角都是驴；第二，在《黔之驴》里，老虎亲自出台，在《五卷书》里，老虎虽然没有活着出台，它的皮却蒙到驴身上去了；第三，在两本书里，驴都是因为鸣叫而泄露了真相；第四，这两个故事都有教训意义，在《五卷书》里不必说了，而《黔之驴》本身就是"三戒"之一。

这一故事几乎流行于全世界，形成了一个广大的类型。这里不详细说了。

宋代以后，中印两国的文化交流，特别是宗教方面的往来逐渐减少，代之而起的是贸易方面的往来。在这样的情况下，从表面上看起来，印度文学似乎是已经停止对中国文学发生影响。但是，倘若仔细观察研究，情况并不是这样子。这影响不但仍然存在，而且是更深入、更细致了。

元代的戏曲可以说是中国文学史上一枝奇丽的花朵。很多杂剧取材于唐代的传奇，像马致远的《黄粱梦》取材于《枕中记》，郑德辉的《倩女离魂》取材于《离魂记》，尚仲贤的《柳毅传书》取材于《柳毅传》，这都是最著名的例子。因此我们也可以说，印度文学间接影响了元代的戏剧。

有没有直接的影响呢？少数的学者倾向于肯定的答复。他们想证明，某一"型"的中国戏剧是受了印度的影响，譬如"赵贞女型"。也还有人想证明，某一个杂剧受了印度的影响，譬如《陈巡检梅岭失妻记》。但是，我们必须承认，这些证明都是缺乏根据的。

明代是中国长篇小说开始发扬光大的时期。最著名的长篇小说之一《西游记》里面就有大量的印度成分。要想研究孙悟空的家谱，是比较困难的。不可否认，他身上有中国固有的神话传统；但是也同样不可否认，他身上也有一些印度的东西。他同《罗摩衍那》里的那一位猴王哈奴曼（Hanumān）太相似了，不可能想象，他们之间没有渊源的关系。至于孙悟空跟杨二郎斗法，跟其他的妖怪斗法，这一些东西是中国古代没有的；但是在佛经里面却大量存在。如果我们说，这些东西是从印度借来的，大概没有人会否认的。

同以前一样，在明代也有印度故事整个地搬到中国来的。我只举一个例子。明刘元卿《应谐录》里面记载了一篇短的寓言，说一家人有一只猫，起个名字叫"虎猫"。有人建议说，虎不如龙，不如叫"龙猫"。又有人建议叫"云猫"，叫"风猫"，叫"墙猫"，最终叫成"鼠猫"。这样一个故事在世界各处都可以找到，但是大家都公认，它的故乡是印度。在梵文故事集《故事海》里有这样一个故事；在《五卷书》里也有这样一个故事。它从印度出发，几乎走遍了全世界。东方的中国和日本也留下了它的足迹。

自从西方的殖民主义侵入东方以后，中印两个国家都逐渐沦为殖民地或半殖民地。我们的经济发展受到了阻碍，我们的文化发展受到了破坏。在殖民主义的枷锁下，我们自顾不暇，几千年来的文化交流的古老传统几乎陷于停顿了。

一直到20世纪初年，当我们两国的民族复兴的运动逐渐高涨的时候，我们这两个老朋友才又有了机会恢复以前的友谊。两国人民彼此关心对方的民族解放运动就是这一个新友谊的基础。

和尚诗人苏曼殊在1909年4月曾写信给他的朋友，说他译了印度女诗人佗露哆（Taru Dutt）的诗篇。在同一年，他又写信告诉他的朋友，说他准备同一位印度的梵文学者共同翻译印度古代最伟大的诗人迦梨陀娑的长篇抒情诗《云使》。是否已经译成，不得而知。

1924年，印度近代爱国主义的大诗人泰戈尔到中国来访问。这在当时是轰动一时的事情。绝大多数的报纸和杂志都有专文介绍泰戈尔的生平、思想和作品。《小说月报》特别出了《泰戈尔号》（第十四卷，第九号、第十号）和临时增刊［第十五卷，第四号，《欢迎泰戈尔先生！》（*Welcome to Mr. Rabindranath Tagore!*）］。在这些专号和临时增刊里，中国的作家们详尽地介绍了泰戈尔，给他写了传，分析了他的思想，选译了他的作品。在他来华前后，中国可以说是有一股泰戈尔热。他的许多作品都译成了汉文，譬如《园丁集》《飞鸟集》《新月集》等诗集，《邮政局》《牺牲》《齐德拉》《春之循环》等戏剧一时都有了中译本。

既然有了这样多的译本，影响当然也就不会很小。但是他的影响究竟有多大呢？我还是借用已故诗人徐志摩的话来说明这情况吧。他说：

> 在新诗界中，除了几位最有名神形毕肖的泰戈尔的私淑弟子以外，十首作品里至少有八九首是受他直接或间接的影响的。这是很可惊的状况，一个外国的诗人，能有这样普及的引力。（见《小说月报》，第14卷，第9号）

熟悉当时文坛情况的人就会承认，徐志摩的话一点也没有夸大。当时最流行是那一种半含哲理半抒情的小诗。这些小诗的蓝本就是泰戈尔的《园丁集》《飞鸟集》和《新月集》。

一直到死，泰戈尔都是中国人民忠实的朋友。第二次世界大战以前，正当中国人民处境最困难的时候，他却对中印两国人民的未来唱出了他的热烈而真挚的希望：

> 正像早晨的鸟儿，在天还没有完全破晓的时候，就唱出了和宣告了太阳的升起。我的心在歌唱，宣告一个伟大的未来的到临——这个伟大的未来已经很迫近我们了。我们一定要准备好来迎接这个新的世纪。

诗人的希望今天可以说是都已经实现了。

中国近代的伟大作家新文化运动的主将鲁迅很重视印度文学。他对汉译佛典中文学气味比较浓的那一部分进行过精细的研究。在他所著的《中国小说史略》里，他一再指出印度文学对于中国文学的影响。他指出《汉武帝内传》窃取了佛教的东西；他指出，吴均《续齐谐记》里的阳羡鹅笼的故事说的是一个中国书生，但是在晋人荀氏的《灵鬼志》里也记载了这个故事，这里不是一个中国书生，而是一个来自外国的道人。他用这一个例子来说明印度故事中国化的过程。他还把僧伽斯那撰、萧齐天竺三藏求那毗地译的《百喻经》《痴华鬘》加以断句，付印。所谓“百喻”，实际上就是一百篇短的寓言和故事，名称虽是佛经，却是印度人民的创作，由佛教僧徒加以汇集利用。他之所以喜欢它者，原因也正在此。在《〈痴华鬘〉题记》里他写道：

> 尝闻天竺寓言之富，如大林深泉。他国艺文，往往蒙其影响。即翻为华言之佛经中，亦随在可见。

可见他对印度寓言估价之一斑。

此外，熟悉汉译佛典的人都会发现，鲁迅在运用词汇时有时候很受佛典的影响。这种例子很多，不能一一列举。我在这里只举一个。《〈华盖集〉题记》里有这样几句话：

> 我知道伟大的人物能洞见三世，观照一切，历大苦难，尝大欢喜，发大慈悲。

这里面很多词儿不是明明白白地从佛典里面借来的吗？

另外一个民主斗士同时也是白话诗人和古典文学研究者的闻一多也很重视印度文学。在他的文章里，他曾着重指出了印度文学对中国文学的影响。他还曾译过印度爱国女诗人奈都夫人（Sarojini Naidu）的诗。

小说家和梵文学者许地山对印度文学有特殊的爱好。他的许多小说取材于印度神话和寓言，有浓重的印度气息。他根据英文翻译过一些印度神话，像《太阳底下降》（*The Descent of the Sun*）和《二十夜间》（*A Digit of the Moon*）等等。他也曾研究过印度文学对于中国文学，特别是对中国戏剧的影响。他的结论我们虽然不能全部同意，但是其中有一些意见是站得住的，这一点大家都会承认。此外，他还写过一部书，叫做《印度文学》。篇幅虽然不算多，但是比较全面地讲印度文学的书在中国这恐怕还是第一部。它从吠陀文学讲起，一直讲到近代文学，印度文学史上主要的作品和作家，主要的流派都讲到了。对想从事于印度文学研究的人来说，是一部有用的书。

小说家沈从文有时候也取材于印度的寓言文学。他利用这些材料主要是通过汉译的佛经。《五卷书》第一卷第十六个故事的内容是：两个天鹅和一个乌龟做朋友。天旱的时候，两个天鹅让乌龟咬住一个木棒，它俩各叼一头，准备把乌龟运到有水的地方去。后来乌龟不遵约言，张嘴说话，从天空里掉下来，摔死。这个故事当然也是印度人民的创作，通过佛经传到中国来。沈从文把它涂上了地方的色彩，写成了一篇寓言小说。在他的一部叫做《月下小景》的短篇小说集里，除了第一篇以外，其余的都取材于汉译佛典。供他取材的书有：《长阿含经》《杂譬喻经》《智度论》《法苑珠林》《五分律》《生经》《大庄严论》《太子须大拿经》等。在这部书的题记里，他说："这些带有教训意味的故事，篇幅虽极短，却常在短短篇章中，能组织极其动人的情节。"

以上举的只能算是几个例子，近代中国文学中的印度影响并不止此。然而仅从这几个例子中我们已经可以看到，从公元前几百年起，一直到近代，印度文学对于中国文学的影响一直是持续不断。它就像是一条河流，有时经过深山，有时经过密林，有时流在光天化日之下，有时又潜流于地中，有时波涛汹涌，有时又潺潺细流，就这样，流下来，流下来，一直流到现在。

然而现在情况却大大地改变了。

1947 年，印度获得了独立；1949 年，中国解放。多少年来套在我们两国人民脖子上的殖民主义的枷锁，终于给我们挣断了。长期阻挠着我们进行文化交流和和平往来的绊脚石去掉了。我们之间几千年长久的古老的友谊又在新的基础上获得了新的内容和新的意义。

八年多以来，我们两国的政府和人民利用各种形式来进行文化交流的工作。虽然我们做这工作已经做了几千年；但是从交流的规模上来看，从交流的范围上来看，从交流的意义上来看，这八年多的工作可以说是空前的。

在文学的交流方面，我们也做了不少的工作。两国的文学家互相访问，报告本国的文学方面活动的情况，交流文学研究的意见，把彼此访问时所见所闻以及个人的一些体会和感想写成文章，写成书。很多印度诗人以无比的热情歌颂了新中国，歌颂了中印两国人民的友谊。中国诗人也同样以无比的热情歌颂了这种万古长青的友谊。这种文章和诗歌在两国人民中广泛地传播开来，大大地增强了两国人民的友谊和互相了解。

但是最足以表现文学方面交流工作的加强的还是翻译。八年多以来，印度方面翻译了大量的新中国的文学作品，受到了广大的印度人民的欢迎。中国方面也翻译大量的印度文学作品，同样受到广大的中国人民的欢迎。

中国方面翻译印度文学作品的范围是很广的。印度古代著名的史诗《摩诃婆罗多》，我们有了选译本，是直接从梵文里翻译过来的。印度最伟大的诗人迦梨陀娑（Kālidāsa）的杰作《沙恭达罗》（*Śākuntalā*）在解放前已经有八九个中译本，但是都不是从梵文直接译的。解放后又出了一个从梵文译出来的本子，而且还搬上了中国舞台。把《沙恭达罗》搬上中国舞台这一件事情是值得重视的。这是一个空前的尝试，而且事实又证明，这是一个成功的尝试。它引起了印度方面的重视，受到了中国人民的欢迎，是很自然的。迦梨陀娑的另一部杰作抒情诗《云使》（*Meghadūta*）也翻成了汉文。此外，梵文古典名著译成汉文的还有首陀罗迦的《小泥车》、戒日王的《龙喜记》，都是从梵文译过来的。

在近代和现代的作家中，泰戈尔仍然受到重视。他的作品有的有了新译本，有的出了改订本，譬如《吉檀迦利》《新月集》《我的童年》《沉船》等等。印度近代现实主义作家普列姆·昌德（Prem Chand）过去几乎没有介绍过，现在我们也出了他的短篇小说集，很多篇是直接从印地文里译过来的。其他近代印度作家的作品译成汉文的还有：萨拉特·钱达·查特吉的《嫁不出去的女儿》、克里山·钱达尔的《钱达尔短篇小说集》、阿巴斯的《阿巴斯短篇小说集》、查托巴迪雅亚的《我歌唱人类》、巴达查理亚的《饥饿》、巴伦·巴苏的《新兵》、马尼克·班纳济的《帕德玛河上的船夫》、巴尔文·迦尔琪的《第一个微波》、穆·拉·安纳德的《苦力》和《印度童话集》，以及其他作家的一些作品。

从上面这一个并不完全的叙述里，我们已经可以看到，在解放后短短的八年多以内，我们在翻译印度文学作品方面，的确是做了不少的工作。

但是我们必须指出，这还只是一个开始。现在中国人民对于印度文学的兴趣一天一天地加强。访问过印度的人们对印度文学艺术歌舞音乐都赞不绝口；在中国有机会接触到印度文学艺术歌舞音乐的人们同样是赞不绝口。去年，当《两亩地》《流浪者》等印度影片在中国上映的时候，街上走路的人嘴里哼的都是印度歌曲。同时周恩来总理又号召我们向其他国家学习，学习他们的文学艺术和科学技术，学习他们的优秀的文化传统来充实我们的社会主义文化。这更提高了我们学习的热情。在我们学习的对象中，印度占一个显著的地位，而印度的文学艺术在我们可能向印度学习的东西中又占一个显著的地位。

在这样的情况下，我们相信，将来还会有更多的优秀的印度文学作品译成中文。据我所知道的，现在已经有人在那里从事《摩诃婆罗多》和《罗摩衍那》（*Rāmāyaṇa*）的研究和翻译，已经有人在那里专门研究和翻译泰戈尔的作品，已经有人在那里研究和翻译名闻世界的寓言集《五卷书》。

我们中印两国人民在文学方面相互学习已经两千多年了。如果拿一棵古老的树干来比拟这古老的传统的话，我们就可以说，这棵树干上曾经开过无数的灿烂的花朵；但是这棵树并没有老，在中国解放后，它又返老还童了，它将来开出的花朵还会更多，还会更灿烂。瞻望前途，我们充满了无限的信心。

1958 年 1 月 10 日

对于新诗的一些看法

首先要声明，我既没有写过诗，对诗也没有认真研究过；我只是对诗有兴趣，因此就不免有一些意见。现在就作为一个新诗的读者，反映一些浅薄的看法。

“五四”以来的新诗，成绩绝对是应该肯定的。它突破了旧形式，增加了新内容，表现了新时代的新精神；在中国诗的发展史上，它标志着一个新的阶段。

但是，新诗的成绩也不能夸大。新诗表达新思想，并不是绝对的。毛主席用旧诗词同样可以成功地表达新思想。这是一件耐人寻味的事情。此外，新诗在一定的程度上是脱离群众的；不但脱离了工农大众，而且也脱离了一部分知识分子，我就是其中的一个。我不大喜欢读新诗，觉得好的很少；而且一读过就忘记，不能背诵。读旧诗词，却得的印象深，不费什么力，就可以背过。

这是什么原因呢？我自己有一些保守，这也是可能的。但这决不是原因的全部。我认为，既然叫做诗，就一定要有诗的特点，也就是决定诗之所以为诗、中国新诗之所以为中国新诗的那一些东西。这些特点包括两方面：内容和形式。我觉得，好些新诗所缺少的正是这些东西。

有时候，我简直不了解，为什么一首诗就算是诗。我反复推敲研究，总觉得除了分行写以外，再发现不出任何特点。我试着把这些分行写的东西连写起来，一念，觉得同散文差不多。如果勉强去找区别的话，那就是，原来就是散文的散文逻辑性强一些，念起来流利一些；而这些用诗句连写成的散文，念起来就不免有点前言不搭后语，不十分流利。

我特别害怕中国的马雅可夫斯基体。我不大懂俄文，马雅可夫斯基的诗在俄文里究竟给人什么样的感觉，我不清楚，不敢乱说。但是，中国的马雅可夫斯基体，却给我一个非常别扭，非常不自然的感觉，不只是心理上的，而且也是生理上的。比如“我们要同心协力解放台湾”这样一句话，这样写是极其自然的；但是中国的马雅可夫斯基却一定要写成：

　　我们
　要
　　同心协力
解放
　台湾！

一句变成五行，除了浪费纸张以外，有时候我实在看不出有什么特别深奥的道理。我曾对一些写诗的朋友说过这样的话：“说话流利就是散文，结结巴巴就是诗。”这句话，除了有一些片面有一些刻薄以外，难道就一点道理都没有吗？

有一次，我对一位诗人发表这些“谬论”，他对我说：“诗的形式是由内容来决定的。”内容和形式是统一的，而内容起决定性的作用。这是马列主义的真理，是谁也否定不了的。但是，我认为，谈到文学作品，却不能过于机械地了解这一句话。有时候，同样一些思想感情，写惯了诗的人就用诗的形式来表达；写惯了散文的人就用散文的形式来表达。如果机械地了解的话，那么我们就要说：司马迁一辈子只有散文的思想，而杜甫除了一小部分散文思想外只有诗的思想。这是与事实不相符合的。

据我看，在决定一件文学作品是否是诗的问题上，内容起作用，是没有问题的；但是形式也起同样的作用。换句话说，就是，诗一定要有诗的形式。这形式可以是脚韵、句中韵、头韵，也可以是诗句内轻音和重音、长音和短音组成的韵律，音节的数目也起作用。各国语言的情况不同，诗歌的发展规律不同，不能勉强要求一致。但是必须有这样一些东西，却几乎是一致的。

举两个例子。

中国的旧诗，一方面有平仄的限制，另一方面又有脚韵的限制。旧词的限制就更复杂。这是人所共知的事实，不必详细论证。

在印度，古代梵文诗没有脚韵，却有由诗句内长音和短音组成的韵律和音节数目的限制。比如迦梨陀娑的《沙恭达罗》里的第一首诗，每句音节二十一、韵律是：

— — — —U— —，UUUUUU—，—U— —U— —

用梵文术语，这种形式叫做 Sragdharà。到了泰戈尔，才出现了所谓自由诗。我不懂孟加拉文；但据说泰戈尔用孟加拉文写的诗是有韵律的（见叶茨的《吉檀迦利导言》）。一翻成英文，就成了自由诗。据我自己的看法，在泰戈尔的自由诗里，有一些极其微妙的感觉，极其细致的观察。仿佛是电光一闪，灵感一现，诗人用短短的几句话把它捕捉住，而且恰到好处；用长篇大论的散文，反而令人有杀鸡用牛刀的感觉。除了这一点以外，我就看不出这些所谓诗还有什么特点。中文译本也给我同样的感觉。

中国的新诗也不全是自由诗。过去，有不少的诗人努力创造过新形式。但是我总感觉到，这一些新形式多半都有点洋里洋气。诗人们显然是注意模仿西方诗多，而注意模仿中国旧诗少。换句话说，在采用民族形式方面，做得很不够。

中国新诗的形式究竟应该何去何从呢？在几年以前，这问题也许不大容易解决。自从广大劳动人民都纷纷作起诗来以后，我认为，基本方向已经指出来了。现在工人诗人、农民诗人，以及无数的过去根本不识字或者识字还不多而现在学会了写诗的人们，风起云涌。他们使用的形式有极大的一致性。这决不是偶然的。他们使用的形式是与中国诗的传统形式一脉相承的。如果说他们是受了旧诗的影响，那么我们就要问：像王老九这样的农民诗人，以前不识字或者识字不多，很难设想，他们读过李白、杜甫的集子，这影响是从哪里来的呢？现在的知识分子出身的诗人，大概都读过一些旧诗，他们反而不受影响，事情不是有点奇怪吗？这一点是十分值得我们推敲玩味的。

我也并不是说，目前的所谓民歌体就是唯一的最好的形式。这个形式还必须发展。而且一定会发展。只停留在目前的阶段上，是不能满足我们的要求的。但是发展必须有一个基础，我看，民歌体就是很好的基础。其他的形式只可能在发展中起一些作用，它们没有资格来做发展的基础。

最后，我还要声明一下：我不懂诗，上面这些话只能算是一个外行人对诗的一些极其浅薄甚至不正确的看法。

1959 年 5 月 14 日

外国文学研究中的几个问题[①]

今天我要讲的这些意见，是深思熟虑多年而形成的。当然不一定正确，因为水平有限，但有些方面或许对同志们有所帮助。

我讲的第一个大问题就是怎样提高研究外国文学的理论水平的问题。

首先要提高马列主义文艺理论水平，这是基本，不能动摇。我跟大家一样，也是解放后才学习马列主义的。我像好多知识分子出身的人一样，向马列主义学习，恐怕不是通过实践，而是通过理论，学习社会发展史，了解从原始社会到共产主义社会的发展史。我解放前没吃多少苦，没有“三忆三查”，就是学习社会发展史，认识到人类社会不管多么曲折，但终究要实现共产主义。社会发展史告诉我，这条路绝没有错，是科学的，只不过是时间问题。我读过《资本论》、马克思主义的政治经济学，感到确实有说服力。在新中国要想搞文学的话，只有钻研马列主义文艺理论，学习马列主义经典著作，帮助我们弄清一些问题，只有靠这个，没别的办法。我还看过普列汉诺夫《没有地址的信》，感到他讲得很有道理，讲艺术起源、艺术的阶级性、艺术与劳动的关系。如果列宁不肯定普列汉诺夫，恐怕普列汉诺夫也没有今天的地位。我建议同志们看看这本书。还有德国梅林的文艺理论，我感到他讲得也不错，很有道理。我向在座的提一个要求，包括我自己在内，学习马列主义文艺理论，没有看过的，可以看，看过的，还可以再看，因为看理论书，一遍很难看懂。

第二，学习中国文艺理论。就我国的文艺理论来讲，历史悠久，水平相当高，能持之有据，言之成理，形成一个独立的体系，不愧是世界四大文明古国

① 1984 年 5 月 3 日在上海外国语大学对青年教师的讲话。

之一。中国文艺理论非常丰富，有现成的书：郭绍虞的《中国文学批评史》、罗根泽的《中国文学批评史》。另外如郭先生编的中国古代文论选和文艺选，同志们也可看一看。这里我特向你们推荐一本敏泽的《中国文艺理论批评史》。敏泽是中年人，他的书我看了，虽然资料不如郭老的多，但叙述得很有系统，中国文艺理论批评史讲得非常清楚。有一次我问朱光潜先生：你看敏泽的书怎么样？他讲：不错，另外呢，他的写法跟我们都不一样。我觉得这个好，他要是跟老一代都一样，就没有什么进步了，要的就是不一样。我没有意思贬低老一代，老一代有老一代的成就。可是我呢，我始终相信青出于蓝而胜于蓝，年轻一代超过我们，这是历史规律，你承认不承认都是这样。我认为九斤老太的思想是不行的，不符合事实。当然也不是说，年轻的同志不努力也比老的强，谁要说我比你年轻，不努力也比你强，就是一点自知之明也没有，将一事无成。另外我想，同志们如果有兴趣的话，最好读读中国古代文论：曹丕的《典论·论文》、陆机的《文赋》、唐朝司空图的《诗品》，特别是王国维的《人间词话》，里面每一段都不是长篇论文，但却讲了许多文艺理论，我相信你们看了以后一定爱不释手。《文心雕龙》在世界上声誉很高，日本人研究的比较多。我国有四川大学的杨明照先生，他是《文心雕龙》专家；还有范文澜先生，他是搞历史的，但在20年代初就搞过《文心雕龙》，我讲的这是老的。后来有年轻的，如王元化同志，他给我寄了一本《文心雕龙创作论》，我觉得非常精彩，看了以后，感到跟敏泽相似，也是中年人，近代文学的路子搞得跟老的不一样。去年在日本召开了一个国际讨论会，王元化去参加了，谈了他对《文心雕龙》的意见，为我们国家增了光。《文心雕龙》这本书的内容、主要理论，要搞清楚是很不容易的，需要几代人的努力，几代都要学习。

第三，学习西方文艺理论。西方文论从柏拉图、亚里士多德开始，在这之前也有。这里有一本书，同志们最好费点工夫看看：朱光潜的《西方美学史》。书一开头就研究古希腊，有些我们不知道，如有一个数学家毕达哥拉斯，他是自然科学家，也有文艺理论，我认为相当精彩，他从数学角度来讲。后来柏拉图也有，最后集大成者是亚里士多德，大家都知道。应该把朱先生的《西方美学史》看一遍，这本书不难懂。如看它一遍，再看一遍敏泽或是郭绍虞先生讲中国文学批评的书，两条腿走路，那就好了。我们的路子跟希腊很不一样。我的印象是，希腊一开始就讲文艺理论，而亚里士多德还有别的理论，多极了，因为是自然科学，跟他的整个哲学系统都有联系。他对问题分析很细，大概有名的是讲悲剧。希腊人一开始就讲悲剧喜剧。对悲剧，亚里士多德有一个很著名的理论，就是悲剧能够净化人的思想，净化灵魂。他分析悲剧的路子方法跟我们早期的文学批评家包括刘勰在内的《文心雕龙》不一样。中国的文艺理论分析不很细，而是给人印象。西方讲分析，而中国讲综合。后来到了唐朝，又讲神韵，特别是司空图的《诗品》，那里把诗分成二十四种意境或境界。后来有许多人讲神韵，说“不着一字，尽得风流”，大家都知道这个。我们讲文艺批评要神似、形似，形似就是形式、外表相似，我们要神似，精神相似。中国文论讲究韵，即神韵，讲究味。西方文论，从希腊开始，一直到今天，通过中世纪、文艺复兴，体系发展了，但同我们不一样。我们根据印象，如司空图的《诗品》都是些印象，什么雄浑、沉着、洗炼、典雅、豪放、含蓄、婉约等等。中国文论史上，有的人主“神韵”，也有人主“性灵”，就是讲有“性灵”，就有好诗；王夫之的“性情”说，认为诗最重要的是性情。还有王国维的《人间词话》，他有“境界”说，认为有境界就是好诗，没有境界就不是好诗。如果没有接触欧美那一套，我一点也不怀疑；接触了，觉得我们的不易说清楚。你说什么叫“雄浑”，讲不出来。“性灵”“神韵”“境界”，哪一种文字也翻不出来，白话也翻不出来。王国维还有一说，讲“隔与不隔”，说不隔就是好诗，如“池塘生春草”，池塘里长出春草来了。王认为“不隔”因为一看就懂，一点儿也没有隔阂。但用“谢家池塘”，用了典故，说春草，却不讲春草，用“谢家池塘”讲春草，这就隔了，不行。用一两个典故有什么了不起，说用典故就隔，这就绝对了。我们的这些名词，包括司空图的《诗品》，说不清楚。一看就懂，一问就糊涂。我觉得应把中国文艺理论这一套，用逻辑语言讲出来，不要形象。中国过去评论一个人，从后汉特别是到了南北朝，是根据人的形象，如“出水芙蓉”。可你说究竟什么是出水芙蓉？是好是坏，不好说。这是些比喻，把形象给你，你接受形象的人，形象在你脑筋里面活动，转成思辨，然后得出结论来。我看这有点玄乎。出水芙蓉，我们都懂，可是你理解的出水芙蓉，跟他人不一样，中间都要经过脑筋加工，怎么叫出水芙蓉，就是池塘里面长出一枝荷花，那一定是很美丽的、很挺直的。很形象，但说清楚很费劲。诗词讲究神韵，李白的诗，杜甫的诗，两个都是大诗人，可完全不一样，哪一首是李白的，哪一首是杜甫的，你看得出来，甚至诗的一开头，讲这么几句就知道是李还是杜了，但要突出其区别，就不容易了。我们用“雄浑”等，给你一个概念，让你自己去分析。我看，保留下来的这些东西，其中包括的内容，西方的文艺批评表达不出来，我们的就能表达出来，这是一个。另一个是囫囵吞枣，含含糊糊，不太精确。我们怎么把马列主义文艺理论、中国文艺理论，加上西洋文艺理论都吃透？要把这些东西说清楚很难。若能做到这一步，在世界就是先进的。有一个不妥的比喻：中西医的问题。中医能治病，针灸就很有效，但道理很玄乎。我倒不认为中医不科学，因为实践是检验真理的标准。我的意思是要把中国的这些概念说清楚，要提高理论水平才能把它说清楚。希望大家看一些书，如《歌德谈话录》。埃克曼是歌德的秘书，他每天都到歌德那儿去，歌德跟他聊天，这是一个有心人，把谈话内容全都记录下来，成了一部书。他举了一个例子：一天，歌德拿一幅油画给埃克曼看，问画得怎么样，埃看了说好极了，是伟大的作品。歌德又问，你看画里有没有问题？埃说，我看不出。那幅画的背景是一个太阳，中间站着一个人。歌德说，太阳在后面，人在这边，那么人的影子应在什么地方？如果太阳在那边，人在中间，影子应该在相反的一边，对吧？埃克曼说对的，那影子画错了。歌德说，为什么画错了而你看不出来。关于这个，他的解释也不一定对，他的解释似乎是：伟大作家能改变自然。我感到这有道理，歌德的思想非常有趣，他解释：艺术家以违反自然的东西画出来，可叫你看不出来，你说是不是伟大的作品？也不能说每部伟大的作品都这样，我的意思是希望同志们能够看一看《歌德谈话录》，你当它看小说也行。还有莱辛的《拉奥孔》和《汉堡剧评》、海涅论浪漫主义、雨果论文学以及好多大作家论文学。这些确实与希腊是一个体系，总的来说，世界观是唯心主义的，但还是值得一看。关于歌德这个人，你扣他一顶完全唯心主义的帽子恐怕不行，他还有个讲法也很有意思，他研究植物说“花是叶子变的”，我们看了一辈子花也没有想出来花与叶子的关系是什么。我看高尔基论文艺，同志们也可读一读，并不费劲，疲倦时翻翻，可以解除疲劳，增加知识。还有一例，是朱光潜先生五十年前上文艺心理学课时讲的，就是“为什么美”的问题。马列主义文艺理论似乎没有完整地接触这个问题。天下有美、有丑。我们研究语言文艺的，都有一个平凡的判断本能。在五十年前，欧洲有一派文艺心理学家作出了解释，对不对是另外一回事。举个美国选电影明星的例子：他们在大木头杆上雕一个人形，让女孩子站在里面，要完全符合，不差一点，否则就扣分。要是进不去，就根本不行。另外，跳芭蕾舞，是很美的，不美没有人去看。可“四人帮”时期，强调阶级路线，芭蕾舞演员得从农民、工人里去找，这是江青的路线，后来行不通。因为农村姑娘要参加劳动，劳动有其美，农村姑娘一般都很康健，皮肤发红，也是美，这是另一种美。可你要她转圈不行。阶级路线贯彻不了。如果你找个老太太，体重三百磅，让她跳芭蕾舞，就没有人看。为什么现在我们的芭蕾舞很美，而三百磅老太太跳就不美，这就有个道理。奥地利心理学家李普斯的“感情移入”说就是我的感情移到自然界、客观事物上去。如我们看流云之泻，不让你在生理上感到负担，你就觉得美。当然还有静物，如泰山、黄山也很美。这是五十年前资产阶级的东西，但起码可以让我们的脑筋开开窍。为什么美，我是不能解答这个问题，让资产阶级来解答，用心理学。李普斯和弗洛伊德一样是医生，他们不是瞎扯。今天的外国文艺理论流派我不清楚，但要是拜倒在它们的脚下，那是我们没有出息。可一概否认，既不了解，也不研究，也是行不通的。我们要了解，只要有机会，都可以研究，研究以后，才能决定拒绝还是接受哪一部分，这才是正确的。我认为现在有些人有点崇拜存在主义这个东西，特别是青年。可什么叫存在主义，并不清楚，抓住一点概念就以为是了，存在主义哪有那么简单。现在的文艺思潮，千奇百怪，恐怕二十年以后，剩不了几个。第一次世界大战后有好多主义，现在都没了。现在也是这样，千万不要迷信，包括意识流。还有朦胧诗，我是坚决反对的。我认为写朦胧诗的人有的接近骗子，看的人是傻子。文艺的目的是写出来给人看，要让人看懂，如果不让人懂，你就别写。

第四，印度文艺理论。印度文艺理论有两千多年的历史，是值得研究的。印度很有意思，他的文艺理论讲戏剧与舞蹈是一码事，如电影，没有一部电影不突然给你来个歌唱，载歌载舞。问印度人这是怎么回事，回答说：我们印度人的电影有两个条件，第一个要有歌舞，否则没人买票；第二个是长，四小时以下，这电影不行。我们也有，越剧也是载歌载舞，还有京剧、黄梅戏都有散文与诗词结合在一起的情况。欧洲没有这种情况。一次看欧洲的歌剧，发给我唱词，一晚上才两页唱词，它并不在乎内容，翻来覆去地唱这么几句，就像我们的戏《空城计》，内容早就熟知了，看了几十年，照样有人去看。要看情节，就得看《霍元甲》。外国的歌剧，也是重在听它的声音、音调，我们的《空城计》要看是谁唱的。

但是我们现在的话剧就不同，它是外来的。我问戏剧学院的一个人：“话剧，农民接受不接受?”那人摇摇头。就拿北京的老百姓来说，他们喜欢看评剧。在戏剧方面，我是个外行，但外行有外行的好处，能看到内行看不出的问题，如话剧有没有个民族化的问题。开个玩笑，你请我去看话剧，我不如坐公共汽车，那里每个人都是演员，都进入角色：有骂架的，有谈话的，这要比剧场真实得多。当然，这么说有片面性。我总觉得印度在文艺理论方面有些不足，但有些地方很有趣。如他们的文艺理论书中有一个例子，是一个词，叫“恒河上茅屋”，有三种意思：一是当面的意思，不通。茅屋只能在河岸上，不能在河上；二是引申之意，即在恒河的边上；三是言外之意，意思是神圣安静，因为恒河是圣河，茅屋则表示安静，第三种意思是最高境界。这像我们的“言外之意”，欧洲人不讲这个，起码是不着重讲。我们中国，讲有个“味”，即你不直接讲，要有言外之意，让你琢磨琢磨，跟吃橄榄一样，回味方甘。在这上面，中国与印度相似。

关于文艺理论，我想讲这四方面。

第五，汉语问题。我希望同志们要学习古文。在座的年轻人都研究外国文学，要具有一定的汉语基础，这就是先背上二百首诗词，旧的；古文也背上几十篇。我不是吓唬同志们，你脑袋里没有几百首诗词，几十篇古文，要写文章，想有什么文采，那非常难。希望大家能补这一课。要多看一点古典文学作品，特别是小说。我推荐大家看《儒林外史》，在语言上，在中国古典小说里可与《红楼梦》媲美。这种书不要只看一遍，像《红楼梦》我起码看了七八遍。《邓小平文选》中有几篇谈到文艺，说要提高表现力，这很重要。你要翻译，就要有一点文采。原作是部好书，经你一翻，一点文采也没有，你对不起原作。文学的论文，逻辑性要讲，也应有点文采。《儒林外史》的表现力很强，用词达到出神入化。如它表现劳动人民不缠脚，用了“大着一双脚”，这个“大”字用得非常恰当，没有其他词可代替它。我们研究外国文学，是不是也有个提高表现力的问题。对外国文学，思想性可吸收的不是太多，而艺术性要吸收的则非常多。如《罗摩衍那》，其表现方法、表现力等，也有很多是值得我们学习的。我们研究外国文学是有目的的，这目的就是要提高表现能力。

第六，外语。千万不要只学一种，应像韩信将兵，多多益善。我们大家都要学英语，英语是世界性语言。我们知道德国人对自己的文化造诣有点自负：讲音乐，有贝多芬；讲文学，有歌德；自然科学也大有人在。可我 1981 年去德国访问时，我的老师，八十六岁了，是世界上搞梵文的权威之一，他送我几本书是用英文写的。要不是亲眼见，我是绝对不信的。这意思是德国人也承认今日英文的力量。用德文写，非洲去不了，印度也进不去，用英语写，就能走遍世界。希望同志们多学一点外语，最好学英语，这样写文章容易一些。

第七，知识面。搞文学，知识面非广不行。历史、地理、文化、社会、经济，你研究的国家的这些方面，都要知道。这我就不多讲了。

第八，要懂得科技。我们的同志最好学一学数学，要能使用电子计算机，现在这问题已提到日程上来了。我年纪大了，再学就困难了，也没有这个雄心壮志。但青年人应学点数学。一次北大开德国文学讨论会，一位同志带来一本文艺批评的书，很厚一本，里面全是数学公式。韩素音跟我讲：“现在中国搞文学的，非用电子计算机不可。”在美国，电子计算机是家常便饭，人手一个，很方便。在内蒙古，《元朝秘史》蒙文本的词汇，已整本输入电子计算机内，现在他们研究《元朝秘史》蒙文本的语法等，就非常简单。而我们，查资料，卡片就一大堆。用电子计算机，一按，五分钟就全出来了。第二次世界大战后，世界的形势飞跃发展，自然科学、社会科学飞速发展，我们中国落后了。新中国建国初期，我们的经济比日本要好得多，当时日本全垮了，现在怎么样呢？我 1946 年离开德国，那时那个国家全完了；前几年我又去，变化大极了，看起来那是了不起的。我们落后了，现在中央有这精神，要翻两番，这是很正确的。我们搞外国文学研究，首先应该认识到：你要是跟不上形势，就落后，落后就会挨打。我们要赶上去。希望青年同志要抓紧时间，不要光想着自己小家庭的现代化。我的家很简陋，当然我不反对在可能的情况下，把家庭搞得好一点，过得舒服些，但不要今天搞个三大件，明天又打个沙发，这样不行。有人说“时间就是金钱”，我说“时间就是生命”。别看我比你们中的一些人大五十岁，可五十年也是一晃就到。现在不努力，将来就后悔，这就是“少壮不努力，老大徒伤悲”。我现在就有点伤悲，小时候不如现在努力，现在比较努力，但毕竟老了。同志们一定要珍惜时间，最好在房里挂个牌，写上“闲谈不过五分钟”。

今天讲了许多，对象是青年同志，我就倚老卖老，有过头的话，请原谅，并请批评指正。

1984 年 5 月 7 日

附注：

上面这些想法，是我多少年来根据自己的观察而形成的，曾在不同的学校讲过多次，但是始终没有写成文字。这次在上海外院讲，也没有稿子，连详细提纲也没有。上面的记录稿是根据我的原话录音写成的。它基本上保留了我的原话。但是我的原话措词不够细致，逻辑性也不那么强。想要改写，我目前没有那个时间。只好就这样披头散发地送到读者面前。请读者同志们只理解讲话的基本内容，认为有可取之处的，则取之；认为无可取之处的，则弃之；认为荒谬的，则批评之。这就是我的愿望。

1984 年 6 月 6 日

漫谈文学作品的阶级性、时代性和民族性

最近翻看宋人笔记，发现一条内容基本相同只是稍有改变的笔记，竟出现在八本书中。我现在从宋赵与旹的《宾退录》卷九中把这条笔记抄在下面：

> 读诸葛孔明《出师表》而不堕泪者，其人必不忠。读李令伯《陈情表》而不堕泪者，其人必不孝。读韩退之《祭十二郎文》而不堕泪者，其人必不友。

这给我们提出了一个值得深思的问题。这条笔记始作俑者是谁，我想，我们不必去深究。既然它出现在几本书中，可见它触到了一些人的灵魂，引起了共鸣。我们今天读了，仍然会在不同程度上引起共鸣。至少是我自己，还有我认识的一些朋友，读了《出师表》《陈情表》和《祭十二郎文》，确有想堕泪之意。这几篇古典文学作品确实触碰到了我们内心中的某一些地方，震撼了我们的灵魂，使我们受到感动，得到了“净化”。

但是，最近四五十年以来，我们的唯物主义的文艺理论告诉我们：文学作品是有阶级性的，是有时代性的，是有民族性的。《红楼梦》中贾府上的焦大不会喜欢林妹妹，事实昭著，不容否认。这一套唯物主义文艺理论，有其正确之处，也不容否认。

连不可能是历史唯物主义者的清代诗人赵瓯北也高唱：“江山代有才人出，各领风骚数百年。”可是中国文学的发展却在一定程度上否定了赵瓯北的论点。李杜文章到了现代，经过了不是数百年，而是一千多年，仍然很“新鲜”。像

李白、杜甫，中国还有一些诗人和散文家，诸葛亮、李密和韩愈就属于这一些人。外国也有一些作家和作品，可以归入这个范畴。

这些作家和作品的阶级性、时代性和民族性哪里去了呢？我个人觉得，倒是马克思主义的老祖宗马克思敢于说：希腊神话有永恒的魅力。

最现成最合理的解释就是，在承认文学作品的阶级性、时代性和民族性的同时，还承认一个贯通这些性，或者高踞于这些性之上的性：人性。我这种说法或者想法，在文艺理论家眼中，也只能是文艺理论幼儿园的水平。但是，在过去一段时间内，谁要提“人性”就是“人性论”，而“人性论”就是“修正主义”，离开反革命只有一根头发丝的距离了。我们今天托了改革开放的福，敢于把人性提了出来。我偶然读到宋人的笔记，心有所感，不避幼儿园之讥，写了以上这许多话。

1993年8月22日

写文章

当前中国散文界有一种论调，说什么散文妙就妙在一个“散”字上。散者，松松散散之谓也。意思是提笔就写，不需要构思，不需要推敲，不需要锤炼字句，不需要斟酌结构，愿意怎样写就怎样写，愿意写到哪里就写到哪里。理论如此，实践也是如此。这样的“散”文充斥于一些报刊中，滔滔者天下皆是矣。

我爬了一辈子格子，虽无功劳，也有苦劳；成绩不大，教训不少。窃以为写文章并非如此容易。现在文人们都慨叹文章不值钱。如果文章都像这样的话，我看不值钱倒是天公地道。宋朝的吕蒙正让皂君到玉皇驾前去告御状：“玉皇若问人间事，为道文章不值钱。”如果指的是这样的文章，这可以说是刁民诬告。

从中国过去的笔记和诗话一类的书中可以看到，中国过去的文人，特别是诗人和词人，十分重视修辞。这样的例子不胜枚举。杜甫的“语不惊人死不休”，是人所共知的。王安石的“春风又绿江南岸”中的“绿”字，是诗人经过几度考虑才选出来的。王国维把这种炼字的工作同他的文艺理想“境界”挂上了钩。他说：“词以境界为最上。”什么叫“境界”呢？同炼字有关是可以肯定的。他说：“‘红杏枝头春意闹’”著一‘闹’字而境界全出。”“闹”字难道不是炼出来的吗？

这情况又与汉语难分词类的特点有关。别的国家情况不完全是这样。

上面讲的是诗词，散文怎样呢？我认为，虽然程度不同，这情况也是存在的。关于欧阳修推敲文章词句的故事，过去笔记中多有记载。我现在从《霏雪录》中抄一段：

前辈文章大家，为文不惜改窜。今之学力浅浅者反以不改为高。欧公每为文，既成必自窜易，至有不留初本一字者。其为文章，则书而粘之屋壁，出入观省。至尺牍单简亦必立稿，其精审如此。每一篇出，士大夫皆传写讽诵。惟睹其浑然天成，莫究斧凿之痕也。

这对我们今天写文章，无疑是一面镜子。

1993 年 12 月 26 日

作　文

一

当年，我还是学生时，从小学到大学，都有“国文”一门课，现在似乎是改称“语文”了。国文课中必然包括作文一项，由老师命题，学生写作。然后老师圈点批改，再发还学生，学生细心揣摩老师批改处，总结经验，以图进步。大学或其他什么学一毕业，如果你当了作家，再写作，就不再叫作文，而改称写文章，高雅得多了。

作文或写文章有什么诀窍吗？据说是有的。旧社会许多出版社出版了一些“作文秘诀”之类的书，就是瞄准了学生的钱包，立章立节，东拼西凑，洋洋洒洒，神乎其神，实际上是一派胡言乱语，谁要想从里面找捷径，寻秘诀，谁就是天真到糊涂的程度，花了钱，上了当，“赔了夫人又折兵”。

据我浏览所及，古今中外就没有哪一位大作家真正靠什么秘诀成名成家的。记得鲁迅或其他别的作家曾说过，“作文秘诀”一类的书是绝对靠不住的。想要写好文章，只能从多读多念中来。清代的《古文观止》或《古文辞类纂》一类的书，大概就是为了这个目的而编选的。结果是流传数百年，成为家喻户晓的书，我们至今尚蒙其利。

我从小就背诵《古文观止》中的一些文章，至今背诵上口者尚有几十篇。从小学一直到高中前半，写作文用的都是文言。在小学时，作文不知道怎样开头，往往先来上一句“人生于世”，然后再苦思苦想，写下面的文章。写的时候，有意或无意，模仿的就是《古文观止》中的某一篇文章。

在读与写的过程中，我逐渐悟出了一些道理。现在有人主张，写散文可以随意之所之，愿写则写，不愿写则停，率性而行，有如天马行空，实在是潇洒之至。这样的文章，确实有的。但是，读了后怎样呢？不但不如天马行空，而且像驽马负重，令人读了吃力，毫无情趣可言。

古代大家写文章，都不掉以轻心，而是简练揣摩，惨淡经营，句斟字酌，瞻前顾后，然后成篇，成为一件完美的艺术品。这一点道理，只要你不粗心大意，稍稍留心，就能够悟得。欧阳修的《醉翁亭记》，通篇用“也”字句，不是一个最明显的例子吗？

元刘壎的《隐居通议》卷十八讲道：古人作文，俱有间架，有枢纽，有脉络，有眼目。这实在是见道之言。这些间架、枢纽、脉络、眼目是从哪里来的呢？回答只有一个，从惨淡经营中来。

二

对古人写文章，我还悟得了一点道理：古代散文大家的文章中都有节奏，有韵律。节奏和韵律，本来都是诗歌的特点；但是，在优秀的散文中也都可以找到，似乎是不可缺少的。节奏主要表现在间架上。好比谱乐谱，有一个主旋律，其他旋律则围绕着这个主旋律而展开，最后的结果是：浑然一体，天衣无缝。读好散文，真如听好音乐，它的节奏和韵律长久萦绕停留在你的脑海中。

最后，我还悟得一点道理：古人写散文最重韵味。提到“味”，或曰“口味”，或曰“味道”，是舌头尝出来的。中国古代钟嵘《诗品》中有“滋味”一词，与“韵味”有点近似，而不完全一样。印度古代文论中有 rasa（梵文）一词，原意也是“口味”，在文论中变为“情感”（sentiment）。这都是从舌头品尝出来的“美”转移到文艺理论上，是很值得研究的现象。这里暂且不提。我们现在常有人说：“这篇文章很有味道。”也出于同一个原因。这“味道”或者“韵味”是从哪里来的呢？细读中国古代优秀散文，甚至读英国的优秀散文，通篇灵气洋溢，清新俊逸，决不干瘪，这就叫做“韵味”。一篇中又往往有警句出现，这就是刘壎所谓的“眼目”。比如骆宾王《为徐敬业讨武曌檄》中的“一抔之土未干，六尺之孤何托！”两句话，连武则天本人读到后都大受震动，认为骆宾王是一个人才。王勃《滕王阁序》中有两句：“落霞与孤鹜齐飞，秋水共长天一色。”也使主人大为激赏，这就好像是诗词中的炼字炼句。王国维说：有此一字而境界全出。我现在把王国维关于词的“境界说”移用到散文上来，想大家不会认为唐突吧。

纵观中国几千年写文章的历史，在先秦时代，散文和赋都已产生。到了汉代，两者仍然同时存在而且同时发展。散文大家有司马迁等，赋的大家有司马相如等等。到了六朝时代，文章又有了新发展，产生骈四俪六的骈体文，讲求音韵，着重词彩，一篇文章，珠光宝气，璀璨辉煌。这种文体发展到了极端，就走向形式主义。韩愈“文起八代之衰”，指的就是他用散文，明白易懂的散文，纠正了骈体文的形式主义。从那以后，韩愈等所谓“唐宋八大家”的文章，就俨然成为文章正宗。但是，我们不要忘记，韩愈等八大家，以及其他一些家，也写赋，也写类似骈文的文章。韩愈的《进学解》，欧阳修的《秋声赋》，苏轼的前后《赤壁赋》等等，都是例证。

这些历史陈迹，回顾一下，也是有好处的。但是，我要解决的是现实问题。

三

我要解决什么样的现实问题呢？就是我认为现在写文章应当怎样写的问题。

就我管见所及，我认为，现在中国散文坛上，名家颇多，风格各异。但是，统而观之，大体上只有两派：一派平易近人，不求雕饰；一派则是务求雕饰，有时流于做作。我自己是倾向第一派的。我追求的目标是：真情流露，淳朴自然。

我不妨引几个古人所说的话。元盛如梓《庶斋老学丛谈》卷中上说：“晦庵（朱子）先生谓欧苏文好处只是平易说道理。……又曰：作文字须是靠实说，不可架空细巧。大率七八分实，二三分文。欧文好者，只是靠实而有条理。”

上引元刘壎的《隐居通议》卷十八说：“经文所以不可及者，以其妙出自然，不由作为也。左氏已有作为处，太史公文字多自然。班氏多作为。韩有自然处，而作为之处亦多。柳则纯乎作为。欧、曾俱出自然。东坡亦出自然。老苏则皆作为也。荆公有自然处，颇似曾文。唯诗也亦然。故虽有作者，但不免作为。渊明所以独步千古者，以其浑然天成，无斧凿痕也。韦、柳法陶，纯是作为。故评者曰：陶彭泽如庆云在霄，舒卷自如。”这一段评文论诗的话，以“自然”和“作为”为标准，很值得玩味。所谓“作为”就是“做作”。

我在上面提到今天中国散文坛上作家大体上可以分为两派，与刘壎的两个标准完全相当。今天中国的散文，只要你仔细品味一下，就不难发现，有的作家写文章非常辛苦，“作为”之态，皎然在目。选词炼句，煞费苦心。有一些词还难免有似通不通之处。读这样的文章，由于“感情移入”之故吧，读者也陪着作者如负重载，费劲吃力。读书之乐，何从而得？

在另一方面，有一些文章则一片真情，纯任自然，读之如行云流水，毫无扞格不畅之感。措词造句，作者毫无生铸硬造之态，毫无“作为”之处，也是由于“感情移入”之故吧，读者也同作者一样，或者说是受了作者的感染，只觉得心旷神怡，身轻如燕。读这样的文章，人们哪能不获得最丰富活泼的美的享受呢？

我在上面曾谈到，有人主张，写散文愿意怎样写就怎样写，愿写则写，愿停则停，毫不费心，潇洒之至。这种纯任“自然”的文章是不是就是这样产生的呢？不，不，决不是这样。我在上面已经谈到惨淡经营的问题。我现在再引一句古人的话：《湛渊静语》上引柳子厚答韦中立云：“故吾每为文章，未尝敢以轻心掉之。”上面引刘壎的话说“柳则纯乎作为”，也许与此有关。但古人为文决不掉以轻心，惨淡经营多年之后，则又返璞归真，呈现出“自然”来。其中道理，我们学为文者必须参悟。

1997 年 10 月 30 日

漫谈散文

对于散文，我有偏爱，又有偏见。为什么有偏爱呢？我觉得在各种文学体裁中，散文最能得心应手，灵活圆通。而偏见又何来呢？我对散文的看法和写法不同于绝大多数的人而已。

我没有读过《文学概论》一类的书籍，我不知道，专家们怎样界定散文的内涵和外延。我个人觉得，“散文”这个词儿是颇为模糊的。最广义的散文，指与诗歌对立的一种不用韵又没有节奏的文体。再窄狭一点，就是指与骈文相对的，不用四六体的文体。更窄狭一点，就是指与随笔、小品文、杂文等名称混用的一种出现比较晚的文体。英文称这为“Essay，familiar essay”，法文叫“Essai”，德文是“Essay”，显然是一个字。但是这些洋字也消除不了我的困惑。查一查字典，译法有多种。法国蒙田的 Essai，中国译为“随笔”，英国的 Familiar essay，译为“散文”或“随笔”，或“小品文”。中国明末的公安派或竟陵派的散文，过去则多称之为“小品”。我堕入了五里雾中。

子曰：“必也正名乎!”这个名，我正不了，我只好“王顾左右而言他”。中国是世界上散文第一大国，这决不是“王婆卖瓜”，是必须承认的事实。在西欧和亚洲国家中，情况也有分歧。英国散文名家辈出，灿若列星。德国则相形见绌，散文家寥若晨星。印度古代，说理的散文是有的，抒情的则如凤毛麟角。世上万事万物有果必有因，这种情况的原因何在呢？我一时还说不清楚，只能说，这与民族性颇有关联。再进一步，我就穷辞了。

这且不去管它，我只谈我们这个散文大国的情况，而且重点放在眼前的情况上。五四运动是中国近代史上的一件大事，在文学范围内，改文言为白话，也是中国文学史上的一件大事。七十多年以来，中国文学创作取得了长足的进步。但是，据我个人的看法，各种体裁间的发展是极不平衡的。小说，包括长篇、中篇和短篇，以及戏剧，在形式上完全西化了。这是福？是祸？我还没见到有专家讨论过。我个人的看法是，现在的长篇小说的形式，很难说较之中国古典长篇小说有什么优越之处。戏剧亦然，不必具论。至于新诗，我则认为是一个失败。至今人们对诗也没能找到一个形式。既然叫诗，则必有诗的形式，否则可另立专名，何必叫诗？在专家们眼中，我这种对诗的见解只能算是幼儿园的水平，太平淡低下了。然而我却认为，真理往往就存在于平淡低下中。你们那些恍兮惚兮高深玄妙的理论"只堪自怡悦"，对于我却是"只等秋风过耳边"了。

这些先不去讲它，只谈散文。简短截说，我认为五四运动以来中国文坛上最成功的是白话散文，个中原因并不难揣摩。中国有悠久雄厚的散文写作传统，所谓经、史、子、集四库中都有极为优秀的散文，为世界上任何国家所无法攀比。散文又没有固定的形式。于是作者如林，佳作如云，有如八仙过海，各显神通。旧日士子能背诵几十篇上百篇散文者，并非罕事，实如家常便饭。五四以后，只需将文言改为白话，或抒情，或叙事，稍有文采，便成佳作。窃以为，散文之所以能独步文坛，良有以也。

但是，白话散文的创作有没有问题呢？有的，或者甚至可以说，还不少。常读到一些散文家的论调，说什么："散文的诀窍就在一个'散'字。""散"字，松松散散之谓也。又有人说："随笔的关键就在一个'随'字。""随者，随随便便之谓也。"他们的意思非常清楚：写散文随笔，可以随便写来，愿意怎样写，就怎样写。愿意下笔就下笔，愿意收住就收住。不用构思，不用推敲。有些作者自己有时也感到单调与贫乏，想弄点新鲜花样；但由于腹笥贫瘠，读书不多，于是就生造词汇，生造句法，企图以标新立异来济自己的贫乏。结果往往是，虽然自我感觉良好，可是读者偏不买你的账，奈之何哉！读这样的散文，就好像吃掺上沙子的米饭，吐又吐不出，咽又咽不下，进退两难，啼笑皆非。你千万不要以为这样的文章没有市场。正相反，很多这样的文章堂而皇之地刊登在全国性的报刊上。我回天无力，只有徒唤奈何了。

要想追究产生这种现象的原因，也并不困难。世界上就有那么一些人，总想走捷径，总想少劳多获，甚至不劳而获。中国古代的散文，他们读得不多，甚至可能并不读；外国的优秀散文，同他们更是风马牛不相及。而自己又偏想出点风头，露一两手。于是就出现了上面提到的那样非驴非马的文章。

我在上面提到我对散文有偏见，又几次说到"优秀的散文"，我的用意何在呢？偏见就在“优秀”二字上。原来我心目中的优秀散文，不是最广义的散文，也不是“再窄狭一点”的散文，而是“更窄狭一点”的那一种。即使在这个更窄狭的范围内，我还有更更窄狭的偏见。我认为，散文的精髓在于“真情”二字，这二字也可以分开来讲：真，就是真实，不能像小说那样生编硬造；情，就是要有抒情的成分。即使是叙事文，也必有点抒情的意味，平铺直叙者为我所不取。《史记》中许多《列传》，本来都是叙事的；但是，在字里行间，洋溢着一片悲愤之情，我称之为散文中的上品。贾谊的《过秦论》，苏东坡的《范增论》《留侯论》等等，虽似无情可抒，然而却文采斐然，情即蕴涵其中，我也认为是散文上品。

这样的散文精品，我已经读了七十多年了，其中有很多篇我能够从头到尾地背诵。每一背诵，甚至仅背诵其中的片段，都能给我以绝大的美感享受。如饮佳茗，香留舌本；如对良友，意寄胸中。如果真有“三月不知肉味”的话，我即是也。从高中直到大学，我读了不少英国的散文佳品，文字不同，心态各异。但是，仔细玩味，中英又确有相通之处：写重大事件而不觉其重，状身边琐事而不觉其轻；娓娓动听，逸趣横生；读罢掩卷，韵味无穷。有很多很多值得我们学习借鉴之处。

至于六七十年来中国并世的散文作家，我也读了不少他们的作品。虽然笼统称之为“百花齐放”，其实有成就者何止百家。他们各有自己的特色，各有自己的风格，合在一起看，直如一个姹紫嫣红的大花园，给五四以后的中国文坛增添了无量光彩。留给我印象最深刻最鲜明的有鲁迅的沉郁雄浑，冰心的灵秀玲珑，朱自清的淳朴淡泊，沈从文的轻灵美妙，杨朔的镂金错彩，丰子恺的厚重平实，如此等等，不一而足。至于其余诸家，各有千秋，我不敢赞一辞矣。

综观古今中外各名家的散文或随笔，既不见“散”，也不见“随”。它们多半是结构谨严之作，决不是愿意怎样写就怎样写的轻率产品。蒙田的《随笔》，确给人以率意而行的印象。我个人认为，在思想内容方面，蒙田是极其深刻的；但在艺术性方面，他却是不足法的。与其说蒙田是一个散文家，不如说他是一个哲学家或思想家。

根据我个人多年的玩味和体会，我发现，中国古代优秀的散文家，没有哪一个是“散”的，是“随”的。正相反，他们大都是在“意匠惨淡经营中”，简练揣摩，煞费苦心，在文章的结构和语言的选用上，狠下工夫。文章写成后，读起来虽然如行云流水，自然天成，实际上其背后蕴藏着作者的一片匠心。空口无凭，有文为证。欧阳修的《醉翁亭记》是流传千古的名篇，脍炙人口，无人不晓。通篇用“也”字句，其苦心经营之迹，昭然可见。像这样的名篇还可以举出一些来，我现在不再列举，请读者自己去举一反三吧。

在文章的结构方面，最重要的是开头和结尾。在这一点上，诗文皆然，细心的读者不难自己去体会。而且我相信，他们都已经有了足够的体会了。要举例子，那真是不胜枚举。我只举几个大家熟知的。欧阳修的《相州昼锦堂记》开头几句话是：“仕宦而至将相，富贵而归故乡，此人情之所荣，而今昔之所同也。”据一本古代笔记上的记载，原稿并没有。欧阳修经过了长时间的推敲考虑，把原稿派人送走。但他突然心血来潮，觉得还不够妥善，立即又派人快马加鞭，把原稿追了回来，加上了这几句话，然后再送走，心里才得到了安宁。由此可见，欧阳修是多么重视文章的开头。从这一件小事中，后之读者可以悟出很多写文章之法。这就决非一件小事了。这几句话的诀窍何在呢？我个人觉得，这样的开头有雷霆万钧的势头，有笼罩全篇的力量，读者一开始读就感受到它的威力，有如高屋建瓴，再读下去，就一泻千里了。文章开头之重要，焉能小视哉！这只不过是一个例子，不能篇篇如此。综观古人文章的开头，还能找出很多不同的类型。有的提纲挈领，如韩愈《原道》之“博爱之谓仁，行而宜之之谓义，由是而之焉之谓道，足乎己无待于外之谓德”。有的平缓，如柳宗元的《小石城山记》之“自西山道口径北，逾黄茅岭而下，有二道”。有的陡峭，如杜牧《阿房宫赋》之“六王毕，四海一，蜀山兀，阿房出”。类型还多得很，不可能，也没有必要一一列举。读者如能仔细观察，仔细玩味，必有所得，这是完全可以肯定的。

谈到结尾，姑以诗为例，因为在诗歌中，结尾的重要性更明晰可辨。杜甫的《望岳》最后两句是：“会当凌绝顶，一览众山小。”钱起的《赋得湘灵鼓瑟》的最终两句是：“曲终人不见，江上数峰青。”杜甫的《赠卫八处士》的最后两句是：“明日隔山岳，世事两茫茫。”杜甫的《缚鸡行》的最后两句是：“鸡虫得失无了时，注目寒江倚山阁。”这样的例子更是举不完的。诗文相通，散文的例子，读者可以自己去体会。之所以出现这种情况，原因并不难理解。在中国古代，抒情的文或诗，都贵在含蓄，贵在言有尽而意无穷，如食橄榄，贵在留有余味，在文章结尾处，把读者的心带向悠远，带向缥缈，带向一个无法言传的意境。我不敢说，每一篇文章，每一首诗，都是这样。但是，文章之作，其道多端；运用之妙，存乎一心。我上面讲的情况，是广大作者所刻意追求的，我对这一点是深信不疑的。

“你不是在宣扬八股吗？”我仿佛听到有人这样责难了。我敬谨答曰：“是的，亲爱的先生！我正是在讲八股，而且是有意这样做的。”同世上的万事万物一样，八股也要一分为二的。从内容上来看，它是“代圣人立言”，陈腐枯燥，在所难免。这是毫不足法的。但是，从布局结构上来看，却颇有可取之处。它讲究逻辑，要求均衡，避免重复，禁绝拖拉。这是它的优点。有人讲，清代桐城派的文章，曾经风靡一时，在结构布局方面，曾受到八股文的影响。这个意见极有见地。如果今天中国文坛上的某一些散文作家——其实并不限于散文作家——学一点八股文，会对他们有好处的。

我在上面啰啰唆唆写了那么一大篇，其用意其实是颇为简单的。我只不过是根据自己六十来年的经验与体会，告诫大家：写散文虽然不能说是“难于上青天”，但也决非轻而易行，应当经过一番磨炼，下过一番苦功，才能有所成，决不可掉以轻心，率尔操觚。

综观中国古代和现代的优秀散文，以及外国的优秀散文，篇篇风格不同。散文读者的爱好也会人人不同，我决不敢要求人人都一样，那是根本不可能的。仅就我个人而论，我理想的散文是淳朴而不乏味，流利而不油滑，庄重而不板滞，典雅而不雕琢。我还认为，散文最忌平板。现在有一些作家的文章，写得规规矩矩，没有任何语法错误，选入中小学语文课本中是毫无问题的。但是读起来总觉得平淡无味，是好的教材资料，却决非好的文学作品。我个人觉得，文学最忌单调平板，必须有波涛起伏，曲折幽隐，才能有味。有时可以采用点文言辞藻，外国句法；也可以适当地加入一些俚语俗话，增添那么一点苦涩之味，以避免平淡无味。我甚至于想用谱乐谱的手法来写散文，围绕着一个主旋律，添上一些次要的旋律；主旋律可以多次出现，形式稍加改变，目的只想在复杂中见统一，在跌宕中见均衡，从而调动起读者的趣味，得到更深更高的美感享受。有这样有节奏有韵律的文字，再充之以真情实感，必能感人至深，这是我坚定的信念。

我知道，我这种意见决不是每个作家都同意的。风格如人，各人有各人的风格，决不能强求统一。因此，我才说：这是我的偏见。说“偏见”，是代他人立言。代他人立言，比代圣人立言还要困难。我自己则认为这是正见，否则我决不会这样刺刺不休地来论证。我相信，大千世界，文章林林总总，争鸣何止百家！如蒙海涵，容我这个偏见也占一席之地，则我必将感激涕零之至矣。

1998 年 5 月 25 日

论新体旧诗

五四运动以来的白话诗运动，我不认为是成功的。问题不在于白话与否，而在于迄今还没有找到合适的形式。既然叫诗，必然要有诗的形式，这是一个常识问题。那些反对这些常识的理论，以我愚鲁，听起来介于明白与不明白之间。

我的所谓形式，包括两个方面：一是行数和字数，一是韵律。前者在中国文学史上发展的规律大体上是由少到多，单拿字数来讲，总的趋向是由四言发展到五言，由五言发展到七言。其他字数不同的诗，也是有的，但只是偶一见之而已。为什么没有向九言发展，原因说简就简，说繁就繁，这里暂且不谈。

我个人觉得，形式中韵律更为重要，其目的在给人们的听觉以美感享受。原始民族的歌唱，以及给摇篮中婴儿唱的催眠曲，可以为证。这种听觉享受是人类（还有动物?）的良能。世界所有的民族没有没有音乐的。诗当然不是音乐，但是部分可以具有音乐的功能，这就是诗歌的韵律是熔意义和乐声于一炉的。

现在，我们的白话诗，缺乏的正是这种诉之于目的比较整齐的字数和诉之于耳的音乐性。作者虽然苦心孤诣制作一些迷离模糊的意象，可是至少对我来说是“只堪自怡悦”的，不能使我感动，更谈不到什么美感享受。

我不是什么诗人，但喜欢读诗，中外诗都读过不少，至今虽已至垂暮之年，积习依然难除，快乐仍旧未减。因此才敢斗胆提出我对新诗的看法。简短截说，我认为，白话诗这样下去，前途是渺茫的。现在有人提倡新体旧诗，我看诗人们不妨试上一试。

诗韵是很重要的问题。近读澳门林佐瀚教授的《无悔集》，在“自序”

中，林教授引程祥徽教授的一首七律：

诗家最忌十三元
戒律无端锁艺魂
未死挺斋录鬼语
狂生季立论人言
地分南北调常异
时隔古今音不浑
濠畔群贤修禊后
中原音韵出笼樊

总的意思是说，十三元这一类中包含着许多古代能叶韵而后来不能叶的字。诗中的“季立”是明代的陈第，他论音韵时说过：“时有古今，地有南北，字有更革，音有转移，亦势所必至。”这是非常正确的意见。这种例子，还不限于十三元，“台”和“回”，古代叶韵，现在就不叶。叶韵的目的是为了读起来铿锵悦耳，韵不叶，则达不到这个目的。所以，我们今天写新体旧诗，千万不要再胶柱鼓瑟，死死抱住旧韵不放，一定要用今天的新韵，也就是通行全国甚至世界的普通话的韵。字数和行数，则五绝、五律、七绝、七律均可，甚至还可以自创新形式，目的只在诉诸耳目，使读者能得美感享受。

1998 年 6 月 15 日

我和东坡词

几年前的一段亲身经历，至今回忆起来，历历如在目前；然而其中的一点隐秘，我却始终无法解释。

患了老年性白内障，要动手术。要说怕得不得了，还不至于；要说心里一点波动都没有，也不是事实。坐车到医院去的路上，同行的人高谈阔论，我心里有点忐忑不安，一点也不想参加，我静默不语，在半梦幻状态中，忽然在心中背诵起来了苏东坡的词：

> 明月几时有？把酒问青天。不知天上宫阙，今夕是何年。我欲乘风归去，又恐琼楼玉宇，高处不胜寒。起舞弄清影，何似在人间！　　转朱阁，低绮户，照无眠。不应有恨，何事长向别时圆？人有悲欢离合，月有阴晴圆缺，此事古难全。但愿人长久，千里共婵娟。

默诵完了一遍，再从头默诵起，最终自己也不知道，究竟默诵了多少遍，汽车到了医院。

在这样的时候，在这样的地方，我为什么单单默诵东坡这一首词，我至今不解。难道它与我当时的处境有什么神秘的联系吗？

在医院里住了几天，进行了细致的体验，终于把我送进了手术室。主刀人是施玉英大夫，号称“北京第一刀”，技术精湛，万无一失，因此我一点顾虑都没有。但因我患有心脏病，为了保险起见，医院特请来一位心脏科专家，并运来极大的一台测量心脏的仪器，摆在手术台旁，以便随时监测我心跳的频律。于是我就有了两位大夫。我舒舒服服地躺上了手术台。动手术的右眼虽然进行了麻醉，但我的脑筋是十分清楚的，耳朵也不含糊。手术开始后，我听到两位大夫慢声细语地交换着意见，间或还听到了仪器碰撞的声音。一切我都觉得很美妙。但是，我又在半梦幻的状态中，心里忽然又默诵起宋词来，仍然是苏东坡的，不是上面那一首，而是：

缥渺红妆照浅溪，薄云疏雨不成泥。送君何处古台西。
废沼夜来秋水满，茂陵深处晓莺啼。行人肠断草凄迷。

我仍然是循环往复地默诵，一遍又一遍，一直到走下手术台。

在这样的时候，在这样的地方，我为什么偏偏又默诵起词来，而且又是东坡的。其原因我至今不解。难道这又与我当时的处境有什么神秘的联系吗？

这样的问题，我无法解释。

但是，我觉得，如果真要想求得一个答复，也是有可能找得到的。

我不是诗词专家，只有爱好，不懂评论。可是读得多了，管窥蠡测，似乎也能有点个人的看法。现在不妨写了出来，供大家品评。

中国词家一向把词分为婉约与豪放两派。每一派中的诸作者也都各有特点，不完全是一个模样。在婉约派中，我最喜欢的是李后主、李易安和纳兰性德。在豪放派中，我最欣赏的是苏东坡。

原因何在呢？

我想提出一个真正的专家学者从来没有提过的肯定是野狐谈禅的说法。为了把问题说明白，我想先拉一位诗人来作陪，他就是李太白。我个人浅见认为，太白和东坡是中国几千年的文学史上两位最有天才的最伟大的作家。他们俩共同的特点是：为文如万斛泉涌，不择地而出，文不加点，倚马可待。每一首诗词，好像都是一气呵成，一气流转。他们写的时候，笔不停挥，欲住不能；我们读的时候，也是欲停不能，宛如高山滑雪，必须一气到底，中间决无停留的可能。这一种气或者气势，洋溢充沛在他们诗词之中，霈然不可抗御。批评家和美学家怎样解释这个现象，我不得而知，这现象是明明白白地存在着的，我则丝毫也不怀疑。

我在下面举太白的几首诗，以资对比。

长安一片月，
万户捣衣声。

秋风吹不断，
总是玉关情。
何日平胡虏，
良人罢远征。

明月出天山，
苍茫云海间。
长风几万里，
吹度玉门关。

蜀僧抱绿绮，
西下峨嵋峰，
为我一挥手。
如听万壑松。

你无论读上面哪一首诗，你能中途停下吗？真仿佛有一股力量，一股气势，在后面推动着你，非读下去不行，读东坡的词，亦复如是。这就是我独独推崇东坡和太白的原因。

这种想法，过去并没有明确地意识到过，它埋藏在我心中有年矣。白内障动手术是我平生一件大事，它触动了我的内心，于是这种想法就下意识地涌出来，东坡词适逢其会自然流出了。

我的文艺理论水平低，只能说出，无法解释，尚望内行里手有以教我。

2000 年 3 月 20 日

老子在欧洲

羡林按：

这是几篇解放前的旧作（《老子在欧洲》《谈翻译》《东方语言学的研究与现代中国》《谈梵文纯文学的翻译》《从中印文化关系谈到中国梵文的研究》等）。当时的水平就不高，过了四十多年，现在几乎只配去盖酱坛子了。但是文定同志建议收入本集[①]。我觉得，如果想保留一点旧东西，以资对比，也未始不可以收入，既然目的在保留旧时的东西，我现在就都原封不动地几乎一个字也不改地收在这里。里面很多名词今天也成了老古董，有许多见解，更可能很可笑。我也根本不去改动。唯一改动的是从繁体字改为简体，以存当年之真，权当是让读者看一幅五十年前发了黄的古老的照片罢了。

1991 年 3 月 5 日

老子在欧洲，自来就走红运，没有另外一个中国哲学家可以同他比的；连在中国同他并称的庄子也望尘莫及。这原因其实并不复杂，我们只要一想就可以明白。中国哲学家讨论研究的对象差不多都是人与人的关系和治国平天下的道理。孔子虽然“诲人不倦”，但一提到死和命这些比较抽象的东西，就不高兴发表意见了。我们在这里不必讨论是不是孔子影响了中华民族，或者是中华民族的特性决定了孔子的看法。但中国思想的特点确是偏于现实的伦理的，这是大家都承认的。在这样的环境里居然出了一个老子，谈了许多近于形而上学

① 《比较文学与民间文学》，北京大学出版社，1991 年版。

的问题，无怪他在几乎没有一个真正哲学家不谈形而上学的欧洲大走红运了。

倘若我们再仔细想一想，还可以找到更深更根本的理由。无论哪一国的人都喜欢神秘的自己不了解的，同自己有距离的东西。这距离愈大，喜欢的程度也就愈高。世界上的伟人们尤其是政治上的伟人们，大半都懂得这道理。为了要在自己周围创造一层神秘的氛围，使他与人民之间的距离永远保持，他们不惜用种种方法，方法成功，距离就能保持，他们也就永远为人民所爱戴崇拜了。在这方面德国人恐怕比别的国家更厉害。倘若你对他们赞美一件东西，他们先问是哪里来的，回答说是德国本国的，他们必摇头。说是法国来的，他们面部微有喜意。说是土耳其，他们眼睛里发了光。倘若说是从中国来的，他们就惊呼要抢着看了。因为什么？因为这样才够远的。倘若从远远的国度里来了一件东西，这东西他们又不了解；换了话说，就是距离之外再加上神秘，那么他们的赞叹崇拜也就没有止境了。

老子不正合这个条件吗？在中国一直到现在还没有人敢断定是不是有老子这个人；即便有这个人，他生在什么时候，他是不是老子这本书的著者，没有人敢给我们确切的回答。在司马迁时代，老子已经是恍惚迷离的神龙般的人物。我们读了他替老子写的传，眼前依然是个大问号。谈到举世闻名的《道德经》五千言，虽然到现在已经有了很多的注释；但没有人敢说他真能懂。无论谁读了这书，都觉得似乎懂了一点；但认真说起来，依然是仁者见仁，智者见智。老子仿佛是一面镜子，人们都喜欢来照一照。一照之下，在镜子里发现的不是老子的而是自己的影子。然而人们高兴了，觉得已经捉到了老子的真相，走开了。

欧洲人也喜欢来这面镜子里照。照过之后，每个人都觉得他真正了解了老子，于是就设法译成自己国的文字。在德国平均每隔几个月总有一个新译本出现。译者有的是汉学家，有的是在大学里念汉学的青年学生，有的是根本不懂汉文的诗人、哲学家、退职的老牧师、老公务员，有的是自命博雅的大半多少都有点神经病的老处女，真是洋洋乎大观，我们一时数也数不清。“道可道非常道”，这个道字的翻译更是五花八门，无奇不有。有的人在这里面发现了上帝，有的人把它同柏拉图的理念来比，有的人又把它同康德的自存物、叔本华的意志拉在一起。每个译者都不会忘掉写上一篇序言，这序言有的时候竟比原文还长，在这里面他们都很骄傲地说他们终于把老子了解了，把真正的“道”的意义捉到了；然而都不过是夫子自道，把自己的思想藉了老子的名字表现出来，如此而已。

这种风气不限于一国，也不限于一时。但在上一次世界大战后的德国特别厉害。原因也很自然，一想就会明白的。德国人平常就有点夸大狂，在哲学音乐科学艺术方面又真的有惊人的造就，所以总觉得德国人高于一切，想征服世界。然而结果却被打倒在地上，他们先是觉得有点不了解，颇为愤愤然。后来又想到，难道自己的文明真的有什么缺陷吗？为了借助于他山起见，他们就各处搜寻。我上面已经说过，对德国人，远的就是好的，于是他们找到中国。又因为平常人总喜欢神秘的东西，而德国人的天性就倾向神秘主义，他们终于找到老子。无怪老子的译本像雨后的春笋般的出现了。

但他们究竟在老子书里找到些什么呢？这话很难说，恐怕多一半是一团大糊涂。愈不明白，他们就愈钻；愈钻也就愈不明白。想找的东西没有找到，在一团糊涂中他们也就渐渐忘记了自己是来找东西的，至于找到了什么或没找到什么与他们也就无关了。后来国内的情形变好了，对老子的热情终于渐渐淡下来。虽然间或仍然有老子的译本出现，已经不像以前那样起劲了。同时，在德国以外的欧洲国家里，以前对老子虽也喜欢，但没有像德国那样发狂。现在仍然冷静地爱着老子，不时出一个新的译本。最近的一个译本就是成自英国有名的汉学家 A. Waley 之手。他也像别人一样，写了一篇很长的序，解释怎样才是道。他愈说人愈不明白，终于还是一团大糊涂。

不久就来了第二次世界大战，这次又同上次不同，一打就是六年。打到一半的时候，别的国家里的情形我不十分清楚，在德国，人们又因了同上次战后差不多一样的原因想到自己的文明是不是有缺陷，才开战时火一般的热情现在消逝得毫无踪影了，很多人，尤其是大学教授同学生开始动摇悲观起来。结果是东方的哲学又为一般人所注意了。老子又走起红运来。我去年秋天从德国到瑞士去以前，有一天忽然有一个衣帽整齐的中年人去找我，说他把老子译成德文了，请我给他写一个序出版。我听了当然很高兴，问他学过中文没有，他说没有学过。他自己是牙科医生，三年来只要有一点余闲，他就利用来研究老子。他曾经把中文本的老子借出来自己抄了一遍，每天晚上坐对着那部几十斤重的中法字典把每一个中国字都查了出来，然后自己再从这些字里硬寻出意义来，结果就成了这部译著。无论谁都知道，这是一件非凡艰苦的工作，我对这中年绅士无端肃然起敬起来。但一看他的译文却真使我失望，到处是错误，令人看了简直要生气。我没有别的办法，只好告诉他这书最好不要出版，出来对他也没有好处。他没说别的话，收起稿本来就向我告辞了。

自从我离开德国，那里的情形一天比一天坏。自命为世界上最优秀的民族而想征服世界的终于又被打倒在地上了，而且这次比上一次更彻底更厉害。外国的统治者在国内到处横行，没有一个人敢说什么。全国无论什么地方看到的只有悲惨与不安定。人们仿佛当顶挨了一大棍，都失掉了知觉，谁也不知道应该怎样说怎样想，到处是一片麻木。我上面说过，战争打到一半的时候，他们悲观动摇。但现在他们已经超过了悲观与动摇，简直是糊涂了。对德国人这是好是坏我不敢说。而且这现象也不只限于德国，欧洲别的国家也有，不过没有像德国那样厉害而已。无论怎样，对老子恐怕只有好没有坏，他的红运恐怕还要继续下去，谁也不敢说到什么时候。

1946 年 7 月 28 日南京

谈翻译

题目虽然是“谈翻译”，但并不想在这里谈翻译原理，说什么信达雅。只是自己十几年来看了无数的翻译，有从古代文字译出来的，有从近代文字译出来的，种类很复杂，看了就不免有许多杂感。但因为自己对翻译没有多大兴趣，并不想创造一个理论，无论“软译”或“硬译”，也不想写什么翻译学入门，所以这些杂感终于只是杂感堆在脑子里。现在偶有所感，想把它们写出来。因为没有适当的标题，就叫做《谈翻译》。

题目虽然有了，但杂感仍然只是杂感。我不想而且也不能把这些杂感归纳到一个系统里面去。以下就分两方面来谈。

一、论重译

世界上的语言非常多，无论谁也不能尽通全世界的语言。连专门研究比较语言学的学者顶多也不过懂几十种语言。一般人大概只能懂一种，文盲当然又除外。在这种情况下，我们就非要翻译不行。

但我们不要忘记，翻译只是无可奈何中的一个补救办法。《晏子春秋·内篇》说：“橘生淮南则为橘，生于淮北则为枳，叶徒相似，其实味不同。所以然者何？水土异也。”橘移到淮北，叶还能相似。一篇文章，尤其是文学作品，倘若译成另外一种文字，连叶也不能相似，当然更谈不到味了。

譬如说，我们都读过《红楼梦》。我想没有一个人不惊叹里面描绘的细腻和韵味的深远的。倘若我们现在再来读英文译本，无论英文程度多么好，没有人会不摇头的。因为这里面只是把故事用另外一种文字重述了一遍，至于原文字里行间的意味却一点影都没有了。这就是所谓“其实味不同”。

但在中国却竟有许多人把移到淮北化成枳了果子又变味的橘树再移远一次。可惜晏子没有告诉我们，这棵树又化成什么。其实我们稍用点幻想力就可以想象到它会变成多么离奇古怪的东西。倘我们再读过中国重译的书而又把原文拿来校对过的话，那么很好的例子就在眼前，连幻想也用不着了。

十几年前，当我还在中学里的时候，当时最流行的是许多从俄文译出来的文艺理论的书籍，像蒲力汗诺夫（普列汉诺夫）的艺术论，卢那卡尔斯基的什么什么之类。这些书出现不久，就有人称之曰天书，因为普通凡人们看了就如丈二和尚摸不着头脑。我自己当时也对这些书籍感到莫大的狂热。有很长的时间，几乎天天都在拼命念这些书。意义似乎明白，又似乎不明白。念一句就像念西藏喇嘛的番咒。用铅笔记出哪是主词，哪是动词，哪是副词，开头似乎还有径可循，但愈来愈糊涂，一个长到两三行充满了“底”“地”“的”的句子念到一半的时候，已经如坠入在云里雾中，再也难挣扎出来了。因而就很失眠过几次。译者虽然再三声明，希望读者硬着头皮看下去，据说里面还有好东西，但我宁愿空看一次宝山，再没有勇气进去了。而且我还怀疑译者自己也不明白，除非他是一个超人。这些天书为什么这样难明白呢？原因很简单，这些书，无论译者写明白不写明白，反正都是从日文译出来的，而日本译者对俄文原文也似乎没有看懂。

写到这里，也许有人抗议，认为我是无的放矢；因为这样的书究竟不多，在书店我们只找到很少几本书是写明重译的。其余大多数的译本，无论从希腊文拉丁文和其他中国很少有人会的文字译出来的，都只写原著者和译者的名字。为什么我竟会说中国有许多人在转译呢？这原因很复杂。我以前认识一个人，我确切知道他一个俄文字母也不能念，但他从俄文译出来的文艺作品却是汗牛又充栋。诸位只要去问一问这位专家，就保险可以探得其中的奥秘了。

像这样的人又是滔滔者天下皆是。我现在只再举一个例。一位上海的大学者，以译俄国社会科学的书籍出了大名，他对无论谁都说他是从俄文原文直接译出来的。但认识他的人却说，他把俄文原本摆在书桌上，抽屉里面却放了日译本。这样他工作的时候当然是低头的时候多而抬头的时候少，也许根本就不抬头。倘若有人访他，却只看到桌上摆的俄文原本而震惊于这位大学者的语言天才了。

我们现在并不想拆穿这些大学者们的真相，这种人也有权利生活的。我们只是反对一切的重译本，无论写明的也好，不写明的也好。把原文摆在桌子上把日译本放在抽屉里，我们也仍然是反对。科学和哲学的著作不得已时当然可以重译，但文艺作品则万万不能。也许有人要说，我们在中国普通只能学到英文或日文，从英文或日文转译，也未始不是一个办法。是的，这是一个办法，我承认。但这只是一个懒人的办法。倘若对一个外国的诗人戏剧家或小说家真有兴趣的话，就应该有勇气去学他那一国的语言。倘若连这一点勇气都没有，就应该自己知趣走开，到应该去的地方去。不要在这里越俎代庖，鱼目混珠。我们只要有勇气的人！

二、著者和译者

著者和译者究竟谁用的力量多呢？不用思索就可以回答，当然是著者。所以在欧洲有许多译本封面上只写著者的姓名，译者的姓名只用很小的字印在反面，费许多力量才能发现。在杂志上题目的下面往往也只看到著者的姓名，译者的姓名写在文章的后面，读者念完文章才能看到。他们的意思也不过表示译者和著者不敢抗衡而已。

在中国却又不然。我看到过很多的书，封面上只印着译者的姓名，两个或三个大金字据傲地站在那里，这几个字的光辉也许太大了，著者的姓名只好逃到书里面一个角落里去躲避。在杂志的封面上或里面的目录有时我们只能找到译者的姓名，甚至在本文的上面也只印着译者的姓名，著者就只能在本文后面一个括弧里找到一块安身立命的地方。从心理上来看，这是一个很有趣的现象。译者就害怕读者只注意著者的姓名。但又没有勇气把著者一笔抹煞，好在文章既然到了他手里，原著者已经没有权利说话，只好任他处置，他也就毫不客气把著者拼命往阴影里挤了。我不是心理学家，但我能猜想到，变态心理学家一定在他们的书里替这些人保留一块很大的地盘的。

我还看到几个比较客气一点的译者，他们居然肯让著者的姓名同他们自己的列在一块。但也总觉得心有所不甘，于是就把自己的姓名用大号字排印，著者的姓名用小号字，让读者一看就有大小偏正之感，方法也颇显明。我立刻想到德国大选时希特勒的作风。现在被谥为希魔的德国独裁者当时正兴高采烈，在各个城市里大街小巷的墙壁上都贴满了放大了的选举票的式样。上面写了他自己和戈林、戈培尔、赫斯、福利克的名字，下面印了两个圈，一个很大，一个很小，像是太阳和地球。年纪大一点的或眼睛近视的无论如何也不会看到那小圈。这当然有它的作用，因为赞成希特勒的人要在大圈里画一个记号，小圈却是为反对他的人预备的。结果希特勒果然成了功，百分之九十八的德国人都选举了他。我总怀疑有些人根本没看到那小圈，既然每个人都必须画一个记号，他们只好拿起笔来向大圈里一抹了。我们中国这些客气的译者的心理同希特勒大概差不多，这真可以说是东西映辉，各有千秋。至于他们究竟像不像希特勒那样成功呢？这我可就有点儿说不上来了。

我前面说过，有的译者没有勇气把著者一笔抹煞。但这里正像别处也并不缺少有勇气的人。有一位姓丁双名福保的大学者“著”了一部几十册厚的佛学字典。我们一看就知道这里面有问题，因为这种工作需要多年的搜集和研究。我们从来没听说中国有这样一位专家，现在却凭空掉出了这样一部大著，不由人不怀疑。书的序里提到日本织田得能的佛教大词典，我们拿来一对，才知道原来就是这部书的翻译。但丁先生却绝对否认是“译”，只承认是“著”，因为他添了些新东西进去。我又有点糊涂起来。译一部几百万字的大著只要增加十个字八个字的新材料就可以把这部书据为己有，恐怕世界上每个人都要来译书了。但丁先生的大“著”并非毫无可取，里面插入许多丁先生的玉照，例如研究生理时代之丁福保，研究医学时代之丁福保，也颇琳琅满目。丁先生的尊容也还过得去，虽然比畹华博士还差一筹。但我终于恍然大悟。以前有的人想把自己的玉照登在报纸上，但苦于没有机会，只好给兜安氏大药房写信，当然附上玉照，信里说吃了某某药，自己的某某病已经好了，特此致谢。于是隔了不久，自己的尊容就可以同名人一样出现在报纸上，虽然地方不大对，也顾不了那样许多了。现在丁先生又发明了一个方法，使以后想出名的人再也不必冒充自己有梅毒或瘾君子写信给大药房了。真是功德莫大。我们能不佩服丁先生的发明能力么？

另外还有一位更有勇气的人，当然也是一位学者。他译了几篇日本人著的关于鲜卑和匈奴的论文，写上自己的名字发表了。后来有人查出原文来去信质问，他才声明因时间仓猝把作者的名字忘掉了。这当然理由充足，因为倘若在别人和自己的名字中间非忘掉一个不行的话，当然会忘掉别人的，谁不爱自己的名字呢？

我上面只是随便举出两个例子。像这样的有勇气的人，在我们中真是俯拾即是，比雨后的春笋还要多。只是在我们国内耍这一套，关系还不太大，因为好多人都是彼此彼此，心照不宣，但偶尔让外国学者知道了，就不免替我们丢人。我上面说的丁福保的字典，一位现在剑桥大学任教授的德国汉学家就同日文原文对照过，他把结果告诉了我，弄得我面红耳赤半天说不上话来。在外国这是法律问题。倘若一个人在自己的博士论文里偷了人家的东西而不声明，以后发现了，立刻取消博士头衔。我希望中国的法律也会来制裁这一群英雄！

1946 年 11 月 14 日

一个故事的演变

这里选出的这个故事是大家都知道的。我自己还在小学里的时候，就在教科书里念到过。内容大概是这样的：一个乞丐要满了一罐子残羹剩饭，他就对着这罐子幻想起来：怎样卖掉这些残羹剩饭，怎样买成鸡，鸡又怎样下蛋，鸡蛋又怎样孵成鸡，鸡又换成马牛羊，终于成了大富翁，娶了太太，生了小孩子。越想越高兴，不禁手舞足蹈。在狂欢之余，猛然一抬脚，把罐子踢了个粉碎，这美丽的梦也就完结。

以后的教科书里是不是还有这故事，我不大清楚；但二十多年前还在小学里的人读到的一定不少。我当时读了，只是觉得好玩，并不知道这个故事的来源，而且连想知道的意思压根儿都没有。倘若这也算是一个遗憾的话，我现在就来把这遗憾填补起来。

在过去，这个故事在中国一定很流行，不然也绝对不会跑到小学教科书里去。至于在什么时候，在什么地方最流行，现在很难确定。我现在只从几部旧的诗话和小说里抄出点材料来。吴兴韦居安著的《梅磵诗话》里有这样一段：

> 东坡诗注云：有一贫士，家惟一瓮，夜则守之以寝。一夕，心自惟念：苟得富贵，当以钱若干营田宅，蓄声妓，而高车大盖，无不备置。往来于怀，不觉欢适起舞，遂踏破瓮。故今俗间指妄想者为瓮算。又诗序云：刘几仲饯饮东坡。中觞，闻笙箫声，若在云霄间，抑扬往返，粗中音节。徐察之，出于双瓶。水火相得，自然吟啸。食顷乃已。作瓶笙诗记之。刘后村《即事诗》一联云：辛苦谋身无瓮算，殷勤娱耳有瓶笙。以“瓮算”对“瓶笙”，甚的。

江盈科著的《雪涛小说》有一段：

见卵求夜，庄周以为早计。及观恒人之情，更有早计于庄周者。一市人贫甚，朝不谋夕。偶一日拾得一鸡卵，喜而告其妻曰："我有家当矣！"妻问："安在？"持卵示之曰："此是，然须十年，家当乃就。"因与妻计曰："我持此卵，借邻人伏鸡乳之。待彼雏成，就中取一雌者，归而生卵，一月可得十五鸡。两年之内，鸡又生鸡，可得鸡三百，堪易十金。以十金易五牸，牸复生牸，三年可得二十五牛。牸所生者又复生牸，三年可得百五十牛，堪易三百金矣。吾持此金举债，三年间半千金可得也。就中以三之二市田宅，以三之一市僮仆买小妻。我与尔优游以终余年，不亦快乎！"妻闻欲买小妻，怫然大怒，以手击鸡卵碎之曰："毋留祸种！"夫怒，挞其妻，仍质于官曰："立败我家者，此恶妇也。请诛之！"官司问："家何在？败何状？"其人历数自鸡卵起至小妻止，官司曰："如许大家当，坏于恶妇一拳，真可诛！"命烹之。妻号曰："夫所言皆未然事，奈何见烹？"官司曰："你夫言买妾，亦未然事，奈何见妒？"妇曰："固然，第除祸欲早耳。"官笑而释之。噫，兹人之计利，贪心也。其妻之毁卵，妒心也。总之皆妄心也。知其为妄，泊然无嗜，颓然无起，则见在者且属诸幻，况未来乎？嘻，世之妄意早计希图非望者，独一算鸡卵之人乎！（录自郑振铎《中国文学论集》，《寓言的复兴》）

我们看了这两个故事，或者不能立刻发现两者间的共同点。但倘若我们把篇首谈到的跑到小学教科书里去的那个故事也拿来比一下，便立刻可以发现这三个是属于同一类型的故事。我们还可以发现《苏东坡诗注》的那个故事只是一个轮廓。为什么那个贫士会对瓮发生幻想呢？瓮有什么可以引起人幻想的地方呢？大概瓮里也盛着米面或类似的东西，倘若拿来卖掉，就可以换到鸡蛋。鸡蛋变成鸡，鸡又可以换到马牛羊，终于成了大富翁。心里一高兴就把瓮踢破了。这些是《苏东坡诗注》故意省掉的呢，还是根本不知道呢？我们不敢说。反正倘若没有中间这许多东西，这个故事很难讲得通。

第二个故事很详细，中间这些步骤一点都没有省掉。但开头照例有的瓮或罐子却不见了。这个市人的幻想就从鸡蛋开始，一直到最后被打破的也就是这鸡蛋。在这里打破鸡蛋的不是他自己，而是他的太太。这个故事虽然同这一类故事的原型很接近，但从省略瓮或罐子这一点看起来，也总算是代表一个新的发展。

我现在要问：这个故事是中国产生的吗？也许有人认为这一问太有点离奇。这个故事流行中国，时间最少也不会少于一千年，终于走进小学教科书里去，读到的人不知有多少千万。为什么会不是中国产生的呢？不但一般人没有怀疑到它的来源，连文人学士也根本没有想到它会不是国货。但事情往往出人意料，这个故事，正如别的国字牌号的东西如国医国乐之流，其中也有外来的东西。我现在从两本梵文的寓言集里把这故事的祖宗译出来。

在提毗俱吒那伽罗城里有一个婆罗门名叫提婆舍磨。在春分的时候他的土盘子里乞满了大麦片。于是他拿了这盘子在一个摆满了盘子和罐子的陶器师的小铺里的一个地方，躺在铺上在夜里幻想起来："倘若我卖掉这盛了大麦片的盘子就可以得到十个贝壳，用这钱我可以买盘子和罐子什么的，再拿来卖掉。这样一次一次赚的钱就可以用来买槟榔叶子作成的衣服，终于弄到百万家财，然后我就娶四个太太。在她们里面哪一个最美，我也就最爱哪一个。我这些嫉妒成性的太太立刻就打起架来。我非常生气，就用短棍打起这些太太来。"这样一想，他立刻站起来，把短棍掷出去。盘子被打碎了，许多别的瓶子罐子也被打破了。听了罐子破碎的声音而跑进来的陶器师把这婆罗门骂了一顿，又将他赶出铺子去。所以我说：

谁要是空想未来而感到狂喜，
他就要自招侮辱，像这样打碎盘子的婆罗门。
（见《嘉言集》，《和平篇》，第七个故事）

还有一个故事，内容比上面这个详细，译文如下：

在某一个地方，有一个婆罗门，名叫娑跋波俱利钵那。他用行乞得来的吃剩下的大麦片填满了一罐子，把罐子挂在木栓上，在那下面放了一张床，目不转瞬地看着罐子，在夜里幻想起来："这个罐子现在是填满了大麦片。倘若遇上俭年，就可以卖到一百块钱，可以买两头山羊。山羊每六个月生产一次，就可以变成一群山羊。山羊又换成牛。我把牛犊子卖掉，牛就换成水牛。水牛再换成母马，马又生产，我就可以有很多的马。把这些马卖掉，就可以得到很多的金子。我要用这些金子买一所有四个大厅的房子。有一个人走进我的房子里来，就把他最美最好的女儿嫁给我。她生一个小孩子，我给他起了一个名字，叫做苏摩舍摩。因为他总喜欢要我抱在膝上左右摆动着玩，我就拿了书躲到马棚后面的一个地方去念起来。但是苏摩舍摩立刻看见了我。因为他最喜欢坐在人的膝上让人左右摆动着玩，就从母亲怀里挣扎出来，走到马群旁边来找我。我在大怒之余，喊我的老婆：'来照顾孩子吧！来照顾孩子吧！'但是，她因为忙于家务，没有听到，我于是立刻站起来，用脚踢她。"这样，他就从幻想里走出来，真的用脚踢起来。罐子一下子破了，盛在里面的大麦片也成了一场空。所以我说道：

谁要是空想将来，想一些不可知的事情，他就像苏摩舍摩的父亲，临了落个一场空。

（见《五卷书》第七个故事）

我上面只译了两个故事，其实梵文书里记这样的故事的地方还很多。无论怎样，我们总可以看出来，印度就是这个故事的老家，正像别的类似的故事的老家也多半在印度一样。至于它什么时候在印度产生的，恐怕永远不能确定了。反正一定很早，也许在纪元前几千年就已经有了。在印度本国这故事已经有了无数的演化。后来它又从印度出发几乎走遍了世界，譬如在《天方夜谭》里，在法国拉芳丹（La Fontaine）的寓言里，在德国格林的童话里都可以找到，它一直深入民间，不仅只在文人学士的著作里留下痕迹。到了中国，它变成我们民间传说的一部分，文人学士也有记叙，上面从《梅磵诗话》和《雪涛小说》里抄出来的两段就是好例子。倘若不知道底蕴，有谁会怀疑它的来源呢？

1946 年 12 月 25 日

从比较文学的观点上看寓言和童话

喜欢听故事和喜欢说故事几乎可以说是人类的天性。我想，我们每个人都有甜蜜的回忆，回忆到童年时候，祖母、母亲或年老的佣妇，在饭后黄昏的时候，向我们娓娓地说一个动听的故事。故事里面的主角可能是一个乌鸦，也可能是一个狐狸。这都没有关系，反正我们的眼睛总会被故事吸引得发出惊奇的光，梦都已经飞到我们头上，却硬撑着不到屋里去睡。

一个人固然是这样，一个民族又何尝不然呢？当一个民族年轻的时候，她同样也对故事有特别的爱好，对古希腊民族的天才，我们都赞美不置。古希腊人不但在哲学、科学、艺术、文学方面有极伟大的贡献，在说故事方面，他们也显露了他们的本领。普通一座荒山，他们会使它充满了生气，他们从幻想里请出一群神仙住在上面，替他们安排好家庭，娶太太，生孩子，间或还闹点桃色事件。一朵美丽的花，他们也给它生命，使它成为女神的后身。我每次读希腊的寓言和神话，都会幻想到古希腊时代的情景。金发的牧童驱了羊群在开着水仙花的清泉旁边徘徊。清泉的波影里晃动着女神的美丽如花的面孔。那时候的世界里只有美丽和谐，到处是金色的喜悦的光。

我们中国的古代，虽然不能像希腊那样引起人们的金色的幻想，但也表现了值得骄傲的想象力。我们的祖先也创造了许多美丽的故事。在古代的文学作品，像《诗经》《山海经》《楚辞》等里面，我们可以找到很多。

我们在这里只举出希腊同中国来做例子，其他民族也莫不皆然。我们走遍了世界，处处都可以证明我在开头说的那一句话：喜欢听故事和喜欢说故事是人类的天性。人类既然有这样一个天性，所以世界上就产生了无量数的故事和神话。其中有许多神话和故事是只限于一个民族的，这些我们当然要看做是一个民族的产品。但也有许多故事，尤其是我们题目里面提到的两种：寓言和童话，在世界上不同的地方，不同的民族里都能找到。我现在举几个例子：第一个是曹冲称象的故事，这我们在小学教科书里都念到过。据我所知道的，中国最早的记载是在《三国志》里，我现在把原文引在下面：

邓哀王冲，字仓舒。少聪察岐嶷。生五六岁，智意所及，有若成人之智。时孙权曾致巨象，太祖欲知其斤重，访之群下，咸莫能出其理。冲曰："置象大船之上，而刻其水痕所至，称物以载之，则校可知矣。"太祖大悦，即施行焉。（《魏志》贰拾）

但是在印度，我们也发现了同样的故事：

天神又复问言："此大白象，有几斤两？"群臣共议，无能知者。亦募国内，复不能知。大臣问父。父言："置象船上，著大池中，画水齐船，深浅几许。即以此船，量石著中，水没齐画，则知斤两。"即以此智以答。（《杂宝藏经·弃老国缘》，《大正大藏经》，4，449b）

第二个例子我想举古希腊的伊索寓言里的狼与鹤的故事，我现在把译文写在下面：

一个狼的嗓子里卡上了一块骨头。他于是用一个很大数目的钱雇了一只鹤，让她把头伸到他嘴里去，把骨头衔出来。当这鹤把骨头衔出来，要求付钱的时候，狼却露出他的利齿，说："怎么，你能从一个狼的嘴里平安地把头抽出来，你得到的报酬已经很大了。"

当你替坏人做事情的时候，不要想得到什么报酬，只要能不受损害，就应该感谢了。

同样的故事在印度也有。我现在把巴利文《本生经》第三百零八个故事，叫做《慧鸟本生》的译在下面：

古时候，当跋罗哈摩达多王在波罗痆斯国内治世的时候，菩萨生在雪山边国，为啄木鸟。有一个狮子吃肉，把骨头卡在嗓子里。嗓子肿起来，不能再吃东西，而且痛得难忍。这个鸟出来寻食的时候，落在一条枝上，看到他，便问道："朋友，你有什么痛苦么？"他说了这件事，鸟说："朋友，我可以把这骨头衔出来；但我不敢把我的头伸到你的嘴里去，怕你会吃掉我。""朋友，不要害怕，我不会吃掉你，救我的命吧！"鸟说："好吧！"让他躺下，但心里却想"谁知道他会做出什么事来呢？"为了防他闭嘴起见，用一根小棍支住他的上下颚，然后才进去，用嘴咬住骨头的尖。骨头掉出来，不见了。把骨头弄出来以后，把头从他嘴里缩回来，用嘴把小棍挑掉，立刻飞到树枝上去。

狮子病好了。有一天捉了一只水牛吃。鸟想："我现在要试试他。"于是坐在一个高枝上，同他谈起话来，说了第一首伽陀：

我们曾用全力替你做过一件事，

兽中之王，我们向你敬礼，给我们什么报酬都行。

狮子听了，说第二首伽陀：

从我这样一个永远喝血的残暴的东西的牙缝里，你能活着逃出去，这已经很够了。

鸟听了，说了两首伽陀：

一个忘恩负义的人，

不会报恩的——替他做了的事全白做。

做了好事，也得不到友谊。

不应怨恨和咒骂。

同样的例子我最少还可以举出几百来，现在我们限于篇幅，只能举这两个了。中国同印度，希腊同印度，都隔得非常远，为什么同样的故事会在两地都产生呢？这我觉得只有两个可能：第一是，两地各自产生，不一定就是抄袭；第二是，同一个来源。

我们先说第一个可能。干脆说一句，我觉得这根本不可能，因为创造一个真正动人的故事，同在自然科学上发现一条定律一样的困难。两个隔着几万里的民族哪能竟会创造出同样一个故事来呢？

第一个可能既然不可能，那只剩下第二个可能了，就是，不论中间隔着多大的距离，只要两个国家都有同样的一个故事，我们就要承认这两个故事是一个来源。譬如我们在现在的非洲黑人部落里听到一个美的寓言或童话，而这个美的寓言或童话也可以在两千多年以前的希腊古书里找到，那我们也只能相信，这个寓言或童话只有一个来源，或在现代非洲，或在古代希腊。一个民族创造出那样一个美的寓言或童话以后，这个寓言或童话绝不会只留在一个地方。它一定随了来往的人，尤其是当时的行商，到处传播，从一个人的嘴里到另外一个人的嘴里，从一村到一村，从一国到一国，终于传遍各处。因了传述者爱好不同，他可能增加一点，也可以减少一点；又因了各地民族的风俗不同，这个寓言或童话，传播既远，就不免有多少改变。但故事的主体却无论如何不会变更的。所以，尽管时间隔得久远，空间距离很大，倘若一个故事真是一个来源，我们一眼就可以发现的。

那么，我们现在要问，世界上的寓言和童话的来源是只限于一个民族呢，还是每个民族都能产生美的故事而向外输送呢？关于这问题，德国 19 世纪大梵文学家本发伊有一个很有趣的学说。他说："世界上一切童话和故事的老家是印度，一切寓言的老家是希腊。"他这学说，虽然当时也有人赞成；但我们现在再看，就觉得不十分对了。我们不能确定说，哪一个民族是世界上一切寓言和童话的来源；因为每个民族都喜欢说故事和听故事，这是人类的天性。不过，我们仍然可以说，哪一个民族的天才和环境最适宜产生故事。说到这里，我们就想到印度。印度可以说是有产生故事的最好条件。他们信仰灵魂轮回，今生是人，下一生说不定就成了畜类。他们创造寓言和童话，一点也不必费力，人与兽没有多大区别，兽一样可以说人话，做人的事情。同时，印度人虽然没有时间观念，但却有丰富的幻想，他们的幻想可以上天下地地飞，没有什么东西可以限制住他们。在这样条件之下，他们创造了无数的美丽动人的寓言和童话。我们虽然不能说世界上所有的寓言和童话都产生在印度，倘若说它们大部分的老家是在印度，是一点也不勉强的。

现在我们再回头看我上面举的两个故事。曹冲称象的故事毫无可疑地是来自印度，我们只要想一想，象这东西产生的地方，就可以明白了。关于第二个鹤与狼的故事，或者还可以有点疑问。但倘若我们比较一下印度与希腊这两个民族天才之所在，我觉得我们毋宁认为印度是这个故事的老家，虽然我们目前还没有坚确的证据。

1947 年 10 月 3 日北京大学

附记：

今年夏天，济南青年会举办学术讲演，我曾用同样的题目讲过一次。当时并没有什么稿子，只是一边想一边说而已。回到北平来，觉得这样一个题目也还有趣，于是把以前片段的思想整理了一下，写成这篇东西。内容同以前讲的多少有点改变。以前举的例子我这里都没有用，这里的两个例子都是新的。至于为什么这样改，也不一定有什么理由，只是觉得这样比较好而已。当时我在讲的时候天气正热，汗流不止。现在写成了，抬头看窗外，满眼秋色，柳树梢已经微有黄意了。我怅望着淡远的秋空，心里若有所感。

10 月 6 日羡林记

1986 年 7 月 26 日《北京晚报》刊载了王庆祝同志的《“以舟量物”始于何时?》，文中提到南宋人吴曾《能改斋漫录》讲燕昭王以舟量大豕重量的故事。结论是：“可见，早在曹冲称象大约五百年前，就有人以舟量物了。”《能改斋漫录》的记载，陈寅恪先生在《三国志曹冲华陀传与佛教故事》里已经提到，他说：“然皆未得其出处。”最近看到日本动画片《聪明的一休》中也有类似的故事。可见这个故事传播之广。曹冲不必实有其事，燕昭王的故事更不必实有其事，这个故事只说明民间传说和寓言流传的情况。

1986 年 8 月 25 日羡林又记

中国文学在德国

中国同德国在历史上发生的文化关系，范围很广，当然并不限于文学。恐怕我们一想到中德文化关系，第一个想到的就会是一位大哲学家莱布尼茨（Leibniz），他是第一个对中国发生兴趣的德国大学者。但是倘若论到翻译成德文的书籍的多少，影响的大小，还是文学占第一位。我们下面就谈谈中国文学在德国。

我想分三期来谈。第一，初期，时间是从 18 世纪末叶到 1850 年；第二，中期，时间是从 1851 年到 1900 年；第三，近期，时间是从 1901 年到现在。

一、初期

我们拿歌德（Goethe）作起点。歌德以前的我们就不谈了，事实上也没有多少可谈的。1736 年法国人杜·哈尔德（Du Halde）出版了一本书，叫做《中华和鞑靼帝国的地理、编年、政治、自然描述》（*Description geographique, chronique, politique et plysique de l'empire de la Chine et la Tartari Chinoise La Haye*）。这部书里面有法文翻译的元曲《赵氏孤儿》，四篇《今古奇观》里的短篇小说和十几首《诗经》里的诗。出版后风靡一时。把一般人的兴趣渐渐从中国哲学和艺术品转移到纯文学上来。但这书却真不高明，翻译得一塌糊涂。影响之所以能够大，只不过因为当时还很少有介绍中国纯文学的书而已。1749 年这部书就有了德文译本。歌德大概读过这本书，因为他的剧本《爱尔丕诺尔》（*Elpenor*）似乎就像从《赵氏孤儿》那里得到了灵感才动手写的。这个剧本虽然永远没完成，但歌德对中国文学的兴趣却一天比一天地浓起来。

1761年英国诗人T. 珀西（T. Thomas Percy），就是以刊行《古代英文诗歌珍品》（*The Reliques of Ancient English Poetry*）出名的那一位，刊行了第一本英译的中国小说：《好逑传》。原译人叫J. 威尔金森（James Wilkinson），是一个商人，在广东住过很多年。他的译文四分之三是英文，四分之一是葡萄牙文。珀西把葡萄牙文译成英文，又把原来的英译文润色了一下，就印成了书。1766年穆尔（Murr）把这书译成德文。歌德曾细心读过这书。此外他还读过几部中国小说的译本，像英人托马斯（Thomas）译的《华笺记》（London 1824，1836年库里［Heinrich Kury］译成德文），法人雷慕学（Abel Réemusat）译的《玉娇梨》（Paris 1826，1827年译成德文），法人戴维斯（Davis）选译的《中国故事》（*Contes Chinois*）（Paris1827）。这些小说在中国都是没有什么价值的作品。它们之所以能够被介绍到外国去，有的是由于一种误会，有的是由于机缘。当中国文学作品初介绍到欧洲去的时候，欧洲学者对中国文学作品很难给一个适当的评价。他们往往不能知道一部作品的真价值。歌德可以算是一个例外。他虽然还没读过中国第一流的作品，但他却直觉地知道，当时介绍到欧洲去的作品不会是中国的最好的。然而就从这些不好的作品里面他居然能看出了东西文学的不同，能了解了中国的精神。现在我把爱克曼（Eckermann）记录的他同歌德的谈话译在下面：

1827年1月31日，星期三。同歌德一同吃饭。“在我们没见面的这几天，”他说，“我读了很多的杂书，特别是一部中国长篇小说，我还正读着，觉得非常值得注意。”——“一部中国的长篇小说？”我说，“这一定很怪吧。”——“并不像人们想的那样怪，”歌德说，“那些人们思想，活动，感觉几乎同我们一样；我们立即就觉得同他们是一伙了。只是在他们那里一切都更明朗，更清纯，更守礼法而已。他们的一切都是容易了解的，平平常常的，没有大的感情的激动，没有得意的震盈；所以同我的《赫尔曼与窦绿台》（*Hermann und Dorothea*）和英国理查逊（Richardson）的长篇小说很相似。但也有区别。可是还有一点不同之处，在他们那里，外在的自然总是同人们在一块生活。人们永远听到金鱼在池子里跃动，鸟永远在枝头鸣叫，白天永远明朗有阳光；晚上也永远清晰。常说到月亮，但月光并不能改变景物，它的光同白天一样清朗。屋子内部同他们的画一样纤美。譬如‘我听到可爱的女孩子们的笑声；当我看到她们的时候，她们正坐在精巧的藤椅上’。这里你立刻就想到一个极可爱的情景，因为一想到藤椅，人们就有极端轻盈纤小的感觉。另外还有许多短的神妙的故事同主要的故事混在一起，像谚语般的被应用着。譬如：一个女孩子的脚这样轻盈纤小，她能够站在一朵花上保持身体的平衡，而花还不至折断。一个青年循规蹈矩，到了30岁，他就有同皇帝谈话的光荣。此外，一对爱侣来往已经很久了，但仍然遵守礼法。有一次不得已在一间屋里过夜，他们就清谈度过这一整夜，各不相犯。还有许多类似的神妙的故事，都教人守礼法，明修养。但是也正是由于这严格的克制，中华帝国生存了几千年，而且还要由此而生存下去。”

除小说戏剧外，歌德对中国诗也发生了很浓厚的兴趣。我上面说到他曾读过英人托马斯译的《花笺记》。在这书的附录里有几十首译诗。他就根据这英译，把五首译成德文。

仅次于歌德的德国大文学家席勒（Schiller）对中国文学也一度发生过兴趣。他曾根据高济（Gozzi）的一个剧本改编了一部剧，叫做《图兰多特，中国公主》（*Turandot*, *Prinzessin von China Einiragiko - misches Marchen nach Cozzi*）。这部剧虽然名之曰中国剧，其实同中国没有什么关系，高济所依据的只是一个阿拉伯的神话。此外席勒对穆尔译的《好逑传》不很满意，他想自己再重写一遍，但只起了一个头，始终没有完成。

歌德以后对中国诗有兴趣的有施提格里兹（Heinrich Stieglitz）和沙米素（Chamisso）。他们对中国都不像歌德那样有清楚的了解，他们向往中国纯粹是一种浪漫情绪，作品也只反映了他们自己的幻想，与中国没有什么关联。

到了吕克特（Rückert），歌德才真正找到一个继承他的精神的人。吕克特是有天才的诗人，又是东方语言学家。他精通很多的东方语言，曾从梵文、波斯文、阿拉伯文和其他别的东方语言里译了很多的诗。印度长篇史诗《摩诃婆罗多》（*Mahābhārata*）里有名的爱情故事那罗（Nala）和达摩衍蒂（Damayantī）也是由他译成德文的。他曾根据一个拉丁文译本把《诗经》译成德文。这拉丁文译本很坏；但是吕克特却凭了他的诗人的天才有时候居然能体会到原文的意境。他自己又是诗人，所以他的译文本身就是第一流的诗。1844年克拉末（Kramer）又出过一部《诗经》翻译。同吕克特的翻译一比却相差天渊了。

二、中期

现在我们再来谈19世纪后半中国文学在德国的情形。自从歌德同吕克特以后，德国人对中国文学的兴趣渐渐冷淡下来。其实这一点也不奇怪。自从18世纪后期至19世纪初期德国人（当然并不只限于德国人）之所以对中国文学发生那样大的兴趣，完全出于一种浪漫情绪。当时浪漫主义正风靡一时。只有对远的、神秘的、异域的东西，人们才发生兴趣。每个诗人都梦想到辽远而神秘的地方。在当时欧洲人眼中，中国就正是这样一个地方。无怪一般人都想介绍中国文学了。但浪漫的情绪照例是不能延续很久的。热情的高潮一过，接着来的就会是理智的冷静。19世纪后半就正是热情的高潮刚退下去的一个时期。

在这50年以内，只产生了少数的几种翻译。1875年阿恩特（Arendt）把《东周列国志演义》译成德文。1876年威廉·搭·封思迦（Wilheim da Fonseca）把《灰阑记》改编成德文。1880年和1884年格里斯巴哈（E-d. Griesebach）译过几篇《今古奇观》里的小说。这些译文都没有什么影响。这期间最伟大的成就是施特劳斯（Viktorvon Strauss）的《诗经》德译。施特劳斯是一个大汉学家，深通中文。了解中国文化的精神，又能写很美的德文诗；所以他的翻译不但对原文忠实，而且本身就是好的文学作品。此外德国大语言学家迦布仑茨（von der Gablentz）曾把《金瓶梅》从满文译成德文。可惜这一部巨著一直到现在还没能出版。除了上面说到的两部大著以外，当然还有些零碎的翻译；但出来不久就被人忘掉，一点影响也没有，我们现在也就不谈了。

三、近代

自从20世纪初以来，德国人对中国文学的兴趣又渐渐高涨起来。不但中期的50年比不了，连初期对中国文学兴趣很浓的时代也不能比。就翻译的书的数量来说，初期当然远逊近代。但这两个时代的主要异点还是在态度方面。我前面说过，在初期，德国人之所以喜爱中国文学完全出自一种浪漫情绪；他们只觉得中国神秘，并不了解中国。他们的翻译也差不多完全是间接的。但到了近代，德国人对中国的了解已经很进步了。他们知道，虽然肤色语言不同，中国人也同他们一样是人，丝毫没有什么神秘的地方。他们之所以翻译中国书籍，并不是由于对中国有什么浪漫的向往，而完全是出于理智。他们觉得中国文化和文学确能带给他们许多他们原来所没有的东西。所以才来研究中国语言。根据这语言的知识，他们才产生了翻译。换句话说，他们的翻译差不多全是直接的。很少有人再从拉丁文、法文或英文翻译中国作品了。从这几点看起来，到了近代，德国人介绍中国文学作品才算真正走上应当走的道路。

在最近几十年里，德国从中国译过去的文学作品很多，我们不能一一论到。现在只选出其中较重要的来谈一谈。1912 年格鲁柏（Grube）译的《封神榜》出版了。1914 年鲁得尔斯白雷（Hans Rudelsbery）节译了几段《三国志演义》。古本白雷（Hans von Gump－penbery）写了一个剧本，叫做《Ying 的笔》（*Der Pinsel Ying's*），影射江淹在梦里把彩笔还给郭璞的故事，当时颇有点影响。蒲松龄的《聊斋志异》有几次被译成德文；但只是片段的，到现在还没有一个全译本。丝毫没有文学价值的《平妖传》也译成了德文。1926 年有名的汉学家弗克（A. Forke）又把《灰阑记》全部译成德文。弗克精通中文，他的译本当然比以前改编的那个好得多多了。1928 年古巴特（Kibat）又译《金瓶梅》，可惜只译了 10 章。年轻一代的汉学家在正式的研究工作以外也往往翻译中国的文学作品。艾士宏（Werner Eichorn）译过许多熊佛西的剧本：《屠户》《牛》《模特儿》《锄头健儿》《偶像》等他都译成了德文。霍夫曼（Alfred Hoffmann）译过胡适之先生的许多文章，鲁迅先生的小说《孔乙己》，朱自清先生的《笑的历史》，谢冰心的诗。史坦安（von den Steinen）译过曹操的诗。艾波哈特（Eberhard）对中国神话和短篇小说作过很有系统的研究。他想从这里面窥测中国民俗和社会情形。他写了一部书，到现在还没能出版。

以上大概把近几十年来德国学者介绍中国文学的成绩谈过了。还有三位翻译最多而成绩最大的学者我们留到现在来介绍。第一个是洪涛生（Hundhausen）。严格地说起来，他并不是一个汉学家。我虽然不十分清楚，他的汉学造诣究竟怎样；但据说是不十分高明的。他往往先让他的中国学生把中文译成德文，他再根据这译文写成诗。他的本领就正在写诗。他是一个天生的诗人。所以，他的译文同原文多少都有出入；但他写成的诗却是完整的文艺作品。读过他的译诗的德国人没有一个不赞美他的美丽的词句，和谐的音韵。人们不觉得这是翻译。这是他的译文所以成功的原因。他翻译的多半是戏剧，像《西厢记》（*Das Westzimmer* 1926），《琵琶记》（*Die Laute* 1930），《还魂记》（*Die Rüickkehr der Seele* 1937）他都全部译过去。《牡丹亭》也译了一部分。另外他还选译了陶渊明许多诗。

第二个我想介绍的是库恩（Franz Kuhn）。他可以说是一个专门的翻译家。

他虽然精通中文，但除了翻译以外，似乎没做过别的工作。他译了很多中文小说，《红楼梦》《水浒传》《金瓶梅》《二度梅》等，他都有译本。只要喜欢读小说的德国人没有没读过他的翻译的。他对介绍中国文学的功绩没有第二个人可以同他比的。但他的翻译删节的地方太多，不能不算是美中不足。在新文学里面，他译过茅盾的《子夜》；但出版后并没有什么反响。

最后一个我们要谈的是查哈（Erwin von Zach）。他的汉文造诣极高，是所谓德国四大金刚之一。这四大金刚第一个是卫礼贤（Richard Wilhelm），专门研究经部；第二个是弗兰克（Francke），专门研究史部；第三个是弗克，专门研究子部；第四个就是查哈，专门研究集部。他曾把整个《李白诗集》《杜工部诗集》《韩昌黎诗集》译成德文。《昭明文选》据说他也差不多译完了，他的译文对原文非常忠实，但是正同洪涛生相反，他写出来的不是诗，而是散文，还是非常枯燥的散文。所以他的译文只有汉学家读，一般人是不问津的。他是纯粹的学者，而洪涛生是纯粹的诗人。

四、回顾与前瞻

中国文学在德国将近二百年的情形，我上面粗略地叙述过了。看了以后，我们有什么感觉呢？我想，我们都会感觉到：在初期中期固然不必说了，连在近代，除了少数的例外，他们也还没能够做到有系统的介绍。介绍过去的东西未必有什么价值，多半是一时偶然高兴的结果。这样介绍当然很难希望有什么大影响。事实上中国文学对德国文学的影响也不太大。连洪涛生和库恩的译本也只是供人茶余酒后的消遣品；在德国文艺创作上没留下什么痕迹。仿佛是一片浮云投在水里的影子，风一吹也就消失了。自从第二次世界大战结束以来，德国人最初还没能把战争的暗影从心头扫去，有点发怔，什么都没能想。以后战争的影子渐渐淡漠下来，他们痛定思痛，才又想到许多东西。有些人发现，他们自己的文化里或者真正有什么缺点，不然为什么总是在苦难里辗转呢？他们于是又把眼光转向东方，想从那里获得点什么去补救自己的文化，我并不赞成这办法；但他们的心情我却非常能了解。这种心情能延续多久，我不能预卜；但不管怎样，在介绍中国文学上，他们也许可以开一线曙光。至于究竟怎样，只有等将来告诉我们了。

1947 年 10 月 31 日

羡林附记：

关于中国文学被介绍到德国去的情形，陈铨先生的长文《中国纯文学对德国文学的影响》论得最详细。可参看。最近十几年来译成德文的中国文学作品陈先生文章里没论到。我就记忆所及补充了一下。只是手边没有书。挂一漏万，恐怕难免。以后有参考书时再详细谈吧！

谈梵文纯文学的翻译

在中国，从梵文翻译过来的书籍真可以说是汗牛充栋，但这差不多全是佛教经典，纯文学几乎没有一本。这原因其实很简单，每个人一想就可以知道。我在这里并不想谈这问题。我所要谈的是，除了佛教经典以外，纯文学的书籍也应该翻译。

为什么应该翻译呢？这话说起来很长，我们也可从长远处说起罢。我们随便读一本用近代欧洲语言写成的论文学和文学批评的书，只要提到古代文学，著者就把古代希腊拉丁文学抬出来，大捧一阵，从四面八方来看，简直无一处不美，无一处不合乎理想。他们却用自己的幻想创造出许多理想的标准，用幻想把这些标准装进这些文学里去，然后再用幻想把这些标准从这些文学发现出来。于是世界上除了古代的希腊罗马以外就再没有别国有好的文学。

在他们自己制成的象牙之塔里，这些文学家和批评家本来可以安静地住下去，但竟有些叛徒不甘心给这些象牙之塔的影子来牢牢地压住，他们偏要从象牙之塔的顶上看出去。德国的诗王歌德就是其中的一个。他看到了东方，尤其是印度。

歌德平常对东方文学就很感兴趣。他的著名的诗集 *Westöstlicher Diwan*（1819）就是这兴趣极好的表现。他对梵文文学更非常爱好。他自己虽然不懂梵文，但所能得到的译本他都读。他的最伟大的作品 *Faust* 在开头的结构上就受到印度诗圣迦梨达奢（迦梨陀娑，Kālidāsa）的剧本舍君达罗（*Sakuntala*）的影响。爱克曼（Eckermann）在他谈话录里记过这样一段：

星期三。一八二七年四月二十五日

同歌德吃饭，还有Lassen博士，Schlegel今天又到宫里赴宴去了。Lassen谈到很多关于印度诗的事情。

歌德似乎很感兴趣，这可以补充他在这方面不十分完整的知识。

迦梨达奢的长篇抒情诗《云使》（Meghadūta）由H. H. Wilson在1813年译成英文，这个译本歌德也读过。在高兴之余他把这书寄给他的朋友Knebel，并且还有诗影射这事情：

还有Meghadúta，这《云使》。
谁不高兴把它送给他的知心人呢！
（Und Meghadūta den Wolkengesandten
Wer schickt ihn nicht gerne zu Seelenverwandten！）

在德国，第二个对梵文文学发生了很大兴趣的诗人就是T. Rüchert。他不像歌德一样只能读译本，他自己就是一个很好的东方学者，他深通梵文。他从梵文里译过许多诗。世界第一长篇史诗*Mahabharata*里面著名的Nala和Damayanti的恋爱故事就是由他译成德文的。

我上面举了两个例子，表示欧洲那些文学家和批评家造成的象牙之塔并不能把一切人的眼光都完全遮住。仍然有人要看出来的，而且他们还就真看到了好的东西。在中国从来就没有人造成这样的象牙之塔，我们同产生这样瑰丽雄伟的文学的印度又是近邻，但来往了二十年，纯文学却始终没有介绍过来。这不能不算是怪事。其实我们也不能怪那些高僧们。他们跋山涉水，横过大漠，九死一生到印度是求真经去的。这些凡人们看来很美的文学，在他们看也许一钱不值，他们哪里又会有时间来翻译这些东西呢？

在近代，第一个注意梵文纯文学的和尚是苏曼殊。这也毫不足怪，因为曼殊自己恐怕就是多一半是诗人，少一半是和尚。在乙酉年四月他从日本写给他的朋友诗人刘三一封信里说：

弟每日为梵学会婆罗门僧传译二时半。梵文师弥君，印度博学者也。东来两月，弟与交游，为益良多。尝属共译梵诗《云使》一篇。《云使》乃梵土诗圣迦梨达奢所著长篇叙事诗，如此土《离骚》者，奈弟日中不能多所用心，异日或能勉译之也。

以后再也没有下文，恐怕终于没有译成罢！

前几天我在一个杂志上看到过一个《云使》的翻译。译者的名字似乎是王维克，杂志似乎是《人世间》，是从法文转译的。我拿来同梵文对过几首。两者之间简直是风马牛不相及。倘若不是上面明明写着是《云使》的译本的话，我实在看不出来。最近又听说有人把舍君达罗从英文译了出来。我虽然还没有看到译文，但我相信，这一定不会好的。

这样的翻译我们不要，虽然我们很需要梵文纯文学的译本。我一向反对转译。原因我已经在另外一篇文章里谈过（《谈翻译》）。尤其是梵文纯文学的作品我觉得更不能转译。因为就文法说，梵文是世界上最复杂的文字。无论用哪种文字译都不能把原来的文法构造反映出来。除了文法上的复杂以外，梵文的纯文学还有一种神秘的美，也是世界上的任何文字里找不到的。譬如我们读《云使》，虽然我们面前摆着的只是印上黑字的白纸，但我们的心却随了这《云使》飘动在太空里，我们仿佛看到绚烂的花色，嗅到芬芳的香气。我们即使直接从梵文里译，也万难把这色彩与香气传达过来，何况转译呢？

所以我所希望的是从梵文里直接译过来的译本。这虽然很不容易，但我们却一定要做，而且据我所知道的，现在已经有人在那里做。金克木先生译过许多优美的梵文诗，吴晓铃先生据说译了几个梵文剧本。金吴两先生都是精通梵文的学者，金先生是诗人，吴先生是戏曲专家，他们的译本不用说一定会很完善的。在印度文化关系史上，他们可以说是开了一个新纪元。以前我们中国的高僧们翻译过许多佛典，现在我们又有人来翻译梵文的纯文学了。我希望印度诗圣迦梨达奢的瑰丽的诗篇不久就在中国家喻户诵，像莎士比亚、歌德的诗篇一样。

1947 年 12 月 28 日北京大学

后记：

这篇短文里面提到的《云使》，我自己以前有意翻译过，但自己的兴趣离纯文学越来越远，没法强迫自己，所以就一直没有动手。我诚恳的希望，其他弄梵文的朋友来做这工作。

1948 年 1 月 19 日羡林记

“猫名”寓言的演变

在中国的民间故事里有一个故事的类型非常别致有趣。这类故事的主要特点是：先从一件东西说起，一件一件的说下去，前后的次序一点也不牵强，看起来很自然，但结果绕一个弯子又回到原来的东西上，或者扯到一件同原来的东西绝不相容的、放在一起让人只觉得滑稽的东西上。我不知道专家们怎样称呼这个类型，我想替它起一个名字，叫做“循环式”。这类故事的起源当然也很早。但以前的我们不清楚了，我现在只预备从明朝说起，明刘元卿的《应谐录》里记载了一个短的寓言：

> 齐奄家畜一猫，自奇之，号於人曰“虎猫”。客说之曰：“虎诚猛，不如龙之神也，请更曰龙猫。”又客说之曰：“龙固神於虎也。龙升天须浮云，云其尚於龙乎？不如名曰云。”又客说之曰：“云霭蔽天，风倏散之，云故不敌风也，请更名曰风。”又客说之曰：“大风飙起，维屏以墙，斯足蔽矣。风其如墙何？名之曰墙猫可。”又客说之曰：“维墙虽固，维鼠穴之，墙斯圮矣。墙又如鼠何？即名曰鼠猫可也。”东里丈人嗤之曰：“噫嘻！捕鼠者故猫也。猫即猫耳，胡为自失其本真哉！”（《续说郛》卷第四十五）

这个寓言虽然由刘元卿记载了下来，但据我看它的来源一定是流行在民间的故事。也许在民间已经流行了很多年，才遇到一位朋友把它写了下来。这个寓言的主角是猫，结果却经过了虎、龙、云、墙，把猫同老鼠扯在一处。由虎说到龙，由龙说到云，由云说到墙，这次序非常自然，一点也不牵强；但终于说成“鼠猫”，成了一个很幽默的讽刺。世界上无论哪一国的寓言，里面都多半包含着一个道德教训，这个寓言也有一个道德教训，就是：一个人不应该失掉了“本真”。

在日本也有一个相似的寓言。我不知道源出哪一本书，我看到的只是王真夫先生的译文，题目叫做《日本古笑话》，见 1943 年 7 月《艺文杂志》创刊号。我现在就把译文抄在下面：

> 有一个人非常好胜，养了一只猫，也想给它起一个最伟大的名字。想了好久，起了一个“天”字。朋友听得，说道：“天也争不过雨云呀！”“那么就唤作雨云吧！”“雨云也争不过风呀！”“那么唤作风吧！”“风还是争不过窗纸呀！”“那么唤作窗纸吧！”“窗纸争不过老鼠呀！”“如此说来，还是唤作猫吧！”

我们一看就可以知道，这个寓言同中国的那一个非常相似。只有几处有点区别，譬如一开头不说虎、龙，而只说天，由天说到云；不说墙，而说窗纸，最后一句：“如此说来，还是唤作猫吧！”远不如中国鼠猫两个字含蓄而又幽默。但这些区别都很小。这里的主角仍然是猫，也是要替猫起一个名字。所以这个寓言很可能是从中国流传过去的。

中国虽然能把这个寓言输出去，但输出的可惜也不是国货。同许多别的流传在民间的故事一样，这个寓言的老家大概也是印度。在梵文故事集《故事海》里我们找到一个类似的寓言。我手边没有梵文原文，我只能从陶尼（Tawney）和彭策（Penzer）的英译本里把这个故事译出来（第五册 109 页）：

> 从前一个隐士拾到一只从鹰爪里掉出来的小老鼠，觉得很可怜，于是就运用神通力把它变成一个少女，带到自己隐居的地方去。当他看到她已经长大了的时候，他想替她找一个有力的丈夫。他先把太阳喊来，对太阳说：“娶这个女孩子吧！我想把她嫁给一个有力的丈夫。”太阳回答说：“云比我还有力，他一会的工夫就可以把我遮起来。”隐士听了，把太阳放走，又把云喊了来，让他娶她。云回答说：“风比我还有力，只要他高兴，他可以把我吹到天空里任何地方去。”隐士听了，又把风喊了来，仍然向他做同样的建议。风回答说：“山比我更有力，因为我不能够移动他们。”这个隐士听了，就把喜马拉

雅山喊来，想把女子嫁给他。山回答说："老鼠比我更有力，因为它们能够在我身上挖洞。"

这隐士听了这些聪明的神们的回答，就喊来一只林鼠，对它说："娶这个女孩子。"它回答说："请你告诉我，她怎样钻进我的穴子里去。"隐士说："它最好还是变成一只老鼠。"于是他又把她变成老鼠，嫁给那只雄鼠。

这个寓言同流传在中国和日本的那一个"猫名"寓言内容有点差别。这里面主角不是猫，而是老鼠，猫在这里根本没有露面，当然更谈不到起什么名字。这寓言的中心故事是老鼠招亲。从老鼠说起，经过太阳、云、风、山，终于还是回到老鼠。

在别的用梵文写成的故事书里也有这样一个寓言。譬如说在《五卷书》里就可以找到，《五卷书》最早的形式是《说薮》，在这里面已经有这样一个寓言了。美国梵文学者爱哲顿（F. Edgerton）构拟出来的所谓原始《五卷书》里当然也有，而且同《说薮》里的那一个几乎完全一样。我现在从梵文里把《说薮》里的那一个寓言译出来：

一个苦行者在恒河里洗澡。正开始漱嘴的时候，一个从鹰爪里逃出来的小老鼠掉在他手里。这苦行者把它放在一棵无花果树的下面，又洗了洗澡，就想回到他的隐居的地方去。他忽然想到那个小老鼠。他自己想："我把那个失掉了父母的小老鼠忘掉了，真有点残忍。"这样想过，他就又走回去，运用神通力把小老鼠变成一个少女，带回家去，交给他的没有子女的老婆，说道："亲爱的，把这个女孩子好好的养大！"时间渐渐过去，女孩子已经十二岁了。这仙人想把她出嫁，因为：

一个在父亲的房子里看到月信的女子应该被人看做是一个婆萨里（Vasali）；

按传统的说法婆萨里不是首陀罗（Śūdra）女子。
所以我想把她嫁给一个平等的男人，
因为：
两个人资产相当，门户相当，
可以结婚，可以做朋友，一个富一个穷就不行。

想过以后，他把太阳喊了来，对他说道："娶这个女孩子！"这一个永远用自己的眼睛看一切事情的世界的保护者（太阳神）说："云比我更有力，仙人，因为我虽然出来，但他可以把我遮起来。"苦行者觉得这话有道理，就把云喊了来，对他说道："娶我的女孩子！"云也有同样的理由："风比我更有力，他能够把我吹散，吹到任何地方去。"苦行者就把风喊了来："娶我的女孩子！"但是风却说："仙人，山比我更有力，因为我一点也不能动摇他。"苦行者于是就把一个山喊过来："娶我的女孩子！"山说："我们确是不能动摇，但是老鼠却有办法。他们能够在我们身上钻一百个洞。"苦行者沉思了一会，喊过一只雄鼠来，对他说道："娶我的女孩子！"雄鼠说："那不行。我怎样把她带进我的洞穴里去呢？"苦行者觉得这话有道理，于是就运用神通力把她变成原来的样子。

在《五卷书》里，这个寓言最早的形式就是这样。在晚出的由耆那教的和尚补哩那婆多罗改编的《五卷书》里，这个寓言也被收进去，但内容同风格都有点差异了。开头先来一段相当长的描写，把恒河里的水的动荡，鱼的跳跃和因这跳跃而起的泡沫，浪潮的变幻都描绘了一番，以下接着写在这河边上的苦行者的情形，他们的衣服，他们吃的东西。再以下才是正文。这一段长的描写只用了几个离合释（Samāsa，英文叫做 Compound），这表现出一种纯粹艺术诗（Kāvya）的风味。我们上面译出的《说薮》里的那个寓言已经不能够代表原来流行在民间的形式，已经是文人学士的作品，这里这一个更离民间形式远了。在女孩子到了十二岁的时候，隐士想替她找一个丈夫。在上面译的寓言里紧接着有两首诗，但在补哩那婆多罗的改订本里却有十一首。这当然都是后加的。这也是文人学士的成绩，他们故意引用这样许多诗来表示他们的渊博。在上面译出的那个寓言里的第一首诗的意思是，在女孩子有月经以前就应该结婚。但在补哩那婆多罗的改编本里这点很简单的意思却引用了九首诗来表达。下面这一首诗可作代表：

所以应该把女孩子嫁出去，趁她还没有月经的时候。一个八岁的女孩子的出嫁是可以赞美的。

这样的诗虽然与本文没多大关系，但我们从这里可以看出古代印度人对女子结婚的看法，也是非常有趣的。

同《故事海》里的那个寓言一样，在《五卷书》这一个寓言里，主人也不是猫，而是一只小老鼠。在这里也是从太阳说起，也是经过了云、风、山，最后说到老鼠，完成了这个“环”。这两个寓言同中国和日本的“猫名”寓言，初看起来，似乎有很大的差别；但倘一仔细研究，就可以看出来，它们都属于同一个类型：“循环式”，而且印度很可能就是这个寓言的老家。印度寓言里的主角是老鼠，由老鼠想到猫，于是中间不知经过了多少演变，在中国和日本，猫就变成了主角。虽然老鼠已经降为配角，但它在这里仍然占一个位置。这一点据我看就能暗示出中国的“猫名”寓言和印度的“老鼠结婚”寓言的关系。此外在印度寓言里的云，在中国寓言里也出现了。这也可以给我们一点研究这两个寓言间相互关系的线索。我们研究比较文学，往往可以看出一个现象：故事传布愈广，时间愈长，演变也就愈大；但无论演变到什么程度，里面总留下点痕迹，让人们可以追踪出它们的来源来。正像孙悟空把尾巴变成旗杆放在庙后面一样，杨二郎一眼就可以看出来，这座庙是猴儿变的。

我上面只谈到这个寓言在中国、日本和印度演变的情形。在别的国家也可以找到同样的寓言。因为别的学者已经谈到，我在这里就不谈了。

1948 年 3 月 24 日

印度史诗《罗摩衍那》

《罗摩衍那》与《摩诃婆罗多》并称印度两大史诗，同古代希腊的《伊利亚特》与《奥德赛》双双巍然耸立于东西两大文明古国。在过去两千多年漫长的时间内，《罗摩衍那》在印度国内外产生了极其巨大的影响。不但在文学方面，其中包括诗歌、戏剧、小说等，而且也在音乐、舞蹈、雕塑、绘画等方面，它的影响无不灼然可见。在印度国内，《罗摩衍那》被译成几乎所有的语言和方言；还有无数的改写本流行于人民群众中。真可以说是家喻户晓，老幼皆知。一直到今天，在一些地区的盛大的节日集会上，还有人用最现代化的设备广播梵文原文或地方语言译本的《罗摩衍那》。在印度以外，《罗摩衍那》也有许多语言的译本。至于其中的一些故事，则散见于许多国家的文学作品中，甚至在我国新疆古代语言中，也可以找到。

什么叫做“史诗”呢？史诗属于伶工文学一类。内容多半是描绘英雄与美人的悲欢离合，是由伶工到处歌唱的。最初并没有一个固定的作者。每一个歌唱者都可以根据眼前听众的反应，见景生情，有所增删。到了一定的发展阶段，有那么一个人出来加以整理、编写，逐渐形成了定本。别的国家的史诗是这样，印度的《罗摩衍那》也是这样。从印度古代文学史来看，史诗并不是一开始就有的。一般把印度古代文学分为三个时期：第一，吠陀时期，公元前两千纪到一千纪；第二，史诗时期，公元前一千纪后半；第三，古典梵文文学时期，公元后最初几个世纪到十几世纪。《罗摩衍那》属于第二个时期，整理、编写的时间可能是在公元前三四世纪。一直到公元后一二世纪，才有现在的这个形式。

《罗摩衍那》的作者，或者更确切一点说整理者或编纂者，传说是跋弥

(Vālmīkl，或译蚁垤)。关于这个人，印度古代有许多传说，但是生卒年代，谁也说不清楚。从《罗摩衍那》整个内容和文体来看，其中显然有一个逐渐演变的过程，决非出于一时、一地或一人之手；但是除了一些后来窜入的部分以外，全书基本上是一致的，同《摩诃婆罗多》那种庞杂的风格相比，是迥乎不同的。因此，有那么一个人，可能就是蚁垤，做最后的写定工作，这是完全可能的。

至于内容，虽然全书共有两万多首诗（精校本不到两万首诗），但是情节并不复杂。故事主要内容大体上是这样的：古代阿逾陀城国王十车王，有三个老婆，长后㤭萨厘雅生子罗摩。其余两个王后，吉迦伊生子婆罗多，须弥多罗生了两个儿子：罗什曼那与设睹卢衹那。罗摩是长子，娶妻名悉多。他应当继承王位，国王也准备为他灌顶，立为太子，但是吉迦伊的女奴曼他罗却挑拨她的女主人，要她利用国王从前亲口许给她的两个恩惠，要挟国王，把罗摩流放山林十四年，而让自己的儿子婆罗多灌顶为太子。国王迫于宗教信条，勉强允许了吉迦伊的请求。罗摩也自愿流放，使父亲说的话不至落空。悉多坚决要求同行。弟弟罗什曼那也跟了去。三人就到了大森林中。此时国王忧愤而死。婆罗多正住在舅舅家，被迎回国内，准备灌顶为王。但是，他忠于长兄，亲自到森林里去寻找罗摩，恳请他回国。罗摩不许，一定要流放十四年期满后才回去。没有办法，婆罗多只好带着罗摩的一双鞋，算是罗摩的象征，回到难提羯罗摩，把鞋供在那里，代罗摩摄政。正当罗摩等三人在林中飘泊的时候，楞伽城的罗刹王十首恶魔罗波那把悉多劫走。罗摩和罗什曼那得群猴之助，特别是大颔神猴哈奴曼之助，战败了罗刹，摧毁了楞伽城，夺回了悉多，来了一个复国大团圆。

这整个故事显然分为两大部分：第一部分罗摩等流放森林；第二部分悉多被劫和被救。这两个故事各有其独立性，没有什么内在的必然的联系。分而看之，各有其存在价值，各有其动人之处。很可能这两部分原来都是独立的故事，在流传演变过程中，合二为一，成了今天这样一个形式。

这种看法从来没有人提出来过，是我根据汉译佛经里面的两个故事，提出了这个臆说。第一个故事见于《杂宝藏经·十奢王缘》，只讲十奢王听了第三夫人的谗言，把太子罗摩流放山林十二年，期满复国，一个大团圆。这里丝毫也没有提到悉多被劫。第二个故事见于《六度集经·国王本生》。一个国王与王妃逃离本国，处于山林，海里的龙王把王妃劫走。国王到处寻觅，终于遇到了一个巨大猕猴，国王得其助除龙救妃，也是一个大团圆。在这个故事进一步的演变中，海龙王变成了十首魔王。在汉译佛经中，这两个故事各不相涉。但是《罗摩衍那》却把这两个故事捏合起来。这种中心故事有分有合的例证，各国文学史上都可以举出一些来。不这样也是不可能的。故事在广大人民群众的口中流传播迁，人民会随时随地加以增、删、化、合，总会有所发明创造，决不会一成不变。脍炙人口的《罗摩衍那》就属于这个范畴。

这一部伟大的史诗产生于什么时代呢？我上面已经说到，这样一部规模宏大的作品，决不会一蹴而就。现在，从内容方面、文体方面，以及其他方面仔细加以分析，可以断言，第一篇和第七篇后出，第二篇至第六篇，除个别窜入部分外，是比较原始的。这五篇内容统一，文体统一，可能是出于一人之手。写成时代约在公元前三四世纪，约当中国的战国时期。第一篇和第七篇同这五篇的时间差距可能是相当大的。到了公元后二世纪左右，《罗摩衍那》已经有了今天这个样子，只是总的篇幅可能比现在要少，也许只有现在一半的样子。中国唐代的求法大师玄奘在七世纪前期在印度见到的《罗摩衍那》只有一万二千颂，可以为证。

从公元前三四世纪至公元后二世纪，印度历史的发展是处于什么阶段上呢？过去，几乎所有的懂得用历史唯物主义（不管是真的还是冒牌的）来解释历史发展的学者，印度的和苏联的，以及其他国家的，都主张当时印度社会是奴隶社会。但是，根据我的看法，这种说法是有问题的，是经不起推敲的，是形而上学的，其中有不少破绽，难以自圆其说。我想利用另外一个机会，比较详尽地谈一谈这个问题。在这里，我只说，这不是奴隶社会，而是封建社会，《罗摩衍那》的成书时代，不是在奴隶社会内，而是在封建社会内。

我现在也就根据这个看法，对《罗摩衍那》的思想性和艺术性加以初步的分析。

研究一部作品，首先要对它进行阶级分析。在印度，要分析阶级关系，总离不开种姓关系，二者虽然不是一回事，但又密切联系，不能截然分开。印度种姓制度在世界上并不是独一无二的，其他一些古代国家也有。大家都知道，印度有四大种姓：婆罗门（僧侣）、刹帝利（武士）、吠舍和首陀罗（二者是农民、手工业者、商人、服务行业。有时界限不好划分）。学者一般认为，奴隶是在四个种姓之外的。从奴隶社会起，婆罗门和刹帝利，就互相勾结，共同形成了统治阶级，剥削和压迫奴隶以及其他自由的农民和手工业者。但他们之间又是矛盾重重，时而展开剧烈的斗争。到了封建社会逐渐形成的时期，主要以刹帝利为代表的王族夺取了国家政权，建立了幅员辽阔的大帝国，向农民征收地租，向手工业者征收赋税。也有婆罗门，甚至首陀罗出身的人，成了国王。他们同样对农民、手工业者等进行残酷剥削。在这里，种姓关系陷入了混乱，名存实亡。

对于印度的种姓制度，常常有一种误解。人们认为，由古及今，印度社会上的种姓关系，特别是种姓与职业的关系，真像法经上规定的那样，井然有序，有条不紊。实际上并不是这样。即使在种姓制度最巩固的时期，职业也是混乱的。一个婆罗门名为僧侣，但在实际生活中，可以有二十几种职业，连最低级种姓的职业都可以去干。种姓制度的四分法虽然沿袭至今，但是，实际上也是有问题的。公元前希腊人记载中的印度社会，就不是四分法，而是七分法。这一点很值得我们注意。还有一点同这个有联系的，就是种姓与民族的关系问题。种姓制度基本上是进入印度的雅利安人所创造的。但是，行之既久，印度原始居民通过种种渠道也参加了进来。这样就产生了冒牌的婆罗门、冒牌的刹帝利。这一点也很值得我们注意。

《罗摩衍那》的主人公罗摩是一个刹帝利，是太子，后来又成了国王。我看，他就是一个冒牌的刹帝利。作者蚁垤仙人据说是一个婆罗门。但是，在本书里，除了在一些地方吹捧几句婆罗门之外，他却是用全力美化罗摩，不惜歪曲事实，伪造罗摩的家谱，给他脸上涂脂抹粉。这有点像中国唐代的创业者李渊和李世民，自己硬是承认是老子的后代，在自己的门楣上贴金。罗摩的死对头十头魔王，名义上虽然是个罗刹，实则是婆罗门。结果这个婆罗门却被刹帝利消灭。总之，从阶级关系上和民族关系上来看，《罗摩衍那》代表的是新兴的出身于原始居民的刹帝利王族的利益。其中所宣传的一系列的道德教条，同中国封建社会的三纲五常如出一辙。这些都是维护封建帝王的统治的。这决非偶然巧合，同样的经济基础，只能产生同样的道德教条。支配《罗摩衍那》全书的就是这些教条。十车王是严父；憍萨厘雅是慈母；罗摩是忠臣兼孝子、贤兄，又兼良夫、好友；罗什曼那是忠臣兼好弟弟，婆罗多亦然；悉多是贤妻、良母。这一切凑在一起，就形成了一套完整的封建道德。书中大肆宣扬的一夫一妻制，实际上也不过是保证封建王族长子继承权永不断绝的一种措施而已。

在这里，我要附带谈一个问题。在塑造人物方面，《罗摩衍那》同中国的《水浒》有一个非常相似之处。作者本意是想把罗摩塑造成一个高大完美、毫无缺陷、头上简直要闪出圣光的人物，他忠实遵守封建道德。但是，限于自己的世界观，他却把自己心目中这个理想的典型写成了一个伪君子、两面派，好像《水浒》中的宋江。而真正的正面人物，在《水浒》中是李逵，在《罗摩衍那》中则是罗什曼那。罗摩嘴里虽然几乎全是忠孝节义那一套，但有时也流露出一些相反的话。他的行动和言论，充满了封建的腐朽气；他竭力宣扬宿命论；这无疑都是封建糟粕，是要加以批判的。只有罗什曼那那一些可惜不太多的批判封建道德、批判命运的话，立场坚定，态度鲜明，才真正表达了印度广大人民群众的思想感情。书中第二篇还塑造了一个唯物主义无神论者的形象：阇婆离。他是十车王的大臣，又是一个婆罗门。然而当他到森林中去劝罗摩回阿逾陀城的时候，却发了一通无神论的议论。同在别的国家一样，在印度古代唯物主义无神论大概也流行过一阵。但是这种学说是违反反动统治阶级的根本利益的，他们必欲扼杀之而后快，他们决不会让他们视之为洪水猛兽的东西存在下去的。因此，唯物主义者的言论传留下来的简直如凤毛麟角，往往是在唯心主义者批驳唯物主义的文章中找到三言两语，这是作为被批驳的靶子而幸存下来的。想不到在流行极广、影响极大的《罗摩衍那》中居然保留了一个唯物主义无神论者的一些言论。这同罗什曼那的那一些批驳命运的言论一样，都是本书中带有革命性和民主性的精华，是十分珍贵的。可惜的是，无论是罗什曼那，还是阇婆离，他们这一些绝无仅有的言论，都像夏夜天空中的流星一样，在一瞬间闪出了耀眼的光芒，然而立刻就消逝不见了。

怎样来解释这种现象呢？许多国家的文学史都证明了一个事实：有一些伟大作家，他们的主观愿望与创作结果往往是有矛盾的。列宁谈到托尔斯泰时就曾指出来过："托尔斯泰的作品、观点、学说、学派中的矛盾的确是显著的。"（《列宁全集》第15卷第179页）蚁垤无疑也是一个伟大的作家，他创作了无与伦比的印度当时生活的图画，也创作了世界文学中第一流的作品。但是，从他的主观愿望来看，从他的世界观来看，他不一定了解他自己所描绘的这一幅无与伦比的图画的真正意义。对于罗什曼那的那些批判宿命论、批判腐朽的封建道德的话，他不一定赞同。毋宁说他更赞同罗摩宣传宿命论的话。对于阇婆离的唯物主义无神论的观点，他也不会同意。但是，他毕竟是一个伟大的艺术家，他也反映了当时社会的某些"本质的方面"。同时，又由于他毕竟不赞成这些观点，所以他就把罗什曼那和阇婆离的这些观点写成了昙花一现的东西。连书中主要人物之一罗什曼那的性格也显得有点前后矛盾了。

谈到艺术性，我们先把《罗摩衍那》同《摩诃婆罗多》比较一下。二者都是史诗，又都是用输洛迦体写成的，内容写的都是王族内部和王族之间的矛盾与斗争。但是，印度人民却把《摩诃婆罗多》称为"历史传说"，而把《罗摩衍那》称为"最初的诗"。这就说明，印度人民认为二者的艺术风格是不相同的。

事实也正是这样。

总起来看，在叙述所发生的事实、描绘人物的行动、刻画人物的心理状态、烘托自然景色或战斗场面，两部史诗使用的手法都差不多，二者都成功地塑造了一些英雄人物。在《罗摩衍那》里，几个主要英雄人物（包括猴子在内），都是有血有肉，生动活泼，跃然纸上。二者的文体也都是鲜明生动，不加藻饰，如行云流水，自然动人。但是，在《罗摩衍那》里面，我们不时遇到一些雕琢彩绘、风格华丽的语言，甚至使用同一个辅音，只把元音加以变换，企图利用辅音重复，达到某种艺术效果。我们知道，印度文学发展到古典文学时代，大有中国齐梁文学之风，“五色相宣，八音协畅”，“竞一韵之奇，争一字之巧，连篇累牍，不出月露之形；积案盈箱，唯是风云之状”。《罗摩衍那》还没有达到这个程度。但是，可以说已经有了一些端倪。《罗摩衍那》被称为“最初的诗”，难道就是由此而来的吗？我在这里再强调一遍，这种形式主义的倾向（我甚至想说它是唯美主义的倾向），在《罗摩衍那》里还没有发展到极端，甚至可以说是恰到好处。在这方面，它为以后文学的发展开辟了一条新路，因而一直成为古典诗人创作的光辉典范，亘千年而长新。

这样一部伟大的作品同中国的关系怎样呢？我在上面已经提到汉译佛经里同《罗摩衍那》有关的两个故事。此外，在汉译佛经里还可以找到不少类似的故事。比如陈真谛译的《婆薮槃豆法师传》里提到《罗摩延传》，北凉昙无谶译的《佛所行赞》里有几处提到罗摩，后秦鸠摩罗什译的《大庄严论经》提到《罗摩延书》和《婆罗他书》，唐玄奘译的《阿毗达磨大毗婆沙论》里讲罗摩和悉多的故事。元魏菩提留支译的《入楞伽经》里讲到十头魔王罗婆那，在这里他已经变成佛教徒了。至于罗摩的父亲放逐儿子的前因的那个故事，在汉译佛经里面就多得很，比如吴康僧会译的《六度集经》中的《睒道士本生》等等，这里不一一列举了。中国著名的长篇小说《西游记》里那个神猴孙悟空，据我看，就是哈奴曼在中国的化身。尽管有人否认这一点，但是他那种随意变形的广大神通，汉译佛经里可以找到，在《罗摩衍那》里同样可以找到，难道这是偶然巧合吗？巧合到这种程度的事情在世界上是难以找到的。但是，不管怎样，可能是由于《罗摩衍那》并非佛典，中国和印度和尚都不肯翻译，翻译了它，不见得获得什么宗教功果。所以一直到今天，除了个别的节译英文译本的汉译本以外，没有直接从梵文译过来的。中国文化革命的主将鲁迅曾在《摩罗诗力说》里写道：“天竺古有《韦陀》四种，瑰丽幽复，称世界大文；其《摩诃波罗多》暨《罗摩衍那》二赋，亦至美妙。”他可能读到的是日译文或其他语言的译文。

像这样一部伟大的作品应不应该翻译过来呢？我想没有人会给以否定的答复。特别是在抓纲治国新的长征开始的时候，在我们的百花齐放、万紫千红的文苑里，如果缺少这样一株奇花异草，总不能不算是一件憾事。这对于贯彻毛主席的古为今用、外为中用、批判继承的指示，也是不利的。我窃不自量力，年来在阅读《罗摩衍那》之余，根据所谓精校本，随手转梵为汉。经过了五年的艰苦工作，全书七篇都已有了初译稿。现在就占用《世界文学》的篇幅，把这一部世界名著简介如上。

原载《世界文学》1978 年第 2 期

《罗摩衍那》浅论

印度古代文学的一般情况

世界上的文明古国一直到今天还葆其青春活力的国家并不太多，印度就是其中之一。专就文学而论，印度至少已经有了将近四千年的光辉灿烂的历史。在这样漫长的历史上，文学创作的发展演变一定会经过许多阶段，有时波澜壮阔，有如长江大河；有时又舒徐缓慢，有如小溪细流。研究印度文学史的学者，一般把印度文学的发展划分为三个阶段：古代文学、中世文学、现代文学。我们现在也就根据这样的划分来谈一谈印度古代文学的一般情况。

印度古代文学一般又分为三个阶段：吠陀文学（公元前两千纪到一千纪）、史诗文学（公元前一千纪后半）、古典梵文文学（公元后最初几个世纪到十几世纪）。上面讲的年代都比较笼统。从目前的研究水平来看，我们只能做到这个地步。

史诗文学

现在着重谈一谈史诗文学。

印度共有两大史诗：《摩诃婆罗多》和《罗摩衍那》。为什么叫做史诗呢？一般说来，史诗都属于伶工文学一类，也就是，最初它们是由伶工歌唱的文学。世界上许多国家的文学史都证明了一件事：最初的文学都是口头创作，没有文字，无从写起。有了文字以后，在很长的时期内，仍然是师徒授受，口耳相传，仍然由伶工们口头歌唱。古代希腊的两大史诗和古代印度的两大史诗，情况都是这样。中国少数民族的一些长篇史诗，情况也是这样。古希腊史诗的作者荷马，古印度史诗作者广博和蚁垤，据传说都是游行歌唱的伶工。因为口头流传，没有定本，所以在不同的地区，史诗的详略长短很不相同。伶工们往往随时见景生情，根据眼前听众的反应，有意讨好他们，增添点什么，删掉点什么。积时既久，变化遂多。这就说明了为什么史诗都有这样多传本。写成文字以后的手写本，仍然是千差万别。这是口头文学的一个特点，至于史诗的内容，差不多都是英雄美人悲欢离合的故事，中间插入许多神话、童话、寓言、小故事等等，幻想丰富，文采绚丽，对儿童和成年人都有极大的魅力。

《罗摩衍那》

《罗摩衍那》就是这样一部史诗。旧传本约二万四千颂，新出版的精校本一万八千七百四十五颂。篇幅虽多，内容较简。故事梗概大致如下：

阿逾陀城十车王无子，举行求子祭。大神毗湿奴应众神之请，化身为四，托生为十车王四子，下凡降魔：罗摩、婆罗多、罗什曼那和设睹卢祇那。这些情节有点像中国旧小说中的楔子。

四子长成后，仙人众友来到朝廷上，请十车王派罗摩和罗什曼那随他到林中仙人居处去除魔助祭。十车王同意了。除掉妖魔以后，众友又带领二王子到了弥提罗阇那竭王的朝廷上。罗摩拉断了神弓。阇那竭王把他从垄沟里捡起来的一个女儿悉多嫁给了罗摩。

十车王感到老之将至，想立罗摩为太子，继承王位。灌顶（加冕）典礼已经准备好。正在这时候，小后吉迦伊受驼背女奴的挑唆，提出请求，要国王把罗摩流放山林十四年，让自己的儿子婆罗多即位。国王囿于宗教信条，被迫允许，悔恨交加，悲愤逝世。罗摩同悉多和罗什曼那走向山林。婆罗多亲率大军来到林中，恳请罗摩回去。罗摩不肯。婆罗多捧罗摩金鞋，回阿逾陀，代罗摩摄政。

罗摩等三人住于野林中。十首魔王之妹爱上了罗摩，想嫁给他。罗摩不肯，把她介绍给罗什曼那。罗什曼那一怒把女妖的耳朵和鼻子割掉。女妖逃往楞伽城，向哥哥求援。魔王派小妖化为金鹿，诱罗摩外出，乘机劫走了悉多，把她劫往楞伽城。罗摩失掉妻子，痛不欲生。一个无头怪劝他到猴国去同猴王须羯哩婆联盟，搜寻悉多踪迹。

罗摩果然来到了猴国，助猴王夺回王位，同他结成了生死之交。猴王召来了熊罴兵，派出了猴兵，到大地各处去寻觅悉多。猴王手下雄兵如云，猛将如雨，其中最突出的是神猴哈奴曼。这个神猴率猴兵向南方搜寻。最后搜到海隅。隔着茫茫大海就是楞伽城。他一跃过海，摇身变成了一只猫，潜入魔王城内，在魔城内到处游荡，最后进入魔宫。他在无忧树园中找到了悉多。他亲眼看到她在魔王威胁利诱下坚贞不屈的情景。他把罗摩的信物递给了悉多，接过了悉多带给罗摩的信物，然后火烧楞伽城，逃回罗摩身边。

罗摩得到天上工匠大神之子的帮助，海上造桥。猴兵渡海，包围了楞伽城。魔王之弟反对他的倒行逆施，被他驱逐，投奔罗摩。猴魔两军展开剧烈搏斗，尸积如山，血流成河。双方都各有雄兵猛将，杀得难解难分。罗摩和罗什曼那都受了重伤。哈奴曼把大山用手托来，找到药草，救了二人性命。最后，罗摩亲手杀死了魔王罗波那，扶其弟为楞伽王，与悉多破镜重圆，皆大欢喜。在后出的第七篇《后篇》中，画蛇添足，让罗摩听信流言，遗弃悉多。结果形成了悲剧。罗摩兄弟四人死后升天，又化为大神毗湿奴。

思想内容的分析

马克思主义认为，在现在世界上，一切文化或文学艺术都是属于一定的阶级、属于一定的政治路线的。在产生了阶级以后的古代，情况也是如此。

《罗摩衍那》是为哪一个阶级服务的呢？这就须要先弄清《罗摩衍那》产生的时代，然后再确定这个时代的社会性质，才能回答这问题。研究印度历史的人都知道，确定一个历史人物或文学作品的时代是非常困难的，即使不是不可能的。一般的意见是，《罗摩衍那》产生于公元前三四世纪，一直到公元初几个世纪才定了形。过去一般研究印度历史的人都认为，这个时期在印度是奴隶社会。经过长期的思考与探讨，我觉得这个说法是有问题的。我认为产生《罗摩衍那》的时代是封建社会。这个问题我在《罗摩衍那初探》中已有比较详尽的论述，这里不再重复。

封建社会的主要矛盾是农民与地主间的矛盾。这是一个贯串始终的矛盾。决不能说，到了封建社会的某一个发展阶段上，这个矛盾才成为主要矛盾。地主阶级的本质从一开始就是剥削，决不能说，他们到了某一发展阶段才开始剥削。但是地主的作用在封建社会初期和末期却很不相同。在初期，他们既有剥削农民的一面，又有反对没落奴隶主推动生产力发展的一面，我们应该严格区分。

《罗摩衍那》产生于印度封建社会初期。这时的地主还算是活老虎。我认为，《罗摩衍那》的主人公罗摩就是新兴地主阶级的代表。他的对立面十首魔王罗波那则是没落奴隶主的代表。整个故事情节就是围绕着他们俩之间的矛盾斗争而展开的。《罗摩衍那》的作者蚁垤是热烈拥护新兴地主阶级而反对没落奴隶主的。因此，我们可以说，《罗摩衍那》总的倾向是进步的。

下面我就从这个观点出发对书中的一些主要人物做一些分析。《罗摩衍那》里除人外，还有猴子，有妖魔；实际上，这些都是人的影子，他们的活动都是人的活动，他们的思想感情无不打上阶级的烙印。

《罗摩衍那》里人物很多，但是主要的也不过七八个。这些是：罗摩、悉多、罗什曼那、婆罗多、须羯哩婆、哈奴曼、罗波那。我想在对这些人物做的分析中来区分书中的精华与糟粕。

罗　摩

罗摩是书中的首要人物。这一部大史诗就是以他的名字来命名的。他是作者加心加意用各种艺术手段描绘、渲染、烘托、刻划的一个英雄形象。作者心目中那一套封建道德几乎都加到罗摩身上，把他写成了一个忠臣孝子、良师益友。如果用中国五伦的标准来衡量他的话，他简直就是一个完人。作者还想把他写成一个受污辱受迫害的落难公子，一个在宫廷阴谋中的受害者，借以博得广大读者的同情。在这一点上，作者是成功的。在两千多年的漫长的时间内，罗摩受到了人们普遍的爱戴与崇拜，他几乎变成了一个神。

在《罗摩衍那》中，从阶级观点上来看，罗摩代表的是新兴地主阶级；从种姓观点上来看，罗摩代表的是刹帝利；从民族观点上来看，罗摩代表的是原始印度民族。他的国家是靠兴修水利、从事农业和商业来立国的。粮食在这里占重要的地位。而在十首魔王所居住的楞伽城，则完全是另一番景象：这里靠吃肉为生，鹿肉、野猪肉、山羊肉、孔雀肉，等等，等等，五花八门，简直是无肉不吃。这显然是畜牧民族的生活方式，同阿逾陀城形成鲜明对照。

从力量对比的方面来看，罗波那的力量是强大的。罗刹们使用的兵器是铁制的，而罗摩手下的猴兵和熊罴兵则使用树木和石头。结果使用铁制兵器的人却被使用树木和石头的人打败了。换句话说，就是新兴地主阶级打败了没落的奴隶主，刹帝利打败了婆罗门，原始土著居民打败了外来的侵略者；一个弱者的被劫走的老婆也终于回到自己身边，失去的王国又拿到手中。作者给罗摩安排的就是这样一个大团圆，一个辉煌的胜利。

作者不但关心罗摩的现在，而且也关心他的未来，也就是关心王位继承问题。这个问题是《罗摩衍那》中的中心问题之一。人、猴、魔三个国家都存在着继承问题。在人国里，作者通过罗摩大肆宣扬一夫一妻制。恩格斯指出："其（一夫一妻制——引者）其明显的目的就是生育有确凿无疑的生父的子女；而确定这种生父之所以必要，是因为子女将来要以亲生的继承人的资格继承他们父亲的财产。[①] 蚁垤不但提倡悉多忠诚于罗摩，而且提倡罗摩忠诚于悉多。这样一来，子女（实际上是儿子）的"纯粹性"就更有了保证。蚁垤对新兴地主阶级的继承问题的关心真可以说是达到了无微不至的程度了。

罗摩究竟是一个什么样的人呢？从作者的主观愿望来看，他是想把罗摩写成一个十全十美的完人的。但是实际上，他却把他写成了一个伪君子。由于宫廷阴谋，罗摩被父亲流放。他在父亲面前，装成孝子，装得胸怀坦荡，毫不在意；不但不责怪父亲，连吉迦伊也不责怪。但是刚一转身，到了母亲面前，就大骂吉迦伊。他在悉多和罗什曼那面前也大骂吉迦伊。到了森林以后，他还对罗什曼那骂吉迦伊，背后议论父亲，议论婆罗多。战胜了罗波那以后，他还对婆罗多不放心，派哈奴曼去观察婆罗多的表情。限于自己的世界观，蚁垤也许在无意中描绘了当时统治者的真实情况。大概也限于他的世界观，他把一些他认为是美德实际上是恶德的东西加到罗摩身上。其中最突出的就是宿命论。这种宿命论的思想，通过罗摩和其他人的嘴宣扬出来，是本书的糟粕。通过罗摩这个人物形象表现出来的糟粕还有一些，比如愚忠愚孝等腐朽的封建道德、维护反动的种姓制度等等，这都是应该批判的东西。

总之，罗摩这个人物形象是作者精心制造出来的。不能说他身上没有一点积极的东西。但是，总起来看，与其说他是一个完全的正面人物，毋宁说他是一个反面人物。这样的人物对于我们今天还是有用的：我们可以通过他形象地、生动活泼地看到当时统治者的真面目。

悉　多

悉多是《罗摩衍那》的女主人公。她简直就是"贞"字的化身。作者在她身上集中了几乎所有女子的美德：贤妻、良母、孝顺的儿媳妇。中国的三从四德在她身上都可以找到。罗摩遭贬逐，她本来可以不必去的；但是她坚决要求陪丈夫到林中去受苦十四年。十首魔王对她威胁利诱，她坚贞不屈。这都是她性格中光明的一面。但也还有阴暗的一面。罗什曼那对她和罗摩真可以说是

---

① 《马克思恩格斯选集》第 4 卷，第 57 页。

忠诚无二。然而她对罗什曼那的态度却不易理解。十首魔王施展调虎离山计，把罗摩引诱出去，又让小妖伪装罗摩声音求救。罗什曼那奉命保护悉多，不敢离开她。她却大骂罗什曼那想打她的主意。乍一看来，这与一向温顺的悉多的性格是难以调和的。看来同对罗摩一样，作者本来也想把悉多写成一个十全十美的妇女典型。也是受了自己的世界观的限制，结果把她写成了一个有双重性格的人。其中也隐约地透露了当时统治者的一些真实情况。到了晚出的《后篇》，由于封建社会向前发展了，旧的道德教条已经过了时，必须有新的道德教条来满足新的需要。对女子守节的要求因而更加提高。悉多同罗摩本来已经破镜重圆，和好同居。但是罗摩仅仅听了几句流言蜚语，竟命令罗什曼那把正在怀孕的悉多遗弃在荒山野林中。就是在这样的情况下，悉多仍然毫无怨尤，结果把一个大团圆改变成了一个生离死别的大悲剧，从而改变了《罗摩衍那》的性质。

罗什曼那

据我的看法，《罗摩衍那》中真正的正面人物是罗什曼那。打一个比方，罗摩有点像《水浒》里的宋江，而罗什曼那则有点像李逵。罗什曼那忠于罗摩和悉多，甘心情愿当他们的奴隶。在宫廷的阴谋斗争中，他忠心赤胆站在罗摩方面。他反对那一套封建道德，在守旧的人们的眼中，他简直有点“叛逆”的味道。他有时竟扬言要推翻自己的父亲，这更是骇人听闻了。给人印象最深的一点是他对命运的批判：

那精力衰竭的胆小鬼，
他才受命运的播弄。
那些自尊自重的英雄汉，
完全不把命运来纵容。
谁要是真正有本领，
用人的行动来压倒命运，
这个被命运打击的人，
也决不会忧愁难忍。
今天人们就会看到，
命运和人的力量，
命运和人这二者，
都将清楚地亮相。

这些话简直是掷地可作金石声，千载下犹虎虎有生气。在古代科学知识很少、宿命论猖獗一时的时候，罗什曼那这种气魄实在难能可贵。在其他各国的古代文学中，像这样的诗篇，也很难找到。这确实是《罗摩衍那》中的精华。可惜的是，罗什曼那这个人的性格不是首尾一贯。他给人一种昙花一现的印象。

阇婆离

阇婆离是朝廷大臣之一，本人又是婆罗门。但是当他劝罗摩回城的时候，他发的议论却与他的身份很不相称：

> 人们常常举行阿湿吒迦祭，
> 来祭祀自己的那些先祖，
> 请看这粮食真倒了霉，
> 死人哪能吃什么供物？
> 如果一个人吃的食物，
> 能钻进另一个人的身体，
> 那么就给离家的人上供，
> 他在路上不必吃东西。

这一番话实际上是唯物主义无神论的言论。同在世界上其他国家一样，在古代印度，唯物主义无神论也曾形成一股力量。但是反动的统治阶级是把这种学说视为洪水猛兽的，打击迫害，无所不用其极。结果流传下来的东西简直如凤毛麟角，想不到在《罗摩衍那》里竟然还保留了阇婆离一些言论，可惜阇婆离这个人也并不始终如一。后来他的名字虽然还偶尔提到，但已经是默默无闻，一点无神论的味道也没有了。

须羯哩婆

猴王须羯哩婆在《罗摩衍那》里起着陪衬主人公罗摩的作用。要描写罗摩五伦具备，朋友这一伦就是通过同须羯哩婆的友谊来表达的。他们俩一开始就同病相怜，同气相求，终于结成了生死之交。互相帮助，复国得妻。

但是，他们之间的友谊也并不是一帆风顺的。平铺直叙，不是蚁垤的文风。“风乍起，吹皱一池春水”，可移来为蚁垤的文风写照。猴王复国之后，耽于淫乐，忘记了对罗摩许下的诺言。罗摩派罗什曼那骂上门来，他才幡然悔悟，派出猴兵猴将，寻得了悉多的踪迹；并率猴兵渡海，打败了魔兵，夺回了悉多。经过了波折和考验的友谊，浓烈更胜于前。

在蚁垤心目中，须羯哩婆无疑是一个正面人物。他站在正义的一方，反对邪恶的一方。这是应该肯定的。但是，同别的正面人物比较起来，他显得有点平淡无奇，没有什么特别突出的地方。因此，即使蚁垤没有把他写成一个伪君子、两面派，他也并没能博得广大印度人民的爱戴，没有像哈奴曼那样，成为崇拜的对象。

哈奴曼

这个神猴是本书最主要的人物之一。他是作者精心雕塑的一个人物。在他身上，作者可以说是倾注了全部心血。我们甚至可以说，在《罗摩衍那》下半部，主人公不是罗摩，而是哈奴曼。

这个人物的特点，概括起来可以说是：忠诚、机警、勇敢。他原来是须羯哩婆的部下，他始终忠诚于自己的主子。他的主子与罗摩结了盟，他又忠诚于罗摩。为了寻觅悉多的踪迹，他上天入地，奋不顾身。在与罗波那的搏斗中，他又显示了自己高度的机警和无比的勇敢。他飞越大海，只身潜入魔都楞伽城，变化多端，机智勇敢。终于见到了悉多，传递了信物，又把好消息带回给罗摩。在两军对阵中，他骁勇善战，浑身是胆。罗摩和罗什曼那受了伤，他用手把吉罗娑山从千里之外托到阵前，找到仙草，治好了罗摩兄弟的伤，又把大山用手托回原处。这在印度古代神话中是浪漫色彩最浓、最脍炙人口的一个神话。至今还在人民中传播，历千年而常新。

由于哈奴曼具有这些突出的优点，他在印度人民群众中受到广泛的崇拜。一直到今天，在印度戏剧、舞蹈、绘画、雕塑等领域中还经常可以看到哈奴曼的形象。有人甚至说，印度的猴子崇拜是与哈奴曼密切相联的。这是完全可能的。我在这里还想补充一句。我认为，中国小说《西游记》中的孙悟空身上就有哈奴曼的影子。他是中国的无支祁和印度的哈奴曼合二而一的人物。他那大闹天宫的故事，同他的印度同事哈奴曼的托山故事一样，深受中国人民的喜爱，至今还在中国人民中传播，也同样历千年而常新。

罗波那

罗波那是书中的一个反面人物。但是蚁垤写这个人物时，却也是笔酣墨饱，写得有血有肉，生动活泼。他写他吃肉、杀人、后宫中粉黛三千、花天酒地、作恶多端、专行诈术、抢别人的老婆、赶自己的兄弟，都写得兴会淋漓。虽然手下猛将如云，骄兵如雨，使用的兵器也较对手为佳；但是搏斗的结果却是身败名裂，丧身阵前，儿子被杀，王位被夺，落得了一个可耻的下场。蚁垤并没有特别给他画什么脸谱，发什么议论，然而明眼人一看就可以知道，他是想通过这些具体情节来表达自己的理想，宣扬自己的伦理信条：善的必然胜利，恶的必然灭亡。《罗摩衍那》全书的赏善罚恶的中心思想也就是这样表达出来的。但是，蚁垤一定不会也不可能意识到，他笔下的善人是新兴力量的代表，恶人是反动力量的代表。这是古代各国伟大作家的通例，丝毫不足为怪的。

艺术特色的分析

对几个主要人物，主要从思想内容作了简单的分析以后，现在再来分析艺术特色。

内容与形式，思想内容与艺术特色是辩证的统一。有了思想内容，还必须有一定的艺术形式来表达。虽然一般说是内容为主，形式为辅，内容决定形式；但是形式决非无关紧要。不管内容多么精彩，倘无相应的形式，仍然不能算是一件艺术品。从批判继承的观点上来看，分析艺术特色更有其实用的意义。

《罗摩衍那》的艺术特色首先表现在人物的塑造上。我没有做过详细的统计，不能确切地说出《罗摩衍那》中究竟有多少人物（猴子和罗刹都包括在内）。但是，正如上面已经说过的那样，最突出的人物约有七八个，比较突出的人物有几十个。所有这些人物，蚁垤都把他们放到典型的环境中去加以描绘。什么叫典型的环境呢？我觉得，典型的环境不是一成不变的，而是由当时社会中主要矛盾所决定的。在公元前四五世纪的时候，印度社会中的主要矛盾是新兴地主阶级一方面与没落奴隶主的矛盾，另一方面与农民的矛盾。这种矛盾也表现在种姓矛盾、民族矛盾与生产方式的矛盾上。这几个方面都牵涉到一个财产权和王位继承的问题。因此，在人、魔、猴三个国家中作者着重描写的都是这个继承问题。一夫一妻制正是保证嫡子嫡孙能够继承遗产的婚姻制度。我认为，这就是当时的典型环境。而蚁垤正是把所有的人物都安排得与这些矛盾有关联，把他们放到炽热的斗争中去经受考验。所有这些人物蚁垤都塑造得有血有肉，丰富饱满，细致深刻，栩栩如生。这些人物的性格都随着故事主要情节的发展而发展，决非木雕泥塑，一成不变。他们都不是暗淡的影子或概念化的人物。经过了许多曲折，解决了许多矛盾，克服了许多困难，最后全书的主要矛盾得到了解决：正义胜利了，邪恶失败了，来了一个大团圆，全书就此结束。

在艺术特色方面，《罗摩衍那》还有一个突出的特点，就是蚁垤乐于也善于描绘自然景色。同别的国家的文学史比较起来，在整个印度文学史上，对自然风光的描绘占的比例比较大，描绘的艺术水平比较高，描绘的传统比较悠久。印度地处热带，四季繁花似锦，人民生活在大自然中的时间长，对自然景色特别喜爱，特别敏感，因而在文学艺术作品中加以描绘，这是很自然的事情。蚁垤不仅继承了印度人民的这种传统，而且还继承和发展了对自然美的敏感力；他又具有这方面的才能，所以取得了很大的成绩。在《梨俱吠陀》中虽然已经有了一些描绘自然风光的诗篇，但只能算是滥觞。到了《罗摩衍那》，算是来了一个飞跃。在这一方面，《罗摩衍那》起了承前启后的作用，在印度的影响是很大的。无数千万读过听过《罗摩衍那》的印度人民反过来又加深了对自然风光的欣赏与热爱，加深了对他们所处的那个大地的热爱，因而也就加深了对自己祖国的热爱。《罗摩衍那》在印度之所以能有这样崇高的地位，历千年而不衰，这恐怕也是重要原因之一。

至于描绘的内容，则多半是按照不同的季节，分别加以处理。因为地理条件不同，印度对季节的划分同中国不完全一样。有的书分一年为干湿二季；有的分为六季；也有的像中国一样分为四季。《罗摩衍那》好像是把一年分为四季的。四季的景色书中都有详略不同但都细致生动的描绘，有的还不止一次。在这方面，《罗摩衍那》还有一个特点：它不是为描绘自然风光而描绘，它总是把对自然风光的描绘与对人物的内心世界的描绘配合起来，做到感情充沛，情景交融。人物的内心世界与大自然息息相通，交相呼应；人与自然浑然一体。德国伟大诗人歌德曾经指出，中国古代的一些小说中有这种情况。我们现在又在《罗摩衍那》中发见同样的情况。这一点很值得我们注意。

除了四季自然景色以外，《罗摩衍那》对于夜景的描绘也有其特点。身居热带的印度人民在户外生活的时间长，对夜景有深切的感受，不像我们祖国北方的人民，由于气候的关系，基本上都是生活在户内，对于夜景不甚了解，也就无从加以描绘，加以歌颂。《罗摩衍那》中有许多地方描写夜景，《童年篇》里的某些段落可以算是一个典型的例子。

除了夜景以外，还有恒河。印度人民自古以来渴了喝恒河的水，饿了吃恒河水浇灌出来的稻米，生于斯，长于斯，食于斯，他们对恒河有特别深厚的感情，这是完全可以理解的。只要想一想古代中国人民对于黄河的感情，就能体会印度人民对于恒河的感情。蚁垤在这一点上充分代表了广大印度人民的感情，他对恒河下凡那一段神话的描绘，兴会淋漓，笔墨飞舞，至今读起来，还会油然起热爱祖国大地之感。印度人民喜爱这些诗篇，不是很自然的吗？

《罗摩衍那》的艺术特色当然还不限于上面提到的这一些，限于篇幅，我们在这里不再详细讨论了。

1978 年

原载《外国文学评论》1979 年第 1 辑

《西游记》里面的印度成分

吴承恩《西游记》中有印度成分，过去已经有人说到过。比如陈寅恪先生[①]曾经详细论证了玄奘三个弟子故事的演变。孙悟空大闹天宫的故事，出自《贤愚经》卷一三《顶生于像品》六四。猿猴故事出自《罗摩衍那》第六篇工巧猿那罗造桥渡海的故事。猪八戒的故事出自唐义净译《根本说一切有部毗奈耶杂事》卷三《佛制苾刍发不应长因缘》。这个故事发生在印度憍闪毗国，“憍”“高”音相似，遂讹为“高老庄”。沙僧的故事出自《慈恩法师传》卷一玄奘度长八百里的莫贺碛的记载。所谓“出自”，当然并非完全抄袭，只是主题思想来自那里，叙述描绘，则自然会有所创新。

年来在浏览汉译佛典时，我自己也做了一些《西游记》来源的笔记。现在选取几个写在下面。

萧齐外国三藏僧伽跋陀罗译《善见律毗婆沙》卷第二有这样一段记述：

> 尔时罽宾国中有龙王，名阿罗婆楼（Aravāla）。国中种禾稻，始欲结秀，而龙王注大洪雨，禾稻没死，流入海中。尔时大德末阐提（Majjhantika）比丘等五人，从波咤利弗国（Pāṭali－putra）飞腾虚空，至雪山边阿罗婆楼池中下，即于水上行住坐卧。龙王眷属童子入白龙王言：“不知何人，身着赤衣，居在水上，侵犯我等。”龙王闻已，即大瞋忿。从宫中出，见大德末阐提，龙王忿心转更增盛。于虚空中作诸神力，种种非一，令末阐提比丘恐怖。复作暴风、疾雨、雷电、霹

① 《〈西游记〉玄奘弟子故事之演变》，《国立中央研究院历史语言研究所集刊》，第二本，第二分，1930年，第157—160页。

雳、山岩崩倒，树木摧折，犹如虚空崩败。龙王眷属童子复集一切诸龙童子，身出烟竟，起大猛火，雨大砾石，欲令大德末阐提恐怖。既不恐怖而便骂言："秃头人！君为是谁？身着赤衣。"如是骂詈，大德颜色不异。龙王复更作是骂言："捉取打杀！"语已更唤兵众，现种种神变，犹不能伏。大德末阐提以神通力蔽龙王神力，向龙王说："若妆能令诸天世人一切悉来恐怖，我者一毛不动。汝今更取须弥山王及诸小山掷置我上，亦不能至。"大德作是语已，龙王思念："我作神力，便已疲倦。"无所至到，心含忿怒，而便停住。是时大德知龙王心，以甘露法味教化示之，令其欢喜归伏。龙王受甘露法已，即受三归五戒。与其眷属八万四千俱受五戒。（《大正大藏经》卷24，页685a－b）

这里讲的是高僧末阐提同恶龙斗法的故事。《西游记》里也讲到东海龙王。同孙悟空只是文斗，没有武斗。龙王这东西本身就不是国货。叶公好龙的"龙"，同以后神话小说中的龙，龙女或龙王，完全是两码事。后者来源于印度，梵文 nāga，意思就是"蛇"，所说龙王者实际上就是蛇王。

我再举一个类似的例子。唐义净译《根本说一切有部毗奈耶药事》卷第九：

尔时世尊告金刚手药叉："汝可共我诣无稻芊龙王宫中。""唯然！世尊！"尔时如来，与金刚手药叉，到龙王宫中。于时无稻芊龙王，既见世尊到于宫里，便即嗔怒，念起害心，发诸烦恼，上升虚空，降注雹雨，并诸土块。于时世尊知龙瞋怒，便即运想，入慈心定。既入定已，所注土雹，于如来上，变为沈檀多摩罗末香等，如云而下。时龙既见不害世尊，便即放轮及诸兵器，寻即化为四色莲华，空中而下。是时无稻芊龙王遂放烟云。尔时如来以神通力，亦放烟云。于时龙王贡高狂慢因斯除息，遂便入宫，止息而住。尔时世尊便作是念："由二种因。能得降伏一切恶龙：或令怕惧，或令瞋怒。然此龙王合受怕惧。"作是念已。告金刚手药叉曰："汝可恼触此恶龙王。"尔时药叉受如来教，以金刚杵，击破山峰。其山既倒，压半龙池。是时龙王忧愁怕惧，即欲逃窜。尔时世尊入火界定，令其十方，悉皆火聚。是时龙王逃走无路，唯世尊足立之处，寂静清凉。是时龙王诣世尊所，顶礼双足，而白佛言："世尊！何故恼乱于我?"佛即答言："我是法王。岂得恼汝！我若不获如此胜慈，早已灭没。唯留空名。"尔时世尊以千辐轮辋缦吉祥无畏之手，摩龙王顶，便即告言："贤首当知，汝由清净饮食供养声闻，并施贤瓶，盛满净水，合于三十三天中生。由邪愿故，受傍生身，害诸众生，而自活命。此身灭后，当堕地狱。"时彼龙王便即白言："唯愿世尊示我所作!"佛告龙王："汝于我所，归依三宝，受清净戒，住摩揭陀一切人众，宜施无畏。"时彼龙王白佛言："世尊！我今受清净戒。"时龙妻子，并诸眷属，合掌顶礼，而白佛言："世尊！我等亦愿归依三宝，受清净戒。"无稻芊龙王复白佛言："我等诸龙，多有怨害。又有龙王名箭。唯愿世尊与受净戒。令发慈心。"①

看过《西游记》的人立刻就可以发现，类似上面这样僧魔斗法的故事，在《西游记》里真可以说是俯拾即是。《西游记》八十一难几乎都是这些东西。在汉译佛典里面这样的故事，也可以说是俯拾即是。每次花样虽然多少有点翻新，但结局都同末阐提比丘斗龙和如来佛斗龙差不多，我在这里不一一列举了。两者这样相似，难道可能是独立产生的吗？我们如果不承认它们之间的渊源关系，那无论如何也说不过去的。

但是还有更相似的例子。失译人《佛说菩萨本行经》卷中：

时阿阇世王往至佛所，头面作礼、长跪白佛："国界人民为恶龙疫鬼所见伤害，死者无数。唯愿世尊大慈大悲怜愍一切，唯见救护，禳却灾害。"佛即可之。尔时世尊明日晨朝，着衣持钵，入城乞食，诣于龙泉。食讫洗钵。洗钵之水澍（注）于泉中。龙大嗔恚，即便出水，吐于毒气，吐火向佛。佛身出水灭之。复雨大雹，在于虚空，化成天花。复雨大石，化成琦饰。复雨刀剑，化成七宝。化现罗刹，佛复化现毗沙门王，罗刹便灭。龙复化作大象，鼻捉利剑。佛即化作大狮子王，象便灭去，适作龙象。佛复化作金翅鸟王，龙便突走。尽其神力，不能害佛，突入泉中。密迹力士举金刚杵打山。山坏半堕泉中，欲走来出。佛化泉水，尽成大火，急欲突走。于是世尊蹈龙顶

① 《大正大藏经》卷二十四，40b－c。

上。龙不得去，龙乃降伏。长跪白佛言：“世尊！今日特见苦酷。”佛告龙曰：“何以怀恶苦恼众生？”龙便头面作礼，稽首佛足，长跪白佛言：“愿见放舍！世尊所敕，我当奉受。”佛告龙曰：“当受五戒，为优婆塞。”龙及妻子尽受五戒，为优婆塞，慈心行善，不更霜雹。风雨时节，五谷丰熟。诸疫鬼辈尽皆走去，向毗舍离。摩羯国中人民饱满，众病除愈遂便安乐。①

我们拿这一段同《西游记》孙猴子大闹天宫时同杨二郎斗法的故事比一比，立刻就可以发现，这两个故事简直太相似了。《西游记》第六回里描绘：孙猴子被杨二郎打败了，想靠自己的变化神通逃跑，他先变成麻雀儿，杨二郎就变成雀鹰儿，扑上去捉猴子。猴子连忙变化大鹚老，二郎就变作大海鹤。猴子变作鱼，淬入水内，二郎就变作鱼鹰儿。猴子变作水蛇，二郎就变作朱绣顶的灰鹤。猴子变作花鸨，二郎见他变得低贱，便现原身，用弹弓把它打个跐踵。猴子又滚下山去变作一座土地庙儿，大张着口，似个庙门；牙齿变作门扇，舌头变作菩萨，眼睛变作窗棂，只有尾巴不好收拾，竖在后面，变作一根旗杆。二郎想用拳先捣窗棂，后踢门扇。猴子一见跳窜。此时托塔李天王高擎照妖镜，与哪吒伫立云端。猴子逃到灌江口二郎的老家，摇身变作二郎爷爷的模样。最后还亏老君丢下金钢套，打中猴子，猴子终于被二郎的细犬咬住被擒。

这个故事同《菩萨本生经》里的这个故事多么相似啊！连细节都完全一样。《西游记》里托塔天王站在云端，《菩萨本生经》里佛化作毗沙门天王。毗沙门天王就是托塔李天王。如果说《西游记》里猴子与二郎斗法的故事源于佛典，有什么理由可以反驳呢？

在这里，我再举一个例子。唐义净译《根本说一切有部毗奈耶药事》卷一五：

复次，大王！乃往古昔，菩萨尔时在不定聚，于大海中，作一龟王。复于后时，有五百商人，乘船入海。乃被海兽打破船舶。其龟取五百商人，置于背上，渡出海中。尔时商人皆悉安隐，全其身命。②

① 《大正大藏经》卷三，116b－c。

② 《大正大藏经》卷二十四，70c。

《根本说一切有部毗奈耶破僧事》卷第一一：

> 佛告诸苾刍："汝等谛听。我于往昔在不定聚，于大海中而作龟身。于诸龟中而复为王。后于异时，有五百商人，乘舡入海，到于宝所，采种种宝。既获宝已，而还本国。于其中路遇磨竭鱼，非理损舡。诸商人等皆悉悲号，同声大叫。时彼龟王闻此叫声，从水而出，诣商人所作是言："汝等勿怖！宜上我背。我今载汝，令得出海，身命得全。"于是众商一时乘龟而发趣岸。人众既多，所载极重。住于精进，心不退转，受大疲苦。既已度毕，便于岸上展头而卧。去身不远，有诸蚁城。其中一蚁渐次游行。闻龟香气，前至龟所。乃见此龟舒颈而卧。身既广大，复不动摇。蚁即速行，至于本城。呼诸蚁众，其数八万，同时往彼。是时彼龟睡重如死，都不觉知。蚁食皮肤，困乏未觉。渐食精肉，方始觉知。乃见诸蚁，遍身而食。便作是念："我若动摇回转身者，必当害蚁。乍可弃舍身命，终不损他。"作是念已，支节将散，要处穿穴。便发愿言："如我今世以身血肉济诸蚁等，令得充足。于当来世证菩提时，此诸蚁等皆以法味令其充足。"①

这两个故事实际上是一个故事，只是第二个增添了诸蚁食龟的内容。《西游记》第99回通天河里的老鼋不就是这里的大龟吗？其间的渊源关系非常明确，还有什么可以怀疑的呢？

要想在汉译佛典中找类似上面的例子，那还多得很。我在这里不再列举了。这些例子已经足够说明《西游记》中许多故事是取自印度的。世界上几个古老的有高度文化的民族在文学创作方面都各有其特点。印度的特点就是幻想丰富，这一点连鲁迅也是承认的。他在《集外集·〈痴华鬘〉题记》中说："尝闻天竺寓言之富，如大林深泉，他国艺文，往往蒙其影响。"因为印度人民有这样的特点，从渺茫的远古以来，他们就创作了无数的寓言、童话、小故事，口头流传在民间。印度的统治者利用这些故事来教育自己的儿子、接班人，比如《五卷书》《嘉言集》都属于这一类。印度的每一个宗教也都想利用这些故事来宣传自己的教义。婆罗门教和印度教这样做，耆那教是这样做，佛教也是这样做。我们在佛典中发现大量的民间故事。《本生经》搜采了五百多

① 《大正大藏经》卷二十四，155b－c。

个民间故事、寓言、童话，用一套很简单很单调的模子来编造释迦牟尼的前生的故事。连名闻全球的印度两大史诗《摩诃婆罗多》和《罗摩衍那》的故事都可以在佛典中找到。此外，在很多的佛经中都有不少的小故事间杂其间。

这些故事不但流行于国内，还逐渐传到国外去。世界上许多流行民间的寓言、童话、小故事等等，其来源都是印度。寓言、童话等等是最容易传播的，而且传播有时候并不靠写本，而是通过口头。古代希腊有许多著名的寓言，比如《伊索寓言》也有些是来自印度。当然，这个问题也并不是这样简单。很长时间以来，一直是有争论的。有的学者主张源于印度，有的学者又主张源于希腊。但是总的趋势是印度来源说占了上风。在中国也有类似的争论。比如《西游记》中最著名的孙悟空的来源就引起过争论。有人说他来自印度，至少是部分来自印度，有人说他纯粹是国产无支祁。陈寅恪主张前者，鲁迅对这个问题似乎倾向于后者。他在《中国小说史略》中说："明吴承恩演《西游记》，又移其神变奋迅之状于孙悟空，于是禹伏无支祁故事遂以堙昧也。"我的意见是，不能否认孙悟空与《罗摩衍那》的那罗与哈奴曼等猴子的关系，那样做是徒劳的。但同时也不能否认中国作者在孙悟空身上有所发展、有所创新，把印度神猴与中国的无支祁结合了起来，再加以幻想润饰，塑造成了孙悟空这样一个勇敢大胆、敢于斗争、生动活泼的、为广大人民所喜爱的艺术形象。勤劳智慧的中华民族是一个有很高创造力的民族。又博取他人之长，加以补充发扬，化为自己的东西。一部中国文化史可以充分说明这个问题。一直到现在，我们汉语词汇中还有不少带"胡"字带"洋"字的东西，比如"胡琴""胡萝卜""洋琴"等等，所谓"胡"者即"洋"也。连菠菜、石榴、土豆、老玉米都是外来的。难道这些东西吃下去就不能增加营养吗？

话又说回来，再谈到《西游记》，情况也是如此。这部著名小说有一个逐渐演变的过程。我在这里不详细讨论，过去胡适、郑振铎等对这个问题做过一些探讨。印度的许多民间故事寓言童话很早就传入中国。《西游记》是写唐僧取经的，是与佛教有直接关系的。"近水楼台先得月"，它吸收了一些印度故事，本来是很自然的，毫不足怪的，但吴承恩和他的先驱者，决不是一味抄袭，而是随时随地都有所发现，有所创新。鲁迅在《中国小说史略》中说："故虽述变幻恍忽之事，亦每杂解颐之言，使神魔皆有人情，精魅亦通世故，而玩世不恭之意寓焉。"这就是《西游记》的发展和创新。我对《西游记》同印度传统故事之间的关系就做如是观。

1978 年 12 月 26 日

漫谈比较文学史

我没有认真研究过比较文学史，也不知道现在比较文学史是否已经成为一个有严密理论体系的学科。我只是浏览过一些有关比较文学史的文章，对比较文学史很有兴趣，觉得应该用一些力量去研究、探讨，如此而已。

所有名称上带有“比较”字样的学科，比如比较语言学、比较宗教学、比较民俗学等等，其目的都不外是通过比较研究，发现出共同的规律，为以后的研究工作或其他措施找出指针，找出道路，从而推动科学研究工作和其他工作的发展。比较文学史当然也不能例外。

但是，在最初，比较文学史的研究者并没有完全意识到要探索什么规律。他们是从追溯一些寓言、童话或其他故事的发展、演变、传播的过程而开始研究工作的。我在这里举一个例子。大家都知道，举世闻名的古希腊的《伊索寓言》，曾被译成世界各种语言，受到广大读者的喜爱。但是，学者们发现，在这一部书里有许多寓言故事在其他国家的书里面也可以找得到，比如在古代印度的寓言童话集《五卷书》里。这是什么原因呢？

对于这个问题，现在归纳起来，不外有四种可能，也可以说是四种看法：第一，这些寓言故事是互不相谋地各自独立地产生出来的；第二，是互相学习、抄袭或模仿的；第三，产生在希腊；第四，产生在印度。

我不认为第一种可能或看法是可能的。一个内容完全相同或几乎完全相同的寓言故事而能互不相谋地各自独立地产生，是无法想象的。第二种可能或看法最有道理。这种可能或看法应该同第三四种结合起来考虑。

印度的寓言故事，不但见于《伊索寓言》中，也见于许多欧洲古代和近代的书中，比如《十日谈》《拉芳丹寓言》《格林童话集》等等。关于这个问题，欧洲学者们是有争论的。一派主张原产于希腊，另一派主张原产于印度。尽管他们的看法不同，但是有一点是相同的，他们承认这些寓言故事不是独立产生的，而是互相学习的。至于这些寓言故事的原产地究竟是希腊还是印度，我是主张：绝大部分源于印度。

有什么证明呢?

众所周知，印度在文艺创作方面是有一些特点的，印度人民比较富于幻想力。鲁迅说："尝闻天竺寓言之富，如大林深泉，他国艺文，往往蒙其影响。即翻为华言之佛经中，亦随在可。"（见《集外集·〈痴华鬘〉题记》）这可以代表一些人的意见。

鲁迅在《中国小说史略》第五篇，《六朝之鬼神志怪书》（上）中，还举出了一个印度故事传入中国演变的过程。鲁迅指出，晋人荀氏作《灵鬼志》，记载了一个人走入笼中的故事，明确地说："有道人外国来"。换句话说，这个故事来自外国（印度）。吴均《续齐谐记》中那个阳羡鹅笼的故事，同《灵鬼志》是同一个故事。但是这里却再看不到"外国"的字样，而变成了一个中国的书生。从中可以看出这个故事传播演变的过程。这是很有说服力的一个例证。

如果认为上述例证还不够的话，我们还可以再举一个出来。上面谈到的那一部印度书《五卷书》源于印度，这是毫无可疑的。但是，这一部书却通过翻译几乎走遍了整个世界。《五卷书》在印度传本甚多，传播的地区很广，传播的时间很长。其中的寓言故事绝大部分都是民间故事，是老百姓创造出来的。以后，各个宗教都利用这些故事为宣扬自己的教义服务。有一些文人学士也在不同时期采用不同的形式，把这些故事搜集起来，加以整理、编写，写成了不同的书。《五卷书》是其中最著名最有代表性的一部。这一部书最晚的一个本子是公元 12 世纪才纂成的。最早的本子始于何时，现在还说不清，恐怕要早上几百年，近千年。6 世纪时，《五卷书》被译成了巴列维语。由巴列维语转译成阿拉伯语和古代叙利亚语。这个巴列维语译本现在已经佚失。但是根据这个译本而译出来的阿拉伯语译本却以《卡里来和笛木乃》的名字成为《五卷书》走遍了全世界的阶梯。在 10 或 11 世纪，阿译本又一次被译为叙利亚语。11 世纪末，阿译本被译成希腊语。希腊语译本产生了一个意大利语译本、两个拉丁语译本、一个德语译本和许多斯拉夫语译本，还出现了一个希伯来语译本。这个译本又译为拉丁语。从这个拉丁语译本中产生出来了一个德译本。1483 年出版，对德国文学产生了极大的影响。这个德译本又被译为丹麦语、冰岛语、荷兰语。从拉丁语和德语译本中产生了一个西班牙语译本，1493年出版。这个西班牙语译本产生了一个意大利语译本，后者又被译成法语，辗转产生了英译本。15世纪时又从阿拉伯文译本中产生了一个希伯来语译本。1142年出现了一个波斯语译本。从这个译本中产生出许多东土耳其语的译本。又出现了一个波斯语改写本，从这个改写本中产生出一大批欧洲和亚洲语言的译本。1644年出版了一个法语译本，这个译本被译为瑞典语、英语，多次译为德语。

我在这里无法详细叙述《五卷书》通过《卡里来和笛木乃》传播和演变的细节。上面说的仅仅是一个轮廓。这许许多多的译本清楚地说明了，原来产生在印度的一些寓言故事如何通过各种语言的译本，传遍了世界各地。不但传到亚洲其他各国，包括我们中国在内，而且传到欧洲各国，甚至非洲一些国家。关于传到中国的问题，我上面已经举了一个例子。类似的例子还可以举出不少。比如在《太平广记》和明末的许多笔记里还可以找到一些。可惜这个工作好像还没有认真严肃地开始。我觉得我们的中国研究文学或民间文学的学者们有责任来进行这方面的研究工作。我们中国同印度有着极为悠久的文化交流的历史。在其他方面，我们两国的学者都已经做了一些工作。独独在比较文学史方面，要做的工作还很多，这几乎是一个空白点，让我们来共同努力把这个空白点填补起来吧！

1979年10月29日

新疆与比较文学的研究

狭义的比较文学或原始的比较文学，可以说是源于德国，时间是19世纪前半叶。但是，作为一个有比较牢固的理论体系的学科，比较文学却是最近几十年内才发展起来的。在这一方面做出贡献最大的是法国学者。当前，全世界许多国家的许多大学里都开设了比较文学的课程，有的甚至设置了比较文学系或者比较文学研究中心，比如法国、美国、日本、英国、西德等等国家都是这样。很多学者和广大青年，对比较文学的兴趣日益增长，形成了一股研究比较文学的热潮。在许多国家，比较文学专家辈出，灿如列星，有的甚至形成了学派。大家公认的有德国学派、法国学派、西欧学派、美国学派等四个独立的学派。

从全世界学术界的情况来看，比较的研究已经成了学术发展的主要趋势。比较神话学、比较宗教学、比较政治学、比较经济学、比较宪法学等等一系列的比较的研究，正在蓬蓬勃勃地发展。这对于推进学术的发展已经起了，而且正在起着非常重要的作用。这种作用刚刚才在开始，方兴未艾。前途是光辉灿烂的。在这些学科中，比较文学在其中是最突出的一门学科。

我们中国怎样呢？正如许多其他的学科一样，我们在比较文学的研究方面也落伍了。特别是在那“史无前例”的十年中，我们几乎同国外完全断了联系，许多国外新学科的兴起与发展，我们不了解。世界学术研究的趋势，我们不了解。有一些旧学科又增加了什么样的新内容，我们也不了解。最近四五年以来，这种情况有所改变。我们同国外的联系又频繁起来。我们了解了以前不了解的情况，我们又是兴奋，又是苦恼。兴奋的是我们终于打碎了那无形的精神枷锁；苦恼的是，我们白白浪费了许多时间。无论如何，对许多同志来说，都大有豁然开朗之感。“豁然”了之后，就要有行动。在许多学科领域里，行动已经逐渐表现了出来，取得了可喜的成果。但是，可惜得很，在比较文学领域里，行动还基本上没有表现。虽然有不少同志已经意识到这一点，正在酝酿成立一个全国性的比较文学研究会，但是还并没有实现。今年一月，北京大学四个与语言文学有关的系和两个研究所内对比较文学有兴趣的同志成立了一个比较文学研究会。在行政方面，成立了一个比较文学研究中心。工作将要一步一步地展开。

从世界各国的情况来看，我们中国对比较文学的研究条件是比较好的或者可以说是最好的，原因是我们古代文化光辉灿烂，影响了许多邻近的或者遥远的国家。专就文学来讲，也是这样子。同时，我们也向邻近的和遥远的国家的文学学习了不少好的有用的东西，这对于我国文学的发展起了积极的推动作用。按理说，我们有条件发展比较文学的研究。我们有条件建立一个比较文学的中国学派。但是可惜得很，这一点我们不但没有做到，而且远远地落后于其他的国家，这一点和我们的国家地位是很不相称的。我们当前首先要做的工作就是急起直追，把我们过去忽略的东西弥补起来，逐步达到创立一个比较文学中国学派的水平。

在中国范围内，新疆对比较文学的研究具备许多别的地区没有的条件。在古代很长的时间内，新疆是东西各国文化交流的枢纽，许多国家的文化，包括世界上几个文化发源地的文化，都在这里汇流，有名的“丝绸之路”就是通过新疆。尽管有许多古代民族今天已经不再存在，然而他们留下的文化痕迹一直到今天还到处可见。八十多年以来考古发掘工作使许多已经不存在的民族的语言、文字和文学重见天日。我觉得，这些东西就是我们今天研究比较文学的最有用的资料。当然，并不限于古代的资料。今天在新疆许多民族中流传的民间故事，比如阿凡提的故事等等，也同样是进行比较文学研究的好材料。

我现在就从汉译大藏经和吐火罗语 A（焉耆语，古代曾流行于焉耆一带的语言）中选出一个故事，先把这同一个故事的异本抄在下面，然后再把焉耆语本译成汉文，读者一阅读、一比较就会知道，这些故事本是同源。这个故事我名之为《木师与画师的故事》。

昔北天竺有一木师，大巧，作一木女，端正无双，衣带严饰，与世女无异。亦来亦去，亦能行酒看客，唯不能语耳。时南天竺有一画师，亦善能画。木师闻之，作好饮食，即请画师。画师既至，便使木女行酒擎食，从旦至夜。画师不知，谓是真女，欲心极盛，念之不忘。时日以（已）暮，木师入宿，亦留画师令住止，以此木女，立侍其侧，便语客言：“故留此女，可共宿也。”主人已入，木女立在灯边。客即呼之，而女不来，客谓此女羞故不来，便前以手牵之，乃知是木，便自惭愧。心念口言：“主人诳我，我当报之。”于是画师复作方便，即于壁上画作己像，所着被服，与身不异，以绳系颈，状似绞死。画作蝇鸟，著其口啄。作已闭户，自入床下。天明主人出。见户未开，即向中观，唯见壁上绞死客像。主人大怖，便谓实死。即破户入，以刀断绳。于是画师从床下出。木师大羞。画师即言：“汝能诳我，我能诳汝。客主情毕，不相负也。”二人相谓，世人相诳惑，孰异于此。时彼二人信知诳惑，各舍所亲爱，出家修道。（见《杂譬喻经》九，《经律异相》卷四十四）

另外一个译本同第一个内容稍微有点不一样。我现在也抄在下面：

乃往古昔，于中天竺国，有一画师。其人因事往诣余国。至已，还向画（木?）师家停。然而主人作一转关木女，彩色庄严，令其供给看侍。对前而住。客便唤曰：“来于此眠卧!”其木女默然而立。斯人念曰：“主人发遣此女，看侍于我。”即以手挽，其索即断，身手俱散。极生羞耻。便作是念：“今者被其私里辱我，我应对众而为耻辱。”斯人即于当门墙上，画自己身，犹如自绞。入门扇后，隐身而住。主人怪晚日高不起。即往看之。开门乃见自绞而死。便作是念：“彼人何故自勒咽喉?”复见木人聚在地上。“缘我胜彼，由斯致死。”其国立法：有人死者，先奏王知，然后殡葬。主人急告王曰：“中天竺国，有一画师，来居我家。我作转关木女供给。彼为是人，手挽索断。斯人羞耻，自悬而死。愿王检看。我愿殡葬。”王即敕使往看。使者告曰：“汝且斫索令断。然后检看，为是自悬而死，为是主人勒杀。”是时主人即以斧斫，唯加斫壁。客便告曰：“为死活耶?”既对王臣，深惭愧耻。（见《根本说一切有部毗奈耶药事》卷十六）

我们看这两个故事，内容虽然差不多，但在细目上却有点不同。第一个故事前半很详细：先描写木女的形貌和举动，又说到木师做好饮食请画师，使木女行酒，然后才慢慢说到日暮入宿，木师告诉画师，故意留下这女子伴宿，终至画师为欲心所驱，用手去拉她，才知道她原来是木头做的。第二个故事前一半不这样详细，几乎是开门见山，几句话之后，画师就要这木女来睡觉；终于把索拉断，木女散碎在地上，这是第一个故事里没提到的。报告国王一段，也是第一个故事里没有的。这一段很详细，几乎占了全篇的一半。从这些差异处，我们可以看出这两个故事发展演变的不同。

此外，西藏文里也有这个故事。Schiefner 曾译成德文（见 *Mel. Asiatiques*，Ⅶ，1875，第 521 页）。后来 W. R. S. Ralston 又从德文译成英文（见 *Tibetan Tales* pp. 361—392）。因为同我们讨论的主题没有多大关系，又限于篇幅，我们在这里不详细讨论了。

现在我们来谈这个故事的吐火罗文译本。这吐火罗文译本 Sieg 师曾翻译过两次。第一次在 *Ostasiatische Zeitschrift* Ⅶ，pp. 362—369，里面疏漏很多。第二次在普鲁士学士院专著里，他利用了一个中译本来比较，所以比第一次好多了。可惜这两篇译文现在都不在我手边，我无从利用。我下面的翻译完全根据以前从 Sieg 师治吐火罗文时的笔记，所以大部分的解释仍然是 Sieg 师的，我无论如何也不敢居功。间或有几个地方我不能同意他的解释，或者根据中译本确定了几个字或几句话的含义，这仍要归功 Sieg 师的教导，我也不敢就认为是自己的功绩。我现在把译文写出来：

从前有一画师到一个机巧师家里去作客。这个机巧师竭力招待这画师。夜里特别为他在家里支了一个卧铺，（给）了他香油；留给他一个机关木女……①。她在手里拿着……②。伺候他③。怎么样呢？④：

她有点害羞，眼睛看着地，看上去很美丽，

她忸怩，不说一句话，也不笑，

但她满是爱意地伸出了手臂，伺候他。

从画师的身上她把炎热驱走。

这愚蠢的画师把这木女当作了真人，于是就想：呵，这美丽，这忸怩的含羞！

她似乎没有爱我的意思，这尊贵的女子毫不注意我的举动。

（但）当她伸出手臂伺候我的时候，她仿佛要把我拉到她的怀里去。

她胸前的装饰动也不动，只是高高地鼓着。

虽然她忸怩，她仍然能让我的心因爱情而喜悦。她究竟是谁？是机巧师的姐妹呢，还是他的女儿或太太？是女仆呢，还是同我一样是客人？但是一个客人不会来伺候另外一个客人的。这机巧师对我真信得过……他竟把这样一个美丽的女子孤身一个人留在我这里。这画师（想）；因了我的情欲她……⑤他张了张嘴，想伸出手去。但看了那女子，他立刻（又想）：

住手！爱神亲身来用她的面孔来诱惑我了。

倘若她到我屋里来对我表示恭敬，

我仍然不应该向她求爱，

这青年女子仍然不能搅乱我的梦。

他又想：因为怕危险，聪明的人不许向十种女人求爱。人们说：一个人不到皇后，父亲的太太，大官（?）的太太，亲戚的太太，老师的太太，特别谄媚的女人，好利的女人，同任何人都乱来的女人，尤其是美丽的女人那里去，倘若他爱惜自己的生命的话。所以她也可以算是我的亲戚，我不能向她求爱。他又想：在这样一个地方，在这样时候，遇到这样美的一个女子，谁又能抑制住自己呢？为什么我不能同她说几句爱的话呢？我是不是应该先拉一下她的手？这画师为热爱所驱，真的去拉这女子的手，但她立刻碎散了，破布片同绳索散了一地，她根本不是一个（人）。画师看了，立刻惊惶地从铺上跳了起来，仔细看了看，（说）：我给这机巧师骗了，呵，这情欲的力量，愚蠢的力量！一个人会对一堆破布片发生爱情！聪明人的话真对：根本没有个我，我是人人自己造出来的，说实话真正没有个我：

这个用破布片和绳索做成的东西我曾认为是（真）的；正同这一样，人们把用骨肉和筋做成的东西当作了“我”。

倘若我把人体的每一部分都仔细看一下，里面并没有所谓“我”。

正像我对一堆破布片会发生爱情，我也同样爱我的身体。滚开吧，这盲目的情欲！

机巧师既然对我露了一手，为什么我不能也向他显一手呢？他立刻拿出他的笔（?）和墨（?）⑥，把自己的像画成死人，颈上缠着绳索，就画在当门的⑦墙上。怎么样呢？

头有点低垂……眼睛突出。嘴唇向前倾斜（?）。

手同脚向下垂着，肚子……⑧颈上一条绳子，当门吊死在那里。

身上的皮肤都变黄了……

他这样画了自己，藏了笔，隐到门后去⑨。

第二天早晨机巧师来看画师，看到机关木女碎散在地上，又看到画师吊死在当门墙上，他大声惊呼：真可惜，真可惜！立刻就围拢来一群邻人和别的人。他们问：这是谁？机巧师颓丧地说：先生们，请看我这倒霉劲：

画师中最好的画师，我的朋友（?），

来这里作客，一个机关木女伺候他。

大概他爱上了她，想拉她，机关碎了，他羞愧自杀了，这画师，就悬在当门，诸位请看！

看这画的人们也都认为是真的，他们说：呵，真是可惜！于是机巧师就到国王那里去报告：陛下，从别的国里来了一个画师，下榻在我家里。现在他因羞愧自杀了，特来报告。国王信了他的话，派大臣去（看）。大臣同国人，只要看到这画的，都信以为真，所以他们都哭了。于是机巧师就对众人说：哭没有用（?）。给我拿一把斧子来？砍断绳子把他抬走！于是机巧师就想用斧子去砍绳子，画师立刻走出来，对机巧师说：

不要砍，不要砍！不要难过，机巧师，

不要弄坏了你的墙，不要无缘无故地弄坏了我的画！

仔细看一看，朋友（?）！请你先注意：

画同画师都不同，你不知道吗？

看着的人都吃惊了，他们大笑起来。

（5a5—9b6）

译文到这里为止。我先解释一下那几个需要注释的地方。①原文 Lamas，Siegling 后读为 Lopas，Lap 义为头，Sieg 师就释为“在床头上”。我觉得这很牵强，原文里面根本没有床字。我虽然现在还没有满意的解释，但却相信这个字就正相当《说一切有部毗奈耶药事》里的“对前而住”的“对前”两个字。②原文残卷有缺漏。Sieg 师释为：“她就象征了他的恭敬，仿佛把美丽和谦抑拿在手里。”这未免太抽象。我想她手里应该拿着具体的什么东西。③原文 Paṃypaṃ，以前不知道是什么意思。现在根据中译本，确定为“伺候”的意思。

④原文Tam nu mant wäknā，似乎直译的梵文。到了中国同样体裁的作品里最后就演变成“有诗为证”了。⑤原文缺漏太多，含义不清楚。⑥原文 Lyu wram roteyäntu 只见于此处。Sieg 师释为笔同墨，但据我看太无根据。在《杂譬喻经》里与此相当的是“于是画师复作方便”。“方便”是译的梵文的 Upāya。Upāya 有工具和方法的意思。我看此处的吐火罗文也就相当梵文 Upāya。⑦原文Ṣpinacä、Länkmāṃ，以前不知道是什么意思。现在根据《根本说一切有部毗奈耶药事》里的“当门墙上”一句话确定了它的含义。⑧原文有缺漏。意思大概是“肚子露出来”。⑨原文是 elā。据中译本可定为是“门扇”的意思。

我琐琐碎碎写了一大篇，目的只在指出，同一个故事的中文译本，当然别的译本也一样，可以帮助我们了解吐火罗译本。这是研究这些新发现的古代语言的很重要的方法。今后的研究仍然要走这条路。成绩的好坏全看我们发现译本的多少和利用这些译本的本领而定。

此外我觉得对中国文学史的研究，这吐火罗文译本也可以给我们许多启示。同上面两个中译本一比，我们立刻可以看出其间的差别。中译本只是散文，而且很短。吐火罗文译本却是散文同诗间杂起来，有丰富的幻想、生动的描绘，是一篇美妙的文学作品。读了以后，我们自然就想到中国的许多小说，也是诗同散文杂在一起。只要“有诗为证”四个字就可以从散文过渡到诗。这种体裁很流行，我们都常说，这是印度来的。这话当然不错；但是和散文同诗间杂的佛经比起来，这种小说毋宁可以说是更接近这吐火罗文译本。所以这吐火罗文故事（吐火罗文里还有许多体裁相同的故事）正代表从梵文佛经到中国小说间的一个过桥。这事实对中国文学史的研究恐怕不无意义罢！

上面我只举了一个故事，来说明新疆这个地区实在很富于比较文学的材料。类似《木师与画师的故事》这样的故事，不但在焉耆语里有，在新疆其他古代语言和现代语言中，估计还会有很多。因此我才在上面说，新疆对比较文学的研究具备许多别的地方没有的条件。我希望新疆从事文学研究的同志们注意到这一点，关心国内外比较文学研究的情况，自己也参加这项研究工作，为创立比较文学的中国学派贡献自己的力量。

1981 年 2 月 9 日

《西游记》与《罗摩衍那》

——读书札记

正在翻译《罗摩衍那》第六篇《战斗篇》，读到下面这几首诗：

罗怙后裔发怒火，
胳膊粗壮勇罗摩；
猛将利刃置弦上，
力同毒蛇差不多；
砍中罗波那头颅，
连同耳环都砍落。

(6.96.20)

魔王头颅被抛出，
三界人神共目睹；
头颅滚落大地上，
颈上又长一头颅。

(6.96.21)

罗摩双手灵且巧，
做事迅速又利落；
又在阵前射飞箭，
射中魔头第二个。

(6.96.22)

头颅刚刚被射断，

另一头颅又出现；
即使罗摩射飞箭，
疾飞迅驶如闪电。

(6. 96. 23)

如此射掉一百个，
头颅个个差不多；
罗波那仍未死去，
依旧健壮又快活。

(6. 96. 24)

这使我立刻想到《西游记》第61回：猪八戒助力败魔王孙行者三调芭蕉扇。讲的是孙行者同牛魔王厮杀，玉帝派托塔李天王携哪吒太子来援：

> 这太子即喝一声“变”！变作三头六臂，飞身跳在牛王背上，使斩妖剑望颈项上一挥，不觉得把个牛头斩下。天王收刀，却才与行者相见。那牛王腔子里又钻出一个头来，口吐黑气，眼放金光。被哪吒又砍一剑，头落处，又钻出一个头来。一连砍了十数剑，随即长出十数个头。

一眼就可以看出，这两个故事几乎完全一样。唯一的差别就是罗波那被罗摩砍掉一百个头，最后罗摩用大梵天钦赐法宝打中魔王，魔王倒毙阵前。而牛魔王则在被砍掉十数个头以后，虔心向善，改邪归正。这两个故事之间有什么关系呢？这个故事不那么复杂，独立产生的可能是存在的。但是，我仍然同以前一样倾向于认定其中有渊源关系。《西游记》这部长篇小说本身受到印度民间文学强烈的影响，这一点是没有人否认的。我一直到今天还不明白，为什么孙行者就不能是《罗摩衍那》中神猴哈奴曼的化身？简而言之，我认为中国的牛魔王是印度罗刹王罗波那的一部分在中国的化身。

1981年9月

关于葫芦神话

读了《民间文艺集刊》第三集中李子贤同志的《傣族葫芦神话溯源》，觉得是一篇很好的文章。资料很充实，论证很深刻，从中学习了很多东西。但是，文章的主要论据，关于葫芦神话传布地区的问题，似乎还有再探讨的必要。

李子贤同志在文章一开始就引用了刘尧汉《彝族社会历史调查研究文集》的《中华民族的原始葫芦文化》中的一句话："中华民族的原始葫芦文化。"似乎是要说明，葫芦神话只限于中华民族。在以后的叙述中，又使用了"我国各民族葫芦神话"这样的词儿。在第二段一开始，李子贤同志写道："我国汉族及南方大多数少数民族的先民，都把葫芦看作人类始祖，并通过原始宗教、绘画等形式表现这种观念，共同创造了中华民族独具特色的原始葫芦文化。"在第三段里，李子贤同志又解释产生这种现象的原因，归结为"上述各民族确有同源共祖的历史渊源"，因而产生了"民族融合"。后面又明确提出了"我国汉、傣等二十余个民族产生共同的葫芦神话"。

如果葫芦神话的传播地区真正限于中国的汉族和其他一些少数民族的话——我的印象是，李子贤同志的意见似乎就是这样——那么，李子贤同志的论证和结论是能成立的。但是，事实上好像不是这个样子。

我对本问题没有任何研究，只是有兴趣，随便翻了一些书。一看到葫芦神话，我立刻就想到印度大史诗《罗摩衍那》第一篇第三十七章第十七首诗，现引在下面：

sumatis tu naravyāghra garbhatumbaṃ vyajāyata ṣaṣṭiḥ

putrasahasrāṇṇi tumbabhedād viniḥsṛtāḥ
须摩底呢，虎般的人！
生出来了一个长葫芦，
人们把葫芦一打破，
六万个儿子从里面跳出。[①]

须摩底是罗摩祖先萨竭罗国王的第二皇后，她生了六万个儿子。这里讲的虽然不是人类共同祖先降生的问题，但讲的也是一个家族祖先降生的问题。作为葫芦神话并不会降低其意义。我看，关键问题不在这里，而在这个长葫芦上。葫芦这个词儿梵文是 tumba，这是毫无疑义的。在这里，整个词儿是 garbhatumbaṃ，意思是“胎葫芦”。胎的样子同葫芦很相似，胎里面有胎儿，葫芦里面有子，这也是相似的。既然《罗摩衍那》有这个神话，别的地方一定也会有的。我眼前没有时间，不能翻检群书，写长篇的东西。我只是把这一首诗提出来，它就充分可以证明，葫芦神话不限于中国境内。它是不是一个世界性的问题，我不敢说；但至少是亚洲性的。根据这样一个事实，李子贤同志也许要把自己的论证和结论改变一下，以期更能符合实际情况。

1982 年 12 月 26 日华都饭店

① 见季羡林译《罗摩衍那》第 1 篇，人民文学出版社，1981 年版，第 210 页。

外国文学研究应当有中国特色

十一届三中全会以来，我国的外国文学研究者砸掉身上的枷锁，解放思想，重新焕发出青春活力，取得了巨大的前所未有的成绩。这一点是有目共睹的事实。

但是，我们的成绩是不是已经十分令人满意了呢？我认为，还不是的。总起来看，我们的水平还是不够高的。我们的研究工作中还存在着不少的问题，在文艺理论的教学和研究等方面都有问题。最近有不少同志提出了方法论的问题，这是提得非常正确的。我们确实翻译了大量的外国作品，古代的、中世纪的、近代的、当代的都有。但是我们的理论工作，我们的评论工作，还流于一般化，理论上没有什么突出的建树。往往是书翻译完了，而译者对他所译的作品的真正意义还说不清楚；即使勉强写出了前言或者后记，企图解释作品的内容，也往往流于简单化、公式化，给人的印象是没有搔着痒处。

要想改变这种局面，我认为，关键问题在于必须从理论的研究上加以突破。想在理论研究上有所突破，必须先在方法论上有所突破。过去几乎所有学科的历史都证明了一个事实：许多新的发明创造，许多新的学科之所以能够出现，往往都是以新的研究方法为前提。过去看不到的东西，有了新方法就能够看到；过去看得比较肤浅的东西，有了新方法，就能看到更深的层次，看到内在的规律性。我们必须努力掌握新的科学研究方法。

我们的国家领导人提出了建立有中国特色的社会主义，这意见已经普遍地为全国广大人民所接受。我们是不是可以提出要建立有中国特色的外国文学研究工作呢？我认为，是可以的，而且是必要的。我们中华人民共和国研究外国文学，决不能拾人牙慧，更不能鹦鹉学舌；这样做，外国文学研究者和读者都是决不能同意的。

想要建立有中国特色的外国文学研究，按照我的肤浅看法，至少应该有三个前提或者基础：第一，必须突出理论的研究，特别是马克思主义文艺理论的研究。我们是社会主义国家，要讲理论，必须以马克思主义，也就是辩证唯物主义和历史唯物主义为准绳，为基础，这是不容违反的。第二，必须在方法论上努力求新。第三，必须实行鲁迅先生提出来的拿来主义，做到古为今用，外为中用，以我为主。凡是对建设四化、建设两个文明、发展社会生产力有用的东西，对我们外国文学研究者来说，就是对发展社会主义新文艺有用的外国东西，我们就拿来，决不含糊；凡是没有用的，我们就扬弃，也决不含糊。

世界所有国家研究外国文学，都或多或少有自己的理论作为指导，不强调理论研究的是非常少的，只是强调的方式有所不同而已。我们中国强调理论研究又有什么奇怪呢？但是在这里的关键是，怎样才能表现出中国的特色？现在欧美各国的外国文学研究确实是有理论的。他们的文艺理论派别很多，名家不少，风起云涌，蔚成大观。看上去五花八门，热闹非凡，但是不管他们争得多么激烈，分歧如何严重，这些理论的来源只是一个，这就是自古希腊罗马起一直蔓延到今天的文艺理论传统，这就是他们的共同来源，而且是仅有的一个来源。

但是世界上的文艺理论，决不止那样一家。评论一部文学作品、一件艺术成品的角度决不仅仅只有那样一个，评论的方法也决不会仅仅只有那样一种。人类的文学活动是极其复杂的，不承认这一点，就是不承认事实。各民族的文学创作，既有特性，也有共性，文艺理论也是如此。在古希腊，产生文学作品的环境不同于欧洲以外的国家，因而文学作品也不同于这些国家。但是，既然都是人类的文学作品，其中必有共同之处，也就是共性。与此相联系的文艺理论，也必然有特性，又有共性。文学活动是一种审美活动，不管哪一个国家的文学作品，必须能给人以美的享受，里面可以包括伦理价值，也可以不包括，简单的美的享受也能陶冶人的性灵，提高人的精神境界，使人永远向上。即使是悲剧，也不例外，它也能“净化”人的灵魂。决没有哪个国家，哪个民族的文艺理论主张给人以丑的厌恶。正如同吃饭一样，各民族都有自己独特的口味，却决没有专爱吃腐烂发臭的东西的民族。“口之于味，有同嗜焉”，就是这个意思。但是对于这个美的本质，则有很多不同的解释，分析这个美有不同的方式。从这个角度上来看，世界上应该有评论、分析文学作品的不同方法和不同的角度；应该有许多不同的流派或传统。据我的看法，除了希腊、罗马以来的传统以外，还有中国一家，印度一家。世界上文艺理论能独立成为体系的，除了马克思主义以外，只有自希腊罗马以来的欧美体系、中国体系和印度体系。此外，不管世界上还有多少国家，不管这些国家的文化水平多么高，谈到文艺理论的独立体系，它们却是没有的。这是事实。可惜这个事实，过去似乎还没有人提过，现在提出了人们也不见得都承认，遂使欧美体系垄断一切。好像一谈文艺理论，就只此一家，别无分号。欧美学者心安理得，别的国家也多盲从，真理隐而不彰，学术探讨受到阻碍，岂不大可惜哉。

总而言之，在如今的世界上，真正有独立性的评论文艺作品的方法或者角度，就只有这四家。我们今天讲中国特色，就要以马克思主义为出发点，以中国文艺理论为基础，融欧美、中国、印度文艺理论于一炉，融会贯通，把自有人类以来评论文艺所有的角度，所有的方法，都加以比较、分析，潜心默思，找出一个新的角度，一个新的方法。从方法论上来讲，也可以叫做比较研究吧。我们融会贯通的基础就是上面说到的文艺理论中的共性，它们的特殊性在另一种形式下也可以起积极的作用。如果能做到这步，难道不是外国文学研究中的一个空前的突破吗？

必须承认，这其中是有极大的困难的。即以中国文艺理论而论，源远流长，极富特色，名著如林，作者如雨。但是使用的术语却有点不易捉摸。古代的先不必说了，从三国魏“文学的自觉时代”起，术语越来越多，表达的内容越来越深刻、越细致。曹丕的“文以气为主”的“气”字；刘勰的“道”与“神”，还有“风骨”；钟嵘《诗品》的“滋味”，“文已尽而意有余”；唐司空图的“不著一字，尽得风流”；宋严羽《沧浪诗话》的“羚羊挂角，无迹可求”，“空中之音，象中之色，水中之月，镜中之象”；清王渔洋的“神韵说”，翁方纲的“肌理说”，袁子才的“性灵说”，直至王国维的“境界”“隔与不隔”等等。此外，还有数不清的术语和理论，我在这里不一一列举。这充分说明，中国的文艺理论确实有一个评论文艺作品的独特的角度，独特的方法，只有中国人才有的角度和方法。这些术语和理论对中国的专家来说，一看就懂，也确能体会其中含义，但是要他用比较精确的明白易懂的语言表达出来，往往说不出。这些术语给人一个印象，一个极其生动的印象，这是好的。要把这个印象加以分析，说说清楚，则力不从心，说不出来。这不能不说是一点不足之处。

我认为，我们的任务是要通过分析比较再加上对文艺心理学的深入研究，把中国、印度、欧洲三个地区文艺理论产生的历史过程，以及审美活动的理论和历史，加以比较和分析，然后才能逐渐把中国的文艺理论的一些术语，用比较明确的语言，说个清楚。把中国文艺理论体系的特点说个清楚，这个工作并不容易。我常举一个例子，谢灵运的“池塘生春草，园柳变鸣禽”。第一句“池塘生春草”，历来认为是名句，我也认为是名句。但是为什么是名句呢？这恐怕很难说得清楚。把这一句话译成世界上任何别的语言，都难被认为是名句。我再举一个例子，清代诗人黄仲则的“全家都在风声里，九月寒衣未剪裁”，这也被认为是名句。但是如果译成外国语言，则它的内容就会显得平淡无奇。为什么只在汉语中是名句而在别的语言中就很难说是这样呢？这里面牵涉到很多文艺理论问题。牵涉到中国独有的文艺欣赏评价的标准，牵涉到中国的语言特点。但是我们必须尝试着把它说清楚。一个人说不清楚，就集思广益，大家来做这个工作。一时说不清楚，就准备用更长的时间，锲而不舍，由近及远，积少成多，我们终有说清楚的一天。听说有的同志主张维持中国的术语，用不着说清楚。这种意见的分歧，我不准备在这里讨论。

印度文艺理论，同中国一样，也是源远流长的，内容也是异常的丰富，它既不同于欧洲传统，也不同于中国，可以在世界上成为一个独立的体系。可惜从全世界范围来看，印度文艺理论还没有得到应有的地位，研究的人还不够多。在中国也一样。只有极少数的同志注意到了，做了一些介绍，但也是很不够的。我们今后必须给印度文艺理论以应有的地位。我们必须认真加以研究。印度文艺理论也有一套自己的术语，同中国的术语一样，不大容易捉摸。要想用梵文以外的语言来说清楚，也还要进行一番比较研究。

还有一个问题，我想在这里讲一讲。当前世界一些国家的五花八门的新理论，什么结构主义，什么心理分析，什么新批评派，什么现代主义，后现代主义，接受美学，等等。我们究竟应该怎样对待呢？第一我们要认真研究，加以分析。如果有精华的话就加以吸收，一概拒绝是不对的。第二我们也不能一概接受，拜倒在它们的脚下。我常常听到一些人，特别是比较年轻的人，津津乐道地欣赏这些令人目眩的主义，说它们是多么细致，多么深刻，多么周到，又是多么全面。总之是好得不得了。有人甚至这样说，欧美有这样的理论，说“欧洲中心”难道还不是当之无愧吗？我不大同意这种看法。上面已经谈到过，我赞成鲁迅的“拿来主义”。但是在拿来以前，必须认真加以分析，有营养的就拿来，有毒的就扬弃，一定要为我所用。我觉得这是唯一正确的态度。其他外国的东西是这样，文艺理论也是这样。

能做到我上面说的这一些，我认为，我们就能在研究外国文学方面建立起我们自己的理论体系，从而提高外国文学的研究水平，有中国特色的外国文学研究就能够形成。这不但在中国，而且在世界上也能独树一帜，大放异彩。

1984 年 11 月 23 日

印度史诗《罗摩衍那》的诗律

先简单地谈一谈印度古代诗律的特点。印度古代的诗，同中国旧诗不同，也同欧洲的诗不同。它当然不讲什么平仄，也不押尾韵，连轻重音也不讲。它的表现形式是诗节（stanza），每一诗节分为四个音步。组成音步的方式有两种：一种是按照音节的数目，一种是按照音节瞬间（mātrā）的数目。第一种术语叫做婆哩陀（vṛtta），第二种术语叫做阇底（jāti）。在第一种中，要区别长短音。所谓长音就是指用长元音、二合元音或三合元音组成的音节。此外，还有一种所谓诗律长元音，就是在鼻化音（anusvāra）和送气音（visarga）前的短元音，以及在复辅音前的短元音，都算做长元音。第一种婆哩陀又分为三类：第一类是音步全相同的；第二类是音步一半相同的，也就是第一音步和第三音步全相同，第二音步和第四音步全相同；第三类是四个音步完全不相同的。至于音步的形式，则是千变万化；音节的数目也很不相同，有的每个音步只有四个音节，有的每个音步长到有二十七个音节，理论上最长可以达到九百九十九个音节，这当然是典型的印度式的推论，信不得的。在第二种阇底中的所谓音节瞬间，也讲长短；一个短元音只算一个音节瞬间，而一个长元音则算两个音节瞬间。在这里，诗律不是按音节的数目，而是按音节瞬间的数目来计算。形式也是变化多端，这里不详细叙述了。

现在来谈《罗摩衍那》的诗律。《罗摩衍那》全书共有两万多首诗（精校本将近一万九千首），基本上都是用一种诗律写成的，这就是输洛迦（śloka）。输洛迦属于上面说的第一种婆哩陀，是按音节的数目和长短来计算的。它有四个音步，每个音步八个音节，共三十二个音节。关于这种诗律，《罗摩衍那》故神其说。本书一开始就说是蚁垤无意中创造出来而又得到大梵天肯定的，好像这是一个惊人的创造。实际上这是一种最流行的、使用最方便的诗体，《摩诃婆罗多》和许许多多印度古书都是用这种诗体写成的。我现在就把蚁垤自己认为是创造了输洛迦体的那一首诗（1. 2. 14）和大梵天认为蚁垤创造了输洛迦体的那一首诗（1.2.27）写在下面，加以分析，做为输洛迦体的典型，让我们对印度古代的这种诗律得点感性的知识：

（梵文罗马字） mā niṣāda pratiṣṭhām tva－/
（直　　译） 不　尼沙陀　令　誉　你
magamaḥ　śāśvatīḥ samāḥ ।
得到　永恒的　好的
yatkrauñcamit hunāde/
麻　鹬　交欢
kamavadhīḥ kāmamohitam ‖
其中一只杀死　耽乐
（意　译） 你永远不会，尼沙陀！
享盛名获得善果；
一双麻鹬耽乐交欢，
你竟杀死其中一个。

—代表长音，V代表短音，就得到下列格式：

—V— —V— —V/V V— —V—V—
— —V V V— —V/V V— —V—V—

（1.2.14）

第二首诗是：

（梵文罗马字） pāpātmanā hṛtaṃ kaṣṭaṃ va－/
（直　　译） 恶人　干　粗暴的事
iragrahaṇabuddhinā ।
仇恨　抓　理　智
yastādṛśaṃ　cāruravaṃ kra－/
他　这样的　相爱　叫麻
uñcaṃ hanyādakaraṇāt ‖
鹬　杀　无缘无故

（意　　译）　野人满腔仇恨心，
竟把恶事来干下，
麻鹬相爱低声叫，
无缘无故把它杀。

格式是：

— —V—V— —/— — — —V V V—
— —V— —V V—/— — — —V V V—

(1. 2. 27)

我们看，这两个典型的输洛迦（也叫做阿奴湿图朴 anuṣṭubh）格式也并不一样。而且按照严格的格式，每个音步第五个音节要短，第六个音节要长，第七个音节长短交替。这两个典型的输洛迦都不完全合乎这个规定。由此可见，输洛迦的格式变化是比较多的。此外，除了绝大多数的输洛迦都是每首诗两行、四个音步、三十二个音节以外，在《罗摩衍那》里也有极少数的输洛迦每首只有一行、两个音步、十六个音节。同时又有极少数的输洛迦每首诗三行、六个音步、四十八个音节；甚至有每首诗四行、八个音步、六十四个音节。这些只能算做变体，不能算是规范的。

在《罗摩衍那》里，除了输洛迦以外，还有极少数的诗使用别的诗律。这些极少数的例外往往都在每一章的开头或者结尾处。我现在把这些稀见的格律写在下面。V 表示短元音，—表示长元音。

（一）特哩湿图朴（triṣṭubh）每一个音步有十一个音节。共有三个变体：

1. 因陀罗婆吉罗（indravajrā）格律是：

— —V、— —V、V—V、— —

2. 优宾特罗婆吉罗（upendravajrā）格律是：

— —V、V—V、V—V、— —

3. 乌波阇底（Upajāti）前二者的混合，共有十四种不同的形式。

（二）吠湿婆黛维（vaiśvadevī）每一个音步有十二个音节。格律是：

— — —、— — —、V— —、V— —

（三）普江伽波罗耶陀（bhujaṅgaprayāta）每一个音步有十二个音节。格律是：

∨— —、∨— —、∨— —、∨— —

（四）噜吉罗（rucira）每一个音步有十三个音节。格律是：

∨—∨、—∨∨、∨∨—、∨—∨、—

（五）波罗诃哩湿尼（praḥarṣiṇī）每一个音步有十三个音节。格律是：

— — —、∨∨∨、∨—∨、—∨—、∨

（六）婆散陀底罗伽（Vasantatilakā）每一个音步有十四个音节。格律是：

— —∨、—∨∨、— —∨、∨—∨、— —

（七）摩里尼（mālinī）每一个音步有十五个音节。格律是：

∨∨∨、∨∨∨、— — —、∨— —、∨— —

我在上面已经谈到输洛迦体使用最方便，对那些伶工来说，特别是这样。因为它比较简短，容易填凑。中国民歌一直到今天还是类似七绝的最多，道理也就在这里。我们读《罗摩衍那》的时候，会发现有许许多多同义语的形容词，只要在韵律上是同质的，就可以随意替换使用。如 mahātejāḥ、mahābhāgaḥ、mahābāhuḥ、mahāvīryaḥ、mahāsattvaḥ，等等，都属于这一类。此外，还有一些一个音节的字，本身有的有点意思，有的就只表示一个语气，像 ca，vai，tu，hi，sma，ha，u 等等，就像是手边的一些小零件，哪里缺一个音节，就顺手拿来填上，凑足音节，完成一首诗。这在我们中国旧诗中也可以找到。英国诗中为了凑韵硬塞上 alas 一类的词也是为了同一个原因。这些同义词和小零件，偶一用之，无伤大雅。但是在我们的《罗摩衍那》里却不是很稀见的现象。尽管它们还不能掩盖《罗摩衍那》这一部巨著的灿烂的光芒，不过终不免有重复冗沓之感。在《罗摩衍那》以后的几个世纪里，在文体方面雕琢藻饰之风大兴，一直发展到像中国六朝文学那样“五色相宣，八音协畅”、“竞一韵之奇，争一字之巧，连篇累牍，不出月露之形；积案盈箱，唯是风云之状”。然而《罗摩衍那》这种质朴淡雅、流利畅达、生动活泼的风格，也随之消失。岂真有所谓有一利必有一弊吗？我们在这里需要讲一点辩证法。

1985 年

五卷书[①]

印度古代民间文学（包括寓言、童话和小故事）的总集很多。其中最著名的、影响最大的是《五卷书》。根据《五卷书》改编、补充的还有《益世嘉言集》。

按印度传统说法，《五卷书》是《统治论》的一种，它是为了对王子们进行教育而编纂的。

在印度本国，《五卷书》和《益世嘉言集》都曾一而再再而三地被译成许多方言。11 世纪到过印度的阿拉伯旅行家阿尔・贝鲁尼，就已经看到一部古代印地文的《五卷书》。古扎拉提语、德鲁古语、加那勒斯语、泰米尔语、马拉雅兰语、莫底语和其他通行较广的现代印度语言，都有《五卷书》的译本。

在国外，通过了 6 世纪译成的一个巴列维语的本子，《五卷书》传到了欧洲和阿拉伯国家。在一千多年的时间内，它辗转被译成了许多种文字。七十多年前，在 1914 年，曾有人算过一笔账：《五卷书》共译成了 15 种印度语言、15 种其他亚洲语言、2 种非洲语言、22 种欧洲语言。而且很多语言还并不是只有一个译本，英文、德文、法文都有 10 种以上的本子。从 1914 年到现在，又过了七十多年了，世界上又不知道出现了多少新的译本。

这一部书为什么在印度国内外流行这样广呢？我们在下面做一点分析。

时代背景

这一部书在印度有很多传本，产生于不同的时代；因此，我们无法说它究

① 本篇为北京大学出版社 1987 年 12 月出版的《简明东方文学史》之一节。

竟产生于什么时代。有一些梵语文学史上，明确地说，它写成于某一个时代，这不是全面完整的说法。如果把印度古代梵语文学分为吠陀时期（公元前15世纪至前5世纪），史诗时期（公元前4世纪至3、4世纪）和古典梵语文时期（公元1世纪到12世纪）这样3个时期的话，那么《五卷书》的组织编纂时期几乎贯穿了整个古典梵语文学时期。

在印度历史上，古典梵语文学时期属于哪一个社会发展的阶段呢？换句话说，《五卷书》的形成时期，社会是什么样的性质呢？这一时期的印度社会性质是封建社会，而且是封建社会的由低级向高级阶段发展的时期。这个时期主要矛盾当然是农民与地主之间的矛盾。在农村公社比较普遍存在的情况下，印度封建时期的地主同中国的不大一样。国王，不论是大国的国王还是小国的国王，都是向农村公社征收地租的，他们作为地主阶级的总头子所起的作用，要比中国的皇帝较为隐晦。这个时期大小城市普遍兴起，商品交换相当频繁，手工业也相当发达，因此城市中商人和作坊主人、手工业者的地位日趋重要。到了古典梵语文学时期，商人与手工业者，同种姓制度更加密切地联系了起来，他们有了自己的种姓。这时种姓制度名义没有变，内容却有了变化，从肤色向家庭出身的演变更加明确。商人、农民、手工业者，都属于吠舍。首陀罗地位更为低下，降到了社会底层。但有的首陀罗也能升为国王。城市经济发展繁荣，统治阶级日益腐化。城市中的居民，包括商人和手工业者在内，日子并不好过。商人的任务就是贸迁有无，经常在外面奔波。他们一方面受国王的压迫剥削，一方面又受到水陆盗贼和风涛的威胁，所谓商人入海采宝的故事，就是这种情况的一种反映。他们必须结伴，才能战胜困难，达到发财致富的目的。

以上这些情况，《五卷书》都或多或少有所反映。这部书里面，故事的主人公，动物形象占一多半，其余为人物形象。国王、商人、婆罗门、出家人都有。至于那些动物，实际上也是人的化身，他们的思想感情也就是人的思想感情。

商人和其他城市居民受到压迫，那么国王怎样呢？

在整个古典梵语文学时期，印度，特别是北印度，是小国林立、互相攻伐，民不聊生，商业受阻。从很早的时代起，印度人民，其中包括商人，就有强烈的统一的愿望。佛教经典中经常提到的所谓转轮圣王实际上就是这种愿望的表现。只有在一个统一的帝国的统治下，买卖才好做，日子才好过。但是这种愿望始终只是一个愿望，从来也没有实现过。

在这样的情况下，小国国王的日子也并不好过。他们在自己国家以内，是压迫者，剥削者，这是毫无问题的。但是，在当时印度小国林立的情况下，从国外来看，他们有时候会成为被威胁者、被压迫者。有时候一个比较大的国家突然崛起，或者一些小国结成联盟，倚靠武力，侵略别国。这时候，某一个国家就会受到威胁，势非同别国联合不可。理解了这种情况，我们就会很容易理解《五卷书》为什么会成为王子的教科书。这些公子王孙，同商人、手工业者等等一般老百姓一样，有时候也会变成弱者，需要联合起来，才能克敌制胜。《五卷书》一开始就讲到，一个国王生了三个笨得要命的儿子，对读书毫无兴趣，当然对治理国家，抵御外侮也不会有什么本领。一个大臣想出办法，让一个婆罗门编成了这一部书，教育王子。这决不是随便说说，而是在某种程度上反映了真实的情况。

思想内容

上面已经谈到，在印度，《五卷书》被认为是一部 Nītiśastra（《统治论》），Nīti 这个字用别的文字来翻译很困难，可以译为“正道”或“世故”或“治理国家的智慧”。总之是一部教人世故和学习治国安邦术的教科书。它的前提是，人们不避世成为仙人，而是留在人类社会中，用最大的力量获取生命的快乐。

这部书主要是反映受压迫者和弱者的思想感情的。城市平民、商人、手工业者等等，在某种意义上来说，都可以说是受压迫者和弱者。他们需要安全，需要联合。只有联合起来，才能战胜敌人；只有联合起来，弱者才能战胜强者，获得安全，然后才谈得上人世间的最大快乐。当时的小国国王，从一个国家内部来看，是地主阶级的总头子，靠剥削农民、压迫人民过着花天酒地的糜烂生活。从这个意义上来讲，他们是强者。但是，在外来的侵略者强敌面前，他们又是弱者。他们也需要安全，需要互相援助，需要联合。只有这样，才能战胜偶尔来犯的较大或较强的国家。这一点，在上面已经有所论述，这里不再详细谈了。此外，对平民和国王来说，除了联合以外，还需要有点智慧，也就是处世做人的世故；也需要有点钱，否则目的是达不到的。在《五卷书》里有很多地方反对愚昧，斥责傻瓜，赞颂金钱，颂扬智慧，其原因就在这里。

我们先看一看《五卷书》的内容。第 1 卷叫做《朋友的分裂》，第 2 卷叫做《朋友的获得》，第 3 卷叫做《乌鸦和猫头鹰从事于和平与战争》等等，第 4 卷叫做《已得东西的丧失》，第 5 卷叫做《不思而行》。这 5 卷书都与世故和治术有关。这些卷有的直接讲到国王和国家大事。就是那些内容没有讲到国王和国家大事的，仍然可以为国王和王子所用，他们从里面也可以吸取有益的教训。因此，我们认为，正如本书中所着重指出的那样，它原来是作为王子的教科书而编写的。同时对平民也有很大的教育意义。至于作为主人公的那些黄牛、狮子、老虎、豺狼、猴子、乌鸦、猫头鹰、老鼠、乌龟、鸽子、鳄鱼等等鸟兽，正如大家都知道的那样，不过是人的化身而已。

统观这5卷的内容，主要是教给王子和人民一些治世待人之道。中心思想就是我们在上面说到的那几点。这本书并不像其他一些书那样，比如佛教或印度教或其他教派的书，大肆宣扬追求什么宗教功德，什么解脱，又是什么涅槃，企求死后升天，因此就宣传要慷慨布施，达到积德的目的。它赤裸裸地宣传追求物质福利，追求生活享受。没有那种腐朽的宗教气味。印度古代典籍中经常提到所谓人生三要："利""爱""法"。后来在进一步发展的过程中，又增添为人生四要或四善，加上了一个"解脱"。从人类社会的发展来看，这是一种很有意义的现象。在没有剥削、没有阶级的原始公社时期，人们都从事体力劳动，唯心主义没有产生和发展的可能，一种原始的唯物主义思想主宰人们的心灵。他们只知追求利和爱，也就是中国所谓"食色，性也"。后来有了剥削，有了阶级，有了国家，有了宗教，也就有了什么"法"，什么"解脱"，什么"涅槃"。从这个观点上来看，《五卷书》的核心部分或比较原始的部分，同原始唯物主义的思想有密切联系。印度古代的唯物主义者所宣扬的也就是这些东西。在婆罗门唯心主义者笔下，唯物主义者所宣传的东西，不外是吃喝两件事。虽意存轻蔑，却说出了一些事实。

至于如何达到追求"利""爱"的目的，达到自己安全的目的，手段是可以随意采用的。在整个印度古典梵语文学时代，人生最高的目的就是追求人生三要中的"利"，这是当时整个时代的潮流，其他的文学作品也莫不皆然。在整个古典梵语文学时期，憍祇厘耶的理论有着很大的影响。他的《利论》赤裸裸地提倡用诈术，用骗术，用间谍，用密探。这里根本不存在道德不道德的问题。这些做法好像都是道德的，无可非议的。他甚至劝人主利用宗教，助长迷信，以达到有利于国家的目的，为国家增添财富。他还鼓吹人主用秘密惩罚来除掉政敌。对于部落人民，他更是主张不择手段地打入他们的社会，进行挑拨离间，分化瓦解，破坏他们的生产和生活，最终使他们归化或被消灭。他这种学说流行于整个这一时期。约生于7世纪下半叶至8世纪20年代的作家檀丁，在他的著作里，特别是在他的名著《十王子传》里，也提倡差不多的东西。他认为，什么伦理和道德，在影响国家利益时，可以根本置之不理。

但是，《五卷书》取材来源虽然来自民间，也在一定程度上代表人民的利益，但它毕竟是经过婆罗门的加工。婆罗门这个高级种姓的一些偏见和弱点，必然反映在里面。对本书中的许多糟粕只能做如是观。书中有几个地方大肆吹捧命运。受压迫的平民中也有相信命运的。在那种封建社会里，统治者和宗教信徒宣传的正是这一套，老百姓受了骗，受了影响，相信命运也是难以避免的。再加上，在那种社会里，“闭门家中坐，祸从天上来”的事情常常发生，人们只有乞灵于命运，以求得心灵上的安慰。但是这毕竟主要代表的是婆罗门的世界观。本书中的这些东西是婆罗门加工的产物。另外一个突出的例子是轻视妇女。在吠陀社会里，当时人民的经济生活是游牧的，这就决定了它必然是夫权制，婆罗门正是这种社会制度的产物，他们是这种制度的鼓吹者，因而他们必然会歧视妇女。这是客观情况所决定的，是他们的经济生活所决定的，是不以人的意志为转移的。如果我们说《五卷书》中诬蔑、歧视妇女的那种思想也是婆罗门加工的结果，恐怕是没有法子否认的。

结构特色

在艺术特色方面，《五卷书》最惹人注意的是整部书的结构。德国学者称之为“连串插入式”。意思就是，全书有一个总故事，贯穿全书。每一卷各有一个骨干故事，贯穿全卷，好像是一个大树干。然后把许多大故事一一插进来，这好像是大树干上的粗枝。这些大故事中又套上许多中、小故事，这好像是大树粗枝上的细枝条。就这样，大故事套中故事，中故事又套小故事，错综复杂，镶嵌穿插，形成了一个迷楼似的结构。从大处看是浑然一体。从小处看，稍不留意，就容易失掉故事的线索。

这种“连串插入式”并不是《五卷书》的发明，在印度可以说是古已有之的。无论是婆罗门教的经典，还是佛教的经典，都常常使用这种形式。夸大一点说，这可以说是印度人非常喜爱的一种形式。

《五卷书》在结构方面的第二个特点是诗歌与散文相结合。这种形式在印度也可以说是古已有之的。佛经就是一个很好的例子。在佛经里，我们看到两种形式的韵散结合。一种形式是，散文讲述的内容，诗歌再重复讲一遍；另一种形式是，诗歌不重复散文讲的东西，而是同散文一样是叙述故事的一个组成部分。有人认为，一般说起来，诗歌部分是比较原始的。有一些书最初只有诗歌，散文是后来加进去的。从语言方面来看，诗歌部分的语法形式一般是比较古老的。在《五卷书》里，采用的是第二种形式，全书一开始就有一首诗，每一卷一开始也都有一首诗。在叙述中间，常常加上一些“人们说得好”、“常言道”或“常言说得好”等等，接着就是诗歌，有的只有一首，有的有许多首。只有一个故事，第3卷第8个故事，通篇是用诗歌叙述的，这只能算是一个例外。值得我们注意的是，这一篇从思想内容上看起来是有问题的。这一篇的形式仍然是一个寓言，讲的是猎人与两个鸽子的故事。但是要宣传的却是非常反动的东西。它宣传要为恶人献出自己性命，又宣传寡妇要自焚殉夫。我们可以有把握地说，这一篇是婆罗门改写的，诗歌这种形式本身就透露了其中的消息。由此可见，形式与内容是有密切联系的。

表现在《五卷书》里面的在结构上的两个特点都对中国文学产生了影响。这并不是说一定是《五卷书》起了影响，而是这种形式起了影响。先谈第一个特点。在这里只举一个例子。隋唐之间的王度写的《古镜记》（《太平广记》230，题曰《王度》）是一篇颇为著名的小说。这篇小说以一面古镜为骨干，中间插入了许多小故事。这种结构在中国小说中不算太多，但是这一篇《古镜记》却是很典型的。根据这篇故事写成的年代和环境，受印度影响的可能是非常大的。

诗歌和散文相结合的结构也对中国小说产生了影响，比如许多中国长篇小说，常常在散文叙述中间，写上一句“有诗为证”，然后就加入一些或长或短的诗。特别在描写山景或其他景致的时候，描写人物形象的时候，更容易出现诗歌。我们拿《西游记》第一回来作例子分析一下。同《五卷书》一样，第一回开头就出现了一首诗。后来又有“真个好山！有词赋为证。赋曰：……”讲到猴子的时候，又有“你看他一个个：……”讲到瀑布，又有“但见那：……”讲到花果山，又有“但见那：……”“这里边：……”讲到美猴王，又有“有诗为证。诗曰：……”下面还有不少的“但见那：……”“正是那：……”“但见：……”“但见他：……”“果然是：……”仅仅这第一回，就足以说明问题。下面我们就不再啰嗦了。类似的情况在其他不计其数的小说里都可以找到，这里我们也不再详细叙述了。统而观之，中国的诗歌和散文相结合，基本上是上面谈到的那两种形式的结合。换句话说，诗歌有时要重复一下散文里面讲的东西，只是换上一些华丽的词句；有时它又是叙述的一个组成部分，同散文相续来讲述故事。

关于神韵

在中国文学批评理论中，神韵是一个异常重要的词儿，一个异常重要的概念。无论是谈诗、论画，还是评品书法，都离不开它。从六朝以来，文人学士不断地使用这个词儿。与这个词儿有密切联系、有时候甚至难以区分的词儿，还有气韵、神等等，含义都差不多。

南齐谢赫的《古画品录》中，在评品顾骏之的画时，说："神韵气力，不逮前贤；精微谨细，有过往哲。"唐张彦远的《历代名画记》中说："至于鬼神人物，有生动之可状，须神韵而后全。"此后历代都有人谈到神韵。比如苏轼、胡应麟、王夫之、王士禛、翁方纲等等[①]。讲气韵的有谢赫的"气韵生动"，《扪虱新语》的"文章以气韵为主"等等。讲神的有《沧浪诗话》的"入神"等等。神韵一词儿，除了应用于文章、艺术等方面外，也用来评论人物，比如《宋书·王敬弘传》：敬弘"神韵冲简，识宇标峻"。

尽管神韵这个词儿应用相当广，时间相当长，但是到了清初王士禛笔下，它才具有比较固定的含义。王士禛是中国文学批评史上有名的神韵说的倡导者。由于他在诗坛上崇高的地位，他的神韵说影响广被，俨然成为诗艺理论的大宗。在这样的情况下，王士禛谈论神韵的时候就非常多。我在下面节引几条，详细情况请参阅敏泽和其他中国文学批评史学者的著作。

《带经堂诗话》卷三：

> 神韵二字，予向论诗，首为学人拈出，不知先见于此。唐人五言

① 参阅敏泽：《中国文学理论批评史》下，第891—897页。钱钟书：《谈艺录》，1986年版，第40—44页。

绝句，往往入禅，有得意忘言之妙。

表圣论诗，有二十四品。予最喜“不著一字，尽得风流”八字。

同上书，卷四：

严沧浪论诗云：“盛唐诸人，唯在兴趣，羚羊挂角，无迹可求，透彻玲珑，不可凑泊，如空中之音，相中之色，水中之月，镜中之象，言有尽而意无穷。”

同上书，卷二：

严沧浪《诗话》借禅喻诗，归于“妙悟”二字，及所云“不涉理路，不落言筌”，又“镜中之象，水中之月，羚羊挂角，无迹可寻”云云，皆发前人未发之秘。

上面引的这几条，可以说明王士禛对神韵的理解。他一再强调以禅喻诗，强调镜中之象，水中之月，羚羊挂角，无迹可寻，不著一字，尽得风流，等等。他是利用形象的说法，比喻的说法，来阐明他对神韵的理解。

我在这里还必须加上几句。钱钟书引《沧浪诗话》：“其（诗）大概有二：优游不迫、觉着痛快。诗之极致有一：曰入神。诗而入神，至矣尽矣，蔑以加矣。惟李杜得之。”他接着说：“可见神韵非诗品中之一品，而为各品之恰到好处，至善尽美。”① 在严沧浪眼中，李杜有李杜的神韵，王韦有王韦的神韵。但是王士禛出于自己的爱好，抑前者而扬后者，把沧浪的神韵尽归后者。此事翁方纲已经指出来过。在《复初斋文集》卷八，《神韵论》中说：“其实神韵无所不该……有于实际见神韵者，亦有于虚处见神韵者，有于高古浑朴见神韵者，亦有于情致见神韵者。”王士禛的理解，钱钟书说是“误解”。我个人认为，说是曲解，或者更切近事实。王渔洋喜欢优游不迫的诗，他自己的创作也属于这一类；他不喜欢沉著痛快的诗。这完全是个人爱好，未可厚非。但是他却根据自己的爱好，创立神韵说。他就不得不曲解严沧浪的说法，以偏概全。不过，王士禛的做法也有历史渊源。钱钟书引明末陆时雍的说法，隐承沧浪，

---

① 钱钟书：《谈艺录》，第40—41页。

而于李杜皆致不满。就属于这一类。

历代关于神韵的说法就介绍到这里。尽管许多文人学士，特别是倡导神韵说的王士禛发表了这样多的看法，神韵的含义是否弄清楚了？别人不知道，我自己是并不清楚的。我越看越不清楚，只觉得眼前一片朦胧，一团模糊。那许多形象的说法、比喻的说法，当然给了我一些生动的印象；可是仔细一想，仍然不知道神韵究竟是什么东西。我自己仿佛也在参禅，越参越模糊，最终是羚羊挂角，无迹可求。我自知是钝根，不敢期望顿悟。

神韵真如神龙，令人见首不见尾，或者首尾皆不能见。难道我们真没有法子弄明白了吗？事实上，中国所有讲神韵的书籍和文章，不管是古还是今，没有哪一个说明白了的。连倡导神韵说的王士禛也不例外。我不是研究文艺理论的专家，不过多少年来对此问题也颇感兴趣，我也曾思考过，探索过。我现在想尝试着走一条过去从没有人走过的路，我想利用印度的古典文艺理论来解释一下神韵的含义。知我罪我，自有解人；始作俑者，所不敢辞。

印度文艺理论研究有悠久的历史，在世界上独成体系。公元9世纪至10世纪是发展的鼎盛时期，也可以说是开创新局面的时期，是一个转折点，一个新纪元。9世纪出了一位欢增（Ānandavardhana）。他的名著《韵光》（*Dhvanyāloka*），把语法学家、逻辑学家和哲学家的分析运用到诗的词和义（形式和内容）的分析上来。10世纪出了一位新护（Abhinavagupta）。他的名著《韵光注》和《舞论注》，继承和发展了欢增的理论。他们的理论以韵论和味论为核心，展开了一系列的独辟蹊径的探讨，从注重词转而为注重义，打破了以前注重修辞手段的理论传统，创立了新的“诗的灵魂”的理论，也就是暗示的韵的理论。

这个理论的轮廓大体如下①。词汇有三重功能，能表达三重意义：

一、表示功能

表示义（字面义，本义）

二、指示功能

指示义（引申义，转义）

三、暗示功能

---

① 主要根据 M. Wintemitz. *Geschichte der Indischen Litteratur*, 3. Bd. s. 17－18；金克木：《古代印度文艺理论文选》，人民文学出版社，1980年版，第13—15，52—75页；黄宝生：《印度古代文学》，知识出版社，1988年版，第162—171页。

暗示义（领会义）

以上三个系列又可以分为两大类：说出来的，包括一和二；没有说出来的，包括三，在一和二也就是表示功能和指示功能耗尽了表达能力之后，暗示功能发挥作用。这种暗示就是他们所谓的“韵”。《韵光》第一章说：

> 可是领会义，在伟大诗人的语言（诗）中，却是〔另外一种〕不同的东西；这显然是在大家都知道的肢体（成分）以外的〔不同的东西〕，正像女人中的（身上的）美一样。①

这种暗示功能、暗示义（领会义）有赖于读者的理解力和想象力，可能因人而异，甚至因时因地而异，读者的理解力和想象力在这里有极大的能动性，海阔从鱼跃，天空任鸟飞，这也许就是产生美感的原因。这种暗示就是这一批文艺理论家的所谓韵（dhvani）。在审美活动过程中，审美主体的主观能动性发挥得越大，他就越容易感到审美客体美。这就是“韵”的奇妙作用。韵是诗的灵魂。他们举出的例子是：“恒河上茅屋。”表示义是：“恒河上。”指示义或引申义是：“恒河岸上。”暗示义是“凉爽”“圣洁”，因为恒河是圣河，恒河上茅屋是修道人所居之处。他们把诗分为三个层次：第一，真诗，以没有说出来的东西也就是暗示的东西为主；第二，价值次一等的诗，没有说出来的只占次要地位，只是为了装饰已经说出来的东西；第三，没有价值的诗，把一切重点都放在华丽语言上，放在雕琢堆砌上。在这里，可以说是层次分明，没有说出来的暗示的东西，其价值超过说出来的东西，在说出来的东西中词藻雕饰最无价值。

我在这里想顺便补充上几句。在中国文艺理论发展史上，也有一派学说反对六朝一味追求词藻华丽、如七宝楼台的那一种文体，而主张返璞归真。这种理论可以同印度的韵论互相参证。王静安隔与不隔的学说在精神上也有与此相通之处，耐人寻味。

在印度影响深远的韵论，内容大体上就是这个样子②。我觉得，从这极其简略的介绍中也可以看出，中国难以理解的神韵就等于印度的韵。中国的神韵

---

① 金克木译文，《古代印度文艺理论文选》，第 56 页。

② 现代西方兴起的诠释学的理论，有与此相通之处。这种理论主张，一部作品有许多层的意义：文字里的、文字外的、由声音引出的、与读者无声对话所引起的。我觉得可以拿来比较一下。

论就等于印度的韵论。只因中国的文艺理论家不大擅长分析，说不出个明确的道理，只能反反复复地用一些形象的说法来勉强表达自己的看法，结果就成了迷离模糊的一团。一经采用印度的分析方法，则豁然开朗，真相大白了。

我现在再进一步比较具体地分析一下中国那些用来说明神韵的词句。“不著一字，尽得风流。”字是说出来的东西，不著一字就是没有说出来，因此才尽得风流。“羚羊挂角，无迹可求。”羚羊挂角，地上没有痕迹，意味着什么也没有说出。“空中之音，相中之色，水中之月，镜中之象。”每一句包含着两种东西，前者是具体的，说出来的，后者是抽象的，没有说出来的，捉摸不定的，后者美于前者，后者是神韵之所在。“言有尽而意无穷。”言是说出来的，意是没有说出来的。“得意忘言。”与前句相同。神韵不在言而在意。此外，还有什么“蕴藉”“含蓄”等等，无不表示同样的意思。那一些被神韵家推崇的诗句，比如“兴阑啼鸟尽，坐久落花多”等等，这些诗句当然表达一种情景，但妙处不在这情景本身，而在这情景所暗示的东西，比如绝对的幽静，人与花鸟，物与我一体等等。这些都是没有说出来的东西，这就叫神韵。《沧浪诗话》中说：“不涉理路，不落言筌者，上也。”这些都是在理路和言筌之外的，所以才能是“上也”。

至于王渔洋所特别推崇的以禅喻诗的做法，也同样可以用印度的韵论来解释。在中国禅宗史上，几乎所有的大师在说法和行动中，都不直接地把想要说的意思表达出来，而是用一声断喝，或者当头一棒，或者说一些“干屎橛”一类的介于可解与不可解之间的话，来做出暗示，让自己的学生来参悟。在这里，关键在于听者或受者，老师说出来的或者做出来的，只是表面现象。没有说出来的或做出来的才是核心，才是精神，这样的核心和精神需要学生自己去顿悟。断喝一声有大道，一句干屎橛中有真理，这很有点像诗的神韵。王渔洋等之所以喜欢以禅喻诗，道理就在这里。

用印度文艺理论帮助解释中国文艺理论中的一些问题，我的尝试就截止在这里。最近几年，只要有机会，我就宣传，学习文艺理论要学四个方面：马克思主义文艺理论，中国文艺理论，印度文艺理论，自古代希腊一直到现代的欧美文艺理论。我虽然大声疾呼，但是从来没有举出一个例证。现在我举了一个有关神韵的例子。我希望，这一个小小的例子能够说明，四个方面的文艺理论之间，确实存在着不少可以互相参证的东西。我也希望，过去可能认为我那种说法难以理解的文艺理论工作者，现在承认我的想法并非胡思乱想。能达到这一步，我也就满足了。

但是，对于问题的探讨还不能到此为止，还有个别问题须要加以研究。韵的理论，暗示的理论，本来是属于意义范畴的，为什么中国用“韵”字，印度用 dhvani 这两个都属于声音范畴的词儿来表达呢？又为什么中国同印度没有事前协商竟都用表达“韵”的含义的声音符号来表达呢？中国古人说过：“人同此心，心同此理。”在这里这个“理”究竟何在呢？

在印度，我们译为“韵”的那个字 dhvani，来源于动词根 vdhvan，意思是“发出声音”，后来演变为“暗示”。因为，正如我在上面已经谈到的那样，印度“韵”的理论家把分析语法，分析声音的办法应用到分析文艺理论概念上来，所以，他们使用 dhvani 这个词儿，还是沾边的，还是可以理解的。但是，一到中国，似乎就有点难以理解了。汉文“韵”字，从形体结构上来看，从偏旁“音”来看，它是表示声音的，与意义无关，至少关系不大。《文心雕龙》卷七《声律》第三十三：“异音相从谓之和，同声相应谓之韵。”《文镜秘府·四声论》引作：“异音相慎（顺）谓之和，同声相应谓之韵。”范文澜《文心雕龙注》说：“异音相从谓之和，指句内双声叠韵及平仄之和调；同声相应谓之韵，指句末所用之韵。”总之，和与韵都指声音之和谐。和谐同美有联系，所以“韵”字也有“美”的意思，“好”的意思，“风雅”的意思。《世说新语》：“道人蓄马不韵”，可以为证。用“韵”字组成的复合词很多，比如“韵字”“韵度”“韵事”“风韵”“韵致”等等，都离不开上面说的这几种意思。我个人以为，其原因就在于用声音表示“和谐”这个概念，最为具体，最容易了解。我们现在讲的“神韵”，也可以归入这一类词汇。

中印两国同样都用“韵”字来表示没有说出的东西、无法说出的东西、暗示的东西。这是相同的一面。但是，在印度，dhvani 这个字的含义，从“韵”发展到了“暗示”。而在中国，“韵”这个字，虽然也能表示无法说出的东西，同“神”字联在一起能表示“暗示”的含义，却从来没有发展到直截了当地表示“暗示”的程度。这是不同的一面，我们必须细心注意。

我还想再进一步探讨一个问题，多少年来，我就注意到一个现象：中西书名的命名原则很不相同。书名诚小道，但小中可以见大，所以仍有探讨的必要。而且命名原则与我正在讨论的神韵问题颇有相通之处，因此就更有探讨的必要了。

关于欧洲的书名，我只从古代希腊罗马时期举出几个来，以概其余。公元前 4 世纪，亚里斯多德有《诗学》《修辞学》等书。公元前 1 世纪，贺拉斯有《论诗艺》。公元 3 世纪，朗吉弩斯有《论崇高》。同一世纪，普洛丁有《九部书》。四五世纪，圣奥古斯丁有《论美与适合》。这些书名都朴素无华，书的内容是什么，书名就叫什么，没有藻饰，没有任何花样。而中国却不尽然。我们有什么《文心雕龙》，有什么《法苑珠林》《文苑英华》，到了后来又有什么《杜诗镜铨》，有什么《艺舟双楫》等等，等等，花样多得很，这些书名花里胡哨，形象生动、灿烂。它们与内容有联系，但有时候又让人猜不出内容究竟是什么，这情况同欧洲形成了鲜明的对比。

印度怎样呢？从文化源流来看，印度文化至少有一部分应该与欧洲雅利安文化相同或者相似。可是，我在上面讲到，印度的文艺理论韵论同中国的神韵如出一辙，而在欧美则颇难找到主张只有没有说出来的东西，只有暗示才是诗的灵魂的说法。现在，我讲到书名，印度的命名原则又与中国有惊人的相似之处，真不能不发人深思了。我先举几个例子。7 世纪的檀丁有《诗镜》，12 世纪的罗摩月和德月有《舞镜》，14 世纪的毗首那他有《文镜》。用“镜”字来命书名的作法，立刻就让我们想到中国的《杜诗镜铨》《格致镜原》一类的书名。13 世纪的沙罗达多那耶有《情光》，胜天有《月光》，都用“光”字来命名。15 世纪的般努达多有《味河》，17 世纪的世主有《味海》，还有著名的《故事海》等等，都用“河”“海”等字眼来命书名。至于用“花鬘”“花簇”等字眼命名的书，更是车载斗量，比如安主的《婆罗多花簇》《罗摩衍那花簇》《大故事花簇》，还有般努达多的《味花簇》等等。类似这样的例子还很多，我们不一一列举了。

怎样来解释中国和印度这样的书名呢？我认为，也同样用韵的理论、神韵的理论、暗示的理论。我以上举出的这许多书名也同样可以分解为两个部分：说出来的和没有说出来的。镜、光、河、海、花鬘、花簇、苑、珠、林、楫等等，都是说出来的东西，实有的具体的东西。它们之所以被用来命书名，实际上与这些具体的东西无关，而只是利用它们所暗示的东西，也就是没有说出来的东西。镜、光喻明亮。河、海喻深广。花簇、花鬘喻花团锦簇。苑喻辽阔。珠喻光彩。林喻深邃。楫喻推动能力，如此等等，后者都是暗示的含义。这同我在上面讲的韵的理论不是完全一模一样吗！

至于为什么中印两国在这些方面完全相同，而与欧洲迥异，我目前还无法解释。我多年以来就考虑一个问题：从宏观方面来看，中印文化似同属于一个大体系，东方文化体系，与西方文化体系相抗衡。中印文化相同之处，有的出自互相学习，有的则不一定。兹事体大，目前只好先存而不论了。

1988 年 9 月 14 日

羡林按：

此文付排后，接香港中文大学饶宗颐教授函。他对拙文提了几点意见，我觉得很有启发，现节录原信附在这里："汉土'神韵，一词，见于谢赫《古画品录》……似先取以论画，其实晋世品藻人物，屡用天韵、性韵、风韵一类词语。神韵亦然，本以论人，继以论画，复借以论诗耳。未知然否？"

《关于神韵》一文的补遗

承蒙敏泽先生函告：钱钟书先生《管锥编》第四册，页1361—1366，引宋范温《潜溪诗眼》关于韵的论述。此确为我所忽略，谨向敏泽先生致诚挚的谢意。

宋范温论韵的意见十分精彩，钟书先生的引申更为神妙。范文原文较长，不能具引。我在这里扼要述其内容。

范文的重点在解释什么叫韵。他写道：

> “有余意之谓韵。”定观曰：“余得之矣。盖尝闻之撞钟，大声已去，余音复来，悠扬宛转，声外之音，其是之谓矣。”余曰：“子得其梗概而未得其详，且韵恶从生？”定观又不能答。予曰：“盖生于有余。请为子毕其说。”

下面他讲到，“自三代秦汉，非声不言韵；舍声言韵，自晋人始；唐人言韵者，亦不多见，唯论书画者颇及之。”在这里，请读者参阅饶宗颐先生的十分精辟的意见。

范温接着谈到文章，他写道：

> 且以文章言之，有巧丽，有雄伟，有奇，有巧，有典，有富，有深，有稳，有清，有古。有此一者，则可以立于世而成名矣；然而一不备焉，不足以为韵，众善皆备而露才见长，亦不足以为韵。必也备众善而自韬晦，行于简易闲澹之中，而有深远无穷之味……测之而益

深，究之而益来，其是之谓矣。其次一长有余，亦足以为韵；故巧丽者发之于平澹，奇伟有余者行之于简易，如此之类是也。自《论语》、《六经》，可以晓其辞，不可以名其美，皆自然有韵。左丘明、司马迁、班固之书，意多而语简，行于平夷，不自矜衒，故韵自胜，自曹、刘、沈、谢、徐、庾诸人，割据一奇，臻于极致，尽发其美，无复余蕴，皆难以韵与之。唯陶彭泽体兼众妙，不露锋芒，故曰：质而实绮，癯而实腴，初若散缓不收，反覆观之，乃得其奇处；夫绮而腴，与其奇处，韵之所从生，行乎质与癯而又若散缓不收者，韵于是乎成……是以古今诗人，唯渊明最高，所谓出于有余者如此。

下面又谈到书法，不具引。最后，他说：

然则所谓韵者，亘古今，殆前贤秘惜不传，而留以遗后之君子欤。

统观范温的议论，我觉得非常值得重视。钟书先生给了他极高的评价，是有道理的。我体会，范温所谓“有余”，就是有一些东西没有说出来，或者说不出来，只能意会，而不能言传。这就同印度的《韵光》的理论有近似之处，或者有了接触点。这一点非常值得我们注意。

钱钟书先生说：“范氏释‘韵’为‘声外’之‘余音’遗响，足征人物风貌与艺事风格之‘韵’，本取譬于声音之道，古印度品诗言‘韵’，假喻正同。”这些意见都非常好。但是，我仍然觉得，声音之韵与人物风貌以及书、画、诗、文等艺事之韵，何以相通？相通之处究竟何在？似乎还有必要从生理和心理的角度来进一步深入探讨。我用“和谐”来解释，聊备一说而已。

我还想强调一点。尽管中印在韵的方面有如此惊人相似之处，但是两国的思想方法仍有其差异。像印度那样的分析，我们是没有的。我们靠一些形象的东西来说明问题。

1989 年 3 月 19 日

吐火罗文 A（焉耆文）《弥勒会见记剧本》与中国戏剧发展之关系

羡林按：

这是我在 1988 年冬应邀赴香港中文大学讲学时的讲题之一。当时只有一个提纲。现在略加补充，写成本文。

我在本文中想谈以下几个问题：一、吐火罗文剧本的情况；二、印度戏剧的发展；三、印度戏剧在中国新疆的传播；四、印度戏剧与古希腊戏剧的关系；五、中国戏剧的发展情况；六、吐火罗文剧本与中国内地戏剧发展的关系。都只能极其简略地谈。

一

焉耆文《弥勒会见记剧本》残卷在新疆屡有发现。德国和法国探险者在新疆和敦煌发现了一些此剧的残片，但没有哪一个是完整的。1975 年，新疆吐鲁番地区又由于一个偶然的机会发现了八十八张残卷，用印度婆罗米字母中亚斜体写成，时间估计为唐代。由笔者鉴定为焉耆文《弥勒会见记剧本》（*Maitreyasāmiti－nāṭṭaka*）。自 1983 年起至现在，笔者已将此剧残卷的绝大部分译为汉文，只有少数几张，由于找不到相应的回鹘文译本，而又残缺过甚，无法翻译。译出者已在国内杂志上发表过一些。笔者曾将其中几张译为英文，写成两篇论文，一篇发表在冰岛出版的一个杂志上，一篇发表在 Werner Thomas 教授纪念论文集上。我现在正为全书写一篇相当长的导言。俟全书完成后，将出版汉文和英文两个本子，供全世界对吐火罗文有兴趣的学者参考。

此剧回鹘文译本题记中讲到：系由“印度文”译为吐火罗文，再由吐火罗文译为回鹘文。“印度文”指的是什么语言，因为原本还没有被发现，不得而知。可能是梵文，也可能是某一种俗语。回鹘文译本残卷也已在新疆发现，而且写本也极多。此译本当然晚于吐火罗文本，时间差距可能有一二百年。德国和土耳其学者对回鹘文本进行过研究，已全部译为德文。中国学者也在新疆发现了此剧的回鹘文译本，数量之多远远超过德国学者所发现的，共有四五百张。即使是这样，也还并不全。此剧共有 27 幕之多，究竟有多长，现在还无从知道，也许是世界上最长的剧本吧。

笔者曾对吐、回两种本子做过详细的对比，发现了一些很有趣的现象：两个本子有的地方非常接近，有的地方则相距甚远。可见现存的焉耆文本不是现有的回鹘文本的母本，回鹘文本根据的是另外一个吐火罗文本。

此剧形式，乍看上去，一点也没有戏剧的样子。它同其他的印度叙事文学，比如《五卷书》之类，没有差别。讲故事韵文、散文相结合，把故事一直讲下去。因此，吐火罗文权威学者 Prof. E. Sieg 认为，从内容上来看，此剧一点也不能给人戏剧的印象。但是吐本残卷中有几个戏剧术语，比如“全体退场”等。还有 nipāt 和 praveśakk 等字样。nipat 来自梵文 nipata，意思是“幕”；praveśakk 来自梵文 praveśaka，意思是“幕间插曲”。这些都证明它是戏剧无疑。剧中韵文开始前都有一个专名词，比如 pullenaṃ 等等。Sieg 教授认为是诗律名，Winter 教授后来发现它们是曲牌名称。一个值得注意的现象是，回本中这些东西都没有了，更看不出是一个剧本来。但是在每幕之前却写明了事情发生的地点，又颇有点像剧本了。

吐火罗文剧本，除了《弥勒会见记剧本》以外，法国学者伯希和还在敦煌等地发现了其他几个剧本残卷，法国学者 S. Lévi 刊布于 *Journal Asiatique* 1911, S. 10. t. XVII 139，见 M. Winternitz：*Geschichte der indischen Litteratur*, 3. Bd. p. 182 注 1.

二

所有国家戏剧的起源几乎都与宗教活动有关，印度也不例外。公元前 1500

年后的《梨俱吠陀》中有 Yama 和其妹 Yami 的对话，有人认为这可能是戏剧的萌芽。印度古代把戏剧称为“第五吠陀”，是在四个吠陀以后的另一个吠陀，可见其重要性。以后戏剧不断发展，到了《舞论》，其中也论及戏剧。因为在印度戏剧与舞蹈是密不可分的。梵文动词字根 naṭ 有两重意思：“舞蹈”与“演戏”。

印度戏剧来源于民间。每逢节日——节日几乎都与宗教有关——印度人民辄舞蹈演剧，敬神兼以乐人。梵文“舞台监督”是 sūtradhara，意思是“牵线人”，足见印度戏剧的来源与木偶剧有关。

公元前 4 世纪，希腊马其顿亚历山大东征，一直到了印度。有的学者就说，希腊戏剧从而输入印度。印度戏剧的“幕”，梵文是 yavanikā，意思是“希腊的”，其中蛛丝马迹，影响昭然。这个问题下面还要谈。

印度戏剧虽然起源很古，但是剧本的出现却相当晚，而且梵文最古的剧本不发现于印度本土，而发现于中国新疆。1910 年，德国探险者在新疆发现了一些梵文残卷，经德国梵文学者 H. Lüders 教授解读，在其中发现了三个剧本，作者是佛教大师马鸣，时间估计为公元后一二世纪。后来印度又发现了 Bhāsa 的 13 个剧本。Bhāsa 约生于公元后二三世纪，正处于马鸣与迦梨陀娑之间。但是，对于这 13 个剧本的真伪问题争论颇剧，有的人坚决否定其真实性，有的人则坚决拥护，论争不休，至今未止，始终没有大家都承认的结论。印度历史学家兼数学家 D. D. Kosambi（高善必）认为是真的。我自己则感觉到，13 个剧本梵文水平很平庸浅俗，不像是公元后二三世纪的产物。到了笈多时代，印度诗圣迦梨陀娑生，他的名作《沙恭达罗》名震寰宇，甚至影响了德国大诗人歌德的《浮士德》。此后剧作名家辈出，灿如列星，我不详细谈了。

根据 Winternitz 的归纳，印度剧本有以下七个特点：

1. 韵文、散文杂糅；

2. 梵文、俗语杂糅，上等男人说梵文，下等男人和女人说俗语，丑角虽然身为婆罗门，但只能说俗语；

3. 剧中各幕时间和地点自由变换；

4. 有丑角（vidūṣaka）；

5. 有开场献诗（nāndī），有序曲（prastāvanā）；

6. 结尾大团圆；

7. 舞台方形，长方形或三角形。

三

上面谈到，马鸣梵文剧本残卷在新疆共发现了三部。其中保存最完整的一部是《舍利弗传》（śāriputraprakaraṇa）。存留的一部分内容是：舍利弗见到佛弟子马胜，为他的威仪所感，终于归依三宝，当了和尚。舍利弗与门客（丑角）交谈，丑角认为婆罗门不应该接受刹帝利的教诲。舍利弗反驳了他。这一点非常重要。它同历史上婆罗门和刹帝利两个高级种姓之间的盛衰消长有关系。在别的地方，我还要谈这个问题。另外两部残卷都残缺过甚。其中的人物都是些抽象概念，比如 Bodhi（菩提）、Kirti（称）等等。另一部中的人物有主角、丑角、妓女、王子、邪命外道等等。两部讲的都是佛陀的生平。

总之，印度梵剧曾在新疆传播，这已是公认的历史事实。梵文是印度古代语言，不能算做中国语言。但是，吐火罗文 A 和 B 的残卷只发现在现在的中国境内，应该看做是中国古代的民族语言，用这种语言写成的剧本也应该归入中国戏剧之列。

四

印度和希腊同为世界文明古国，其间的文化交流关系千丝万缕，头绪异常复杂。著名的《伊索寓言》中有一些寓言也见于印度。两方面独立创作的可能，我认为，几乎等于零。至于究竟是谁影响了谁，那就争论不休，垂一百多年。19 世纪末叶至 20 世纪，西方学者在这个问题上分为两派：一派主张希腊影响了印度，一派则正相反。

谈到戏剧，也有这样两派意见，也是争论不休。A. Weber，E. Windisch 等学者力主希腊影响印度。H. Jacobi，R. Pischel，L. von Schroeder，S. Lévi 等则指出他们学说的弱点，说根本没有证据证明古希腊剧本在印度上演过。H. Reich 写了一本巨著 *Der Mimus*，企图证明，到处漫游的希腊滑稽剧演员也到过印度。他举出了印度的 napathya（化妆室）等于希腊的 postszenium；印度的“幕”字 yavanikā 意思是“希腊的”，等于希腊罗马的 siparium，它把舞台与化妆室隔开；印度的 sūtradhara（舞台监督）等于希腊罗马的 anchimimus；印度的丑角（vidūṣaka）等于希腊罗马的 sannis。Reich 还说，古代世界上除了希腊外没有戏剧。但是，很多学者都反对 Reich 的理论。Winternitz 说，对于这个问题，既无法肯定，也无法否定。他甚至说，这个问题可能永远也解决不了。

五

中国戏剧的产生同印度和希腊一样，也与宗教活动有关。中国戏剧虽然有极长的历史，可是到今天真正有水平的中国戏剧史还没有出现。几部专史和一些中国文学史讲到戏剧的部分，都不能完全令人满意。倒是五六十年前的王国维的《宋元戏曲考》到今天还没有失去其重要意义。我在下面就根据这一部书极其简略地谈一谈中国戏剧发生和演变的情况。

王国维说："歌舞之兴，其始于古之巫乎？……巫之事神，必用歌舞。"一语就说中了要害。他接着又说到俳优之兴远在巫之后。优多以侏儒为之。他引《说文》："优，调戏也。"可见优同印度剧中的丑角一样，主要任务就是调笑，就是插科打诨。巫与优之别在于，巫以乐神，优以乐人；巫以歌舞为主，而优则以调谑为主；巫以女为之，而优则以男为之。由此可见，俳优以歌舞调谑为事，自汉以后则间演故事。其合歌舞以演一事者，始于北齐（550—577）。这是中国戏剧发展史上的一个新阶段。

这里值得注意的是，王国维说："盖魏、齐、周三朝皆以外族入主中国，其与西域诸国交通频繁，龟兹、天竺、康国、安国等乐皆于此时入中国，而龟兹乐则自隋唐以来相承用之，以迄于今。此时外国戏剧当与之俱入中国，如《旧唐书·音乐志》所载拨头一戏，其最著之例也。"这个意见非常值得重视。我们现在讲的《弥勒会见记剧本》就有可能是这样传入中国内地的。

六

一个国家、一个民族戏剧发展的动力，自以内因为主，但外因也决不可低估。中国戏剧（主要是指汉人的戏剧）的发展也是如此。动力有历时的传统，又有并时的外来影响，二者交错，起了作用，斯有新发展。

在这里，外因有很多可能，决不止一端。在这些外来的影响中，印度的最为突出。从印度来，又有两种可能：一海路，二陆路。从海路来的可能不能说没有，但即使有，在最早的时期，也微乎其微。这个问题我在这里不谈，我只谈陆路。

陆路当然要经过丝绸之路，先到新疆，然后再经过河西走廊，传入内地。

《史记·大宛传》就已经有“安息以黎轩善眩人献于汉”的记载。张衡《西京赋》等文章中也有西域歌舞的描绘。北凉玄始十四年（425）七月，西域贡吞刀、嚼火、秘幻奇伎于沮渠蒙逊。南北朝时期，北方魏、齐、周三朝，从地理上，从人种上都有接受印度戏剧的方便之处。根据学者们的考证，当时河西走廊既有从中亚来的粟特人，即昭武九姓胡，又有土著的月氏人。北魏时有曹婆罗门受龟兹琵琶于商人，世传其业，至孙曹妙达，尤为北齐文宣帝高洋（550—560）所重，尝自击胡鼓以和之。到了唐朝，曹氏音乐家还有一些。在这里，商人擅长琵琶很值得注意。古时候，走丝绸之路的人不外三种：一是朝廷使节，二是宗教僧侣，三是负贩商人。我们可能会认为商人只不过是为了赚钱，原来也有风雅商人，善弹琵琶。《朝野佥载》载：“每岁商胡祈福，烹猪羊，琵琶鼓笛，酣歌醉舞。”这也证明了同一件事。至于中国民间诗歌以至唐宋词、元曲，都有不少带西域色彩的曲牌名字，什么“菩萨蛮”之类，这是尽人皆知的事实。

总之，通过河西走廊，西域的（其中也包括印度）歌舞杂伎进入中国内地。像《弥勒会见记剧本》这样的源于印度的戏剧传入中国内地是完全可以想象的。至于传入的是吐火罗文，还是回鹘文，那就很难说。也许二者都不是，而是通过一种在二者之外的文字，现在还无法确定。在这里空白点很多，也许将来有新材料发现，可以解决这个问题。

现在我再归纳起来，把上面讲的印度戏剧的特点同中国戏剧的特点对比一下：

1. 韵文、散文杂糅，二者相同，在中国是道白与歌唱相结合；

2. 梵文、俗语杂糅，中国戏剧从表面上看不出来；但是倘仔细品评，至少在京剧中员外一类的官员与小丑的话是不相同的；

3. 剧中各幕时间和地点随意变换，二者相同；

4. 有丑角，二者相同；

5. 印剧有开场献诗，中国剧有跳加官，性质相同；

6. 结尾大团圆，二者基本相同，中国剧间有悲剧结尾者；

7. 舞台，印剧方形，长方形或三角形，中国剧大抵方形。

在 Winternitz 归纳的七个特点之外，我想再加上一项：

8. 歌舞结合以演一事，二者相同。

中国戏剧有极悠久的发展的历史，各地剧种亦多不同。以上归纳的几点，只能说大体如此，对京剧和昆曲来讲，是完全适合的。

我在上面分六大项论述了通过《弥勒会见记剧本》所看到的中印戏剧的相互关系。我在这里想再补充一点意见。《弥剧》是一个宗教剧，其特点与一般戏剧稍有不同。比如，剧中没有丑角，就是一个引人瞩目的特异之处。

我在上面的叙述中提出来的问题，要比我已经解决了的问题多得多。我认为，这不是一件坏事。我一向觉得，胡适之先生的两句话：大胆的假设，小心的求证，是完全正确的。自然科学和社会科学，概莫能外。假设不大胆不行，求证不小心也不行。只有二者紧密结合，才是治学的正道。目前我先大胆地提出假设，以后再小心地去求证。

最后，我还想替别人提出一个可能提出的问题：研究《弥勒会见记剧本》这样的题目有什么意义呢？我认为，意义很大。这种研究属于文化交流的范畴。我大胆地说一句：人类文化一萌芽，就有互相学习，也就是交流的活动。到了后来，一部人类文化史证明了一件事实：没有文化交流，就没有人类文化史。文化交流是人类文化发展的动力。

1988 年 11 月 7 日

比较文学之我见

比较文学已经成为世界显学，在中国也正是方兴未艾，呈现出一派朝气蓬勃的气象。

然而，若干年前，外国学者有的已经发出了比较文学有了危机的呼声。我作为比较文学的一个老兵——不，毋宁说是一个老拉拉队员——对此颇感到吃惊。我于此道是兴趣大，本领小，虽然写了一些东西，但自谓无大建树。对这个危机声，也没有过细地去推敲研究，只不过是“只等秋风过耳边”而已。

可是，最近中国方面也有人扬起了比较文学危机的呼声。这就促使我不能不认真对待这个问题了。我没有多少时间去阅读这方面的文章，也没有认真去推究这个呼声的根据，只是自己闭门造起车来，至于出而合辙与否，我根本没有考虑。我感觉到，这样的呼声不是没有根据的。前一些时候，我在北京市比较文学学会成立大会上发言时，忽然灵机一动，即景生情，讲了几点意见。内容大体上是：我劝年轻的比较文学者把比较文学这一门学科看得难一点，更难一点；越看得难，就越有好处。我无意哗众取宠，故意发出骇人听闻之论。这个灵机一动，也是有根源的。我读了大量的比较文学论文之后，确实感到其中是有问题的；严重一点说就是，其中确有危机。

危机何在呢？现在不少作者喜欢中外文学家的比较。在中国选一个大作家，比如屈原、李白、杜甫、关汉卿、曹雪芹、鲁迅等等。又在外国选一个大作家，比如荷马、但丁、莎士比亚、歌德、托尔斯泰等等。选的标准据说是有的，但是我辈凡人很难看出。一旦选定，他们就比开，比开。文章有时还写得挺长，而且不缺乏崭新的名词、术语。但是结果呢？却并不高明，我不说别人，只讲自己。我自己往往如坠入五里雾中，摸不着边际，总觉得文章没有搔着痒处，写了犹如不写。比较文学真好像有无限的可比性。可比性而到了无限的程度，这就等于不比。这样一来，比较文学的论文一篇篇地出，而比较文学亡。

我觉得，这就是我在北京市比较文学学会成立大会上发言时灵机一动的根源。我那个简短的发言颇得到几位比较文学老前辈的首肯，可见我的想法还是有一些代表性的。

比较文学的比较应该有一定的标准，也可以称为规范。这个想法在将近六十年前就有人讲过了。已故陈寅恪教授在1933年《与刘叔雅论国文试题书》中写道：

> 即以今日中国文学系之中外文学比较一类之课程言，亦只能就白乐天等在中国及日本之文学史上，或佛教故事在印度及中国文学史上之影响及演变等问题，互相比较研究，方符合比较研究之真谛。盖此种比较研究方法，必须具有历史演变及系统异同之观念。否则古今中外，人天龙鬼，无一不可取以相与比较。荷马可比屈原，孔子可比歌德，穿凿附会，怪诞百出，莫可追诘，更无所谓研究之可言矣。

这一段话实在值得我们深思。

我在上面讲到，我希望年轻的比较文学者们把比较文学看得难一点，其最基本的动机，即在于此。他们的问题就在于把比较文学看得太容易，因而放松了对自己的要求。我认为，一个人如果真想搞比较文学，至少必须通中国文学，另外再通一门外国文学，不能精通，也要稍通。对中外文学的理论和发展规律要有一定的理解。具备了这样的基础，就不至于乱比，瞎比。比较的结果也会有助于中国新文学的发展。

因此，我仍然劝年轻的同行们：要把比较文学看得难一点，再难一点；越看得难，就越有好处。

1990年7月23日

中外文论门外絮语

从《中外文化与文论》谈起

对中外文论我都涉猎过一点，也确实读过不少的书。但所务不专，浅尝辄止。又因为自己的专业不在这方面，因此没有特别加以注意。所以一直到今天，兴趣虽在，钻研不深，仍然留在中外文论的门外，遑论登堂入室。但是，天下万事万物，都要一分为二。在某一些方面，一个门外汉反而能看出点门道。因为他所入不深，了无所蔽。没有真正专家们的条条框框，没有那一些“枷锁”，跳起舞来，反而更能轻松如意。这种情况恐怕很多人都是承认的，用不着详细论证。

我是一个脑筋闲不住的人，酷好幻想。幻想的不一定都能切中肯綮，但偶尔也能搔到痒处，谈到点子上。见仁见智，各人看法不同，我不好再在这里“老王卖瓜”了。

最近读到了“中国中外文艺理论学会”和四川联合大学中文系汉语言文学研究所合办出版的《中外文化与文论》（1996 年）十分感兴趣，觉得是一本好书，立即推开手边的其他工作，读了起来。但我其他的工作毕竟还是太多，太杂，太急，没有能读完全书，被迫放下。仅就读过的几篇来说，我学习了不少的知识，获得了很大启发。我那爱好胡思乱想的老毛病又发作起来，如骨鲠在喉，必须一吐为快。这就是一篇“絮语”的由来。

论所谓“失语症”

“失语症”这个词儿见于曹顺庆教授的一篇文章中《重建中国文论话语》。

为了避免失真，我索性先抄一段曹先生的话：

> 21世纪中国文化发展战略的第一步，是要主动地迎接并推动世界文化的转型，主动与西方文化展开对话，在对话中互释互补，达到跨文化的创造与建构。然而，对话，首先要解决文化话语问题。遗憾的是，中国现当代文化基本上是借用西方的一整套话语，长期处于文化表达、沟通和解读的“失语”状态。因此，重建中国文化话语具有相当的紧迫性和重要性，因为中国文化要想自立于世界民族之林，就必须重新建构自己的理论话语，否则，就只能充当西方文化的摹仿者、追随者甚至附庸。
>
> 然而，当今文艺理论研究，最严峻的问题就是文化失语症。

而曹先生引了我的话，说“我们东方国家，文艺理论方面噤若寒蝉”，在近现代没有创造什么有影响的文艺理论体系。他又引了香港黄维梁教授的话，说“在当今的世界文论中，完全没有我们中国的声音”。这些话我都是完全同意的。在文章的最后，曹顺庆教授提出了一些具体的做法，他说“首先是从话语角度对中国传统文论进行发掘整理，这包括三个层次的工作”。为了把他的想法说明白，我看，我还是抄他的原话吧：

> 1. 话语核心概念范畴的清理；2. 对文化架构的清理；3. 对话语表述方式、言说特征的清理。其二是在与西方文论话语对话中使之凸现、复苏与更新。这包括中西不同话语面对同一基本问题的共同言说，中西话语表述方式的互照，中西范畴互释，中西文论话语的互译等等。其三是将初步复苏的中国话语放到古代文学中，甚至在外国文学中测试其话语的有效性及其可操作性，在实践操作中对传统话语进行改造与更新。最后，在“杂语共生态”中，在广取博收之中，逐步建立起既立足于本民族深厚文化根基，又适合于当代文学实践的中国文论新话语。

这无疑都是好的、很有见地的意见。“话语”一词是一个新词儿，是英文discourse的释译，涵义颇多。根据我肤浅的理解，主要指术语一类的东西。

如果曹先生这一篇文章写在一两年前而我又能读到的话，我无疑会完全赞成的。可是，最近一个时期以来，我这“半瓶醋”又有点不安分起来，又想晃荡一下了。我原来也认为，中国文论虽然历史悠久，内容极为丰富，但是使用的术语——我也想学着使用一下这个新词儿“话语”，但不知恰当否——比较笼统、模糊、渺茫、玄虚，总之一句话是不“科学”。我认为西方文论的术语是确切的、清晰的，是“科学的”。我们应该努力学习和使用西方“科学”的术语，用来分析我们的文学作品。这样，我们的文论就会在世界上有了声音。改模糊为确切，改混沌为具体，改感悟为分析，改印象为逻辑，最好能改成数学的方程式——这就是我们的奋斗目标。

但是，最近以来“晃荡”的结果，我忽然得到了“顿悟”，觉得东西方文学有极大的不同。专就西方文学而论，西方文论家是有“话语”的，没有“失语”；但一读到中国文学，我认为，患“失语症”的不是我们中国文论，而正是西方文论。我们中国文论家必须改弦更张，先彻底摆脱西方文论的枷锁，回归自我，仔细检查、阐释我们几千年来使用的传统的术语，在这个基础上建构我们自己的话语体系，然后回头来面对西方文论，不管是古代的，还是现代的，加以分析，取其精华，为我所用。

中外（东西）文论的根本差异

我这一番话说得有点石破天惊，必须详细地说明我的理由，我先从中外文论的根本差异谈起。

既然同称文论，必有其共同之处，这一点不待辨而自明，用不着多说。我在这里强调的是差异。

理论是怎样产生的呢？是从哪里来的呢？一般说来，必先有现实或实践，然后从现实或实践中综合、抽绎、归纳成一些带规律性的东西，这就是理论。把这种理论再拿回现实或实践中去检查，能够符合实际，这理论就算是正确的，否则就是部分或者全体不正确的，这理论还不能算是成立了，必须重新研讨。

众所周知，中国汉族文学的载体是单音节的方块字，语法上没有形体上的曲折变化。这同西方的自古希腊罗马留传下的有字母的、有语法变化的语言文字是完全不相同的。语言文字的载体不同，从而在把单词编成的文章上，特别是在诗歌创作上，其审美标准绝不会相同。诗歌讲韵律（有的也不讲，那是另外一个问题），这是共性，但使用的语言文字不同，韵律也会大异其趣。从中产生出来的理论也绝不会一样。这个道理并不难明白。

但是，我认为，最重要的差异还不在形式上，而在根本的思维方式上。我认为，西方的思维方式是分析的，而东方的以中国为代表的思维方式则是综合的，我悟出这个道理以后，近几年来，我曾在许多篇文章中，在许多次座谈会和讨论会上宣扬过，文章和发言都很多，请有兴趣者自己去参考，我在这里不再刺刺不休地说个不停。读我的文章和听我的发言的人，有赞赏者，有反对者，有态度不明者。这本是十分正常的现象，不这样反倒会是怪事。我既不兴奋，也不败兴。但是，最近我在光明日报社召开的有文理工农各科学者都参加的座谈会上，听到了中国科学院自然科学史研究所所长王渝生教授的发言，却感到了兴奋。他说，最近在香港召开的一次国际学术讨论会上，他就这个会的讨论主题：21 世纪前沿科学的展望问题，发表了自己的看法：他首先讲到，21 世纪的前沿科学，其中首先是自然科学的研究指导思想，应该是中国几千年一直流传的“天人合一”的思想。其次，他又讲到，他以一个数学家和自然科学史研究专家的身份，感到西方的基本思维方式是分析的，而以中国为代表的东方基本思维方式则是综合的。由于行当不同，我的那些文章他绝不会读到，我的那些发言他绝不会听到的。这完全是“英雄所见略同”。我窃自比为“英雄”，有点不够谦虚，不过这是一句成语，我也无从改变。总之，我听了王先生的发言以后，石破天惊，空谷足音，我真有点“喜欲狂”的劲头了。我万万没有想到，自己能够在本行以外一个自然科学家的嘴中听到了完全相同的意见。我的信心倍增，再坚持自己的看法时绝不会心里打鼓了。

话收了回来：东西文艺理论之差异，其原因不仅由于语言文字的不同，而根本是由于基本思维方式之不同。只有在这个最根本的基础上来探讨东西文论之差异，才真正能搔着痒处，不至只作皮相之论。

试论王静安的“境界”说

王静安先生的《人间词话》，篇幅虽不算太长，但在中国近代文论史上却占有颇为重要的地位，有颇大的影响。我对这部书虽读过多遍，却不敢说有什么深刻的理解，我现在仅就书中最著名的“境界说”提一点小小的不同的看法。

“境界”二字来自佛典翻译，这是大家都承认的事实。《人间词话》的基本思想是受了西方一些哲学家学说的影响，恐怕也是一个事实。

静安先生对自己的“境界说”是颇为得意的。他写道：“然沧浪所谓兴趣，阮亭所谓神韵，犹不过道其面目，不若鄙人拈出境界二字为探其本也。”

对于静安先生境界说本身，我不敢赞一词，但是对于“有我之境”和“无我之境”，我却有一点疑问，一个小小的无伤大雅的疑问。王先生说：“‘泪眼问花花不语，乱红飞过秋千去’，‘可堪孤馆闭春寒，杜鹃声里斜阳暮’，有我之境也。‘采菊东篱下，悠然见南山’，‘寒波澹澹起，白鸟悠悠下’，无我之境也。有我之境，以我观物，故物皆著我之色彩。无我之境，以物观物，故不知何者为我，何者为物。”所举的例子中，别的我且不说，只说陶渊明的两句诗：“采菊东篱下，悠然见南山”，王先生把它列入无我之境。我认为，实际上是有我的，汉文可以不用主语，如译为英、德、法等文，主语必赫然有一个“我”字（I，ich，je）在。既然有个“我”字在，怎么能说是“无我”呢？我觉得，在这里不是“无我”，而是“忘我”，不是“以物观物”，而仍然是“以我观物”，不过在一瞬间忘记了“我”而已。

这种想法同境界说关系不大，但也不能说一点关系都没有。

言意之辨

蕴藏于人类内心中的思想、经验等等谓之意，外化为声音或文字谓之言。在动物界中，这是人类所独有的东西。言、意二者之间有极大的矛盾，早为哲人所感知。西方古代哲人也发现了这个矛盾，而在中国，无论是在哲学史上还是文学史上，这都是一个重要的问题，在美学史上，当然也不会例外。其关键就在于：“言”能不能够充分地、完整地、真实地表达出心中的那个“意”来，简略的说法就是：言能不能尽意？

这是一个大问题，中外古今哲人论之者众矣。我在这里不想详尽地讨论，我只想对于这个问题提出一点自己的粗浅的看法。想要了解详细情况，请参阅任继愈先生的许多著作，比如任先生主编的《中国哲学发展史》（魏晋南北朝），《魏晋玄学和文学》中的《魏晋玄学言、意之辨和文学创作》；敏泽先生的《中国文学理论批评史》（上）。此外，还有很多可以参考的书，无法一一列举。

在年轻一代学者的著作中，童庆炳先生和程正民先生主编的《心理美学丛书》中的陶东风先生著的《中国古代心理美学六论》是一部很值得注意、很有独到见解的书。书中“三、言不尽意与言外之意——言意论”章是专门探讨言意问题的。此文贯穿古今，融会中外，有非常精彩的独到的见解。这里用不着细讲。

我现在只想根据我在上面提出来的东西基本思维方式不同这个看法，来谈一点个人的意见，以求教于陶先生和其他内行里手、专家学者。我在上面已经提到东方的思维方式是综合，而西方的思维方式是分析。我在这儿想补充几句。

我想把话说得远一点，以扩大我们的眼界，开拓我们的思路。我想从两门西方新兴起的学科谈起，一门是模糊学，一门是混沌学。先谈模糊学。1965年，美国加州大学伯克莱分校教授、系统科学家扎德（L. A. Zadeh），在一篇论文中提出了研究事物模糊性的问题，并且制定了模糊集合这个新概念，由此产生了一门新科学：模糊学。在中国介绍模糊学最全面的著作是苗东升先生的《模糊学导引》。

模糊学从模糊数学开始，逐渐到模糊逻辑、模糊语言学，还有一系列冠以模糊二字的学科，影响遍及人文社会科学和自然科学。混沌学开始得稍晚一点，混沌研究从70年代初逐渐进入高潮，到了今天，在过去的二十多年中，研究队伍扩大迅速，成果累累，影响巨大。在国外，格莱克的那一部脍炙人口的著作《混沌：开创新科学》，已有中文译本。在世界上，在中国，引起了人们的极大兴趣。有的人给混沌学以极高的评价，称之为20世纪伟大的理论之一。在中国介绍混沌学的仍然是苗东升先生和他的学生刘华杰先生。他们合著的《混沌学纵横论》受到读者的欢迎。

这两门新学科都是从自然科学开始的。可惜我对自然科学所知甚微。我读过上面说到的几本书，也是生吞活剥，不甚了了，我不是想“求甚解”，而是无法求得。我只能从最大的宏观上来体会这几部书和这两门新学科的涵义和意义。中外许多人士都认为这两门新学科意义极其重大。这与我的意见相同。但是，他们认为意义重大的理由绝不会同我的一样，这一点我是敢于肯定的。

那么，我认为意义重大的理由究竟何在呢？一言以蔽之，就在我在上面谈过的东西思维方式之不同上。西方主分析，想把世界上万事万物都搞个清清楚楚、泾渭分明。但是，根据一般人的经验来看，宇宙间绝对清清楚楚、泾渭分明的东西是没有的。清清楚楚的对立面是模模糊糊。模模糊糊不是一个好词儿，然而它却反映了世界的真实情况。西方的思维方式，分析的思维方式，表现得最清楚的是古希腊亚里士多德的逻辑思想，它的形式逻辑是以矛盾律和排中律两个公理为基础的。它认为，在同一个时间内，A不能既是X又不是X。模糊逻辑扬弃了亚里士多德的绝对教条，建立了更复杂的多评价系统。这种模糊逻辑现在已经应用到许多东西上，包括电视机、洗衣机等等，等等，连制定规划等工作也使用了模糊数学，而且都已获得了成功。

西方的思维方式是主分析的，怎么会忽然兴起了模糊科学？这同东方的综合的思维方式却不谋而合。综合的思维方式主张整体概念，普遍联系，不像西方那样只见树木，不见森林；东方是又见树木，又见森林。不想把一切事物绝对化，不想把一切事物分析得彻底清清楚楚，这是根本办不到的，是违反事物的根本现象的。因此，我说，西方最近半个世纪以来许多有识之士，在无意识中，感到分析思维模式不就是真理，他们想方设法以济其穷。世界上的思维方式非分析则综合，这话有点语病，有点像亚里士多德的公理。不过从大体上说是如此而已，绝对的分析和绝对的综合，也是并不存在的。总之，我认为，最近半个世纪以来发生的事情，是西方向东方靠拢的征兆。这种征兆在21世纪的前沿科学中，必然会表现得更明显。这一点我是完全相信的。

我本来只想用短短几句话就把问题说清楚，但一下笔却就说了这样多。这非我所愿，我是不得已也。

现在回到本题。

在陶东风先生很精彩的文章中，他虽然说得不十分清楚，但却能让人领会到他的本意。他认为，许多中国当代的美学家只知中，而不知外，没有充分利用当代或近代西方一些学者的研究成果，没有注意到西方的新兴学说，什么语义学、心理学、符号学等等，比如语言学家索绪尔、布龙菲尔德、萨皮尔等等的学说。他似乎颇为欣赏弗洛伊德的心理分析，人类意识有不同的层次：意识、前意识、无意识三层。他对现代符号学大师卡西尔，似乎也很欣赏。他还认为：“拉康的理论也值得注意。”他受精神分析的影响但对之加以改造，认为语言结构和人的意识结构、人格结构之间有一种对应，图示如下：

$$\frac{\text{能指（S）}}{\text{所指（S）}}=\frac{\text{表层}}{\text{深层}}=\frac{\text{显梦}}{\text{隐梦}}=\frac{\text{意识}\quad\text{超我}}{\text{无意识}\quad\text{本我}}$$

拉康的观点显然是综合了索绪尔、乔姆斯基和弗洛伊德的理论而来。我觉得，先不去纠缠那些理论细节，从宏观上来看，这个表和弗洛伊德对意识的三分法，都是西方典型的分析思维的产物。人类的意识真能清清楚楚地、泾渭分明地划分为三个整整齐齐的层次吗？这是办不到的。反不如根据接近于东方的综合思维方式的新兴的模糊理论，来阐释人类意识的层次，这样更能接近客观事实。

谈到言和意。如上所述，意的层次是无穷无尽模糊不清的。外化为言，言的层次也是无穷无尽模糊不清的。此外还有言时的一些外在条件，比如眼神、手势、脸部表情、声音高低、疾徐等等。化为文字也有许多外在条件。这样的言，听到别人耳中，看在别人眼中，听的人和读的人，又要根据各自不同的经验，来加以体会，加以了解。这样一来，听者和读者体会到的和了解到的东西，同原来说者和写者所要想表达的意，绝对不可能完全符合。这是一个典型的模糊关系。从这个观点上来看哲学家们争论不休的“言意之辨”，颇有点庸人自扰的味道。最好了之以模糊理论，这样反而能使天下太平。至于怎样去阐述，简单几句话是不够的，最好还是多说几句。可是那就非我的能力所能及，只能靠大体上能同意我这个“野狐”的看法的真正的专家学者的力量了。

此外，中国哲学史、文学史，特别是绘画史上的“形神问题”，与言意之辨不是一码事，但却又有某些类似之处，我在这里就先不谈了。

中国文论的“话语”

我现在又必须回到我在上面“论所谓‘失语症’”中所谈的“话语”问题上来了。

我在那里已经说过，曹顺庆先生的文章是一篇很好的、很有见地的文章。我们意见不同之处只在“失语症”这个词儿上，究竟是谁患了文论话语的“失语症”？是中国，还是西方？我在那里说过两句话：“我认为，患‘失语症’的不是我们中国文论，而正是西方文论。”对于这两句话，我现在必须加以解释。

曹先生说：“中国文化要想自立于世界民族之林，就必须重新建构自己的理论话语。”这是正确的意见，我只是对“重新”二字有点保留意见。怎样来“建构”呢？曹先生的意思似乎是想把东西文论的话语糅合在一起，形成一个“杂语共生态”。这是完全办不到的。因为东西两方面的文论话语来源于两个完全不同的思维模式，还是我那一套老话：东方综合，而西方分析。西方文论学家企图把一篇文学作品加以分析、解剖，给每一个被分析的部门一个专门名词，支离繁琐。而东方的以中国文论家为代表的文论家则从整体出发，把他们从一篇文学作品中悟出来的道理或者印象，用形象化的语言，来给它一个评价，比如“清新庾开府，俊逸鲍参军”，对李白则称之曰“飘逸豪放”，对杜甫则称之为“沉郁顿挫”，如此等等，例子不胜枚举，这是两种截然不同的文论话语，想把它们融会在一起，不亦难乎！至于这两种话语哪一个更好，我无法回答。我是不薄西方爱东方。就让这两种话语并驾齐驱，共同发展下去吧。二者共存，可以互补互利，使对方时时有所借鉴，当然也并不能排除在某些方面能互相学习。所有这一切，都只能说是好事情。抑一个，扬一个，甚至想消灭一个，都是不妥当的。

说了半天，一个重要的问题还没有答复：中国文论的话语究竟应该是一个什么样子呢？我在上面已经说过，理论来自实际，来自实践，中国文学的载体是中国的语言和文字，讲中国文论不能离开这个实际，从而中国文论的话语也绝不能离开这个实际。

空口无凭，这里需要一些实际的例子。王静安《人间词话》说："'红杏枝头春意闹'，著一'闹'字而境界全出。'云破月来花弄影'，著一'弄'字而境界全出矣。"这类有关"炼"字的论述，古代文论中极多。西方写散文和写诗，使用的词儿有时也会不相同的，其中也有"炼"的意味，但不像中国这样严重而已。在中国类似的例子还可以举出许多来，仅就大家所熟知的例子就有"春风又绿江南岸"中的"绿"字，也可以说："著一'绿'字而境界全出"。"先生之德，山高水长"改一个字，把"德"改为"风"，则意味迥乎不同。至于"池塘生青草"这样传颂千古的名句，若译为西文，则必平淡枯燥，让西方人大惑不解。唐代王维的诗，与此句有相通之处。我个人认为，这是中国诗歌与禅趣密切相连的表现，只能意会，不能言传，一落言筌，立即失色。这又只能以模糊理论来解释了。至于中国的对仗、排比、四声平仄，声音之响亮与低沉，都可以说是中国诗歌的特点，是由汉文本身所决定的。

谈到文论的话语，中国早就有一套的。魏晋南北朝时表现得最明显具体。评人论文，莫不皆然。归根结底，这都与综合的思维方式密切相连。我在下面先举一些具体的例子：

世说新语《四部丛刊》本

德行第一

页二1　林宗曰："叔度汪汪如万顷之波，澄之不清，扰之不浊，其器深广，难测量也。"

页三1　季方曰："吾家君譬如桂树生泰山之阿，上有万仞之高，下有不测之深……"

言语第二

页一六2　徐曰：譬如人眼中有瞳子，无此必不明。

文学第四

页二二2　刘尹答曰："譬如泻水著地，正自纵横流漫，略无正方圆者。"

页三三2　孙兴公曰："潘文烂若披锦，无处不善。陆文若排沙简金，往往见宝。"

赏誉第八

页四四1　世目李元礼谡谡如劲松下风。

页四五1　公孙度目邴原："所谓云中白鹤，非燕雀之网所能罗也。"

页四六1　裴令公目夏侯太初，肃肃如入廊庙中，不修敬而人自敬。一曰：如入宗庙，琅琅但见礼乐器。见钟士季，如观武库，但睹矛戟。见傅兰硕，汪墙（汪洋——引者）靡所不有。见山巨源，如登山临下，幽然深远。

2　王戎目山巨源，如璞玉浑金，人皆钦其宝，莫知名其器。

页四七2　庾子嵩目和峤森森如千丈松，虽磊砢有节目，施之大厦，有栋梁之用。

页四九1　张华见褚陶，语陆平原曰：君兄弟龙跃云津，顾彦先凤鸣朝阳。

2　有问秀才："吴旧姓何如？"答曰："……严仲弼，九皋之鸣鹤，空谷之白驹。顾彦先，八音之琴瑟，五色之龙章。张威伯，岁寒之茂松，幽夜之逸光。陆士衡、士龙，鸿鹄之裴回，悬鼓之待槌。"

容止第十四

页一2　魏明帝使后弟毛曾与夏侯玄共坐。时人谓蒹葭倚玉树。

时人目夏侯太初朗朗如日月之入怀。李安国颓唐如玉山之将崩。

页一2—页二1　嵇康身长七尺八寸，风姿特秀。见者叹曰："萧萧肃肃，爽朗清举。"或云："肃肃如松下风，高而徐引。"山公曰："嵇叔夜之为人也，岩岩若孤松之独立，其醉也，傀俄若玉山之将崩。"

页二1　裴令公目王安丰眼烂烂如岩下电。

　　2　双眸闪闪若岩下电。

页三1　如玉山上行，光映照人。

页三2　琳琅珠玉。

　　王大将军称太尉处众人中，似珠玉在瓦石间。

页五2　时人目王右军，飘如游云，矫若惊龙。

页六2　轩轩如朝霞举。

页七1　濯濯如春月柳。

白新第十五

页十1　有人哭和长舆曰："峨峨若千丈松崩。"

巧艺第二十一

页三四2　顾长康道画，手挥五弦易，目送归鸿难。

从上面《世说新语》的这些例子中，我们能够明确无误地看到，当时评论人物，讲述事实，评判文章，用的都是形象化的语言，不用干巴巴的理论性的抽象的话语。

我还可以从《诗品》中举出几个例子来。比如，讲到谢灵运，就说："譬犹青松之拔灌木，白玉之映尘沙"；讲嵇康则用"峻切"；讲班姬则用"清捷"；讲曹植则用"骨气奇高"；讲刘桢则用"真骨凌霜"等等。其中"峻切"等词，似与西方分析性的抽象话语相似，但是，倘一仔细品味，其间仍有不同，仍然是中国感悟式、印象式的词语，不可同日而语。至于后来的"羚羊挂角，无迹可求""镜中花""水中月"等等，都是一脉相承的。

中国这些话语，表面上看起来似乎很笼统，很不确切，有人可能认为是不"科学"——我坦白承认，我从前就属于这类人——很模糊。我现在却认为，妙就妙在模糊上。模糊能给人以整体概念和整体印象。这样一来，每个读者都有发挥自己想象力和审美能力的完全的自由，海阔天空，因人而异，每个人都能够得到自己那一份美感享受，不像西方文论家那样，对文学作品硬作机械的分析，然后用貌似谨严、“科学”的话语，把自己的意见表达出来，牵着读者的鼻子走，不给读者以发挥自己想象力的自由。如果给点自由的话，也绝不会太多。

怎样在世界文论中发出声音

曹顺庆先生在担心之余提出了这个问题。我自己在《〈东方文论选〉序》中也慨叹过：“我们东方国家，在文艺理论方面噤若寒蝉，在近代没有一个人创立出什么比较有影响的文艺理论体系……没有一本文艺理论著作传入西方，起了影响，引起轰动。”黄维梁先生也十分感叹地说：“在当今的世界文论中，完全没有我们中国的声音。20世纪是文评理论风起云涌的时代，各种主张和主义，争妍斗丽，却没有一种是中国的……尽管中国的科学家有多人得过诺贝尔奖，中国的作家却无人得此殊荣，中华的文评家无人争取到国际地位。”够了，够了，不必再多征引了。大家讲的都是一码事。

我在上面已经说过，我们在文论话语方面，绝不是赤贫，而是满怀珠玑。我们有一套完整的与西方迥异的文论话语。我在这里想补充几个例子。我在上面讲的主要是文论的话语，间或涉及人物评论。其实，不但文论和人物评论如此，连中国书法评论也不例外。例子无需多举，我只举中国的书圣王羲之。查《晋书》卷八十《王羲之传》，附《王献之传》。献之是羲之之子，也是著名的书法家。在《王羲之传》最后的“制曰”中，详细分析了羲之和献之父子二人书法之高低不同，连带谈到了钟繇。对钟繇的书法说：“钟虽擅美一时，亦为迥绝。论其尽善，或有所疑。至于布纤浓，分疏密，霞舒云卷，无所间然。但其体则古而不今，字则长而逾制，语其大意，以此为瑕。”谈到钟繇的书法艺术，也使用了一些形象的比喻“霞舒云卷”。这与当时的做法是相一致的。谈到王献之的书法，则说：“献之虽有父风，殊非新巧，观其字势疏瘦，如隆冬之枯树；览其笔踪拘束，若严家之饿隶。其枯树也，虽槎枿而无屈伸；其饿隶也，则羁羸而不放纵。兼斯二者，故翰墨之病欤！”谈到王羲之的字则说：“观其点曳之工，裁成之纱，烟霏露结，状若断而还连；凤翥龙蟠，势若斜而反直。”梁武帝《古今书人优劣评》说：“王羲之书，字势雄逸，如龙跳天门，虎卧凤阙，故历代宝之。”你看，上面这些评论书法的“话语”，全是形象化的比喻，与文论完全一致，不加逻辑分析，而使用生动的形象。这是中国文论和画论以及书论的特点。(梁武帝一文，蒙欧阳中石先生见告，书此志谢。)

我们中国有长达两千多年的文论萌芽和发展的历史，不像西方那样开头兴旺，中间有了断层，最近又极为兴旺。可是眼前世界的文论界几乎完全为西方所垄断，新学说、新主义风起云涌，而又变化迅速。有的主义延长的时间长一点，有的简直是“蟪蛄不知春秋”，“江山时有主义出，各领风骚数十天”。在这样的热闹声中，却独独没有中国的声音。这岂不是天大的怪事?

据我个人的看法，要想追究其原因，也并不十分困难。我们不妨先从黄维梁先生提到的诺贝尔文学奖谈起。这个奖已经有接近一百年的历史。获此奖者确有一些伟大的作家，但也不乏一些名不见经传的二三流的作家，他们的作品不过如曹操的诗所说的“譬如朝露，去日苦多”而已。最令人大惑不解——其实也是小惑易解——的是，中国迄今亦无一人获得，连在中国文学史上占有地位的鲁迅诸大师，也与此奖无缘。我为什么又说：小惑易解呢?简单明了地说一句话：这出乎西方某一些，特别是主其事者的瑞典某汉学家等人的偏见。时至今日，西方文化的弊端已经开始显露之际，竟还有一些西方人把枕头垫得高高地做着甜美的“天之骄子”的梦，对中国毫不了解，而且也根本不想了解。相对而言，中国虽不能说没有崇洋媚外者流，但是连一般老百姓都能够或多或少地或深或浅地了解欧美情况。孙子说：“知己知彼，百战不殆。”我们能做到知己知彼，而西方则做不到。将来一旦有事，优劣之势立见，这是我敢断言的。

在这样的情况下，想使中国文论在世界上发出声音，要在世界文论之林中占一个地位，其关键不在西人手中，而全在我们手中。当年鲁迅主张“拿来主义”，我们现在要在拿来的同时，大力张扬“送去主义”。你不来拿，我偏要送给你。但送之必有术。其术在首先认真钻研我们这一套植根于东方综合思维模式的文论话语，自己先要说得清楚，不能以己之昏昏使人昭昭。其次则要彻底铲除“贾桂思想”，理直气壮地写出好文章，提出新理论，只要我们的声音响亮准确，必能振聋发聩。这样一来，我们必能把世界文论水平大大地向前推进一步。只有这样，我们才对得起中国几千年的优秀的文论传统，对得起我们的先人，对得起我们的后世子孙，对得起全世界的人民。

这是我的门外絮语。知我罪我，端在解人。

原载《文学评论》1996年第6期

季羡林文集

季羡林散文集

季羡林 著
蔡德贵 编

長春出版社
国家一级出版社
全国百佳图书出版单位

图书在版编目(CIP)数据

季羡林散文集 / 季羡林著 ; 蔡德贵编. —长春 : 长春出版社, 2018.1
(季羡林文集)
ISBN 978-7-5445-5072-7

Ⅰ. ①季… Ⅱ. ①季… ②蔡… Ⅲ. ①散文集-中国-当代 Ⅳ. ①I267

中国版本图书馆 CIP 数据核字(2017)第291639号

季羡林散文集(季羡林文集)

著　　者:季羡林
编　　者:蔡德贵
责任编辑:张中良　李春龙
封面设计:北京·春天书装

出版发行:長春出版社　　总编室电话:0431-88563443
地　　址:吉林省长春市建设街 1377 号　　发行部电话:0431-88561180
邮　　编:130061
网　　址:www.cccbs.net
制　　版:荣辉图文
印　　刷:长春方圆印业有限公司
经　　销:新华书店

开　　本:787 毫米×1092 毫米　1/16
总 字 数:1881 千字　　本册字数:305 千字
总 印 张:108　　本册印张:17.5
版　　次:2018 年 1 月第 1 版
印　　次:2018 年 1 月第 1 次印刷
定　　价:(全八册)298.00 元

1962 年，在埃及。右二为季羡林先生，中为吴晗先生

1962 年，与白寿彝先生合影

1973 年，在济南大明湖畔与家人合影

1979 年，访问印度

1981 年，访问日本

1983 年 4 月，参加第六届全国人民代表大会时留影

编辑缘起

年轻的时候，读季羡林先生的《春满燕园》《春归燕园》只觉得美，不知道那是学者散文的典范。后来读北京大学出版社出版的《季羡林散文集》，才发现季老在教课、大量科研和行政工作之余居然还创作了那么多的高质量散文作品。

到后来，给当代中国出版社编辑季羡林著作系列，阅读了更多的季老的作品。也有别的出版社出版了《赋得永久的悔》等多部散文集，香港还出版了繁体字版。这些散文集把季老推到散文大家的高地。

《二月兰》《老猫》《听雨》《夹竹桃》《怀念西府海棠》这些散文精品是我百读不厌的。读这些散文的时候，季老的样子总是浮现在我面前。他似乎在继续和我聊天，让我给他录音，把口述史未竟的工作做完。

孟昭毅先生在编辑季羡林先生的《我的人生感悟》散文集后记里说，季老散文之美真令人读之百味俱生，万念俱无。细读这些散文，真是人生最最惬意的快事。这些形散神聚于有意无意之间写就的文字，犹如润物细无声的春雨，有了灵性，启发了人的悟性，它将难以描摹的人生琐事化为令人难忘的一刻，将人的真善美展现给世人。人们一定会再次感受到世纪老人献给读者的是一颗赤热真诚的心。

我也有同感。

编　者

目　　录

枸杞树

在不经意的时候，一转眼便会有一棵苍老的枸杞树的影子飘过。这使我困惑。最先是去追忆：什么地方我曾看见这样一棵苍老的枸杞树呢？是在某处的山里么？是在另一个地方的一个花园里么？但是，都不像。最后，我想到才到北平时住的那个公寓；于是我想到这棵苍老的枸杞树。

我现在还能很清晰地温习一些事情：我记得初次到北平时，在前门下了火车以后，这古老都市的影子，便像一个秤锤，沉重地压在我的心上。我迷惘地上了一辆洋车，跟着木屋似的电车向北跑。远处是红的墙，黄的瓦。我是初次看到电车的；我想，“电”不是很危险吗？后面的电车上的脚铃响了；我坐的洋车仍然在前面悠然地跑着。我感到焦急，同时，我的眼仍然“如入山阴道上，应接不暇”，我仍然看到，红的墙，黄的瓦，终于，在焦急，又因为初踏入一个新的境地而生的迷惘的心情下，折过了不知多少满填着黑土的小胡同以后，我被拖到西城的某一个公寓里去了，我仍然非常迷惘而有点近于慌张，眼前的一切都仿佛给一层轻烟笼罩起来似的，我看不清院子里的什么东西，我甚至也没有看清我住的小屋，黑夜跟着来了，我便糊里糊涂地睡下去，做了许许多多离奇古怪的梦。

虽然做了梦；但是却没有能睡得很熟，刚看到窗上有点发白，我就起来了。因为心比较安定了一点，我才开始看得清楚：我住的是北屋，屋前的小院里，有不算小的一缸荷花，四周错落地摆了几盆杂花。我记得很清楚：这些花里面有一棵仙人头，几天后，还开了很大的一朵白花，但是最惹我注意的，却是靠墙长着的一棵枸杞树，已经长得高过了屋檐，枝干苍老钩曲像千年的古松，树皮皱着，色是黝黑的，有几处已经开了裂。幼年在故乡里的时候，常听人说，枸杞是长得非常慢的，很难成为一棵树，现在居然有这样一棵虬干的老枸杞站在我面前，真像梦；梦又掣开了轻渺的网，我这是站在公寓里么？于是，我问公寓的主人，这枸杞有多大年龄了，他也渺茫：他初次来这里开公寓时，这树就是现在这样，三十年来，没有多少变动。这更使我惊奇，我用惊奇的太息的眼光注视着这苍老的枝干在沉默着，又注视着接连着树顶的蓝蓝的长天。

就这样，我每天看书乏了，就总到这棵树底下徘徊。在细弱的枝条上，蜘蛛结了网，间或有一片树叶儿或苍蝇蚊子之流的尸体粘在上面。在有太阳和灯火照上去的时候，这小小的网也会反射出细弱的清光来。倘若再走近一点，你又可以看到有许多叶上都爬着长长的绿色的虫子，在爬过的叶上留了半圆缺口。就在这有着缺口的叶片上，你可以看到各样的斑驳陆离的彩痕。对了这彩痕，你可以随便想到什么东西，想到地图，想到水彩画，想到被雨水冲过的墙上的残痕，再玄妙一点，想到宇宙，想到有着各种彩色的迷离的梦影。这许许多多的东西，都在这小的叶片上呈现给你。当你想到地图的时候，你可以任意指定一个小的黑点，算做你的故乡。再大一点的黑点，算做你曾游过的湖或山，你不是也可以在你心的深处浮起点温热的感觉么？这苍老的枸杞树就是我的宇宙。不，这叶片就是我的全宇宙。我替它把长长的绿色的虫子拿下来，摔在地上，对了它，我描画给自己种种涂着彩色的幻想，我把我的童稚的幻想，拴在这苍老的枝干上。

在雨天，牛乳色的轻雾给每件东西涂上一层淡影。这苍黑的枝干更显得黑了。雨住了的时候，有一两个蜗牛在上面悠然地爬着，散步似的从容，蜘蛛网上残留的雨滴，静静地发着光。一条虹从北屋的脊上伸展出去，像拱桥不知伸到什么地方去了。这枸杞的顶尖就正顶着这桥的中心。不知从什么地方来的阴影，渐渐地爬过了西墙，墙隅的蜘蛛网，树叶浓密的地方仿佛把这阴影捉住了一把似的，渐渐地黑起来。只剩了夕阳的余晖返照在这苍老的枸杞树的圆圆的顶上，淡红的一片，熠耀着，俨然如来佛头顶上金色的圆光。

以后，黄昏来了，一切角隅皆为黄昏占领了。我同几个朋友出去到西单一带散步。穿过了花市，晚香玉在薄暗里发着幽香。不知在什么时候，什么地方，我曾读过一句诗："黄昏里充满了木犀花的香。"我觉得很美丽。虽然我从来没有闻到过木犀花的香；虽然我明知道现在我闻到的是晚香玉的香。但是我总觉得我到了那种飘渺的诗意的境界似的。在淡黄色的灯光下，我们摸索着转进了幽黑的小胡同，走回了公寓。这苍老的枸杞树只剩下了一团凄迷的影子，靠了北墙站着。

跟着来的是个长长的夜。我坐在窗前读着预备考试的功课。大头尖尾的绿色小虫，在糊了白纸的玻璃窗外有所寻觅似的撞击着。不一会，一个从缝里挤进来了，接着又一个，又一个。成群的围着灯飞。当我听到卖“玉米面饽饽”戛长的永远带点儿寒冷的声音，从远处的小巷里越过了墙飘了过来的时候，我便捻熄了灯，睡下去。于是又开始了同蚊子和臭虫的争斗。在静静的长夜里，忽然醒了，残梦仍然压在我心头，倘若我听到又有悉索的声音在这棵苍老的枸杞树周围，我便知道外面又落了雨。我注视着这神秘的黑暗，我描画给自己：这枸杞树的苍黑的枝干该变黑了罢；那匹蜗牛有所趋避该匆匆地在向隐僻处爬去罢；小小的圆的蜘蛛网，该又捉住雨滴了罢，这雨滴在黑夜里能不能静静地发着光呢？我做着天真的童话般的梦。我梦到了这棵苍老的枸杞树。——这枸杞树也做梦么？第二天早起来，外面真的还在下着雨。空气里充满了清新的沁人心脾的清香。荷叶上顶着珠子似的雨滴，蜘蛛网上也顶着，静静地发着光。

在如火如荼的盛夏转入初秋的澹远里去的时候，我这种诗意的又充满了稚气的生活，终于也不能继续下去。我离开这公寓，离开这苍老的枸杞树，移到清华园里来。到现在差不多四年了。这园子素来是以水木著名的。春天里，满园里怒放着红的花，远处看，红红的一片火焰。夏天里，垂柳拂着地，浓翠扑上人的眉头。红霞般爬山虎给冷清的深秋涂上一层凄艳的色彩。冬天里，白雪又把这园子安排成为一个银的世界。在这四季，又都有西山的一层轻渺的紫气，给这园子添了不少的光辉。这一切颜色：红的，翠的，白的，紫的，混合地涂上了我的心，在我心里幻成一幅绚烂的彩画。我做着红色的，翠色的，白色的，紫色的，各样颜色的梦。论理说起来，我在西城的公寓做的童话般的梦，早该被挤到不知什么地方去了。但是，我自己也不了解，在不经意的时候，总有一棵苍老的枸杞树的影子飘过。飘过了春天的火焰似的红花；飘过了夏天的垂柳的浓翠；飘过了红霞似的爬山虎，一直到现在，是冬天，白雪正把这园子装成银的世界。混合了氤氲的西山的紫气，静定在我的心头。在一个浮动的幻影里，我仿佛看到：有夕阳的余晖返照在这棵苍老的枸杞树的圆圆的顶上，淡红的一片，熠耀着，像如来佛头顶上的金光。

1933 年 12 月 8 日雪之下午

海棠花

早晨到研究所去的路上，抬头看到人家园子里正开着海棠花，缤纷烂漫地开成一团。这使我想到自己在故乡院子里的那两棵海棠花，现在想也正是开花的时候了。

我虽然喜欢海棠花，但却似乎与海棠花无缘。自家院子里虽然就有两棵，枝干都非常粗大，最高的枝子竟高过房顶，秋后叶子落光了的时候，看到尖尖的顶枝直刺着蔚蓝悠远的天空，自己的幻想也仿佛跟着高爬上去，常常默默地看上半天；但是要到记忆里去搜寻开花时的情景，却只能搜到很少几个断片。搬过家来以前，曾在春天到原来住在这里的亲戚家里去讨过几次折枝，当时看了那开得团团滚滚的花朵，很羡慕过一番。但这已经是很久很久以前的事情，现在回忆起来都有点渺茫了。

家搬过来以后，自己似乎只在家里待过一个春天。当时开花时的情景，现在已想不真切。记得有一个晚上同几个同伴在家南边一个高崖上游玩。向北看，看到一片屋顶，其中纵横穿插着一条条的空隙，是街道。虽然也可以幻想出一片海浪，但究竟单调得很。可是在这一片单调的房顶中却蓦地看到一树繁花的尖顶，绚烂得像是西天的晚霞。当时我真有说不出的高兴，其中还夹杂着一点渴望，渴望自己能够走到这树下去看上一看。于是我就按着这一条条的空隙数起来，终于发现，那就是自己家里那两棵海棠树。我立刻跑下崖头，回到家里，站在海棠树下，一直站到淡红的花团渐渐消逝到黄昏里去，只朦胧留下一片淡白。

但是这样的情景只有过一次，其余的春天我都是在北京度过的。北京是古老的都城，尽有许多机会可以做赏花的韵事。但是自己却很少有这福气，我只到中山公园去看过芍药，到颐和园去看过一次木兰。此外，就是同一个老朋友在大毒日头下面跑过许多条窄窄的灰土街道到崇效寺去看过一次牡丹；又因为去得太晚了，只看到满地残英。至于海棠，不但是很少看到，连因海棠而出名的寺院似乎也没有听说过。北京的春天是非常短的，短到几乎没有。最初还是残冬，要是接连吹上几天大风，再一看树木都长出了嫩绿的叶子，天气陡然暖了起来，已经是夏天了。

夏天一来，我就又回到故乡去。院子里的两棵海棠已经密密层层地盖满了大叶子，很难令人回忆起这上面曾经开过团团滚滚的花。长昼无聊，我躺在铺在屋里面地上的席子上睡觉，醒来往往觉得一枕清凉，非常舒服。抬头看到窗纸上历历乱乱地布满了叶影。我间或也坐在窗前看点书，满窗浓绿，不时有一只绿色的虫子在上面慢慢地爬过去，令我幻想深山大泽中的行人。蜗牛爬过的痕迹就像是山间林中的蜿蜒的小路。就这样，自己可以看上半天。晚上吃过饭后，就搬了椅子坐在海棠树下乘凉，从叶子的空隙处看到灰色的天空，上面嵌着一颗一颗的星。结在海棠树与檐边中间的蜘蛛网，借了星星的微光，把影子投在天幕上。一切都是这样静。这时候，自己往往什么都不想，只让睡意轻轻地压上眉头。等到果真睡去半夜里再醒来的时候，往往听到海棠叶子窸窸窣窣地直响，知道外面下雨了。

似乎这样的夏天也没有能过几个，六年前的秋天，当海棠树的叶子渐渐地转成淡黄的时候，我离开故乡，来到了德国。一转眼，在这个小城里，就住了这么久。我们天天在过日子，却往往不知道日子是怎样过的。以前在一篇什么文章里读到这样一句话："我们从现在起要仔仔细细地过日子了。"当时颇有同感，觉得自己也应立刻从即时起仔仔细细地过日子了。但是过了一些时候，再一回想，仍然是有些捉摸不住，不知道日子是怎样过去的。到了德国，更是如此。我本来是下定了决心用苦行者的精神到德国来念书的，所以每天除了钻书本以外，很少想到别的事情。可是现实的情况又不允许我这样做。而且祖国又时来入梦，使我这万里外的游子心情不能平静。就这样，在幻想和现实之间，在祖国和异域之间，我的思想在挣扎着。不知道怎样一来，一下子就过了六年。

哥廷根是有名的花城。来到的第一个春天，这里花之多就让我吃惊。雪刚融化，就有白色的小花从地里钻出来。以后，天气逐渐转暖。一转眼，家家园子里都挤满了花。红的、黄的、蓝的、白的，大大小小，五颜六色，锦似的一片，都不知道是什么时候开放的。山上树林子里，更有整树的白花。我常常一个人在暮春五月到山上去散步。暖烘烘的香气飘拂在我的四周。人同香气仿佛融而为一，忘记了花，也忘记了自己。直到黄昏才慢慢回家。但是我却似乎一直没注意到这里也有海棠花。原因是，我最初只看到满眼繁花，多半是叫不出名字。“看花苦为译秦名”，我也就不译了。因而也就不分什么花什么花，只是眼花缭乱而已。

但是，真像一个奇迹似的，今天早晨我竟在人家园子里看到盛开的海棠花。我的心一动，仿佛刚睡了一大觉醒来似的，蓦地发现，自己在这个异域的小城里住了六年了。乡思浓浓地压上心头，无法排解。

我前面说，我同海棠花无缘。现在我不知道应该怎样说好了。乡思并不是很舒服的事情。但是在这垂尽的五月天，当自己心里填满了忧愁的时候，有这么一团十分浓烈的乡思压在心头，令人感到痛苦。同时我却又有点爱惜这一点乡思，欣赏这一点乡思。它使我想到：我是一个有故乡和祖国的人。故乡和祖国虽然远在天边；但是现在它们却近在眼前。我离开它们的时间愈远，它们却离我愈近。我的祖国正在苦难中，我是多么想看到它呀！把祖国召唤到我眼前来的，似乎就是这海棠花，我应该感激它才是。

想来想去，我自己也糊涂了。晚上回家的路上，我又走过那个园子去看海棠花。它依旧同早晨一样，缤纷烂漫地开成一团。它似乎一点也不理会我的心情。我站在树下，呆了半天，抬眼看到西天正亮着同海棠花一样红艳的晚霞。

1941 年 5 月 29 日于德国哥廷根

香　橼

书桌上摆着一只大香橼，半黄半绿，黄绿相间，耀目争辉。每当夜深人静，我坐下来看点什么写点什么的时候，它就在灯光下闪着淡淡的光芒，散发出一阵阵的暗香，驱除了我的疲倦，振奋了我的精神。

它也唤起了我的回忆，回忆到它的家乡，云南思茅。

思茅是有名的地方。可是，在过去几百年几千年的历史上，它是地地道道的蛮烟瘴雨之乡。对内地的人来说，它是一个神秘莫测的地方；除非被充军，是没有人敢到这里来的。来到这里，也就不想再活着离开。“江南瘴疠地”，真令人谈虎色变。当时这里流行着许多俗语：“要下思茅坝，先把老婆嫁”“只见娘怀胎，不见儿上街”等等。这是从实际生活中归纳出来的结论，情况也真够惨的了。

就说十几二十年以前吧，这里也还是一个人间地狱。1938 年和 1948 年，这里爆发了两次恶性疟疾，每两个人中就有一个患病死亡的。城里的人死得没有剩下几个。即使在白天，也是阴风惨惨。县大老爷的衙门里，野草长到一人多高。平常住在深山密林里的虎豹，干脆扶老携幼把家搬到县衙门里来，在这里生男育女，安居乐业，这里比山上安全得多。

这就是过去的情况。

但是，不久以前，当我来到祖国这个边疆城市的时候，情况却完全不一样了。我们一走下飞机，就爱上了这个地方。这简直是一个宝地，一个乐园。这里群山环翠，碧草如茵，有四时不谢之花，八节长春之草。我们都情不自禁地唱起“思茅的天，是晴朗的天”这样自己编的歌来。你就看那菜地吧：大白菜又肥又大，一棵看上去至少有三十斤。叶子绿得像翡翠，这绿色仿佛凝固了起来，一伸手就能抓到一块。香蕉和芭蕉也长得高大逾常，有的竟赛过两层楼房，把黑大的影子铺在地上。其他的花草树木，无不繁荣茂盛，郁郁苍苍。到处是一片绿、绿、绿。我感到有一股活力，奔腾横溢，如万斛泉涌，拔地而出。

人呢，当然也都是健康的。现在，恶性疟疾已经基本上扑灭。患这种病的人一千人中才有两个，只等于过去的二百五十分之一。即使不幸得上这种病，也有药可以治好。所谓“蛮烟瘴雨”，早成历史陈迹了。

我永远也忘不掉我们参观的那一个托儿所。这里面窗明几净，地无纤尘。谁也不会想到，就在十几年前，这里还是一片荒草。我们看了所有的屋子，那些小桌子、小椅子、小床、小凳、小碗、小盆，无不整整齐齐，干干净净。这里的男女小主人更是个个活泼可爱，个个都是小胖子。他们穿着花花绿绿的衣服，向我们高声问好，给我们表演唱歌跳舞。红苹果似的小脸笑成了一朵朵的花。我立刻想到那句俗语：“只见娘怀胎，不见儿上街”，我心里思绪万端，真有不胜今昔之感了。我们说这个地方现在是乐园、是宝地，除此之外，难道还有更恰当的名称吗？

就在这样一个宝地上，我第一次见到大香橼。香橼，我早就见过；但那是北京温室里培育出来的，倒是娇小玲珑，可惜只有鸭蛋那样大。思茅的香橼却像小南瓜那样大，一个有四五斤重。拿到手里，清香扑鼻。颜色有绿有黄，绿的像孔雀的嗉袋，黄的像田黄石，令人爱不释手。我最初确有点吃惊：怎么香橼竟能长到这样大呢？但立刻又想到：宝地生宝物，不也是很自然的吗？

我们大家都想得到这样一只香橼。画家想画它，摄影家想照它。我既不会画，也不会摄影，但我十分爱这个边疆的城市，却又无法把它放在箱子里带回北京。我觉得，香橼就是这个城市的象征，带走一只大香橼，就无异于带走思茅。于是我就买了一只，带回北京来，现在就摆在我的书桌上。我每次看到它，就回忆起思茅来，回忆起我在那里度过的那一些愉快的日子来，那些动人心魄的感受也立刻涌上心头。思茅仿佛就在我的眼前，历历如绘。在这时候，我的疲倦被驱除了，我的精神振奋起来了，而且我还幻想，在今天的情况下，已经长得够大的香橼，将来还会愈长愈大。

1962年3月30日

马缨花

曾经有很长的一段时间，我孤零零一个人住在一个很深的大院子里。从外面走进去，越走越静，自己的脚步声越听越清楚，仿佛从闹市走向深山。等到脚步声成为空谷足音的时候，我住的地方就到了。

院子不小，都是方砖铺地，三面有走廊。天井里遮满了树枝，走到下面，浓荫匝地，清凉蔽体。从房子的气势来看，从梁柱的粗细来看，依稀还可以看出当年的富贵气象。

这富贵气象是有来源的。在几百年前，这里曾经是明朝的东厂。不知道有多少忧国忧民的志士曾在这里被囚禁过，也不知道有多少人在这里受过苦刑，甚至丧掉性命。据说当年的水牢现在还有迹可寻哩。

等到我住进去的时候，富贵气象早已成为陈迹，但是阴森凄苦的气氛却是原封未动。再加上走廊上陈列的那一些汉代的石棺石椁，古代的刻着篆字和隶字的石碑，我一走回这个院子里，就仿佛进入了古墓。这样的环境，这样的气氛，把我的记忆提到几千年前去；有时候我简直就像是生活在历史里，自己俨然成为古人了。

这样的气氛同我当时的心情是相适应的，我一向又不相信有什么鬼神，所以我住在这里，也还处之泰然。

但是也有紧张不泰然的时候。往往在半夜里，我突然听到推门的声音，声音很大，很强烈。我不得不起来看一看。那时候经常停电。我只能在黑暗中摸索着爬起来，摸索着找门，摸索着走出去。院子里一片浓黑，什么东西也看不见。连树影子也仿佛同黑暗粘在一起，一点都分辨不出来。我只听到大香椿树上有一阵窸窸窣窣的声音，然后咪噢的一声，有两只小电灯似的眼睛从树枝深处对着我闪闪发光。

这样一个地方，对我那些经常来往的朋友们来说，是不会引起什么好感的。有几位在白天还有兴致来找我谈谈，他们很怕在黄昏时分走进这个院子。万一有事，不得不来，也一定在大门口向工友再三打听，我是否真在家里，然后才有勇气，跋涉过那一个长长的胡同，走过深深的院子，来到我的屋里。有一次，我出门去了，看门的工友没有看见。一位朋友走到我住的那个院子里，在黄昏的微光中，只见一地树影，满院石棺，我那小窗上却没有灯光。他的腿立刻抖了起来，费了好大力量，才拖着它们走了出去。第二天我们见面时，谈到这点经历，两人相对大笑。

我是不是也有孤寂之感呢？应该说是有的。当时正是“万家墨面没蒿莱”的时代，北京城一片黑暗。白天在学校里的时候，同青年同学在一起，从他们那蓬蓬勃勃的斗争意志和生命活力里，还可以吸取一些力量和快乐，精神十分振奋。但是，一到晚上，当我孤零一个人走回这个所谓家的时候，我仿佛遗世而独立。没有人声，没有电灯，没有一点活气。在煤油灯的微光中，我只看到自己那高得、大得、黑得惊人的身影在四面的墙壁上晃动，仿佛是有个巨灵来到我的屋内。寂寞像毒蛇似的偷偷地袭来，折磨着我，使我无所逃于天地之间。

在这样无可奈何的时候，有一天，在傍晚的时候，我从外面一走进那个院子，蓦地闻到一股似浓似淡的香气。我抬头一看，原来是遮满院子的马缨花开花了。在这以前，我知道这些树都是马缨花；但是我却没有十分注意它们。今天它们用自己的香气告诉了我它们的存在。这对我似乎是一件新事。我不由得就站在树下，仰头观望：细碎的叶子密密地搭成了一座天棚，天棚上面是一层粉红色的细丝般的花瓣，远处望去，就像是绿云层上浮上了一团团的红雾。香气就是从这一片绿云里洒下来的，洒满了整个院子，洒满了我的全身，使我仿佛游泳在香海里。

花开也是常有的事，开花有香气更是司空见惯。但是，在这样一个时候，这样一个地方，有这样的花，有这样的香，我就觉得很不寻常；有花香慰我寂寥，我甚至有一些近乎感激的心情了。

从此，我就爱上了马缨花，把它当成了自己的知心朋友。

北京终于解放了。1949 年的 10 月 1 日给全中国带来了光明与希望，给全世界带来了光明与希望。这一个具有重大意义的日子在我的生命里划上了一道鸿沟，我仿佛重新获得了生命。可惜不久我就搬出了那个院子，同那些可爱的马缨花告别了。

时间也过得真快，到现在，才一转眼的工夫，已经过去了十三年。这十三年是我生命史上最重要、最充实、最有意义的十三年。我看了很多新东西，学习了很多新东西，走了很多新地方。我当然也看了很多奇花异草。我曾在亚洲大陆最南端科摩林海角看到高凌霄汉的巨树上开着大朵的红花；我曾在缅甸的避暑胜地东枝看到开满了小花园的火红照眼的不知名的花朵；我也曾在塔什干看到长得像小树般的玫瑰花。这些花都是异常美妙动人的。

然而使我深深地怀念的却仍然是那些平凡的马缨花。我是多么想见到它们呀！

最近几年来，北京的马缨花似乎多起来了。在公园里，在马路旁边，在大旅馆的前面，在草坪里，都可以看到新栽种的马缨花。细碎的叶子密密地搭成了一座座的天棚，天棚上面是一层粉红色的细丝般的花瓣。远处望去，就像是绿云层上浮上了一团团的红雾。这绿云红雾飘满了北京。衬上红墙、黄瓦，给人民的首都增添了绚丽与芬芳。

我十分高兴。我仿佛是见了久别重逢的老友。但是，我却隐隐约约地感觉到，这些马缨花同我回忆中的那些很不相同。叶子仍然是那样的叶子，花也仍然是那样的花；在短短的十几年以内，它决不会变了种。它们不同之处究竟何在呢?

我最初确实是有些困惑，左思右想，只是无法解释。后来，我扩大了我回忆的范围，不把回忆死死地拴在马缨花上面，而是把当时所有同我有关的事物都包括在里面。不管我是怎样喜欢院子里那些马缨花，不管我是怎样爱回忆它们，回忆的范围一扩大，同它们联系在一起的不是黄昏，就是夜雨，否则就是迷离凄苦的梦境。我好像是在那些可爱的马缨花上面从来没有见到哪怕是一点点阳光。

然而，今天摆在我眼前的这些马缨花，却仿佛总是在光天化日之下。即使是在黄昏时候，在深夜里，我看到它们，它们也仿佛是生气勃勃，同浴在阳光里一样。它们仿佛想同灯光竞赛，同明月争辉。同我回忆里那些马缨花比起来，一个是照相的底片，一个是洗好的照片；一个是影，一个是光。影中的马缨花也许是值得留恋的，但是光中的马缨花不是更可爱吗?

我从此就爱上了这光中的马缨花。而且我也爱藏在我心中的这一个光与影的对比。它能告诉我很多事情，带给我无穷无尽的力量，送给我无限的温暖与幸福；它也能促使我前进。我愿意马缨花永远在这光中含笑怒放。

1962 年 10 月 1 日

夹竹桃

夹竹桃不是名贵的花，也不是最美丽的花；但是，对我说来，它却是最值得留恋最值得回忆的花。

不知道由于什么缘故，也不知道从什么时候起，在我故乡的那个城市里，几乎家家都种上几盆夹竹桃，而且都摆在大门内影壁墙下，正对着大门口。客人一走进大门，扑鼻的是一阵幽香，入目的是绿蜡似的叶子和红霞或白雪似的花朵，立刻就感觉到仿佛走进自己的家门口，大有宾至如归之感了。

我们家的大门内也有两盆，一盆红色的，一盆白色的。我小的时候，天天都要从这下面走出走进。红色的花朵让我想到火，白色的花朵让我想到雪。火与雪是不相容的；但是，这两盆花却融洽地开在一起，宛如火上有雪，或雪上有火。我顾而乐之，小小的心灵里觉得十分奇妙，十分有趣。

只有一墙之隔，转过影壁，就是院子。我们家里一向是喜欢花的；虽然没有什么非常名贵的花，但是常见的花却是应有尽有。每年春天，迎春花首先开出黄色的小花，报告春的消息。以后接着来的是桃花、杏花、海棠、榆叶梅、丁香等等，院子里开得花团锦簇。到了夏天，更是满院葳蕤。凤仙花、石竹花、鸡冠花、五色梅、江西腊等等，五彩缤纷，美不胜收。夜来香的香气熏透了整个的夏夜的庭院，是我什么时候也不会忘记的。一到秋天，玉簪花带来凄清的寒意，菊花报告花事的结束。总之，一年三季，花开花落，没有间歇；情景虽美，变化亦多。

然而，在一墙之隔的大门内，夹竹桃却在那里静悄悄地一声不响，一朵花败了，又开出一朵；一嘟噜花黄了，又长出一嘟噜；在和煦的春风里，在盛夏的暴雨里，在深秋的清冷里，看不出什么特别茂盛的时候，也看不出什么特别衰败的时候，无日不迎风弄姿，从春天一直到秋天，从迎春花一直到玉簪花和菊花，无不奉陪。这一点韧性，同院子里那些花比起来，不是形成一个强烈的对照吗？

但是夹竹桃的妙处还不止于此。我特别喜欢月光下的夹竹桃。你站在它下面，花朵是一团模糊；但是香气却毫不含糊，浓浓烈烈地从花枝上袭了下来。它把影子投到墙上，叶影参差，花影迷离，可以引起我许多幻想。我幻想它是地图，它居然就是地图了。这一堆影子是亚洲，那一堆影子是非洲，中间空白的地方是大海。碰巧有几只小虫子爬过，这就是远渡重洋的海轮。我幻想它是水中的荇藻，我眼前就真地展现出一个小池塘。夜蛾飞过映在墙上的影子就是游鱼。我幻想它是一幅墨竹，我就真看到一幅画。微风乍起，叶影吹动，这一幅画竟变成活画了。

有这样的韧性，能这样引起我的幻想，我爱上了夹竹桃。

好多好多年，我就在这样的夹竹桃下面走出走进。最初我的个儿矮，必须仰头才能看到花朵。后来，我逐渐长高了，夹竹桃在我眼中也就逐渐矮了起来。等到我眼睛平视就可以看到花的时候，我离开了家。

我离开了家，过了许多年，走过许多地方。我曾在不同的地方看到过夹竹桃，但是都没有留下深刻的印象。

两年前，我访问了缅甸。在仰光开过几天会以后，缅甸的许多朋友们热情地陪我们到缅甸北部古都蒲甘去游览。这地方以佛塔著名，有“万塔之城”的称号。据说，当年确有万塔。到了今天，数目虽然没有那样多了，但是，纵目四望；嶙嶙峋峋，群塔簇天，一个个从地里涌出，宛如阳朔群山，又像是云南的石林，用“雨后春笋”这一句老话，差堪比拟。虽然花草树木都还是绿的，但是时令究竟是冬天了，一片萧瑟荒寒气象。

然而就在这地方，在我们住的大楼前，我却意外地发现了老朋友夹竹桃。一株株都跟一层楼差不多高，以至我最初竟没有认出它们来。花色比国内的要多，除了红色的和白色的以外，记得还有黄色的。叶子比我以前看到的更绿得像绿蜡，花朵开在高高的枝头，更像片片的红霞、团团的白雪、朵朵的黄云。苍郁繁茂，浓翠逼人，同荒寒的古城形成了强烈的对比。

我每天就在这样的夹竹桃下走出走进。晚上同缅甸朋友们在楼上凭栏闲眺，畅谈各种各样的问题，谈蒲甘的历史，谈中缅文化交流，谈中缅两国人民的胞波的友谊。在这时候，远处的古塔渐渐隐入暮霭中，近处的几个古塔上却给电灯照得通明，望之如灵山幻境。我伸手到栏外，就可以抓到夹竹桃的顶枝。花香也一阵一阵地从下面飘上楼来，仿佛把中缅友谊熏得更加芬芳。

就这样，在对于夹竹桃的婉美动人的回忆里，又涂上了一层绚烂夺目的中缅人民友谊的色彩。我从此更爱夹竹桃。

1962 年 10 月 17 日

一朵红色石竹花

一朵红色石竹花把我的回忆引到万里外的德意志民主共和国去。

这一朵花在衣箱中已经放了好多年，同一条蓝领巾在一起。花瓣已经枯萎，但是红色未褪，清香犹存。看到它还能令人依稀想见当年风姿。

看到它也能令我想到当年那一个面颊同红色石竹花一样红的、脖子上系着蓝领巾的德国少先队员。

我同她会面完全是偶然的。我们正在参观德累斯顿的少年宫。因为是在早晨，这一座宫殿的小主人都还没有来。我们走在里面，能清晰地听到自己说话的声音，甚至呼吸的声音。自己的脚步声在里面往复回荡，仿佛走在深山幽谷中。

然而，在寂静中，我却蓦地听到了仿佛从极远极远的地方隐隐约约地传来了小孩子们说话的声音。虽然听起来像是隔着一重山，但是它毕竟打破了这令人窒息的沉寂，带来了一点生气，我颇有空谷足音之感，心里无端兴奋起来了。

说话的声音越来越清晰，我们终于在一个大厅里碰了头：原来是一群系着蓝领巾的德国少先队员，由一个教员领着，来参观这一座少年宫。她们看来岁数都不大，最大的也不过十一二岁。每个人都有一双又圆又大的眼睛，双颊红艳得像院子里盛开的红石竹花，说话叽叽喳喳，活像是一群黎明时分迎着朝阳唱歌的活泼的小鸟。

她们看到了我们，声音突然沉默了，都瞪大了眼睛，注视着我们。教员看到情况不对头，赶快出来解围。他告诉我们：这些女孩子都是离城比较远的一个乡村里的小学生，今天乘假期进城来参观。在过去，他常常对她们谈到新中国和中国人民；她们都热爱新中国和中国人民。但是，真正见到中国人，今天还是第一次哩。

我听了觉得很有意思，就笑着跟她们打招呼。语言相通显然产生了很大的作用，解除了她们的拘束。她们又快活起来，叽叽喳喳，又像是一群黎明时分的小鸟了。

我问她们问题，她们都争着回答。有一个女孩子，个儿比较高，梳着两条短辫子，碧眼金发，高鼻皓齿，一笑腮上就出现两个酒涡。她似乎特别高兴。我就问她：

"你知道中国离这里多远吗?"

"知道。比我们村离德累斯顿还远哩。"说着还用手比划了一下。

"你知道中国在什么地方吗?"

"在东方。老师说，要爬一座山，过一条河；再爬一座山，再过一条河。走呀，走呀，走到最后，就到了中国。"

我听着不禁笑了起来，就对她说："中国的小孩子都愿意同德国的小孩子做朋友。你们刚才说，中国离开德国很远，其实是很近的。因为我们的心挨在一起。"

小女孩们听了，显然活跃起来。那一个高个的女孩子在自己脖子下面摸索了一阵，还没有等我来得及注意，一条德国少先队员戴的蓝领巾已经套在我的脖子上了。

我掏出日记本，请她写一写自己的名字。她毫不迟疑，提笔就写道：

> 我们向中国的儿童们和少先队员们致敬。我们感到同他们紧密地联系在一起。世界上没有任何力量可以把我们分开。
>
> 迦尔门·艾香德

这样小的年纪，写出了这样的话，我真正被感动了。我答应她，一定把她这一片美意转达给中国的儿童们和少先队员们；就同她握手告别。

我们又参观了几间屋子，正走出门口要上车的时候，忽然听到有人喊我，我回头一看，是小迦尔门。她手里举着一朵鲜艳的红石竹花，匆匆忙忙地塞到我手里，转身就跑了。

这一朵小小的花拿在我手里，我仔细观察了它一下：花瓣重叠，颜色鲜红，衬上青枝绿叶，宛如美玉雕成。我陡然觉得它重了起来，它仿佛把成千上万的德国少先队员的隆情厚谊都集中起来，世界上没有任何秤能衡量出它的重量。我郑重地把它同那一条蓝领巾包在一起，带上了飞机，飞越万里，带回国来。

它陪我过了一段兴奋愉快的生活，转瞬就是六七年。今天又在无意中找到了它，勾引起我这一段回忆。屈指算来，小迦尔门大概已经是十七八岁的少女了。可能已经在工厂里或农村里工作，也可能已经入了大学了。她还记得不记得我们那一次的偶然的会面呢？我相信，她同我一样，是不会忘记的，而且我还相信，总有一天，我们还会见面。

1962 年 10 月 19 日

五色梅

科纳克里是海之城、树之城，它也是花之城。

我们住的院子里就开满了花。高大的树上挂着大朵的红花。篱笆上爬满了喇叭筒似的黄花。地上铺着小朵的粉红色的花。烂漫纷披，五色杂陈。

这些花我都是第一次看到，名字当然不知道。我吟咏着什么人的一句诗："看花苦为译秦名"，心里颇有所感了。

但是，有一天，正当我在花园里散步的时候，我的眼前忽然一亮：我看到了什么十分眼熟的东西。仔细一看，是几株五色梅，被挤在众花丛中，有点喘不过气来；但仍然昂首怒放，开得兴会淋漓。

我从小就亲手种过五色梅。现在在离开祖国几万里的地方见到它，觉得十分顺眼，感到十分愉快。我连想都没有想，直觉地认为它就是从中国来的。现在我是他乡遇故知，大有恋恋难舍之感了。

可我立刻就问自己：为什么它一定是从中国来的呢？为什么它不能是原生在非洲后来流传到中国去的呢？为什么它就不能是在几内亚土生土长的呢？

这些问题我都回答不上来，我有点窘。

花木自古以来就是四海为家的。天涯处处皆芳草，没有什么地方没有美丽的花朵。原生在中国的花木传到了外国，外国的花木也传到了中国。它们由洋名而变为土名，由不习惯于那个最初很陌生的地方而变得习惯。在它们心中也许还怀念着自己的故乡吧；但是不论到了什么地方，只要一安顿下来，就毫不吝惜地散发出芳香，呈现出美丽，使大地更加可爱，使人们的生活更加丰富多彩。我现在却要同几内亚的五色梅攀亲论故，它们也许觉得可笑吧！

我自己也觉得可笑。低头看那几株五色梅，它好像根本不理会我想到的那些事情，正衬着大西洋的波光涛影，昂首怒放，开得兴会淋漓。

1964 年 1 月 28 日

槐　花

自从移家朗润园，每年在春夏之交的时候，我一出门向西走，总是清香飘拂，溢满鼻官。抬眼一看，在流满了绿水的荷塘岸边，在高高低低的土山上面，就能看到成片的洋槐，满树繁花，闪着银光；花朵缀满高树枝头，开上去，开上去，一直开到高空，让我立刻想到新疆天池上看到的白皑皑的万古雪峰。

这种槐树在北方是非常习见的树种。我虽然也陶醉于氤氲的香气中，但却从来没有认真注意过这种花树——惯了。

有一年，也是在这样春夏之交的时候，我陪一位印度朋友参观北大校园。走到槐花树下，他猛然用鼻子吸了吸气，抬头看了看，眼睛瞪得又大又圆。我从前曾看到一幅印度人画的人像，为了夸大印度人眼睛之大，他把眼睛画得扩张到脸庞的外面。这一回我真仿佛看到这一位印度朋友瞪大了的眼睛扩张到面孔以外来了。

“真好看呀！这真是奇迹!”

“什么奇迹呀?”

“你们这样的花树。”

“这有什么了不起呢？我们这里多得很。”

“多得很就不了不起了吗?”

我无言以对，看来辩论下去已经毫无意义了。可是他的话却对我起了作用：我认真注意槐花了，我仿佛第一次见到它，非常陌生，又似曾相识。我在它身上发现了许多新的以前从来没有发现的东西。

在沉思之余，我忽然想到，自己在印度也曾有过类似的情景。

我在海德拉巴看到耸入云天的木棉树时，也曾大为惊诧。碗口大的红花挂满枝头，殷红如朝阳，灿烂似晚霞，我不禁大为慨叹：

“真好看呀！简直神奇极了！”

“什么神奇？”

“这木棉花。”

“这有什么神奇呢？我们这里到处都有。”

陪伴我们的印度朋友满脸迷惑不解的神气。我的眼睛瞪得多大，我自己看不到。现在到了中国，在洋槐树下，轮到印度朋友（当然不是同一个人）瞪大眼睛了。

在我们的日常生活中，我们都有这样一个经验：越是看惯了的东西，便越是习焉不察，美丑都难看出。这种现象在心理学上是容易解释的：一定要同客观存在的东西保持一定的距离，才能客观地去观察。难道我们就不能有意识地去改变这种习惯吗？难道我们就不能永远用新的眼光去看待一切事物吗？

我想自己先试一试看，果然有了神奇的效果。我现在再走过荷塘看到槐花，努力在自己的心中制造出第一次见到的幻想，我不再熟视无睹，而是尽情地欣赏。槐花也仿佛是得到了知己，大大小小、高高低低的洋槐，似乎在喃喃自语，又对我讲话。周围的山石树木，仿佛一下子活了起来，一片生机，融融氤氲。荷塘里的绿水仿佛更绿了；槐树上的白花仿佛更白了；人家篱笆里开的红花仿佛更红了。风吹，鸟鸣，都洋溢着无限生气。一切眼前的东西联在一起，汇成了宇宙的大欢畅。

1986 年 6 月 3 日

神奇的丝瓜

今年春天，孩子们在房前空地上，斩草挖土，开辟出来了一个一丈见方的小花园。周围用竹竿扎了一个篱笆，移来了一棵玉兰花树，栽上了几株月季花，又在竹篱下面随意种上了几棵扁豆和两棵丝瓜。土壤并不肥沃，虽然也铺上了一层河泥，但估计不会起很大的作用，大家不过是玩玩而已。

过了不久，丝瓜竟然长了出来，而且日益茁壮、长大。这当然增加了我们的兴趣。但是我们也并没有过高的期望。我自己每天早晨工作疲倦了，常到屋旁的小土山上走一走，站一站，看看墙外马路上的车水马龙和亚运会招展的彩旗，顾而乐之，只不过顺便看一看丝瓜罢了。

丝瓜是普通的植物，我也并没有想到会有什么神奇之处。可是忽然有一天，我发现丝瓜秧爬出了篱笆，爬上了楼墙。以后，每天看丝瓜，总比前一天向楼上爬了一大段；最后竟从一楼爬上了二楼，又从二楼爬上了三楼。说它每天长出半尺，决非夸大之词。丝瓜的秧不过像细绳一般粗。如不注意，连它的根在什么地方，都找不到。这样细的一根秧竟能在一夜之间输送这样多的水分和养料，供应前方，使得上面的叶子长得又肥又绿，爬在灰白色的墙上，一片浓绿，给土墙增添了无量活力与生机。

这当然让我感到很惊奇，我的兴趣随之大大地提高。每天早晨看丝瓜成了我的主要任务。爬小山反而成为次要的了。我往往注视着细细的瓜秧和浓绿的瓜叶，陷入沉思，想得很远，很远……

又过了几天，丝瓜开出了黄花。再过几天，有的黄花就变成了小小的绿色的瓜。瓜越长越长，越长越大，重量当然也越来越增加，最初长出的那一个小瓜竟把瓜秧坠下来了一点，直挺挺地悬垂在空中，随风摇摆。我真是替它担心，生怕它经不住这一份重量，会整个地从楼上坠了下来落到地上。

然而不久就证明了，我这种担心是多余的。最初长出来的瓜不再长大，仿佛得到命令停止了生长。在上面，在三楼一位一百零二岁的老太太的窗外窗台上，却长出来了两个瓜。这两个瓜后来居上，发疯似的猛长，不久就长成了小孩胳膊一般粗了。这两个瓜加起来恐怕有五六斤重，那一根细秧怎么能承担得住呢？我又担心起来。没过几天，事实又证明了我是杞人忧天。两个瓜不知从什么时候忽然弯了起来，把躯体放在老太太的窗台上，从下面看上去，活像两个粗大变弯的绿色牛角。

不知道从哪一天起，我忽然又发现，在两个大瓜的下面，在二三楼之间，在一根细秧的顶端，又长出来了一个瓜，垂直地悬在那里。我又犯了担心病：这个瓜上面够不到窗台，下面也是空空的；总有一天，它越长越大，会把上面的两个大瓜也坠了下来，一起坠到地上，落叶归根，同它的根部聚合在一起。

然而今天早晨，我却看到了奇迹。同往日一样，我习惯地抬头看瓜：下面最小的那一个早已停止生长，孤零零地悬在空中，似乎一点分量都没有；上面老太太窗台上那两个大的，似乎长得更大了，威武雄壮地压在窗台上；中间的那一个却不见了。我看看地上，没有看到掉下来的瓜。等我倒退几步抬头再看时，却看到那一个我认为失踪了的瓜，平着身子躺在抗震加固时筑上的紧靠楼墙凸出的一个台子上。这真让我大吃一惊。这样一个原来垂直悬在空中的瓜怎么忽然平身躺在那里了呢？这个凸出的台子无论是从上面还是从下面都是无法上去的。决不会有人把丝瓜摆平的。

我百思不得其解，徘徊在丝瓜下面，像达摩老祖一样，面壁参禅。我仿佛觉得这棵丝瓜有了思想，它能考虑问题，而且还有行动，它能让无法承担重量的瓜停止生长；它能给处在有利地形的大瓜找到承担重量的地方，给这样的瓜特殊待遇，让它们疯狂地长；它能让悬垂的瓜平身躺下。如果不是这样的话，无论如何也无法解释我上面谈到的现象。但是，如果真是这样的话，又实在令人难以置信。丝瓜用什么来思想呢？丝瓜靠什么来指导自己的行动呢？上下数千年，纵横几万里，从来也没有人说过，丝瓜会有思想。我左考虑，右考虑；越考虑越糊涂。我无法同丝瓜对话。这是一个沉默的奇迹。瓜秧仿佛成了一根神秘的绳子，绿叶子照旧浓翠扑人眉宇。我站在丝瓜下面，陷入梦幻。而丝瓜则似乎心中有数，无言静观，它怡然泰然悠然坦然，仿佛含笑面对秋阳。

1990 年 10 月 9 日

洛阳牡丹

“洛阳牡丹甲天下”，这一句在中国流行了千百年的话，我是相信的，我是承认的。但是，我以前从没有意识到，这一句话的真正含义，自己并没有完全了解。

牡丹，我看得多了。在我的故乡，我看到过。在北京的许多地方，特别是法源寺和颐和园，我也看到过。牡丹花朵之大、之美，花色品种之多，确实使我惊诧不已。我觉得，唐人咏牡丹的名句“国色朝酣酒，天香夜染衣”约略可以概括。牡丹被尊为花中之王，是当之无愧的。

但是，什么叫“国色”？什么又叫“天香”，我的理解介乎明暗之间。

今年四月中旬，应洛阳北京大学校友会的邀请，我第一次到了洛阳这座“牡丹之城”。此时正是洛阳牡丹花会举行期间。今年因为气候偏冷，我们初到的第一天，连大马路旁开得最早的“洛阳红”，都没有全开放。焉知天公作美，到了第二天竟然晴空万里，阳光普照。仿佛那一位大名鼎鼎的金轮圣神皇帝武则天又突然降临人间，下诏牡丹在一夜之间必须开放，不但“洛阳红”开得火红火红，连公园里那些比较名贵的品种也都从梦中醒来一般，打起精神，迎着朝阳，一一开放。

我们当然都不禁狂喜。在感谢天公之余，在忙着参观白马寺、少林寺、中岳庙和龙门石窟之余，挤出了早晨的时间，来到了牡丹最集中的地方王城公园，欣赏“甲天下”的洛阳牡丹。不看不知道，一看吓一跳。洛阳牡丹原来是这个样子呀！光看花名，就是几十上百种，个个美妙非凡，诗意盎然，我记也记不住。花的形体和颜色也各不相同。直看得我眼花缭乱，目迷五色。我想到神话里面的百花仙子，我想到《聊斋志异》里面的变成美女的牡丹花神，一时搔首无言，不知道要说什么好。昨天夜里，我想到今天要来看牡丹，想了半天，把我脑海里积累了几十年的词藻宝库，翻箱倒柜，穷搜苦索，想今天面对洛阳牡丹大展文才，把牡丹好好地描绘一番。我真希望我的笔能够生花，产生奇迹，写出一篇名文，使天下震惊。然而，到了此时此地，面对着迎风怒放的牡丹，却一点词儿也没有了，我的“才”耗尽了，一点儿也挤不出来了。我想，坐对这样的牡丹，对画家来说，名花的意态是画不出来的；对摄影家来说，是照不出来的；对作家来说，是写不出来的。我什么家都不是，更是手足无所措了。

《世说新语·任诞》第二十三有一段话：

> 桓子野每闻清歌，辄唤：“奈何！”谢公闻之曰：“子野可谓一往有深情。”

我对牡丹花真是一往情深。我觉得，值此时机最好的办法就是喊上几声：“奈何！奈何！”

洛阳人民有福了。中国人民有福了。在林林总总全世界的无数民族中，造物主——假如真有这么一个玩意儿的话——独独垂青于我们中华民族，把牡丹这一种奇特而无与伦比的名花创造在神州大地上，洛阳人和全中国的人难道不应该感到骄傲、感到幸福吗？在王城公园里拥拥挤挤围观牡丹的千万人中，有中国人，其中包括洛阳人，也有外国人，个个脸上都流露出兴奋幸福的神情，看来世界上一切美好的东西，都既是民族的，又是全人类的。牡丹也是如此。在洛阳，在中国的洛阳，坐对迎风怒放的牡丹，我不应该只说：洛阳人民有福了，中国人民有福了，而应该说，全世界人民都有福了。

我觉得，我现在方才了解了“洛阳牡丹甲天下”这一句话的真正含义。

1991 年 5 月 15 日病后写

老　猫

老猫虎子蜷曲在玻璃窗外窗台上一个角落里，缩着脖子，眯着眼睛，浑身一片寂寞、凄清、孤独、无助的神情。

外面正下着小雨，雨丝一缕一缕地向下飘落，像是珍珠帘子。时令虽已是初秋，但是隔着雨帘，还能看到紧靠窗子的小土山上丛草依然碧绿，毫无要变黄的样子。在万绿丛中赫然露出一朵鲜艳的红花。古诗“万绿丛中一点红”，大概就是这般光景吧。这一朵小花如火似燃，照亮了浑茫的雨天。

我从小就喜爱小动物。同小动物在一起，别有一番滋味。它们天真无邪，率性而行；有吃抢吃，有喝抢喝；不会说谎，不会推诿；受到惩罚，忍痛挨打；一转眼间，照偷不误。同它们在一起，我心里感到怡然，坦然，安然，欣然。不像同人在一起那样，应对进退、谨小慎微，斟酌词句、保持距离，感到异常地别扭。

十四年前，我养的第一只猫，就是这个虎子。刚到我家来的时候，比老鼠大不了多少。蜷曲在窄狭的窗内窗台上，活动的空间好像富富有余。它并没有什么特点，仅只是一只最平常的狸猫，身上有虎皮斑纹，颜色不黑不黄，并不美观。但是异于常猫的地方也有，它有两只炯炯有神的眼睛，两眼一睁，还真虎虎有虎气，因此起名叫虎子。它脾气也确实暴烈如虎。它从来不怕任何人。谁要想打它，不管是用鸡毛掸子，还是用竹竿，它从不回避，而是向前进攻，声色俱厉。得罪过它的人，它永世不忘。我的外孙打过一次，从此结仇。只要他到我家来，隔着玻璃窗子，一见人影，它就做好准备，向前进攻，爪牙并举，吼声震耳。他没有办法，在家中走动，都要手持竹竿，以防万一，否则寸步难行。有一次，一位老同志来看我，他显然是非常喜欢猫的。一见虎子，嘴里连声说着："我身上有猫味，猫不会咬我的。"他伸手想去抚摩它，可万万没有想到，我们虎子不懂什么猫味，回头就是一口。这位老同志大惊失色。总之，到了后来，虎子无人不咬，只有我们家三个主人除外，它的"咬声"颇能耸人听闻了。

但是，要说这就是虎子的全面，那也是不正确的。除了暴烈咬人以外，它还有另外一面，这就是温柔敦厚的一面。我举一个小例子。虎子来我们家以后的第三年，我又要了一只小猫。这是一只混种的波斯猫，浑身雪白，毛很长，但在额头上有一小片黑黄相间的花纹。我们家人管这只猫叫洋猫，起名咪咪；虎子则被尊为土猫。这只猫的脾气同虎子完全相反：胆小、怕人，从来没有咬过人。只有在外面跑的时候，才露出一点野性。它只要有机会溜出大门，但见它长毛尾巴一摆，像一溜烟似的立即窜入小山的树丛中，半天不回家。这两只猫并没有血缘关系。但是，不知道是由于什么原因，一进门，虎子就把咪咪看作是自己的亲生女儿。它自己本来没有什么奶，却坚决要给咪咪喂奶，把咪咪搂在怀里，让它咂自己的干奶头，它眯着眼睛，仿佛在享着天福。我在吃饭的时候，有时丢点鸡骨头、鱼刺，这等于猫们的燕窝、鱼翅。但是，虎子却只蹲在旁边，瞅着咪咪一只猫吃，从来不同它争食。有时还"咪噢"上两声，好像是在说："吃吧，孩子！安安静静地吃吧！"有时候，不管是春夏还是秋冬，虎子会从西边的小山上逮一些小动物，麻雀、蚱蜢、蝉、蛐蛐之类，用嘴叼着，蹲在家门口，嘴里发出一种怪声。这是猫语，屋里的咪咪，不管是睡还是醒，耸耳一听，立即跑到门后，馋涎欲滴，等着吃母亲带来的佳肴，大快朵颐。我们家人看到这样母子亲爱的情景，都由衷地感动，一致把虎子称作"义猫"。有一年，小咪咪生了两个小猫。大概是初做母亲，没有经验，正如我们圣人所说的那样"未有学养子而后嫁者也"，人们能很快学会，而猫们则不行。咪咪丢下小猫不管，虎子却大忙特忙起来，觉不睡，饭不吃，日日夜夜把小猫搂在怀里。但小猫是要吃奶的，而奶正是虎子所缺的。于是小猫暴躁不安，虎子眉头一皱，计上心来，叼起小猫，到处追着咪咪，要它给小猫喂奶。还真像一个姥姥样子，但是小咪咪并不领情，依旧不给小猫喂奶。有几天的时间，虎子不吃不喝，瞪着两只闪闪发光的眼睛，嘴里叼着小猫，从这屋赶到那屋；一转眼又赶了回来。小猫大概真是受不了啦，便辞别了这个世界。

我看了这一出猫家庭里的悲剧又是喜剧，实在是爱莫能助，惋惜了很久。

我同虎子和咪咪都有深厚的感情。每天晚上，它们俩抢着到我床上去睡觉。在冬天，我在棉被上面特别铺上了一块布，供它们躺卧。我有时候半夜里醒来，神志一清醒，觉得有什么东西重重地压在我身上，一股暖气仿佛透过了两层棉被，扑到我的双腿上。我知道，小猫睡得正香，即使我的双腿由于僵卧时间过久，又酸又痛，但我总是强忍着，决不动一动双腿，免得惊了小猫的轻梦。它此时也许正梦着捉住了一只耗子。只要我的腿一动，它这耗子就吃不成了，岂非大煞风景吗？

这样过了几年，小咪咪大概有八九岁了。虎子比它大三岁，十一二岁的光景。依然威风凛凛，脾气暴烈如故，见人就咬，大有死不改悔的神气。而小咪咪则出我意料地露出了下世的光景。常常到处小便，桌子上，椅子上，沙发上，无处不便。如果到医院里去检查的话，大夫在列举的病情中一定会有一条的：小便失禁。最让我心烦的是，它偏偏看上了我桌子上的稿纸。我正写着什么文章，然而它却根本不管这一套，跳上去，屁股往下一蹲，一泡猫尿流在上面，还闪着微弱的光。说我不急，那不是真的。我心里真急，但是，我谨遵我的一条戒律：决不打小猫一掌，在任何情况之下，也不打它。此时，我赶快把稿纸拿起来，抖掉了上面的猫尿，等它自己干。心里又好气，又好笑，真是哭笑不得。家人对我的嘲笑，我置若罔闻，“全等秋风过耳边”。

我不信任何宗教，也不皈依任何神灵。但是，此时我却有点想迷信一下。我期望会有奇迹出现，让咪咪的病情好转。可世界上是没有什么奇迹的，咪咪的病一天一天地严重起来。它不想回家，喜欢在房外荷塘边上石头缝里呆着，或者藏在小山的树木丛里。它再也不在夜里睡在我的被子上了。每当我半夜里醒来，觉得棉被上轻飘飘的，我惘然若有所失，甚至有点悲伤了。我每天凌晨起来，第一件事情就是拿着手电到房外塘边山上去找咪咪。它浑身雪白，是很容易找到的。在薄暗中，我眼前白白地一闪，我就知道是咪咪。见了我，“咪噢”一声，起身向我走来。我把它抱回家，给它东西吃，它似乎根本没有口味。我看了直想流泪。有一次，我拖着疲惫的身子，走几里路，到海淀的肉店里去买猪肝和牛肉。拿回来，喂给咪咪，它一闻，似乎有点想吃的样子；但肉一沾唇，它立即又把头缩回去，闭上眼睛，不闻不问了。

有一天傍晚，我看咪咪神情很不妙，我预感要发生什么事情。我唤它，它不肯进屋。我把它抱到篱笆以内，窗台下面。我端来两只碗，一只盛吃的，一只盛水。我拍了拍它的脑袋，它偎依着我，“咪噢”叫了两声，便闭上了眼睛。我放心进屋睡觉。第二天凌晨，我一睁眼，三步并作一步，手里拿着手电，到外面去看。哎呀不好！两碗全在，猫影顿杳。我心里非常难过，说不出是什么滋味。我手持手电找遍了塘边，山上，树后，草丛，深沟，石缝。有时候，眼前白光一闪。“是咪咪!”我狂喜。走近一看，是一张白纸。我嗒然若丧，心头仿佛被挖掉了点什么。“屋前屋后搜之遍，几处茫茫皆不见”。从此我就失掉了咪咪，它从我的生命中消逝了，永远永远地消逝了。我简直像是失掉了一个好友，一个亲人。至今回想起来，我内心里还颤抖不止。

在我心情最沉重的时候，有一些通达世事的好心人告诉我，猫们有一种特殊的本领，能知道自己什么时候寿终。到了此时此刻，它们决不呆在主人家里，让主人看到死猫，感到心烦，或感到悲伤。它们总是逃了出去，到一个最僻静、最难找的角落里，地沟里，山洞里，树丛里，等候最后时刻的到来。因此，养猫的人大都在家里看不见死猫的尸体。只要自己的猫老了，病了，出去几天不回来，他们就知道，它已经离开了人世，不让举行遗体告别的仪式，永远永远不再回来了。

我听了以后，憬然若有所悟。我不是哲学家，也不是宗教家，但却读过不少哲学家和宗教家谈论生死大事的文章。这些文章多半有非常精辟的见解，闪耀着智慧的光芒，我也想努力从中学习一些有关生死的真理。结果却是毫无所得。那些文章中，除了说教以外，几乎没有什么有用的东西。大半都是老生常谈，不能解决什么实际问题，没能给我留下深刻的印象。现在看来，倒是猫们临终时的所作所为，即使仅仅是出于本能吧，却给了我很大的启发。人们难道就不应该向猫们学习这一点经验吗？有生必有死，这是自然规律，谁都逃不过。中国历史上的赫赫有名的人物，秦皇、汉武，还有唐宗，想方设法，千方百计，想求得长生不老。到头来仍然是竹篮子打水一场空，只落得黄土一抔，“西风残照汉家陵阙”。我辈平民百姓又何必煞费苦心呢？一个人早死几个小时，或者晚死几个小时，甚至几天，实在是无所谓的小事，决影响不了地球的转动，社会的前进。再退一步想，现在有些思想开明的人士，不想长生不死，不想在大地上再留黄土一抔；甚至开明到不要遗体告别，不要开追悼会。但是仍会给后人留下一些麻烦：登报，发讣告，还要打电话四处通知，总得忙上一阵。何不学一学猫们呢？它们这样处理生死大事，干得何等干净利索呀！一点痕迹也不留，走了，走了，永远地走了，让这花花世界的人们不见猫尸，用不着落泪，照旧做着花花世界的梦。

我忽然联想到我多次看过的敦煌壁画上的西方净土变。所谓“净土”，指的就是我们常说的天堂、乐园。是许多宗教信徒烧香念佛，查经祷告，甚至实行苦行，折磨自己，梦寐以求想到达的地方。据说在那里可以享受天福，得到人世间万万得不到的快乐。我看了壁画上画的房子、街道、树木、花草，以及大人、小孩，林林总总，觉得十分热闹。可我觉得没有什么出奇之处。只有一件事给我留下了永不磨灭的印象，那就是，那里的人们都是笑口常开，没有一个人愁眉苦脸，他们的日子大概过得都很惬意。不像在我们人间有这样许多不如意的事情，有时候办点事，还要找后门，钻空子。在他们的商店里——净土里面还实行市场经济吗？他们还用得着商店吗？——，售货员大概都很和气，不给人白眼，不训斥“上帝”，不扎堆闲侃，不给人钉子碰。这样的天堂乐园，我也真是心向往之的。但是给我印象最深，使我最为吃惊或者羡慕的还是他们对待要死的人的态度。那里的人，大概同人世间的猫们差不多，能预先知道自己寿终的时刻。到了此时，要死的老嬷嬷或者老头，健步如飞地走在前面，身后簇拥着自己的子子孙孙、至亲好友，个个喜笑颜开，全无悲戚的神态，仿佛是去参加什么喜事一般，一直把老人送进坟墓。后事如何，壁画不是电影，是不能动的。然而画到这个程序，以后的事尽在不言中。如果一定要画上填土封坟，反而似乎是多此一举了。我觉得，净土中的人们给我们人类争了光。他们这一手比猫们又漂亮多了。知道必死，而又兴高采烈，多么豁达！多么聪明！猫们能做得到吗？这证明，净土里的人们真正参透了人生奥秘，真正参透了自然规律。人为万物之灵，他们为我们人类在同猫们对比之下真真增了光！真不愧是净土！

上面我胡思乱想得太远了，还是回到我们人世间来吧。我坦白承认，我对人生的奥秘参透得还不够，我对自然规律参透得也还不够。我仍然十分怀念我的咪咪。我心里仿佛有一个空白，非填起来不行。我一定要找一只同咪咪一模一样的白色波斯猫。后来果然朋友又送来了一只，浑身长毛，洁白如雪，两只眼睛全是绿的，亮晶晶像两块绿宝石。为了纪念死去的咪咪，我仍然为它命名“咪咪”，见了它，就像见到老咪咪一样。过了大约又有一年的光景，友人又送了我一只据说是纯种的波斯猫，两只眼睛颜色不同，一黄一蓝。在太阳光下，黄的特别黄，蓝的特别蓝，像两颗黄蓝宝石，闪闪发光，竞妍争艳。这只猫特别调皮，简直是胆大无边，然而也因此就更特别可爱。这一下子又忙坏了虎子，它认为这两只小猫都是自己的亲生女儿，硬逼着它们吮吸自己那干瘪的奶头。只要它走出去，不知在什么地方弄到了小鸟、蚱蜢之类，就带回家来，给两只小猫吃。好久没有听到的“咪噢”唤小猫的声音，现在又听到了。我心里漾起了一丝丝甜意。这大大地减轻了我对老咪咪的怀念。

可是岁月不饶人，也不会饶猫的。这一只“土猫”虎子已经活到十四岁。据通达世情的人们说，猫的十四岁，就等于人的八九十岁这样一来，我自己不是成了虎子的同龄“人”了吗？这个虎子却也真怪。有时候，颇现出一些老相。两只炯炯有神的眼睛里忽然被一层薄膜蒙了起来。嘴里流出了哈喇子，胡子上都沾得亮晶晶的。不大想往屋里来，日日夜夜趴在阳台上蜂窝煤堆上，不吃，不喝。我有了老咪咪的经验，知道它快不行了。我也跑到海淀，去买来牛肉和猪肝，想让它不要饿着肚子离开这个世界。我随时准备着：第二天早晨一睁眼，虎子不见了。结果虎子并没有这样干。我天天凌晨第一件事就是来看虎子；隔着窗子，依然黑糊糊的一团，卧在那里。我心里感到安慰。有时候，它也起来走动了。我在本文开头时写的就是去年深秋一个下雨天我隔窗看到的虎子的情况。

到了今天，半年又过去了。虎子不但没有走，而且顽健胜昔，仍然是天天出去。有时候在晚上，起来，一个丑角似的三花脸一闪。窗外的布帘子的一角蓦地被掀了我便知道，这是虎子回来了，连忙开门，放它进来。大概同某一些老年人一样——不是所有的老年人——，到了暮年就改恶向善，虎子的脾气大大地改变了。几乎再也不咬人了。我早晨摸黑起床，写作看书累了，常常到门外湖边山下去走一走。此时，我冷不防脚下忽然踢着了一团软乎乎的东西。这是虎子。它在夜里不知道在什么地方呆了一夜，现在看到了我，一下子窜了出来，用身子蹭我的腿，在我身前和身后转悠。它跟着我，亦步亦趋，我走到哪里，它就跟到哪里，寸步不离。我有时故意爬上小山，以为它不会跟来了，然而一回头，虎子正跟在身后。猫是从来不跟人散步的，只有狗才这样干。有时候碰到过路的人，他们见了这情景，都大为吃惊。“你看猫跟着主人散步哩！”他们说，露出满脸惊奇的神色。最近一个时期，虎子似乎更精力旺盛了，它返老还童了。有时候竟带一个它重孙辈的小公猫到我们家阳台上来。“今夜我们相识。”虎子用不着介绍就相识了。看样子，虎子一去不复返的日子遥遥无期了。我成了拥有三只猫的家庭的主人。

我养了十几年猫，前后共有四只。猫们向人们学习什么，我不通猫语，无法询问。我作为一个人却确实向猫学习了一些有用的东西。上面讲过的对处理死亡的办法，就是一个例子。我自己毕竟年纪已经很大了，常常想到死的问题。鲁迅五十多岁就想到了，我真是瞠乎后矣。人生必有死，这是无法抗御的。而且我还认为，死也是好事情。如果世界上的人都不死，连我们的轩辕老祖和孔老夫子今天依然峨冠博带，坐着奔驰车，到天安门去溜弯，你想人类世界会成一个什么样子！人是百代的过客，总是要走过去的，这决不会影响地球的转动和人类社会的进步。每一代人都只是一场没有终点的长途接力赛的一环。前不见古人，后不见来者，是宇宙常规。人老了要死，像在净土里那样，应该算是一件喜事。老人跑完了自己的一棒，把棒交给后人，自己要休息了，这是正常的。不管快慢，他们总算跑完了一棒，总算对人类的进步做出了贡献，总算尽上了自己的天职。年老了要退休，这是身体精神状况所决定的，不是哪个人能改变的。老人们会不会感到寂寞呢？我认为，会的。但是我却觉得，这寂寞是顺乎自然的，从伦理的高度来看，甚至是应该的。我始终主张，老年人应该为青年人活着，而不是相反。青年人有接力棒在手，世界是他们的，未来是他们的，希望是他们的。吾辈老年人的天职是尽上自己仅存的精力，帮助他们前进，必要时要躺在地上，让他们踏着自己的躯体前进，前进。如果由于害怕寂寞而学习《红楼梦》里的贾母，让一家人都围着自己转，这不但是办不到的，而且从人类前途利益来看是犯罪的行为。我说这些话，也许有人怀疑，我是不是碰到了什么不如意的事，才说出这样令某些人骇怪的话来。不，不，决不。我现在身体顽健，家庭和睦，在社会上广有朋友，每天照样读书、写作、会客、开会不辍。我没有不如意的事情，也没有感到寂寞。不过自己毕竟已逾耄耋之年，面前的路有限了。不免有时候胡思乱想。而且，我同猫们相处久了，觉得它们有些东西确实值得我们学习，我们这些万物之灵应该屈尊一下，学习学习。即使只学到猫们处理死亡大事这一手，我们社会上会减少多少麻烦呀！

“那么，你是不是准备学习呢？”我仿佛听到有人这样质问了。是的，我心里是想学习的。不过也还有些困难。我没有猫的本能，我不知道自己的大限何时来到。而且我还有点担心。如果我真正学习了猫，有一天忽然偷偷地溜出了家门，到一个旮旯里、树丛里、山洞里、河沟里，一头钻进去，藏了起来，这样一来，我们人类社会可不像猫社会那样平静，有些人必然认为这是特大新闻，指手画脚，嘁嘁喳喳。如果是在旧社会里或者在今天的香港等地的话，这必将成为头版头条的爆炸性新闻，不亚于当年的杨乃武和小白菜。我的亲属和朋友也必将派人出去寻找，派的人也许比寻找彭加木的人还要多。这是多么可怕的事呀！因此我就迟疑起来。至于最后究竟何去何从？我正在考虑、推敲、研究。

1992 年 2 月 17 日

二月兰

一转眼，不知怎样一来，整个燕园竟成了二月兰的天下。

二月兰是一种常见的野花。花朵不大，紫白相间。花形和颜色都没有什么特异之处。如果只有一两棵，在百花丛中，决不会引起任何人的注意。但是它却以多胜，每到春天，和风一吹拂，便绽开了小花；最初只有一朵，两朵，几朵。但是一转眼，在一夜间，就能变成百朵，千朵，万朵，大有凌驾百花之势了。

我在燕园里已经住了四十多年。最初我并没有特别注意到这种小花。直到前年，也许正是二月兰开花的大年，我蓦地发现，从我住的楼旁小土山开始，走遍了全园，眼光所到之处，无不有二月兰在。宅旁，篱下，林中，山头，土坡，湖边，只要有空隙的地方，都是一团紫气，间以白雾，小花开得淋漓尽致，气势非凡，紫气直冲云霄，连宇宙都仿佛变成紫色的了。

我在迷离恍惚中，忽然发现二月兰爬上了树，有的已经爬上了树顶，有的正在努力攀登，连喘气的声音似乎都能听到。我这一惊可真不小：莫非二月兰真成了精了吗？再定睛一看，原来是二月兰丛中的一些藤萝，也正在开着花，花的颜色同二月兰一模一样，所差的就仅仅只缺少那一团白雾。我实在觉得我这个幻觉非常有趣。带着清醒的意识，我仔细观察起来：除了花形之外，颜色真是一般无二。反正我知道了这是两种植物，心里有了底。然而再一转眼，我仍然看到二月兰往枝头爬。这是真的呢？还是幻觉？——由它去吧。

自从意识到二月兰的存在以后，一些同二月兰有联系的回忆立即涌上心头。原来很少想到的或根本没有想到的事情，现在想到了；原来认为十分平常的琐事，现在显得十分不平常了。我一下子清晰地意识到，原来这种十分平凡的野花竟在我的生命中占有这样重要的地位。我自己也有点吃惊了。

我回忆的丝缕是从楼旁的小土山开始的。这一座小土山，最初毫无惊人之处，只不过两三米高，上面长满了野草。当年歪风狂吹时，每次“打扫卫生”，全楼住的人都被召唤出来拔草，不是“绿化”，而是“黄化”。我每次都在心中暗恨这小山野草之多。后来不知由于什么原因，把山堆高了一两米。这样一来，山就颇有一点山势了。东头的苍松，西头的翠柏，都仿佛恢复了青春，一年四季，郁郁葱葱。中间一棵榆树，从树龄来看，只能算是松柏的曾孙，然而也枝干繁茂，高枝直刺入蔚蓝的晴空。

我不记得从什么时候起我注意到小山上的二月兰。这种野花开花大概也有大年小年之别的。碰到小年，只在小山前后稀疏地开上那么几片。遇到大年，则山前山后开成大片。二月兰仿佛发了狂。我们常讲什么什么花“怒放”，这个“怒”字下得真是无比地奇妙。二月兰一“怒”，仿佛从土地深处吸来了一股原始力量，一定要把花开遍大千世界，紫气直冲云霄，连宇宙都仿佛变成紫色的了。

东坡的词说：“人有悲欢离合，月有阴晴圆缺，此事古难全。”但是花们好像是没有什么悲欢离合。应该开时，它们就开。该消失时，它们就消失。它们是“纵浪大化中”，一切顺其自然，自己无所谓什么悲与喜。我的二月兰就是这个样子。

然而，人这个万物之灵却偏偏有了感情，有了感情就有了悲欢。这真是多此一举，然而没有法子。人自己多情，又把情移到花，“泪眼问花花不语”，花当然“不语”了。如果花真“语”起来，岂不吓坏了人！这些道理我十分明白。然而我仍然把自己的悲欢挂到了二月兰上。

当年老祖还活着的时候，每到春天二月兰开花的时候，她往往拿一把小铲，带一个黑书包，到成片的二月兰旁青草丛里去搜挖荠菜。只要看到她的身影在二月兰的紫雾里晃动，我就知道在午餐或晚餐的餐桌上必然弥漫着荠菜馄饨的清香。当婉如还活着的时候，她每次回家，只要二月兰还在开花，她离开时，她总穿过左手是二月兰的紫雾，右手是湖畔垂柳的绿烟，匆匆忙忙走去，把我的目光一直带到湖对岸的拐弯处。当小保姆杨莹还在我家时，她也同小山和二月兰结上了缘。我曾套清词写过三句话：“午静携侣寻野菜，黄昏抱猫向夕阳，当时只道是寻常。”我的小猫虎子和咪咪还在世的时候，我也往往在二月兰丛里看到她们：一黑一白，在紫色中格外显眼。

所有这些琐事都是寻常到不能再寻常了。然而，曾几何时，到了今天，老祖和婉如已经永远永远地离开了我们。小莹也回了山东老家。至于虎子和咪咪也各自遵循猫的规律，不知钻到了燕园中哪一个幽暗的角落里，等待死亡的到来。老祖和婉如的走，把我的心都带走了。虎子和咪咪我也忆念难忘。如今，天地虽宽，阳光虽照样普照，我却感到无边的寂寥与凄凉。回忆这些往事，如云如烟，原来是近在眼前，如今却如蓬莱灵山，可望而不可即了。

对于我这样的心情和我的一切遭遇，我的二月兰一点也无动于衷，照样自己开花。今年又是二月兰开花的大年。在校园里，眼光所到之处，无不有二月兰在。宅旁，篱下，林中，山头，土坡，湖边，只要有空隙的地方，都是一团紫气，间以白雾。小花开得淋漓尽致，气势非凡，紫气直冲霄汉，连宇宙都仿佛变成紫色的了。

这一切都告诉我，二月兰是不会变的，世事沧桑，于她如浮云。然而我却是在变的，月月变，年年变。我想以不变应万变，然而办不到。我想学习二月兰，然而办不到。不但如此，她还硬把我的记忆牵回到我一生最倒霉的时候。在“十年浩劫”中，我自己跳出来反对北大那一位“老佛爷”，被抄家，被打成了“反革命”。正是在二月兰开花的时候，我被管制劳动改造。有很长一段时间，我每天到一个地方去捡破砖碎瓦，还随时准备着被红卫兵押解到什么地方去“批斗”，坐喷气式，还要挨上一顿揍，打得鼻青脸肿。可是在砖瓦缝里二月兰依然开放，怡然自得，笑对春风，好像是在嘲笑我。

我当时日子实在非常难过。我知道正义是在自己手中，可是是非颠倒，人妖难分，我呼天天不应，叫地地不答，一腔义愤，满腹委屈，毫无生人之趣。在很长一段时间内，我成了“不可接触者”，几年没接到过一封信，很少有人敢同我打个招呼。我虽处人世，实为异类。

然而我一回到家里，老祖、德华她们，在每人每月只能得到恩赐十几元钱生活费的情况下，殚思竭虑，弄一点好吃的东西，希望能给我增加点营养；更重要的恐怕还是，希望能给我增添点生趣。婉如和延宗也尽可能地多回家来。我的小猫憨态可掬，偎依在我的身旁。她们不懂哲学，分不清两类不同性质的矛盾。人视我为异类，她们视我为好友，从来没有表态，要同我划清界限。所有这一些极其平常的琐事，都给我带来了无量的安慰。窗外尽管千里冰封，室内却是暖气融融。我觉得，在世态炎凉中，还有不炎凉者在。这一点暖气支撑着我，走过了人生最艰难的一段路，没有堕入深涧，一直到今天。

我感觉到悲，又感觉到欢。

到了今天，天运转动，否极泰来，不知怎么一来，我一下子成为“极可接触者”。到处听到的是美好的言词，又到处见到的是和悦的笑容。我从内心里感激我这些新老朋友，他们绝对是真诚的。他们鼓励了我，他们启发了我。然而，一回到家里，虽然德华还在，延宗还在，可我的老祖到哪里去了呢？我的婉如到哪里去了呢？还有我的虎子和咪咪一世到哪里去了呢？世界虽照样朗朗，阳光虽照样明媚，我却感觉异样的寂寞与凄凉。

我感觉到欢，又感觉到悲。

我年届耄耋，前面的路有限了。几年前，我写过一篇短文，叫《老猫》，意思很简明。我一生有个特点：不愿意麻烦人。了解我的人都承认的。难道到了人生最后一段路上我就要改变这个特点吗？不，不，不想改变。我真想学一学老猫，到了大限来临时，钻到一个幽暗的角落里，一个人悄悄地离开人世。

这话又扯远了。我并不认为眼前就有制定行动计划的必要。我还有很多事情要做，而且我的健康情况也允许我去做。有一位青年朋友说我忘记了自己的年龄。这话极有道理。可我并没有全忘。有一个问题我还想弄弄清楚哩。按说我早已到了“悲欢离合总无情”的年龄，应该超脱一点了。然而在离开这个世界以前，我还有一件心事：我想弄清楚，什么叫“悲”？什么又叫“欢”？是我成为“不可接触者”时悲呢？还是成为“极可接触者”时欢？如果没有老祖和婉如的逝世，这问题本来是一清二白的。现在却是悲欢难以分辨了。我想得到答复。我走上了每天必登临几次的小山。我问苍松，苍松不语。我问翠柏，翠柏不答。我问三十多年来亲眼目睹我这些悲欢离合的二月兰，她也沉默不语，兀自万朵怒放，笑对春风，紫气直冲霄汉。

1993年6月11日写完

咪 咪

我现在越来越不了解自己了。我原以为自己不是多愁善感的人，内心还是比较坚强的。现在才发现，这只是一个假象，我的感情其实脆弱得很。

八年以前，我养了一只小猫，取名咪咪。她大概是一只波斯混种的猫，全身白毛，毛又长又厚，冬天胖得滚圆。额头上有一块黑黄相间的花斑，尾巴则是黄的。总之，她长得非常逗人喜爱。因为我经常给她些鱼肉之类的东西吃，她就特别喜欢我。有几年的时间，她夜里睡在我的床上。每天晚上，只要我一铺开棉被，盖上毛毯，她就急不可待地跳上床去，躺在毯子上。我躺下不久，就听到她打呼噜——我们家乡话叫“念经”——的声音。半夜里，我在梦中往往突然感到脸上一阵冰凉，是小猫用舌头来舔我了，有时候还要往我被窝儿里钻。偶尔有一夜，她没有到我床上来，我顿感空荡寂寞，半天睡不着。等我半夜醒来，脚头上沉甸甸的，用手一摸：毛茸茸的一团，心里有说不出来的甜蜜感，再次入睡，如游天宫。早晨一起床，吃过早点，坐在书桌前看书写字。这时候咪咪决不再躺在床上，而是一定要跳上书桌，趴在台灯下面我的书上或稿纸上，有时候还要给我一个屁股，头朝里面。有时候还会摇摆尾巴，把我的书页和稿纸摇乱。过了一些时候，外面天色大亮，我就把咪咪和另外一只纯种“国猫”名叫虎子的黑色斑纹的“土猫”放出门去，到湖边和土山下草坪上去吃点青草，就地打几个滚儿，然后跟在我身后散步。我上山，她们就上山；我走下来，她们也跟下来。猫跟人散步是极为稀见的，因此成为朗润园一景。这时候，几乎每天都碰到一位手提鸟笼遛鸟的老退休工人，我们一见面，就相对大笑一阵：“你在遛鸟，我在遛猫，我们各有所好啊！”我的一天，往往就是在这种情况下开始的。其乐融融，自不在话下。

大概在一年多以前，有一天，咪咪忽然失踪了。我们全家都有点着急。我们左等，右等；左盼，右盼，望穿了眼睛，只是不见。在深夜，在凌晨，我走了出来，瞪大了双眼，尖起了双耳，希望能在朦胧中看到一团白色，希望能在万籁俱寂中听到一点声息。然而，一切都是枉然。这样过了三天三夜，一个下午咪咪忽然回来了。雪白的毛上沾满了杂草，颜色变成了灰土土的，完全一副狼狈不堪的样子。一头闯进门，直奔猫食碗，狼吞虎咽，大嚼一通。然后跳上壁橱，藏了起来，好半天不敢露面。从此，她似乎变了脾气，拉尿不知，有时候竟在桌子上撒尿和拉屎。她原来是一只规矩温顺的小猫咪，完全不是这样子的。我们都怀疑，她之所以失踪，是被坏人捉走了的，想逃跑，受到了虐待，甚至受到捶挞，好不容易，逃了回来，逃出了魔掌，生理上受到了剧烈的震动，才落了一身这样的坏毛病。

我们看了心里都很难受。一个纯洁无辜的小动物，竟被折磨成这个样子，谁能无动于衷呢？可是我又有什么办法？我是最喜爱这个小东西的，心里更好像是结上了一个大疙瘩，然而却是爱莫能助，眼睁睁地看她在桌上的稿纸上撒尿。但是，我决不打她。我一向主张，对小孩子和小动物这些弱者，动手打就是犯罪。我常说，一个人如果自认还有一点力量、一点权威的话，应当向敌人和坏人施展，不管他们多强多大。向弱者发泄，算不上英雄汉。

然而事情发展却越来越坏，咪咪任意撒尿和拉屎的频率增强了，范围扩大了。在桌上，床下，澡盆中，地毯上，书上，纸上，只要从高处往下一跳，尿水必随之而来。我以老年衰躯，匍匐在床下桌下向纵深的暗处去清扫猫屎，钻出来以后，往往喘上半天粗气。我不但毫不气馁，而且大有乐此不疲之慨，心里乐滋滋的。我那年近九旬的老祖笑着说："你从来没有给女儿、儿子打扫过屎尿，也没有给孙子、孙女打扫过，现在却心甘情愿服侍这一只小猫!"我笑而不答。我不以为苦，反以为乐。这一点我自己也解释不清楚。

但是，事情发展得比以前更坏了。家人忍无可忍，主张把咪咪赶走。我觉得，让她出去野一野，也许会治好她的病，我同意了。于是在一个晚上把咪咪送出去，关在门外。我躺在床上，辗转反侧，再也睡不着。后来蒙眬睡去，做起梦来，梦到的不是别的什么，而是咪咪。第二天早晨，天还没有亮，我拿着电筒到楼外去找。我知道，她喜欢趴在对面居室的阳台上。拿手电一照，白白的一团，咪咪蜷伏在那里，见到了我咪噢叫个不停，仿佛有一肚子委屈要向我倾诉。我听了这种哀鸣，心酸泪流。如果猫能做梦的话，她梦到的必然是我。她现在大概怨我太狠心了，我只有默默承认，心里痛悔万分。我知道，咪咪的母亲刚刚死去，她自己当然完全不懂这一套，我却是懂得的。我青年丧母，留下了终天之恨。年近耄耋，一想到母亲，仍然泪流不止。现在竟把思母之情移到了咪咪身上。我心跳手颤，赶快拿来鱼饭，让咪咪饱餐一顿。但是，没有得到家人的同意，我仍然得把咪咪留在外面。而我又放心不下，经常出去看她。我住的朗润园小山重叠，林深树茂，应该说是猫的天堂。可是咪咪硬是不走，总卧在我住宅周围。我有时晚上打手电出来找她，在临湖的石头缝中往往能发现白色的东西，那是咪咪。见了我，她又咪噢直叫。她眼睛似乎有了病，老是泪汪汪的。她的泪也引起了我的泪，我们相对而泣。

我这样一个走遍天涯海角饱经沧桑的垂暮之年的老人，竟为这样一只小猫而失神落魄，对别人来说，可能难以解释，但对我自己来说，却是很容易解释的。从报纸上看到，定居台湾的老友梁实秋先生，在临终前念念不忘的是他的猫。我读了大为欣慰，引为“同志”，这也可以说是“猫坛”佳话吧。我现在再也不硬充英雄好汉了，我俯首承认我是多愁善感的。咪咪这样一只小猫就戳穿了我这一只“纸老虎”。我了解到了自己的本来面目，并不感到有什么难堪。

现在，我正在香港讲学，住在中文大学会友楼中。此地背山面海，临窗一望，海天混茫，水波不兴，青螺数点，帆影一片，风光异常美妙，园中有四时不谢之花、八节长春之草，兼又有主人盛情款待，我心中此时乐也。然而我却常有“山川信美非吾土”之感，我怀念北京燕园中我的家人，我的朋友，我的书房，我那堆满书案的稿子。我想到北国就要千里冰封、万里雪飘，“马后桃花马前雪，教人哪得不回头?”我归心似箭，决不会“回头”。特别是当我想到咪咪时，我仿佛听到她的咪噢的哀鸣，心里颤抖不停，想立刻插翅回去。小猫吃不到我亲手给她的鱼肉，也许大惑不解：“我的主人哪里去了呢?”猫们不会理解人们的悲欢离合。我庆幸她不理解，否则更会痛苦了。好在我留港时间即将结束，我不久就能够见到我的家人，我的朋友。燕园中又多了一个我，咪咪会特别高兴的，她的病也许会好了。北望云天万里，我为咪咪祝福。

1988 年 11 月 8 日写于香港中文大学会友楼

1996 年 1 月 2 日重抄于北大燕园

咪咪二世

凌晨四时，如在冬天，夜气犹浓，黑暗蔽空。我起床，打开电灯，拉开窗帘，玻璃窗外窗台上两股探照灯似的红光正对准我射过来。我知道，小猫咪咪二世已等我给她开门了。

我连忙拿起手电筒，开门，走到黑暗的楼道里，用电筒对着黑暗的门外闪上两闪。立即有一股白烟似的东西，窜到我的脚下，用浑身白而长的毛蹭我的腿，用嘴咬我的裤腿，用软软的爪子挠我的脚，使我步都迈不开。看样子真好像是多年未见了。实际上昨天晚上我才开门放她出去的。进屋以后，我给她极小一块猪肝或牛肉。她心满意足了，跳上电冰箱的顶，双眼一眯，呼噜呼噜念起经来了。

多少年来，我一日之计就是这样开始的。

咪咪就完了，为什么还要加上“二世”？原来我养过一只纯白的波斯猫。后来寿限已到，不知道寿终什么寝了。她的名字叫咪咪。她的死让我非常悲哀，我发誓要找一只同样毛长尾粗的波斯猫。皇天不负有心人，后来果然找到了。为了区别于她的前任，我仿效秦始皇的办法，命名为“二世”。是不是也蕴含着一点传之万世而无穷的意思呢？没有。咪咪和我都没有秦始皇那样的雄才大略。

不管怎样，咪咪二世已经成了我每天的不太多的喜悦的源泉。在白天，我看书写作一疲倦，就往往到楼外小山下池塘边去散一会儿步。这时候，忽然出我意料，又有一股白烟从草丛里，从野花旁，蓦地窜了出来，用长而白的毛蹭我的腿，用嘴咬我的裤腿，用软软的爪子挠我的脚，使我步都迈不开。我努力迈步向前走，她就跟在我身后，陪我散步，山上，池边，我走到哪里，她跟到哪里。据有经验的老人说，只有狗才跟人散步，猫是决不肯干的。可是我们的咪咪二世却敢于打破猫们的旧习，成为猫世界的“叛逆的女性”。于是，小猫跟季羡林散步，就成为燕园的一奇。可惜宣传跟不上；否则，这一奇景将同英国王宫卫队换岗一样，名扬世界了。

1993 年 12 月 13 日

一条老狗

自己也不知道是什么原因，我总会不时想起一条老狗来。在过去七十年的漫长的时间内，不管我是在国内，还是在国外，不管我是在亚洲、在欧洲、在非洲，一闭眼睛，就会不时有一条老狗的影子在我眼前晃动，背景是在一个破破烂烂篱笆门前，后面是绿苇丛生的大坑，透过苇丛的疏稀处，闪亮出一片水光。

这究竟是怎么一回事呢？

无论用多么夸大的词句，也决不能说这一条老狗是逗人喜爱的。它只不过是一条最普普通通的狗，毛色棕红，灰暗，上面沾满了碎草和泥土，在乡村群狗当中，无论如何也显不出一点特异之处，既不凶猛，又不魁梧。然而，就是这样一条不起眼儿的狗却揪住了我的心，一揪就是七十年。

因此，话必须从七十年前说起。当时我还是一个不谙世事的毛头小伙子，正在清华大学读西洋文学系二年级。能够进入清华园，是我平生最满意的事情，日子过得十分惬意。然而，好景不长。有一天，是在秋天，我忽然接到从济南家中打来的电报，只有四个字："母病速归。"我仿佛是劈头挨了一棒，脑筋昏迷了半天。我立即买好了车票，登上开往济南的火车。

我当时的处境是，我住在济南叔父家中，这里就是我的家，而我母亲却住在清平官庄的老家里。整整十四年前，我六岁的那一年，也就是 1917 年，我离开了故乡，也就是离开了母亲，到济南叔父处去上学。我上一辈共有十一位叔伯兄弟，而男孩却只有我一个。济南的叔父也只有一个女孩，于是在表面上我就成了一个宝贝蛋。然而真正从心眼里爱我的只有母亲一人，别人不过是把我看成能够传宗接代的工具而已。这一层道理一个六岁的孩子是无法理解的。

可是离开母亲的痛苦我却是理解得又深又透的。到了济南后第一夜，我生平第一次不在母亲怀抱里睡觉，而是孤身一个人躺在一张小床上，我无论如何也睡不着，我一直哭了半夜。这是怎么一回事呀！为什么把我弄到这里来了呢？“遥怜小儿女，未解忆长安”，母亲当时的心情，我还不会去猜想。现在追忆起来，她一定会是肝肠寸断，痛哭决不止半夜。现在，这已成了一个万古之谜，永远也不会解开了。

从此我就过上了寄人篱下的生活。我不能说，叔父和婶母不喜欢我，但是，我唯一被喜欢的资格就是，我是一个男孩。不是亲生的孩子同自己亲生的孩子感情必然有所不同，这是人之常情，用不着掩饰，更用不着美化。我在感情方面不是一个麻木的人，一些细微末节，我体会极深。常言道：没娘的孩子最痛苦。我虽有娘，却似无娘，这痛苦我感受得极深。我是多么想念我故乡里的娘呀！然而，天地间除了母亲一个人外有谁真能了解我的心情、我的痛苦呢？因此，我半夜醒来一个人偷偷地在被窝里吞声饮泣的情况就越来越多了。

在整整十四年中，我总共回过三次老家。第一次是在我上小学的时候，为了奔大奶奶之丧而回家的。大奶奶并不是我的亲奶奶；但是从小就对我疼爱异常。如今她离开了我们，我必须回家，这似乎是天经地义的事情。这一次我在家只住了几天，母亲异常高兴，自在意中。第二次回家是在我上中学的时候，原因是父亲卧病。叔父亲自请假回家，看自己共过患难的亲哥哥。这次在家住的时间也不长。我每天坐着牛车，带上一包点心，到离开我们村相当远的一个大地主兼中医的村里去请他，到我家来给父亲看病，看完再用牛车送他回去。路是土路，坑洼不平，牛车走在上面，颠颠簸簸，来回两趟，要用去差不多一整天的时间。至于医疗效果如何呢？那只有天晓得了。反正父亲的病没有好，也没有变坏。叔父和我的时间都是有限的，我们只好先回济南了。过了没有多久，父亲终于走了。一叔到济南来接我回家。这是我第三次回家，同第一次一样，专为奔丧。在家里埋葬了父亲，又住了几天。现在家里只剩下了母亲和二妹两个人。家里失掉了男主人，一个妇道人家怎样过那种只有半亩地的穷日子，母亲的心情怎样，我只有十一二岁，当时是难以理解的。但是，我仍然必须离开她到济南去继续上学。在这样万般无奈的情况下，但凡母亲还有不管是多么小的力量，她也决不会放我走的。可是她连一丝一毫的力量也没有。她一字不识，一辈子连个名字都没有能够取上，做了一辈子“季赵氏”。到了今天，父亲一走，她怎样活下去呢？她能给我饭吃吗？不能的，决不能的。母亲内心的痛苦和忧愁，连我都感觉到了。最后她只能眼睁睁地看着自己最亲爱的孩子离开了自己，走了，走了。谁会知道，这是她最后一次看到自己的儿子呢？谁会知道，这也是我最后一次见到母亲呢？

回到济南以后，我由小学而初中，由初中而高中，由高中而到北京来上大学，在长达八年的过程中，我由一个浑浑沌沌的小孩子变成了一个青年人，知识增加了一些，对人生了解得也多了不少。对母亲当然仍然是不断想念的。但在暗中饮泣的次数少了，想的是一些切切实实的问题和办法。我梦想，再过两年，我大学一毕业，由于出身一个名牌大学，抢一只饭碗是不成问题的。到了那时候，自己手头有了钱，我将首先把母亲迎至济南。她才四十来岁，今后享福的日子多着哩。

可是我这一个奇妙如意的美梦竟被一张“母病速归”的电报打了个支离破碎。我现在坐在火车上，心惊肉跳，忐忑难安。哈姆莱特问的是 to be or not to be，我问的是母亲是病了，还是走了？我没有法子求签占卜，可我又偏想知道个究竟，我于是自己想出了一套占卜的办法。我闭上眼睛，如果一睁眼我能看到一根电线杆，那母亲就是病了；如果看不到，就是走了。当时火车速度极慢，从北京到济南要走十四五个小时。就在这样长的时间内，我闭眼又睁眼反复了不知多次。有时能看到电线杆，则心中一喜。有时又看不到，心中则一惧。到头来也没能得出一个肯定的结果。我到了济南。

到了家中，我才知道，母亲不是病了，而是走了。这消息对我真如五雷轰顶，我昏迷了半晌，躺在床上哭了一天，水米不曾沾牙。悔恨像大毒蛇直刺入我的心窝。在长达八年的时间内，难道你就不能在任何一个暑假内抽出几天时间回家看一看母亲吗？二妹在前几年也从家乡来到了济南，家中只剩下母亲一个人，孤苦伶仃，形单影只，而且又缺吃少喝，她日子是怎么过的呀！你的良心和理智哪里去了？你连想都不想一下吗？你还能算得上是一个人吗？我痛悔自责，找不到一点能原谅自己的地方。我一度曾想到自杀，追随母亲于地下。但是，母亲还没有埋葬，不能立即实行。在极度痛苦中我胡乱诌了一副挽联：

一别竟八载，多少次倚闾怅望，眼泪和血流，迢迢玉宇，高处寒否？
为母子一场，只留得面影迷离，入梦浑难辨，茫茫苍天，此恨曷极！

对仗谈不上，只不过想聊表我的心情而已。

叔父婶母看着苗头不对，怕真出现什么问题，派马家二舅陪我还乡奔丧。到了家里，母亲已经成殓，棺材就停放在屋子中间。只隔一层薄薄的棺材板，我竟不能再见母亲一面，我与她竟是人天悬隔矣。我此时如万箭钻心，痛苦难忍，想一头撞死在母亲棺材上，被别人死力拽住，昏迷了半天，才醒转过来。抬头看屋中的情况，真正是家徒四壁，除了几只破椅子和一只破箱子以外，什么都没有。在这样的环境中，母亲这八年的日子是怎样过的，不是一清二楚了吗？我又不禁悲从中来，痛哭了一场。

现在家中已经没了女主人，也就是说，没有了任何人。白天我到村内二大爷家里去吃饭，讨论母亲的安葬事宜。晚上则由二大爷亲自送我回家。那时村里不但没有电灯，连煤油灯也没有。家家都点豆油灯，用棉花条搓成灯捻，只不过是有点微弱的亮光而已。有人劝我，晚上就睡在二大爷家里，我执意不肯。让我再陪母亲住上几天吧。在茫茫百年中，我在母亲身边只住过六年多，现在仅仅剩下了几天，再不陪就真正抱恨终天了。于是二大爷就亲自提一个小灯笼送我回家。此时，万籁俱寂，宇宙笼罩在一片黑暗中，只有天上的星星在眨眼，仿佛闪出一丝光芒。全村没有一点亮光，没有一点声音。透过大坑里芦苇的疏隙闪出一点水光。走近破篱笆门时，门旁地上有一团黑东西，细看才知道是一条老狗，静静地卧在那里。狗们有没有思想，我说不准，但感情的确是有的。这一条老狗几天来大概是陷入困惑中：天天喂我的女主人怎么忽然不见了？它白天到村里什么地方偷一点东西吃，立即回到家里来，静静地卧在篱笆门旁。见了我这个小伙子，它似乎感到我也是这家的主人，同女主人有点什么关系，因此见到了我并不咬我，有时候还摇摇尾巴，表示亲昵。那一天晚上我看到的就是这一条老狗。

我孤身一个人走进屋内，屋中停放着母亲的棺材。我躺在里面一间屋子里的大土炕上，炕上到处是跳蚤，它们勇猛地向我发动进攻。我本来就毫无睡意，跳蚤的干扰更加使我难以入睡了。我此时孤身一人陪伴着一具棺材。我是不是害怕呢？不的，一点也不。虽然是可怕的棺材，但里面躺的人却是我的母亲。她永远爱她的儿子，是人，是鬼，都决不会改变的。

正在这时候，在黑暗中外面走进来一个人，听声音是对门的宁大叔。在母亲生前，他帮助母亲种地，干一些重活，我对他真是感激不尽。他一进屋就高声说：“你娘叫你哩！”我大吃一惊：母亲怎么会叫我呢？原来宁大婶撞客了，撞着的正是我母亲。我赶快起身，走到宁家。在平时这种事情我是绝对不会相信的。此时我却是心慌意乱了。只听从宁大婶嘴里叫了一声：“喜子呀！娘想你啊！”我虽然头脑清醒，然而却泪流满面。娘的声音，我八年没有听到了。这一次如果是从母亲嘴里说出来的，那有多好啊！然而却是从宁大婶嘴里，但是听上去确实像母亲当年的声音。我信呢，还是不信呢？你不信能行吗？我胡里胡涂地如醉似痴地走了回来。在篱笆门口，地上黑黢黢的一团，是那一条忠诚的老狗。

我又躺在炕上，无论如何也睡不着了，两只眼睛望着黑暗，仿佛能感到自己的眼睛在发亮。我想了很多很多，八年来从来没有想到的事，现在全想到了。父亲死了以后，济南的经济资助几乎完全断绝，母亲就靠那半亩地维持生活，她能吃得饱吗？她一定是天天夜里躺在我现在躺的这一个土炕上想她的儿子，然而儿子却音信全无。她不识字，我写信也无用。听说她曾对人说过："如果我知道一去不回头的话，我无论如何也不会放他走的！"这一点我为什么过去一点也没有想到过呢？古人说："树欲静而风不止，子欲养而亲不待。"现在这两句话正应在我的身上，我亲自感受到了；然而晚了，晚了，逝去的时光不能再追回了！"长夜漫漫何时旦？"我却盼天赶快亮。然而，我立刻又想到，我只是一次度过这样痛苦的漫漫长夜，母亲却度过了将近三千次。这是多么可怕的一段时间啊！在长夜中，全村没有一点灯光，没有一点声音，黑暗仿佛凝结成为固体，只有一个人还瞪大了眼睛在玄想，想的是自己的儿子。伴随她的寂寥的只有一个动物，就是篱笆门外静卧的那一条老狗。想到这里，我无论如何也不敢再想下去了；如果再想下去的话，我不知道会出现什么样的情况。

母亲的丧事处理完，又是我离开故乡的时候了。临离开那一座破房子时，我一眼就看到那一条老狗仍然忠诚地趴在篱笆门口。见了我，它似乎预感到我要离开了，它站了起来。走到我跟前，在我腿上擦来擦去，对着我尾巴直摇。我一下子泪流满面，我知道这是我们的永别，我俯下身，抱住了它的头，亲了一口。我很想把它抱回济南。但那是绝对办不到的。我只好一步三回首地离开了那里，眼泪向肚子里流。

到现在这一幕已经过去了七十年。我总是不时想到这一条老狗。女主人没了，少主人也离开了，它每天到村内找点东西吃，究竟能够找多久呢？我相信，它决不会离开那个篱笆门口的，它会永远趴在那里的，尽管脑袋里也会充满了疑问。它究竟趴了多久，我不知道，也许最终是饿死的。我相信，就是饿死，它也会死在那个破篱笆门口，后面是大坑里透过苇丛闪出来的水光。

我从来不信什么轮回转生；但是，我现在宁愿信上一次。我已经九十岁了，来日苦短了。等到我离开这个世界以后，我会在天上或者地下什么地方与母亲相会，趴在她脚下的仍然是这一条老狗。

2001．5．2写定

从南极带来的植物

小友兼老友唐老鸭（师曾）自南极归来。在北大为我举行九十岁华诞庆祝会的那一天，他来到了北大，身份是记者。全身披挂，什么照相机，录像机，这机，那机，我叫不出名堂来的一些机，看上去至少有几十斤重，活灵活现地重现海湾战争孤身采访时的雄风。一见了我，在忙着拍摄之余，从裤兜里掏出来一个信封，里面装着什么东西，郑重地递了给我。信封上写着几行字：

祝季老寿比南山

南极长城站的植物，每100年长一毫米，此植物已有6000岁。

唐老鸭敬上

这几行字真让我大吃一惊，手里的分量立刻重了起来。打开信封，里面装着一株长在仿佛是一块铁上面的“小草”。当时祝寿会正要开始，大厅里挤满了几百人，熙来攘往，拥拥挤挤，我没有时间和心情去仔细观察这一株小草。

夜里回到家里，时间已晚，没有时间和精力把这一株“仙草”拿出来仔细玩赏。第二天早晨才拿了出来。初看之下，觉得没有什么希奇之处，这不就是一棵平常的“草”嘛，同我们这里遍地长满了的野草从外表上来看差别并不大。但是，当我擦了擦昏花的老眼再仔细看时，它却不像是一株野草，而像是一棵树，具体而微的树，有干有枝。枝子上长着一些黑色的圆果。我眼睛一花，原来以为是小草的东西，蓦地变成了参天大树，树上搭满鸟巢。树扎根的石块或铁块一下子变成了一座大山，巍峨雄奇。但是，当我用手一摸时，植物似乎又变成了矿物，是柔软的能屈能折的矿物。试想这一棵什么物从南极到中国，飞越千山万水，而一枝叶条也没有断，至今在我的手中也是一丝不断，这不是矿物又是什么呢？

我面对这一棵什么物，脑海里疑团丛生。

是草吗？不是。

是树吗？也不是。

是植物吗？不像。

是矿物吗？也不像。

它究竟是什么东西呢？我说不清楚。我只能认为它是从南极万古冰原中带来的一个奇迹。既然唐老鸭称之为植物，我们就算它是植物吧。我也想创造两个新名词：像植物一般的矿物，或者像矿物一般的植物。英国人有一个常用的短语：at one's wits' end，“到了一个人智慧的尽头”，我现在真走到了我的智慧的尽头了。

在这样智穷力尽的情况下，我面对这一个从南极来的奇迹，不禁浮想联翩。首先是它那六千年的寿命。在天文学上，在考古学上，在人类生活中，六千是一个很小的数目，没有什么值得大惊小怪的地方。但是，在人类有了文化以后的历史上，在国家出现的历史上，它却是一个很大的数目。中国满打满算也不过说有五千年的历史。连那一位玄之又玄的老祖宗黄帝，据一般词典的记载，也不过说他约生在公元前26世纪，距今还不满五千年。连世界上国家产生比较早的国家，比如埃及和印度，除了神话传说以外，也达不到六千年。我想，我们可以说，在这一株“植物”开始长的时候，人类还没有国家。说是“宇宙洪荒”，也许是太过了一点。但是，人类的国家，同它比较起来，说是瞠乎后矣，大概是可以的。

想到这一切，我面对这一株不起眼儿的“植物”，难道还能不惊诧得瞠目结舌吗？

再想到人类的寿龄和中国朝代的长短，更使我的心进一步地震动不已。古人诗说：“人生不满百，常怀千岁忧。”在过去，人们总是互相祝愿“长命百岁”。对人生来说，百岁是长极长极了的。然而南极这一株“植物”在一百年内只长一毫米。中国历史上最长的朝代是周代，约有八百年之久。在这八百年中，人间发生了多么大的变动呀。春秋和战国都包括在这个期间。百家争鸣，何等热闹。云谲波诡，何等奇妙。然而，南极这一株“植物”却在万古冰原中，沉默着，忍耐着，只长了约八毫米。周代以后，秦始皇登场，修筑了令全世界惊奇的长城。接着登场的是赫赫有名的汉祖、唐宗等等一批人物，半生征战，铁马金戈，杀人盈野，血流成河。一直到了清代末叶，帝制取消，军阀混战，最终是建成了中华人民共和国。两千多年的历史，千头万绪的史实，五彩缤纷，错综复杂，头绪无数，气象万千，现在大学里讲起中国通史，至少要讲上一学年，还只能讲一个轮廓。倘若细讲起来，还需要断代史，以及文学、哲学、经济、艺术、宗教、民族等等的历史。至于历史人物，则有的成龙，有的成蛇；有的流芳千古，有的遗臭万年，成了人们茶余酒后谈古论今的对象。在这两千多年的漫长悠久的岁月中，赤县神州的花花世界里演出了多少幕悲剧、喜剧、闹剧；然而，这一株南极的“植物”却沉默着、忍耐着只长了两厘米多一点。多么艰难的成长呀！

想到这一切，我面对这一株不起眼儿的“植物”难道还能不惊诧得瞠目结舌吗？

我们的汉语中有“目击者”一个词儿，意思是“亲眼看到的人”。我现在想杜撰一个新名词儿“准目击者”，意思是“有可能亲眼看到的人或物”。“物”分动植两种，动物一般是有眼睛的，有眼就能看到。但是，植物并没有眼睛，怎么还能“击”（看到）呢？我在这里只是用了一个诗意的说法，请大家千万不要“胶柱鼓瑟”地或者“刻舟求剑”地去推敲，就说是植物也能看见吧。孔子是中国的圣人，是万世师表，万人景仰。到了今天，除了他那峨冠博带的画像之外，人类或任何动物决不会有孔子的目击者。植物呢，我想，连四川青城山上的那一株老寿星银杏树，或者陕西黄帝陵上那一些十几个人合抱不过来的古柏，也不会是孔子的目击者。然而，我们这一株南极的“植物”却是有这个资格的，孔子诞生的时候它已经有三千多岁了。对它来说，孔子是后辈又后辈了。如果它当时能来到中国，“目击”孔子不是轻而易举的事情吗？

我不是生物学家，没有能力了解，这一株“植物”究竟是什么东西，我也没有向唐老鸭问清楚：在南极有多少像这样的“植物”？如果有多种的话，它们是不是都是六千岁？如果不是的话，它们中最老的有几千岁？这样的“植物”还会不会再长？这样一系列的问题萦绕在我脑海中。我感兴趣的问题是，我眼前的这一株“植物”，身高六厘米，寿高六千岁。如果它或它那些留在南极的伙伴还继续长的话，再过六千年，也不过高一分米二厘米，仍然是一株不起眼儿的可怜兮兮的“植物”，难登大雅之堂。然而，今后的六千年却大大地不同于过去的六千年了。就拿过去一百年来看吧，科技发展，日新月异，过去连想都不敢想的事情，现在做到了；过去认为是幻想的东西，现在是现实了。人类在太空可以任意飞行，连嫦娥的家也登门拜访到了。到了今天，更是分新秒异，谁也不敢说，新的科技将会把我们带向何方。一百年尚且如此，谁还敢想象六千年呢？到了那时候人类是否已经异化为非人类，至少是同现在的人类迥然不同的人类，谁又敢说呢？

想到这一切，念天地之悠悠，后不见来者，我面对这一株不起眼儿的“植物”，我只能惊诧得瞠目结舌了。

2001．7．2

石榴花

我喜爱石榴，但不是它的果，而是它的花。石榴花，红得锃亮，红得耀眼，同宇宙间任何红颜色，都不一样。古人诗“五月榴花照眼明”，著一“照”字，著一“明”字，而境界全出。谁读了这样的诗句，而不兴会淋漓的呢？

在中国，确有大片土地上栽种石榴的地方，比如陕西的秦始皇陵一带。从陵下一直到小山似的陵顶上，到处长满了一棵棵的石榴树，气势恢宏，绿意满天。可惜我到的时候，已经过了开花的季节。只见树上结满了个头极大的石榴，累累垂垂，盈树盈陵。可惜红花一朵也没有看到，实为莫大憾事。遥想旧历五月时节，花照眼明，满陵开成一片亮红，仿佛连天空都给染红了。那样的风光，现在只能意会神领了。

在我居住最久的两座城市里，在济南和北京，石榴却不是一种常见的植物。济南南关佛山街的老宅子，是一所典型的四合院。西屋是正房，房外南北两侧，各有一棵海棠花，早已高过了屋脊，恐怕已是百年旧树。春天满树繁花，引来了成群的蜜蜂，嗡嗡成一团。北屋门前左侧有一棵石榴树。石榴树本来就长不太高的，从来没有见过参天的石榴树。我们这一棵也不过丈八高，但树龄恐怕也有几十年了。每年夏初开花时，翠叶红花，把小院子照得一片亮红。

院子是个大杂院。我们家住北屋。南屋里住的是一家姓田的木匠。他有两个女儿，大的乳名叫小凤，小的叫小华。我决不迷信，但是我相信缘分，因为它确实存在，不相信是不行的。缘分的存在小华和我的关系就能证明。她那时还不到两岁，路走不全，话也说不全。可是独独喜欢我。每次见到我，即使是正在母亲的怀抱里，也必挣扎出母亲的怀抱，张开小手，让我来抱。按流传的办法，她应该叫我“大爷”；但是两字相连，她发不出音来，于是缩减为一个“爷”字。抱在我怀里，她满嘴“爷”、“爷”，乐不可支。

这时正是夏初季节，石榴花开得正欢。有一天，吃过午饭，我躺在石榴树下一张躺椅上睡午觉。大概是睡得十分香甜。“大梦谁先觉？平生我自知”，可惜，诸葛亮知道，我却不知道。不知道睡了多久，我朦胧醒来。睁眼一看，一个不满三块豆腐干高的小玩意儿，正站在我的枕旁，一声不响，大气不出，静静地等我醒来。一见我睁开惺忪的眼睛，立即活跃起来，一头扎在我的怀中，要我抱她，嘴里“爷！爷！”喊个不停。不是别人，正是小华。我又惊又喜，连忙把她抱了起来。抬头看到透过层层绿叶正开得亮红的石榴花。

以后，我出了国。在欧洲待了十一年以后，又回到祖国来，住在北京大学中关园第一公寓的一个单元里。我床头壁上挂着著名画家溥心畬画的一个条幅，上面画的是疏疏朗朗的一枝石榴，有一个果和一枝花，那一枝花颇能流露出石榴花特有的照眼明的神采。旁边题着两句诗：“只为归来晚，开花不及春。”多么神妙的幻想！石榴原来不是中原的植物，大约是在汉代从中亚安国等国传进来的，所以又叫“安石榴”。这情况到了诗人笔下，就被诗意化了。因为来晚了，所以没有赶得上春天开花，而是在夏历五月。等到百花都凋谢以后，石榴才一枝独秀，散发出亮红的光芒。

我那时候很忙，难得有睡懒觉的时间。偶尔在星期天睡上一次。躺在床上，抬眼看到条幅上画的榴花，思古之幽情，不禁油然而发。并没有古到汉代，只古到了二十几年前在佛山街住的时候。当时北屋前的那一棵石榴树是确确实实的存在物，而今却杳如黄鹤早已不存在了。而眼前画中的石榴，虽不是真东西却实实在在地存在着。世事真如电光石火，倏忽变化万端。我尤其忆念不忘的是当年只会喊“爷”的小华子。隔了二十多年，恐怕她早已是绿叶成荫子满枝了。奈之何哉！奈之何哉！

整整四十年前，我移家燕园内的朗润园。门前有小片隙地，遂圈以篱笆，辟为小小的花园，栽种了一些花木。十几年前，一位同事送给我了一棵小石榴树。只有尺把高。我就把它栽在小花园里，绿叶滴翠，极惹人爱。我希望它第二年初夏能开出花来。但是，我失望了。又盼第三年，依然是失望。十几年下来，树已经长得很高，却仍然是只见绿叶，不见红花。我没有研究过植物学；但是听说，有的树木是有性别的。由树的性别，我忽然联想到了语言的性别。在现代语言中，法文名词有阴、阳二性；德文名词有阴、阳、中三性。古代梵文也有三性。在某些佛典中偶尔也有讲到语言的地方。一些译经的和尚把中性译为“黄的”，“黄的”者，太监也，非男非女之谓也。我惊叹这些和尚之幽默。却忽然想到，难道我们这一棵石榴树竟会是“黄的”吗？

然而，到了今年，奇迹却出现了。一天早晨，我站在阳台上看池塘中的新荷，我的眼前忽然一亮，“万绿丛中一点红”。我连忙擦了擦昏花的老眼，发现石榴树的绿叶丛中有一个亮红的小骨朵儿。我又惊又喜；我们的石榴树有喜了，它不是黄的了。我在大喜之余，遍告诸友。有人对我说：“你要走红运了！”我对张铁嘴、王半仙之流的讲运气的话，一向不信。但是，运气，同缘分一样，却是不能不信的。说白了是运气，说文了就是机遇。你能不相信机遇吗？

说老实话，今年确是有一些连做梦都想不到的怪事出现在我的身边。求全之毁，根本没有。不虞之誉却纷至沓来。难道我真交了好运了吗？我从来不认为自己有什么了不起。现在是收获得太多，而给予得太少，时有愧怍之感。我已经九十晋二，富贵于我真如浮云了。我只希望能壮壮实实地再活上一些年，再做一点对人有益的事情，以减少自己的愧怍之感。我尤其希望，在明年此时，榴花能再照亮我的眼睛。

2002年6月10日

老　人

当我才从故乡来到这个大城市的时候，他已经是个老人了。我现在还记得，当时是骑驴来的。骑了两天，就到了这个大城市。下了驴，又随着父亲走了许多路，一直走得自己莫名其妙，才走到一条古旧的黄土街，我们就转进一个有石头台阶颇带古味的大门里去，迎头是一棵大的枸杞树。因为当时年纪才八九岁，而且刚才走过的迷宫似的长长又曲折的街的影子还浮动在心头，所以一到屋里，眼前只一片花，没有看到一个人，定了定神，才看到了婶母。不久，就又在黑暗的角隅里，发现了这个老人，正在起劲地同父亲谈着话，灰白色的胡子在上下地颤动着。

他并没有什么特异的地方；但第一眼就在我心里印上了一个莫大的威胁。他给了我一个神秘的印象：白色稀疏的胡子，白色更稀疏的头发，夹着一张蝙蝠形的棕黑色的面孔，这样一个综合不是很能够引起一个八九岁的乡下孩子的恐怖的幻想吗？又因为初到一个生地方，晚上再也睡不宁恬，才卧下，就先想到故乡，想到故乡里的母亲。凄迷的梦萦绕在我的身旁，时时在黑暗里发见离奇的幻影。在这时候，这张蝙蝠形的面孔就浮动到我的眼前来，把我带到一个神秘的境地里去。在故乡里的时候，另外一些老人时常把神秘的故事讲给我听，现在我自己就仿佛走到那故事里面去，这有着蝙蝠形的脸的老人也就仿佛成了里面的主人了。

第二天绝早就起来，第一个遇到的偏又是这老人。我不敢再看他，我只呆呆地注视着那棵枸杞树，注视着细弱的枝条上才冒出的红星似的小芽，看熹微的晨光慢慢地照透那凌乱的枝条。小贩的叫卖声从墙外飘过来，但我不知道他们叫卖的什么。对我一切都充满了惊异。故乡里小村的影子，母亲的影子，时时浮掠在我的眼前。我一闭眼，仿佛自己还骑在驴背上，还能听到驴子项下的单调的铃声，看到从驴子头前伸展出去的长长又崎岖的仿佛再也走不到尽头的黄土路。在一瞬间这崎岖的再也走不到尽头的黄土路就把自己引到这陌生的地方来。在这陌生的地方，现在（一个初春的早晨）就又看到这样一个神秘的老人在枸杞树下面来来往往地做着事。

在老人，却似乎没有我这样的幻觉。他仿佛很高兴，见了我，先打一个招呼，接着就笑起来；但对我这又是怎样可怕的笑呢？鲇鱼须似的胡子向两旁咧了咧，眼与鼻子的距离被牵掣得更近了，中间耸起了几条皱纹。看起来却更像一个蝙蝠，而且像一个跃跃欲飞的蝙蝠了。我害怕，我不敢再看他，他也就拖了一片笑声消逝在枸杞树的下面，留给我的仍然是蝙蝠形的脸的影子，混了一串串的金星，在我眼前晃动着，一直追到我的梦里去。

平凡的日子就这样在不平凡中消磨下去。时间的消逝终于渐渐地把我与他之间的隔膜磨去了。我从别人嘴里知道了关于他的许多事情，知道他怎样在年轻的时候从城南山里的小村里飘流到这个大城市里来；怎样打着光棍在一种极勤苦艰难的情况下活到现在；现在已是一个白须的人了，然而情况却更加艰难下去；不得已就借住在我们房子后院的一间草棚里，做着泥瓦匠。有时候，也替我们做点杂事。我发现，在那微笑下面隐藏着一颗怎样为生活磨透的悲苦的心。就因了这小小的发现，我同他亲近起来。他邀我到他屋里去。他的屋其实并不像个屋，只是一座靠着墙的低矮的小棚。一进门，仿佛走进一个黑洞里去，有霉湿的气息钻进鼻孔里。四壁满布着烟熏的痕迹；顶上垂下蛛网；只有一个床和一张三条腿的桌子。当我正要抽身走出来的时候，我忽然在墙龛里发现了一个肥大的大泥娃娃。他看了我注视这泥娃娃的神情，就拿下来送给我。我不了解，为什么这位奇异的老人还有这样的童心。但这泥娃娃却给了我无量的欣慰，我渐渐地觉得这蝙蝠形的脸也可爱起来了。

闲下来的时候，我也常随着他去玩。他领我上过圩子墙，从这上面可以看到南面云似的一列黛黑的山峰，这山峰的顶上是我的幻想常飞的地方；他领我看过护城河，使我惊讶这河里水的清和草的绿。但最常去的地方却还是出大门不远的一个古老的庙里，庙不大，院子里却栽了不少的柏树，浓荫铺满了地，给人森冷幽渺的感觉。阴暗的大殿里列着几座神像，封满了蛛网和尘土，头上有燕子垒的窠。我现在始终不明白，这样一座只能引起成年人们苍茫怀古的情绪的破庙会对一个八九岁的孩子有那样大的诱惑力，一个八九岁的孩子能懂得什么怀古呢？他几乎每天要领我到那里去，我每次也很高兴地随他去。在柏树下面。他讲故事给我听，怎样一个放牛的小孩遇到一只狼，又怎样脱了险，一直讲到黄昏才走回来，但每次带回来的都是满腔的欢欣。就这样，时间也就在愉快中消磨过去。

这年的初夏，我们搬了一次家。随了这搬家而得到的是关于他的一些趣闻。正像其他孤独的人们一样，这老人的心，在他过去的生命里恐怕有一个很不短的期间，都在忍受着孤独的啮噬。男女间最根本最单纯的要求也常迫促着他。终于因了机缘的凑巧，他认识了一个有丈夫而不安于平凡的单调的中年女人。从第一次见面起，会有些什么样的事情在两人间进行着，人们可以用想象去填补，这中年女人不缺少会吐出玫瑰花般的话的嘴，也不缺少含有无量魔力的眼波，这老人为她发狂了。但不久，就听到别人说，一个夜间，两个人被做丈夫的堵到一个屋里，这老人，究竟因为曾做过泥瓦匠，终于从窗户里跳出来，又越过一重墙逃走了。

这以后，人们的谈话常常转到他身上去。我每次见了这蝙蝠形的脸的老人的时候，只是忍不住想笑。我想象不出来这位面孔仿佛很严肃的老人在星光下爬墙逃走的情形。这蝙蝠形的脸还像平常一样地布满了神秘吗？这灰白的胡子还像平常一样地撅着吗？但老人却仍然像平常那样沉静严肃；他仍然要我听他讲故事，怎样一个放牛的小孩遇到一个狼，又怎样脱了险。我再也无心听他讲故事，我只想脱口问了出来；但终于抑压下去，把这个秘密埋在自己的心里，暗暗地玩味着这个秘密给予我的快乐。

老人的情况却愈加狼狈了。以前他住的那座黑洞似的草棚，现在再也在里面住不下去，只好移到以前常领我去玩的那个古庙里去存身。庙里从来没见过和尚和道士的踪影，现在就只有他一个人孤伶的陪着那些头上垒着燕子窝的泥塑的佛像住着。自从他搬了去以后，经过了一个长长的夏天，我没能见到他。在一个夏末的黄昏里，我到庙里去看他。庙仍然同从前一样的衰颓，柏树仍然遮蔽着天空。一进门，四周立刻寂静了起来，仿佛已经走出了嚣喧的人间。我看到老人的背影在大殿的一个角隅里晃动，他回头看到是我，仿佛很高兴，立刻忙着搬了一条凳子。又忙着倒水。从他那迟钝的步伐上伛偻的身躯上看来，这老人确实老了。他向我谈着他这几个月来的情况。我悠然地注视着渐渐暗下来的天空，看夜色织入柏树丛里，又布上了神像。神像的金色的脸在灰暗里闪着淡黄的光。我的心陡然冷了起来，我的四周有森森的鬼气，我自己仿佛走到一个神话的境界里去。但老人却很坦然，他把这些东西已经看惯了，他仍然絮絮地同我谈着话。我的眼前有种种的幻象，我幻想着，在中夜里，一个人睡在这样一个冷寂的古庙里，偶尔从梦中转来的时候，看到一线凄清的月光射到这金面的神像上，射到这朱齿獠牙手持巨斧的大鬼身上，心里会有什么样的感觉呢？我的心愈加冷了起来。

但老人却正在谈得高兴。他告诉我，怎样自己再也不能做泥瓦匠，怎样同街住的人常常送饭给他吃，怎样近来自己的身体处处都显出弱像，叹了几口气之后，结尾却说到自己还希望能壮壮实实地活几年，他说，昨天夜里做了个梦，梦见自己托着一个太阳。人们不是说，梦见托太阳是个好朕兆吗？所以他很高兴，知道自己的身子就会慢慢的壮健起来。说这句话的时候，蝙蝠形的脸缩成一个奇异的微笑。从他的昏暗的眼里蓦地射出一道神秘的光，仿佛在前途还看到希望的幻影，还看到花。我为这奇迹惊住了。我不知道怎样回答他。抬头看外面已经全黑下来，我站起来预备走，当我走出庙门的时候，我好像从一个虚无缥缈的魔窟里走出来，我眼前时时闪动着老人眼里射出来的那一线充满了生命力的光。

看看闷人的夏天要转入淡远的凉秋去的时候，老人的情况更比以前艰苦起来，他得了病，一个长长的秋天就在病中度过去。病好了的时候，他变成了另一个人，身体伛偻得简直要折过去，随时嘴里都在哼哼着，面孔苍黑得像涂过了一层灰。除了哼哼和吐痰以外，他不再做别的事，只好在一种近于行乞的情况下把自己的生命延续下去。就这样过了年。第二年的夏天，听说我要到故都去，他特意走来看我。没进屋门，老远就听到哼哼的声音，坐下以后，在断断续续的哼声中好歹努着力进出几句话来，接着又是成排的连珠似的咳嗽。蝙蝠形的脸缩成一个奇异的形状。我用一种带有怜悯的心情同他谈着话。我自己想，看样子生命在老人身上也不会存在多久了。在谈话的空隙里，他低着头，眼光固定在地上。我蓦地又看到有同样神秘的光芒从他的眼里射了出来，他仿佛又在前途看到希望的幻影，看到花。我又惊奇了，但老人却仍然很镇定，坐了一会，又拖了自己孤伶的背影蹒跚地走回去。

到故都以后，我走到另一个世界里，许多新奇的事情占据了我的心，我早把老人埋在回忆的深黑的角隅里。第一次回家是在同一年的冬天。虽然只离开了半年，但我想，对老人的病躯，这已经是很够挣扎的一段长长的期间了。恐怕当时连这样想也不曾想过。我下意识地觉得老人已经死了，墓上的衰草正在严冬下做着春的梦。所以我也不问到关于他的消息。蓦地想起来的时候，心里只影子似的飘过一片淡淡的悲哀。但我到家后的第五天，正在屋里坐着看水仙花的时候，又听到窗外有哼哼的声音，开门进来的就是这老人。我的脑海里电光似的一闪，这对我简直像个奇迹，我惊愕得不知所措了。他坐下，又从断断续续的哼声中迸出几句套语来，接着仍然是成排的连珠似的咳嗽。比以前还要剧烈，当我问到他近来的情况的时候，他就告诉我，因为受本街流氓的排挤，他已经不能再在那个古庙里存身，就在那年的秋天，搬到一个靠近圩子墙的土洞里去，仍然有许多人送饭给他吃，我们家也是其中之一。叹了几口气之后，又说到虽然哼哼还没能去掉，但自己觉得身体却比以前好了，这也总算是个好现象，自己还希望能壮壮实实地再活几年，说完了，又拖着自己孤伶的背影蹒跚地走回去。

第二天的下午，我走去看他，走近圩子墙的时候，已经没了住的人家，只有一座座纵横排列着的坟，寻了半天，好歹在一个土崖下面寻到一个洞，给一扇秫秸编成的门挡住口，我轻轻地曳开门，扑鼻的一阵烟熏的带土味的气息，老人正在用干草就地铺成的床上躺着。见了我，似乎有点显得仓皇，要站起来，但我止住了他。我们就谈起话来。我从门缝里看到一片大大小小的坟顶。四周仿佛凝定了似的沉寂，我不由地幻想起来，在死寂的中夜里，当鬼火闪烁着蓝光的时候，这样一个垂死的老人，在这样一个地方，想到过去，看到现在，会有什么样的感想呢？这样一个土洞不正同坟墓一样吗？眼前闪动着种种的幻象，我的心里一闪，我立刻觉得自己现在就是在坟墓里，面前坐着的有蝙蝠形的脸和白须的老人就是一具僵尸，冷栗通过了我的全身。但我抬头看老人，他仍然同平常一样地镇定；而且在镇定中还加入了点悠然的意味。神秘的充满了生之力的光不时从眼里射出来。我的心乱了；我仿佛有什么东西急于了解而终于不了解似的，心里充满了疑惑；但又想不出究竟是什么。我不愿意再停留在这里，我顺着圩子墙颓然走回家里，在暗淡的灯光下，水仙花的芬芳的香气中，陷入了长长的不可捉摸的沉思。

不久，我又回到故都去。从这以后，第一次回家是在夏天，我以为老人早已死掉了；但却看到他眼里闪熠着的充满了生之力的神秘的光。第二次回家是在另一个夏天，我又以为老人早已死掉了；但他又出现了，而且哼哼也更剧烈了；然而我又看到他眼里闪熠着充满了生之力的神秘的光。每次都给我一个极大的惊奇，但过后也就消逝了。就这样，一直到去年秋天，我在故都的生活告了一个结束，又回到这个城市里来。老人早已躲出我记忆之外，因为我直觉地确定地相信，他再也不会活在人间了。我不但不向家里人问到他，连以前有的淡淡的悲哀也不浮在我的心里来。然而在一个秋末的黄昏里，又听到他的低咽而幽抑的哼哼声从窗外飘进来；在带点悲凉凄清的晚秋的沉寂里，哼哼声更显得阴郁，仿佛想把过去生命里的一切哀苦全从这哼声里喷泄出来。我的心颤栗起来。我真想不到在过去遇到的许多奇迹之外，还有今天这样一个奇迹。我有点怕见他，但他终于走进来。衣服上满是土，头发凌乱得像秋草。态度仍然很镇定。脸色却更显得苍老，黧黑；腰也更显得伛偻。见了我，勉强做出一个笑容，接着就是一阵咳嗽；咳嗽间断的时候，就用哼哼来把空缝补上；同时嘴里还努力说着话，也已是些呓语似的声音。他告诉我，他来的时候走几步就得坐下休息一会，走了有一点钟才走到这里，当我问到他的身体的时候，他叹了口气，说，身体已经是不行了；昨天到庙里求了一个签，说他还能活几年，这使他非常高兴，他仍然希望能壮壮实实地再活几年，他不想死。我又看到有神秘的充满了生之力的光从他的昏暗的眼里射出来，他仿佛又在前途看到希望，看到花。我迷惑了，惘然地看着他拖着自己孤伶的背影走去。

从去年秋天到现在，在我的生命中是一个大的转变。我过的是同以前迥乎不同的生活。在学校里过了六天以后，照例要回到我不高兴回去的家里看看；因而也就常逢到老人。每见一次面，我总觉得老人的精神和身体都比上一次要坏些，哼哼也剧烈些。但我仍然一直见面见到现在，每次都看到他从眼里射出的神秘的光，这光，在我心里，连续地打着烙印。我并不愿意老人死，甚至连想到也会使我难过。但我却固执地觉得生命对他已经没了意义。从人生的路上跋涉着走到现在，过去是辛酸的，回望只见到灰白的一线微痕；现在又处在这样一个环境里；将来呢？只要一看到自己拖了孤伶的背影蹒跚地向前走着的时候，走向将来，不正是这样一个情景么？在将来能有什么呢？没有希望，没有花。但我抬头又看到我面前这位蝙蝠脸的老人，看到他低垂着注视着地面的眼光，充满了神秘的生命力，这眼光告诉我们，他永远不回头看，他只向前看，而且在前面他真的又看到闪烁的希望，灿烂的花。我迷惑了。对我，这蝙蝠脸是个谜，这从昏暗的眼里射出的神秘的光更是个谜。就在这两重谜里，这老人活在我的眼前，活在我的心里。谁知道这神秘的光会把他带到什么地方呢？

1935年5月2日

难忘的一家人

三月初的德里，已经是春末夏初时分。北京此时恐怕还会飘起雪花吧。而在这里，却已是杂花生树，群莺乱飞。月季花、玫瑰花、茉莉花、石竹花，还有其他许多不知名的鲜花，纷红骇绿，开得正猛。木棉那大得像碗口的红花，开在凌云的高枝上，发出了异样的光彩，特别逗引起了我这个异乡人的惊奇。

就正在这繁花似锦的时刻，我会见了将近二十年没有见面的印度老朋友普拉萨德先生。

当时，我刚从巴基斯坦来到德里。午饭后，我站在我们的大使馆楼前的草地上，欣赏那一朵朵肥大的月季花，正在出神，冷不防从对面草地上树荫下飞也似的跳出来了一个人，一下子扑了过来，用力搂住我的脖子，拼命吻我的面颊。他眼里泪水潸潸，眉头痛苦地或者是愉快地皱成了一个疙瘩。他就是普拉萨德。他这出乎意料的举动，使得我惊愕，快乐。但是，我的眼里却没有泪水流出，好像是我还没有来得及把泪水酿出。

这自然就使我回忆起过去在北京大学的一些事情。

普拉萨德是在解放初期由印中友协主席、中国人民始终如一的老朋友森德拉尔先生介绍到北大来任教的。他为人正直，坦荡，老老实实，本本分分，从来不弄什么小动作，不耍什么花样。借用德国老百姓的一句口头语：他忠实得像金子一样。在工作方面，他勤勤恳恳，给什么工作，就做什么工作，决不讨价还价。因此，他同中国教师和历届的同学都处得很好，没有人不喜欢他，不尊重他的。他后来回国结了婚，带着夫人普拉巴女士又回到北京。生的第一个男孩，取名就叫做京生。长到三四岁的时候，活泼伶俐，逗人喜爱。每次学校领导宴请外国教员，一个必不可少的节目就是要京生高唱《东方红》。此时宴会厅里，必然是笑声四起，春意盎然，情谊脉脉，喜气融融。

时光就这样流逝过去。他做的事情都是平平常常的事情，过的日子也都是平淡无奇的日子。没有兴奋，没有激动。没有惊人的变化，也没有难忘的伟绩。忘记了是哪一年，他生了肺病，有点紧张。我就想方设法，加以劝慰。我现在已经忘记究竟对他说了些什么话；但是估计像我这样水平低的人，也决不会说出什么精辟的话。他可就信了我的话，情绪逐渐平静了下来。又忘记了是哪一年，他告诉我，想到莫斯科去参加青年联欢节。我通过有关的单位，使他达到了目的。这些都是小事，本来是不足挂齿的。然而他却惦记在心，逢人便说。他还经常说，我是他的长辈，是他的师尊。这很使我感到有点尴尬，觉得受之有愧。

天不会总是晴的，人世间也决不会永远风平浪静。大约是在 1959 年，中印友谊的天空里突然升起了一团乌云。某一些原来对中国友好的印度人，接踵转向。但是，普拉萨德一家人并没有动摇。他们不相信那一些造谣诬蔑，流言蜚语。他们一直坚持到自己的护照有被吊销的危险的时候，才忍痛离开了中国。

接着来的是一段对中印两国人民都不愉快的时光。我自己毕生研究印度的文化和历史，十分关心中印两国人民的传统友谊。在这一团乌云的遮蔽下，我有说不出来的苦恼，心情很沉重。我不时想到普拉萨德，想到他那一家人。当他们还在北京的时候，我实际上并没有这样想过。现在一旦睽违，却竟如此忆念难置。我自己也说不清楚其中的原因。难道我也想到“鸿雁几时到，江湖秋水多”吗？我不知道，普拉萨德一家人在想些什么，他们在干些什么。但是，我对于他那一家人对中国人民的深厚友谊，是从来没有怀疑的。我相信，他同广大的印度朋友一样，既能同中国人民共安乐，也能同我们共忧患。他们既然能渡过丽日和风，也必然能渡过惊涛骇浪。

事实也正是这个样子。等到天空里的乌云逐渐淡下去的时候，从遥远的西天传来了普拉萨德一家的消息。他确实是没有动摇。在那些日子里，他仍然坚持天天到中国驻印度大使馆去上班。当时大使馆门外驻扎着军警。每一个到中国大使馆来的印度人，都要受到盘问。许多印度朋友，不管内心里多么热爱中国，在这种情况下，也只好望而却步。然而普拉萨德却毅然岿然，决不气馁。当他在中国生肺病的时候，我心里曾闪过一个念头，窃以为他太脆弱。现在才知道，我错了。在大是大非面前，他是非常坚强的。我认识到他是这样一个人：在脆弱中有坚强，在简单中有深刻，在淳朴中有繁缛，在平淡中有浓烈。

他的爱人普拉巴是夫唱妇随。有人要她捐献爱国捐，她问为什么，说是为了对付中国，她坚决回答："爱国人人有份。但是捐了金银首饰去打中国，我宁死不干。我决不相信中国会侵略印度！"这一番话义正词严，简直可以说是掷地作金石声。在那黑云翻滚的日子里，敢于说这样的话，是需要有点勇气的。普拉巴平常看起来也像她丈夫一样是朴素而安静的。就在这样一个朴素而安静的印度普通妇女的心中蕴藏着多少对中国兄弟姐妹的爱和信任啊！但是在千千万万印度朋友心中蕴藏着的正是这样的爱和信任。印度古书上有一句话："真理就是要胜利。"她说的话正是真理，因此就必然会胜利的。

难道说普拉萨德一家人不热爱自己的祖国吗？正相反。我知道，他们是非常热爱自己的祖国的。而他们这样的举动也正是真正热爱祖国的表现。

就这样，我们虽然相别十余年，相隔数万里，其间也没有通过信。但是，我们的心是相通的，我们的心是挨得非常近的。

可是我无论如何也没有预料到，我们竟然能够在花团锦簇的暮春时分，在德里又会了面。

看样子，这一次来意外的会面也给普拉萨德带来了极大的愉快。他告诉我，当他听说我要到印度来的时候曾高兴得几夜睡不着觉。我知道，他确实是非常高兴的。那时候，我们的访问非常紧张，一个会接着一个会，忙得不可开交。但是他却利用一切机会同我会面和交谈。有一天晚上，他还带了另一位印度朋友来看我。刚说了几句话，他们俩突然跪到地上摸我的脚。我知道，这是对最尊敬的人行的礼节。我大吃一惊，觉得真是当之有愧。但是面对着这一位忠实得像金子一般的印度朋友，我有什么办法呢？

普拉萨德再三对我讲，他要把他全家都带来同我会面。这正是我的愿望。我是多么想看一看这一家人啊！但是时间却挤不出。最后商定在使馆招待会前半小时会面。到了时候，他们全家果然来了。当年欢蹦乱跳的京生已经长成了稳重憨厚的青年，大学医学院的毕业生。当年在襁褓中的兰兰也已经长成了中学生。我看到这个情景，心里面思绪万千，半天说不出话来。但是，普拉萨德却滔滔不绝地讲了起来。讲他过去十几年的经历。从生活到思想，从个人到全家，不厌其详地讲述。兰兰大概觉得他说话太多了，有点生气似的说道："爸爸！看你老讲个不停，不让别人说半句话。"普拉萨德马上反驳说："不行不行！我非向他汇报不行。我的话三天三夜也讲不完。"说完又讲了起来，大有"词源倒流三峡水"的气概，看样子真要讲上三天三夜了。但是，招待会的时间到了，他们才依依不舍地辞别离去。

我们在德里的最后一个节目是印中友协的欢迎会。散会后，也就是我同普拉萨德全家告别的时候。我自然而然地紧紧地搂住了他的脖子，吻他的面颊。好像也用不着去酿出，我的眼里流满了泪水。同这样一位忠诚淳朴，对中国人民始终如一的印度朋友告别，我难道还能无动于衷吗？

普拉萨德决不是一个个人，而是广大的印度朋友的代表和象征；他也是千千万万善良的印度人的典型。他也决没有把我看成一个个人，而是看成整个中国人民的代表。他对我流露出来的感情，不是对我一个人的，而是对全体中国人民。正如中印友谊万古长青一样，我们之间的友谊也是长存的。即使我们暂时分别了，我相信，我们有一天总还会会面的，在印度，在中国。

我遥望西天，为普拉萨德全家祝福。

1979 年 10 月

我记忆中的老舍先生

老舍先生含冤逝世已经二十多年了。在这一段相当长的时间内，我经常想到他，想到的次数远远超过我认识他以后直至他逝世的三十多年。每次想到他，我都悲从中来。我悲的是中国失去一个热爱祖国、热爱人民的正直的大作家，我自己失去一位从年龄上来看算是师辈的和蔼可亲的老友。目前，我自己已经到了晚年，我的内心再也承受不住这一份悲痛，我也不愿意把它带着离开人间。我知道，原始人是颇为相信文字的神秘力量的，我从来没有这样相信过。但是，我现在宁愿做一个原始人，把我的悲痛和怀念转变成文字，也许这悲痛就能突然消逝掉，还我心灵的宁静，岂不是天大的好事吗？

我从高中时代起，就读老舍先生的著作，什么《老张的哲学》《赵子曰》《二马》，我都读过。到了大学以后，以及离开大学以后，只要他有新作出版，我定先睹为快，什么《离婚》《骆驼祥子》等等，我都认真读过。最初，由于水平的限制，他的著作我不敢说全都理解。可是我总觉得，他同别的作家不一样。他的语言生动幽默，是地道的北京话，间或也夹上一点山东俗语。他没有许多作家那种忸怩作态让人读了感到浑身难受的非常别扭的文体，一种新鲜活泼的力量跳动在字里行间。他的幽默也同林语堂之流的那种着意为之的幽默不同。总之，老舍先生成了我毕生最喜爱的作家之一，我对他怀有崇高的敬意。

但是，我认识老舍先生却完全出于一个偶然的机会。30 年代初，我离开了高中，到清华大学来念书。当时老舍先生正在济南齐鲁大学教书。济南是我的老家，每年暑假我都回去。李长之是济南人，他是我的唯一的一个小学、中学、大学“三连贯”的同学。有一年暑假，他告诉我，他要在家里请老舍先生吃饭，要我作陪。在旧社会，大学教授架子一般都非常大，他们与大学生之间宛然是两个阶级。要我陪大学教授吃饭，我真有点受宠若惊。及至见到老舍先生，他却全然不是我心目中的那种大学教授。他谈吐自然，蔼然可亲，一点架子也没有，特别是他那一口地道的京腔，铿锵有致，听他说话，简直就像是听音乐，是一种享受。从那以后，我们就算是认识了。

以后是激烈动荡的几十年。我在大学毕业以后，在济南高中教了一年国文，就到欧洲去了，一住就是十一年。中国胜利了，我才回来，在南京住了一个暑假。夜里睡在国立编译馆长之的办公桌上；白天没有地方呆，就到处云游，什么台城、玄武湖、莫愁湖等等，我游了一个遍。老舍先生好像同国立编译馆有什么联系。我常从长之口中听到他的名字，但是没有见过面。到了秋天，我也就离开了南京，乘海船绕道秦皇岛，来到北平。

以后又是更为激烈震荡的三年。用美式装备武装到牙齿的国民党反动军队，被彻底消灭。蒋介石一小撮逃到台湾去了。中国人民苦斗了一百多年，终于迎来了解放的春天。我们这一群知识分子都亲身感受到，我们确实已经站起来了。就在这样的情况下，我在当时所谓故都又会见了老舍先生，上距第一次见面已经有二十多年了。

我现在已经记不清楚我们重逢时的情景，但是我却清晰地记得起50年代初期召开的一次汉语规范化会议时的情景。当时语言学界的知名人士，以及曲艺界的名人，都被邀请参加，其中有侯宝林、马增芬姊妹等等。老舍先生、叶圣陶先生、罗常培先生、吕叔湘先生、黎锦熙先生等等都参加了。这是解放后语言学界的第一次盛会。当时还没有达到会议成灾的程度，因此大家的兴致都很高，会上的气氛也十分亲切融洽。

有一天中午，老舍先生忽然建议，要请大家吃一顿地道的北京饭。大家都知道，老舍先生是地道的北京人，他讲的地道的北京饭一定会是非常地道的，都欣然答应。老舍先生对北京人民生活之熟悉，是众所周知的。有人戏称他为“北京土地爷”。他结交的朋友，三教九流都有。他能一个人坐在大酒缸旁，同洋车夫、旧警察等旧社会的“下等人”，开怀畅饮，亲密无间，宛如亲朋旧友，谁也感觉不到他是大作家、名教授、留洋的学士。能做到这一步的，并世作家中没有第二人。这样一位老北京想请大家吃北京饭，大家的兴致哪能不高涨起来呢？商议的结果是到西四砂锅居去吃白煮肉，当然是老舍先生做东。他同饭馆的经理一直到小伙计都是好朋友，因此饭菜极佳，服务周到。大家尽兴地饱餐了一顿。虽然是一顿简单的饭，然而却令人毕生难忘。当时参加宴会今天还健在的叶老、吕先生大概还都记得这一顿饭吧。

还有一件小事，也必须在这里提一提。忘记了是哪一年了，反正我还住在城里翠花胡同没有搬出城外。有一天，我到东安市场北门对门的一家著名的理发馆里去理发，猛然瞥见老舍先生也在那里，正躺在椅子上，下巴上白糊糊的一团肥皂泡沫，正让理发师刮脸。这不是谈话的好时机，只寒暄了几句，就什么也不说了。等我坐在椅子上时，从镜子里看到他跟我打招呼，告别，看到他的身影走出门去。我理完发要付钱时，理发师说：老舍先生已经替我付过了。这样芝麻绿豆的小事殊不足以见老舍先生的精神，但是，难道也不足以见他这种细心体贴人的心情吗？

老舍先生的道德文章，光如日月，巍如山斗，用不着我来细加评论，我也没有那个能力。我现在写的都是一些小事。然而小中见大，于琐细中见精神，于平凡中见伟大，豹窥一斑，鼎尝一脔，不也能反映出老舍先生整个人格的一个缩影吗？

中国有一句俗话："好死不如赖活着。"这一句话道出了一个真理。一个人除非万不得已决不会自己抛掉自己的生命。印度梵文中"死"这个动词，变化形式同被动态一样。我一直觉得非常有趣，非常有意思。印度古代语法学家深通人情，才创造出这样一个形式。死几乎都是被动的。有几个人主动地去死呢？老舍先生走上自沉这一条道路，必有其不得已之处。有人说，人在临死前总会想到许多许多东西的，他会想到自己的一生的。可惜我还没有这个经验，只能在这里胡思乱想。当老舍先生徘徊在湖水岸边决心自沉时，眼望湖水茫茫，心里悲愤填膺，唤天天不应，唤地地不答，悠悠天地，仿佛只剩下自己孤身一人，他会想到自己的一生吧！这一生是忠诚于祖国、忠诚于人民的一生，然而到头来却落到这等地步。为什么呢？究竟是为什么呢？如果自己留在美国不回来，著书立说，优游自在，洋房、汽车、声名禄利，无一缺少，舒舒服服地过一辈子，说不定能寿登耄耋，富埒王侯。他不是为了热爱自己的祖国母亲，才毅然历尽艰辛回来的吗？是今天祖国母亲无法庇护自己那远方归来的游子了呢？还是不愿意庇护了呢？我猜想，老舍先生决不会埋怨自己的祖国母亲，祖国母亲永远是可爱的，在任何情况下都是可爱的。他也决不会后悔回来的。但是，他确实有一些问题难以理解，他只有横下一条心，一死了之。这样的问题，我们今天又有谁能够理解呢？我想，老舍先生还会想到自己院子里种的柿子树和菊花。他当然也会想到自己的亲人，想到自己的朋友。所有这一些都是十分美好可爱的。对于这一些难道他就一点也不留恋吗？决不会的，决不会的。但是，有一种东西梗在他的心中，像大毒蛇缠住了他，他只能纵身一跳，投入波心，让弥漫的湖水给自己带来解脱了。

两千多年以前，屈原自沉于汨罗江。他行吟泽畔，心里想的恐怕同老舍先生有类似之处吧。他想到："蝉翼为重，千钧为轻；黄钟毁弃，瓦釜雷鸣。"他又想到："世人皆浊我独清，众人皆醉我独醒。"难道老舍先生也这样想过吗？这样的问题，有谁能够答复我呢？恐怕到了地球末日也没有人能答复了。我在泪眼模糊中，看到老舍先生戴着眼镜，在和蔼地对我笑着；我耳朵里仿佛听到了他那铿锵有节奏的北京话。我浑身颤抖，连灵魂也在剧烈地震动。

呜呼！我欲无言。

1987年10月1日晨

回忆梁实秋先生

我认识梁实秋先生，同他来往，前后也不过两三年，时间是很短的。但是，他留给我的回忆却是很长很长的。分别之后，到现在已经四十年了。我仍然时常想到他。

1946 年夏天，我在离开了祖国十一年之后，受尽了千辛万苦，又回到了祖国怀抱，到了南京。当时刚刚打败了日本侵略者，国民党劫收的大员正在全国满天飞，搜括金银财宝，兴高彩烈。我这一介书生“无条无理”，手里没有几个钱，北京大学还没有开学，拿不到工资住不起旅馆，只好借住在我小学同学李长之在国立编译馆的办公室内。他们白天办公，我就出去游荡，晚上回来，睡在办公桌上。早晨一起床，赶快离开。国立编译馆地处台城下面，我多半在台城上云游什么鸡鸣寺、胭脂井，我几乎天天都到。再走远一点，出城就到武湖。山光水色，风物怡人。但是我并没有多少闲情逸致，观赏风景。我的处境颇像旧戏中的秦琼，我心里琢磨的是怎样卖掉黄骠马。

我这样天天游荡，梦想有朝一日自己能安定下来，有一间房子，有一张书桌。别的奢望，一点没有。我在台城上面看到郁郁葱葱的古柳，心头不由地涌出了古人的诗：

江雨霏霏江草齐
六朝如梦鸟空啼
无情最是台城柳
依旧烟笼十里堤

这里讲的仅仅是六朝。从六朝到现在，又不知道有多少朝多少代过去了。古柳依然是葱茏繁茂，改朝换代并没有影响了它们的情绪。今天我站在古柳面前，一点也没有觉得它们“无情”，我觉得它们有情得很。我天天在六月的炎阳下奔波游荡，只有在台城古柳的浓荫下才能获得片刻的清凉，让我能够坐下来稍憩一会儿。我难道不该感激这些古柳而还说三道四吗？

又过了一些时候，有一天长之告诉我，梁实秋先生全家从重庆复员回到南京了。梁先生也在国立编译馆工作。我听了喜出望外。我不认识梁先生，论资排辈，他大我十几岁，应该算是我的老师。他的文章我在清华大学读书时就读过不少，很欣赏他的文才，对他潜怀崇敬之情。万万没有想到竟在南京能够见到他。见面之后，立刻对他的人品和谈吐十分倾倒。没有经过什么繁文缛节，我们成了朋友。我记得，他曾在一家大饭店里宴请过我。梁夫人和三个孩子：文茜、文蔷、文骐，都见到了。那天饭菜十分精美，交谈更是异常愉快，给我留下了深刻的印象，至今忆念难忘。我自谓尚非馋嘴之辈，可为什么独独对酒宴记得这样清楚呢？难道自己也属于饕餮大王之列吗？这真叫作没有法子。

解放前夕，实秋先生离开了北平，到了台湾，文茜和文骐留下没有走。在那极“左”的时代，有人把这一件事看得大得不得了。现在看来，也没有什么了不起的。一个人相信马克思主义，这当然很好，这说明他进步。一个人不相信，或者暂时不相信，他也完全有自由，这也决非反革命。我自己过去不是也不相信马克思主义吗？从来就没有哪一个人一生下就是马克思主义者，连马克思本人也不是，遑论他人。我们今天知人论事，要抱实事求是的态度。

至于说梁实秋同鲁迅有过一些争论，这是事实。是非曲直，暂作别论。我们今天反对对任何人搞“凡是”，对鲁迅也不例外。鲁迅是一个伟大人物，这谁也否认不掉。但不能说凡是鲁迅说的都是正确的。今天，事实已经证明，鲁迅也有一些话是不正确的，是形而上学的，是有偏见的。难道因为他对梁实秋有过批评意见，梁实秋这个人就应该永远打入十八层地狱吗？

实秋先生活到耄耋之年。他的学术文章，功在人民，海峡两岸，有目共睹，谁也不会有什么异辞。我想特别提出一点来说一说。他到了老年，同胡适先生一样，并没有留恋异国，而是回到台湾定居。这充分说明，他是热爱我们祖国大地的。至于他的为人毫无架子，像对我和李长之这样年轻一代的人，竟也平等对待，态度真诚和蔼，更令人难忘。这种作风，即使不是绝无仅有，也总算是难能可贵。对我们今天已经成为前辈的人，不是很有教育意义吗？

去年，他的女儿文茜和文蔷奉父命专门来看我。我非常感动，知道他还没有忘掉我。这勾引起我回忆往事。回忆虽然如云如烟，但是感情却是非常真实的。我原期望还能在大陆见他一面，不意他竟尔仙逝。我非常悲痛，想写点什么，终未果。去年，他的夫人从台湾来北京举行追思会。我正在南京开会，没能亲临参加，只能眼望台城，临风凭吊。我对他的回忆将永远保留在我的心中，直至我不能回忆为止。我的这一篇短文，他当然无法看到了。但是，我仿佛觉得，而且痴情希望，他能看到。四十年音问未通，这是仅有的一次也是最后一次通音问了。悲夫！

1988年3月26日

我的老师董秋芳先生

难道人到了晚年就只剩下回忆了吗？我不甘心承认这个事实，但又不能不承认。我现在就是回忆多于前瞻。过去六七十年不大容易想到的师友，现在却频来入梦。

其中我想得最多的是董秋芳先生。

董先生是我在济南高中时的国文教员，笔名冬芬。胡也频先生被国民党通缉后离开了高中，再上国文课时，来了一位陌生的教员，个子不高，相貌也没有什么惊人之处，一只手还似乎有点毛病，说话绍兴口音颇重，不很容易懂。但是，他的笔名我们却是熟悉的。他翻译过一本苏联小说：《争自由的波浪》，鲁迅先生作序，他写给鲁迅先生的一封长信，我们在报刊上读过，现在收在《鲁迅全集》中。因此，面孔虽然陌生，但神交却已很久。这样一来，大家处得很好，也自是意中事了。

在课堂上，他同胡先生完全不同。他不讲什么“现代文艺”，也不宣传革命，只是老老实实地讲书，认真小心地改学生的作文。他也讲文艺理论，却不是弗里茨，而是日本厨川白村的《苦闷的象征》《出了象牙之塔》，都是鲁迅先生翻译的。他出作文题目很特别，往往只在黑板上大书“随便写来”四个字，意思自然是，我们愿意写什么，就写什么；愿意怎样写，就怎样写，丝毫不受约束，有绝对的写作自由。

我就利用这个自由写了一些自己愿意写的东西。我从小学经过初中到高中前半，写的都是文言文；现在一旦改变，并没有感到有什么不适应。原因是我看了大量的白话旧小说，对五四以来的新文学作品，鲁迅、胡适、周作人、郭沫若、郁达夫、茅盾、巴金等人的小说和散文几乎读遍了，自己动手写白话文，颇为得心应手，仿佛从来就写白话文似的。

在阅读的过程中，潜移默化，在无意识中形成了自己对写文章的一套看法。这套看法的最初根源似乎是来自旧文学，从庄子、孟子、史记，中间经过唐宋八大家，一直到明末的公安派和竟陵派，清代的桐城派，都给了我不同程度、不同方式的灵感。这些大家时代不同，风格迥异；但是却有不少共同之处。根据我的归纳，可以归为三点：第一，感情必须充沛真挚；第二，遣词造句必须简炼、优美、生动；第三，整篇布局必须紧凑、浑成。三者缺一，就不是一篇好文章。文章的开头与结尾，更是至关重要。后来读了一些英国名家的散文，我也发现了同样的规律。我有时甚至想到，写文章应当像谱乐曲一样，有一个主旋律，辅之以一些小的旋律，前后照应，左右辅助，要在纷纭变化中有统一，在统一中有错综复杂，关键在于有节奏。总之，写文章必须惨淡经营。自古以来，确有一些文章如行云流水，仿佛是信手拈来，毫无斧凿痕迹。但是那是长期惨淡经营终入化境的结果。如果一开始就行云流水，必然走入魔道。

我这些想法形成于不知不觉之中，自己并没有清醒的意识。它也流露于不知不觉之中，自己也没有清醒的意识。有一次，在董先生的作文课堂上，我在"随便写来"的启迪下，写了一篇记述我回故乡奔母丧的悲痛心情的作文。感情真挚，自不待言。在谋篇布局方面却没有意识到有什么特殊之处。作文本发下来了，却使我大吃一惊。董先生在作文本每一页上面的空白处都写了一些批注，不少地方有这样的话："一处节奏""又一处节奏"，等等。我真是如拨云雾见青天："这真是我写的作文吗?"这真是我的作文，不容否认。"我为什么没有感到有什么节奏呢?"这也是事实，不容否认。我的苦心孤诣连自己也没有意识到的，却为董先生和盘托出。知己之感，油然而生。这决定了我一生的活动。从那以后，六十年来，我从事研究的是一些稀奇古怪的东西，与文章写作风马牛不相及。但是感情一受到剧烈的震动，所谓"心血来潮"，则立即拿起笔来，写点什么。至今已到垂暮之年，仍然是积习难除，锲而不舍。这同董先生的影响是绝对分不开的。我对董先生的知己之感，将伴我终生了。

高中毕业以后，到北京来念了四年大学，又回到母校济南高中教了一年国文，然后在欧洲呆了将近十一年，1946 年才回到祖国。在这长达二十多年的时间内，我一直没有同董秋芳老师通过信，也完全不知道他的情况。50 年代初，在民盟的一次会上，完全出我意料之外，我竟见到了董先生，看那样子，他已垂垂老矣。我激动得说不出话来，他也非常激动。但是我平生有一个弱点：不善于表露自己的感情。董先生看来也是如此。我们每个人心里都揣着一把火，表面上却颇淡漠，大有君子之交淡如水之慨了。

我生平还有一个弱点，我曾多次提到过，这就是，我不喜欢拜访人。这两个弱点加在一起，就产生了致命的后果：我同我平生感激最深、敬意最大的老师的关系，看上去有点若即若离了。

不记得是什么时候了，董先生退休了，离开北京回到了老家绍兴。这时候大概正处在“十年浩劫”期间，我是泥菩萨过江，自身难保。自顾不暇，没有余裕来想到董先生了。

又过一些时候，听说董先生已经作古，乍听之下，心里震动得非常剧烈。一霎时，心中几十年的回忆、内疚、苦痛，蓦地抖动起来。我深自怨艾，痛悔无已。然而已经发生过的事情是无法挽回的。看来我只能抱恨终天了。

我虽然研究佛教，但是从来不相信什么生死轮回，再世转生。可是我现在真想相信一下。我自己屈指计算了一下，我这一辈子基本上是一个善人，坏事干过一点，但并不影响我的功德。下一生，我不敢，也不愿奢望转生为天老爷，但我定能托生为人，不至走入畜生道。董先生当然能转生为人，这不在话下。等我们两个隔世相遇的时候，我相信，我的两个弱点经过地狱的磨炼已经克服得相当彻底，我一定能向他表露我的感情，一定常去拜访他，做一个程门立雪的好弟子。

然而，这一些都是可能的吗？这不是幻想又是什么呢？“他生未卜此生休。”我怅望青天，眼睛里溢满了泪水。

1990 年 3 月 24 日

忆念胡也频先生

胡也频，这个在中国近代革命史上和文学史上宛如夏夜流星一闪即逝但又留下永恒光芒的人物，知道其名者很多很多，但在脑海中尚能保留其生动形象者，恐怕就很少很少了。

我有幸是其中的一个。

我初次见到胡先生是六十年前在山东济南省立高中的讲台上。我当时只有十八岁，是高中三年级的学生。他个子不高，人很清秀，完全是一副南方人的形象。此时日军刚刚退出了被占领一年的济南。国民党的军队开了进来，教育有了改革。旧日的山东大学附设高中改为省立高中。校址由绿柳红荷交相辉映的北园搬到车水马龙的杆石桥来，环境大大地改变了，校内颇有一些新气象。专就国文这一门课程而谈，在一年前读的还是《诗经》《书经》和《古文观止》一类的书籍，现在完全改为读白话文学作品。作文也由文言文改为白话文。教员则由前清的翰林、进士改为新文学家。对于我们这一批年轻的大孩子来说，顿有耳目为之一新的感觉。大家都兴高采烈了。

高中的新校址是清代的一个什么大衙门，崇楼峻阁，雕梁画栋，颇有一点威武富贵的气象。尤其令人难忘的是里面有一个大花园。园子的全盛时期早已成为往事。花坛不修，水池干涸，小路上长满了草。但是花木却依然青翠茂密，浓绿扑人眉宇。到了春天，夏天，仍然开满似锦的繁花，把这古园点缀得明丽耀目。枝头、丛中时有鸟鸣声，令人如入幽谷。老师们和学生们有时来园中漫步，各得其乐。

胡先生的居室就在园门口旁边，常见他走过花园到后面的课堂中去上课。他教书同以前的老师完全不同。他不但不讲《古文观止》，好像连新文学作品也不大讲。每次上课，他都在黑板上大书："什么是现代文艺?"几个大字，然后滔滔不绝地讲了起来，直讲得眉飞色舞，浓重的南方口音更加难懂了。下一次上课，黑板上仍然是七个大字："什么是现代文艺?"我们这一群年轻的大孩子听得简直像着了迷。我们按照他的介绍买了一些当时流行的马克思主义文艺理论书籍。那时候，"马克思主义"这个词儿是违禁的，人们只说"普罗文学"或"现代文学"，大家心照不宣，谁也了解。有几本书的作者我记得名叫弗里茨，以后再也没见到这个名字。这些书都是译文，非常难懂。据说是从日文转译的俄国书籍。恐怕日文译者就不太懂俄文原文，再转为汉文，只能像"天书"了。我们当然不能全懂，但是仍然怀着朝圣者的心情，硬着头皮读下去。生吞活剥，在所难免。然而"现代文艺"这个名词却时髦起来，传遍了高中的每一个角落，仿佛为这古老的建筑增添了新的光辉。

我们这一批年轻的中学生其实并不真懂什么"现代文艺"，更不全懂什么叫"革命"。胡先生在这方面没有什么解释。但是我们的热情却是高昂的，高昂得超过了需要。当时还是国民党的天下，学校大权当然掌握在他们手中。国民党最厌恶、最害怕的就是共产党，似乎有不共戴天之仇，必欲除之而后快。在这样的气氛下，胡先生竟敢明目张胆地宣传"现代文艺"，鼓动学生革命，真如太岁头上动土。国民党对他的仇恨是完全可以想象的。

胡先生却是处之泰然。我们阅世未深，对此完全是麻木的。胡先生是有社会经历的人，他应该知道其中的利害。可是他也毫不在乎。只见他那清瘦的小个子，在校内课堂上，在那座大花园中，迈着轻盈细碎的步子，上身有点向前倾斜，匆匆忙忙，仓仓促促，满面春风，忙得不亦乐乎。他照样在课堂上宣传他的"现代文艺"，侃侃而谈，视敌人如草芥，宛如走入没有敌人的敌人阵中。

他不但在课堂上宣传，还在课外进行组织活动。他号召组织了一个现代文艺研究会，由几个学生积极分子带头参加，公然在学生宿舍的走廊上，摆上桌子，贴出布告，昭告全校，踊跃参加。当场报名、填表，一时热闹得像是过节一样。时隔六十年，一直到今天，当时的情景还历历如在眼前，当时的笑语声还在我耳畔回荡，留给我的印象之深，概可想见了。

有了这样一个组织，胡先生还没有满足，他准备出一个刊物，名称我现在忘记了。第一期的稿子中有我的一篇文章，名叫《现代文艺的使命》。内容现在完全忘记了，无非是革命、革命、革命之类。以我当时的水平之低，恐怕都是从"天书"中生吞活剥地抄来了一些词句，杂凑成篇而已，决不会是什么像样的文章。

正在这时候，当时蜚声文坛的革命女作家、胡先生的夫人丁玲女士到了济南省立高中，看样子是来探亲的。她是从上海去的。当时上海是全国最时髦的城市，领导全国的服饰的新潮流。丁玲的衣着非常讲究，大概代表了上海最新式的服装。相对而言，济南还是相当闭塞淳朴的。丁玲的出现，宛如飞来的一只金凤凰，在我们那些没有见过世面的青年学生眼中，她浑身闪光，辉耀四方。

记得丁玲那时候比较胖，又穿了非常高的高跟鞋。济南比不了上海，马路坑坑洼洼，高低不平。高中校内的道路，更是年久失修。穿平底鞋走上去都不太牢靠，何况是高跟鞋。看来丁玲就遇上了“行路难”的问题。胡先生个子比丁玲稍矮，夫人“步履维艰”，有时要扶着胡先生才能迈步。我们这些年轻的学生看了这情景，觉得非常有趣。我们就窃窃私议，说胡先生成了丁玲的手杖。我们其实不但毫无恶意，而且是充满了敬意的。在我们心中真觉得胡先生是一个好丈夫，因此对他更增加了崇敬之感，对丁玲我们同样也是尊敬的。

不管胡先生怎样处之泰然，国民党却并没有睡觉。他们的统治机器当时运转得还是比较灵的。国民党对抗大清帝国和反动军阀有过丰富的斗争经验，老谋深算，手法颇多。相比之下，胡先生这个才不过二十多岁的真正的革命家，却没有多少斗争经验，专凭一股革命锐气，革命斗志超过革命经验，宛如初生的犊子不怕虎一样，头顶青天，脚踏大地，把活动都摆在光天化日之下。这确实值得尊敬。但是，勇则勇矣，面对强大的掌握大权的国民党，是注定要失败的。这一点，我始终不知道，胡先生是否意识到了。这个谜将永远成为一个谜了。

事情果然急转直下。有一天，国文课堂上见到的不再是胡先生那瘦小的身影，而是一位完全陌生的老师。全班学生都为之愕然。小道消息说，胡先生被国民党通缉，连夜逃到上海去了。到了第二年，1931 年，他就同柔石等四人在上海被国民党逮捕，秘密杀害，身中十几枪。当时他只有二十八岁。

鲁迅先生当时住在上海，听到这消息以后，他怒发冲冠，拿起如椽巨笔，写了这样一段话：“我们现在以十分的哀悼和铭记，纪念我们的战死者，也就是要牢记中国无产阶级革命文学的历史的第一页，是同志的鲜血所记录，永远在显示敌人的卑劣的凶暴和启示我们的不断的斗争。”（《二心集》）这一段话在当时真能掷地作金石声。

胡先生牺牲到现在已经六十年了。如果他能活到现在，也不过八十七八岁，在今天还不算是太老，正是“余霞尚满天”的年龄，还是大有可为的。而我呢，在这一段极其漫长的时间内，经历了极其曲折复杂的行程，天南海北，神州内外，高山大川，茫茫巨浸；走过阳关大道，也走过独木小桥，在“空前的十年”中，几乎走到穷途。到了今天，我已由一个不到二十岁的中学生变成了皤然一翁，心里面酸甜苦辣，五味俱全。但是胡先生的身影忽然又出现在眼前，我有点困惑。我真愿意看到这个身影，同时却又害怕看到这个身影，我真有点诚惶诚恐了。我又担心，等到我这一辈人同这个世界告别以后，脑海中还能保留胡先生身影者，大概也就要完全彻底地从地球上消逝了。对某一些人来说，那将是一个永远无法弥补的损失。在这里，我又有点欣慰：看样子，我还不会在短期中同地球“拜拜”。只要我在一天，胡先生的身影就能保留一天。愿这一颗流星的光芒尽可能长久地闪耀下去。

1990 年 2 月 9 日

我的朋友臧克家

我只是克家同志的最老的老朋友之一，我们的友谊已经有六十多年了。我们中国评论一个人总是说道德文章，把道德摆在前边，这是我们中华民族优秀文化的表现之一，跟西方不一样。那么我就根据这个标准，把过去六十多年中间克家给我的印象讲一讲。

第一个讲道德。克家曾在一首诗里说过，一个叫责任感，一个叫是非感，我觉得道德应该从这地方来谈谈。是非、责任，不是小是小非，而是大是大非。什么叫大是大非呢？大是大非就是关系到我们祖国，关系到我们人民，关系到世界，也就是要拥护社会主义、拥护共产主义，这是大是大非。我觉得责任也在这个地方，克家在过去七十多年中间，尽管我们国内的局势变化万千，可是克家始终没有落伍，能够跟得上我们时代的步伐，我觉得这是非常难得的。这就是大是大非，就是重大的责任。我觉得从这地方来看，克家是一个真正的人。至于个人，他给我的印象是一个像火一样热情的诗人，对朋友忠诚可靠，终生不渝，这也是非常难得的。关于道德，我就讲这么几句。

关于文章呢，这就讲外行话了。当年我在清华大学念书，就读到克家的《烙印》《罪恶的黑手》。我不是搞中国文学的，但我有个感觉就是克家做诗受了闻一多先生的影响。我一直到今天，作为一个诗的外行来讲，我觉得做诗、写诗，既然叫诗，就应该有形式。那种没形式的诗，愧我不才，不敢苟同。克家一直重视诗，我觉得这里边有我们中国文化的传统。我们中国的语言有一个特点，就是讲炼字、炼句，这个问题，在欧洲也不能说没有，不过不能像中国这么普遍这样深刻。过去文学史上传来许多佳话，像“云破月来花弄影”那个“弄”字，“红杏枝头春意闹”那个“闹”字，“春风又绿江南岸”那个“绿”

字。可惜的是炼字这种功夫现在好像一些年轻人不大注意了。文字是我们写作的工具。我们写诗、写文章必须知道我们使用的工具的特点。莎士比亚用英文写作，英文就是他的工具。歌德用德文写作，德文就是他的工具。我们使用汉字，汉字就是我们的工具。可现在有些作家，特别是诗人，忘记了他的工具是汉字。是汉字，就有炼字、炼句的问题，这一点不能不注意。克家呢，我觉得他一生在这方面倾注了很多的心血，而且获得了很大的成功。克家的诗我都看过，可是我不敢赞一词，我只想从艺术性来讲。我觉得克家对这方面非常重视。这个问题非常重要。我因此就想到一个问题，可这个问题太大了，但我还想讲一讲。我觉得我们过去多少年来研究中国文学史，特别是古典文学，好像我们对政治性重视，这个应该。可是对艺术性呢，我觉得重视得很不够。大家打开今天的文学史看看，讲政治性，讲得好像最初也不是那么深刻，一看见“人民”这样的词，类似“人民”这样的词，就如获至宝；对艺术性，则三言两语带过，我觉得这是很不妥当的。一篇作品，不管是诗歌还是小说，艺术性跟思想性总是辩证统一的，强调一方面，丢掉另外一方面是不全面的。因此我想到，是不是我们今天研究文学的，特别是研究古典文学的，应该在艺术性方面更重视一点。我甚至想建议：重写我们的文学史。现在流行的许多文学史都存在着我说的这个毛病。我觉得，真正的文学史不应该是这个样子。

我祝我的老朋友克家九十、一百、一百多、一百二十，他的目的是一百二十，所以我想祝他长寿！健康！

1994年10月18日

寸草心

我已至望九之年，在这漫长的生命中，亲属先我而去的，人数颇多。俗话说：“死人生活在活人的记忆里。”先走的亲属当然就活在我的记忆里。越是年老，想到他们的次数越多。想得最厉害的偏偏是几位妇女。因为我是一个激烈的女权卫护者吗？不是的。那么究竟原因何在呢？我说不清。反正事实就是这样。我只能说是因缘和合了。

我在下面依次讲四位妇女。前三位属于“寸草心”的范畴，最后一位算是借了光。

大奶奶

我的上一辈，大排行，共十一位兄弟。老大、老二，我叫他们“大大爷”、“二大爷”，是同父同母所生。大大爷是个举人，做过一任教谕，官阶未必入流，却是我们庄最高的功名，最大的官，因此家中颇为富有。兄弟俩分家，每人还各得地五六十亩。后来被划为富农。老三、老四、老五、老六、老八、老十，我从未见过，他们父母生身情况不清楚，因家贫遭灾，闯了关东，黄鹤一去不复归矣。老七、老九、老十一，是同父同母所生，老七是我父亲。从小父母双亡，我从来没有见过我的祖父母。贫无立锥之地，十一叔送给了别人，改了姓。九叔也万般无奈被迫背井离乡，流落济南，好歹算是在那里立定了脚跟。我六岁离家，投奔的就是九叔。

所谓“大奶奶”，就是举人的妻子。大大爷生过一个儿子，也就是说，大奶奶有过一个儿子。可惜在娶妻生子后就夭亡了。我从来没有见过他。因此，在我上一辈十一人中，男孩子只有我这一个独根独苗。在旧社会“不孝有三，无后为大”的环境中，我成了家中的宝贝，自是意中事。可能还有一些别的原因，在我六岁离家之前，我就成了大奶奶的心头肉，一天不见也不行。

我们家住在村外，大奶奶住在村内。有很长一段时间，我每天早晨一睁眼，滚下土炕，一溜烟就跑到村内，一头扑到大奶奶怀里。只见她把手缩进非常宽大的袖筒里，不知从什么地方拿出半块或一整个白面馒头，递给我。当时吃白面馒头叫做吃“白的”，全村能每天吃“白的”的人，屈指可数，大奶奶是其中一个，季家全家是唯一的一个。对我这个连“黄的”（指小米面和玉米面）都吃不到，只能凑合着吃“红的”（红高粱面）的小孩子，“白的”简直就像是龙肝凤髓，是我一天望眼欲穿地最希望享受到的。

按年龄推算起来，从能跑路到离开家，大约是从三岁到六岁，是我每天必见大奶奶的时期，也是我一生最难忘怀的一段生活。我的记忆中往往闪出一株大柳树的影子。大奶奶弥勒佛似的端坐在一把奇大的椅子上。她身躯胖大，据说食量很大。有一次，家人给她炖了一锅肉。她问家里的人：“肉炖好了没有？给我盛一碗拿两个馒头来，我尝尝！”食量可见一斑。可惜我现在怎么样也挖不出吃肉的回忆。我不会没吃过的。大概我的最高愿望也不过是吃点“白的”，超过这个标准，对我就如云天渺茫，连回忆都没有了。

可是我终于离开了大奶奶，以古稀或耄耋的高龄，失掉我这块心头肉，大奶奶内心的悲伤，完全可以想象。“遥怜小儿女，未解忆长安”。我只有六岁，稍有点不安，转眼就忘了。等我第一次从济南回家的时候，是送大奶奶入土的。从此我就永远失掉了大奶奶。

大奶奶会永远活在我的记忆中。

我的母亲

我是一个最爱母亲的人，却又是一个享受母爱最少的人。我六岁离开母亲，以后有两次短暂的会面，都是由于回家奔丧。最后一次是分离八年以后，又回家奔丧。这次奔的却是母亲的丧。回到老家，母亲已经躺在棺材里，连遗容都没能见上。从此，人天永隔，连回忆里母亲的面影都变得迷离模糊，连在梦中都见不到母亲的真面目了。这样的梦，我生平不知已有多少次。直到耄耋之年，我仍然频频梦到面目不清的母亲，总是老泪纵横，哭着醒来。对享受母亲的爱来说，我注定是一个永恒的悲剧人物了。奈之何哉！奈之何哉！

关于母亲，我已经写了很多，这里不想再重复。我只想写一件我决不相信其为真而又热切希望其为真的小事。

在清华大学念书时，母亲突然去世。我从北平赶回济南，又赶回清平，送母亲入土。我回到家里，看到的只是一个黑棺材，母亲的面容再也看不到了。有一天夜里，我正睡在里间的土炕上，一叔陪着我。中间隔一片枣树林的对门的宁大叔，径直走进屋内，绕过母亲的棺材，走到里屋炕前，把我叫醒，说他的老婆宁大婶“撞客”了——我们那里把鬼附人体叫做“撞客”，撞的“客”就是我母亲。我大吃一惊，一骨碌爬起来，跌跌撞撞，跟着宁大叔，穿过枣林，来到他家。宁大婶坐在炕上，闭着眼睛，嘴里却不停地说着话，不是她说话，而是我母亲。一见我（毋宁说是一“听到我”，因为她没有睁眼），就抓住我的手，说：“儿啊！你让娘想得好苦呀！离家八年，也不回来看看我。你知道，娘心里是什么滋味呀！”如此刺刺不休，说个不停。我仿佛当头挨了一棒，懵懵懂懂，不知所措。按理说，听到母亲的声音，我应当嚎啕大哭。然而，我没有，我似乎又清醒过来。我在潜意识中，连声问着自己：这是可能的吗？这是真事吗？我心里酸甜苦辣，搅成了一锅酱。我对“母亲”说：“娘啊！你不该来找宁大婶呀！你不该麻烦宁大婶呀！”我自己的声音传到我自己的耳朵里，一片空虚，一片淡漠。然而，我又不能不这样，我的那一点“科学”起了支配的作用。“母亲”连声说：“是啊！是啊！我要走了。”于是宁大婶睁开了眼睛，木然、愕然坐在土炕上。我回到自己家里，看到母亲的棺材，伏在土炕上，一直哭到天明。

我不能相信这是真的，但是希望它是真的。倚闾望了，望了八年，终于“看”到了自己心爱的独子，对母亲来说不也是一种安慰吗？但这是多么渺茫，多么神奇的一种安慰呀！

母亲永远活在我的记忆里。

我的婶母

这里指的是我九叔续弦的夫人。第一位夫人，虽然是把我抚养大的，我应当感谢她；但是，留给我的却不都是愉快的回忆。我写不出什么文章。

这一位续弦的婶母，是在 1935 年夏天我离开济南以后才同叔父结婚的，我并没见过她。到了德国写家信，虽然“敬禀者”的对象中也有“婶母”这个称呼，却对我来说是一个空洞的概念，一直到 1947 年，也就是说十二年以后，我从北平乘飞机回济南，才把概念同真人对上了号。

婶母（后来我们家里称她为“老祖”）是绝顶聪明的人，也是一个有个性有脾气的人。我初回到家，她是斜着眼睛看我的。这也难怪。结婚十几年了，忽然凭空冒出来了一个侄子。“他是什么人呢？好人？坏人？好不好对付？”她似乎有这样多问号。这是人之常情，不能怪她。

我却对她非常尊敬，她不是个一般的人。我离家十二年，我在欧洲经历了第二次世界大战，她在国内经历了日军占领和抗日战争。我是亲老、家贫、子幼。可是鞭长莫及。有五六年，音讯不通。上有老，下有小，叔父脾气又极暴烈，甚至有点乖戾，极难侍奉。有时候，经济没有来源，全靠她一个人支持。她摆过烟摊；到小市上去卖衣服家具；在日军刺刀下去领混合面；骑着马到济南南乡里去勘查田地，充当地牙子，赚点钱供家用；靠自己幼时所学的中医知识，给人看病。她以“少妻”的身份，对付难以对付的“老夫”。她的苦心至今还催我下泪。在这万分艰苦的情况下，她没让孙女和孙子失学，把他们抚养成人。总之，一句话，如果没有老祖，我们的家早就完了。我回到家里来也恐怕只能看到一座空房，妻离子散，叔父归天。

我自认还不是一个混人。我极重感情，决不忘恩。老祖的所作所为，我看到眼里，记在心中。回北平以后，给她写了一封长信，称她为“老季家的功臣”。听说，她很高兴。见了自己的娘家人，详细通报。从此，她再也不斜着眼睛看我了，我们两人之间的关系十分融洽，互相尊重。我们全家都尊敬她，热爱她，“老祖”这一个朴素简明的称号，就能代表我们全家人的心。

叔父去世以后，老祖同我的妻子彭德华从济南迁来北京。我们一起生活了将近三十年，从没有半点龃龉，总是你尊我敬。自从我六岁到济南以后，六七十年来，我们家从来没有吵过架，这是极为难得的。我看进入吉尼斯世界纪录，也不为过。老祖到我们家以后，我们能这样和睦，主要归功于她和德华两人，我在其中起的作用，微乎其微。以八十多的高龄，老祖身体健康，精神愉快，操持家务，全都靠她。我们只请了做小时工的保姆。老祖天天背着一个大黑布包，出去采买食品菜蔬，成为朗润园的美谈。老祖是非常满意的，告诉自己的娘家人说：“这一家子都是很孝顺的。”可见她晚年心情之一斑。我个人也是非常满意的，我安享了二三十年的清福。老祖以九十岁的高龄离开人世。我想她是含笑离开的。

老祖永远活在我的记忆里。

1995 年 6 月 24 日

我的妻子

我在上面说过：德华不应该属于“寸草心”的范畴。她借了光。人世间借光的事情也是常有的。

我因为是季家的独根独苗，身上负有传宗接代的重大任务，所以十八岁就结了婚。父母之命，媒妁之言，自不在话下。德华长我四岁。对我们家来说，她真正做到了“毫不利己，专门利人”，一辈子勤勤恳恳，有时候还要含辛茹苦。上有公婆，下有稚子幼女，丈夫十几年不在家。公公又极难侍候，家里又穷，经济朝不保夕。在这些年，她究竟受了多少苦，她只是偶尔对我流露一点，我实在说不清楚。

德华天资不是太高，只念过小学，大概能认千八百字。当我念小学的时候，我曾偷偷地看过许多旧小说，什么《西游记》《封神演义》《彭公案》《施公案》《济公传》《七侠五义》《小五义》等等都看过。当时这些书对我来说是“禁书”，叔叔称之为“闲书”。看“闲书”是大罪状，是绝对不允许的。但是，不但我，连叔父的女儿秋妹都偷偷地看过不少。她把小说中常见的词儿“飞檐走壁”念成“飞腾走壁”，一时传为笑柄。可是，德华一辈子也没有看过任何一部小说，别的书更谈不上了。她没有给我写过一封信，她根本拿不起笔来。到了晚年，连早年能认的千八百字也都大半还给了老师，剩下的不太多了。因此，她对我一辈子搞的这一套玩意儿根本不知道是什么东西，有什么意义。她似乎从来也没有想知道过。在这方面，我们俩毫无共同的语言。

在文化方面，她就是这个样子。然而，在道德方面，她却是超一流的。上对公婆，她真正尽上了孝道；下对子女，她真正做到了慈母应做的一切；中对丈夫，她绝对忠诚，绝对服从，绝对爱护。她是一个极为难得的孝顺媳妇，贤妻良母。她对待任何人都是忠厚诚恳，从来没有说过半句闲话。她不会撒谎，我敢保证，她一辈子没有说过半句谎话。如果中国将来要修“二十几史”，而其中又有什么“妇女列传”或“闺秀列传”的话，她应该榜上有名。

1962 年，老祖同德华从济南搬到北京来，我过单身汉生活数十年，现在总算是有了一个家。这也是德华一生的黄金时期，也是我一生最幸福的时候。我们家里和睦相处，你尊我让，从来没有吵过嘴。有时候家人朋友团聚，食前方丈，杯盘满桌，烹饪往往由她们二人主厨。饭菜上桌，众人狼吞虎咽，她们俩却往往是坐在一旁，笑眯眯地看着我们吃，脸上流露出极为怡悦的表情。对这样的家庭，一切赞誉之词都是无用的，都会黯然失色的。

我活到了八十多，参透了人生真谛。人生无常，无法抗御。我在极端的快乐中，往往心头闪过一丝暗影：天下无不散的筵席。我们家这一出十分美满的戏，早晚会有煞戏的时候。果然，老祖先走了，去年德华又走了。她也已活到超过米寿，她可以瞑目了。德华永远活在我的记忆里。

1995年6月25日

回忆陈寅恪先生

别人奇怪，我自己也奇怪：我写了这样多的回忆师友的文章，独独遗漏了陈寅恪先生。这究竟是为什么呢？对我来说，这是事出有因，查亦有据的。我一直到今天还经常读陈先生的文章，而且协助出版社出先生的全集。我当然会时时想到寅恪先生的。我是一个颇为喜欢舞笔弄墨的人，想写一篇回忆文章，自是意中事。但是，我对先生的回忆，我认为是异常珍贵的，超乎寻常地神圣的。我希望自己的文章不要玷污了这一点神圣性，故而迟迟不敢下笔。到了今天，北大出版社要出版我的《怀旧集》，已经到了非写不行的时候了。

要论我同寅恪先生的关系，应该从六十五年前的清华大学算起。我于1930年考入国立清华大学，入西洋文学系（不知道从什么时候起改名为外国语文系）。西洋文学系有一套完整的教学计划，必修课规定得有条有理，完完整整。但是给选修课留下的时间却是很富裕的。除了选修课以外，还可以旁听或者偷听。教师不以为忤，学生各得其乐。我曾旁听过朱自清、俞平伯、郑振铎等先生的课，都安然无恙，而且因此同郑振铎先生建立了终生的友谊。但也并不是一切都一帆风顺。我同一群学生去旁听冰心先生的课。她当时极年轻，而名满天下。我们是慕名而去的。冰心先生满脸庄严，不苟言笑，看到课堂上挤满了这样多学生，知道其中有“诈”，于是威仪俨然地下了“逐客令”：“凡非选修此课者，下一堂不许再来！”我们悚然而听，憬然而退，从此不敢再进她讲课的教室。四十多年以后，我同冰心重逢，她已经变成了一个慈祥和蔼的老人，由怒目金刚一变而为慈眉菩萨。我向她谈起她当年“逐客”的事情，她已经完全忘记，我们相视而笑，有会于心。

就在这个时候，我旁听了寅恪先生的“佛经翻译文学”。参考书用的是

《六祖坛经》，我曾到城里一个大庙里去买过此书。寅恪师讲课，同他写文章一样，先把必要的材料写在黑板上，然后再根据材料进行解释、考证、分析、综合，对地名和人名更是特别注意。他的分析细入毫发，如剥蕉叶，愈剥愈细愈剥愈深，然而一本实事求是的精神，不武断，不夸大，不歪曲，不断章取义。他仿佛引导我们走在山阴道上，盘旋曲折，山重水复，柳暗花明，最终豁然开朗，把我们引上阳关大道。读他的文章，听他的课，简直是一种享受，无法比拟的享受。在中外众多学者中，能给我这种享受的，国外只有亨利希·吕德斯（Heinrich Lüders），在国内只有陈师一人。他被海内外学人公推为考证大师，是完全应该的。这种学风，同后来滋害流毒的"以论代史"的学风，相差不可以道里计。然而，茫茫士林，难得解人，一些鼓其如簧之舌惑学人的所谓"学者"，骄纵跋扈，不禁令人浩叹矣。寅恪师这种学风，影响了我的一生。后来到德国，读了吕德斯教授的书，并且受到了他的嫡传弟子瓦尔德施密特（Waldschmidt）教授的教导和熏陶，可谓三生有幸，可惜自己的学殖瘠茫，又限于天赋，虽还不能说无所收获，然而犹如细流比沧海，空怀仰止之心，徒增效颦之恨。这只怪我自己，怪不得别人。

总之，我在清华四年，读完了西洋文学系所有的必修课程，得到了一个学士头衔。现在回想起来，说一句不客气的话：我从这些课程中收获不大。欧洲著名的作家，什么莎士比亚、歌德、塞万提斯、莫里哀、但丁等等的著作都读过，连现在忽然时髦起来的《尤利西斯》和《追忆似水年华》等等也都读过。然而大都是浮光掠影，并不深入。给我留下深远影响的课反而是一门旁听课和一门选修课。前者就是在上面谈到寅恪师的"佛经翻译文学"；后者是朱光潜先生的"文艺心理学"，也就是美学。关于后者，我在别的地方已经谈过，这里就不再赘述了。

在清华时，除了上课以外，同陈师的接触并不太多。我没到他家去过一次。有时候，在校内林荫道上，在熙往攘来的学生人流中，有时会见到陈师去上课。身着长袍，朴素无华，肘下夹着一个布包，里面装满了讲课时用的书籍和资料。不认识他的人，恐怕大都把他看成是琉璃厂某一个书店的到清华来送书的老板，决不会知道，他就是名扬海内外的大学者。他同当时清华留洋归来的大多数西装革履、发光鉴人的教授，迥乎不同。在这一方面，他也给我留下了毕生难忘的印象，令我受益无穷。

离开了水木清华，我同寅恪先生有一个长期的别离。我在济南教了一年国文，就到了德国哥廷根大学。到了这里，我才开始学习梵文、巴利文和吐火罗文。在我一生治学的道路上，这是一个极关重要的转折点。我从此告别了歌德和莎士比亚，同释迦牟尼和弥勒佛打起交道来。不用说，这个转变来自寅恪先生的影响。真是无巧不成书，我的德国老师瓦尔德施密特教授同寅恪先生在柏林大学是同学，同为吕德斯教授的学生。这样一来，我的中德两位老师同出一个老师的门下。有人说："名师出高徒。"我的老师和太老师们不可谓不"名"矣，可我这个徒却太不"高"了。忝列门墙，言之汗颜。但不管怎样说，这总算是一个中德学坛上的佳话吧。

我在哥廷根十年，正值二战，是我一生精神上最痛苦然而在学术上收获却是最丰富的十年。国家为外寇侵入，家人数年无消息，上有飞机轰炸，下无食品果腹。然而读书却无任何干扰。教授和学生多被征从军。偌大的两个研究所：印度学研究所和汉学研究所，都归我一个人掌管。插架数万册珍贵图书，任我翻阅。在汉学研究所深深的院落里，高大阴沉的书库中；在梵学研究所古老的研究室中，阒无一人。天上飞机的嗡嗡声与我腹中的饥肠辘辘声相应和。闭目则浮想联翩，神驰万里，看到我的国，看到我的家。张目则梵典在前，有许多疑难问题，需要我来发覆。我此时恍如遗世独立，苦欤？乐欤？我自己也回答不上来了。

经过了轰炸的炼狱，又经过了饥饿，到了 1945 年，在我来到哥廷根十年之后，我终于盼来了光明，东西法西斯垮台了。美国兵先攻占哥廷根，后来英国人来接管。此时，我得知寅恪先生在英国医目疾。我连忙写了一封长信，向他汇报我十年来学习的情况，并将自己在哥廷根科学院院刊及其他刊物上发表的一些论文寄呈。出乎我意料地迅速，我得了先生的复信，也是一封长信，告诉我他的近况，并说不久将回国。信中最重要的事情是说，他想向北大校长胡适、代校长傅斯年、文学院长汤用彤几位先生介绍我到北大任教。我真是喜出望外，谁听到能到最高学府来任教而会不引以为荣呢？我于是立即回信，表示同意和感谢。

这一年深秋，我终于告别了住了整整十年的哥廷根，怀着"客树回看成故乡"的心情，一步三回首地到了瑞士。在这个山明水秀的世界公园里住了几个月，1946 年春天，经过法国和越南的西贡，又经过香港，回到了上海。在克家的榻榻米上住了一段时间。从上海到了南京，又睡到了长之的办公桌上。这时候，寅恪先生也已从英国回到南京。我曾谒见先生于俞大维官邸中。谈了谈阔别十多年以来的详细情况，先生十分高兴，叮嘱我到鸡鸣寺下中央研究院去拜见北大代校长傅斯年先生，特别嘱咐我带上我用德文写的论文，可见先生对我爱护之深以及用心之细。

这一年的深秋，我从南京回到上海，乘轮船到了秦皇岛，又从秦皇岛乘火车回到了阔别十二年的北京（当时叫北平）。由于战争关系，津浦路早已不通，回北京只能走海路，从那里到北京的铁路由美国少爷兵把守，所以还能通车。到了北京以后，一片“落叶满长安”的悲凉气象。我先在沙滩红楼暂住，随即拜见了汤用彤先生。按北大当时的规定，从海外得到了博士学位回国的人，只能任副教授，在清华叫做专任讲师，经过几年的时间，才能转向正教授。我当然不能例外，而且心悦诚服，没有半点非分之想。然而过了大约一周的光景，汤先生告诉我，我已被聘为正教授，兼东方语言文学系的系主任。这真是石破天惊，大大地出我意料。我这个当一周副教授的纪录，大概也可以进入吉尼斯世界纪录了吧。说自己不高兴，那是谎言，那是矫情。由此也可以看出老一辈学者对后辈的提携和爱护。

不记得是在什么时候，寅恪师也来到北京，仍然住在清华园。我立即到清华去拜见。当时从北京城到清华是要费一些周折的，宛如一次短途旅行。沿途几十里路全是农田。秋天青纱帐起，还真有绿林人士拦路抢劫的。现在的年轻人很难想象了。但是，有寅恪先生在，我决不会惮于这样的旅行。在三年之内，我颇到清华园去过多次。我知道先生年老体弱，最喜欢当年住北京的天主教外国神甫亲手酿造的栅栏红葡萄酒。我曾到今天市委党校所在地当年神甫们的静修院的地下室中去买过几次栅栏红葡萄酒，又长途跋涉送到清华园，送到先生手中，心里颇觉安慰。几瓶酒在现在不算什么。但是在当时，通货膨胀已经达到了钞票上每天加一个“0”还跟不上物价飞速提高的速度的情况下，几瓶酒已经非同小可了。

有一年的春天，中山公园的藤萝开满了紫色的花朵，累累垂垂，紫气弥漫，招来了众多的游人和蜜蜂。我们一群弟子们，记得有周一良、王永兴、汪篯等，知道先生爱花。现在虽患目疾，迹近失明；但据先生自己说，有些东西还能影影绰绰看到一团影子。大片藤萝花的紫光，先生或还能看到。而且在那种兵荒马乱、物价飞涨、人命微浅、朝不虑夕的情况下，我们想请先生散一散心，征询先生的意见，他怡然应允。我们真是大喜过望，在来今雨轩藤萝深处，找到一个茶桌，侍先生观赏紫藤。先生显然兴致极高。我们谈笑风生，尽欢而散。我想，这也许是先生在那样的年头里最愉快的时刻。

还有一件事，也给我留下了毕生难忘的回忆。在解放前夕，政府经济实已完全崩溃。从法币改为银元券，又从银元券改为金元券，越改越乱，到了后来，到粮店买几斤粮食，携带的这币那券的重量有时要超过粮食本身。学术界的泰斗、德高望重、被著名的史学家郑天挺先生称之为“教授的教授”的陈寅恪先生也不能例外。到了冬天，他连买煤取暖的钱都没有，我把这情况告诉了已经回国的北大校长胡适之先生。胡先生最尊重最爱护确有成就的知识分子。当年他介绍王静庵先生到清华国学研究院去任教，一时传为佳话。寅恪先生在《王观堂先生挽词》中有几句诗“鲁连黄鹞绩溪胡，独为神州惜大儒。学院遂闻传绝业，园林差喜适幽居”，讲的就是这一件事。现在却轮到适之先生再一次“独为神州惜大儒”了，而这个“大儒”不是别人，竟是寅恪先生本人。适之先生想赠寅恪先生一笔数目颇大的美元。但是，寅恪先生却拒不接受。最后寅恪先生决定用卖掉藏书的办法来取得适之先生的美元。于是适之先生就派他自己的汽车——顺便说一句，当时北京汽车极为罕见，北大只有校长的一辆——让我到清华陈先生家装了一车西文关于佛教和中亚古代语言的极为珍贵的书。陈先生只收二千美元。这个数目在当时虽不算少，然而同书比起来，还是微不足道的。在这一批书中，仅一部《圣彼得堡梵德大词典》市价就远远超过这个数目了。这一批书实际上带有捐赠的性质。而寅恪师对于金钱的一介不取的狷介性格，由此也可见一斑了。

在这三年内，我同寅恪师往来颇频繁。我写了一篇论文《浮屠与佛》，首先读给他听，想听听他的批评意见。不意竟得到他的赞赏。他把此文介绍给《中央研究院历史语言研究所集刊》发表。这个刊物在当时是最具权威性的刊物，简直有点“一登龙门，声价十倍”的威风。我自然感到受宠若惊。差幸我的结论并没有瞎说八道，几十年以后，我又写了一篇《再谈浮屠与佛》，用大量的新材料，重申前说，颇得到学界同行们的赞许。

在我同先生来往的几年中，我们当然会谈到很多话题。谈治学时最多，政治也并非不谈但极少。寅恪先生决不是一个“闭门只读圣贤书”的书呆子。他继承了中国“士”的优良传统：天下兴亡，匹夫有责。从他的著作中也可以看出，他非常关心政治。他研究隋唐史，表面上似乎是满篇考证，骨子里谈的都是成败兴衰的政治问题，可惜难得解人。我们谈到当代学术，他当然会对每一个学者都有自己的看法。但是，除了对一位明史专家外，他没有对任何人说过贬低的话。对青年学人，只谈优点，一片爱护青年学者的热忱。真令人肃然起敬。就连那一位由于误会而对他专门攻击，甚至说些难听的话的学者，陈师也从来没有说过半句褒贬的话。先生的盛德由此可见。鲁迅先生从来不攻击年轻人，差堪媲美。

时光如电，人事沧桑，转眼就到了1948年年底。解放军把北京城团团包围住。胡适校长从南京派来了专机，想接几个教授到南京去，有一个名单。名单上有名的人，大多数都没有走，陈寅恪先生走了。这又成了某一些人探讨研究的题目：陈先生是否对共产党有看法？他是否对国民党留恋？根据后来出版的浦江清先生的日记，寅恪先生并不反对共产主义，他反对的仅是苏联牌的共产主义。在当时，这也许是一个怪想法，甚至是一个大逆不道的想法。然而到了今天，真相已大白于天下，难道不应该对先生的睿智表示敬佩吗？至于他对国民党的态度，最明显地表现在他对蒋介石的态度上。1940年，他在《庚辰暮春重庆夜宴归作》这一首诗中写道："食蛤那知天下事，看花愁近最高楼。"吴宓先生对此诗作注说："寅恪赴渝，出席中央研究院会议，寓俞大维妹丈宅。已而蒋公宴请中央研究院到会诸先生。寅恪于座中初次见蒋公，深觉其人不足为，有负厥职，故有此诗第六句。"按即"看花愁近最高楼"这一句。寅恪师对蒋介石，也可以说是对国民党的态度表达得不能再清楚明白了。然而，几年前，一位台湾学者偏偏寻章摘句，说寅恪先生早有意到台湾去。这真是天下一大怪事。

到了南京以后，寅恪先生又辗转到了广州，从此就留在那里没有动。他在台湾有很多亲友，动员他去台湾者，恐怕大有人在，然而他却岿然不为所动。其中详细情况，我不得而知。我们国家许多领导人，包括周恩来、陈毅、陶铸、郭沫若等等，对陈师礼敬备至。他同陶铸和老革命家兼学者的杜国庠，成了私交极深的朋友。在他晚年的诗中，不能说没有欢快之情，然而更多的却是抑郁之感。现在回想起来，他这种抑郁之感能说没有根据吗？能说不是查实有据吗？我们这一批老知识分子，到了今天，都已成了过来人。如果不昧良心说句真话，同陈师比较起来，只能说我们愚钝，我们麻木，此外还有什么话好说呢？

1951年，我奉命随中国文化代表团，访问印度和缅甸。在广州停留了相当长的时间，准备将所有的重要发言稿都译为英文，我当然不会放过这个机会的，我到岭南大学寅恪先生家中去拜谒。相见极欢，陈师母也殷勤招待。陈师此时目疾虽日益严重，仍能看到眼前的白色的东西。有关领导，据说就是陈毅和陶铸，命人在先生楼前草地上铺成了一条白色的路，路旁全是绿草，碧绿与雪白相映照，供先生散步之用。从这一件小事中，也可以看到我们国家对陈师尊敬之真诚了。陈师是极富于感情的人，他对此能无所感吗？

然而，世事如白云苍狗，变幻莫测。解放后不久，正当众多的老知识分子兴高采烈、激情未熄的时候，华盖运便临到头上。运动一个接着一个，针对的全是知识分子。批完了《武训传》，批俞平伯，批完了俞平伯，批胡适，一路批，批，批，斗，斗，斗，最后批到了陈寅恪头上。此时极大规模的、遍及全国的反右斗争还没有开始。老年反思，我在政治上是个蠢才。对这一系列的批和斗，我是心悦诚服的，一点没有感到其中有什么问题。我虽然没有明确地意识到，在我灵魂深处，我真认为中国老知识分子就是“原罪”的化身，批是天经地义的。但是，一旦批到了陈寅恪先生头上，我心里却感到不是味。虽然经人再三动员，我却始终没有参加到这一场闹剧式的大合唱中去。我不愿意厚着面皮，充当事后的诸葛亮，我当时的认识也是十分模糊的；但是，我毕竟没有行动。现在时过境迁，在四十年之后，想到我没有出卖我的良心，差堪自慰，能够对得起老师在天之灵了。

可是，从那以后，直到老师于1969年在空前浩劫中被折磨得离开了人世，将近二十年中，我没能再见到他。现在我的年龄已经超过了他在世的年龄五年，算是寿登耄耋了。现在我时常翻读先生的诗文。每读一次，都觉得有新的收获。我明确意识到，我还未能登他的堂奥。哲人其萎，空余著述。我却是进取有心，请益无人，因此更增加了对他的怀念。我们虽非亲属，我却时有风木之悲。这恐怕也是非常自然的吧。

我已经到了望九之年，虽然看样子离开为自己的生命画句号的时候还会有一段距离，现在还不能就作总结；但是，自己毕竟已经到了日薄西山、人命危浅之际，不想到这一点也是不可能的。我身历几个朝代，忍受过千辛万苦。现在只觉得身后的路漫长无边，眼前的路却是越来越短，已经是很有限了。我并没有倚老卖老，苟且偷安；然而我却明确地意识到，我成了一个“悲剧”人物。我的悲剧不在于我不想“不用扬鞭自奋蹄”，不想“老骥伏枥，志在千里”，而是在“老骥伏枥，志在万里”。自己现在承担的或者被迫承担的工作，头绪繁多，五花八门，纷纭复杂，有时还矛盾重重，早已远远超过了自己的负荷量，超过了自己的年龄。这里面，有外在原因，但主要是内在原因。清夜扪心自问：自己患了老来疯了吗？你眼前还有一百年的寿命吗？可是，一到了白天，一接触实际，件件事情都想推掉，但是件件事情都推不掉，真仿佛京剧中的一句话：“马行在夹道内，难以回马。”此中滋味，只有自己一人能了解，实不足为外人道也。

在这样的情况下，我有时会情不自禁地回想自己的一生。自己究竟应该怎样来评价自己的一生呢？我虽遭逢过大大小小的灾难，像“十年浩劫”那样中国人民空前的愚蠢到野蛮到令人无法理解的灾难，我也不幸——也可以说是有“幸”身逢其盛，几乎把一条老命搭上；然而我仍然觉得自己是幸运的，自己赶上了许多意外的机遇。我只举一个小例子。自从盘古开天地，不知从哪里吹来了一股神风，吹出了知识分子这个特殊的族类。知识分子有很多特点。在经济和物质方面是一个“穷”字，自古已然，于今为烈。在精神方面，是考试多如牛毛。在这里也是自古已然，于今为烈。例子俯拾即是，不必多论。我自己考了一辈子，自小学、中学、大学，一直到留学，月有月考，季有季考，还有什么全国通考，考得一塌糊涂。可是我自己在上百场国内外的考试中，从来没有名落孙山。你能说这不是机遇好吗？

但是，俗话说：“一个篱笆三个桩，一个好汉三个帮。”如果没有人帮助，一个人会是一事无成的。在这方面，我也遇到了极幸运的机遇。生平帮过我的人无虑数百。要我举出人名的话，我首先要举出的，在国外有两个人，一个是我的博士论文导师瓦尔德施密特教授，另一个是教吐火罗语的老师西克教授。在国内的有四个人：一个是冯友兰先生，如果没有他同德国签订德国清华交换研究生的话，我根本到不了德国。一个是胡适之先生，一个是汤用彤先生，如果没有他们的提携的话，我根本来不到北大。最后但不是最少，是陈寅恪先生。如果没有他的影响的话，我不会走上现在走的这一条治学的道路，也同样是来不了北大。至于他为什么不把我介绍给我的母校清华，而介绍给北大，我从来没有问过他，至今恐怕永远也是一个谜，我们不去谈它了。

我不是一个忘恩负义的人。我一向认为，感恩图报是做人的根本准则之一。但是，我对他们四位，以及许许多多帮助过我的师友怎样“报”呢？专就寅恪师而论，我只有努力学习他的著作，努力宣扬他的学术成就，努力帮助出版社把他的全集出全、出好。我深深地感激广州中山大学的校领导和历史系的领导，他们再三举办寅恪先生学术研讨会，包括国外学者在内，群贤毕至。中大还特别创办了陈寅恪纪念馆。所有这一切，我这个寅恪师的弟子都看在眼中，感在心中，感到很大的慰藉。国内外研究陈寅恪先生的学者日益增多，先生的道德文章必将日益发扬光大，这是毫无问题的。这是我在垂暮之年所能得到的最大的愉快。

然而，我仍然有我个人的思想问题和感情问题。我现在是“后已见来者”，然而却是“前不见古人”，再也不会见到寅恪先生了。我心中感到无限的空漠，这个空漠是无论如何也填充不起来了。掷笔长叹，不禁老泪纵横矣。

1995 年 12 月 1 日

我的第一位老师

他实际上不是我的第一位老师。在他之前，我已经有几位老师了。不过都已面影迷离，回忆渺茫，环境模糊，姓名遗忘。只有他我还记得最清楚，因而就成了第一了。

我这第一位老师，姓李，名字不知道。这并非由于忘记，而是当时就不注意。一个九岁的孩子，一般只去记老师的姓，名字则不管。倘若老师有“绰号”——老师几乎都有的——，则只记绰号，连姓也不管了。我们小学就有“shaǒ qianr（即知了，蝉。济南这样叫，不知道怎样写）”“卖草纸的”等等老师。李老师大概为人和善，受到小孩子的尊敬，又没有什么特点，因此逃掉起“绰号”这一有时颇使老师尴尬的关。

我原在济南一师附小上学，校长是新派人物，在山东首先响应五四运动，课本改为白话。其中有一篇《阿拉伯的骆驼》，是一个众所周知的寓言故事。我叔父忽然有一天翻看语文课本，看到这一篇，勃然大怒，高声说：“骆驼怎么能会说话！荒唐之至！快转学！”

于是我就转了学，转的是新育小学。因为侥幸认识了一个“骡”字，震动了老师，让我从高小开始，三年初小，统统赦免。一个字竟能为我这一生学习和工作提前了一两年，不称之为运气好又称之为什么呢？

新育校园极大，从格局上来看，旧时好像是什么大官的花园。门东向，进门左拐，有一排平房。沿南墙也有一排平房，似为当年仆人的住处。平房前面有一片空地，偏西有修砌完好的一大圆池塘，我可从来没见过里面有水，只是杂草丛生而已。池畔隙地也长满了杂草，春夏秋三季，开满了杂花，引得蜂蝶纷至，野味十足，与大自然浑然一体。倘若印度大诗人泰戈尔来到这里，必然认为是办学的最好的地方。

进校右拐，是一条石径，进口处木门上有一匾，上书“循规蹈矩”。我对这四个字感到极大的兴趣，因为它们难写，更难懂。我每天看到它，但是一直到毕业，我也不知道是什么意思。

石径右侧是一座颇大的假山，石头堆成，山半有亭。本来应该是栽花的空地上，现在却没有任何花，仍然只是杂草丛生而已。遥想当年鼎盛时，园主人大官正在辉煌夺目之时，山半的亭子必然彩绘一新，耸然巍然。山旁的隙地上也必然是栽满了姚黄魏紫，国色天香。纳兰性德的词“晚来风动护花铃，人在半山亭”所流露出来的高贵气象，必然会在这里出现。然而如今却是山亭颓败，无花无铃，唯有夕阳残照乱石林立而已。

可是，我却忘记不了这一座假山，不是由于它景色迷人，而是由于它脚下那几棵又高又粗的大树。此树我至今也不知道叫什么名字。它春天开黄色碎花，引得成群的蜜蜂，绕花嗡嗡，绿叶与高干并配，花香与蜂鸣齐飞，此印象至今未泯。我之所以怀念它还有另外一个原因，当年连小学生也是并不那么“循规蹈矩”的——那四个字同今天的一些口号一样，对我们丝毫也不起作用。如果我们觉得哪个老师不行，我们往往会“架”（赶走也）他。“架”的方式不同，不要小看小学生，我们的创造力是极为丰富多彩的。有一个教师就被我们“架”走了。采用的方式是每个同学口袋里装满那几棵大树上结的黄色的小果子，这果子味涩苦，不能吃，我们是拿来作武器的。预备被“架”的老师一走进课堂，每人就从口袋里掏出那种黄色的小果子，投向老师。宛如旧时代两军对阵时万箭齐发一般，是十分有威力的。老师知趣，中了几弹之后，连忙退出教室，卷起铺盖回家。

假山对面，石径左侧，有一个单独的大院子，中建大厅，既高且大，雄伟庄严，是校长办公的地方。当年恐怕是大官的客厅，布置得一定非常富丽堂皇。然而，时过境迁，而今却是空荡荡的，除了墙上挂的一个学生为校长画的炭画像以外，只有几张破桌子，几把破椅子，一副寒酸相。一个小学校长会有多少钱来摆谱呢？

可是，这一间破落的大厅却给我留下了难以磨灭的印象，至今历历如在眼前。我曾在这里因为淘气被校长用竹板打过手心，打得相当厉害，一直肿了几天，胖胖的，刺心地痛。此外，厅前有两个极大的用土堆成用砖砌好的花坛，春天栽满了牡丹和芍药。有一年，我在学校里上英文补习夜班，下课后，在黑暗中，我曾偷着折过一朵芍药。这并不光彩的事，也使我忆念难忘，直至今天耄耋之年，仍然恍如昨日。

大厅院外，石径尽头，有一个小门，进去是一个大院子，整整齐齐，由东到西，盖了两排教室，是平房，房间颇多，可以供全校十几个班的学生上课。教室后面，是大操场，操场西面，靠墙还有几间房子，老师有的住在那里。门前两棵两人合抱的大榆树，叶子长满时，浓荫覆盖一大片地。树上常有成群的野鸟住宿。早晨和黄昏，噪声闹嚷嚷的，有似一个嘈杂无序的未来派的音乐会。

现在该说到我们的李老师了。他上课的地方就在靠操场的那一排平房的东头的一间教室里。他是我们的班主任，教数学、地理、历史什么的。他教书没有什么特点，因此，我回忆不出什么细节。我们当时还没有英文课，学英文有夜班，好像是要另出钱的，不是正课。可不知为什么我却清清楚楚地回忆起一个细节来：李老师在我们自习班上教我们英文字母，说f这个字母就像是一只大蜂子，腰细两头尖。这个比喻，形象生动，所以一生不忘。他为什么讲到英文字母，其他字母用什么来比喻，我都记不清了。

还有一件事情让我至今难以忘怀。有一年春天，大概是在清明前后，李老师领我们这一班学生，在我上面讲到的圆水池边上，挖地除草，开辟出一块菜地来，种上了一些瓜果蔬菜一类的东西。我们这一群孩子，平均十一二岁的年龄，差不多都是首次种菜，眼看着乱草地变成了整整齐齐、成垅成畦的菜地，春雨沾衣欲湿，杏花在雨中怒放。古人说：杏花春雨江南。我们现在是杏花春雨北国。地方虽异，其情趣则一也。春草嫩绿，垂柳鹅黄，真觉得飘飘欲仙。那时候我还不会“为觅新词强说愁”，实际上也根本无愁可说，浑身舒服，意兴盎然。我现在已经经过了八十多个春天，像那样的一个春天，我还没有过过，今后大概也不会再有了。

所有这一切，都是同李老师紧密联系在一起的。因此，众多的小学老师，我只记住了李老师一个人，也可以说是事出有因了吧。李老师总是和颜悦色，从不疾言厉色。他从来没有用戒尺打过任何学生，在当时体罚成风、体罚有理的风气下，这是十分难得的。他住的平房十分简陋，生活十分清苦。但从以上说的情况来看，他真能安贫乐道，不改其乐。

我十三岁离开新育小学，以后再没有回去过。我不知道，李老师后来怎样了，心里十分悔恨。倘若有人再让我写一篇《赋得永久的悔》，我一定会写这一件事。差幸我大学毕业以后，国内国外，都步李老师后尘，当一名教师，至今已有六十多年了，我当一辈子教员已经是注定了的。只有这一点可以告慰李老师在天之灵。

李老师永远活在我的心中。

1996年7月

三个小女孩

我生平有一桩往事：一些孩子无缘无故地喜欢我，爱我；我也无缘无故地喜欢这些孩子，爱这些孩子。如果我以糖果饼饵相诱，引得小孩子喜欢我，那是司空见惯，平平常常，根本算不上什么“怪事”。但是，对我来说，情况却绝对不是这样。我同这些孩子都是邂逅相遇，都是第一次见面，我语不惊人，貌不压众，不过是普普通通，不修边幅，常常被人误认为是学校的老工人。这样一个人而能引起天真无邪、毫无功利目的、二三岁以至十一二岁的孩子的欢心，其中道理，我解释不通，我相信，也没有别人能解释通，包括赞天地之化育的哲学家们在内。

我说：这是一桩“怪事”，不是恰如其分吗？不说它是“怪事”，又能说它是什么呢？

大约在50年代，当时老祖和德华还没有搬到北京来。我暑假回济南探亲。我的家在南关佛山街。我们家住西屋和北屋，南屋住的是一家姓田的木匠。他有一儿二女，小女儿名叫华子，我们把这个小名又进一步变为爱称：“华华儿”。她大概只有两岁，路走不稳，走起来晃晃荡荡，两条小腿十分吃力，话也说不全。按辈分，她应该叫我“大爷”；但是华华还发不出两个字的音，她把“大爷”简化为“爷”。一见了我，就摇摇晃晃，跑了过来，满嘴“爷”“爷”不停地喊着。走到我跟前，一下子抱住了我的腿，仿佛有无限的乐趣。她妈喊她，她置之不理，勉强抱走，她就哭着奋力挣脱。有时候，我在北屋睡午觉，只觉得周围鸦雀无声，阒静幽雅。“北堂夏睡足”，一枕黄粱，猛一睁眼：一个小东西站在我的身旁，大气不出。一见我醒来，立即“爷”“爷”，叫个不停，不知道她已经等了多久了。我此时真是万感集心，连忙抱起小东西，连声叫着“华华儿”。有一次我出门办事，回来走到大门口，华华妈正把她抱在怀里，她说，她想试一试华华，看她怎么办。然而奇迹出现了：华华一看到我，立即用惊人的力量，从妈妈怀里挣脱出来，举起小手，要我抱她。她妈妈说，她早就想到有这种可能，但却没有想到华华挣脱的力量竟是这样惊人地大。大家都大笑不止，然而我却在笑中想流眼泪。有一年，老祖和德华来京小住，后来听同院的人说，在上着锁的西屋门前，天天有两个小动物在那里蹲守：一个是一只猫，一个是已经长到三四岁的华华。“遥怜小儿女，未解忆长安。”华华大概还不知道什么北京，不知道什么别离。天天去蹲守，她那天真稚嫩的心灵里，不知是什么滋味，望眼欲穿而不见伊人。她的失望，她的寂寞，大概她自己也说不出，只能意会而不能言传了。

上面是华华的故事，下面再讲吴双的故事。

80 年代的某一年，我应邀赴上海外国语大学去访问。我的学生吴永年教授十分热情地招待我。学校领导陪我参观，永年带了他的妻子和女儿吴双来见我。吴双大概有六七岁光景，是一个秀美、文静、活泼、伶俐的小女孩。我们是第一次见面，最初她还有点腼腆，叫了一声“爷爷”以后，低下头，不敢看我。但是，我们在校园中走了没有多久，她悄悄地走过来，挽住我的右臂，扶我走路，一直偎依在我的身旁，她爸爸、妈妈都有点吃惊，有点不理解。我当然更是吃惊，更是不理解。一直等到我们参观完了图书馆和许多大楼，吴双总是寸步不离地挽住我的右臂，一直到我们不得不离开学校，不得不同吴双和她爸爸、妈妈分手为止，吴双眼睛中流露出依恋又颇有一点凄凉的眼神。从此，我们就结成了相差六七十岁的忘年交。她用幼稚但却认真秀美的小字写信给我。我给永年写信，也总忘不了吴双。我始终不知道，我有什么地方值得这样一个聪明可爱的小女孩眷恋？

上面是吴双的故事，现在轮到未未了。未未是一个十二岁的小女孩，姓贾，爸爸是延边大学出版社的社长，学国文出身，刚强，正直，干练，是一个决不会阿谀奉承的硬汉子。母亲王文宏，延边大学中文系副教授，性格与丈夫迥乎不同，多愁，善感，温柔，淳朴，感情充沛，用我的话来说，就是：感情超过了需要。她不相信天底下还有坏人，她是个才女，写诗，写小说，在延边地区颇有点名气，研究的专行是美学、文艺理论与禅学，是一个极有前途的女青年学者。十年前，我在北大通过刘烜教授的介绍，认识了她。去年秋季她又以访问学者的名义重返北大，算是投到了我的门下。一年以来，学习十分勤奋。我对美学和禅学，虽然也看过一些书，并且有些想法和看法，写成了文章，但实际上是“野狐谈禅”，成不了正道的。蒙她不弃，从我受学，使得我经常觳觫不安，如芒刺在背。也许我那一些内行人决不会说的石破天惊的奇谈怪论，对她有了点用处？连这一点我也是没有自信的。

由于她母亲在北大学习，未未曾于寒假时来北大一次，她父亲也陪来了。第一次见面，我发现未未同别的年龄差不多的女孩不一样。面貌秀美，逗人喜爱；但却有点苍白。个子不矮，但却有点弱不禁风。不大说话，说话也是慢声细语。文宏说她是娇生惯养惯了，有点自我撒娇。但我看不像。总之，第一次见面，这个东北长白山下来的小女孩，对我成了个谜。我约了几位朋友，请她全家吃饭。吃饭的时候，她依然是少言寡语。但是，等到出门步行回北大的时候，却出现了出我意料的事情。我身居师座，兼又老迈，文宏便从左边扶住我的左臂搀扶着我。说老实话，我虽老态龙钟，但却还不到非让人搀扶不行的地步；文宏这一番心意我却不能拒绝，索性倚老卖老，任她搀扶，倘若再递给我一个龙头拐杖，那就很有点旧戏台上佘太君或者国画大师齐白石的派头了。然而，正当我在心中暗暗觉得好笑的时候，未未却一步抢上前来，抓住了我的右臂来搀扶住我，并且示意她母亲放松抓我左臂的手，仿佛搀扶我是她的专利，不许别人插手。她这一举动，我确实没有想到。然而，事情既然发生——由它去吧！

过了不久，未未就回到了延吉。适逢今年是我八十五岁生日，文宏在北大虽已结业，却专门留下来为我祝寿。她把丈夫和女儿都请到北京来，同一些在我身边工作了多年的朋友，为我设寿宴。最后一天，出于玉洁的建议，我们一起共有十六人之多，来到了圆明园。圆明园我早就熟悉，六七十年前，当我还在清华大学读书的时候，晚饭后，常常同几个同学步行到圆明园来散步。此时圆明园已破落不堪，满园野草丛生，狐鼠出没，“西风残照，清家废宫”，我指的是西洋楼遗址。当年何等辉煌，而今只剩下几个汉白玉雕成的古希腊式的宫门，也都已残缺不全。“牧童打碎了龙碑帽”，虽然不见得真有牧童，然而情景之凄凉、寂寞，恐怕与当年的明故宫也差不多了。我们当时还都很年轻，不大容易发思古之幽情，不过爱其地方幽静，来散散步而已。

建国后，北大移来燕园，我住的楼房，仅与圆明园有一条马路之隔。登上楼旁小山，遥望圆明园之一角绿树蓊郁，时涉遐想。今天竟然身临其境，早已面目全非，让我连连吃惊，仿佛美国作家 Washington Irving 笔下的 Rip Van Winkle，“山中方七日，世上几千年”，等他回到家乡的时候，连自己的曾孙都成了老爷爷，没有人认识他了。现在我已不认识圆明园了，圆明园当然也不会认识我。园内游人摩肩接踵，多如过江之鲫。而商人们又竞奇斗妍，各出奇招，想出了种种的门道，使得游人如痴如醉。我们当然也不会例外，痛痛快快地畅游了半天，福海泛舟，饭店盛宴。我的“西洋楼”却如蓬莱三山，不知隐藏在何方了？

第二天是文宏全家回延吉的日子。一大早，文宏就带了未未来向我辞行。我上面已经说到，文宏是感情极为充沛的人，虽是暂时别离，她恐怕也会受不了。小萧为此曾在事前建议过：临别时，谁也不许流眼泪。在许多人心目中，我是一个怪人，对人呆板冷漠，但是，真正了解我的人却给我送了一个绰号：“铁皮暖瓶”，外面冰冷而内心极热。我自己觉得，这个比喻道出了一部分真理，但是，我现在已届望九之年，我走过阳关大道，也走过独木小桥，天使和撒旦都对我垂青过。一生磨炼，已把我磨成了一个“世故老人”，于必要时，我能够运用一个世故老人的禅定之力，把自己的感情控制住。年轻人，道行不高的人，恐怕难以做到这一点的。

现在，未未和她妈妈就坐在我的眼前。我口中念念有词，调动我的定力来拴住自己的感情，满面含笑，大讲苏东坡的词：“人有悲欢离合，月有阴晴圆缺，此事古难全。”又引用俗语：“千里凉棚，没有不散的筵席。”自谓“口若悬河泻水，滔滔不绝”。然而，言者谆谆，而听者藐藐。文宏大概为了遵守对小萧的诺言，泪珠只停留在眼眶中，间或也滴下两滴。而未未却不懂什么诺言，不会有什么定力，坐在床边上，一语不发，泪珠仿佛断了线似的流个不停。我那八十多年的定力有点动摇了，我心里有点发慌。连忙强打精神，含泪微笑，送她母女出门。一走上门前的路，未未好像再也忍不住了，一把抓住了我的胳臂，伏在我怀里，哭了起来。热泪透过了我的衬衣，透过了我的皮肤，热意一直滴到我的心头。我忍住眼泪，捧起未未的脸，说：“好孩子！不要难过！我们还会见面的！”未未说：“爷爷！我会给你写信的！”我此时的心情，连才尚未尽的江郎也是写不出来的，他那名垂千古的《别赋》中，就找不到对类似我现在的心情的描绘，何况我这样本来无才可尽的俗人呢？我挽着未未的胳臂，送她们母女过了楼西曲径通幽的小桥。又忽然临时顿悟：唐朝人送别有灞桥折柳的故事。我连忙走到湖边，从一棵垂柳上折下了一条柳枝，递到文宏手中。我一直看她母女俩折过小山，向我招手，直等到连消逝的背影也看不到的时候，才慢慢地走回家来。此时，我再不需要我那劳什子定力，索性让眼泪流个痛快。

三个女孩的故事就讲完了。

还不到两岁的华华为什么对我有这样深的感情，我百思不得其解。

五六岁第一次见面的吴双，为什么对我有这样深的感情，我千思不得其解。

十二岁下学期才上初中的未未，为什么对我有这样深的感情，我万思不得其解。

然而这都是事实，我没有半个字的虚构。我一生能遇到这样三个小女孩，就算是不虚此生了。

到今天，华华已经超过四十岁。按正常的生活秩序，她早应该“绿叶成荫”了，不知道她是否还记得我这“爷”？

吴双恐大学已经毕业了，因为我同她父亲始终有联系，她一定还会记得我这样一位“北京爷爷”的。

至于未未，我们离别才几天。我相信，她会遵守自己的诺言给我写信的。而且她父亲常来北京，她母亲也有可能再到北京学习、进修。我们这一次分别，仅仅不过是为下一次会面创造条件而已。

像奇迹一般，在八十多年内，我遇到了这样三个小女孩，是我平生一大乐事，一桩怪事，但是人们常说，普天之下，没有无缘无故的爱。可是我这“缘”何在？我这“故”又何在呢？佛家讲因缘，我们老百姓讲“缘分”。虽然我不信佛，从来也不迷信，但是我却只能相信“缘分”了。在我走到那个长满了野百合花的地方之前，这三个同我有着说不出是怎样来的缘分的小姑娘，将永远留在我的记忆中，保留一点甜美，保留一点幸福，给我孤寂的晚年涂上点有活力的色彩。

1996 年 8 月

两个小孩子

我喜欢小孩；但我不说那一句美丽到俗不可耐程度的话：小孩子是祖国的花朵。我喜欢就是喜欢，我曾写过《三个小女孩》，现在又写《两个小孩子》。

两个小孩子都姓杨，是叔伯姐弟。姐姐叫秋菊，六岁；弟弟叫秋红，两岁。他们的祖母带着秋菊的父母，从河北某县的一个农村里，到北大来打工，当家庭助理，扫马路，清除垃圾。垃圾和马路都清除得一干二净，受到这一带居民的赞扬。

去年秋天的一天，我同我们的保姆小张出门散步，门口停着一辆清扫垃圾的车，一个小女孩在车架和车把上盘旋攀登，片刻不停。她那一双黑亮的吊角眼，透露着动人的灵气。我们都觉得这小孩异常可爱，便搭讪着同她说话。她毫不腼腆，边攀登，边同我们说话，有问必答。我们回家拿月饼给她吃，她的手接了过去，咬了一口，便不再吃，似乎不太合口味。旁边一个青年男子，用簸箕把树叶和垃圾装入拖车的木箱里，看样子就是小女孩的父亲了。

从此我们似乎就成了朋友。

我们天天出去散步，十有八次碰上这个小女孩，我们问她叫什么名，她说"叫秋菊"。有时候秋菊见我们走来，从老远处就飞跑过来，欢迎我们。她总爱围着小张绕圈子转，我们问她为什么，她只嘿嘿地笑，什么话也不说，仍然围着小张绕圈子不停，两只吊角眼明亮闪光，满脸顽皮的神气。

秋菊对她家里人的工作情况和所得的工资了如指掌。她说，爸爸在勺园值夜班，冬天烧锅炉，白天到朗润园来清掏垃圾，用板车运送，倒入垃圾桶中。奶奶服侍一个退休教师，做饭，洗衣服，打扫卫生。妈妈在一家当保姆，顺便扫扫马路。这些事大概都是大人闲聊时说出来的，她从旁边听到，记在心中。

她同奶奶住在一间屋里，早餐吃方便面，还有包子什么的。奶奶照顾她显然很好，她那红润丰满的双颊就足以证明。秋菊是一个幸福的孩子。

我们出来散步，也有偶尔碰不到秋菊的时候，此时我们真有点惘然若有所失。有时候，我们走到她奶奶住房的窗外，喊着秋菊的名字。在我们不注意间，她像一只小鹿连蹦带跳地从屋里跑了出来，又围着小张绕开了圈子，两只吊角眼明亮闪光，满脸顽皮的神气。

有一天，我们问秋菊愿意吃什么东西。她说，她最喜欢吃带木棍的糖球。我们问：

“把你卖了行不行?”

“行！卖了我吃糖球。”

“把你爸爸卖了行不行?”

“行！卖了爸爸吃饼干。”

“把你妈卖了行不行?”

“行！卖了俺妈吃香蕉。”

“把你奶奶卖了行不行?”

我们正恭候她说卖了奶奶吃什么哩，她却说：

“奶奶没有人要!”

我们先是一惊，后来便放声大笑。秋菊也嘿嘿地笑个不停，她显然是了解这一句话的含义的。两只吊角大眼更明亮闪光，满脸顽皮的神气。

今年春天，一连几天没有能碰到秋菊。我感到事情有点蹊跷，问她奶奶，才知道，秋菊已经被送回原籍去上小学了。我同小张有什么办法呢？我们都颇有点黯然神伤的滋味。从今以后，再不会有一个活蹦乱跳的小女孩绕着小张转圈了。

过了不久，我同小张又在秋菊奶奶主人的门前碰到这一位老妇人。她主人的轮椅的轱辘撒了气，我们帮她把气儿打上。旁边站着一个极小的男孩，一问才知道他叫秋红，两岁半，是秋菊的堂弟。小孩长的不是吊角眼，而是平平常常的眼睛，可也是灵动明亮，黑眼球仿佛特别大而黑，全身透着一股灵气。小孩也一点不腼腆，我们同他说话，他高声说：“爷爷好！阿姨好!”原来是秋菊走了以后，奶奶把他接来做伴的。

从此我们又有了一个小伙伴。

但是，秋红毕竟太小了，不能像秋菊那样走很远的路。可是，不管他同什么小孩玩，一见到我们，从老远就高呼：“爷爷好！阿姨好!”铜铃般的童声带给我们极大的愉快。

有一天，我同小张散步倦了，坐在秋红奶奶屋旁的长椅子上休息。此时水波不兴，湖光潋滟，杨柳垂丝，绿荷滴翠，我们顾而乐之，仿佛羽化登仙，遗世独立了。冷不防，小秋红从后面跑了过来，想跟我们玩。我们逗他跳舞，他真的把小腿一蹬，小胳膊一举，蹦跳起来。在舞蹈家眼中，这可能是非常幼稚可笑的，可是那一种天真无邪的模样，世界上哪一个舞蹈家能够有呢？我们又逗他唱歌，他毫不推辞，张开小嘴，边舞蹈，边哼唧起来。最初我们听不清他唱的是什么，经过几次重复，我才听出来，他唱的竟是李白的“床前明月光，疑是地上霜。举头望明月，低头思故乡”。我不禁大为惊叹，一个仅仅两岁半的乡村儿童竟能歌唱唐代大诗人李白的名篇，这情况谁能想象得到呢？

又有一天，我同小张出去散步，坐在平常坐的椅子上，小秋红又找了我们来，我们又让他唱歌跳舞。他恭恭敬敬地站在我们面前，先鞠了一大躬，然后又唱又舞，有时候竟用脚尖着地，做芭蕾舞状。舞蹈完毕，高声说：“大家好！”仪式完毕。这一套仪式，我猜想，是他在家乡看歌舞演出时观察到的，那时他恐怕还不到两岁，至多两岁出头。又有一次，我们坐在椅子上，小秋红又跑过来了，嘴里喊着：“爷爷好！阿姨好！”小张教他背诵：

锄禾日当午，
汗滴禾下土。
谁知盘中餐，
粒粒皆辛苦。

小张只念了一遍，秋红就能够背诵出来。这真让我大大地吃了一惊。古人说“过目成诵”，眼前这个两岁半的孩子是“过耳成诵”。一个仅仅两岁半的乡村儿童能达到这个水平，谁能不吃惊呢，相传唐代大诗人白居易三岁识“之”“无”，千古传为美谈。如今这个仅仅两岁半的孩子在哪一方面比白居易逊色呢？

中国是世界上的诗词大国，篇章之多，质量之高，宇内实罕有其俦。我国一向有利用诗词陶冶性灵，提高人品的传统，用今天的话来说就是提高人文素质。然而，由于种种原因，近半个世纪以来，此道不畅久矣。最近国家领导人以及有识之士，大力提倡背诵诗词以提高审美能力，加强人文素质，达到让青年和国民能够完美全面地发展的目的，这会大大有利于祖国的建设事业。我原以为这是一件比较困难、需要长期努力的工作，我哪里会想到于无意间竟在一个才两岁半的农村小孩子身上看到了曙光，看到了光辉灿烂的未来，我不禁狂喜，真要手之舞之足之蹈之了。

秋红到了21世纪不过才到三岁，21世纪是他们的世纪。如果全国农村和城市的小孩子都能像秋红这样从小就享有提高人文素质教育的机会，我们祖国的前途真可以预卜了。我希望新闻界的朋友们能闻风而动，到秋红的农村里去采访一次。我相信，他们决不会空手而归的。

现在，不像秋菊那样杳如黄鹤，秋红还在我的眼前。我每天半小时的散步就成了一天最幸福的时刻，特别是在碰到秋红的时候。

1999年7月27日

原载于1999年10月16日《人民日报》

附：

关于《两个小孩子》的一点纠正

最近我写了一篇叙事散文《两个小孩子》，刊登在本年10月16日的本版上。其中我提到白居易三岁识“之”“无”。蒙《海口晚报》的张竺夫先生来函指正，说在白居易的《与元九书》中说到自己在生后六七个月就能认识“无”“之”两字。对张先生的厚爱，我十分感激。

《与元九书》这篇文章，我依稀读过，但印象不深。后来不知道在一本什么笔记里读到白居易三岁识“之”“无”的说法，印象独深。现在才知道是错了，不然我哪会有发明“白居易识‘之’‘无’”的天才呢？张先生提出纠正，对我来说是改正了错误，增加了见识；对读者来说是得到了正确的信息，有百利而无一害。

但是，我不想改变原文。古人说：“君子之过也，如日月之蚀，人皆见之。”我不想偷偷摸摸地改得毫无错误的痕迹。我一向不悔少作，也不改我的文章。就在今年春夏之交，我写过一篇《站在胡适之先生墓前》的随笔，一开头，我的记忆就出了毛病，把事情记错了；但是，我仍然不改，只加上了一条“附记”，算是对读者负责。如果允许我援引一个先例的话，我就援引鲁迅先生的例子。在他的名著《阿Q正传》第一章序中，他写道：

虽说英国正史上并无“博徒列传”，而文豪迭更司也做过《博徒别传》这一部书。

这一篇小说是1921年创作的，一直到1926年，五年以后了，鲁迅才在致韦素园的信中写道：

《博徒别传》是 *Rodney Stone* 的译名，但是 C. Doyle 做的《阿Q正传》中说是迭更司作，乃是我误记。

可是，对这一篇流传世界，誉满士林的作品，鲁迅并没有加以修改。鲁迅的动机何在？我不敢妄加推测。我也并不是有意效颦，我的想法已如上述，不再重复。我只是想，当年如果有博学如张先生者，则必不至错误拖了五年才得到改正。

张先生信中还有几句话：“而两岁半能背几句唐诗，无论是从古还是至今，都是很寻常的事。”这几句话我是无法赞成的。我行年九十，走遍了大半个世界，一个从僻远乡村出生的、一个字也不识的、仅仅两岁半的孩子能背唐诗，我还是第一次遇到。张先生竟说是“很寻常的事”，难道我们经历的是两个世界吗？名门大家、书香门第或者可能有个别处，但是，我还没有见到过，我一辈子滥竽知识分子群中，也没有遇到过。因此，“秋红现象”，我认为还是值得重视的。我那一篇文章的最后一段，我不想改动。

1999年10月28日

夜来香开花的时候

夜来香开花的时候，我想到王妈。我不能忘记，在我刚走出童年的几年中，不知道有几个夏夜里，当闷热渐渐透出了凉意，我从飘忽的梦境里转来的时候，往往可以看到窗纸上微微有点白；再一沉心，立刻就有嗡嗡的纺车的声音，混着一阵阵的夜来香的幽香，流了进来。倘若走出去看的话，就可以看到，一盏油灯放在夜来香丛的下面，昏黄的灯光照彻了小院，把花的高大支离的影子投在墙上，王妈坐在灯旁纺着麻，她的黑而大的影子也被投在墙上，合了花的影子在晃动着。

她是老了。我不知道她什么时候到我们家里来的。当我从故乡里来到这个大都市的时候，我就看到她已经在我们家里来来往往地做着杂事。那时，已经似乎很老了。对我，从那时到现在，是一个从莫名其妙的朦胧里渐渐走到光明的一段。最初，我看到一切事情都像隔了一层薄纱。虽然到现在这层薄纱也没能撤去，但渐渐地却看到了一点光亮，于是有许多事情就不能再使我糊涂。就在这从朦胧到光亮的一段里，我们搬过两次家。第一次搬到一条歪曲铺满了石头的街上。王妈也跟了来。房子有点旧，墙上满是雨水的渍痕。只有一个窗子的屋里白天也是暗沉沉的。我童年的大部分的时间就在这黑暗屋里消磨过去。院子里每一块土地都印着我的足迹。现在我还能清晰地记起来屋顶上在秋风里战抖的小草，墙角檐下挂着的蛛网。但倘若笼统想起来的话，就只剩一团苍黑的印象了。

倘若我的记忆可靠的话，在我们搬到这苍黑的房子里第二年的夏天，小小的院子里就有了夜来香。当时颇有一些在一起玩的小孩，往往在闷热的黄昏时候聚在一块，仰卧在席上数着天空里飞来飞去的蝙蝠。但是最引我们注意的却是夜来香的黄花——最初只是一个长长的花苞，我们目不转睛地注视着它。还不开，还不开，蓦地一眨眼，再看时，长长的花苞已经开放成伞似的黄花了。在当时的心里，觉得这样开的花是一个奇迹。这花又毫不吝惜地放着香气。王妈也很高兴。每天她总把所有开过的花都数一遍。当她数着的时候，随时有新的花在一闪一闪地开放着。她眼花缭乱，数也数不清。我们看了她慌张而又用心的神情，不禁一哄笑起来。就这样每一个黄昏都在奇迹和幽香里度过去。每一个夜跟着每一个黄昏走了来。在清凉的中夜里，当我从飘忽的梦境里转来的时候，就可以看到王妈的投在墙上的黑而大的影子在合着夜来香的影子晃动了。

就在这样一个环境里，我第一次觉到我的眼前渐渐地亮起来。以前我看王妈只像一个影子。现在我才发现她也同我一样地是一个活动的人。但是我仍然不明了她的身世。在小小的心灵里，我并想不到她这样大的年纪出来佣工有什么苦衷；我只觉得她同我们住在一起，就是我们家里的一个人，她也应该同我们一样地快活。童稚的心岂能知道世界上还有不快活的事情吗？

在初秋的暴雨里，我看到她提着篮子出去买菜；在严冬大雪的早晨，我看到她点着灯起来生炉子。冷风把她手吹得红萝卜似的开了裂，露出鲜红的肉来。我永远忘不掉这两只有着鲜红裂口的手！她有自己的感情，自己的脾气，这些都充分表示出一个北方农民的固执与倔强。但我在黄昏的灯下却常听到她不时吐出的叹息了。我从小就是孤独的。在我小小的心里，一向感觉到缺少点什么。我虽然从没叹息过，但叹息却堆在我的心里。现在听了她的叹息，我的心仿佛得到被解脱的痛快。我愿意听这样的低咽的叹息从这垂老的人的嘴里流出来。在她，不知因为什么，闲下来的时候，也总爱找着我说话。她告诉我，她的丈夫是她村里唯一的秀才，但没能捞上一个举人就死去了。她自己被家里的妯娌们排挤，不得已才出来佣工。有一个儿子，因为乡里没有饭吃，到关外做买卖去了。留下一个媳妇在这大城里，似乎也不大正经。她又告诉我，她年青的时候，怎样刚强，怎样有本领，和许多别的美德；但谁又知道，在垂老的暮年又被迫着走出来谋生，只落得几声叹息呢？

以后，这叹息就时时可以听到。她特别注意到我衣服寒暖。在冬天里，她替我暖，在夏夜里，她替我用大芭蕉扇赶蚊子。她仍然照常地提着篮子出去买菜，冬天早晨用开了鲜红裂口的手生炉子。当夜来香开花的时候，又可以看到她郑重其事地数着花朵。但在不寐的中夜里，晚秋的黄昏里，却连续听到她的叹息，这叹息在沉寂里回荡着，更显得凄冷了。她仿佛时常有话要说。被追问的时候，却什么也不说，脸上只浮起一片惨笑。有时候有意与无意之间，又说到她年青时候的倔强，她的秀才丈夫。往往归结说到她在关外做买卖的儿子。我们都可以看出来，这老人怎样把暮年的希望和幻想放在她儿子身上。我也曾替她写过几封信给她的儿子，但终于也没能得到答复。这老人心里的悲哀恐怕只有她一个人知道了。

不记得是哪一年，在夏天，又是夜来香开花的时候，她儿子来了信。信里说的，却并不像她想的那样满意，只告诉她，他在关外勤苦几年挣的钱都给别人骗走了；他因为生气，现在正病着，结尾说："倘若母亲还要儿子的话，就请汇钱给我回家。"这样一封信给她怎样的影响，我们大概都可以想象得出。连着叹了几口气以后，她并没说什么话，但脸色却更阴沉了。这以后，没有叹气，我们只看到眼泪。

我前面不是说，我渐渐从朦胧里走向光明里去么？现在我眼前似乎更亮了。我看透了一些事情：我知道在每个人嘴角常挂着的微笑后面有着怎样的冷酷；我看出大部分的人们都给同样黑暗的命运支配着。王妈就在这冷酷和黑暗的命运下呻吟着活下来。我看透了这老人的眼泪里有着无量的凄凉。我也了解了她的寂寞。

在这时候，我们又搬了一次家，只不过从这条铺满了石头的街的中间移到南头。王妈仍然跟了来。房子比以前好一点，再看不到四壁的雨痕和蜘蛛。每座屋子也都有了两个以上的窗子，而且窗子上还有玻璃。尤其使我满意的是西屋前面两棵高过房檐的海棠。时候大概是春天，因为才搬进来的时候，树上还开满着一团团的花。就在这一年的夏天，大概因为院子大了一点吧，满院里，除了一个大水缸养着子午莲和几十棵凤仙花和其他杂花以外，便只看到一丛丛的夜来香。我现在已经不是孩子，有许多地方要摆出安详的样子来；但在夏天的黄昏时候，却仍然做着孩子时候做的事情。我坐在院子里数着天上飞来飞去的蝙蝠。看着夜色慢慢织入夜来香丛里，一片朦胧的薄暗。一眨眼，眼前已经是一片黄黄的伞似的花了。跟着又有幽香流过来。夜里同蚊子打过了仗，好容易睡过去。各样的梦做过了以后，从飘忽的梦境里转来的时候，往往可以看到窗上有点白，听到嗡嗡的纺车的声音。走出去，就可以看到王妈的黑大的投在墙上的影子在合着夜来香的影子晃动了。

王妈更老了。但我仍然只看到她的眼泪。在她高兴的时候，她又谈到她的秀才丈夫，她的不大正经的儿媳妇，和她病倒在关外的儿子。她仍然提着篮子出去买菜，冬天老早起来生炉子，从她走路的样子上看来，她真有点老了；虽然她自己在别人说她老的时候还在竭力否认着。她有颗简单纯朴的心。因了年纪更大的关系，这颗心似乎就更纯朴简单。往往因为少得了一点所应得的东西，我们就可以看到她的干瘪了的嘴并拢在一起，腮鼓着。似乎要有什么话从里面流了出来。然而在这样的情形下往往是没有什么流出的。倘若有人意外地给了她点什么，我们也可以意外地看到这老人从心里流出来的快意的笑了。她不会做荒唐的梦，极小的得失可以支配她的感情。她有一颗简单的心。

日子一天一天地过去，这寂寞的老人就在这寂寞里活下去。上天给了她一个爽直的性情，使她不会向别人买好，不会在应当转圈的时候转圈。因为这，在许多极琐碎的事情上，她给了别人一点小小的不痛快，她自己却得到一个更大的不痛快。这时候，我们就见她在把干瘪了的嘴并拢以后，又在暗暗地流着眼泪了。我们都知道，这眼泪并不像以前想到她儿子时的那眼泪那样有意义。这样的眼泪流多了，顶多不过表示她在应当流的泪以外，还有多余的泪，给自己一点轻松。泪流过了不久，就可以看到她高兴地在屋里来来往往地做着杂事了。她有一颗同孩子一样的简单的心。

在没搬家过来以前，我已经到一个在城外的四面满是湖田和荷池的学校里去读书，就住在那里。只在星期日回家一次。在学校里死沉的空气里住过六天以后，到家里觉得仿佛到了另一个世界。进门先看到王妈的欢乐的微笑。等到踏着暮色走回去的时候，心里竟觉得意外地轻松。这样的情形似乎也延长不算很短的一个期间。虽然我自己的心情随时都有着变化，生活却显得惊人地单调。回看花开花落，听老先生沙着声念古文，拼命地在饭堂里抢馒首，感情冲动的时候，也热烈地同别人打架，时间也就慢慢地过去。

又忘记了是多少时候以后，是星期日，当时我从学校里走回家去的时候，我看到一个黄瘦个儿很高的中年男子在替我们搬移着桌子之类的东西。旁人告诉我，这就是王妈的儿子。几个月以前她把储蓄了几年的钱都汇给他，现在他居然从关外回到家来了。但带回来的除了一床破棉被以外，就剩了一个有着几乎各类的一个他那样用自己的力量来换面包的中年人所能有的病的身子，和一双连霹雳都听不到的耳朵。但终于是个活人，是她的儿子，而且又终于回到家里来了。

王妈高兴。在垂暮的老年，自己的独子，从迢迢的塞外回到她跟前来，这样奇迹似的遭遇怎能不使她高兴呢？说到儿子的身体和病，她也会叹几口气，但儿子终于是儿子，这叹息掩不过她的高兴的，不久，她那不大正经的媳妇也不知从哪里名正言顺地找了来，于是一个小家庭就组成了。儿子显然不能再干什么重劳力的活了，但是想吃饭除了劳力之外又似乎没有第二条路可走。在我第二星期回到家里来的时候，就看到她那说话也需要打手势的儿子在咳嗽着一出一进地挑着满桶的水卖钱了。

这以后，对王妈，对我们家里的人，有一个惊人的大转变。从她那里，我们再听不到叹息，看不到眼泪，看到的只有微笑。有时儿子买了一个甜瓜或柿子，甚至几个小小的梨，拿来送给母亲吃。儿子笑，不说话；母亲也笑，更不说话。我们都可以看出来这笑怎样润湿了这老人的心。每逢过节，或特别日子的时候，儿子把母亲接回家去。当吃完儿子特别预备的东西走回来的时候，这老人脸上闪着红光。提着篮子买菜也更带劲，冬天早晨也更起得早。生命对她似乎是一杯香醪。她高兴地活下去，没有了寂寞，也没有了凄凉，即便再说到她丈夫的时候，也只有含着笑骂一声："早死的死鬼！"接着就兴高采烈地夸起自己年青时的美德来了。我们都很高兴。我们眼看着这老人用手捉住自己的希望和幻想。辛勤了几十年，现在这希望才在她心里开成了花。

日子又平静地过下去。微笑似乎没离开过她。这老人正做着一个天真的梦。就这样差不多过了一年的时间。中间我还在家里住了一个暑假，每天黄昏时候，躺在院子里的竹床上，数着天上的蝙蝠。夜来香每天照例一闪便开了。我们欣赏着花的香，王妈更起劲地像煞有介事似的数着每天开过的花。但在暑假过了以后，当我再每星期日从学校里走回家来的时候，我看到空气似乎有点不同。从王妈那里我又常听到叹息了。她又找着我说话，她告诉我，儿子常生病，又聋。虽然每天拼命挑水，在有点近于接受别人恩惠的情形下接了别人的钱，却连肚皮也填不饱。这使他只有更拼命；然而结果，在已经有了的病以外，又添了其他可能的新病。儿媳妇也学上了许多新的譬如喝酒抽烟之类的毛病。她丈夫自然不能满足她；凭了自己的机警，公然在她丈夫面前同别人调情，而且又进一步姘居起来了。这老人早起晚睡侍候别人颜色挣来的钱，以前是被严谨地锁在一个箱子里的，现在也慢慢地流出来，换成面包，填充她儿子的肚皮了。她为儿子的病焦灼，又生媳妇的气；却没办法。这有一颗简单的心的老人只好叹息了。

儿子病的次数加多起来，而且也厉害起来。在很短的期间，这叹息就又转成眼泪了。以前是因为有幻想和希望而不能捉到才流泪；现在眼看着幻想和希望要在自己手里破碎，这泪当然更沉痛了。我虽然不常在家里，但常听人们说到，每次她从儿子那里回来的时候，总带回来惊人多的叹息和眼泪。问起来，她就说到儿子怎样病，几天不能挑水，柴米没有，媳妇也不知道跑到什么地方去了。于是在静寂的中夜里，就又常听到她低咽的暗泣。她现在再也没有心绪谈到她的秀才丈夫，夸耀自己年青时的美德，处处都表示出衰老的样子。流泪成了日常的工作；泪也终于流不完。并没延长了多久，她有了病，眼也给一层白膜障上了。她说，她不想死。真的，随处都表示出，她并不想死。她请医生，供神水，喝符，用大葱叶包起七个活着的蜘蛛生生吞下去，以及一切的偏方正方。为了自己的身子，她几乎忘掉了一切。大约有几个月以后吧，身子好了，却只剩下了一只眼。

她更显得衰老了。腰伛偻着，剩下的一只眼似乎也没有什么大用。走路的时候，只是用手摸索着走上去。每次我看她拿重一点的东西而曲着背用力的时候，看到她从儿子那里回来含着泪慢慢地踱进自己的幽暗的小屋里去的时候，我真想哭。虽然失掉一只眼睛，但并没有失掉了固有的性情，她仍然倔强，仍然不会买好，不会在应当转圈的时候转圈；也就仍然常常碰到点小不痛快，流两次无所谓的眼泪。她同以前一样，有着一颗简单又纯朴的心。

四年前，为了一个近于荒诞的理想，我从故乡来到这辽远的故都里。我看到的自然是另一个新的世界，但这世界却不能吸引着我；我时常想到王妈，想到她数夜来香的神情，想到她红萝卜似的开了鲜红裂口的手。第一年寒假回家的时候，迎着我的是她的欢迎的微笑。只有我了解她这笑是怎样勉强做出来的。前年的冬天，我又回家去。照例一阵微微的晕眩以后，我发现家里少了一个人，以前笑着欢迎我的王妈到哪里去了呢？问起来，才知道这老人已经回老家去了。在短短的半年里，她又遭遇到许多不如意的事情。因为看到放在儿子身上的希望和幻想渐渐渺茫起来，又因为自己委实得有点老了，于是就用勉强存起来的一点钱在老家托人买了一口棺材。这老人已经看透了自己一生决定了不过是这么回事；趁着没死的时候，预备点东西，过一个痛快的死后的生活吧。但这口棺材却毫无理由地被她一个先死去的亲戚占去了。从年青时候守节受苦，到垂老的暮年出来佣工，辛苦了一生，老把自己的希望和幻想拴在儿子身上，结果是幻灭；好容易自己又制了一个死后的美丽的梦，现在又给打碎了。她不懂怎样去诉苦，也没人可诉。这颗经了七十年痛创的简单又纯朴的心能容得下这些破损吗？她终于病倒了。

正要带着儿子和媳妇回老家去养病的时候，儿子竟然经不起病的摧折死去了。我不忍去想象，悲哀怎样啮着这老人的心。她终于回了家。我们家里派了一个人去送她。临走的时候，她还带着恳乞的神气说：“只要病好了，我还回来。”生命的火还在她心里燃烧着，她不想死的。在严冬的大风雪里，在灰黯的长天下，坐在一辆独轮小车上，一个垂老的人，带了自己独子的棺材，带了一个艰苦地追求了一辈子而终于得到的大空虚，带了一颗碎了的心，回到自己的故乡里去，把一切希望和幻想都抛到后面，人们大概总能想象到这老人的心情吧！我知道会有种种的幻影在她眼前浮掠，她会想到过去自己离开家时的情景，然而现在眼前明显摆着的却是一个不可避免的黑洞，一切就都归到这洞里去。车走上一个小木桥的时候，忽然翻下河去，这老人也被倾到水里。被人捞上来的时候，浑身都结了冰。她自己哭了，别人也都哭起来。人生到这样一个地步，还有什么话可以说呢？这纯朴的老人也不能不咒骂自己的命运了。

我不忍去想象，她怎样在那穷僻的小村里活着的情形。听人说，剩下的一只眼睛也哭得失了明。自己的房子已经卖给别人，只好借住在亲戚家里。一闭眼，我就仿佛能看到她怎样躺到床上呻吟，但没有人去理会她；她怎样起来沿着墙摸索着走，她怎样呼喊着老天。她的红萝卜似的开了裂口流着红血的手在我眼前颤动……以前存的钱一个也没能剩下，她一定会回忆到自己困顿的一生，受尽人们的唾弃，老年也还免不了早起晚睡侍候别人的颜色；到死却连自己一点无论怎样不能成为希望和幻想的希望和幻想都一个不剩地破碎了去。过去的黑影沉重地压在她心头。人到欲哭无泪的地步，还有什么话可说呢？我听不到她的消息，我只有单纯地有点近于痴妄地希望着，她能好起来，再回到我们家里去。

但这岂是可能的呢？第二年暑假我回家的时候，就听人说，王妈死了。我哭都没哭，我的眼泪都堆在心里，永远地。现在我的眼前更亮，我认识了怎样叫人生，怎样叫命运。——小小的院子里仍然挤满了夜来香。黄昏里我仍然坐在院子里的竹床上，悲哀沉重地压住了我的心。我没有心绪再数蝙蝠了。在沉寂里，夜来香自己一闪一闪地开放着，却没有人再去数它们。半夜里，当我再从飘忽的梦境里转来的时候，看不到窗上的微微的白光，也再听不到嗡嗡的纺车的声音，自然更看不到照在四面墙上的黑而大的影子在合着历乱的枝影晃动。一切都死样的沉寂。我的心寂寞得像古潭。第二天早晨起来的时候，整夜散放着幽香的夜来香的伞似的黄花枝枝都枯萎了。没了王妈，夜来香哪能不感到寂寞呢？

1935 年

回到历史中去

一提到科钦，我就浮想联翩，回到悠久的中印两国友谊的历史中去。

中印两国友谊的历史，在印度，我们到处都听人谈到。人们都津津有味地谈到这一篇历史，好像觉得这是一种光荣，一种骄傲。

但是，有什么具体的事例证明这长达两千多年的友谊的历史呢？当然有的。比如唐代的中国和尚玄奘就是一个。无论在哪个集会上，几乎每一位致欢迎词的印度朋友都要提到他的名字，有时候同法显和义净一起提。听说，他的事迹已经写进了印度的小学教科书。在千千万万印度儿童的幼稚的心灵中，也有他这个中国古代高僧的影像。

但是，还有没有活的见证证明我们友谊的历史呢？也当然有的，这就是科钦。而这也就是我同另外一位中国同志冒着酷暑到南印度喀拉拉邦这个滨海城市去访问的缘由。

我原来只想到这个水城本身才是见证。然而，一下飞机，我就知道自己错了。机场门外，红旗如林，迎风招展。大概有上千的人站在那里欢迎我们这两个素昧平生的中国人。“印中友谊万岁”的口号声，此起彼伏，宛如科钦港口外大海中奔腾汹涌的波涛。一双双洋溢着火热的感情的眼睛瞅着我们，一只只温暖的手伸向我们，一个个照相机录音机对准我们，一串串五色缤纷的花环套向我们，科钦市长穿着大礼服站在欢迎群众的前面，同我们热烈握手，把两束极大的紫红色的溢着浓烈的香味的玫瑰花递到我们手中。

难道还能有比这更好的更适当的中国印度两国友谊的活的见证吗？

但这才刚刚是开始。

我们在飞行了一千多公里以后，只到旅馆里把行李稍一安排，立刻就被领到一个滨海的广场上，去参加科钦市的群众欢迎大会。这是多么动人的场面啊！还没有走到入口处，我们就已经听到人声鼎沸，鞭炮齐鸣，大人小孩，乐成一团。最使我们吃惊的是，我们在离开祖国千山万水遥远的异国，居然看到只有节日才能看到的焰火。随着一声声巨响，焰火飞向夜空，幻化出奇花异草，万紫千红。科钦地处热带，一年四季都是夏天。在大地上看到万紫千红的奇花异草，那就是“司空见惯浑闲事”。然而现在那长满了奇花异草的锦绣大地却蓦地飞上天去，谁会不感到吃惊而且狂喜呢？

就在这吃惊而且狂喜的气氛中，我们登上了大会的主席台。市长穿着大礼服坐在中间，大学校长和从邦的首府特里凡得琅赶来参加大会的部长坐在他的身旁。我们当然是坐在贵宾的位子上。大会开始了。只见万头攒动，掌声四起，估计至少也有一万人。八名幼女，穿着色彩鲜艳的衣服，手里拿着一些什么东西，迈着细碎而有节奏的步子，在主席台前缓慢地走了过去，像是一朵朵能走路的鲜花。后面紧跟着八名少女，也穿着色彩鲜艳的衣服，手里拿着烛台和灯，迈着细碎而有节奏的步子，在主席台前缓慢地走了过去，也像是一朵朵能走动的鲜花。我眼花缭乱，恍惚看到一团团大花朵跟着一团团小花朵在那里游动，耳朵里却是“时闻杂佩声珊珊”。最后跟着来的是一头大象，一个手撑遮阳伞的汉子踞坐在它的背上。大象浑身上下披挂着彩饰，黄的是金，白的是银，累累垂垂的是珊瑚珍珠，错彩镂金，辉耀夺目，五色相映，光怪陆离。它简直让人看不出是一头大象，只像是一个神奇的庞然大物，只像是一座七宝楼台，只像是一座嵚崎的山岳，在主席台前巍然地走了过去。在印度神话中，我们有时遇到天帝释出游的场面，难道那场面就是这个样子吗？在梵文史诗和其他著作中，我们常常读到描绘宫廷的篇章，难道那宫廷就是这样富丽堂皇吗？印度的大自然红绿交错，花团锦簇，难道这大象就是大自然的化身吗？我脑海里幻想云涌，联想蜂聚，一时排遣不开。但眼睛还要注视着眼前的一切情景，我真有点如入山阴道上应接不暇了。

但是，花环又献了上来，究竟有多少人多少单位送了花环，我看谁也说不清楚。我们都不懂马拉雅兰语。主席用马拉雅兰语朗读着献花单位的名称。于是，干部模样的、农民模样的、学生模样的、教员模样的，男的、女的、老的、少的，一个接一个地走到我们的桌前，往我们脖子上套花环。川流不息，至少有七八十人，或者更多一些。而花环的制作，也都匠心独运。有的长，有的短，有的粗大厚实，有的小巧玲珑；都是用各色各样的鲜花编成：白色的茉莉花和晚香玉，红色的石竹，黄色的月季，紫红色的玫瑰，还有许多不知名的花朵，都是用金线银线穿成了串，编成了团，扎成了球。我简直无法想象，印度朋友在编扎这些花环时用了多少心血，花环里面编织着多少印度人民的深情厚谊。花环套上脖子时，有时浓香扑鼻，有时感到愉快的沉重。在我心里却是思潮翻滚，感动得说不出话来。然而花环却仍然是套呀，套呀，直套到快遮住了我的眼睛，然后轻轻地拿下来，放在桌子上。又有新的花环套呀，套呀。我成了一个花人，一个花堆，一座花山，一片花海。一位印度朋友笑着对我说："今天晚上套到你们脖子上的花至少有一吨重。"我恨不得像印度神话中的大梵天那样长出四个脑袋，那样就能有四个脖子来承担这些花环，有八只手来接受这些花环。最好是能像《罗摩衍那》中的罗刹王罗波那那样长出十个脑袋，那样脖子就增加到十个，手增加到二十只。这一吨重的花环承担起来也就比较容易了。当然，这些都是幻想。实际上，我们清醒地意识到，这些花环决不是送给我们个人的，送的对象是整个的新中国，全体新中国的人民。我们获得这一份荣誉来接受它们，难道还能有比这更令人欢欣鼓舞的事情吗？

我们就怀着这样的心情，在大会结束后，欣赏了南印度的舞蹈。一直到深夜，才回到旅馆前布置得像阆苑仙境一般的草坪上，参加市长举行的、有四个部长作陪的十分丰盛的晚宴。就这样度过了一个暴风骤雨的夜晚。

我们万没有想到，在第二天，在暴风骤雨之后，又来了一个风和日丽。在极端紧张的访问活动中，主人居然给我们安排了游艇，畅游了科钦港。我们乘一叶游艇，在波平如镜的海面上，慢慢地航行；在错综复杂的渔港中，穿来穿去。我们到处都看到用木架支撑起来的渔网。主人说："本地人管它叫中国网。"我们走到长满椰林的一个小岛旁，主人问："你们看小岛上的房屋是不是像中国建筑？"

我抬眼一看，果然像中国房屋：中国式的山墙，中国式的屋顶，整整齐齐地排列在那里。我的心忽然一动，眼前恍惚看到四五百年前郑和下西洋乘坐的宝船，一艘艘停泊在那小岛旁边。穿着明代服装的中国水手上上下下，忙忙碌碌，从船上搬下成捆的中国的青花瓷器，就堆在椰子树下。欢迎中国水手的印度朋友也是熙熙攘攘地拥挤在那里。我真的回到历史中去了。但是这一刹那的幻影，稍纵即逝。我在历史中游逛了一阵，终于还是回到了游艇上。艇外风静縠纹平，渔舟正纵横。摩托声响彻了渔港，红色的椰子在浓绿丛中闪着星星般的红光。

从历史中回到了现实世界以后，又到两个报馆去参观，受到了极其热烈的欢迎。又举行了一个像兄弟话家常般的别开生面的记者招待会，匆匆赶回旅馆，收拾了一下行李，立刻到了机场，搭乘飞机，飞向班加罗尔。

人虽然已经离开了科钦，但又似乎没有完全离开。科钦的水光椰影，大会的热烈情景，印度主人的一颦一笑，宛然如在眼前，无论如何也从心头拂拭不掉。难道真能成为“明日隔山岳，世事两茫茫”吗？到了今天，我回到祖国已经半个多月了。每当黎明时分，我伏案工作的时候，偶一抬眼，瞥见那一条陈列在书架上的科钦市长赠送的象牙乌木龙舟，我的心就不由地飞了出去，飞过了千山万水，飞向那遥远西天下的水城科钦。

1978 年 4 月 17 日

我的童年

回忆起自己的童年来，眼前没有红，没有绿，是一片灰黄。

七十多年前的中国，刚刚推翻了清代的统治，神州大地，一片混乱，一片黑暗。我最早的关于政治的回忆，就是“朝廷”二字。当时的乡下人管当皇帝叫坐朝廷，于是“朝廷”二字就成了皇帝的别名。我总以为朝廷这种东西似乎不是人，而是有极大权力的玩意。乡下人一提到它，好像都肃然起敬。我当然更是如此。总之，当时皇威犹在，旧习未除，是大清帝国的继续，毫无万象更新之象。

我就是在这新旧交替的时刻，于1911年8月6日，生于山东省清平县（现改临清市）的一个小村庄——官庄。当时全中国的经济形势是南方富而山东（也包括北方其他省份）穷。专就山东论，是东部富而西部穷。我们县在山东西部又是最穷的县，我们村在穷县中是最穷的村，而我们家在全村中又是最穷的家。

我们家据说并不是一向如此。在我诞生前似乎也曾有过比较好的日子。可是我降生时祖父、祖母都已去世。我父亲的亲兄弟共有三人，最小的一个（大排行是第十一，我们把他叫一叔）送给了别人，改了姓。我父亲同另外的一个弟弟（九叔）孤苦伶仃，相依为命。房无一间，地无一垄，两个无父无母的孤儿，活下去是什么滋味，活着是多么困难，概可想见。他们的堂伯父是一个举人，是方圆几十里最有学问的人物，做官做到一个什么县的教谕，也算是最大的官。他曾养育过我父亲和叔父，据说待他们很不错。可是家庭大，人多是非多。他们俩有几次饿得到枣林里去拣落到地上的干枣充饥。最后还是被迫弃家（其实已经没了家）出走，兄弟俩逃到济南去谋生。“文化大革命”中我自己

“跳出来”反对那一位臭名昭著的“第一张马列主义大字报”的作者，惹得她大发雌威，两次派人到我老家官庄去调查，一心一意要把我“打成”地主。老家的人告诉那几个“革命”小将，说如果开诉苦大会，季羡林是官庄的第一名诉苦者，他连贫农都不够。

我父亲和叔父到了济南以后，人地生疏，拉过洋车，扛过大件，当过警察，卖过苦力。叔父最终站住了脚。于是兄弟俩一商量，让我父亲回老家，叔父一个人留在济南挣钱，寄钱回家，供我的父亲过日子。

我出生以后，家境仍然是异常艰苦。一年吃白面的次数有限，平常只能吃红高粱面饼子；没有钱买盐，把盐碱地上的土扫起来，在锅里煮水，腌咸菜，什么香油，根本见不到。一年到底，就吃这种咸菜。举人的太太，我管她叫奶奶，她很喜欢我。我三四岁的时候，每天一睁眼，抬腿就往村里跑（我们家在村外），跑到奶奶跟前，只见她把手一卷，卷到肥大的袖子里面，手再伸出来的时候，就会有半个白面馒头拿在手中，递给我。我吃起来，仿佛是龙胆凤髓一般，我不知道天下还有比白面馒头更好吃的东西。这白面馒头是她的两个儿子（每家有几十亩地）特别孝敬她的。她喜欢我这个孙子，每天总省下半个，留给我吃。在长达几年的时间内，这是我每天最高的享受，最大的愉快。

大概到了四五岁的时候，对门住的宁大婶和宁大姑，每到夏秋收割庄稼的时候，总带我走出去老远到别人割过的地里去拾麦子或者豆子、谷子。一天辛勤之余，可以拣到一小篮麦穗或者谷穗。晚上回家，把篮子递给母亲，看样子她是非常欢喜的。有一年夏天，大概我拾的麦子比较多，她把麦粒磨成面粉，贴了一锅死面饼子。我大概是吃出味道来了，吃完了饭以后，我又偷了一块吃，让母亲看到了，赶着我要打。我当时是赤条条浑身一丝不挂，我逃到房后，往水坑里一跳。母亲没有法子下来捉我，我就站在水中把剩下的白面饼子尽情地享受了。

现在写这些事情还有什么意义呢？这些芝麻绿豆般的小事是不折不扣的身边琐事，使我终生受用不尽。它有时候能激励我前进，有时候能鼓舞我振作。我一直到今天对日常生活要求不高，对吃喝从不计较，难道同我小时候的这一些经历没有关系吗？我看到一些独生子女的父母那样溺爱子女，也颇不以为然。儿童是祖国的花朵，花朵当然要爱护；但爱护要得法，否则无异是坑害子女。

不记得是从什么时候起我开始学着认字，大概也总在四岁到六岁之间。我的老师是马景功先生。现在我无论如何也记不起有什么类似私塾之类的场所，也记不起有什么《百家姓》《千字文》之类的书籍。我那一个家徒四壁的家就没有一本书，连带字的什么纸条子也没有见过。反正我总是认了几个字，否则哪里来的老师呢？马景功先生的存在是不能怀疑的。

虽然没有私塾，但是小伙伴是有的。我记得最清楚的有两个：一个叫杨狗，我前几年回家，才知道他的大名，他现在还活着，一字不识；另一个叫哑巴小（意思是哑巴的儿子），我到现在也没有弄清楚他姓甚名谁。我们三个天天在一起玩，洑水，打枣，捉知了，摸虾，不见不散，一天也不间断。后来听说哑巴小当了山大王，练就了一身蹿房越脊的惊人本领，能用手指抓住大庙的椽子，浑身悬空，围绕大殿走一周。有一次被捉住，是十冬腊月，赤身露体，浇上凉水，被捆起来，倒挂一夜，仍然能活着。据说他从来不到官庄来作案，“兔子不吃窝边草”，这是绿林英雄的义气。后来终于被捉杀掉。我每次想到这样一个光着屁股游玩的小伙伴竟成为这样一个“英雄”，就颇有骄傲之意。

我在故乡只呆了六年，我能回忆起来的事情还多得很，但是我不想再写下去了。已经到了同我那一个一片灰黄的故乡告别的时候了。

我六岁那一年，是在春节前夕，公历可能已经是1917年，我离开父母，离开故乡，是叔父把我接到济南去的。叔父此时大概日子已经可以了，他兄弟俩只有我一个男孩子，想把我培养成人，将来能光大门楣，只有到济南去一条路。这可以说是我一生中最关键的一个转折点，否则我今天仍然会在故乡种地（如果我能活着的话），这当然算是一件好事。但是好事也会有成为坏事的时候。“文化大革命”中间，我曾有几次想到：如果我叔父不把我从故乡接到济南的话，我总能过一个浑浑噩噩但却舒舒服服的日子，哪能被“革命家”打倒在地，身上踏上一千只脚还要永世不得翻身呢？呜呼，世事多变，人生易老，真叫做没有法子！

到了济南以后，过了一段难过的日子。一个六七岁的孩子离开母亲，他心里会是什么滋味，非有亲身经历者，实难体会。我曾有几次从梦里哭着醒来。尽管此时不但能吃上白面馒头，而且还能吃上肉；但是我宁愿再啃红高粱饼子就苦咸菜。这种愿望当然只是一个幻想。我毫无办法，久而久之，也就习以为常了。

叔父望子成龙，对我的教育十分关心。先安排我在一个私塾里学习。老师是一个白胡子老头，面色严峻，令人见而生畏。每天入学，先向孔子牌位行礼，然后才是“赵钱孙李”。大约就在同时，叔父又把我送到一师附小去念书。这个地方在旧城墙里面，街名叫升官街，看上去很堂皇，实际上“官”者

“棺”也，整条街都是做棺材的。此时“五四运动”大概已经起来了。校长是一师校长兼任，他是山东得风气之先的人物，在一个小学生眼里，他是一个大人物，轻易见不到面。想不到在十几年以后，我大学毕业到济南高中去教书的时候，我们俩竟成了同事，他是历史教员。我执弟子礼甚恭，他则再三逊谢。我当时觉得，人生真是变幻莫测啊！

因为校长是维新人物，我们的国文教材就改用了白话。教科书里面有一段课文，叫做《阿拉伯的骆驼》。故事是大家熟知的。但当时对我却是陌生而又新鲜，我读起来感到非常有趣味，简直是爱不释手。然而这篇文章却惹了祸。有一天，叔父翻看我的课本，我只看到他蓦地勃然变色。“骆驼怎么能说人话呢？”他愤愤然了，“这个学校不能念下去了，要转学！”

于是我转了学。转学手续比现在要简单得多，只经过一次口试就行了。而且口试也非常简单，只出了几个字叫我们认。我记得字中间有一个“骡”字。我认出来了，于是定为高一。一个比我大两岁的亲戚没有认出来，于是定为初三。为了一个字，我沾了一年的便宜，这也算是轶事吧。

这个学校靠近南圩子墙，校园很空阔，树木很多。花草茂密，景色算是秀丽的。在用木架子支撑起来的一座柴门上面，悬着一块木匾，上面刻着四个大字：“循规蹈矩”。我当时并不懂这四个字的涵义，只觉得笔画多得好玩而已。我就天天从这个木匾下出出进进，上学，游戏。当时立匾者的用心到了后来我才了解，无非是想让小学生规规矩矩做好孩子而已。但是用了四个古怪的字，小孩子谁也不懂，结果形同虚设，多此一举。

我“循规蹈矩”了没有呢？大概是没有。我们有一个珠算教员，眼睛长得凸了出来，我们给他起了一个绰号，叫做 shaǒ qianr（济南话，意思是知了）。他对待学生特别蛮横。打算盘，错一个数，打一板子。打算盘错上十个八个数，甚至上百数，是很难避免的。我们都挨了不少的板子。不知是谁一嘀咕：“我们架（小学生的行话，意思是赶走）他！”立刻得到大家的同意。我们这一群十岁左右的小孩子也要“造反”了。大家商定：他上课时，我们把教桌弄翻，然后一起离开教室，躲在假山背后。我们自己认为这个锦囊妙计实在非常高明；如果成功了，这位教员将无颜见人，非卷铺盖回家不可。然而我们班上出了“叛徒”，虽然只有几个人，他们想拍老师的马屁，没有离开教室。这一来，大大长了老师的气焰，他知道自己还有“群众”，于是威风大振，把我们这一群不知天高地厚的“叛逆者”狠狠地用大竹板打手心打了一阵，我们每个人的手都肿得像发面馒头。然而没有一个人掉泪。我以后每次想到这一件事，觉得很可以写进我的“优胜纪略”中去。“革命无罪，造反有理”，如果当时就有那么一位伟大的“革命家”创造了这两句口号，那该有多么好呀！

谈到学习，我记得在三年之内，我曾考过两个甲等第三（只有三名甲等），两个乙等第一；总起来看，属于上等，但是并不拔尖。实际上，我当时并不用功，玩的时候多，念书的时候少。我们班上考甲等第一的叫李玉和，年年都是第一。他比我大五六岁，好像已经很成熟了，死记硬背，刻苦努力，天天皱着眉头，不见笑容，也不同我们打闹。我从来就是少无大志，一点也不想争那个状元。但是我对我这一位老学长并无敬意，还有点瞧不起的意思，觉得他是非我族类。

我虽然对正课不感兴趣，但是也有我非常感兴趣的东西，那就是看小说。我叔父是古板人，把小说叫做“闲书”，闲书是不许我看的。在家里的时候，我书桌下面有一个盛白面的大缸，上面盖着一个用高粱秆编成的“盖垫”（济南话）。我坐在桌旁，桌上摆着《四书》，我看的却是《彭公案》《济公传》《西游记》《三国志演义》等等旧小说。《红楼梦》大概太深，我看不懂其中的奥妙，黛玉整天价哭哭啼啼，为我所不喜，因此看不下去。其余的书都是看得津津有味。冷不防叔父走了进来，我就连忙掀起盖垫，把闲书往里一丢，嘴巴里念起“子曰”“诗云”来。

到了学校里，用不着防备什么，一放学，就是我的天下。我往往躲到假山背后，或者一个盖房子的工地上，拿出闲书，狼吞虎咽似的大看起来。常常是忘记了时间，忘记了吃饭，有时候到了天黑，才摸回家去。我对小说中的绿林好汉非常熟悉，他们的姓名背得滚瓜烂熟，连他们用的兵器也如数家珍，比教科书熟悉多了。自己当然也希望成为那样的英雄。有一回，一个小朋友告诉我，把右手五个指头往大米缸里猛戳，一而再，再而三，一直到几百次，上千次。练上一段时间以后，再换上砂粒，用手猛戳，最终可以练成铁砂掌，五指一戳，能够戳断树木。我颇想有一个铁砂掌，信以为真，猛练起来，结果把指头戳破了，鲜血直流。知道自己与铁砂掌无缘，遂停止不练。

学习英文，也是从这个小学开始的。当时对我来说，外语是一种非常神奇的东西。我认为，方块字是天经地义，不用方块字，只弯弯曲曲像蚯蚓爬过的痕迹一样，居然能发出音来，还能有意思，简直是不可思议。越是神秘的东西，便越有吸引力。英文对于我就有极大的吸引力。我万没有想到望之如海市蜃楼般的可望而不可即的东西竟然唾手可得了。我现在已经记不清楚，学习的机会是怎么来的。大概是有一位教员会一点英文，他答应晚上教一点，可能还要收点学费。总之，一个业余英文学习班很快就组成了，参加的大概有十几个孩子。究竟学了多久，我已经记不清楚，时候好像不太长，学的东西也不太多，二十六个字母以后，学了一些单词。我当时有一个非常伤脑筋的问题：为什么“是”和“有”算是动词，它们一点也不动嘛？当时老师答不上来；到了中学，英文老师也答不上来。当年用“动词”来译英文的verb的人，大概不会想到他这个译名惹下的祸根吧。

每次回忆学习英文的情景时，我眼前总有一团零乱的花影，是绛紫色的芍药花。原来在校长办公室前的院子里有几个花畦，春天一到，芍药盛开，都是绛紫色的花朵。白天走过那里，紫花绿叶，极为分明。到了晚上，英文课结束后，再走过那个院子，紫花与绿叶化成一个颜色，朦朦胧胧的一堆一团，因为有白天的印象，所以还知道它们的颜色。但夜晚眼前却只能看到花影，鼻子似乎有点花香而已。这一幅情景伴随了我一生，只要是一想起学习英文，这一幅美妙无比的情景就浮现到眼前来，带给我无量的幸福与快乐。

然而时光像流水一般飞逝，转瞬三年已过：我小学该毕业了，我要告别这一个美丽的校园了。我十三岁那一年，考上了城里的正谊中学。我本来是想考鼎鼎大名的第一中学的。但是我左衡量，右衡量，总觉得自己这一块料分量不够，还是考与“烂育英”齐名的“破正谊”吧。我上面说到我幼无大志，这又是一个证明。正谊虽“破”，风景却美。背靠大明湖，万顷苇绿，十里荷香，不啻人间乐园。然而到了这里，我算是已经越过了童年，不管正谊的学习生活多么美妙，我也只好搁笔，且听下回分解了。

综观我的童年，从一片灰黄开始，到了正谊算是到达了一片浓绿的境界——我进步了。但这只是从表面上来看，从生活的内容上来看，依然是一片灰黄。即使到了济南，我的生活也难找出什么有声有色的东西。我从来没有什么玩具，自己把细铁条弄成一个圈，再弄个钩一推，就能跑起来，自己就非常高兴了。贫困、单调、死板、固执，是我当时生活的写照。接受外面信息，仅凭五官。什么电视机、收录机，连影都没有。我小时连电影也没有看过，其余概可想见了。

今天的儿童有福了。他们有多少花样翻新的玩具呀！他们有多少儿童乐园、儿童活动中心呀！他们饿了吃面包，渴了喝这可乐、那可乐，还有牛奶、冰激凌。电影看厌了，看电视。广播听厌了，听收录机。信息从天空、海外，越过高山大川，纷纷蜂拥而来。他们才真是“儿童不出门，便知天下事”。可是他们偏偏不知道旧社会。就拿我来说，如果不认真回忆，我对旧社会的情景也逐渐淡漠，有时竟淡如云烟了。

今天我把自己的童年尽可能真实地描绘出来，不管还多么不全面，不管怎样挂一漏万，也不管我的笔墨多么拙笨，就是上面写出来的那一些，我们今天的儿童读了，不是也可以从中得到一点启发、从中悟出一些有用的东西来吗？

1986年6月6日

晨　趣

一抬头，眼前一片金光：朝阳正跳跃在书架顶上玻璃盒内日本玩偶藤娘身上，一身和服，花团锦簇，手里拿着淡紫色的藤萝花，都熠熠发光，而且闪灼不定。

我开始工作的时候，窗外暗夜正在向前走动。不知怎样一来，暗夜已逝，旭日东升。这阳光是从哪里流进来的呢？窗外一棵高大的梧桐树，枝叶繁茂，仿佛张开了一张绿色的网。再远一点，在湖边上是成排的垂柳。所有这一些都不利于阳光的穿透。然而阳光确实流进来了，就流在藤娘身上……

然而，一转瞬间，阳光忽然又不见了，藤娘身上，一片阴影。窗外，在梧桐和垂柳的缝隙里，一块块蓝色的天空。成群的鸽子正盘旋飞翔在这样的天空里，黑影在蔚蓝上面划上了弧线。鸽影落在湖中，清晰可见，好像比天空里的更富有神韵，宛如镜花水月。

朝阳越升越高，透过浓密的枝叶，一直照到我的头上。我心中一动，阳光好像有了生命，它启迪着什么，它暗示着什么。我忽然想到印度大诗人泰戈尔，每天早上对着初升的太阳，静坐沉思，幻想与天地同体，与宇宙合一。我从来没达到这样的境界，我没有这一份福气。可是我也感到太阳的威力，心中思绪腾翻，仿佛也能洞察三界，透视万有了。

现在我正处在每天工作的第二阶段的开头上。紧张地工作了一个阶段以后，我现在想缓松一下，心里有了余裕，能够抬一抬头，向四周，特别是窗外观察一下。窗外风光如旧，但是四季不同：春花，秋月，夏雨，冬雪，情趣各异，动人则一。现在正是夏季，浓绿扑人眉宇，鸽影在天，湖光如镜。多少年来，当然都是这个样子。为什么过去我竟视而不见呢？今天，藤娘身上一点闪光，仿佛照透了我的心，让我抬起头来，以崭新的眼光，来衡量一切，眼前的东西既熟悉，又陌生，我仿佛搬到了一个新的地方，把我好奇的童心一下子都引逗起来了。我注视着藤娘，我的心却飞越茫茫大海，飞到了日本，怀念起赠送给我藤娘的室伏千津子夫人和室伏佑厚先生一家来。真挚的友情温暖着我的心……

窗外太阳升得更高了。梧桐树椭圆的叶子和垂柳的尖长的叶子，交织在一起，椭圆与细长相映成趣。最上一层阳光照在上面，一片嫩黄；下一层则处在背阴处，一片黑绿。远处的塔影，屹立不动。天空里的鸽影仍然在划着或长或短、或远或近的弧线。再把眼光收回来，则看到里面窗台上摆着的几盆君子兰，深绿肥大的叶子，给我心中增添了绿色的力量。

多么可爱的清晨，多么宁静的清晨！

此时我怡然自得，其乐陶陶。我真觉得，人生毕竟是非常可爱的，大地毕竟是非常可爱的。我有点不知老之已至了。我这个从来不写诗的人心中似乎也有了一点诗意。

此身合是诗人未？
鸽影湖光入目明。

我好像真正成为一个诗人了。

1988年10月13日晨

我和北大图书馆

我对北大图书馆有一种特殊的感情，这种感情潜伏在我的内心深处，从来没有明确地意识到过。最近图书馆的领导同志要我写一篇讲图书馆的文章，我连考虑都没有，立即一口答应。但我立刻感到有点吃惊。我现在事情还是非常多的，抽点时间，并非易事。为什么竟立即答应下来了呢？如果不是心中早就蕴藏着这样一种感情的话，能出现这种情况吗？

山有根，水有源，我这种感情的根源由来已久了。

1946 年，我从欧洲回国。去国将近十一年，在落叶满长安（长安街也）的深秋季节，又回到了北京，在北大工作，内心感情的波动是难以形容的。既兴奋，又寂寞；既愉快，又惆怅。然而我立刻就到了一个可以安身立命的地方，这就是北大图书馆。当时我单身住在红楼，我的办公室（东语系办公室）是在灰楼。图书馆就介乎其中。承当时图书馆的领导特别垂青，在图书馆里给了我一间研究室，在楼下左侧。窗外是到灰楼去的必由之路。经常有人走过，不能说是很清静。但是在图书馆这一面，却是清静异常。我的研究室左右，也都是教授研究室，当然室各有主，但是颇少见人来。所以走廊里静如古寺，真是念书写作的好地方。我能在奔波数万里扰攘十几年，有时梦想得到一张一尺见方的书桌而渺不可得的情况下，居然有了一间窗明几净的研究室，简直如坐天堂，如享天福了。当时我真想咬一下自己的手，看一看自己是否是做梦。

研究室的真正要害还不在窗明几净——当然，这也是必要的——，而在有没有足够的书。在这一点上，我也得到了意外的满足。图书馆的领导允许我从书库里提一部分必要的书，放在我的研究室里，供随时查用。我当时是东语系的主任，虽然系非常小，没有多少学生；但是，麻雀虽小，五脏俱全，仍然有一些会要开，一些公要办，所以也并不太闲。可是我一有机会，就遁入我的研究室去，“躲进小楼成一统”，这地方是我的天下。我一进屋，就能进入角色，潜心默读，坐拥书城，其乐实在是不足为外人道也。我回国以后，由于资料缺乏，在国外时的研究工作，无法进行，只能有多大碗，吃多少饭，找一些可以发挥自己的长处而又有利于国计民生的题目，来进行研究。北大图书馆藏书甲全国大学。我需要的资料基本上能找得到。因此还能够写出一些东西来。如果换一个地方，我必如车辙中的鲋鱼那样，什么书也看不到，什么文章也写不出，不但学业上不能进步，长此以往，必将索我于鲍鱼之肆了。

作为全国最高学府的北京大学，我们有悠久的爱国主义的革命历史传统，有实事求是的学术传统，这些都是难能可贵的。但是，我认为，一个第一流的大学，必须有第一流的设备、第一流的图书、第一流的教师、第一流的学者和第一流的管理。五个第一流，缺一不可。我们北大可以说是具备这五个第一流的。因此，我们有充分的基础，可以来弘扬祖国的优秀文化，为我国四化建设培养德才兼备的人才，对外为祖国争光，对内为人民立功，仰不愧于天，俯不怍于地，充满信心地走向光辉的未来。在这五个第一流中，第一流的图书更显得特别突出。北大图书馆是全国大学图书馆的翘楚。这是世人之公言，非我一个之私言。我们为此应该感到骄傲，感到幸福。

但是，我们全校师生员工却不能躺在这个骄傲上、这个幸福上睡大觉。我们必须努力学习，努力工作，像爱护自己的眼球一样，爱护北大，爱护北大的一草一木、一山一石，爱护我们的图书馆。我们图书馆的藏书盈架充栋，然而我们应该知道，一部一册来之不易，一页一张得之维艰。我们全体北大人必须十分珍惜爱护。这样我们的图书馆才能有长久的生命，我们的骄傲与幸福才有坚实的基础。愿与全校同仁共勉之。

1991 年 11 月 6 日

火车上观日出

在晨光熹微中，我走出了卧铺车厢，走到了列车的走廊上。猛一抬头，我的全身连我的内心立刻激烈地震动了一下：东方正有一抹胭脂似的像月芽一般的红彤彤的东西腾涌出来。这是即将升起的朝阳，我心里想。

我年逾古稀，平生看日出多矣。有的是我有意去寻求的，比如泰山观日。整整五十年前，当时我还是一个青年小伙子，正在济南一个中学里教书。在旧历八月中秋，我约了两个朋友，从济南乘火车到泰安。当天下午我们就上了山。我只有二十三岁，正是精力旺盛的时候，我大跨步走过斗姆宫、快活三里、五大夫松，一气登上了南天门，丝毫也没有感到什么吃力，什么惊险。此时正是暮色四垂，阴影布上群山的时候，四顾寂无一人，万古的沉寂压在我们身上。在一个鸡毛小店里住了一夜。第二天，摸黑起来，披上店里的棉被，登上玉皇顶。此时东天逐渐苍白。我瞪大了眼睛，连眨眼都不敢，盼望奇迹的出现。可是左等右等，我等待的奇迹太阳只是不露面。等到东天布满了一片红霞时，再仔细一看，朝阳已经像一个红色的血球，徘徊于片片的白云中，原来太阳早已经出来了。

从那以后，过了四十多年，到了八十年代初，我第一次登上了“归来不看岳”的黄山。在北海住了三天。我曾同小泓摸黑起床，赶到一座小山顶上，那里已经黑压压地挤满了人。我们好不容易挤了上去，在人堆里争取了一块容身之地，静下心来，翘首东望，恭候日出。东天原来是灰蒙蒙一片，只是比西方、南方、北方稍微显得白了亮了一点。但是，一转瞬间，亮度逐渐增高，由淡白转成了淡红，再由淡红转成了浓红，一片霞光照亮东天。再一转瞬，一芽红痕突然涌出，红痕慢慢向上扩大，由一点到一线，由一线到一片，一轮又圆又红的球终于跳出来了。

就这样，我在泰山和黄山这两个在全中国甚至全世界都以能观日出而声名远扬的名山上，看到了日出。是我自己处心积虑一意追求而得来的。

我现在是在火车上，既非泰山，也非黄山。我做梦也没有想到会同观赏日出联系起来，我一点寻求的意思也没有。然而，仿佛眼前出现了奇迹：摆在我眼前的是不折不扣的日出。我内心的震惊不是完全很自然的吗？

这样的日出，从来没有听人说观赏过，连听人谈到过都没有。它同以前处心积虑一意追求看到的不一样，完完全全地不一样。不管在泰山，还是在黄山，我都是静止不动的。太阳虽然动，也只是在一个地方动，她安详自在，慢条斯理，威严端重，不慌不忙。她在我眼中是崇高的化身，是威仪的重现。正像印度大诗人泰戈尔每天早晨对着朝阳沉思默祷那样，太阳在我眼中也是神圣不可侵犯的。

然而现在却是另一番景象。火车风驰电掣，顷刻数里，一刻也不停。而太阳也是一刻也不停，穷追不舍。她仿佛是率领着白云、朝霞、沧海、苍穹，仿佛率领着她那些如云的随从，追赶着火车，追赶着车上的我，过山，过水，过森林，过小村。有时候我甚至看到她鬓云凌乱，衣冠不整。原来的端庄威严，安详自在，一点影子都没有了。是她在处心积虑，一意追求，追求着火车上的我，一定要我观看她的出现。此时我的心情简直是用任何言语也形容不出来了。

太阳一方面穷追不舍，一方面自己在不停地变幻。最初我只看到在淡红色的云堆中慢慢地涌出了一点红色月芽似的东西。月芽逐渐扩大，扩大，扩大，最初的颜色像是朱砂，眼睛能够直视。但是，随着体积的逐渐扩大，朱砂逐渐变为黄金，光芒越来越亮，到了最后，辉光焜耀，谁要是再想看她，她的光芒就要刺他眼睛了。等到太阳高高升起的时候，她在天空里俯视大地，俯视火车，俯视火车中的我，她又恢复了她那端庄威严，安详自在的神态，虽然是仍然跟着火车走，却再也没有那种仓促急忙的样子了。

这短短的车上观日出的经历，对我来说，简直像是一次神秘的天启。它让我暂时离开了尘世，离开了火车，甚至离开了我自己。我体会到变中有不变，不变中又有变；我体会到变化与速度的交互融合，交互影响。这种体会，我是无法说清楚的。等我回到车厢内的时候，人们还在熟睡未醒。我仿佛怀着独得之秘，静静地坐在那里，回想刚才的一切，余味犹甘。一团焜耀的光辉还留在我的心中。

1984年10月17日在烟台写初稿

1992年7月10日在北京写定稿

忘

记得曾在什么地方听过一个笑话：一个人善忘。一天，他到野外去出恭。任务完成后，却找不到自己的腰带了。出了一身汗，好歹找到了，大喜过望，说道："今天运气真不错，平白无故地捡了一条腰带！"一转身，不小心，脚踩到了自己刚才拉出来的屎堆上。于是勃然大怒："这是哪一条混账狗在这里拉了一泡屎？"

这本来是一个笑话，在我们现实生活中，未必会有的。但是，人一老，就容易忘事糊涂，却是经常见到的事。

我认识一位著名的画家，本来是并不糊涂的。但是，年过八旬以后，却慢慢地忘事糊涂起来。我们将近半个世纪以前就认识了，颇能谈得来，而且平常也还是有些接触的。然而，最近几年来，每次见面，他把我的尊姓大名完全忘了。从眼镜后面流出来的淳朴宽厚的目光，落到我的脸上，其中饱含着疑惑的神气。我连忙说："我是季羡林，是北京大学的。"他点头称是。但是，过了没有五分钟，他又问我："你是谁呀！"我敬谨回答如上。在每一次会面中，尽管时间不长，这样尴尬的局面总会出现几次。我心里想：老友确是老了！

有一年，我们邂逅在香港。一位有名的企业家设盛筵，宴嘉宾。香港著名的人物参加者为数颇多，比如饶宗颐、邵逸夫、杨振宁等先生都在其中。宽敞典雅、雍容华贵的宴会厅里，一时珠光宝气，璀璨生辉，可谓极一时之盛。至于菜肴之精美，服务之周到，自然更不在话下了。我同这一位画家老友都是主宾，被安排在主人座旁。但是正当觥筹交错，逸兴遄飞之际，他忽然站了起来，转身要走，他大概认为宴会已经结束，到了拜拜的时候了。众人愕然，他夫人深知内情，赶快起身，把他拦住，又拉回到座位上，避免了一场尴尬的局面。

前几年，中国敦煌吐鲁番学会在富丽堂皇的北京图书馆的大报告厅里举行年会。我这位画家老友是敦煌学界的元老之一，获得了普遍的尊敬。按照中国现行的礼节，必须请他上主席台并且讲话。但是，这却带来了困难。像许多老年人一样，他脑袋里刹车的部件似乎老化失灵。一说话，往往像开汽车一样，刹不住车，说个不停，没完没了。会议是有时间限制的，听众的忍耐也决非无限。在这危难之际，我同他的夫人商议，由她写一个简短的发言稿，往他口袋里一塞，叮嘱他念完就算完事，不悖行礼如仪的常规。然而他一开口讲话，稿子之事早已忘入九霄云外。看样子是打算从盘古开天辟地讲起。照这样下去，讲上几千年，也讲不到今天的会。到了听众都变成了化石的时候，他也许才讲到春秋战国！我心里急如热锅上的蚂蚁，忽然想到：按既定方针办。我请他的夫人上台，从他的口袋掏出了讲稿，耳语了几句。他恍然大悟，点头称是，把讲稿念完，回到原来的座位。于是一场惊险才化险为夷，皆大欢喜。

我比这位老友小六七岁。有人赞我耳聪目明，实际上是耳欠聪，目欠明。如人饮水，冷暖自知，其中滋味，实不足为外人道也。但是，我脑袋里的刹车部件，虽然老化，尚可使用。再加上我有点自知之明，我的新座右铭是：老年之人，刹车失灵，戒之在说。一向奉行不违，还没有碰到下不了台的窘境。在潜意识中颇有点沾沾自喜了。

然而我的记忆机构也逐渐出现了问题。虽然还没有达到画家老友那样“神品”的水平，也已颇有可观。在这方面，我是独辟蹊径，创立了有季羡林特色的“忘”的学派。

我一向对自己的记忆力，特别是形象的记忆，是颇有一点自信的。四五十年前，甚至六七十年前的一个眼神，一个手势，至今记忆犹新，召之即来，显现在眼前，耳旁，如见其形，如闻其声，移到纸上，即成文章。可是，最近几年以来，古旧的记忆尚能保存，对眼前非常熟的人，见面时往往忘记了他的姓名。在第一瞥中，他的名字似乎就在嘴边，舌上。然而一转瞬间，不到十分之一秒，这个呼之欲出的姓名，就蓦地隐藏了起来，再也说不出了。说不出，也就算了，这无关宇宙大事，国家大事，甚至个人大事，完全可以置之不理的。而且脑袋里像电灯似的断了的保险丝，还会接上的。些许小事，何必介意？然而不行，它成了我的一块心病。我像着了魔似的，走路，看书，吃饭，睡觉，只要思路一转，立即想起此事。好像是，如果想不出来，自己就无法活下去，地球就停止了转动。我从字形上追忆，没有结果；我从发音上追忆，结果杳然。最怕半夜里醒来，本来睡得香香甜甜，如果没有干扰，保证一夜幸福。然而，像电光石火一闪，名字问题又浮现出来。古人常说的平旦之气，是非常美妙的，然而此时却美妙不起来了。我辗转反侧，瞪着眼一直瞪到天亮。其苦味实不足为外人道也。但是，不知道是哪一位神灵保佑，脑袋又像电光石火似的忽然一闪，他的姓名一下子出现了。古人形容快乐常说“洞房花烛夜，金榜题名时”，差可同我此时的心情相比。

这样小小的悲喜剧，一出刚完，又会来第二出，有时候对于同一个人的姓名，竟会上演两出这样的戏。而且出现的频率还是越来越多。自己不得不承认，自己确实是老了。郑板桥说：“难得糊涂。”对我来说，并不难得，我于无意中得之，岂不快哉！

然而忘事糊涂就一点好处都没有吗？

我认为，有的，而且很大。自己年纪越来越老，对于“忘”的评价却越来越高，高到了宗教信仰和哲学思辨的水平。苏东坡的词说：“人有悲欢离合，月有阴晴圆缺，此事古难全。”他是把悲和欢，离和合并提。然而古人说：不如意事常八九。这是深有体会之言。悲总是多于欢，离总是多于合，几乎每个人都是这样。如果造物主——如果真有的话——不赋予人类以“忘”的本领——我宁愿称之为本能——，那么，我们人类在这么多的悲和离的重压下，能够活下去吗？我常常暗自胡思乱想：造物主这玩意儿（用《水浒》的词儿，应该说是“这话儿”）真是非常有意思。他（她？它？）既严肃，又油滑；既慈悲，又残忍。老子说：“天地不仁，以万物为刍狗。”这话真说到了点子上。人生下来，既能得到一点乐趣，又必须忍受大量的痛苦，后者所占的比重要多得多。如果不能“忘”，或者没有“忘”这个本能，那么痛苦就会时时刻刻都新鲜生动，时时刻刻像初产生时那样剧烈残酷地折磨着你。这是任何人都无法忍受下去的。然而，人能“忘”，渐渐地从剧烈到淡漠，再淡漠，再淡漠，终于只剩下一点残痕；有人，特别是诗人，甚至爱抚这一点残痕，写出了动人心魄的诗篇，这样的例子，文学史上还少吗？

因此，我必须给赋予我们人类“忘”的本能的造化小儿大唱赞歌。试问，世界上哪一个圣人、贤人、哲人、诗人、阔人、猛人、这人、那人，能有这样的本领呢？

我还必须给“忘”大唱赞歌。试问：如果人人一点都不忘，我们的世界会成什么样子呢？

遗憾的是，我现在尽管在“忘”的方面已经建立了有季羡林特色的学派，可是自谓在这方面仍是钝根。真要想达到我那位画家朋友的水平，仍须努力。如果想达到我在上面说的那个笑话中人的境界，仍是可望而不可即。但是，我并不气馁，我并没有失掉信心，有朝一日，我总会达到的。勉之哉！勉之哉！

1993 年 7 月 6 日

喜鹊窝

我是乡下人。小时候在乡下住过几年。乡下，树多，鸟多，树上的鸟窝多。秋冬之际，树上的叶子落光，抬头就能看到高树顶上的许多鸟窝，宛如一个个的黑色蘑菇。

但是，我同许多乡下人一样，对鸟并不特别感兴趣。我感兴趣的是昆虫中的知了（我们那里读如 jieliu，也就是蝉），在水族中是虾。夏天晚上，在场院里乘凉，在大柳树下，用麦秸点上一把火。赤脚爬上树去，用力一摇晃，知了便像雨点似的纷纷落下。如果嫌热，就跳到苇坑里，在苇丛中伸手一摸，就能摸到一些个儿不小的虾，带着双夹，齐白石画的就是这一种虾。

鸟却不能带给我这样的快乐，我有时甚至还感到厌烦。麻雀整天喳喳乱叫，还偷吃庄稼。乌鸦穿一身黑色的晚礼服，名声一向不好，乡下人总把它同死亡联系起来，“哇！哇！”两声，叫得人身上起鸡皮疙瘩。只有喜鹊沾了“喜”字的光，至少不引起人们的反感。那时候，乡下人饿着肚皮，又不是诗人，哪里会有什么闲情雅兴来欣赏鸟的鸣声呢？连喜鹊“喳，喳”的叫声也不例外。我虽然只有几岁，乡下人的偏见我都具备。只有一件事现在回想起来还能聊以自慰：我从来没有爬上树去掏喜鹊的窝。

后来我到了城里，变成了城里人。初到的时候，我简直像是进入迷宫。这么多人，这么多车，这么多商店，这么多大街小巷。我吃惊得目瞪口呆。有一年，母亲在乡下去世了，我回家奔丧。小时候的大娘、大婶见了我就问：

“寻（读若 xín）了媳妇没有？”

这问题好回答。我敬谨答曰：

“寻了。”

“是一个庄上的吗?”

我一时语塞，知道乡下人没有进过城，他们不知道城里不是村庄。想解释一下，又怕三言两语说不清楚，最终还是弄一个“丈二和尚，摸不着头脑”。我一时灵机一动，采用了鲁迅先生的办法，含糊答曰：

“唔！唔!”

谁也不知道“唔，唔”是甚么意思。妙就妙在谁也不知道是甚么意思。乡下的大娘、大婶不是哲学家，不懂什么逻辑思维，她们不“打破砂锅问到底”。我的口试就算及了格。

这一件小事虽小，它却充分说明了乡下人和城里人的思维和情趣是多么不同。回头再谈鸟儿。城里不是鸟的天堂。除了麻雀以外，别的鸟很少见到。常言道：物以稀为贵。于是城里的鸟就“贵”起来了，城里一些人对鸟也就有了感情。如果碰巧能看到高树顶端上的鸟窝，那简直是一件稀罕事儿。小孩子会在树下面拍手欢跳。

中国古代的诗人，虽然有的出生在乡下，但是科举，当官一定是在城里。既然是诗人，感情定是十分细腻。这种细腻表现在方方面面，也表现在对鸟，特别是对鸟鸣的喜爱上。这样的诗句，用不着去查书，一回想就能够想到一大堆。“鸟鸣山更幽”“月出惊山鸟，时鸣春涧中”“两个黄鹂鸣翠柳，一行白鹭上青天”“荡胸生层云，决眦入归鸟”“人归山郭暗，雁下芦洲白”“微雨霭芳原，春鸠鸣何处”“空山百鸟散还合，万里浮云阴且晴。嘶酸乌雁失群夜，断绝胡儿恋母声”“川为静其波，鸟亦罢其鸣”等等，用不着再多举了。中国古代诗人对鸟和鸟鸣感情之深概可想见了。

只有陶渊明的一句诗，我觉得有点怪。“犬吠深巷中，鸡鸣桑树颠”。鸡飞上树去高声鸣叫，我确实没有见过。“鸡鸣桑树颠”，这一句话颇为突兀。难道晋朝江西的鸡真有飞到桑树顶上去高叫的脾气吗?

不管怎样，中国古代诗人对鸟及其鸣声特别敏感，已是一个彰明昭著的事实。再看一看西方文学，不能不感到其间的差别。西方诗歌中，除了云雀和夜莺外，其他的鸟及其鸣声似乎很少受诗人的垂青。这里面是否也涵有很深的审美情趣的差别呢？是否也涵有东西方诗人，再扩而大之是一般人之间对大自然的关系的差别呢？姑妄言之。

我绕弯子说了半天，无非是想说中国的城里人对鸟比较有感情而已。我这个由乡下人变为城里人的人，也逐渐爱起鸟来。可惜我半辈子始终是在大城市里转，在中国是如此，在德国和瑞士仍然是如此。空有爱鸟之心，爱的对象却难找到，在心灵深处难免感到惆怅。

一直到四十多年前，我四十多岁了，才从沙滩——真像是一片沙漠——搬到风光旖旎林木蓊郁的燕园里来。这里虽处城市，却似乡村，真正是鸟的天堂。我又能看到鸟了；不是一只，而是成群；不是一种，而是多种；不但看到它们飞，而且听到它们叫；不但看到它们在草地上蹦跳，而且看到高树顶上搭窝。我真是顾而乐之，多年干涸的心灵似乎又注入了一股清泉。

在众多的鸟中，给我印象最深、我最喜爱的还是喜鹊。在我住的楼前，沿着湖畔，有一排高大的垂柳，在马路对面则是一排高耸入云的杨树。楼西和楼后，小山下面，有几棵高大的榆树，小山上有一棵至少有六七百年的古松。可以说我们的楼是处在绿色丛中。我原住在西门洞的二楼上，书房面西，正对着那几棵榆树。一到春天，喜鹊和其他鸟的叫声不停。喜鹊不知道是通过什么方式，大概是既无父母之命，也没有媒妁之言，自由恋爱，结成了情侣，情侣不停地在群树之间穿梭飞行，嘴里往往叼着小树枝，想到什么地方去搭窝。我天天早上最大的乐趣就是看喜鹊们箭似的飞翔，喳喳地欢叫，往往能看上、听上半天。

有一天，完全出我的意料，然而又合乎我的心愿，窗外大榆树上有一团黑色的东西，我豁然开朗：这是喜鹊在搭窝。我现在不用出门就能够看到喜鹊窝了，乐何如之。从此我的眼睛和耳朵完全集中到这一对喜鹊和它们的窝上，其他的鸟鸣声仿佛都不存在了。每次我看书写作疲倦了，就向窗外看一看。一看到喜鹊窝就像郑板桥看到白银那样，“心花怒放，书画皆佳”。我的灵感风起云涌，连记忆力都仿佛是变了样子，大有过目不忘之慨了。

光阴流转，转瞬已是春末夏初。窝里的喜鹊小宝宝看样子已经成长起来了。每当刮风下雨，我心里就揪成一团，我很怕它们的窝经受不住风吹雨打。当我看到，不管风多么狂，雨多么骤，那一个黑蘑菇似的窝仍然固若金汤，我的心就放下了。我幻想，此时喜鹊妈妈和喜鹊爸爸正在窝里伸开了翅膀，把小宝宝遮盖得严严实实，喜鹊一家正在做着甜美的梦，梦到燕园风和日丽；梦到燕园花团锦簇；梦到小虫子和小蚱蜢自己飞到窝里来，小宝宝食用不尽；梦到湖光塔影忽然移到了大榆树下面……

这一切原本都是幻影，然而我却泪眼模糊，再也无法幻想下去了。我从小失去了慈母，失去了母爱。一个失去了母爱的人，必然是一个心灵不完整或不正常的人。在七八十年的漫长时期中，不管是什么时候，也不管我是在什么地方，只要提到了失去母爱，失去母亲，我必然立即泪水盈眶。对人是如此，对鸟兽也是如此。中国古人常说“终天之恨”，我这真正是“终天之恨”了，这个恨只能等我离开人世才能消泯，这是无可怀疑的了。中国古诗说：“劝君莫打三春鸟，子在巢中待母归”，真是蔼然仁者之言，我每次暗诵，都会感到心灵震撼的。

但是，天有不测风云，鸟有旦夕祸福。正当我为这一家幸福的喜鹊感到幸福而自我陶醉的时候，祸事发生了。一天早上，我坐在书桌前，真是无巧不成书，我一抬头正看到一个小男孩赤脚爬上了那一棵榆树，伸手从喜鹊窝里把喜鹊宝宝掏了出来。掏了几只，我没有看清，不敢瞎说。总之是掏走了。只看这一个小男孩像猿猴一般，转瞬跳下树来，前后也不过几分钟，手里抓着小喜鹊，消逝得无影无踪了。我很想下楼去干预一下；但是一想到在浩劫中我头上戴的那一摞可怕的沉重的帽子，都还在似摘未摘之间，我只能规规矩矩，不敢乱说乱动。如果那一个小男孩是工人的孩子，那岂不成了“阶级报复”了吗！我吃了老虎心、豹子胆，也不敢动一动呀。我只有伏在桌上，暗自啜泣。

完了，完了，一切全完了。喜鹊的美梦消失了，我的美梦也消失了。我从此抑郁不乐，甚至不敢再抬头看窗外的大榆树。喜鹊妈妈和喜鹊爸爸的心情我不得而知。他们痛失爱子，至少也不会比我更好过。一连好几天，我听到窗外这一对喜鹊喳喳哀鸣，绕树千匝，无枝可依。我不忍再抬头看它们。不知什么时候，这一对喜鹊不见了。它们大概是怀着一颗破碎的心，飞到什么地方另起炉灶去了。过了一两年，大榆树上的那一个喜鹊窝，也由于没加维修，鹊去窝空，被风吹得无影无踪了。

我却还并没有死心，那一棵大榆树不行了，我就寄希望于其他树木。喜鹊们选择搭窝的树，不知道是根据什么标准。根据我这个人的标准，我觉得，楼前，楼后，楼左，楼右，许多高大的树都合乎搭窝的标准。我于是就盼望起来，年年盼，月月盼，盼星星，盼月亮，盼得双眼发红光。一到春天，我出门，首先抬头往树上瞧，枝头光秃秃的，什么东西也没有。我有时候真有点发急，甚至有点发狂，我想用眼睛看出一个喜鹊窝来。然而这一切都白搭，都徒然。

今年春天，也就是现在，我走出楼门，偶尔一抬头，我在上面讲的那一棵大榆树上，在光秃秃的枝干中间，又看到一团黑糊糊的东西。连年来我老眼昏花，对眼睛已经失去了自信力，我在惊喜之余，连忙擦了擦眼，又使劲瞪大了眼睛，我明白无误地看到了：是一个新搭成的喜鹊窝。我的高兴是任何语言文字都无法形容的。然而福不单至。过了不久，临湖的一棵高大的垂柳顶上，一对喜鹊又在忙忙碌碌地飞上飞下，嘴里叼着小树枝，正在搭一个窝。这一次的惊喜又远远超过了上一回。难道我今生的华盖运真已经交过了吗？

当年爬树掏喜鹊窝的那一个小男孩，现在早已长成大人了吧。

他或许已经留了洋，或者下了海，或者成了“大款”。此事他也许早已忘记了。我潜心默祷，希望不要再出这样一个孩子，希望这两个喜鹊窝能够存在下去，希望在燕园里千百棵大树上都能有这样黑蘑菇似的喜鹊窝，希望在这里，在全中国，在全世界，人与鸟都能和睦融洽像一家人一样生活下去，希望人与鸟共同造成一个和谐的宇宙。

1994 年 2 月 25 日

清塘荷韵

楼前有清塘数亩。记得三十多年前初搬来时，池塘里好像是有荷花的，我的记忆里还残留着一些绿叶红花的碎影。后来时移事迁，岁月流逝，池塘里却变得“半亩方塘一鉴开，天光云影共徘徊”，再也不见什么荷花了。

我脑袋里保留的旧的思想意识颇多，每一次望到空荡荡的池塘，总觉得好像缺点什么。这不符合我的审美观念。有池塘就应当有点绿的东西，哪怕是芦苇呢，也比什么都没有强。最好的最理想的当然是荷花。中国旧的诗文中，描写荷花的简直是太多太多了。周敦颐的《爱莲说》读书人不知道的恐怕是绝无仅有的。他那一句有名的“香远益清”是脍炙人口的。几乎可以说，中国没有人不爱荷花的。可我们楼前池塘中独独缺少荷花。每次看到或想到，总觉得是一块心病。

有人从湖北来，带来了洪湖的几颗莲子，外壳呈黑色，极硬。据说，如果埋在淤泥中，能够千年不烂。因此，我用铁锤在莲子上砸开了一条缝，让莲芽能够破壳而出，不至永远埋在泥中。这都是一些主观的愿望，莲芽能不能够出，都是极大的未知数。反正我总算是尽了人事，把五六颗敲破的莲子投入池塘中，下面就是听天命了。

这样一来，我每天就多了一件工作：到池塘边上去看上几次。心里总是希望，忽然有一天，“小荷才露尖尖角”，有翠绿的莲叶长出水面。可是，事与愿违，投下去的第一年，一直到秋凉落叶，水面上也没有出现什么东西。经过了寂寞的冬天，到了第二年，春水盈塘，绿柳垂丝，一片旖旎的风光。可是，我翘盼的水面上却仍然没有露出什么荷叶。此时我已经完全灰了心，以为那几颗湖北带来的硬壳莲子，由于人力无法解释的原因，大概不会再有长出荷花的希望了。我的目光无法把荷叶从淤泥中吸出。

但是，到了第三年，却忽然出了奇迹。有一天，我忽然发现，在我投莲子的地方长出了几个圆圆的绿叶，虽然颜色极惹人喜爱；但是却细弱单薄，可怜兮兮地平卧在水面上，像水浮莲的叶子一样。而且最初只长出了五六个叶片。我总嫌这有点太少，总希望多长出几片来。于是，我盼星星，盼月亮，天天到池塘边上去观望。有校外的农民来捞水草，我总请求他们手下留情，不要碰断叶片。但是经过了漫漫的长夏，凄清的秋天又降临人间，池塘里浮动的仍然只是孤零零的那五六个叶片。对我来说，这又是一个虽微有希望但究竟仍是令人灰心的一年。

真正的奇迹出现在第四年上。严冬一过，池塘里又溢满了春水。到了一般荷花长叶的时候，在去年飘浮着五六个叶片的地方，一夜之间，突然长出了一大片绿叶，而且看来荷花在严冬的冰下并没有停止行动，因为在离开原有五六个叶片的那块基地比较远的池塘中心，也长出了叶片。叶片扩张的速度，扩张范围的扩大，都是惊人地快。几天之内，池塘内不小一部分，已经全为绿叶所覆盖。而且原来平卧在水面上的像是水浮莲一样的叶片，不知道是从哪里聚集来了力量，有一些竟然跃出了水面，长成了亭亭的荷叶。原来我心中还迟迟疑疑，怕池中长的是水浮莲，而不是真正的荷花。这样一来，我心中的疑云一扫而光：池塘中生长的真正是洪湖莲花的子孙了。我心中狂喜，这几年总算是没有白等。

天地萌生万物，对包括人在内的动植物等有生命的东西，总是赋予一种极其惊人的求生存的力量和极其惊人的扩展蔓延的力量，这种力量大到无法抗御。只要你肯费力来观摩一下，就必然会承认这一点。现在摆在我面前的就是我楼前池塘里的荷花。自从几个勇敢的叶片跃出水面以后，许多叶片接踵而至。一夜之间，就出来了几十枝，而且迅速地扩散、蔓延。不到十几天的工夫，荷叶已经蔓延得遮蔽了半个池塘。从我撒种的地方出发，向东西南北四面扩展。我无法知道，荷花是怎样在深水中淤泥里走动。反正从露出水面荷叶来看，每天至少要走半尺的距离，才能形成眼前这个局面。

光长荷叶，当然是不能满足的。荷花接踵而至，而且据了解荷花的行家说，我门前池塘里的荷花，同燕园其他池塘里的，都不一样。其他地方的荷花，颜色浅红；而我这里的荷花，不但红色浓，而且花瓣多，每一朵花能开出十六个复瓣，看上去当然就与众不同了。这些红艳耀目的荷花，高高地凌驾于莲叶之上，迎风弄姿，似乎在睥睨一切。幼时读旧诗：“毕竟西湖六月中，风光不与四时同。接天莲叶无穷碧，映日荷花别样红。”爱其诗句之美，深恨没有能亲自到杭州西湖去欣赏一番。现在我门前池塘中呈现的就是那一派西湖景象。是我把西湖从杭州搬到燕园里来了，岂不大快人意也哉！前几年才搬到朗润园来的周一良先生赐名为“季荷”。我觉得很有趣，又非常感激。难道我这个人将以荷而传吗？

前年和去年，每当夏月塘荷盛开时，我每天至少有几次徘徊在塘边，坐在石头上，静静地吸吮荷花和荷叶的清香。“蝉噪林逾静，鸟鸣山更幽”，我确实觉得四周静得很。我在一片寂静中，默默地坐在那里，水面上看到的是荷花绿肥、红肥。倒影映入水中，风乍起，一片莲瓣堕入水中，它从上面向下落，水中的倒影却是从下边向上落，最后一接触到水面，两者合为一，像小船似的漂在那里。我曾在某一本诗话上读到两句诗：“池花对影落，沙鸟带声飞。”作者深惜这二句对仗不工。这也难怪，像“池花对影落”这样的境界究竟有几个人能参悟透呢？

晚上，我们一家人也常常坐在塘边石头上纳凉。有一夜，天空中的月亮又明又亮，把一片银光洒在荷花上。我忽听扑通一声，是我的小白波斯猫毛毛扑入水中，它大概是认为水中有白玉盘，想扑上去抓住。它一入水，大概就觉得不对头，连忙矫捷地回到岸上，把月亮的倒影打得支离破碎，好久才恢复了原形。

今年夏天，天气异常闷热，而荷花则开得特欢。绿盖擎天，红花映日，把一个不算小的池塘塞得满而又满，几乎连水面都看不到了。一个喜爱荷花的邻居，天天兴致勃勃地数荷花的朵数。今天告诉我，有四五百朵；明天又告诉我，有六七百朵。但是，我虽然知道他为人细致，却不相信他真能数出确实的朵数。在荷花底下，石头缝里，旮旮旯旯，不知还隐藏着多少蓇葖儿，都是在岸边难以看到的。粗略估计，今年大概开了将近一千朵。真可以算是洋洋大观了。

连日来，天气突然变寒，好像是一下子从夏天转入秋天。池塘里的荷叶虽然仍然是绿油一片，但是看来变成残荷之日也不会太远了。再过一两个月，池水一结冰，连残荷也将消逝得无影无踪。那时荷花大概会在冰下冬眠，做着春天的梦。它们的梦一定能够圆的。“既然冬天到了，春天还会远吗？”

我为我的“季荷”祝福。

1997年9月16日中秋节

喜　雨

我是农民的儿子。在过去，农民是靠天吃饭的，雨是绝对不能缺少的。因此，我从识之无的时候起，就同雨结下了剪不断理还乱的深厚的感情。

今年，北京缺雨，华北也普遍缺雨，我心急如焚。我窗外自己种的那一棵玉兰花开花的时候，甚至于到大觉寺去欣赏那几棵声名传遍京华的二三百年的老玉兰树开花的时候，我的心情都有点矛盾。我实在喜欢眼前的繁花。大觉寺我来过几次，但是玉兰花开得像今天这样，还从来没有见过。借用张锲同志一句话："一看到这开成一团的玉兰花，眼前立刻亮了起来。"好一个"亮"字，亏他说得出来。但是，我忽然想到，春天里的一些花最怕雨打。我爱花，又盼雨，两者是鱼与熊掌的关系，不可得而兼也。我究竟何从呢，我之进退，实为狼狈。经过艰苦的"思想斗争"，我毅然决然下了结论：我宁肯要雨。

在多日没有下过滴雨之后，我今天早晨刚在上面搭上铁板的阳台上坐定，头顶上铁板忽然清脆地响了一声：是雨滴的声音。我的精神一瞬间立即抖擞起来，"漫卷诗书喜欲狂"，立即推开手边稿纸，静坐谛听起来。铁板上，从一滴雨声起，清脆的响声渐渐多了起来，后来混成一团，连"大珠小珠落玉盘"也无法描绘了。此时我心旷神怡，浮想联翩。

我抬头看窗外，首先看到的就是那一棵玉兰花树，此时繁花久落，绿叶满枝。我仿佛听到在雨滴敲击下左右翻动的叶子正在那里悄声互相交谈："伙计们！尽量张开嘴巴吮吸这贵如油的春雨吧！"我甚至看到这些绿叶在雨中跳起了华尔兹舞，舞姿优美整齐。我头顶上铁板的敲击声仿佛为它们的舞步伴奏。可惜我是一个舞盲，否则我也会破窗而出，同这些可爱的玉兰树叶共同翩跹起舞。

眼光再往前挪动一下，就看到了那一片荷塘。此时冬天的坚冰虽然久已融化，垂柳鹅黄，碧水满塘，连“小荷才露尖尖角”的时候还没有到。但是，我仿佛有了“天眼通”，看到水面下淤泥中嫩莲已经长出了小芽。这些小芽眼前还浸在水中。但是，它们也感觉到了上面水面上正在落着雨滴，打在水面上，形成了一个个的小而圆的漩涡。如果有摄影家把这些小漩涡摄下，这也不失为宇宙中的一种美，值得美学家们用一些只有他们才能懂的恍兮惚兮的名词来探讨甚至争论一番的。小荷花水底下的嫩芽我相信是不懂美学的，但是，它们懂得要生存，要成长。水面上雨滴一敲成小漩涡，它们立即感觉到了，它们也精神抖擞起来，互相鼓励督促起来：“伙伴们！拿出自己的劲头来，快快长呀！长呀！赶快长出水面，用我们自己的嘴吮吸雨滴。我们去年开花一千多朵，引起了燕园内外一片普遍热烈的赞扬声。今年我们也学一下时髦的说法，来它一个可持续发展，开上它两三千朵，给燕园内外的人士一个更大的惊异！”合着头顶上的敲击声，小荷的声音仿佛清晰可闻，给我喜雨的心情增添了新鲜的活力。

我浮想联翩，幻想一下飞出了燕园，飞到了我的故乡，我的故乡现在也是缺雨的地方。一年前，我曾回过一次故乡，给母亲扫墓。我六岁离开母亲，一别就是八年。母亲倚闾之情我是能够理解一点的，但是我幻想，在我大学毕业以后，经济能独立了，然后迎养母亲。然而正如古人所说的：“木欲静而风不止，子欲养而亲不俟。”大学二年级时，母亲永远离开了我，只留得面影迷离，入梦难辨，风木之悲伴随了我一生。我漫游世界，母亲迷离的面影始终没有离开过我。我今天已至望九之年，依然常梦见母亲，痛哭醒来，泪湿枕巾。

我离家的时候，家里已经穷得揭不开锅。但不知为什么，母亲偏有二三分田地。庄稼当然种不上，只能种点绿豆之类的东西。我三四岁的时候，曾跟母亲去摘过豆角。不管怎样，总是有了点土地。有了土地就同雨结了缘，每到天旱，我也学大人的样子，盼望下雨，翘首望天空的云霓。去年和今年，偏又天旱。在扫墓之后，在泪眼迷离中，我抬头瞥见坟头几棵干瘪枯黄的杂草，在风中摆动。我蓦地想到躺在下面的母亲，她如有灵，难道不会为她生前的那二三分地担忧吗？我痛哭欲绝，很想追母亲于地下。现在又凭空使我忧心忡忡。我真想学习一下宋代大诗人陆游：“碧章夜奏通明殿，乞借春阴护海棠。”我是乞借春雨护禾苗。

幻想一旦插上了翅膀，就决不会停止飞翔。我的幻想，从燕园飞到了故乡，又从故乡飞越了千山万水，飞到了非洲。我曾到过非洲许多国家，我爱那里的人民，我爱那里的动物和植物。我从电视中看到，非洲的广大地区也在大旱，土地龟裂，寸草不生。狮子、老虎、大象、斑马等等一大群野兽，在干旱的大地上，到处奔走，寻找一点水喝，一丛草吃，但都枉然，它们什么也找不到，有的就倒毙在地上。看到这情景，我心里急得冒烟，但却束手无策。中国的天老爷姓张，非洲的天老爷却不知姓字名谁，他大概也不住在什么通明殿上。即使我写了碧章，也不知向哪里投递。我苦思苦想，只有再来一次“碧章夜奏通明殿”，请我们的天老爷把现在下着的春雨，分出一部分，带着全体中国人民的深情厚谊，分到非洲去降，救活那里的人民、禽、兽，还有植物，使普天之下共此甘霖。

我的幻想终于又收了回来，我兀坐在阳台上，谛听着头顶上的铁板被春雨敲得叮当作响，宛如天上宫阙的乐声。

1998年4月23日

温馨的回忆

一想到清华图书馆，一股温馨的暖流便立即油然涌上心头。

在清华园念过书的人，谁也不会忘记两馆：一个是体育馆，一个就是图书馆。

专就图书馆而论，在当时一直到今天，它在中国大学中绝对是一流的。光是那一座楼房建筑，就能令人神往。淡红色的墙上，高大的玻璃窗上，爬满了绿叶葳蕤的爬山虎。解放后，曾加以扩建，建筑面积增加了很多；但是整个建筑的庄重典雅的色调，一点也没有遭到破坏。与前面的雄伟的古希腊建筑风格的大礼堂，形成了双峰并峙的局面，一点也不显得有任何逊色。

至于馆内藏书之多，插架之丰富，更是闻名遐迩。不但能为本校师生服务，而且还能为外校，甚至外国的学者提供稀有的资料。根据我的回忆，馆员人数并不多，但是效率极高，而且极有礼貌，有问必答，借书也非常方便。当时清华学生宿舍是相当宽敞的，一间屋住两人，每人一张书桌，在屋里读书也是很惬意的。但是，我们还是愿意到图书馆去，那里更安静，而且参考书极为齐全。书香飘满了整个阅览大厅，每个人说话走路都是静悄悄的。人一走进去，立即为书香所迷，进入角色。

我在校时，有一位馆员毕树棠老先生，胸罗万卷，对馆内藏书极为熟悉，听他娓娓道来，如数家珍。学生们乐意同他谈天，看样子他也乐意同青年们侃大山，是一个极受尊敬和欢迎的人。1946 年，我出国十多年以后，又回到北京，是在北京大学工作。我打听清华的人，据说毕老先生还健在，我十分兴奋，几次想到清华园去会一会老友；但都因事未果，后来听说他已故去，痛失同这位鲁殿灵光见面的机会，抱恨终天了。

书籍是人类文化和智慧的最重要的载体。世界各国、各地，只要有文字有书籍的地方，书籍就必然承担起这个十分重要的责任。没有书籍，人类文化的发展，人类社会的进步，就会受到极大的影响，遇到极大的障碍，延缓前进的步伐。而图书馆就是储存这些重要载体的地方。在人类历史上，世界上各个国家，中国的各个朝代，几乎都有类似今天图书馆的设备。这是人类文化之所以能够代代传承下来的重要原因，我们对图书馆必须给予最高的赞扬。

清华大学，包括留美预备学堂和国学研究院在内，建校八十来年以来，颇出了一些卓有建树、蜚声士林的学者和作家。其中原因很多，但是校歌中说的“西山苍苍，东海茫茫；吾校庄严，巍然中央”，这是形象的说法，说得很玄远，其意不过是说清华园有灵气。园中的水木清华、荷塘月色等等，都是灵气之所钟。在这样有灵气的地方，又有全国一流的学生，有一些全国一流的教授，再加上有这样一个图书馆，焉得不培养出一些优秀人才呢！

我一想到清华图书馆，就有一种温馨的回忆，我永远不会忘记清华图书馆。

1999年6月15日于香山饭店

回　家

从医院里捡回来了一条命，终于带着它回家来了。

由于自己的幼稚、固执、迷信“癣疥之疾”的说法，竟走到了向阎王爷那里去报到的地步。也许是因为文件盖的图章不够数，或者红包不够丰满，被拒收，又溜达回来，住进了三〇一医院。这一所医德、医术、医风三高的医院，把性命奇迹般的还给了我，给了我一次名副其实的新生。

现在我回家来了。

什么叫家？以前没有研究过。现在忽然间提了出来，仍然是回答不上来。要说家是比较长期居住的地方，那么，在欧洲游荡了几百年的吉卜赛人住在流动不居的大车上，这算不算家呢？

我现在不想仔细研究这种介乎形而上学和形而下学之间的学问。还是让我从医院说起吧。

这一所医院是全国著名的，称之为超一流，是完全名副其实的。我相信，即使是最爱挑剔的人也决不会挑出什么毛病来。从医疗设备到医生水平，到病房的布置，到服务态度，到工作效率，等等，无不尽如人意。就是这样一个地方，我初搬入的时候，心情还浮躁过一阵，我想到我那在燕园垂杨深处的家，还有我那盈塘季荷和小波斯猫。但是住过一阵之后，我的心情平静了，我觉得住在这里就像是住在天堂乐园里一般。一个个穿白大褂的护士小姐都像是天使，幸福就在这白色光芒里闪烁。我过了一段十分愉快的生活。约摸一个月以后，病情已经快达到了痊愈的程度。虽然我的生活仍然十分甜美，手脚上长出来的丑类已经完全消灭。笔墨照舞照弄不误。我的心情却无端又浮躁起来。我想到，此地“信美非吾土”。我又想到了我那盈塘的季荷和小波斯猫。我要回家了。

回到朗润园的时候，已是黄昏时分。韩愈诗“黄昏到寺蝙蝠飞”，我现在是“黄昏到园蝙蝠飞”，空中确有蝙蝠飞着。全园还没有到灯火辉煌的程度。在薄暗中，盈塘荷花的绿叶显不出绿色，只是灰蒙蒙的一片。独有我那小波斯猫，不知是从什么地方窜了出来，坐下惊愕了一阵，认出了是我，立即跳了上来，在我的两腿间蹭来蹭去，没完没了。它好像是要说：“老伙计呀！你可是到哪里去了？叫我好想呀！”我一进屋，它立即跳到我的怀里，无论如何，也不离开。

第二天早晨，我照例四点多起床。最初，外面还是一片黢黑，什么东西也看不清。不久，东方渐渐白了起来，天蒙蒙亮了。早晨锻炼的人开始出来了。一个穿红衣服的小伙子跑步向西边去了。接着就从西面走来了那一位挺着大肚子的中年妇女，跟在后面距离不太远的是那一位寡居的教授夫人。这些人都是我天天早上必先见到的人物，今天也不例外。一恍神，我好像根本没有离开过这里。在医院里的四十六天，好像是在宇宙间根本没有存在过，在时间上等于一个零。

等到天光大亮的时候，我仔细观察我的季荷。此时，绿盖满塘，浓碧盈空，看了令人精神为之一振。“心有灵犀一点通”，中国人相信人心是能相通的。我现在却相信，荷花也是有灵魂的，它与人心也能相通的。我的荷花掐指一算，我今年当有新生之喜；于是憋足了劲要大开一番，以示庆祝。第一朵花正开在我的窗前，是想给我一个信号。孤零零的一大朵红花，朝开夜合，确实带给了我极大的欢悦。可是荷花万没有想到，连我自己都没有想到嘛，我突然住进了医院。听北大到医院来看我的人说，荷花先是一朵，后是几朵，再后是十几朵，几十朵，上百朵，超过一百朵，开得盈塘盈池，红光照亮了朗润园。成了燕园中一道亮丽的风景线。可惜我在医院里不能亲自欣赏，只有躺在那里玄想了。

我把眼再略微抬高了一点，看到荷塘对岸的万众楼，依然雕梁画栋，金碧辉煌。楼名是我题写的。因为楼是西向的，我记得过去只有在夕阳返照中才能看清楚那三个金光闪闪的大字。今天，朝阳从楼后升起，楼前当然是黑的；但不知什么东西把阳光反射了回去，那三个大字正处在光环中，依然金光闪闪。这是极细微的小事，但是，我坐在这里却感到有无穷的逸趣。

与万众楼隔塘对峙是一座小山，出我的楼门，左拐走十余步就能走到。记得若干年前，一到深秋，山上的树丛叶子颜色一变，地上的草一露枯黄相，就给人以萧瑟凄清的感觉，这正是悲秋的最佳时刻。后来栽上了丰花月季，据说一年能开花十个月。前几年，一个初冬，忽然下起了一场大雪。小山上的树枝都变成了赤条条毫无牵挂。长在地上的东西都被覆盖在一片茫茫的白色之下。令我吃惊的是，我瞥见一枝月季，从雪中挺出，顶端开着一朵小花，鲜红浓艳，傲雪独立。它仿佛带给我了灵感，带给我了活力，带给我了无穷无尽的希望。我一时狂欢不能自禁。

小山上，树木丛杂，野草遍地，是鸟类的天堂。当前全世界人口爆炸，人与鸟兽争夺生存空间。燕园这一大片地带，如果从空中下看的话，一定是一片浓绿，正是鸟类所垂青的地方。因此，这里的鸟类相对来说是比较多的。每天早晨，最先出现的往往是几只喜鹊，在山上塘边树枝间跳来跳去，兴高采烈。接着出场的是成群的灰喜鹊，也是在树枝间蹦蹦跳跳，兴高彩烈。到了春天，当然会有成群的燕子飞来助兴。此时，啄木鸟也必然飞来凑趣，把古树敲得砰砰作响，好像要给这一场万籁齐鸣的音乐会敲起鼓点儿。空中又响起了布谷鸟清脆的鸣声，由远到近，又由近到远，终于消逝在太空中。我感到遗憾的是，以前每天都看到乌鸦从城里飞向远郊，成百，上千，黑压压一片。今天则片影无存了。我又遗憾见不到多少麻雀。20 世纪 50 年代被某一个人无端定为四害之一的麻雀，曾被全国人民群起而攻之，酿成了举世闻名的闹剧。现在则濒于灭绝。在小山上偶尔见到几只，灰头土脑，然而却惊为奇宝了。

幼时读唐诗，读了“西塞山前白鹭飞”“两个黄鹂鸣翠柳，一行白鹭上青天”，曾向往白鹭青天的境界，只是没有亲眼看见过。一直到 1951 年访问印度，曾在从加尔各答乘车到国际大学的路上，在一片浓绿的树木和荷塘上面的天空里，才第一次看到白鹭上青天的情景，顾而乐之。第二次见到白鹭是在前几年游广东佛山的时候。在一片大湖的颇为遥远的对岸上绿树成林，树上都开着白色的大花朵。最初我真以为是花。然而不久却发现，有的花朵竟然飞动起来，才知道不是花朵而是白鸟。我又顾而乐之。其实就在我入医院前不久，我曾瞥见一只白鸟从远处飞来，一头扎进荷叶丛中，不知道在里面鼓捣了些什么，过了许久，又从另一个地方飞出荷叶丛，直上青天，转瞬就消逝得无影无踪了。我难道能不顾而乐之吗？

现在我仍然枯坐在临窗的书桌旁边，时间是回家的第二天早上。我的身子确实没有挪窝儿，但是思想却是活跃异常。我想到过去，想到眼前，又想到未来，甚至神驰万里想到了印度。时序虽已是深秋，但是我的心中却仍是春意盎然。我眼前所看到的，脑海里所想到的东西，无一不笼罩上一团玫瑰般的嫣红，无一不闪出耀眼的光芒。记得小时候常见到贴在大门上的一副对联：“万物静观皆自得，四时佳兴与人同。”现在朗润园中的万物，鸟兽虫鱼，花草树木，无不自得其乐。连这里的天都似乎特别蓝，水都似乎特别清。眼睛所到之处，无不令我心旷神怡。思想所到之处，无不令我逸兴遄飞。我真觉得，大自然特别可爱，生命特别可爱，人类特别可爱，一切有生无生之物特别可爱，祖国特别可爱，宇宙万物无有不可爱者。欢喜充满了三千大千世界。

现在我十分清醒地意识到，我是带着捡回来的新生回家来了。

我的家是一个温馨的家。

2002 年 10 月 14 日

回　忆

回忆很不好说，究竟什么才算是回忆呢？我们时时刻刻沿了人生的路向前走着，时时刻刻有东西映入我们的眼里。——即如现在吧，我一抬头就可以看到清浅的水在水仙花盆里反射的冷光，漫在水里的石子的晕红和翠绿，茶杯里残茶在软柔的灯光下照出的几点金星。但是，一转眼，眼前的这一切，早跳入我的意想里，成轻烟，成细雾，成淡淡的影子，再看起来，想起来，说起来的话，就算是我的回忆了。

只说眼前这一步，只有这一点淡淡的影子，自然是迷离的。但是我自从踏到世界上来，走过不知多少的路。回望过去的茫茫里，有着我的足迹叠成的一条白线，一直引到现在，而且还要引上去。我走过都市的路，看尘烟缭绕在栉比的高屋的顶上。我走过乡村的路，看似水的流云笼罩着远村，看金海似的麦浪。我走过其他许许多多的路，看红的梅，白的雪，潋滟的流水，十里稷稷的松壑，死人的蜡黄的面色，小孩充满了生命力的踊跃。我在一条路上接触到种种的面影，熟悉的，不熟悉的。这一切的一切都在我走着的时候，蓦地成轻烟，成细雾，成淡淡的影子，储在我的回忆里。有的也就被埋在回忆的暗陬里，忘了。当我转向另一条路的时候，随时又有新的东西，另有一群面影凑集在我的眼前。蓦地又成轻烟，成细雾，成淡淡的影子，移入我的回忆里，自然也有的被埋在暗陬里，忘了。新的影子挤入来，又有旧的被挤到不知什么地方去幻灭，有的简直就被挤了出去。以后，当另一群更新的影子挤进来的时候，这新的也就追踪了旧的命运。就这样，挤出，挤进，一直到现在。我的回忆里残留着各样的影子，色彩。分不清先先后后，萦混成一团了。

我就带着这萦混的一团从过去的茫茫里走上来。现在抬头就可以看到水仙花盆里反射的水的冷光，水里石子的晕红和翠绿，残茶在灯下照出的几点金星。自然，前面已经说过，这些都要倏地变成影子，移入回忆里，移入这萦混的一团里，但是在未移动以前，这萦混的一团影子说不定就在我的脑海里浮动起来，我就自然陷入回忆里去了——陷入回忆里去，其实是很不费力的事。我面对着当前的事物。不知怎地，迷离里忽然电光似的一掣，立刻有灰蒙蒙的一片展开在我的意想里，仿佛是空空的，没有什么，但随便我想到曾经见过的什么，立刻便有影子浮现出来。跟着来的还不止一个影子，两个，三个，多，更多了。影子在穿梭，在萦混。又仿佛电光似的一掣，我又顺着一条线回忆下去——比如回忆到故乡里的秋吧。先仿佛看到满场里乱摊着的谷子，黄黄的。再看到左右摆动的老牛的头，飘浮着云烟的田野，屋后银白的一片秋芦。再沉一下心，还仿佛能听到老牛的喘气，柳树顶蝉的曳长了的鸣声。豆荚在日光下毕剥的炸裂声。蓦地，有如阴云漫过了田野，只在我的意想里一恍，在故乡里的这些秋的影子上面，又挤进来别的影子了——红的梅，白的雪，潋滟的流水，十里稷稷的松壑，死人的蜡黄的面色，小孩充满了生命力的踊跃。同时，老牛的影，芦花的影，田野的影，也站在我的心里的一个角隅里。这许多的影子掩映着，混起来。我再不能顺着刚才的那条线想下去。又有许多别的历乱的影子在我的意念里跳动。如电光火石，眩了我的眼睛。终于我一无所见，一无所忆。仍然展开了灰蒙蒙的一片，空空的，什么也没有。我的回忆也就停止了。

我的回忆停止了，但是绝不能就这样停止下去的。我仍然说，我们时时刻刻沿着人生的路向前走着，时时刻刻就有回忆萦绕着我们。——再说到现在吧。灯光平流到我面前的桌上，书页映出了参差的黑影，看到这黑影，我立刻想到在过去不知什么时候看过的远山的淡影。玻璃杯反射着清光。看了这清光，我立刻想到月明下千里的积雪。我正写着字。看了这一颗颗的字，也使我想到阶下的蚁群……倘若再沉一下心，我可以想到过去在某处见过这样的山的淡影。在另一个地方也见过这样的影子，纷纷的一团。于是想了开去，想到同这影子差不多的影子。纷纷的一团。于是又想了开去，仍然是纷纷的一团影子。但是同这山的淡影，同这书页映出的参差的黑影却没有一点关系了。这些影子还没幻灭的时候，又有别的影子隐现在他们后面，朦胧，暗淡，有着各样的色彩。再往里看，又有一层影子隐现在这些影子后面，更朦胧，更暗淡，色彩也更繁复。……一层，一层，看上去，没有完。越远越暗淡了下去。到最后，只剩了那么一点绰绰的形象。就这样，在我的回忆里，一层一层地，这许许多多的影子，色彩，分不清先先后后，又萦混成一团了。

我仍然带了这萦混的一团影子走上去。倘若要问：这些影子都在什么地方呢？我却说不清了。往往是这样，一闭眼，先是暗冥冥的一片，再一看，里面就有影子。但再问：这暗冥冥的一片在什么地方呢？恐怕只有天知道吧。当我注视着一件东西发愣的时候，这些影子往往就叠在我眼前的东西上。在不经意的时候，我常把母亲的面影叠在茶杯上。把忘记在什么时候看见的一条长长的伸到水里去的小路叠在 Hölderlin 的全集上。把一树灿烂的海棠花叠在盛着花的土盆上。把大明湖里的塔影叠在桌上铺着的晶莹的清玻璃上。把晚秋黄昏的一天暮鸦叠在墙角的蜘蛛网上，把夏天里烈日下的火红的花团叠在窗外草地上半匍着的白雪上……然而，只要一经意，这些影子立刻又水纹似的幻化开去。同了这茶杯的，这 Hölderlin 全集的，这土盆的，这清玻璃的，这蜘蛛网的，这白雪的，影子，跳入我的回忆里，在将来的不知什么时候，又要叠在另一些放在我眼前的东西上了。

将来还没有来。而且也不好说。但是，我们眼前的路不正引向将来去吗？我看过了清浅的水在水仙花盆里反射的冷光，映在水里的石子的晕红和翠绿，残茶在软柔的灯光下照出的那几点金星。也看过了茶杯，Hölderlin 全集，土盆，清玻璃，蜘蛛网，白雪，第二天我自然看到另一些新的东西，第三天我自然看到另一些更新的东西。第四天，第五天……看到的东西多起来，这些东西都要倏地成轻烟，成细雾，成淡淡的影子，储在我的回忆里吧。这一团萦混的影子，也要更萦混了。等我不能再走，不能再看的时候，这一团也随了我走应当走的最后路。然而这时候，我却将一无所见，一无所忆。这一团影子幻失到什么地方去了呢？随了大明湖里的倒影飘散到茫迷里去了吗？随了远山的淡霭被吸入金色的黄昏里去了吗？说不清；而且也不必说。——反正我有过回忆了。我还希望什么呢？

1934 年 1 月 14 日旧历年元旦灯下

寻　梦

夜里梦到母亲，我哭着醒来。醒来再想捉住这梦的时候，梦却早不知道飞到什么地方去了。

我瞪大了眼睛看着黑暗，一直看到只觉得自己的眼睛在发亮。眼前飞动着梦的碎片，但当我想把这些梦的碎片捉起来凑成一个整体的时候，连碎片也不知道飞到什么地方去了。眼前剩下的就只有母亲依稀的面影……

在梦里向我走来的就是这面影。我只记得，当这面影才出现的时候，四周灰蒙蒙的，母亲仿佛从云堆里走下来。脸上的表情有点同平常不一样，像笑，又像哭。但终于向我走来了。

我是在什么地方呢？这连我自己也有点弄不清楚。最初我觉得自己是在现在住的屋子里。母亲就这样一推屋角上的小门，走了进来。桔黄色的电灯罩的穗子就罩在母亲头上。于是我又想了开去，想到哥廷根的全城：我每天去上课走过的两旁有惊人的粗的橡树的古旧的城墙，斑驳陆离的灰黑色的老教堂，教堂顶上的高得有点古怪的尖塔，尖塔上面的晴空。

然而，我的眼前一闪，立刻闪出一片芦苇，芦苇的稀薄处还隐隐约约地射出了水的清光。这是故乡里屋后面的大苇坑。于是我立刻觉到，不但我自己是在这苇坑的边上，连母亲的面影也是在这苇坑的边上向我走来了。我又想到，当我童年还没有离开故乡的时候，每个夏天的早晨，天还没亮，我就起来，沿了这苇坑走去，很小心地向水里面看着。当我看到暗黑的水面下有什么东西在发着白亮的时候，我伸下手去一摸，是一只白而且大的鸭蛋。我写不出当时快乐的心情。这时再抬头看，往往可以看到对岸空地里的大杨树顶上正有一抹淡红的朝阳——两年前的一个秋天，母亲就静卧在这杨树的下面，永远地，永远地。现在又在靠近杨树的坑旁看到她生前八年没见面的儿子了。

但随了这苇坑闪出的却是一枝白色灯笼似的小花，而且就在母亲的手里。我真想不出故乡里什么地方有过这样的花。我终于又想了回来，想到哥廷根，想到现在住的屋子，屋子正中的桌子上两天前房东曾给摆上这样一瓶花。那么，母亲毕竟是到哥廷根来过了，梦里的我也毕竟在哥廷根见过母亲了。

想来想去，眼前的影子渐渐乱了起来。教堂尖塔的影子套上了故乡的大苇坑。在这不远的后面又现出一朵朵灯笼似的白花。在这一些的前面若隐若现的是母亲的面影。我终于也不知道究竟在什么地方看到的母亲了。我努力压住思绪，使自己的心静了下来，窗外立刻传来潺潺的雨声，枕上也觉得微微有寒意。我起来拉开窗幔，一缕清光透进来。我向外怅望，希望发现母亲的足踪。但看到的却是每天看到的那一排窗户，现在都沉在静寂中，里面的梦该是甜蜜的吧！

但我的梦却早飞得连影都没有了，只在心头有一线白色的微痕，蜿蜒出去，从这异域的小城一直到故乡大杨树下母亲的墓边；还在暗暗地替母亲担着心：这样的雨夜怎能跋涉这样长的路来看自己的儿子呢？此外，眼前只是一片空濛，什么东西也看不到了。

天哪！连一个清清楚楚的梦都不给我吗？我怅望灰天，在泪光里，幻出母亲的面影。

1936年7月11日于哥廷根

清华颂

清华园，永远占据着我的心灵。回忆起清华园，就像回忆我的母亲。

又怎能不这样呢？我离开清华已经四十多年了，中间只回去两三次。但是每次回到清华园，就像回到我母亲的身边，我内心深处油然起幸福之感。在清华的四年生活，是我一生中最难忘、最愉快的四年。在那时候，我们国家民族正处在危急存亡的紧急关头，清华园也不可能成为世外桃源。但是园子内的生活始终是生气勃勃的，充满了活力的。民主的气氛，科学的传统，始终占着主导的地位。我同广大的清华校友一样，现在所以有这一点点知识，难道不就是在清华园中打下的基础吗？离开清华以后，我当然也学习了不少的新知识，但是在每一个阶段，只要我感觉到学习有所收获，我立刻想到清华园，没有在那里打下的基础，所有这一切都是不可能的。

但是清华园却不仅仅是像我的母亲，而且像一首美丽的诗，它永远占据着我的心灵。

又怎能不这样呢？清华园这名称本身就充满了诗意。它的自然风光又是无限地美妙。每当严冬初过，春的信息，在清华园要比别的地方来得早，阳光似乎比别的地方多。这里的青草从融化过的雪地里探出头来，我们就知道：春天已经悄悄地来了。过不了多久，满园就开满了繁花，形成了花山、花海。再一转眼，就听到满园蝉声，荷香飘溢。等到蝉声消逝，荷花凋零，红叶又代替了红花，“霜叶红于二月花”。明月之夜，散步荷塘边上，充分享受朱自清先生所特别欣赏的“荷塘月色”。待到红叶落尽，白雪渐飘，满园就成了银妆玉塑，“既然冬天已经到了，春天还会远吗？”我们就盼望春天的来临了。在这四时变换、景色随时改变的情况下，有一个永远不变的背景，那就是西山的紫气。

“烟光凝而暮山紫”，唐朝王勃已在一千多年以前赞美过这美妙绝伦的紫色了。这样，清华园不是一首诗而是什么呢？

在人生的道路上，我已经走了不短的一段路。看来我要走的道路也还不会是很短很短的，对我来说，清华园这一幅母亲的形象，这一首美丽的诗，将在我要走的道路上永远伴随着我，永远占据着我的心灵。

1981年1月22日

春满燕园

燕园花事渐衰。桃花、杏花早已开谢。一度繁花满枝的榆叶梅现在已经长出了绿油油的叶子。连几天前还开得像一团锦绣似的西府海棠，也已落英缤纷、残红满地了。丁香虽然还在盛开，灿烂满园，香飘十里；但已显出疲惫的样子。北京的春天本来就是短的，“雨横风狂三月暮，门掩黄昏，无计留春住。”看来春天就要归去了。

但是人们心头的春天却方在繁荣滋长。这个春天，同在大自然里的春天一样，也是万紫千红、风光旖旎的。但它却比大自然里的春天更美、更可爱、更真实、更持久。郑板桥有两句诗：“闭门只是栽兰竹，留得春光过四时。”我们不栽兰，不种竹；我们就把春天栽种在心中，它不但能过今年的四时，而且能过明年、后年、不知多少年的四时，它要常驻我们心中，成为永恒的春天了。

昨天晚上，我走过校园。四周一片寂静，只有远处的蛙鸣划破深夜的沉寂。黑暗仿佛凝结了起来，能摸得着，捉得住。我走着走着，蓦地看到远处有了灯光，是从一些宿舍的窗子里流出来的。我心里一愣，我的眼睛仿佛有了佛经上叫做天眼通的那种神力，透过墙壁，就看了进去。我看到一位年老的教师在那里伏案苦读。他仿佛正在写文章，想把几十年的研究心得写了下来，丰富我们文化知识的宝库。他又仿佛是在备课，想把第二天要讲的东西整理得更深刻、更生动，让青年学生获得更多的滋养。他也可能是在看青年教师的论文，想给他们提些意见，共同切磋琢磨。他时而低头沉思，时而抬头微笑。对他说来，这时候，除了他自己和眼前的工作以外，宇宙万物都似乎不存在。他完完全全陶醉于自己的工作中了。

今天早晨，我又走过校园。这时候，晨光初露，晓风未起。浓绿的松柏，淡绿的杨柳，大叶的杨树，小叶的槐树，成行并列，相映成趣。未名湖绿水满盈，不见一条皱纹，宛如一面明镜。还看不到多少人走路，但从绿草湖畔，丁香丛中，杨柳树下，土山高头却传来一阵阵朗诵外语的声音。倾耳细听，俄语、英语、梵语、阿拉伯语等等，依稀可辨。在很多地方，我只是闻声而不见人。但是仅仅从声音里也可以听出那种如饥如渴迫切吸收知识、学习技巧的炽热心情。这一群男女大孩子仿佛想把知识像清晨的空气和芬芳的花香那样一口气吸了下去。我走进大图书馆，又看到一群男女青年挤坐在里面，低头做数学或物理化学的习题。也都是全神贯注，鸦雀无声。

我很自然地就把昨天夜里的情景同眼前的情景联系了起来。年老的一代是那样，年轻的一代又是这样。还能有比这更动人的情景吗？我心里陡然充满了说不出的喜悦。我仿佛看到春天又回到园中：繁花满枝，一片锦绣。不但已经开过花的桃树和杏树又开出了粉红色的花朵，连根本不开花的榆树和杨柳也满树红花。未名湖中长出了车轮般的莲花。正在开花的藤萝颜色显得格外鲜艳。丁香也是精神抖擞，一点也不显得疲惫。总之是万紫千红，春色满园。

这难道仅仅是我一个人的幻象吗？不是的，这是我心中那个春天的反映。我相信，住在这个园子里的绝大多数的教师和同学心中都有这样一个春天，眼前也都看到这样一个春天。这个春天是不怕时间的。即使到了金风送爽、霜林染醉的时候，到了大雪漫天、一片琼瑶的时候，它也会永留心中，永留园内，它是一个永恒的春天。

1962 年 5 月 11 日

星光的海洋

星光，星光，星光……

到处都是星光。

是星光的瀚海，是星光的大洋；是星光的密林，是星光的丛莽；有红，有绿；有白，有黄；有大，有小；有弱，有强；有明，有暗；有高，有低；有远，有近；有疏，有密；有的成堆，有的成行；有的排成一线，有的组成一方；瞻之在前，忽焉在后；光辉灿烂，绵延数十里；汪洋浩瀚，好像充塞了天地。有时候，这星光的海洋似乎已经达到了黑暗的边缘；我满以为，在此之外，已是无边无际的大黑暗了。然而，只要一转瞬，再往上一看，依然是一片星光。

星光，星光，星光……

到处都是星光。

是夏夜的星空从天上落到地上来了吗？是哪一个神话世界里的神灯从虚无缥缈的高天上飘到人间来了吗？我有点迷惑，有点恍惚，有点好奇，有点糊涂。我注意探讨，仔细研究，猛然发现，这些都不是，都不是。这根本不是星光，而是绵延不断的灯光。

我抬头向上看，在这一片我原来误认为是星光的灯光上面，亮晶晶地一大片，大大小小的一群在那里眨着眼睛，那才是真正的星光。我低头向下看，看到星光和灯光在水面上的倒影，金光闪闪，像一条条的金蛇。原来就在我脚下，在我伫立的一个小小的山头的下面几十米深的黑暗处，从左边流来了嘉陵江，从右边流来了不尽长江滚滚来的长江。江声低咽，金波摇影。我现在不是在天上，而是在人间；不是在人间别的地方，而是在嘉陵江和长江汇流处的重庆。嘉陵江上通四川辽阔的地区，长江下达更辽阔的地区，一直通到大海。我正站在祖国的大地上，我眼前是重庆，是重庆的夜晚。眼前的一片星光是这座山城高高低低的山坡上的群灯。

在白天里，我曾在这一座山城里蜂房般的鳞次栉比的房屋的迷宫中漫游。我曾出出进进于大小商店之中，看点什么，买点什么。我也曾在大街上滚滚的人流中漫步，没有什么固定的目的，只是作为一个外地人，一个旁观者看看而已。我看玻璃窗里陈列的五光十色的商品；我看街旁菜摊上摆的有一些我叫不出名的蔬菜。我间或也能看到一些少数民族的妇女穿着花团锦簇颜色鲜艳的服装，头上和手上戴着的首饰闪闪发出银白色的光芒。我顾而乐之，忘记了时间的流逝。

最使我难忘的是我瞻仰的一些革命圣地，比如红岩、曾家岩、周公馆、桂园等等。特别是红岩，更给我留下了永不磨灭的印象。我怀着十分虔敬的心情在这个革命圣地里走上走下，在那些大大小小的房间里瞻望。我的步履很轻很轻，我几乎屏止住了呼吸。我一向景仰的那一些革命前辈仿佛还住在这里。我不敢放肆，我怕打扰了他们的清神。在院子里，虽然现在时令已是冬天，但是那些五颜六色的菊花却傲然凌霜怒放，显示出与众不同的骨气。最引起我注意的是一丛开着红色花朵的我不知道名字的蔓藤，红得像火焰，像朝霞，耀眼惊心。就在这红色花朵的旁边矗立着一棵高大的黄桷树。在那黑云压城特务横行的日子里，在这棵大树的向外面的一侧是阴间。过了这棵树是红岩的主楼，就是阳间。因此，人民群众把这棵大树称做阴阳树。今天我来到了这棵树下，看到它枝干突兀腾跃，矫健挺拔，尖顶直刺灰蒙蒙的天空，好像把我的心情也带向高处。站在树下，我久久不想离去。今天我们全国人民都住在阳间，阴间已经消失得无影无踪了。我心头之兴奋可以想见了。也许是由于兴奋过度，我没有注意树上是否有灯。即使有的话，我也决不会把灯光误认为星光。

眼前白天已经转入暗夜，我登上了长江和嘉陵江汇流处的三角洲头。白天看到的那一些密密麻麻的大街、小巷、高楼、低舍，我都看不到了，都没入一片迷茫的黑暗中。我眼前看到的只有万家灯火，高高低低，前后左右，汇成了一片星光的海洋。

我当然不知道红岩、曾家岩、周公馆、桂园等等都在什么地方。我更不知道，那里现在是否都亮起了红灯。但是，我确信，在这一片灯光的海洋中，有几盏灯就是挂在那里的。红岩、曾家岩、周公馆、桂园，每一个窗口都会有闪亮的红灯让灯光流出，汇入这浩渺的灯光的海洋里。其中那最明亮、最高大的一盏一定是挂在阴阳树上。在它辉耀的光线的照耀下，我仿佛看到了大树下那些傲霜怒放的菊花，小红灯笼似的累累垂垂的花朵，衬托着碧绿的叶子，散发出无穷的活力。当年在这一座黑暗弥天的山城里，那些向往光明的人们，特别是青年们，一定是望眼欲穿地望着阴阳树上的这一盏明灯而欢欣鼓舞。这明灯给他们以信心，给他们以勇气，给他们以方向，给他们以安身立命之地。他们终于在灯光的照耀下，慢慢地冲出黑暗，奔向光明。我那时虽然不在重庆，但是，我确信，一定是有这样一盏灯的，而这灯又必然是异常明亮，异常光辉灿烂的。

今天，弥天的黑暗已经永远消失了，光明降临到大地上。我来到了重庆，缅怀往事，心潮腾涌。我很后悔，为什么当年竟没能够来到这里，看一看红岩、曾家岩、周公馆和桂园等地，献上我的一瓣心香？现在，我站在两江汇流处的三角洲山头上，面对山城的万家灯火，五十年的往事一下子逗上心头。回首前尘，唯余感慨；瞻望未来，意气风发。我完完全全沉浸在幻想之中。一转瞬间，眼前的万家灯火又突然变成了星光。这星光把我带到天上去，带到那片能抒发畅想曲的碧落中去。

星光，星光，星光……

到处都是星光。

1981 年草稿

1984 年 12 月 13 日修改于深圳

1985 年 1 月 15 日抄于燕园

怀念西府海棠

暮春三月，风和日丽。我偶尔走过办公楼前面。在盘龙石阶的两旁，一边站着一棵翠柏，浑身碧绿，扑人眉宇，仿佛是从地心深处涌出来的两股青色的力量，喷薄腾越，顶端直刺蔚蓝色的晴空，其气势虽然比不上杜甫当年在孔明祠堂前看到的那一些古柏："苍皮溜雨四十围，黛色参天二千尺"，然而看到它，自己也似乎受到了感染，内心里溢满了力量。我顾而乐之，流连不忍离去。

然而，我的眼前蓦地一闪，就在这两棵翠柏站立的地方出现了两棵西府海棠，正开着满树繁花，已经绽开的花朵呈粉红色，没有绽开的骨朵呈鲜红色，粉红与鲜红，纷纭交错，宛如天半的粉红色彩云。成群的蜜蜂飞舞在花朵丛中，嗡嗡的叫声有如春天的催眠曲。我立刻被这色彩和声音吸引住，沉醉于其中了。眼前再一闪，翠柏与海棠同时站立在同一个地方，两者的影子重叠起来，翠绿与鲜红纷纭交错起来了。

这是怎么一回事呢？

我一时有点茫然、懵然；然而不需要半秒钟，我立刻就意识到，眼前的翠柏与海棠都是现实，翠柏是眼前的现实，海棠则是过去的现实，它确曾在这个地方站立过，而今这两个现实又重叠起来，可是过去的现实早已化为灰烬，随风飘零了。

事情就发生在"十年浩劫"期间。一时忽然传说：养花是修正主义，最低的罪名也是玩物丧志。于是"四人帮"一伙就在海内名园燕园大肆"斗私、批修"，先批人，后批花木，几十年上百年的老丁香花树砍伐殆尽，屡见于清代笔记中的几架古藤萝也被斩草除根，几座楼房外面墙上爬满了的"爬山虎"统统拔掉，办公楼前的两棵枝干繁茂绿叶葳蕤的西府海棠也在劫难逃。总之，一切美好的花木，也像某一些人一样，被打翻在地，身上踏上了一千只脚，永世不得翻身了。

这两棵西府海棠在老北京是颇有一点名气的。据说某一个文人的笔记中还专门讲到过它。熟悉北京掌故的人，比如邓拓同志等，生前每到春天都要来园中探望一番。我自己不敢说对北京掌故多么熟悉，但是，每当西府海棠开花时，也常常自命风雅，到树下流连徘徊，欣赏花色之美，听一听蜜蜂的鸣声，顿时觉得人间毕竟是非常可爱的，生活毕竟是非常美好的，胸中的干劲陡然腾涌起来，我的身体好像成了一个蓄电瓶，看到了西府海棠，便仿佛蓄满了电，能够在自己所从事的工作中精神抖擞地驰骋一气了。

中国古代的诗人中，喜爱海棠者颇不乏人。大家欣赏海棠之美，但颇以海棠无香为憾。在古代文人的笔记和诗话中，有很多地方谈到这个问题，可见文人墨客对海棠的关心。宋代著名的爱国大诗人陆游有几首《花时遍游诸家园》的诗，其中之一是讲海棠的：

为爱名花抵死狂，
只愁风日损红芳。
绿章夜奏通明殿，
乞借春阴护海棠。

陆游喜爱海棠达到了何等疯狂的地步啊！稍有理智的人都应当知道，海棠与人无争，与世无忤，决不会伤害任何人的；它只能给人间增添美丽，给人们带来喜悦，能让人们热爱自然，热爱祖国。然而，就连这样天真无邪的海棠也难逃“四人帮”的毒手。燕园内的两棵西府海棠现在已经不知道消逝到什么地方去了，这也算是一种“含冤逝世”吧。代替它站在这里的是两棵翠柏。翠柏也是我所喜爱的，它也能给人们带来美感享受，我毫无贬低翠柏的意思。但是以燕园之大，竟不能给海棠留一点立足之地，一定要铲除海棠，栽上翠柏，一定要争这方尺之地，翠柏而有知，自己挤占了海棠的地方，也会感到对不起海棠吧！

“四人帮”要篡党夺权，有一些事情容易理解；但是砍伐花木，铲除海棠，仿佛这些花木真能抓住他们那罪恶的黑手，令人百思不得其解。宋代苏洵在《辨奸论》中说：“凡事之不近人情者，鲜不为大奸慝。”砍伐西府海棠之不近人情，一望而知。爱好美好的东西是人类的天性，任何人都有权利爱好美好的东西，花木当然也包括在里面。然而“四人帮”却偏要违反人性，必欲把一切美好的东西铲除净尽而后快。他们这一伙人是大奸慝，已经丝毫无可怀疑了。

事情已经过去了将近二十年，为什么西府海棠的影子今天又忽然展现在我的眼前呢？难道说是名花有灵，今天向我“显圣”来了么？难道说它是向我告状来了么？可惜我一非包文正，二非海青天，更没有如来佛起死回生的神通，我所有的能耐至多也只能一洒同情之泪，我还有什么话可说呢？

我从来不相信什么神话。但是现在我真想相信起来，我真希望有一个天国。可是我知道，须弥山已经为印度人所独占，他们把自己的天国乐园安放在那里。昆仑山又为中国人所垄断，王母娘娘就被安顿在那里。我现在只能希望在辽阔无垠的宇宙中间还能有那么一块干净的地方，能容得下一个阆苑乐土。那里有四时不谢之花、八节长春之草，大地上一切花草的魂魄都永恒地住在那里，随时、随地都是花团锦簇，五彩缤纷。我们燕园中被无端砍伐了的西府海棠的魂灵也遨游其间。我相信，它决不会忘记了自己呆了多年的美丽的燕园，每当三春繁花盛开之际，它一定会来到人间，驾临燕园，风前月下，凭吊一番。“环珮空归月下魂”，明妃之魂归来，还有环珮之声。西府海棠之魂归来时，能有什么迹象呢？我说不出，我只能时时来到办公楼前，在翠柏影中，等候倩魂。我是多么想为海棠招魂啊！结果恐怕只能是“上穷碧落下黄泉，两地茫茫皆不见”了。奈何，奈何！

在这风和日丽的三月，我站在这里，浮想联翩，怅望晴空，眼睛里流满了泪水。

1987 年 4 月 26 日写于上海华东师范大学专家招待所。行装甫卸，倦意犹存。在京构思多日的这篇短文，忽然躁动于心中，于是悚然而起，援笔立就，如有天助，心中甚喜。

梦萦未名湖

北京大学正在庆祝九十周年华诞。对一个人来说，九十周年是一个很长的时期，就是所谓耄耋之年。自古以来，能够活到这个年龄的只有极少数的人。但是，对一个大学来说，九十周年也许只是幼儿园阶段。北京大学肯定还要存在下去的，两百年，三百年，一千年，甚至更长的时期。同这样长的时间相比，九十周年难道还不就是幼儿园阶段吗？

我们的校史，还有另外一种计算方法，那就是从汉代的太学算起。这决非我的发明创造，国外不乏先例。这样一来，我们的校史就要延伸到两千来年，要居世界第一了。就算是两千来年吧，我们的北大还要照样存在下去的，也许三千年，四千年，谁又敢说不行呢？同将来的历史比较起来，活了两千年也只能算是如日中天，我们的学校远远没有达到耄耋之年。

一个大学的历史存在于什么地方呢？在书面的记载里，在建筑的实物上，当然是的。但是，它同样也存在于人们的记忆中。相对而言，存在于人们的记忆中，时间是有限的，但它毕竟是存在，而且这个存在更具体、更生动、更动人心魄。在过去九十年中，从北京大学毕业的人数无法统计，每个人都有自己的对母校的回忆。在这些人中，有许多在中国近代史上非常显赫的名字。离开这一些人，中国近代史的写法恐怕就要改变。这当然只是极少数人。其他绝大多数的人，尽管知名度不尽相同，也都在自己的工作岗位上，对祖国的建设事业作出了自己的贡献。他们个人的情况错综复杂，他们的工作岗位五花八门。但是，我相信，有一点却是共同的：他们都没有忘记自己的母校北京大学。母校像是一块大磁石吸引住了他们的心，让他们那记忆的丝缕永远同母校挂在一起：挂在巍峨的红楼上面，挂在未名湖的湖光塔影上面，挂在燕园的四时不同的景光上面：春天的桃杏藤萝，夏天的绿叶红荷，秋天的红叶黄花，冬天的青松瑞雪；甚至临湖轩的修篁，红湖岸边的古松，夜晚大图书馆的灯影，绿茵上飘动的琅琅书声，所有这一切无不挂上校友们回忆的丝缕，他们的梦永远萦绕在未名湖畔。《沙恭达罗》里面有一首著名的诗：

你无论走得多么远也不会走出了我的心，
黄昏时刻的树影拖得再长也离不开树根。

北大校友们不完全是这个样子吗！

至于我自己，我七十多年的一生（我只是说到目前为止，并不想就要做结论），除了当过一年高中国文教员，在国外工作了几年以外，唯一的工作岗位就是北京大学，到现在已经四十多年了，占了我一生的一半还要多。我于1946年深秋回到故都，学校派人到车站去接。汽车行驶在十里长街上，凄风苦雨，街灯昏黄，我真有点悲从中来。我离开故都已经十几年了，身处万里以外的异域，作为一个海外游子经常给自己描绘重逢的欢悦情景。谁又能想到，重逢竟是这般凄苦！我心头不由自主地涌出了两句诗：“西风凋碧树，落叶满长安（长安街也）。”我心头有一个比深秋更深秋的深秋。

到了学校以后，我被安置在红楼三层楼上。在日寇占领时期，红楼驻有日寇的宪兵队，地下室就是行刑杀人的地方，传说里面有鬼叫声。我从来不相信有什么鬼神。但是，在当时，整个红楼上下五层，寥寥落落，只住着四五个人，再加上电灯不明，在楼道的薄暗处真仿佛有鬼影飘忽。走过长长的楼道，听到自己的足音回荡，颇疑非置身人间了。

但是，我怕的不是真鬼，而是假鬼，这就是决不承认自己是魔鬼的国民党特务，以及由他们鸠集来的当打手的天桥的地痞流氓。当时国民党反动派正处在垂死挣扎阶段。号称北平解放区的北大的民主广场成了他们的眼中钉、肉中刺。红楼又是民主广场的屏障，于是就成了他们进攻的目标。他们白天派流氓到红楼附近来捣乱，晚上还想伺机进攻。住在红楼的人逐渐多起来了。大家都提高警惕，注意动静。我记得有几次甚至想用椅子堵塞红楼主要通道，防备坏蛋冲进来。这样紧张的气氛颇延续了一段时间。

延续了一段时间，恶魔们终于也没能闯进红楼，而北平却解放了。我于此时真正是耳目为之一新。这件事把我的一生明显地分成了两个阶段。从此以后，我的回忆也截然分成了两个阶段：一段是魑魅横行，黑云压城；一段是魍魉现形，天日重明。二者有天渊之别、云泥之分。北大不久就迁至城外有名的燕园中，我当然也随学校迁来，一住就住了将近四十年。我的记忆的丝缕会挂在红楼上面，会挂在截然不同的两个世界上，这是不言自喻的。

一住就是四十年，天天面对未名湖的湖光塔影。难道我还能有什么回忆的丝缕要挂在湖光塔影上面吗？别人认为没有，我自己也认为没有。我住房的窗子正面对未名湖畔的宝塔。一抬头，就能看到高耸的塔尖直刺蔚蓝的天空。层楼栉比，绿树历历，这一切都是活生生的现实，一睁眼，就明明白白能够看到，哪里还用去回忆呢？

然而，世事多变。正如世界上没有一条完全平坦笔直的道路一样，我脚下的道路也不可能是完全平坦笔直的。在魍魉现形、天日重明之后，新生的魑魅魍魉仍然可能出现。我在美丽的燕园中，同一些正直善良的人们在一起，又经历了一场群魔乱舞、黑云压城的特大暴风骤雨。这在中国人民的历史上是空前的（我但愿它也能绝后）！我同一些善良正直的人们被关了起来，一关就是八九个月。但是，终于又像“凤凰涅槃”一般，活了下来。遗憾的是，燕园中许多美好的东西遭到了破坏。许多楼房外面墙上的“爬山虎”，那些有一二百年寿命的丁香花、在北京城颇有一点名气的西府海棠、繁荣茂盛了三四百年的藤萝，都坚决、彻底、干净、全部地被消灭了。为什么世间一些美好的花草树木也竟像人一样成了“反革命”，成了十恶不赦的罪犯呢？我百思不得其解。

我自己总算侥幸活了下来。但是，这一些为人们所深深喜爱的花草树木，却再也不能见到了。如果它们也有灵魂的话（我希望它们有！），这灵魂也决不会离开美丽的燕园。月白风清之夜，它们也会流连于未名湖畔湖光塔影中吧！如果它们能回忆的话，它们回忆的丝缕也会挂在未名湖上吧！可惜我不是活神仙，起死无方，回生乏术。它们消逝了，永远消逝了。这里用得上一句旧剧的戏词：“要相会，除非是梦里团圆。”

到了今天，这场恶梦早已消逝得无影无踪。我又经历了一次魑魅现形，天日重明的局面。我上面说到，将近四十年来，我一直住在燕园中、未名湖畔，我那记忆的丝缕用不着再挂在未名湖上。然而，那些被铲除的可爱的花草时来入梦。我那些本来应该投闲置散的回忆的丝缕又派上了用场。它挂在苍翠繁茂的爬山虎上，芳香四溢的丁香花上，红绿皆肥的西府海棠上，葳蕤茂密的藤萝花上。这样一来，我就同那些离开母校的校友一样，也梦萦未名湖了。

尽管我们目前还有这样那样的困难，但是我们未来的道路将会越走越宽广。我们今天回忆过去，决不仅仅是发思古之幽情。我们回忆过去是为了未来。愿普天之下的北大校友：国内的、海外的、男的、女的、老的、少的，什么时候也不要割断你们对母校的回忆的丝缕，愿你们永远梦萦未名湖，愿我们大家在十年以后都来庆祝母校的百岁华诞。“但愿人长久，千里共婵娟”！

1988 年 1 月 3 日

梦萦水木清华

离开清华园已经五十多年了，但是我经常想到她。我无论如何也忘不掉清华的四年学习生活。如果没有清华母亲的哺育，我大概会是一事无成的。

在三十年代初期，清华和北大的门坎是异常高的。往往有几千学生报名投考，而被录取的还不到十分甚至二十分之一。因此，清华学生的素质是相当高的，而考上清华，多少都有点自豪感。

我当时是极少数的幸运儿之一，北大和清华我都考取了。经过了一番艰苦的思考，我决定入清华。原因也并不复杂，据说清华出国留学方便些。我以后没有后悔。清华和北大各有其优点，清华强调计划培养，严格训练；北大强调兼容并包，自由发展。各极其妙，不可偏执。

在校风方面，两校也各有其特点。清华校风我想以八个字来概括：清新、活泼、民主、向上。我只举几个小例子。新生入学，第一关就是“拖尸”，这是英文字 toss 的音译。意思是，新生在报到前必须先到体育馆，旧生好事者列队在那里对新生进行“拖尸”。办法是，几个彪形大汉把新生的两手、两脚抓住，举了起来，在空中摇晃几次，然后抛到垫子上，这就算是完成了手续，颇有点像《水浒传》上提到的杀威棍。墙上贴着大字标语：“反抗者入水！”游泳池的门确实在敞开着。我因为有同乡大学篮球队长许振德保驾，没有被“拖尸”。至今回想起来，颇以为憾：这个终生难遇的机会轻轻放过，以后想补课也不行了。

这个从美国输入的“舶来品”，是不是表示旧生“虐待”新生呢？我不认为是这样。我觉得，这里面并无一点敌意，只不过是对新伙伴开一点玩笑，其实是充满了友情的。这种表示友情的美国方式，也许有人看不惯，觉得洋里洋气的。我的看法正相反。我上面说到清华校风清新和活泼，就是指的这种“拖尸”还有其他一些行动。

我为什么说清华校风民主呢？我也举一个小例子。当时教授与学生之间有一条鸿沟，不可逾越。教授每月薪金高达三四百元大洋，可以购买面粉二百多袋，鸡蛋三四万个。他们的社会地位极高，往往目空一切，自视高人一等。学生接近他们比较困难。但这并不妨碍学生开教授的玩笑。开玩笑几乎都在《清华周刊》上。这是一份由学生主编的刊物，文章生动活泼，而且图文并茂。现在著名的戏剧家孙浩然同志，就常用“古巴”的笔名在《周刊》上发表漫画。有一天，俞平伯先生忽然大发豪兴，把脑袋剃了个净光，大摇大摆，走上讲台，全堂为之愕然。几天以后，《周刊》上就登出了文章，讽刺俞先生要出家当和尚。

第二件事情是针对吴雨僧（宓）先生的。他正教我们“中西诗之比较”这一门课。在课堂上，他把自己的新作十二首《空轩》诗印发给学生。这十二首诗当然意有所指，究竟指的是什么？我们说不清楚。反正当时他正在多方面地谈恋爱，这些诗可能与此有关。他热爱毛彦文是众所周知的。他的诗句：“吴宓苦爱（毛彦文），三洲人士共惊闻”，是夫子自道。《空轩》诗发下来不久，校刊上就刊出了一首七律今译，我只记得前一半：

一见亚北貌似花，
顺着秫秸往上爬。
单独进攻忽失利，
跟踪钉梢也挨刷。

最后一句是：“椎心泣血叫妈妈。”诗中的人物呼之欲出，熟悉清华今典的人都知道是谁。

学生同俞先生和吴先生开这样的玩笑，学生觉得好玩，威严方正的教授也不以为忤。这种气氛我觉得很和谐有趣。你能说这不民主吗？这样的琐事我还能回忆起一些来，现在不再啰唆了。

清华学生一般都非常用功，但同时又勤于锻炼身体。每天下午四点以后，图书馆中几乎空无一人，而体育馆内则是人山人海，著名的“斗牛”正在热烈进行。操场上也挤满了跑步、踢球、打球的人。到了晚饭以后，图书馆里又是灯火通明，人人伏案苦读了。

根据上面谈到的各方面的情况，我把清华校风归纳为八个字：清新、活泼、民主、向上。

我在这样的环境中生活、学习了整整四个年头，其影响当然是非同小可的。至于清华园的景色，更是有口皆碑，而且四时不同：春则繁花烂漫，夏则藤影荷声，秋则枫叶似火，冬则白雪苍松。其他如西山紫气，荷塘月色，也令人忆念难忘。

现在母校八十周年了。我可以说是与校同寿。我为母校祝寿，也为自己祝寿。我对清华母亲依恋之情，弥老弥浓。我祝她长命千岁，千岁以上。我祝自己长命百岁，百岁以上。我希望在清华母亲百岁华诞之日，我自己能参加庆祝。

1988 年 7 月 22 日

我爱北京

我爱北京！

我不是北京生人，但是前后在北京居住了将近五十年，算得上一个老北京了。六十年前，当我第一次从山东老家来北京的时候，我是一个不满十九岁的乡下人，没有见过大世面。一下火车，听到那些手里拿着布掸子给旅客掸土藉以讨得几枚铜元的老妇人那一口抑扬顿挫嘹亮圆润的京片子，仿佛听到仙乐一般，震撼了我内心深处。我觉得北京真是一个奇妙的好地方，一个有文化有教养的城市。我从此学会了一件事：我爱北京。

在清华园里住了四年，然后回到故乡的一个高级中学里教了一年国文，就到欧洲去了。在那里一住就是将近十一年。1946 年深秋，我终于倦鸟归林，又回到了北京。从那时到现在一住又是四十多年，没有迁移到任何别的城市去。今后我大概也不会移家他处，我要终老于斯了。

我爱北京！

在解放前的二十年中，北京基本上没有变，城垣高耸，宫阙连云，红墙黄瓦，相映生辉，驼铃与电车齐鸣，蓝天共碧水一色，一种古老的情味，弥漫一切。这是北京美的一方面。“无风三尺土，有雨一街泥”，这是北京并不怎样美的一方面。不管美与不美，北京在我心中总是美的。在我离开北京远处异域的那十多年中，我不但经常想到北京，而且经常梦到北京，我是多么想赶快回到北京的怀抱里来呀！

中华人民共和国成立以后，北京，同全国人民一样，走上了一个崭新的发展阶段。城市面貌日新月异，真正达到了一天等于二十年的速度。我记得曾读过老舍先生的一篇文章（也许是亲自听他说的），他说，他这老北京，只要几天不出门，出门就吃一惊：什么地方又起了一座摩天高楼，什么地方街道变了样子，他因此甚至迷路，走不回家来。

变化不是坏事，而是好事。可是人们的思想往往跟不上。五十年代的前一半，有几年我是北京市人大代表。我记得最清楚的一件事，是拆除天安门前东西两座牌楼引起了风波。在人大全体会议上，代表们争论激烈，各不相让。最后请出了北京市主管交通的一个处长，到大会上来汇报，历数这两座牌楼造成的交通恶性事故，也举出了伤亡人数。在事实面前，大家终于统一了思想，举手通过拆除方案。市府立即下令执行。我是一个保守思想颇浓的人，我原来也属于反对拆除派。到了今天，天安门广场已经完全变了样子，成为世界上最大的广场。如果当年不拆除那两座牌楼，今天摆在那里，最多像两个火柴盒，在车水马龙中，不但影响交通，而且不也显得十分滑稽吗？

我们常说，看问题要有预见性。但是，说起来容易，做起来难。我们往往囿于眼前的情况，不能自拔。及至时过境迁，才豁然开朗，恍然大悟，狠狠地吃上一服后悔药。我自己不知吃了多少后悔药，头脑才比较清醒一点。我深深知道，今之视昔，亦犹后之视今。但前者易而后者难。我们不应该害怕变化，否则将来还要吃后悔药的。

但是，是不是所有的变化都是好事呢？也不见得。以北京为例。北京不是没有变，而是有的地方变得过了头，在大变中应该保留一点不变，那就好多了。比如北京城内的核心地区，以故宫为中心，就应该比较完整地保留下来。然而这一点我们并没能做到。新建的一些摩天大楼破坏了这个地区的完整性，实在很可惜。从前人们登上景山最高处或者北海白塔，纵目南望，在红墙中的黄琉璃瓦屋顶，在阳光中闪出金光，仿佛在那里波动，宛如一片黄色的海洋。这种景色世界上任何地方都是看不到的，然而现在已经遭到一些破坏，回天无术了。

又比如北京的城墙，完全可以像西安那样，有选择地保留几段，修成城垣公园，供国内外的游人登临欣赏，岂非天下乐事！现在却是完全、彻底、干净、全部地拆掉了。同样是回天无术了。

建设首都，可以允许同建设其他大城市有所不同。这种做法世界上不乏先例。比如说联邦德国的首都波恩，是一座相当小的城市。城内不允许建立重工业，连轻工业据说也只有一个小小的玻璃厂（?）。城内既无污染，也没有噪音，街道洁净，空气新鲜，交通不拥挤，整个城市宛如一座安静的花园。我们为什么一定要把北京建成一座所谓“生产的”城市呢？我觉得，这也是一个走极端的例子。联邦德国有一个“消费城市”首都波恩，美国有一个“消费城市”首都华盛顿，难道影响了他们生产力的发展吗？

我上面谈到，我初到北京时，觉得北京真是一个有文化的城市，北京人待人接物都彬彬有礼。到了今天，这种风气似乎有点变样了。有一些人，特别是青年人，似乎没有为这种风气所感染，有点“异化”了。我只希望，这只是局部的现象。我希望，所有的新老北京人都想到自己所处的地位，努力把那种优良的风气发扬光大，使我们这个泱泱大国的首都真正成为一个有文化有教养的城市，不但能为全国各族人民的表率，而且能给国际友人以良好的印象。只有这样，我们才对得起这一个千年古都。

我始终认为，北京不仅是中国人民的北京，而且是世界的北京。我曾多次站在天安门广场上，浮想联翩，上天下地，觉得脚下踏的这一块土地，内联五湖，外达四海，上凌牛斗，下镇大地，呼吸与日月相通，颦笑与十亿共享，真是一块了不起的地方。我国各族人民对北京的爱，就是对祖国的爱。世界各国人民来访中国，必须先访北京。北京，在全国人民心中，在全世界人民心中，就占有这样特殊的位置。

今天，北京似乎返老还童了。北京已经变化了，正在变化着，而且还将继续变化下去。我以垂暮之年，能生活在这个城市里，真是莫大的幸福。

我爱北京！

1989 年 2 月 28 日

月是故乡明

每个人都有个故乡，人人的故乡都有个月亮。人人都爱自己故乡的月亮。事情大概就是这个样子。

但是，如果只有孤零零一个月亮，未免显得有点孤单。因此，在中国古代诗文中，月亮总有什么东西当陪衬，最多的是山和水，什么“山高月小”“三潭印月”等等，不可胜数。

我的故乡是在山东西北部大平原上。我小的时候，从来没有见过山，也不知山为何物，我曾幻想，山大概是一个圆而粗的柱子吧，顶天立地，好不威风。以后到了济南，才见到山，恍然大悟：山原来是这个样子呀。因此，我在故乡里望月，从来不同山联系。像苏东坡说的“月出于东山之上，徘徊于斗牛之间”，完全是我无法想象的。

至于水，我的故乡小村却大大地有。几个大苇坑占了小村面积一多半。在我这个小孩子眼中，虽不能像洞庭湖“八月湖水平”那样有气派，但也颇有一点烟波浩渺之势。到了夏天，黄昏以后，我在坑边的场院里躺在地上，数天上的星星。有时候在古柳下面点起篝火，然后上树一摇，成群的知了飞落下来。比白天用嚼烂的麦粒去粘要容易得多。我天天晚上乐此不疲，天天盼望黄昏早早来临。到了更晚的时候，我走到坑边，抬头看到晴空一轮明月，清光四溢，与水里的那个月亮相映成趣。我当时虽然还不懂什么叫诗兴，但也顾而乐之，心中油然有什么东西在萌动。有时候在坑边玩很久，才回家睡觉。在梦中见到两个月亮叠在一起，清光更加晶莹澄澈。第二天一早起来，到坑边苇子丛里去捡鸭子下的蛋，白白地一闪光，手伸向水中，一摸就是一个蛋。此时更是乐不可支了。

我只在故乡呆了六年，以后就离乡背井，飘泊天涯。在济南住了十多年，在北京度过四年，又回到济南呆了一年。然后在欧洲住了近十一年，重又回到北京，到现在已经四十多年了。在这期间，我曾到过世界上将近三十个国家。我看过许许多多的月亮。在风光旖旎的瑞士莱芒湖上，在平沙无垠的非洲大沙漠中，在碧波万顷的大海中，在巍峨雄奇的高山上，我都看到过月亮，这些月亮应该说都是美妙绝伦的，我都异常喜欢。但是，看到它们，我立刻就想到我故乡中那个苇坑上面和水中的那个小月亮。对比之下，无论如何我也感到，这些广阔世界的大月亮，万万比不上我那心爱的小月亮。不管我离开我的故乡多少万里，我的心立刻就飞来了。我的小月亮，我永远忘不掉你！

我现在已经年近耄耋。住的朗润园是燕园胜地。夸大一点说，此地有茂林修竹，绿水环流，还有几座土山，点缀其间。风光无疑是绝妙的。前几年，我从庐山休养回来，一个同在庐山休养的老朋友来看我。他看到这样的风光，慨然说："你住在这样的好地方，还到庐山去干嘛呢！"可见朗润园给人印象之深。此地既然有山，有水，有树，有竹，有花，有鸟，每逢望夜，一轮当空，月光闪耀于碧波之上，上下空濛，一碧数顷，而且荷香远溢，宿鸟幽鸣，真不能不说是赏月胜地。荷塘月色的奇景，就在我的窗外。不管是谁来到这里，难道还能不顾而乐之吗？

然而，每值这样的良辰美景，我想到的却仍然是故乡苇坑里的那个平凡的小月亮。见月思乡，已经成为我经常的经历。思乡之病，说不上是苦是乐，其中有追忆，有惆怅，有留恋，有惋惜。流光如逝，时不再来。在微苦中实有甜美在。

月是故乡明。我什么时候能够再看到我故乡里的月亮呀！我怅望南天，心飞向故里。

1989 年 11 月 3 日

人间自有真情在

前不久，我写了一篇短文《园花寂寞红》，讲的是楼右前方住着的一对老夫妇，男的是中国人，女的是德国人。他们在德国结婚后，移居中国，到现在已将近半个世纪了。哪里想到，一夜之间，男的突然死去。他天天侍弄的小花园，失去了主人。几朵仅存的月季花，在秋风中颤抖，挣扎，苟延残喘，浑身凄凉、寂寞。

我每天走过那个小花园，也感到凄凉、寂寞。我心里总在想：到了明年春天，小花园将日益颓败，月季花不会再开。连那些在北京只有梅兰芳家才有的大朵的牵牛花，在这里也将永远永远地消逝了。我的心情很沉重。

昨天中午，我又走过这个小花园，看到那位接近米寿的德国老太太在篱笆旁忙活着。我走近一看，她正在采集大牵牛花的种子。这可真是件新鲜事儿。我在这里住了三十年，从来没有见到过她侍弄过花。我曾满腹疑团：德国人一般都是爱花的，这老太太真有点个别。可今天她为什么也忙着采集牵牛花的种子呢？她老态龙钟，罗锅着腰，穿一身黑衣裳，瘦得像一只螳螂。虽然采集花种不是累活，她干起来也是够呛的。我问她，采集这个干什么？她的回答极简单："我的丈夫死了，但是他爱的牵牛花不能死！"

我心里一亮，一下子顿悟出来了一个道理。她男人死了，一儿一女都在德国。老太太在中国可以说是举目无亲。虽然说是入了中国籍，但是在中国将近半个世纪，中国话说不了十句，中国饭吃不惯。她好像是中国社会水面上的一滴油，与整个社会格格不入，平常只同几个外国人和中国留德学生来往，显得很孤单。我常开玩笑说：她是组织上入了籍，思想上并没有入。到了此时，老头已去，儿女在外，返回德国，正其时矣。然而她却偏偏不走。道理何在呢？

我百思不得其解。现在，一个非常偶然的机会让我看到她采集大牵牛花的种子。我一下子明白了：这一切都是为了死去的丈夫。

丈夫虽然走了，但是小花园还在，十分简陋的小房子还在。这小花园和小房子拴住了她那古老的回忆，长达半个世纪的甜蜜的回忆。这是他俩共同生活过的地方。为了忠诚于对丈夫的回忆，她不肯离开，不忍离开。我能够想象，她在夜深人静时，独对孤灯。窗外小竹林的窸窣声，穿窗而入。屋后土山上草丛中秋虫哀鸣。此外就是一片寂静。丈夫在时，她知道对面小屋里还睡着一个亲人，使自己不会感到孤独。然而现在呢，那个人突然离开自己，走了，永远永远地走了。茫茫天地，好像只剩下自己孤零一人。人生至此，将何以堪！设身处地，如果我处在她的位置上，我一定会马上离开这里，回到自己的祖国，同儿女在一起，度过余年。

然而，这一位瘦得像螳螂似的老太太却偏偏不走，偏偏死守空房，死守这一个小花园。我知道：这一切都是为了死去的丈夫。

这一位看似柔弱实极坚强的老太太，已经走到了人生的尽头。这一点恐怕她比谁都明白。然而她并未绝望，并未消沉。她还是浑身洋溢着生命力，在心中对未来还充满了希望。她还想到明年春天，她还想到牵牛花，她眼前一定不时闪过春天小花园杂花竞芳的景象。谁看到这种情况会不受到感动呢？我想，牵牛花而有知，到了明年春天，虽然男主人已经不在了，但它一定会精神抖擞，花朵一定会开得更大，更大，颜色一定会更鲜，更艳。

1992 年 9 月 20 日

我的书斋

最近身体不太好。内外夹攻，头绪纷繁，我这已届耄耋之年的神经有点吃不消了。于是下定决心，暂且封笔。乔福山同志打来电话，约我写点什么，我遵照自己的决心，婉转拒绝。但一听说题目是《我的书斋》，于我心有戚戚焉，立即精神振奋，暂停决心，拿起笔来。

我确实有个书斋，我十分喜爱我的书斋。这个书斋是相当大的，大小房间，加上过厅、厨房，还有封了顶的阳台，大大小小，共有八个单元。册数从来没有统计过，总有几万册吧。在北大教授中，"藏书状元"我恐怕是当之无愧的。而且在梵文和西文书籍中，有一些堪称海内孤本。我从来不以藏书家自命，然而坐拥如此大的书城，心里能不沾沾自喜吗？

我的藏书都像是我的朋友，而且是密友。我虽然对它们并不是每一本都认识，它们中的每一本却都认识我。我每一走进我的书斋，书籍们立即活跃起来，我仿佛能听到它们向我问好的声音，我仿佛能看到它们向我招手的情景。倘若有人问我，书籍的嘴在什么地方？而手又在什么地方呢？我只能说："你的根器太浅，努力修持吧。有朝一日，你会明白的。"

我兀坐在书城中，忘记了尘世的一切不愉快的事情，怡然自得。以世界之广，宇宙之大，此时却仿佛只有我和我的书友存在。窗外粼粼碧水，丝丝垂柳，阳光照在玉兰花的肥大的绿叶子上，这都是我平常最喜爱的东西，现在也都视而不见了。连平常我喜欢听的鸟鸣声"光棍儿好过"，也听而不闻了。

我的书友每一本都蕴涵着无量的智慧。我只读过其中的一小部分，这智慧我是能深深体会到的。没有读过的那一些，好像也不甘落后，它们不知道是施展一种什么神秘的力量，把自己的智慧放了出来，像波浪似涌向我来。可惜我还没有修炼到能有“天眼通”和“天耳通”的水平，我还无法接受这些智慧之流。如果能接受的话，我将成为世界上古往今来最聪明的人。我自己也去努力修持吧。

我的书友有时候也让我窘态毕露。我并不是一个不爱清洁和秩序的人；但是，因为事情头绪太多，脑袋里考虑的学术问题和写作问题也不少，而且每天都收到大量的寄来的书籍和报刊杂志以及信件，转瞬之间就摞成一摞。在这样的情况下，如果我需要一本书，往往是遍寻不得，“只在此屋中，书深不知处”，急得满头大汗，也是枉然。只好到图书馆去借。等我把文章写好，把书送还图书馆后，无意之间，在一摞书中，竟找到了我原来要找的书，“得来全不费工夫”。然而晚了，工夫早已费过了。我啼笑皆非，无可奈何，等到用另外一本书时，再重演一次这出喜剧。我知道，我要寻找的书友，看到我急得那般模样，会大声给我打招呼的；但是喊破了嗓子，也无济于事，我还没有修持到能听懂书的语言的水平。我还要加倍努力去修持。我有信心，将来一定能获得真正的“天眼通”和“天耳通”。只要我想要哪一本书，那一本书就会自己报出所在之处，我一伸手，便可拿到，如探囊取物。这样一来，文思就会像泉水般地喷涌，我的笔变成了生花妙笔，写出来的文章会成为天下之至文。到了那时，我的书斋里会充满了没有声音的声音，布满了没有形象的形象。我同我的书友们能够自由地互通思想，交流感情。我的书斋会成为宇宙间第一神奇的书斋，岂不猗欤休哉！

我盼望有这样一个书斋。

1993年6月22日

我爱北京的小胡同

我爱北京的小胡同，北京的小胡同也爱我，我们已经结下了永恒的缘分。

六十多年前，我到北京来考大学，就下榻于西单大木仓里面一条小胡同中的一个小公寓里。白天忙于到沙滩北大三院去应试。北大与清华各考三天，考得我焦头烂额，精疲力尽；夜里回到公寓小屋中，还要忍受臭虫的围攻，特别可怕的是那些臭虫的空降部队，防不胜防。

但是，我们这一帮山东来的学生仍然能够苦中作乐。在黄昏时分，总要到西单一带去逛街。街灯并不辉煌，“无风三尺土，有雨一街泥”，也会令人不快。我们却甘之若饴。耳听铿锵清脆、悠扬有致的京腔，如闻仙乐。此时鼻管里会蓦地涌入一股幽香，是从路旁小花摊上的栀子花和茉莉花那里散发出来的。回到公寓，又能听到小胡同中的叫卖声：“驴肉！驴肉!”“王致和的臭豆腐!”其声悠扬、深邃，还含有一点凄清之意。这声音把我送入梦中，送到与臭虫搏斗的战场上。

将近五十年前，我在欧洲呆了十年多以后，又回到了故都。这一次是住在东城的一条小胡同里：翠花胡同，与南面的东厂胡同为邻。我住的地方后门在翠花胡同，前门则在东厂胡同，据说就是明朝的特务机关东厂所在地，是折磨、囚禁、拷打、杀害所谓“犯人”的地方，冤死之人极多，他们的鬼魂据说常出来显灵。我是不相信什么鬼怪的，我感兴趣的不是什么鬼怪显灵，而是这一所大房子本身。它地跨两个胡同，其大可知。里面重楼复阁，回廊盘曲，院落错落，花园重叠，一个陌生人走进去，必然是如入迷宫，不辨东西。

然而，这样复杂的内容，无论是从前面的东厂胡同，还是从后面的翠花胡同，都是看不出来的。外面十分简单，里面十分复杂；外面十分平凡，里面十分神奇。这是北京许多小胡同共有的特点。

据说当年黎元洪大总统在这里住过。我住在这里的时候，北大校长胡适住在黎住过的房子中。我住的地方仅仅是这个大院子中的一个旮旯，在西北角上。但是这个旮旯也并不小，是一个三进的院子，我第一次体会到“庭院深深深几许”的意境。我住在最深一层院子的东房中，院子里摆满了汉代的砖棺。这里本来就是北京的一所“凶宅”，再加上这些棺材，黄昏时分，总会让人感觉到鬼影憧憧，毛骨悚然。所以很少有人敢在晚上来拜访我。我每日“与鬼为邻”，倒也过得很安静。

第二进院子里有很多树木，我最初没有注意是什么树。有一个夏日的晚上，刚下过一阵雨，我走在树下，忽然闻到一股幽香。原来这些是马缨花树，现在树上正开着繁花，幽香就是从这里散发出来的。

这一下子让我回忆起十几年前西单的栀子花和茉莉花的香气。当时我是一个十九岁的大孩子，现在成了中年人。相距将近二十年的两个我，忽然融合到一起来了。

不管是六十多年，还是五十年，都成为过去了。现在北京的面貌天天在改变，层楼摩天，国道宽敞。然而那些可爱的小胡同，却日渐消逝，被摩天大楼吞噬掉了。看来在现实中小胡同的命运和地位都要日趋消沉，这是不可抗御的，也不一定就算是坏事。可是我仍然执着地关心我的小胡同。就让它们在我的心中占一个地位吧，永远，永远。

我爱北京的小胡同，北京的小胡同也爱我。

1993 年 10 月 25 日

赋得永久的悔

题目是韩小蕙女士出的，所以名之曰“赋得”。但文章是我心甘情愿做的，所以不是八股。

我为什么心甘情愿作这样一篇文章呢？一言以蔽之，题目出得好，不但实获我心，而且先获我心：我早就想写这样一篇东西了。

我已经到了望九之年。在过去的七八十年中，从乡下到城里；从国内到国外；从小学、中学、大学到洋研究院；从“志于学”到超过“从心所欲不逾矩”，曲曲折折，坎坎坷坷，既走过阳关大道，也走过独木小桥；既经过“山重水复疑无路”，又看到“柳暗花明又一村”，喜悦与忧伤并驾，失望与希望齐飞，我的经历可谓多矣。要讲后悔之事，那是俯拾即是。要选其中最深切、最真实、最难忘的悔，也就是永久的悔，那也是唾手可得，因为它片刻也没有离开过我的心。

我这永久的悔就是：不该离开故乡，离开母亲。

我出生在鲁西北一个极端贫困的村庄里。我们家是贫中之贫，真可以说是贫无立锥之地。“十年浩劫”中，我自己跳出来反对北大那一位倒行逆施但又炙手可热的“老佛爷”，被她视为眼中钉，必欲除之而后快。她手下的小喽啰们曾两次窜到我的故乡，处心积虑把我“打”成地主，他们那种狗仗人势穷凶极恶的教师爷架子，并没有能吓倒我的乡亲。我小时候的一位伙伴指着他们的鼻子，大声说：“如果让整个官庄来诉苦的话，季羡林家里是第一家！”

这一句话并没有夸大，他说的是实情。我祖父母早亡，留下了我父亲等三个兄弟，孤苦伶仃，无依无靠。最小的一叔送了人。我父亲和九叔饿得没有办法，只好到别人家的枣林里去捡落到地上的干枣充饥。这当然不是长久之计。

最后兄弟俩被逼背乡离井，盲流到济南去谋生。此时他俩也不过十几二十岁。在举目无亲的大城市里，必然是经过千辛万苦，九叔在济南落住了脚。于是我父亲就回到了故乡，说是农民，但又无田可耕。又必然是经过千辛万苦，九叔从济南有时寄点钱回家，父亲赖以生活。不知怎么一来，竟然寻（读若 xín）上了媳妇，她就是我的母亲。母亲的娘家姓赵，门当户对，她家穷得同我们家差不多，否则也决不会结亲。她家里饭都吃不上，哪里有钱、有闲上学。所以我母亲一个字也不识，活了一辈子，连个名字都没有。她家是在另一个庄上，离我们庄五里路。这个五里路就是我母亲毕生所走的最长的距离。

北京大学那一位“老佛爷”要“打”成“地主”的人，也就是我，就出生在这样一个家庭里，就有这样一位母亲。

后来我听说，我们家确实也“阔”过一阵。大概在清末民初，九叔在东三省用口袋里剩下的最后的五角钱，买了十分之一的湖北水灾奖券，中了奖。兄弟俩商量，要“富贵而归故乡”，回家扬一下眉，吐一下气。于是把钱运回家，九叔仍然留在城里，乡里的事由父亲一手张罗。他用荒唐离奇的价钱，买了砖瓦，盖了房子。又用荒唐离奇的价钱，置了一块带一口水井的田地。一时兴会淋漓，真正扬眉吐气了。可惜好景不长，我父亲又用荒唐离奇的方式，仿佛宋江一样，豁达大度，招待四方朋友。一转瞬间，盖成的瓦房又拆了卖砖，卖瓦。有水井的田地也改变了主人。全家又回归到原来的情况。我就是在这个时候，在这样的情况下降生到人间来的。

母亲当然亲身经历了这个巨大的变化。可惜，当我同母亲住在一起的时候，我只有几岁，告诉我，我也不懂。所以，我们家这一次陡然上升，又陡然下降，只像是昙花一现，我到现在也不完全明白。这个谜恐怕要成为永恒的谜了。

不管怎样，我们家又恢复到从前那种穷困的情况。后来听人说，我们家那时只有半亩多地。这半亩多地是怎么来的，我也不清楚。一家三口人就靠这半亩多地生活。城里的九叔当然还会给点接济，然而像中湖北水灾奖那样的事儿，一辈子有一次也不算少了，九叔没有多少钱接济他的哥哥了。

家里日子是怎样过的，我年龄太小，说不清楚。反正吃得极坏，这个我是懂得的。按照当时的标准，吃“白的”（指麦子面）最高，其次是吃小米面或棒子面饼子，最次是吃红高粱饼子，颜色是红的，像猪肝一样。“白的”与我们家无缘。“黄的”（小米面或棒子面饼子颜色都是黄的）与我们缘分也不大。终日为伍者只有“红的”。这“红的”又苦又涩，真是难以下咽。但不吃又害饿，我真有点谈“红”色变了。

但是，小孩子也有小孩子的办法。我祖父的堂兄是一个举人，他的夫人我喊她奶奶。他们这一支是有钱有地的。虽然举人死了，但家境依然很好。我这一位大奶奶仍然健在。她的亲孙子早亡，所以把全部的钟爱都倾注到我身上来。她是整个官庄能够吃“白的”的仅有的几个人中之一。她不但自己吃，而且每天都给我留出半个或者四分之一个白面馍馍来。我每天早晨一睁眼，立即跳下炕来向村里跑，我们家住在村外。我跑到大奶奶跟前，清脆甜美地喊上一声：“奶奶！”她立即笑得合不上嘴，把手缩回到肥大的袖子，从口袋里掏出一小块馍馍，递给我，这是我一天最幸福的时刻。

此外，我也偶尔能够吃一点“白的”，这是我自己用劳动换来的。一到夏天麦收季节，我们家根本没有什么麦子可收。对门住的宁家大婶子和大姑——她们家也穷得够呛——就带我到本村或外村富人的地里去“拾麦子”。所谓“拾麦子”就是别家的长工割过麦子，总还会剩下那么一点点麦穗，这些都是不值得一捡的，我们这些穷人就来“拾”。因为剩下的决不会多，我们拾上半天，也不过拾半篮子；然而对我们来说，这已经是如获至宝了。一定是大婶和大姑对我特别照顾，以一个四五岁、五六岁的孩子，拾上一个夏天，也能拾上十斤八斤麦粒。这些都是母亲亲手搓出来的。为了对我加以奖励，麦季过后，母亲便把麦子磨成面，蒸成馍馍，或贴成白面饼子，让我解解馋。我于是就大快朵颐了。

记得有一年，我拾麦子的成绩也许是有点“超常”。到了中秋节——农民嘴里叫“八月十五”——母亲不知从哪里弄了点月饼，给我掰了一块，我就蹲在一块石头旁边，大吃起来。在当时，对我来说，月饼可真是神奇的好东西，龙肝凤髓也难以比得上的，我难得吃上一次。我当时并没有注意，母亲是否也在吃。现在回想起来，她根本一口也没有吃。不但是月饼，连其他“白的”，母亲从来都没有尝过，都留给我吃了。她大概是毕生就与红色的高粱饼子为伍。到了俭年，连这个也吃不上，那就只有吃野菜了。

至于肉类，吃的回忆似乎是一片空白。我姥娘家隔壁是一家卖煮牛肉的作坊。给农民劳苦耕耘了一辈子的老黄牛，到了老年，耕不动了，几个农民便以极其低的价钱买来，用极其野蛮的办法杀死，把肉煮烂，然后卖掉。老牛肉难煮，实在没有办法，农民就在肉锅里小便一通，这样肉就好烂了。农民心肠好，有了这种情况，就昭告四邻：“今天的肉你们别买！”姥娘家穷，虽然极其疼爱我这个外孙，也只能用土罐子，花几个制钱，装一罐子牛肉汤，聊胜于无。记得有一次，罐子里多了一块牛肚子。这就成了我的专利。我舍不得一气吃掉，就用生了锈的小铁刀，一块一块地割着吃，慢慢地吃。这一块牛肚真可以同月饼媲美了。

“白的”、月饼和牛肚难得，“黄的”怎样呢？“黄的”也同样难得。但是，尽管我只有几岁，我却也想出了办法。到了春、夏、秋三个季节，庄外的草和庄稼都长起来了。我就到庄外去割草，或者到人家高粱地里去劈高粱叶。劈高粱叶，田主不但不禁止，而且还欢迎；因为叶子一劈，通风情况就能改进，高粱长得就能更好，粮食打得就能更多。草和高粱叶都是喂牛用的。我们家穷，从来没有养过牛。我二大爷家是有地的，经常养着两头大牛。我这草和高粱叶就是给它们准备的。每当我这个不到三块豆腐干高的孩子背着一大捆草或高粱叶走进二大爷的大门，我心里有所恃而不恐，把草放在牛圈里，赖着不走，总能蹭上一顿“黄的”吃，不会被二大娘“捲”（我们那里的土话，意思是“骂”）出来。到了过年的时候，自己心里觉得，在过去的一年里，自己喂牛立了功，又有了勇气到二大爷家里赖着吃黄面糕。黄面糕是用黄米面加上枣蒸成的。颜色虽黄，却位列“白的”之上，因为一年只在过年时吃一次，“物以稀为贵”，于是黄面糕就贵了起来。

我上面讲的全是吃的东西。为什么一讲到母亲就讲起吃的东西来了呢？原因并不复杂。第一，我作为一个孩子容易关心吃的东西。第二，所有我在上面提到的好吃的东西，几乎都与母亲无缘。除了“红的”以外，其余她都不沾边儿。我在她身边只呆到六岁，以后两次奔丧回家，呆的时间也很短。现在我回忆起来，连母亲的面影都是迷离模糊的，没有一个清晰的轮廓。特别有一点，让我难解而又易解：我无论如何也回忆不起母亲的笑容来，她好像是一辈子都没有笑过。家境贫困，儿子远离，她受尽了苦难，笑容从何而来呢？有一次我回家听对面的宁大婶子告诉我说：“你娘经常说：‘早知道送出去回不来，我无论如何也不会放他走的！’”简短的一句话里面含着多少辛酸、多少悲伤啊！母亲不知有多少日日夜夜，眼望远方，盼望自己的儿子回来啊！然而这个儿子却始终没有归去，一直到母亲离开这个世界。

对于这个情况，我最初懵懵懂懂，理解得并不深刻。到了上高中的时候，自己大了几岁，逐渐理解了。但是自己寄人篱下，经济不能独立，空有雄心壮志，怎奈无法实现，我暗暗地下定了决心，立下誓愿：一旦大学毕业，自己找到工作，立即迎养母亲。然而没有等到我大学毕业，母亲就离开我走了，永远永远地走了。古人说：“树欲静而风不止，子欲养而亲不待”，这话正应到我身上，我不忍想象母亲临终时思念爱子的情况；一想到，我就会心肝俱裂，眼泪盈眶。当我从北平赶回济南，又从济南赶回清平奔丧的时候，看到了母亲的棺材，看到那简陋的屋子，我真想一头撞死在棺材上，随母亲于地下。我后悔，我真后悔，我千不该万不该离开了母亲。世界上无论什么名誉，什么地位，什么幸福，什么尊荣，都比不上呆在母亲身边，即使她一个字也不识，即使整天吃“红的”。

这就是我的“永久的悔”。

1994 年 3 月 5 日

假若我再上一次大学

“假若我再上一次大学”，多少年来我曾反复思考过这个问题。我曾一度得到两个截然相反的答案：一个是最好不要再上大学，“知识越多越反动”，我实在心有余悸。一个是仍然要上，而且偏偏还要学现在学的这一套。后一个想法最终占了上风，一直到现在。

我为什么还要上大学而又偏偏要学现在这一套呢？没有什么堂皇的理由。我只不过觉得，我走过的这一条道路，对己，对人，都还有点好处而已。我搞的这一套东西，对普通人来说，简直像天书，似乎无利于国计民生。然而世界上所有的科技先进国家，都有梵文、巴利文以及佛教经典的研究，而且取得了辉煌的成绩。这一套冷僻的东西与先进的科学技术之间，真似乎有某种联系。其中消息耐人寻味。

我们不是提出了弘扬祖国优秀文化，发扬爱国主义吗？这一套天书确实能同这两句口号挂上钩，我举一个具体的例子。日本梵文研究的泰斗中村元博士在给我的散文集日译本《中国知识人的精神史》写的序中说到，中国的南亚研究原来是相当落后的。可是近几年来，突然出现了一批中年专家，写出了一些水平较高的作品，让日本学者有“攻其不备”之感。这是几句非常有意思的话。实际上，中国梵学学者同日本同行们的关系是十分友好的。我们一没有“攻”，二没有争，只有坐在冷板凳上辛苦耕耘。有了一点成绩，日本学者看在眼里，想在心里，觉得过去对中国南亚研究的评价过时了。我觉得，这里面既包含着“弘扬”，也包含着“发扬”。怎么能说，我们这一套无补于国计民生呢？

话说远了，还是回来谈我们的本题。

我的大学生活是比较长的：在中国念了四年，在德国哥廷根大学又念了五年，才获得学位。我在上面所说的“这一套”就是在国外学到的。我在国内时，对“这一套”就有兴趣。但苦无机会。到了哥廷根大学，终于找到了机会，我简直如鱼得水，到现在已经坚持学习了将近六十年。如果马克思不急于召唤我，我还要坚持学下去的。

如果想让我谈一谈在上大学期间我收获最大的是什么，那是并不困难的。在德国学习期间有两件事情是我毕生难忘的，这两件事都与我的博士论文有关联。

我想有必要在这里先谈一谈德国的与博士论文有关的制度。当我在德国学习的时候，德国并没有规定学习的年限。只要你有钱，你可以无限期地学习下去。德国有一个词儿是别的国家没有的，这就是“永恒的大学生”。德国大学没有空洞的“毕业”这个概念，只有博士论文写成，口试通过，拿到博士学位，这才算是毕了业。

写博士论文也有一个形式上简单而实则极严格的过程，一切决定于教授。在德国大学里，学术问题是教授说了算。德国大学没有入学考试，只要高中毕业，就可以进入任何大学。德国学生往往是先入几个大学，过了一段时间以后，自己认为某个大学、某个教授，对自己最适合，于是才安定下来，在一个大学，从某一位教授学习。先听教授的课，后参加他的研讨班。最后教授认为你“孺子可教”，才会给你一个博士论文题目。再经过几年的努力，收集资料，写出论文提纲，经过教授过目。论文写成的年限没有规定，至少也要三四年，长则漫无限制。拿到题目十年八年写不出论文，也不是稀见的事。所有这一切都决定于教授，院长、校长无权过问。写论文，他们强调一个“新”字，没有新见解，就不必写文章。见解不论大小，唯新是图。论文题目不怕小，就怕不新。我个人觉得，这是非常重要的一点。只有这样，学术才能“日日新”，才能有进步。否则满篇陈言，东抄西抄，饾饤拼凑，尽是冷饭。虽洋洋数十甚至数百万言，除了浪费纸张、浪费读者的精力以外，还能有什么效益呢？

我拿到博士论文题目的过程，基本上也是这样。我拿到了一个有关佛教混合梵语的题目。用了三年的时间，搜集资料，写成卡片，又到处搜寻有关图书，翻阅书籍和杂志，大约看了总有一百多种书刊。然后整理资料，使之条理化、系统化，写出提纲，最后写成文章。

我个人心里琢磨：怎样才能向教授露一手儿呢？我觉得那几千张卡片虽然抄写得好像蜜蜂采蜜，极为辛苦；然而却是干巴巴的，没有什么文采，或者无法表现文采。于是我想在论文一开始就写上一篇“导言”，这既能炫学，又能表现文采。真是一举两得的绝妙主意，我照此办理。费了很长的时间，写成一篇相当长的“导言”。我自我感觉良好，心里美滋滋的。认为教授一定会大为欣赏，说不定还会夸上几句哩。我先把“导言”送给教授看，回家做着美妙的梦。我等呀，等呀，终于等到教授要见我，我怀着走上领奖台的心情，见到了教授。然而却使我大吃一惊。教授在我的“导言”前画上了一个前括号，在最后画上了一个后括号，笑着对我说：“这篇导言统统不要！你这里面全是华而不实的空话，一点新东西也没有！别人要攻击你，到处都是暴露点，一点防御也没有！”对我来说，这真如晴天霹雳，打得我一时说不上话来。但是，经过自己的反思，我深深地感觉到，教授这一棍打得好，我毕生受用不尽。

第二件事情是，论文完成以后，口试接着通过，学位拿到了手。论文需要从头到尾认真核对，不但要核对从卡片上抄入论文的篇、章、字、句，而且要核对所有引用过的书籍、报刊和杂志。要知道，在三年以内，我从大学图书馆，甚至从柏林的普鲁士图书馆，借过大量的书籍和报刊，耗费了大量的时间。当时就感到十分烦腻。现在再在短期内，把这样多的书籍重新借上一遍，心里要多腻味就多腻味。然而老师的教导不能不遵行，只有硬着头皮，耐住性子，一本一本地借，一本一本地查。把论文中引用的大量出处重新核对一遍，不让它发生任何一点错误。

后来我发现，德国学者写好一本书或者一篇文章，在读校样的时候，都是用这种办法来一一仔细核对。一个研究室里的人，往往都参加看校样的工作。每人一份校样，也可以协议分工。他们是以集体的力量，来保证不出错误。这个法子看起来极笨，然而除此以外，还能有“聪明的”办法吗？德国书中的错误之少，是举世闻名的。有的极为复杂的书竟能一个错误都没有，连标点符号都包括在里面。读过校样的人都知道，能做到这一步，是非常非常不容易的。德国人为什么能做到呢？他们并非都是超人的天才，他们比别人高出一头的诀窍就在于他们的“笨”。我想改几句中国古书上的话：“德国人其智可及也，其笨（愚）不可及也。”

反观我们中国的学术界，情况则颇有不同。在这里有几种情况。中国学者博闻强记，世所艳称。背诵的本领更令人吃惊。过去有人能背诵四书五经，据说还能倒背。写文章时，用不着去查书，顺手写出，即成文章。但是记忆力会时不时出点问题的。中国近代一些大学者的著作，若加以细致核对，也往往有引书出错的情况。这是出上乘的错。等而下之，作者往往图省事，抄别人的文章时，也不去核对，于是写出的文章经不起核对。这是责任心不强，学术良心不够的表现。还有更坏的就是胡抄一气。只要书籍文章能够印出，哪管他什么读者！名利到手，一切不顾。我国的书评工作又远远跟不上。即使发现了问题，也往往“为贤者讳”怕得罪人，一声不吭。在我们当前的学术界，这种情况能说是稀少吗？我希望我们的学术界能痛改这种极端恶劣的作风。

我上了九年大学，在德国学习时，我自己认为收获最大的就是以上两点。也许有人会认为这卑之无甚高论。我不去争辩。我现在年届耄耋，如果年轻的学人不弃老朽，问我有什么话要对他们讲，我就讲这两点。

1991 年 5 月 5 日写于北京大学

听雨（一）

从一大早就下起雨来。下雨，本来不是什么稀罕事儿，但这是春雨，俗话说："春雨贵如油。"而且又在罕见的大旱之中，其珍贵就可想而知了。

"润物细无声"，春雨本来是声音极小极小的，小到了"无"的程度。但是，我现在坐在隔成了一间小房子的阳台上，顶上有块大铁皮。楼上滴下来的檐溜就打在这铁皮上，打出声音来，于是就不"细无声"了。按常理说，我坐在那里，同一种死文字拼命，本来应该需要极静极静的环境，极静极静的心情，才能安下心来，进入角色，来解读这天书般的玩意儿。这种雨敲铁皮的声音应该是极为讨厌的，是必欲去之而后快的。

然而，事实却正相反。我静静地坐在那里，听到头顶上的雨滴声，此时有声胜无声，我心里感到无量的喜悦，仿佛饮了仙露，吸了醍醐，大有飘飘欲仙之概了。这声音时慢时急，时高时低，时响时沉，时断时续，有时如金声玉振，有时如黄钟大吕，有时如大珠小珠落玉盘，有时如红珊白瑚沉海里，有时如弹素琴，有时如舞霹雳，有时如百鸟争鸣，有时如兔落鹘起，我浮想联翩，不能自已，心花怒放，风生笔底。死文字仿佛活了起来，我也仿佛又溢满了青春活力。我平生很少有这样的精神境界，更难为外人道也。

在中国，听雨本来是雅人的事。我虽然自认还不是完全的俗人，但能否就算是雅人，却还很难说。我大概是介乎雅俗之间的一种动物吧。中国古代诗词中，关于听雨的作品是颇有一些的。顺便说上一句：外国诗词中似乎少见。我的朋友章用回忆表弟的诗中有"频梦春池添秀句，每闻夜雨忆联床"，是颇有一点诗意的。连《红楼梦》中的林妹妹都喜欢李义山的"留得残荷听雨声"之句。最有名的一首听雨的词当然是宋蒋捷的《虞美人》，词不长，我索性抄它一下：

> 少年听雨歌楼上，红烛昏罗帐。壮年听雨客舟中，江阔云低、断雁叫西风。　　而今听雨僧庐下，鬓已星星也。悲欢离合总无情。一任阶前、点滴到天明。

蒋捷听雨的心情，是颇为复杂的。他是用听雨这一件事来概括自己的一生的，从少年、壮年一直到老年，达到了“悲欢离合总无情”的境界。但是，古今对老的概念，有相当大的悬殊。他是“鬓已星星也”，有一些白发，看来最老也不过五十岁左右。用今天的眼光看，他不过是介乎中老之间，同我自己比起来，我已经到了望九之年，鬓边早已不是“星星也”，顶上已是“童山濯濯”了。要讲达到“悲欢离合总无情”的境界，我比他有资格。我已经能够“纵浪大化中，不喜亦不惧”了。

可我为什么今天听雨竟也兴高采烈呢？这里面并没有多少雅味，我在这里完全是一个“俗人”。我想到的主要是麦子，是那辽阔原野上的青春的麦苗。我生在乡下，虽然六岁就离开，谈不上干什么农活，但是我拾过麦子，捡过豆子，割过青草，劈过高粱叶。我血管里流的是农民的血，一直到今天垂暮之年，毕生对农民和农村怀着深厚的感情。农民最高希望是多打粮食。天一旱，就威胁着庄稼的成长。即使我长期住在城里，下雨一少，我就望云霓，自谓焦急之情，决不下于农民。北方春天，十年九旱。今年似乎又旱得邪行。我天天听天气预报，时时观察天上的云气。忧心如焚，徒唤奈何。在梦中也看到的是细雨濛濛。

今天早晨，我的梦竟实现了。我坐在这长宽不过几尺的阳台上，听到头顶上的雨声，不禁神驰千里，心旷神怡。在大大小小、高高低低，有的方正、有的歪斜的麦田里，每一个叶片都仿佛张开了小嘴，尽情地吮吸着甜甜的雨滴，有如天降甘露，本来有点黄萎的，现在变青了。本来是青的，现在更青了。宇宙间凭空添了一片温馨，一片祥和。

我的心又收了回来，收回到了燕园，收回到了我楼旁的小山上，收回到了门前的荷塘内。我最爱的二月兰正在开着花。它们拼命从泥土中挣扎出来，顶住了干旱，无可奈何地开出了红色的、白色的小花，颜色如故，而鲜亮无踪，看了给人以孤苦伶仃的感觉。在荷塘中，冬眠刚醒的荷花，正准备力量向水面冲击。水当然是不缺的，但是，细雨滴在水面上，画成了一个个的小圆圈，方逝方生，方生方逝。这本是人类中的诗人所欣赏的东西，小荷花看了也高兴起来，劲头更大了，肯定会很快地钻出水面。

我的心又收近了一层，收到了这个阳台上，收到了自己的脑子里，头顶上叮当如故，我的心情怡悦有加。但我时时担心，它会突然停下来。我潜心默祷，祝愿雨声长久响下去，响下去，永远也不停。

1995年4月13日

听雨（二）

我大概对雨声情有独钟，我曾写过一篇《听雨》，现在又写《听雨》。

从凌晨起，外面就下起小雨来。我本来有几张桌子，供我写作之用；我却偏偏选了阳台上铁皮封顶下的一张。雨滴和檐溜敲在上面，叮当作响。小保姆劝我到屋里面另一张临窗的大桌旁去写作，说是那里安静。焉知我觉得在阳台上，在雨声中更安静。王籍诗："鸟鸣山更幽。"有人以为奇怪：鸟不鸣不是比鸣更为幽静吗？山中这样的经验我没有，雨中这样的经验我却是有的。我觉得"雨响室更幽"，眼前就是这样。

我伏在桌旁，奋笔疾书，上面铁皮上雨点和檐溜敲打得叮叮当当，宛如白居易《琵琶行》的琵琶声，"大珠小珠落玉盘"，其声清越，缓急有节，敲打不停，似有间歇。其声不像贝多芬的音乐，不像肖邦的音乐，不像莫扎特的音乐，不像任何大音乐家的音乐；然而谛听起来，却真又像贝多芬，像肖邦，像莫扎特。我听而乐之，心旷神怡，心灵中特别幽静，文思如泉水涌起，深深地享受着写作的情趣。

悠然抬头，看到窗外，浓绿一片，雨丝像玉帘一般，在这一片浓绿中画上了线。新荷初露田田叶，垂柳摇曳丝丝烟，几疑置身非人间。

我当然会想到小山上下我那些野草闲花的植物朋友们，它们当然也决不会轻易放过这样天赐良机；尽量张大了嘴，吮吸这些从天上滴下来的甘露，为来日抵抗炎阳做好准备。

我头顶上滴声未息，而阳台上幽静有加，我仿佛离开了嘈杂的尘寰，与天地万物合为一体。

1997年6月3日

我的家

我曾经有过一个温馨的家。那时候，老祖和德华都还活着，她们从济南迁来北京，我们住在一起。

老祖是我的婶母，全家都尊敬她，尊称之为老祖。她出身中医世家，人极聪明，很有心计。从小学会了一套治病的手段，有家传治白喉的秘方，治疗这种十分危险的病，十拿十稳，手到病除。因自幼丧母，没人替她操心，耽误了出嫁的黄金时刻，成了一位山东话称之为“老姑娘”的人。年近四十，才嫁给了我叔父，做续弦的妻子。她心灵中经受的痛苦之剧烈，概可想见。然而她是一个十分坚强的人，从来没有对人流露过，实际上，作为一个丧母的孤儿，又能对谁流露呢？

德华是我的老伴，是奉父母之命，通过媒妁之言同我结婚的。她只有小学水平，认了一些字，也早已还给老师了。她是一个真正善良的人，一生没有跟任何人闹过对立，发过脾气。她也是自幼丧母的，在她那堂姊妹兄弟众多的、生计十分困难的大家庭里，终日愁米愁面，当然也受过不少的苦，没有母亲这一把保护伞，有苦无处诉，她的青年时代是在愁苦中度过的。

至于我自己，我虽然不是自幼丧母，但是，六岁就离开母亲，没有母爱的滋味，我尝得透而又透。我大学还没有毕业，母亲就永远离开了我，这使我抱恨终天，成为我的“永久的悔”。我的脾气，不能说是暴躁，而是急躁。想到干什么，必须立即干成，否则就坐卧不安。我还不能说自己是个坏人，因为，除了为自己考虑外，我还能为别人考虑。我坚决反对曹操的“宁要我负天下人，不要天下人负我”。

就是这样三个人组成了一个家庭。

为什么说是一个温馨的家呢？首先是因为我们家六十年来没有吵过一次架，甚至没有红过一次脸。我想，这即使不能算是绝无仅有，也是极为难能可贵的。把这样一个家庭称之为温馨不正是恰如其分吗？其中也不是没有原因的。

我们全家都尊敬老祖，她是我们家的功臣。正当我们家经济濒于破产的时候，从天上掉下一个馅儿饼来：我获得一个到德国去留学的机会。我并没有什么凌云的壮志，只不过是想苦熬两年，镀上一层金，回国来好抢得一只好饭碗，如此而已。焉知两年一变而成了十一年。如果不是老祖苦苦挣扎，摆过小摊，卖过破烂，勉强让一老，我的叔父；二中，老祖和德华；二小，我的女儿和儿子，能够有一口饭吃，才得度过灾难。否则，我们家早已家破人亡了。这样一位大大的功臣，我们焉能不尊敬呢？

如果真有“毫不利已，专门利人”的人的话，那就是老祖和德华。她们忙忙叨叨买菜、做饭，等到饭一做好，她俩却坐在旁边看着我们狼吞虎咽，自己只吃残羹剩饭。这逼得我不由不从内心深处尊敬她们。

我们曾经雇过一个从安徽来的年轻女孩子当小时工，她姓杨，我们都管她叫小杨，是一个十分温顺、诚实、少言寡语的女孩子。每天在我们家干两小时的活，天天忙得没有空闲时间。我们家的两个女主人经常在午饭的时候送给小杨一个热馒头，夹上肉菜，让她吃了当午饭，立即到别的家去干活。有一次，小杨背上长了一个疮，老祖是医生，懂得其中的道理。据她说，疮长在背上，如凸了出来，这是良性的，无大妨碍。如果凹了进去，则是民间所谓的大背疮，古书上称之为疽，是能要人命的。当年范增“疽发背死”，就是这种疮。小杨患的也恰恰是这种疮。于是，小杨每天到我们家来，不是干活，而是治病，主治大夫就是老祖，德华成了助手。天天挤脓、上药，忙完整整两小时，小杨再到别的家去干活。最后，奇迹出现了，过了几个月，小杨的疽完全好了。老祖始终没有告诉她这种疮的危险性。小杨离开北京回到安徽老家以后，还经常给我们来信，可见我们家这两位女主人之恩，使她毕生难忘了。

我们的家庭成员，除了“万物之灵”的人以外，还有几个并非万物之灵的猫。我们养的第一只猫，名叫虎子，脾气真像是老虎，极为暴烈。但是，对我们三个人却十分温顺，晚上经常睡在我的被子上。晚上，我一上床躺下，虎子就和另外一只名叫猫咪的猫，连忙跳上床来，争夺我脚头上那一块地盘，沉沉地压在那里。如果我半夜里醒来，觉得脚头上轻轻的，我知道，两只猫都没有来，这时我往往难再入睡。在白天，我出去散步，两只猫就跟在我后面，我上山，它们也上山；我下来，它们也跟着下来。这成为燕园中一条著名的风景线，名传遐迩。

这难道不是一个温馨的家庭吗？

然而，光阴如电光石火，转瞬即逝。到了今天，人猫俱亡，我们的家庭只剩下了我一个人，形单影只，过了一段寂寞凄苦的生活。

然而，天无绝人之路。隔了不久，我的同事，我的朋友，我的学生，了解到我的情况之后，立刻伸出了爱援之手，使我又萌生了活下去的勇气。其中有一位天天到我家来“打工”，为我操吃操穿，读信念报，招待来宾，处理杂务，不是亲属，胜似亲属。让我深深感觉到，人间毕竟是温暖的，生活毕竟是“美丽的”（我讨厌这个词儿，姑一用之）。如果没有这些友爱和帮助，我恐怕早已登上了八宝山，与人世“拜拜”了。

那些非万物之灵的家庭成员如今数目也增多了。我现在有四只纯种的，从家乡带来的波斯猫，活泼、顽皮，经常挤入我的怀中，爬上我的脖子。其中一只，尊号毛毛四世的小猫，正在爬上我的脖子，被一位摄影家在不到半秒钟的时间内抢拍了一个镜头，赫然登在《人民日报》上，受到了许多人的赞扬，成为蜚声猫坛的一只世界名猫。

眼前，虽然我们家只剩下我一个孤家寡人，你难道能说这不是一个温馨的家吗？

2000 年 11 月 5 日

当时只道是寻常

这是一句非常明白易懂的话，却道出了几乎人人都有的感觉。所谓“当时”者，指人生过去的某一个阶段。处在这个阶段中时，觉得过日子也不过如此，是很寻常的。过了十几二十年或者更长的时间，回头一看，当时实在有不寻常者在。因此有人，特别是老年人，喜欢在回忆中生活。

在中国，这种情况更比较突出，魏晋时代的人喜欢做羲皇上人。这是一种什么心理呢?“鸡犬之声相闻，而老死不相往来”，真就那么好吗？人类最初不会种地，只是采集植物，猎获动物，以此为生。生活是十分艰苦的。这样的生活有什么可向往的呢!

然而，根据我个人的经验，发思古之幽情，几乎是每个人都有的。到了今天，沧海桑田，世界有多少次巨大的变化。人们思古的情绪却依然没变。我举一个具体的例子。十几年前，我重访了我曾待过十年的德国哥廷根。我的老师瓦尔德施密特教授夫妇都还健在。但已今非昔比，房子捐给梵学研究所，汽车也已卖掉。他们只有一个独生子，二战中阵亡。此时老夫妇二人孤零零地住在一座十分豪华的养老院里。院里设备十分齐全，游泳池、网球场等等一应俱全。但是，这些设备对七八十岁、八九十岁的老人有什么用处呢？让老人们触目惊心的是，每隔一段时间就有某一个房号空了出来，主人见上帝去了。这对老人们的刺激之大是不言而喻的。我的来临大出教授的意料，他简直有点喜不自胜的意味。夫人摆出了当年我在哥廷根时常吃的点心。教授仿佛返老还童，回到了当年去了。他笑着说：“让我们好好地过一过当年过的日子，说一说当年常说的话!”我含着眼泪离开了教授夫妇，嘴里说着连自己都不相信的话：“过几年，我还会来看你们的。”

我的德国老师不会懂“当时只道是寻常”的隐含的意蕴，但是古今中外人士所共有的这种怀旧追忆的情绪却是有的。这种情绪通过我上面描述的情况完全流露出来了。

仔细分析起来，“当时”是很不相同的。国王有国王的“当时”，有钱人有有钱人的“当时”，平头老百姓有平头老百姓的“当时”。在李煜眼中，“当时”是车如流水马如龙，花月正春风游上林苑的“当时”。对此，他没有别的办法，只有哀叹“天上人间”了。

我不想对这个概念再进行过多的分析。本来是明明白白的一点真理，过多的分析反而会使它迷离模糊起来。我现在想对自己提出一个怪问题：你对我们的现在，也就是眼前这个现在，感觉到是寻常呢还是不寻常？这个“现在”，若干年后也会成为“当时”的。到了那时候，我们会不会说“当时只道是寻常”呢？现在无法预言。现在我住在医院中，享受极高的待遇。应该说，没有什么不满足的地方。但是，倘若扪心自问：“你认为是寻常呢，还是不寻常？”我真有点说不出，也许只有到了若干年后，我才能说：“当时只道是寻常。”

2003 年 6 月 20 日

石林颂

我怎样来歌颂石林呢？它是祖国的胜迹，大自然的杰作，宇宙的奇观。它能使画家搁笔，歌唱家沉默，诗人徒唤奈何。

但是，我却仍然是非歌颂它不可。在没有看到它以前，我已经默默地歌颂了它许多许多年。现在终于看到了它，难道还能沉默无言吗？

在不知道多少年以前，我就听人们谈论到石林，还在一些书上读到有关它的记载。从那时候起，对这样一个神奇的东西，我心里就埋上了一颗向往的种子。以后，我曾多次经过昆明，每次都想去看一看石林；但是，每次都没能如愿，空让那一颗向往的种子寂寞地埋在我的心里，没有能够发芽、开花。

我曾有过种种的幻想。我把一切我曾看到过的同“石”和“林”有关的东西都联系起来，构成了我自己的“石林”。我幻想：石林就像是热带的仙人掌，一根一根竖在那里，高高地插入蔚蓝的晴空。我幻想：石林就像是木变石，不是一株，而是千株万株，参差不齐，错错落落，汇成一片大森林。我又幻想：石林就像是一堆太海湖石，玲珑剔透，嵯峨巉岩，布满了一座美丽的大花园。我觉得，自己创造出来的这些形象都是异常美妙的，我沉湎于自己的幻想中。

然而今天，我终于亲眼看到石林了。我发现，不管我那些幻想是多么奇妙，多么美丽，相形之下，它们都黯然失色，有些简直显得寒伧得可笑了。我眼前的石林完全不是那个样子。

走到离开石林还有十几里路的地方，我就看到一块块的灰色大石头耸立在稻田中，孤高挺直，拔地而起，倒影映在黄色的水面上，再衬上绿色的禾苗，构成一幅秀丽动人的图画。这些石头错错落落地站在那里，从远处看去，就像是一团团的乌云，像是一头头的野象，又像是古代神话中的巨人，手执刀枪，互相搏斗。我兴奋起来了，自己心里想：石林原来是这个样子呀！

然而，过了不久，我就发现，石林也还不完全就是这个样子。

到了石林的最胜处，我看到一块块的青灰色的大石头，高达几十丈几百丈，仿佛是给魔术师从大地深处咒出来似的，盘根错节，森森棱棱，形成了一座巨大的迷宫。这些石头都洋溢着无穷无尽的力量，威慑地挺立在我们眼前。迷宫里面千门万户，窦窍玲珑，说不清有多少曲涧，数不清有多少幽洞。我仿佛走进了古代的阿房宫，“五步一楼，十步一阁。廊腰缦回，檐牙高啄。各抱地势，钩心斗角”。一条条的羊肠小道，阴暗崎岖。一处处的岩穴洞府，老藤穿壁，绿苔盈阶。有时候，我以为没有路了，但是转过一座石壁，却豁然开朗，眼前有清泉一泓，参天怪石倒影其中，显得幽深渺远，恍如仙境；有时候，我以为有路，但是穿涧越洞，猱升蛇行，爬得我昏头昏脑，终于还是碰了壁，不得不回头另找出路；也有时候，我左转右转，上上下下，弯腰曲背，碰头擦臂，以为不知道已经走了多远，然而站下来，定睛一看，却原来又回来了。我就像是陷入了八阵图中，心情又紧张，又兴奋。

但是，在紧张和兴奋中，我并没有忘记欣赏四周的瑰奇伟丽的景色。面对着各种各样的怪石头，我的脑海里映起了种种形象。我有时候想到古代希腊的雕塑，于是目光所到之处，上下左右，全是精美的雕塑，有留着小胡子的阿波罗，有断了一只胳臂的维纳斯，我仿佛到了奥林匹亚神山之上，身处群神之中。我有时候想到“曹衣出水，吴带当风”这两句话，眼前立刻就出现了一幅幅吴道子的绘画，笔触遒劲，力透纸背。一转眼，我眼前又仿佛出现了一座古罗马的大剧院，四周围着粗大的石柱，一根根都有撑天的力量。稍微换一个角度，我又看到南印度海边上用一块块大石头雕成的婆罗门教的神庙，星罗棋布地排在那里。再向前走两步，迎面奔来一群野象，一个个甩起了长大的鼻子，来势汹汹，漫山遍野。然而，眼睛一眨，野象又变成了狮子，大大小小，跳踉游戏，爪子对着爪子，尾巴缠住尾巴，我仿佛能听到它们的吼声。如果眼睛再一瞬，野兽就突然会变成花朵。这里是一朵云南名贵的茶花，那里是一朵北地蜚声的牡丹，红英映日，绿萼蔽天。这里是芙蓉花来自阆苑仙境，那里是西方极乐世界里的红莲。只要我心思一转，花朵又转成了人物。仙人骑着丹顶鹤驾云而至，阿罗汉披着袈裟大踏步地走下兜率天……

我左思右想，眼花缭乱。眼前这一片森森棱棱的石头仿佛都活了起来，它们仿佛都具有大神通力，变化多端。我想到什么东西，眼前就出现什么东西。

也可以说，眼前出现什么东西，我就想到什么东西。我平常总认为自己并不缺乏想象力。可是今天面对着这一堆石头，我的想象却像是给剪掉了翅膀，没法活动了。我只好停下来，干脆什么都不想，排除一切杂念，让自己的心成为一面光洁的镜子，这一堆鬼斧神工凿成的大石头就把自己的影子投入我这一面晶莹澄澈的镜中。

我现在觉得，倒是本地人民的幻想要比我的幻想好得多。他们是这样说的：有一天，仙人张果老用鞭子赶着一群石头，想把南盘江口堵住，把路南一带变成大海，让村庄淹没，人畜死亡。这时候，正巧有一对青年男女在旷野里谈情说爱。他们看到这情形，就同张果老打起来。结果神仙被打败了，一溜烟逃走，丢下这一群石头，就变成了现在的石林。

这幻想的故事是多么朴素，但又多么涵义深远呀！相形之下，自己那些幻想真显得华而不实、毫无意义了。我于是更下定了决心，再不胡思乱想，坐对群石，潜心静观，让它们把影子投入我心里那一面晶莹澄澈的镜中。

但是，我却无论如何也抑压不住自己的激情，我不能沉默无言。石林能使画家搁笔，歌唱家沉默，诗人徒唤奈何。我既非画家，又非歌唱家，更非诗人。我只能用这样粗鄙的文字，唱出我的颂歌。

1962年1月末在思茅写成初稿

6月11日在北京重写

西双版纳礼赞

在北京的时候，我就常常想到西双版纳。每一想到，思想好像要插上翅膀，飞呀，飞呀，不知道要飞多久，飞多远，才能飞到祖国的这一个遥远的边疆地区。

然而，今天我到了西双版纳，却觉得北京就在我跟前。我仿佛能够嗅到北京的气味，听到北京的声音，看到北京的颜色；我的一呼、一吸、一举手、一投足，仿佛都与北京人共之。我没有一点辽远的感觉。这是什么原因呢？

这原因，我最初确是百思莫解。它对我仿佛是一个神秘的谜，我左猜右猜，无论如何也猜不透。

但是，我终于在无意中得到了答案。

有一天，我们在允景洪参观一个热带植物园。一群男女青年陪着我们。听他们的口音，都不是本地人：有的来自南京，有的来自上海，有的来自湖南，有的来自江苏。尽管故乡不同，方音各异，现在却和睦融洽地生活在一起，工作在一起。在浓黑的橡胶树荫里，在五彩缤纷的奇花异草的芳香中，这些青年兴致勃勃地给我们解释每一棵植物的名称、特点、经济价值。有一个女孩子，垂着一双辫子，长着一对又圆又大又亮的眼睛。双颊像苹果一般地红艳。她浑身洋溢着青春的活力，眼睛里闪烁着动人的光芒。她正巧走在我的身旁，我就同她闲谈起来：

“你是什么地方人呢？”

“福建厦门。”

“来了几年了？”

“五年了。”

“你不想家吗?”

女孩子嫣然一笑，把辫子往背后一甩，从容不迫地说道：

“哪里是祖国的地方，哪里就是我可爱的家乡。”

我的心一动。这一句话多么值得深思玩味呀。从这些男女青年的神情上来看，他们早已把西双版纳当做自己的家乡。而我自己虽然来到这里不久，也在不知不觉中把西双版纳当做自己的家乡了，我已经觉得它同北京没有什么差别了。

我曾不止一次地听日本朋友说到中国青年的眼睛特别亮，这个观察很细致。西双版纳的青年们，确实都像从厦门来的那个女孩子，眼睛特别明亮。这眼睛不但看到现在，而且看到将来；里面洋溢着蓬勃的热情、炽热的希望和美丽的幻想。

西双版纳是一个“黄金国”，是一个奇妙的地方，是一个能引起人们幻想的地方。到了这里，青年们的眼睛怎能不特别明亮呢?

就看看这里的树林吧。离开思茅不远，一进入西双版纳的原始密林，你就会为各种植物的那种无穷无尽、充沛旺盛的生命力所震惊。你看那参天的古树，它从群树丛中伸出了脑袋，孤高挺直，耸然而起，仿佛想一直长到天上，把天空戳上一个窟窿。大叶子的蔓藤爬在树干上，伸着肥大浓绿的胳臂，树多高，它就爬多高，一直爬到白云里去。一些像兰草一样的草本植物，就生长在大树的枝干上，骄傲地在空中繁荣滋长。大榕树劲头更大，一棵树就能繁衍成一片树林。粗大的枝干上长出了一条条的腿；只要有机会踏到地面上，它立刻就深深地牢牢地钻进去，仿佛想把大地钻透，任凭风多大，也休想动摇它丝毫。芭蕉的叶子大得惊人，一片叶子好像就能搭一个天棚，影子铺到地上，浓黑一团。总之，在这里，各种的树，各种的草，各种的花，生长在一起，纠缠在一起，长呀，长呀，长成堆，长成团，长成了一块，郁郁苍苍，浓翠欲滴，连一条蛇都难钻进去。

这里的水果蔬菜，也很惊人。一棵香蕉树能结成百上千只香蕉。肥大的木瓜，簇拥在一起，谁也不让谁；力量大的尽量扩大自己的身体，力量小的只好在夹缝中谋求生存。白菜一棵有几十斤重，拿到手里，像是满手翡翠。萝卜滚圆粗大，里面的汁水简直就要流了出来。大葱有的长得像小儿的胳臂，又白又嫩。其他的蔬菜无不肥嫩鲜美。我们初看到的时候，简直有点觉得它们大得浪费，肥得荒谬，瞠目结舌，不知道究竟应该说什么好了。

所有这一切从地里生长出来的东西，仿佛从大地的最深处带出来了一股丰盈充沛的生命活力，汹涌迸发，弥漫横溢。它在一切树木上，一切花草上，一切山之巅，一切水之涯，把这一片土地造成了美丽的地上乐园。

再说到这里的自然风光，那更是瑰丽奇伟。这里也可以说是有四季的；但却与北方不同，不是春夏秋冬，而是三个春季和一个夏季。我来到这里的时候，北方正是“千里冰封，万里雪飘”，这里却风和日暖，花气袭人，大概只能算是一个春季吧。我最爱这里的清晨。当一百只雄鸡的鸣声把我唤出梦境的时候，晓星未退，晨雾正浓。各种各样花草的香气，在雾中仿佛凝结了起来，成团成块，逼人欲醉。我最爱这里的月夜，月光像水一般从天空中泻下来，泻到芭蕉的大叶子上，泻到累累垂垂的木瓜上，泻到成丛的剑麻上，让一切都浸在清冷的银光中。芭蕉的门扇似的大叶子，剑麻的带锯齿的叶子，木瓜树的长圆的叶子，阴影投在地上，黑白分明，线条清晰。我最爱这里的白云。舒卷自如，变化万端，流动在群山深处，大树林中；流动在茅舍顶上，汽车轮下。它给森林系上腰带，给群峰戴上帽子。每当汽车驶入白云中的时候，下顾溪壑深处，白云仿佛变成了银桥，驮着汽车走向琼楼玉宇的天宫。我最爱这里的青山。簇簇拥拥，层层叠叠，身上驮满了万草千树，肚子里藏满了珍宝奇石，像是一条条翠绿的玉带，环绕着每一个坝子，千峰争秀，万壑竞幽。——我最爱这，我最爱那，我最爱的东西是数也数不完的。

现在这里不但获天时，有地利，最主要的还是得人和。在过去几千年的历史上，这里是有名的瘴疠地，也是有名的民族矛盾冲突的地方。许多古书上记载着一些有关此地的骇人听闻的事情，说这里的空气满含瘴气，呼吸不得；这里的水是毒泉，喝不得；许多美丽的花草也是有毒的，摸不得，嗅不得；森林里蚊子大得像蜻蜓，毒虫肥得像老鼠，简直把这里描绘成一个人间地狱。但是，今天的西双版纳却“换了人间”，完全是另一番景象，另一个天地了。所谓蛮烟瘴雨，早为光天化日所代替，初升的朝阳照穿了神秘的原始密林。花显得更香，叶显得更绿，果实蔬菜显得更肥更大，风光显得更美更妙。工厂里的白烟与山中的白云流在一起，分不清哪是烟，哪是云；人们的歌声与林中的鸟声汇在一起，分不清哪是歌声，哪是鸟声。许多外地的、甚至外国的植物在这里安了家；许多外地的人也在这里安了家。十几个语言不同、信仰不同、服装不同、风俗不同的民族聚居在一个村子里，和睦融洽地生活在一起，工作在一起，像是一个大家庭。现在这里真正够得上称做人间乐园了。

在这样一个地方，青年们的眼睛特别明亮，他们把自己的理想和前途，同祖国的前途，同这个地方的前途联系起来，把这个地方当做了自己的家乡，这也是很自然的事情了。

从前，在离开这里不远的思茅，流行着两句话："要下思茅坝，先把老婆嫁。"但是，今天，我们这群来参观访问的人，都一致同意把它改成："要到思茅来，先把老婆带。"我们兴奋地相约：十年后，二十年后，我们一定要再回西双版纳来。到了那时候，西双版纳不知道究竟会美丽奇妙到什么程度。我希望，到了那时候，我能够写出比现在好的礼赞来。

1962 年 8 月

访绍兴鲁迅故居

一转入那个地上铺着石板的小胡同，我立刻就认出了那一个从一幅木刻上久已熟悉了的门口。当年鲁迅的母亲就是在这里送她的儿子到南京去求学的。

我怀着虔敬的心情走进了这一个简陋的大门。我随时在提醒自己：我现在踏上的不是一个平常的地方。一个伟大的人物、一个文化战线上的坚强的战士就诞生在这里，而且在这里度过了他的童年。

对于这样一个人物，我从中学时代起就怀着无限的爱戴与向往。我读了他所有的作品，有的还不止一遍。有一些篇章我甚至能够背诵得出。因此，对于他这个故居我是十分熟悉的。今天虽然是第一次来到这里，我却感到我是来到一个旧游之地了。

房子已经十分古老，而且结构也十分复杂，不像北京的四合院那样，让人一目了然。但是我仍觉得这房子是十分可爱的。我们穿过阴暗的走廊，走过一间间的屋子。我们看到了鲁迅祖母给他讲故事的地方，看到长妈妈在上面睡成一个“大”字的大床，看到鲁迅抄写《南方草木状》用的桌子，也看到鲁迅小时候的天堂——百草园。这都是一些普普通通的东西和地方，一点也看不出有什么神奇之处。但是，我却觉得这都是极其不平常的东西和地方。这里的每一块砖、每一寸土、桌子的每一个角、椅子的每一条腿，鲁迅都踏过、摸过、碰过。我总想多看这些东西一眼，在这些地方多流连一会。

鲁迅早已离开这个世界了。他生前，恐怕也很久没有到这一所房子里来过了。但是，我总觉得，他的身影就在我们身旁。我仿佛看到他在百草园里拔草捉虫，看到他同他的小朋友闰土在那里谈话游戏，看到他在父亲严厉监督之下念书写字，看到他做这做那。

这个身影当然是一个小孩子的身影。但是，就是当鲁迅还是一个小孩子的时候，他那坚毅刚强的性格已经有所表露。在他幼年读书的地方三味书屋里，我们看到了他用小刀刻在桌子上的那一个“早”字。故事是大家都熟悉的：有一天，他不知道是由于什么原因，上学迟到了，受到了老师的责问。他于是就刻了这一个字，表示以后一定要来早。以后他就果然再没有迟到过。

这是一件小事。然而，由小见大，它不是很值得我们深思自省吗？

这坚毅刚强的性格伴随了鲁迅一生。“他没有丝毫的奴颜和媚骨”，他一生顽强战斗，追求真理。“横眉冷对千夫指，俯首甘为孺子牛”。他对人民是一个态度，对敌人是完全不同的另一个态度。谁读了这样两句诗，不深深地受到感动呢？现在我在这一间阴暗书房里看到这一个小小的“早”字，我立刻想到他那战斗的一生。在我心目中，他仿佛成了一块铁，一块钢，一块金刚石。刀砍不断，石砸不破，火烧不熔，水浸不透。他的身影突然大了起来，凛然立于宇宙之间，给人带来无限的鼓舞与力量。

同刻着“早”字的那一张书桌仅有一壁之隔，就是鲁迅文章里提到的那一个小院子。他在这里读书的时候，常常偷跑到这里来寻蝉蜕，捉苍蝇。院子确实不大，大概只有两丈多长、一丈多宽。墙角上长着一株腊梅，据说还是当年鲁迅在这里读书时的那一棵。按年岁计算起来，它的年龄应该有一百八十岁了。可是样子却还是年轻得很。梗干茁壮坚挺，叶子是碧绿碧绿的。浑身上下，无限生机；看样子，它还要在这里站上一千年。在我眼中，这一株腊梅也仿佛成了鲁迅那坚毅刚强的、威武不能屈、富贵不能淫的性格的象征。我从地上拾起了一片叶子，小心地夹在我的笔记本里。

把树叶夹在笔记本里，回头看到一直陪我们参观的闰土的孙子在对着我笑。我不了解他这笑是什么意思。也许是笑我那样看重那一片小小的叶子；也许是笑我热得满脸出汗。不管怎样，我也对他笑了一笑。我看他那壮健的体格，看他那浑身的力量，不由得心里就愉快起来，想同他谈一谈。我问他的生活情况和工作情况，他说都很好，都很满意。我这些问题其实都是多余的。从他那满脸的笑容、全身的气度来看，他生活得十分满意、工作得十分称心，不是很清清楚楚的吗？

我因此又想到他的祖父闰土。当他隔了许多年又同鲁迅见面的时候，他不敢再承认小时候的友谊，对着鲁迅喊了一声“老爷”。这使鲁迅打了一个寒噤。他给生活的担子压得十分痛苦，但却又说不出。这又使鲁迅吃了一惊。可是他的儿子水生和鲁迅的侄儿宏儿却非常要好。鲁迅于是大为感慨：他不愿意孩子们再像他那样辛苦展转而生活，也不愿意他们像闰土那样辛苦麻木而生活，也不愿意他们像别人那样辛苦恣睢而生活。他们应该有新的生活。

这样的生活鲁迅没有能够亲眼看到。但是，今天这新的生活却确确实实地成为现实了。他那老朋友闰土的孙子过的就是这样的新生活，是他们所未经生活过的。按年龄计算起来，鲁迅大概没有见到过闰土的这个孙子。但这是不重要的。重要的是，鲁迅一生为天下的“孺子”而奋斗，今天他的愿望实现了。这真是天地间一大快事。如果鲁迅能够亲眼看到的话，他会多么感到欣慰啊！

我从闰土的孙子想到闰土，从现在想到过去。今昔一比，恍若隔世。我眼前看到的虽然只是闰土的孙子的笑容；但是，在我的心里，却仿佛看到了普天下千千万万孩子们的笑容，看到了全国人民的笑容。幸福的感觉油然流遍了我的全身。我就带着这样的感觉离开了那一个我以前已经熟悉、今天又亲眼看到的门口。

1963 年 11 月 23 日写毕

登黄山记

早就听人说过："五岳归来不看山，黄山归来不看岳。"又经常遇到去过黄山的人讲述那里的奇景，还看到画家画的黄山，摄影家摄的黄山，黄山在我的心中就占了一个地位。我也曾根据那些绘画和摄影，再搀上点传闻，给自己描绘了一幅黄山图，挂在我的心头。我带着这样一幅黄山图曾周游国内，颇看了一些名山大川。五岳之尊的泰山，我曾凌绝顶，观日出。在国外，我也颇游览了一国家，徜徉于日内瓦的莱茫湖畔，攀登了雪线以上的阿尔卑斯山，尽管下面烈日炎炎，顶上却永远积雪皑皑。所有这一切都是永世难忘的。但是我心中的那一幅黄山图，尽管随着游览的深广而多少有所修正，但毕竟还是非常美的，非常迷人的。

今天我就带着我心中的那一幅黄山图，到真正的黄山来了。

汽车从泾县驶出，直奔黄山。一路上，汽车蜿蜒绕行于万山丛中。我的幻想也跟着蜿蜒起来。眼前是千山万岭，绵延不绝；但是山峰的形象从远处看上去都差不多。远处出现了一个耸入晴空的高峰，"那就是黄山了吧!"我心里想。但是一转眼，另一个更高的山峰呈现在我的眼前，我只好打消了刚才的想法。如此周而复始，不知循环了多少遍。还有一个问题一直萦回在我的脑际：在这千山万岭中，是谁首先发现黄山这一个天造地设的人间仙境呢？是否还有另一个更美的什么山没有被发现呢？我的幻想一下子又扯到徐霞客身上。今天我们乘坐汽车来到这里，还感到有些疲惫不堪。当年徐霞客是怎样来的呢？他只能自己背着行李，至多雇上一个农民替他背着，自己手执藤杖，风餐露宿，踽踽独行于崇山峻岭中，夜里靠松明引路，在虎狼的嗥叫声中，慢慢地爬上去。对比起来，我们今天确实是幸福多了。……

就这样，汽车一边飞快地行驶，我一边在飞快地幻想。我心里思潮腾涌，绵绵不断，就像那车窗外的绵延的万山一样。

汽车终于来到了黄山大门外。

一走进黄山大门，天都峰就像一团无限巨大的黑色云层，黑呼呼地像泰山压顶一般对着我的头顶压了下来，好像就要倒在我的头上。我一愣：这哪里是我心中的那个黄山呢？然而这毕竟是真实的黄山。我几十年蕴藏在心中的那一幅黄山图一下子烟消云散了。我心中怅然若有所失；但是我并不惋惜。应该消逝的让它消逝吧！我现在已经来到了真实的黄山。

从此以后，真实的黄山就像一幅古代的画卷一样，一幅一幅地、慢慢地展现在我的眼前。

出宾馆右行，经疗养院右转进山，山势一下子就陡了起来。我曾经听别人说过，从什么地方到什么地方是多少多少华里。在导游书上，我也看到了这样的记载。我原以为几华里几华里都是在平面上的，因此我对黄山就有了一些不正确的理解。现在，接触了实际，才知道这基本上是按立体计算的。在这里走上一华里，同平地上不大一样，费的劲儿要大得多。就是向上走上一尺，也要费上一点力气。没有别的办法，只好喘气流汗了。我低头看着脚下的台阶，右手使劲地拄着竹杖，一步一步地向上爬行。我眼睛里看到的只是台阶，台阶，台阶。有时候，我心里还数着台阶的数目。爬呀，数呀，数呀，爬呀，以为已经很高了。但是抬眼一看，更高、更陡、更多的台阶还在前面哩。想当年登泰山的时候，那里还有一个“快活三里”。这里却连一个快活三步都没有。但是，既来之，则安之，爬就是一切。

我到黄山来，当然并不是专为来走路的。我还是要看一看的。但是，在黄山，想看也并不容易。有经验的人说：“走路不看山，看山不走路。”这确实是至理名言。这有点像鱼与熊掌的关系，不可得而兼之。谁要想“兼之”，那就有失足坠下万丈深涧的危险。我只在爬到了一定的阶段时，才停下脚步，小心地抬头向身后和左右看上一看，但见峭壁千仞，高岭入云，幽篁参天，苍松夹道，鸟鸣相和，蝉声四起。而且每看一次，眼前的情景都不一样，扑朔迷离，变幻万端。就连同一个地方，从不同的角度去看，都能看出不同的形象。从慈光阁看朱砂峰，看到天都峰上的金鸡叫天门。但是登上龙蟠坡，再抬头一看，金鸡叫天门就变成了五老上天都。在什么地方才能看到黄山真面目呢？我想，在什么地方也是看不到的。我很想改一改苏东坡的诗：“横看成岭侧成峰，远近高低各不同。不识黄山真面目，即使身在此山中。”

我有时候也有新的发现，我简直觉得其中闪现着“天才的火花”，解人难得，我只有自己拍手（这里没有案）叫绝。比如，我看远山上的竹石树木，最初只觉得一片蓊郁。但细看却又有明暗之别。有的浓绿，有的淡绿。经过我再三研究揣摩，我才发现，明的是竹，暗的是松，所谓“苍松翠竹”，大概指的就是这个意思吧。我又想改陆游的两句诗：“山穷水复疑无路，松暗竹明又一山。”

一想到陆游，我又想到了徐霞客。我们且看看他登上慈光寺以后是怎样看黄山的：

> 由此而入，绝巘危崖，尽皆怪松悬结；高者不盈丈，低仅数寸，平顶短鬣，盘根虬干，愈短愈老，愈小愈奇。不意奇山中又有此奇品也。

他看到了奇山，又看到了奇松。他看到的山同我们今天看到的几乎完全一样，这毫无可怪之处。但是他看到的松，有多少是我们今天还能看到的呢？“愈短愈老，愈小愈奇”，难道在这几百年的漫长时间内，它们就一点也没有长吗？就是起徐霞客于地下，我这样的问题恐怕也无法回答了。

我就是这样一边爬，一边看，一边改着古人的诗，一边想到徐霞客，手、脚、眼、耳、心，无不在紧张地活动着，好不容易才爬到了天都峰脚下。这是一个关键的地方，向右一拐，走不多远，就可以登上台阶，向着天都峰爬上去。天都峰是黄山的主峰。不到天都非好汉，何况那天险鲫鱼背我已经久仰大名，现在站在天都峰下，一抬头就可以看到，上面有蚂蚁似的人影在晃动，真是有说不出的诱惑力啊！但是一看到那一条直上直下的登山盘道，像一根白而粗的线绳一样悬在那里，要爬上去，还真需要有一把子力气呢。我知道，倘若给我半天的时间，登上去也是没问题的。可惜现在早已经过了中午，到我们今天的住宿的地方玉屏楼还有一段路要走。我再三斟酌，只好丢掉登天都峰的念头，这好汉看来当不成了。我一步三回头地向左一拐，拾级而上，一直爬到了一线天的门口。这时我们坐了下来，背对一线天口，脸朝前望，可以看到近在咫尺的蓬莱三岛。所谓蓬莱三岛只是三个石笋似的小山峰，上面长着几棵松树。下面是一片深不见底的山谷。据说，白云弥漫时，衬着下面的云海，它们确确实实像蓬莱三岛。但现在却是赤日当空，万里无云，我只能用想象力来弥补天公的不作美了。

一线天真正是名副其实。在两个峭壁中，只有一条缝隙，仅容人体，抬眼一看，只见高处露出一线光明，上面是蓝蓝的天，这一团光明就召唤着我们，奋勇前进。我们也就真的一个个精神抖擞，鼓足了余勇，爬了上去。低头从我们两条腿中间向后看去，还可以看到悬挂在天都峰上的那一条白练似的磴道。

过了一线天，再向右一拐就走上了玉屏楼，这里是从温泉到北海去的必由之路。一般人都是在这里过夜的。徐霞客时代，这里叫玉屏风。他在《游记》里写道："四顾奇峰错列，众壑纵横，真黄山绝胜处。"可见徐霞客对此处评价之高。原来这里有一座庙，叫做文殊院。古人曾说过："不到文殊院，没见黄山面。"这同徐霞客的意见是一致的。

这里有什么特点呢？这里是万山丛中一块比较平坦的地方，好像天造地设，就是一个理想的中途休息的地方。一转过山角，就能看到峭壁上长着一棵松树。提起此松，真是大大地有名。全中国人民和全世界人民大概都经常能看到它的形象。挂在人民大会堂里的那一幅叫做"迎客松"的照片，就是它。这棵松树的大名就叫做"迎客松"。许多来访的外国领导人，以及名人、学者会见中国领导人时，就在那个照片下面照相。你看它伸出双臂，其实是不知道多少臂，仿佛想同来游的人握手、拥抱，它那青翠的枝头仿佛能说出欢迎的语言，它仿佛就是黄山好客的象征，不，它实际上成了中国人民好客的象征。你若问它的高寿，那就很难说。它干并不粗，也不特别高，看样子它至多也不过几十年至百年，然而据人说，它挺立在这里已经有一千多年的历史了。这里山高风劲，夏有酷暑，冬有寒冰，然而它却至今巍然屹立，俊秀挺拔，苍翠欲滴，枝头笼烟，仿佛正当妙龄青春。我在这里祝它长寿！

至于玉屏楼本身，可看的东西并不多。只是因为此地处万山之中，抬眼四顾，前有大谷深壑，下临无地，上面有参天云峰，耸然并立。同前一段的地无三尺平的情况比较起来，当然显得空阔辽廓，快人心目。当白云弥漫时，云海苍茫，必然另有一番景色。可惜我们没有这个福气，只看到了一片干涸了的大海。在玉屏楼的右边，就是那一棵在名声上稍逊一筹的送客松。它也像迎客松一样，伸出了它那许多胳臂，好像向游客告别，祝他们身强体健，过一些时候再来黄山。我也祝它长寿！

我们就是在住宿一夜之后，怀着还要再回来的心情走过这一棵松树向黄山深处前进的。一走过送客松，山路就好像一反昨天上山时的规律，陡然下降，下降，下降，再下降，一直降到涧底。这一段路走起来非常舒服，似乎还要超过泰山的"快活三里"。我们虽低头走路，仍可以抬头望山。走过望客松，蒲团松，右边可以看到指路石，回头则见牛鼻峰上的犀牛望月。下到深涧涧底以后，一泓清泉，就在道旁，清澈见底，冷冽可饮。拿做文章来比，我们走这一段山路，好像是在作“承”的那一段，“起”得突兀，“承”得和缓，我们过了一段舒服的时光。

但是，再拿做文章来比，“承”过以后，就来了“转”，这一“转”，可真不得了。到了涧底，抬眼一看，前面是八百级的莲花沟。这八百级仿佛是直上直下，令人看了真有点发怵。实际上，往上攀登的时候，比在下面仰望时更令人感到可怕。我们面前好像只有这一条窄窄的石阶，只能向上，不能回转，“马行在夹道内，难以回马”，不管流多少汗，喘多少气，到此也只有奋勇攀登，再没有回旋的余地了。

皇天不负有心人。爬上了八百石阶，一转就到了莲花峰脚下。这一座莲花峰也是黄山主峰之一。从它的脚下上山好像比从天都峰脚下攀登天都峰要容易得多，只需往右一转，爬上几个台阶就可以达到峰顶。然而，正唯其觉得容易，也就失掉了吸引力。同时，我们今天的目标是到北海。我于是只在莲花峰下少坐片刻，抬头看到不远的峰顶上游人多如过江之鲫，然后左转走上前去。要说到黄山的险境，仿佛现在才算是开始。身右峭壁凌空，左边却是悬崖无地。山路是整修过的，在最危险的地方加了石头栏杆或铁链。但栏外就是危险境地，好像泰山上的阴阳界一样。走在这样的地方，连昨天奉行的“看山不走路，走路不看山”的箴言都无法奉行，无已，只有一心一意埋头苦走而已。这里就是鼎鼎大名的万丈云梯。真可以说是名不虚传。但是，大自然最憎恨的是单调，它决不会让百步云梯成为千步云梯、万步云梯。过了百步云梯，又是一段比较平直的山路。此时我仿佛已经过了险关，大有闲情逸致，观赏山景。蓦抬头，在远处的山崖上，忽然看到“万绿丛中一点红”。此时正是盛夏，早过了春暖花开的时节，这一点红是哪里来的呢？我无法攀上悬崖去看，无从探索与研究。我只有沉入幻想中，幻想暮春四五月间，黄山漫山遍野开满了杜鹃花的情况。我眼前的黄山一下子变了样，“日出山花红胜火”，红色的火焰仿佛燃遍了全山，直凌太空，形成了一幅红透宇宙的奇景。

就这样，一路幻想下去。平路走尽，又上山路，穿过鳌鱼洞，就到了天海。这一段路更平了，仿佛已经离开黄山，到了平地上。一路树木蓊郁，翠竹夹道，两旁蝉声啼不住，轻身已到北海边。

北海真是个好地方。人们已经看过了天都峰和莲花峰，奇景险境，久已身履，大概总会觉得黄山胜境已经探过，到了北海已经成为尾声了。

然而实则不然。

我先讲一个口头传说。距北海不远有一个山峰，叫做始信峰。什么叫始信峰呢？这里熟于掌故的人说，就是“开始相信”，意思就是，到了这里才开始相信黄山之美。不管这个解释是否正确，是否就是原意，我确确实实是相信的。我到了北海以后，才知道，北海决不是黄山之游的尾声，而是高峰，是顶端。上文曾引过一句古语：“不到文殊院，没见黄山面。”我想改一改：“走不到北海，黄山没有来。”再拿写文章作比，如果过了玉屏楼算是“转”，那么，到了北海就算是“合”。一篇精巧的文章写到这里，才算是达到精妙的顶点，黄山乃山中之奇山，北海是众奇并备，万巧同臻。游黄山到此，真可以说是叹观止矣。

然而究竟“合”出一些什么东西来呢？

三言两语是说不完的。以北海为中心，三五华里的半径内，景色万千，名目繁多。大则崇山峻岭，小至一石一树，无不奇绝人寰。从宾馆右转，走不多远，在深山绝谷的边缘上，出现了散花精舍，前面不远就是梦笔生花，笔架峰，骆驼石，上升峰和老翁钓鱼，再往前走就是始信峰。登上始信峰顶，下临无地，隔着深涧远处可见仙女峰、石笋矼，石笋壁立千仞，真仿佛天上有一个顶天立地的金刚巨无霸从上面把石笋栽在那里，成为宇宙奇观。我们只是从远处看石笋矼的，徐霞客是亲身到过。他在《游记》里写道：“趋石笋矼，至向年所登尖峰上，倚松而坐，瞰坞中峰石回攒，藻绘满眼，如觉匡庐、石门，或具一体，或缺一面，不若此之闳博富丽也。”

“闳博富丽”当然还不仅限于石笋矼。北海附近这一些名胜，无不“闳博富丽”“藻绘满眼”。比如清凉台、曙光亭，都各有奇妙之处。出宾馆左折西行，可以到西海。沿路青松参天，翠竹匝地。有很多有名的奇景。走到尽头，同别的地方一样，眼前又是峭壁千仞，深涧万寻。从这里的排云亭上，可以看到丹霞峰、松林峰、石床峰，各个刺入青天，令人神往。据说这地方是看落照的好地方，可惜我们来的时候，不是黄昏，我们只有怅望西天，幻想一番日落西山、红霞满天的情景而已。

是不是北海就只“合”出了这样一些东西来呢？

也还不是的。黄山有所谓四大奇景：奇松、怪石、云海、温泉。温泉一进山就可以看到，上面已经说过，这里不再提了。其他三奇，除了云海以外，一进山也都陆续可以看到。从慈光阁开始，只要你注意，奇松、怪石，到处可见。简直是让你一步一吃惊，一步一感叹。到了北海算是达到了顶峰，所谓集大成者就是。

那么，人们也许要问，奇松奇在什么地方呢？这个问题问得好，我初次听说奇松时，心里也泛起过这个问题。我游遍了黄山，到了北海，要想答复这个问题，也还感到非常困难，简直可以说是回答不出。我常常想，世间一切松树无不是奇的，奇就奇在它同其他一切树都不一样。其他树木的枝子一般都是往上长的，但是松树的枝干却偏平行长着或者甚至往下长。其他树木从远处看上去都能给人一个轮廓，虽然茂密，但却杂乱；然而松树给人的轮廓却是挺拔、秀丽，如飞龙，如翔凤，秩序井然，线条分明。松柏是常常并称的。如果它们站在一起，人们从远处看，立刻就能够分清哪是松，哪是柏。总之一句话，我们脑中一切关于树的规律，松树无不违反。此之所谓奇也。

但是，黄山上的松树比其他地方更奇，是奇中之奇。你只要看一看黄山上有名字的名松，你就可以知道：蒲团松、连理松、扇子松、黑虎松、团结松、迎客松、送客松、飞虎松、双龙松、龙爪松、接引松，此外还不知道有多少松。连那些不知名的大松、小松、古松、新松，长在悬崖上的松，长在峭壁上的松，长在任何人都不能想象的地方的松，千姿百态，石破天惊，更是违反了一切树木生长的规律。别的地方的松树长上一千多年，恐怕早已老态龙钟了，在这里却偏偏俊秀如少女，枝干也并不很粗。在别的地方，松树只能生长在土中；在这里却偏偏生长在光溜溜的石头上。在别的地方，松树的根总是要埋在土里的；在这里却偏偏就把大根、小根、粗根、细根，一股脑地、毫不隐瞒地、赤裸裸地摆在石头上，让你看了以后，心里不禁替它担起忧来。黄山松奇就奇在这里。看松而看到黄山松，真可以说是达到顶峰了。

谈到怪石，也真是够怪的。那么这些石头怪又怪在何处呢？在别的名山胜地中，也有一些有名有姓的山峰，也有一些有名有姓的石头。但是在黄山，这种山峰和石头却多得出奇：虎头岩、郑公钓鱼台、莺谷石、碰头石、鲫鱼背、羊子过江、仙人飘海、仙桃石、蓬莱三岛、鹦哥石、飞鱼石、采莲船、孔雀戏莲花、象石、金龟望月、仙鼠跳天都、仙人下轿、仙人把洞门、姜太公钓鱼、犀牛望月、指路石、金龟探海、老僧入定、老僧观海、仙人绣花、鳌鱼吃螺蛳、容成朝轩辕、鳌背驮金鱼、仙人下棋、仙人背包、飞来钟、老翁钓鱼、梦笔生花、猪八戒吃西瓜、书籍峰、达摩面壁、仙人晒靴、老虎驮羊、天鹅孵蛋、关公挡曹、仙人铺路、太白醉酒、五老荡船、天狗望月、双猫捕鼠、苏武牧羊、老僧采药、仙人指路、喜鹊登梅、猴子捧桃，等等，等等。名目确实够繁多的了。名目之所以这样繁多，决定因素就是因为这里石头长得怪。如果不怪的话，就决不会有这样多的名目。你以为这些五花八门的名目已经把黄山的怪石都数尽了吗？不，还差得很远。如果你有时间，静坐在黄山的某一个地方，面对眼前的奇峰怪石，让自己的幻想展翅驰骋，你还可以想出一大批新鲜动人的名目。比如我们几个人在西海排云亭附近面对深涧对面的山，我看出了一座“国际饭店”。这个名字一提出，你就越看越像，像得不能再像了，我们都为这个天才的发现而狂欢。假我以时日，我们可以巧立名目，为黄山创立一大批新鲜、别致，不但神似而且形似的名目，再为黄山增添光彩。

在怪石中最怪的，当然要数飞来石。顾名思义，人们认为这块大石头是从天外飞来的。我们从玉屏楼到北海的路上，快到北海的时候，已经从远处看到了它。它是在一座小山峰的顶上，孑然耸立在那里。上粗下细，同山峰接触的地方只是一个点，在山风中好像是摇摇欲坠，让人不禁替它捏一把汗。后来我们从北海到西海，在回去的路上，爬了上去，一直爬到峰顶上，同黄山别的山头一样，小小的一个峰顶，下临万丈深涧。看到飞来石，我们都大吃一惊：原来同峰顶连接的地方有一条缝。这样一块巨石，上粗下细，又不固定在峰顶上，怎能巍然屹立在那里，而且还不知已经屹立了多少年呢？在这漫长的时间内，谁知道它已经经历了多少狂风暴雨，山崩地震呢？而它到今天仍然是岿然不动，简直违反了物理的定律。我们没有别的话可说，只能说它是奇中之奇了。

至于黄山的云海，更是我闻所未闻，见所未见。一座大山竟然有北海、西海、天海、前海、后海，这样许多海，初听时难道不真是让人不解吗？原来这些海都是云海。我从小读王维的诗：“行到水穷处，坐看云起时。”觉得这个境界真是奇妙，心向往之久矣。可是活了六十多岁，也从来没能看到云起究竟是什么样子。一天，我们正在北海的一个山头上，猛回头，看到隔山的深涧忽然冒起白色的浓烟。我直觉地认为这是炊烟。但是继而一想，炊烟哪能有这样的势头呢？我才恍然：这就是云起。升起来的云彩，初时还成丝成缕，慢慢地转成一片一团，颜色由淡白转浓，最初群山的影子还隐约可见，转瞬就成了一片云海，所有的山影都被遮住，云气翻滚，宛若海涛。然而又一转瞬，被隐藏起来的山峰的影子又逐渐清晰，终于又由浓转淡，直到山峰露出了真面目，云气全消，依然青山滴翠，红日皓皓。所有这一切都发生在几分钟内。这算不算是云海呢？旁边有人说：“还不能算是真正的云海。那要大雨之后。”我只好相信他的话。但是，“慰情聊胜无”，不是比没有看到这种近似云海的景象要好得多吗？

除了上面谈的四大奇景之外，我还有一点意外的收获，那就是我在黄山看了日出。日出并没有列入黄山四奇之内，但仍然可以说是一奇。北海的曙光亭，顾名思义，就是看日出的最好的地方。几十年前，当我还年轻的时候，我曾登泰山看日出，在薄暗中，鹄候在玉皇顶上，结果除了看到一团红红的云彩之外，什么也没有看到。我只有暗自背诵姚鼐的《登泰山记》，聊以自慰：

> 及既上，苍山负雪，明烛天南，望晚日照城郭，汶水、徂徕如画，而半山居雾若带然。戊申晦五鼓，与子颍坐日观亭待日出。时大风扬积雪击面。亭东自足下皆云漫。稍见云中白若樗蒲数十立者，山也。极天云一线异色，须臾成五彩，日上，正赤如丹，下有红光，动摇承之。或曰：此东海也。

这一次来到黄山北海，早晨天还没有亮，就有人跑着、吵着去看日出。我一骨碌爬起来，在凌晨的薄暗中摸索着爬上曙光亭，那里已经是黑压压的一团人。我挤在后面，同大家一样向着东方翘首仰望。天是晴的，但在东方的日出处，却有一线烟云。最初只显得比别处稍亮一点而已。须臾，彩云渐红，朝日露出了月牙似的一点；一转眼间，它就涌了出来，顶端是深紫色，中间一段深红，下端一大段深黄。然而立刻就霞光万道，白云为霞光所照，成了金色，宛如万朵金莲飘悬空中。

就这样，黄山的三奇，奇松、怪石、云海，还加上一个奇：日出，我在黄山，特别是在北海，都领略过了。再拿做文章来打个比方，起、承、转、合，这几大股都已作完，文章应该结束了。

然而不然，从我的感情和印象说起来，合还没有合完，文章也就不能结束。从我的激情来看，这仿佛刚才达到高潮，文章更不能就此结束了。我们原来并不想在北海住这样久。但是越住越想住，越住越不想走。三天之内，我们天天出去，天天有新的发现，大有流连忘返之意。我们最后怀着惜别的心情，离开了北海的时候，我的内心如潮涌，如云起，一步三回头。我们绕过黑虎松走上后山的道路，向着云谷寺的方向走去。一路之上，流水潺潺，山风习习，蝉声相送，鸟鸣应和，苍松翠竹，映带左右。我们又像走到山阴道上，应接不暇了。但是我们走到幽篁中，闻鸟声却不见鸟，我们笑着开玩笑说，这是留客鸟，它们也惋惜我们即将离去，大有依依不舍之意呢。

此时周围清幽阒静，好像宇宙间只有我们几个人似的。但是我的内心里却又像来黄山的路上那样如波涛汹涌，遐想联翩，我想到过去游览过国内外的名山大川。我一时想到泰山，一时又想到石林。这都是天下奇秀，有口皆碑。但是我觉得，同黄山比起来，泰山有其雄伟，而无其秀丽；石林有其幽峭，而无其雄健。黄山是大则气势磅礴，神笼宇宙，小则剔透玲珑，耐人寻味。如果拿美学名词来比附的话，我们就可以说，黄山既有阳刚之美，又有阴柔之美。可谓刚柔兼，二难并，求诸天下名山，可谓超超玄箸了。

我一下子又想到中国的山水画。远山一般都只用淡墨渲染，近山则用各种的皴法。对远山的那种处理，只要在有山的地方，看到过远山的人，都会同意的，都会知道，那实际上是把自然景物，再加上点画家个人的幻想与创造，搬到了纸上来的。这不同于自然主义。这是形似而又神似。但是对近山的那些不同的皴法，则生长在北方高山不多的地方的人，有时就不大容易理解，认为这不过是画家的传统手法，没有多大意思的。特别是对大涤子这样的画家，更不容易理解。今天我到了黄山，据说大涤子在这里住过，积年疑团，顿时冰释。我站在任何一个悬崖峭壁的下面，抬头仰望，注意凝视，观之既久，俨然是一幅大涤子的山水画出现在自己的眼前，我也俨然成了画中人了。但见这一幅画，笔墨恣纵，元气淋漓，皴法新颖，巨细无遗。倘若我们请天上匠作大神，来到人间，盖上一座万丈高的大厦，把这一幅大画挂在里面，不知会产生什么效果，恐怕观赏的人都会目瞪口呆、惊愕万状吧！此时，只在此时，我才真正理解中国古代山水画家，其中也包括像大涤子这样有天才、有独创性，能独辟蹊径，开一代风气的画家，都是在仔细观察自然山色，简练揣摩，融会贯通之后，然后才下笔的。他们决不是专门抄袭古人，拾古人牙慧的。

我一下子又想到，天下名山多矣，中外皆然。但是像黄山这样的名山，却真如凤毛麟角。为什么中国竟会有黄山这样的山呢？这个问题似乎非常幼稚，实际上却是发自我内心深处的一个问题。我并不觉得它有什么幼稚、可笑。古人会说，这是灵气所钟。什么又是灵气呢？灵气这东西摸不着，看不到，实在是玄妙得很。但是依我看，它又确实是存在着的。我们一到黄山，第一天晚上，坐在宾馆外深涧岸边，细听涧中水声，无意中捉到了一个萤火虫，发现它比别的地方的都大而肥壮。后来我们又发现这里的知了也比别的地方的大而肥壮，就连苍蝇也和别的地方不同，大得、壮得惊人，而在海拔近两千尺的天都峰顶，天风猎猎，人站在那里都摇摇欲坠，然而却能见到苍蝇，而且都有点气魄，飞驶迅速，呼啸而过。这实在使我吃惊不小。不用灵气所钟，又怎样解释呢？世界各国都有它们灵气所钟的地方，对于这些地方，只要我能走到、看到，我都喜爱、欣赏，一视同仁，决不会有任何偏心。但是，有黄山这样灵气所钟的地方，我作为一个中国人感到无比地骄傲与幸福。我因此更热爱我们这一块土地，我更热爱我们这一个国家。我们也并不想把黄山秘而不宣，独自享受。“但愿人长久，千里共婵娟”。我也但愿世界永存，黄山永在，永远以它那无比美妙的山色，为我们提供无比美妙的怡悦。

我一下子又想到，古人说，人生要读万卷书，行万里路。又说太史公司马迁周览名山大川，故其文疏宕有奇气。还有人说，唐代大书法家张旭观公孙大娘舞剑器，因而书法大进。我现在游览了黄山，将来会产生什么样的影响呢？我一非文豪，二非书法家，这影响究竟要产生在什么地方呢？不管怎样，影响终归会有的，我且拭目以待。

我就是这样一边走，一边想，一边还欣赏四周奇丽景色，不知不觉地就回到了温泉。等到我从北海返回温泉的时候，我仿佛成了一个阿丽丝，我漫游了一个奇而又奇的奇境。过去一周的游踪，历历呈现在我心中。我的黄山梦于今实现了。但我并不满足于实现了梦境，而是梦得更加厉害起来。我仿佛还并没有到过真正的黄山，不，黄山对我来说，比原来还要陌生，还要奇妙，我直觉地感到，真正的黄山我还没有看到。我从北海归来，只看了黄山的皮毛。黄山的名胜真如五光十色，扑朔迷离，在那“万壑树参天，千山响杜鹃”中似乎还隐藏着什么秘密，有待于我，有待于其他人去发现，去欣赏，去惊叹。古时候有一首关于黄山的诗：

踏遍峨嵋与九嶷，
无兹殊胜幻迷离。
任他五岳归来客，
一见天都也叫奇。

我还没有历游五岳，也还没有到过峨嵋与九嶷。我对黄山、对天都叫奇，完全是很自然的。我相信，即使我有朝一日真的遍游五岳，登峨嵋，探九嶷，我再到黄山来，仍然会叫奇不绝的。

我来的时候，心里带来了一个假的黄山图，它一遇到真黄山就破碎消失了。我现在离开的时候，带走了一幅真正的黄山图，虽然我还不能相信，这一幅图就是黄山的真相。但是这幅黄山图将永远留在我的心中。经过了一段时间酝酿思忖，我现在写出了我心目中的黄山。但写的过程中，我时时怀疑我这一支拙笔会玷污了黄山。古人诗说：“美人意态画不出，当时枉杀毛延寿。”我现在真觉得，“黄山意态写不出，枉费不眠数夜间”。《世说新语》任诞第三十三说：

桓子野每闻清歌，辄唤：“奈何！”谢公闻之曰：“子野可谓一往有深情。”

这里指的是，桓子野每闻清歌，辄情动乎中。我现在面对着黄山，心中有一美妙的黄山，笔下的黄山却并不那么美妙，我也只能学一学桓子野，徒唤奈何。

1979 年 12 月 9 日写毕

在敦煌

刚看过新疆各地的许多千佛洞，在驱车前往敦煌莫高窟千佛洞的路上，我心里就不禁比较起来：在那里，一走出一个村镇或城市，就是戈壁千里，寸草不生；在这里，一离开柳园，也是平野百里，禾稼不长；然而却点缀着一些骆驼刺之类的沙漠植物，在一片黄沙中绿油油地充满了生意，看上去让人不感到那么荒凉、寂寞。

我们就是走过了数百里这样的平野，最终看到一片葱郁的绿树，隐约出现在天际，后面是一列不太高的山岗，像是一幅中国水墨山水画。我暗自猜想：敦煌大概是来到了。

果然是敦煌到了。我对敦煌真可以说是“久仰大名，如雷贯耳”了。我在书里读到过敦煌，我听人谈到过敦煌，我也看过不知多少敦煌的绘画和照片。几十年梦寐以求的东西如今一下子看在眼里，印在心中，“相见翻疑梦”，我似乎有点怀疑，这是否是事实了。

敦煌毕竟是真实的。它的样子同我过去看过的照片差不多，这些我都是很熟悉的。此处并没有崇山峻岭，幽篁修竹，有的只不过是几个人合抱不过来的千岁老榆，高高耸入云天的白杨，金碧辉煌的牌楼，开着黄花、红花的花丛。放在别的地方，这一切也许毫无动人之处；然而放在这里，给人的印象却是沙漠中的一个绿洲，戈壁滩上的一颗明珠，一片淡黄中的一点浓绿，一个不折不扣的世外桃源。

至于千佛洞本身，那真是琳琅满目，美不胜收，五光十色，云蒸霞蔚。无论用多么繁缛华丽的语言文字，不管这样的语言文字有多少，也是无法描绘，无法形容的。这里用得上一句老话了：“只能意会，不能言传。”洞子共有四百多个，大的大到像一座宫殿，小的小到像一个佛龛。几乎每一个洞子里都画着千佛的像。洞子不论大小，墙壁不论宽窄，无不满满地画上了壁画。艺术家好像决不吝惜自己的精力和颜料，决不吝惜自己的光阴和生命，把墙壁上的每一点空间，每一寸的空隙，都填得满满的，多小的地方，他们也决不放过。他们前后共画了一千年，不知流出了多少汗水，不知耗费了多少心血，才给我们留下了这些动人心魄的艺术瑰宝。有的壁画，就暴露在光天化日之下，经过了一千年的风吹、雨打、日晒、沙浸，但彩色却浓郁如新，鲜艳如初。想到我们先人的这些业绩，我们后人感到无比地兴奋、震惊、感激、敬佩，这难道不是很自然的吗？

我们走进了洞子，就仿佛走进了久已逝去的古代世界，甚至古代的异域世界；仿佛走进了神话的世界，童话的世界。尽管洞内洞外一点声音都没有，但是看到那些大大小小的雕塑，特别是看到墙上的壁画：人物是那样繁多，场面是那样富丽，颜色是那样鲜艳，技巧是那样纯熟，我们内心里就不禁感到热闹起来。我们仿佛亲眼看到释迦牟尼从兜率天上骑着六牙白象下降人寰，九龙吐水为他洗浴，一下生就走了七步，口中大声宣称："天上天下，唯我独尊。"我们仿佛看到他读书、习艺。他力大无穷，竟把一只大象抛上天空，坠下时把土地砸了一个大坑。我们仿佛看到他射箭，连穿七个箭靶。我们仿佛看到他结婚，看到他出游，在城门外遇到老人、病人、死人与和尚，看到他夜半乘马逾城逃走，看到他剃发出家。我们仿佛看到他修苦行，不吃东西，修了六年，把眼睛修得深如古井。我们又仿佛看到他翻然改变主意，毅然放弃了苦行，吃了农女献上的粥，又恢复了精力，走向菩提树下，同恶魔波旬搏斗，终于成了佛。成佛后到处游行，归示，度子，年届八旬，在双林涅槃。使我们最感兴趣、给我们印象最深的是那许许多多的涅槃的画。释迦牟尼已经逝世，闭着眼睛，右胁向下躺在那里。他身后站着许多和尚和俗人。前排的人已经得了道，对生死漠然置之，脸上毫无表情地站在那里。后排的人，不管是国王，各族人民，还是和尚、尼姑，因为道行不高，尘欲未去，参不透生死之道，都嚎啕大哭，有的捶胸，有的打头，有的击掌，有的顿足，有的撕发，有的裂衣，有的甚至昏倒在地。我们真仿佛听到哭声震天，看到泪水流地，内心里不禁感到震动。最有趣的是外道六师，他们看到主要敌手已死，高兴得弹琴、奏乐、手舞、足蹈。在盈尺或盈丈的墙壁上，宛然一幅人生哀乐图。这样的宗教画，实际上是人世社会的真实描绘。把千载前的社会现实，栩栩如生地搬到我们今天的眼前来。

在很多洞子里，我们又仿佛走进了西方的极乐世界，所谓净土。在这个世界里，阿弥陀佛巍然坐在正中。在他的头上、脚下、身躯的周围画着极乐世界里各种生活享受：有伎乐，有舞蹈，有杂技，有饮馔。好像谁都不用担心生活有什么不足，衣来伸手，饭来张口。而且这些饮食和衣服，都用不着人工去制作。到处长着如意神树，树枝子上结满了各种美好的饮食和衣着，要什么，有什么，只须一伸手一张口之劳，所有的愿望就都可以满足了。小孩子们也都兴高采烈，他们快乐得把身躯倒竖起来。到处都是美丽的荷塘和雄伟的殿阁，到处都是快活的游人。这些人同我们这些凡人一样，也过着世俗的生活。他们也结婚。新郎跪在地上，向什么人叩头。新娘却站在那里，羞答答不肯把头抬。许多参加婚礼的客人在大吃大喝。两只鸿雁站在门旁。我早就读过古代结婚时有所谓"奠雁"的礼节，却想不出是什么情景。今天这情景就摆在我眼前，仿佛我也成了婚礼的参加者了。他们也有老死。老人活过四万八千岁以后，自己就走到预先盖好的坟墓里去。家人都跟在他后面，生离死别。虽然也有人磕头涕哭，但是总起来看，脸上的表情却都是平静的、肃穆的，好像认为这是人生规律，无所用其忧戚与哀悼。所有这一切世俗生活的绘画，当然都是用来宣扬一个主题思想：不管在什么样的生活环境中，只要一心念阿弥陀佛，就可以往生净土，享受天福。这当然都是幻想，甚至是欺骗。但是艺术家的态度是认真的，他们的技巧是惊人的。他们仔细地描，小心地画，结果把本是虚无缥缈的东西画得像真实的事物一样，生动活泼地、毫不含糊地展现在我们眼前，让我们对于历史得到感性认识，让我们得到奇特美妙的艺术享受。艺术家可能真正相信这些神话的，但是这对我们是无关重要的，重要的是他们的画。这些画画得充满了热情，而且都取材于现实生活。在世界各国的历史上，所有的神仙和神话，不管是多么离奇荒诞，他们的模特儿总脱离不开人和人生，艺术家通过神仙和神话，让过去的人和人生重现在我们眼前。我们探骊得珠，于愿已足，还有什么可以强求的呢？

最使我吃惊的是一件小事：在这富丽堂皇的极乐世界中，在巍峨雄伟的楼台殿阁里，却忽然出现了一只小小的老鼠，鼓着眼睛，尖着尾巴，用警惕狡诈的目光向四下里搜寻窥视，好像见了人要逃窜的样子。我很不理解，为什么艺术家偏偏在这个庄严神圣的净土里画上一只老鼠。难道他们认为，即使在净土中，四害也是难免的吗？难道他们有意给这万人向往的净土开上一个小小的玩笑吗？难道他们有意表示即使是净土也不是百分之百的纯洁吗？我们大家都不理解，经过推敲与讨论，仍然是不理解。但是我们都很感兴趣，认为这位艺术家很有勇气，决不因循抄袭，决不搞本本主义，他敢于石破天惊地去创造。我们对他都表示敬意。

在许多洞子里，我们还看到了许多经变，什么法华经变，楞伽经变，金光明经变，如此等等。艺术家把经中的许多章节，不是根据经文，而是根据变文，用绘画的形式表现出来。在这些经变里，法华经普门品似乎是最受欢迎的一品。普门品说，谁要是一心称观世音菩萨的名，入大火，大火不能烧；入大水，大水不能漂；入海求宝遇到黑风，船飘堕罗刹国，可以解脱罗刹之难；遭迫害临刑，刑刀段段坏；女子求生男孩，就可以生福德智慧之男；求生女孩，就可以生端正有相之女。总之，威灵显赫，有求必应。画上最多的是临刑刀寸寸断的情景。这似乎是最能形象地表现观音菩萨的法力的一个题材。但是我们也可以看到许多描绘人民生活和生产的情景。一个农民赶着耕牛去耕地。许多小手工业者坐在那里制作什么东西。人们在家里面安静地宴客。人们在花园中游乐。人们到灞桥去送别亲友，折杨柳为赠。我曾在不知多少唐诗中读到这情景，今天才第一次在绘画上看到。最有意思的、最耐人寻味的是许多绘画，画的是人们大便的情景，刷牙的情景，据我所知道的，在世界各国任何时代的任何绘画中都难找到这样的绘画。这好像也成了绘画的禁区。然而我们的艺术家却有勇气冲破这不成文而事实上却存在的禁区，把这种细微并不那么太雅观的情景画给我们看。除了佩服以外，我还能说些什么呢？此外，描绘舞蹈的场面和杂技的场面，也是非常动人的。一个个乐队，一个个乐工，手中执着各种各样的乐器，什么箫、笛、筝、琴、箜篌、排箫、阮咸、琵琶，还有尺八，神情是这样逼真，人物是这样细致，我们耳中仿佛能听到各种乐器和谐的弹奏声，静静的洞子一时喧阗起来。舞蹈的场面也很动人。男女舞人，翩翩起舞，有人甩着长大的袖子，有人动作非常强烈，所谓“胡旋舞”大概就是这个样子吧。我们看到的虽然不是真正舞蹈，而只是绘画，但是我们也恍然感到“观者如山色沮丧，天地为之久低昂。㸌如羿射九日落，矫如群帝骖龙翔，来如雷霆收震怒，罢如江海凝清光”。至于杂技，更是动人心魄。一个演员站在那里，头上顶着长竿，竿顶上站着一个人，人头顶上还站着一个小孩子。看那摇摇欲坠的样子，我们不禁为画上的古人担忧起来。然而，不要怕，两旁还站着两个人哩。他们好像是为了防备万一而站在那里。虽然都戴着纱帽，斯斯文文的，看来好像也满有把握。我们可以放心了。前面坐着一些人，这大概就是观众。画面上人数不算多，但看上去却热闹得很。在古代文化交流中，音乐、舞蹈和杂技，好像是占着突出的地位。在新疆的许多千佛洞中，这样的场面也是随时可见的。

在所有的经变中，维摩诘经变是最常见的。这一部经在唐代大概非常流行、非常受欢迎的。唐代一个姓王的大诗人，取名维，字摩诘，合起来就是维摩诘，就是一个很好的证明。我们在很多洞子里，都看到关于维摩诘的壁画。尽管大小不同，洞子不同；但是他的形象却基本上是一致的。维摩诘手执麈尾或者扇子，傲然地斜坐在一张床上，眼神嘴角流露出一副能言善辩、轻蔑藐视的神态。这一部经本身就是一部很好的长篇小说，讲的是一个佛教的居士，名叫维摩诘，唐玄奘译为无垢称。他深通佛法，辩才无碍。有一次他病了，如来佛派大弟子舍利弗去问疾。舍利弗吃过他辩才的苦头，有点发怵不敢去。佛又派大目犍连、大迦叶、须菩提、富楼那多罗尼子、摩诃迦旃延、阿那律、优波离、罗睺罗、阿难、弥勒菩萨、善德等等去，但是谁也没有胆量去。最后文殊师利膺命前往。维摩诘以神力空其室内，只留下了一张床，他生病坐在上面。于是二人展开了一场辩才战。诸菩萨、大弟子、群释、四天王等都赶来瞧热闹。后来舍利弗和大迦叶也赶了来。最后文殊师利和维摩诘一起来见佛。这一篇小说似的经文以如来把正法付嘱于弥勒佛而结束。小说本身内容很丰富，辩论很激烈，描绘很生动，对话很犀利。壁画更发展了这一部经文，把故事画得热闹非常、生动活泼，具有极大的感染力。维摩诘仿佛就要从床上站立起来，而且要走下墙来，同我们展开一场唇枪舌战……

在许多洞子里，除了神话故事以外，还画着许多世俗画。开洞的窟主往往把自己以及一家人都画在墙上。有时候画上一队男官人，前面的几个都是秃头的和尚；一队贵妇前面几个是秃头的尼姑。这是本家庭里面出家的人，是他们的光荣，是他们的骄傲，所以才被画在前面。这些男女贵人排成队，好像要向佛爷走去。他们为什么要把自己的像画在这千佛洞里呢？是为了宗教功德吗？还是为了永垂不朽？恐怕二者都有一点吧。最引人注目的是张义潮出游图。唐代这一个独霸一方的大军阀、大官僚，在河西一带很有势力，很有影响，他一跺脚，整个河西走廊都会震动。他的家族开凿了不少的洞子，在一个洞子里就画着自己出游的情景。他自己巍然骑在马上，前面是部队开路，也都骑着马，有的手里拿着乐器，有的手里举着旗帜。拿乐器的正在猛吹猛奏，好像是要行人回避，也好像是在为军容壮声威。后面跟的是成群的扈从，都是宽衣博带，雍容华贵。乐器中除了喇叭等之外，还有画角，我从小念唐诗，不知多少次碰到“画角”这个字眼，但是始终没有见过画角是什么样子。今天见面，宛如故友重逢，分外感到亲切。总之，这一幅一千多年前的出游行乐图，彩色鲜艳地、生动活泼地摆在我们眼前。当时的情景跃然壁上。我们今天站在下面看壁画的人，恍惚间成了当时站在路旁的旁观者，看人马杂沓，车如流水，乐声喧腾，尘土飞扬，好像正从墙壁的一端走向另一端，转瞬即逝。

在一个洞子里，我们还看到一幅巨大的五台山图。既然是五台山，当然与宣扬文殊菩萨是分不开的。但是我们今天看到的却是一幅用绘画形式表现出来的地图和人民生活图。这幅图上画的是从镇州（正定）一直到并州（太原）旅途的情景。这条绵延数百里的路是同绵延数百里的五台山分不开的。这座大山峰峦起伏，山头林立，宛如雨后的春笋一般。山上的名刹都画出了房舍，标出了名字。山下则是一条商路。商人们熙熙攘攘，车水马龙，牲口背上驮着货物，匆匆忙忙向前趱行。旅途是遥远的，就必然要有住宿的客店。于是在图上许多地方都画着客店。店主人、店小二在热情地招呼客人，客人则是出出进进，热闹非常。我们今天的中国青年，甚至中年老年，习惯于住北京饭店、国际饭店一类的高楼大厦，对古代商人旅人行路困难丝毫没有认识。读到“鸡声茅店月，人迹板桥霜”，还有什么“夕阳西下，断肠人在天涯”，也许还能引起一些遐思，但是决不会引起同情，我们对那种生活已经非常非常隔膜了。但是这一幅五台山图，会把我们带回到当年的生活环境中去，让我们做一个思古的梦。从这个意义上来讲，这一幅壁画无疑是我们的国宝之一。当年有一个帝国主义国家要出十万美元，收买这一幅壁画，没有得逞，否则我们的这件国宝早已到了波士顿博物馆之类的地方去了。岂不惜哉！

在另外一些洞子里，我们还看到一些和尚西行求法的壁画。这也是必然的。开凿这些洞子主要的是为了宣扬佛教。“千佛洞”这个名词本身就说明了一切。佛教来自印度，这里画着许多出生在印度的佛爷和菩萨，是很自然的。但是如果没有中国和尚到印度去取经，没有印度和尚到中国来送经，佛教是决不会自己走了来的。因此，我们总是期望，在某一些洞子里能够看到中国西行求法的和尚，事实上也正是这样，我们看到了，而且看到的还不少。一提到西行求法，谁都会立刻就想到唐代高僧玄奘。在一个洞子里，我们确实看到了唐僧取经的壁画。这是一幅水月观音的巨大的壁画，水月观音巨大的身躯几乎占满了全壁。他身上衣着金碧辉煌，头上冠冕富丽堂皇。令人吃惊的是，他嘴上居然还留着一撮小胡子。他神态倨傲又慈悲，伸脚坐在那里。在壁画的右下角一块小小的地方画着玄奘，双手合十站在一个悬崖上，面向水月观音，好像就正向他致敬。他身后是大徒弟孙悟空，手里牵着那一匹小白龙变成的马。二徒弟猪八戒和三徒弟沙僧跑到哪里去了呢？看样子他们并没有去寻山探路，也不是去托钵求斋，他们还站在壁画外面，正在向着壁画里走哩。

同求法高僧有联系的是商人。宗教按理说是出世的，和尚尼姑是不许触摸金银的。而“商人重利轻别离”，他们总是想赚大钱的。他们之间是风马牛不相及的，哪里会有什么联系呢？但是所有在中国境内的千佛洞都是开凿在丝绸之路沿线的，丝绸之路顾名思义是一条商业大道。这就有力地说明了二者间的密切关系。在印度佛教史上，从佛祖释迦牟尼开始，就同商人有亲密地往来，和尚和商人，不但相辅相成，而且相依为命。所以丝绸之路，同时也是宗教之路。中国、印度和其他国家的高僧很大一部分是走丝绸之路来往的。因此，在千佛洞里除了求法高僧外，看到商人的壁画，也是很自然的。在新疆拜城克孜尔千佛洞中，我曾在一壁佛画的中间一小块空隙中看到一个穿伊朗服装的商人，赶着几匹骆驼，上面驮着中国出产的丝，正在走路的样子。一个佛爷站在旁边，好像把自己的右手的两个指头像点蜡烛一样点了起来，发出万丈光芒，照亮了丝绸之路。这幅壁画的用意是再清楚不过的，这里用不着多说。在敦煌的千佛洞里，丝绸之路也有所表现。贩运丝绸的中外商人，赶着骆驼和马，向西方迈进。沙路茫茫，前途万里，而商人毫不气馁。有的地方画着商人在路上走路的情况。路大概是很难走，马走得乏了，再也不想前进，于是一个商人在前面用力牵，另一个商人在后面拼命地用鞭子抽打，人忙马嘶的情景宛在目前，宛在耳边。还有不少地方画着商人遇劫的情况。一些绿林豪客手执明晃晃的钢刀，耀武扬威地挡在那里。商人们则卑躬屈膝，甚至跪在地上求饶，觳觫之状可掬，他们仿佛是在对话，声音就响在我们耳边。可见，虽然有佛光照亮万里长途，但人间毕竟是人间，行路难之叹，唐代诗人早就发出来了，何况是漫漫数万里呢？至于海上商路，虽然不在丝绸之路上，但是我们的艺术家也不放过。我们在几个地方都看到航海的商船。船并不大，上面画着几个人，好像都已经把船占满了，有点象征主义的味道。但是船外的海涛决不含糊地告诉我们，这是飘洋过海的壮举。为什么在万里之外的甘肃新疆大沙漠里，竟然画到海上贸易呢？这一点，我还不十分清楚，也还要推敲而且研究。

总之，洞子共有四百多个，壁画共有四万多平方米，绘画的时间绵延了一千多年，内容包括了天堂、净土、人间、地狱、华夏、异域、和尚、尼姑、官僚、地主、农民、工人、商人、小贩、学者、术士、妓女、演员，男、女、老、幼，无所不有。在短短的几天之内，我仿佛漫游了天堂、净土，漫游了阴司、地狱，漫游了古代世界，漫游了神话世界，走遍了三千大千世界，攀登神山须弥山，见到了大梵天、因陀罗，同四大天王打过交道，同牛首马面有过会晤，跋涉过迢迢万里的丝绸之路，漂渡烟波浩渺的大海大洋，看过佛爷菩萨的慈悲相，听维摩诘的辩才无碍，我脑海里堆满色彩缤纷的众生相，错综重叠，突兀峥嵘，我一时也清理不出一个头绪来。在短短几天之内，我仿佛生活了几十年。在过去几十年中，对于我来说是非常抽象的东西，现在却变得非常具体了。这包括文学、艺术、风俗、习惯、民族、宗教、语言、历史等等领域。我从前看到过唐代大画家阎立本的帝王图，李思训的金碧山水，宋朝朱襄阳朱点山水，明朝陈老莲的人物画，大涤子的山水画，曾经大大地惊诧于这些作品技巧之完美，意境之深邃，但在敦煌壁画上，这些都似乎是司空见惯，到处可见。而且敦煌壁画还要胜它们一筹：在这里，浪漫主义的气氛是非常浓的。有的画家竟敢画一个乐队，而不画一个人，所有的乐器都系在飘带上，飘带在空中随风飘拂，乐器也就自己奏出声音，汇成一个气象万千的音乐会。这样的画在中国绘画史上，甚至在别的国家的绘画史上能够找得到吗？

不但在洞子里我们好像走进了久已逝去的古代世界，就是在洞子外面，我们倘稍不留意，就恍惚退回到历史中去。我们游览国内的许多名胜古迹时，总会在墙壁上或树干上看到有人写上的或刻上的名字和年月之类的字，什么某某人何年何月到此一游。这种不良习惯我们真正是已经司空见惯，只有摇头苦笑。但要追溯这种行为的历史那恐怕是古已有之了。《西游记》上记载着如来佛显示无比的法力，让孙悟空在自己的手掌中翻筋斗，孙悟空翻了不知多少十万八千里的筋斗，最后翻到天地尽头，看到五根肉红柱子，撑着一股青气。为了取信于如来佛，他拔下一根毫毛，吹口仙气，叫“变!”，变作一管浓墨双毫笔。在那中间柱子上写一行大字云：“齐天大圣，到此一游。”还顺便撒了一泡猴尿。因此，我曾想建议这一些唯恐自己的尊姓大名不被人知、不能流传的善男信女，倘若组织一个学会时，一定要尊孙悟空为一世祖。可是在敦煌，我的想法有些变了。在这里，这样的善男信女当然也不会绝迹。在墙壁上题名刻名到处可见，这些题刻都很清晰，仿佛是昨天才弄的。但一读其文，却是康熙某年，雍正某年，乾隆某年，已经是几百年以前的事了。当我第一次看到的时候，我不禁一愣：难道我又回到康熙年间去了吗？如此看来，那个国籍有点问题的孙悟空不能专“美”于前了。

我们就在这样一个仿佛远离尘世的弥漫着古代和异域气氛的沙漠中的绿洲中生活了六天。天天忙于到洞子里去观看。天天脑海里塞满了五光十色丰富多彩的印象，塞得是这样满，似乎连透气的空隙都没有。我虽局处于斗室之中，却神驰于万里之外；虽局限于眼前的时刻之内，却恍若回到千年之前。浮想联翩，幻影沓来，是我生平思想最活跃的几天。我曾想到，当年的艺术家们在这样阴暗的洞子里画画，是要付出多么大的精力啊！我从前读过一部什么书，大概是美术史之类的书，说是有一个意大利画家，在一个大教堂内圆顶天篷上画画，因为眼睛总要往上翻，画了几年之后，眼球总往上翻，再也落不下来了。我们敦煌的千佛洞比意大利大教堂一定要黑暗得多，也要狭小得多，今天打着手电，看洞子里的壁画，特别是天篷上藻井上的画，线条纤细，着色繁复，看起来还感到困难，当年艺术家画的时候，不知道有多少困难要克服。周围是茫茫的沙碛，夏天酷暑，而冬天严寒，除了身边的一点浓绿之外，放眼百里惨黄无垠。一直到今天，饮用的水还要从几十里路外运来，当年的情况更可想而知。在洞子里工作，他们大概只能躺在架在空中的木板上，仰面手执小蜡烛，一笔一笔地细描细画。前不见古人，我无法见到那些艺术家了。我不知道他们的眼睛也是否翻上去再也不能下来。我不知道是一种什么力量在支撑着他们，在那样艰苦的条件下给我们留下了这样优美的杰作，惊人的艺术瑰宝。我们真应该向这些艺术家们致敬啊！

我曾想到，当年中国境内的各个民族在这一带共同劳动，共同生活，有的赶着羊群、牛群、马群，逐水草而居，辗转于千里大漠之中；有的在沙漠中一小块有水的土地上辛勤耕耘，努力劳作。在这里，水就是生命，水就是幸福，水就是希望，水就是一切，有水斯有土，有土斯有禾，有禾斯有人。在这样的环境中，只有互相帮助，才能共同生存。在许多洞子里的壁画上，只要有人群的地方，从人们的面貌和衣着上就可以看到这些人是属于种种不同的民族的。但是他们却站在一起，共同从事什么工作。我认为，连开凿这些洞的窟主，以及画壁画的艺术家都决不会出于一个民族。这些人今天当然都已经不在了。人们的生存是暂时的，民族之间的友爱是长久的。这一个简明朴素的真理，一部中国历史就可以提供证明。我们生活在现代，一旦到了敦煌，就又仿佛回到了古代。民族友爱是人心所向，古今之所同。看了这里的壁画，内心里真不禁涌起一股温暖幸福之感了。

我又曾想到，在这些洞子里的壁画上，我们不但可以看到中国境内各个民族的人民，而且可以看到沿丝绸之路的各国的人民，甚至离开丝绸之路很远的一些国家的人民。比如我在上面讲到如来佛涅槃以后，许多人站在那里悲悼痛苦，这些人有的是深目高鼻，有的是颧骨高而眼睛小，他们的衣着也完全不同。艺术家可能是有意地表现不同的人民的。当年的新疆、甘肃一带，从茫昧的远古起，就是世界各大民族汇合的地方。世界几大文明古国，中国、印度、希腊的文化在这里汇流了。世界几大宗教，佛教、伊斯兰教、基督教在这里汇流了。世界的许多语言，不管是属于印欧语系，还是属于其他语系也在这里汇流了。世界上许多国家的文学、艺术、音乐，也在这里汇流了。至于商品和其他动物植物的汇流更是不在话下。所有这一切都在洞子里留下了不可磨灭的痕迹。遥想当年丝绸之路全盛时代，在绵延数万里的路上，一定是行人不断，驼、马不绝。宗教信徒、外交使节、逐利商人、求知学子，各有所求，往来奔波，绝大漠，越流沙，轻万生以涉葱河，重一言而之奈苑，虽不能达到摩肩接踵的程度，但盛况可以想见。到了今天，情势改变了，大大地改变了。出现在我们眼前的是流沙漫漫，黄尘滚滚，当年的名城——瓜州、玉门、高昌、交河，早已沦为废墟，只留下一些断壁颓垣，孤立于西风残照中，给怀古的人增添无数的诗料。但是丝路虽断，他路代兴，佛光虽减，人光有加，还留下像敦煌莫高窟这样的艺术瑰宝，无数的艺术家用难以想象的辛勤劳动给我们后人留下这么多的壁画、雕塑，供我们流连探讨，使世界各国人民惊叹不置。抚今追昔，我真感到无比地幸福与骄傲，我不禁发思古之幽情，觉今是昨亦是，感光荣于既往，望继承于来者，心潮起伏，感慨万端了。

薄暮时分，带着那些印象，那些幻想，怀着那些感触，一个人走出了招待所去散步。我走在林荫道上，此时薄霭已降，暮色四垂。朱红的大柱子，牌楼顶上碧色的琉璃瓦，都在熠熠地闪着微光。远处砂碛没入一片迷茫中，少时月出于东山之上，清光洒遍了山头、树丛，一片银灰色。我周围是一片寂静。白天里在古榆的下面还零零落落地坐着一些游人，现在却空无一人。只有小溪中潺湲的流水间或把这寂静打破。我的心蓦地静了下来，仿佛宇宙间只有我一个人。我的幻想又在另一个方面活跃起来。我想到洞子里的佛爷，白天在闭着眼睛睡觉，现在大概睁开了眼睛，连涅槃了的如来也会站了起来。那许多商人、官人、菩萨、壮汉，白天一动不动地站在墙壁上，任人指指点点，品头论足。现在大概也走下墙壁，在洞子里活动起来了。那许多奏乐的乐工吹奏起乐器，舞蹈者、演杂技者，也都摆开了场地，表演起来。天上的飞天当然更会翩翩起舞，洞子里乐声悠扬，花雨缤纷。可惜我此时无法走进洞子，参加他们的大合唱。只有站在黑暗中望眼欲穿，倾耳聆听而已。

在寂静中，我又忽然想到在敦煌创业的常书鸿同志和他的爱人李承仙同志，以及其他几十位工作人员。他们在这偏僻的沙漠里，忍饥寒，斗流沙，艰苦奋斗，十几年，几十年，为祖国，为人民立下了功勋，为世界上爱好艺术的人们创造了条件。敦煌学在世界上不是已经成为一门热门学科了吗？我曾到书鸿同志家里去过几趟。那低矮的小房，既是办公室、工作室、图书室，又是卧室、厨房兼餐厅。在解放了三十年后的今天，生活条件尚且如此之不够理想，谁能想象在解放前那样黑暗的时代，这里艰难辛苦会达到何等程度呢？门前那院子里有一棵梨树。承仙同志告诉我，他们在将近四十年前初到的时候，这棵梨树才一点点粗，而今已经长成了一棵粗壮的大树，枝叶茂密，青翠如碧琉璃，枝上果实累累，硕大无比。看来正是青春妙龄，风华正茂。然而看着它长起来的人却垂垂老矣。四十年的日日夜夜在他们身上不可避免地会留下了痕迹。然而，他们却老当益壮，并不服老，仍然是日夜辛勤劳动。这样的人难道不让我们每个人都油然起敬佩之情吗？

我还看到另外一个人的影子，在合抱的老榆树下，在如茵的绿草丛中，在没入暮色的大道上，在潺潺流水的小河旁。它似乎向我招手，向我微笑，"翩若惊鸿，宛如游龙；荣曜秋菊，华茂春松"，这影子真是可爱极了。我是多么急切地想捉住它啊！然而它一转瞬就不见了。一切都只是幻影。剩下的似乎只有宇宙和我自己。

剩下我自己怎么办呢？我真是进退两难，左右拮据。在敦煌，在千佛洞，我就是看一千遍一万遍也不会餍足的。有那样桃源仙境似的风光，有那样奇妙的壁画，有那样可敬的人，又有这样可爱的影子。从我内心深处我真想长期留在这里，永远留在这里。真好像在茫茫的人世间奔波了六十多年才最后找到了一个归宿。然而这样做能行得通吗？事实上却是办不到的。我必须离开这里。在人生中，我的旅途远远不到结束的时候，我还不能停留在一个地方。在我前面，可能还有深林、大泽、崇山、幽谷，有阳关大道，有独木小桥。我必须走上前去，穿越这一切。现在就让我把自己的身躯带走，把心留在敦煌吧。

1979 年 10 月 9 日初稿

1980 年 3 月 3 日定稿

富春江上

记得在什么诗话上读到过两句诗：

到江吴地尽
隔岸越山多

诗话的作者认为是警句，我也认为是警句。但是当时我却只能欣赏诗句的意境，而没有丝毫感性认识。不意我今天竟亲身来到了钱塘江畔富春江上。极目一望，江水平阔，浩渺如海；隔岸青螺数点，微痕一抹，出没于烟雨迷蒙中。“隔岸越山多”的意境我终于亲临目睹了。

钱塘、富春都是具有诱惑力的名字。实际的情况比名字更有诱惑力。我们坐在一艘游艇上。江水青碧，水声淙淙。艇上偶见白鸥飞过，远处则是点点风帆。黑色的小燕子在起伏翻腾的碎波上贴水面飞行，似乎是在努力寻觅着什么。我虽努力探究，但也只见它们忙忙碌碌，匆匆促促，最终也探究不出，它们究竟在寻觅什么。岸上则是点点的越山，飞也似的向艇后奔。一点消逝了，又出现了新的一点，数十里连绵不断。难道诗句中的“多”字表现的就是这个意境吗?

眼中看到的虽然是当前的景色，但心中想到的却是历史的人物。谁到了这个吴越分界的地方不会立刻就想到古代的吴王夫差和越王勾践的冲突呢？当年他们钩心斗角互相角逐的情景，今天我们已经无从想象了。但是乱箭齐发、金鼓轰鸣的搏斗总归是有的。这种鏖兵的情况无论如何同这样的青山绿水也不能协调起来。人世变幻，今古皆然。在人类前进的程途上，这些都是不可避免的。但青山绿水却将永在。我们今天大可不必庸人自扰，为古人担忧，还是欣赏眼前的美景吧！

但是，我的幻想却不肯停止下来。我心头的幻想，一下子又变成了眼前的幻象。我的耳边响起了诗僧苏曼殊的两句诗：

春雨楼头尺八箫
何时归看浙江潮

这里不正是浙江钱塘潮的老家吗？我平生还没有看到浙江潮的福气。这两句诗我却是喜欢的，常常在无意中独自吟咏。今天来到钱塘江上，这两句诗仿佛是自己来到了我的耳边。耳边诗句一响，眼前潮水就涌了起来：

怒声汹汹势悠悠
罗刹江边地欲浮
漫道往来存大信
也知反覆向平流
狂抛巨浸疑无底
猛过西陵似有头
至竟朝昏谁主掌
好骑赪鲤问阳侯

但是，幻象毕竟只是幻象。一转瞬间，"怒声汹汹"的江涛就消逝得无影无踪，眼前江水平阔，浩渺如海，隔岸青螺数点，微痕一抹，出没于烟雨迷蒙中。

可是竟完全出我意料：在平阔的水面上，在点点青螺上，竟又出现了一个人的影子。它飘浮飞驶，"翩若惊鸿，宛如游龙"，时隐时现，若即若离，追逐着海鸥的翅膀，跟随着小燕子的身影，停留在风帆顶上，飘动在波光潋滟中。我真是又惊又喜。"胡为乎来哉？"难道因为这里是你的家乡才出来欢迎我吗？我想抓住它；这当然是不可能的。我想正眼仔细看它一看；这也是不可能的。但它又不肯离开我，我又不能不看它。这真使我又是兴奋，又是沮丧；又是希望它飞近一点，又是希望它离远一点。我在徒唤奈何中看到它飘浮飞动，定睛敛神，只看到青螺数点，微痕一抹，出没于烟雨迷蒙中。

我们就这样到了富阳。这是我们今天艇游的终点。我们舍舟登陆，爬上了有名的鹳山。山虽不高，但形势极好。山上层楼叠阁，曲径通幽，花木扶疏，窗明几净。我们登上了春江第一楼，凭窗远望，富春江景色尽收眼底。因为高，点点风帆显得更小了，而水上的小燕子则小得无影无踪。想它们必然是仍然忙忙碌碌地在那里飞着，可惜我们一点也看不着，只能在这里想象了。山顶上树木参天，森然苍蔚。最使我吃惊的是参天的玉兰花树。碗大的白花在绿叶丛中探出头来，同北地的玉兰花一比，小大悬殊，颇使我这个北方人有点目瞪口呆了。

在山边上一座石壁下是名闻天下的严子陵钓台。宋朝大诗人苏东坡写的四个大字：登云钩月，赫然镌刻在石壁上。此地距江面相当远，钓鱼无论如何是钓不着的。遥想两千多年前，一个披着蓑衣的老头子，手持几十丈长的钓竿，垂着几十丈长的钓丝，孤零一个人，蹲在这石壁下，等候鱼儿上钩，一动也不动，宛如一个木雕泥塑。这样一幅景象，无论如何也难免有滑稽之感。古人说：姑妄言之姑听之，过分认真，反会大煞风景。难道宋朝的苏东坡就真正相信吗？此地自然风光，天下独绝，有此一个传说，更会增加自然风光的妩媚，我们就姑妄听之吧！

两年前，我曾畅游黄山。那里景色之奇丽瑰伟，使我大为惊叹。窃念大化造物，天造地设，独垂青于中华大地。我觉得生为一个中国人，是十分幸福的，是非常值得骄傲的。今天我又来到了富春江上。这里景色明丽，秀色天成，同样是美，但却与黄山形成了鲜明的对照。如果允许我借用一个现成的说法的话，那么一个是阳刚之美，一个是阴柔之美。刚柔不同，其美则一，同样使我惊叹。我们祖国大地，江山如此多娇，我的幸福之感，骄傲之感，更油然而生。我眼前的富春江在我眼中更增加了明丽，更增加了妩媚，仿佛是一条天上的神江了。

在这里，我忽然想到唐代诗人孟浩然的一首著名的诗：《宿桐庐江寄广陵旧游》：

山暝听猿愁
沧江急夜流
风鸣两岸叶
月照一孤舟
建德非吾土

维扬忆旧游
还将两行泪
遥寄海西头

孟浩然说“建德非吾土”，在当时的情况下，这种心情是容易理解的。他忆念广陵，便觉得建德非吾土。到了今天，我们当然不会再有这样的感觉了。我觉得桐庐不但是“吾土”，而且是“吾土”中的精华。同黄山一样，有这样的“吾土”就是幸福的根源。非吾土的感觉我是有过的。但那是在国外，比如说瑞士，那里的山水也是十分神奇动人的，我曾为之颠倒过，迷惑过。但一想到“山川信美非吾土”，我就不禁有落寞之感。今天在富春江上，我丝毫也不会有什么落寞之感。正相反，我是越看越爱看，越爱看便越觉得幸福，在这风物如画的江上，我大有手舞足蹈之意了。

我当然也还感到有点美中不足。我从小就背诵梁代大文学家吴均的一篇名作《与宋元思书》。这封信里描绘的正是富春江的风景：

风烟俱净，天山共色。从流飘荡，任意东西。自富阳至桐庐，一百许里，奇山异水，天下独绝。

下面就是对这“奇山异水”的描绘。那确是非常动人的。然而他讲的是“自富阳至桐庐”，我今天刚刚到了富阳，便戛然而止。好像是一篇绝妙的文章，只读了一个开头。这难道不是天大的憾事吗？然而，这一件憾事也自有它的绝妙之处，妙在含蓄。我知道前面还有更奇丽的景色，偏偏今天就不让你看到。我望眼欲穿，向着桐庐的方向望去，根据吴均的描绘，再加上我自己的幻想，把那一百多里的奇山异水给自己描绘得如阆苑仙境，自己感到无比地快乐，我的心好像就在这些奇山异水上飞驰。等到我耳边听到有点嘈杂声，是同伴们准备回去的时候了。我抬眼四望，唯见青螺数点，微痕一抹，出没于烟雨迷蒙中。

1981 年 12 月 9 日

观秦兵马俑

好像从地下涌出来一样，千军万马的兵马俑一个个英姿勃发地突然站立在大地上。说是千军万马，决不是夸大之词。仅就已知的俑的数目来看，足足够编成一个现代化的师。有待于发现的还没有计算在内。

你说这是一个奇迹吗？我同意。这几乎是全世界到中国来参观兵马俑的外国朋友的一致的意见，他们中间有的人甚至说，秦兵马俑这一个奇迹超过了举世闻名的万里长城。但是，同时我也可以不同意。我们伟大的祖国是文明古国。在现在的九百多万平方公里的土地上，十亿人口正在从事于万马奔腾的社会主义现代化的伟大建设工作。这是地面上的奇迹，是明明白白地摆在光天化日之下的，是人们都能够看到的。但是在地下呢？谁也说不清楚，究竟还有多少像秦兵马俑这样的奇迹暂时还埋藏在那里。就连邻近兵马俑的地带，地下情况我们也还不很清楚，何况是这样辽阔的大地呢？

在兵马俑没有涌出来以前，想来地面上也不过是一片青青的庄稼，或者一片荒烟蔓草。这一块土地，同另外任何一块土地完全是一模一样的。两千多年以来，不知道有多少人脚踩过这一块土地，也许在上面种过庄稼，种过菜，栽过树，养过花；也许在上面盖过房子，修过花园。谁也不会想到，就在自己的脚下，竟埋藏着这样多这样神奇的国宝。中国古人有一句现成的话说：“地不爱宝。”现在也许是大地忽然不再爱这些宝贝了。于是兵马俑这样的国宝就一下子涌到地面上来。

今天我们不远千里来到这里，无非是想看一看这些国宝，这些奇迹。一路之上，从西安城一直到这里，看到的当然都是地面上的东西。车过秦始皇陵，看到一个高高的土丘，上面郁郁葱葱，长满了石榴树。因为天气不好，骊山只剩下一片影子，黑魆魆地扑人眉宇。田地里长满了青青的蔬菜，间或也能看到麦苗。麦苗长得还很矮小，但却青翠茁壮。在骊山的阴影压迫之下，这麦苗显得更加青翠，逗人喜爱。

但是在西安引人注意的却不是这些青翠茁壮的麦苗。西安是一个最容易让人发思古之幽情的地方。只要一看到秦始皇陵和骊山，人们的思潮就会冲决这两个地方，向外扩散。我现在正是这样。我的心思仿佛长上了翅膀，联绵起伏，奔腾流泻。看到半坡，我自然就想到了蒙昧远古的祖先。接着想到的是我们汉族公认的始祖轩辕黄帝，他的陵墓距离西安不算太远。骊山当然让我想到周幽王和骊姬。始皇陵里埋着妇孺皆知的秦始皇。茂陵是汉武帝的陵墓。这一位雄才大略的大皇帝把自己的大将和大臣都埋葬在身边，霍去病和卫青的墓都在茂陵附近。这两个杰出的年轻的大将军在死后还在赤胆忠心地保卫着自己的主子。

至于唐代，那遗迹更是到处可见。很多地方都与中国文学史上一些非常显赫的诗人的名字联系在一起。抬头一看，低头一想，无一不让你想到唐代诗歌的黄金时代，想到一些脍炙人口的诗句。这里简直是诗歌的王国，是幻想的天堂，是天上彩虹的故乡，是人间真情的宝库。走过灞桥，我怎能会不想到当年折柳赠别的那一些名句和那种依依不舍的友情呢？看到蓝田这个地名，我自然就想到了王维的辋川别墅，想到那些意境幽远的短诗。终南山抬头就能够见到，一看到终南山：

终南阴岭秀
积雪浮云端
林表明霁色
城中增暮寒

吟咏这首诗的声音，就在我耳边响起。车子驰过城西北的那一些原，我不由自主地低吟：

五陵北原上
万古青蒙蒙

走过咸阳桥，杜甫的名句：

耶娘妻子走相送
尘埃不见咸阳桥

自然就在我耳边响起。我仿佛看到在滚滚的黄尘中唐代出征军人的身影，他们的父母妻子把臂牵袂，痛哭相送。一走过渭水，

秋风生渭水
落叶满长安

这样的诗句马上把我带到了长安的深秋中，身上感到一阵阵的凉意。一想到秋天，我马上就想到春天。

云里帝城双凤阙
雨中春树万人家

这样春雨中的情景立刻就把千树万树枝头滴着红雨的杏花带到我眼前来，我身上感到一阵阵的湿意。从帝城我联想到大明宫：

九天阊阖开宫殿
万国衣冠拜冕旒

我仿佛亲眼看到当年世界的首都长安的情景，大街上熙熙攘攘，挤满了人，在黄皮肤的人群中夹杂着不少皮肤或白或黑、衣着怪异、语言奇特的外国学者、商人、僧侣、外交官。

……

总之，在我乘车驶向秦俑馆的路上，我眼前幻影迷离，心头忆念零乱，耳旁响着吟诗声，嘴里念着美妙的诗句，纵横八百里，上下数千年，浮想联翩，心潮腾涌。我以前在任何时候任何地方都没有过这样复杂的感情，我是既愉快，又怅惘；既兴奋，又冷静，中间还搀杂上一点似乎是骄傲的意味。

就这样，转眼之间，我们已经到了秦兵马俑馆。

所谓兵马俑馆，是一个硕大无比的大厅，目测至少有几个足球场大。在进

入大厅之前，我们先参观了大厅旁边的一间小厅，中间陈列着正在修复中的一辆铜车、四匹铜马。四匹铜马神采奕奕，仿佛正在努力拉着铜车奔驰。一个铜军官坐在车上，驾驭着这四匹马。看到这样精致绝伦的艺术国宝，我们每个人都不禁啧啧称叹：想不到宇宙间竟有这样神奇的珍品，我心中那一点骄傲的意味不由地更加浓烈起来了。

走进了大厅，站在栏杆旁边向下面的大坑里望去，看到一排排的坑道，坑道中，前排的兵俑和马俑都成排成行地站在那里。将军俑、铠甲武士俑、骑马俑等等，好像都聚精会神地站在那里，静候命令，一个个秩序井然，纪律严明，身体笔直，一动也不动。兵俑中间间杂着一些马俑，也都严肃整齐，伫立待命。我原以为，这些兵俑都是一个模子里塑制出来的，千篇一律，不会有什么变化。但是仔细一看才发现，他们的面部表情几乎每一个都不相同：有的像是在微笑，有的像是在说话，有的光着下颔，有的留着胡子，个个栩栩如生，而又神态各异，没有发现一个愁眉苦脸的。他们好像是都衷心喜悦地为大皇帝站岗放哨。他们的“物质待遇”好像是很不错，否则怎么能个个都心满意足呢？我简直难以想象，当年的艺术家是怎样塑制这些兵马俑的。数以万计的兵马俑竟都能这样精致生动，不叫它是宇宙间一大奇迹又叫它什么呢？

我的思潮又腾涌起来，眼前幻象浮动，心头波浪翻滚。蓦地一转眼，我仿佛看到坑里的兵俑和马俑一齐跳动起来。兵俑跑在前面，在将军俑的率领下，奋勇前进。马俑紧紧地跟在后面。有的兵俑骑上马俑，放松缰绳，任马驰骋。后排坑道里那些还没有被完全挖出来的兵俑和马俑，有的只露出了头，有的露出了半身，有的直着身子，有的歪着身子，也都在那里活动起来。在这里，地面高高低低，坎坷不平。它在我眼中忽然变成了海浪，汹涌澎湃，气象万千。兵俑和马俑正从海浪中挣扎出来。有脑袋的奋勇向前。连那些没有脑袋的也顺手抓起一个脑袋，安在脖子上，骑上马俑，向前奔去；想追上前面那些成行成排的俑，一齐飞出大厅。那四匹铜马拉着铜车四马当先，所向无前。连乾陵的那两匹带翅膀的飞马也从远处赶了来，参加到飞腾的队伍中去。他们一飞出大厅，看到今天祖国已经换了人间，都大为惊诧与兴奋。他们大声互相说着话：“我们一睡就是几千年，今天醒来，看到河山大地花团锦簇，人民群众意气风发。我们虽然都有了一把子年纪，但是身子骨还很硬朗。我们休息了这样多年，正有用不完的劲。我们也一定要尽上一份力量，决不能后人。现在是大显身手的好时候了，干呀！干呀！”边说边飞，浩浩荡荡，飞向天空，飞向骊山：

骊山高处入青云
仙乐风飘处处闻

现在我耳边响起的不是缓歌慢奏的仙乐，而是兵马杂沓，金鼓齐鸣，这些声音汇成了三界大乐，直干青云，跟随着兵俑和马俑，把我的心也夹在了中间，飞驰掠过八百里秦川。

这八百里秦川可真是一块宝地啊！在若干千年中，我们的先民在这里胼手胝足，辛勤耕耘，才收拾出来了现在这样的锦绣河山。就拿西安这一个地方来说吧。在汉唐时期，以它那光辉灿烂的文化，吸引了成千上万的外国朋友，不远万里，来到这里，或学习，或贸易，或当外交官。西安俨然成了当时世界的中心。城中盛况，依稀可以想象。这一点我在上面已经谈到。今天，又发现了数目这样多、塑制又这样精美、能同世界奇迹长城媲美的兵马俑，锦上添花，又招引来了全国各地的人士和世界各国的朋友，云集此处，都瞪大了眼睛，惊叹不置。在我们来的路上，外国朋友乘坐的车子，络绎不绝。现在在秦俑馆内，外国朋友，男女老幼，穿着五光十色的衣服，说着稀奇古怪的语言，其数目远远超过国内人民。在这样的情况下，作为一个中国人，人们会想些什么呢？别人的心思我无法揣度，我说不出；但是我自己的心思我是清楚的。我在来的路上的那一点淡淡的骄矜之意、幸福之感，现在浓烈起来了。为生为一个中国人而感到骄矜与幸福，难道不是我们共同的感觉吗？

我就是怀着这样的骄矜之意与幸福之感，依依不舍一步三回首地离开了秦俑馆的。此时天色已经渐渐地晚了下来。骊山山顶隐入一层薄薄的暮霭中。浩浩荡荡的兵俑和马俑的队伍大概已经飞越了骊山，只留下一片寂静，伴随着我驰过八百里秦川。

1982 年 10 月 29 日草稿
1982 年 11 月 16 日修改
1985 年 1 月 14 日抄出

登蓬莱阁

去年，也是在现在这样的深秋时分，我曾来登过一次蓬莱阁。当时颇想写点什么；只是由于印象不深，自己也仿佛没有进入“角色”，遂致因循拖延，终于什么也没有写。现在我又来登蓬莱阁了，印象当然比去年深刻得多，自己也好像进入了“角色”，看来非写点什么不行了。

蓬莱阁是非常出名的地方，也可以说是“蓬莱大名垂宇宙”吧。我在来到这里以前，大概是受蓬莱三山传说的影响，总幻想这里应该是仙山缥缈，白云缭绕，仙人宫阙隐现云中，是洞天福地，蓬莱仙境，不食人间烟火。至少应该像《西游记》描绘镇元大仙的万寿山那样：

> 高山峻极，大势峥嵘。根接昆仑脉，顶摩霄汉中。白鹤每来栖桧柏，玄猿时复挂藤萝。……麋鹿从花出，青鸾对日鸣。乃是仙山真福地，蓬莱阆苑只如此。

然而，眼前看到的却不是这种情况。只不过是一些人间的建筑，错综地排列在一个小山头上。我颇有一些失望之感了。

既然是在人间，当然只能看到人间的建筑。从这个标准来看，蓬莱阁的建筑还是挺不错的：碧瓦红墙，崇楼峻阁，掩映于绿树丛中。这情景也许同我们凡人更接近，比缥缈的仙境更令人赏心悦目。一进入嵌着“丹崖仙境”四个大字的山门，就算是进入了仙境。所谓“丹崖”，指的是此地多红石，现在还有四大块红石耸立在一个院子里面。这几块石头不是从别的地方搬来的，而是与大地紧紧地连在一起，原来是大地的一部分，其名贵也许就在这里吧。

进入天后宫的那一层院子，最引人注目的还不是天后的塑像和她那两间精致的绣房中的床铺，而是那一株古老的唐槐。这一棵树据说是铁拐李种下的，它在这仙境里生活了已经一千多年了，虽然还没有“霜皮溜雨四十围，黛色参天二千尺”；但是老态龙钟，却又枝叶葱茏，浑身仙风道骨，颇有一点非凡的气概了。我想，一看到这样一棵古树，谁也会引起一些遐思：它目睹过多少朝代的更替，多少风流人物的兴亡，多少度沧海桑田，多少次人事变幻，到现在依然青春永葆，枝干挺秀。如果树也有感想的话，难道它不应该大大地感喟一番吗？我自己却真是感慨系之，大有流连徘徊不忍离去之意了。

回头登上台阶，就是天后宫正殿。正中塑着天后的像，俨然端坐在上面。天后是海神。此地近海，渔民天天同海打交道；大海是神秘难测的，它有波平浪静的一面，但也有波涛汹涌的一面。自古以来，不知道有多少渔民葬身波涛之中。他们迫不得已，只好乞灵于神道，于是就出现了天后。我们南海一带都祭祀天后。在这个端庄美丽的女神后边，不知道包含着多少血泪悲剧啊！在我上面提到的左右两间绣房中，床上的被褥都非常光鲜美丽。据说，天后有一个习惯：她轮流在两间屋子里睡觉。为什么这样？其中定有道理。但这是神仙们的事，我辈凡夫俗子还是以少打听为妙，还是欣赏眼前的景色吧！

到了最后一层院子，才真正到了蓬莱阁。阁并不高，只有两层。过去有诗人咏道：“登上蓬莱阁，伸手把天摸”，显然是有点夸张。但是，一登上二楼，举目北望，海天渺茫，自己也仿佛凌虚御空，相信伸手就能摸到天，觉得这两句诗决非夸张了。谁到这里都会想到蓬莱三山的传说，也会想到刻在一个院子里两边房墙上的四句话：

登上蓬莱阁
人间第一楼
云山千里目
海岛四时秋

现在不正是这样子吗？我自己也真感觉到，三山就在眼前，自己身上竟飘飘有些仙气了。

多少年来就传说，八仙过海正是从这里出发的。阁上有八仙的画像，各自手中拿着法宝，各显神通，越过大海。八仙中最引人注目的当然是吕洞宾。提起此仙，大大有名。全国许多地方都有关于他的神话传说。据说，吕洞宾并不姓吕。有一天，他同妻子到山洞里去逃难，这两口子住在洞中，相敬如宾，于是他就姓了吕，而名洞宾。这个故事很有趣，但也很离奇，颇难置信。可是，我觉得，这同天后的床铺一样，是神仙们的私事，我辈凡夫俗子还是以少谈为妙，且去欣赏眼前的景色吧！

眼前景色是美丽而有趣的。我们在楼上欣赏窗外的景色。楼中间围着桌子摆了许多把古色古香的椅子，正中一把太师椅，据说是吕洞宾坐过的；谁要坐上，谁就长生不老。我们中吕叔湘先生年高德劭，又适姓吕，于是就被大家推举坐上这一把太师椅，大家哄然大笑。我们虔心祷祝吕先生真能长生不老！

在这楼上，人人看八仙，人人说八仙，人人听八仙，人人不信八仙，八仙确实是太渺茫无稽了。但是，从这里能看到海市蜃楼却是真实的。我从前从许多书上，从许多人的嘴里读到、听到过海市的情景，心向往之久矣。只是海市极难看到。宋朝的大文学家苏轼，曾在登州做过五天的知府。他写过一首诗，叫做《登州海市》，还有一篇短短的序言，我现在抄一下：

> 予闻登州海市旧矣。父老云：“尝出于春夏，今岁晚，不复见矣。”予到官五日而去，以不见为恨，祷于海神广德王之庙，明日见焉，乃作此诗。
>
> 东方云海空复空　　群仙出没空明中
> 荡摇浮世生万象　　岂有贝阙藏珠宫
> 心知所见皆幻影　　敢以耳目烦神工
> 岁寒水冷天地闭　　为我起蛰鞭鱼龙
> 重楼翠阜出霜晓　　异事惊倒百岁翁
> 人间所得容力取　　世外无物谁为雄
> 率然有请不我拒　　信我人厄非天穷
> 潮阳太守南迁归　　喜见石廪堆祝融
> 自言正直动山鬼　　岂知造物哀龙钟
> 伸眉一笑岂易得　　神之报汝亦已丰
> 斜阳万里孤鸟没　　但见碧海磨青铜
> 新诗绮语亦安用　　相与变灭随东风

在这里，苏东坡自己说，祷祝成功，海市出现。但是，给我们导游的那个小姑娘却说，苏轼大概没有看到海市；因为他呆的时间很短，而且是岁暮天寒之际。究竟相信谁的话呢？我有点怀疑，苏轼是故弄玄虚，英雄欺人。他可能是受了韩愈祝祷衡山的影响：“潜心默祷若有应，岂非正直能感通，须臾静扫众峰出，仰见突兀撑青空。”他的遭遇同韩文公差不多，他们俩都认为自己是“正直”的。韩文公能祝祷成功（实际上也未必），为什么自己就不行呢？于是就写了这样一首诗，写得有鼻子有眼，仿佛亲眼看到一般。但是，这只是我个人的怀疑。又焉知苏轼的祝祷不会适与天变偶合、海市在不应该出现的时候出现了呢？我实在说不清楚。古人的事情今人实在难以判断啊！反正登州人民并不关心这一切，尽管苏轼只在这里呆了五天，他们还是在蓬莱阁上给他立庙塑像，把他的书法刻在石头上，以垂永久。苏轼在天有灵，当然会感到快慰吧。

我们游遍了蓬莱阁，抚今追昔，幻想迷离。八仙的传说，渺矣，茫矣。海市蜃楼又急切不能看到，我心里感到无名的空虚。在我内心的深处，我还是执着地希望，在蓬莱阁附近的某一个海中真有那么一个蓬莱三山。谁都知道，在大自然中确实没有三山的地位。但是，在我的想象中，我宁愿给蓬莱三山留下一个位置。“山在虚无缥缈间”，就让这三山同海市蜃楼一样，在虚无缥缈间永远存在下去吧，至少在我的心中。

1985 年 10 月 26 日写完

游石钟山记

幼时读苏东坡《石钟山记》，爱其文章奇诡，绘声绘色，大为钦佩，爱不释手，往复诵读，至今犹能背诵，只字不遗。但是，我从来也没有敢梦想，自己能够亲履其地。今天竟能于无意中来到这里，真正像做梦一般，用金圣叹的笔调来表达，就是“岂不快哉”！

石钟山海拔只有五十多米，摆在巍峨的庐山旁边，实在是小巫见大巫。但是，山上建筑却很有特点，在非常有限的地面上，“五步一楼，十步一阁，廊腰缦回，檐牙高啄，各抱地势，钩心斗角”。今天又修饰得金碧辉煌，美轮美奂。从山下向上爬，显得十分复杂。从怀苏亭起，步步高升，层楼重阁，小院回廊，花圃清池，佛殿明堂，绿树奇花，翠竹修篁，通幽曲径，花木禅房，处处逸致可掬，令人难忘。

这里的碑刻特别多，几乎所有的石头上都镌刻着大小不同字体不同的字。苏轼、黄庭坚、郑板桥、彭玉麟等等，还有不知多少书法家或非名家都在这里留下手迹。名人的题咏更是多得惊人：从南北朝至清代，名人咏石钟山之诗多达七百多首。从陶渊明、谢灵运起直至孟浩然、李白、钱起、白居易、王安石、苏轼、黄庭坚、文天祥、朱元璋、刘基、王守仁、王渔洋、袁子才、蒋士铨、彭玉麟等等都有题咏。到了此地，回忆起将近二千年来的文人学士，在此流连忘返，流风余韵，真想发思古之幽情。

此地据鄱阳湖与长江的汇流处，历代兵家必争之地，在中国历史上几次激烈鏖兵。一晃眼，仿佛就能看到舳舻蔽天，烟尘匝地的情景。然而如今战火久熄，只余下山色湖光辉耀祖国大地了。

我站在临水的绝壁上，下临不测，碧波茫茫。抬眼能够看到赣、皖、鄂三个省份，云山迷濛，一片锦绣山河。低头能够看到江湖汇流，扬子江之黄与鄱阳湖之绿，泾渭分明，界线清晰，并肩齐流，一泻无余，各自保持着自己的颜色，决不相混，长达数十里。“楚江万顷庭阶下，庐阜诸峰几席间”，难道不能算是宇宙奇迹？我于此时此地极目楚天，心旷神怡，仿佛能与天地共长久，与宇宙共呼吸。不由得心潮澎湃，浮想不已。我想到自己的祖国，想到自己的民族。我们的祖先在这里勤奋劳动，繁殖生息，如今创造了这样的锦绣山河万里。不管我们目前还有多少困难与问题，终究会一一解决，这一点我深信不疑。我真有点手舞足蹈，不知老之将至了。这一段经历我将永远记忆。

我游石钟山时，根本没想写什么东西。有东坡传流千古的名篇在，我是何人，敢在江边卖水、圣人门前卖字！但是在游览过程中，心情激动，不能自已，必欲一吐为快，就顺手写了这一篇东西。如果说还有什么遗憾的话，那就是我没有能在这里住上一夜，像苏东坡那样，在月明之际，亲乘一叶扁舟，到万丈绝壁下，亲眼看一看“如猛兽奇鬼，森然欲搏人”的大石，亲耳听一听“噌吰如钟鼓不绝”的声音。我就是抱着这种遗憾的心情，一步三回首，离开了石钟山。我嘴里低低地念着不知道是什么时候在我心中吟成的两句诗“待到耄耋日，再来拜名山”，我看到石钟山的影子渐小渐淡，终于隐没在江湖混茫的雾气中。

1986年8月6日七十五周岁生日，
写于庐山九奇峰下

登庐山

苍松翠柏，层层叠叠，从山麓向上猛奔，气势磅礴，压山欲倒，整个宇宙仿佛沉浸在一片浓绿之中。原来这就是庐山啊！

汽车沿着盘山公路，在万绿丛中盘旋而上。我一边仿佛为这神奇的绿色所制服，一边嘴里哼着苏东坡那一首脍炙人口的诗：

横看成岭侧成峰，
远近高低各不同。
不识庐山真面目，
只缘身在此山中。

我很后悔，在年轻读中小学的时候，学习马虎，对岭与峰的细微区别没有弄清楚。到了此时，悔之晚矣。无论横看，还是侧看，我都弄不明白苏东坡用意之所在。我只觉得，苏东坡没有搔着痒处，没有真正抓住庐山的神韵，没有抓住庐山的灵魂，空留下这一首传诵古今的名篇。

到了我们的住处以后，天色已经黄昏。窗外松涛澎湃，山风猎猎，鸟鸣在耳，蝉声响彻，九奇峰朦胧耸立，天上有一弯新月。我耳朵里听到的是松声，眼睛仿佛看到了绿色。我在庐山的第一夜，做了一个绿色的梦。

中国的名山胜境，我游得不多。五十年前，我在大学毕业后，改行当了高中的国文教员。虽然为人师表，却只有二十三岁。在学生眼中，我大概只能算是一个大孩子。有一个学生含笑对我说："我比你还大五岁哩！老师！"这有什么办法呢？我当时童心未泯，颇好游玩。曾同几个同事登泰山，没费吹灰之力就登上了南天门。在一个鸡毛小店里住了一夜，第二天凌晨攀登玉皇顶，想看日出。适逢浮云蔽天，等看到太阳时，它已经升得老高了。我们从后山黑龙潭下山，一路饱览山色，颇有一点“一览众山小”的情趣。泰山给我留下了非常深刻的印象。从审美的角度上来评断，我想用两个字来概况泰山，这就是：雄伟。

六年以前，我游了黄山。从前山温泉向上攀，经过了许多名胜古迹，什么一线天、蓬莱三岛等，下午三时到了玉屏楼。回望天都峰鲫鱼背，如悬天半。在玉屏楼住了一夜，第二天再向北海前进。一路上又饱览了数不清的名胜古迹。在北海住了两夜，看到了著名的黄山云海和奇峰怪石。世之论者认为黄山以古松胜，以云海胜，以奇峰胜，以怪石胜。古人说：“五岳归来不看山，黄山归来不看岳。”这是非常有见地的话。从审美的角度来评断，我也想用两个字来概括黄山，这就是：诡奇。

那一次陪我游黄山的是小泓，我们祖孙二人始终走在一起。他很善于记黄山那一些稀奇古怪的名胜的名字，我则老朽昏庸，转眼就忘，时时需要他的提醒和纠正。当时日子过得似乎平平常常，并没有觉得有什么奇妙之处，有什么值得怀念之处。但是，前几年我到安徽合肥去开会，又有游黄山的机会，我原本想再去黄山的。可是，我忽然怀念起小泓来，他已在千山万水浩渺大洋之外了。我顿时觉得，那一次游黄山，日子过得不细致，有点马马虎虎，颇有一点身在福中不知福的味道。如今回忆起来，情景历历如在眼前。哪怕是极小的生活细节，也无一不温馨可爱，到了今天，宛如一梦，那些情景永远永远不会再回来了。我觉得，再游黄山，谁也代替不了小泓。经过了反复地考虑，我决意不再到黄山去了。

今天我来到了庐山，陪我来的是二泓。在离开北京的时候，我曾下定决心，在庐山，日子一定要仔仔细细地过，认真在意地过，把每一个细微末节，每一分钟，每一秒钟，都要仔细玩味，决不能马马虎虎，免得再像游黄山那样，日后追悔不及。我也确实这样做了。正像小泓一样，二泓也是跟我形影不离。几天以来，我们几乎游遍整个庐山。茂林修竹，大陵深涧，岩洞石穴，飞瀑名泉。他扶着我，有时候简直是扛着我，到处游观。我觉得，这一次确实是仔仔细细地过日子了，一点也没有敢疏忽大意。对一草一木，一山一石，变幻莫测的白云，流动不息的飞瀑，我都全心全意地把整个灵魂都放在上面。我只希望，到得庐山之游成为回忆时，我不再追悔。是否真正能做到这一步，我眼前还不敢夸下海口，只有等将来的事实来验证了。

庐山千姿百态，很难用一个字或几个字来概括。但是，总起来说，庐山给我的印象同泰山和黄山迥乎不同。在这里，不管是远山，还是近岭，无不长满了松柏。杉树更是特别郁郁葱葱，尖尖的树顶直刺云天。目光所到之处，总是绿，绿，绿，几乎看不到任何别的颜色，是一片浓绿的天地，一片浓绿的大洋。从审美的角度来看，我也想用两个字来概括庐山，这就是：秀润。

我觉得，绿是庐山的精神，绿是庐山的灵魂，没有绿就没有庐山。绿是有层次的。有时候蓦地白云从谷中升起，把苍松翠柏都笼罩起来，笼罩得迷濛一片，此时浓绿就转成了青色，更给人以秀润之感，可惜东坡翁当年没能抓住庐山这个特点，因而没有能认识庐山的真面目，成为千古憾事。我曾在含鄱口远眺时信口写一七绝：

近浓远淡绿重重，
峰横岭斜青濛濛。
识得庐山真面目，
只缘身在此山中。

我自谓抓住了庐山的精神，抓住了庐山的灵魂。庐山有灵，不知以为然否？

1986 年 8 月 6 日于庐山

法门寺

法门寺，多么熟悉的名字啊！京剧有一出戏，就叫做“法门寺”。其中有两个角色，让人永远忘记不了：一个是太监刘瑾，一个是他的随从贾桂。刘瑾气焰万丈，炙手可热。他那种小人得志的情态，在戏剧中表现得惟妙惟肖，淋漓尽致，是京剧中最著名的人物之一。贾桂则是奴颜婢膝，一副小人阿谀奉承的奴才相。他的“知名度”甚至高过刘瑾，几乎是妇孺皆知。“贾桂思想”这个词儿至今流传。

我曾多次看《法门寺》这一出戏，我非常欣赏演员们的表演艺术。但是，我从来也没想研究究竟有没有法门寺这样一个地方？它坐落在何州何县？这样的问题好像跟我风马牛不相及，根本不存在似的。

然而，我何曾料到，自己今天竟然来到了法门寺，而且还同一件极其重要的考古发现联系在一起了。

这一座寺院距离陕西扶风县有八九里路，处在一个比较偏僻的农村中。我们来的时候，正落着濛濛细雨，据说这雨已经下了几天。快要收割的麦子湿漉漉的，流露出一种垂头丧气的神情。但是在中国比较稀见的大棵大朵的月季花却开得五颜六色，绚丽多姿，告诉我们春天还没有完全过去，夏天刚刚来临。寺院还在修葺，大殿已经修好，彩绘一新，鲜艳夺目。但是整个寺院却还是一片断壁残垣，显得破破烂烂。地上全是泥泞，根本没法走路。工人们搬来了宝塔倒掉留下来的巨大的砖头，硬是在泥水中垫出一条路来。我们这一群从北京来的秀才们小心翼翼，战战兢兢地踏着砖头，左歪右斜地走到了一个原来有一座十三层的宝塔而今完全倒掉的地方。

这样一个地方有什么可看的呢？千里迢迢从北京赶来这里难道就是为了看

这一座破庙吗？事情当然不会这样简单。这一座法门寺在唐代真是大大地有名，它是皇家烧香礼佛的地方。这一座宝塔建自唐代，中间屡经修葺。但是在一千多年的漫长的时间内，年深日久，自然的破坏力是无法抗御的，终于在前几年倒塌了。我们现在看到的就是倒塌后的样子。

倒塌本身按理说也用不着大惊小怪。但是，倒塌以后，下面就露出了地宫。打开地宫，一方面似乎是出人意料，另一方面又似乎是在意料之内，在这里发现了大量异常珍贵的古代遗物。遗物真可以说是丰富多彩，琳琅满目，其中有金银器皿、玻璃器皿、茶碾子、丝织品。据说，地宫初启时，一千多年以前的金器，金光闪闪，光辉夺目，参加发掘的人为之吃惊，为之振奋。最引人瞩目的是秘色瓷，实物还从来没有看到过。另外根据刻在石碑上的账簿，丝织品中有中国历史上唯一的一位女皇武则天的裙子。因为丝织品都粘在一起，还没有能打开看一看，这一条简直是充满了神话色彩的裙子究竟是什么样子。

但是，真正引起轰动的还是如来佛释迦牟尼的真身舍利。世界上已经发现的舍利为数极多，我国也有不少。但是，那些舍利都是如来佛遗体焚化后留下来的。这一个如来佛指骨舍利却出自他的肉身，在世界上从来没有过。我不是佛教信徒，不想去探索考证。但是，这个指骨舍利在十三层宝塔下面已经埋藏了一千多年，只是它这一把子年纪不就能让我们肃然起敬吗？何况它还同中国历史上和文学史上的一段公案紧密地联系在一起呢！唐朝大文学家韩愈有一篇著名的文章：《论佛骨表》。千百年来，读过这篇文章的人恐怕有千百万。我自己年幼时也曾读过，至今尚能背诵。但是，我从来也没有想到，唐宪宗“令群僧迎佛骨于凤翔”的佛骨竟然还存在于宇宙间，而且现在就在我们眼前，我原以为是神话的东西就保存在我们现在来看的地宫里，虚无缥缈的神话一下子变为现实。它将在全世界引起多么大的轰动，目前还无法逆料。这一阵“佛骨旋风”会以雷霆万钧之力扫过佛教世界，这一点是肯定无疑的了。

我曾多次来过西安，我也曾多次感觉到过，而且说出来过：西安是一块宝地。在这里，中国古代文化仿佛阳光空气一般，弥漫城中。唐代著名诗人的那些名篇名句，很多都与西安有牵连。谁看到灞桥、渭水等等的名字不会立即神往盛唐呢？谁走过丈八沟、乐游原这样的地方不会立即想到杜甫、李商隐的名篇呢？这里到处是诗，美妙的诗；这里到处是梦，神奇的梦；这里是一个诗和梦的世界。如今又出现了如来真身舍利。它将给这个诗和梦的世界涂上一层神光，使它同西天净土，三千大千世界联系在一起，生为西安人，生为陕西人，生为中国人有福了。

从神话回到现实。我们这一群北京秀才们是应邀来鉴定新出土的奇宝的。对我们这些凡夫俗子来说，如来真身舍利渺矣茫矣。对每一个中国人来说，古代灿烂的文化遗物却是活生生的现实。即使对于神话不感兴趣的普通老百姓，对现实却是感兴趣的。现在法门寺已经严密封锁，一般人不容易进来。但是，老百姓却有自己的想法，有自己的价值观。我曾在大街上和飞机场上碰到过一些好奇的老百姓。在大街上，两位中年人满面堆笑，走了过来：

"你是从北京来的吗？"

"是的。"

"你是来鉴定如来佛的舍利吗？"

"是的。"

"听说你们挖出了一地窖金子?!"

对这样的"热心人"，我能回答些什么呢？

在飞机场五六个年轻人一下子涌了上来：

"你们不是从北京来的吗？"

"是的。"

"听说，你们看到的那几段佛骨，价钱可以顶得上三个香港?!"

多么奇妙的联想，又是多么天真的想法。让我关在屋子里想一辈子也想不出来。无论如何，这表示，西安的老百姓已经普遍地注意到如来真身舍利的出现这一件事，街头巷尾，高谈阔论，沸沸扬扬，满城都说佛舍利了。

外国朋友怎样呢？他们的好奇心，他们的轰动，决不亚于中国的老百姓。在新闻发布会上，一位日本什么报的记者抢过扩音器，发出了连珠炮似的问题："这个指骨舍利是如来佛哪一只手上的呢？是左手，还是右手？是哪一个指头上的呢？是拇指，还是小指？"我们这一些"答辩者"，谁也回答不出来。其他外国记者都争着想提问，但是这一位日本朋友却抓紧了扩音器，死不放手。我决不敢认为，他的问题提得幼稚，可笑。对一个信仰佛教又是记者的人来说，他提问题是非常认真严肃的，又是十分虔诚的。据我了解到的，现在世界上许多国家，特别是日本、印度，以及南亚和东南亚佛教国家，都纷纷议论西安的真身舍利。这个消息像燎原的大火一样，已经熊熊燃烧起来了，行将见"西安热"又将热遍全球了。

就这样，我在细雨霏霏中，一边参观法门寺，一边心潮起伏，浮想联翩。多年来没有背诵的《论佛骨表》硬是从遗忘中挤了出来，我不由地一字一句暗暗背诵。同时我还背诵着：

一封朝奏九重天，
夕贬潮州路八千。
欲为圣明除弊事，
肯将衰朽惜残年？
云横秦岭家何在，
雪拥蓝关马不前。
知汝远来应有意，
好收吾骨瘴江边。

韩愈因谏迎佛骨，遭到贬逐，他的侄孙韩湘来看他，他写了这一首诗。我没有到过秦岭，更没有见过蓝关，我却仿佛看到了一个孤苦伶仃的老人，忠君遭贬，我不禁感到一阵凄凉。此时月季花在雨中别具风韵，法门寺的红墙另有异彩。我幻想，再过三五年，等到法门寺修复完毕，十三级宝塔重新矗立之时，此时冷落僻远的法门寺前，将是车水马龙，摩肩接踵，与秦俑馆媲美了。

1987 年 8 月 26 日

观天池

长白山天池真可谓“大名垂宇宙”矣。我们此次冒酷暑，不远数千里，飞来延吉，如果说有一个确定不移的目的的话，那就是天池。

我们早晨从延吉出发，长驱二百三十公里，马不停蹄，下午到了长白山下的天池宾馆。我们下车，想先订好房间，然后上山。但是，宾馆的主人却催我们赶快上山，因为此时天气颇为理想，稍纵即逝，缓慢不得，房间他会给我们保留下来的。

宾馆老板的话是非常有道理的。长白山主峰海拔二千六百九十一米，较五岳之尊雄踞齐鲁大地的泰山还要高一千多米。而天池又正在山巅，气候变化无常。延边大学的校长昨天告诉我，山顶气候一天二十四变。换句话说，也就是一个小时变一次。而实际情况还要比这个快，往往十几分钟就能变一次。原来是丽日悬天，转眼就会白云缭绕，阴霾蔽空。此时晶蓝浩瀚的天池就会隐入云雾之中，多么锐利的眼睛也不会看见了。据说一个什么人，不远万里，来到天池，适逢云雾，在山巅等了三个小时，最终也没能见天池一面，悻悻然而去之，成为终生憾事。

我们听了宾馆主人的话，立即鼓足余勇，驱车登山。开始时在山下看到的是一大片原始森林。据说清代的康熙皇帝认为长白山是满洲龙兴之地，下诏封山，几百年没有开放，因此这一片原始森林得到了最妥善的保护。不但不许砍伐树木，连树木自己倒下，烂掉，也不许人动它一动。到了今天，虽然开放了，树木仍然长得下踞大地，上撑青天，而且是拥拥挤挤，树挨着树，仿佛要长到一起，长成一个树身，说是连兔子都钻不进去，决非夸大之词。里面阔叶、针叶树都有，而以松树为主，挺拔耸峭，葱茏蓊郁，百里林海，无边无际，碧绿之色仿佛染绿了宇宙。

汽车开足了马力，沿着新近修成的盘山公路，勇往直上。在江西庐山是“跃上葱茏四百旋”。但是庐山比起长白山来直如小丘。在这里汽车究竟转了多少弯，至今好像还没有人统计过。我们当然更没有闲心再去数多少弯。但见在相当长的行驶时间内是针阔混交的树林。到了大约一千一百米以上，变成了针叶林带。到了一千八百米至二千米的地方，属于针叶的长白松突然消逝，路旁一棵挺起身子的高树都见不到了。一片岳桦林躬着腰背，歪曲扭折，仿佛要匍匐在地上，不敢抬头。尖劲的山风，千万年来，把它们已经制得服服帖帖，趴在地上，勉强苟延残喘，口中好像是自称“奴才”，拜倒在山风脚下连呼“万岁”了。

此时，我们已经升到海拔二千米以上，比泰山的玉皇顶还要高出五六百米。以“爬山虎”著称的北京吉普车，也已累得喘起了粗气。再一看路旁，连跪在地上的岳桦林也一律不见。看到的只有死死抓住石头的青草，还是一片翠绿。但是它们也没有一棵敢向高处长的，都是又矮又粗，低头奋力伏在石头上。看来长白山狂猛的山风连小草也不放过。小草为了活命，也只有听从山风的命令了。看样子，即使小草这样俯首帖耳，忍辱负重，也还是不行的。再往上不久，石头上光秃秃的，连一根小草的影子再也不见。大概山风给小草规定下的生命地界已经到了极限。过此往上，一切青色的东西全皆不见。此处是山风独霸的天下，在宇宙间只许自己在这里狂暴肆虐，耀武扬威了。

既然山上已一无可看，我们就往山下看看吧。近处是壁立万仞，下临无地，看了令人不由得目眩股栗，赶快把眼光投向远方。大概我们宾主五人都积了善有了余庆。我们都交了好运，天气是无比地晴朗。千里松海，尽收眼底，令人逸兴遄飞，心旷神怡。回望背后群山，山背阴处，盛夏犹有积雪。长白山真不愧“长白”之名。

可是，真出我们意想之外，汽车出了毛病，发动机忽然停止工作了，火再也打不着。司机连忙下车，搬来大石块，把车后轮垫牢。否则车一滑坡，必然坠入万丈深谷，则我们和车岂不就成了齑粉了吗？我确定有点慌了起来；但司机却说：汽车患了“高山反应症”，神态自若。我真有点摸不清，他说的究竟是真话，还是笑话？但见他从容不迫，把车上的机器胡鼓捣了一阵，忽然“砰”的一声，汽车又发动起来了。我的心才又回到腔子里。汽车盘旋上山，皆大欢喜。

真正到了山顶了，我急不可待，立即开门想下车。别人想拦住我，但没有拦得住，连忙给我把制服上衣穿上，车门刚开了一个小缝，一股刺骨的寒风立即狂袭过来。原来山下气温是摄氏三十二三度，而在这里，由于没有寒暑表，不敢乱说，根据我的感觉，恐怕是在十度以下。我原以为是个累赘一点用处也没有的毛衣，这时却成了至宝。我忙忙乱乱地把它穿在制服外面，别人又在我身上蒙上了一件风雨衣。这样一来，上半身勉强对付；但是我头顶上的真正的纱帽却不行了。下面的裤子也陡然薄得如纸。现在能有一件皮袄该多好呀！我浑身抖抖簌簌，被三个年轻人架住双臂，推着背后，踉踉跄跄，向前迈步。山风迅猛，刺入骨髓。别提我有多么狼狈了。有人拍了一张照片，我自己还没有看到。我想，那将是我一生最为可笑的一张照片了。

但是，我的苦难历程还没有完结。我虽然已经站在我渴望已久的天池边上，却还看不到天池，一座不高不低的沙堆挡住了我们的去路。我此时实在已经是精疲力尽，想躺倒在地，不再动弹。但是，渴望了几十年，又冒酷暑不远数千里而来，难道竟能打退堂鼓功亏一篑吗？当然不行！我收集了我的剩勇，在三个年轻人的连推带拉之下，喘着粗气，终于爬上了沙丘。此时，天空虽然黑云未退，蓝色的天池却朗朗然呈现在我的眼前。

啊，天池！毕生梦寐以求，今天终于见到你了。

天池实际水面高程为二千一百九十四米，最大水深三百七十三米，是我国最高最深的淡水湖。有诗写道：“周回八十里，峭壁立池边。水满疑无地，云低别有天。”池周围屹立着十六座高峰，峰巅直刺青天，恐怕离天连三尺三都不到。时虽盛夏，险峰积雪仍然倒影池面。白雪碧波，相映成趣。山风猎猎，池面为群山所包围，水波不兴，碧平如镜。真是千真万确的大好风光，我真是不虚此行了。

但是，我一下子就想到了盛名播传四海的天池水怪。在平静的碧波下面，它们此时在干些什么呢？是在操持家务呢。还是在开会？是在制造伪劣商品呢？还是在倒买倒卖？是在打高尔夫球呢？还是在收听奥运会的广播？是在品尝粤菜的生猛海鲜呢？还是在吃我们昨天在延吉吃的生鱼片？……问题一个个像联成串的珍珠，剪不断，理还乱。有人拍了一下我的肩膀，我蓦然醒了过来，觉得自己真仿佛是走了神，入了魔，想入非非，已经非非到可笑的程度了。我擦了擦昏花的老眼：眼前天池如镜，群峰似剑。山风更加猛烈，是应该下山的时候了。

我们辞别了天池，上了车，好像驾云一般，没有多少时间，就回到了山下。顺路参观了著名的长白瀑布，品尝了在温泉水中煮熟的鸡蛋，在暮霭四合中，回到了天池宾馆。

吃过晚饭，躺在床上，辗转反侧，无论如何也难以入睡。在朦朦胧胧中，我仿佛走出了宾馆。不知道怎么一来，就到了长白山巅，天池旁边。此时群山如影，万籁俱寂。天池水怪纷纷走出了水面，成堆成堆地游乐嬉戏，或舞蹈，或唱歌，或戏水，或跳跃，一时闹声喧腾，意气飞扬。我听到他们大声讲话：

"你看这人类多么可笑！在普天之下，五湖四海，争名夺利，勾心斗角，胜利了或者失败了，想出来散散心，不远千里，不远万里，冒着生命危险，来到我们这里，瞪大了贪婪罪恶的眼睛，看着天池；其实是想看一眼被他们称为'天池怪兽'的我们。我们偏偏不露面，白天伏在深水里，一动也不动。看到他们那失望的目光，我们真开心极了！"

"我们真开心极了！"

"我们真开心极了！"

"万岁！"

"乌拉！"

此时闹声更喧腾了，气氛更热烈了——

"还有人居然想给我们拍照哩！"

"听说已经有人把照片登在报纸上了！"

"这两天又风风火火地谣传：一家电视台悬赏万金，要拍我们的照片哩！"

"真是活见鬼！"

"真是活见鬼！"

"谁要是让他拍了照，我们决定开除他的怪籍，谁说情也不行！"

"万岁！万岁！"

"乌拉！乌拉！"

此时喧声震天，波涛汹涌。我吓得浑身发抖，不知所措。赶快撒腿就跑，一下子跑到了宾馆的床上。定一定神，才知道自己刚才做了一个梦。

第二天一大早，我们就在晨光熹微中离开了天池宾馆。临行前，我曾同李铮到原始森林的边缘上去散了散步，稍稍领略了一下原始森林的情趣。抬头望着长白山顶，向天池告别。我相信，我还会回来的。但是，我向天池中的怪兽们宣誓：我决不会给他们拍照。

1992 年 8 月 8 日

写于北京大学燕园

虎门炮台

从小学起，学中国历史，就知道有一次鸦片战争，而鸦片战争必与林则徐相联系，而林则徐又必与虎门炮台相联系。

因此，虎门炮台就在我脑筋里生了根。

可是虎门炮台究竟是什么样子呢？我说不出。正如世界上其他事物一样，倘还没见到实物，往往以幻想填充。我的幻想并不特别有力，它填充给我的不过是一片荒凉的海滩，一个有雉堞的小城堡，上面孤零零地架着一尊旧式的生铁铸成的大炮，前面是大海，汪洋浩瀚，水天渺茫，微风乍起，浊浪拍岸，如此而已。

今天由于一个偶然的机会，我竟然来到了这里。我眼前看到的实际情况与我的幻想不同，这是意中事，我丝毫不感到奇怪。但是，这个不同竟然是这样大，却不能不使我大吃一惊了。炮台在海滩上，这用不着奇怪，也不可能有别的可能。但是，这海滩却与荒凉丝毫也不沾边，却是始料所不及。这里杂花生树，绿木成荫。几棵粗大的榕树挺立着，浓荫匝地，绿意扑人。从树干的粗细来看，它们已经很老很老了。当年海战时，它们必已经站立在这里，亲眼看了这一场激烈的搏斗。它们必然也随着搏斗的进行，时而欢欣鼓舞，时而怒发冲冠，最终一切寂静下来。当年活着的人早已不在了，只有它们年复一年地守候在这里，跟着季节的变化而变化，一直守候到现在。现在到处是一片生机，一片浓绿，雉堞犹存，大炮还在，可无论如何也令人无法把当前情况与一百五十多年以前的残酷的战争联系在一起。这个古战场我实在无法凭吊了。

可是我的回忆还是清楚的。当年外国的侵略者凭其坚船利炮，想在这一块弹丸之地的海滩上踏上我们神圣的国土。他们挥舞刀枪，惨杀我们的士兵。我们的士兵义愤填膺，奋起抵抗，让一批批的入侵者陈尸滩头，最后不得不夹着尾巴逃掉。我们的士兵也伤亡惨重。统率我军杀敌的关天培将军以身殉国。至今还有七十五位忠勇将士的尸体合葬在山坡上，让后人永远凭吊。当时林则徐以钦差大臣的身份在后面不远的山头上督战。这一场搏斗申正义于海隅，振大汉之天声，是我们中华民族永不磨灭的伟业，是我们全民族的骄傲。今天虽然已经时过境迁，当年的事情早已成为历史陈迹，然而我们今天来到这里，又有哪一个人不觉得我们阵亡的将士仍虎虎有生气，而缅怀往事，感到无限振奋呢？

当我们走出炮台去参观林则徐销毁鸦片烟池的时候，我们又为另一种情景而无限振奋。林则徐把从殖民主义强盗手中没收来的两百多万公斤之多的鸦片烟，倒入一个大水池中，先用海水把鸦片泡成糊状，然后再倾入石灰，借石灰的力量把鸦片烟销毁，最后放出海水把残渣冲入海中。据说，他当时邀请了不少的外国人来参观。外国老爷大概怀疑这销烟的行动，也乐意来亲眼看一看。当他们看到林则徐是真销毁，而销毁的数量又是如此巨大时，都大为吃惊。他们哪会想到，在清代末叶贪官污吏横行霸道之时，竟然还有林则徐这样的硬骨头，他们对中华民族不得不油然起尊敬之心。那么，林则徐以一介书生，凛然代表了民族正气，功业彪炳青史，直至百多年之后的今天，还让我们感佩敬仰，不是完全可以理解的吗？

时间是一种非常古怪的东西。有忧伤之事，它能让你慢慢地渐渐地忘掉，否则你会活不下去的。有欢乐之事，它也能让你慢慢地渐渐地忘掉，否则永远处在快乐兴奋之中，血压也难免升高，你也会活不下去的。这一慢一渐，既可感，又可怕，人们必须警惕。独有英雄业绩、民族正气，却能让你永志不忘，而且弥久弥新。这才真正是民族历史的脊梁，一个民族能生存下去，靠的就是这个脊梁。我们在山顶上林则徐的塑像下看到镌刻着的他的两句诗：

苟利国家生死以
岂因祸福避趋之

真可以说是掷地作金石声。这一位世间巨人的形象在我眼前立刻更高大了起来，他不是值得我们全体炎黄子孙恭恭敬敬地、诚诚恳恳地学习一辈子吗？

1988 年 5 月 30 日下午于广州

游小三峡

愧我孤陋寡闻，虽然已届耄耋之年，而且1955年还畅游过一次三峡；但是，直到不久以前，我还只知有大三峡，小三峡则未之见也。

最近几年来，风闻“小三峡”这个名词，我也隐隐约约朦朦胧胧地认为，这只不过是在葛洲坝修建以后，长江上游水涨，因而形成了这个所谓“小三峡”而已。我并没有什么渴望想去游历一番。

然而，世界事有大出人意料者。今年九十月之交，中国的《人民日报》与日本的《朝日新闻》联合举办“展望二十一世纪的亚洲——国际讨论会”，租了一艘长江上的豪华游轮“峨眉号”，边游三峡，边开会。我应邀参加。日程表上安排有游小三峡一项。直至此时，也还没有能引起我的注意和兴趣，我只不过觉得游一游也不错而已。

游轮驶过了闻名世界的神女峰等等景观，在巫山县停泊。在这里换小艇进入大宁河，所谓小三峡就在这里。我此时才如梦初醒：原来还真有一个小三峡呀！

在这里，我立即注意到了一个奇怪的现象。长江水由于上游水土流失极端严重，原来的清水已经变成了黄水，同黄河差不多了，而大宁河水则尚清澈。两股水汇流处，一清一黄，大有泾渭分明之概。我的耳目为之一新，精神为之一振了。我们在大三峡中已经航行了不短的距离。大自然的瑰丽奇伟的风光，已经领略了不少。我现在虽然承认了，世上真还有一个小三峡，但是，在我下意识中又萌生了一个念头：小三峡的风光决不会超过大三峡。如果真正超过了的话，那岂不是本末倒置了吗？

然而，这一回我又错了。小艇转入小三峡以后不久，我就不断地吃惊起来。这里的水势诚然比不上长江的混茫浩瀚，没有杜甫所说的那样“不尽长江滚滚来”的气势。然而水平如镜，清澈见底。两岸耸立的青山也与大三峡有所不同。在那里，岸边的悬崖绝壁，葱茏绿树，只能远观；有时还被罩在迷濛的云雾中，不露峥嵘。在这里却就在我们身边，有时简直就像悬在我们头顶上，仿佛伸手就可以摸到。峭壁千仞，我原以为不过是一句套话。这里的峭壁真有千仞，而且是拔地而起，笔直上升。其威势之大，简直让我目瞪口呆，胆战心寒。不由得你不叹宇宙之神奇。至于碧树，真是绿到无以复加的程度。这碧绿，仿佛凝结成液体，“滴翠”二字决不是夸张。我坐在小艇上，好像真感觉到这碧绿滴了下来，滴到了我的头上，滴到了别人头上，滴到了小艇中，滴到了清水中，与水的碧绿混在一起，幻成了一个碧绿的宇宙。

同是碧绿，并不单调。河回路转，岸上景色一时一变，大有山阴道上应接不暇之慨。导游小姐口若悬河，把两岸山上的著名景观说得活灵活现。同别的名胜一样，这些景观大都同中国的珍奇动物，同民间流行的神话传说联系起来，什么熊猫洞，什么猴子捞月，什么水帘洞，什么观音坐莲台，等等，等等。如果她不说，你或许不会想到。但是，经她一指点，则就越看越像，不得不佩服当地老百姓幻想之丰富了。

两岸山上，也有不是幻想的东西，确确实实是人工造成的东西。比如栈道。在悬崖峭壁上，我看到一排相隔一二尺的小方洞，是人工凿成的。方洞中插上木板，当年拉纤的奴隶就赤足走在上面。据说这样的栈道竟长达四百里。我们很容易想象出，这玩意儿有多么危险。还比如悬棺，也同样是凿在悬崖峭壁上的洞，这个洞当然要大得多，大得能容下一口棺材。我们今天很难想象，这棺材是怎样抬上去的。在中国的西南一带，有悬棺的地方颇为不少。这可能是当地民族的一种特殊的风习。

正当大家聆听导游小姐生动的讲解，欣赏两岸高山的名胜古迹时，忽然有人大喊了一声：

“猴子！猴子！”

全艇的人立刻活跃起来。我虽然老眼昏花，此时也仿佛得到了神力，似乎能明察秋毫了。我抬头向右岸的山崖上绿树丛中望过去，果然看到几只猴子，在树枝上跳来跳去。灰黄色的皮毛衬上了树的碧绿，仿佛凸出来似的，异常清晰明显。

艇上的中日人士都熟悉唐代大诗人李白的那一首著名的诗：

朝辞白帝彩云间
千里江陵一日还
两岸猿声啼不住
轻舟已过万重山

这是多么美妙无比的情景啊！可惜的是，三峡的猿声早已消逝；很久以来就没有能听到了。我曾担心，我们的子子孙孙永远再也没有可能欣赏李白诗中的意境了。然而，眼前，就在这小三峡中，猴子居然又露了面，为小三峡增加美妙，为人类增添欢乐，我们艇上这一群人的兴奋和喜悦，还能用言语来表达吗?

全艇的人兴会淋漓，谈笑风生。本来已经够美妙绝伦的山水，仿佛更增添了几分妩媚，山仿佛更青，水仿佛更秀，连小艇也仿佛更轻，飞速地驶在绿琉璃似的水面上，撞碎了天空中白云的倒影，撞碎了青峦翠峰的倒影。我们此时真仿佛离开了人间，飘飘然驶入仙境了。

由于时间关系，我们无法走到小三峡的尽头，也就是大宁河能通航的一百二十公里。走了大约一半的路程，我们的小艇就转回头来，走上归程。

沿岸的风光我们已经看过一遍，用不着再讲解、翻译。活泼的导游小姐也坐下来休息了。又因为此时已是顺水行舟，艇速极快。艇上的人也多半坐在那里，自由交谈，甚至有人在闭目养神。一切都比较清静，没有来时那样的兴奋和激动了。

然而日本学者却突然又兴奋活跃起来。他们站起身来，又是招手，又是欢笑。原来他们在一艘逆水而上的游艇上看到了日本前首相中曾根康弘，他也来游小三峡了。这真是一次意想不到的事情。两艘游艇，一只上水，一只下水，擦肩而过，只在一瞬间。可艇中的宁静的气氛再也保持不下去了。中日双方的学者们，还有专程陪我们游览的县委书记和随从们，精神又都抖擞起来，小艇又载满了欢声笑语了。

我在这里顺便插上几句话。回到北京以后，我在《人民日报》上读到了林林同志翻译的中曾根的俳句《小三峡舟行》：

一泓秋水分山脉，
波光何碧绿。
伴赤壁凝立，
望澄澈之秋空。

可见此时不是政治家而是诗人的中曾根康弘先生是多么陶醉于中国的山水中而诗兴淋漓了。

回头再说我们小艇中的情景。大家看到了日本的首相来游中国的小三峡，可见小三峡吸引力之大。大家把话题一转，自然而然就转到了中日山水的比较上。日本全国山青水秀，几乎可以说，全国就是一个大花园。日本人爱美之心和洁癖，扬名世界。每一个家庭，门前总有一个小花园。哪怕只有一丈见方，也必然栽上一棵松树，种上一些花草，看上去美妙无比，真令人赏心悦目。天然景色也并不缺少，像富士山、箱根等等著名的风景胜地，更真正能拴住游者的心。但是，日本毕竟是一个岛国，地方是有限的，像中国的大、小三峡，在日本是无法想象的。即使造物主想对日本垂青，他也无法把大、小三峡安放在日本列岛上。这是再明显不过的事实。

大家七嘴八舌，畅谈不休。日本朋友看上去也非常兴奋，兴致很高。他们心里怎么想，我当然不得而知。然而在这气象恢弘、鬼斧神工般的小三峡中，大自然景观的威力压在每一个人头上，令人目眩神移，谁也无法否认摆在眼前的这个事实了。

对我个人来讲，过去不知道有多少次了，我目击祖国的名山大川，常常感慨万端。过去我朦朦胧胧不甚了了的小三峡，现在又摆在我的眼前，我说不出话来。自然的伟大和威力，我这一支拙笔是描绘不出来的。我虔心默祝，感谢大自然独垂青于我中华，独钟爱我们的赤县神州。我感到骄傲，感到光荣，觉得我们这一片土地真是非常可爱的。这种感觉或者感情，将永远保留在我内心深处。

1992 年 11 月 24 日

大觉寺

我为什么对大觉寺情有独钟呢？这问题提得很自然，但又显得颇为突兀。我似乎能答复，又似乎还不能。

将近七十年前，当我在清华园读书的时候，北京的古寺名刹，我都是知道的，什么潭柘寺、戒台寺、碧云寺、卧佛寺等等，我都清楚。当时既无公共汽车，连自行车都极少见，我曾同一些伙伴“细雨骑驴登香山”。雨中山青水秀，除了密林深处间或有小鸟的啁啾声外，几乎是万籁俱寂。我决非像陆放翁那样的诗人，但是，此时此地心中却溢满了诗意。“此中有真意，欲辨已忘言”，实不足为外人道也。

可是，大觉寺这个古刹，我却是没有听说过的。它对我完全是陌生的。原因大概是，这一座千年古刹在当时已经凋零颓败，再没有参观旅游的价值，被人们弃若敝屣了。

时间一下子跳过了五十年，我已届古稀之年，可以说是一个地地道道的老人了，可是我偏一点老的感觉都没有，有时候还会忽发少年狂。此时，大觉寺已经名传遐迩，那一棵有三百年树龄的“玉兰之王”就生长在大觉寺中，每年春天花发时总会吸引众多的游人前去观赏。80 年代初的一个春天，听说“玉兰之王”正在繁花怒放，我于是同大泓和二泓骑自行车，长驱三四十公里，到大觉寺去随喜。走在半路上，想停车休息一会儿，我的双腿已经麻木，几乎下不了车。幸亏有了两个孩子的扶掖，才勉强再登上了车，鼓起余勇，一鼓作气，终于到达了大觉寺。

人们，其中包括一些学者们，常说：第一个印象是最准确、最清晰，因而也就是最符合实际情况、最可靠的印象。我对大觉寺的第一个印象怎样呢？山门虽不新，但也没有给人以寥落颓败之感，想必是在过去五十年中修缮过一次，所以才有现在这个情况。这一天来的人多如过江之鲫，到处人声喧阗，古寺的沉寂完全被打破。好不容易挤进了寺门，只见殿阁庄严，花木葳蕤。丁香、藤萝已经开过，只剩下绿叶肥大。最引人注目的是那几棵千年古松柏，树身如苍龙盘曲，尖顶直刺入蔚蓝的晴空，使人看了，精神立刻为之一振。我们先看了北玉兰院的几棵玉兰，花开得正茂密。最后转到南玉兰院，看那一棵“玉兰之王”。躯干极粗，但是主干已锯掉，只剩下旁枝，至少已有上百年的历史；但是比起三百余年的主干，仍然如小巫见大巫。此时玉兰花正在怒放，花开得茂密压枝，与之相对的是一棵树龄比较小一点的紫玉兰。两棵树一白一紫，相映成趣。大地的无限活力仿佛都随着花朵喷涌出来。无论谁看了，都会感到生命力的无穷无尽；都会感到人间的可爱，人间净土就在眼前；都会油然产生凌云的壮志。我们也都兴会淋漓，又走上后山，看了水泉。然后出寺野餐，又骑上自行车，回到了燕园，留下了终生难忘的记忆。

时间又一下子跳了将近二十年，我已经到了望九之年，垂垂老矣。两年前，我忽然接到一份请柬，要我到大觉寺去为明慧茶院开院典礼剪彩。这使我有点惊愕：大觉寺怎么会同什么明慧茶院联系到一起呢？我准时去了，这是我第三次进大觉寺。此时此地，如果在江南正是“杂花生树，群莺乱飞”的季节，现在这里却只有杂花，而无群莺。寺内外已加修缮，特别是从南玉兰院一直到后面上面水泉楼一路几层院落，修饰得美轮美奂、金碧辉煌，雕梁画栋，熠熠闪光。简直是换了人间，大非昔比了。可惜丁香、玉兰已经开过花，只有那一架古藤萝仍然是繁花满枝，引得蜜蜂团团飞舞。

明慧茶院是怎么一回事呢？原来是北大中文系毕业生欧阳旭先生弃学从商，用现在的话来说就是“下了海”。欧阳英年岐嶷，经营有方，过了没有多久，经营就有可观的规模。但他毕竟是文化人，发财不忘文化。在众多经营之余，在海淀创办了国林风书店，其规模之大，可与风入松书店并驾齐驱。其藏书之精，又与万圣、风入松鼎足而三，为首都文化中心海淀增一异彩。据欧阳旭亲口告诉我，几年前，他同几个伙伴秋游，到了傍晚，在西山乱山丛中迷了路。“黄昏到寺蝙蝠飞”，他们碰巧走进了一座古寺，回不了城，就借住在那里，这就是大觉寺。夜里，他同管理寺庙的人剪烛夜话，偶然心血来潮，想在这座幽静僻远的古刹中创办点什么。三谈两谈，竟然谈妥，于是就出现了明慧茶院。难道这不就是佛家所说的因缘，俗语所说的机遇，哲学家所说的偶然性吗？

可是我心中有一个谜，至今仍处在解决与未解决之间。在宝刹大觉寺中可以兴办的事业是很多很多的，为什么欧阳旭独独钟情于茶呢？中国是茶的原产地，茶文化是中华文化不可分割的一个组成部分，中国饮茶的历史至少已有一两千年，而且茶文化传遍了世界，在日本独为繁荣，形成了闻名世界的日本茶道，也是日本文化不可分割的一部分。在欧洲，最著名的饮茶国家，喝的是红茶；在北非和中东，阿拉伯国家也喜欢饮茶，喝的是龙井，是绿茶。根据最近的世界饮料新动向，茶叶大有取代咖啡和可可之势，行将见中国的茶文化传遍世界，为人类造福，为中华添彩，发扬光大之日，就在眼前了。

谈到饮茶，必须有两个绝不可缺少的条件：一个是茶，一个是水。北方不产茶，至少是北京不能产茶，这是天意，谁也无力回天。至于水，北京是有的。但是山中有水，在北方实如凤毛麟角。有水斯有寺，有寺斯有名，这是北京独特规律。山泉与普通河水迥乎不同，它来自高山深处，毫无污染，而且还含有许多对人体有益的微量元素，入口甘甜，如饮醍醐。再加上名茶一泡，天造地设，相得益彰。大觉寺就以泉水著称，一千余年前的辽代之所以在这里建寺，主要就是这里有甘泉。不管天多么旱，泉水总是从寺后最高处潺溪流出，永不衰竭。这是一个极为难得的条件。甘泉再佐以佳茗，则两美俱矣。这个好像摆在眼前现成的想法，为什么别人就从未想到过，只有等到20世纪末来了一个年轻小伙子欧阳旭才想到了，而且立即付诸实施建立了明慧茶院呢？这里面难道还有什么十分深奥难测的奥义吗？

不管怎样，明慧茶院建立起来了。开幕的那一天，虽然没有能看到玉兰开花，但是，到的名人颇为不少，学术界和艺术界的一些著名人物，如欧阳中石、范曾等等，都光临了。大家在憩云轩观赏禅茶表演。几个被派到南方专门学习禅茶表演的年轻的女孩子，在挂在门上的绣有一个大大的“禅”字的帷幕前，在一张精心布置的桌子上，认真表演茶艺，伴奏的是佛乐，庄严肃穆，乐声低沉而清越。唐明皇当年听到了仙乐：“骊宫高处入青云，仙乐风飘处处闻。”此时我们听到的是佛乐，乐声回荡在憩云轩前苍松翠柏之间，回荡到下面“玉兰之王”所住的明德轩小院中，回荡到上面山泉流出处的楼阁间，佛乐弥漫了整个大觉寺，仿佛这里就是人间净土，地上桃源。我因为坐在第一张桌子旁，得天独厚，得以喝到第一杯禅茶，味道确同平常的不同，其余的嘉宾也都听了佛乐，喝了名茶，大家颇有点流连忘返之意。

从此北京西山增添了一个景点。

而我心中则增添了一个亮点。

我有时候无缘无故地就想到大觉寺，神驰那里的苍松翠柏、玉兰、藤萝。第二年，正当玉兰花开花的时候，我急不可待地第四次到了大觉寺。那时许多棵玉兰都在奋勇怒放。那一棵“玉兰之王”开得更是邪乎，满树繁花，累累垂垂，把树干树枝完全盖满，只见白花，不见青枝，全树几千朵花仿佛开成了一朵硕大无朋的白色大花，照亮了明德轩小院，照亮了整个大觉寺，照亮了宇宙。逼得旁边那一棵有名的鼠李寄柏干瘪无光，连同“玉兰之王”对生的那一棵紫玉兰也失去了光彩。我失去了描绘的能力，思想和语言都一样，嘴里只能连声赞叹：奈何！奈何！

过了不过个把月，我又一次来到了大觉寺，这次同来的有侯仁之、汤一介、乐黛云、李玉洁等人，我们第一次在这里过夜。侯仁之和我两个老头儿，被欧阳旭安排在明德轩所谓“总统套房”中。既曰“总统”，必然华贵。我是个上不得台盘的人，平生不想追求华贵。我曾在印度总统府里住过。在一间像篮球场那样大的房间里，一个卧榻端端正正摆在正中央。我躺在上面，四顾茫然，宛如孤舟大洋，海天渺茫，我一夜没有睡着。今天又要住总统套房，心里真有点嘀咕。此时玉兰已经绿叶满枝，不见花影，而对面的一棵太平花则正在疯狂怒放，照得满院生辉。晚饭后，我们几个人围坐在太平花下，上天下地，闲聊一番。寂静的古寺更加寂静，仿佛宇宙间只有我们几个人遗世而独立，身心愉快，毕生所无。走进总统套房，居然一夜酣睡，真如羲皇上人矣。

第二天，我照例4点起床，走出明德轩。此时晨曦未露，夜气犹存，微风不起，松涛无声。太平花似乎还没有睡醒，“玉兰之王”的绿叶也在凝定不动。古寺中一片寂静。只有屋脊上狂窜乱跳的小松鼠，跑来跑去，络绎不绝，令人感到宇宙还在活着，并未寂灭。我一个人独立中庭，享受了生平第一个恬谧甜蜜的早晨，让我永世难忘。

从此以后，我心中的那个亮点更加明亮了。我常常想到大觉寺，只要有机会，我就到大觉寺来。能够谈得来的一些朋友，我也想方设法请他们到大觉寺来品茗，最好是能住上一夜，领略一下这一座古寺的静夜幽趣。连从台湾不远千里而来的台湾大学图书馆馆长林光美女士，尽管是戎马倥偬，南北奔波，我也请她到大觉寺来住了一夜。她是品茗专家，是内行，她对大觉寺泉水和名茶的赞扬，其意义应该说是与众不同的，现在她已经回到了台北，我相信，她带回去的一定是对大觉寺美好的回忆。

至于我自己为什么这样向往大觉寺呢？这要同我目前的生活情况谈起。近几年来，不知道是从哪里来的一片虚名，套在了我的头上，成了一圈光环，给我招惹来了剪不断理还乱的麻烦。这个会长，那个主编，这个顾问，那个理事，纷至沓来，究竟有多少这样的纸冠，我自己实在无法弄清，恐怕只有上帝知道了。我成了采访的对象，这个电台，那个电视台，这家报纸，那家杂志，又是采访录像，又是电话采访。一遇到什么庆典或什么纪念，我就成了药方中的甘草，万不能缺。还有无穷无尽的会议，个个都自称意义重大，非参加不行。每天下午，我就成了专家门诊的专家，客厅里招待一拨客人，另外一拨或多拨候诊者只好在别的屋里等候。采访者照相成了应有之义，作道具照相，我已习惯；但是，照相者几乎每次必高呼："笑一笑！"试问我一肚乱絮般的思绪，我能笑得起来吗？即使勉强一笑，脸上成什么模样，我自己是连想都不敢想的。校系两级领导，关心我的健康，在我门上贴上了谢绝会客的通知。然而知书识字的来访者却熟视无睹，依然想方设法闯进门来。听说北京某大学某一位名人，大概遇到了同我一样的遭遇，自己在门上大书：某某死了！但是，死了也不行，他们仍然闯进门来，要向遗体告别。

"十年浩劫"期间，我忽发牛劲，以卵击石，要同北大那位"老佛爷"决斗，结果全军覆没，被抄家，被批斗，被送进牛棚，好不容易捡回来一条小命，却成了"不可接触者"。几年之内，我没接到一封来信，没有一个客人。走在校内，没有哪个人敢同我说上一句话。我自己知趣，凡上路，必茫然向前看，决不左顾右盼，也决不敢踩别人的影子，以免把灾殃传给别人。你说，这样心里能痛快吗？当然不能。有时候我一个人困居斗室，感前途之无望，悲未来之渺茫，只觉得凄凉，孤独，寂寞，无助，此中滋味，非同病者实难相怜也。

然而，物换斗移，时异世迁，我从一个"不可接触者"一变而为"极可接触者"，宛如从十八层地狱一下子跃上三十三天。最初有一阵喜悦，自是人之常情。然而，时隔不久，这喜悦就逐渐淡漠下来，代之而起的是无名的苦恼。"千秋万岁名，寂寞身后事"，我不想争名。我的收入足以维持我那水平不高的生活，我不想夺利。我现在要求最迫切的是还我清静，"不可接触者"是最容易得到清净的。然而如今谁有这个本领能发动亿万群众，共同上演一出空前残暴的悲剧呢？他年于无意中得之的"不可接触者"的地位，如今却是可望而不可即了。

我现在希望得到的是一片人间净土，一个世外桃源。万没想到，我又于无意中得到了净土和桃源，这就是欧阳旭在大觉寺创办的明慧茶院。我每次从燕园驱车往大觉寺来，胸中的烦躁都与车行的距离适成反比，距离愈拉长，我的烦躁愈减少，等到一进大觉寺的山门，我的烦躁情绪一扫而光，四大皆空了。在这里，我看到了我的苍松、翠柏、丁香、藤萝、梨花、紫荆，特别是我的玉兰和太平花，它们都好像是对我合十致敬。还有屋脊上蹿跳的小松鼠，也好像对我微笑。我想到我前不久写的那一副对联：

屋脊狂窜小松鼠
满院开满太平花

不禁心旷神怡，虽古代桃花源中人，也不得不羡慕我了。

大概从人类有了较大的城市之日起，城市就与大自然形成了对立面，形成了鲜明的对照。连一千多年前的陶渊明都曾高唱："久在樊笼里，复得返自然。"欢悦之情，跃然纸上。清代末年，德国汉学家福兰阁任德国驻清朝的外交官，经常"上山"。我从他儿子傅吾康嘴里经常听到"上山"这个词儿。上哪个山呢？我从来没有问过，反正他每次来北京，总有一半时间"上山"。最近我才知道，他们父子俩上的山就是大觉寺，德国人毕竟是热爱自然的民族。到了今天，城市越来越大，越来越热闹，红尘万丈，喧嚣无度，虽然不能每个人都有像我那样的烦躁，但烦躁总会有的，只不过程度高低不同而已。大家都会渴望拥抱大自然，都在不同程度上想找一个人间净土，世外桃源。可每一个并不能都找得到，这不能不说是一件憾事。

我是有福的，我找到了大觉寺明慧茶院，而且帮助我的朋友们认识这是一块人间净土，世外桃源，我的朋友们也都有福了。

我心中的那一个亮点将会愈来愈亮，愈亮。

1999 年 5 月 22 日写毕

季羡林文集

季羡林讲演集

季羡林 著
蔡德贵 编

長春出版社
国家一级出版社
全国百佳图书出版单位

图书在版编目(CIP)数据

季羡林讲演集 / 季羡林著；蔡德贵编. —长春：长春出版社，2018.1
（季羡林文集）
ISBN 978-7-5445-5072-7

Ⅰ. ①季… Ⅱ.① 季… ②蔡…Ⅲ. ① 季羡林(1911-2009) - 文集 Ⅳ.①C52

中国版本图书馆CIP数据核字（2017）第291642号

季羡林讲演集(季羡林文集)

著　者：季羡林
编　者：蔡德贵
责任编辑：张中良　李春龙
封面设计：北京·春天书装

出版发行：長春出版社　　总编室电话：0431-88563443
地　址：吉林省长春市建设街1377号　　发行部电话：0431-88561180
邮　编：130061
网　址：www.cccbs.net
制　版：禹图工作室
印　刷：长春方圆印业有限公司
经　销：新华书店

开　本：787毫米×1092毫米 1/16
总 字 数：1881千字　　**本册字数**：244千字
总 印 张：108　　**本册印张**：14
版　次：2018年1月第1版
印　次：2018年1月第1次印刷
定　价：(全八册)298.00元

1985 年 3 月，季羡林先生参加在印度召开的“印度与世界文学国际讨论会”时与印度副总统合影

1985 年，在书房

1986 年 6 月，在日本早稻田大学讲演

1986 年 6 月 10 日，在北京师范大学召开的东西方文化交流研讨会上

1987 年 6 月，参加香港敦煌国际学术研讨会时与台湾学者林聪明等人合影

1988 年，登长城

前　　言

季羡林先生最早的讲演可以追溯到1931—1932年，那时候他一片抗日热情，到沙河和清河镇宣传抗日。但是这些演讲都没有保存下来。

1946年在从德国回国途中，季羡林先生在越南短暂停留了一个月，其间应邀在西贡市的知用中学作过一次公开讲演，内容是西域新发现的文字。当年听讲演的学生唐月梅和叶渭渠夫妇后来成为季老在北大东语系的学生。同年到南京后，在胡一贯的安排之下，在中央文化运动委员会作长篇讲演，内容和在西贡市的讲演一致。上海则是由李长之安排做了同样内容的讲演。这三次讲演，同样没有保存下来。到北大之后的当年秋天，在红楼结识周一良，应清华老同学吴晗邀请到清华大学给学生做报告，住吴晗家里，讲西域的古代语言。1947年，季羡林先生回济南探亲，在济南期间为济南青年会做学术讲演：《从比较文学的观点上看寓言和童话》，曾经教过课的学生杨思荣等人在青年会楼上宴请。中华人民共和国成立后，季羡林曾经到北大出版社所在地国会街发表竞选工会的演讲；后来访问印度，在那里用英文讲演，这些讲演可惜也都没有保留下来。

改革开发之后，季羡林的讲演很多，其中有在国防大学的讲演，谈爱国主义；在中山大学的讲演，谈陈寅恪的爱国主义；在山东大学的讲演，谈人文学科建设；……他讲演涉及最多的还是中国传统文化问题，核心的内容是以综合思维为主要思维方式的中国文化必将弥补以分析思维为主要思维方式的西方文化之不足，在21世界重现辉煌。

季羡林先生的讲演有一些是既无稿子，也无提纲，只是考虑长时间形成腹稿，到时候滔滔不绝地讲出来，有心人则根据当时的录音整理出来。本书收入的讲演，有的已经在其他著作中看到过，有的是第一次发表。第一次发表的讲演，大多是根据当时的记录整理的，本来是准备请季老过目的，但是因为季老驾鹤西去，已经不可能了。这是永远的遗憾。

讲演稿的编辑是根据时间先后排列的。

编　者

目　录

吐火罗语与尼雅俗语[①]

同志们，今天讲的题目是《吐火罗语与尼雅俗语》。

过去几十年，我自己研究的范围，有的是同新疆有直接的关系，有的是同新疆有间接的关系。所以，我过去看了许多关于新疆的文字，不管是历史的、政治经济的，看了许多。所以形成一个概念，感到新疆整个地方是个宝地。在中国只有这么一个地方，在全世界也只有这么一个地方。说这话是什么意思呢？同志们听完以后，便可以找到答案。

新疆这个地方为什么是个宝地？世界的文明，中国的、古代希腊的、古代印度的，统称世界三大文明。这三大文明碰头的地方，汇合的地方，就在新疆。

各种语言，即印欧语系的语言、塞姆系的语言，同许多别的语言，在新疆汇合。在别的地方也找不到，只有这么一个地方。

文学、艺术、宗教，也是这种情况。世界三大宗教，伊斯兰教、佛教、基督教，也都在新疆汇合，互相影响。这样一种情况，在世界各地也是找不到的。所以，我感到新疆这个地方对于研究中国和其他国家的文化交流关系，材料非常丰富。当然不只限于新疆，还有日本和南亚，可是新疆这个地方是一个非常重要的地方，是一个关键的地方。

最近，我感觉到，从整个世界来讲，社会科学的研究有两个主要的倾向：一个叫做综合的研究，就不是一门的学问。语言学是一门，艺术文学是一门，政治经济学是一门，历史是一门。所以谓之为综合。

最近在国际上兴起了两门新的学科。一个叫敦煌学，一个叫丝绸之路学。

①本文系季羡林先生1979年8月29日在乌鲁木齐学术报告会上的报告。——编者注

这敦煌，同志们知道，跟新疆也有关系。丝绸之路，一大段是通过我们新疆的。这个学科是综合的。它既包括政治经济，又包括历史、宗教、文学艺术和语言。这种学科，在当今世界上，特别是在社会科学方面，比较突出。再一个就是比较的研究。是比较语言学，是比较宗教学、比较神话学、比较文学。这种比较的研究，现在在世界上也是一个重要的趋势。一个综合的研究，一个比较的研究，这是当前世界上社会科学两大主要潮流。可是呢，要讲条件，不论是进行综合研究，还是进行比较研究，新疆是最好的地方。什么原因呢？就是刚才讲的。各种宗教，各种艺术，各种思想，各种语言，在古代，在新疆就有汇合。过去，我没来过新疆，这是第一次到这里来。感受到新疆确实是一个好地方。这个地方大有发展前途。我们回去以后，要给新疆鼓吹鼓吹，让更多的同志到新疆来，看看这里四个现代化的建设，看看这里的考古工作、社会科学研究。现在我就从语言方面，选两种语言，来和大家谈谈。

一个叫吐火罗语，一个叫尼雅俗语。这两种语言都与新疆有关系。不过这种语言，过去谁也不知道。80年代以前，世界上不知道有这种语言。我们新疆在地底下掘出很多残卷就是用这种文字写的。因此，人们才知道，世界上有这种语言，以前是不知道的。这两种语言都是世界上任何其他地方没有的，它出现在我们新疆。因此，我就把这两种语言选出来，把大概的情况给同志们讲讲。最多只是一些常识吧，也没什么了不起的内容。

第一，讲吐火罗语。

先讲名称问题。吐火罗的名字对不对？同志们知道，我们这个世纪，也就是20世纪的初年，外国人、欧洲人在新疆进行发掘找出许多东西。吐火罗语用的字母，就是婆罗米字母。从左向右撰写的，字母大家认识，可是语言呢？大家不懂。同志们知道，现在的拉丁字母，英文使用拉丁字母，法文、德文也都是用拉丁字母。我们认识字母，不一定懂语言。对于吐火罗语呢？字母认识了，不懂这个语言。所以，当时，德国人劳于曼Erust Leumann（leumann），他给这种语言一个名称，叫第一种语言，但并不知道是什么语言。到了1907年，德国的一个学者叫缪勒（F. W. K. Muller），他把这种语言叫做吐火罗语。1908年，另外两位德国学者西克（E. Sieg）、西克灵（W. Siegling）他同意这个名称，叫做吐火罗语。到了1913年，法国的一个学者叫列维（Sylvain Levi），他认为吐火罗语B，应该叫龟兹语。到了1921年，西克、西克灵就把吐火罗语A，照了照片出版了，出版了婆罗米原文，还用拉丁字母标音。到了1931年，西克与西克灵出版了吐火罗语语法。这中间，从1907年，到1931

年，才出版了吐火罗语的语法。所谓吐火罗语法，实际上是吐火罗语A，吐火罗语B很少。这是为什么呢？因为吐火罗语A的残卷的大部分，是保存在德国的柏林。B的残卷，即列维称作B的残卷，就是列维称作龟兹语的残卷，基本上在巴黎。德国人和法国人各霸一方，而且封锁资料，不给对方看。到1936年，英国一个学者叫白雷（H. W. Bailey），他认为，A应该叫做“焉耆语”，B应该叫做“龟兹语”，主张不要吐火罗语这个名称。结果引起一场笔墨官司。西克、西克灵坚持用吐火罗语。其他国家，特别是法国和英国则认为吐火罗语的叫法是不对的，应该把A叫做焉耆语。把B叫做龟兹语。到了最近，又过了几十年了。看来吐火罗语这个名称不恰当。为什么呢？因为它讲的情况，跟《大唐西域记》里讲的，不大符合。所以呢，现在究竟应该怎么样呢？还不敢说。我自己倾向A叫焉耆语，因为残卷在我们的焉耆县发现的。龟兹语，是在库车发现的。根据地方，起这个名字比较恰当。但是，这里也有个问题。是个什么问题呢？因为这两种语言确实很相像。叫做吐火罗语A、B，人一看，就知道都是吐火罗语。它们很相像，很相似，差别不是那么大。叫做焉耆语或龟兹语呢，就看不出这样的关系了。这个问题究竟怎么解决呢？现在还不清楚。这里主要把吐火罗语的名称的来源稍微地给同志们讲了讲。

第二个问题呢，讲讲吐火罗语的发现对我们中国、对世界科学研究有什么意义。也就是吐火罗语发现的重要性。这里我要讲两个问题：一个问题呢，是从比较语言学来看这个问题。我们平常讲的比较语言学，实际上是印欧语系的比较语言学。

印度在东方，欧洲在西方。最初，无论是印度人，还是英国人、德国人、法国人都没有想到他们之间有什么关系。而且西方人瞧不起印度人，以为他们皮肤颜色是黑的，说，你们是被我们征服的，是殖民地，是瞧不起的。后来呢，一些欧洲人发现，从语言来看，印度的语言同欧洲的语言，是有亲属关系。这个例子，我不必举了，那很多。英文、德文、法文、俄文、西班牙文、意大利文、葡萄牙文，这种语言，跟印度语言有亲属关系。这一点对英国来讲，特别是对英国殖民主义者来讲，是很尴尬的。他们原来瞧不起印度人，说，你这是低等人，你们不能跟我们相提并论。结果呢？发现他们原来是亲戚，原来是一家人。所以英国人很尴尬。这个没办法，事实就是这个事实。

语言和民族是不是一码事？这是有争论的。我的看法是，语言和民族不能划等号。有的民族它就改用别的语言，这很少，不能划等号。不过，就印欧语系来讲，它这个语言和民族，应该划等号。有过这么个过程。这个过程最早在

16世纪，一个意大利牧师在印度果阿传教，他就发现了印度语言跟意大利语言，跟欧洲语言有亲属关系。

到1786年，一个英国人叫詹姆斯，他认为二者处于同源，印度语言和欧洲语言是一个来源。他正式提出来了。到了19世纪，整个世界，兴起了一个新的学科，就是比较语言学。刚才讲了，比较语言学，实际上是印欧语言的比较语言学。所以，后来别的语系就反对，说这个有点霸道。说一个印欧语系怎么能叫做比较语言学呢？应该叫印欧语系比较语言学。赛姆语系也可以叫做比较语言学。现在一般讲，比较语言学，都指的是印欧语系。

19世纪整个世纪，德国人、法国人、英国人、美国人，一方面，对印度语言，另一方面，对于欧洲语言，进行了大量的工作，明确无误地证明，这两种语言，确实是一个来源。毫无问题。他们发现一些规律，整个19世纪，这方面很突出。恩格斯当时跟马克思有一个默契，说我们两个分工，马克思专搞政治经济，恩格斯搞军事和语言。恩格斯对19世纪当时发展起来的比较语言学是重视的，作过些研究。而且我看他的日记和信上都讲到，恩格斯学过梵文。

当时呢，大约得到这么个结果。就是，印欧语系的很多民族：法国人、德国人、意大利人来源于一个共同的始祖，来源于共同的祖宗。可是经过长期的研究呢，发现有这么一种情况，就是，有一支是西支，还有一支是东支：欧罗巴是西支，印度是东支。发现东支和西支是不一样的。他们用一百这个词，西支的叫它为Centum，东支的叫它为Satem。他们从音变规律归纳出这么几点来。他们认为这个S和C是来源于一个共同的，就是原始印欧语系的一个音，后来呢，就发展成了这么两派。它作为一种代表，并不像我说的那么简单。当然它有它的音变规律。结果呢，是这样的。比方说在东方，在印度，一百叫Sida，或者Cida，俄文也是东支的，叫Com。当时，在19世纪研究的结果，好像东、西分得很清楚，音变规律分得很清楚。在我们看起来，也很自然的。那么这种语言的起源地在什么地方呢？曾引起很大的争论，这里不必详细讲了。就是印欧，一个印度，一个欧洲。它原来是一个来源。这个来源在什么地方？争得很厉害，现在也没有结论。到现在将近一百年了，没有结论，不知道在什么地方。但是到了希特勒，他说印欧语系的老家就是德国，那是胡扯八扯，人们一笑置之。因为他希特勒讲的不是什么学术，所以这个争执得很厉害。各有各的一说，而且写得很多，汗牛充栋。到现在还没有结论。我不详细讲了。

原来呢，这个结论被认为没有问题。因为在西方，都属于Centum这个系统，在东方呢，都属于Satem这个系统。没有问题，好像天下太平了。可是吐火罗语出来以后，麻烦了。吐火罗语出现于我们新疆。这是东方，这不成问题吧。出在我们新疆。吐火罗语称一百为Kant，这样一来，用旧小说的话，就叫做阵法错乱。讲不通了。可原来很清楚，条条有理，头头是道，很清楚。后来发现吐火罗语的一百是Kant，所以引起阵法混乱。当然，阵法混乱不是个坏事情。科学研究跟世界上的万事万物一样，不能要求不动。它的变动是必然的。所以一提出这些问题来，当时欧美的跟东方的学术界有点陷于混乱。这是不成问题的。因为解释不清楚。这问题提出来以后呢，深入钻研。这问题到现在并没有解释清楚。什么时候解释清楚呢？不敢说。不过我感觉一统天下，天下太平并不是好事情。所以，我讲吐火罗语发现以后，影响了很多，提出了许多新问题。一个最大的问题，就是把印欧语系过去的分法给冲乱了。这个问题没法解决？到现在也没有解决。这问题跟印欧语系的老家到底在什么地方连在一起。这个问题没法解决。越钻这个问题越复杂。可是越复杂呢，越深入。不是坏事，是好事情。即吐火罗语的发现对我们的学术有促进作用。要不要提出这个问题呢？大家以为已经解决了，泾渭分明，清清楚楚，实际上没有那么简单。这是第一个问题。

第二个问题呢，就想讲一讲吐火罗语发现以后，就是我们新疆的焉耆语、龟兹语发现以后，对中国跟印度的文化交流，对佛教的传布有什么影响？

就我自己的看法，也是有很大的影响，可以说是决定性的影响了。过去呢？大家都习惯于这样讲，说佛教是汉明帝时传入的。现在，一般研究中国佛教史的人，都不承认那是事实。汉明帝夜梦金人，于是派人到西方去学习。那是不能成立的。可是有一个问题，始终也不很清楚。就是佛教什么时候传到中国来的，通过什么途径，是直接传来的呢，还是间接传来的？这个过去有不同的意见。根据我自己的看法，根据最近几十年的发现，特别是新疆的发现，看来最初，中国有一个媒介。这个媒介，就现在来讲，就现在的知识面所达到的范围来讲，可能就是说吐火罗语的人。

在这里，我再插两句。新疆古代究竟有多少语言，我们现在也说不清楚。从20世纪初年到今天，快八十年了。欧洲人，日本人，美国人，在我们新疆弄走了不少东西。解放以后，我们自己也进行了一些研究。材料很不少。研究的结果是不是已经差不多了呢？八十年，够长的了。据我的看法，差得很远。刚才我讲的，新疆这个地方的科学研究大有发展前途。八十年解决不了，再来个八十年，还解决不了。就是我们今天在座的孙子辈，也是解决不了。所以，我说新疆的科学研究，大有发展前途。二三百年间，我们的工作有得做。我相信将来我们的发现会越来越多，这是不成问题的。前些年，在柏林，我到他们的民族博物馆去看过。有些他们已经认识了，比如吐火罗语已经搞出来了，基本上知道是什么意思。还有一部分残卷，也是从新疆搞去的，到现在还不知道是什么语言。字母认识了，是婆罗米字母，语言不清楚。《大唐西域记》里边讲的，跟我们现在所知道的水平，绝对不少。《大唐西域记》里讲的语言，比我们现在知道的要多。所以，很可能还有新的语言发现。有的是已经掘出来的，我们不认识，不知道是什么语言，有的还没有掘出来，所以，新疆这个地方，从科学研究来讲。大有发展前途。一百年、二百年，问题搞不清楚，而且越搞问题越多，越多越提高。是这么一个情况。

现在，我再回过头来讲，就是佛教传入中国，据我的认识，有一个媒介。可能就是这个吐火罗人。当然，我刚才已经讲了，还可能有别的，我们现在不知道。我们只能根据我们现在的水平来讲话。有什么证明呢？这里我举几个例子。

第一个，佛字。我们现在叫佛，它的原文呢，是Boud。这是梵文字。用拉丁字母写的。关于这个字，解放以前，我们原来的师范大学校长陈垣，陈老先生，跟胡适打了一场激烈的笔墨官司，就关于这个字。按中国的习惯，按汉语的习惯，缩写在汉语里多极了。如落实政策办公室，叫落办。这种缩写多极了。我们喜欢这个。过去也这样，过去认为菩萨、活菩萨，原文是bodhisativa译作菩提萨埵。结果，我们给它省略了。有一个特殊的规律，把第二个字和第四个字给省掉了。光剩下一个“菩萨”。无论怎么样呢，我们总是喜欢省略。“僧”，原文为“僧伽”，“伽”字省掉，留一个。四个字的留两个。或者留前两个，或者留第一、第三。这种事情是多极了。现在也是很喜欢省略。一些美籍华人，回来以后，中国话还能讲，就是报纸看不懂。省略字太多了。我们每天都在看。他们不懂，多极了。什么“三反”“五反”。现在当翻译很困难。遇到这种词，你没法翻。“三反”“五反”，反什么东西？你得给他们讲。不讲明，说不清楚。所以，有一种规律，就是原来字多的，后来讲究把它们省略掉。那么这个佛呢？是不是也就是这样的？我刚才讲的陈垣跟胡适争论的，就是这么个问题。“佛陀”是佛的延长么？或者，“佛”是“佛陀”和Buoda是对应的，两个音节，后来省略掉了，陀字省掉，光剩一个佛字。结论是佛陀的省略。

还有一个可能呢，就是佛陀是佛的延长。原来就是佛，后来因为缀了梵文，加了个“陀”。究竟是个什么问题呢？按一般人的看法，中国的习惯就认为佛是佛陀的省略。因为合乎我们的规律。我们习惯于省略些字。只留一个，或者只留两个。看起来毫无问题。可是，问题也不那么简单。就这个问题，我写过一篇东西，还是解放前写的。写《佛陀与佛》。讲这个问题。看起来证据还过得去。就是，佛陀是佛的延长，不是佛是佛陀的省略。从那里来的呢？就是从吐火罗语。焉耆语，佛是Pit。龟兹语是Put。是一个音节，我们的“佛”也是一个音节。所以我的意思，佛字不是直接从梵文直接翻译过来的，而是从焉耆语，或者龟兹语来的。至于详细情况，我这里就不讲了。同志们如果有兴趣，可以看看《佛陀与佛》，那里边我讲了这个问题。

这问题，看起来是一个小问题。可是问题并不小。就是，汉语中最早的佛教名词，都不是从梵文翻译过去的。例子可以举出很多来。最早关于佛教的名词，关于印度的地名，都不是从梵文翻译过去的，而是通过焉耆文、龟兹文。

后来，唐僧，即唐玄奘，他是一个很伟大的学者，一个旅行家。不过他也有点主观主义。他在《大唐西域记》里，常常对某一名词，说是“讹也”，错了。实际上不是，他大概没有研究过焉耆语。

自从焉耆语和龟兹语发现以后，我们就有了科学的证明、科学的依据，说明佛教到中国来，不是直接的，最初不是的（后来直接了），而是通过媒介。这媒介，在今天我们知识水平允许的范围内，就是吐火罗语。或者焉耆语，或者龟兹语。这种说法，不知道同志们同意不同意？这种例子，我还可以举那么几十个。不要再举了。

上面，从两个方面我解答了一个问题，就是吐火罗语的发现，就是焉耆语和龟兹语的发现，对于我们学术界，对中国、对世界产生了什么影响，我们为什么要对这个问题必须进一步进行研究？我想从这两个方面说明。这当然可能还有更多的。今天就讲这么两个。同志们有不同的意见，我们还可以讨论。

由于时间关系，吐火罗语就讲这么多。

现在就讲第二部分，就是尼雅俗语。

尼雅俗语是用佉卢文，是由右往左写的。前边讲的焉耆语和龟兹语是用婆罗米文写的，是从左往右写的。为什么叫做尼雅俗语，因为尼雅是个地方的名字。目前有关这种语言的大部分资料都是发现于这个地方的。因此，西方的学者们就给这种语言，定了个“尼雅”的名字，加上俗语。尼雅这个地方就不必说了。什么叫俗语呢？这里给同志们说一说。这种语言和吐火罗语不一样。吐火罗语是印欧语系的一个独立的语言。尼雅俗语呢？是印欧语系印度语言里边的一种。它们不一样。

下边再稍微地讲一讲印度的语言。大家可以看这个表：

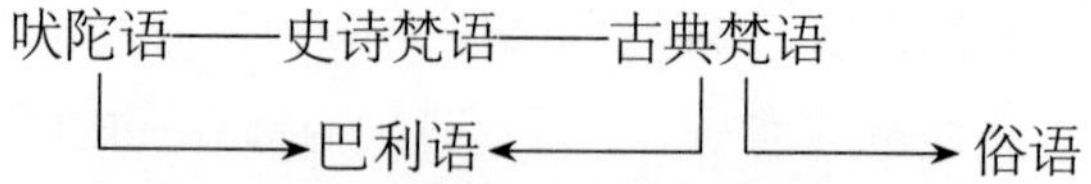

我给大家解释一下最早的吠陀语。吠陀语之后呢，叫做史诗梵语，再往下是古典梵语，也就是我们今天学的梵语了。下来以后呢，就是俗语。

俗语是与雅语相对立的。什么叫雅语呢？从雅语这个字本身来研究，它的意思是弄在一起的。它不是一种口语，像是人为的。是弄在一起的。这是雅语。

俗语是老百姓讲的话。巴利语属于俗语这个阶段。我为什么把它分开呢？我认为，从这种语言的成分上来看，它比俗语要老一点，年纪大一点。我为什么又要划这么个东西呢？就是因为巴利语跟俗语一样，不是直接从梵文来的。

现在我们教学生，在欧洲也是这样，学巴利语呢，不要单独学。你只要学会了梵文，掌握这个规律，就行啦。因此，给学生一个印象，好像这个巴利语是从梵文来的。

为什么又说不是直接从梵语来的呢？这巴利语从总的来讲，它的发展阶段，晚于梵文。可是，它里边的一些形式，梵文里没有，古典梵语里没有，只有吠陀语里才有。所以，我们说，它跟梵文不是父子关系，或者母子关系，好像是兄弟关系、姐妹关系。巴利语是妹妹，梵文老一点，是这么个关系。因此，我划了这么一个杠杠。

我现在再讲尼雅俗语。尼雅俗语就属于这个阶段。所以，就把它跟巴利文摆在一个阶段。

刚才我讲了这么一句话，说这种语言是世界上任何地方都没有的。印度语言里有没有呢？俗语印度当然有了。可是俗语呢，不是一种。分几十种。印度的俗语有很多特点。印度戏剧里，神仙，都是男子。这也是封建主义了。神仙和国王，讲话的时候讲梵文。戏剧里低级的男性不准讲梵语，要讲俗语。如果变成中国戏，一个讲的是之乎者也，一个讲的是白话。就这么个情况。过去，有人讲，这个梵语呀，好像是不是一种口头语，可是，为什么演剧能听懂呢？国王和皇帝在那里讲梵语，下边的公民就讲俗语。两个人对答如流。当然他们都懂了。这怎么解释呢？这没有什么好解释的。就是这么个情况。

俗语分好多种。但是在我们新疆发现的这种俗语，在印度的任何地方都没有。只有我们这里有。这种语言从发展规律、语法结构来讲，很有些特点。这些特点告诉我们一个情况，一个什么情况呢？就是尼雅俗语，属于印度俗语里的西北方言。怎么知道是西北方言呢？大家知道阿育王，他是印度比较出名的大王。佛教里对他评价很高，说他是护法大王。这个人究竟护不护法，那是另外一个问题。反正阿育王在印度历史上影响很大。讲这个人是什么意思呢？他出过一个布告。当然得有一个草本子。他这个草本是东方方言，是摩揭陀方言，然后散发到印度各地。根据这个本子翻译，翻译成当地的语言，然后刻在石头上。草本所用的语言到了南部和西北部，人们就不懂了。只好翻译，翻译成当地语言。这种现象，即Am变成Om，在阿育王的布告中，只出现在西北部翻译的文本中。这个事实说明了一个什么问题呢？说明这个现象只限于印度西北部。

这个现象跟别的现象结合在一起，是一致的。这种佉卢语、佉卢文就流行在印度的西北部。就是现在的旁遮普、巴基斯坦、克什米尔，一直到阿富汗，然后从那里到了我们中国。最近北京大学派了些学生，学乌尔都语的，到巴基斯坦，给援巴筑路的中国人当翻译。修公路中间，掘出好多碑来，碑上刻的就是佉卢文。

我在黑板上写了驴唇两个字。为什么要写这两个字呢？

驴唇两个字是佉卢文的意译。意思是说，这种字像驴的嘴唇。而佉卢文三个字是音译，这种语言本身不是很难的，只要掌握了梵文，只要掌握了巴利文，一些字你可以猜得出来。当然一般的字都能猜出来，也不可能。只是说，绝大部分字是可以猜出来的，其中有它的规律。我说的不是很难，就是这个意思。

一种语言，别的地方都没有，既没有语法，也没有辞典，而且这个字很难人。一种写法有几十种念法，认起来比较难。

这种语言的另一个特点是，焉耆语、龟兹语中间，佛教的内容比较多。当然佛教里边也有些文学，其中很多是佛教的故事。

可是，这个尼雅俗语里，据我们目前看到的，它们的开头都写有“奉天承运皇帝诏曰”，下边就是具体事项，如到什么地方，干什么事情，一头驴，又是什么的。讲的都是政治经济。我看到的佉卢文东西当然有局限性，但是其中的许多都是这样的内容。也许出土的地方是国王的一个档案馆，正好被掘出来了。里面存放的全是档案。

从这个佉卢文的残卷中，我们多少还是能够看出当时新疆的政治经济情况，人民的生活情况。比焉耆语、龟兹语里要看到的多，因为这两种语言留下的东西所讲的全都是宗教的内容。所以尼雅俗语中反映出来的政治经济情况是难能可贵的。

还有，这里边的许多现象，在印度俗语里，是没有的。

俗语在印度常常受周围语言的影响。但是，最多不过是印度的一个俗语里借一些字到另一个俗语里边来。可是，尼雅语不同，它周围不是说印度语言的，周围是说焉耆语、龟兹语的、波斯语的。结果，周围的语言必然地反映到尼雅俗语里边来。这样，尼雅俗语里边，好多字是吐火罗语。或者焉耆语，或者是龟兹语。例子就不举啦。

这种现象不是很容易理解的。因为这么一批人，就是古代的鄯善国，它的官方语言是印度的一种俗语，周围呢，是说别的一些语言的民族。结果是必然互相影响，发生互相借用。这种现象是印度俗语里没有的，不可能有的。

尼雅俗语的情况，大体就是这个样子。

这个语言，就我自己的看法来讲，还是很重要的。

我在上边讲到，当前就世界社会科学研究的趋势而言，一个是综合的研究，一个是比较的研究。同志们根据我刚才讲的，也就是极简单的一个介绍，可以看出，就焉耆语、龟兹语或尼雅俗语来讲，这里面的很多东西，值得我们综合研究，或者比较研究。搞印欧比较语言学，不会吐火罗语是不行的。

刚才我讲了，19世纪起，将近一百年，人们进行了比较语言学的研究，但基本上是搞的印欧语系的比较语言学。限于拉丁文、古代斯拉夫文、斯拉夫语，就限于这个范围。到了20世纪，就开始新东西了。首先发现的叫赫梯语。这是在小亚细亚一带发现的。这种语言当时被发现以后，大家都不认识，经过很长时间的钻研，才认识。认识以后，发现这种语言是印欧语言，是印欧语系的。有了新材料，对印欧语系的研究，大大地促进了一步。人们的视野放大了，过去不知道的，现在知道了。这是20世纪初年。20世纪以后呢，就发现了焉耆语和龟兹语。发现了这些以后，大家的视野又扩大了。19世纪，一个比较语言学家在欧洲，他只要会希腊文、拉丁文或者斯拉夫文立陶宛文，再会几种现代语言，就差不多了。后来呢，情况就变了。今天，在欧洲，在美国，在日本，一个比较语言学家，要是不会点赫梯语，会点焉耆语、龟兹语，他就根本不能上讲台，落后了，这些语言非知道一些不行。

从比较语言学来讲，我们新疆有那么多的宝贝，确实是宝贝。比如在我们这里的博物馆里，有许多一片片的东西。在我们这里，也许不觉得这一片有什么了不起。可是这些如果拿到外国语言学家的手里边，它就成了宝贝一样。他要封锁的，他不能给你看，照片也不能给你看。等他写了文章以后，发表了以后，才允许你看。所以从比较语言学来讲，焉耆语和龟兹语十分重要。今天，你不会这两种语言，就不能从事比较语言学，没有资格，上不了讲台。像比较文学、比较宗教学所能使用的教材就更多了。

同志们可能要问，你讲的这个比较文学、比较语言学有什么用处呢？我们是不是为比较而比较？我们不是这样的。我们的目的，是通过比较语言学，比较文学，比较宗教学，找出规律性的东西，然后发展我们自己的文学、艺术。我们从事比较研究，不是目的，它只是一种手段。可是这个手段过于粗糙是不行的。目前科学已经发展到了今天的水平，不跟上是不行的。而这些东西就在我们身边，就在我们新疆，就在我们中国。世界任何国家都没有。因此，我就感觉到，我们的任务是又艰巨又光荣。回北京后，我们要宣传新疆是个宝地，是个好地方，到这里是大有作为，前途非常光明。在座的同志们，有的是新疆本地的同志，有的是关内来的同志。我希望大家扎根边疆，把我们的科学研究、考古工作更向前促进一步。

讲的不对的地方，请同志们提出批评。

（《季羡林全集》第十二卷）

玄奘与《大唐西域记》①

最后我再谈一谈有关《大唐西域记》的一些问题。

要想正确评价这样一部书，我觉得，应该从以下几个方面着手：第一，要把它放在一定的历史背景下来考察研究；第二，有比较才能有鉴别，要把它同其他同类的书籍来比较一下；第三，要看它帮助我们解决了多少问题，又提出了多少值得探索的新问题；第四，实践是检验真理的唯一标准，要看它在实践上究竟有多大用处。

先谈第一点。

中华民族不但是一个酷爱历史的民族，而且也是一个酷爱地理的民族，在历史方面，除了几乎每个朝代都有自己的正史以外，还有多得不可胜数的各种“史”。尽管这里面也难免有些歪曲事实的地方，有些迷信或幻想的成分，但是总的说来，是比较翔实可靠的，实事求是的。这充分显示了我们民族的特点。在地理方面，我们从很早的时候起就有了地理著作，比如《禹贡》《山海经》《穆天子传》之类。这些书尽管不像它们自己声称的那样古老，但总之是很古老的。我们也很早就有了关于外国的地理书，而且有的还附有地图。到了南北朝时代和以后的时代，由于中外交通频繁起来了，各种地理书风起云涌。南齐陆澄曾经把《山海经》以下160家的地理著作，按照地区编成《地理书》149卷，梁任昉又增加84家，编成《地记》252卷。中央政府设有专门机构，了解外国的情况。《唐六典》兵部有职方郎中员外郎，专管天下地图，包括外国的在内。还有鸿胪，专门招待外国客人，顺便询问外国的情况，见《唐六典》卷五《兵部》：“职方郎中员外郎掌天下之地图，及城隍、镇戍，烽候之数，辨其

①1980年9月，应陕西省社会科学院之邀来西安讲学，作题为《玄奘与〈大唐西域记〉》的学术讲演。载《西北大学学报》（社会科学版）1980年第4期。——编者注

邦国都鄙之远迩，及四夷之归化者。凡地图委州府，三年一造，与板籍偕上省。其外夷每有番客到京，委鸿胪讯其本人本国山川风土为图以上奏焉。”有时候，打了胜仗以后，也派人到外国去调查风俗物产，写成书，画上图，进奉皇帝。《唐会要》卷七十三《安西都护府》注：“西域既平，遣使分往康国及吐火罗国，访其风俗物产，及古今废置，尽（画）图以进。因令史官撰《西域图志》六十卷。”甚至有了地形模型。

在唐代，在玄奘以后的相当长的时间内，地理书籍特别繁多，这同当时的政治经济情况和文化交流、宗教活动是分不开的，《十道图》有很多种类。大历时贾耽著有《陇右山南图》，贞元十七年又撰《海内华夷图》，《古今郡国道县四夷述》40卷。可以说是一个典型的代表。

谈到宗教活动对地理学发展的影响，主要指的是佛教。古时候，交通异常困难，除了使臣和商人之外，大概很少有人愿意或敢于出国的。独有和尚怀着一腔宗教热诚，“轻万死以涉葱河，重一言而之柰苑”。他们敢于冒险，敢于出国。从汉代起，中印的僧人就互相往来，传播佛教。他们传播的不仅仅是宗教。正如人们所熟知的，中印两国的文化也随着宗教的传播而传播开来。在长达六七百年的时间内，出国活动的人以和尚为最多。而且中国和尚还充分表现了中华民族的特点：他们喜爱历史，也喜爱地理。他们实事求是，很少浮夸。他们写了不少的书，比如：

晋法显《佛国记》，今存。

释道安《西域志》，今佚。见王庸《中国地理学史》。

支僧载《外国事》，今佚。

智猛《游行外国传》，今佚。

释昙景（勇）《外国传》，今佚。

竺法维《佛国记》，今佚。

释法盛《历国传》，今佚。

竺枝《扶南记》，今佚。均见向达《汉唐间西域及海南诸国古地理书叙录》《唐代长安与西域文明》，三联书店1957年版。

惠生《惠生行传》（见《洛阳伽蓝记》）。

这些书无论如何，总可以说是中国佛教僧侣对中外文化交流历史的一个重大贡献。

到了玄奘的《大唐西域记》，佛教僧侣不但对中国地理学的贡献达到一个前所未有的水平，而且对印度地理学的贡献也是非常巨大的。在当时的历史背景下，这一部书确实是空前的。这一部杰作之所以能够产生，除了玄奘本人的天才与努力之外，还有其客观的需要。由于隋末的统治者滥用民力，对外征伐，对内镇压起义军，杀人盈野，国力虚耗，突厥人乘机而起，不但威胁了隋代的统治基础，而且连新兴起的唐高祖李渊也不得不暂时向突厥低头称臣。唐高祖和太宗都深以为耻，必欲雪之而后快。想要进攻突厥或西域其他威胁唐王室的民族，必须了解地理情况，唐太宗之所以一见面即敦促玄奘写书，其原因就在这里。玄奘是一个有政治头脑的和尚，决不会辜负太宗的希望，《大唐西域记》于是就产生了。太宗拒绝经题，但是对于这一部书却非凡珍惜，他对玄奘说："又云新撰《西域记》者，当自披览。"可见他的心情之迫切了。

现在再谈第二点。

首先同中国类似的书相比。中国古代关于印度的记载，在汉以前的古书中，可能已经有了。但是神话传说很多，除了知道我们两国从远古起就有了交往以外，具体的事情所知不多。从汉代起数量就多了起来。佛教传入中国以后，两国间直接的交通日益频繁，对彼此了解情况，大有帮助。到印度去的僧人写了不少的书，上面已经列举了一些。但是所有这些书同《大唐西域记》比较起来，无论是从量的方面比，还是从质的方面比，都如小巫见大巫，不能望其项背。像《大唐西域记》内容这样丰富，记载的国家这样多，记载得又这样翔实，连玄奘以后很长的时间内，也没有一本书能够比得上的。因此，从中国方面来说，《大唐西域记》确实算是一个高峰。

其他外国人写的有关印度的书怎样呢？

印度民族是一个伟大的非常有智慧的民族，在古代曾创造出灿烂的文化，哲学、自然科学都有很高的造诣，对世界文化作出了巨大的贡献。但是印度民族性格中却有一个特点：不大重视历史的记述，对时间和空间这两方面都难免有幻想过多、夸张过甚的倾向，因此马克思才有"印度没有历史"之叹。（马克思《不列颠在印度统治的未来结果》，《马克思恩格斯选集》第二卷，人民出版社1972年版，第69页。他的原话是："印度社会根本没有历史，至少是没有为人所知的历史。"）现在要想认真研究印度历史，特别是古代史，就必须依靠外国人的记载。从古代一直到中世，到过印度的外国人非常多，没有亲身到过但有兴趣的也不少。他们留下了很多的记载。这些记载对研究印度历史来说，都成了稀世之宝。首先必须提出的是古代希腊人的著述，在这方面最早的是一个叫Skylax的人的记录。传说他于公元前547年左右泛舟印度河。他的著作已经佚失。其次是克特西亚斯（Ctesias），他的著作主要是一些寓言。再就是所谓“历史之父”的希罗多德（Herodotus公元前5世纪，有人说是公元前484—前406年）的记述。可惜他的资料不是根据亲身经历，而是来自波斯人的传闻，因此多不可靠。最重要的是亚历山大入侵时或以后的希腊人的著作，这些人亲自到过印度，记述亚历山大入侵的有希腊作家，也有罗马作家，比如：阿里安（Arrian，约公元96—180年）的《亚历山大远征记》（中文有李活译本，商务印书馆，1978年版），第四卷；Curtius Rufus Quintus（约公元41—54年）的De Rebus Gestis Alexandri Magni，第五卷；Diodoms Siculus（公元前1世纪后半叶）的Bibliotheco Historica第十七卷；Justin（公元2世纪）的Epitoma Historiaum Phīppicarum第十二卷;普鲁塔克（Plutarch约公元46—120年）的《希腊罗马名人传》;无名氏的《亚历山大大帝的历程》等等。特别值得一提的是麦伽塞因斯（Megasthenes）。他曾到孔雀王朝朝廷上当过大使，在华氏城住过几年（约公元前303—前292年），亲眼见过印度，所记当然翔实，但他那名叫《印度记》（Indika）的书已佚，仅见于其他书籍中。例如：（1）斯特拉波（Strabo，公元前63—公元19年）的著作《地理学》（《Geographica》共17卷），取材庞杂。（2）底奥多鲁斯（Diodorus，公元前1世纪，生活在亚历山大城和罗马）的《历史书库》（《Historische Bibliothek》原书40卷，现存1至5卷，11至20卷）。（3）阿里安（Arrian）的《亚历山大远征记》等等。一鳞半爪，难窥全豹。在地理方面最重要的著作是阿里安的《印度记》（Indica），斯特拉波Pliny和Ptolemy的地理书。更重要更确切的地理书是Periplus Mais Erythraei，时间约在公元1世纪，著者是一个住在埃及的希腊人，他曾航海至印度海岸，这些都是在玄奘之前的，晚于玄奘的还有不少，比如马可·波罗《游记》（有冯承钧译本《马可波罗行记》，商务印书馆1937年版），伊本·白图泰（Ibn Batuta）的《游记》（马金鹏已译为汉文，正准备出版）。这都是人所熟知的。还有贝鲁尼。贝鲁尼全名是Ab-u-r-Raihan Mohammed ibn Achmed al-Beruni，是伊斯兰教最伟大的学者之一。生于花拉子模（Choresm），死于伽色腻（Ghasni阿富汗）。生活时间从公元973年到1050年以后。自公元1018年起作为天文学家生活在Sultan Machmud Von Ghazni和他的继承人的朝廷上。他精通地理、天文、数学、年代学、矿物学、宗教学、史学等等。他的著作非常多，其中关于印度的有《印度》，英译书名是Alberunis India，译者是萨豪（E. C. Sachau）。还有《古代民族编年史》，英译书名是The Chronology of Ancient Nations，1879，译者也是萨豪。其他天文著作有《占星学引论》（The Book of Instruction in the Elements of the Art of Astrology，1934），英译者是莱特（R. R. Wright）。贝鲁尼有关印度的著作，不像以上两种那样著名。实际上价值决不下于以上两种，现已引起欧洲和全世界各国学者的注意。

比较更晚一点的还有：托马斯·罗欧（Thomas Roe）的著作，他是英国国王詹姆斯一世派往印度莫卧儿皇帝扎亨吉朝廷上的大使，写了一部书，叫做：《托马斯·罗欧爵士使印度记1615—1619》［Thomas Roe， *The Embassy of Sir Thomas Roe to India 1615—1619*， ed. W. Forsten（London，1926）］。此外还有法国人弗朗索瓦·泊尼尔（Fran | ois Bernier）的著作，他于公元1668年访印，写了一本《旅行记》［Voyages de F. Bernier （Amsterdam, 1699）］。根据印度史学家罗米拉·塔帕（Romila Thapar）的意见，这两本书成为欧洲了解17世纪至18世纪的印度的主要依据。其中有些记载是相当可靠的，其他一些则是观察与幻想的混合物［Romila Thapar《古代印度社会史》 （*Ancient India Social History*） New Delhi, 1978, p.1—2。］

以上这些书都各有其特点，都各有其可取之处。我们从这里可以学习到不少的有用的东西，对于研究古代中世纪和17世纪、18世纪印度的历史有很大的帮助,但是在玄奘以前的那一些著作都比较简略，不能帮助我们全面了解印度。在玄奘以后的那一些著作，当然都详细多了。但是它们都无法代替《大唐西域记》，要想了解古代和7世纪以前的印度，仍然只能依靠这一部书。

《大唐西域记》的功绩究竟表现在什么地方呢?

研究印度历史的中外学者都承认，古代印度的历史几乎全部都隐没在一团迷雾中，只有神话，只有传说，也有一些人物，但是对历史科学来说最重要的年代，却无从确定。有的史学家形象地说，在古代印度没有年代的一片黑暗中，有一根闪光的柱子，这就是释迦牟尼的生卒年代。确定了这个年代，以前以后的几件大事的年代的确定就都有了可靠的依据，因而才真正能谈到历史。而释迦牟尼年代的确定，中国载籍起了很大的作用，《大唐西域记》对于确定佛陀生卒年月也起过作用。古希腊亚历山大的东征，曾起了帮助确定年代的作用，这次东征对理解阿育王碑有很大好处，我们在这里暂不详细讨论。

除了释迦牟尼的年代以外，《大唐西域记》对印度古代和中世纪的历史上的许多大事件都有所记述。比如关于伟大的语法学家波你尼，关于毗卢择迦王伐诸释，关于阿育王与太子拘浪拿的故事等等，迦腻色迦王的问题多少年来在世界许多国家的历史学家中已经成为一个热门，《大唐西域记》有四五处讲到迦腻色迦，给这个问题提供了宝贵的资料。至于在玄奘时代，印度的政治、经济、宗教、文化、民族关系，等等方面，《大唐西域记》都有非常翔实的论述。我们在上面讲到这些方面的时候，主要依据就是这些论述。如果再谈到佛教史，这书里的材料就更多。几次结集的记载，除了南传佛教承认的阿育王的集结外，这里都有。关于大乘与小乘，大乘的许多大师，马鸣、龙猛（树）与提婆，无著与世亲，他们的活动的情况，这里也都有。我并不是说，这些记载都是百分之百的真实，那是不可能的，在玄奘那样一个时代，又加上他是一个虔诚的佛徒，有些神话迷信的色彩，是不可避免的，也是容易理解的，不过这些都只能算是白玉中的微瑕，决不能掩盖这一部奇书的光辉。而且这种情况仅仅限于宗教方面，一讲到地理、历史，就仿佛从神话世界回到现实世界，记载都比较翔实可靠了。

统观全书，包括了100多个“国”，玄奘的记述有长有短，但是不管多么短，他的记述似乎有一个比较固定的全面的章法：幅员大小、都城大小、地理形势、农业、商业、风俗、文艺、语言、文字、货币、国王、宗教等等。这些方面几乎都要涉及到。当时和今天要想了解这个“国”，除了以上这些方面，还要了解些什么呢？他能用极其简洁的语言描绘大量的事实，不但确切，而且生动。所以，我们可以说，玄奘是一个运用语言的大师，描绘历史和地理的能手，而《大唐西域记》是一部稀世奇书，其他外国人的著作是很难同这一部书相比的。

现在谈第三点。

上面我们讲了《大唐西域记》帮助我们解决了许多历史上的疑难问题。比如关于印度当时的政治、经济情况，关于重大的历史事件，关于宗教力量的对比，关于佛教的几次结集，关于大、小乘力量的对比，关于小乘部派的分布情况等等。离开了《大唐西域记》，这些问题几乎都是无法解答的。但是我个人有一个想法：比解决问题更重要的是它提出了一些还没有解决的问题，这就启发我们进一步去思考问题、研究问题，帮助我们把研究工作更向前推进。

这样的地方是非常多的，几乎在每一卷里都可以找到一些，我在这里只能举出几个来当作例子。首先我想举玄奘所经各“国”的语言问题。玄奘是一个非常细致的观察家，对语言似乎是特别留心。他所到之处，不管停留多么短暂，他总要对当地语言、文字的情况写上几句，比如：

阿耆尼国：文字取则印度，微有增损。

屈支国：文学取则印度，粗有改变。

跋禄迦国：文字法则，同屈支国，语言少异。

窣利地区：文字语言，即随称矣。字源简略，本二十余言，转而相生，其流浸广，粗有书记，竖读其文，递相传授，师资无替。

怖捍国：语异诸国。

睹货逻国：语言去就，稍异诸国。字源二十五言，转而相生，用之备物，书以横读，自左向右，文记渐多，逾广窣利。

因为日本学者水谷真成对于这个问题已有比较详细的论证，我在这里不再引用原文，请参阅水谷真成《大唐西域记》，《中国古典文学大系》22。

在19世纪末20世纪初年以前，学者们对玄奘的记载只能从字面上接受，他讲到的这些语言，他们可以说是一无所知。但是从那个时期开始的在中国新疆一带进行的考古发掘工作，却用地下出土的实物、古代语言文字的残卷证实了玄奘的记载。是不是全部都证实了呢？也不是的。一方面现在还有一些出土的残卷，我们还没能读通。另一方面，考古发掘工作还要进行下去，将来一定还有更多、更惊人的发现，我们在这方面的工作可以说是刚刚开始。就以水谷真成的文章而论，他引证了大量的文献，论述了新疆、中亚一带（古代所谓“西域”）和印度本土的语言文字。但是对怖捍国的语言文字还没有论述。玄奘《大唐西域记》说这里：“语异诸国。”同其他国都不一样，究竟是一种什么语言呢？这就需要我们进一步探讨研究。

除了语言文字以外，还有宗教方面的问题，玄奘谈到了许多佛教和印度教常见的神，他也谈到了许多别的教派和印度教不大常见的神，比如卷二健驮罗国，跋虏沙城讲到的毗魔天女，梵文是Bhīmā，是大神湿婆的老婆，一名难近母（Durg ā）；卷七吠舍厘国讲到“露形之徒，实繁其党”，所谓“露形之徒”指的是印度教苦行者，也可能指的是耆那教的所谓“天衣派”，二者都是赤身露体的；卷一三摩呾吒国讲到“异道杂居，露形尼乾，其徒特盛”，这里明说的是耆那教（尼乾）；卷一〇羯𫒚伽国讲到“天祠百余所，异道甚众，多是尼乾之徒也”；卷一〇珠利耶国讲到“天祠数十所，多露形外道也”；卷一〇达罗毗荼国讲到“天祠八十余所，多露形外道也”。卷三僧诃补罗国谈到耆那教“本师所说文法，多窃佛经之义”，“威仪律行，颇同僧法”。

书中有一些关于提婆达多的记载，其中有的非常重要、有启发性。劫比罗伐窣堵国讲到提婆达多打死大象堵塞佛走的道路。婆罗痆斯国讲到在过去生中如来与提婆达多俱为鹿王，菩萨鹿王仁爱慈悲，提婆达多鹿王则正相反。菩萨鹿王想代怀孕母鹿到宫中去供膳，结果感动了国王，释放群鹿。摩揭陀国讲到：

宫城北门外有窣堵波，是提婆达多与未生怨王共为亲友，乃放护财醉象，欲害如来，如来指端出五师子，醉象于此驯伏而前。

这里说到提婆达多与未生怨王的密切关系。摩揭陀国还讲到，提婆达多用石遥掷向佛。讲到提婆达多入定的地方。最有趣的是室罗伐悉底国的那一段记载：

伽蓝东百余步，有大深坑，是提婆达多欲以毒药害佛，生身陷入地狱处。提婆达多，斛饭王之子也。精勤十二年，已诵持八万法藏。后为利故，求学神通，亲近恶友，共相议曰："我相三十，减佛未几，大众围绕，何异如来？"思惟是已，即事破僧。舍利子、没特伽罗子奉佛指告，承佛威神，说法诲喻，僧复和合。提婆达多恶心不舍，以恶毒药置指爪中，欲因作礼，以伤害佛。方行此谋，自远而来，至于此也，地遂坼焉，生陷地狱。

很多佛典上把提婆达多说成是一个单纯的坏家伙，什么都不懂。这里讲到提婆达多并不是一个无能之辈，他"精勤十二年，已诵持八万法藏"，而且身上还有三十大人相。羯罗拿苏伐剌那国讲到：

别有三伽蓝，不食乳酪，遵提婆达多遗训也。

短短几句话很有启发。提婆达多是佛的死敌，佛教徒把他恨得咬牙切齿，把他说得一无是处。说根本没有几个人听他的话，然而，到了玄奘时期，离开佛与提婆达多已经1000多年了。在东印度居然还有提婆达多的信徒，而且又是这样忠诚于他。实在值得深思。关于这个问题，法显《佛国记》中已有记载。讲到拘萨罗国舍卫城时，法显写道：

调达亦有众在，供养过去三佛，唯不供养释迦文佛。

"调达"就是提婆达多的另一个译法。舍卫城是在中印度，玄奘讲到的羯罗拿苏伐剌那国是在东印度，可见提婆达多的信徒不但存在，而且地方还相当广。

此外，玄奘讲到提婆达多的信徒"不食乳酪"。对于研究印度佛教史这是一个很有趣的问题。唐义净译的《根本说一切有部毗奈耶破僧事》卷十：

于是提婆达多，谤毁圣说，决生耶（邪）见，定断善根。但有此生，更无后世。作是知已，于其徒众别立五法。便告之曰："尔等应知，沙门乔答摩及诸徒众，咸食乳酪。我等从今更不应食。何缘由此？令彼犊儿镇婴饥苦。又沙门乔答摩听食鱼肉，我等从今更不应食。何缘由此？于诸众生为断命事。"

可见这种习惯来源已久。《根本说一切有部毗奈耶破僧事》讲的只是书本上的记载。能否相信，还值得考虑。玄奘讲的却是活生生的事实。它证明《根本说一切有部毗奈耶破僧事》讲的不是向壁虚构。

但是这件看来似乎是小事情的事实还有更深的意义。义净《南海寄归内法传》卷一说：

律云：半者蒲膳尼，半者珂但尼。蒲膳尼以含啖为义，珂但尼即啮嚼受名。半者谓五也。半者蒲膳尼，应译为五啖食，旧云五正者，准义翻也。一饭二麦豆饭三麸四肉五饼。半者珂但尼，应译为五嚼食。一根二茎三叶四花五果。其无缘者若食初五，后五必不合飡。若先食后五，前五啖便随意。准知乳酪等非二五所收。律文更无别号，明非正食所摄。

学者们的意见是，这里讲的是大乘和尚，他们都不许吃奶制品。此外，上面引用的《根本说一切有部毗奈耶破僧事》中还谈到吃鱼、肉的问题。这也是佛教史上一个有趣的问题。看来小乘基本上是允许吃肉的，至少对有病的和尚是允许的。佛本人在死前可能就吃过猪肉。在这一段引文中，提婆达多拿吃肉这件事当做武器同释迦牟尼斗争。这很值得我们注意，当另文讨论。参阅章炳麟《大乘佛教缘起考》，《章氏丛书·太炎文录·别录》。从时间上来看，大乘的起源距提婆达多至少已有几百年的历史，为什么饮食的禁忌竟如此之相似呢？我们都知道，大乘是对小乘的发展与反动，而提婆达多则是释迦牟尼的对手。二者间难道还有什么联系吗？我觉得，这是个非常值得思考探索的问题。

还有一个非常有趣的问题。《大唐西域记》卷十一信度国有一段话：

信度河侧千余里陂泽间，有数百千户，于此宅居，其性刚烈，唯杀是务，牧牛自活，无所系命。若男若女，无贵无贱，剃须发，服袈裟，像类苾刍，而行俗事，专执小见，非斥大乘。闻之耆旧曰：昔此地民庶安忍，但事凶残，时有罗汉愍其颠坠，为化彼故，乘虚而来，现大神通，示稀有事，令众信受，渐导言教，诸人敬悦，愿奉指诲，罗汉知众心顺，为授三归，息其凶暴，悉断杀生，剃发染衣，恭行法教，年代浸远，世易时移，守善既亏，余风不殄，虽服法衣，尝无戒善，子孙奕世，习以成俗。

这段话引起了许多学者的注意。印度学者高善必写道：

最后这一段引文非常有趣，因为它告诉我们，雅利安人的仍然从事畜牧业的部落的后裔在这条河边上继续干些什么，这一条河是因陀罗“解放”出来的。他们这服装是否是佛教的做法或者是更早时候形成的习惯，这种习惯通过东方的雅利安人而影响了佛陀对服装的选择，这都不清楚；可能是前者。其余的记载则告诉人们，佛教如何已逐渐向着喇嘛教发展，或者已变成一个神学的游戏，这种游戏只限于获得极大利益的野心家。（《印度史研究导论》，第293页）

无论如何，这一段短短的记载提出了许多问题，也可以说是提供了一些线索，我们应该进一步加以研究。

上面是宗教方面的问题。在社会制度方面，玄奘也提出了一些值得研究的情况。比如在第二卷里他写道：

其婆罗门学四吠陀论：一曰寿，谓养生缮性。二曰祠，谓享祭祈祷。三曰平，谓礼仪、占卜、兵法、军阵。四曰术，谓异能、伎数、禁咒、医方。

这同我们平常的说法不同，怎样解释呢？

此外《大唐西域记》还记了一些当时印度社会里发生的看来不是很重大的事件，但是今天的历史学家看了以后，从中可以看出重大的意义。比如钵逻耶伽国大施场东合流口一天有数百人自沉，高善必认为，当时社会上必然有一部分人甚至是上流社会的人感到不满意，否则就无法解释，为什么这些老一点的人不死在圣河恒河的岸上而死在水中（《印度史研究导论》，第284页）。第二卷关于当时印度刑法的叙述，关于赋税、王田、分地和封邑的叙述，甚至关于蔬菜的叙述：

> 蔬菜则有姜、芥、瓜、瓠、荤陀菜等，葱、蒜虽少，啖食亦希，家有食者，驱令出郭。

高善必都能从里面得出相应的结论。他讲到，当时北印度有许多饮食方面的禁忌（塔布），比如不吃牛肉等，不吃葱蒜等，一直到今天，还没有多少改变。（《印度史研究导论》，第286—289页）

总之，正如我们上面已经说过的那样，《大唐西域记》提出来的新问题，比已经解决的问题还更重要，还更有意义。我上面举的仅仅不过只是几个例子而已。

我最近偶尔读到几本关于中世纪印度的书籍，作者都是印度学者。一本是古普塔的《檀丁时代的社会与文化》，他大量地引证了《大唐西域记》的材料。第二章叫做《当时的历史透视》，基本上是根据《大唐西域记》的材料写成的。除了这一章以外，在其他章节里，比如《政治理论与国家管理》《社会和经济生活》等等，也经常引用这本书的材料。另一本是乔希的《印度佛教文化之研究》（Lalmani Joshi：Studies in the Buddhistic Culture of India during the 7th and 8th Centuries A. D. Delhi，Varanasi，Patna，1977）。书中也大量地引用了《大唐西域记》的材料。我相信，读这两本比较新的书的人，都会自然而然地就得到一个印象：如果没有《大唐西域记》，这两本书恐怕是难以写成的。像这两部书的书还多得很，这也不过是几个例子而已。

最后一点谈一谈实践的问题。

这一点同上面谈的问题是有联系的。经过了1000多年实践的考验，特别是在最近100多年内的考验，充分证明《大唐西域记》是有其伟大的意义的。玄奘这个人和他这一部书，对加强中印两国人民的传统友谊和互相学习、互相了解已经起了而且还将继续起不可估量的作用。玄奘的大名，在印度几乎是妇孺皆知，家喻户晓。正如我们在本文开始时写到的，他已经成了中印友好的化身。至于《大唐西域记》这一部书，早已经成了研究印度历史、哲学史、宗教史、文学史等等的瑰宝。我们几乎找不到一本讲印度古代问题而不引用玄奘《大唐西域记》的书。不管作者的观点如何，不管是唯心主义还是唯物主义，都或多或少地引用《大唐西域记》。这部书中有一些资料，是任何其他书中都找不到的。从上个世纪后半叶开始，国外学者就开始注意《大唐西域记》，开始有外文译本出现。现在先将欧洲的译本条列如下：

法文译本：

Julien, S.：Mémoires sur les contrées occidentales, traduits du Sanscrit en Chinois, en I´An 648, par Hiouen-Thsang, et du Chinois en Français. 2 tomes, 1857—1858，Paris.

英文译本：

Beal, S.：Si-yu-ki, Buddhist Records of the Western World. translated from the chinese of Hiuen Tsiang （A. D. 629）. 2. Vols. 1884, London.

Watters,Th. : On Yuan Chwang´s Travels in India （629—645A. D.）, edited after his death, by T. W. Rhys Davids and S. W. Bushell. 2 Vols. 1904—1905, London.

日文翻译和注释本：

堀谦德《解说西域记》，1912年，东京。

小野玄妙译《大唐西域记》，《国译一切经》史僧部一六，1936年。

足立喜六《大唐西域记の研究》，二册1942—1943年，东京。

水谷真成《大唐西域记》，《中国古典文学大系》22，平凡社，东京，1972年。

至于研究印度的学者对本书的评价，那简直就是车载斗量，无法一一抄录。我在这里想从代表各种类型、各种流派的历史学家中各选一个代表，谈一谈他们对《大唐西域记》的评价，这也就算是一种“优选法”吧。印度史学家罗米拉·塔巴（Romila Thapar）［见所著《古代印度社会史》（*Ancicnt Indian Social History*），新德里，1978.］把研究印度史的学者分为许多类型。我就是根据她的类型说来选择的。首先我想选择20世纪早期的英国印度史学家斯密士（Vincent Smith），他是代表英国的利益、崇拜英国又崇拜伟大人物的。他的历史观是英雄史观。他对《大唐西域记》的意见是：印度历史对玄奘欠下的债是决不会估价过高的。

意思就是："无论怎样评价也不会过分。"见所著《牛津印度史》（*The Oxford History of India*），牛津大学，1928年，第169页。

这是一种类型。

到了本世纪二三十年代，印度蓬蓬勃勃的民族解放运动影响了史学界。这时有一大批印度历史学者出现，他们一反前一阶段的做法，把反对帝国主义、要求民族解放和提高民族自尊心的思想贯穿在史学著作中。最著名的代表之一就是著名历史学家马宗达（R. C. Majumdar），他在《古代印度》（Ancient India）中说：

> 我们记述的有关曷利沙伐弹那的绝大部分事实都来自一个游方僧的惊人的记载，此外，这些记载还给我们描绘了一幅印度当时情况的图画，这种图画是任何地方都找不到的。

马宗达还在孟买印度科学院出版的《印度人民的历史和文化》（The History and Culture of the Indian People）第一卷《吠陀时期》对中国赴印留学的几位高僧法显、玄奘、义净评论说：

> （他们）把自己的经历写成了相当厚的书，这些书有幸都完整地保存了下来，并且译成了英文。三个人都在印度呆了许多年，学习了印度语言，法显和玄奘广泛游览，几乎游遍全印。在这些方面，他们比希腊旅行家有无可怀疑的有利之处。

1978年，印度著名历史学家阿里（Ali）教授的来信中说：如果没有法显、玄奘和马欢的著作，重建印度史是完全不可能的。

这又是一个类型。

至于用马列主义观点研究印度历史的学者，前面引的高善必就是其中的先驱者和杰出的代表，他应用《大唐西域记》来研究印度历史，上面已经有了足够的例子，这里不再谈了。

这又是一个类型。

总之，研究印度历史的学者，不管他是哪一国人，不管他代表哪一种观点，他们都给予《大唐西域记》以极高的评价。上面几个例子充分可以证明，在上百年的研究印度史的实践中，《大唐西域记》已经表现出了自己的价值。

再引更多的例子完全没有必要了。

对于玄奘的研究，对于《大唐西域记》的研究，尽管在中国和全世界范围内已经进行了很多年，也已取得了很大的成绩；但是我总感觉到，好像方才开始。要想用科学的观点实事求是地研究印度史，研究中印文化关系史，首先必须占有资料，像《大唐西域记》这样的资料堪称其中瑰宝。正如我上面已经说到的那样，书中有许多问题还没有解决。我上面这些不成熟的意见，只能看作是初步尝试。引玉抛砖，敢请以我为始；发扬光大，尚有待于来者。

1980年4月27日校毕

[本题文字为《玄奘与〈大唐西域〉——校注〈大唐西域记〉前言》的第六部分，选自《季羡林文集》第四卷。]

要反映社会中的新风气[①]

我今天来，一是想听听，听听大家的意见；一是想看看，看看老朋友，没有准备发什么言。我写东西的时间不算短了，到现在已经有五十多年了。可我总感觉到自己是个外行，是个客串，我不敢讲自己是个作家。

听了几位同志的意见，对我启发很大。我想先讲个故事。以前我在清华大学读书，有个教授，名叫叶公超，后来当了台湾的“外交部长”。他当时教我们英文，说自己研究散文。他对我们灌输，说世界上只有英国有散文，别的国家都不行。法国蒙泰恩，勉强对付。我们当时的大学生脑子比较简单，所以就信了他的话。后来经过好多年，我觉得这说法不大对头，我发现，真正有悠久散文传统的还是中国。刚才冰心同志讲到的《古文观止》是散文，我看还可以扩大一些。在经史子集中，我看这各集都是散文，至少里边有很大一部分是散文。我们中国才真正是一个散文的国家。因此，我们现在的散文的成就应当大一些。可是现在情况怎么样呢？刚才有同志讲，成绩没有小说大，我因为读得少一些，不敢乱说。我们应有这么一个雄心壮志，把散文这个题材搞得比现在更好一些。但怎么搞好呢？刚才夏衍同志说，报告文学要真实，散文要清新，我觉得这个意见很精辟。不过，我还想补充一下，我有个偏见，我认为小说可以虚构，不虚构不行；可散文不能虚构，报告文学也不能虚构。有的同志会问，《桃花源记》算不算散文？它是不是虚构的？我说它是虚构的，因此不能算是散文，而是小说。魏晋南北朝时期有这种文体。鲁迅的《一件小事》，你说它是小说也行，但我看是很好的散文，它里面没有什么故事性，抒情的成分比较大一些。所以，这里面没有什么标准。写散文，其实有两个方面，一个是

①本篇为作者1981年11月13日在《文艺报》召开的“散文创作座谈会”上的发言。——编者注

事实的真实。这一点上面已经说过。一个是感情的真实。看见了一个人，看见一件事，看见一片风景，如果没有使你感动，那你就不要写，勉强写一定写不好，自己都不感动，怎么会感人呢？今天我们这个社会里，大家只要注意，确有很多感人的东西，周总理不必说了，像彭德怀同志，过去我们不大理解，后来他身边工作人员写了回忆，很感人。我们许多老同志有不少感人的事迹，可是，前一段我们的宣传有偏差，使人产生了一点误解。这几天，不是有几个青年人，一个是不远千里去为人做女儿，一个是为人做儿子，你说这不是新东西吗？新风气吗？我们社会中的新风气多极了，就看你看不看。你如果真正看，一定会得到鼓舞，有了创作的欲望，你就写，才能达到好的社会效果。艺术性也很重要，叶老、健吾都讲了风格等，这都是值得研究的。我觉得艺术上应继承我们的传统，一个人一个风格。刚才，健吾同志举了好多英国人的名字，英国确实是出了不少散文作品的。法国有蒙泰恩，但像这样的作家不太多，德国好像就没听说谁是散文家，这些国家是不一样，但我们也应借鉴。再加上我们今天这个社会基础，就很有可能把我们的散文搞上去。我这个人有点儿眼高手低，看别人的东西，很少有看得上的，但自己又不行。要求很高，好像很空洞，可我看也不那么空洞，它很具体。我觉得散文跟诗很相近，有类似之处。我在一个地方曾讲过，写散文应当用写诗的办法来写。我又说写散文应该用写交响乐那样的方法来写。我做不到这一步，别人恐怕也要努力。我这种想法不知对不对。我写不好，但对散文劲头很大，很喜欢，现在中国的、外国的散文我还都看。我虽然写了五十多年，但至今仍然是一个学徒。我一定要努力不息，坚持不懈，学习古今中外的好散文。只要我受到感动，受到启发，还是要动笔写一点的。

1981年11月

正确评价和深入研究东方文学①

——在国家教育部举办的“东方文学”讲习班上的报告

今天在座的同志中，大多数是青年，女同志也很多，这说明我国东方文学的研究和教学工作后继有人，我十分高兴。我们年纪大了，早晚要交班的。为了东方文学的事业后继有人，我愿意跑一跑龙套，给青年同志们引一引路。

这是教育部举办的“东方文学”讲习班，参加讲习班学习的同志，都是高等师范院校的教师。因此，我讲一讲与东方文学有关的问题，供同志们参考。

一、“东方文学”的来历和含义

什么叫做“东方文学”？ “东方文学”的来历和含义是什么？对这个问题不考虑，就觉得没有什么；仔细一想，就感到有问题了。“东方”本是一个纯粹的地理概念。但我们所说的“东方文学”如果只是一个单纯的地理概念，则麻烦了。一千多年来，我国总是把印度当作西方。唐时高僧玄奘从凉州出玉门关赴天竺，我们一直把这叫做“西天取经”，而现在印度则是东方的主要国家之一。梁漱溟写过一本《东西文化及其哲学》，书中的西方也是指印度而言。鲁迅在1907年写的《摩罗诗力说》中，对欧亚文学都有介绍，特别是对印度古代文学评价很高。鲁迅在论文中指出：“天竺古有《韦陀》四种，瑰丽幽夐，称世界大文；其《摩诃波罗多》暨《罗摩衍那》二赋，亦至美妙。厥后有诗人

①1982年7月29日至8月20日，教育部委托北京师大和承德师专筹办的全国高师“东方文学”教师讲习班在河北省承德师专举行。本文系季羡林先生在开学典礼上所作的学术报告。——编者注

如加黎陀萨（Kalidasa）者出，以传奇鸣世，间染抒情之篇。”（《鲁迅全集》第一卷，人民文学出版社1956年版，第194页）但鲁迅也没有提出东方文学的名称。事实上，“东方文学”这个名称是在解放以后逐步形成的，它由单纯的地理概念而加入了政治的内容。我们所说的“东方”，指过去的殖民地、半殖民地，即我们现在所说的第三世界。文学是不能脱离政治的。“东方文学”这个概念既有地理因素，又有政治因素，是亚洲和非洲文学的总称。不过，日本不属于第三世界，从经济发展的水平来看，它应该属于西方国家集团，但其文学仍属于“东方文学”的范畴。由此可见，“东方文学”的概念还是比较复杂的，这也说明了东方文学构成的复杂性。这是我要讲的第一个问题。

二、关于西方国家对东方文学的评价问题

在西方国家中，东方文学是不大受重视的，他们奉行的是“欧洲中心主义”。这种错误观点对我们也有很大影响。听说教育部委托华中师范学院制订的高等师范院校外国文学教学大纲，把东方文学作为一个独立体系同欧美文学平行，这很好。直到今天，我们有些同志，甚至在学术界有影响的同志，对东方文学的评价仍然估计不足。例如在大百科全书外国文学卷的编写过程中，就反映了这种重西轻东的思想。从1979年起，为确定编写原则，多次开会，经过反复讨论，提出了实事求是地评价东西方文学的原则，规定了条目的规格、字数和评语内容。看来好像是一致了。可是，结果呢，不仅在字数上西方作家比东方作家多，而且评价也有一些差别。这说明有个别同志，特别是研究西方文学的同志，脑子里总看不起东方文学。

在西方国家中，则是欧洲中心主义，不管是历史、或是文学，都是如此。在某些西方人看来，好像什么都是西方第一，东方则什么都不行。在苏联也是一样，什么都是苏联第一。我们既不同意欧洲中心主义的观点，也不同意什么都是中国第一的说法。这些都不是实事求是的科学态度。西方人对东方的看法，也是有变化的。印度过去没有自己写的历史，是英国人写的。18到19世纪的英国人写印度历史时，还是比较实事求是的。如对1857年印度民族大起义的原因的分析和评价，还是比较客观的，既没有过分美化英国宗主国，也没有过分地丑化印度。因为那时资本主义还处在上升时期，故尚能实事求是，重视历史事实。但在进入帝国主义阶段之后，英国人写印度史时则不同了，他们对

印度极尽诬蔑、歪曲之能事，造谣、说谎，无所不用其极，把印度说得一无是处，简直是一个极其野蛮而落后的民族，这完全是颠倒事实。资本主义上升时期的资产阶级，还有一点信心，敢于讲一些真话。后来，走下坡路时，就不敢讲真话了。一个人吹牛、说谎、不敢讲真话，并不证明这个人强。一个阶级，一个国家，也是如此。“文革”期间“四人帮”不敢讲真话，因为他们没有信心。英国人歪曲印度历史，也是这样。

国内有的同志看不起东方文学，是不应该的。在西方作家中，有的对东方文学的评价还是很高的，如德国的歌德就是一个代表。歌德看了一本法译本的中国小说《风月好逑传》之后，准备据此写一部长诗。他说：他读了中国的这部传奇后，感到“中国人在思想、行为和情感方面几乎和我们一样，使我们很快就感到他们是我们的同类人，只是在他们那里一切都比我们这里更明朗，更纯洁，也更合乎道德。”他在回答“这部中国传奇在中国算不算最好的作品”的问题时，指出：“绝对不是，中国人有成千上万这类作品，而且在我们的远祖还生活在野森林的时代就有这类作品了。”（《歌德谈话录》，人民文学出版社1978年版，第111—113页）对于歌德的意见，我们不能完全同意。因为他对一本在中国并不入流的小说，评价太高了。歌德对印度迦梨陀娑的名剧《沙恭达罗》的评价也是很高的。看一看这些欧洲人论东方，我们国内那些看不起东方文学的同志怎样想呢？解放前，不仅外国人对我们中国和东方的文化评价不全面。我们自己也觉得什么都不如人家。如果说解放前我们比人家差，那么，新中国成立后，我们就不应该自己看不起自己了，我们一定要批判西方资产阶级的“欧洲中心主义”，才能正确认识东方文学，正确评价东方文学，给东方文学以应有的地位。

三、如何正确评价东方文学

我们中国人讲的东方文学，不包括我们中国文学在内。但从世界文学的角度来看，应该包括中国文学。因此，我们对东方文学作出总的评价时，一定要把中国文学的成就包括在内，否则，就不可能对东方文学作出正确的评价来。

在评价东方文学时，我们坚决反对欧洲中心主义以及受其影响的资产阶级学者的错误观点，但是也不能说东方什么事都是世界第一，这也是不符合实际的。国家不论大小，都有自己的优点和缺点，都有自己的创造和不足，都会对人类做出或大或小的贡献，也都要向别的国家和民族学习。这就是历史唯物主义的观点，实事求是的观点。例如鲁迅的《狂人日记》，茅盾的《子夜》和巴金的《家》，日本岛崎藤村的《破戒》等，从形式上说都不是中国或日本的古典文学的继续，而是向西方（包括俄国）文学学习而得来的。但这种学习不是生搬硬套，而是具有新的、伟大的创造。例如鲁迅的《野草》和屠格涅夫的《爱之路——散文诗集》都是散文诗，形式相近。但鲁迅的《野草》不仅思想境界比屠格涅夫的《散文诗》要高，而且艺术性也强多了。比如在屠格涅夫的诗中，有几篇诗：《会见》《我怜悯……》《当我一个人的时候》，最后都写到坟墓，好像没有任何出路。而鲁迅的《过客》中，老翁虽向过客指示前面是坟，而小女孩却向过客指出前面还有许许多多的野百合花和野蔷薇花。再如泰戈尔的短篇小说，从形式上看也受到欧洲文学，特别是英、法文学的影响，但又有伟大的创新。泰戈尔的短篇小说情节简短，篇幅不长，但容量很大，差不多都像一首诗那样优美动人。他不是简单地学习欧洲文学，而是有自己的独特风格，其艺术性往往超过契诃夫和莫泊桑。这些例子都说明东方近现代文学确实受到西方文学的影响，但又具有自己深厚的民族特点和伟大的创造。

欧洲文学同样也受到东方文学的影响。伊索寓言，薄加丘[1]的《十日谈》，乔叟的《坎特伯雷故事集》，安徒生、格林的童话等，有一些故事同印度的《五卷书》相似。究竟谁受谁的影响，有两种不同的意见。我认为古希腊文学受印度文学影响的可能性更大一些。因为说伊索寓言影响了印度文学的根据不足，而印度文学通过波斯、阿拉伯而影响古希腊和欧洲文学，则有路线可循。不仅东方的文学对欧洲有影响，东方的哲学对欧洲也有影响。

从东方本身来看：东方各国的文学也是相互影响的。中古时期，东方形成三个文化圈：一是以中国为中心的文化圈；二是以印度为中心的文化圈：三是以阿拉伯为中心的文化圈。这几个文化圈之间也是相互学习、相互影响的。

总之，在评价东西方文学时，都要实事求是，既不能说东方什么都是第一。也不能妄自菲薄，更不能容忍欧洲中心主义者对东方文学的歪曲。

四、怎样才能学好东方文学

东方文学是否算作一门独立的学科？这有不同看法。我们应该承认这是一门独立的学科。要搞好国别文学的研究工作比较好办一点；搞东方文学的教学

①薄加丘，通译为“薄伽丘”。——编者注

和研究工作，则范围太大了，不容易搞好。但只要决心搞，还是可以做出成绩的。在座的一百多位同志中，大部分是三十岁左右的青年同志，是否有志于一辈子从事东方文学的教学和研究工作？我看应该下这个决心，应该为发展我国的东方文学研究和教学工作，贡献我们的一生。这是值得的，也是光荣的事业，而且一定会做出成就。如何才能学好东方文学？我在这里提出几点意见，供同志们参考：

第一，希望有志于从事东方文学工作的同志，在广泛了解和掌握东方各国文学概况的基础上，重点学习一个国家的文学，掌握这个国家的语言。平均使用力量，什么国家都搞一点，都不深入。但也：只有比较宽广的基础，才有可能重点搞好一个国家文学的研究。这两者是相辅相成的。

第二，要加强对文艺理论的研究。我们有些研究国别文学的同志，研究水平老提不高，搞了二十多年，写出来的文章还是那样，了无进步。我看关键在于文艺理论水平不高。因此，加强马列主义理论和文艺理论的学习，十分重要。我指的理论有四个部分：（一）要加强对马列主义和毛泽东文艺思想的学习，这是第一重要的工作。（二）学习西方的文艺理论。从古希腊到现在，西方已总结了一整套的文艺理论。要好好学习莱辛、歌德、席勒、菲尔丁、雨果、巴尔扎克和高尔基等大作家关于文学的论述，也要看一看卢卡契的文章。他们的意见我们不一定都接受，但多看看，很有好处。朱光潜先生编写的《西方美学史》是一部很好的著作，大家要好好读一读。我在清华大学念书时，学的是西洋文学系，许多课程差不多都忘了，但听朱先生讲的西方美学史，至今没有忘记。（三）要学习中国的文艺理论。中国的文艺理论十分丰富，在世界文论中可以说是独树一帜。关于中国的文艺理论，可以读郭绍虞先生编写的《中国文学批评史》。近代学者王国维的《人间词话》（1908），也是一部值得参考的美学著作。但中国古代的文艺理论存在一个问题，就是不大容易说清楚。如常用的“神韵”等词，就不大好理解。如有的著作中对孟浩然诗作的评价是：“自然浑成，而意境清迥，韵致流溢。”对韦应物的评价是：“风格婉丽，立调流美。”对骆宾王的评价是：“格高韵美，词华朗耀。”对张九龄的评价是：“缠绵超旷，各有独至。”“情致深婉，蕴藉自然。”这些古典用语，其意究竟何在？谁都难以说清楚。要译成现代的语文，用今天的科学语言来解释一下，就难了。如果要译成外文，则更难了。这是需要我们研究工作者解决的一个重大难题。（四）要学习东方国家的文艺理论。有的东方国家的文艺理论（如印度），也存在一个说不清楚的问题，同样需要用今天的科学语言去解释。

第三，要注意提高汉文的修养。有的同志写文章，别字连篇，病句很多，我劝青年同志们买一本新华字典放在案头，随时查一查。我今年七十多岁了，也经常查字典。我并不以此为丑，因为汉字太复杂了，要完全驾驭它，真不容易啊。

第四，希望研究东方文学时，要找出其内在的规律性来。研究任何一门学科，都要找出它的规律性。研究东方文学，也是如此。《人间词话》书影作为一门独立的学科，必然有其内在的联系和规律可循。东方文学在我国是一门年轻的学科，要掌握其规律还需要有一个探索的过程。如果我们的马列主义水平和文艺理论的修养深厚一些，只要我们肯钻研，勇于探索，是可以找出东方文学的规律来的。只有找出它的规律，东方文学才能真正成为一门具有独立体系的学科。

举办这次东方文学讲习班是很有意义的，它将为我国的东方文学研究事业的发展，创造一个良好的条件。我相信，在座的同志中，一定将会有人为东方文学事业做出巨大的贡献。我们的事业后继有人，前途无限。

1982年7月29日

中国外国文学学会第三次理事（扩大）会议闭幕词

同志们：

中国外国文学学会第三次理事（扩大）会议就要结束了，现在我代表会议领导小组讲几句话。

几天来，我们学习了胡耀邦、胡乔木、邓力群以及贺敬之、马洪等同志的有关讲话，受到了很大的启发和鼓舞。我们听了冯至会长的开幕词和叶水夫副会长的《工作报告》，并进行了讨论。大家一致感到，从粉碎“四人帮”以来，特别是从三中全会以来，外国文学战线的这个时期，同党领导下的其他战线一样，取得了很大的成绩。几年来，外国文学工作的队伍发展壮大了，外国文学工作者心情舒畅，精神焕发。外国文学的翻译、出版、教学、研究，都取得了显著的成绩。尽管我们的工作还有这样那样的缺点和问题，但成绩毕竟是第一位的。

会议开始时提出的修改《学会章程》和调整增补理事。讨论《1983—1990年外国文学工作规划（征求意见稿）》、为准备明年召开全国外国文学工作座谈会交换意见这四项议题，由于大家的共同努力和各方面的大力支持，已经基本完成。修改后的《中国外国文学学会章程》已经原则通过；理事会的调整增补已经完成，第二届理事会正式产生了。新增补的34名理事中绝大多数是中年人，这对于充实理事会的领导机构是有重大意义的，也是符合中央提出的新老交替这一战略思想的。我们希望下一届理事会，不仅有较多的中年同志，而且有青年同志参加到理事会中来。

会议对《外国文学研究工作八年规划（征求意见稿）》作了广泛讨论。大家认为，中央决定把社会科学工作纳入发展国民经济的五年计划，说明中央对社会科学的作用的高度重视。这对我们是极大的鼓舞和鞭策。在讨论中，大家对《规划》发表了很多很好的意见和建议，如：应该重视外国文学的普及工作，应该加强对东方文学的介绍和研究，国别文学史多而专题研究少，等等。

对于明年将要召开的全国外国文学工作座谈会，大家交换了意见，认为座谈会应该进一步解决外国文学工作中的一些方向性、政策性和全局性的问题，并且希望中宣部加强对外国文学工作的领导，把外国文学工作大大往前推进一步。

姜椿芳、吴富恒、陈嘉、孙绳武和陈冰夷等五位同志在大会上先后发了言。

同志们，这次理事扩大会议是在一个重要的时刻召开的：党的十二大描绘了社会主义四化建设的宏伟蓝图，提出了全面开创社会主义现代化建设新局面的伟大任务。这就很自然地使我们大家在会上思考一个问题，在外国文学工作中，怎样才能迈出新的步伐，打开新的局面，以便在建设社会主义精神文明中发挥更大的作用，作出更大的贡献。经过几天的讨论，同志们认为要做的事情很多，千头万绪，然而有几个方面的问题特别值得我们注意。概括地说，这就是：

第一，我们在回顾过去几年的外国文学工作、总结外国文学工作所取得的成绩的原因时，一致认为，根本原因就在于我们坚持了党的四项基本原则，冲破了外国文学领域中长期存在的“左”的错误的严重束缚。实践告诉我们，过去外国文学领域中的拨乱反正，靠的是解放思想，今后要迈出新的步伐，打开新的局面，仍然要靠解放思想。真正的解放思想就是要实事求是地研究新情况，解决新问题；对马列主义、毛泽东思想，一要坚持，二要发展。在回顾以往的工作的时候，我们都深切感到，必须认真学习马列主义、毛泽东思想和党的方针、政策。近几年来，在肃清外国文学领域中长期存在的“左”的错误的同时，也确实出现了自由化的倾向。这种现象的产生又一次表明，外国文学工作如果稍稍离开马克思主义的思想指导，就会滑向错误的道路。因此，我们希望广大外国文学工作者要坚持学习，在当前，要认真学习党的十二大的文件，用十二大的精神指导我们的工作。

第二，党的十二大提出了力争在本世纪末使我国工农业年总产值翻两番的伟大目标，这对我们是个很大的鼓舞。外国文学工作怎么办？当然，谁也不会把经济上的目标机械地搬用到外国文学领域。然而在外国文学领域中毕竟存在着一个树雄心、立壮志、攀高峰的问题，这同各行业、各部门、各单位是没有区别的。到本世纪末，在外国文学领域里，在翻译、编辑、教学、研究等方面，理所当然地应该力争拿出一批符合我国国际地位和无愧于我们时代的、具有高质量和中国特色的成果。这是历史和人民赋予我们的重任。因此，制定一个好的外国文学研究的规划，在当前是一件十分紧迫和重要的工作。

第三，党中央已经明确指出：物质文明建设和社会主义精神文明建设，既互相关联又互为目的。这就提出了社会主义精神文明建设在全面开创社会主义现代化建设新局面中的重要作用。作为社会主义精神文明建设的一个方面军——外国文学工作者，其任务同样是十分艰巨而又十分光荣的。社会主义的精神文明建设是不可能离开全人类的文化发展的。列宁曾经说过，无产阶级是全人类文化的合乎规律的继承者。毫无疑义，这种继承不是全部照搬，统统“引进”，而是要从马克思主义的世界观和广大人民的利益出发，批判地加以吸收和继承，做到“洋为中用”。外国文学自然也不例外。我们既要反对闭关自守，也要在吸收外国文化的同时，特别注意外国资产阶级文化的挑战与侵蚀。

几年来，已经翻译出版了大量的外国文学作品。这方面的成绩，在前面已经谈到。另一方面，我们也都看到，西方的一些形形色色的文艺思潮和流派也随之涌进我国，并且在某些青年和文艺工作者中间产生了消极的影响。当然，产生消极影响的原因是很复杂的，决不像有的人所说的那样简单。但是，我们也不能完全否认，我们外国文学工作中的缺点，也起了一定的作用。这就是：我们在介绍的同时，评论工作没有跟上去。特别是，有的评论不是以马克思主义观点对所介绍的作品、思潮进行分析、评价，而是过多地吹捧，甚至把错误的东西说成是正确的，从而造成了某些混乱。当然，这是个别的现象。我们很多外国文学工作者对此早有所察觉，也进行过一些批评。总的看来，怎样才能既排除其消极作用，又吸收其有益成分，避免简单的一概肯定或一概否定，这还是一个需要深入细致地进行研究的问题。我们希望大家都从建设社会主义精神文明这个总的目标出发，遵照“百花齐放，百家争鸣”的方针，展开探讨，积极开展外国文学的评论工作。这里要强调一下，乔木同志在最近一次讲话中特别说明：《宪法（草案）》和《十二大报告》中没有提到双百方针，丝毫不意味着这一方针有什么改变。

加强外国文学评论工作的关键在于努力学习和运用马列主义、毛泽东思想及其文艺理论。应该承认，外国文学工作者的理论水平一般还都不高，基础垫不厚，许多与外国文学思潮密切相联的理论问题，如人道主义、人性论、异化等等，还缺乏深入的、系统的、有说服力的理论说明。加强外国文学评论，还必须注意研究外国文学理论中的新探索与新问题，对其中错误的、唯心主义的、反马克思主义的东西，要加以回击与批判，这方面的工作，长期以来是个薄弱环节，现在是迎头赶上的时候了。

第四，随着世界经济和世界贸易的联系的日益加强，随着世界科技和通讯联络的日新月异，我国文学和外国文学的交流和相互影响也将越来越多。作为外国文学工作者，对自己祖国文学的进程应多加关心，多加了解。一般地说，过去我们在这方面是关心不够、了解不够的。这些年来，我国文艺界讨论的许多问题与外国的文艺思潮是分不开的。探讨世界文学进程中的那些具有普遍性和规律性的东西，已经提到议事日程，研究那些过去和现在、国内和国外交织在一起的、有着重大争论的理论性问题，已经是刻不容缓的了。外国文学工作者应为祖国的社会主义文艺的发展与繁荣作出自己应有的贡献。

此外还有一些问题，如怎样培养和发展外国文学队伍、加强和改进外国文学学会的工作，以适应新形势的需要，等等，对于我们迈出新步伐、打开新局面都是至关重要的。会议的《开幕词》和《工作报告》已经涉及，这里就不谈了。

现在，我宣布中国外国文学学会第三次理事（扩大）会议胜利闭幕！祝同志们一路平安，身体健康，工作顺利！

1982年10月30日

在中国语言学会第二届年会闭幕式上的讲话

同志们：

下午的总结本来应该由吕叔湘先生来作。吕先生喉咙不好，所以委托我代表。稿子吕先生已经看过了。因此我的第一个任务就是把这个总结原封不动地念一遍，然后简单地谈几个问题：

一、会议总结

1. 这次年会开了近九个半天，其中差不多八个半天是学术交流，体现了学术年会的特点。

2. 分组宣读和讨论了87篇论文。办法是先连着宣读几篇，每篇一刻钟。然后集中讨论，讨论的时间略多于宣读的时间。最后由大会交流，方式还是可取的。分组讨论贯彻了临时党组提出的坚持原则、实是求是、各抒己见、百家争鸣的方针，讨论相当热烈。有的同志说话比较直率，我觉得这在学术讨论中应该是允许的。对我们学术的发展，肯定是有好处的；对加强语言学界的团结，也肯定是有好处的。这样的讨论，以后要成为我们的习惯，成为大家觉得平常的事。

3. 也还有不足之处。一是有的论文不够成熟，有的内容比较空，这都是由于下得工夫不够。二是有的同志没有根据我们提出的要求准备15分钟的发言稿。有的同志论文很精彩，超过15分钟也是可以的，可以灵活一些。但是个别同志不是讲，而是念论文，有的念了差不多40分钟，效果很不好。

4. 5日晚上开了一次《中国语言学报》编委会。这里重申一下：年会论文要由学报优先录用。8月9日集稿截止。在这之前，不要向外投递。这里还发现一篇已经发表过的论文，再重申一下：已经发表过的论文不要向年会提交。

5. 8日晚开了常务理事会。讨论了《会章》的修改，要发个修订稿，征求会员的意见。还讨论了学会组织机构改造的事，下届组织机构要精简一些，成员也要年轻一些，要发个候选人名单，由会员重新选举。年会想改为二年一次，下次年会可能于1985年秋在昆明开。已委托云南省语言学会筹备。

6. 这次年会的筹备和进行，安徽省的领导大力支持，安徽省语言学会做了大量的工作。我代表与会的同志向省领导、向省语言学会表示感谢。这次年会有不少同志参加服务，安排吃住、交通、送材料、作记录，很辛苦。我代表与会同志向参加服务的同志表示感谢。会议总结，到此为止。

二、下面谈几点个人的意见

我想谈三个问题。

第一个问题谈如何欢迎新生事物，吸取新的研究成果，学习新的研究方法，使用新的研究手段。

大家知道，我们的学术是永远前进的。拿语言学来讲，中国语言学在世界上历史相当长。另外一个是我们的邻国印度。有确实可靠的证据证明它已有2500年的历史了。波你尼的语法确实有它了不起的地方。现在英文、俄文、德文等印欧语系的语言字母排列混乱，元音辅音夹在一起，乱七八糟，可是波你尼的字母排列，在公元前5世纪或者公元前4世纪已经很科学，它把元音摆在前面，辅音摆在后面，而且辅音按发音部位来排，清音，清音送气；浊音，浊音送气；最后一个鼻音。这种按发音部位排法非常科学。我的意思是说我们中国和印度语言学有很长历史、很大成绩。这是不成问题的。一百多年以来，欧美几个国家在语言学方面，不管是比较语言学，或者是语法理论、语音都做了大量的工作。过去的情况，我们了解得比较多，当代的情况，我们了解得比较少。最近几年稍微好了一点。国外目前语言学的各种学派，百家争鸣，确实兴旺发达。我们目前怎么样呢？通过这几天的讨论，我觉得自己学到了许多东西。比如有的同志讲到了机器翻译，有的同志讲到电子计算机。内蒙古的同志已经把《元朝秘史》整个输入电子计算机中，这就为元朝历史语言各方面的研究提供了可靠的工具。这样的例子很多。我听了后感到非常高兴。因为一门学问如果老是抱残守缺，固步自封，这门学问就没法进步，要随时吸收新鲜东西，包括它的方法、工具（如电子计算机等），我们都要吸取。这样的话，再把我们过去的传统的成绩加在一起，我们将来的语言学就会发展得比现在更快、更好。

同志们知道，现在国际上，科学发展有几个特点：其中之一是比较研究。过去我们是知道比较文学、比较语言学，现在比较政治学、比较经济学都出现了。比较的方法很流行，什么都比较。边缘科学发展也很快，有些学科很难讲是属于社会科学还是自然科学。最近我听了一个德国文学讨论会，数学也进入了文艺批评领域。这我还从来没有听说过，我们将来在吸收新鲜成果方面应该多加注意。

第二点讲讲学风问题。

目前国内百花齐放、百家争鸣，确实取得了成绩。学会之多，杂志之多都是空前的。我觉得这还是有益的。但是一方面学术兴旺发达，另一方面学风却在极个别人的身上出现了问题。大家都知道，我们进行科学研究，首先应该大量积累资料，然后再在这个基础上进行分析，去粗取精，去伪存真，最后得出规律性的东西来。可是现在学术界有极少数的文章空洞无物，水分太多，没有传达什么信息，也没有什么社会功能，大半是空话。有些同志对这种现象也是不满意的，说这样的文章他们就不看。而空洞无物的文章，不管印得多好，发行量多大，人们也不愿看。看来社会科学的各学科都有这个问题。

另外，在学风问题上要讲求效益。我们研究语言学要探讨理论，这是天经地义的。但是在探讨理论的同时，是否也要讲求效益呢？罗竹凡同志在小组会上提出了我们研究语言学究竟为了什么？语言学科怎样为四化建设工作服务的问题。陈原同志的发言作了一个解答，讲得非常好。我们搞“文改”，更要讲求实际效益，我们为什么要进行汉字拉丁化，为什么简化汉字，为什么推广普通活，没有一件不和当前的四化建设相联系。搞“文改”不讲求效益，恐怕有点麻烦。

现在我们中国的经济发生了惊人的变化。过去我不相信农民会很快富起来，去年回老家一看，果然富起来了，而且超出了我的想象。我们区里有几个万元户，超过了我们一级教授的工资。这样的成绩从哪里来的？我觉得很大原因是个别领导同志提出了经济效益的概念。讲经济效益要我们中国人能够接受，这要有很长的过程。如果不算经济账，我们的四化永远也建不成。我们研究语言看来也该讲求点经济效益。

我还想谈谈学术道德问题。这是个自古以来就有的问题，是任何国家学术史上都存在的问题。解放三十多年了，这个问题仍比较严重。有的同志把稿子寄给编辑部，编辑部不答复，官僚主义。过了一年半年另外一篇文章，一本书出来了，内容跟他这个完全相同或差不多。你怎样解释呢？我来的时候在《北京晚报》上看到一个小消息，说一个人讲海上的丝绸之路。后来我想起，海上丝绸之路早就有人提过，最近北京大学东语系的一个教员又提出来。我想可能是英雄所见略同吧。于是向那位教员打听，他说："这个问题很简单，稿子是我给他的。"谁知这位老兄竟自称是第一个讲海上丝绸之路的，而他用的材料却是别人的。我给这位教员出主意，让他写封信给《北京晚报》，请《北京晚报》发表。我觉得这种学术剽窃风不可长，打击一下有好处。整个学术界像这种现象不是绝无仅有的。我认为学术道德还是应该讲究的。我们是唯物主义者，这工作是我做的，我就承认。不是我做的，就不应该承认。我的这些话怎么听来的就怎么说，没看过的书就说没看过，不要装假。

第三个问题谈谈老中青关系如何处理的问题。中央最近三令五申班子要年轻化。现在已经这样做了。包括政协，中年人、青年人进去的也多了。我们学会也有这个问题，将来我们领导机构也要改一改。有些老同志要退居第二线、第三线，这个我看是很自然的。因为社会上万事万物都在发展，人也在发展，从少年到青年到老年，这是一个发展规律。长江后浪推前浪，世上新人换旧人，对于自然规律，我们用不着感慨。我觉得人老了，精力不行了，退居第二线是不奇怪的。我们中国有个很好的传统，尊师重老。那些不懂得尊重的是例外，这和国外社会形成鲜明的对比。美国的情况我不大清楚，对欧洲的感性认识颇为丰富。他们那个社会讲求人的使用价值，你这个人对社会有使用价值，社会就尊重你，包括自己的儿女。你这个人今天对社会没有使用价值了，社会就不尊重你了，也包括儿女在内。在我们这个地方，假如儿女虐待父母，社会有舆论制裁。这个舆论在欧洲是没有的。在伦理道德上中国和西方是不一样的。我们对待老年人，虽说他今天不能工作了，但他过去工作过，而且工作得非常好，对人民有过贡献。不管他今天处在什么情况，我们还要尊重他。我们不能说一个老人现在不行了，没有使用价值了，我们就像丢双破鞋那样把他丢掉。这种思想在我们社会中不能说非法，起码大家是不承认的。一直到今天，我们仍提倡尊师重老。我们不是要学生做奴隶，但是要尊重师长。我们任何事业都是要发展、要前进的。希望在年轻人身上，这是不成问题的。那么这就牵扯到一个问题，即老年人怎么看待年轻人。老年人不能觉得青年人"嘴上无毛，办事不牢”。想当年我们做教授时，也没多大年龄，今天的青年为什么就不行了呢？年轻人将来也要老，人类永远要生存下去，社会永远要进步，将来总要比现在好。我们每个人都像在跑接力，我跑一棒，你跑一棒，永远跑下去。关于后来居上，我有个想法不知是否妥当。我觉得按学术研究讲，后来居上并不一定说的是后来的学生在任何方面都超过老师。举个例子，像章太炎、王国维，在很多方面我们今天恐怕很难超过。当然在某些方面我们能超过。学问继承和青老的关系是比较复杂的。我们应该实事求是地来对待这个问题。在学会中，处理好老、中、青的关系，只有这样，才能做到安定团结。

我上面讲了三条。第一是不断使用新的研究手段，吸收新的研究成果；第二是要有好的学风；第三要安定团结。如果我们语言学界能做到这三点，我相信我们的语言学研究工作一定会日益发展，我们的成绩一定会一天比一天好。

1983年5月9日于合肥

在印度两大史诗讨论会上的讲话(摘要)[①]

今天，我想讲三个问题。

第一个问题是加强文艺理论学习。

多年来感觉我们研究外国文学，包括印度文学在内，成绩很大，这是大家有目共睹的。可是，也有问题，就是水平普遍不太高。原因是文艺理论学习很不够。我认为加强文艺理论学习，首先应该学习马克思主义的文艺理论，包括普列汉诺夫的著作在内。第二，我们是中国研究外国文学的学者，也要学习中国文学理论。第三，我们是研究印度文学的，还要学习印度的文学理论。第四，西欧文艺理论，包括资产阶级的文艺理论也要学习。在世界上真正能称得起有文艺体系的，一个是中国，一个是西欧，一个是印度，没有第四个国家，所以我们应该学习它们。

这四个方面的文艺理论，希望大家真正下几年苦功去学习，要不然我们的文章和前沿的水平就提不高。我们有的文章看起来像八股文一样，也许应该叫作“三股”，什么政治性、思想性、局限性。老是这“三股”不行。我们的排球、体操能拿世界冠军，为国争光，我们研究外国文学的难道不能拿个世界冠军吗？要为国争光，振兴中华嘛！

学外国文艺理论，光靠中文译本有时是靠不住的。如果能看外文的，我劝同志们最好看原文。当然不能把翻译一概抹煞，我不是这个意思。总之，希望大家下点苦功，学好文艺理论。不然我们的研究工作就没有希望。

---

①1984年10月上旬，“印度两大史诗讨论会”在浙江杭州召开。本文系季羡林先生在会上所作的讲话摘要。——编者注

第二个问题是开阔研究眼界。

我们有的同志研究印度问题眼界不够开阔。比如研究历史的，国内人数不少，写了很多的书，可是对印度近几十年来用唯物主义观点解释印度历史的书，如高善必、夏尔马、罗米拉·塔帕等人写的书，看过的却很少。我们认为这是很不应该的。人家近几十年来公认的马克思主义历史学家的书，中国学者都不知道，这怎么行呢？当然，这不能全怪大家，因为书不好买，但这是一方面；另一方面还是不够重视开阔自己的眼界。

我们研究文学作品，除了研究人物形象、主题思想、艺术特点之外，最好再研究一下它的历史背景。不看历史背景，对人物形象分析时就会有片面性。多看几本印度唯物主义者的著作，不管你是研究文学或历史的，都有好处。

还有一个科研信息的问题。人家有什么东西，我们应该知道。过去说："秀才不出门，全知天下事。"恐怕是做不到的。除非是有人把书给你送到家里来，否则是不能知天下事的。我最近几年注意了《光明日报》和其他书刊中的消息，有了一点进步，感到这个信息问题很重要。现在是1984年，我们就应该了解1984年的科研信息。明年是1985年，就要了解1985年的科研信息。要不然老是停留在40年代、50年代的水平上怎么行呢？

第三个问题是打破"欧洲中心"。

这两天有人对我说，现在大学里讲，西方文学与东方文学比例相差悬殊。西方文学占80%，东方文学占20%。这种现象不正常。"欧洲中心论"是殖民地半殖民地遗留的思想。过去不是有人说美国的月亮比中国圆吗？现在有人讲起话来，也肯定东方文学，什么历史长、内容丰富啊；可是坐下来一谈，还是西方好。我不是说东方文学不行，硬要打肿脸充胖子。我认为东方文学（当然包括印度文学）的真正价值现在还没有被社会普遍承认。这个问题的关键，在我们介绍得不够，因此在人们的头脑里还是认为东方不行，还是西方中心。对这个问题的宣传应该实事求是。西方文学有多大价值就说多大价值；东方文学有多大价值就说多大价值。既不夸大，也不缩小。

现在有两个倾向：一个是重理轻文，一个是重西轻东，这两个倾向都不对。呼吁了多年，可还是这样。应该怎么办呢？第一，有机会应该讲一讲。今年我到上海，本来不想讲什么，既然要我讲，我就宣传东方文学，大家听了很高兴。我觉得我们"吹"得还不够，还要继续"吹"，要实事求是地"吹"。第二，要脚踏实地地做工作。大家都承认印度文学非常丰富，我们应该通过自己的努力来告诉中国读者，印度有了不起的东西，才能扭转人们的认识。一方面鼓吹，一方面做实际工作，这样才能打破“西方中心”。

1984年10月7日

（《季羡林全集》第十卷）

在中国比较文学学会成立大会暨首届学术讨论会上的开幕词[①]

各位领导、朋友们、同志们：

中国比较文学学会成立大会和首届学术讨论会现在开幕了。首先让我代表学会筹备委员会和全体到会的代表向出席我们今天会议的广东省副省长王屏山同志，深圳市委和市政府领导邹尔康、李定、李伟彦、张洪斌同志，深圳大学校领导罗征启、李天庆、方生、杨伊白等同志表示诚挚的欢迎和深切的谢意，感谢他们对我们学会的支持。我还要代表同志们对不远万里而来的国际比较文学协会的会长佛克玛（Fokkema）教授、法国巴黎大学谢弗莱尔（Yves Chevrel）教授、美国前比较文学学会会长艾德礼教授（Aldridge）以及其他国外和香港地区的比较文学学者和专家们表示热烈的欢迎和感谢。他们的到来，给我们的大会增加了无限的光彩。国内许多出版界和新闻界的同志们也来参加大会，我们也向他们表示欢迎和感谢。

现在我简要地介绍一下本会筹备的经过。从1981年以来，比较文学学会已经成立的有上海、广西、辽宁、吉林，即将成立的有江苏等省市。大家知道，比较文学在世界上已经成为一门“显学”。我们中国，由于某些原因，开始得比较晚了一点。但是这一门学问，一经提倡，立刻引起了中国学者的极大热情。青年学生更是表现出极大的兴趣。在短短的几年内，中国学者已经写出了大量的比较有水平的论文和专著，受到了广大读者的欢迎。《中国比较文学》这一本杂志已经出了两期，广西大学的英文刊物《文贝》（Cowrie）也已经出

①1985年10月下旬，“中国比较文学学会成立大会暨首届学术讨论会”在深圳大学召开。本文系季羡林先生在会上所作的开幕词。——编者注

了两期，在书店里都算是热门畅销的书籍，经常想买而买不到。朋友们和同志们知道，这在中国是比较少见的现象。

我相信，大家都承认，在今天世界上，研究任何一门学问，都不是哪一个国家的事。在现在，任何一门学科都带有国际性、世界性。所有国家的同行们都应该而且必须通力协作，才能作出出色的成绩。比较文学更是带有国际性和世界性的学科，现在国际上已经有了国际比较文学协会，许多国家也都成立了自己的学会。今天，我们中国比较文学学会又成立了，我相信，它会受到国际上同行们的热烈欢迎。

中国比较文学学会的成立还有另外一个重要意义。现在许多国家的比较文学学者都承认，讲比较文学而忽视东方文学，这一条路是行不通的。有的外国朋友，还有不少中国的学者都提出了形成比较文学中国学派的问题。我个人还有许多朋友都认为这个意见是非常正确的。我们中国的比较文学学者一定要努力地工作，努力地学习，向着这个方向发展。我也希望，国外的同行们也向这个方向发展。我们互相学习，互相促进，互相补充，互相鼓励，一定会取得成功的。提倡中国学派，绝对不是什么狭隘的爱国主义。学术是无国境的，特别是比较文学。只有把东方文学真正地归入比较文学的研究范围，我们这个学科才能发展，才能进步，才能有所突破。才能焕发出新的异样的光彩，才能开阔视野。我相信，在座的朋友们和同志们会同意我的意见的。

让我们团结协作，加强联系，加强学术交流，共同迎接比较文学的新胜利吧！

1985年10月29日

（《季羡林全集》第十三卷）

纪念陈寅恪教授国际学术讨论会闭幕词①

我想讲三点意见。

第一是对大会的评价。

我听了许多先生的谈话，他们都认为这次大会是成功的大会。我认为这反映了客观实际。我们过去在开完会后习惯讲什么“团结的大会”“胜利的大会”，好像一个俗套。但今天我们要说会议是成功的，并非俗套，而有事实根据，这主要表现在：

一、认识了会议的重大意义。许多先生都持同样看法。在来参加会议之前，我并没有认识到会议的意义有多大，经过两天多的会议，认识到这个会的意义非常大。

二、各抒己见，畅所欲言。这次小组会分两个组，每组的讨论都各抒己见，大家有什么意见都讲出来了，畅所欲言，大家没有什么保留。中央的政策就是要大家讲话，这是一个了不起的变化。这个良好的会风是成功的一个标志。

三、我们对陈寅恪先生的了解加深了。我从30年代就开始听陈先生的课，陈先生的著作几乎都拜读了。可我对陈先生的了解同三天之前比，不是量变，而是质变，对陈先生的了解加深了。

四、以文会友，以友辅仁。我们有以文会友的优良传统，我们的文是陈先生的学术，以学术会朋友。许多先生的著作我都读过，名字听过，可未见过，

---

①1988年5月下旬，“纪念陈寅恪教授国际学术讨论会”于广州中山大学召开。本文系季羡林先生在会议结束时所作的闭幕词。——编者注

而这次都见到了。参加这次会的是老中青学者，这次我们认识了，我相信以后我们还是朋友。

五、小组会的形式灵活。过去我们在国内开会，小组分得很死，指定名字把人员固定到一个小组，这次我们采取自愿的形式，这样的形式好。

以上五点说明我们的会是成功的，不是一句空话。这个评价是我自己的评价，同时参考了许多先生的意见。

第二，对陈寅恪先生学术或者对其整个人的看法。

就我所听到的，几乎所有到会的人都认为陈先生是个大学者、一代大师，他融合中西，学贯古今，博大精深，爱国，才、学、识都具备等。其中一些学者也有些疑问。刚才黄约瑟先生谈到历史唯物主义问题，但未讲下去，我是否理解错你的意思。陈先生在解放后对马列主义史学是什么态度，这是一个问题。这个问题在“文革”前提出，我没有异议，陈先生不是一个马克思主义者，可现在我则不敢说。郭沫若先生、范文澜先生、翦伯赞先生这几位马列主义史学家对中国历史的分析判断，和陈先生对中国历史的分析判断，根本区别究竟何在？这很简单，过去可以说，有没有阶级观点，有没有以阶级斗争为纲，就是区别。阶级本身很复杂，我并没有否定马克思主义的意思。近来我有些偏见，对理论毫不感兴趣，因为碰钉子太多了。但我对一个理论信服，即马克思主义理论。马克思的《资本论》中的“剩余价值”“劳动价格与价值”的理论，我觉得分析得细致入微，很能说服人，讲历史的生产关系和生产力发展的矛盾，这能说服人。我认为，只有马克思主义的基本理论才是理论，我不是否定马克思主义，我是否定教条的马克思主义。现在的理论太多了，如果搞一点考据有人则瞧不起你。陈先生从未标榜自己是马克思主义者，但在会上的报告中间，占一半的先生认为陈先生有朴素的唯物主义、朴素的辩证法，这就与马克思主义有相通之处，这可能高了，但我说不出高在哪里。世界学术史上，不管社会科学、人文科学还是自然科学，一个学者如果是实事求是的、有良心的，他就必然是唯物主义者。一个人标榜自己是马克思主义者，他可能是马克思主义者，也可能不是。他不标榜自己是马克思主义者，但可能是唯物主义者。我们总讲陈先生实事求是，实事求是就是唯物主义。关于陈先生和马克思主义的关系，我建议，史学界的先生们，将前面所谈到的郭老、翦老、范老等几老对待一个简单问题的分析，和陈先生的分析研究一下，看看究竟差别在何处，是不是除了马列主义之词句以外，就没有什么东西了。如果陈先生的方法实事求是，马列主义也应实事求是，那么对一问题的研究不会产生两种可能。

我认为值得研究。

第三，我们今天从陈寅恪先生那里究竟能学习什么东西。

我们开这个会，有的先生不远千里而来，有的不远万里而来，说明我们开这个会意义重大。汪荣祖先生讲得好，我们现在只是开始，不是终结。我现在主要对青年学者讲几句话，我们应该考虑一下，通过这个会，我们，特别是青年学者从这次会中应学到什么东西。中国有句老话，“长江后浪推前浪，世上新人换旧人”，这是一个自然规律，社会发展规律，社会永远不能停留在一个地方，所以我们任何人，都只能是环节中的一环。打一个比喻，跑接力赛，我们跑一阵，把棒递给你们，你们再跑下去。我听说有的青年人开玩笑说，要打倒老家伙。我现在说，你们不要打倒我们，否则等你们年龄大了，别人也要打倒你。我们手里都有接力棒，谁也不是开始，谁也不是终结。可是我们承认，年青人比我们好，否则人类就不能进步。我们走在前边，年青人在后边跟来。你们一定要超过我们，不超过我们，原地踏步走，踏两万年也不能进步。因此，我对年青同志讲，将来我们把棒交给你，你要跑了，将来你要交给你的学生，你应该比我们强。我们应该为你让路，创造机会，不能做绊脚石，老人容易保守，但年轻人要警惕骄傲，要互相学习，谁也不要打倒谁，老的学者要为年青人开路，作先锋，年青人要认真学习老人的优点。

我谈一谈超越问题。超越陈先生并不简单。整个社会是在发展，是在前进，这是一般的情况。但是中间应该有一些例外，一般来讲，后人要超越前人，但是那些高峰、巨人在某些方面是超越不了的。主要原因是环境不允许再出那样的人。马克思讲希腊神话有永久的魅力，理由在此。陈先生是学术巨人，在他的范围之内无法超越，原因就是我们今后不可能再有他那样的条件。总的倾向是可以超越的，但又不可以超越。我同意汪先生的观点，又可以超越，又不可以超越。

我个人认为通过这次会，年轻人可以向陈先生学习的东西，可归纳为六句话：

一、不泥古人，不做古人的奴隶。陈先生不做古人的奴隶，我希望年轻人也不做古人的奴隶。

二、跟上时代。陈先生最大的特点是“预流”，“预流”就是跟上时代潮流，每个时代有每个时代的新学问，王国维先生也是这样讲的。他讲有新材料有新学问，新材料是主要的，但我认为完全归于新材料上也不一定准确。每个时代有每个时代的潮流，学者应赶上潮流，赶不上潮流，则要落伍。要预流，必须跟上时代。陈先生是跟上时代的，现在的时代潮流我说不清楚，主潮是什么东西，我谈不出。现在有一个不好的现象，名词多，内容少，新名词是必要的，问题是吸收外来东西，光吸收名词不行，重要的是吸收内容。现在的年轻人应踏踏实实，学术要讲道德，自己不懂的不要愚弄别人。现在有很多人写文章时，引别人的书不讲出处，这是不好的学风。

三、实事求是。它牵涉考证问题。我受了些影响，喜欢考证。陈先生的绝大部分文章是考证。对考证如何看是个问题，现在的年青人最讨厌考证。胡适先生非常注重考证。读书，首先要看懂，考证，有时是看懂的必要手段。研究任何问题，特别是历史，必须要走的第一步是要看懂文章，看不懂文章，任何现代的主义都没有用，要看懂文章，非要考证。年青的同志对考证不要讲得太神，也不要全盘否定，这条路是不能逾越的，否则出笑话。

四、独辟蹊径。前人走的路你不要走，一定要开辟新道路。陈先生在他涉足的领域都有新见解，而且他写文章有一个大的特点，没有水分，开门见山谈问题，花言巧语他不讲。

五、关心时事。对陈先生很难得，他非常关心时事，当我们解放初一边倒时，陈先生写诗表示忧虑。当原子弹上天时，陈先生非常兴奋，他认为我们有力量摆脱外国人的控制。

六、热爱祖国。这一点很清楚，用不着多说。

以上几点都是陈先生身上具备的，也是我们应该向陈先生学习的。

1988年5月28日

（《季羡林全集》第十三卷）

西域在文化交流中的地位①

——关于“西域在文化交流中的地位”的讲稿

我今天要讲的题目是：西域在文化交流中的地位，想分四个小题目来讲：

一、西域的含义

二、世界上四大文化体系

三、西域在四大文化体系交流中的地位

四、结束语

一、西域的含义

要谈西域在文化交流中的地位，必须先弄明白什么叫“西域”。顾名思义，西域当然是一个地理名词，但同时又是一个同历史有密切联系的名词。所谓“西”，指的是在中国的西方。一般说来，有广狭二义。广义的西域，包括今天的中国新疆、苏联的一些中亚加盟共和国、阿富汗、伊朗、阿拉伯国家，以及更远的地方。连印度、巴基斯坦、孟加拉国、尼泊尔、斯里兰卡、不丹、锡金、马尔代夫以及非洲东部的一些国家和地区，都包括在里面。唐代高僧玄奘的《大唐西域记》可以为证。狭义的西域，指中国新疆一带。我在这里取的是狭义的西域。

在中国古代正史中有很多“西域传”或者类似的名称，《史记》中还没有。《汉书》卷九十六上，《列传》六十六上有《西域列传》。这里说：“三十六国皆在匈奴之西，乌孙之南，南北有大山，中央有河，东西六千余里，南北千

①本文系季羡林先生关于“西域在文化交流中的地位”的讲稿。——编者注

余里。”《后汉书》，卷一一八，《列传》七十八，有《西域列传》。这两部书讲的都是三十六国，是狭义的西域。《三国志·魏书》只有乌丸、东夷。《晋书》，卷九十七，《列传》六十七有四夷。《宋书》和《南齐书》都没有。《梁书》卷五十四，《列传》四十八，有西北诸戎，高昌、龟兹都包括在里面。《陈书》没有。《魏书》，卷一〇二，《列传》有《西域传》，阙。高昌见于卷一〇一，列传八十九。《北齐书》没有。《周书》，卷五十，《列传》四十二有《异域传》，其中包括高昌、焉耆。《隋书》卷八十三，《列传》四十八，有《西域传》。《南史》卷七十九，《列传》六十九，有《西域传》。《北史》，卷九十七，《列传》八十五，有《西域传》。《旧唐书》，卷一九八，《列传》一四八，有《西戎传》。《新唐书》，卷二二一上和下，《列传》卷一四六上和下，有《西域传》。这里讲的西域，同《大唐西域记》一样，是广义的西域，其中包括尼泊罗、天竺、摩揭陀、厨宾、师子、波斯、拂菻、大食等国。唐以后的正史，我在这里不谈了。

总之，从中国正史上，我们看到的西域有广狭二义，总的趋势是从狭义到广义发展。这同人们的地理眼光越来越扩大，中国同西域国家的关系越来越密切有关。

二、世界上四大文化体系

要谈文化交流，必须先了解，什么叫文化，什么叫文化体系。世界各国学者对于文化的定义，据说有几百种之多。那些烦琐的论证，毫无意义，我在这里不谈。约而言之，文化有广狭二义。我取的是广义的文化，指的是人类在精神文明和物质文明两个方面优秀的、对人类进步起推动作用的创造。

世界上的民族不论大小，历史不论久暂，对于文化都有自己的贡献。这一点必须承认。但是，同时也必须承认，各个民族对整个人类文化的贡献，在质和量方面，都不尽相同。据我自己多年观察和探讨的结果，真正能独立成为体系、影响比较大又比较久远、特点比较鲜明的文化体系，世界上只有四个：

1）中国文化体系

2）印度文化体系

3）闪族伊斯兰文化体系

4）希腊、罗马西方文化体系

这四个文化体系，还可以再进一步简化为两大文化体系群：前三者属于东方文化体系群，后一个属于西方文化体系群。下面我分别加以解释。

1.中国文化体系

中国立国于东亚大陆，有长达五六千年的文化发展的历史。在相当长的历史时期内，中国在各个方面都对人类文化有巨大的贡献。中国的几个发明，如罗盘、造纸、火药、印刷术等等，还有中国的蚕丝，都传出了中国，对世界上一些国家和地区的文化发展，产生了巨大的推动力。一些次要的发明创造和工农业产品，比如瓷器、茶叶等等，也输出了中国，输入世界各地，为当地人民所喜爱。中国的药材也曾传到许多国家。连炼钢术都曾对周围一些国家产生过影响。至于精神文明，中国文学艺术、哲学思想、园林建筑等等，影响了一些国家和地区。到了17、18世纪更传至欧洲，在那里同样产生了影响。中国的汉字曾影响了周围一些国家。比如在日本、朝鲜、越南等国，他们读汉文书籍，甚至用汉文写作。

2. 印度文化体系

印度也有很长的文化发展的历史。自公元前3世纪摩亨佐达鲁和哈拉巴的印度河流域文化开始，印度人民在精神文明和物质文明两个方面都对人类文化做出了巨大的贡献。在精神文明方面，印度最古的吠陀、两大史诗、波你尼的语法体系，以及以迦梨陀娑著作为首的古典梵文诗歌和戏剧、流行于印度民间的寓言、童话和小故事，都通过种种渠道传出了印度，对世界文化和文学产生了深远的影响。特别是印度古代的寓言、童话等等，通过了《五卷书》等类作品的中古波斯文和阿拉伯文译本，传遍了欧亚大陆，甚至传至非洲，到了19世纪在德国形成了比较文学史的研究，影响更是特别大。这类作品也传到了中国。

在宗教方面，印度是产生宗教的地方。源于印度和尼泊尔的佛教，在印度繁荣昌盛了一千五百多年。它早就传出了印度，传到了中亚、南亚、东南亚、东亚、北亚各国，影响了这些地方的宗教的发展。对这些地方的文学艺术、哲学思想、语言、历史等等方面都有广泛、持久而又深入的影响。这是尽人皆知的事实。连基本上停留在印度本土的印度教，也在小范围内传出了印度，传到了南亚和东南亚一些国家，并且有了信徒。

在物质文明方面，印度对科学技术也有独特的贡献。古代印度对数学、天文、物理、化学、炼钢、熬糖等等都有发明创造。

3. 闪族伊斯兰文化体系

这里包括古代希伯来文化、《旧约》等等，也包括古代巴比伦、亚述文化和古代埃及文化，地域极广，历史极长；但是又确实属于一个文化体系，有许多共同的特征。公元6、7世纪，伊斯兰教兴起，它几乎囊括了这整个地区，继承并发展了古代闪族文化。有共同特征的阿拉伯文化，影响了欧亚广大地区。伊斯兰教成了世界三大宗教之一，影响更是普及而深入。此外，阿拉伯人在保存古代希腊文化方面还起了关键性的作用。一个很有趣的现象是，原属印欧体系文化（古代希腊、罗马就属于这个体系）的波斯（今伊朗），改信了伊斯兰教，把第三个和第四个文化体系融合起来，形成了独特的文化。波斯的宗教思想、文学、艺术、语言以及科学技术，沿着古代的丝绸之路，影响极其广泛。

4. 希腊、罗马西方文化体系

古代希腊和罗马产生了光辉灿烂的文化。无论在自然科学方面，还是在人文科学和社会科学方面，都出现了许多有独创性的造诣和深远影响的伟大学者，伟大哲学家，至今全世界的学者们还在研究他们的著作。他们的诗人和作家，也是至今还栩栩如生。今天的欧美西方文化主宰了世界，实际上是希腊、罗马文化的继承和发展。这个主宰的过程，同欧洲资本主义的发展是分不开的。随着世界统一市场的形成，欧美西方文化体系就逐渐成了统一世界的文化体系。1827年德国伟大诗人歌德首先提出了世界文学这个概念，1848年马克思和恩格斯也提到了世界文学。这个世界文学是世界文化体系的一个重要组成部分。

三、西域在四大文化体系交流中的地位

上面讲了世界上四大文化体系，或两大文化体系群。从这个观点上来看，文化交流应该分为三个层次：

1）一个文化体系内部的交流；

2）四大文化体系间的交流；

3）两大文化体系群之间的交流。

一部人类历史证明了文化总是要交流的。没有文化交流，就没有人类的历史。世界文化决不是哪一个民族单独创造的，不管这个民族多么优秀，对人类文化有多大贡献。说文化是一个民族创造的，是法西斯论调。我在上面讲到过，民族不论大小，都对人类文化做出过贡献。但是，民族不论大小，也不管

它对世界文化做出过多么大的贡献，它总是要接受外来文化的。一部人类历史也证明了这一点。

文化交流或文化传播，总要通过一定的道路。西域地处东西两大文化体系群的中间，是东西文化交流的必由之路。在东方文化体系群的内部，各民族之间的文化交流，有时候也要通过西域。世界历史上有名的丝绸之路，就是横亘西域的东西文化交流的大动脉。

我在下面按时代顺序叙述一下通过西域丝绸之路东西文化交流的情况。

1. 汉代

真正的丝绸之路的开辟不早于汉代，但是东西文化交流却决非到了汉代才开始。丝绸之路是东西文化交流日益频繁的产物。

最早担任文化交流任务的人，一般只有商人、外交官，大宗教创立以后，又加上了宗教信徒，老百姓是很难长途跋涉的。商人、外交官、宗教信徒，各有各的目的，他们决不会想到什么文化交流；然而事实上却进行了文化交流。这种情况在蒙昧的远古，商人出现之后，就已经有了。在天文方面的交流就早得很。中国春秋战国时期已经明显地受到外国影响，比如《战国策》《国语》等书中一些典故，如狐假虎威之类，都有外来的痕迹。屈原赋中的一些神话也同样有外来的可能。这个时期的文化交流的道路决不限于陆路，海路也有可能，比如驺衍大九洲的学说就可能同海上交通有联系。

以上说的这些情况都是发生在汉代以前的。到了汉代，频繁的文化交流促成了丝绸之路的开辟，开辟了以后，又推动了文化交流。在中国几千年的历史上，汉代是对外文化交流的高潮之一。高潮的主要标志是，东西双方相对的信息量增加了，东西双方的物质和精神的产品交换得更加频繁了。这里的东指的是中国，西指的是沿丝绸之路的国家，路的尽头就联上了欧洲。汉代的重要史籍，如《史记》《汉书》等，有大量关于西方国家和民族的记载，关于欧洲的记载也有一些。这些记载，这些信息的来源当然渠道很多。当时有几次历史上著名的出使，比如建元中（140B. C.—134年B. C.）张骞通使西域、和帝永元九年（97年）甘英奉使大秦等都是渠道。他们走的都是丝绸之路。古希腊和罗马的历史学家和地理学家，比如斯脱拉波（Strabo 54 B. C. —24A. D.）、白里内（P1iny，23—79年）、拖雷美（Ptolemv，Ca. 150年）等等，在他们的著作中也有关于中国的信息，特别是关于中国蚕丝的记载更引起了广泛的注意。估计这些信息也都是通过丝绸之路传入西方的。在这样的情况下，中亚很多植物传人中国，最著名的有葡萄、苜蓿、胡麻、蚕豆、大蒜、胡荽（香菜）、黄瓜、石榴、核桃、胡萝卜等等。西域音乐和其他艺术也传入中国。对以后中国人民的生活影响极大。佛教亦传入。

2. 三国两晋南北朝时期

东西文化交流继续进行。《魏略·西戎传》记载了大秦（叙利亚和东罗马帝国）的风俗、习惯、物产等。大秦还同东吴有交通关系，估计不是通过丝绸之路，而是通过海路。《晋书》记大秦国情况。《艺文类聚》记大秦的火浣布。佛经《那先比丘经》也有关于大秦的记载。《洛阳伽蓝记》记元魏时欧亚外国人杂居洛阳。希腊历史学家柏罗科劈斯（Pmeopius，501—565年）记中国蚕种传入罗马的情况。这个时期，中国同西域各国交通更为频繁。佛教僧侣、外交使节的来往也加强了。中国的正史和佛教的僧传有大量关于广义的西域的记载。精神文明和物质文明的产品的交换也远远超过以前的时代。

3. 隋唐时代

隋代寿命很短，只能算是唐代的一个序曲。唐代是继汉代以后的又一个东西文化交流的高潮。隋唐两代对欧洲和西域（中亚）的交通比前代更加频繁了，得到的信息更加精确了。隋唐两代的许多典籍都有关于欧洲（拂樊，大秦）和西域的记载。谈到欧洲，《隋书·裴矩传》记通拂樊之路。同书《铁勒传》记里海西北诸民族的情况。《旧唐书》《新唐书》《册府元龟》《通典》等书都有关于拂樊或大秦的记载。连玄奘和慧超的著作中都提到拂樊或拂临。大秦的景教传到中国来，大量的大秦出产品动、植、矿物也传入中国，比如水银、金刚石、矾石、玻璃、琉璃、木香、肉豆蔻、郁金花、很多的香、很多的树、酒、指甲花、狗、白象等等。谈到动、植、矿物的流传，比较复杂，一件东西往往有很多原生地，我们要注意这一点。

至于西域，则交通频繁的程度远远超过拂樊或大秦。唐代正史和其他书籍有大量的关于西域中亚一带的记载。对同西域交通的道路也有详尽的描述。在当时，唐代可以说是世界上第一大国，唐都长安是世界上文化和经济的中心。很多外国使节来到这里，很多外国僧人来到这里。当时在长安居住的外国人非常多，特别是西域胡人，西突厥人、月氏人、安国人、何国人、康国人、曹国人、米国人、石国人、史国人等等都有（参阅向达《唐代长安与西域文明》）。印度等国的使节和佛教僧人，以及波斯等国的使节，都常常来往于两国之间。中国的使节也派出国去，最著名的是王玄策等人。中国的高僧经过西域到印度去求法的，更是举不胜举，其中最著名的当然首推玄奘。他赴印度求法，来回都走西域。他的名著《大唐西域记》，至今仍被世界各国研究印度史和中亚史的学者视为瑰宝。这样频繁的往来促进了文化的交流。许多产生在广义的西域的宗教也传到中国来，其中有摩尼教和伊斯兰教。

值得注意的是，在中西交通道路方面，出现了一个很大的转变：重点由陆路转向海路。海路交通唐以前已经存在，但是规模不大，仍以陆路为主。到了唐代，特别在玄奘和义净之间，也就是从7世纪三四十年代至七八十年代，在三四十年的时间内，好像改变很大。玄奘来去都是陆路，而义净则来去都是海路。其中消息，耐人寻味。

中西交通既然如此频繁，文化交流也必然相应加强。除了新宗教传入之外，西域的音乐舞蹈也大量涌入。《唐六典》，卷十四，列举了十部伎乐：1. 燕乐伎；2. 清乐伎；3. 西凉伎；4. 天竺伎；5. 高丽伎；6. 龟兹伎；7. 安国伎；8. 疏勒伎；9. 高昌伎；10. 康国伎。光看名称，即可推知其来源。西域的动植物也大量传入中国。动物有却火雀、大尾羊、驼鸟、狮子、灵猫、膃肭兽等等。植物有番木鳖、阿儿只、阿息儿、奴哥撒儿、娑罗树等等。特别值得一提的是炼糖技术的交流。在这方面，埃及、波斯和印度都有独到之处，三个国家互相学习。中国估计在南北朝时期已能炼制蔗糖。唐太宗曾派人到印度摩揭陀国去学习熬糖，回来仿制，色味逾西域远甚。波斯炼制石蜜的技术也传到中国。

4. 宋元时代

同唐代比较起来，宋代在中西交通方面显然是相形见绌的。《宋史》有《拂菻国传》，周去非《岭外代答》记大秦国，赵汝适《诸蕃志》记大秦国、斯加里野国（意大利的西锡利岛）、芦眉国（罗马）、木兰皮国（马格里布）等地。同中亚的交通也比不上以前各代。没有新宗教传入，动植矿产品的交流也没有新东西。

元代同宋代大异。蒙古人用兵中亚，一直打到欧洲。从中国经西域中亚到达阿拉伯国家和欧洲交通畅通的情况，是空前的，在某一种意义上也可以说是绝后的。在这样的情况下，中西双方人员的往来，信息的交流，其方便程度，也是空前的。著名的马可·波罗就是在元代来华的。此外，还有一些天主教教士来到中国。耶律楚材的《西游录》、丘处机的《长春真人西游记》等书，也是非常著名的。他们走的道路就是经过西域的陆路。

5. 明清时代

东西交通更为频繁。交通道路海陆均有，但以海路为主。明永乐时郑和下西洋为一时盛举，走的是海路。我们在这里不谈。对于欧洲，了解得比以前更加细致，更加确切了。《明史》中有《拂樊传》《佛郎机传》《鲁迷传》《和兰传》等等，记载了很多欧洲一些国家的情况。《殊域周咨录》有关于拂樊、佛郎机等地的记载。《皇明世法录》谈到佛郎机、鲁迷、和兰等国。类似的书籍还有一些，这里不再列举。德国人、西班牙人、意大利人都有经过西域到中国来的。明末清初，利玛窦等一批欧洲人陆续来华，宣传天主教，同时也带来了西方文化，是中西文化交流史上的一件大事。

对于西域，联系也有所加强。《明史》有《西域传》，记载了西域的情况。陈诚《使西域记》《殊域周咨录》等书，也记述了西域的情况。对撒马儿罕记述更是特别详尽。撒马儿罕大概是当时的西域重镇，是经济和文化的中心。

清代上承明代传统，同欧洲和西域的交通更为频繁。新疆正式建省，是一件有深远意义的事情。晚清时代，西方殖民主义入侵和这以前的沙皇俄国侵吞中亚大片领土，也对中国产生了影响。这一切都不详细谈了。

中国在几千年的历史上通过西域同欧洲和中亚、西亚，甚至非洲的交通情况就介绍到这里。通过这极其简略的介绍，我们可以看到在东西文化交流中西域的重要性，特别是新疆地位的重要性。西方和中亚同中国的陆路交通几乎全部都通过新疆。新疆在全世界上是唯一的一个世界四大文化体系汇流的地方，全世界再没一个这样的地方。这是新疆地理位置所决定的。它东有中国汉族文化，南有印度文化，西有闪族伊斯兰文化和欧洲文化。连古代希腊的雕塑艺术，都通过形成于阿富汗、巴基斯坦、印度一带的犍陀罗艺术传入新疆，再传入中国内地。新疆地区最早接受中国文化，跟着进来的是印度文化，再后是伊斯兰文化。在这三者之间，对峙、并存、汇合的现象，逐步形成。

在目前，虽然从宗教方面来看，伊斯兰教统一了全疆。但从深层文化来看，几大文化体系的痕迹依然隐约存在。新疆这个地方实在是研究世界文化交流的最好的场地。有一些问题我们还不是很清楚。我相信，随着考古工作不断地深入和发展，随着我们研究水平的不断提高，我们的了解也会逐步加深。

四、结束语

这个题目的主要内容已经讲完了。但是，我觉得，好像还言犹未尽，有几个问题还必须说明一下。

1. 我在上面说到过，没有文化交流就没有人类的历史。这是什么意思呢？

有必要结合我上面谈到的世界四大文化体系通过西域进行交流的情况再加以阐述。一方面，我们必须承认，中华民族光辉灿烂的文化，是在自己创造的基础上，不断吸收外来文化才得以形成的。另一方面，也必须承认，中国文化传了出去，对世界文化也做出了不可磨灭的贡献。这一点，现在的西方人未必都乐意承认。我在这里不想同他们辩论，我只举一个他们祖先的意见，就是英国16、17世纪的伟大思想家佛兰西斯·培根（Francis Bacon 1561—1626年）。那时候，西方资本主义还没有充分发展，帝国主义当然更没有形成，西方人还没有狂妄地自封为天之骄子，他们对中国文化的看法还比较公正、客观。培根说：

> 我们应当观察各种发明的威力、效能与后果，最显著的例子便是印刷术、火药和指南针。这三种发明都不为古人所知；虽然它们的起源都是在近期，但却是又不为人所知而默默无闻。而这三种发明却都曾改变了整个世界事物的全部面貌和状态——第一种是在（知识传播的）文献方面，第二种是在战争上，第三种是在航海上；并且跟着这些发明的利用又引起了无数的变迁。由此看来，世上没有一个帝国，没有一个教派，没有一个星宿比这三种机械发明对于人类发生过更大的力量与影响了。（见所著《新方法论》Novumorganum。引张春树译文，见《汉代丝绸之路的开拓与发展》，《食货月刊》复刊第十五卷第一、二期合刊）

这三种发明都是中国的。其意义培根说得很清楚了。从这一件事情上可以看出中国文化对人类文化发展贡献之重要。其他的例子还多得很，这里不一一列举了。

2. 我在上面也曾说到，世界文化是各民族共同创造的，可以称之为文化多元论。文化一元论往往同法西斯谬论难以分开。我把世界文化分为东西两大文化体系群。人类几千年的历史证明了，这两个群总是交互起伏，互相学习，互相补充。三十年河东，三十年河西，哪一个群也不可能永远主宰、垄断，两个群都既是给予者，又是接受者。今天世界的情况怎样呢？西方文化主宰世界久矣。但是西方有识之士已经逐渐感到，自己的文化并非完美无缺，并不能永垂不朽，并不能永远主宰、垄断。德国学者斯宾格勒（Spengler）、英国学者汤因比（Toynbee）等就属于这一类有识之士。特别是在第二次世界大战之后，西方一些人认真进行反思。我个人认为，西方文化已有走入绝境的迹象，需要东方文化采纠偏、来补正的时刻即将来临了。我们要拭目以待。

1988年7月16日

文化交流的必然性和复杂性[①]

从全国范围来看，近几年来对文化的研究特别感兴趣。从报上可以知道，去年（1986年）上海大规模地开展文化发展问题的讨论，北京也搞了。这种现象解放以来还未曾有过。据我记忆，讨论文化问题，在20年代（我还是中学生的时候）有过一次；是讨论东西方文化的。后来在30年代又一次讨论文化问题。近几年来，为什么好多地方、团体、学者热心地讨论文化问题？其中必有缘故。我看讨论文化问题的热潮还没过去，还正在发展，而且方兴未艾。下面想谈谈我自己对文化问题的看法。

大家知道，我不是搞理论的，是搞语言的。对于文化问题我是外行。现在，我把自己对文化的想法和同志们谈谈。我们搞一个学术讨论会或写一篇文章，最好不要讲八股，要敞开自己的思想讲，这样彼此都有好处。我就是本着这样的一个精神来谈的。这里面肯定有正确的（我并非不谦虚），也肯定有错误，实事求是，供同志们思考。

一、文化交流的必然性

谈这个问题前要谈三个小问题：

（一）什么叫"文化"

我们这个讲座叫"东方文化系列讲座"。写文章、说话也常谈到"文化"。但你要给"文化"下个定义，并不容易。现在世界上对"文化"下的定义有几百个。有的说两百个，有的说六百个，我没作统计。但还没有一个定义是大家

①本文为1988年8月季先生在"东方文化系列讲座"上的报告。——编者注

都同意的。大家都会感觉到，在社会科学领域里，包括人文科学，要给某个现象下个定义十分难。而自然科学较容易。如“直线”，两点之间最短的线是“直线”。大家没有什么可争论的。可是在社会科学领域里，对什么是“美”，不知有多少定义。我看了后感到都有些合理的地方和不合理的地方。今天，我也不想给“文化”勉强下一个定义。我只想谈谈自己的理解。我认为凡人类在历史上所创造的精神、物质两个方面，并对人类有用的东西，就叫“文化”。这是我对“文化”的理解，也可以算作一个“定义”吧。同志们看后会觉得，这不像定义。定义必须叙述得很神秘，拐很多弯，用好些形容词等等。这样的事我干不了。我就是这样理解的，也可以说是最广义的文化吧。

（二）“文化”和“文明”有何区别？

同志们写文章也好，讲话也好，提到“文化”“文明”，不知大家对此是否进行过研究。什么叫“文化”？什么叫“文明”？我在这里也不是研究，也还是讲讲自己的理解。一般的英文字典，“Culture”是“文化”，“Civilization”是“文明”。可是有的英文字典，“Culture”又是“文化”，又是“文明”。“Civilization”也又是“文化”，又是“文明”。法文字典也一样。这说明这两个词有共同的地方。平常我们讲“东方文化史”也可以说“东方文明史”。可是有的时候，这两个词就不能通用。如“文明礼貌”，你说“文化礼貌”就不行。“学文化”你不能说“学文明”。因此，这两个词还有区别。我认为“文明”是对野蛮而言的，“文明”的对立面是“野蛮”。“文化”的对立面是“愚昧”。但“野蛮”和“愚昧”又有联系，“野蛮”中“愚昧”成分居多，也有不愚昧的“野蛮”。我们学文化是因为过去没有文化，学了文化把“愚昧”去掉了。我们讲文明礼貌是过去不文明，有一些野蛮，提倡文明礼貌，把“野蛮”成分去掉了。同志们或许觉得我这样理解过分简单化了，但简单化比一点想法都没有要好。

（三）文化的产生是一元的还是多元的？

我认为文化、文明的产生是多元的。不能说世界上的文化是一个民族创造的。这种说法是有的,这就是法西斯希特勒，他认为文化都是雅利安人创造的。最近有人说人类起源于云南的元谋。我觉得其中有点问题。这不能称为“爱国主义”，这是“超爱国主义”。非洲也有人讲人类起源于非洲。关于人类起源这个问题很复杂，大家都没吵清楚，恐怕若干年后也吵不清楚。绝对不是起源于一个地方，不是元谋，也不是非洲。文化也是这样。一个部族、部落的创造、发明，比如火的发现、工具的使用，再晚一些，比如农耕、建筑等，都是人类文化的创造。但不一定在一个地方。文化的产生不是一元的，不能说一个地方产生文化。这样说也许有人会问，是否否认我们常讲的文化体系？不，我认为世界文化是有体系的。我的看法是有四大体系，即中国文化、印度文化、希腊文化、伊斯兰阿拉伯文化。有人说还有希伯莱文化，我看很难成体系。它不是属于伊斯兰文化的先驱归入伊斯兰文化，就是和希腊文化合在一起。世界文化是有体系的，我们不能否认。世界四大文化体系中有三个文化体系是在东方。中国、印度、伊斯兰阿拉伯，它们的文化各有特点，有它的独立性，对其他国家有影响。专就文学而论，日本、朝鲜、越南的文学，很受中国文学的影响。中世纪印尼、柬埔寨、老挝、泰国、缅甸的文学受印度文学的影响。乌尔都、现代印尼以及印度的一部分受穆斯林阿拉伯的影响。所谓“体系”，它必须具备“有特色、能独立、影响大”这三个基本条件。我讲的文化的产生是多元的，和文化体系并不矛盾。

现在谈文化交流的必然性。

文化一旦产生，它必须要交流。上面提到一个部落发现用火，其他部落必然来学习。其他如农耕等都一样。文化一旦发现，人们感到这对他们有好处，他们就必然来学习。可以这样讲，从古代到现在，在世界上还找不出一种文化是不受外来影响的，记得以前我曾作过一次报告，我问在座的同志，你们研究一下你们从头顶到脚下，有多少是出自于中国的？头发式样不是，衬衣、裤子、鞋子也不是。吃的喝的东西中，面包、啤酒不是。坐的汽车、骑的自行车，以及沙发、电灯、电话等，都不是。可以说没有文化交流，就没有文化发展。我们现在生活在文化交流的时代，随时有新东西传进来，如喇叭裤（当然，它流行一时又很少见了）。现在流行牛仔裤。牛仔裤究竟要流行多久，谁也不知道。反正将来还得换。交流是不可避免的，无论谁都阻挡不住。交流总的来说是好的，当然也有坏的。坏的，对人们没有益处的，不能称为“文化”。我是说对人类有好处的、有用的、物质、精神两方面的东西交流才叫“文化交流”。现在报纸上常报道某地方发现原始民族，现在世界上恐怕没有真正的原始民族，而某些所谓原始民族其文化也有过交流。60年代初，我去非洲访问，走了很多国家，看到一些国家的农村，钉子都不会制，风箱是用牛皮灌上气，用手来按。这种文化水平，我国在公元前3000年就达到了。甚至这些国家的农村种庄稼还不用铁，用木棒在土地上杵一个坑，上面放一粒种子，这就不管了。靠天吃饭——天下雨就来收获，不下雨就算了。当时感到这些地方比较原始，但往牛皮风箱里吹气，那也是学来的。所以说在原始状态下也还是有交流。

二、文化交流的复杂性

在谈这个问题前，同样有三个小问题要谈一谈：

（一）研究的方法

我们研究文化交流究竟采用什么方法。拿比较文学来说，其研究方法有很多派。如法国学派、美国学派、苏联学派、欧洲学派等。现在我们中国搞比较文学的同志想创造一个中国学派。在上述学派中，据我个人以及好多同志的看法，有两派最有代表性，一派是美国派，搞平行研究；另一派是法国派，搞影响研究。这是大体上讲。世界上的东西都不会纯之又纯的。“平行研究”是研究发展的规律。这一个国家有这一现象，另外一个国家也有这个现象。但它不一定是这个国家影响了另一个国家。我这个国家可以创造这个东西，另一个国家不受外来影响也可创造这个东西。“影响研究”是举具体事实。这个国家有什么东西，用什么方式传到另一个国家去？讲具体事实，讲它的影响。我看研究文化交流也是这两个方法，这两条道路。美法两学派多年来经常打笔墨官司。法国人对美国的办法不赞成；美国人对法国的学派不赞成。其他国家如苏联、德国、中国等也都各有各的特点。但从研究方法、道路讲，就是这么两条。我是赞成影响研究的，因为它看得见，抓得住。平行研究很玄乎。当然讲影响研究也不能绝对化，如孙悟空的猴子形象哪里来的？我认为是受到印度的影响。有的同志不赞成，并写文章反驳。对此我不在乎。但不能绝对说猴子形象完完全全是从印度搬来的，这不可能。文化交流有个特点，一国的文化传到另一个国家，那个国家必然要加以修正，完完全全照搬的很少。

有一个字很有意思。法国比较语言学家常用的一个字，法文是“Sécurite”，英文是“Security”，意为“安全”“安全感”“安全的”。法国比较文学家用此字的意思是：搞平行研究不那么安全，你可以胡扯。搞影响研究安全，事实俱在。比较文学，最早是从19世纪20—30年代，由一位德国学者开始的。他研究一本阿拉伯文的书叫《卡里来和笛木乃》。这是一本寓言童话集，源自印度的《五卷书》。开始《五卷书》是翻成波斯的巴列维语的，然后再翻成阿拉伯文，书名叫《卡里来和笛木乃》，以后转译成多种文字，流行于全世界。据统计其译本之多，可以同《圣经》相比。该书影响欧洲文学的创作，如《格林童话集》中的故事就有取材于该书的。德国人因此说比较文学是德国人先开始搞的（法国人不承认，说在19世纪30年代法国已有某大学开比较文学课）。《卡里来和笛木乃》的故事很简单，它由一国传到另一国，由一种文字译成另一种文字，看得见，摸得着，一点儿也不玄乎。但问题是，从一个民族传到另一个民族，从一个国家传到另一个国家，到了那地方必然有所改变。如鲁迅的《中国小说史略》中讲到一个故事，说鹅笼出生的一个书生，原来是外国人，后来变成了中国人。《卡里来和笛木乃》也是，在本国就有改变，何况从一国传到另一国，不可能完全一样。

由此看来，研究比较文学，研究文化是不是可以有两个层次？第一个层次讲事实。先把事实讲出来，如一个故事从印度经波斯、阿拉伯传到其他国家，把这个过程搞清楚。但作为研究，不能就此止步。第二个层次便是要研究一个故事或一个形象。如猴子，到了这个国家后有什么变化，变化有何规律，根据事实找出规律性的东西来。没有事实空讲平行，那不着边际。罗列事实也不行。要研究从一国到另一国有何改变，改变里有何规律，摸出规律，总结成理论。这样的理论就可靠，没有事实作根据的理论很玄乎。像变戏法一样，今天这样讲，明天那样讲，我对这种理论是不感兴趣的。

（二）传统文化与文化交流

文化可分为两部分。第一部分是一个民族自己创造文化，并不断发展，成为传统文化。这是文化的民族性。另一部分是一个民族创造了文化，同时在发展过程中它又必然接受别的民族的文化。这便是文化交流。这也是文化的时代性。文化的民族性和文化的时代性，这两个“性”有矛盾但又统一。近来，英国剑桥大学出了一本书，叫《中国晚清史》。它不是一个人写的，而是好多汉学家写的。书中提出一个论点，认为从晚清到现在这一部分的历史表现了两种文化的撞击（是西方文化和中国文化相撞击）。我看这个论点提得很有道理。中国近代史从1840年鸦片战争到现在，经过了好多时期：有旧民主主义革命、新民主主义革命、社会主义革命；约有140多年了。《中国晚清史》说的两种文化的撞击，是不是结束了？我看没有。什么时候结束？不敢说。我现在手里拿着一本刊物叫《文艺研究》，刚出版的。打开书一看目录，文章的题目有：《关于西方影响与民族风格》《历史继承与现实创造》等等。你看，“西方影响”即“时代性”；“民族风格”即“传统文化”。“历史继承”即“传统文化”；“现实创造”即“时代性”。这类题目目前在刊物上多得很。这说明此类问题还没解决，还要讨论下去。想到40多年前，闻一多先生写过一篇文章，发表在《清华大学学报》上，题目是《母体文化的自卫与超越》。“母体文化”即“传统文化”。实际上闻一多先生在这里讲的就是“传统文化”和“引进创新”这两者之间的矛盾怎样解决。他有一句话：“一切的艺术应该是时代的经线与地方的纬线所编织的一匹锦。”意思就是一切文艺的传统文化的纬线与时代性的经线相织而成一匹锦。闻一多先生当时讲到这个问题。今天我们讨论的也还是这个老问题。从1840年后，文化界有过几次大争论，如“体用之争”“本末之争”“夷夏之争”等，都还是那个老问题。再从政治上看，从鸦片战争到现在快150年了。也经过好几个革命阶段，但共产主义能否在很短的时期内实现？现在，大家都认为不可能。人类历史上的一个大的转折，在短时期内是不可能实现的。共产主义是人类发展的必然趋势，我仍相信人类的将来是共产主义社会。但何时才能实现？全世界都在考虑。全世界的社会主义走的步调差不多，是否中国先走了一步，很难说。不过，我们的改革在世界上有影响，而按时间来说我们不是最早的。现在苏联等国也在改革。这样一个历史上的大转折绝不是100年准能完成的。政治如此，文化也如此。文化的民族性和时代性这问题没解决。我们今天研究文化交流，讨论文化问题必然有这种需要，没有需要大家不会研究。它同我们的生活联系密切，不关心不行。我们应该把眼光放大一点儿、远一点儿。它的意义绝不限于文化。

（三）全盘西化

现在有些青年人的思想，说好听点儿叫“活跃”，说不好听叫“混乱”。“全盘西化”和文化交流有联系。西化要“化”，不“化”不行，创新、引进就是“化”。但“全盘”不行，不能只有经线，没有纬线。理论上讲不通，事实上办不到。

下面讲文化交流的复杂性。我想举一个例子来说明这个问题。这个例子也是中印文化交流史上的一个例子。

最近几年我研究糖的历史。这在世界上也是一门专门学问，有好多国家的学者研究它，我也是从文化交流的角度来研究它的。因为“糖”的背后有一部文化交流的历史。中国的“糖”字，英文叫“sugar”，法文叫“sucre”，德文叫“Zucker”，俄文叫“Caxap”。一看就知道这个字是一个来源。一般讲，一个国家接受外来的东西，最初把外来的名字也带来了。有的后来改变了，有的没改变。如“啤酒”的“啤”字不是汉语，“沙发”“巧克力”都不是。“面包”是汉字，变了，英文叫“Bread”。我们吃的“干乳酪”，英文叫Cheese。现在还有人称之为“计司”。糖从一个地方传到另一个地方，如果本地没有，它把外来词也带进本地。英文的“糖”字来自印度，是从梵文Sarkarā转借来的，一比较就知道。这说明英语国家原来没有糖，糖是从印度传去的，要不为什么用印度字呢？我们中国最早也没有糖，从前有个“餳”字不念“易”，也不念“阳”，念“糖”。中国糖最早是甘蔗做的。中国甘蔗是有的，《楚辞》中就提到。当时也吃甘蔗，也喝甘蔗浆。可是把甘蔗浆变成糖在中国用了1000多年。你看这个“餹”字，这字指的是麦芽糖，北京叫“关东糖”。不是甘蔗做的，是麦子做的。这个“糖”字，从语言学来说，六朝时才有“米”字旁的。从“食”字旁换成“米”字旁，不是随便一换这样简单。中国的《新唐书》里就讲到唐太宗李世民派人去印度学习制糖技术，这在中国的正史里有记载。这个“糖”字出现在六朝，说明唐太宗时，我们已能制糖，但水平不高，要派人去印度学习。这是历史事实。但问题不出在这里，问题是印地文中有个字叫“Cīnī”，意为“中国的”，英文叫“Chinese”。“中国”两字，英文叫“China”，法文叫“Chiné’，德文叫“China”。都是从梵文“Cina”变的。而印度把“白糖”也叫“Cīnī”。印度自称在世界制糖水平最高，历史最悠久，因此S’arkarā这个字传遍世界。为什么“白糖”反而叫“Cīnī”呢？1985年我去印度参加《罗摩衍那》国际讨论会。一次我当主席，我向在座的印度学者问“Cīnī’怎么来的？糖出在印度，为什么“白糖”叫“中国的”？结果没有一位学者答得上来。我的问题也没解决。今年年初有个丹麦学者，知道我研究糖的历史，给我寄来了一篇论文。这论文也不知哪国人写的，这人叫Smith。他的论文题目是讲Cīnī及其来源。看了他的论文，感到他自己也解释不通，有矛盾。他说“Cīnī”是“中国的”，“Cīnī”又是“白糖”，而白糖却和中国没关系。因为在中古时期白糖很贵，当药来用，非皇家贵族、大商人是吃不起的，为何“Cīnī”叫“白糖”呢？这是因为中国有几件东西在世界上很有名，如瓷器。英文“China”当“中国”讲，但也是“瓷器”的意思。中国的瓷器也传入印度，印度的阔人才用瓷器。中国瓷器是白的，于是把中国瓷器的“白”和白糖的“白”连在一起。印地文中的“白糖”应该是“Cīnī Sarkar ”。后来因为字太长，简为“Cīnī”。看来作者有个主见，无论如何“Cīnī”和中国没关系，他想尽办法来解释。而且还说中国从来没有生产过白糖，也没向印度输出过白糖。这简直是胡说八道。但他的文章有可借鉴之处。大家知道，要研究这类问题先要确定“Cīnī”这字什么时候出现的，上限在什么时候？第二要研究在什么地方出现“Cīnī”这个字？然后再研究中国在什么时候生产白糖？什么时候，从什么地方传入印度？这样研究就比较科学。可是问题之难在于不知道“Cīnī”在印度何时出现。我问过印度学者，他们也答不出来。而Smith做了些工作。他查了印度的文学作品，“Cīnī”一字出现在13世纪，这是他的功绩。另外他基本上把现在印度好多种语言中表示“白糖”这个意思的词儿追踪清楚。总的情况是，在印度西部语言中，都来自梵文的S’arkarā。在东部语言中，则是Cini或者Cīnī。孟加拉文就是这样，由此我们可以推断，中国白糖是由印度东部进入印度的。再研究中国白糖有没有，出口了没有，到印度了没有，问题就好解决了。

我国7世纪唐太宗时期确实向印度学习制糖技术，我们的制糖水平不高。但学习了以后，我们后来制的糖，其颜色、味道都超过印度。《新唐书》说“色味逾西域远甚”。一方面是我们引进了，另一方面是我们改进了。这是唐朝的情况。到宋朝我们仍制糖。到了元朝又来了一个变化。13世纪马可·波罗的游记中有一段记载。说在福建尤溪地方有一批制糖工人，他们是蒙古大汗忽必烈从巴比伦找来教中国制糖工人制糖的，炼白糖。巴比伦这地方，有人说是现在的伊拉克，有人说是埃及。埃及开罗的可能性大。上述记载说明印度制糖传到波斯，从波斯传到埃及。埃及当时很多手工业占世界领先地位。而蒙古人的文化水平不高，蒙古大汗抓了些制糖工人，送到中国的福建尤溪，尤溪出甘蔗，在那里教中国人炼糖。到了明朝末年，很多书里讲炼糖，其中有一段记载说，原来糖炼不白。一次，一个偶然的机会，倒了一堵墙，墙灰落入糖中，发现制的糖变白了。这在化学上讲得通，灰里有碱，因此糖炼白了。中国的白糖到了明朝末年在国际市场成了抢手货。现在我们有根据，中国的白糖在郑成功时代已出口了。郑成功家里也做白糖生意，从中国运货去日本，在货物中就有白糖，这证明13世纪后，中国的白糖出口。那么中国的白糖是否出口到印度？在别的书上记载大概是印度人派船到新加坡那里去买中国的白糖。中国直接去印度的有没有？现在没根据，但估计可能从福建泉州运白糖到孟加拉。泉州当时是世界很大的港口，那里有穆斯林的、印度教的文化遗迹。福建尤溪制的糖运到泉州，泉州有印度船运回印度。上岸的地方是东印度，讲孟加拉语，不是西印度。

以上讲的是事实，从事实中得出什么结论呢？说明文化交流绝不是直线的，而是非常复杂，曲折的。“Cīnī”这个字的例子说明文化交流的复杂性。印度还有一个字叫“misri”，意为“冰糖”，但“misri”也是“埃及的”意思。从语言现象来看，印度制糖是先进的,但另一方面不能否认他也向别的国家学习了。东面学中国，“白糖”叫“Cīnī”。西面学埃及，“冰糖”叫“misri”。从语言现象分析只能得出这个结论。

上面讲的几个问题，是我的想法。是否合理、正确，供同志们参考。

1988年8月

1988年敦煌吐鲁番学术讨论会开幕词

各位领导、女士们、先生们：

现在我宣布：1988年敦煌吐鲁番学术讨论会开幕。同学术讨论会同时举行的是中国敦煌吐鲁番学会会员代表大会，我们要换届选举新的领导班子。

今天到会的有：国家教委副主任柳斌同志，中顾委委员、学会顾问周林同志，社会科学院副院长赵复三同志，全国政协副秘书长孙轶青同志。另外，世界上许多国家和地区来的贵宾也出席了我们今天的会议。三是全国许多省市来的会员代表。四是列席的许多国内外的朋友。用一句中国现成的话说，就是“群贤毕至，少长咸集”。胜友云集，济济一堂。首先，让我代表中国敦煌吐鲁番学会第一届常务理事会向各位不远千里甚至不远万里而来的朋友们、有关部门的领导、全国来的代表们表示衷心的欢迎和诚挚的谢意！

我们第一次会员代表大会是在五年前举行的，五年来，我们召开过几次学术讨论会，其中也有国际学术讨论会，如香港举行的国际学术讨论会我们参加了。我们的一些分会也召开过一些学术讨论会。在过去的五年中，无论是全世界，还是我们全中国，都有了很大的变化。专就敦煌吐鲁番学的研究而论，也有了很大的进步，这表现在以下几个方面：

一、同行们之间来往比以前频繁了。通过国内外几次学术讨论会，大家有了越来越多的见面的机会。

二、信息交流加强了。现在的社会是一个信息的社会，研究敦煌吐鲁番学也不例外，国内的同行普遍感觉到，我们现在更耳聪目明了，这大大有利于研究工作的进行。

三、新材料整理日益增多。过去我们明知道什么地方有什么材料，但是却无法获得，现在这一方面的困难大大地减少了，世界上许多国家都刊布一些新材料。

四、著作数量增加了，质量提高了。过去五年，国内外都出版了许多专著和论文。从这些专著和论文来看，内容更深刻了，范围更大了。宏观的概述，微观的探讨，百花齐放，各极其美。

五、在过去五年中，在敦煌吐鲁番学中，接触到许多过去没有接触的新问题，这从过去五年发表的论文、著作中可以看得十分清楚。

六、同行之间的友谊增强了。今天，在座的来自许多国家和地区的同行们，大家坐在一起，进行学术讨论，各抒己见。中国古话说："君子以文会友"，我们现在就是以敦煌吐鲁番学之文来会友。

时至今日，越来越明显了，任何学问都是国际性的，敦煌吐鲁番学也不能例外。敦煌吐鲁番在中国，但是敦煌吐鲁番学却在全世界。各位学者来参加我们的会，既是雪中送炭，又是锦上添花。我们可以肯定地说，通过这次学术讨论，上面提到的六项将会越来越提高，越来越发展，一定会加强敦煌吐鲁番学的研究，有助于增强各国人民之间的友谊，有助于加强世界和平的力量。我们这一门学问将会更加有成绩，我们的前景无限美好，这一点我们是深信不疑的。谢谢大家。

1988年8月15日

1988年敦煌吐鲁番学术讨论会闭幕词

女士们、先生们、各位代表：

我们学术讨论会一共开了六天，就要结束了。

参加这次会议的国内代表共有181人，其中正式代表120人，列席代表61人，外国来宾28人，来自八个国家。大会共收到论文139篇，其中国内代表提交123篇，国外来宾提交16篇。

在会议期间，各组本着畅所欲言，“百花齐放，百家争鸣”的精神组织了报告和讨论。不同的学术观点之间展开了争论。如语言文学组关于诗人王梵志有三派不同意见，艺术组对敦煌舞谱残卷的研究也有三种不同意见。有争论是好现象。据我观察，不同的观点碰到一起，大家一商讨，就会提高一步。历史组和其他组也都讨论得很热烈。少数民族历史语言和宗教组中有的同志提出要成立宗教分会，经过常务理事会讨论，同意他们成立。

大会期间，音乐分会的董锡玖、高金荣等同志还为我们组织了“丝绸之路”舞蹈晚会，一共演出了三场。在晚会上，戴爱莲等著名舞蹈家为我们做了精彩的表演。日本的著名舞蹈家花柳千代、芙二三枝子等也给我们表演了日本现代舞——行列。这些精彩的表演获得了极大的成功，剧场气氛十分热烈。应该说，“丝绸之路”舞蹈晚会为我们这次会议增添了光彩。

另外，我们还组织代表和来宾们参观了被称为“北京的敦煌”的房山云居寺。我们的会议虽然安排得比较紧张，但因为有晚会，有参观，所以，还不显得枯燥。

总之，我们这次会议是成功的，据代表和来宾们反映，这次学术讨论会的质量比1983年和1985年两次讨论会有所提高。会议期间，代表和来宾们很讲礼貌，团结得很好，所以，我们的会又是一个团结的大会。

在开幕式上，我讲过，“敦煌吐鲁番在中国，敦煌吐鲁番学在世界”，这个提法得到教委领导和外国朋友的肯定。我的这个提法是基于这样一种认识：世界上任何一门科学都不是孤立的，关起门来是干不好的。敦煌吐鲁番学也不能例外。在这次会议中，一些日本学者对中国的青年学者表现出极大的热情，看到中国青年学者的成长感到十分高兴，这是十分可贵的。同样，我们中国学者看到日本青年学者的成长也十分高兴。这和爱国主义一点也不冲突，因为我们这门学科是国际性的。只有大家有这个雅量、胆识，这门学科才能发展。所以，我们这次会议的基本精神就是“敦煌吐鲁番在中国，敦煌吐鲁番学在世界”。今后，我们也应用这个精神来指导我们学会的工作。

我们这次会议在组织安排方面也存在一些问题，比如住在党校的同志一度在生活方面有安排不周的地方，对外宾也有照顾不周的地方等等。这些问题希望代表和来宾们能够原谅。

我们这次会议能够取得成功，首先要感谢国内外专家不辞辛劳来参加我们的会。要感谢国家教委对我们的领导和支持。特别要感谢北京师范学院历史系，他们承担了繁重的会务工作，没有他们的支持，我们的会很难开成。还要感谢北京图书馆，提供了这样好的地方让我们开会。

最后，希望将来在别的地方再开这样的会，不管新朋友、旧朋友，我们希望以后再见面。希望大家散会后能够平安回国、平安回家，后会有期。

谢谢大家。

1988年8月21日

谈扶风法门寺出土的佛教文物①

扶风县法门寺如来指骨舍利和佛教文物的发现是继半坡和秦俑的发现后，第三次重要发现。这次发现在历史、文化、宗教、政治、经济、科学技术和文化交流等等方面都有重要意义。我想先就文化交流方面谈一点看法。

西安，古代长安，在唐代可以说是世界上最大的都会，全世界各重要国家的人民，这里几乎都有。我们都知道，文化交流能促进彼此文化的发展，促进经济的发展，能提高生产力，促使社会发展前进。在法门寺发现的物品中，有不少的东西表现出明显的文化交流的痕迹。比如，玻璃器皿、茶碾子、丝织品、梵文题记等等，有的是我们接受外来的技术又加以提高，有的是从中国传向外国，把这些问题研究清楚，就丰富了中外交流史的内容，能加深中国人民同外国人民的友谊与了解。

对于研究中国历史，这一次的发现也有其重要的意义。佛教，同唐代政治有密切联系。我们都知道，佛教有高深的哲学体系，对中国思想史产生了重要的影响。同世界各国的君王一样，唐代皇帝对宗教有三种态度：一是虔诚信仰；二是表面信仰，实则加以利用；三是反对。唐太宗并不真心信佛，他对于高僧玄奘的友谊，完全出自政治目的。武则天信仰佛教，更是出于政治目的，她本人是妇女，从正统的儒教来看，一个妇女当皇帝是完全不能想象的。然而她却真成了皇帝，为了巩固自己的地位，她就信了佛，并伪造《大云经》。武宗灭佛，也同样有自己的打算。晚唐诸帝又信佛，更只能从政治目的来解释。法门寺的佛指舍利同唐代佛教的密切关系，这是大家一看就知道的。

最后，我想谈一下个人的感受。到了西安，到了陕西，到处是中国先民光

①原载《法音》1987年第5期。是季羡林先生1987年5月29日在陕西省人民政府举行的新闻发布会上的讲话稿。——编者注

辉灿烂的文化遗迹。这次法门寺佛教文物的发现也是其中之一。看了这些东西之后，任何人都不会不想到中国是一个伟大的国家，我们为人类共同文化作出了极重大的贡献。我们的祖国是非常可爱的，这一点对我们今天的青年也特别重要。我们一方面要学习世界先进文化，一方面要尊重、研究、保护、发扬我们固有的文化，把二者结合起来，就能建成有中国特色的社会主义伟大国家。

总之，这次伟大的发现，其意义是非常伟大的，将来有大量的研究工作要做，需要很多专家，各方面的专家来协作，经过相当长的时间，十年、二十年、几十年，才能取得比较圆满的成绩。我相信，同敦煌学一样，研究法门寺的文物，也将成为一门国际学科。我预祝将来科学研究的成功。我们都应该感谢陕西省各级领导对于这次发现的重视，感谢他们重视文化教育工作，他们为中国人民，为世界人民做了一件好事。

季羡林

1987年5月29日

从宏观上看中国文化①

最近几年,在全国范围内，掀起了一股“文化热”的高潮。这是完全可以理解的。我们国家的社会主义建设发展到了今天这个地步，在接受几十年来的经验和教训的基础上，大家都认识到，文化建设的任务已经提到议事日程上来了。我想大家都会同意，人类历史上任何社会，都不能专靠科技来支撑，而要靠物质文明与精神文明同步建设。我们今天的社会也决不能是例外。

在众多的讨论中国传统文化与现代化问题的论文和专著中，有很多很精彩的具有独创性的意见。我从中学习了不少的非常有用的东西。我在这里不详细去叙述。我只有一个感觉，这就是，讨论中国文化，往往就眼前论眼前，从几千年的历史上进行细致深刻的探讨不够，从全世界范围内进行最广阔的宏观探讨更不够。我个人觉得，探讨中国文化问题，不能只局限于我们生活于其中的这几十年、近百年，也不能局限于我们居住于其中的960万平方公里。我们必须上下数千年，纵横数万里，目光远大，胸襟开阔，才能更清楚地看到问题的全貌，而不至于陷入井蛙的地步，不能自拔。总之，我们要从历史上和地理上扩大我们的视野，才能探骊得珠。

---

①此文原为国家教委主持的1989年五四科学讨论会而作。当时限于时间，未能畅所欲言。最后一部分显然给人以仓促鸣金收兵的印象。我对于文化问题涉猎不深。此文所谈的看法，知音恐亦不多。但我自问立论是公允有据的，绝非一时心血来潮而发。对当今社会上泛滥的“月亮只有外国的圆”的思潮，即使不能是一声断喝，至少也能起振聋发聩的作用。既然我自己认为是正确的、有益的，我就希望多多益善地让人能够了解我的看法。适值中华书局征稿，我对文化问题思考的那一点本钱已经用光，“江郎才尽”，再也写不出比较好的文章来了，在再三考虑之余，决定以此文滥竽。但又不能原封不动端上去，于是就把旧文加以充实、扩大，增加了一些新东西，观点则原封不动。以此祝贺中华书局成立八十周年。——季羡林

我们眼前的情况怎样呢？从19世纪末叶以来，我们就走了西化的道路。当然，西化的开始还可以更往前追溯，一直追溯到明末清初。但那时规模极小，也没有向西方学习的意识，所以我不采取那个说法，只说从19世纪末叶开始。从中国社会发展的需要来看，从全世界文化交流的规律来看，这都是不可避免的。近几百年以来，西方文化，也就是资本主义文化，垄断了世界。资本主义统一世界市场的形成，把世界上一切国家都或先或后地吸收过去。这影响表现在各个方面。不但在政治、经济方面到处都打上了西方的印记，在文学方面也形成了“世界文学”，从文学创作的形式上统一了全世界。在科学、技术、哲学、艺术等等方面，莫不皆然。中国从前清末叶到现在，中间经历了许多惊涛骇浪，帝国统治、辛亥革命、洪宪窃国、军阀混战、国民党统治、抗日战争、解放战争，一直到中华人民共和国建立后的社会主义初级阶段，我们西化的程度日趋深入。到了今天，我们的衣、食、住、行，从头到脚，从里到外，试问哪一件没有西化？我们中国固有的东西究竟还留下了多少？我看，除了我们的一部分思想感情以外，我们真可以说是“全盘西化”了。

我并不认为这是一件坏事。我认为，这是一件天大的好事。无论如何，这是一件不可抗御的事。我一不发思古之幽情，二不想效法九斤老太；对中国自然经济的遭到破坏，对中国小手工业生产方式的消失，我并不如丧考妣，惶惶不可终日。我认为，有几千年古老文明的中国，如果还想存在下去，就必须跟上世界潮流，决不能让时代潮流甩在后面。这一点，我想是绝大多数的中国有识之士所共同承认的。

但是，事情还有它的另外一面，它也带来了不良后果。这最突出地表现在一些人的心理上。在解放前，侨居上海的帝国主义者在公园里竖上木牌，上面写着：“华人与狗不许入内”。这是外来的侵略者对我们中华民族的污辱。这是容易理解的。但是，解放以后，我们号称已经站起来了，然而崇洋媚外的心理并未消失。古已有之，于今为烈。这是十分令人痛心的事。50年代曾批判过一阵这种思想，好像也并没有收到预期的效果。到了“十年浩劫”，以“四人帮”为首的一帮人，批崇洋媚外，调门最高，态度最“积极”。在国外读过书的知识分子，几乎都被戴上了这顶帽子。然而，实际上真正崇洋媚外的正是“四人帮”及其爪牙自己。现在，“四人帮”垮台已经十多年了，社会上崇洋媚外的风气，有增无减，有时简直令人感到，此风已经病入膏肓。贾桂似的人物到处可见。多么爱国的人士也无法否认这一点。有识之士惄然忧之。这种接近变态的媚外心理，我无论如何也难以理解。凡是外国的东西都好，凡是外国人都值得尊敬，这是一种反常的心理状态。中国烹调享誉世界。有一些外国食品本来并不怎么样，但是，一旦标明是舶来品，立即身价十倍，某一些味觉顿经改造的人们，蜂拥而至，争先恐后。连一些外国朋友都大惑不解，只有频频摇头。

在这样的情况下，要来谈中国文化，真正是戛戛乎难矣哉。在严重地甚至病态地贬低自己文化的氛围中，人们有意无意地抬高西方文化，认为自己一无是处，只有外来的和尚才会念经。这样怎么能够客观而公允地评价中国文化呢？我的意思并不是要说，要评价中国文化，就必须贬低西方文化。西方文化确有它的优越之处。19世纪后半叶，中国人之所以努力学习西方，是震于西方的船坚炮利。在以后的将近100年中，我们逐渐发现，西方不仅是船坚炮利，在精神文明和物质文明方面，他们都有许多令人惊异的东西。想振兴中华，必须学习西方，这是毫无疑问的。20世纪20年代，就有人提出了“全盘西化”的口号。今天还有不少人有这种提法或者类似的提法。我觉得，提这个口号的人动机是不完全一样的。有的人出于忧国忧民的热忱，其用心良苦，我自谓能充分理解。但也可能有人别有用心。这问题我在这里不详细讨论。我只想指出，人类历史证明，全盘西化（或者任何什么化）理论上讲不通，事实上办不到。但这并不影响我们向西方学习。我们必须向西方学习，今天要学习，明天仍然要学习，这是决不能改变的。如果我们固步自封，回到老祖宗走过的道路上去，那将是非常危险的。

但是，我始终认为，评价中国文化，探讨向西方文化学习这样的大问题，正如我在上面已经讲过的那样，必须把眼光放远，必须把全人类的历史发展放在眼中，更必须特别重视人类文化交流的历史。只有这样，才能做到公允和客观。我是主张人类文化产生多元论的。人类文化绝不是哪一个国家或民族单独创造出来的。法西斯分子有过这种论调，他们是别有用心的。从人类几千年的历史来看，民族和国家，不论大小，都或多或少地对人类文化宝库做出了自己的贡献。这恐怕是一个历史事实，是无法否认掉的。同样不可否认的事实是，每一个民族或国家的贡献又不完全一样。有的民族或国家的文化对周围的民族或国家产生了比较大的影响，积之既久，形成了一个文化圈或文化体系。根据我个人的看法，人类自从有历史以来，总共形成了四个大文化圈：古希腊、罗马一直到近代欧美的文化圈，从古希伯来起一直到伊斯兰国家的闪族文化圈，印度文化圈和中国文化圈。在这四个文化圈内各有一个主导的、影响大的文化，同时各个民族或国家又是互相学习的。在各个文化圈之间也是一个互相学习的关系。这种相互学习就是我们平常所说的文化交流。我们可以毫不夸大地说，文化交流促进了人类文化的发展，推动了社会前进。

倘若我们从更大的宏观上来探讨，我们就能发现，这四个文化圈又可以分为两大文化体系：第一个文化圈构成了西方大文化体系；第二三四个文化圈构成了东方大文化体系。“东方”在这里既是地理概念，又是政治概念，即所谓第三世界。这两大文化体系之间的关系也是互相学习的关系。仅就目前来看，统治世界的是西方文化。但是从历史上来看，二者的关系是三十年河东，三十年河西。

人类历史上曾出现过许多文化，欧洲史学家早有这个观点，最著名的代表是英国历史学家汤因比。在他的巨著《历史研究》里，从世界历史全局出发，共发现了23个或26个文化（汤因比称之为社会或者文明）：西方社会、东正教社会（又可以分为拜占庭和俄罗斯两个东正教）、伊朗社会、阿拉伯社会、印度社会、远东社会（又可以分为中国和朝鲜、日本两部分）、古希腊社会、叙利亚社会、古印度社会、古代中国社会、米诺斯社会、印度河流域社会、苏末社会、赫梯社会、巴比伦社会、埃及社会、安第斯社会、墨西哥社会、尤卡坦社会、玛雅社会、黄河流域古代中国文明以前的商代社会。

汤因比明确反对只有一个社会——西方社会这一种文明统一的理论。他认为这是“误入歧途”，是一个“错误”。虽然世界各地的经济和政治的面貌都已经西化了，其他的社会（文明）大体上仍然维持着本来的面目。文明的河流不止西方这一条。

汤因比在本书的许多地方，另外在自己其他著作，比如《文明经受着考验》（沈辉等译，浙江人民出版社1988年第1版）中，提出了一个观点：文明发展有四步骤：起源、生长、衰落、解体。在《文明经受着考验》第10—11页，他提到了德国学者斯宾格勒的名著《西方的没落》，对此书给了很高的评价，也提到了斯宾格勒思想方法的局限性。在《历史研究》的结尾处，第429—430页，他写道：

当作者进行他的广泛研究时发现他所搜集到的各种文明大多数显然已经是死亡了的时候，他不得不作出这样的推论：死亡确是每个文明所面对着的一种可能性，作者本身所隶属的文明也不例外。

他对每一个文明都不能万岁的看法是再明确不过的了。

了解了我在上面谈到的这些情况，现在再来看中国文化，我们的眼光就比以前开阔多了。在过去相当长的历史时期内，中国文化对世界文化的发展产生了影响，这是我们的骄傲，这也是一个历史事实。汤因比对此也有所论述，他对中国过去的文化有很好的评价。但是，到了后来，我们为什么忽然不行了呢？为什么现在竟会出现这样崇洋媚外的思想呢？为什么西方某一些人士也瞧不起我们呢？我觉得，在这里，我们自己和西方一些人士，都缺少历史的眼光。我们自己应该避免两个极端：一不能躺在光荣的历史上，成为今天的阿Q；二不能只看目前的情况，成为今天的贾桂。西方人应该力避一个极端，认为中国什么都不行，自己什么都行，自己是天之骄子，从开天辟地以来就是如此，将来也会永远如此。

那么，我们应该怎么办呢？我们东西双方都要从历史和地理两个方面的宏观上来看待中国文化，决不能囿于成见，鼠目寸光，只见片段，不见全体；只看现在，不看过去，也不看未来。中国文化，在西方人士眼中，并非只有一个看法，只有一种评价。汉唐盛世我不去讲它了，只谈16、17世纪以后的情况，也就能给我们许多启发。这一段时间，在中国是从明末到清初，在欧洲约略相当于所谓“启蒙时期”。在这期间，中国一方面开始向西方学习；另一方面，中国的文化也大量西传。关于这个问题，中西双方都有大量的记载，我没有可能，也没有必要一一加以征引。方豪在他的《中西交通史》（《明清之际中西文化交流史》下，华冈出版有限公司，1977年第6版第5册）中有比较详细而扼要的介绍。我在下面利用他的资料介绍一下在这期间中国文化流向西方的情况。

中国经籍之西传

“四书”“五经”在中国历史上有至高无上的权威。如果中国经籍西传，首当其冲的理所当然的就是这些书。明朝万历二十一年（1593年），利玛窦将“四书”译为拉丁文，寄还本国。天启六年（1626年），比人金尼阁将“五经”译为拉丁文，在杭州刊印。到了清朝，殷铎泽与郭纳爵合译《大学》为拉丁文，康熙元年（1662年）刻于建昌。殷氏又将《中庸》译为拉丁文，于康熙六年（1667年）和康熙八年（1669年）分别刻于广州及印度果阿。《论语》之最早译本亦出殷、郭二人之手，亦为拉丁文。康熙二十年（1681年），比教士柏应理返回欧洲。康熙二十六年（1687年）在巴黎发刊其著作《中国之哲学家孔子》。中文标题虽为《西文四书解》，但未译《孟子》，名实实不相符。康熙二十六年（1687年），奥国教士白乃心用意大利文写的《中国杂记》出版。康熙五十年（1711年），布拉格大学图书馆出版卫方济用拉丁文翻译的“四书”及《孝经》《幼学》，1783年至1786年译为法文。卫氏又以拉丁文著《中国哲学》，与上书同时同地刊出。白晋著有拉丁文《易经大意》，未刊。康熙四十年（1702年），白晋自北京致书德国大哲学家莱勃尼兹，讨论中国哲学及礼俗。现在梵蒂冈图书馆中尚藏有西士研究《易经》之华文稿本14种，宋君荣曾译《书经》，刘应译《礼记》的一部分。康熙末年，马约瑟节译《书经》《诗经》。康熙四十六年（1707年），马约瑟自建昌府致函欧洲，讨论儒教。雷孝思参加绘制《皇朝一统舆地全图》，对中国古籍亦有研究。傅圣泽有《道德经评注》，为拉丁文及法文合译稿本。他又用法文译《诗经》。赫苍璧于康熙四十年（1701年）来华，亦曾从事翻译《诗经》。

〖到了雍正乾隆年间，中籍西译继续进行。宋君荣所译之《书经》于乾隆三十五年（1770年）刊于巴黎。他还研究中国经籍之训诂问题。孙璋为后期来华耶稣会神父中最精通汉学者。他所译拉丁文《诗经》附有注解。他又译有《礼记》，稿成未刊。蒋友仁制作圆明园中的喷水池，为人所艳称。他又深通汉籍，用拉丁文译有《书经》《孟子》等书。乾隆时有一个叫钱德明的人。精通满汉文，译有《盛京赋》，并研究我国古乐及石鼓文等，他是西人中最早研究我国苗族及兵学者。乾隆四十年（1775年）在北京著《华民古远考》，列举《易经》《诗经》《书经》《春秋》及《史记》为证。乾隆四十九年（1784年），又在北京刊印《孔子传》，为钱氏著作中之最佳者。此外，他还有《孔门弟子传略》，以乾隆四十九年（1784年）或次年刊于北京。韩国英译有《大学》及《中庸》，又著有《记中国人之孝道》。韩氏可能是19世纪前西人研究我国经籍的最后一人。他的本行是生物学。

从明末到乾隆年间，中国经籍之西传，情况大体如上。既然传了过去，必然产生影响。有的影响竟与热心翻译中国经书之耶稣会神父的初衷截然相违。我在下面介绍方豪一段话：

> 介绍中国思想至欧洲者，原为耶稣会士，本在说明彼等发现一最易接受“福音”之园地，以鼓励教士前来中国，并为劝导教徒多为中国教会捐款。不意儒家经书中原理，竟为欧洲哲家取为反对教会之资料。而若辈所介绍之中国康熙年间之安定局面，使同时期欧洲动荡之政局，相形之下，大见逊色；欧洲人竟以为中国人及一纯粹有德性之

民族，中国成为若辈理想国家，孔子成为欧洲思想界之偶像。

中国俗话说："搬起石头砸自己的脚"，颇与此相类了。

受中国经籍影响的，以法、德两国的哲学家为主，英国稍逊。举其荦荦大者，则有法国大哲学家笛卡尔等。法国百科全书派也深受中国思想之影响。在德国方面，启蒙时期的大哲学家斯宾诺莎、莱勃尼兹莱勃尼兹，应为"莱布尼茨"。——编者注等，都直接受到了笛卡尔的影响，间接受到中国影响。康德认为，斯宾诺莎的泛神论完全受的是老子的影响。莱布尼茨21岁就受到中国影响。后与闵明我、白晋订交，直接接受中国思想。1697年，莱氏的拉丁文著作《中国近事》出版。他在书中说："在实践哲学方面，欧洲人实不如中国人。"有人认为，康德的哲学也受了中国哲学的影响，特别宋儒理学。

中国经籍西传，不但影响了欧洲哲学，而且也影响了欧洲政治。在德国，莱布尼兹与华尔佛利用中国哲学推动了德国的精神革命。在法国，思想家们则认为中国哲学为无神论、唯物论与自然主义。这三者实为法国大革命之哲学基础。百科全书派全力推动革命的发展。法国大革命实质上是反宗教之哲学革命。法国的启蒙运动，也是以反宗教为开端。形成这种反宗教的气氛者，归根结蒂是中国思想传播的结果。法国大革命前夕，中国趣味在法国以及整个欧洲广泛流行。宫廷与贵族社会为中国趣味所垄断。而宫廷与贵族又是左右法国政治的集团。则中国趣味对法国政治之影响，概可想见了。

百科全书派把反宗教和鼓吹革命的思想注入所撰写的百科全书中。他们与中国文化有深刻的接触。但因认识中国之渠道不同，对中国的意见也有分歧。孟德斯鸠与卢梭谈的多是欧洲旅客的游记等，对中国遂多有鄙薄之论。霍尔巴赫、伏尔泰、波勿尔、魁奈等等，所读多是耶稣会士之报告或书札，对中国文化多有钦慕之意。孟德斯鸠著《法意》第一卷第一章，给法律下定义，提出"万物自然之理"，主张"有理斯有法"，完全是宋儒思想。服尔德七岁即在耶稣会士主办的学校中受教育，对中国文化无条件地赞赏，在自己的小礼拜堂中，供孔子画像，朝夕礼拜。他认为，孔子所说："仅为极纯粹之道德，不谈奇迹，不涉玄虚。"他说："人类智慧不能获得较中国政治更优良之政治组织。"又说："中国为世界最公正最仁爱之民族。"他还根据《赵氏孤儿》写了一部《中国孤儿》。狄德罗对中国有批评意见，但认为中国文化在各民族之上。卢梭承认中国为文明最高古国，但他认为文明并非幸福之表记，中国虽文明，而不免为异族所侵凌，他是"文明否定论者"。中国思想除了影响了上述的哲学家之外，还影响了所谓政治经济学上的“重农学派”。这一学派以自然法代替上帝的功能。他们倡导“中国化”，不遗余力，甚至影响了国王路易十五。英国经济学家亚当·斯密受了法国思想家的影响，在《原富》一书中应用中国材料颇多。

在德国，中国影响同样显著。大文豪歌德是一个突出的代表。哲学家也深受中国思想影响。莱布尼兹、斯宾诺莎，上面已经谈到。其他哲学家，康德、费希特、谢林、黑格尔等，都受了莱布尼茨的影响，也可以说，间接受了中国影响。叔本华哲学中除了有印度成分外，也受了朱子的影响。

中国美术之西传

随着中国哲学思想之西传，中国美术也传入欧洲。欧洲美术史上的罗柯柯时代约始于1760年，即乾隆二十五年，至18世纪末而未衰。此时中国美术传入，产生了显著影响。在绘画上重清淡之色彩。在建筑上力避锐角方隅，多用圆角。在文学上则盛行精致的小品。在哲学上采用模棱两可的名词。这与流行于当时的“中国趣味”或“中国风”是分不开的。

中国情趣表现在许多方面，首先是在园林布置方面。欧洲人认为，中国园艺兼有英、法二国之长。他们说，中国园艺匠心独运，崇尚自然，不像欧洲那样整齐呆板。于是中国式的庭园一时流行于欧洲各国，法国、英国、德国等地都出现了中国庭园的模仿物，遗迹至今尚能见到。

中国绘画也传入欧洲，主要是中国的山水画和人物画，在瓷器上表现最为突出。有一些画家也作有中国情趣的绘画，比如孤岛帆影、绿野长桥之类。据说梵高也学过中国泼墨画。

除了绘画之外，中国用具也流行欧洲。轿顶围的质料与颜色，受到中国影响。中国扇子、镜子传入欧洲。17世纪后半叶，法国能制绸。中国瓷器西传，更不在话下。同时中国瓷器也受到西洋影响。

明末至清朝乾隆年间中国经籍和美术西传的情况大体上就是这个样子。

我现在举一个说明西方人如何看待中国文化的具体的例子。我想举德国最伟大的诗人歌德，他的一生跨越18、19两个世纪，是非常关键的时期。他在1827年1月31日同爱克曼谈话时说道：

（中国传奇）并不像人们所猜想的那样奇怪。中国人在思想、行为和感情方面几乎和我们一样，使我们很快就感到他们是我们的同类人，只是在他们那里一切都比我们这里更明朗，更纯洁，也更合乎道德。在他们那里，一切都是可以理解的、平易近人的，没有强烈的情欲和飞腾动荡的诗兴……他们还有一个特点，人和大自然是生活在一起的。你经常听到金鱼在池子里跳跃，鸟儿在枝头歌唱不停，白天总是阳光灿烂，夜晚也总是月白风清。月亮是经常谈到的，只是月亮不改变自然风景，它和太阳一样明亮。……还有许多典故都涉及道德和礼仪。正是这种在一切方面保持严格的节制，使得中国维持到几千年之久，而且还会长存下去。①

这是歌德晚年说的话，他死于1832年。他死后没有过多少年，欧洲对中国的调子就逐渐改变了。据我个人多年的观察与思考，这与发生在1840年的鸦片战争有关。在这以前，中国这个天朝大国，虽然已经有点破绽百出，但仍然摆出一副纸老虎的架势，吓唬别人，欺骗自己。鸦片战争一下子把这只纸老虎戳破，真相暴露于光天化日之下。西方对中国的政治、经济，进而对中国文化逐渐贬低起来。他们没有历史观点，以为从来就是这个样子，中国从来就没有好过。他们自己的老祖宗所说的一些话和所做的一些事，他们也忘了个一干二净。随着他们科学技术的发展，政治、经济的发展，环顾海内，唯我独尊，气焰万丈了。

第一次世界大战给他们敲了一下警钟。他们之中的有识之士开始反思。于是出了像斯宾格勒《西方的没落》这样发人深思的书，可惜好景不长。到了20年代末30年代初，法西斯思潮抬头，把西方文化，特别是所谓“北方”文化捧上了天，把其他文化贬得一文不值。中国人在法西斯分子眼中成了劣等民族，更谈不到什么欣赏中国文化了。不久就爆发了第二次世界大战，比第一次大战还要残酷，还要野蛮。这又一次给西方敲了警钟。西方有识之士又一次反思，汤因比可以作为代表。预言已久的第三次世界大战，始终没有爆发。虽然在全球范围内大大小小的战争从未停止过，大家总算是能够和平共处了。到了今天，人类共同的公害，比如人口问题、粮食问题、污染问题、土地问题等等，一个个被认识得越来越清楚。两个超级大国似乎也认识到，靠武力征服世界的美梦是不现实的，他们似乎也愿意和平共处了。在这样的情况下，人们要怎样来认识西方文明，怎样来认识东方文明——中国文明，怎样来认识文化交流，

①朱光潜译：《歌德谈话录》，人民文学出版社1978年版，第112页。

就非常值得我们注意了。

我在上面提到的英国历史学家汤因比，对中国文化和中国未来的作用有自己的看法。在同日本宗教活动家池田大作的谈话中（荀春生、朱继征、陈国樑译，国际文化出版公司，北京，1985年），他详细阐述了自己的看法。为了把他的观点介绍得明确而翔实起见，我想在这里多引用他的一些话。

汤因比说：

> 因此按我的设想，全人类发展到形成单一社会之时，可能就是实现世界统一之日。在原子能时代的今天，这种统一靠武力征服——过去把地球上的广大部分统一起来的传统方法——已经难以做到。同时，我所预见的和平统一，一定是以地理和文化主轴为中心，不断结晶扩大起来的。我预感到这个主轴不在美国、欧洲和苏联，而是在东亚。
>
> 由中国、日本、朝鲜、越南组成的东亚，拥有众多的人口。这些民族的活力、勤奋、勇气、聪明，比世界上任何民族都毫无逊色。无论从地理上看，从具有中国文化和佛教这一共同遗产来看，或者从对外来近代西欧文明不得不妥协这一共同课题来看，他们都是联结在一条纽带上的。并且就中国人来说，几千年来，比世界任何民族都成功地把几亿民众，从政治文化上团结起来。他们显示出这种在政治、文化上统一的本领，具有无与伦比的成功经验。这样的统一正是今天世界的绝对要求。中国人和东亚各民族合作，在被人们认为是不可缺少和不可避免的人类统一的过程中，可能要发挥主导作用，其理由就在这里。
>
> 如果我的推测没有错误，估计世界的统一将在和平中实现。这正是原子能时代唯一可行的道路。但是，虽说是中华民族，也并不是在任何时代都是和平的。战国时代和古代希腊以及近代欧洲一样，也有过分裂和抗争。然而到汉朝以后，就放弃了战国时代的好战精神。汉朝的开国皇帝刘邦重新完成中国的统一是远在纪元前202年。在这以前，秦始皇的政治统一是靠武力完成的。因此在他死后出现了地方的国家主义复辟这样的反动。汉朝刘邦把中国人的民族感情的平衡，从地方分权主义持久地引向了世界主义。和秦始皇带有蛊惑和专制性的言行相反，他巧妙地运用处世才能完成了这项事业。

将来统一世界的人，就要像中国这位第二个取得更大成功的统一者一样，要具有世界主义思想。同时也要有达到最终目的所需的干练才能。世界统一是避免人类集体自杀之路。在这一点上，现在各民族中具有最充分准备的，是两千年来培育了独特思维方法的中华民族。不是在半个旧大陆，而是在人们能够居住或交往的整个地球，必定要实现统一的未来政治家的原始楷模是汉朝的刘邦。这样的政治家是中国人？日本人？还是越南人？或者朝鲜人？

池田说：

从两千年来保持统一的历史经验来看，中国有资格成为实现统一世界的新主轴。您这一说法，在考虑今后世界问题时，具有极为重要的启示。

这两位著名的国际活动家，主要是从历史上和政治上谈论了中国的和世界的未来，其中也涉及文化。他们的意见，我觉得非常值得注意。至于我自己是否完全同意他们的意见，那是一个次要的问题。重要的是，在目前我们国内有那么一小撮人，声嘶力竭地想贬低中国，贬低中国文化，贬低中国的一切，在这样的时候，有像汤因比这样的通晓世界历史发展规律的大学者，说出了这样的意见，至少可以使这些人头脑清醒一下。你不是说月亮是外国的圆吗？你们中间不是有人竟认为中国连月亮都没有吗？现在有外国人来说，中国有月亮，中国的月亮也是圆的，而且圆得更美妙了。这一小撮人不是应该好好地反思一下吗？这一些人也许根本不知道汤因比是何许人。但那没有关系。他们最怕外国人，反正汤因比是外国人，这一点是错不了的。对这些人来说，这一点也就够了。我绝非听了外国人说中国月亮圆而飘飘然忘乎所以，把久已垂下的尾巴又翘了起来。中国的月亮也有阴晴圆缺，并不总是亮而圆的。但这是另一个问题。我们目前当务之急是全面地、实事求是地从最大的宏观上来考虑中国文化在世界上已经起过的作用和将来能够起的作用。在这样的时刻，兼听则明，汤因比和池田大作的意见是值得我们深思的。

对于人类文明前途的问题，我也曾胡思乱想过一些。我现在想从哲学上或者思想方法上来谈一谈我的想法。西方哲学或者思想方法是分析的，而东方的则是综合的。这两种方法异曲同工，各臻其妙。这已几乎是老生常谈，没有不同的看法。但是，对于分析的前途则恐怕是仁者见仁，智者见智。首先一个问题是：能不能永恒地分析下去？庄子说："一尺之棰，日取其半，万世不竭。"从理论上和逻辑上来讲，这是毫无问题的。但是，对具体的东西的分析，比如说对原子的分析，能不能越分越细，以至万世不竭呢？西方的自然科学走的就是分析的道路。一直到今天，这一条路是走得通的。现在世界上的物质文明就来源于此。这是事实，不容否认。但是，这一条路是否能永远走下去呢？在这里有两种意见：一种认为可以永远走下去，越分析越小，但永不能穷尽。一种认为不行，分析是有尽头的。我自己赞同后一种意见。至于我为什么赞同后者，我认为，这不是一个理论问题，而是一个实践问题。我自己解释不了，我也不相信别人的解释。只有等将来的实践来解答了。

我觉得，目前西方的分析已经走得够远了。虽然还不能说已经到了尽头，但是已经露出了强弩之末的端倪。照目前这样子不断地再分析下去，总有一天会走到分析的尽头。那么，怎么办呢？我在上面已经说过，东西两大文化体系的关系从几千年的历史上来看是三十年河东，三十年河西。现在球已经快踢到东方文化的场地上来了。东方的综合可以济西方分析之穷，这就是我的信念。至于济之之方究竟如何，有待于事物（其中包含自然科学）的发展来提供了。

我从宏观上看中国文化，结果就是这样。希望有识之士共同来讨论。

1989年10月25日

在纪念泰戈尔诞生130周年逝世50周年大会上的发言①

罗宾德拉纳特·泰戈尔是印度人民伟大的儿子、伟大的爱国者和伟大的诗人。他也是中国人民伟大的朋友。他生于1861年，逝世于1941年。1961年，在他诞世100周年的时候，世界和平理事会把他列入当年纪念的世界文化名人中。在印度和许多其他的国家中，莆举办了隆重的纪念仪式。中国的有关组织也举办了热情隆重的纪念活动。在许多报刊杂志上发表了许多篇纪念文章，并且出版了《泰戈尔作品集》，受到中国人民的欢迎。今年是他诞生130周年和逝世50周年纪念。我们又在这里举行这样一个纪念会，我觉得，这决非简单地重复旧的做法，而是有新的意义。

关于泰戈尔作品的评价，关于他在印度人民争取独立的斗争中所起的作用，关于他在反对封建压迫中所起的作用，等等，我不准备在这里再详细地去谈。中国许多学者所写的很多有价值的文章，还有我自己的一些拙作，都是可以参考的。我想比较集中地谈一下泰戈尔和中国的关系，包括他对中国正义事业的支持，对中国人民深厚的情谊，对中国新文学创作所起的影响，对中国文化的极高而中肯的评价，最后但不是最小，对东方特别是中国未来发展的期望和所作的预言。

泰戈尔热爱自己的国家，但他决不是一个狭隘的民族主义者。他关心世界大事，支持各国人民的正义斗争。在一百多年以前，在上一个世纪，当他还是一个青年的时候，就写文章痛斥英国殖民主义者在中国推行鸦片贸易的罪恶行

①本文系季羡林先生在“纪念泰戈尔诞生130周年逝世50周年大会”上的发言稿。——编者注

径。后来他一直都在反对外来的侵略者，反对欧洲法西斯主义的抬头，同情当年的苏联，到了晚年激烈抨击日本帝国主义分子对中国的野蛮侵略。1937年日本发动了对中国的侵略战争，泰戈尔看日寇残酷地屠杀中国人民，怒火中烧，写了那一首著名的《敬礼佛陀的人们》：

他们要以凯旋的号角来标点
每一千个被杀害的人数，
来引起魔鬼的笑乐，当他看到
妇孺的血肉淋漓的肢体；

多么义正词严的谴责！1941年他临终躺在病床上，还在关心着中国人民的抗战。

1924年，泰戈尔第一次到中国来访问。临行前，他曾写信给罗曼·罗兰，谈到他心里的矛盾。经过香港的时候，孙中山先生从广东派人去看他，说自己有病，不能同他相会，“中国的生命中心是北京，印度代表的工作应该从北方开始。一俟我有可能，当立即到那里去同诗人会见。”可惜他们俩始终也没能会面。泰戈尔1924年4月12日从上海开始了他的“中国之旅”。他在中国总共呆了将近五十天。他到过不少的地方，其中也有我的故乡山东济南。当时我是一个初入初中的年仅十三岁的孩子，根本不懂什么是诗人。但是为了好奇，我也跟着成年人挤进了他发表演说的会场。他的讲话我似懂非懂，只是觉得他那长须长袍非常有趣，他一身仙风道骨，如此而已。他在中国接触到多方面的代表人们，从清朝废帝、遗老一直到社会名流、大学教授，还有大、中、小学的学生，以及一些外国人的团体。泰戈尔一方面声称自己不擅长、不喜欢讲话，特别是用外国语言英语讲话；另一方面又非到处讲话不行。他讲话的内容比较集中，宣扬东方精神文明，宣扬“人道”（human），强调中印传统友谊，预言黎明将起于东方，等等。在这里需要解释几句：他使用的materialism（唯物主义）不是指的我们现在通常使用的“唯物主义”，而是指的不重视精神、只重视物质的西方文明或者文化。

对于他的访问，在当时中国曾引起一场争议，泰戈尔自己也微有所闻。在当时中国革命斗争的情况下，这种争论是完全可以理解的。

在泰戈尔的讲话中也涉及到他对中国文化的理解。他对中国文化的评价是很高的。他在这方面的意见，我曾作过一些归纳。总起来看。约有以下诸端：

一、中国艺术家看到了事物的灵魂。

二、中国的文明有耐久的合乎人情的特性。

三、中国文学以及其他表现形式充满了好客的精神。

四、中国人不是个人利己主义者。

五、中国人不着重黩武主义的残暴力量。

六、中国人坚决执着地爱这个世界。

七、中国人爱生活，“爱碰到什么东西上，它就赋予什么东西以美丽。”

八、中国人爱物质的东西，而又不执着于它们。

九、事实是怎样，中国人就怎样接受。

十、中国人本能地把握住了事物韵律的秘密。

在这十项中，个别的项是最高的赞誉。比如说最后一项就是如此。在泰戈尔的哲学思想中，韵律占极高的地位，是他的最高理想，是最根本的原理，是打开宇宙奥秘的一把金钥匙。他把韵律的把握归诸中国人的本能，不是最高赞誉又是什么呢?

我现在想集中谈一谈泰戈尔对东方文化或文明前途的展望，以及对中国将来发展前途所作的类乎预言的一些想法。在这方面他说过很多极有意义、极具有启发性的话。我在下面举几个例子：

> 我希望得到你们的心，因为我同你们很近，我相信，你们会有一个伟大的未来；当你们的国家崛起并且表现了自己的精神时，亚洲也将有一个伟大的未来，——这样一个未来，我们都会分享其乐。(I want to win your heart, now that I am close to you, with the faith that is in me of a great future for you, and for Asia when your country rises and gives expression to its own spirit——a future in the joy of which we shall all share.)
>
> 现在仍然存在的这个时代，必须被描绘为人类文明中最黑暗的时代。但是我们并没有绝望。正像凌晨的鸟，当黎明还隐藏在黑暗中时，开口歌唱，宣告一个已经靠近我们的伟大的未来就要来到。我们必须做好准备，去迎接这个新的时代。(This age, that still presists, must be described as the darkest age in human civilization. But I do not dispair. As the early bird, even while the dawn is yet dark, sings out and proclaims the coming of a great future which is already

close upon us. We must be ready to welcome this new age.)

以上两段话是泰戈尔1924年在中国访问时说的。1937年，他在《中国和印度》这一篇文章里写了同上面第二段引文几乎完全相同的话。到了1941年，当他就要离开这个世界的时候，在他的八十岁生日述怀的《文明中的危机》那一篇著名的文章中，他写道：

> 我以前曾相信过，文明的源泉会从欧洲心中发出。但今天，当我就要离开这个世界的时候，那样的信念完全破产了。……我宁愿向前看，当洪水消退，用服务和牺牲的精神把气氛弄干净的时候，人类历史上会出现新的一章。说不定黎明会从这一面出现，从太阳出升的东方出现。

类似的话还有一些，我不再征引了。

我们应该怎样来理解泰戈尔说的这一些话呢？

大家都知道，泰戈尔毕生提倡东方精神文明，以与西方物质文明相对峙。在中国的讲话中也多次涉及这个问题。他这个意见曾引起了许多人的误解。这种误解也不能说没有根据。西方既有物质文明，也有精神文明。东方以中国和印度为例，既有精神文明，也有物质文明，我们两国在科技方面对人类文化的贡献是众所周知的。我想，泰戈尔不会不明白这一点，他不过是强调精神文明超过物质文明而已。不管怎样，上面引的他那些话不能说与此无关。但是，主要的原因或者动机还要到别的地方去找。

从本世纪20年代泰戈尔访华一直到40年代初他逝世时止，这一段将近20年的时间，一方面可以说是最黑暗的时代，军阀混战、国民党统治、日本军国主义分子侵略，等等；但是，在另一方面，又可以说在黑暗中已经露出了光明，中国共产党的兴起，中国人民英勇抗击外敌，等等。我不能说，泰戈尔是一个算命先生，他对于共产主义也不见得非常了解。但是，他是一个极其敏感的诗人，他有诗人的直觉，“于无声处听惊雷”，在如磐的暗夜中能看到光明，他预感到了东方的兴起，特别是中国的兴起，其中并无什么神秘不可解之处。以后历史的发展，比如说印度的独立，中国抗日战争的胜利，中华人民共和国的成立，等等，都证明了泰戈尔的预言是准确的。

如果我们再把思路开拓得大一点，我们还能够找出更深的根源。

现在有很多人盲目崇拜西方文化，也可以说是资本主义文化，认为它无所不能，而且可以千秋万岁地延续下去。事实上决不会是这个样子。现在西方有一些敏感的人士，已经意识到这一点。我个人认为，将来总有一天，西方文化将让位于东方文化，下一个世纪可能就是一个转折点。我在这里所说的“西方文化”，不包括马克思主义，因为马克思主义虽然源于西方，其中已包含了东方文化的精华，它是超越东西方文化的普遍真理。现在东方文化的兴起才起步不久，将来的发展将会光芒万丈。未来历史的发展一定能证明这一点。

泰戈尔七八十年前所作的预言，是否也与这一个认识有关的呢？我认为是的。我在开始时所说的，今天的集会不是重复旧的做法，而是有新意义的，指的就是这一点。

谢谢大家！

1991年4月29日

在北京大学东语系南亚文化研究所成立大会上的讲话[1]

中国与南亚各国同立国于亚洲，在过去几千年的历史上我们人民之间有着深厚的友谊，至今不衰。有这种友谊的原因是多方面的，但是据我个人的看法，其中最重要的原因是国与国之间的文化交流。我们南亚各国和中国，不管是大国小国，都对人类文化宝库做出了巨大的光辉灿烂的贡献。我们交流了我们的文化，这对彼此文化的发展和社会的进步产生了很大的影响。我们之间的传统的深厚的友谊即由此而生。

在全中国一千多所高等院校中，对东方各国，其中当然包括南亚各国的政治、经济、哲学、宗教、文学、语言、科技、艺术等等的研究，从设备和人材方面来说北大应该说是首屈一指的，北大是中国的最高学府，这样做，完全是符合自己的身份的。

但是，从北京大学这个最高学府的地位来看，国家和人民对我们的要求是科学研究的深入、提高，随时创新；教育学生要在培养通才的基础上在某一方面提高，达到能独立研究的水平。这就需要在北大内部比较雄厚的研究南亚各国（东北亚、东南亚、西亚、非洲等莫不皆然）政治、经济等方面系、所等机构中有所分工。于是就将把原来南亚研究所分解开来，把专门研究政治、经济等大体上等于国际上所谓社会科学的研究部门划归亚非所，而把研究南亚文化方面的部门划归重点以研究南亚语言、文学、文化，比较接近国际上所谓人文

---

①1991年6月30日，北京大学东语系南亚文化研究所成立。本文系季羡林先生在成立大会上的讲话。——编者注

科学的东方语言文学系。目的只在于集中人力，集中精力，集中设备，从而提高研究水平，更有利于加强中国同南亚各国的传统友谊，促进中国同南亚国家人民之间的相互了解，以共同致力于全人类的和平和共同进步的事业。

这就是我个人理解的这次北京大学改变建制，成立南亚文化研究所的原因。

今天在这里召开成立大会，承蒙各有关国家的外交代表、在中国工作和教学的专家，以及中国国内各有关机构的同仁们，本校内部各有关单位的同仁们，最后但不是最少我们北京大学的学校领导光临指导，刚才有关同志已经表示了诚挚的感谢，我完全同意。我这一个在北京大学工作了将近半个世纪、对南亚文化以及其他东方文化研究了一生的，年已届耄耋的老兵实在感到欢欣鼓舞，在垂暮之年，又能参加这样的盛会，我对各位外宾，各位校内外的来宾以及学校领导，表示我个人的诚挚的谢意。

青山长在，绿水长流。南亚文化的研究未有穷期，中国人民同南亚各国人民之间的友谊也未有穷期。因此，我们之间的合作也未有穷期。我相信，我们的工作会得到今天出席的外国专家和外交代表的理解与支持。

谢谢大家。

1991年6月30日

（《季羡林文集》第六卷）

在孙子兵法与企业经营管理国际研讨会上的讲话

今天，我本来不准备讲话，因为天石同志已经代表中国东方文化研究会讲了话，我再讲就有点多余。可是张培俭、陆嘉玉同志一定要我讲几句。所以我就讲几句。

我是一点稿子也没有，一个字都没有。我现在想这样讲以下几个问题，那就是第一个，东方文化与西方文化；第二个，东方文化和西方文化的思想基础；第三个，文化是不是能够永存；第四个就是孙子兵法与企业管理以及现代战争。我没有稿子，也没有时间来考虑，可能讲得乱七八糟，希望大家原谅。

一、关于东方文化与西方文化

我在北京好多会上都讲过，也写过很多文章，有好多在座的同志们都听我讲话不止一次了，所以我现在就不再原原本本从头讲到底。我现在讲一个大概，以证明我自己的看法。

人类历史共有几千年，四五千年，人类历史许多国家共同创造的文化有四个大体系，这四个大体系也可以分为两个更大的体系：一个东方文化体系；一个西方文化体系。西方文化指的是什么呢？是指从希腊、罗马一直到今天的欧洲、美洲的文化，眼前的话就是资本主义文化，也叫做西方文化。其余的还有几个体系：中国的、印度的、伊斯兰的等合起来就叫做东方文化。今天讲东方文化以中国、日本、朝鲜为代表。这两个文化体系在历史上并不是哪一个文化独占领导地位，现在眼前看起来，这西方文化是统治世界的，电灯、电话、原子能、飞机，那没办法，我们也要学习，我们是要学习。主要问题就是西方文化，不是像有些人那样想的永远万岁千秋，那是不可能的。这文化现象呢，不是我的发明，根据英国一位很大的学者汤因比（Toynbee），历史学家，他发现文化有诞生、成长、发展、衰微、消亡这五个过程。任何文化也不可能万岁千秋，一部人类历史就证明了这个真理。汤因比的书叫《历史研究》，我们现在已有译本，一百多万字，三大本。你们有兴趣的话可以看一看。

所以说文化不可能万岁千秋，这并不是我的发明创造，我是从别的地方抄袭来的。按我的想法呢，就是东方文化和西方文化在人类文化历史上是“三十年河东、三十年河西”。在中国汉唐时期，特别是唐代，当时的长安，就是现在的西安，是世界文化的中心，是经济中心。后来呢，大家知道，由于种种原因，我们东方衰落下来了，从资本主义兴起，西方文化占了统治地位，一直到现在。于是乎，有些人特别是西方人认为我的西方文化是万岁千秋，世界最好，你们应该都服从我。咱们国内的有些人也认为要全盘西化。我们说全盘西化这个想法，理论上站不住，事实上办不到。现在世界上没有哪一个国家是全盘西化的。大家知道，日本西化得很厉害，可是我到日本去过四次，据我观察日本的基础还是日本人本国的精神，他们把西方的科学技术学来了，可是他们的基本精神还是日本的。所以全盘西化呢，刚才天石同志讲了，这件事理论上讲不通，事实上办不到，接受全盘西化的想法，认为西方文化永远万岁千秋，这不符合辩证法。同时我们是相信辩证法的，辩证法认为一切东西都在变动，万岁千秋的是不可能的。所以我讲呢，就是从人类历史来讲，东方文化、西方文化是三十年河东、三十年河西。三十年河东汉唐时代应该是东方文化，明末清初随着资本主义的兴起和侵略，欧洲文化兴起，到了今天一直是三十年河西。我在香港写过一篇文章，我讲未来的21世纪可能就是西方文化让位于东方文化的过渡。一个文化让位于另一个文化，这不是十年八年，一百年两百年能够做到的，21世纪只能是个开始。这是我要讲的东方文化与西方文化的关系，就是三十年河东、三十年河西。

二、思想基础

什么叫东方文化？什么叫西方文化？这个问题我自己考虑得比较多。我在许多会议上也讲过，东方文化的思想基础或思维方式是综合，西方文化的思想基础或思维方式是分析。这里有好多同志同意我这个看法。西方文化是讲分析，分析得很细，例如原子，是不是啊？原子已经很细还能分，越分越细。这样分析是不是有个底没有？现在哲学、物理学界有不同的看法。一种人认为，分析仍然可以往下分，另一种人认为不能总是分下去。现在呢，自然科学家就碰到了问题，从原子开始分析到层离子（夸克），到了层子再往下分就分析不下去了。现在世界最大的对撞机，对撞那个原子，也不能把那个层子给摧毁，看样子是分不下去了。如果层子给摧毁了，得到的还是层子的碎片，不是另外什么“子”。于是有人认为，到了顶了，这也很难说，自然科学和设备有关系，无论如何现在来说，到了层子再往下分就很难了。所以说，分析也不是绝对的。当然说有人讲庄子有一句话：“一尺之棰，日取其半，万世不竭。”这是数字概念，这个概念完全正确。每天取一半，总还有一半留下来，一百万年仍留下一半，当然是不竭了。我们现在讲的分析是个物理概念，它由层子往下分，分到多少年后，到x子y子我也不知道，它是物理概念，社会概念与物理概念不要混淆了。总而言之，西方的思想基础是分析，例如解剖，中国也有解剖，《三国演义》中华佗不是也动手术嘛。中国不是不能解剖，而像西方这样子拿人体、拿兽来作分析，分析得很细不成问题，我们神经多少根、骨头多少块都搞得很清楚。西方科学家有些没有脑筋的科学家认为，这样分析是完全正确的，另一些西方挺用脑筋的有识之士认为这个不一定，如解剖兔子，解剖前它是活的，一动刀就死了，这就是局限，是不是？动了刀以后与活的兔子不一样，这是西方人自己讲的。实事来讲，解剖学一动刀子动物它就死了，所以西方分析总而言之据我的看法是有限制的。

东方是综合的，什么叫综合呢？可以用两句话来表示：（1）整体概念。（2）普遍联系。现在我们常讲唯物辩证法，这两句话是合乎辩证法的，它有两个概念，一个是整体，一个是普遍联系，这是什么意思呢？例如，治病，中医和西医就不同，西医是头痛治头，脚痛医脚；中医就不，头痛治脚，脚上有很多穴位。可以通过针灸来扎各个部位，或者是用耳针，全身的神经集中在耳朵上。别的地方痛可以在耳朵上扎针来治疗。而这一点西医是做不到的。自己也得承认。最近我收到一封信，来自中国医科大学的，由于我发表这套言论由来已久，结果引起了“科学主义”者（即相信西方科学万能的人）给我写了匿名信，说我讲的那一套不行，现在人体经络还没搞清楚。实际上应该说我们是搞清楚了吧，扎针、针灸治病这不是讲经络吗？所以现在看起来这个问题不是那么简单，你讲西医是头痛治头他不承认，那没关系，真理愈辩愈明。因此我讲了一句话，我说是东方文化既见树木，又见森林，而西方文化只见树木，不见森林。这句话我在今年“东方文化与现代化”国际研讨会上讲的。我没想到讲后在日本得到了一个知己，那就是神户大学教授仓泽行洋。他听我讲了非常感兴趣，一定要到我家来谈。他说很同意我的说法，西方只见树木、不见森林的观点是完全正确的，后来仓泽行洋教授和我有来往，成为一位海外知己。我感到西方文化与东方文化之间的差别就在于思想基础，东方是综合的，即整体概念、普遍联系，西方是分析的，即只见树木，不见森林，我们又见树木，又见森林。自从70年代以来，西方一些有脑筋的人认为，西方文化不一定就会万岁千秋。所以，现在兴起一些新科学，即模糊学，模糊数学、模糊逻辑、模糊语言，模糊得一塌糊涂。模糊数学、模糊逻辑、模糊语言是有道理的。例如语言，我们自己讲话认为很清楚，实际并不很清楚，如说一个人好，但什么叫好，好到什么程度，我看谁也答不上来，是百分之百，百分之九十，百分之八十。所以语言本身具有模糊性，模糊语言就讲这个问题。当然不止这一个例子。模糊问题是客观存在的，在语言里面达到百分之百的清楚是不可能的，所以西方现在提倡模糊语言、模糊数学、模糊逻辑。有人在提倡混沌学，混沌这个词也不好听。混沌这个词是从《庄子》借来的。混沌学是自然科学，中国人介绍的，有一个翻译本，我看不大懂，不过里面的意思我懂了。模糊数学、模糊语言、模糊逻辑或混沌学，看起来模糊、混沌，实际上它里面的中心思想就讲整体概念、普遍联系。混沌学讲北京发生的事情影响到纽约，普遍联系嘛，是不是？隔着太平洋，隔着好几万里路，这是普遍联系。所以现在西方有脑筋的人，有识之士，感到西方那一套并不一定都是正确的，当然像我讲的到21世纪开始，东方文化将逐渐取代西方文化，这个还没有人讲过。当然说东方文化取代西方文化并不是说要将西方文化消灭掉，电灯也不要了、电话也不要了。人类创造的好的东西、健康的东西，只要对人类有用，我们全继承，不要满足，不要看不起我们自己。中国文化、东方文化有很优秀的地方。我们现在有些人眼睛看得很近。近几百年我们老是受人家的欺负，实际上不是，唐朝就不是这样嘛，唐朝李世民，按外国人讲，那是“天可汗”，他是世界统治者。因此我感觉到刚才天石同志讲了，民族虚无主义没有道理，完全没有道路，是贾桂思想。这个问题就讲这么多。

三、人类历史创造23或26种文化或者文明，是有历史根据的

每种文化都有诞生、成长、发展、衰微、消亡五个过程，这个过程是完全

符合辩证法的，辩证法讲一定要动。文化或者文明，这两个词不好分，我也分不清楚。我们现在讲话对文化文明不好分，有时很清楚，有时又不清楚。如说一个人有文化，就通，而说一个人有文明就不通。总而言之，我讲，文化或者文明，不是永垂不朽的，是要变化的。到下个世纪，多少年，我不敢说，东方文化一定要取代西方文化，在继承科学分析的基础上要取代它。将来的人类文化将发展到更高的水平。现在“科学主义者”自己认为是真理，好多问题它解决不了。例如，去年从贵州来了一种“傩”文化，“傩”文化大家还是挺欣赏。“傩”文化中有好多现象，现在西方自然科学解释不了，我看了他们的录像，如烧开的油锅，油锅里的油，我不是学自然科学的，不知道是多少度，将手伸进去是不可能的。一滴滚烫的油滴在手上，还是很痛的，有人竟然把手伸进去拿东西，这怎么解释呢？西方自然科学解释不了。另外，铁板烧红了，赤着脚从铁板上过去，这个现象西方自然科学也解释不了，非把脚烧焦不可。所以，西方文化，科学主义者认为，可以解决一些问题，但有许多问题也解决不了，眼前的就解决不了（天石插话：特异功能嘛！），特异功能它就解决不了。我看呢，从21世纪开始，东方文化就要取代西方文化，这是我的想法，对于我这个想法，有些人反对，我刚才说了，中国的科学主义者来反对，外国的一些同行很欣赏，最近我接到了堪那里亚斯岛的一位教授来信，用葡萄牙文写的，很赞成我的想法。总之呢，我到处讲我的观点，我考虑了很多年了，觉得是有道理的。

四、东方文化与企业管理和现代战争

我们这个会是“孙子兵法与企业经营管理国际研讨会”，这个会议是在孙膑故里聊城地区召开的。这是我接触了一些材料，所作的结论，当然这仍是个学术问题。刚才天石同志也讲了，实际上呢，大家都知道，海湾战争是怎么取胜的。海湾战争在人类历史上恐怕是很少，这么大的一个战役，死了不到一百个人，怎么来的，大家看《参考消息》也看到了，美国总司令的名字叫施瓦茨科普夫，很难记，明白了意思就很好记，Schwarzkopf即是“黑头”，这个人很有脑筋，他下令让美军学习《孙子兵法》，其实他的几招没有什么了不起，在中国军事科学中是司空见惯的，萨达姆把重兵摆在正面战场上，而施瓦茨科普夫则是以小部队佯攻，而把重兵迂回到伊军后面。切断了伊拉克与科威特的联系，最后也只达到了邓艾伐蜀、明修栈道、暗度阴平的水平，结果打了胜仗。

刚打完的海湾战争．是当代最著名的战争，它证明了《孙子兵法》起了作用。据《参考消息》来讲（在座的有许多新闻记者同志），“兵不厌诈”，打击对方虚弱的地方，避开强的地方，这是很简单的常识。就用了这几招，就把萨达姆上百万军队给打垮了。这样的垮在人类历史上没有过。《孙子兵法》，不但孙武，还有孙膑，今天我们在此讨论的是孙膑，一条条的不用讲了。最近张培俭同志、刘文学同志写了一本书，叫《战国兵家孙膑》就要出版了，里面讲了这个问题。孙武和孙膑这两个孙子，其基本思想就是整体观念、普遍联系，对不对请同志们研究。我举个例子，例如诸葛亮，大家都知道，诸葛亮打仗战无不胜，其实他也继承了孙武、孙膑及中国古代人民在战争中获得的经验，这些都写在《三国志演义》里。波斯的书写成吉思汗，就讲成吉思汗当时不得了，是世界统治者。他的兵法从哪儿学的？是从《三国志演义》中学的，张飞将柳条拴在马尾巴上，这条就了不得，因为张飞的兵很少，怎么会胜敌人呢？马尾巴拴上柳条来回跑，远处一看尘土飞扬，如百万大军。张飞是很粗鲁但很细致的。兵不厌诈，中国连儿童都会说，不懂兵不厌诈，在打仗时兵多也没用。我讲诸葛亮就是这个样子，他很符合孙子兵法精神，他还有整体观念，打仗牵扯到天、地、人，诸葛亮是知天时、识地利、知人和。例如借东风，掐指一算。哪一天刮东风，这倒不一定。诸葛亮没有天气预报机构，像现在的气象局，恐怕也说不准的。打仗的话不能光看眼前，既看眼前，又要看过去，还要看将来。从地理上来看，也是如此。

诸葛亮根据经验说某年某月某日一定要刮东风，火烧战船，当然上面说的掐指一算，是算不出来的。诸葛亮的作战经验就是体现孙子兵法的精神，体现整体概念。打仗要知天时、知地利、知人和。天、地、人这就是整体概念。《三国志演义》大家都看过，我认为《三国志演义》很有道理。最近看到《光明日报》讲毛主席读古书非常多，他对《三国志演义》评价很高。

中国是东方文化的代表，东方文化包括许多方面。刚才讲的一个是企业管理、一个是战争，当然不限于这两个方面。我感觉到弘扬东方文化的目的，不仅为了中国，是着眼于世界，把全人类的文化提高一步，若干年以后，东方文化一定会将人类的文化提高到更高的水平。

谢谢大家。

1991年9月16日

在昆明“郑和研究国际会议”上的发言

主席、女士们、先生们、各位外国贵宾：

承蒙云南昆明市领导同志邀请，我同北京的一些同志来到了昆明，参加“首届郑和研究国际会议”，感到非常高兴，非常光荣！我要向主人们表示衷心的感谢。

对我来说昆明并不陌生。我第一次到昆明，是在1955年。当时郭沫若先生率领一个庞大的中国代表团到印度新德里去参加亚洲国家会议。代表团中有很多著名的学者、作家、演员、艺术家等等，我们是从香港乘飞机到达新德里的。开会期间，发生了著名的“克什米尔公主号”飞机被炸事件。中国政府为了全团人员的安全，不让代表团再经由香港回国，而是商请印度政府派军用飞机送我们到昆明。这就是我第一次来到昆明的原因。这一次访问给我留下了毕生难忘的印象和回忆。

以后又来过几次。1962年，全国人大代表和政协委员来云南视察工作，我有幸参加，在云南住了两个多礼拜，访问了西双版纳和大理。我对云南的印象更深了，更美好了，更难以忘怀了。回北京以后，我曾写过一篇名叫《香橼》的散文，歌颂思茅，歌颂云南。

在云南老一辈的学者中，我也有很多朋友。已故的著名白族史学家方国瑜教授，现在健在的著名的诗人和史学家马曜教授，等等，都算是我的朋友。我敬重他们的道德，羡慕他们的学问。中国古代论人，道德文章并重。这些云南的学者，在这两个方面都是非常出色的，都是我学习的榜样。

总起来说，无论是从自然环境来说，还是从人物来说，云南都是高水平的。我想借用唐代王勃的两句话，来形容云南，这就是“物华天宝，人杰地灵”。这两句话，云南是当之无愧的。

讲到正题，讲到纪念郑和的活动，我就没有多少话可说了。郑和是中国历史上，甚至世界历史上一个伟大的人物。云南和中国有了郑和，是一件十分可以骄傲的事。可惜我并非研究郑和的专家。年轻时候，曾涉猎过一些有关郑和的著作，法国伯希和对郑和研究的著作，中国郑鹤声教授搜集的关于郑和的资料，以及中国和外国学者关于郑和的论文我都读过。这些书籍和论文讨论的问题当然很多，但是归纳起来不外下列几项：郑和出使的目的、郑和出使的次数和郑和出使所产生的影响。对这些专门问题，我没有资格发表什么意见。不过，最近我读了《郑和研究》1993年第3期潘群和王建成两位先生的《明初政治与郑和初期航海动因》，我觉得这是一篇好文章。他们的结论是：明政权建立之后，东南沿海地区存在着威胁明朝统治的“海上力量”，它直接影响明帝国与南洋、西洋地区各国的友好关系。关键在三佛齐一地。所以必须用武力与政治相结合的办法来解决三佛齐问题。这结论是合情合理的。

我个人认为，研究郑和航海，应当多研究其结果、其影响，而不必过分探讨其动机。其结果、其影响有目共睹，是加强了明与南洋、西洋各国的联系，我们迄今仍蒙受其利。

现在云南同我国各地一样，正在加强建设，一手抓文化，一手抓经济，文化、经济相辅相成，缺一不可。缺一则两败俱伤。几年前我在日本东京一次演讲会上说过：文化、经济，殊途同归。今天我想重复这一句话。纪念郑和活动属于文化范畴，其结果必然表现在经济建设上，这是正常的。

祝云南文化和经济双丰收。

谢谢大家！

1993年9月19日

在中国亚非学会第四次会员代表大会上的报告

我的这个报告曾经在亚非学会常务理事会上讲过，即“东方文化问题”。因为再过6年，我们就要进入21世纪。到了21世纪，我们的中国文化以及东方文化在世界上究竟还占有什么位置？这是大家都感兴趣的一个问题。我这个人大家知道，不是搞什么哲学的，更没有受过这方面的训练。但我经常喜欢思考一些问题，也可以说是胡思乱想吧。当然，胡思乱想也有正确与不正确之分，其中我认为正确的部分不妨与大家谈谈，至于不正确的部分就不值得一提了。此外，在我们国内思想意识界里争论的一些问题也给大家谈一谈，因为这跟我们也有联系，所以，我今天的报告不是什么学术报告，没有什么稿子，甚至连发言提纲都没有，因为我们是在谈家常，我想到什么就说什么，可能讲的很零乱，那也没关系。

过去有个笑话（我已忘记是在什么书上记载的），说是有两个近视眼的人，彼此的视力都很差，但谁也不服谁，总说自己的视力比别人强。某日，镇上有一大户要悬挂大匾，这两个近视眼的人约好以辨认匾上的字来测试谁的视力好，以便比出高低，决一胜负。其中一位事前搞了一个小动作，向大户的家人打听了匾上的字。届时，这两个近视眼的人如约前往，参加比试。第一位近视眼的人抬头远望，高呼认出了匾上的字比如说是“光明正大”四字。当这两位近视眼的人在争论不休之际，旁观的人却告诉他们：大户门上的匾尚未悬挂出来哩，哪来的什么字呢？这个笑话很有意思。

现在我们在谈论21世纪，其实21世纪尚未来临，任何人的谈论无异于近视眼的人在观匾一样，姑妄言之而已。现在任何人对21世纪中的东方文化问题的看法都是一种假设，不是什么理论问题，因为理论问题可能会引起争论。就上述问题我写了几篇文章，第一篇文章刊在《传统文化与现代化》上，第二篇文章刊在《中国文化》上。又零零碎碎写了几篇，现在外边有所反映，我也收到了不少来信，有非常赞成我的看法的，但也有许多人不赞成，我觉得这是正常的现象。我的态度是这样的：既然我们都是近视眼，大家都在猜匾，都处在同等的位置上。你赞成我的意见，我也不特别高兴：你反对我的意见，我也不特别不高兴，我主张我们大家一起唱一出“三岔口”。“三岔口”大家都知道，打得很热闹，但是谁也打不着谁，你打你的，我打我的。有人问我：某某人写文章反对你，你为什么不答复呢？我说我绝不答复，任何人反对我，我都不答复，因为大家都在猜匾嘛！现在《文汇报》在讨论国学问题，国学跟东方文化是有很密切的关系，我下面将要讲一讲关于国学的一些情况。他们也给我来了信，还附了好多文章，并希望我写文章，参加战斗。我没有答复他们，如果答复的话，第一，我不参加战斗；第二，要参加战斗的话，还是演一出“三岔口”——你打你的，我打我的。我刚才已经讲过，不是什么理论的争论问题，还是你猜你的，我猜我的，大家都在猜测嘛！

究竟有没有东方文化？现在社会上有人从根本上加以否定，说什么根本不存在什么东方文化和西方文化。这话恐怕有点问题了，我们都是唯物主义者，东方文化和西方文化都是客观存在，你不承认，它也是客观存在的。我举一个很有趣的例子，有一本书名叫《丝绸之路》，是一位在伊朗出生的法国籍的学者写的，他名叫玛扎海里。该书很厚，最近已由中华书局翻译出版。这本书我希望大家有时间不妨一读，非常有趣。该书不仅是一本研究《丝绸之路》的著作，而且对中国、欧洲也颇有研究。该书涉及的语言非常之多，我们中国人掌握不了那么多语言，欧洲人也不行。这个玛扎海里生在伊朗，讲波斯语，阿拉伯语也不在话下，另外他还掌握突厥语系的许多语言，几乎丝绸路上的沿途语言他都能掌握，所以这本书很值得注意。它里边讲的好多东西我们自己都不知道是小国人发明的。我最近写了一篇很长的文章，叫做《丝绸之路与中国文化》，发表在北师大学报上。李约瑟讲中国的科技发展中，其中好多事情连我们中国人都不知道，可是李约瑟是英国的科学家，不是东方人，他讲这个东西是中国发明的，那个东西是中国创造的，实际上李约瑟讲的比玛扎海里这本书中讲的还要多。有许多稀奇古怪的东西，因为我们天天在接触，就不以为意，不觉得奇怪，如两片刀片合在一起，中间加一扣子，就成了一把剪刀，剪刀也是中国发明的。我们祖先对人类文明的贡献多极了，过去西方人是竭力加以抹煞的。但我们也有些同志不从实际出发，无限地夸大，夸大到包括卫星、导弹等高科技，都说是古已有之，这样说恐怕也不大对头，这两种极端我是不赞成的。我们应该实事求是，以事实为根据，这是最有说服力的。

《丝绸之路》这本书讲了一个很有趣的情况：在穆斯林的初期，大家知道穆罕默德这个人生于中国宋齐梁陈时代的最后一个朝代，在唐初去世，他的一生跨越了隋代。据说远在300年以前，在伊朗和阿拉伯就流传着这样一种说法，即世界上所有的民族，古希腊人只有一只眼睛，中国人却有两只眼睛，其余的人都是瞎子。这种说法我觉得有其客观性。在公元7世纪时，人类文化基本上是两大体系，即东方文化体系、西方文化体系。西方文化以古希腊、罗马文明为源头，中间虽有断层，直至现在形成以欧洲、美国为代表的文化。东方文化是以中国为主，加上印度、日本、韩国。东西方的思维模式、思维方式也是不一样的，西方是分析，越分越细；东方是综合，讲整体概念、普遍联系。将这两个在当时最有智慧的国家作一对比，中国人比希腊人多一只眼睛。后来又进一步说，希腊出理论，中国出技术。这话有道理，希腊的哲学家除了苏格拉底、柏拉图、亚里士多德外，还有很多，可是像中国的四大发明，古希腊一个也没有，古希腊在技术方面没有什么东西。根据李约瑟、玛扎海里的意见，我们中国在科技方面的发明何止四大，恐怕四十大、四百大都有，这是没有任何偏见的看法。最近，塞缪尔·亨廷顿的《文明的冲突》一文引起了争论，我认为他是为某种政治服务的，没有什么道理。总而言之，人类的文化是很多的，但客观地说，只有东西两个，第三个是找不出来的。远在1300年以前，伊朗和阿拉伯人就定了一个标准：一个是有理论，一个是有技术，希腊出理论，中国出技术。这话我有点修正，说中国一点理论都没有也是不对的。希腊出理论，中国出技术，这是他的看法，但我认为这种看法有道理。分析出理论，综合出技术，是不是也可以这样说：一个是一分为二，要分析；一个是合二而一，要综合；是否能这样说，请同志们考虑。

中国科学院应用数学研究所的吴文俊教授给《九章算经》，写了一篇序言，很值得一读。数学是自然科学的基础，但在东方、中国与希腊乃至欧美各国，对待数学的态度是不同的，怎么不同呢？欧洲对待数学，是从定理、公理出发；中国对待数学是从应用、实用出发。这是一位数学家的观察。吴文俊的观察跟我所思考的问题可以说合得来。从公理、定理出发，就是理论，从理论出发。而我们是在于运用。由此可见，中国与欧洲在研究数学的出发点上也是不一样的，从而也可以看出在自然科学领域内东方文化和西方文化也是根本不同的。是否可以这么说，也请同志们考虑。

至于东方文化，我认为是有的，这是无法否定的，而且与国学也是有联系的。譬方说我们的汉语没有形态变化。19世纪时，马建中写了《马氏文通》，该书是以拉丁文、英文为依据的，马建中认为中国汉语跟西方的语言不一样。尤其到了五四运动，胡适等人，还包括鲁迅在内，他们主张要改革，不是文字改革，而是语言改革。大家知道鲁迅有一句名言：中国人糊涂，思想糊涂，语言糊涂，他的意思是指我们中国的语言不精密，不像英国人那样精密。我们的语言没有形态变化，过去、现在和未来都是一个字，比如我吃，昨天的吃是这个吃字，今天的吃也是这个吃字，明天的吃仍然还是这个吃字，没有变化。他认为这就是不精密。再譬如有人打电话，问对方是哪儿。对方答曰："我是北京大学"。这就不通，你怎么能是北京大学呢？你应该说"我是北京大学某系的某人"，这样就精密了；如果只说"我是北京大学"，这就不精密。其实这么一来，反而啰嗦了，多此一举。胡适和鲁迅当时就主张改革语言，他们当然也主张简化，鲁迅也赞成拉丁化，但他们的目的是要改造语言，将中国的语言改造成像英语那样精密。有一个笑话，年青的同志恐怕不知道，我国过去已有一个"他"字，五四时期又造了三个：一个是人字旁的"他"，表示男人；一个是女字旁的"她"，表示女人；还有一个是牛字旁的"牠"，表示中性。我们虽然都继承下来了，但有其毛病，不如就是一个"他"字更好。比如今天我碰上他们，他们中有一半是男人，一半是女人，究竟要写哪个字（他与她）呢？我觉得这个"他"字不改更好。此外，鲁迅在20年代末翻译书时常用"历史底地"一类的词儿。大家知道历史（History）是名词，Historical是所有格，用底下的底。再加上ly，成为Historically，成了副词写成历史底地。鲁迅等对语言的改革，其实是一出闹剧。解放后，成立了文字改革委员会，我从一开始就参加该项工作，至今已40年了。中间经过了好多过程。后来又经过好多次的沧桑变化，现在仅以拉丁化为辅助，汉字仍然保留。

大家知道，现在有什么模糊语言、模糊数学、模糊逻辑等，几乎所有的学问都模糊了。数学怎么是模糊的呢？数字是很精确的，我也不大懂。模糊语言的道理非常清楚，比如今天天气好，什么叫好？谁也说不出来，千言万语也讲不出好来。今天有阳光，阳光的温度是几十度？多少度才算好啊？是28℃、29℃？怎么也解释不清楚。只说今天天气好，我们听懂了就行了。再比如你比他高，你一定要问什么叫做高？什么叫做低？我们的语言，世界上没有一个地方不模糊的，问题是模糊现象符合宇宙的本象。据自然科学家讲，宇宙间没有哪个东西是完全清楚的，真的没有。百分之百的纯金也没有。“水至清则无鱼，人至察则无徒”！

上面已经讲过，东方是讲整体概念、普遍联系，但西方不讲整体概念，不讲普遍联系。大家知道，头疼医头，脚疼医脚，这是西方的。在中国则不然，你如果头疼的话，可能在脚底下扎针，因为人是一个整体，不能分割的。但在西方的医学里，就是分割开，脑袋是脑袋，脚是脚，截然分开。现在西方又兴起了几种学问，模糊学是其中之一，浑沌学[①]也在其中。他们认为20世纪以来，只有三大学问：即爱因斯坦的“相对论”，第二是“量子力学”，第三就是“浑沌论”。“浑沌论”是自然科学，我也不大懂，不过看过有关介绍。浑沌论是讲世上万物都有普遍联系，是讲整体性，如北京发生的事情，会影响到别处，这就叫“浑沌”。当然其中是很复杂的，我觉得很有意思。西方的科学技术革命，大约与资本主义是同时开始的。为人类做出了极大的贡献，如电灯、电话都是自然科学应用的结果。现在有一个词叫做“科学主义”，“科学主义”就接近迷信。大家知道中国的特异功能，特异功能用自然科学是解释不了的，我们贵州省有一些有特异功能的人曾来京表演，他能在烧红的鏊子上行走而不被烧坏。另外，他还能在用锋利的刀片扎成的梯子上拾级攀登而不伤皮肉。这些现象要作何解释呢？现在看来，西方的自然科学也不是万能的，虽然它曾造福于人类。这一点西方人也是有所感觉的，所以开始从分析转向综合，从越分越细转向模糊，就是要看整体，这就是“整体概念”“普遍联系”。这其实是东方文化的真正内容，最根本的精神。当然，主张“浑沌论”“模糊论”的人与我的解释不一定相同。

东方文化，第一它是存在的，第二我们应该加以弘扬。弘扬我们中华的优秀文化，不能把它说成是民族主义、甚至是民族沙文主义。到了21世纪，东方文化将在世界文化这个领域里起主导的作用，我们并不是要把西方文化加以消灭，那才是傻瓜，也是不可能的。我们要在西方文化发展的基础上再提高一步。我们所有从事科研工作的、所有的学会都面对21世纪的问题，我们亚非学会当然也不能例外，大家都来考虑这些问题，这对我们的工作是很有意义的。

现在我给同志们讲一讲国学问题。国学问题与东方文化有关系，因为国学弘扬了东方文化、弘扬中华民族的优秀文化。北京大学从去年开始研究国学，我们过去有研究国学的传统，后来断了，尤其在文化大革命期间，国学是被打

①现在流行译法为“混沌学”。下面的“浑沌论”应为“混沌论”。——编者注

倒的东西、被认为是影响我们前进的绊脚石。我们东方文化是有些好东西，如中国古书上的一句话：“己所不欲，勿施于人”。能做到这八个字，到共产主义也不过这个水平。类似这么精辟的话多得很。历史上讲宋太祖时赵普曾说过以半部《论语》治天下的话，有人说这是胡说八道，我看实际上用不了半部论语，有几句话就能治天下。我们中央领导同志号召大家要弘扬中华民族的优秀文化，这是很正确的。可是现在有人反对，说什么提倡新国学，其目的就是否定马克思主义，如一些书上就有文章反对东方文化、反对国粹、反对国学。最近《文汇报》开辟专栏，专门讨论国学问题，这很有意义。我觉得我们老祖宗的有些话很有用，当然，我们不是要把封建社会搬到社会主义社会里来，不是这个意思。昨天我接到一封来自通州运河中学的来信，运河中学是非常有名的学校，该校培养了很多有用的人材，1947年朱自清先生曾去该校讲学，现在又邀请我去讲学。该校通过研究国学，通过弘扬中华民族的优秀文化来进行爱国主义教育，我觉得这种做法很好。当然，我们也不能说中国的文化都是精华，没有糟粕，不能那样说。问题是精华和糟粕是非常难分的，有时它还会变化。如孝敬父母的孝，到底是糟粕，还是精华？“五四”时代，孝一定是糟粕，毫无疑问；到了六七十年代，孝还是糟粕；可是到了今天，我们不是还提倡要孝敬父母和尊敬老人吗？我是不赞成《二十四孝》的，但孝敬父母，恐怕到了将来共产主义社会也得孝敬父母，因为父母老了，从人道主义出发也应该得到赡养和尊敬。所以说精华与糟粕有时是不易分清的。

我刚才说过，我思考的问题当然不止这些，倘若要让我讲下去的话，恐怕要讲三天三夜也讲不完。今天就把这些意见提出来，有好些问题连我自己也搞不清楚。总之，对我们亚非学会、对即将来临的21世纪究竟如何研究亚非问题，特别是对东方文化问题提出自己的看法，讲得不对的地方，请同志们批评指正。

谢谢大家。

1994年10月22日

中外文化交流漫谈①

——从西域文化的传入谈起

关于"西域"这个词儿有两种含义。一种是广义的，广义的西域是指古代中国以西的地域（国家），都叫做西域。按唐朝的《大唐西域记》这本书来看，除了中国，印度、巴基斯坦、尼泊尔、伊朗，一直到阿拉伯国家，都叫做西域，面积很大的。这是广义的。狭义的西域，一般来讲，是指今天新疆一带。这广义的和狭义的两个结合起来，有一个特点，中国有名的丝绸之路，就是经过新疆，然后一直到欧洲，到意大利。关于西域，我讲这么几句。

另外，关于文化，什么叫文化？据说，世界上有600个定义，这说明文化的定义没法下。所以在这儿，我不给文化下定义，就讲这么一句话，文化也者，最广义的就是，精神的、物质的，人类创造的一切好东西都叫做文化。我今天讲的文化就是这样一个内容。文化是怎么产生的？有两种说法。一种说，是由一个国家创造的，另一种说法，是由许多国家共同创造的。由一个国家创造的说法，我是不赞成的，也是不可能的。我个人认为，世界民族不论大小，历史不论长短，每一个民族都对人类文化作出了贡献。加起来，就是总的人类文化宝库。文化有一个特点，什么特点呢？就是一旦创造出来，它就要传播，从一个地方到另一个地方，从一个国家到另一个国家，我们今天在生活中间，处处可以看到文化传播的迹象。比如说，我们吃的、穿的、用的，到处都是文化传播的结果。如果没有了文化传播，我们人类的进步就很困难了。现在我举几个具体例子。拿西域来讲，范围那么大，每个国家都讲不可能，我想讲三个

①根据北京大学中国传统文化研究中心、美国南海有限公司主办的中华文化讲座的录音整理。——编者注

大的地区。第一个是印度，第二个是波斯，即伊朗；第三个是阿拉伯国家。按三个地区来讲几点：第一，文化是怎么交流的；第二，文化是怎么传播进来的，中间附带地讲一讲佛教。

一、印度

第一个地区是印度，与中国来往的历史，现在考察起来，恐怕有四五千年了。有历史记载的已经有两千多年了，所以我国同印度的关系，在过去文化互相交流、互相传播，具有很长很长历史的。两国人民都得到了好处，举例子，多得很。所以我们现在语言里面讲和尚为僧人，僧这个字就不是中国字。第二个，尼姑，也不是中国字。还有菩萨、佛爷等，多得很，都不是中国字。这说明中国语言受印度的影响。当然还不止这一点。我们的文学、艺术、宗教、音韵学等都受印度的影响，当然我国也影响了印度。这么多交流，我经常讲是传入。我举一个具体例子。比如我们现在吃的白糖，每天都要吃，大家可能不晓得，糖这个简单东西的背后，隐有一部很复杂的中印人民文化交流的历史。我们中国制糖很早了，最初水平不太高，到唐朝制糖水平还是一般，7世纪唐太宗派人到印度去学习制糖技艺。当时印度制糖技艺较高。从此以后，中国人制糖术有较大提高，结果比印度还好。到明朝，中国的白糖就传回了印度。我举这个具体例子，还多得很，当然我们从印度传过来的东西还不限于它。此不多举。

二、伊朗

第二个地区（区域），是今天的伊朗，过去我们叫波斯。这个国家与我国也有长久和友好交往的关系，有长久的文化交流的关系。也举糖为例。在我国后汉三国的书籍中有常见的一个词，叫西极石蜜，或西国石蜜。石，石头的石；蜜，蜂蜜的蜜，石蜜就是甜的，说明它是硬的，要不然不叫石头。所以后汉三国时期一直到六朝，糖，叫做西极石蜜，或西国石蜜。可大家不知道，西国西极，不知道是什么地方。据我自己研究，西国或西极主要指波斯，就是现在的伊朗。说当时伊朗制的糖很有特点，所以就传到中国来了。中国起个名字，叫西国石蜜或西极石蜜。当然从波斯传过来的东西还多得很，因为现在有好多，特别是我们中国的丝织品里的图案，在新疆这一带，一直到丝绸之路整个沿线，波斯的图案，到处可以看出来这个特点。所以，我们同波斯，即今天的伊朗，在过去历史上也有过很长的文化交流的历史，我们学习了很多东西。举个例子，北京养的茉莉花，喝的茉莉花茶，很香的，这个两字看起来很简单，茉莉花茶也是很多人喜欢喝的，可是背后也隐有一段很长、非常复杂、非常长的文化交流的历史。什么意思呢？茉莉这两个字，来自印度，译作“茉莉加”，后来中国习惯了第三个字往往省掉，叫做茉莉。后来传到伊朗，又从伊朗传到中国来，称做茉莉花。这是其中一个例子。

再如我们夏天吃的杏，巴旦杏。这巴旦呢，大家听着很奇怪。这巴旦不像个汉语字。这巴旦也是波斯的，也是伊朗的。实际我们吃的菠菜，菠菜的背后也隐有一个非常复杂的背景。有人说是从尼泊尔来的，有的说是印度来的，有的说是波斯（伊朗）来的。但无论如何它不是中国自产的菜。我举这个小的例子，什么意思呢？从我们生活里面很小的东西中研究起来，很有学问。就说明我们人类文化交流的重要，我们向别的国家学习，它的精神文明、物质文明，我们都学习，同时，别的国家也向我们学习。这样一来，我们人类就能进步。人类文化就能提高。这很简单的事情，平常不注意。关于波斯，我就讲这么多。

三、阿拉伯国家

第三个地区是阿拉伯国家，阿拉伯国家到现在大家也知道，它不是一个国家，而是很多国家，印度是一个国家，伊朗是一个国家，阿拉伯不是一个国家，而是一个地区，古代中国叫它大食。大家都知道阿拉伯，回教是从阿拉伯传进来的，实际上，穆罕默德出生并不太早，生于中国南北朝宋齐梁陈的陈时，经过隋到唐初创立回教，然后传到中国来。到今天中国56个民族中有好多民族信仰回教，就是伊斯兰教。

阿拉伯国家，就像印度、伊朗一样，与中国具有很长的文化交流的历史，中国有名的丝绸之路的名字就是从此来的，别的国家不产丝绸，就中国产。因为丝绸经过这条路一直传到欧洲。在唐朝，就有文字记载，说中国与阿拉伯国家打了一仗，中国败了，好多工匠就被俘获到阿拉伯去了，传授丝绸技术，过去它们是没有这一技术的，后来阿拉伯国家就有了丝绸。这说明阿拉伯同中国有长远的文化交流的关系。下面还以糖为例。

为什么还要讲糖呢？大家觉得奇怪。第一，糖是全世界各国人民每天都吃的小东西，小中见大，仔细研究研究，小东西背后有意义很深的文化交流的关系。糖，中国有，印度有，伊朗有，阿拉伯也有。在元朝，意大利有个人叫马可·波罗。马可·波罗到中国来，在中国做官，达17年，回到意大利以后，写了一本书叫《马可·波罗游记》。书中讲到，他看到在福建，阿拉伯人教中国人制糖。什么意思呢？除了向印度人学习之外，我们向伊朗学习，也向阿拉伯学习。刚才我说过，阿拉伯是一个很大的地区，巴比伦，有两种地方，一种是埃及的开罗，另外一种是伊拉克，有争论，究竟是伊拉克还是埃及，不是古代的巴比伦，据最新的研究，可能就是指开罗的一个地区，或者甚至于不是开罗的一个地区，甚至于一直到巴格达、伊拉克，整个地区叫巴比伦。现在的位置，不必争，究竟是开罗，还是巴格达，不要紧，都是阿拉伯国家。马可·波罗在《马可·波罗游记》中记载，在中国福建，福建是产甘蔗的地方，他看到阿拉伯人教中国人制糖。这个事情，中国书籍中也有记载。这个问题，说来说去，就是强调如何小中见大。我们中国学来学去，学了什么东西呢？我正在写一本书就叫《糖史》，我对制糖技术不懂，也没有什么兴趣，我的目的在于文化交流。我的研究大概是这样的。最初，我国甘蔗制糖，比较粗糙，就像现在的红糖。红糖经过熬、炼，颜色就渐渐变白了，白糖也制成了。当然，今天的白糖是机器生产，跟过去不是一回事；过去的白糖达不到今天的水平。中国的白糖是从印度来的，印度又向中国学习。如果埃及或者伊拉克制的糖很白，所以后来我们也向他们学习。总的来说，糖的颜色由深到浅，由粗到精，越来越好的过程。举例是为了说明，人类的生活离不开文化交流。离开了文化交流，我们的生活就会非常单调，也不可想象。如果没有糖吃，我们能够想象吗？如果没有茉莉花，我们能够想象吗？如果没有菠菜，我们能够想象吗？例子多得很，最近几年北京就可以看出来了，我们也引进了好多的外国的蔬菜。过去，北京冬天吃菜很困难，近年，特别是今年北京蔬菜并不困难。有好多外国菜，这也是我们眼前文化交流的表现，这是我的看法。

我讲这篇东西有什么意义？我表面讲的是文化交流，而且举了很多例子，来阐明什么叫文化交流，但是我觉得这是现象，我的根本用意在于讲，爱国主义与国际主义相结合。今天，我们全国上下都在讲爱国主义，对青年进行教育，要进行爱国主义、社会主义、集体主义教育，爱国主义摆在第一位。前天，我在北师大参加了一个座谈会，就讲中国文化、中国传统文化与教育什么关系，当时我就讲了这个意见，说是中国传统文化最重要的一点就是爱国主义。爱国主义，据我理解，有两种，一种是真的，一种是假的。现在一般人，把两者混淆起来了，这两个其实有很大的区别，我们民族被压迫被侵略，它起来抵抗，这种爱国主义是正义的，是真正的爱国主义。另外一种民族，它侵略别人，压迫别人，它要高喊爱国主义，这种爱国主义，我认为是非正义的。他们爱国主义的真正目的就是欺压别人，压迫别人，剥削别人，这是假的。中国过去讲的爱国主义是真的，岳飞、文天祥、史可法等，这都是在外敌侵略我们的时候，我们不惜自己的性命，像文天祥、岳飞，来捍卫祖国，这是真正的爱国主义。像希特勒、日本军国主义者东条英机，他们讲的爱国主义是假的。希特勒想侵略别人，征服世界，东条英机想建大东亚共荣圈，也是侵略别人，也是征服世界，它是假的。我讲的是真的爱国主义。

真的爱国主义，与国际主义什么关系？大家也许认为，你讲爱国主义的话，就跟国际主义有矛盾。我认为，假的爱国主义一定与国际主义有矛盾，绝对的。真的爱国主义，一定与国际主义完全符合，为什么呢？譬如说，我爱我的国家，我不侵犯别人，我也赞成别人爱他自己的国家，这样的话，我们的誓言不就达成了吗？人类的生活不就美满了吗？这不就叫国际主义吗？所以我认为，真正的国际主义与真正的爱国主义一点没矛盾。我们今天讲这个问题，就是符合真正国际主义的爱国主义，二者完全一致的。

今天早晨，我参加了一个会，关于长城学会，长城学会源于长城，长城必然产生这样一个问题，长城学是干吗的？秦始皇以前修长城，一直到清代，还在修，究竟起什么作用？大家对长城意见很多，有的反对，有的赞成，可是邓小平同志讲的"爱我中华，修我长城"，这仍然是爱国，长城是中华民族的统一的象征。我自己解释，我觉得，一个国家修长城，就证明这个国家不想侵犯别人。如果他想侵略别人的话，修什么长城！修长城的目的是抵抗外寇，抵抗外国的侵略。举个例子，法国修马其诺防线，结果让希特勒打垮了，而希特勒，他就绝对不会修马其诺防线，为什么呢？因为他要侵略别人，他企图侵略别的国家。所以我们中国的长城，就是中国一种爱和平，希望我们国家能够安定团结、稳固，建设我们自己的国家，修长城是为了有效抵御外国侵略者，其目的绝对不是侵略。要想侵略的话，不用修长城。有人讲，古代中国修长城是为了抵御少数民族的入侵，是由于汉族与少数民族有矛盾。而今，中华民族是一个多民族的大家庭。过去，北方的辽、金、契丹，再更早的什么匈奴、什么突厥等少数民族多得很。今天变成我们的兄弟民族。可当时是我们的敌国。否则，文天祥、岳飞就不能成为一个伟大的爱国者。那是兄弟民族自己打自己。当时金、元的的确确是敌人。因此文天祥、岳飞才能成为一个伟大的爱国者。这个问题是非常清楚的。虽然这样，我的目的是非常明确的。在中国，我们讲爱国主义，也赞成别的国家讲爱国主义，真正的爱国主义就是不侵略别人。当然也不容许别人侵略我们。这样一来的话，这就是国际主义。我始终相信，人类前途是光明的，不管今天形势是多么复杂，总的前途是光明的。人类不管有什么形式，不管有多少时间，将来一定会走入大同之日。这是我的信念。

谢谢大家。

附录：中外文化交流漫谈（文集版）

——从西域文化的传入谈起

“西域”这个词儿的含义并不是固定的。约略言之，可以有广狭二义。广义的西域包括古代中国以西的地域，没有什么一定的边际。唐代高僧玄奘的《大唐西域记》，讲到了今天的新疆一带一直到印度、巴基斯坦、孟加拉国、尼泊尔、斯里兰卡、阿富汗、伊朗，甚至阿拉伯的一些地方。狭义的西域则多半指今天新疆一带。

西域地处欧亚大陆中间偏东的地带，有名的丝绸之路就横贯此地，自古以来就是东西文化交流的地方。人类在过去几千年的历史上共创造了四大文化体系。这四大文化体系在新疆交汇，在全世界这是唯一的一个地方。只从这一点上来看，西域之重要概可想见。

纵横十万里，上下五千年，地球上有很多很多的民族，民族有大有小，历史有长有短，但几乎每一个民族都创造了自己的文化。文化绝对不是哪一个民族单独创造的。说文化是一个天之骄子的民族创造的，是法西斯论调。历史事实是，几乎每一个民族都对人类文化共同的宝库做出了自己的贡献。

文化有一个特点：一旦产生，它就要传播，在民族内部传播，又传播到民族地区以外去，这就形成了文化交流。通过文化交流，民族间弃短取长，互相调剂，互相补充，把许多民族的智慧汇集在一起，又从而发扬光大之，才形成了今天世界上这种五彩缤纷、绚丽夺目的文化，使全人类皆蒙受其利。

这里所说的“西域文化”，主要是指广义的西域，因为狭义的西域本地产生的文化不很显著，它主要是一个文化交流会通的地方。世界四大文化在这里汇流后，又向东方传播。“西域文化”就是汇流在这里的文化。要想讲这种文化的传播，必须追溯其根源，不能以狭义的西域为出发点。

追溯西域文化的根源，十分复杂。就其大者而言之，不外三途：一是印度，包括南亚地区的一些国家；二是伊朗，即中国古代史书上的波斯；三是阿拉伯国家，即中国古代史书上的大食。我在下面分别加以叙述。

印　度

中印文化交流，源远流长，头绪万端，其延续时间之长，内容之丰富，彼此所受的影响之大，在整个人类历史上，都可以说是独一无二的。因此，世界上许多国家的学者，特别是中国和印度两国的学者，专门研究中印文化交流史者颇不乏人。我自己在这方面也做了一些工作。中印文化交流的内容，千言万语也难于说得清楚。我在这里只能极其简略地加以叙述。

佛教的传入

谈中印文化交流，首当其冲的就是佛教的传入。

我们对于佛教以及其他的宗教，应该有一个客观的实事求是的看法，过去那种批、批、批的做法不见得是正确的。对佛教我们应该一分为二。它有它的糟粕，这不容怀疑。但也有一些积极的方面。中国的儒学素来是辟佛的，但是，事实上许多儒家的大学者都学过佛，佛教的教义以及分析问题的方法，对他们产生了深刻的影响。口头上是辟，骨子里是吸收。中国哲学史上的光辉的顶点之一的宋明理学，大家都知道，是吸收了佛教的一些东西，才能成其大，才能成其深。此外，佛教还带来了不少副产品。中国如果没有佛教的话，我们的文学，我们的建筑艺术，我们的绘画艺术，我们的雕塑艺术，决不会发展成今天这个样子。古诗说："天下名山僧占多。"没有佛教，就没有僧；没有僧，就没有现在这样多的佛教庙宇。对我们今天的旅游事业，也会有极大的影响。这一点一想就能明白。

佛祖释迦牟尼的诞生地实际上是在尼泊尔境内。他后来游行传教多在印度境内。所以我们一般都说印度佛教。这个说法不全面。

至于佛教传入中国的时间，确切日期我们还说不出来。一般的说法是，汉明帝永平年间（58—76）派人到西域去求法。这位皇帝夜梦神人，身有日光，飞在殿前。于是派人到大月氏写佛经四十二章，在洛阳城西起佛寺白马寺。这个说法是靠不住的。佛教传入中国的确切时间，我们现在还说不出。但是，在大月氏写经却可能有历史根据。大月氏这个游牧民族当时正住在大夏（Bactria），到大夏去抄写佛经，很有可能。据我的研究结果，佛教最初传入中国都是通过陆路，途径共有两条：

一、印度→大夏（大月氏）→中国①

二、印度→中亚新疆小国→中国②

最近有人主张所谓“南传佛教”，并倡言有考古发掘工作为证。其实这是颇为玄乎的。一则“南传佛教”这个词儿易生误会，因为一般说“南传佛教”指的是从印度传向南方斯里兰卡以及缅甸和泰国的巴利文小乘佛教。二则从汉译最原始的佛教术语来看，没有一点南方的色彩。

印度在精神文明和物质文明方面影响中国

在精神文明方面最突出的例子就是佛教。此外在天文、历算、文学、艺术等等方面，印度对中国的影响也是彰明昭著的。一直到今天，我们的语言中还有不少从印度来的词汇，比如佛、菩萨、僧人、尼姑等等一系列的宗教术语，仍然是老百姓嘴里常常使用的。这方面的例子太多，我无法一一列举。

在物质文明方面，印度同样对中国有巨大的影响。这情况同样表现在词汇上。我们常说的“玻璃”“琉璃”等词儿，最初也是印度传来的。但是，最初的玻璃、琉璃等等，同我们现在常说的不是一码事。世界语言发展的历史证明了，词义是能够变动的。

这方面的例子也太多，我也无法一一列举。我现在只举一个例子，是一般人不注意的。这个例子就是糖。

糖是我们今天天天吃的东西，看起来微末不足道，不值得去伤脑筋。但是其背后却隐藏着一部持续时间很久、内容异常曲折、头绪纷繁的文化交流史。它牵涉到很多国家，我在这里先谈中国同印度的关系。

中国古代有蔗（最初写作“柘”）而无糖，蔗只饮蔗汁。古代的“饴”是用粮食熬制成的。“糖”这个字本身出现得比较晚，《说文》中没有此字。用蔗

①指当时以长安为京都的汉朝廷辖区。——编者注

②指中亚新疆一带当时存在的一些小政权。——编者注

汁熬糖，大概在南北朝时期才有，工艺比较粗糙。到了唐太宗贞观二十一年(647年)，太宗派人到摩揭陀（印度的一部分）去学习熬糖法，“即诏扬州上诸蔗，拃沈如其剂，色味愈西域远甚。”（《新唐书》，221上《摩揭陀》）这里有几点需要加以解释。“诸蔗”，亦作“藷蔗”，指的就是甘蔗。从印度学来了熬糖法，诏扬州贡上甘蔗，然后按照印度的配方榨甘蔗汁，熬糖，结果无论是在颜色方面（更白了），还是在味道方面（更甜了），都远远地超过了印度。

这可以说是中国制糖史上的一个里程碑，但是中国的熬糖法还不就到此为止。以后中国又从波斯学习，从埃及和伊拉克学，从西洋（明代的“西洋”和那以后的“西洋”）学习，熬糖技术日臻完善。明末，中国的白砂糖已经输出国外了。

波斯（伊朗）

在西域诸国中第二个对中国有巨大影响的国家是波斯。

伊朗是文明古国，历史极长，成就极大，在西域时盛时衰，起过重要的作用。伊朗文化对中国的影响，也可以分为精神文明和物质文明两部分。在精神文明方面，伊朗的摩尼教在西域一带兴盛过一阵，后来也传入了中国。这个宗教同佛教不一样，兴盛过一段时间以后，逐渐衰微，终至灭亡。传到了中国以后，也是如夏夜的流星一样，在一些地区有过信徒。后来也消亡了。摩尼教的许多经典残卷，在中国新疆一带被发掘出来。另外一个伊朗的宗教祆教，也传入中国，后来也灭亡了。伊朗宗教在中国留下了影响和痕迹，在建筑和艺术上有所表露。中国农民起义很多，有的利用宗教的形式，其中也有伊朗宗教。中国古籍中所谓“吃菜事魔”者就是。

伊朗艺术的风格和图案，在丝绸之路上，影响极大。在中国境内的一些洞窟中、壁画上都有伊朗的影响。

在物质文明方面，我首先还是讲一讲糖。从汉末起，中国古籍中就出现了“石蜜”这个词儿。石蜜是一种蔗糖，估计比较硬，所以名之以“石”。同“石蜜”相联系的不是“西国”，就是“西极”，足征这是外国来的。唐代一些《本草》中常说：石蜜，西戎、波斯来者良。可见这东西是从波斯来的。唐代大历年间（766—780），四川遂宁来了一个“西僧”邹和尚，教当地农民制糖霜。不必实有其人，不能说没有其事。我怀疑，这个和尚来自伊朗。如果没有这个人的话，这件事也与波斯有关。

石蜜以外，还有一些植物和矿物从波斯传入中国。我们今天所食用的一些菜蔬和果品，我们是食而不思。实际上每一种菜蔬和果品的背后都隐藏着一部交流传播史。有时候，我们只知道，它是外来的东西；但是，究竟是从哪一个国家来的呢？我们却往往说不清楚。今天我们的舶来品往往冠以“洋”字，比如洋葱、洋火腿、洋酒、洋烟等等。古时候这一类外来的东西往往冠以“海”字、“胡”字，比如洋药称为“海药”，又有“胡桃”等带“胡”字的东西。有时候也冠以“番”字，比如番茄等等。30年代北京称西餐为“番菜”。从波斯来的或者在传播过程中同波斯有某些瓜葛的果菜花木颇多。我现在只举几个例子：苜蓿、葡萄、胡桃、安石榴、胡荽、黄瓜、胡葱、红花、茉莉、指甲花、五倍子、胡椒、诃黎勒、菠菜、巴旦杏、无花果、水仙、西瓜、胡萝卜等等。

此外，从波斯传入中国的还有锦缎、氍毹和其他一些纺织品，还有一些矿物石、翡翠之类。

阿拉伯国家

中国同阿拉伯国家的文化交流也是源远流长的。至迟到了汉代，中国就同阿拉伯有了往来，当时还不叫阿拉伯。到了唐代，中阿交通达到了顶点，中国古代史籍中的“大食”，就是阿拉伯国家。回教在唐初传入中国，到了今天，中国56个民族中有不少是穆斯林。阿拉伯国家的旅行家，有几个也到过中国，在他们的游记中记载着中国的情况。

在这样的情况下，阿拉伯的精神文明和物质文明当然会传入中国，产生了重大的影响。首先我想举的例子仍然是糖，这我在上面讲到印度和伊朗时已经讲过了。

古代的埃及和伊拉克的熬糖术达到了相当高的水平。根据《马可波罗游记》和其他的材料，阿拉伯的熬糖技术也传到了中国。在制糖方面，所谓技术高低主要表现在两个方面：色与味。颜色是越来越白，味道是越来越醇而且甜，因为杂质被熬掉了。一部中国制糖史就是沿着这个方向向前发展的。

此外，阿拉伯的动、植、矿物有一些也传到了中国。根据中外历史资料，我选几个比较重要的介绍一下：

动物：马、“大食国马解人语”、鸵鸟、大尾羊、胡羊、羚羊、木乃伊、珊

瑚树、珠、象牙、腽肭脐、龙涎

植物：石榴、人木、阿芙蓉（鸦片）、熏陆香（乳香）、骐驎竭、苏合香、无食子（没食子）、诃黎勒、金颜香、栀子花、蔷薇水、丁香、阿魏、芦荟、押不卢、火牛刺把都

矿物：马脑、无名异、琉璃、回回、石头、红石头、绿石头、鸦鹘、猫睛、甸子、火油

此外，阿拉伯的天文历算也影响了中国。

我在上面极其简略地介绍了西域文化东渐和佛教、回教传入中国的情况。这不是学术论文，我不能详征博引，我只是给大家介绍一个轮廓，让大家了解中国同西域文化交流的情况而已。

了解文化交流的情况有什么意义呢？

这是值得我们三思的一个问题。有一个简单的事实，就摆在我们每一个人的面前：如果我们中国在历史上没有从印度、伊朗、阿拉伯国家以及其他的西域地区或国家接受我在上面叙述的那样一些精神文明和物质文明的东西，今天我们的文化，我们的日常生活将会是一个什么样子？我们简直连想也不敢想。只此一点就足以证明文化交流有多么重大的意义。我在最近几年来的一些文章中，屡次提到了一个观点：文化交流是推动人类社会前进的动力之一。这一点还有什么可怀疑的地方吗？

我个人觉得，这一点认识异常重要。这一方面可以提高我们的爱国心，另一方面又能激发我们的国际主义精神。把爱国主义和国际主义恰当地结合起来，我们的工作就能够做好，我们就能够无往而不利了。

1994年1月30日写完

（选自《季羡林文集》第十四卷）

长城与中华民族的民族性[1]

……

我觉得，真正的爱国主义一是不允许别的国家侵略自己，二是也决不侵略别的国家，所以我说，真正的爱国主义与国际主义是密切相连的。

我讲这些话同长城有什么关系呢？同我讲的真正的爱国主义又有什么关系呢？我认为，二者之间有密切的联系。

既然中国在几千年的历史上时时都有外敌，应付的方法只有两种：一种是不顾自己人民的死活，当然更不顾敌方人民的死活，破釜沉舟，与敌人血战，争个你死我活。一种是防御退避，尽量挡住外敌的入侵，让自己的人民过上太平的日子。中国人在几千年中所采取的对策基本上是后者，是第二种：防御退避。

长城就是这种政策的最具体的表现。

如果还不明白的话，我可以举一个近代的欧洲的例子。法国为了防御入侵，费了极大的力量，花了极多极多的钱，用了很多年的时间，修筑了举世闻名的马其诺防线。但是希特勒等法西斯头子，侵略成性，他决不会修什么防线，而是处心积虑，只想进攻，只想侵略，只想杀人。我并无意谴责德国人民。我只是说，法西斯头子是侵略成性，至于德国人民，他们同法国人民一样，也是爱好和平的民族。

讲到这里，我的主题已经非常清楚了：中华民族由于爱好和平成性，才在极长的历史时期，一个朝代接一个朝代，在北方修筑了万里长城，成为世界上的奇迹。长城充分地体现了中华民族爱好和平的本性。这并不是我作为一个中

①本文是作者于1994年9月23日在北京长城国际学术研讨会开幕式上的讲话，前半部分内容因与其他文章雷同，故删。——编者注

国人的自吹自擂，理智和常识会告诉任何一个国家的人：这是事实。

今天我们正处在20世纪的世纪末。大家都看到了，全世界多处战火飞腾，有些国家的人民处于水深火热之中。这个事实是完全违反全世界爱好和平的人民的意愿的。我们中华民族本着我们根深蒂固的爱好和平的民族性，热烈拥护和平。我们的社会制度决定了我们决不会侵略别人。但是，我们也决不能容忍别人侵略自己。我们现在开这样一个会，其目的无非是促进友谊，促进了解，促进合作，促进和平，为中国人民造福，为世界各国人民造福。我相信，这是今天到会的各国代表们的共识。让我们共同携手前进，为了一个共同的目标而努力吧。

1994年9月6日

陈寅恪先生的爱国主义①

各位来宾、朋友们：

刚才主席让我作学术演讲。我本来就有点惶恐。这样一来的话我更加惶恐了，为什么呢？因为作为陈先生的弟子，我对陈先生的道德文章学习得相当不好，在座的好多陈先生的弟子都比我强，今天安排我来讲话，胡守为同志给我讲过几次，一定要我讲。我说我不行，现在又来了一个学术报告，实在是不敢当。我也没有什么稿子。昨天下午我才开始考虑这个问题，因此我的很多看法是昨天才形成的，也就是说，昨天下午才把整个的今天要讲话的大体框架完成，因此，我讲的话，恐怕很多地方是外行，请大家指正。

我今天讲，也要有个题目，我想讲讲“陈寅恪先生的爱国主义”。这个题目是怎么来的呢？大家都知道，陈先生一家，从陈先生的祖父陈宝箴先生开始就是爱国的，散原老人是爱国的，陈先生是爱国的，陈先生的第四代流求、美延和流求、美延的下一代，我想都是爱国的。四代、五代爱国的，起码三代。英法联军攻进北京，火烧圆明园，当时陈宝箴先生在城里，看到火光，痛哭流涕。大家都知道，散原老人实际上是因为日本侵略中国，老人拒绝服药、拒绝吃饭而去世的。这个大家都知道。那么，陈先生的爱国主义表现在什么地方？我想就这个题目，谈点我个人的看法，这里面牵涉到《柳如是别传》。

爱国主义这个词是很好的词，大家一听爱国主义啊，都是不会批判的，因为每个民族都有权利爱自己的国家。这几年呢，我就考虑爱国主义，词是个好词，可是我就考虑这又和我们市场上的货物一样。有真货，有假货，有冒牌的。我就说爱国主义应该区分两种：一种真正的，一种假冒伪劣的。这个区别

①广州中山大学于1994年9月举办了“纪念陈寅恪教授学术讨论会”，会议主旨为“《柳如是别传》与国学研究传统”。本文系季先生在此次讨论会上的发言。——编者注

并不难，大家知道，日本侵略中国，中国人，不管是国民党还是共产党，都要抗日的。这个大家没有否定。那么日本人也高呼爱国主义，东条英机高呼爱国。但是把中国的爱国主义与日本的爱国主义一对比，中间的区别是很大的。因此我就想，真正的爱国主义是正义的爱国主义，应该是这么一个样子，它不允许别的民族侵略自己，这是一；第二，也不侵略别的民族。因此，我认为真正的爱国主义与国际主义是相联系的。假的爱国主义就是侵略别人、压迫别人，然后反而高呼爱国。我干脆举日本军国主义为例，再举的话也容易：希特勒就是。希特勒的爱国主义喊得雷一般响，但却对别的国家发起了闪电战。他爱什么国呢？他爱他的法西斯国家，侵略别人，压迫别人，奴役别人。所以爱国主义应该分成这么两种，其道理是比较容易懂的，这我就不多说了。这真正的爱国主义呢，就是我刚才讲的陈宝箴先生、陈散原老人、寅恪先生的，为什么呢？因为它是抵抗外寇、不允许别的民族侵略自己，是正义的。后来我又想这个问题，恐怕正义的爱国主义又应当分为两个层次：一般人，我们中国人受别人侵略，我们起来反抗，爱我们的国家，我觉得这个是我们应该歌颂的、赞扬的。但我觉得这种爱国主义是一般的，层次不高；层次更高的是与文化联系起来。我想陈先生在所撰的《王观堂先生挽词》的序，大家都看过，序很短，可是道理很深刻。怎么说呢，王静安先生与陈先生的岁数虽有差别，环境也不一样，可是两个人的关系真是心心相印、息息相关，“心有灵犀一点通”。诗中讲：“回思寒夜话明昌，相对南冠泣数行。”从中可以知道，当年陈先生与王观堂先生在清华大学工字厅寒夜中谈论过去的事，所以二人相对流泪，二人的感情是完全一致的。为什么？我今天想解释这个问题，我觉得这个问题实质上就是高层次的爱国主义。陈先生的这段挽词同在清华立的碑上的碑文（也出自陈先生之手）内容差不多，碑文也很短，讲的问题就是众所周知的中国文化。我们高喊弘扬中华民族的优秀文化。我们中华民族优秀文化究竟表现在什么地方，大家各自的看法可能不尽一致，我自己感觉到中华民族优秀文化的一个表现就是爱国主义。这一点我在北京已经讲过，可能有些同志不同意我的看法。我的看法也不是瞎想的。我不专门搞哲学，严格讲也不专门搞历史。但是喜欢胡思乱想。我想中国的爱国主义者，像中国汉朝的苏武、宋朝的岳飞及文天祥、明代的戚继光、史可法等，都是我们熟悉的。所以，我们中国的历史上，从汉朝一直到清有一系列爱国主义人物，深入人心。这种情况在别的国家很少见，我在欧洲呆了好多年，因此了解一点，欧洲如举一个著名的爱国者就不好举，什么原因呢？在座的都是历史学家，也有搞外国历史的，都清楚。原因很简单，我们是实事求是的，这是我们中国历史所决定的。中国这个国家非常奇怪。立国几千年，我们天朝大国，按道理讲，我们这样一个国家，在封建社会，那个天子、皇帝享有至高无上的权威，只允许侵略别人，不允许别人侵略，应该能够这么讲。可事实并不是这样子，大家都知道，从先秦的周代等时期开始，中国就被当时称为“蛮夷戎狄”的少数民族所侵扰；秦朝，秦始皇是一个了不起的人物，为了抵御北方的匈奴，他主持修筑长城。当然长城并不只是秦始皇时代才修筑的，在战国时期就修了。长城的修筑，有效地抵御了匈奴的侵扰；到了汉代，开国之主刘邦也被匈奴包围于平城；后来汉武帝时几员著名大将，跟匈奴作战，打了几个胜仗。可无论如何，北方的威胁却始终没有解除。曹操时，北方威胁仍存；到了五胡乱华时代则更不必说了。唐朝是一个了不起的朝代，唐太宗李世民的父亲李渊却对突厥秘密称臣。后来，唐太宗觉得称臣于突厥不大光彩，想方设法掩盖这个事实。整个唐代，北方的威胁一直没有解除；到了宋朝那就更清楚了，先是辽，后来是金。北宋两个皇帝徽宗、钦宗让人俘虏。这在中国历史上是很少见的。后来宋廷偏安于中国东南一隅。到了元朝，其统治民族蒙古是我们今天的兄弟民族，在当时不能这样看，蒙古在灭宋以前，已经建成了一个大帝国。我们不能把古代现代化。中华民族这个包括56个民族的大家庭，是在中国共产党领导下才明确形成的。清朝，满族今天也是我们的兄弟民族，当时清朝的文化与我们不一样。当然，清朝一入关就汉化，可毕竟是另一个文化体系。

总而言之，我认为中国之所以产生爱国主义，就因为有外敌，而且一直没断，原来一直在北方，后来是东方，主要是倭寇，西方最厉害的是明朝末年从澳门进来的西方资本主义国家，后来形成了帝国主义。还有南方。东西南北都有外敌。我们讲历史唯物主义，要讲事实，存在决定意识，在这种情况下中国必然产生爱国主义，而这种爱国主义必然是正确的。当然，我们也不能说，中国封建社会以皇帝为代表的统治阶级没有侵略别人，这话是不对的。中国汉族也侵略了别的不少民族，这是不能否定的。可总起来的话，是御外敌的。这是历史决定的，不是中华民族天生就爱国，这也不符合历史情况。欧洲则不是这种情况，欧洲长期是乱七八糟的，建国时间又短。美国的情况更特殊，它建国以来，基本上没有外敌，所以美国讲爱国主义，我不知道怎么爱法。这是我信口谈来。由此，我就想陈先生在给王观堂所撰的挽词前的短序中讲了这么一个想法：中华文化是三纲六纪。三纲六纪，据我的体会，里面就包括了爱国主义精神。如“君为臣纲”，说君臣这一纲，陈先生举了一个例子，“君为李煜亦期之以刘秀”，意思就是，人君的贤与否，无关重要。他只是一个符号，一个象征，他象征的是文化，象征的是国家。陈先生又讲，三纲六纪是抽象理想。文化是抽象的，抽象的东西必然有所寄托，陈先生原文作“依托”。一个是依托者，一个是被依托者。文化三纲六纪是抽象的，抽象的本身表现不出来，它必然要依托他物，依托什么东西呢？陈先生讲的是社会制度，特别是经济制度，总起来就是国家。文化必然依托国家，然后才能表现，依托者没有所依托者不能表现，因此，文化与国家成为了同义词。再回过头来，王国维先生之所以自杀，当时外面议论很多，陈寅恪先生认为他不是为了具体的人，不是忠于清王室或宣统皇帝，认为他忠于清朝或宣统皇帝不过是流俗之见。王国维先生之所以执意自杀，就是因为他是这个文化所化之人，文化本身有一个依托——国，以王国维先生而言，这个依托就是清朝。所以，清朝是他的文化理想的依托者。后来陈先生讲十七年（1911—1928），从辛亥革命起，清朝灭亡，受清朝文化所化的最高代表王国维先生，这个国家不能存在了，按陈先生之意，所依托者一旦不能存在，文化也不能存在。那么，为这个文化所化之人也必然不能存在。所以，陈先生认为王静安先生之所以自杀是因为他所依托的那个国不能存在了，具体的东西不存在了，抽象的文化也无法依存，于是执意自杀。

那么，陈先生为什么与王国维先生心心相通？陈先生为什么写《柳如是别传》，这就是我的解释。中国外来文化，第一个是佛教，佛教有一个特点，就是它是不依靠武力而传播到中国的；后来元朝文化进入中国，靠的是武力；清朝文化亦然。日本人侵略中国，背后有武力。这二者之间的很大不同是，有些外来文化传入中国，不依靠武力，有的则依靠武力。就明末清初而言，正是满族文化与汉族文化冲突很剧烈的一个时期，在这个时期，钱牧斋与柳如是及其他一大批文化人首当其冲。他们的心态，是为中国的汉族文化所化之人的心态。当明朝这个代表文化、使之具体化的国家不存在了，所依托的人，一批自杀了。钱牧斋虽说没有自杀，可是他的心态看得出。到了后来辛亥革命彻底推翻了封建王朝，这又是一个文化大变革的时期。王国维先生与陈先生均生活于当时，故陈先生对王先生之所以执意自杀，不同于流俗的那种解释，而是从文化的角度去看。因此，我说爱国主义有两个层次：一般的层次是我爱我的国家，不允许别人侵略；更高层次的则是陈先生式的爱国、王国维先生式的爱国。

有一个问题是近来常谈的。我看本次与会论文中也有，讲陈先生的诗中含有悲观主义情绪，调子不是那么乐观的。为什么呢？还有一个问题，大家都说陈先生是一位考据大师，这话一点也不错。考据这个学问到了陈先生手中得心应手，是到家了。那么，陈先生的考据与乾嘉朴学大师的有没有区别呢？我看区别很大。陈先生为人，不慕荣利，不与人争，大家都很容易误认为陈先生是“两耳不闻窗外事，一心只读圣贤书”，不关心时事的。实际上，在座的各位陈先生的弟子都知道，陈先生绝不是那种人，陈先生是一位感情非常丰富，对自己的国家、人民非常爱护的人。他非常关心时事，他不仅关心过去的时事，也关心现在的时事。陈先生诗中，有古典，有今典，还有佛典，很复杂，我们甚至可以这么说，陈先生的所有著作中，都有一种感情，表面看起来是泛泛的考证。考证是无懈可击的，但考证里面有感情，乾嘉大师们就做不到这点，也不可能做到，二者所处的环境不一样。所以，我们了解、学习陈先生，一方面是学习他的考证、他的学术成就；另一方面，应学习他寄托在考证中的感情，他的每一篇论文（著），特别是《柳如是别传》，他的思想、感情寄托在里面。表面上看起来是繁琐考证：人名、地名，或者日期，核心却是爱国、爱文化。陈先生在1929年写了一首诗，送给北大历史系的学生，诗曰：“群趋东瀛受国史，神州士夫羞欲死”，说学习中国史却要到日本去学，后来，陈先生寄望于北大历史系学生，希望他们一洗这一耻辱，这当然是爱国主义的表现。我看在这里爱国主义也有两种解释，一种是爱我的国家，一般的；一种是高层次的，爱我们的文化，陈先生此诗，包含高、低两层次的含义。

陈先生之所以在晚年费那么大的力量，克服那么大的困难来写《柳如是别传》，绝对不是为了考证而考证，从陈先生的考证，我们可以学习很多东西，不仅限于此。陈先生真正的感情，真正的对中国文化的感情，都在里面。

解放以后，陈先生也写了不少的诗，外面有很多传说，陈先生在诗中是否对现实都满意呢？我认为这不可能，我甚至可以这么说，任何时代的政治也不能为当时的人百分之百地完全接受，我想将来也不会。陈先生的诗十分难懂，周一良先生讲过几次，的确是非常难懂，有些话不能直说，婉转地说，用典，所用的典也很冷僻，很难查。陈先生诗中表现的感情，我觉得并不奇怪，若在50年代，我还不能这样讲，经过了45年，陈先生的想法未必不正确。他忧国忧民，才如此作想。若他对我们的国家、我们的文化根本毫不在意，他就绝对不会写这样的诗。歌颂我们的国家是爱国，对我们的国家不满也是爱国，这是我的看法。若陈先生是真的不爱国的话，他就根本不会做学问、写诗。这正如当时某些上海人所说的“国事管他娘，打打麻将”。对国家漠不关心，才会这样；而陈先生的关心，就是爱国的表现，不管这个国正确不正确。

中山大学多次召开纪念陈寅恪先生的学术讨论会，我觉得非常英明，这为我们活着的人和下一代的人树立了一个爱国主义的榜样，应该得到最高的赞扬。我已说过，历史不是我的本行，所以，今天所讲，是我的乱想乱讲，说得不对的，请大家批评，谢谢大家。

季羡林按：

我这一篇发言，既无讲稿，连提纲也没有。中大历史系的同志们，根据录音，整理成这个样子，实在不容易，应当向他们致谢。我看了一遍，只作了极小的改动。原来的口气都保留了。

1994年10月26日

在儒家文化与现代企业管理研讨会上的发言①

我对企业完全不懂，讲话也没稿子，我们开会讲儒家文化，什么叫儒家文化？首先这问题要解决，否则就不能解决其他问题，我看了好多文章，讲儒家文化的内容，五花八门，从我来说，因为不是内行，“初生之犊不怕虎”，我就是这样的人，我就是这样敢想，想得也许很荒谬。1927年，著名学者王国维先生在颐和园自杀，代表儒家文化的没落，后来我的老师陈寅恪先生写了一首挽词，非常出名，在前面有个序（1927年），怎么讲的呢？他说，中国文化之定义，“三纲六纪”。这本书我在读书时就注意了，觉得非常奇怪，怎么说中国文化是“三纲六纪”？这些年，我又看了一遍这篇文章，才感到它里面有非常深刻的意义。什么叫“三纲”呢？君臣一纲，父子一纲，夫妻一纲，这叫三纲。什么叫“六纪”呢？诸父，诸舅，族人，朋友，师长，兄弟。三纲六纪就把一个人在社会中能发生关系的人都讲了。讲得很全面，但是里面显然有糟粕，一看其中没有女性，男为主，女为辅，男尊女卑显然是落后的，这且不管了，当时的女子是没有地位的，“三纲六纪”，一个人在社会中可以发生的人际关系的各方面都有了。大家考虑考虑，还有没有没有的？都有了。问题是如何处理好这九种社会关系，是中国文化所关心的。我的意思是说明，中国文化的根本，就在于处理人际关系。人是第一，人本主义。最近我看几篇文章讲欧洲的人文主义，与我们的人本主义不是一码事，我们中国从来都是人为第一，西方的人文主义到文艺复兴时才发现了人，不能同我们的混为一谈。总之我们讲儒家，

①此是季羡林先生1995年5月18日在北大举办的儒家文化与现代企业管理研讨会上的讲话。——编者注

就是想处理好社会关系，只有处理好社会关系，社会才能安宁，才会发展，当然处理的好坏，不一定都好。中国历史上天下大势，合久必分，分久必合，也打仗，但最主要的，还是统一。中国的统一是我们历史的主流，大家可以算一算，统一的时间长，还是分裂的时间长，这一点非常值得注意，中国儒家文化的重点是人，要处理好人际关系，只有处理好，才能团结，才能巩固，才能进步。另外一点，对个人来讲，叫做格致、诚正、修齐、治平。“格”是“格物”，“致”是“致知”；“诚”是“诚意”，“正”是“正心”；修身、齐家、治国、平天下，从一个人的修养，直到平天下，有一系列的讲法。这问题非常有意思，我们小的时候念书，有一门课，中小学都有，现在没了，非常可惜，叫“修身”；还有一门课，叫“乡土”，现在没了，也非常可惜。山东有山东的乡土，具体到一县有一县的“乡土”，这同爱国主义有紧密联系，你要知道本县、本省、本国可爱在什么地方。我们为什么要爱国？为什么不爱不行？我们讲爱国主义，就应该从“乡土”讲起，了解我们中华民族确实伟大，确实值得爱，到这时候爱国主义才是真的。最近大家在电视中看到，北京大学一些学生，搞了修身运动，我刚一听有点吃惊，为什么？“修身”这个老名词，学生怎么又捡起来了。我再一想也不奇怪，社会发展到今天，同学不一定知道要学那一套东西。学生感觉到自己应该修，若没有就不会发起这个运动。这运动不是党、政、老师指挥的，是自发的，我想非常有意思，今天的青年非常可爱。为什么要修身？因为人和动物的区别是，动物只有本能，它不能够控制自己的欲望。人是有理智的，比如吃东西，如果另外一个比你更需要这份食物，那么在人性的支配下，我们会把东西让给更需要的人吃。话又说回来了，我们学习儒家文化，重心就是解决人的问题，它讲不讲竞争？我看中国并不是不讲竞争，像考秀才、举人，那都是竞争的事情。例如，书、画都是有品级的，说明儒家不是不鼓励竞争的。比如市场经济，企业竞争是其中一个很重要的成分。竞争，关键是看你怎么去竞争。一种竞争是非法的、不合理的，一种是合理的。我了解到这么一个问题，像北京有这么几个老字号，例如“全聚德”的烤鸭，为什么这些老字号经过了几百年，一直到现在，还是常盛不衰，这就是竞争得来的。我总感觉到其中一点就是要保证质量、信誉。现在我们的商店都挂出了过去的招牌；“童叟无欺”，即对小孩、老人都不欺骗。我刚才说的北京市的这许多有名的商号，都有质量保证，这质量保证不是一天、一时的事。现在我们有些企业，一开始的时候，都是非常好的，所以现在我们得出一个经验，说你要吃馆子，哪个馆子刚开你就去，过了两个礼拜你就别去了。这样是不行的，这样的话，“全聚德”不会开到现在。没有竞争就没有进步，竞争也要讲合理的手段。很多同志对我提起过，我们的儒家思想对新加坡、韩国、日本影响都很大。我们国内很奇怪，道理我也说不出来。我听说日本的丰田公司就非常善于利用人际关系。丰田有好几万职工，它能使每个员工都感觉到自己是企业的主人，当然职工的工作积极性就来了。如果让员工感觉到自己是企业的奴隶，受别人指挥，那么积极性从哪里来呢？我觉得吴总（吴谢冈，深圳超顺集团总裁）刚才讲的很有道理，为什么一个企业几千人，能够凝聚在一起？昨天晚上我和吴总谈了一下，我说我没有什么了不起的研究，我讲就是要处理好人际关系，讲民主、讲道德。今天，我感觉到在座的许多学者对此深有研究，讲儒家，我们说是文化，讲企业，我们说是经济。文化与经济的关系，过去有一种说法：“文化搭台，经济唱戏”，这种说法我并不反对。而我的意思是，真正的理想，是“文化搭台，经济唱戏；经济搭台，文化唱戏”。文化与经济相结合，那么文化能发展，经济也能发展。我看吴总走的就是这条路，我希望今后多出几个吴总这样的有眼光、有文化的企业家，那么中国建设有特点的社会主义市场经济就一定能够成功。谢谢大家！

1995年5月18日
北京大学

西方不亮东方亮[1]

同志们，原来我讲好的是，十个八个人在一起座谈，随便讲点什么。结果，这个架势一摆（指安排季先生坐在台上），非高高在上不行了。在车上我跟他们两位（宋柏年、刘蓓蓓）说讲什么东西，我说希望先听听大家的意见，他们说讲一讲文化什么的和跟你们学院有关系的一些事情。刚才杨院长也说了，不是什么正式的报告。我就根据在车上那个几分钟的灵感，来谈一点我的感想。

大家知道，我并不是搞什么文化思想的，我的出身是搞西洋文学的，后来乱七八糟搞点语言、文化、佛教、科技什么的也涉及了，是杂家，样样通，样样松，不行。要说特点呢，我喜欢胡思乱想。最近也写过几篇文章，是胡思乱想的结果。这胡思乱想有个好处，为什么？因为真正的专家呀，他不敢随便说话。他怕。我不是什么专家，所以我敢说话，就跟打乒乓球一样，我没有心理负担。现在我就讲一点儿我的看法，当然，把所有的想法都讲出来也不可能，占大家太多时间。

第一个就讲他们两位在路上讲到的文化热，眼前我们中国研究文化的一些情况。这个问题不是现在才开始的，大概是几年前吧，提出了弘扬中华民族优秀文化这个口号，得到了全国人民、海外华人华裔甚至不是华人的外国人的赞同。这证明这个口号提得正确。什么原因呢？就是我们弘扬中华民族优秀的文化，这绝对不是什么狭隘的民族主义。因为我们都认为，外国的一些有识之士，也认为我们的优秀文化中间有些东西，不但对中国有利，对世界也有利，所以我们要弘扬。因此，我自己感觉，这口号提出来以后，这爱国主义和国际主义，完全可以结合起来。有人把国际主义跟爱国主义对立，我感觉到，真正

①本文是季先生1995年5月9日在北京外国语大学中文学院所作的讲演。——编者注

的爱国主义就是国际主义，真正的国际主义就是爱国主义。我们这个口号就具体体现了这个关系。

据说现在全世界给文化下的定义有500多个，这说明，没法下定义。这个东西啊，我们认为人文科学跟自然科学不一样，有的是最好不下定义，自然科学像“直线是两点间最短的线”，非常简单，非常明了，谁也反对不了。而我认为社会科学不是这样的，所以文化的定义我想最好还是不下。当然，现在好多人写文章，还在非常努力地下定义，这个不过是在500个定义外再添一个定义，501、502，一点问题不解决，所以我个人理解的文化就是非常广义的，就是精神方面、物质方面对人民有好处的，就叫做文化。文化一大部分呢，就保留在古代的典籍里边，五经四书呀，二十四史呀，中国的典籍呀，按照数量来讲，世界第一，这是毫无问题的；按质量来讲，我看也可以说是世界第一。大部分保留在典籍里，当然也有一部分不是保留在典籍里边，比如说长城，长城文化。长城是具体的东西。现在的文化，吃的盐巴也是文化，什么都是文化。这个正确不正确，我也不敢说，我说这是不是太过分了，什么都是文化，虽然这个没什么坏处，说明大家对文化重视。不用说别的，就是从我们古代文献里边，好多话，到今天非常值得我们深思。大家也知道，宋代赵普以半部《论语》治天下，从前年轻的时候我也很怀疑，我说一个人怎么能够以半部《论语》治天下呢？我到了望九之年了，我现在感觉到其实用不着半部《论语》，有几句话就能治天下。例如像大家举的“己所不欲，勿施于人”，这个想法，这句话能办到，我看不仅中国大治，世界也大治，世界和平就有了保证。这一句话就够了。又如“先天下之忧而忧，后天下之乐而乐”，你到了共产主义也无非是这个境界吧。

今天中午我看《大公报》，现在的日本大使，他就讲，“近者悦，远者来”。我后来听说我们国家一个领导人到印度去访问，人家总理就讲这个教育重要，说教育是“十年树木，百年树人”，引的我们中国的。后来这位领导人到了巴基斯坦，他们的总理（女总理）引用的也是中国的话。我不是说古籍里说的话全对，这个不可能的，有精华也有糟粕。这是必然的。可是精华毕竟多于糟粕。像这种话，我不是说别的国家就没有，不能那么说，我也不说我们中华民族是世界上独一无二的。“文化是我们创造的”，这是希特勒的论调，文化不是哪一个民族创造的，是大家共同创造的。我们古代典籍里边，就是片言只字，你只要认真体会，就能对今天有帮助。这种话多极了。《论语》我们都念过，当时念《论语》莫名其妙，后来，解放后也批判《论语》，真是莫名其妙。现在你想一想呢，这里边有些话确实是那么回事。对我们今天有用。所以林语堂，写了一本书叫《中国的智慧》(*The Chinese Wisdom*)，它就是讲这个，选中国古代典籍里边非常精粹的，叫做中国的智慧。再回到我刚才说的，是弘扬中华民族优秀文化，我说不但对中国有用，对世界也有用。大家都能做到的话，这世界会变好的。当然这种想法就是“乌托邦”，不可能的。不过无论如何，这种智慧代表我们老祖宗对社会的看法，对人生的看法，是非常正确的。

有一次开会，碰到那个萧克将军。大家也知道萧克，他是炎黄文化研究会的执行副会长，他讲中国文化中有精华，当然也有糟粕，他说孔子讲“唯女子与小人之为难养也，近之则不逊，远之则怨”。他说这就是看不起妇女吧，这句话是对的。当时在孔子那个时代，妇女恐怕是地位很低的。不过，我也跟他讲，这句话里边还有一半是对的。说小人那半对的，说妇女是错了，不应该那么讲，后来他也同意。这样我也感觉到，我们弘扬文化，我刚才说，得到全世界，不但是华裔华侨，而且是外国人的赞扬，我是说有识之士，不是一般人，一般的西方人还没到这个水平。

再说我们中国，跟这个有联系的是讲国学。国学嘛，好像是北大带了个头，《人民日报》大家也看了吧，去年有一篇文章，讲国学在燕园悄悄地兴起。实际上国学有一大部分就是讲我们的优秀文化，我们搞国学的目的也不是什么复古主义，跟那个不沾边儿。可现在呢，大家注意到没有？就是在这方面，要用“文化大革命”的词儿啊，叫做什么呢，叫做阶级斗争新动向。现在就是有人这么讲，说搞国学就是对抗马克思主义。这话我最初听说时，大吃一惊，我说国学怎么能对抗马克思主义呢，可是确实有人这么说了，而且有文章，大家要是愿意看的话呢，去年，哪一月忘记了，《哲学研究》上有一篇文章就是这观点。也有人写文章配以漫画来讽刺国学研究。所以，问题就是我们认为正确的，人家不一定认为正确。咱们人文科学就这么复杂。这个问题请同志们注意，这种文章以后还会有，这种讲话以后也会有。我的看法呢，说搞国学就是对抗马克思主义，这根本不沾边儿，应该说是发扬发展马克思主义，这就对头了。不沾边儿，怎么对抗呢，好像是我们一提倡国学就是复古主义。

现在整个的社会，不但中国，而且是全世界，都是西方文化占垄断地位。这是事实，眼前哪里不是西方文化？电灯电话，楼上楼下，就说我们这穿的，从头顶到鞋，全是西方化了。这个西化不是坏事情，问题是怎么对待这个现象。现在，我们学界，你讲那个西化大家没人反对，不管你怎么西化，没人反对；你讲“东化”，就有人大为恼火。这“东化”报纸上没有这个词儿，是我发明的。不用说别的，我记得是1827年，还是清朝，歌德，德国那个大文学家，当时应该说歌德是西方文化的代表人物，他在1827年1月30日，跟爱克曼谈话，讲一个什么问题呢，就讲中国的《好逑传》。《好逑传》这本书，中国最多能够摆在《今古奇观》里边，跟那个同等水平。歌德呢，看了那个翻译，是法文翻译是拉丁文呢，我忘记了，就大为赞美，说中国这个文化了不起。《好逑传》，从这个名字你就能知道，是讲才子佳人的。他讲什么呢，歌德讲，你看在这个屋子里面，这个公子跟小姐在那里谈情说爱，可是坐怀不乱，伦理道德水平高。另外天井里面，那个鱼缸里面的金鱼，在那里悠然自得，在那里玩，说中国这个天、人完全和谐，一点儿没矛盾。虽然是讲才子佳人，这种书咱们有一大批，歌德当然不知道，当时欧洲也不可能知道，一大批，可以说是已经公式化了。可他认为了不起，他批评当时法国一个最著名的诗人，就说是写伦理道德啊，就写这个男女关系，若跟中国一比啊，简直是天上地下，中国好得不得了。1827年，不是很早的，不是汉唐，汉唐那时候确实东化，当时在汉唐，世界的文化中心、经济中心是中国。到了法国，大家知道的伏尔泰，对中国也是推崇备至。莱布尼茨也是对中国的《易经》推崇备至。歌德比他们还晚。到了1827年，还这样赞美中国。据我的看法，到了1840年，鸦片战争以后，用现在的话讲就是纸老虎，被戳破了，于是乎中国的威望、中国的文化，在欧洲人眼中，一落千丈。鸦片战争是转折点，在1840年。当然在1840年前，中国已经有一批人，感到闭关锁国是不正确的。比如魏源，大家知道魏源的《海国图志》，《海国图志》这本书，写作是在鸦片战争以前，鸦片战争以后才出齐，最后有一百卷，一大堆。这本书应该说当时是了不起的。可这本书产生的作用，在中国远远不如日本。一向有人讲，日本在1868年明治维新，受这个影响，其中主要之一就是《海国图志》，但是《海国图志》在中国并没有产生这么大影响，一直到19世纪末年洋务派，好像也没有给它了不起的地位。就说这个东方文化、西方文化，眼前，我刚才说了，是西方文化主宰世界。这个我们否定不了。我刚才说，也是件好事。这是西方产业革命以后，也不过几百年里发展起来的，一方面我们人民得到了好处，当然一方面也得到了灾难，这同时啊，这好处与灾难，老子讲辩证法讲得非常好，“福兮祸所伏，祸兮福所倚”，祸福是辩证的。世界往往是这样的，好东西中往往有坏东西，就说西化，我刚才说，我们现在人为什么能够人为地使年龄越来越老，我看跟西方的物质文明、西方的科学技术是分不开的。不能不承认这一点。但是，它有它的缺点。

远的不讲，同志们你们有没有注意《参考消息》，就是《参考消息》，不是什么很难得的报纸，你们注意一下就知道，现在科学技术的发展，导致了对自然的破坏，生态平衡的破坏，世界要变暖，种种种种，这些东西啊，都跟西方的科学技术有关系。所以我就说，好东西跟坏东西有时候很难分。那么我们现在在这个科学技术方面，起步比较晚，也有我们的好处，就是过去的人走过的错路，我们可以不走。可对这个认识，大家很不一致，就是东化西化的问题，我看到了21世纪，我们应该提倡东化。现在在这方面有几种看法。一种看法呢就是，我写过几篇文章，也在几个地方讲过，我说21世纪是东方文化的世纪。我到现在还这么讲。说这话，因为我自己是东方人，有点王婆卖瓜自卖自夸，可是这个意见西方人也有，比如汤因比，英国的汤因比，他那本书译过来叫《历史研究》，很大的本子，三本，大家有兴趣可以看一看。他就主张这样，他就主张世界的文化，他不叫文化，他叫文明，civilization，不是culture，这两个字的差别先不讲，又有相同之处，又有不同之处。文化跟文明，汤因比用的是civilization。他把人类的文明，过去的，所有的，5000年以内的，分为23个或26个，他认为任何文明都不能万岁千秋，它有成长过程。有人讲，他是进化论的看法，你不管它是什么论，反正这是历史事实证明了的，一种文化，不能永远万世长存，任何文化，它总是要变的。我们讲辩证法，辩证法的核心，就是一切都要变，这谁也否定不了的。文化、文明也是这样的。欧洲有些国家得到好多殖民地，自己以为了不起，1914年打了一次世界大战，结果自己打自己，都是白种人打白种人，基本上是。所以1918年以后，欧洲有识之士，他们觉得有点问题，他们说，我们的文化这么了不起，我们是天之骄子，为什么我们自己打自己？一死几千万。所以当时，就在“一战”以后，就出了一本书。德国人斯宾格勒写的，叫《西方的没落》，就是西方文化的沦亡，它就讲这个道理。可到了20年代后期。来了一个反动，首先是墨索里尼，其次是希特勒，把这本书，在图书馆里边都拿去烧掉。我们现在有翻译。然后是30年代，法西斯在欧洲横行霸道的时候。到了1939年，又来了个第二次世界大战。这一次比上一次多了两年，死的人多了几千万。所以在这以后，西方人脑袋里面又有问题了，说我们怎么又打，“二战”基本上也是自己打自己，东方也沾点儿边，所以在这个时候又出了许多书。汤因比的思想可以代表这个时期的。

这世界无非是这样的，东方不亮西方亮。那西方不行的话呢，就看东方。所以要向东方学习。这个话呢，我感觉到，作为一个学术来讨论也可以，没有什么关系，就是不要扣帽子。可现在我们学术界，就这么个现象，别的界我先不说，就说语言学界。你讲西化，他是百依百顺，你讲东化，他认为你大逆不道。我觉得很奇怪，为什么不能东化呢？为什么？这道理讲不通啊。他说什么呢，他说现在中国的语言理论，谁也没建立起来，没有。像欧洲的大家，近代的乔姆斯基（Chomsky）什么的这一批，都有，这证明我们不行。文学界讲文艺理论，还没有一个这么具体的例子，不过问题差不多。就是现在欧洲文学界，他们有理论，一天变一遍，一天变一遍，蟪蛄不知春秋。可是我们中国就在后边跟，老赶，老也赶不上，我们这里提倡的，人家那里已经下台了，人家那里上台的时候我们不知道。等到我们知道时，人家那里下台了。有人大概就这么讲，我们中国为什么就不能创立新的文艺理论？这正好有个道理，你讲文艺理论基础，讲文艺理论在中国是历史最长，经典最丰富。古希腊，当然很了不起，不过，古希腊的文化后来中断了，我们中国的没有中断。按道理讲去，我们本来有这个能力，在旧的基础上来创造新的文艺理论，本来应该有的。像《文心雕龙》那种书，现在你读起来，还是感觉到里边内容非常的丰富，意见非常的深刻。后来是诗话，中国研究文艺理论很有意思，整个一本书讲文艺理论的比较少，像《文心雕龙》那样的书比较少，主要观点在诗话里边。几乎每个诗人都有诗话。昨天晚上我看了一本书，就讲，韩国也通行诗话，日本也是。诗话差不多是讲故事，在故事里边提出文艺见解。形式上非常有意思。

这样我就感觉到，现在，21世纪快开始了，20世纪末，我们现在考虑问题，应该更远一点，不能局限于眼前。另外呢，就是要客观一点，还有一个就是不要给人随便扣帽子，什么反马克思主义啦，民族复古主义啦，这个帽了最好不要用。有一位，是一位老教授，写文章给别人扣帽子，我就跟他开了个小玩笑，我说我不主张给人家扣帽子，我说如果要给你扣的话呢，现在就有一顶，就摆在这儿，民族虚无主义。其实我给他扣的帽子，就是民族虚无主义，我说话，拐了点弯，就说他实在叫人看不下去，你只要讲中国行，他就反对，讲中国不行，他就高兴。这种心理真是莫名其妙。

在车上谈到一个问题，就是你们院里的工作，我想跟我讲的有关系。有什么关系呢？就是，你们是外国语大学，是这外国语大学里边的中文学院，那么你们的任务呢，一方面，教中国学生汉文，另外一方面呢，教外国学生汉文。这表面上看起来没有什么深文奥义，实际上讲起来还是很有意思的。这话怎么讲呢？现在我感觉到我们中国，我刚才说的，就是崇洋媚外比较严重，社会上，商标，你要讲一个古典的，没人买，你换一个什么艾利斯怪利斯什么什么有点洋味的，立刻就有人买。这个毫无办法，这是社会风气。可是问题就是这样，我考虑这样一个问题，我们中国，孙子讲“知己知彼，百战不殆”，就是什么事情，一要了解自己，一个要了解对方。打仗也是这样的，念书也是这样的。那么在这个问题上，拿中国的学者来说（在座的都在内），就我们中国的老中青的学者说，对西方的了解，比西方人对中国的了解，究竟谁高谁低很清楚，我们对他们的了解，应该说是相当地深，相当地广；反过来，西方对我们的了解，除了几个汉学家以外，简直是幼儿园的水平。听说现在到法国，还有人不知道鲁迅，就说明他们对我们毫无了解。在思想上就觉得你们没有什么东西，现在是我们的天下，我觉得这里边就有危机。要真正知道自己有自知之明，恐怕也要了解别人，这也属于自知之明的范畴之内的。他们一不想了解，二不了解。结果我们这方面呢，我们对西方应该说是了解得非常深非常透。看不出来，只看到背面、消极面，社会上的崇洋媚外，有时候讲看起来头疼，这是消极面。好的一面，我们对我们的对立面——我不说敌人——的了解，比他们对我们的了解，不知道要胜过多少，将来有朝一日，我们这个优势会产生很大的效果。同志们你们考虑考虑，是不是这个问题？所以，我就感觉到像我们做这样的工作，特别像你们外国语大学中文学院，恐怕有双重任务。除了你们以外，我认为搞人文科学的都一样，其实自然科学也一样，一个是拿来，鲁迅的拿来主义，一个是送出去。拿来，完全正确的，现在我们确实拿来了，拿来的也不少，好的坏的都拿来了，你像艾滋病也拿来了。送去，我觉得我们做得很不够，很不够，比如外国人不了解中国，这主要原因当然是外国人本人，他们自己，他们瞧不起我们。另外呢，我们工作也得负责任，就是我们对外宣传、对外弘扬我们中华民族的优秀文化，工作做得不到家。

有一件事情，我始终认为很值得思考的，就是诺贝尔奖金。诺贝尔奖金，大家都认为是了不起的，以为得诺贝尔奖金就可以入文学史了。过去我也这么想过。可是到今天，为什么我们一个诺贝尔奖也没有得呢？大江健三郎，这个人我认识，50年代，他大学还没毕业时随代表团来北大访问过。代表团也见了我。在座的有研究日本文学的吗？大江健三郎那时候来的，我不是说他不应该得，我看瑞典科学院，对大江健三郎的评价还是很高的，就说这个人应该得诺贝尔奖金，我不是说他不应该。这是第一。第二个问题就是，过去得诺贝尔奖金的，从1900年还是1901年开始，到现在将近快100年了吧。得诺贝尔奖金的确实有大家，这是不能否定的，将来能够传世的大家，当然确实也有不但不是大家，二流也不够，就是那个赛珍珠，我很有意见，《黄土地》那书我也看过，我是从艺术方面说的，那个书没有什么艺术性，它能得诺贝尔奖金，中国的得不了。后来我听说马悦然是瑞典科学院管这个的，说话算数的，他跟别人讲，他说中国之所以没有得诺贝尔奖金，就因为中国文学作品的翻译不好。这是胡说八道的事情，你并没有规定你这种文学作品要翻译成哪种语言哪，那么世界上得诺贝尔奖金的，除了英文，意德法的，都翻译得好吗？我就感觉到诺贝尔奖金，这个大家也承认，政治性是很强的，对我们这个社会主义国家，对当年的苏联，都是歧视的。前几天有一次会上我也讲，我们中国有些出版社，或者我们中国的学术界，用不着大声疾呼来宣传诺贝尔奖金。好多出版社利用诺贝尔奖金来做生意，宣传诺贝尔奖金的作品集，又是每个人的介绍，我看大可不必，而且这个东西，从这里看起来它很不公正。这是顺便讲的，因为大家也是搞这个的。下一个问题是送出去，拿来我们会，但送去怎么送？有各种各样的办法，如你们呢，眼前就有留学生，北大也有一批留学生，就是送去的对象，让人家了解我们。当然让人家了解我们的目的也不是什么民族狭隘主义。人与人之间相互了解，对将来世界和平也有好处，我觉得这是国际主义，不是狭隘的民族主义。说我们文化就高于一切，不是这么回事。一个拿来，一个送去。我想，我们这两方面的工作都应该做好。占大家的时间太多了，谢谢大家！

东方文化要重现辉煌①

中国和印度是世界上两个人口最多的国家。这个事实，全世界都看到了，都承认了。但是，有一事实，即我们这两个伟大的国家文化交流已经超过两千多年，从来没有中断过——这个事实在世界上还没有引起人们的注意。最近，我在思考一个问题，即人类社会总是要向前发展的，要进步的。但进步的动力和原因是什么？对这个问题似乎有不同的见解。我个人认为，文化交流是其中最重要的动力之一。中印两个伟大的国家在两千多年里互相学习，这对两国的发展和进步起了重要作用。今天讲"回顾"，我们有一个非常美好的、非常有意义的历史值得回顾。那么，"展望"怎么样呢？

许多学者认为西方文化为人类创造了巨大的福利，做出很大贡献，这是不能否定的；但是，其中一些弊端也已经渐渐地显露出来，大家都看得到，比如生态环境的破坏，臭氧层的破坏，新疾病的产生，人口的爆炸，等等，等等。如果人类解决不好这些弊端中的任何一个，人类前途就会有困难。这不是夸大。

那么，问题怎样解决？我个人认为，我们东方的思想是一个很好的出路，中国和印度都有一个"天人合一"（Unification of the nature and mankind）的思想，印度叫"Brahmātmaikyam"（梵我一如）。这是哲学名词，解释起来也很简单。西方主张征服自然，把自然作为对立面甚至敌人进行征服。征服的结果产生了上述我所说的那些弊病。我们人类的衣食住行等所有东西都取自于大自然。索取的方法，我们东方与西方不一样。西方的方式是，你不给我，我就征服你。我们东方的主张是，向自然索取的同时，把自然当作朋友、兄弟。这种

①根据文章内容，本篇应该是一篇讲演，但无法核实具体时间与地点，现据整理日期，排序如此。——编者注

认识西方一些科学家像施本格勒、汤因比已经注意到了。

再过几年就是21世纪了。在21世纪，我们人类应该认识到西方自然科学带来的弊端。认识固然重要，但重要的是行动。刚才我讲的东方的思想，我们也没有很好实践。21世纪，需要以我们中国和印度为首的东方国家不仅能够“知道"，并且能够“行动”。我并不否定西方工业革命之后的几百年光辉历史，这是事实。我们要在西方文化发展的基础上，再把人类文化提高一步。我是说东方文化要重现辉煌。

刚才我听索尼娅·甘地夫人介绍了拉吉夫·甘地总理的想法，我是完全同意的。希望我们在展望21世纪时，不但要“知”，而且要“行”。知，就是知天人合一，梵我一如。“行”，就是行动起来。在西方几百年文化的基础上，发扬东方文明，使整个人类文明更上一层楼。

1996年8月27日

（《季羡林全集》第八卷）

毫不利己　专门利人[①]

今天，我怀着非常崇敬的心情参加这个座谈会。我认识翰老将近半个世纪，我们在许多场合，在社会活动、国际活动中，都在一起工作。表面上看起来，我们是朋友，实际上，在我的心中我始终认为翰老是我的老师。通常我们中国人评论一个人物，跟欧洲人的标准稍有不同。我们讲道德文章，把道德放在前面，把文章放在后面。这是我个人的想法，跟欧洲人不大一样。翰老的文章我不敢说，现在我只讲翰老的道德，我不能讲全面，只讲一件事。像我们这批较年老的人，最重要的是看他对青年是什么态度。我们的事业是长江后浪推前浪，世上新人接后人。我们的事业要前进，必须要有继承人，有后来人。我们对年轻人是什么态度，至关重要。翰老在这方面给我们树立了榜样。我只举一件事，譬如教英文。翰老那么大的年龄，每天忙着教英文，到翰老那里学英文的不下几百人。毛泽东同志讲毫不利己专门利人。专门利人这句话很容易讲，可是一个人能达到这个境界非常不容易，从翰老这件小事来看，完全做到了毫不利己专门利人。为了培养我们的后一代，希望能接我们老一代的班，使社会向前发展，这件事非常不简单。翰老无所图，只希望把所掌握的知识完全无保留地教给年轻人，从大的方面做到毫不利己专门利人，很值得我们学习。

今天翰老百岁华诞，一个人百岁很难。北京大学确实出百岁老人，我们的马老即马寅初先生是百岁老人，还有一个是我的老师文特，美国人，地地道道活了一百岁。翰老原来是北大教授，也是一百岁。现在一百岁是起点，下一步要做茶寿，即一百零八岁。我们讲老年人要健康长寿，光长寿还不够，还要健

①此是季羡林先生1996年10月25日在人民大会堂参加中国社会科学院举办的“庆祝陈翰笙同志百岁华诞暨学术活动60周年”会议上的讲话。——编者注

康。翰老身体很健康，看起来很精神。我们希望并祝贺翰老活得更长寿，对我们国家，对培养青年，做出更多的贡献。我要永远向您学习。

对21世纪人文学科建设的几点意见①

首先我要向大家表示抱歉，让我来邵逸夫科学馆报告厅作报告，很怕耽搁大家的时间。另外，我想简单说一说，为什么我是山东大学校友。这话说起来有点跟历史一样：1926年我15岁，1928年我17岁，我在山东大学附设高中（当时在北园白鹤庄）念书，所以我现在算是山大校友，当时我们校长是前清状元王寿彭。这件事交代完了以后，就来作我的所谓报告。昨天，我的学生，也是我的朋友，《文史哲》杂志主编蔡德贵教授“突然袭击”，说今天让我作报告。说句老实话，我没有这个思想准备。而他是这样讲的，您愿讲什么就讲什么，这就麻烦了。他给我出一个题，作八股好作，让我愿意讲什么就讲什么，这是一个天大的难题，因为我脑袋里乱七八糟的东西，古今中外的，杂七杂八什么都有。究竟讲什么？昨天晚上我就考虑这个问题。我想今天是不是结合我们这个讨论会，面向21世纪的人文学科建设这个总的方向，谈一谈我的几点意见。

我这个意见嘛，现在争论很大。学术上有争论的是好事，如果发表一个意见，没有人理，那最寂寞，最难过，有争论好。什么问题呢？就是中、西文化。

我这个人是搞语言的，很死板。清朝桐城派有义理、辞章、考据三门学问，我对义理最没有兴趣。可是到了晚年，却突然“老年忽发少年狂”，考虑

①1997年10月4—6日，《文史哲》编辑部和山东大学文学院、历史文化学院、哲学系、古籍整理研究所、山东大学出版社等单位联合发起召开了“面向21世纪的人文学科建设暨季羡林学术思想研讨会”，季羡林教授应邀出席会议，并发表演讲，就人文学科在21世纪的发展进行了预测，对青年学子如何适应未来世界的发展提出了殷切的希望。本文是根据录音整理而成的，全文已经季先生审阅，文中误记之处也由先生一一改正。——编者注

义理就多了。我没有受过什么严格的训练，因为我讨厌这个东西。不过现在想起的问题，都跟义理有关。首先，是中西文化。中西文化有区别，这个大家都承认，可是讲中西文化有区别，不是现在才开始。在唐朝初年，也就是穆斯林运动开始的时候，大家知道，穆罕默德，按时代来讲，生在中国的陈朝，跨过隋，隋只有几十年，到唐初他才逝世。没有穆罕默德，就没有穆斯林，没有伊斯兰。在伊斯兰教初期，也就是相当于在中国的唐代初期，7世纪，在阿拉伯国家，在伊朗（那时叫波斯），流传着一个说法。一个什么说法呢？就是世界的民族，只有两个民族有文化，一个是中国，一个是古代希腊。这话也没有错。可又说，希腊人只有一只眼睛，中国人有两只眼睛。这就是一个价值判断，就说明我们中国比希腊高。他们为什么这么讲呢？他们说希腊人只有理论，没有技术。这话也对，世界上几大发明希腊都是一点没沾边。中国呢，是只有技术，没有理论。这句话应该做点小小的纠正，中国也有理论，他们说得太绝对了。我们的四大发明一直到现在，在全世界起那么大的作用，希腊没有。因此就说中国人有两只眼睛。在7世纪，在阿拉伯国家，在伊朗，有这种说法，必然有它的根据。根据我在这里就不讲了。

这样，我就感觉到，中、西文化有区别的说法，不是现在才开始的。1300年以前，就开始了。区别到底在什么地方呢？根据我的经验、胡思乱想的结果，感觉到中、西文化既然叫文化，必然有共同的地方，不成问题。物质、精神两个方面，为人类造福，这就是文化。这个中、西都一样，没有什么差别。可区别在什么地方呢？区别就在于中、西思维模式、思维方式不一样。西方思维模式的基础是分析，什么东西都分析，一分为二，万世不竭。东方呢，思维模式是综合。综合是八个字：整体概念，普遍联系，这叫综合。举例子很简单，西医，要是头痛了，他给你敷上一块湿凉手巾，这就是我们说的头痛医头。中国呢，头痛了，他给你在下边，在涌泉穴扎针，中国是头痛医脚，西方是头痛治头。这就表现出我们是拿人作为一个整体，整体概念，普遍联系，头与脚是有联系的。我们有大宇宙、小宇宙，人是小宇宙。从这儿开始，我想中、西文化是有区别的。后来，我看了一本书，是中国科学院一个有名的数学家，大数学家吴文俊教授，他给《九章算术》写了一篇序，他就讲，数学（吴文俊教授并不搞哲学，也不搞什么中西文化，他就是数学家），东方的数学与西方的不一样。西方的数学，从公理出发，亚里士多德三段论法：凡人必死，张三人也，故张三必死。它从公理出发。立一公理：凡人必死，凡人怎么怎么样，下面演绎。中国呢，是从问题出发，从实际出发，所以中国数学的发展，不是从公理来的，是从问题来的，是从实际来的。这是吴文俊先生的意见。后来有一次，我们在一起开会，吴文俊教授也参加了。他不搞文化，也不搞中西文化，这证明不但人文社会科学中、西不一样，就连自然科学也是中、西不一样。这个不一样，并不是说中国就能2+2=5，不是这个意思，而是说西方是从公理出发，中国是从问题出发，从实际出发。因此我更对自己的想法沾沾自喜。梁漱溟先生20年代初写过一部《东西文化及其哲学》，很出名，他讲的跟我们讲的不一样，他那个“西”，是把印度放在中间。我在这里考虑，我们“东”，包括印度、阿拉伯国家在内，相当于东方。我们东方思维，就是综合的，普遍联系，整体概念，是从整体来看问题的。因此，就讲“天人合一”。

我考虑“天人合一”问题也是很偶然的。我看到原来北京大学教授钱穆（他后来到台湾，到香港，现在已经过世了。若从辈分上讲，他应该是我的老师，但我没有听过他的课，我不是北大毕业的）的一篇文章，那意思就是搞了一辈子中国学问，可后来到了晚年忽然悟出一个道理来，这就是“天人合一”，讲得不是那么很清楚。后来他就过世了，没有写下去。可是我一想，“天人合一”到底应该怎么解释？在座的有好多哲学家，同学们也有许多研究哲学、研究历史的。“天人合一”，你翻看中国哲学史任何一本，从孔子、老子、墨子，一直到清代，谈“天人合一”的多得不得了，都讲“天人合一”。可是究竟什么叫“天人合一”，每个人都有一个说法，最近我写了一篇文章，可能会引起很大轰动，还没有发表，叫做《真理愈辩愈明吗?》，有时候我考虑真理不是愈辩愈明，而是愈辩愈糊涂。《新民晚报》有个副刊“夜光杯”要发。“天人合一”，你要讲清楚写文章，就是写上一万字，十万字，一百万字，也写不完。几乎每一个哲人，儒家、道家、佛家都讲“天人合一”。我写了一篇文章，叫《“天人合一”新解》。所谓“新解”也者，就是我的解释，跟孔子、老子、孟子，都没有关系，他们讲他们的“天人合一”，我讲我的“天人合一”。后来文章在全国古籍整理小组主办的杂志《传统文化与现代化》创刊号上发表以后，引起了全国很大的争论。我刚才说了，有争论就是好事。你发表一篇文章，提出一个看法，人家不理，那最难受。理的话，有两种理法，一种是赞成，一种是反对。后来，我想围绕这个问题的争论，全国实在是太多了，我就想了个办法，出一本书，叫《东西文化议论集》，不是辩论集，也不是讨论集，叫议论集。什么叫议论呢？就是你打你的，我打我的。《东方文化集成》是我几年前发起编写的一套专讲东方文化的书，500种，不是500册，可能是600册、700册，其中中国占100种，日本给50种，印度给50种，阿拉伯国家给50种，这是250种，其余的250种，各东方国家每个国家，最少一本，最多几本，韩国、朝鲜、蒙古、甚至马尔代夫，马尔代夫可能有些同学不知道在什么地方，是一个很小的国家。只要是东方国家，就给一本。最近我们搞了几年，现在开始出版了，出版了10种11册。今天下午，我要献给我的母校。其中有一本书叫《东西文化议论集》。议论就是刚才说的，你打你的，我打我的。我写了一个序，我说我那篇《“天人合一”新解》发表以后，有人跟我辩论，有人跟我商榷，也有人赞成，外国也有赞成的，德国人、日本人都有赞成的，中国人也有反对的，激烈反对的，都好，都收录到里边来。我说我们共同唱一出戏——《十字坡》。《十字坡》是一出武松打店的戏，夜里边，是不是一丈青，不是一丈青，可能是母夜叉孙二娘，我忘记了，《水浒传》上的。因为在黑暗中，想杀人蒸包子，满台刀光剑影，可是谁也打不着谁。我们大家共唱一出《十字坡》，你要你的，我要我的，你也别碰我，我也别碰你，我也不给你“挡车”，你的意见我也给你发表。那个议论集共两本，两本还不够，再出两本也不够，这样一个大问题，就与21世纪的人文社会科学建设有关。

“天人合一”如果你觉得值得考证，那可以写成十万、八万、一百万，都可以写，没有什么了不起，多搜集资料，多看几部古书就可以了。我跟那些无关，我是“新解”，新解是我的解释。说你怎么这么讲，现在有人对我激烈反对。我说你们忘记了，我是新解，是我自己的解释。说我跟哪个哪个不同啊，跟过去哪个哪个不一样啦，要一样的话，怎么叫新解呢？新解就是不一样。那么我的“新解”是什么呢？我的新解就是：天，就是大自然；人，就是人类。人类和大自然要合一，不应该矛盾。人家应该注意，英文词典里边的“征服”（conquer），举的例子是征服自然（to conquer the nature），这是西方的思想。西方人认为人与大自然是敌我矛盾。要不是敌我矛盾，那怎么还用“征服”呢？征服的结果是怎么样呢？我待会儿再讲这个问题。

我们中国，特别是到了宋代，张载、张横渠他不是有几句话吗？“民，吾同胞；物，吾与也。”民，就是人民，人民不限于中国人民。世界各国人民都是我的同胞兄弟；物，动物和植物都在内，“吾与也”，是我的伙伴。八个字当缩写为“民胞物与”。他是说，我们人对动物、植物，我们是一种伙伴关系。我们不是征服、被征服的关系。这是中、西最大的区别。西方征服自然的结果怎么样？大家看到了，现在环境污染，臭氧空洞，生态平衡破坏，新疾病的产生。前天我看到《参考消息》提到“宇宙垃圾”，我想宇宙怎么有垃圾呢？我一看，说是宇宙飞船在太空里边爆炸了会形成一些碎片，非常危险，要碰到地球上，碰着谁，谁就倒霉。宇宙垃圾多了就成灾。所有这些，怎么来的？我们现在全世界各国都搞环保，完全必要，不搞环保，我们人类没法生活。环保是怎么产生的？好像没有一个人讲过，怎么忽然要环保呢？我们唐朝为什么不讲环保呢？环境污染就是征服自然的结果。结果自然被征服了没有呢？是征服了，电灯、电话不都是西方的产物吗？我们用的话筒不是西方的产物吗？我们不能否定啊！宇宙飞船、火车、飞机呀，给人类带来很多便利，这是不能否定的。可同时也带来灾害，灾害就是生态平衡破坏，臭氧空洞。臭氧空洞是非常严重的，臭氧层把地球保护起来，使紫外线射不进来。臭氧出了空洞，紫外线能一直射到地球上，我们人类生活就会遇到重重困难。其他如人口爆炸，新疾病的产生，什么艾滋病，什么埃博拉病，还有好多疾病，所有的这一切，都跟征服自然、跟西方科技发展有关。我们一方面承认西方有成就，这不能否认，它给我们带来很大的福利；可同时也不能否认，它给我们带来很大的灾害。灾害如果不想办法去铲除，这样下去，那么我们人类将来在21世纪生存就有困难。现在济南不知道怎么样，北京污染得不得了，北京还不是全世界污染得最厉害的城市，像曼谷是最厉害的，北京也够呛，济南大概要好一点。这些问题你不正视不行，所以我讲“天人合一”，我现在不是讲哲学，新解就是我们怎么能够避免西方工业化造成的灾害，否则，人类的前途、生存会有困难。这个道理是非常明显的，用不着很深奥地去解释。“天人合一”不但中国有，印度也有，阿拉伯我不敢说，蔡德贵同志，你是专家。我想东方都有这个特点，人类和大自然交朋友，不能当敌人，不能征服。我们人类的生活，衣食住行，所有的这些东西，都是大自然给的。大自然不给我们，我们没法活。所以我们必须向大自然伸手要东西，要吃要喝要穿要住，不然我们没法生活，可是绝对不能用你不给我就征服这种态度，这是不行的。我们中国的哲学虽然有与大自然交朋友的思想，可是我们也没有做到。现在，森林砍伐在中国还是很严重的。前几年四川、湖南闹大水灾，为什么闹大水，因为山上森林砍光了，水土流失，所以闹大水。不但是我们，就连世界最大的原始森林，南美洲亚马逊流域也还在那儿砍，联合国作了决议不能砍，可还是照样砍。我们政府，我们党也作了决议，可是云南、四川、西藏，我听说照样有人在砍。现在我们到了20世纪末，转眼就要到21世纪了，我们必须正视这个问题。这个问题怎么解决？现在有人讲，你说那个“天人合一”有什么用，还得用科学来解决。科学犯了错误，由科学自己来解决，来纠正。当然是要科学的，我不否定，科学还是要的。不过，首先要解决思想问题，认识这个问题的重要性、严重性，否则的话，你会无能为力。我们中国工业发展比较晚，可是晚有晚的好处，最早要建工厂，根本不讲究怎么来处理工业废水，怎么处理烧煤的煤气，现在我们讲究了，有这个概念了。建工厂之前一定要处理好烧煤的技术设备，处理好冲向天空的煤烟，不然要出黑烟。黑烟里边据说有炭末，白烟就好一点。污水，要想办法花点钱治理，所以工业化晚有晚的好处。我们中国现在建工厂就已经意识到工厂非盖不行，现代化非盖工厂不行，不可能离开工厂，避免灾害的工作我们正在做，做到什么程度呢？还很难说。因此我就想到为了21世纪人类的生存，我们必须先解决思想问题，思想问题一解决，天，就是大自然，与我们人类要合一，要成为朋友，不能成为敌人，不能征服和被征服，那是不行的。解决思想问题以后，上下一致，然后再来发展我们的工业。不是不发展，工业不发展是不行的；可是弊端要避免，不避免也是不行的。总起来说，就是这么一个大体轮廓。我刚才说过，我自己不是搞义理这一行的，是搞语言的，很枯燥的，现在考虑这个问题，就发现东、西文化就是不一样，不承认这一点就不行。

前一阶段，我应邀到中国科学院去讨论21世纪科学的远景规划，我发言说首先要谈，要搞清楚中国与西方有什么不同。

“天人合一”思想是十分重要的，不然，这样子污染下去，到2050年（在座的有好多能到2050年，我到不了啦），到那个时候，人类就会很困难了，非常麻烦，因此要未雨绸缪。所以我们现在谈21世纪，讲人文科学，不但讲人文科学，连所有的科学，包括自然科学、技术科学也在内，必须考虑这个问题。不考虑是不行的。

现在有人对我的意见激烈地反对，说解决这个问题还得靠科学，我不是反对科学，是要科学来解决，但是科学是人来使用的一种东西，科学本身是活的。有人提倡科学主义，科学主义现在是个贬义词，认为科学能够解决一切问题。科学不能解决一切问题。因此21世纪人文科学的发展必须考虑这个问题，考虑东方与西方的不同之处，弘扬“天人合一”的思想，上上下下，脑子里的这根弦要绷得紧紧的，时刻想到这个问题，以后的事情就好办了。

我们搞社会科学的人有一个较一致的看法，就是在国际上没有中国人的声音，鲁迅说过“无声的中国”，没有我们的声音。这话是的，不但人文社会科学没有我们的声音，诺贝尔奖文学奖，直到现在中国没有一个获得者。这里边有个政治问题，诺贝尔文学奖政治性是非常强的，它歧视社会主义国家，原来也歧视苏联。反对苏联的作家（我不是说苏联多么好，现在苏联已解体了），它就给诺贝尔奖金。中国这么一个大国，诺贝尔奖快到100年了（1901年起），没有一个中国的，印度、日本，也都有两个三个的，就是没有中国的。瑞典科学院院士管中国的叫马悦然，是高本汉的弟子，他管这个事。有人问马悦然（我不认识他，他的弟子我认识），为什么中国拿不到诺贝尔奖金，你不是汉学家吗？你说话是管用的呀！他讲，中国的创作，诗歌、小说、戏剧、散文，翻译不好。他这话没有道理！什么是翻译不好啊？那日本人的作品就翻译得好吗？所以这里边有政治问题，我讲不要羡慕它，诺贝尔奖金不都是什么好东西。那里边也有优秀作家，不过二三流的作家占大部分。它给我们一个诺贝尔奖金，我们中华人民共和国照样存在；不给，我们也照样存在，我们还会越存在越好。这话说远了。我感觉我们人文社会科学在国际上没有声音，文艺理论、文艺批评没有我们的地位，美学也没有我们的地位。中国人真的那么蠢吗？现在世界上还没有哪一个人敢说中国人蠢。有人敢说的话，这个人就是最蠢的。为什么？我们不蠢，那是我们不勤奋吗？我不能说我们的学者都勤奋。这里我插一句。昨天蔡德贵教授让我讲一讲，人文社会科学，大学、社会科学院“水土流失”严重的问题。年轻人不愿意做，不愿干这一行，山大是这样，北大也一样。我是这么看：要建设一个国家，应该两手抓。我们讲两手抓，实际上有时候是一手抓。现在是重工轻理，重理轻文，工科是第一，理科是第二，文科是第三。这对学文科的人有影响。实际上，我看大家不必有多么大的心理负担。世界各国真正经济腾飞、文化发达的，都是两手抓，光抓科技不行。日本之所以发展那么快，是因为它抓文化，抓教育。我到日本去看过庆应大学，这是私立的，日本大学排榜能排第二或第一，早稻田和庆应，就像美国的哈佛和耶鲁一样，英国的牛津、剑桥一样。东京大学排第三位。庆应大学的创办人叫福泽谕吉，一进校门有一座塑像，他抓文化教育，办了个庆应大学。不搞文化不抓教育而想经济腾飞，小的可以腾，大的腾不起来。不要因为眼前文科显得用处不大，不要这么想。当然我并不是要大家都学文科。你们记着范老（文澜）的几句话：板凳甘坐十年冷，文章不写一句空。文科（其他科也一样）要出成绩，必须有这个本领。没有坐十年冷板凳的决心，一事无成。我并不反对有些年轻人下海、留洋，我叫它“海洋主义”。“海洋主义”我不反对。因为大学里边用不了那么多人，社会科学院里也用不了那么多人。有的青年下海还有好处，我不反对。留洋我只反对不回来。我对不回来的深恶痛绝，可我没有办法。到一个国家留学不回来，在国外做一个三等公民。现在大家排了排，在美国甚至要做到五等公民，不是三等，不够三等。第一等是美国人，第二等是西欧移民，第三等是拉美移民，第四等是黑人，第五等才是我们华人。所以不是做三等公民，而是五等公民，你这样舒服吗？饭吃得下去吗？天天吃大餐，肯德基、麦当劳，天天吃那个玩意儿，你吃得舒服吗？我觉得真正想有成就，真正爱我们国家，就得在我们国内才有前途。到美国可以教个书，当个教授，甚至当个终身教授，没有什么了不起，真正有出息是在中国。再等10年、20年，你再想一下当年季羡林讲过这么一句话，真正有出息是在中国。这不是狭隘的爱国主义。所以，我想昨天蔡德贵面授机宜，让我讲一点看法，我就讲一点看法。

现在再回头来讲我们的21世纪人文社会科学。我觉得21世纪的人文社会科学，现在的基础要发展，但是必须有新的指导思想，就是我刚才说的“天人合一”，有了这个指导思想以后，不管是人文科学、社会科学、自然科学、工程技术，都一样，有这个指导思想和没有这个指导思想很不一样。要没有这个指导思想，21世纪还跟在西方的屁股后头转，还是无声的中国，那就太惨了。

拿文艺批评来讲，拿语言学来讲，西方是过几个月就出现一个新学说。出来以后，过不久就销声匿迹，然后再出现一个新学说。可是这里边我们中国为什么就没有？我想这里边有好多问题，其中有一个，就是“贾桂思想”，老觉着自己不行。《法门寺》[①]这出戏剧里不是有个贾桂吗？觉着自己不行，只有洋人能够脑袋瓜灵，能创新学说，我们中国人创不了。哪有那么回事啊？西方人的那些东西，什么流派，不管是文艺理论、语言学，还是其他的学问，我们应该注意，它对你讲什么东西，一定要注意，一定要研究，可是无论如何不要迷信，没有什么了不起。清代赵翼有一首诗：“李杜诗篇万口传，至今已觉不新鲜。江山代有才人出，各领风骚数百年。”江山代有才人出，各领风骚数百年。这句话实际上没有说对。各领风骚数百年，李杜已领了一千多年了，我们现在还要念李白、杜甫啊！这句话本身是不对的，这里我不管它，我套用了一句：现在世界上不少学说是“江山年有才人出，各领风骚数十天”。庄子讲“蟪蛄不知春秋”，好多学说刚一出就完了。也有比较长一点的，但现在也不行了。而我们偏偏迷信，好像只有他们才能创新学说，我们不能创。我对这种现象深恶痛绝。

我举一个具体的例子，最近我写了一篇“怪论”——《美学的根本转型》。美学，在座的有好多是研究美学的，我们山大的周来祥教授是美学专

① 《法门寺》，是京剧的一个剧目。贾桂是太监刘瑾的侍从。——编者注

家。我也来谈一谈美学的根本转型。我看过一篇文章，叫《美学的转型》，讲美学这门学问是舶来品，是传进来的。传进来以后，有人就跟着西方学者屁股后头转，转到今天，转到死胡同里去了。讨论什么美是客观的，美是主观的，美是主客观相结合的，越讨论越糊涂，谁也说服不了谁。现在有的美学家就提出要转型，我也写了《美学的根本转型》。什么叫“根本转型”呢？根本转型就是把西方的那一套根本丢掉。我不是瞎说的，美学这个词儿是舶来品，美学这个词英文是aesthetics，是从希腊文来的，是讲感官，与外界接触得到的美感。感官有眼、耳、鼻、舌、身等五官。我们现在看西方美学，什么黑格尔、Croce，他们在五官里边只讲两官：一官指眼睛，看雕塑，看绘画，讲美学是用眼睛看的。另一官指耳朵，听的是音乐。五官只讲两官，光讲眼睛和耳朵，光讲美术和音乐，是不是这个情况？当年我在大学念书的时候，听过朱光潜先生讲的美学，“文艺心理学”，当时对我影响很大，后来没有怎么接触。最近我忽然想到，西方美学之所以走到绝路，因为它不全。中国怎么办呢？美学是研究美的学问，中国人的美，跟西方人不一样。有的当然一样，如这个姑娘很漂亮，中国人眼中看着漂亮，西方人眼中看着也漂亮，有共同的地方。但也有很大的区别，是“美”这个字，美这个字，一查《说文》在羊部，“羊大为美”。羊长大了，肉很好吃，是讲舌头的。我们不是说美味佳肴吗？美跟味联在一起，是讲舌头的。西方美学不讲舌头，是讲别的。中国人讲美学，要讲中国人的美。中国的美首先不是从眼睛出发，不从耳朵出发，而是从舌头出发。善，善良的善，也是羊部；仁、义、礼、智、信的义，也是羊部，都是羊。我们中国人喜欢吃，这个事情也很简单。我的想法是中国在游牧社会，羊大了，吃羊肉，就觉得美得不得了。从这开始，从味觉开始，然后是美人啊，就到了眼睛了。很美的音乐，就到了耳朵了。是不是这么个道理？中国美和西方美不一样。美学的根本转型，就要把西方的那一套都丢掉，根据我们中国人的美，我们认为什么是美，我们认为是五官，不光是眼睛和耳朵，一官或两官。是不是这样子？这篇文章大概年内可以发表，社科院的《文学评论》要发表。它为什么要压一压呢？他们说你这篇怪论，很有意思，到了快年终的时候，发你一篇文章，引起争论，可以增加订数，这是开玩笑。我说没有关系，这篇怪论你什么时候发都行。反正副标题就叫《一篇怪论》（这篇文章已经发表了，在《文学评论》今年第5期上）。我举这么个例子，就说明我们到21世纪，要搞人文科学，必须搞出我们中国的特色。文艺理论也一样。文艺理论的一篇已经发表了，在《文学评论》今年春天发表的，第2期听说就有反对我的意见的文章。

我还是那个老办法，你打你的，我打我的，我也不跟你商榷，也不讨论。你赞成，我同意；你不赞成，我也同意。这就是要考虑我们中国特点，要考虑中、西不一样。美这个英文词是beautiful，讲人beautiful可以。讲这个菜，说beautiful不行，面包是美味，说beautiful bread，没有这个说法。从语言学来讲，也不一样。我们讲美味佳肴，香港美食城，山东不知道有没有美食城。我们的美是从舌头出发的，讲美学的话，应该讲眼、耳、鼻、舌、身，不能光讲眼睛和耳朵。

美，有以心理为主要因素的，有以生理因素为主的。以心理为主要因素者为眼、耳，以生理为主要因素者为鼻、舌、身，部位不同，但是同为五官，同为感觉器官则一也。其感觉之美，虽性质微有不同，其为美则一也。在中国当代汉语中，“美”字的涵盖面非常广阔。眼、耳、鼻、舌、身五官，几乎都可以使用“美”字。比如眼：这幅画美，人美，自然风光美。耳：乐声美。鼻：香味美。舌：味道美。只有身稍微困难一点，但是从人们口中常说“美滋滋的”，也可以表示“舒服”，这样使用到“身”上，也就没有困难了。这样含义涵盖广，难道同“美”的词源有关吗？五官所感受的美好的东西，既然可以同称“美”，其间必有相通之处。只要抓住这相通之处，加以探讨，必然有成。在西方则不然。以英文为例，含义是“美”的字眼，比如beautiful、pretty、handsome等等，涵盖面都有限，恐怕只限于眼。耳可用sweet等。鼻也可用sweet，fragrant，aromatic。舌用delicious等。身用comfortable等。这些例子不全，也用不着全，只不过想略表中西之不同而已。

中国现在的美学研究既然走到死胡同，那就要改弦更张，另起炉灶，建构起一个全新的美学框架，扬弃西方美学中没有用的误导的那一套东西，保留其有用的东西。但是西方美学只限于眼、耳，是不全面的，中国美学“美”字的语源意义，只限于舌，也是不全面的，都必须加以纠正补充。要把眼、耳、鼻、舌、身所感受到的美都纳入美学框架，把心理和生理所感受的美冶于一炉，建构成一个新体系。这是大破大立，是根本转型，而不是修修补补。21世纪要发展人文社会科学，必须有新东西，要根据我们中国自己的实际情况。

语言学也是这样。我不知道在座的有没有搞语言学的。中国语言学在世界上是最古老的，许慎《说文》《尔雅》，都很古老。可到现在呢，在国际上没有中国的理论，只有外国的。原因是汉语的研究方法，应该彻底改变。现在研究汉语的方法，实际上是从《马氏文通》来的，是用研究英文、法文、拉丁文等有曲折变化的语言的方法来研究没有曲折变化的汉语。那能行吗？英文等的语序可以不那么固定，如我打你，你打我，“你”“我”都有专词表述，语序不那么固定，也可以的。但在中文里不得了，是很大的不同。梵文的语序可以随便。中文就复杂，不能那么随便。如人，你说是名词，那韩愈的“人其人”，第一个“人”是动词。如火，也是韩愈的“火其书”，第一个“火”是动词，这种现象在印欧语系是没有的。所以拿英文的方法研究汉文是不行的，也要改弦更张，要根据汉语的具体情况来研究，不能用外国那一套。

建立一种理论也是这样。怎么能够使我们在国外没有声音？是我们自己没有发。我觉得我们中国人的聪明才力，不差于任何国家，不低于任何国家。首先要去掉“贾桂思想”，觉得我们很不行，这是很不对的。

研究文学批评也是这样。现在有好多学派。研究文学批评有一些理论，当年主要是从苏联来的，毕达柯夫，在座中文系的老先生都知道，他的教科书，他的文艺理论也是西方的。我们过去也有文艺理论，《文心雕龙》、几个《诗品》，那就是文艺理论，很高的文艺理论。我们研究文艺理论要用中国的做法，我在《门外中外文论絮语》一文中讲过，中国的文论家从整体出发，把他们从一篇文学作品中悟出来的道理或者印象，用形象化的语言，来给它一个评价，比如“清新庾开府，俊逸鲍参军”，对李白则称之曰“飘逸豪放”，对杜甫则称之为“沉郁顿挫”，这是与西方文论学家把一篇文学作品加以分析、解剖，给每一个被分析的部分一个专门名词，支离繁琐，很不一样。中国诗，没法翻译成英文，翻译成英文谁也不懂，如“池塘生青草”，翻成英文是池塘旁边长出了青草来，这算是什么诗啊。又比如“明月照高楼”，这也是名句，翻译成英文，完了，成了月亮照着高楼。中、外不一样。中国文艺理论的书不多，《文心雕龙》，钟嵘、司空图各有一部《诗品》，这些都值得读一读。中国有诗话。诗话这东西很奇怪，我注意到，诗话世界上只有两个国家有，中国和韩国，日本没有诗话。

中国人吃东西，我写过两篇东西，是给《新民晚报》“夜光杯”用的，一篇是论中餐、西餐，另一篇题目挺吓人：《从哲学的高度来看中餐和西餐》，大家可以看看，并不吓人。我讲的是实话，中餐和西餐没有什么差别，很简单，中餐就是肉、菜炒在一起；肉与菜分离，就是西餐，就这么简单。实际情况当然不那么简单。法国西餐就好，做得比德国的好。看问题要抓住要害。不要迷信外国，外国要研究，不要迷信。一定要有我们的雄心壮志，不是只有蓝眼睛、高鼻子的人才能提出理论。山东大学在中国的大学里边，在山东当然是最高学府，在中国的综合大学里也是排在前边的。我自己作为一个山东人，作为山大的一个老校友，我是双重校友，既当过学生，又当过教员，我在济南“省立高中”教过书，高中是山大附中改建的。希望我们山大能够一天比一天好，为山东争光，为中国争光。

为了能适应21世纪人文社会科学发展的需要，我劝文科的同学多学习点理科的内容，至少选修一门理科的课程。原来，我1930年上清华大学时，有一个规定，文科学生必须学一门理科的课。当年蔡元培先生在北大也有这个规定，文科学生必须学一门理科的课程。可惜，清华用了一个通融办法，逻辑可以代替，结果三个逻辑教师讲，三个教室还都是满的。原因是什么呢？我是文科高中毕业的，生物、物理、化学是理科，我都不懂，你让我怎么学理科？其他人也有和我一样的，所以，三个逻辑课教室都满堂。我看这是变了样的，不对的。蔡元培先生也提出这个意见来，北大用另外一种方式来改变了一下，即用“科学方法”。大家都不熟悉。我1930年同时考北大、清华，北大出国文题就是：“何谓科学方法？试分析评论之”。这是国文题，也不大对头。到今天，过了有60多年了，现在的青年同学、青年学者，你们一定要通一门理科。我这么讲的原因，就是从学术发展来看，学术交融越来越明显。在最初，欧洲只有物理，只有化学、生物，分得清清楚楚，现在呢？物理化学、生物化学，已经交叉了。现在我看21世纪，文、理都很难分。所以文科必须用理科的知识，理科必须用文科的知识。这一点从学术发展的情况来看，绝对没有问题。21世纪，文、理科到底会融合到什么程度？这个我不敢说。这是我对青年学生要求的第一点。

第二点，就是学文科、理科，不管是什么科的同学，你必须掌握好一门外语。听说写读译，五会，一会不行，二会不行，三会、四会也不行，必须五会，有了一门外语，研究学问，出国参加学术会议，都有好处。同时对你们研究学问有好处，不能满足于现状，那是不行的，必须与外语结合。具体地讲，就是英语。英语现在实际上是世界语，会了英语，走遍世界不困难。根据我的经验，就是走到原苏联时碰到过一点困难。一过苏联边界，一到波兰，英文什么都解决了。苏联当时只讲俄文，我在那里还闹过一个笑话。因为我学过俄文，拿辞典勉强可以看书。但有一个词“香肠”我忽然忘了怎么说，在旅馆吃早点，想吃香肠，怎么比划，服务员都不懂，最后就没吃到香肠。学会英语走到哪儿都不会碰到困难。原苏联只是一个特例。

第三，要不断扩大知识面，吸收新知识。现在我有点倚老卖老了，但是我还是报纸、杂志，都翻一翻。有的年龄和我相当的一些老先生，报纸也不看，杂志也不翻，那就有点玄乎。

最后一点，最好要能掌握电脑。电脑，我不会的，有人要教我，说5分钟包会，我说5分钟我也不干，我是老顽固。因为学电脑有个过程，因为我们写文章，舞文弄墨几十年，写的过程就是构思的过程，一改变工具，我这构思就没法构思，灵感就没有了。所以我没有办法，我说我现在就原样对付几年吧。你们年轻人一定要掌握电脑，新的通讯知识，一定要掌握。年轻人到21世纪要是缺乏刚才我说的这些基础，我觉得有点困难。现在我们就整个中国学术界来讲，人文社会科学我们现在还是有人，不能说没有人。不过有的学科有点后继无人，像北大这个学校，到明年100年了，当然要算的话，可以算2000年，从周朝开始，但是我们不那么算，从1898年算起。现在就是这样子，北大的台柱是哪个系？我没有研究过，办学不能平均撒胡椒面儿，要办出特点来，你不可能每个系都是全国第一，你要选那么几个重点出来。北大大家一致的意见是，全校重点应是文科的中文、历史、哲学。我们过去一个副校长王路宾，山东人，做过济南市委书记、公安厅长，他是搞理科的（我与他同时当副校长），但是我的文章他看。我问过他，路宾同志，你考虑要北大办出特点来，哪个系？他说：文、史、哲。就是蔡德贵他们这个杂志《文史哲》，这个道理是很正确。可最近，我们文、史、哲“水土流失”厉害，年轻人留不下，留下的呢，他没法养家，这都是实际问题。不过尽管这样，实际上一个系里边，真正有学问有造诣有声望的教授用不了多少，多了也用不着。年轻人，老、中、青这个班子，一个系里有十个八个二十个，就够了。这同国外的大学情况一样，你这个大学有没有名，你这个系有没有名，决定于教授。过去，我进的那个哥廷根大学，从19世纪末到20世纪20年代，是世界数学中心。不是德国的，是世界的。因为当时有两个大师，一个叫希尔伯特（David Hilbert），一个是Klein，还有Gauss，我去的时候高斯早已不在了，希尔伯特还活着。这几个人一不在，大学里的数学水平立刻就下降。如果有接班人可以，没有接班人立刻就下降。所以，我有个怪论，就是办学究竟应该怎么办？北京大学现在举行百年校庆展览，来征求我的意见，我说我有个怪论，大学的组成部分有四部分：第一部分是教师，第二部分是学生，这个为主。第三部分是图书馆、实验室，第四部分，行政管理。行政管理怎么排在第四部分？这是因为第三、第四部分是为第一、第二部分服务的。没有第一、第二部分，第三、第四部分没有存在的必要。他们觉得这也有道理。没有学生，没有教员，图书馆干吗？实验室干吗？行政班子干吗？大学里学生是非常重要的，你招的学生的素质不一样，培养出来的学生，人与人之间就很不一样。要是你考进来的时候素质高，再加上教授的水平高，实验设备好，图书馆好，行政管理好，必然出人才，为我们国家建设，为我们学术发展，必然出人才。现在大家不愿意在学校，我感觉是暂时的。现在我们国家财政上有困难，我们应该体谅国家。工资我们跟外国人没法谈。就是香港大学的工资也没法比，我自己是知识分子，在知识分子堆里混了七八十年，我写过一篇文章《一个老知识分子的心声》，里边也有刺，也有牢骚，可是也有正面的。中国知识分子的最大特点是最爱国家，我说句不好听的话，我们老知识分子的爱国，恐怕比你们中年还要厉害。这话怎么讲呢？是唯物的。我们在解放前过过半封建半殖民地的生活，你们没过过。中国人在海外的，华侨最爱国，因为什么呢？因为他在国外，离我们中国、母国、祖国，很远，但实际上给他以很大影响。1951年，我到印度去访问，到了一个叫海德拉巴地方的一个中国餐馆，主人一定要请我们吃饭。我们那个团很大，是建国后第一个大型代表团，有很多名人，这么多人一定要请吃饭，我们问他为什么？他说，中华人民共和国一成立，我们在印度人眼中的地位立刻升高。你说他能不爱国吗？很简单，这是唯物的。年老的吃过那个苦头，你们年轻一点的不知道。我刚才讲的，涉及业务的几个条件，都是我自己根据经验谈出的一点意见，仅供参考。谢谢大家。

（《季羡林全集》第八卷）

人文社会科学研究要有中国特色[①]

老师们，同学们：

回我们学校讲讲话，非常高兴，非常兴奋。但是，说什么呢？我听说在座的同学们，文史方面的比较多，还有些机关的同志们。所以我想了半天，想了个题目。就跟我们眼前的人文社会科学有关系。什么题目呢？就是怎么样来进行有中国特色的人文社会科学研究。因为我们现在就处在20世纪末，再过三年，一个新的世纪就来到我们地球上了。到那时候，我们在座的同学们，你们要承担起建设伟大祖国的责任，承担起我们中国有几千年历史的人文科学研究。所以我想讲这么一个题目：怎么样在人文社会科学的研究里面突出中国特色。

大家知道 ，我虽然搞的——广义上讲是人文社会科学。可是我是搞语言出身，搞考证是我的偏爱。搞义理，搞哲学思维，我过去没怎么考虑过。最近几年来，不知道为什么，“老年忽发少年狂”，现在脑筋有点不大安分了，净是胡思乱想。想了许多跟我的研究本身没有什么直接关系的（问题）。现在讲的也是我胡思乱想的一部分。

我们中国几千年的历史，我们人文社会科学的研究有很悠久的历史。这是大家都承认的。后来，大家知道，乾嘉学派是非常兴盛的。到了本世纪初，前清末年，我们国家在人文社会科学研究方面有点改变。什么改变呢？有好多东西我们是从日本转过来的。现在我们有好多名词，特别是人文社会科学名词好多是从日本转过来的。日本1868年明治维新以后，它向西洋学习，同时还保持

①1997年10月，季先生在聊城师院作讲演。原文根据录音整理，整理后由季先生审定。《聊城师范学院学报》1998年第1期刊发。这次收入本书时，根据录音，又作了一次整理，稍有改动，基本保持原貌。聊城师院，即现在的聊城大学。——编者注

着日本的特点。在这以后，日本之所以兴盛，是同明治维新分不开的。日本一方面吸收我们的东西，起码有两千年了，后来又接触、学习西洋的东西。日本当时用汉字比现在还要多。现在日本汉字还不少，但已经限制了，原来还要多。有好多名词，比如“意识”“意识形态”，甚至“物理”“化学”（我没有研究这些问题）、“哲学”等好多词都是日本转过来的。当时梁启超这批人起了很大作用。所以在本世纪初，我们的人文社会科学，说建树也有，但没有大的。虽有章太炎、王国维这样的大师，但总体来看我们的特色显得不那么很清楚。

从本世纪初到了现在，80多年过去了，一个新的世纪就要来了，我们应该考虑考虑我们研究人文社会科学应该怎么做。小平同志讲，要建设有中国特色社会主义，那我就讲，叫创立也不好，我们研究人文社会科学应该有我们的特色。

现在整个的我们的科学、我们的文学、我们的人文社会科学，几乎很大一个百分比受西洋影响。哲学，（科学我这里就不讲了，没有办法，2+2=4嘛）人文社会科学为什么我们一定要用西洋那一套办法？比如现在（我们这里有中文系的），写长篇小说，不管是茅盾，不管是巴金，不管这家那家一大堆“家”，他们的长篇小说没有哪一个是继承中国传统的。你能讲一部长篇小说和《儒林外史》一样吗？跟中国的《西游记》《红楼梦》一样吗？没有！为什么？讲戏剧，曹禺是一代大师。可是曹禺的戏剧，从形式上来讲，跟易卜生摆在一起，没有丝毫差别，完全是那一套。我不是说易卜生那一套不好，我就是说我们过去也有我们的戏剧嘛，如元杂剧。写诗，那就更不用说了。我自己有一个很大的偏见。我就感觉着五四以后，提倡白话文，成绩都有。诗歌、散文、长篇小说、短篇小说、戏剧都有成绩。但我们的新诗，我始终感觉到今天没有找到一个形式。有人就反驳我，说诗为什么一定要有形式呢？我就很不同意这个观点。诗当然要有形式。要没有形式，为什么还要叫做诗呢？所以诗一直到了今天，旧诗我能背不少，白话诗我一首也背不下来，在座的能背多少白话诗呢？它不上口。特别那朦胧诗，我想在座的年轻人一定有很多非常欣赏朦胧诗的。老实不客气的话讲，那朦胧诗我认为是“自欺欺人”，他自己也不懂写的什么玩意儿。起码，有一部分是那个样子的，吓唬你。

我的意思就是现在我们应该转变这种风气。在北京我就讲，长篇小说为什么不能用《红楼梦》的办法来写？有一个报纸，让我在全世界范围内选十部名著，我选的第一部就是《红楼梦》。东、西方小说应该说，我研究还是不少，不是一个外行。但是一直到今天，包括俄罗斯沙皇时代的小说在内，我认为世界上最好的小说就是《红楼梦》，最杰出的就是《红楼梦》。为什么呢？《红楼梦》的写法就是传统的写法。什么叫传统的写法和非传统的写法呢？中国的小说无论长篇短篇，旧的都是按照顺序，比如某地某一个村庄有某一家人家，某一家人家有王老汉，王老汉有两个儿子、两个女儿，以后这个故事就展开了，（传统的写法就是）这么来的。可西洋小说忽然一下子插一杠子，然后的话再回溯，然后再加上乱七八糟的东西，叫你莫名其妙，搞不清头绪。《尤利西斯》，著名的不得了，现在已经有人翻译了。还有《追忆流水年华》也有翻译了。我在大学念书的时候，这两本书震动世界，我们没有课，就在“现代长篇小说”里面选了《尤利西斯》和《追忆流水年华》等五本，这两本我没有看懂，今天也看不懂。当时马马虎虎及格了。为什么写小说一定这个写法呢？30年代曾经有一些人企图从形式上（思想感情是中国的，这个不成问题）采用旧的小说形式，吴组缃吴先生就写过这样的小说。开头“话说某年某月某日某一个地方”。话说开头，这是中国的写法。后来试过几篇，不那么成功，以后不试了。

我就是说，我们现在文学几乎完完全全受西方影响的，也有好东西，不能说没有好东西。现在很有意思，拿诗来讲，最受欢迎的诗人不是当今的某某诗人，而是徐志摩。在座的年轻人也知道，徐志摩是我上大学时候就出名的诗人，他的诗现在卖得特多。戴望舒有一首诗叫《雨巷》，我唯一能够背的白话诗就是《雨巷》。现在背不全了。为什么几十年以后，经过了天翻地覆的变化，中华人民共和国建立了，为什么到今天那个时候的诗受欢迎？这里面是实在值得我们思考的。这话扯得比较远了。

人文社会科学研究，我就感觉我们研究不是哪一门，整个的人文社会科学研究有问题，这话太狂了。比如研究历史，中国是世界第一个历史大国，解放后写的几本历史，翦老（伯赞）、范老（文澜）、郭老（沫若）写了好多《中国通史》，应该说《通史》起了很大的作用，对我们青年中年有很大的教育意义。可结果呢，向大家讲，当时他们以论代史。研究历史，首先研究历史的真实情况。但他们是先有个理论，在这个理论指导之下，在历史里面找跟这理论符合的。不符合的，删掉。这种历史研究法是不行的。我们研究历史，为的是要求真。历史是什么样的，我们就说它是什么样的。我认为这就是唯物主义。他是黄的，你说是黄的，那就是唯物主义。他是黄的，你说是红的，就是唯心主义。

可是过去历史研究中我们几“老”，都是以论代史，第一，别的历史资料都是为了这个“论”服务。当年马克思也不是这样做的。马克思是根据人类历史的真实情况，发现了或者是开创了马克思主义。不能说有了一个“主义”以后，找材料，哪个材料符合我就用，哪个材料不符合就不要了。这不是研究学问的办法，我们千万不能这么做。研究学问要真。不但我们人文社会科学要真，研究自然科学也要真。现在世界各国，包括西方在内，包括我们邻国，不去讲它的名字，研究自然科学，造假证据，实验结果不是这样，为了迁就他一个理论，造假的实验证据。美国这个事情出得很多了。比如做化学实验，当然应该根据你试验的结果来写文章，实验结果跟他脑子里面的思想不符合，就假造。比如试验是“三”，结果“三”不对，他就改成“五”改成“六”，这完全是不行的。念书、做学问，做人一样，要真，不能讲假的。

有一次，《历史研究》开成立四十周年的庆祝会，因为我是老编委（和郭老是一届，现在老编委没有几个了，俩或是仨），请我讲话。我这人讲话有点毛病，专讲人家不爱听的话。我就讲，中国历史必须重写。我不否定几老的功绩，但现在不行了，不能那么做了。这话当然很刺耳了。后来很有意思，完了以后，他们招待我们吃饭，《历史研究》编辑部的几位同志说：“我们同意你的意见，中国历史必须重写。”这是历史。

我再举一个例子，语言。现在在座的中文系也有搞语言的吧？中国的语言就是汉语。汉语跟英文等印欧系的语言——英文、法文、德文、意大利文不一样，他们的语言是有形态变化的。比如“我有”，现在时“I have”，过去时“I had”，它有形态变化。你打我，我打你，很清楚。我们汉字没有形态变化。拿什么来表示？一般是语序，即语词的顺序。比如“你打我”，我是被打者，必须在这动词后边。英文、德文，你可以摆在动词前面，me或者mich。它本身就决定它是宾语，中文就不行，中文“你打我”“我打你”，绝对不能变。

顺便举一个例子。英文德文法文俄文的词，你写一个字你讲属于哪一个词类，一般我们能够讲出来。但汉语的字，就不敢讲。比如我们讲“人”，如果问“人”是哪一个词类，大概你们一定会答复“名词”。可是韩愈的《谏迎佛骨表》里就有一句话，比如“人其人”，“人”就是指和尚了，第一个“人”是动词。意思是把那个和尚再变成人，这话是骂人的，骂那个和尚不是人。再如“火”是什么词？火是名词嘛。可是韩愈的“火其书”，把他的书烧掉，火变成动词。甚至于数词也能当动词用，《阿房宫赋》“六王毕，四海一”，这个“一”本是数词嘛，一二三四的“一”。可在这地方就是动词，“统一”的意思。我们中国语言是有些模糊性。

当年胡适先生、鲁迅先生攻击我们的汉语，说汉语有点含糊，就证明我们脑筋糊涂。当年说这句话，也许还有点作用。因为当时五四运动对非常顽固的封建主义进行冲击，讲话“矫枉必须过正”，也允许过点头。但是今天我们就不能那么说了。说中国语言模糊，不清楚，实际上现在有一门新兴的科学，叫“模糊语言”。模糊学是新兴的一门科学，“混沌学”也是新兴的一门科学，而模糊学和混沌学都是从数学开始的，是从自然科学开始的。数学本来应该最不模糊的，可是模糊学开始于数学。我不是数学家，数学是不行的。不过，讲求“模糊”，我是同意的。

整个世界万事万物，哪一件事情是最最清楚的，同志们能不能讲一讲？不是绝对，是百分之百清楚的。没有绝对清楚的东西。说“今天天气好”，我们一听都懂。可再问一步，什么叫“好”？你就答不出来了。35℃好，还是34℃好？或32℃，16℃？你说不出来。可是也没人这么问的。打电话，问：“喂，喂，你哪？”“我是聊城师院。”这句话不通嘛，你是聊城师院的某一个成员。是模糊，但大家都懂，都清楚。语言的目的本来就是交流思想嘛，既然懂的话呢，为什么要吹毛求疵呢？如果打电话都这么讲，“喂，喂，你哪？”你回答：“聊城师院第几宿舍某某人”，那么，你的电话得延长多长时间呀。所以我们模糊，但大家都懂，就够了。

可是我们现在研究汉语的那套办法，分析、画表跟数学一样，不完全是，起码一部分是受《马氏文通》的影响。《马氏文通》是19世纪后半期根据拉丁文体系——印欧语系的英文法文写的。可中国汉语的“文通”同英语的“文通”不是一回事。我刚才讲过我们连词类都分不清楚，可是我们现在语言学就那么分析。我写了一篇短文，《研究中国汉语必须改弦更张》。不改不行，不改脱离我们实际。我们不是那样的，你为什么那么来研究？结合我们的实际，就是中国特色。脱离我们实际，就不是中国特色。

今年年初，讲文艺理论，我写过一篇文章《门外中外文论絮语》。门外，指我是门外汉，怎么来的呢？为什么写这篇文章呢？大家老讲，在国际上，我们中国的学术没有声音，称为“无声的中国”。不但是语言学，几乎所有的人文社会科学都没有我们中国的声音。大家感觉很慨叹，说我们这么一个大国，为什么在世界学坛上没有我们的声音。其中语言理论、文艺理论、（待会还要讲的）美学理论、哲学理论都没有我们的声音。可是外国的理论几天一变。大家研究文艺理论的，都知道外国今天一个主义，明天一个主义，今天一个结构主义，明天一个解构主义，搞得非常热闹。语言学也是这样子，各种主义都有。就是没有我们任何“发声”的余地，我们都感觉到不应该。我们中华民族是很伟大的民族，我们中国人的脑袋瓜不比任何人差。说这句话我是有根据的。因为我在外国多年，跟外国学生一起念书，我们不比他们差，甚至我们说比他们还要好。可是为什么在世界学坛上没有我们中国的声音？大家感慨很多，都有感慨。这中间有一些政治问题。

上次我在山大，给大家讲诺贝尔奖金的问题。大家一听诺贝尔奖金，佩服得五体投地。诺贝尔奖金快一百年了，可是没有一个中国人得诺贝尔奖金。你说，我们中国的作家，鲁迅、茅盾、巴金就比不了现在一个不知名国家的不知名的作家？这话怎么也讲不通。这里面有政治问题。诺贝尔奖金的决定者是瑞典科学院。瑞典科学院对社会主义国家抱有成见。以前对苏联也是这样子。苏联一个作家背叛了苏联，立刻给他诺贝尔奖金。我们中国呢，按现在诺贝尔奖金的水平，我们起码得拿十个二十个。现在我们眼前的也能拿出一批。日本不是搞俩、仨了嘛。瑞典科学院决定中文作品的人叫马悦然（马悦然的师傅是高本汉，高本汉，研究语言的大家都知道，他研究汉语，曾经受到汉学家伯希和先生、中国学者赵元任、李方桂、罗常培高度的赞扬），他是汉学家，有人问他：你是汉学家，诺贝尔奖为什么就没有一个中国人，他说你们中国人的作品翻译成外文的译文不好。这胡诌八扯嘛。那日本的诺贝尔奖金获得者译文就好吗？还有许多小国的，阿拉伯国家的，他们译文就好吗？讲不通。后来（谣传，真假我不知）他们要给北岛，写朦胧诗的，后来离开我们国家，到欧洲去了，说有一阵，要提他为诺贝尔奖获得者候选人。如果真是北岛成为诺贝尔奖金获得者，我们中国人民应该抗议，不应该接受。又有一阵，说提沈从文，沈从文我倒是拥护的，也没有成。现在沈先生也不在了。现在就没听说再提什么人。我们那么多作家，去年一年长篇小说就600多部，怎么就没有一部能够达到诺贝尔奖金的水平呢？现在我们看诺贝尔奖金的获得者，其他的奖金可能两个人获一个，杨振宁、李政道，他们那届三个人，还有一个美国人。文学奖只能一个人。现在一百个诺贝尔文学奖金获得者，没有一个中国人。里面确实有一流的作家，如萧伯纳，这是我们都同意的。可是也有二流、甚至三流的作家，对于他们为什么能够获得诺贝尔奖金，我说不清楚。总而言之，这里面有政治问题，它歧视我们社会主义国家，歧视我们。

现在我们的社会科学、人文科学，之所以没有声音，这不能说有什么政治问题，没有哪个机构决定你这个学说成不成立。这里面的原因非常复杂。研究后，我感觉其中有一个很大的原因，就是我们中国的学者应该首先打掉“贾桂思想”。“贾桂思想”，大家知道什么意思呢？《法门寺》[1]有个贾桂吗，刘瑾叫他坐，他说：“我不能坐，不能坐，我是奴才。”我们中国的学者，包括研究文艺理论的，研究美学的，研究语言的，很大一部分有意识的或者没有意识的“贾桂思想”。就觉得我们不行，我们不能坐。

原来上海有一个语言学家，年轻的，当然他也有一些毛病，但年轻人有一些毛病也没有什么了不起的。他跟北京某大学一个年纪大的长者、语言学家打笔墨官司。1956年由于我是中国科学院学部委员，我是语言组的，不是文学组的。所以他们两位都来找我。我就发现这位年纪大的语言学家也很有造诣的，我发现他的“贾桂思想”就特别严重。就说你这么一个年轻人，一个中国人，怎么敢创新理论？这话完完全全是崇洋媚外，我绝对反对的。可是我们现在好多人包括搞语言理论的（有贾桂思想）。

今年年初我发了一篇文章，就是刚才提到的那个，发了以后呢，当时就有人赞成，四川大学的曹顺庆教授还转载，赞成我的意见。我就以为搞文艺理论、文艺批评，西方人是用分析的思维模式来的，我们中国的文艺理论、批评不讲分析，只给一个具体的意象。就像讲杜甫讲“清新庾开府，俊逸鲍参军”，庾开府是庾信，杜甫对庾信的评论就是“清新”俩字，对鲍照的评论也是两个字“俊逸”。我们一看“清新”，就能引起很多的联想，我们一看懂得什么叫“清新”、什么叫“俊逸”。大家看看那个六朝时代的书，首先是《世说新语》。中文系的师生如果没看过，我劝你们赶快找一本看看。这书读一遍不行，要读个十遍八遍，看不懂的话，看看它的注。《世说新语》里面衡量人，也是用很形象的讲法。后汉三国到六朝品评人是一个时代风尚，他都是根据一个具体的字。钟嵘的《诗品》也把诗列几品：上品、中品、下品，也是用很形象的字。

前面讲到，我们现在国际上文艺批评界没有我们的声音，为什么我们不可以发扬我们中国的特色？像“清新庾开府，俊逸鲍参军”。讲王羲之写字，也不是分析，也是八个字“飘如游云，矫若惊龙”。全是这样。你看这八个字以后，就立刻可以了解这个人怎么样，这个诗怎么样，这个字写得怎么样。了解得很清楚。为什么一定要分析？

如果要我们在世界文学论坛上发声音的话，就必须发扬我们自己的特色。我们搞文艺批评，不是西洋那一套。跟西洋那一套走，是绝路。

---

①《法门寺》，是京剧的一个剧目。贾桂是太监刘瑾的侍从。——编者注

你们看看那个《世说新语》，里面好多评论人的话，都很形象的。什么“朗朗如岩下电”，这个“岩”，石头啊，下边闪电，说这个人怎么样，都给你一个形象。你看了以后立刻对这个人有全面了解。“清新庾开府，俊逸鲍参军”，都是根据形象的。看过以后，你对这个人就有个全面的了解。文学一样，比如评论杜甫，就是“沉郁顿挫”四个字，一看就是杜甫，绝对不是李白。李白也有四个字，就是“飘逸豪放”。但把这四个字用在杜甫身上，绝对不行。我说一个很简单的例子，“郊寒岛瘦”，孟郊的诗用个“寒”字，寒冷的寒；贾岛则用“瘦”字，胖瘦的瘦字，一个字就说明了诗人的特点。一看见寒，一看见瘦，立刻就能想起他诗是什么样子。为什么我们的理论不容易弘扬？可如果你有“贾桂思想”，就觉得我们不行，那么我们没话讲，我们不是一路人。

外国文艺理论三个月变一变，半年变一变，几年变一变，现在不知变成什么样子了。现代主义、后现代主义、后后现代主义，不知搞到什么主义，我也搞不清楚。后来我就开玩笑，我就用清朝诗人赵瓯北（赵翼的号）的一首诗：“李杜文章（应是诗篇）万口传，而今已觉不新鲜。江山代有才人出，各领风骚数百年。”意思为：李白杜甫的诗万人相传，从唐到现在已经不新鲜了。每个朝代都有才人，第一个才人出来以后，他的风骚只能领数百年，他这话说错了，李杜到我们有一千多年了，我们还得照样念李杜的诗。赵瓯北的诗，意思我懂得，就是指一个人不能永远地独领风骚，各领风骚数百年。但《诗经》《离骚》，两千多年了，我们还得照样诵读，不是各领风骚数百年。有的是领风骚两天也领不了。所以后来我就改了这个诗，我说现代是“江山年有才人出，各领风骚数十天”。就像庄子所说的“蟪蛄不知春秋”。夏天的那虫儿，不知道春秋，因为它春天还没有出生，夏天才有，不到秋天就完了。现在外国好多学说就是“不知春秋”，就是数十天。在这样的情况下，我们为什么不能弘扬我们的几千年的传统？把我们的什么传统发扬出来，这就叫中国特色。

我再讲一个例子，我也写了一篇文章，准备在《文学评论》下一期发。为什么下期发呢？因为我写文章容易轰动，对杂志下一年的订数有影响。我第一篇就是刚才说的《门外中外文论絮语》，发完后，立刻就有人不同意，我欢迎不同意。但我没有看（他的文章），因为我眼睛不好。上海华东师大的熊玉鹏教授，熊教授，听说是现在的文学院院长，说看了你的文章，我完全同意。后来又看了《文学评论》上反驳你的文章，我完全不同意。我问他反驳文章的根据是什么，他说不跟你讲，他讲他们是崇洋媚外。他这一讲我就明白了。因为我讲得不够崇洋媚外，对洋人不够尊重。熊教授讲，过一段也要写文章支持我的观点，反对崇洋媚外。

现在我再举一下美学。我又写了篇文章。叫《美学的根本转型》。美学这个学问在中国是一种舶来品，外国传进来的，时间并不太久。传进来以后，在中国颇为兴盛了一阵，出了好多学派。总结起来，有三大学派。就是讲“美”是主观的呢，还是客观的呢，还是主客观相结合呢，这么三大派。一种讲美是主观的，一种讲美是客观存在的，一种讲美是主客观相结合才能产生美。现在三种学派吵来吵去，美学界自己也觉得好像走进了死胡同儿，就开始转型。

有人就写了几篇文章，谈论美学的转型。我看了一下，就写了篇《美学的根本转型》，不是一般的转型，副标题是“一篇怪论”。什么原因呢？因为美这个东西，西方跟东方不一样。我还要补充一点，我现在考虑问题，总是考虑东西方不一样的地方。我觉得人类创造了两大文明体系，一个东方文明、一个西方文明，没有第三个，当然小的文明不算在内。现在我考虑问题，总考虑东方跟西方不同在什么地方。很奇怪，你为什么不考虑一样的呢？一样的用不着我考虑，都看见了。我考虑的是两大文明的不同在什么地方。

前不久，中国科学院召开一个会，中国科学院制定21世纪中国自然科学研究的纲领，叫我去了。找我去了，去了就必须讲讲，刚才我说过，我不愿讲大家都爱听的话。我就说，要想搞科学，你首先就找中国科学跟西洋科学不同之处何在。不能讲2+2=4，中国西方都一样。当时在座的数学大家吴文俊教授，他就给《九章算术》写过一个序，他不是搞文化的，不搞易理，也不搞哲学。他就说西方数学跟中国不一样。他说西方数学是从定理出发，然后再演绎。如人必死，张三是人，所以张三必死。这叫三段论法，是吗？吴文俊先生讲，中国是从问题出发，从实际出发，尽管我们圆周率3.1415926，同西方一样，但中国西方的出发点都不一样。连数学都不一样，其他的可以推而广之。

美学属于人文科学，我就在想，美学为什么必须要转型，美学三大派一味讲美是主观的，美是客观的，美是主客观统一的，它争论不下去了。我忽然发现他们西方的美跟我们中国不一样，这是不是怪论？西方讲美只讲美术、塑像、雕刻，眼睛看的，叫美。另外讲一个耳朵，音乐，听的。像今天研究的美学，甚至中国人写的美学，不出眼睛和耳朵，西方美学的“Aesthetics”这个词，源于希腊文，其本身就不限于眼睛耳朵，我们有五官嘛，为什么把五官中的三官丢掉，专门研究眼睛和耳朵？为什么？没人敢提这样的问题！我估计要提了，也没有人敢答复。我不揣冒昧，给一个答复。

我们中国的“美”，跟西方不一样，你们听着是怪论，其实很简单。“美食”“美食城”“美味佳肴”，味，食是讲舌头的。西方人讲beautiful是不指舌头的，而我们的“美”字，上面是羊，下面是大。美就是羊大也，羊长大了，肉好吃。这样就是美。所以中国人讲美就从舌头讲起，中国人讲美是从味觉开始的，从舌头讲到眼睛。说这个人长得很美，就说这个人长得很甜，我听李老师讲过。甜是味觉嘛。说这个字写得很甜。就是从味觉到眼睛，这个西方没有了。

我的意思就是美学的真正转型，讲舌头，完全把西方限于“眼睛”和“耳朵”的美学打掉，我们讲眼耳鼻舌身，从这儿讲美。讲舌头，羊大肉好吃，跟美学是主观的，美学是客观的，美学是主客观相结合的完全不沾边儿。所以我们中国美学与西方美学完全不一样，因此我们为什么不可以根据传统研究美？如果说不可以，那么这个人就是一个彻底的崇洋媚外者。所以我写了一篇“怪论”，《文学评论》下期要发表的，希望大家指教。副标题就叫“一篇怪论”。

怪论我还有很多，今天因为还有好多事情来不及了，在座的已经坐了一个多小时了，我想是不是向大家请个假，以学生向老师请假的口吻请假，要走，谢谢大家光临。如果有不妥当的地方，请批评指正。

季羡林按：这是一篇学术报告的录音稿。我讲时，不但没有讲稿，连提纲也没有。承蒙师院的同志们根据录音整理了出来，送给我看。为了保留原来讲话的风格，我没有动大手术。啰嗦重复之处在所难免，希望大家理解和谅解。

1988年1月15日

在母校济南一中的讲话①

(一) 在同校领导和教师座谈会上的发言

母校对一个人的成长有很重要的作用，任何人都是这样，他的成长离不开母校。

我是农村的孩子，六岁离开家，在济南呆了13年，上小学是先在南城根一师附小，校长是王大牛（士栋），那时他是山东的先进人物。后来又转到新育小学。我少无大志，小学毕业后本来应该考一中，一中是山东教育的“头”，我不是那个材料，我没敢考一中，在“破正谊、烂育英”中我考上了正谊，初中毕业后上了半年正谊高中，到1926年，山东大学附设高中在北园白鹤庄成立，我又念了两年。在小学和初中我不是好学生，好打架，念书没考过甲等第一，我真正念书是到了白鹤庄，那时15岁，念书也不是有了不起的大志，我偶然考了个第一，那时五个班五个第一，我是超过平均分95分，当时教育厅长、山大校长王寿彭亲自写了一副对联送给我，还送给我一把扇子，于是就有了虚荣心，上去就不能下来，后来就一直考第一。

我和一中的关系是1929—1930年在济南高中念了一年，国文教员是胡也频先生，对我的影响很大。他是革命家，赤裸裸地宣传共产主义，也不隐蔽，后来国民党通缉他，以后在上海龙华遇难，鲁迅先生曾写过一篇文章纪念他。后来的国文教员是董秋芳，他对我的影响非常大。当时高中的教员有祁蕴璞，那时他应当是山东教育界的特级教师，还有一中的校长完颜祥卿，他教我们逻辑，鞠思敏先生教伦理，还有教数学的王老师，教英语的刘老师，对这些老师我很怀念，没有这些老师就没有我。

---

①这是季先生1997年10月6日在母校济南一中的讲稿，分为两部分，一是在校领导和教师座谈会上的发言，一是针对全校学生的发言。——编者注

我是一中的双重校友，先是学生，后是教员。一个人的成长，从小学到中学、大学都离不开学校，离不开教师。当时一中的教师在全山东省是水平最高的。祁蕴璞老师那是真正念书的，他不是像一般教师那样对付上课，他到日本订新书，不断吸收新的知识传授给学生。在高中时有了地下党，真正地下党的负责同志是李俊民，他是地下党的头，可是他不动声色，后来到上海去了。后来知道班上有个同学孙玺琪是党员，他以后曾是东北哪个省的省委书记，他当时写文章流露出对国民党的不满。我那时不参与政治，对胡也频非常崇拜，他搞“普罗文学”，我就写文章；他成立文学会，我是积极分子；他要出刊物，我写了一篇《现代文学的使命》。那时他是革命家，公开地宣传革命；赤裸裸的不是一个很好的办法。丁玲是胡也频的夫人，她是家属，从上海来济南探亲，我曾见过她。

过去一中是山东教育的“龙头”，另外就是菏泽六中[①]，何思源在那里毕业，再就是泰安三中，其余的就是“破正谊，烂育英”，他们是私立的，没有钱，请好教员请不到。后来很大一部分人才，都是出在一中，现在也是这样。一中北京的校友登记的有三百多，实际上我估计有四百或五百多。罗干、张承先，还有几个部长都是我们的校友，也给学校增了光。办教育不仅是培养部长，办教育要把中外文化继承下来并传下去，对当前的社会有贡献。

最重要的是21世纪，再过三年就是21世纪，到下个世纪在座的都能发挥作用。我到2001年是九十岁，活着没问题，还没有计划不活着，老骥伏枥，志在千里，过去60岁就认为是老人，曹操60岁就认为是老人了，在中国文学史上几个大人物，如：韩愈、柳宗元都是50多岁，苏东坡63岁，陆游80岁，在文学史上超过陆游的还找不出来。现在人的寿命都延长了，80是小弟弟。一中的任务就是承前启后，为21世纪培养建设有中国特色社会主义的人才。人才是各方面的，不一定都是教授，在教育界教授很必要，如果12亿人口每个人都是教授就没有饭吃了，应该各行各业都有，从政、从商、从学也可以。

在山东来讲，中学这个阶段我们一中是当仁不让，现在一中都是高中没有初中了，和我上学时的济南高中一样，现在大家是任重道远。

我和子正是世交，他父亲是我叔父的好朋友。我结婚时，他父亲给画了一个很大的牡丹花，我投桃报李后来刻了一个图章送给庄老伯。后来我儿子季延宗在一中读书，那时子正是校长。上次1982年在这里校友聚会时，还有好多老同学余修、许衎梁等，现在见不到了，他们都已作古，这没有什么了不起，人类社会就

①原为山东省立六中，今为山东菏泽第一中学。——编者注

是这样，长江后浪推前浪，用不着伤感，但总是对这些老朋友很怀念。

对于我们学校现在的情况我不太清楚，从全国各省中学来看，衡量一个学校的好坏很难，一般讲升学率，升学率最具体，考上北大、清华的有多少，证明你的学生水平高，但这不是唯一的标准，这是标准之一。不要“千军万马独木桥”都要念书。这个思想与封建社会有关，过去封建时代一般人只有一条路，就是科举：秀才、举人、进士、状元，没有别的路，现在我们应该改一改这个观念。培养学生要念书，成名成家给国家争光，这条路不一定是唯一的，有行政能力的我们国家需要，有能力做生意的我们国家也需要，特别是对外国人做生意，外国人很难对付，他那一套法律我们搞不清楚。只要对社会主义建设有利的都要培养，不要鼓励“千军万马独木桥”。现在我们国家大学生的人数，按百分比来讲不是高而是低的，现在大学生毕业找工作有困难，原因很复杂，我们人口实在是太多了。印度不是个发达国家，大学生人数比我们多得多，找工作也困难。现在北京有这么个情况：大学生毕业找工作困难，到了硕士毕业更困难，到了博士毕业更更困难。有些机关宁要大学毕业生不要硕士生博士生，因他们有架子不好管理。在北京最好找工作的是职业学校，我们国家需要的人才多极了，理发师、厨师在旧社会被人瞧不起，“戏子王八吹鼓手，剃头挑子跟着走”，实际上没有理发师、厨师也不行，当厨师的真正做出成绩来也能为国争光。弘扬文化最容易的是弘扬饮食文化，你开的饭馆人家都来吃，这就是弘扬中国的饮食文化，不一定都通过念书培养学生，不要提倡“千军万马独木桥”。

现在社会上风气不是那么好，济南也差不多。对学生讲德育、智育、体育、美育四个方面，德育很重要。

我上学时有两门课，后来没有了，一个叫“公民”，就是讲一个中国人应该干什么，不应该干什么。一个叫“乡土”，就是我们山东过去对中国文化的贡献。孔子、孟子、诸葛亮、王羲之，还可以找出一大批名人。乡土如果在乡下，如在临清，一个要搞山东的，另一个要搞临清的。培养爱国主义是个课题，怎么培养，到现在据我看没有一条成功的经验。爱国给我讲很容易，什么原因？我经历过解放前半封建半殖民地社会，受过洋鬼子的欺侮。对学生讲，有的说讲爱国干吗，不爱国不照样吃饭吗？讲“乡土”就是培养爱国主义的方式，如我们临清出过什么人物？我们山东对中国有什么贡献？这就是爱乡，不爱乡怎么爱国？培养爱国主义是重要的课题，也是很难解决的课题，一个“公民”一个“乡土”应该恢复，从小学开始恢复，培养学生的人品、道德。讲空道理、讲教条学生最不愿意听，没有什么用。解放后我们讲学雷锋、学焦裕禄，学的不知道有多少了，应该有用。你提的太高了离我十万八千里，我没法学，算了；要从低处小处做起。不要什么事情光考虑自己，要考虑别人，要考虑国家。道理是要讲，一定要有行动，如尊重老师，“文革”后产生不好的恶果，现在稍微好一点。北大搞过几次运动，老师觉得非常不得了，学生见了面给你鞠个大躬，可是运动一过，照样你是你我是我。现在学生听老师的课，听大课不知道老师的名字，这怎么能尊师呢？我的意思是从小处做起，爱国、尊师、对父母孝顺，对同学团结合作。将来世界一定要大同，应该爱国主义与国际主义相结合，不要狭隘的，不搞排外，但是要欺侮我们不行。你是朋友，我们就以朋友相待。我对母校的情况基本上不清楚，感觉我们一中还是不错的，有这么一个概念。

我讲的话可能有些无的放矢，谢谢大家。（掌声）

（二）对全校同学的发言

从书记、张校长、各位校长、各位同学：

现在我要坐着讲的话，你们都站着不平等，现在我也站着讲。（笑声）

我是一中的双重校友，一方面在这里念过书，另一方面教过书，今天我以双重校友的身份向大家致敬！向母校致敬！向大家学习！（掌声）

我现在心情非常兴奋，可能语无伦次，希望大家原谅。

我们现在处在20世纪之末，再过三年就来了一个新的世纪，来了一个新的“千纪”，千纪就是一千年。诸位你们现在念高中，再过三年到下世纪，我们伟大祖国的建设任务就落在你们身上。今天作为一个老马，我今年86岁了，老马是老马，但不一定识途，我讲讲心里话，讲一些“假大空”，大家不愿意听，也没有意义，讲什么心里话？就是你们青年应该做些什么事情。

第一，青年（包括我们老年在内）必须热爱我们的国家，热爱我们伟大的祖国。爱国主义大家一听可能都是好东西，爱国主义有两种，一种是真的、正义的，就是我们中国的爱国主义；另一种是假的、非正义的，像日本占领中国，要侵略我们的国家，要杀我们中国人民，他们也高喊爱国主义，他们的爱国是假的。我们爱国主义是好的、真的。所以第一要爱国，也包括热爱我们的党，因为党领导我们的国家。

第二，希望各位对我们的师长要尊重。为什么讲这句话呢？不知济南怎么样，在北京稍微好一点。“文革”后师生关系很矛盾。现在提倡尊师重道、尊敬老师。老师是很不容易的，天天忙，从早上忙到晚上，目的是希望把大家教好，把知识传授给大家，因此要尊重你们的师长。我讲的都是大白话，你们听了感觉奇怪：你讲这个干什么？我都知道。尽管你们知道，我还是要说一说。

第三，你们听了更觉可笑，其实不可笑，要孝敬你们的父母。“孝”在中国历史上占很重要的位置，可是后来逐渐不行了，现在父母子女之间有矛盾，做子女的对你们的父母要孝敬。

第四，要团结你们的同学，现在你们之间是同学，将来毕业后都是校友，将来你们的前途有70年、80年、90年，我希望你们每个人将来都超过一百岁，因此时间很长，你们要携手共同工作，为共同建设我们的祖国做工作，因此要团结同学，团结我们的伙伴。

第五，大家听起来更觉得太简单了，现在我们的社会风气不是怎么很好，在山东作为一中的学生一定要严格要求自己，在举动上、在处理社会关系中间要严格要求自己，不能做坏事，要做好事。刚才我说了，现在社会的风气不怎么好，我希望一中的同学做出一个榜样，来改变我们的社会风气。

另外，最后谈到学习，我学了一辈子，到今天也没有学完，经验也不多，我们有两句话：“书山有路勤为径，学海无涯苦作舟”。这两句话的关键是一个“勤”一个“苦”。念书不要想走捷径，捷径是没有的。从前有这么一个故事，发明几何学的欧几里德很有名，有一个国王问他：“我来学几何有什么捷径没有？”欧几里德讲：“学几何，皇帝和大家一样，不管皇帝有多大的权力，要和大家一样辛苦，没有皇帝走的捷径。”念书就是一个“勤”一个“苦”，“苦”就是不怕艰难，不怕困难，念书不等于吃饭，饭吃下去就完了，念书有时会遇到困难，打退堂鼓是不对的，遇到困难应迎头而上，遇到困难要征服困难，克服困难。另一个要“勤”，没有别的办法，你们一定要注意你们的身体，各方面要全面发展，这都是老生常谈，我还是要给大家讲一讲。

再重复一句，再过三年，就来了一个新的世纪，来了一个新的千纪。将来建设中国的任务就在你们身上。我们老年人，特别是我今天是年纪最老的，一切希望都寄托在你们身上，希望你们不要辜负我们的希望。谢谢大家。（掌声）

1997年10月6日

（庞德治根据录音整理）

在人民大会堂的讲话[1]

各位领导、各位贵宾：

今天我来参加这个庆典感觉到非常兴奋、非常高兴，因为我今天看到一本一本的我们的书，今天整个的书在大厅陈列出来了，真是洋洋大观，我感觉到我们在不太长的时间内给我们的中国人民，给我们世界关心中华文化的朋友们，为我们的后世子孙做了一件非常有意义、非常有价值的工作。我作为总编纂实际上没做什么事情，我曾经给这个任继愈教授，我们几位写过几篇文章，为我们这个书助威，当啦啦队，我是啦啦队的队长，回想我们这几年编纂的过程，大家在座的各位贵宾不一定都知道，这样一个巨大的工程，在这么短的时间内能够完成，是不是非常顺利，大家恐怕有这个问题，当然不会顺利的，我们世界上没有一条完全是直的路，阳关大道也有，独木小桥也有，我们这个《存目丛书》经过了阳关大道，也经过了独木小桥，在开始的时候就碰到很大的困难，舆论界的困难，因为什么，我们不管什么原因而有人反对，而且是声势很大，黑云压城城欲摧，有那么一种气势，当时我们跟任继愈同志的体会，还有他们几位中年轻年的学者，像刘俊文同志、周燮藩同志，我们对这个黑云压城城欲摧的情况，我们抵挡住了，我们照样开展我们的工作，照样开展我们的编纂。结果呢，是山穷水复疑无路，柳暗花明又一村，果然黑云压城过去了，我们又走上了阳关大道，最后形成了同志们都看到的下面这一套书，我个人呢，在这里可以说是老王卖瓜吧，我就感觉到这样一部书可以说是继《四库全书》以后规模最大的一部书，但是我们这部书的价值我个人认为要超过《四

①这是季先生1997年11月在人民大会堂参加《四库全书存目丛书》首发式上的讲话。——编者注

库全书》，什么原因呢？前两天王锺翰教授主编的《禁毁丛书》首发式我参加了，我也讲了几句话，我讲了什么观点呢？我讲了这样一个观点，《四库全书》是皇帝老子批准的，出的，里边有改动，对他的口味不合的、有忌讳的改动了，所以那个书，不能说没有价值，可是也有它的缺点。那么《禁毁丛书》跟我们《存目丛书》不存在那个问题，当时我讲了一句话，好像是大家很满意，因为大家鼓掌了，什么话呢，我说皇帝老子不喜欢的东西正是我们人民群众喜欢的东西。为什么存目呢？因为有忌讳。为什么禁毁呢？因为有忌讳。皇帝老子不满意，可是皇帝老子不满意的，正是我们人民所满意的，那我们这个《存目》呢，就属于这一类，那价值呢？大家以后可以慢慢地评论。如果我们这书不编纂，今天刘俊文同志没有详细报告，昨天杜泽逊同志讲得很详细，就是好多书收藏在个人手中，有的是这个图书馆有一半，那个图书馆有一半，如果我们不努力，这一本书永远是分离的，我们给它拼凑起来了。好多书，如果我们现在不影印，再过十年二十年或者更多的年头，好多书要完全丧失了。所以因此我就说，我们给我们的中国人民，给全世界关心中国文化的学者们，给我们的后世子孙，做了一件非常有意义的事情，这个事情眼前它的价值还不容易完全看出来，将来大家用的时候可以看出来了。我想了一句中国的老话，“有志者事竟成”，这句话是完完全全正确的，当然刚才刘俊文也讲过了，没有我们国家领导人的支持，没有全国支持，我们这个工作还是做不好的，今天我们终于完成了，完完全全超过我的希望。我认为这套书恐怕还得编纂十年八年，可是没想到呢，从1994年开始，正式开始是1994年，1997年就完成了，这样一个速度，昨天刘乃和教授讲了，多快好省，是的的确确多快好省，这是很不容易的。今天呢，我刚才说，我来参加这个会，一方面非常兴奋，另外一方面非常高兴，原因就在这儿，我看到我们下面这一大套书，整整齐齐摆在那地方，我感觉到这件事情成功之不易，非常的不容易，因此呢，我现在再向各位帮助这个书成功的领导、贵宾、全国的学者表示热烈地感谢，谢谢大家！

1997年11月

在印度文学院授予名誉院士学衔仪式上的演说①

尊敬的印度文学院院长罗摩坎达·罗特先生阁下，尊敬的印度驻华大使南威哲先生阁下，尊敬的印度朋友们，尊敬的北京大学副校长何芳川先生，尊敬的北京大学外国语学院院长胡家峦先生，女士们，先生们：

首先，我要衷心感谢尊敬的印度文学院院长罗摩坎达·罗特先生和印度文学院。世界知名的文学机构印度文学院，授予我名誉院士学衔，在我的确是一大喜事，也是一大荣誉。这是印度人民对中国人民的友谊的标志或象征。我认为，这一崇高荣誉不能仅仅属于我一个人，而应当属于所有从事印度研究的中国学者。其中有些人现在就在座。他们应当与我分享这一荣誉。

众所周知，自远古以来，中国和印度就一直是好邻邦和好朋友。甚至在先秦时期，即在东周时期，我们已经能够在诸如《战国策》和《国语》这样一些中国典籍中，主要是在神话和寓言中，找到印度影响的一些蛛丝马迹。在屈原的诗歌中，特别是在《天问》中，我们也可以发现印度的一些影响，主要是神话方面的影响。在天文学中，我们也可以找到中国和印度的相互影响。中国的著名发明，如造纸术、印刷术、火药、指南针等等，从中国传到包括印度在内的其他国家。中国的纸和丝以及丝织品，经由丝绸之路从中国传到印度。与此同时，中国南方的海上丝绸之路也是功不可没的。在佛教从印度传入中国后，

---

①1999年7月5日上午，印度文学院授予季羡林先生名誉院士学衔仪式在北京大学临湖轩隆重举行。季羡林先生在印度文学院院长罗摩坎达·罗特先生颁发有关证书和证章之后发表演说。演说原稿系英文。征得季羡林先生同意，由刘建将其译成中文。标题系译者所拟。——编者注

在近两千年的岁月中，印度文化源源不断地涌入中国。在各种不同学术领域中，都可以发现印度的影响。佛教在中国人民中风行起来。一言以蔽之，中印之间的文化交流有着十分悠久的历史，而这种交流促进了我们两国的社会进步，加强了我们的友谊，并给两国带来了福祉。在人类历史上，这是一个在任何别的地方都不曾发现的绝无仅有的例证。

我是在德国开始印度学研究的。最初，我的专门学科是所谓的混合梵语，即梵语、巴利语和俗语形成的一种混合语言。我用德语撰写了几篇长文，发表在《哥廷根科学院院刊》上。在我返回中国后，由于缺乏资料，可以说我是被迫改变了自己的专业。我开始做一些中印文化交流史方面的研究工作。嗣后，我开始将印度古典文学名著如迦梨陀娑的《沙恭达罗》和《优哩婆湿》《五卷书》以及一些佛本生故事从梵文和巴利文译成中文。所有这些翻译作品都受到了中国读者的欢迎和喜爱。《沙恭达罗》曾被数度搬上中国舞台。不过，我的贡献毕竟微不足道。现在，我们正处于世纪之末。明年，我们将迎来一个新的世纪，乃至一个新的千纪。万象都将更新。可惜，我行年已经八十有八，我不能再继续做很多有意义的工作了。然而，我一点也不心灰意冷。我记得三国时期著名的军事家和诗人曹操写的一首著名的诗，其中几行如下：

老骥伏枥，志在千里；烈士暮年，壮心不已。

我将这几行诗当做座右铭并照其行事。我衷心希望，中国人民和印度人民一如既往地继续保持传统友谊，并一如既往地继续进行文化交流。我们两个伟大民族的友谊与合作将促进世界和平，而世界和平能够造福人类。

谢谢你们耐心地听我讲话。

一个真正的中国人
一个真正的中国知识分子①

我的题目“一个真正的中国人，一个真正的中国知识分子”，分为两个问题，“一个真正的中国人”讲陈先生的爱国主义，因为近几年国内外对陈先生的著作写了很多文章，也是非常有深度的，可是我感到有一点不大够，我们中国评论一个人是“道德文章”，道德摆在前面，文章摆在后面，这标准看起来很简单，实际上并不简单。据我知道，在国际上评论一个人时把道德摆在前面的并不是太多。我们中国历史上的严嵩，大家知道是一个坏人，可字写得非常好。传说北京的六必居，还有山海关“天下第一关”都是严嵩写的，没有署名，因为他人坏、道德不行，艺术再好也不行，这是咱们中国的标准。今天我着重讲一下我最近对寅恪先生道德方面的一些想法，不一定都正确。

第一个讲爱国主义。关于爱国主义，过去我写过文章，我听说有一位台湾的学者认同我所说的陈先生是爱国主义者，我感到很高兴。爱国主义这个问题我考虑过好多年，什么叫爱国主义？爱国主义有几种、几类？是不是一讲爱国主义都是好的？在此我把考虑的结果向大家汇报一下。

爱国须有“国”，没有“国”就没有爱国主义，这是很简单的。有了国家以后就出现了爱国主义。在中国，出现了许多爱国者，比欧洲、美国都多：岳飞、文天祥、史可法等。在欧洲历史上找一个著名的爱国者比较难。我记得小学时学世界历史，有法国爱国者Jeanne d’Arc（贞德），好像在欧洲历史上再找一个岳飞、文天祥式的爱国者很难，什么原因呢？并不是欧洲人不爱国，也不

①本篇为作者1999年11月在广州中山大学召开的“纪念陈寅恪教授国际学术研讨会”上的发言。——编者注

是说中国人生下来就是爱国的，那是唯心主义。我们讲存在决定意识，因此可以说，是我们的环境决定我们爱国。什么环境呢？在座的都是历史学家，都知道我们中国几千年的历史有一个特点，北方一直有少数民族的活动。先秦，北方就有少数民族威胁中原。先秦之后秦始皇雄才大略，面对北方的威胁派出大将蒙恬去征伐匈奴。到了西汉的开国之君刘邦时，也曾被匈奴包围过；武帝时派出卫青、霍去病征伐匈奴，取得胜利，对于丝绸之路的畅通等有重大意义。六朝时期更没法说了，北方的少数民族或者叫兄弟民族到中原来，隋朝很短。唐代是一个伟大的朝代，唐代的开国之君李渊曾对突厥秘密称臣，不敢宣布，不敢明确讲这个问题。到了宋代，北方辽、金取代了突厥，宋真宗“澶渊之盟”大家都是知道的，不需我讲了，宋徽宗、宋钦宗都被捉到了北方。之后就是南宋，整个宋代由于北方少数民族的威胁，产生了大爱国主义者岳飞、文天祥。元代是蒙古贵族当政，也不必说了。明代又是一个大朝代，明代也受到北方少数民族的威胁，明英宗也有土木堡之围。明代之后清朝又是满族贵族当政。

中国两千多年以来的历史一直有外敌或内敌（下面还将讲这个问题）威胁，如果没有外敌的话，我们也产生不出岳飞、文天祥，也出不了爱国诗人陆游及更早牧羊北海的苏武。中华民族近两千年的历史一直受外敌威胁，后来是西方来或南来的欧洲，或东方来的敌人的威胁。所以，现在中国56个民族，过去不这么算，始终都有外敌。外敌存在是一种历史存在，由于有这么一个历史存在，决定了中国56个民族爱我们的祖国。

欧洲的历史与这不一样，很不一样。虽然难于从欧洲史上找出爱国主义者，但是欧洲人都爱国，这是毫无问题的，他们都爱自己的国家。我说中国人、中华民族爱国是存在决定意识，这是第一个问题。

第二个问题，爱国主义是不是好的？大家一看，爱国主义能是坏东西吗？我反复考虑这个问题，觉得没那么简单。我在上次纪念论文集的序言中讲了一个看法，认为爱国主义有广义、狭义之分。狭义的爱国主义指敌我矛盾时的表现，如苏武、岳飞、文天祥、史可法；还有一种爱国主义不一定针对敌人，像杜甫“致君尧舜上，再使风俗淳”，“君”嘛，当然代表国家，在当时爱君就是爱国家，杜甫是爱国的诗人。所以，爱国主义有狭义、广义这么两种。最近我又研究这一问题，现在有这么一种不十分确切的看法，爱国主义可分为正义的爱国主义与非正义的爱国主义。正义的爱国主义是什么呢？一个民族、一个国家受外敌压迫、欺凌、屠杀，这时候的爱国主义我认为是正义的爱国主义，应该反抗，敌人来了我们自然会反抗。还有一种非正义的爱国主义，压迫别人的民族，欺凌别人的民族，他们也喊爱国主义，这种爱国主义能不能算正义的？国家名我不必讲，我一说大家都知道是哪个国家，杀了人家，欺侮人家，那么你爱国爱什么国，这个国是干吗的？所以，我将爱国主义分为两类，即正义的爱国主义与非正义的爱国主义，爱国主义不都是好的。

我这个想法惹出一场轩然大波。北京有一个大学校长，看了我这个想法，非常不满，给我写了一封信，说：季羡林你那个想法在我校引起了激烈的争论，认为你说得不对，什么原因呢？你讲的当时的敌人现在都是我们56个民族之一，照你这么一讲不是违反民族政策吗？帽子扣得大极了。后来我一想，这事儿麻烦了，那个大学校长亲自给我写信！我就回了一封信，我说贵校一部分教授对我的看法有意见，我非常欢迎，但我得解释我的看法，一是不能把古代史现代化，二是你们那里的教授认为，过去的民族战争，如与匈奴打仗是内战，岳飞与金打仗是内战，都是内战，不能说是爱国。我说，按照这种讲法，中国历史上没有一个爱国者，都是内战牺牲者。若这样，首先应该把西湖的岳庙拆掉，把文天祥的祠堂拆掉，这才属于符合“民族政策”，这里需加上引号。

关于内战，我说我给你举一个例子，元朝同宋朝打仗能说是民族战争吗？今天的蒙古国承认是内战吗？别的国家没法说的，如匈奴，现在我们已经搞不清楚了。鲁迅先生几次讲过，当时元朝征服中国时，已经征服俄罗斯了，所以不能讲是内战。我说，你做校长的，真正执行民族政策应该讲道理，不能歪曲。我还听说有人这样理解岳飞的《满江红》，岳飞的《满江红》中有一句“壮志饥餐胡虏肉，笑谈渴饮匈奴血”，他们理解为你们那么厉害，要吃我们的肉，喝我们的血。岳飞的《满江红》是真是假，还值得研究，一般认为是假的。但我知道，邓广铭教授认为是真的。不管怎么样，我们不搞那些考证。虽然这话说得太厉害了，内战嘛，怎么能吃肉喝血？我给他们回信说，你做校长的要给大家解释，说明白，讲道理，不能带情绪。我们56个民族基本上是安定团结的，没问题的。安定团结并不等于说用哪一个民族的想法支配别的民族，这样不利于安定团结。后来他没有给我回信，也许他们认为我的说法有道理。

现在我感觉到爱国主义不一定都是好的，也有坏的。像牧羊的苏武、岳飞、文天祥，面对匈奴，抵抗金、蒙古，这些都是真的爱国主义。那么，陈先生的爱国主义呢？

大家都知道，我说陈先生是三世爱国，三代人。第一代人陈宝箴出生于1831年，1860年到北京会试，那时候英法联军火烧圆明园，陈宝箴先生在北京城里看见西方烟火冲天，痛哭流涕。1895年陈宝箴先生任湖南巡抚，主张新政，请梁启超做时务学堂总教习。陈宝箴先生的儿子陈三立是当时的大诗人，陈三立就是陈散原，也是爱国的，后来年老生病，陈先生迎至北京奉养。1937年陈三立先生生病，后来芦沟桥事变，陈三立老人拒绝吃饭，拒绝服药。前面两代人都爱国，陈先生自己对中国充满了热爱，有人问为什么1949年陈先生到南方来，关键问题在上次开会之前就有点争论。有一位台湾学者说陈先生对国民党有幻想，要到台湾去。广州一位青年学者说不是这样。实际上可以讲，陈先生到了台湾也是爱国，因为台湾属于中国，没有出国，这是诡辩。事实上，陈先生到了广东不再走了，他对蒋介石早已失望。40年代中央研究院院士开会，蒋介石接见，陈先生回来写了一首诗："看花愁近最高楼"，他对蒋介石印象如此。

大家一般都认为陈先生是钻进象牙塔里做学问的，实际上，在座的与陈先生接触过的还有不少，我也与陈先生接触了几年，陈先生非常关心政治，非常关心国家前途，所以说到了广东后不再走了。陈先生后来呢，这就与我所讲的第二个问题有关了。

陈先生对共产主义是什么态度，现在一些人认为他反对共产主义，实际上不是这样的。大家看一看浦江清《清华园日记》，他用英文写了几个字，说陈先生赞成Communism（共产主义），但反对Russian Communism，即陈先生赞成共产主义，但反对俄罗斯式的共产主义。浦江清写日记，当时不敢写"共产"两个字，用了英语。说陈先生反对共产主义是不符合事实的。那么，为什么他又不到北京去，这就涉及我讲的第二个问题。第一个问题我讲了陈先生是一个真正的中国人，重点在"真正"，三代爱国还不"真正"吗？

这第二个问题讲陈先生是一个真正的中国知识分子。

我自己作为一个中国的知识分子，也做了有80年了，有一点体会。中国这个国家呢，从历史上讲始终处于别人的压迫之下，当时是敌人现在可能不是了，不过也没法算，你说他们现在跑到哪里去了，谁知道。世界上哪有血统完全纯粹的人！没有。我们身上流的都是混血，广州还好一点，广东胡血少。我说陈先生为什么不到北京去？大家都知道，周总理、陈毅、郭沫若他们都希望陈先生到北方去，还派了一位陈先生的弟子来动员，陈先生没有去，提出的条件大家都知道，我也就不复述了。到了1994年，作为一个中国的知识分子，我写过一篇文章《一个老知识分子的心声》，我说中国的知识分子由于历史条件决定有两个特点：第一个爱国，刚才我已讲过了；第二个骨头硬，硬骨头，骨头硬并不容易。毛泽东赞扬鲁迅，说鲁迅的骨头最硬，这是中国知识分子的优良传统。

三国时祢衡骂曹操。章太炎骂袁世凯，大家都知道，章太炎挂着大勋章，赤脚，到新华门前骂袁世凯，他那时就不想活着回来。袁世凯这个人很狡猾，未敢怎么样。中国知识分子的这种硬骨头，这种精神，据我了解，欧洲好像也不大提倡。我在欧洲呆了多年，有一点发言权，不过也不是百分之百的正确。所以，爱国是中国知识分子几千年来的一个传统，硬骨头又是一个传统。

陈先生不到北京，是不是表示他的骨头硬，若然，这下就出问题了：你应不应该啊？你针对谁啊？你对我们中华人民共和国骨头硬吗？我们50年代的党员提倡做驯服的工具，不允许硬，难道不对吗？所以，中国的问题很复杂。

我举两个例子，都是我的老师，一个是金岳霖先生，清华园时期我跟他上过课；一个是汤用彤先生，到北大后我听过他的课，我当时是系主任。这是北方的两位，还可以举出其他很多先生，南方的就是陈寅恪先生。

金岳霖先生是伟大的学者，伟大的哲学家，他平常非常随便，后来他在政协呆了很多年，我与金岳霖先生同时呆了十几年，开会时常在一起，同在一组，说说话，非常随便。有一次开会，金岳霖先生非常严肃地作自我批评，绝不是开玩笑的，什么原因呢？原来他买了一张古画，不知是唐伯虎的还是祝枝山的，不清楚，他说这不应该，现在革命了，买画是不对的。玩物丧志，我这个知识分子应该作深刻的自我批评，深挖灵魂中的资产阶级思想，不是开玩笑，真的！当时我也有点不明白，因为我的脑袋也是驯服的工具，当时也有点吃惊，我想金先生怎么这样呢，这样表现呢？

汤用彤先生也是伟大学者，后来年纪大了，坐着轮椅，我有时候见着他，他和别人说话，总讲共产党救了我，我感谢党对我的改造、培养。他说，现在我病了，党又关怀我，所以，我感谢党的改造、培养、关怀，他也是非常真诚的。金岳霖、汤用彤先生不会讲假话的，那么对照一下，陈先生怎么样呢？我不说了。我想到了孟子说的几句话："富贵不能淫，贫贱不能移，威武不能屈，此之谓大丈夫。"

陈先生真够得上一个"大丈夫"。

现在有个问题搞不清楚，什么问题呢？究竟是陈先生正确呢，还是金岳霖、汤用彤先生和一大批先生正确呢？我提出来，大家可以研究研究。现在比较清楚了，改革开放以后，知识分子脑筋中的紧箍咒少了，感觉舒服了，可是50年代的这么两个例子，大家评论一下。像我这样的例子，我也不会讲假话，我也不肯讲假话，不过我认为我与金岳霖先生一派，与汤用彤先生一派，这一点无可怀疑。到了1958年大跃进，说一亩地产十万斤，当时苏联报纸就讲一亩地产十万斤的话，粮食要堆一米厚，加起麦秆来更高，于理不通的。“人有多大胆，地有多大产”，完全是荒谬的，当时我却非常真诚，像我这样的人当时被哄了一大批。我非常真诚，我并不后悔，因为一个人认识自己非常困难，认识社会也不容易。

我常常讲，我这个人不是“不知不觉”，更不是“先知先觉”，而是“后知后觉”，我对什么事情的认识，总比别人晚一步。今天我就把我最近想的与知识分子有关的问题提出来，让大家考虑考虑，我没有答案。我的行动证明我是金岳霖先生一派、汤用彤先生一派，这一派今天正确不正确，我也不说，请大家考虑。

1999年11月

中印友谊的又一象征①

尊敬的印度总统纳拉亚南先生阁下和夫人，尊敬的北京大学校长许智宏教授阁下，贵宾们和朋友们：

师尊罗宾德罗纳特·泰戈尔是印度伟大的诗人、伟大的爱国者和伟大的贤哲，也是中国伟大的朋友。

中国和印度是邻国，至少在两千余年来一直是好邻居。我们在包括哲学、宗教、艺术乃至自然科学和技术在内的不同领域里不断进行交流，从而使我们两国的文化丰富起来。我们甚至可以这样说，如果中印两国之间没有文化交流，两国文化的发展就可能不是今天这个样子。

这些年来，我经常考虑一些有关文化的问题。我于文化问题绝非内行里手，我也不装出这番模样。但是，我看到了一些东西，想到了一些东西，我不愿意妄自菲薄，也不愿意敝帚自珍，于是就写了一些短文，在不同的座谈会上也作了几次发言。得到的反映多是肯定的，连一些外国学者也不例外。这当然增强了我进一步探讨的信心。

我觉得，我们过去谈论中国文化，往往就事论事，只就中国论中国，只就眼前论中国。这样做的结果只能是像瞎子摸象一样，摸不到全貌，摸不到真相。经过我多年的思考，我认为，从人类整个历史来看，全世界人民共创造出了四个大的文化体系。所谓“大”指的是历史悠久、影响广泛、至今仍然存在的文化体系。拿这个标准来衡量，我发现了只有四个：中国、印度、伊斯兰和欧美。其中前三个属于东方文化范畴，第四个属于西方。东西两大体系，有相

①此为季先生2000年5月30日在印度政府赠送北京大学泰戈尔铜像揭幕仪式上的讲话。——编者注

同之处，也有相异之处，相异者更为突出。据我个人的看法，关键在于思维方式：东方综合，西方分析。所谓“分析”，比较科学一点的说法是把事物的整体分解为许多部分，越分越细。这有其优点：比较深入地观察了事物的本质。但也有其缺点：往往只见树木，不见森林。所谓“综合”就是把事物的各个部分联成一气，使之变为一个统一的整体，强调事物的普遍联系，既见树木，又见森林。普遍联系这一点是非常重要的，它完全符合唯物辩证法。

我浅见所及，东西文化的根本差异即在于此。

中国文化是东方文化的重要组成部分。要想了解中国文化，必须了解东方文化；而要想了解东方文化，必须了解中国文化。对东方文化和中国文化的了解必须同时并进，相互对照，相互比较，初时较粗，后来渐细，螺旋上升，终至豁然。我想先从医药中举一个例子。人们都知道，西医和中医是完全不同的，两者的历史背景完全不同，发展过程也完全不同，因此，诊断、处方、药材等等都不一样。最明显的差别是大家所熟知的：西医常常是“头痛医头，脚痛医脚”，而中医则往往是头痛医脚，比如针灸的穴位就是如此。提高到思维方式来看，中医比西医更注重普遍联系，注意整体观念。

再拿语言文字来作一个例子。西方印欧语系的语言，特别是那些最古老的如吠陀语和梵文等，形态变化异常复杂，只看一个词儿，就能判定它的含义。汉语没有形态变化，只看单独一个词儿，你就不敢判定它的含义，必须把它放在一个词组中或句子中，它的含义才能判定。使用惯了这种语言的中国人，特别是汉族，在潜意识里就习惯于普遍联系，习惯于整体观念。

从上面几个简单的例子中可以看出中国文化的特点。约而言之，这个特点可以归纳为普遍联系和整体观念。从“科学主义”的观点上来看，这未免有点模糊，但是这个“模糊”却绝非通常所谓的“不清不楚”，而是有比较严格的科学含义，它强调的正是普遍联系。这同我上面讲的东方文化的思维方式是“综合”，是完全一致的。

我的这一点想法，颇得到一些学人的赞同。在北京召开的“东方文化与现代化国际学术讨论会”上，我讲了我的看法。会议结束以后，一位日本大学教授专程来到我家，向我表示他很赞成我的意见。我后来到韩国访问，在社会科学院的一次座谈会上，我又谈了我的看法，一位大概是主张“全盘西化”的教授说：“我们韩国没有东方文化！”我在大吃一惊之余，举了几个我在汉城几所大学中看到的例子，说明那里是有东方文化的。那位教授最后还是承认了我的看法。

但是，不管有多少人赞成我的想法，我毕竟不精于此道。亿而偶中，是可能的；亿而不中，又何尝不可能呢？我这一点粗略的想法，在可预见的时间内，无法用实践来证明。即使在非常长的时间内，也只能逐渐地通过世界文化的发展来验证。这一点我想是大家都能同意的。

无论是从前还是现在，都有一些中国同志和印度朋友向我提出加强研究中印文化关系史的问题。他们的意见是十分正确的。在整个世界历史上，像中国同印度这样两个国家有着至少两千多年的文化交流友好往来的历史，是十分罕见的。这两个古老的国家又一直到今天还都在朝气蓬勃地大跨步走上前去，这更是绝无仅有的。因此，两国人民都珍视我们的友谊，愿意继续发扬我们的友谊，切望了解我们友好历史的具体内容，这是完全可以理解的。

今天的世界，正处在一个新的历史时期，中国和印度也都处在一个新的发展阶段。中国在迅速发展，所取得的成就，为世界所公认；印度亦在日新月异地发展变化，尤其是高科技的发展，为世界所瞩目。在新的形势下，中印两国为了更好地建设各自的国家，相互学习，彼此交流，则显得更为重要。这对我们两国文化的发展，经济的繁荣，人民的物质生活和精神生活的改善，起到了促进作用。

2000年5月30日

在北大外院语言学研究所成立大会上的（书面）讲话[1]

各位来宾、顾问、何校长、老师们、同学们：

北大外院语言学所成立，我作为名誉所长本是要到会的，也已经准备参加并讲话的。但因眼睛现在看不见，要到同仁医院做眼科手术，医生刚来了周五做手术的通知，我只好等眼睛再现光明时再和大家见面了。好在诸位同行我也都认识，同学们也还有常见面的机会。

语言学所的成立是一件喜事，但我想关键是要在外语方面作出成绩来。北欧的语言学家叶斯珀森写了English Grammar，即《英语语法》，成为英国人承认的英语权威。中国也有个例子，高本汉，虽然他有的地方过时了，但赵元任、罗常培、李方桂三大家联合起来翻译高本汉的著作，胡适之对高本汉非常佩服，反过来，我们研究日、韩语言让日本人、韩国人钦佩也是能做到的。为什么中国人拿不出来让外国人承认的外语权威成果呢？别人能做到的我们也能做到。所以，最重要的是拿出成绩来，别的都是次要的。

当年陈寅恪应刘文典教授书，出对联，对对子，是个很有名的公案。这就是汉语的特色。他也讲过，要想把汉语搞清楚，就要把和汉语同语系的语言搞清楚，这才能知道汉语是怎么回事。对对子，西方语言无法对，只有汉语。从前我建议过，应该开个诗律课，讲韵律。清华已开了。中国诗平声、仄声，这个东西是汉语的特点。汉语的艺术性就表现在这个地方。如果语言艺术不行，怎么研究古典文学。过去我们写文学史，讲艺术性，必须讲韵律。对对子，韩国就有，很有意思。赵杰你在韩国时，不知遇到过没有。吃饭时让你对对子。

①这篇讲稿季先生2000年4月6日下午口述于朗润园，李玉洁协助整理。——编者注

咱们中文系的教授到韩国，人家让你对对子，你“丈二和尚摸不着头脑”，不丢人吗?！说韩国精通，那过分，但他们懂韵律。在东国大学开会时，他们就出对联，让我们对。如“孙行者”对的不是“祖冲之”就是“胡适之”，都对。因为“祖孙”对，“胡孙”对，“之者”对，“行冲适”都是动词。周祖谟先生对出来了，他有家学渊源。

说到语言研究，应该强调多语。中国社科院的语言所应改名为中国语言所，不是光研究汉语。同样，我们外语学院这么多系，研究水平比中文系差一大截，这不能否认。外语我们要多学，但汉语我们自己也糊里糊涂，所以搞外语的也要加强汉语。

谈到理论，现在外国的语言理论老在变，索绪尔、乔姆斯基等。外国的文艺理论那么多，语言理论也那么多，为什么我们中国人拿不出来？其实中国有最好的条件，56个民族。索绪尔、乔姆斯基、叶斯珀森哪个懂汉文呢？所以，我们根据汉文研究理论就很有意义。汉文和西方语言不一样，为什么不出自己的理论呢？比如56个民族，好多语系的都有。最近我看了一本德文写的有关朝鲜语言的书，说朝鲜语在全世界中的语系归属至今还没定出来。中国的语言研究有条件，而且有很好的条件。赵杰自己就不错，懂满语、汉语、韩国语，问题是怎么能够有创新的看法。

说到外国语的研究，胡壮麟研究转换生成语法，那是外国新的理论。东语这方面，外国新理论我们懂不懂？英德法西印欧语系理论已有，是个怎么钻研的问题，首先看人家有什么成果。东方语言许多还没定论，比如韩国语系属还没搞清楚，日本民族从南边来还是从北边来？阿伊努才是本地，像美国印地安人那样。同样，把有关的语言拿来进行比较研究，才能抓住汉语的特点，比如单音节等。

赵杰担任所长，外院选人准确，也应该，因为他中文是内行，受过中文语言学的严格训练。语言所成立是个良好的开端，成立后要努力，一切事情只有努力才能成功。不能光讲空话，也不一定要写大本书，写短的语言学文章，有见解也好。什么叫成功？天资、努力（即勤奋）加机遇等于成功。我相信语言学所一定能成功！

天人合一　文理互补[①]

各位贵宾、老师们、同学们：

让我坐着讲，是一种特权，因为我已经超过90岁了，所以我安然享受这种特权。

今天我讲两个问题：第一个问题是21世纪全人类所面临的最重要的问题是什么。第二个是理科和文科互相渗透的问题。对这两个问题我都是野狐谈禅，也可能是胡说八道，请大家“批判”。

第一个问题，21世纪我们所面临的最重要的问题是什么？不但在中国，而且在全世界，大家可能有多种想法，现在我谈我自己的想法。大概若干年以来，究竟多少年没有计算过，我们这个地球村里面，自然界发生了很多过去没有或者比较罕见的现象，比如气候变暖、淡水缺乏、生态平衡破坏、人口爆炸、动植物灭绝、臭氧层出洞、洪水泛滥、新疾病产生等等。我们自己想一想，这些问题，如果有一个解决不了，我们人类的前途和发展就有困难。比如水，我们从来没有想到水会发生问题。北大就是一个例子。最近，我看了一篇文章讲：如果现在发生了世界大战，大家不是争油，而是争水。由此可见水的重要性。

这些问题是怎么来的呢？我先举两句话，一句是德国的伟大诗人歌德说的：“大自然从未犯错误，犯错误的是人。”第二句是伟大的思想家恩格斯讲的：“我们不要过分陶醉于我们对大自然的胜利，每一次胜利，自然界对我们都进行了报复。”这两句话很值得我们品味。第一句是说，自然界不犯错误，

①本文为季先生2001年11月在首届北京大学文科论坛上的讲话，原系记录整理稿，全文经过作者本人审定。——编者注

问题总发生在人的身上。第二个呢，自然界会报复。我前面举的许许多多的自然现象就是自然界对我们的报复。是不是该这样理解？

为什么自然界对我们报复呢？中国和欧洲对待自然的态度不同。我们中国讲人与自然应该和谐相处，就是“天人合一”。“天人合一”这个词儿在中国哲学史上是很重要的一个词儿，大家对它的解释很不一样。这是我的一个解释：天就是大自然，人就是人类。大自然与人类要和谐统一，不要成为敌人。宋代大哲学家张载有两句非常著名的话：“民吾同胞，物吾与也”，简称“民胞物与”，“与”是“伙伴”的意思。这两句话言简意赅，涵义深远。

在欧洲情况有些不同。查一下英文字典，“征服”是“conquer”，举的例子是“conquer the nature”，把自然看作是敌对的，否则怎么会谈到“征服”呢？最近几百年来科学技术的发展，应该说，给人类带来了很大的福利。今天我们开会的这个地方，在以前能够想象吗？这就是西方科学技术带给我们的福利。但带给我们福利的同时，也产生了上面提到的诸多问题。他们以为自然是个奴隶，是可以征服的。这种想法和事实不符。刚才我说的那些现象就证明自然不能征服。我个人认为，这些问题或弊端之所以产生，其根源就在于“征服自然”。

那怎么办呢？我们人类的衣食住行所有的东西都是从大自然来的，我们只能向大自然伸手要，我们才能活。否则，我们就活不下去。不征服怎么办呢？只有一条路，就是：我们和自然做朋友，天人要合一。

中国古代也有征服自然的想法，荀子想制天，想能够胜天，能够战胜自然。但现在事实证明，你想征服自然，你想制天，必定为天所制。

天人合一不限于中国。在印度也是讲天人合一的，讲个人与宇宙是统一的。印度古代婆罗门教有一句著名的话：tat tvam asi。tat就是英文的that，指的是宇宙、大自然。tvam意思是“你”，asi的意思是“是”。这一句话的意思就是“你就是那个”，“you are that”，也就是“你与宇宙大自然是一体的”，这也就是中国的“天人合一”。

我归纳东方文化的特点是天人合一。我们讲人和自然是一致的，不是敌对的。

第二个问题是文科和理科的问题。回顾一下北京大学校史，大概是1917年（具体的年份记不清楚了，发表的地方也需再查），蔡元培校长当时提出了一个意见：文科的学生必须学一门理科的课。这个意见后来怎么执行的呢？1917年，当时我只有6岁，不知道。后来，1930年，我考北大，考清华。当时北大出的国文题目非常奇怪：“何谓科学方法，试分析详论之”，这不像一个国文题。当时我听说北大文科的学生必须学一门科学方法的课来代替理科的课。文科的学生是文科高中毕业的，对理科实在很隔膜，所以文科学生必须学一门理科的课。当时就有一本书叫《科学方法论》，作者是化学家王星拱。

清华大学的做法不一样。清华大学出的国文题目是“梦游清华”。从这两个题目就可以看出来，北大和清华的校风很不一样。

当时我两个学校都考上了，因为想出国，想镀金，所以选了清华。那时我们出国和今天的不大一样，我们出国都想回来的，在国外镀镀金回来为国家服务。

我到了清华，学校要求文科的学生必选一门理科的课。如实在有困难的话，可用逻辑代替。当时教授不是太多，哲学系的三个教授，金岳霖、冯友兰、张崧年，都开了逻辑课。所以我们都用逻辑代替了。

蔡校长的想法是非常了不起的，但是我觉得我们的做法并没有体现出蔡校长原来的想法。将来怎么办？将来是否能体现？我们已经进入了21世纪，现在已是21世纪的第一年，新千年的第一年，文科和理科的关系怎么处理？刚才何芳川副校长讲的一句话叫文理互补。文科来补理科，理科来补文科。这句话讲得非常好。我想是不是可以再进一步，文理不但互补，而且互相渗透。这就非常困难啦。

我理科的知识不如在座的各位同学，具体我讲不出来，只有胡思乱想。

互补怎样补法呢？一个是文科学生学一点理科的课，比如学哲学的要学一门理科的课。不仅要互补，还要互相渗透。21世纪要发展社会科学，推进理论创新，非文理结合不可。新世纪才过了10个月，还有99年零2个月，大家可以有很多的时间来考虑这个问题。

现在报纸上老讲网络与基因。理科同学可能理解得多一些，文科的可能理解得少一些。我是外行，不懂。有一天我突然看到一篇文章，说基因有坏基因，好基因，有善有恶，这就比较有趣了。

我们中国哲学讲性恶性善。孟子讲性善，荀子讲性恶。讲了几千年，不是讲性善，就是讲性恶。当时，我自己有一个想法，就是性不能有善，什么原因呢？人就是动物，动物都有本能。鲁迅把本能归纳为：第一要温饱，第二要发展，第三要传宗接代。动物植物都这样。北大有一种草，你走过就会粘到你身上。这是干吗？目的为传宗接代。桃为什么是甜的？苦的不好吗？甜的，人吃了以后，把桃核丢出去，传宗接代。动植物都有这种本能。中外的圣人都讲究道义，说一个人的本能不能过分发展，不能影响别人。影响别人，这个社会就无法存在。我们要自由，将北京的红绿灯都去掉，够自由了吧？但是，这样北京能存在一天吗？汽车不相撞吗？影响别人，你自己也发展不了。

基因有好的坏的。我家有个亲戚，4代包括外孙都长得很漂亮，这是为什么，别的家族没有这么漂亮。这是不是好基因，我不知道。

清华有两位大家，一位是大物理学家李政道，也是北大的教授；一位是大画家吴冠中，刚在中国美术馆搞了一个科学与艺术展，还出了一本书。展览会和书我都看了，说的是艺术和科学的相通之处。《光明日报》登过一个书评，评《物理学与艺术》，讲的是同一个问题。开座谈会时，北大物理系的一位教授参加了。我看了一下他们讨论的结果。人文科学和自然科学绝不像以前讲的那样泾渭分明。从一部科学史可以看到，科学越来越深化，越来越分化。最早的时候，只有哲学，后来分出物理、化学，再后来生物化学、物理化学等边沿学科越来越多。到了21世纪，我想边沿学科还要增加，增加的同时文科和理科的互相渗透能不能达到？我想真要创新，应该从这地方创起。

2001年11月2日

在《清史》编纂座谈会上的讲话

今天我以一个两重外行的身份参加这个座谈会，对清史过去翻过一点，不太清楚，系统没有搞过，对清史所的工作，最近这两天正补课，所以也不大清楚。我想既然来的话，外行的话也有外行的意义。

我想：

第一，这项工作非常有意义，如果我们今天不完成这工作，我们对不起祖宗，对不起后世子孙。我们中国几千年以来。她的历史完全具备，在世界上第一份，到了我们大家这儿中断，那不可能的。可是已经九十年了，辛亥革命到今年整整九十年，都没有完成。所以我们必须完成，义不容辞，没别的话说。

第二，中国历史有两个特点，一个就是我们全，世界任何国家都没有中国历史这么全。另外一点，中国历史不是为历史而历史，而有褒有贬。这是中国历史一个很突出的特点。这个评价怎么表现出来？根据我自己过去对历史的理解，我们编这个不管叫什么名字，褒贬先不要太突出。过去历史，《贰臣传》是很大的贬。可对某一个人物怎么评价，在列传里面不一定要写。

我们第一步的任务是实事求是把历史资料整理出来。写的时候，特别是列传，例如曾国藩列传必须有的，不要骂曾国藩什么汉奸、刽子手，那一套我想现在不会有的。做了什么事情，就写什么事情，一字不贬。至于褒贬怎么做？等我们的书编成了以后。学者自己写文章，每个人的看法不一定一致。对洪秀全怎么评价，我觉得有很大分歧。过去把洪秀全捧上了天，他是不是那样子？我看洪秀全不是捧的那样。他没有成功。成功了也是帝王，而且是莫名其妙的基督教。他会给老百姓办事情？那根本不可能。所以对一个人的评价，对一件事情的评价很分歧，我们不能期望，在书里面我们的褒贬都那么准确、那么完全。我想，我们客观地、实事求是地写，历史人物做了什么事情，就讲什么事情。

《清史研究》2001年第3期

在小蝉画展开幕式上的讲话①

今天来参加这个会，心里特别兴奋，因为过去来美术馆参加的多是老画家或中年画家的展览会，今天是个很年轻的画家，所以感觉到非常兴奋。我们常说“长江后浪推前浪，世上新人换旧人”。年轻人将来一定胜过老年人，这是社会发展的规律，是历史的进步。小蝉将来在画界或其他方面一定会胜过我们。这是我所以兴奋的原因。

另外，我在这里讲几句外行话，对美术我不能说完全不懂，但基本上是个外行。过去小蝉的画我看过不少，今天我来又看了一遍，给我很深的印象。最近我读了一篇文章，写画家陈师曾和另外两位著名画家的比较，那两位画家从技术上讲是一等的。但不如陈师曾的画那样有文人画的内涵、有书卷气。对这个观点我很同意。小蝉的画我感觉颇有书卷气。书卷气就是文化内涵比较丰富。过去我看她的画多是比较短的、小的，可以看出她是学习吸收了很多中国画的传统。中国画讲究笔墨，讲究气韵生动，很有特点，这是西洋画办不到的。她继承了我们传统中国画的优点。另外，画展上有新东西，不但有小幅的，还有大幅的画。大幅的画我今天仔细看了，感觉到小蝉非常刻苦，非常努力，对中国文化有一定的造诣，因此才显出书卷气。我希望她今后继续努力，不骄不躁，锲而不舍，不断提高自己的文化素养和艺术水平。这就要向中国的画家、外国的画家学习，努力把全世界的精华集中于一身。

---

①2001年6月26日小蝉在中国美术馆举办个人画展时，季羡林先生以90岁高龄出席了画展开幕式，并作了重要讲话。孔子后代、山东大学教授孔令仁，萧乾的夫人、著名文学翻译家文洁若也来祝贺画展的举办。前来祝贺的还有邵大箴、钱绍武、刘勃舒、薛永年、郎绍君等著名书画家。——编者注

在中国民俗学学科建设与人才培养学术研讨会上的讲话①

今天我来之前呢，脑子里面什么概念都没有。因为对民俗学介乎懂与不懂之间，不知道要说什么。在这之前呢，接到请柬以后，我的长期工作助手李玉洁女士就讲：对季羡林来讲，钟先生的工作第一。我同意她的意见。从前我们有一句就是，理解的要执行，不理解的也要执行。今天就是不理解我也要来(笑声)。我和钟老的交往也超过半个世纪了，他所提倡的，他所做的没有坏东西，都是好东西，都是利国利民的。所以，即便我不懂什么叫民俗学，但是只要钟老一提倡，我便认为是一种好的、有利于国家千秋发展的事。所以，我只能讲这么一点。

我想给大家介绍一点的就是我最近的想法。因为今年是新千年的第一年，学术必须创新，跟世界万事万物一样。要是不创新，一停止，学如逆水行舟，不进则退。21世纪要想创新，对我们自然科学和人文社会科学来讲，我觉得只有一条路，就是文理渗透。搞文科的要懂理科，搞理科的必须懂文科。我这个想法不限于民俗学，也不限于人文社会科学，自然科学也一样。经常创新，必然文理交汇、文理交融。

我可以给大家介绍一本书，这是北大出版社刚出版不久的北大物理系吴全德院士的一本书《科学与艺术的交融》。其中讲，科学与艺术并不是分开的。过去我们认为，科学是科学，科学追求真；艺术追求美，两个不搭边。他这本书从另外一个方面证明了，科学跟美完全是一致的，而且是在一个大科学下。

①这是季先生2001年10月在北京师大召开的中国民俗学学科建设与人才培养学术研讨会上的讲演稿。——编者注

要搞自然科学得追求美，像爱因斯坦就讲过这样的话。还有很多的科学家，像法国的鲍恩·格林，他是数学家、物理学家，讲数学公式里面有美。传说，有人拿一篇文章给杨振宁看，杨振宁教授没看就退给他了，说不是篇好文章，什么原因呢？因为你的数学公式不美。这一点他讲得很有道理，当年，熊庆来先生，搞数学的，他就讲数学里面有美。这本书，我希望大家看一看，很启发我们。吴全德教授呢，他说纳米科学里面薄膜照出来的跟画的画儿一样，有水墨画还有水彩画，是自然界产生的，不是人类画的。所以我劝大家看看这本书。我再重复一遍：21世纪，所有的科学必须创新。要创新，必须文理结合，这是一条大路。我自己什么都不懂，但我的想法可能还有可取的价值，所以，我把这些话献给大家，谢谢大家。(掌声)。

2001年10月26日

在济南一中设立“春晖奖学金”捐赠仪式上的讲话[①]

各位省市的领导、学校的领导、老师们、同学们：

我上次回母校也是在这个地方和大家见面，当时同学们是站着，我说我不能有什么特权，我也得站着讲。今天我看同学们都坐下了，我也就坐着讲啦，倚老卖老吧！

本来也可以讲些客套的话，我想我们是一家人，客套的话就不说了。

我想提一个问题供大家思考，什么问题呢？我们中国有句话：“一日之计在于晨，一年之计在于春。”那么一个世纪之计在于第一年。今年是2001年，是21世纪的第一年，是很关键的一年，这一年还没有过完，10月也还没有过完，可是我们国家和世界却发生了很多大的事情。首先，我们国家第一次胜利地举办了大运会，使全世界感到吃惊，这么高水平的运动会过去没有过，这是一喜。

第二喜是我们申办奥运成功。申办奥运成功本身就有非常大的意义，我们得的票我记得是53票，可是我们东邻那位雄心勃勃的邻居只得了6票，这说明了什么问题？

第三喜是我们申报WTO世界贸易组织成功，下个月就要签字了。

第四喜是大家也很关心的，就是我们的足球始终没有进入世界杯决赛圈，总是冲不出亚洲去，有44年了，我们中国的足球队和全国的球迷都盼着我们的足球能冲出亚洲冲向世界，始终没有成功，今年是成功了，而且我们是1比0

①本文是季先生2001年10月4日在母校济南一中的讲稿。——编者注

战胜了阿曼，其实1比1也冲出去了。

最近又听到一个消息，就是我们的足球3比0战胜了卡塔尔（掌声），我们可以说是五喜临门吧，今年还没过完，已经五喜临门。六喜、七喜完全可以预料能够实现的。对这个现象怎么解释呢？到底是偶然呢，还是必然呢？表面上看起来是偶然的，实际是必然的。原因是近二十年来我们国家和党实行改革开放，改革开放使我们的国力大强，人民的生活大大提高，这就是必然性。没有改革开放，四喜临门，五喜临门，都是临不了的。还有一个最重要的是我们国家的经济发展。现在全世界经济不景气，包括亚洲在内也是不景气，现在世界上唯一的一个超级大国经济也不景气，在这种情况之下，我们是一枝独秀，只有我们中华人民共和国，我们的经济不单不是不景气，而且是腾飞。

我们国家从1980年到2000年，20年之内我们国民生产总值发展，平均每年增长8%，这是很高的数字，今后还会要提高。现在我们面临到我们中国的腾飞。过去大家知道亚洲几小龙腾飞了，真正的大龙是我们中国，是我们中华人民共和国。(掌声)

过去好多年，我有一个想法：一个国家从世界来看，文化中心、经济中心都不是固定的。同学们学历史也知道，没有一个固定的。天底下的事情没有一个万古千秋的，辩证法的精髓就是一切都在变。从全世界来看，16世纪、17世纪、18世纪是欧洲的中心，无论文化、艺术、经济都是全世界之冠。19世纪是英国的世纪，文化中心、经济中心在英国。20世纪是美国的世纪，大家都知道美国的科技速度发展得很快，水平非常高。那么21世纪呢？这个问题要让美国人来回答“还是我们美国”，这个绝对不可能的。因为文化中心、经济中心不是一成不变的。原来我讲过两句话：“三十年河东，三十年河西”。我的意思是将来东方要成为世界的文化、经济中心。过去我提出这个想法，有的人赞成，也有的人反对，反对也是正常的，没有一种意见大家会百分之百地全同意。我出了两本书《东西方文化议论集》，我自己的意见在里边发表了，反对我的意见也都给他印出来了。我感到问题光辩论，辩论不出什么结果，要摆事实，看事实究竟到底怎么样！我认为21世纪开始，中国的能力不会就显露出来，中国到2020年就可初见成效，到2050年就可大见成效。21世纪一开始，就出乎意料的一年之内五喜临门，而且是经济发展，是一枝独秀。

我有一个想法，21世纪以中华人民共和国为中心的东方是世界的文化中心、经济中心。原来只是一个想法，现在第一年还没完，我不是季铁嘴、季半仙，我不会算卦，过了这10个月，我想实现的可能性非常非常大，而且非实现不行。

那么要实现是不是天上掉馅饼，我们就可以睡大觉，什么事也不干，自然而然的世界文化中心、经济中心就转到我们中国来了？绝对不是的。刚才有几位同志讲，希望我们在座的同学们奋发图强，努力学习，努力锻炼，只有这样的话，我刚才讲的那个预言才能够实现。

我今年90岁了，实际应是91岁了，比你们大70多岁。我是不是倚老卖老，饱食终日，无所用心？不是这样的。

我对现在世界的发展深信不疑。到2020年就可以看出初步成效，到2050年中国在全世界的文化中心、经济中心就能成立。

你们到2050年也不过70岁，到2050年你们再回想在2001年有个老头讲过的几句话，你再看看我讲得对不对？我们无论做什么事情，眼光总要看得远一点，不能光看到中国，要看到世界。

我刚才就提出了不愿讲些客气话，那样没用处。因此我提出这么个想法，中间也包含着鼓励。各位同学，你们要努力。我们的前途光芒万丈，中华人民共和国的前途光芒万丈！一中的前途也是光芒万丈！

谢谢大家！（热烈掌声）

2001年10月14日

（庞德治根据录音整理）

在《中国佛教史》编委会第三次会议上的发言[①]

我们做这方面的研究，条件上不如人，他们有的是钱，不惜工本，要看敦煌卷子，买张票就到法国去看，我们没有这样的条件，那么我们就只有集合各方面的力量，把大家各自专精的领域结合起来，完成它。所以我们不是单干，单干无论如何没有集体的智慧高。

去年我说过，我们的书出来，不要让日本人看我们笑话。

我为什么对日本人讲这么多呢？因为我们这个书出来之后，首先挑你毛病的就是日本人。日本这个民族呢，我接触不是太多，它比较狭隘，他们做学问，也是在细微处狠下功夫，他拿到一个东西，不是先看你这个好不好，而是先看看这里有没有毛病，那里有没有毛病。

像《大唐西域记》，出来后，我讲，首先看看日本有什么反应。日本果然有反应，它也不说你什么什么好，而是说，这个地方有点错，那个地方有点错。他挑的这些错，有对的，也不全对。所以，今天我们这个中国佛教史，是在20世纪末21世纪初，把全国各个领域最出色的一批专家集合在一起，著这个书。我们应该把我们集体的智慧显示出来，这样才能说明我们把这个工作做好了，所以，我们在做的时候，得注意到日本人在这方面的研究，把他们书籍、意见，多看一下，把他们的一些观点考虑进来。

只有扎扎实实把这些年的研究成果都通通研究过，我们这个书才站得住脚，出版后才不让人说三道四，才能体现出我们中国学者在中国佛教史研究上的水平。

---

①本文为季先生2002年在香山饭店召开的《中国佛教史》编委会第三次会议上的讲稿。——编者注

现在我有两个问题：

第一点，我感到像方立天负责的这个第一卷，魏晋南北朝，看起来最容易写，都是现成的材料，但事实上最难写。现成材料里，有新看法，有新东西，新发现，但也真伪难辨，有胡说八道的，所以他这一卷，最显眼，最重要，最简单，也最困难，应该把这个想法告诉他。特别要注意新材料、新发现、新观点的使用、选择、甄别，别弄得好些材料我们没有看到，我们不知道，写出来漏洞百出。

第二点，我们应保证，全国书评，应该拿一个大奖，当然拿大奖只是一个最低最低的起点。我们主要还是希望通过这个书，提高我们中国学者在研究中国佛教史方面在世界学术界的地位，让日本人真正尽量挑不出什么错，在心里服气我们的研究，希望就做到这个地步。当然这很难，但我们的这个作者队伍应该表现出这样的实力。同时我们还要在研究的同时，注意培养我们的队伍。

我知道，现在社会上有人看我们作这样的研究，觉得好像我们是傻瓜，在他们眼中，现在大家都在搞股票，忙挣钱，去买汽车，盖洋房，作这样的研究有什么价值。我说，有什么价值？像佛教现在在印度没有了，佛教的中心就在我们中国，在我们中国，又是影响了世界的东西，我们自己不明不白，让人家领先，这就是数典忘宗。

我发现我们现在还有一个非常重要的任务，我们要培养年轻人，后继的队伍跟不上。我们的研究也就上不去，所以，我们现在就是想办法不给你小辫子抓，我们组织这么大力量，这么大规模，集中专家这么多，据我所知，这是第一次，最多的一次。当时我们编校《大唐西域记》，也是从全国请的人，住在中华书局，费了很大工夫，做出来，他们也是吹毛求疵。防止他们抓辫子的方法就是严谨，引材料严谨，观点严谨。

我们过去引书，随便引，比如像过去哪个《中国图书集成》，谁要是从那里面引书，谁就上当，它涉及到资料，既不是第一手，更不告诉你是第二手。当时郑振铎摆擂台，说给我任何一个书，我都给你做文章。他所依据就是图书集成，但后来人家就找出他的漏洞了，他就上了当。

我们说严谨，是怎么做到的？德国人的《吐火罗语法》这本书，无论它里面多么复杂，到现在没有找出一个错，德国人也不是天才，很简单，它就是一遍又一遍地对，像他那个教研室无论是教授还是助教，写的那个文章，发表以前，都打一遍，一个人发一份，提意见，在这个大学里提意见完了后，再交给另外一个大学，再提出意见，然后再综合，这样写出来的文章再挑错就很难了。没有别的，就是因为谨严，所以，你的文章一定要通读，要对一对，一个字一个字，不许漏一个字，像当时毛主席写文章“死者如斯乎，不舍昼夜”，后来发现是“逝者如斯夫”，改了。所以，我们也要这样，要细心，要耐心，不要怕麻烦，严谨不是别的，就是一些“笨”办法，反复地读，反复地推敲、修改。

在观点上，我们这个方式不说是教学相长，但的确是互相促进，大家都是专家，要给自己树立应有的高度。我们说要做到一流，不能只是说说。

在“翻译文化终身成就奖”表彰大会上的书面发言①

感谢中国翻译协会授予我“翻译文化终身成就奖”。得此殊荣我很荣幸，也很高兴。

我一生都在从事与促进中外文化交流相关的工作，我深刻体会到翻译在促进不同民族、语言和文化交流中的重要作用。自从人类有了语言，翻译便应运而生。在世界文明发展的历史长河中，在中华民族伟大复兴的进程中，翻译，始终都是不可或缺的先导力量。中华几千年的文化之所以能永盛不衰，就是因为，通过翻译外来典籍使旧文化中随时能注入新鲜血液。可以说，没有翻译，就没有社会的进步；没有翻译，世界一天也不能生存。

中国两千多年丰厚的翻译文化史无与伦比，中国今天翻译事业的进步有目共睹。2008年世界翻译大会将在中国召开，这是中国翻译界的光荣，我这样的老兵为你们感到鼓舞；我更希望年轻一代能够后来居上，肩负起历史使命和社会责任。

我总认为，翻译比创作难。创作可以随心所欲，翻译却囿于对既成的不同语言文本和文化的转换。要想做好翻译，懂外语，会几个外语单词，拿本字典翻翻是不行的，必须下真功夫，下大功夫。

---

① “翻译文化终身成就奖”，由中国翻译协会2006年五届五次常务会会长会议决定，是中国翻译协会首次颁布的奖项。该荣誉奖并非常设奖项，授予健在的在翻译与文化传播工作中成就卓著、影响广泛、德高望重的翻译家。季先生为该奖项首位获得者。——编者注

提高翻译质量，不能只停留在口头上，少讲大道理，多做实事，拿出真凭实据来，开展扎实的翻译批评和社会监督。

未来是你们的，希望看到翻译事业人才辈出，蒸蒸日上。

2006年9月26日

东方文化[①]

我是研究语言的，但对文化也有些想法，可谓“野狐探禅”，真正的专家讲东方文化与我讲的完全不一样，因为他是专家。但野狐有野狐的好处，脑子里没有框框，辩证地说，两者各有利弊。这里，我想讨论三个问题：一、文化与文明；二、东方文化与西方文化；三、东方文化。

一、文化与文明

文化与文明两词，在报纸上随处可见，但它们究竟是什么关系呢？如果你查英文词典，会得不到答案，因为“culture”和“civilization”均既指文明又指文化。尽管如此，它们之间还是有差别的，虽然，这两个范畴有相交的地方。具体而言，首先从字源上说，culture有“培养”的意思，指“栽种”，而civilization是从civil来的，字源不一样，有差别。其次，从对立面讲，文化的对立面是愚昧；文明的对立面是野蛮。愚昧主要指智慧的低下，而野蛮则主要指言行粗俗，因而区分是显而易见的。社会科学不同于自然科学，定义非常难下，现存的对文明与文化的定义不下五六百个，谁也不能说服谁。因而我们求其理解，不求定义，明白文化与文明有统一也有区别。国外对他们的理解也有区别，英国的《历史研究》中把七千年来人类创造的文化归为二十三种文明，而在中国，应该是用文化而非文明。咱们现在天天讲宏扬中国文化，我觉得有很多人混淆了这两个概念。

①这是1996年12月北京大学中国经济研究中心国学讲座系列之二。——编者注

二、东方文化与西方文化

东方文化与西方文化，也可称为东方文明与西方文明。文化（明）是如何产生的？有一元论和多元论之分。一元论是指由一个地方，一个民族创造，而多元论则认为文化是由多个地方、多个民族创造。我没有研究这个问题，但我认为一元论是不确切的。希特勒是主张一元论的，他认为世界上创造文明的只有日尔曼民族，主要指欧洲北方的白人。他认为，瑞典、挪威、丹麦、荷兰、德国是产生文明的，而其他民族或是受益于或破坏这个文化，因而闹了很多政治笑话。我认为，多元论优于一元论。关于人类起源，至今还争论不休，但从文化与文明的起源看，应该不是由一个民族创造的。世界上民族很多，有大有小，历史有长有短，但每个民族对文化都有贡献，只是贡献不一而已。现在是欧美文化的天下，西方人就自以为是天之骄子，这其实是自欺欺人。

汤因比把世界文明分成二十三或二十六种文明（化），就没有细分下去。我想，自从人类以来，世界文化可以分成四大体系：中国文化，印度文化，伊斯兰的阿拉伯文化及欧美文化。日本、韩国、朝鲜、越南文化均属于中国文化圈，从希伯来直到现在的穆期林文化为伊斯兰的阿拉伯文化圈，加上印度文化圈，这三者可总称为东方文化；而从古希腊一直到今天的欧美文化，可称为西方文化，其间并无其他第三种文化。中国文化对其他文化特别是中国文化圈内国家有极其深刻的影响。如日本等国家，虽然有自己的民族文化，但其文化基础根源于中国文化。日本的文字中，有一千七百五十个汉字。日本发展到今天，是中、日文化共同作用的结果，如果没有中国文化的影响，日本的发展就恐怕不是这样。有些国家，坚决反对本国文化受中国文化影响的观点，认为“浪漫主义”“象征主义”等词非源于中国，而是语言上的偶合。认为去掉外文中的中国字就是爱国主义，其实，研究历史，首先要实事求是，否认事实决不是爱国主义。

东方文化与西方文化有何区别呢？我认为最根本的区别是思维模式、思维方式的不同。西方文化注重分析，一分为二；而东方文化注重综合，合二为一。前人在这方面就已有所体现：吴文俊在《九章算经》序中写道：“欧洲的数学与中国不同，它从公理体系开始，而中国数学从实用出发。”充分表明了分别以分析和综合作为两种思维方式。另外，庄子曾言：“一尺之捶，日取其半，万世不竭”；西方则将物质细分，从原子分到电子再到介子，生动地说明两种不同的思维模式。

东方文化注重综合，综合出技术；西方文化注重分析，分析出理论。《丝绸之路》的作者，伊朗籍法国人，在书中曾写道：在穆斯林初期（相当于中国唐初），在阿拉伯和伊朗（波斯），有个说法："世界民族很多，希腊人是一只眼，中国人是两只眼，而其他民族则为瞎子。"意思是说，希腊只出理论，如柏拉图、亚里士多德、苏格拉底等大思想家；而中国出技术，如四大发明。这是东西方文化差异的结果。其实发展地说，中国也有自己的理论，如诸子百家，但希腊没有技术却是事实。综合和分析是思维方式的主流，虽说没有第三种，但也没有纯粹的百分之百的综合和分析。

但是现在，领导世界科技的是西方，西方人自以为是天之骄子。诚然，工业革命后，西方对世界的发展影响极大，不可否认。但他们歧视东方的想法是没有远见的。他们目前已经暴露出很多的矛盾和巨大弊端：人口爆炸，淡水资源匮乏，臭氧层出洞，这些危险的问题联合起来，不堪设想。人类社会的发展道路是曲折的（同人生道路一样），坎坎坷坷，不可能一帆风顺。因而，西方文明辉煌了二三百年，这三十年河西，下一个将是三十年河东，急需东方文化的纠正，否则，世界前途危机重重。西方的邪教宣传"世界末日裁判"，这些都是从现象而不是从本质上看问题。人类进步就如同人跑四百米接力赛，后者是建立在前者的基础上的。在两三百年以前，中国的地位不是今天这样，是"两只眼"，而希腊只是"一只眼"。因而，我们应该回头看看一百年来中国的发展道路，总结经验，吸取教训。西方这样发展下去是不行，必须改弦更易张。我曾在一次国际会议上发言："只有中国文化、东方文化可以拯救世界。"

三、东方文化

东方文化是以中国文化为基础的。中国文化对人一生要解决的三个问题有自己的看法。这三个问题是：（1）人与大自然的关系；（2）人与人的关系，即社会关系；（3）人自身内部情感冲突与平衡。

人与大自然的关系在人不为人之前，人是大自然的一部分，没有人与自然的对立，而一旦人成为人，人就成为大自然的对立面。人一生的衣食住行，都仰仗大自然。向大自然索取有两种办法：一是强取豪夺；二是朋友相赠。用第一种办法是征服（conquer），目前西方的结果就是征服来的。大自然有规律地运转着，而恰当地掌握规律则很难。如果征服过度，大自然一定会给予惩罚。

所谓“天灾人祸”，很大部分是人祸。如云南滇池的围湖造田，西双版纳的森林砍伐，这些都是洪水泛滥的直接人为原因。第二种方法是比较合理的，相互了解，中国古话称之为“天人合一”。中国的道家、儒家均有此论。宋朝的张载言：“民我同胞，物吾与也。”简称“民胞物与”，把大自然看成是人类的伙伴，可惜的是中国有此思想无此言行。如1958年的“浮夸风”，所谓“人有多大胆，地有多大产，就怕你不解放思想”。因而经济遭受莫大损失。到21世纪，只有采用“天人合一”的思想才能解决问题，我最近出了《天人合一新解》及《天人合一续本》，提出的建议是非常公论，有待于21世纪实践证明。因为现在看21世纪，就好比两个近视眼看匾。有这么一个故事，有两个人，谁也不承认自己是近视眼，决定第二天到庙里看挂匾一决高低。其中一人先向他人打听到匾文，所以第二天俩人并排向前走时，他没走几步就嚷：“我看到了，我看到了，是‘光明正大’！”旁边不知情者惊问：“你看到何物？匾尚未挂出呀！”

现在有一种说法，认为弊端是事实，但科技发展会解决之。我想这是不可行的，科技的发展只会使情况更糟。在香港召开的“21世纪前沿科学讨论会”上，中国科学院自然科学研究所所长认为：“要用天人合一作指导思想研究科技”。与我竟是这样的不谋而合，我倍受鼓舞。

人与人之间的关系，即社会关系。中国儒家有一套处理人与人关系的办法，概括起来是八个字“格、致、诚、正、修、齐、治、平”。“格”即“格物”，研究万事万物；“致”是“致知”，在研究中找到规律，其余含义分别为“诚义、正心、修身、齐家、治国、平天下”，做好这八个字，不但可以处理人际关系，还可以平天下。另外，中国诸子百家均有一套处理人际关系的准则。

人的内部情感，关于人的内心情感，中国哲学史上争论最多的问题是性善、性恶。儒家曾有这样一个故事来测量善与恶：某人用两只筐和两种颜色的石子，每产生一善念就拿白石子放入一筐子，每产生一恶念就拿黑石子放入另一筐子中，用以计量一天善、恶念总数。（据考究，这故事实源于印度）关于性善、性恶，儒家分为两派，荀子认为“人之初、性本恶”；而孟子则认为性善，且说：“恻隐之心，人皆有之”，我表示怀疑。“食色性也”，性即本能，无善、恶之分。生存、温饱、发展均是人的本能，但人人如此，则必有冲突，因而，善恶的区分标准在于在冲突中能否为别人着想。《三国演义》中的曹操，有言曰：“宁教我负天下人，休教天下人负我”，因而被认为是反面人物。当然一心为人之人，我不敢肯定有，但毫不利人专门利己之人，肯定是有的。一个人能百分之六十以上替别人着想，就可以认为是善者。所以，我之所为善是压制本能，多替别人着想。这是人能做到而动物不可能有的，因而，处理人的内心感情就是压制生物的本能，压制得越多越好。

（整理：倪金兰、曹雄飞）

源远流长的东方文化①

“希腊人有一只眼睛，中国人有两只眼睛”

现在是世纪末，再过几年就进入新的世纪，我们中国的学术界应考虑何去何从。数百年来，主导全世界的是西方文化，今天我们很多的光辉成就的确是由于西方文化影响而产生的，西方文化给我们人类带来了很大的幸福，我们今天所享受的一切几乎都受西方文化的影响。但是——这个“但是”是个很大的“但是”，到了20世纪末，很多问题就发生了。首先一个是环境污染问题，世界各国、包括联合国都注意到环境问题，环境、大气污染、臭氧层的破坏、淡水资源匮乏、生态平衡的破坏等，举不胜举，这可说明，西方文化发展到了今天，暴露出很多弊端——这些弊端引起了各国政府、人民的注意，但注意得还很不够。如果人类克服不了这些弊端，人类的生存将受到威胁，这不是危言耸听。

东方文化与西方文化的区别，最根本的要从思维方式、思维模式去认识。东方的思维方式是综合的，西方的思维方式是分析的。这个区别早就有人发现。公元7世纪在当时的伊朗、阿拉伯国家流行几句话，在世界上，所有的民族中只有中国和希腊有智慧，而中国和希腊的区别，他们很形象地讲，希腊只有理论而没有技术，中国是只有技术没有理论。此话并不尽然，中国技术有几大发明，希腊尽管出了那么多大哲学家、文学家，但科学技术发明一件也没有。说中国没有理论，不能同意，就拿先秦诸子——孔子、老子、庄子、墨子等等来说，能说没有理论吗？不管怎么说，后来，他们还是得出个结论，认为

①这是季羡林先生1996年12月在广州的讲演。——编者注

在全世界民族中间，希腊人有一只眼睛，中国人有两只眼睛，其他民族全是瞎子。这个比喻很形象。说明当时在伊朗，在阿拉伯，人们感觉到东方与西方的不一样。

西方文化从亚里士多德开始，三段论法，对一切事物重研究分析，西方沿袭至今。现在哲学界有一个问题争论不休，就是物质能不能永远分下去，是否永远可以分析。有两派意见，一是认为物质永远可以分析；另一种意见认为物质可分，但有一界限，现在的界限已经到了，到了原子对撞机都不能分的界限。西方什么都分析，要一清二楚。什么叫综合，东方的综合，可用一现成的词——“天人合一”来概括。“天人合一”实际是讲人类和大自然的关系，人到世上来成为人类，这人的一生就要解决三个问题，一是人与大自然的关系，我们的衣、食、住、行都是大自然给的；二是要解决人与人之间的关系；三是要解决人的内心情感、思想矛盾的冲突或是统一问题。这里只讲第一个问题。对待自然，东西方文化存在不同看法。

用东方思想纠正西方思想

西方文化体现的是征服自然。征服，就是把大自然作为敌我关系，结果是生态平衡遭到破坏。大自然不会说话，但会报复和惩罚。如现在广州天气几十年来没有这么暖过，北京也变暖，全世界都变暖，为什么？这是好现象还是坏现象？天气变暖无疑与欧洲工业发展分不开，所有弊端来自于欧洲对自然的征服。东方处理人与大自然的关系是“天人合一”，人与大自然是一体，表现这个思想最清楚的是宋代的中国唯物主义哲学家张载，其实不限于张载，诸子百家、汉代的董仲舒等对这一观点都有不同的表述。我们中国人认为大自然与人不是敌我关系，而是一家人。如果这种“天人合一”的思想在工业革命时为世界人民所接受，那么今天，我们一方面可享受工业革命带来的必需的幸福，另一方面又可避免很多弊端。

中国建设晚了一点，也有它的好处。早期盖工厂不讲究废水处理，废水往河里海里流。据《参考消息》报道，渤海、黄海现在污染得很严重。如制止不了，海里的生物也不能存在，人类自然受到威胁。现在北京、广州建工厂，首先考虑到污水怎么处理，这是晚走一步的好处。20世纪末，我们人类应该总结一下经验。过去100年，人类、中国所走过的路，哪是正确的？哪是不正确的？如果今天的弊端我们还视而不见，这就危险了。就目前而言，各国对环境保护很不够。应该根据东方的思想来纠正西方的思想，不是把西方的打倒。我们不能因为西方文化今天出了毛病而电灯、电话都不要了。我们是要继承西方创造的非常光辉的、给人类带来很大福利的文化，改正其缺点，向前发展。有两句话很辩证，也很简单，“三十年河东，三十年河西”，说明天底下万事万物，没有一个是永恒不变的。21世纪，人类要是聪明的话，应该用东方文化中“天人合一”的精神扫除西方“征服自然”的思想，否则，人类就非常危险。应该宣传、发展我们“天人合一”的思想，一方面吸收西方文化的成果，一方面吸取东方文化的精华，形成一个新的文化。1996年11月25日，《光明日报》一篇题为《中国会成为世界科学的中心吗?》的文章值得看看。作者根据日本学者汤浅光朝的观点，即世界科学中心曾从意大利—英国—法国—德国—美国，一个世纪变一变的“汤浅现象”，推测21世纪科学技术中心将移到中国。以上变动的根据和条件是：(1) 文化震荡；(2) 社会的变革；(3) 经济的快速发展；(4) 新学科群的崛起；(5) 科学家的集体流动。

中国得了“失语症吗?”下面，我想谈一谈中国语言的模糊性问题。鲁迅、胡适都讲过这一问题。有人认为，语言是表达思想的，语言模糊，说明思想模糊。实际上，中国语言是否模糊？如果是，究竟是好事还是坏事？模糊不能不承认，王国维在《人间词话》中重要的一点，就是在中国文学批评史上提出“境界”说，提出诗中有“有我之境”和“无我之境”。王国维评论陶渊明的“采菊东篱下，悠然见南山”是“无我之境”。我看这不能叫“无我之境”，如果翻译成外文，必定要有个主语，那么“谁”在采菊，“谁”在悠然见南山？是“我”，中国语言可以省略掉主语，王国维应该纠正一下，不是“无”我，而是“忘我之境”。不是没有，还在，忘掉了。现在研究汉语语法是根据英文的那套办法来研究的，驴头不对马嘴。因为汉语与英语截然不同，汉语本身不能变化，英文变化多端。元代小令“枯藤老树昏鸦，小桥流水人家。古道西风瘦马，夕阳西下，断肠人在天涯”。这里可以找出两个动词，“下”与“在”。这种情况在西方很难想象。曾有一位美国诗人受中国影响用中文办法作英语诗，于是光讲名词不讲动词，他的诗在美国流行了一阵，后来不行了。因为我们这种没有动词的语言是模糊的。是好是坏可以判断。当今美学著述不少，分析越来越细，每个人有每个人的学说，谁也不服谁，越分析越不清楚。我们对“鸡声茅店月，人迹板桥霜”的诗句，可根据自己的经验来理解，谁都感觉得到一个人离乡背井，深秋时节，思乡情浓的意境，充分自由，模糊，如果清清楚楚，像西方办法，那就限制了我们的幻想和享受。“枯藤、老树、昏鸦”一样，都是一个个东西，随你罢，极大自由，极大的美感享受。模糊不是坏东西。

现在美国有两门新学科，一是数学的模糊学，一是混沌学，兴起于七八十年代。后来产生模糊数学、模糊语言学、模糊心理学等。在我国，有家工厂利用模糊理论制定生产计划，制造冰箱。混沌学是20世纪人类创造的第三个伟大科学，第一个是相对论，第二个是量子论、量子力学，第三个是混沌论，比模糊还模糊。北京发生事情影响纽约，这与中国“天人合一”的思想吻合。“天人合一”可用八个字来概括，普遍联系，整体概念。从人体而言，西方把人脑袋算一部分，中间分一部分，下面一部分。中国医学把人看做一个整体，大宇宙、小宇宙。西方医学头痛医头，脚痛医脚。中国的头痛可以治脚，因为脚底有穴位通头部经络，这就是中国的综合思想，一个人作一个整体。混沌就是把世界作为一个整体。西方有识之士感到他们的思想有问题，在无意识之间向东方思想靠拢。有了整体概念，有了普遍联系，这是好现象。语言学像当今中国这样研究，只有死路一条，应改弦更张，要用比较综合的、模糊的方式去研究，万事万物没有哪一个是清清楚楚的。又如历史研究，应该说有成绩，不能否定，但对各历史分期的研究一直吵到今天，没有结论，怎样分？历史学家要是懂一点模糊理论就不至于争吵了。文艺理论的争吵也很厉害，有多少美学家就有多少个流派，每人一派。中国研究文艺理论，不能被西方人牵着鼻子走，当今我们的文艺理论，实际上是被西方人牵着鼻子走的，语言学一样。全世界看来，语言理论不知出了多少？中间没有一个是中国的，大家感到很憋气。文艺理论也一样，“江山代有才人出，各领风骚两个月”，西方许多文艺理论稍纵即逝，千奇百怪，非常有天才的民族，为什么到了今天，语言、文艺理论都没有我们的理论？有人发表文章说，中国得了失语症。西方从古希腊亚里士多德一下到今天，文艺理论借助分析形成许多概念，越说越糊涂。中国走的是另外一条路。过去中国也不是没有文艺理论，有的。如杜甫评李白诗“清新庾开府，俊逸鲍参军”，李白诗飘逸豪放。评杜甫诗也有沉郁顿挫之说，有人说这个不科学，失掉西方术语。实际上，西方也失语。开个玩笑，如果有人把“池塘生春草”翻译成英文，会变得很荒唐，但这在中国是千古名句，谁能把这个问题解决了就应该给一个博士学位。

我一直在思考的一个问题，今年大彻大悟，感觉到我们中国几千年来的文艺理论没有失语，清新俊逸，飘逸豪放，神韵，境界，这些都是我们的术语，严羽《沧浪诗话》中的诗评，还有《文心雕龙》和《世说新语》等，希望搞文科的同志多看几遍，非常有意思，特别里面论到人物用的比喻。如论一个人如“泰山之松”，论书圣——王曦之的书法，为什么好，好在何处，一千多年来，评论有八个字“龙跳天门，虎卧凤阙”，精妙至极。我们将来真正想成为一个体系，发出我们的声音，文字、语言理论研究，必须改弦更张，不能让西方人牵着鼻子走。

1996年12月于广州

科学应该包括自然科学与社会科学①

——在“重视社会科学，提倡创新思维”小型座谈会上的发言

今天我只讲一个问题，就是自然科学与社会科学究竟是什么关系？我们有两个科学院，即中国科学院、中国社会科学院。据我所知，这种情况在全世界都少有的，美国和苏联的自然科学和社会科学都是在一起的，我们最初建院时也是在一起，不知为什么后来又分开了。多年以前，在民族饭店举行的一次新年团拜会上，严济慈同志曾向胡乔木同志提出一个问题：中国科学院与中国社会科学院是否可以破镜重圆？乔木同志不置可否。至今我们搞社会科学的人都有一种感觉，社会科学研究不受重视。而且这种感觉已经很多年了。我一直弄不懂为什么两个科学院不能合并起来？分为两院有一个弊端，把自然科学和社会科学完全分开，很难进行创新。北大老校长蔡元培在1917年就提出北京大学文科学生必须学一门自然科学，到1930年我考大学时，北大可以“科学方法论”代替自然科学。清华大学文科学生也必须学一门自然科学，可是很多准备学文科的高中毕业生，到清华后学不了物理、化学、生物学，后来学校以逻辑学代替自然科学，结果三位教逻辑的老师金岳霖、冯友兰、张申府课堂爆满，因为那时非选不可。我认为理科和文科结合恐怕是大势所趋，特别是到了今天21世纪还人为地把文科和理科截然分开，很不利于科学发展。当年恩格斯写作《自然辩证法》，那不是自然科学吗？李政道教授是大科学家，吴冠中教授是大

①2001年9月5日，《群言》杂志社举办“重视社会科学，提倡创新思维”小型座谈会。本文系季羡林先生在会上所作的发言稿。——编者注

艺术家，最近他们两人合作在中国美术馆搞了一个很庞大的展览，叫《科学与艺术》。李政道教授在题词中写道：科学和艺术的共同基础是人类的创造力，它们追求的目标都是真理的普遍性。吴冠中教授的题词是：科学揭示宇宙的奥秘，艺术揭示情感的奥秘。科学与艺术的结合，将碰出人类最明亮的火花。我虽然对自然科学不太清楚，但理解他们讲的是科学和艺术之间有着密不可分的关系。我们已经进入21世纪，今天在这时谈论创新问题，我想创新必须将自然科学与社会科学二者结合，虽然自然科学和社会科学都还是独立的学科，但未来世界科学发展的趋势是二者的界限越来越接近，结合得越来越紧密。有些学科属于边缘性的。我曾经开玩笑说：现在专门有两个科学院，这就涉及到“科学”一词的含义。据我看，人们脑袋里的“科学”恐怕就是自然科学。实际上无论是英语、法语，还是德语、俄语，“科学”一词就包括自然科学和社会科学，而我们的科学院就像被自然科学独占了。在座的有几位历史学家，我想请教一下五四运动提倡科学与民主，那个科学的含意是什么？所以我建议中国科学院和中国社会科学院重新合起来，以顺应世界潮流。我再重复一句：要想真正创新，必须把自然科学和社会科学结合起来。

2001年9月5日于北京

（《季羡林全集》第八卷）

季羡林文集

季羡林书信集

季羡林 著
蔡德贵 编

長春出版社
国家一级出版社
全国百佳图书出版单位

图书在版编目(CIP)数据

季羡林书信集 / 季羡林著；蔡德贵编. —长春：长春出版社，2018.1
（季羡林文集）
ISBN 978-7-5445-5072-7

Ⅰ. ①季… Ⅱ. ①季… ②蔡… Ⅲ. 季羡林(1911—2009) - 书信集 Ⅳ.①K825.4

中国版本图书馆CIP数据核字（2017）第291638号

季羡林书信集(季羡林文集)

著　　者: 季羡林
编　　者: 蔡德贵
责任编辑: 张中良　李春龙
封面设计: 北京·春天书装

出版发行: 長春出版社　　总编室电话: 0431-88563443
地　　址: 吉林省长春市建设街1377号　　发行部电话: 0431-88561180
邮　　编: 130061
网　　址: www.cccbs.net
制　　版: 禹图工作室
印　　刷: 长春方圆印业有限公司
经　　销: 新华书店

开　　本: 787毫米×1092毫米 1/16
总 字 数: 1881千字　　**本册字数**: 252千字
总 印 张: 108　　**本册印张**: 14.5
版　　次: 2018年1月第1版
印　　次: 2018年1月第1次印刷
定　　价: (全八册)298.00元

1989 年，季羡林先生与邓广铭先生等在中山大学参加纪念陈寅恪教授国际学术讨论会时合影

1990 年，与家人游览浙江临安石花洞

1991 年 2 月，与赵朴初先生合影

1991 年，骑车去北大图书馆

1993 年，季羡林先生与家人合影

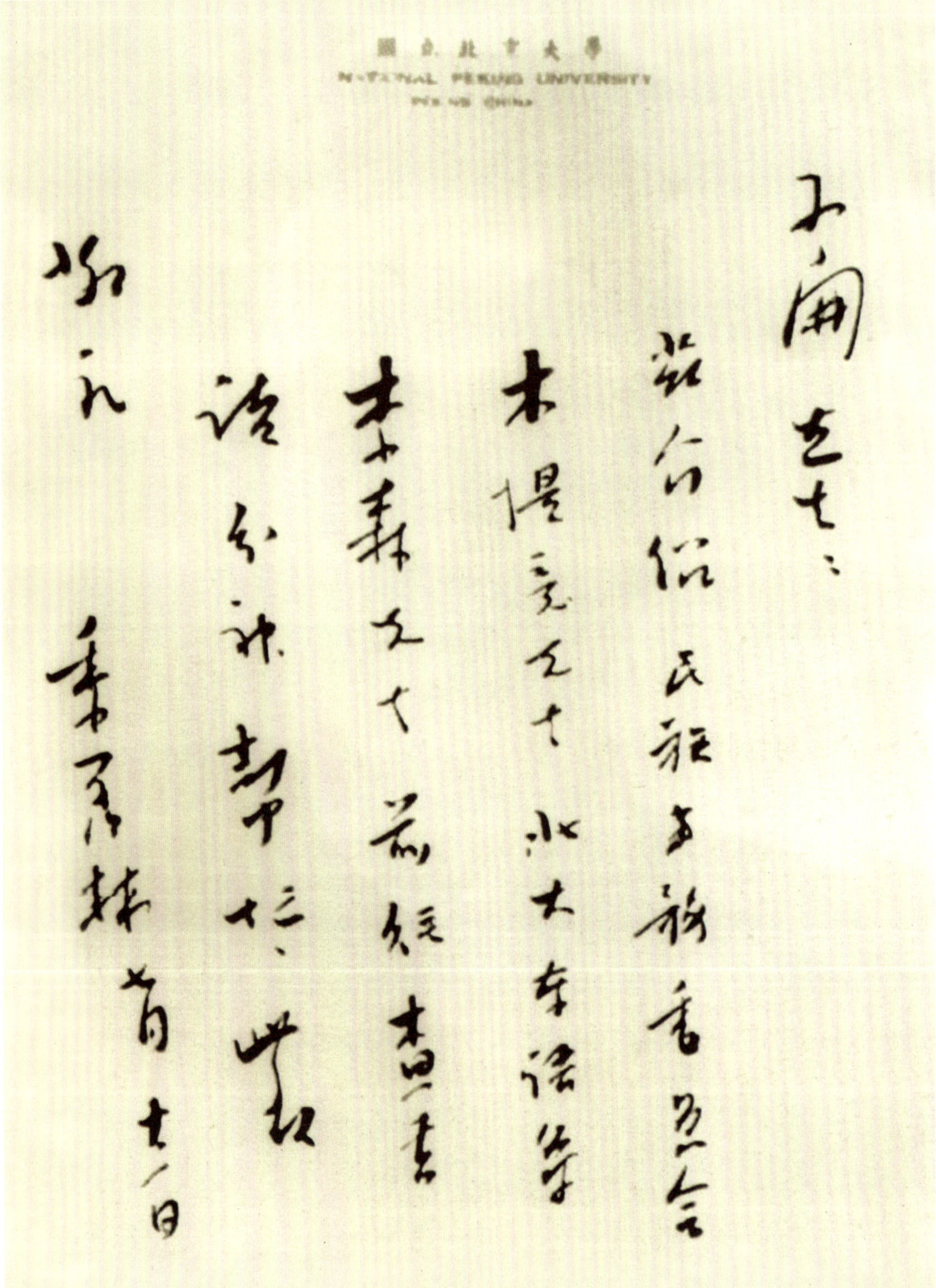

季羡林先生书信手迹

编辑缘起

季老在2007年前后委托我编辑他的书信集，当我在2008年和臧克家先生的夫人郑曼老师提到这件事的时候，郑曼老师大力支持，让她女儿郑苏伊很快找到季老写给臧克家先生的书信105封。

季羡林先生一生写过无数封信，学术界流传他有信必回。这样的话，季羡林的书信的数目应该是非常大的。但是可惜的是，我们在《光明日报》由梁枢先生安排刊登了有关编辑书信的消息之后，收到季老的书信并不是很多，其中中山大学的胡守为先生、中国社会科学院的张梦阳先生、台湾的张明先生等，都把自己手中季老的书信复印以后寄过来。即便如此，还不能说季老的书信已经收集很全。实际上季老的书信流散在民间的数量仍然是很大的。我们期待着通过这本书信集的出版，会有更多的朋友把自己手中季老的书信复印以后寄给我们。

这本书信集收入的季老的书信，最早的是1935年10月4日写给当时的《文学时代》主编储安平的。这是我们发现的最早的书信。最晚的则是让儿子季承代笔，自己签字的给李玉洁的信。

通过这些信，我们可以了解到一些季老生前不为人知的另一面。

编　者

目　录

第一编　书　信

第二编　贺电贺信及其他

第一编

书信

致储安平的两封信[1]

第一封（10月4日自柏林发）

我8月31日离开北平，9月14日到柏林，中间只在莫斯科留了一天，下去随便看了看。因为领导的人是俄政府派的，我们又不能随意乱跑，所以我们的参观是被动的，只参观被指定参观的几个地方，实在乏味得很。

俄国人民是好人民，个个都有朝气。政府却是个怪政府，只在对旅客的待遇上，就可以完全表现出来。他们似乎特别不欢迎旅客，签护照就难，向你要许多钱，然而还是不痛痛快快地签。入境以后随处加以限制，使你没有自由。在俄国境内，外国人只能用美金，在莫斯科有几个秘密的地方，每块美金可以换到40卢布，然而我们用的美金，每块却只能当一个卢布。我们倘若用卢布，被发现了要入监狱的。在火车上，我向一个小孩买过一个松子，西伯利亚树很多，松子遍地是。然而一经Intourist的手却用了两毛美金。在莫斯科吃饭的价钱，说出来更骇人听闻，为什么他们这样做呢？俄国政府真有它的怪劲。

到柏林，另是一种风味，人们见面打招呼，把手一举，只说一句：Heil Hitler！

柏林是以清洁著称全世的，也的确真清洁，每一条街旁都有树，道路都像洗刷过的一般，从灰城的北平走到这里来，有说不出的清凉的感觉。

我自己忙得很，一方面要到各处去接洽入学领钱等等的手续，一方面还要念德文。在国内读了四年德文，完全是书本上的死东西，到这里才知道还有活

---

①储安平（1909—1966），江苏宜兴人。20世纪40年代中期，储安平在上海办《观察》的时候，季羡林是封面底下列名的78位“撰稿人”之一。

的语言。

我大概在柏林住到10月底，11月初德国大学才开学。我预备到哥廷根大学去，因为那个地方大学老，风景好，学文科最适宜。

在半个月内走了几万里路，几个国家，这是我生平最长的一次旅行。我遇到了种种意想不到的事情，看到了种种意想不到的人，同时还有许多令人悲喜交集的困难，终于平安到了柏林。我有许多文章要写，但因为想要学的东西太多，只好暂且储存着，等将来写。异邦寂寞得很，希望抽暇写信给我。

弟　羡林

1935年10月4日

第二封（12月3日自哥廷根发）

信早收到，我现在已经不在柏林了。我在柏林一共住了一个半月，从没有看过半块真正蓝的天。在这样棕色的空气里，我再也活不下去，上月才转到哥廷根来。

哥廷根是个有趣的地方，虽然小，然而有它的妙处。你随处都可以发现中世纪留下来的古老的教堂，让风雨剥蚀得黑黑的，这黑色就能告诉你它自己的历史。看样子已经老得一塌糊涂了，但却依然屹立在北德在深秋里特有的淡蓝色的长天下。高得有点古怪的尖顶就直刺着这长天，仿佛把你的心都能带上天去。

在这样的环境下，生活当然比柏林要好。但在这样的环境下，我才第一次尝到从来没有尝过的寂寞。这里中国学生很少，也都不常见面。每天出出进进只是我自己。除了到大学去上课以外，我便一个人呆在屋里，让幻想四下里飞。我读的是德国文学，同时也选了希腊文同拉丁文，因为我对古典文学早就有兴趣，每天同死去了几千年的文字拼命，也能把时间打发去一部分，在寂寞中得点安慰。我真想故国，想故国里的一切，但自己既然挣扎着要出来，现在居然出来了，命定了要受寂寞的折磨，还有什么话可说呢？

离开了中国以后，确乎看到了许多东西，得到了许多感触，时时要想写点东西出来。最初因为生活不安定，没能写得成，近来生活安定了，但又有许多书要读，而且满脑袋里填满了拉丁文单词，搅乱得七乱八糟，仍然写不出东西来。上星期日对着稿纸坐了一天，但脑袋里一会儿想到故国，一会儿想到头一天听过的堂课，一会儿又想到应该写封信，任着幻想飞来飞去，一天也没写出一行来。你既然要我写点东西，当然得写。想来想去，只好在百无聊赖中仓促地写成的一篇不成东西的东西寄去应命。倘若不能用的话，丢到字纸篓里好了，这玩意儿也不值得保存。里面写的虽是不关重要的一件小事，但也可以看出初到外国时的傻相，同刘姥姥进大观园可以先后媲美了。

过一个期间，心情稍定后，仍然要试着写点东西的。我希望你能把《文学时代》按期寄给我，使我在万里之外也能分到一份欢喜。

弟　羡林

1935年12月3日

季羡林等25位教员致毛泽东、朱德的信[1]

毛主席、朱总司令暨人民政协全体代表先生：

人民政协开幕了，中华人民共和国成立了，这表示中国人民将永远成为自己的主人，中国历史将走向一个同以前绝对不同的新的方向，我们现在用无比的热诚来庆祝。

参加政协的六百多位代表，代表不同的职业、不同的社会阶层，还代表不同的宗教信仰、不同的民族，他们对人民政协组织法、中央人民政府组织法和人民政协共同纲领，当然也从不同的立场和观点上来看；但他们对这三大文件一致地表示热烈的拥护，这证明这三大文件真正可以代表全国广大人民的要求，我们决心用行动来拥护这三大文件！

我们都是研究东方语文的，我们系里的教员和同学，有的民族不同，有的信仰不同，我们最关切的当然是民族问题，共同纲领里明确地规定了民族政策，规定了：中华人民共和国境内各民族一律平等，实行互相团结，反对以前的大民族主义和狭隘的民族主义，禁止民族间的歧视，各少数民族都有发展其语言、文字，保持或改革其风俗习惯及宗教信仰的自由。我们一致认为这规定完全正确，完全合理，我们更要特别地用行动来拥护这正确政策！

对伟大的人民领袖毛主席我们致无上的敬意，我们永远在他的旗帜下前进！

---

①《人民日报》1949年10月4日刊载，并作了报道：国立北京大学东方语文学系季羡林等25位教员联名向毛主席、朱总司令暨人民政协全体代表写信祝贺，庆祝中华人民共和国的成立，并表示完全拥护人民政协三大文件，特别是其中关于民族政策的决定。

北京大学东方语文学系教员

季羡林　马金鹏　张礼平　傅佑弼　马学良　杨荣柱　李启烈
黄敏中　王世清　昌瑞颐　郭应德　李　森　秦森杰　凌瑞拱
陈　炎　刘麟瑞　彭正笃　陈玉龙　陈干祥　袁有礼　殷洪元
赵琪竹　马超群　刘德裕　金克木　马　坚

金克木，另外与郑昕、刘心铨、向达、樊弘、容肇祖、周作仁、赵乃搏等有另外的信。

致子开先生的信[①]

子开先生：

兹介绍民族事务委员会木提义先生、北京大学东语系李森先生，前往查书。请分神帮忙。此致

敬礼

季羡林

1950年7月11日

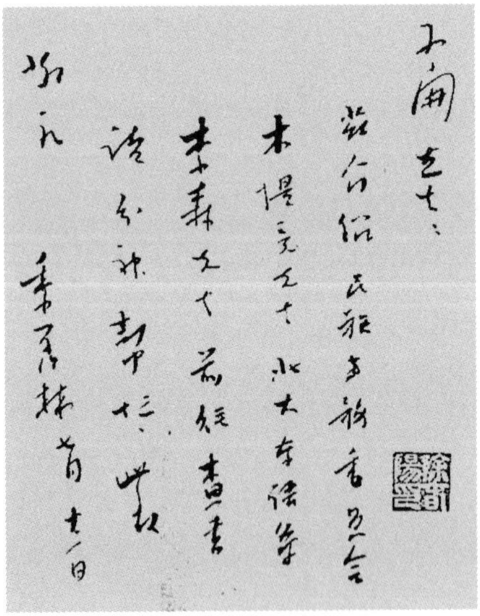
子开先生：
兹介绍民族事务委员会
木提义先生 北大东语系
李森先生前往查书
请分神帮忙 此致
敬礼
季羡林

季羡林书信手迹

① 子开先生，疑为李德启，生平不详。

致刘大年的信[①]

一

大年同志：

冯家升[②]先生的论文[③]已阅过，文字方面有些不妥当的地方，冒昧加以改正。排印后一定要请冯先生自己再校阅一遍。特别是畏兀儿[④]文部分，很多地方，冯先生写得不清楚，不经他自己校阅，恐怕会出很多错。此致

敬礼

季羡林

1953年12月29日

二

大年同志：

久未晤，甚念。今年人大常委会还没有安排暑期休养办法。去年庐山之游仍在记忆中。

经国家教委批准，中山大学准备为陈寅恪先生举行纪念活动（国际学术讨

①刘大年（1915—1999），曾任中国社会科学院历史所研究员。

②冯家升（1904—1970），时任中央民族学院教授。

③指冯家升发表在《历史研究》创刊号上的《元代畏兀儿文契约二种》一文。

④畏兀儿，今译维吾尔。

论会），在安排执行主席团名单时，我推荐了你，想你不会拒绝[①]。

在中国史学界陈先生有特殊建树，在《历史研究》初创刊时，他也发表过文章。你是中国史学会执行主席，又是《历史研究》老主编，没有你的名字，这个执行主席团不能算是理想的。我还想到，能否通过中国史学会向社会科学院或其他有关机构申请一点经济资助？因为开一个国际会议，太寒酸了不好。请你考虑一下。

希望今年能在某个休养的地方见到你。即请

暑安

季羡林

1987年7月18日

三

大年同志：

久未晤面，渴念殊深。

陈寅恪先生纪念学术讨论会定明年五月举行，通知想已收到。

你同社会科学院谈的结果如何？最好能以中国史学会的名义加以资助。现在已将届，社科院能不能在今年内拨一点钱出来？

十三大闭幕后，人大常委估计会开会的。敬祝

近安

季羡林

1987年10月29日

四

大年同志：

我因为眼睛闹病，这一次常委会我请假了。

---

①刘大年参加了1988年纪念陈寅恪国际学术讨论会，并在开幕式上发言《一个历史学家的地位》，后载《光明日报》1988年6月29日。

陈寅恪先生纪念大会今年五月召开。中国史学会准备资助的钱，社科院去年已经答应，现在已经是1988年的第一季度，时间不多了。请你同社科院领导同志，包括胡绳[①]同志在内，联系一下，尽快拨付中山大学校长办公室胡守为副校长。我们现在办事情非常困难。

你的身体怎样？希望善自珍摄。敬祝

近安

季羡林

1988年1月16日

① 胡绳，时任中国社会科学院院长。

致关德栋的信[①]

德栋兄：

手示奉悉，正如您所说的，目前我的确是很忙，除了学校的工作外，外面工作也很多。今年十月又到德国去了一趟，这是今年第二次出国了。

研究工作，很少有时间来搞；目前仍想在中印文化交流方面做一点工作。

《梵文初步》的确印过，但是现在北大出版部早已与北大脱离关系，这一批书不知流落到什么地方去了。李德启先生仍在北京图书馆。

余再谈，即祝

近安

弟　羡林

1955年11月8日

①关德栋（1920—2005），曾任山东大学文学院教授。

致刘永泰的信[①]

永泰：

来信收到，我们大家都为你走上现在这一条路而高兴。

当一名人民解放军是极其光荣的事情，应该随时随地严格要求自己，好好听党的话，努力学习，提高自己的思想觉悟与业务水平，我们相信，你会做得到的。

昨天你五舅全家到我们这里来玩，他也看了你的来信，也感到非常高兴。我们都很好，请勿念，你如果需要什么东西，请写信告诉我们，我们给你寄来。

希望好好注意身体。

问

好

三姨夫　季羡林

1962年8月7日

① 刘永泰，山东省著名画家。

致臧克家及其家人的信[1]

一

克家：

你托姚学吾带来的信，我最后托人到他家去要，终于看到了。昨天又收到你的第二封信。

你的问题，还没有批回来，那就等吧，也只有这样一条路，有些事情是不以我们自己的意志为转移的。

林庚和组缃倒是常见面，他们都还好。恭三[2]也在路上遇到过。杨晦据说眼睛瞎了。不知确否，姚冬是半神经病。

我教的英文课已经结束。现在只有一堂印度史，领导上又要让我搞梵文和巴利文。我对此心有余悸。上上下下现在又忽然强调梵文和巴利文的重要性了。我即使不搞梵文和巴利文，但总不能闲着，我决不能白吃人民的小米，总希望能竭尽自己的力量为社会主义做点事情。

我希望你能很快回到北京来。这里在很多方面还是缺人。祝

好

郑曼代致意。

羡林

1972年9月12日

---

①臧克家（1905—2004），山东诸城人，中国现代诗人。

②恭三：邓广铭（1907—1998），字恭三，中国历史学家。

二

克家：

来信收到。

你终于得到“解放”，衷心向你祝贺。

现在的任务就是养好身体，再干一番。杜甫说：“人生七十古来稀”，但是现在已是“换了人间”，这句话不完全对了。现在我们听到某某人年过七十，丝毫不以为奇，年过八十，也不感到震惊，年过九十，才感到有点老意。因此，像你这样的岁数，离“夕阳无限好，只是近黄昏”还远得很哩，打个比方，就说是下午二三点钟的太阳吧。

我渴望不久就在北京见到你。

代向郑曼致意。

祝

康吉

羡林

1972年9月21日

三

克家：

我们全家将于本月19日（星期日）上午11点前在北京展览馆餐厅等你们。请你们务必都来。你们可以在10点前从家里动身，到北京站乘三路无轨直达动物园。交通还算是比较方便的。但愿那一天天气好。在动身前，请你好好休息一番，最好起床晚一些，以便养精蓄锐，做这个“长途旅行”。

郑曼、小平、苏伊都代致意。

祝

康吉

羡林

1972年11月15日

为了节省你的时间和邮票，不必写信给我了。

四

克家：

郑曼和你的来信，都已收到。

今天我们全家还是到北京展览馆餐厅去了，因为同他们已约好。除了我们这一伙子以外，还有我们的亲戚叶宁（搞舞蹈的），她又约了常书鸿。我同常已有多年没见面，晤谈甚乐。但缺了你们一家，大有“遍插茱萸少一人”之感了。正如你所说的，来日方长。只要身体健康，留得青山在，不愁没柴烧。我们今后要多多见面。

请向郑曼、小平、苏伊致意。务必善自珍摄，要“劳逸适度”。主席对王观澜说：得了病，要既来之，则安之。这是对待疾病的唯物主义的正确态度。我们要好好体会。

即祝

健康

羡林

1972年11月19日晚

五

克家：

刚才看到来信，我并没有接到你十日前发的信，岂被洪乔投向石头城下耶？

今年招生的事情，前不久才开始准备。据说科教组有通知，招生资格是锻炼二年以上的知识青年，这一条小平是合格的，自己报名，领导推荐，然后再考试。据说题目全国统一。至于在什么地方招生，现在还不知道。“招生大员”更谈不上。我看，不妨试它一下，“说不定哪一块云彩有雨”。

近两天碰到林庚和组缃，当然会谈到你。组缃要去看你，我已把你的地址告诉了他。我早就想约你出来玩一下，但想到你的身体，又不敢尝试。

《印度佛教史》已开始搜集资料。有人问我用多少时间，我答以“十年”，而且要全力以赴。现在看来，写点像样的东西，非有时间不可。以前搜集的材料已荡为云烟，现在一切从头做起。十年能完成，就很不错了。

我已从王宏伟处听说郑曼回来了，请代向她致意。苏伊也请代为问好。

祝

健康

羡林

1973年5月31日

六

克家：

来信收到。

那药名是719胶丸，无锡蚕蛹化工厂出品，主治肝炎，也适用于血脂过高及动脉硬化等症。脉通也治动脉硬化。

今天天气实在惹人喜爱。我窗外就是一座小土山，开满黄花。估计再过一两周，西山枫叶就要红了。“停车坐看枫林晚，霜叶红于二月花”。这景象不是非常迷人吗？但可惜的是，你我恐怕都力不从心了。

祝

健康

郑曼和孩子均代致意。

羡林

1973年10月14日

七

克家：

信收到。

你的诗写得很好。我本来有一大套关于旧诗的“理论”要发表，所以总想找一段比较长的自由时间，但不幸最近实在忙。教育革命高潮已到，我自己还有些别的事情，所以长信写不出。今天只能写一封像兔子尾巴似的短信，向你道歉，长信只好等将来了。

秋风多厉，望善自珍摄。

祝

好

郑曼、苏伊代致意。

羡林

1973年11月2日

八

克家：

今天下午参加全校批林批孔大会，同林庚先生一起，我们当然会谈到你的。刚一回家，看到你的来信，可说巧极。

我们现在极忙，天天批林批孔，我参加过两次学习班，又参加系的大批判组。

最近喘病未犯，但动脉硬化则似有发展，左耳日日夜夜听到知了鸣声。在漫天大雪之中，仍然听到窗外满树蝉鸣。王维诗句：临风听暮蝉，不过瞬间之事，我则时时如此。昆明一带流传着两句话：四时皆是夏，一雨便成秋。我现在确实是四时皆是夏了。

你有意约游中山公园，很好。待到牡丹开时，一定遵约前往。

你的身体怎样？郑曼、苏伊都好吗？

祝

好

羡林

1974年4月23日

九

克家：

信收到。我万没有想到你也为“梅涅尔氏”所祟。既然已能小步院中，可见距完全恢复之日已不远了。

我们现在又忙了起来。“五一”“五四”“五七”一个节日跟着一个节日，光放假休息，我并不反对，但每个节日必开会，有时会的内容并不精彩，却是有点伤脑筋。

“五一”我曾到颐和园游园，看到那里芍药已开，牡丹未放。现在又已隔了几天，不知道怎样了。

从明天起，我们系停课学《哥达纲领批判》，这是一部伟大的著作，可惜中文译本有的地方有如天书。我弄到了德文原本对了一下，并不如此。这样的译本不知为何竟能出版！

希望你好好休养。牡丹看不成，还可以看荷花。荷花看不成，“待到重阳日，还来就菊花”。即使连菊花也看不成，不是还有梅花吗？这样一想，就知足常乐了。

郑曼、苏伊代致意。

祝

好

羡林

1974年5月5日

十

克家：

信收到。姚冬先生病逝，我已有所闻。中（?）年早逝，令人悲悼不已。

你现在每天低烧，应加注意。但是对于医生，我也没有信心。往往奔波竟日，而一无所获。医生头脑里形而上学和唯心论看来还是不少的。郑曼浮肿，更应重视。你说她“极忙”。这对于浮肿是很不利的。患浮肿的人，恐怕还是少忙一些，更为有利。

我现在还好，能吃能睡，只是心脏有点问题，左肋里面时时作痛，到三院去检查了一个上午，医生说，我痛的地方不够典型。按照他的逻辑，我生病应该按照他的书本去生，否则就是不“典型”。

我也积极参加批林批孔，只是水平不高，徒唤奈何。此外仍然搞佛教史和《罗摩衍那》，我现在已无什么大志，只是积习难除，除了对付书本以外，我毫无所能，也毫无所爱也。

郑曼、苏伊代致意。祝

健康

羡林

1974年6月16日

十一

克家：

信收到。

我现在比较忙。昨天下午学校举办的儒法斗争历史学习班结束。我也参加了，学习了两个礼拜。收获当然是有的。但是身体有点吃不消，每天三段，九个小时。我还要步行十八里（来回六趟，每趟三里），颇感疲倦。

我身体不好，但清规戒律也多了起来，处处提防胆固醇。但是“尽信医，则不如无医”，医生的话，我也只听百分之五十，否则，就活不下去了。我看，现在的医生（中外都在内）形而上学唯心论还多得很，不能让他们牵着鼻子走。

林庚前些日子休克过一次，医生检查，说是没有病。没有病，怎么会休克呢？这就是形而上学唯心论一个证明。

明天开始，又比较“自由了”。我仍想继续念印度史诗《罗摩衍那》，还想把《印度近代史》讲稿写完。过几天，有机会，我一定来看你。不过我们这里学习班一个接一个，能否如愿，殊不以我们主观意志为转移也。

代向郑曼、苏伊致意。

祝

健康

羡林

1974年7月7日

十二

克家：

来信收到。

你又生病，极以为念。近来想已痊复。

自立秋以来，我又陷入一年一度的“枯草热”中。今年来势颇猛，流鼻涕，哮喘发烧，三管齐下，狼狈不堪。在床上躺了十几天，最近两周来，勉强出门行动，从我住的地方到教研室，简直就像长途跋涉，路上要休息四五次之多。最近几天来，大有好转。第一次冲击，大概就要结束。第二次冲击来不来，什么时候来，目前无法肯定。“烈士暮年，壮心不已”。我目前剩下的仅有这“壮心”了。

我参加了系里的大批判组，天天也在学习儒法斗争的历史，读一些法家著作。此外还在读《罗摩衍那》，写《印度近代史》。

林庚久未见面，你定了时间以后，我会通知他。

你我身体虽然都不算好。但是根据今天的一般水平，我们活八十岁，都不成问题。这是第一车站，第二车站就是你所说的“寿登九十高峰”了。

照片找到后一定送给你。我当然也希望有你的照片。

代问郑曼、苏伊好。

祝

健康

羡林

1974年9月16日

十三

克家：

来信收到。

你的照片很好。我也找出来了一张，寄给你。我这张是罩装不整，表情奇怪，摄影艺术也不高，但是“黄河之水天上来”，因为是在黄河边上照的，所以也就有点值得纪念的意义了。

我最近喘势渐趋平稳，走路也不像以前那样吃力。估计等到你约我们赏菊时，我的精神又会抖擞起来了。

郑曼、苏伊都代致意。

祝

健康

羡林

1974年9月20日

十四

克家：

信收到。

同你预料得正相反，我身体亦不行。最近又卧床八天，昨天刚起来。据说是流感，有人又说不是，反正人已经起来，不去分析考证了。

组织生活已经恢复了很久。有人硬要按照他们定的调子让我跳舞，我豁出了党籍，硬不检查，我终于胜利了。生平快意事，此为第一。聂元梓已定了反革命五一六分子，但她的徒子徒孙仍在横行霸道！

我最近仍在写《印度近代史》，翻译《罗摩衍那》，完成工作量之多，文革前十年也比不上。过去东奔西跑，为他人作嫁衣裳，简直是浪费生命，等于自杀，对人民一点好处也没有。近来乌纱帽又有点在头边飞，我已下定决心，大小官决不再干。

黄花未赏，严冬已到。北京没有什么梅花可赏，看到要赏花只有等到明年春天了。

代向郑曼、苏伊问好。

祝

健康

羡林

1974年12月9日

十五

克家：

来信收到。

我本来想在元月一日给你写回信，但是那一天来了许多人，没有写成。

又过了一个新年。我现在对时间的逝去已经无动于衷。这也许是一件好事，它说明我读书“养气”，已经大有收获。但也许是一件坏事，它说明我的神经已经麻痹。

北大现在严格实行坐班制。每天登记考勤。事假、病假都很严格。又是扣工资，又是批评。教员都想不通。估计不久就会松下来。我真羡慕你的情况。

我现在没法来看你。我争取春节来。

请代问郑曼、苏伊好。

祝

健康

羡林

1975年1月3日

十六

克家：

来信收到。

我们学校今年没有寒假，春节放假三天。我已经很久很久没有进城了。因为我视公共汽车（电车）为畏途。前不久听说科学院办公厅主任，一个革命几十年的老干部，竟在公共汽车上连挤加气，一命呜呼。我更不敢出门同革“命”的青年挤汽车争一日之长了。

但是春节我已下定决心来看你，因为不给你拜年，好像一年的任务都没有完成。时间可能是正月初二上午。我只能呆很短的时间，因为11点前在动物园有约会，我还要赶回来。我这个计划的理论根据就是上面谈到的那些。也可能实现不了，请你不要等我。

今天就先写到这里。

郑曼、小平、苏伊都代致意。

祝

健康

羡林

1975年2月7日

十七

克家：

在劳动佳节中，得来信和诗，真是天大的乐事。

对你的旧诗，我不敢信口雌黄。倘有机会，我倒是想多读几首。

听说袁水拍同志已就任文学艺术研究所所长。东语系卞立强（党员）同志对日本文学有研究，曾译不少小林多喜二的作品。东语系这个地方几乎是人人思散，矛盾重重，老卞也不想在这里久呆。如果文学艺术研究所需要这方面的人，他很想换一换工作岗位。你如见到袁水拍同志，是否可以同他谈谈？

五一节放假二日，我都呆在家里。此地有小山丛树，野花修竹，浓绿扑窗，暗香透壁，躺在破藤椅上，随便翻阅杂书，信可乐也。

郑曼同志想已归来，请代问候。苏伊也请代致意。她这样练队，也够辛苦的了。

即祝

健康

羡林

1975年5月3日

十八

克家：

信收到。

没想到你竟进行得这么快。袁水拍同志也只能这样答复，因为一个人决定事情，在他那个机关里，恐怕也是不可能的。卞立强托我，我又转托你，我们都算是尽到了“为朋友谋而忠”这个古老的教条。这是孔老二的大弟子曾子三省的内容之一，如果我没有记错的话。

最近新疆博物馆又派人来找我谈一些古老语言的研究问题，此事我已洗手不干三十年了。我殊无意，也没有这个精力再搞那玩意儿了。

郑曼同志、苏伊代致意。

子野同志也请你代为致意。我真想看到他。我们已经有十几年没有见面了。

祝

健康

羡林

1975年5月8日

十九

克家：

信收到。

好久没见来信，我有几次想到你的健康情况。我的猜想不幸而中。幸喜你已经走上逐渐康复的道路。希望你遵照毛主席的教导：“既来之，则安之。”

北大正在大跃进。各个单位都是反复动员。来势颇猛，但是据我看，行动还没有完全跟上。反正暑假已经取消。

等到酷暑稍过，我会来看你，但是决不违反医生规定。我只在你这里呆十几分钟。

请你向郑曼同志、小平、苏伊问好。

祝

健康

羡林

1975年7月21日

二十

克家：

信收到。

春节期间，我只去看了两个人：一个是你，一个是张天麟，他正在患严重的心脏病。此外就是呆在家里，基本上无来无往，清静了几天。

《北京日报》的那一篇是以前写的。这次发表，时过境迁，只好略改题目，最后又加了一条新尾巴。不知内情者，很难看出其中奥妙。

你的意思是正确的：我们现在不急于写文章。我一辈子舞笔弄墨，现在却最不愿意写东西。但像你说的那样政治任务，却无法推脱。

注意你的身体，一过春节关，就应该好好地休息一阵子。

请代向郑曼同志和你全家致意。

祝

健康

羡林

1976年2月6日

二十一

克家：

来信收到。

我现在比较忙。传达了主席的重要指示，正参加学习班，领会讨论。

主席指示要学点哲学史，读点鲁迅。他提到，可以看杨荣国《中国古代思想史》和《中国简明哲学史》（修订版）。也提到冯友兰的《论孔丘》，但是说冯天瑜的《孔丘教育思想批判》比冯友兰的书好。

你病不少。这是客观存在。但是人定可以胜天。春天到了，希望你多活动活动。散步对心脏病有很大好处。

你的建议我完全拥护。我的意思，也要邀请长之，他的问题既然已经解决，我们就要另眼相看。

请代向郑曼同志、苏伊致意。

祝
健康

羡林
1976年3月11日

二十二

克家：

久未通函，不知你最近身体如何，极念。

我们学校自然是忙。每周学习时间，积累起来，共有八段（上午、下午、晚上各算一段）之多。

我很好。现在忙于搞新疆出土的古代语言文字。一无资料，二无时间，只是觉得这个工作很重要，不得不搞而已。

我接到厦门大学《两地书》注释组来的一封信，谈到《两地书》一三四封中，许广平的信中说：“昨日又收到季先生由巴黎寄来的木刻画集两本”。他们问我，是不是指我？这不是指我，但我又不知道指谁。可否请你顺便问一下曹老（靖华），我想他会知道的。

请向郑曼同志、苏伊致意。

祝
健康

羡林
1976年4月23日

二十三

克家：

既然曹老也不知道那位“季先生”究竟是谁，我就无法可想，已复函厦门大学《两地书》注释组。

今年春天，气候有点反常。冷的时间比往年要长。前几天才勉强算是转入初夏，然而昨天又刮了一场狂风，颇有一点儿薄被不耐五更寒之意了。

我身体还好，只是开会很多。我现在仍然搞新疆出土的古代语言残卷。据历史博物馆和文物局的同志们说，乌鲁木齐博物馆的残卷即将调来北京，要组织一些人搞一搞。

你身体最近怎样？倘能散步活动，还是多活动一些为佳。

请代向郑曼、苏伊致意。

祝

健康

羡林

1976年5月12日

二十四

克家：

来信收到。

你搬动花盆扭了腰，不知现完全好了没有，极念。上了点年纪的人，处处都要小心。

我没有犯喘，而是皮炎大发作。古人说什么“癣疥之疾”，好像算不了什么。我现在才知道，癣疥之疾折磨人的程度，比其他病都厉害。它弄得人终夜（日）神魂不安，虽然不至于去见马克思，但滋味不好受。

七一社论发表以后，现在又忙了起来。过去也没有闲过，不过现在更忙而已。

如果小平和苏伊都能留在北京，这是一件好事。你身体不好，确实需要有人照顾。

恭三、组缃多日未见。路上遇到林庚，他爱人摔断了腿，住院多日，他颇有些狼狈相。

请代问郑曼同志、苏伊好。

祝

健康

羡林

1976年7月3日

二十五

克家：

来信收到。

最近生活在非常状况中，晚上值班，白天还要参加学习班，再加皮炎和湿疹的折磨，所以没能立刻写信给你。

唐山地震，波及京津，北京受害比较轻微，只是郑曼同志的病情，颇令人担心，但愿一切顺利，是“良”非“恶”，算是一场虚惊，如秋风过耳。

我们仍然住在室外。但是我一向麻痹大意，我仍然觉得有些地方未免紧张得过火。党和国家，关心人民生命，这一点是无论如何也要承认而且感激的。

什么时候抗震结束？众说纷纭。关于地震的预报，也是百家争鸣。所有的学说，我都以姑妄言之姑听之的态度处之。否则，就会引起一些不必要的思想波动。

祝你们全家都好。

祝

健康

羡林

1976年8月13日

二十六

克家：

信收到。

我原想在国庆节的三天假期内来看你。但是第一天忙于开座谈会。第二天来了客人。今天是第三天，又被临时急事阻拦。我只好写这封信了。

你信里谈到许多情况，我读了都很高兴，只有一个情况，原来是“且听下回分解”，现在到了下回了，分解却看不到，这就是郑曼同志的病。她检查的结果究竟怎样？

你的身体又不好，也很使我担心。

我总想设法打破一年一度见面的老例，去年打破了，今年已经到了十月，还没实现。照这样的老例，我们究竟还能见多少次面呢？我并不是伤感，生死是宇宙规律，我毫不在乎。但今年，一连三个最主要的领导人先后逝去，我不由得就想到了这些。

我身体很好。皮炎已几乎完全好了，秋季气喘犯得不厉害，而且好像已经过去。我现在主要看有关印度佛教的材料，准备写一部《印度佛教史》，好多人都希望我干这件工作。

郑曼、小平、苏伊都代致意。

祝

健康

羡林

1976年10月3日

二十七

克家：

函悉。你想邀恭三和我到你家会面，实获我心，我在这里恭候佳音。

多少年来，我奉行的是“关起门来朝天过”的哲学。恭三、组缃、林庚，虽然同在一校，有时候半年或者更长的时间，才见面一次，而且多半是邂逅于途中。这种哲学，我还想奉行下去。

你的《七十一周岁寄友》，我觉得很好。这种精神境界是很高的。古来好多人都看不破生死关，此江淹《恨赋》之所以千古传诵也。我们现在多少是有了点唯物主义，有了点辩证法，寿夭亦自然现象，不必多所考虑，而况“人生七十古来稀”，你现在作《七十一岁寄友》，我还希望看到你的《八十一岁寄友》哩。

请代向郑曼同志、小平、苏伊致意。

祝

康乐

羡林

1976年10月10日

二十八

克家：

函悉。

新年即将来到，向你表示祝贺，向郑曼同志、小平、苏伊祝贺。四害已除，普天同庆，祝你们在1977年内身体更加健康，工作更加带劲。

过了六十几个新年，习惯了，连以前偶尔有的叹老伤逝的感觉也没有了。宇宙间本来就是如此，新陈代谢。

长之来，长谈颇欢畅。解放后，我同他基本上没有怎样见面。

我现在仍然钻研大藏经，看有关印度佛教史的材料。问题钻得稍稍深入了一些，就觉得自己以前是何等的肤浅。

刘白羽等老友得到解放，心里感到十分愉快，我因此就愈加憎恶“四人帮”。

最晚至旧历年，我一定来看你们。

祝

好

羡林

1976年12月30日

二十九

克家：

现在让我的外甥常永德给你送来点他从山东家乡带来的土产。这不是什么稀奇的东西——辩证地看，其中也许还有一点稀奇性——，不过是一点家乡风味，可以稍增欢度春节的兴致。

我明天上午来给你拜年，这点东西我本来可以自己带来，但因为还要到别的家去，带着似不方便，所以今天先请他送来。

明天见，请向郑曼同志、小平、苏伊致意。

羡林

1977年2月17日

明天中午，我们还另有约会，不能去你家吃饭，请不要准备。

又及

三十

克家：

函悉。

你的小叔叔，我曾在你家见过几次，留给我的印象是诚悫朴实。年未花甲，骤尔溘逝，也令我悲哀。解放后，学了辩证法，知道新陈代谢是宇宙间不可抗御的规律，我对生死早已无动于衷。“自古皆有死，莫不饮恨而吞声”，那是封建社会文人的哀鸣。今天我们，当然有所不同。只要能活一天，我希望能做一点力所能及又有益于人民的工作，死了拉倒——如此而已。

上次见面时，看到你身体健康，精神抖擞，我心里暗暗高兴。活人比死人重要，死者已矣，希望我们这些活着的人，加强锻炼，努力工作。

祝郑曼同志、小平、苏伊健康愉快。

羡林

1977年3月10日

三十一

克家：

来信收到。

知道你一切都好，甚慰。要打起精神，再活上二十年，为人民多做点事，多写点好诗。

我仍然在写《印度佛教史》，整理《罗摩衍那》的译稿，写译序。还可能接到一个新任务，整理注释玄奘《大唐西域记》，还没有定。

学校里现在是不运不动，北大这个臭泥坑，不知何时才能掏干净。

杨柳飞花，已是暮春时节，我只到颐和园走了趟，看了开过花还没有长叶的玉兰花。

请代向郑曼同志、小平、苏伊致意。

祝

健乐

羡林

1977年4月27日

三十二

克家：

来函收到。

出版局事，没有听说，子野如此安排，可说得当，见面时祈代致意。

北大运动，前一些时候，是不运不动，中央工作会议以后，动了一阵，又停下来。上周市委对北大估计又提高温度，北大已上升为“反革命根据地”，而“梁效”则升为“反革命别动队”。现在是人心大快。然而，根据华主席抓纲治国的战略决策，北大当务之急（其他部门也一样），是调动一切积极因素，特别是老知识分子的积极性。但是，兹事体大，谈何容易也。

我的身体一直很好，殊出意料，仍然在搞《印度佛教史》和《罗摩衍那》。

请代向郑曼同志、小平、苏伊致意。

祝

健康

羡林

1977年6月1日

三十三

克家：

来函收到。

知道你们身体都很好，甚为欣慰。我自己仍然顽健如昔，除了偶尔失眠外，没有什么别的毛病。

《印度佛教史》和《罗摩衍那》仍在顺利进行。我现在发现，原来我过去三十来年没大读书。最近二三年来看了些书，“学然后知不足”，自己的知识太少了。亡羊补牢，为时非晚。我坚决摆脱一切杂务，真正埋头读书，晚年也许还会有点贡献。

北大运动，令人啼笑皆非。外面温度越来越高——今天《人民日报》对“梁效”的批判可以见证，然而校内的温度却是越来越低，大有原班人马重新上台之势。其中奥妙，流言颇多，我辈蚁民谨遵“莫谈国事”之戒，以少说话为妙也。

现已入伏，诸维珍摄。

向你们全家致意。

羡林

1977年7月13日

三十四

克家：

信收到。你的话是正确的，对老友写信你总是“先进”的。但是（这里要讲一点辩证法）唯其因为你总是“先进”，所以我就甘居“后进”，因为我知道，到了关键时刻，你会有信来的。

北大运动，仍然是不运不动。工作队有一万多人，但是群众对他们谁也不认识。而且还有种种流言，不像从一个共产党人嘴里说出来的流言。我现在的态度是不闻不问：“校事管他娘，写写文章。”我现在正为《罗摩衍那》写一篇导言。学了几十年的马列主义，我现在发现，我原来刚才入门，是一个初小一年级的学生。

《印度佛教史》仍在进行，同翻译《罗摩衍那》的工作交互进行。这种工作方式，我已经很习惯了。

从立秋那一天起，每年一度的“枯草热”又准时莅临。喜而并不厉害。其他方面，还是颇为健康的。工作则照旧进行。

长之一生的致命伤，在于不老实。他写的文章都是英雄欺人，他自己是并不相信的。

请代向郑曼同志、小平、苏伊致意。

天气将凉，枯草热稍退，我当来看你们。

祝

健康

羡林

1977年8月27日

三十五

克家：

信收到。

今年十一，我本来下定了决心来看你，但是早晨到了张天麟家，被拉住吃午饭，吃完又闲谈。到了我脱身走的时候，已经是下午四点，时间既晚，身体又疲乏，没有法子到你这里来了。

我自己身体健康，每年一度的气喘今年提前结束，大喜过望。工作仍然是每天十个小时左右，只是苦于失眠，有时不免头昏耳。

北大照旧死气沉沉，据说中央已经派了新校长，是前贵州第一书记周林。但还没有到校。我们都希望他能来校振作一番。

你的病完全好了吗？请代向郑曼同志、小平、苏伊致意，小平、苏伊“工作太忙”，甚至“有时血压高”，能不能劝她们减少一点工作呢？

我也是久不见恭三。组缃有时在路上相逢。他现在是家庭采购大员。他的

“先进”经验是，当采购员大有甜头，能舒筋活血，增强体质。我劝你也多散散步。

祝

健康

羡林

1977年10月6日

三十六

克家：

刚才读到来信，深为不平。你对“四人帮”的憎恨，别人不清楚，我是完全知道的。我们见面次数不多，但每次你都对我痛骂江青之流，给我留下了深刻的印象。北大黄昆，在《人民日报》《红旗》写文章批邓。但邓副主席知道他被别人所迫。邓一恢复工作，立即调黄到中国科学院任半导体研究所所长。这是何等胸怀！我们老一辈革命家真让我们敬佩，他们心中只有党与人民的利益。而你们《诗刊》这少数人竟形而上学到如此程度，真堪悲叹！但是我认为，对你来说，一个人大代表完全不足为你增光，免掉这一顶桂冠，反而可以潜心多写点好诗。人大代表一般说是好的，但滥竽者也不乏人。你心里那一点情绪也完全可以驱除也。

我身体尚好，只是事情又渐渐多了起来。我非常害怕又恢复文革前的情况，头衔挂上二十多个，但无益于人民。我已下定决心，再不干行政工作，甩掉一切乌纱帽。年纪渐渐老了起来，想干的事情还多得很，心里有点急。中华书局组织了一个班子注释《大唐西域记》，推辞再三，最后还是由我来“挂帅”。心里又增加了一些负担。《罗摩衍那》即将译完。将近两万首诗，不知怎么一来，竟也译了出来，真想浮一大白。

代向郑曼同志、小平、苏伊致意。

祝

康吉

羡林

1977年12月3日晚

三十七

克家：

来信收到。

十分紧张地学习，准备了一周，今天是星期日，才有时间给你写信。

我们原定二十日启程，现改为二十八日。第二批团员四人，先飞巴基斯坦，然后飞印。估计三月二十五六日可以回京。印度是旧游之地，此次重访，必然会有一些新的感受。广播电台已先来约稿。估计回国必然要写一点东西。并不是我有什么文章要写，这是“礼也”，是写给印度人民看的。

前次晤面，看到你身体精神两佳。我说你至少还可以再工作二十年，并不是开玩笑。我确有这个信心。但是，话又说了回来，光有信心，还不行，必要的锻炼一定要跟上。

请代向郑曼同志、小平、苏伊致意。回国后，我当来看你们。

祝

好

羡林

1978年2月19日

三十八

克家：

信收到。

现在确实有许多顶乌纱帽在我头上飞动，但是都还没有落到头上。一旦落上了一顶，我一定给苏伊想点办法。“一朝权在手，便把令来行”，古有明训也。

我的搬家工作还没有结束，现在还处在天地初分、宇宙洪荒的阶段。

请向郑曼同志、小平、苏伊致意。

祝

好

羡林

1978年4月8日

三十九

克家：

信收到。

乌纱帽仍然是悬在空中。中国社会科学院南亚研究所势在必然成立。但是，同我预料的正相反，我离开北大，恐不可能。即使成立，也是与北大联合，而且所址暂时放在北大。即使我能把“令来行”，苏伊每天到北大来上班，其疲劳恐与今天相等。我想同建国门内的几个所联系一下。如能成，则上班近在咫尺，颇为理想。但是，这是我的主观愿望。结果如何，且听下回分解。

你身体怎样？恐怕仍须多多出来散步。

请代向郑曼同志、小平、苏伊问好。

祝

健康

羡林

1978年5月16日

四十

克家：

请你告诉苏伊，写一个简单的情况介绍，类似简历一类的东西，寄给建国门内中国社会科学院世界宗教研究所黄心川同志。其中包括姓名、年龄、性别、民族、政治情况、学历等等。如有学校或老师写的有关学习或政治方面的评语，也可以附上。南亚研究所即将成立，由我兼任所长。这一顶乌纱帽大概就要落到头上来了。苏伊工作或在宗教所，或去南亚所，都一样，目前大概算是资料员或图书管理员一类的名义。将来有机会可以培养。现在还不能算是定局。将来中国社会科学院政治部批准后才算。现在只把她的简历送上去，敬候决定。

请代向郑曼同志、小平、苏伊致意。

寄简历时，可附上短笺，就说我请她写好寄来的。

祝

好

羡林

1978年5月22日

四十一

克家：

两封信都收到。

苏伊简历即将寄出，很好。南亚所暂时设在北大。但我将争取在建国门内设一个点。这样苏伊如上班，只须十分钟即可。即使由于房子少，暂时在宗教所上班也可以，反正是一码事。不过，此事尚在进行中，结果如何？还要听下回分解。南亚所刚成立，必然要一些编制名额。不过今年为时稍晚。正托人争取。

你对我写的东西的赞美，给了我继续写下去的勇气。我已经写了几篇。不过因为忙，写起来颇以为苦。经你这一说，我一定把计划中的十二篇都写完。《人民日报》不能都发表。因为国家与国家之间还有一个平衡的问题，这也是一种“政治待遇”。

请代向郑曼同志、小平、苏伊致意。

祝

好

羡林

1978年5月24日

四十二

克家：

信收到。

文联、作协恢复，大快人心。这也是由大乱到大治的一个方面。

苏伊事我已经告诉黄心川同志，让他立即办理。明天我可以见到他。问过他以后，我再告诉你。

最近搬家，清理书籍，找出来了一些我认为早已被破坏了的草稿和资料，其中颇有一些有点价值的东西，这大大地刺激了我读书写文章的劲头。

请向郑曼同志、小平、苏伊致意。

祝

好

羡林

1978年6月7日

四十三

克家：

估计社会科学院南亚所就会派人到苏伊工厂去看档案。我昨天已经告诉了他们。你的意思好像是先让苏伊向厂方领导通一通气。有这个必要吗？我不了解情况，请你决定。

最近筹备建所的工作，比较繁忙。我本来是下定决心，不再搞行政工作。然而事与愿违，奈何奈何！

请向郑曼同志、小平、苏伊致意。

祝

好

羡林

1978年6月9日

四十四

克家：

两封信都收到。

所里的人已经告诉我关于学徒工的问题。我看，此事只能智取，或者软磨，不能力夺，不能硬顶。“县官不如现管”，一个小单位的头头往往爱摆点架子。如果他的权限只在几棵大白菜，他也将靠大白菜摆架子。此事我已遇到过多次，令人啼笑皆非也。苏伊血压高，可请医生出一证明，或者能有点希望。

祝你们全家都好。

羡林

1978年6月13日

四十五

苏伊：

来信收到。你爸爸的信也收到了。

如果你们厂竟然肯放你走，那真是“天恩高厚”，不禁要感激涕零之至了。何时你们厂正式通知你，请你立即打电话告诉我（282471转3467）。我通知南亚所小杨到你们厂去联系。

郭老逝世，我也很悲伤。请告诉你爸爸，不要悲伤过分，要注意自己的身体。死者已矣，我们生者还要打起精神干下去，再干它二十年。

请代我向你爸爸、妈妈、姐姐致意。

问

好

季叔叔

1978年6月18日

四十六

克家：

来信收到。

关于苏伊的工作问题，我曾同中国科学院的领导同志联系过。据说，按照国家的规定，学徒工在国家整个编制中没有地位，也就是说，国家还没有他们的那一份工资。因此不能调动，只有有了编制的人，才能从一个工作岗位调到另一个工作岗位。现在党中央十分强调遵守法律规章，他们中间该也不敢破坏。因此，我觉得，最切实的办法就是等到明年九月学徒工期限结束后再调动工作。从南亚所方面来说，决不会有问题。困难是在这一年多的时间内，苏伊的日子不大好过。别人有些歧视，也自在意料之内。然而“马行在夹道内，难以回马”，只有努力工作，让人没有可乘之机，度过这一段困难的时光。好在苏伊还年小，牺牲这一年多的时间，她还有这个本钱。也许到了那个时候，建国门内的社会科学大楼已经建成，南亚所在那里有了基地，工作条件比现在要好多了。

我现在工作比较忙，头绪多，困难也不少。好在我已经是司空见惯，碰到什么困难，我都习以为常。我现在已经“修养”得很不错了。

向郑曼同志和小平致意。

祝

好

羡林

1978年6月25日

四十七

克家：

二十五日信收到。

你说前些天给我一信，我却是没有收到。不知道是什么原因。

游老不幸逝世，学术界失一老成持重的学者，实可惋惜。有人告诉我，我还是治丧委员会的委员。可惜当时有招待外宾的任务，追悼会没能参加，深林竟也患了肺癌，实出意外。

北大已经放假，但是我从来也没有想到休假，一无必要，二无可能。差幸身体顽健，每天工作十几小时，毫无疲倦之感，可以告慰老友也。

过些天，只要能找出时间，我一定来看你们，我们好像是好久好久没有见面了。

请代向郑曼同志、小平、苏伊致意。

祝

好

羡林

1978年7月26日

四十八

克家：

信收到。《忆向阳》用熙已送来，我没在家，没能看到他。

深林追悼会，我本想参加。可惜那一天竟安排了三个会，只有望“山”兴叹。

关于乌纱帽的问题，我完全同意你的意见，然而事与愿违。暑假三周，我连半天也没能休息，天天开会、会客。我的客同你的客有所不同。同这些客会面，真有哑子吃黄连的味道，真不知如何是好！

马坚于昨天突然去世。寿彝来他家看望他的家属。老成凋谢，虽属自然规律，然而对我辈心情究不能无影响也。

请向郑曼同志、小平、苏伊致意。只要有可能我一定来看你们。

祝

好

羡林

1978年8月17日

四十九

克家：

来信收到。

我本来想在节日中出去走一走。但是连日忙于应付死人和洋人，身心交疲，懒得动了。结果在家里呆了三天，哪里也没有去。但是家里也并非世外桃源，避秦无术，来访有人。真是没有法子可想也。

幸而身体尚好，今年气喘犯得比较轻，虽然还没有到冬天，似乎已经过去了。

我现在仍然能看些书。主要是我靠我的保险系数——从早晨四点到八点工作。这个时候，总不会有人拉我开会。

请代向郑曼同志、小平、苏伊致意。

即祝

近安

羡林

1978年10月4日

五十

克家：

信收到。

最近，忙是忙一些，但好像体力劳动多于脑力劳动。

苏伊工厂将要“解放”，具体内容如何？她现在能到南亚所来吗？

小平的事情我一定留心。“父母之命”现在不需要了，但在某些情况下，父母从旁协助还是完全必要的。

我在下月又将有印度之行，在走以前我一定来看你。对外友协的“首席”翻译顾子欣，年轻有为，酷好文学。他曾写了不少诗。他曾向我谈到要见见你。我对他说：“克家同志一向奖掖后进，他一定会很高兴地见你。”

有人送你菊花两盆，极为羡慕。我今年好像还没看到菊花。“待到重阳日，还来就菊花。”重阳早已过了，等到我到你家就菊花的时候，恐怕就要下雪了。

郑曼同志、小平、苏伊都问好。

祝

好

羡林

1978年11月12日

五十一

克家：

寄来的诗选已收到。

读到《烙印》等诗，回忆到四十多年的情景。当时我还是清华大学的一个学生，曾几何时，已垂垂老矣。

最近仍然颇忙。每周开会至少十二次。我真有点“哑子吃黄连，有苦说不出”的味道。然而事已至此，奈何奈何！

春天又来到人间。不知你最近身体怎样，游兴如何。

请代向郑曼同志、小平、苏伊致意。

祝

安康

羡林

1979年4月15日

五十二

克家：

刚才收到来信。

信来得正是时候，我明天就要离京到黄山去，预计八月十五日可以回来。学校虽已放假，但仍然是天天忙。如果我不离开北京，将永远无休息之日矣。

北海道大学事，只好等我回京后，同学校商议后再答复你了。

苏伊事有一点值得考虑。中国社会科学院大楼完工无期，她要每天到北大来上班。来回两次，在途中至少要用三小时。奈何！

我回京后当来看你。

代向郑曼同志、小平、苏伊问好。

羡林

1979年7月31日

五十三

克家：

信悉。

早想来看看你，但是总是抽不出身来，徒唤奈何。

苏伊的工厂是全民所有制，还是集体所有制？据说在转业方面，这二者是很不相同的。

你认得张默生吗？我前天接到电报，他已在成都去世。

我暑假到黄山去住了两个礼拜。回京后，又到新疆和敦煌去玩了三个礼拜。现在游山玩水还有济胜之具。再过若干年，恐怕就不行了。

代向郑曼、小平、苏伊问好。

祝

康吉

羡林

1979年10月3日

五十四

克家：

函悉。

中国社会科学院原来预定至晚明年可以把“建内”的大楼建成，南亚所也可以在里面分到一些房间。但是，时至今日，情况完全改变。大楼可能改成小楼，何日建成，茫茫无期。即使建成，也是僧多粥少。已明确告诉南亚所，只能挤在北大。看来在那里设点的打算已成泡影。对苏伊的工作来说，也就有了困难。每日来往，路上至少要用去三个小时，如何能受得了？我本来想来看你，面谈此事。只是找不出时间。

我们全家都好。

请代向郑曼同志、小平、苏伊问好。

祝

康吉

羡林

1979年12月23日

五十五

克家：

信收到。

郑曼和苏伊来，了解到你的一切情况。我觉得，你想现在把应该写和能够写的文章写完，然后就从此搁笔，优哉游哉，这只是幻想。像我们这种人，文章是永远写不完的，活到九十岁、一百岁也写不完。因此，目前还要适当地照顾身体，希望多活一些年，多写一点人民喜爱的好东西。

话虽这样说，我自己目前也是做不到的，只有努力争取而已。

请代向郑曼同志、小平、苏伊问好。

祝

康吉

一年又快过去一半了！

羡林

1980年5月29日

五十六

克家：

信早收到。之所以现在才写信，有一个原因，对外友协的翻译顾子欣喜欢写诗，是一个颇有才气的青年。他请我把他写的诗转给你，请求指正，我总是找不到合适的人送给你。所以写信就推迟了。

现在请×××同志把诗送给你，请提出意见，加以指导。

我本月十五日赴日本，二十五六日回来。苏伊考试事可直接与李玉洁联系。

请代向郑曼同志、小平、苏伊致意。

祝

好

羡林

1980年7月8日

五十七

克家：

多日未见，甚为想念。

我从日本回来后，立即赴浙江莫干山，参加大百科全书外国文学词条编写会议。上星期回京，又准备日本朋友访华事宜。一个暑假大概就这样打发过去了。

有两位日本朋友，森藤夫妇，想见你一面。女森藤是专门研究你的诗的，他们夫妇现在都是早稻田大学的教授。不知你能否在本月内抽出一个小时的时间见她一下？我的通信簿丢掉了，你的电话号码我记不清楚，否则我会打电话的。

请代向郑曼同志、小平、苏伊致意。

即祝

近安

如你准备在你家中见她，我也争取同来。

羡林

1980年8月21日

五十八

克家：

来诗收到。我觉得韵味无穷。

我最近又犯了“枯草热”，流鼻涕气喘，苦不堪言。政协的会我也不能常去。

卞立强请你写的字，请你写一写。他从中学起就喜欢读你的诗。你随便选一首诗，大笔一挥，即能满足他的渴望。

请代向郑曼同志、小平、苏伊致意。

祝

好

羡林

1980年9月8日

五十九

克家：

函悉。

我明天赴西德。苏伊的事情等我回来后再解决吧。

我估计本月中旬以后可以回来。二十五日再飞成都参加外国文学年会。

我一切都尚好。

代向郑曼同志、小平、苏伊致意。

祝

好

羡林

1980年11月3日

六十

克家：

今年旧历正月初一初二，我都有安排。往年初一到你家来拜年的惯例，今年只好打破一次。我准备初三来。

代我向郑曼同志、小平、苏伊致意。

祝

好

羡林

1981年2月2日

六十一

克家：

《友声集》收到，谢谢。

我立刻就推开正在进行着的工作，读了起来。你们三位的诗，各有千秋。读这样的诗简直是一种难得的享受。

向郑曼同志、苏伊问好。

祝

康吉

羡林

1981年2月22日

六十二

克家：

函悉。

茅盾先生作古，实出意外。从此文坛又陨一巨星矣！

同你一样，我也是整天忙得不可开交。年近古稀，看着光阴白白浪费过去，心里实有说不出的滋味。

现在一调整，中国社会科学院也大喊紧缩，编制至今不下。请告诉苏伊，先不要着急。我们现在做任何事，非有点耐性不行。

请代我向郑曼同志、小平、苏伊问好。

祝

健康

羡林

1981年4月21日

六十三

克家：

函悉。

上次社科院人事局长来所谈人事编制问题，答应给我们几个编制，但至今未见正式文件，所以还要等一等。闻中央又进一步限制社会科学院编制名额。此事恐还要扯皮。现在想要办成一件事，真是“难于上青天”。

请代我向郑曼同志、小平、苏伊致意。

祝

好

羡林

1981年5月14日

六十四

克家：

最近我住在京西宾馆开会，会开得很紧张。有时还要到中国社会科学院去参加研究生答辩委员会，忙得不可开交。郑曼同志打了几次电话，我都不在家。实在对不起。

今天我回来，到南亚所问了问。李峰同志告诉我苏伊的情况。我的印象中苏伊是学过英文的，而且还不错，经郑曼同志对李峰一讲，就有了问题。同时郑曼同志告诉李说，苏伊也已调了工作。虽然远一点，但比起北大来，还算是近的。目前大概只能这样子了。详情我以后再来你们这里问一问。我现在的会已经排到八月。看来非“退休”不行了。

请代问郑曼同志好，苏伊、小平也代致意。

祝

好

羡林

1981年7月17日

六十五

克家：

信和文章都已收到。

我最近也想写一些类似的文章，将来集成一个集子，叫做《怀旧集》或其他类似的名字。已经写好的有郑振铎、章用、李广田等等的回忆文章。

忙乱依旧，身体尚佳。

请代我向郑曼同志、苏伊等致意。

祝

康吉

羡林

1982年3月9日

六十六

克家：

《诗与生活》收到，谢谢！

我在百忙中抽暇看了一部分，写得很好，认为这工作很有意义。

我仍然是忙。丢掉乌纱帽比我想得要困难得多，年届古稀，仍然不务“正业”。“归去来兮”，念上多少遍也没有用。

请代我向郑曼同志、小平、苏伊问好。

祝

健康

羡林

1982年5月23日

六十七

克家：

又有一段时间没有写信了，你们都好吗？

北大有一位日本专家铃木是专门研究中国文学的，特别喜欢中国诗，对诗人也就特别尊重，他在回国前想拜谒你，以表敬意，不知你最近身体如何？有无时间？请告诉我一声，电话也可以，282471转3141。

郑曼同志、苏伊均代致意。

祝

好

羡林

1982年6月6日

六十八

克家：

信悉。

我也是刚从山东回来不久。我听戈宝权说，你曾往青岛疗养。

在山东时，曾在聊城地区参观，看到农村形势确是一片大好。

回来后，生活又上了常轨（平常的轨道也），一言以蔽之，曰忙而杂。

本月二十日将赴西安开会。

请代我向郑曼同志、苏伊问好。

祝

康吉

羡林

1982年10月8日

六十九

克家：

信收到。

前天在中国国际交流协会理事会上，见到寿彝，才知道你住过院，现在回家了。去年九月间，我去西安开会，见到健吾，他身体精神都好，自信还能活若干年，想不到一别竟成永诀，痛哉！

我乱忙如故，差幸身体尚好，想还不至蹈健吾覆辙。

郑曼、苏伊都好吗？希望你们都保重身体。请代我向她们问好。

去年去外面开会时，我们还见过几面，春节将届，我一定循老例来看你。

祝

健康

请代向郑曼、小平、苏伊问好。

羡林

1983年1月31日

我去年开了一年会，今年的会已将排满。年逾古稀，仍陷身会中，伤哉！

七十

克家：

我到安徽合肥去参加中国语言学会年会，刚才回到北京，看到你寄来的书，心中大喜。

这两部书印刷、装帧都典雅可爱。更可爱的当然是里面的文章。散文、小说的搜集出版，更有必要。这样一来给研究你的文学创作的学者们增加了极其宝贵的资料，只研究你的诗，还不能算是全面。

请代我向郑曼同志致意，问小平、苏伊好。

祝

康吉

羡林

1983年5月12日

七十一

克家：

函悉。

我久想改变一年一度晤面的情况，但是没能做到。1983年已成过去，只好就这样了。

我还是准备在春节初一来你这里，执行我们的“不成文法”。可是我希望能在1984年打破这个不成文法。

代我向郑曼、小平、苏伊问好。

祝

康吉

羡林

1984年1月2日

七十二

克家：

函悉。

你的祝贺，实获我心。丢掉乌纱，如释重负。不过这只能算是一个开端，外面还有不少的近似乌纱的“会长”一类的头衔，有待于丢掉。我希望在三五年以内彻底解决。

看《北京晚报》，白寿彝说，七十岁以后，他感到才开始钻研学术，我极有同感，有好多工作需要我们去做。

请代我向郑曼、小平、苏伊致意。

即祝

康吉

羡林

1984年3月27日

七十三

克家：

函悉。

我搞的那种语言，名叫吐火罗语。共分两种：吐火罗语A，一名焉耆语；吐火罗语B，一名龟兹语。是印欧语系的语言，但是残卷只有我们中国新疆才有。因此， 我们也把它算做中国古代少数民族的语言。

我虽然摘掉副校长的乌纱帽，但外面的会议仍然很多。

请代我向你全家问好。

祝

康吉

羡林

1984年4月5日

七十四

克家：

我应邀赴上海“讲学”。本月三日到上海，刚下火车，就有人拿给我你在《人民日报》上发表的文章。大家的意见是，文章写得真挚、动人。

我昨天乘飞机回家，看到你的信。苏伊调在你身边，我看了非常高兴。你们父女可谓各得其所。

今天上午到系里去，又是宾客盈门。看来丢掉一顶乌纱帽，还远远不能解决问题。我距离八十虽然还有七八年，但是现在做一点“总结”，也决非过早了。

请代我向郑曼同志、小平、苏伊致意。

祝

好

羡林

1984年5月11日

七十五

克家：

信收到。

你竟得了这样一场病，我却毫无所知，心里很不是滋味！

我到杭州和烟台开了几个会，前两天才回来。在杭州时，矛盾重重，身心交疲。从此视出门开会为畏途矣。

虽然甩了几顶“乌纱帽”，但是其忙如故。我希望，再过三五年，把这一切帽子都甩掉，那样可以安心写点东西，培养几个青年学生，对人民会更有好处。

请把子野同志住处告诉我。香港的一位朋友想知道。他去北京时曾拜访过子野。

问郑曼、小平和苏伊好。

祝

健康

羡林

1984年11月2日

七十六

克家：

信收到。

去年是我的国内漫游年：深圳、广州、上海、济南、烟台等地都到过，但是我从来没有忘记老友们，只是力不从心，总想来看你们，总是有干扰，最终还是为一年一度晤面的规律所控制，呜呼！（这里只好呜呼了）

今年我仍然打算旧历初一来看你们，如果你的身体不能支持，我看看你就走。

二十四（旧历初四）我有印度之行。

请代我向郑曼、苏伊问好。

羡林

1985年2月15日

七十七

克家：

信收到。

我回信有意晚了一点，因为我听说恭三病重住院，还要家人陪伴，我想等听到真实情况以后再写信给你，现在情况是，他确实住了院，也确实一度紧张，但已好转，待查（查体也），大概还是“梅涅尔”之类。

华罗庚、夏鼐两同志的“事件”发生以后，给我们都敲了警钟，看来七十以上的人非特别注意不行了。

我的“日程”仍然很满，七月底赴昆明，八月初赴乌鲁木齐，八月下旬赴西德，九月以后还有深圳、烟台之行，说不定还要去一趟日本，都是无法摆脱的，这好像是要同“敲警钟”“对着干”！

代我向郑曼、小平、苏伊问好。

祝

康吉

羡林

1985年7月10日

七十八

克家：

真对不起，现在才写信。

去年是我的旅游年：一趟印度、一趟西德、一趟乌鲁木齐、一趟昆明、一趟深圳、一趟烟台，万里奔波，身心两疲，我总想来看你，总是来不成，接到你的信，我以为旧历初一当然不成问题，孰知身体作祟，看来初一也颇有问题了，因此，请你们不必准备，只要我身体和时间都允许，我一定来看你的。但不一定是初一。

我前几天听说你病过一场，不知究竟如何，年纪大了，还望多加珍摄。问郑曼同志、小平、苏伊好。

羡林

1986年6月23日

七十九

克家：

又有好多时间没见面了。

暑假我到庐山去休息了两周，这是我第一次登匡庐，印象当然很深。

回来后又犯了“枯草热”，气喘、流鼻涕，甚苦，但是这是一年一度必来的，只好忍受了。

有一件小事，也许是很有意义的事，想请你协作。广东的《随笔》准备印我一幅什么画家（名字忘记了）画的像，要配诗。我立刻想到你赠我那一首诗。我想请你放笔写一下（旁注：只要写在半张信纸上就行），寄给广州市大沙头四马路花城出版社《随笔》编辑部黄伟经。你是诗人，又是书法家，如能一挥大笔，则我们几十年的友谊将增添一点异样的色彩，岂非快事！但是这样一来，又增加你的劳动，给你添麻烦，又觉得心里不安了。

请代我向郑曼同志、小平、苏伊问好。

祝

康吉

请郑曼同志告诉我《罗摩衍那》还缺哪几本？下次看你们，就带去。

羡林

1986年9月11日

八十

克家：

函悉，知道了你的近况甚喜。

我的情况没有多少改变，仍然是忙。上月我到西安去鉴定如来佛真身舍利，又到香港去参加敦煌吐鲁番学国际讨论会，差幸身体顽健如昔，我仍然骑自行车上下班。

故友凋零，人生规律，我辈实在无能为力。

我同组缃、林庚有时候一年才见一次面，同恭三在会场上颇有见面机会。

你今年八十二岁，在古代中国已经是不得了的高龄。但拿今天的标准来衡量，仍属老年的初级阶段。我七十六岁，很少有老的感觉。希望我们共同努力再活它至少十年。

代我向郑曼、苏伊问好。

酷暑多厉，望自珍摄。

祝

好

羡林

1987年7月20日

八十一

克家：

寄来的书早就收到了，谢谢！

今年暑假，不知道为什么竟这样忙，有三个全国性的甚至国际性大会要召开，中间还插入不少的小会，看来我退出了第一线，对我并没有什么帮助。你身体如何？郑曼、小平、苏伊都好吗？

最近天气太热，希望能善自珍摄。

祝

暑安

羡林

1988年7月15日

八十二

克家：

函悉。

我到香港中文大学去“讲学”，上星期日才回来，一到家就病倒卧床三日，现在已经全好了。

我的《散文集》没有寄出，因为我总想亲自交给你，但是一再拖延，至今未能如愿。

去香港两周，除了讲过几次课以外，就朋友来往宴请，一点其他的干扰都没有，一回到北京，信件书报堆积成山，电话来人不断，又陷入文山会海中。我之所以生病，主要原因还不是气候问题，而是干扰太多，心里烦躁。

我总想设法来看你。

请代我向郑曼同志、小平、苏伊问好。

祝

健康

羡林

1988年11月20日

我写了篇怀念老舍先生的文章，已在上海《文汇报》刊出。

八十三

克家：

信早收到。

我根据生殖崇拜的观点写了一篇文章，重新解释古代印度《梨俱吠陀》中的几首所谓哲学诗，不久可以出版，出版后当立即寄奉。

附上一篇我的自传，以博一粲。

郑曼、小平、苏伊前都请代我致意。

祝

康吉

羡林

1989年4月25日

八十四

克家：

临清清渊诗社的几位领（导）同志（以前县委书记胡雷同志为首）不远千

里到北京来向你致敬，请拨冗会见。

向郑曼同志、小平、苏伊致意。

我现在还好，只是杂事仍然颇多，不知到什么时候才能真正“解放”。

你要的《罗摩衍那》译本1、3、4册，我来看你时带来。

问

好

羡林

1990年6月3日

八十五

克家：

昨晚刚开完国务院学位委员会归来，今天早晨就接到你寄来的书，大喜！

现在介绍李业文同志来谒。李同志搜集中国当代著名文人墨宝，你是诗人又兼书法家，也当然是搜集“对象”。想你不会拒绝的，自古书法家多长寿，当代书法家孙墨佛、苏局仙都活到百岁以上，苏老现109岁，仍健在。

郑曼、小平、苏伊前代我致意。

祝

好

羡林

1990年7月1日

八十六

克家：

来信和寄来的书都收到了。

《群言》刊出的那一篇短文，是我多年想说的话。有如骨鲠在喉，一吐为快，特别是对所谓“朦胧诗”，我实在不敢恭维，我怀疑作者自己也不懂，他们是在英雄欺人。但滔滔者天下皆是而嗜痂者亦大有人在也，奈何，奈何！

我今秋循例发病，咳喘交加，夜不能寐，治了几十年，毫无效果。岂知金秋佳日、健康人快乐之日而对我则是难受之时，又是一个奈何！

问郑曼同志、小平、苏伊好。

祝

秋安

羡林

1990年8月29日

有一次你曾谈到金克木写的文章，“不知所云”。若以朦胧诗视之，庶哉得之矣。

又及

八十七

克家：

刚才接到山东临清胡雷同志的长途电话，说明年准备纪念抗日名将张自忠将军，临清组织了一个筹备委员会，想请你和我担任主任委员，这是很有意义的事，又不会耽误你很多时间，不过挂名而已，我意可以答应，不知你意下如何？

前一阵我又犯了每年必犯的过敏反应，卧床数日，现在已经基本上好了。

郑曼、小平、苏伊前代我致意。

祝

好

羡林

1990年9月21日

八十八

克家：

临清来人，带来一封给你的信，关于张自忠碑林的事进行得还算是顺利。赵朴初先生亲自写诗，亲自挥翰的墨宝，我已经收到，楚图老、周谷老的墨宝也已拿到，张自忠将军抗御倭寇，精忠感人之深，于兹可见。

临清方面想请你做的事，见胡雷同志信中。

郑曼同志前代我致意，小平苏伊均请问好。

羡林

1991年3月12日

八十九

克家：

来信并祝寿诗已收到，谢谢!

你我已有超过半个世纪的友谊，这友谊越老越浓，我认为是极其难得的。你对我的称扬，我本不敢当，但是老友一番心意，我是理解的。我接受下来，作为对我的鼓励。

请代我向郑曼同志、小平、苏伊致意。

祝

康吉

羡林

1991年6月20日

九十

克家：

信收到。

八十寿辰，没有什么了不起，但竟惊动了这样许多人，心实难安。

你的条幅，可按照你的意办，先拿来展示，然后再裱。

北大裱画处，我不知此地，因为我平常同裱画处没有来往。

我有好久没有见到恭三了，他的手抖，耳朵也逐渐“背”了起来，这是自然规律，人是无能为力的，像你这样头发不白而又耳聪目明思路敏捷的人，应该说是极难找到的。

问郑曼、小平、苏伊好。

连日闷热，极不舒服，万望善自珍摄。

祝

好

羡林

1991年7月22日

九十一

郑曼同志：

函悉。

克家的题词收到后，非常高兴又感动，他身体欠安，要注意休息保养，前天见到恭三，谈到克家，说像他这样健康，实在十分难得，但不要放松警惕，毕竟已是寿登耄耋的人了。

我现在极忙，克家不能来参加所谓“祝寿”活动，最好。否则我心里更会感到不安了，如果天气太热，我看，你也可以不必亲临北大了，天气转凉时，我会来看你们的。

问克家好。

问小平、苏伊好。

祝

暑安

羡林

1991年7月29日

九十二

克家：

寄来的书早已收到，谢谢！

近十几天来，杂事猬集，实在忙得厉害，因此现在才写这封信。

代问郑曼同志、小平、苏伊好。

祝

康吉

羡林

1992年3月17日

九十三

克家：

来信和书已收到，谢谢!

看到你的信，知道你精神极好，心里非常高兴，八十八岁，日本称之为米寿，九十九岁为白寿（一百少一），一百零八岁为茶（八十八加二十）。冯友兰先生写过：岂止于米，相期以茶。看来你是想超过茶了。

我身体尚好，只是感到双腿越来越软弱无力了，其实这也是很正常的。我的信条仍然是“纵浪大化中，不喜亦不惧”。

请代我向郑曼、小平、苏伊致意。

连日酷暑，祈善自珍摄。

祝

好

羡林

1992年7月23日

九十四

克家：

写完了这一封信，还没有来得及发出，我就仓促搭飞机，飞到祖国的最东处——吉林延边。据说比日本东京还要靠东，同北京时差一个半小时。此行主要是游山玩水，学一学时髦，也可以说是“讲学”吧，我游了名闻天下的长白山顶的天池，这里比泰山要高出一千米，又去图们江畔长驱百里，河对岸就是“金高祖”的天下，只要一提裤子就能过河，出国。此行真是闻所未闻，见所未见，吃所未吃，大开眼界，大饱口福。

回来看到小平的文章，很有韵味，非常喜爱，为什么不提一提你那要活到一百二十岁的豪言壮语呢？

问全家好。

羡林

1992年8月1日

九十五

克家：

最近一两个月，似乎是特别忙，年纪越大，事情越多，有点违反常规。

我早想来看看你，按现在的开会日程来看，只能到十月中旬，才能有时间，九月下旬在房山召开中国敦煌吐鲁番学会的年会，九月三十日飞武汉，溯长江而上，经三峡，到重庆，十月上旬从重庆飞回北京。

子野在外面开会时见过一次，他已经有点老态龙钟了。

有一封信，请转小平。

问郑曼、苏伊好。

祝

康吉

羡林

1992年9月14日

九十六

克家：

你们的来信已收到，谢谢！

苏轼的词说："月有阴晴圆缺，人有悲欢离合，此事古难全。"这个道理，我经过了八十多年的生活历程，是完全理解的。然而人非木石，孰能无情？每遇到悲离之事，则仍不能排遣，实无可奈何也。

希望早早读到克家的文章。克家原有雄心壮志，要活到一百二十岁。希望你不要把这雄心丢掉。

小平、苏伊身体不好，切须注意调养。我一有机会，当来看你们。

祝

好

羡林

1993年3月21日

九十七

克家：

函悉。

我从今年春天起就想来看你，而且还想同恭三一起，可是天不从人愿，总是临时出了这事那事，因循未果。

倒并不是因为我太忙，忙还是有点忙的，但绝对不是因为忙而抽不出时间，我是想心情轻松点时，见见老朋友，心情却总是轻松不下来。

人到老年，老友凋谢，自是常情。我常想到古人用“后死者”这一个词儿，“后来者”可是并不容易当的，死者已矣，对他的回忆却总积淀在“后死者”的心里，年龄越大，积淀越厚，厚到让人喘不过气来，长寿者的心理负担决非已逝去者所能理解的。

我辈大概都是“性情中人”，有些人对死者，不管是朋友，还是家属，并不怀念，这样的人就在身边，呜呼！这种人有福了！

请代问郑曼、小平、苏伊好。

我希望不久能来看你，祝

好

羡林

1993年12月10日

九十八

克家：

信收到。

因为两天连续进城，所以没能及时作复。

从泰国回来后，深有所感，遂在众多会议招待外宾等等的夹缝中，见缝插针，写成了《曼谷行》游记十篇，已被《十月》索去。我一方面感到疲倦，另一方面又对自己的健康颇有信心，我现在的“生产力”的旺盛是空前的。

山东聊城沿古运河拟建文化区，原地委宣传部长张培俭打长途电话给我，要我转请山东名人予以支持，他想请你赋诗题字，刻在碑上，垂之永久，不知你最近身体情况能允许否？

请代我向郑曼、小平、苏伊致意。

祝

康吉

羡林

1994年5月25日

九十九

克家：

函悉。

作协准备为你祝九十寿辰，这是完全应该，你为人民做了工作，为作协增添了光彩，你是受之无愧的，但万万不要预先紧张，有什么可紧张的呢？你寿登期颐，生平阅历多矣，“曾经沧海难为水”，祝寿只能增添喜悦，有此一祝，一百二十岁有保证矣。

《四库全书存目丛书》，我仍然是主编，有一帮官场中人物（现任的，离任的）另外搞了一个摊子要续修《四库全书》，我的脸皮还没有这样厚，夫“修”岂易言哉！现在到哪里去找纪晓岚呢？

我身体颇硬朗，工作多了一点，但我自己能掌握分寸。

今夏酷暑，诸维善自珍摄。

郑曼、小平、苏伊前请代致意。祝

好

羡林

1994年8月7日

一百

郑曼、克家：

遵嘱题写了郑曼告诉我的那一些字，又作了一次被赶上架的鸭子。

我最近仍然颇忙，外地开会，一般我都推掉，也有推不掉的，比如本月三十一日至九月四日，我就必须赴广州，参加中山大学举办的陈寅恪《柳如是别传》国际学术讨论会。

克家要好好休息。小平病况如何？

天气凉时，我会来看你们的，祝全家好。

羡林

1994年8月24日

一百一

克家：

你的信带给我极大的安慰，有如干旱中的春雨，“润物细无声”。

我年届耄耋，饱经忧患，对人生自谓已能透参，宋人词“悲欢离合总无情”，自谓已能做到，然而共同生活了六十多年的老伴一旦长行，“总无情”我就有点办不到了。

好在我现在身体尚好，每天工作不辍，我一天一趟图书馆，在北大已成为记录。

过些时候，我一定来看你，胡乔木晚年常说的一句话：“老朋友见一面少一面了。”我虽不完全同意，但于我心存戚戚焉。

问郑曼、小平、苏伊好。

羡林

1994年12月12日

一百二

克家、郑曼：

来信和照片都已收到，谢谢！

我这几天特别忙，我简直想“出家”当和尚，克家血压又不稳定，很是惦念。从过去的经验来看，这现象并不特别异常，只要小心静养，不要激动，必然能化险为夷。秋凉时候，我再来看你们。

问小平、苏伊好。

祝

安康

羡林

1996年8月9日

一百三

克家、郑曼：

祝克家早日康复，牛年万福。

祝你们全家吉祥如意。

小平、苏伊全家统此不另。

季羡林

1997年旧历元旦前夕

一百四

克家：

手示奉悉。

说句老实话，你的健康情况比我想得要好得多，真令老友心花怒放。

根据中国的老说法，经过一场大病，等于过了一个关口，今后摆在你眼前的定会是阳关大道，尚望善自珍摄。

请代我向郑曼、小平、苏伊致意。李玉洁说，你的健康之所以能这样好，郑曼立了大功。

照片都很好，极有历史价值。

新春已降临大地。祝

你万事顺利，健康再上一层楼。

羡林

1998年2月17日

一百五

克家、郑曼：

看到老朋友的手迹，心中热血沸腾，看来克家的大难已过，茶寿可期了。

我很好，只是应酬太多，虽经李玉洁大力拒绝，仍然是每天宾客盈门。

我还能照常写，从台湾回来写了五篇《台游随笔》，全文刊登在《十月》杂志上，颇有转载者，想你们一定早看到了。

祝你们身体健康，小平、苏伊全家都好。

再祝

安乐

羡林

1999年8月25日

致耿引曾的一封信[1]

引曾同志：

一些不成熟的意见，已经当面奉告。这两天又仔细想了想，仍然只是一些不成熟的意见，胪列如下：

一、关于中国文学家的问题

在几千年的中国历史上，前后要一个平衡。在这方面，贵馆陈列好像有一点“厚今薄古”。我觉得，为了对我国人民进行爱国主义教育，在每一时代把突出的文学家陈列出来，很有必要。就是对国际友人宣传，也有必要。因此，在几千年的文学史中，似应突出下列几个人：屈原、司马迁（汉）、陶渊明（晋）、李杜韩柳（唐）、苏辛陆等（宋）、关汉卿（元）、曹雪芹、蒲松龄（清）。我记得贵馆好像没有突出屈原。屈原是世界文化名人，最近主席又把《楚辞集注》送给田中，都可见其重要性。

鲁迅当然也要突出，最好在党史开始时。

这些人的相片大小也应均衡，不要把关汉卿的像画得特别大。就他的地位来说，不能这样。

二、关于中外关系问题

从长远的世界革命的观点来说，从目前我国外交战线上取得的伟大胜利来

① 耿引曾，北京大学国际关系学院亚非所教授，曾在中国历史博物馆工作二十多年。

说，作为中华人民共和国的历史博物馆，都必须十分注意中外关系。主席和我国领导人经常讲到，国家无论大小都有其优点与缺点，都是互相学习互相支援的。这一点在陈列中必须表示出来。

以下谈几个具体问题：

一、中印和中伊（朗）

在汉代通过丝绸之路同中国往来的国家，现在还存在的恐怕只有伊朗和印度了，伊拉克当然也可以算在里边，苏联则另作别论。印度在当时恐怕主要还是通过其他国家的媒介同中国往来，直接来往的只有伊朗。在我们的陈列中应该在汉代部分突出这两个国家。伊朗方面的实物，除了上次谈到的印有伊朗图案的丝绸（可以到新疆博物馆去弄）以外，还可以把安世高陈列出来。他是安息人，当时属于波斯，他曾译过许多佛经。可以选一部他译的佛经当作实物陈列出来，说明汉代中伊的文化关系。

二、中印关系

那一天我们提到，应该陈列出一个从印度到中国来的和尚，这样来表示有来有往。回来以后，我想了很久，找这样一个和尚，却颇不容易。印度来华的和尚很多，找一个突出的却不易。有些突出的，如鸠摩罗什之类，又不是印度人。因此，就觉得，不必再勉强补了，反正玄奘是到印度去的，有来有往的精神他一个人身上都具备了。

三、中欧关系

在同今天是帝国主义的大国的关系中，我觉得，我们应该强调中国对它们的影响，而不是相反。中国的三大（或四大）发明，影响了欧洲，陈列品中已经表现出来了。此外，还可以加一些东西。比如：

a. 茶

传入欧洲后，影响很大，特别是对英国，他们今天离了茶就不能过日子。现在英（德法等）文里的茶是Tea（Tee），是从福建话里借过去的。在这以前，英文里也有过Chah字，就是中国的茶。可以查一查《大英百科全书》。

b. 中国的文学作品

可以引用歌德的话。在他同Eckenmann的谈话中，他对中国小说作了相当高的估价。这些小说亦非一流作品（《好逑传》之类）。但仍然看出中国的文学作品影响了欧洲。歌德是德国最伟大的作家，世界最大作家之一，马克思最推崇的作家之一。他的话有分量。可以查Eckenmann与歌德谈话，把有关段落连同德文原文陈列出来。

可能还可以想到一些，容后奉告。

法国的那一架钟，实在不像样子，应更换。

全世界一百五十多个国家，不可能都陈列出来。几个重要国家可以经常陈列，作为对中国人民进行国际主义教育的材料。其他国家（或者一组国家，例如非洲、南美洲）可以准备备用的一套陈列品，每当有关国家的人士来馆参观，临时陈列。

现在想到的就是这一些，仍然是卑之无其高论，仅供参考而已。

季羡林

1972年10月30日

补：那一块据说是刻有佉卢文或希伯来文的拱门后，如果是在开封发现的，很可能是希伯来文，因为开封古代有迁居的犹太人。

致马景瑞的信[1]

一

景瑞同志：

来信收到，请原谅，今天才写回信。

我给你寄来一本《北大学报》，想已收到。

你信中提到的北大中文系出的有关中国文学的教学资料，据我的了解，确实出了一些，但大多是油印，还达不到公开出版的水平，估计对你用处不大。

至于我自己的工作，过去涉及的面太广，语言、文学、历史都碰了碰。现在年龄渐老，颇想收缩一下，期能有所成就，我想今后集中时间、集中精力写一部《印度佛教史》，研究和翻译印度古代大史诗。我搞了一辈子这方面的研究，积累了一些资料。水平虽然还很低，但究竟花费了一些精力。让年轻人搞起来，恐怕还需要一段很长的过程。

今天先写到这里。祝

新年和春节健康、愉快。

季羡林

1974年元旦

---

① 马景瑞，曾任山东临清市副市长、人大常委会副主任。

二

景瑞：

好久没有给你写信，很以为歉。

你以前曾写信给我，要一部《红梦楼》。我自己有一部，但想保留。所以又托人去找。前些日子找到了。但我不知道，你现在是否还需要，请写信告诉我。

你现在工作怎样？估计也比较忙，批林批孔也一定是头等大事。

我现在也比较忙，参加批林批孔，自己的研究工作还照常进行。

我们官庄情况怎样？听说去年秋收又不好。

临清能不能收到济南广播台播送的电视？

今天先写到这里。祝

健康进步

季羡林

1975年1月5日

三

景瑞：

来信收到。

《红楼梦》四册已于今日寄出，想已收到，或即将收到。

关于你到山东师院的问题，因为我对于你家的具体情况不十分了解，所以很难提供有用的意见。但是就一般情况而论，到师院去对自己业务方面，可能进步得快一点。你以前来信不是曾提到过要换一换工作岗位吗？如果家庭真需要就近照顾，当然临清会好一些。反正到哪里去，都是革命工作，不必太伤脑筋。

我不需要什么东西。从全国来看，北京的供应恐怕是最好的。

我们最近大学朝阳农学院，正在找差距揭矛盾的阶段，具体措施还没有。

我们家乡收成又不好，颇为忧心，之所以出现这情况，我看，老天爷只能负一部分责任。

先写到这里。祝
春节快乐、进步

季羡林
1975年1月19日

四

景瑞：

昨天接到官庄的信，知道我寄出去的书被邮局盗走几本，我实在有点吃惊。

我忽然想到，我寄给你的《红楼梦》，至少已逾一月，还没有看到你的来信，难道整个被那一帮坏蛋偷走了吗？请你赶快写信给我，告诉我是否已经收到。

此致
敬礼

季羡林
1975年2月16日

这几本书是挂号寄走的。

五

景瑞：

函悉。蒙远道关注，甚感。

北京虽然也被地震波及，但其实是很轻微的，也倒了一些房子，可是同天津相比，差得多，更不用说唐山了。

我们全家都很平安。大楼外搭棚，住了将近二十天，现已迁入室内，据说将来可能还会有较强余震，但那种事情只有天晓得了。

你调到县委工作，也许比学校要好一些，也可见领导上对你的重视与期望。“赶着鸭子上架”，也要一分为二，人有时候逼一逼，会逼出一些成绩来的。当然，在这里，也还是内因为主。

北大倒是常发些学习资料，只是对内，人手一编，多弄一份，几不可能。也许北大校刊学报会有一些用处，我一定会给你寄来。

听说山东也在防震。现在暑假已过，今年回家已不可能。我准备明年暑假回家来看一看。关于我们庄的情况，我其实处于“昏昏”之中。接到来信，全是好消息，真实情况如何？不得而知。

我最近健康情况极佳，看来再为党工作十年，是不成问题的。

北京供应情况，在全国恐怕首屈一指。我不需要什么东西。以后，再说。

祝

康吉

季羡林

1976年8月21日

六

景瑞：

久疏音问，歉甚，歉甚。

托季孟祥带上一册我的新译《家庭中的泰戈尔》，你也许有兴趣，我的散文集已付排，是过去六十年写散文的总集。现在还在看校样，出版后，当即寄上，我一生不想当作家，但是积习难除，到现在仍然不时舞笔弄墨。六十年来，竟然写了一百篇散文，殊出自己意料。有几篇已丢失，恐怕永远找不到了。

还想让孟祥给你谈一谈我们家乡官庄因建房占地引起了一些纠纷的问题，此事想你已有所闻，我的意思是第一要弄清事实；第二要敦睦邻里。我们同住一村，已经有很多代之久了，今后还要继续同住下去，过去关系不错，即不要因一点小事而伤了和气，抬头不见低头见，我们要想得长一点。我因离家日久，情况完全不清楚，不能只听一面之词。希望你能从中斡旋一下。（旁注：你是一个正派的人，为了我们的团结和睦，希望你能发表一点公正的意见。）我另外写信给聊城专区秘书长王学武同志和临清市前书记胡雷同志，请他们本着我上述的精神过问一下此事。

问你们全家好，祝

康吉

季羡林

1986年9月9日

七

荣亭[①]、景瑞同志：

国家文物局已有答复给我和胡乔木同志，现复印转上，因为你们给国家文物局的报告已转去。他们可能也已给你们同样的答复，看来问题已经不大了，关键在省文物局，不知你们认识不认识那里的人，如有熟人，则可以拿着文物局给乔木的信去催问一下，一旦经费有了着落，我可以在北京请专家来临清，察看佛塔。我的女婿是中央建工部的建筑基础专家，佛塔倾斜，正是他的本行，我可以让他去看一看，定出施工方案。我很高兴，你们为桑梓之邦保护文物的热心，总算有了一点结果，正如你二位告诉我的，你们能办成此事，也可以说是在你们任内可以无愧于心了，可以流芳后世了。即祝

近安

季羡林

1992年1月15日

八

景瑞兄：

前上一函，并附国家文物局致胡乔木同志的信，想已收到，不知结果如何?

现在遵嘱将《临清市志》的序写好，今寄上，请法眼鉴定，倘有不妥之处，你尽可以改动，不必再书函往返，征求我的意见。

请你向王书记、步市长致意。

---

① 荣亭，指王荣亭，时任临清市委书记。

即祝
近安

季羡林
1992年2月24日

九

景瑞：

前函谅达。

听了领导讲话的传达，我忽然想到，我的那篇《序》中应该加上经济建设，虽然我在序中已经讲到经济，但不够突出，所以想加上几句话。

第四页第八九行之间加入一段话：

> 第三，为了当前的经济建设，我们也必须摸清本地区有关这方面的家底，而编纂地方志正是达到这个目的最好的办法。

第九行：二大原因改为三大原因。

第七页第十五行：爱乡的教育，下加一句“大大地有利于进行经济建设”。

祝
康吉

季羡林
1992年3月5日

十

景瑞：

在京时，李铮同志已经同你谈过江西教育出版社决定斥巨资出版我的全集，因为我人还健在，所以名之为《季羡林文集》。共有二十三四卷，每卷35万到40万字。根据过去出全集的办法，每卷需要若干有关我自己的插图，主要是照片。临清是我的桑梓之邦，官庄是我出生的地方，所以官庄的照片是必不可少的。

现在我介绍《季羡林文集》编辑部副主任张光璘同志（党员，相当于副教授级。另外两个副主任一是李铮，一是江西新闻出版局局长熊向东同志）前来拜谒。他为了拍摄与我有关的照片不远千里溽暑长征，先到济南，后来临清。我已经写信给季孟祥，希望他能陪张光璘同志回官庄一趟，当天即可返回。能否请你提供一辆车，费用可以由张出。

烦神之处，容当面谢。

敬礼

季羡林

1992年5月30日

十一

景瑞：

张光璘同志回京后，向我的学生段晴（德国汉堡大学哲学博士）谈到官庄小学的情况。她灵机一动，就向一位德国旅游事业经营者申请一点资助。几经波折，这位德国友人拿出来了一千一百美元资助官庄小学，其中一部分资助工资极低的民办教师，其余资助小学生最需要的东西，比如增添新课桌，搞点体育设施之类。我的意思是，我们远在千里之外，对当地情况不了解，不敢妄出主意。此事本不敢也不该打扰你，但是我前几年连续向官庄小学寄书，至今荡然无存，我再没有勇气和积极性了。因此，现在得到了这一笔钱，虽不甚多，也不无小补。我希望能在你的过问和监督下，由支书和小学校长具体考虑，此钱究竟用在何处？此款将换为人民币，暂存我处。倘有便人来京，托他带上，再由你转交官庄支书和校长。德国人办事认真，不容马虎，必须有一张官方的收据，附上几句感谢的话，倘我们这一次能处理得妥善，将来还可能有希望得到更大的资助。将来此款转到了官庄，一切开支也必须有清楚真实的单据，于必要时，我们将把这些单据转给德方的资助人。

美元在临清没有法处理，我们正在兑换，但是兑换率一天一变，等我把人民币拿到手中，才能告诉你究竟有多少钱。现在美元汇率日益升高（约有七千多元），这对于我们是非常有利的。

你如果事情过多，是否可以委托孟祥协助你处理此事？

市委领导同志前代我致意。

即祝

近安

季羡林

1992年8月10日

十二

景瑞：

前函谅已尘清览。

听说你出去开会，想已回来。

德国友人资助官庄小学1100美元，按议价（非官价）折合人民币7360元。托孟祥带来。

至于此款用途，德国人提出资助代办教员每学期360元，也就是每年720元。其余可用于改善教学环境，增加体育设施，等等。一切由官庄书记和校长讨论决定。我只有一个担心，德国人办事认真，中国贪污中饱之风，为老外所熟悉。我虽致函任玉池，告诉他账目必须清楚，款用完后，我们把账单交给德国人，说不定将来还会有进一步的资助。倘若这次出了漏子，则将成为砂锅捣蒜，一锤子买卖。因此我让你（由孟祥协助）对用款加以监督。最好由市或乡或村出一个正式的收据和感谢信，一切由孟祥自存。祝

好

季羡林

1992年9月10日

十三

景瑞：

来函早已收到。

近一个月以来，我十分忙碌，一直在开会，从房山开到武汉，从武汉开到荆州，从荆州开到宜昌，从宜昌开到三峡，最后开到重庆，回京后又参加招待

韩国大财阀金宇中的工作，一直到今天才回信，务请原谅。

捐款的使用，完全由你和村支部决定，盖办公室（会议室）章，我没有意见。至于今后捐款问题，那将看情况如何，现在完全没有把握，其他方面，如有门，我也将试一试。

修复舍利塔，总算迈出了第一步，可喜可贺，但是在中国办成一件事并不容易，这你我都有经验，不幸胡乔木同志患癌症逝世，这对我们不利。俟将来提出预算后，如遇到困难，我还可以想别的办法，找别的有力的人出来说话，比如赵朴初，还有胡启立（听说现任国家文物局长，曾经是他的秘书）。总之，俗话说，车到山前必有路，这是经验之谈，是很有道理的。

在临清办一所私立学校，这实在是一个绝妙的主意。中国几千年的教育史，都是两条腿走路，官办与民办并举，现在中央政策已经松动，可以允许私人办学了，这是一个好时机，如果学校真能办成，对我市人才的培养、经济的腾飞，会有极大的好处，至于用我的名字作校名，我德薄能鲜，愧不敢当。

请代我向王荣亭书记及其他领导同志致意，向康庄和官庄的领导同志致意，孟祥处我以后再写信。

祝

康吉

季羡林

1992年10月14日

十四

景瑞兄：

感谢你的来信，但是现在才写回信，实在过意不去。原因是我现在实在太忙，天天忙忙碌碌，几乎多一半是“为他人作嫁衣裳”。非出本愿，欲罢不能，看来我生就了忙碌的命，自己毫无办法。

你提到的几件事，简单答复如下：

一、小学奖励基金问题，你们的做法实获我心，但是是否除了证书以外，还有物质经济鼓励？光有精神，没有物质，用处是有限的，你们如果认为有必要，基金数目我还可以再增加，只要我们村的小学教育真能上去，则吾愿足矣。

二、关于为先父母立碑之事，俟孟祥来京时，我当同他面谈。

三、关于为我写传的事，最近几年来，颇有几个人想为我写传，我觉得说实话我还不够写传的资格，但是我一生的经历复杂，既走过阳关大道，又走过独木小桥，我的一生实际上代表了我们这一代知识分子，写出来对后代不一定没有用处。你同孟祥想写，我很感谢，但正如来信中所说的，你们怕写不好，不是你们的本领不够，而是有局限性。我在家乡的一段以及我以后回家乡的关系，写起来谁也赶不上你们，但我后来的学术道路，你们写起来恐怕就有困难，我正考虑找几个人合作的问题，以后再奉告，写临清地方志也是重要工作，二者亦不会矛盾。

四、修故居的事，我觉得，此事要慎重考虑，有没有必要了是第一，经济尚属其次，你试一试也未尝不可，但如对孟祥家有不利影响，则可以不办。

你为我村跑成了修公路的事，是一大功德。我的字你知道是见不得人的，我从来不是什么书法家，但如果对家乡有利，我也可以献丑。请告我详情，以及要字的人的姓名。

明年八月，欢迎你来。我也想念官庄，我一有机会，必定回来。

即祝

即安

季羡林

1995年12月3日

十五

景瑞：

前函谅已收到。

我寄给你一本《北大学报》，有几篇文章对你也许有些用处。

好久以来，我就想同你谈一个问题。我在几年前考虑到为我们的故乡官庄做一点事情。这倒并不是出于什么怀旧之感。我只是想尽上一点力量，宣传马列主义、毛泽东思想，从而抓革命，促生产，使我们大队的精神面貌和生产都能提高、改变，这对我们社会主义革命和建设也算添一砖一瓦，对于缩小城乡差别也算有点贡献。我还想对我们庄的卫生医药方面也尽点力。几年来，我做了一些事情，却产生了我原来无论如何也想不到的问题。我们大队的情况，说实话，我并不清楚，处于“昏昏”之中。你的信只读了一点，小学的信上也读了一点。但却不详细。希望你能抽空告诉我一些。我设想，在十年以内，为我们庄（小学在内）建立一个有几千册书籍的图书室，再加上其他一些必要的设备，例如电视之类。人民的文化水平总是会逐步提高。他们的要求也会随之提高，图书室是必不可少的。我这种设想是不是不切实际？如果你认为还切合实际的话，应如何进行？都请你告诉我。我觉得我对你是了解的，因此我才这样做。

祝

健康

季羡林

1996年12月3日

十六

景瑞兄：

手示奉悉。迟复为歉。

临清党政机关决议为我建立资料馆，受之有愧，辞之不恭。只能把这件事当做对我的鼓励和鞭策，更加努力地工作和学习，以报答市领导对我的深情厚谊。

对你提出的办法，我没有异议。照片和其他资料我都能提供，我藏书中的复本也可以送给资料馆，我手稿（其量极大）的复印件也可以提供。

北大正筹备百年校庆，我这里天天宾客盈门，将来一有时间，你提到的那些人需要送字，我一定一一照你的意见来写。我的字没有工夫，现在求字者颇多，我只是硬着头皮像鸭子一样被赶上了架。

市领导前请代我致谢致意。即祝

近好

季羡林

1998年4月14日

致张梦阳的五封信①

一

梦阳同志：

信收到，因为病了十几天，迟复为歉。

你的大著如有油印本，请寄我几篇，我设法转交王瑶先生。读了你的大著，他就对你有所了解。这比空手去拜望要好得多。

王瑶据说还住在北大。在什么地方？我还不知道。我同他认识，但是素无往还。

此致

敬礼

季羡林

1978年1月24日

二

梦阳同志：

王瑶先生已把大作送还。他对我讲了几点意见，现转告：

一、你的文章，他认为很好。讲鲁迅辩证法的那一篇长文，他也认为很好。问你愿意现在就发表，还是经过加工后再发表？如你愿意再加工，可以将

① 张梦阳，中国社会科学院文学所研究员。

文章压缩一点，把重点放在鲁迅方面，讲鲁迅如何运用辩证法，而不是讲辩证法，举鲁迅的例证，架子大体上可以。

二、他今年招收三个研究鲁迅的研究生，已有十几个人寄来文章，他认为你的文章可列最好的。他再三说，如你愿意考研究生，他认为成功可能很大的。但是年龄要在三十五岁以下。

三、你可来京，可以直接去找他，不必再经过我。他住北大镜春园76号，离我住的地方不远。

四、总之，他对你的印象很好，只要年龄合格，我看做研究生似无问题。

你的文章暂存我处。你何时来京看王瑶先生，请顺便来取，我就不给你寄了。我意，你可以把那篇文章再加工改写一下，交王瑶先生设法发表。

不久我将有远行。倘你最近来京，恐怕我不在家。

即祝

近安

季羡林

1978年2月15日

三

梦阳：

我因感冒发烧，不能起床，劳你空跑一趟，没能见面，非常对不起。

惠赠尊编《郁达夫散文选集》，谢谢。我从年轻时也颇受郁的影响。

《散文世界》是一个什么性质的刊物？可否赐知一二。我写散文近六十年，虽然所写不多，没有认真去对待，但始终兴趣不衰，亦颇有一些感触与体会。

即祝

近安

季羡林

1984年12月28日

四

梦阳：

人大常委会已经开完，我急忙整理出一篇稿子，现寄上，请与编辑部的同志共同审处。

中国是世界上散文历史最长、水平最高、体裁最丰富的国家。此意我以前屡屡言之，但不知道大家是否同意我的看法。据我的看法，现在散文这个体裁在某一些人眼中好像有点不能登大雅之堂，他们眼中只有诗歌、小说、戏剧，现在又加上了一个报告文学。我们应当扭转这种看法。

你何时有暇，希望你来谈，事前请与我电话联系。你打282471转3456（东语系），找李铮同志也可以。

即祝

近佳

季羡林

1985年1月22日

五

梦阳：

来信并寄来的书，均已收到，多谢！《阿Q——70年》还没有来得及仔细阅读，但看一看目录，就能知道此书实系一重要著作，对研究鲁迅会起很大的作用。

令尊大人身体可好？我们已有很多年没见面了。

我仍然很忙，年届耄耋，犹为他人作嫁衣裳，可叹亦复可怜也。

向令尊大人致意。祝

近安

季羡林

1994年6月2日

致刘献彪的信[①]

一

献彪同志：

手示和寄来的大作均收到，你能在这样的情况下，写出这样的文章，实在难能可贵。我现在住在外面开会，很少回家来，一俟散会后，我将把大作给有关同志看看，再看如何处理。

我自己对比较文学所知不多，成立北京大学比较文学研究会，也不过是为大家跑跑龙套，给青年同志开辟道路而已。

即颂

暑安

季羡林

1981年9月1日

二

献彪兄：

来函并大作均已收到，感谢之至。

因为过年比较忙，大作只翻看了一部分，学习了不少东西，了解了一些情况，我相信，你主编的丛书，会对中国比较文学的发展起推动作用。

---

① 刘献彪，山东潍坊学院教授。

我能否参加你信中提到的会，目前我还不敢说。因为今年工作比较多，而且年纪已大，出门有些困难。

祝

新春康吉

季羡林

1995年2月6日

致刘守华的两封信[①]

一

守华同志：

来信和赐寄大作均已收到，谢谢！

大作已拜读，获益良多。现在东西各国比较文学之研究，均极盛行。我们学术界在这一方面也似乎有点落伍，必须急起直追。我们北大的一些同志现在还努力学习。比较文学研究会一成立，立即得到美国和中国香港等国家与地区比较文学学者的热烈反应。可惜我们在这方面建树还不多，无法同他们对等交换。不过从全世界来看，资本最雄厚的还是中国和印度，在这方面，我们可以说是得天独厚。希望我们共勉之。

寄上北大出版的《比较文学通讯》一份，请查收。

此致

敬礼

季羡林

1981年5月9日

① 刘守华，华中师大文学院教授。

二

守华先生：

蒙惠赠大著《比较故事学》，当敬谨拜读，什袭珍藏。我对比较故事的兴趣源于Th. Benkey关于《五卷书》的著作。此调不弹久矣。仍知其大有可为。一部《太平广记》就有无量资源，惜研究者尚不多。

即祝

撰安

季羡林

1995年12月3日

致济南一中的信

济南一中负责同志：

来信早已收到。迟复为歉。

我离开母校虽然已经五十年了，当年的老师恐怕都已离开人世，但我仍不时想到母校。我永远不会忘记母校培育之恩。解放后，听说母校兴旺发达，人才济济，心中十分感到欣慰。

母校要举行纪念活动，如有需要我做的事情，我一定努力遵办。至于我自己写的一些东西，将来一定奉上，请各位老师批评指正。

今年九月我有可能到济南来参加两个学术讨论会。届时我当回母校探亲，向各位同志致敬。

即请

近安

季羡林

1982年3月9日

比较文学随谈

××同志：

你想让我谈一谈文艺理论的比较研究问题。这是一个大问题，我自己只懂得一些皮毛，只能谈一点我的看法。

我最近读了几篇介绍我国古代诗人的文章。文章中对诗人评价时所使用的词句引起了我的注意。比如对孟浩然，文章作者说："自然浑成，而意境清迥，韵致流溢。"对韦应物："风格婉丽，音调流美。"对骆宾王："格高韵美，词华朗耀。"对张九龄："缠绵超旷，各有独至"，"五言诗情致深婉，蕴藉自然。"我们对这些词句并不生疏。古人已经这样使用了。比如杜甫说："清新庾开府，俊逸鲍参军"；白居易说，韦应物的诗"其五言诗又高雅闲谈"；王渔洋说："韦苏州古淡，柳柳州峻洁。"

这一些词句我们懂不懂呢？稍稍涉猎过古典文学的人都会觉得，自己是懂得的，我自己也不例外，其中好像一点也没有什么难懂的地方。但是，如果有人不客气地将我们一军：请你用现代的、科学的、明白的、确切的语言给我解释一下吧！我想，恐怕我们一下子就被缴了械，甚至张口结舌，什么也说不出，如果勉强解释一番，恐怕也是费上极大的力气，反复讲解，最终还是丈二和尚摸不着头脑。

这是什么原因呢？难道我们古代的文艺理论就是这样不清不楚、一塌糊涂吗？不是的，绝对不是的，我坚决否认这种说法。

多少年以来，我有一个想法：从全世界文学艺术的历史来看，文艺理论真能持之有故言之成理，确有创见而又能自成体系的，只有三个地方：一个是中国，一个是印度，一个是从古代希腊、罗马一直到今天欧洲国家所在的广大地区。就其思想方法和表达形式来看，中国好像是偏于综合，西方好像偏于分析。印度从表面上来看，好像也偏重分析，比如大乘佛教不厌其详不厌其繁地去分析所谓名相；但是，据我看，这种分析，深度是有的，却缺少逻辑又凌乱重复，头绪不清，与西方搞的分析截然不同。中国的综合方式，使用一些生动的形容词，绘形绘色，给人以暗示，资人以联想，供人以全貌，甚至给人以艺术享受，还能表现出深度；但有时流于迷离模糊，好像是神龙，见首不见尾，让人不得要领。古代文艺批评家使用的一些术语，比如“神韵”“性灵”“境界”“隔与不隔”“本色天成”“羚羊挂角，无迹可求”等等，我们一看就懂，一深思就糊涂，一想译成外文就不知所措。

怎么解决这个矛盾呢？我觉得，只有一个办法，那就是，加强文艺理论的比较研究。这里面包含着至少四个方面的学习：首先是学习马克思主义的文艺理论，普列汉诺夫论文艺的文章应该归这一类。其次是学习中国古代的文论，《文心雕龙》《诗品》等等一直到《随园诗话》和《人间词话》等等都归这一类，特别要注意那些卷帙浩繁的诗话和文集中的一些文章。再次是欧洲自古代希腊、罗马以来的各种文艺理论，从柏拉图和亚里士多德起，经过罗马的贺拉斯，德国的黑格尔、歌德、席勒、莱辛、海涅等等，英国和法国的文艺理论家，一直到近代的李普斯、克鲁契①、卢卡其②等等，都要读上一点。最后是你研究的那个国家的文艺理论。除了这四项以外，还要学一点心理学，特别是文艺心理学，学一点艺术史，学一点有关的自然科学。知识面越广越好。

我一向有一个想法：审美同吃饭是两种不同性质的活动，但也有共同之处，这就是，对于二者，不同时代不同民族口味是不一样的。可是在这个不一样中却又有一样的情况。中国旧话所谓“人同此心，心同此理”，讲的就是这个意思。如果完全一样，那就用不着比较。如果完全不一样，则无从比较。只有介乎一样与不一样之间，比较方法才能应用得上。我上面讲过的四个方面的文艺理论，就属于最后这个范畴，它们是可以比较的。我们对它们要仔细分析研究，特别是前三个方面的能自成体系的文艺理论，更是我们分析研究的主要对象。我们要看一看其间同在何处，异在何处，表达的内容如何，表达的方式如何，深思熟虑，简练揣摩，逐渐摸索出一些线索，逐渐找到一些规律，逐渐能使用明确的、科学的语言把这些线索和规律表达出来。经过这样反反复复

①克鲁契，现译为“克罗齐”。

②卢卡其，现译为“卢卡奇”。

的、十分艰苦的探索，我们古代文论中那些术语，在我们口中，在我们笔下，也就会逐渐明确，不再那么扑朔迷离了。这是我的想法，也是我的希望，我认为也是我们努力的目标。

这个问题要想说得十分清楚，决非三言两语所能做到的，我也没有那个水平。上面只是我个人的一些看法，必然有不周到的地方。愚者千虑，必有一得，谨提出来供你参考。

1982年6月28日

致季孟祥的信[①]

一

孟祥：

你的信已收到。

旧历年前，我们这里都欢迎你来。你是我们季家最晚的一辈，我们家里人不多了。大家都希望看到你。

现寄上二十元做你的路费。

希望你能在阴历十二月二十左右来京。（旁注：从禹城上车，也许更方便一些。但必须把车次的号数写清楚，日期当然也要写清楚。）也就是公历二月初。日期定后，把车次选好，尽快通知我们，我们有人到车站去接你。除了我以外，别人都没看到你现在的样子，我工作非常多，不大可能亲自接你（如有可能，我当然会接你的）。不认识怎么办？请你在衣服上挂一个布条，写上你的名字。去的人在车站出口的大门外右边等你。

除了我去年同你说的黄米面和枣以外，什么东西也不要带。北京不缺油吃。

问你父亲、母亲、姐姐、弟弟好。

请你带一封康庄完小的介绍信来，证明你的身份，以便到派出所去报户口。

老爷爷

1983年1月6日

①季孟祥，在山东省临清市委宣传部工作。

二

孟祥：

来信和寄来的花生米都已收到，谢谢！

你生了儿子，我们季家又多了一代人，向你祝贺，已由邮局寄来小儿斗篷一件，略表我们的心意。

你在聊城的学习怎样？

我们这里都好。只是又添了一岁，我们三个的岁数加起来，已经超过二百四十岁，每人平均八十岁，在旧社会，这是一个惊人的岁数，现在我们身体都还能勉强对付，只是做事已感困难了。

问你爸爸、妈妈、姐姐、弟弟好。

祝

好

老爷爷

1986年1月19日

三

孟祥：

你的来信已收到，勿念。

现在介绍北大东语系张光璘同志（党员，相当于副教授级）来看你。他到临清来是摄影的。江西教育出版社要出版我的全集，共约二十三四卷，每卷三十五万至四十万字。需要许多关于我的插图。官庄是我出生的地方，这方面的照片必不可缺。所以他不远千里溽暑长征到这里来。请你陪他一下，回官庄拍照，我已写信给马景瑞副市长，请他派一辆车。一天的时间足够了，一定要好好地招待。

问你爸爸妈妈全家好，问你爱人和孩子好。

老爷爷

1992年5月30日

四

孟祥：

来信和寄来的绿豆，都已收到。

现在我们这里的人都好，都尚健康，请勿远念。

前几天，临清市王德义副市长还有几位市里的领导到我家来看我。我对他们谈到鄂多瑞克的游记中谈到我们临清，是异常难得的资料。他们很感兴趣，我写了一篇短文，介绍这情况，一位马同志（是否是文化局长?）要我将短文寄去，随信附上王副市长安排写的一幅字，请你亲自送给他。另外那一篇短文，请你送文化局或博物馆，找一位姓马的局长或馆长。

代问你爱人和小西好。祝

吉安

季羡林

1993年8月16日

五

孟祥：

来信收到。

老奶奶的病，不见好转，恐怕也难见好转了，但一时也无危险，请放心。

我获得了北京大学有突出贡献特别奖，钱还没有拿到，钱的数目也不详，拿到后，我想给官庄小学捐一万元，还没有告诉任玉池同志，钱我想托人带来。请你帮助任玉池和马校长研究一下，把钱用在什么地方，我的意思是：一定要用在刀刃上，我是希望我们的小学能多出人材，多出突出的人材，这对临清，对山东，对中国也就有了贡献。

景瑞同志前代我致候。祝

好

老爷爷

1994年9月26日

六

孟祥，并请转景瑞兄：

来信收到，任玉池的来信也收到了。

我同意你同景瑞兄的意见：用作奖金。我想补充两点意见：

一、一万元是否找一个（在临清市）有基础有信用的企业（工厂），作投资投给它们。在北京我们曾使用过这个办法，每年利息至少可以达到百分之二十，即两千元。一是利息高，二是可以保值。现在通货膨胀并未被遏止，如存入银行，五年以后，不堪设想。景瑞兄是地方领导，找一个或不太难，但一定要签定协议书，一切遵照法律手续。

二、任玉池信中讲奖金时提到教员，为了提高大家的积极性，成绩如优异，也不妨考虑。但必须按实际情况办理，千万不要搞一些形式，积极性既提不高，也不利于工作。

此外，是否需要成立一个基金管理小组，由景瑞、任玉池、马泽敏、孟祥参加，如同意，可否请景瑞为组长，景瑞是市领导，又是官庄人。请你们考虑，同任玉池洽商。

我时刻关心我的家乡。但一介书生，经济并不宽裕，我只能尽上我的绵薄。将来我一定还会给家乡教育捐钱的。

任玉池信中提到康庄镇委想请我协助发展经济，这是我能力以外的事情，目前，还想不出办法，我虽然广交游，但认识的人多为学界人士，并无长袖善舞之辈，我想请你们和康庄镇委官庄支部调查两个情况：一是我们的土特产是什么？土特产最容易找到出路，走向市场。二是我们这一带缺什么东西？换句话说：市场上“求”什么东西？这两个情况心中有了底，才能谈到发展经济。

祝

好

季羡林

1994年10月20日

还有几件事：

一、这笔钱怎么送到临清？邮寄？托人带？

二、寄（带）给谁？

我曾写信给任玉池，说数目不算小，寄到官庄，他不一定能立即拿到。

我有一个想法：如孟祥有时间、有兴趣，能否来京一趟？邮费也许同来回路费差不多。如不够，我可以补上，孟祥也有多时没来北京了，你来，我请你吃几顿好饭，你也可以看一看老奶奶，她不一定能认人了。

又及

七

孟祥：

近来可好？

老奶奶已经故去，家里只剩我一个人了。

春节你们能来北京吗？你们三人来往路费，全部由我支付。

如能来，不要带什么东西来，如有可能，只须带几斤黄米面就行了。

祝

好

老爷爷

1995年1月11日

致陈克辉的信[①]

陈克辉同志：

我仔细阅读了你带给我的5篇论文，我觉得你们编辑部推荐的2篇论文，确实是比较优秀的，我完全同意。根据来函中的精神，写了2篇简要的评语。今送上，请查收。复印的5篇论文，我想留下，以后有机会再读一读。估计这些复印件对你们也不会有什么用处了。

此致

敬礼

季羡林

1984年4月4日

① 陈克辉，某杂志编辑。

致黄伟经的两封信[1]

一

伟经同志：

来信并赐寄的《随笔》均已收到。谢谢！

说真话，我是非常喜爱这个刊物的。因为我从小就喜欢写点散文随笔之类的文章，五十多年来，虽然所志不专，成就不大，但是至今仍然锲而不舍，只要心中确有所感，不管多么忙，还是要写下来的。

现在遵命寄上拙作一篇《〈家庭中的泰戈尔〉译序》，请加审处。非敢滥竽充数，不过略表自己对《随笔》的敬意，愿意为中国散文随笔的进一步发展竭尽绵薄而已。

此致

敬礼

季羡林

1985年1月19日

二

伟经：

屡承索稿，都无以应命，实在惭愧！原因是我去年一年，因为努力写一本

① 黄伟经，曾任《南方时报》记者，时任《随笔》杂志主编。

书和几篇大块文章，散文好像是根本没有写过。

偶捡旧稿，竟有一篇漏网之鱼，从来没有发表过。看了一遍，觉得还有意思。对日内瓦山水的描绘当然不会过时，就是对美国大兵而言，他们当时确是这样干的，给他们留一点行动的写照，也不无意义，因此我就重抄了一遍——三十年前的纸已经又黄又脆，非重抄不行了。今寄上，请法眼加以鉴定，看看能否为贵刊补白。以后，倘有比较满意的新作，我决不会忘记《随笔》的。

季羡林

1992年2月12日

致婦山绫子的信[1]

婦山绫子女士并其他诸位女士：

大札奉悉，赐寄横滨名产喜乐煎饼，也已收到，感荷无量。

箱根邂逅诸位女士，给我留下了深刻的印象，将永远忆念难忘。从你们身上可以看到中日人民之间的友谊确实是根深蒂固，源远流长。我们两国人民一定能世世代代永远友好下去。

敬请

暑安

季羡林

1986年7月12日

（注：季先生说，信写得朴素无华，却充满了感情。我立刻写了封回信。）

附：婦山绫子写给季羡林的信

季羡林先生：

前些日子有幸在箱根王子饭店见到您，并承先生赐字，一起合影留念，不胜感激。我将万分珍视这次意想不到的初次会面。

---

①婦山绫子，日本友人。

从室伏那儿得知先生在贵国担任着重要的工作。望多多保重身体，并祝先生取得更大的成绩。

昨天我给先生寄去了横滨传统的点心——喜乐煎饼，请先生和各位品尝，如能合先生口味，将不胜欣慰。

请向担任翻译的女士问候。

四年前我曾去贵国做过一次愉快的旅行，在北京住了三天，在大同住了三天。

我思念中国，怀念平易近人的先生，并期待着能与先生再次见面。怀此心情给您写了这封信。

埽山绫子

1986年6月28日

（李强译）

致张格的信[①]

张格弟：

张茂才老师是六十年前我在初中读书时的图画教员，我于绘画没有才能，肯定不会给张老师留下什么印象。但是张老师留给我的印象却是十分深刻的：态度和蔼，循循善诱。我相信，这个美好的印象将会永远留在我的记忆中。

遵嘱写好了几句话，草草不恭，请谅。

代我向庞德治同志致意。

即祝

近安

古稀弟子　季羡林

1986年7月11日

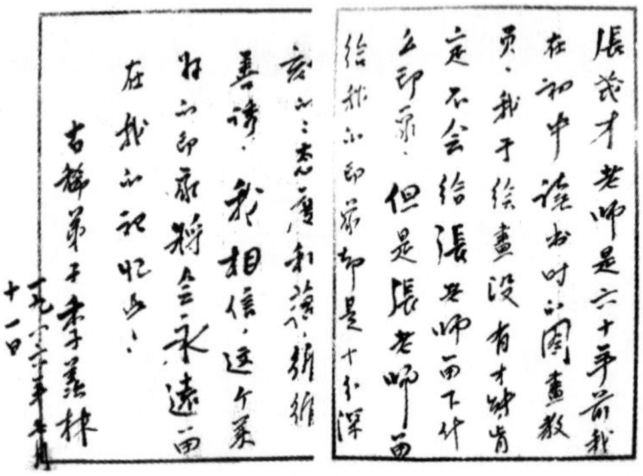

張茂才老师是六十年前我在初中读书时的图画教员，我于绘画没有才能，肯定不会给張老师留下什么印象。但是張老师留给我的印象却是十分深刻的：态度和蔼，循循善诱。我相信，这个美好的印象将会永远留在我的记忆中。

古稀弟子季羡林

一九八六年七月十一日

季羡林书信手迹

①张格系正谊中学图画教员张茂才之子，季羡林的这封信是通过中国美术馆研究部的李曦林转给他的。

致刘良海的信[①]

刘良海同志：

函悉。

我不是什么哲学家，在哲学上没有什么主要观点。不敢在《世界哲学家辞典》中滥竽。

即祝

敬礼

北京大学　季羡林

1987年12月26日

① 刘良海，山东省社会科学院哲学所研究员。

致邹士方的信[1]

一

士方同志：

来函及赐寄大作均收到，谢谢！最近一段连续开会。过几天，游过了“会海”之后，一定认真读一读大作，写一点读后印象之类的文字，寄上。拙作《散文集》早已将您列入赠送名单之中，只由于上述原因，未能及早寄上，请原谅。现将拙著寄上，请指正。

即祝

秋安

季羡林

1987年10日14日

二

士方：

非常对不起，现在才写信，秋天一到，我就要流鼻涕、气喘，外国人所说枯草热。

你的书我已经读过，我一定会写点东西来推荐介绍的。只是目前还不行。

① 邹士方，《人民政协报》副刊编辑。

等到天气真正冷了起来，我才能从枯草热中解放出来。

即颂

近安

季羡林

1988年9月15日

三

士方：

寄来的报纸收到了，谢谢！

我在《瞭望》第44期上（1988年10月31日）写了一篇推荐你的大著的短文。我以为你已经看到了，看样子是还没有看到。《瞭望》并不难找。

即颂

冬安

季羡林

1988年12月1日冬

致张乘健的信[①]

乘健同志：

大函收到，谢谢。

学术界不正之风，古已有之，于是为烈。

大著如已发表，可否赐寄一份，以广见闻？

所提问题，简复如下：

一、香山，梵文是Gandhagin，与Gandharva是两个字。Gandha义云“香”，gin，“山”，佛经译者有时把二字弄混。

二、天女化鹤的故事，汉译佛典中没有发现。这类故事，如果用比较童话学或比较民间传说的手法来研究，恐怕会有不少重要的发现。

三、田章的来源我没有研究过。

四、关于变文“变”字的来源问题已经争论了几十年，至今没有定论。关先生的说法只是众说之一说。归纳起来，大概不外两种：一是音译，一是意译。我以前也考虑过这个问题，曾经获得重要线索，但是可惜梵籍残缺，无从着手。

尚祈时赐教言。即祝

近安

季羡林

1987年5月25日

---

① 张乘健，原温州大学人文学院教授。

致蔡德贵的信[①]

一

德贵同志：

二十六日来信收到。

猥蒙厚爱，把我列入“哲学家”。现在请你把具体的要求告诉我，你们需要一些什么材料？我看，你还是非常了解情况的，连关于提婆达多的文章，你都注意到了。

《文史哲》，我一向认为是一份有水平的学术刊物，有口皆碑。要我提供文章，这是一种光荣。但是我写的东西，只要我自己认真从事的，其中难免有一些古怪字母。这种文章送给人家，给排印造成困难，我心里每每感到不安。这是我真正的“活思想”。

即祝

近安

季羡林

1988年1月28日

① 蔡德贵，山东大学哲学与社会发展学院教授、季羡林研究所副所长。

二

德贵同志：

函悉。

尊著《阿拉伯哲学史》早已收到，未能及时作复，乞谅。

我对阿拉伯哲学一窍不通，你问我的意见，等于问道于盲。我希望你能把尊著寄给过去东语系的阿拉伯专业的同学。比如上外的朱威烈，北外的归运昌。他们现在都已成为系一级的领导人了。

再次感谢你的书和信。即祝

近安！并贺

年禧

季羡林

1992年12月20日

三

德贵兄：

来函奉悉。

蒙你推毂，《文史哲》垂青，拙稿《清代的甘蔗种植和制糖术》能在蜚声国内外的学术刊物上发表，实感荣幸，谨致谢意。

稿子正在整理中，不久当能寄上，广东寄来的材料中有几个字难以辨认，已去函询问，将来出校样时可以改正补充。

关于介绍我的材料，"帽子"不要戴得太高，我自己感到既感且愧，请斟酌下笔。

寄你我的照片，将来同稿子一同奉上，此稿近十万字。如两期不能容纳，亦可分三期刊载，悉听尊便。编委会同志祈代我致谢意。

祝

好

季羡林

1995年7月5日

四

德贵兄：

大函奉悉。

你愿意同康曼敏写我的传，我感到非常光荣。去年已有人同我联系，谈到写传的事情，我还没有答复他们。你写的那一篇，我个人觉得写得非常好，说句实话：实在超出我原来的期望。别人也说非常好，首先是文笔流利生动，有很高的水平。现在既然你们想写，我完全同意。即使别人想写，角度也不会相同。“八仙过海，各显神通”吧，其实我这个人也没有多少可写的。我只希望不要溢美，实事求是更能动人。第三章二“济南一中”，应改为“济南高中”。康曼敏处我已经寄去一篇散文。

祝

新春快乐

季羡林

1996年2月1日

另寄上一册刚出版的《季羡林散文选集》，对你或许有点用处。

致郑子瑜的信[①]

子瑜先生左右：

手示奉悉。大著《修辞学论文集》已由王瑶先生转来。匆匆拜读一遍，集内精彩新意，层见叠出，十分敬佩。原以为修辞学为十分枯燥之学问，然而在先生笔下却是灵气内转，读来如行云流水，到处逸趣横生。

今岁十一月初可能来港，当面聆教诲。

即请

撰安

季羡林

1988年8月3日

---

① 郑子瑜，新加坡友人，研究中国修辞学的著名学者。

致陈子善的信[①]

子善同志：

示悉。

另寄上一册《散文集》，请查收，指正。

《送礼》一文，系遗漏，蒙赐知，甚感。我写了一篇悼念梁实秋先生的文章，发表在《中国建设》上，据说早已出版，因负责人出差，我尚未收到该杂志。

1946年春我从德国回国，去南京闲住，同梁先生往还极多，他给我留下了非常好的印象。到北京，又继续往还。

即祝

撰安！

季羡林

1988年9月15日

---

① 陈子善，男，1948年12月出生，上海市人。曾任华东师范大学图书馆副馆长，现为华东师范大学中文系教授、博士生导师，中国现代文学资料与研究中心主任。

致李明伟的信[1]

对尊著[2]有了一个大体的了解，颇有所感，立即按照尊嘱写了一篇序，今寄上，请加审处。至于让我题写书名，这却确是一个难题。我平常不用毛笔写字，为时已久。你居然想到我的所谓“书法”，颇有赶鸭子上架的意味，盛情难却，我决心做一次上架的鸭子，书名也一并寄上。如果认为实在难看，可以弃而不用。

季羡林

1990年4月20日

①李明伟，广西师大美术学院教授。

②指《丝绸之路与西北经济社会研究》（甘肃人民出版社1992年版）。

致马曜的五封信[1]

一

马曜同志：

来示及赐寄书籍，均已收到，谢谢！

此书系赠西德梵文学者K. L. Janert者，他是著名的梵文学者，以其余力，从事纳西文字之研究，收获颇丰，在国际上广有名声。

蒙李惠铨同志慨赠此书，另写一函，致谢，今附上，请转交。

如需要北方方面的什么书籍，请随时赐知。

北大南亚所拟派人来昆明了解云南梵文或巴利文贝叶经的情况，西藏方面的贝叶经，经过长期努力，我们都已有显微胶卷，闻云南方面贝叶经（可能小乘的多）极为丰富，这也是我们国家宝贵财富，不能等闲视之。你在云南学界领袖群伦，情况了解必多，务望能加以指导和协助，具体情况，以后再谈。

即请

教安

季羡林

1988年9月9日

---

① 马曜（1911—2006），字幼初。白族，云南洱源县人。现代历史学家、民族学家、民族教育家、诗人。历任云南大学教授，云南民族学院教授、院长、名誉院长，中国民族学会副会长。《西双版纳份地制与西周井田制比较研究》，马曜、缪鸾和著，云南人民出版社1989年12月第1版。季羡林先生看到这本书后，就写了这封信。

二

马曜先生：

多少年来，中国史学界就嚷着要利用今天（指解放后初期的一段时间）还停留在比较原始阶段的少数民族的资料，去解决中国历史上争论不休迄无结论的社会历史分期问题。但是像样的著作还没有见到，不意到了90年代竟能读到你们的著作，我个人确实是大开眼界。

我相信，在中国史学界也会引起广泛的注意。

季羡林

1990年1月

三

马曜同志：

刚才收到大著《西双版纳份地制与西周井田制比较研究》，我立即读了徐中舒先生的《序》和你的《后记》，我觉得这确实是一部十分重要的书，一部十分及时的书，一部杰作。多少年来，中国史学界就嚷着要利用今天（指解放后初期的一段时间）还停留在比较原始阶段的少数民族的资料，去解决中国历史上争论不休迄无结论的社会历史分期问题。但是像样的著作还没有见到，不意到了九十年代竟能读到你们的著作，我个人确实是大开眼界。我相信，在中国史学界也会引起广泛的注意。我向你们祝贺！

有一件小事要麻烦你一下：贵院学报今年第二期有张波、赛宁的一篇论“永昌道”的论文，在北京买不到。可否请你费心代买一本赐下，书费和邮费及时寄上。

专此敬祝

撰安

季羡林

1990年6月14日

四

幼初先生：

蒙赐尊著《芘湖精舍诗注》，既惊且喜；惊者：羡林识先生久，只知先生为学者，今知竟为诗人；喜者：先生不仅为诗人，而是造诣精湛深入化境之诗人。迩者为旧诗者颇不乏人，羡林不能诗，对旧诗略有知解。以余观之，并世诗人，求其像旧诗者，已如凤毛麟角，工拙更难言矣。读先生诗实有鹤立鸡群之感，岂能不惊且喜哉！

谨向先生致贺并致谢！即祝

撰安

季羡林

1992年10月18日

10月13日大札收到，遵嘱所题书名，已于10月7日奉上。

又及

五

幼初先生：

手示奉悉。

赐寄之《云南文史》亦已收到，感谢之至。

先生大作《西爨的由来发展及其在云南历史上的地位》，拜读一遍，获益良多。至于大作《游芘碧湖赋》则黄钟大吕，情文并茂，为并世难得之杰构。具有此等功力者，寰中几如凤毛麟角，已成鲁殿灵光矣。弟意大学中文系未修古典文学之学生似应教作旧体诗赋，如此则了解古人诗赋能稍有感性认识，然则谈何容易！

先生之目力应善自珍护，以不再发展为目的，弟患白内障及结膜炎有年矣，古诗云“老年花似雾中看”，弟现日日雾中看花矣。

即祝

康吉

季羡林

1994年5月10日

一点希望——致藏学研究中心

藏学研究中心：

在全世界范围内，藏学已经渐渐成为显学。欧、美、日本许多大学里都设有专门研究机构，对西藏的历史、宗教、语言、文学、民俗、艺术等等，进行深入细致、认真严肃的研究，已经取得了累累的成果。世界各国研究佛教者几乎更是非通藏文不行，因为藏文里保存了大量印度梵文佛典的译文，原文已佚，汉译佛典中也找不到，不通藏文，研究就难以进行。这是一种非常可喜的现象。藏学的根源当然是中国西藏。我国藏族有长久的文化传统、藏学研究也有悠久的历史。汉族文学者中也有不少对西藏的语言、文字、宗教、历史发生兴趣的。近若干年以来，他们写了大量水平很高的专著和论文。这当然又是一种非常可喜的现象。

同世界各国研究藏学的水平相比，我们当然是占优势的。但是，我们也有不足之处。对此我们决不能执行鸵鸟政策，或者视而不见，这是自欺欺人的行为，为我辈所不应取。论藏文使用水平，外国学者当然不如我们。但是论辅助条件，论科学的研究方法，则外国藏学者又往往超过我们。我们决不能夜郎自大，固步自封，鹤鹳饮海，井蛙观天。这样是绝无进步可言的。据我个人的看法，我们最大的弱点是对于国外研究情况不甚了了，信息极不灵通，甚至连想了解的愿望都没有。国外藏学研究的专著和杂志也十分不全。这是非常危险的，是阻碍我们科学研究进步的。当今之计，我们必须广通声气，急起直追，而且需要汉藏两族的学者密切协作，携手共进，取长补短，互相学习，决不能划地为界，自立营垒。能做到这一步，我国的藏学研究就能大踏步前进，为这一门学科开辟新天地，大放异彩，无愧于我们伟大国家的声望和地位。

季羡林

1990年10月20日

致丁椿寿的信[①]

丁椿寿同志：

陈寅恪先生七十年前曾指出，要想弄清楚汉语的真相，必须进行藏缅语系比较语言学的研究。然而七十年间，未见真有分量的著作，连没有分量的著作也极少见。先生的大著《汉彝缅语比较研究》[②]，体大精思，严谨可靠，实可为中国学术界庆。

季羡林

1991年

①丁椿寿，曾在西南民族学院任教，主要研究专长：汉语、藏缅区域语言、民族古文字、语文比较教学法。

②《汉彝缅语比较研究》，贵州民族出版社1991年版，由贵州省学术著作出版基金会资助出版。

致王钧林的两封信[1]

一

钧林同志：

来函早已收到，因杂事太多，又出国一次，直到今天才答复，实在抱歉，请原谅。

我的老师王崑玉先生确实就是你信上提到的你的二爷爷。他是我生平遇到的最令人尊敬、最令人怀念的师长之一。但是我对他的生平却了解得不多。我只知道他博学能文，为人正直，深得学生敬爱。他曾把他的文章稿本拿给我看过，是桐城派的追随者。

你信上提到想整理崑玉先生父子的诗文集，这实在是一件大好事，我非常赞成，希望你能从速下手。这对你们莱阳、对山东，甚至对中国都是一个有意义的贡献。当然，整理后能否出版，殊不可知。将来我们一定多方设法，期能出版。此是后话，现在暂且不谈。

敬祝

近安

我补上一句：王老师在山东大学（或青岛大学）教过书。

季羡林

1991年7月10日

---

① 王钧林，山东师大齐鲁文化研究中心研究员。

二

钧林同志：

真正是非常对不起。你半年多前的信，现在才答复，原因是我每天收到大量的信件，稍一积压，就不容易再找到，你的信碰巧我又找到了，所以赶快写这封信。

王崑玉先生确实就是我在济南北园山东大学附设高中读书的业师，王老师的道德文章给我留下了深刻的印象，毕生难忘。

我们师生的关系是非常好的，他曾把他的文集稿本拿给我看，他是桐城派的拥护者，文章非常有功力。像他这样的古文大家，当时已如凤毛麟角，而今更是杳如黄鹤了。

他的情况我了解得亦不多，他的文稿《希古斋文集》现在何处？希望能够加以妥善保管，俾不至散失。

即祝

近安

季羡林

1992年2月2日

致庞德治的三封信[①]

一

德治同志：

兹介绍北大东语系张光璘同志（党员、副教授级）前来，祈拨冗接见，详情面谈。

敬礼

季羡林

1992年6月1日

二

德治兄：

大作已读过，我加了一小段。

祝

好

季羡林

1996年3月5日

① 庞德治，济南一中退休教师。

三

德治兄：

康兄转来你整理好的录音稿，谢谢！

两次发言，我都加上了题目，否则会使人“丈二和尚摸不着头脑”。

第一次发言比较乱，是否可以请你稍加整理，删掉一些重复过多的地方，以清眉目。

请代我向校领导和师生致敬。

即祝

近安

季羡林

1997年11月18日

致朱贵生的信[①]

贵生同志：

1992年2月11日来函奉悉，感谢之至！

我自己那些关于东西方文化盛衰消长的意见，蒙您寄Datprithipaul教授，竟能得到他们的同意，非常高兴。Datprithipaul教授想到中国任教，我个人认为是一件好事。可惜北大研究印度和东方宗教的学生几乎没有。东语系有印地语和梵语。当然，重点是放在学习语言上，目前还谈不上专门研究印度哲学和宗教。东语系有一些外籍教师，都是教现代语言的，因此，这件事目前难以进行，将来如果有这方面的国际讨论会，倒是可以请Datprithipaul教授参加。但是，您肯定知道的，所有的费用都必须由他自己承担。因为我国的经济情况就是这样，我辈实无能为力。

再一次致诚挚的谢意，即祝

近安

季羡林

1992年2月17日

① 朱贵生，中国社会科学院世界史所研究员。

致高成鸢的信[①]

一

成鸢同志：

函悉。

国际伦理学讨论会开会时间和地点，都还没有确定，将来一旦确定，我将努力推荐。

即祝

近安

季羡林

1993年1月27日

二

成鸢先生：

手示奉悉。

遵嘱写一封推荐信，希望能得到积极的结果。

---

① 高成鸢，天津图书馆研究馆员、天津社会科学院特约研究员。曾独立完成国家史学课题，成果《中华尊老文化探究》，1999年由中国社会科学出版社出版，被选定为“中国社会科学院建国50周年献礼图书”。现从事中国饮食史研究。

祝
近安

季羡林
1995年4月25日

附：致韩国国际交流基金的信

韩国国际交流基金敬启者：

尊老是以中国、韩国文化为中心的东方文化的精华。尊老报德是我们的优良传统，在西方实用主义社会中鲜为人知。天津图书馆高成鸢先生从事“中韩尊老史比较研究”之著作与研究，实为弘扬东方文化、振兴东方伦理道德、拯救世界道德沦丧之重要措施。因敢郑重推荐，诚望贵基金能在经济方面予以赞助，共成盛举。

推荐人
中国东方文化研究会会长、北京大学教授　季羡林
1995年4月25日

关于《四库全书》的两封信[①]

一

《读书》编辑部：

今天写信，只有一个目的，就是谈一谈《读书》上发表的诗、文讽刺挖苦《四库全书存目丛书》的问题。你们是消息灵通人士，关于《存目》和另外一套类似的丛书的关系和产生过程，不会不知道。最早想出出《存目丛书》的主意的是中国东方研究会的刘俊文教授，这里面就有了一个先来后到问题。有人再想出《存目丛书》，就应该慎重考虑是否妥当。我不懂《专利法》，这里大概没有专利的问题，但是我们文化人似乎应该考虑一个道义问题。然而事实上却不然，双方唱起了对台戏。我方并没有登台。

《存目丛书》的产生过程就是这样，之所以造成目前这种局面，《存目》方面无咎可辞。至于《四库全书》和《四库存目》是怎样产生的，文章已多，我不必重复。总之，在乾隆直接的主持下，动员了一大批雇员和学者——光是学者就有四千多人——可说是倾全国之力，完成了这一部大书。乾隆的政治目的是司马昭之心，路人皆知。编纂者在个别地方有所删削，这也是事实。鲁迅先生曾谈过这个问题，称之为“四库残书”，也不能说毫无根据。但是到了今天，几百年过去了。事实证明了《四库全书》还是有用的。台湾商务印书馆影印了文渊阁本的《四库全书》，上海古籍出版社又在大陆上转印，一销而光。如果没有用的话，为什么有人出钱买呢？我们是动机与效果统一论者，社会效

①关于整理重印古籍，特别是《四库全书》，《读书》曾载文有所论说，并收到北京大学季羡林教授两次来信，对一些说法有不同意见。两封信于《读书》1995年第5期刊发。

果起决定作用。根据我个人的经验和体会，我觉得《四库全书》的用处或者功绩表现在两个方面：一个是查起来方便，我最近写《糖史》，很多资料就来自《四库全书》，我不管春夏秋冬，不顾酷暑严寒，几乎天天跑一趟北大图书馆，主要的吸引力就来自那里的《四库全书》。第二个功绩是《四库全书》保留了一些如果不搜集在一起就会散佚的古籍，关于这一点，王绍曾先生在《光明日报》上发表的文章论之详矣，请你们参看一下。我们现在搞的《四库全书存目丛书》，就是当年由于种种原因，没有收入《四库全书》的那一大批书，详情无法在这里叙述。我们坚决相信，《存目》会起到同《四库全书》一样的作用。我有点博士卖驴的意味了，说了半天，还没有谈到主题。我的主题就是你们杂志上连续发表的妙文和妙画，我不理解为什么有几件对弘扬中华民族优秀文化极为有利的事，你们偏偏出来唱反调。中华人民共和国有言论自由，但也有反讽刺挖苦的自由，在法律面前人人平等。我本来想充当一次哑巴，现在已经逼到哑巴头上，不说话不行了。我且以小人之心度君子之腹，我总怀疑，你们并不知道什么叫《四库全书》。你们不妨驾临图书馆去翻阅几分钟，这样总比闭着眼睛瞎说要好，这样也能保护你们自己的面子。我还有进一步的猜度。当前有三“大”，可你们挖苦讽刺了《四库存目》和《传世藏书》，对那一个最大的“大”却只字不提，原因究竟何在呢？是你们不知道吗？还是有不可告人的隐秘？本来还想写下去的，但信确已太长了，最后我想问一句：你们有没有勇气把我这封信在《读书》上作为“读者来信”发表？

祝好

季羡林

1995年2月16日

二

《读书》编辑部：

昨天早晨写了一封长信，有渎清神，心甚不安。但是，我如骨鲠在喉，一吐为快，不得不写，不过我自觉吐得还不够。昨天既然吐过了，今天不妨再继续倾吐。我们相识也有些年头了，把我的想法吐给你们也是应该的。我今天不再卖驴了，开门见山，只谈“续修”《四库全书》的问题。谈到“续修”，我举双手赞成。如果我是千手千眼佛的话，我会把一千只手都举起来，但是，关键问题不在修不修，而是怎样“续”修。既然讲“续”，我不妨先谈一点“续”的对象《四库全书》本身修的情况，这情况知道的人并不少，但是我总觉得当今有一些人，与这件事有关的人知道得不够，还有点不深刻，所以我再重谈一下。乾隆皇帝亲自干预《四库全书》的工作，几次下诏向全国各地征书，于乾隆三十八年设“四库全书馆”，任刘统勋、于敏中等16人为总裁，副总裁14人，下设“总阅处”22人，“总纂处”53人，以纪昀、陆赐熊、孙士毅为总纂官，以陆费墀为总校官，设局誊抄，任官督促监造，参其事者共4403人，包括全国著名学者戴震、邵晋涵、周永年、王念孙、任大椿、俞大猷、翁方纲、朱筠、姚鼐、卢文等370余人。用了十年的工夫，才综编抄录第一部，每书前冠“提要”一篇。一个封建帝王，不管是出于什么动机，修《四库全书》竟然动用了许多大学士（宰相）和全国学者来从事这件工作，用力何其巨，考虑何其周详！我们今天已经“换了人间”，是社会主义大国，我们要干这一件大事，实应该动员十倍的力量，考虑应该周详到一千倍，其结果才可能“尽如人意”。这是明摆着的事实，难道还需要详细论证吗？可是——一个天大的“可是”，我们今天想干这一件大事的一些学者们还有一些什么们，只想动用极少的人力，不管是为了什么目的，似乎有点仓猝上马。我实在有点忧心忡忡！

谈到“修”，我认为至少应该包括两项工作：一是选书，二是写提要。乾隆以后出了多少书，我没见过统计，不知道有多少，但是其量极大，这是可以肯定的。从这浩如烟海的书中选出一小部分，纳入《续修四库全书》，需要极大的人力、物力，最重要的还有学力。应该动员全国的知识界的力量，包括港、澳、台学者的群策群力，方克有成。少数几个人就想包揽这件工作，“自信”不是太强了一点，野心不是太大了一点吗？中国古话说：“人贵有自知之明”，我希望有关人士仔细考虑一下，为了中国，也为了你们自己。再谈写“提要”。《四库全书》提要，我自己读了不少，我自认有资格讲话，不是空口说白话，总之，一句话，我认为纪晓岚等写的“提要”是惊人的，非仔细通读全书是写不出来的。内容有分析，有比较，指出缺点，点出优点，连原书中引文错误的地方都一一指出。像纪晓岚这样的人，我们现在不可能再出，不是我们聪明能力不够，而是所骛太多，不能像纪那样专一。尽管《提要》中还有缺点和错误，已经有许多学者，比如余嘉锡等指出，然而其功是不可泯的。今天我们写提要，必须超过纪晓岚，唯一的办法就是群策群力，乾隆动员四千人，我们动员四万人，在群众讨论的基础上，由真正的专家来执笔。这样水平才能有保证，现在只有少数一部分人来承担，其中风险，不问可知矣。总而言之，续修《四库全书》是万分应该做的工作，但必须十分慎重考虑，决不能不管是出于什么动机，就仓猝登台。登台唱了好戏是“了不得”，戏唱砸了就“不得了”。照目前这样的做法，我很担心，将来有下不了台的一天，勿谓言之不预也。信又已经写得太长了，我并不要求你们现在就发表这一封信，我只是想把我的想法告诉你们一声而已。这样一封信在国内眼前是发表不了的，其中原因，你知我知。但是我仍然想发表，至于如何发表，现在先不必说，信中并无泄露国家的机密之处，没有辫子可抓。我只是感觉到文化学术界这样的一件大事，事关我们全体的名声，我不能不说几句话，私心不能没有一点，但是主要出之公心。又渎清神，再请原谅。

祝好

再附上一首从前听过的“诗”：人道上台好，今朝我上台。要知下不去，何如不上来！

季羡林

1995年2月17日晨

致萧乾的信[①]

乾兄、洁若姐：

韩国归来，看到你们寄来的书，狂喜不已。

可是有一本书你们却没有寄，这就是《尤利西斯》第二册。我只有第一册。因此我觍颜向你们索取。现在全国图书奖第二次评奖大会已正式开始工作，我又滥竽评委，此书出版社如申报，必在考虑之列。

祝

秋安

弟　季羡林

1995年10月15日

①萧乾（1910—1999），中国现代作家、文学翻译家。

致康曼敏的两封信[1]

一

曼敏女士：

蒙以长途电话约稿，非常感激，但你的话我不一定全听明白，是否也纪念湖南文艺出版社创办40周年？我文章是这样写的，如果我听错了，请你把我的“序”加以改正，去掉这一句话，将“一举三得”改为“一举两得”，就“天衣无缝”了。

这是一篇旧文章，但从未发表过，这次重抄，仅改了几个地方，原文基本没动，能否上《芙蓉》，也请法眼鉴定。

即祝

撰安并恭贺新年

季羡林

1996年1月2日

二

曼敏同志：

久未通函，想近况定当佳胜。

《芙蓉》出版已久，我这里至今尚未收到，是否可以寄一两本给我，上面

①康曼敏，湖南文艺出版社编审。

有我写的文章和蔡德贵兄关于我的文章，我颇想一读为快。

祝

夏安

季羡林

1996年6月7日

致曹顺庆的信[①]

顺庆兄：

赐寄的三本书均已收到，感谢之至。我兄眼界开阔，创新极多，可喜可庆。

季羡林

1996年11月20日

①曹顺庆，四川大学文学与新闻学院院长、教授，中国比较文学学会会长。

致穆棣的信[①]

穆棣先生：

蒙赐尊大著《〈韭花帖〉系列考》，感动无量。

我于书法，纯系外行，但观大著诸序，以及内容考辨，深感先生发潜德之幽光，为中国书法做出重要贡献，甚佩，甚佩。

任兹旧历春节即将来临之际，遥祝

新春万福

季羡林

1997年2月9日

①穆棣，无锡人，中国书法家协会会员，小楷特见称于世。

致俞伟超的信[①]

伟超同志：

兹介绍湖北社会科学院陈昕先生前来拜谒，请拨冗接见。他主要谈编纂《长江文化研究文库》事宜，你在这方面确是专家内行，祈不吝赐教。

即祝

夏安

季羡林

1997年8月28日

①俞伟超（1933—2003），考古学家，曾任中国历史博物馆馆长。

致韩小蕙的信[①]

小蕙：

你好！我现在难得写什么抒情的散文，写了几篇，也被别人抢走。这好像是怠慢了《文荟》，实则我一时一刻也没有忘记《文荟》，我的《赋得永久的悔》等等拙作都是首先发表在《文荟》上的。

现在又写了一篇《两行写在泥土地上的字》，自己还难判断写得是好是坏。现寄上，请法眼加以鉴定。

祝

撰安！

季羡林

1998年9月26日

①韩小蕙，《光明日报》记者、中国散文学会常务理事。

致凌敏的信[1]

凌敏同志：

1998年8月10日，悉。关于函中提到出书事，非常感谢您的关照。我很多文章均已发表过，再出集子，过于重复，如书名定《季羡林文集》怕不妥。你意如何？这样读者会有意见的。

请你们慎重考虑。近来，我因近期视力不佳，不能再回复来往信函。有关事宜，我请李玉洁同志帮忙打理来信，故不再回函。

另外，关于你社来人培训的事，我没有过多指问研究部的事，且我身边有四个博士生要毕业了，正忙着给他们讲课。下年，我身体原因，可能不再带博士生了。你提到安徽大学的学生要到北大来，我不再过问！力不从心。请你社慎重考虑！慎重考虑！再一次谢谢！

祝好。

此致

礼！

季羡林

1998年8月21日

①凌敏，在安徽某出版社工作。

致汤一介的信[①]

一

一介：

初步方案写得干净利落，论理深透，极为得体。

你的口气好像是由北大一家独办，我们的力量够不够呢？我并不反对一家独办。[②]

祝

好

季羡林

2002年11月12日

二

一介：

昨晚，我又比较仔细地看了看××大学的文件，我的意见都写在上面了。不一定都正确。同这样水平的人合作，还真有点困难，请你再加以考虑。（信旁边写：那一天会上，×××有一句话：《四库全书》就是儒藏的一个形式。）

①汤一介，北京大学哲学家教授，中国哲学与文化研究所所长。

②这处以下省去两行。

座谈会最好能请安平秋和古籍整理小组的什么人参加，此事可多与庞朴洽商，他是一个有思想的人。

祝

好

季羡林

2002年11月11日

三

一介兄[①]：

11月27日《儒藏》座谈会，今天我因病不能出席，请原谅！现在海内外都有一种论调，说21世纪将是中国文化重现辉煌的时期。在国内，根据权威人士传递的信息，是我亲耳所闻，不可能不真实，中央将以两年的时间致力于弘扬人文社会科学，这真是二美具，吉星照。我们正在此筹措编纂《儒藏》。

关于《儒藏》的学术意义，请在座的专家讲，我只提几点有关的意见。

一、从人力上来讲，北大有能力完成这一艰巨任务，但我认为，倘能与有关的真正对国学有研究的机关、大学，甚至个人合作，这样编出来的书带有普遍意义，能成为中国学术界甚至世界学术界公认的有价值的著作。

二、书目编成后，尽量用不同的形式征求各方面的意见。

三、书成后出版形式不出两途：一是影印，一是标点重排。前者可见原书形象，有利于收藏。后者便于利用。

季羡林

2002年11月27日

① 这封信于2002年11月27日在《北京大学校报》刊发。

致张明(蔬)的信[1]

一

蔬弟如晤：

手示奉悉。

久未通函致敬，则深想念。

愚兄正年届九一，可说老矣，幸贱躯尚顽健，可慰远怀。

蒙衍圣公宠赐对联，实为莫大光荣，此皆出我弟之赐，铭感于内矣。

何时来京，万望来寒舍晤谈。

即祝

马年万福

愚兄　季羡林

2002年2月15日

衍圣公处请代我致敬，我不知其通信处。

又及

① 张明，季羡林朋友，台湾人，现居青岛。

二

蕆弟如晤：

手示奉悉。

孔德成先生如能访问大陆，还乡祭祖，实为当今盛事，但据我与有关方面联系之结果，孔先生在京之亲属曾多次与之商议，请其还乡，均遭拒绝。倘孔先生仍坚持原有态度，则吾弟之良好愿望恐亦徒劳。为今之计，请吾弟设法摸清孔先生目前之态度，然后再进行下一步之工作。至于大陆方面之邀请，绝无问题也。至于平反事，则中共中央早已做大决定，昭告天下，彻底否定、批判所谓文化大革命，此乃最广泛之平反。

敬祝

平安

愚兄　季羡林

2002年4月7日

三

蕆弟如晤：

来函敬悉。

既然孔德成先生不肯回乡，吾辈焉能勉强！此事只能做到如此地步。

感谢你邀我还乡，盛意可感，但目前尚无可能。我虽以老朽昏庸，杂事尚多，为他人作嫁衣裳之事尚难一概推掉，只能俟诸异日矣，再一次诚致谢意！

溽暑已至，万望善自珍摄，当年济南故人所余无几矣。

即祝

夏安

愚兄　季羡林

2002年6月11日

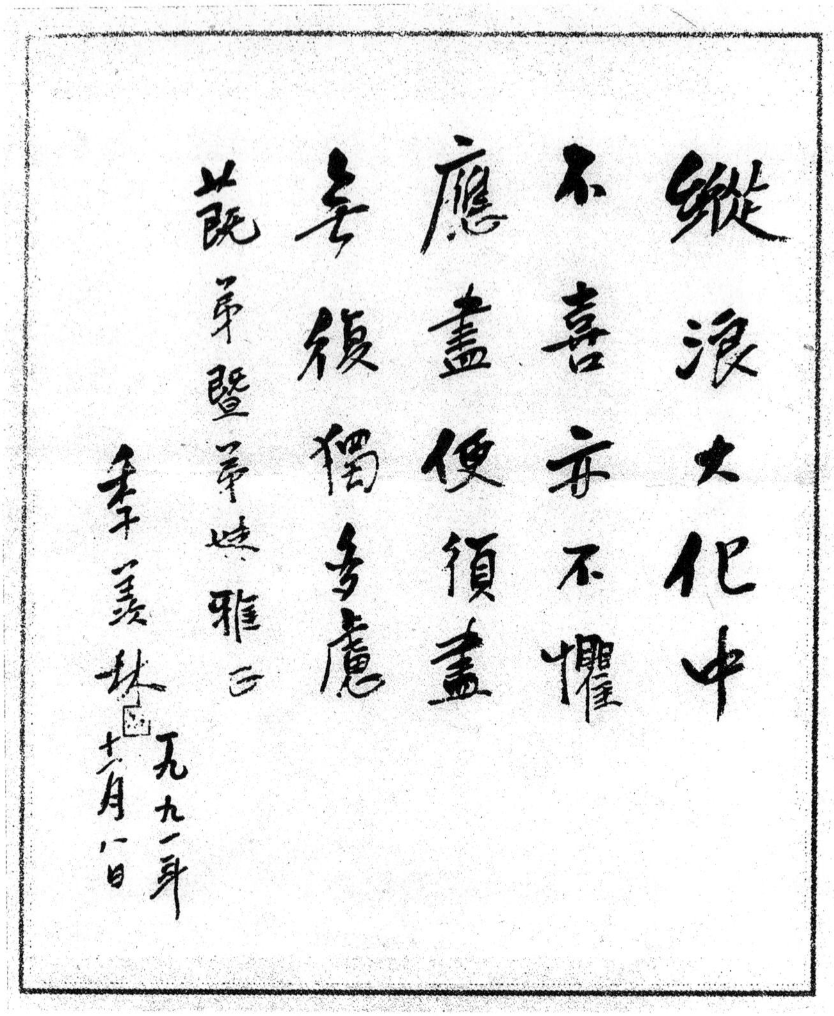

季先生为张明先生书陶渊明诗

致作家出版社编辑的信

编辑同志：

张光璘同志的稿子，看了一遍，觉得很不错，我改了几处，付印时一定要根据我的核定本。

我只想加上一句话：张光璘写的都是我的过五关、斩六将，没有写我的夜走麦城。

季羡林

2003年6月13日

301医院

致林毅夫的信[①]

毅夫先生：

创业维艰，古有明训。先生于10年前邀集同志数人于北大创办中国经济研究中心，曾几何时，而硕果累累矣。羡林于经济为外行，而对研究成绩之扩散则向有所闻，言之者赞誉交加，闻之者神驰其间。希望你能持之以恒，继续办下去，期能取得更大的成绩，为祖国的建设增砖添瓦。

季羡林

2004年9月17日

①林毅夫，北京大学新结构经济学研究中心主任，曾任北京大学中国经济研究中心主任、世界银行首席经济学家兼负责发展经济学的高级副行长。

致王昆的信[1]

王昆同志：

鼎鼎大名的王昆竟然垂青于我，亲自赐函，并赐我以“大师”称号，使我感愧交加，毛骨悚然。所谈之事，当然“仰”允（不是俯允）。

季羡林

2004年5月30日

附：王昆致季羡林的信

尊敬的季羡林大师：

我叫王昆，是原东方歌舞团的第二任团长，周七月的妈妈，我们见过面。读了您的《牛棚杂忆》后，自认为是您同心通心的朋友，不知您是否记得我？

季先生，您知道在中国以至在世界上有多少人尊敬您，佩服您，崇拜您吗？可能您估计不出来，我当然也不知道具体的数字，但我知道真实的数字比您知道的和估计的要多得多得多。

常言道“青春是可贵的”，今年我也已在吃80岁的饭，走80岁的路了，因此体会到“老春”更可贵，听说您以94岁高龄在病榻上仍每天都在写作，可敬！可佩！为了不浪费你黄金般的“老春”时光，恕我开门见山向您报告一个信息：您是大学者，当然是唯物主义者，希望不会因我的冒昧而生气吧？我的

① 王昆，歌唱家，曾任东方歌舞团团长。

朋友张世义先生，原是我团的业务办公室主任，他是个非常有正义感的好人。“文革”中我被红卫兵虐待，不给饭吃，张先生给我送来饭菜和水果。近年来他在河北易县清西陵（清西陵已被联合国科教文组织批准为世界文化遗产保护单位）内开发了一个华龙皇家陵园，其中专门开辟了一块“文化名人苑”墓地，我的老伴周巍峙为他题写了苑名。文化名人苑中已有著名指挥家李德伦先“入住”了。这两年有许多青年和学生们去凭吊他、瞻仰他。那里环境优美，张先生准备把“文化名人苑”办成一个文化品位很高的胜地。话剧表演艺术家于是之，年龄不算大，但身体不好，他已决定将来以那里为归宿了。名人苑准备请李锐将来也到那里去。张先生很仰慕您，想赠20平方米墓地给您，请您以“文化名人苑”为归宿。那里将来都是好人“居住”之地，绝不会让您和那些您不愿为伍者同眠，将来我们夫妇也会去那里。如我先您而“入住”，我在那边等您。（古语说：黄泉路上无老少，何况我也是80岁的人了呢。）先生如先去，请在那边等着我们，咱们好在另一重天地里聊聊天，畅谈我们在这一边没来得及畅谈的话语。

这个“文化名人苑”将是一块使后人“流连忘返”“美不胜收”，并且灵魂能得到净化的园地，在那里长眠的人，都不能再“吃草”了，但仍旧可以为后人奉献“乳汁”，先生见多识广，比我更懂得墓地文化的精神价值。

不当之处请原谅，

等待您的指示。

王昆

2004年5月3日

致林庚的信[①]

静希兄：

祝贺九六大庆。

从我们友谊之久、之笃来看，克家一走，唯兄独占鳌头矣。

在清华时，你写过一首诗：

破晓时天旁的水声，
深林中老虎的眼睛。

又随便说了一句话：

感觉进化论，未加解释。我却至今难忘。你不以文艺家自命，但是从你这些简短语言中，我深受影响，至今70年未曾忘记。值此庆寿之际，我却想再提出来，不知你自己还记得否？你我都是老实人，不喜作惊人之谈。

弟季羡林己酉春

301医院

①林庚（1910—2006），字静希，现代诗人，曾任北京大学中文系教授，季羡林的大学同学。这封信是季羡林2005年在301医院写的。

致高丽书记、寓群省长的信[1]

高丽书记、寓群省长：

作为一个从山东走出来的老人，自知对山东没有作出什么贡献，但得到山东父老如此厚爱，省委省政府又拨专款建有关我的研究所，我只有最最诚挚的谢意。

此致

敬礼

季羡林

2006年9月8日

① 高丽指张高丽，时为山东省委书记。寓群，指韩寓群，时为山东省省长。

致温家宝总理的信

温总理：

我现在需要一位助手，山东大学蔡德贵同志是我多年的老友，他最适合担任这个工作。

敬礼

季羡林

2008年10月1日

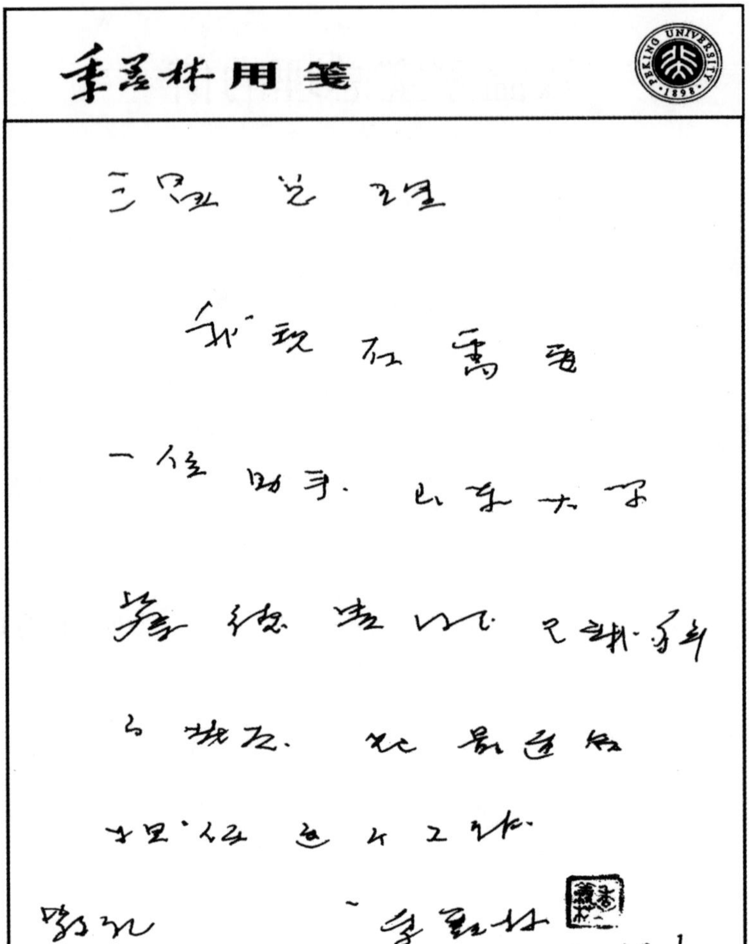

季羡林用笺

三思总经理：

我现在需要一位助手。山东大学蔡德贵同志已经多年与我合作，他最适合担任这个工作。

敬礼

季羡林

08 10 1

季羡林书信手迹

致闵维方的信[①]

闵书记：

经过仔细的考虑，我认为，像我这样什么实际工作都没有的人，有一个所谓秘书，是多此一举之事，建议取消。

季羡林

2008年10月16日

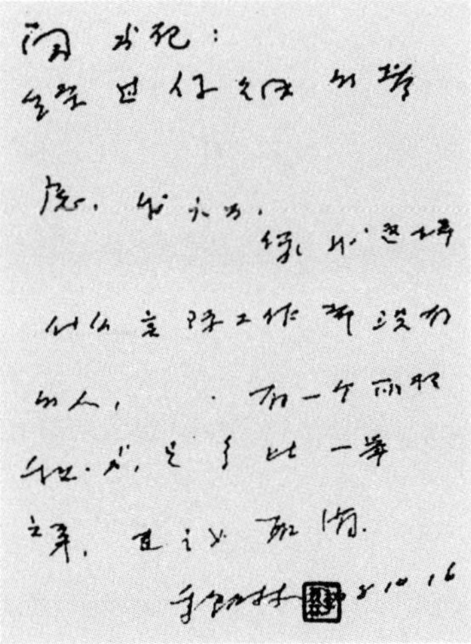

闵书记：
经过仔细的考虑，我认为，像我这样什么实际工作都没有的人，有一个所谓秘书，是多此一举之事，建议取消。
季羡林 8.10.16

季羡林书信手迹

① 闵维方，时任北京大学党委书记。

致李玉洁的信[①]

玉洁同志：

请你将你保存的我的日记、文稿、书画、钱、礼品等等全部物品，移交给季承、季清二位。谢谢！

季羡林

2008年11月18日

①李玉洁，曾任季羡林的秘书。

致胡守为的信

一

守为同志：

上个月蒙过访，适值我外出开会，未能晤面，非常抱歉。

你走后不久，我就接到饶宗颐先生的信，我考虑到，饶这个人我们必须争取，他在港、台以及印度、美国、法国等地极有影响。你张罗给他出选集的办法是完全正确的，我虽驽钝，亦当竭尽绵薄，共襄盛举。我回信答应写一篇序言，最近又接到他的来信，寄来简历和著述目录。他说，至于选集的目录，你正在选定。我手头有的只是他的《选堂乡村·火林》，这些文章我大体读了一遍。但是我仍然希望知道你立意准备选他的哪一些文章。否则，序言就容易落空。所以请你尽早写信告诉我，亦请告诉我，写序言应该注意的事项，对饶先生的评价应掌握到什么程度。看他来信的口气，你们的关系好像很好，你对他的了解当然比我要强得多了。

即请

近安

季羡林

二

胡蔡姜陈诸同志[1]：

在广州时蒙热情款待，高谊隆情，铭感在内。

此次盛会，实取得极大成功，以《柳如是别传》带动国学研究，较之空谈国学效果显著，过去参加学术会议尚无此种先例，此些诸同志运筹帷幄之功，钦佩之至。

参加招待之各位年轻同志，对吾辈老人，热情照顾，关心备至，诸转达我的衷心谢意，中大历史系人丁兴旺，生气勃勃，实为中国大学中历史系重镇之一。前途发展，未可限量。

遵嘱为论文集题写书名，一并寄上。

敬祝

秋安

季羡林

1994年9月1日

① 指胡守为、蔡鸿生、姜伯勤、陈春声，均为中山大学历史系教授。

致虞愚的信[①]

北山先生：

来示并大作均收悉。尊作高雅雄健，对周总理钦慕之情溢于言表，甚佩甚佩。迩来旧诗作者如林。求其似旧诗者，亦不多觏，如尊作者，殊不欲与时流争一日之短长也。

羡林前受中华书局之委托，偕同海内诸贤注释玄奘《大唐西域记》。素仰先生精研因明，深于佛学，切望随时加以指导。此书蜚声宇内，惜无注释善本，青年读者望而却步！海外译者，笑话百出。如能集众人之力，成此伟业，昌明学术，鼓吹升平，或亦先生所嘉许也。

他日有暇，当造府面谒，请求教益，敬颂著祺。

季羡林 拜上

5月2日

①虞愚（1909—1989），字北山，佛教学者，以因明学研究著称。

致周来祥的信[①]

来祥先生：

又蒙赐函，并赐寄大作，感谢之至！当什袭珍藏，仔细拜读。

我最近在杂志上读到了先生的几篇大作，学到了不少的东西。但是对于美学，我是钝根，不敢胡说乱道。

祝

暑安

季羡林

1994年7月17日

①周来祥（1929—2011），当代中国美学家，曾任山东大学终身教授、美学研究所所长。

致黄绍湘的信[1]

绍湘同志：

手示奉悉。

我因为住在外面宾馆，昨晚才回来，迟复为歉。

我对比较文学的研究只起跑龙套的作用，自己并没有深入去钻研。既然令郎有志于此，我明天上班时将委托别人找一些资料寄奉。

您身体如何？我们在安徽黄山邂逅相识，当时您住疗养院中。

敬请

近安！

季羡林

1984年2月26日

①黄绍湘 （1915—2015），女，是中国美国史研究奠基人之一。曾任中国社会科学院世界历史研究所研究员。

致谢海阳的信[①]

一

谢海阳同志：

九月二十八日来函奉悉。

写《留德十年》确有其事，现在已经快写完了。承厚意征稿，我现在从中选出一章：“纳粹的末日”，寄上。请加审处。这一章对于反法西斯胜利纪念日颇为适合。我在前面加了一段短短的按语，说明文章的来龙去脉，让读者一目了然。

至于其余的章节是否能用，我们以后再联系。

即祝

撰安

季羡林

1991年4月6日

二

海阳同志：

手示奉悉。我有希望你能好好地安排一下，既然可以写东西，就得尽力而

①谢海阳，上海《文学报》编辑部编辑。

为，不能让时间轻易跑掉。当然，你一向勤于写作，且已写了不少，但又何妨再多写一些。

买书这些琐事就不必烦您了。请不必放在心上。

匆此，即祝

健康

季羡林

1992年2月11日

致孙次舟的信[1]

次舟同志：

手示奉悉。

我本想到你现在的住处面谒。但每至秋天，辄患气喘病。最近几天喘得比较厉害，行动不便。因此只有请你枉驾来北大一次。时间最好在本月26日（星期三）上午十时左右，地点：北大西门内外文楼。

此致

敬礼

季羡林

1999年9月22日

①孙次舟（1908—2000），曾任四川大学历史系教授，古典文学专家。

致阮国华的信[①]

国华同志：

我很赞成你将献身祖国文化的决心。中华文化曾对全人类做出了重要贡献。二十一世纪以中华文化为核心的东方文化将在全世界范围内重现辉煌。

祝百尺竿头更进一步。

顺致著安！

季羡林

1995年5月25日

①阮国华，1940年生，男，湖北黄石人，南开大学教授，中国古代文学理论和中国文学思想史领域里的学者、专家。

致黄烈的信[①]

黄烈同志：

蒙赐新大作《中国古代民族史研究》，甚感甚感。还没有来得及仔细阅读。这个题目非常重要。你在中国史的研究方面开辟了一个新天地。

即祝

著祺

季羡林

1988年5月17日

①黄烈（1924—2006），字治平，原中国社会科学院历史研究所研究员。

致臧伟强的信[①]

伟强先生：

羡林决非书法家，即使胆大包天亦不敢滥竽其间。遵命题字，请以涂鸦视之可也。

即请

大安

季羡林

2000年3月

①臧伟强，1962年生，黑龙江大学博物馆馆长、黑龙江大学图书馆馆长。多年收藏书画、古籍善本。

致《东方文化集成》顾问的信

先生：

为迎接21世纪东方文化的复兴，促进东方各国的文化交流，中国东方文化研究会联合北京大学东方文化研究所，目前正在编辑《东方文化集成》大型丛书。

《东方文化集成》包括《东方文化综合研究》《中华文化》《日本文化》《朝鲜、韩国、蒙古文化》《东南亚文化》《南亚文化》《伊朗、阿富汗文化》《西亚、北非文化》《中亚文化》及《古代东方文化》10编共500余种，内容涉及语言、文学、文化、艺术、哲学、政治、经济、科技、军事、宗教、医药、绘画、书法、民俗诸方面。

丛书编委会邀请了中国从事东方文化研究的专家学者数百人集中撰写，其中包括国外专家著作之译文，丛书完成后，将集中展示中国从古至今，特别是近50年来东方文化的研究成果。

丛书自1993年11月19日开笔以来，目前已有部分书稿完成并送交出版社出版，编辑及出版工作正在顺利进行，预计10年完成。

此系东方学林盛举，规模空前，必须群策群力，方克有成。素仰先生为学坛胜流，拟敦聘先生为本丛书名誉顾问，如蒙慨允，感荷无量！

敬颂

大安！

季羡林

1998年

致白化文的信①

化文兄：

送上计划一份。

此事我想请我兄协助，你对于佛教文化识多见广，不知能慨允否？

如同意，可考虑参加座谈会的人，我想先开一个小型座谈会，征求一下意见。

周绍良先生必在邀请之列。

请来舍下找我面谈。

祝

康吉！

季羡林

1998年1月13日

①白化文，1930年生，北京市人。民盟盟员，1950年肄业于天津南开大学中文系，1955年毕业于北京大学中文系。曾任北京大学信息管理系教授。

致海天出版社领导的信

海天出版社领导同志：

我因年迈龙钟，不能亲来深圳同各位晤谈，特委托《东方文化集成》副主编兼编辑部主任张殿英同志全权代表征求各位领导意见，只要一看编纂计划，就能了解到这一套书是一个巨大的文化专刊工程，出版此书，益世利民，能加强中国人民对东方文化的理解，达到增进东方各民族和国家之间的友谊。

希望我们的合作能够成功。

祝

冬安！

季羡林

1998年12月18日

致叶选平的信[①]

尊敬的叶副主席：

年前识荆，快慰平生。

当前谈中西文化者，多谓21世纪东方文化将重现辉煌。羡林不敏，窃附此说。但何谓东方文化？则言人人殊，令人有扑朔迷离之感。羡林忧之，邀集国内志同道合之学人数十人，着手编撰大型《东方文化集成》丛书，共500种(见附件)。此实空前伟大工程，意义重大。但今之出版家，虽口头表示，经济效益与社会效益并重，但实则只重前者。数年来，羡林筹集资金，联系出版机构，屡屡碰壁。至今虽已勉强刊出十数种，社会反映良好，但瞻望前途，实仍茫茫。近闻先生掌握一文化基金组织，特向先生作将伯之呼，倘先生能稍加援助，对此跨世纪之伟大工程，必致成功。如有必要，我们可派人携带已出版之书，晋见先生。伫候回音。

敬祝

新春万福!

季羡林

1999年8月2日

---

①叶选平，1924年11月生，广东梅县人，曾任第八、九届全国政协副主席。

致董秀玉的信[①]

秀玉女士：

大函敬悉。

“丛书（指《三联·哈佛燕京学术丛书》）编选宗旨”，我没有意见。我被推为编委会主任，诚惶诚恐。既然是众“望”所归，只好敬陪末座。

我还有一点希望。现在我们的丛书，以中青年学者的作品为主，这我完全赞成。但是今天的老年学者，也同样碰到出书难的问题。这些人已到桑榆晚景，行将就“火”，很希望活着看到自己的著作出版。将来我们的事业发展了，是否也考虑为老年人出点书？

沈昌文先生前请代我致意。

即颂

撰安！

季羡林

1992年5月18日

①董秀玉，女，1941年生，上海人。曾任三联书店总经理、总编辑。

致翁独健的信[①]

独健同志,并转参加大会的全体同志:

我刚从日本回来，本来预计有几天的时间，可能参加在承德召开的大会。但是一回到学校，才知道大百科全书社的同志已经给我买好到杭州去的飞机票，31日下午飞抵杭州，转莫干山参加外国文学词条的审定的会议。这完全出我意料，我感到有点生米做成熟饭的味道。实在对不起你和其他同志们，务请原谅。

我对古文字学会的成立，是衷心拥护的。我感到这样一个学会的成立，是刻不容缓的。这同提高我们民族的科学文化水平，促进四个现代化的建设，是紧密相联的。我国是一个多民族国家，对于各民族的古代文字，我所知甚少。仅就我所知道的一点关于新疆古文字的情况而论，我们在这方面的研究工作，已远远落后于世界水平，倘若再因循守旧，不急起直追，则差距将愈来愈大，必将“礼失而求诸野”，非仰外国人的鼻息不行了。

就为了这一个原因，我也必须向大会的召开表示热烈的祝贺，祝愿大会顺利、成功。祝愿在大会召开以后，全国搞古文字学的学者（这个数目是并不大的）共同努力，把我国古文字的研究抓起来，开创出一个新的局面，为四化贡献力量。

此致

敬礼

季羡林

1980年9月30日

①翁独健（1906—1986），原名翁贤华，福建省福清县人，史学家、教育家。

致姜德明的信[①]

德明同志：

手函奉悉。蒙关心我的写作问题，甚感。

最近访印归来，感触甚多。印度人民对中国人民的深情厚谊，超出我们的一切想象。这是我第三次访印了，早就应该写点什么，把这种深情厚谊，传达给中国人民。但由于私心作怪，一直没有动笔。每念及此，内疚无量，觉得自己做了一件对不起中国人民和印度人民的事。

叶帅（19）73年就有批示，要加强对印度的工作。我不应该再沉默下去了。因此想到，写十几篇散文，不算是游记，而是重在叙事抒情，期能描绘印度人民的友情于万一。每篇可以独立，但篇与篇之间，又有联系。十几篇（可能是12篇）形成一个整体，统名之曰《三访印度》，字数大概在三四万字之间。印度人民和政府非常重视中国对印度的行动，我们写的有关印度的文章，翻译的印度文学作品，不管是古典的还是现代的，他们立刻就进行报导。这件工作做好了，对贯彻毛主席的三个世界的理论，对加强中印传统友谊，对团结印度广大人民，会有不小的推动作用。

我原想写信给严文井同志，请他考虑，是否可以出一个小册子。但克家劝我和你联系，因为他认为《人民日报》影响更大。我还没来得及写信，就收到你的来信，实在是喜出望外。文章肯定写不出新水平，我那一点老一套的本领，你是知道的。请你考虑，12篇是否可以分期发表？每两周一篇，24周可以完毕。每篇短文2000字，多的4000字，这只是一个估计。已动手写了一点，

---

①姜德明，男，山东高唐人，1929年生于天津，高级编辑，藏书家。

第一篇也还没有写完。

此致

敬礼！

季羡林

1978年4月11日

第二编
贺电贺信及其他

为《外国文学研究》创刊五周年的题词

团结起来，加强协作，把外国文学的研究工作再向前推进一步！

季羡林

1983年6月

致《外国语》创刊十周年的贺词[①]

我是《外国语》的忠实的读者。创刊十年以来，我几乎每一期都读过。我从里面学习了不少的东西，那是不在话下的。我个人感觉到，在中国的外语界，上外的《外国语》、北外的《外语教学与研究》和广外的《现代外语》，宛如三峰鼎峙，光彩辉映全国。现在，《外国语》十周岁了，我表示衷心的祝贺，祝它长寿。如果说还有什么遗憾的话，那就是，这三个刊物都应该扩大篇幅，增加分量。我想借这个机会谈一谈外语教学总结经验的问题。解放后进行外语教学工作，已经四十年了。同解放前对比一下，会产生什么结论呢？我们有什么样的经验和教训呢？一想到这一些，我头脑里就有矛盾。四十年来，我们在教学计划、教材和教学法三个方面所做的努力，远非解放前所能比。但是成绩怎样呢？我们培养了不少杰出的外语人材，这谁也否定不掉。

季羡林

1989年2月

①载于《外国语（上海外国语大学学报）》1989年2期；全文在《季羡林文集》第13卷第591—592页。

致华东师范大学
关于海外中国学研究中心成立的贺信

欣闻华东师范大学海外中国学研究中心成立，谨致衷心祝贺。我很高兴接受中心的聘请做点工作。上海成立这一机构很有意义，祝愿中心成立以后，不懈努力，扎扎实实开展工作，推动海外中国学研究这一很有意义的事业的开展，为中国文化的振兴和国际学术的交流作出应有的贡献。张岱年教授的贺词说，华东师范大学海外中国学研究中心的成立是很有意义的首创。当今，我们特别需要弘扬祖国优秀的传统文化，同时也要吸收世界文化的优秀部分，加以新的综合创造。这是我们面向21世纪的重大课题。中心可以结合各方面力量，为这一重大课题的建设尽一份力。中心的成立必将在学术界和社会上产生积极的影响。

季羡林

1996年3月

对吴裕成《中国的门文化》的评语[①]

吴裕成同志寄来他的大作《中国的门文化》的“引言”和目录，我仔细读了。他从门户这样常见的东西中悟出了许多与之相关联的广义的文化现象，是研究中国传统文化的一个新的视角，是过去几乎没有人全面地注意到的新视角。对此，我没有入“门”，我还是一个“门”外汉，我说不出什么意见。谨缀数语，以示祝贺。

季羡林

1997年1月28日

①吴裕成，1952年9月生，山东蓬莱人，1996年毕业于天津师大中文系，为《今晚报》编辑，中国作家协会会员。

致'98现代汉语语法学国际学术会议的贺词[①]

中国研究现代汉语的学者，应该根据汉语的实际，运用一般的语言理论，实事求是地找出现代汉语语法的规律，建立我们的语法学。

季羡林

1998年8月

①'98现代汉语语法学国际学术会议1998年8月26日至31日在北京大学举行。会议第一阶段为"第十次现代汉语语法学术讨论会"，这次讨论会也是中国社会科学院语言研究所为纪念《马氏文通》发表一百周年和北京大学百年校庆的系列学术活动之一。会议由中国社会科学院语言研究所现代汉语研究室和《中国语文》编辑部、北京大学中文系、商务印书馆、国家对外汉语教学领导小组办公室、北京语言文化大学《语言教学与研究》编辑部，以及香港城市大学中文、翻译及语言学系和香港大学语言学系等单位共同主办。

致敦煌藏经洞发现一百周年庆祝大会的贺信

各位领导、各位贵宾：

这一次召开的庆祝敦煌藏经洞发现一百周年大会，实为空前盛举。我因年迈龙钟，双目又在不久前动过手术，遵医嘱不许远行，因此不能亲临祝贺，实极愧疚，务请诸位原谅！

由于藏经洞的发现，中国学坛上，以及世界学坛上出现了一门新学科：敦煌学。陈寅恪先生在《敦煌劫余录》序中说道，有人认为“敦煌者，吾国学术之伤心史也”。陈先生说：“寅恪有以知其不然。”他列举了许多没有被外人盗走的敦煌卷子，说我们还大有可为，其说甚辩，颇能鼓舞人心。然而，事实却是，在建国前的半个世纪中，在建国后最初的三十年中，在我国，除了少数学者在敦煌研究方面有所贡献外，敦煌学几乎是一片荒漠。某国一敦煌学者曾大言：“敦煌在中国，敦煌学在某国。”这是咎由自取，怪不得他人。

直至20世纪80年代初，改革开放之风吹绿神州大地，敦煌学，也同别的学科一样，从悠长的寒夜中苏醒过来。正在此时，中国敦煌吐鲁番学会又应时而成立，对鼓吹升平，起了一些作用。于是一批中青敦煌学者，踔厉风发，脱颖而出，在不长的时间内出版了大量有较高学术水平的著作，蜚声中外。事实胜于雄辩，外国同行们不能不刮目相待了。此举实含有雪耻的意味，不仅为敦煌学做出了重大贡献，亦为祖国增光添彩，决不可等闲视之。

在北京召开的一次中国敦煌吐鲁番学会的大会上，我无意中提出了一个口号：“敦煌在中国，敦煌学在世界”。得到了与会的中外学者的同声赞成。以后世界以及中国敦煌学蓬勃发展，证明了我那一个口号的准确性。这一次有众多中外专家学者参加的空前的盛会，也说明了我那一句话算是说到了点子上。

在这次大会上表扬了十位对敦煌学有贡献的学者，中外都有，我有幸滥竽其中，既感且愧。我对于敦煌学贡献不大。如果真有的话，也不过是啦啦队中的一个成员而已。我把这一个崇高的荣誉看作一个鼓励和鞭策。我虽已年届九旬，但身体尚称顽健，脑筋还难得糊涂，做啦啦队员，尚有资格。古人诗云："天意怜幽草，人间重晚晴。"我一定竭尽绵薄，为敦煌学的发展尽上自己所能尽到的责任。敦煌学在中国，在全世界一定会有无量光辉的前途。

季羡林

2000年6月30日

致徐德江先生的贺信[①]

德江先生：

随着中国国际地位的提高，汉字在国际上的地位也日益提高。对婴幼儿科学地进行汉字教育，已是目前当务之急。先生主持召开的“首届国际婴幼儿科学汉字教育学术研讨会”，实为一场“当春乃发生”的“及时雨”。恭祝大会圆满成功！

我因出院不久，遵医嘱，严格限制活动，不能亲临祝贺，务请原谅。

即请

近安

季羡林

2000年6月14日

①由中国优生优育协会主办、中国优生优育协会婴幼儿科学汉字教育工作委员会承办的“首届国际婴幼儿科学汉字教育学术研讨会”于2000年6月15日至18日在北京召开。季羡林写信表示祝贺。徐德江为中国优生优育协会婴幼儿科学汉字教育工作委员会主任委员。

致纪晓岚故居整修的贺信

祝贺纪晓岚故居开工整修。这将给北京这一座文化名城增一文化景点。这也是对2008年奥运（会）做的一个有意义的贡献。

季羡林

2001年10月8日

致山东大学历史文化学院的贺词[①]

山东大学历史文化学院王育济教授：

顷闻贵院创建历史语言研究所，不胜欣喜。我因身体原因，遵医嘱须在家静养，不能回到家乡躬逢盛典，甚以为憾。特请柴剑虹同志代我及中国敦煌吐鲁番学会致深表祝贺之辞，并转达我对与会诸君的问候。新世纪伊始，在具有百年历史，具有中华经史之学优良治学传统的山东大学成立历史语言研究所，自然不同凡响。最近几年以来，我不厌其烦地提出这样一个观点：文化交流是推动人类社会前进的重要动力之一。这一点好像还没有人反对，因为我们正处于文化大交流的新时期。既是交流，就要拿来，又要送去。拿、送的也当然应该是好的、有用的东西，做不到百分之百的精华，也不能是糟粕，当然更不能是毒素。这首先就要求我们的国人（尤其是青年）应当了解、学习、继承、发扬中华民族优秀的传统文化，避免使交流变成“独流”或“浊流”。近些年来，针对文化交流走向变化的现实，我还讲了“三十年河东，三十年河西”的规律，对此学界有不同意见展开讨论。我的基本出发点是在人类面临生存危机之时，我们应该利用东方文化，特别是中国文化的精粹思想、“天人合一”的思想，以济西方文化之穷。此方是否灵验，可待实践检验之。依我看来，贵院历史语言研究所的建立，可谓适逢其时。当然，今天的研究所，是新时代、新背景、新条件下的研究机构，既有“沿”，更有“革”，而决非上个世纪三四十年代中研院史语所的“克隆”。这一点，你们的创立宗旨写得很明白，我完全赞同。最后，用一句套话，当然也是发自肺腑之言：祝你们的事业兴旺发达！

季羡林

2002年10月18日

①2002年10月山东大学历史文化学院创办历史语言研究所，季羡林发去贺词。

致陕西西安凤翔法门寺的贺词

陕西西安凤翔法门寺，有千年古塔一座，年久倒塌，下面露出地宫，中藏唐代古物甚多，如来指骨舍利即在其中。初发掘时我曾陪同赵朴初居士前往鉴定，的确是稀世之宝。现在运往台湾瞻仰，大有益于海峡两岸人民之相互理解。

季羡林

2002年2月2日

致第二届房山石经文化研讨会的贺信[①]

房山石经文化研讨会会务组：

欣闻第二届房山石经文化研讨会即将在云居寺举行，倍感高兴。我因身体原因，遵医嘱不能亲赴云居胜地与各位交流切磋，深以为憾。特请中国敦煌吐鲁番学会秘书长柴剑虹、徐自强同志转达我对研讨会的祝贺和对与会代表的问候及敬意。云居寺石经是我们祖国珍贵的文化遗产，蕴涵着极其丰富的文化内涵。云居寺辽金石经已经重新面世45年，虽然我们已在它的保护、研究上取得了许多成绩，但我要说这还远远不够，尤其是在我们为北京举办2008年奥运会而大力倡导“人文奥运”的今天，全面、深入地发掘云居寺石经的人文价值，是房山石经研究会义不容辞的职责。我坚信在与会代表的共同努力下，这次研讨会一定会取得令人鼓舞的成果！祝你们工作顺利，祝全体代表身体健康！

季羡林

2002年8月1日

①本文为北京市文化发展基金会特邀理事、石经研究会会长季羡林先生，写给第二届房山石经文化研讨会的贺词。

为聊城大学揭牌的题词

聊城为鲁西文化重镇，艺文昌明，才俊辈出，历千百年，至今未衰。聊城大学之成立，诚所谓顺乎天理，应乎人情之盛举。行将见桃李遍鲁西，文风满山左，流风余韵普及神州矣。为鲁西庆，为山东庆，为祖国庆！

祝贺聊城大学成立。

季羡林

2002年5月

致《现代汉语词典》(汉英双语)专家研讨会的贺信

各位同志：

大家好!

值《现代汉语词典》(汉英双语)出版研讨会召开之际，我以个人的名义对会议的召开表示衷心的祝贺!

我首先要说的是，外研社又办了一件大好事。为什么说“又一件大好事”呢?因为我在1995年8月30日参加过外研社组织的新版《大英汉词典》出版研讨会，当时我给予那本词典最高的评价，说外研社办了一件大好事。时隔近八年之久，期间没太过问外研社的发展，也不清楚外研社是否还办了其他更多更大的好事(我相信一定是有的)。直到前两天，外研社工作人员把《现代汉语词典》(汉英双语)送到我手中，仔细翻看之后，我有了一种久违的感觉，一部好书啊!为什么不说上两句?所以，我今天要说，外研社又出了一本好书，又办了一件大好事!

还没来得及使用本书，对具体内容和形式就不想作评价了。这里仅仅从一个语言文化和教育研究工作者的经历，说说自己的一点点感想。《现代汉语词典》我是熟悉的，它是汉语辞书发展史上的一部重要著作，具有特殊的地位，在促进汉语规范化方面起到了重大的作用。其实，多年以前，我和几个老教授就曾有这样的想法和愿望，希望将它翻译成英文，一方面来自于我们工作使用的需要，另一方面也想借此促进中外文化的沟通和交流。今天，外研社把我们想做而又未做成的事完成了，出版了《现代汉语词典》(汉英双语)，这是我国汉外类词典出版业的一件大事，完成了我们多年的夙愿。

我相信，当今正在学习英语的成千上万的学生、从事教学的老师、广大的翻译工作者、文字工作者、国际文化交流工作者，以及从事中英文信息处理和语言工程的人，都能从这部双语本中获得益处。有了这么好的出版物，我们的学生、教育工作者和文字工作者应该感到欣慰，有了它的帮助，大家可以把学习和工作做得更好。最后，让我再一次祝贺《现代汉语词典》（汉英双语）的出版，也祝本次研讨会取得圆满成功！

季羡林

2003年2月21日

致中国人文教育高层论坛的贺词

东南大学请我去参加中国人文教育高层论坛的有关会议，我十分感谢。我现在还在医院里，医生不允许我外出，我不能到东南大学参加盛会，但我要委托张岂之教授带去我的讲话。1993年2月17日我写了一篇回忆性质的文章，题名《我的心是一面镜子》。最后一段是这样写的：只有一点我是有信心的，21世纪将是中国文化（东方文化的核心）复兴的时期。

现在世界上出现了许多影响人类生存前途的弊端，比如说人口爆炸、大自然被污染、生态平衡被破坏、粮食生产有限、淡水资源缺乏等等。这只有中国文化能克服，这就是我最后的信念。现在2003年我还是这样看的。从这样的信念出发，我很赞成开展大学文化素质教育，很赞成引导大学生读一点中外文化名著，首先是中国文化名著，我向参与此项工作的老师们表示敬意。感谢东南大学对我的邀请，我祝此次会议开得圆满成功。谢谢！

季羡林

2003年11月

致北京大学校刊创刊五十周年的贺信

很高兴看到，北京大学校刊在这个金秋时节迎来了50年纪念，可喜可贺。近半个世纪，我目睹了它在传播新思想、新文化以及在学校整体宣传工作中所起的重要作用。

希望校刊发扬光荣传统，在新世纪为北大的发展做出更大的贡献。

季羡林

2003年10月10日

女书申报世界记忆遗产推荐书

女书作为一种在旧制度下，被剥夺了学习文化的权利的民间普通劳动妇女，运用自己独特的才识，创造出来的女性专用文字，实在是中国人民伟大精神的表现，足以惊天地，泣鬼神。这种女书文献以及相关的文化，具有语言文字学、人类学、社会学、民俗学、历史学、文学等多学科价值；其社会功能，至今为现代文明所运用。目前只有一个半自然传人（阳焕宜1909年出生、何艳新1940年出生），濒临灭绝。这是人类的宝贵遗产，完全符合联合国教科文组织《世界记忆遗产》所要求的各项条件。因敢竭诚推荐。

北京大学教授　季羡林

2004年4月30日

致中国西藏文化保护与发展协会成立大会的贺信①

我对中国西藏文化保护与发展协会成立表示热烈的祝贺，向出席成立大会的各方面朋友表示亲切的问候。

西藏是我们国家一块宝地，自然景观雄奇，文化遗产丰富。虽然由于各种原因，我多次错失了去西藏的机会，但是由于我长期从事梵文研究，对西藏怀有特殊的感情。西藏有许多珍贵的梵文资料，有许多绚丽的文化瑰宝，使我深感中华文化的博大精深。我们一定要保护和发展好包括西藏文化在内的中国各民族的文化。

中国西藏文化保护与发展协会的成立是文化领域的一件大事，而文化事业的兴盛是一个国家走向兴旺的重要标志。我坚信， 21世纪中华民族的腾飞是谁也阻挡不了的。

虽然由于身体原因不能参加协会成立的活动，但今天我同大家一样充满喜悦之情。我衷心祝愿中国西藏文化保护与发展协会成立大会圆满成功，祝愿中国西藏文化保护与发展协会为中华民族的腾飞作出新的贡献。

季羡林

2004年6月2日

---

①中国西藏文化保护与发展协会于2004年6月21日在北京成立，季羡林因此写了这封贺信。

致中国翻译协会的贺词

中国翻译工作者协会、各位参加中国译协理事会会议的代表们：

欣闻中国译协第五届全国理事会会议在北京举行，我谨向大会表示热烈的祝贺。

尽管我不能到会，但作为学界的一个老兵，想到翻译，我感慨良多。在人类历史发展的长河中，在世界多元文化的交流、融会与碰撞中，在中华民族伟大复兴的进程中，翻译始终都起着不可或缺的先导作用。

对外开放二十多年来中国的翻译事业更是取得了世人瞩目的成就，中国的翻译学术研究和翻译学科建设也有了长足的发展。翻译使中国融入世界，也使世界走近中国。学翻译、教翻译、研究翻译、评论翻译、从事翻译职业工作已经成为与对外开放同步前行的社会文化热点之一。中国译协作为全国性的翻译学术团体，在其中发挥了不可替代的组织协调作用，中国翻译工作者的努力和成果有目共睹。

新世纪是你们的世纪，在面临众多机遇的同时也许会碰到更严峻的挑战。衷心希望大家能够继往开来，与时俱进，为促进中外交流、为中国的兴旺、为人类的发展多做贡献。

祝大会取得圆满成功!

季羡林

2004年11月4日

致在新疆库车召开的
龟兹学国际学术研讨会的贺信

新疆龟兹学会：

听说本月下旬要在库车举行龟兹学国际学术研讨会，我虽然不能躬逢盛会，仍然心向往之，兴奋不已。这不仅是因为我与龟兹学有缘，写过几篇论文，前几年还欣然领命撰写《龟兹佛教史》，而且也更为龟兹学日益受到重视、研究队伍不断壮大而深感欣慰。

20年前我在新疆就敦煌吐鲁番学的研究说过两句成语，一是“方兴未艾”，二是“任重道远”。20年来我们的研究成果令世人瞩目，但这两句话并未过时。龟兹学的课题，无论微观、宏观，都呈现出不穷之态，而且有许多是中国学界的弱项。我们只有在各级领导部门的支持下，齐心合力，团结奋斗，方能逐一攻克，以无愧于我们这个时代。

祝研讨会圆满成功，祝各位代表身体健康，祝龟兹学会蒸蒸日上！

季羡林

2005年8月15日于北京

致欧阳予倩艺术论坛的贺信[①]

欧阳予倩先生是我国20世纪最杰出的戏曲教育家、理论家与剧作家，也是一位优秀的京剧、话剧艺术表演家。在近半个世纪里，他以自己孜孜不倦的、充满创新精神的艺术与创作实践，为我国的戏曲革新与戏曲理论研究做出了巨大贡献。他精心塑造的戏曲舞台人物形象至今还栩栩如生地活跃在人们心中，他撰写的《唐代舞蹈·总论》至今依然是学者研究敦煌壁画、文献中舞蹈艺术必读的指导之作。他是中国戏曲史上极其罕见的集学者、演员、剧作家、理论家、教育家与社会活动家于一身的堪称通才大家的典范人物，其道德风范、文化素养、创新精神、领导才干，对今天文化艺术界的人材培养与队伍建设有着积极的启示和促进作用。我们坚信，通过这次艺术论坛的成功举办，不但可以更好地向世人展示天津市艺术研究所，特别是天津市艺术史研究会、天津发展舞蹈艺术研究中心的工作成果，而且一定能够对新时期我国戏曲史、舞蹈史等诸多学科的发展起到积极的推进作用。

季羡林

2005年10月

①欧阳予倩（1889—1962），我国20世纪戏曲教育家，电影艺术家，中国现代话剧创始人之一。欧阳予倩艺术论坛于2005年10月在天津博物馆召开。

致北京论坛（2005）的贺信

北京论坛（2005）组委会，各位海内外学术界的朋友们：

欣闻北京论坛（2005）隆重开幕，心情十分激动。论坛以“文明的和谐与共同繁荣”为主题，这是我所赞同的。

我历来主张，以分析为基础的西方文明和以综合为基础的东方文明之间，应该取长补短、互相融合、和谐发展、共同繁荣。今天人类社会遇到了很多难题，就必须东西方文明互相学习，互相借鉴经济发展模式和思维方式，把人类文明的发展推上一个更高的阶段。

恩格斯的一段话很值得我们学习思考：“我们不要过分陶醉于我们对大自然的胜利。因为，每一次这样的胜利，大自然都对我们做出了报复。”

学术研究是文明的重要载体，学者则承担着传承文明、创造新文明的伟大使命。来自各个国家和地区的学者聚会在北京，开展交流与对话，必将为人类文明的发展作出新的贡献。因为老病，我不能躬逢其盛，实在感到非常遗憾，但我的心，永远和大家在一起！祝愿北京论坛圆满成功！

季羡林

2005年11月15日

致《群言》创刊二十周年的贺信[①]

热烈祝贺《群言》创刊二十周年！

在这一段不算短的时间内，《群言》歌颂了政通人和、海晏河清的社会，对促进社会和谐也做了不少有益的工作。在这里面，你们付出了很大的劳动，我们大家都应该感谢你们，祝你们继续努力下去！

庆贺并回顾《群言》20周年，我最深刻的感受是责任。

在民盟这个大家庭里，我是一个晚辈。在我的成长与个人经历中，许许多多民盟前辈和长者，都让我高山仰止，是我行为与行动的楷模，其中就有创办和活跃在《群言》的学者。在我深感肩上的重担和责任与挑战的时候，他们的学识气韵、人格操守，无声无息、点点滴滴浸润、影响着我的工作态度，净化着我的心灵。我庆幸从幼至今一直感受着民盟优良传统的熏陶，更庆幸遇到了千载难逢的盛世。

季羡林

2005年7月

①2005年7月，《群言》创刊二十周年，卧病在床的季羡林先生，提前一天送来了他的贺信。

致吐鲁番学国际学术研讨会的贺电①

新疆吐鲁番地区文物局：

欣闻8月下旬将在吐鲁番市举办“吐鲁番学国际学术研讨会”并宣布成立吐鲁番学研究院，我衷心为之高兴！1988年8月20日我在北京举行的敦煌吐鲁番学术讨论会开幕式上提出：“敦煌吐鲁番在中国，敦煌吐鲁番学在全世界。”我又在25日的闭幕式上说：“我的提法是基于这样一种认识：世界上任何一门学科都不是孤立的，关起门来是干不好的。敦煌吐鲁番学也不能例外。”我的话有幸得到中外学界的一致的赞同。今天，你们用自己出色的研究与组织工作证明了这一点。我个人毫不怀疑，吐鲁番学研究院的成立和真正开放式的吐鲁番学资料库的建立，将是我们这门学科发展史上新的里程碑。中国敦煌吐鲁番学从成立的那一天起，就开始为在新疆建立吐鲁番学资料中心而鼓吹、努力。如今，我这个老啦啦队员在有生之年终于得见其付诸实施，岂能不为之鼓掌欢呼？祝你们的研讨会圆满成功，代表们诸事顺利！祝吐鲁番学研究院蒸蒸日上！

季羡林

2005年8月

①中国新疆吐鲁番学第二届国际学术讨论会于2005年8月26日在吐鲁番召开，季羡林发来贺电。

致中国翻译协会的贺信[1]

中国翻译协会：

欣悉中国译协取得2008年第18届世界翻译大会的主办权，这充分体现了国际译界对中国翻译界发展的关注和认可，可喜可贺！同时我也备感欣慰，由此深切感受到了中国翻译工作者的努力和进取，感受到了中国翻译事业的希望和未来。

季羡林

2005年8月4日

①2005年8月4日，中国翻译协会名誉会长、著名学者季羡林先生在获悉中国译协成功申办2008年第18届世界翻译大会的消息后，专门发来贺信表示祝贺。

为民间家书系列图书所写的推荐语[1]

抢救民间家书，就是传承家书文化，守护亲情家园，用亲情的力量维系家庭的和谐，共建和谐社会。

季羡林

2005年12月

①民间家书系列图书由新华出版社自2006年1月1日起陆续出版。季先生写了推荐语，并题写了第一辑《家书抵万金》书名。

致北京大学书法艺术研究所《书法中国》创刊的贺词

祝贺北京大学书法艺术研究所《书法中国》创刊。

北大有悠久的人文传统和丰富的文化资源，如果能在书法等艺术审美教育方面推进一步的话，将使北大的文、理、艺术学科得到全面的整合，这是北大建成世界一流大学的重要基础。北大《书法中国》刊物的创刊，将使北大人文精神在更广泛层面上弘扬光大，同时，还将使综合型大学更具有精神魅力和人文活力。

季羡林

2006年2月18日

致北大书法研究生班作品展的贺信

北京大学有悠久的人文传统和丰富的文化资源，如今在书法艺术审美教育方面又推进了一步，无疑将使北大的文、理、艺术学科得到全面的整合，从而促使北大早日建成世界一流大学。北大首届书法研究生班作品展在首都博物馆的成功举办，将使北大人文精神在更广泛的社会层面上弘扬光大。今后这种注重文化精神魅力的书法展持续举办下去，无疑将使北大在科学民主精神之中增添新的精神魅力和人文活力。

祝贺北京大学首届书法研究生班作品展获得成功！

季羡林

2006年4月16日

致山东大学和邹城市人民政府的贺电[①]

山东大学儒学研究中心、邹城市人民政府：

邹鲁灵秀，圣人桑梓之邦。2006国际儒学论坛于兹设会，商议学术，茂茂多士集焉。谨致贺。

孔子之后，儒分八派。孟学，儒之醇乎醇者也。承三代汤武文周公孔子之德，启韩愈宋明诸儒道学，千百年来影响中国及世界巨然。际此国家倡导和谐，新立荣辱观念，学者集会圣人故里，纪念圣诞，批判往哲，处身亲亲长长和风，仔细培养中华正气，使浩然充塞天地，意义特殊。宋明之后，发掘孟学，与时进化，诸公再尽力，懋绩维嘉。如我耄耋，他日省归返鲁，见乡邦文教各得其所，廓如醇如新如，不当永念诸公茂庸？再谨致贺。

北京大学　季羡林

2006年4月

①2006年4月26日，由山东大学与邹城市人民政府共同举办的儒学全球论坛（2006）孟子思想的当代价值国际学术研讨会，在邹城市召开。季先生致电祝贺。

致庆祝《夜光杯》创刊六十周年的贺信[①]

人有人格，报纸也有报格。我生平接触过的报纸，颇能数出一些，北京、天津、济南、上海都有。以报格而言，我认为《夜光杯》应该是头名状元。第一，它通俗而不流俗；第二，它总是讲真话，不吹牛拍马，不阿谀奉承。读了《夜光杯》以后，人总是精神向上，决不会消沉。一些为人处世的基本道理，在不知不觉中就流入读者心中；一些比较深奥的道理，也可以用让人容易懂的文句表达出来。我能成为《夜光杯》的读者和作者，是使我感到光荣的事情。

季羡林

2006年5月

① 《夜光杯》为《新民晚报》副刊，创刊于1946年5月1日。

致中国藏学研究中心成立二十周年的贺词[①]

在中国藏学研究中心成立二十周年之际，谨向藏研中心全体同仁表示祝贺！对藏研中心二十年来在藏学领域中取得的丰硕研究成果表示祝贺！衷心希望藏研中心能在新的起点上，勇于创新，不断前进，推动藏学事业繁荣发展。

季羡林

2006年5月18日

① 中国藏学研究中心1986年5月20日在北京成立。2006年5月在其成立二十周年际，季先生写了这篇贺词。

致杭州首届国际因明学学术研讨会的贺信

因明学是一个冷门学科，研究它既没名也没利。现在有人为此奔波，热心推动这门学科的研究，很不容易，我非常高兴！因明再不抓就完蛋了。如果允许，我真想飞到杭州参加会议，可惜我在住院。你们开会推动因明学研究是很有意义的，祝你们的研讨会圆满成功！

季羡林

2006年6月

致“重走唐僧西行路”活动的贺词[1]

鲁迅先生称“舍身求法”的人为中国的脊梁。玄奘西行求法表现出中国文化中那种坚毅不拔的精神和面对世界的眼光。玄奘作为中华民族的脊梁为中印文化交流作出了杰出的贡献。“2006中印友好年”将使世界重新认识玄奘精神和文化传承的巨大历史遗产。“重走唐僧西行路”将使新世界“文化拿来”和“文化输出”成为人类文化平等交流的重要方式。

愿世纪充满爱与和平。

祝贺“重走唐僧西行路”获得成功。

季羡林

2006年7月

①2006年7月19日至11月20日，重走唐僧西行路的国际文化交流活动，由中国人民对外友好协会、中国佛教协会、中国玄奘研究中心主办。

致“转型期的敦煌学——继承与发展”国际学术研讨会的贺词

欣闻“转型期的敦煌学——继承与发展”国际学术研讨会即将在南京师大隆重举行，我因身体原因不便出户，无法躬逢盛会，半月前听剑虹同志面陈详情，不禁心向往之，喜上眉梢。近几年来，世界各国的敦煌学研究工作，在敦煌学国际联络委员会的精心组织、协调、指导下，开展得扎实有效。我们中国敦煌吐鲁番学会的众多后起之秀，也齐心合力，与时俱进，取得了令世人瞩目的成绩。敦煌学百年历程，是一场万千学人投身学术新潮流的接力赛跑，后浪推前浪，新人追老人，而今提出以继承与发展为主题的创新与转型，我认为正是适逢其时，所以举双手赞成。

季羡林

2006年9月

致深圳大学印度节的贺词

在过去几千年中，中国翻译了大量的佛教典籍，中华文化之所以能久盛不衰，与吸收佛教文化的精华，是分不开的。但是我个人认为，中国高僧翻译之功勤，而研究则没能跟上，现在，虽已时过境迁，但研究仍有其重要性。

祝深圳大学佛教学研究不断取得胜利。

季羡林

2006年10月

致济南一师附小的信

母校济南一师附小全体师生员工：

张老师来，给我带来了平生少有的快乐，也把我带回到将近一百年前去。

我在母校学习的时间比较短。但是我对母校的感激和回忆永远是甜美的，这种感觉会化为动力，永远前进。

祝母校日益发展壮大。

季羡林

2007年10月23日

致第三届龟兹学学术研讨会的贺信[①]

作为古代丝绸之路重要门户的龟兹，是中西、中印文化学术交流最活跃的地区之一，四大文明交汇，各种宗教兼容，留下了极为丰富的历史古迹与文物遗存，也提出了许多有意义的研究课题。将现代文化理念和历史文化传统结合起来研究龟兹学，对科学地开发西部，繁荣经济，推进文化，构建和谐社会，有不可忽视的作用。

季羡林

2007年8月

①此贺信为2007年8月15日至19日在新疆阿克苏召开的第三届龟兹学学术研讨会而作。

致北大国学研究院成立十五周年的贺信①

袁院长、各位学者：

热诚祝贺北大国学研究院成立十五周年。

国学，实际上是中华文化的同义词。

有几千年传统的中国文化，现在日益为全世界所重视，各国孔子学院的建立，可以充分证明这件事。

现在我们的任务，用一句常用的话来表达就是任重而道远。

作为全国最高学府的北京大学，本身就是中国文化的一部分，我们当仁不让。但是，我们却不能（用）陈陈相因的老办法来研究，我们必须认清新形势，提出新办法，使中国文化能在当今错综复杂的世界上真能闪耀出新的光辉。和谐，这一伟大的思想，实际上是中华文化的一个基本组成部分，又是同西方的征服自然的思想相对峙、相抗衡而发展的。试把中国张载的“民，吾同胞；物，吾与也”的思想，同西方的所谓进化论的思想“物竞天择，适者生存”，摆在一起来看，其高下，其深浅，真有天渊之别。

但是我们切戒自满，我们必须有创新的精神。中国古人所说的“满招损，谦受益”必须成为我们的座右铭。

季羡林

2007年6月16日

①据《光明日报》2007年6月18日报道，6月16日，国学大师季羡林发贺信，庆祝北京大学国学研究院成立十五周年。

致灵山书院的贺信[①]

灵山书院的各位同仁：

今天是灵山书院开幕的大喜日子。这在中国当代学术史上，特别是在佛学研究史上，是一件大好事。我对此表示诚挚的祝贺！

在世界文化交流的历史上，佛教传入中国是一件了不起的大事。佛教的发源地本是印度和尼泊尔，但今天的印度，佛教已几近绝迹。幸好在二千年前，佛教东传，进入中国，碰到了天时地利人和，得以兴盛发达，绵延至今。

佛教在中国，逐渐和中国固有之文化相结合。在两千年的发展过程中，佛教从一个外来的宗教，衍变为几乎像是在中国土生土长的一样。到今天，佛教已经是中国文化不可或缺的组成部分。我们无法想象也不敢想象，如果没有佛教的传入，今天的中国文化会是什么样子。

自古以来，中国就有研究佛学的传统，到了近代日益发扬光大。我们今天尝到了和谐社会的好处，而佛教教义本身也是强调和谐的。所以，今天研究佛学不但有学术意义，还有现实意义。希望各位同仁，认真承担起研究佛学这个承前启后的担子，衷心祝愿灵山书院蒸蒸日上，越办越好！

季羡林

2007年10月23日

①灵山书院，位于江苏无锡，成立于2007年10月28日，是一个集文化研究、培训咨询、项目开发、出版发行、禅修研习等为一体的开放性、公益性研发机构，是一个进行当代佛教文化发展、佛教与社会、佛教文化与当代中国精神文明建设等重大课题的研讨，进行佛教文化艺术领域的创作、创新的佛教文化研究与交流中心。

为老友圣严法师圆寂亲撰的唁电[①]

惊悉老友圣严法师圆寂，实深悲悼，谨电致唁。

季羡林
2009年2月5日下午4点
于北京

①2009年2月5日上午，护工岳爱英给季羡林先生读了有关台湾圣严法师圆寂的新闻，2月5日下午，在蔡德贵去做口述历史时，季老为老友的圆寂坚持亲自撰文，发送唁电。圣严法师（1930—2009），台湾佛教弘法大师，法鼓山创办人。

致第二届世界佛教论坛的贺词[1]

和谐世界，众缘和合，
人间和美，天下大同。

祝贺第二届世界佛教论坛隆重开幕，祝大会圆满吉祥。

季羡林
2009年3月22日

①第二届世界佛教论坛，于2009年3月28日在江苏无锡开幕，4月10日在台北闭幕。世界上50个国家佛教界高僧、中外政要、学者专家等两千多人参加。由中国佛教协会、国际佛光会、香港佛教联合会和中华宗教文化交流协会共同主办。

季羡林文集

季羡林哲言录

季羡林 著
蔡德贵 编

長春出版社
国家一级出版社
全国百佳图书出版单位

图书在版编目(CIP)数据

季羡林哲言录 / 季羡林著；蔡德贵编. —长春：长春出版社，2018.1
(季羡林文集)
ISBN 978-7-5445-5072-7

Ⅰ.①季… Ⅱ.①季… ②蔡… Ⅲ.①季羡林(1911–2009)–语录 Ⅳ.①K825.4

中国版本图书馆 CIP 数据核字(2017)第291644号

季羡林哲言录(季羡林文集)

著　　者：季羡林
编　　者：蔡德贵
责任编辑：张中良　李春龙
封面设计：北京·春天书装

出版发行：長春出版社　　总编室电话：0431-88563443
地　　址：吉林省长春市建设街 1377 号　　发行部电话：0431-88561180
邮　　编：130061
网　　址：www.cccbs.net
制　　版：荣辉图文
印　　刷：长春方圆印业有限公司
经　　销：新华书店

开　　本：787 毫米×1092 毫米　1/16
总 字 数：1881 千字　　本册字数：183 千字
总 印 张：108　　本册印张：10.5
版　　次：2018 年 1 月第 1 版
印　　次：2018 年 1 月第 1 次印刷
定　　价：(全八册)298.00 元

1994 年，季羡林先生访问泰国

晚年与夫人合影

1997 年，在临清官庄小学与学生们合影

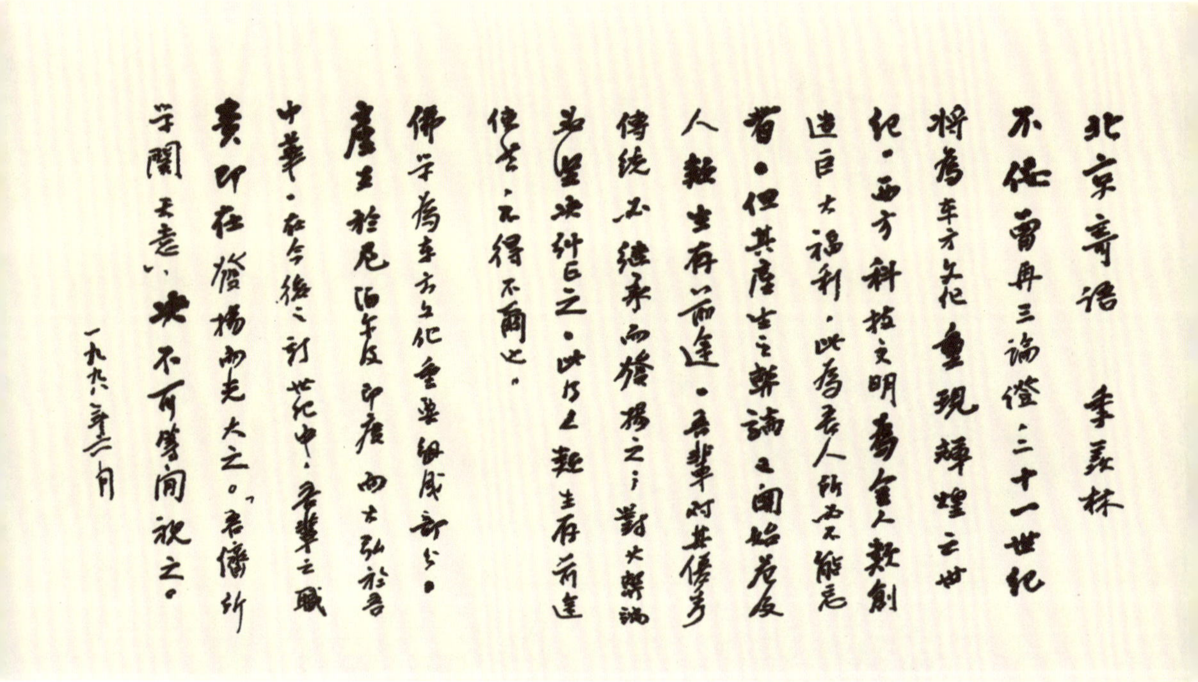

北京寄语　季羡林

不佞曾再三论证，二十一世纪将为东方文化重现辉煌之世纪。西方科技文明为全人类创造巨大福利，此为吾人所不能忘者。但其产生之弊端又开始危及人类生存之前途。吾辈对其优秀传统必继承而发扬之；对其弊端必坚决纠正之。此乃人类生存前途维系之，不得不尔也。

佛学为东方文化重要组成部分。产生于尼泊尔印度，而大弘于吾中华。在今后之廿一世纪中，吾辈之职责即在发扬而光大之。吾侪所学关天意，吾辈不可等闲视之。

一九九八年二月

季羡林先生手迹

1998 年 3 月，在政协会上

季羡林先生和大学生们在一起

编辑缘起

季羡林不是哲学家，甚至也不是什么理论家。但是他一生阅历丰富，有很多人生感悟。他既有长篇大论，如《“天人合一”新解》《关于“天人合一”思想的再思考》，足以引起世人的警觉，以解决人和自然的紧张关系，更有一些短言隽语，是平常随口说出的经验之谈。这些人生感悟往往被他脱口而出，变成警示世人的哲言。

假话全不说，真话不全说。

这是季羡林晚年重复最多的一句话。其含义自不必说，是针对不说真话的现实而发的。他坦诚：我说过不少谎话，因为非此则不能生存。但是我还是敢于讲真话的，我的真话总是大大超过谎话。因此我是一个好人。

季老结合自己的经历，说：每个人都争取一个完满的人生。然而，自古及今，海内海外，一个百分之百完满的人生是没有的。所以我说，不完满才是人生。

他的养生秘诀是“不养生”，主张“不锻炼”“不挑食”“不嘀咕”，“对什么事情都不嘀咕，心胸开朗，乐观愉快，吃也吃得下，睡也睡得着，有问题则设法解决之，有困难则努力克服之，决不视芝麻绿豆大的窘境如苏迷庐山般大，也决不毫无原则随遇而安，决不玩世不恭。“应尽便须尽，无复独多虑”。

这些带有辩证思维特征的哲言会给人以启迪：凡事不能盲从，必须用自己的脑袋，独立探求真理，如此才不会人云亦云而保持真知灼见。

编　者

目　录

第一编

阅世心语，开卷有益

同绝大多数的人一样，我是一个非常平常的人。人的七情六欲，我一应俱全。尽管我有不少的缺点，也做过一些错事；但是，我从来没有故意伤害别人；如有必要，我还伸出将伯之手。因此，不管我打算多么谦虚，我仍然把自己归入好人一类，我是一个“性情中人”。我对亲人，对朋友，怀有真挚的感情。这种感情看似平常，但实际上却非常不平常。我生平颇遇到一些人，对人毫无感情。我有时候难免有一些腹诽，我甚至想用一个听起来非常刺耳的词儿来形容这种人：没有“人味”。按说，既然是个人，就应当有“人味”。然而，我积八十年之经验，深知情况并非如此。“人味”，岂易言哉！岂易言哉！（《怀旧集》自序）

怀旧就是有“人味”的一种表现，而有“人味”是有很高的报酬的：怀旧能净化人的灵魂。亲故老友逝去了，或者离开自己远了。但是，他们身上那一些优良的品质，离开自己越远，时间越久，越能闪出异样的光芒。它仿佛成为一面镜子，在照亮着自己，在砥砺着自己。怀这样的旧人，在惆怅中感到幸福，在苦涩中感到甜美。这不是很高的报酬吗？对逝去者的怀念，更能激发起我们“后死者”的责任感。先死者固然能让我们哀伤，后死者更值得同情，他们身上的心灵上的担子更沉重。死者已矣，他们不知不觉了。后死者却还活着，他们能知能觉。先死者的遗志要我们去实现，他们没有完成的工作要我们去做。即使有时候难免有点想懈怠一下，休息一下。但一想到先人的声音笑貌，立即会振奋起来。这样的怀旧，报酬难道还不够高吗？（《怀旧集》自序）

活老了有什么好处呢？有很多好处。小说上常读到老人自我吹嘘：“我吃的盐比你吃的面都多，我过的桥比你走的路都长。”颇有点英雄气概，让我兴奋鼓舞。

盐吃多了，桥过多了，我没有白吃白过。我曾到世界上三十多个国家，上至总统、总理，下至引车卖浆者流，不管肤色是黑，是黄，是白，我都见到。至于文人、学士、流氓、无赖，诸色人等，我也见了不少。即使我自命为“世故老人”，也不为过。我在国内，在八十多年的生活历程中，我逢到过“山重水复疑无路”，也逢到过“柳暗花明又一村”，颠颠簸簸，坎坎坷坷，摇摇晃晃，趔趔趄趄，走过了这样漫长的道路。我耳虽不太聪，但能听得见；眼虽不太明，但看得着；心虽有点毛病，但还是“难得糊涂”。我经常考虑和回忆过去的事情，研究和观察眼前的事。我的心是一面镜子，明亮照见众生相。（《新民晚报·〈夜光杯〉小引》）

我看，谁的心都是一面镜子。不过，这一面镜子有大，有小；有明，有暗；有的有时明有时暗，有的总是明或总是暗；有的人意识到它，有的人没有意识到；有的人意识到而能反映出来，有的人意识到却反映不出来。在这花花世界，众相纷杂。在三千大千世界中，只要有动物的地方，就都会有这种现象。此事太玄远幽奥，恐怕只有无所不见无所不知的佛祖或上帝，也许再加天老爷，才能了知，我辈凡人大可以不必操这一份心了。（《我的心是一面镜子》序）

个人走的路有时候并不由自己来决定，假如我当年留在家里，走的路是一条贫农的路。生活可能很苦，但风险决不会大。我今天的路怎么样呢？我广开了眼界，熟悉了世界，熟悉了人生，获得了虚名。我曾走过阳关大道，也曾走过独木小桥；坎坎坷坷，又颇顺顺当当，一直走到了耄耋之年。假如当年让我自己选择道路的话，我究竟要选哪一条呢？概难言矣！（《我的心是一面镜子》）

我现在只讲凡人的事，只讲我这个凡人的事。我决没有什么过人的地方，我不比别人多一只眼睛，多一个耳朵，多一颗心。但是，差堪自慰者，我不糊涂，或者不太糊涂，我敏感，我有感情。世界上的万事万物和芸芸众生，风花雪月，阴晴寒暑，一旦触及我的五官，就必然映现在我心里这一面镜子上。我这面镜子能辨邪正，分是非，能使魑魅魍魉现形，能使牛鬼蛇神无所逃遁。我对它是颇有自信的。物换星移，八十五年于兹矣，它至今仍旧朗然。有时候，我无端会可怜起我这一面镜子来，它的负担实在太大太大了。从高中时起，我受了几位老师的影响和鼓励，开始舞笔弄墨。以后，虽然倾全力搞的是另一个行道，可是积习难除，每有所感，我的心这一面镜子每有什么映像，我自然而然地就会拿起笔描绘下来，我识人成千上万，游踪遍亚、欧、非三大洲。国内，国外，伟人，猛人，君子，小人，地、富、反、坏、右、叛、特、走资、臭，我无不接触，我自己就是其中的“老九”嘛！至于浩渺大洋，巍峨峻岭，瑰丽春花，晶莹秋月，夏日红荷，三冬冰雪，更是每年一度会面，从不爽约。所有这一切纷纭繁复的五光十色的人和物，都反映到我的心镜中。（《我的心是一面镜子》序）

我一生勤奋不辍，天天都在读书写文章，但一碰到一个必须深入、更深入钻研的问题，就觉得自己知识不够，有时候不得不临时抱佛脚。人们都承认，有自知之明极难。有时候，我却觉得，自己的“自知之明”过了头，不是虚心，而是心虚了。因此，我从来没有觉得自满过。（《我的书斋》）

如果说我这后半生还有什么优点的话，那就是：我不肯浪费半寸光阴，开电灯以继晷，恒兀兀以穷年，近两三年以来，我拼命苦干；但是，工作怎样也做不完，文债怎样也还不完，身心交瘁，日夜难安。外面来的书报信件，盈几盈案，我却无法一一过目。好多应该答复的信，都没有答复。有人会怀疑我傲慢不恭。真是哑巴吃黄连，有苦说不出。此中滋味，实不足为外人道也。然而几乎每天都是宾客盈门，有“速”者，也有不速之客。还要充当采访的对象，拍照的道具。拍照者高声大叫：“笑一笑！”我怎样能笑得出来呢？结果当然会像电影《瞧这一家子》中的一个镜头那样，陈强同志做出怪模样来“笑一笑”。但是，那是喜剧片，专门逗人乐子。我却是处在现实生活中。我演的不是喜剧，而几乎是悲剧了。

我现在真是中西交迫，内外夹攻，简直没有喘息的余地。静夜自思，无端怜悯起自己来。自己已年届耄耋，正向着鲁迅所说的那一个开着野百合花的地方走去。偏偏道路极不平坦，有如在风光旖旎的燕园中，今天这里挖一条沟，明天那里凿一个洞，让我这个在这里住了将近半个世纪的老北大，有时候竟也摸不着头脑。未知何日天下道路都变得平坦起来，让我这个已毫无

所图又毫无所求的老人能够安然坦然地走到那一个非去不行的地方。(《朗润琐言》自序)

我经常说:人们吃饭是为了活着,但活着不是为了吃饭。这是我的最根本信条之一,我也身体力行。我现在仍然是黎明即起,兀兀穷年,不求有惊人之举,但求无愧于心,无愧于吃下去的饭。(《九十述怀》)

我一向有一个自己认为是正确的看法:人吃饭是为了活着,但活着却不是为了吃饭。到了晚年,更是如此。我还有一些工作要做,这些工作对人民对祖国都还是有利的,不管这个“利”是大是小。我要把这些工作做完,同时还要再给国家培养一些人才。我仍然要老老实实干活,清清白白做人;决不干对不起祖国和人民的事;要尽量多为别人着想,少考虑自己的得失。人过了八十,金钱富贵等同浮云,要多为下一代操心,少考虑个人名利,写文章决不剽窃抄袭,欺世盗名。等到非走不行的时候,就顺其自然,坦然离去,无愧于个人良心,则吾愿足矣。(《老年谈老》)

我们写的废话,说的谎话,吹的大话,这是到处可见的。我觉得,有好多文章是大可以不必写的,有好些书是大可以不必印的。假如少印刷这样的文章、少出版这样的书,则必然能够少砍伐些森林、少制造一些纸张,对保护环境、保持生态平衡,会有很大的好处的,对人类生存的前途也会减少危害的。(《写文章必须要有新意》)

我认为,应当惧怕而惧怕者是正常的;应当惧怕而不惧怕者是英雄。我们平常所说的从容镇静、处变不惊,就是指的这个。不应当惧怕而惧怕者是孱头。不应当惧怕而不惧怕者也是正常的。(《论恐惧》)

从前西湖有一座月老祠,有一副对联是天下闻名的:“愿天下有情人都成了眷属，是前生注定事莫错过姻缘。”多么质朴，多么有人情味！只有对某些人来说，“前生”和“姻缘”显得有点渺茫和神秘。可是，假如每一对夫妇都回想一下你们当初相爱和结婚的过程的话，你能否定月老祠的这一副对联吗？（《爱情》）

什么是“国学”呢？简单地说，“国”就是中国，“国学”就是中国的学问，传统文化就是国学。现在对传统文化的理解歧义很大。按我的观点，国学应该是“大国学”的范围，不是狭义的国学。既然这样，那么国内各地域文化和五十六个民族的文化，都包括在“国学”的范围之内。地域文化和民族文化有各种不同的表现形式，但又共同构成中国文化这一文化共同体。（《季羡林说国学》）

有谁没从童年经过的呢？只要不生下来就死去，总要经过童年的。无论以后成龙成蛇，变成国家要人，名流学者，或者引车卖浆之流；但当他在童年的时候，他总是一个小孩子，同一切别的小孩子一样。他有一个小孩子的要求。但这要求，却十有八九不能达到，因为他的父母对他有一个对大人的要求。至于他在当时因失望而悲哀的心理，恐怕只有他一个人了解。但是，可怜的人们！人类终是善忘的。对这悲哀的心理，连他自己都渐渐模糊起来，终于忘得连一点痕迹都没有了。当他由小孩而升为大人的时候，他忘记了自己是小孩子过，又对自己的小孩子有以前他父母对他的要求。（《印度寓言》自序）

小时候，总希望时光快快流逝，盼过节，盼过年，盼迅速长大成人。然而，时光却偏偏似乎停滞不前，小小的心灵里溢满了忿忿不平之气。但是，一过中年，人生之车似乎是从高坡上滑下，时光流逝得像电光一般。它不饶人，不了解人的心情，愣是狂奔不已。一转眼间，“两岸猿声啼不住，轻舟已过万重山”，滑过了花甲，滑过古稀，少数幸运者或者什么者，滑到了耄耋之年。人到了这个境界，对时光的流逝更加敏感。年轻的时候考虑问题是以年计，以月计。到了此时，是以日计，以小时计了。（《新年抒怀》）

人类社会的进步，有如运动场上的接力赛。老年人跑第一棒，中年人跑第二棒，青年人跑第三棒。各有各的长度，各有各的任务，互相协调，共同努力，以期获得最后胜利。这里面并没有高低之分，而只有前后之别。老年人不必“倚老卖老”，青年人也不必“倚少卖少”。（《希望在你们身上》）

拿做学问来说，天才与勤奋的关系究竟如何呢？有人说“九十九分勤奋，一分神来（属于天才的范畴）”。我认为，这个百分比应该纠正一下。七八十分的勤奋，二三十分的天才（才能），我觉得更符合实际一点。我丝毫没有贬低勤奋的意思。无论干哪一行的，没有勤奋，一事无成。我只是感到，如果没有才能而只靠勤奋，一个人发展的极限是有限度的。（《勤奋、天才（才能）与机遇》）

假如每个人都像我这样，商店几乎都要关门大吉。商店越是高级，我越敬而远之。店里那一大堆五光十色，争奇斗艳的商品，有的人见了简直会垂涎三尺，我却是看到就头痛。而且窃作腹诽：在这些无限华丽的包装内包的究竟是什么货色，只有天晓得。我觉得人们似乎越来越蠢，我们所能享受的东西，不过只占广告费和包装费的一丁点儿，我们是让广告和包装牵着鼻子走的，愧为“万物之灵”。（《漫谈消费》）

“考”者，考试也。在旧社会科举时代，“千军万马独木桥”，要上进，只有科举一途。你只需读一读吴敬梓的《儒林外史》，就能淋漓尽致地了解到科举的情况。以周进和范进为代表的那一批举人进士，其窘态难道还不能让你胆战心惊，啼笑皆非吗？现在我们运气好，得生于新社会中，然而那一个“考”字，宛如如来佛的手掌，你别想逃脱得了。幼儿园升小学，考；小学升初中，考；初中升高中，考；高中升大学，考；大学毕业想当硕士，考；硕士想当博士，考。“四人帮”横行时代，连大学教授也要考。考，考，考，变成烤，烤，烤；一直到知命之年，厄运仍然难免。现代知识分子落到这一张密而不漏的天网中，无所逃于天地之间，我们的人生还谈到什么完满呢？（《不完满才是人生》）

白天神经紧张到最高限度，恭候提审，晚上躺在枕头上，辗转反侧，睁大眼睛，等候天明。我茶不思，饭不想，眼前一片漆黑，而且也不知道，什么时候黑暗才会过去。能不能过去？我也完全失掉了信心。我白天似乎都在做梦。夜里，在乱梦迷离中，我一会儿看到那一把菜刀，觉得有什么人正用那一把刀砍我，而不是我砍别人。我不禁出一身冷汗，蓦然醒来。我一会儿又看到那一只装满了烧掉一半的信件的篮子。那篮子忽然着起火来，火光熊熊，正在燃向我的身边。我又出了一身冷汗，蓦地醒来。我一会儿又看见了蒋介石和宋美龄的照片，蒋介石张开血盆大口，露出了满嘴的朱齿獠牙，正想咬我，宋美龄则变成了一个美女蛇。我又出了一身冷汗，霍地从梦中跳了出来。（《牛棚杂忆》）

按道理，一个人决定死是非常困难的，感情应该有极其剧烈的波动，甚至痛哭流涕，坐卧不宁，达到半疯的地步；然后横下一条心，慷慨死去。江淹说："自古皆有死，莫不饮恨而吞声。"我一没有饮恨，二没有吞声。我的心情很平静，平静得让我自己都感到异样，感到不可解。（《牛棚杂忆》）

我身历几个朝代，忍受过千辛万苦。现在只觉得身后的路漫长无边，眼前的路却是越来越短，已经是很有限了。我并没有倚老卖老，苟且偷安，然而我却明确地意识到，我成了一个"悲剧"人物。我的悲剧不在于我不想"不用扬鞭自奋蹄"，不想"老骥伏枥，志在千里"，而是在"老骥伏枥，志在万里"。自己现在承担的或者被迫承担的工作，头绪繁多，五花八门，纷纭复杂，有时还矛盾重重，早已远远超过了自己的负荷量，超过自己的年龄。这里面，有外在原因，但主要是内在原因。清夜扪心自问：自己患了老来疯了吗？你眼前还有一百年的寿命吗？可是一到了白天，一接触实际，件件事情都想推掉，但是件件事情都推不掉，真仿佛京剧中的一句话："马行在夹道内，我难以回马。"（《回忆陈寅恪先生》）

至于哪几部书对我影响最大，几十年来我一贯认为是两位大师的著作：在德国是亨利希·吕德斯，我老师的老师；在中国是陈寅恪先生。两个人都是考据大师，方法缜密到神奇的程度。从中也可以看出我个人爱好之所在：我禀性

板滞，不喜欢玄之又玄的哲学；我喜欢能摸得着看得见的东西，而考据正合吾意。(《对我影响最大的几本书》)

中国学术传统有所谓“由博返约”的说法。我觉得，这一个“博”与“约”是只限制在同一研究范围以内的。“博”指的是在同一研究领域内把基础打得宽广一点，而且是越宽广越好。然后再在这个宽广的基础上集中精力，专门研究一个或几个课题。由于眼界开阔，研究的深度就能随之而来。我个人的研究同这个有点类似之处，但是我并不限制在同一领域内，所以我不能属于“由博返约”派。(《我的学术总结》)

别人对我的赞誉，我非常感激。但是，我并没有被这些赞誉冲昏了头脑，我头脑是清楚的。我只劝大家，不要全信那一些对我赞誉的话，特别是那一些顶高得惊人的帽子，我更是受之有愧。(《我的书斋》)

我不是一个没有名利思想的人——我怀疑真有这种人，过去由于一些我曾经说过的原因，表面上看起来，我似乎是淡泊名利，其实那多半是假象。但是，到了今天，我已至望九之年，名利对我已经没有什么用，用不着再争名于朝，争利于市，这方面的压力没有了。(《论压力》)

人一死就是涅槃，不用你苦苦追求。那种追求是“可怜无补费工夫”。在亿万年地球存在的期间，一个人只能有一次生命。这一次生命是万分难得的。我们每一个人都必须熟悉到这一点。切不可掉以轻心。尽管人的寿夭不同，这是人们自己无能为力的。不管寿长寿短，都要尽力实现这仅有的一次生命的价值。多体会“民胞物与”的意义，使人类和动植物都能在仅有的一生中过得愉快，过得幸福，过得美满，过得祥和。(《长生不老》)

我觉得，皇帝可以分为三类：开国之君，守业之君，亡国之君。开国之君可以以中国历史上仅有两个马上皇帝为代表：一个是刘邦，一个是朱元璋。二人都是地痞流氓出身，起义时，身边有一批同样是地痞流氓的哥们儿。最初当然都是平起平坐。在战争过程中，逐渐有一个人凸显出来，成了头子，哥儿们就服从他的调遣、指挥。一旦起义胜利，这个头子登上了宝座，被尊为皇帝。最初，在金銮殿上，流氓习气还不能全改掉，必须有叔孙通一类的“帮忙”或“帮闲”者（鲁迅语）出来订朝仪。原来的哥儿们现在经过“整风”必须规规矩矩，三跪九叩，山呼万岁，不许乱说乱动。这个流氓头子屁股坐稳了以后，一定要用种种莫须有的借口，杀戮其他流氓，给子孙除掉障碍；再大兴文字狱，杀害一批知识分子，以达到同样的目的；然后才能安心“龙御宾天”，成为什么“祖”。他们之所以能成功靠的是什么呢？厚、黑、大也。（《漫谈皇帝》）

我又有了一个怪论，我想把思想家与哲学家区分开来。

一般人大概都认为，我以前也曾朦朦胧胧地认为，所有的哲学家都是思想家。哪里能有没有思想的哲学家呢？

但是，最近一个时期以来，我的想法有了改变。

古今中外的哲学史告诉我们，哲学家们大抵同史学家差不多，想“究天人之际，通古今之变”，方式稍有不同。哲学家们探讨的是宇宙的根源，人生的真谛，精神与物质的关系，存在和意识的关系，等等。在这些问题上，他们时有精辟之论，颇能令人心折。但是，一旦他们想把自己的理论捏成一个完整的体系的时候——一般哲学家都是有这种野心的，便显露出捉襟见肘，削足适履的窘态。

我心目中的思想家，却不是这个样子。他们对我在上面谈到的那些问题也可能会有自己的看法。但是，他们决不硬搞什么体系，决不搞那一套繁琐的分析，记得有一副旧对联：“世事洞明皆学问，人情练达即文章。”我觉得，思想家就是洞明世事，练达人情的人。他们不发玄妙莫测的议论，不写恍兮惚兮的文章，更不幻想捏成什么哲学体系。他们说的话都是中正平和的，人人能懂的。可是让人看了以后，眼睛立即明亮，心头涣然冰释，觉得确实是那么一回事。（《思想家与哲学家》）

我总觉得，在无量的——无论在空间上或时间上——宇宙进程中，我们有这次生命，不是容易事：比电火还要快，一闪便会消逝到永恒的沉默里去。我们不要放过这短短的时间，我们要多看一些东西。（《去故国》）

在我们的日常生活中，都有这样一个经验：越是看惯了的东西，便越是习焉不察，美丑都难看出。这种现象在心理学上是容易解释的：一定要同客观存在的东西保持一定的距离，才能客观地去观察。难道我们就不能有意识地去改变这种习惯吗？难道我们就不能永远用新的眼光去看待一切事物吗？

我想自己先试一试看，果然有了神奇的效果。我发现再走过荷塘看到槐花，努力在自己的心中制造出第一次见到的幻想，我不再熟视无睹，而是尽情地欣赏。槐花也仿佛是得到了知己，大大小小、高高低低的洋槐，似乎在喃喃自语，又对我讲话。周围的山石树木，仿佛一下子活了起来，一片生机，融融氤氲。荷塘里的绿水仿佛更绿了；槐树上的白花仿佛更白了；人家篱笆里开的红花仿佛更红了。风吹、鸟鸣，都洋溢着无限生气。一切眼前的东西联在一起，汇成了宇宙的大欢畅。（《槐花》）

我们讲“文化交流”，其中“交”字是关键。既然说“交”，就不会是向一个方向流，形成了所谓 one - way traffic，而是相向地流，这才是真正的“交流”。一方的新东西、新思想、新科技等等流向另一方。另一方的新东西、新思想、新交流、新科技等等也流向这一方。有时候，流过来的东西，经过这一方的改造、加工、发展、提高，又流了回去。如此循环往复，无休无止，一步比一步提高，从而促进了人类文化的发展，以及人类社会的进步。这种流出去又流回来的现象，我称之为“倒流”。（《佛教的倒流》）

在古今中外几乎所有的国家中，在人民的语言和学者的著作里，都包含着许多非常精辟的话，这些话虽然短，但含义深刻，富有启发性和教育意义。据鲁迅先生说，有的地方老百姓把这种话称作“炼话”，意思就是“精炼的话”。在中国学者的著作中，有时称作“嘉言”，有时称作“隽语”，也可以叫作“名言”或“谚语”。欧美许多国家把收集炼话的书称作“智慧”，比如中国炼话，德国人称之为 Die Chinesische Weisheit，英美人称之为 The Chinese Wisdom。

我认为，这种名称是非常恰当的。因为这些炼话，这些嘉言或名言，确实是一个民族在过去漫长的历史上智慧的结晶或者总结。

许多“名言”或者“隽语”对我们今天的中国人民，还有其他国家的人民，究竟有什么用处呢？这些名言是在历史上不同时期形成的，必然带有时代的残痕，甚至阶级的残痕。有的名言，我们不能原封不动地按其全部内容来加以学习和使用。这是没有必要的，也是不可能的。但是，有很多名言，其精神却是一直到今天还值得我们学习和应用的，值得我们当作座右铭来激励自己，有时候也给自己敲敲警钟。这一点，我想，我们大家都会同意的。（《名言是人类智慧的结晶和宝贵的文化遗产》）

古今中外赞美读书的名人和文章，多得不可胜数。张元济先生有一句简单朴素的话：“天下第一好事，还是读书。”“天下”而又“第一”，可见他对读书重要性的认识。

为什么读书是一件“好事”呢？

也许有人认为，这问题提得幼稚而又突兀。这就等于问：“为什么人要吃饭”一样，因为没有人反对吃饭，也没有人说读书不是一件好事。

但是，我却认为，凡事都必须问一个“为什么”，事出都有因，不应当马马虎虎，等闲视之。现在就谈一谈我个人的认识，谈一谈读书为什么是一件好事。

凡是事情古老的，我们常常总说“自从盘古开天地”。我现在还要从盘古开天地以前谈起，从人类脱离了兽界进入人界开始谈。人变成了人以后，就开始积累人的智慧，这种智慧如滚雪球，越滚越大，也就是越积越多。禽兽似乎没有发现有这种本领。一只蠢猪一万年以前是这样蠢，到了今天仍然是这样蠢，没有增加什么智慧。人则不然，不但能随时增加智慧，而且根据我的观察，增加的速度越来越快，有如物体从高空下坠一般。到了今天，达到了知识爆炸的水平。最近一段时间以来，“克隆”使全世界的人都大吃一惊。有的人竟忧心忡忡，不知这种技术发展“伊于胡底”。信耶稣教的人担心将来一旦“克隆”出来了人，他们的上帝将向何处躲藏。

人类千百年以来保存智慧的手段不出两端，一是实物，比如长城等等，二是书籍，以后者为主。在发明文字以前，保存智慧靠记忆；文字发明了以后，则使用书籍。把脑海里记忆的东西搬出来，搬到纸上，就形成了书籍，书籍是贮存人类代代相传的智慧的宝库。后一代的人必须读书，才能继承和发扬前人的智慧。人类之所以能够进步，永远不停地向前迈进，靠的就是能读书又能写书的本领。

我常常想，人类向前发展，有如接力赛跑，第一代人跑第一棒；第二代人接过棒来，跑第二棒，以至第三棒、第四棒，永远跑下去，永无穷尽，这样智慧的传承也永无穷尽。这样的传承靠的主要就是书，书是事关人类智慧传承的大事，这样一来，读书不是“天下第一好事”又是什么呢?

但是，话又说了回来，中国历代都有“读书无用论”的说法。读书的知识分子，古代通称之为“秀才”，常常成为取笑的对象，比如说什么“秀才造反，三年不成”，是取笑秀才的无能。这话不无道理。在古代——请注意，我说的是“在古代”，今天已经完全不同了——造反而成功者几乎都是不识字的痞子流氓，中国历史上两个“马上”皇帝，开国“英主”，刘邦和朱元璋，都属此类。诗人只有慨叹“刘项原来不读书”。“秀才”最多也只有成为这一批地痞流氓的“帮忙”或者“帮闲”，帮不上的，就只好慨叹“儒冠多误身”了。

但是，话还要再说回来，中国悠久的优秀的传统文化的传承者，是这一批地痞流氓，还是“秀才”？答案皎如天日。这一批“读书无用论”的现身“说法”者的“高祖”“太祖”之类，除了镇压人民剥削人民之外，只给后代留下了什么陵之类，供今天搞旅游的人赚钱而已。他们对我们国家竟无贡献可言。

总而言之，“天下第一好事，还是读书”。(《天下第一好事，还是读书》)

有一个平凡的真理，直到耄耋之年，我才顿悟：中国是世界上最喜藏书和读书的国家。

什么叫书？我没有能力，也不愿意去下定义。我们姑且从孔老夫子谈起吧。他老人家读《易》，至于韦编三绝，可见用力之勤。当时还没有纸，文章是用漆写在竹简上面的，竹简用皮条拴起来，就成了书。翻起来很不方便，读起来也有困难。我国古时有一句话，叫作“学富五车”，说一个人肚子里有五车书，可见学问之大。这指的是用纸做成的书，如果是竹简，则五车也装不了多少部书。

至于专门读书的人，历代记载更多。也还有一些关于读书的佳话，什么囊萤映雪之类。有人做过试验，无论萤和雪都不能亮到让人能读书的程度，然而在这一则佳话中所蕴含的鼓励人们读书的热情则是大家都能感觉到的。还有一些鼓励人读书的话和描绘读书乐趣的诗句。“书中自有颜如玉”之类的话，是大家都熟悉的，说这种话的人的“活思想”是非常不高明的，不会得到大多数人的赞赏。至于“四时读书乐”一类的诗，也是大家所熟悉的。可惜我童而可之，至今老朽昏聩，只记住了一句：“绿满窗前草不除”，这样的读书情趣也是颇能令人向往的。此外如“红袖添香夜读书”之类的读书情趣，代表另一种趣味。据鲁迅先生说，连大学问家刘半农也向往，可见确有动人之处了。“雪夜闭门读禁书”代表的情趣又自不同，又是“雪夜”，又是“闭门”，又是“禁书”，不是也颇有人向往吗？

这样藏书和读书的风气，其他国家不能说一点没有；但是据浅见所及，实在是远远不能同我国相比。因此我才悟出了“中国是世界上最爱藏书和读书的国家”这一条简明而意义深远的真理。中国古代光辉灿烂的文化有极大一部分是通过书籍传流下来的。到了今天，我们全体炎黄子孙如何对待这个问题，实际上是每个人都回避不掉的。我们必须认真继承这个在世界上比较突出的优秀传统，要读书，读好书。只有这样，我们才能上无愧于先民，下造福于子孙万代。（《藏书与读书》）

我曾多次声明，我禀性愚鲁，最不擅长也最不喜欢那种抽象到无边无际的甚至是神秘的哲学思考。我喜欢具体的摸得着看得见的东西。我是搞语言研究出身的，做学问喜欢考据，那种有一千个哲学家就有一千种哲学的现象，我认为是非我性之所近。但是，出于我自己也无法解释的原因，我“老年忽发少年狂”，侈谈东西文化的区别及其对人类生存前途的关系。这已经接近哲学思考，是我原来所不愿谈的。“怪论”一出，反对者有之，赞成者也有之，我细读赵杰的文章，他属于后者。古语云：“惺惺惜惺惺”，我在窃喜之余，还是决定写几句话。

我的“怪论”是无能成龙配套的。我讲四大文明体系，又讲东西两大文明体系，还不知天高地厚地讲综合思维模式和分析思维模式，以及“三十年河东，三十年河西”，又“预言”，21 世纪将是东西文化融合而以东方为主的世纪，最后还讲西方文化以“征服自然”为鹄的，制造了许多弊端，弊端不除，人类生存前途将会异常艰辛，如此等等，不一而足。我名之曰“怪论”，这是以退为进的手法，我自己实际上并不认为有什么“怪”，我认为，人类只要还

有理性，就必然会得出这样的结论。(《学问中没有捷径》)

天资＋勤奋＋机遇＝成功

“天资”，我本来想用“天才”；但天才是个稀见现象，其中不少是“偏才”，所以我弃而不用，改用“天资”，大家一看就明白。这个公式实在是过分简单化了，但其中的含义是清楚的。搞得太烦琐，反而不容易说清楚。

谈到天资，首先必须承认，人与人之间天资是不相同的，这是一个事实，谁也否定不掉。十年浩劫中，自命天才的人居然号召大批天才，葫芦里卖的是什么药，至今不解。到了今天，学术界和文艺界自命天才的人颇不稀见，我除了羡慕这些人“自我感觉过分良好”外，不敢赞一词。对于自己的天资，我看，还是客观一点好，实事求是一点好。

至于勤奋，一向为古人所赞扬。囊萤、映雪、悬梁、刺股等故事流传了千百年，家喻户晓。韩文公的“焚膏油以继晷，恒兀兀以穷年”，更为读书人所向往。如果不勤奋，则天资再高也毫无用处。事理至明，无待饶舌。

谈到机遇，往往为人所忽视。它其实是存在的，而且有时候影响极大。就以我自己为例，如果清华不派我到德国去留学，则我的一生完全不会像现在这个样子。

把成功的三个条件拿来分析一下，天资是由“天”来决定的，我们无能为力。机遇是不期而来的，我们也无能为力。只有勤奋一项完全是我们自己决定的，我们必须在这一项上狠下工夫。在这里，古人的教导也多得很。还是先举韩文公。他说：“业精于勤荒于嬉，行成于思毁于随”。这两句话是大家都熟悉的。(《成功》)

我想到的问题很多，这几年在许多文章中和座谈会上，我都讲到过。约略言之，可以有以下诸端，性质不同，但都与东西文化有某些关联：第一，汉语语法的研究必须改弦更张。第二，《中国通史》必须重写。第三，《中国文学史》必须重写。第四，中国文艺理论必须使用中国固有的术语，采用同西方不同的判断方法，这样才能在国际学坛上发出声音。第五，中国美学研究必须根本“转型”。第六，我认为，西方的基本思维模式是分析的，而中国或其他东方国家则是综合的。第七，西方处理人与大自然的关系的“征服”手段是错误的；中国的“天人合一”的观点是正确的。第八，西方的科学技术，在为世界人民谋福利的同时，产生了众多的弊端甚至灾害。现在如仍不悬崖勒马，则人类生存的前途必受到威胁。第九，东方文化与西方文化的关系是“三十年河东，三十年河西”。这一切还仅仅只能算是荦荦大者。你看，这些重重怪论，累累奇思，怎能不引起人们的关注？我这个半瓶醋岂非过分狂妄不自量力了吗？我决无意哗众取宠，我多年的胡思乱想让我不得不写。不管别人如何骇怪，我则深信不疑。（《我与东方文化研究》）

中国几千年的教育制度，从组织结构上来看，大体可以分为两类：一官，一私。书院是中国封建社会的一种教育组织形式，以私人创建为主，有时也有官方创办的。其特点是：在个别著名学者领导下，积聚大量图书，聚众授徒，教学与研究相结合。从唐、五代末到清末有一千年的历史，书院对我国封建社会的教育，产生过重大的影响。要谈中国教育史，要研究现在的教育制度，就必须着重研究书院制度。从这个研究中，我们可以学习到很多有用的东西。（《漫谈书院》）

过去中国有“诗言志”和“文以载道”的说法。抛开众多注释家的注释不谈，一般人对这两个说法的理解是，所谓“志”是自己内心的活动，多半与感情有关，“言志”就是抒发自己的感情，抒发形式则既可以用诗歌，也可以用散文，主要是叙事抒情的散文。所谓“唐宋八大家”者，皆可以归入此类。而“载道”则颇与此有别。“道”者，多为别人之“道”。古人所谓“代圣人立言”者，立的是圣人之道。自己即使有“道”，如与圣道有违，也是不能立、不敢立的。

这样就产生了矛盾。人总是有感情的，而感情又往往是要抒发的。即使是以传承道统自命的人，他们写文章首先当然是载道，但也不免要抒发感情。我只举几个例子，就足以说明问题了。唐代韩愈以继承孔子道统自命；但是，不但他写的诗是抒发感情的，连散文亦然。他那一篇有名的《原道》，顾名思义，就能知道，他“原”的是“道”。但是，谁能说其中感情成分不洋溢充沛呢？又如宋代的朱熹，公认是专以载道为己任的大儒。但是，他写的许多诗歌，淳朴简明，蕴含深厚，公认是优美的文学作品，千载传诵。连孔门都注重辞令修饰，讲什么言

之无文，行之不达。可见文与道有时候是极难以区分的。（《文得学养》）

在人类历史上，文化交流是经常的、正常的现象。几千年的人类文明史证明了一个事实，这就是，国家无论大小，历史无论长短，尽管深度和广度有所不同，每一个国家都对人类文化作出了自己的贡献，每一个国家都是一方面接受别国的文化，一方面又把自己的文化送出去，送给别的国家，从而既丰富了自己的文化，也丰富了人类共同的文化宝库。

我认为，研究人类文化交流的历史是一门非常重要的学科。通过这种研究，可以让不同国家的人民认识到自己接受了一些什么东西，又给予了一些什么东西，从而一方面提高自己的信心，另一方面又得到一个正确的认识，认识到人类必须互相帮助，互相学习，哪一个国家也不能孤立，也不会独立，也不曾孤立；这种认识对于增强国家和人民之间的友谊和了解会有很大的帮助，它会加强各国人民共同保卫世界和平，向着一个伟大目标奋进的决心。（《中国传统小说在亚洲》）

在过去两千多年中，我们也同样拿来了很多很多的有用的东西。现在从最大的宏观上来看，在中国历史上外来文化大规模的传入共有两次：一次是汉代起印度佛教的传入，一次就是从四百年前起西方天主教，后来又加上了基督教的传入。两次传入，从表面上来看，都是宗教的传入；但从本质上来看，实际上传入的是文化，是哲学，是艺术，是技术等等。没有这两次的传入，我们今天的科技和文化的发展决不会是现在这个样子。这是一件事实，没有争辩的余地。

佛教在这里先不谈，这不是我要谈的题目，我只谈天主教和基督教。虽然西方信仰耶稣的宗教在中国唐代已经以景教的名义传入中国，但是影响不大。真正有影响的是明末清初天主教的传入。晋代佛教高僧道安对弟子们说过两句话：“不依国主，则法事难立。”这两句话是从经验中得来的，完全符合实际情况。佛教如此，天主教亦何独不然。天主教所依的最初不是国主，而是大臣和艺术家学者，前者可以徐光启为代表，后者的代表当首推大画家吴历。到了清代康熙皇帝统治时期，这一位大皇帝并不一定为天主教义所动，然而他的目光犀利，看到了西方科技的重大意义，亲自学习西方的几何学。皇帝的榜样有力量，清代颇出了几个大数学家。到了 20 世纪，西方文化猛烈冲击“东方睡狮”，如暴风骤雨，惊涛骇浪，中国人民接受了这个挑战，在短短一百年的时间内，从一个殖民地半殖民地国家，达到了今天的社会主义社会的初级阶段，其进步之速超过了过去的一千年。（《谈西学东传》）

教育为立国之本，这是中国两千多年来的历代王朝都执行的根本大法。在封建社会，帝王的所作所为，无一不是为了巩固统治，教育亦然。然而，动机与效果往往不能完全统一。不管他们的动机如何，效果却是为我们国家培养了一批批人才，使我国优秀文化传承几千年而未中断。（《我对未来教育的几点希望》）

在文章的结构方面，最重要的是开头和结尾。在这一点上，诗文皆然，细心的读者不难自己去体会。而且我相信，他们都已经有了足够的体会了。要举例子，那真是不胜枚举。我只举几个大家熟知的。欧阳修的《相州昼锦堂记》开头几句话是：“仕宦而至将相，富贵而归故乡，此人情之所荣，而今昔之所同也。”据一本古代笔记上的记载，原稿并没有。欧阳修经过了长时间的推敲考虑，把原稿派人送走。但他突然心血来潮，觉得还不够妥善，立即又派人快马加鞭，把原稿追了回来，加上了这几句话，然后再送走，心里才得到了安宁。由此可见，欧阳修是多么重视文章的开头。从这一件小事中，后之读者可以悟出很多写文章之法。这就决非一件小事了。这几句话的诀窍何在呢？我个人觉得，这样的开头有雷霆万钧的势头，有笼罩全篇的力量，读者一开始读就感受到它的威力，有如高屋建瓴，再读下去，就一泻千里了。文章开头之重要，焉能小视哉！这只不过是一个例子，不能篇篇如此。综观古人文章的开头，还能找出很多不同的类型。有的提纲挈领，如韩愈《原道》之“博爱之谓仁，行而宜之之谓义，由是而之焉之谓道，足乎己无待于外之谓德”。有的平缓，如柳宗元的《小石城山记》之“自西山道口径北，逾黄茅岭而下，有二道”。有的陡峭，如杜牧《阿房宫赋》之“六王毕，四海一，蜀山兀，阿房出”。类型还多得很，不可能，也没有必要一一列举。读者如能仔细观察，仔细玩味，必有所得，这是完全可以肯定的。（《漫谈散文》）

同世上的万事万物一样，八股也要一分为二的。从内容上来看，它是“代圣人立言”，陈腐枯燥，在所难免。这是毫不足法的。但是，从布局结构上来看，却颇有可取之处。它讲究逻辑，要求均衡，避免重复，禁绝拖拉。这是它的优点。有人讲，清代桐城派的文章，曾经风靡一时，在结构布局方面，曾受到八股文的影响。这个意见极有见地。如果今天中国文坛上的某一些散文作家——其实并不限于散文作家——学一点八股文，会对他们有好处的。（《漫谈散文》）

五四运动以来的白话诗运动，我不认为是成功的。问题不在于白话与否，而在于迄今还没有找到合适的形式。既然叫诗，必然要有诗的形式，这是一个常识问题。那些反对这些常识的理论，以我愚鲁，听起来介于明白与不明白之间。（《论新体旧诗》）

我常有一个比喻：我们这些学习外语的人，好像是一群鲤鱼，在外语的龙门下洑游。有天资肯努力的鲤鱼，经过艰苦的努力，认真钻研，锲而不舍，一不要花招，二不找捷径，有朝一日风雷动，一跳跳过了龙门，从此变成了一条外语的龙，他就成了外语的主人，外语就为他所用。如果不这样做的话，则在龙门下游来游去，不肯努力，不肯钻研，就是游上一百年，他仍然是一条鲤鱼。如果是一条安分守己的鲤鱼，则还不至于害人。如果不安分守己，则必然堕入假冒伪劣之列，害人又害己。

做人要老实，学外语也要老实。学外语没有什么万能的窍门。俗语说：“书山有路勤为径，学海无涯苦作舟。”这就是窍门。（《学外语》）

实际上是悲剧更有生命力，中国历史上也是这个样子。一个人一生飞黄腾达，写不出好诗。这里边还有一个，也是在中国，还有个说法：“欢愉之辞难工”，欢悦的情绪不能写好文章。这话恐怕是对的。因为一个人没有激情，写不出好文章。我一向主张，写科研论文，没有真见解，不要下笔。写抒情的文章，没有真的感情，也不要下笔。下笔也没有好结果。（《大国学——季羡林口述史》）

那个董秋芳是在那个作文卷子（上写），一处节奏，二处节奏。正跟我的想法相符，我觉得写文章就得有节奏，所以我对八股文，八股文就是有节奏，（我对）整个的结构（很重视），结构里边，哪一段放在什么地方，哪一段放在什么地方，不是随便乱写的。所以我对八股文哪，后来我跟那个张中行啊（交流），他也同意我的意见，我说八股文哪，其功不可泯。现在缺少那个八股文的训练。而且现在新文学家，一动就是个教授，王崑玉好不容易评了个讲师，我就很不满意。我说论功底，现在所谓新文学家，只要敢写，碰到时运，一篇文章出了名，就可能成为作家，这个王崑玉那时候要是有作家的名称，成为作家，到大学一动就是教授。我对这个很有意见。（《大国学——季羡林口述史》）

我年届耄耋，前面的路有限了。几年前，我写过一篇短文，叫《老猫》，意思很简明，我一生有个特点：不愿意麻烦别人。了解我的人都承认。难道到了人生最后一段路上，我就要改变这个特点吗？不，不，不想改变。我真想学老猫，到了大限来临时，钻到一个幽暗的角落里，一个人悄悄地离开人世。（《二月兰》）

写文章引用别人的著作甚至观点，是决不可避免的，但必须注明出处，这是起码的学术道德。如果想开辟一个新领域，创造一个新天地，那就必须自找新材料，偷懒是万万不容许的。我自知不是大鹏，而只是一只鷦鷯，不敢作非分想，只能低低地飞。即使是大鹏，要想开辟新天地，也必付出巨大的劳动，想凭空“抟扶摇而上者九万里”，其结果必然是一个跟头栽下来，丢人现眼，而且还是飞得越高，跌得越重。搜集资料，捷径是没有的，现有的引得之类，作用有限。将来有朝一日，把所有的古书都输入电脑，当然会方便得多。可是目前还做不到。我只有采用一个最原始、最笨、可又决不可避免的办法，这就是找出原书，一行行，一句句地读下去，像砂里淘金一样，搜寻有用的材料。我曾经从1993年至1994年用了差不多两年的时间，除了礼拜天休息外，每天来回跋涉五六里路跑一趟北大图书馆，风雨无阻，寒暑不辍。我面对汪洋浩瀚的《四库全书》和插架盈楼的书山书海，枯坐在那里，夏天要忍受书库三十五六摄氏度的酷暑，挥汗如雨，耐心地看下去。有时候偶尔碰到一条有用的资料，便欣喜如获至宝。但有时候也枯坐半个上午，把白内障尚不严重的双眼累得个“一佛出世，二佛升天”，却找不到一条有用的材料，嗒然拖着疲惫的双腿，返回家来。经过了两年的苦练，我炼就一双火眼金睛，能目下不是十行，二十行，而是目下一页，而遗漏率却小到几乎没有的程度。我的《糖史》就是在这样的情况下写成的。（《我的学术总结》）

还有毕业这个词，德文里面没有毕业这个词，为什么原因呢？这个德国的大学里面，没有毕业这个行动。有的人骗人，德国某某大学毕业，一看这个说法就是骗人的，德国没有毕业这个词。什么意思呢？什么时候得到博士学位，就是毕业了。德国有个词，叫永恒的学生（eternal students），因为德国的那个大学是入学随便你入，离开学校随便你离开，可是没有得博士学位。它根本就没有毕业这个词。得到博士学位，就算完了。所以有人讲，是德国某某大学毕业，光是这一个词本身，就是骗子，没有这个玩意儿，美国有这个玩意儿。德国那个学生自由，你愿意上哪一个学校，随便，没有入学考试。你随便考，随便上。你转系啊，随便转。你学了文科，愿意转这个医学院，也可以，随便。所谓永恒的学生啊，什么意思呢？永远拿不到学位。（《大国学——季羡林口述史》）

我主张写诗与音乐相通，叫纯诗，纯诗与音乐相通。有起伏，有节奏，讲究起笔、落笔，中间布局，很严格的。有一阵，对这个八股文啊，张中行啊，同意我的意见，我说，对八股文啊，不可完全抹杀。它的思想太腐朽，文章的结构还可以向八股文学习。八股文的结构，起承转合，有人讲，这个清朝的桐城派就受八股文的影响，我同意这个意见。桐城派啊，也是新的八股文，就讲究起承转合。八股文的最大问题是思想，思想腐朽，形式还得八股。（《大国学——季羡林口述史》）

在一个“人生漫谈”的专栏中，首先谈一谈人生，似乎是理所当然的，未可厚非的。

而且我认为，对于我来说，这个题目也并不难写。我已经到了望九之年，在人生中已经滚了八十多个春秋了。一天天面对人生，时时刻刻面对人生，让我这样一个世故老人来谈人生，还有什么困难呢？岂不是易如反掌吗？但是，稍微进一步一琢磨，立即出了疑问：什么叫人生呢？我并不清楚。

不但我不清楚，我看芸芸众生中也没有哪一个人真清楚的。古今中外的哲学家谈人生者众矣。什么人生意义，又是什么人生的价值，花样繁多，扑朔迷离，令人眼花缭乱；然而他们说了些什么呢？恐怕连他们自己也是越谈越糊涂。以己之昏昏，焉能使人昭昭！

哲学家的哲学，至矣高矣。但是，恕我大不敬，他们的哲学同吾辈凡人不搭界，让这些哲学，连同它们的“家”，坐在神圣的殿堂里去独现辉煌吧！像我这样一个凡人，吃饱了饭没事儿的时候，有时也会想到人生问题。我觉得，我们“人”的“生”，都绝对是被动的。没有哪一个人能先制定一个诞生计划，然后再下生，一步步让计划实现。只有一个人是例外，他就是佛祖释迦牟尼。他住在天上，忽然想降生人寰，超度众生。先考虑要降生的国家，再考虑要降生的父母。考虑周详之后，才从容下降。但他是佛祖，不是吾辈凡人。

吾辈凡人的诞生，无一例外，都是被动的，一点主动也没有。我们糊里糊涂地降生，糊里糊涂地成长，有时也会糊里糊涂地夭折，当然也会糊里糊涂地寿登耄耋，像我这样。

生的对立面是死。对于死，我们也基本上是被动的。我们只有那么一点主动权，那就是自杀。但是，这点主动权却是不能随便使用的。除非万不得已，是决不能使用的。

我在上面讲了那么些被动，那么些糊里糊涂，是不是我个人真正欣赏这一套，赞扬这一套呢？否，否，我决不欣赏和赞扬。我只是说了一点实话而已。

正相反，我倒是觉得，我们在被动中，在糊里糊涂中，还是能够有所作为的。我劝人们不妨在吃饱了燕窝鱼翅之后，或者在吃糠咽菜之后，或者在卡拉OK、高尔夫之后，问一问自己：你为什么活着？活着难道就是为了恣睢地享受吗？难道就是为了忍饥受寒吗？问了这些简单的问题之后，会使你头脑清醒一点，会减少一些糊涂。谓予不信，请尝试之。(《人生》)

每个人都争取一个完满的人生。然而，自古及今，海内海外，一个百分之百完满的人生是没有的。所以我说，不完满才是人生。(《不完满才是人生》)

时间是毫不留情的，它真使人在自己制造的镜子里照见自己的真相！(《季

羡林谈人生》)

好多年来，我曾有过一个“良好”的愿望：我对每个人都好，也希望每个人都对我好。只望有誉，不能有毁。最近我恍然大悟，那是根本不可能的。如果真有一个人，人人都说他好，这个人很可能是一个极端圆滑的人，圆滑到琉璃球又能长只脚的程度。(《毁誉》)

学者们常说：“真理愈辨愈明。”我也曾长期虔诚地相信这一句话。但是，最近我忽然大彻大悟，觉得事情正好相反，真理是愈辩愈糊涂。(《真理愈辨愈明吗?》)

陈先生之所以在晚年费那么大的力量，克服那么大的困难来写《柳如是别传》，绝对不是为了考证而考证。从陈先生的考证，我们可以学习很多东西，不仅限于此，陈先生真正的感情、真正的对中国文化的感情，都在里面。解放以后，陈先生也写了不少的诗，外面有很多传说，陈先生在诗中是否对现实都满意呢？我认为这不可能，我甚至可以这么说，任何时代的政治也不能为当时的人百分之百地完全接受，我想将来也不会。陈先生的诗十分难懂，周一良先生讲过几次，的确是非常难懂，有些话不能直说，婉转地说，用典，所用的典也很冷僻，很难查。陈先生诗中表现的感情，我觉得并不奇怪，若在50年代，我还不能这样讲，经过了45年，陈先生的想法未必不正确。他忧国忧民，才如此作想。若他对我们的国家、我们的文化根本毫不在意，他就绝对不会写这样的诗。歌颂我们的国家是爱国，对我们的国家不满也是爱国，这是我的看法。若陈先生是真的不爱国的话，他就根本不会作学问、写诗。这正如当时某些上海人所说的“国事管他娘，打打麻将”。对国家漠不关心，才会这样。而陈先生的关心，就是爱国的表现，不管这个国正确不正确。(《〈柳如是别传〉与国学研究》)

任何一个人，包括我自己在内，以及任何一个生物，从本能上来看，总是趋吉避凶的。因此，我没怪罪任何人，包括打过我的人。我没有对任何人打击报复，并不是由于我度量特别大，能容天下难容之事，而是由于我洞明世事，又反求诸躬。假如我处在别人的地位上，我的行动不见得会比别人好。(《九十述怀》)

世态炎凉，古今所共有，中外所同然，是最稀松平常的事，用不着多伤脑筋。元曲《冻苏秦》中说："也素把世态炎凉心中暗忖。"《隋唐演义》中说："世态炎凉，古今如此。"不管是"暗忖"，还是明忖，反正你得承认这个"古今如此"的事实。(《世态炎凉》)

但是，对世态炎凉的感受或认识的程度，却是随年龄的大小和处境的不同而很不相同的，绝非大家都一模一样。我在这里发现了一条定理：年龄大小与处境坎坷同对世态炎凉的感受成正比。年龄越大，处境越坎坷，则对世态炎凉感受越深刻。反之，年龄越小，处境越顺利，则感受越肤浅。这是一条放诸四海而皆准的定理。(《世态炎凉》)

现在，我的人生之旅快到终点了，我常常回忆80年来的历程，感慨万端。我曾问过自己一个问题，如果真有那么一个造物主，要加恩于我，让我下一辈子还转生为人，我是不是还走今生走的这一条路？经过了一些思虑，我的回答是：还要走这一条路。但是有一个附带条件：让我的脸皮厚一点，让我的心黑一点，让我考虑自己的利益多一点，让我自知之明少一点。(《我的心是一面镜子》)

我生平优点不多，但自谓爱国不敢后人，即使把我烧成了灰，每一粒灰也还是爱国的。可是我对于当知识分子这个行当却真有点谈虎色变。我从来不相信什么轮回转生。现在，如果让我信一回的话，我就恭肃虔诚祷祝造化小儿，下一辈子无论如何也别播弄我，千万别再把我播弄成知识分子。(《牛棚杂忆》)

七十多年的生命像一场春梦似的逝去了。这样的梦并不总是像"春宵一刻值千金”那样轻灵美妙。有时候也难免有惊涛骇浪，龙蛇竞舞的场面。不管怎样，我的生命像梦一般的逝去了。

对于这些梦有没有留恋之感呢？应该说是有的。人到了老年，往往喜爱回忆往事。古今中外，概莫能外。我当然也不能成为例外。英国人常说什么“往日的可爱的时光”，实有会于我心。往日的时光，回忆起来，确实感到美妙可爱。“当时只道是寻常”，然而一经回忆，却往往觉得美妙无比，回味无穷。我现在就经常陷入往事的回忆中。

但是，我从来也没有想到，把这些轻梦或者噩梦从回忆中移到纸上来。我从来没有感到，有这样的需要。我只是一个人在夜深人静时，伏在枕上，让逝去的生命一幕一幕地断断续续地在我眼前重演一遍，自己仿佛成了一个旁观者，顾而乐之。逝去的生命不能复归，也用不着复归。但是，回忆这样的生命，意识到自己是这样活过来的，阳关大道、独木小桥，都走过来了，风风雨雨都经过了，一直到今天，自己还能活在世上，还能回忆往事，这难道还不能算是莫大的幸福吗？（《留德十年》）

最可怕的是，我逐渐发现，十年浩劫过去还不到二十年，人们已经快要把它完全遗忘了。我同今天的青年，甚至某一些中年人谈起这一场灾难来，他们往往瞪大了眼睛，满脸疑云，表示出不理解的样子。从他们的眼神中可以看出来，他们的脑袋里装满了疑问号。他们怀疑，我是在讲“天方夜谭”，我是故意夸大其词。他们怀疑，我别有用心。他们不好意思当面驳斥我；但是他们的眼神却流露出：“天下哪里可能有这样的事情呢？”我感到非常悲哀、孤独与恐惧。

我感到悲哀，是因为我九死一生经历了这一场巨变，到头来竟然得不到一点了解，得不到一点同情，我并不要别人会全面理解，整体同情。事实上我对他们讲的只不过是零零碎碎、片片段段。有一些细节我甚至对家人好友都没有讲过，至今还闷在我的心中。然而，我主观认为，就是那些片段就足以唤起别人的同情了。结果却是适得其反。于是我悲哀。

我孤独，是因为我感到，自己已届耄耋之年，在茫茫大地上，我一个人踽踽独行，前不见古人，后不见来者。年老得像三秋的树叶，逐渐飘零。年轻的对我来说像日本人所说的“新人类”那样互不理解。难道我就怀着这些秘密离开这个世界吗？于是我孤独。

我恐惧，是因为我怕这些千载难得的经验一旦泯灭，以千万人遭受难言的苦难为代价而换来的经验教训就难以发挥它的“社会效益”了。想再获得这样的教训恐怕是难之又难了。于是我恐惧。

在悲哀、孤独、恐惧之余，我还有一个牢固的信念。如果把这一场灾难的经过如实地写了出来，它将成为我们这个伟大民族的一面镜子。常在这一面镜子里照一照，会有无限的好处的。它会告诉我们，什么事情应当干，什么事情又不应当干，绝没有任何坏处。（《牛棚杂忆》）

现在我的回忆特别活跃。上下五千年，纵横十万里，旮旮旯旯，我无所不忆。回忆是一种思想活动。大家都知道，思想这玩意儿，最无羁绊，最无阻碍，这可以说是思想的特点和优点。胡适之先生提倡“大胆的假设，小心的求证”。这话是绝对没有错的。假设越大胆越好，求证越小心越好。这都是思维活动。世界科学之所以能够进步，就因为有这种精神。

是不是思想活动要有绝对的自由呢？关于这个问题，大概有不同意见。中国过去，特别是在古典小说中，有时候把思想活动称之为心猿。一部《西游记》的主角是孙悟空，就是一只猴子。这一只猴子，本领极大，法力无边。从花果山造反，打上天宫，视天兵天将如草芥。连众神之主的玉皇大帝，他都不放在眼中，玉皇为了安抚他，把他请上天去，封他为弼马温。他嫌官小，立即造反，大闹天宫，把天宫搞得一塌糊涂。结果惊动了西天佛祖、南海菩萨，使用了大法力，把猴子制伏，压在五行山下，等待唐僧取经时，才放他出来，成为玄奘的大弟子。又怕他恶性难改，在他头上箍上了一圈铁箍。又把紧箍咒教给了唐僧。一旦猴子猴性发作，唐僧立即口中念念有词，念起紧箍咒来。猴头上的铁箍随之紧缩起来，让猴子疼痛难忍，于是立即改恶向善，成为一只服从师父教导的好猴子。（《病榻杂记》）

我活了九十多岁，平生播迁颇多，适应环境的能力因而也颇强。不管多么陌生的环境，我几乎立刻就能适应。（《病榻杂记》）

我的经历可谓多矣，要讲后悔之事，那是俯拾皆是。要选其中最深切、最真实、最难忘的悔，也就是永久的悔，那也是唾手可得，因为它片刻也没有离开过我的心。我这永久的悔就是：不该离开故乡，离开母亲。“永久的悔”莫过于这种天人永隔的悔恨，再也无法弥补自己的错误，也无法献上自己的深情厚谊。（《赋得永久的悔》）

我年届耄耋，慢性病颇有一些，但是，我认为，这完全符合规律，从不介意。现在身躯顽健，十里八里，抬腿就到。每天仍工作七八个小时，论文每天也能写上几千字。毫不含糊。别人以此为怪，我却颇有点沾沾自喜。在这样的情况下，很多人总要问我有什么养生之术，有什么秘诀。我的回答是：没有秘诀，也从来不追求什么秘诀。（《养生无术是有术》）

见月思乡，已经成为我经常的经历。思乡之病，说不上是苦是乐，其中有追忆，有惆怅，有留恋，有惋惜。流光如逝，时不再来。在微苦中实有甜美在。月是故乡明，我什么时候能够再看到我故乡的月亮呀！我怅望南天，心飞向故里。（《月是故乡明》）

我读的书可谓多而杂，经、史、子、集都涉猎过一点，但极肤浅，小学中学阶段，最爱读的是“闲书”（没有用的书），比如《彭公案》《施公案》《洪公传》《三侠五义》《小五义》《东周列国志》《说岳》《说唐》等，读得如醉似痴。《红楼梦》等古典小说是以后才读的。读这样的书是好是坏呢？从我叔父眼中来看，是坏。但是，我却认为是好，至少在写作方面是有帮助的。（《对我影响最大的几本书》）

我在下面介绍的只限于中国文学作品。外国文学作品不在其中。我的专业书籍也不包括在里面，因为太冷僻。

一、司马迁的《史记》

《史记》这一部书，很多人都认为它既是一部伟大的史籍，又是一部伟大的文学作品。我个人同意这个看法。平常所称的《二十四史》中，尽管水平参差不齐，但是哪一部也不能望《史记》之项背。

《史记》之所以能达到这个水平，司马迁的天才当然是重要原因；但是他的遭遇起的作用似乎更大。他无端受了宫刑，以致郁闷激愤之情溢满胸中，发而为文。句句皆带悲愤。他在《报任少卿书》中已有充分的表露。

二、《世说新语》

这不是一部史书，也不是某一个文学家和诗人的总集，而只是一部由许多颇短的小故事编纂而成的奇书。有些篇只有短短几句话，连小故事也算不上。每一篇几乎都有几句或一句隽语，表面简单淳朴，内容却深奥异常，令人回味无穷。六朝和稍前的一个时期内，社会动乱，出了许多看来脾气相当古怪的人物，外似放诞，内实怀忧。他们的举动与常人不同。此书记录了他们的言行，短短几句话，而栩栩如生，令人难忘。

三、陶渊明的诗

有人称陶渊明为“田园诗人”。笼统言之，这个称号是恰当的。他的诗确实与田园有关。“采菊东篱下，悠然见南山”，这样的名句几乎是家喻户晓的。从思想内容上来看，陶渊明颇近道家，中心是纯任自然。从文体上来看，他的诗简易淳朴，毫无雕饰，与当时流行的镂金错彩的骈文迥异其趣。因此，在当时以及以后的一段时间内，对他的诗的评价并不高，在《诗品》中，仅列为中品。但是，时间越后，评价越高，最终成为中国伟大诗人之一。

四、李白的诗

李白是中国文学史上最伟大的天才之一，这一点是谁都承认的。杜甫对他的诗给予了最高的评价：“白也诗无敌，飘然思不群。清新庾开府，俊逸鲍参军。”李白的诗风飘逸豪放。根据我个人的感受，读他的诗，只要一开始，你就很难停住，必须读下去。原因我认为是，李白的诗一气流转，这一股“气”不可抗御，让你非把诗读完不行。这在别的诗人作品中，是很难遇到的现象。在唐代，以及以后的一千多年中，对李白的诗几乎只有赞誉，而无批评。

五、杜甫的诗

杜甫也是一个伟大的诗人，千余年来，李杜并称。但是二人的创作风格却迥乎不同：李是飘逸豪放，而杜则是沉郁顿挫。从使用的格律上，也可以看出二人的不同。七律在《李白集》中比较少见，而在《杜甫集》中则颇多。摆脱七律的束缚，李白是没有枷锁跳舞；杜甫善于使用七律，则是带着枷锁跳舞，二人的舞都达到了极高的水平。在文学批评史上，杜甫颇受到一些人的指摘，而对李白则绝无仅有。

六、南唐后主李煜的词

南唐后主李煜的词传留下来的仅有三十多首，可分为前后两期：前期仍在江南当小皇帝，后期则已降宋。后期词不多，但是篇篇都是杰作，纯用白描，不作雕饰，一个典故也不用，话几乎都是平常的白话，老妪能解；然而意境却哀婉凄凉，千百年来打动了千百万人的心。在词史上巍然成一大家，受到了文艺批评家的赞赏。但是，对王国维在《人间词话》中赞美后主有佛祖的胸怀，我却至今尚不能解。

七、苏轼的诗文词

中国古代赞誉文人有三绝之说。三绝者，诗、书、画三个方面皆能达到极高水平之谓也，苏轼至少可以说已达到了五绝：诗、书、画、文、词。因此，我们可以说，苏轼是中国文学史和艺术史上最全面的伟大天才。论诗，他为宋代一大家。论文，他是唐宋八大家之一。笔墨凝重，大气磅礴。论书，他是宋代苏、黄、米、蔡四大家之首。论词，他摆脱了婉约派的传统，创豪放派，与辛弃疾并称。

八、纳兰性德的词

宋代以后，中国词的创作到了清代又掀起了一个新的高潮。名家辈出，风格不同，又都能各极其妙，实属难能可贵。在这群灿若列星的词家中，我独独喜爱纳兰性德。他是大学士明珠的儿子，生长于荣华富贵中，然而却胸怀愁思，流溢于楮墨之间。这一点我至今还难以得到满意的解释。从艺术性方面来看，他的词可以说是已经达到了完美的境界。

九、吴敬梓的《儒林外史》

胡适之先生给予《儒林外史》极高的评价。诗人冯至也酷爱此书。我自己也是极为喜爱《儒林外史》的。

此书的思想内容是反科举制度，昭然可见，用不着细说，它的特点在艺术性上。吴敬梓惜墨如金，从不作冗长的描述。书中人物众多，各有特性，作者只讲一个小故事，或用短短几句话，活脱脱一个人就仿佛站在我们眼前，栩栩如生。这种特技极为罕见。

十、曹雪芹的《红楼梦》

在古今中外众多的长篇小说中，《红楼梦》是一颗璀璨的明珠，是状元。中国其他长篇小说都没能成为“学”，而“红学”则是显学。《红楼梦》描述的是一个大家族的衰微的过程。本书特异之处也在它的艺术性上。书中人物众多，男女老幼，主子奴才，五行八作，应有尽有。作者有时只用寥寥数语而人物就活灵活现，让读者永远难忘。读这样一部书，主要是欣赏它的高超的艺术手法。那些把它政治化的无稽之谈，都是不可取的。（《我最喜爱的书》）

自己是一个“平凡的人”，如果非要说有什么优点，那就是勤奋。再多说两句就是：争分夺秒，念念不忘。灵感这东西不能说没有，但是，它不是从天上掉下来的，而是勤奋出灵感。（《勤奋》）

从整个世界自古至今文化发展的情况来看，一个文化，不管在某一时期内发展得多么辉煌灿烂，如果故步自封，抱残守缺，又没有外来的新成分注入，结果必然会销声匿迹，成为夏天夜空中的流星。（《我和佛教研究》）

见解无论大小，唯新是图。论问题不怕小，就怕不新。我个人觉得，这是非常重要的一点。只有这样，学术才能“日日新”，才能有进步。否则满篇陈言，东抄西抄，饾饤拼凑，尽是冷饭，虽洋洋数十甚至数百万言，除了浪费纸张、浪费读者的精力以外，还能有什么效益呢？（《假若我再上一次大学》）

杂志上发表的文章往往只谈一个问题、一个新问题，里面是有新意的。你读过以后，受到启发，举一反三，自己也产生了新意，然后写成文章，让别的学人也受到启发，再举一反三。如此往复循环，学术的进步就寓于其中了。（《没有新意，不要写文章》）

学术问题，有时候一时难以下结论，必须锲而不舍，终生以之，才可能得到越来越精确可靠的结论。有时候，甚至全世界都承认其为真理的学说，时过境迁，还有人提出异议。听说，国外已有学者对达尔文的“进化论”提出了不同的看法。我认为，这不是坏事，而是好事，真理的长河是永远流逝不停的。

（《抓住一个问题终生不放》）

德国书中错误之少，是举世闻名的。有些极为复杂的书竟能一个错误都没有，连标点符号都包括在里面。读过校样的人都知道，能做到这一步，是非常非常不容易的。德国人为什么能做到呢？他们并非都是超人的天才，他们比别人高出一头的诀窍在于他们的“笨”。（《假若我再上一次大学》）

我总觉得，在无量的——无论在空间上或时间上——宇宙进程中，我们有这次生命，不是容易事；比点火还要快，一闪便会消逝到永恒的沉默里去。我们不要放过这短短的时间，我们要多看一些东西。（《去故国》）

现在对传统文化的理解歧义很大。按我的观点，国学应该是广义的“大国学”的范畴，不是狭义的国学。既然这样，那么国内的各地域文化和56个民族所创造的文化，就都包括在“国学”的范围之内。地域文化和民族文化有各种不同的表现形式，但又共同构成中国文化这一文化共同体。齐鲁文化互补，是中国传统文化的重要组成部分，但是齐鲁文化以外，其他地域文化也很重要。过去光讲黄河文化是中国文化的中心，我是不同意的，长江文化和其他地域文化，其实都应该包括在国学里边，敦煌学也包括在国学里边。

国学的发展不是封闭的，其发展离不开文化交流。文化交流有两种形式，一个是输出的，一个是进来的。敦煌学是进来的代表，很多文明程度很高的国家的文化，都到过敦煌。佛教从国外进来，经过很长时间的演变，形成了有中国特色的中国佛教。敦煌学里边有很多内容是佛教的，也有其他文化的，是古代中国吸收外来文化的最后一站，再往下就没了。吐火罗文的《弥勒会见记》剧本，是不是也算国学？当然算，因为吐火罗文最早是在中国新疆发现的。吐火罗文是中国古代的一种语言，是别的地方没有的。

很多人以为国学就是汉族文化。我说中国文化，中国所有的民族都有一份。中国文化是我们国内56个民族共同创造的，这56个民族创造的文化都属于国学的范围。而且通过文化交流，后来融入到中国文化里的外来文化，也都属于国学的范围。

我们现在的国学研究还很粗糙，很多应该包括的内容还没有挖掘出来。弘扬国学，绝不是复古。任何事情都是要前进的，国学也要前进，里边的精华要保留，也难免有一些糟粕，那就去掉。总之要向前看，不要向后看，向后看的目的是为了向前看。传统文化不断发展，外来的文化不断地融入中华文化之中，这是没有时间界限的。儒家、道家是传统文化，佛家也是啊，把佛家排除在外，这是不对的。(《大国学——季羡林口述史》)

我觉得，原来我也提倡过，这个高中学生啊，高中文理分科，我就不赞成，不能文理分科。文理分科，考大学，文科高中啊，数学这一关很难过。我自己就是这样子。我高中学了点数学，就到小代数，平面几何。(《大国学——季羡林口述史》)

普及中国史，提倡大国学。(为白寿彝主编的《中国通史》题词)

文化交流是推动人类社会前进的重要动力之一。如果没有文化交流，我们简直无法想象人类今天的社会会是一个什么样子。[为郁龙余《梵典与华章》(宁夏人民出版社 2004 年版) 题词]

我从前对于富贵穷通，也是颇有一些想法的。十年浩劫以后，我成了陶渊明的志同道合者。他的一首诗，我很欣赏：

纵浪大化中，
不喜亦不惧。
要尽便须尽，
无复独多虑。

我现在就是抱着这种精神，昂然走向前去。只要有可能，我一定要做一些对别人有益的事，决不想成为行尸走肉。我知道，未来的路决不会比过去的更笔直，更平坦，但是，我并不恐惧。我眼前还闪动着野百（合）和野蔷薇的影子。(1992 年给朋友吕华题词，施汉云女士提供)

大千世界，芸芸众生，除了看破红尘出家当和尚的以外，每一个人都会有一个家。一提到家，人们会不由自主地漾起一点温暖之意、一丝幸福之感。总之，温馨是家庭不可或缺的气氛，而温馨则是需要培养的。培养之道，不出两端，一真一忍而已。

相互恩爱，相互诚恳，相互理解，相互容忍，出以真情，不杂私心，家庭和睦，其乐无垠。我活到了八十多，参透了人生真谛。人生无常，无法抗御。我在极端的快乐中，往往心头闪过一丝暗影：天下无不散的筵席。我们家这一出十分美满的戏，早晚会有煞戏的时候。果然，老祖先走了。去年德华又走了。她也已活到超过米寿，她可以瞑目了。(《温馨：家庭不可或缺的气氛》)

每一个人都有一个“我”，两者亲密无间，因为实际上是一个东西。按理说，人对自己的“我”应该是十分了解的，然而，事实上却不尽然。依我看，大部分人是不了解自己的，都是自视过高的。这在人类历史上竟成了一个哲学上的大问题。否则古希腊哲人发出狮子吼：“要认识你自己!”岂不成了一句空话吗?

我认为，我是认识自己的，换句话说，是有点自知之明的。我经常像鲁迅先生说的那样剖析自己。然而结果并不美妙，我剖析得有点过了头，我的自知之明过了头，有时候真感到自己一无是处。(《我写我》)

在品行的好坏方面，我有自己的看法。什么叫好？什么又叫坏？我不通伦理学，没有深邃的理论，我只能讲几句大白话。我认为，只替自己着想，只考虑个人利益，就是坏。反之能替别人着想，考虑别人的利益，就是好。为自己着想和为别人着想，后者能超过一半，他就是好人。低于一半，则是不好的人；低得过多，则是坏人。

拿这个尺度来衡量一下自己，我只能承认自己是一个好人。我尽管有不少的私心杂念，但是总起来看，我考虑别人的利益还是多于一半的。至于说真话与说谎，这当然也是衡量品行的一个标准。我说过不少谎话，因为非此则不能生存。但是我还是敢于讲真话的，我的真话总是大大地超过谎话。因此我是一个好人。

我这样一个自命为好人的人，生活情趣怎样呢？我是一个感情充沛的人，也是兴趣不老少的人。然而事实上生活了八十年以后，到头来自己都感到自己枯燥乏味，干干巴巴，好像是一棵枯树，只有树干和树枝，而没有一朵鲜花，一片绿叶。自己搞的所谓学问，别人称之为“天书”。自己写的一些专门的学术著作，别人视之为神秘。年届耄耋，过去也曾有过一些幻想，想在生活方面改弦更张，减少一点枯燥，增添一点滋润，在枯枝粗干上开出一点鲜花，长上一点绿叶；然而直到今天，仍然是忙忙碌碌，有时候整天连轴转，“为他人做嫁衣裳”，而且退休无日，路穷有期，可叹亦复可笑！

我这一生，同别人差不多，阳关大道，独木小桥，都走过跨过。坎坎坷坷，弯弯曲曲，一路走了过来。我不能不承认，我运气不错，所得到的成功，所获得的虚名，都有点名不符实。在另一方面，我的倒霉也有非常人所可得者。在那骇人听闻的所谓什么“大革命”中，因为敢于仗义执言，几乎把老命赔上。皮肉之苦也是永世难忘的。(《贤行润身》)

我是一个很容易受环境支配的人。在小学和初中时，成绩不能算坏，总在班上前几名，但从来没有考过甲等第一。我毫不在意，照样钓鱼、摸虾。到了高中，国文作文无意中受到了王崑玉先生的表扬，英文是全班第一。其他课程考个高分并不难，只需稍稍一背，就能应付裕如。结果我生平第一次考了一个甲等第一，平均分数超过九十五分，是全校唯一的一个学生。当时山大校长兼山东教育厅长、前清状元王寿彭，亲笔写了一副对联和一个扇面奖给我。这样被别人一指，我的虚荣心就被抬起来了。从此认真注意考试名次，再不掉以轻心。结果两年之内，四次期考，我考了四个甲等第一，威名大震。(《贤行润身》)

当时流行着一个词儿，叫“饭碗问题”，还流行着一句话，是“毕业即失业”。除了极少数高官显宦、富商大贾的子女以外，谁都会碰到这个性命交关的问题。我从三年级开始就为此伤脑筋。我面临着承担家庭主要经济负担的重

任。但是，我吹拍乏术，奔走无门。夜深人静之时，自己脑袋里好像是开了锅。然而结果却是一筹莫展。(《贤行润身》)

人生走到这个地步，也并不容易。在人生的道路上，每一个人都是孤独的旅客。与其舒舒服服，懵懵懂懂活一辈子，倒不如品尝一点不平常的滋味，似苦而实甜。(《贤行润身》)

东方人似乎更“全面”地思考问题，更关注背景和关系，更多借助经验，而不是抽象的逻辑，更能容忍反驳意见。西方人更具“分析性”，倾向于使事物本身脱离背景，避开矛盾，更多地依赖逻辑。两种思想习惯各有利弊。(《贤行润身》)

我只是想，一个人只能有一次生命，我从来不相信轮回转生。既然如此，一个人就应该在这短暂的只有一次的生命中努力做一些对别人有益，也无愧于自己的良心的事情，用一句文绉绉的话来说，就是实现自己生命的价值。能做到这一步，一生再短暂，也算是对得起这仅有的一次生命了。如果青年朋友们问我有什么经验和诀窍，我回答说：没有的。如果非要我说点什么不行的话，那我只能说两句老生常谈：“书山有路勤为径，学海无涯苦作舟。”“勤”“苦”二字就是我的诀窍。说了等于白说，但白说也得说。(《贤行润身》)

古代哲学远比现代哲学更符合多数人对哲学的概念。古代哲学家很单纯地认为，哲学就应当在某种方式上帮助人们生活得更好——这个美丽的理想在现代哲学中几乎根本找不到。(《贤行润身》)

时光流逝，一转眼，自己已经到了望九之年，活得远远超过了我的预算。有人认为长寿是福，我看也不尽然。人活得太久了，对人生的种种相，众生的种种相，看得透透彻彻，反而鼓舞时少，叹息时多。远不如早一点离开人世这

个是非之地，落一个耳根清净。(《人生的意义与价值》)

走运与倒霉，表面上看起来，似乎是绝对对立的两个概念。世人无不想走运，而绝不想倒霉。

其实，这两件事是有密切联系的，互相依存的，互为因果的。说极端了，简直是一而二二而一者也。这并不是我的发明创造。两千多年前的老子已经发现了。他说：“祸兮福之所倚，福兮祸之所伏。孰知其极？其无正。”老子的“福”就是走运，他的“祸”就是倒霉。

走运有大小之别，倒霉也有大小之别，而二者往往是相通的。走的运越大，则倒的霉也越惨，二者之间成正比。中国有一句俗话说：“爬得越高，跌得越重。”形象生动地说明了这种关系。

吾辈小民，过着平平常常的日子，天天忙着吃、喝、拉、撒、睡；操持着柴、米、油、盐、酱、醋、茶。有时候难免走点小运，有的是主动争取来的，有的是时来运转，好运从天上掉下来的。高兴之余，不过喝上二两二锅头，飘飘然一阵了事。但有时又难免倒点小霉，“闭门家中坐，祸从天上来”，没有人去争取倒霉的。倒霉以后，也不过心里郁闷几天，对老婆孩子发点小脾气，转瞬就过去了。

但是，历史上和眼前的那些大人物和大款们，他们一身系天下安危，或者系一个地区、一个行当的安危。他们得意时，比如打了一个大胜仗，或者倒卖房地产、炒股票，发了一笔大财，意气风发，踌躇满志，自以为天上天下，唯我独尊。“固一世之雄也”，怎二两二锅头了得！然而一旦失败，不是自刎乌江，就是从摩天高楼跳下，“而今安在哉”！

从历史上到现在，中国知识分子有一个“特色”，这在西方国家是找不到的。中国历代的诗人、文学家，不倒霉则走不了运。司马迁在《太史公自序》中说：“昔西伯拘羑里，演《周易》；孔子厄陈蔡，作《春秋》；屈原放逐，著《离骚》；左丘失明，厥有《国语》；孙子膑脚，而论兵法；不韦迁蜀，世传《吕览》；韩非囚秦，《说难》《孤愤》；《诗》三百篇，大抵贤圣发愤之所为作也。”司马迁算的这个总账，后来并没有改变。汉以后所有的文学大家，都是在倒霉之后，才写出了震古烁今的杰作。像韩愈、苏轼、李清照、李后主等等一批人，莫不皆然。从来没有过状元宰相成为大文学家的。

了解了这一番道理之后，有什么意义呢？我认为，意义是重大的。它能够让我们头脑清醒，理解祸福的辩证关系；走运时，要想到倒霉，不要得意过了头；倒霉时，要想到走运，不必垂头丧气。心态始终保持平衡，情绪始终保持稳定，此亦长寿之道也。(《走运与倒霉》)

牵就，也作“迁就”和“适应”，是我们说话和行文时常用的两个词儿，含义颇有些类似之处；但是，一仔细琢磨，二者间实有差别，而且是原则性的差别。

根据词典的解释，《现代汉语词典》注“牵就”为“迁就”和“牵强附会”。注“迁就”为“将就别人”，举的例是：“坚持原则，不能迁就。”注“将就”为“勉强适应不很满意的事物或环境”。举的例是：“衣服稍微小一点，你将就着穿吧!”注“适应”为“适合（客观条件或需要)”。举的例子是“适应环境”。“迁就”这个词儿，古书上也有，《辞源》注为“舍此取彼，委曲求合”。

我说，二者含义有类似之处，《现代汉语词典》注“将就”一词时就使用了“适应”一词。

词典的解释，虽然头绪颇有点乱，但是，归纳起来，“牵就（迁就)”和“适应”这两个词儿的含义还是清楚的。“牵就”的宾语往往是不很令人愉快、令人满意的事情。在平常的情况下，这种事情本来是不能或者不想去做的。极而言之，有些事情甚至是违反原则的，违反做人的道德的，当然完全是不能去做的。但是，迫于自己无法掌握的形势，或者出于利己的私心，或者由于其他的什么原因，非做不行，有时候甚至昧着自己的良心，自己也会感到痛苦的。

根据我个人的语感，我觉得，“牵就”的根本含义就是这样，词典上并没有说清楚。

但是，又是根据我个人的语感，我觉得，“适应”同“牵就”是不相同的。我们每一个人都会经常使用“适应”这个词儿的。不过在大多数的情况下，我们都是习而不察。我手边有一本沈从文先生的《花花朵朵　坛坛罐罐》，汪曾祺先生的“代序：沈从文转业之谜”中有一段话说：“一切终得变，沈先生是竭力想适应这种‘变’的。”这种“变”，指的是解放。沈先生写信给人说：“对于过去种种，得决心放弃，从新起始来学习。这个新的起始，并不一定即能配合当前需要，惟必能把握住一个进步原则来肯定，来完成，来促进。”沈从文先生这个“适应”，是以“进步原则”来适应新社会的。这个“适应”是困难的，但是正确的。我们很多人在解放初期都有类似的经验。

再拿来同“牵就”一比较，两个词儿的不同之处立即可见。“适应”的宾语，同“牵就”不一样，它是好的事物，进步的事物；即使开始时有点困难，也必能心悦诚服地予以克服。在我们的一生中，我们会经常不断地遇到必须“适应”的事务，“适应”成功，我们就有了“进步”。

简截说：我们须“适应”，但不能“牵就”。（《迁就与适应》）

在伦理道德的范畴中，谦虚一向被认为是美德，应该扬；而虚伪则一向被认为是恶习，应该抑。

然而，究其实际，二者间有时并非泾渭分明，其区别间不容发。谦虚稍一过头，就会成为虚伪。我想，每个人都会有这种体会的。

在世界文明古国中，中国是提倡谦虚最早的国家。在中国最古的经典之一的《尚书·大禹谟》中就已经有了“满招损，谦受益，时（是）乃天道”这样的教导，把自满与谦虚提高到“天道”的水平，可谓高矣。从那以后，历代的圣贤无不张皇谦虚，贬抑自满。一直到今天，我们常用的词汇中仍然有一大批与“谦”字有联系的词儿，比如“谦卑”“谦恭”“谦和”“谦谦君子”“谦让”“谦顺”“谦虚”“谦逊”等等，可见“谦”字之深入人心，久而愈彰。

我认为，我们应当提倡真诚的谦虚，而避免虚伪的谦虚，后者与虚伪间不容发矣。

可是在这里我们就遇到了一个拦路虎：什么叫“真诚的谦虚”？什么又叫“虚伪的谦虚”？两者之间并非泾渭分明，简直可以说是因人而异，因地而异，因时而异，掌握一个正确的分寸难于上青天。

最突出的是因地而异，“地”指的首先是东方和西方。在东方，比如说中国和日本，提到自己的文章或著作，必须说是“拙作”或“拙文”。在西方各国语言中是找不到相当的词儿的。尤有甚者，甚至可能产生误会。中国人请客，发请柬必须说“洁治菲酌”，不了解东方习惯的西方人就会满腹疑团：为什么单单用“不丰盛的宴席”来请客呢？日本人送人礼品，往往写上“粗品”二字，西方人又会问：为什么不用“精品”来送人呢？在西方，对老师，对朋友，必须说真话，会多少，就说多少。如果你说，这个只会一点点儿，那个只会一星星儿，他们就会信以为真。在东方则不会，这有时会很危险的。至于吹牛之流，则为东西方同样所不齿，不在话下。

可是怎样掌握这个分寸呢？我认为，在这里，真诚是第一标准。虚怀若谷，如果是真诚的话，它会促你永远学习，永远进步。有的人永远“自我感觉良好”，这种人往往不能进步。康有为是一个著名的例子。他自称，年届而立，天下学问无不掌握。结果说康有为是一个革新家则可，说他是一个学问家则不可。较之乾嘉诸大师，甚至清末民初诸大师，包括他的弟子梁启超在内，他在学术上是没有建树的。

总之，谦虚是美德，但必须掌握分寸，注意东西。在东方谦虚涵盖的范围广，不能施之于西方，此不可不注意者。然而，不管东方或西方，必须出之以真诚。有意的过分的谦虚就等于虚伪。（《谦虚与虚伪》）

人处在家庭和社会中，有时候恐怕需要讲点容忍的。

唐朝有一个姓张的大官，家庭和睦，美名远扬，一直传到了皇帝的耳中。皇帝赞美他治家有道，问他道在何处，他一气写了一百个“忍”字。这说得非常清楚：家庭中要互相容忍，才能和睦。这个故事非常有名。在旧社会，新年贴春联，只要门楣上写着“百忍家声”就知道这一家一定姓张。中国姓张的全以祖先的容忍为荣了。

但是容忍也并不容易。1935 年，我乘西伯利亚铁路的火车经苏联赴德国，车过中苏边界上的满洲里，停车四小时，由苏联海关检查行李。这是无可厚非的，入国必须检查，这是世界公例。但是，当时的苏联大概认为，我们这一帮人，从一个资本主义国家到另一个资本主义国家，恐怕没有好人，必须严查，以防万一。检查其他行李，我决无意见。但是，在哈尔滨买的一把最粗糙的铁皮壶，却成了被检查的首要对象。这里敲敲，那里敲敲，薄薄的一层铁皮决藏不下一颗炸弹的，然而他却敲打不止。我真有点无法容忍，想要发火。我身旁有一位年老的老外，是与我们同车的，看到我的神态，在我耳旁悄悄地说了句：Patience is the great virtue（容忍是很大的美德）。我对他微笑，表示致谢。我立即心平气和，天下太平。

看来容忍确是一件好事，甚至是一种美德。但是，我认为，也必须有一个界限。我们到了德国以后，就碰到这个问题。旧时欧洲流行决斗之风，谁污辱了谁，特别是谁的女情人，被污辱者一定要提出决斗，或用手枪，或用剑。普希金就是在决斗中被枪打死的。我们到了的时候，此风已息，但仍发生。我们几个中国留学生相约：如果外国人污辱了我们自身，我们要揣度形势，主要要容忍，以东方的恕道克制自己。但是，如果他们污辱我们的国家，则无论如何也要同他们玩儿命，决不容忍。这就是我们容忍的界限。幸亏这样的事情没有发生，否则我就活不到今天在这里舞笔弄墨了。

现在我们中国人的容忍水平，看了真让人气短。在公共汽车上，挤挤碰碰是常见的现象。如果碰了或者踩了别人，连忙说一声："对不起!"就能够化干戈为玉帛。然而有不少人连"对不起"都不会说了，于是就相吵相骂，甚至于扭打，甚至打得头破血流。我们这个伟大的民族怎么竟变成了这个样子！我在自己心中暗暗祝愿：容忍兮，归来!（《容忍》）

什么叫成功？顺手拿来一本《现代汉语词典》，上面写道："成功：获得预期的结果"，言简意赅，明白之至。

但是，谈到"预期"，则错综复杂，纷纭混乱。人人每时每刻每日每月都有大小不同的预期，有的成功，有的失败，总之是无法界定，也无法分类，我们不去谈它。

我在这里只谈成功，特别是成功之道。这又是一个极大的题目，我却只是小做。积七八十年之经验，我得到了下面这个公式：

天资+勤奋+机遇=成功

（《成功》）

曾见冰心老人为别人题座右铭："知足知不足，有为有不为。"言简意赅，寻味无穷。特写短文两篇，稍加诠释。先讲知足知不足。

中国有一句老话："知足常乐。"为大家所遵奉。什么叫"知足"呢？还是先查一下字典吧。《现代汉语词典》说："知足，满足于已经得到的（指生活、愿望等）。"如果每个人都能满足于已经得到的东西，则社会必能安定，天下必能太平，这个道理是显而易见的。可是社会上总会有一些人不安分守己，癞蛤蟆想吃天鹅肉。这样的人往往要栽大跟头的。对他们来说，"知足常乐"这句话就成了灵丹妙药。

但是，知足或者不知足也要分场合的。在旧社会，穷人吃草根树皮，阔人吃燕窝鱼翅。在这样的场合下，你劝穷人知足，能劝得动吗？正相反，应当鼓励他们不能知足，要起来斗争。这样的不知足是正当的，是有重大意义的，它能伸张社会正义，能推动人类社会前进。

除了场合以外，知足还有一个分（fen）的问题。什么叫分？笼统言之，就是适当的限度。人们常说的“安分”“非分”等等，指的就是限度。这个限度也是极难掌握的，是因人而异、因地而异的。勉强找一个标准的话，那就是“约定俗成”。我想，冰心老人之所以写这一句话，其意不过是劝人少存非分之想而已。

至于知不足，在汉文中虽然字面上相同，其含义则有差别。这里所谓“不足”，指的是“不足之处”，“不够完美的地方”。这句话同“自知之明”有联系。

自古以来，中国就有一句老话：“人贵有自知之明。”这一句话暗示给我们，有自知之明并不容易，否则这一句话就用不着说了。事实上也确实如此。就拿现在来说，我所见到的人，大都自我感觉良好。专以学界而论，有的人并没有读几本书，却不知天高地厚，以天才自居，靠自己一点小聪明——这能算得上聪明吗？——狂傲恣睢，骂尽天下一切文人，大有用一管毛锥横扫六合之慨，令明眼人感到既可笑、又可怜。这种人往往没有什么出息。因为，又有一句中国老话：“学如逆水行舟，不进则退。”还有一句中国老话：“学海无涯。”说的都是真理。但在这些人眼中，他们已经穷了学海之源，往前再没有路了，进步是没有必要的。他们除了自我欣赏之外，还能有什么出息呢？

古代希腊人也认为自知之明是可贵的，所以语重心长地说出了：“要了解你自己！”中国同希腊相距万里，可竟说了几乎是一模一样的话，可见这些话是普遍的真理。中外几千年的思想史和科学史，也都证明了一个事实：只有知不足的人才能为人类文化做出贡献。（《知足知不足》）

“为”，就是“做”。应该做的事，必须去做，这就是“有为”。不应该做的事必不能做，这就是“有不为”。

在这里，关键是“应该”二字。什么叫“应该”呢？这有点像仁义的“义”字。韩愈给“义”字下的定义是“行而宜之之谓义”。“义”就是“宜”，而“宜”就是“合适”，也就是“应该”，但问题仍然没有解决。要想从哲学上，从伦理学上，说清楚这个问题，恐怕要写上一篇长篇论文，甚至一部大书。我没有这个能力，也认为根本无此必要。我觉得，只要诉诸一般人都能够有的良知良能，就能分辨清是非善恶了，就能知道什么事应该做，什么事不应该做了。

中国古人说：“勿以善小而不为，勿以恶小而为之。”可见善恶是有大小之别的，应该不应该也是有大小之别的，并不是都在一个水平上。什么叫大，什么叫小呢？这里也用不着烦琐的论证，只须动一动脑筋，睁开眼睛看一看社会，也就够了。

小恶、小善，在日常生活中随时可见。比如，在公共汽车上给老人和病人让座。能让，算是小善；不能让，也只能算是小恶，够不上大逆不道。然而，从那些一看到有老人或病人上车就立即装出闭目养神的样子的人身上，不也能由小见大看出了社会道德的水平吗？

至于大善大恶，目前社会中也可以看到，但在历史上却看得更清楚。比如宋代的文天祥。他为元军所虏，如果他想活下去，屈膝投敌就行了，不但能活，而且还能有大官做，最多是在身后被列入“贰臣传”，“身后是非谁管得”，管那么多干嘛呀。然而他却高赋《正气歌》，从容就义，留下英名万古传，至今还在激励着我们的爱国热情。

通过上面举的一个小恶的例子和一个大善的例子，我们大概对大小善和大小恶能够得到一个笼统的概念了。凡是对国家有利，对人民有利，对人类发展前途有利的事情就是大善，反之就是大恶。凡是对处理人际关系有利，对保持社会安定团结有利的事情可以称之为小善，反之就是小恶。大小之间有时难以区别，这只不过是一个大体的轮廓而已。

大小善和大小恶有时候是有联系的。俗话说：“千里之堤，溃于蚁穴。”拿眼前常常提到的贪污行为而论，往往是先贪污少量的财物，心里还有点打鼓。但是，一旦得逞，尝到甜头，又没被人发现，于是胆子越来越大，贪污的数量也越来越多，终至于一发而不可收拾，最后受到法律的制裁，悔之晚矣。也有个别的识时务者，迷途知返，就是所谓浪子回头者，然而难矣哉！

我的希望很简单，我希望每个人都能有为有不为。一旦“为”错了，就毅然回头。（《有为有不为》）

古今中外的哲学家谈人生者众矣。什么人生意义，又是什么人生的价值，花样繁多，扑朔迷离，令人眼花缭乱；然而他们说了些什么呢？恐怕连他们自己也是越谈越糊涂。以己之昏昏，焉能使人昭昭！

哲学家的哲学，至矣高矣。但是，恕我大不敬，他们的哲学同吾辈凡人不搭界，让这些哲学，连同它们的“家”，坐在神圣的殿堂里去独现辉煌吧！像我这样一个凡人，吃饱了饭没事儿的时候，有时也会想到人生问题。

大家知道，中国哲学史上，有一个不大不小的争论问题：人是性善，还是性恶？这两个提法都源于儒家。孟子主性善，而荀子主性恶。争论了几千年，也没有争论出一个名堂来。

记得鲁迅先生说过：“人的本性是，一要生存，二要温饱，三要发展。”（记错了，由我负责）这同中国古代一句有名的话，精神完全是一致的：“食色，性也。”食是为了解决生存和温饱的问题，色是为了解决发展问题，也就是所谓传宗接代。（《再谈人生》）

我没有研究过伦理学，不知道怎样给道德下定义。我认为，能为国家，为人民，为他人着想而遏制自己的本性的，就是有道德的人。能够百分之六十为他人着想，百分之四十为自己着想，他就是一个及格的好人。为他人着想的百分比越高越好，道德水平越高。百分之百，所谓“毫不利己，专门利人”的人是绝无仅有。反之，为自己着想而不为他人着想的百分比，越高越坏。到了曹操那样，就算是坏到了顶。毫不利人，专门利己的人，普天之下倒是不老少的。说这话，有点泄气。无奈这是事实，我有什么办法？（《三论人生》）

根据我个人的观察，对世界上绝大多数人来说，人生一无意义，二无价值。他们也从来不考虑这样的哲学问题。走运时，手里攥满了钞票，白天两顿美食城，晚上一趟卡拉OK，玩一点小权术，耍一点小聪明，甚至恣睢骄横，飞扬跋扈，昏昏沉沉，浑浑噩噩，等到钻入了骨灰盒，也不明白自己为什么活过一生。

其中不走运的则穷困潦倒，终日为衣食奔波，愁眉苦脸，长吁短叹。即使日子还能过得去的，不愁衣食，能够温饱，然而也终日忙忙碌碌，被困于名缰，被缚于利索。同样是昏昏沉沉，浑浑噩噩，不知道为什么活过一生。

对这样的芸芸众生，人生的意义与价值从何处谈起呢？（《人生的意义与价值》）

当今世界上战火纷飞，人欲横流，“黄钟毁弃，瓦釜雷鸣”，是一个十分不安定的时代。但是，对于人类的前途，我始终是一个乐观主义者。我相信，不管还要经过多少艰难曲折，不管还要经历多少时间，人类总会越变越好的，人类大同之域决不会仅仅是一个空洞的理想。但是，想要达到这个目的，必须经过无数代人的共同努力。有如接力赛，每一代人都有自己的一段路程要跑。又如一条链子，是由许多环组成的，每一环从本身来看，只不过是微不足道的一点东西；但是没有这一点东西，链子就组不成。在人类社会发展的长河中，我们每一代人都有自己的任务，而且是绝非可有可无的。如果说人生有意义与价值的话，其意义与价值就在这里。（《人生的意义与价值》）

“人人有一本难念的经。”所以我说“不完满才是人生”。这是一个“平凡的真理”；但是真能了解其中的意义，对己对人都有好处。对己，可以不烦不躁；对人，可以互相谅解。这会大大地有利于整个社会的安定团结。（《不完满才是人生》）

信缘分与不信缘分，对人的心情影响是不一样的。信者胜可以做到不骄，败可以做到不馁，决不至胜则忘乎所以，败则怨天尤人。中国古话说：“尽人事而听天命。”首先必须“尽人事”，否则馅儿饼决不会自己从天上落到你嘴里来。但又必须“听天命”。人世间，波诡云谲，因果错综。只有能做到“尽人事而听天命”，一个人才能永远保持心情的平衡。（《缘分与命运》）

眼下，即使不是百分之百的人，也是绝大多数的人，都抱怨现在社会上不讲礼貌。这是完全有事实做根据的。前许多年，当时我腿脚尚称灵便，出门乘公共汽车的时候多，几乎每一次我都看到在车上吵架的人，甚至动武的人。起因都是微不足道的：你碰了我一下，我踩了你的脚，如此等等。试想，在拥拥挤挤的公共汽车上，谁能不碰谁呢？这样的事情也值得大动干戈吗？

曾经有一段时间，有关的机关号召大家学习几句话：“谢谢！”“对不起！”等等。就是针对上述的情况而发的。其用心良苦，然而我心里却觉得不是滋味。一个有五千年文明的堂堂大国竟要学习幼儿园孩子们学说的话，岂不大可哀哉！

有人把不讲礼貌的行为归咎于新人类或新新人类。我并无资格成为新人类的同党，我已经是属于博物馆的人物了。但是，我却要为他们打抱不平。在他们诞生以前，有人早着了先鞭。不过，话又要说了回来。新人类或新新人类确实在不讲礼貌方面有所创造，有所前进，他们发扬光大了这种并不美妙的传统，他们（往往是一双男女）在光天化日之下，车水马龙之中，拥抱接吻，旁若无人，洋洋自得，连在这方面比较不拘细节的老外看了都目瞪口呆，惊诧不已。古人说："闺房之内，有甚于画眉者。"这是两口子的私事，谁也管不着。但这是在闺房之内的事，现在竟几乎要搬到大街上来，虽然还没有到"甚于画眉"的水平，可是已经很可观了。新人类还要新到什么程度呢？

如果一个人孤身住在深山老林中，你愿意怎样都行。可我们是处在社会中，这就要讲究点人际关系。人必自爱而后人爱之。没有礼貌是目中无人的一种表现，是自私自利的一种表现，如果这样的人多了，必然产生与社会不协调的后果。千万不要认为这是个人小事而掉以轻心。

现在国际交往日益频繁，不讲礼貌的恶习所产生的恶劣影响已经不局限于国内，而是会流布全世界。前几年，我看到过一个什么电视片，是由一个意大利著名摄影家拍摄的，主题是介绍北京情况的。北京的名胜古迹当然都包罗无遗，但是，我的眼前忽然一亮：一个光着膀子的胖大汉子骑自行车双手撒把做打太极拳状，飞驰在天安门前宽广的大马路上。给人的形象是野蛮无礼。这样的形象并不多见。然而却没有逃过一个老外的眼光。我相信，这个电视片是会在全世界都放映的。它在外国人心目中会产生什么影响，不是一清二楚了吗？

最后，我想当一个文抄公，抄一段香港《公正报》上的话：

富者有礼高质，贫者有礼免辱，父子有礼慈孝，兄弟有礼和睦，夫妻有礼情长，朋友有礼义笃，社会有礼祥和。

（《谈礼貌》）

我从来就不是性善说的信徒，毋宁说我是倾向性恶说的。古书上说"天命之谓性"，"性"就是我们现在常说的"本能"，而一切生物的本能是力求生存和发展，这难免引起生物之间的矛盾，性善又何从谈起呢？

那么，什么又叫做"坏人"呢？记得鲁迅曾说过，干损人利己的事还可以理解，损人又不利己的事千万干不得。我现在利用鲁迅的话来给坏人作一个界定：干损人利己的事是坏人，而干损人又不利己的事，则是坏人之尤者。（《坏人》）

《蒙田随笔》上卷，第28章，是一篇叫做《论友谊》的随笔。其中有几句话：

我们喜欢交友胜过其他一切，这可能是我们本性所使然。亚里士多德说，好的立法者对友谊比对公正更关心。

寥寥几句，充分说明西方对友谊之重视。蒙田接着说：

自古就有四种友谊：血缘的、社交的、待客的和男女情爱的。

这使我立即想到，中西对友谊涵义的理解是不相同的。根据中国的标准，“血缘的”不属于友谊，而属于亲情。“男女情爱的”也不属于友谊，而属于爱情。对此，蒙田有长篇累牍的解释，我无法一一征引。我只举他对爱情的几句话：

爱情一旦进入友谊阶段，也就是说，进入意愿相投的阶段，它就会衰落和消逝。爱情是以身体的快感为目的，一旦享有了，就不复存在。相反，友谊越被人向往，就越被人享有，友谊只是在获得以后才会升华、增长和发展，因为它是精神上的，心灵会随之净化。

这一段话，很值得我们仔细推敲、品味。（《论朋友》）

人类是社会动物。一个人在社会中不可能没有朋友。任何人的一生都是一场搏斗。在这一场搏斗中，如果没有朋友，则形单影只，鲜有不失败者。如果有了朋友，则众志成城，鲜有不胜利者。

因此，在人类几千年的历史上，任何国家，任何社会，没有不重视交友之道的，而中国尤甚。在宗法伦理色彩极强的中国社会中，朋友被尊为五伦之一，曰“朋友有信”。我又记得什么书中说：“朋友，以义合者也。”“信”

"义"涵义大概有相通之处。后世多以"义"字来要求朋友关系，比如《三国演义》"桃园三结义"之类就是。(《论朋友》)

我们常说，人生就是一场拼搏，没有压力，哪来的拼搏？佛家说，生、老、病、死、苦，苦也就是压力。过去的国王、皇帝，近代外国的独裁者，无法无天，为所欲为，看上去似乎一点压力都没有。然而他们却战战兢兢，时时如临大敌，担心边患，担心宫廷政变，担心被毒害被刺杀。他们是世界上最孤独的人，压力比任何人都大。大资本家钱太多了，担心股市升降，房地产价波动，等等。至于吾辈平民老百姓，"家家有一本难念的经"，这些都是压力，谁能躲得开呢？(《论压力》)

人们常说，爱情是文艺创作的永恒主题。不同意这个意见的人，恐怕是不多的。爱情同时也是人生不可缺少的东西。即使后来出家当了和尚，与爱情完全"拜拜"；在这之前也曾蹚过爱河，受过爱情的洗礼，有名的例子不必向古代去搜求，近代的苏曼殊和弘一法师就摆在眼前。(《爱情》)

根据我个人的观察与思考，我觉得，世人对爱情的态度可以笼统分为两大流派：一派是现实主义，一派是理想主义。蒙田显然属于现实主义，他没有把爱情神秘化、理想化。如果他是一个诗人的话，他也决不会像一大群理想主义的诗人那样，写出些卿卿我我，鸳鸯蝴蝶，有时候甚至拿肉麻当有趣的诗篇，令普天下的才子佳人们击节赞赏。他干净利落地直言不讳，把爱情说成是"朝三暮四，变化无常的感情"。对某一些高人雅士来说，这实在有点大煞风景，仿佛在佛头上着粪一样。(《爱情》)

我们今天的青年怎样对待爱情呢？这我有点不大清楚，也没有什么青年人来同我这望九之年的老古董谈这类事情。据我所见所闻，那一套封建的东西早为今天的青年所扬弃。如果真有人想向我这爱情的盲人问道的话，我也可以把我的看法告诉他们的。如果一个人不想终生独身的话，他必须谈恋爱以至结婚。这是“人间正道”。但是千万别浪费过多的时间，终日卿卿我我，闹得神魂颠倒，处心积虑，不时闹点小别扭，学习不好，工作难成，最终还可能是“竹篮子打水一场空”。这真是何苦来！我并不提倡二人“一见倾心”，立即办理结婚手续。我觉得，两个人必须有一个互相了解的过程。这过程不必过长，短则半年，多则一年。余出来的时间应当用到刀刃上，搞点事业，为了个人，为了家庭，为了国家，为了世界。(《爱情》)

在中国，我们没有“爱神”的信仰，我们另有办法。我们创造了一个月老，他手中拿着一条红线，谁被红线拴住，不管是相距多么远，天涯海角，恍若比邻，二人必然走到一起，相爱结婚。(《爱情》)

我写东西，不会有套话、大话，至于真话是否全都讲了出来，那倒不敢说。我只能保证，我讲的全是真话。(《千禧感言》)

我有一股牛劲，有一个缺点：总爱讲话，而且讲真话。谎话我也是说的，但那是不得已而为之的，更多的还是讲真话。稍有社会经历的人都能知道，讲真话是容易得罪人的，何况好多人养成了“对号入座”的习惯，完全像阿Q一样，忌讳极多。我在上面已经说到过，当前的社会还是有阴暗面的，我见到了，如果闷在心里不说，便如骨鲠在喉，一吐为快。我的文字虽然不是匕首，不像投枪。但是，说不定什么时候就会碰到某一些人物的疮疤。在我完全不知道的情况下，就树了敌，结了怨。这是我咎由自取，怪不得他人。(《人生漫谈》)

记得鲁迅曾经说过，干损人利己的事还可以理解；损人又不利己的事千万干不得。我现在利用鲁迅的话来给坏人作一个界定：干损人利己的事是坏人，而干损人又不利己的事，则是坏人之尤者。

空口无凭，不妨略举两例。一个人搬到新房子里，照例大事装修，而装修的方式又极野蛮，结果把水管凿破，水往外流。住在楼下的人当然首蒙其害，水滴不止，连半壁墙都浸透了。然而此人却不闻不问，本单位派人来修，又拒绝入门。倘若墙壁倒塌，楼下的人当然会受害，他自己焉能安全！这是典型的损人又不利己的例子。又有一位“学者”，对某一种语言连字母都不认识，却偏冒充专家，不但在国内蒙混过关，在国外也招摇撞骗。有识之士皆嗤之以鼻。这又是一个典型的损人而不利己的例子。（《坏人》）

根据我的观察，坏人，同一切有毒的动植物一样，是并不知道自己是坏人的，是毒物的。鲁迅翻译的《小约翰》里讲到一个有毒的蘑菇听人说它有毒，它说，这是人话。毒蘑菇和一切苍蝇、蚊子、臭虫等等，都不认为自己有毒。说它们有毒，它们大概也会认为这是人话。可是被群众公推为坏人的人，他们难道能说：说他们是坏人的都是人话吗？如果这是“人话”的话，那么他们自己又是什么呢？

根据我的观察，我还发现，坏人是不会改好的。这有点像形而上学了。但是，我却没有办法。天下哪里会有不变的事物呢？哪里会有不变的人呢？我观察的几个“坏人”偏偏不变。几十年前是这样，今天还是这样。我想给他们辩护都找不出词儿来。有时候，我简直怀疑，天地间是否有一种叫做“坏人基因”的东西？可惜没有一个生物学家或生理学家提出过这种理论。我自己既非生物学家，又非生理学家，只能凭空臆断。我但愿有一个坏人改变一下，改恶从善，堵住了我的嘴。（《坏人》）

《说文》对“朋”字的解释是“凤飞，群鸟从以万数，故以为朋党字”。“凤”和“朋”大概只有轻唇音重唇音之别。对“友”的解释是“同志为友”。意思非常清楚。中国古代，肯定也有“朋友”二字连用的，比如《孟子》。《论语》：“有朋自远方来，不亦说乎！”却只用一个“朋”字。不知从什么时候起，“朋友”才经常连用起来。（《论朋友》）

多思有什么坏处呢？又有什么好处呢？根据我个人几十年来的体会，除了下围棋、象棋等等以外，多思有时候能使人昏昏，容易误事。平常骂人说是“不肖子孙”，意思是与先人的行动不一样的人。我是季文子的最“肖”子孙。我平常做事不但三思，而且超过三思，是否达到了人们要求诸葛恪做的“十思”，没做统计，不敢乱说。反正是思过来，思过去，越思越糊涂，终而至于头昏昏然，而仍不见行动，不敢行动。我这样一个过于细心的人，有时会误大事的。我觉得，碰到一件事，决不能不思而行，鲁莽行动。记得当年在德国时，法西斯统治正如火如荼。一些盲目崇拜希特勒的人，常常使用一个词儿Darauf-galngertum，意思是“说干就干，不必思考”。这是法西斯的做法，我们必须坚决扬弃。遇事必须深思熟虑。先考虑可行性，考虑的方面越广越好。然后再考虑不可行性，也是考虑的方面越广越好。正反两面仔细考虑完以后，就必须加以比较，做出决定，立即行动。如果你考虑正面，又考虑反面之后，再回头来考虑正面，又再考虑反面，那么，如此循环往复，终无宁日，最终成为考虑的巨人，行动的侏儒。(《三思而行》)

“三思而行”，是我们现在常说的一句话，是劝人做事不要鲁莽，要仔细考虑，然后行动，则成功的可能性会大一些，碰壁的可能性会小一些。

要数典而不忘祖，也并不难。这个典故就出在《论语·公冶长第五》：“季文子三思而后行。子闻之曰：‘再，斯可矣。’”这说明，孔老夫子是持反对意见的。吾家老祖宗文子（季孙行父）的三思而后行的举动，二千六七百年以来，历代都得到了几乎全天下人的赞扬，包括许多大学者在内。查一查《十三经注疏》，就能一目了然。《论语正义》说：“三思者，言思之多，能审慎也。”许多书上还表扬了季文子，说他是“忠而有贤行者”。甚至有人认为三思还不够。《三国志·吴志·诸葛恪传注》中说：有人劝恪“每事必十思”。可是我们的孔圣人却冒天下之大不韪，批评了季文子三思过多，只思二次（再）就够了。(《三思而行》)

天下有没有傻瓜？有的，但却不是被别人称做“傻瓜”的人，而是认为别人是傻瓜的人，这样的人自己才是天下最大的傻瓜。

我先把我的结论提到前面明确地摆出来，然后再条分缕析地加以论证。这有点违反胡适之先生的“科学方法”。他认为，这样做是西方古希腊亚里士多德首倡的演绎法，是不科学的。科学的做法是他和他老师杜威的归纳法，先不立公理或者结论，而是根据事实，用“小心的求证”的办法，去搜求证据，然后才提出结论。

我在这里实际上并没有违反“归纳法”。我是经过了几十年的观察与体会，阅尽了芸芸众生的种种相，去粗取精，去伪存真以后，才提出了这样的结论的。为了凸现它的重要性，所以提到前面来说。（《傻瓜》）

大千世界，芸芸众生，由于各人禀赋不同，遗传基因不同，生活环境不同，所以各人的人生观、世界观、价值观、好恶观等等，都不会一样，都会有点差别。比如吃饭，有人爱吃辣，有人爱吃咸，有人爱吃酸，如此等等。又比如穿衣，有人爱红，有人爱绿，有人爱黑，如此等等。在这种情况下，最好是各人自是其是，而不必非人之非。俗语说：“各人自扫门前雪，不管他人瓦上霜。”这话本来有点贬义，我们可以正用。每个人都会有友，也会有“非友”，我不用“敌”这个词儿，避免误会。友，难免有誉；非友，难免有毁。碰到这种情况，最好抱上面所说的分析的态度，切不要笼而统之，一锅糊涂粥。（《毁誉》）

中国古人说：“食、色，性也。”爱情，特别是结婚，总是同“色”相联系的。家喻户晓的《西厢记》歌颂张生和莺莺的爱情，高潮竟是一幕“酬简”，也就是“以身相许”。个中消息，很值得我们参悟。（《爱情》）

人世间确实不乏“倚老卖老”的人，学者队伍中更为常见。眼前请大家自己去找。我讲点过去的事情，故事就出在清吴敬梓的《儒林外史》中。吴敬梓有刻画人物的天才，着墨不多，而能活灵活现。第十八回，胡三公子请客：

> 四位走进书房，见上面席间先坐着两个人，方巾白须，大模大样，见四位进来，慢慢立起身。严贡生认得，便上前道：“卫先生、随先生都在这里，我们公揖。”当下作过揖，请诸位坐。那卫先生、随先生也不谦让，仍旧上席坐了。

倚老卖老，架子可谓十足。平心而论，人老了，不能说是什么好事，老态龙钟，惹人厌恶；但也不能说是什么坏事。人一老，经验丰富，识多见广。他们的经验，有时会对个人甚至对国家是有些用处的。但是，这种用处是必须经过事实证明的，自己一厢情愿地认为有用处，是不会取信于人的。另外，根据我个人的体验与观察，一个人，老年人当然也包括在里面，最不喜欢别人瞧不起他。一感觉到自己受了怠慢，心里便不是滋味，甚至怒从心头起，拂袖而去。有时闹得双方都不愉快，甚至结下怨仇。这是完全要不得的。一个人受不受人尊敬，完全取决于你有没有值得别人尊敬的地方。在这里，摆架子，倚老卖老，都是枉然的。（《老年十忌》）

在对待生命问题上，中国人与印度人迥乎不同。中国人希望转生，连唐明皇和杨贵妃不也希望“生生世世为夫妻”吗？印度人则在笃信轮回转生之余，努力寻求跳出轮回的办法。以佛教而论，小乘终身苦修，目的是想达到涅槃。大乘顿悟成佛，目的也无非是想达到涅槃。涅槃者，圆融清静之谓，这个字的原意就是“终止”，终止者，跳出轮回不再转生也。（《长生不老》）

所谓“净土”，指的就是我们常说的天堂、乐园，是许多宗教信徒烧香念佛，查经祷告，甚至实行苦行，折磨自己，梦寐以求想到达的地方。据说在那里可以享受天福，得到人世间万万得不到的快乐。我看了壁画上画的房子、街道、树木、花草，以及大人、小孩，林林总总，觉得十分热闹。可我觉得没有什么出奇之处。只有一件事给我留下了永不磨灭的印象，那就是，那里的人们都是笑口常开，没有一个人愁眉苦脸，他们的日子大概过得都很惬意。不像在我们人间有这样许多不如意的事情，有时候办点事，还要找后门，钻空子。在他们的商店里——净土里面还实行市场经济吗？他们还用得着商店吗？——售货员大概都很和气，不给人白眼，不训斥“上帝”，不扎堆闲侃，不给人钉子碰。这样的天堂乐园，我也真是心向往之的。但是给我印象最深，使我最为吃惊或者羡慕的，还是他们对待要死的人的态度。那里的人，大概同人世间的猫们差不多，能预先知道自己寿终的时刻。到了此时，要死的老嬷嬷或者老头，健步如飞地走在前面，身后簇拥着自己的子子孙孙、至亲好友，个个喜笑颜开，全无悲戚的神态，仿佛是去参加什么喜事一般，一直把老人送进坟墓。后事如何，壁画不是电影，是不能动的。然而画到这个程度，以后的事尽在不言中，如果一定要画上填土封坟，反而似乎是多此一举了。我觉得，净土中的人们给我们人类争了光。他这一手比猫们又漂亮多了。知道必死，而又兴高采烈，多么豁达！多么聪明！猫们能做得到吗？这证明，净土里的人们真正参透了人生奥秘，真正参透了自然规律。（《老猫》）

要说真话，不讲假话。假话全不讲，真话不全讲。（《大国学——季羡林口述史》）

王静安在《人间词话》中说：“古今之成大事业大学问者必经过三种之境界。‘昨夜西风凋碧树，独上高楼，望尽天涯路’。此第一境也。‘衣带渐宽终不悔，为伊消得人憔悴’。此第二境也。‘众里寻他千百度，蓦然回首，那人却在，灯火阑珊处’。此第三境也。”静安先生第一境写的是预期。第二境写的是勤奋。第三境写的是成功。其中没有写天资和机遇。我不敢说，这是他的疏漏，因为写的角度不同。但是，我认为，补上天资与机遇，似更为全面。我希望，大家都能拿出“衣带渐宽终不悔”的精神来从事做学问或干事业，这是成功的必由之路。（《成功》）

在人类五六千年的文化史上，人类创造的文明或文化的数目相当多。根据我的看法，人类总共创造了四个文化体系：这四个文化体系又可以分为两大文化体系：一个是东方文化，一个是西方文化。两者的根本区别在于思维模式的不同，而思维模式又是一切文明或文化的基础。简而言之，我认为，东方的思维模式是综合的，它照顾了事物的整体，有整体概念，讲普遍联系，接近唯物辩证法。用一句通俗的话来说就是，既见树木，又见森林，而不是只注意个别枝节。中国天人合一的思想，印度的梵我一体的思想，是典型的东方思想。而西方的思维模式则是分析的。它抓住一个东西，特别是物质的东西，分析下去，分析下去，分析到极其细微的程度。可是往往忽视了整体联系，这在医学上表现得最为清楚。西医是头痛治头，脚痛治脚，完全把人体分割开来。用一句现成的话来说就是，只见树木，不见森林。而中医则往往是头痛治脚，脚痛治头，把人体当做一个整体来看待。两者的对立，十分明确。（《东方文化与东方文学》）

第二编

忆往述怀，重情侠义

按我出生的环境，我本应该终生成为一个贫农。但是造化小儿却偏偏要播弄我，把我播弄成一个知识分子。从小知识分子把我播弄成一个中年知识分子；又从中年知识分子把我播弄成一个老知识分子。（《一个老知识分子的心声》）

母亲的死使我对一切都灰心。以前也曾自己吹起过幻影：怎样在十几年的漂泊生活以后，回到故乡来，听到母亲的一声含着温热的呼唤，仿佛饮一杯甘露似的，给疲惫的心加一点生气，然后再冲到人世里去。现在这幻影终于证实了是个幻影。……屋外是一个用黄土堆成的墙围绕着的天井。墙上已经有了几处倾地的缺口，上面长着乱草。从缺口里看出去是另一片黄土的墙，黄土的屋顶，黄土的街道，接连着枣树林里的一片淡淡的还残留着点绿色的黄雾，枣林的上面是初秋阴沉的也有点黄色的长天。我的心也像这许多黄的东西一样的黄，也一样的深沉。一个丢掉希望和幻影的人，不也正该丢掉生趣吗？（《母与子》）

叔父是一个非常有天才的人。他并没有受过正规教育。在颠沛流离中，完全靠自学获得了知识和本领。他能做诗，能填词，能写字，能刻图章。中国古书也读了不少。按照他的出身，他无论如何也不应该对宋明理学发生兴趣；然而他竟然发生了兴趣，而且还极为浓烈，非同一般。这件事我至今大惑不解。我每看到他正襟危坐，威仪俨然，在读《皇清经解》一类十分枯燥的书时，我都觉得滑稽可笑。（《我的心是一面镜子》）

我过去曾多次说到，自己向无大志，我的志是一步步提高的，有如水涨船高。自己决非什么天才，我自己评估是一个中人之才。如果自己身上还有什么可取之处的话，那就是，自己是勤奋的，这一点差堪自慰。我是一个富于感情的人，是一个自知之明超过需要的人，是一个思维不懒惰，脑筋永远不停地转动的人。我得利之处，恐怕也在这里。（《新年抒怀》）

我为什么非要取得一个博士学位不行呢？其中原因有的同一般人一样，有的则可能迥乎不同。中国近代许多大学者，比如王国维、梁启超、陈寅恪、郭沫若、鲁迅等等，都没有什么博士头衔，但都会在学术史上有地位的。这一点我是知道的。可这些人都是不平凡的天才，博士头衔对他们毫无用处。但我扪心自问，自己并不是这种人，我从不把自己估计过高，我甘愿当一个平凡的人，而一个平凡的人，如果没有金光闪闪的博士头衔，则在抢夺饭碗的搏斗中必然是个失败者。这可以说是动机之一，但是还有之二。我在国内时对某些趾高气扬不可一世的留学生看不顺眼，窃以为他们也不过在外国炖了几年牛肉，一旦回国，在非留学生面前就摆起谱来了。但自己如果不也是留学生，则一表示不平，就会有人把自己看成一个吃不到葡萄而说葡萄酸的狐狸。我为了不当狐狸，必须出国，而且必须取得博士学位。这个动机，说起来十分可笑，然而却是真实的。多少年来，博士头衔就像一个幻影，飞翔在我的眼前，或近或远，或隐或显。（《留德十年》）

在别人眼中，我现在活得真是非常非常惬意了。不虞之誉，纷至沓来；求全之毁，几乎绝迹。我所到之处，见到的只有笑脸，感到的只有温暖。时时如坐春风，处处如沐春雨，人生至此，实在是真应该满足了。然而，实际情况却并不完全是这样惬意。古人说：“不如意事常八九。”这话对我现在来说也是适用的。我时不时地总会碰到一些令人不愉快的事情，让自己的心情半天难以平静。即使在春风得意中，我也有自己的苦恼。我明明是一头瘦骨嶙峋的老牛，却有时被认成是日产鲜奶千磅的硕大的肥牛。已经挤出了奶水五百磅，还求索不止，认为我打了埋伏。其中情味，实难以为外人道也。这逼得我不能不想到休息。（《相期以茶》）

我兀坐在书城中，忘记了尘世的一切不愉快的事情，怡然自得。以世界之广，宇宙之大，此时却仿佛只有我和我的书友存在。窗外粼粼碧水，丝丝垂柳，阳光照在玉兰花的肥大的绿叶子上，这都是我平常最喜爱的东西，现在也都视而不见了。（《我的书斋》）

我……的生命历程中，一波三折，好运与多舛相结合，坦途与坎坷相混杂。几度倒下，又几度爬起来，爬到今天这个地步。我可真正参透了世态炎凉的玄机，尝够了世态炎凉的滋味。特别是十年浩劫中，我因为胆大包天，自己跳出来反对北大那一位炙手可热的“老佛爷”，被戴上了种种莫须有的帽子，被“打”成了反革命，遭受了极其残酷的至今回想起来还毛骨悚然的折磨。从牛棚里放出来以后，有长达几年的一段时间，我成了燕园里一个“不可接触者”。走在路上，我当年辉煌时对我低头弯腰毕恭毕敬的人，那时却视若路人，没有哪一个敢或者肯跟我说一句话的。我也不习惯于抬头看人，同人说话，我这个人已经异化为“非人”。（《世态炎凉》）

我当时日子实在非常难过。我知道正义是在自己手中，可是是非颠倒，人妖难分，我呼天天不应，叫地地不答，一腔义愤，满腹委屈，毫无人生之趣。在很长一段时间内，我成了“不可接触者”，几年没接到过一封信，很少有人敢同我打个招呼。我虽处人世，实为异类。（《二月兰》）

我虽然是个杂家，但是杂中还是有重点的。可惜，由于一些原因，不明真相的人往往不明白我干的究竟是哪一行。外面来的信，有的寄到中文系，有的寄到历史系，有的寄到哲学系，有的寄到西语系，有的甚至寄到社会学系。从中可以看出人们对我的了解。（《季羡林自传》）

我恨不能每天有 48 小时用来工作，我始终不敢放松一分一秒。如稍有放松，静夜自思就感到十分痛苦，好像犯了什么罪，好像在慢性自杀。（《罗摩衍那》后记）

我是一个呆板保守的人，禀性固执。几十年养成的习惯，我决不改变。一身卡其布的中山装，国内外不变，季节变化不变，别人认为是老顽固，我则自称是“博物馆的人物”，以示“抵抗”，后发制人。生活习惯也决不改变。四五十年来养成了早起的习惯，每天早晨四点半起床，前后差不了五分钟。古人说“黎明即起”，对我来说，这话夏天是适合的；冬天则是在黎明之前几个小时就起来了。我五点吃早点，可以说是先天下之早点而早点。吃完立即工作。我的工作主要是爬格子。几十年来，我已经爬出了上千万的字。这些东西都值得爬吗？我认为是值得的。我爬出的东西不见得都是精金粹玉，都是甘露醍醐，吃了能让人升天成仙，但是其中决没有毒药，决没有假冒伪劣，读了以后至少能让人获得点享受，能让人爱国，爱乡，爱人类，爱自然，爱儿童，爱一切美好的东西。总之一句话，能让人在精神境界中有所收益。（《相期以茶》）

在所有的课程中，我受益最大的不是正课，而是一门选修课：朱光潜先生的“文艺心理学”和一门旁听课：陈寅恪先生的“佛经翻译文学”。这两门课对我以后的发展有深远影响，可以说是一直影响到现在。我搞一点比较文学和文艺理论，显然是受了朱先生的熏陶。而搞佛教史、佛教梵语和中亚古代语言，则同陈先生的影响是分不开的。（《季羡林自传》）

我们观察，老虎、狮子等猛兽，饿了就要吃别的动物，包括人在内。它们决没有什么恻隐之心，决没有什么良知。吃的时候，它们也决不会像人吃人的时候那样，有时还会捏造一些我必须吃你的道理，做好“思想工作”。它们只是吃开了，吃饱为止。人类则有所不同。人与人当然也不会完全一样。有的人确实能够遏制自己的求生的本能，表现出一定的良知和一定的恻隐之心。古往今来的许多仁人志士，都是这方面的好榜样。他们为什么能为国捐躯？为什么能为了救别人而牺牲自己的性命？鲁迅先生所说的“中国的脊梁”，就是这样的人。孟子所谓的“浩然之气”，只有这样的人能有。禽兽中是决不会有什么“脊梁”，有什么“浩然之气”的，这就叫做“几希”。（《三论人生》）

一良虽然自称“毕竟一书生”；但是据我看，即使他是一个书生，他是一个有骨气有正义感的书生，决不是山东土话所称的“孬种”。在十年浩劫中，他跳出来反对北大那一位倒行逆施、炙手可热的“老佛爷”。当时北大大权全掌握在“老佛爷”手中，一良的命运可想而知。他同我一样，一跳就跳进了牛棚，我们成了“棚友”。我们住在棚中时，新北大公社的广播经常鬼哭神嚎地喊出了周一良、侯仁之、季羡林的名字，连成了一串，仿佛我们是三位一体似的。有一次，忘记了是批斗什么人，我们三个都是“陪斗”。我们被赶进了原大饭厅台下的一间小屋里，像达摩老祖一样，面壁而立。我忽然听到几声巴掌打脸或脊梁的声音，清脆“悦”耳，是从周一良和侯仁之身上传过来的。我想，下面该轮到我了。我肃穆恭候，然而巴掌竟没有打过来，我顿时颇有“失望”之感。忽听台上一声狮子吼：“把侯仁之、周一良、季羡林押上来！”我们就被两个壮汉反剪双臂押上台去，口号声震天动地。这种阵势我已经经受了多次，已经驾轻就熟，竟不心慌意乱，熟练地自己弯腰低头，坐上了喷气式。至于那些野狗狂叫般的批判发言，我却充耳不闻了。这一段十分残酷然而却又十分光荣的回忆，拉近了我同侯仁之和周一良的关系。(《悼念周一良》)

冯至先生的散文，我觉得，就是继续了中国优秀传统的。不能说其中没有一点西方的影响，但是根底却是中国传统。我每读他的散文，上面说的那些特点都能感觉到，含蓄、飘逸、简明、生动，而且诗意盎然，读之如食橄榄，余味无穷，三日口香。

我认为，在冯至身上，作为学者和作为诗人是密不可分的。过去和现在都有专门的诗人和专门的学者，身兼二者又达到相当高的水平的人，却并不多见。冯先生就是这样一个人。作为学者，他仍然饱含诗人气质。

冯至先生以诗人研究诗人，研究仿佛就成了创作，他深入研究对象的灵魂，他能看到或本能地领悟到其他学者们看不到更领悟不到的东西，而又能以生花妙笔著成文章，同那些枯涩僵硬的高头讲章迥异其趣，学术论著本身就仿佛成了文学创作，诗意弥漫，笔端常带感情。读这样的学术论著，同读文学作品一样，简直是一种美的享受。

我确实认为，冯至先生是人文难分。他为人一向淳朴、正直、坦荡、忠实，待人以诚，心口如一。我简直无法想象会有谎言从他嘴里流了出来。他说话从不有恃无恐，也不花哨；即之也温，总给人以实事求是的印象，而且几十年如一日，真可谓始终如一了。

他虽然还活着，然而已经不能睁眼，不能说话。我顿感，毕生知己又少一个。我坐在会客室里，泪如泉涌，我预备放声大哭。他的女儿姚平连声说：“季伯伯！你不要难过！”我调动起来了自己所有剩余的理智力量，硬是把痛哭压了下去。脸上还装出笑脸，甚至在泪光中做出笑脸。只有我一个人知道：我的泪都流到肚子里去了。为了冯至先生，我愿意把自己泪库中的泪一次提光，使它成为我一生中最后的一次痛哭。(《哭冯至先生》)

我从小失去了慈母，失去了母爱。一个失去了母爱的人，必然是一个心灵不完整或不正常的人。在七八十年的漫长时期中，不管是什么时候，也不管我是在什么地方，只要提到了失去母爱，失去母亲，我必然立即泪水盈眶。对人是如此，对鸟兽也是如此。中国古人常说“终天之恨”，我这真正是“终天之恨”了，这个恨只能等我离开人世才能消泯，这是无可怀疑的了。中国古诗说：“劝君莫打三春鸟，子在巢中待母归”，真是蔼然仁者之言，我每次暗诵，都会感到心灵震撼的。(《喜鹊窝》)

在任何时代，人生都是一场搏斗，搏斗就难免惊涛骇浪。在这样的浪涛中，有胜利者，当然也有失败者。在整个社会中，家庭对这样的浪涛来说，就是一个安全的避风港。胜利者回到这个避风港中，在温馨的气氛中，细细品味这胜利的甜蜜；失败者回到这个避风港中，追忆和分析失败的教训，家庭的温馨会增强他的斗志。回忆之余，奋然而起，他又有了足够的勇气和力量，再回到社会中，继续拼搏，勇往直前，必须胜利在握而后止。(《梦游21世纪》)

中国古代知识分子贫穷落魄的多，有诗为证：“文章憎命达。”文章写得好，命运就不亨通；命运亨通的人，文章就写不好。那些靠文章中状元、当宰相的人，究竟是极少数。而且中国文学史上根本就没有哪一个伟大文学家中过状元。《儒林外史》是专写知识分子的小说。吴敬梓真把穷苦潦倒的知识分子写活了。没有中举前的周进和范进等形象，真是入木三分，至今还栩栩如生。中国历史上一批穷困的知识分子，贫无立锥之地，决不会有面团团的富家翁相。中国诗文和老百姓嘴中有很多形容贫穷而瘦的穷人的话，什么“瘦骨嶙峋”，什么“骨瘦如柴”，又是什么“瘦得皮包骨头”，等等，都与骨头有关。这一批人一无所有，最值钱的仅存的“财产”就是他们这一身瘦骨头。这是他们人生中最后的一点“赌注”，轻易不能押上的，押上一输他们也就“涅槃”了。然而他们却偏偏喜欢拼命，喜欢拼这一身瘦老骨头。他们称这个为“骨气”。(《一个老知识分子的心声》)

中国知识分子也是极难对付的家伙。他们的感情特别细腻、锐敏、脆弱、隐晦。他们学富五车，胸罗万象。有的或有时自高自大，自以为“老子天下第一”；有的或有时却又患了弗洛伊德（?）讲的那一种“自卑情结”(inferiority complex)。他们一方面吹嘘想“通古今之变，究天人之际”，气魄贯长虹，浩气盈宇宙。有时却又为芝麻绿豆大的一点小事而长吁短叹，甚至轻生，“自绝于人民”。关键问题，依我看，就是中国特有的“国粹”——面子问题。“面子”这个词儿，外国文没法翻译，可见是中国独有的。俗话里许多话都与此有关，比如“丢脸”“真不要脸”“赏脸”，如此等等。“脸”者，面子也。中国知识分子是中国国粹“面子”的主要卫道士。

中国这些知识分子，脾气往往极大。他们又仗着“骨气”这个法宝，敢于直言不讳。一见不顺眼的事，就发为文章，呼天叫地，痛哭流涕，大呼什么“人心不古，世道日非”，又是什么“黄钟毁弃，瓦釜雷鸣”。这种例子，俯拾即是。他们根本不给当政的最高统治者留一点面子，有时候甚至让他们下不了台。须知面子是古代最高统治者皇帝们的命根子，是他们的统治和尊严的最高保障。因此，我就产生了一个大胆的“理论”：一部中国古代政治史至少其中一部分就是最高统治者皇帝和大小知识分子互相利用又互相斗争，互相对付和应付，又有大棒，又有胡萝卜，间或甚至有剥皮凌迟的历史。(《一个老知识分子的心声》)

我的确活下来了，然而一个念头老在咬我的心。我一向信奉的“士可杀，不可辱”的教条，怎么到了现在竟被我完全地抛到脑后了呢？我有勇气仗义执言，打抱不平，为什么竟没有勇气用自己的性命来抗议这种暴行呢？我有时甚至觉得，隐忍苟活是可耻的。然而，怪还不怪在我的后悔，而在于我在很长的时间内并没有把这件事同整个的“文化大革命”联系在一起。一直到1976年

“四人帮”被打倒，我一直拥护七八年一次的“革命”。可见我的政治嗅觉是多么迟钝。(《牛棚杂忆》)

中华文化的精髓何在？

这是一个极大的、极重要的问题，看法可能有很大的分歧。我自己的看法有两点：一个是爱国主义，一个是讲骨气，讲气节。这两点别的国家不能说没有，但是中国最为突出，历史也最长。二者有区别，又有联系。(《提高高校学生人文素质的必要和可能》)

北大的师生，在所有抨击邪恶、伸张正义的运动中，无不站在最前列，发出第一声反抗的狮子吼，震动了全国，震动了全世界，为中华民族的前进，为世界人民的前进，开辟了道路，指明了方向。北大师生中，不知出现了多少烈士，不知出现了多少可以被鲁迅称为“脊梁”的杰出人物。这有史可查，有案可稽，决非北大人的“一家之言”。中国人民实在应该为有北大这样的学府而感到极大的骄傲。(《名人与北大·前言》)

六七十年前胡适先生提出来的“大胆的假设，小心的求证”，我认为是不刊之论，是放之四海而皆准的方针。古今中外，无论是社会科学，还是自然科学，概莫能外。在那一段教条主义猖獗、形而上学飞扬跋扈的时期内，这个方针曾受到多年连续不断的批判。我当时就百思不得其解。试问哪一个学者能离开假设与求证呢？所谓大胆，就是不为过去的先人之见所限，不为权威所囿，能够放开眼光，敞开胸怀，独具只眼，另辟蹊径，提出自己的假设，甚至胡思乱想，想入非非，亦无不可。如果连这一点胆量都不敢有，那只有循规蹈矩，墨守成法，鼠目寸光，拾人牙慧，个人决不会有创造，学术决不会进步。这一点难道还不明白，还要进行烦琐的论证吗？

总之，我要说，一要假设，二要大胆，缺一不可。(《季羡林自传》)

假如我安分守己老老实实的话，我本可以成为一个逍遥安闲的逍遥派，痛愉快快地混上几年的。然而，幸乎？不幸乎？天老爷赋予了我一个犟劲，我敢于仗义执言。假如我身上还有点什么值得称扬的东西的话，那就是一点犟劲。（《牛棚杂忆》）

我认为中国伦理道德中有两点值得提倡，第一点是讲气节、骨气。一个人要有骨头。我们现在不是还讲解放军硬骨头六连吗？文章也讲风骨。骨头本来是讲一种生理的东西，用到人身上，就是指人要讲气节。孟子就讲："富贵不能淫，贫贱不能移，威武不能屈，此之谓大丈夫。"富贵我们也不怕，贫贱我们也不怕，威武我们也不怕，这在别的国家是没有的。就是说作为一个人，我有我的人格，顶天立地，不管你多大的官，多么有钱，你做得不对我照样不买你的账。例子很多。《三国演义》里有个祢衡敢骂曹操，不怕他能杀人。近代的章太炎，他就敢在袁世凯住进中南海称帝时，到中南海新华门前骂袁称帝。这种骨气别的国家也不提倡。"骨气"这个词也不好译，翻成英文也得用两个词：道德的"反抗的力量"或者"不屈不挠的力量"，我们用一个"气节""骨气"，多么简洁明了。我们中国的小说中，随便看看，都有像祢衡这样的人。我们为什么崇拜包公？就是因为他威武不能屈。皇帝掌握生杀大权，但皇帝做错了，包公照样不买账；达官显贵虽然有钱有势，包公也照样不买账。这种品行外国是不提倡的。

第二点是爱国主义。世界上真正提倡爱国主义的是中国。比如苏武北海牧羊而气节不改的故事，连小孩都知道。写《满江红》的抗金英雄岳飞，他的爱国精神更是历代传诵，后人在杭州西湖边专给他盖了一座庙。又如文天祥，谁都知道他的名言"人生自古谁无死，留取丹心照汗青"，全国都有他的祠堂。近代、现代的爱国英雄也多得很，如抗日战争中的张自忠、佟麟阁，等等。

当然，我们讲爱国主义要分场合，例如抗日战争里，我们中国喊爱国主义是好词，因为我们是正义的，是被侵略、被压迫的。压迫别人、侵略别人、屠杀别人的"爱国主义"是假的，是军国主义、法西斯。所以我们讲爱国主义要讲两点：一是我们决不侵略别人，二是我们决不让别人侵略。这样爱国主义就与国际主义、与气节联系上了。（《略说中国传统文化及其特点》）

在古代，几乎在所有的国家中，传承文化的责任都落在知识分子肩上。不管工农的贡献多么大；但是传承文化却不是他们所能为。如果硬要这样说，那不是实事求是的态度。传承文化的人的身份和称呼，因国而异。在欧洲中世纪，传承者多半是身着黑色长袍的神父，传承的地方是在教堂中。后来大学兴起，才接过了一些传承的责任。在印度古代，文化传承者是婆罗门，他们高居四姓之首。东方一些佛教国家，古代文化的传承者是穿披黄色袈裟的佛教僧侣，传承地点是在寺庙里。中国古代文化的传承者是“士”。士、农、工、商是社会上主要阶层，而士则同印度的婆罗门一样高居首位。传承的地方是太学、国子监和官办以及私人创办的书院，婆罗门和士的地位，都是他们自定的。这是不是有点过于狂妄自大呢？可能有的；但是，我认为，并不全是这样，而是由客观形势所决定的，不这样也是不行的。（《我和北大》）

婆罗门、神父、士等等都是知识分子，他们的本钱就是知识，而文化与知识又是分不开的。在世界各国文化传承者中，中国的士有其鲜明的特点。早在先秦，《论语》中就说过：“士不可以不弘毅，任重而道远。”士们俨然以天下为己任，天下安危系于一身。在几千年的历史上，中国知识分子的这个传统一直没变，后来发展成“天下兴亡，匹夫有责”。后来又继续发展，一直到了现代，始终未变。

不管历代注疏家怎样解释“弘毅”，怎样解释“任重道远”，我个人认为，中国知识分子所传承的文化中，其精髓有两个鲜明的特点，一个是我在上面详细论证的爱国主义，一个就是讲骨气，讲气节，换句话说也就是在帝王将相的非正义的行为面前不低头；另一方面，在外敌的斧钺前面不低头，“威武不能屈”。苏武和文天祥等等一大批优秀人物就是例证。这样一来，这两个特点实又有非常密切的联系了，其关键还是爱国主义。

如果我们改一个计算办法的话，那么，北大的历史就不是一百年，而是几千年。因为，北大最初的名称是京师大学堂，而京师大学堂的前身则是国子监。国子监是旧时代中国的最高学府，已有一千多年的历史，其前身又是太学，则历史更长了。从最古的太学起，中经国子监，一直到近代的大学，学生都有以天下为己任的抱负，这也是存在决定意识这个规律造成的。与其他国家的大学不太一样，在中国这样的大学中，首当其冲的是北京大学。在近代史上，历次反抗邪恶势力的运动，几乎都是从北大开始。这是历史事实，谁也否认不掉的。五四运动是其中最著名的一次。虽然名义上是提倡科学与民主，骨

子里仍然是一场爱国运动。提倡科学与民主只能是手段，其目的仍然是振兴中华，这不是爱国运动又是什么呢？（《我和北大》）

中国人的传统美德之一就是助人为乐，路见不平，拔刀相助。

故带刀的人，就不会是我们平常所讲的白面书生，即带刀就与武术有关，中国古书上常常有侠这个字，我想，侠就是带刀的侠客。

（2008年2月27日，在301医院为奥运频道的《武林大会》以及3月6日播出的《武林盛典》题词）

回忆很不好说。究竟什么才算是回忆呢？我们时时刻刻沿着人生的路向前走着，时时刻刻有东西映入我们的眼里。——即如现在吧，我一抬头就可以看到清浅的水在水仙花盆里反射的冷光，漫在水里的石子的晕红和翠绿，茶杯里残茶在软柔的灯光下照出的几点金星。但是，一转眼，眼前的这一切，早跳入我的意想里，成轻烟，成细雾，成淡淡的影子，再看起来，想起来，说起来的话，就算是我的回忆了。（《回忆》）

寂寞像大毒蛇，盘住了我整个的心，我自己也奇怪：几天前喧腾的笑声现在还萦绕在耳际，我竟然给寂寞克服了吗？

但是，克服了，是真的，奇怪又有什么用呢？笑声虽然萦绕在耳际，早已恍如梦中的追忆了，我只有一颗心，空虚寂寞的心被安放在一个长方形的小屋里。我看四壁，四壁冰冷像石板，书架上一行行排列着的书，都像一行行的石块，床上棉被和大衣的折纹也都变成雕刻家手下的作品了。死寂，一切死寂，更死寂的却是我的心，——我到了庞培（Pompaii）了么？不，我自己证明没有，隔了窗子，我还可以看见袅动的烟缕，虽然还在袅动，但是又是怎样地微弱呢？——我到了西敏斯大寺（Westminster Abbey）了么？我自己又证明没有，我看不到阴森的长廊，看不到诗人的墓圹，我只是被装在一个长方形的小屋里，四周圈着冰冷的石板似的墙壁，我究竟在什么地方呢？桌子上那两盆草的曼长嫩绿的枝条，反射在镜子里的影子，我透过玻璃杯看到的淡淡的影子；反射在电镀过的小钟座上的影子，在平常总轻轻地笼罩上一层绿雾，不是很美丽有生气的吗？为什么也变成浮雕般的呆僵着不动呢？——一切完了，一切都给寂寞吞噬了，寂寞凝定在墙上挂的相片上，凝定在屋角的蜘蛛网上，凝定在镜子里我自己的影子上……

一切都真的给寂寞吞噬了吗？不，还有我自己，我试着抬一抬胳膊，还能抬得起，我摆了摆头，镜子里的影子也还随着动，我自己问：是谁把我放在这里的呢？是我自己，现在我才发现，就是自己，我能逃……（《寂寞》）

据说，只有人是会笑的。我活在这个大地上几十年中，曾经笑过无数次，也曾看到别人笑过无数次。我从来没有琢磨过人会不会笑的问题，就好像太阳从东方出来，人们天天必须吃饭这样一些极其自然的、明明白白的、尽人皆知的、用不着去探讨的现象一样，无须再动脑筋去关心了。

然而，人是能够失掉笑的。

就连人能够失掉笑这个事实我以前也没有探讨过，不是用不着去探讨，而是没有想到去探讨，没有发现有探讨的必要；因为我从来还没有遇到过失掉了笑的人，没有想到过会有失掉了笑的人，好像没有遇到过鬼或者阴司地狱，没有想到过有鬼或者有阴司地狱那样。

人又怎能失掉笑呢？（《爽朗的笑声》）

好誉而恶毁，人之常情，无可非议。古代豁达之人倡导把毁誉置之度外。我则另持异说，我主张把毁誉置之度内。置之度外，可能表示一个人心胸开阔；但是，我有点担心，这有可能表示一个人的糊涂或颟顸。

我主张对毁誉要加以细致的分析。首先要分清：谁毁你？谁誉你？在什么时候？在什么地方？由于什么原因？这些情况弄不清楚，只谈毁誉，至少是有点模糊。

我记得在什么笔记上读到过一个故事。一个人最心爱的人，只有一只眼。于是他就觉得天下人（一只眼者除外）都多长了一只眼。这样毁誉能靠得住吗？（《毁誉》）

世界上所有的堂堂正正的宗教，以及古往今来的贤人哲士，无不教导人

们：要说实话，不要撒谎。笼统来说，这是无可非议的。（《漫谈撒谎》）

根据我读书思考的结果，也根据我自己的经验，恐惧这一种心理活动和行动是异常复杂的，决不是三言两语所能说得清楚的。人们可以从很多角度上来探讨恐惧问题。我现在谈一下我自己从一个特定角度上来研究恐惧现象的想法，当然也只能极其概括，极其笼统地谈。

……

两个正常的现象用不着讲，我现在专讲二三个不正常的现象。要举事例，那就不胜枚举。我索性专门从《晋书》里面举出两个事例，两个都与苻坚有关。《谢安传》中有一段话："玄等既破坚，有驿书至，安方对客围棋，看书既，竟便摄放床上，了无喜色，棋如故。客问之，徐答曰：'小儿辈遂已破贼。'"苻坚大兵压境，作为大臣的谢安理当恐惧不安，然而却竟这样从容镇定，至今传颂不已。所以，我称之为英雄。

《晋书·苻坚传》有下面这几段话："谢石等以既败梁成，水陆继进。坚与苻融登城而望王师，见部阵齐整，将士精锐，又北望山上草木皆类人形，顾谓融曰：'此亦劲敌也，何谓少乎！'抚然有惧色。"下面又说："坚大惭，顾谓其夫人张氏曰：'朕若用朝臣之言，岂见今日之事耶！当何面目复临天下乎！'潸然流涕而去，闻风声鹤唳，皆谓晋师之至。"这活生生地画出了一个孱头。敌兵压境，应当振作起来，鼓励士兵，同仇敌忾，可是苻坚自己却先泄了气。这样的人不称为孱头，又称之为什么呢？结果留下了两句著名的话：风声鹤唳，草木皆兵。至今还活在人民的口中，也可以说是流什么千古了。

如果想从《论恐惧》这一篇短文里吸取什么教训的话，那就是明明白白地摆在眼前的。我们都要锻炼自己，对什么事情都不要惊慌失措，而要处变不惊。（《论恐惧》）

根据我个人的观察，尽管许多知识分子的愤懑未舒，物质待遇还只能说是非常菲薄，有时难免说些怪话；但是他们的爱国之心未减，"不用扬鞭自奋蹄"。说这样的人是"物美价廉，经久耐用"，完全是符合实际情况的。然而却听说有人听了很不舒服。我最近还听说，有一位颇为著名的人物，根据苏联解体的教训，说什么：中国知识分子至今还是帝国主义皮上的毛。这话只是从道听途说中得来的。但是，可能性并非没有。说这种话的人，还有一点是非之心吗？还有一点“良知”吗？我深深感到忧虑。(《牛棚杂忆》)

在消费方面我决不是一个典型的代表。看了我自己的叙述，一定会同意我这个说法的。但是，人类社会极其复杂，芸芸众生，有一箪食一瓢饮者；也有食前方丈，一掷千金者。绫罗绸缎、皮尔·卡丹，燕窝鱼翅、生猛海鲜，这样的人当然也会有的。如果全社会都是我这一号的人，则所有的大百货公司都会关张的，那岂不太可怕了吗？所以，我并不提倡大家以我为师，我不敢这样狂妄。不过，话又说了回来，我仍然认为：吃饭穿衣是为了活着，但是活着决不是为了吃饭穿衣。(《漫谈消费》)

有一些人往往以为自己最聪明，他们争名于朝，争利于世，锱铢必较，斤两必争。如果用正面手段，表面上的手段达不到目的的话，则也会用些负面的手段，暗藏的手段，来蒙骗别人，以达到损人利己的目的。结果怎样呢？结果是：有的人真能暂时得逞，“春风得意马蹄疾，一日看遍长安花”。大大地辉煌了一阵，然后被人识破，由座上客一变而为阶下囚。有的人当时就能丢人现眼。《红楼梦》中有两句话说：“机关算尽太聪明，反误了卿卿性命。”这话真说得又生动，又真实。我决不是说，世界上人人都是这样子，但是，从中国到外国，从古代到现代，这样的例子还算少吗？

原因何在？原因就在于：这些人都把别人当成了傻瓜。

我们中国有几句尽人皆知的俗话：“善有善报，恶有恶报；不是不报，时候未到；时候一到，一切皆报。”这真是见道之言。把别人当傻瓜的人，归根结底，会自食其果。古代的统治者对这个道理似懂非懂。他们高叫：“民可使由之，不可使知之。”是想把老百姓当傻瓜，但又很不放心，于是派人到民间去采风，采来了不少政治讽刺歌谣。杨震是聪明人，对向他行贿者讲出了“四知”。他知道得很清楚：除了天知、地知、你知、我知之外，不久就会有一个第五知：人知。他是不把别人当作傻瓜的，还是老百姓最聪明。他们中的聪明人说：“若要人不知，除非己莫为。”他们不把别人当傻瓜。

可惜把别人当傻瓜的现象，自古亦然，于今犹烈。救之之道只有一条：不自作聪明，不把别人当傻瓜，从而自己也就不是傻瓜。哪一个时代，哪一个社

会，只要能做到这一步，全社会就都是聪明人，没有傻瓜，全社会也就会安定团结。(《傻瓜》)

什么叫“正义”？韩文公说：“行而宜之之谓义。”可是“宜之”的标准是因个人而异的，因民族而异的，因国家而异的，因立场不同而异的。不懂这个道理，就是“隔膜”。(《隔膜》)

我首先要声明，我不是任何宗教的信徒，可是我对世界上所有的正大光明的宗教都十分尊重。原因并不复杂，除了奥姆真理教、太阳神殿教等一批邪教外，各大宗教都劝人做好事，不干坏事，这不正是我们正直的人类所需要的吗？不管他们的教义如何，所崇拜的神灵如何，除了间或被别有用心的人或组织所利用外，这些宗教是无可指责的。如果不同宗教的信徒们能互相尊重，互不相妨，则中国社会必能安定团结，世界人民也必能安定团结。

任何一个宗教的教义和教规，对本教的信徒来说都是持之有故，言之成理的，都是天经地义，信徒们信从，是他们的权利和义务。但是对其他宗教的信徒来说，则另是一码事。对于这样的分歧，最好不要辩论，也不必争论，这样做，只能伤和气，也无济于事。最好能够认为，自己的教义只是相对真理，绝对真理只有他们崇拜的最高神灵才能掌握。能做到这一步，就能够你好，我好，大家都好了。大家以各自喜爱的方式来满足宗教的需要，岂不猗欤休哉！

说到“宗教需要”，恩格斯使用过这个词儿。世界上确实有有宗教需要的人；另一方面，世界上也确实有没有宗教需要的人，敲锣吹号，各有一套。最好是各不相犯，自从所好。人类最重要的是求生存，生存得越美满越好。自己生存，也让别人生存，这是最上策。有宗教需要的和没有宗教需要的人；在有宗教需要的人中，信这种教和信那种教的人，可以不谈宗教问题，而共同携手，齐心协力，为了改善人类生存的条件而努力奋斗，这是人生第一义。一定要强迫别人信教，或一定要强迫别人不信教，都只能制造矛盾，两败俱伤。

世界上有规定国教的国家，也有不规定国教的国家。有民族与宗教完全一致的国家，也有民族与宗教不一致的国家。有必须有宗教信仰的国家，也有不规定人民宗教信仰的国家。我到德国时，登记表上有“宗教信仰”一栏，我没有法子填写，那位德国办事员就说：“不填这一栏可不行！给你填上佛教吧！”

我笑而从之，反正我知道我不是佛教徒，这只不过是官样文章而已。在有国教的国家中，无神论也是有的。他们脑袋里没有上帝，可是星期天也进礼拜堂，说是到那里去听听庄严肃穆的音乐，使自己的心神安静一下。宗教之为用大矣哉！

总之，我认为，信不信宗教完全是个人的事，别人不必过多地去干预，只要他遵守法纪，就是一个好公民。想人为地消灭宗教，也是办不到的。（《宗教》）

中国之有“留学热”，不自今日始。30年代初起一直到后来很长的时间内，此“热”未消，而且逐年增温。当年的大学生，一谈到留学，喜者有之，悲者亦有之。虽同样炽热，而心态却又天地悬殊。父母有权、有势、有钱，出国门易如反掌，自然是心旷神怡，睥睨一切。无此条件者，唯有考取官费一途，而官费则名额只有几名，僧多粥少，向隅而叹者，比比皆是，他们哪能不悲呢？我曾亲眼看到，有的人望“洋”兴叹，羡慕得浑身发抖，遍体生热。

留学的动机何在呢？高者胸怀“科学救国”的大志，当时“科学”只能到外国去学。低者则一心只想“镀金”。在当时大学毕业生找“饭碗”十分困难的情况下，想出国镀一下金，用现在的话说，就是“包装”。以便回国后在抢饭碗的搏斗中靠自己身上的金色来震撼有权势、有用人权者的心，其用心良苦，实亦未可厚非，我们大可以不必察察为明，细细地去追究别人心中的“活思想”和“一闪念”，像“四人帮”那样，这一帮人是彻头彻尾的伪君子。

尽管在当时留学生出国的目的各不相同，但是也有共同的地方。据我的观察，这个共同性是普遍的，几乎没有任何例外的。这就是：出国是为了回国，想呆在或者赖在外国不回来的想法，我们连影儿都没有，甚至连“一闪念”中也没有闪过。（《一个老留学生的话》）

根据我多年的观察与思考，我觉得，世界上各国都有自己的知识分子。既然同为知识分子，必然有其共同点。这个共同点并不神秘，不用说人们也明白，这就是：他们都有知识，否则，没有知识，就不能成其为“知识分子”。但是，最重要的，还是他们都有不同之处。别的国家，我先不谈，只谈中国。

同别的国家的知识分子比较起来，中国知识分子的特点是异常鲜明，异常突出的。也许有人会问：你不是正讲留学生吗？怎么忽然讲开了知识分子？原因十分清楚，因为留学生都是知识分子，是知识分子中一个独特的部分。所以讲留学生必须讲知识分子。

那么，中国知识分子的异常鲜明、异常突出之处究竟何在呢？归纳起来，我认为有两点：一是讲骨气，二是讲爱国。所谓“骨气”，就是我们常说的“有骨头”“有硬骨头”等等。还有“不吃嗟来之食”也属于这一类。至于“宁死不屈”“宁为玉碎，不为瓦全”等等一类的话，更是俯拾即是。《孟子·滕文公上》说：“富贵不能淫，贫贱不能屈，威武不能移，此之谓大丈夫。”这说得多么具体，多么生动，掷地可作金石声。我们不但这样说，而且这样做。三国时祢衡击鼓骂曹，被曹操假黄祖之手砍掉了脑袋。近代章太炎胸佩大勋章，赤足站在新华门前，大骂住在里面的袁世凯，更是传为佳话，引起普遍的尊重。这种例子，中国历史上还多得很。其他国家，不能说一点也不提倡骨气；但决没有中国这样普遍，这样源远流长。（《一个老留学生的话》）

在世界上众国之林中，没有哪一个国家宣传不爱国的。任何国家的人民都有权利和义务爱自己的国家。但是，我们必须对爱国主义加以分析。不能一见爱国主义，就认为是好东西。我个人认为，世界上有两种爱国主义，一真一假；一善一恶。被压迫、被侵略、被剥削国家和人民的爱国主义，是真爱国主义，是善的正义的爱国主义。而压迫人、侵略人、剥削人的国家和人民的爱国主义，是邪恶的，非正义的，假爱国主义，实际上应该称之为“害国主义”。这情况一想就能明白。德国法西斯和日本军国主义者狂喊“爱国主义”，喊得震天价响。这样的国能爱吗？值得爱吗？谁爱这样的国，谁就沦为帮凶。而我们中国，以汉族为基础的中国，虽号称天朝大国，实则每一个朝代都有“边患”，我们反而是被侵略、被屠杀者。这些少数民族，现在已融入中华民族这个大家庭中；但在历史上却确是敌人。我们不能把古代史现代化。因为中国人民始终处在被侵略、被屠杀的环境中，存在决定意识，我们就形成了连绵数千年根深蒂固的爱国主义。中国历史上有名的爱国者灿如列星，光被四表。汉朝的苏武，宋朝的岳飞、文天祥、辛弃疾、陆游等等，至今都是家喻户晓的人物，为中华民族增添了正气，为我们后代作出了榜样，永远照亮我们前进的道

路。(《一个老留学生的话》)

王国维在他著的《人间词话》里说了一段话：

古今之成大事业大学问者，必经过三种之境界："昨夜西风凋碧树，独上高楼，望尽天涯路。"此第一境也。"衣带渐宽终不悔，为伊消得人憔悴。"此第二境也。"众里寻他千百度，蓦然回首，那人却在灯火阑珊处。"此第三境也。

尽管王国维同我们在思想上有天渊之别，他之所谓"大学问""大事业"，也跟我们了解的不完全一样。但是这一段话的基本精神，我们是可以同意的。

现在我就根据自己一些经验和体会来解释一下王国维的这一段话。

"昨夜西风凋碧树，独上高楼，望尽天涯路"，意思是：在秋天里，夜里吹起了西风，碧绿的树木都凋谢了。树叶子一落，一切都显得特别空阔。一个人登上高楼，看到一条漫长的路，一直引到天边，不知道究竟有多么长。王国维引用这几句词，形象地说明了一个人立志做一件事情时的情景。志虽然已经立定，但是前路漫漫，还看不到什么具体的东西。

说明第二个境界的那几句词引自欧阳修的《蝶恋花》。王国维只是借用那两句话来说明：在工作进行中，一定要努力奋斗，刻苦钻研，日夜不停，坚持不懈，以致身体瘦削，连衣裳的带子都显得松了。但是，他（她）并不后悔，仍然是勇往直前，不顾自己的憔悴。

在三个境界中，这可以说是关键，根据我自己的体会，立志做一件事情以后，必须有这样的精神，才能成功。无论是在对自然的斗争中，还是在阶级斗争中，要想找出规律，来进一步推动工作，都是十分艰巨的事情。就拿我们从事教育和科学研究工作的人来说吧。搞自然科学的，既要进行细致深入的实验，又要积累资料。搞社会科学的，必须积累极其丰富的资料，并加以细致的分析和研究。在工作中，会遇到层出不穷的意想不到的困难，我们一定要坚韧不拔，百折不回，决不容许有任何侥幸求成的想法，也不容许徘徊犹豫。只有这样，才能得到最后的成功。

工作是艰苦的，工作的动力是什么呢？对王国维来说，工作的动力也许只是个人的名山事业。但是，对我们来说，动力应该是建设社会主义社会和共产主义社会，所以，我们今天的工作动力同王国维时代比起来，真有天渊之别了。

所谓不顾身体的瘦削，只是形象的说法，我们决不能照办。在王国维时代，这样说是可以的。但是到了今天，我们既要刻苦钻研，同时又要锻炼身体。一马万马的关系必须正确处理。

此外，我们既要自己钻研，同时也要兢兢业业地向老师学习，打一个不太确切的比喻，老师和学生一教一学，就好像是接力赛跑，一棒传一棒，跑下去，最后达到目的地。我们之所以要尊师，就是因为老师在一定意义上是跑前一棒的人。一方面，我们要从他手里接棒；另一方面，我们一定会比他跑得远，这就是所谓“青出于蓝，而胜于蓝”。

说明第三个境界的词引自辛弃疾的《青玉案·元夕》。意思是：到处找他（她），也不知道找了几百遍几千遍，只是找不到，猛一回头，那人原来就在灯火不太亮的地方。中国旧小说常见的踏破铁鞋无觅处，得来全不费工夫，表达的也是这个意思。王国维引用这几句词，来说明获得成功的情形。一个人既然立下大志做一件事情，于是就苦干、实干、巧干。但是什么时候才能成功呢？对于这个问题大可以不必过分考虑。只要努力干下去，而方法又对头，干得火候够了，成功自然就会到你身边来。（《研究学问的三个境界》）

书法，可以说是中国独有的艺术。日本自古迄今也是讲究书法的，自唐代起就名家辈出，这显然是受了中国的影响。我在这里讲“受影响”毫无贬义，日本受了中国的影响，自己也有所创新，有所发展，这是日本书法家最受人称赞之处。在几十年前，中国视古代文化如粪土的时期，我看了日本书法，曾感慨备至，“惊呼热中肠”，觉得我们将要“礼失而求诸野”了。幸而在改革开放以来，书法又受到青睐。老中青三代书法家，发奋图强，重振当年雄风。我所担心的尴尬局面未能出现，这是我垂暮之年最感欣慰的乐事之一。幸亏天老爷赐我以长寿，否则真要抱恨终天了。

中国的书法妙处何在呢？我不是美学家，更不是书法美学家，不敢赞一词。古语之：“他山之石，可以攻玉。”现在我想借用别人的眼睛，而且是一个外国人的眼睛，来攻中国书法这一块玉。我在将近七十年前在清华读书时，有一个教德文的德国教授，名叫 Gustav Ecke，中文名是艾克，字锷风，只能说几句简单的汉语，并不认识汉字。有一次，在上课前，我用粉笔在黑板上鬼画符，写了几个汉字，完全是写着玩的；但忘记擦掉。他一走进课堂，不上讲台，两眼直勾勾地瞅着黑板上的那几个字，似乎非常欣赏。下课后，他问是谁写的，我从实招认。他点头微笑，说："我不认识汉字，但我是美学家。我看汉字，像看一幅画，只看结构，只看线条，不管含义。"

他这几句简单的话，给了我很大的启发。我从来不是什么书法家，我那黑板字写得也不见得好。但是，艾老师却以一个外国美学家的目光，从字的结构和线条上看出了美。我甚至觉得，不认识汉字的外国美学家，他们看到汉字，不像我们中国人（文盲除外）这样，看到一幅名人的书法，首先意识到的是字或词组的含义，然后才去审美。我觉得，这种审美实际上是掺上了杂质，不能立即得到美的真诠，这会影响到美感享受的。有人或许认为这是怪论，我则深信不疑。

总之，书法同绘画一样，是一种视觉艺术。绘画的作用，在于重现自然，无论是山水、人物，还是花、鸟、虫、画，重现时都必然沾染上一些个人感情成分。所以，虽同是一类画家，然而画风各异，决不像照相那样，照出来的都大同小异。书法不再重现自然，而在抒发胸中一股浩然之气，这种气人与人殊，因此王羲之决不同于魏碑，颜真卿决不同于怀素，苏轼决不同于黄庭坚，董其昌大类赵孟頫，清代馆阁体则表现一种富贵气象，像郑板桥那种字体决进不了翰林院，只能到扬州去当"八怪"之一。如果像颜真卿那样的刚烈人物而书法却如赵子昂，这简直是匪夷所思。古人常说：文如其人，我则说：字如其人。这一点恐怕是非信不行的。至于蔡京、严嵩等人，虽亦为书法家，其气并不"浩然"，这应另当别论。（《谈中国书法》）

我降生不久，稍大一点，才听说九叔得的3000大洋，因为当时没有银圆，就兑换成制钱，雇了脚夫，用小车推到官庄，据说小车队络绎不绝。父亲要显摆财富，而当时没有报纸宣传，没有别的方法显摆，盖房子是最好的显摆，父亲就用这些钱盖房子、置地，一下子成为当地有名的暴发户。

新盖的房子大门朝南，是个三合院，西、北、东各五间。我出生以后，没有见过北房和东房，好多年就剩下一个西房。我从小就住在西房里。

父亲盖房子显摆，是显示富贵而归故乡。但是挥霍无度，很快就挥霍完钱，先卖水浇地，水浇地卖完了，再卖房子，卖房子是一点点地拆着卖，是拆掉房子，卖砖瓦。盖房子的时候，让别人拆自己的房子，砖瓦不管多旧，都按照新的买下，甚至高于新的价格买下。自己拆房子卖，没有人急需砖瓦，只能贱卖如粪土了。

我出生以前，很早大概就剩下西房了。我记事时，只剩西房，很久住在西房。后来，我离开故乡到济南，几十年还是西房。我在清华读书时仍然是西房。

我的父亲，虽然有了土地，但一生没有做过一天农活。挥霍完钱财以后，这是后话了，我到济南以后，父亲因为没有钱，到济南向九叔要钱。我小，七八岁，不懂什么世故，只记得当时（马巧卿）婶母住在西房，北房条件不好，临时就让父亲住。婶母在西房，大声自言自语讲话，好多农村妇女经常采用的一种骂人方法都是这样的，实际上是让北房的父亲听，无非是指桑骂槐式的，骂借钱的人之类的骂人话。父亲受到弟妹如此的奚落，觉得没有脸面，只得悻悻然回到故乡，从那以后，再也没有进济南。他是要面子的人，不好意思进城了。

父亲回去以后是怎么生活的，我到现在也不知道。我知道的是，父亲在我们家乡那里，属于知识分子了，看书，能写信。家里没有地，又不干农活。是否给别人写信赚点零花钱，到现在我也不知道，他在乡下如何过日子。（《大国学——季羡林口述史》）

我如果是女孩，肯定不让我到济南。现在只能还在乡下。因为叔父的关系，我到了济南。到济南以后，我和叔父因为以前没有在一起，又不是亲生的，也就没有什么感情。我对叔父母没有感情，他们对我也没有感情。

我是过年的时候，到了济南。初期，住在棋盘街叔父租的房子里，我见过他支付房租的单子，上面记着哪个月交多少。后来买下佛山街的房子，西屋六间，北屋三间。我和叔父的佣人王妈住在一个屋子里，睡在一张床上。

刚到济南，我非常想家，晚上更是厉害，经常哭，王妈便安慰我，我一生对她有感情。（《大国学——季羡林口述史》）

因为父辈没有男性后代，而我是惟一的。我就沾了这惟一男孩的光。当时二大爷因为没有男孩，一度也想把我过继过去。但九叔在济南，条件好一些，于是我到了济南。我过继给叔父，但是没有改口，一直叫叔叔，没有叫爸爸。

我一辈子沾偶然性的光，这次也是。

我到城里，也不愉快。叔父有自己的女儿，名字叫秋妹，我有寄人篱下的感觉。叔父养活了我，没有叔父，我可能会一辈子当农民，可能早死在农村了。所以，没有叔父，我进不了城。因为有寄人篱下的感觉，所以我对叔父只有感激，没有感情，这是实情。

我在北园高中念书的时候。有一个在高中教德文的教员来自青岛。他喜欢独创一种十七字诗，这是一种不同于中国诗体的一种诗，我记得他有一首十七字诗：

发配到云阳，
见舅如见娘；
两人齐下泪：
三行。

因为两人中有一人是瞎子。

我因为受他启发，也写过一首十七字诗，表示寄人篱下的那种不愉快心情：

叔婶不我爱，
于我何有哉，
但知尽孝道，
应该！

（《大国学——季羡林口述史》）

在中国词汇里，有两个字，我觉得在西方文化里是没有的，就是“侠”和“士”。“侠”字，西方语言里没有，据说日文里有，是从中国传过去的，“侠”字是中国特有的。侠一般被认为是好人，仗义疏财。一个侠，一个士，祢衡骂曹是士。西方所说的知识分子，不能等同于士。

父亲也回到官庄。父亲是个朱家、郭解一类的人物，乐善好施，仗义疏财，他要炫耀财富。农民炫耀财富最好的办法，是盖房子和置买土地。父亲买到 60 亩上好的水浇地，有水井的水浇地。还要盖房子，但是新砖瓦很难一时间买得到，于是父亲悬赏：谁家能够提供盖房子的砖瓦，高价买进。就是旧砖瓦，谁家拆房子卖，也可以以高出新砖瓦的价格买进。一时间，旧砖瓦凑齐。盖房子不是盖楼房，而是盖了三合院的大房子，大门朝南，北、东、西各五间。

父亲一辈子是农民，因为举人的缘故，能够认几个字，也会写信。他本来没有见过什么大世面，但是炫耀却是天生的本事。官庄是个小村，没有集市。农村里一般是五天或者十天一个集。父亲逢集必赶，到集上，中午时分，他拿出钱来谕告：今天来赶集的午饭，我请了。他这一掷千金的风格，就这么干。当地的绿林好汉去赶集，他们也在被请客的范围，在绿林好汉那里，季七爷有好名声，属于仗义疏财的人物，和“侠”同类。

我讲过，农村赶集，而官庄没有集。大的庄有集。离官庄近的村子，大概隔五天或者十天一个集。赶集的时候，各地商人和周围的农民都去做买卖，在集上，搭上戏棚子，晴天的时候在戏棚里唱戏，下雨天还可以在里边避雨。

我家的西房有几间房子，留有一间，做押宝的赌博用。当时乡下没有麻将，怎么赌呢？农村又没有什么正规的赌具，但是这难不倒他们，他们只要押四个字就开赌：押一、二、三、四，四个字。谁押准了，谁就算赢。坐庄的占 3/4，别人占 1/4。这样自然大家都愿意坐庄，因为谁坐庄，谁占便宜。

于是大家都要夺庄，我们村没有集，要到集上去夺庄。赶集的时候，大家都去争庄，但争庄很不容易。夺庄有种种方式，村里有一个人采取的是这个方式，这个人叫胡二疙瘩，也不知道名字怎么来的。他到临近的一个庄子去夺庄，他怎么夺？

他到夺庄的地方，进去以后，拿出身上别的一把刀子，先把刀子插到桌子上，然后从桌子上拔出刀子，从自己的屁股上割下一斤肉，放在桌子上，说：我就押上一斤肉，用这一斤肉夺庄，你们有押的吗？一时间在场的人几乎吓傻了，当然谁也不敢争庄了，因为谁输掉了，谁要从自己身上割下一斤肉，谁也不舍得割自己身上的肉。于是，他夺庄成功，成为远近闻名的大侠。

一个侠，一个士，可杀而不可辱。这两个玩意儿，我想了半天，西方没有。士最明显的例子，是祢衡骂曹，不怕杀脑袋。（《大国学——季羡林口述史》）

俄国人民是好人民，个个都有朝气。政府却是个怪政府，只在对旅客的待遇上，就可以完全表现出来。他们似乎特别不欢迎旅客，签护照先就难，向你要许多钱，然而还是不痛痛快快地签。入境以后随处加以限制，使你没有自由。在俄国境内，外国人只能用美金，在莫斯科有几个秘密的地方，每块美金可以换到40卢布，然而我们用的美金，每块却只能当一个卢布。我们倘若用卢布，被发现了要入监狱的。在火车上，我向一个小孩买过一个松子，西伯利亚树很多，松子遍地是。然而一经 Intourst 的手却用了两毛美金。在莫斯科吃饭的价钱，说出来更骇人听闻，为什么他们这样做呢？俄国政府真有它的怪劲。(1935年《致储安平的信》)

世界上都喜欢讲美人，但是西方词典里没有美人这个词。英文、法文都没有。西施是历史上的人物，而嫦娥，我们则把她送到月亮上去了。送去就回不来了。李商隐在《嫦娥》一诗中写道：“云母屏风烛影深，长河渐落晓影沉，嫦娥应悔偷灵药，碧海青天夜夜新。”月亮里就剩下她孤零零的一个人，月亮上什么都没有，要谈恋爱都没有对象。(《病榻杂记》)

我当时对梁漱溟啊，非常佩服，有骨气。中国的士，祢衡骂曹，这个中国的士不简单，都是提着脑袋的，那个不是好玩的啊。所以中国的士，中国的侠，上次我跟你讲过的，这两个概念应该好好研究研究，与中国文化是分不开的。这个中国的士，绝对不是现在西方的知识分子。

中国文化书院，后来这个，是这么回事。他原来是院务委员会主席，他不做了，我就接他的位置。院务委员会，就是（书院的）最高领导，任命院长的。所以我对梁漱溟崇拜，主要是他与毛主席顶，不容易。我不是有一句话吗？假话全不说，真话不全说。(《大国学——季羡林口述史》)

“志当存高远”就等于那个，“极高明而道中庸”，一个意思。“极高明而道中庸”，意志要高，行为要平常。行就是要平常。不能在平常之外。(《大国学——季羡林口述史》)

我并不迷信，什么教也不信。但我相信缘分。缘分无法解释，我相信缘分。实际上，缘分在哲学上可以叫做偶然性。缘分是一种解释不清的人事关系，俗话说，有缘千里来相会，无缘对面不相识。(《大国学——季羡林口述史》)

在朋友欢笑之中，在家庭聚乐之中，在灯红酒绿之时，在奖誉纷至潮来之时，我满面含笑，心旷神怡，却蓦地会在心灵中一闪念："这一出戏快结束了!"我像撞客人一样，这一闪念紧紧跟随着我，我摆脱不掉。(《新年抒怀》)

"长夜漫漫何时旦?"我却盼望天赶紧亮。然而，我马上又想到，我只是一次度过这样痛苦的漫漫长夜，母亲却度过了将近三千次。这是多么可怕的一段时间啊！在长夜中，全村没有一点灯光，没有一点声音，黑暗仿佛凝聚成为固体，只有一个人还瞪大了眼睛在玄想，想的是自己的儿子。伴随她的寂寥的只有一个动物，就是篱笆门外静卧的那一条老狗。(《一条老狗》)

我从来不信什么轮回转生；但是，我现在宁愿信上一次。我已经九十岁了，来日苦短了。等到我离开这个世界以后，我会在天上或者地下什么地方与母亲相会，趴在她脚下的仍然是这一条老狗。(《一条老狗》)

有的人说："死人活在活人的记忆里。"俊之（章用）就活在我的记忆里。只是为了这，我也要活下去。当然这回忆对我是一个无比的重担；但我却甘心肩起这一份重担，而且还希望能肩下去，愈久愈好。(《忆章用》)

中华民族毕竟是一个伟大的民族。四大发明，震撼寰宇，辉耀千古，我们在这里暂且不谈。我只谈一个词儿："后死者"。从表面上来看，这只是一个非常普通的词儿。但仔细一探究，却觉其涵义深刻，令人回味无穷。对已死的人来说，每一个活着的人都是一个"后死者"。可这个词儿里面蕴含着哀思、回忆、抚今追昔，还有责任、信托。对死者活在后死者的记忆中，后者有时还要完成前者未竟之业，接过他们手中曾握过的接力棒，继续飞驰，奔向前方，直到自己不得不把接力棒递给自己的“后死者”，自己又活到别人回忆里了。

人生就是如此，无所用其愧恨。现在我自己成了一个“后死者”，感情中要承担所有沉重的负担。我愿意摆脱掉这种沉重的负担吗？我扪心自问：还不想摆脱，一点摆脱的计划都没有。我愿意背着这个沉重的“后死者”的十字架，一直背下去，直到非摆脱不行的时候。但愿那一天晚一点来，阿门！

近些年来，由于众所周知的原因，国内大学及科研机构中，从事人文社会科学的研究事业者，大都有后继乏人之慨叹。实际情况也确实是这样，确实值得人们的担忧。阻止或延缓这种危机的办法，目前还没有见到。有个别据要津者，本应亡羊补牢，但也迟迟不见行动，徒托空言，无济于事。这绝非杞人忧天的想法，而是迫在眉睫的灾难。我辈这一批手无缚鸡之力的知识分子，虽然知之甚急，忧之极切，也只能“惊呼热中肠”而已。（《悼念邓广铭先生》）

陈寅恪先生的分析细入毫发，如剥蕉叶，愈剥愈细愈剥愈深，然而一本实事求是的精神，不武断，不夸大，不歪曲，不断章取义。他仿佛引导我们走在山阴道上，盘旋曲折，山重水复，柳暗花明，最终豁然开朗，把我们引上阳关大道。读他的文章，听他的课，简直是一种享受，无法比拟的享受。（《回忆陈寅恪先生》）

有一年的春天，中山公园的藤萝开满了紫色的花朵，累累垂垂，紫气弥漫，招来了众多游人和蜜蜂。我们一群弟子们，记得有周一良、王永兴、汪篯等，知道先生爱花，现在虽患目疾，迹近失明，但据先生自己说，有些东西还是能影影绰绰看到一团影子。大片藤萝花的紫光，先生或还能看到。而且在那种兵荒马乱、物价飞涨、人命微浅、朝不虑夕的情况下，我们想请先生散一散心，征询先生的意见，他怡然应允。我们真是大喜过望，在来今雨轩藤萝深处，找到一个茶桌，侍先生观赏藤萝。先生显然兴致极高。我们谈笑风生，尽欢而散。我想，这

也许是先生在那样的年头里最愉快的时刻。(《回忆陈寅恪先生》)

谈到工作态度，我的德国老师都是楷模。他们的学风都是异常地认真、细致、谨严。他们写文章，都是再三斟酌，多方讨论，然后才发表。德国学者的“彻底性”(Gründlichkeit)是名震寰宇的。对此我有深切的感受。可惜后来由于环境关系，我没能完全做到。真有点愧对我的德国老师了。(《季羡林自传》)

寅恪先生决不是一个“闭口只读圣贤书”的书呆子，他继续了中国“士”的优良传统：天下兴亡，匹夫有责。从他的著作中也可以看出，他非常关心政治。他研究隋唐史，表面上似乎是满篇考证。骨子里谈的都是成败兴衰的政治问题，可惜难得解人。(《回忆陈寅恪先生》)

假如我还有什么优点的话，那就是，没有真感情，我不写回忆文章。但是，在那个时代，真感情都会被归入“小资产阶级”的范畴，而一旦成了“小资产阶级”则距离“修正主义”只差毫厘了。我没有这个胆量，所以就把对锡予（汤用彤，字锡予）先生怀念感激之情，深深地埋在我的心灵深处。(《回忆汤用彤先生》)

汤用彤先生面容端严慈爱，不苟言笑，却是即之也温，观之也诚，真蔼然仁者也。先生虽留美多年，学贯中西，可是身着灰衣长衫，脚踏圆口布鞋，望之似老农老圃，没有半点“洋气”，没有丝毫教授架子和大师威风。我心中不由自主地油然生幸福之感，浑身感到一阵暖和。

古人说：“人生得一知己足矣。”我不谬托自己是锡予先生的知己，我只能说锡予先生是我的知己。(《回忆汤用彤先生》)

胡也频先生是有社会经历的人，他应该知道其中的利害。可是他也毫不在乎。只见他那清瘦的小个子，在校内课堂上，在那座大花园中，迈着轻盈细碎的步子，上身有点向前倾斜，匆匆忙忙，仓仓促促，满面春风，忙得不亦乐乎。他照样在课堂上宣传他的“现代文艺”，侃侃而谈，视敌人如草芥，宛如走入没有敌人的敌人阵中。（《忆念胡也频先生》）

有一次，理发师正给芝生（即冯友兰）先生刮脸，郑先生站在旁边起哄，连声对理发师高呼：“把他的络腮胡子刮掉！”理发师不知所措，一失手，真把胡子刮掉一块。这时候，郑先生大笑，旁边的人也陪着哄笑。然而芝生先生只是微微一笑，神色不变，可见先生的大度包容的气概。（《悼念冯芝生先生》）

冯友兰先生坚持真理，修正错误，不惜以今日之我非昨日之我，经常在修订他的《中国哲学史》，我说不清已经修订过多少次了。我相信，倘若能活到108岁，他仍然是要继续修订的。只是这一点精神，难道还不值得我们认真学习吗？（《悼念冯芝生先生》）

老舍先生含冤逝世已经二十多年了。在这一段相当长的时间内，我经常想到他，想到的次数远远超过我认识他以后直至他逝世的三十多年。每次想到他，我都悲从中来。我悲的是中国失去一个热爱祖国、热爱人民的正直的大作家，我自己失去一位从年龄上来看算是师辈的和蔼可亲的老友。目前，我自己已经到了晚年，我的内心再也承受不住这一份悲痛，我也不愿意把它带着离开人间。我知道，原始人是颇为相信文字的神秘力量的，我从来没有这样相信过。但是，我现在宁愿做一个原始人，把我的悲痛和怀念转变成文字，也许这悲痛就能突然消逝掉，还我心灵的宁静，岂不是天大的好事吗？（《我记忆中的老舍先生》）

老舍先生的语言生动幽默，是地道的北京话，间或夹上一点山东俗语。他没有许多作家那种忸怩作态让人读了感到浑身难受的非常别扭的文体，一种新鲜活泼的力量跳动在字里行间。

有一天，我到东安市场北门对门的一家闻名的理发馆去理发，猛然瞥见老舍先生也在那里，正躺在椅子上，下巴上白糊糊的一团肥皂沫，正让理发师刮脸。这不是谈话的好时机，只寒暄了几句，就什么也不说了。等我坐到椅子上时，从镜子里看到他跟我打招呼、离别，看到他的身影走出门去。我理完发要付钱时，理发师说：老舍先生已经替我付过了。这样的芝麻绿豆的小事殊不足以见老舍先生的精神，但是，难道也不足以见他这种细心体贴人的心情吗？

一个人除非万不得已决不会自己抛掉自己的生命。印度梵文中“死”这个动词，变化形式同被动态一样，我一直觉得非常有趣，非常有意思。印度古代语法学家深通人情，才创造出这样一个形式。死几乎都是被动的。有几个人主动地去死呢？老舍先生走上自沉这一条道路，必有其不得已之处。（《我记忆中的老舍先生》）

她当时极年轻，而名满天下。我们是慕名而去的。冰心先生满脸庄重，不苟言笑，看到课堂上挤满了这样多学生，知道其中有“诈”，于是威仪俨然地下了“逐客令”：“凡非选修此课者，下一堂不许再来！”我们悚然而听，憬然而退，从此不敢再进她讲课的教室。四十多年以后，我同冰心重逢，她已经变成了一个慈爱和蔼的老人，由怒目金刚一变而为慈眉菩萨。我向她谈起她当年“逐客”的事情，她已经完全忘记，我们相视而笑，有会于心。（《回忆陈寅恪先生》）

我觉得，在所有的并世的作家中，文章有独立风格的人并不多见。除了鲁迅先生外，就是从文先生。他的作品，只要读上几行，马上就能辨认出来，决不含糊。他出身湘西的一个破落的小官僚家庭，年轻时当过兵，没有受过多少正规的教育。他完全是自学成家。湘西那一片有点神秘的土地，其怪异的风土人情，通过沈先生的笔而大白于天下。

就在这一次吃饭时，有一件小事给我留下了深刻的印象。当时要解开一个用麻绳捆得紧紧的什么东西，只需用剪子或小刀轻轻地一剪一割，就能弄开。然后从文先生却抢了过去，硬是用牙把麻绳咬断。这一个小小的举动，有点粗劲，有点蛮劲，有点野蛮，有点土劲，并不高雅，并不美丽。然而，它却完全透露了沈先生的个性。在达官贵人、高等华人眼中，这简直非常可笑，非常可鄙。可是，我欣赏的却正是这一种劲头。我自己也许就是这样一个“土包子”，虽然同那一些只会吃西餐、穿西装、半句洋话也不会讲偏又自认为是“洋包子”的人比起来，我并不觉得低他们一等。(《悼念沈从文先生》)

平心而论，乔木虽然表面上很严肃，不苟言笑，他实则是一个正直的人，一个正派的人，一个感情异常丰富的人，一个脱离了低级趣味的人。六十年的宦海风波，他不能无所感受，但是他对我半点也没有流露过。他大概知道，我根本不是此道中人，说了也是白说。在他生前，大陆和香港都有一些人把他封为“左王”，另外一位同志同他并列，称为“左后”。我觉得，乔木是冤枉的。他哪里是那种有意害人的人呢？(《怀念乔木》)

在西谛先生身上，看不到半点教授架子。他也没有一点论资排辈的恶习。他自己似乎并不觉得比我们长一辈，他完全可能以平等的态度对待我们。他有时候像一个大孩子，不失其赤子之心。他说话非常坦率，有什么想法就说了出来，既不装腔作势，也不以势吓人。他从来不想教训人，任何时候都是亲切和蔼的。当时流行在社会上的那种帮派习气，在他身上也找不到。只要他认为有一技之长的，不管是老年、中年还是青年，他都一视同仁。因此，我们在背后经常说他是一个宋江式的人物。(《西谛先生》)

胡适从来就不是国民党员，他对国民党并非一味地顺从。他服膺的是美国的实验主义，他崇拜的是美国的所谓民主制度。只要不符合这两个尺度，他就挑点小毛病，闹着独立性。对国民党也不例外。(《为胡适说几句话》)

什么叫“小骂大帮忙”呢？理论家们说，胡适同国民党蒋介石闹这样的“小骂”，给自己涂上一层保护色，这种保护色是有欺骗性的，是用来迷惑人民的。到了要害时刻，他又出来为国民党讲话。于是人民都相信了他的话，天下翕然从之，国民党就“万寿无疆”了。这样的“理论”未免低估了中国老百姓的觉悟水平。难道我们的老百姓真正这样糊涂、这样低能吗？(《为胡适说几

句话》

我到北大以后，正是解放战争激烈地展开、国民党反动派垂死挣扎的时候。北大学生一向是在政治上得风气之先的，在反对国民党反动统治方面，也是如此。北大的民主广场号称北平城内的“解放区”。学生经常从这里列队出发，到大街上游行示威，反饥饿，反迫害，反内战。国民党反动派大肆镇压，逮捕学生。从小骂大帮忙的理论来看，现在应当是胡适挺身出来给国民党帮忙的时候了，是他协助国民党反动派压制学生的时候了。但是，据我所知道的，胡适并没有这样干，而是张罗着保释学生，好像有一次他还亲自找李宗仁，想利用李的势力让学生获得自由。有的情景是我亲眼目睹的，有的是听到的，恐怕与事实不会相距过远。

……

总之，我认为胡适是一位非常复杂的人物，他反对共产主义，但是拿他那一把美国尺子来衡量，他也不见得赞成国民党。在政治上，他有时候想下水，但又怕湿了衣裳。他一生就是在这种矛盾中度过的。他晚年决心回国定居，说明他还是热爱我们祖国大地的。因此，说他是美国帝国主义的走狗，说他“一生追随国民党和蒋介石”，都不符合实际情况。（《为胡适说几句话》）

根据我几年的观察，胡适是一个极为矛盾的人物。要说他没有政治野心，那不是事实。但是，他又死死抓住学术研究不放。一谈到他有兴趣的学术问题，比如说《水经注》、《红楼梦》、神会和尚等等，他便眉飞色舞，忘掉了一切，颇有一些书呆子的味道。蒋介石是流氓出身，一生也没有脱掉流氓习气。他实际上是玩胡适于股掌之上。可惜胡适对于这一点似乎并不清醒。有一度传言，蒋介石要让胡适当总统。连我这个政治幼儿园的小学生也知道，这根本是不可能的，这是一场地地道道的骗局。可胡适似乎并不这样想。当时他在北平的时候不多，经常乘飞机来往于北平南京之间，仆仆风尘，极为劳累，他却似乎乐此不疲。我看他是一个异常聪明的糊涂人。这就是他留给我的总印象。（《为胡适说几句话》）

适之先生以青年暴得大名，誉满士林。我觉得，他一生处在一个矛盾中，一个怪圈中；一方面是学术研究，一方面是政治活动和社会活动。他一生忙忙碌碌，倥偬奔波，作为一个“过河卒子”，勇往直前。我不知道，他自己是否意识到身陷怪圈。当局者迷，旁观者清，我认为，这个怪圈确实存在，而且十分严重，那么，我对这个问题有什么看法呢？我觉得，不管适之先生自己如何定位，他一生究竟一个书生，说不好听一点，就是一个书呆子。（《站在胡适之先生墓前》）

到了1954年从批判俞平伯先生的《红楼梦研究》的资产阶级唯心论起，批判之火终于烧到了适之先生身上。这是一场缺席批判，适之远在重洋之外，坐山观虎斗。即使被斗的是他自己，反正伤不了他一根毫毛，他乐得怡然观战。他的名字仿佛已经成了一稻草人。浑身是箭，一个不折不扣的“箭垛”，大陆上众家豪杰，个个义形于色，争先恐后，万箭齐发，适之先生兀自岿然不动。（《站在胡适之先生墓前》）

在课堂上叶公超先生选出一些诗词，自己摇头晃脑而朗诵之，有时闭上了眼睛，仿佛完全沉浸于诗词的境界中，遗世而独立。他蓦地睁大了眼睛，连声说：“好！好！好！就是好！”学生正在等他解释好在何处，他却已朗诵起第二首诗词来了。昔者晋人见好山水，便连声唤：“奈何！奈何！”仔细想来，这是最好的赞美方式。因为，一落言筌，便失本意，反不如说上几句“奈何！”更具有启发意义。平伯先生的“就是好！”可以与此等量齐观。

公超先生教学法非常奇异。他几乎从不讲解，一上堂，就让坐在前排的学生，由左到右，依次朗读原文，到了一定段落，他大声一喊：“Stop！”问大家有问题没有。没人回答，就让学生依次朗读下去，一直到下课。学生摸出了这个规律，谁愿意朗读，就坐在前排，否则往后坐。有人偶然提一个问题，他断喝一声：“查字典去！”这一声狮子吼有大威力，从此天下太平，宇域宁静，相安无事，转瞬过了一年。（《也谈叶公超先生二三事》）

一个学者的为人和为学两者之间有矛盾。有的人为学能实事求是，朴实无华，而为人则奇诡难测，像神龙一般，令人见首不见尾。另外一些人则正相反，为学奇诡难测，而为人则淳朴坦荡。我觉得，在了一先生身上，为人与为学则是完全统一的。他真正是文如其人，或者人如其文。（《王力先生纪念论文集·序言》）

张岱年先生奖掖后学，爱护学生，极有正义感，对任何人都不阿谀奉承，凛然一身正气，又绝不装腔作势，总是平等对人。这样多的优秀品质集中到一个人身上，再加上真正淡泊名利，唯学是务在当今士林中，真堪为楷模了。（《记张岱年先生》）

我就是怀着这样的感情离开迈耶一家，离开伊姆加德的。到了瑞士，我同她通过几次信，回国以后，就断了音讯。说我不想她，那不是真话。1983 年，我回到哥廷根时，曾打听过她，当然是杳如黄鹤。如果她还留在人间的话，恐怕也将近古稀之年了。而今我已垂垂老矣。世界上还能想到她的人恐怕不会太多。等到我不能想到她的时候，世界上能想到她的人，恐怕就没有了。（《留德十年》）

相交七十余年，生不能视其疾，死不能临其丧，我的心能得安宁吗？呜呼！长才未展，命途多舛；未臻耄耋，遽归道山。我还没有能达到“悲欢离合总无情”的水平。我年纪越老，长之入梦的次数越多。我已年届九旬，他还能入梦多少次啊！悲哉！（《追忆李长之》）

一良出自名门世家，家学渊源，年幼时读书条件好到无法再好的水平。因此，他对中国古典文献，非凡是史籍，都有很好的造诣。他曾赴日本和美国留学，熟练掌握英日两国语言，兼又天资聪颖，个人勤奋，最终成为一代学人，良有以也。中年后他专治魏晋南北朝史，旁及敦煌文献，佛教研究，多所创获。巍然大师，国内无出其右者。至于他的学术风格，我可以引用汤用彤先生两句话。有一天，汤先生对我说：“周一良的文章，有点像陈寅恪先生。”可见锡予先生对他评价之高。在那一段非常时期，他曾同人合编过一部《世界通史》。这恐怕是一部“应制”之余，并非他之所长。但是统观全书，并不落俗人窠臼，也可见他史学功底之深厚。可惜由于各种各样的原因，他长才未展，他留下的几部专著，决不能说已尽其所长，我只能引用唐人诗句“长使英雄泪满襟”了。(《悼念周一良》)

我已经年逾九旬。我在任何方面都是一个胸无大志的人，包括年龄在内，能活到这样高的年龄，极出我意料和计划。世人都认为长寿是福，我也不敢否认。但是，看到比自己年轻的老友一个个先我离去。他们成了被哀悼者，我却成了哀悼者。被哀悼者对哀悼这种事情大概是不知不觉的。我这哀悼者却是一个活生生的人，七情六欲，件件不缺。而我又偏偏是一个极重感情的人，我内心的悲哀实在不足为外人道也。鲁迅笔下那一个小女孩看到的开满了野百合花的地方，是人人都必须到的，问题只在先后。按中国序齿的办法，我在北大教授中虽然还没有达到前三甲的水平，但早已排到了前列。到那个地方去，我是持有优待证的。那个地方早已洒扫庭除，等待我的光临了。我已下定决心，决不抢先使用优待证。但是这种事情能由我自己来决定吗？我想什么都是没有用的，我索性不再去想它，停笔凝望窗外，不久前还是绿盖擎天的荷塘，现在已经是一片惨黄。我想套用英国诗人雪莱的两句诗：“如果秋天到了，冬天还会远吗?”闭目凝思，若有所悟。(《悼念周一良》)

忘记了是从什么时候起，我们有了一个不言的君子协定：每年旧历春节，我们必然会从西郊来到东城（臧）克家家里，同克家、郑曼全家共进午餐。克家天生是诗人，胸中溢满了感情，尤其重视友谊，视朋友逾亲人。好朋友到门，看他那一副手欲舞足欲蹈的样子，真令人心旷神怡。他表里如一，内外通明。你无论如何也不会想到有半句假话会从他的嘴中流出。(《忆终身挚友克家》)

巴金老人离开我们，走了，永远永远地走了。此事本在意内，因为他因病卧床不起有年矣。但又极出意外，因为，只要他还有一口气活着，一盏明灯就会照亮中国的文坛。鼓励人们前进，鼓励人们向上。

论资排辈，巴老是我的师辈，同我的老师郑振铎是一辈人。我在清华读书时，就已经读过他的作品，并且认识了他本人。当时，他是一个大作家，我是一个穷学生。然而他却一点架子都没有，不多言多语，给人一个老实巴交的印象。这更引起了我的敬重。

我觉得，一个作家最重要的品德是爱祖国，爱人民，爱人类。在这三爱的基础上，那些皇皇巨著才能有益于人，无愧于己。（《悼巴老》）

第三编

怀道抱德，贤行润身

我常常自己警告说：人吃饭是为了活着，但活着决不是为了吃饭。人的一生是短暂的，决不能白白把生命浪费掉。如果我有一天工作没有什么收获，晚上躺在床上就愧疚难安，认为是慢性自杀。爬格子有没有名利思想呢？坦白地说，过去是有的。可是到了今天名利对我都没有什么用处了，我之所以仍然爬，是出于惯性，其他冠冕堂皇的话，我说不出。“爬格不知老已至，名利于我如浮云”，或可能道出我现在的心情。（《相期以茶》）

什么是中华文化的精义呢？几乎言人人殊，论点多如牛毛，但我认为，都没有说到点子上，先师陈寅恪先生在《王观堂先生挽词》的《序》中说：“吾中国文化之定义，见于《白虎通》三纲六纪之说，其意义为抽象理想最高之境，犹希腊柏拉图所谓 Idea 者。”《白虎通》的“三纲”，指的是君臣、父子、夫妇。“六纪”指的是诸父、兄弟、族人、诸舅、师长、朋友。这些话今天看来未免有点迂腐，也不能说其中没有糟粕，比如“夫为妇纲”之类。至于君臣，今天根本没有了，但是国家与人民却差堪比拟。总之，我们应取其精髓，不能拘泥于字面。

无独有偶。我偶然读到香港著名学者饶宗颐教授的一篇访问记。饶先生说：“中国文化所以能延绵数千年，仍有如此凝聚力量，实乃受两个因素所驱使，一是文字，二是纲纪，即礼也。依我多年所悟，中华文化的特点，是在儒家思想中的‘礼’，是处理人际关系的学问，这个关系就建立在道德的基础上，要明是非，方能取得‘和’，所以《论语》说：‘礼之用，和为贵。’”

饶先生的意见同陈先生几乎是完全一致的，这两位哲人实在可以说是“英雄所见略同”。（《读朱自清〈背影〉》）

在社会上，孝是一种美德。

在历史上，不知道有多少皇帝标榜“以孝治天下”。然而，在西方呢？拿英文来说，根本就没有一个与汉文“孝”字相当的单词，要想翻译中国的“孝”字，必须绕一个弯子，译做 Filial piety，直译就是“子女的虔诚”。你看啰嗦不啰嗦！

这一字之差，有人或许说是一件小事。然而，据我看，这却是一件大事，明确地说明了东西社会伦理道德之不同。我只说我们的好，不说别人的坏。西方当然也有制约社会活动求得安定的办法，否则社会将不成为社会了。（《读朱自清〈背影〉》）

我再对做父母的说几句话。

我先引唐代韩愈《师说》中的几句话：“是故弟子不必不如师，师不必贤于弟子，闻道有先后，术业有专攻，如是而已。”在这里，我不但必须说明解释，而且还要“改造”，改造韩愈的文句：“子女不必不如父母，父母不必贤于子女，时代有先后，术业有专攻，如是而已。”

我的解释是，在中国这样的伦理社会中，父母对子女的感情，有时会十分矛盾与复杂。一方面，父母都“望子成龙”，这是十分正常的希望。但在另一方面，在有意与无意之间，几千年封建伦理思想又在那里作怪，“父道尊严”的内心活动又会时时有所萌动。在今天独生子女被社会上尊为“小太子”“小公主”的情况下，表面上父母百依百顺，我却不相信，几千年的封建思想就能够一下子坚决、彻底、干净、全部地铲除净尽的。因此，做父母的很难正确处理好与子女的关系。特别是在穷乡僻壤文化比较落后的地区，更是如此。

前几年，报纸上刊登了一条消息：一个母亲由于“望子成龙”的心情过于迫切，亲手把自己的儿子打死，事后头脑一清醒，又自杀身亡，追儿子于地下。还有一条消息，说的是一个父亲，也是出于“望子成龙”的心情，把自己的儿子捆绑起来，进行毒打。儿子在奄奄一息中哀求自己的父亲说：“爸爸！以后我改了！别再打我了！”父亲置若罔闻，捆打了一夜之后，小孩子终于死去。但是小孩子这几句话真正震撼了我的灵魂，我当时痛哭失声。一直到今天，小男孩的这几句话还时时响在我的耳边。

我修改韩愈的那几句话，无非是希望当父母的能够正确处理同子女的关系，在亲情方面能做到“父慈子孝”。在处理人生一些问题方面，能做到互相尊重，父母不倚老卖老，子女不“倚少卖少”（这是我创造的词儿，将来要申

请专利的）。“时代有先后”，这是自然规律，无法抗御的。父母都应当记住这一点。（《我爸我妈》序）

在品行的好坏方面，我有自己的看法。什么叫好？什么又叫坏？我不通伦理学，没有深邃的理论，我只能讲几句大白话。我认为，只替自己着想，只考虑个人利益，就是不好。为自己着想和为别人着想，后者能超过一半，他就是好人。低于一半，则不是好人；低得过多，则是坏人。拿这个尺度来衡量一下自己，我只能承认自己是一个好人。我尽管有不少的私心杂念，但是总起来看，我考虑别人的利益还是多于一半的。至于说真话与说谎，这当然也是衡量品行的一个标准。我说过不少谎话，因为非此则不能生存。但是我还是敢于讲真话的。我的真话总是大大地超过谎话。因此我是一个好人。（《世纪老人的话·季羡林卷》）

我梦到，个人也有了新的变化和起色。对世界来说，他是一个世界公民。对国家来说，他是一个国家公民。对社会来说，他是其中的一分子。他应当在道德方面不断修养和锻炼，能做到“苟日新，日日新，又日新”，成为一个有用的人，成为一个正直的人。对世界，对国家和社会，对家庭都能尽上应尽的责任。（《梦游21世纪》）

每一个人都有一个“我”，二者亲密无间，因为实际上是一个东西。按理说，人对自己的“我”应该是十分了解的，然而，事实上却不尽然。依我看，大部分人是不了解自己的，都是自视过高的。

我向无大志，是一个很平常的人。我对亲人，对朋友，总是怀有真挚的感情，我从来没有故意伤害过别人。但是，在那段“浩劫”的岁月里，我因为敢于仗义执言，几乎把老命赔上。那时，任何一个戴红箍的学生和教员，都可以随意对我进行辱骂和殴打。我这样一位手无缚鸡之力的老人，被打得一佛出世，二佛升天，这种皮肉上的痛苦给心灵上带来的摧残是终生难忘的。

我的生命本该在那场“浩劫”中结束，在比一根头发丝还细的偶然中我没有像老舍先生那样走上绝路，我侥幸活了下来，我被分配掏厕所，看门房，守电话，我像个患了“麻风”病的人，很少人能有勇气同我交谈，我听从任何人的训斥或调遣，只能规规矩矩，不敢乱说乱动。

我活下来，一种悔愧耻辱之感在咬我的心。

我活下来，一种求生本能之意在唤我的心。

（《人世文丛》序）

李慎之先生在《守死善道　强哉矫》那一篇文章里引用了古人的话：“朋友，以义合者也。”我认为，这是含义深刻的一句话。但是，什么叫“义”呢？韩文公说：“行而宜之之谓义。”这仍然是“妻者，齐也”同音相训的老套。我个人觉得，“义”起码包含着肝胆相照这样一层意思，就是说，朋友之间不说假话，要讲真实的话。（《关于“天人合一”思想的再思考》）

我觉得，金钱本身是没有什么善与恶的。善与恶决定于：金钱是怎样获得的？金钱又是怎样使用的？来的道路光明正大，使用的方式又合情合理，能造福人类，这就是善，否则就是恶。（《关于“天人合一”思想的再思考》）

我认为，普天之下的芸芸众生，思想方法就是不一样，五花八门，无奇不有，这是正常的现象，正如人与人的面孔也不能完完全全一模一样相同。要求别人的思想方法同自己一样，是一厢情愿、完全不可能的，也是完全不必要的。其次，不管多么离奇的想法，其中也可能有合理之处的。采取其合理之处，扬弃其不合理之处，是唯一正确的办法。至于有人无理攻击，也用不着真正地生气。我有一个怪论：一个人一生不可能没有朋友，也不可能没有非朋友。我在这里不用“敌人”这个词，而用“非朋友”，是因为非朋友不一定就是敌人。最后，我还认为，个人的意见不管一时觉得多么正确，其实这还是一个未知数。时过境迁，也许会发现它并不正确，或者不完全正确。到了此时，必须有勇气公开改正自己的错误意见。梁任公说：“不惜以今日之我，攻昨日之我。”这是光明磊落的真正学者的态度。（《对待不同意见的态度》）

人际关系和国际关系，都需要一定道德伦理的制约，纲纪就是制约的手段。没有这个手段，则国将大乱，国际间也不会安宁。打一个简单明了的比方。纲纪如同大街上的红绿灯。试思：假如大街上没有了红绿灯，情况将会何等混乱，不是一想就明白吗？我们中国制约社会活动求得安宁的办法就是利用几千年传下来的文化，非凡是其中的精义纲纪的学说，来调整人际关系，人际关系得到调整，则社会安定也就有了保障。再济之以法，那么天下就可以太平了。我觉得，读朱自清先生的《背影》，就应该把眼光放远，远到齐家、治国、平天下，然后才能真正体会到这篇名文所蕴涵的真精神。若只拘泥于欣赏真挚感人的父子之情，则眼光就未免太短浅了。

《背影》表现的就正是三纲之一的父子这一纲的真精神。中国一向主张父慈子孝。(《读朱自清〈背影〉》)

学术良心或学术道德，好像以前还没有人用过这样一个问，我就算是“始作俑者”吧。但是，如果“良心”就是儒家孟子一派所讲的“人之初，性本善”中的“性”的话，我是不信这样的“良心”的：人和其他生物一样，其“性”就是“食、色，性也”的“性”；其本质是一要生存，二要温饱，三要发展，人的一生就是同这种本能作斗争的一生；有的人胜利了，也就是说，既要自己活，也要让别人活，他就是一个合格的人；让别人活的程度越高，也就是为别人着想的程度越高，他的“好”，或“善”也就越高；“宁教我负天下人，休教天下人负我”，是地道的坏人，可惜的是，这样的人在古今中外并不少见；有人要问：既然你不承认人性本善，你这种想法是从哪里来的呢？对于这个问题，我还没有十分满意的解释；《三字经》上的两句话“性相近，习相远”中的“习”字似乎能回答这个问题，一个人过了幼稚阶段，有意识地或无意识地会感到，人类必须互相依存，才都能活下去。如果一个人只想到自己，或都是绝对地想到自己，那么，社会就难以存在，结果谁也活不下去。(《学术良心或学术道德》)

多少年以来，总有一个问题萦回在我的心中：什么是中华民族最优秀的传统？几经思考的结果，我认为是爱国主义。我们是唯物主义者，不能说，中国人天生就是爱国的。存在决定意识，必须有一个促成爱国主义的环境，我们才能有根深蒂固的爱国主义。只要看一看我们几千年的历史，这样的环境立即呈现在我们眼前。在几千年的历史中，我们始终没有断过敌人，东西南北，四面都有。虽然有的当年的敌人今天可能已融入中华民族之中；但是在当年，他们只能算是敌人。(《谈中国精神》)

我觉得，儒家伦理道德学说的重点不在理论而在实践。先秦儒家已经安排好了的：格物、致知、诚意、正心、修身、齐家、治国、平天下，是大家所熟悉的。这样的安排极有层次，煞费苦心，然而一点理论的色彩都没有。也许有人会说，人家在这里本来就不想讲理论而只想讲实践的。我们即使承认这一句话是对的，但是，什么是“仁”，什么是“义”？(《漫谈伦理道德》)

道德讲善恶，讲好坏，讲是非，等等。那么，什么是善，是好，是坏呢？根据我上面的说法，我们可以说：自己生存，也让别的人或动植物生存，这就是善。只考虑自己生存，不考虑别人生存，这就是恶。《三国演义》中说曹操有言：“只教我负天下人，不教天下人负我。”这是典型的恶。要一个人不为自己的生存考虑，是不可能的，是违反人性的。只要能做到既考虑自己也考虑别人，这一个人就算及格了，考虑别人的百分比愈高，则这个人的道德水平也就愈高。百分之百考虑别人，所谓“毫不利己，专门利人”，是做不到的，那极少数为国家、为别人牺牲自己性命的，用一个哲学家的现成的话来说是出于“正义行动”。(《关于人的素质的几点思考》)

慈善是良好道德的发扬，又是道德积累的开端。孟子说：“恻隐之心，仁之端也。”一个社会的良好的道德风尚，一个人良好的道德修养，不是从天上掉下来的，要宣传教育，要舆论引导，更要实践、参与。慈善是具有广泛群众性的道德实践。慈善可以是很高的层次，无私奉献，也可以有利己的目的，比如图个好名声，或者避税，或者领导号召不得不响应；为慈善付出的可以很大也可以很少，可以是金钱也可以是时间、精神，层次很多，幅度很大，不管在什么条件下，出于什么动机，只要他参与了，他就开始了他的道德积累。所以

我主张慈善不要问动机。(《慈善是道德的积累》)

什么是道德？这是一个大问题，可以写一本书。简单说来，道德是一种社会意识，是一种不依靠外力的特殊的行为规范。道德以善与恶、美与丑、真与伪等概念调整人与人、人与社会之间的关系。我国正处在一个大发展、大变革时期，稳定是第一位的，一定要处理好人与人、人与社会之间的关系。除了法律、行政手段的进一步强化和完善以外，道德是社会稳定发展必不可少的行为规范和调节手段。

在中国的传统道德中，伦理道德有很重要的位置，伦理就是解决人与人之间关系的，儒家讲的三纲六纪就是规定了君臣父子夫妇兄弟朋友之间关系的准则。这里有糟粕的地方，因为人与人之间应该是平等的，不应该谁是谁的纲。儒家强调要处理好人的各方面社会关系，还有许多值得批判吸收的东西。比方对父母的关系，中国人讲孝，这个孝字在英文没有这样一个词，要用两个词才能表述这个意思。所以西方的老人晚年是十分凄凉的。中西的道德是有区别的。我举个例子，我在欧洲住的年头不少，我看小孩子打架，一个十六七岁，一个七八岁，结果小的被打倒了，哭一阵爬起来再打。要在中国就会有人讲了，大的怎么欺侮小的呢。他们那儿没人管，他们认为力量、拳头是第一位的，不管你大小，只要把别人打倒就是正当的。西方道德中也有对我们有用的。我国传统的伦理道德应批判继承，精华留下，糟粕去掉。对外国好的，也可以学习，不要排斥。(《慈善是道德的积累》)

中国的“道”字，《说文》：“道，所行道也，从辵从𦣻，一达谓之道。”唐代韩愈的《原道》中说：“由是而之焉之谓道”，是同《说文》的原义相吻合的。道，就是人走的道路，人人都必须走的。“牟子曰：‘道之言导也。’”(《大正新修大藏经》) 49，510c《佛祖历代通载》五)。这已经走了样，后汉时期词源解释，大多类此。牟子又加了一句：“导人致于无为。”他心目中的含义更加清楚了。《说文》：“导，引也，从寸，道声。”“道”字在这里只起声符的作用，与此字的原义无关。牟子的解释是站不住脚的。总之，我们从这个“道”字可以看出来，中国这个宗教要解决的是现实的问题，今世的问题，不是神话的问题，来世的问题。道家这种精神，同儒家精神是完全一致的。孔子说："未知生，焉知死！"这是一脉相承的中国精神。后来道家发展成为道教，也不过是想长生不死，白昼升天而已。这种精神，这个"道"字，倘必须译为梵文，则 mārga（末伽）最为恰当。mārga 这个字的词根是 √mārg，与 √mṛg 也有一些联系，意思是"走路，走道"。印度哲学宗教中，少有 mārga 这样一个术语。但是用之来翻中国的哲学术语"道"，却是十分吻合的，无懈可击的。在这一点上，玄奘是完全正确的。（《佛教的倒流》）

正如我的老师——清华大学陈寅恪教授曾经说过的《白虎通》当中的三纲六纪是中国文化的精华。什么叫三纲呢？就是君臣、父子、夫妇。他讲的当然是君为臣纲，父为子纲，夫为妻纲。这里边有糟粕，如夫妻应该是平等的，怎么男人成了女人的纲了呢？这个我们先不讲它。六纪，一是诸父，就是父亲的兄弟姊妹；二是兄弟；三是族人；四是族舅，就是母亲家的人；五是师长；六是朋友。他说，这三纲六纪是中国文化的中心，我看他的话很有道理。因为人类自有社会以来，必然要有一种规则来维系，不然的话社会就乱七八糟。现在马路上为什么要有交通警？为什么要有红绿灯？这就是一种规则，一种规章制度，要求大家都来遵守，这样社会生活才能进行。要是没有这些规则，社会生活就不能进行。《白虎通》的三纲六纪，把当时社会所有的人际关系都规定了。（《略说中国传统文化及其特点》）

说在中国传统文化的宝库中，中国传统道德是最重要的一部分内容，这话完全正确。因为从世界各国来看，像中国这样几千年如一日重视伦理道德的还没有第二个国家。什么叫做中国传统道德？或者说中国传统道德有哪些内容呢？这个问题很复杂，每个人的回答都可能不一样。我讲讲自己的看法，我想这里面起码应包括这么几部分内容。（《略说中国传统文化及其特点》）

我们的文化还有一个提法，是我们的特点，就是"格、致、正、诚、修、齐、治、平"。意思就是格物、致知、正心、诚意、修身、齐家、治国、平天下八个步骤。先从自己开始格物，就是了解事物，了解以后致知，把规律找出来，正心、诚意就不用讲了，修身就是修自己，然后齐家，把家治好，然后再治国，治国以后是平天下。就是从个人内心一直到天下。那么，什么叫国，什么叫天下呢？在周代来讲，像齐国、燕国、郑国等国是国，天下则指整个周代的中国。现在像中国、日本叫国，天下就是世界。个人要从内心出发，正心、诚意，一直推到治国、平天下。这套系统的步骤，属于伦理道德范畴，也属于政治范畴，是其他任何国家所没有的。（《略说中国传统文化及其特点》）

“礼义廉耻，国之四维”。就是说，礼义廉耻是国家的四个支柱。除了这个提法外，古人还提出了“孝悌忠信，礼义廉耻”等说法，意思都差不多。（《略说中国传统文化及其特点》）

中国传统道德是中国传统文化当中最精华的内容，它在世界人类文明遗产中的特殊性非常之明显。为什么这么说呢？因为世界上任何国家，从古希腊一直到古印度，尽管每个国家都有自己的道德规范，每个民族都有自己的道德规范，可是内容这么全面、年代这么久远、涉及面这么广泛的道德规范，在全世界来看，中国是惟一的。现在中国周围这些国家，像日本、韩国、越南等，有一个名词叫汉文化圈，属于汉文化圈的国家基本上都受我国的影响。（《略说中国传统文化及其特点》）

我梦到，我们的国家继续安定团结，繁荣昌盛下去。政府中减少了官气，社会上杜绝了假冒伪劣。人民的伦理道德水平提高，人文素质教育加强。五十六个民族团结得像一个人。南方不再洪水泛滥，北方没有森林火灾。天比现在蓝，水比现在清，一片祥和气象。我梦到，在每一个家庭里，父慈子孝，兄友弟恭，夫妻相敬相爱，相忍相让。像眼前这样的一些青年对恋爱和婚姻的轻率态度，再也看不到了。对待爱情坚贞真实，谁也不做露水夫妻，把离婚当做家常便饭。原本温馨的家庭更温馨了；原本不温馨的家庭变得逐渐温馨起来……家庭的作用大矣哉！（《梦游 21 世纪》）

“孝”这个概念，“三纲五常”里面都有。除了中国以外，全世界各国都没有这么具体。何以证之呢？可以看一看欧洲现在社会的情况跟我们作比较。当然现在青年人也不像以前那样愚忠愚孝，“割肉疗母”我们也不提倡，可是就拿眼前来讲，我们中国的青年人还比世界各国的要孝得多，虽然程度不如以前了。我是研究语言的，有件事件很有意思：把“孝”这个词翻译为英语，用一个词翻译不出来，得用两个词。什么原因呢？因为虽然不能说外国没有孝，但是孝并非作为一个很重要的概念，所以译过去就得用两个词。英文里面两个什么词呢？就是儿女的“虔诚”与“尊敬”，而在中文中光一个孝就够了。这就说明“孝”这个词有中国的特点。（《略说中国传统文化及其特点》）

在中国话里，“架子”这个词儿同“面子”一样，是难以捉摸，难以形容描绘的，似乎非常虚无缥缈，但它又确实存在。有极少数教授自命清高，但精神和物质待遇却非常优厚。在他们心里，在别人眼中，他们似乎是高人一等，不食人间烟火，而实则饱餍粱肉，进可以攻，退可以守，其中有人确实也是官运亨通，青云直上，成了羡慕的对象。存在决定意识。因此就产生了架子。（《西谛先生》）

一个人穿衣服，是给别人看的。假如一个人穿上十分豪华的衣服，打扮得珠光宝气，天天坐在穿衣镜前，自我欣赏，他（她）不是一个疯子，就是一个傻子。假如只是给别人去看，则观看者的审美能力和审美标准，千差万别，你满足了这一帮人，必然开罪于另一帮人，决不能使人人都兴奋，皆大欢喜。反不如我行我素，我就是这一身打扮，你爱看不看，反正我不能让你指挥我，我是个完全自由自主的人。（《漫谈消费》）

我对吃，从来没有什么要求。早晨一般是面包或者干馒头，一杯清茶，一碟炒花生米，从来不让人陪我凌晨 4 点起床，给我做早饭。午晚两餐，素菜为多。我对肉类没有好感。这并不是出于什么宗教信仰，我不是佛教徒，其他教徒也不是。我并不宣扬素食主义。我的舌头也没有生什么病，好吃的东西我是能品尝的。不过我认为，假如一个人成天想吃想喝，仿佛人生的意义与价值就在于吃喝二字。我真觉得无聊，“斯下矣”，食足以果腹，不就够

了吗？（《漫谈消费》）

我有我的老主意：以不变应万变。一身蓝色的卡其布中山装，春、夏、秋、冬，永不变化。所以我的开支项下，根本没有衣服这一项。你别说，我们那一套“三十年河东，三十年河西”的“哲学”有时对衣着款式也起作用。我曾在解放前的1946年在上海买过一件雨衣，至今仍然穿。有的专家说：“你这件雨衣的款式真时髦!”我听了以后，大惑不解。经专家指点，原来50多年前流行的款式经过了漫长的沧桑岁月，经过了不知道多少变化，现在又在螺旋式上升的规律指导下，回到了50年前款式。我恭听之余，大为兴奋。我守株待兔，终于守到了。人类在衣着方面的一点小聪明，原来竟如此脆弱!（《漫谈消费》）

我觉得，人类很注重衣着的款式，这无关天下的安危，可以不必去管。但是，人类在这一方面所表现出来的聪明却低得令我吃惊。什么皮尔·卡丹，什么这国巧匠，什么那国大师，挖空心思，花样翻新，翻来翻去，差别甚微。又来了我那句老话：三十年河东，三十年河西。你等着瞧吧，到了三十年，肯定翻了回来。（《漫谈消费》）

建设和谐社会，首先是每个人都能做到内心的和谐。因此内心的和谐显得更为重要。（《季羡林说和谐人生》）

顿悟较之渐悟大大有利，要渐悟，就得有时间，还要耗费精力，这当然会同物质发生矛盾，影响生产力的发展。顿悟用的时间少，甚至可以不用时间和精力。只要一旦顿悟，洞见真如本性，即可立地成佛。人人皆有佛性，连十恶不赦的一阐提也都有佛性，甚至其他生物都有佛性。这样一来，满足宗教信仰的需要与发展生产力之间的矛盾就一扫而光了。（《中国佛教史上的〈六祖坛经〉》）

从宗教意义上来看什么叫做“觉”呢？根据佛教最原始的理论，所谓“十二因缘”，一个人（或其他生物）总是处在生死流转中的，只有认识了这个根本理论，认识了“无明”（avidya）是十二因缘之首，他就算是“觉”了，算是得道了，成佛了。因此，梵文 bodhi 这个词儿所蕴含的意义，与中国的“道”完全不同。它要解决的问题，不是现世的，不是眼前的，而是来生来世无数生死流转的。(《佛教的倒流》)

我尊重世界上一切正大光明的宗教的信徒，也尊重他们的宗教，因为，我认为，人与人是不相同的。有的人有宗教需要，有的人就没有，决不能是此而非彼，厚此而薄彼。(《宗教》)

我对世界上的任何宗教，只要认真地用科学方法加以探讨，则会发现它的教义与仪规都有一个历史发展过程，都有其产生根源，都是人制造成的，都是破绽百出，自相矛盾的，有的简直是非常可笑的。因此，研究越深入，则信仰越淡薄。如果一个研究者竟然相信一种宗教，这件事情本身就说明，他的研究不实事求是，不够深入，自欺欺人。(《我和佛教研究》)

有人要问：你读万卷书，行万里路，生平极多坎坷，你对人生悟出了什么真谛吗？答曰：悟出了一些，就是我上面说的那一些，真谛就寓于日常生活中，不劳远求。那一套“菩提本无树，明镜亦非台；本来无一物，何处染尘埃？”我是绝对悟不出来的。

现在身躯上的零件，都已经用了九十多年，老化是必然的。可惜不能像机器一样，拆开来涂上点油。不过，尽管老化，看来还能对付一些日子。而且，不管别的零件怎样，我的脑袋还是难得糊涂的。我就利用这一点优势，努力工作下去，再多写出几篇《新日知录》，多写出一些抒情的短文，歌颂祖国，歌颂人民，歌颂生命，歌颂自然，歌颂一切应该歌颂的美好的东西，鞠躬尽瘁，死而后已。

写到这里，最重要的问题我还没有说。老子是讲辩证法的哲学家。他那有名的关于祸福的话，两千年来，尽人皆知：福兮祸所伏，祸兮福所倚。我这一次重得新生，当然是福。但是，这个重得并非绝对的，也还并没有完成。医生让我继续服药，至少半年，随时仔细观察。倘若再有湿疹模样的东西出现，那就殆矣。这无疑在我头顶上用一根头发悬上了一把达摩克里斯利剑，随时都有刺下来的可能。其实，每一个人从出生的那一刹那开始，就有这样的利剑悬在头上，有道是“黄泉路上无老少”嘛，只是人们不去感觉而已。我被告知，也算是幸运，让我随时警惕，不敢忘乎所以。这不是极大的幸福吗？（《对未来的悬思》）

一般人的生活，几乎普遍有一个现象，就是倥偬。用习惯的说法就是匆匆忙忙。五四运动以后，我在济南读到了俞平伯先生的一篇文章。文中引用了他夫人的话：“从今以后，我们要仔仔细细过日子了。”言外之意就是嫌眼前日子过得不够仔细，也许就是日子过得太匆匆的意思。怎样才叫仔仔细细呢？俞先生夫妇都没有解释，至今还是个谜。我现在不揣冒昧，加以解释。所谓仔仔细细就是：多一些典雅，少一些粗暴；多一些温柔，少一些莽撞；总之，多一些人性，少一些兽性；如此而已。（《九十五岁初度》）

每一个人都有一个自我，自我当然离自己最近，应该最容易认识。事实证明正相反，自我最不容易认识。所以古希腊人才发出了 Know thyself 的惊呼。一般的情况是，人们往往把自己的才能、学问、道德、成就等等评估过高，永远是自我感觉良好。这对自己是不利的，对社会也是有害的。许多人事纠纷和社会矛盾由此而生。

不管我自己有多少缺点与不足之处，但是认识自己我是颇能做到一些的。我经常剖析自己。想回答：“自己究竟是一个什么样的人？”这样一个问题。我自信能够客观地实事求是地进行分析的。我认为，自己决不是什么天才，决不是什么奇材异能之士，自己只不过是一个中不溜丢的人；但也不能说是蠢材。我说不出，自己在哪一方面有什么特别的天赋。绘画和音乐我都喜欢，但都没有天赋。在中学读书时，在课堂上偷偷地给老师画像，我的同桌同学画得比我更像老师，我不得不心服。我羡慕许多同学都能拿出一手儿来，唯独我什么也拿不出。（《在病中：反躬自省》）

我想在这里谈一谈我对天才的看法。在世界和中国历史上，确实有过天才；我都没能够碰到。但是，在古代，在现代，在中国，在外国，自命天才的人却层出不穷。我也曾遇到不少这样的人。他们那一副自命不凡的天才相，令人不敢向迩。别人嗤之以鼻，而这些“天才”则巍然不动，挥斥激扬，乐不可支。此种人物列入《儒林外史》是再合适不过的。我除了敬佩他们的脸皮厚之外，无话可说。我常常想，天才往往是偏才。他们大脑里一切产生智慧或灵感的构件集中在某一个点上，别的地方一概不管，这一点就是他的天才之所在。天才有时候同疯狂融在一起，画家梵高就是一个好例子。

在伦理道德方面，我的基础也不雄厚和巩固。我决没有现在社会上认为的那样好，那样清高。在这方面，我有我的一套“理论”。我认为，人从动物群体中脱颖而出，变成了人。除了人的本质外，动物的本质也还保留了不少。一切生物的本能，即所谓“性”，都是一样的，即一要生存，二要温饱，三要发展。在这条路上，倘有障碍，必将本能地下死力排除之。根据我的观察，生物还有争胜或求胜的本能，总想压倒别的东西，一枝独秀。这种本能人当然也有。我们常讲，在世界上，争来争去，不外名利两件事。名是为了满足求胜的本能，而利则是为了满足求生。二者联系密切，相辅相成，成为人类的公害，谁也铲除不掉。古今中外的圣人贤人们都尽过力量，而所获只能说是有限。

至于我自己，一般人的印象是，我比较淡泊名利。其实这只是一个假象，我名利之心兼而有之。只因我的环境对我有大裨益，所以才造成了这一个假象。我在四十多岁时，一个中国知识分子当时所能追求的最高荣誉，我已经全部拿到手。在学术上是中国科学院学部委员，即后来的院士。在教育界是一级教授。在政治上是全国政协委员。学术和教育我已经爬到了百尺竿头，再往上就没有什么阶梯了。我难道还想登天做神仙吗？因此，以后几十年的提升提级活动我都无权参加，只是领导而已。假如我当时是一个二级教授——在大学中这已经不低了——，我一定会渴望再爬上一级的。不过，我在这里必须补充几句。即使我想再往上爬，我决不会奔走、钻营、吹牛、拍马，只问目的，不择手段。那不是我的作风，我一辈子没有干过。

写到这里就跟一个比较抽象的理论问题挂上了钩：什么叫好人？什么叫坏人？什么叫好？什么叫坏？我没有看过伦理教科书，不知道其中有没有这样的定义。我自己悟出了一套看法，当然是极端粗浅的，甚至是原始的。我认为，一个人一生要处理好三个关系：天人关系，也就是人与大自然的关系；人人关系，也就是社会关系；个人思想和感情中矛盾和平衡的关系。处理好了，人类就能够进步，社会就能够发展。好人与坏人的问题属于社会关系。因此，我在

这里专门谈社会关系，其他两个就不说了。（《在病中：反躬自省》）

正确处理人与人的关系，主要是处理利害关系。每个人都有自己的利益，都关心自己的利益。而这种利益又常常会同别人有矛盾的。有了你的利益，就没有我的利益。你的利益多了，我的就会减少。怎样解决这个矛盾就成了广大芸芸众生最棘手的问题。

人类毕竟是有思想能思维的动物。在这种极端错综复杂的利益矛盾中，他们绝大部分人都能有分析评判的能力。至于哲学家所说的良知和良能，我说不清楚。人们能够分清是非善恶，自己处理好问题。在这里无非是有两种态度，既考虑自己的利益，为自己着想，也考虑别人的利益，为别人着想。极少数人只考虑自己的利益，而又以残暴的手段攫取别人的利益者，是为害群之马，国家必绳之以法，以保证社会的安定团结。（《在病中：反躬自省》）

我为什么特别强调孝亲？孝亲很重要。因为五四运动以后，批孝批得很厉害。有个名字忘记了，哦，叫施存统的人，实施的施，存在的存，总统的统。这个名字不敢说，不要写了。他批这个孝，认为孝是罪大恶极，一无是处。

影响到什么程度，那我就说不出来了。儒家的重点思想是孝，就是一定要和儒家的孝挂钩。现在应该大讲孝道。那一年（2001 年）我回故乡，我特别到我父母亲的坟上，行三跪九叩的跪拜礼，有人，马景瑞就说，这个做法不妥当。我说，我故意，大张旗鼓，为什么现在大家不敢提孝，我就偏大张旗鼓（反潮流）。我认为把孝与儒家糟粕放到一起，是完全不正确的。

当然咱们中国的《孝经》，有一些是过了头的，当时也不能用，现在更不能用。比如王祥卧冰，冬天父亲母亲要吃鱼，身体把冰融化了，再钓鱼。卧冰是身体把冰融化，再捉鱼。（《大国学——季羡林口述史》）

有一天，见到李（慎之）先生。他告诉我，他看到我为那一本书题的封面，我在书名之外写上了“弟子季羡林敬署”。这本是一件微末不足道的小事，他却大为感慨。我小时候练习过毛笔字，后来长期在国外，毛笔不沾手者十有余年。我自知之明颇有一点，自知书法庸陋，从不敢以书法家自命。不意近若干年以来，竟屡屡有人找我写这写那。初颇惶恐觳觫，竭力抗拒。人称谦虚，我实愧恧。于是横下了一条心：“你不嫌丑，我就不脸红！”从而来者不拒，大写起来。但是，《吴宓与陈寅恪》却不属于这个范畴。为两位恩师的书题写书名，是极大的光荣。题上“弟子”字样，稍寓结草衔环之意。这一切都是在有意与无意之间进行的。然而慎之却于其中体会出深文奥义，感叹当今世态浇漓，师道不尊，十年浩劫期间，学生以打老师为光荣，而今竟有我这样的傻子、果子，花岗岩的老脑袋瓜，仍遵古道，自署“弟子”。（《关于“天人合一”思想的再思考》）

第四编

天人合一，志虑心物

人本来也是属于大自然范畴的。但是，人自从变成了“万物之灵”以后，就同大自然闹起独立来，有时竟成了大自然的对立面。人类的衣食住行所有的资料都取自大自然，我们向大自然索取是不可避免的，关键是怎样去索取。索取手段不出两途：一用和平手段，一用强制手段。我个人认为，东西文化之分野，就在这里。西方对待大自然的基本态度或指导思想是“征服自然”，用一句现成的套话来说，就是用处理敌我矛盾的方法来处理人与大自然的关系。结果呢，从表面上看上去，西方人是胜利了，大自然真的被他们征服了。自从西方产业革命以后，西方人屡创奇迹。楼上楼下，电灯电话。大至宇宙飞船，小至原子，无一不出自西方“征服者”之手。

然而，大自然的容忍是有限度的，它是能报复的，它是能惩罚的。报复或惩罚的结果，人皆见之，比如环境污染，生态失衡，臭氧层出洞，物种灭绝，人口爆炸，淡水资源匮乏，新疾病产生，如此等等，不一而足。这些弊端中哪一项不解决都能影响人类生存的前途。我并非危言耸听，现在全世界人民和政府都高呼环保，并采取措施。古人说：“失之东隅，收之桑榆。”犹未为晚。（《做人与处世》）

中国或者东方对待大自然的态度或哲学基础是“天人合一”。宋人张载说得最简明扼要：“民，吾同胞；物，吾与也。”“与”的意思是伙伴。我们把大自然看作伙伴。可惜我们的行为没能跟上。在某种程度上，也采取了“征服自然”的办法，结果也受到了大自然的报复，前不久南北的大洪水不是很能发人深省吗？（《做人与处世》）

至于人与人的关系，我的想法是：对待一切善良的人，不管是家属，还是朋友，都应该有一个两字箴言：一曰真，二曰忍。真者，以真情实意相待，不允许弄虚作假。对待坏人，则另当别论。忍者，相互容忍也。日子久了，难免有点磕磕碰碰。在这时候，头脑清醒的一方应该能够容忍。如果双方都不冷静，必致因小失大，后果不堪设想。唐朝张公艺的“百忍”是历史上有名的例子。

至于个人心中思想感情的矛盾，则多半起于私心杂念。解之之方，唯有消灭私心，学习诸葛亮的“淡泊以明志，宁静以致远”，庶几近之。（《做人与处世》）

眼前的这一个世纪末，实在是人类历史上一个空前的大动荡大转轨的时代。在这样的时机中，我们平常所说的“代沟”空前地既深且广。老少两代人之间的隔阂十分严峻。有人把现在年轻的一代人称为“新人类”，据说日本也有这个词儿，这个词儿意味深长。（《关于人的素质的几点思考》）

人的天性或本能

我们就处在这样的环境条件下来探讨人的天性的一些想法。

两千多年以来，中国哲学史上始终有一个争论不休的问题：性善与性恶。孟子主性善，荀子主性恶，这是众所周知的事实。两说各有拥护者和反对者，中立派就主张性无善无恶说。我个人的看法接近此说，但又不完全相同。如果让我摆脱骑墙派的立场，说出真心话的话，我赞成性恶说，然则根据何在呢?

由于行当不对头——我重点摘的是古代佛教历史、中亚古代语文、佛教史、中印和中外文化交流史等——我对生理学和心理学所知甚微。根据我多年的观察与思考，我觉得，造物主或天或大自然，一方面赋予人和一切生物（动植物都在内）以极强烈的生存欲，另一方面又赋予它们极强烈的发展扩张欲。一棵小草能在砖石重压之下，以惊人的毅力，钻出头来，真令我惊叹不置。一尾鱼能产上百上千的卵，如果每一个卵都能长成鱼，则湖海有朝一日会被鱼填满。植物无灵，但有能，它想尽办法，让自己的种子传播出去。类似的例子，举不胜举。但是，与此同时，造物主又制造某些动植物的天敌，大鱼吃小鱼，小鱼吃虾米，猫吃老鼠，等等，等等。总之是，一方面让你生存发展，一方面又遏止你生存发展，以此来保持物种平衡，人和动植物的平衡。这是造物主给生物开玩笑。老子说：“天地不仁，以万物为刍狗。”意思与此差为相近。如此说来，荀子的性恶说能说没有根据吗？荀子说：“人之性恶，其善者伪也。”

“伪”字在这里有“人为”的意思，不全是“假”。总之，这说法比孟子性善说更能说得过去。（《关于人的素质的几点思考》）

只有人类这个“万物之灵”才能做到既为自己考虑，也能考虑到别人的利益。一切动植物是绝对做不到的，它们根本没有思维能力。它们没有自律，只有他律，而这他律就来自大自然或者造物主。人类能够自律，但也必须辅之以他律。康德所谓“消极义务”，多来自他律。他讲的“积极义务”，则多来自自律。他律的内容很多，比如社会舆论、道德教条等等都是。而最明显的则是公安局、检察机构、法院。

写到这里，我想把话题扯远一点，才能把我想说的问题说明白。

人生于世，必须处理好三个关系：一、人与大自然的关系，那也称之为“天人关系”；二、人与人的关系，也就是社会关系；三、人自己的关系，也就是个人思想感情矛盾与平衡的问题。这三个关系处理好，人就幸福愉快；否则就痛苦。在处理第一个关系时，也就是天人关系时，东西方，至少在指导思想方向上截然不同。西方主“征服自然”（to conquer the nature），《天演论》的“物竞天择，适者生存”，即由此而出。但是天或大自然是能够报复的，能够惩罚的。你“征服”得过了头，它就报复。比如砍伐森林，砍光了森林，气候就受影响，洪水就泛滥。世界各地都有例可证。今年大陆的水灾，根本原因也在这里。这只是一个小例子，其余可依此类推。学术大师钱穆先生一生最后一篇文章《中国文化对人类未来可有的贡献》，讲的就是“天人合一”的问题，我冒昧地在钱老文章的基础上写了两篇补充的文章，我复印了几份，呈献给大家，以求得教正。“天人合一”是中国哲学史上一个重要命题，解释纷纭，莫衷一是。（《关于人的素质的几点思考》）

修养与实践问题

我体会，圣严法师之所以不惜人力和物力召开这样一个规模宏大的会议，大陆暨香港地区，以及台湾的许多著名的学者专家之所以不远千里来此集会，决不会是让我们坐而论道的。道不能不论，不论则意见不一致，指导不明确，因此不论是不行的。但是，如果只限于论，则空谈无补于实际，没有多大意义。况且，圣严法师为法鼓人文社会学院明定宗旨是“提升人的品质，建设人间净土”。这次会议的宗旨恐怕也是如此。所以，我们在议论之际，也必须想出一些具体的办法。这样会议才能算是成功的。

我在本文第一章中已经讲到过，我们中国和全世界所面临的形势是十分严峻的。钱穆先生也说：“近百年来，世界人类文化所宗，可说全在欧洲。最近五十年，欧洲文化近于衰落，此下不能再为世界人类文化向往之宗主。所以可说，最近乃人类文化之衰落期。此下世界文化又将何所向往？这是今天我们人类最值得重视的现实问题。”可谓慨乎言之矣。

我就在面临这样严峻的情况下提出了修养和实践问题的，也可以称之为思想与行动的关系，二者并不完全一样。

所谓修养，主要是指思想问题、认识问题、自律问题，他律有时候也是难以避免的。在大陆上，帮助别人认识问题，叫做“做思想工作”。一个人遇到疑难，主要靠自己来解决，首先在思想上解决了，然后才能见诸行动，别人的点醒有时候也起作用。佛教禅宗主张“顿悟”。觉悟当然主要靠自己，但是别人的帮助有时也起作用。禅师的一声断喝，一记猛掌，一句狗屎橛，也能起振聋发聩的作用。（《关于人的素质的几点思考》）

宋代理学家有一个克制私欲的办法。清尹铭绶《学见举隅》中引朱子的话说：

> 前辈有俗澄治思虑者，于坐处置两器，每起一善念，则投白豆一粒于器中；每起一恶念，则投黑豆一粒于器中，初时黑豆多，白豆少，后来遂不复有黑豆，最后则验白豆亦无之矣。然此只是个死法，若更加以读书穷理的工夫，那去那般不正作当底思虑，何难之有？

这个方法实际上是受了佛经的影响。《贤愚经》卷十三，（六七）优波提品第六十讲到一个“系念”的办法：

> 以白黑石子，用当等于筹算。善念下白，恶念下黑。优波提奉受其教，善恶之念，辄投石子。初黑偶多，白者甚少。渐渐修习，白黑

正等。係念不止。更无黑石，纯有白者。善念已盛，逮得初果。(《大正新修大藏经》，第四卷，页四四二下)

这与朱子说法几乎完全一样，区别只在豆与石耳。

这个做法究竟有多大用处，我们且不去谈。两个地方都讲善念、恶念。什么叫善？什么叫恶？中印两国的理解恐怕很不一样。中国的宋儒不外孔孟那些教导，印度则是佛教教义。我自己对善恶的看法，上面已经谈过。要系念，我认为，不外是放纵本性与遏制本性的斗争而已。为什么要遏制本性？目的是既让自己活，也让别人活。因为如果不这样做的话，则社会必然乱了套，就像现代大城市里必然有红绿灯一样，车往马来，必然要有法律和伦理教条。宇宙间，任何东西，包括人与动植物，都不允许有"绝对自由"。为了宇宙正常运转，为了人类社会正常活动，不得不尔也。对动植物来讲，它们不会思考，不能自律，只能他律。人为万物之灵，是能思考、能明辨是非的动物，能自律，但也必济之以他律。朱子说，这个系念的办法是个"死法"，光靠它是不行的，还必须读书穷理，才能去掉那些不正当的思虑。读书当然是有益的，但却不能只限于孔孟之书；穷理也是好的，但标准不能只限于孔孟之道。特别是在今天，在一个新世纪即将来临之际，眼光更要放远。

眼光怎样放远呢？首先要看到当前西方科技所造成的弊端，人类生存前途已处在危机中。世人昏昏，我必昭昭。我们必须力矫西方"征服自然"之弊，大力宣扬东方"天人合一"的思想，年轻人更应如此。

以上主要讲的是修养。光修养还是很不够的，还必须实践，也就是行动，最好能有一个信仰，宗教也好，什么主义也好；但必须虔诚、真挚。这里存不得半点虚假成分。我们不妨先从康德的"消极义务"做起：不污染环境、不污染空气、不污染河湖、不胡乱杀生、不破坏生态平衡、不砍伐森林，还有很多"不"。这些"消极义务"能产生积极影响。这样一来，个人的修养与实践、他人的教导与劝说，再加上公、检、法的制约，本文第一章所讲的那一些弊害庶几可以避免或减少，圣严法师所提出的希望庶几能够实现，我们同处于"人间净土"中。"挽狂澜于既倒"，事在人为。(《关于人的素质的几点思考》)

中国管大自然或者宇宙叫"天"，而印度则称之为"梵"（brahman）。中国人的“人”，印度称之为“我”（Ātman，阿特曼）。总起来看，中国讲“天人”，印度讲“梵我”，意思基本上是一样的。印度古代哲学家有时候用 tat（等于英文的 that）这个字来表示“梵”。梵文 tatkartr，表面上看是“那个创造者”，意思是“宇宙的创造者”。印度古代很有名的一句话 tat tvam asi，表面上的意思是“你就是那个”，真正的涵义是“你就是宇宙”（你与宇宙合一）。宇宙，梵是大我；阿特曼，我是小我。（《“天人合一”新解》）

前几年，我们中国学术界提出了一个口号：弘扬中华民族优秀文化。这口号提得正确，提得及时，立即得到了全国的响应。所谓“弘扬”，我觉得，有两方面的意义：一个是在国内弘扬，一个是向国外弘扬。二者不能偏废。在国内弘扬，其意义之重要尽人皆知。我们常讲“有中国特色的”，这“特色”无法表现在科技上。即使我们的科技占世界首位，同其他国家相比，也只能是量的差别，无所谓“特色”。“特色”只能表现在文化上。这个浅近的道理，一想就能想明白。在文化方面，我们中华民族除了上面所说的“天人合一”的思想以外，几乎是处处有特色。我们的语言，我们的书法，我们的绘画，我们的音乐，我们的饮食，我们的社会风习，我们的文学创作，等等，哪个地方没有特色呢？（《我看北大》）

令人吃惊的是，到了今天，竟还有少数学者，怀抱“科学”的尚方宝剑，时不时祭起了“科学”的法宝，说我的说法不“科学”，没有经过“科学”的分析。另外还有个别学者，张口“这是科学”，闭口“这是科学”，来反对中国的气功，甚至中国的医学、针灸、拔罐子等等传统医疗方法。把气功说得太神，我也无法接受。但是实践是检验真理的唯一标准，经过国内外多年的临床应用，证实这些方法确实有效，竟还有人视而不见，听而不闻，死抱住“科学”不放，岂不令人骇异吗？（《21 世纪：东方文化的时代》）

大家都知道《歌德谈话录》这本书，在 1827 年 1 月 30 日歌德与埃克曼的谈话录中，歌德说，我今天看了一本中国的书——《好逑传》，中国人了不起，在中国人眼中，人跟宇宙合二为一（这是我这几年宣传的人与大自然和谐），男女谈情说爱，相互彬彬有礼，那么和谐、和睦，这个境界我们西方没有。可以说，

《好逑传》在中国文学史上最多与《今古奇观》处在一个水平上，甚至中国文学史也不会写它。可是传到欧洲，当时欧洲文化的第一代表人歌德却大加赞美。但他是有根据的。虽然我国这类才子佳人题材的小说有些理想化，像《西厢记》。但是在当时的西方文化泰斗看来，起码中国作者心中的境界是很高的。歌德指出的这一点不是很值得我们回味吗？（《略说中国传统文化及其特点》）

我梦到，近几百年来，西方的科学技术给人民、全世界人民带来了空前的幸福；但是，其基础是“征服自然”，与自然为敌，因而受到了大自然的惩罚，产生了许多弊端，比如大气污染、环境污染、生态平衡、物种灭绝，如此等等，不一而足，切盼到了21世纪能有所改变，能改恶向善。要想做到这一点，必须以东方“天人合一”思想，济西方思想之穷，也就是说，人类必须同大自然为友，双方互相了解，增强友谊，然后再伸手向大自然要衣、要食、要住、要行。只有这样，人类才能避免现在面临的这一些灾难。（《梦游21世纪》）

今年春天，也就是现在，我走出楼门，偶尔一抬头，我在上面讲的那一棵大榆树上，在光秃秃的枝干中间，又看到一团黑糊糊的东西。连年来我老眼昏花，对眼睛已经失去了自信力，我在惊喜之余，连忙擦了擦眼，又使劲瞪大了眼睛，我明白无误地看到了：是一个新搭成的喜鹊窝。我的高兴是任何语言文字都无法形容的。然而福不单至。过了不久，临湖的一棵高大的垂柳顶上，一对喜鹊又在忙忙碌碌地飞上飞下，嘴里叼着小树枝，正在搭一个窝。这一次的惊喜又远远超过了上一回。难道我今生的华盖运真已经交过了吗？

当年爬树掏喜鹊窝的那一个小男孩，现在早已长成大人了吧。他或许已经留了洋，或者下了海，或者成了“大款”。此事他也许早已忘记了。我潜心默祷，希望不要再出这样一个孩子，希望这两个喜鹊窝能够存在下去，希望在燕园里千百棵大树上都能有这样黑蘑菇似的喜鹊窝，希望在这里，在全中国，在全世界，人与鸟都能和睦融洽像一家人一样生活下去，希望人与鸟共同造成一个和谐的宇宙。（《喜鹊窝》）

若干年来，我有一个想法：人类自从成为“万物之灵”后，最重要的任务是正确处理人与大自然的关系，我称之为天人关系。要了解自然，认识自然，要同自然交朋友，我称之为“天人合一”。然后再伸手向大自然要衣，要食，要住，要行。

然而，人类，特别是近几百年来的西方人，却反其道而行之，要“征服自然”，在大自然面前翘尾巴。从表面上来看，人类似乎是胜利了，大自然似乎是被征服了。然而，大千世界发生了许多弊端，甚至灾害，影响了人类生存的前途。

德国伟大诗人歌德说，大自然不会犯错误，犯错误的是人。

德国伟大的思想家恩格斯说，我们不要过分陶醉于我们对自然的胜利中，每一次胜利大自然都对我们进行了报复。

两位哲人的话值得我们深思再深思。

我有一个公式：人类在大自然面前翘尾巴的高度与人类前途的危险性成正比。尾巴翘得越高，危险性越大。（范曾《庄子显灵记·序》）

天地萌生万物，对包括人在内的动植物等有生命的东西，总是赋予一种极其惊人的求生存的力量和极其惊人的扩展蔓延的力量，这种力量大到无法抗御。只要你肯费力来观摩一下，就必然会承认这一点。现在摆在我面前的就是我楼前池塘里的荷花。且从几个勇敢的叶片跃出水面以后，许多叶片接踵而至。一夜之间，就出来了几十枝，而且迅速地扩散、蔓延。不到十几天的工夫，荷叶已经蔓延得遮蔽了半个池塘。从我撒种的地方出发，向东西南北四面扩展。我无法知道，荷花是怎样在深水淤泥里走动。反正从露出水面的荷叶来看，天天至少要走半尺的距离，才能形成眼前这个局面。（《清塘荷韵》）

我仿佛觉得这棵丝瓜有了思想，像达摩老祖一样，面壁参禅；它能让无法承担重量的瓜停止生长；它能给处在有利地形的大瓜找到承担重量的地方，给这样的瓜非凡待遇，让它们疯狂地长；它能让悬垂的瓜平身躺下。假如不是这样的话，无论如何也无法解释我上面谈到的现象。但是，假如真是这样的话，又实在令人难以置信。丝瓜用什么来思想呢？丝瓜靠什么来指导自己的行动呢？上下数千年，纵横几万里，从来也没有人说过，丝瓜会有思想。我左考虑，右考虑，越考虑越糊涂。我无法同丝瓜对话，这是一个沉默的奇迹。瓜秧仿佛成了一根神秘的绳子，绿叶上照旧浓翠扑人眉宇。我站在丝瓜下面，陷入

梦幻。而丝瓜则似乎心中有数，无言静观，它怡然泰然悠然坦然，仿佛含笑面对秋阳。（《神奇的丝瓜》）

每到春天，我走在树下，眼前无藤萝，心中也无藤萝。然而一股幽香蓦地闯入鼻官，嗡嗡的蜜蜂声也袭入耳内，抬头一看，在一团团的绿叶中——根本分不清哪是藤萝叶，哪是其他树的叶子——隐约看到一朵朵紫红色的花，颇有万绿丛中一点红的意味。直到此时，我才清楚地意识到这一棵古藤的存在，顾而乐之了。

茫茫燕园中，只剩下了幽径的这一棵藤萝了。它成了燕园中藤萝界的鲁殿灵光。每到春天，我在悲愤、惆怅之余，唯一的一下安慰就是幽径中这一棵古藤。每次走到它下面，闻到淡淡的幽香，听到嗡嗡的蜂声，顿觉这个世界还是值得留恋的，人生还不全是荆棘丛。其中情味，只有我一个人知道，不足为外人道也。（《幽径悲剧》）

为了保护环境绝不能抑制科学的发展、技术的发展和经济的发展，这个大前提绝对是正确的。不这样做是笨伯，是傻瓜。但是，处理这个问题，脑筋里必须先有一根弦，先有一个必不可缺的指导思想，而这个指导思想只能是东方的天人合一的思想。否则就会像是被剪掉了触角的蚂蚁，不知道往哪里走。从发展的最初一刻起，就应当在这种思想的指引下，念念不忘过去的惨痛教训，想方设法，挖空心思，尽上最大的努力，对弊害加以抑制，绝不答应空喊："发展！发展！发展！"高枕无忧，掉以轻心，梦想有朝一日科学会自己找出办法，挫败弊害。常言道："道高一尺，魔高一丈。"到了那时，魔已经无法控制，而人类前途危矣。（《关于"天人合一"思想的再思考》）

我缺少慧根，毕生同佛教研究打交道，却不能成为真正的佛教信徒。但是，我对佛教的最基本教义万有无常却异常信服。我认为，这真正抓住了宇宙万有的根本规律，是谁也否定不掉的。（《悼念赵朴老》）

一般人总是把生与死绝对对立起来。但是，中国古代的道家却主张"万物

方生方死”，把生与死辩证地联系在一起，而且准确无误地道出了生即是死的关系。(《时间》)

我曾有志于研究比较地狱学久矣。积几十载寒暑探讨的经验，深知西方地狱实在有点太简单、太幼稚、太单调、太没有水平。不信你去读一读但丁的《神曲》。那里有对地狱的描绘。但丁的诗句如黄钟大吕；但是诗句所描绘的地狱，却实在不敢恭维，一点想象力都没有，过于简单，过于表面。读了只能让人觉得好笑。回观印度的地狱则真正是博大精深。再加上中国人的扩大与渲染，地狱简直如七宝楼台，令人目眩神驰。读过中国《玉历至宝钞》一类描写地狱的书籍的人，看到里面的刀山火海，油锅大锯，再配上一个牛头，一个马面，角色齐全，道具无缺，谁能不五体投地地钦佩呢？东方文明超过西方文明；东方人民的智慧超过西方人民的智慧，于斯可见。(《牛棚杂忆》)

爱猫是一件微不足道的事，当然也不能提高到世界大局、人类前途等等的水平上来评论；但是对某一些爱猫的人来说，却决不是可有可无的小事。小猫能带给他们从别的地方得不到的快乐。对这些人来说，难道这不能算是大事吗？(《咪咪二世》)

中国美学讲和谐有悠久的历史，《尚书·尧典》有“八音克谐，无相夺伦，神人以和”之说。《论语·学而》有“礼之用，和为贵。先王之道，斯为美”。董仲舒有“举天地之道而美于和”（《春秋繁露·循天之道》)。《乐记》有：“地气上齐，天气下降，阴阳相摩，天地相荡，鼓之以雷霆，奋之以风雨，动之以四时，媛之以岁月，而百化兴焉。如此，则乐者天地之和也。”《中庸》把和谐提到哲学的高度：“中也者，天下之大本也；和也者，天下之达道也。致中和，天地位焉，万物育焉。”宋玉在《登徒子好色赋》中运用这种和谐原则，描写倾国倾城的美人：“增之一分则太长，减之一分则太短，著粉则太白，施朱则太赤。眉如翠羽，肌如白雪，腰如束素，齿如含贝。”我在《我的美人观》文中提出，我想在太岁头上动一下土，探讨一下“美人”这个“美”字的含义。我没有研究过美学，只记得在很多年以前，中国美学论坛上忽然爆发了一场论战。我以一个外行人的身份，从窗外向论坛上瞥了一眼，只见专家们意气风发，舌剑唇枪争得极为激烈。有的学者主张，美是主观的。有的学者主张美是客观的。有的学者主张，美是主客观相结合的。像美这样扑朔迷离、玄之又玄的现象或者问题，一向难以得到大家一致同意的结论或者解释的。美人之所以被称为美人，必然有其异于非美人者。但是，她们也只具有五官四肢，造物主并没有给她们多添上一官一肢，也没有挪动官肢的位置，只在原有的排列上卖弄了一点手法，使这个排列显得更匀称，更和谐，更能赏心悦目。（《季羡林说和谐人生》）

道家和道教的精神是什么呢？我很喜欢陶渊明《神释》中的四句诗，实际上这也是我人生的座右铭，即：

纵浪大化中，不喜亦不惧。
应尽便须尽，无复独多虑！

我觉得这首诗中就充分展现了道家和道教的精神，这就是顺其自然的思想。依我的看法，陶渊明骨子里更像是道家的。我觉得“顺其自然”最有道理，不能去征服自然，自然不能征服，只能“天人合一”。要跟自然讲交情、讲平等，讲互相尊重；不要讲征服，谁征服谁，都是不对的。（《季羡林说和谐人生》）

佛教的精神呢？中国佛教可以用禅宗来代表。人们都说，佛教教义中的核心理论是非暴力论，和平是佛教实践的主体。佛教继承了婆罗门教和耆那教的非暴力和不杀生思想，把这一思想变成自己的基本戒律。佛教认为人的行为是由欲望引起的，人的欲望是无止境的，欲望膨胀的结果，就有了贪的行为，掠夺和战争正是贪的表现。所以佛教提倡灭欲，不杀害生灵，众生平等，不允许种姓压迫的存在，这样，社会、国家和人民之间的和平共处才有保障。这些平等慈悲的思想成为佛教和平思想的基石。重视人的生命，正视人的存在，重视人的价值，正确处理人与人之间、个人与家庭之间、个人与国家之间的关系，形成一种和睦、和谐的关系。美国总统罗斯福问太虚大师如何实现和平，太虚大师回答“慈悲无我”。“我”是纷争的根源，和平必需实现“无我”，“无我”才能无私，无私才能大公，大公才能实现和平。（见宏度：《佛教与和平》，载《宗教：关切世界和平》，宗教文化出版社2000年版，第54页）佛教教义归纳成三句话，称之为“三相”或者“三法印”：诸行无常，诸法无我，一切皆苦。释迦牟尼首转法轮，这三个法印几乎都包括在里面了。其中的“诸法无我”，是佛教重要教义，是佛教与婆罗门教斗争的重要武器。“无我”，意思是所谓“我”（Ātman）是并不存在的，它是由初转法轮中讲到的五盛蕴（色、受、想、行、识）组成的，是因缘和合的产物，没有实体。这是释迦牟尼在菩提树下悟到的真理。佛教僧侣以及居士，如果想悟到什么东西，他们首先必须悟到“无我”。事实上中国人确已悟到“无我”了，比如徐增《唐诗解读》卷五说：“行到水穷处，去不得处。我亦便止，倘有云起，我便坐而看云起，坐久当远。偶值林叟。便与谈论山间水边之事。相与留连，则不能以定还期矣。于佛法看来，总是无我，行无所事。行到是大死，坐起是得活，偶然是任运，此真好道人行履，谓之好道不虚也。”这是徐增对王维《终南别业》那一首著名的诗的解释。我认为是抓住要领的。总之，我认为，要讲“晤”到什么，首先要悟到“无我”。（《季羡林说和谐人生》）

佛禅的“身、口、意”（“身”，行动；“口”，语言；“意”，思想）三方面是解决人的心身关系。佛教分析恶业，从身、口、意出发，列出十恶业。身有三恶业：杀生、偷盗、邪淫。口有四恶业：妄言、绮语、两舌、恶口。妄言，是虚妄不实的骗话。绮语，是巧言令色的漂亮话，无益无义的污秽话，巴结奉迎的谄媚话。两舌，是“两边嘴”。恶口，就是破口骂人，恶意咒人。意有三恶业，心对于外境起贪，起嗔，起痴。佛教戒条中这身、口、意三恶业，意业最重要。内心意欲思想不正，会形诸于外从口业和身业表现出来，成为犯罪的行为，所以佛教先注重治心，治心是治本，治口、治身是治标。佛教的戒律，就是在三业中要先治意业。（《季羡林说和谐人生》）

一抬头，就看到书桌上座钟的秒针在一跳一跳地向前走动。它那里一跳，我的心就一跳。孔子说："逝者如斯夫，不舍昼夜！"这里指的是水。水永远不停地流逝，让孔夫子吃惊兴叹。我的心跳，跳的是时间。水是能看得见，摸得着的。时间却看不见，摸不着的，它的流逝你感觉不到，然而确实是在流逝。现在我眼前摆上了座钟，它的秒针一跳一跳，让我再清楚不过地看到了时间的流逝，焉能不心跳？焉能不兴叹呢？（《时间》）

不管你意识到还是没有意识到，大自然还是把虚无飘渺的时间用具体的东西暗示给了人们。比如用日出日落标志出一天，用月亮的圆缺标志出一月，用四季（在印度是六季或者两季）标志出一年。农民最关心这些问题，一年二十四个节气对他们种庄稼有重要意义。在自然科学家和哲学家眼中，时间具有另外的意义。他们说，大千世界，人类万物，都生长在时间和空间内，而时间是无头无尾的，空间是无边无际的。我既不是自然科学家，也不是哲学家，对无头无尾和无边无际实在难以理解。可是不这样又能怎样呢？如果时间有了头尾，头以前尾以后又是什么呢？因此，难以理解也只得理解，此外更没有其他途径。（《时间》）

上个世纪50年代后期全国人民头脑发热的时候，在北京号召全城人民打麻雀的那一天，我到京西斋堂去看望下放劳动的干部，适逢大雨。下放干部告诉我，此时山上树下出现了无数的蛇洞，每一个洞口都露出一个蛇头，漫山遍野，蔚为宇宙奇观。我大吃一惊，哪敢去看！我一想到那些洞口的蛇头，身上就起鸡皮疙瘩。（《在病中：这样的日子好过吗?》）

对像死亡这样的谁也违背不了的灾难，最有用的办法是先承认它，不去同它对着干，然后整理自己的思想感情。我多年以来就有一个座右铭："纵浪大化中，不喜亦不惧。应尽便须尽，无复独多虑。"是陶渊明的一首诗。"该死就去死，不必多嘀咕。"多么干脆利落！我目前的思想感情也还没有超过这个阶段。江文通《恨赋》最后一句话是："自古皆有死，莫不饮恨而吞声。"我相信，在我上面说的那些话的指引下，我一不饮恨，二不吞声。我只是顺其自然，随遇而安。

我也不信什么轮回转世。我不相信，人们肉体中还有一个灵魂。在人们的躯体还没有解体的时候灵魂起什么作用，自古以来，就没有人说得清楚。我想相信，也不可能。（《九十五岁初度》）

同印度人比较起来，中国人大概希望争取长生。越是有钱有势的人越希望活下去，在旧社会里生活在水深火热中的小百姓，决不会愿意长远活下去的。而富有天下的天子则热切希望长生。中国历史上几位有名的英主，莫不如此。秦始皇和汉武帝都寻求不死之药或者仙丹什么的。连唐太宗都是服用了印度婆罗门的“仙药”而中毒身亡的。老百姓书呆子中也有寻求肉身升天的，而且连鸡犬都带了上去。我这个木头脑袋瓜真想也想不通。如果真有那么一个“天”的话，人数也不会太多。升到那里去干些什么呢？那里不会有官僚衙门，想走后门靠贿赂来谋求升官，没有这个可能。那里也不会有什么市场，什么 WTO，想发财也英雄无用武之地。想打麻将，唱卡拉 OK，唱几天，打几天，还是会有兴趣的，但让你一月月一年年永远打下去，你受得了吗？养鸡喂狗，永远喂下去，你也受不了。“不为无益之事，何以遣无涯之生！”无益之事天上没有。在天上待长了，你一定会自杀的。苏东坡说：“起舞弄清影，何似在人间！”是有见地之言。我们还是老老实实待在人间吧。

要待在人间，就必须受时间的制约。在时间面前，人人平等。如果想不通我在上面说的那一些并不深奥的道理，时间就变成了枷锁，让你处处感到不舒服。但是，如果真想通了，则戴着枷锁跳舞反而更能增加一些意想不到的兴趣。我自认是想通了。现在照样一抬头就看到书桌上座钟的秒针一跳一跳地向前走动，但是我的心却不跳了。我觉得这是时间给我提醒儿，让我知道时间的价值。“一寸光阴不可轻”，朱子这一句诗对我这个年过九十的老头儿也是适用的。（《时间》）

人之所赖以生存的衣食住行等无不是取自大自然，关键问题是取之之方。在这里，东西双方至少在思想上是不相同的。西方采取的是强硬的手段，要“征服自然”，而东方则主张采用和平的友好的手段，也就是“天人合一”。要先与自然做朋友，然后再伸手向自然索取人类生存所需要的一切。宋代大哲学家张载说：“民，吾同胞；物，吾与也”。最鲜明地表达了这种思想。

东西方手段之所以不同，我个人认为，其基础是思维模式的差异。西方主分析，以中国文化为代表的东方主综合。西方自古希腊以来，以分析的方法对待自然。到了近代产业革命，达到了登峰造极的地步，其结果是人所共睹的。他们取得了辉煌的成就，上天入地，腾空泛海，生光电化，无所不及。一直发展到核能开发、宇宙卫星等等，全世界人民无不蒙受其利。这一点是无法否认的，这是他们“征服自然”的结果。然而自然虽无人格或神格，如孔子说：“天何言哉！四时行焉，百物生焉，天何言哉！”然而它却是能报复的，能惩罚的。西方滥用科技产生的弊端至今已日益显著，比如大气污染、环境污染、生态平衡破坏、臭氧层破坏、新疾病丛生、自然资源匮乏、人口爆炸，如此等等，不一而足。这些弊端，如果其中的任何一个得不到控制，则人类前途实处危境。

这些弊端已经引起了全世界有识之士的深切关注。怎么办呢？我的看法是：人类必须悬崖勒马，正视弊端，痛改“征服自然”的思想，采用东方的“天人合一”的思想。这样一来，庶几乎可以改变这种危险局面。我把我这种想法称为“东西文化互补论”。（《走向天人合一》）

恩格斯在《自然辩证法》一书中说过一段话，意思是说：我们不要过分陶醉于我们对自然的胜利，因为每一次大自然都进行了报复。

这一段话说得何等好啊！何等准确，何等透彻！一直到今天，一百多年以后了，读起来还那样虎虎有生气。

从历史上来看，人类最初也属于大自然。一种什么动物（猿之类?）闹独立性，终于变成了人，公然与大自然分庭抗礼了。在中国思想史上，这称之为天人关系，“天”在这里代表的就是大自然。我在别的地方讲过：人一生有三大任务，正确处理天人关系，正确处理人与人的关系，也就是所谓社会关系，正确处理个人心中思想感情的矛盾问题。

人类要想生存，必须有衣食住行等方面的物质供应，这种供应只取之于大自然。这里就出现了一个对待大自然的态度问题。态度千差万别；但是综而观之，不出两途：一东一西。东方主张天人合一，人与大自然要成为朋友，不要成为敌人。宋代大儒张载说：“民，吾同胞；物，吾与也。”充分体现了这种精神。西方一般倾向于“征服自然。”这是由东西两土文化体系的根本思维模式所决定的。

西方，特别是在产业革命以后，热衷于征服自然。征服的确有成绩，科学技术飞速发展，人民生活迅速改善。但是，大自然的报复也随之而来。例子俯拾皆是，比如物种灭绝、生态失衡、人口爆炸、地球变暖、淡水匮乏、新疾病产生、臭氧出洞等等。这些弊端发展下去，将会影响人类发展的前途，这是十分明显的。前一阵子，世界上一些国家遭受“非典”（SARS）的袭击，不也应该看做是大自然的报复手段之一吗？

救之之方并不复杂，无非是改弦更张，改恶向善，同大自然交朋友，不再征服自然。（《大自然的报复》）

以中国文化为核心的东方文化，其基础或出发点是综合的思维模式，表现在哲学思想上是“天人合一”。最有代表性的说法是宋代大哲学家张载的“民，吾同胞。物，吾与也”。西方文化自希腊罗马起一直发展到今天的欧美文化，其基础或出发点是分析的思维模式，表现在行动上是“征服自然”。在中国汉唐时期，主宰世界的是东方文化。西方自文艺复兴，特别是产业革命以后，征服自然，成绩彪炳。到了今天，在衣食住行各个方面，都有巨大的创造与成就，全世界莫不蒙受其利。

然而征服自然，从一开始就孕育着危险性。到了今天，弊端日益明显，大气污染，环境污染，生态平衡破坏，臭氧层出洞，如此等等，不一而足。原来，大自然虽既非人格，亦非神格，却是能惩罚善报复的，以上列举的诸弊端就是报复与惩罚的结果。如果人类再不悬崖勒马，后果真不堪设想。救之之方只有一个，就是以东方“天人合一”的思想和行动济西方“征服自然”之穷，我称之为“东西文化互补论”。（《拿来和送去》）

一米一饭都来之不易，我们在吃饭的时候，可曾想到这每一粒米都是大自然阳光雨露的馈赠？

我从来也不相信（鬼）。原来我住在东厂胡同，明朝杀人的地方，那是北京有名的凶宅，说有鬼。我就住在里面，因为进门好几层院子，第四层我住的。晚上有人去找我，先得问季羡林是不是在里面，如果不在里面，谁也不敢进去。我有一篇文章，叫《马缨花》，就是写这个。因为我在国外多年，不信鬼，也不信神。没有这个玩意儿。现在世界上鬼神是不存在的。

张载这个人是个有创造性的思想家。为天地立心，为生民立命，为往圣继绝学，为万世开太平。为万世开太平，这种话，朱熹这派的学者说不出来的。为万世开太平，这个气魄多大啊！我就主张这个天人合一。（《大国学——季羡林口述史》）

什么叫“天人合一”呢？“人”，容易解释，就是我们这一些芸芸众生的凡人。“天”，却有点困难，因为“天”字本身含义就有点模糊。在中国古代哲学家笔下，天有时候似乎指的是一个有意志的上帝。这一点非常稀见。有时候似乎指的是物质的天，与地相对。有时候似乎指的是有智力有意志的自然。我没有哲学家精细的头脑，我把“天”简化为大家都能理解的大自然。我相信这八九不离十，离开真理不会有十万八千里。这对说明问题也比较方便。中国古代的许多大哲学家，使用“天”这个字，自己往往也有矛盾，甚至前后抵触。这一点学哲学史的人恐怕都是知道的，用不着细说。（《“天人合一”新解》）

谈到“天人合一”这个命题的来源，大多数学者一般的解释都是说源于儒家的思孟学派。我觉得这是一个相当狭隘的理解。《中华思想大辞典》说：“主张‘天人合一’，强调天与人的和谐一致是中国古代哲学的主要基调。”这是很有见地的话，这是比较广义的理解，是符合实际情况的。我现在就根据这个理解来谈一谈这个命题的来源，意思就是，不限于思孟，也不限于儒家。我先补充上一句：这个代表中国古代哲学主要基调的思想，是一个非常伟大的、含义异常深远的思想。

我常想，现代人如果要想写一部讨论中国古代文化思想的书，莫如先写一本中国古代人的天文观，或写一部中国古代人的天文学，或人生学。总之，中国古代人，可称为抱有一种“天即是人，人即是天，一切人生尽是天命的天人合一观”。这一观念，亦可说即是古代中国人生的一种宗教信仰，这同时也即是古代中国人主要的人生观，亦即是其天文观。如果我们今天亦要效法西方人，强要把“天文”与“人生”分别来看，那就无从去了解中国古代人的思想了。

即如孔子的一生，便全由天命，细读《论语》便知。子曰：“五十而知天命”，“天生德于予”。又曰：“知我者，其天乎！”“获罪于天，无所祷也”。倘孔子一生全可由孔子自己一人作主宰，不关天命，则孔子的天命和他的人生便分为二。离开天命，专论孔子个人的私生活，则孔子一生的意义与价值就减少了。就此而言，孔子的人生即是天命，天命也即是人生，双方意义价值无穷。换言之，亦可说，人生离去了天命，便全无意义价值可言。但孔子的私生活可以这样讲，别人不能。这一观念，在中国乃由孔子以后战国时代的诸子百家所阐扬。

中国文化过去最伟大的贡献，在于对“天”“人”关系的研究。中国人喜欢把“天”与“人”配合着讲。我曾说“天人合一”论，是中国文化对人类最大的贡献。（《“天人合一”新解》）

从来世界人类最初碰到的困难问题，便是有关天的问题。我曾读过几本西方欧洲古人所讲有关“天”的学术性的书，真不知从何讲起。西方人喜欢把“天”与“人”离开分别来讲。换句话说，他们是离开了人来讲天。这一观念的发展，在今天，科学愈发达，愈易显出它对人类生存的不良影响。

中国人是把“天”与“人”合起来看。中国人认为“天命”就表露在“人生”上。离开“人生”，也就无从来讲“天命”，离开“天命”也就无从来讲“人生”。所以中国古人认为“人生”与“天命”最高贵最伟大处，便在能把它们两者和合为一。离开了人，又从何处来证明有天。所以中国古人，认为一切人文演进都顺从天道来。违背了天命，即无人文可言。“天命”“人生”和合为一，这一观念，中国古人早有认识。我以为“天人合一”观，是中国古代文化最古老最有贡献的一种主张。（《“天人合一”新解》）

中国人最喜言“天下”。“天下”二字，包容广大，其涵义即有，使全世界人类文化融合为一，各民族和平并存，人文自然相互调适之义。其他亦可据此推想。

东方人对大自然的态度是同自然交朋友，了解自然，认识自然；在这个基础上再向自然有所索取。“天人合一”这个命题，就是这种态度在哲学上的凝炼的表述。东方文化曾在人类历史上占过上风，起过导向作用，这就是我所说的是“三十年河东”。后来由于种种原因，时移势迁，沧海桑田。西方文化取而代之。钱宾四先生所说的：“近百年来，世界人类文化所宗，可说全在欧洲。”这就是我所说的“三十年河西”。世界形势的发展就是如此，不承认是不行的。(《“天人合一”新解》)

东方文化基础的综合的思维模式，承认整体概念和普遍联系，表现在人与自然的关系上就是人与自然为一整体，人与其他动物都包括在这个整体之中。人不能把其他动物都视为敌人，要征服它们。人吃一些动物的肉，实在是不得已而为之。从古至今，东方的一些宗教，比如佛教，就反对杀牲，反对肉食。中国固有的思想中，对鸟兽表示同情的表现，在在皆有。最著名的两句诗：“劝君莫打三春鸟，子在巢中待母归”，是众所周知的。这种对鸟兽表示出来的怜悯与同情，十分感人。西方诗中是难以找到的。孟子的话“恻隐之心人皆有之”，也表现了同一种感情。

东西方的区别就是如此突出。在西方文化风靡世界的几百年中，在尖刻的分析思维模式指导下，西方人贯彻了征服自然的方针。结果怎样呢？有目共睹，后果严重。对人类的得寸进尺永不餍足的需求，大自然的忍耐程度并非无限，而是有限度的。在限度以内，它能够满足人类的某一些索取。过了这个限度，则会对人类加以惩罚，有时候是残酷的惩罚。即使是中国，在我们冲昏了头脑的时候，大量毁林造田，产生的后果，人所共知：长江变成了黄河，洪水猖獗肆虐。(《“天人合一”新解》)

从全世界范围来看，在西方文化主宰下，生态平衡遭到破坏，酸雨到处横行，淡水资源匮乏，大气受到污染，臭氧层遭到破坏，海、洋、湖、河、江遭到污染，一些生物灭种，新的疾病冒出等等，威胁着人类的未来发展，甚至人类的生存。这些灾害如果不能克制，则用不到一百年，人类势将无法生存下去。这些弊害目前已经清清楚楚地摆在我们眼前，哪一个人敢说这是危言耸听呢？

有没有挽救的办法呢？当然有的。依我看，办法就是以东方文化的综合思维模式济西方的分析思维模式之穷。人们首先要按照中国人，东方人的哲学思维，其中最主要的就是“天人合一”的思想，同大自然交朋友，彻底改恶向善，彻底改弦更张。只有这样，人类才能继续幸福地生存下去。我的意思并不是要铲除或消灭西方文化。不是的，完全不是的。那样做，是绝对愚蠢的，完全做不到的。西方文化迄今所获得的光辉成就，决不能抹煞。我的意思是，在西方文化已经达到的基础上，更上一层楼，把人类文化提高到一个前所未有的高度。“三十年河西，三十年河东”这个人类社会进化的规律能达到的目标，就是这样。(《“天人合一”新解》)

19 世纪中叶，近代地理学兴起，深受达尔文（Charles Darwin）《物种起源》（*Origin of Species*）进化论影响，认为人类在地球上的繁衍也是优胜劣汰，适者生存的结果。当时人们急于认识和描述地球上的自然环境，着重于地形和气候等研究，以定性描述的“环境论研究”为主；本世纪 60 年代，地理学有“计量革命”之举，以数理科学佐地理学研究，使其定性描述兼有定量分析，且辅以模式分析能晓以预测，70 年代，随着社会发展、科技进步，地理学又有“地的哲学”（Geosophy）等理论，来探讨自然环境和人类文化交织而成的地球表面现象，且又有遥感和地理信息系统等新技术的出现和应用。目前，又闻有从心理学和社会学角度来探讨地理研究的“行为学派”（Behaviorism）等等。地理学研究可谓兴旺。

历史和地理研究的对象是密切不可分的，它们分别研究人类生存世界发展的时空问题。人类生活的世界：一个是地球赋予的自然世界；一个是自己创造的社会世界。历史学更注重时间，注重后一个世界的研究；地理学更注重空间，注重前一个世界的研究。

地理学当初曾盛行“环境决定论”，认为是自然环境制约支配着人类的活动。可是，由于科技的发达，人们日益张皇“人定胜天”“征服自然”的思想，结果在取得社会进步的同时，对自然界破坏日甚。当今，自然资源耗竭、环境污染急剧、生态系统失去平衡，人类活动严重干扰和影响了自然，人类赖以生存的自然世界和其无限追求的物质世界正处于深刻的矛盾和不协调之中。因此，当今地理学又出现积极倡导“时空结合、人地结合”来研究人和自然关系的人文地理学观点，力主人与自然共存、共荣，和谐相处。“人地结合”的这一观点，实则是中国的一个重要哲学观——“天人合一”思想。有感于此，下面来讲讲“天人合一”这一命题。(《人文地理学与天人合一思想》)

“天人合一”是中国哲学史上的一个非常重要的命题。中外研究中国哲学史的学者，哪一个也回避不开。但是，对这个命题的理解、解释和阐述，却相当有分歧。学者间理解的深度和广度，理解的角度，也不尽相同。这是很自然的。

我在下面先简略地谈一谈这个命题的来源，然后介绍一下几个有影响的学者对这个命题的解释，最后提出我自己的看法，也可以说是“新解”吧。

我先介绍一下这个命题的来源和含义。

什么叫“天人合一”呢？“人”，容易解释，就是我们这一些芸芸众生的凡人。“天”，却有点困难，因为“天”字本身含义就有点模糊。在中国古代哲学家笔下，天有时候似乎指的是一个有意志的上帝。这一点非常稀见。有时候似乎指的是物质的天，与地相对。有时候似乎指的是有智力、有意志的自然。我没有哲学家精细的头脑，我把“天”简化为大家都能理解的大自然。我相信这八九不离十，离开真理不会有十万八千里。这对说明问题也比较方便。中国古代的许多大哲学家，使用“天”这个字，自己往往也有矛盾，甚至前后抵触。这一点学哲学史的人恐怕都是知道的，用不着细说。

谈到“天人合一”这个命题的来源，大多数学者一般的解释都是说起源于儒家的孔孟学派。我觉得这是一个相当狭隘的理解。《中华思想大辞典》说：“主张‘天人合一，强调天与人的和谐一致是中国古代哲学的主要基调。”这是很有见地的话。这是比较广义的理解，是符合实际情况的。我现在就根据这个理解来谈一谈这个命题的来源，意思就是，不限于孔孟，也不限于儒家。我先补充上一句：这个代表中国古代哲学主要基调的思想，是一个非常伟大的、含义异常深远的思想。（《人文地理学与天人合一思想》）

读《庄子·齐物论》，便知天之所生谓之物。人生亦为万物之一。人生之所以异于万物者，即在其能独近于天命，能与天命最相合一，所以说“天人合一”。此义宏深，又岂是人生于天命相离远者所能知。果使人生离于天命远，则人生亦同于万物与万物无大相异，亦无足贵矣。故就人生论之，人生最大目标、最高宗旨，即在能发明天命。孔子为儒家所奉称最知天命者，其他自颜渊以下，其人品德性之高下，即各以其离于天命远近为分别。这是中国古代论人生之最高宗旨，后代人亦与此不远。这可以说是我中华民族论学分别之大体所在。

以过去世界文化之兴衰大略言之，西方文化一衰则不易再兴，而中国文化则屡仆屡起，故能绵延数千年不断。这可说，因于中国传统文化精神，自古以来即能注意到不违背天，不违背自然，且又能与天命自然融合一体。我以为此下世纪文化之归结，恐必将以中国传统文化为宗主。此事涵义广大，非本篇短文所能及，暂不深论。今仅举“天下”二字来说，中国人最喜言“天下”。“天下”二字，包容广大，其涵义即有，使全世界人类文化融合为一，各民族和平并存，人文自然相互调适之义。其他亦可据此推想。（《人文地理学与天人合一思想》）

宾四先生往矣。我不揣谫陋，谈一谈我自己对“天人合一”的看法，希望对读者有那么一点用处，并就正于有道。我完全同意宾四先生对这个命题的评价：涵义深远，意义重大。我在这里只想先提出一点来：正如我在上面谈到的，我不把“天”理解为“天命”，也不把“人”理解为“人生”；我认为“天”就是大自然，“人”就是我们人类。天人关系是人与自然的关系。看来在这一点上我同宾四先生意见是不一样的。（《人文地理学与天人合一思想》）

天人合一思想在张载的著作中，到处都有表现。比如在《正蒙》中，他说：“爱必兼爱”。他又说：“物无孤立之理”，意思就是，事事物物都互相联系。这同我多次提到的东方文化的特点：整体概念，普遍联系，是一个意思，表现天人合一思想最鲜明、最深刻的例子，是张载著名的《西铭》（后收入《正蒙》中）。《西铭》极短，我不妨全文抄出：

> 乾称父，坤称母；予兹藐焉，乃混然中处。故天地之塞，吾其体；天地之帅，吾其性。民吾同胞，物吾与也。大君者，吾父母宗子；其大臣，宗子之家相也。尊高年，所以长其长；慈孤弱，所以幼其（吾）幼。圣其合德，贤其秀也。凡天下疲癃残疾、茕独鳏寡，皆吾兄弟之颠连而无告者也。于时保之，于之翼也；乐且不忧，纯乎孝者也。

（《人文地理学与天人合一思想》）

我怎样来解释“天人合一”呢？从人类文化产生的多元论出发，我认为，世界上每一个民族，不管大小，都或多或少地对人类文化作出了贡献。自从人类有历史以来，共形成了四个文化体系：一，中国文化；二，印度文化；三，从古代希伯来起经过古代埃及、巴比伦以至伊斯兰阿拉伯文化的闪族文化；四，肇端于古代希腊、罗马的西方文化。这四个文化体系又可以划分为两大文化体系：东方文化和西方文化。前三者属于东方文化，第四个属于西方文化。两大文化体系的关系是：三十年河西、三十年河东。

东西两大文化体系的区别，随处可见。它既表现在物质文化上，也表现在精神文化上。具体的例子不胜枚举。但是，我个人认为，两大文化体系的根本区别来源于思维模式之不同。这一点我在上面已经提到过：东方的思维模式是综合的，西方的思维模式是分析的。勉强打一个比方，我们可以说，西方是“一分为二”，而东方则是“合二而一”。再用一个更通俗的说法来表达一下：西方是“头痛医头，脚痛医脚”，“只见树木，不见森林”，而东方则是“头痛医脚，脚痛医头”，“既见树木，又见森林”。说得再抽象一点：东方综合思维模式的特点是整体概念、普遍联系；而西方分析思维模式则正相反。（《人文地理学与天人合一思想》）

据我个人的观察与思考，在处理人与自然的关系方面，东方文化与西方文化是迥乎不同的，夸大一点简直可以说是根本对立的。西方的指导思想是征服自然；东方的主导思想，由于其基础是综合的模式，主张与自然万物浑然一体。西方向大自然穷追猛打、暴烈索取，在一段时间以内看来似乎是成功的：大自然被迫勉强满足了他们的生活的物质需求，他们的日子越过越红火；他们有点忘乎所以，飘飘然、昏昏然自命为“天之骄子”“地球的主宰”了。（《人文地理学与天人合一思想》）

“风物长宜放眼量”。我们决不应妄自尊大，但是我们也不应妄自菲薄。我们不应当囿于积习，鼠目寸光，认为西方一切都好，我们自己一切都不行。这我期期以为不可。

总之，我认为，中国文化和东方文化中有不少好东西，等待我们去研究？去探讨，去发扬光大。“天人合一”就属于这个范畴。我对“天人合一”这个重要的命题的“新解”，就是如此。在此，我亦冀盼弘扬“天人合一”观的人

文地理学，在我国、在世界繁荣、发展。(《人文地理学与天人合一思想》)

一个人活在世界上，必须处理好三个关系：第一，人与大自然的关系；第二，人与人的关系，包括家庭关系在内；第三，个人心中思想与感情矛盾与平衡的关系。这三个关系，如果能处理很好，生活就能愉快；否则，生活就有苦恼。(《做人与处世》)

我再补充一点关于中国少数民族纳西族的类似汉族天人合一思想的哲学思想。

我在《新解》中和本文里讲的人与大自然合一的思想，都讲的是汉族的。对于少数民族的哲学思想，我很少涉猎，不敢妄说。不久以前我收到云南朋友们赠送的《东巴文化与纳西哲学》，赠送者就是本书的作者李国文先生。读后眼界大开。书中使我最感兴趣的是“三、古老的宇宙观”。在这一章里，作者叙述了“动物崇拜型的世界血肉整体联系说”。这里讲了三种动物：虎、牛、青蛙。对于这三种动物与世界血肉整体联系，本书有很简明扼要的叙述，读者请参阅原书，我不再引证。为了给读者以具体的印象，我引用东巴经《虎的来历》中的一段话：

> ……大地上很好的老虎，虎头是天给的。虎皮是大地给的。虎骨是石头给的。虎肉是土给的。虎眼是星宿给的。虎肚是月亮给的。虎肺是太阳给的。虎心是铁给的。虎血是水给的。虎气是风给的。虎的声音是青龙给的。虎爪是大雕给的。虎胆是胜利神和白牦牛给的。虎耳是豺狗给的。

不用加任何解释，天地万物为一体的精神，跃然纸上。

这种天人合一的精神，其他少数民族中一定还有。我现在暂且不去探索了。(《关于“天人合一”思想的再思考》)

从人类生存的前途来看，多少年来，我就提出了一个看法：西方自产业革命以后，恶性膨胀逐渐形成的对大自然诛求无餍的要求，也就是所谓“征服自然”的做法，现在已经产生了严重的后果。现在全世界各国政府都对环保问题异常重视。但是，却没有什么人追究造成这种现象的根源。我认为，这是一种缺少远见卓识的表现。我一向主张，中国的，同时也是东方的“天人合一”的思想，也就是人类要与大自然为友，不要为敌的思想，能济西方思想之穷。我这种想法，反对的人有，赞成的人也有。我则深信不疑。我希望，21 世纪走到某一个阶段时，人类文化会在融合的基础上突出东方文化的作用，明辨而又笃行之。(《千禧感言》)

最近若干年以来，我对世界文化的区分形成了一种看法。我认为，文化确实有东西之分的。西方文化以分析的思维模式为基础，对物质一分再分，认为可以无穷尽地分析下去；对大自然则抱着“征服自然”的态度，诛求无餍。结果产生的弊端是人所共见的，比如环境污染、大气污染、生态平衡破坏、生物灭种、人口爆炸、新疾病产生、淡水资源匮乏，等等，等等，无一不威胁着人类生存的前途。

东方文化以综合思想模式为基础，主张“天人合一”，也就是张载所说的：“民，吾同胞；物，吾与也。”人类要与大自然做朋友，不能征服自然。这种思想中国和东方其他一些国家是固有的。但是，近代以来，受了西方产业革命的影响，也有与大自然为敌的现象。在西方思想垄断世界思想的情况下，这是不可避免的。

我补充几句，西方也有综合的一方面，东方也有分析的一方面，不过不是主流而已。天下没有绝对纯之又纯的东西。

我对新世纪、新千年的期望，就是根据上面的想法而产生的。我期望，在新的世纪中，东西文化都将继续发展下去，而且会互相融合。但是，融合是有主次的，必须以东方文化济西方文化之穷，以东方“天人合一”的思想为中轴线而运转。我这个看法，有人赞成，有人反对。赞成当然能使我高兴，反对也不能使我不高兴。(《豪情半怀迎新纪》)

我认为，全世界有识之士，特别是各国的大权在握的领导人，都应该认真回顾和反思，反思过去一百年人类的所作所为，以及自然界发生的变异。能反思一千年，当然更好；但是那太遥远了，太复杂了，一时难以反思得很周密。

我绝不敢以有识之士自居，但我却确实认真反思了。反思的结果怎样呢？说句老实话，结果十分糟糕。在人类社会中，在人与大自然的关系中，人类确实取得了巨大的进步，在科技、医学、文化、教育、文学、艺术等等方面，人类都有辉煌的成就，其辉煌程度远迈千古。但这只是一方面。在另一方面，却弊端多如牛毛，举其荦荦大者如环境污染、大气污染、臭氧出洞、淡水匮乏、人口爆炸、生物灭绝、生态平衡破坏、新疾病产生，如此等等，不一而足。这些弊端或祸害中如有一项不能铲除，则人类生存的前途就会受到威胁。在人与人的关系中，则是强凌弱，众暴寡；正气不彰，邪恶横行；人类自私自利的劣根性发展到了极致；今天狼烟起于西，明天烽火兴于东，百年以来，没有一天没有或大或小的战争，而两次世界大战，震古烁今，杀人盈野，血流成河，人类简直赶不上畜类。今天，一百年即将过去，但是，弊端与祸害却是有增无已。帝国主义好战分子，手持指挥棒，今天制裁这个国家，明天制裁那个国家，企图继承法西斯分子的衣钵，征服世界，“天上天下，惟我独尊”。在此爆竹一声除旧岁之际，人民本来希望人类的良心能够重振，在人与人的关系方面，在人与大自然的关系方面，也能除旧布新？但看来是绝无希望了，我们只能把这些弊端与祸害带入新世纪了。岂不大可哀哉！有什么办法没有呢？

有什么希望没有呢？我个人认为，还是有的。但决不能只是徒唤“哀哉”，那是没有用处的。我们必须坚定不移地采取行动，我们必须有坚定不移的决心，扭转当今世界上这种危险的趋势，除弊端而趋祥和。我们应该明确地意识到，这一件工作是异常艰苦的，决不能掉以轻心，认为只不过一举手一投足之劳耳，这样想是完全不符合实际情况的。（《千年反思》）

在进行这一项工作时，我们决不能寄希望于外国的政治家们，不管他们眼前有多么大的权势，但是，这一批人心怀叵测，言行不一；翻手为云，覆手为雨；波诡云谲，惟知利己；要想让他们做有利于世界人民的事情，无异于与虎谋皮。我们惟一的办法，就是要像《国际歌》中所唱的那样，想砸掉脖子上的枷锁，全靠自己。

我自己在这方面几乎完全是一个门外汉，忧患意识极强，而具体行动则是没有的。旧日的所谓“书生”，今天的知识分子，手无缚鸡之力，过去被人称为腐儒，现在在一段时间内又被人曰为“老九”。但是，现实证明，所谓有识之士却多出于知识分子群中。我们嘴中有三寸不烂之舌，手里拿着毛锥，现在则是钢笔和圆珠笔，切不可小看这几件东西，有了它们，我们就有了用武之地。我觉得，我们要做一点类似启蒙的工作，把危险和希望都实事求是地告诉全世界的人民，让他们了解到，今天的地球已经小到成为一个“地球村”，村中住着将近二百个国家，成千上万个民族。不管你想到没有，我们这一大批国家和民族，同处在地球这一艘诺亚方舟上，我们只能同呼吸，共命运；我们只能同舟共济，决不能鹬蚌相争；我们需要的是相互的理解和友谊，我们拒绝的是相互的仇恨和伤害。对待大自然，我们决不能像西方那样“征服自然”，对自然诛求无餍，以致受到了大自然的报复和惩罚。总之一句话，中国宋代大哲学家主张“天人合一”学说的张载说过几句话：“民，吾同胞，物，吾与也。”这是至理名言，我们都要认真遵行，不允许丝毫阳奉阴违。

能做到上面说的这一些事情，是万分困难的。我们应该从各个方面下手，分工合作，细大不捐，庶几能有所成就。各个方面的组织和人物也应该通力合作，达到同一个目的。二战后成立的联合国，我认为，就是在这方面的一个尝试。虽然在半个世纪以来，联合国确实做了不少的事情，但是，总的来看，它不能说是成功的。同居一厦之内，而各怀鬼胎，微笑握手，暗想拳经，这样的组织，焉能有成！联合国所属的教科文组织却做了不少好事情，比如通过了《保护世界文化和自然遗产公约》，又制订了《世界遗产名录》，就是其中最富有深远意义，有利于世界人民的盛举。（《千年反思》）

附录一　季羡林年谱简编

季羡林，字希逋，号齐奘。

1911 年（1 岁）

8 月2 日（因阴阳历换算错误，讹为8 月6 日），生于山东省清平县（今临清市）康庄镇大官庄一个农民家庭，父亲季嗣廉，祖父季老苔。取乳名喜子。

6 岁以前在大官庄随马景恭老师识字。

1917 年（6 岁）

因家贫，随父亲骑毛驴离开大官庄去济南，过继给叔父季嗣诚、婶母马巧卿。

进私塾读书，读《百家姓》《千字文》《四书》等。

1918 年（7 岁）

秋，进济南南城城墙根门内升官街西头山东省立第一师范附设小学，校长由王士栋（王祝晨先生，绰号王大牛）兼任。在小学做过一次生意，卖正觉寺街东头的新桥花生米。

1920 年（9 岁）

转学进济南朝山街南段路西新育小学读高小三年，进夜校开始学习英语。

1923 年（12 岁）

小学毕业后，考取正谊中学。国文杜老师、英文郑又桥、国文徐金台等老师授课，受到鞠思敏老师爱国主义教育影响。课后参加一个古文学习班，读《左传》《战国策》《史记》等，晚上在尚实英文学社继续学习英文。依然淘气。开始接受叔父编选的《课侄选文》的教育。“外学”则读《泰西五十轶事》《天方夜谈》《莎氏乐府本事》《纳氏文法》等。下午课后参加古文学习班，课后读《封神演义》《彭公案》《施公案》《济公传》《七侠五义》《小五义》《东周列国志》《说唐》等，晚上在尚实英文学社继续学习英文。作文比赛，《游开元寺记》在八九名之后。

1926 年（15 岁）

初中毕业。

在正谊中学读过半高中后，转入新成立的北园白鹤庄山东大学附设高中，受到鞠思敏、王崑玉、王寿彭、祈蕴璞、完颜祥卿、尤桐、大清国先生等众多恩师的垂青，作文《读徐文长传书后》，受到王崑玉老师的赞赏，从此“荣誉感”作“美”，学习四个学期甲等第一名，得到王寿彭书法珍品的奖励。在此期间，开始学习德语。

1928—1929 年（17 岁至 18 岁）

日本侵华，占领济南，辍学一年。创作《文明人的公理》《医学士》《观剧》等短篇小说，署笔名希道，在天津《益世报》上发表。

1929 年（18 岁）

转入新成立的山东省立济南高中。教务主任蒋程九、物理老师李清泉。胡也频、董秋芳、董每戡、夏莱蒂等恩师极为赏识。所写《现代文艺的使命》得到胡也频的垂青。写了一篇记述自己回故乡奔父丧悲痛心情的作文，批语是：“一处节奏”“又一处节奏”。连得两学期甲等第一名。

受叔父母之命、媒妁之言，和在后院住的彭家三大娘的女儿彭德华结为夫妻。

1930 年（19 岁）

翻译屠格涅夫的散文《老妇》《世界的末日》《老人》及《玫瑰是多么美丽，多么新鲜啊!》等，先后在山东《国民新闻》《趵突周刊》和天津《益世报》上发表。

高中毕业。同时考取清华大学和北京大学。后入清华大学西洋文学系，专修方向是德文。其间受到陈寅恪、吴宓、朱光潜等大师指教，开始对佛教研究感兴趣。受益最大的不是正课，而是一门选修课：朱光潜先生的“文艺心理学”和一门旁听课：陈寅恪先生的“佛经翻译文学”（参考用书是《六祖坛经》）。听陈先生的课，有如石破天惊，茅塞顿开，如痴如醉，从此便把他引上了研究佛教梵语的道路。《回忆陈寅恪先生》中写道：寅恪师讲课，同他写文章一样，先把必要的材料写在黑板上，然后再根据材料进行解释、考证、分析、综合，对地名和人名更是特别注意。他的分析细若毫发，如剥蕉叶，愈剥愈细愈深，然而一本实事求是的精神，不武断，不夸大，不歪曲，不断章取义，他仿佛引导我们走在山阴道上，盘旋曲折，山重水复，柳暗花明，最终豁然开朗，把我们引上阳关大道。读他的文章，听他的课，简直是一种享受，无法比拟的享受。

还旁听或偷听很多外系的课，朱自清、俞平伯、谢婉莹（冰心）、郑振铎等先生的课，都听过，时间长短不等。偷听冰心的课，同许多男同学一起被冰心先生婉言赶出了课堂。

与吴宓、叶公超、杨丙辰、郑振铎等教授来往较多。因发表文章、写毕业论文等事情常到几位先生家里去请教，几位老师还请吃过饭。

外国文学系是文科各系教授最多的一个系，因为它承担着为全校开必修课或者选修课，经费也是最多的系。系主任是王文显，德语任课老师杨丙辰，教授有毕莲、陈福田、吴可读、温德、翟孟生、叶公超、钱稻孙、古斯塔夫·艾克、石坦安、华兰德。这些外国教授，除了个别的，大多是草包。他们都在本国大学毕业，但肯定在本国大学当不了教授，有的可以做大学助教，有的可以做中学老师，有的只配当商店店员或者小公务员之类，找不到太好的工作，但到中国来却成为名教授。更为可笑的是，他们在中国并不老老实实当教授，而是来猎奇，看看这个神秘的国度。受好奇心驱使，有的人学了一脸假笑，挤鼻子弄眼，打躬作揖，能说上三句半中国话，便成为中国通，回国去了。不久居然还写出几本大论中国的书，名也有了，财也有了，皆大欢喜。

同班同学有姚锦新（姚依林的胞妹）、王岷源（后来到美国留学，成为张元济先生的侄孙女婿）、施闳诰、崔先生、陈兆祊、吕宝东、左登金等。

所上课程有：国文、西洋通史、论理学（逻辑）、体育、军事训练、党义、英文、西洋文学概论、西洋哲学史、法文、德文、中西文学、十八世纪文学、十九世纪文学、英文文字学、文学批评、古典文学、中世纪文学、文艺复兴时期文学、英国浪漫诗人、现当代长篇小说、英国散文、文学批评史、欧洲文学史、中西诗之比较、莎士比亚、文学概论、文艺心理学。

在清华大学四年中发表散文十余篇，译文多篇。

女儿婉如出生。

1934 年（23 岁）

清华大学西洋文学系毕业。毕业论文的题目是：*The Early Poems of Höelderlin*。应母校山东省立济南高中校长宋还吾先生的邀请，回母校任国文教员。山东《民国日报》主编请季羡林编辑报纸的文学副刊《留夷》，“取名《留夷》，这是《楚辞》上一个香花的名字，意在表明，我们的副刊将会香气四溢。作者主要是我的学生。文章刊出后有稿酬，每千字一元。当时的一元可以买到很多东西，穷学生拿到后，不无小补。我的文章也发表在上面，有一篇《游灵岩》，是精心之作，可惜今天遍寻不得了”。

1935 年（24 岁）

儿子季延宗出生，叔父续娶婶母陈绍泽，陈绍泽出身中医世家，是大户人家之后。

清华大学与德国签订了交换研究生的协定，报名应考，被录取。同年 9 月赴德国入哥廷根（Göettingen）大学，主修印度学，副修英国语文学和斯拉夫文语文学。先后师从瓦尔德施米特（Waldschmidt）教授、西克（Sieg）教授，学习梵文、巴利文、吐火罗文及俄文、南斯拉夫文、阿拉伯文等。结识章士钊之子章用和其母亲吴弱男，每个星期日，与当时住在哥廷根的几个中国留学生：龙丕炎、田德望、王子昌、黄席棠、卢寿等不约而同地到城外山下一片叫作“席勒草坪”的绿草地去会面。

1937 年（26 岁）

受古斯塔夫·哈隆教授之命，到哥廷根大学汉学研究所兼任讲师，结识英国汉学家阿瑟·韦利、德国汉学家奥托·冯·梅兴-黑尔芬。

1940 年（29 岁）

选定的三个系，学习都顺利。主系梵文和巴利文，第一学期瓦尔德施米特教授讲梵文语法，第二学期念梵文原著《那罗传》，读迦梨陀娑的《云使》等。从第五学期起，就进入真正的讨论班，读中国新疆吐鲁番出土的梵文佛经残卷。第六学期开始，商量博士论文的题目，最后定为研究《大事》(*Mahāvastu*)偈陀部分的动词变化。在上课教课之余，利用一切可利用的时间，啃那厚厚的三大册《大事》。二战爆发后不久，教授被征从军。已经退休的西克教授，以垂暮之年，出来代替他上课。西克教授第一次上课就郑重宣布：要把自己毕生最专长的学问，统统毫无保留地全部传授：一个是《梨俱吠陀》，一个是印度古典语法《大疏》，一个是《十王子传》，最后是吐火罗文，他是读通了吐火罗文的世界大师。一方面写论文，一方面跟西克教授上课。学习是顺利的。一个副系英国语言学，也照常上课，这些课也都是顺利的。迈耶（Meyer）家的大女儿伊姆加德帮助打字，把论文打完。

1941 年（30 岁）

哥廷根大学毕业，获哲学博士学位。博士论文题目是：*Die Konjugation desfiniten Verbums in den Gāthās des Mahāvastu*.

以后几年，继续用德文撰写数篇论文，在《哥廷根科学院院刊》等学术刊物上发表。

德国留学期间学习的外语：希腊文、拉丁文、梵文、巴利文、南斯拉夫文(塞尔维亚-克罗地亚文)、斯拉夫文、俄文、吐火罗文、德文、英文、法文、阿拉伯文、佛教混合梵语。在德国留学精读过的书：《长阿含经》《大事》《梨俱吠陀》《五卷书》《大疏》《马鸣菩萨的佛所行赞》《十王子传》《迦梨陀娑》《福力太子因缘经》《摩诃婆罗多》《古代印度语文论丛》《混合梵文文法》，俄文版果戈理《钦差大臣》《古兰经》《大藏经》，对汉学研究所十几万册汉籍本本都有兴趣。

1946 年（35 岁）

回国后受聘为北京大学教授兼东方语言文学系主任，被胡适、傅斯年、陈寅恪聘为北京大学教授。系主任职任至 1983 年（文化大革命期间除外）。创办的东语系最初分设为三个组。第一组包括蒙文、藏文、满文；第二组包括梵文、巴利文、龟兹文（吐火罗文 A)、焉耆文（吐火罗文 B)；第三组是阿拉伯文。除系主任季羡林外，还有三名教师：王森原先就在北京大学工作；马坚是在季羡林之先，于 1946 年初秋从云南大学来北京大学的；金克木是比季羡林稍晚一点来的。不久，又增加了两位教员：马学良、于道泉，两人分别讲授两种语言。

1948 年（37 岁）

开始写作《列子与佛典》，送汤用彤先生审阅。

1950 年（39 岁）

由闻家驷先生介绍加入中国民主同盟，曾先后担任民盟北京市委和民盟中央的领导工作。

1951 年（40 岁）

参加中国文化代表团出访印度、缅甸。团长为时任文化部副部长的丁西林，副团长为李一氓，团员有陈翰笙、冯友兰、郑振铎、刘白羽、钱伟长、吴作人、季羡林、常书鸿、狄超白、张骏祥、丁昌、倪裴君、周小燕等。

译自德文的卡尔·马克思著作《论印度》出版。

1952 年（41 岁）

被被评为一级教授。院系调整以后，从翠花胡同搬到蓝旗营北大建的第一幢专家公寓楼中关园一公寓，楼内还住着邓广铭、王铁崖、梅祖彦等教授以及日本、朝鲜专家。在一公寓住 506 号，东语系教授杨通方及夫人李玉洁住 505 号，两家对门。

1953 年（42 岁）

当选为北京市第一届人民代表大会代表。

1954 年（43 岁）

当选为中国人民政治协商会议第二届全国委员会委员。

1955 年（44 岁）

作为中国代表团成员，前往印度新德里，参加“亚洲国家会议”。

赴德意志民主共和国，参加“国际东亚学术讨论会”。

任中国科学院哲学社会科学学部委员。

译自德文的《安娜·西格斯短篇小说集》出版。

叔父季嗣诚在济南因患癌症去世。

1956 年（45 岁）

当选为“中国亚洲团结委员会”委员。

译自梵文的印度迦梨陀娑的著名剧本《沙恭达罗》（*Abhijnanasakuntala*）中译本出版。

1957 年（46 岁）

《中印文化关系史论集》《印度简史》出版。

发表《原始佛教的语言问题》。

1958 年（47 岁）

《1857—59 年印度民族起义》出版。

作为中国作家代表团成员，参加在苏联塔什干举行的“亚非作家会议”。茅盾为团长，周扬、巴金为副团长，秘书长刘白羽，团员还有赵树理、冰心、许广平、肖三、郭小川、杨朔、杨沫、戈宝权、张庚、叶君健、曲波、袁水拍、库尔班阿里、祖农·哈迪尔、纳·赛音朝克图、玛拉沁夫。

1959 年（48 岁）

当选为第三届全国政协委员。

应邀参加“缅甸研究会（Bunna Research Society）五十周年纪念大会”。

译自梵文的印度古代寓言故事集《五卷书》（*Pañcatantra*）中译本出版。

1960 年（49 岁）

为北京大学东语系第一批梵文巴利文专业学生授课。

1961 年（50 岁）

婶母和夫人从济南迁往北京。从蓝旗营公寓搬往朗润园 13 号居住。

1962 年（51 岁）

应邀前往伊拉克参加“巴格达建城 1800 周年纪念大会”。

当选为中国亚非学会理事兼副秘书长。

译自梵文的印度迦梨陀娑的剧本《优哩婆湿》（*Vikramorvasiya*）中译本出版。

1963 年（52 岁）

这年前后在朗润园后湖跳水救出一名五六岁的落水儿童，湖中水深 1.75 米。

1964 年（53 岁）

当选为第四届全国政协委员。

参加中国教育代表团，前往埃及、阿尔及利亚、马里、几内亚等国参观访问。

1965 年（54 岁）

当选为第四届全国政协委员。第一批梵文巴利文专业学生毕业。

1966—1976 年（55 岁至 65 岁）

在文化大革命中受冲击。被抄家，挨斗，蹲“牛棚”，在昌平接受“劳动改造”。一度想自杀。到京郊长城以外的延庆永宁公社新华营去接受贫下中农的再教育。

自 1973 年起，着手偷译印度古代两大史诗之一的《罗摩衍那》（*Rāmāyana*），至 1977 年，终将这部 18755 颂的宏篇巨制基本译完。

1978 年（67 岁）

当选为第五届全国政协委员。

大学复课，原担任的东语系系主任同时恢复。

应柯棣华大夫纪念委员会的邀请，作为以团长王炳南为首的对外友协代表团成员，途经巴基斯坦前往印度访问。

担任北京大学副校长和北京大学与中国社会科学院合办的南亚研究所所长。1985 年，北大与社科院分别办所后，继续担任北京大学南亚研究所所长，至 1989 年底。

12 月中国外国文学会成立，当选为副会长。

1979 年（68 岁）

受聘为《中国大百科全书》（外国文学卷）编委会副主任兼任南亚编写组主编。

中国南亚学会成立，当选为会长。

专著《罗摩衍那初探》出版。

1980 年（69 岁）

散文集《天竺心影》出版。

应日本室伏佑厚邀请，赴日参加“印度学佛学会议”，结识梵文和佛学权威中村元；此后到京都等地访问。

被推选为中国民族古文字学会名誉会长。

中国语言学会成立，当选为副会长。

患枯草热。

率领中国社会科学代表团赴联邦德国参观访问。

应聘为哥廷根科学院《新疆吐鲁番出土佛典的梵文词典》顾问。

12 月被任命为国务院学位委员会委员。

散文集《季羡林选集》由香港文学研究社出版。

译著《罗摩衍那》（一）由人民文学出版社出版。

1981 年（70 岁）

散文集《朗润集》、译著《罗摩衍那》（二）分别出版。

中国外语教学研究会成立，当选为会长。

1982 年（71 岁）

《印度古代语言论集》《中印文化关系史论文集》《罗摩衍那》（三）（四）分别出版。

硕士生任远、段晴、王邦维、葛维钧同时毕业，获硕士学位。

1983 年（72 岁）

获北京市教育系统先进工作者称号。

当选为第六届全国人民代表大会代表，同年被选为第六届全国人大常务委员会委员。

在中国语言学会第二届年会上当选为会长。

参加中国敦煌吐鲁番学会筹备组工作。学会成立，当选为会长。

《罗摩衍那》（五）出版。

1984 年（73 岁）

任北京大学校务委员会副主任。

受聘为中国大百科全书总编辑委员会主任、委员。

当选为中国史学会常务理事。

中国教育国际交流学会成立，当选为会长。

中国高等教育学会成立，当选为副会长。

《罗摩衍那》（六）（七）出版。

中国语言学会理事会换届改选，任会长，王力、吕叔湘任名誉会长。

1985 年（74 岁）

主持的《大唐西域记校注》出版。

参加在印度新德里举行的“印度与世界文学国际讨论会”和“蚁蛭国际诗歌节”，被大会指定为印度和亚洲文学（中国和日本）分会主席。

组织翻译并亲自校译的《〈大唐西域记〉今译》出版。

作为第六届国际历史科学大会中国代表团顾问，随团赴德意志联邦共和国斯图加特参加“第十六届世界史学家大会”。

当选为中国作家协会第四届理事会理事。

出任中华孔子研究所顾问，张岱年任所长。

译自英文的印度作家梅特丽耶·黛维（Maitraye Devi）的《家庭中的泰戈尔》（*Tagore by Fireside*）中译本出版。

1986 年（75 岁）

当选中国亚非学会副会长。

应聘为北京大学中国书院导师。

北京大学东语系举行“季羡林教授执教四十周年”庆祝活动。

《印度古代语言论集》和论文《新博本吐火罗语 A（焉耆语）〈弥勒会见记剧本〉1.31/21.31/11.91/11.91/2 四页译释》，同时获 1986 年度北京大学首届科学研究成果奖。

当选为中国作家协会第四届理事会理事。

中国比较文学学会大会选举季羡林教授担任名誉会长。

患枯草热。

参加全国人大代表团赴尼泊尔，参加“世界佛教联谊会第十五届大会”。

率领中国教育国际交流协会访日赠书代表团回访日本。

1987年（76岁）

应邀参加在香港中文大学举行的“国际敦煌吐鲁番学术讨论会”。

主编的《东方文学作品选》（上、下）获1986年中国图书奖。

《大唐西域记校注》及《〈大唐西域记〉今译》获陆文星—韩素音中印友谊奖。

《原始佛教的语言问题》获北京市哲学社会科学和政策研究优秀成果奖。

1988年（77岁）

论文《佛教开创时期一场被歪曲被遗忘了的“路线斗争”——提婆达多问题》，获北京大学科学研究成果奖。

写出《留德十年》初稿。

任中国文化书院院务委员会主席。

气喘，患枯草热。

受聘为中华人民共和国文化部“中国文学翻译奖”评委会委员。

受聘为江西人民出版社《东方文化》丛书主编。

应邀赴香港中文大学讲学。

1989年（78岁）

婶母老祖患肾功能衰竭去世。

《牛棚杂忆》写出初稿。

指导来自日本的博士生辛嶋静志。

获中国民间文艺家协会“从事民间文艺工作三十年”荣誉证书。

国家语言工作委员会授予“从事语言文字工作三十年”荣誉证书。

1990年（79岁）

任北京大学校务委员会名誉副主任。

论文集《佛教与中印文化交流》出版。

《中印文化关系史论文集》获中国比较文学会与《读书》编辑部联合举办的全国首届比较文学图书评奖活动“著作荣誉奖”。

受聘为《神州文化集成》丛书主编。

当选为中国亚非学会第三届会长。

1991 年（80 岁）

受聘为北京大学校务委员会名誉副主任。

应韩国社会科学院金俊烨理事长的盛情邀请访问韩国。

主持《传世藏书》编校工作，写出《留德十年》清稿。

北京大学举办季羡林 80 寿辰展览。

1992 年（81 岁）

北大东方语言文学系改名为东方学系；被印度瓦拉纳西梵文大学授予最高荣誉奖“褒扬状”。接待英国韩素音女士。

1993 年（82 岁）

在中国民主同盟中央常委第二次会议上，被选为民盟中央文化委员会副主任。

获北京大学 505“中国文化奖”。

受聘为泰国东方文化书院国际学者顾问。

赴澳门参加“东西方文化交流——历史与展望国际学术研讨会”。

《传统文化与现代化》创刊号刊出《“天人合一”新解》一文。

《留德十年》出版。

1994 年（83 岁）

主持校注的《大唐西域记校注》、译作《罗摩衍那》获中国第一届国家图书奖。

出任北京圆明园学院名誉院长，以表示对学院和中国民办高等教育的鼎力支持。

应泰国郑午楼博士邀请，赴曼谷参加泰国华侨崇圣大学揭幕庆典，被聘为该校顾问。

获中国作家协会中外文学交流委员会颁发的“彩虹翻译奖”。

任《四库全书存目丛书》主编纂。

先后担任《传世藏书》《百卷本中国历史》等书主编。

应聘为宝山钢铁（集团）公司宝钢教育基金理事会顾问。

荣获北大有突出贡献的特别奖，奖金两万，拿出一万，捐给故乡官庄小学。

夫人彭德华去世，陷于悲痛之中。

1995 年（84 岁）

主编的《简明东方文学史》获全国高校外国文学教学研究会首届优秀著作奖。

蔡德贵在《文史哲》1995 年第 5 期刊出的《学贯中外的季羡林先生》一文中，首提学界泰斗季羡林。

1996 年（85 岁）

《人生絮语》《怀旧集》《季羡林自传》《人格的魅力》《我的心是一面镜子》《季羡林学术文化随笔》分别出版。

人民日报出版社出版《赋得永久的悔》，肯定季羡林为学界泰斗。

获国家教委批准山东大学成立巴哈伊研究中心，受中心主任蔡德贵邀请，出任中心顾问。

1997 年（86 岁）

《文化交流的轨迹——中华蔗糖史》（上）、《朗润琐话》、《精品文库·季羡林卷》、《中国二十世纪散文精品·季羡林卷》、《东方赤子》分别出版。

为《文史哲》杂志扩版题词：全国有关人文社会科学的杂志极多，但真正享有盛誉者，颇不多见，山大《文史哲》系其中之一，在上面发表一篇文章，颇有一登龙门之感。扩版以后，相信前景会更加辉煌。我希望你们能述旧学，铸新知，古今中外，融会贯通，加强书评工作，文章选题更加多样化，期能与世界接轨，既拿来，又送去，在世界范围内，弘扬中华民族的优秀文化。

在北京同仁医院做白内障手术。

主编的《东方文学史》获第三届国家图书奖。

《赋得永久的悔》获鲁迅文学奖。

在山东大学发表《面向 21 世纪的人文学科建设》的演讲，主论观点：随着各学科的边缘化，各门学科之间的联系正日益密切，21 世纪文理科不再分科将是发展的必然趋势。

被山东大学、曲阜师范大学、聊城师范学院分别授予名誉学术委员会主任、名誉校长、名誉院长。

1998 年（87 岁）

蔡德贵撰写的《季羡林传》由山西古籍出版社出版；臧克家题签，饶宗颐写序。

《牛棚杂忆》由中共中央党校出版社出版，出版后反响非同寻常。

《弥勒会见记剧本》英文版在德国出版。

《季羡林文集》（24 卷）由江西教育出版社出版。

临清市初步建成季羡林先生资料馆并开馆展览。

伊朗大使代表德黑兰大学授予季先生名誉博士学位。

1999 年（88 岁）

应圣严法师邀请到达台北，参加台湾法鼓人文社会学院召开的“人文关怀与社会实践系列——人的素质学术研讨会”。

印度文学院授予名誉院士学衔仪式在北京大学临湖轩举行，印度文学院院长罗摩坎达·罗特、印度驻华大使南威哲、北京大学副校长何芳川到场，北京大学和中国社会科学院数十名专家参加仪式；罗摩坎达·罗特代表印度文学院致辞，认为季羡林教授是一位世界知名的杰出东方学者，也是当今世界公认的最为著名的梵文学者之一，在开创中国对印度古典文学的研究方面的贡献，是无与伦比的，理应获得名誉院士学衔。季羡林致答辞，用中英两种语言吟诵“老骥伏枥，志在千里。烈士暮年，壮心不已”的诗句，表示自己虽非烈士，但仍然要为中印两国文化交流多做贡献。

北大外国语学院成立。东方学系并入外国语学院，更名为东方语言文化系。

2000 年（89 岁）

《糖史》荣获“长江读书奖一等奖”。

2001 年（90 岁）

为《文史哲》创刊 50 周年题词：《文史哲》蜚声学坛，口碑载道。值此新世纪已经来临之际，望能重新抖擞，更上一层楼。

北大学术交流中心隆重举办“庆祝季羡林教授 90 华诞暨从事东方学研究 66 周年大会”。国务院副总理李岚清，全国人大常委会副委员长丁石孙、雷洁琼等发来了热情洋溢的贺信，韩国社会科学院理事长金俊烨也分别发来贺信。

外交部副部长李肇星、教育部副部长韦钰、统战部副部长刘延东等到会致辞，充分肯定季老在东方学领域的巨大贡献，并衷心祝愿季老健康长寿。到会祝贺的尚有德国、印度、伊朗等国家的驻华大使。

参加山东大学百年校庆活动；《文史哲》编辑部举办“季羡林学术思想研讨会”，40 余学者与会，顾海良、钱文忠、王树人、朱威烈、蔡德贵、杜泽逊、刘宗贤、王介南等就季羡林中西文化融合的问题、东西方文化交流问题、治学之道发表了论文；季羡林与参加“季羡林学术思想研讨会”的学者见面。

在开坛的首届北大论坛上，季羡林提出，从科技与文化的发展来看，未来许多学科将日益分化，不少学科之间的界线将不那么分明。在教育上，加强文理之间的渗透十分重要。

开始尿血，到解放军总医院看急诊，第一次住进解放军总医院。

2002 年（91 岁）

患皮肤病——天疱疮，8 月 15 日，第二次入住解放军总医院。

北京大学亚太研究院成立，担任研究院名誉院长，赵宝煦教授担任学术委员会主任。

被香港中文大学、澳门理工大学、香港浸会大学授予荣誉文学博士学位。

2003 年（92 岁）

北京大学成立由季羡林担任名誉主任、校长许智宏为主任的“《儒藏》编纂与研究指导委员会”。

因心肌衰竭第四次入住解放军总医院，发现左腿患骨髓炎，请擅长高龄老人骨科手术的梁雨田教授做了手术，手术很成功，不再疼痛，能自行站立、走路。刚好一点，又因指甲发炎，造成血液感染，加重了病情。

写出《病榻杂记》小引。

2004 年（93 岁）

被北京自修大学聘为名誉校长，出任北京科技职业学院中国国学院名誉院长。

北京举行由语言学家许嘉璐、国学家季羡林、哲学家任继愈、科学家杨振宁和文学家王蒙作为发起人，以“全球化与中华文化”为主题的“2004 文化高峰论坛”，在会上发言。

在北京301医院迎来了一批特殊的客人——亚洲华文作家文艺基金会董事敬老团一行18人。

2005年（94岁）

出任中国人民大学国学院学术顾问。

温家宝到解放军总医院看望，谈及《梵典与华章》，赞赏季老为该书的题词：“文化交流是推动人类社会前进的重要动力之一。如果没有文化交流，我们简直无法想象人类今天的社会会是一个什么样子”。

北京举行中国孔子基金会季羡林研究所成立大会暨揭牌仪式。中国社会科学院、北京大学、清华大学、复旦大学、山东大学、北京外国语大学、上海外国语大学等高等院校和研究机构的有关领导与知名学70余人参加了揭牌仪式。著名学者王元化先生在病榻上题写“季羡林研究所”匾额。

温家宝总理致信季羡林，评价说：先生苦学不倦，笔耕不辍，著作丰厚，学问深刻，用力甚勤，掘发甚广，实为人中麟凤。先生待人真诚，行事正直，脚踏实地，实事求是，尤为人之楷模。先生的人品深为我所景仰。

在第19届世界诗人大会上，因诗作《泰山颂》当选为世界“桂冠诗人”。

为蔡德贵担任主编的《孔子研究》题词：有容乃大，天人合一，以纪念该刊创刊20周年。

2006年（95岁）

由季羡林研究所编辑，当代中国出版社出版《季羡林谈人生》《季羡林谈读书治学》《三十年河西三十年河东》《季羡林谈师友》《季羡林谈写作》《季羡林谈佛》《季羡林谈翻译》等书。

北京大学东方学学科建立60周年，季羡林教授执教60周年暨95华诞庆祝大会在英杰交流中心举行。

中国外交部长李肇星与印度驻华大使尼鲁帕玛·拉奥琪相约到解放军总医院看望中国著名印度学专家季羡林教授，与之进行了面谈。

2007年（96岁）

《病榻杂记》出版座谈会召开。

被评为“2006年感动中国十大人物”之一。

中评社发表《季羡林建议张艺谋奥运开幕式“抬孔子”》，“北京奥运会是一个扩大中国文化影响的绝好机会。办好人文奥运，不是建几座模仿外国的大楼，而是对中华民族文化的传承和发扬。”季老说，他是奥运会文化艺术顾问，这个顾问，一定要当好。北京奥组委刚刚成立时，开幕式总导演张艺谋就来征求季老的意见。季老当时对张艺谋说，中国作为东道主，要把中国文化中美好的一面充分展示给外国人。“我建议在开幕式上将孔子‘抬出来’，因为他是中国传统文化的典型代表。”他说，“当今世界并不太平，到处都是你争我夺。而中国向来是一个追求和平、和谐的国度，奥运会正是一个展示我们国家和民族伟大形象的机遇。”季老还强调，要办文化奥运，在弘扬中国文化的同时，也要注意吸收外来的优秀文化。

温家宝到解放军总医院看望。

台湾影星林青霞借来内地参加“昆曲与《牡丹亭》国际学术研讨会”之机，看望了季羡林老人。

出任江苏无锡江南大学和灵山书院名誉院长。

为中国孔子基金会题写会训：厚德、好学、笃行、和谐、日新。

由季羡林研究所编辑，中国书店出版《季羡林说写作》《季羡林说国学》《季羡林说自己——镜头人生》等书。

将个人积蓄 25 万元，捐赠到中国青少年发展基金会，并委托该基金会将这笔资金捐赠到有需要的学校。经过一番细致的考察，季羡林先生的这笔善款被捐赠到临清市康庄镇。

2008 年（97 岁）

获 2008 年度印度国家最高荣誉奖“莲花奖”。

《中华儿女》发表《李克强的成长经历：人生路上的七个引路人》，指出：在李克强的人生道路上，有过七位引领他成就今天的恩师：李诚、龚祥瑞、马石江、季羡林、王照华、萧灼基、厉以宁。

日本学士院正式聘任季羡林先生为客座院士，德国哥廷根大学颁发证书，授予季羡林教授、博士为哥廷根大学杰出校友。

饶宗颐到 301 医院拜访。

温家宝到 301 医院看望。

在相隔 13 年之后，儿子季承回到身边。

2009 年（98 岁）

7 月 11 日上午 9 点，因心脏病在北京 301 医院辞世，享年 98 岁。

7 月 19 日上午遗体告别仪式在北京八宝山革命公墓东礼堂举行，3500 人在北大开追悼会。

附录二　《季羡林全集》目录

第　一　卷　散文一【因梦集、天竺心影、朗润集、燕南集】

第　二　卷　散文二【万泉集、小山集】

第　三　卷　散文三

第　四　卷　日记·回忆录一【清华园日记、留德十年】

第　五　卷　回忆录二【牛棚杂忆、学海泛槎】

第　六　卷　序　跋

第　七　卷　杂文及其他一

第　八　卷　杂文及其他二

第　九　卷　学术论著一【印度古代语言】

第　十　卷　学术论著二【印度历史与文化】

第十一卷　学术论著三【吐火罗文《弥勒会见记》译释】

第十二卷　学术论著四【吐火罗文研究】

第十三卷　学术论著五【中国文化与东西方文化（一）】

第十四卷　学术论著六【中国文化与东西方文化（二）】

第十五卷　学术论著七【佛教与佛教文化（一）】

第十六卷　学术论著八【佛教与佛教文化（二）】

第十七卷　学术论著九【比较文学与民间文学】

第十八卷　学术论著十【糖史（一）】

第十九卷　学术论著十一【糖史（二）】

第二十卷　译著一【梵文及其他语种作品翻译（一）】

第二十一卷　译著二【梵文及其他语种作品翻译（二）】
第二十二卷　译著三【罗摩衍那（一）】
第二十三卷　译著四【罗摩衍那（二）】
第二十四卷　译著五【罗摩衍那（三）】
第二十五卷　译著六【罗摩衍那（四）】
第二十六卷　译著七【罗摩衍那（五）】
第二十七卷　译著八【罗摩衍那（六上）】
第二十八卷　译著九【罗摩衍那（六下）】
第二十九卷　译著十【罗摩衍那（七）】
第 三 十 卷　附　编

季羡林文集

季羡林的一生

蔡德贵 著

長春出版社
国家一级出版社
全国百佳图书出版单位

图书在版编目(CIP)数据

季羡林的一生 / 蔡德贵著. —长春 ：长春出版社，2018.1

（季羡林文集）

ISBN 978-7-5445-5072-7

Ⅰ. ①季… Ⅱ. ①蔡… Ⅲ. ①季羡林（1911-2009）- 传记 Ⅳ.①K825.4

中国版本图书馆CIP数据核字（2017）第291637号

季羡林的一生（季羡林文集）

著　　者：蔡德贵

责任编辑：张中良　李春龙

封面设计：北京·春天书装

出版发行：長春出版社　　总编室电话：0431-88563443

地　　址：吉林省长春市建设街1377号　　发行部电话：0431-88561180

邮　　编：130061

网　　址：www.cccbs.net

制　　版：禹图工作室

印　　刷：长春方圆印业有限公司

经　　销：新华书店

开　　本：787毫米×1092毫米　1/16

总 字 数：1881千字　　**本册字数**：313千字

总 印 张：108　　**本册印张**：18

版　　次：2018年1月第1版

印　　次：2018年1月第1次印刷

定　　价：（全八册）298.00元

季羡林先生与助手李铮在长白山

2001 年，与在北京大学学习的泰国诗琳通公主合影

与两只爱猫在一起

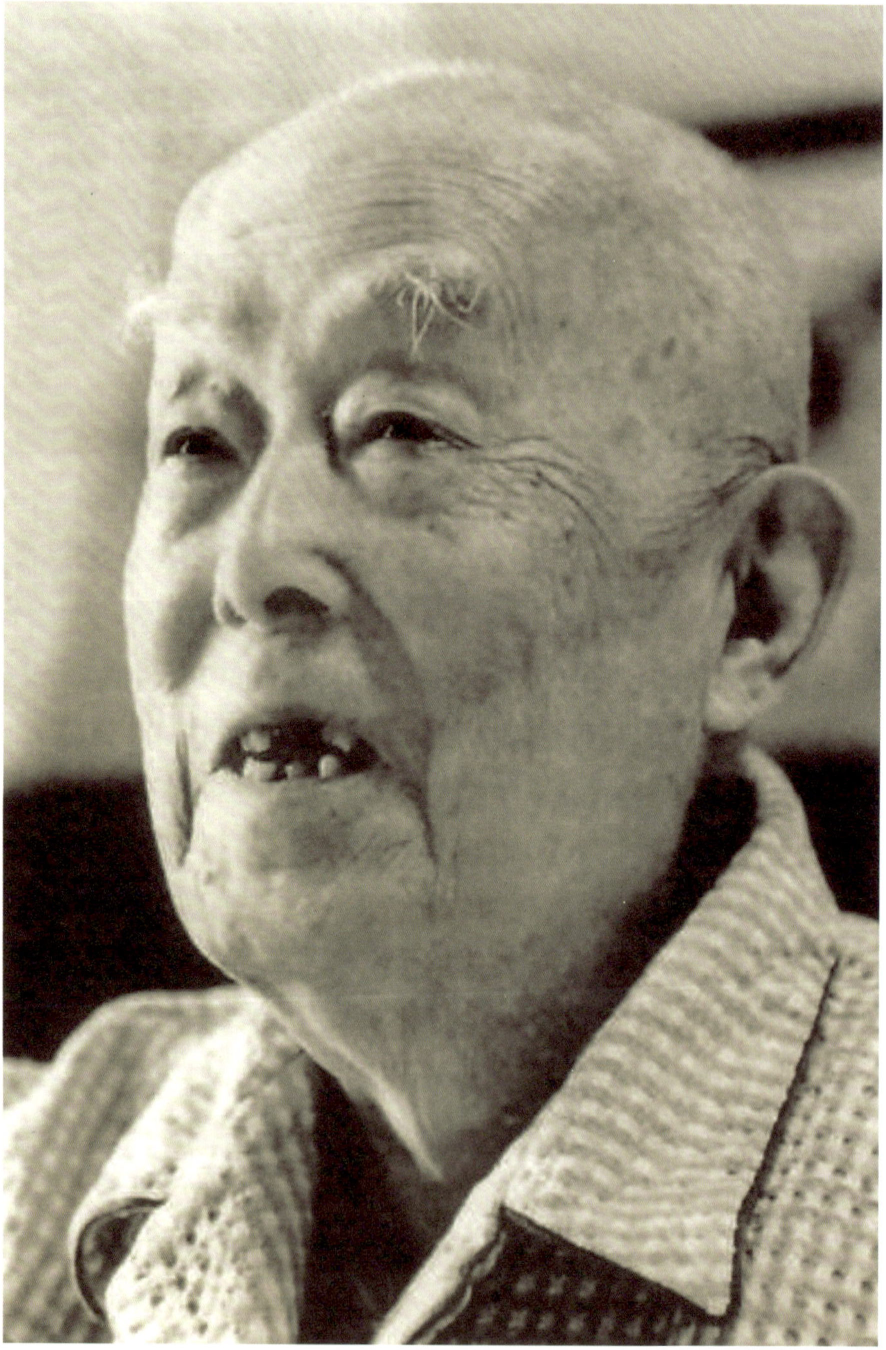

2009 年 1 月底，在医院

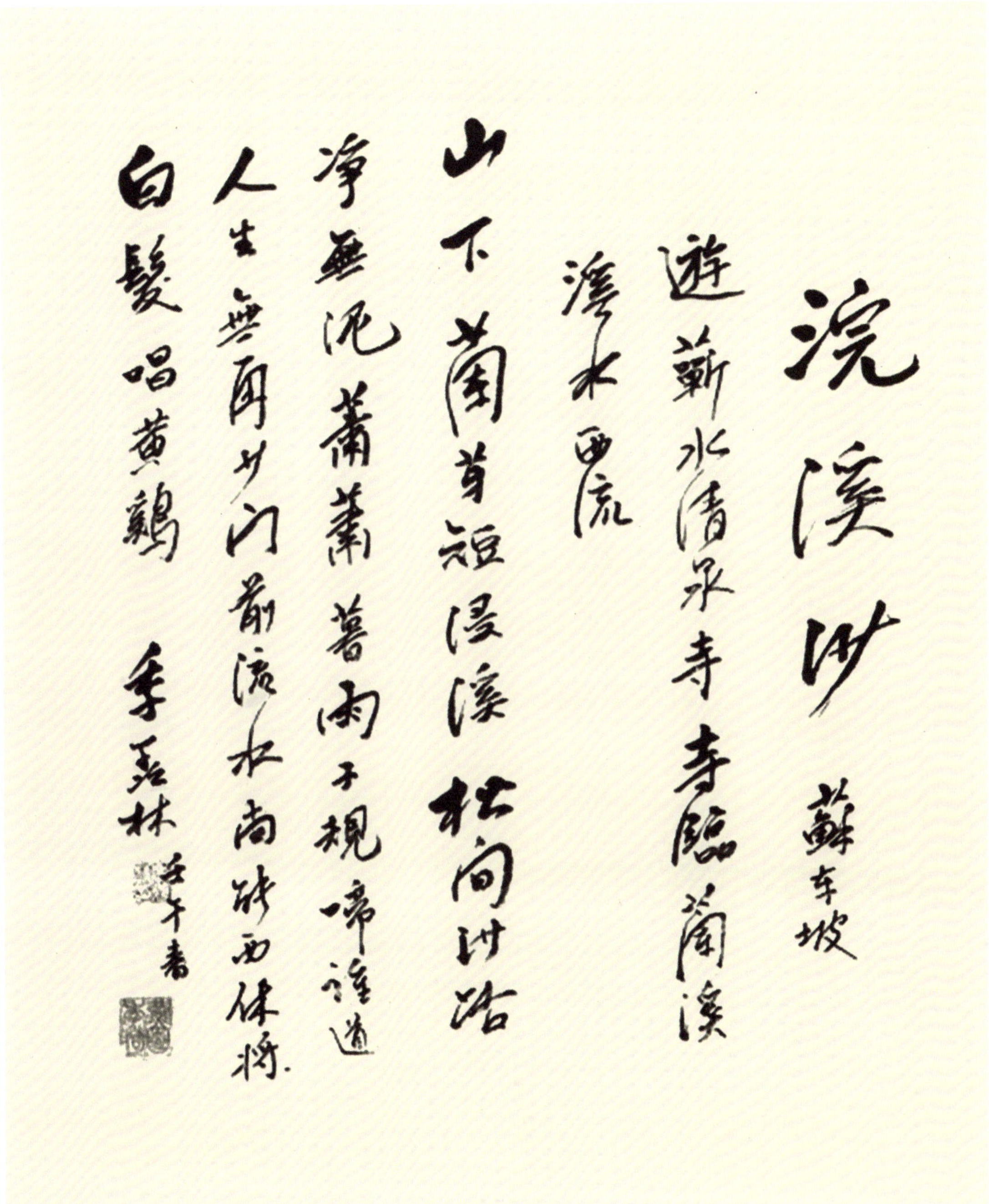
浣溪沙
蘇東坡
遊蘄水清泉寺寺臨蘭溪
溪水西流
山下蘭芽短浸溪松間沙路
淨無泥蕭蕭暮雨子規啼誰道
人生無再少門前流水尚能西休將
白髮唱黃鷄
季羨林
壬午春

季羡林先生手迹

位于山东临清市的季羡林先生纪念馆

目　录

小　　引

2003年9月9日9时45分，中共中央政治局常委、国务院总理温家宝到解放军301医院，看望季羡林先生，说他在海内外享有盛誉，渊博的学识和不断创新的治学精神，堪称学界楷模。在不到二年的2005年7月29日上午9时许，温家宝总理又到解放军301医院康复楼探望季羡林先生，祝贺他的94周岁生日。温家宝对他说："您的《留德十年》和《牛棚杂忆》我都学习过。去年我访问德国时还专门引用您的一段话：我一生有两个母亲，一个是生我的那个母亲，一个是我的祖国母亲。"温家宝还特别说到他"最喜欢的话：真情"，"常讲做人要真情、真实、真切"。季羡林坦承"三真"是自己做人做事的原则。这次短时间的探视和拜访，揭示了季羡林的两个优秀品质：爱国主义和"三真"。在此之后的8月17日，温家宝又写亲笔信，对季羡林进行了全面的评价，赞誉"先生苦学不倦，笔耕不辍，著作丰厚，学问深刻，用力甚勤，掘发甚广，实为人中麟凤。先生待人真诚，行事正直，脚踏实地，实事求是，尤为人之楷模。先生的人品深为我所景仰"。高度评价他的学术成就和人品道德。2006年8月6日温家宝第三次去给季羡林祝寿，给他送来一盆枝繁叶茂的君子兰，向这位学贯中西、笔耕一生、在海内外享有盛誉的学者表示敬意。说他最大的特点就是一生笔耕不辍，桃李不言，下自成蹊。他写的作品，如行云流水，叙事真实，传承精神，非常耐读。还对他说："您写的几本书，不仅是个人一生的写照，也是近百年来中国知识分子历程的反映。中国知识分子历经沧桑、艰难困苦，但爱国家、爱人民始终不渝，他们不懈奋斗，把自己的知识奉献社会、服务人民。您在最困难的时候，包括在'牛棚'挨整的时候，也没有丢掉自己的信仰。那时，您利用在传达室看大门的时间，翻译了280万字的梵文作品。这不仅是个人毅力决定的，也反映出中国知识分子对真理的追求，对

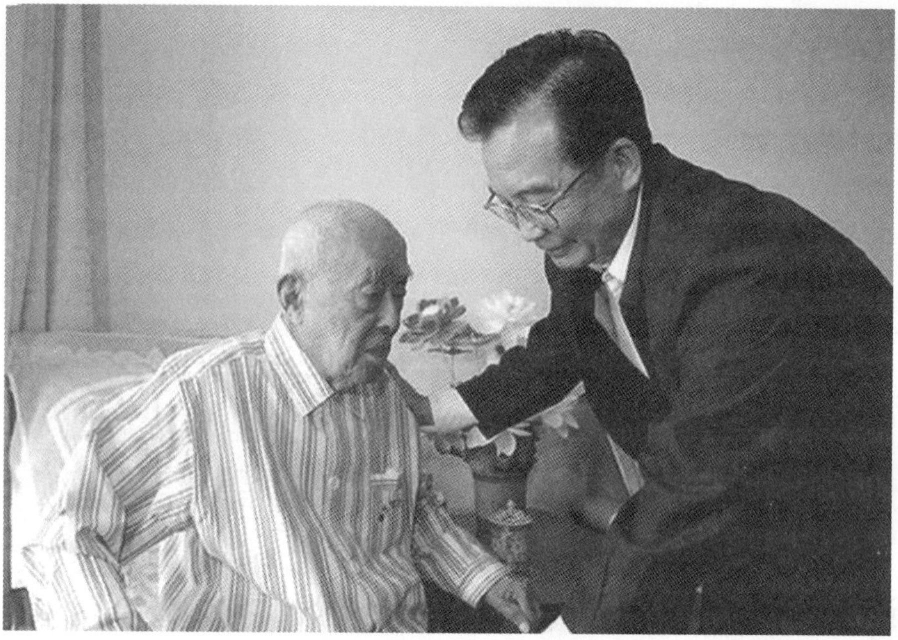

2003年9月9日，温家宝总理看望季羡林

国家充满信心。”

季羡林先生是我国当代兼容百家、学贯中西的学界泰斗，其道德文章、学品人品是国内外学人所称道的。他是一个农民的儿子，不是出自名门望族，小时候平时很难吃到一次“白的”面食和“黄的”玉米饼子，当然是深厚的中华文化养育出了这样一个具有深厚文化底蕴的学者，但是作为一个农民之子的他要付出多大的努力啊！他从一个农民之子、淘气少年成长为一个学界泰斗的经历，给无数学子以极大的鼓励。他身上有一股奇特的吸引力，既有学识的吸引力，也有人格的魅力。他的成长会给你留下一个深刻的启迪，他的成功告诉你一个秘诀：成功等于天才加勤奋！

季羡林先生在20世纪60年代就被范文澜先生誉为“国宝”。近年来饶宗颐先生说他是“博大长者”。2005年在北京举行的季羡林研究所成立大会上，北京大学校务委员会副主席郝斌教授又誉他为北京大学的“镇校之宝”。他学富五车，涉及的领域包括语言学、文学、历史学、宗教学、民族学、翻译学、哲学、教育学等多方面，所通语言近十种，其中梵文、巴利文、吐火罗文几乎是绝学，其学术著作在文化交流、佛教、语言学、糖史等方面均成一家之言，有传世之作，所出版的散文则平实质朴，充满了真情实感，拥有众多读者，一版再版。多年来季羡林先生已经成为社会各界关注的热点人物，也成为年轻学人热爱的老一辈学者。季羡林先生为什么会取得这么杰出的成绩？是什么原因造就了季羡林先生？除了他个人的内在因素，是否外在的环境在他成才的过程中也起了重要作用？年轻人对这些问题非常感兴趣。从一个淘气孩子到学界泰斗，这中间有什么必然性吗？这本书要解决的就是这个问题。

为什么有季羡林热？

一、季羡林已经成为学问和气节的象征

胡适对台湾“中央研究院”李亦园先生说：“做学问应该像北京大学的季羡林那样。”

香港学界泰斗饶宗颐说：“他（季老）是一位笃实敦厚、人们乐于亲近的博大长者，摇起笔来却娓娓动听，光华四射。他具有褒衣博带从容不迫的齐鲁风格和涵盖气象，从来不矜奇、不炫博，脚踏实地，做起学问来，一定要‘竭泽而渔’”；“季老领导下的多种重要学术工作，既博综，又缜密，放出异彩，完全是‘海涵地负’的具体表现，为中华学术的奠基工程做出人人称赏的不可磨灭的劳绩。”（饶宗颐：蔡德贵《季羡林传·序》，人民出版社2000年版）

季羡林画像（高莽画）

已经过世的张中行生前说过：季羡林先生是中外知名的学者。知名，这名确是实之宾，与有些人，舍正路而不同，也就真像是抟扶摇而上者九万里的不

同。可是这实，我不想说，也不能说。因为他会的太多，而且既精且深，我等于站在墙外，自然就不能瞥见宗庙之美，百官之富。他以一身而具有三种难能，一是学问精深，二是为人朴厚，三是有深情。三种难能之中，最难能的还是朴厚，像他这样的难于找到第二位。（张中行：《季羡林先生》，收入《人格的魅力——名人学者谈季羡林》，延边大学出版社1996年版）

1994年10月，季羡林与臧克家合影

袁行霈说：和他在一起，矜可平，躁可释，一切多余的雕饰的东西都成为不必要的了。他是集中了朴实的美德并展现了朴实的力量的典范，他的朴实带有豪华落尽的真淳，好像元好问所称颂的陶诗，这就更加令人尊敬。

谢冕说：他是那样的普通，普通得无法和周围的人加以区分。他如同一滴最平凡的水珠，无声地消融在大江大河的激流之中；他如同一粒最平凡的泥土，加入了无比浑厚的黄土地的浑重之中。伟大无须装饰，也不可形容，伟大只能是它自身。他是极为单纯的，单纯到不染毫纤的自然，从那朴素、平淡和普通中感受到那种崇高人格的震撼力。

韩素音说：我在他身上发现的不只是博学，而且是睿智。不仅是睿智，还且还有非常地谦恭有礼和幽默。他的博识给人留下深刻的印象……他是一位完全具备知识分子品格的人，决心要做出最好的学术成果，他从来没有放弃坚持一切都要优秀的原则。他人格的尊严，他对于物质利益的毫不动心，他对于书的热爱，他的耐心，还有他充分的真诚，对我来说，他将永远是气节的象征。（韩素音：《谈谈季羡林教授》，《人格的魅力——名人学者谈季羡林》，延边大学出版社1996年）

梁披云为季羡林题写了这样的条幅：为天地立心，为生民立命，为往圣继绝学，为万世开太平；题写的对联是：德寿无量，日月长明。

亚洲华文作家文艺基金会评价季羡林说：“季羡林大师，著作等身，文通中外”。

2005年8月6日中国孔子基金会在北京举行季羡林研究所成立暨揭牌仪式，汤一介教授、郝彬教授、郝平教授都发表了热情洋溢的讲话，他们高度赞扬了季羡林对中国人文学术的伟大贡献，郝彬教授深情地指出季羡林先生已经当之无愧地成为今天北京大学的镇校之宝。

读者刘金祥在哈尔滨出版社2006年推出《此情犹思——季羡林回忆文集》后写的书评《大象无形　清音独远》中评价说：季羡林先生是高山仰止的硕彦鸿儒，其有空明高蹈之气、贯通博雅之学、深邃峭拔之思、颖慧奇绝之悟，在多学科多领域建树卓著；季羡林先生是誉满中外的宗师泰斗，其有磊落嵌崟之行、敏辨通融之理、旷达疏宕之情、槌幽击险之才、纵横开合之笔，对中西方文化研究功德无量。季羡林先生出手就是一种风范，亮相就是一座峰峦，其言其文都会在历史文化屏幕烙上耀目的印痕，都会在历史隧道深处发出绝妙的回响。

季羡林自己说："我向不敢以名人自居，我更没有什么名作。"（季羡林：《赋得永久的悔·自序》，人民日报出版社1996年版，第1页）还说："我追求的风格是：淳朴恬澹，本色天然，外表平易，秀色内涵，形式似散，经营惨淡，有节奏性，有韵律感，似谱乐曲，往复回还，万勿率意，切忌颟顸。"（同上书，第3页）

对于自己一生的学识，季先生一向都非常谦虚谨慎，自我评价十分低调。他在审阅《此情犹思——季羡林回忆文集》《编者前言》时，不止一次说过："不要提什么'国学大师'，真正的大师是王国维、陈寅恪、吴宓，我算什么大师？我生得晚，不能望大师们的项背，不过是个杂家，一个杂牌军而已。"

2008年10月，季羡林与饶宗颐合影

季羡林的父亲是一个赤贫，季羡林出生在穷乡僻壤的山东临清。按他出生的环境，他似乎只配一辈子当农民，但是造化小儿却偏偏把他播弄成一个知识分子。

他初中毕业时的最高理想是当一个邮局职员，

以便能够找到一只吃饭的铁饭碗，担当养家糊口的重任。但是命运之神却把他送进了山东大学附属高中，被王寿彭、王昆玉诸位先生发现了他的天才，一发不可收拾，成为高中三连冠的好学生。1930年顺利地考上了清华大学。

他清华大学毕业时，也遇到了毕业即失业的困境，不得已只能回到母校当中学教员。

留德前夕，一位好心的清华校友劝他去学保险，将来必定成为腰缠万贯的富翁。然而他选了印度学作为自己的专业。留德十年回国后，他被聘为北京大学正教授兼东语系系主任，并且还兼任文科研究所的导师。他自认前二者已经不敢当，后一者人数极少，都是饱学宿儒，自己一个30多岁、名不见经传的毛头小伙子，竟也滥竽其间，真是既感光荣，又感惶恐不安。他知道这是前辈师长对自己的提携和爱护，这对他50多年在北大的工作一直起着激励的作用。1949年后，他继续“鸿运亨通”，刚过不惑之年，一个中国读书人所能期望的最高荣誉和利益，他都已稳稳地拿到了手中。他说：“至今我在燕园内外有算令人满意的口碑，好像我真是淡泊名利，与人无争。难道我真就这样好吗？我的道德真就这样高吗？不，不是的。我虽然不能把自己归于坏人之列，因为除了替自己考虑之外，我还能考虑别人。但我也决非圣贤，七情六欲，样样都有；私心杂念，一应俱全。可是，既然在名利两个方面，我已达到了顶峰，我还有甚么可争呢？”

季羡林先生对于当代学人来说，已经成为一个催人奋进的符号。他既是学术的象征，知识分子的象征，又是气节的象征。对于一个九十多岁高龄的人来说，他仍然老骥伏枥，孜孜矻矻，每天几乎工作十几个小时，写啊写，永远不停地写作、研究，很多人不理解，觉得他的奋进好像显得是多余的。从名气来说，他很早就大名鼎鼎了，35岁当上北京大学的正教授，外加系主任。45岁当上中国科学院哲学社会科学部学部委员，至于后来，政协委员、全国人大常务委员等多得不可计数的官衔和学术职务、学术兼职的头衔简直让人眼花缭乱。用他自己的话说就是，早早的什么都有了。当他刚刚当上正教授，拿着饭碗到食堂就餐时，年轻的或是年龄比他大的，小声说着“一级来了”，那种羡慕，那种仰慕，甚至那种忌妒，都在这几个字里活灵活现地表达出来了。是呀，命运之神早早眷顾了他，使他这个农民之子成为誉冠全球的大学者。

1952年的季羡林

二、写季羡林的偶然性

季羡林先生说过一句话："世间多少偶然事？不料偶然又偶然。"

我写季羡林就应了季羡林先生说的这句话，有点偶然性的因素。

季羡林先生本来不该由我来写。北大能够接近季羡林先生的学者很多，他们更有资格写季羡林先生。当1995年我正式决定写季羡林传的时候，李玉洁老师受先生之命，请我在勺园吃饭。要了几个菜，落座以后，李玉洁老师单刀直入，诘问我：蔡德贵，你有什么资格写季羡林？一句话把我问得差点无言以对。好在我当时反应还算快，我说：李老师，我确实没有资格写季羡林先生，北大有资格写季羡林先生的人有的是，但是我有一个有利条件，就是季羡林先生是山东人，我也是山东人，我可能能够理解季羡林先生成长的环境、所受齐鲁文化的影响。

论辈分，我是学生，季羡林是老师。一般情况下，学生写老师，往往会隐恶扬善，有溢美之词。所以一般学生不去写老师。但是，中国古谚云：举贤不避亲，那么，写贤也可以不避亲。洋谚云：吾爱吾师，吾更爱真理（亚里士多德语），只要坚持实事求是，不溢美，就可以写。上海外国语大学朱威烈教授提出，季羡林学派已经形成，我希望自己属于这个学派。

而我之所以写季羡林先生还有一个原因。我写季羡林先生完全出自一次偶然的机遇。这一机遇与两所著名的大学有关。一所是我学习过的北京大学，一所是我学习和工作的山东大学。北京大学给予我当季羡林先生学生的机会，山东大学给予我接近季羡林先生的机会。

这里多少有点绕弯子。还得详细一点才容易被理解。

1965年我从胶东半岛招远县的一个穷山沟，战战兢兢地走进了北京大学的校门。孤陋寡闻的我，进了校门，才知道季羡林先生的大名。此后，就一直对先生只能敬而远之，从来就没有想过去接近一下这位大师。离开北大以后，我以为永远不会有机会接近季羡林先生了。严重的自卑感牢牢地控制着我。直到1982年我在山东大学读完中国哲学研究生，留校任教，有机会和张甲干老师去北京出差，给哲学系买运动衣。我就趁机去了一趟北大，很意外，在外文楼门口看到了季先生。没有想到的是，季先生居然知道我是学阿拉伯语的，当时的我，简直不知道是怎么一种心情。但是有一点是肯定的，就是季先生仍然记得我这个东语系的学生。我为此佩服季先生的惊人记忆力，也为季先生记得我而感到骄傲。

后来《文史哲》杂志的主编丁冠之先生和韩凌轩先生分别请我约季先生给《文史哲》赐稿。季先生以自己的稿子很多不容易辨认的字，不方便排版而加以婉言拒绝。直到1994年，韩凌轩先生再次催我约请季先生为《文史哲》的“学者谈治学”栏目赐稿。我再次找到先生，这次先生觉得实在不能推辞了，但是又说自己确实没有时间写这种谈治学的文章。他出了个主意，为了不失《文史哲》的面子，能不能由我来写一篇总结他治学的文章？原始材料他助手李铮手里有一些，让我去联系。最后《文史哲》在1995年第5期就刊出了我的《学贯中外的季羡林先生》一文。

……

从写完《学贯中外的季羡林先生》一文后，我就不断思考季羡林先生的成长过程，不断回忆自己对季羡林先生的感受。最近这种回忆就更多了。回忆的线索一直延伸到四十多年前，那时的我有幸被命运安排，走进这座神圣的最高殿堂，接受众多名师的指点。当时，我们就是沿着这条蜿蜒的路，去外文楼开迎新大会，去上专业课，去参加系里组织的各种活动。就是在1965年秋天的迎新大会上，在外文楼阶梯教室里，我第一次见到了季先生。那时，他年富力强，刚刚54岁。从那时到毕业后的一段时间，我们经常看到他，衣着同第一次见到时几乎完全一样——一套不熨不烫的中山装——这几年拜访他，依然是这样的装束。1992年前后，我给先生写信，试探性地想向先生请教阿拉伯哲学的问题，实际上是想请先生给即将出版的《阿拉伯哲学史》写序言，他回信简单而直接：向我讨教阿拉伯哲学等于是问路于盲。

近些年，因为写季羡林传记，我经常踏着蜿蜒的柏油马路，既生疏又熟悉地走在这座被雅称“燕园”的最高学府里。

从西校门进了北大，重又走在燕园的路上，有一种游子归家的感觉，对家中的一切都感到亲切。未名湖正在阳光下熠熠生辉。博雅塔依然在那里高耸着。到现在，我仍然不知“博雅”二字取自何典。曾国藩说过：“谓此三项（明德、新民、止于至善）与我身了不相涉，则读书何用？虽使能文能诗，博雅自诩亦只算得识字之牧猪奴耳！岂得谓之明理有用之人乎？”（《曾国藩家书》卷一，道光二十二年）博雅自然含有“集群书之慧，博天下之雅”的意思。但燕京大学在建成该塔时，为何取名博雅？这博雅塔虽不像象牙塔那样玲珑剔透，但却正好象征着北大学子们孜孜以求的书斋生活。这一塔、一湖，再加上藏书丰富的北大图书馆，就成了北大人引以为豪的“一塌糊涂”（一塔湖图的谐音）了。

未名湖畔简直太美了，真该好好欣赏一下，看看这里熟悉的一草一木，一山一石，重温一下学生时代的生活。

转过未名湖北边的路，折向北，进入了朗润园的世界，又是一片湖水。润泽的湿气在水面上升腾，水浮莲和青草的叶子那么嫩绿，不时地有清香的气味扑进鼻孔。

敲开季先生的门，老人把我引进了南边的一小间会客室。这是1998年春节之后，中央领导看到先生住得太拥挤，让学校给改造了一下，所以感觉比北边的那间小书斋宽敞多了。

记得1995年10月17日，我和湖南文艺出版社康曼敏编审、中山大学吴文辉教授就是在北边那间书斋拜访了先生。那时，先生养着两只纯白的波斯猫，一大一小，见有客人来，欢快地蹦跳着。先生非常喜欢这种小动物，把一只小的抱在怀里，欣赏着它那淘气又可爱的样子。这时，康曼敏掏出相机，忙不迭抓拍下这一“老”逗一“小”的镜头。当时先生笑了笑，一边说着“衣冠不整”，一边用一只手扣上脖领下的纽扣。我们这才注意到老人穿的是一件褪了色的蓝涤卡中山装，下着一条同样质料的裤子，脚上穿的是一双北京老人喜欢穿的布鞋：褐色的塑料软底儿，黑色的条绒布帮。这种装束与我们1965年入学时的样子几乎没有任何改变。

2001年，季羡林在北大家中

这次我见到的季先生，仍然是那件蓝涤卡中山装，只是颜色褪得更浅了，已经有点发白了。这样的一件中山装，穿在普通人身上，是会让人感到土得掉渣的。当然，穿在季先生身上，同样也让人感到土。但是，这种土，这种典型的中国特色，乡韵、乡情也都蕴涵在其中，却使人不感到别扭，而是感到亲切。和这套中山装相辉映的是先生书香四溢的房间，显示出先生国学和洋学根基的深厚。于是在他身上，“土”与“洋”是那么有机地合而为一，真可以说是“土”“洋”结合，中外合璧。

后来由于要经常向季先生请教，就要多登门拜访先生了。记得第二次去先生家，是和大学时期的班主任、著名阿拉伯学家仲跻昆教授，当然还有我的太太刘宗贤一起去的。至今我们还保留着那次拜访先生的合影。

再后来，我就经常独自去先生家了。为了抄近路，我后来就沿着德斋和民主楼之间向北的小柏油路蜿蜒前行。走过更窄的小路，路两边全是小土丘。小土丘上一种被季羡林先生称之为二月兰的小花，迎风含笑，好像在低语，在倾诉。这种不起眼的小物种，因为季先生的一篇优美散文《二月兰》而名声大噪，知名度不知道提高了多少倍。二月兰据说是诸葛菜的别名，为一十字花科二年生草本。早春开花，一般可以从春季持续到6月。相传，诸葛亮从老农口中得知此菜浑身是宝，叶子和茎都能吃，吃剩的可制成腌菜，青黄不接时，这菜可成为当家菜。诸葛亮对此菜极感兴趣，下令要士兵开荒种这菜，一方面补充军粮，另一方面又可用作牲畜饲料，既经济又实惠，一举两得。后世就把这野菜称为诸葛菜。走的遍数多了，我发现这二月兰是通人性的。它们每次都好像在笑脸相迎，并且在丝丝低语，诉说着它们的不幸和大幸。不经意之间，也会看到一两棵死于刀斧之下的紫藤萝，其根须还依稀可见。当然燕园里还有那珍贵的西府海棠，也惨遭不幸。为了挽救这些燕园的物种，季羡林曾经多次呼吁，写出多篇散文如《怀念西府海棠》《幽径悲剧》，希望停止这种野蛮的行径。但是先生的呼吁似乎并没有引起有关部门的重视。砍伐依旧，毁坏依旧。后来多了解季羡林一些了，才知道他后来提出的“天人合一新解”，是在理论上对《二月兰》《幽径悲剧》的补充，是代表无告的大自然对整个人类破坏自然的行径所提出的控诉。只有把季先生的散文和理论文章连起来读，才能够理解先生的深意所在。他的出发点全是为了全人类啊，此心真是可嘉可敬。可惜很多人对此不理解。《红楼梦》里林黛玉的葬花之举，完全是出于儿女私情，居然被赞美。而季羡林先生的写花、哭花，意境高远，更值得赞美。这就难怪王辛在访谈录中这样说：认识季先生，不能不读他的散文。张中行先生曾言：季先生一身具有三种难能，一是学问精深，二是为人朴厚，三是有深情。而先生的深情，不仅予亲人、予师友、予人类，而且给予了大自然，给予了自然界一切有言与无言的生命。宗璞先生说，是季先生描写夹竹桃的一篇散文，使她“忽然认识季先生之所以为季先生的”。她写道：“作为夹竹挑知己的季先生，实际上不止写活了夹竹桃。对海棠的怀念，对牡丹的赞叹，写马缨花令婴宁笑，写紫藤萝使徐渭泣，他对整个大自然都是心有灵犀，相知相通的。”的确，先生对自然的热爱和非凡的领悟，不仅成为他散文的一大特色，更重要的是，可以从中感受他的赤子童真，感受他对人生、对世界的追寻和理想。（《东方赤子——季羡林访谈录》，《中国评论》2001年6月号）人们形容他春歆桃李、夏慕杨柳、秋怜梧桐、冬仰松柏，是一个热爱大自然的人。

三、出现季羡林热的原因

季羡林先生作为当代最著名的学者，已经成为中国知识分子的代表人物，被誉为几代人的镜子。有人说他是东方宏儒，有人说他是国学大师，有人说他是大儒。杜维明2005年在潍坊的一次演讲中说他是从事儒学研究的。我自己认为季羡林作为通儒更合适，按照《后汉书·杜林传》的说法，通儒是“博洽多闻”之人；按照顾炎武在《日知录·序言》里的说法，通儒之学“其术足以匡时，其言足以救世”。那么季羡林先生应该是通儒。《庄子·徐无鬼》说：“实不聚，名不立，此之谓大人。”季羡林是实聚名立的，因此而名冠遐迩。然而人们对他的学术贡献却又不十分了解。今试条分缕析之。

他作为一位通儒，如果用一句话来概括他，可以说是：中外兼通大杂家，学行双馨真学者。

他在福建教育出版社出版的《20世纪中国学术大典》（社会科学部分）序中说：

> 世界文明古国，决不止中华一家，而文明兴旺发达垂五千年而未尝中断者，我中华实系只此一家。这恐怕是天下之公言，决非我一个人夜郎自大之私言。其原因何在呢？统而言之，原因不出两端：一内因，一外因。常言道，内因是变化的基础或根据，外因是变化的条件。二者相辅相成，缺一不可，密切联系，互为主次。什么是中国文明的内因呢？我认为，内因表现得最突出之所在就在中国文明的特点上。多少年来，我自己虽不是哲学家，而且还最不敢喜欢哲学，但好胡思乱想，再加上一些个人的观察与体会，我发现：中国或东方文明的根基是综合的思维模式，再说得具体一点就是“整体概念，普遍联

系”。而西方文明的根基是分析的思维模式，说得通俗一点，就是“头痛医头，脚痛医脚”。从总体上来看，二者是对立的，运用得当，则还能起互补作用。天下没有绝对纯的事物，所谓综合与分析，并不是说综合中没有分析，分析中没有综合；但从宏观上来看，东方综合而西方分析，是无法否认的。这个看法，有人赞成，有人反对。但是尽管有人反对，我仍深信不疑。这只是讲中国文化或文明的根基，具体表现亦有可得而言者。我个人觉得，中国文化的特点可以归纳如下：唯求实用，不尚玄虚，貌似浅显，实亦邃密，整体思考，枝叶兼及，允执厥中，不务偏激。最大的特点还在有极大的包容性。大海能纳百川，所以才成其为大。古人说：“有容乃大”，说的也是这个道理。还有一点，也是颇为值得一提的。中华民族，特别是占人口绝大多数的汉族，对宗教信仰的需要极为淡薄，正式信教者不多，即使信了某一个宗教，也没有宗教偏执狂，有时甚至儒、释、道三教都信，而实际上是什么都信之不深，不陷入其中，中国历史上从来没有真正的宗教战争，就是一个最好的例证。这样有什么好处呢？好处极大，它决不阻碍外来文化的输入，因为，历史事实证明，外来文化往往随外来宗教而入，宗教与文化是孪生兄弟。中国历史上两次最重要最有影响的外来文化输入，都是伴随宗教而来的，铁证如山，无可否认。

季羡林在《中国翻译词典·序言》（林煌天主编：《中国翻译词典》，湖北教育出版社1997年版）中说，只要语言文字不同，不管是在一个国家或民族（中华民族包括很多民族）内，还是在众多的国家或民族间，翻译都是必要的。否则思想就无法沟通，文化就难以交流，人类社会也就难以前进。汤因比在其《历史研究》中认为没有任何文明是长存的：它诞生、成长、繁荣、衰竭、消逝。但季羡林提出异议：中华文明延续至今已有数千年，并没有消逝。秘密在哪里？他认为，秘密在于翻译。中华文化有两次重要的翻译运动，一是翻译印度的文化，一是翻译西方的文化。他把这两次翻译运动分别称为“从印度来的水”和“从西方来的水”，并把中华文化喻为一条河，有时水满，有时水少，却从未枯竭，因为有两股水注入，保持和活化其生机。季先生说：“中华文化之所以能常葆青春，万应灵药就是翻译。”季羡林对中国传统文化的这种认识也许有人不赞同，但是不能否认它与季羡林一生对中国传统文化的深入体悟有极大的关系，只有有深厚国学根基的学者才会提出这样的认识。

季羡林先生小时候念《百家姓》《千字文》《三字经》《四书》之类中国传统文化书籍。上小学时，开始学习英语，并开始思考“有”和“是”都没有“动”的意思却叫动词的问题。小学毕业后考入济南正谊中学念初中，他博览群书，打下中外学问的基础。这期间，在“中学”方面，先生受叔父影响极大。叔父亲自上一些课程，课本是他自选的理学文章，编为《课侄文选》，是给侄子上课的课本。从此，先生国学的基础知识更扎实了，以至先生后来在回忆文章中说：他严而慈，对我影响极大，我今天勉强学得了一些东西，都出于他之赐，我永远不会忘掉。

“外学”则读《泰西五十轶事》《天方夜谭》《莎氏乐府本事》《纳氏文法》等。

正谊中学初中毕业后，先生在该校念了半年高中。1926年转入新成立的山东大学附设高中。当时，山东大学校长是前清状元王寿彭，他提倡读经，附中的两位老师都读经，一位外号叫“大清国”，另一位是前清翰林可能叫陈舸庭，他们教《书经》《易经》《诗经》，上课不带课本，经典背得滚瓜烂熟，甚至连注疏都能一字不漏地背下来。山大附中的老师极一时之选，国文教员王崑玉是桐城派古文作家，由于他的影响，先生对古文产生了浓厚的兴趣，开始读《韩昌黎集》《柳宗元集》，以及欧阳修、苏洵、苏轼、苏辙等名家的文章。先生后来说，自己有意识地用功，是从山东大学附中开始的。在山大附中，先生每次考试都是甲等第一名，三年六学期（后两个学期在隔年以后）是“六连冠”。第一学期，既是甲等第一名，平均分数又超过95分，因此山东大学校长王寿彭亲笔写了一副对联和一个扇面奖励先生。对联是：

上联：才华舒展临风锦，

下联：意气昂藏出岫云。

扇面是“净几单床月上初，主人对客似僧庐；春来预作看花约，贫去宜求种树书；隔巷旧游成结托，十年豪气早销除；依然不坠风流处，五亩园开手剪蔬。录《樊榭山房诗》，丁卯夏五，羡林老弟正。王寿彭”。王寿彭的书法是一般人求都求不到的，时人以得片纸寸缣为荣，季羡林一下子得了两件墨宝，当然出乎自己的意料。有意思的是，王寿彭作为前清进士，因名字中隐含有“寿比彭祖”，而被慈禧太后垂青，中状元，进翰林，以尊孔读经扬名于世，每年举行祭孔大典，长袍马褂，三叩九拜，对孔子绝对崇拜。他提倡“读圣贤书，做圣贤事”，是一个保守的人物。但他在给一个中学生写的扇面上，却题写了

“羡林老弟正”，下署“丁卯夏五王寿彭”，一点也不摆“大家”、名家的架子。这不能不使先生激动。

1928年，日本人进了济南，先生当了一年的亡国奴，辍学一年。1929年，山东大学附设高中改为省立高中，校址从绿柳红荷相辉映的北园，搬到车水马龙的杆石桥。国文课由原来的《诗经》《书经》《古文观止》一类书籍，改为读白话文学作品，作文也由文言文改为白话文。在这里教书的胡也频、董秋芳、夏莱蒂、董每戡，都是全国闻名的作家，对先生影响很大。先生的白话作文，被董秋芳老师誉为“全校之冠”。省立高中原是前清的一个大衙门，崇楼峻阁，雕梁画栋，花木青翠茂密，浓绿扑人眉宇。春夏之际，似锦的繁花，把校园点缀得明丽耀目，树木枝头，常有鸟鸣声声，使人感到如入幽谷。对这里，先生至今不能忘怀，说自己五六十年舞文弄墨不辍，至今将近耄耋之年，仍然不能放下笔，全出于董秋芳老师之赐，毕生难忘。胡也频老师在这里编了一个刊物，是宣传“普罗文学”即“现代文学”的，在第一期上就刊登了季先生的一篇文章《现代文艺的使命》，可见胡也频对先生是十分赏识的。

1930年，先生高中毕业，到北京同时考上两个名牌大学北大和清华。由于考虑到清华出国机会多，所以选了清华大学西洋文学系。

在清华，先生的专业是德文，同时要修英文、法文，但课程以英文的英国文学为主。先生自认在这里受益最大的是两门课：朱光潜先生的选修课“文艺心理学”和陈寅恪先生的“佛经翻译文学”。吴宓先生的“中西诗之比较”和“英国浪漫诗人”两门课，也给先生留下深刻印象。先生后来搞比较文学和文艺理论，是受朱光潜先生的熏陶，而搞佛教史、佛教梵语和中亚古代语言，是受陈寅恪先生的影响。清华在当时人文社会科学教授队伍阵容强大，朱自清、俞平伯、郑振铎、冰心的课，先生都旁听或“偷听”过。郑振铎先生豁达大度，待人以诚，没有教授架子，与巴金、靳以主编的大型《文学季刊》，居然让先生和其他名不见经传的年轻人当编委或特约撰稿人，还让先生把已经写出的散文集成一个集子，编入他主编的一个丛书。只是后来由于忙于办理出国手续，没来得及编成。1986年北京大学出版社出版的《季羡林散文集》，其中的《因梦集》，有一些就是当时的稿子。

郑振铎先生和冰心先生都对东方文化极感兴趣，且造诣极深。郑先生在上世纪20年代就译有印度诗人泰戈尔的《飞鸟集》《新月集》，译文“新妍流露”，如原作秋空霁月般的澄明。冰心则是泰戈尔《吉檀迦利》《园丁集》和黎巴嫩著名作家纪伯伦《先知》《沙与沫》的译者。他们两人把印度和黎巴嫩阿拉伯文化的精品介绍给中国读者，这些精品中难以言传的美感都对先生有很大影响。后来，先生和郑振铎先生成了忘年交。直到郑振铎先生1958年飞机失事遇难以前，他们始终维持着友谊。

清华的教授中，冯友兰、蒋廷黼、闻一多、刘文典等人，也都是先生敬重且拜访过的学界名流。而在同学中，吴组缃、林庚、李长之、胡乔木、乔冠华、王锦弟、张露薇等，都是先生的好朋友。

1934年，先生在清华毕业，找工作碰了钉子，受母校山东省立高中校长宋还吾先生之邀任国文教员。一个西洋文学系毕业的学生，要给高中生教国语，而且学生中比自己大的大有人在，还要同时给一、二、三三个年级教课，需要多头备课，难度是可想而知的。在一年的磨难中，他无意中提高了国文水平。1935年，清华与德国签订互派留学生协定，先生报了名，免试被录取。

1935年深秋，先生几经周折，从中国东北，经苏联到达柏林，后来又到小城哥廷根，在哥廷根大学学习。哥廷根大学是一座培养出许多诺贝尔奖获得者的大学，蜚声世界学坛。在这里，先生选的主系是印度学，两个副系是英国语言学和斯拉夫语言学。他还选修过希腊文，自学过拉丁文，系统学习了梵文、巴利文、俄文、南斯拉夫文、阿拉伯文。哥廷根大学的教授瓦尔德施米特、西克、布朗恩等，都是先生的恩师。尤其西克教授，在瓦尔德施米特被征军参加第二次世界大战（以下简称“二战”）之后，接替他教授先生《梨俱吠佗》《波你尼语法》《大疏》《十王子传》，且毫无保留地教先生学吐火罗语，使先生成为世界上仅有的几个懂吐火罗语的语言学家之一。

就在二战极端艰难困苦的条件下，先生苦读不辍，1941年通过口试和论文答辩，以全优成绩毕业，获哥廷根大学哲学博士学位，博士论文是《〈大事〉中伽佗部分限定动词的变格》。

由于战争阻隔，先生无法回国，只得留在德国，一边当讲师教中文，一边继续进行他的研究。直到1945年秋冬之交，先生才设法离开哥廷根，取道瑞士、法国、越南、中国香港，结束了思乡情结苦苦煎熬了11年的异国求学生活，1946年春末回到祖国。

在上海等待招聘之时，先生寄住在山东老乡也是朋友的臧克家家中，睡在他家的榻榻米上。最后，经陈寅恪先生介绍，胡适、傅斯年、汤用彤三位先生聘任，先生到北大任教。先当了一个星期副教授，接着被聘为教授，兼任东语系系主任。他写信给在英国剑桥大学任教的哥廷根旧友，谢绝了剑桥大学的高薪聘请，决定不再回欧洲。从那时起，直到今天，先生除了到过30多个国家访问和参加各种学术会议，没有离开过北大。从那时起，先生成为北大最年轻的一级教授，也是蜚声国内外的著名学者。

先生之所以过了九旬，耳虽不太聪，目虽不太明，但仍然又读又写，焚膏继晷，兀兀穷年，仿佛有什么力量在背后鞭策着自己，欲罢不能，正是为了让中国文化的薪火能传下去，他承担着延续国家文化的重任。

在青年时代，先生就广泛阅读了《四书》《五经》《左传》《战国策》《史记》《古文观止》《三国演义》《西游记》《封神演义》《说唐》《说岳》《济公传》《彭公案》《三侠五义》《红楼梦》《西厢记》《金瓶梅》等中国传统文化中的精品书籍，打下了雄厚的国学根基。后来，他的研究领域涉及《老子》《列子》等道家典籍。儒家、道家的典籍在他的论著中无不游刃于其间。在中国传统文化的义理、考据、辞章这三种学问中，先生自认为最不喜欢义理，也最不善于义理。因为义理这玩意儿，比较玄乎，公说公有理，婆说婆有理，一个唯心主义和唯物主义的矛盾，斗争了几千年，到现在还没有一个理论家真正说透。所以，先生对于理论有点敬鬼神而远之。他希望理论家们再认真一点，再细致一点，再深入一点，再严密一点。

先生最喜欢的是考据。这是清代乾嘉学派的朴学大师们最擅长的东西，中华人民共和国成立后，受到责难。先生认为，考证是做学问的必要的步骤，必由之路。在考证时，就用得着胡适先生说过的一句话：大胆的假设，小心的求证。“大胆”，就是不受旧有的看法或者甚至结论的束缚，敢于突破，敢于标新立异，敢于发挥自己的幻想力，提出以前从没有人提出过或者不敢提出的假设。但是假设提出之后，要加以检验，有的假设要逐步修正，使之更加完善，有的假设必须完全扬弃，重新再立，重新再受客观材料的考验。这就叫小心的求证。先生写的学术文章都要提出新的看法。而要提出新的看法，就必须先有新假设。新假设在证实之前，不能算数，所以，先生经常被迫修改自己的假设，个别时候甚至被迫完全放弃。先生郑重声明：鹦鹉学舌，非我所能；陈陈相因，非我所愿，考证要达到的目的，无非是寻求真理而已。

这些，可以说都是国学大师们的传统做法。先生的学问，小点的文章题目，如一个“喷嚏”，先生也能考证出许多道理来。他的《列子与佛典》《浮屠与佛》《再论浮屠与佛》，以及神韵的研究，《坛经》的研究，《儒林外史》的研究，《妙法莲花经》的研究，敦煌学研究，《大唐西域记》研究，《梦溪笔谈》研究，《书品》研究……洋洋洒洒，多姿多彩。大的一部学术著作，如写作《糖史》，在写中国部分时，先生仅从《四库全书》中加以考证，就耗时近两年，每天从朗润园走到北大图书馆，往返五六华里。他风趣地说：俗话说一目十行，我查《四库全书》，几乎是一目一页，翻着《四库全书》，里边的“糖”字就自动往我眼里跳。仅是一个Sugar，先生就从英文、阿拉伯文、印地文、梵文、巴利文、中文考证了个遍，弄清了“糖”在传播过程中的来龙去脉，搞清了为什么最初发明糖的印度，将粗糖叫做Sugar，而将精制的食糖却叫做“中国雪”的问题，从中发现了文化交流的轨迹。先生之严谨，令人佩服。

先生还喜欢用“三十年河东，三十年河西”来说明东西方文化之间的递相先进，古代和中世纪是东方文化的时代，近现代是西方文化的时代，21世纪是东方文化的世纪，因为中国和东方思维的模糊性，提倡“天人合一”，世界上许多影响人类生存前途的弊端，比如人口爆炸，大自然被污染，生态平衡被破坏，臭氧层被破坏，粮食生产有限，淡水资源匮乏，等等，只有中国文化能克服。但当他发现自己的论证有不严密之处时，马上提出了自己的修正，再次系统地论述自己的观点。

然而，先生如果仅只是到此为止的话，先生还只能算是一个国学大师，而不能算是一位兼容百家、学贯中外的社会科学界泰斗。

不，先生决不停止于此。先生还有“洋”的一面。“洋”是广泛涉猎外国学，是与外国人谈外国学。他的学贯中外表现出他的博学。

先生早在上世纪30年代中叶赴德国留学之时，就立下宏愿大誓：决不写有关中国的博士论文。因为鲁迅先生说过，有的中国留学生在国外用老子与庄子谋得了博士头衔，令洋人大吃一惊；然而回国后讲的却是康德、黑格尔。先生鄙薄这种博士，决不步他们的后尘。在德国留学，他选择主系和副系决不同中国学沾边。先生选的主系是梵文、巴利文等所谓印度学，副系是英国语言学和斯拉夫语言学。而梵文是世界上已知的语言中语法最复杂的古代语言，形态变化之丰富，同汉语截然相反，而且它还是一种死了的语言，现在的印度已经无人使用了。虽然感到学习梵文的困难，但先生还是暗下决心：一定要跳过这个龙门。

正是由于先生有这种“明知山有虎，偏向虎山行”的大无畏精神，经过不懈的努力，先生的学术成就涉及社会科学的各个领域，除了国学，他还精通印度学、佛学、吐火罗语、中印文化交流、英国语言文学等学问，他是真正懂得多种洋学问的大学者。先生曾多次强调：中国学术要发展，必须能直接与西方一流学者相抗衡。有些人在国人面前大谈希腊、罗马和苏格拉底，而在洋人面前讲《周易》，谈老庄，这不算大本事。真有本事，就应去和西方学者争论他们的学问，与国人讨论中国的学术。他本人正是这方面的典范。

印度学是先生早在德国留学期间就有很高造诣的学问，写作和发表了一系列研究论文，包括博士论文《〈大事〉中伽陀部分限定动词的变格》和《中世印度语言中语尾词-am 向-o和-u的转化》《使用不定过去式作为确定佛典的年代与来源的标准》。这些论文用比较语言学的方法，对现存佛典进行对比和分析，从而描述、发现和证明古代印度语言，尤其是佛教语言各种形态的变化特点，为判定这些经典产生的地点、年代以及在印度及中亚地区流传的历史状况提供了可靠的依据。先生在这一领域多有创见，取得的研究成果具有开拓意义。他用英文或德文写的几篇相当长的论文，刊登在哥廷根科学院的院刊上，每一篇都有新创见，直到今天，几十年过去了，还不断被人引用。

在佛教史、佛学史领域，先生是国内外为数有限的，能真正利用原始佛典进行研究的佛学学者和语言学家。先生向来主张，要想了解和研究佛教，最少应懂梵文。他深深赞许1000多年前玄奘那样的伟大学者，深通梵文，而以后却后继乏人，连有名的高僧在解释音译梵字时都出了不少笑话。到现在，竟有无知妄人公然主张学佛经当以中译本为主。先生愤慨地说，真不知道该说什么好了。先生研究佛教原典，分析语言变化，对不同的文本进行对比，进而在佛教史研究领域内不断提出新问题，时有新知灼见。他就原始佛教的语言问题与国际著名学者如德国学者W. Geiger 和英国学者E. J. Thomas等人进行论辩，用大量梵文、巴利文、佛教梵文、印度古代俗语等原始资料，匡正了他们的错误结论。先生的论文论据确凿，令人信服，具有国际一流水平。

在吐火罗语研究领域，先生的贡献填补了国内外的空白。早期代表作《〈福力太子因缘经〉吐火罗语本的诸平行译本》，通过吐火罗语本与内容相平行的其他语种译本之间的比较，来注释吐火罗语的语义，从而为吐火罗语的语义研究开创了一个成功的方法。他十分艰难地翻译了《弥勒会见记》剧本，是对吐火罗语研究的最新贡献，丰富了世界文化的宝库。吐火罗语即新疆及中亚古代语言。焉耆—龟兹语文的《弥勒会见记》剧本残卷在我国新疆屡有发现，德国和法国探险者在新疆和敦煌发现了一些此剧的残片，但没有一个是完整的。1975年，新疆吐鲁番地区又发现了该剧的88张残卷，是用印度婆罗米字母中亚斜体写成的。有的外国人想出高价收买，并说："吐火罗语发现在中国，而研究在外国。"先生对这些欺人之谈极为气愤，从1981年开始，将此剧残卷的绝大部分译为汉文。只有少数几张，由于找不到相应的回鹘文译本，而又残缺过甚，无法翻译。先生解读破译了这个剧本，既出版了中译本，又出版了英译本，为中国学术界争了光。

先生向来注重文化交流，主张没有文化交流，就没有人类文化史，文化交流是人类文化发展的动力。他既反对西方中心论，也反对东方中心论，认为文化交流是经常的、正常的现象，国家无论大小，历史无论长短，尽管深度和广度有所不同，每一个国家都对人类文化作出了自己的贡献，每一个国家都需要一方面接受别国文化，一方面又把自己的文化送出去，从而既丰富了自己的文化，也丰富了人类共同的文化宝库。在文化交流方面，他在青岛大学学报《东方论坛》2004年第5期发表《东学西渐与“东化”》，强调不能只讲西化，不讲“东化”。“东化”，报纸上没有这个词儿，是他发明的。汉唐的时候，是“东化”的。因为世界的经济中心、文化中心当时在中国。在明末清初以前确实有过东学西渐。不能只重视“西学东渐”而忽视“东学西渐”。根据历史事实，在中西文化交流史上，“东学西渐”从来就没有中断过。中华文化的博大精深吸引了西方传教士、外籍华人、留学生、商人等的注意，并通过他们广泛传播到世界各地。先生持论公允，说服力强，这篇文章发表以后产生了重大的反响。

先生对中国和印度的文化交流尤为关心。他发表了数十篇学术论文，结集出版了《中印文化关系史论文集》。先生由于通解中外许多种古代语言，又擅长于对不同语种的有关文本或史料进行对比分析，从中探究中外文化、中外思想相互接触、影响、融合、变化的特点，从而发掘出它们的历史及现实价值。这些论文，有些是对中国纸和丝传入印度的研究，涉及中国与中亚、东南亚及南亚诸国的文化交流史，其重要意义已经超越了中国和印度的范围；有些是对古汉语中梵语词汇的研究，为中国音韵学这一古老学科、古代称之为“小学”的学问，开拓了新的研究范围，受到音韵学界的关注；有些是对《西游记》中来源于印度的成分进行研究，印证了陈寅恪先生关于孙悟空大闹天宫、猿猴和猪八戒的故事源于印度的说法，但同时指出这种“出于”并非完全抄袭而是有所创新。这些论文旁征博引，见解独到而精辟。

在中印文化交流史方面，先生的另一大功绩是主持了玄奘的《大唐西域记》的校注工作。在先生的主持下，一个专家班子对该书进行校对和注释，吸收前人研究成果，利用最新研究成就，将《大唐西域记》的研究水平推向新的高度，为中外学者进一步研究该书提供了极为丰富而可信的资料。作为这项研究的代表作——《大唐西域记校注》和《大唐西域记今译》，获得了很高的荣誉。

在中印文化研究的一系列论著中，先生的两个观点深受学术界推崇。一是他认为，语言是人类文化中最重要的因素之一，是人类一切思想的载体，语言的形态、结构、语义的变化以及对两种以至数种相关语言的对比研究，完全可以反映各种文化思想的历史与地域特征。这样的论点，只有同时掌握数种语言的大师才能提出。二是通过剖析印度宗教哲学发展的脉络，先生提出宗教的产生出于人类的需要，宗教本身有自我调节适应生产力发展的能力，不能简单地称为“鸦片”，一批了事。所以，他声明：我从来不信任何宗教，但对于佛教却有浓厚的兴趣。这种实事求是的治学态度，令学界肃然起敬。

对各种外语的翻译工作，先生的贡献同样出色。20世纪50年代，先生开始翻译西方文学作品，其中有德国1929年度诺贝尔文学奖得主托马斯·曼的短篇小说，翻译最多的是英国安娜·西格斯的短篇小说集。1957年，先生相继翻译了印度古典梵文名著《沙恭达罗》《优哩婆湿》《五卷书》《十王子传》（选译）。“文革”中，先生被戴上一大堆可怕的帽子，被命令到35楼看大门，守电话，分信件。就是从这时起，先生在艰难的条件下，开始翻译印度两大史诗之一的《罗摩衍那》，每天给自己定额，先将原文在家中一节一节地抄在纸条上，“上班”时掩掩藏藏地一行行翻译。从1973年到1978年，积5年之久，译完这部巨著。1980年出版第一卷，立即引起学术界重大反响，全书出齐后，获我国有史以来第一届国家图书奖一等奖，与钱锺书先生的《管锥编》并列。

先生在清华期间，就受到比较文学先驱者吴宓先生的影响和熏陶，后来对比较文学多有建树，且独树一帜。先生提出，从国际上说，比较文学已有德国学派、法国学派、苏联学派、美国学派四个独立的学派，其中法国学派着重研究直接影响，美国学派着重研究平行发展，是影响最大的两个学派。但先生认为，这两个学派都有弊病，专研究直接影响者，失之太狭；专研究平行发展者，失之太泛，且两派都轻视东方文学，他们的比较都是限于在同一文化体系内进行，这是近亲比较，比来比去，比不出什么名堂，因此两派都失之闭塞。先生主张，应力矫这两个流派的弊病，融合二者之长，去其偏颇，走出我们的一条新路来。先生强调，要先做点扎扎实实的工作，从研究直接影响入手，努力细致地去搜求材料，在西方各国之间，在东方各国之间，特别是在东方与西方之间，从民间文学一直到文人学士的个人著作中，去搜求直接影响的证据，爬罗剔抉，刮垢磨光，一定要有根有据，决不能捕风捉影，然后再在这个基础上归纳出规律性的东西，借以知古，借以鉴今，期能有助于我们自己的文艺创作。这样，就有可能建立比较文学的中国学派。中国学派有两个特点：第一，以我为主，以中国为主，决定“拿来”或者扬弃。决不无端地吸收外国的东西，也决不无端地摈弃外国的东西，只要有用，我们就拿来，否则就扬弃。第二，把东方文学，特别是中国文学，纳入比较文学的轨道，以纠正过去欧洲中心论的偏颇。应该认识到，没有东方文学的参与，比较文学就是不完整的比较文学。先生的一系列比较文学论文，已经集为《比较文学与民间文学》出版。

先生不仅是学界泰斗，而且还是一位文学家，一位作家。他的散文创作，是当代文坛的上乘之作。先生对中国文学史上的不同写作风格兼收并蓄，都有所汲取，如《史记》的雄浑，六朝的浓艳，陶渊明、王维的朴素，徐（摛）、庾（信）的华丽，杜甫的沉郁顿挫，李白的流畅灵动，《红楼梦》的细腻，《儒林外史》的简明，先生注意到无不各擅胜场，但对这些优秀的文学风格，先生并不是加以模仿，而是在继承先人风格的基础上，形成自己独特的风格。先生写的散文，或如行云，舒卷自如；或如流水，潺湲通畅；或加淡妆，朴素无华；或加浓抹，五色相宜。长达数千字的，不厌其长；短至几百字，甚至几十个字的，不觉其短，灵活方便，得心应手，表达思想、抒发感情、描绘风景，都淋漓尽致。在先生笔下，一山一石，一草一木，一人一事，一封一邑，无不透露灵气，有性有情，都能焕发光彩，增添情趣。谈身边琐事者，能有所寄托；论人情世局，颇具文采，因小见大，余味无穷，兼师东西，独辟蹊径。写作风格更是让人叫绝：起不用冒，收不作结，单刀直入，脱尽装点，气雄力劲，笔秀神清，词腴而不肤浅，色妍而显骨俊，与《战国策》文有异曲同工之妙。所以，中学课本里选有《春满燕园》《法门寺》，《回到历史中去》《清塘荷韵》等也都是脍炙人口、百读不厌的名篇佳作。

先生的著作是怎么写出来的呢？

早晨，不，应该说是凌晨，时针指向4点的时候，先生起床，简简单单地洗一把脸，就坐到了自己的第一张书桌前，开始了他的一天工作的第一个时段。他的书房里堆满了各种中外文书刊、夹书的纸条、各种废旧信封，他早饭以前在这张书桌上完成他的第一篇“作业”；早饭之后进入第二时段的工作，在第二张书桌上完成另一份“作业”；而晚饭后，他习惯在第三张书桌上工作。他习惯在写作一篇学术论文的同时，去进行一个翻译项目。先生自认自己有一个坏（好？）习惯，喜欢同时进行多项工作，这样做的好处是：干一件事，累了，立刻换一件。这样一来，脑筋就像是新磨的利刃一样锋利无比。用这样新“磨”的脑筋来思考问题，时有梦笔生花之感，奇妙不可思议。

先生看书，特别注意搜集资料。有时候，随便看书，忽然发现有用的资料，往往顺手拿一些手边能拿到的东西，比如通知、请柬、信封、小纸片一类，把材料写上，再分类保存。他认为搜集资料要巨细无遗，要有竭泽而渔的精神。因为天下没有无用的材料。只要脑海里在思考某一个问题，一切资料，书本上的、考古发掘的、社会调查的等等，都可能有用。一个人一生不知要思考多少问题，当思考甲问题时，乙问题的资料可能没有用。但是说不定什么时候会思考起乙问题来，可能回忆起以前看书时曾碰到过这方面的资料，再想去查找，可就“云深不知处”了。这就是先生治学的经验之谈。他生怕一时粗心大意丢失张把小纸片，而上面记的可能是最关重要的材料，这样就会影响整篇文章的质量，所以不得不黾勉从事。

这样的学问，往往是先生在自己的书房内做出来的。

然而，先生的时间比一般学者要少得多，频繁的社会活动，名目繁多的会议，接踵而至的拜访，经常使先生没有整齐的时间，因此先生就挖空心思地对时间的“边角废料”进行利用。他承认这“边角废料”是他自己杜撰出来的“怪名词”，因为时间看不见，摸不着，但确是一个整体，哪里会有什么“边角废料”呢？所以这只是一个形象的说法，如果一整天没有人和事来干扰，学者可以从容濡笔，悠然怡然，再佐以龙井一杯，云烟三支，神情宛如神仙，整个时间都是自己的，那就根本不存在“边角废料”问题。先生没有这个福分，几乎没有完整的时间。

在这样的情况下，先生经常是“土法”上马：在不得不参加的毫无价值的会议时，先生经常在会前、会后，甚至在会中，构思或动手写文章。有不少会，讲话者空话废话居多，传递的信息量却不大，态度欠端，话风不正，哼哼哈哈，不知所云，又佐之以“这个”“那个”，间之以“哎”“啊”，白白浪费精力，效果却是不好。这时先生往往只用一个耳朵或半个耳朵去听，就能兜住发言的全部信息量，而把剩下的一个耳朵或一个半耳朵全部关闭，把精力集中在脑海里，构思、写文章。积之既久，养成“恶”习，只要在会场一坐，一闻会味，心花怒放，奇思妙想，联翩飞来；“天才火花”，闪烁不停；此时，文思如万斛泉涌，在鼓掌声中，一篇短文即可写成，还耽误不了鼓掌。倘多日不开会，脑海活动似将停止，“江郎”仿佛“才尽”。所以，此时先生反而期望开会了，先生戏说“这真叫做没有法子”。

此外，在旅途的飞机上、火车上、汽车上，在骑自行车的时候，尤其是在从朗润园到外文楼步行在后湖边的小路上，先生的脑海里更是思考不停。有时候，先生坐公共汽车，在等车时，往往也思有所得，便从兜里随手掏出一个小纸片，或从地上捡个废烟盒，顺便写上，也是一篇妙文。自从住进301医院以来，他的笔也没有一时闲着，一部洋洋洒洒的《病榻杂忆》就是这样写成的。

这种“土”“洋”结合的方法，使先生赢得了比别人不知多多少倍的时间，经过几十年的辛勤笔耕，先生已经出版了近1000万字的著作。等身的著作中蕴涵着先生多少心血和汗水呀！

这就是我们看到的当代学界泰斗季羡林先生！平易近人的“土”，与博大精深的“洋”，平易与厚重是那么有机地结合在他一身之上，有如先生所看到的家乡院中影壁下的那两盆夹竹桃：一盆红色的，一盆白色的。红色的花朵让人想到火，白色的花朵让人想到雪。火与雪是不相容的，但这两盆花朵却融洽地开在一起，宛如火上有雪，或雪上有火。看看眼前的季先生，蓝布涤卡中山装，蓝布涤卡裤子，塑料浅褐软底黑色条绒布帮“懒汉鞋”，甚至开口说话，还带有浓重的山东口音。这样的一个形象，简直与老农无别，“土”得是那样纯粹可爱。然而再看看先生的1000多万字的著作，整整齐齐的《季羡林文集》24卷和《漫谈人生》等小品文……我们恍惚了。这样一位农民装束的人，会是这些洋学问的拥有者吗？

是的，正是这样一位看来既普通又平常像一个农民的人，却是“学富五车”的大学者，人文社会科学界泰斗。我们又想起了一个镜头：有一年在澳门召开的一次有关东方文化的国际学术研讨会上，参加者来自四面八方，主持者对洋人有一种过分的热情。就在开幕式那天，全场都着西装，而季先生却偏偏着一身中山装，坐在主席台中间，离开讲稿，大讲“三十年河东，三十年河西”。

这正是齐鲁文化和中国传统文化养育的、世界文化浸润出来的兼容百家、学贯中外的大学者！从“表”到“里”，我们看到了一个完整的季先生！这也正是我们把季羡林叫作通儒的原因。

季羡林先生被公认为是一位笃实敦厚，人们乐于亲近的博大长者，摇起笔来却娓娓动听，光华四射。他具有褒衣博带从容不迫的齐鲁风格和涵盖气象，从来不矜奇、不炫博，脚踏实地，做起学问来，一定要“竭泽而渔”，这四个字正是表现他上下求索的精神，如果用来作为度人的金针，亦是再好没有的。

这样一个季羡林怎么不值得人们去大写特写呢？

从启蒙到开悟

一、几字之师马景恭

一个人的成才往往是由多种因素造成的，这许多因素中有的是必然因素，有的是偶然因素。只有不失时机地抓住各种有利的因素，才能成才。

出生在山东的思想家孟子，小时候是非常淘气的。他特别容易受环境的影响，尤其是受坏的因素的影响，俗话说学好不易，学坏容易。是孟母三迁改变了孟子学坏的倾向。

季羡林的成才则是叔父季嗣诚给予了第一个机会。

季羡林，初名季宝山。字希逋，又字齐奘，偶尔也使用窘羊、羡、羡林的笔名，以名行。他乳名叫双喜，因为叔父的女儿秋妹，与他差十天出生而得名，俗称喜子。他于辛亥（猪）年的闰六月初八日即1911年8月2日出生，后来因为阴阳历换算的时候，一个偶然的笔误，写成了8月6日，之后就以8月6日为生日。用他自己的话说就是，这一错，使自己在世界上少活了4天。

取名为季宝山，来自于同辈的大大爷的孙子季宝庆。因为季宝庆很早就去世了，叔父觉得宝字辈不吉利，便想到了同族的王长屯季元林。林字辈与宝字辈是一辈。

季羡林的家乡在山东清平县（今临清市）官庄，这是当时山东有名的贫困地区。季家是一个破落的农户。家道中落，形同贫农。

祖父季老苔，父季嗣廉，母赵氏，农民，连个名字也没有。母亲的娘家，是离官庄5里地的王里长屯人，王里长屯被当地人简化为王长屯。那个村子也是季姓的同族村，大官庄的季姓就是从这个村子搬过去的。

叔父季嗣诚，字怡陶、化斋，喜爱宋明理学，一生酷爱治印。另外一叔父因为养不起，而送五里长屯一刁姓人家。叔父季嗣诚因为祖父季老苔养不起，就过继给汝吉。汝吉字肇堂。据山东画家刘永泰先生所藏，季嗣诚所刻的一枚印章是黄寿山石质地的方印，由于年代久远，寿山石已经变暗。印章所刻为“肇堂公犹子”，边款上刻字遒劲而潇洒，极富艺术性。上边的内容，完全是叔父寄托的一种报答之情：

> 余幼也失怙，幸赖伯父母教养，现二老相继去世，每念慈恩，不胜哀悼，敬作是印，以垂永念。
>
> 怡陶志

刘永泰先生另外还藏有季嗣诚的多枚其他印章，有“石友”“畏天”“下邳”“平生辛苦”，等等。

季羡林的祖父母早亡，他们留下了三个儿子，季羡林的父亲行大（在家族的大排行中行七）。两个叔父，最小的一个无父无母，送了人，改姓刁。剩下父亲和叔父两个人，上无怙恃，孤苦伶仃，寄人篱下。大概很难有吃饱过饭的时候。饿得没有办法的时候，兄弟俩就到村南枣树林子里去，捡掉在地上的烂枣充饥。看来乡下是呆不下去了，呆下去会饿死。兄弟俩商量了一下，决定到外面大城市里去找一条活路。

最近的大城市只有山东首府济南。兄弟俩到了那里，正经是费了不少牛力，东奔西跑，拉过洋车，扛过大件，当过警察，卖了不知多少苦力，受了不知多少煎熬，但是只有叔父在济南好歹找到了一点工作，立定了脚跟，像是石头缝里的小草，竭尽全力挣扎着。叔父考上了济南的武备学堂，而且后来被堂长看中，成为堂长的乘龙快婿。这样就保证了在济南的生活。于是父亲回家务农，叔父在济南挣钱，希望早晚能混出点名堂来，即使不能衣锦还乡，也能让人另眼相看，也算为祖辈和自己争一口气。

季羡林出生之后，家庭状况越来越恶化。吃的东西越来越差，红高粱面饼子是家常便饭，硬得让人难以下咽。穷得买不起盐，在盐碱地上把土扫起来，放到锅里煮一煮，出来不少咸水，用来腌咸菜。这样的咸菜往往是又咸又涩，就着高粱面饼子，那才叫难以下咽。要是能吃到一点玉米面饼子，那就是稀见的珍品，季羡林高兴得有时会手舞足蹈起来。有时候为了吃到一顿玉米面饼子，季羡林还真得费点儿脑筋。过年时，在本家的二大爷家里吃一次白面馒头或黍米做出的黄色年糕，他简直眉飞色舞起来，以为是吃到了龙肝凤髓。后来家里又增添了人口，他的妹妹出生了。家里似乎更为困难了。

小时侯，在老家有两个要好的小朋友，一个叫杨狗，一个叫哑巴小。杨狗是1910年生人，这年是狗年，农村人家为了让孩子好养，便给孩子起一些猪啊狗啊的名字。哑巴小简直就没有名字，因为是哑巴的儿子，人们就把他叫哑巴小了。

三个孩子都是穷人家出身，谁也不嫌弃谁，在一块儿玩的时候，总是很痛快。夏天是他们最高兴的时候，他们经常光着屁股在一起玩。在村南头一户人家的屋后有一个大水坑，他们每天的必修课就是一头扎进去，凫水摸虾，或者抓知了。他们不见不散，几乎天天泡在一起。他们几个孩子，除了冬天，长年不穿衣服，典型的农村光屁股小孩，当然也不穿鞋子。从来不知道什么叫洗澡。他们的所谓洗澡，就是在地上滚了一身泥以后，到就近的水沟里涮一下，就是洗澡了。他们大便当然不像城里人还有什么手纸，他们不知道什么叫手纸，他们的办法是至今已知最土、最笨、也是最不卫生的办法：就近取一块干土坷垃简单一蹭，就算了结了。大不了再到河沟里涮一下，那就是很干净了。

杨狗从来也没有离开过官庄，他一辈子都是农民。他一直活到上个世纪80年代。而哑巴小后来居然去当了山大王，练就了一身硬功夫，蹿房越脊，飞檐走壁。他杀富济贫，颇英雄了一阵子。有一次作案时，被官府捉住。在十冬腊月里，他被剥光了衣服，赤身露体被捆起来，再倒上凉水，吊到大梁上，冻一个晚上，竟然还活着。他被全村人视为英雄，因为他杀富济贫，但是从来不偷本村人家的东西。

这个村子，住的大多是穷人。邻居家有认得个把字的，就算是村子里的文化人了。6岁以前，季羡林有一个老师马景恭先生。他究竟教了季羡林些什么，大概只不过几个字罢了。连《千字文》《百家姓》之类的东西，都没有教过。马老师可以算是一字之师，或是几字之师。但是无论如何，他是季羡林可以称得上老师的第一个人。

6岁的孩子，在村子里能干些什么呢？在这一年的夏天，季羡林常干的事情是：黄昏以后，他到苇子坑的场院里，躺在地上，数天上的星星；夜晚和小伙伴到村子外去玩儿捉知了，他们在柳树下，点上一堆篝火，然后将柳树拼命地摇动，树上的知了纷纷飞落到篝火里。他们乐得不知回家。也有时候，他会跑到水坑里去玩水，光着屁股玩儿得这个痛快，连身上沾满了泥水也不在乎。

有一次，附近的赵王河（实际上应该叫德王河）发大水，官庄的河沟里也灌满了水，等德王河的水退下去，官庄河沟里的水还有，一些顺流上来的大鱼可就回不去了。季羡林眼看着一条大鱼在河沟里蹦，他兴奋极了，一下子就跳到河沟里，和一条跟自己差不多大小的鲤鱼搏斗起来。同伴们一时间不见了双喜，到处喊双喜、双喜。后来他们发现双喜原来在河沟里，正在和一条大鲤鱼搏斗呢。一个大人看到了这条大鲤鱼，不由分说，从季羡林手里抢走了。晚年的季羡林回忆起来，当时的情景至今还清晰如在眼前。

6岁以前还有一件事，是季羡林永远不能忘记的，他第一次吃到的发面白馒头，是在王长屯季元林大哥家吃到的。季元林在王长屯是有名的大地主，也是本家。有一次母亲到王长屯走娘家，带他到季元林家去，享受到人生中第一次美好的记忆。可惜季元林后来被绑架，被撕票了。

就在这一年，他在济南的婶母回到了官庄。当时济南政局已经有些动荡了，清平老家的父亲，怕在济南的叔父出事。就赶着一辆马车，进了济南，想把叔父一家全接到清平避难。到了济南，叔父正在黄河河务局上班，脱不开身。于是，也不再迟疑，把婶母和秋妹接到了清平。季羡林的婶母看到的，就是浑身泥猴一般脏兮兮的侄子，上树爬墙，追逐嬉闹。秋妹看到比自己大几个月的哥哥，也是一个光屁股下河沟洗澡的泥猴。婶母便和季羡林的父亲商量，这个孩子在村子里，这样下去，难以成人，永远也不会有出息了，干脆让他到济南吧，或许还能成块材料。父辈老季家就他一个男孩，他是季家唯一的希望。只有到济南才有希望。当即决定，等济南稳定下来，就把孩子送到济南。

二、投奔严而慈的叔父

就这样，在季羡林6岁即1917年这一年阴历春节期间，被父亲扶上了一头驴子，赶了两天的路，和父亲一起离家到济南去投奔叔父。而自己的两个亲妹妹则留在父母身边。其中的一个后来也过继给叔父，取名叫漱林，另一个留在临清，终老在那里，一辈子连学名都没有。

到了济南，这才发现自己离开母亲的痛苦。在到济南的头天晚上，季羡林第一次不在母亲的怀抱里睡觉，而是孤零零一人躺在一张小床上。他无论如何也睡不着，一直哭了一夜。他当时不理解，为什么要把他送到济南。他知道叔父对自己的期望很高，会对自己很好，但自己总感到是寄人篱下。这种感觉越到后来越明显，尤其是在与叔父的亲生女儿秋妹比较的时候，他有一种受虐待的滋味。

季羡林的叔父及家人

其实，他也知道叔父的不易。叔父本来是在万般无奈的情况下逃到济南去谋生的，经过不知多少艰难险阻，终于立定了脚跟，武备学堂毕业之后，因为学了测量专业，便得以在黄河河务局测量科谋了一个小职员的位置，家境虽然不算富裕，但总算无衣食之虞，比起在官庄的父母来，简直是天上地下了。老丈人是武备学堂的堂长，也算是有身份的人物了。叔父在济南，也没有人敢欺负他。

因此，对于叔父，季羡林一生都是非常敬重和佩服的。在季羡林眼里，叔父是一个非常有天才的人。他虽然没有受过什么正规的教育，却在颠沛流离中，完全靠着自学，获得了不少文化知识。他能作诗，能填词，能够写一幅好字，也能够刻图章。他的古书也读了不少，尤其是宋明理学的书籍，他很感兴趣。还经常正襟危坐地读一些《皇清经解》一类十分枯燥的书籍。他还能作一些诗文，有一首七绝的诗是写春天景色的，季羡林至今还记得：

杨花流尽菜花香，弱柳扶疏傍寒塘。
蛙鼓声声向人语，此间即是避秦乡。

可见叔父的文学涵养和哲学涵养都是很高的，他自然想让自己的孩子也能像他一样成为一个有文化的人，最好能够超越他，为祖宗争气。因此，叔父下决心把季羡林培养成有出息的人，他要让季羡林上学。

上学要起大名，季羡林在临清已经有个季宝山的大名，但是叔父忌讳宝字辈的季宝庆早夭，便采用邻村五里长屯的季氏林字辈，但是叫慕林还是叫羡林，叔父犹豫不决，请教一位教师朋友，被确定为季羡林。那位教师说，因为慕林的发音，接近上海话阿木林——傻瓜蛋【“阿木林”是上海人用来形容某人不谙世道、做事不灵活，为人迟钝，易轻信人的意思。因为“木（mu）”和上海话里的“漠（mu）知漠觉”是谐音，所以人们逐渐叫上了口。也就放过阿金阿土阿火，而独尊“阿木林”了】，会一辈子倒霉。（而后取字希逋，齐奘。但是后来因为觉得用古人林逋的名字作字，不礼貌，弃用。齐奘也只有一次使用。在清华大学读书时在天津《大公报》发表文章用过“羡”“羡林”“窘羊”，在《清华周刊》发表文章也用过窘羊，有时候发表短讯不署名。）

季羡林寄住到叔父家里以后，性格发生了很大的变化。他6岁离开母亲，童心的发展在无形中受到了阻碍。躺在一个非母亲人的怀抱中打滚撒娇，成为不可能的事情。叔婶总起来说对他很好，从来没有虐待他。但是他们毕竟还有自己的女儿秋妹。因此在日常生活中小小的歧视，是可以感觉得到的。比如说，做衣服，有时就不给他做。在平常琐末的小事中，偏心自己的亲生女儿，这也是人之常情，不足为怪。一个七八岁的孩子对于这些事情并不敏感。但是，积之既久，在自己潜意识中难免留下些印记，从而影响到自己的行动。他清晰地记得，向婶母张口要早点钱，竟成了难题。有一个夏天的晚上，在院子里铺上席，躺在上面纳凉。他想到要早点钱，但不敢张口，几次欲言又止，最后时间已接近深夜，才鼓起了最大的勇气，说要几个小制钱。钱拿到手，心中狂喜，立即躺下，进入黑甜乡，睡了一整夜。对一件事来说，这样的心理状态是影响不大的。但是时间一长，性格就会受到影响。这样长期下去，由一个在母亲目前撒欢蹦跳的孩子，变为一个内向的孩子了。

还有，由于叔父的疏忽，造成季羡林得了天花，不仅差一点儿死去，而且留下终生的遗憾。季羡林一生都不愿意照镜子，都是因为这次叔父的疏忽。而当时接种牛痘已经开始了，但是叔父没有给侄子种，不幸恰恰就降临到季羡林头上。

季嗣诚非常严厉，管教孩子是严格得不得了。一种好吃的菜，如果孩子们连着夹了两筷子，到第三次夹时，他会用自己的筷子把孩子的筷子打掉到地上。如果吃饭呱哒嘴，吃出响声，不是挨训就是挨打。那种吃法被认为下作，没有出息，一辈子没有吃过东西。叔父是最看不上的，因为受过这种教育，季羡林到德国，在饭馆里吃饭听到呱哒嘴的声音，极为反感。家里女人从来不上桌和男人一块吃的。

一到济南，叔父就把季羡林送进了一所设在曹家巷的私塾念书。大概有几个月，他就进出这所私塾。从那时起，季羡林才算开始上学。私塾是叔父的朋友办的，几个月里，他念一些《三字经》《百家姓》《千字文》《四书》之类。私塾先生是一个白胡子老头，面色严峻，令人望而生畏。每天入学，总是先给孔子的牌位行礼，然后再念“赵钱孙李”。私塾的先生见他野性不改，顽劣成习，怕败坏了私塾的校风，再也不愿意教他了。

季羡林遭遇到私塾读书的失败。

三、从私塾到新式小学

无奈，叔父把季羡林送到一所新式的小学——设在济南南城根的济南第一师范附小（现在的黑虎泉西路小学）。该校设在南城门内升官街西头。所谓“升官街”，与升官发财毫无关系。“官”是“棺”的同音字，这一条街上棺材铺林立，济南人忌讳这个“棺”字，所以改谓升官街，礼也。一师校长是王士栋，字祝晨，绰号“王大牛”，兼任附小校长。他是山东教育界的著名人物。季羡林在一师附小只呆了不到两年的时间，在那里升过一次级。残留在他记忆中的一件小事，就是认识了一个“盔”字，也并不是在国文课堂上，而是在手工课堂上。老师教用纸折叠东西，其中有头盔，老师知道孩子们不会写这个字，所以用粉笔写在黑板上。学生人数不少，教员写完了这个字以后，回头看学生，戴着近视眼镜的脸上，有一丝笑容。在这里，李长之是同班同学。还有一个叫卞蕴珩的同学。他大概是长得非常漂亮，行动也极潇洒。他竟记住了卞蕴珩，只是这个名字美妙无比。此人后来季羡林再没有见过，

他成为一条神龙。在这里季羡林做过一次生意。他叔父家住在南关佛山街，走到西头，过马路就是正觉寺街。街东头有一个地方，叫新桥。这里有一处炒卖五香花生米的小铺子。铺子虽小，名声却极大。这里的五香花生米（济南俗称长果仁）又咸又香，远近驰名。季羡林经常到这里来买。去一师附小上学，一出佛山街就是新桥，顺路。有一天，他用自己从早点费中积攒起来的一些小制钱（中间有四方孔的铜币）买了半斤五香长果仁，再用纸分包成若干包，带到学校里向小同学兜售，他们都震于新桥花生米的大名，纷纷抢购，结

果赚了一些小制钱，尝到做买卖的甜头，偷偷向阿姨王妈报告。这样大概做了几次。连他自己都没有想到，一个七八岁的孩子竟显露出了做生意的“天才”。当时的他也很贪玩儿，而玩也没有什么玩具，只有一个简单的铁圈儿。他课后的乐趣，就是滚铁圈儿，用一根前面弯成钩的铁条，推着一个铁圈儿，在升官街上从东向西飞跑，耳中还能听到铁圈儿在青石板路上滚动的声音。有一阵子，他迷上了滚铁圈这种活动。在南门内外的大街上没法推滚，因为车马行人，喧闹拥挤，一转入升官街，车少人稀，英雄就大有用武之地了。几乎用不着拐弯，能够一气就推到附小的大门口。

后来离开这所学校的原因有点儿离谱。一师校长王大牛是新派人物，在山东得风气之先。五四运动的时候，他和山东教育界的其他人响应提倡新文化的号召，在学校里推行白话文，废弃文言文。他受新文化运动的影响，在济南首先采用白话文教科书。学生不再念《百家姓》《千字文》《三字经》，而是念人、口、手、足、刀、尺了。在小学生眼里，校长是个大人物，轻易是见不到面儿的。对老师，见了面儿，学生要老远鞠躬如也。但是一般学生都害怕老师，因为老师对学生很严厉，学生经常受到老师的体罚，用手拧耳朵，用戒尺打手心，是老师最常用的方式。学生自然是逆来顺受。

季羡林在这里照样野性不改。学校规定写墨笔字，每到上课的时候，他便和孩子们互相往脸上涂墨汁。回家以后，婶母马上训斥，为什么跟人家打架？季羡林还不明白婶母怎么知道自己打架的，问秋妹，秋妹大笑说，你自己照镜子看看嘛！这一看，季羡林也哈哈大笑起来。在家里，婶母有时候也让兄妹写大仿，他就让秋妹往自己的脸上画胡须，闹着玩儿。他也往秋妹脸上画上一些图案。那练毛笔字的劳什子早就抛到一边去了。

在小学国文课本里有一篇叫《阿拉伯的骆驼》的课文，是说一个冬天里，主人在沙漠里打了帐篷，骆驼站在外边感到太冷，于是与主人商量说，我能不能把头伸进帐篷里暖和暖和，主人答应了。可是过了一会儿，骆驼又商量说让我把身子伸进去吧，主人又答应了。最后骆驼全身都进去了，而主人却被挤出帐篷，冻死了。没有在意的时候，被叔父发现了这个课本。叔父非常生气，怎么骆驼还会说话，荒唐！荒唐！转学！转学！

季羡林离开了济南第一师范附小转入新育小学。同时转学的还有季羡林的一个亲戚表兄孙襄城。转学的时候，因为认识一个“骡”字，老师垂青，从高级小学一年级开始念起。而那个亲戚不认得这个“骡”字，被分发到小学三年级。

新育小学不算小，但是校园里有点乡村味。用一个木架子支撑着一座柴门，上面悬着一块木匾，上书四个大字：循规蹈矩。对学校的老师，季羡林几乎没有什么好印象。老师们，不管是沙着嗓子念古文的语文老师，还是教数学的老师，大多都不讨人喜欢，他们有人老是板着脸，装出一副威严的样子吓人。这里的课自然引不起季羡林的兴趣。上课的时候，他和其他顽皮的孩子一样，在课桌上用小刀刻花，在书本上画小人儿头。课后，他自由了，约几个小朋友飞跑到离学校不远的一个小池子边儿上去捉蝴蝶，或者捡小石头子打水漂儿玩。幼小的心灵倾注到蝴蝶的彩色翅膀和小石头子儿的螺旋似的花纹上了，从中他获得了快乐。

季羡林的班主任是一个姓李的老师，是40多岁的中年人，他在学生的眼里是非常诚恳忠厚的，朴实无华，从来也不训斥学生，说话总是和颜悦色，让孩子们感到很亲切。他教的课很多，连劳动也和学生们在一起。他带着学生们到一个大圆池子旁边去种菜，芸豆、辣椒、茄子都种了，就是没有种西红柿，因为那时济南还没有西红柿。一直到现在，季羡林还把去种菜的那一天当作自己一生中最快乐的一天。

李老师还开始给季羡林教英语，他教学生认字母有自己的一套办法。他说英文字母f就像一只大马蜂，两头长，中间粗。这个比喻，季羡林现在还记得。

语文课的教科书上有一些寓言故事，季羡林觉得满有趣味。有一篇写乞丐的文章，说一个乞丐要满了一罐子残羹剩饭，便对着罐子幻想起来：怎么样卖掉这些残羹剩饭，怎么样用赚来的钱买成鸡，鸡又怎么样下蛋，鸡蛋又怎么样孵出小鸡，小鸡又换成了马牛羊，终于成了一个大富翁，娶了太太，生了孩子。乞丐越想越高兴，不禁手舞足蹈。在狂欢之余，猛然一抬脚，把个罐子踢了个粉碎。到此幻想结束。这样的故事，季羡林当然觉得好玩儿。类似的故事在吴兴韦居安的《梅磵诗话》、江盈科的《雪涛小说》和《苏东坡诗注》等书里都有记载。后来季羡林研究了印度文化，才知道这些故事的源头在印度，《嘉言集·和平篇》和《五卷书》的第七个故事就是源头。

在语文课方面，当时季羡林非常害怕文言作文，好像有语言障碍，而且最难的是不知怎样开头。老师的作文题写到黑板上，季羡林立即在作文本上写上“人生于世”四个字，然后就穷了词儿，再也不知道写什么了。憋好久才能憋出一篇文章来。有一次，实在憋不出来了，就在不知什么书上抄了一段话：“空气受热而上升，他处空气来补其缺，遂流动而成风。”因为句子通顺，老师给表扬了一番。后来季羡林一想起此事总感到羞愧有加，下决心再也不剽窃别人的文字，从那以后没有剽窃过任何人的文字。

学校里有趣的一个地方，是设在一间幽暗小屋里的学校图书室。每天过午下课以后，季羡林就往那里跑，进去欣赏那些封面很美丽书中插图色彩也很鲜艳的儿童读物，把他带进植物的世界、动物的世界、月的国、虹的国里去翱翔。他深深地被有趣的童话吸引了，不止一次地，他在幻想里驰骋，看到金色翅膀的天使在一团金色的光里飞舞，终于自己也仿佛加入到里面去，他高兴得不知道自己是天使，还是什么了。反正天使的样子一直陪伴着自己了。

四、造反成性

其他老师的课，课堂生活实在是乏味，老师又严。孩子们动辄受罚挨打，实在受不了，季羡林他们起来造反了。

有一个珠算老师姓孙，眼睛长得突出来，孩子们给他起了个外号“稍迁”——“知了”。他对孩子特别蛮横，打算盘不准错，规定错一个数，打一板子。孩子们打算盘都是初学，错上十个八个数，甚至上百个数，是常有的事，因此孩子们都挨过他不少板子。实在忍不下去了，孩子们决定造反，把他架走（即赶走）。他们商定：等他来上课时，学生们上去把他的教桌弄翻，然后学生们一起离开教室，跑到假山背后的树丛中，每人口袋里装上一些树上长出来的黄豆豆，准备用它们打孙老师的脑袋。他们觉得老师会无颜见人，非卷铺盖卷儿走人不可。但是等他们要用黄豆豆打老师的时候，才知道结果不妙，有1/3的学生想拍老师的马屁，没有离开教室。他们坐在那里听课，课桌早就翻过来了。这样一来，老师反而长了气焰，把几个造反的孩子用大竹板打手心，打得那个狠，手心很快肿起来了。季羡林自己也被叫起来，挨了十几竹板子。他的手立即红肿起来，走出教室的时候，忍着热辣辣的疼痛，把口袋里的黄豆豆掏出来倒在地上。

这次造反没有成功。

但是有一次却成功了。那是对一个图画老师，他脾气暴烈，伸手就打人。孩子们团结一致向他示威，他知难而退，辞职不干了。

在新育小学时，季羡林是一个非常外向的学生。他喜欢打架，欺负别人，也被别人欺负。他的小学同学李长之说，他打架的时候，抱着双拳，闭着眼睛的样子，是十分滑稽的。有一个男同学，个子比季羡林高半头，劲也大，总愿意欺负他。季羡林忍了几次，受不了，于是起来反抗。他个子高，打季羡林的上身，季羡林个子矮，就打他的下身。后来两人抱成一团，滚在沙堆里打，互有占上风的时候，到上课铃响，也没有决出胜负。从此以后，他也不欺负季羡林了。

季羡林不受别人的欺负，他自己倒欺负起别人来了。被他欺负得最厉害的是他的一个远房亲戚刘志学。他的个头儿和季羡林差不多，但岁数偏小，懦弱无能，一眼被季羡林看中，就欺负起他来。季羡林命令他跪下，不听就拳打脚踢。他也不反抗，叫怎么的，就怎么的。这样一来更增加了季羡林欺负他的劲头，增加了气焰，欺负的次数和力度就有所增加。直到他告状告到婶母时，这种恶作剧才结束。

回到家里，叔父的管教也很严。《红楼梦》《三国演义》《水浒传》等古典小说，叔父认为是闲书，绝对不让看。他为了让季羡林成材，亲自给侄子编了一本《课侄选文》，选了不少宋明理学的文章，让他读。但叔父越管得严，季羡林反而越有逆反心理，越是要起劲地去看那些闲书。不少旧小说，什么《西厢记》《金瓶梅》《三侠五义》等几十种，他都偷着看了个遍。

他的书桌下面，有一个放白面的大缸，上面盖着一个用高粱秸编成的“盖垫”。季羡林坐在桌旁，桌上放着“四书”，看的却是闲书。除了《红楼梦》，大概因为里边的人物老是哭哭啼啼的，他不喜欢，其他书他都看得津津有味。冷不防，叔父闯将进来，他眼疾手快，赶忙把闲书放到盖垫底下，口里马上又念起“子曰”“诗云”来。夜里他还用手电筒照着，在被窝里看。在外边的时候，则到砖瓦堆里躲着看。他看了那么多的闲书，并没有去当强盗，也没有去偷女人。但是有一阵子，他确实想过当绿林好汉。在家里，他用袋子装满了绿豆，挂在房间里，练打拳。或者用手指头不停地往盛着大米或绿豆的缸里插，想练铁砂掌。练得次数多了，把手插出血来，手指甲和肉连接的地方血肉模糊，他才意识到这绿林好汉是不容易当的，这才放弃了这个念头。铁砂掌练不成，就练隔山打牛。在屋里帐子顶上，悬上一个纸球。每天早晨起来之前，先向空中打上一百掌，倘若能够把纸球打动，据说就能百步打人了。到晚上，夏夜的蚊子再多，他也不顾，常常在后背上斜插一把婶母量布用的尺子，就算挂了宝剑，在同时玩的小孩面前，便显得凛凛然，仿佛有不可一世的气概。

对这样一个孩子，是十分难管的。叔父为了季家的未来，履行着父亲的职责，对幼小的季羡林进行着教育。

季羡林在新育小学考过甲等第三名、乙等第一名，不是拔尖的学生，也不怎样努力念书。三年高小，平平常常。这个小学在开始的时候还是教文言文，但是后来也改为白话文了，课本里不光骆驼会说话，连乌龟、蛤蟆都说起话来，叔父管不过来，只有听之任之了。

五、开始对英语感兴趣

在这时候季羡林有了一个意外的收获：叔父让他开始学英语。当时正规小学并没有英语课。这个学校的正课也没有英语，但是小学里的李老师会一点儿英语，他答应晚上可以教，但是需要交学费。叔父很痛快地答应，出这份额外的费用。愿意学英语的还有其他十几个孩子，凑合成了一个班集体。课堂不是在小学里，而是在校外。他学英语是利用业余时间，上课是在晚上。

对于季羡林来说，外语真是一种非常神奇的东西。他当时认为，中国的方块字是天经地义的，不用方块字，只写一些曲曲弯弯的、像蚯蚓爬过的痕迹一样的东西，居然也能发出音来，还能有意思表达出来，简直是不可思议的。越是神秘的东西，就越是有吸引力。英语对于季羡林来说，就有极大的吸引力。他万万没有想到，望起来如海市蜃楼一般可望而不可即的东西，竟然唾手可得了。

事实上，当时学习英语的时间并不长，学的东西也不多，只不过学了一点语法、一些单词而已。他当时提出一个怪问题："有"和"是"都没有"动"的意思，为什么叫"动词"呢？他问老师，老师也说不清楚，其他人也说不清楚。后来才逐渐了解到，这只不过是一个译名不妥的问题。

最让季羡林难以忘怀的是，他开始学习外语的感觉是非常的好，一下子刺激起他学习外语的积极性，一发而不可收拾。每次去参加晚上举办的外语学习，总有一种好的感觉。每次去这个外语班学习，都会在眼前出现一团凌乱的花影，是绛紫色的芍药花。在新育小学校长办公室前的院子里，有几个花畦，春天一到，芍药盛开，都是绛紫色的花朵。白天走过的时候，紫花绿叶，那是很分明的。可是到了晚上，英文课结束了，再走过这个院子，紫花与绿叶已化为一个颜色，朦朦胧胧的，一堆一团，可白天的印象还在，所以觉得它们的花叶还是分明的。夜晚的朦胧增加了花影的神秘，但扑鼻的花香，确然证明着花的存在。于是这样的印记便永远地印在了脑海里。一到学习英语的时候，便好像走过一片种满了芍药花的花畦，紫色的芍药花同绿色的叶子化成了一个颜色，清香似乎扑入鼻管。从那以后，在几十年的时间里，每到学习外语，总同芍药花的香气联系在一起，成为学习外语的无限动力。这个动力是叔父给他提供的。他幼无大志，当时山东中学的拿摩温是山东省立第一中学，他连去报名的勇气都没有，只报了一个“破”正谊。可这个学校考试时居然考了英语。出的题目是汉译英：“我新得了一本书，已经读了几页，可是有些字我不认得。”他翻出来了，只是为不知道“已经”这个词儿的英文译法而苦恼了很长时间。结果被录取，不是一年级，而是一年半级。

叔父对他期望极大，要求极严。叔父自己亲自给他讲课，选了一本《课任选文》，大都是些理学的文章。叔父并没有受过什么系统教育，但是他绝顶聪明，完全靠自学，经史子集都读了不少，能诗，善书，还能刻图章。他没有男孩子，一切希望都寄托在季羡林身上。叔父严而慈，对他影响极大。根据叔父的要求，他在正谊下课以后，参加了一个古文学习班，读《左传》《战国策》《史记》等书，当然对老师另给报酬。晚上，又要到尚实英文学社去学英文，一直到十点才回家。这样的日子，大概过了八年。他当时并没有感觉到有什么负担；但也不了解其深远意义，依然顽皮如故，摸鱼钓虾而已。

不管怎么样，季羡林在济南的13年里，叔父对他倾注了父亲般的感情，季羡林还清楚地记得，一旦考了好一点的成绩，叔父就奖励他，给他买一个济南的小吃油旋。这种小吃，是用普通面粉用油、葱花等作料，先烙后烤精制而成的。吃起来，如同吃龙肝凤髓，其乐融融。一直到现在，季羡林最愿意吃的烤的东西，还是这种小吃。只要有人从济南给他捎去一点，他便喜形于色。

六、爱国教育

1924年季羡林13岁。在这一年，他生平第一次面临一种需要认真对待的选择。

这一年，他小学毕业了。他要考初中了。

但是考哪一所初中呢?

当时济南市，乃至山东省，最好的中学是山东省立第一中学，孩子们把它称之为山东中学的拿摩温。

季羡林因为少无大志，自知小学成绩不是最好的，他癞蛤蟆不敢吃天鹅肉，不敢报考当时鼎鼎大名的山东省立第一中学，他甚至连报名的勇气都没有。他觉得按自己的成绩，只配入名声不大好的“破正谊”，或者“烂育英”。这两个学校的招生标准都不高，对学生的条件要求不严，尤其是一些官宦人家的子弟，在这两所学校里的自由度比较大。思来想去，季羡林决定报考正谊中学。当然是一考就中。

在这所学校里，季羡林遇到了影响自己一生的爱国者鞠思敏老师。

鞠思敏（1872—1944），名承颖，字思敏。山东荣成人。清末举人，1906年加入同盟会。武昌起义后积极推动山东独立运动，参加荣成起义。1913年与王祝晨、刘冠三等在济南创办私立正谊中学；“五四运动”时期，又共同创办尚志学会，传播新文化。历任山东高等师范学堂、省立一师、省立第一乡师校长和省教育司长。在历次爱国群众运动中，都积极站在进步学生一边，给予援助。办学中广用人才，坚持进步，为山东著名教育家。

在担任正谊中学校长期间，鞠思敏办学贯彻自己的主张：别校落榜的学生他尽量招收；对违反校纪的学生，教导惩戒，但绝不开除。对屡教不改的，只遣送回家，由家长管教，愿意悔过，即可恢复学籍。鞠校长认为施教于这两类学生，正是自己应尽的天职；把他们推出校门，任其流入社会是不负责任。在推行这两项主张上，有些教师是反对的，认为对“不堪造就”的或“害群之马”，是不必浪费精神的。但是也有人出来予以坚决支持，认为鞠校长的这种主张真正体现出一个教育家的精神，无可非议。但是由此也使正谊中学有了一个不好的绰号：“破正谊”，有“捡破烂”之意。

当时经费拮据，局势动荡，困难重重，鞠思敏克勤克俭，尽职尽责，使正谊中学日渐发展壮大，常年在校生达1700人，居济南各校之首。1917年只身东渡日本考察教育，回国后集中精力管理正谊中学校务，使之成为当时济南规模最大的私立中学。

正谊中学坐落在济南大明湖旁边。刘鹗在《老残游记》中描绘济南“家家泉水，户户垂柳”，其实就是指大明湖周围和芙蓉街这一带。这里泉系发达，穿墙入院，遍地皆是，街区周围有大小名泉30余处，属珍珠泉泉群。

正谊中学紧靠“三面荷花一面柳，半城山色半城湖”的大明湖，一条小溪从校内往北流向大明湖。到了夏天，这里就更好玩儿了。杨柳参天，蝉声满园，后面又有万顷苇绿，十里荷香，不啻人间仙境，天堂乐园。

在这个乐园里，季羡林和他的同学们仍然不断地出演一些恶作剧。优美的学习环境并没有刺激起季羡林的上进心，他依然像以前一样，学习不努力，但靠天分，成绩也还不算坏，总是徘徊在甲等后几名、乙等前几名之间，属于中上水平。这个学校重视英语，为学生们开了英语课。一次，换了一个新英语老师，学生们都觉得他不怎么样，出于一种少年使坏的心理，他们便想出一个高招来测试他。他们从字典里找了一个短语by the by。这个短语并不稀见，但孩子们从来没有读到过，觉得很深奥，便以此去问老师。老师没有答出来，脸上露出了愧色。在下次的课上，老师说：你们大概是从字典上查出来的吧？孩子们笑而不答。这位老师颇宽宏大量，不对恶作剧的学生进行打击报复。

从年龄上看，季羡林是班上最小的，玩心很浓。班主任叫王烈卿，学生们给他起了个外号，叫“王劣子”，因为他水平不高，不受学生的欢迎。上课之余，季羡林大多是跑到学校后面大明湖畔去钓虾，抓蛤蟆，不知用功是何物。生活自然是找不出什么有声有色的东西来，单调、呆板、固执，是他当时的写照。玩起来，从来也没有什么玩具。自己有时候弄个细铁丝，把它弯成一个圆圈，再弄个小铁钩，手拿者小铁钩推铁丝圆圈，铁圆圈就能跑起来，他自己也就非常高兴了。

正谊中学的课程，除了英语以外，还有国文、数学、物理、生物、地理、历史。

英语课念《泰西五十佚事》《天方夜谭》《莎氏乐府本事》，等等。英语课也布置写作文。

英语老师是郑又桥，他是南方的浙江或江苏人，英文水平相当高，发音很好，教学也很努力。但是他当时抽大烟，早晨起得很晚。往往上课铃响了，还不到教室，学生只好去宿舍里叫他。他教书的特点是在作文上下工夫忒大。季羡林的作文交上以后，郑又桥老师往往是一字不改，而是自己根据学生的原意重新写一篇。他的改写是地地道道的英文，这是多年的学养修炼而成的，可见他的英文水平之高。这种英文思维所形成的作文，对季羡林的启发特别大。因为在开始写英文作文的时候，季羡林是根据汉语思维而写出来的，结果当然是中国式的英文。而郑又桥老师的英文则是纯英文式的英文，完全是英文思维的结果。所以季羡林对郑又桥老师十分感激，在从德国留学回来以后，在1947年暑假到济南又看到他，改写了杜甫的诗，来表达当时师生相见的喜悦心情：

人生不相见，动如参与商。
今日复何日，共此明湖光。

国文课主要是念《古文观止》一类的书，老师要求学生们背诵。国文老师一个姓杜，名字季羡林忘记了，另一个叫徐金台。

杜老师是一位饱学之士，去上课的时候总是挺着大肚子步履蹒跚地走进教室，学生们因此给他起了个外号“杜大肚子”，以至于把他的真名给忘记了。他熟读了不少经书，古文水平非常高，一手小楷写得俊秀遒劲，书法水平很高。季羡林在正谊中学初中毕业后又念了半年的高中，老师就是他。他给学生布置了一篇写景抒情的作文，要求用文言文写。季羡林别出心裁，试着用骈体文写了一篇作文，想得到老师的表扬。结果作文发下来了，老师在上面写满了字，等于是另外重新写了一篇。他的批语给季羡林的教育是很大的："要做花样文章，非多记古典不可。"这句击中要害的批语，使季羡林猛省：仅仅凭自己读过的几篇骈体文，就写这样的文章，等于是癞蛤蟆想吃天鹅肉。自己看闲书很多，什么《彭公案》《七侠五义》，等等，但是对骈体文下的工夫不大。杜老师一下子看出了自己的问题，不顾年届花甲，戴着老花镜给学生改作文，使季羡林有感动，有惭愧。因此，杜老师成为季羡林经常怀念的老师之一。

徐金台老师是正谊中学的资深教员，受到学生的普遍尊敬，但是季羡林没有上他的正课，而是上了他的古文补习班。每月交3块大洋，在阎公祠大楼的一间教室里，在下午放学以后开课。他教的课主要是《左传》《史记》之类。这些课开的时间不长，但季羡林还是有收获的。

生物课的老师水平相当低，认识的字不多。甚至连玫瑰这两个字也不认得，念成"久块"，让学生们很是失望。

总的来说，学校里的这些课程除了英语以外，他的兴趣都一般，没有下功夫去学习。只是对小说的兴趣越来越浓，《三国演义》《西游记》《封神演义》《说唐》《说岳》《济公传》《彭公案》《三侠五义》《玉历至宝钞》，等等，都读了不少。《西游记》《金瓶梅》一类的书也看，只是对《红楼梦》，他那时还不喜欢。林黛玉整天哭哭啼啼的样子让他心烦。小说之外，他还开始读宗白华的《三叶集》。

白天是在学校上课，晚上则要到一个叫尚实英文学社的地方学英语。

校长叫冯鹏展，是广东人，说一口蓝青官话。他家的房子大得很，前面的一进院子学社占用，有四五间教室，按年级分班。后面的院子，则是他全家的住处。冯老师最喜欢养蛐蛐，经常不惜重金，购买良种。他斗起蛐蛐来，舍得下很大的赌注。季羡林也喜欢斗蛐蛐，但是他没有钱去买良种蛐蛐，便约同院住的几个孩子到荒山野外蔓草丛中去找，碰巧抓住一只好蛐蛐，欣喜若狂。但季羡林无论如何不敢去赌，他没有那个胆量。他只不过是玩玩而已。

教英语的除冯老师以外，还有钮威如、陈鹤巢两位老师。

钮威如老师满脸胡子，身体肥胖，用英语教历史。陈鹤巢老师则是翩翩公子，注重衣饰，穿得很漂亮。这些老师英文水平都很高，教学也很努力，使他学到不少东西。《纳氏文法》这部教材因为艰深，学得很费劲，反而激起孩子们的学习兴趣，从中学到了不少语法。只是到后来才知道，这本书，是英国人专门写出来，给殖民地人民学习英语用的。

正谊中学的同学，不乏有个性的怪人。其中一个同学是季羡林永远也不可能忘记的。有一段住校的时间，他是季羡林同室住的室友。他把脸盆派上多种用途：早晨洗脸，晚上洗脚，夜里小便。每天早晨，先把夜里的小便倒掉，然后用水一冲，立刻再倒上水洗脸。冬天里有一天，这个同学起晚了，工友进来送洗脸水。工友一看脸盆里有黄色的东西，以为是剩茶水什么的，便把热水倒在里边了。等工友走了，这个同学起来一看，也不好意思再喊工友，便一不做二不休，就用这尿水混合物洗了脸，脸上的汗毛居然连动都不动。季羡林这时感觉到世界上什么人都有，真是瓜子里嗑出臭虫来，什么仁（人）都有啊！

但是在正谊中学里，真正让季羡林永远怀念的是鞠思敏老师。鞠思敏老师是季羡林永世难忘的一个人。

鞠思敏老师个子魁梧，步履庄重，表情严肃却又可亲，给季羡林以非常深刻的印象。他是正谊中学的校长，并不教课，只是在上朝会时，总是亲自对全校学生讲话。在这种每周一次或几次的朝会上，鞠老师讲的无非是一些待人处世的道理，并没有什么惊人之论。但是这些普通的道理，从他嘴里讲出来，那缓慢而低沉的声音，认真而诚恳的态度，却总是能打动这些初中孩子们的心。

从大一点的孩子们那里，季羡林了解到鞠思敏老师的一些情况。早在1913年，作为同盟会成员的鞠思敏从荣成来到济南，有一天，鞠思敏到商务印书馆买书，店面里的柜台很高，像当铺一样，来买书的人需仰头才看得到，自命清高的他无法接受，就联络了山东教育界两百余人，集资大洋5000多块，办起了教育书社，位置就在商务印书馆旁，与其分庭抗礼。

鞠老师不是一个卖嘴皮子的人，他一生着力追求的是言行一致、民族气节。到季羡林考上山东大学附属中学时，鞠老师受聘给附中的学生们上课，教伦理学，用的课本是蔡元培先生的著作《中国伦理学史》。

后来他成为山东省立济南师范学校的第一任校长。

再后来，日本侵略者占领了济南，慕鞠思敏老师的大名，想方设法，劝他出来为日本人做事，以壮敌伪的声势。鞠思敏为人正直，富有正义感和爱国热忱。他同情支持学生的抗日活动，对到南京请愿的学生大力赞扬、鼓励，并亲自到火车站为候车的学生送茶送饭。对被捕的学生，他总是设法营救。当年乡师的共产党员于一川、王路宾、张宏凡、姚仲明等都受到过他的庇护。鞠思敏爱憎分明，刚直不阿。1937年底，济南沦陷，日伪当局因知其声望，多次派人登门敦请出任教育厅长，但是鞠思敏先生总是严词拒绝。再到后来，生计已经非常困难了，他只能每天吃开水泡煎饼，再加上一点儿咸菜，这样来勉强度日，却始终未为五斗米折腰，终于在极度忧患之中郁郁逝世。鞠思敏毕生致力于教育，被后人誉为“山东的蔡元培”。

1944年8月7日，鞠思敏病逝于寓所。终年72岁。当时虽处战乱年代，但在殡丧的那一天，济南市民、正谊中学的校友闻讯赶来执绋，送殡的人群长达数里。

这样的一位老师，季羡林后来离开高中以后再也没有见到他，但是每每想到他那热爱青年的精神，热爱教育的毅力，热爱祖国的民族骨气，眼前总会浮现出他的身影，时间愈久，反而愈显得鲜明。每次想到济南，首先就会想到鞠老师。

济南曾经把一条街道命名为鞠思敏街，但是后来大概在“文革”中取消了，以后再也没有恢复。每念及此，季羡林总感到不解。他希望有朝一日再恢复鞠思敏街，以永远纪念这位爱国人士。

七、王崑玉老师的语言训练

1926年上半年，季羡林在正谊中学上了半年高中，夏天转入山东大学附设高中。山东大学的校长是前清状元、当时的教育厅长王寿彭。他实际上兼任着附设高中的校长，因为虽然名义上有一个校长，但那位校长从来没有露过面。他提倡读经。在高中教读经的有两位老师，一位是前清翰林或者进士，一位绰号“大清国”，是一个顽固的遗老。两位老师的姓名后来季羡林都忘记了，只记住了绰号。他们上课，都不带课本，教《书经》和《易经》，都背得滚瓜烂熟，连注疏都在内，据说还能倒背。国文老师是王崑玉。季羡林成为山东大学附属高中的高才生，而促使他成为高才生的

王崑玉

恩师就是王崑玉。

在山东大学校史上，名流辈出，如星光灿烂。这些学者在校史上留下了自己的名字，成为激励后辈的楷模。但是也有一些学者，因为种种原因没有被写进校史，王崑玉先生就是其中的一个。王崑玉老师还是对季羡林有特殊恩德的人。季羡林的成才，与王崑玉老师的培养和爱护有着直接的关系。

王崑玉先生，名士瑨，以字行。山东莱阳人，生于1890年10月8日。8岁入私塾，初从师读，继受庭训。1908年考入山东登州中学，1910年转入济南优级师范附设中学，毕业后，升入该校英语部。1912年加入同盟会。1914年考入北京大学文科，1917年夏末毕业。父亲是当地有名的文士，也写古文。所以王先生有家学渊源，从小受过良好的教育，特别是古文写作方面更为突出。他为文遵桐城派义法，结构谨严，惜墨如金，逻辑性很强。大学毕业后，他到山东菏泽省立第六中学任国文教员。1920年夏天，到济南省立第一女子师范任国文教员。1921年暑假后，到山东莱阳县立中学，任国文教员。1922年秋，因腿疾居家。1923年春开始，任《莱阳月报》编辑。1924年春，到山东蓬莱省立第八中学任国文教员。1926年暑假后，到新成立的山东大学附设高中并兼任省立第一女子师范国文教员，到1928年五三惨案止。1929—1930年，他先后在聊城省立第三师范、莱阳县立中学任国文教员，其中短时间因腿疾家居。1930年暑假后，到青岛山东大学中文系任讲师，1931年任山大附设高中班国文教员，直至1932年，因父忧家居。1934年春开始任《莱阳县志》修撰，1935年秋修毕。以后又先后在烟台、青岛、莱阳任国文教员，直至1945年5月，调任胶东图书馆任职员，1952年到济南省立文管会图书组，任职员，1953年，被聘为省文史馆员，后因文管处与省立博物馆合并，至博物馆任职。

从上面的履历，可以看出，王崑玉先生有两次在山东大学任职。一次是1926—1928年，在济南山东大学附设高中。一次是1930—1932年，在青岛山东大学国文系和附设高中。

王崑玉先生在济南山东大学附设高中担任国文教员两年，是季羡林先生的恩师，整整教了两年。在文学方面，他有很高的造诣，属于桐城派古文家，崇尚高雅，有古者之风。他认为清朝文人辈出，而桐城派最为正宗。他有自己的文集《希古斋文集》，都是自己手抄的，从来没有出版过，被认为是桐城派的殿军人物。他爱好《红楼梦》有点儿痴迷，一生读过八九十遍。

王老师上课，课本就使用现成的《古文观止》。不是每篇都讲，而是由他自己挑选出来若干篇，加以讲解。文中的典故，当然在必讲之列。而重点则在文章义法。他讲的义法，基本是桐城派，虽然他自己从来没有这样说过。《古文观止》里的文章是按年代顺序排列的。不知道为什么原因，王老师选讲的第一篇文章是比较晚的明代袁中郎的《徐文长传》。讲完后出的第一个作文题目《读〈徐文长传〉书后》。季羡林从小学起作文都用文言，到了高中仍然未变。他驾轻就熟地写了一篇《书后》，自觉并没有什么了不起，不意竟获得了王老师的青睐，定为全班压卷之作，评语是“亦简劲，亦畅达”。老师这一捧，他就来了劲儿。于是就拿来韩、柳、欧、苏的文集，认真读过一阵儿。实际上，全班国文最好的是一个叫韩云鹄的同学，可惜他别的课程成绩不好，考试总居下游。王老师有一个习惯，每次把学生的作文簿批改完后，总在课堂上占用一些时间，亲手发给每一个同学。排列是有顺序的，把不好的排在最上面，依次而下，把最好的放在最后。作文后面都有批语，但有时候他还会当面说上几句。季羡林的作文和韩云鹄的作文总是排在最后一二名，最后一名当然就算是状元，韩云鹄当状元的时候比季羡林多。但是一二名总是被他们俩垄断，几乎从来没有过例外。

北园的风光是非常美丽的。每到春秋佳日，风光更为旖旎。最难忘记的是夏末初秋时分，炎夏初过，金秋降临。和风微凉，冷暖宜人。每天晚上，夜课以后，同学们大都走出校门，到门前荷塘边上去散步，消除一整天学习的疲乏。其时月明星稀，柳影在地，草色凄迷，荷香四溢。王崑玉老师大概也是常在这样的时候出来散步的。他抓住这个机会，出了一个作文题目：《夜课后闲步校前溪观捕蟹记》。季羡林生平最讨厌写说理的文章。对哲学家们那一套自认为是极为机智的分析，他十分头痛。除非有文采，像庄子、孟子等，其他他都看不下去。他喜欢写的是抒情或写景的散文，有时候还能情景交融，颇有点沾沾自喜。王老师这个作文题目正合他意，因此写起来很顺畅，很惬意。他的作文又一次成为全班压卷之作。(季羡林：《我的高中》，《文史哲》2002年第5期)

在王崑玉老师的影响下，在国文方面季羡林发生了很大的变化。他对古文产生了浓厚的兴趣，过去被用来读武侠小说的劲头，现在被用到读古文上了。他弄到不少古文的代表作，如韩愈的《韩昌黎集》，柳宗元的《柳河东集》，以及欧阳修、苏轼、苏辙、苏洵等唐宋八大家的许多文集，都开始认真阅读。读《古文观止》的时候，司马迁的《报任少卿书》，陶渊明的《桃花源记》，李密的《陈情表》，韩愈的《祭十二郎文》，欧阳修的《泷冈阡表》，苏轼的前后《赤壁赋》，归有光的《项脊轩志》等一类的文字，以及吴均的《与宋元思书》，他都百读不厌，背诵如流，打下了雄厚的古文基础。从这时起，他开始喜欢抒情散文。而且也写了不少，因此同学给他起了个外号，叫他“诗人”。对于古文的不同风格，如《史记》的雄浑，六朝文章的浓艳，陶渊明、王维的朴素，徐摛、庾肩吾的华丽，杜甫的沉郁顿挫，李白的流畅灵动，《红楼梦》的细腻，《儒林外史》的简明，他都注意到无不各擅胜场。从这些名作佳篇中吸取的营养，滋润了他一生的文学创作。

八、山大校长王寿彭的奖励机制

在山东大学校史上，王寿彭是任期最短、也是遭非议被误解最多的校长，而季羡林是享誉最高的校友之一。然而，季羡林先生一生的学术道路，却与这位任期短、遭非议被误解的校长有密切的联系。历史太复杂了。历史不应该是被任意打扮的小姑娘，历史事实是应该被尊重的。

王寿彭遭非议，表现在两方面：其一，认为他没有什么真才实学，是因为自己的名字讨慈禧太后的喜欢而中状元的。其二，认为他反对孙中山革命，思想上是一个保守派、顽固派。

事实证明，王寿彭绝非等闲之辈。

王寿彭（1875—1929），字次篯，号眉轩。他1874年出生在山东潍县南关（今潍坊市寒亭区），出身于城市贫民家庭。这个地方在清代光绪二年（1876）已经出过一个状元曹鸿勋，他虽然出任的是湖南学政，对湖南儒学兴盛起过作用，但在当地潍县人中也有很大影响。王寿彭从小承祖训，刻苦读书，所以17岁就考中秀才，26岁考中进士。《清史稿·本纪二十四》载：“壬午，赐王寿彭等三百十五人进士及第出身有差。”进士名次的确定决定于殿试。殿试并不考经义和诗，而是出一些学术上或政治上的一些问题，让考生回答，卷子就称殿试策。董仲舒的天人三策就是典型的殿试策。

光绪二十九年（1903），王寿彭参加北京的会试，时值慈禧太后的68岁生日前后。读卷官一看王寿彭的名字有利用价值，为讨慈禧太后的欢心，把不是第一名的王寿彭的试卷调到第一名进呈。这次殿试共录取了180名，前五名依次是梁士诒、杨度、李熙、宋育人、张一麟。当卷子和名单送至慈禧“御批”时，慈禧大为恼火（慈禧并非皇帝，但她垂帘听政，大权独揽）。梁士诒是广东人，又姓梁，她怀疑梁士诒是梁启超的同党；杨度是湖南师范出身，怀疑他是唐才常（清末维新派，主张变法维新，戊戌变法失败后流亡日本，后被张之洞杀害）的同党；而宋育人，她又认为是宋教仁的弟弟。一气之下，慈禧将这次的状元定为前五名之外且很靠后的山东人王寿彭。慈禧太后一眼看到这个名字十分吉祥，征兆自己（王）寿如彭祖。彭祖本是个神话传说中的人物，据说活了800岁，是个名副其实的老寿星。王寿彭这三个字居然能巧合到象征慈禧太后长寿，她内心的喜欢自然是可以想象的。所以她点王寿彭为状元，并对读卷官恩赏有加。就这样，在他27岁那年，命运之神降到他的身上，他中了状元。

那时宣布殿试结果叫传胪，在天安门举行。状元、榜眼、探花从天安门中道出宫。长安左门外，临时用芦席搭起“龙棚”，黄榜出自长安左门，张挂在龙棚里。封建王朝按照五行的原理，东方属青龙，西方属白龙，所以长安左门被称为青龙门，长安右门被称为白龙门。根据民间传说，中状元叫跳龙门，就是指从长安左右门出入。这一天是5月24日，光绪在乾清宫召见一甲十名进士，王寿彭在其列。他当时站在乾清门外，猛然听到读卷官首先点到他的名字，王寿彭简直茫然不知所措。他的同乡官员机灵，代他答应：“在此！”给他解了围。这位同乡帮他整理衣冠，为他佩带忠孝带、荷包，督促他进乾清宫拜见光绪帝。第二天，顺天府尹在长安左门外照例为他披上大红带，佩上大红花，献上喜酒，最后扶他跨上骅骝马，接受满街文武官员的祝贺。

王寿彭是不是不学无术呢？他显然不是不学无术。单就书法一项，王寿彭的知名度是非常高的。在福建福鼎市资国寺内有他题写的对联：“清香满室佛入定，明月出海天为高。”在毛泽东的遗物中，有一只铜墨盒和正方形黄铜砚。墨盒有盖，盖上有王寿彭恭录楷体“黎明即起，洒庭院，要内外整洁”的铭文。这个墨盒被定为国家二级文物。

王寿彭在中状元后，被授翰林院修撰，光绪三十一年被派往日本考察政治、教育和实业。在日本时，他在政治上敌视孙中山革命，暴露了他的保守甚至保皇的立场。在回国后，他写出《考察录》一书，倡导改良教育与实业。

后来，王寿彭在官场并不得志，干脆赋闲在家。但也算是命运吧，该他得骂名的事发生了。1925年4月，绰号“狗肉将军”的张宗昌督鲁。这位将军真正是斗大的字不识一升，以“三不知”闻名于世：不知自己手下有多少兵，不知自己有多少钱，不知自己有多少小老婆。但在一个文化底蕴丰厚的省份，他又不甘心被文化人瞧不起，于是他要附庸风雅。为了标榜自己敬重文化人，显示自己礼贤下士，便力邀赋闲在家的王寿彭出任山东省教育厅长，并拜他为师。这还不够，在厅长之外又让他操办恢复山东大学，出任校长一职。

为了把自己变成文化人，张宗昌拜王寿彭为师，学习诗文。但一个文盲要成为诗人，谈何容易！学了半天，只能写一些歪诗。他居然有胆量把这些歪诗编成《效坤诗钞》，印装精美，内容却是糟糠。他把诗集赠送到哪里，哪里就留下狗肉将军的臭名。比如诗集中有一首模仿刘邦《大风歌》的诗，名为《俺也写个大风的歌》，诸君不妨奇文共欣赏，权当添一点笑料。 诗曰：

大炮开兮轰他娘，威加海兮回家乡。
数英雄兮张宗昌，安得巨鲸兮吞扶桑。

这样的“诗作”和韩复榘的“咏”趵突泉的诗作是齐名的。

在这样的背景下，季羡林于1926年15岁的时候，考入山东大学附属高中。山大的校长就是刚上任不久的王寿彭。山大附中也有一个校长，但这位校长从来不露面。季羡林记得，只见过他一面，是在祭孔典礼上。全体高中学生也集合在山东大学校本部。校内有金钱泉，离趵突泉不远。校园挺大，庭院深深，季羡林进去后，不知身置何处。校门正对着正觉寺。祭孔典礼的主持人就是这位狗肉将军张宗昌，陪祭的是山大校长王寿彭。季羡林身在现场，只见他们穿着长袍马褂，行三跪九叩之礼。季羡林当时涉世不深，见到这个场面，只觉得滑稽可笑。这个无恶不作的军阀，这时居然一副正人君子样，圣人之徒像，满脸正气，义形于色，怎能不叫这个少年默默好笑呢！

王寿彭的保守，表现在反对孙中山的革命和尊孔上。在他影响下，山大附中的老师也尊孔成风。季羡林有一位经学老师，外号叫“大清国”，因为他动辄就说“你们民国，我们大清国”的口头禅。《四书》《五经》，连同注疏在内，这位“大清国”经学先生都背得滚瓜烂熟，据说甚至还能倒背。无论如何，这所高中的老师们，水平是极高的。尤其是国文教师王崑玉，宗桐城派古文，有自己的文集。他对季羡林的影响极大。从此，季羡林的所谓虚荣心一下子提起来了，他再也不愿意有不好的成绩。于是，他一改过去贪玩不用功的习惯，开始用起功来。学习成绩在期末是甲等第一名，当时的附中有五个班，所以有五个第一名，但是相当于现在的95分以上的甲等第一名，只有他一个人。第二学期，他又得了甲等第一名，又超过95分。

王寿彭有言在先，谁如果连续两个学期得甲等第一名，他就给谁题写一幅字。到1927年5月，季羡林连续两个学期的甲等第一名地位已经确定，于是王寿彭兑现了自己的诺言：给这位16岁的少年题字。当时王寿彭给季羡林题写了一副对联：

上联：才华舒展临风锦

下联：意气昂藏出岫云

题头是“羡林老弟雅詧（察）”，落款是王寿彭的签名。该对联季羡林20世纪60年代从济南搬家到北京以后，不知道放到什么地方，一直没有找到，后来不经意被李玉洁老师发现，那种失而复得的喜悦，笼罩着在场的所有人，真是高兴极了。

王寿彭彻底兑现诺言，另外又写了一个扇子面，把清代诗人厉鹗的一首诗恭录在上面，赠给季羡林这位16岁的高中学生，诗说：

净几单床月上初，主人对客似僧庐。

春来预作看花约，贫去宜求种树书。

隔巷旧游成结托，十年豪气早销除。

依然不坠风流处，五亩园开手翦蔬。

在扇面末端，王寿彭题写：“录《樊榭山房诗》，丁卯夏五，羡林老弟正，王寿彭”。一个教育厅长兼大学校长的硕学之士，对一个乳臭未干的孩子称老弟，看来还是相当没有架子的。从这一点上看，他还有其开明之处。这幅扇面一直完整地保存着，是王寿彭1927年赠给季羡林的，已经有80多年的历史了。

厉鹗（1692—1752），字太鸿，号樊榭，浙江钱塘人，工诗词，风格俊秀淡雅，曾影响大江南北诗词坛数十年。其诗作以五言古诗为工，但王寿彭为何不录五言古诗，而录这首七言古诗呢？原因不明。

王寿彭给季羡林题写字幅以后没过多长时间，就因为思想守旧，不得人心，而辞职离校，“五亩园开手翦蔬”去了。这之后，张宗昌短期兼任山东大学校长，一时间被视为教育界丑闻。

不管怎样，季羡林是在山东大学附中学会用功的。而且，从这时起，他开始在天津《益世报》上发表小说和散文，养成了舞文弄墨的习惯。此习惯一直延续到老年，兴趣没有稍减。所以，对这段历史，季羡林铭感至深，非常感谢山东大学附中的几位老师，也包括这位校长王寿彭。

2005年，在看到在网上流传的我有关王寿彭的文章以后，上海的陈群先生发来了他的一份材料，纠正我在《季羡林传》里引述的一种说法，即认为王寿彭的考中状元是因为名字讨慈禧太后的喜欢而中状元的。为了不掠美，我把这篇署名拓辙写的《王寿彭并非因“名字”中状元》主要内容引述出来，备为一说：

光绪癸卯状元王寿彭（1875–1929）。王字次篯，山东潍县（今潍坊市）人。以第三十七名贡士参加光绪二十九年（1903年）癸卯恩科殿试中第一甲第一名，授翰林院修撰。1905年曾随载泽、端方等五大臣出国，赴日本考察政治、教育和实业。著有《考察录》一书。曾任湖北提学使、提学使兼布政使，代理湖北巡抚。创办过“两湖优级师范学堂”。辛亥革命后，任北京总统府秘书多年。1925年曾任山东省教育厅长并创立“山东大学”兼校长。1929年，王寿彭病逝于天津。王工书法，时人以得其片纸只字为荣。王还著有《靖盦诗文稿》。

近些年来，对科举制度感兴趣的人越来越多。关于光绪二十九年（1903年）癸卯恩并正科状元王寿彭，现在社会上一直流行一种传说认为：王寿彭之所以能中状元，是因为其中状元之年适逢慈禧太后70大寿。因其名字暗合王寿“齐”彭祖（彭祖是神话传说中的老寿星，活了800岁），读卷官为了讨好主子，把本不是第一名的王寿彭的试卷故意挑出放在第一名，而使王高中状元。

前一阶段在中央电视台《百家讲坛》北京满学会会长阎崇年先生的“清十二帝疑案”中也引用了上述传说，可见上述说法流传较广。

其实，上述说法是不正确的。笔者亲戚收藏有光绪癸卯科状元王寿彭的殿试策，此资料完全可以证明上述传说是不符合史实的。我愿意将相关资料贡献给读者，供有兴趣的读者研究考证。

王状元的殿试策保存相当完好，当年还曾经过一些前辈学者的鉴赏。如时年83岁的陈云诰老先生（前清翰林、王寿彭癸卯科殿试同年，中华人民共和国成立后曾任中央文史研究馆馆员）欣赏后曾为此殿试策题词曰：“乙亥（1959年笔者注）冬月，似楼老兄得王次篯殿撰同年殿试策卷于市肆，屡经世变，墨彩如新，感题二绝句：天子临轩署状头，江都三策冠时流。人间陵谷经千变，依旧文光射斗牛；犹记乾清殿陛前，随班鹄立听胪传。草茅新进初通籍，策庙当阳廿九年。”

孙似楼老先生（山东郯城人、著名学者，中华人民共和国成立后曾任中央文史研究馆馆员）对该策也有题咏。

根据清朝殿试读卷传胪的典制：殿试卷是殿试当日在皇宫太和殿由受卷、弥封官当场弥封收箱承送收掌官；殿试次日由收掌官交给齐集文华殿的读卷大臣共同转阅后排定甲、乙，以前十本（贴有拟名次浮签的弥封卷）进呈；最后由皇帝亲自对进呈殿试策钦定名次，招读卷官入拆弥封（自乾隆二十六年后）。也就是说试卷是于钦定名次后才拆除弥封的。未拆弥封以前，读卷大臣、包括最后确定名次的皇帝是不能预先知道被取中者名字的。

从王寿彭殿试策可以看到，卷前写有姓名、履历及三代的一页折叠弥封痕迹明显，“纸钉”“弥封纸”保留完整；“弥封官关防”印记非常清晰；读卷大臣八人“姓”下皆标识为“〇”（第一等）；特别是进呈名次的“黄签”犹在并明确写着“拟第一”；“卷面”上朱笔填写着“第壹甲第壹名”。

以上史料，笔者认为足可以说清楚王寿彭当年殿试得中状元过程了。王寿彭因“名字”中状元的说法是以讹传讹，是毫无凭据的。

王寿彭当年对于他因“名字”而中状元的说法曾作有一首打油诗：“有人说我是偶然，我说偶然亦甚难。世上纵有偶然事，岂能偶然再偶然。”王状元是光绪二十八年（1902年）乡试中举，光绪二十九年（1903年）连捷进士应殿试中状元。似乎王状元当年还蛮超脱的。

另外，笔者想更正社会上的一种说法。王寿彭中状元的那一年（1903年），并不是慈禧太后的70大寿。慈禧生于1834年，1903年她69岁。而甲辰年（1904年）才是慈禧太后的70大寿，当时称“万寿节”。清末甲辰年（1904年）确实以正为恩，特赐“恩科”，加试了一科甲辰恩科会试。甲辰恩科状元是直隶肃宁人刘春霖。

再多说两句，光绪二十九年（1903年）癸卯科之所以称做“恩并正科”，是因为按清制，会试三年一科，凡遇丑、辰、未、戌年者为正科，不逢是年而举行者，或为加科，或为恩科（亦有例外）。辛丑年（1901年）是正科大比之年。由于1901年正值光绪皇帝三旬万寿之年，故而以正做恩，而将正科改在次年壬寅年（1902年）举行。但由于八国联军入侵，直到光绪二十九年（1903年）癸卯年才把上述恩、正两科合并起来举行。“癸卯会试”对天下士子非常重要，因为自光绪二十四年会试之后，已整整五年没有举行会试了。而这五年之中，却又连续举行过两届乡试。癸卯年（1903年）是集两届以上举人应一届会试。

关于王状元，我在其后人处见过他的照片。是一位个子不高，身材显胖的大眼睛中老年人。从照片上看，确实是天庭饱满、地廓方圆。满有“福”相的。

因笔者亲戚收有光绪二十九年癸卯科一甲三人的殿试策，这里再补充一点史料贡献给读者。光绪癸卯科殿试策读卷官最初拟定进呈的鼎甲名次与最后钦定的名次是一样的。状元王寿彭（山东莱州府潍县）、榜眼左霈（正黄旗汉军广州驻防）、探花杨兆麟（贵州遵义府遵义县）。

关于王状元还有些轶事。如当年第七十六代衍圣公孔令贻去世，还是请王状元点的“主”。慈禧太后去世后，用于引“神”用的牌位是由王状元所书。另据说，济南的“山东宾馆”系王状元所书，王状元还曾为北京“天源”酱菜园题过诗，当年袁世凯颁发的“京师大学堂”匾，落款是大总统题，系由王状元代笔。当然这些笔者也未考证过。有兴趣的读者不妨考证考证。

本文关于清朝科举典制，部分征引自商衍鎏先生所著《清代科举考试述录》。

我非常感谢陈群先生。

季羡林因为王寿彭而成才，王寿彭因为季羡林而为当代人广为知晓。2006年1月13日，济南党家庄一个叫卫中原的先生打来电话，说他发现了一副王寿彭题写的对联是：竹外云移北苑山，花间雨洗南宫石。落款处有章，有个明显的陈字。其实这副对联应该是：花间露洗南宫石，竹外云移北苑山，是陈寅恪先生的父亲陈三立先生题写给彦晦的。

九、胡也频培养了文学兴趣

1928年，山东大学停办，设在北园的山大高中也关了门。后来新成立了一所山东省立济南高中，是全省唯一的一所高级中学。

1929年2月，季羡林没有经过考试，就转入济南高中学习，这在他的一生中是个重要阶段。尤其在国文方面，有胡也频、董秋芳、夏莱蒂、董每戡等几位全国闻名的作家在这里执教，对他影响很大。使他在学习写作中，潜移默化地于无意识中，形成了自己对写作的一套看法。校内换了一批国民党的官员，“党”气颇浓，令人生厌。但是总的精神面貌却是焕然一新。最明显不过的是国文课。“大清国”没有了，经书不念了，文言作文改成了白话。国文教员大多是当时颇为著名的新文学家。

季羡林在济南高中的第一个国文教员是胡也频。他是一个非常浪漫的革命者，与丁玲的一段姻缘给后人留下了恋爱史上的最为浪漫的一笔。

胡也频（1903—1931），初名胡崇轩，现代作家。福建福州人。据沈从文《记胡也频》所说，他少年时代曾当过学徒，1920年就学于上海浦东中学，后入设在山东烟台的国家海军预备学校。学校解散以后，同几个朋友流落到了北京，1924年起开始文学创作。1925年前后在北京出版的《京报》副刊《民众文艺》的周刊上，开始用胡崇轩这个名字。那时编辑这个刊物的是项拙与胡崇轩，都是学习海军不成的青年。1926年以后开始使用胡也频这个名字。胡也频有短篇集《圣徒》《星期四》等，戏剧集《鬼与人》《别人的幸福》，长篇小说《到莫斯科去》《光明在我们面前》。现有《胡也频选集》行世。胡也频1928年在上海和沈从文等人主编过《红黑》杂志。

一段时间里，胡也频和丁玲的经济出了问题，有点入不敷出。1929年底，红黑出版社倒闭。恰巧在1930年初，山东济南高级中学，向陆侃如同淦女士（冯沅君）夫妇探询，有什么人愿意去教书没有，要她夫妇介绍。为了还债，经过陆侃如、冯沅君夫妇的介绍，胡也频于当年春即1930年2月22日，离沪赴山东济南高中教书。胡也频不得不远走山东济南，教书于省立高中。但这时的胡也频已完全不同以往，学校成了他革命实践的阵地。他在同学中，宣传马克思主义，宣传唯物史观，宣传普罗文学，宣传革命文艺理论，深得广大同学拥戴。由他发起领导的文学研究会，参加者多达四五百人，连校长、训育主任也常常参加他们的活动，一同谈论普罗文学，研究会活动范围和影响的日益扩大，招致地方反动当局的仇恨，胡也频也被省政府通缉，他只得暂别朝夕相处的同学和战友，独自离开了济南。

胡也频很少讲正课，每一堂都是宣传“现代文艺”，亦名“普罗文学”，也就是无产阶级文学。一些青年，其中也有季羡林，大为兴奋，公然在宿舍门外摆上桌子，号召大家参加“现代文艺研究会”。还准备出刊物，季羡林为此写了一篇文章，叫做《现代文艺的使命》，里面生吞活剥，抄了一些从日文译过来的所谓马克思主义文艺理论的文句。译文像天书，估计自己也看不懂，但是充满了革命义愤和口号的文章，却堂而皇之地写成了。

胡也频到济南之后不到一个月，丁玲也就从上海来到济南。季羡林看到的丁玲，衣着非常讲究，代表了上海最时髦的最新式的服装。这样的服装在相当闭塞淳朴的济南出现，被季羡林这帮高中生视为飞来的一只金凤凰，没有见过世面的他们便觉得她浑身闪光，照耀四方了。

当时的丁玲还很年轻，也比较胖，又穿了挺高的高跟鞋。济南高中的校内路，年久失修，穿平底鞋就不牢靠，何况穿高跟鞋。丁玲走在这路上，磕磕绊绊，步履维艰，要靠胡也频搀扶着，她才能迈步行走。胡也频比丁玲矮，学生们见了这情景，觉得好笑，他们就窃窃私语，说胡先生简直就是丁玲的拐杖，无形之中，增加了对胡也频的敬意。

从丁玲方面来说，等她到济南时，发现胡也频完全变了一个人。她简直不了解他为什么被那么多的同学拥戴着。天一亮，他的房子里就有人等着他。后来他参加学校里的一些斗争，他明白了一些教育界的黑幕，这没有使他消极，他更成天和学生们在一起，有些同学在他的领导下成立了一个文学研究会，有四五百人。济南学校方面一种新的生活，自然使他们发生新的兴味。在学校里，他大讲普罗文学，宣传马克思主义，引起国民党当局的注意。韩复榘对人说："高中有个叫胡也频的教员，中央要他，说他是共产党。"胡也频闻讯后，迅速逃往青岛。不到三个月，有一天忽然又悄悄回到上海来了。

胡丁两人回到上海后，住到环龙路。对朋友说那里风潮闹得十分复杂，不愿意受人利用，且不能在那里受人暗算，所以从青岛方面跑回来了。朋友只听说山东的学生，皆身强力壮，仪容可畏，就想也许因为风潮影响，他估量自己瘦瘦弱弱的身个儿，不能同人比武，所以及早跑开，也不失古君子的"明哲保身"意义。可是过几天，冯沅君女士说，两人是因为另外一件事逃出来的。他们从济南回来是10月，很快就过年了。

胡也频被迫离校回到上海后，先参加中国左翼作家联盟，后加入中国共产党。曾任中国左翼作家联盟执行委员。胡也频去参加中共江苏省委负责人何梦熊主持召开的会议之后被捕。2月7日，胡也频终于被国民党当局秘密枪杀于龙华。胡也频遇难之时，沈从文通过胡适参与营救未果。

季羡林已经写出的文章还没有来得及刊出，胡先生就被国民党杀害。季羡林的革命梦像肥皂泡似的破灭了，从此再也没有"革命"，一直到了解放。

十、业师董秋芳

胡也频是突然间离开的济南，到第二天，季羡林再上国文课时，来了一个陌生的老师。他的个子和胡也频一样，也不高，相貌也没有什么惊人之处，一只手似乎还有毛病，说话绍兴口音很重，不大好懂。这就是接替胡先生的董秋芳（冬芬）先生。

董秋芳（1897—1977），浙江绍兴人，绍兴第五师范毕业后考入北京大学。董秋芳与鲁迅是同乡，又算是鲁迅的小友，他们多有交往。1923年4月，鲁迅接连出席董秋芳、许钦文等组织的文学团体“春光社”的聚会，给文学青年以直接的指导。4月15日，鲁迅、周作人在共同出席《北京周报》总编丸山昏迷为16日归国的爱罗先珂与20日离京的藤塚邻举行的宴会。宴会后又共同出席北大学生许钦文、董秋芳等组织的文艺社团春光社集会，鲁迅、周作人均为该社指导。董秋芳1926年在北京大学英语系当学生时，在当年3月30日《京报副刊》发表《可怕与可杀》一文，指斥陈西滢等把“三一八惨案”的责任“放在群众领袖的身上”。陈西滢便利用北大英语系主任的职权，拒发英语翻译本给董秋芳，使他得不到该课成绩而影响毕业。董秋芳曾将此事经过告诉鲁迅。

鲁迅与许广平于1926年8月26日下午乘同一次车离京。先由宋紫佩、许钦文送行李至车站。到车站送行的有：许羡苏、许寿裳、荆有麟、金仲芸、高歌、段沸声、向培良、陶元庆、吕云章、陆晶清、石评梅、董秋芳等。

董秋芳还是《北新周刊》的主要撰稿人之一。《北新周刊》1926年8月21日创刊于上海，由北新书局出版发行，孙福熙主编。1927年11月1日第2卷第1期起改为《北新半月刊》，由潘梓年等主编。1930年12月16日后停刊。该刊所载内容涉及思想评论、学术研究、社会问题讨论、文学创作等多方面，而以文学书报的介绍批评为主。创刊宗旨申明：“北新书局欲与全国读者著作者及各地出版者互通声气，故特创设本刊。”以评介各家出版书籍为大事，力求公正介绍各家出版的书籍，以供读者的采择，同时严厉抨击了当时出版界唯利是图的现象。主要撰稿人除了董秋芳以外，还有鲁迅、郁达夫、孙福熙、赵景深、许钦文、周建人、冯雪峰、钟敬文等。

董秋芳北京大学毕业后，翻译了一本《争自由的波浪》，有鲁迅写的序。1927年，董秋芳因受国民党浙江省政府通缉而出走，辗转来到济南高中教书。

季羡林和他的同学们，在董秋芳接替胡也频之前，就知道他的大名。季羡林已经读了他的译作《争自由的波浪》，这部苏联小说，因为鲁迅为小说的中文版作序，使董秋芳声名大震，加之报纸上发表了他写给鲁迅的一封信，更使学生们对他佩服得五体投地。因此学生们和他神交已久。

他的教学非常有特点，如果说胡先生讲课带有鼓动性，那么董老师讲课则有启发性。他上课，不讲现代文艺，也不讲革命。他讲一点文艺理论，全是鲁迅翻译自日本的，像厨川白村的《苦闷的象征》《出了象牙之塔》等。他老老实实地讲课，认真地小心地给学生改作文。

他布置作文，从不给学生出作文题，每到写作课时，在黑板上信笔写上四个大字“随便写来”，告诉学生，愿意写什么，就写什么，愿意怎样写就怎样写。学生有绝对的自由，丝毫不用受约束。有一次，季羡林就用“随便写来”这四个字写了一篇作文，董老师也没有提什么批评意见。

这一随便，季羡林的天才火花迸发出来，写了一篇记述自己回故乡的作文，把自己回乡的情感写得情深意凄，感情写得真挚，发挥出最高的水平。不知道怎样一来，季羡林写的作文得到了他的垂青，他发现了他的写作“天才”，在作文本每一页的空白处，都写了一些批注，“一处节奏”，“又一处节奏”，让季羡林有拨开云雾见晴天的感觉。于是，连自己都没有意识到的苦心孤诣，为董老师和盘托出。知己之感，便油然而生。董老师把季羡林和王联榜（后来考入北京大学数学系）的作文誉为是“全校之冠”。季羡林有点飘飘然，是很自然的。到现在，在60年漫长的过程中，不管他搞什么样的研究工作，写散文的笔从来没有放下过。写得好坏，姑且不论。对他自己来说，文章能抒发自己的感情，表露自己的喜悦，缓解自己的愤怒，激励自己的志向。这样的好处已经不算少了。季羡林永远怀念这位尊敬的老师！

董秋芳先生的指导对季羡林影响最大，课堂上经他这一点拨，季羡林的积极性、创造性，如趵突泉之水，喷涌而出。他的指教决定了季羡林一生的写作活动。自那以后60多年来，季羡林从事的一些稀奇古怪的研究与文章写作虽风马牛不相及，但一有灵感则拿笔写点儿什么。至今已垂暮之年，依然舞文弄墨不辍，完全出于董先生之赐，他毕生难忘。

董秋芳在北京大学学的是英国文学，在济南高中的课堂上讲国文的时候，自然也讲到外国文学。他在课堂上还专门开了一次《苦闷的象征》的课。《苦闷的象征》，日本厨川白村（1880—1923）著。鲁迅译本于1924年出版，为《未名丛刊》之一，由北京新潮社代售。后又改由北新书局出版。当时对董老师讲的内容，季羡林似乎还不大能理解。后来在大学里重读的时候，读起来的感觉很好。觉得中国有个白村就好了。在董秋芳老师的影响下，季羡林学习文学，其中当然也有学习外国文学的决心，就确定下来了。

在这里，季羡林虽然以学习白话文为主，但对古籍的兴趣丝毫未减，他的阅读范围极广，涉及的方面依然很杂，陶渊明、杜甫、李白、王维、李义山、李后主、苏轼、陆游、姜白石等诗人、词人的作品，他都读了不少。

在这样广泛阅读的过程中，潜移默化，季羡林在无意识中形成了自己对写文章的一套看法。在他看来，各家时代不同，风格迥异，但却有不少共同之处，最主要的有三点：第一，感情必须充沛真实；第二遣词造句必须简练、优美、生动；第三，整篇布局必须紧凑、浑成。三者缺一，就不是一篇好文章。而文章的开头和结尾，更是至关重要。他有时甚至想到，写文章应当像谱乐曲一样，有一个主旋律，辅之以一些小旋律，前后照应，左右辅助，要在纷纭变化中有统一，在统一中有错综复杂。他的体会是：写文章必须惨淡经营。自古以来一些文章如行云流水，仿佛是信手拈来，毫无斧凿痕迹。但是那是长期惨淡经营终入化境的结果。如果一开始就行云流水，必然走入魔道。（《季羡林小品》，中国人民大学出版社1993年版，第320页）

就是在董秋芳等老师的影响下，季羡林养成了勤于写作的习惯，尤其是写散文的笔，他从来没有放下。几十年的好习惯，从高中阶段就开始了。这不能说与董秋芳等老师无关。

季羡林对外国文学的兴趣也极高。他节衣缩食，从每个月的饭钱里省下几块大洋，寄到日本东京丸善书店，订购几本外国文学的书，其中就有英国作家吉卜林的短篇小说。书寄到后，还要到十几里以外的商埠去取。虽然几块大洋够他一个月的饭钱，但看到省下的钱买来的书，心中的愉快，他简直无法形容。从这时起，季羡林开始翻译外国文学作品，翻译过吉卜林的短篇小说中的一篇。他开始向翻译领域进军了。

季羡林开始发表自己的作品。最早的作品发表在由天主教所创办的《益世报》上。《益世报》不仅发表名人名作，而且也发表新人新作。季羡林在1929年时年仅18岁，是一个高中生，居然在该报上发表了自己的处女作：《文明人的公理》。季羡林当时在济南高中上学，因为受到国文老师胡也频、董秋芳、夏莱蒂诸先生的影响，喜欢舞文弄墨，小小年纪就写散文、写小说。据季羡林自己说，他的处女作是一篇散文《枸杞树》，发表在天津《大公报》文艺副刊上，该文现在已经收入《季羡林文集》第1卷。但从时间上看，这篇散文要晚于《文明人的公理》，因为《枸杞树》写于1933年。但为什么季羡林先生不说

《文明人的公理》是处女作呢？原因大概是《文明人的公理》是一篇小说，随后他又发表了《医学士》（最初写于山大高中）、《观剧》两篇小说，而往后他就再也没有发表小说一类的东西。因此他把这几篇小说看作自己“穿开裆裤挂屁股帘的形象”，是极不成熟的作品，只是作为附录收入《季羡林文集》第1卷。无论如何，季羡林先生的第一篇作品是与《益世报》联系在一起的。

1937年7月，七七事变后，董秋芳与郁达夫、许钦文、楼适夷等在福州组织抗日救亡活动。后来董秋芳在福建办《民主报》，这是一份国民党人办的民营报纸。它于抗战后期在永安和抗战胜利后在福州出版期间，是当时一份有影响的大报。1943年秋，《民主报》迁到永安出版，总编颜学回请董秋芳兼编副刊。董秋芳受任后，就把民主报的副刊命名为《新语》，意在学习当年《语丝》周刊催生排旧的精神。

《新语》培养、团结了一批进步文艺青年，成为当时进步青年的文艺园地。从1944年冬起，国民党《中央日报》连续发表《白话文的危机》《从子曰到鲁迅说》等署名的星期论文，宣扬复古倒退，污蔑鲁迅、高尔基，攻击革命文艺。董秋芳和他团结的青年作者曾在《新语》连续发表文章给予驳斥，以其战斗锐气和较高的艺术水平，为当时文化界所瞩目。《民主报》的编辑朱侃、刘清源办了一个文艺刊物《十日谈》，为了绕过申请登记和图书杂志的审查关，颜学回同意《十日谈》作为《民主报》副页随报附送。当时改进出版社的《现代文艺》已经停刊，《十日谈》的出版填补了福建文艺刊物的真空，受到文艺界的欢迎。《民主报》的社论也颇有影响，最引人注目的是自1944年8月起连续发表的几篇星期论文。在8月29日发表的《人民的力量是伟大的》一文里，作者说，“在今日的欧洲，解放的浪潮正从四面八方汹涌起来，向法西斯侵略者淹没过去”；他还从“巴黎的解放”“巴尔干的巨釜沸腾”，指出人民的力量是伟大的，一切被奴役者向法西斯希特勒总清算的日期即将到来。这篇文章的发表，不仅在福建的报界独树一帜，而且也使《民主报》的论坛面目一新。不久，颜学回就聘杨潮当主笔，后者约请后来在福建省社科院任职的李达仁、谢怀丹等参加撰写社论。这样，《民主报》社论这块阵地就基本上为进步人士所掌握了。1945年3月，《中央日报》掀起了一阵又一阵的反共喧嚣。7月，国民党顽固派发动大逮捕，杨潮、董秋芳被捕。抗战胜利后，《民主报》迁福州出版，1947年3月29日，《民主报》社被暴徒捣毁，被迫停刊。

董秋芳后来整理了回忆录《回忆鲁迅先生》一文。中华人民共和国成立初期，到杭州工作过，后来奉调离开杭州，至中央教育部中小学教材编写组工作，与叶圣陶、吴伯箫、张传宗先生等共事。

20多年没有和董老师联系，到20世纪50年代初，在北京的一次民盟会上，季羡林意外地见到了董老师。那时候，老师已垂垂老矣。师生见面都激动得说不出话来。他们之间的交往，完全是君子之交淡如水的那种，彼此心里都揣着一把火，表面上却颇显冷淡。

对胡老师和董老师这两位业师，季羡林认为自己不是程门立雪的好弟子。但是每每想到他们，他总要怅望青天，眼里总是充满了泪水。

十一、学无常师

1. “真正念书”的祁蕴璞和尤桐等老师

王寿彭重建的山东大学集中了当时的一批著名学人，如文学院院长王宪五，精通经学古文，有“山东才子”之称。教授如陈舸庭、丛禾生、祁蕴璞等，也都很有名。

在山大高中教历史和地理的是祁蕴璞老师。季羡林在济南一中讲话时说：当时一中的教师在全山东省是水平最高的。祁蕴璞老师那是真正念书的，是鼎鼎大名的人物。他本名锡，是山东益都满族人，史地学者。他是清末秀才，又精通英语和日语，在济南第一师范教史地，后又在山东大学文学院当教授，教经史方面的课程，同时兼山大附中史地教师。在历史和地理的教学中，他是状元，无人能出其右者。他不是像一般教师那样对付上课，而是不断吸收新知识传授给学生。他勤奋好学，订有多份日文杂志，对世界政治和经济的发展了如指掌。他精通日语，能直接读日文的最新著作，所以能把最新的知识传给学生。有时候，他把自己订阅的日文新书拿到教室让学生们看。他怕沾有粉笔末的手弄脏了书，便用袖子战战兢兢地托着书，让学生们看，可见他的细致入微。他订阅新书完全是为了教学生，而不是如当今有些人只是为了附庸风雅。他讲课声调高扬，语音铿锵，对学生很有吸引力。他虽然有点结巴，但为了让学生习惯，就克服这个毛病，自己发明了一个办法。在讲话时用了几个谁也不知道的字音作铺垫，学生乍听时有点儿别扭，但是只要把这几个字音去掉，就一切正常了。他除了上课外，还常作公开报告，讲解世界大势。学生愿意去听就可以去听，讲演的时候，也没有讲稿，只有一个提纲。找两个文笔比较好的学生做记录，季羡林是其中之一。通过他的时事报告，学生们扩大了眼界，增加了知识，对学生们的帮助极大。祁蕴璞老师出版的著作相当多，主要的有

《中国文化史纲要》和《国际概况讲义》。因为他对地理学的贡献，被英国皇家地理学会授予名誉会员。1939年，他病逝于重庆。1950年，所藏书籍由其夫人在济南“七家村”将其治学所用中外文史地书籍1736册和地图11件捐赠给山东省图书馆。

所谓济南“七家村”，是一个教师村落。1917年春天，济南市的青龙桥外（今山东省农业厅一带）还是一片荒野。有七位教师看中了这个地方，打算在这里建房居住。1919年春，几处平房院落相继建成，七户人家陆续搬迁完毕。这样就在这里形成了一个小小的村落，定名为“七家村”。这七位教师中，最年长者姓杨，南方人，曾在山东优级师范学堂（今济南师范学校前身）任教。其次是田信卿、祁蕴璞、于明信（字丹绂，民国初年“山东四大教育家”之一）、王俊千，他们四人是山东优级师范学堂毕业生，当时都任职于山东省立第一师范学校（济南师范1914年至1934年间的校名）。还有吴天墀、孙云台二人，曾是他们四人的学生，也任职于山东省立一师。村子落成后，又有一些人家搬来居住，但是村名仍叫“七家村”。1933年，著名教育家王祝晨（民国初年“山东四大教育家”之一）率家人迁入七家村。

七家村的教师们通过言传身教，影响着各个家庭，引导孩子们健康向上，很快使整个村子形成了良好的风气。老师们见了面，谈的多是教育动态、教学疑难，孩子们也耳濡目染，热爱学习，常在一起研究功课。暑假时，村里有多处补习班，全部义务授课，孩子们可以向不同的老师请教。村里的街道都是人们自觉扫除，非常整洁。七家村人格外注重礼节。师生在路上相见，学生必然会尊称“老师”，并对老师鞠躬行礼，还要等老师走后再起步。逢年过节，全村人互相走访，气氛十分融洽。哪一家有灾有难，村里人都以各种形式帮忙。人们渐渐发现七家村里出来的人，有一种特别的修养和气度，村里的孩子们学习成绩大都非常优秀。这样一来，七家村在济南闻名遐迩，人们都愿意搬来居住。村子又向西、向南扩展，入住的人家达到了一百余户。

教数学的老师姓王。他的水平也相当高，给季羡林讲代数、几何和三角等课程。他的讲解非常清楚，没有废话，学生不要费什么劲，就可以听懂。但文科学生大多敷衍了事，对数学不大重视。结果在高考时吃了亏，后悔也没有用了。

还有一位完颜祥卿老师，他本是一中的校长，被聘为山大高中的论理教师。论理就是现在的逻辑学。这门课，高中的学生都不大重视。季羡林也不重视，但是到清华以后，因为选了逻辑学的选修课，就把这门课和这位老师联系在一起了。结果清华的逻辑是数理逻辑或者辩证逻辑，而完颜祥卿老师的逻辑，则是形式逻辑。

附设中学的老师，真可谓极一时之选。国文教师王崑玉文章宗桐城派，王崑玉之外，英文教师尤桐、史地教师祁蕴璞、伦理教师鞠思敏（正谊中学校长兼）和完颜祥卿（一中校长兼），还有教经书的“大清国”先生，此先生讲课开始总要说“你们‘民国’，我们‘大清国’”，因此学生们给他送了个绰号“大清国”，而他的真名反而被学生们忘却了。他是教《易经》的老师，上课不带课本，四书五经连注释都背得滚瓜烂熟，甚至还能倒背，不知道有什么用处。可能只是借此来炫耀自己的学问大。如此而已！还有一位王老师，是北大毕业，也是教国文的，他侧重于教诸子，学问是有的。他带着一副深度的近视镜，写了一篇长文《孔子的仁学》，把《论语》中涉及到“仁”字的地方全部搜集起来，加以比较，然后得出结论。这篇文章，他作为讲义印出来发给学生，季羡林的叔父看了以后，大加赞赏。

季羡林在这时的外文学习得到进一步的加强。英文老师一共有三位，尤桐和一位姓刘的老师，后者是北大毕业生，水平都是高的。第三位老师水平极差，学生们把他的姓和名全忘了。季羡林此时正是班长，学生们要求把这位老师“架”走。为此事学生们颇费了一点脑筋，最后达成一致意见：考试都交白卷。结果老师脸上无光，只得夹起铺盖走人。

祁蕴璞老师之外，值得回忆的是尤桐老师，他是名门之后。出于名门之后的尤桐老师，在山东大学附设高中教英文，他带有浓重的南方口音。后来因为1928年日寇占领济南，学校停办了，因此师生们都风流云散。但是即使学校停办，他还是住在学校里，季羡林和表兄孙襄城特意从城里的家跑到北园的校舍，来看他。在学校里陪着老师聊了很久。

另一个教英文的老师姓刘，是北大英文系毕业的，英文水平非常高。他的个子很矮，学生们仍然很敬重他。他在课堂上有一个习惯，对学生提出的问题，自己不作回答，而是指定一个学生起来回答。他指定学生的顺序是按照英文学习成绩的高低，先指定比提问题的人略高的学生回答，如果答复不了，再依次而上，指定学生答复。季羡林往往是最后叫到答复的学生，因为他的成绩是最好的。一般的问题，季羡林都能对付，但是有一次，不知怎么犯了糊涂，一个简单的问题：not at all是什么意思，却没有回答对，最后是刘老师自己解释。

正是在尤桐老师和刘老师这样的一些英语老师的教育和培养之下，季羡林的外语有了很大的提高，而且培养出浓厚的学习外语的兴趣，所以在1930年到北京去考大学的时候，虽然遇到的题目很奇特，但是，季羡林却把它做出来了。

尤桐后来在1946年到美国学习考古，在美国普林斯顿大学的同学有华罗庚、徐贤修、王湘浩、闵嗣鹤（数学）、张文裕、吴健雄、袁家骝（物理）、梁守槃（化学）。

季羡林在北京同时报考了两个大学——北京大学和清华大学。两个学校的考题各有特色，如国文试题，清华大学的作文题是《梦游清华园记》。到1933年，季羡林的老师陈寅恪给清华大学出的国文入学考试作文题，仍然是《梦游清华园记》。只是外加对对子的一道题，以测试学生对汉语理解的程度。当时还引起了一场轩然大波。因为据冯友兰先生说，在这以前，每年要看成千份入学考试的国文卷子，真正好的和真正坏的都是少数，大多数是不好不坏的中流的，很难判分，结果是一份卷子分给几个人看，最后把分数折中平均。所以陈寅恪主张用对对子的方法，因为一副对联虽然只有几个字，但是可以测量出学生对于中国语言的知识和中国文学的了解，看卷子可以有一个比较客观的标准，阅卷人也省事。这样就请他出了一个对对子的题目。他出了上联是：孙行者，让学生对下联。有一个学生对的下联是：胡适之。这个学生对什么是实词，什么是虚词，什么是名词，什么是动词，是清楚的。而且用胡对孙，说明他还知道“猢狲”的故事。（冯友兰：《三松堂自序》，人民出版社1998年版，第69—70页）

北京大学的作文则是《何谓科学方法，试分析之》，至于英语考试，北京大学的题目奇特得很。除了一般的作文和语法方面的试题以外，还有一段汉译英，选择的是五代时李煜的词《清平乐》：

> 别来春半，触目愁肠断。砌下落梅如雪乱，拂了一身还满。
> 雁来音信无凭，路遥归梦难成；离恨恰如春草，更行更远还生。

让学生把前半阕翻译成英语，对一般的高中生来说，确实是很难啃的硬骨头，不用说翻译成英语，就是翻译成现代汉语，也不是容易的事情。

而且，在英语的考试中，还出乎考生的意外，在公布的考试科目之外，又加了一道小菜：加试英语听写。听写时，老师念了一段寓言，其中有狐狸有鸡，季羡林大都写对了。但有一个单词suffer（经受、忍耐），他由于临阵惊慌，听懂了，却没有写对。考完之后，同去的山东老乡都面带惊慌之色，几乎都是丈二和尚摸不着头脑，录取的希望破灭了。济南高中的英语教学从来没有做这样的练习，所以考北大的几个同学，被这当头一棒给打蒙了，没有几个考生能听得懂。当时去北京赶考的学生有八九十人，大多都报了北大和清华，机会难得，蒙上就赚了。但考完以后，很多学生傻了眼。清华当年招收200多学生，北大更少，只有100多名。所以能够考上这两所学校的，很少很少。对付不了北大和清华考试的一些考生，最后被为了收报名费和学费的朝阳大学录取了。季羡林因为基础比较牢固，很容易就对付过去了。结果，这次考试，他撞上了喜神，北大和清华他都被录取，一时间成了人们羡慕的对象。

也就是在山东大学附设高中时，季羡林在英文之外，又开始学习德文。教德文的老师姓孙，长着一副宽额方脸，大耳朵，嘴上留着德皇威廉二世式的胡子。早年在青岛的德国洋行里做过什么事，在那里学了点德文。他用的课本是山东济宁天主教堂编的，水平不高。孙老师是胶东人，学的德文也不高明，德文发音总是带着胶东味，把gut念成“古吃”。学生笑话他，他居然满脸怒容，冲学生大发雷霆。孙老师还附庸风雅，自己花钱印了一本17字诗，到处送人，也送给季羡林一本。诗作挺蹩脚，但是滑稽有趣。季羡林看了一遍，就记住了一些，直到今天季羡林还能背得出来。其中有一首嘲笑独眼的诗，是这样的：

发配到云阳，见舅如见娘，两人齐下泪，三行！

季羡林因为在家里有一种受歧视的感觉，觉得叔父的亲生女儿秋妹比自己的地位要高，从而产生了不是亲生儿子的感觉，所以仿照他的诗，自己也作了一首17字诗：

叔婶不我爱，于我何有哉，但知尽孝道，应该！

借此略抒心中的不平，结果是惹得叔父的亲生女儿秋妹一肚子的不高兴。

有这样欣赏水平的老师，教了一学期德文，学生们只学会几个单词，就不足为怪了。他们怎么能学好德文呢？

2. “唯美主义的颓废派”夏莱蒂和张默生

在济南高中，季羡林的国文老师还有著名作家和翻译家夏莱蒂先生。

夏莱蒂，本名来，上海松江人。他和著名作家郁达夫私交甚厚，和郁达夫一样，有点魏晋玄学家那样的浪漫和“颓废”。他曾在郁达夫家中亭子间里住过几个月，经常赤身露体，醉酒胡闹，被郁达夫的夫人王映霞下了逐客令，才不得不迁出。他和郁达夫主编《大众文艺》月刊，1928年9月由上海现代书局发行。该刊后期成为“左联”机关刊物之一，1930年6月被国民党政府查禁，共出版12期。夏莱蒂对英国唯美—颓废派文人和艺术家比亚兹莱、西蒙斯、道生（Earnest Dawson）和乔治·摩英尔的诗作有很浓厚的兴趣，尤其是对道生特别感兴趣，不仅翻译了道生的诗集《装饰集》，还和绿社的其他成员翻译了道生的其他作品。

在济南高中的最后阶段，季羡林还有一位值得怀念的老师是张默生。他当时是该校的校长。高中初办时的校长，是姓彭的一个南方人，接任的是张默生。在接任时，他已经写了一本《王大牛传》，传主是山东省教育界的名人王士栋（祝晨）。

张默生（1895—1979），名敦讷，又名文起，字默生，以名行。淄博市临淄区（今临淄区敬仲镇）呈羔村人。幼承家教，4岁即能记简单账目，9岁书写楹联。家本寒微，经遭父讼案更贫，在山东省立十中（青州）读书两年即辍学，去天津鞍韂铺习艺，后去济南法政专校以誊录为生。22岁随父入山东省立六中（曹州），方得专志求学。1919年夏，入北京高师英语部，次年转国文部。敦讷从小口吃，自知父深忧其不能以舌耕为生，即决心校正，遂于规定科目外，自加语言学，学发声及语言技巧，交一口齿伶俐同学为友，空暇即辩诘不休，至唇干舌疲。历两年，即口随心欲。其父闻知，喜极泪下。1924年北京高师毕业，受聘于山东省立第一师范学校，兼齐鲁大学讲师，1929年任山东省立第二师范（曲阜）校长，次年任济南高中校长。

他执教“必以心血注人，必以求其先知为本”，深得学生爱戴。学生多有相访，他接待，晤谈常至深更。时楚图南、胡也频、董每戡等在校开展学生工作，校内学生思想活跃，当局决定搜捕。他得山东省教育厅长何思源密信，即送楚、胡等离校，并资以路费。山东早期共产党员王景陈，被国民党山东省党部软禁，他助其转至济宁。张宗昌督鲁，以“赤化”嫌疑，全省通缉敦讷，他得德国牧师保护，入韦士英博士所办福柏医院，改姓赵，在病床上挂一精神病卡，方免于难。1932年8月，敦讷应聘为烟台中学校长。1936年8月，应国民政府教育部聘，任特约编辑，转去南京，后随迁至重庆，先后任复旦大学、北碚相辉学院、重庆大学、四川大学教授。于教学同时，潜心于先秦诸子研究，所著《庄子新释》，集诸家成果于一书，成为国内认可的“庄学”专家，还编著《先秦诸子文选》《老子章句新释》《墨子精选读本》《韩非子新编》及关于《红楼梦》《聊斋志异》《水浒传》《西游记》的学术文章。1957年，因《草木篇》被错定为“右派分子”。文化大革命中，被劳动改造。1979年6月，四川大学党委为其平反，恢复名誉，9月病逝于成都。

3. 一生坎坷的董每戡

董每戡（1907—1980），浙江温州瓯海区潘桥镇横屿头村人，原名董国清，又名董华。早年就读于温州艺文中学，后于1926年毕业于上海大学中国文学系，旋投入进步的电影、戏剧事业。1927年春赴上海，开始戏剧创作活动，其剧作初步显露出杰出的戏剧才华。后任北伐军第十六军政治部宣传科科长，也在1927年入东京日本大学研究院攻读。1929年回国后，到山东济南高中任国文教员，是季羡林的国文老师之一。在济南期间，他在济南的一家报纸上，办过一个文学副刊。但他的作品，季羡林并没有读过。

1930年以后，董每戡在沪加入“左联”和“剧联”，并在“剧联”的理论组工作，译介了一批外国电影戏剧的理论著作，曾编成《电影戏剧理论丛书》出版。在此期间，他著有几部独幕剧和多幕剧，其中《C夫人肖像》是一部针砭艺术界右翼文人的作品，深受鲁迅和郁达夫等人的好评。可惜董每戡1957年被错划成右派，1978年才被平反。1979年5月，他被聘回到中山大学工作。他用力甚勤，时间抓得很紧，整天都在家里阅读和著述。

1930年，季羡林毕业于山东济南高级中学

同年11月，他以特邀代表的身份，出席了第四次全国文代会。当年冬天，偶感风寒，并发肺炎，于1980年2月13日溘然长逝。

董每戡在他学生们的心目中，是一个平凡的人，又是一个极不寻常的人。他在相当一段时间里隐居闹市，默默无闻，甚至他本单位的许多师生都不知有其人，更谈不上什么名声了。当他还健在时，就有传闻说他过世了。但他又不寻常，在1957年被错划为右派分子后，举家迁往长沙，在许多平常人难以忍受的经历和困难条件下，仍然顽强地活着和著述，并做出了许多人做不出的成绩来。这一点不仅平常人做不到，就是某些时贤甚至号称大师的人也难望其项背。毛泽东说："大学里，一个中文系，一个历史系，唯心论最多。"换句话说，也就是要划右派分子也最多。各大学中文系教授划为右派分子的有程千帆、董每戡、许杰、徐中玉、施蛰存、吴奔星、詹安泰、穆木天、彭慧、张默生、林焕平、蒋锡金等等，历史系有向达、雷海宗，等等。

从布衣之子到天之骄子

一、风华正茂的四剑客和同学们

1.“感伤主义者”吴组缃

1930年季羡林高中毕业。本来，叔父让他找到一个能够拿到“铁饭碗”的职业，以便养家糊口。在叔父的眼中，有三个职业是可以做到这一点的，一个是邮政局，一个是铁路局，一个是盐务稽核所。这些职业都控制在不同国家的帝国主义手中，在那时候，“老外”是上帝，谁也不敢碰。只要从他们手里能够拿到一只饭碗，好好干活，不违“洋”命，则终生有饭吃，是没有问题的，可以成为羲皇上人。(《学海泛槎——季羡林自述》，山西人民出版社2000年版，第3页）因此季羡林高中毕业后，便遵叔父之命，去报考邮政局，想当一名邮务生，借此平平安安地过一辈子。反正也已经成家，妻子彭德华又非常贤惠。他非常喜欢无风无浪的生活。但是面试的“老外”没有看上他，看他不像那块料，结果名落孙山。

没有办法，季羡林这才到北平去考大学。他在西单大木仓的一个小胡同里，找了一家公寓住下来，到北大沙滩三院去参加考试。当时考一个名牌大学，十分困难，录取的百分比很低。为了得到更多的录取机会，季羡林的八九十位同班毕业生，每人几乎都报七八个大学。而他却只报了北大和清华。两个学校各考三天，晚上回西单公寓，蚊子咬人很厉害。结果老天助他，两个大学都考上了。

当时清华改成大学没有几年，在一般人的心目中名气并不大。1925年大学部成立后，最初采用美国风行的初级大学办法，分大学部为普通与专门二科。

普通科二年或三年，不分系，所开课程要适应所谓“通才教育”的要求，是一些有关自然、社会与人文方面的概论课程。但是，由于它“不文不理”，过于空泛，还与国内一般大学学制不相衔接，学生不欢迎，纷纷退学，只好停办。1926年清华改为四年制大学后，将“普通训练”缩短为一年。1927年又将这一年的课程规定为全校各系学生的“公共必修科目”，包括中文、英文和自然与社会科学的概念性课程。通才教育的目的，并不是要学生在自然、社会、人文方面成为“综合的通才”，而是在各方面都要有一定的“通识”，哪怕不一定精研此学。清华的通才教育思想使学生不致于成为统治者的机器，而作为一个独立的人而存在。清华大学本科的学制，与国内一般大学一样，是实行美国式的“学年学分制”，即规定毕业期限至少四年，所习课程按学分计算，每学期每周上课一小时或实验二三小时者为一学分。1929年度起，取消了毕业考试，改为四年级时撰写毕业论文一篇（相当于一门课，约3—4学分）。1932年度起，按教育部1931年《学分制划一办法》，将四年总学分由136改为232. 此外尚必修体育8学分，军事训练6学分，党义2学分。

与学分制并行的是选课制。学生于每学期开学时，参照各系规定的课程表自行选定课程，中途亦可增选或退选，但大一应修课程不得中途退选。学生每学年开始选修及事后增选改选课程，都须经系主任签字批准。此外学生于4年中经有关系主任及教务长核准，还可中途转系，其已修课程的学分由所要转入的系重行审定，承认有效或无效，并按学分决定年级。学生毕业后也允许继续留校转系肄业，其已修之该系课程仍可承认其学分。这样，一般可插入他系二三年级肄业。

课程有必修和选修两种。各类课程及学分在各系之课程表中均分别有规定，但课程表上所列各课程之学年分配与门数是一般的规定。学生不必严格按课程表选课，可自定计划选修。由于有些课程规定有“选修课程”，同时学生选课均须经系主任批准，故大致可控制选课，使不致过滥。

到1932年以前，清华在社会上和在一般考生的心目中，仍然是一所新办的大学。对考生的吸引力，远不如北大等著名的老大学。但考虑到将来有出国的希望，季羡林弃北大而选择了清华。而1932年以后，清华的发展非常快，快速赶上了北大，名气也大起来了。

他选清华是经过了一番深思熟虑的。因为，他觉得清华出国机会多。初到学校时季羡林一度想学数学。但是学生入学后，学校对于选择院系有一些限制。学生在入学考试时，数学、物理、化学的成绩必须达到及格（60分以上)，才能在大一新生分系时，进入理学院的算学系、物理学系、化学系。须知60分的要求在当时甚高，从1928年开始录取大一新生总平均成绩最高年份为48分。有不及格的必须重新受到甄别考试，甄别考试不及格的，须重新修读《高中物理》或《补习化学》(即高中算学、化学)。为此，物理学系、算学系、化学系曾专门设立过这类补习课程。季羡林因为数学的入学成绩不理想，所以只得放弃学数学。选系时，他又选了最容易出国的西洋文学系。

他考上清华的时候，家庭很困难，山东清平县（当时临清称清平）每年给考上大学的学生补助150元钱，没有那150元，他很难上完清华。

清华校园是在圆明园废墟上建设起来的。1908年，用美国“庚子赔款”退还回来的部分费用建立起来的“游美肄业馆”，1911年改名为清华学堂，1912年更名为清华学校，1928年更名为“国立清华大学”。“游美肄业馆”原本打算为美国培养人才，实现长期“从知识上与精神上支配中国”的目的。“以其最圆满和最巧妙的方式，控制中国发展”，是1906年伊里诺大学校长詹姆斯致罗斯福备忘录中的设想，成为美国期盼的长远目标。但是事与愿违。该校却培养出了一批批爱国仁人志士，学成后都为中华复兴作出了重要贡献。这一切，皆因清华人是在被帝国主义血洗污辱过的土地上成长起来的。

1860年和1900年先后两次被毁的圆明园东部，有一个熙春园和一个近春园，清华大学就是在这两个园的旧址上建立起来的。咸丰年间将两园改名，统称为清华园。吴宓对陈寅恪介绍清华说：“寅恪，提起这清华园，还颇有一段来历呢。你看这一带房舍众多，其实只是当初熙春园的一半。这熙春园是康熙爷的行宫，跟圆明园差不多同时建造。道光皇帝子女多，分赠园子分不过来了，就把熙春园劏成东西各半。西边的叫近春园，就是现在靠着西院的荒岛，当年那个地方规模可大呢，道光把它封给四阿哥——也就是咸丰。东边又重建了一百多间房舍，仍叫‘熙春园’，分给了五阿哥，到咸丰登极，就把它改叫清华园了。”

这样，在这座皇家园林遗址上建立起来的大学也就变成了清华校园。进了清华大学校园的学生，都有一种奋发图强、洗刷国耻的爱国主义胸怀。季羡林和他的同学们也不例外。

季羡林入学的时候，梅贻琦已经担任了清华校长。他致力于“通才教育”的施行。他认为，办大学的目的，一是要研究学术，二是要造就人才。因此提出一段著名的论述，即：“所谓大学者，非谓有大楼之谓也，有大师之谓也。”这话是仿照孟子的“所谓故国者，非谓有乔木之谓也，有世臣之谓也”来的。

根据当时担任文学院院长的冯友兰先生的回忆，他严格奉行教授治校的方针，以至于当时清华有“神仙、老虎、狗”的说法。清华强调基础，许多大一课程必须由教授亲自担任，助教只管批改试卷。但教授上课时间可自己选择，许多人一周的三节课是连着上完，这样，除去法定假日，他就有三天的空闲自由支配。而教授的工资相对其他学校为高，所以教授是“神仙”。闻一多其时跟教务处交涉，把他的课安排在黄昏，因为他是一个诗人，越到晚上，精力越旺盛。讲课时灵感也就充分。他上课前，总是先跟同学奉烟：“哪位要抽，自己来拿。”学生当然不好意思，他就燃上一根纸烟，摊开《楚辞章句》，一字一顿地道：“痛饮酒熟读《离骚》方为名士！”大抵，清华教授其时多是过着这种悠哉悠哉的“名士”生活。老虎指的是学生。学生会大权在握，自治力甚强，清华的生活水准高，伙食、住宿诸条件尽够标准。工字厅的舞会，大礼堂的电影、唱片欣赏，都是绝好的去处。学生所办的《清华周刊》开始只是议校政，后来痛诋时局，风靡全国。后话暂且不提。先前的校长数番落马，学生之功莫大焉。北大的校长蒋梦麟有一次对冯友兰说：“老冯，我发现一个学校，总有三派势力，校长、教授、学生，只要其中两派联合起来反对另一派，那它非败不可。”学生之力，可见一斑。清华工人的地位在清华学校时期就很低。起先叫听差，以后叫校工，身份卑下，自不待言。这“狗”的称号，自然得是他们了。朱自清原先在北大念书时，有一回吃小炒，因为是南方人，不吃葱蒜，请炒菜的师傅不要放，那师傅把眼一翻：“那就别吃！”朱自清来清华后，今昔对比，感慨至深。他曾回忆说，至清华未进门就见一大群人力车夫，都是清华校内编了号的，还有许多做小生意的，只要你照顾，他就有吉言。像“将来当校长”这种话，在别的地儿轻易是听不到的。冯友兰先生认为：“光是中西贯通不够，还要古今融会。没有旧学功底是不行的。清华通才教育应该如此。但也不可一概而论，对一些有特长的人，就不宜用这种框框衡量。”（参见冯友兰《三松堂自序》，人民出版社1998年版，第316—321页）

在进了清华大学以后，首先让季羡林感到的是师生之间的隔阂。当时的教授，一般工资一百“大头”，比较高级一点的就是四百，那时候学生生活水平一个月6块大洋，吃的是杏花丸子、叉烧肉、狮子头。“清华”有些教授，有一些，不是每一个，进可以攻，退可以守。什么叫攻呢？有的人在“清华”当教授，南京让他当市长，或是新闻局的局长就走了。当你的任务没了，再回来教，所以进可以攻，退可以守，社会地位很高。存在决定意识，这样一个存在就决定教授自命不凡，于是就出架子。教授是架子极大，一般不大与学生来往。当然也不都是这样高的待遇。当时的学校差别很大，北京大学、燕京大学、清华大学这样的学校，教授的待遇肯定可得到保证，但有的学校教授的待遇就不一定能得到保证。据说有的教授，同时在4个学校兼课，结果4个大学都发不出工资的情况也是有的，被称为“四大皆空”。这样的教授就不可能有架子了。他根本连饭都吃不上。

学生里边也有一些富贵人家的子弟，有些甚至是纨绔子弟。他们不一定都有架子，但是绝不是都没有架子。对其中有些有架子的学生，季羡林也很少与他们来往。当时的清华，也有为数不多的日本留学生，季羡林同其中的一个还同屋住过一学期。那人是土肥原将军的部属，本来到清华只是一个幌子，是只留不学的。对这样的人，季羡林是一百个看不起。而在中国同学中，他的自卑感也是非常明显的，甚至是很强烈的。他自己知道，来自贫困地区的穷人家的孩子，富贵人家的子弟是看不起的。但是也有一些富贵人家的子弟好接触。

就是在清华园里，季羡林认识了中文系的吴组缃。当时他们都在清华大学读书，吴组缃大他三岁，比他高两年级，又不在一个系。但不知怎么的，就混熟了。

吴组缃（1908—1994），原名祖缃，字仲华，14岁时改名祖襄，笔名吴组缃、芜帝、木公等。安徽泾县茂林人。父亲吴庆余是个秀才，受康梁维新思想影响，反对科举，学洋文，后弃文经商，小有资产，在家乡兴办了两所私立小学。在中学时，曾主持学生会的文艺周刊《赫山》，开始文学创作，在《赫山》《皖江日报》副刊上发表了一些散文和白话诗。1923年在上海《民国日报》副刊《觉悟》上发表短篇小说《不幸的小草》和1925年3月在《妇女杂志》上刊出的短篇小说《鸢飞鱼跃》，都具有鲜明的反封建意义。1927年结婚，回茂林当小学教员。

1929年，吴组缃考入清华大学经济系，一年后转学中文，1933年毕业后直升清华大学研究院深造。清华园时期，是吴组缃文学创作的高峰阶段，与季羡林、林庚、李长之并称为“清华四剑客”。1932年到1934年他创作的小说《一千八百担》《天下太平》《樊家铺》等，以皖南农村现实生活中经济与制度的衰落为题材和鲜明的写实主义风格享誉文坛；尤其是1933年创作的短篇《一千八百担》，借宋氏家族的一次宗族集会，具体而微地表现了20世纪30年代中国农村社会经济的破产和宗教制度的分崩离析。这些作品后结集为《书柳集》和《饭余集》刊行。吴组缃的创作朴素细致，结构严谨，尤其擅长描摹人物的语言和心态，有浓厚的地方特色，堪称写皖南农村风俗场景的第一人。

共同的文学爱好把季羡林和吴组缃聚拢在一起，竟成了好友。当时同他们一起的还有林庚和李长之，形成了清华园里有名的“四剑客”。季羡林读的虽然是外语系，但曾旁听过朱自清和俞平伯的课。“四剑客”还偷听过当时名噪一时的女作家冰心和燕京大学教授郑振铎的课。结果是被冰心先生板着面孔赶了出来，而和郑振铎先生却交上了朋友。

四人中季羡林的岁数最小，当时还不到20岁，幻想特多。他们放言高论，无话不谈，个个都吹自己的文章写得好。他们会面的地方，是工字厅。这是一座老式建筑，里面回廊曲径，花木蓊郁，后临荷塘。那个有名的写着“水木清华”四字的匾，就挂在工字厅后面。这里非常清静，对“四剑客”来说，是侃大山（当时还没有这个词儿）的理想地方。茅盾《子夜》出版时，他们四个人又凑到一起，大侃《子夜》，意见大体分为两派：季羡林给予否定，觉得茅盾的文章死板、机械，没有鲁迅那种灵气；吴组缃给予肯定，说《子夜》结构闳大，气象万千。文学季刊社请客，李长之、季羡林、林庚都参加。季羡林还同吴组缃、李长之去看望郑振铎，到他家里去玩。那时下着雪，他们踏着雪，上下古今地谈论着。他们还在李长之的房间里讨论创作时的理智和情感的衡量，参加的人除了吴组缃、李长之、季羡林，还有张露薇等人。他们经常讨论半天，结果归结到生活在改变，作品也应该改变。

吴组缃上中学时就结了婚。他家境大概颇为富裕，上清华时，把家眷也带了来。他们住在西柳村。季羡林和李长之去那里看他们。季羡林说，现在听说中国留学生可以带夫人出国，名曰伴读。吴组缃的所为不正是“伴读”吗？真可谓“超前”了。季羡林也曾同林庚和李长之去他家看过，除了夫人外，还有一个三四岁的女孩，小名叫小鸠子。李长之写有《孩子的礼赞——赠组缃女孩小鸠子》，提到：“现在在一起的孩子们中，我得益顶多的，又彼此知道姓名的，是小鸠子。也许是我锐感或过敏，这孩子和我颇有交情。孩子们的爸爸组缃，真是如我们几个朋友所加的徽号，是一位感伤主义者，他看一件什么事物，无往而没有感伤的色彩。连他的声调也是感伤主义的，虽然在锐利的幽默中，甚而哪怕是讥笑的态度，也有怜悯的伤感的同情在。他的夫人和孩子刚来北平不久，他曾向我介绍过他的孩子，据说是非常想家，常模仿在家里的祖母想她的光景，而且还感到孤寂，因为那时还没有在一块玩的小孩子，孩子才多大呢，不过六岁。我心里想，组缃的话是不能不承认的，因为有他这样伤感的爸爸，孩子难以不伤感，而且纵然不伤感，由感伤主义者的爸爸看去，也会伤感了的。”1993年下半年，季羡林去看吴组缃，小鸠子正从四川回北京陪伴父亲。她当时也已六十多岁，季羡林叫了声：“小鸠子！”吴组缃笑着说：“现在已经是老鸠子了。”时间的流逝竟是如此迅速，季羡林也不禁“惊呼热中肠”了。

清华毕业后，“四剑客”各奔前程。但各自怀着对对方的忆念，在寂寞中等待。一直等到上世纪50年代初的院系调整，吴组缃和林庚又都来到了北大。此时他们都已成了中年人，当年的少年锐气已经磨掉了不少，平常也难得见面。时光是超乎物外的。季羡林同吴组缃在牛棚中做过“棚友”，他们现在终于都进入耄耋之年。1992年，胡乔木来北大参加一个什么会，会结束后，季羡林陪他去看了林庚。他执意要看一看吴组缃，说他俩在清华时曾共同搞过地下革命活动。季羡林于是从林庚家打电话给吴组缃，但没有人接，吴组缃和胡乔木至终没能再见上一面。

许振德，字大千。他是山东恩县人。恩县后来在1956年撤消，并入平原、夏津和武城。他也是西洋文学系的学生。在季羡林刚开始进入清华大学时，出于山东人的豪侠气，帮助过老乡季羡林。所以他们两人的交情很不一般，是仅次于四剑客的关系的。

帮助季羡林的事原来是，清华大学有个不成文的规定，凡是新生入学，都要经过“拖尸”一关。“拖尸”是英文toss的音译，意思是新生在报到前，必须先到体育馆，老生中的好事者列队在里边对新生“拖尸”。具体做法是：几个长得壮实的老生，把新生的两手两脚抓住，举起来，在空中摇晃几次，然后抛到铺在地上的垫子上，就算是完成了手续。很像《水浒传》里的“杀威棍”。体育馆的墙上贴着大标语：“反抗者下水！”果然，室内游泳池的门开着，随时恭候入水者。后来又演变出许多花样，包括“搜索敌军”“测肺活量”“吃苹果”“丈量精确度”“鼻力测验”等。

按照惯例，新生入学，男生们是人人要过这一关的。季羡林很自然地随着人流到了体育馆，接受“拖尸”这一关的的考验。但是，正当他做好了准备，也轮到被“拖尸”时，老生中有个叫许振德的人，站出来为季羡林保驾。他是清华大学篮球队长，他这一出面，使季羡林没有被“拖尸”。后来，季羡林才意识到这样的机会十分难得，而以后想补课也没有机会了。至今他还觉得有些遗憾。但从此他和许振德成为来往最多的朋友。

吴祖缃1952年后也进了北大，有很长一段时间和季羡林同住在朗润园里，到晚年的时候，季羡林经常看到一个带儿童遮阳帽的老头儿，独自坐在湖边的木椅上，面对着半湖朝日，或西天红霞。季羡林把这称为朗润园独特的人文景观。他常常顾而乐之。

2. 诗人兼学者林庚

季羡林在清华写的日记，只有后两年的，第一次出现林庚的名字是1933年8月22日，那天季羡林正在读林庚和洗岑（李广田）的诗。他对洗岑的诗觉得比较好，而对林庚的诗未置可否。和林庚见面是在8月31日。那天下午，林庚去找季羡林。他们一见面，就很谈得来，季羡林觉得他人很好，是个很投缘的人。

后来他们经常在季羡林屋里大谈。有时候在李长之屋里，有时候在林庚屋里。经常谈得很晚，谈得兴会淋漓，直至夜里一点。有时候与林庚在清华湖滨的林子里散步。季羡林觉得他真是个诗人，真是个大孩子。在别人面前，自己总得时时刻刻防备着，只有在他面前，用不着防备了。林庚的诗集出版，马上给季羡林送了一本，而且还请季羡林吃晚饭，他们大吃了一顿。林庚请季羡林替他翻译自己的诗，推了几次，推不开，只得接受。林庚病了，季羡林和卞之琳、李长之去看他。

在庆祝林庚先生90岁生日的祝寿会上，最感动人心的是一种真挚默契的师情友爱。与林先生共享整整70年友谊的季羡林，已经是90岁的老人。他深情地忆起当年他们和吴组缃、李长之四人在清华结下的友谊，笑称那时的他们还是“四个孩子”。他们在一起的时候，经常放言高论，无话不谈，真有“语不惊人死不休”的劲头。各个人都不示弱，都吹自己的文章好，这个是神来之笔，那个是梦笔生花。有一天，林庚早晨初醒，看到风吹帐动，立即来了诗意，顺手写下两句：

破晓时天旁的水声，深林中老虎的眼睛。

当天就找到“四剑客”，念给他们听，眉飞色舞，极为得意。他们之间没有任何芥蒂，全无遮挡。有一次，林庚写了一首诗，其中有一句“袭来了什么什么”，李长之和他争论，认为“袭”字不如“聋”字，“聋来了什么什么”，有一“聋”字，境界全出。（《季羡林文集》第2卷，第324页）

季羡林特别赞赏林先生的“童心”，他说林先生自少到老都充满了“少年精神”。季羡林与林庚自“清华四剑客”以来，友情长达70年，他对林先生可谓知之甚深，因而描画也最真切。正如同为林庚老友的任继愈先生所说，他们一颗童心尚在，丝毫不为世故所沾染。大概，也惟因如此，林庚才能在晚年依

季羡林与林庚先生

然不断写出如“蓝天为路，阳光满屋，青青自然，划破边缘”这样美丽清新、充满情趣的诗句吧。林庚的弟子袁行霈教授在发言中说：“林先生不仅有诗人的气质和学者的襟怀，还有宝贵的哲人的智慧。我追随林先生多年，从林先生那里学到了许多知识和做学问的方法，也受到多方面的熏陶，学到做人的道理。林先生总是高扬精神的力量，力求摆脱物对人的约束。盛唐气象、少年精神、青春气息……林先生一贯提倡的这些，都是人类精神的精华。他的诗歌和学术都在鼓荡精神的力量，他的全部努力集中为一点，就是呼唤和歌唱以充沛的创造力为标志的青春。”正是这种精神的力量和青春的热情，拉近了师生之间的距离；也正是它们，使林庚的学生受益终生。

林庚已经在2006年10月4日，先于季羡林走完了人生路程。

3.“屡遭批判的”批评家李长之

李长之是季羡林一生中最早的同学和朋友。李长之既是诗人，也是一位文艺批评家。他是季羡林在济南时期的小学同学，后来又是清华大学的“四剑客”之一。他们之间的关系在同学中是非常亲密的，互相以兄称呼。

李长之（1910—1978），原名李长治、李长植，山东利津人。季羡林认识他的时候，只有八九岁，他们同时入济南一师附小。季羡林是从私塾转入新式小学的，所以当时他一点儿也不知道学习，而只是终日嬉戏，并不念书。他经常和李长之在一起玩。当时一师的校长是王祝晨先生。他是有名的新派人物，在山东最早接受了五四运动的影响，在学校里首倡文言文改为白话文。因为课本里有一篇《阿拉伯的骆驼》，被叔父看到，于是季羡林被叔父强迫转学到新育小学（后改称三合街小学，即今天的山东省实验小学），于是和李长之分手了。6年以后，季羡林考入正谊中学，而李长之则考入济南一中。一中毕业之后，他考入齐鲁大学附中，然后于1929年入北京大学预科学习，在校期间就发表散文作品。《我所认识的孙中山》是他的早期习作。

北京大学预科结束之后，李长之没有进北大，而是在1931年考入清华大学生物系。这样，他们又见面了，经常在一起，一块吃饭，一块进城，一块逛街，一块侃书，有时候难免磕磕绊绊，闹点矛盾，但是他们谁也离不开谁。他们一直是推心置腹、无话不谈的好朋友。

季羡林在清华大学的时候，在头两年没有记日记，在后两年的1932年8月22日开始写日记，第二天的日记，就有与李长之的会面，第三四天的日记，也有与他的会面。第五天有与他的多次会面：中午午饭一次，晚上在季羡林宿舍一次。虽然对李长之有偏见，季羡林是不满意的，但是他们毕竟是从小学就开始交往的好朋友，因此他们始终联系紧密。他们交流的心得，有一个共同的看法：家庭之所以供自己上学，不过是像做买卖似的，投出去的，以后要收回来。所以他们想自己多赚点钱，把经济权抓在自己的手里，经济才能独立，才可以脱离家庭的压迫。

李长之的成见很深，季羡林说他每发怪论以自得。爱起来就爱得要命，看一个人一好就什么都好，一坏就什么都坏。有时候甚至感到他讨厌，特别是他的主观太厉害，思想也不清楚，对不懂的事情也妄加解释，任性得让人无法承受。他对专业的看法也是这样。

看来他入清华大学生物系，从开始就走错了路。有一次，季羡林到他的宿舍去玩，看到墙上贴着一张图，上面密密麻麻，是他自己画的一些细胞之类的东西。老师给改正的地方很多，花里胡哨。他认为细胞的排列应该是很美的，因此按照自己的审美观画细胞。这当然不符合自然科学的规律。季羡林看到这张图，心里纳闷：这样的人能学自然科学吗？他自己说因为生物实验没有做好，有点对生物失去信心。人家看见的，他看不见。人家做得快，他做得慢。他能够在一种事情里发现别的原理，本来是不通的，他却能够说得天花乱坠，他居然能够让歌德与王阳明发生关系，把他们硬是扯到一起。他的主观就是这样深，而且老是坚持自己的意见。这样的思想倾向只能适合搞哲学。但是，不知是什么原因，鬼使神差似的，季羡林觉得只有与他谈话的时候，才能听几句人话，几句“通”话。

后来李长之真的在两年后转入哲学系，同时参加了《文学季刊》的编委会。他们在一起交流心得，谈文学，谈哲学，谈孔子，谈佛教，谈到王国维的死。他们觉得，一个大学者的成就并不怎么神奇，其实是平淡得很：只是一步步走上去的。这样的看法至少给自己一点兴奋剂，不致自暴自弃。

有一次，季羡林到他宿舍去，见到墙上又贴了一张法文试卷，被法文教师华兰德老小姐用红笔改得满篇红色。看来他学语言，也是失败的。他的长处是在思想方面。很有思想家的天才，喜欢无拘无束的思想，不受任何方面绳墨的约束。季羡林对他说，一个哲学家无所谓系统思想，除非他生前一分钟的最后一句话是系统思想。因为思想根据知识，而知识是无限的，所以就是死了，也不能决定什么“观”。

在季羡林看来，李长之对哲学发生兴趣简直是个奇迹。他才入清华时，根本不承认哲学的存在，他认为只有科学。现在刚刚转到哲学系，就说哲学的好话了。他就是这么一个人，只要他说的好人，别人不能说不好，甚至连半句坏话也不能说。

而季羡林始终对哲学不感兴趣，看李达翻译的《辩证唯物论》教程，觉得比看英文还费力。

季羡林和李长之几乎无话不谈。有了什么烦恶人的事情，也总要找他谈，季羡林在读《新月》杂志的“志摩纪念号”上任鸿隽翻译的《爱迪生》时，发出了一通感想，认为理想不管怎样简单，只要肯干，就能够成功。“干”能胜过一切困难，一切偏见。李长之赶快补充说：干者生命力强之谓也。后来季羡林干脆在纸上写了几个字：在旋涡里抬起头来，没有失望，没有悲观，只有干！干！干什么？自然是干德文。

由于受到李长之的影响，季羡林自己也想成为一个作家，在文坛上有点地位，然后再利用这地位到外国去，以翻译或者创造，做经济上的来源。

到写文章遇到困难的时候，李长之告诉季羡林，不要想它困难，自然就不困难了。他从这里得到鼓励，决定试一下。写《枸杞树》的时候，因为把握不住矛盾的心情，也想请李长之帮助给看一下，指点迷津。问他这样写下去是否行，结果是李长之认为这篇还不坏，这样写下去就行。

季羡林当时对家庭不太满意，尤其是对秋妹看不惯，心中有些苦恼，也给李长之写信诉苦，说我的前途看不见光明，我渐渐发现自己是一只鸭子，正在被别人填着，预备将来宰了吃肉。

李长之1934年后曾主编或创办《清华周刊》文艺栏、《文学评论》双月刊和《益世报》副刊。在出版第一本诗集《夜宴》前，开始理论批评的写作。

李长之在清华读书期间，开始接触德国哲学与文艺理论，对康德哲学多有体会。后来翻译了《判断力批判》等康德论著；他的多篇论著也受康德影响，以“批判”为名，如《〈红楼梦〉批判》《王国维文艺批评著作批判》《鲁迅批判》，等等。他在文学界已经成名。有一年的暑假，他们坐火车一块回济南探家。当时老舍在济南齐鲁大学教书。有一天，李长之告诉季羡林，他要在家里请老舍先生吃饭，请季羡林作陪。这是他第一次见到心仪已久的老舍先生，是李长之促成的。从此以后，季羡林和老舍先生成了好朋友。根据《老舍自传》，抗战时期在重庆北碚时，李长之和老舍、陈望道、陈子展、章靳以、马宗融、洪深、赵松庆、伍蠡甫、方令孺、梁实秋、隋树森、阎金锷等人经常在一起。他们之间的关系相当融洽，老舍说：虽然他们都穷，但是轮流着每家吃一顿饭，还不至于教他们破产。

季羡林和李长之、吴组缃、林庚成了清华有名的四剑客。他们一块谈天说地，论古道今，是很合得来的朋友。但是他们之间也经常发生一些互不相让的争论。有时候意见一致，有时候意见不一致。

季羡林和李长之的共同老师中，郑振铎和杨丙辰是他们都喜欢的。

郑振铎联系朱自清、章靳以等筹备创办《文学季刊》，常在郑振铎家商议有关事情。当时还是清华学生的李长之，参加了刊物编辑工作。李长之回忆说：我没有上过他（朱自清）的课，课外可是常去找他聊天儿。见面最多的时候，是在郑西谛先生在北平，大家共同编《文学季刊》的一段。这时期虽然不太长，可是因为每一星期（多半是星期六的晚上）大家都要在郑先生家里聚谈，并且吃晚饭，所以起码每一星期总是有一个很充分的时间会晤的。因为朱先生的公正拘谨，我们现在不大记起他什么开玩笑的话，同时别人也不大和他开玩笑。只记得他向郑先生总是全名全姓地喊着“郑振铎”，脸上发着天真的笑意的光芒，让我们感觉他是在友情里年轻了。郑振铎在燕京大学任教，住在校里，从燕京到清华有 ·段路。晚上，聚会结束时常是深夜了，朱自清就和李长之结伴踏着月色，冲破四野的犬吠，说说笑笑地沿着崎岖不平的小路回去。

1934年1月1日，《文学季刊》诞生了，主编郑振铎、巴金、章靳以，朱自清是编辑人之一。刊物由立达书局出版，是当时国内最大型的文学杂志。章靳以在北海三座门大街14号租了一套房子作为编辑部，巴金从沪来京时就住在这里。刊物明确表明，他们“不再被囚禁于传统文学的‘铁笼之中’”；也“不再以游戏的态度去写什么无聊的文学”；他们虽然“作风不同，观点不一，其所信仰的也未免有些歧异，却有一个共同的倾向：以忠实恳挚的态度为新文学的建设而努力”。为此，他们确定刊物目标为：“一、继续15年来未成功的对于传统文学与非人文学的攻击与摧毁的工作；二、尽力于新文学的作风与技术上的改进与发展；三、试要阐明我们文学的前途是怎样的进展和向什么方向而进展”。并郑重表示：“只要是同道走着的人们便都是我们的同伴”。很明显，刊物旨在团结广大作家，发扬五四文学战斗传统，推动新文学创作的发展，因此得到鲁迅、冰心、老舍、丰子恺等的大力支持。朱自清特地为刊物写了一篇书评《子夜》，全面地分析了这部长篇的优缺点，指出它在当时文艺界的价值，告诉人们：“我们现代的小说，正该如此取材，才有出路。”

朱自清在燕大兼课和编辑《文学季刊》，因此和郑振铎接触较多，结下了深厚的友谊。郑振铎十分器重朱自清，遇事常向他请教，也常约他写稿。他最敬佩朱自清做事认真负责的精神，他说，“每上一堂课，在他是一件大事。尽管教得很熟的教材，但他在上课之前，还须仔细地预备着。一边走上课堂，一边还是十分的紧张。”有一天，郑振铎到清华大学中文系办公室找朱自清，只见他正在紧张地翻书。郑振铎问道：“下一点钟有课吗？”“有的，”朱自清一边看一边应道，“总得要再看看。”写文章也是如此，写得很慢，有人问他每天写多少字，他回答说：“500。”常是改了又改，绝不肯草率发表。稿子寄出后，若发觉有不妥处，立即将文稿追回，待修改好再寄去。遇到讨论问题时，他也总是深思熟虑，不肯轻易发表意见。有一天，他参加燕京大学一位朋友的晚宴，在座共12人，席间大家热烈讨论“中国字”是否艺术的问题。绝大多数人认为艺术是有个性的，中国字有个性，所以是艺术，郑振铎和冯友兰则持相反意见。朱自清一言不发。

杨丙辰的思想极为复杂，中心是“四大皆空”。教书比较随便，每个学生他都可以毫不吝啬地给高分。有一天，他给季羡林和李长之一本德文讲文艺理论的书，书名中有一个德文字“文艺科学”。他们觉得很新奇，玄机无穷。李长之写了文章，称杨丙辰为“我们的导师”。李长之称他自己的文学批评理论为“感情的批评主义”。季羡林对理论一向不感兴趣，觉得直到今天对他的理论还是一点都不明白。

李长之提到“羡林兄当时正在写《现代才被发现了的天才——德意志诗人薛德林》”，说明他们在校期间也有共同的兴趣，都从薛德林的诗中读出了力量和信念。

他们也有明显的不一致的地方。比如，有一位姓张的中文系的同学，和李长之来往很多，而和季羡林则几乎没有往来。李长之当时张罗“造名运动”，就是想快点出名，和姓张的同学很投机。甚至对这位同学的短处，李长之也听之任之。该同学从学校图书馆借来的书，经常把书中的藏书票挖掉，而且还用书来垫床腿。对这样的事情，季羡林是恨得咬牙切齿，因为他爱书如命，容不得别人毁书。而李长之对这样的事情也漠然置之，引起了他的反感。

1934年暑假以后，季羡林毕业在济南教书，而李长之仍然在清华读书。1935年，季羡林在济南省立高中教过一年国文。季羡林考取了清华与德国的交换研究生，回到北京办理出国手续，在清华与李长之天天见面，并一同去拜见了闻一多先生。李长之还在他主编的天津《益世报·文学副刊》第27期上写诗文为季羡林赴德国留学送行：

送季羡林赴德国兼呈露薇

你，我的益友，你去了。至少有两年，
我仿照了古之君子，临行赠之以言。
办好的杂志，出版有价值的书籍，
这是你，露薇，我，许多好友的心愿，
你去了，我们一定短期内使它实现，
使你遥为欣欢，
你，露薇，我，许多好友，都爱古典文学的德国，
德国文学的顶点是歌德，
一千九百四十九，
歌德诞生两百周，
咱们一定成立中国歌德学会，译完《歌德全集》，
把歌德的文化，使一般人消受。
现在，咱们受的压迫诚然多，
但是，这有什么？
我却觉得有些地方，咱们还太妥协。
想不为愚妄者践踏，
唯一的办法，就是将愚妄者征服。

你，我的益友，你去了，唯一的相赠，就是：
有我们的勇气，
有我们的道路。

长之，二十四年八月三十一日晨

又邀集了不少的朋友在北海为季羡林饯行。同李长之分手后，到德国的前两年，他们还不断有书信往来。他给季羡林寄了日本学者高楠顺次郎等著的《印度古代哲学宗教史》，还在扉页上写了一封信。

第二次世界大战一起，邮路阻绝，他们彼此不相闻长达八九年之久。但季羡林从当时在台湾教书的清华校友许振德的信中，得知李长之仍笔耕不辍，著述惊人。重要的著作有《鲁迅批判》《夜宴》（诗集）《西洋哲学史》《批评精神》《迎中国的文艺复兴》《道教徒的诗人李白及其痛苦》《德国的古典精神》（译文、评述合集）《司马迁之人格与风格》《迎中国的文艺复兴》《苦雾集》《梦雨集》《陶渊明传论》《中国文学史略稿》《李白》等。

1936年李长之自清华大学毕业后留校任教。以后又历任京华美术学院、云南大学、重庆中央大学的教职。1940年任教育部研究员。1944年3月他在《时与潮》文艺杂志后边创刊《书评副刊》，提出理想的书评应是："要同情的了解，无忌惮的指责，可以有情感而不能有意气，可以有风趣而不必尖酸刻毒，根据要从学识中来，然而文字仍需是优美而有力的创作。"把握"批评精神的核心是在争一个真是非，是在不徇私（阿其所好和肆意攻击都是徇私）"！李长之认为，《书评副刊》刊出的对冰心的《关于女人》、郭沫若的《今昔集》、姚雪垠的《春暖花开的时候》、舒湮的《董小宛》、张恨水的《水浒新传》、袁俊的《万世师表》、田间的《给战斗者》、吴组缃的《鸭嘴涝》、碧野的《风沙之恋》、沙汀的《淘金记》、胡风的《看云人手记》、巴金的《憩园》、骆宾基的《姜步畏家史》、吴祖光的《夜奔》、无名氏的《北极风情画》进行的评介，有褒有贬，没有空话。

李长之1945年任重庆国立编译馆编审。抗战胜利随编译馆由重庆北碚迁南京，主编《和平日报》副刊。1946年10月赴北京师范大学任副教授，并参与《时报》《世界日报》的编务。这时主要从事古典文学研究和文化艺术的批评。

1946年夏天，季羡林受尽千辛万苦从德国辗转到了上海。当时北京大学还没有开学，他还没有正式到北大去工作，拿不到工资，把一块瑞士金表卖了10两黄金，把它换成一些法币寄回济南家中一些，手头已经所剩无几。所以在上海他住不起旅馆，就住在臧克家的榻榻米上。他知道，同学李长之在南京国立编译馆工作，所以他去南京投奔了李长之，借住在他的办公室内。

一开始的一些日子，白天李长之他们要上班，季羡林就只好到南京各处游荡。季羡林看到近处的一道红墙，上面长满了薜荔，问李长之那是什么地方，李长之告诉他那就是有名的台城。由此引起季羡林的兴趣，何不趁机出去走走呢？反正在屋里也没有落脚之地。这样，他就出去闲荡。南京的几个名胜，离编译馆不远，台城、鸡鸣寺、胭脂井，他几乎天天都去。第一次去鸡鸣寺，是李长之陪着去的，他们在大殿里徘徊，看佛像，累了，就在大殿里喝茶。再去的时候，就是他一个人了，看完了佛像，看完了湖，他觉得无聊，便到各处去逛。在半山的一个亭子旁，他看见了一口古井，探头往下看，黑洞洞的，看不见底，上边的地方长了一些青苔。亭子的另一面，他看到了一个躺在那里的古碑，上面有四个大字“胭脂古井”。稍远一点的，有玄武湖，多走几步，也就到了，所以他也常去。在玄武湖闲逛的时候，他还拿着书，逛累了就看一会儿书，出出神，把在从欧洲回国时经过四五个月的船车劳顿忘得一干二净了。

那时候，他的处境是没着没落，在梦想着自己有朝一日能混上一间房子，安顿下来。有一张固定的书桌，可以写一点东西。别的心思什么也没有，连玩兴也没有。晚上回来，睡在办公室李长之的办公桌上，早晨赶快离开。

李长之在国立编译馆工作的工作之余，可以陪陪季羡林。

到后来的一段时间，李长之给季羡林找到了一张桌子，季羡林可以在上面写点东西了。每天他就在上面堆满了书和乱纸，有时候写写什么，有时候什么也不写。他看到李长之戴了一副大眼镜，伏在桌子上努力地在写着。手里有时候会点上一支香烟，烟纹袅袅向上升腾。工作间隙，他们也聊聊天。话匣子一打开，往往就聊半天，忘记了时间。他们一向是无话不谈的，他们很自然地回忆起在济南上小学的日子，虽然有隔世之感，但一旦回忆起来，小学长长走廊里自己的影子也就依稀可见了。他老是说起在济南上小学的时候，季羡林和别人打架的样子，闭紧了眼睛，乱挥拳头。说到热闹处，他们不禁大笑起来。

他向季羡林介绍抗战胜利后，国民党派出了很多大员，也有中员和小员，到各地去接收敌伪的财产，你争我夺。他讲得绘声绘影，可见他对国民党是不满的。他常带季羡林到鼓楼附近的一条大街上，那里有新华社对外报栏，可以去看中共的《新华日报》，这是危险的行动，会有人盯梢照相。他还介绍季羡林认识了梁实秋。梁先生当时也在国立编译馆工作，他设盛宴，从此季羡林和他成了忘年交。

深秋，季羡林回到了阔别11年多的北京。中华人民共和国成立初李长之也调到北京师范大学，之后季羡林的另一位初中同学张天麟也调到北师大工作。他们的来往还是很经常的。后来接二连三搞起了运动，每次运动，李长之和张天麟他们俩总是首先被冲击的对象。李长之最大的罪名恐怕还是那部《鲁迅批判》，结果他被加冕为“右派”，被剥夺教书的权利。“四人帮”垮台后，李长之终于摘掉了“右派”帽子。有一天他到燕园来看季羡林，这是他们的最后一次会面。季羡林和他握手时发现，他的右手已经弯曲僵硬如鸡爪子一样了，他受到多少痛苦，季羡林怎么也说不清了。面对这几十年的老友，季羡林的泪水往肚子里直流。他们相对无言。

李长之去世的时候，季羡林正在随中国人民对外友好协会代表团访问印度，回国后听说李长之已经去世，季羡林只有又吃惊又痛苦了。而现在，他年纪越老，李长之入梦的时候就越多了。

4. 革命家和政治家胡乔木

1930年夏天，就在季羡林考入清华大学的同时，胡乔木也于江苏扬州中学毕业后，以优异成绩考取清华大学物理系。入学后，时为物理系主任的吴有训教授有一个习惯，总要在新生入学时找新生谈话。他对胡乔木说：“上物理课，要做许多实验，很费时间。”他问胡乔木最感兴趣的是什么，将来作何打算，又如何发展，胡乔木据实回答，说自己喜欢的是文史方面的东西。“既然你喜欢的是文科，大可不必念物理系，你可以转到文科去嘛！”胡乔木希望能有更多的时间多读点书，能有更多属于自己支配的时间，当然愿意转入文科。

这样，胡乔木很快转到了文科。他本想转入国文系，因为该系的系主任朱自清是他倾慕已久的散文名家，可惜该系的新生名额已满。无奈之际，胡乔木听说历史系尚有余额，随即幸运地转进了少时就钟爱的历史系。

胡乔木（1912—1992），本名胡鼎新，“乔木”是笔名。江苏盐城西乡张本庄人。胡乔木童年就是“书痴”。父亲胡启东（原名胡应庚）是一个尚新之人，给孩子们起的名字，都带一个“新”字。众兄弟姐妹中，胡乔木大姐叫履新、大哥叫达新，大妹叫德新、小妹叫文新。据说给他取名“鼎新”，是因为父亲崇拜高山仰止的革命先行者孙中山，而孙中山是主张“革故鼎新”的。胡乔木的母亲夏氏，是一位相夫教子、勤劳而又贤慧的女性，生有子女5人。在胡乔木6岁那年，父亲应孙中山的号召，在拒绝了段祺瑞的贿赂挽留、离京南下广州时，他绕道回家探望，见次子鼎新已能熟背大量的唐诗宋词，非常高兴，决定让他入鞍湖小学读书。

胡乔木在学校里很快就显露出爱好读书的天性。小伙伴们为此都戏称这位嗜书如命的“土包子”为“书痴”。因为他总爱穿那一身黑色的粗布衣裳，不像一些富家子弟讲究穿着，但他读书非常用功，不但读老师教的书，还把父亲的大量藏书一本本地读，坐在小油灯下入迷地读到深夜是经常的事。

在省立八中上学时，胡乔木开始从也在该校上学的哥哥的言谈中耳闻到“共产党”“国民党”“社会革命”等许多新名词，借到了一本《中国青年》杂志，读罢觉得耳目一新。在准备迎接北伐军的到来时，上初三的胡乔木参加了游行，在街头演讲，带头高呼“打倒军阀孙传芳”的口号。他遭到逮捕，后因年幼获释。1927年省立八中与省立第五师范合并，正式改称江苏扬州中学。高中部分为文、理两科。胡乔木数理化突出，被编入了理科。但他实在是于文史情有独钟，作文常被老师作为范文；写的五言古诗，被老师击节赞赏不止。他撰写的文章和诗稿在校刊上发表。

这就不难理解，何以18岁的胡乔木成了清华园内的活跃人物。

季羡林在《怀念乔木》一文中回忆说：

> 我认识乔木是在清华大学，当时我不到二十岁，他小我一年，年纪更轻。我念外语系而他读历史系。当时他在从事反国民党的地下活动。他创办了一个工友子弟夜校，约我去上课。我确实也去上了课，就在那一座门外嵌着“清华学堂”的高大的楼房内。有一天夜里，他摸黑坐在我的床头上，劝我参加革命活动。我虽然痛恶国民党，但是我觉悟低，又怕风险，所以，尽管他苦口婆心，反复劝说，我这一块顽石愣是不点头。我仿佛看到他的眼睛在黑暗中闪光。最后，听他叹了一口气，离开了我的房间。早晨，在盥洗室中我们的脸盆里，往往能发现革命的传单，是手抄油印的。我们心里都明白，这是从哪里来的。但是没有一个人向学校去报告。从此相安无事，一直到一两年后，乔木为了躲避国民党的迫害，逃往南方。

1931年“九一八”事变爆发，激起了全国人民的抗日怒潮。胡乔木因亲自参与并领导北平学生进行游行示威，名字“胡鼎新”上了北平市警察局要抓捕的黑名单。当时清华大学校长是后来出任国民党行政院长、总统府秘书长的翁文灏。这时他的思想还算开明，手里拿着左派学生的名单，把他们一个个叫来谈话。翁文灏叫来积极组织学生活动的胡乔木，对他说：清华园好比是一座大戏台，生旦净末丑，各种角色都可以登台表演。要是大戏台塌了，就谁也演不成戏了。你演的戏太危险了，会把戏台搞塌的。作为校长，我希望你今后不用再参加类似的活动。但是翁文灏的话并没有起作用。这样他不得不中断了在清华大学的学业，先是在1931年8月调到共青团北平市委担任市委委员、宣传部长，后来又离开北平，回家乡盐城隐蔽。从此季羡林也就和他中断了联系，一直到中华人民共和国成立后才恢复了联系。在季羡林去德国留学的时候，他已经去了延安。

季羡林1946年回国，三年后解放军开进了北京城。就在这一年的春夏之交，季羡林忽然接到一封从中南海寄出的信，开头就说："你还记得当年在清华时一个叫胡鼎新的同学吗？那就是我，今天的胡乔木。"他在信中告诉季羡林说，现在国家需要大量的研究东方问题、通东方语文的人才。他问季羡林是否同意把南京东方语专、中央大学边政系一部分和边疆学院合并到北大来。季羡林表示同意。后来有一段时间，东语系就成了北大最大的系，热闹非凡。

在这之后不久，胡乔木到季羡林住的翠花胡同来看他，一进门就说："东语系马坚教授写的几篇文章毛先生很喜欢，请转告马教授。"他甚至知道，知识分子不习惯于说"毛主席"，所以用了"毛先生"这个词儿。但是季羡林自己觉得是一个上不得台盘的人，很怕见官。虽然他的两个乔姓朋友——胡乔木和乔冠华都没有官架子，胡乔木的官越做越大，被誉为"党内的才子"，虽然他没有忘掉故人，待季羡林很够老同学的意思，但季羡林仍然与他们保持着一定的距离。

季羡林与胡乔木是清华的同学，对于一般人来说，有胡乔木这样掌权的同学，是很自豪的，而且会主动与他联系，这好像是人之常情，于今为烈。

然而季羡林对胡乔木往往怀着敬而远之的心情。

有一次，胡乔木想约他一起去敦煌参观。季羡林委婉地回绝了。他并不是不愿意去参观，他是很高兴去敦煌的。但是，他一想到下面对中央大员那种逢迎招待、曲尽恭谨之能事的情景，一想到那种高楼大厦、扈从如云的盛况，他那种上不得台盘的老毛病又发作了，于是他感到厌恶，感到腻味，感到不能忍受，眼不见为净，所以觉得还是老老实实地呆在家里为好。

季羡林绝不拜访胡乔木，而是胡乔木要拜访季羡林。季羡林一生不愿意麻烦人，尤其不愿意麻烦在高位的那些人。所以即使是胡乔木这样的同学，为个人的事情，他从来是不愿意找他办的，不愿意沾他的光。但是有一件事，却迫使季羡林找了一次胡乔木。

那是1991年9月，季羡林在聊城参加了傅斯年学术研讨会之后，随代表们到临清参观名胜古迹。接待的是当时的副市长马景瑞，在陪同参观临清古塔的时候，马景瑞突发奇想：当时的临清古塔维修争取了很长时间没有结果。这次如果由季羡林先生出来说说话，国家文物局能否破例拨款维修古塔呢？于是抱着试试的态度，把想法向季羡林提出来了。季羡林让他们准备一点材料。10月，马景瑞他们到北大送材料的时候，季羡林对他们说，他已经给胡乔木写了信，内容是：我这次回故乡临清，当地党政领导向我提出临清舍利宝塔的修复事宜。我是一介书生，两袖清风，心有余而力不足，没有办法，只好请您帮忙了。马景瑞感动地说："他为了家乡的古迹，竟然破例求人了。最后，经胡乔木和国家文物局负责人的批准，到底使舍利宝塔的修复问题得到了圆满的解决。1993年，国家文物局破例拨款40万元，支持宝塔的修复。临清市也拨款50万元，筹集民间捐款30万元，山东省文物局又拨款18万元，解决了修缮的经费。"这样的事情，如果是为个人，季羡林是决然不会向大人物开口的。而为了家乡，他不得不破例了。

1986年冬天，胡乔木让季羡林的儿子告诉他，想找他谈一谈。季羡林答应了。在中南海他住的地方，他们两人促膝而坐。胡乔木开宗明义先声明："今天我们是老友会面。你眼前不是政治局委员、书记处书记，而是60年来的老朋友。"他要季羡林谈谈对青年学生的看法。季羡林当然理解他的意思，于是就把自己的看法竹筒倒豆子般地和盘托出。季羡林说的要旨非常简明：在上者和年长者，唯一正确的态度就是理解与爱护青年学生，进行诱导与教育；个别人过激的言行可以置之不理。最后，胡乔木说：他完全同意季羡林的看法，他要把季羡林的意见带到政治局去。

进入晚年，胡乔木的怀旧之情好像愈加浓烈。他曾几次对季羡林说："老朋友见一面少一面了！"他最后一次到季羡林家，是老伴谷羽陪他来的。在那次会面时，他们谈了很多。胡乔木用缓慢而低沉的声调说话，签名送给季羡林诗集和文集，并赞扬他在学术研究中所取得的成就，用了几个比较夸张的词儿，他顿时感到惶恐，觳觫不安。季羡林对胡乔木说：你取得的成绩比我大得多而又多呀！对此，胡乔木没多说什么话，只是轻微地叹了口气，慢声细语地说：那是另外一码事儿。季羡林不禁回忆起几年前胡乔木接他到中南海的情景，同是会面，环境迥异。在胡乔木家里，会见是在极为高大宽敞、富丽堂皇的大厅里。而现在却是在低矮窄小的乱书堆中。他们谈了许久许久，但话好像还是没有说完。胡乔木终于起身告辞，季羡林目送他的车转过小湖，才慢慢回家，他没有想到，这是胡乔木最后一次到他家来。

1991年，季羡林听说胡乔木患了不治之症，他大吃一惊，仿佛当头挨了一棍："斯人也，而有斯疾也。"他心里想，难道天道真就是这个样子吗？他没有别的办法，只是寄希望于万一。这时，季羡林真想破一次例，主动到胡乔木家去看他。但是，季羡林的儿子转达胡乔木的意见，无论如何也不让看他。季羡林只好服从他的安排，但心里总是惦念着他。

1992年八九月间，胡乔木让老伴谷羽转告季羡林，希望季羡林到医院里去看他。

季羡林十分了解他的心情，这是要作最后诀别了。季羡林怀着沉重的心情，到了胡乔木住的医院。医院的病房，同胡乔木在中南海的住房一样宽敞高大，但季羡林的心情却无论如何也不能同进中南海那一次相比，他是来与老友诀别的。重病的胡乔木，这时仰面躺在病床上，嘴里吸着氧气。看到老朋友来了，胡乔木显得有点激动，抓住季羡林的手，久久不松开。胡乔木知道这是最后一次握老朋友的手，但神态依然安详，神志依然清明，一点儿也没有痛苦的表情。胡乔木仍像平常一样慢声慢语地说话，提到季羡林发表的《留德十年》里的一些文章，连声说：写得好！写得好！季羡林此时此刻百感交集，答应全书出版后，一定送他一本。

不久，胡乔木离开了人世。《留德十年》出版之后，季羡林觉得该到胡乔木的坟上去焚烧一本，送给他的在天之灵。但是，遵照胡乔木的遗嘱，骨灰都撒到曾经工作过的地方了，骨灰盒没有留下，真正是"赤条条来去无牵挂"了。这对于季羡林来说，是极难排遣的。面对着《留德十年》，他泪眼模糊，魂断神销。他想到与胡乔木相交的60年，在胡乔木生前，他有意回避，绝少主动与他接近，这是天性使然，无法改变的。胡乔木逝世之后，不知道是为什么，他倒常常想起他。他像老牛反刍一样回味着相交60年的过程，顿生知己之感。这种知己之感却更加浓了他的怀念和悲哀。很自然地对胡乔木有了一个整体的连贯印象：平心而论，乔木虽然表面上很严肃，不苟言笑，他实则是一个正直的人，一个正派的人，一个感情异常丰富的人，一个脱离了低级趣味的人。60年的宦海风波，他不能无所感受，但是他对季羡林半点也没有流露过。他大概知道，季羡林根本不是此道中人，说了也是白说。

胡乔木的死，无疑在季羡林心灵中增加了一份极为沉重的负担，他有没有办法摆脱这一负担呢？他自己说不出，他怅望着苍天，想得很远很远。

5. 朴实无华的李广田

在季羡林的朋友中，家庭背景最接近的，是现代著名散文作家李广田。他们都是从小就过继出去的人，只是季羡林过继给自己的亲叔叔，姓氏没有改。而李广田则是过继给了自己的舅舅，连本姓王也废弃了，跟着舅舅姓了李。

李广田，字曦晨，1906年10月1日生于山东省邹平县，1968年11月2日于昆明去逝。他出生在一户农民家庭里，父亲姓王，他排行第四，取名锡爵。由于家庭贫寒，养不起，出生不久便被过继给中年无子的舅父，改姓李，名广田。幼年曾读过私塾。他的童年是在孤独与贫困中度过的。他1923年考入济南第一师范，在这里开始接触五四运动以来的新思想和新文学。他和朋友们组织书报社，大量介绍当时有影响的文学社团及苏俄作品。

李广田初进第一师范时，国文教员是一位要做陆（九渊）王（守仁）派的理学家的人，他十分崇拜梁漱溟，上课时经常把梁先生这样说、梁先生那样说挂在嘴边。李广田与他是小同乡，很早就与他相识，受他的影响很大，所以也很想把自己修养成一个理学家，他因此很受同班中许多人崇拜。每天他写日记，大都是关于个人身心修养的事。有一学期，李广田因生病而独处一间小屋中，每晚为要阅读他的日记而到他的房间去的，必有三五人。到进入前期三年级，邓广铭和李广田却被分配到一个自习室兼寝室的房间里（每室4人，全校皆然），他看到邓广铭在业余时大都阅读一些新文学或者有关新文化的书籍，大概出于好奇心吧，便要邓广铭介绍几本小说给他看。那时候，邓广铭正对于新近译出印行的法国小仲马的《茶花女》（包括小说和剧本，甚至也包括林琴南的文言旧译《茶花女遗事》）和郭沫若译法国霍普特曼的小说《异端》看得入迷，便把这两种译本介绍给他，他看了后异常欣赏，并且也连带着认为邓广铭对文学作品的鉴赏能力很不错。此后他又连续地阅读了几本爱罗先柯的童话等，这对他自己的创作兴趣起了很大的诱发作用。从此，李广田不再写关于个人身心修养的日记，已转变为写作文艺作品的人了。他既勤于写作，而且出手不凡，在不久的时间之内，就积稿甚多，但能够和他共同欣赏的，却只有邓广铭一个人。因此，他们的友谊一直保持得很久。

1929年考入北京大学外语系预科，在《未名》杂志上发表第一篇散文《狱前》，还在《华北日报》副刊和《现代》杂志上发表散文、诗歌。并结识本系同学卞之琳和哲学系的何其芳。后出版三人诗合集《汉园集》，被人称为“汉园三诗人”。

季羡林在清华的时候，就和李广田、卞之琳和何其芳认识了。那时候，北大和清华距离很远，但是他们经常见面。李广田有时候会从城里北大沙滩长途跋涉，走到清华园去看季羡林。他无意中看到季羡林写的骂臧克家的文章《再评〈烙印〉》，以为有伤忠厚，劝他不要发表。但因为稿子已经寄出，抽回已经不能，所以最后还是发表了。季羡林也在进城的时候，去看他。有一次，季羡林在他那里看到正在翻译英国作家格雷汉姆的儿童文学经典之作《柳林风》。在季羡林看来，李广田的为人正如他的为文一样，朴实无华，恳切真挚。

李广田1935年北大毕业后回到济南教书，这时正好季羡林也从清华大学毕业，回到济南高中教书。此时他们成了同事。在这里，李广田完成了许多散文。以后又相继出版了《画廊集》《银狐集》《雀蓑记》等散文集，对故乡童年的回忆和抒发对现实不满的情绪，是这些散文的主题。抗战爆发后，他流亡南下，辗转于河南、湖北、四川等地。这时期完成了《圈外》散文集。1941年到昆明，在西南联大任教，创作了他唯一的长篇小说《引力》，表现反战抗日的主题思想，在国内外引起反响。也出版了散文集《灌木集》《回声》《日边随笔》；短篇小说《欢喜团》《金坛子》和论文集《诗的艺术》。

1946年以后，他们两人都在北京工作，而且都担任了北京一个中学的校董，开会的时候，经常见面，叙旧谈新，其乐融融。

20世纪40年代的清华校园是民主斗士的避难所。1947年，当清华中文系主任朱自清得知，南开中文系教授李广田因为支持学生反内战反独裁，受到国民政府通缉时，毅然发去邀请，要李广田来清华执教。1948年清华中文系新年晚会，在余冠英家举行。那天李广田去参加的时候，看到朱自清带病而来，被学生们化了装，头戴大红花，穿着红红绿绿的衣服，愉快地扭着延安秧歌。他扭得很认真，和他做人做学问一样。这一年，通货膨胀非常严重，以至于朱自清的全部工资只够买3袋面粉。但当吴晗送来《抗议美国扶日政策并拒领美国面粉宣言》时，朱自清却毫不犹豫地签上了名字。这使李广田很佩服。

临近解放的时候，李广田的家里学生来得多，客人来得也多。李广田常常在他们走的时候把自己的衣服帽子都送给他们带走，实际上这帮学生化了装以后都走了，到解放区去了。这之后，他曾任清华大学中文系主任。1949年在全国文代会上被选为文联委员、文协理事。

但是不久，李广田1952年被调到昆明担任云南大学副校长、校长。历任中国科学院云南分院文学研究所所长、作协云南分会副主席、中国作协理事等。到他在云南工作了三年，季羡林第一次来到昆明，他们又有机会在一起度过很愉快的几天时光。在昆明，季羡林游览了五百里滇池，领略了西山的巍峨，龙门的险峻，圆通山的花潮，曹溪寺的元梅，黑龙潭的清幽，华亭寺的堂皇，筇竹寺的五百罗汉和孔雀杉，金殿大殿里的铜瓦铜柱，大观楼的长联以及云南省图书馆的收藏。李广田都安排季羡林去看了。还有那遍及各处的山茶花，雄奇与秀丽融为一体，是与木棉花一样讨人喜欢的鲜花。这之后的一段时间，季羡林又到过几次昆明，每次都要和他会面，交流一番思想。平常不在一起的时候，季羡林通过阅读他的文章，也如见到了他本人，总是感到非常亲切。李广田的两句诗："春光如海，盛世如花"，他觉得非常到位，是在昆明感悟而得。

没有想到，李广田"文革"期间被摧残致死。

李广田是四个现代文坛优秀的散文作家之一。冯至先生评价说："广田的散文在乡土文学中是独树一帜的"。他的散文朴实、浑厚，具有浓郁的乡土气息。

二、恩师教授

1."教授的教授"陈寅恪

在季羡林的几十年学术研究中，陈寅恪无疑是对他影响最大的一位恩师。

陈寅恪（1890—1969），江西义宁（今修水）人。早年赴日本留学，1905年归国，入上海吴淞复旦公学学习，1910年赴欧洲留学，先后在德国柏林大学和瑞士苏黎世大学学习语言学，次年归国。1913年赴法国巴黎高等政治学校经济部留学。1918年入哈佛大学学习梵文和巴利文。1921年转往德国柏林大学研究院梵文研究所学习东方古文字。在这样长的时间里，陈先生以主要精力攻语言学，学习多种语言，如藏文、蒙文、西夏文、满文、朝鲜文、梵文、俄文、希伯来文、东土耳其文等（见季羡林：《从学习笔记本看陈寅恪先生的治学范围和途径》，《季羡林文集》第3卷，第272—285页），以便为研究佛经的文学翻译和历史学打下宽厚、扎实的基础。因此陈先生没有按照哪个大学的规定去读博士学位，宁可沿着自己选定的治学道路前进。如此，他可享受很大的自由，他不必费时间去写博士论文，去参加博士学位答辩。但是他虽然没有拿博士学位，而学术地位却是公认的，正像其他"中国近代许多学者，比如王国维、梁启超、陈寅恪、郭沫若、鲁迅等，都没有什么博士头衔，但都会在学术史上有地位的"（季羡林《留德十年》，《季羡林文集》第2卷，第464页）一样。他的学术道路充满了个性化陈寅恪的色彩，厚积薄发，影响越来越大。

陈寅恪1925年应清华学校之聘，任国学研究院导师。虽然在清华国学研究院任导师之前，并没有发表多少论文和专著，但他的哈佛同学吴宓非常了解他的学问，提出聘请他的方案后在学校没有遇到反对，仍然被聘为导师。

陈寅恪刚到北京的时候，人们对他的名字到底应该怎么念，是不清楚的。

吴宓、赵元任夫妇与陈寅恪闲谈时，赵元任对吴宓问道：“雨僧，是叫陈寅kè，还是陈寅què?”吴宓诧异道：“大家都叫他寅què，难道不对吗?”一面看着陈寅恪。陈寅恪微微一笑：“大家都那样念，也就没有办法。”赵元任严肃地说：“总要有个标准。这个字，就是该念kè，我是在民国十三年才发现寅恪自己拼写的德文，是写作YinKo Tschen的。寅恪是谦谦君子，不好意思纠正别人。但是我是喜欢咬文嚼字的，这个字念错了，以讹传讹，可不得了。”陈寅恪微笑着说：“我的江西口音比较重，其实这个字是应该念Kè，不念què。说到咬文嚼字，《说文》这部书就是榜样。”

吴宓在陈寅恪进清华之后，写过一首《赋赠陈寅恪》的诗：

经年瀛海盼音尘，握手犹思异国春。
独步羡君成绝学，低头愧我逐庸人。
冲天逸鹤依云表，堕溷残英怨水滨。
灿灿池荷开正好，名园合与寄吟身。

后来在陈寅恪与唐筼（为昔台湾总督甲午起兵抗日之唐公景崧孙女，时任北京女子师范大学体育教员）结婚时又写一诗《贺陈寅恪新婚》：

廿载行踪遍五洲，今朝萧史到琼楼。
斯文自有千秋业，韵事能消万种愁。
横海雄图传裔女，望门耆德媲前修。
蓬莱合住神仙眷，胜绝人间第一流。

他们之间的来往颇密切。

清华国学研究院不复存在以后，吴宓和陈寅恪仍然在该校任教。1930年陈寅恪仍然在清华任教授，兼任中央研究院历史语言研究所研究员，兼第一组（历史）主任、故宫博物院理事、清代档案编委会委员。

恰巧在这时，季羡林进入清华大学学习。

1930年，季羡林高中毕业。因为有了在高中阶段值得骄傲的三连冠，即六个学期连续的第一名，他报考大学只报了两所学校：北大和清华。最终，他选择了清华大学西洋文学系，课程以英文的英国文学为主，专修德语。在大学的四年中，季羡林先生受益最大的是选修朱光潜先生的文艺心理学、陈寅恪先生的佛经翻译文学、朱自清先生的陶渊明诗等，还旁听过郑振铎和谢冰心的课。但文艺心理学和佛教翻译文学对季羡林后来的学术发展产生了潜移默化的影响，比较文学、文艺理论、佛教史、佛教梵文和中亚古代语言研究，成为季羡林先生终生的学术研究方向。寅恪先生的“佛经翻译文学”参考用书是《六祖坛经》。寅恪师讲课，同他写文章一样，先把必要的材料写在黑板上，然后再根据材料进行解释、考证、分析、综合，对地名和人名更是特别注意。他的分析细入毫发，如剥蕉叶，愈剥愈细愈剥愈深，然而一本实事求是的精神，不武断，不夸大，不歪曲，不断章取义，他仿佛引导学生走在山阴道上，盘旋曲折，山重水复，柳暗花明，最终豁然开朗，把他们引上阳关大道。读他的文章，听他的课，简直是一种享受，无法比拟的享受。他被海内外学人公推为考证大师。他一生涉猎的范围极广，但又有中心，有重点。从西北史地、蒙藏绝学、佛学义理、天竺影响，进而专心治六朝隋唐历史，晚年又从事明清之际思想界之研究。从表面上看起来，变化莫测，但是中心精神则始终如一……他喜欢用的一句话是发前人未发之覆。在他的文章中，不管多长多短，他都能发前人未发之覆。没有新意的文章，他是从来不写的。他有时立一新意，骤视之有如石破天惊，但细按之则又入情入理，令人不禁叫绝。寅恪先生从来不以僻书吓人。他引的书都是最习见的，他却能在最习见中，在一般人习而不察中，提出新解，令人有化腐朽为神奇之感。（《季羡林文集》第13卷，第124页）

后来陈寅恪在抗战时赴香港大学讲学，任中文系主任，1941年任西南联合大学教授。1945年赴英国任教，兼治眼疾。这一年德国法西斯垮台，英国人接管了哥廷根。这时季羡林得知陈寅恪先生在英国治眼疾，就给他写了一封长信，汇报10年来的学习情况。季羡林很快得到复信，陈先生说他很快就回国，他想向北大校长胡适、代校长傅斯年、文学院长汤用彤几位先生介绍季羡林到北大任教。季羡林喜出望外，立即回信表示同意和感激。

1946年秋，季羡林如愿到了北大。按北大当时的规定，从海外得到博士学位回国的人只能任副教授，几年后转教授。然而他到校约一周光景即被补聘为教授，兼东方语言文学系主任。如同石破天惊，大大出他意料。季羡林在内心里感激老一辈学者对后辈的提携与爱护。

陈寅恪1947年重新任清华大学教授，来到北京，仍然住在清华园。1948年，当选为中央研究院院士。季羡林听到老师的消息，立即到清华去拜见。当时从北京城到清华是要费一些周折的，宛如一次短途旅行。沿途几十里路全是农田。梁实秋把出西直门城楼直通清华园的路，描述为垂柳轻拂的夕阳古道，两边是纯粹的乡村景象。季羡林知道，这里的秋天，青纱帐起，还真有绿林人士拦路抢劫的，现在的年轻人很难想象了。但是，有寅恪先生在那里，季羡林决不会惮于这样的旅行。

在陈寅恪在北京几年的时间里，季羡林不知到清华园去过多少次。他知道陈寅恪先生年老体弱，最喜欢当年住在北京的天主教外国神甫亲手酿造的栅栏红葡萄酒，他便到今天北京市委党校所在地——当年神甫们的静修院的地下室中，去买过几次栅栏红葡萄酒，又长途跋涉送到清华园，送到先生手中，心里颇觉安慰。几瓶酒在现在不算什么，但是，在当时通货膨胀已经达到了钞票上每天加一个零，还跟不上物价飞速提高的速度的情况下，几瓶酒已非同小可。

有一年的春天，中山公园的藤萝开满了紫色的花朵，累累垂垂，紫气弥漫，招来了众多的游人和蜜蜂。季羡林和一群陈寅恪的弟子们，有周一良、王永兴、汪篯等，知道先生爱花，现在虽患目疾，几近失明，但据先生自己说，有些东西还能影影绰绰看到一团影子。大片藤萝花的紫光，先生或许还能看到。而且在那种兵荒马乱、物价飞涨、人命微浅、朝不虑夕的情况下，他们想请先生散一散心，征询先生的意见，他怡然应允。弟子们大喜过望，在来今雨轩藤萝深处，找到一个茶桌，侍先生观赏紫藤。先生显然兴致极高。师生们谈笑风生，玩了一天，尽欢而散。此情此景，令人感动。这也许是陈寅恪先生在那样的年头里最愉快的时刻。

中华人民共和国成立前夕，国民政府经济已经完全崩溃。从法币改为银元券，又从银元券改为金元券，越改越乱，到后来，到粮店买几斤粮食，携带的这币那券的重量，有时要超过粮食本身，要用麻袋装。学术界的泰斗、德高望重、被著名的史学家郑天挺先生称之为“教授的教授”的陈寅恪先生，也不能例外。到冬天，他连买煤取暖的钱都没有。季羡林把这情况告诉了已经回国的北大校长胡适之先生。适之先生想赠寅恪先生一笔数目颇大的美元。但是，寅恪先生却拒不接受。最后寅恪先生决定用卖掉藏书的办法来取得适之先生的美元，于是适之先生就派他自己的汽车——当时北京汽车极为罕见，北大只有校长的一辆——让季羡林到清华陈先生家，装了一车西文关于佛教和中亚古代语言的极为珍贵的书。陈先生只收二千美元。这个数目在当时虽不算少，然而同书比起来，还是微不足道的。在这一批书中，仅一部《圣彼得堡梵德大词典》，其市价就远远超过这个数目了。这一批书实际上带有捐赠的性质。而寅恪先生对于金钱的一芥不取的狷介性格，由此也可见一斑了。

在这几年内，季羡林同寅恪先生往来颇频繁。季羡林写了一篇论文《浮屠与佛》，首先读给他听，想听听他的批评意见。不意竟得到他的赞赏。他把此文介绍给《中央研究院史语所集刊》发表。这个刊物在当时是最具权威性的刊物，季羡林简直有点“一登龙门，身价十倍”的威风，感到受宠若惊。在那篇论文的基础上，几十年以后，他又写了一篇《再谈浮屠与佛》，用大量的新材料，重申前说，得到学界同行们的赞许。

同年底，陈寅恪转任广州岭南大学教授。1952年任中山大学教授、中央文史馆副馆长、中国科学院哲学社会科学部委员等。从此留在那里没有动，他在台湾有很多亲友，动员他去台湾者，是大有人在的，然而他却岿然不为所动。其中详细情况，季羡林当时并不知道。国家许多领导人，包括周恩来、陈毅、陶铸、郭沫若等，对陈寅恪都是礼敬备至。他同陶铸和老革命家兼学者的杜国庠，成了私交极深的朋友。在他晚年的诗中，不能说没有欢快之情，然而更多的却是抑郁之感。现在季羡林回想起来，仍然觉得他的这种抑郁之感不能说是没有根据。他们这一批老知识分子，到了今天，都已成了过来人。如果不昧良心说句真话，同陈寅恪比较起来，只能说是愚钝，是麻木。

1951年，季羡林奉命随中国文化代表团，访问印度和缅甸。在广州停留了相当长的时间，准备将所有的重要发言稿都译为英文。他没有放过这个机会，到岭南大学寅恪先生家中去拜谒，相见极欢，陈师母也殷勤招待。陈寅恪此时目疾虽日益严重，仍能看到眼前的白色的东西。有关领导，据说就是陈毅和陶铸，命人在先生楼前草地上铺成了一条白色的路，路旁全是绿草，碧绿与雪白相映照，供先生散步之用。从这一件小事中也可以看到我们国家对陈寅恪尊敬之真诚了。

然而，世事如白云苍狗，变幻莫测。中华人民共和国成立后不久，正当众多的老知识分子兴高采烈、激情未息的时候，华盖运便临到头上。运动一个接着一个，针对的全是知识分子。批完了《武训传》，批俞平伯，批完了俞平伯，批胡适，一路批，批，批，斗，斗，斗，最后批到了陈寅恪头上。此时，极大规模的、遍及全国的反右斗争还没有开始。老年反思，季羡林觉得自己在政治上是个蠢材，对这一系列的批和斗，他当时是心悦诚服的，一点没有感到其中有什么问题。他虽然没有明确地意识到，在自己的灵魂深处，他确实真切地认为中国老知识分子就是“原罪”的化身，批是天经地义的。但是，一旦批到了陈寅恪先生头上，他心里却感到不是味。虽然经人再三动员，他还是始终没有参加到这一场闹剧式的大合唱中去。季羡林说自己不愿意厚着面皮，充当事后的诸葛亮，他当时的认识也是十分模糊的，但是他毕竟没有行动。现在时过境迁，在40年之后，想到自己没有出卖良心，差堪自慰，能够对得起老师的在天之灵了。老师于1969年在空前浩劫中被折磨得离开了人世。

将近20年中，季羡林没能再见到他。现在他还时常翻读先生的诗文。每读一次，都觉得有新的收获。他明确意识到，自己还未能登陈寅恪先生的堂奥。哲人其萎，空余著述。而自己却是进取有心，请益无人，因此更增加了对他的怀念。他们虽非亲属，但季羡林却感到时有风木之悲。这恐怕也是非常自然的人之常情。

在季羡林这位学生的眼中，陈寅恪先生最值得尊敬的还是：他是一个爱国主义者。陈寅恪先生的家庭，是中国唯一三代人进入《辞海》的学术世家。学问是不必说的了，其家“三世爱国”的历史，这一点，令他这个作为弟子的深以为荣幸。季羡林在《陈寅恪一家三代的爱国情》一文中历数他们祖孙三代的爱国事迹：

> 陈寅恪先生的祖父陈宝箴生于1831年（道光十一年）。1860年，他在北京参加会试，英法联军焚毁圆明园时，他正在酒楼上饮酒，目睹西面火光冲天，悲愤填膺，伏案痛哭。1894年，中国被迫签定《马关条约》时，宝箴曾痛哭道：“无以为国矣。”他这种爱国真情，是属于狭义的爱国主义的（参阅汪荣祖《史家陈寅恪传》）。
>
> 1895年8月，陈宝箴被任命为湖南巡抚。他认为新政是富国强兵的有效措施，于是在湖南奋力推行，振兴实业，开辟航运，引进机器制造，另设时务学堂、算学堂、湘报馆、南学会等，开展教育文化事业。他的儿子陈三立（散原）也以变法为己任，湖南风气一时为之大变。戊戌变法失败后，宝箴受到严惩，革职永不叙用。在这里，他的爱国主义是广义的。
>
> 陈三立继承了父亲的热爱祖国的精神。戊戌政变以后，他也受到革职处分。此后终其一生，没有再从政，但他一刻也没有忘怀中国人民的疾苦。卢沟桥事变爆发，他正在北京，忧愤成疾。8月8日，日寇入城，老人已届耄耋之年，拒不进食，拒不服药，终于以身殉国。散原老人也可以说是集狭义爱国主义与广义爱国主义于一身的。
>
> 寅恪先生曾历游各国，较之前辈，其眼光因而更为远大，胸襟更为广阔，在他身上体现出来的爱国主义，涵义也就更为深刻。
>
> 寅恪先生一生专心治学，从未参预政治；但他决非脱离现实的象牙

塔中的学者。他毕生关心国家民族的兴亡，关心传统文化的继承与发展。

日军攻占香港时，寅恪先生正在香港大学任教，处境十分危险。他是国际上著名学者，日寇当然不会轻易放过他。日军曾送麦粉给陈家，这正是濒于断炊的陈家所需要的。然而寅恪先生全家宁愿饿死，也决不受此不义的馈赠。又据传说，日军馈米二袋，拒不受，并写诗给弟弟隆恪，其中有“正气狂吞贼”之句。

从学术方面来说，他们师生之间有连续性，尤其是在敦煌学领域。陈寅恪先生是我国敦煌学的奠基人之一，1930年在《敦煌劫余录序》中首先提出“敦煌学”的概念，提出“敦煌学者，今日世界学术之新潮流也”，指出：东起日本，西迄法英，诸国学人，都有所贡献，而国内学者得列入世界敦煌学著作之林者，当时仅有三数人而已。陈寅恪先生撰有《大乘稻芊经随听疏跋》《忏悔灭罪金光明经冥报传跋》《有相大人生天因缘曲跋》《须达起精舍因缘曲跋》《韦庄秦妇吟校笺》《西游记玄奘弟子故事之演变》《莲花色尼出家因缘跋》等多篇论文；另外还在《敦煌石室写经题记汇编序》《元白诗签证稿》等论著中，利用敦煌资料补史、证史。

陈寅恪先生最早提出了敦煌学的概念，对敦煌学作出开拓性的贡献，而他的学生季羡林则完善了敦煌学的学科建设，使之成为国内外的显学。季羡林提出，敦煌学在中国，敦煌学研究在世界，得到世界学者的认可。季羡林把敦煌学进行了系统的总结，从宏观的角度谈论敦煌学及吐鲁番学的意义，得出了一个科学的结论：

敦煌学、吐鲁番学的内容异常丰富，甚至有点庞杂。要笼统地来谈它在中国文化史上的地位和作用，不容易说清楚。

第一，对研究中国历史和地理的价值。在敦煌和吐鲁番（以及新疆其他地区）新发现的史料，弥补了许多以前意想不到的空白。比如，在唐朝，吐蕃乘安史之乱占领了敦煌，到了大中二年（848年），张仪潮驱逐吐蕃镇将，归唐后受赐号为归义军节度使。其后，张氏归义军和曹氏归义军相继统治敦煌地区，前后达200年。这一段历史牵涉到的中国国内民族及民族文化交流的关系，都是过去所不详者，只是靠着敦煌文献的帮助才弄清楚。敦煌石室中藏有不少地理佚书，比如《沙州图经》《西州图经》《贞元十道录》等，连著名的玄奘的《大唐西域记》，石室中也藏有残抄本。所有这些地理书，对研究中国中古史地有重要作用。

第二，对研究中国文学艺术的价值。首先是变文的发现。所谓变文是一种韵文和散文混合在一起用于说唱的通俗文学体裁，这种新文体实际上开了宋代“平话”的先河，可过去我们对此毫无所知。其次是诗歌。著名文学家韦庄的《秦妇吟》，在他的全集中未收入，却在敦煌石室中发现了。诗中保存了许多晚唐农民起义的史料，对研究唐代历史和文学都有极大的帮助。在艺术方面，包括壁画、绢画、雕塑、书法、石窟建筑、音乐、舞蹈等，内容丰富，数量巨大，从六朝一直到宋、元各朝，都可以在这里找到它们的作品。

第三，对研究语言学、音韵学的价值。敦煌石室中保存了一些同中国语言学和音韵学有关的古籍残卷，在这些残卷中常常可以碰到一些俗字和俗语，在别的文献中是找不到的。敦煌石窟中发现的一些少数民族语言的残卷，其中有古藏文、巴利文、西夏文、于阗文、龟兹文、回鹘文。在新疆发现的古代民族语言也有回鹘文、吐火罗文（A焉耆文，B龟兹文）、巴利文、于阗文。于阗文和巴利文都属于伊朗语系。今天我国新疆帕米尔高原还有说属于伊朗语系方言的民族。至于吐火罗文，其价值更为突出，它的发现，给印欧语系比较语言学提出了新问题，促进了这一门学问的发展。

第四，对研究宗教问题的价值。首先是佛教，石室藏书中，佛典约占95%。道教的经典有大量发现，最引人注目的是老子的《道德经》《老子道德经序诀》《老子道德经义疏》，河上公简注和释文等。儒家经典也有不少，如《孝经》、北齐写本《春秋左传集解》和唐写本《春秋穀梁传集解》《尚书》《论语》等。这些都对校勘古籍有极其重大的价值。

第五，对研究古代科技及其他方面的价值。石室中有《本草》残卷，医文残卷；有天文历算的书籍，如二十四气七曜日历。从石室写本用的纸张可以看出中国古代造纸、潢纸、印刷术的进展。我国是发明印刷术最早的国家，敦煌石室保存了一份唐咸通九年（868年）刻印的《金刚般若波罗经》，是全世界现存有明确纪年的印刷物。它刻印的精美、纯熟程度告诉人们，印刷术在此之先至少经历了约100多年的发展过程。

第六，对研究中外文化交流史的价值。敦煌、吐鲁番和新疆其他地区是东西文化交流的孔道，沿着丝绸之路，文化交流的痕迹，像石窟、古庙、古城到处可见。在敦煌石室中发现了梵文本《心经》，在新疆吐鲁番地区发现了大量的梵文佛经写本，也有文学作品。如佛教大诗人马鸣的著作，在印度久佚，它的发现，弥补了印度梵文文学史上的一个空白。我还想提一下有关中印技术交流的敦煌残卷（《敦煌遗书总目索引》，商务印书馆1962年版，P. 3303号）。这个残卷只有9行字，里面讲到印度甘蔗的种类以及造糖的方法。过去虽然有人注意到了，但没有加以探讨。其实这是一件十分重要的文献，它透露了中印在科学技术方面交流的一个侧面。

世界上历史悠久、地域广阔、自成体系、影响深远的文化体系只有4个：中国、印度、希腊、伊斯兰，而这4个文化体系汇流的地方只有一个，就是敦煌和新疆地区。从人类发展的远景来看，对文化汇流的研究，有其特殊的意义。目前研究这种汇流现象和汇流规律的地区，最好的、最有条件的恐怕就是敦煌和新疆。……在敦煌492个大大小小的洞窟中，宝物之多、之精，不能不令人惊叹，仅那个小小的石室，典籍就达4万余件。作为一个中国人，看到我们的祖国有如此丰富的宝藏，看到先民在创造文化方面，既能“给予”，也能“拿来”，怎能不感慨万端。

季羡林说：“爱国主义情感之所以能够产生，看到自己民族过去的光辉的成就，是一个重要因素。因此，我们从事敦煌学、吐鲁番学的研究，其意义决不仅仅限于学术方面，在启发爱国主义情感方面，在鉴古知今方面，也能够起重要的作用。我想，这个想法会得到我国各民族的同意吧。”（《敦煌学、吐鲁番学在中国文化史上的地位和作用》，收入《佛教与中印文化交流》一书）

2. 西洋文学系老师们和达官兼名士叶公超

季羡林在清华上的是西洋文学系，可毕业证上变成了外国语言文学系，也不知道是什么时候改的名称。本来对学校的期望很高，但是当时的一些老师，不怎么样的居多。这使他很失望。

当时开的课很多，应有尽有。从古希腊、罗马的荷马史诗、悲剧、喜剧、维吉尔等，中间经过中世纪文学、文艺复兴文学的但丁等，一直到18、19世纪的塞万提斯、歌德等，直至近代和当代文学，无不包罗在内。莎士比亚专门开课，英国浪漫诗人、当代长篇小说包括所谓意识流小说、欧洲文学史、欧洲文艺思想史、中西诗之比较、文艺心理学、文学概论等，都有专门课程。但是平心而论，讲课好的老师不多。

那个时候的系主任，是王文显教授。王文显，字立山，生于英国，伦敦大学文学学士。曾经短期担任过清华学堂时期的代理校长。他的英文是很好的，能直接用英文写剧本，学生们没有怎么听他说过中国话。他是莎士比亚专家，写过有关莎翁研究的讲义，只是没有出版。他隔一年开一次莎翁的课。在教莎士比亚戏剧的时候，每节课不管是念到哪一句，不管是结束没结束都闭上课本就走人。他就是这个样子，他不大会说汉语。

他也写过戏剧的讲义，讲义大概恐怕也用了十几二十年了，大概也没怎么改。讲戏剧照例是进了教室以后，什么招呼也不打，就念讲义，铃一响，就停下来，不管这句子断了没断，停下来就走，也不跟学生讲话。那时候也没有说是教授进来，站起来，没有这个习惯。王文显的课，每次都让季羡林作笔记，每堂课下来，季羡林的手累得又疼又酸。所以最怕上他的课。戏剧课结束的时候，王文显强调，要求非将他指定的戏本看完不行。王文显教授给学生印象最深的是充当冰球裁判时的洋相，他脚踏溜冰鞋，但是在冰上的功夫明显是不够的，他战战兢兢、如履薄冰的神态让学生们大笑不已。

教授里边的外籍人士居多，不管是哪一国人，上课都讲英语。甚至教德语的老师，也是多数用英语教课。只是在大一开始的时候，教了一段德语的课。

任课的德语老师是杨丙辰，字震文。他当时任北京大学德语系系主任，在清华是兼职教授。他的德语水平应该不错，是在德国学过多年的留学生，并且翻译过德国的名著，如席勒的《强盗》等。

他没有教授架子，平易近人，常请学生吃饭。1932年中秋节前夕，杨丙辰约学生们到合作社南号喝咖啡，弄了一桌子月饼。吃完了，他又提议到燕京大学去玩儿，一行便载谈载行到了燕大。看到燕园和蔚秀园林木深邃，庭院幽琼，杨先生赞叹不止，说现在人提倡接近大自然，而中国古人早知道接近自然了。

但他教课，却不负责任。教第一个字母a时，说a是丹田里的一口气。到教b、c、d，也都说是丹田里的一口气。学生们便窃窃私语：是不是丹田里的一口气我们不管，我们只想把音发准确。从此，“丹田里的一口气”几乎成了他的代号。

他在生活上也很有趣。他同时在五所大学里兼课，月工资可达上千银圆。他住在北大沙滩，有一处大房子，侍候他的人一大群。太太年轻貌美，天天晚上要去看戏。

杨老师推崇佛教的“四大皆空”。这种人生哲学用在教学上，是表现出游戏人生的态度。甚至考试打分，杨老师也不负责任。学生交上卷子，他连看也不看，立刻把分数写上。当时清华的计分方法采取等级制，分为五等：超、上、中、下、劣（用英文字母E、S、N、I、F表示）。学生管E叫“金齿耙”，管S叫“银麻花”，N是“三节鞭”，I叫“当头棒”，F则是“手枪”。季羡林有一个姓陈的同学，脾气黏黏糊糊，交上卷子站着不走，杨老师以为他嫌分数低，立即把S（第二级）改为E（最高分）。如此懈怠的老师居然也在北大任教授、系主任，且在五个大学兼课。跟这样的老师学德语，基础自然就脆弱了。

但是杨丙辰对季羡林还是厚爱有加的。在季羡林的眼里，杨先生是一个十足的好人，虽然有时候的课大发议论，宇宙问题，天人问题，谈锋极健，生气勃勃，但往往也能够自圆其说。他讲《浮士德》讲得非常精彩。拜访他的时候，他也谈到各种学术上的问题，他劝学生们要多读书，还替学生们介绍书，学生们觉得他热诚可信。谈的晚了，就在他家吃饭。

一次杨先生请客吃饭的时候，季羡林发现巴金也在座，他感到是个意外收获。他平常读巴金的《死亡》，就对他很留心了，觉得他是个很有希望的作家。

有一次，季羡林和李长之拜访杨先生，他给他们讲了许多话，有很多独到的见解。季羡林觉得他毕竟不凡。而且他鼓励季羡林，叫他不要放弃英文、德文，将来可以靠它留洋。所以季羡林还是很感激杨先生。

还有的老师，自己觉得威风得炙手可热，专门给学生打不及格。每到考试，他先定下一个不及格的指标，不管学生多么用功，也不管学生的实际成绩怎样，定下的不及格的指标却一定要完成。这位老师很快就名扬全校，成了“名教授”。

教三年级德语的是德国人石坦安先生，全名是狄特尔·冯·石坦安。他是德国柏林大学哲学博士，在清华讲授拉丁文。他讲课比较认真，要求也严格，学生还学了点东西。季羡林得到过他的指导。

到四年级，是德国人艾克教他们。古斯塔夫·艾克，字锷风，德国爱尔冷根大学哲学博士。在来清华以前，在厦门大学工作过一段时间，其时鲁迅也在那里，鲁迅写的文章中，还提到过他。他是季羡林的业师，是毕业论文的指导教师。

这又是一位马虎先生，对教书是心不在焉。他讲德语只用英语讲授。有一次学生们要求他用德语讲授，他便哇啦哇啦讲一通德语，速度快得如悬河泻水，使学生们谁也反应不过来，还问学生：你们听懂了什么吗？结果这位老师胜利了，还是用英语教德语。学生们自然是哑巴吃黄连，有苦说不出。

但艾克不是没有水平。他对艺术很有兴趣，在德国主修艺术史，拿到了博士学位。他用德文写过一部《中国的宝塔》的学术专著，在国外颇得好评。还有另一部专著是明代家具研究的，书中附了很多有价值的图表。

他在清华任教，但是住在当时辅仁大学旁边的一座王府，就住在银安殿里。他的工资非常高，又孤身一人，家里雇了几个听差，还有厨师。侍候他的人不少，都住在殿前面的一个大院子里。他对中国名画极感兴趣，收藏了不少名贵字画。坐拥着书城，享受着王者之乐。尤其是他喜欢德国古典诗歌，对季羡林产生了影响。季羡林的学士学位论文《现代才被发现了的天才——德意志诗人薛德林》就是在他的指导下写出来的。

这篇毕业论文是用英文写成的，里边半是想象，半是学术探讨，幻想力很强，受到老师的一定影响。老师自然也很喜欢这篇论文，给的成绩是优（E）。当时季羡林的经济情况很不妙，写了几篇文章，拿了一点稿费，挺高兴的，特意向德国订购了一套薛德林豪华本的全集，虽然念了一些，但觉得是不甚了了的。这套书季羡林一直珍藏着。

1933年暑假，季羡林回济南过。艾克到济南来旅游，住在瀛洲旅馆。季羡林请他到唐楼吃饭，陪他去图书馆，逛了大明湖。艾克对张公祠的戏台大加赞赏，说自己要到灵岩寺去工作。第二天，季羡林买了四盒罗汉饼去瀛洲旅馆送给他，结果他已经走了。

毕业前夕，艾克请季羡林吃饭，饭后送给他一张阿波罗神的相片，季羡林非常高兴。后来艾克成了家，娶了一位中国的女画家，岁数比他小一半，年轻貌美。1946年季羡林回国，看他们的时候，他们请他吃烤肉。

华兰德小姐也是德国人，但是她不是教德语，而是教法语。她年纪很大，头发全白了。由于独身，性情反常，专在课堂上骂人，以此为乐。学生越学得好，她挑不出毛病来，她的火就越大，学生挨骂就越厉害。结果学法语的学生让她骂走了一半，只有季羡林、华罗庚少数几个不怕骂的留下来了。有一次上课竟然只有季羡林一个学生。后来学生们予以反抗，治了她一次，她反而屈服了，从此天下太平。她还请这些学生到她家去吃饭，终于化干戈为玉帛了。

季羡林这个时候还旁听过俄语课。教员是一个白俄，中文名字叫陈作福，个子极高，一个中国人站在他身后，从前面看什么都看不见。他既不会英文，也不会汉文。只好被迫用现在很时髦的“直接教学法”，但是他的教学又不得法，学生听不懂，所以结果并不理想。季羡林只听到讲“请您说”，其余则不甚了了。有一次，季羡林去旁听他的课，他把32个字母念了两遍，就写出字来，让学生念。他的字写得倍儿不清楚，弄得季羡林头昏眼花。上了几次课，只能大瞪其眼，却没有收获。大概只学了一些生词和若干句话，季羡林旁听的兴趣也越来越低，最后终于放弃不听了，季羡林第一次学习俄语的过程就此结束了。

毕莲是一位美国女教授，是美国斯坦福大学的英语硕士，教英语文字学。在大二第一学期的时候，她拿了一本丹麦语言学家论普通语言学的教材当教本，结果把本来不是很难懂的格林定律越讲越糊涂。原来她对古典语言是一窍不通。第二学期，换了课本，她第一堂课讲乔叟的杰作《坎特伯雷故事集》时，大出风头，高声背诵了书中的第一段，让学生们大惊失色。课接着上下去，才发现她的本领也就会背诵这一段。她不懂中古英文文法，学生们只得读翻译成近代英语的乔叟的著作。

教欧洲文学史的翟孟生也是美国人，他用自己著的一部五六百页的巨著当教材。一开始挺能吓唬人，但学生们很快就发现，这部教材除了厚以外，没有任何别的长处。里面涉及到许多世界名著，有一个内容提要，但是却不可靠。原来是他对原著根本就不熟悉，连译本都没有读几本，只是抄了别人书中的一些内容，抄得又极不细心，错误百出。他连抄的耐性都没有，除了中国，不会有人给他出这部书。然而就是这样一个人，却成了当时清华的名教授，简直可笑之至。

温德是教大三法语的美国教授，也教过欧洲文艺复兴文学。他的英文讲得非常好，当时季羡林觉得像吴宓这样高水平的中国教授，再读十年书，也讲不到这个水平。他看了不少书，但没有人知道他是否有学术文章发表。他作为美国人，喜欢的是伊斯兰教。他觉得伊斯兰教的天堂符合他的口味。遗憾的是，伊斯兰教戒酒，而他却总是喝得醉眼朦胧，戴着装反了镜片的眼镜，在清华校园里，也算是一景了。他终身未娶，死在中国，死的时候已经100岁了。在中国起码呆了70年。

还有一位吴可读教授，是英国人，教授大三的中世纪文学。他上课不拿课本，顺口讲，学生则顺手记录。他还讲授现代小说，选了《尤里西斯》和《追忆似水年华》《还乡》以及吴尔芙（一译“伍尔芙”）和劳伦斯的各一部小说做教材，至于懂不懂，则只有天知道了。季羡林当时的感觉是迷迷糊糊，不知所云。他还经常缺课，学生等半天，也不到教室。他好歹敷衍了一学期，让学生们很失望。而一旦学生到的少了，他就拿考试来吓唬学生。有一次的考试居然考法国作家福楼拜的《包法利夫人》，季羡林和同学们只得拼命看，看得头晕眼痛。终于看完了，就大骂这位老外老师。

这些外国教授，除了个别的，大多是草包。他们都在本国大学毕业，但肯定在本国大学当不了教授，有的可以做大学助教，有的可以做中学老师，有的只配当商店店员或者小公务员之类，找不到太好的工作，但到中国来却成为名教授。更为可笑的是，他们在中国并不老老实实当教授，而是来猎奇，看看这个神秘的国度。受好奇心驱使，有的人学了一脸假笑，挤鼻子弄眼，打躬作揖，能说上三句半中国话，便成为中国通，回国去了。不久居然还写出几本大论中国的书，名也有了，财也有了，皆大欢喜。殊不知，这些人花钱雇中国人给他们翻译中国古籍，但是书出版的时候，译者的名字不见了，只剩下他自己的名字。个别杰出者，还靠这本著作在本国大学当了汉学教授，真是滑天下之大稽。在清华，这些非正常途径出身的洋教授，讲课都有点野狐谈禅的味道。所以在规定的所有必修课中，洋教授教的没有一门课让学生们满意。季羡林自己觉得四年下来，收效甚微。尤为可笑的是学了四年的德语，只能看书，却不能听和说，根本张不开口。

那个时候对老师的教学态度，学校没有一个统一的要求。好像当时根本就没有这样的概念。教师也不准备教学大纲和教案。教授在课堂上，可以信口开河。谈天气，可以；骂人，可以；讲掌故，可以；扯闲话，可以。老师愿意怎么讲，就怎么讲，愿意讲什么，就讲什么。天上地下，唯老师独尊，谁也管不着老师。有的老师竟然能够在课堂上睡过去，有的上一年课，不和学生说一句话。有的教授同时在八个大学兼课，必须制定出一个轮流请假表，才能解决上课的冲突。勤勤恳恳的老师不能说没有，但只是少数。老师这样对待学生，学生则以其人之道，还治其人之身。所以师生之间不是互相利用，就是互相敌对。没有想到师生关系竟然变成这样子的关系：老师为了混饭吃，学生为了拿文凭。

教外语的中国老师，值得后人尊重的是叶公超，但是当时的学生们还没有这个意识。

叶公超（1904—1981），名崇智，字公超，后以字行。广东番禺人，生于江西九江。父叶道绳曾任九江知府。叔父叶恭绰是清末民初大学者、大藏书家，并以诗书画名世。叶公超自幼失怙，由叶恭绰抚育成人。叶恭绰生于清光绪七年，7岁能诗文，18岁应童子试，以《铁路赋》获第一名。民国时期，历任铁道部、交通部部长等职，为中国早期的交通事业做了不少有益的工作。叶恭绰是著名的文学家、书画家、文物鉴赏家，是一代著名学者。而且他品德高尚，更为后人所敬仰。1931年，他50岁生日，作为交通部长，收到的礼物、寿金很多，但他把所得捐作当时的水灾赈济。他购藏了大量文物，但不是囤积居奇，待价而沽，而是为了保护祖国文化遗产，使之不流于外国人之手。一次他重金购得稀世珍品——晋朝王献之的《鸭头丸帖》真迹，慨然捐献给了上海博物馆。叶恭绰诗文书画比其官衔更出名，还玩得一手好古董。中国士大夫本来就是诗、士、仕三位一体。

叶公超有家学渊源，后来所继承的也是这祖上的风气。叶公超五四运动时在天津南开中学读书，是“南开救国十人团”的核心人物。中学没有读完，就远涉重洋，赴美求学，先后在伊利诺州的尔宾纳中学、缅因州的贝兹大学和麻州的爱默思特大学攻读。后到英国剑桥大学玛地兰学院深造，获文学硕士学位，接着又到法国巴黎大学研究院短期研究。1926年秋回国，即任北京大学及北京师范大学英文系讲师，兼编《北京英文日报》和《远东英文时报》，并很快成为北京“新月社”中的一员，与胡适、徐志摩、梁实秋等建立了亲密的友谊。他用中文写的第一篇文章，即介绍英国戏剧家辛额其人其剧的《辛额》，就发表在徐志摩主编的《晨报副刊·剧刊》上。其时叶公超年仅23岁，显示出他的少年英才，意气风发。（陈子善：《水木清华地　文章新月篇——〈从印象到评价——叶公超批评文集〉编后》）

季羡林在清华上学期间，叶公超对他的帮助是很大的。季羡林的大一英文课，是叶公超上的。季羡林觉得他的教学方法非常奇特。他教的是基础英语，用的课本却是英国女作家Jane Austen的小说《傲慢与偏见》，季羡林说：“他的教学法非常离奇，一不讲授，二不解释，而是按照学生的座次（学生的座次是并不固定的）从第一排右手起，每一个学生念一段，依次念下去。念多么长？好像也并没有一定之规，他一声令下：Stop（停）！于是就Stop了。他问学生‘有问题没有？’如果没有，就是邻座的第二个学生念下去。有一次，一个同学提了一个问题，他大声喝道：‘查字典去！’一声狮子吼，全堂愕然、肃然，屋里静得能听到彼此的呼吸声。从此天下太平，再没有人提任何问题了。”（《学海泛槎——季羡林自述》，山西人民出版社2000年版，第10—11页）季羡林很佩服他的英文水平，而且他对英国的散文很有研究，只是季羡林对他的作品还接触不多，以为他惜墨如金，没有写过文章。

在季羡林眼里的叶公超很少着西装，经常是夏天绸子长衫，冬天是绸缎长袍，绸子棉裤，裤腿用丝带系紧，而丝带的颜色又和棉裤不同，非常鲜艳。裤腿上打的结子呈蝴蝶状，一走路，蝴蝶的翅膀微微抖动。脚下穿的是皮鞋。头发或者梳得光可鉴人，或者干脆不加梳理，让它像乱草一样。这种“潇洒”相，季羡林这些学生在背后议论纷纷，说他是在那里学名士。但觉得他又不是真名士。真名士是俞平伯。俞平伯有直率天真、一任自然的风格，而叶公超则难免有引起“轰动效应”之嫌。所以他们把叶公超归为“假名士”，把俞平伯归为“真名士”。

因为这个原因，季羡林对叶公超印象不好，认为他很乖戾，所以一直不愿意去找他。后来李长之告诉，说他一点也不乖戾。1933年，有一次季羡林与林庚晚上去找他，谈得很深，一直谈到11点。他们谈中国文坛上的人物，当时叶先生要办一个刊物，有约季羡林帮忙的意思。季羡林对他说自己很喜欢写随笔，叶先生鼓励他，给了他许多具体的指导意见，还笑着说中国文坛上缺少写随笔的人，让季羡林努力去做。而且叶先生竟然对季羡林在第一年的事情，都记得非常清楚。这使季羡林很是感动，并且改变了以往对他不好的印象。

以后，季羡林写了文章，便给叶先生看。季羡林的《年》《枸杞树》《兔子》都给他看。叶先生看过后，写了一封信，说他已经看过了，印象很好，并且约季羡林到他家去面谈。季羡林便约了李长之去他家。叶先生说，他喜欢《年》，因为《年》写的不是小范围的感情，而是扩大的意识。他希望季羡林以后写文章一定要朴实，要写扩大的意识，一般人的感觉，不要写个人的怪癖，描写什么早晨、黄昏，这是无聊的。经老师这么一说，季羡林茅塞顿开。他觉得以前实在没有把眼光放这样大，觉得老师给自己指出了一条路，而这条路又是自己愿意走的。对于《年》，自己喜欢，但是生怕别人不同意自己的观点，几天了，一直在为此事苦恼。现在既然得到叶先生的赞同，自己怎么能不高兴呢？叶先生还建议把《年》改几个字，在《寰中》上发表。

在文学方面，季羡林把叶公超归入文坛上的新月派。叶公超是在1929年从上海到北平的，担任的是清华大学西洋文学系教授兼北京大学讲师。叶公超主持过《新月》后期的编务，作者中出现葆华（曹宝华）、中书君（钱锺书）、常风、灌婴（余冠英）、长之（李长之）、曦晨（李广田）、孙毓棠、卞之琳、杨季康（杨绛）等一批新人。这些人都是他的学生，他们都是因投稿《新月》而成名。“他主持《新月》期间，是杂志最浪漫、最醇厚的一段，他理想中的

《新月》，不是刀光剑影的古战场，而是月下把酒论诗的田园梦。他看人论物，也不以圈子为重，能够超越党派之争，持公正之论。”（许纪霖：《谁是叶公超》）

《新月》停刊后，叶公超又与闻一多、林徽因、余上沅创办《学文》月刊。这个刊物的同仁基本上是《新月》的原班人马，作者队伍也吸收一批清华、北大的高材生，其中有钱锺书、季羡林、杨联升等人。季羡林写过一篇散文《年》，就是叶公超帮助在他主编的《学文》上发表的。他认为季羡林的这篇散文，写的不是小思想、小感情，而是人类的普遍感情、普遍思想，或者是人类的普遍意识。但是文章的最后有一句话：“一切都交给命运去安排吧！”不意引起当时的左派刊物的嘲讽，以为季羡林是个什么教授，嘲笑这句话是没落的教授阶级垂死的哀鸣。而叶公超有这么高的评价，自然一下子把季羡林美得不得了，欣然自得，大有受宠若惊的感觉。于是又写了一篇《我是怎样写起文章来的？》，送给他，以表巴结之意。没有想到，他大发雷霆，把季羡林叫了去，铁青着脸，一脸的怒气，大吼一声：“我一个字也没有看！”把季羡林吓得目瞪口呆，拿了文章走人。杂志办得很有影响，证明他是一个有事业心的人。可惜的是，该杂志出版到第4期，就因为经费问题和叶公超出国休假而停刊了。

而且他也是一个愿意动脑筋的人，还经常和学生讨论。有一次，他告诉几个同学，正考虑一个问题：在中国古代诗歌中人的感觉——或者只是诗人的感觉的转换问题。他举了一句唐诗：“静听松风寒。”最初只是用耳朵听，然而后来却变成了躯体的感受“寒”，表示他在考虑一些文艺理论的问题。（《学海泛槎——季羡林自述》，山西人民出版社2000年版，第11—12页）

而季羡林当然也愿意讨论，于是在天津的《大公报·文学副刊》上发表了一篇散文，谈了自己对叶公超观点的看法。

季羡林在三年级的时候，叶公超仍然给他们上课，用的课本是学校给订购的《主要的现代诗人》，打七折还卖9元7角，印刷非常精美。有一次，在上课的时候，叶公超在黑板上写了美国诗人卡明斯的一首诗，非常好，字很少，但是给人一个很深的回音。叶公超给学生们说，卡明斯是哈佛大学的毕业生，对他的评价颇有争议，有人称他为最伟大的诗人，有人则骂他。无论如何，他的诗形式独特，语言优美，对现代诗人是有广泛影响的。有时候，叶公超的课讲得很好，让学生对诗发生兴趣。有时候，叶公超的课讲得不高明，甚至也有胡诌八扯的。他也有干脆缺课的时候。他给学生指定的杂志，使季羡林对现代诗产生了很大的兴趣，想把老师给指定的杂志都读读，然后写出一篇现代诗歌的论文。

在学生们的眼里，叶公超的脾气古怪，几乎是喜怒无常。季羡林和李长之去拜访他，明明在家里，却偏让家人说出去了。学生们感到莫名其妙。

后来，叶公超先后到北大、西南联大工作，在北大当过外文系系主任。在西南联大工作时，闻一多曾说过叶公超是“二毛子”，因为他的英文比中文好。胡适对他的评价也甚高，说他的“英文是第一等的英文，他说得更好，就是外国一般大政治家也不见得说得过公超。”1998年北大百年校庆纪念时，西语系把叶公超和当时的美国总统艾森豪威尔谈话的照片印出来，说明他在当时的地位是多么显赫。

据说叶公超讲文学课有声有色。他和得过诺贝尔文学奖的艾略特有交往，是第一个介绍英国诗人艾略特的人，他的女学生赵萝蕤是第一个把艾略特的名作《荒原》翻译出版的学者，她谈“才华出众的叶公超先生”，无不表示自己的敬意：“他一目十行，没有哪本书的内容他不知道，作为老师，我猜他不怎么备课，只是凭自己的才华信口开河，说到哪里是哪里，反正他的文艺理论知识多得很，用十辆卡车也装不完的。”

无论如何，季羡林是非常感激叶公超的，认为自己一生舞文弄墨，受影响最深的有三个人：董秋芳、叶公超，还有郑振铎。

3. 性格乖戾的吴宓

吴宓（1894—1978）字雨僧，又字雨生，早年名玉衡、陀曼。陕西关中泾阳以北嵯峨山麓安吴堡人。吴宓生于一书香门第。其嗣父吴建常曾任靖中军秘书长，后任凉州副都统。吴宓幼读孔孟，1910年考取清华留美预备学校，由陕西提学使咨送赴京。1913年外务部所属令各省提学使招考“游美第二格学生”，规定考生年龄最大限是15岁，但这年他已经17岁。为报考“游美生”，便更改年龄和名字。他取手中携带的《康熙字典》，闭目翻开某一页，用手指确指一字，得“宓”吴宓手迹字，即报填“吴宓，泾阳县人，年十五”。“于是吴宓之名遂立，而后所犯之错误，所加之罪名，悉与吴宓二字相连属，相终始矣!”（《吴宓自编年谱》）这一招终于使他得以赴弗吉尼亚大学留学，后来因为慕美国著名保守主义文论家白璧德（Irving Babbitt）之名，又进入哈佛，与梅光迪一同师事白璧德。以倡导古典主义，捍卫固有文化为己任，在文学研究上特别重视文学的伦理作用，是白璧德教授的中国真传弟子。1921年获硕士学位回国，到东南大学（今南大前身）任教授。但是，是时的东南大学，人际关系复杂，内部斗争激烈，正直的、有才学的人寡不敌众。吴宓坚辞了东南大学的教职。

吴宓1924年底被聘为清华教授。此事的促成与梁实秋有关。原来在1923年3月，清华高等科四年级学生梁实秋等三人到南京东南大学游览、参观，梁实秋连续去听了吴先生两三日的《欧洲文学史》课。当时，吴先生所讲的内容是卢梭的生活和著作。听课之后，梁实秋并未去拜访吴宓 。回校后，即在《清华周刊》上发表文章，评论东南大学的学风之美，师饱学而尽职，生好读而勤业。梁实秋的文章述及吴宓讲卢梭课，不开书本，不看笔记及任何纸片，而内容丰富，讲得井井有条，滔滔不绝。说当时清华正缺良好的教授，这是共识。并说，吴先生亦是清华游美同学，而母校未能罗致其来此，是非常遗憾的事情。吴宓说："此亦与清华之聘宓往，有关。"后来梁实秋游美留学也到了哈佛，同样师从白璧德教授。明显是受到吴宓影响。

原来的清华学校，本来是一个普通的留美预备学校。学生到这里来，主要是念英文，然后念一些欧美的文化，也念一点中国的传统文化。它就是一个预备学校。但是1924年的时候，曹云祥校长觉得这样是不够的，应该提高这个学校的水准，清华学校应该改办大学，同时设立研究院。曹云祥1924年2月22日致函胡适，想聘请他担任筹备大学顾问（耿云志主编：《胡适遗稿及秘藏书信》）。同时，又动员胡适出任筹建中的清华研究院院长（职位同各系科主任）。胡适推辞不就院长（后改为吴宓任主任），但建议曹校长，应采用宋、元书院的导师制，并吸取外国大学的研究生院的学位论文的专题研究法。因此，清华研究院的导师制是曹云祥校长根据胡适的提议设立的。曹云祥首先从国学来开始建设，就找了胡适，请胡适到清华来做研究院的导师。胡适说："我没有资格，给你推荐几个人。"就是梁启超、王国维、章太炎、赵元任。后因章太炎不就，而改

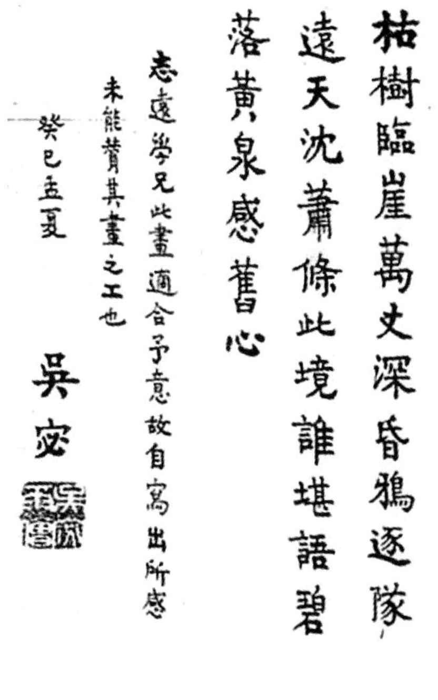

吴宓手迹

聘陈寅恪（由吴宓推荐）。梁启超是胡适少年时代的精神偶像，赵元任是胡适留美时的挚友，王国维的学问是胡适很敬重的。当时决定聘用王国维为研究院院长。

1924年12月8日，胡适陪同曹云祥校长拜访了王国维，第二天，曹云祥在致胡适的信中这样写道：

适之先生台鉴：

昨承偕访王静庵先生，晤谈之后，曷胜钦佩。敝校拟添设研究院，即请王君为该院院长。兹将致王君一函并聘书送请察阅，如蒙同意，即祈转致，并恳玉成是荷。

此颂

道安

曹云祥谨启

十二月九日

（耿云志主编：《胡适遗稿及秘藏书信》）

但是王国维无意当院长之职。于是聘请了研究院筹备处主任，就是哈佛大学毕业的吴宓先生。但是吴宓自己谦虚，始终不愿意称主任，而是自称秘书。清华国学院一成立，吴宓就宣称本院与其他大学的不同之处在于重视“科学方法”。

清华研究院和四大导师，是清华人文学科最初的辉煌，也是最终的辉煌，后来一直没有超过四大导师那个时期。

吴宓作为筹备处主任，去请王国维到学校来担任导师。他到了王国维家里，行三叩首礼，使得王国维很感动，觉得吃洋面包的这个年轻人还很尊重自己，所以很痛快地答应了。1925年，王国维住进清华南院靠西的这排中式房屋。每天上午，他从这里走到清华学堂上课。下午和晚上，王国维回到书房读书和写作，过着他内向而不善交际的生活。就是在这里，他写出了20世纪中国美学的重要成果《人间词话》。王国维精通英文、德文、日文，使他在研究宋元戏曲史时独树一帜，成为用西方文学原理批评中国旧文学的第一人。

吴宓和梁任公又向曹云祥校长极力推荐陈寅恪，因为他觉得陈寅恪学问实在不在三位先生之下。吴宓是最早发现并惊服陈寅恪才能之人，早在留美结识陈寅恪时，即驰书国内，断言“合中西新旧各种学问而统论之，吾必以寅恪为全中国最博学之人”。经过他的推荐，清华国学院三天之内就下聘书。当时，陈先生还在柏林大学学习。1925年，陈寅恪从德国回来，走进清华园。陈寅恪13岁开始留学生涯，足迹遍及日本和欧美，但却一个学位也不要。他既有旧传家学，又精通十多种外语，被世人称为“教授的教授”。

吴宓又聘请了赵元任。

除了吴宓，还有一位导师没有进入国学院“四大”，就是人类学和考古学之父李济。李济是1911年考入清华，因为善于辩论和演话剧而闻名全校。国学院成立时，梁、王、陈、赵（元任）是教授，李济是讲师，年仅29岁。可能是因为年龄太小，也因为人类学和考古学不被视为“国学”，因此李济有大师的身价，却没有大师的称号。

吴宓到清华，是其人生的转折点。季羡林说：“他坦诚率真，十分怜才。学生有一技之长，他决不掩没，对同事更是不懂得什么叫嫉妒。……也许就是由于这个缘故，他在清华作为西洋文学系的教授而一度兼国学研究院的主任。”在国学研究院的四位学术大师几乎不分伯仲，成为美谈。《吴宓自编年谱》云：“宓持清华曹云祥校长聘书，恭谒王国维（静安）先生，在厅堂向上行三鞠躬礼。王先生事后语人，彼以为来者必西服革履、握手对坐之少年，至是乃知不同，乃决就聘。后又谒梁启超先生。梁先生极乐意前来。”

“清华四才子”任何人都比吴宓学问大、影响大，他如果没有大家的胸襟，是不会怀着崇敬之情，聘请比自己强的人来自己主事的窝子任职的。吴先生一生聘用、推荐、造就了成批优秀人物，培养了一批优秀的后学如王力、钱锺书、贺麟、季羡林 、李赋宁等，正所谓英雄惜英雄，惺惺惜惺惺。

从1928年1月起，吴宓为天津《大公报》主编《文学副刊》，到1934年1月停止，吴宓总共编辑了300多万字，在《文学副刊》上面发表的文章大约有100多篇，所撰编者按语更是不计其数。在他的努力下，《文学副刊》获得各界好评。该刊以报道文学发展动向、发表文学作品为主，以学院派风格见长，内容包括最近的文学事件和最新的书籍、期刊介绍、作品发表。在风格方面不拘一格，新诗、旧诗纷呈，文言文、白话文并用。该刊还通过纪念世界文化名人，介绍中外杰出的文学家、史学家、艺术家和他们的作品，广开读者心智。当时吴宓任教于清华大学，副刊的编辑通讯处也设在清华大学内。每期稿件都是由他在北平编好后再寄往天津，交《大公报》发表。他精选材料，不畏不惧，不慌不怠。“他对工作十分认真负责，从组稿、写稿、编稿到版面都由他一个人来组织筹划。所有的稿件，都是字字工整，非常清楚，就是别人的稿件，字迹不清楚的，都要重抄一边，生僻的字，在旁边空白处另外写一个大的，还画上一个小圈。至于用什么字号，用什么格式，均用红笔加以说明，字迹同样是工工整整，一笔不苟，为排字房提供了诸多便利，同时也表现出一个文学家的严谨，对编排技术的追求。他对编辑业务的严肃认真给《大公报》人留下深刻的印象，受到赞誉。”（侯杰、秦方：《吴宓与〈大公报·文学副刊〉》）他在选稿的时候，非常注意稿件的质量。对于一些有潜力的作者，他极力推荐，还积极鼓励他的学生如贺麟、季羡林等向《文学副刊》撰稿，并给予切实的帮助，以促进青年的成长。为了提高《文学副刊》的学术价值，他也积极向各位知名学者广泛约稿。

吴宓在清华给季羡林上的课有两门：“英国浪漫诗人”和“中西诗之比较”。前一门课，他让学生们背诵浪漫诗人的诗句，有时候要求背得很长很长。后一门课，他讲的是一些中国的古诗和西方的诗，也讲一点有关理论。只是季羡林已经没有什么印象了。在他的影响下，季羡林当时也写了一篇中西诗学比较的论文，是把陶渊明与英国的一个什么浪漫诗人作了一点比较，自己觉得因为有点拉郎配的味道，所以也比不出什么名堂。

吴宓的比较文学研究没有什么文章发表，季羡林没有看到这方面的文章。季羡林看到他的文章，大多是连篇累牍论述白璧德的。

即使这样，在这之前，季羡林和吴宓的接触也是并不很多的。到1933年，季羡林结束了大三的课程上了大四，与吴宓的接触才多起来。

听同学王岷源说吴宓流露过一个意思，想找学生们帮忙办《大公报·文学副刊》，季羡林一时冲动，很想一试。他自己曾经翻译过一篇《从马洛到歌德浮士德传说之演变》的文章，便抄好了稿子，在歌德百年祭的日子，找了几次总算找到了吴宓。吴宓和他谈系里的各种功课，谈《大公报·文学副刊》。他让季羡林读伦敦《泰晤士报·文学副刊》。季羡林以后便经常去拜访吴宓，一方面感到他说话非常坦率，另一方面也感到他性情古怪，神经兮兮的。季羡林写的一些文章，请吴宓指正。当他从吴宓那里拿到10元的稿费时，那个高兴劲，是可以设想到的。吴宓也出一些题目让季羡林写，如纪念美国诗人萨拉·蒂斯代尔的文章，就是布置给他的任务。季羡林从图书馆借了美国自由派的评论周刊《新共和》和其他参考书，忙着准备。还有李后主的年谱和传略，也不得不对付。西洋文学系开会，吴宓作为系主任摇头直臂，神气十足，令人喷饭。最后，吴宓开的中西诗之比较课，季羡林的论文只给了个I分，是“当头棒”，第四等。他自己觉得受了好大的委屈，因为别人的论文有不如自己的，但是也拿到了该拿到的高分。拿到分的那天晚上，心里那个不痛快，一直没有办法扭转。他觉得自己是受了侮辱，在心里骂了一句：真浑天下之大蛋！

在吴宓的鼎力推荐下，季羡林和几个舞文弄墨的青年学生，经常给《大公报·文学副刊》写些书评和散文一类的文章，因而他们无形之中形成了一个小团体。学生们经常到他那在工字厅的住处去作客。工字厅这个院落，荷花摇曳，藤萝缠绕，吴宓的住处称之为“藤影荷声之馆”，屋里挂着黄节题写的“藤影荷声之馆”字幅。吴宓自称“奠居”，希望以后有更合适住这里的人来住，自己不过是为他们将来在这里住得更好，打个前站。他甘做清华名师的护卫走卒。有时候，他也请学生们到工字厅的教授餐厅去吃西餐。过去吴宓请吃饭的时候经常是1毛5分钱的客饭，所以对他请客，不是太感兴趣。但是去了，才发现这次是颇耗费的。那是在1933年11月24日，吴宓请他正式吃西餐，季羡林因为是第一次吃西餐，刀叉布前，眼光耀目，他只得模仿别人的样子，拿刀拿叉。在饭局上，季羡林看到当时的年轻教师王了一（王力），谈到他在法国留学的经验，没有公费，没有私费，只得凭自己给商务印书馆翻译书稿挣钱。他的这种精神，给了季羡林很大的勇气。虽然没有机会与王力说上几句话，但从此就认识了他。这在当时教授和学生之间存在着一条看不见但感觉得到的鸿沟的情况下，是非常难能可贵的。每念及至此，季羡林就感到一阵温暖。

让季羡林感到温暖的当然还不止这些。学生们还可以无拘无束地通过刊物与教授们开玩笑。当时他们常开玩笑的教授有两人，一个是俞平伯，一个就是吴宓。

学生们办有一个杂志叫《清华周刊》。该杂志形式活泼多样，文章生动犀利，图文并茂。有一天，俞平伯大发豪兴，剃了个光头，大摇大摆走上讲台上课，学生们感到愕然。于是学生们就在周刊上发表了文章，讽刺俞平伯要去当和尚。

在季羡林他们这些学生眼里，吴宓是一个奇特而矛盾的人。李森在《吴宓：在联大受气》一文中这样形容吴宓：吴宓先生真是举世无双，只要见他一面，就再也忘不了。吴先生的面貌呢，却是千金难买，特殊又特殊，跟一张漫画丝毫不差。他的头又瘦削，又苍白，形如炸弹，而且似乎就要爆炸。胡须时有迸出毛孔欲蔓延全脸之势，但每天清晨总是被规规矩矩地刮得干干净净。他的脸上七褶八皱，颧骨高高突起，两腮深深陷入，两眼盯着你，跟烧红了的小煤块一样——这一切，都高踞在比常人高半倍的颈脖上；那清瘦的身躯，硬邦邦，直挺挺，恰似一根钢棍。季羡林认为，他古貌古心，表里如一；在别人写白话文、写新诗的时代里，他写古文、写旧诗；他反对白话文，但又十分推崇白话写成的《红楼梦》；他能同青年学生们来往，但是又显出一副俨然凛然的样子；他看起来严肃、古板，但又颇有一些恋爱的浪漫史。而和吴宓开的玩笑正是由于他谈恋爱引起的。

有一次，吴宓高兴起来，把自己搞恋爱、大写其恋爱的诗《空轩十二首》在课堂上发给同学们。大概是在1933年，吴宓与毛彦文恋爱失败后，写成《海伦曲》长诗，以旧体诗写西洋故事；又作《空轩十二首》，每首咏与其相知的现代女性，自题“中国诗人，自《离骚》以下，常以男女喻君臣之际会。西方诗人如但丁，罗色蒂女士等，则以男女喻天人之接引……均以男女至情，可以深托思慕，其苦乐成败，又极变化奇诡之致故也。”就在毛彦文出嫁之日，吴宓独坐在空房作组诗，发泄烦恼：

一

吴宓苦爱毛彦文，三洲人士共惊闻。
离婚不畏圣贤讥，金钱名誉何足云！

二

作诗三度曾南游，绕地一转到欧洲。
终古相思不相见，钓得金鳌又脱钩。

三

赔了夫人又折兵，归来悲愤欲戕生。
美人依旧笑洋洋，新妆艳服金陵城。

四

奉劝世人莫恋爱，此事无利有百害。
寸衷扰攘洗浊尘，诸天空漠逃色界。

当时吴宓苦恋毛彦文已经多年，而且已办理了与原妻陈心一离婚的手续，无所顾忌地追求毛彦文，不料毛彦文竟不顾吴宓的一片相思情，嫁给了一垂垂老翁、国民党的要员熊希龄，在南京结了婚。吴宓悲愤欲绝，写成这组诗，用以消除胸中块垒。诗中的三洲，是欧、亚、美，说明知道他的浪漫韵事的人包括了三洲的人士。这虽是夸大其词的说法，但知道的人确实不少。甚至当时的一些大报上也不断有借此攻击吴宓的。针对这些攻击，吴宓声明：“你们攻击我的学术，那么来吧，要是攻击我的名誉，我吴宓本无名誉可言，随你们去。”

他继续用自己的诗来发泄失恋之情：

渐能至理窥入天，离合悲欢各有缘。
侍女吹笙引凤去，花开花落自年年。

又有一诗云：

始信情场原理窟，未甘术取任缘差。
（赵毅衡：《吴宓没有写出的长篇小说》，《世纪中国》2002年5月17日）

这发给学生的12首诗，季羡林知道都是意有所指的。但确切地指什么，学生们并不清楚。学生们只知道，他追求毛彦文是非常辛苦的。诗句中有一句说“吴宓苦爱毛彦文，三洲人士共惊闻”，是夫子自道。由此事引得编《清华周刊》的秀才们，把这些旧诗翻译成白话，刊出一首《七律今译》，与吴宓开了一个不大不小的玩笑。这首七律的前半阕，直到现在季羡林还记得：

一见亚北貌似花，顺着秫秸往上爬。
单独进攻忽失利，跟踪盯梢也挨刷。

下半阕的最后一句，季羡林也还记得，是“椎心泣血叫妈妈”。诗中的人物简直呼之欲出。亚北代指一位姓欧阳的女同学，其时是西洋文学系的学生，是吴宓当时所追求的对象之一。玩笑开到这个份上，吴宓一笑置之，不以为忤。

学生们与俞平伯和吴宓这样的教授开玩笑，自然觉得好玩，而威严方正的教授们也不以为忤，无形之中，就填平了老师和学生之间的鸿沟。

后来季羡林离开了清华，在以后漫长的几十年里，他们师生之间几乎很少见面。只有在1961年的八九月间，吴宓从四川北上北京，晤贺麟、钱锺书、季羡林、李赋宁等旧日朋友和学生。季羡林在北京大学燕东园李赋宁的家里，拜见过他。那次会面，师生之间娓娓语家常，谈体会，其乐也融融。吴宓在抗战期间去了西南联大，北大和清华复员到北京，他没有回去，而是留在了四川。

听说吴宓在昆明西南联大时不但被人际关系搞得头疼，他的爱情生活也是很不顺心。昔日追求的恋人毛彦文，此时已经成为熊希龄遗孀，重追的结果还是吃了人家的闭门羹。追求女学生张氏自比“妙玉”者，人家又只收礼物、只谈诗。谢冰莹《红学专家吴宓》一文更叙及吴宓在西南联大时爱上了一位非常漂亮的女生，说吴宓去拜访她，女生说：“谁呀?”门外吴宓学着小生的声音回答：“吴宓来也!”女生故意大声说：“不在家。”而吴宓仍然是小生唱戏的语调：“吴宓去也，明日再来。”女生不客气地说：“讨厌。”吴宓忙说：“岂敢!岂敢!”哼着唱戏的调子走了。同时，他还为自己的女儿上学、转学之类的事情苦恼得很。他想离开联大，但又舍不得联大，反反复复，心情很矛盾。由是他的情绪很不稳定，力量积压，不免会爆发出来。

有一次，他将清华的聘书拿到教务处办公室，在那儿大发雷霆，说学校和系里都不重视他。他越说越气，愤怒难平，出来后将食堂的竹帘一把扯下，丢到水中。

又有一次，他对一家饭馆起名为“潇湘馆”大为不满，喝了两杯酒壮了胆之后，就大喊要砸掉那个牌子。老板和众人问他为什么要这么干，吴宓说：“你取什么名字不行，干吗要糟蹋黛玉的令名和形象?”

吴宓虽然不关心政治，但也偶有出人意料之举。

有一次在陕西，国民党三青团的党棍想通过他的嗣父邀请他去讲《红楼梦》，被他拒绝，理由是他不想对牛弹琴。这说明他在大节上是不让步的。1972年，他79岁。全国掀起“批林批孔”运动，“小将们”问他对此运动的看法，他说：“我只批林，不批孔。”小将们强迫他喊“批林批孔”，他大声说：“宁可杀头，也不批孔!”这一点，跟梁漱溟的立场完全一致。吴宓先生后半辈子被整得很惨，这不说大家也都知道。在弥留之际，他大声喊道：“我是吴宓教授，给我水喝！我要吃饭，我是吴宓教授!”喊声十分悲惨，至今，他的声音还让极少数当时的听者潸然泪下。（李森：《吴宓：在联大受气》）吴宓曾被红卫兵脱光衣服后，置于旷地，水浇棒击；变相监禁期间，求喝小便而不得，真是一切的感慨，都给打上不堪的烙印。

季羡林后来在为《第一届吴宓学术研讨会论文选集》（陕西人民教育出版社1992年版）所作的序言中写道：“将近60年前，我在清华大学外国语言文学系读书时，听过雨僧先生两门课……一方面我们觉得他可亲可敬”，“但是另一方面，我们对他非常不了解”。“我们对他最不了解的是他对当时新文学运动的态度”，“这种偏见在我脑海里保留了将近60年，一直到这一次学术讨论会召开，我读了大会的综合报导和几篇论文，才憬然顿悟：原来是自己错了。”“我痛感对不起我的老师，我们都应该对雨僧先生重新认识，肃清愚蠢，张皇智慧，这就是我的愿望。”事实上，季羡林和他当时的同学有一个成见，把胡适、陈独秀和鲁迅等人划在新派，把吴宓等人所代表的学衡派划在旧派，认为旧派复古保守，开历史倒车。所以他们无不崇拜新派，厌恶旧派。

1960年以后，季羡林发现，五四运动的大方向虽然是正确的，但是主张有些过激，也有一些偏颇之处，甚至是严重的错误，如主张打倒孔家店，对中国的旧文化不分青红皂白一律扬弃，得到当时青年们的拥护，这与后来的文化大革命是有相通之处的，其错误是显而易见的。吴宓在当时能够挺身而出，反对这种偏颇，季羡林感到他的了不起，是有先见之明的。而当时把他视为顽固，视为逆历史潮流而动，实在是天大的冤枉。

4.女作家冰心

冰心，中国现代文坛巨匠。原名谢婉莹，1900年10月5日出生于福建福州，祖籍福建长乐。1900年随父母先后移居上海、烟台、北平。1914年考取北京贝满中学，1918年升入协合女子大学。积极参加过五四运动。在五四运动的革命浪潮的激荡下开始写作，最初的文章发表在《晨报》上。1923年燕京大学毕业，获学士学位和金钥匙奖。1923年获美国威尔斯利女子文理学院奖学金赴美深造，1926年毕业，获硕士学位。

冰心

1926年回国后，任教于燕京大学、清华大学和北平女子文理学院。抗战时期先到云南昆明，后到四川重庆。1946年赴日本，曾在东京大学（原帝国大学）任教。1951年回国。1954年以来曾被选为第一、二、三、四、五届全国人民代表；第五、六届全国政协常务委员。1979年第四次全国文代会上被选为中国作协理事，中国文联副主席，同年被选为中国民主促进会副主席，1985年第五次全国文代会上被选为中国作家协会顾问，1987年被选为中国民主促进会名誉主席。

季羡林在考入清华时，同北大不一样，清华报考时不必填写哪一个系。录取后任你选择。觉得不妥，还可以再选。季羡林后来选的是西洋文学系。西洋文学系有一个详尽的课程表，从古典文学一直到现当代文学，应有尽有。课程有“古典文学”“中世纪文学”“文艺复兴时期文学”“英国浪漫诗人”“现当代长篇小说”“英国散文”“文学批评史”“世界通史”“欧洲文学史”“中西诗之比较”“西方哲学史”，等等，都是每个学生必修的。讲课基本上都用英文。

当时旁听之风很盛，授课教师大多不以为忤，听之任之。但也有碰钉子的时候。当时冰心女士蜚声文坛，1921年后，文学研究会就出版了她的小说集《超人》，诗集《繁星》，1926年后，北新书局又出版了她的诗集《春水》和散文集《寄小读者》，1932年北新书局出版了《冰心全集》，分集出版的有《往事》《冬儿姑娘》等，大名震神州。冰心在燕京大学教大一“国文”和“写作”时，有别具一格的指导方法。清华当然也请她来教一门什么课。学生中追星族也大有人在，季羡林和李长之、林庚、吴组缃也在其中。他们都到三院去旁听，屋子里面座无虚席，走廊上也站满了人。冰心先生当时不过三十二三岁，头上戴着一个信基督教的妇女王玛丽张玛丽之流常戴的簪儿，盘在后脑勺上，满面冰霜，不露一丝笑意，一登上讲台，便发出狮子吼：“凡不选本课的学生，统统出去!”季羡林他们相视一笑，伸伸舌头，立即弃甲曳兵而逃。

后来到了50年代，季羡林同她熟了，笑问她这件事，她笑着说：“早已忘记了。”

季羡林特别欣赏冰心给别人题写的座右铭：“知足知不足，有为有不为。”他觉得，每个人都能满足于已经得到的东西，则社会必能安定，天下必能太平。冰心的意思，是劝人少存非分之想。知不足，是要求人知道自己的不足之处、不够完美的地方。中国有一句老话：“学如逆水行舟，不进则退。”只有知不足的人才能为人类文化做出贡献。有为是应该去做的事情，中国古人说：“勿以善小而不为，勿以恶小而为之。”凡是对国家有利、对人民有利、对人类的发展有利的事情，都是应该去做的。因为非常欣赏这个座右铭，所以季羡林也给别人题写过。

5. 美学家朱光潜

季羡林在大学期间获益的课程中，有一门是朱光潜开的“文艺心理学”。朱光潜（1897—1986），笔名孟实，美学家、文艺理论家、翻译家。安徽桐城人。1922年毕业于香港大学文科教育系。1930年获英国爱丁堡大学文科硕士学位。1933年获法国斯特拉斯堡大学文科博士学位。1933年回国后，执教于北京大学，担任教授。他在清华大学是兼课。

季羡林在清华的日记里，是在1932年10月14日提到朱光潜开的“文艺心理学”课程。当时，他刚刚因为母亲故去还乡治丧回到学校不久，脑子里一直不相信母亲会真的死去，心情极其不好。课是在晚上上的，他听的是一塌糊涂。后来的课，朱先生讲心理距离与近代的形式主义的问题。季羡林联想很多，他想，真的能把一切事情放到某一种距离去看，对实际人生，他看到的只有抽象的美好、友谊等。但是这些东西，实在又都包括在实际人生里面，对实际人生不太远，也不太近，是不即不离。一方面使人看到美，另一方面，也不太玄虚。他由此又联想到当时读薛德林的诗作的感受，觉得薛德林是把自己禁闭在“自己”里，去构想作成诗，在幻想里创造了美，再把这美捉住，成了诗。后来朱先生又讲移情作用，他觉得非常有意思。朱先生的课非常有启发性，所以在他的课上，季羡林的联想就特别多。朱先生讲感情移入的理由，他又忽然想到一些东西。自己平常所想而没有解决的问题，也被朱先生给解决了。他访问朱先生，与他闲谈，更觉得他真是十八成好人，非常坦率。朱先生讲游仙派诗人的课，他觉得很有趣，也想读一读这些游仙派诗人的作品。

但是朱先生的课并不是都让季羡林满意的。有一次，他讲“笑与喜剧”，引用了许多大哲学家的关于笑的理论。对这些理论，季羡林没有一个是满意的，觉得都不免牵强附会，不同之处就只在荒谬的程度的不同。在这以前，季羡林总以为哲学家多么艰深，到这时，才觉得其实不然。当时他自己起了一个很滑稽的念头：自己未必就不能成为一个大哲学家。还有一次，他从杭州集体旅游回来，累得不行，上课的时候，老是觉得时间长，在课堂上简直要睡过去。

但是大多数情况下，季羡林对于朱先生的课还是相当满意的。朱先生不是那种口若悬河的人，口才并不好，讲一口安徽味的蓝青官话，听起来并不“美”。他不是一个演说者，讲课从来不敢看学生，两只眼向上翻，看的是天花板或者窗户上的某一块地方。然而却没有废话，每一句话都清清楚楚。他介绍西方各国流行的文艺理论，有时候举一些中国旧诗词例子，并不牵强附会，一听就懂。对于那些古里古怪的理论，他确实能讲出一个道理来，听起来津津有味，学生们觉得，他是一个有学问的人，一个在学术上诚实的人。他不哗众取宠，他不用连自己都不懂的“洋玩意儿”去欺骗、吓唬年轻的中国学生。因此在开课之后不久，季羡林就爱上了这门课，每周期盼上课，成为乐趣。（《季羡林小品》，中国人民大学出版社1993年版，第152—153页）

朱先生当时年富力强，三十四五岁的样子，人也长得潇洒，很讨学生们喜爱。他在清华的课堂上介绍了许多欧洲心理学家和文艺理论家的新理论，比如李普斯的感情移入说，还有什么人的距离说，等等。这些西方学者，从心理学方面，甚至从生理学方面来解释关于美的问题。而且，朱先生也有自己的美学观点，他认为在美感经验当中，心所以接物者，只是直觉，物所以呈现于心者，只是形象。因此美感的态度只是聚精会神地对于一个孤立绝缘的意象的观赏。作为我国现代比较美学和比较文学的拓荒者之一，他的《诗论》也是我国比较美学的典范作品，用西方诗论来解释中国古典诗歌，用中国诗论来印证西方著名诗论，触类旁通，潇洒自如，美不胜收。这一点也是朱光潜先生自己感到自豪的，他说：过去的写作中，如果说还有点什么自己独立的东西，那还是《诗论》。《诗论》对中国诗的音律，为什么中国诗后来走上律诗的道路，作了一些科学的分析。他的《文艺心理学》的著作，就是在讲课的基础上形成的，是融贯中西的经典著作。朱先生讲的许多理论，季羡林觉得是有道理的，一直到今天仍能记忆不忘。让季羡林感动的是，朱先生不但把30年代之前欧洲、美国文艺批评的水平都带了回来，而且他讲的西方文艺理论，能用中国的文学作品来印证。一直到今天，还有一些讲美学的，光懂西方文艺心理学的一二三四，但究竟是什么东西，不知道。

在学校时，除了上课，季羡林和朱光潜先生个人接触并不多。季羡林离开清华以后，朱先生先后任四川大学教授、文学院院长，武汉大学教授、教务长。一直到1946年，季羡林到北大当教授并且兼任东语系主任，而朱先生也在这一年回到北京大学任教授，兼任西语系主任，他们的办公室是隔壁，他们的交往才多起来。

中华人民共和国成立以后，季羡林跟朱先生讲，你是不是再写一本文艺心理学，把30年代到60年代西方文艺理论的水平告诉我们中国人？他回答说，不行了，没有时间了。可惜得很，到现在国内对西方文艺理论知道得也不是太详细，粗浅介绍的很多，忒有水平的还没有。季羡林认为自己对美学还有点兴趣，离不开朱先生的引导。

季羡林奉行三不主义：不锻炼，不挑食，不嘀咕。朱光潜信奉“三此主义”，即此身、此时、此地：“此身应该做而且能够做的事，就得由此身担当起，不推诿给旁人”；“此时应该做而且能够做的事，就得在此时做，不拖延到未来”；“此地（我的地位、我的环境）应该做而且能够做的事，就得在此地做，不推诿到想象中另一地位去做”。季羡林的三不主义是养生之经，而朱光潜的“三此主义”是作风，是他不尚空谈，着眼现在，脚踏实地的治学精神的体现。

在“文革”当中，朱光潜被关进了“牛棚”，季羡林也自己“跳”出来，进了“牛棚”。过去的师生此时成了“棚友”，那种相见无泪的感觉，一般人是很难体会的。没有想到的是，朱光潜在这样的环境中居然也坚持锻炼身体。他的锻炼方法，季羡林不懂，大概是中西均备，佛道沟通。那是一种阴森森的环境，季羡林为他的锻炼捏着一把汗。晚上在被窝里也在折腾着炼，早晨则跑到一个角落里去练太极拳之类的功夫。有一次，不慎被“监改人员”发现了，把他狠批了一通。季羡林从这件事看出朱光潜对生命的热爱，他处于逆境，但对事业没有绝望。相比之下，季羡林感到自己的境界没有老师那么高，自己的态度实在无法跟他比。

改革开放以后，朱光潜夜以继日地翻译黑格尔的美学和维科的著作，给中国学术界留下了宝贵的财富。朱光潜逝世以后，季羡林满怀深情地写了《他实现了生命的价值——悼念朱光潜先生》来纪念自己的恩师。

6. 逻辑学家金岳霖

在季羡林考入清华大学以后，学校规定对全校的大学一年级新生，学校设有共同必修的课程。设这种共同必修课程的用意，在使学生求得关于自然、社会和人文方面的所谓“通识”。凡所修课程不及格者不给学分，如系必修课则须重读；如系选修，则可不再选而改选其他，只要学满规定之学分即可。凡已修及格的课程，本人降级时也不必重修。一方面学生可以不按一定目标、一定次序来选课，另一方面教师也自由开课。文科生必须修理科的课，如果实在不行就用逻辑代替。文科出身的季羡林自然选择逻辑，他的老师是金岳霖。金岳霖是清华最早的哲学教授，原先只有他一个人，后来成立了哲学系加聘了邓以蛰和冯友兰为教授。那时候，清华的哲学系大概只有6位教授吧，冯友兰是主任，张崧年、金岳霖等都是教授。学文科的学生没一个选纯理科的课，结果是，选逻辑的人太多了。

金岳霖是著名的逻辑学家。以一个学者研究的领域来称谓一个学者极为少见，可金岳霖却得到了这样一个名衔：金逻辑。在上世纪三四十年代，金岳霖先后完成的《逻辑》《论道》和《知识论》，从方法论、本体论和认识论层面构建了一个完整的哲学框架。

金岳霖是湖南长沙人，生于1896年，早年留学美国，是哥伦比亚大学的政治学博士。之后他在英、德、法等国留学，并从事研究工作。1925年金岳霖回国，他的外国女友秦丽莲也随之来到中国。1926年他任清华大学教授，并创办清华大学哲学系。金岳霖有一种天赋的逻辑感，而且幽默感十足。中国有句古谚："金钱如粪土，朋友值千金。"金岳霖说，他在十几岁的时候，就觉得这个谚语有问题，如果把这两句话做前提，得出的逻辑结论应该是"朋友如粪土"。金岳霖的学生中有胡乔木和乔冠华这样的政治家，也有沈有鼎、王宪钧、王浩那样的逻辑学家。正是他使西方逻辑，特别是现代逻辑在中国这块土地上扎下根来。他以中国哲学界第一人的崇高威望，讲授现代逻辑，撰写现代逻辑著作。在清华30年代校刊上，对于金岳霖有这样的描写：初见马约翰先生，你未必能知道他是体育教授；初见郑桐荪先生，你也未必敢断定他是教务长；可是，金岳霖先生，你却一望而知他是哲学大师。眼镜厚厚的，帽子的边缘务求正好遮他眼前的光；有时西装外面套件大褂，有时大褂外面又套件棉袍，反正都有理。

金岳霖属于那种批判型学者，早年他在学术批评中的用语，也常常是辛辣中有尖刻，如在为冯友兰的《中国哲学史》所写的审查报告中，提到胡适，竟用了"美国商人"这样的字眼。在清华校史上还流传着另一趣事：中华人民共和国成立初艾思奇三进清华园讲课，由金岳霖主持。艾思奇在报告中过于强调辩证逻辑，而批评形式逻辑是形而上学。金岳霖最后致感谢词时说："艾思奇同志的讲话很好，好就好在刚刚他说的每一句话都符合形式逻辑。"其在学术上当仁不让，于此可见一斑。在西南联大时期，有学生问他："逻辑这门学问这么枯燥，您为什么要研究呢？"金岳霖的回答是那样的孩子气："我觉得它很好玩。"1927年，他写下了这么一段文字："坦白地说，哲学对我们来说是一种游戏……正是在这里，游戏是生活中最严肃的活动之一。"

在清华园里，金岳霖几乎被看成一个不食人间烟火的人物，整天沉浸在他的逻辑世界中。他为心中的挚爱林徽因终身不娶；家中除了书，就是一只与他同食一桌饭的大斗鸡。冯友兰对这位数十年的老友的评价是：他的风度很像魏晋大玄学家嵇康。嵇康的特点是"越名教而任自然"，天真烂漫，率性而行，金岳霖先生也然。

冯友兰先生和金岳霖先生都讲形式逻辑，张崧年先生讲的逻辑有点罗素的味道，可是，最叫座的还是金岳霖教授的课。一到金先生的课，好几百人，几乎满堂。冯、张两位先生就不行。季羡林虽然在高中学过逻辑，不过，金先生讲的逻辑跟他学的不一样，所以考不好，后来，他才知道，金先生讲的形式逻辑跟自己学过的不是一个体系。金先生有一次讲到“我吃饭”一句话，说重读“我”，就表示：“我”吃饭，不是“你”吃饭。重读“吃”，就表示：我“吃”饭，不是我“拉”饭。在1932年9月14日清华大学的开学典礼上，有那么多名人致词，梅贻琦、朱自清、郭彬和、萧公权、金岳霖、顾毓琇、燕树棠等，他觉得金岳霖的致词最好。金岳霖说：他在巴黎看了一出剧，描写一个病人（象征各国国民），有许多医生围着他看，有的说是心病，有的说是肺病，有的主张是左倾，有的主张是右倾。纷纭杂陈，莫衷一是。这表示各种学说都是看到现在世界危机而想起的一种救治办法，但最终也是没有办法。金岳霖还说，在动物园里有各种各样的动物，而猴子偏是最小气，最不安静。人偏与猴子有关系，所以结论是人类不亡，是无天理。当时季羡林觉得他真是个怪物，敢这么说。

冯友兰先生在《中国哲学史新编》中，认为中国能称得上哲学家的，只有很少的几个人，金先生就是其中之一。

金先生是美国著名逻辑学家怀特的学生，金先生讲课时，用中文讲不了。他的思维是英文思维，必须用英文讲。反正，那时能考上清华的，听英文课，不成问题。现在做不到了！当年，金岳霖为中国引进了数理逻辑，但学习苏联后，这条路理所当然被否定了。20世纪50年代，毛泽东嫌金岳霖迂腐，希望他多了解社会。金先生租了辆黄包车，去天安门，他手搭凉棚，左看看，右看看，回来报告毛泽东说，按照指示已经了解了社会。但他心里一定在想，这个社会怎么就那么讨厌他的数理逻辑呢？

在季羡林看来，金岳霖先生是伟大的学者，伟大的哲学家，他平时非常随便，后来他在政协呆了很多年，季羡林与金岳霖先生同时呆了十几年，开会时常在一起，同在一组，说说话，非常随便。有一次开会，金岳霖先生非常严肃地作自我批评，绝不是开玩笑的，什么原因呢？原来他买了一张古画，不知是唐伯虎的还是祝枝山的，不清楚，他说这不应该，现在革命了，买画是不对的，玩物丧志，我这个知识分子应该作深刻的自我批评，深挖灵魂中的资产阶级思想，不是开玩笑，真的！老先生认真到这种程度，简直有些迂腐了。

7. 抬杠会长郑振铎

郑振铎（1898—1958），著名作家，文学史家。原名木官，字警民、西谛，笔名宾芬、郭源新。原籍福建长乐，生于浙江永嘉（今温州市），1917年考入北京铁路管理学校。1919年11月，与瞿秋白、耿济之等人创办《新社会》，宣传五四新文化思想。1921年到上海，与沈雁冰一起组织文学研究会，先后主编《时事新报》的《学灯》和《文学旬刊》，1923年起主编《小说月报》等。1925年，与叶圣陶、胡愈之等人合编《公理日报》，揭露和抨击帝国主义暴行。1931年9月后，到北平燕京大学中文系任教，并主编《文学》月刊和《文学季刊》。1934年到上海任暨南大学文学院院长，创办大型文学丛刊《世界文库》。抗日战争爆发后，在危险艰难的条件下，与许广平等人组织复社，出版《鲁迅全集》《列宁文选》。新中国成立后，任国家文物局局长、文化部副部长，并兼中国科学院哲学社会科学学部委员，中国科学院考古研究所、文学研究所所长。1958年10月18日率领中国文化代表团前往阿富汗王国和阿拉伯联合王国访问时，途中因飞机失事，于苏联楚瓦什苏维埃社会主义共和国卡纳什地区上空而遇难殉职。主要著作有《插图本中国文学史》《中国俗文学史》《俄国文学史略》《近百年古城古墓发掘史》《中国历史参考图谱》等。

20世纪30年代，季羡林在清华大学读西洋文学系，郑振铎先生是燕京大学中国文学系的教授，在清华兼课。燕京大学是当时全国十多所教会大学之冠，拥有非常优秀的师资。美国耶鲁大学的建筑师亨利·克拉姆·梅菲所设计的办公楼和教学楼上，用现代钢筋水泥建筑与传统的琉璃瓦大屋顶相结合，形成了新式的对称形宫殿建筑，连自来水塔也隐藏在钢筋水泥的宝塔内，取名为“博雅塔”。

郑振铎在清华大学兼课时，季羡林旁听过他的课。那时候，他来清华讲他刚出的一本书——《插图本中国文学史》，季羡林经常去旁听。那本书，预定是三块大洋一本，三块大洋这个数目在当时不是小数，学生们包饭一个月是六块大洋，可以天天吃肉。三块大洋，就是半个月的饭费。当时，李长之、林庚、吴组缃和季羡林这“四剑客”，和其他希望搞点文学的，都预定了郑先生的书。

郑振铎是一个渊博的学者，掌握有大量的资料，讲起课来，口若悬河，滔滔不绝。他那透过高度的近视眼镜从讲台上向下看挤满了教室的学生的神态，学生们的印象是非常深刻的，他们回忆起来，至今仍宛然在目。因为当时的教授们，一般是有架子的，高高在上，学生们感到他们威严得不得了。

郑先生当时在被称作贵族学校的燕京大学教书，挣多少钱不清楚，但恐怕要高于四百元现大洋。这种经济地位决定了一个人在社会上的地位，穷学生们一个月吃饭六块钱，那些教授们一个月拿四百，甚至更多，有架子很自然。清华大学的学生们原以为郑先生一定也是有架子的教授。但是他们同他一接触，就感到他同别的教授不同，简直不像是一个教授，在他身上，看不到半点教授的架子。他自己好像并不觉得比学生们长一辈，有时就像一个大孩子，不失其赤子之心。他说话非常坦率，不装腔作势，也从来不想教训人。郑先生豁达大度，在当时既不围小圈子，也不搞小动作，非常有意思。因此学生们在背后常常说他是一个宋江式的人物。但他又绝对没有论资排辈的恶习，完全以平等的态度对待学生。

1934年1月1日，郑振铎正同巴金、章靳以主编一个大型的刊物《文学季刊》。按照惯例是要找些名人来当主编或编委的，这样可以给刊物镀上一层金。他确实也找了一些名人，但是像季羡林这样一些无名又年轻之辈，他也决不嫌弃。他们当中有人当上了编委，有的当上特约撰稿人，名字都煌煌然印在杂志的封面上，学生们难免有些沾沾自喜。郑振铎先生对青年人的爱护，除了鲁迅先生外，恐怕并世无二。当时，丁玲的《夜会》刚刚出版，季羡林读过以后，觉得有些意见要说，就写出一篇书评，发表在该刊的创刊号上。

在这样的情况下，季羡林既景仰他学问之渊博，又热爱他为人之亲切平易，只要有机会，总去旁听他的课。在一个秋天的夜晚，季羡林和几个同学从清华园走到燕园，到他家去拜访他。他的房子是旧式平房，外面有走廊，屋子里有地板，是一个非常高级的住宅。旧式平房的屋子里排满了书架，都是珍贵的红木做成的，整整齐齐地摆着珍贵的古代典籍，其中明清小说、戏剧的收藏更在全国首屈一指。屋子里的气氛是典雅美丽的，书香飘浮在画栋雕梁之间。学生们狠狠地羡慕了一番。他自己除了主编一些大型刊物，还著有《插图本中国文学史》《取火者的逮捕》《中国俗文学史》《中国版画史图录》，等等。这样的一位大学者，在清华的学生们看来，自然像长江大河，汪洋浩瀚；泰山华岳，庄严敦厚。当时的一些名人，同他一比，简直如小水洼、小土丘一般，有点微不足道了。

郑振铎是燕京大学的名教授，兼职很多，常常奔走于城内城外。有时候坐校车，有时候要骑驴，有时候坐人力车。他的近视眼镜的度数很深，但他走路又总是愿意跨大步，风尘仆仆地奔走于燕京大学、清华大学和北京城里的其他大学之间。他老是夹着一个大皮包，里边总是装满了稿子，鼓鼓囊囊的。学生们在背后说笑话，说郑先生走路就像一只大骆驼。可他一坐上校车，就打开皮包拿出稿子写起文章来。

郑振铎爱书如命，据说他买书的方式也很特别。他认识许多书贾，一向不同书贾讲价钱，只要有好书，他就留下。手边也不一定有钱偿付书费，什么时候有了钱就还账，没有钱就用别的书来对换。他自己也印了一些珍贵的古籍，比如《插图本中国文学史》《玄览堂丛书》等，有时他就用这些书去还书债。书贾愿意拿他的什么书，就拿他的什么书。

季羡林在大学毕业后出国近11年，直到1946年夏天才从国外回到上海，住在臧克家的家里。这时郑振铎先生也在上海。季羡林便和臧克家、王辛笛诸友去看他。

有一次，郑振铎先生请季羡林他们吃饭。郑先生的母亲不顾高龄，亲自下厨为他们做了福建饭菜。几个同去的人，个个都很感动。季羡林至今难忘那次会面。

当时上海的反动势力极为猖獗，郑先生追求进步，自然成了反动势力的对立面。他主编了一个争取民主的刊物，推动民主运动，更成了反动派的眼中钉，被列入黑名单，必欲置之死地而后快。当郑先生与季羡林谈到这个问题的时候，一向和蔼的郑先生，出人意外地大发雷霆，声震屋宇，流露出极大的义愤和轻蔑。季羡林这才认识到郑先生的另一面：嫉恶如仇，横眉冷对，疾风迅雷，金刚怒目。对友和对敌，完全是两种态度。季羡林总算完整地认识了郑先生。

就在上海，季羡林曾告诉他，自己已应北京大学之聘，担任梵文讲座。他听后喜形于色，认为在北大教梵文简直是理想的职业。在自己主编的《文艺复兴·中国文学专号》的题词中，特意写了一段话，肯定季羡林的梵文研究，会给研究工作者们以相当的感奋的。郑先生对待后学溢于言表的热爱和鼓励之情，使季羡林非常兴奋。

除陈寅恪先生之外，季羡林在新中国成立之初接触最多过从甚密的老师有两位：郑振铎和冯友兰。他们俩，一个在政治上大红大紫，一个在政治上被一批再批。季羡林与他们都保持着友好的关系。在第一次赴缅甸、印度访问期间，有几个月他们几乎天天在一起。

新中国成立后，郑振铎先生担任文化部文物局局长，王重民先生代理北京图书馆馆长。郑振铎先生很有魄力，季羡林便向他建议，若要在中国建立东方学，仅靠当时图书馆的一点点藏书是远远不够的，解决的办法是“腰缠千万贯，骑鹤下欧洲”，派人到欧美等地，专找旧书店，不管什么书，也不管当时有没有用，文理法工什么书都买，东方学著作更不例外。郑先生虽有雄才大略，但毕竟囿于当时的客观条件和经济实力，此事并没有最终落实。

在第一次出国访问期间，季羡林和郑振铎、冯友兰两位老师，同坐一列火车，同乘一艘轮船，同登一架飞机，朝夕相处，增进了相互间的友谊。郑振铎先生是代表团副团长，他身躯高大魁梧，说话声音洪亮。冯友兰先生是团员，他长须飘胸，神态庄严。郑先生同冯先生年龄相若，郑先生生于1898年，冯先生生于1895年，但他们风格迥异。郑先生当时已经渐入老境，但仍不失其赤子之心，他同谁都谈得来，也喜欢“抬杠”，开玩笑。恰好代表团中有几个人都愿意“抬杠”，于是成立了一个“抬杠协会”，简称“杠协”。会员们想选一个会长，领袖群伦，月旦朱紫，唇吻雌黄，最后都觉得郑先生喜欢“抬杠”，又不自知其为“抬杠”，已经达到圆融无碍的“抬杠”圣境，便一致推举他为“抬杠”协会会长。在他之下，团中“杠业”发达，会员们皆大欢喜。

和郑先生相比，冯先生是威严有余，活泼不足。他说话有点口吃，偶尔也愿意说点笑话，是一个懂得幽默的人。而郑先生开玩笑，找的对象恰恰是冯先生。郑先生管冯先生叫“大胡子”，不时地和他说些开玩笑的话。

有一次，冯先生正在理发、刮脸的时候，郑先生在旁边起哄，连声对理发师高呼：“把他的络腮胡子刮掉!”理发师被呼得不知所措，一失手，真把冯先生的胡子给刮掉了一块。郑先生胜利似的大笑，旁边的人也陪着笑。然而冯先生只是微微一笑，神色不变。冯先生大度包容若此，难怪“文革”中，他白天挨斗，晚上回家还读《庄子·逍遥游》。在长达几个月的时间里，季羡林对郑振铎先生更为了解了，感到他胸怀坦荡，耿直率真，豁达大度。出国前查身体，他的糖尿病已到相当严重的程度，有几个“+”号。团里的成员都替他担忧，他自己从来不放在心上，喝酒吃点心如故。回国以后，季羡林也经常同郑先生接触，有一段时间，郑先生在北海团城办公，担负的行政工作更为繁重了，但他对书籍的爱好却一点也没有减少。有一次，他请季羡林在家里吃饭，季羡林看到他满屋里都堆满了书，大都是些珍本小说、戏剧、明清木刻，满床盈案，累架充栋。一谈到这些书，郑先生仿佛早把繁重工作造成的劳累丢在了一边，眉飞色舞地谈起来没个完。

没想到晴天一声霹雳，郑先生竟在飞机失事中罹难，过早地离开了人间。郑振铎先生1958年10月飞机失事时，季羡林正好在莫斯科。当他登上飞机回国时，同一架飞机中放着郑振铎先生等六人的骨灰盒。

8. 有独立风格的沈从文

季羡林在清华上学期间就开始和沈从文有较多的接触。当时季羡林喜欢读沈从文的作品，觉得在所有并世的作家中，文章有独立风格的人并不多见。除了鲁迅先生，就是沈从文先生。因为他的作品，只要读上几行，就能立刻辨认出来，决不含糊。所以对他给予很高的评价：他出身湘西的一个破落小官僚家庭，年轻时当过兵，没有受过多少正规的教育。他完全是自学成家。湘西那一片有点神秘的土地，其怪异的风土人情，通过沈先生的笔而大白于天下。湘西如果没有像沈先生这样的大作家和像黄永玉先生这样的大画家，恐怕一直到今天还是一片充满了神秘的terra incognita（没有人了解的土地）。（《季羡林小品》，中国人民大学出版社1993年，第269页）

在学校读书时，到三年级的一个学期，季羡林写了一篇散文《枸杞树》，请李长之帮忙看一看，提提意见，指点迷津。结果李长之认为这散文写得还不坏，就寄给了沈从文。到李长之那里，看到沈先生给李的信，告诉说稿子收到了。当时季羡林的感觉是这篇文章不会刊登。也搞不清什么原因，心里很痛苦。但是到了第二天，居然刊登了。他万没有想到刊登得这么快，而且还有几个人夸，这简直让季羡林有点飘飘然了。但是接着他又感到很懊丧，心里想倘若这文章不刊登，自己以后写文章大概也不会起劲，也许干脆就不再写了。文章没有刊登以前，李长之告诉他，说沈从文很想认识他，但觉得不好去见面。现在登出来了，觉得万事皆了了。

1934年，季羡林清华大学毕业

丁玲1932年在《文学月报》上发表了《夜会》，其婉约的风格，奔放于纸上的热烈的情感，被认为是抓住了时代青年的心而使之奋起的。此文的发表后好评如潮。季羡林也写了一篇评《夜会》的文章，发表以后，《世界日报》有人发表文章骂他。又听李长之说，从巴金那里得来的消息，说姚蓬子看见那篇文章，非常不高兴。季羡林知道以后，心里颇不痛快。后来在李长之那里看到沈先生给李的信，沈先生对它也很不满意。这样一来，季羡林更难过了。倘若别人这样说，他可以骂他。而沈从文则不然，他是非常尊敬他的。于是他赶紧给沈从文写了一封长信，对这篇文章的写作进行辩解，他不希望自己崇拜的人对自己有丝毫的误解。很快接到沈从文的回信，信上说对他坦白诚恳的态度很佩服。信写得很长，劝他写批评文章要往大处看。看了这封信，季羡林心里塌实了。

沈从文（1902—1988），中国著名作家。沈从文原名沈岳焕，主要笔名有休芸芸、甲辰、上官碧、璇若等。湖南凤凰人。1918年自家乡小学毕业后，随当地土著部队流徙于湘、川、黔边境与沅水流域一带，后正式参军，当过上士司书。1922年，受五四运动影响，毅然从家乡来到北京，靠自学从事文学创作，曾与胡也频一起编辑《京报副刊》和《民众周刊》。1927年后，执教于中国公学、青岛大学、西南联大、北京大学等，先后出版了小说、散文、文论等近百种，作品富有极强的个性和湘西乡土气息，充满诗情画意，代表作有《边城》《长河》《柏子》等。1931年秋，沈从文应杨振声之邀，去青岛山东大学重执教鞭。其时，丁玲正主编左翼文学刊物《北斗》，她写信给沈从文，约他给《北斗》写稿。沈从文写了《黔小景》寄去，之后创作日丰。到抗战前，出版了20多个作品集，有《石子船》《虎雏》《月下小景》《八骏图》等，还有重要的选本《从文小说习作选》。中篇小说《边城》于1934年问世，标志着他的小说的成熟。抗战爆发后，经武汉、长沙，取道湘西去云南。途经沅陵时，写散文《湘西》、长篇小说《长河》（第1卷）。后至昆明西南联大任教。1945年后回京，在北京大学教书。同时编《大公报》和《益世报》文艺副刊。1949年后，沈从文被迫放弃了文学创作，在中国历史博物馆研究出土文物、工艺美术及物质文化史等。1978年后，在中国社会科学院历史所任研究员，从事中国古代服饰及其他史学领域的研究，著有《唐宋铜镜》《龙凤艺术》《中国古代服饰研究》等。进入20世纪80年代后，他重返文坛，在中国文学界及海外文学界都产生了极大的影响。

季羡林同沈先生打交道，是通过一件不大不小的事情。丁玲的《夜会》发表以后，季羡林读了觉得有一些意见要说，于是写了一篇书评，刊登在巴金、郑振铎、靳以主编的《文学季刊》创刊号上。刊出以后，他听说，沈先生有一些意见。于是立即写了一封信给他，同时请求郑先生在《文学季刊》创刊号再版时，把自己那一篇书评抽掉，也许是就由于这一个不能算是太愉快的因缘，他们就认识了。季羡林当时是一个穷学生，沈先生是著名的作家。社会地位，虽不能说如云泥之隔，毕竟差一大截子。

沈先生当时已经接替吴宓任《大公报·文艺副刊》的主编，季羡林写的《枸杞树》，就是他在这里给发表的。1934年1月6日，清华大学文学季刊社请客，季羡林看到在座的有大批名人：巴金、沈从文、靳以、郑振铎、沈樱、俞平伯、杨丙辰、梁宗岱、刘半农、徐玉诺、徐霞村、骞先艾、孙伏园、瞿菊农、朱自清、容庚、刘廷芳、朱光潜、郭绍虞、台静农等。

沈从文当时已经是名人，可是他一点名作家的架子也不摆，这使季羡林非常感动。他同张兆和女士结婚，在北京前门外大栅栏撷英番菜馆设盛大宴席，季羡林居然也被邀请。当时出席的名流如云。证婚人是胡适之先生。

从那以后，有很长的时间，他们并没有多少接触。季羡林在德国留学时，沈从文在抗日烽火中在昆明住了很久，在西南联大任国文系教授。彼此音讯断绝。他的作品季羡林也读不到了。但是，有时候，不知是出于什么原因，季羡林在饥肠辘辘、机声嗡嗡中，竟会想到他。季羡林还是非常怀念这一位可爱、可敬、淳朴、奇特的作家的。

一直到1946年夏天，季羡林回到祖国。这一年的深秋，季羡林终于又回到了别离十几年的北平。沈从文先生也于此时从云南复员来到北大，他们同在一个学校任职。当时季羡林住在翠花胡同，他住在中老胡同，都离学校不远，因此他们也相距很近。见面的次数就多了起来。他曾请季羡林吃过一顿相当别致、终生难忘的饭，云南有名的汽锅鸡。锅是他从昆明带回来的，外表看上去像宜兴紫砂，上面雕刻着花卉书法，古色古香，虽系厨房用品，然而却古朴高雅，简直可以成为案头清供，与商鼎周彝斗艳争辉。

就在这一次吃饭时，有一件小事给季羡林留下了深刻的印象。当时要解开一个用麻绳捆得紧紧的什么东西。只需用剪子或小刀轻轻地一剪一割，就能弄开。然而沈从文先生却抢了过去，硬是用牙把麻绳咬断，这一个小小的举动，有点粗劲，有点蛮劲，有点野劲，有点土劲，并不高雅，并不优美。然而，它却完全透露了沈从文先生的个性。在达官贵人、高等华人眼中，这简直非常可笑，非常可鄙。可是，季羡林欣赏的却正是这一种劲头。自己也许就是这样一个“土包子”，虽然同那一些只会吃西餐、穿西装、半句洋话也不会讲偏又自认为是“洋包子”的人比起来，并不觉得低他们一等。不是有一些人也认为沈先生是“土包子”吗？

还有一件小事，也让季羡林忆念难忘。有一次，他们到一个什么地方，大概是中山公园去游逛，他们要了一壶茶。季羡林正要拿起壶来倒茶，沈先生连忙抢了过去，先斟出了一杯，又倒入壶中，说只有这样才能把茶味调得均匀。这当然是一件微不足道的小事，然而在琐细中不是更能看到沈先生的精神吗？

小事过后，来了一件大事：他们共同经历了北平的解放。在这前后，他在担任北大教授之外，还担任天津《益世报》、北京《经世报》《大公报》等报的文学副刊的编辑。只是他觉得自己的思想、生活和工作方式，都越来越落后于社会现实，所以创作逐渐减少。在迎接解放这个关键时刻，沈从文先生没有逃跑的打算。他的心情也是激动的，虽然他并不故做革命状，以达到某种目的，他仍然是朴素如常，可是恶运还是降临到他头上来。

对沈从文命运产生巨大影响的郭沫若《斥反动文艺》一文，刊发在1948年香港出版的《抗战文艺丛刊》第一期上。文章斥责他是专写颓废色情的“桃红色作家”，“存心不良，意在蛊惑读者，软化人们的斗争情绪”，还说沈从文是“有意识地作为反动派而活动着”。同期《抗战文艺丛刊》还刊登了冯乃超的《略评沈从文的〈熊公馆〉》一文。沈从文的《熊公馆》发表在《国闻周报》上，沈从文与民国第一任总理熊希龄是同乡兼远亲。冯乃超的文章说沈从文称道熊希龄的故居以及他“人格的素朴与单纯，悲悯与博大，远见和深思”，是为地主阶级歌功颂德，体现了“中国文学的清客文丐传统”。两篇文章尤其是郭沫若一文，前面虽然有一段相当长的修饰语，但他的视觉似乎特别发达，他在文坛上看出了许多颜色。他“一瞥”之下，就把沈先生“瞥”成了粉红色的小生。沈从文先生好像是当头挨了一棒，从此被“瞥”下了文坛，销声匿迹，再也没有资格写小说了。这篇文章对沈从文的阶级定性犹如一颗重磅炸弹，给正踌躇满志酝酿宏伟写作计划的沈从文以沉重打击。1949年初，北京大学校园里又打出“打倒新月派、现代评论派、第三条路线的沈从文”的标语。在历史转折的关键时期，慑于文章标语的凛然气势及对其背景的忧惧，沈从文自杀未遂，他吞服了煤油，并且用利器割伤了喉头和两腕的血管，自杀却并未致命，但是一连好几天，昏迷不醒。从此以后他退出了文坛。

据曹聚仁《沈从文教授在北京》一文，一位叫马逢华的人，1953年初春写一篇《怀念沈从文教授》，其中引了季羡林对沈从文说的一段话：“咱们都像是下了锅的螃蟹，只等人家加一把火，就都要变红了。”可见沈从文被撇下文坛，已经波及到季羡林，引起他内心的恐惧了。

一个惯于舞笔弄墨的人，一旦被剥夺了写作的权利，他心里是什么滋味，谁也说不清；他有什么苦恼，谁也说不清。然而，沈从文先生并没有因此而消沉下去。文学作品不能写，还可以干别的事嘛。他是一个精力旺盛的人，他是一个闲不住的人，他转而研究起中国古代的文物来，什么古纸、古代刺绣、古代衣饰，等等，他都研究，凭了他那一股惊人的钻研的能力，过了没有多久，他就在新开发的领域内取得了可喜的成绩。他那一本讲中国服饰史的书，出版以后，洛阳纸贵，受到国内外一致的高度赞扬。他成了这方面的权威。他自己也写章草，又成了一个书法家。

对沈从文先生，季羡林后来没有去拜访过，偶尔在什么会上，甚至在公共汽车上他们会相遇，季羡林感到非常亲切，他好像也有同样的感情。他依然是那样温良、淳朴，时代的风风雨雨在他身上，似乎没有留下什么痕迹，说白了就是没有留下伤痕。一谈到中国古代科技、艺术等等，他就喜形于色，眉飞色舞，娓娓而谈，如数家珍，天真得像一个大孩子。这更增加了季羡林对他的敬意。季羡林心里曾几次动过念头：去看一看这一位可爱的老人吧！然而，却始终没有行动。

沈从文一生安贫乐道，淡泊宁静，死而无憾矣。像他这样一个有特殊风格的人，现在很难找到了。

三、负笈游学

1. 无奈之时：风云人物宋还吾发出丢饭碗的暗示

在1934年季羡林在清华大学面临毕业之时，出现了两大难题：其一，在济南河务局小清河水文站当站长的叔父刚好在此时失业，家中的经济来源几乎中断；其二他自己陷入毕业即失业的困境，当时的大学毕业生就业并不容易，尤其是人文社会科学受到歧视，找工作就更难。正在走投无路之时，季羡林从济南高中时期的老同学，当时正在读北京大学数学系的王联榜那里，听北京大学历史系应届毕业生梁竹航说到，已经在山东省立高级中学当了两年多校长的宋还吾，希望他能够到母校任国文教员。

宋还吾（1894—1938）是一位年轻早逝的风云人物。他原名宋锡珠，山东成武县郜鼎集村人，出生于书香之家，父亲是清末秀才，1918年从山东省立第六中学毕业，考入北京大学中文系。1919年，参加了震撼中外的五四运动，亲身经受了反帝、反封建革命斗争的洗礼。1922年毕业于北大，在山东省立第一师范文学专修科任主任教师，常向学生宣传新思想。1926年春，受大好革命形势的鼓舞和感召，毅然率一部分学生，奔赴广州。同年秋，又入广州中国国民党学术院，接受了五个月的严格训练。随后参加北伐战争，并加入中国国民党。1927年，宋还吾从武汉到北京，初在香山慈幼院任教，后筹办编辑《华北中报》。1928年到山东，任设在曲阜的山东省立第二师范学校校长。1929年6

月8日该校因为排演《子见南子》一剧，得罪了“圣裔”孔传钢等，邮呈国民政府教育部控告该校校长“侮辱宗祖孔子”的罪名。《子见南子》是一部独幕话剧，林语堂根据有关孔子见卫灵公夫人南子的历史记载编写而成。最初发表于1928年11月《奔流》月刊第1卷第6号。孔氏族人孔传钢等控告山东省立第二师范学校校长宋还吾，侮辱宗祖孔子。宋还吾在曲阜积极提倡民主，反对封建礼教，提倡新文化，扶植进步力量，孤立打击顽固势力。1932年任山东省高级中学校长。

那天在北京大学二院的门口，王联榜告诉季羡林，宋还吾有请他做高中教员的意思，但是不知道成不成。季羡林听了非常高兴。那个时候的季羡林，有个矛盾的心理：一方面希望能够入一年研究院，入研究院也并不是想念什么书，只是觉得自己想从事的事业刚刚才开头，如果离开北平，就不容易继续下去。另一方面，也希望能回济南做高中教员，这样对家庭固然有个交代，对那些看不起自己的人，也可以给他们一个信息：季羡林也还能够饿不死。后来接到王联榜的信，信上说高中教员大概有成的可能，心里有点高兴。但是转念一想，倘若真成了，学生生活将于此终结，因此颇有凄然之感。到北大去访王联榜，见到梁竹航，说宋还吾的信上说的教员事，不是像他自己原先想的是教英文，而是教国文。及至有一天梁竹航来到清华园正式告诉他，宋校长托他询问季羡林，是否愿意回母校任国文教员时，他一方面大喜若狂，觉得饭碗伸手可得了。一方面又担忧起来，自己学的那套洋玩意，教高中语文能行？在当时，季羡林因为在各种报刊上已经发表了不少散文，几乎被炒作成了作家。而那时有一种逻辑，凡是作家，肯定是国文好，自然就能够教国文课。这一下，叫他不敢立刻答应了，简直有点冒险。因此他当时没有敢答应下来，只是说再考虑一下。梁竹航走后，他向李长之征求意见，结果李长之没有一个明确的答复，只是王顾左右而言他。因此他自己决定，答应了再说，反正总会有办法的。这样，他就给王联榜复信，答应可以到济南高中去，尽管觉得有点冒险，但也管不了许多。

等事情基本确定下来之后，季羡林专门在1934年6月29日回了一趟济南。在7月1日晚上，去拜访蒋程九，又和蒋程九一起去拜访宋还吾，谈了教务上的事情。7月5日早晨，又到高中学校内去拜访他，也见到蒋程九，落实教务上的事。回到清华以后，他专门到琉璃厂去看能不能买一些书，因为要教书，事前不能不预备一些材料。到图书馆，他还专门去读《梦忆》自序及《西湖七月半》，查《辞源》《康熙字典》，感到很吃力。他还把郑振铎的《中国文学

1935年，季羡林（前排右二）在济南高中与同事合影

史》里预定选的文章抄了抄。别人当教习，谈话的时候多为教习的事情，自己感到很可笑。现在自己也要当教习了，脑筋里所想的无一而非教习的事情，他自己也感到非常滑稽。还有几个早晨，他到图书馆去读《琅嬛诗序》和其他几篇张宗子的文章，查《康熙字典》。在屋里，就看明末的小品文，读《陶庵梦忆》《近代散文钞》。前途是吉是凶，他自己已经把握不了了。

宋还吾的邀请算是给季羡林救了急。他喜出望外地接受了宋还吾的邀请，在1934年快到秋天的8月11日，回到了已经离开4年的济南。

这一年秋天他生平第一次登了泰山，那时23岁。同行者有另外两位该校的老师，一位姓周，另外的那位，季羡林好像已经忘记了。当时，泰山非常幽静，路上基本没有游人。斗母宫、经石峪、五大夫松，他都游遍了。路上也没感觉到怎么累，快活三里倒真是很快活。路很长，当时他觉得不爬十八盘就等于没有登泰山。在下面看，泰山不算太高。到了泰山顶一看，其他山都很小，泰山确实最高。他觉得泰山可以用"雄伟博大"这四个字来形容。泰山精神对他的影响是终生的，2005年7月温家宝到解放军总医院康复楼去看他的时候，他正在撰写《泰山颂》，初稿的第一句就是"上连九天，吞吐日月"。他希望泰山的水更甜，祖国的花更美，更加政通人和。

当时的山东省立高级中学，设在今天的山东实验中学的院内。到了学校，季羡林心里开始打起鼓来，他在清华学了四年的西方语言，带着满脑袋的荷马、但丁、莎士比亚和歌德，而现在要教国文，要把这些东西换成屈原、李白和杜甫，一时间换得过来吗？所以他进学校大门时的心情是复杂的，一则一喜，一则一惧。喜的是终于抓到了一只饭碗，简直是绝处逢生；惧的是自己比较熟悉的那一套现在用不上了，要往脑袋里装屈原、杜甫、李白。这时他考虑最多的是面子问题。因为他知道，济南中学的学生们是颇不好对付的，他们有“架”老师的习惯，自己小学的时候，也曾经干过。现在自己来当教师了，会不会也被“架”？但是为了考虑饭碗，面子的问题也只好退居二线了。他已经顾不了那么多了。

学校里的师资队伍相当可观，实力雄厚。国文教师的待遇很高，每月160块大洋，是大学助教的2倍。越是这样，竞争当然就越是激烈。从其他老师的口中，他得知，他之所以被聘到母校，并非是因为发表了几篇散文出了名，才被邀请的。其中还有更复杂的原因。原来是宋还吾在这所学校已经当了两年多校长，他碰到的最大问题是帮派斗争。以师范大学毕业生为一帮，以北京大学毕业生为一帮，两派的斗争相当激烈。斗争的核心是抢饭碗。常常在斗争中，校长被更换。而只要校长一换，一大批教员也要撤换。一个校长身边都有一个行政班子，教务长、总务长、训育主任、会计，等等，一应俱全，好像是一个内阁。在外围还有一个教员队伍。这些人都是与校长共进退的。宋还吾校长是北大派的首领，但是他的负担很重。有人说他是因为和教育厅长何思源既是老乡，又是北大的毕业生，才当了校长的。所以在斗争中，他非常需要援军。为了避嫌，援军最好不是北大的。季羡林正好符合他的要求，既是济南高中的毕业生，又是和北大齐名的清华的毕业生，正可以利用一下为自己壮壮声势。

在如此复杂的背景之下，季羡林开始了教师生涯。开始备课的时候，发现问题远比原来估计的要大。这个高中共有三个年级，每个年级四个班。国文教师已经有了三个，加上季羡林就是四个，分工就是每个教师教三个班。季羡林以外的三个老教师都是中文科班出身，教国文成了老油子，根本用不着备课。季羡林记得的还有两个，分别是山东籍的冉性伯，是一位资深的国文教员；江西籍的童经立，另外一个无论如何也回忆不起来了。但是据季羡林当时的学生，后来成为北京大学郑天挺教授学生的杨翼骧先生的回忆文章，那第三位应该是著名作家李何林先生，后来成为南开大学的著名文学教授。可三位老教师资格摆在那儿，他们每人挑了同一个年级中的三个班，剩下的一、二、三年级的各一个班，便留给了新来的季羡林了。

要教三个年级的三个班，不仅备课要兼顾三个头，而且还都是难度比较大的古典文学作品。《诗经》《楚辞》，季羡林是念过很多的，但自己念和现在讲课是大不一样的。要教人，自己当然先要弄懂，不然就没法教学生。可真正弄懂这三个头的古典文学作品，谈何容易？

三位老教师，本来都是季羡林的老师辈，遇到问题本来是可以向他们请教的。但是季羡林通过细致的观察，发现他们之间的关系发生了变化，不再是师生关系，而是饭碗的争夺者。在老教师的眼中，季羡林几乎成了他们的眼中钉，处在敌对的位置上了。由于这样的敌对关系，即使向他们请教，他们也绝对不会告诉的，这就是“同行是冤家”的深意所在。

没有办法，季羡林只好放“单飞”，随时都要冒险。怕学生“架”自己，要保住知识分子的面子，季羡林日夜抱着一部《辞源》，加紧备课。自己选的课文中有的典故在《辞源》里查不到，有时急得半夜还在学校绕着宿舍彷徨。整个宇宙都静了下来，而他自己却心急如焚，一点也宁静不下来。季羡林感到，自己仿佛是一个被遗弃的人，真想到什么地方去大哭一场。只是考虑到男子汉的面子，他才没有这么做。后来锻炼查《辞源》的功夫极为熟练，甚至到了出神入化的境界。

在这所学校里，季羡林有几个以前的熟人现在成为同事了。其中有担任过济南一师校长因为兼任附小校长而被季羡林认作大人物的王祝晨（士栋，绰号王大牛），也有北京大学毕业生梁竹航，这时成为该校的历史教师并且是宋校长的嫡系。训育主任张叙青没有党气，后来相处好的老师还有英语教师张友松和顾绶昌，张友松成为著名翻译家，翻译过（美）马克·吐温著的《哈克贝利·费恩历险记》，顾绶昌后来成为大名鼎鼎的中山大学教授。学生里则有喜欢打乒乓球的吴传文，经常一起打乒乓球，一打就是半天。

老教师因为饭碗问题不会帮季羡林备课，但他们也绝非全然不顾这位学生，他们也担心这位学生在课堂上尤其是第一堂课上出丑。有一个老师对季羡林面授机宜，告诉季羡林：上课之前，一定要把学生的名单看一遍，因为学生的名字里会有一些生僻古怪字，有这样的字，先要查一下《康熙字典》。一位新教师如果第一堂课就有念不出的学生名字，或者是念错了，那在学生的心目中，这个老师就不值钱，毫无威信了，教师就不容易再当下去了，自然会影响到饭碗能不能拿到手。这个老师还告诉他，如果查了词典，点名时临时又遇到了不认识的字，不要惊慌，点名时，绕开这个学生的名字，点完其他人的名字以后，只需问上一声：“还有没点到名的吗？”这时那个没有被点名的学生就会举手站起来，你再问一声：“你叫什么名字呀？”他自己就报了姓名，你也就认识了那个字了。如此，就可以保住“面子”。

季羡林教的三个班果然有几个学生的名字连《辞源》上都查不到，他如法炮制，果然灵验，他很顺利地过了第一关。

第一堂课算是对付过去了，但是并不是每堂课都是平静无事的。有的学生很有挑衅性。其中有一个比季羡林大五岁的学生，从小就在家里念私塾，旧书念了不老少。有一次，他对季羡林说："老师，我比你大五岁哩。"说罢，嘿嘿一笑。这笑声里隐藏着威胁，也隐藏着嘲笑，更有挑衅。季羡林心里想，你比我大五岁，又怎么样呢？反正老师还要当下去，师生的位置是不会变的。

当时的济南高中，还有一个非常不好的习惯：老师一定要无所不知。学生这样要求老师，老师则以此自居，尤其在课堂上，老师绝对不能承认自己讲错了，也绝不能有什么问题答不上来，否则，就会被学生耻笑。这一点对于科班出身的教师可能并不难。但是，对于季羡林这样的一个刚刚从西洋文学系毕业的年轻大学毕业生来说，教国文怎么会应付自如呢？又怎么会能完全回答学生们提出的问题呢？有一次，他把一个典故解释错了，第二天他也不顾同事们所形成的不认错习惯，竟然当着学生们的面，纠正了自己的解释。他不希望学生们把自己看作一个骗子，所以有错就纠。

不得已，季羡林在课堂上，有时候王顾左右而言他，有时候硬着头皮，乱说一通。学生究竟相信不相信，他也不管。但他自己是十分痛苦的，下班回到寝室，思前想后，坐立不安。他根据自己的兴趣选一些中国古典诗文做教材，解释文中的典故和难懂的词汇。他还选了些西方文学，在课堂上讲给学生听。好在这时候，他发表了一些散文，帮了大忙。有一篇散文，他寄给郑振铎先生，他当时正在上海主编《文学》，立即把这篇散文刊登了。而且，郑振铎先生还来信，说他正在编一本丛书，要把季羡林的散文编成一个集子。此外，季羡林还在一家大报的副刊《留夷》上担任主编，可以给学生发表一点写得好的文章。《留夷》取名《离骚》中的："余既滋兰之九畹兮，又树蕙之百亩，畦留夷与揭车兮，杂杜衡与芳芷，冀枝叶之峻茂兮，愿竢时乎吾将刈。"他用《楚辞》上这种香花的名字，意在表明该副刊将香气四溢。他给学生发表文章，自己也在上边发表文章，其中也有自己的得意之作《游灵岩》，这篇游记性的散文是在和高中的训育主任张叙青先生骑自行车之后精心写出的作品。可惜此稿现在已经找不到了。那次他和张叙青先生等几个人骑自行车路经济南南郊的八里洼、土屋，到了仲宫镇（当时称终军镇，因为该镇是汉代人终军降生的地方），在那里住在镇中学里。晚上享受着盛宴欢迎，聆听着潺潺的泉声，反倒有一种"泉响山愈静"的感觉。在这样的心境下写出的游记自然会妙笔生花，遍寻不得对于季羡林先生来说是多么可惜的事情。在《留夷》上边发表文章后可以得到每千字一元的稿酬，因此学生都趋之若鹜。这样一来，季羡林自然在学生中很有威信，且对学生极有吸引力。再加上他与学生的岁数相当，也没有什么架子，不摆什么师道尊严，上天下地，无所不谈。他把学生当成自己的伙伴，所以学生们和他的关系还算处得很好。在季羡林教过的学生中，杨翼骧是佼佼者。杨翼骧，山东省金乡县人，1918年生于一个普通知识分子家庭。祖父曾为私塾教师，父亲终生任中学教师。1929年，杨翼骧毕业于金乡县立第二小学。1932年，毕业于济南育英初级中学。1936年，毕业于济南高级中学，同年考入国立北京大学文学院史学系，时年18岁。高中的国文老师李何林、季羡林等都曾给予他多方面的教育。在这样的学校里他展示了多方面的才能，经常在报刊发表诗歌、散文，他的文学才气在中学生时已展露出来。后来长期在南开大学任教授。

但是宋还吾校长邀请季羡林来济南高中，绝非仅是为了教国文，更重要的是要让他当援军，和师大帮做斗争。因此，工作没有多久，宋还吾便找了季羡林，授意他组织济南高中毕业同学会，以壮大自己的声势。对于这方面的苦心，季羡林虽然涉世不深，但是很容易就觉察出来了。可惜，他没有这方面的本事，天生不是干这种事的材料，既不会吹牛拍马，也不会拉帮结派。结果同学会虽然好歹组织起来了，但还是没有能够帮上宋还吾校长的忙。宋校长因为姓宋，又宽宏豁达，被同人称为宋江，而他的夫人因为正好姓阎，就被称为阎婆惜。校内教师为了讨好宋校长，保住自己的教席，经常陪校长夫人打麻将，以至于打通宵的情况都有。上课时竟然也张口都是麻将用语。季羡林自己不是不会打麻将，但是，他决不会参加这种赌博游戏，或者去陪校长夫人戏耍。自己坚信做不到。

没有办法，季羡林在这种复杂的人事关系中只好保持沉默和安静。

可是，问题就出在这“安静”上了。

宋还吾校长已经注意到季羡林的这种安静，并且直言不讳地对别人说：“羡林很安静！”这言外之意明摆着，怎么该出面的时候不出面呢？怎么把同学会组织起来，却不活动呢？季羡林的做法当然与宋校长的初衷有违。老谋深算的宋校长，虽然表面上不露声色，仍然客客气气地对待季羡林，但很明显，他发现自己在季羡林这个人身上，失了眼力，看错了人。原来这“安静”二字，是他深思熟虑的结果，这“安静”二字，其用心之良苦，全在其中了。而在这时的季羡林也就明白了，自己的饭碗能否保住，就与这两个字有关了。

就在此时，一个物理老师刘一山被校长解聘了。刘一山是河南人，家不在济南，住在校内，正好与也住在校内的季羡林是邻居。两人平时常过从密切。此人憨厚，不善钻营。这对季羡林是个当头棒喝。当时学校的一般做法是每年发一次聘书，如果暑假以前没有接到校方的聘书，那就意味着下学期不再被聘用了，必须卷铺盖走路了。但是刘一山的被解聘却是学校精心给季羡林演出的一场滑稽剧。1935年暑假以前，季羡林他们已经接到了下学期的聘书，而刘一山没有接到。他悟出是自己被解聘了。精于此道的刘一山，首先向宋校长提出辞职。季羡林眼看着宋校长这位经验丰富的演员在表演滑稽剧，他听刘一山要辞职，大为惊诧，马上表示挽留，然后又亲率教务主任和训育主任到其宿舍，再次表示挽留，义形于色，正气凛然。季羡林从这场滑稽剧，心里已经逐渐明白，自己被解聘的日子可能也不远了。

在紧张的心情之中，季羡林好歹熬到了第二学期的末尾。但是下学期的饭碗已经没有指望了。季羡林陷入了极度的恐惧之中。他已经不可能与宋校长“共进退”了。既然这样，他离被炒鱿鱼还远吗?

真是天无绝人之路。正在季羡林无路可走的时候，清华大学传来了派留学生去德国留学的消息。季羡林没有经过考试被录取。消息传到济南高中，校园里掀起了一个不小的波澜。宋校长一改对季羡林不满意的态度，对他刮目相看了。这位校长，表现出异常的殷勤，听说费用不足，亲自带季羡林去教育厅找何思源，希望能够让教育厅给点资助。但是不善交际的季羡林，这次又被“安静”害了。他们空手而归。宋校长虽然不免有点失望，但热情依旧。他亲自设宴为季羡林送行。这倒让季羡林感到实在不知人情冷暖了。

从总的方面来说，宋还吾对季羡林还是不错的。因为无法参加帮派斗争，对季羡林有不满意，也是实情。如果没有这个实情，季羡林可能也不离开济南高中；如果不离开济南，也就没有他的今天。实际上，是宋还吾给季羡林的成为大杂家提供了又一个偶然的机会。这可能就叫命中注定吧!

七七事变后，宋还吾带领学生南下流亡，后来出任湖北中学校长，由于积劳成疾，于1938年9月病故，葬于湖北郧阳，成为一个年轻早逝的风云人物。

2.“大胡子”哲学家冯友兰给了根救命稻草

在山东大学附设高中上学期间，季羡林学的课程很多，国文、英文、历史、地理、心理、伦理、论理，以至《诗经》《书经》，而且还有一门人生哲学。从一开始的第一学年，季羡林就开始读冯友兰先生的著作《人生哲学》。他当时刚刚满15岁，既不懂人生，也不懂哲学，但是对开设的人生哲学这门课很感兴趣，从此将冯芝生（友兰）的名字深深地印在脑海里，认为冯先生是一个高不可攀的人物。1930年季羡林进清华大学，当时学校规定文科生必须修理科的课，如果实在不行就用逻辑代替。文科出身的季羡林自然选择了逻辑，他的老师是金岳霖。金岳霖是哲学系教授，而哲学系系主任是冯友兰，同时兼任文学院院长。冯友兰在清华是大名鼎鼎的人物。

冯友兰（1895—1990），字芝生，河南唐河人。中国现代哲学史上著名哲学家和哲学史家。其父是戊戌年进士。冯友兰1912年入上海中国公学大学预科班，1915年入北京大学文科中国哲学门，1919年赴美留学，1924年获哥伦比亚大学哲学博士学位。回国后历任中州大学、广东大学、燕京大学教授、清华大学文学院院长兼哲学系主任。抗战期间，任西南联大哲学系教授兼文学院院长。1946年赴美任客座教授。1948年末至1949年初，任清华大学校务会议主席。曾获美国普林斯顿大学、印度德里大学、美国哥伦比亚大学名誉文学博士。1952年后一直为北京大学哲学系教授，是中国科学院哲学社会科学部委员。

1923年夏，冯友兰以《人生理想之比较研究》（又名《天人损益论》）顺利通过美国哥伦比亚大学博士毕业答辩，获哲学博士学位。是年秋回国后，沿博士论文方向写成《一种人生观》。1924年又写成《人生哲学》，作为高中教材之用；在这本书中，冯友兰确立了其新实在主义的哲学信仰，并开始把新实在主义同程朱理学相结合。季羡林在高中开始读的著作《人生哲学》就是这部教材。在燕京大学任教期间，冯友兰讲授中国哲学史，分别于1931年、1934年完成《中国哲学史》上、下册，后作为大学教材，为中国哲学史的学科建设作出了重大贡献。

冯友兰来清华之前任燕京大学哲学系教授、燕大研究所导师兼北京大学讲师，并刚刚开始了中国哲学史的研究。冯友兰在学界名头已甚著，隐然有权威之相。吴宓预言："我观罗家伦虽欲有所作为，然其人与清华传统格格不入，将来必难久居。只有冯友兰君，虽系罗氏'四巨头'之一，揆其性情，必能在清华大展鸿图。"

冯友兰一开始在1928年33岁的时候担任清华教授兼秘书长，后来在1929年他辞去清华秘书长的职务，而专任哲学系教授，接着兼任哲学系系主任。1930年5月开始代理文学院院长。季羡林在清华读书期间，1930年底至1931年9月清华有11个月没有校长，一切校务皆由校务会议负责处理，例行公事则先后由叶企孙、冯友兰"判行"。从1931年7月，担任文学院院长。教育部又于1931年9月，委派理学院长叶企孙为"校务代行"。直到1931年10月14日，才正式任命了梅贻琦为清华大学校长。

季羡林在清华的四年级时，冯友兰先生接近一年的时间在国外。按照当时的规定，在清华担任教授满五年，可以享受出国休假一年，由学校发给往返路费，在国外享受一个公费留学生的待遇。冯友兰从1928年到清华，已经满五年了。正好在这时他接到英国“各大学中国委员会”的邀请，希望他去英国讲中国文化。这样在1933年9月他就乘船去欧洲休假，先在英国各大学讲学，后来游历法国、瑞士、德国、奥地利、苏联，1935年10月回到清华。所以季羡林毕业的时候，冯友兰先生尚在国外。冯友兰先生回国以后，作过两次讲演，一次讲在苏联的观感，一次讲《秦汉历史哲学》。这两次讲演，季羡林也因为回到山东，没有机会听到。

季羡林基本上没有听冯友兰先生的课，他的那套东西，季羡林觉得玄，他自己喜欢的是考据和辞章，唯独不喜欢义理。而冯友兰先生则恰恰擅长义理。所以在学术方面好像不是同道。

季羡林在1935年夏天，在济南高中因为和宋还吾校长的关系发生一点微妙的变化，正在面临失业之际，突然从清华大学传来一个消息，文学院院长兼哲学系系主任冯友兰先生正在同德国洽谈，促成清华大学与德国的大学建立了交换留学生的制度，最终与德国学术交换处签订了一份合同：双方交换研究生，学制2年，路费制装费本人负担，食宿费相互由对方负担。德国留学生在中国每月30块大洋，中国留学生在德国每月120马克。条件对双方的学生来说都不理想，30块大洋相当于今天的人民币600多元。德国的120马克也只能勉强支付食宿费用，而官费的留学生则是每月有800马克，简直是天壤之别。

在清华上学期间，到三年级的那一年，季羡林经常考虑出国留学的事情。清华的学生本来觉得念了清华，有一种屁股上长尾巴的神气，绝想不到找职业的困难。1932年暑假，在济南知道山东同乡许振德去美国留学，回国找职业碰了壁。回来后好像并不得志，使他浑身出了

1934年5月，清华同学欢送季羡林（前排中）时合影

冷汗。他把许振德找不着工作与去美国留学联系起来。因此季羡林初步有一种不去美国留学的想法。后来，他又看到在杂志《论语》第5期上发表的，林语堂写的《论美国大学》，加深了不去美国留学的想法。他对美国留学生总感到轻蔑，他们穿的是虎皮，皮里是狗是猫，又有谁知道呢。只觉得他们穿的是虎皮而已。所以他到三年级的时候，下决心念好德文，将来只要有一点机会，非到德国去一趟不可，把希望全部放在德国上。

这次好不容易来了机会，虽然待遇有点低，但已经没有办法考虑那么多了，好不容易抓住一根"救命稻草"，只能不松手了。他很快通过清华大学报了名，当时出国留学只需学校批准即可。结果使季羡林喜出望外，他因为在校期间主修的是德语，德语成绩四学年的成绩都是全优，所以不要再通过留学考试，就被录取。

消息传来，季羡林没有想到梦寐以求的出国留学梦就要实现，他着实狂喜了一阵子。但在狂喜之后，他开始考虑现实的问题：由于叔父的小清河水文站站长已经不干了，由失业造成的家庭经济濒于破产，而且济南家中叔父、婶母、临清家中的父亲（母亲当时已经去世）、妻子彭德华、女儿婉如、儿子延宗，老的老，小的小，有他在，160块大洋完全可以维持，轻松自如。他一走，全家的生活靠什么来维持呢？想到这些，他又忧心如焚了。

季羡林把这个重大问题交给全家讨论。出乎季羡林的意料之外，他的出国留学竟然得到全家的一致同意。全家表示，他们咬咬牙就过去了，不就是两年吗？过上两年紧巴日子，只要不饿死，就能迎来胜利的曙光。尤其是叔父，是个知书达理之人，极为重视家庭门第观念。他下功夫培养季羡林，就是要让他为祖宗门楣增添光彩的。现在一块金光闪闪的洋翰林的牌子马上就要挂到季家了，这样的机会怎么能够轻易放过呢？

全家下定了决心，出国的事就这么确定了。当时的心情，比考上大学金榜题名的心情，又自不同，别是一番滋味在心头。积年愁云，一扫而空，一生幸福，一锤定音。仿佛金饭碗已经捏在手中。自己身上一镀金，则左右逢源，所向无前。现在看一切东西，都发出玫瑰色的光泽了。（《我的心是一面镜子》，《东方》杂志1994年第4期）

这玫瑰色的光泽，很显然是冯友兰给带来的。所以冯友兰成为决定过季羡林命运的恩师之一。

在北京办理完出国手续之后，季羡林利用还没有走的间隙，拜访几位老师，和他们告别。在告别的教授中，季羡林很自然想到的是冯友兰，全靠他的斡旋，才有这次交换留学生的机会。在学校上学期间，他与冯友兰先生的来往并不多，只是听一点他的课，讲话或者报告什么的，同他根本就没有什么来往。但这次去德国留学，全是他出的力。因此在内心里对他的感激之情，季羡林是永远一如既往的。没有冯友兰的帮忙，季羡林自己现在是个什么样子，他不知道，但是他肯定地说，绝对不是今天的这个样子。今天的一切，是与冯友兰先生提供的这个机会分不开的。因此，冯友兰成为影响他的一生最重要的恩师之一。他和李长之一起去看了冯友兰先生。

在季羡林出国留学之后，冯友兰从1939年到1946年7年间连续出版了六本书，称为“贞元之际所著书”：《新理学》（1937）、《新世训》（1940）、《新事论》（1940）、《新原人》（1942）、《新原道》（1945）、《新知言》（1946）。通过“贞元六书”，冯友兰创立和完善了新理学思想体系，使他成为中国当时影响最大的哲学家。

1951年，季羡林参加中国文化代表团出访印度、缅甸。团长是丁西林，副团长是郑振铎。他和冯友兰先生都是团员。在几个月的时间里他和郑振铎、冯友兰朝夕相处，增进了对冯友兰先生的了解。他们在熟悉而不亵渎、亲切而互相尊重的气氛中生活了将近半年，这是季羡林得以认识冯友兰先生最集中的一段时间。

他后来与冯友兰先生在院系调整以后都在北大工作，了解得更多了。在他看来，冯友兰先生治中国哲学史的那种坚忍不拔的精神是值得尊敬的。为了这门学问，冯友兰先生不知遭受过多少批判，他提倡的道德继承法，甚至受到过诡辩式的严厉批判，但他并没有被压垮，同时能在几条战线上迎战。他坚持真理，修正错误，经常不惜以今日之我非昨日之我。这种精神，季羡林非常赞赏。

3. 与哲学家和外交家乔冠华一起踏上游学路

中外闻名的外交家乔冠华（1913—1983），本是江苏省建湖县东乔庄人。其父乔守恒继承祖业，擅长诗词歌赋、琴棋书画，教子严谨。乔冠华5岁入塾，开始熟读诗书。1929年他16岁时，考入清华大学哲学系，为同级中年龄最小的学生。在清华大学期间，乔冠华开始接触马克思主义的著作，但是他并没有参加太多的活动，基本上是一个书呆子，他专心致志的是读书。到了1933年3—4月间，由于日军侵入古北口，北平城内已经是一片恐慌。学校当局决定，1929级的学生提前毕业，也不举行毕业考试了，只交一篇论文就可以毕业，拿到毕业文凭。乔冠华毕业之后，由于日文教授钱导生帮忙，得到一个去日本公费留学的机会，去日本留学。但是在日本留学期间，由于涉嫌与日本共产党有联系，在1935年夏天，被日本警察押送回国到上海。这以后，乔冠华又来到北京。他从金岳霖教授那里得知，文学院长兼哲学系主任冯友兰教授同德国达成了交换留学生的协议，哲学系还有一个名额没有确定。他经金岳霖教授推荐，冯友兰教授同意，也得到西去德国留学的机会。

在清华上学期间，季羡林和乔冠华只是认识，而来往不多。这下要去德国留学了，于是，季羡林便和乔冠华结伴，乘火车去天津，到德国领事馆办理签证手续。因为需要途经俄国，所以也要到俄国领事馆办签证。手续非常简单，领事馆办签证的人只是简简单单问了几句话，就含笑握手，祝他们一路顺风。几分钟就把出国手续办完，只等出发了。

出发之前，清华的几个老同学林庚、李长之、王锦弟、张露薇，在北海公园为他们送行。他们租了几只小船，荡舟于荷花丛中。老同学在毕业一年以后又聚在一起，臧否人物，指点时政，意气风发，所向无前。他们兴高采烈，简直成了主宰沉浮的英雄。在北海公园玩了整整一天，老同学们才尽欢而散。

1935年8月31日，老同学们把季羡林和乔冠华送到了前门火车站，这里是他们万里旅程的起点。他们要从这里经过东北、苏联才能到达德国。火车上他们经过了大约两周的时间，还要在中途的山海关停留。因为在当时，山海关属于“满洲国”，到了这里，必须填“过境”手续。然后火车开到哈尔滨，所有的乘客都要下来，在这里住两天，换乘苏联的火车。

在哈尔滨等换车的时候，同行的清华校友敦福堂出尽了洋相。他是清华这次派出德国的三个留学生之一，因此和季羡林、乔冠华同行。此公学的是心理学，但是自己却是个马大哈。下车去领行李，要离开车站。到了行李认领处，发现托运单丢了。他们三个人急得团团转。另外同行的，还有三个去英国留学的，包括王竹溪，也帮忙到处找。六个人都是心急如焚，他们没有办法，便去找站长，用六个人的所有的证件证明，才算领出了行李。到了旅店，好歹安顿下来，大家还都余悸未消，这位敦公偶尔一掏口袋，行李托运单却赫然具在，大家啼笑皆非，而此公却怡然自得。之后此公不是丢护照，就是丢别的，但是最后又化险为夷。

六个人在一个车厢里，最愉快的事，就是在一块侃大山。本来他们分住在两个包厢里，为了聊天，他们就凑到一起。六个人在清华都是同学，但因为在校时行当不同，所以没有什么来往。这个时候都挤在一个车厢里，就成了推心置腹的朋友。他们学物理的，学哲学的，学文学的，学外语的，行当的界限全没有了，上天下地，聊起大天来。他们都是二十三四岁的年轻人，阅世都不深，每个人面前都有一个未知的世界，堆放着玫瑰花，闪耀着彩虹。他们的心几乎是透明的，说起话来，一无顾忌，二无隔阂，全然没有谈不来的时候。这时候小小的车厢里往往笑语不断，其乐融融，也就忘了身处异域之地了。

说话累了，他们就下棋。物理学家王竹溪是象棋高手，其他五个人轮番单独和他下，都不是他的对手，全是输，输，输。后来五个人联合起来和他一个人下，还是输，输，输。哲学家乔冠华是个聪明才子，结果他的哲学也没有能够帮上他的忙。车上的多天里，王竹溪一直是常胜将军。其他五人则一直是手下败将，没有赢得一局。

好不容易经过了14天来到了柏林。敦福堂又丢了护照，后来在口袋里失而复得。清华校友赵九章去车站迎接他们，把他们的一切手续都帮着办了，并且安排他们住到了康德大街的一个叫彼得的公寓里。

季羡林在柏林的知心朋友，就是乔冠华。在校时，他们并不很熟悉，但是季羡林常常看到乔冠华腋下夹一册又大又厚的德文版《黑格尔全集》，昂首阔步，旁若无人，徜徉于清华园中。为了赴德留学，他们熟了起来。到了柏林，更是天天在一起，几乎形影不离。而那位马大哈敦福堂，则从此从他们的地平线上消失了。

他们两人在清华学的德语都不能用，口语基本上没有学。在柏林，季羡林按照规定到德国学术交流处去报到，一个女秘书含笑对季羡林说了一句德语："长途旅行呀！"季羡林愣里愣怔，竟然没有听出来。因此到了这里，他们必须补习德语，乔冠华攻读哲学，自然也要强化口语训练。这样老是住公寓就成了问题。于是，清华的另一位老同学汪殿华，给季羡林在魏玛大街

季羡林与乔冠华合影

找到一处犹太人出租的房子。柏林远东协会的林德和罗哈尔博士，帮助他们参加了柏林大学外国留学生德语班最高班。从此他们成了柏林大学的学生，每天乘城内火车去柏林大学上课。教授赫姆是季羡林很佩服的，认为自己从来没有遇到这样好的外语教员。发音之清晰，讲解之透彻，简直达到了神妙的程度。他是第一次听德语讲课，然而没有一句听不懂的。上课时，他和乔冠华两人也一直在一起。上课之外，吃饭、访友、逛动物园，他们也总是在一起。更重要的是，他们两人都是书呆子，喜欢书，念念不忘逛旧书市，去买了不少好书。因此季羡林喜欢与他交谈，谈得很投机。有时候在他那里一谈谈到半夜，几次就睡在他那里。有一个半月的时间，他们天天在一起。

有一次，季羡林和乔冠华到柏林的一家中国餐馆去吃饭。这样的一个餐馆与周围的环境极不协调。进了门，餐馆里的嘈杂声响成一片，有高声说话的声音，有呼噜呼噜喝汤的声音，有呱唧呱唧吃饭的声音，有杯盘碰撞的声音。季羡林一下子觉得仿佛又回到了中国。欧洲人吃饭非常文明，异常安静，喝汤不出声，吃饭更不能呱嗒嘴，那是大忌。而这里中国餐馆里面的吃客大多是纨绔子弟，竟然把国内的那一套全都带到德国来了。他们两人非常不适应，以后再也没有到这家餐馆吃饭，总是离那些纨绔子弟远远的。

德语强化训练结束以后，季羡林就和乔冠华分道扬镳了。在分手以前，清华的学长乐森正好从哥廷根到柏林办事，给季羡林介绍了哥廷根的情况，使他对哥廷根有了一个基本的了解。于是季羡林到了哥廷根。

乔冠华选了设在德国南部一座小城的杜宾根大学，选了一个专业是中国学，很快就写出了一篇关于庄子哲学的博士论文。乔冠华想提前回国，他也不管及格不及格，便从杜宾根到了巴黎，从巴黎乘一艘邮船回国。回国后，他的博士论文缺席通过答辩和评审，取得博士学位，只是博士学位证书未能及时寄到。他获取博士学位只用了两年多的时间，1937年就拿到了，1938年2月就回到香港了。这说明，在一个非常严格的德国，一旦选中国学的博士学位，还是比较容易拿到的。乔冠华回国后，金岳霖曾写信请他去西南联大教书，但乔冠华却作别学者生涯，以笔为旗，鞭挞法西斯，与哲学系同学胡乔木并称“南北两乔”。

新中国成立后，乔冠华历任中华人民共和国国际新闻局局长、外交部政策研究室副主任（周恩来兼主任）、外交部亚洲司司长、外交部副部长、部长等职。乔冠华的一生为我国的外交事业作出了重要贡献。1983年9月，因患重病，在北京逝世，终年70岁。

四、彻底性的学术训练

1. “博士父亲”瓦尔德施米特教授

季羡林在1935年夏天离开了济南的家，到北平和天津办理出国手续。在手续办完以后，因为要等签证，他在清华大学招待所住了几天。同屋住的一个老清华毕业生，听说季羡林要去德国留学，极力劝他到德国去学保险，学成之后回国就有了铁饭碗，永远不用愁了。但是季羡林丝毫没有动心。他觉得自己从来不是搞经济的料，虽然到德国学什么还不能确定，但肯定不是学保险。

在没有完全确定专业方向的情况下，季羡林乘上了去西伯利亚的火车，与清华的老同学乔冠华等人一起，途经苏联，花了14天的时间，到了柏林。

到了柏林，才知道自己在清华学的德语根本无法张口。因为当时上课用的是英语，而课外也不说德语。在这里完全不能说，也不能听。德国当局只得给这些在中国学了德语却不会说德语的人补课，对他们进行强化训练。这等于给季羡林他们一个“下马威”。仅这一点，就使季羡林对柏林没有好感，他的自尊心好像受到了伤害。

这样，季羡林在柏林呆了几个月。在这里接触的中国留学生人数颇多，发现他们中认真读书者当然有，但终日鬼混者也不乏其人。国民党的大官，自蒋介石起，很多官僚都有子女在德国“流学”。这些高级“衙内”看不起季羡林，季羡林更藐视这一群行尸走肉的家伙，羞与他们为伍。“此地信美非吾土”，无论如何，他对柏林没有一点好印象。

到了深秋，他的强化训练一结束，他就打算离开柏林。但到哪里呢？德国学术交换处的女秘书打算把他派到东普鲁士的哥尼斯堡大学去，那里是大哲学家康德任教授的地方，知名度很高。季羡林嫌那里过于偏僻，表示不愿意去。后来就改派到了小城又是科学名城的哥廷根。从此以后，在这里一住就是10年，没有离开过。这时季羡林想起了吴宓的一句诗：“世事纷纭果造因，错疑微似便成真。”觉得真是有见地的话，是参透了人生真谛而道出来的。如果真到哥尼斯堡大学，季羡林就不是今天的这个样子了。是什么样子，他自己也不可能知道了。

德国给季羡林的助学金是每月120马克。房租约占40%多，吃饭也差不多。手中就几乎没有余钱。同官费学生一个月800马克相比，真如小巫见大巫。季羡林在德国住了那么久的时间，从来没有寒暑假休息，从来没有旅游，一则因为"阮囊羞涩"，二则珍惜寸阴，想多念一点书。

但是他不远万里而来，是想学习的。可学习什么呢？最初并没有一个十分清楚的打算。有一个决心是他早就下了的，那就是绝不学与中国学沾边的学问，他鄙视那些在国外靠中国学拿博士学位的人，那是混文凭的。要拿中国学的博士学位何必到国外去呢？国内不是更容易吗？

在彷徨中，他在第一学期，选了希腊文，看样子是想念欧洲古典语言文学。但是，在这方面，他考虑自己无法同德国学生竞争，他们在中学里已经学了8年拉丁文，6年希腊文。他心里更加彷徨犹豫起来。

到了1936年春季始业的那一学期报到时，季羡林的眼睛突然一亮，他在课程表上看到了瓦尔德施米特开的梵文初学课。他简直是狂喜不止。在清华时，受了陈寅恪先生讲课的影响，他就有志于梵学。但在当时，陈寅恪先生没有开梵文课，中国也没有人开梵文课，只有学的心，没有教的人，无法实现这个心愿。现在他竟于无意中能够有机会专修，焉能不狂喜呢？于是他立即选了梵文课。

在德国，要想考取哲学博士学位，必须修三个系：一主二副。季羡林的主系是印度学的梵文、巴利文，两个副系是英国语言学和斯拉夫语言学。他选定了方向，从此走上了正规学习的道路。

梵文是季羡林的主系，必须全力以赴。梵文教授是瓦尔德施米特。瓦尔德施米特是柏林大学梵学大师海因里希·吕德斯的高足，自己在清华的老师陈寅恪与他是同学，他们出自同一门下，经常有书信联系。他是研究新疆出土的梵文残卷的专家。他年纪轻轻，但在梵学界已颇有名声。他还懂汉语和藏语，这对于他的研究工作来说，简直如虎添翼。他对学生要求极严，据说，一位女士把自己的博士论文交给他，他翻看了一会儿，一下子把论文摔在地下，愤怒地说："这全是垃圾，全是胡说八道！"从此，这位小姐就从哥廷根消失了。后来季羡林说过"在古今中外的学人中，我最服膺，影响我最深的，在中国是陈寅恪，在德国是吕德斯。后者也是考据圣手。什么问题一到他手中，便能鞭辟入里，如剥春笋，层层剥来，终至核心，所得结论令人信服。我读他那些枯燥至极的考据文章，如读小说，成了最高的享受。"（《季羡林文集》第14卷，第346页）

季羡林没有想到，第一堂课上只有他一个学生。瓦尔德施米特教授看起来非常年轻，比实际年龄还要年轻一些。他穿一身厚厚的西装，有一张孩子似的脸。1935年，他刚刚在哥廷根大学拿到一个正教授职称，接替已退休的西克教授的梵文讲座。一般德国教授都有教授架子。就凭他的这个资格，似乎更应该有教授架子，但不知道为什么，他没有架子。相反，因为季羡林作为外国人，是教授升正职以来收的第一个梵文学生，因此他对季羡林似乎还有感激之情。瓦尔德施米特教授虽然面对授课的只有一个学生，而且还是一个中国学生，但讲课却没有任何懈怠之意。他教季羡林念了念字母，这种字母非常啰嗦，绝不像英语字母那样简明。季羡林虽然是第一次接触这种希奇古怪的字母，但因为教授传授得认真，所以使他觉得非常舒服，没有感到有多大的压力。他满以为，有了这样一个好的开始，会一直舒服下去。

但是在第二堂课上，季羡林挨了当头一棒。瓦尔德施米特教授对梵文非常复杂的连声规律根本不加讲解，教科书上的阳性变化规律也不讲，一下子就读起书后的练习来。这些练习是印度的死去的文字，脱离现代语言实际，理解起来非常不易。就是这样的一些练习上的句子，瓦尔德施米特教授让季羡林读。字母本来就有些面生可疑，咬不准念什么，语法概念更是一点也没有，所以读得结结巴巴，翻译得莫名其妙。急得他头上冒汗，心中发火。以后为了应付这些练习，他不得不拼命预习。一句只有五六个字的练习，要查连声，查语法，忙到一两个小时。准备两个小时的课，就要用一两天的时间来预习了。这种讲课方法，季羡林后来逐渐适应了，并且慢慢从中尝到了甜头。

瓦尔德施米特教授的教学方法也同样是德国式的。他为学生选用了Stenzler的教科书。这是一本非常优秀的教科书。篇幅虽然不多，但是应有尽有。梵文语法以艰深复杂著称，有一些语法规则简直烦琐古怪到令人吃惊的地步。这些东西当然不是哪一个人硬制定出来的，而是历史发展自然形成的，利用比较语言学的方法都能解释得通。Stenzler在薄薄的一本语法书中竟能把这些古怪的语法规则的主要组成部分收容进来，是一件十分不容易做好的工作。这一本书前一部分是语法，后一部分是练习。练习上面都注明了相应的语法章节。做练习时，先要自己读那些语法，教授并不讲解，一上课就翻译那些练习。

第二学期开始念《摩诃婆罗多》中的第三篇中的著名神话《那罗传》。以后又读《云使》。都是直接读原著。听说，欧美许多大学都是用这种方式。到了高年级，梵文课就改称Seminar，由教授选一部原著，学生课下准备，上课堂就翻译。新疆出土的古代佛典残卷，也是在Seminar中读的。这种Seminar制看似平淡无奇，实际上是训练学生做研究工作的一个最好的方式。比如，读古代佛典残卷时就学习了怎样来处理那些断简残篇，怎样整理，怎样阐释，连使用的符号都能学到。

至于巴利文，虽然是一门独立的课程，但教授根本不讲，连最基本的语法也不讲。他只选一部巴利文的佛经，比如《法句经》之类，一上课堂就念原书，其余的语法问题、梵巴音变规律、词汇问题，都由学生自己去解决。

第一年的梵文课，按当时设定的正式课程名称，是为初学者开设的梵文。每周上两次，每次两小时。第一学期大约上课20周，梵文上课时间是80小时。瓦尔德施米特教完了全部梵文语法，而且还教念了几百句练习。

德国的外语教学方法，被季羡林称之为典型的德国式的。这种教学方法开始于19世纪。当时一位德国语言学家埃瓦尔德说过这样一句话："拿游泳来打个比方，我教外语就是把学生带到游泳池旁，一下子把他们推下水去。如果他们淹不死，游泳就学会了。" 瓦尔德施米特教授就是使用了这种方法。

就这样，在瓦尔德施米特教授这里，季羡林学到了一种学习外语的好方法。直接读高水平的梵文原著，就像学游泳一样，一下子被教练推下水，教练并不管，让你在水中自己挣扎，只要不淹死，就能够学会游泳。后来，季羡林把这套方法在自己的教学实践中应用，也取得了很好的教学效果。

最初的一段时间，季羡林经常被邀请到教授家里吃晚饭。每次吃饭，教授的十几岁的独生子都在座。有一次教授和他的儿子开玩笑，说："家里有一个中国客人，你明天到学校去又可以张扬吹嘘一番了。"可是不久，战争开始了，他的唯一的儿子被征从军，在一年的冬天里，战死在北欧的战场上。他忍受着丧子的巨大悲痛，没有对季羡林说什么。

念到第三年上，季羡林已经拿到了博士论文的题目，此时第二次世界大战正酣。瓦尔德施米特教授被征从军。在这之前，季羡林每一学期都要选他的很多课，读过印度古代史诗、剧本，解读过中国新疆出土的贝叶经残卷，读过《梨俱吠陀》《摩诃婆罗多》《本生经》《五卷书》，读过佛教南宗的巴利文经典。

俄语课文则读过俄国普希金、高尔基，阿拉伯语则读伊斯兰教的《古兰经》。

战争开始后，瓦尔德施米特教授被征从军以前，预定了哥廷根大剧院的冬季演出的门票，走的时候没有退掉。他便委托季羡林陪伴孤居的教授夫人去剧院看演出，每周一次。每到看节目的那天，季羡林吃过晚饭，便接师母去剧院。剧院的节目，有时候是歌剧，有时候是音乐会，有时候是钢琴独奏或小提琴独奏。演员或来自外地，或来自国外，都是赫赫有名的人物。虽然处于战争年代，但剧场里仍是一派升平祥和的气象：灯火辉煌，灿如白昼。但是一出剧院，便是一片黑暗。灯火管制之下的哥廷根城，不允许一丝光线存在。因此散场后要穿过一条没有一点灯光的黑暗街道，一直将师母送回远在山下的家中，然后于深夜独自返回房东家里。他一个人在深夜踏着没有光线的长街，黑暗中只能听到自己的脚步声，那种乡愁的滋味，恐怕谁也理解不了。在很长的时间里，教授夫人一个人住在一座三层楼的房子里，过着孤独的生活。

经过两年的学习，季羡林的交换期满，按照双方的协议，到了他该回国的时候了。但是就在这时，七七事变爆发了，日本帝国主义向中国开始了大规模的侵略战争。事变之后不久，希特勒发布命令，关闭国门，凡是外国人一律不准离开德国。季羡林断了退路，有国难回。

交换期满，奖学金停发，季羡林简直走到了绝路。

正在这时，季羡林的平常联系不是太多、交往也不多的一个朋友，汉学研究所的古斯塔夫·哈隆听说了此事，问他愿意不愿意在汉学研究所当讲师。这样，季羡林很自然地接受了他的聘请，当起了讲师。奇怪的是，古斯塔夫·哈隆身为研究所所长，但不会说中国话，却又有十分雄厚的中文基础，甲骨文尤其是他的拿手好戏，讲起来头头是道，经常发表一些极其精辟的见解。中国的有些古典文献如《老子》《庄子》，他也都有很高的造诣。他对古代西域史地，情有独钟，出版过一部名作《月氏考》。但是他在这个学校并不得志，后来受聘到英国剑桥大学当了汉学教授。而季羡林则一直在这个所当讲师，到回国为止。

这样，季羡林就可以完成自己的学业，争取到博士学位了。在1938年的秋天，瓦尔德施米特教授同季羡林商量博士论文的题目，并且主动问他要不要一个论文题目。当时季羡林非常兴奋，有受宠若惊的感觉。因为在德国要想得到一个博士论文的题目是非常难的，指导博士论文的教授，德国学生戏称之为“博士父亲”。德国教授在大学里至高无上，他说了算，往往有很大的架子，不大肯招收研究生，怕学生出息不大，辱没了自己的名声。越是名教授，收徒弟的条件越高。教授真正觉得孺子可教，才会给学生博士论文的题目。德国的大学，对博士论文的要求十分严格，题目可以不大，但是必须要有新东西，才能通过。经商定，论文的题目确定为研究《大事》偈陀部分的动词变化。瓦尔德施米特教授在家休假的时候，给以指导，不在的时候，由其前任西克教授指导。

到1940年秋天，季羡林把毕业论文《〈大事〉中偈陀中限定动词的变化》基本上写出来了。为了使论文顺利通过，他觉得应该写一篇有分量的绪论，他花了将近一年的长时间，写出了绪论。教授从战场回来短期休假，他怀着一番美好的感觉，把论文的绪论给教授看。

隔了一个星期，瓦尔德施米特教授在汉学研究所把绪论退还给季羡林，他的脸上含着笑意，最初并没有说话。季羡林打开绪论一看，上面没有任何改动，只是在第一行的第一个字前面，划了一个前括号，在最后一行最后一个字母的后面，划了一个后括号。意思是统统不要。看到季羡林疑惑的眼神，教授慢慢地开了口："你的文章费劲很大，引书不少。但是都是别人的意见，根本没有你自己的创见。看上去面面俱到，实际上毫无价值。你重复别人的话，又不完整准确。如果有人对你的文章进行挑剔，从任何地方都能对你加以抨击，而且我相信你根本无力还手。因此，我建议，把绪论统统删掉。在对限定动词进行分析以前，只写上几句说明就行了。"

以后凡是休假回家，他总是要听季羡林的汇报，看季羡林的论文，提出自己的意见。

瓦尔德施米特还提出要花大力气校对毕业论文，不仅论文要从头至尾认真核对，而且要核对所有引用过的书籍、报刊。写这篇毕业论文花了大约三年的时间，季羡林在这3年内从大学图书馆到柏林的普鲁士图书馆，借过大量的书报杂志，大概使用过上千种书报杂志，耗费了很多时间。当时就感到十分腻烦。现在还要在短时间内再核对一遍，把借过的书再借一遍，心里要多腻味有多腻味。"然而老师的教导不能不遵行，只有硬着头皮，耐着性子，一本一本地借，一本一本地查，把论文中引用的大量出处重新核对一遍，不让它发生任何一点错误。"（《季羡林文集》，第14卷，第231页）

1940年12月23日，对于季羡林来说是一个非常关键的日子。这一天，9点半，他到大学的办公处去参加毕业口试。口试内容包括梵文、斯拉夫语言学、俄语，英文因为教授勒德尔养病在医院，以后再补考。瓦尔德施米特教授、戴希格贝雷尔教授、布劳恩先生都在场。在这个阵势之下，季羡林发了毛，原先准备的问题，一个也没有用上。他几乎不能正常思维，简直慌张至极。但到24日，瓦尔德施米特教授请季羡林到家里过圣诞节，一进门，教授就向季羡林贺喜，告诉他，毕业论文是优，印度学是优，斯拉夫语言学也是优。到1942年2月19日，勒德尔教授出院，补英文口试，又得了一个优。这样就以全优毕业了。

季羡林从德国教授的身上学到了做学问的彻底性。他终于悟出了一个道理：没有创见，不要写文章，否则就是浪费纸张。有了创见，也不要下笔千言，离题万里。空洞的废话不说少说为宜。后来季羡林自己有了学生，也把这一衣钵传给了学生。

受到瓦尔德施米特教授的这方面的影响，季羡林到现在写论文一直掌握着这个原则，没有新意的文章不写。德国教授做学问的彻底性影响了他的一生。季羡林从内心深处感激这位“博士父亲”。

1980年，季羡林率领中国社会科学代表团访问西德，再次见到了阔别35年之久的老教授。而见面的地点不是在教授的家里，而是在敬老院里。教授已经83岁，夫人86岁。一听说自己的得意弟子要来，老教授的心里激动不已。季羡林一下汽车，就看到在敬老院高大明亮的玻璃门里面，教授已经端坐在圈椅里等了很久了。

就在这所敬老院里，师母还给季羡林烹制了他喜欢吃的食品。季羡林拿出刚刚出版的译作《罗摩衍那》第一卷给老师。老师一看，当场毫不客气地批评他，我们是搞佛教研究的，怎么搞起这个来了？老师不知道，季羡林是在没有科研条件的情况下，利用时间的“边角废料”翻译出来了这部世界名著的。而在季羡林，他心里非常清楚，垂暮之年的老师仍然在关心着弟子的学术研究。这样的事情只能在师生之间发生。离别的时候，季羡林心中的凄楚简直是无法形容的。

对于季羡林来说，恩重如山的博士父亲，是一座永远竖立的塑像，他的恩泽滋润了异国学子的一生。在季羡林的一生中，瓦尔德施米特教授是对他影响最大的一个学者。

2.“祖父”般的西克教授

季羡林在瓦尔德施米特教授被征从军的情况下，仍然继续念书和在汉学研究所教书。除了挨饿外，天上的轰炸还接连不断。在艰难的条件下，他终于写完了博士论文。

此时，季羡林在自己一生的学者生涯中迎来了又一个偶然。这次的偶然是学习吐火罗文。吐火罗文是印欧语系中的一种语言，5—10世纪流行于塔里木盆地一带。6—8世纪的一些古代文献是迄今发现的最早的文献。对这样一种语言，季羡林在国内时连听说都没有。到了哥廷根以后，虽然听说了，但是并不想学。

吐火罗文残卷是在20世纪初才发现的。当时德国探险队在中国新疆发掘出了非常珍贵的用各种文字写成的古籍残卷，运到了柏林。德国学者那时还不能读通这些文字，但已经意识到这些文字的重要性。柏林大学组织了许多年轻的语言学家主要是梵文学者来进行研究，西克是其中之一。面对这天书一般的残卷，大多数人望而却步了。只有西克和西克灵俩人决心合作把它们读懂。

1986年，季羡林重返哥廷根大学，与友人合影

一开始的时候，他们的工作就像是猜谜语，这不仅没能够难倒他们，反而提高了他们的研究兴趣。他们几乎是日日夜夜不停地工作，前途充满了希望。经过了30多年的辛勤劳动，他们终于把这些天书读通了，并且把这种文字定名为吐火罗文。

读通了这一语言的西克教授，当然非常愿意把这门经过30多年攻关才拿下来的成果，传下来。但是他并不是狭隘的民族主义者，没有想只传给德国人，而是想毫无保留地传给这位异国之子。

利用瓦尔德施米特从军的这个机会，已退休的前任老教授西克出山替他上课。老教授是主动出来承担授课任务的，他对季羡林的情况不能不有所耳闻，简单说，他对季羡林是有所图的，看好了他作为吐火罗文传人的角色。当时他已经有七八十岁了，但身体还很硬朗，人也非常可蔼可亲，简直像一个老祖父。按岁数来讲，他也确实等于季羡林的祖父，对季羡林有完全是一个祖父的感情。他对上课似乎非常感兴趣。第一堂课，一上课堂，他就告诉季羡林，他平生研究三种东西：《梨俱吠陀》、古代梵文语法《大疏》和《十王子传》，以及用了几十年的时间读通了的吐火罗文，他一定要把自己全部拿手的好戏都传给季羡林，他都要教会季羡林。季羡林知道在世界吐火罗文学界，老教授名扬全球。他似乎认为季羡林一定会同意，连征求意见的口气都没有，不容季羡林提不同意见，一定要教吐火罗文，就这样定下来了。

乘瓦尔德施米特教授休假之机，季羡林通过了口试，布朗恩教授口试俄文和斯拉夫文，勒德尔教授口试英文。考试及格后，仍在西克教授指导下学习。

他们天天见面，冬天黄昏，在积雪的长街上，他搀扶着年逾八旬的异国的老师，送他回家。他忘记了战火，忘记了饥饿，心中只有身边这个老人。战时，整个德国食品极端匮乏，人人在饥饿的炼狱里煎熬，季羡林为了给年过古稀的西克教授增加点营养，硬是两个月断绝油味，从配给的可怜食品中省下一点奶油，又费尽心机弄到一些面粉、鸡蛋和一斤白糖，请一家名糕点店烘烤了一个蛋糕，忍着辘辘饥肠，将它捧献给西克教授。教授夫妇为中国学子的真情感动得竟表达不出致谢之词。

西克教授教吐火罗文的方法和瓦尔德施米特教授教梵文的方法一样，根本不讲解语法，而是直接从读原文开始。

学了一段时间，比利时的一位治赫梯文的学者沃尔特·古勿勒也慕名来到哥廷根，从西克教授学吐火罗文。有了这两个外国学生，西克教授当然很高兴。他就把他和西克灵教授合作转写成拉丁语的一本《福力太子因缘经》，连同原著的影印件，交给这两个年轻人去读，并称此书为“精制本”。他们的学习是如此进行着：自己在下面翻读文法，查索引，译生词；到了课堂上，同古勿勒轮流译成德文，西克纠正。工作是异常艰苦的。原文残卷残缺不全，没有一页是完整的，连一行完整的都没有，虽然是“精制品”，也只是相对而言，这里缺几个字，那里缺几个音节。不补足就抠不出意思，而补足也只能是以意为之，不一定有很大的把握。结果是西克先生讲的多，他讲的少。读贝叶残卷，补足所缺的单词儿或者音节，一整套做法，他就是在吐火罗文课堂上学到的。他学习的兴趣日益浓烈，每周两次上课，不但不以为苦，有时候甚至有望穿秋水之感了。（《留德十年》，东方出版社1995年，第95页）

后来，从西克教授那里才知道，当初他和西克灵合作的时候，工作更为艰苦。西克灵是西克的学生，办事特别小心谨慎，生怕出错。尤其在抄写婆罗米字母的时候，那细心的样子实在让人佩服。他住在柏林，是在普鲁士科学院工作，而西克则在哥廷根大学。两人要不断进行通信联系，有时碰到不能解决的问题，或者是意见不一致之处，西克教授还得从哥廷根大学赶往柏林，与西克灵商讨。根据特别充足了，已经可以判断一个吐火罗字的字义了，但西克灵偏反对，不肯认可。这时候，西克只能赶到柏林，与他面谈讨论。季羡林因此把西克比做火车头的蒸汽机，没有它火车不能走，但有时走得太快，就得有一个闸，西克灵就是这个闸。

1942年，季羡林因为婆罗米字母的问题，到柏林请教西克灵教授。在普鲁士学士院他的研究室里，季羡林看到墙上挂满了婆罗米字母的残卷，他用那特有的蝇头般的小字一行一行抄下来。他只要有三个学生以上，就紧张得说不出话来，所以只短期在柏林大学讲过课，教吐火罗语，后来则一直在普鲁士科学院工作。他人很沉静，不大说话。问他问题，他却解释无疑。季羡林从他那里学到了不少读婆罗米字母的秘诀。

季羡林非常佩服德国老师们的工作态度，把他们当作自己的楷模。他叹服他们异常认真、严谨、细致的学风。他们治学的彻底性是名震寰宇的，写文章从来都是再三斟酌，多方讨论，然后才拿去发表。

在老师的感染下，季羡林下决心攻克这种新增加的语言。他当时工作很多，身体又不是太好，患着严重的神经衰弱，加上德国当时处于战争时期，物资供应奇缺，经常吃不饱饭。但是看到老人这样热心，他觉得无论如何也不能让老人伤心，所以加倍努力地学起来。

季羡林终于以惊人的毅力，读通了这门罕见的语言。

1946年回国以后，由于资料的限制，他有30多年没有机会接触吐火罗文。但是到1975年，在我国新疆吐鲁番地区出土一批吐火罗文甲种焉耆文《弥勒会见记剧本》残卷，从1981年又得以重新研究，在中国出版了中文繁体字版和简体字版，在英国出版了由他自己翻译成的英文版，粉碎了“吐火罗文发现在中国，研究在外国”的神话，为我国学术界争了光。

有这样一位恩师西克，季羡林自然经常到教授家里去。但对他的家世却始终是不十分清楚。只见过他的夫人，是一个又瘦又小但很慈祥的老人。至于子女或其他亲眷，季羡林从来没有见过。

有一次，是美国兵已经攻入哥廷根之后了，美军从城西往城东发射炮弹。西克教授住在城东，炮声一停，季羡林赶快跑到老师家里，看是否有什么危险。到了那里，教授夫人告诉他，炮弹爆炸之时，老头子正在伏案读有关吐火罗文的书籍。窗子玻璃随着爆炸声响，全成了碎片，落满了桌子。但老头子奇迹般地一点也没有受伤。

而教授对自己的弟子当然是非常满意。在季羡林拿到博士学位以后不久，在哥廷根城外的一片山林中，他在散步时遇到了西克教授和他的德国同事也在散步，西克教授忙向这些同事们介绍：“他刚通过博士论文答辩，是最优等。”教授颇有得意之色，深为自己的弟子取得的优异成绩而自豪。而弟子则更为感激老师。

在回国以后的最初几年里，他一直和教授通信。1947年1月教授来信告诉他西克灵教授去世，使他十分悲痛。但后来到中华人民共和国成立以后，政治运动不断，海外关系成了忌讳，他不得不中断了这种联系。

3. 多才多艺的布劳恩教授

在哥廷根大学，还有一些德国老师与季羡林关系都是不错的。其中有阿拉伯语教授冯·素顿，英文教授勒德尔、怀尔德，哲学教授海泽，艺术史教授菲茨图姆侯爵，德文教授麦伊，伊朗语教授欣茨，等等。而布劳恩教授是季羡林斯拉夫语言学的老师，是接触最多的一个。

季羡林选的副系是英语和斯拉夫语，讲课的教师是布劳恩，斯拉夫语研究所设在高斯–韦伯楼里。南斯拉夫语由他亲自讲授。他只让季羡林看了一本简单的语法，立即进入阅读原文的阶段。

在这以前，他已经有了学习俄语的经验。教俄文的老师是一个曾在俄国居住过的德国人，俄文等于是他的母语。他的教法同其他德国教员一样，是采用把学生推入游泳池的办法。俄文每周两次，每次两小时，德国的学期短，然而季羡林却在第一学期内，读完了一册俄文教科书，其中有单词、语法和简单的会话，又念完果戈里的小说《鼻子》。季羡林最初念《鼻子》的时候，俄文语法还没有学多少，只好硬着头皮翻字典。往往是一个字的前一半字典上能查到，后一半则不知所云，因为后一半是表变位或变格变化的。而这些东西，季羡林完全不清楚，往往一个上午只能查上两行，其痛苦可知。但是不知怎么一来，好像做梦一般，在一个学期内，竟把《鼻子》全念完了。下学期念契诃夫的剧本《万尼亚舅舅》的时候，季羡林就觉得轻松多了。

有了学习俄文的经验，他拼命翻字典。南斯拉夫语同俄文很相近，只在发音方面有自己的特点，有升调和降调之别。在欧洲语言中，这是很特殊的。季羡林之所以学南斯拉夫语，完全是为了应付考试，学习的兴趣并不大，可以说也没有学好。大概念了两个学期，就算结束了。任课时，当时布劳恩还不是讲座教授。

在哥廷根最后的两年里，季羡林几乎每周最少去一次他家。他家离季羡林的住处很近，两三分钟就能走到。

布劳恩的父亲是莱比锡大学的斯拉夫语言学教授，因此他有家学渊源，子承父业，能够流利地说斯拉夫语言中的许多种语言。季羡林见他时，他还非常年轻，还没有获得讲座教授的资格。因为年轻，和瓦尔德施米特教授一样被征从军。但是他没有上前线，而是在最高统帅部当翻译。苏联的一些高级将领被德国军队俘虏，希特勒有时候要亲自审问，以便从中挖出一些机密。给希特勒担任翻译的就是布劳恩。他每逢休假回家，总愿意给季羡林讲一些翻译时的花絮。透露一些苏军内部高层的真实情况。他甚至把苏军的一种大炮说得神乎其神，德国难以望其项背。这样的消息，显然是绝密的，但他也给季羡林说。

季羡林每周起码一次到布劳恩的家里去聊一次天，消磨一个晚上的时光。他有一个非常美丽年轻的太太，有两个可爱活泼又天真的男孩子，像小天使。大的叫安德烈亚斯，五岁多，虽然还没有上小学，但是已经能看些书了。季羡林教给他一些中国字，他很快就记住了。很快，他们成了朋友。每天晚上睡觉以前，他总要缠着母亲，让她讲童话故事给他听。有一次，季羡林眼看着他瞪大了眼睛看着母亲嘴动的时候，一片童稚清晖的闪光。他每次都听个没够，直到母亲说第二天多讲一点，他才悻悻地去睡觉，仍然不满足的样子。小的叫斯蒂芬，特别喜欢季羡林。季羡林每次去他们家，他总要飞快地扑到季羡林的怀里。这时候，他的妈妈告诉季羡林，要抱住孩子转上几圈，这个孩子特别喜欢这玩意儿。教授的夫人很和气，说话不拐弯，但是有时候也愣头愣脑，说话没有谱儿。但不会有什么隔膜。季羡林和他们全家都成了好朋友。

布劳恩教授是一个多才多艺的人。他喜欢中国古代的刺绣，家里就藏着一幅。上面有五个大字：时有溪山兴。他让季羡林把这几个字翻译出来，从此喜欢上了中国字。自己去买了一本德汉词典，念起了唐诗。他靠词典把每个字都查出来，然后把句子连在一起，居然有时候也能讲出一些意思来。季羡林帮助他纠正语法的错误，再讲一些语法常识。汉语的语法结构，他在开始的时候非常不适应，觉得有点怪。但是学下去，发现也有道理。他认为汉语没有形态变化，可能是优点，使读者有极大的联想自由，不像印欧语系那样被形态变化捆住了手脚。

1941年，季羡林在德国获哲学博士学位

布劳恩教授还擅长画油画。有一次，他主动提出，要给季羡林画像。有一段时间，季羡林几乎每天到他家去，端坐在那里，当了好一阵子模特儿。在画画上，德国教授也非常认真。画完了征求季羡林的意见。季羡林对画自觉不是内行，但一看很像自己，就很满意了。

在学术研究方面，他不搞德国传统的语言考据之学，他擅长的是义理方面的学问。他自己有一本著作，是写19世纪沙俄文学的，把托尔斯泰和陀思妥耶夫斯基作为两座高峰，开展论述，有许多精辟的见解。

这样的一个多才多艺的人，在哥廷根大学却是郁郁不得志的。他的升迁没有希望，院士更是不沾边，因此他一度想离开哥廷根到斯特拉斯堡大学，去补一个正教授的缺，而且表示把季羡林也带过去。但是后来没有实现。以后终于在哥廷根大学拿到了一个讲座正教授的职位。

1980年，季羡林去德国访问，也拜访了布劳恩教授。那时布劳恩夫人刚刚在一个月前去世，两个儿子在外地工作，不在身边。老人成了一个寂寞的人，季羡林这时认识到在西方社会的学者，一旦失去了实用价值，只得如此。

五、生活万花筒

1. *房东欧朴尔夫妇*

在德国的十年时间里，季羡林接触最多，几乎是朝夕相处的是房东欧朴尔夫妇。他把房东太太称为“像老母般的女房东”（《回忆汤用彤先生》）。从一到哥廷根开始，季羡林就住到欧朴尔的家里。是清华的老学长乐森到哥廷根火车站接他到欧朴尔夫妇家的。夫妇俩，还有一个儿子。但是儿子在外地读书，所以有空房出租。全家人没有一个把他当外人看待，更没有把他当作外国人看待。法西斯头子对犹太人和中国人的歧视，在德国普通人中是少有响应的。就欧朴尔太太来说，季羡林就像她的亲生儿子，甚至比亲生儿子还要亲。因为对儿子不愿说的话，她都对季羡林说。

欧朴尔太太有德国妇女的一切优点，善良正直，能体贴人，有同情心。她也有一点小毛病，喜欢吃醋。她有一个寡妇朋友，平常两人的关系很好。但是有一次她买了一顶新帽子，她的朋友看她戴着好看，也喜欢得不得了，想照样也去买一顶。欧朴尔太太便大为不满，说了她不少坏话。原来德国人男女都有个习惯，自己穿的衣服，戴的帽子，不喜欢别人与自己的同样，一样了就感到自己的没有特点了。季羡林把这种习惯归之于市民习气。但从整体来说，她善良得像慈母一般，是季羡林见到的最好的女性之一。在这个家里，季羡林住了整整十年，没有搬过一次家。

初到哥廷根之时，季羡林睡的床与自己在国内的大不一样。德国的被子是鸭绒的，而鸭绒又不固定起来，在被套里享有自由活动的权利。季羡林睡在这样的被子里很不习惯。在睡觉时翻上两个身，鸭绒就都活动到被套的一头去了，一头是鸭绒堆积如山，另一头则只有两层布，不能正常御寒。他往往被冻醒。房东太太听了，笑得眼睛里直流泪，细心地告诉他怎么样使用鸭绒被。他自己觉得，就像一个小孩子一样，被她照顾着。

季羡林在德国留学期间学习簿

欧朴尔夫妇的儿子在达姆施塔特高级工科学校读书，离哥廷根挺远。夫妇俩爱子如明珠，惦记着在外的儿子，有一段时间，老头每月购买一些面包和香肠，打包寄给儿子。老头腿脚不好，走路一瘸一拐，拿着手杖也挺吃力。可为了儿子，他不辞辛劳，月月都去邮局寄一次。

有一次，夫妇俩趁出去度假之时，去看望他们的儿子。到了大学生宿舍，他们看到面包和香肠干瘪瘪地躺在桌子下面，发了霉，已经不能食用。

回到家，太太絮絮叨叨地对季羡林诉苦，但是老头子却像是没有看到一样，每月照寄不误。这真是“可怜天下父母心”，古今中外都相同。

后来，儿子结了婚，搬到另一个城市，有了一个小女儿。有时候一家三口回家探父母。儿媳妇人长得漂亮，衣着也摩登入时，但就是不讨婆婆的喜欢。就连小孙女，祖母也不喜欢。原来儿媳妇有点马大哈，事事都不在意。一天，女房东忽然拉季羡林到卫生间，指着马桶给季羡林看，是儿媳妇使用卫生纸过多，把马桶给堵住了。老太太一边嘟囔着，一边露出许多怪相，有愤怒，有轻蔑，有不满，也有憎恕。可这样的事偏偏不能对儿子讲，连丈夫也不敢讲。她心中的不平，茫茫宇宙间，只能对季羡林一个人吐露了。

女房东不仅有不平，而且有偏见，尤其是宗教偏见。他自己是基督教徒，对天主教怀有莫名其妙的仇恨，对天主教中的好人，也照样有偏见。有一个天主教老处女，每月要来欧朴尔夫妇家洗一次衣服，人很老实，但宗教信仰却很虔诚，每月的收入，除了少量维持生活，其他的都捐赠给教堂。女房东虽然承认她忠诚得像“黄金”一样，但一提及她信仰的宗教，就难免有微词了。

在政治上，女房东比较迟钝，既不赞扬希特勒，也不懂去反对他。

夫妇俩一生和睦相处，从来没有吵过架。丈夫饿死于战争之中，儿子平常不回家，老太太就把季羡林当作自己唯一的亲人，对季羡林的照顾真是无微不至。到晚上10点左右，女房东进屋来，把被子铺好，把床罩拿下来，放到沙发上。这是非常简单的，自己尽可以做。但是，女房东却非做不可，当年她儿子住这一间屋子时，她就是天天这样做的。铺好床之后，她就站在那里闲聊，把一天的经历，原原本本，详详细细，都向他"汇报"。她见了什么人，买了什么东西，碰到什么事情，到过什么地方，一一细说，有时还绘声绘色，说得眉飞色舞。但是，他初到德国时，听说德语的能力都不强。每天晚上上半小时的"听力课"，对他大有帮助。女房东实际上成了不收费的义务教员。"汇报"完了以后，照例说一句："晚安！祝你愉快地安眠！"他也说同样的话，然后她退出，回到自己的房间里。他把皮鞋放在门外，第二天早晨，她把鞋擦亮。这一天的活动就算结束了，上床睡觉。（《留德十年》，东方出版社1993年版，第108页）

战争临近结束之时，物资供应更紧张了，食品缺，燃料也缺。哥廷根市政府只得让市民们到山上砍伐树木，代替燃料。在茫茫林海中，划出一片可砍伐地区，在这一地区内，又逐一检查，可砍伐者画上红圈，砍伐了没有红圈的树，受罚是自然的事情。女房东没有劳动力，季羡林就当仁不让，帮老太太上山砍树，再运回家来。

住在这样一个房东家里，季羡林从来没有把她当作小业主看待，自己也从来不以租房者自居，而是把自己当作这个家庭中的一分子，把女房东当作自己的母亲看待。在他即将回国之时，女房东简直是难分难舍：女房东对他放声大哭。她儿子在外地，丈夫已死，他这一走，房子里空空洞洞，只剩下她一个人。几年来她实际上是同他相依为命，而今以后，日子可怎样过呀！离开她时，他也是头也没有敢回，含泪登上美国吉普。他在心里套一首旧诗想成了一首诗：

留学德国已十霜，归心日夜忆旧邦，
无端越境入瑞士，客树回望成故乡。
（《我的心是一面镜子》）

离开德国回国以后，季羡林一直惦记着女房东，和她保持了几年的书信联系。回到北京以后，季羡林费尽千辛万苦，弄到了一罐咖啡，大喜若狂地连忙跑到邮局，把包裹寄走。希望能越过千山万水，使这一罐咖啡能让老太太在孤苦伶仃的生活中获得一点喜悦。季羡林知道，同千千万万德国人一样，女房东嗜咖啡如命。到20世纪50年代以后，国内突出政治，海外关系“成为非常危险的东西”。季羡林从那时候开始，没有敢再跟她联系，从此便云天渺茫，互不相闻了。

女房东现在早已不在人世，季羡林每每回首的时候，总是百感交集，他在自己的内心里遥遥地祷祝老太太的在天之灵，永远安息。

2. 永远难忘的伊姆加德

伊姆加德小姐是季羡林在德国的老师、房东之外最为亲密的一个人。她不是季羡林房东的女儿，而是季羡林在德国的中国同学田德望的房东的女儿。最早是因为去她家看望田德望，也就认识了她的家。田德望本来在意大利留学，他拿到的奖学金没有用完，便投到季羡林那里，想在哥廷根大学进修一下波斯语，于是在1938年到了哥廷根大学，住在伊姆加德家里。

田德望的房东迈耶的家和季羡林的房东欧朴尔夫妇住在同一条街上，相距不远。伊姆加德的父亲迈耶先生和欧朴尔先生几乎一样，老实巴交，不善言谈。人多的时候，他总是呆在一边，一言不发，脸上则挂着憨厚的微笑，听着别人在天南地北地谈论。他的职业也与欧朴尔先生一样，是一个地位不高的小职员。他天天忙着上班、工作。退休以后，就呆在家里，不与外人交际，也不大出去活动。季羡林对他的第一印象，就是像他这样的人，一看就知道，绝不会撒谎、骗人。

丈夫老实，不善交际，家庭中对外交往的事情，就由迈耶太太一手操持了。他执掌大权，能说会道，善于应对进退，更擅长交际。她同欧朴尔太太的年龄相仿，性格却差别很大，是一个乐天派。她总是忙忙碌碌，里里外外，连轴转地忙个不停。不管什么时候，她都是喜笑颜开，没有愁眉苦脸的时候。她不像欧朴尔太太有那么多的不平和偏见。她们的家庭更为和美。

在她们家里，也住有中国留学生。他们家像欧朴尔太太家一样，也是善待中国留学生。迈耶太太为中国留学生做的事情，也和欧朴尔太太做的一样，房主和房客之间从来没有发生过摩擦，和中国人相处得非常好。当然这不是一方面的原因，而是双方面都好，中国留学生的素质较高，行动得体。不然有一方面不得体，就不可能处好关系。

季羡林开始在德国的时候，迈耶家里住的是河北人田德望，就是后来大名鼎鼎的但丁《神曲》的翻译者。他们在清华读书时就认识了，而且经常在一起，相交得不错。到了德国他们自然来往得更多了，这样就经常到迈耶家去。田德望1939年回国之后，住了另外的一些中国留学生。季羡林仍然常到他们家去。三来两往，季羡林和迈耶家熟悉起来。

迈耶夫妇有一对如花似玉的女儿，大女儿就是伊姆加德。伊姆加德是“一位非常美丽的女孩子”（《留德十年》，东方出版社1995年版，第114页）。但是伊姆加德非常含蓄，有点像东方人。而妹妹则非常坦率，当着季羡林的面，自夸说，我的美，你们看啊，我这条腿，有多美啊！

到1940年，季羡林的毕业论文接近尾声。他用德文手写成的稿子，在送给导师审阅以前，必须用打字机打印出来，成为清稿。而季羡林自己既没有打字机，又没有学会打字。这就需要找一个人帮忙。

正巧，迈耶家有一台打字机，而伊姆加德小姐会打字，还很愿意帮这个忙。德国对博士论文的要求极高，需要反复多次地修改，打字的量是很大的。

这样一来，有很长的一段时间，几乎是一整个秋天，季羡林必须天天晚上去她家，白天季羡林要到汉学研究所去上班，她则也要去上班，只有晚上才能安排打字。所以他们几乎是天天晚上在一起。原本只要伊姆加德小姐一个人打字就行了，但是季羡林的手写稿写得很草，有的地方改动很多，而且很乱，她根本就看不清楚。而且论文的内容又绝对不是她所熟悉的，稀奇古怪，像看天书一般。打字稍一不慎，就会出错。这样就需要季羡林坐在旁边，以备询问。为了赶进度，工作往往要进行到深夜。结束后，季羡林再摸黑回家。

打完了这篇博士论文，季羡林又写出了几篇分量很重的学术论文。为了在哥廷根大学研究院的院刊上发表，也需要把它用打字机打印出来。这些论文，也都是伊姆加德小姐帮忙打出来的。所以，一直到1945年季羡林离开德国以前，和伊姆加德小姐接触的机会是非常多的。

关系熟了，她们家里一有什么喜庆日子，或者是招待客人吃点心、吃茶，总一定要邀请季羡林参加。特别是在伊姆加德小姐生日的那天，季羡林一定去祝贺，肯定是她家那天的贵宾。迈耶太太在安排宴席的座位时，总是想方设法让季羡林坐在伊姆加德小姐的旁边。在伊姆加德的眼里，季羡林很显然，是一位骑士。

似乎用不着为贤者讳，他们彼此已经是很倾心了。不仅是伊姆加德一家把季羡林当作她的挚友，伊姆加德小姐本人，也已经爱上这位异国之子了。

本来，这时候季羡林已经被英国剑桥大学的哈隆教授邀请去当教授，如果选择弃家抛国之路，不仅可以过上幸福的物质生活，而且还可以实现和伊姆加德的结合。但季羡林知道，自己的国家是那么凋敝贫困，而山东老家的叔父和婶母俱已到了残烛之年，被包办婚姻的发妻彭德华，一个人带着两个孩子，含辛茹苦地侍奉着老人，在苦苦地盼他归来。所以如果季羡林不是齐鲁之子，没有中国传统文化的清规戒律，没有浓厚的家庭观念，他完全有可能实现与这位异国美女的结合。但是，事实不是这个样子。

季羡林当然不隐讳自己对伊姆加德的好感。仅在离开德国以前几天的日记里，他就反复地申明了自己对她的感情。季羡林那时的日记，上面明明白白记着他对伊姆加德的深情。他写道，自己是一个有妇之夫，不能有任何非分之想。即使只是想，也是对伊姆加德的亵渎。季羡林在1945年9月24日的日记中写道：

> 吃过晚饭，7点半到Meyer（迈耶）家去，同Irmgard（伊姆加德）打字。她劝我不要离开德国，她今天晚上特别活泼可爱。我真有点舍不得离开她。但又有什么办法？像我这样的一个人不配爱她这样美丽的女孩子。（《留德十年》，东方出版社1995年版，第114—115页）

10月2日的日记又写道：

> 回到家来，吃过午饭，校阅稿子。三点到Meyer家，把稿子打完。Irmgard只是依依不舍，令我不知怎样好。（同上）

在季先生家现在的客厅里，至今挂着两张照片：一张是风姿绰约的金发女郎，另一张是老态龙钟的德国老妇，两张照片那么鲜明地对比着。其中的深意，谁能理解？

20世纪80年代，季羡林回德国探望老师的时候，还打听过伊姆加德，结果是杳如黄鹤。

据说有热心的人，在德国找到了80高龄的伊姆加德女士，她还保存着青年时给季羡林打字用过的打字机和桌椅。当年，她帮季羡林打印过论文，两人就在这一张桌前一同工作。伊姆加德说，他们也曾一起散步和去看电影，但季羡林从来没有向她示爱，只是她知道季羡林心里对她很好。伊姆加德说，季羡林是那些中国留学生中最老实的人。

季羡林一生经常回忆到这位“宛宛婴婴的女孩子”，自己坦白地承认，说“不想她，那不是真话”，她的影子老是在他眼前活动。

伊姆加德小姐，是永远活在季羡林心中的普通德国人。

3. 知己朋友章用

1935年 9月，季羡林到达德国。在柏林，和乔冠华同游。10月，抵哥廷根，入哥廷根大学。在哥廷根结识的中国留学生，除在柏林已经认识的乐森和清华同学田德望以外，还有章用、范禹（龙丕炎）、张维和陆士嘉夫妇等。张维1938年从英国到德国，在哥廷根学派的代表人物之一特尔克教授的指导下攻读博士学位，博士论文选题，内容是力学理论与工程实际紧密结合的。陆士嘉是普朗特的学生，主攻力学。季羡林和他们的关系也比较密切，但是毕竟不是一个行当，共同语言要少一些。其中交往最深和最知己的是章用和田德望。

在德国的留学生不乏达官贵人子弟，其中多是纨绔子弟，季羡林和他们基本没有来往。即使这样，他们所做的那些荒唐事，季羡林也知道或者碰到不少。

在柏林的时候，那些纨绔子弟在大街上招摇过市，每个人都是把眼睛安置在头顶上，根本看不到普通人。他们学些什么，谁也不知道。吃完早点，找一些同伙下一盘棋，闲谈一下，就到了中午。

午饭吃完之后，又结队去逛马路，看电影。晚饭一般到中国餐馆吃。晚上他们的活动，可就诡秘了。每个人少不了三“机”，照相机、无线电收音机和野鸡。他们都不通德语，与不三不四的女人交流，他们也用不着说话，他们的嘴有另外的更为重要的用处。到哥廷根以后，季羡林自认很倒霉，竟然与其中的一个做了半年的同学。

他是一位什么院长的公子。季羡林与这位同学差不多每天在一起吃午饭，但一直到他离开的时候，季羡林也不知道他到底是学什么的。他自己说，听过耶稣教的神学、体育原理、微积分、流体力学、生理学、法律，但对这些凡学，他都不感兴趣。他最喜欢听的是医学院的产科讲演。常常向季羡林用生动的姿态表演在课堂上听到的女人生孩子的情形。他的教授说的话：“男人无论如何英雄，无论能征服多少国家，也没有女人生产时那种身体上和精神上的力量。”他会多次不厌其烦地学给季羡林听。他自己对女人也就赞不绝口。在街上只要看到漂亮的女人，他会紧追不舍，却往往得到的是一声声清脆的耳光。

而他则面不改色，百折不挠，会不怕失败地永远追下去。

另一位是一个上海大商人的儿子，从小就在一个西方国家长期生活。后来又到了德国。到季羡林在的时候，在那里已经呆了七八年了。有一次他给一个老太太写信，拿到邮政局，邮政局的人看不懂。老太太拿给季羡林看，原来是他给造了一种新文字。后来他到了那个小时候呆的国家，又给老太太寄来一封中文的明信片，老太太又给季羡林看，结果发现他给中文也造了一些新字和新文法。他学的是航空工程，但代数和几何都不甚了了。外国同学奇怪，他居然告诉人家，中国逻辑和外国不同，数学也自成一个系统。住了十几年了，有一天，他突然告诉季羡林，他要回国了。他回国是要完成“组织飞机”的任务的。

一句话，纨绔子弟们不乏荒唐和低能之辈的。

但也有个别的例外。章用就是一个。他被季羡林当做在德国的知己和朋友。

初到哥廷根，对于季羡林来说，一切都是生疏的。哥廷根是个大学城，在一个生人看来如同迷宫。他需要一个在这里的老人，到多得是的机关里跑一跑，到学校的有关机构办理手续。章用就是在这样的时候闯入季羡林的世界的。是乐森介绍他认识了章用。

乐森带季羡林穿过哥廷根的长街，来到章用租住的一座小楼，小楼周围全是花园，当时虽然是落叶满地，但树头上还残留着几片叶子，在秋风中显得孤单而凄清。就在二楼，乐森介绍他们见面了。章伯母也见到了，她是一个特别善谈的人，话很多。她来这里完全是为了照顾自己的儿子。章用是教育总长章士钊的儿子，母亲吴弱男当过孙中山的英文秘书。这是一个显贵之家。但是章用却没有“衙内”的气质，一点纨绔习气也没有。虽然有点孤芳自赏，但更多的是书生气。他是来攻读数学的，但对哲学、古诗词和古典文献有很深的造诣。所以，他们有一见如故的感觉。

以后他们两人便经常往来，感到彼此谁也离不开谁了。

他们经常相约去城东面的一片山林去散步，被美丽的山色所陶醉。在这里，他们经常探讨哲学和宗教的问题，但谈得最多的还是中国旧诗。章用说话不多，总愿意静静地听季羡林滔滔不绝地说，脸上浮起神秘的微笑，目光总要从眼镜上边流出来，注视着眼前的空虚处。每次聚谈，章用几乎都是这个样子。只要是季羡林想见他，他都非常高兴。每次约他到小山去散步，他都立刻答应，而且是在非常仓促的情况下穿衣服，穿鞋子，仿佛穿慢了，季羡林会早走了一样。

章用对旧诗是很熟的，写了不少。有一首诗是章用随口吟出来的，其中的两句季羡林还记得：

频梦春池填秀句，每闻夜雨忆联床。

是章用为他们聚谈诗歌有感而发的。还有一首是写在硬纸片上的，章用把它装在一个黄色的信封里，交给季羡林。诗中把季羡林称为诗伯：

空谷足音一识君，相期诗伯苦相熏。
体裁新旧同尝试，胎息中西沐见闻。
胸宿赋才徕物与，气嘘史笔发清芬。
千金敝帚孰轻重？后世凭猜定小文。

尽管季羡林自己说没有作过诗，但是在济南上中学时，就有人把他叫诗人，这次章用又称他为诗伯，可见他对诗词的造诣确实是不浅的。

有了这样一个知心朋友，季羡林在初到哥廷根的时候，得到他不少热情的帮助。陪季羡林奔波全城的是他，到哥廷根大学教务处的是他，到研究所的是他，到市政府的是他，到医生家去的是他，就连帮助办理入学手续、注册选课的，也都是他。他们一块儿去听德国名诗人读诗，一块儿去咖啡馆喝咖啡，一块儿去饭馆吃午饭，一块儿去逛书店，一块儿出去散步，一块儿去参加很多活动。他还是季羡林有些事情的决策人。

后来，一个偶然的机会，季羡林认识了湖南的留学生范禹，他本来是主修自然科学的，但是却学过一年的梵文。当时，季羡林正在为到底学什么犯嘀咕，认识了范禹之后，范禹把自己用过的施滕茨勒所著的一本梵文语法书送给了季羡林。这时，季羡林同章用商量，谈了自己想学梵文的想法，章用听过之后，马上表示支持。在选课中，章用也是起了关键作用的。

可惜的是，到1936年，章用的经济出了问题。他在国内出租土地的收入不够负担他的学费，因为不堪留学费用，又不愿意接受德国朋友的帮助，不得不中辍学业回国。季羡林当时自己也是泥菩萨过河，自身难保，也无法帮助他。只得在市政府的地下餐厅，和田德望一起为他送别。在回国的途中，每到一个停船的地方，他就给季羡林寄一封信。还特意剪了许多报上有关梵文的材料寄过来。他先是在青岛的山东大学担任数学讲师，给季羡林寄来非常长的一封信。隔了些年，来到浙江大学任教，随着该校到了江西。这时给季羡林又寄来一封信，并且附上了他回国以后写的所有的诗，一大卷子。他仿佛预感到自己会不久于人世，赶快把诗抄好，托朋友永远地保存。没有想到，他真的在江西时患了病，去香港就医，不幸在香港病逝。

章用走后，章伯母临时留在这里，季羡林和范禹（龙丕炎）就负担起老太太的生活和照顾的责任。老太太有一种“官家”情结，张口闭口总忘不了说“我们官家如何，你们民家如何”。一次季羡林故意来一次恶作剧，说“你们官家也是用筷子吃饭，用茶杯喝茶吗?”老太太也没有听出来其中的恶意，继续官家民家地说个不休。

老太太回国的时候，季羡林和范禹帮她整理这，整理那，忙活了好一阵子，办理护照，买车票、船票，退房子，忙成一团。这时候，老太太仍然忘不了他的口头禅：“我要告诉你们一件大事!”季羡林在和她接触的一年多时间里，不知听过她说过多少次大事，最终往往老是离不开章士钊。她谈道：章士钊虽贵为总长，但对待妻子却以西方礼仪为准，上汽车为她开门，走路挽她的胳臂，而且满嘴用英文喊“亲爱的”不止。她自己也如同坐在云端里，认为自己是天下最幸福的人。没有想到后来章士钊下了台，他们家落了魄。大儿子章可去意大利就读，三儿子章因到英国就读，而自己和二儿子到了德国，一副惨兮兮的样子了。

他们走后不久，季羡林的经济出了问题。交换期满，没有了奖学金，生活没有着落了。这时章用给他介绍的古斯塔夫·哈隆教授起了关键作用。他是哥廷根大学里汉学研究所的所长。在走投无路的情况下，季羡林遇到了救星。他在《留德十年》中说：

> 所长是古斯塔夫·哈隆教授，是苏台德人，在感情上与其说他是德国人，毋宁说他是捷克人。他反对法西斯，自是意内事。我到哥廷根后不久，章用就带我来看过哈隆。在过去二年内，我们有一些来往，但不很密切。我交换期满的消息，传到了他的耳朵里，他主动跟我谈这个问题，问我愿意不愿意留下。我已是有家归不得，正愁没有办法。他的建议自然使我喜出望外，于是交换期一满，我立即受命为汉文讲师。原来我到汉学研究所来是做客，现在我也算是这里的主人了。
>
> 哈隆教授为人亲切和蔼，比我约长二十多岁。我到研究所后，我

仍然是梵文研究所的博士生，我仍然天天到高斯–韦伯楼去学习，我的据点仍然在梵文研究所。但是，既然当了讲师，就有授课的任务，授课地点就在汉学研究所内，我到这里来的机会就多了起来，同哈隆和他夫人见面的机会也就多了起来。我们终于成了无话不谈的知心朋友，也可以说是忘年交吧。哈隆虽然不会说中国话，但汉学的基础是十分雄厚的。他对中国古代文献，比如《老子》《庄子》之类，是有很高的造诣的。甲骨文尤其是他的拿手好戏，讲起来头头是道，颇有一些极其精辟的见解。他对古代西域史地钻研很深，他的名作《月氏考》，蜚声国际士林。他非常关心图书室的建设。闻名欧洲的哥廷根大学图书馆，不收藏汉文典籍。所有的汉文书都集中在汉学研究所内。购买汉文书籍的钱好像也由他来支配。我曾经替他写过不少的信，给中国北平琉璃厂和隆福寺的许多旧书店，订购中国古籍。中国古籍也确实源源不断地越过千山万水，寄到研究所内。我曾特别从国内订购虎皮宣纸，给这些线装书写好书签，贴在上面。结果是整架的蓝封套上都贴上了黄色小条，黄蓝相映，闪出了异样的光芒，给这个研究所增添了无量光彩。

1939年，哈隆教授受聘到英国剑桥大学当汉学教授，临行前，季羡林和田德望在市政府的地下餐厅为他饯行。他郁郁不得志，在学校里得不到重视，朋友也不多，在哥廷根大学这么多年，真正的朋友，只有季羡林和田德望两个中国人。

哈隆教授走后，季羡林一直在汉学研究所当讲师，直到后来回国。回国之前，哈隆教授把季羡林推荐给英国剑桥大学，该校准备聘请季羡林去那里当教授。只是回国以后因为家庭的问题，看到了家庭中的真实情况比自己在国外时想象得还要糟糕，便立即决定，没有忍心再去欧洲。

1936年章用离开德国先到设在青岛的山东大学当讲师，待遇极低。到德国后，给季羡林的明信片中有一首诗："八年未见海，一见心开怀"，表达自己的心情。后来章用给季羡林诗作表示：

越鸟南枝剧自伤，未能反哺累萱堂。
巢倾馀羽归飞日，客树回看成故乡。
美林吾兄郢政，弟用未是草。

1937年经苏步青推荐，章用任浙江大学数学系教授。时抗战已经开始，浙江大学西迁，在建德，敌机轰炸，学生问章先生："警报响了，老百姓都躲飞机去了，还上课吗？"章答道："怎么不上课？""黑板挂哪里？""挂我的胸前！"章先生虽然过惯了优越的生活，可他随浙大西迁时，居然自己挑行李与学生步行。向达回忆说：有一次章用从俞大维那里借到一部1607年版的《几何原本》，在回杭州的路上，正碰上八一三淞沪之战日本飞机的轰炸，"他什么也顾不得了，手里只抱着那部借来的《几何原本》紧紧不放"。同样在哥廷根大学留学的力学专家刘先志教授在病危的情况下，在医生陪同并把氧气瓶放在桌上准备随时抢救的情况下，主持讲座开幕式并一再违背医嘱不准超过10分钟的规定作了一个小时的讲话，这都是与哥廷根大学学术彻底性影响有关。

如果用今天的标准，章士钊的二儿子章用可以确定为数学家。但是实际上，章用虽然英年早逝，死时不到而立之年，却是个通才，涉及的领域是跨学科的，而且相当有成就。数学家钱宝琮的一首长诗赞章用："食贫安澹泊，虚名等画饼。自识紫芝颜，三岁逝俄顷。学古有同调，焉用相汲引……胸中无俗尘，落笔宋人境。"

章用到浙大后，诗才也充分显露。1937年，在浙江大学中文系任教授的钱基博与浙大同仁创办《国命旬刊》。章用南来所遇，得诗四首，载《国命旬刊》第二期，其中《松江遇险》（民国廿六年九月八日十二时二十分）：

目击鲋来逃已非，胆寒鹰隼俯临威。
戴盆尺五杞人坠，斫地周三禹壤飞。
沟壑骨收尸待毙，云山鹿梦鬼先归。
无端铳响连珠发，猿鹤虫沙任一挥。

另外一首：

身分鲸鲵天独赦，绝缨子路予何人。
是非今昨殊疑信，夷险存亡迷幻真。
亲旧梦前无定骨，驿亭镜里乱离身。
动心忍性犹应及，斫鼻挥斤好敛神。

1938年春，浙大内迁到江西泰和，马一浮也一改过去拒绝的态度应邀来此任教，在西迁途中，马一浮和章用两先生十分投契。浙大同仁宴请马一浮，也邀请章用作陪。用张中行先生的话说，马一浮“与古人为伍”，“对于宋明理学、佛学，尤其禅宗，马先生在同行辈的学者中，造诣都是首屈一指。”（张中行《负暄琐话·马一浮》）这和章用“学古有同调，焉用相汲引”“胸中无俗尘，落笔宋人境”完全一致，所以马一浮和章用相差29岁，却与他一见如故，引为同调，成为至交。马一浮深慕章用的才学，书赠章用一联：

禽鱼各翔泳，文翰亦纵横。

可惜时间不长，章用患肺结核，不得不去香港治病。在香港时，章用与史学家向达有交往，向达对章用印象极深，说他数学之外，“对于明清之际天主教的历史也有很深的认识”。（《怀章俊之》）

章用1939年12月16日病故于香港九龙。

4. 职业翻译家田德望

田德望1909年7月生于河北省顺平县一个农民家庭，1931年清华大学西洋文学系毕业，1935年清华大学研究院外国语文研究所毕业。之后在1937年获意大利佛罗伦萨大学文学博士学位，1938年德国哥廷根大学进修德国文学，实际上是学波斯语。1939年回国。

在清华大学读书时，季羡林与田德望的来往就比较多。他们之间互相串门，经常在一起交谈。有一次在洗澡时遇到他，季羡林邀他到自己的室内一谈。后来在田德望屋里，他看到《荷马语法》，被吸引住，季羡林也想去买一本。他本来对希腊文就有很大的兴趣，以为希腊文学是人的文学。他们对艾克教授都很尊敬，经常一起去拜访艾克。还一起请艾克吃饭，也被艾克宴请。有一次，他们两人在校内的西北院请艾克，菜是东记做的，还不坏。吃完了饭，又到合作社去喝柠檬水。那时候，田德望正在准备出国留学。在他出国之前艾克在自己家里请他们两人吃饭，聊了好长时间。饭后，他们沿着什刹海到北海公园坐在五龙亭喝茶，一边观赏雨景。

在德国哥廷根大学时，田德望是季羡林的好朋友之一，和章用一样，是来往比较多的。而且他正好是在章用回国以后来到德国的，因此填补了因为离别章用而形成的朋友空缺。他们经常和哈隆教授在一起，哈隆教授到英国剑桥大学任教，离开哥廷根的时候，季羡林和他到市政府地下餐厅为哈隆教授饯行。哈隆教授以极其低沉的声调对他们说，他在哥廷根这么多年，真正的朋友只有季羡林和田德望两人。尤其是田德望的房东是迈耶家，而迈耶家的大小姐伊姆加德是季羡林在德国最亲密的朋友之一，如果没有他，季羡林很可能就没有机会和迈耶家相识。

在哈隆走后不久，田德望在德国进修完之后，也回国了。他先后在浙江大学、武汉大学任职，1948—1986年任北京大学西方语言文学系教授。1986年退休，2000年10月6日在京逝世。

学界泰斗

一、受聘北大

1. 北大校长胡适

胡适（1891—1962），字适之。祖籍安徽徽州地区，生于上海大东门外。他原名洪骍、嗣糜，因读严复译著的《天演论》而改名适，字适之。1910年他考取官费留美学生资格，进入康奈尔大学读书，初学农学，后转入文学院，1915年又到哥伦比亚大学研究院哲学系师从杜威攻读博士学位。

1917年回国后，胡适在《新青年》上发表《文学改良刍议》一文，主张用白话文取代文言文，掀起了轰轰烈烈的白话文运动，并提出了一系列崭新的、系统的文学观念，这一运动不仅推动了中国文化向现代阶段的发展，而且对促进民族意识的觉醒、促进民族思维方式的转变起了极为重要的作用。五四运动爆发后，知识界出现了研究评价中国文化的新思潮，胡适在评估中华文明的同时也进行着他的“整理国故”的工作，既有对中国文化史的研究，也有大量对文献的考证、训诂、校勘等工作，并提出了后来被广为流传的治学方法“十字真言”：“大胆的假设，小心的求证”。

1917年暑假后，北大校长蔡孑民先生请他到北大做教授。那时候，蔡先生虽然提出了兼容并包的办学方针，但实际上弥漫在北京大学的学术气氛仍然是以保守势力占优势。好多人对于从外国回来的留学生，特别对于提倡白话文、年仅26岁的胡适是抱着极大的怀疑态度，甚至是瞧不起的。

当时讲授中国古代文学史和文字、音韵等课程的刘师培和黄季刚等人，在教员休息室内造成一种气氛，总是对新派的学人和学说极尽非议和轻蔑之能事。胡适的白话诗中有两句是“黄蝴蝶，双双飞上天”，因此黄季刚等人就把胡戏称为“黄蝴蝶”。

据冯友兰回忆：当时中国文学门的名教授是黄侃（季刚）。那时桐城派古文已经不行了，代之而起的是章太炎一派的魏晋文（也可以称为“文选派”，不过和真正的“文选派”还是不同，因为他们不作四六骈体）。黄侃自命为风流人物，玩世不恭，在当时及后来的北大中传说他的轶闻轶事，我也不知道是真是假。比如说，他在北京，住在吴承仕（简斋）的一所房子中，他俩本来都是章太炎的学生，是很好的朋友，后来不知怎么闹翻了，吴承仕叫他搬家，黄侃在搬家的时候，爬到房梁上写了一行大字：“天下第一凶宅”。又比如说，他在堂上讲书，讲到一个要紧的地方，就说，这里有个秘密，专靠北大这几百块钱的薪水，我还不能讲，你们要我讲，得另外请我吃饭。又比方说，黄侃有个学生，在“同和居”请客，他听见黄侃在隔壁一个房间说话（原来黄侃也在请客）就赶紧过去问好，不料黄侃对他批评起来，这个学生所请的客已经到齐了，黄侃还不让这个学生走，这个学生心生一计，就把饭馆的人叫来交代说，今天黄先生在这里请客，无论花多少钱都上在我的账上，黄侃一听，就对那个学生说，好了，你走吧。冯友兰先生自己对这种传说也不知真假，但是从这里可以看出黄侃这样的老先生是不好对付的。

而据沈从文的回忆，辜鸿铭来北京大学讲学时，穿了件细色小袖绸袍，戴了顶青缎子加珊瑚顶瓜皮小帽，系了根蓝色腰带。最引人注意的是背后拖了一根细小焦黄的辫子。老先生一上堂，满座学生即哄堂大笑。辜先生却从容不迫地说，你们不要笑我这条小小尾巴，我留下这并不重要，剪下它极容易。至于你们精神上那根辫子，据我看，想去掉可很不容易！因此只有少数人继续发笑，多数可就沉默了。

面对这样的保守阵势，胡适不示弱，他自强不息，在他所担任的中国哲学史这一课堂上，能够吸引大量的具有深厚旧学根底的学生去选听这门课程，造成了能够与旧派人物相抗衡的气势。

北大校刊载登了一篇署名毛准（即毛子水）的文章，是从文字学、音韵学等方面解释《诗经》当中的某一篇。这篇文章深得胡适的赞赏，胡适打听出作者是一个数学系的学生，这使胡适感到十分惊诧。毛子水先生因此得到了胡适的赏识，此后，便经常出入于胡家，后来毛子水到德国留学，学习地理，回国后又到北大任教，并兼任图书馆长。这时胡适正做文学院长，他仍然经常是胡家的座上客，以至有人把毛子水戏称为“胡宅行走”。

当时还是学生的傅斯年和胡适的关系起初本来是有点对立的。傅斯年在北京大学原是国文部的学生，他对于文史哲具有深厚根底，本来是黄季刚先生的得意门生。其人才华横溢，知识渊博，对于留美归来的胡适先生居然讲授中国古代哲学史的课程，是以轻蔑的态度看待的。他是国文部的学生，但不去听胡适给哲学系学生开的课。而和他同住的顾颉刚听胡适的哲学史大纲课程之后，感到非常满意。因此，他就拉了傅斯年也去听课。同样是在听了几次讲课之后，也同样感到非常满意。于是后来渐服膺于胡适先生和陈独秀先生等新派人物的主张。在这之前，陈、胡也早已知道傅是黄季刚的得意门生，有一次国文部的学生上书给文科学长陈独秀，要驱走一位教师，文章写得很好。学生说是傅斯年所写，陈独秀则认为一定是另有教授在背后。因此，把傅叫来，当面命题，令其应度。傅把文章写成之后，很得陈的赏识。陈知道傅确是一个名副其实的高材生。然而当傅从黄门转到胡和他的门下时，经过缜密的观察，才深信傅的这一转变确乎是出于思想的转变。

再以后，傅斯年和罗家伦就成为学生中新派的代表人物，由他们主编的《新潮》杂志（主要作者是学生）得到了鲁迅和周作人等人的支持，与陈独秀主编的《新青年》成为五四时期传播新思潮的最风行的刊物。从此以后，胡、傅二人之间逐渐地突破了师生的关系而成为交谊至深的师友关系。

到了20世纪30年代初期，胡适、傅斯年、翁文灏、丁文江、蒋廷黻诸先生共同编刊了《独立评论》，印刷、出版、发行等费用全由他们个人出资支付。他们在这个刊物上随时发表各自的学术观点和政治观点。

在清华上学期间，季羡林就认识了胡适，听过胡适的演讲。那是在1932年10月3日，胡适讲的题目是文化冲突的问题。胡适说，中国文明是唯物的，不能胜过物质环境。西洋文明是精神的，能够胜过物质环境。普通所谓西洋物质、东洋精神是错的。西洋文明侵入中国，有的被接受了，有的不被接受，是部分的冲突。中国虽然享受西洋文明，但是总觉得自己背后的精神文明可以自傲，老是觉着自己足够好，其实并不是。这次讲演，胡适的态度和声音都是很好的。但是季羡林觉得他为时间所限，帽子太大，匆匆收场，没有系统。当时对胡适的感觉是觉得他浅，无论读他的文字，还是听他的说话。但是他也承认胡适的眼光远大，常常站在时代前面。学校图书馆里的《新月》杂志，上面有胡适的《四十自述·我怎样到外国去》。季羡林读了以后，改变了以前对胡适的认识。以前他觉得胡适的家庭一定很阔，但是读了这篇东西，才知道他做学生的时候，其家境也够他受的。

抗日战争爆发之后，胡适做了驻美大使，他在美国的一些外交活动，蒋介石政府许多上层人物是不满的。后来，蒋介石便派了宋子文去美国做特使，致使大使的职权被剥夺了大半。这时候，傅斯年是国民参政会的参政员，他经常在参政会上“放大炮”：时而弹劾孔祥熙，时而又和蒋介石的嫡系人物展开论辩。而对于胡适的声誉他却一直备加维护。绝不许别人作任何带有贬义的评论。他向人宣称：别人都不配斥责胡适之，只有我一个人有此资格。其实。他对胡先生也从无贬抑之词。

抗日战争胜利之后，宋子文任行政院长，把原任北大校长的蒋梦麟也拉进行政院去。教育部公布胡适继任北大校长。胡当时虽早已卸任驻美大使，但仍留居美国纽约，在华美协进社搞学术研究。所以教育部在公布胡任北大校长的同时，也公布了傅斯年做代校长。傅代理此职时，向人表示，只有做代理校长，等到胡回国之日，才能顺利地把校长职务交予胡先生。倘是别人，就怕要在代理期另作策划，由代理而转成正式校长。

傅斯年在代理期间，关于聘请教员，特别是文科各系教员的事，有时并不与胡相商，即自作主张，事后胡也从无异议。从《胡适往来书信集》看来，当时傅反对罗常培再任北大中文系主任，而胡后来果然就自己兼了中文系主任。所谓“心有灵犀一点通”者，用在他们两人身上，大概再切合不过了。

胡适1946年7月底飞回北平。在他任北大校长就职的欢迎会上，清华等校的代表也参加了。冯友兰先生在发言时说：“胡先生出任北大校长，是一件应乎天而顺乎人的事，就全国范围来讲，再没有比胡先生更合适的人选了。”这话在当时是很有代表性的。胡适在致词中曾说道：“我在抗日战争期间，对于国家的贡献，实甚微末，虽然做了几年的驻美大使，但是没有替国家借过一文钱，买到一支枪，甚感惭愧。”在这种谦逊的措词背后，未尝不寓有自负清高之感。胡适对于北大文科各系的作风也有不满之处。他兼任了中文系主任之后，他曾向人表示，他很想把中文系某些教师的繁琐考证风气加以扭转，使他们能做到他所主张的“大处着眼，小处下手”。

他任校长后，碰到的第一次学潮，就是因为北大先修班的一位女生沈崇被美国大兵污辱而引起的抗暴运动。在北平的大学生为此举行第一次大游行时，胡适刚从南京回到北平，他这时一方面尽力安抚学生，劝说他们不要上街示威游行；另一方面，也作为受害女学生的代表人，亲自出席法庭，控诉美国大兵的野蛮行径。后来由司法部门应美方要求把这一案件转移到美国去审理。胡适当时曾向人说，这将是对美国司法部门的一次考验。但事实上，美国那个大兵后来被判定为“无罪释放”，胡先生也无可奈何了。

胡适兼任北大文学院长时期进行了几项改革。一项改革是规定文科诸系的新生都必须修习科学概论、哲学概论和中国通史。负责组织这三门公共必修课的系主任，都须先作一番通盘考虑，定出全年的教学计划，然后按照每次的课题邀请著名学者来校讲授。例如中国通史的安排是，第一次讲史学研究方法导论，是邀请傅斯年讲授的；第二次讲中国的考古学，是邀请李济讲授的。对于科学概论，也是分学科邀请著名教授来校讲授，请丁文江讲地质学的方法导论，请江泽涵讲数学的方法导论等。哲学概论则由张颐、贺麟、金岳霖诸先生讲授。

在胡适任北大校长期内，南京政府统治下的局势动荡不安，各地的学生运动风起云涌。胡出任北大校长以后，他认为凭借他自身的威望，可以起到坐镇北方教育界的作用。每当北大或北平的其他高校学生因从事学运而被捕时，他无不竭力加以营救。就他的立场来说，他当然不是为了要维护革命势力，而只是反对国民党政府的这种高压政策，认为这样做会适得其反，更要激起学生的愤怒，惹更大的乱子。但是，蒋介石对于这一点并不理解，所以前后有几次要把胡拉到南京去做官。例如，有一次是要他去做南京政府委员。在南京的傅斯年写信给胡，力主他应断然拒绝。不幸的是，胡适之出任北大校长，真所谓“奉命于危难之间”，当时的南京政府军政大员对于北平之能否保得住，都已经失掉信心，怎还肯来赞助这一计划使之实现呢？胡在担任北大校长期间，曾屡次向人表示说：“蔡孑民任北大校长期内，修建了一座红楼；蒋梦麟任北大校长期内，修建了一座图书馆；我在做校长期内，总也应当为北大修建一座值得永远纪念的建筑物，我是想能修建一座礼堂。”可惜他的这个愿望没有实现。

当时的北大精兵简政，只有一个校长，没有副校长。在校长之下，设教务长统管全校的科研和教学；设一个秘书长，总管全校的行政，包括后勤。然后是六个学院的院长，总共才有九个人，就把全校的行政管理得有条不紊。胡适先生任命的秘书长是郑天挺，他是著名的清史专家，蜚声士林。沙滩孑民堂前的一个小院子，是北大的行政办公的地方。东屋西屋都是不过十几平方米的房间。东屋是校长办公室，西屋是秘书长办公室。平常校长胡适不在，校务就由郑天挺主持，担子相当重。上万名学生和众多的教职员工，吃、喝、拉、撒、睡，工作头绪非常繁杂，但郑天挺都是处理得头头是道。秘书长的衙门很高，但是郑天挺对师生从来都是满面春风，笑容可掬，从来不打官腔，不推委扯皮。

在胡适当校长期间，提倡自由的学术气氛，教师的学术观点可以自由表达，性情也可以自由发泄。在北大的教授中，很有一些有特性的学者。比如废名（冯文炳）和熊十力先生都是天真的性情中人，他们的喜怒哀乐有时候会非常淋漓地发泄，完全自然不加约束地发泄。季羡林特别注意了废名和熊十力先生的真性情的自然发泄。废名和熊十力都住在北大沙滩旁边，住在松公府后院。两家的门正好相对，两人常因对佛教的看法不同而争吵。有一次，两人吵得很厉害，可吵着吵着，忽然没有声音了。大家都很奇怪，阴法鲁走去一看，原来两个人互相卡住了对方的脖子而发不出声音了。

第二次世界大战结束后，陈寅恪先生把季羡林推荐给了当时的北大校长胡适之先生，于是一个30多岁的毛头小伙子，当上了北大教授兼东方语文系主任。作为系主任，季羡林要向校长请示汇报工作，所以接触就多了。1947年，《山东新报》的《国学周刊》由胡适亲笔题词，而主编就是季羡林。最难能可贵的是，胡适待人亲切和蔼，见什么人都是典型的“我的朋友”式的笑容，对教授、职员、学生、工友都是这样。从来没见过他摆当时颇为流行的名人架子、教授架子，而且胡适还非常体贴、细心。季羡林到校不久，去领工资，恰恰忘记带印章。本来他自己有不少印章，自己还对治印非常感兴趣，刻过几枚印章，其中有自己的篆字印章，还有在1929年和彭德华结婚的时候，因为庄准卿先生给画了一幅牡丹和一对白头翁做贺礼，而季羡林则投桃报李，刻了一枚“老准”的印章回赠。胡适得知季羡林没带印章，悄悄派人到王府井给季羡林刻了一枚象牙印章。这枚印章，是季羡林一生中最喜欢的印章之一，使用的次数最多。

胡适是非常懂得幽默的，他绝不老气横秋，而是活泼有趣。有一次召开教授会，杨振声先生新收一幅名贵的古画，为了想让大家共同欣赏，他把画带到了会上，打开铺在一张极大的桌子上，大家都啧啧称赞。这时胡适猛然站起来，走到桌前，把画抢过去，卷了起来，做纳入袖中状，引得满堂大笑，喜气洋洋。

胡适作为一介书生，一生处于矛盾之中。他以青年暴得大名，誉满士林。但季羡林觉得他一生处在一个矛盾中，一个怪圈中：一方面是学术研究，一方面是政治活动和社会活动。他一生忙忙碌碌，倥偬奔波，作为一个“过河卒子”，勇往直前。不知道，他自己是否意识到身陷怪圈。季羡林觉得，不管胡适自己如何定位，他一生毕竟是一个书生，说不好听一点就是一个书呆子。

一次，在北京图书馆开评议会。会议开始时，胡适匆匆赶到，声明还有一个重要会议，他要早退席。没有想到，会议开着开着就走了题，有人忽然谈到《水经注》。一听到《水经注》，胡适立即精神抖擞，口若悬河。早就忘了另一个重要的会议了。一直到散会，他也没有退席，而且兴致极高，大有挑灯夜战之势。从这样一个小例子中不可以小中见大吗？

1948年前后，季羡林得知老师陈寅恪冬无取暖费，欲卖藏书，但这么多珍贵的书籍流失在外却可惜。季羡林便去见北大校长胡适。胡适最尊重最爱护确有成就的知识分子。当年他介绍王静庵先生到清华国学研究院去任教，一时传为佳话。寅恪先生在《王观堂先生挽词》中有几句诗："鲁连黄鹞绩溪胡，独为神州惜大儒。学院遂闻传绝业，园林差喜适幽居。"讲的就是这一件事。胡适对季羡林说："陈先生的问题一定要解决。陈先生需要多少钱？"季羡林说："两千大洋就够了。"胡适便叫季羡林乘上他的专车去陈家，将那些藏书拉到北大图书馆。陈先生做学问照样可以取用。这年过冬，也就付了取暖的钱。

在将近三年的时间内，季羡林在适之先生和锡予（汤用彤）先生领导下学习和工作，度过了一段毕生难忘的岁月。他同胡适先生，虽然学术辈分不同，社会地位悬殊，想来接触是不会太多的。但是，实际上却不然，他们见面的机会非常多。他那一间在孑民堂前东屋里的狭窄简陋的校长办公室，季羡林几乎是常客。作为系主任，他要向校长请示汇报工作，他主编报纸上的一个学术副刊，季羡林又是撰稿者，所以免不了也常谈学术问题，最难能可贵的是他待人亲切和蔼，见什么人都是笑容满面，对教授是这样，对职员是这样，对学生是这样，对工友也是这样。从来没见他摆当时颇为流行的名人架子、教授架子。此外，在教授会上，在北大文科研究所的导师会上，在北京图书馆的评议会上，他们也时常有见面的机会。季羡林作为一个年轻的后辈，在他面前，绝没有什么局促之感，经常如坐春风中。

这时候，印度总理尼赫鲁派印度著名学者师觉月博士来北大任访问教授，还派来了十几位印度男女学生来北大留学，这也算是中印两国间的一件大事。适之先生委托季羡林照管印度老少学者。他本人多次会见他们，并设宴为他们接风。师觉月作第一次演讲时，胡适亲自出席，并用英文致欢迎词，讲中印历史上的友好关系，介绍师觉月的学术成就，可见他对此事之重视。

胡适在美国留学时，忙于对西方，特别是对美国哲学与文化的学习，忙于钻研中国古代先秦的典籍，对印度文化以及佛教还没有进行过系统深入的研究。据说后来由于想写完《中国哲学史》，为了弥补自己的不足，开始认真研究中国佛教禅宗以及中印文化关系。季羡林自己在德国留学时，忙于同梵文、巴利文、吐火罗文以及佛典拼命，没有余裕来从事中印文化关系史的研究。回国以后，迫于没有书籍资料，在不得已的情况下，开始注意中印文化交流史的研究。在新中国成立前的三年中，只写过两篇比较像样的学术论文：一篇是《浮屠与佛》，一篇是《列子与佛典》。第一篇讲的问题正是适之先生同陈援庵先生争吵到面红耳赤的问题。季羡林根据吐火罗文解决了这个问题。俩老他都不敢得罪，只采取了一个骑墙的态度。季羡林想，适之先生不会不读到这一篇论文的。季羡林到清华园读给老师陈寅恪先生听。蒙他首肯，介绍给地位极高的《中央研究院史语所集刊》发表。第二篇文章，写成后季羡林拿给适之先生看，第二天他就给季羡林写了一封信，信中说："《生经》一证，确凿之至!"可见他是连夜看完的。他承认了季羡林的结论，对季羡林无疑是一个极大的鼓舞。

1948年12月中旬，是北京大学建校50周年的纪念日。此时解放军已经包围了北平城，然而城内人心并不惶惶。季羡林记得作为校长的胡适满面含笑，作了简短的讲话，只有喜庆的内容，没有愁苦的调子。简短的仪式完毕后，胡适辞别大家，登上飞机，飞赴南京去了。从此以后，季羡林同胡适便天各一方，分道扬镳，"世事两茫茫"了。

胡适在南京也没能呆多久，"百万雄师过大江"以后，他也逃往台湾。后来又到美国去住了几年，并不得志，往日的辉煌犹如春梦一场，已不复存在。后来又回到台湾。最初也不为当局所礼重。往日总统候选人的迷梦，也只留下了一个话柄。日子过得并不顺心。他毕竟是一书生，一直迷恋于《水经注》的研究如醉如痴，此时又得以从容继续下去。他的晚年可以说是差强人意的。可惜仁者不寿，猝死于宴席之间，死后哀荣备至。"中央研究院"为他建立了纪念馆，包括他生前的居室在内，并建立了胡适陵园，遗骨埋葬在院内的陵内。

季羡林曾几次提起胡适的为人和贡献，说对其人的很多评价都是不公的。1999年到台湾，他专程去谒胡适之墓。十几年以前季羡林撰文为胡适辩解，是把尊师与重道结合在一起的。1999年到台湾以后，在大会上听到主席李亦园院士的讲话，中间他讲到，适之先生晚年任中央研究院院长时，在下午饮茶的时候，他经常同年轻的研究人员坐在一起聊天。有一次，他说：做学问应该像北京大学的季羡林那样。季羡林乍听之下，百感交集。适之先生这样说一定同上面两篇文章有关，也可能同他们分手后十几年中季羡林写的一些文章有关。这说明，适之先生一直到晚年还关注着自己的学术研究。知己之感，油然而生。

在政治方面，众所周知，适之先生是不赞成共产主义的。但是，也不应忘记，他同样也反对三民主义。季羡林认为，在他的心目中，世界上最好的政治就是美国政治，世界上最民主的国家就是美国。这同他的个人经历和哲学信念有关。他们实验主义者不主张什么“终极真理”。而世界上所有的“主义”都与“终极真理”相似，因此他反对。他同共产党并没有任何深仇大恨。他自己说，他一辈子没有写过批判共产主义的文章，而反对国民党的文章则是写过的。

有两件季羡林亲眼看到的小事。新中国成立前夕，北平学生动不动就示威游行，比如“沈崇事件”、反饥饿反迫害等，背后都有中共地下党在指挥发动，这一点是人所共知的，适之先生焉能不知！但是，每次北平国民党的宪兵和警察逮捕了学生，他都乘坐他那辆当时北平还极少见的汽车，奔走于各大衙门之间，逼迫国民党当局非释放学生不行。为了同样的目的，他还亲笔给南京驻北平的要人写信。据说这些信至今犹存。

季羡林个人觉得，这已经不能算是小事了。

另外一件事是，有一天季羡林到校长办公室去见适之先生。一个学生走进来对他说：昨夜延安广播电台曾对他专线广播，希望他不要走，北平中华人民共和国成立后，将任命他为北大校长兼北京图书馆的馆长。他听了以后，含笑对那个学生说：“人家信任我吗?”谈话到此为止。这个学生的身份他不能不明白。但他不但没有拍案而起，怒发冲冠，态度却依然亲切和蔼。小中见大，这些小事都是能够发人深思的。

季羡林认为，最令自己钦佩，最使自己感动的是他毕生奖掖后进。“平生不解掩人善，到处逢人说项斯。”他正是这样一个人。这样的例子是举不胜举的。胡适对青年人一向鼓励提挈。20世纪40年代，他在美国哈佛大学遇到当时还是青年的学者周一良和杨联升等，对他们的天才和成就大为赞赏。后来周一良回到中国，倾向进步，参加革命，其结果是众所周知的。杨联升留在美国，在二三十年的长时间内，同适之先生通信论学，互相唱和。在学术成就上也是硕果累累，名扬海外。周的天才与功力，只能说是高于杨，虽然在学术上也有所表现，但是，格于形势，不免令人有未尽其才之感。

季羡林同适之先生在孑民堂庆祝会上分别，从此云天渺茫，天各一方，再没有能见面，也没有能互通音信。季羡林怀着绝对虔诚的心情，向往光明，向往进步。觉得自己真正站起来了，大有飘飘然羽化而登仙之感，有点忘乎所以了。最初从一个喊什么人万岁都有点忸怩的低级水平，一踏上“革命”之路，便步步登高，飞驰前进；再加上天纵睿智，虔诚无垠，全心全意，投入造神运动中。常言道："众人拾柴火焰高。"大家群策群力，造出了神，又自己膜拜，完全自觉自愿，绝无半点勉强。对自己则认真进行思想改造。原来以为自己这个知识分子，虽有缺点，并无罪恶；但是，经不住社会上根红苗壮阶层的人士天天时时在你耳边聒噪："你们知识分子身躯脏，思想臭！"西方人说："谎言说上一千遍就成为真理。"此话就应在知识分子身上，积久而成为一种"原罪"感，怎样改造也没有用，只有心甘情愿地居于"老九"的地位，改造，再改造，直改造得懵懵懂懂，"两涘渚崖之间，不辨牛马。"然而涅槃难望，苦海无边，而自己却仍然是膜拜不息。通过无数次的运动，一直到十年浩劫，自己被关进牛棚，被打得一佛出世，二佛升天，皮开肉绽，仍然不停地膜拜，其精诚之心，真可以惊天地、泣鬼神。改革开放以后，自己脑袋里才裂开了一点缝，"觉今是而昨非"，然而自己已快到耄耋之年，垂垂老矣，离鲁迅在《过客》一文讲到的长满了百合花的地方不太远了。

至于适之先生，他离开北大后，到了1954年，从批判俞平伯先生的《红楼梦研究》的资产阶级唯心论起，批判之火终于烧到了适之先生身上。这是一场缺席批判。适之远在重洋之外，坐山观虎斗。即使被斗的是他自己，反正伤不了他一根毫毛，他乐得怡然观战。他的名字仿佛已经成一个稻草人，浑身是箭，一个不折不扣的"箭垛"，大陆上众家豪杰，个个义形于色，争先恐后，万箭齐发，适之先生兀自岿然不动。季羡林当时幻想，这一定是一个非常难得的景观。在浪费了许多纸张和笔墨、时间和精力之余，终成为"竹篮子打水，一场空"，乱哄哄一场闹剧。

适之先生于1962年猝然逝世，享年已经过了古稀，在中国历代学术史上，这已可以算是高龄了，但以今天的标准来衡量，似乎还应该活得更长一点。中国古称"仁者寿"，但适之先生只能说是"仁者不寿"。当时在大陆上"左"风犹狂，一般人大概认为胡适已经是被打倒在地的人，身上被踏上了一千只脚，永世不得翻身了。这样一个人的死去，有何值得大惊小怪！所以报纸杂志上没有一点反应。季羡林自己当然是被蒙在鼓里，毫无所知。十几二十年以后，脑袋里开始透进点光的时候，季羡林越想越不是滋味，曾写了一篇短文：《为胡适说几句话》，但是连"先生"二字都没有勇气加上，可是还有人劝他以不发表为宜。文章终于发表了，反应还差强人意，至少没有人来追查他，他心里一块石头落了地。1999年3月26日，应圣严法师邀请由郝斌等陪同到达台北，参加台湾法鼓人文社会学院召开的"人文关怀与社会实践系列——人的素质学术研讨会"，27日直接到法鼓山参访。早晨，也来到台北故宫博物院山溪堂，眺望远山绿景环绕，与83岁的北京国家图书馆长任继愈，嗑起花生闲坐，寻人间一处静谧。29日至31日一连三天在台北图书馆举行会议，29日上午9时半举行开幕典礼，“法鼓大学校长曾济群一一介绍与会贵宾，其中当介绍来自大陆北京、中国人文学泰斗季羡林先生时，88岁的季老神采奕奕地向大会挥手致意，一时之间现场响起温馨的掌声。”为大会主讲的题目是《关于人的素质几点思考》，把人文关怀的层次分析成“人与自然”“人与人”及“人自己的思想情感处理”等三种关系，并表示如果这三种关系处理得当，人就幸福愉快，否则就痛苦。会议间隙拜谒胡适墓、傅斯年墓，分赠蔡德贵著、山西古籍出版社出版的《季羡林传》给朋友们；在拜谒胡适墓时，郝斌跟在他后头。季老上前就恭敬地朝着胡先生的墓地三鞠躬，然后回头对跟在后面的郝斌说：“鞠躬。”语气很严厉，容不得半点商量。这在季是很少有的。郝斌于是也鞠躬完毕。回大陆以后，季羡林很快写出《站在胡适之墓前》的著名散文，表达了对这位并没有给他上过课的恩师的感激之情。

改革开放之风吹绿了中华大地之后，知识分子的心态有了明显的转变，身上的枷锁除掉了，原罪之感也消逝了。被泼在身上的污泥浊水逐渐清除了，再也用不着天天夹着尾巴过日子了。这种思想感情上的解放，大大地提高了他们的积极性，愿意为祖国的繁荣富强贡献自己的力量。出版界也奋起直追，出版了几部《胡适文集》。安徽教育出版社雄心最强，准备出版一部超过两千万字的《胡适全集》。可是季羡林万万没有想到，主编这一非常重要的职位，出版社竟垂青于自己。他自谦不是胡适研究专家，因此诚惶诚恐，力辞不敢应允。但是出版社却说，现在北大曾经同适之先生共过事而过从又比较频繁的人，只剩下他一个人了。铁证如山，季羡林只能“仰”（不是“俯”）允了。他也想以此报知遇之恩于万一。他写了一篇长达一万七千字的总序，副标题是《还胡适以本来面目》。意思不过是想拨乱反正，以正视听而已。不久，又有人邀他在《学林往事》中写一篇关于适之先生的文章，理由同前，他也应允而且从台湾回来后抱病写完。这一篇文章的副标题是《毕竟一书生》。原因是，前一个副标题说得太满，但是哪里有能力还适之先生以本来面目呢？后一个副标题是说自己对适之先生的看法，是比较实事求是的。

2.“大炮”傅斯年

1946年，季羡林经陈寅恪先生的推荐，胡适校长、傅斯年代校长、汤用彤文学院长联合聘请季羡林为北京大学东方语文系教授兼系主任。

季羡林得知了被北京大学聘用的消息，1946年5月，从德国经过半年多的海上漂泊终于抵达上海。旋赴南京，与老同学李长之重逢，经李长之介绍，结识散文家和著名学者梁实秋，并见到了老乡、诗人臧克家。在南京拜谒了清华时期的恩师陈寅恪，后又拜见正在南京的北京大学代理校长傅斯年。这是位对自己有大恩大德的知名人物。

季羡林和傅斯年算是山东聊城老乡。在这次拜见以前，在清华时，季羡林见过他一面。后来知道了许多傅斯年的传说。

因为他长得胖，朋友们叫他“傅胖子”。又因为他在参政会上持续向皇亲国戚孔祥熙、宋子文们宣战，世人誉他“傅大炮”。傅斯年的信条是林则徐的两句诗：“苟利国家生死以，岂因祸福避趋之？”听说他是唯一敢在老蒋面前跷起二郎腿说话的人，甚至在一份蒋介石为孔祥熙说情的绝密件的“委座”名侧，大笔一挥批道：“不成话。”

傅斯年（1896—1950），初字梦簪，后以孟真为字。家世颇显赫，祖上傅以渐是清朝首位状元，荣登宰辅，故聊城的傅宅被称为“相府”。其父傅旭安系光绪二十年的举人，曾任山东东平县龙山书院山长，英年早逝。时傅斯年9岁，由祖父傅淦（李鸿章、丁宝桢出其门下）蓄意栽培。傅淦执意把传统的伦理观念、文人气节和做人的道理授之于孙辈傅斯年、傅斯岩兄弟。他们从祖父所得“尽是忠孝节义”。后来傅斯年给自己的儿子取名为“仁轨”，是因为他特别佩服中国唐朝时第一个在朝鲜对日本兵打歼灭战的刘仁轨。其民族精神之根深蒂固，可见一斑。

傅斯年5岁进私塾，10岁入聊城东昌府立小学堂，11岁读完《十三经》，成了当地出口成章、下笔成行的有名神童。他12岁离开故土，考入天津府立中学堂。1913年以优异成绩考入北大预科乙部（经史），与顾颉刚、沈雁冰、俞平伯、毛子水同窗。1916年升入本科国文门。在胡适的影响下，傅斯年投入到新文化运动中去。1918年傅斯年与罗家伦、毛子水创办《新潮》杂志，担纲主编，胡适做顾问。宗旨是批评精神、科学主义和革命的文词。蔡元培校长大力支持，月拨2000元做经费。1919年元旦创刊，傅斯年执笔的“发刊旨趣书”宣称今日的北京大学，已经“脱弃旧型入于轨道”，不再是培养“一般社会服务之人”，而是以“培植学业”发展学问为目的。《新潮》问世4个月后，傅斯年在《新潮》和《新青年》上发表的文章达50篇之多，涉及政治、经济、文学、历史、哲学和语言等门类，鼓吹伦理革命、文学革命，抨击封建礼教，宣扬个性解放，威名大震。

一次傅斯年进北大图书馆阅报，入室时按照规定签名，青年毛泽东时任该阅览室管理员，见他的签名，甚表钦佩，握手订交。由于他的知名度，自然地成为北大新文化运动中的学生领袖。

傅斯年

1919年5月3日晚上7点，傅斯年与“新潮社”社员参加北大千人集会，5月4日，他主持被推举的20名学生代表会议，商讨策划游行路线，下午2点半，示威开始，他扛着大旗走在前面，成为五四游行的总指挥。在东交民巷受到外国警察的阻拦，学生们认为在自己国土却让洋人管着这是耻辱，遂奔向赵家楼找曹汝霖“算账”。傅斯年劝大家不要太激动，但局势已无法控制，学生们擎着大旗，去痛打章宗祥、火烧赵家楼了。傅斯年一直主张用和平请愿的方式解决政治问题，不主张暴力行动。

1919年6月，傅斯年在北京大学毕业，参加官费出国考试。成绩虽然名列前茅，但主考官不想录取，因为他是《新潮》主编、五四游行的总指挥。后经任人唯贤的山东教育厅陈雪南科长据理力争，才被录取为山东省官费留学生。先入英国爱丁堡大学，后转入伦敦大学，研究实验心理学、物理、化学和高等数学。1923年入柏林大学哲学院，学习比较语言学等。6年后，学成归国。

傅斯年1926年冬应中山大学之聘回国，1927年任该校教授、文学院长，兼任中国文学和史学两系主任，同年在中山大学创立历史语言研究所，任所长。1928年受蔡元培先生之聘，筹立中央研究院历史语言研究所。同年底历史语言所成立，任专职研究员兼所长，1929年兼任北京大学教授，讲授“中国上古史专题研究”及“中国古代文学史”。其间先后兼任社会科学研究所所长、中央博物院筹备主任、国民参政会参政员、中央研究院总干事、政治协商会议委员、北京大学代理校长等职。1948年当选为中央研究院院士。1949年任台湾大学校长。1950年12月20日因脑溢血病逝。

傅斯年是一个典型的敢爱敢恨的人。抗战时期，将北大、清华、南开三校联合组成“西南联大”的方案是傅斯年提出的。抗战胜利的消息传到重庆，傅斯年高兴得像个疯子，在大街上一手拎酒瓶喝酒，一手把帽子挑在拐杖上乱舞。抗战胜利后，胡适被任命为北大校长，时胡在美未归，由傅斯年代理。傅斯年一再表示：凡做了伪北大教员的，复元的北大一律不聘。周作人、容庚即在此列，曾遭到傅的大骂。《新民报》以此大做文章，题为《傅孟真拍案大骂，声震屋瓦》。曾在伪北大任过职的人员，采用多种方式向傅施加压力，组织请愿并以罢课相挟。傅斯年毫不示弱：“就是杀了我也要说上面的话！决不为北大留此劣迹!”

傅斯年不喜欢从政，认为“我们是要奋斗的，惟其如此，应永久在野，盖一入政府，无法奋斗也”。

1938年傅斯年连续四届被推选国民党的参政会参政员，并多次担任“驻会委员”。1945年，蒋介石打算在北方知名人士中补选一名国府委员，他钦点傅斯年。陈布雷知傅的禀性，说他不会干。蒋作礼贤下士状，亲自召见傅，面提此事，傅力辞不允。事后，傅斯年致长信于蒋，再表绝不从政的志向。

傅斯年这门“大炮”，令人拍手称快的是“炮轰”孔祥熙与宋子文。

孔祥熙与蒋介石关系渊深，孔任国民党财政部长、行政院长长达十年之久，政绩无有，劣迹昭著，世人敢怒不敢言。傅斯年第一个把“炮口”对准孔祥熙。傅斯年从孔氏的人品、才干、政务诸方面列举多条劣迹，上书蒋介石，强言抗战爆发、民族危难之时，用人要“尽职奉公”“其直如矢”，要求罢免贪污腐败分子孔祥熙。信发出，如泥牛入海。

傅斯年多次质询孔，并督请政府“整饬政风”。1938年7月12日，傅又写信呈蒋，从才能、用人，从纵容夫人、儿子与不法商人勾结、发国难财等六个方面，全方位地抨击孔，言据凿凿。可蒋介石仍不动声色，这更激怒了“傅大炮”。他殚精竭虑，千方百计搜集孔氏贪赃枉法、以权谋私的材料，准备在参政会一一公开揭露，弹劾孔祥熙。中央银行国库局正直人士，揭露孔祥熙、吕咸一伙营私舞弊的内幕，并将有关“炮弹”提供给傅斯年。傅拟成提案，交大会秘书处。时大会主席团成员、外交部长王世杰担心事态扩大，怕被人作为借口“攻击政府，影响抗日”，弄得左右不是，劝他歇手为妥，傅斯年不以为然。陈布雷获知，向蒋介石进言，说明孔趁火打劫，实在太混，傅要揭露的事怕也拦不下来。蒋介石也感到棘手，一面尽力偏遮，一面以避免造成国际影响为由，制止傅在参政会上提出此案，建议可改成书面检举交蒋处理。蒋托陈布雷说情，陈布雷深知傅斯年的耿直，不会罢手，遂建议蒋再以争取世界各国对抗战的支持，以国家利益为重为由，请傅改变解决问题的方式。此招果然灵验。一提国事为重，傅斯年答应退让一步，决定将提案改为质询案公之于众，以求有果。

1944年9月7日，张群向参政会作完施政报告后，傅立身发难。他责问：国家法律规定政府官员不能经商，但孔祥熙为什么却办祥记公司、广茂新商号？黄金债券过去很少有人买，后来为何买不到？央行应该国家化、机关化，为何成了孔氏山西同乡“私人的结合”？裕华银行低价买进黄金，高价卖出，美国借给的黄金怎能供私人发财之用？孔氏在开秘密会议时当场给大家发黄金债券，是不是行贿？“傅大炮”一开口，朝野大哗。蒋介石也慌了手脚，马上取走质询书原稿，会后亲自宴请傅斯年。

席间，蒋问傅：“你信任我吗？”傅答：“我绝对信任。”蒋说：“你既然信任我，那么，就应该信任我所任用的人。”傅一听，十分激动：“委员长我是信任的，至于说因为信任你也就该信任你所任用的人，那么，砍掉我的脑袋，我也不能这样说！”

时已骑虎难下的蒋介石，不得不派财政部长俞鸿钧调查。众人拍手称快，最高法院院长郑烈致函傅斯年，恳求他提供秘密证据，信云：“满腔热血，不知洒向何地。此事若得公助，巨憝就擒，国法获伸，为公为私，当泥首雷门以谢也。”

令人扼腕的是蒋介石并没有对孔案公开查处；不过迫于强大的社会舆论压力，终罢免了孔祥熙。

一炮轰走了大瘟神，国人兴奋，“傅大炮”遂名震天下。

令傅斯年失望的是，虎前走，狼后来。蒋介石安排他的妻舅宋子文接任行政院长。宋子文上台后，以行政院名义颁发《黄金买卖细则》《管理外汇暂行办法》等文件，他打着抗日救国的幌子，牺牲中产阶级利益，他与孔祥熙等借外汇市场开放之机，利用只有他们才拥有的官僚企业进口许可证，大肆进行非法进口倒卖活动，且越演越烈，致使国民党政府的财政、金融，乃至国民经济陷入一片混乱，最后酿成1947年以上海为中心的席卷国民党统治区的“黄金风潮”。

傅斯年忍无可忍，在《世纪评论》发表《这个样子的宋子文非走开不可》，再次宣战。文中，他从历史的经验教训入手，分析得力透纸背。开首第一段便写道：

古今中外有一个公例，凡一个朝代，一个政权，要垮台，并不由于革命的势力，而由于他自己的崩溃！有时是自身的矛盾分裂，有时是有些人专心致力，加速自蚀运动，惟恐其不乱，如秦朝“指鹿为马”的赵高，明朝的魏忠贤，真好比一个人身体中的寄生虫，加紧繁殖，使这个人的身体迅速死掉。

文末他又写道：“我真愤慨极了，一如当年我在参政会要与孔祥熙在法院见面一样，国家吃不消他了，人民吃不消他了，他真该走了，不走一切都垮了。”

文章面世后，各报纷纷转载，全国上下群情激奋，这一炮又把宋子文轰成过街老鼠，灰溜溜地辞职。

季羡林和这位“大炮”老乡在以前并没有多少交往。在清华上学的时候，听过他的一次讲座。大约在大一或大二的时候，清华的一个团体，邀请一些著名学者举办系列讲座，傅斯年应邀在一个晚上到三院的一间教室里去发表过演说。他演说的姿势，给季羡林留下了深刻的印象。他那天西装笔挺，革履锃亮，老是把手插在西装坎肩的口袋里。这种姿势，季羡林过去很少见到，所以觉得很奇特。

以后的很长时间里季羡林很少见到傅斯年，当然跟他也没有来往。

到1946年，季羡林回国到了南京，恰巧，陈寅恪先生也从英国回来住在南京。其时季羡林已经被陈寅恪推荐给北大的胡适、傅斯年和汤用彤先生，北大也答应聘任季羡林。季羡林去拜谒陈寅恪，他让季羡林带上在德国发表的几篇学术论文，到鸡鸣寺下边的中央研究院拜见北大代校长傅斯年。当时胡适还在美国，由傅斯年代理北大校务。季羡林遵命而去。傅斯年告诉他，按照北大的规定，在国外拿了学位回国的人，只能给一个副教授的职称。季羡林当然不在意，他知道，北大能够聘任他，如果没有几位老师的面子，也是不行的，自己哪里敢抱奢望呢？能进北大，他已经感到是登龙门了。季羡林是个内向的人，见面的时候，也没有说几句话，就匆匆告辞了。

季羡林深知，傅斯年把山东人特有的直率性格发挥到了淋漓尽致的水平。他听说，在傅斯年任职的中央研究院，本来是国民党政府下属的一个机构，但是他不但不加入国民党，而且专门揭国民党的疮疤，找国民党的别扭。他是地位很高的参政员，代表的是一群社会贤达。他坚持正义，直言无讳，深得社会舆论关注。而且傅斯年在用人问题上是非常严格甚至是很挑剔的，他打破人情、地域观念，不讲背景，唯才是举。他有句名言：“总统介绍的人，如果有问题，我照样随时可以开除。”因此对于傅斯年和胡适、汤用彤联合聘用自己为北京大学教授，知道陈寅恪先生是出了大力的，但没有代校长傅斯年的同意也是万万不行的。

季羡林听说，傅斯年在南京开始担任中央研究院历史语言研究所所长的时候，虽然待人宽厚，但对业务的要求极严。有一广东籍的研究员，脾气古怪，双耳重听，形单影只，独往独来。他有学问，读书多，著述丰。隋唐史和黄河史都有著述，历史地理也很有造诣。而且据说对对音也很有研究。但是学问做起来却自以为是，往往在所里上班的时候，用铅笔在稿纸上写上两千字，便算完成了一天的任务，就打道回府了。他没有梵文的知识，甚至连印度的天城体字母也不认识。然而他却愿意拿着字母玩耍，把字母当成积木挪动，前面不行，就放在后面。这种对音的荒诞离奇，就在所难免了。

有一次，老先生在所里做对音的学术报告，把《史记》中的“禁不得祠明星出西方”的“不得”二字，硬说是“佛陀”的对音，因此结论是佛教在秦朝就传入中国了。他不知道，“禁不得”在汉代是通用的。他演讲完了，自我感觉颇好，别人也无可奈何。但有好事者，把这个消息告诉了当时不在南京而是远在美国的傅斯年，傅斯年大为震怒，立即打电话给所里，命令这位老先生作检讨，否则就炒他的鱿鱼。而老先生倔脾气来了，就是不作检讨，于是卷铺盖走了。后来傅斯年代理北大校长，正是日寇投降之时，他接收北大的时候，下令凡是对日本人认贼作父的一律不聘，为的是给过于厚道的胡适铺平道路，清除垃圾，还北大一片净土。一批丧失国格和人格的学者，都被拒之北大门外。

傅斯年严于律己，南京夏天燠热，他人胖，烟瘾又大，在阅读北宋刊的《史记》《敦煌卷子》等珍贵资料时，坚持不开电扇，不抽烟，精心保护。他对下属生活十分关心，事必躬亲。尤其是对年轻人，他奖掖有加，不遗余力。抗战时，史语所迁到四川李庄山坳里，供给困难。他亲自给专员写信，“请您不要忘记我们在李庄山坳里尚有一批以研究为职业的朋友们，期待着食米……”

有人说他脾气来了是炮，温柔起来像猫。

有个半真半假的笑话，在南京史语所时，工友老裴，最希望傅先生发脾气。说他上午发了脾气，下午某杂志送来一笔稿费，他就一股脑儿送给老裴买酒，人情味很浓。在台大当校长，他常去光顾夜市馄饨摊子；蹲在马路边上研究地摊上的象棋残局；给小书店写招牌。他给台湾大陆书店写条幅：“读书最乐，鬻书亦乐；既读且鬻，乐其所乐！”谐趣百出。日常生活与布衣无二。

在西南联大时，傅斯年和陈寅恪先生住在靛花巷的同一座宿舍楼上，他住楼下，陈寅恪住楼上。有一天的晚上，在傅斯年的屋里聚集了几位年轻学者，他们一起聊天闲谈，兴会淋漓，得意忘形，聊到高兴处，情不自禁发出纵声大笑。猛然间，楼上手杖捣起地板来。傅斯年这时候赶快对大家小声说："楼上的老先生发火了。"从此天下太平。抗战时在昆明，每次警报一响，大家"闻机而坐，入土为安"，往楼下防空洞跑。而他却上楼把患眼疾的陈寅恪扶下楼来，一起进洞。据说，傅斯年所里的人说，傅斯年谁都不怕，蒋介石他都不怕，但是就怕陈寅恪。季羡林觉得，对陈寅恪，他不是怕，而是尊敬。

1948年11月，傅斯年在坚辞未果的境况下，接任台大校长职务，仍然兼任中央研究院历史语言所所长。台大本是台北帝国大学前身，国民党军政人员的家属子女大量拥入，要在台大就读，人员关系复杂，经费短缺，一个烂摊子。但傅斯年精心筹划，锐意革新，使学校很快走上正轨。他将"敦品、励学、爱国、爱人"立为校训。当时，岛上反蒋情绪高涨，学潮不断。有人在报上发文章指控台大"优容共产党"，说某某把院系变成亲共势力的温床。傅斯年不怕，针锋相对，在报上批驳说："我不是警察，也不兼办特工"，反对肆意在师生中搜捕共产党。蒋介石不得不对自己的亲信说："那里的事，我们管不了。"

1950年12月20日，在蒋梦麟主持的农复会会议上，"参政员"郭国基质询台湾大学一些问题。作为台大校长的傅斯年侃侃答完后，又大谈办学方针理想，言毕，突然昏倒，不再醒来。

傅斯年逝世后，省"议会""副议长"李万居向记者宣布，傅斯年校长于20日夜"弃世"。有位记者错把"弃世"听成"气死"，消息传出去，不明真相的青年学生要求郭国基说明事情的经过，郭逃之夭夭，学生紧追不放，引来百名警察，后经多方劝说，风波才平息。

为纪念校长傅斯年，台大在实验植物园内建造一座罗马式纪念亭，墓前立有无字碑。并将此园命名为"傅园"。

傅斯年先生学贯中西，博古通今，对历史学、考古学、语言学、教育学等造诣精深、贡献巨大，被誉为学术界的"通才"。

傅斯年任历史语言所所长23年，培养了大批历史、语言、考古、人类学等专门人才，组织出版学术著作70余种，在经费、设备、制度等方面都为历史语言所的发展作出了重要贡献。组织第一次有计划、有组织的殷墟甲骨发掘，其后先后发掘15次，大大推动了中国考古学的发展和商代历史的研究。傅斯年还将明清大库档案资料争取到历史语言研究所，组织进行专门整理，使明清史研究取得了突破性的进展。傅斯年在历史学研究方面，主张“上穷碧落下黄泉，动手动脚找材料”，重视考古材料在历史研究中的作用，摆脱故纸堆的束缚，同时注意将语言学等其他学科的观点方法运用到历史研究中，取得较高的学术成就，在现代历史学上具有很高的地位。

20世纪50年代末，季羡林在北大校园

人们形容他是“一个肥头胖耳的大块头，他有一头蓬松的乱发，一副玳瑁的罗克式的大眼镜。他经常穿着那时最流行的大翻领ABC衬衫，不打领带，外面罩上一套哔叽西装，那副容貌，说起来就是那类不修边幅的典型，但却显示了与众不同的风度。他似乎永远是那么满头大汗，跟你说不上三句话，便要掏出一方洁白的手巾，揩抹他的汗珠”。——这就是傅斯年。

3. 不能超越的国学大师汤用彤

汤用彤是现代中国学术史上少数几位能会通中西、接通华梵、熔铸古今的国学大师之一。1993年，为纪念汤用彤先生诞辰100周年，北京大学出版了专门的纪念文集，季羡林在序中这样评价：“……太炎先生以后，比如梁启超、王国维、陈寅恪、陈垣、胡适等，都是既能熔铸今古，又能会贯中西的。……我认为，汤用彤（锡予）先生就属于这一些国学大师之列。这实际是国内外学者之公言，决非我一个人之私言。在锡予身上，熔铸今古，会通中西的特点是非常明显的。他对中国古代典籍的研读造诣很高，对汉译佛典以及僧传又都进行过深刻彻底的探讨，使用起来得心应手，如数家珍。又远涉重洋，赴美国哈佛大学研习梵文，攻读西方和印度哲学。再济之以个人天资与勤奋，岂偶然哉！”

汤用彤，字锡予，原籍湖北黄梅。1893年（清光绪十九年）生于甘肃通渭。其父汤霖，字雨三，晚年号颐园老人。光绪十五年（1889年）进士，是一位道德学问兼备、很有修养的知识分子。汤用彤出世时，他正在甘肃通渭做知县。但不谙官场，时间很短。1898年（光绪二十四年）丢官后，曾在兰州、北京等地设立教馆，教授学生。雨三素喜汉易，亦喜吟诗诵词。平时最爱吟诵《桃花扇》中的《哀江南》和庾信的《哀江南赋》。汤用彤三岁的那一年，有一天突然一字不差地背出了《哀江南》，雨三公非常惊异。由此他很早就在父亲的教馆中接受教育。“幼承庭训，早览乙部”，从小就对历史产生了浓厚的兴趣。1911年（宣统三年）盛夏，雨三弟子二十多人及汤用彤、其兄汤用彬，在北京万生园（今动物园），为雨三庆祝61岁寿辰。当时距武昌起义已没有几个月，雨三对时变似有预感，诏示弟子们“事不避难，义不逃责，素位而行，随适而安”，“毋戚戚于功名，毋孜孜于逸乐”。

汤用彤后来回忆父亲对他的影响时说：“先父雨公教人，虽谆谆于立身行己之大端，而启发愚蒙则常述前言往行以相告诫。彤稍长，寄心于玄远之学，居恒爱读内典（佛学）。顾亦颇喜疏寻往古思想之脉络（佛教）宗派之变迁。”

辛亥革命前，汤用彤便离开父亲的教馆，求学于北京顺天学堂，开始接受新式教育，与梁漱溟共读印度哲学与佛教典籍。1912年考入清华学校，与同学吴宓、柳诒徵志趣相投，结为契友，“互相督促、切磋”。1917年毕业，考取官费留美。后因治沙眼而未成行，留在清华教国文，并兼任《清华周刊》总编辑。

1918年与吴宓一起，用庚子赔款留学美国。先在明尼苏达州汉姆林大学哲学系，主要选修哲学、普通心理学、发生心理学。1919年入哈佛大学研究院，与陈寅恪同时学习梵文、巴利文及佛学，仍进修西方哲学。后经吴宓、梅光迪引见白璧德（Babbit）教授。白氏是美国当时著名的新人文主义者，认为中西文化传统在人文方面“互为表里”，对孔子尤为称赞，并希望中国学人能撷采中西文化之精华，以求救亡图存，而不蹈西方之覆辙。汤用彤后来的文化观和治学态度，很多与白氏契合。哈佛期间，他与吴宓、梅光迪被誉为“哈佛三杰”。

1922年汤用彤在哈佛获得哲学硕士学位回国，先在东南大学（中央大学前身）哲学系任教授。其时南开大学成立不久，校长张伯苓和大学部主任凌冰在海内外到处延揽人才，尤其注意学有成就的归国新秀。于是，1926年汤用彤受聘转任南开大学文科哲学系教授、系主任。在现存南开大学“文科课程纲要（1925—1926）”中，可以看出，当时有关哲学的主要课程大都由他亲自担任。其中包括逻辑学（形式论理学）、西洋哲学史、现今哲学、印度哲学史、实用主义、社会学纲要。这些课程不单纯是他在美国所学，还包括他自己的许多研究心得。

他回国后，有关印度哲学方面曾发表《印度哲学之起源》，有关佛教方面曾发表《释迦时代之外道》《佛教上座部九心论略释》，有关西方哲学方面曾发表译文《亚里士多德哲学大纲》和论文《叔本华之天才主义》等，多见于《学衡》杂志。对于现代哲学，他最关注实用主义，但和胡适等人的态度不同。课程纲要关于“实用主义”的介绍说：“本学程初陈反理智主义，以测（察）源流；中言詹姆斯等心理伦理学，以探其基本；后析实用主义各派之学说，并推求其宣张中国之利害”。此前，杜威曾在各地讲学，并应邀来南开大学讲演《讲授科学的方法》，一时名声很大。汤用彤对实用主义则一直采取分析的态度。

南开大学根据国际国内著名大学的办学经验，当时极为重视教师和学生的科学研究。学校成立了专门委员会，由校长和各科主任，经常邀请校外著名学者来校公开讲演。在哲学社会科学方面，如胡适、李大钊、马寅初、梁启超、范文澜、陶行知、贺麟等都曾先后来过南开。胡适的讲演有《新思潮主义》《中国今日之思想界》。梁漱溟的讲演为《孔子的真面目》。汤用彤亦作过《气候与社会之影响》的讲演。由于他在学术上的造诣和成就，南开学生学术刊物《南开大学周刊》在20年代后期，特邀请他和范文澜、蒋廷黻、黄钰生等人担任顾问。

1927年5月，汤用彤离开南开大学赴南京，任中央大学哲学系教授、系主任。离校前，南开师生为他举行欢送会，依依惜别。1930年夏，又至北京大学哲学系任教。在北大除讲授中国佛教史、印度哲学史、魏晋玄学等课程外，主要致力于中国佛教史讲义的修改、补充。自1933年始，花了近4年的时间，才完成了《汉魏两晋南北朝佛教史》的定稿。

1937年芦沟桥事变发生，抗战爆发，北大南迁。同年10月，汤用彤与钱穆、贺麟一行3人经天津，乘船南下直抵香港。然后转程北上广州、长沙。最后到达设在南岳圣经书院的文学院。于南岳将《汉魏两晋南北朝佛教史》最后定稿付梓，1938年元旦由商务印书馆在长沙印行。同年，学校决定转赴昆明，从此，汤用彤开始了西南联大8个年头的艰辛岁月。

汤用彤先任联大哲学系主任，后又任文学院院长。在抗战期间，又同南开师生在一起，对南开大学哲学系的建设作出了不可磨灭的贡献。西南联大精英荟萃，人材济济，但教授们却入不敷出，生活非常艰苦。此时汤用彤岁数并不大，头发却已近全白。在贫困中含辛茹苦的他，忍受着失长子一雄、爱女一平的巨大创伤，以民族文化的继承、弘扬为使命，教学、著述从未间断。他对学生教诲不倦，面无忧容，从不戚戚于贫贱，也不汲汲于富贵，既有着超脱玄远的境界，也时刻关心国事，对当时的贪官污吏，发国难财者深恶痛绝。在一次哲学系的大会上，他和金岳霖先生大骂以学问为进身阶梯的文人。他为人诚恳和蔼，“蔼然仁者，即之也温”。

汤用彤既有家学渊源和国学根底，又对西方哲学和印度哲学作过深入的探讨，其教学和研究均能“熔铸古今，会通中西”。1922年他曾在《学衡》杂志著文《评近人文化之研究》，有针对性地批评了当时三种不良倾向：第一种是“诽薄国学者”，第二种是“输入欧化者”，第三种是“主张保守旧文化者”。他积极参与《学衡》杂志及其思潮讨论，并与柳诒徵、王国维、梅光迪、吴宓等组成《学衡》的固定学人作者，把《学衡》的座右铭“昌明国粹，融化新知”贯穿于毕生的学术探索和实践。他先后开设的课程有魏晋玄学、中国佛教史、印度哲学史。

1947年汤用彤休假赴美国加州柏克莱大学讲中国佛教史一年，次年婉拒哥伦比亚大学讲学之邀，决定回国。1949年1月北京解放，汤用彤任北京大学校务委员会主席。这一年，周恩来曾来北大孑民堂与他及北大诸教授座谈，总理的气度与学识让他深感敬佩。1951年后汤用彤任北大副校长，1953年中国科学院成立，兼任历史考古委员会委员。1956年哲学社会科学学部成立，又任学部委员，并任《哲学研究》《历史研究》杂志编委。同时任第一届全国政协委员，第三届全国政协常委，第一、二、三届全国人大代表。

汤用彤在学术上的成就主要集中在印度哲学、中国佛教和魏晋玄学，这三个领域密切联系，而尤以中国佛教的成果最为突出。他回国后在各大学一直讲授印度哲学，1929年编成讲义，1945年修改后以《印度哲学史略》为书名，由重庆独立出版社印行（1960年、1988年两次再版）。这是用现代科学方法研究印度哲学史的一部极重要的著作，其内容恰为他研究中国佛教史提供了必要和丰富的印度历史知识。此外还有遗稿两部：《汉文佛经中的印度哲学史料》《汉文印度佛教史料选编》。

印度古代哲学相当丰富，但资料多已散失。公元1世纪后佛教传入中国，以后译经不断，其数量之多和时间之长是少有的，特别是我国所译佛经大部分都保存下来。这些史料多为欧美学者所未见，因此使汤用彤的印度哲学研究具有自己的特色。

汤用彤在中国佛教方面最著名的成果是《汉魏两晋南北朝佛教史》。其《跋》中自云：“十余年来，教学南北，常以中国佛教史授学者，讲义积年，汇成卷帙”。但他每次讲课都要对原来的讲义作出修改。从20年代初就开始撰写，20年代末完成初稿，30年代又全部修改和补充了一次，再花了近四年的时间才完成。其原因正如他对钱穆先生所说，总是心感不满。直到芦沟桥事变爆发，由于担心手稿遗失，才考虑将其中一部交付出版。因此本书于1938年由商务印书馆印行。这部著作，开辟了中国佛教史研究的新纪元，受到学术界的广泛称赞。胡适在校阅该书稿本第一册时，称赞此书极好，“锡予训练极精，工具也好，方法又细密，故此书为最有权威之作”。贺麟评论现代中国哲学亦有云：“汤用彤得到西洋人治哲学史的方法，再参以乾嘉诸老的考证方法。所以他采取蔡勒尔（Zeller）治希腊哲学史一书的方法，所著《汉魏两晋南北朝佛教史》一书，材料丰富，方法严谨，考证方面的新发现，义理方面的新解释，均胜过别人。”季羡林说：《汉魏两晋南北朝佛教史》，“规模之恢宏，结构之谨严，材料之丰富，考证之精确，问题提出之深刻，剖析解释之周密，实在可以为中外学者之楷模。”抗战期间，此书与陈寅恪的《唐代政治史述论稿》同获国民政府教育部学术研究评奖哲学类一等奖。1955年中华书局又重印上下册。此外，还有遗著《隋唐佛教史稿》讲义、《五代宋元明佛教史略》稿本和《校点高僧传》稿本，生前未曾刊印。1981年其子汤一介将前两部整理，在《中国哲学》第四辑和第五辑发表。

汤用彤认为外来佛教在中国之流传，先是依托汉代流行的道术，而为佛道；进而又附属于魏晋玄学，而为“佛玄”；至南北朝后期佛教经论讲习之风大盛，到隋唐出现了中国式的佛教。由于佛教同玄学的历史联系，在西南联大期间，他一度对玄学用力较多，并想“采取文德尔班（Windelband）写西洋哲学史的方法，以问题为中心，写一部《魏晋玄学》”。当时生活极不安定，自然难以完成，但发表了许多有创见的论文，勾画出了魏晋玄学演变的比较可信的轮廓，对许多玄学问题进行了深入的分析。这些论文后来汇成《魏晋玄学论稿》，1957年由人民出版社印行，1962年中华书局再版。

由于佛、道二教长期争执，汤用彤在研究佛教史时还注意了道教史的有关问题。并在西南联大期间指导王明研究道教。王明的《〈太平经〉合校》，后来成为研究道教的必读资料。

汤用彤自1954年患脑溢血，长期卧床。但稍能所及，仍谆谆教导后学，在学术上耕耘不辍。其间，1961年撰写《何谓“俗讲”》一文，谓“僧讲”与“俗讲”在其听讲对象各为僧俗所不同，俗人不得听“僧讲”，出家者不得听“俗讲”，“违者当受官责”。1962年《论中国佛教无“十宗”》一文，谓“十宗”之说是把某种学派之称为“宗”和某种教派之称为“宗”混同为一。由于考证精详，纠正了国内外学人长期所执之谬误，一时间脍炙人口。

1963年5月1日晚，汤用彤上天安门城楼观赏焰火，由周恩来导见毛泽东。“毛询问公之身体状况，嘱公写短文，并言其阅读过公所撰全部文章。”

1964年5月1日汤用彤病逝。1993年8月，海内外近百名学者在北京隆重召开纪念汤用彤先生诞辰百周年学术座谈会，并筹资设立汤用彤学术基金，奖励研究佛教、魏晋玄学和汤用彤学术思想卓有建树的青年学者。

汤先生平日除读书、写作外，几乎无他嗜好，琴棋书画全不通，不听戏，不饮酒，不喜美食，不听西洋音乐，也不看电影，更不跳舞。生活非常节俭，常常穿着一件布大褂、一双布鞋，提着夫人为他做的一布书包去上课。汤先生一生耿直爱国，他的大半辈子是生活在中华人民共和国成立前，那时先生最喜欢用黄梅乡音吟诵具有浓郁的忧国忧民意味的《桃花扇》中的《哀江南》和庾信的《哀江南赋》。相传他3岁时，就能背诵《哀江南》。他还经常告诫子女，“潘岳之文彩，始述家风；陆机之词赋，先陈世德”，一个诗书之家应有其“家风”，以致于汤家的子孙后代都能吟诵这两首词赋。

据季羡林称：“过去汤用彤先生掌文学院，聘教授，他提出来就决定了，无人有异议。”

季羡林从1946年回国以后，有很多事情都是和汤用彤联系在一起的。他被聘为北大教授，是汤用彤和胡适、傅斯年三位先生联合下的聘书。季羡林到北京的时候，汤用彤派阴法鲁到西直门火车站迎接。第二天，阴法鲁就陪同季羡林到北楼的文学院院长办公室，去拜见文学院院长汤用彤。季羡林发现，汤用彤与自己平时想象的大不一样，面容端严慈祥，不苟言笑，却是即之也温，观之也诚，真正的蔼然长者。他虽然留美多年，学贯中西，但是一身的灰布长衫，脚上穿的是圆口布鞋。没有一点教授的架子和大师的威风。季羡林的心中自然地生出幸福之感，浑身感到温暖。晚上，汤用彤设家宴款待季羡林。

到了北大以后，季羡林先住在沙滩红楼。一开始的时候，几乎是空无一人。后来住进了几个人，整个红楼上下五层，只住着四五个人，整天寥寥落落。电灯也不亮，有时候走在长长的走廊里，感觉空空荡荡的。后来，住在红楼的人多起来了。但是也乱起来了。

邻人里什么样的人都有，男高音、男低音、男不高不低音一应俱全。有时候是左边的屋子里先摇出一段二簧摇板来，别的屋子里也不甘示弱，立刻会挤出几支洋歌来。其声呜呜然，像是冬天深山里的狼嗥。这时候，吃到肚子里的肉，只是想吐出来。然后，高跟鞋撞击地板的声音，无线电收音机的声音，吵架的声音，总是不绝于耳。这种环境是无法做学问了。

这时候，汤用彤让季羡林搬进文科研究所的大院子里去住。研究所坐落在东城的一条小胡同——翠花胡同里。他住的地方，前门在东厂胡同，后门在翠花胡同。季羡林的住处地跨两个大胡同，里面重楼复阁，回廊盘曲，院落错落，花园重叠，一个陌生人进去，必然是如入迷宫，不分东西。季羡林住在最深一层的东房里，院子里摆满了汉代的砖棺。这按照北京人的说法，显然是一处凶宅。黄昏以后，总有鬼影憧憧、毛骨悚然的感觉。晚上的时间，是没有人敢去拜访季羡林的。就这样，他整日与鬼为邻，非常安静，终于找到了一个做学问的好地方。

每天早晨，他走到沙滩北楼的系办公室上班。在红楼的门口，买一些烤白薯，拿着它当早点，去北楼上班。

季羡林非常遗憾没有成为汤用彤的及门弟子。到1947年，汤用彤在北大开"魏晋玄学"，课堂就设在北楼的系办公室楼上。季羡林觉得天赐良机来了。请示了汤用彤，成为课堂上最忠实的学生之一。这样的事情在北大是绝无仅有的，在全国恐怕也是不多见的。一个正教授去听另一个正教授的课，没有放下架子的决心，是万万做不到的。一整年的课，季羡林没有缺过一次，笔记记了厚厚的一大本，成为他的巨大精神财富。直到今天，这个笔记本仍然保存着。它记录了季羡林成为汤用彤私淑弟子的历史。

担任系主任的工作，季羡林也会遇到一些事情。季羡林经常去找汤用彤汇报系里的工作，有些麻烦的事情，汤用彤不动声色地帮助他解决。汤用彤还和图书馆馆长毛子水决定，特意给季羡林在校图书馆中要了一间教授研究室，他能够从图书馆的书库里随时提出自己要用的书，有些还可以放在教授研究室里。派一位研究生马理女士当助手，帮他整理书籍。马理是已故的北大教授马裕藻的女公子，她的姐姐是赫赫有名的马珏。可惜的是当时的北大图书馆东方学的著作还真不多。

有了这样好的研究条件，季羡林写了几篇学术论文。文章写出后，他总是拿给汤用彤，请求指正。他当时能够写出几篇有新观点的论文，汤用彤功不可没。

1952年，北大从沙滩搬到西郊海淀。出城以后，季羡林的待遇进一步得到提高，每月的工资几乎是最高的。马寅初的工资是第一，相当于副总理。以下就是汤用彤、翦伯赞、曹靖华，再下就是季羡林和其他几个老牌或名牌教授了。1956年，教授定级，季羡林被确定为一级，是北大文科七个一级教授中最年轻

文化大革命后的季羡林

的一位。而他的同学吴组缃被定为二级。以至于在同一个餐厅吃饭的几位教授，在背后给季羡林起了个善意的外号“一级”，季羡林去吃饭的时候，有人就会窃窃私语：“‘一级’来了！”这种介乎可理解和不可理解之间的心理，说明一级教授的取得确实是难于上青天的。也在这一年，季羡林还有一个同样的大喜事，他被选为中国科学院哲学社会科学学部委员（即今天的院士）。季羡林知道这些事情的确定，都是汤用彤在不声不响提携的结果。季羡林深情地说：

所以，我现在只能这样说，我之所以崇敬锡予先生，忆念锡予先生，除了那一些冠冕堂皇的表面理由以外，还有我内心深处从来没有对别人说起过的动机。古人说：“人生得一知己足矣。”我不敢谬托自己是锡予先生的知己，我只能说锡予先生是我的知己。我平生要感谢的师辈和友辈，颇有几位，尽管我对我这一生并不完全满意，但是有了这样的师友，我可以说是不虚此生了。”（《回忆汤用彤先生》，《光明日报》1997年5月28日）

汤用彤先生是伟大的学者。后来年纪大了，坐着轮椅，季羡林有时候见着他，他给别人说话，总讲共产党救了自己，自己感谢党的改造、培养；他说：现在我病了，党又关怀，所以我感谢党的改造、培养、关怀，他也是非常真诚的。

二、组建东语系

1. 固执倔强的金克木

叶稚珊笔下的金克木先生是一个怪人：“遇有人来约稿，金克木先生总是双手抱拳，不住摇头说：‘我的眼睛不好，牙不好，耳朵不好，头晕血压高，年纪大了，身体不行了，已不久于人世了。’同楼的季羡林先生说：他20年前

就这么说了，估计起码还能说20年。”（谢宁《哲人风范——怀念一代智哲金克木先生》）

2000年8月5日，北京大学外国语学院东方语言文化系教授金克木先生以88岁的高龄仙逝。消息传开，学术界人士无不为失去一位大师而叹惋哀恸。金克木先生的一生可以说是丰富多彩。他1912年8月生于江西，祖籍安徽寿县，只上了一年中学就因各种原因而失学，其最高学历不过是小学毕业。30年代后到北京求学，曾在北京大学图书馆任职员，他利用一切机会博览群书，广为拜师，勤奋自学，同时还掌握了英语、法语、德语、世界语等多种语言。1941年先经缅甸到印度，任一家中文报纸编辑，同时学习印地语和梵语，后到印度佛教圣地鹿野苑钻研佛学，同时跟随印度著名学者学习梵文和巴利文，走上梵学研究之路。

1946年金克木回国，应聘任武汉大学哲学系教授，1948年后任北京大学东语系教授。金克木博学精深，在印度文化各个领域的研究中纵横驰骋，称得上是真正懂得印度文化的为数极少的人之一。新中国成立以后，他和季羡林一道，培养出新中国第一批梵、巴语学者，现在我国年轻一代的梵语学者，都曾受惠于季羡林和金克木。金克木写作的专著《梵语文学史》是学习印度文学的必读课本，他不仅研究印度文化最古老的经典，对印度古代文化有深厚的功底，而且对于印度近现代的论述也不落俗套，独具慧眼。他论述泰戈尔，不是把泰戈尔与印度文化隔离开来，作为孤立的人来研究，而是把这颗印度文化的璀璨的明珠放到印度文明的长河之中，他能真正懂得并欣赏泰戈尔；他的《略论甘地在南非早期政治思想》《略论甘地之死》等文章，运用他对印度社会的了解，分析了印度近现代的社会状况，历史地、客观地对甘地作出了评述。读金克木的文章，令人感到他对于印度社会和文化的谙熟与深刻理解。金克木在其他领域也同样是多才多艺，他的诗、文，文笔清秀，充满美感，寓意深刻，颇有韵味，有《旧巢痕》《难忘的影子》等文学作品传世，一本《天竺旧事》把人们带回到20世纪40年代的印度，不但给人以美的享受，使人增长见识，而且给人们留下了印度文化方面的宝贵资料。

凡是和金克木有过接触的人无不对他的健谈、博学、多闻、敏锐留下深刻的印象。据金克木早年的学生回忆：1949年他们进北大学习时，作为梵语教授的金先生却给学生们上政治课，讲辩证唯物主义和历史唯物主义，他还深入地钻研过政治经济学，有的学生至今还能记得金克木当时对资本主义社会主要矛盾所作的深刻阐述。其实不光是社会科学，举凡数学、天文、地理、生物等自

1962年，在埃及。右一季羡林，右二吴晗

然科学领域，他也广泛涉猎，他很有兴趣地钻研过费尔马大定理等数学问题，他在临终前不久写的一篇文章中就涉及到高等数学的问题，为此还和北大数学系读博士学位的一位亲属的孩子进行了认真的探讨。他早年即同数学大家华罗庚先生很谈得来，华先生也是文理兼通。他还曾就具体的数学问题请教过丁石孙先生，并能从丁先生的解释中判断出他所擅长的数学研究领域。

金克木晚年虽出行不便，但他对新思想、新事物的了解和接受程度，对社会和时代的变革无不具有深入的了解，对许多社会现象、社会时尚都有深刻、绝妙的评论。比如他对电脑即很有兴趣，他向许多人了解这方面的情况，甚至家中来了幼童他也会与其探讨电脑知识。前几年家里买了电脑，金克木以80多岁的高龄开始使用电脑进行写作。外语学院的领导去给他拜年，金克木谈论天下事滔滔不绝，对北大正在进行的改革和北大外国语学院的成立也提出许多有针对性的意见，一针见血地指出改革应该达到什么样的目的，成立外国语学院应该怎样形成自己的特色。

金克木临终前还注意到目前正在进行的人类基因组研究计划，他以一位饱学之士和哲人的眼光不无忧虑地指出：人类在改造自然、改造世界的过程中出现了很大的麻烦，如不慎重从事，在改造自身的过程中也可能会出现更大的麻烦，但是我已经看不到了。金克木一生淡泊名利。80岁生日时人们要给他祝寿，他坚决拒绝，并风趣地说，我可不希望提前听到给我致悼词，他认为祝寿时和悼念时都会对人充满溢美之词，其实质是一样的，没有多大意义。

金克木的学生还记得1956年召开知识分子会议后，一时社会上对知识分子十分照顾，公共汽车上甚至还专设了高知席，给高级知识分子留出座位。金克木看到这种情况幽默地说："孕妇在车上没位子坐，受到摇晃可能要呕吐，高级知识分子知识多，但总不会摇晃得吐出来吧。"即使是在"文革"时期，金克木受到迫害，全家被挤到一间半屋子里，家具没有地方可放，只好把桌子、茶几等摞上好几层，他仍不失幽默，套用当时一切都要加上"革命"的名义，戏称之为"革命杂技"。

金克木晚年不愿意参加各种社会活动，不接受新闻界的采访，但他始终关注着天下大事和其学术事业的继承和发展，仍笔耕不辍，每年都有学术专著、随笔、翻译作品、散文集等出版，并在《读书》等报刊上发表了大量文章，讨论各种学术文化问题，影响很大。金克木喜欢有才能的学生，他有许多学术方面的探索由于受到种种影响而没有展开，希望能够有学生继承下去。他也很乐于指导学生，学生们拿来一本厚厚的书，一篇十几万字的博士论文，他随意翻阅一遍，立刻就能告诉你问题所在，毛病所在。其机敏不减当年，许多学问都很不错的学生，在他的面前经常被问得张口结舌，感到和老师相比实在是孤陋寡闻，难以望其项背。

金克木虽体弱多病，但他从不愿过多地麻烦别人，生了病也不让家人告诉系里。不愿让人来家中看望。多次到医院看病都是子女用自行车、三轮车推去的，这次临终前最后一次去医院，也是由儿子背下楼，用三轮车送到校医院的，后来还是家人看到病情严重，才不得不告诉系里，金克木的学生们说：先生以往生病住院，我们都不知道，没有能去照顾，为先生略尽心意，现在先生已经走了，只能留下不尽的遗憾和思念。金克木先生静静地离开了我们，临终遗言不举行遗体告别仪式，然而，许多得到噩耗的人还是自发地前来为先生送行，但是人们并没有看到他的遗容。先生深通印度文化，对死亡问题更为从容，所以不愿意以遗容示人。斯人已逝，一代智哲、大师的风范却长留在后人的心间！（《人民日报·海外版》2000年9

季羡林在伏案工作

月13日第9版）

据程千帆口述、张伯伟整理《劳生志略》说，20世纪40年代，武汉大学哲学系聘请了刚从印度回来的金克木先生，历史系有唐长孺。唐长孺先生不仅是史学很好，文学也很好。他的文章、诗词都作得很好。要是拿中国的传统来说，在文学方面，他是金松岑的学生；在历史方面，他是吕思勉的学生。金克木先生我原先不认识，最初是看到他写的新诗，觉得很好。抗战胜利以后，哲学系聘请了金先生，他刚从印度回来，哲学系需要有个人讲印度哲学，就把他聘来了，那时他还没有结婚。隔了两三年，胡适希望金克木到北大去，当时北大有季羡林，还有一些懂梵文、印度文、乌尔都文的先生，金克木在武汉大学如果讲中国哲学还有朋友，如果讲印度哲学，就他一人，所以他也很想去北大。唐长孺的妹妹唐季雍在北大哲学系读书，金克木要调到北大去的时候，唐长孺就对他说：我有个妹妹，还没有结婚，如果你们见了面，觉得很好，也可以谈。后来金克木到了北大，一谈就觉得很好，就要胡适给他们证婚，他们就结婚了。这样，唐长孺和金克木就成了亲戚。金克木是无师自通，外文特别好。他的法文非常好，他最初在湖南大学就是教法文，他去看杨树达先生，杨先生看他很年轻，还以为是个学生。后来他去了印度，在印度的一所大学里教书，他的职称是在印度定的。他这个人非常聪明，他在北大先是教梵文，后来北大希望印度文化的内容近代化一些，不要讲太古老的，他就教乌尔都文。乌尔都文大概是印度多种语言中流行得最广泛的一种语言。他写过一本《梵语文学史》，还翻译了一些印度的书。他对于中国的佛学也知道得很多。他想买一部《大藏经》。因为拆零了，不完全，他就把自己感兴趣的部分都买了。买回来以后，家里的房子太小，没地方

1962年，季羡林与白寿彝合影

放，只好又退还给书店。他又懂天文学，所以解释《古诗十九首》中“玉衡指孟冬”就解释得很好。

金克木与季羡林住同一幢楼，但早上散步，他见季羡林却不打招呼。他的理论是：打招呼是说废话。他把这种理论再推进一步，甚至读者想请他在书上签名他都不干。有一回几位读书人买了他和张中行的书，想求签名，先到张中行家，张老签了。但几位拿了签名本却还不走，说还想请金克木签名，只怕金克木不答应。张老一听，说：“我带你们去。”率先下楼，后面跟着几个手捧小本本的人，向西百米，二楼，敲开金克木家的门。几位说明来意，金克木果然摇头：“不签不签。”张中行不吃这套，转身问：“谁带钢笔，拿来。”把笔塞到金克木手里：“签！”金克木虽然不情愿，但只好签了。事后，张中行说：“我在金先生面前还是有面子的。”

2. 伊斯兰教权威马坚

1946年马坚在季羡林之前，应聘到北京大学任教授，参加北大东方语言文学系的组建，并亲自在该系建立阿拉伯语专业。马坚先生的夫人马存真回忆说：“当时是既无教材，也无前例可循，一切都要从零开始。他肩负重任，独自一人给首批中国自己培养的阿拉伯语大学生开出了阿拉伯语、高级阿拉伯语、伊斯兰宗教史、伊斯兰教育史和《古兰经》研究这五门专业基础课和专业课，为专业的发展打开了局面。他重视教材建设，积极编写阿拉伯语教材，系

北大东语系庆祝季老执教40年时合影。前排左六为季羡林

统归纳了阿拉伯语语法规律。他所确立的一整套阿拉伯语语法概念和术语，一直为国内各高等院校阿语专业沿用至今。”

“他奠定了中国阿拉伯语教学的基础，开辟了阿拉伯语教学的新时代，使阿拉伯语在中国教育史上首次进入高等学校。”“他还付出大量心血，主编了《阿拉伯语汉语词典》。甚至在糖尿病加重而住院治疗期间，仍然耐着盛夏酷暑，挥扇坚持工作，使医生、护士和病友为之感动。为了把住质量关，他在定稿时对每一个词条都要反复研究，博采众长，斟酌再三。经过多年的辛勤劳动，终于使这部具有重要意义的词典得以问世，为中国人学习、使用阿拉伯语提供了最基本的工具书，也为以后编写各种类型的阿汉词典和汉阿词典奠定了基础。”

北大阿拉伯语专业英年早逝的邬裕池老师在《平生风仪兼师友——忆马坚先生》一文中写道：“马坚先生对自己是勤奋刻苦，学而不厌；对学生则是循循善诱，诲人不倦。尽可能地把自己的知识传授给年轻一代，直到他生命的最后阶段。虽然身染沉疴，长期缠绵病榻，然而只要有人前来请教，他总要挣扎着起来不辞辛苦地介绍有关资料，或反复思考作出详尽的答复。”又写道：“马坚先生在努力培养和造就大批大学生的同时，还非常重视提高教师的业务水平……非常难能可贵的是他还用很大力气指导青年教师阅读原著，如语法原著《克里莱和笛木乃》和《一千零一夜》。”

马坚从1946年到北大任教直到1978年病逝，共在北大工作了32个春秋。他以自己辛勤的工作开辟了中国阿拉伯语教学的新时代，迎来了中国阿拉伯语教学的巨大变革。他为我国外事、文教、出版、科研、宣传等部门培养了一代又一代阿拉伯语言文化人才，成为发展中阿关系和阿拉伯伊斯兰文化研究事业的骨干力量，有的还是国家重要的领导干部。在北大阿语教研室中，他的学生已是四世同堂，真可谓桃李满天下。

1949年以后，中国各民族的关系得到了根本的改善，回汉关系也进入了一个前所未有的良好的时代。从根本上说，这是中央政府实行正确民族政策和宗教政策的结果，但马坚先生作为一个有重要影响的穆斯林学者，也为消除民族隔阂、推动这一政策的顺利实施，做过许多积极的努力和有益的工作。马坚先生认为，民族隔阂除了历史上反动政府鼓吹民族沙文主义、推行民族歧视政策的原因之外，民族之间缺少充分了解也是一个重要原因。为此，他运用自己丰富的伊斯兰学识，撰写了大量文章，一方面解除回族有些人在参与全民共同活动的某些疑虑，一方面又从维护民族大家庭团结的真诚愿望出发，对某些无知现象提出了坦诚的批评。1951年1月10日，《光明日报》在发表卢洪基的文章中，将穆斯林的先知穆罕默德与美国强盗（时称美帝国主义）相提并论，引起北京穆斯林强烈不满。16日，各界穆斯林代表汇集中山公园，召开声讨大会，表达对作者及报社的义愤。会上，《光明日报》代表作了诚恳的检讨。19日，为澄清事实真相，《光明日报》发表了穆斯林学者马坚教授的长文《穆罕默德的宝剑》，批评了作者的无知，从而达到了促进民族之间的相互了解，维护国家安定团结的目的。20日，《人民日报》全文转载，新华社也全文播发。

季羡林与马坚在一起

马坚（1906—1978），字子实。云南省个旧市沙甸人。在家乡上小学、高小，1922年，考入昆明成德中学。1925年，成德中学毕业。1929年，来到上海伊斯兰师范学校阿拉伯文班就读。1931年12月29日，抵达埃及开罗，在爱资哈尔大学宗教学院读书。读书期间开始翻译埃及著名学者穆罕默德·阿布笃的《回教哲学》，1934年由上海商务印书馆出版。将《论语》翻译成阿拉伯文，1935年，开罗古籍出版社出版。1935年下半年，转到爱资哈尔大学阿拉伯语言师范学院继续深造。1936年翻译侯赛因·吉斯尔的《伊斯兰教真相论文集》，中文译名是《回教真相》，1937年在上海出版。1939年结束了埃及8年留学生涯，1940年赴上海参加中国回教学会的译经委员会，利用空闲时间翻译白话文《古兰经》。1941年《伊斯兰教育史》在重庆出版。1942年，受聘于云南大学，开设伊斯兰文化讲座，《回教哲学史》在重庆出版。1945年，白话文汉译《古兰经》初稿完成。

1945年底1946年初，北京大学因为有清华大学陈寅恪教授的推动，经胡适校长、傅斯年代校长、汤用彤文学院院长批准，准备筹建东方语言文学系。经向达和白寿彝教授推荐，北大文学院院长汤用彤教授代表北大聘请马坚到北大任教。1946年10月，马坚偕夫人马存真到北京，在北京大学东语系开设阿拉伯语专业。季羡林也于稍晚一些时间到系，从此马坚与季羡林成为同事，一直在北京大学任教，直至1978年去世。

当时的东语系全名叫东方语言文学系，是北京大学最小的系，教员除了季羡林、金克木、马坚，还有教藏语的于道泉。当时的条件极差，几乎是白手起家。他们共同闯过了很多难关，终于把东语系办起来了。后来又增加了两位教师，但是学生的数目很少，学生要少于老师。全系开会的时候，一小间十几平方米的教室还坐不满。到了中华人民共和国成立前夕，胡适批准了马松亭大阿訇推荐的十几名阿拉伯语的学生入系，才壮大了系的队伍。而马坚当时成了学生最多的教授。后来在中华人民共和国成立前夕，胡乔木到季羡林住的翠花胡同，征求季羡林的意见，想把南京的东方语专、中央大学边政系的一部分、南京边疆学院的一部分合并到东语系，这时候，东语系从最小变成了当时北大最大的系。

1951年1月19日，在《光明日报》发表《穆罕默德的宝剑》，3月20日，在《人民日报》发表《回民为什么不吃猪肉?》。有一天，季羡林的清华老同学胡乔木同志去看季羡林。告诉季羡林说："请你转告马坚先生，毛泽东先生认为他那两篇文章：《回民为什么不吃猪肉?》和《穆罕默德的宝剑》写得很好，增强回汉两族人民的团结。请你向他表示谢意！"1959年，中国文化代表团访问伊拉克，马坚、白寿彝系团员，季羡林为团长。

到50年代以后，阶级斗争无所不在的思想已经深入人心。这种思想甚至在教材编写的时候也表现出来了。有一年，阿拉伯语教研室选了一篇阿拉伯国家的一个著名作家写的尼亚加拉大瀑布的文章，语言生动流畅，描绘得色彩绚烂，是一篇非常好的文章。但是这样的文章，不可能涉及到政治的内容，学生读了，不仅可以学到地地道道的阿拉伯语，而且还能够领略美好的自然风光。然而就是这样一篇课文，有人提出异议，硬把一个资本主义国家的风光写得如此美丽，岂不是长资本主义的威风？季羡林作为系主任也不得不出面调停，他特意让人把它翻译成中文，供大家讨论。像这样的事情在现在看来都是笑话，但那时候谁也不敢掉以轻心。马坚先生在"文革"中被批斗，也是与所谓的白专道路有关系的。

1960年，毛泽东在一次接见各国青年代表时，马坚任翻译，毛泽东向众人介绍中国共产党的统一战线政策时，举例说："马坚先生是信仰伊斯兰教的，不是共产党员，我是信仰马列主义的，是共产党员，但这不妨碍我们一起工作和合作呀！如果没有他，你们讲阿拉伯语我听不懂，我讲的汉语你们也就不懂，现在我们彼此都沟通了，这就是说我与马先生合作得很好嘛！"

1973年工宣队搞了一些麸子，做成糠窝窝，又蒸了一些糖三角，每人各发一个，要求先吃糠窝窝，后吃糖三角，算是“忆苦思甜”。马坚不知道吃的要求，把二者合在一起吃了，结果招致现场批判，被勒令写出书面检查。第二天，马坚的检查贴在东语系一楼东头楼梯口：“昨日我没有先吃糠窝窝，后吃糖三角，而是一起吃了，这不符合工宣队的要求，因此我作检查。——人老心红战斗队，67岁队员马坚。”落款的“人老心红战斗队”纯属政治幽默。

1978年8月16日凌晨，马坚因病情恶化，抢救无效，顺命归真。有译作《阿拉伯半岛》《古兰经》《阿拉伯通史》，组织东语系阿拉伯语教研室教师集体编写《阿汉词典》。1984年，经中国伊斯兰教协会认可和伊斯兰教世界联盟同意，伊斯兰世界最高权威出版机构——沙特阿拉伯王国法赫德国王《古兰经》出版社出版了马坚《古兰经》译文中阿对照本，这是对马坚毕生致力于译经工作的最好肯定，也是给予一个穆斯林无比崇高的荣誉。

3.藏文专家于道泉

于道泉（1901—1992），山东临淄（今淄博）人。据他的妹妹、陈云的夫人于若木说，在她出生之前，她家已迁往济南。父亲于丹绂，又名于丹甫，是中国第一批派往日本的留学生之一，毕业于日本著名的早稻田大学。回国后担任山东第一师范校长，是山东教育界的老前辈，山东近代教育的奠基人。（叶永烈《陈云夫人于若木》）这样看来，于道泉也是生于济南。他早年就读齐鲁大学、北京大学，攻数学。齐鲁大学肄业。1934年赴法国巴黎索邦大学留学，师从巴考（J. Bacot，1890—1967）研修藏文。1938年至1947年任英国伦敦大学东方非洲研究院高级讲师。后来在北平中央研究院历史语言研究所工作过，历任北京大学讲师、中央民族学院教授，中国民主同盟盟员。从事藏学研究，研究运用拉丁字母拼写拉萨话全部声韵调的符号系统。与赵元任合译《第六代达赖喇嘛仓央嘉措情歌》，主持编纂《藏汉对照拉萨口语词典》。他著有《藏语口语字典》《北京图书馆馆藏满文目录》《四角号码索引》，并指导汉译《四部医典》等，为中国藏学研究的走向世界作出了卓越的贡献。

于道泉

于道泉是我国学术界从事藏学研究之先驱、藏学奠基人。有语言天才，精通藏语、蒙语、满语、英语、法语、德语、土耳其语和梵文等。当然，于道泉精通多种语言，主要由于他的勤奋好学。他为了学习藏语，曾到雍和宫自愿服杂役。

新中国成立后，在1952年进行院系调整，北京大学东语系把属于国内少数民族的语言统统划归中央民族学院，国内外都有的民族和语言，如朝鲜语和蒙古语，与中央民族学院分工培养，北大东语系主外，中央民族学院主内。这样，于道泉与马学良先生等一起创建了中央民族学院少数民族语言文学系，开拓了一批学科，培养了大批人才。他自己也成为国内外著名的藏学泰斗。

后来，于道泉和赵元任合作翻译的《仓央嘉措情歌》，季羡林早就读过。在于道泉回国在北大工作以后，季羡林经常从他那里听到赵元任的一些情况，他们都很佩服赵元任的语言天才，学说方言的本领令人称奇。

在季羡林的心目中，于道泉是一个有天才的人，也是行动有点“怪”的人。他自己对此似乎有所感。有一次，于道泉亲口对季羡林说：“我的脑筋大概是有点问题。”他的“怪”表现特多，如为了学习藏文和蒙古文，他干脆搬到雍和宫去，和蒙古喇嘛住在一起，因此有了个“于喇嘛”的绰号。他在巴黎留学时，听说西红柿极有营养，于是天天只吃西红柿，结果一天竟然能吃五六斤之多，把肚子给吃坏了。在伦敦时，恰巧陈寅恪先生在那里治眼疾，他天天去给陈先生解闷，给陈先生读书读报。读的书中，就有马克思的《资本论》。奇怪的是，他相信有鬼，却又喜欢马克思的著作。到中央民族大学以后，他还研究无土栽培，后来又研究号码代字音的问题，而且都取得了成就。这些行动无不显示其怪。

季羡林说：

> 为什么这样的“怪”会同天才联系在一起呢？一个有天才的人，认准了一个问题，于是心无旁骛，精神专注，此时此刻，世界万有不存在了，是非得失不在了，飞黄腾达不存在了，在茫茫的宇宙中，只有他眼前的这一个问题，这一件事物。在这样的情况下，他焉能不发古人未发之覆，焉能不向绝对真理走近一步呢？
>
> 但是在平凡的人眼中，这就叫“怪”，于道泉就是这样一个怪人。
>
> 对于于道泉，还必须进一步更深入更彻底地挖掘一下。我们平常赞美一个人，说他“淡泊名利”，这已经是很高的赞誉了。然而，放

在于道泉先生身上，这是远远不够的。他早已超越了“淡泊名利”的境界，依我看，他是根本不知道，或者没有意识到，世界上还有名利二字。他的这种超越，同尘世间庸俗之辈的蝇营狗苟的争名夺利的行径比较起来，有如天渊。于道泉是我们的楷模。（《千禧文存》，新世界出版社2001年版，第178页）

1946年8月3日，北京大学校长胡适先生致函伦敦大学，欢迎于道泉先生回国，到北京大学东方语文系担任蒙、藏文教授。胡适先生诚恳的态度，促使于道泉先生下了归国服务的决心。

1949年4月来到北京。在极短的休息之后，于道泉迫不及待地与当时担任东方语文系主任的季羡林见面、磋商，确定在东方语言文学系开设藏语专业，季羡林推请于道泉先生担任组长。组内还有王森、金鹏、韩镜清几位同事，并立即开始招生。第一期虽然只有两名学生，却使藏学这一专业在高等学府内正式立足，开始了万里长征的第一步。新成立的东方语言文学最初分设为三个组。第一组包括蒙文、藏文、满文；第二组包括梵文、巴利文、龟兹文（吐火罗文A ）、焉耆文（吐火罗文B）；第三组是阿拉伯文。三个组的具体负责人，第一组应该是稍后从英国回来的于道泉，第二组是季羡林本人，第三组是马坚。50年代以后，东方语言文学系，后来改称东方语言系，再改名东方语言文学系，一度称为东语系，后来改为东方学系，现在则分为东方语言文化、日本语言文化和阿拉伯语言文化三个系。

担任新闻出版总署第一任署长的胡乔木听说了于道泉的轶闻故事，也知道他通晓多种语言，而且是欧洲留学多年的专家。于是把筹办藏语广播这一重要工作交给了他，请他协助中央人民广播电台设立藏语翻译和播音小组。

经过努力，中央人民广播电台聘请了于道泉，以及由他推荐的李永年、李春先（曲吉洛卓，拉萨藏族旅京人士）和图丹尼玛喇嘛等人作为藏语广播组第一批成员，1950年4月10日开始工作，做好各项准备，5月22日晚上正式播音。

负责筹备中央民族学院工作的刘春——一位资深的从事民族工作的老革命，与费孝通教授合作共事，邀请了季羡林和于道泉共同商量，如何能尽早、尽快地培养一批藏语人才以适应紧迫的需要。经季、于两位教授建议，从国内若干高校文科中抽调一些在校学生集中到北京，用速成的方法，突击学习藏语，以应当前工作的紧迫需要。说来令人惊叹：这个藏语学习班，居然能在中央民族学院成立之前开班上课。这批来自北京大学、复旦大学、湖南大学、广西大学、山东大学、安徽大学、南京大学等校的青年学子，云集北京，在于道泉教授门下，开始了藏语的学习。

“文革”中于道泉在劫难逃，他成为第一批住进“牛棚”的“座上客”，白天于道泉在一座楼前浇灌花木，晚上到“牛棚”受训。在一次对他的批判会上，全系教师及部分学生共有200多人，主持会议的党总支副书记先作了简短发言，要全系师生批判相信有灵魂的迷信思想，帮助于道泉。发言者一个接一个踊跃举手，慷慨陈词，有的声色俱厉，有的甚为惋惜其落后，有的十分鄙夷其陈腐，有的引经据典指陈其谬误，总之五花八门，不一而足，闹腾了3个小时。而于道泉老先生却端坐在一根柱子后面，一手抚摸下巴，一手一根一根地拔自己的络腮胡子，全神贯注，神情肃穆，已进入了沉思状态。主持人叫道：“于先生！于先生！”他完全没听见。主持人急了，提高八度厉声喝叫：“于道泉！”他这才惊醒，茫然地问：“什么事?”主持人说：“刚才大家帮助你3个钟头了，你也表个态，说几句嘛！”于道泉老先生颇感惊讶：“什么？帮助我？3个钟头了？对不起，我一句也没听见！”引得哄堂大笑！这是真话，他的确没听别人在说什么。于道泉老先生早已置身事外，进入自己的冥想王国。原来他在琢磨“一对多”的翻译机械化问题。

说怪也不怪，于道泉对于这一工作醉心已久，早在1956年就在中央民族学院周报上发表过议论，但当时没有人理会，还有人认为是“幻想”，说他不务正业。这下子可好了，一切繁琐事务都摆脱得干干净净，他倒可以在“牛棚”中冥想苦思。有志者事竟成，他终于发明了一套“数码代音字”，卓有远见地认为，这一套数码代音字可以供翻译机械化使用，就是说他早在20世纪60年代后期就思考出一套可以在电脑（当时人称电子计算机）上使用的汉文和藏文的软件系统了。可惜他的这种超前思维在学院、在社会无人理解，也没有人接受。直到1982年8月，在北京召开的第五十届国际汉藏语言学学会上，于道泉提交的一篇论文“*Numerical Script for plain Texts Numerilised Script Versus Romanised Script*”（《数码字简表：数码字与罗马字对照表》），文中列举了他所设计的数码代音字用来拼读汉字和拼读藏文的规则。热心学习应用这种数码代音字的张默生教授，于1977年3月1日用这一体例的数码代音字给于道泉写来一封信。信除了用数码代音体系写出，还用汉字逐字对照一并写就，请于道泉验看。张默生就是季羡林在济南高中上学时的校长，当时任四川大学中文系主任，与于道泉既是世交，又有戚谊，同为山东临淄的著名奇人，这一文件堪称双绝。

4. 东语系的大发展

新中国成立以后，北京大学东语系发生了翻天覆地的变化，员工人数增加了10倍，学生人数增加了200倍，从北大最小的系忽然变成了北大最大的系，这是季羡林做梦也想不到的事情。这个巨变是怎样发生的呢？

1949年春夏之交，季羡林接到一封从中南海寄来的信，寄信人是他当年在清华大学读书时的同学胡鼎新，这令他感到非常吃惊。信的开头说："你还记得当年在清华时一个叫胡鼎新的同学吗？那就是我，今天的胡乔木。"胡乔木在信中告诉季羡林说：现在形势顿变，国家需要大量的研究东方问题、通晓东方语言的人材。他问季羡林是否同意把南京东方语言专科学校、中央大学边政系的一部分和边疆学院合并到北大东语系来。季羡林看完了信激动不已，简直不敢相信自己的眼睛。当时季羡林正为自己作为一介书生，满腔热血，报国无门而苦恼。这样好的机会从天而降，可是大好事，岂有拒绝之理？他立即给胡乔木回信，表示完全同意。

在季羡林给胡乔木发出回信后不久，一天，胡乔木亲自来到翠花胡同拜访季羡林。两个老朋友久别重逢，备感亲切，肚子里有说不完的话。两人在详细商谈了东语系扩大的问题后，胡乔木特意告诉季羡林："东语系马坚教授写的几篇文章《穆罕默德的宝剑》《回族为什么不吃猪肉?》等，毛先生很喜欢，请转告马教授。"

胡乔木拜访季羡林后不久，这三所大学的师生合并到北大东语系来了。1951年1月26日，教育部通知北京大学："教育部决定在全国范围内选送100名青年到北京大学学习印地、蒙古、维吾尔、阿拉伯、越南、暹罗、缅甸、日本、朝鲜及西南少数民族语文，以培养少数民族及东方语文方面的革命工作干部，学习期限4年，学习期间按学生供给制待遇，毕业后由中央统一分配。这批学生预计今年2月底以前报到，请北大做好学生入学准备工作。"这批学生进入东语系学习，东语系得到大发展。

1952年院系调整以后，东语系定名为东方语言学系，成为北大当时最大的系。包括的专业有：梵巴语、蒙古语、朝鲜语、日本语、暹罗语（后来改为泰国语）、印尼语、缅甸语、印地语、阿拉伯语。1954年以后又增加了乌尔都语，1957年增加了波斯语。师生总数最高时为516人，位居全校之首。东语系是北大当时最大的系，成为全国唯一培养东方语言人才的最高教学机构。

院系调整以后，季羡林从北京市内搬到了中关村的蓝旗营一所公寓居住。

1986年6月，在日本早稻田大学作演讲

在这里，他一住就是10年。和他住对门的是杨通方、李玉洁夫妇。按资格，他当时可以住进燕南园或者燕东园别墅式的小楼里，如冯友兰在燕南园，马坚在燕东园，住的都是别墅式的小楼。但当时他只身一人，还是选择了在蓝旗营住公寓。

作为系主任的季羡林，政务活动繁多。他要处理系里日常的教学工作，参加各种会议，接待内外宾客，安排全系教师和学生的食宿问题，新生入学时他有时候还要去前门车站亲自迎接。他每天从早忙到晚，感到时间远远不够用。过去还能够得闲在红楼前长板凳上吃碗豆腐脑，而现在，连这样的时间都没有了。每天早晨，他匆匆忙忙来到学校，在校门口买一块烤白薯，边走边吃，烤白薯在很长时间内竟然成为他最方便的早餐。中午或者去食堂吃饭，或者为了省时间，趁早买两个烧饼放在办公室，中午两个烧饼加一杯热茶，午饭也对付了。节省下来的时间全部用来工作。这时候他的女儿婉如在天津、儿子季承在北京上了大学，济南的家里有婶母（后来称为老祖）和妻子照顾。他一门心思投入到工作中。

后来，他的女儿在天津大学毕业后也分配到北京工作，儿子大学毕业也分配在中国科学院工作。当时他们工作的地点都在市里，没有办法照顾父亲。有一次，季羡林生了病，发烧到摄氏40度，起不了床。那时候家里还没有电话，系里发觉他没有上班，当时不知道什么原因。住在城里的孩子星期天回家看他，差一点连门都没有敲开。

北大工会成立以后，季羡林先后担任过北大工会的组织部长、秘书长、沙滩分会主席。在新中国成立初，季羡林对工会活动非常积极，和钱端升一起到北大的各个单位去游说，他自己到当时的国会街北大出版社去游说。当选为沙滩分会主席之后，季羡林主持过两次比较重要的活动，一次是新中国成立初的陈毅返校，一次是空军英雄张积慧和音乐家时乐濛到校作报告。陈毅不是北大校友，他上的是中法大学，但是因为他经常到北大去旁听，所以也算是北大的学生。所以就有了所谓的陈毅返校的活动。

1952年北大由沙滩迁往西郊燕园后，他一度担任过北大工会主席。从此季羡林陷入了文山会海的漩涡之中，他在《学海泛槎——季羡林自述》中说："我本来是个性格内向的人，最怕同人交际；又是一个上不得台面的人。在大庭广众中、在盛大的宴会或招待会中，处在衣装整洁、珠光宝气的男女社交家或什么交际花包围之中，浑身紧张，局促不安，恨不得找一个缝钻入地中。看见有一些人应对进退，如鱼得水，真让我羡煞。但是命运或者机遇却偏偏把我推到了行政工作的舞台上；又把我推进了社会活动的中心，甚至国际活动的领域。"他曾对人说过：我现在的专业是开会，专门化也是开会。可惜大学里没有开设"开会学"这一门课，如果开的话，我是最理想的教授。季羡林参加会议一般是提前十分钟到会场，决不迟到；发言不说空话、套话，言简意赅，说完就完，绝不拖泥带水；语言生动有趣，偶尔说几句诙谐幽默的话，引得人们哄堂大笑，使会议气氛十分活跃。他主持会议，是到点散会，决不拖泥带水、推迟时间，让与会者都能准时吃上饭。

管理一个五百人的大系，季羡林整日忙忙碌碌，处理各种事务性工作和会议。但是就是在这样忙碌的情况下，他还抽时间和曹葆华先生一起翻译了马克思的《不列颠在印度的统治》《不列颠在印度统治的未来结果》两篇论文，在《新建设》杂志上发表。在季羡林的领导下，该系以团结向上、艰苦奋斗的作风享誉燕园。他的领导作用、垂范作用，无时不在东语系发挥影响。

季羡林精心设计系里的课程。对梵巴语专业，他更是倾注了大量心血。他的指导思想，是把学生培养成印度学的研究人才。只有学好梵巴语，掌握好这把金钥匙，才能打开印度文化宝库的大门。而打开宝库之后，会不会鉴别库里的收藏品，则要看研究能力。季羡林十分注意培养和激发学生们的研究兴趣，鼓励学生们广泛涉猎文史哲各门基础课程。

东语系重视教学法的探讨，也重视教材建设。几乎每改一次教学法，就必然产生出一批新教材。每一种教材都凝结着教师"焚膏油以继晷，恒兀兀以穷年"的心血。教学和科研还要齐头并进，互相促进，互相补充。在季羡林影响下，东语系教师们在进行教学工作的同时，进行了大量的科研工作。各种词典和大型工具书被编撰出来，出版的数量多，质量高，有些著作至今在广泛地使用着。

季羡林在北大的待遇一直很高，除了在胡适当校长期间，是拿大洋之外，新中国成立初，他作为正教授，拿1100斤小米，而副教授当时是400斤小米。在院系调整以后，全国高校教师开始评级，施行按行政级别的新工资标准。据智效民《1955：著名文化人收入知多少》（《同舟共进》杂志2008年第10期）透露：

在教育系统中，北京大学校长马寅初为行政二级，工资500元。中国人民大学校长吴玉章为行政三级，440元。教育部副部长叶圣陶为行政七级，工资260元。除此之外，其他人大多享受教授待遇。有意思的是，鲜为人知的山东工学院刘先志为特级教授，工资350元，尽人皆知的陈寅恪、李达、陈垣为二级教授，工资253元（该名单没有一级教授）。这反映出当时重理轻文的政策倾向。

在三级教授中，有北京大学副校长汤用彤、厦门大学校长王亚南、清华大学副校长刘仙洲、南京大学校长潘菽、复旦大学校长陈望道、中山大学校长许崇清、华南农学院院长丁颖、华东师范大学校长孟宪承等，工资235元。四级教授有北京大学周培源、翦伯赞、曹靖华，复旦大学苏步青、陈建功，中山大学姜立夫，北京政法学院钱端升（院长）等，工资217.8元。五级教授有北京大学饶毓泰、叶企荪、向达，清华大学梁思成、钱伟长、张子高、马约翰，中央民族学院费孝通（院长）等，工资200.2元。六级教授有北京大学冯友兰、唐钺、江泽涵、冯至、魏建功、游国恩、王力、季羡林，清华大学陶宝楷、施家炀、张光斗、孟昭英，复旦大学郭绍虞、谈家桢，云南大学刘文典，北京师范大学黄药眠等，工资184.8元。七级教授有北京大学朱光潜等，工资169.4元。八级教授有北京师范大学陶大镛、南京师范学院傅抱石等，工资156.2元。

1952年的评级，季羡林被评为一级教授，而他的老师冯友兰因为过去的政治关系而被评为四级教授。到1954年再次评级，季羡林仍然是一级教授，冯友兰也进入一级教授。同时被评为一级教授的还有陈岱孙、翦伯赞、王力（刚刚从中山大学调整到北大）、郑昕、冯定等人，加上理科的教授，北大一共有28位之多，占全国56位一级教授的正好一半。这足以看出北京大学的师资力量在全国所占有的重要地位。稍后，国务院在中国科学院设立学部委员，季羡林、冯友兰、翦伯赞、陈岱孙被选为哲学社会科学部学部委员。他们除了拿一级教授的工资以外，还享受每月120元的学部委员补贴。

5. 成为不可接触者

不知道什么偶然性，使季羡林一下子从巅峰跌入了人生的低谷，在空前的浩劫中成为不可接触者。其实，这恐怕不是一个人的偶然性，而是全民族的偶然性。那是全民族跌入低谷的时代。

公元前2000年，雅利安人征服了印度河流域。雅利安人把达罗毗荼人变成了奴隶。

他们残酷地压迫被征服的民族，在印度建立了严格的等级制度。印度人被分成四个界线分明的等级，叫种姓。僧侣是第一级，叫“婆罗门”，他们掌握着印度的古代宗教——婆罗门教，享有种种特权。第二级是武士，叫“刹帝利”，他们的地位比婆罗门低，但是掌握着政治和军事实权。婆罗门和刹帝利都是不劳而获的奴隶主阶级。第三级是一般平民，叫“吠舍”。第四级是被征服的本地居民，成为奴隶，叫“首陀罗”。四个等级在法律面前不平等。除了以上四个种姓外，还有所谓“不可接触者”，被认为是最下等的人。他们必须穿死人的衣服，用人家扔掉了的破碗钵吃饭。晚上不得在村落和城市周围走动。白天工作的时候，要带上特殊标志。他们的工作是搬运无主死尸，当刽子手或屠夫。这种种姓制度一直延续到现代。这种极为荒谬的不合理的等级制度，得到了婆罗门的拥护。他们用经典、法律来维护这种制度。但是遭到了其他种姓人们的反对。

季羡林自认为出身好，经历简单，虽是知识分子，有缺点，自问并无罪恶。但没有想到，一场浩劫使自己成为印度种姓制度下那种“不可接触者”。文化大革命中，知识分子被定性为“臭老九”，季羡林背上了“原罪”十字架，自觉地认为应当改造。“文革”初期时，季羡林最初是“逍遥”过一阵子的，后来由于看不惯北大“老佛爷”的倒行逆施，于是发了牛脾气，“自己跳出来”，反对“老佛爷”，结果被抄家、批斗，被打得头破血流……当他把积攒多时的安眠药片和药水都装到口袋里，最后看一眼共患难的婶母和老伴，准备越墙而出到圆明园去的时候，红卫兵突然来敲门了。他被押出去，挨了一场十分激烈、十分野蛮的批斗，被打得躺在地上站不起来。痛苦中他一下子得到“顿悟”：“一个人忍受挨打折磨的能力，是没有极限的。我能够忍受下去的！我不死了！我要活下去！”他忍受住了，像凤凰涅槃一样，活了过来。后来，季羡林被长期关进了“牛棚”，时间达八九个月。从“牛棚”出来后，季老被命令看楼门，守电话，仍然是一个“不可接触者”。他琢磨着找一件会拖得很长、“但又绝对没有什么结果的工作，以消磨时光”。东语系办公室搬到学生35楼。35楼共有四层。三四层住女生，一二层住男生。在二层中间腾出若干间屋子，是系党政办公室。季羡林被分配在一楼进口处左边一间极小的房子里，作为该楼传达室。季羡林的差事就是当门房，任务有三：第一看守门户；第二传呼电话；第三收发信件和报纸。看守门户对于他来说，又难又不难。季羡林与本系教职员都是“老相识”，都认识。本系的学生，他也能认个八九不离十。可是新来的工农兵学员他一个也不认识，怎么知道谁是闲杂人员呢？既然不认识，也无能为力，索性一概不管，听之任之，这不是又难又不难吗？传呼电话也是又难又不难。有电话就接，没有电话就闲坐。住在三四层的女生电话特别多，每次传呼，季羡林都要爬上三四层楼。已经60岁的季羡林，一天爬上十次二十次，也真有点吃不消。他觉得这样不行，就改到楼外向上高呼：“某某某，电话！”这个办法有点效果。但是住在朝北房间里的女同学就不大容易听到，也颇引起了一些麻烦。可是，季羡林能力有限，有麻烦也就只好让它有麻烦了。收发信件和报纸是比较容易的。来了报纸，他就上楼送到办公室。来了信，他就收下，放在玻璃窗外面的窗台上，让接信者自己挑取。

20世纪60年代初的季羡林

很长时间里，季羡林每天早晨8点就到35楼，12点离开回家吃午饭；下午2点再去，6点回家。每天往返步行十几里路。后来又恢复了他原来的工资，吃饭再也不用发愁。但是仍然很孤独。他说：“当时没有哪一个人敢给我写信，也没有哪一个人敢来拜访我。外来的干扰一点也没有，我真是十分欣赏这种‘不可接触者’的生活，其乐也陶陶。”他想到不能这样浪费时间，就想到了印度两大史诗之一的梵文《罗摩衍那》。他就晚上把梵文译成汉文散文体，写成小纸条装在口袋里，白天守楼时，脑袋不停止思考，把散文改为有韵的诗。季羡林后来说，如果没有“文革”，如果自己不跳出来反对那臭名昭著的“老佛爷”，如果当时没有成为“不可接触者”，2万多颂、8卷本的《罗摩衍那》是绝对翻译不出来的。

三、笔耕丰收

1. 忠实助手李铮

李铮是季羡林的助手。他1933年9月生于北京的一个满族之家，1998年12月不幸去世。李铮从刚满17岁的时候，经人介绍到北京大学东方语言文学系系主任季羡林的办公室工作，后来一直在季羡林身边工作。季羡林的一言一行，一举一动，都对他有很大的影响。

李铮初到系里，就被安排在系办公室工作。当时王森担任系秘书，王森是汤用彤先生介绍过来的。季羡林的书架就放在办公室里，上面摆放着一卷卷的名人字画，旧书店不断有人送一些旧书供季羡林选购。李铮的工作环境是很不错的，如在芝兰之室。但是李铮作为当时“一个极端无知的孩子，跻身于知识分子圈子里，有时并不自在”。到系办公室拜访季羡林的人很多，郑振铎、向达、曹葆华、肖离、金凤女士、德国籍专家傅吾康……

季羡林很佩服傅吾康身上所具有的德国学者的那种彻底性。傅吾康的父亲是清代末年的德国汉学家福兰阁，担任过德国驻清朝的外交官，经常“上山”。季羡林从他儿子傅吾康嘴里经常听到“上山”这个词儿。上哪个山呢？他从来没有问过，反正他每次来北京，总有一半时间“上山”。最近他才知道，他们父子俩上的山就是大觉寺，德国人毕竟是热爱自然的民族。傅吾康是研究过东南亚华侨史的，为了调查华侨的历史情况和现状，他跑遍了印度尼西亚、新加坡、马来西亚等国家的城市和农村，市场与学校，古庙与墓地，只要有有关华侨的资料，不管是匾额，还是碑铭，活资料，死资料，全都收集起来。即使冒险，也无所顾忌。

接触这些学者，对于提高李铮的境界大有益处。李铮那时在办公室的事情不多，做完了他就看书、学习、打字，或者去听课。季羡林和陈玉龙都对他进行鼓励，从来没有责备过他。尽管这样，他仍然感到不自在。系里的毕业生离校前，照毕业合影像，他犯了难。合影的地点在沙滩的孑民堂前，放了一排椅子，是让教师坐的，后边是一排比一排高的凳子，是让学生站的。李铮本来就不想参加这类活动，一见这一场面，更是不想参加了。站在哪里呢？这成了他犹豫难定的难题。当学生吗？自己觉得不够格。万一有人让自己到教师队伍里，那就更没有办法处理了。这样他就决定不参加照相。季羡林找到他，劝说了半天未果，最后叹了口气，说："唉，你这个人！"只得和陈玉龙走开了。1951年，陈玉龙被调到马寅初、江隆基、汤用彤的身边工作，李铮的工作基本不变。

有一次系里进行政治学习，讨论毛泽东的《实践论》。讨论了很长时间，他一直在那里傻听。几位老师见他一言不发，就一再鼓励他发言，哪怕提提问题。他当时根本看不懂这种深奥的哲学著作，能提什么问题呢？碍于老师们的一再催促，他大着胆，问了一句："什么是'道听途说'？"他当时不知道老师们的表情如何，但给他印象最深的是季羡林笑眯眯地给他讲了这个成语的含义。听罢，他若有所悟，知道自己跑题了。

搬到西郊以后，李铮在1958年下放到农村劳动锻炼，种地、养猪、修公路，什么活都干。他给季羡林写了一封信，汇报在农村的情况。季羡林很快就回了信，信中表达了前辈对后辈的殷殷之情。

1978年开始，李铮做了季羡林的专职助手。北大的有些教授，配备有助手，但是都是本系的助教、讲师或研究生兼任。而季羡林是学校给配备专职的助手的教授。没有人给李铮谈该干什么，不该干什么。他根据自己的情况，确定了一个原则：凡是先生需要做而自己也能做好的，只要做了不给先生添乱，只要能节省先生的时间，就是自己该做的工作。80年代初，学校考虑到先生的书太多，怕把楼压坏，让先生从二楼搬到一楼，给了两套单元，大小7间。季羡林的子女不在北大，家中只有三位老人，先生、老伴和婶母，这样就难以照顾另一个单元。

1988年，季羡林与助手李铮在香港中文大学

这时候，李铮主动提出他可以晚上过来住。从那一年起，他一住就是七八年，直到季先生外孙大学毕业留京工作，每天可以回家住宿了，李铮才回家住了。

谁都知道，季羡林爱猫。他把对猫的态度分为三类：不爱猫，假爱猫，真爱猫。而李铮偏偏不喜欢猫。在季羡林家里，他从来没有抱过猫。有时，他不注意，坐到季羡林常坐的藤椅上，猫们也跳到他的身上，他赶忙把它们推开。猫喜欢在人的裤腿上蹭痒，他从来不让它们靠近。有时候，他请示工作的时候，需要把书刊、文稿或信件摊到桌面上。常常有猫会跳上桌来，端坐中央，一副目中无人的样子。他知道，它经常在桌子上的文稿上静卧，有时候也小解一下，先生从来也不动怒。而李铮则要把猫推开，他的理由是，这样才能工作。遇到这种情况，他轻手轻脚把它们抱到屋外去。李铮为自己被划在不爱猫的一类感到遗憾，但又感到自得自慰，因为他的不爱猫是坦荡荡的，没有一点假，比那种假爱猫的，要好多了。

季羡林全家和睦在北大是有名的。有一次，晚间停水，忘了关水龙头，结果夜里水来了，水漫金山。早晨，李铮接到电话赶过来，看到先生站在水中间，一簸箕一簸箕地往脸盆里舀水。就是这样季羡林也从来不发火，没有一句怨言。李铮赶快帮忙把水处理干净。

李铮多年来一直和季羡林的一家和睦相处，彼此如同家人。季羡林的家人给李铮写信赞扬他们夫妇说："我对你们二位兢兢业业为老人工作一生，由衷敬佩。应该说，你们是最了解老人、也最了解我们家的朋友了。尤其可贵的是没有其他'图谋'。"

李铮老师一家三口，多少年来一直挤在北大西门外蔚秀园一套一室半（美其名曰两室一厅）的房子里，退休前不久，或者竟是在退休以后，方才分配到一套西三旗的三居室，高兴是不必说的。他的祖上本是满洲贵族，老夫人或老太夫人是康熙后裔，老太爷是不多见的满文专家。李铮从中学毕业后，就一直追随季羡林，担任季羡林的助手。文化大革命期间，季羡林既然被打成反动学术权威，在"牛棚"里饱受非人折磨，以后又被指派到学生宿舍看门、打铃、扫厕所，当然也就不再需要什么助手了。李铮于是就沾光下放，到北大附小当教员，颇当了几年孩儿王。"文革"一结束，季羡林刚从"牛"变回人，就马上又将李铮调回身边。

李铮是家中长子，满人家中长子地位很高，长子也自律很严，自小就一般不参与弟妹之间的嬉戏。李铮因此也就给人以非常严肃、不苟言笑，甚至略显拘谨的感觉。虽然李铮家住蔚秀园，和季先生朗润园的住处相距甚近，步行不过20分钟，但为了便于协助先生研究工作，李铮却在季先生东面那套书房里搭了一个铺，平时不常回家。搭铺的那间房子里存放着先生新中国成立前后用一两黄金从上虞罗氏买下的日文原版《大正新修大藏经》，个子高高的李铮总是佝偻着身子，戴着发白的套袖和老花镜，静静地伏案工作，白天的阳光、夜间的灯光映照着他的丝丝白发。季先生的事，无论巨细，李铮都要管。他和夫人就一如先生的儿、媳，视先生如父，确实有不少前来拜见先生的人搞不清楚。季先生的经济也基本上由李铮管理，虽然说起来不过是工资和稿费，但是，季先生的稿费奇多，数额大小不一，来处四面八方，跑邮局、取款、核对、登记、联系，总之，是一件非常琐碎麻烦的事情。大概也只有李铮能够应付裕如、锱珠不差。季先生不止一次赞叹："交给李铮，肯定错不了！"先生当然也视李铮一家如家人，且不说例开两桌的每年团圆饭必有李铮一家同吃胡萝卜羊肉馅饺子；李铮和夫人平时要上班，他们的公子晓军小时候也和先生的孙辈一同玩耍，病了也由季师母（弟子们都称季奶奶）和季先生的婶婶（弟子们都称老祖）照料。两位老人家对偶或患病的孙辈信奉饥饿疗法，弄得晓军长大后回想起来依然叫苦不迭。

当然，作为季先生的助手，需要承担的主要是学术方面的工作。季先生的文稿的中文字迹非常清楚，外文则习惯写手写体，虽然很是规范而且美观，但是季先生掌握并用于研究的外语实在太多且怪，不要说是一般编辑，就是连弟子，有时也未必能够分辨。李铮却仿佛有特异功能，能用一台老式打字机在文稿上，把印刷体的外文在上面打印出来，再用笔标上长短音和各种稀奇古怪的符号，省去编辑很多麻烦。季先生的绝大多数著作，倘若不是全部的话，都由李铮阅读校样。先生对李铮找错字的本事在在表示惊叹。北大出版社出版的《季羡林散文集》40余万字，居然连标点符号在内只有四处错误，差错率十万分之一！李铮一向有书出版之后再核对一遍的习惯，一对之下，连这四个错误还是他早就校出来的！这样的工作成绩是要有不同一般的敬业精神为前提的，李铮用一把尺子一行一行地比着审读校样。

季先生的日常学术事务，李铮差不多都一人担当了。先生著作繁多，而且每每被一些非常冷僻的杂志转载，其中的情况只有李铮搞得清楚；季先生书一出，就会寄赠国内外同行友好，李铮就有一份用铅笔蝇头小字多年来写就的名单，谁在什么时候收到了第几册，一清二楚；先生有时送书会将手头最后一本自存本也送掉，不用急，李铮早就预留一本；先生半个多世纪以前发表的文章连自己也早就忘了，不要紧，李铮会到图书馆找出来，复印甚至手抄一份，以备编集。这类的事情数不胜数。李铮连编辑都不是，他的名字只有出现在季先生几乎每一本书的感谢名单中。先生一再说，李铮的工作节省了他的生命。这是一种至高的赞誉。

李铮连大学教育都没有受过，但是，他的汉语水平恐怕要高于很多所谓的大学教授。这是季先生的话。而且这也不是季先生一人之私言，是相当多的一流学者的公论。季先生曾经主持《大唐西域记》的校注，后来又出版了《大唐西域记今译》，许多著名学者参加了这项工作，李铮也负责其中一部分的今译。稍有学术常识的人就会知道，这绝不是一项轻而易举的工作。李铮的译文精确流畅，如今铺天盖地的所谓“今译”恐怕今人看不明白，古人也不知所云，实在不足与李铮的译文同日而语。李铮对汉语是下过功夫的，而且从很早起就有兴趣，据他的夫人徐老师讲，他在“文革”下放干校时，曾经写过一个相声段子“老李识字”，讽刺不仅当时而且现在也举目皆是的白字先生。可惜，连这份唯一的作品也没能留存下来。

不过，留存下来又怎样呢？如今著作等身者比比皆是，有教授头衔者如过河之鲫，用季先生的话来讲，正是“讲师不如狗，教授满街走”。和他熟悉的钱文忠经常看到李铮的身影：高高的个子，白的短发直立着，低着头，微驼着背，左肩略倾，手拎老掉牙的塑料包，脚蹬布鞋，在从西门外文楼通向朗润园的路上伛伛独行……他的著作就是他的背影，投射在地上的只有四个字：“认真的人。”

李铮陪季羡林西去泰国，在曼谷停留十余天，东渡日本。李铮对季羡林付出的实在很多，而且如果他健在的话，还可以付出得更多……然而，他过早地走了！李铮的早逝是季羡林的一大损失。

2.“301编外”的工作

2001年的10月，季羡林到山东老家转了一圈，回来以后身体不适，但是一直没有告诉任何人。到11月12日，助手发现棉裤有尿湿变硬，接着发现开始尿血，到解放军总医院看急诊，第一次住进解放军总医院，共两星期。2002年8月15日，第二次入住解放军总医院；12月30日出院。2003年2月21日，因心肌衰竭第三次入住解放军总医院，发现左腿患骨髓炎，请擅长高龄老人骨科手术的梁雨田教授做了手术，手术很成功，不再疼痛，能自行站立、走路。刚好一点，又因指甲发炎，造成血液感染，加重了病情。

季羡林自2003年2月底住进了解放军总医院，一直住到2009年7月11日上午9点去世。301医院实际上成为他的家。除了很特殊的情况，要回北大参加一些不得不参加的重要活动以外，他全部时间都住在医院里。我很长时间没有机会去看他老人家了。2004年12月12日我因为要去北京参加2004年度宗教研究和教学机构的联席会议，特地从济南买了5斤油旋，准备去看季老。经过和院方提前联系，答应让我和甘肃省委宣传部前部长及其夫人一起进病房。临去的时候，我又给先生带上了一罐我刚刚从夏威夷带来的当地特产夏果和一个磨胡椒面的小玩意儿。但是那天下午我按照规定时间到了医院，护士长有命令，今天早晨，季羡老体温偏高一点，不能进去探视。

自2003年2月底以来，除了部长以上的，因为车子可以自由进出医院，其他人很少能够有机会混进去的。

1989年3月1日，婶母老祖陈绍泽患肾功能衰竭去世；1992年6月23日，女儿婉如因患直肠癌去世；1994年12月6日，夫人彭德华去世，陷于悲痛之中；1996年7月7日，女婿何颐华去世。

季羡林先后失去了自己的亲人，女儿、老祖和老伴相继离世。近几年，季羡林先生因醉心创作，对身体状况和生活起居并不很在意，如今的他，继几近失明以后，又连连受着多种疾病的困扰。

2002年夏季，由于皮肤病导致的并发症，季羡林曾一度病重，被送进解放军总医院。长期以来，慕名找季老写文章、采访、题字的人络绎不绝，每天都有好几拨。季老此次病后，像换了个人似的。原本话就不多，现在好几天都不说一句话。每天除了例行的吃药打针，就是看书写字，即使病危期间也依然乐观。那时季老想到了死，他很风趣地说："人总是要死的，在这方面谁也没有豁免权。人们有了忧愁痛苦，如不渐渐淡化，则一定会活不下去。人逢喜事，倘若不渐渐恢复平静，也必然会忘乎所以，甚至发狂。人们进入老境也是逐渐感觉到的。能够感觉到老，其妙无穷。从积极方面讲，它能够提醒你：一个人的岁月绝不是取之不尽、用之不竭的，应抓紧时间把想做的事做完做好。免得时辰一到，后悔莫及。"季老用陶渊明的一首诗《神释》中的四句，作为人生的座右铭：

纵浪大化中，不喜亦不惧。
应尽便须尽，无复独多虑。

在301医院住了46天的季老于2002年9月底回家了。回到家的季老百感交集。2002年10月14日那天笔者没有经过特别注意，却恰巧碰上重阳节这个中国传统的敬老节，我去探拜了季老。其实我还另外有一个任务，就是从先生这里取回给济南社会科学院副院长荣斌先生请先生为《济南名士评传》题写的书名，和为济南大观园西边纬三路做油旋的张师傅字号题写的“软酥香油旋张”匾额。

一进门，迎面看到季老正坐在客厅的沙发上，见我进去，先生忙不迭从沙发上站起来，和我握手。先生老是这样，晚辈的人就连我这样的学生去看他，他也从不失礼。刚坐下，写过《亮点：香港记者眼中的中国》和《新闻第3只眼》的《大公报》著名记者马小姐，捧着一大盆名贵鲜花，紧随身后也到了季老的家。先生又一次从沙发上站起来，迎接马玲小姐。过了91岁生日的季老，仍然这样谦和待人，对学生也不摆老师的架子。我们落座后，发现先生比我8月5日见他那次胖了些，先生说是吃激素的结果，不是真胖，是虚胖。

季老在医院度过了漫长的寂寞和难熬，向我们倾诉了想家和回家的感觉。

那是在2002年8月5日那天，我和夫人刘宗贤去先生家拜访，看到先生的手上有红斑，临别时与先生握手，先生怕传染，不想跟我握，我还是握了先生的手。当时以为是过敏，也没有怎么当回事。没有想到我们回到济南不久，先生就住进了医院。一住就是46天。

这次去拜访先生，特意为先生带去一点儿济南名吃油旋。在先生吃过的食品里，好吃的东西有两种，一是台湾抓饼，一是济南油旋，而油旋是先生最愿意吃的。我问先生，是不是有一种情感的因素在里边？小时候因为取得了好成绩，叔父奖励他的，就是这种食品。给一个油旋，先生就非常知足了。先生笑笑说，油旋就是好吃，那股葱花的香味，再加上又软又酥又香，确实是好吃，可惜北京没有卖的，如果有，肯定畅销。现在回家了，又可以吃到油旋了。

季羡林说，在医院里的滋味可不好受了，老是想回来。其实最挂念的还是这只猫。猫咪有一次从冰箱上下来，不小心把前爪搭在先生的头上，先生的头立即起了五个血印。猫咪不管犯什么错，先生都能忍受。简直到了宠爱的地步。一次猫咪趴在先生身上睡着了。为了不打扰它，先生竟然坚持了老长时间没有去洗手间。这么大年纪，前列腺都有点问题。时间长了，还不得出毛病？可先生就只管猫咪，不管自己。猫咪和人似乎能感应，先生住院这些天，猫咪一直烦躁不安。先生回来了，它也不烦躁了。

就说季荷吧，今年人们都说因为换水可能不会开花了。可是到8月5日那天冒出一个骨朵儿，8月6日这个骨朵儿就全开了，之后又开了100多朵。先生住院后，这些花也接着谢了。

8月5日那天我确实看到有一个荷花骨朵儿。这真有点奇怪，让人很难解释。

先生笑笑说天人感应没法说，但是植物也有生命。

正说着，不知不觉一位穿着非常朴素的中年妇女进来了。先生又站起身迎接，忙向我介绍，这是外文楼传达室的冯师傅，包饺子很好吃。冯师傅笑着，一脸的兴奋，对先生说，您的一个快件，我给您送来，也好趁机看看您。我一下子想起来了，先生在一篇文章中曾经提到她，吃过她包的饺子，是一种香喷喷的大馅饺子。

冯师傅一脸满足地告别了先生。她走后，我发现猫咪在先生身上那种怡然自得的样子。赶快抓出照相机，猫咪很会做秀，一副高傲的样子，满脸的自豪感。我抢拍了一个镜头。

这时候《清华园日记》出版不久，两本书，一本是排印本，一本是照相本。《清华园日记》记录了先生在清华大学就读时后来两学年的学生生活，时间跨度为1932年8月22日至1934年8月11日。据说由清华学子出版日记，描述自己的求学生活，在清华大学的历史上，还属于首次。在那些文字里弥漫着一种特殊的文化气息。日记拿出来公开发表以前，有人建议是否作些修改。而先生坚持一字不动——不作任何删改，不加稍微粉饰。就这样原样公之于世，以示当时的真我，这当然需要豁达的心胸和相当的勇气。二十一二岁时写的东西，是什么样子，就是什么样子。文饰它，还是当时的真东西吗？一向坚持求真的先生终于没有改动一个字。而另外一部则是原样照排，真实再现了先生在清华时的笔迹。两本合在一起真是相得益彰，弥足珍贵。先生曾经说，自己的这段日记没什么大价值，但也有点价值，真正是在清华念过四年书的一个学生的真实感受，看看当时的清华，究竟是怎么回事儿。

《清华园日记》引言说："我想就把我的日记原文奉献给读者，让读者看一看我写文章的另一面。这样会更能加深读者对我的了解，对读者，甚至对我自己都是有好处的。"

我一看，呆的时间已经不短了。怕先生劳累，我和马小姐起身告辞。老人又一次站起来，并执意把我们送出门口。马小姐非常高兴，她恭恭敬敬地拿着两本书，又拿到一篇《大公报》即将发表的好稿，是先生在2002年10月14日重阳节这天清晨刚刚写出的——《回家》，当天写的，当天拿到，这是非常难得的。我们很快就可以在《大公报》办的专栏《大公园》上读到先生这篇有独特感受的妙文。而我自然也非常满足，拿到了先生题写的两幅字。

2001年季羡林在山东大学参加完百年校庆回去之后，身体感到不适。当时的保姆发现季羡林的裤子有点发硬，一问才知道是尿的，这才知道他的身体有不适之感，他们就逼着他去医院检查。季羡林坚持不去，众人好歹把他“绑架”到了医院，发现身体的问题还不小。医生动员他做检查，他也不愿意做。拖了好长一段时间，他们动用了学校的行政命令，才强迫他去了医院。在《新世纪文存·自序》中，老人叙述了自己做膀胱镜检查的前前后后。最初，他执意不做镜检，而且，编出了一通理由，说什么：“自己已经活到九十一岁，离划句号的时间不太长了……不管怎样，胡乱对付几年，不就可以涅槃了吗？我现在又何必忍受极大的痛苦搞什么劳什子膀胱镜呢？”可是，听众人这三说两说，他又悠回来了——同意镜检了。他颇为悲壮地写道：“当我坐上轮椅被推到手术室去的时候，心里面大有‘风萧萧兮易水寒，壮士一去兮不复还’的气概。”

2003年3月在解放军总医院做手术。季羡林先生自谓早已达到“悲欢离合总无情”的境界，平静地接受了住院治疗这一事实。并且，很快在医院建立起了新的大家庭。这个家庭的成员可真多，从医生、护士、护工，到清洁工，再到其他病友及其家属，热热闹闹，亲密无间。最初医护人员称呼季羡林为“首长”，着实让他感到浑身不舒服，后来她们改称“爷爷”或“老爷子”，季羡林高兴了。三天两日，不是护士们给他买来个毛绒猫咪，就是小保安又送来几个柿子，再几天不见，传达室的老门卫就带话来问安了。住院以来，老爷子每天清晨6点起床，这对于勤奋了一辈子的季先生来说，内心总有些不安，因为在家他从来都是4点即起，或读书，或著述，孜孜矻矻，从不敢懈怠。可是季羡林先生身边的人心里高兴了：好，医院有纪律，不许4点起床。谢天谢地，可有人管住老爷子了！季羡林今年就要迎来95岁大寿，外人看来先生确实年老体弱了。

他腿部动了手术，举步极为困难，疼痛程度只有他自己最清楚。可是他一点儿都不认为自己是重病号，相反觉得自己正常极了呢。他老是说“只要有一口气就得干活”，所以从入院第一天起，就把办公室搬到医院来了。每天上午，在医院的日志上是治疗时间，在季先生的闹钟上却是“干活”的时间。为此，凡输液，必伸左手，留下右手写东西。于是，滴水石穿，一部新作《病榻杂忆》已写了一多半。而下午，又是雷打不动的读书读报时间，由于眼睛必须保护不再看电视，季先生就特别重视读报，他认为这是自己通往世界的窗口。护士来换药了。这可不是玩的，老爷子的腿上打了两个洞，把塑料小管子生生地杵进去，才能打药，有时还得在肉上动刀子、剪子。身边的人，心"嗵嗵"直跳，连护工都跟着直冒汗，可是每回老爷子都谈笑风生。等医生们走了，有人颤声问："先生您真不疼?"先生回答："不疼是假的，但又何必给大夫增加思想负担哪?" 老爷子还老对医护人员说："别再给我用好药了，差不多就行了。""我是光消费不生产的人了，我看就别治了。" 季先生从来都是为别人着想，只是不关心自己。河南来的护工小王也是家庭成员，不但照付工资，不但和颜悦色，还额外管吃管喝管水果。半夜有了尿，老爷子把两次三次憋成一次，宁愿自己睡不好也不叫醒护工。有一天，一位年轻护士说起某报正在连载季先生的著作《留德十年》，表示很爱看。老爷子马上吩咐叫人去买，说："书是给人看的，哪怕有几句话对年轻人有用了，也值得。"这一来轰动了301医院全康复医院，大家都来伸手，还索要签名本。"都给。""买去。"季先生发话说："钱是有价之宝，人家有收益是无价之宝。"最后，一趟一趟买了600本，先生也一笔一画地签名600本。

1997年，季羡林与友人在山东临清舍利宝塔前合影

季羡林的老朋友中有臧克家。季羡林和臧克家两位老人相知70年，为友70年。臧老逝世时，季羡林仍然住在301医院里。为了不让季老过于悲伤，身边的人没有把这个消息告诉他。季老也装作不知道。其实他已经从上海《社会科学报》上，看到了臧老的侄子写的一篇《追忆伯父》的文章，知道臧老已经去世的消息了。季老说，都是活到99岁的人了，这是大喜呀，还有什么不可以告诉我的呢。季羡林在《人民日报》发表的《回忆终身挚友臧克家》中说：一个老肺病，能活到99岁，才撒

手人寰，不能不算是一个奇迹。

宋朝大文学家范仲淹在《严先生祠堂记》的结尾曾歌颂老师说："云山苍苍，江水泱泱。先生之风，山高水长。"学生们对季羡林正是这种态度。

到301医院以后的几年里，季羡林始终把工作放在第一位，我们仅从季羡林去世前半年的大事，就足以看出，他是多么珍惜时间的一分一秒。

2009年（98岁）年初，为SMG艺术人文频道题词："艺术人文、和谐追求"。

1月17日，为山东举办"盛世花开丝绸路"全国行活动题词。

1月18日，凤凰卫视为制作《芰荷映水》到301医院采访。

1月20日上午，刘延东拜年，下午李克强拜年。

1月21日，李冰拜访。

1月25日，除夕夜。301医院护士长和警卫战士，在季老病房里挂"福"字，季老桌上摆着为孙子准备的红包"压岁钱"。海司招待所大厨张春生，到季老病房里做山东风味年夜饭。季老与大厨聊天说，中国的饮食文化与西方不同，随意性很大。清朝有个大翰林袁枚，是美食家。在南京老家写过一本《随园食谱》，被赵元任的夫人翻译成英文。由于与中国文化密切联系，思维方式不一样，外国人做不出。中国饭不靠定量配置，无法照菜谱按图索骥。中国菜靠实践，个人发挥余地很大，同一个菜，同样配料、火候，不同人做出来，口味大为不同。艺术品，不能工业化生产。季老最爱吃胡萝卜羊肉馅饺子。季老说，山东老家管"吃醋"不叫"吃醋"，忌讳，叫吃"忌口"。管"饺子"不叫"饺子"，叫"包子"。季老舀起碗里的鸽子蛋，开玩笑说：《红楼梦》，当初刘姥姥进大观园，鸽子蛋，一两银子一个。季老的独子季承，服侍季老吃了4个胡萝卜羊肉馅饺子。季老说，中国文化受西方影响最大的是戏剧，主要受易卜生戏剧影响。季老说：我年轻的时候，不是挽救京剧，是挽救昆曲。当时京剧还有点市场。中国传统戏曲，曲高和寡，如昆曲已经不大流行了。现在年轻人讲究速度，与传统戏剧有代沟。从历史看，三十年河东，三十年河西。世界的中心依次是欧洲大陆，英国、美国，现在已经转向中国。真有写诗写得好的，有位李希存（音）就写得好"对月推汉历，苦为译秦名……"，这样的佳句外文翻不出来。

2月5日下午，在蔡德贵去做口述历史时，季老为老友的圆寂坚持亲自撰文，发送唁电：

惊悉老友圣严法师圆寂，实深悲悼，谨电致唁。

季羡林，2009年2月5日下午4点，于北京。

2月10日，潘石屹、楼叙坡和李楠三位拜访，给潘石屹题写“爱国、孝亲、尊师、重友”“和谐”和“和为贵”。

2月20日下午，韩国国际学生联合会代表、中国留学生李巧薇代表在韩国的5万中国留学生，到301医院拜访，献花；季承把流失市场的季老书信通过荣宏君收回，其中有吴组缃、饶宗颐、臧克家、周汝昌等给季羡林的书信。其中有季羡林草写的，据说是陈抟的一副对子：开张天岸马，奇异人中龙。

2月23日下午，许光达之子许延滨送其夫人所撰写的《父亲许光达将军》，书中有先生的题词“光被四表，誉达三江”。

3月11日下午，《济南时报》特派记者专程赶往北京301医院，代表本报读者和家乡人民探望了这位德高望重的世纪老人，亲身感受到了季老超然淡定的大家风范和人格魅力。采访结束时，季老欣然命笔给本报题写了“和谐之声”的题词，并请本报记者转达对泉城市民的谢意，祝福大家“吉祥如意”。

3月14日下午，山东殷昭利拜访。

3月15日下午，无锡灵山书院邱嘉伦、金阳秀拜访，带来当地特产无锡排骨。

3月16日下午，刘梦溪和陈祖芬夫妇拜访，给季老带来德国奶酪、巧克力，陈祖芬给季老带来一个出口欧洲绝对没有污染的小白象。谈到中国的长生不老和士是中国文化的特殊组成部分。

3月18日下午，《人民日报·大地版》罗雪村、徐怀谦、王玉芳拜访，为人民日报题词“祖国繁荣昌盛”。

4月9日，中华书局礼聘季羡林、任继愈、何兹全、饶宗颐、冯其庸、袁行霈六位海内外学界泰斗担任学术顾问。

4月25日下午，甘肃来人拜访，送来手工艺品绣花鞋，给甘肃人大洛桑的代表题词：保护生态，造福人类。

5月15日，山东省苍山老乡拜访先生，为苍山县文峰山题字题写“季文子庙”“鲁大夫季文子之墓”。

6月10日下午，济南季羡林文化研究院田桂芳拜访，钱文忠和妹妹、妹夫、文忠文化发展基金会（筹）张倩4人拜访；中央电视台王小丫拜访，受聘成为央视经济频道“开心学国学”学术顾问，并现场挥笔题字“为世界和平，为人类幸福，要学习宣传国学”和“祝国学节目成功”赠予“开心学国学”节目组。

6月11日下午，蔡德贵偕同《文史哲》主编王学典教授拜访，送去祝贺白寿的生日蛋糕。

7月9日上午，孔庙和国子监博物馆首届“成人传统礼仪”举行，2009年北京高考文理科状元刘庭梅、宁少阳和160多名学生参加活动，成人礼仪式过程当中，两位状元不仅得到现场媒体的高度关注，还意外收到一份珍贵的贺礼：99岁高龄的国学大师季羡林以“高考状元”为抬头，亲笔题词的两块牌匾“天道酬勤”和“至德要道”。

7月10日上午，牟洁拜访；下午，用毛笔为有关方面题写“弘扬国学，世界和谐”（孔子卫视）、“臧克家故居”等。其中，包括为汶川震区某学校题写了“抗震救灾，发扬中国优秀传统”。 5时，为山东大厦题写“孔孟之乡，礼义之邦——山东大厦存，季羡林时年百岁”。

7月11日上午8时50分左右，在301医院因突发心脏病去世。

四、新论迭出

1. 学术研究的范围和特点

季羡林学术研究的范围十分驳杂，涉及的范围约有以下几项：印度古代语言，特别是佛教梵文、吐火罗文、印度古代文学、印度佛教史、中国佛教史、中亚佛教史、糖史、中印文化交流史、中外文化交流史、中西文化之差异和共性、美学和中国古代文艺理论、德国及西方文学、比较文学及民间文学、散文及杂文创作。从这些驳杂的内容可以看出，他学术研究的特点是一个字：杂。季羡林认为纵观中外几千年的学术史，学问家中真正杂而精的人极少。这种人往往出在学艺昌明繁荣的时期，比如古希腊的亚里士多德、文艺复兴时期的达·芬奇，以及后来德国古典哲学家中几个大哲学家。他们是门门通，门门精。他认为自己在“杂”中还有重点。所谓重点，就是毕生倾全力以赴、锲而不舍地研究的课题。他在研究这些课题之余，为了换一换脑筋，涉猎一些重点课题以外的领域。间有所获，也写成了文章。季羡林认为清儒分学问为三门：义理、辞章、考据。最理想的是三者集于一人之身，但这很难。桐城派虽然如此主张，但是，他们真正的成就多半在辞章一门，其他两门是谈不上的。他自己最不喜欢义理，用现在的说法或者可以称为哲学。哲学家讲的道理恍兮惚兮，他认为自己愚钝，看不出其中有什么象。哲学家公说公有理，婆说婆有理，天底下没有哪两个哲学家的学说是完全一样的。他喜欢实打实、摸得着、看得见的东西。这是由其禀赋所决定的，难以改变。所以，他在三门学问中最喜爱考证，亦称考据。考据，严格说来，只能算是一个研究方法，其精髓就是：无证不信，“拿证据来”，不容你胡思乱想，毫无根据。德国实证主义的研究方法，其精神与中国考据并无二致，其目的在拿出证据，追求真实，然后在确凿可靠的证据的基础上，抽绎出实事求是的结论。德国学术以其“彻底性”（Gründlichkeit）蜚声世界。这与他们的民族性不无联系。季羡林在学术探讨中在潜移默化中受到了中德两方面的影响。在中国，其师陈寅恪先生和汤用彤先生都是考据名手。在德国，其师Prof. Sieg和Prof. Waldschmidt和后者的老师Prof. H. Lüders，也都是考证巨匠。他一生小心翼翼地跟在他们后面行走。可是，到了晚年，他的学术研究，由考证到兼顾义理。他“老年忽发少年狂”，竟对义理产生了兴趣，发表了许多有关义理的怪论。

他认为自己所发的怪论中最重要的是谈中西文化同异问题的。经过多年的观察与思考，他处处发现中西文化是不同的。他的基本论点是东西方思维模式不同：东综合而西分析。这种不同的思维模式表现在许多方面。举其荦荦大者，比如在处理人与大自然的关系问题上，西方对自然分析再分析，征服再征服。东方则主张“天人合一”，用张载的话来说就是：“民，吾同胞；物，吾与也。”结果是由西方文化产生出来的科学技术，在辉煌了二三百年，主宰了世界，为人类谋了很大的福利之后，到了今天，其弊端日益暴露，比如大气污染、臭氧层出洞、环境污染、淡水资源匮乏、生态平衡破坏、新疾病层出不穷，如此等等，哪一个问题不解决都能影响人类生存的前途。这些弊端将近200年前英国浪漫诗人雪莱就曾预言过，如今不幸而言中。这些东西难道能同西方科技的发展分得开吗？令人吃惊的是，到了今

1979年，季羡林访问印度

天，竟还有少数学者，怀抱“科学”的尚方宝剑，时不时祭起了“科学”的法宝，说他的说法不“科学”，没有经过“科学”的分析。另外还有个别学者，张口“这是科学”，闭口“这是科学”，来反对中国的气功，甚至中国的医学，针灸、拔罐子等等传统医疗方法。当然，把气功说得太神，他也无法接受。

1998年3月，季羡林在全国政协座谈会上

其次是他认为中国通史必须重写。近代以来，一些学者颇写了一些《中国通史》之类的著作。根据丰富的历史资料，观点则见仁见智，各不相同。这是很自然的事。这些书不同程度地受到了读者的欢迎。中华人民共和国成立以后，大肆提倡学习马克思主义。可惜的是，马克思主义是苏联版的，带有斯大林的印记。在“一边倒”的影响下，人文社会科学研究，其中当然包括历史研究，都受到了感染。专以中国通史而论，历史分期问题议论蜂起，异说纷纭，仅“封建社会起源于何时”这一个问题，就争论不休，意见差距超过千年，至今也没有大家比较公认的意见，只好不了了之。他怀疑，这样的争论究竟有什么意义。再如农民革命战争问题。史学家们窥伺上意，纷纷赞颂不休，说什么农民战争是推动社会前进的动力。历史事实证明，农民战争即使是胜利了，也不过是以暴易暴，哪里谈到什么推动社会前进。如果不胜利，则不过破坏生产，破坏经济，使生民涂炭而已。假如一定要说它有进步意义，则只有肯定翦伯赞的“让步政策”的主张。唐太宗说得再清楚不过了：“民能载舟，亦能覆舟。”可是这个主张被认作“修正主义”，议论者谈虎色变。再如一些书对佛教的谩骂，语无伦次，连起码的常识和逻辑都不讲。在这样“极左”思想的指导下，颇写出了几本当时极为流行的《中国通史》，大中小学生学习的就是这样的历史。不管作者学问多么大，名气多么高，在死守教条的基础上，在迎合上意的前提下，写出来的绝不会是好书，有时是违反作者本意的产品。有人称之为“以论代史”，而不是“以论带史”。关键在于一个“论”字。历史研究，贵在求真，绝不容许歪曲历史事实，削足适履，以求得适合他们的“论”。近年来，由于考古工作的飞速进

步，夏代的存在已经完全可以肯定，也给禹平了反，还他以人形。即以文字发展而论，被称为最古的文字的甲骨文已经相当成熟，其背后还必有一段相当长的发展的历史。随着考古发掘工作进一步的发展，中国的历史必将更会向前推进，换句话说，必将会更长。至于中国文化发源地的广袤问题，过去一般的意见是在黄河流域。现在考古发掘工作告诉我们，长江流域的文化发展绝不可轻视。有的人甚至主张，长江早于黄河。不管怎样，长江流域也是中国文化发源地之一。这只要看一看《楚辞》便可明白。没有一个比较长期的文化积淀，《楚辞》这样水平高的作品是产生不出来的。长江流域以外，考古工作者还在南方许多地区发现了一些文化遗址。这一切都说明，过去只看到黄河流域一个地方，是不够的。今天再写历史，绝不能再走这一条老路。因此，他主张，《中国通史》必须重写。再次，他认为中国文学史必须重写。同《中国通史》一样，《中国文学史》的撰写也受到了极左思潮的影响。中国的极左思潮一向是同教条主义、僵化、简单化分不开的。在“一边倒”的指导方针下，中国的文学史和文艺理论研究，也唯苏联的马首是瞻。上世纪50年代，聘请了一些苏联文艺理论专家来华讲学。他们带来的当然是贴着马克思主义标签的那一套苏联教条，我们却奉为金科玉律，连腹诽都不敢。苏联一个权威讲的，一部哲学史就是唯物主义与唯心主义斗争的历史，把极端复杂、花样繁多，然而却又是生动活泼的哲学史上哲学家的学说，一下子化为僵死、呆板、极端简单化了的教条。可在一段相当长的时期内，这就是我们研究中国文学史以及中国历史上文艺理论的唯一的指针。在这样的重压下，文学史和文艺理论的研究焉能生动活泼、繁荣昌盛呢？在外来的重压之外，还有自己土产的，同样贴上了马克思主义标签的重压。权威人士说，文学作品有两个标准：政治标准和艺术标准。政治标准内涵极丰，其中有“人民性”一种东西。什么叫“人民性”呢？一看就明白，一追问就糊涂。对一些人来说，它是恍兮惚兮，其中无象，只可意会，不能言传。于是一些文学史家就在“人民”二字上下功夫。遍搜古籍，如果侥幸能找到“人民”——不管这两个字古今是否同义——或与“人民”相近的字眼，就如金榜题名，洞房花烛一般，狂喜不已。这样怎能写出好的文学史来呢？另一个标准叫作“艺术性”，这个标准比较具体，比较平易近人，理解起来比较容易。但是，既然它被搁置在第二的位置上，也就是次要的位置上，又因为第一条政治标准被强调得天一般高，这个老二根本不能与老大平起平坐。于是一般的中国文学史家，为了趋吉避凶，息事宁人，就拼命在第一条标准上做文章，而忽视了这个第二条艺术性标准。翻看近四五十年来所出版的几部部头比较大、影响比较大的《中国文学史》或者有类似名称的书，不难发现，论述一个作家作品的政治性或思想性时，往往不惜工本，连篇累牍地侃侃而谈，主要是根据政治教条，包括从苏联贩来的洋教条在内，论述这位作家的思想性，有时候难免牵强附会，削足适履。而一旦谈到艺术性，则缩手缩脚，甚至噤若寒蝉，潦潦草草，敷敷衍衍，写上几句着三不着两的话，好像是在应付差事，不得不写。他觉得，衡量一部文学作品的标准，艺术性应该放到第一位，因为艺术性是文学作品的灵魂。如果缺乏艺术性，思想性即使再高，也毫无用处，这样的作品绝不会为读者所接受。有一些文学作品，思想性十分模糊，但艺术性极高，照样会成为名作而流传千古，李义山的许多无题诗就属于这一类。可惜的是，近几十年来几乎所有的文学史，都忽视了作品艺术性的分析。连李白和杜甫这样伟大的诗人，文学史的作者对他们的艺术风格的差异也只能潦草地说上几句话，很少言之有物切中肯綮的分析，遑论其他诗人。这样的文学史是不行的。因此，他主张，中国文学史必须改写。

2. 四大文化体系论和东西文化互补论

说来也怪，季羡林本来是一个喜欢考据不喜欢义理的学者，到80多岁时，却“老年忽发义理狂”，突然喜欢起义理来，而且一发不可收拾，连续十多年来发表了多篇谈义理的文章，其观点在学术界引起了很大的反响和争论。1989年，他发表了《从宏观上看中国文化》的文章，引述了汤因比和池田大作的对话，针对国内一些人贬低中国文化的情绪，提出东西文化的关系从几千年的历史上来看是“三十年河东，三十年河西”。现在球已经快踢到东方文化的场地上来了。（《季羡林文集》第6卷，江西教育出版社1996年版，第352页）1990年，他发表了一篇《21世纪：东西文化的转折点》，提出：专就东、西文化而论，他主张“三十年河东，三十年河西”，认为辉煌了二三百年的西方文化已经是强弩之末，它产生的弊端贻害全球，并将影响人类的生存前途，20世纪末可能是由西向东的转折点。他在1992年发表的一篇谈义理的文章是《作诗与参禅》，据季先生自己说，这可以算是一篇想入非非的文章，因为他对作诗和参禅都不是内行里手，而且他对义理有不少偏见，不喜欢这种公说公有理、婆说婆有理的玩意儿，可是现在忽然搞起义理来，是什么原因他自己也说不清楚。自己解释说是因为好奇思怪想，又看别人总说不到点子上，所以就自己下了海动起手来。（《学海泛槎——季羡林自述》，山西人民出版社2000年版，第257页）也在1992年11月22日，他写成《“天人合一”新解》的长篇谈义理的文章，发表在《传统文化与现代化》1993年创刊号上。文章发表后，支持者有之，反对者亦有之。这时，他对义理是想法多于喜悦，“爱好胡思乱想”，有些想法，自己觉得颇有道理，别人越是反对，他越是反思，越觉得自己颇有道理，有时认为这类谈义理的文章，对自己一生的学术研究是重要的，“甚至狂妄地想到，有朝一日，我这些想法的意义和价值甚至会超过我在考证方面所做出的贡献”。(《学海泛槎》，第263页）从这篇文章之后，季先生至今已经发表了多篇涉及到中国文化、东方文化内容的谈义理的文章，其中重要的有《关于“天人合一”思想的再思考》《〈关于“天人合一”思想的再思考〉的一点补充》《漫谈东西文化》……这些文章的主旨是在“上下五千年，纵横十万里”的大背景下，提出了“不薄西方爱东方”“三十年河东，三十年河西”，东方文化将再现辉煌的“河东河西论”。

季羡林“老年忽发义理狂”的动机其实很简单。在他看来，义理这玩意儿，非常悬乎，谈义理就跟作诗一样，往往是各人谈各人的，公说公有理，婆说婆有理。一个问题争论起来，或者是不知有多少结论，或者是没有结论。季羡林先生因此在过去很少涉及哲学。但是有些人认为，季羡林先生不涉及哲学，是因为他不懂哲学。这恐怕是大错而特错了。他从小对中国传统文化就特别喜欢，《百家姓》《千字文》是6岁以后在私塾里跟老师学到的。既长，阅读和背诵了大量儒家、道家的哲学著作。上初中时，他的叔父季嗣诚亲自给他编选了宋明理学的文章，集成《课侄文选》，教给他。到现在，他在写文章时，还经常大段地引用传统文化的经典和古典诗词，《老子》《论语》《庄子》《孟子》《易经》《书经》《诗经》都是经常引用的。至于唐宋八大家的散文，几乎能大段背诵。在到北京大学任教授以后，他还完整地听完了汤用彤先生开设的魏晋玄学的课，做了系统的笔记，因此他有非常深的传统文化造诣。不但我们经常用的典籍季羡林先生都系统读过，如《二十四史》《文心雕龙》《梦溪笔谈》《诗品》《宋高僧传》《四十二章经》《一切经音义》《般若经》等，我们不经常用的，有的甚至是我们不熟悉的书籍，如《宝德藏》，念常集的《佛祖历代通载》，《佛祖统纪》，《集古今佛道论衡》，《续高僧传》，范温的《潜溪诗眼》《壬辰录》，刘献廷的《广阳杂记》，更不熟悉的，如《梅磵诗话》《说郛》（包括刘元卿的《应谐录》）《清平山堂话本》《外台密要》《南海寄归内法传》等古书，他也都经常提到。在德国留学期间，他阅读了不少德国哲学家的原著，其中包括康德、黑格尔等人的著作。所以对于哲学，他是不喜欢，并不是不懂哲学。

季先生读过不少西方哲学史和中国哲学史的著作，但是读这些著作的结果是有一千个哲学家，就有一千种哲学，有的哲学家竟沦为修辞学家。他非常赞赏伊壁鸠鲁这样的观点：哲学应当在某种方式上帮助人们生活得更好，如果不关怀人类的痛苦，不能祛除人类精神上的痛苦，那么，无论哪一种哲学家的论点都毫无价值。在西方哲学发展的早期，像伊壁鸠鲁这样的哲学家，都比较淳朴，讲出来的道理，也比较明白易懂。随着时间的推移，世界变化越来越复杂，哲学家们分析概念也越来越细致，越来越艰深，玄之又玄，众妙之门，最后达到了让一般人望而却步的程度。（季羡林《漫谈人生》，百花文艺出版社2000年版，第143页）从季先生这个看法，我们可以非常清楚，他不喜欢无用空谈的哲学，喜欢有用的哲学。

1985年，季羡林在印度新德里举行“印度与世界文学”国际会议，主持并发言

只有这样，才能理解，一向不喜欢哲学的季羡林先生，为什么突然喜欢起义理来，从1992年开始发表《“天人合一”新解》第一篇谈义理的文章，自此之后越发不可收拾，至今发表了多篇哲学文章呢？他在使自己的哲学能够有利于人生、有利于社会。季羡林先生自己对突然喜欢起义理来解释说：

对这个问题，我自己也说不清楚。毋宁说，我对义理，想法多于喜悦。我爱好胡思乱想，有些想法实在是想入非非，我自己也不敢喜欢；有些想法，则自己也觉得颇有道理。别人越是反对，我越是反思，却觉得自己越来越正确。报刊杂志上的一些文章和一些消息，别人也许不屑一顾，有的我却视如珙璧，因为他证明了我的看法和想法路子是正确的。“老年忽发义理狂”，对我一生的学术研究是重要的。我甚至狂妄地想到，有朝一日，我这些想法的意义和价值甚至会超过我在考证方面所做出的贡献。至于究竟怎样，只有等待未来事态的发

展来证实了。(《学海泛槎》第262—263页)

在义理方面，季羡林先生首先接触的是“文化”这一概念。他听说文化这一概念全世界有好几百个。而他认为所谓文化就是包括人类通过自己的劳动，这劳动包括脑力劳动和体力劳动所创造的一切精神的和物质的有积极意义的东西。或者说，凡人类在历史上所创造的精神、物质两个方面，并对人类有用的东西，就叫“文化”。文化与文明既有相同的一面，又有不同的一面。文明指的是从一个野蛮状态，随着社会的进步往前发展，人类的智慧增加了，这叫“文明”。文化就是人类力量的往前进一步发展，人类社会中的艺术、科学等的智力的发展。文明是对野蛮而言，文化是对愚昧而言。这两个词，有时候能通用，如“东方文化史”也可以叫“东方文明史”；但有时候不能通用，如“文明礼貌”不能说“文化礼貌”；“学文化”不能说“学文明”。“文明”的对立面是“野蛮”，“文化”的对立面是“愚昧”。但“野蛮”和“愚昧”又有联系，“野蛮”中“愚昧”成分居多，也有不愚昧的“野蛮”。学文化是因为过去没有文化，学了文化把“愚昧”去掉了。讲文明礼貌是过去不文明，有一些野蛮。提倡文明礼貌，把“野蛮”的成分去掉了。

季羡林先生特别欣赏庞朴先生在《文化结构与近代中国》一文中提出的一个观点，即认为文化可以包括人的一切生活方式和为满足这些方式所创造的事事物物，以及基于这些方式所形成的心理和行为，它包括着物的部分，心、物结合的部分和心的部分。他认为庞朴先生是搔着了“文化”的“痒处”。

季羡林先生研究文化，其实就是为了搔着“文化”的痒处。

季羡林先生的文化理论主要是多元文化观，它涉及到国内的文化，主要有齐文化、鲁文化、楚文化、长江文化、少数民族文化、在新疆汇合的多元文化，他认为希腊罗马文化、印度文化、伊斯兰阿拉伯文化、中国文化汇合的唯一的地方，就是在新疆。在季羡林先生看来，过去我们只重视汉族的文化，这是不对的。而且汉族文化过去只重视黄河文化，而不重视长江文化和其他地域文化，这也是不对的。中国传统文化我们过去只重视鲁文化，重视儒家文化，同样是不对的。

季羡林先生认为，在中国传统文化中，鲁文化起过非常大的作用，这是毋庸置疑的。比方说，在鲁文化中确实有一些好东西。过去在宋代有人说半部《论语》治天下，季先生说，我看用不了半部，一句话就能治天下。“己所不欲，勿施于人”，到共产主义也不过这个水平。(《季羡林文集》14卷，第

497页）但其他地域文化中也有许多好东西。专就山东一省而论，过去笼统称之为齐鲁文化，实则齐文化和鲁文化并不完全是一码事。无论是历史文献记载，还是考古发掘，都证明齐文化有丰富的资源。（《季羡林文集》第13卷，第594页）

季羡林先生注意到过去的中国历史，只偏重于写黄河文化，认为黄河文化是中国文化的主流，而忽视了其他地域文化。如对长江文化，古代的楚国是一个文化辉煌之邦，甚至泛泛地说中国的南方，在中国过去的历史著作中没有占到应有的地位。过去的中国古代史统统都是文化北方中心论。他认为黄河流域确实是中国文化的发源地，但是最晚到了周代，楚文化和南方文化已经达到了相当高的水平，至少可以和北方文化并驾齐驱，而且与域外的交流也有了一些。“像屈原这样伟大的诗人，如果没有丰厚的、肥沃的，而且又是历史悠久的文化土壤，是绝难以出现的。屈原的著作幻想瑰丽，描绘奇诡，同代表北方文化的《诗经》，文风迥乎不同。勉强打一个比方，北方接近现实主义，而《楚辞》则多浪漫主义色彩”。（《季羡林文集》第14卷，第327—328页）季羡林先生注意到最近的考古发掘在南方各地发现了许多新东西，这证明南方文化、长江文化当年水平相当高。楚文化、长江文化有很长的发展历史，因此才能产生像屈原这样伟大的作家。如果北方文化、黄河文化和长江文化能够结合起来研究，中国古代文化史写起来就全面了。（《研究楚辞应该注意文化交流》，《淮阴师范学院学报》2000年5期）季羡林先生认为其他地域文化同样应该加强研究，对文化分地区来加以论证和探讨成为他近年来经常考虑的问题。他看到这些年出版了一些专书，对巴蜀文化、楚文化、云南一些少数民族的文化进行了研究，他非常欣赏，觉得“这样做，自有其优点：容易细致和深入。本地人了解本地文化，真是近水楼台。如果每一个地区都这样做了，整个的中华文化的研究水平，必然会大大提高”。（《季羡林文集》第14卷，第402页）

中国是一个有56个民族的多民族国家，每一个民族都参与了中国文化的创造，因此每一个民族的文化都应该得到尊重和研究。过去中国出版的许多中国通史，实际上都是汉民族的通史，真正的中国通史应该包括各少数民族在内的中国多民族的历史。从这一立场出发，季羡林先生对李有义先生提出的史学界的一个新任务是写少数民族史，非常赞赏。他虽然说自己对于少数民族的哲学思想很少涉猎，但是他一旦有机会，就会去读少数民族哲学的著作，如李国文先生所著《东巴文化与纳西哲学》，他读后眼界大开。（《季羡林文集》第14

卷，第367页）

宗教文化同样是季羡林先生非常关注的领域，多有精彩论断。他对宗教总的态度是：

> 我们信仰马克思主义，我们是唯物主义者。宣传、坚持唯物主义是我们的天职，这一点决不能动摇。我们决不能宣传有神论，为宗教张目。但是，惟其我们是唯物主义者，我们就必须承认客观实际，一个是历史的客观实际，一个是眼前的客观实际。在历史上确实有宗教消灭的现象，消灭的原因异常复杂。总起来看，小的宗教，比如会道门一类，是容易消灭的。成为燎原之势的大宗教则几乎无法消灭。即使消灭，也必然有其替代品。……在人类历史上，靠行政命令的办法消灭宗教，即使不是绝无仅有，也是十分罕见的。（《季羡林文集》第7卷，第272页）

他认为宗教会适应社会的发展、生产力的发展而随时改造自己，改变自己。宗教，当然也包括佛教，不管是以什么形式存在，一方面能满足人们对宗教的需要，一方面又不妨碍生产力的发展，所以才能在社会上保持活力。因此，他认为宗教的消灭是一个非常漫长的过程，甚至可以说，国家、阶级先消灭，宗教后消灭，即使人类进入共产主义以后，在一定时期内，宗教或者类似宗教的想法，还会以某种形式存在着。从这样的观点出发，他认为对任何宗教，一方面不能去提倡，另一方面也用不着故意去消灭。如果有什么地方宗教势力抬头了，一不张皇失措，二不忧心忡忡。宗教是人生的一种需要。宗教需要有多种含义：真正的需要、虚幻的需要，甚至麻醉的需要，都属于需要的范畴。（参见蔡德贵：《季羡林传》，人民出版社2000年版，第543—545页）

季先生虽然自己不是任何宗教的信徒，但他对世界上所有正大光明的宗教都十分尊重，因为各大宗教都劝人做好事，不做坏事。这正是正直的人类所需要的。但任何宗教都应该认识到，自己的宗教教义只是相对真理，绝对真理只有“最高神灵”才能掌握。所以不同宗教的信徒要互相尊重，互不相妨，你好我好，大家好，大家以各自喜爱的方式来满足宗教的需要。同样，也应该承认，世界上有有宗教需要的人，也有没有宗教需要的人。应该是敲锣吹号，各有一套，自己生存，也让别人生存。有宗教需要的人和没有宗教需要的人，有宗教需要的人中信这种教的和信那种教的，都应该共同携手，齐心协力，为改

善人类的生存条件而努力奋斗。(《漫谈人生》，百花文艺出版社2000年版，第49—50页)

从世界范围来说，有有国教的国家，也有没有国教的国家。有宗教和民族一致的国家，也有宗教和民族不一致的国家。中国是一个没有国教的国家。在中华民族中，汉族不能算是一个宗教性很强的民族。汉族历史上信仰的宗教最大最古的有两个，一个是土生土长的道教，一个是从外面传来的佛教。但是对于道教和佛教，除了道士和尼姑、和尚之外，老百姓对这两种宗教，都信得马马虎虎，佛教庙里有时有道教的神，而且佛道两种庙里，有时竟会出现孔子和关圣帝君文武两圣人。有钱人家办丧事，既请道士，也请和尚，各唱各的调，各吹各的号，一团和气，处之泰然。因此整个中国历史上没有一次宗教战争。如果不同宗教的信徒都能互相尊重，则中国社会必能安定团结，世界人民也必能安定团结。(《漫谈人生》，第49—50页)

为什么季羡林先生会有这样的文化多元观呢?

这可能与他一生的经历有关。他生于山东临清，这里是运河文化的代表性地方，本来就是多元文化汇合的地方。“临清地傍运河，历代为历史文化和经济名城。在铁路修通以前，实为南北交通枢纽。中国典籍中，有大量关于临清的记载”(《季羡林文集》第14卷，第370页)“在过去漫长的历史时期内，西倚黄河，东连德、济，北通京、津，南达苏、杭，是南北交通的枢纽，人文学艺的渊薮。”“当年运河繁盛时期，航船如梭，帆影入画，文人、学士、武将、巨商，联翩驶过，留下了多少流风余韵。”(《季羡林文集》第14卷，第13页)这里有中国传统文化包括齐鲁文化，有伊斯兰教文化，有基督教文化，有佛教文化。到济南以后，他受到叔父很大的影响，接触了不少中国传统文化的教育。他在山东大学附中时，受到王寿彭的一定影响。王寿彭是典型的鲁文化代表，尊孔读经。在每年的祭孔典礼上，穿长袍马褂礼拜孔子，给季羡林先生留下深刻的印象。王寿彭给季羡林先生题写的对联，对季羡林先生是有影响的。年轻时从穿长袍改穿中山服，费很大的劲，才改过来。在思想上，有一定的保守性。后来，他考到清华大学，又受到陈寅恪、吴宓等大师的影响，开始接受新的学问，增加了不少新文化的知识。但对传统的东西，他依然是情有独钟。再后来，他又负笈赴德国，在哥廷根大学既接受了西方文化，又接受了印度文化、阿拉伯伊斯兰文化等东方文化，把自己的研究方向，确定在东方学方面。正是有了这样深厚的文化积累和丰富的人生阅历，他才形成了这样的大文化观，形成了这样系统的多元文化观。

另一个方面，应该说，季先生接受的是东方的综合思维方式，这种思维方式教给他的是从多种角度看问题，这也是他形成多元文化观的一个原因。

总之，季羡林先生认为，应该特别注意文化的起源问题。他主张，文化、文明的起源是多元的，不能说世界上的文化是一个民族创造的，文化的产生不是一元的，不能说一个地方产生文化。否定文化一元论，并不是否定文化体系的存在。所谓文化体系是指具备“有特色、能独立、影响大”这三个基本条件的文化。

从这一前提出发，他认为世界文化共分为四个大的文化体系：中国文化、印度文化、伊斯兰阿拉伯文化、希腊罗马欧美文化。希伯来文化很难成体系，不是属于伊斯兰文化的先驱归入伊斯兰文化，就是和希腊文化合在一起，所以不是独立的文化体系。这四个文化圈内各有一个占主导地位的影响大的文化，同时各文化圈内各个国家和民族之间又都是互相学习的，各大文化圈之间也有一个互相学习的关系。承认文化的产生是多元的，和承认有文化体系是不矛盾的。

文化一旦产生，其交流就是必然的。他一向主张，文化交流能促进交流双方文学、艺术、哲学的发展，能增进双方科学技术的兴盛。总之，能推动双方社会的前进。就华夏文明而言，黄河流域与长江流域的文化交流，全中国56个民族之间的文化交流，以及中国文化与外国文化的交流，从古至今，真是绵延不绝呀。再说京剧原来并不姓“京”，是由地方戏徽剧逐渐改造成的。徽剧进京以后，经过几代大师的锤炼和改进，去粗取精，去土增“京”，终于形成了后来的京剧。后来梅兰芳又赴苏联和美国演出，获得了成功，连苏联的戏剧大师斯坦尼斯拉夫斯基都倍加赞赏。于是民族的一变而成为世界的了。这就是文化的交流。一个民族创造了文化，同时在发展过程中它又必然接受别的民族的文化，要进行文化交流，这就是文化的时代性。民族性与时代性有矛盾，但又统一，缺一不可。继承传统文化，就是保持文化的民族性；吸收外国文化，进行文化交流，就是保持文化的时代性。文化的民族性与时代性是贯彻始终的。他指出：在全人类历史上，影响深远、历史悠久的这四大文化体系汇流的地方只有一个，这就是中国的新疆地区。其所以能够在这里汇流，要归功于贯穿全区的丝绸之路。”

这四大文化体系中的中国文化、印度文化，从古代希伯来起经过古代埃及、巴比伦以至伊斯兰阿拉伯文化的闪族文化，属于东方文化。肇端于古代希腊、罗马的西方文化，属于西方文化。季羡林认为，两大文化体系的关系是：

"三十年河西"，三十年河东。两大文化体系的根本区别来源于思维模式不同。东方的思维模式是综合的，西方的思维模式是分析的。打个比方，西方是"一分为二"，东方则是"合二为一"。说得抽象一点：东方综合思维模式的特点是，整体概念中，普遍联系；西方的分析思维模式则是相反。中国哲学中的"天人合一"这个命题正是东方综合思维模式最高最完整的体现。据季羡林的观察和思考，在处理人与自然的关系方面，东方文化与西方文化是迥乎不同的。西方的指导思想是征服自然，东方的主导思想，由于其基础是综合的模式，主张与自然万物浑然一体。东方文化曾在人类历史上占过上风，起过导向作用，这就是他平常所说的"三十年河东"。后来由于种种原因，时移势迁，沧海桑田，西方文化取而代之，形成所谓三十年河西。在西方文化主宰世界的几百年来，生态平衡遭到破坏，酸雨到处横行，淡水资源匮乏，大气受到污染，臭氧层遭到破坏，海、洋、湖、河、江遭到污染，一些生物灭种，新的疾病冒出等，威胁着人类的未来发展，甚至人类的生存。那么，有没有挽救的办法呢？季羡林的看法，办法就是以东方文化的综合思维模式济西方的分析思维模式之穷。当然"三十年河东，三十年河西"，季羡林的意思讲不是要铲除或消灭西方文化。他的意思是，在西方文化已经达到的基础上，更上一层楼，把人类文化提高到一个前所未有的高度。

季羡林之所以提出这些观点，起因是混沌学的理论前提。

最近一些年，季先生特别欣赏西方兴起来的混沌学。他认为混沌学实际上是一种综合的思维方式。在2001年于中国人民大学举办的"经济全球化与中国文化走向"的国际学术研讨会上，他引述李政道博士的一个观点：20世纪是分析的世纪，是微观的世纪，21世纪微观与宏观应该相结合。然后季先生说：我理解，中国文化代表宏观文化，宏观与微观相结合，应是西方文化与以中国文化为代表的东方文化相结合，那样可以把文化提到更高的水平。宏观文化实际上指的是综合的思维方式，河东河西论是季先生一种混沌学思考的结果。

上世纪80年代，季先生接受了混沌学。混沌学讲求模糊思维，有模糊性。1986年，他在尼泊尔加德满都看雾，觉得雾能把一切东西，美的、丑的、可爱的、不可爱的，统统罩上一层或厚或薄的面纱，让清楚的东西模糊起来，从而带来了另外一种美，一种在光天化日之下看不到的美，一种模糊的美。从这里他联想到，在这之前，当他第一次接触模糊数学这个名词的时候，他还说过几句怪话：数学比任何科学都更要求清晰，要求准确，怎么还能有模糊数学呢？后来了解了模糊数学的内容，反而觉得模糊数学真是一个了不起的发现。在人类社会中，在日常生活中，在社会科学和自然科学中，都有大量模糊的东西。承认这个事实，对研究学术和制定政策都是有好处的。月下观景，雾中看花，不是别有一番情趣吗？人的幻想插上翅膀，上天下地，纵横六合，神驰于无何有之乡，倾注于自己制造的幻象之中，你想它是什么样子，它立刻就成了什么样子。而这种模糊性正是东方人思维方式的表现。中国人普遍有这种思维方式。季先生举例说，我们打电话，拿起话筒，常会说“我是北大”，其实你怎么是北大，你就是某某，这不过是你省略了许多。（蔡德贵：《季羡林传》，人民出版社2000年版，第572页）

季先生认真读了苗东升、刘华杰合著的《混沌学纵横谈》，对美国学者扎德的观点“模糊语言的概念是模糊集合理论中最重要的进展之一”非常欣赏，认为没有形态变化的汉语，是世界上模糊性最强的语言。他举唐代诗人温庭筠《商山早行》中的两句诗“鸡声茅店月，人迹板桥霜”为例，认为这样描绘深秋旅人早起登程的寂寞荒凉之感，到今天已经一千多年，然而并没有失去其感人之处。两句诗十个字，列举了六样东西，全是名词，没有一个动词。用西方的语法来衡量，连个句子都成不了。

六样不相干的东西平铺直叙地排列在那里，它们之间的关系一点也说不清楚，模模糊糊，然而妙就妙在模糊，美就美在模糊。诗人没把它们排好位置，把安排位置的自由交给了读者。每个读者都可以根据自己的经验或理解，去任意安排位置。每个人的经验不同，所安排的位置也绝不会相同。读者有绝对完全的自由放开自己的幻想，美就在其中矣。如果把六样东西的位置安排得死死的，就会限制读者的自由，使美感享受为之减少。这正是东方综合思维方式或模糊的思维方式在文学创作中的表现，其优越性是显而易见的。（季羡林：《东方文化与东方文学》，载《文艺争鸣》1992年第4期）季羡林先生认为中国自古以来就有模糊语言的传统，有言不尽意的习惯。中国人在文论方面，喜欢说“不着一字，尽得风流”，“羚羊挂角，香象过河”，都是模糊语言。

季先生在《再谈东方文化》一文中引用了金吾伦《物质可分性新论》中有关物质不是无限可分的观点，并且，引用了周文斌在《光明日报》1990年11月8日为美国学者格莱克《混沌：开创新科学》所写的书评，认为混沌学是20世纪末在西方兴起的有悖于西方文化的新学说。他1991年在《“模糊”“分析”与“综合”》一文中又引用解兴武《艺术的模糊思维》（《文艺研究》1991年第2期），认为模糊性的本质是宇宙普遍联系和连续运动在人类思维活动中的反映，模糊与明晰是一种互相依存的辩证关系。他又引用王明居《审美中的模糊思维》（《文艺研究》1991年第2期），认为西方文化是以分析为基础的，这种分析指的是经典分析，它对认识事物的本质不能说没有用处，它确实帮助我们认识到自然界、人类社会和人体本身许多本质的东西，但是这种分析是有限度的，是有极限的，分析的方法受到许多限制，比如解剖学，中国过去也有过，但是兴旺发达却是在西方。它帮助我们认识了动物、植物和人体的许多真实现象。但是，它有局限。一旦解剖刀割了下来，被割的东西，就成了死的东西，活生生的东西消失了。因此不能说西方的分析方法是通向真理的唯一或最可靠的道路。而综合的方法是把事物的各个部分联成一气，使之变为一个统一的整体的方法，它考察的不仅是事物的某一要素，而且是全部要素，并且考察各个要素之间的联系，把握一切联系中的总的纽带，从总体上揭示事物的本质及其运动规律。季先生非常欣赏综合的方法，认为东方文化的基础就是综合。（《季羡林文集》第6卷，江西教育出版社1996年版，第421—422页）

1999年，季羡林被印度文学院授予“名誉院士”

正是在混沌学的思想前提下，季先生集中考虑了东西方文化的前途问题。考虑的结果，就是认为西方文化已经走到穷途末路，西方有识之士已经认识到了这一点，而在国内至今尚有人在提倡全盘西化论。为了振奋民族精神，摆脱贾桂习气，季先生多次强调了这样一个观点：21世纪是东方文化的世纪，是中国文化的世纪。这样的观点是不是主张消灭西方文化呢？绝对不是的。从近些年来各种新闻媒体所宣传的效果来看，这种观点的作用无疑是积极的。

一种文化既有其民族性，又有其时代性。一个民族自己创造文化，并不断发展，成为传统文化，这是文化的民族性。一个民族创造了文化，同时在发展过程中它又必然接受别的民族的文化，要进行文化交流，这就是文化的时代性。民族性与时代性有矛盾，但又统一，缺一不可。继承传统文化，就是保持文化的民族性；吸收外国文化，进行文化交流，就是保持文化的时代性。所以文化的民族性与时代性这个问题是会贯彻始终的。

季先生发前人之未发，深刻地指出：文化交流是推动人类社会前进的重要动力之一，没有文化交流简直不能想象今天的社会会是什么样子。而文化交流的范围是广阔无垠的，既包括物质文化的交流，也包括精神文化的交流。中国自先秦时代起，就不断地与周围对内对外进行交流。对内是各民族之间进行交流，对外是与周边国家进行交流。世界上的文化体系中国文化、印度文化、伊斯兰阿拉伯文化构成的东方文化，和希腊罗马乃至欧美文化构成的西方文化之间不断地进行文化交流，形成了今天世界上灿烂辉煌，千姿百态，各具特长而又互相联系的文化，给全人类带来了极大的幸福和繁荣。文化交流是双向的，中国文化在汉唐时代如日中天，既吸收外来文化，又把自己的优秀文化毫无保留地送给东西方的其他国家，罗盘、火药、造纸、印刷传遍了整个世界。

3. 拿来主义和送去主义

为了保持文化的时代性，自20世纪以来，出现了一种提倡“全盘西化”的观点。季羡林先生认为，“全盘西化”和文化交流有联系，“西化”要化，不“化”不行，创新、引进就是“化”。但“全盘”不行，不能只有经线，没有纬线。“全盘西化”在理论上讲不通，在事实上办不到。

对中国与外国的文化交流，季先生的基本观点是“拿来”与“送去”。就目前来说，我们对西方文化和外国文化，当然要重视“拿来”，就是把外国的好东西“拿来”。这里涉及到有关文化的三个方面，物的部分、心物结合的部分、心的部分，都要拿。“物”的部分，当然要拿，咖啡、沙发、啤酒、牛仔裤、喇叭裤，这一系列东西，只要是好的，都拿。我们吃的、喝的、穿的、戴的，乘的、坐的、住的、用的，有哪一件是完完全全是中国土生土长的？汽车、火车、飞机、轮船，我们古代有吗？

可可、咖啡、纸烟、可口可乐、啤酒、香槟、牛排、面包，我们过去有吗？我们吃的土豆、玉米、菠菜、葡萄，以及许许多多的水果、蔬菜，都是外来的。这菠菜的“菠”字，本身是音译，不是意译，它叫菠薐、菠薐菜，是印度、尼泊尔一带产生的。茉莉花也是外来的，甚至连名字都不是中国固有的。我们用的乐器，胡琴、钢琴、小提琴、琵琶，也都是外来的。拿来，完全正确。现在我们确实拿来了，拿来的真不少，好的坏的都拿来了。连艾滋病也拿来了，这是不应该的。心、物结合的部分比方说制度，也可以学习。最重要的还是心的部分，要拿价值观念、民族性格。因为我们的价值观念、思想方式，不能马马虎虎，得把弱点克服，要不克服的话，我们的生产力就发展不了。从长期的历史研究中，我得出一个非常可贵的经验：在我们国力兴盛、文化昌明、经济繁荣、科技先进的时期，比如汉唐兴盛时期，我们就大胆吸收外来文化，从而促进了我们文化的发展和生产力的提高。到了见到外国东西就害怕，这也不敢吸收，那也不敢接受，这往往是我们国势衰微、文化低落的时代。

西方文化从文艺复兴以来，昌盛了几百年，把社会生产力提高到了空前的水平，促使人类社会进步也达到了空前的速度，光辉灿烂，远迈前古，世界人民无不蒙受其利。但它同世界上所有的文化一样，也是绝不能永世长存的，迟早也会消逝的。20世纪20年代前后，西方的有些学者已经看出西方文化衰落的端倪，如德国施宾格勒在1917年开始写作的《西方的没落》一书，预言当时如日中天的西方文化也会没落。此书一出版，马上洛阳纸贵，产生了巨大的影响，英国著名历史学家汤因比受其影响，也反对西方中心论。他们的观点是值得肯定的，因为，西方文化同世界上所有的文化一样，也是绝不能永世长存的，迟早也会消逝的。在今天，它已逐渐呈现出强弩之末的样子，大有难以为继之势了。具体表现是西方文化产生了一些威胁人类生存的弊端，其荦荦大者，就有生态平衡的破坏、酸雨横行、淡水资源匮乏、臭氧层破坏、森林砍伐、江河湖海污染、动植物种不断灭绝、新疾病出现等，都威胁着人类的发展甚至生存。

西方文化产生这些弊端的原因，是植根于西方的基本思维模式。因为思维模式是一切文化的基础，思维模式的不同，是不同文化体系的根本不同。简而言之，季羡林先生认为，东方的思维模式是综合的，它照顾了事物的整体，有整体概念，讲普遍联系，接近唯物辩证法。用一句通俗的话来说就是，既见树木，又见森林，而不是只注意个别枝节。中国“天人合一”

1983年4月，季羡林参加第六届全国人民代表大会时，在人民大会堂前留影

的思想，印度的“梵我一体”的思想，是典型的东方思想。而西方的思维模式则是分析的。它抓住一个东西，特别是物质的东西，分析下去，分析到极其细微的程度。可是往往忽视了整体联系，这在医学上表现得最为清楚。西医是头痛医头，脚痛医脚，完全把人体分割开来。用一句现成的话来说就是，只见树木，不见森林。而中医则往往是头痛治脚，脚痛治头，把人体当做一个整体来看待。两者的对立，十分明确。但是不能否认，世界上没有绝对纯的东西，东西方都是既有综合思维，也有分析思维。然而，从宏观上来看，这两种思维模式还是有地域区别的：东方以综合思维模式为主导，西方则是以分析思维模式为主导。这个区别表现在各个方面，具体来说，东方哲学中的“天人合一”思想，就是以综合思维为基础的。西方则是征服自然，对大自然穷追猛打。表面看来，他们在一段时间内是成功的，大自然被迫满足了他们的物质生活需求，日子越过越红火，但是久而久之，却产生了以上种种危及人类生存的种种弊端。这是因为，大自然虽既非人格，亦非神格，却是能惩罚、善报复的，诸弊端就是报复与惩罚的结果。

有的学者认为要解决这些弊端，比如环境污染，只有发展科学，发展技术，发展经济，才有可能最后解决环境问题。季羡林先生不同意这种看法。他认为，为了保护环境绝不能抑制科学的发展、技术的发展和经济的发展，这个大前提是绝对正确的。不这样做是笨伯，是傻瓜。但是处理这个问题，脑筋里必须先有一根弦，先有一个必不可缺的指导思想，而这个指导思想只能是东方的“天人合一”思想。否则就会像是被剪掉了触角的蚂蚁，不知道往哪里走。从发展的最初一刻起，就应当在这种思想的指引下，念念不忘过去的惨痛教训，想方设法，挖空心思，尽上最大的努力，对弊害加以抑制，决不允许空喊：“发展！发展！发展!”高枕无忧，掉以轻心，梦想有朝一日科学会自己找出办法，挫败弊害。常言道：“道高一尺，魔高一丈。”到了那时，魔已经无法控制，而人类前途危矣。中国旧小说中常讲到龙虎山张天师打开魔罐，放出群魔，到了后来，群魔乱舞，张天师也束手无策了。最聪明最有远见的办法是向观音菩萨学习，放手让本领通天的孙悟空去帮助唐僧取经，但是同时又把一个箍套在猴子头上，把紧箍咒教给唐僧。这样可以两全其美，真无愧是大慈大悲的观世音。正是由于这个原因，季羡林主张“三十年河东，三十年河西”，21世纪是东方文化的世纪，东方文化将取代西方文化在世界上占统治地位。而取代不是消灭。全面一点的观点是：西方形而上学的分析已快走到尽头，而东方文化寻求综合的思维方式必将取而代之。以分析为基础的西方文化也将随之衰微，代之而起的必然是以综合为基础的东方文化。这种代之而起，是在过去几百年来西方文化所达到的水平的基础上，用东方的整体着眼和普遍联系的综合思维方式，以东方文化为主导，吸收西方文化中的精华，把人类文化的发展推向一个更高的阶段。这种“取代”，在21世纪可见分晓。所以他的结论是：21世纪是东方文化的时代，这是不以人们的主观愿望为转移的客观规律。用东方“天人合一”的思想和行动，济西方“征服自然”之穷，就可以称之为“东西文化互补论”。东方的“天人合一”是带有普遍性的一种思想，中国、印度都有。即以中国儒家为例，《易经》中有“大人者与天地合其德，与日月合其明，与四时合其序，与鬼神合其吉凶。先天而天弗违，后天而奉天时”。《中庸》有“能尽人之性，则能尽物之性；能尽物之性，则可以赞天地之化育，则可以与天地参矣”。《孟子》有“莫之为而为者，天也；莫之致而致者，命也”。“尽其心者，知其性也；知其性，则知天也”。董仲舒的“天人之际，合而为一”。张载的“民吾同胞，物吾与也”更是典型的天人合一思想。这些都是综合思维方式的典型例子。

季羡林虽然肯定中国传统文化的基本价值，认为是可以送出去的。但是并不是没有原则地肯定，在肯定这种文化价值的同时，他没有忽视对中国民族性的批判。对落后的东西是不能送出去的。

中国的国民性，鲁迅先生早有批判。季羡林先生认为，鲁迅先生的这种批判直到现在仍有意义。这是因为，其一，中国的封建思想包袱最重。因此，应该下大力气批判中国的封建思想。中国文化有精华，搞现代化要发扬这些精华，但眼前主要是反封建糟粕。我们虽是社会主义国家，但包袱很重，最重的是封建思想包袱。譬如在群众中流行的一句话：“端起饭碗吃肉，放下筷子骂娘”，就与封建思想有关系。再如官僚主义、一个人说了算、高干子弟的特权问题、走后门等，不尊重时间，也与封建思想有关。中国这样一个大民族，对世界文化有过极大贡献，把中国的传统文化丢掉，对不起子孙后代。应该强调的是，那些妨碍生产力和思想进步的封建主义东西，应有胆量讲出来，大家来改，这才是拨乱反正。我们中国实际上是封建主义垄断，资本主义并不多。现在，大家最不满意的是“不正之风”“服务态度不好”“高干子弟怎么怎么了”“一个人说了算怎么样了”，又是民主不怎么样了……不尊重人才，不尊重知识，不讲效率，不重视时间，这种弊病多极了。只有克服了这些封建主义的弊病，中国的生产力才能得到真正的发展。

其二，我们的民族性出了问题。我们眼前面对着的社会，其中的“危机”，也包括文化危机在内，比任何“危机”都更“危机”——我们的民族性出了问题。我们的民族性里面当然也积淀了一些好东西；但是不好的、有害的东西，其数量不少，其危害极大。犯罪的情况是任何时代任何社会都有的。有一点儿，用不着大惊小怪。但是，像中国现在这样，大规模地制造假农药、假种子、假化肥，一旦使用，将流毒千百万亩耕地，影响千百万人民的生命，这却绝非小事了。至于偷窃农村的变压器，割掉电线，其影响农业生产，绝不是小规模的。还有集体地、明目张胆地砍伐山上的树林，使长江变成黄河。这不但流毒眼前，而且影响后世子孙。所以，听说王元化先生主张彻底批判旧文化，他是赞成的。而从社会风气来说，也存在不少问题。有的人争名于朝，争利于市，急功近利，浮躁不安，只问目的，不择手段；小偷小摸，所在皆是。即以宴会一项而论，政府三令五申，禁止浪费；但是令不行，禁不止，哪一个宴会不浪费呢？贿赂虽不能说公行，但变相的花样却繁多隐秘。出门必然会遇到吵架的。在公共汽车上，谁碰谁一下，谁踩谁一脚，这是难以避免的事，只须说上一句：“对不起！”就可以化干戈为玉帛；然而，“对不起！”“谢谢！”这样的词儿，我们大多数人都不会说了，必须在报纸上大力提倡。中国民族性中的这些缺点，不自改革开放始，也不自新中国成立始，更不自鲁迅时代始，恐怕是古已有之了。难道我们真要“礼失而求诸野”吗？这是我们每一个中国人所面临的而又必须认真反省的问题。

鉴于上述理由，季羡林先生认为，在处理外国文化与中国文化的关系时，应该注意大胆“拿来”，把一切外国的好东西统统拿来，物质的好东西要拿来，精神的好东西也要拿来。应该特别强调，我们要拿来的是第三个层次里的东西，属于心的东西。我们要改变我们的一些心理素质、价值观念、思想方法，等等。所谓“心”的东西，指的是价值观念、思维方式、审美趣味、道德情操、宗教情绪、民族性格，等等。从长期的历史研究中，他得出一个非常可贵的经验：在我们国力兴盛、文化昌明、经济繁荣、科技先进

2001年，季羡林与泰国诗琳通公主合影

的时期，比如汉唐兴盛时期，我们就大胆吸收外来文化，从而促进了我们文化的发展和生产力的提高。到了见到外国东西就害怕，这也不敢吸收，那也不敢接受，这往往是我们国势衰微、文化低落的时代。

具体到对儒学应该取什么态度？谈东方文化必然要涉及到中国传统文化的核心儒学的问题。季羡林先生认为，作为中国传统文化的主体，儒学中也有糟粕，这是肯定无疑的。对其中的糟粕，一定要抛弃，要批判，如上文说到的对封建主义的批判，是必要的。但是，批判坏东西，不能把好东西也一块丢掉，如同泼洗澡水把澡盆中的小孩也泼掉一样。我们东方文化中确实有些好东西，如《论语》中的一句话："己所不欲，勿施于人"。他非常动情地说："能做到这八个字，到共产主义也不过这个水平。类似这么精辟的话多得很。历史上讲宋太祖时赵普曾说过以半部《论语》治天下的话，现在有人说是胡说八道，我看实际上用不了半部《论语》，有几句话就能治天下。"再如《论语》中又说："小不忍则乱大谋。"容忍是中华美德之一。我们的往圣先贤，大都教导我们要容忍。民间谚语中，也有不少容忍的内容，教人忍让。有的说法，看似消极，实有积极意义，比如"忍辱负重"，韩信就是一个有名的例子。《唐书》记载，张公艺九世同居，唐高宗问他睦族之道。公艺提笔写了一百多个"忍"字递给皇帝。从那以后，姓张的多自命为"百忍家声"。

当然，类似"己所不欲，勿施于人"这样的话，最好是演变成道德金律，才会起更大的作用。可惜的是，儒家学说还没有变成道德金律，因为儒学不是宗教。宗教要有四个条件：一要有神；二要有戒约；三要有机构或组织；四要信徒崇拜信仰。拿这四个条件来衡量一下孔子和他开创的儒学，则必然会发现，在孔子还活着的时候以及他死后相当长的一段时间，只能称之为"儒学"，没有任何宗教色彩。《论语》中就说："子不语怪力乱神"。孔子自己说："天何言哉！"这个"天"也不是有"神格"的"天老爷"。孔子从不以神自居，他的弟子以及弟子的弟子，也不以神视之。"儒学"非学说而何？不知道从什么时候起，孔子被神化了。到了唐代，儒、释、道三家就并称三教。到了建圣庙，举行祭祀，则儒家已完全成为一个宗教。因此，从"儒学"到"儒教"是一个历史演变的过程。讨论"儒学"或"儒教"，必须有一个发展的观点，不能执着于一端。

对儒学中的精华与糟粕要分清楚，这是用不着证明的。但是，究竟什么叫做"精华"，什么又叫做"糟粕"呢？这两个表面看上去像是对立面的东西，不但不是泾渭分明，而是界限不清；尤有甚者，在一定的条件下，双方可以相互向对立面转化。如孔子和儒学，在五四运动时期，肯定被认为是糟粕，不然的话，何能喊出了“打倒孔家店”的口号？然而，时移世迁，到了今天，中国正在建设社会主义初级阶段的社会，还有什么人能说孔子和儒学中没有精华呢？再如“三纲”一般被认为是糟粕，但是陈寅恪先生在《悼王国维先生挽词并序》中说过一句话“中国文化之定义，具于《白虎通》三纲六纪之说”。陈寅恪先生在这里讲的实际上是处理九个方面的关系：国家与人民、父子、夫妇、父亲的兄弟、族人、自己的兄弟、母亲的兄弟、师长和朋友。这些关系处理好，国家自然会安定团结。纲纪学说，如果运用得法，可能调节社会秩序，可以加强安定团结。国际上何独不然？在中国的传统道德中，伦理道德有很重要的位置，伦理就是解决人与人之间关系的，儒家讲的三纲六纪就是规定了君臣父子夫妇兄弟朋友之间关系的准则。这里有糟粕的地方，因为人与人之间应该是平等的，不应该谁是谁的纲。儒家强调要处理好人的各方面关系还有许多值得批判吸收的东西。我国传统的伦理道德应批判继承，精华留下，糟粕去掉。对外国好的东西，也可以学习，不要排斥。在古代，几乎在所有国家中，传承文化的责任都落在知识分子的肩上。中国古代文化的传承者是“士”，传承地方是太学、国子监和官办以及私人创办的书院。在世界各国文化传承者中，中国的士有其鲜明的特点。早在先秦，《论语》中就说过：“士不可以不弘毅，任重而道远。”士们俨然以天下为己任，天下安危系于一身。在几千年的历史上，中国知识分子的这个传统一直没变，后来发展成为“天下兴亡，匹夫有责”。后来又继续发展，一直到了现在，始终未变。

一个新的世纪已经来临了。季羡林先生虔诚希望，人类能聪明起来，能认真考虑“拿来”与“送去”的问题，认真考虑他这个“外行”、他这个一向不注重“义理”的人所提出的“东西文化互补论”。

为了论证送去主义，季羡林也谈到了东学西渐与“东化”的问题。

他指出，“东化”是他发明的，报纸上没有这个词儿。他认为汉唐的时候，是“东化”的。因为世界的经济中心、文化中心当时在中国。在明末清初以前确实有过东学西渐。不能只重视“西学东渐”而忽视“东学西渐”。根据历史事实，在中西文化交流史上，“东学西渐”从来就没有中断过。中华文化的博大精深吸引了西方传教士、外籍华人、留学生、商人等的注意，并通过他们广泛传播到世界各地。

在文化交流方面，中国是一个很有特色的国家。从蒙昧的远古起，几乎是从一有文化开始，中国文化中就有外来文化的成分。中国人向来强调“有容乃大”，不管是物质的，还是精神的，只要对我们有利，我们就吸收。海纳百川，所以成就了中国文化之大。中外文化的交流，一直没有中断过。最大的两次是佛教的传入和西学东渐。佛教传入的结果是形成了中国佛教。而明末清初以来西方文化在我国广泛传播，则是“西学东渐”。从此，我们才有了“中学”和“西学”这样的名称，才有了“东方文化”和“西方文化”这样的说法。“西学”的先遣部队是天主教。天主教入中国，不自明末始。但是，像明末清初这样大规模的传入，还是第一次。唐代有所谓三教的说法，指的是儒、释、道。此时又来了一个新三教。道家退出，增添了一个天主教。

我们中国不但能够拿来，也能够送去。历史上，我们不知道有多少伟大的发明创造送到外国去，送给世界人民。从全世界的历史和现状来看，人类文明之所以能发展到今天这个样子，中国人与有力焉。可惜的是，在一片西化之声洋洋乎盈耳之时，西方人大都自我感觉极为良好，他们以“天之骄子”自居，在下意识之中，认为自古以来就是这样，今后也将永远是这个样子。今天的中国，对西方的了解远远超过西方人对中国的了解。在西方，不但是有一些平民百姓对中国不了解，毫无所知，甚至个别人还认为中国人现在还在裹小脚，吸鸦片。连一些知识分子也对中国懵懂无知，连鲁迅都不知道。既然西方人不肯来拿我们的好东西，那我们只好送去了。鉴于此，我们组织了一套《东方文化集成》，计划出500多种，600多部，从20世纪90年代开始出版，现在还在继续编辑出版。我还和王宁主编了一套《东学西渐丛书》，1999年由河北人民出版社出版，总共7部，包括朱谦之先生早先写成的《中国哲学对欧洲的影响》，还有其他作者的新著：王宁的《中国文化对欧洲的影响》，王兆春等的《中国军事科学的西传及其影响》，韩琦的《中国科学技术的西传及其影响》，刘岩的《中国文化对美国文学的影响》，史彤彪的《中国法律文化对西方的影响》，孙津的《中国现代化对西方的影响》。丛书出版之后，有人发表评论，说这套丛书，可以增强我们变革和发展的信心，说这套丛书的价值得到了充分展现。从这套丛书中，我们可以清楚地看到，公元16、17世纪以前的欧洲，在文明的发展中与中国有多么大的差距。而他们向中国文明的学习，与后来中国人接受欧洲文明的顺序是相似的，即先从科学技术开始，这不仅包括造纸、印刷、火药、指南针“四大发明”，还包括陶瓷、冶金、纺织等技术，以及军事技术和兵法等。之后，又逐步深入到文化，即价值观、思想和道德，再就是哲学，进而是对中国社会制度的理性思考。2000年刘登阁、周云芳著的《西学东渐与东学西渐》，由中国社会科学出版社出版。看来，东学西渐在学术界引起了相当程度的重视。

季羡林觉得，一个人一生下来就要处理好三个关系：一是大自然和人的关系——天人关系；二是人与人的关系——社会关系；三是佛禅的“身、口、意”（“身”，行动；“口”，语言；“意”，思想）三方面的正确与错误的关系——修身关系。季觉得从这三个方面讲，哪个人处理得最好，那么他的道德就最高，处理得不好，就叫“缺德”。为什么说“天人关系”也属道德范畴呢？21世纪要重振东方文化雄风，我们必须在道德上处理好人与大自然的关系。恩格斯在一百多年前讲过，我们不要过分陶醉于我们对自然界的胜利，每次胜利，大自然对我们都进行了报复。这话真是了不起！最近几年，全世界好多国家的领导人注意环保了。环保成为问题了，因为大自然对我们的惩罚已经很厉害了，你再不讲环保的话，将来人类前途就有危险。所以从这个观点上说，人与大自然的关系、人与人的关系、人的“身、口、意”正确与错误的关系，谁处理得最好谁就是最道德的。

到了唐代，儒、释、道三家并称三教。儒教里最感人的是《论语》里的“己所不欲，勿施于人”和“小不忍则乱大谋”，这里体现了人类高尚的道德和容忍的境界，而这些正是东方文化的精髓啊！上世纪30年代，季羡林在清华读书时，经常站在恩师陈寅恪为王国维写的碑文前沉思：“士之读书治学，盖将以脱心志于俗谛之桎梏，真理因得以发扬。思想而不自由，毋宁死耳。斯古今仁圣所同殉之精义，夫岂庸鄙之敢望。先生以一死见其独立自由之意志，非所论于一人之恩怨，一姓之兴亡。”正因为寅恪师有如此卓然独立的人格，他才会妥善处理社会上的人际关系。寅恪师继承了中国“士”的优良传统：天下兴亡，匹夫有责。从他的著作中也可以看出，他非常关心政治。他研究隋唐史，表面上似乎是满篇考证，骨子里谈的都是成败兴衰的政治问题，可惜那时他难得有心理解。谈到当代学术，他当然会对每一个学者都有自己的看法。对青年学人，只谈优点，一片爱护青年学者的热忱，真令人肃然起敬。就连那一位由于误会而对他专门攻击，甚至说些难听的话的学者，陈师也从来没有说过半句贬损的话。先生的盛德由此可见，这就是儒家的入世态度。

当今世界上战火纷飞，人欲横流，“黄钟毁弃，瓦釜雷鸣”，是一个十分不安定的时代。但是，对于人类的前途，他始终是一个乐观主义者。季羡林相信，不管还要经过多少艰难曲折，不管还要经历多少时间，人类社会总是前进的，人类大同之域绝不会仅仅是一个空洞的理想。在人类社会发展的长河中，我们每一代人都有自己的任务，而且是绝非可有可无的。如果说人生有意义与价值的话，其意义与价值就在这里。

4.《糖史》研究以小见大

糖是一种微末的日用食品，平常谁也不会重视它。可是“糖”这个字在西欧各国的语言中都是外来语，来自同一个梵文字，这充分说明了，欧美原来无糖，糖的原产地是印度。这样一来，糖一下子就同季羡林的语言研究工作挂上了钩。他从在德国留学时就开始注意这个问题，并搜集这方面的资料。后来，又由于一个偶然的机会，一张由法国伯希和从敦煌藏经洞拿走的，正面写着一段佛经，背面写着关于印度造糖法的残卷，几经辗转，传到了他的手里。敦煌残卷多为佛经，像这样有关科技的残卷，真可谓是凤毛麟角，绝无仅有。从伯希和起，不知道有多少中外学人想啃这个硬核桃，但都没有能啃开，最后终于落到他手中。他惊喜欲狂，终于啃开了这个硬核桃。他写了一篇《蔗糖的制造在中国始于何时?》的论文。这篇文章的意义，不在于它确定了中国制造蔗糖的时间，而在于它指出中国在唐代以前已经能够自制蔗糖了。唐太宗派人到印度去学习制糖法，不过表示当时印度在制糖技术的某一方面有高于中国之处。中国学习的结果是，自己制造出来的糖“色味逾西域远甚”。文化交流的历史往往如此。在以后的长时间内，中印在制糖方面还是互相学习的。到1982年，季羡林又写了一篇《对〈一张有关制糖法从印度传入中国的敦煌残卷〉的一点补充》。1983年，他写了一篇《古代印度砂糖的制造和使用》。1987年，他又写了一篇《cīnī问题——中印文化交流的一个例证》，讲的是中国白砂糖传入印度的问题。糖本是一件小东西，然而在它身上却驮着长达一千多年的中印两国文化交流的历史。同年，又有一篇文章《唐太宗与摩揭陀——唐代印度制糖术传入中国的问题》写成。这些文章后来又经过补充，形成一部两巨册的《糖史》，计83万字，学术界反映强烈。这部巨著发现了很多新材料。季羡林深知，如果想开辟一个新领域，创造一个新天地，那就必须自找新材料，偷懒是万万不容许的。想凭空“抟扶摇而上者九万里”，其结果必然是一个跟头栽下来，丢人现眼，而且还是飞得越高，跌得越重。搜集资料，捷径是没有的，现有的引得之类，作用有限。将来有朝一日，把所有的古书都输入电脑，当然会方便得多。可是目前还做不到。他只有采用一个最原始、最笨、可又绝不可避免的办法，这就是找出原书，一行行，一句句地读下去，像沙里淘金一样，搜寻有用的材料。为此，季羡林从1993年至1994年用了差不多两年的时间，除了礼拜天休息外，每天来回跋涉五六里路跑一趟北大图书馆，风雨无阻，寒暑不辍。每天他面对汪洋浩瀚的《四库全书》和插架盈楼的书山书海，枯坐在那里，夏天要忍受书库三十五六摄氏度的酷暑，挥汗如雨，耐心地看下去。有时候偶尔碰到一条有用的资料，便欣喜如获至宝。但有时候也枯坐半个上午，把白内障尚不严重的双眼累得个“一佛出世，二佛升天”，却找不到一条有用的材料，嗒然拖着疲惫的双腿，返回家来。经过了两年的苦练，他练就一双火眼金睛，能目下不是十行，二十行，而是目下一页，而遗漏率却小到几乎没有的程度。季羡林先生对“糖”字从英文、阿拉伯文、印地文、梵文到中文考证了个遍，搞清了为什么最初糖发明于印度，以及“糖”在传播过程中的来龙去脉。季先生从糖的“小”中，见到的是文化交流之“大”。他写《糖史》的目的，是想让人们都认识到，人类是相互依存、相辅相成的，大事如此，小事也不例外。像糖这样一种天天同我们见面的微不足道的东西后面，实际上隐藏着一部错综复杂的长达千百年的文化交流的历史。通过糖背后的文化交流，季先生认为，世界文化是世界上各个国家和民族共同创造的，而不是一元起源论。在糖史背后，季羡林重视的是文化交流，在蔗糖制造方面的国际交流。

5. 佛教传入中国的途径和时间

季羡林对佛教研究倾注了大量的心血，在清华大学读书时，他被陈寅恪先生的佛经翻译文学所吸引。而在德国留学期间，他就开始学习梵文、巴利文和吐火罗文，以利研究佛教原典。到“文革”跌入人生低谷时，他之所以能于“炼狱”中坚持做学问，也算参透了禅机吧。当时，他成为“不可接触的人”，被迫掏大粪、看大门、守电话、发信件……但他坚定人生的信仰，犹如达摩面壁参禅般地脱离纷繁尘世，进入自身的“净土”，反倒使自己的思想异常活跃起来。近年来，他主持编写多卷本的《中国佛教史》，由于近年来许多学者的不懈努力，这部《中国佛教史》自然有许多新

季羡林与他的学生们在一起

的内容和特色。其中的新疆卷是季羡林亲自撰写的，专门写了佛教传入中国的问题，修正了以前的一些观点。以往，几乎所有的《中国佛教史》都以佛教的东传为首章。这里要特别提出的一个“佛”字的来源。1947年，他发表的论文《浮屠与佛》，阐明了这个字是从吐火罗文译过来的。汉代一般称“佛”为“浮屠”或“浮图”，当时他原以为这个字是印度俗语Buddho的音译，所以说，佛教是直接由印度传入中国的。这篇论文留下一个悬案：吐火罗文的“浮屠”都是清音，而“佛”的古音则是浊音。4年后，季老又于1989年写成《再谈浮屠与佛》，用积累的大量新资料，解决了这一悬案，认为“浮屠”不是来自印度本土的Buddho，而是来自大夏语，而“佛”则译自其他伊朗语族文字。这不仅解决了清浊音问题，而且证明佛教传入中国有两个阶段：一是由印度经大夏（大月氏）传入中国，使用“浮屠”，另一是由印度经中亚新疆地区诸小国传入中国，使用“佛”。他在篇末列了一个表：（1）印度→大夏（大月氏）→中国 buddha→bodo，boddo，boudo→浮屠。（2）印度→中亚小国→中国 buddha→butetc→佛。

这个表对佛教流布的过程一目了然。佛教史学者几乎都承认，佛教传出印度西北部第一大站就是大夏，大夏后来为大月氏所征服。中国典籍中关于佛教入华的说法虽然很多，但皆与大月氏有关。这样一来，史实与语言音译完全合拍，这就是事实。他修正了原来的假设（佛教最初是直接从印度传来的），改为佛教是间接传进来的。

6. 吐火罗语A《弥勒会见记剧本》

季羡林在60年中学习和研究吐火罗文的历史过程，大约可以分为三个阶段：在德国哥廷根的学习阶段；回国后长达30多年的藕断丝连的阶段；20世纪80年代初接受委托从事在新疆焉耆新发现的《弥勒会见记剧本》（缩写为MSN）的解读和翻译工作的阶段。1946年回国以后，在吐火罗文研究方面，他手头只有从德国带回来的那一点点资料，根本谈不到什么研究。20世纪五六十年代，在极左思想肆虐的时期，有“海外关系”，人人色变。他基本上断绝了同德国以及其他国家的联系。偶尔有海外同行寄来吐火罗文研究的专著或者论文，连回信都不敢写。当时他已下定了决心，同吐火罗文研究断绝关系。但是，在思想中，有时对吐火罗文还有点儿恋旧之感，形成“藕断丝连”的尴尬局面。上世纪80年代初，新疆博物馆李遇春馆长亲自携带1975年在新疆焉耆新出土的吐火罗文残卷，共44张，两面书写，合88页，请季羡林解读。从此他对吐火罗文的热情又点燃了起来，在众多的写作和研究任务中，吐火罗文的研究始终占有一席之地。1983年他开始断断续续地用汉文或英文发表吐火罗文A《弥勒会见记剧本》的转写、翻译和注释。1997年12月，吐火罗文A《弥勒会见记剧本》所应做的工作，全部结束。一部完整的英译本1998年在德国出版。这一部书是世界上第一部规模这样大的吐火罗文作品的英译本，其他语言也没有过，在吐火罗文研究方面有重大的意义。

7. 人文社会科学是帅，自然科学是兵

与文化多元论的观点相联系，科技与人文社会科学的关系是季羡林先生另一个特别注意的问题。他认为这两种科学，一个是帅，一个是兵。季先生指出："社会科学其实起着帅的作用。它对国家的管理、社会的进步、经济的发展、民族的凝聚力，都有相当直接的关系。科技当然重要，它是强大的活跃的生产力，能够推进社会的变革。但科学不能脱离那个时代的社会科学水平和社会机能的制约而起作用。如果社会的管理水平低，吏治腐败，文盲遍地，那就会大大限制乃至抵消科技所能发挥的作用。第二次世界大战的经验更告诉我们，现代武器掌握在法西斯手中，实在非常可怕。要知道，掌握科技的毕竟是人，是一定社会制度下具有一定思想、一定文化素质的人。所以，只重视科技的那种'科学主义'是应该反对的。照我看，社会科学是'帅'，技术科学是'兵'。"（蔡德贵：《季羡林传》，人民出版社2000年版，第542页）现在社会上一股只重视科技的风气，对高等学校的学生产生了非常坏的影响。只重视科技，实际上是两个文明只抓了一个物质文明，而忽视了精神文明。他认为只抓物质，只抓科技，而能兴国者，未之有也。针对这种现象，他大声呼吁不要只重视理科而忽视文科。他认为文理科不仅应该互相补充，还应该互相渗透。因为自然和社会绝不可能是泾渭分明的。为了能适应21世纪人文社会科学发展的需要，他劝文科的同学多学习点理科的内容，至少选修一门理科的课程。原来他1930年上清华大学时，有一个规定，文科学生必须学一门理科的课。现在学习或者研究人文社会科学的青年同学、青年学者，一定要通一门理科。

从学术发展来看，学术交融越来越明显。在最初，欧洲只有物理，只有化学、生物，分得清清楚楚，现在呢？物理化学、生物化学，已经交叉了。现在看21世纪，文、理都很难分。所以文科必须用理科的知识，理科必须用文科的知识。这一点从学术发展的情况来看，绝对没有问题。他希望文理双方的专家都要考虑交融的问题。各种的情况不同，交融的过程也不会一样。但是，在21

世纪，文理交融是学术发展前进的必由之路，这一点他是敢肯定的。

季羡林在1996年发表的《提高高校学生人文素质教育的必要和可能》文章中特别强调：“在中国文化传统中，伦理道德占的成分最大。而讲是非，辨善恶，更是核心之一。孟子说：‘富贵不能淫，贫贱不能移，威武不能屈，此之谓大丈夫。’说得最为具体生动。对‘非’的东西，对‘恶’的东西，必不能迁就妥协，虽牺牲性命，也在所不辞，这就叫做气节或者骨气”。因此，他特别指出：“中华民族优秀文化传统中有爱国主义和气节，是我们极其珍贵的全民的财富。我们今天对高校学生进行人文素质教育，这二者就是我们的本钱。我们必须善于利用。”

从爱家到爱国，爱国情怀是季羡林一生不绝如缕的永恒主题。季先生认为，爱国主义并不是一个空泛的概念，你要成为一个爱国主义者，首先就要爱你的家、爱你的城！你必须懂得文化遗产对一个国家、对一个民族所产生的巨大凝聚力！他在《留德十年》一书中，深情地写道：我一生有两个母亲：一个是生我的那个母亲；一个是我伟大的祖国母亲。我对这两个母亲怀着同样崇高的敬意和同样真挚的爱慕。这情怀使他家事、校事、国事事事萦心，这情怀使他中学、东学、西学学学贯通。

对于骨气，季羡林在《收获》发表的《一个老知识分子的心声》中深刻指出：“中国古代知识分子贫穷落魄的多。有诗为证：‘文章憎命达。’文章写得好，命运就不亨通；命运亨通的人，文章就写不好。那些靠文章中状元、当宰相的人，毕竟是极少数。而且中国文学史上根本就没有哪一个伟大文学家中过状元。《儒林外史》是专写知识分子的小说。吴敬梓真把穷苦潦倒的知识分子写活了。没有中举前的周进和范进等的形象，真是入木三分，至今还栩栩如生。中国历史上一批穷困的知识分子，贫无立锥之地，绝不会有面团团的富家翁相。中国诗文和老百姓嘴中有很多形容贫而

1995年，季羡林担任《四库全书存目丛书》总编撰

瘦的穷人的话，什么‘瘦骨嶙峋’，什么‘骨瘦如柴’，又是什么‘瘦得皮包骨头’，等等，都与骨头有关。这一批人一无所有，最值钱的仅存的‘财产’就是他们这一身瘦骨头。这是他们人生中最后的一点‘赌注’，轻易不能押上的，押上一输，他们也就‘涅槃’了。然而他们却偏偏喜欢拼命，喜欢拼这一身瘦老骨头。他们称这个为‘骨气’。同‘面子’一样，‘骨气’这个词儿也是无法译成外文的，是中国的国粹。要举实际例子的话，那就可以举出很多来。《三国演义》中的祢衡，就是这样一个人，结果被曹操假手黄祖给砍掉了脑袋瓜。近代有一个章太炎，胸佩大勋章，赤足站在新华门外大骂袁世凯，袁世凯不敢动他一根毫毛，只好钦赠美名‘章疯子’，聊以挽回自己的一点面子。中国这些知识分子，脾气往往极大。他们又仗着‘骨气’这个法宝，敢于直言不讳。一见不顺眼的事，就发为文章，呼天叫地，痛哭流涕，大呼什么‘人心不古，世道日非’，又是什么‘黄钟毁弃，瓦釜雷鸣’。这种例子，俯拾即是。他们根本不给当政的最高统治者留一点面子，有时候甚至让他们下不了台。须知面子是古代最高统治者皇帝们的命根子，是他们的统治和尊严的最高保障。因此，我就产生了一个大胆的‘理论’：一部中国古代政治史至少其中一部分就是最高统治者皇帝和大小知识分子互相利用又互相斗争，互相对付和应付，又有大棒，又有胡萝卜，间或甚至有剥皮凌迟的历史。”

五、生活情趣

1.“养生无术是有术”

季羡林自认为是一个感情充沛的人，也是兴趣不老少的人。然而事实上生活了95岁以后，到头来自己感到自己枯燥乏味，干干巴巴，好像是一棵枯树，只有树干和树枝，而没有一朵鲜花，一片绿叶。自己搞的那一套学问，别人称之为“天书”，自己写的一些专门的学术著作，别人视之为神秘。年届耄耋之时，他也曾幻想过，想在生活方面改弦更张，减少一点枯燥，增添一点滋润，在枯枝粗干上开出一朵鲜花，长上一片绿叶。然而他没有改变，始终是忙忙碌碌，整天连轴转，“为他人作嫁衣裳”，而且退休无日，路穷有期，自己感到可叹亦复可笑！

但是怪也怪在这里。季羡林过米寿以后，慢性病有一点，主要是老年哮喘和白内障，然而身躯自称顽健，直到90岁前后，还是很硬朗，经常是十里八里

季羡林与夫人彭德华

抬腿就到，过去是早晨四点起床，有时候是三点起床，每天工作又增加了一个小时。直到住进301医院，还是想早起，但是医院限制，不准在6点以前起床。

有人问季羡林，你难道就不困乏，不愿意睡觉吗？他笑笑回答说，怎么不愿意睡觉，其实我很喜欢睡觉，也很愿意睡觉，但是一到时候，就好像有根鞭子抽着我，让我非起来不可，起来好干活。论文他每天能写上几千字，一篇四千字的散文《赋得永久的悔》也是一天创作出来的，他的速度和效率是毫不含糊的，别人以此为怪，他自己却颇有点沾沾自喜。小友们有人说他忘记了自己的年龄，他自己也觉得是说到了点子上，但相信自己并没有忘乎所以，胡作非为，相信自己是有自知之明的。

有人问季羡林，你健康长寿，精力充沛，有什么养生之术，有什么秘诀没有？

季羡林的回答是：没有秘诀，也从来不追求什么秘诀。他有一个“三不主义”，就是：不锻炼、不挑食、不嘀咕。

所谓“不锻炼”，绝不是一概反对体育锻炼，他只是反对那些“锻炼主义者”，对这些人来说，天地，一锻炼也，人生，一锻炼也，好像除了锻炼，就没有别的事可做。他觉得，人生的意义与价值就在于工作，工作必须有健康的体魄，可以进行一定时间的锻炼，他自己年轻时喜欢打打乒乓球、游游泳，但也都不精于此道。但更为重要的是，工作必须有时间，如果把大部分时间都用于体育锻炼，而耽误了许多工作的时间，这有什么意义呢？

不挑食是很简单的，容易了解，不管是哪一国的食品，只要是合自己的口味，他张嘴就吃，什么胆固醇，什么高脂肪，统统见鬼去吧。他反对那些吃东西左挑右拣、战战兢兢、吃鸡蛋不吃蛋黄、吃肉不吃内脏的人，这样挑来挑去，结果胆固醇反而越来越高。季羡林在日常生活中想吃什么就吃什么，平常以素食为主，偶尔吃点牛羊肉，到外边开会从来不挑食，什么都能吃，结果胆固醇从来没有高过。

不嘀咕实指没有什么想不开的事，从来不为自己的健康愁眉苦脸，他对有人无病装病，有人无病却幻想自己有病，十分厌恶，看了感到别扭，感到腻味。有的人吃东西禁忌多如牛毛，这也不敢吃，那也不敢尝。吃一个苹果要消三次毒，然后削皮，削皮的刀子还要消毒，这自然不在话下，而削了皮的苹果还要消一次毒，此时的苹果已经毫无味道了，只剩下消毒药水味了。从前化学系有一位教授，吃饭要仔细计算卡路里的数量，再计算维生素的数量，吃一顿饭用的数学公式之多等于一次实验。结果怎样呢？结果是每月饭费超过别人几十倍，而人却瘦成一只干巴鸡。一个人到了这个地步，还有什么人生之乐呢？季羡林心想，如果再戴上放大百倍的显微镜眼镜，则所见者无非细菌，他还能活下去吗？

1994年春节，季羡林与臧克家（左）、邓广铭（中）在一起

季羡林深知自己已是老年人，所以也愿意观察许多别的老年人。他们中游手好闲者有之，躺在医院里不能动的人有之，天天提鸟笼持钓竿者有之，这样的人，他绝对看不起。他欣赏那些虽然已经寿登耄耋，年近期颐，已经向着白寿（99岁）甚至茶寿进军，但仍然勤勤恳恳、焚膏继晷、兀兀穷年的人。季羡林认为，人上了年纪，有点这样那样的病，是合乎自然规律的，用不着大惊小怪。他不想做长生梦，对老年，甚至对人生，他采取的态度是道家的。他的具体态度和立场是：我已年届耄耋，但是，专就北京大学而论，倚老卖老，我还没有资格。在教授中，按年龄排队，我恐怕还要排到20多位以后。我幻想眼前有一个按年龄顺序排列的向八宝山进军的北大教授队伍。我后面的人当然很多。但是向前看，我还算不上排头，心里颇得安慰，并不着急。这种对生命的态度完全是道家的，对待名利，季羡林也采取道家的态度，是超脱的。他是陶渊明的信徒，陶渊明《神释》中的四句诗：

纵浪大化中，不喜亦不惧。

应尽便须尽，无复独多虑。

成了他的座右铭。而对待工作和事业，则采取儒家的态度，是进取的。这也可以算儒道互补吧！

2. 坐拥书城，绕膝双猫

季羡林生活中最大的乐趣是看书。他的书斋是非常大的，大小房间，加上过厅、厨房，还有封闭起来的阳台，大大小小，共有八个单元。书的册数没有人真正统计过，他自己说总有几万册吧，有人估计大概有六万多。在北大教授中，“藏书状元”他是当之无愧的。在梵文和西文书籍中，他的有些书堪称海内孤本。所以他虽然不以藏书家自命，但坐拥如此大的书城，心里总有满足的愉快。 常有些青年人问季羡林：这些书你都看过吗？季羡林坦白地回答他们，他只看过极少极少的一点。那么，要那么多书干什么呢？季羡林相信“开卷有益”这句话。他非常欣赏鲁迅所说的“随便翻翻”，鲁迅之所以能博闻强记，博古通今，与“随便翻翻”是有密切关系的。在当今信息爆炸的时代，我们必须及时得到信息，只有这样，人才能潇洒地生活下去。读书仍然是重要的信息源。读什么样的书呢？季羡林主张专业书要读，专业以外的书也应该“随便翻翻”。知识面越广越好，得到的信息越多越好，否则很容易变成鼠目寸光的人，而鼠目寸光的人不但不利于自己专业的探讨，也不利于生存竞争，不利于自己的发展，最终会为时代所抛弃。

季羡林从小就喜爱小动物，觉得同小动物在一起，别有一番滋味，它们天真无邪，率性而行；有吃抢吃，有喝抢喝；不会说谎，不会推诿；受到惩罚，忍痛挨打；一转眼间，照偷不误。所以同小动物在一起，他心里感到坦然、怡然、安然、欣然，不像同人在一起那样，应对进退，谨小慎微；斟酌词句，保持距离，感到异常地别扭。将近30多年前，大约在1978年，季羡林开始养猫。第一只猫起名为虎子，是一只最平常的狸猫，身上有虎的斑纹，颜色不黑不黄，并不美观。

它有两只炯炯有神的眼睛，虎虎而有生气，因此起名为虎子。虎子脾气暴烈，不怕人，谁想打它，不仅不回避，而且要反攻，声色俱厉，谁得罪了它，永世不忘。后来，除了家中的人外，无人不怕它。

1981年，季羡林又养了一只雪白长毛的波斯猫，因为是洋猫，起名为咪咪。咪咪一进门，就被虎子看做是自己的亲生女儿，虽没有什么奶，却坚决要给它喂奶。季羡林吃饭时，弄点鸡骨头、鱼刺，虎子自己蹲在旁边，瞅着咪咪吃，从不与它争食。虎子还会从外面抓些麻雀、蚱蜢、蝉、蛐蛐之类给咪咪吃。

季羡林同虎子与咪咪都有深厚的感情，每天晚上，两只猫抢着到他床上去睡觉。到了冬天，他在棉被上面特别铺上了一块布，供它们躺卧。有时候，他半夜醒来，神志一清醒，觉得有什么东西重重地压在他身上，一股暖气仿佛透过两层棉被，扑到他的双腿上。这时候，即使双腿由于僵卧过久，又酸又痛，他也总是强忍着，决不动一下，免得惊了小猫的轻梦。到了虎子十一二岁时，咪咪也八九岁了。虎子依然如故，脾气暴烈，威风凛凛，见生人就咬，而咪咪却有下世的光景。常常到处小便，桌子上、椅子上、沙发上，几乎无处不便。

季羡林在文著中是这样描绘咪咪的陋行的：

季羡林与他的爱猫

最让我心烦的是，它偏偏看上了我桌子上的稿纸。我正写着什么文章，然而它却根本不管这一套，跳上去，屁股往下一蹲，一泡猫尿流在上面，还闪着微弱的光。说我不急，那不是真的。我心里真急，但是，我谨遵我的一条戒律：绝不打小猫一掌，在任何情况之下，也不打它。此时，我赶快把稿纸拿起来，抖去了上面的猫尿，等它自己干。心里又好气，又好笑，真是哭笑不得。家人对我的嘲笑，我置若罔闻，“全等秋风过耳边”。

季荷前的季老

后来，咪咪随意拉屎撒尿的频率增加了，范围也扩大了。桌上、床下、澡盆中、地毯上、书上、纸上，只要从高处往下一跳，尿水必随之而来。季羡林便以耄耋衰躯，匍匐在床下桌下向纵深的暗处去清扫猫尿，待钻出来之后，往往得喘上半天粗气。然而他不但不气馁，反而大有乐此不疲之势，心里乐滋滋的。年近九旬的老祖这时就笑着说：你从来没有给女儿、儿子打扫过屎尿，也没有给孙子、孙女打扫过，现在却心甘情愿服侍这一只小猫。他这时也是笑，但不回答，不以为苦，反以为乐。他自己也解释不清楚原因何在。后来家人终于忍无可忍，主张把咪咪赶走。咪咪被送出门去，关在外边。但晚上睡觉，季羡林躺在床上，辗转反侧，再也睡不着。过了几天，咪咪病了，而且越来越严重，给它东西吃也没有胃口，季羡林看了直想流泪。于是，他拖着疲惫的身子走几里路到海淀肉店，买回猪肝和牛肉，想给它吃。一开始，咪咪有点想吃的样子，但一沾嘴唇，又把头缩回去，闭上眼，不闻不问了。后来，咪咪不见了，他到山上、塘边、草丛、树后、石缝，都找遍了，“屋前屋后搜个遍，几处茫茫皆不见”，咪咪还是永远地消失了。

他简直像是失掉了一位好友，一个亲人，直到今天回想起来，内心还颤抖不止。

季羡林后来从别人那里知道，猫有一种特殊的本领，知道自己什么时候寿终，到此时此刻，它绝不呆在主人家中，以免让主人看到自己死去的样子，感到心烦悲伤。它们总要找一个最僻静的地方离开人世。从这件事他悟出，新陈代谢是普遍规律，人应该向猫学习处理死亡的办法。人老了要死，像猫那样，应该算是一件喜事。世界是青年的，老年人应该为青年人活着而不是相反。老年人的天职是尽上仅存的精力，帮助青年前进，必要时甚至可以躺在地上，让后人踏着自己的躯体前进。

咪咪的死毕竟让季羡林非常悲哀，他发誓一定再找一只同样毛长尾粗的白色波斯猫。苍天不负有心人，后来他终于找到了，新猫被命名为咪咪二世。后来又有了三世，现在又有了四世，都是眼睛一黄一绿的波斯猫。现在，虎子已不在人世，咪咪三世丢了，家中还有二世和四世。咪咪四世是新生小猫，是从临清来的。它小小年纪，却极端调皮，有时候简直是无恶不作，什么时候什么地方不需要它，它就偏在那时候那地方蹿出来，搅得人心神不安，它却怡然自得。而咪咪二世已是个老猫了，脑袋里似乎有一个表。每天凌晨4点前后，主人一开灯，它就会在窗台上抓纱窗，作响，好像在催他起床，让它进早餐。这时，季羡林总是悚然而醒，飞快下床，开门一跺脚，声控电灯一亮，只见一缕白烟从黑暗中飞了进来。此尤物先踩他的脚，后蹭他的腿，好像是在道早安。几年来，几乎天天如此，因此季羡林对它情有独钟。在老祖、老伴、女儿去世之后，在他精神最苦闷的时候，给了他极大安慰的，就有咪咪二世。

3. 也得念念消费经

季羡林作为哲学博士，研究方向是语言文学，他不喜欢义理，所以写的哲学文章很少。但到晚年，却又一反常态，大谈起“天人合一”的玄学来。文章一经发表，便语惊四座，颇有影响。他还谈起了另一种哲学——消费哲学，也引起轩然大波，中年人中有说他是老保守、老脑筋、不合时宜的，青少年就不知道怎么说了。

话得从头说起。他因为是名人，所以约稿者纷至沓来，于是也就有人请他来谈个人消费，于是也就有了他的消费哲学。

消费与经济基础有关。季羡林的经济基础如何呢？十几年以前，从账面上来看，季羡林的工资是北大教师中最高的，因为他是20世纪50年代第一批确定的“老一级”教授。但他每月的工资，经过七折八扣，领到手以后，平均约700到800块钱。这些钱，他要给小保姆张淑贞一半。除了她的工资，她还有一个男孩，在北大二附中上学，学费、杂费、生活费全部由季羡林负担。这样做的原因有两个，一是季羡林心肠好，

1988年，季羡林在书房

善良，待人宽厚慷慨；二是让小保姆的孩子在身边上学，也免去了她要回四川老家探亲的后顾之忧。可这样一来，他再交完房费、天然气费、电费、电话费等，实际上拿到手的也只有300元左右了。用它来支付全家的生活费，怎么会够呢？

这里就有了一个对比：20世纪50年代季羡林被定为一级教授，在六类工资地区的北京，每月拿的工资是345元，再加上中国科学院哲学社会科学学部委员（相当于今天的院士）每月津贴100元。这是一个“不菲”的工资数目。因为当时物价奇低，去莫斯科餐厅吃饭，一顿大约1元5角到2元，汤菜俱全，还有黄油面包，外加啤酒一杯。如果吃烤鸭，六七元钱足矣，还能吃只挺大的。这样的物价，有每月450元的固定工资，简直是“阔死了”。而十几年以前，他是全国最有资格的“老一级”教授了，因为比他资格更老的陈岱孙老教授已经去世。而他的全月基本工资加各种补贴，也就一千二三百块钱，这就是他每月实际上留在手里只有300多块钱的原因。

这样的老教授，工资这样低，可怎么维持生活呢？不少人自然会问他，老先生笑笑说：“我的生活水平，如果不是提高的话，也绝没有降低。”人们问他：难道你有点金术吗？他回答说：非也。季羡林道出的奥秘是：上世纪50年代大学教师主要靠工资生活，不懂什么“第二职业”，也不允许有“第二职业”。而今天却大改其道，学校里也有种种形式的“第二职业”，甚至“第三职业”。季羡林也有了“第×职业”，就是“爬格子”。他爬了60多年格子，名气大，稿费多，时不时地就收到稿费。这样，他手头虽只剩300元的工资，却从来不感到拮据，原因就是有源源不断的稿费做后备军。

手头虽然有钱，但季羡林在生活上却向来没有太高的追求。对吃，一如既往，从来没有什么特殊要求，早晨仍然是烤馒头片或面包，一杯清茶，一碟炒花生米。他从来不让家人或保姆陪他凌晨4点起床，为他做早饭，所以早餐是几十年的“一贯制”，从来不变化。午晚两餐，素菜为多，很少吃肉。饮食如此简单，他全家的伙食费不过500元多一点。

至于穿，季羡林简直是个清教徒。他的衣服多是穿过十年八年或者更长时间的，有一件雨衣，是他在1946年从德国回到上海时买的，至今仍在穿。有一天，一位专家说：你的这件雨衣，款式真时髦！他听后大惑不解。专家一解释，他才知道：原来50多年前流行的款式，经过了漫长的沧桑岁月，在不知经过多少变化之后，在螺旋式上升的规律指导下，现在又回到了50年前的款式。他听后，大为兴奋。没想到自己守株待兔，终于守到了。他也没有想到，人类在衣着方面的一点小聪明，原来竟如此脆弱！

他的老主意是：以不变应万变。他想，一个人穿衣服，是给别人看的。如果一个人穿上十分豪华的衣服，打扮得珠光宝气，天天照镜子自我欣赏，那他不是疯子，便是傻子。穿衣服给别人看，观看者的审美能力和审美标准，千差万别，那么你满足了这帮人，必然开罪于另一帮人，反正不能让人人都高兴，皆大欢喜是不可能的。所以，季羡林的穿衣哲学是我行我素，我就是这一身打扮，你爱看不看，反正我不能让你指挥我。在穿衣方面，他是个完全自由自主的人。有了这样一种穿衣哲学，我们也就看到他的一身蓝色卡其布中山装，春、夏、秋、冬，永不变化。他的日用品，也是如此。只要能用，他绝不丢弃，敝帚自珍是他的用物哲学。我们看到他用的一只手提包，是一种最简单的敞口式的，十几年一点变化没有。而他的穿戴和用品，也真因为观看者的审美能力和审美标准不同，有了两种针锋相对的评论：赶潮流者说他是老古董、老保守、老顽固，而学者层却认为他是一个典型的儒者。儒雅的风度，从其学识和人品中来，而不是从其衣着中来。

季羡林消费哲学的核心是：如果一个人成天想吃想喝，仿佛人生的意义与价值就在于吃喝二字，他觉得无聊，“斯下矣”。他的潜意识永远是：食足以果腹，不就够了吗？衣足以蔽体而已，何必追求豪华。

季羡林绝非“大款”，但他在自己的消费哲学指导下，素衣淡食，生活简单，却把大把大把的钱送给身边急需的人，或者捐给家乡的学校。这样的消费哲学，但愿能有更多的人会理解。

季羡林自1946年回国到北京大学工作后，一直到去世没有离开过。在这里，他把爱国精神化成报效祖国的具体实践行为。他已经完成了《季羡林文集》24卷的编辑和出版，《季羡林全集》（30卷）已全部出齐。他培养了近6000名学生，其中不乏部长、大使和学者。关于他的学术贡献，在本书开头的那个部分，已经涉及到了，这里不再赘言。

4. 人生座右铭

进入90岁以后，季羡林屡次闹病，先是耳朵，后是眼睛，最后是牙，至今未息。耄耋之人，闹点不致命的小病，本来是人生常事，他向不惊不慌。但却不能不影响自己的写作，进度被拖了下来，不能如期完成。他自觉自己的性与人殊，越是年纪大，脑筋好像越好用，于是笔耕也就越勤。有一位著名作家写文章说，季羡林写文章比他读得还快。这当然有点溢美的夸大。80岁以后，从

1993年到1997年这四年中他用中外文写成的专著、论文、杂文、序、抒情散文等，其量颇为可观，至少超过过去的十年或更长的时间。他常说，自己一生都在教育界和学术界里“混”。这是通俗的说法。用文雅而又不免过于现实的说法，则是“谋生”。这也并不是一条平坦的阳关大道，有“山重水复疑无路”，也有“柳暗花明又一村”。回忆过去60年的学术生涯，不能说没有一点经验和教训。迷惑与信心并举，勤奋与机遇同存。他有自己的座右銘，他讨厌说空话、废话、假话、大话，一无灵丹妙药，二无锦囊妙计，只有一点明白易懂、简单朴素、几近老生常谈、又确实是真理的道理。

季羡林最讨厌说假话，自己则知错必改。他写于1999年7月27日、发表在《人民日报》10月16日第7版的散文《两个小孩子》，说到：“相传唐代大诗人白居易3岁识‘之’、‘无’，千古传为美谈。如今这个仅仅两岁半的孩子在哪一方面比白居易逊色呢?”文章发表后，《海口晚报》读者张竺夫表示质疑，说白居易的《与元九书》说自己是在生后六七个月就识“之”“无”两字，并非3岁。季羡林知错就改，于10月28日又撰文《关于〈两个小孩子〉的一点纠正》，对这一错误予以公开且正式地更正，所言毫无遮丑之意，对一位普通读者深表感激：“张先生提出纠正，对我来说是改正了错误，增加了见识；对读者来说是得到了正确的信息，有百利而无一害。”文中又说：“但是，我不想改变原文。古人说：‘君子之过也，如日月之蚀，人皆见之。’我不想偷偷摸摸地改得毫无错误的痕迹。我一向不悔少作，也不改我的文章。”大胆承认错误，虚心接纳指正，这是真正的大家风范。季羡林因此被读者称为“光明磊落真学者，真诚交流是大家”。

他喜欢引宋代大儒朱子的诗：“少年易老学难成，一寸光阴不可轻。未觉池塘春草梦，阶前梧叶已秋声。”他认为这首诗的关键有二：一是要学习，二是要惜光阴。到晚年，季羡林成了陶渊明的志同道合者。他对老年，甚至对人生的态度是道家的。陶渊明有一首《神释》，其中有四句诗：“纵浪大化中，不喜也不惧。应尽便须尽，无复独多虑。”季羡林很欣赏这几句话。唐代大诗人白居易的一首自警诗，他也很欣赏：“蚕老茧成不庇身，蜂饥蜜熟属他人。须知年老忧家者，恐似二虫虚苦辛。”谈到看待自己，他有一篇《我写我》，里面说的就是对自己的认识。古希腊哲人曾发出狮子吼：“要认识自己!”可见这问题之重要。他称外界对自己的评价过高，应该三七开，只信其三。他认为自己不是天才，勤奋可以算得上。他的勤奋包括把开会的时间都充分利用起来，他诙谐地说：“我开会有一个窍门。本来汉语是世界语言里最简短的。英文要一分钟，我们有五秒就够。可是我们有很多人对不起这个特点，讲话啰里啰嗦，一句话重复来、重复去，还加上‘哼、哈、唉’。就像一个人在敲鼓板一样，所以他讲话，我用不着注意听，我半个耳朵完全能掌握，当别人鼓掌的时候，我跟着鼓掌。那四分之三我就考虑别的问题，做学术，一篇文章怎么写、资料怎么搜集。有一次我讲，将来问我是哪一门的专家，我说我可以开一门‘开会学’，我可以写一个几十万字的讲义，可以开课招研究生。”真正的天才他说没看到过，反正自己绝对不是一个天才，是中才，中等的才。他承认有天才，也有偏才，四平八稳的人成不了天才，觉得自己这个人就有点四平八稳。年轻时有点淘，也打架，什么都干了。后来在社会上磨炼久了，进步了。季羡林认为，他是认识自己的。他经常剖析自己，而且剖析得有点过头。或者说，自知之明过了头，有时候真感到自己一无是处。比如拿写文章为例。专就学术文章而言，他并不认为“文章是自己的好”。他真正满意的学术论文并不多，反而别人的学术文章，包括一些青年后辈的文章在内，他觉得好。又比如自己写散文，而且已经写了六七十年，加起来也有七八十万字了。然而自己真正满意的也屈指可数。在品行的好坏方面，他自己觉得不通伦理学，也没有深邃的理论，只能讲几句大白话。季羡林认为，只替自己着想，只考虑个人利益，就是

1997年，季羡林与故乡临清官庄小学生合影

坏。反之，能替别人着想，考虑别人的利益，就是好。为自己着想和为别人着想，后者能超过一半，他就是好人。低于一半，则是不好的人，低得过多，则是坏人。拿这个尺度来衡量一下自己，他承认自己是一个好人。尽管自己有不少私心杂念，但是总起来看，考虑别人的利益还是多于一半的。至于说真话与说谎，这当然也是衡量品行的一个标准。他坦白，自己说过不少谎话，因为非此则不能生存。但是总起来还是敢于讲真话的，真话总是大大超过谎话。因此觉得自己是一个好人。年届耄耋，过去也曾有过一些幻想，想在生活方面改弦更张，减少一点枯燥，增添一点滋润，在枯枝干上开出一朵鲜花，长一片绿叶；然而一直到死，忙忙碌碌。

六、回报社会

1. 山东故乡情深

季羡林说自己："平生爱国不敢后人，即使把我烧成灰，我也是爱国的。"他在德国发奋学习希腊文、拉丁文、俄文、阿拉伯文、法文、梵文、吐火罗文、巴利文等多种语言，研读梵语佛教经典，成绩非凡，当博士毕业论文顺利通过时，他觉得"我没有给中国人丢脸，可以告慰亲爱的祖国"。

他在故乡虽然仅生活了短暂的6年，但他始终眷恋故土。就是到老年，对故乡的感情也不稍懈，而是越来越深，越来越浓。他说过："一想到自己的家乡的穷困，一想到中国农民之多之穷，我就忧从中来，想不出什么办法，让他们很快地富裕起来。我为此不知经历了多少不眠之夜。"（《还乡十记》）在一篇名为《听雨》的散文中写道："农民最高希望是多打粮食。天一旱，就威胁着庄稼的生长。即使我长期住在城里，下雨一少，我就望云霓，自谓焦急之情，决不下于农民。北方春天，十年九旱。……我天天听天气预报，时时观察天上的云气。忧心如焚，徒唤奈何。"他看见天旱就为故乡人民着急，他听见下雨就心旷神怡，他说："我是乞借春雨护禾苗。"（《喜雨》）季羡林时时刻刻关心着家乡，企盼故乡人民尽快富裕起来。

1982年9月，季羡林回到故乡。他看到实行家庭联产承包责任制以后的故乡，人民"陡然富了起来"，"浓烈的幸福之感油然传遍了全身"，"我觉得自己的家乡从来没有这样可爱过"，"我真觉得，我的家乡是非常可爱的"。他觉得这次回故乡，"真是闻所未闻，见所未见；所见所闻，触目快意"。（《还乡十记》）

季羡林的钱不少捐给了家乡山东临清。

他尽其所能为故乡出力，帮助临清把舍利宝塔的修复工作完成。

临清舍利宝塔建于明代中期，位于临清西北部卫运河畔，为砖木结构楼阁式建筑，原是京杭大运河上四大名塔之一。但由于年久失修，塔体开始倾斜、局部开裂，塔外各层檐口残损严重，塔内楼层几乎全部坍毁，无法登攀。

1991年9月23日，季羡林在聊城参加完傅斯年学术研讨会后，到临清参观。他了解到临清古塔的维修一直没有成功，回北京以后，立即给胡乔木同志写了一封信，信的内容是：我这次回故乡临清，当地的党政领导向我提出临清舍利宝塔的修复事宜。我是一介书生，两袖清风，心有余而力不足，没有办法，只好求您帮忙说话了。季羡林一生从来不愿意麻烦人，不愿意求人，为了保护文物古迹，他竟破例求了人。

后来在胡乔木的关心下，国家文物局终于拨款修复舍利宝塔。

1994年季羡林获得北京大学特别贡献奖。他捐给官庄村1万元人民币，用来发展教育事业。官庄村很多村民都很激动，季羡林这么大年纪了，心里还牵挂着家乡，真不赖！1996年春节第一次发放奖金时，一位获奖的小学教师激动地哭了。她本人因教学成绩突出获得200元奖金，她的孩子因考上大学本科，获得500元奖金。她说："这700元解决了我们家的一个大问题，我永远忘不了季老的恩德。"考上大中专学校的学生，领取奖学金时，表示得到著名学者季先生的奖励，一辈子都会引以自豪，刻苦学习，不辜负老人，把它化为他们的学习动力。

季羡林对山东有一种浓浓的乡情，这种乡情不仅表现在爱临清，还表现在爱山东的一草一木。他把泰山作为家乡的象征，觉得泰山雄伟博大，可以用这四个字来形容。他在1934年第一次登泰山，那时23岁，在省立济南高中教书。他游历了斗母宫、经石峪、五大夫松、快活

1997年10月9日，季羡林在聊城师院演讲

三里。他觉得不爬十八盘就等于没有登泰山。在下面看，泰山不算太高。到了泰山顶一看，其他山都很小，泰山确实最高。孔子“登泰山而小天下”，当时的地理知识比较少，认为天下就那么点儿。后来，天下的概念扩大了，有了五岳，结果泰山还是五岳独尊。直到现在，虽然，我们国内比泰山高的山多得很，可是，因为历史渊源的关系，任何山不管它有多高，像泰山那么多值得信念的东西是没有的。秦始皇的泰山刻石碑、汉代的张迁碑、经石峪大字等等，泰山的石刻多极了，而且自古以来，伟大的文学家几乎都写过关于泰山的诗文，几千年就是这个样子。泰山在中国的地位，历史上、政治上、文学艺术上……任何山也比不了。在两千多年的封建社会中，有名声、有作为的皇帝，几乎都到泰山进行封禅或祭祀活动。在文学创作中，杜甫有《望岳》诗：“岱宗夫如何，齐鲁青未了。造化钟神秀，阴阳割昏晓。荡胸生层云，决眦入归鸟。会当凌绝顶，一览众山小。”这是一首最能表现出泰山雄伟博大，最有代表意义的诗篇。“齐鲁青未了”，泰山的“青”影响了整个齐鲁。这就表现了泰山的精神。博大、雄伟，雄伟就是硬骨头。几千年来，我们的国家经过那么多磨难，还是巍然不动，泰山可以代表这种精神。至今，我们口中还常用“稳如泰山”等等成语。“会当凌绝顶，一览众山小。”表明我们中华民族的雄心壮志，将来一定要发展得非常高峻，非常辉煌。（大型电视系列片《中华泰山》季羡林序言）

他说：“泰山的博大壮美和特有的文化内涵能激励人生、启迪人生，培养崇高的人生境界。”季羡林对泰山情深如海，他对泰山人民也做出自己的贡献。他为《岱宗学刊》题词，为大型电视系列片《中华泰山》作序，2005年又应泰山人民之邀创作了《泰山颂》。

《泰山颂》是94岁高龄的季羡林2005年8月30日在病房中写就的。诗文如下：

> 巍巍岱宗，众山之巅。雄踞神州，上接九天。吞吐日月，呼吸云烟。阴阳变幻，气象万千。兴云化雨，泽被禹甸。齐青未了，养育黎元。鲁青未了，春满人间。星换斗移，河清海晏。人和政通，上下相安。风起水涌，处处新颜。暮春三月，杂花满山。十月深秋，层林红染。伊甸桃源，谁堪比肩。登高望岳，壮思绵绵。国之魂魄，民之肝胆。屹立东方，亿万斯年。

其实，2005年4月季老已为泰山创作了“巍巍岱宗，群山之首。吐纳日月，呼吸风云。青青未了，养育黎民。世界之窗，中华之宝。加以护持，期以永存”的诗句。而后他还对原稿进行了修改。他的第一稿是：

泰山颂

巍巍岱宗，群山之山。坐落神州，上接九天。吞吐日月，呼吸云烟。身在尘外，系心人寰。山后制云，雨落山前。土沃收丰，万民腾欢。齐青未了，养育黎元。鲁青未了，春满禹甸。亘古以来，从未有变。舜至今日，时移世迁。人和政通，河清海晏。灵犀一点，上下相安。耄耋山翁，兴会无前。老态尽逝，转更翩翩。暮春三月，杂花满山。十月深秋，层林红染。所到之处，生气盎然。山泉更清，山花更艳。山风更温，山水更甜。三十三天，海上神山。伊甸乐园，人间桃源。皆非少匹，尊为泰山。

他的这首不经意之作意外地得到很高的评价，是他始料不及的。据新华社济南2005年11月2日电，季羡林、高占祥、李国彝三人在11月1日山东泰安闭幕的第19届世界诗人大会上当选世界桂冠诗人。季羡林创作的《泰山颂》、高占祥的《和平颂》以及李国彝近年来创作的大量诗篇在大会上获得好评，3位诗人在十多位提名候选人中脱颖而出。国际桂冠诗人联盟董事会讨论决定授予他们世界桂冠诗人的称号。（《人民日报·海外版》2005年11月3日第4版）

2001年，季羡林和胞妹香妹在一起

当天晚上，我打电话给季羡林先生的助手李玉洁老师，她已经知道了这件事。她说季羡林得知自己当选为桂冠诗人的时候，感到啼笑皆非。

他从来就不是诗人，只是一时心血来潮，在2005年写了几稿的泰山颂。结果赶上这届世界诗人大会，被评为桂冠诗人。这使他感到意外，是他完全无法接受的现实。现实又和这位世纪老人开了一个玩笑。其实早在德国留学时期，章用就称他为“诗伯”了，可知他的诗作会不少。

祝贺母校山东大学百年华诞

2001年山东大学建校100周年，季羡林不仅为母校贺岁，而且亲临济南参加校庆活动，几乎累病了。他在《祝贺母校山东大学百年华诞》的纪念文章中深情地说：母校山东大学今年一百岁了。但是，我成为山大的校友却已经有75年了，是校龄的四分之三。这样的人如今恐怕很少见了。

1926年，他考入山东大学附设高中。当时的山大校长是山东省教育厅长前清状元王寿彭。他觉得自己是山大的校友，名正言顺，绝无攀龙附凤之嫌。季羡林在文章中回忆说：

> 当时高中文科设在济南北园白鹤庄，清流环绕，绿柳成荫，风景绝佳。教员水平甚高，可以说是极一时之选。教历史和地理的是祁蕴璞老师，他勤奋好学，订有多份日文杂志，对世界政治和经济的发展了若指掌。他除了上课外，还常作公开报告，讲解世界大势。国文教员是王崑玉老师，文章宗桐城派，个人有文集，但我只读过稿本，没有出版。教英文的老师姓刘，北大毕业生。我只记住了他的绰号，名字则忘记了。教数学的教师姓王，名字也不记得了。几位老师的学问和教学水平，都是极高的，名扬济南教育界。另外还有一位教经学的老师，姓名都已忘记，只记得他的绰号叫“大清国”。他的口头禅是：“你们民国，我们大清国。”绰号由此而来。但是他学问是有的，上课从来不带书。据说，《五经》《四书》，连同注疏，他都背得滚瓜烂熟，甚至还能倒背，不知道有什么用处。这恐怕只是道听途说而已。 在这样十分优越的自然环境和教学环境中，我埋头苦干，扎扎实实地读了两年书，为以后的发展打下了良好的基础。1928年，日寇占领了济南，我被迫辍学一年。1929年，日寇撤走，山东省立济南高中成立，我继续就读。这事与山大无关，我就不详细叙述了。从我成为山大校友以后漫长的75年中，山东大学同国内许多著名的大学一样，走过一条悠长而又曲折的道路。这条道路并不平坦，也并不笔

2001年，季羡林参加山东大学百年校庆

直，有时布满了鲜花，五彩斑斓，光彩照人；有时却又长满了荆棘，黑云压城。校址也迁来迁去，有时在济南，有时又在青岛，最后终于定居在济南。在新中国建立前有一段时间，大概是在30年代吧，山大当时还在青岛，许多全国著名的学者和作家在那里任教。许多人都认为，那是山大发展史上的一个高峰或者高峰之一。无论中国或外国，一个大学不能永远处于高峰时期，一个系尤其显著，山大自不能例外。从那以后，一直到现在，山大高峰迭出，现在已成为全国著名的高校之一了。我虽然一辈子没有离开过学校，从国内到国外，都在教书，但是我决不敢承认自己是一个教育家。感性认识我是有的，却没有提高到理论的高度。根据我的观察和体会，一个大学，特别是一个系是否是处在高峰时期，关键全在于有没有名师。中国俗话说："名师出高徒。"这话一点也没有错。学生年纪轻，可塑性强，影响他们最大的还是老师。我在上面已经说过，一个大学，一个系，不能永远处于高峰时期，关键也在于老师。我举一个最彰明昭著的例子。我的洋母校德国哥廷根大学的数学系，从19世纪末到20世纪20年代，因为出了几位世界级的数学大师，比如F. Klein、D. Hilbert等，名震全球，各国学子趋之若鹜，一时成了世界数学中心。这些大师一旦离开人世或退出教席，而后继者又不能算是大师，世界数学中心的地位立即转移。这个例子很能说明问题。另外一个例子就是清华国学研究院，虽然只办了几年，但是毕业生几乎都成为名教授，原因也在于国学研究院有著名的四大导师。这个例子是众所周知的。

季羡林认为，山东大学在过去和现在都有大师级的学者。这是山东大学之所以能够成为今天的山东大学最重要的原因。对一个人来讲，100年是高寿了。但是对一个大学来讲，同国外许多有几百年历史的大学比较起来，还只能算是一个小弟弟，有如初升的旭日将越来越发出耀眼的光芒。母校将会有光辉的前途。他这个做了75年校友的老校友，从内心深处向母校奉献出诚挚的祝福。

2. 北大

向北大捐赠珍贵书画

季羡林1946年到北大任教授，一辈子除了个别时候出国或者外出开会，一直都没有离开北大。他对北大的感情特别深。近几年他几乎把自己的所有东西全部都捐给北大了。

2001年7月6日下午，季羡林向北京大学图书馆捐赠图书、手稿、字画等个人藏品仪式在北京大学办公楼礼堂举行，参加捐赠仪式的有北京大学校长许智宏，副校长何芳川，北京大学图书馆馆长戴龙基，以及部分图书馆工作人员。捐赠仪式由何芳川副校长主持，何校长简短致词后，捐赠双方分别在协议书上正式签字，许智宏校长、戴龙基馆长分别致词，肯定了此次捐赠的重大意义，认为这些捐赠品进一步丰富了北大图书馆的馆藏，对于北大师生的学习研究具有重要的学术参考价值，同时，这些藏品也是研究季先生学术和生平的最为重要的资料，将激励北大师生为繁荣北大学术而继续努力。季先生的捐赠在北大教授中是规模最大、种类最多的一次，此次捐赠将带动一批北大著名教授的图书捐赠，有利于保存珍贵资料，开展相关研究。最后，捐赠双方与来宾共同举杯，庆贺此次捐赠圆满成功。 季羡林先生和北京大学图书馆有着很深的渊源，季先生在北京大学图书馆简介资料片中说，他在北大50多年的学术生涯与北大图书馆密不可分，他的学术成就的取得，得益于图书馆丰富的文献资料。季羡林希望将自己的藏品捐赠给北大图书馆的心愿由来已久，这不仅出于对图书馆的深厚感情，也是出于对北大图书馆的由衷信任，他认为只有经过文革考验的北大图书馆才能妥善保存这些珍贵的资料。 北京大学图书馆也积极为季先生的学术研究创造条件，于2000年年底专门设立“季羡林工作室”，菲薄的贡献今天得到如此珍贵的捐赠，图书馆深感荣幸。季羡林先生的捐赠包括藏书、个人著作、手稿、往来信札、古今字画、日记、印章、有关音像资料、照片、证书等，具有非常珍贵的学术研究价值和文物收藏价值。北大图书馆将严格按照协议的规定珍藏这些宝贵资料，同时有限制地提供给读者使用，做到资料保存和利用的统一。

据说，这些捐赠品价值连城。谈到自己捐赠的古字画时，季老还建议学校建立一座用于教学的艺术博物馆，让大家都有机会欣赏到中华民族优秀的艺术作品，从而激发起内心深处的爱国之情。这也是人文教育的立足之本。季先生在捐赠仪式上还透露，以后将陆陆续续把自己一生的积蓄通过奖学金的形式返回给学校，以此来表达自己帮助国家教育腾飞的坚定信念。北京大学校长许智宏在捐赠仪式上对季老此次的捐赠行动表示了由衷的感谢。他认为季老的学术精神和人品值得全校师生乃至全社会的人共同学习。北大需要的也正是像季老这样具有极高责任感和道德心的知识分子。据悉，北大图书馆将为季先生捐赠的书籍开辟“季羡林特藏书”，并把季先生捐赠的古字画放入古籍特藏室，让它们在最好的条件下得到保存和利用。（《人民日报·海外版》2001年7月9日第2版）

对《儒藏》编纂工作的支持

北京大学有关文科的许多重大事情，都要请季羡林出主意。他都尽量满足学校和系所的要求。但是他对所有的工作从来不敷衍，从来都是认真对待。比如在担任北京大学儒藏编辑的顾问以后，季羡林非常认真，经常和有关人员讨论儒藏的编辑问题。他指出，现在海内外都有一种论调，说21世纪将是中国文化重现辉煌的时期。在国内，根据权威人士传递的信息是我亲耳听闻，不可能不真实，中央将致力于弘扬人文社会科学，这真是二美具，吉星照，我们正在此筹措编纂《儒藏》。关于《儒藏》的学术意义，提几点有关的意见。一是从人力上来讲，北大有能力完成这一艰巨任务，但我认为，倘能与有关的真正对国学有研究的机关、大学，甚至个人合作，这样编出来的更带有普遍意义，能成为中国学术界甚至世界学术界公认的有价值的著作。二是书目编成后，尽量用不同的形式征求各方面的意见。三是书成后出版形式不出两途：一是影印，一是标点重排。前者可见原书形象，有利于收藏；后者便于利用。（2002年11月27日写出的一封信）季羡林从近期目标与远期目标两个方面阐述编著这部著作的重要性，他指出，近期目标实现传统文化与现代文化的结合、人文与社科的结合，中西文化的结合，远期目标就是弘扬中华文化。

3. 清华

在清华大学设立“季羡林文化促进基金”

《清华校友通讯》在一则很不起眼的消息中，报道2003年岁末季羡林在住院的病房中，向清华大学校长顾秉林院士捐赠了15万美元，用来在母校设立“季羡林文化促进基金”。季羡林深情地对顾秉林说：“捐赠的事决定很长时间了，赶上‘非典’，又住院，一拖就是一年，今天总算可以兑现了……钱不多，不过来路清楚，都是自己‘爬格子’所得，希望能够抛砖引玉，为母校做点贡献。”这件事当时的媒体均未报道，季羡林的助手李玉洁老师说这是季老的意思，不要去宣传。李玉洁老师说，季羡林平时非常重视节电节水，晚上每到另一房间，必定先关掉原先房间的电灯，有好多次季老已安歇了，但听见滴水声，他总要亲自起床去拧紧水龙头。从这些生活小习惯，也可看出他为人节俭的自觉性。在老教授当中季老的工资算是高的，他省下的钱，不是资助穷学生，就是捐献给山东家乡了，连他仅有的书稿、信函、日记本、照片、证书等等，也全部捐赠给了北京大学。在这种情况下，他又挤出15万美元捐给清华，显然是相当不容易了。更可贵的是，分明是高尚的事，却拒绝张扬，不图任何回报，这就表现出一种更加崇高的境界了。

4. 有求必应

与淘粪工人交友

魏林海是海淀区的一名淘粪工人，家住六郎庄乡，喜欢学问，也爱书画，久慕季羡林大名，但无缘相见，引为憾事。1997年迎香港回归时，魏林海终于觅到了一个拜访季羡林先生的机缘：魏林海与几位乡间书画之友拟在自家西屋搞一个书画展，以表香港回归祖国的喜悦，并想请一位名人写个条幅以壮声色。最初找了一个小有名气的画家，不料此人傲气十足看不起淘粪的。魏林海一气之下，发誓非找一位大名人题写不可。于是斗胆找到了季羡林先生。季羡林，闻听是淘粪工人求题，十分高兴，二话没说，很快就写好了“六郎庄农民书画展”的横幅。字苍劲有力，韵味高古，挂在展室中颇有高雅之气。为此之故，二人竟然成了忘年交。（《人民日报·海外版》 2000年6月27日第7版）

“软酥香油旋张”的匾额

在季先生吃过的食品里，他认为好吃的东西有两种，一是台湾抓饼，一是济南油旋。而油旋是先生最愿意吃的，这是因为小时候取得了好成绩，叔父奖励他的就是这种食品。每到考试取得好成绩，叔父给一个油旋，先生就非常知足了。季先生曾说，“油旋就是好吃，那股葱花的香味，再加上又软又酥又香，确实是好吃，可惜北京没有卖的，如果有，肯定畅销。”

油旋是济南的一种传统精细风味小吃，样子有点像螺丝旋，是用油、盐、葱花等加工而成的一种面食。据说清道光年间，济南的凤集楼就有油旋经营。光绪二十年（1894）开业的文升园饭庄所制油旋，色泽金黄，外皮酥脆，层多松散，内瓤柔嫩，葱油香味浓，很受欢迎，饮食业同人广为仿制。制作时，将大葱、猪板油剁成葱油泥，抹至擀成长条形并涂有一层花生油的面片上，从一头卷起，边卷边抻，卷完为止。然后直立在鏊子上压成直径8厘米、厚2厘米左右的圆饼烙烤。待两面均呈金黄色时放入烤炉内翻烤，至深黄色取出。然后将有旋纹一面的中间用手指压出窝，即成多达五六十层的油旋。将其与鸡丝馄饨配食，味道更佳。

据说济南的油旋是在一百多年前，由齐河县境内徐氏三兄弟从南京传来。为适应济南人的口味，他们改进了配料，口味变为北方人喜食的咸香味，颇受顾客欢迎，生意十分兴隆，人称徐家油旋。后来许多餐馆广为仿制，成为济南风味小吃。

济南大观园附近一个做油旋的张师傅听说季羡林愿意吃油旋，他又从电视上看到季羡林的名气那么大，就想请季羡林给他的油旋写几个字。他抱着试试看的心情，委托笔者请求季羡林先生，季羡林欣然答应，很快写出了“软酥香油旋张”六个大字，现在用这六个字做成的匾，就挂在张师傅的店门上方。张师傅现在逢人就夸，季羡林这样的大学者给他一个油旋师傅写字，一点架子都没有。他因为有季羡林的字而感到自豪。

1992年，季羡林与英籍作家韩素音合影

为事业不怕“献丑”和担责任

季羡林小时候练过书法，但是后来长期在德国留学，没有继续下去。所以他总认为自己的字是见不得人的，自己从来也不是什么书法家。但如果对家乡有利，对文化事业有利，他也可以“献丑”。青岛康成书院，湖南文艺出版社，《文史哲》杂志，《山东大学校刊》，山东人民出版社，《中国儒学年鉴》，《岱宗学刊》……不知道有多少单位和个人请他题过字。至于求他写序的，更是不可计数了。只要不是看出有明显的动机不良，他从来都是尽量满足来求者，从来不拒人于千里之外。为此他为别人写出的序言集稿盈尺。而且这样的事情，他从来不让别人代笔。有一次，泰国的郑彝元先生找到季羡林，请他为自己的著作《道统论》写一篇序言，他很快写出了一篇非常典雅的文言序言。

《道统论》序

我平生为不中不西而又亦中亦西之学，偏考据而轻义理，此盖天性使然，不敢强求也。迨至耄耋之年，忽发少年之狂，对义理问题，妄有所论列；但局促门外，有若野狐，心情介于信疑之间，执着则逾意料之限。数年前曾写一长文《“天人合一”新解》，意在唤起有志之士正确处理人与大自然之关系。盖谓西方科技文明，彪炳辉煌，为时已久。造福人类，至深且巨。然时至今日，际此上世纪之末，新世纪之初，其弊害渐趋明显，举其荦荦大者，如环境污染，臭氧出洞，人口爆炸，疾病丛生，淡水匮乏，生态失衡，如此等等，不一而足。此皆大自然对人类征服之报复，而芸芸者众，尚懵懵懂懂，使人不禁有“直把杭州作汴州”之慨叹。此诸弊害，若其中任何一方阻止无方，则人类生存前途必处于极大危害之中，事实如此，非敢危言耸听也。（1998，3，4）

新华社著名摄影记者唐老鸭师曾在有难之时，贸然去请季羡林为他冒险写出的《重返巴格达》一书题写书名，便于出版。没有想到，季羡林在第二天居然给他写了《序言》，洋洋洒洒千把字，称“唐老鸭师曾仅仅是改革开放后考进北大的一个小弟弟。他是一个普普通通的记者，人们可能称他为‘小人物’。然而，他的冒险精神却不小，他是‘胆大包天’的。他一方面继承了中国历史上的冒险精神，一方面又继承了北大的‘叛逆’精神。他徒步走过万里长城，他曾在秦岭追踪拍摄大熊猫，他曾到可可西里无人地探险，他曾只身采访海湾战争，他曾独自开车环绕美国，他曾赴南极进行科学考察，等等。其中任何一项都能令人舌挢不下，师曾却能集众奇于一身。我们要为唐老鸭大唱颂歌。”季羡林的这篇序言和萧乾为唐老鸭写的序言，对《重返巴格达》的顺利出版起了很大的作用。

还有一位外号“长衫先生”的李浬，从小痴迷于中国传统文化，觉得那就是最好的东西，他继承外祖父的艺术天赋，从小就有过人之处，他3岁习画，作品先后在英美法等国家展出，9岁时作的《西游记》长卷画还被美国博物馆收藏，小学期间已读完《石头记》《论语》《孟子》《大学》等古书，27岁开始潜心写作《国学通传》，被人称为“才子”。他没有什么学历，但是读了不少书。2001年夏天，李浬到北京三次拜访90高龄的学者季羡林老先生。第一次登门拜访时，正值午饭时间，李浬怕影响了季老的午膳和午休，只是在季老的住所外徘徊，跟季老家的白猫玩，3个小时后，他前去敲门时，季老家的保姆却告诉他说，季老回山东老家参加山东大学百年校庆和回临清活动了。又过了几天，他再次拜访季老。去之前，他依孔子教诲：“自行束脩以上，吾未尝无诲焉。”买了一盒包装的10块干腊肉，并附文言书信一封。遗憾的是，回山东祭祖的季老仍未回京。但季老的私人秘书代季老收下了他送的礼物。第三次去拜访季羡林，季羡林已经站在门口等候他的到来了。季羡林看到这个孩子懂古礼，显然是喜欢他的。季先生知道他是初中毕业后一直自学国学，非常欣赏。他鼓励李浬，不要羡慕那些硕士博士，走自己的路，季先生还说，相信他的天赋和刻苦，一定能够脱颖而出。季老如此礼贤下士，感动不已的李浬倒头便拜。虽然这十块腊肉很长时间在季羡林家里完好如初，但其象征意义却超越了物质意义，而有了精神的内涵。季先生的鼓励，李浬至今铭记于心。现在他已经成为四川师范大学视觉艺术学院古典文学教师。

至于季羡林对弘扬中国传统文化的热心，更是学界尽人皆知的事情。2004年9月5日他和许嘉璐等70余位著名人士发表的《甲申文化宣言》，主张文明对话，以减少偏见、减少敌意，消弭隔阂、消弭误解。反对排斥异质文明的狭隘民族主义，更反对以优劣论文明。确信中华文化注重人格、注重伦理、注重利他、注重和谐的东方品格和释放着和平信息的人文精神，对于思考和消解当今世界个人至上、物欲至上、恶性竞争、掠夺性开发以及种种令人忧虑的现象，对于追求人类的安宁与幸福，必将提供重要的思想启示。季羡林一直大力支持北京大学的中国文化书院的建设和活动，支持民办学校，支持推广儒家伦理，提倡儿童读经，呼吁重视人文社会科学……在在表现出一个通儒积极入世的精神。

最近一些日子，传来人民网评出2005年“年度十大文化人物”的新闻，巴金、李敖、陈逸飞、费孝通、金庸、崔永元、季羡林、启功、刘白羽、刘心武入选。

季羡林先生入选的理由是：

> 2005年7月29日，在季羡林94岁寿辰之前，温家宝总理亲切看望了这位誉满国内外的学术大师。季老的精神和思维都很好，耄耋之年仍然坚持每日读书写作。这位国宝级长者的健朗，似乎在告诉我们，在日月如梭的时光中，那些沉甸甸的传统文化还在。

后　　记

季羡林先生在2009年7月11日去世。他去世之后，学术界对他的兴趣并没有减低，学者们仍然关注着他身后的是是非非，关注着对他的定位和评价。季羡林到底是个什么样的学者？是国学大师，是东方学者，是学界泰斗，还是杂家？

回望一下季羡林，可以非常清晰地看出，他自幼受到齐鲁文化的深刻影响，青年时期受到清华的学术熏陶，并且又到德国受到严谨的学术彻底性的训练，所以成就了一个中外合璧、人格学格均高的学者。

对这样一位学者，你可以认同他的国学，也可以认同他的东方学、西学；你可以学到的不仅是治学，而且也可以学他是如何做人的。

蔡德贵